23RD EDITION 2023

BECKETT

THE #1 AUTHORITY ON COLLECTIBLES

GRADED
CARD PRICE GUIDE

THE HOBBY'S MOST RELIABLE AND RELIED UPON SOURCE™

Founder: Dr. James Beckett III
Edited by the Price Guide Staff of BECKETT COLLECTIBLES

BECKETT is a registered trademark of BECKETT COLLECTIBLES LLC, DALLAS, TEXAS
Manufactured in the United States of America | Published by Beckett Collectibles LLC

BECKETT

Beckett Collectibles LLC
2700 Summit Ave, Ste 100, Plano, TX 75074
(866) 287-9383 · beckett.com

First Printing ISBN: 978-1-936681-61-7

TABLE OF CONTENTS

STAFF

EDITORIAL

MIKE PAYNE
Editorial Director

RYAN CRACKNELL
Hobby Editor

ERIC KNAGG
Graphic Design

COLLECTIBLES DATA PUBLISHING

BRIAN FLEISCHER
Manager | Sr. Market Analyst

PRICE GUIDE STAFF
Lloyd Almonguera, Ryan Altubar, Matt Bible, Jeff Camay, Steve Dalton, Justin Grunert, Junel Magale, Eric Norton, Kristian Redulla, Arsenio Tan, Sam Zimmer

ADVERTISING

ALEX SORIANO
Advertising Sales Executive
alex@beckett.com
619.392.5299

BECKETT GRADING SERVICES

JEROMY MURRAY
VP, Grading & Authentication
2700 Summit Ave, Ste 100,
Plano, TX 75074
jmurray@beckett.com

GRADING SALES/ SHOW STAFF

DEREK FICKEN
Midwest/Southeast
Regional Sales Manager
dficken@beckett.com
Office: 972.448.9144

NEW YORK OFFICE
484 White Plains Rd, 2nd Floor,
Eastchester, N.Y. 10709

CHARLES STABILE
Northeast Regional
Sales Manager
cstabile@beckett.com
Office: 914.268.0533

CALIFORNIA OFFICE
17900 Sky Park Circle, Suite
200, Irvine, CA 92614

MICHAEL GARDNER
Western Regional
Sales Manager
mgardner@beckett.com
Office: 714.200.1934
Fax: 714.388.3741

DONGWOON LEE
Asia/Pacific Sales Manager
dongwoonl@beckett.com
Cell +82.10.6826.6868

Grading Customer Service:
972.448.9188 or
grading@beckett.com

BECKETT DIGITAL STUDIO

DANIEL MOSCOSO

OPERATIONS

ALBERTO CHAVEZ
Sr. Logistics & Facilities
Manager

EDITORIAL, PRODUCTION & SALES OFFICE

2700 Summit Ave, Ste 100,
Plano, TX 75074
972.991.6657
beckett.com

Subscriptions, address
changes, renewals,
missing or damaged copies -
866.287.9383

239.653.0225 Foreign inquires
subscriptions@beckett.com

BECKETT

BECKETT COLLECTIBLES, LLC

KUNAL CHOPRA - CEO,
Beckett Collectibles and
The Beckett Group
JEROMY MURRAY - President -
Beckett Collectibles

COVER IMAGE BY GETTY IMAGES

How to Use

What's listed?

Beckett Graded Card Price Guide features a multi-sport format comprised of baseball, basketball, football, golf, hockey and Magic the Gathering. Our goal is to include all significant professionally graded cards from 1887-present.

What's not listed?

Unlike the raw card price guides featured within our magazine titles, Beckett Graded Card Price Guide focuses solely on material that is most frequently submitted to the top professional grading companies.

How do I find what I'm looking for?

The Price Guide is structured alphabetically by sport (baseball first, followed by basketball then football, etc.) and chronologically within each sport.

Why aren't prices listed for every condition?

After analyzing market conditions, it was determined that eight columns for vintage and four columns for modern era material best captured the range of graded cards trading hands in collectible condition. There's little need to list values for graded NM or ExMt modern era cards because material in less than NmMt condition is rarely submitted for grading. Conversely, Mint and Gem Mint graded cards are so rare in many vintage sets that providing accurate values is nearly impossible.

Why are some fields blank within the pricing grids?

Because the Price Guide is based on real-world transactions, we've deliberately left fields blank where populations are too low to derive consistent valuations. Rather than list highly dubious values for "low population" cards, we've chosen to augment the pricing grids for each set by reporting historical sales on significant rarities at the end of each set listing.

Additionally, prices are not listed for some low-end cards valued under $4 (about half the cost to grade a card). If you see a blank field for a low-end condition, you can assume the card is worth less than five dollars in that grade.

Why are vintage common cards individually listed but not modern era singles in the pricing grids?

We've gone to great lengths to extensively research market conditions for commons and minor stars. In vintage releases with a healthy community of set builders, the impact of Population Reports can be significant on the values of scarce commons and minor stars in high grade so we've included prices for every card. Frankly, it's pretty easy to figure out how much a 1957 Topps Mickey Mantle is worth in NM or NmMt since there are plenty of copies in circulation. But the task is tougher when determining the value for the Max Surkont card in similar condition - there are only a handful of high-end copies available and they sell at a premium.

There are relatively few graded card set builders for modern era releases thus the truncated listings.

How do I differentiate values between the various grading companies?

The market for professionally graded sports cards is today predominantly comprised of three companies BGS/BVG, PSA and SGC. Rather than try to break down listings for every card in every condition by every company (a bewildering option on the printed page and a virtual impossibility given the inherent inconsistencies in trading volume), we've chosen to simplify matters by providing the value that the card is most commonly traded for in that grade.

The catch is that not all company's cards always trade for equal value (in equal grade) from the various eras. We approached this dilemma by looking at market share as the primary arbiter of value. For example, the majority of 1950s graded baseball cards circulating within the secondary market are encapsulated by PSA, thus the values we list for these cards largely reflect PSA trading levels. Conversely, SGC has a significant presence and status in tobacco-era material, thus the values we list for this material is demonstrably based upon SGC transactions. In the modern era material, BGS is a market leader and the listed values are thus noticeably based on transactions of BGS cards.

None of this, however, clarifies values for the consumer dealing in vintage Beckett graded cards or modern-era SGC material. To that effect, we've added some specific sales listings to the beginning of the pricing grid for each applicable set. It's here that you'll find specific information for companies with lower trading volume in that era for some key cards, illuminating potential differences in the sales levels listed in the pricing grid.

How do I reference PSA cards with qualifiers?

In general, PSA cards with qualifiers sell for about two levels lower than the grade on the label for post-WWII material (i.e. a PSA 7 OC will sell for about the same as a standard PSA 5) and one level below the grade on the label for pre-WWII material. We don't list specific values for these cards due to low trading volume on the secondary market. Significant PSA cards with qualifiers will, however, be referenced within our sales notes at the end of each set listing.

Where do you get your sales information from?

Every card sale from every major auction house over the past few years (Heritage, Lelands, Legendary, Memory Lane, Mile High, Robert Edward, etc.) has been gathered and analyzed. The unending stream of sales from eBay and other online community-based auctions also have been reviewed. Dealers at the leading shows across America have and will continue to be interviewed by our staff of analysts throughout the year.

Furthermore, a community message board on beckett.com devoted specifically to pricing is available to all. If you've got some feedback, wish to voice your opinion or simply want to provide some sales data, you'll have a venue to do so on your own time in your own home . . . and our analysts will be reading (and responding when appropriate) alongside fellow collectors and dealers.

BASEBALL
1887 - 1980

1887 Allen and Ginter N28

#		PrFr 1	GD 2	VG 3	VgEx 4	EX 5	ExMt 6	NM 7	NmMt 8
1	Cap Anson/Baseball	▲2,500	▲4,000	▲5,000	▲6,000	▲8,000	▲10,000	▲15,000	▲30,000
2	Charles Bennett/Baseball	▲600	▲1,000	▲1,200	▲1,500	▲3,000			
3	Robert L. Caruthers/Baseball	▲500	▲800	▲1,000	▲1,200	▲1,500	▲2,000	▲3,000	▲6,000
4	John Clarkson/Baseball	▲1,200	▲2,000	▲2,500	▲3,000	▲4,000	▲5,000	▲8,000	▲15,000
5	Charles Comiskey/Baseball	▲1,200	▲2,000	▲2,500	▲3,000	▲4,000	▲5,000	▲10,000	
6	Captain Jack Glasscock/Baseball	▲1,000	▲1,200	▲1,500	▲2,000	▲2,500	▲3,000	▲4,000	▲8,000
7	Timothy Keefe/Baseball	▲1,500	▲2,500	▲3,000	▲4,000	▲5,000	▲6,000	▲8,000	▲15,000
8	Mike Kelly/Baseball	▲2,000	▲3,000	▲4,000	▲5,000	▲6,000	▲8,000	▲10,000	▲20,000
9	Joseph Mulvey/Baseball	▲400	▲600	▲800	▲1,000	▲1,200	▲1,500	▲2,000	▲4,000
10	John M. Ward/Baseball	▲1,200	▲2,000	▲2,500	▲3,000	▲4,000	▲5,000	▲6,000	▲12,000

1887-90 Old Judge N172

#		PrFr 1	GD 2	VG 3	VgEx 4	EX 5	ExMt 6	NM 7	NmMt 8
1	Gus Albert	▲200	▲300	▲400	▲500	▲600	▲1,200		
3	Alexander	▲300	▲500	▲600	▲800	▲1,000	▲2,000		
4	Myron Allen	▲150	▲250	▲300	▲400	▲500	▲1,000		
5	Bob Allen	▲150	▲250	▲300	400	500	▲1,000		
6	Uncle Bill Alvord	▲150	▲250	▲300	▲400	▲500	▲1,000		
7	Varney Anderson	▲2,000	▲3,000	▲4,000	▲5,000	▲6,000	▲12,000		
8	Ed Andrews	▲150	▲250	▲300	▲400	▲500	▲1,000		
9	Ed Andrews w/B.Hoover	▲150	▲250	▲300	▲400	▲500	▲1,000		
10	Wally Andrews	▲150	▲250	▲300	▲400	▲500	▲1,000		
11	Bill Annis	▲150	▲250	▲300	▲400	▲500	▲1,000		
12B	Cap Anson Street Clothes	▲4,000	▲6,000	▲8,000	▲10,000	▲12,000	▲25,000		
13	Old Hoss Ardner	▲150	▲250	▲300	▲400	▲500	▲1,000		
14	Tug Arundel	▲150	▲250	▲300	▲400	▲500	▲1,000		
15	Jersey Bakley	▲150	▲250	▲300	▲400	▲500	▲1,000		
16	Clarence Baldwin	▲150	▲250	▲300	▲400	▲500	▲1,000		
17	Mark (Fido) Baldwin	▲250	▲400	▲500	▲600	▲800	▲1,500		
18	Lady Baldwin	▲150	▲250	▲300	▲400	▲500	▲1,000		
19	James Banning	▲150	▲250	▲300	▲400	▲500	▲1,000		
20	Samuel Barkley	▲150	▲250	▲300	▲400	500	▲1,000		
21	Bald Billy Barnie MG	▲150	▲250	▲300	▲400	▲500	▲1,000		
22	Charles Bassett	▲150	▲250	▲300	▲400	▲500	▲1,000		
23	Charles Bastian	▲150	▲250	300	▲400	▲500	▲1,000		
24	Charles Bastian w/P.Schriver	▲150	▲250	▲300	▲400	▲500	▲1,000		
25	Ebenezer Beatin	▲150	▲250	▲300	▲400	▲500	▲1,000		
26	Jake Beckley	▲1,500	▲2,500	▲3,000	▲4,000	▲5,000	▲10,000		
28	Charles Bennett	▲150	▲250	▲300	▲400	▲500	▲1,000		
29	Louis Bierbauer	▲150	▲250	▲300	▼400	▼500	▲1,000		
30	Louis Bierbauer w/R.Gamble	▲150	▲250	▲300	▲400	▲500	▲1,000		
31	Bill Bishop	▲150	▲250	▲300	▲400	▲500	▲1,000		
32	William Blair	▲150	▲250	▲300	▲400	▲500	▲1,000		
33	Ned Bligh	▲200	▲300	▲400	▲500	▲600	▲1,200		
34	Bogart	▲150	▲250	▲300	▲400	▲500	▲1,000		
35	Boyce	▲150	▲250	300	▲400	▲500	▲1,000		
36	Jake Boyd	▲150	▲250	▲300	▲400	▲500	▲1,000		
37	Honest John Boyle	▲150	▲250	▲300	▲400	▲500	▲1,000		
38	Handsome Henry Boyle	▲150	▲250	300	400	500	▲1,000		
39	Nick Bradley	▲150	▲250	▲300	▲400	▲500	▲1,000		
40	George (Grin) Bradley	▲600	▲1,000	▲1,200	▲1,500	▲2,000	▲4,000		
43	Timothy Brosnan Minn	▲150	▲250	▲300	▲400	▲500	▼1,000		
44	Timothy Brosnan Sioux	▲150	▲250	▲300	▲400	▲500	▲1,000		
45	Cal Broughton	▲150	▲250	▲300	▲400	▲500	▲1,000		
46	Dan Brouthers	▲600	▼1,000	▼1,200	▲1,500	▲2,000	4,000		
47	Thomas Brown	▲150	▲250	▲300	▲600				
48	California Brown	▲150	▲250	▲300	▲600				
50	Charles Brynan	▲150	▲250	▲300	▲400	▲500	▲1,000		
51	Al Buckenberger MG	▲150	▲250	▲300	▲400	▲500	▲1,000		
52	Dick Buckley	▲150	▲250	▲300	▲400	▲500	▲1,000		
53	Charles Buffington	▲150	▲250	▲300	▲400	▲500	▲1,000		
54	Ernest Burch	▲150	▲250	▲300	▲400	▲500	▲1,000		
55	Bill Burdick	▲150	▲250	▲300	▲400	▲500	▲1,000		
56	Black Jack Burdock	▲150	▲250	300	▲400	▲500	▲1,000		
57	Robert Burks	▲150	▲250	▲300	▲400	▲500	▲1,000		
59	James Burns Omaha	▲150	▲250	▲300	▲400	▲500	▲1,000		
60	Jimmy Burns KC	▲150	▲250	▲300	▲400	▲500	▲1,000		
61	Tommy (Oyster) Burns	▲250	▲400	▲500	▲600	▲800	▲1,500		
62	Thomas E. Burns	▲150	▲250	▲300	▲400	▲500	▲1,000		
63	Doc Bushong Brooklyn	▲150	▲250	▲300	▲400	▲500	▲1,000		
64	Doc Bushong Browns Champs	▲250	▲400	▲500	▲600	800	▲1,500		
65	Patsy Cahill	▲150	▲250	▲300	▼400	▼500	▼1,000		
66	Count Campau	▲150	▲250	▲300	▲400	▲500	▲1,000		
67	Jimmy Canavan	▲150	▲250	▲300	▲400	▲500	▲1,000		
68	Bart Cantz	▲200	▲300	▲400	▼500	▼600	1,200		
69	Handsome Jack Carney	▲150	▲250	▲300	▲400	▲500	▲1,000		
70	Hick Carpenter	▲250	▲400	▲500	▲600	▲800	▲1,500		
71	Cliff Carroll	▲300	▲500	600	▼800	▼1,000	▲2,000		
72	Scrappy Carroll	▲150	▲250	▲300	▲400	▲500	▲1,000		
73	Frederick Carroll	▲150	250	300	400	500	▲1,000		
74	Jumbo Cartwright	▲250	▲400	▲500	▲1,000				
75	Bob Caruthers Brooklyn	▲300	▲500	▲600	▼800	▼1,000	▼2,000		
76	Bob Caruthers Browns Champs	▲300	▲500	▲600	▲800	▲1,000	▲2,000		
77	Daniel Casey	▲150	▲250	▲300	▲400	▲500	▲1,000		
78	Icebox Chamberlain	▲150	▲250	▲300	▲400	▲500	▲1,000		
79	Cupid Childs	▲150	▲250	▲300	▲400	▲500	▲1,000		
80	Bob Clark	▲250	▲400	▲500	▲600	▲800	▲1,500		
81	Owen (Spider) Clark	▲250	▲400	▲500	▲600	▲800	▲1,500		
83	William (Dad) Clarke	▲150	▲250	▲300	▲400	500	▲1,000		
84	Pete Connell	▲150	▲250	▲300	▲400	▲500	▲1,000		
85	John Clarkson	▲800	▲1,200	▲1,500	▲2,000	▲2,500			
86	Jack Clements	▲150	▲250	300	400	500	▲1,000		
87	Elmer Cleveland	▲200	▲300	▲400	▲500	▲600	▲1,200		
88	Monk Cline	▲150	▲250	▲300	▲400	▲500	▲1,000		
89	Mike Cody	▲150	▲250	▲300	▲400	▲500	▲1,000		
90	John Coleman	▲150	▲250	▲300	▲400	▲500	1,000		
91	Bill Collins	▲200	▲300	▲400	▼500	▼600	1,200		
92	Hub Collins	▲150	▲250	▲300	▲400	▲500	▲1,000		
93	Charles Comiskey	▲800	▲1,200	▲1,500	▼2,000	▼2,500	▼5,000		
94	Commy Comiskey Brown's	▲800	▲1,200	▲1,500	2,000	2,500	▲5,000		
95	Roger Connor Script	▲2,000	▲3,000	▲4,000	▲5,000	▲6,000	▲12,000		
96	Roger Connor New York	▲1,500	▲2,500	▲3,000	▲4,000	▲5,000	▲10,000		
97	Richard Conway	▲150	▲250	▲300	▲400	▲500	▲1,000		
98	Peter Conway	▲150	▲250	▲300	▲400	▲500	▲1,000		
99	James Conway	▲150	▲250	▲300	▲400	▲500	▲1,000		
100	Paul Cook	▲150	▲250	▲300	▲400	▲500	▲1,000		
101	Jimmy Cooney	▲200	▲300	▲400	▲500	▲600	▲1,200		
102	Larry Corcoran	▲250	▲400	▲500	▼1,000				
103	Pop Corkhill	▲150	▲250	▲300	▲400	▲500	▲1,000		
104	Cannon Ball Crane	▲200	300	▲400	▲500	▲600	▲1,200		
105	Samuel Crane	▲250	▲400	▲500	▲600	▲800	▲1,500		
106	Jack Crogan	▲150	▼250	▼300	▼400	▼500	1,000		

We Buy Everything!

Kruk Cards is currently buying complete collections, inventories, and accumulations. What do you have for sale? We have four buyers traveling the country searching for sports and non-sports and gaming cards. Reach out, if you'd like us to stop by!

BUYING JUNK WAX BOXES

PER 36 COUNT WAX BOX

FOOTBALL pay $16	**BASEBALL pay $13**
HOCKEY (NHL) pay $8.50	**BASKETBALL (NBA) pay $25**

BUYING COMMONS

PER 5,000 COUNT BOX

FOOTBALL pay $30	**BASEBALL pay $12**
HOCKEY pay $20	**BASKETBALL pay $15**

For commons from the year 2000 to present we will pay a premium.
We have great shipping rates for groups of 500,000 commons and up.
Please call or email for the details.

www.krukcards.com

Check out our website for our available inventory!
We have over 25,000 auctions updated daily on eBay.

eBay User ID: *Krukcards*

Dealernet B²B

Kruk Cards
210 Campbell St.
Rochester, MI 48307
Email us:
George@krukcards.com
Hours: 5:30 AM - 5:30 PM EST
Phone: (248) 656-8803 • Fax: (248) 656-8547

#	Player	PrFr 1	GD 2	VG 3	VgEx 4	EX 5	ExMt 6	NM 7	NmMt 8
107	John Crooks	▲150	▲250	▲300	▲400	▲500	▲1,000		
108	Lave Cross	▲150	▲250	▲300	▲400	▲500	▲1,000		
109	Bill Crossley	▲150	▲250	▲300	▲400	▲500	▲1,000		
111	Joe Crotty	▲200	▲300	▲400	▲500	▲600	▲1,200		
112	Billy Crowell	▲150	▲250	▲300	▲400	▲500	▲1,000		
113	Jim Cudworth	▲150	▲250	▲300	▲400	▲500	▲1,000		
114	Bert Cunningham	▲150	▲250	▲300	▲400	▲500	▲1,000		
115	Tacks Curtis	▲150	▲250	▲300	▲400	▲500	▲1,000		
117	Ed Cushman	▲2,000	▲3,000	▲4,000	▲5,000	▲6,000	▲12,000		
118	Tony Cusick	▲2,000	▲3,000	▲4,000	▲5,000	▲6,000	▲12,000		
120	Edward Dailey Phi-Wash	▲150	▲250	▲300	▲400	▲500	▲1,000		
121	Edward Dailey Columbus	▲250	▲400	▲500	▲600	▲800	▲1,500		
122	Bill Daley	▲150	▲250	▲300	▲400	▲500	▲1,000		
123	Con Daley	▲150	▲250	▲300	▲400	▲500	▲1,000		
124	Abner Dalrymple	▲150	▲250	▲300	▲400	▲500	▲1,000		
125	Tom Daly	▲200	▲300	▲400	▲500	▲600	▲1,200		
126	James Daly	▲150	▲250	▲300	▲400	▲500	▲1,000		
127	Law Daniels	▲200	▲300	▲400	▲500	▲600	▲1,200		
128	Dell Darling	▲150	▲250	▲300	▲400	▲500	▲1,000		
129	William Darnbrough	▲150	▲250	▲300	▲400	▲500	▲1,000		
130	D.J. Davin	▲600	▲1,000	▲1,200	▲1,500	▲2,000	▲4,000		
131	Jumbo Davis	▲150	▲250	▲300	▲400	▲500	▲1,000		
132	Pat Dealey	▲150	▲250	300	400	500	▲1,000		
133	Thomas Deasley Throwing	▲150	▲250	▲300	▲400	▲500	▲1,000		
134	Thomas Deasley Fielding	▲200	▲300	▲400	▲500	▲600	▲1,200		
135	Edward Decker	▲150	▲250	▲300	▲400	▲500	▲1,000		
136	Ed Delahanty	▲5,000	▲8,000	▲15,000					
137	Jeremiah Denny	▲150	▲250	300	▲400	▲500	▲1,000		
138	James Devlin	▲150	▲250	▲300	▲400	▲500	▲1,000		
139	Thomas Dolan	▲150	▲250	▲300	▲400	▲500	▲1,000		
142	James Donahue	▲200	▲300	▲400	▲500	▲600	▲1,200		
143	James Donnelly	▲250	▲400	▲500	▲600	▲800	▲1,500		
146	Mike Dorgan	▲250	▲400	▲500	▲600	▲800	▲1,500		
148	Home Run Duffe	▲250	▲400	▲500	▲600	▲800	▲1,500		
149	Hugh Duffy	▲600	▲1,000	▲1,200	1,500	2,000	▲4,000		
150	Dan Dugdale	▲150	▲250	▲300	▲400	▲500	▲1,000		
151	Duck Duke	▲150	▲250	▲300	▲400	▲500	▲1,000		
152	Sure Shot Dunlap	▲250	▲400	▲500	▲600	▲800	▲1,500		
153	J. Dunn	▲250	▲400	▲500	▲600	▲800	▲1,500		
154	Jesse (Cyclone) Duryea	▲150	▲250	▲300	▼400	▼500	▼1,000		
155	John Dwyer	▲150	▲250	▲300	▼400	▼500	▼1,000		
156	Billy Earle	▲150	▲250	▲300	▲400	▲500	1,000		
157	Buck Ebright	▲150	▲250	▲300	▲400	▲500	▲1,000		
158	Red Ehret	▲150	▲250	▲300	▲400	▲500	▲1,000		
159	R. Emmerke	▲200	▲300	▲400	▲500	▲600	▲1,200		
160	Dude Esterbrook	▲150	▲250	▲300	▼400	▼500	▼1,000		
161	Henry Esterday	▲150	▲250	▲300	▲400	▲500	▲1,000		
162	Long John Ewing	▲150	▲250	▲300	▲400	▲500	▲1,000		
163	Buck Ewing	▲1,200	▲2,000	▲2,500	▲3,000	▲4,000	▲8,000		
164	Buck Ewing w/Mascot	▲1,200	▲2,000	▲2,500	▼3,000	▼4,000	8,000		
165	Jay Faatz	▲150	▲250	▲300	▲400	▲500	▲1,000		
166	Clinkgers Fagan	▲150	▲250	▲300	▲400	▲500	▲1,000		
167	William Farmer	▲150	▲250	▲300	▲400	▲500	▲1,000		
168	Sidney Farrar	▲200	▲300	▲400	▲500	▲600	▲1,200		
169	Jack (Moose) Farrell	▲250	▲400	▲500	▲600	▲800	▲1,500		
170	Charles(Duke) Farrell	▲150	▲250	▲300	▲400	▲500	▲1,000		
171	Frank Fennelly	▲150	▲250	▲300	▲400	▲500	▲1,000		
172	Charlie Ferguson	▲150	▲250	▲300	▲400	▲500	▲1,000		
173	Colonel Ferson	▲150	▲250	▲300	▲400	▲500	▲1,000		
175	Jocko Fields	▲200	▲300	▲400	▲500	▲600	▲1,200		
176	Fischer - Maroons	▲150	▲250	▲300	▲400	▲500	▲1,000		
177	Thomas Flanigan	▲150	▲250	▲300	▲400	▲500	▲1,000		
178	Silver Flint	▲200	▲300	▲400	▲500	▲600	▲1,200		
179	Thomas Flood	▲150	▲250	▲300	▲400	▲500	▲1,000		
180	Jocko Flynn Omaha	▲600	▲1,000	▲1,200	▲1,500	▲2,000	▲4,000		
181	James Fogarty	▲250	▲400	▲500	▲600	▲800	1,500		
182	Frank (Monkey) Foreman	▲150	▲250	▲300	▲400	▲500	▲1,000		
183	Thomas Forster	▲150	▲250	▲300	▲400	▲500	▲1,000		
185	Elmer Foster NY-Chi	▲150	▲250	▲300	400	▼500	▲1,000		
187	Scissors Foutz Brown's	▲200	300	400	500	600	▲1,200		
188	Scissors Foutz Brooklyn	▲150	▲250	▲300	▲400	▲500	▲1,000		
189	Julie Freeman	▲150	▲250	▲300	▲400	▲500	▲1,000		
190	Will Fry	▲150	▲250	▲300	▲400	▲500	▲1,000		
192	William Fuller	▲150	▼250	▼300	400	▲500	▲1,000		
193	Shorty Fuller	▲150	▲250	300	400	500	▲1,000		
194	Christopher Fullmer	▲150	▲250	▲300	▲400	▲500	▲1,000		
195	Christopher Fullmer w/T.Tucker	▲150	▲250	▲300	▲400	▲500	▲1,000		
196	Honest John Gaffney MG	▲200	▲300	▲400	▲500	▲600	▲1,200		
197	Pud Galvin	▲1,500	▲2,500	▼3,000	▼6,000				
198	Robert Gamble	▲150	250	300	400	500	▲1,000		
199	Charles Ganzel	▲200	▲300	▲400	▲500	▲600	▲1,200		
200	Gid Gardner	▲150	▲250	▲300	▲400	▲500	▲1,000		
201	Gid Gardner w/M.Murray	▲150	▲250	▲300	▲400	▲500	▲1,000		
202	Hank Gastreich	▲150	▲250	▲300	400	500	▲1,000		
203	Emil Geiss	▲150	▲250	▲300	▲400	▲500	▲1,000		
204	Frenchy Genins	▲150	▲250	300	400	500	▲1,000		
205	William George	▲150	▲250	▲300	▲400	▲500	▲1,000		
206	Joe Gerhardt	▲150	▲250	▲300	▲400	▲500	▲1,000		
207	Pretzels Getzein	▲150	▲250	▲300	▲400	▲500	▲1,000		
208	Lee Gibson	▲150	▲250	▲300	▲400	▲500	▲1,000		
209	Robert Gilks	▲150	▲250	▲300	400	500	▲1,000		
210	Pete Gillespie	▲150	250	300	▲400	▲500	▲1,000		
211	Barney Gilligan	▲150	▲250	▲300	▲400	▲500	▲1,000		
212	Frank Gilmore	▲150	▲250	▲300	▲400	▲500	▲1,000		
213	Pebbly Jack Glasscock	▲600	▲1,000	▲1,200	▲1,500	▲2,000	▲4,000		
214	Kid Gleason	▲200	▲300	▲400	500	600	▼1,200		
215	Brother Bill Gleason	▲300	▲500	▲600	▲800	▲1,000	▲2,000		
216	William Bill Gleason	▲200	▲300	▲400	▲500	▲600	▲1,200		
217	Mouse Glenn	▲150	▲250	▲300	▲400	▲500	▲1,000		
218	Michael Goodfellow	▲150	▲250	▲300	▲400	▲500	▲1,000		
219	George (Piano Legs) Gore	▲250	▲400	▲500	▲600	▲800	▲1,500		
220	Frank Graves	▲150	▲250	▲300	▲400	▲500	▲1,000		
221	William Greenwood	▲150	▲250	▲300	▲400	▲500	▲1,000		
222	Michael Greer	▲150	▲250	▲300	▲400	▲500	▲1,000		
223	Mike Griffin	▲400	▲600	▲800	1,500				
224	Clark Griffith	▲1,000	▲1,500	▲2,000	▲2,500	▲3,000	▲6,000		
225	Henry Gruber	▲150	▲250	▲300	▲400	▲500	▲1,000		
226	Addison Gumbert	▲150	▲250	▲300	▲400	▲500	▲1,000		
227	Thomas Gunning	▲150	▲250	▲300	▲400	▲500	▲1,000		
228	Joseph Gunson	▲150	▲250	▲300	▲400	▲500	▲1,000		
229	George Haddock	▲150	▲250	300	▲400	▲500	▲1,000		
230	William Hafner	▲150	▲250	▲300	▲400	▲500	▲1,000		
231	Willie Hahm Mascot	▲150	▲250	▲300	▲400	▲500	▲1,000		
232	William Hallman	▲150	▲250	▲300	▲400	▲500	▲1,000		
233	Billy Hamilton	▲1,000	▲1,500	▲2,000	▲2,500	▲3,000	▲6,000		
234	Willie Hamm w/N.Williamson	▲200	▲300	▲400	▲500	▲600	▲1,200		
237	Ned Hanlon	▲600	▲1,000	▲1,200	▲1,500	2,000	▲4,000		
238	William Hanrahan	▲150	▲250	▲300	▲400	▲500	▲1,000		
240	Pa Harkins	▲150	▲250	▲300	▼400	▼500	▼1,000		
241	William Hart	▲150	▲250	▲300	▲400	▲500	▲1,000		
242	William (Bill) Hasamdear	▲150	▲250	▲300	▲400	▲500	▲1,000		
243	Colonel Hatfield	▲200	▲300	▲400	▲500	▲600	▲1,200		
244	Egyptian Healey Wash-Ind	▲150	▲250	▲300	▲400	▲500	▲1,000		
245	Egyptian Healey Washington	▲150	▲250	▲300	▲400	▲500	▲1,000		
246	J.C. Healy	▲150	▲250	▲300	▲400	▲500	1,000		
247	Guy Hecker	▲150	▲250	▲300	▲400	▲500	▲1,000		
248	Tony Hellman	▲150	▲250	▲300	▲400	▲500	▲1,000		
249	Hardie Henderson	▲150	▲250	▲300	▲400	▲500	▲1,000		
250	Hardie Henderson w/M.Greer	▲150	▲250	▲300	▲400	▲500	▲1,000		
251	Moxie Hengle	▲150	▲250	▲300	▲400	▲500	▲1,000		
252	John Henry	▲150	▲250	▲300	▲400	▲500	▲1,000		
253	Edward Herr	▲250	▲400	▲500	▲600	▲800	▲1,500		
254	Hunkey Hines	▲150	▲250	▲300	▲400	▲500	▲1,000		
255	Paul Hines	▲150	▲250	▲300	▲400	▲500	▲1,000		

#	Name	PrFr 1	GD 2	VG 3	VgEx 4	EX 5	ExMt 6	NM 7	NmMt 8
256	Texas Wonder Hoffman	▲150	▲250	▲300	▲400	▲500	▲1,000		
257	Eddie Hogan	▲150	▲250	▲300	▲400	▲500	▲1,000		
259	William Holbert	▲150	▲250	▼300	▼400	▼500	▼1,000		
260	James (Bugs) Holliday	▲150	▲250	▲300	▲400	▲500	▲1,000		
261	Charles Hoover	▲150	▲250	▲300	▲400	▲500	▲1,000		
262	Buster Hoover	▲150	▲250	▲300	▲400	▲500	▲1,000		
263	Jack Horner	▲500	▲800	▲1,000	▲1,200	▲1,500	▼3,000		
264	Jack Horner w/E.Warner	▲150	▲250	▲300	▲400	▲500	▲1,000		
265	Michael Hornung	▲150	▲250	300	400	500	▲1,000		
266	Pete Hotaling	▲150	▲250	▲300	▲400	▲500	▲1,000		
267	William Howes	▲150	▲250	▲300	▲400	▲500	▲1,000		
268	Dummy Hoy	▲2,000	▲3,000	▲4,000	▲5,000	▲6,000	▲12,000		
269	Nat Hudson Brown's	▲200	▲300	▲400	▲500	600	▲1,200		
270	Nat Hudson St. Louis	▲150	▲250	▲300	▲400	▲500	▲1,000		
271	Mickey Hughes	▲150	▲250	▲300	▲400	▲500	▲1,000		
272	Hungler	▲150	▲250	▲300	▲400	▲500	▲1,000		
273	Wild Bill Hutchinson	▲150	▲250	▲300	▲400	▲500	▲1,000		
274	John Irwin	▲150	▲250	▲300	▲400	▲500	▲1,000		
275	Arthur (Cut Rate) Irwin	▲150	▲250	▲300	▲400	▲500	▲1,000		
276	A.C. Jantzen	▲150	▲250	300	▲400	▲500	▲1,000		
277	Frederick Jevne	▲150	▲250	▼300	▼400	▼500	▼1,000		
278	John Johnson	▲200	▲300	▲400	▲500	▲600	▲1,200		
279	Richard Johnston	▲150	▲250	▲300	▲400	▲500	▲1,000		
280	Jordan	▲1,200	▲2,000	▲4,000					
281	Heinie Kappell	▲150	▲250	▲300	▲400	▲500	▲1,000		
282	Timothy Keefe	▲1,000	▲1,500	▲2,000	▲2,500	▲3,000	▲6,000		
283	Tim Keefe w/D.Richardson	▲800	▲1,200	▲1,500	▲2,000	▲2,500	▲5,000		
284	George Keefe	▲150	▲250	▲300	▲400	▲500	▲1,000		
285	James Keenan	▲150	▲250	▲300	▲400	▲500	▲1,000		
286	Mike (King) Kelly	▲2,500	▲4,000	▲5,000	▲6,000	▲8,000	▲15,000		
287	Honest John Kelly MGR	▲600	▲1,000	▲1,200	▲1,500	▲2,000	▲4,000		
288	Kelly UMP	▲150	▲250	▲300	▲400	▲500	▲1,000		
289	Charles Kelly	▲300	▲500	▼600	▼800	▼1,000	▲2,000		
290	Kelly and Powell UMP-MGR	▲150	▲250	▲300	▲400	▲500	▲1,000		
291	Rudolph Kemmler Brown's	▲200	▲300	400	▼500	▼600	1,200		
292	Rudolph Kemmler St. Paul	▲150	▲250	▲300	▲400	▲500	▲1,000		
293	Theodore Kennedy	▲150	▲250	▲300	▲400	▲500	▲1,000		
294	J.J. Kenyon	▲150	▲250	▲300	▲400	▲500	▲1,000		
295	John Kerins	▲150	250	300	400	500	▲1,000		
296	Matthew Kilroy	▲150	▲250	▲300	▲400	▲500	▲1,000		
298	August Kloff	▲300	▲500	▼600	▼800	▼1,000	2,000		
299	William Klusman	▲150	▲250	▲300	▲400	▲500	▲1,000		
300	Phillip Knell	▲150	▲250	▲300	▲400	▲500	▲1,000		
301	Fred Knouf	▲150	▲250	▲300	▲400	▲500	▲1,000		
303	William Krieg	▲150	▲250	▲300	▲400	▲500	▲1,000		
304	William Krieg w/A.Kloff	▲150	▲250	▲300	▲400	▲500	▲1,000		
305	Gus Krock	▲200	▲300	▲400	▲500	▲600	▲1,200		
306	Willie Kuehne	▲150	▲250	▲300	▲400	▲500	▲1,000		
307	Frederick Lange	▲150	▲250	▲300	▲400	▲500	▲1,000		
308	Ted Larkin	▲150	▲250	▲300	▲400	▲500	▲1,000		
309	Arlie Latham Brown's	▲300	▲500	▲600	▲800	▲1,000	▲2,000		
310	Arlie Latham Stl-Chi	▲200	▲300	▲400	▲500	▲600	▲1,200		
311	John Lauer	▲150	▲250	▲300	▲400	▲500	▲1,000		
312	John Leighton	▲300	▲500	▲600	▲800	▲1,000	▲2,000		
314	Tom Loftus MGR	▲150	▼250	▼300	▼400	▼500	▼1,000		
315	Herman (Germany) Long	▲200	▲300	▲400	▲500	▲600	▲1,200		
317	Tom Lovett	▲150	▲250	▲300	▲400	▲500	▲1,000		
318	Bobby (Link) Lowe	▲200	▲300	▲400	▲500	▲600	▲1,200		
321	Dennis Lyons	▲150	▲250	▲300	▲400	▲500	▲1,000		
322	Harry Lyons	▲200	▲300	▲400	▲500	▲600	▲1,200		
323	Connie Mack	▲3,000	▲5,000	▲6,000	▲8,000	▲10,000	▲20,000		
324	Joe (Reddie) Mack	▲150	▲250	▲300	▲400	▲500	▲1,000		
325	James (Little Mack) Macullar	▲150	▲250	▲300	▲400	▲500	▲1,000		
326	Kid Madden	▲150	▲250	▼300	▼400	▼500	▼1,000		
327	Daniel Mahoney	▲150	▲250	▼300	▲400	▲500	▲1,000		
328	Willard (Grasshopper) Maines	▲150	▲250	▲300	▲400	▲500	▲1,000		
329	Fred Mann	▲150	▲250	▲300	400	500	▲1,000		

#	Name	PrFr 1	GD 2	VG 3	VgEx 4	EX 5	ExMi 6	NM 7	NmMt #
330	Jimmy Manning	▲150	▲250	▲300	▲400	▲500	▲1,000		
331	Charles (Lefty) Marr	▲150	▲250	▲300	▲400	▲500	▲1,000		
332	Mascot (Willie) Breslin	▲150	▲250	▲300	▲400	▲500	▲1,000		
333	Samuel Maskery	▲150	▲250	▲300	▲400	▲500	▲1,000		
335	Michael Mattimore	▲300	▲500	▲600	▲800	▲1,000	▲2,000		
336	Albert Maul	▲150	▲250	▲300	▲400	▲500	▲1,000		
338	Albert Mays	▲150	▲250	▲300	▲400	▲500	▲1,000		
339	James McAleer	▲150	▲250	▲300	▲400	▲500	▲1,000		
340	Tommy McCarthy	▲500	▲800	▲1,000	▼1,200	▼1,500	▲3,000		
341	John McCarthy	▲150	▲250	▲300	▲400	▲500	▲1,000		
342	James McCauley	▲150	▲250	▲300	▲400	▲500	▲1,000		
343	William McClellan	▲150	▲250	▲300	▲400	▲500	1,000		
344	John McCormack	▲250	▲400	▲500	▲600	▲800	▲1,500		
345	Big Jim McCormick	▲150	▲250	▲300	▲400	▼500	▼1,000		
346	McCreachery MGR	▲500	▲800	▲1,000	▲1,200	▲1,500	▲3,000		
347	James (Chippy) McGarr	▲150	▲250	▲300	▲400	▲500	▲1,000		
348	Jack McGeachy	▲150	▲250	▲300	▲400	▲500	▲1,000		
349	John McGlone	▲150	▲250	▲300	▲400	▲500	▲1,000		
350	James (Deacon) McGuire	▲300	▲500	▲600	▲800	▲1,000	▲2,000		
351	Bill McGunnigle MGR	▲200	▲300	▲400	▲500	▲600	▲1,200		
352	Ed McKean	▲150	▲250	▲300	▲400	▲500	▲1,000		
353	Alex McKinnon	▲150	250	300	▲400	▲500	▲1,000		
355	Bid McPhee	▲5,000	▲8,000	▲10,000	▲12,000	▲15,000	▲30,000		
356	James McQuaid	▲150	▲250	▲300	▲400	▲500	▲1,000		
357	John McQuaid UMP	▲150	▲250	▲300	▲400	▲500	▲1,000		
358	Jame McTamany	▲300	▲500	▲600	▲800	▲1,000	▲2,000		
359	George McVey	▲150	▲250	▲300	▲400	▲500	▲1,000		
362	George (Doggie) Miller	▲150	▲250	▲300	▲400	▲500	▲1,000		
363	Joseph Miller	▲150	▲250	▲300	▲400	▲500	▲1,000		
364	Jocko Milligan	▲150	▲250	▲300	▲400	▲500	▲1,000		
365	E.L. Mills	▲150	▲250	▲300	▲400	▲500	▲1,000		
366	Daniel Minnehan	▲150	▲250	▲300	▲400	▲500	▲1,000		
367	Samuel Moffet	▲150	▲250	▲300	▲400	▲500	▲1,000		
368	Honest Morrell	▲250	▲400	▲500	▲600	▲800	▲1,500		
369	Ed Morris	▲200	▲300	▲400	▲500	▲600	▲1,200		
370	Morrisey	▲150	▲250	▲300	▲400	▲500	▲1,000		
371	Tony (Count) Mullane	▲200	▲300	▲400	500	600	▲1,200		
372	Joseph Mulvey	▲150	▲250	300	400	500	▲1,000		
373	P.L. Murphy	▲150	▲250	▲300	▲400	▲500	▲1,000		
374	Pat J. Murphy	▲150	▲250	▲300	▲400	▲500	▲1,000		
375	Miah Murray	▲150	▲250	▲300	▲400	▲500	▲1,000		
376	Truthful Mutrie MGR	▲600	▲1,000	▲1,200	▲1,500	▲2,000	▲4,000		
377	George Myers	▲150	▲250	▲300	▲400	▲500	▲1,000		
378	Al (Cod) Myers	▲200	▲300	▲400	▲500	600	▲1,200		
379	Thomas Nagle	▲150	▲250	▲300	▲400	▲500	▲1,000		
380	Billy Nash	▲300	▲500	▲600	▲800	▲1,000	▲2,000		
382	Kid Nichols	▲2,500	▲4,000	▲5,000	▲6,000	▲8,000	▲15,000		
383	Samuel Nichols	▲150	▲250	▲300	▲400	▲500	▲1,000		
384	J.W. Nicholson	▲150	▲250	▲300	▲400	▲500	▲1,000		
385	Tom Nicholson (Parson)	▲250	▲400	▲500	▲600	▲800	▲1,500		
386	Nick Nicholl Brown's	▲200	▲300	▲400	▲500	600	▲1,200		
387	Hugh Nicol	▲150	▲250	▲300	▲400	▲500	▲1,000		
388	Hugh Nicol w/J.Reilly	▲150	▲250	▲300	▲400	▲500	▲1,000		
389	Frederick Nyce	▲150	▲250	▲300	▲400	▲500	▲1,000		
390	Doc Oberlander	▲200	▲300	▲400	▲500	▲600	▲1,200		
391	Jack O'Brien	▲250	▲400	▲800					
392	Billy O'Brien	▲150	▲250	▲300	▲400	▲500	▲1,000		
393	Billy O'Brien w/J.Irwin	▲150	▲250	▲300	▲400	▲500	▲1,000		
394	Darby O'Brien	▲150	▲250	▲300	▲400	▲500	▲1,000		
395	John O'Brien	▲200	▲300	▲400	▲500	▲600	▲1,200		
396	P.J. O'Connell	▲150	▲250	▲300	▲400	▲500	▲1,000		
398	Hank O'Day	▲500	800	1,000	▲1,200	▲1,500	▲3,000		
399	O'Day	▲150	▲250	▲300	▲400	▲500	▲1,000		
400	James O'Neil Stl-Chi	▲200	▲300	▲400	▲500	▲600	▲1,200		
401	James O'Neil Brown's	▲200	▲300	▲400	▲500	▲600	▲1,200		
403	Jim O'Rourke	▲1,000	▲1,500	▲2,000	▲2,500	▲3,000	▲6,000		
404	Thomas O'Rourke	▲150	▲250	▲300	▲400	▲500	▲1,000		

	PrFr 1	GD 2	VG 3	VgEx 4	EX 5	ExMt 6	NM 7	NmMt 8
06 David Orr	150	250	300	400	500	1,000		
07 Parsons	150	250	300	400	500	1,000		
08 Owen Patton	150	250	300	400	500	1,000		
09 James Peeples	150	250	300	400	500	1,000		
10 James Peeples w/H.Henderson	150	250	300	400	500	1,000		
12 Patrick Pettee	150	250	300	400	500	1,000		
13 Patrick Pettee w/B.Lowe	150	250	300	400	500	1,000		
14 Dandelion Pfeffer	250	400	500	600	800	1,500		
15 Dick Phelan	150	250	300	400	500	1,000		
16 William Phillips	150	250	300	400	500	1,000		
18 George Pinkney	150	250	300	400	500	1,000		
19 Thomas Poorman	150	250	300	400	500	1,000		
20 Henry Porter	400	600	800	1,000	1,200	2,500		
21 James Powell	150	250	300	400	500	1,000		
23 Bill (Blondie) Purcell	150	250	300	400	500	1,000		
24 Thomas Quinn	150	250	300	400	500	1,000		
25 Joseph Quinn	150	250	300	400	500	1,000		
26 Old Hoss Radbourne Portrait	2,000	3,000	4,000	5,000	6,000	12,000		
27 Old Hoss Radbourne In Action	2,000	3,000	4,000	5,000	6,000	12,000		
28 Shorty Radford	150	250	300	400	500	1,000		
29 Tom Ramsey	150	250	300	400	500	1,000		
30 Rehse	150	250	300	400	500	1,000		
31 Long John Reilly	150	250	300	400	500	1,000		
32 Charles (Princeton) Reilly	150	250	300	400	500	1,000		
33 Charles Reynolds	150	250	300	400	500	1,000		
34 Hardie Richardson	150	250	300	400	500	1,000		
35 Danny Richardson	150	250	300	400	500	1,000		
37 John Roach	150	250	300	400	500	1,000		
38 Wilbert Robinson	1,500	2,500	3,000	4,000	5,000	10,000		
39 M.C. Robinson	150	250	300	400	500	1,000		
40 Yank Robinson Stl	150	250	300	400	500	1,000		
41 Yank Robinson Brown's	300	500	600	800	1,000	2,000		
42 George Rooks	150	250	300	400	500	1,000		
45 Jack Rowe	150	250	300	400	500	1,000		
46 Amos Rusie	2,500	4,000	5,000	10,000				
47 Amos Rusie New York	2,500	4,000	5,000	10,000				
48 James Ryan	200	300	400	500	600	1,200		
49 Henry Sage	150	250	300	400	500	1,000		
50 Henry Sage w/W.Van Dyke	150	250	300	400	500	1,000		
51 Sanders	150	250	300	400	500	1,000		
52 Al (Ben) Sanders	150	250	300	400	500	1,000		
53 Frank Scheibeck	150	250	300	400	500	1,000		
54 Albert Schellhase	150	250	300	400	500	1,000		
55 William Schenkle	150	250	300	400	500	1,000		
56 Bill Schildknecht	150	250	300	400	500	1,000		
57 Gus Schmelz MG	150	250	300	400	500	1,000		
58 Lewis (Jumbo) Schoeneck	150	250	300	400	500	1,000		
59 Pop Schriver	150	250	300	400	500	1,000		
60 John Seery	150	250	300	400	500	1,000		
61 William Serad	150	250	300	400	500	1,000		
62 Edward Seward	200	300	400	500	600	1,200		
63 George (Orator) Shafer	150	250	300	400	500	1,000		
64 Frank Shafer	150	250	300	400	500	1,000		
65 Daniel Shannon	150	250	300	400	500	1,000		
66 William Sharsig	150	250	300	400	500	1,000		
67 Samuel Shaw	150	250	300	400	500	1,000		
68 John Shaw	150	250	300	400	500	1,000		
69 William Shindle	150	250	300	400	500	1,000		
70 George Shoch	300	500	600	800	1,000	2,000		
71 Otto Shomberg	150	250	300	400	500	1,000		
72 Lev Shrev	150	250	300	400	500	1,000		
73 Ed (Baldy) Silch	150	250	300	400	500	1,000		
74 Michael Slattery	150	250	300	400	500	1,000		
75 Sam (Sky Rocket) Smith	150	250	300	400	500	1,000		
76 John Smith Portrait	600	1,000	1,200	1,500	2,000	4,000		
77 John Smith Non-Portrait	200	300	400	500	600	1,200		
78 Elmer Smith	150	250	300	400	500	1,000		

	PrFr 1	GD 2	VG 3	VgEx 4	EX 5	ExMt 6	NM 7	NmMt 8
479 Fred (Sam) Smith	150	250	300	400	500	1,000		
480 George (Germany) Smith	150	250	300	400	500	1,000		
481 Pop Smith	150	250	300	400	500	1,000		
482 Nick Smith	150	250	300	400	500	1,000		
483 P.T. Somers	150	250	300	400	500	1,000		
484 Joe Sommer	150	250	300	400	500	1,000		
485 Pete Sommers	150	250	300	400	500	1,000		
486 William Sowders	200	300	400	500	600	1,200		
487 John Sowders	150	250	300	400	500	1,000		
488 Charles Sprague	150	250	300	400	500	1,000		
489 Edward Sproat	150	250	300	400	500	1,000		
490 Harry Staley	250	400	500	600	800	1,500		
491 Daniel Stearns	200	300	400	500	600	1,200		
492 Billy (Cannonball) Stemmyer	150	250	300	400	500	1,000		
493 B.F. Stephens	150	250	300	400	500	1,000		
494 John C. Sterling	150	250	300	400	500	1,000		
496 Harry Stovey	300	500	600	800	1,000	2,000		
497 C. Scott Stratton	150	250	300	400	500	1,000		
498 Joseph Straus	150	250	300	400	500	1,000		
499 John (Cub) Stricker	150	250	300	400	500	1,000		
500 Marty Sullivan	150	250	300	400	500	1,000		
501 Michael Sullivan	150	250	300	400	500	1,000		
502 Billy Sunday	800	1,200	1,500	2,000	2,500	5,000		
503 Sy Sutcliffe	150	250	300	400	500	1,000		
504 Ezra Sutton	150	250	300	400	500	1,000		
505 Ed Cyrus Swartwood	250	400	500	600	800	1,500		
506 Parke Swartzel	150	250	300	400	500	1,000		
507 Peter Sweeney	150	250	300	400	500	1,000		
509 Ed (Dimples) Tate	150	250	300	400	500	1,000		
510 Patsy Tebeau	200	300	400	500	600	1,200		
511 John Tener	150	250	300	400	500	1,000		
512 Bill (Adonis) Terry	150	250	300	400	500	1,000		
513 Sam Thompson	2,000	3,000	4,000	5,000	6,000	12,000		
514 Silent Mike Tiernan	200	300	400	500	600	1,200		
515 Ledell Titcomb	150	250	300	400	500	1,000		
516 Phillip Tomney	150	250	300	400	500	1,000		
517 Stephen Toole	250	400	500	600	800	1,500		
518 George Townsend	150	250	300	400	500	1,000		
519 William Traffley	150	250	300	400	500	1,000		
520 George Treadway	150	250	300	400	500	1,000		
521 Samuel Trott	150	250	300	400	500	1,000		
522 Samuel Trott w/T.Burns	150	250	300	400	500	1,000		
523 Tom (Foghorn) Tucker	150	250	300	400	500	1,000		
524 William Tuckerman	250	400	500	600	800	1,500		
525 George Turner	150	250	300	400	500	1,000		
526 Lawrence Twitchell	500	800	1,000	1,200	1,500	3,000		
527 James Tyng	150	250	300	400	500	1,000		
529 George (Rip) Van Haltren	250	400	500	600	800	1,500		
530 Farmer Harry Vaughn	150	250	300	400	500	1,000		
531 Peek-a-Boo Veach St. Paul	250	400	500	600	800	1,500		
533 Leon Viau	150	250	300	400	500	1,000		
534 William Vinton	150	250	300	400	500	1,000		
535 Joseph Visner	150	250	300	400	500	1,000		
537 Joseph Walsh	150	250	300	400	500	1,000		
538 John M. Ward	1,500	2,500	3,000	4,000	5,000	10,000		
539 E.H. Warner	250	400	500	600	800	1,500		
540 William Watkins MGR	150	250	300	400	500	1,000		
541 Farmer Bill Weaver	150	250	300	400	500	1,000		
542 Charles Weber	250	400	500	600	800	1,500		
543 George (Stump) Weidman	250	400	500	600	800	1,500		
544 William Widner	150	250	300	400	500	1,000		
545 Curtis Welch Brown's	200	300	400	500	600	1,200		
546 Curtis Welch A's	150	250	300	400	500	1,000		
547 Curtis Welch w/B.Gleason	200	300	400	500	600	1,200		
548 Smilin Mickey Welch	1,500	2,500	3,000	4,000	5,000	10,000		
549 Jake Wells	150	250	300	400	500	1,000		
550 Frank Wells	150	250	300	400	500	1,000		

BASEBALL

#	Player	PrFr 1	GD 2	VG 3	VgEx 4	EX 5	ExMt 6	NM 7	NmMt 8
551	Joseph Werrick	▲150	▲250	▲300	▲400	▲500	▲1,000		
552	Milton (Buck) West	▲150	▲250	▲300	▲400	▲500	▲1,000		
553	Gus (Cannonball) Weyhing	▲150	▲250	▲300	▲400	▲500	▲1,000		
554	John Weyhing	▲150	▲250	▲300	▲400	▲500	▲1,000		
555	Bobby Wheelock	▲150	▲250	▲300	▲400	▲500	▲1,000		
556	Whitacre	▲150	▲250	▲300	▲400	▲500	▲1,000		
557	Pat Whitaker	▲150	▲250	▲300	▲400	▲500	▲1,000		
558	Deacon White	▲1,500	▲2,500	3,000	▼4,000	▼5,000	▲10,000		
559	William White	▲150	▲250	▲300	▲400	▲500	▲1,000		
560	Jim (Grasshopper) Whitney	▲200	▲300	▲400	▲500	▲600	▲1,200		
561	Arthur Whitney	▲200	▲300	▼400	▼500	▼600	▲1,200		
562	G. Whitney	▲150	▲250	▲300	▲400	▲500	▲1,000		
563	James Williams MG	▲150	▲250	▲300	▼400	▼500	▼1,000		
564	Ned Williamson	▲200	▲300	▲400	▲500	▲600	▲1,200		
565	Williamson and Mascot	▲150	▲250	▲300	▲400	▲500	▲1,000		
566	C.H. Willis	▲150	▲250	▼300	▼400	▼500	▲1,000		
567	Walt Wilmot	▲150	▲250	▲300	▼400	▼500	1,000		
568	George Winkleman Hartford	▲400	▲600	▲800	▲1,000	▼1,200	▼2,500		
569	Samuel Wise	▲150	▼250	▼300	▼400	▼500	▲1,000		
570	William (Chicken) Wolf	▲150	▲250	▲300	▲400	▲500	▲1,000		
571	George (Dandy) Wood	▲200	▲300	▲400	▲500	600	▲1,200		
572	Peter Wood	▲300	▲500	▲600	▲800	▲1,000	▲2,000		
573	Harry Wright	▲4,000	▲6,000	▲8,000	▲10,000	▲12,000	▲25,000		
574	Charles (Chief) Zimmer	▲150	▲250	▲300	▲400	▲500	▲1,000		
575	Frank Zinn	▲150	▲250	▲300	▲400	▲500	▲1,000		

— Jake Beckley SGC 88 (NmMt) sold for $15,829 (Goodwin; 5/14)
— Ed Delahanty Hands at Waist SGC 84 (NM) sold for $16,440 (Goodwin; 7/13)
— John Doran SGC 30 (Good) sold for $50,000 (Legendary; 11/12)
— John McQuaid UMP PSA 3.5 (VG+) sold for $16,035 (Goodwin; 7/13)
— John McQuaid UMP PSA 3.5 (VG+) sold for $8,030 (Goodwin; 6/12)
— Jim O'Rourke #403 SGC 88 (NmMt) sold for $6,032 (Goodwin; 6/12)
— Amos Rusie SGC 60 (EX) sold for $6,500 (REA; 05/12)
— Arthur Whitney #561 SGC 70 (EX+) sold for $5,729 (Goodwin; 8/12)

1888 Allen and Ginter N29

#	Player	PrFr 1	GD 2	VG 3	VgEx 4	EX 5	ExMt 6	NM 7	NmMt 8
1	Buck Ewing/Baseball	▲800	▲1,200	▲1,500	▲2,000	▲2,500	▲3,000	▲4,000	▲8,000

1888 Goodwin Champions N162

#	Player	PrFr 1	GD 2	VG 3	VgEx 4	EX 5	ExMt 6	NM 7	NmMt 8
1	Ed Andrews (Baseball)	▲600	▲1,000	▲1,200	▲1,500	▲2,000	▲4,000		
2	Cap Anson (Baseball)	▲3,000	▲5,000	▲6,000	▲8,000	▲10,000	▲20,000		
3	Dan Brouthers (Baseball)	▲1,200	▲2,000	▲2,500	▲3,000	▲4,000	▲8,000		
4	Bob Caruthers (Baseball)	▲600	▲1,000	▲1,200	▲1,500	▲2,000	2,500	▲5,000	
5	Fred Dunlap (Baseball)	▲600	▲1,000	▲1,200	▲1,500	▲2,000	▲4,000		
6	Jack Glasscock (Baseball)	▲600	▲1,000	▲1,200	▲1,500	▲2,000	▲4,000		
7	Tim Keefe (Baseball)	▲2,000	▲3,000	▲4,000	▲5,000	▲10,000			
8	King Kelly (Baseball)	▲1,500	▲2,500	▲3,000	▲4,000	5,000	▲10,000		

1895 Mayo's Cut Plug N300

#	Player	PrFr 1	GD 2	VG 3	VgEx 4	EX 5	ExMt 6	NM 7	NmMt 8
1	Charlie Abbey	▲600	▲1,000	▲1,200	▲1,500	▲3,000			
2	Cap Anson	▲2,500	▲4,000	▲5,000	6,000	▲12,000			
3	Jimmy Bannon	▲300	▲500	▲600	▲800	▲1,500			
4A	Dan Brouthers Baltimore	▲2,000	▲3,000	▲4,000	▲5,000	▲10,000			
4B	Dan Brouthers Louisville	▲2,000	▲3,000	▲4,000	▲5,000	▲10,000			
5	Ed Cartwright	▲300	▲500	▲600	▲800	▲1,500			
6	John Clarkson	▲800	▲1,200	▲1,500	▲2,000	2,500	▲5,000		
7	Tommy Corcoran	▲300	▲500	▲600	▲1,200				
8	Lave Cross	▲300	▲500	▲600	▲800	▲1,500			
9	William Dahlen	▲500	▲800	1,000	▲2,000				
10	Tom Daly	▲300	▲500	▲600	▲800	▲1,500			
11	Ed Delahanty UER	▲3,000	▲5,000	▲6,000	▲8,000	▲15,000			
12	Hugh Duffy	▲800	▲1,200	1,500	▲3,000				
13A	Buck Ewing Cincinnati	▲2,000	▲3,000	▲4,000	▲5,000	▲10,000			
13B	Buck Ewing Cleveland	▲2,000	▲3,000	▲4,000	▲5,000	▲10,000			

12 www.beckett.com/price-guide

#	Player	PrFr 1	GD 2	VG 3	VgEx 4	EX 5	ExMt 6	NM 7	NmMt
14	Dave Foutz	▲300	▲500	▲600	▲800	▲1,500			
15	Bill Joyce	▲300	▲500	▲600	▲800	▲1,500			
16	Charlie Ganzel	▲300	▲500	▲600	▲800	▲1,500			
17A	Jack Glasscock Louisville	▲300	▲500	▲600	▲800	▲1,500			
17B	Jack Glasscock Pittsburgh	▲500	▲800	▲1,000	▲2,000				
18	Mike Griffin	▲300	▲500	▲600	▲800	▲1,500			
19A	George Haddock No Team	▲600	▲1,000	▲2,000					
19B	George Haddock Philadelphia	▲300	▲500	▲600	▲800	▲1,500			
20	Bill Hallman	▲300	▲500	▲600	▲800	▲1,500			
21	Billy Hamilton	▲1,000	▲1,500	▲2,000	▲2,500	▲5,000			
22	Brickyard Kennedy	▲400	▲600	▲800	▲1,000	▲2,000			
23A	Tom Kinslow No Team	▲600	▲1,000	▲2,000					
23B	Tom Kinslow Pittsburgh	▲500	▲800	▲1,000	▲1,200	▲2,500			
24	Arlie Latham	▲300	▲500	▲600	▲800	▲1,500			
25	Herman Long	▲300	▲500	▲600	▲800	▲1,500			
26	Tom Lovett	▲300	▲500	▲600	▲800	▲1,500			
27	Link Lowe	▲300	▲500	▲600	▲800	▲1,500			
28	Tommy McCarthy	▲800	▲1,200	▲1,500	▲2,000	▲4,000			
29	Yale Murphy	▲400	▲600	▲800	▲1,000	▲2,000			
30	Billy Nash	▲300	▲500	▲600	▲800	▲1,500			
31	Kid Nichols	▲2,500	▲4,000	▲5,000	▲6,000	▲12,000			
32A	Fred Pfeffer 2nd Base	▲400	▲600	▲800	▲1,000	▲2,000			
32B	Fred Pfeffer Retired	▲400	▲600	▲800	▲1,000	▲2,000			
33	Wilbert Robinson	▲1,500	▲2,500	▲3,000	▲4,000	▲8,000			
34A	Amos Rusie COR	▲2,000	▲3,000	▲4,000	▲5,000	▲10,000			
34B	Amos Russie ERR	▲1,500	▲2,500	▲3,000	▲4,000	▲8,000			
35	Jimmy Ryan	▲300	▲500	▲600	▲800	▲1,500			
36	Bill Shindle	▲300	▲500	▲600	▲800	▲1,500			
37	Germany Smith	▲300	▲500	▲600	▲800	▲1,500			
38	Otis Stockdale UER	▲300	▲500	▲600	▲800	▲1,500			
39	Tommy Tucker	▲300	▲500	▲600	▲800	▲1,500			
40A	John Ward 2nd Base	▲1,500	▲2,500	▲3,000	▲4,000	▲8,000			
40B	John Ward Retired	▲1,500	▲2,500	▲3,000	▲4,000	▲8,000			

— Buck Ewing Cleveland #13B SGC 84 (NrMt) sold for $9,960 (Greg Bussineau; 7/12)

1903-04 Breisch-Williams E107

— Tommy Corcoran SGC 10 (Poor) sold for $11,000 (Legendary; 8/13)
— Ed Delahanty SGC 10 (Poor) sold for $23,700 (REA; 5/13)
— Ed Delahanty SGC 10 (Poor) sold for $17,000 (Legendary; 8/13)
— Addie Joss SGC 45 (VG+) sold for $14,220 (REA; 5/13)
— Willie Keeler SGC 20 (Fair) sold for $10,665 (REA; 5/13)
— Christy Mathewson SGC 20 (Fair) sold for $67,500 (Legendary; 11/13)
— Eddie Plank #120 SGC 10 (Poor) sold for $6,115 (Goodwin; 7/12)
— Rube Waddell #148 SGC 20 (Fair) sold for $5,558 (Goodwin; 7/12)

1906 Fan Craze AL WG2

#	Player	GD 2	VG 3	VgEx 4	EX 5	ExMt 6	NM 7	NmMt 8	MT 9
1	Nick Altrock	▲50	▲60	▲80	▲100	▲120	▲150	200	400
2	Jim Barrett	▲40	▲50	▲60	▲80	▲100	▲120	▲150	▼300
3	Harry Bay	▲40	▲50	▲60	▲80	▲100	▲120	▲150	300
4	Chief Bender	▲150	▲200	▲250	▲300	▲400	▲500	600	1,200
5	Bill Bernhardt	▲40	▲50	▲60	▲80	▲100	▲120	▲150	300
6	Bill Bradley	▲40	▲50	▲60	▲80	▲100	▲120	▲150	300
7	Jack Chesbro	▲150	▲200	▲250	▲300	400	▼500	▼600	1,200
8	Jimmy Collins	▲120	▲150	▲200	▲250	▲300	▲400	500	1,000
9	Sam Crawford	▲200	▲250	▲300	▲400	▲500	▲600	800	1,500
10	Lou Criger	▲40	▲50	▲60	▲80	▲100	▲120	▲150	300
11	Lave Cross	▲40	▲50	▲60	▲80	▲100	▲120	▲150	300
12	Monty Cross	▲40	▲50	▲60	▲80	▲100	▲120	▲150	300
13	Harry Davis	▲40	▲50	▲60	▲80	▲100	▲120	▲150	300
14	Bill Dineen	▲40	▲50	▲60	▲80	▲100	▲120	▲150	300
15	Pat Donovan	▲40	▲50	▲60	▲80	▲100	▲120	▲150	300
16	Pat Dougherty	▲40	▲50	▲60	▲80	▲100	▲120	▲150	300
17	Norman Elberfeld	▲40	▲50	▲60	▲80	▲100	▲120	▲150	300
18	Hobe Ferris	▲40	▲50	▲60	▲80	▲100	▲120	▲150	300
19	Elmer Flick	▲120	▲150	▲200	▲250	▲300	▲400	500	1,000

	GD 2	VG 3	VgEx 4	EX 5	ExMt 6	NM 7	NmMt 8	MT 9
Buck Freeman	▲40	▲50	▲60	▲80	▲100	▲120	▲150	300
Fred Glade	▲40	▲50	▲60	▲80	▲100	▲120	▲150	300
Clark Griffith	▲120	▲150	▲200	▲250	▲300	▲400	500	1,000
Charles Hickman	▲40	▲50	▲60	▲80	▲100	▲120	▲150	300
William Holmes	▲40	▲50	▲60	▲80	▲100	▲120	▲150	300
Harry Howell	▲40	▲50	▲60	▲80	▲100	▲120	▲150	300
Frank Isbell	▲40	▲50	▲60	▲80	▲100	▲120	▲150	300
Albert Jacobson	▲40	▲50	▲60	▲80	▲100	▲120	▲150	300
Ban Johnson PRES	▲200	▲250	▲300	▲400	▲500	▲600	800	1,500
Fielder Jones	▲40	▲50	▲60	▲80	▲100	▲120	▲150	300
Adrian Joss	▲200	▲250	▲300	▲400	▲500	▲600	800	1,500
Willie Keeler	▲150	▲200	▲250	▲300	▲400	▲500	600	1,200
Nap Lajoie	▲200	▲250	▲300	▲400	▲500	▲600	800	1,500
Connie Mack MG	▲250	▲300	▲400	▲400	▲500	▲600	800	▼1,500
Jimmy McAleer	▲40	▲50	▲60	▲80	▲100	▲120	▲150	300
Jim McGuire	▲40	▲50	▲60	▲80	▲100	▲120	▲150	300
Earl Moore	▲40	▲50	▲60	▲80	▲100	▲120	▲150	300
George Mullen	▲60	▲80	▲100	▲120	▲150	▲200	▲250	500
Billy Owen	▲40	▲50	▲60	▲80	▲100	▲120	▲150	300
Fred Parent	▲40	▲50	▲60	▲80	▲100	▲120	▲150	300
Case Patten	▲40	▲50	▲60	▲80	▲100	▲120	▲150	300
Eddie Plank	▲250	▲300	▲400	▲400	▲500	▲600	800	1,500
Ossie Schreckengost	▲40	▲50	▲60	▲80	▲100	▲120	▲150	300
Jake Stahl	▲50	▲60	▲80	▲100	▲120	▲150	200	400
Fred Stone	▲40	▲50	▲60	▲80	▲100	▲120	▲150	300
William Sudhoff	▲40	▲50	▲60	▲80	▲100	▲120	▲150	300
Roy Turner	▲40	▲50	▲60	80	100	120	▲150	300
Rube Waddell	▲120	▲150	▲200	▲250	▲300	▲400	500	1,000
Bob Wallace	▲100	▲120	▲150	▲200	▲250	▲300	400	800
G. Harris White	▲40	▲50	▲60	▲80	▲100	▲120	▲150	300
George Winter	▲40	▲50	▲60	▲80	▲100	▲120	▲150	300
Cy Young	▲400	▲500	600	▲800	▲1,000	▼1,200	▲2,500	

1906 Fan Craze NL WG3

	GD 2	VG 3	VgEx 4	EX 5	ExMt 6	NM 7	NmMt 8	MT 9
1 Red Ames	▲40	▲50	▲60	▲80	▲100	▲120	▲150	300
2 Ginger Beaumont	▲40	▲50	▲60	▲80	▲100	▲120	▲150	300
3 Jake Beckley	▲150	▲200	▲250	▲300	▲400	▲500	600	1,200
4 Billy Bergen	▲40	▲50	▲60	▲80	▲100	▲120	▲150	300
5 Roger Bresnahan	▲150	▲200	▲250	▲300	▲400	▲500	600	1,200
6 George Brown	▲40	▲50	▲60	▲80	▲100	▲120	▲150	300
7 Mordacai Brown (Mordecai)	▲150	▲200	▲250	▲300	▲400	▲500	600	1,200
8 Doc Casey	▲40	▲50	▲60	▲80	▲100	▲120	▲150	300
9 Frank Chance	▲120	▲150	▲200	▲250	200	▼250	▼300	▼600
10 Fred Clarke	▲120	▲150	▲200	▲250	200	▼250	▼300	▼600
11 Tommy Corcoran	▲40	▲50	▲60	▲80	▲100	▲120	▼150	300
12 Bill Dahlen	▲50	60	80	100	120	150	200	400
13 Mike Donlin	▲40	▲50	▲60	▲80	▲100	▲120	▲150	300
14 Charley Dooin	▲40	▲50	▲60	▲80	▲100	▲120	▲150	300
15 Mickey Doolin (Doolan)	▲40	▲50	▲60	▲80	▲100	▲120	▲150	300
16 Hugh Duffy	▲120	▲150	▲200	▲250	200	▼250	▼300	▼600
17 John E. Dunleavy	▲40	▲50	▲60	▲80	▲100	▲120	▲150	300
18 Bob Ewing	▲40	▲50	▲60	▲80	▲100	▲120	▲150	▼300
19 Chick Fraser	▲40	▲50	▲60	▲80	▲100	▲120	▲150	300
20 Ned Hanlon MG	▲120	▲150	▲200	▲250	300	400	500	1,000
21 Del Howard	▲40	▲50	▲60	▲80	▲100	▲120	▲150	300
22 Miller Huggins	▲120	▲150	▲200	▲250	▲300	▲400	500	1,000
23 Joe Kelley	▲120	▲150	▲200	▲250	▲300	▲400	500	▼1,000
24 John Kling	▲40	▲50	▲60	▲80	▲100	▲120	150	300
25 Tommy Leach	▲40	▲50	▲60	▲80	▲100	▲120	▲150	300
26 Harry Lumley	▲40	▲50	▲60	▲80	▲100	▲120	▲150	300
27 Carl Lundgren	▲40	▲50	▲60	▲80	▲100	▲120	▲150	300
28 Bill Maloney	▲40	▲50	▲60	▲80	▲100	▲120	▲150	▼300
29 Dan McGann	▲40	▲50	▲60	▲80	▲100	▲120	▲150	300
30 Joe McGinnity	▲120	▲150	▲200	▲250	▲300	▲400	500	1,000
31 John McGraw MG	▲120	▲150	▲200	▲250	▲300	▲400	500	1,000
32 Harry McIntire	▲40	▲50	▲60	▲80	▲100	▲120	▲150	300

	GD 2	VG 3	VgEx 4	EX 5	ExMt 6	NM 7	NmMt 8	MT 9
33 Kid Nichols	▲80	▲100	▲120	▼150	▲200	▼250	▼300	▼600
34 Mike O'Neil	▲40	▲50	▲60	▲80	▲100	▲120	▲150	▼300
35 Orval Overall	▲40	▲50	▲60	▲80	▲100	▲120	▲150	300
36 Frank Pfeffer	▲40	▲50	▲60	▲80	▲100	▲120	▲150	300
37 Deacon Philippe	▲40	▲50	▲60	▲80	▲100	▲120	▲150	300
38 Charley Pittinger	▲40	▲50	▲60	▲80	▲100	▲120	▲150	▼300
39 Harry C. Pulliam PRES	▲40	▲50	▲60	▲80	▲100	▲120	▲150	300
40 Ed Reulbach	▲40	▲50	▲60	▲80	▲100	▲120	▲150	▼300
41 Claude Ritchey	▲40	▲50	▲60	▲80	▲100	▲120	▲150	▼300
42 Cy Seymour	▲40	▲50	▲60	▲80	▲100	▲120	▲150	▼300
43 Jim Sheckard	▲40	▲50	▲60	▲80	▲100	▲120	▲150	300
44 Jack Taylor	▲40	▲50	▲60	▲80	▲100	▲120	▲150	300
45 Dummy Taylor	▲40	▲50	▲60	▼80	▼100	▼120	▼150	▼300
46 Fred Tenny (Tenney)	▲40	▲50	▲60	▲80	▲100	▲120	▲150	300
47 Harry Theilman	▲40	▲50	▲60	▲80	▲100	▲120	▲150	300
48 Roy Thomas	▲40	▲50	▲60	▲80	▲100	▲120	▲150	300
49 Honus Wagner	▲1,200	1,500	▲2,000	▲2,500	▲3,000	▲4,000	▲8,000	
50 Jake Weimer	▲40	▲50	▲60	▲80	▲100	▲120	▲150	▼300
51 Bob Wicker	▲40	▲50	▲60	▲80	▲100	▲120	▲150	300
52 Vic Willis	▲120	▲150	▲200	▲250	▲300	▲400	500	1,000
53 Lew Wiltsie	▲40	▲50	▲60	▲80	▲100	▲120	▼150	▼300
54 Irving Young	▲40	▲50	▲60	▲80	▲100	▲120	▲150	300

1909 E92-1 Dockman and Sons

	PrFr 1	GD 2	VG 3	VgEx 4	EX 5	ExMt 6	NM 7	NmMt 8
1 Harry Bemis	▲80	▲120	▲150	200	▼250	500		
2 Chief Bender	▲250	▲400	▲500	▲1,000				
3 Bill Bergen	▲150	▲250	▲300	▲400	▲500	▲1,000		
4 Bob Bescher	▲150	▲250	▲300	▲400	▲500	▲1,000		
5 Al Bridwell	▲80	▲120	150	200	▼250	▼500		
6 Joe Casey	▲80	▲120	▲150	200	▼250	500		
7 Frank Chance	▲300	▲500	▲600	▲800	▲1,500			
8 Hal Chase	▲150	▲250	▲300	▲400	500	▲1,000		
9 Sam Crawford	▲250	▲400	▲500	600	▲1,200			
10 Harry Davis	▲120	▲200	▲250	▲300	▲400	▲800		
11 Art Devlin	▲80	▲120	150	200	▼250	500		
12 Bill Donovan	▲80	▲120	▲150	200	▼250	500		
13 Mickey Doolan	▲80	▲120	▲150	200	▼250	500		
14 Patsy Dougherty	▲80	▲120	▲150	200	▼250	500		
15 Larry Doyle Batting	▲80	▲120	▲150	200	▼250	500		
16 Larry Doyle Throwing	▲80	▲120	150	200	▼250	500		
17 George Gibson	▲80	▲120	150	200	▼250	▼500		
18 Topsy Hartsel	▲80	▲120	▲150	200	▼250	500		
19 Hugh Jennings	▲300	▲500	▲600	▲800	1,000	▲2,000		
20 Red Kleinow	▲150	▲250	▲300	▲400	▲500	1,000		
21 Nap Lajoie	▲400	▲600	▲800	▲1,000	▲2,000			
22 Hans Lobert	▲80	▲120	▲150	200	▼250	500		
23 Sherry Magee	▲80	▲120	▲150	200	▼250	500		
24 Christy Matthewson	▲1,000	▲1,500	▲2,000	▲2,500	3,000	▲6,000		
25 John McGraw	▲300	▲500	▲600	▲800	▲1,500			
26 Larry McLean	▲150	▲250	▲300	▲400	▲500	▲1,000		
27 Dots Miller Batting	▲80	▲120	▲150	200	▼250	500		
28 Danny Murphy	▲80	▲120	▲150	200	▼250	500		
29 Bill O'Hara	▲100	▲150	▲200	▲250	▲300	▲600		
30 Germany Schaefer	▲100	▲150	▲200	▼250	▼300	600		
31 Admiral Schlei	▲200	▲300	▲400	▲500	▲600	▲1,200		
32 Boss Schmidt	▲100	▲150	▲200	▲250	▼300	600		
33 John Siegle	▲120	▲200	▲250	▲300	▲400	▼800		
34 Dave Shean	▲80	▲120	150	200	▼250	500		
35 Frank Smith	▲80	▲120	▲150	200	▼250	500		
36 Joe Tinker	▲300	▲500	▲600	▲800	▲1,500			
37 Honus Wagner Batting	▲2,000	▲2,500	▲3,000	▲6,000				
38 Honus Wagner Throwing	▲2,500	▲4,000	▲5,000	▲6,000	▲12,000			
39 Cy Young Cleveland	▲1,000	▲1,500	▲2,000	▲2,500	▲5,000			
40 Heinie Zimmerman	▲80	▲120	150	200	▼250	500		

— Christy Matthewson SGC 86 (NrMt+) sold for $14,034 (Goodwin; 10/12)
— Christy Matthewson SGC 86 (NrMt+) sold for $11,212 (Goodwin; 5/14)
— Honus Wagner Throwing #38 PSA 6 (ExMt) sold for $6,462 (Huggins and Scott; 8/12)

1909 E92-2 Croft's Candy

		PrFr 1	GD 2	VG 3	VgEx 4	EX 5	ExMt 6	NM 7	NmMt 8
1	Jack Barry	▲150	▲250	▲300	▲400	▲500	▲1,000		
2	Harry Bemis	▲150	▲250	▲300	▲400	▲500	▲1,000		
3	Chief Bender Striped Cap	▲400	▲600	▲800	▲1,000	▲2,000			
4	Chief Bender White Cap	▲400	▲600	▲800	▲1,000	▲2,000			
5	Bill Bergen	▲150	▲250	▲300	▲400	▲500	▲1,000		
6	Bob Bescher	▲150	▲250	▲300	▲400	▲500	▲1,000		
7	Al Bridwell	▲150	▲250	▲300	▲400	▲500	▲1,000		
8	Doc Casey	▲150	▲250	▲300	▲400	▲500	▲1,000		
9	Frank Chance	▲500	▲800	▲1,000	▲1,200	▲2,500			
10	Hal Chase	▲250	▲400	▲500	▲600	▲800	▲1,500		
11	Ty Cobb	▲5,000	▲8,000	▲10,000	14,000				
12	Eddie Collins	▲400	▲600	▲800	▲1,000	▲2,000			
13	Sam Crawford	▲400	▲600	▲800	▲1,000	▲2,000			
14	Harry Davis	▲150	▲250	▲300	▲400	▲500	▲1,000		
15	Art Devlin	▲150	▲250	▲300	▲400	▲500	▲1,000		
16	Bill Donovan	▲150	▲250	▲300	▲400	▲500	▲1,000		
17	Red Dooin	▲150	▲250	▲300	▲400	▲500	▲1,000		
18	Mickey Doolan	▲150	▲250	▲300	▲400	▲500	▲1,000		
19	Patsy Dougherty	▲150	▲250	▲300	▲400	▲500	▲1,000		
20	Larry Doyle Batting	▲500	▲800	▲1,000	▲1,200	▲1,500	▲3,000		
21	Larry Doyle Throwing	▲150	▲250	▲300	▲400	▲500	▲1,000		
22	Johnny Evers	▲400	▲600	▲800	▲1,000	▲2,000			
23	George Gibson	▲150	▲250	▲300	▲400	▲500	▲1,000		
24	Topsy Hartsel	▲150	▲250	▲300	▲400	▲500	▲1,000		
25	Fred Jacklitsch	▲150	▲250	▲300	▲400	▲500	▲1,000		
26	Hugh Jennings	▲150	▲250	▲300	▲400	▲500	▲1,000		
27	Red Kleinow	▲150	▲250	▲300	▲400	▲500	▲1,000		
28	Otto Knabe	▲150	▲250	▲300	▲400	▲500	▲1,000		
29	John Knight	▲150	▲250	▲300	▲400	▲500	▲1,000		
30	Nap Lajoie	▲500	▲800	▲1,000	▲1,200	▲2,500			
31	Hans Lobert	▲150	▲250	▲300	▲400	▲500	▲1,000		
32	Sherry Magee	▲150	▲250	▲300	▲400	▲500	▲1,000		
33	Christy Matthewson	▲1,500	▲2,500	▲3,000	▲6,000				
34	John McGraw	▲400	▲600	▲800	▲1,000	▲2,000			
35	Larry McLean	▲150	▲250	▲300	▲400	▲500	▲1,000		
36	Dots Miller Batting	▲150	▲250	▲300	▲400	▲500	▲1,000		
37	Dots Miller Fielding	▲150	▲250	▲300	▲400	▲500	▲1,000		
38	Danny Murphy	▲150	▲250	▲300	▲400	▲500	▲1,000		
39	Bill O'Hara	▲150	▲250	▲300	▲400	▲500	▲1,000		
40	Germany Schaefer	▲150	▲250	▲300	▲400	▲500	▲1,000		
41	Admiral Schlei	▲150	▲250	▲300	▲400	▲500	▲1,000		
42	Boss Schmidt	▲150	▲250	▲300	▲400	▲500	▲1,000		
43	Dave Shean	▲250	▲400	▲500	▲600	▲800	▲1,500		
44	John Siegle	▲150	▲250	▲300	▲400	▲500	▲1,000		
45	Frank Smith	▲150	▲250	▲300	▲400	▲500	▲1,000		
46	Joe Tinker	▲400	▲600	▲800	▲1,000	▲2,000			
47	Honus Wagner Batting	▲2,500	▲4,000	▲5,000	▲10,000				
48	Honus Wagner Throwing	▲3,000	▲5,000	▲6,000	▲12,000				
49	Cy Young	▲1,200	▲2,000	▲2,500	▲3,000	▲6,000			
50	Heinie Zimmerman	▲150	▲250	▲300	▲400	▲500	▲1,000		

1909 E92-3 Croft's Cocoa

		PrFr 1	GD 2	VG 3	VgEx 4	EX 5	ExMt 6	NM 7	NmMt 8
1	Jack Barry	▲250	▲400	▲500	▲600	▲800	▲1,500		
2	Harry Bemis	▲150	▲250	▲300	▲400	▲500	▲1,000		
3	Chief Bender Striped Cap	▲400	▲600	▲800	▲1,000	▲2,000			
4	Chief Bender White Cap	▲400	▲600	▲800	▲1,000	▲2,000			
5	Bill Bergen	▲150	▲250	▲300	▲400	▲500	▲1,000		
6	Bob Bescher	▲150	▲250	▲300	▲400	▲500	▲1,000		
7	Al Bridwell	▲250	▲400	▲500	▲600	▲800	▲1,500		
8	Doc Casey	▲150	▲250	▲300	▲400	▲500	▲1,000		
9	Frank Chance	▲800	▲1,200	▲1,500	▲2,000	▲4,000			
10	Hal Chase	▲250	▲400	▲500	▲600	▲800	▲1,500		
11	Ty Cobb	▲5,000	▲8,000	▲10,000	▲12,000	▲25,000			
12	Eddie Collins	▲400	▲600	▲800	▲1,000	▲2,000			
13	Sam Crawford	▲400	▲600	▲800	▲1,000	▲2,000			
14	Harry Davis	▲150	▲250	▲300	▲400	▲500	▲1,000		
15	Art Devlin	▲150	▲250	▲300	▲400	▲500	▲1,000		
16	Bill Donovan	▲300	▲500	▲600	▲800	▲1,000	▲2,000		
17	Red Dooin	▲150	▲250	▲300	▲400	▲500	▲1,000		
18	Mickey Doolan	▲150	▲250	▲300	▲400	▲500	▲1,000		
19	Patsy Dougherty	▲150	▲250	▲300	▲400	▲500	▲1,000		
20	Larry Doyle Batting	▲150	▲250	▲300	▲400	▲500	▲1,000		
21	Larry Doyle Throwing	▲150	▲250	▲300	▲400	▲500	▲1,000		
22	Johnny Evers	▲400	▲600	▲800	▲1,000	▲2,000			
23	George Gibson	▲150	▲250	▲300	▲400	▲500	▲1,000		
24	Topsy Hartsel	▲150	▲250	▲300	▲400	▲500	▲1,000		
25	Fred Jacklitsch	▲150	▲250	▲300	▲400	▲500	▲1,000		
26	Hugh Jennings	▲400	▲600	▲800	▲1,000	▲1,200	▲2,500		
27	Red Kleinow	▲150	▲250	▲300	▲400	▲500	▲1,000		
28	Otto Knabe	▲150	▲250	▲300	▲400	▲500	▲1,000		
29	Jack Knight	▲150	▲250	▲300	▲400	▲500	▲1,000		
30	Nap Lajoie	▲500	▲800	▲1,000	▲1,200	▲2,500			
31	Hans Lobert	▲150	▲250	▲300	▲400	▲500	▲1,000		
32	Sherry Magee	▲150	▲250	▲300	▲400	▲500	▲1,000		
33	Christy Matthewson	▲1,500	▲2,500	▲3,000	▲4,000	▲5,000	▲10,000		
34	John McGraw	▲400	▲600	▲800	▲1,000	▲2,000			
35	Larry McLean	▲150	▲250	▲300	▲400	▲500	▲1,000		
36	Dots Miller Batting	▲150	▲250	▲300	▲400	▲500	▲1,000		
37	Dots Miller Fielding	▲250	▲400	▲500	▲600	▲800	▲1,500		
38	Danny Murphy	▲150	▲250	▲300	▲400	▲500	▲1,000		
39	Bill O'Hara	▲150	▲250	▲300	▲400	▲500	▲1,000		
40	Germany Schaefer	▲150	▲250	▲300	▲400	▲500	▲1,000		
41	Admiral Schlei	▲150	▲250	▲300	▲400	▲500	▲1,000		
42	Boss Schmidt	▲300	▲500	▲600	▲800	▲1,000	▲2,000		
43	Dave Shean	▲150	▲250	▲300	▲400	▲500	▲1,000		
44	John Siegle	▲150	▲250	▲300	▲400	▲500	▲1,000		
45	Frank Smith	▲150	▲250	▲300	▲400	▲500	▲1,000		
46	Joe Tinker	▲400	▲600	▲800	▲1,000	▲2,000			
47	Honus Wagner Batting	▲2,500	▲4,000	▲5,000	▲10,000				
48	Honus Wagner Throwing	▲2,500	▲4,000	▲5,000	▲10,000				
49	Cy Young Cleveland	▲1,200	▲2,000	▲2,500	▲3,000	▲6,000			
50	Heinie Zimmerman	▲150	▲250	▲300	▲400	▲500	▲1,000		

1909 E92-4 Nadja Caramel

		PrFr 1	GD 2	VG 3	VgEx 4	EX 5	ExMt 6	NM 7	NmMt
1	Bill Bailey	▲120	▲200	▲250	▲300	▲400	▲800		
2	Jack Barry	▲120	▲200	▲250	▲300	▲400	▲800		
3	Harry Bemis	▲120	▲200	▲250	▲300	▲400	▲800		
4	Chief Bender Striped Cap	▲1,000	▲1,500	▲2,000	▲2,500	▲5,000			
5	Chief Bender White Cap	▲300	▲500	▲600	▲800	▲1,500			
6	Bill Bergen	▲120	▲200	▲250	▲300	▲400	▲800		
7	Bob Bescher	▲120	▲200	▲250	▲300	▲400	▲800		
8	Roger Bresnahan	▲250	▲400	▲500	▲600	▲1,200			
9	Al Bridwell	▲120	▲200	▲250	▲300	▲400	▲800		
10	Doc Casey	▲120	▲200	▲250	▲300	▲400	▲800		
11	Frank Chance	▲300	▲500	▲600	▲800	▲1,500			
12	Hal Chase	▲200	▲300	▲400	▲500	▲600	▲1,200		
13	Ty Cobb	▲4,000	▲6,000	▲8,000	▲15,000				
14	Eddie Collins	▲300	▲500	▲600	▲800	▲1,500			
15	Sam Crawford	▲300	▲500	▲600	▲800	▲1,500			
16	Harry Davis	▲120	▲200	▲250	▲300	▲400	▲800		
17	Art Devlin	▲120	▲200	▲250	▲300	▲400	▲800		
18	Bill Donovan	▲120	▲200	▲250	▲300	▲400	▲800		
19	Red Dooin	▲120	▲200	▲250	▲300	▲400	▲800		
20	Mickey Doolan	▲120	▲200	▲250	▲300	▲400	▲800		
21	Patsy Dougherty	▲120	▲200	▲250	▲300	▲400	▲800		
22	Larry Doyle Batting	▲120	▲200	▲250	▲300	▲400	▲800		
23	Larry Doyle Throwing	▲120	▲200	▲250	▲300	▲400	▲800		

#	Name	PrFr 1	GD 2	VG 3	VgEx 4	EX 5	ExMt 6	NM 7	NmMt 8
4	Rube Ellis	▲120	▲200	▲250	▲300	▲400	▲800		
5	Johnny Evers	▲300	▲500	▲600	▲800	▲1,500			
6	George Gibson	▲120	▲200	▲250	▲300	▲400	▲800		
7	Topsy Hartsel	▲120	▲200	▲250	▲300	▲400	▲800		
8	Roy Hartzell Batting	▲120	▲200	▲250	▲300	▲400	▲800		
9	Roy Hartzell Fielding	▲120	▲200	▲250	▲300	▲400	▲800		
10	Harry Howell Follow Through	▲120	▲200	▲250	▲300	▲400	▲800		
11	Harry Howell Ready to Pitch	▲150	▲250	▲300	▲400	▲500	▲1,000		
12	Fred Jacklitsch	▲120	▲200	▲250	▲300	▲400	▲800		
13	Hugh Jennings	▲300	▲500	▲600	▲800	1,000	▲2,000		
14	Red Kleinow	▲120	▲200	▲250	▲300	▲400	▲800		
15	Otto Knabe	▲120	▲200	▲250	▲300	▲400	▲800		
16	Jack Knight	▲120	▲200	▲250	▲300	▲400	▲800		
17	Nap Lajoie	▲400	▲600	▲800	▲1,000	▲2,000			
18	Hans Lobert	▲120	▲200	▲250	▲300	▲400	▲800		
19	Sherry Magee	▲120	▲200	▲250	▲300	▲400	▲800		
20	Christy Matthewson	▲1,200	▲2,000	▲2,500	▲3,000	▲4,000	▲8,000		
21	John McGraw	▲300	▲500	▲600	▲800	1,000	▲2,500		
22	Larry McLean	▲120	▲200	▲250	▲300	▲400	▲800		
23	Dots Miller Batting	▲120	▲200	▲250	300	400	▲800		
24	Dots Miller Fielding	▲120	▲200	▲250	▲300	▲400	▲800		
25	Danny Murphy	▲120	▲200	▲250	▲300	▲400	▲800		
26	Rebel Oakes	▲200	▲300	▲400	▲500	▲600	▲1,200		
27	Bill O'Hara	▲120	▲200	▲250	▲300	▲400	▲800		
28	Ed Phelps	▲120	▲200	▲250	▲300	▲400	▲800		
29	Germany Schaefer	▲120	▲200	▲250	▲300	▲400	▲800		
50	Admiral Schlei	▲120	▲200	▲250	▲300	▲400	▲800		
51	Boss Schmidt	▲120	▲200	▲250	▲300	▲400	▲800		
52	Dave Shean	▲120	▲200	▲250	▲300	▲400	▲800		
53	Johnny Seigle (Siegle)	▲120	▲200	▲250	▲300	▲400	▲800		
54	Frank Smith	▲120	▲200	▲250	▲300	▲400	▲800		
55	George Stone Blue Back	▲120	▲200	▲250	▲300	▲400	▲800		
56	George Stone Green Back	▲120	▲200	▲250	▲300	▲400	▲800		
57	Joe Tinker	▲300	▲500	▲600	▲800	▲1,500			
58	Honus Wagner Batting	▲2,000	▲3,000	▼4,000	8,000				
59	Honus Wagner Throwing	▲2,000	▲3,000	▲4,000	▲8,000				
60	Bobby Wallace	▲200	300	400	▲500	600	▲1,200		
61	Cy Young	▲1,000	▲1,500	▲2,000	▲2,500	▲5,000			
62	Heinie Zimmerman	▲120	▲200	▲250	▲300	▲400	500		

1909 Philadelphia Caramel E95

#	Name	PrFr 1	GD 2	VG 3	VgEx 4	EX 5	ExMt 6	NM 7	NmMt 8
1	Chief Bender	▲500	▲800	▲1,000	▲1,200	▲1,500	3,000		
2	Bill Carrigan	▲60	▲100	▲120	▼150	▼200	▼400		
3	Frank Chance	▲300	▲500	▲600	▲800	▲1,500			
4	Ed Cicotte	▲400	▲600	▲800	▲1,000	▲2,000			
5	Ty Cobb	▲5,000	▲8,000	▲10,000	▲12,000	▲15,000	▲30,000		
6	Eddie Collins	▲250	▲400	▲500	▲600	▲1,200			
7	Sam Crawford	▲200	▲300	▲400	500	▲1,000			
8	Art Devlin	▲50	▲80	100	▼120	▼150	▼300		
9	Larry Doyle	▲50	▲80	100	▼120	▼150	▼300		
10	Johnny Evers	▲250	▲400	▲500	▲600	▲1,200			
11	Solly Hoffman	▲50	▲80	100	▼120	▼150	▼300		
12	Harry Krause	▲50	▲80	100	▼120	▼150	▼300		
13	Tommy Leach	▲80	▲120	▲150	▼200	▼250	▼500		
14	Harry Lord	▲50	▲80	100	▼120	▼150	▼300		
15	Nick Maddox	▲60	▲100	▲120	▲150	▼200	▼400		
16	Christy Mathewson	▲1,000	▲1,500	▲2,000	▲2,500	3,000	▲6,000		
17	Matty McIntyre	▲50	▲80	100	▼120	▼150	▼300		
18	Fred Merkle	▲200	▲300	▲400	▲500	▲600	▲1,200		
19	Cy Morgan	▲60	▲100	120	▼150	▼200	▼400		
20	Eddie Plank	▲1,200	▲3,000	▲4,000	▲8,000				
21	Ed Reulbach	▲150	▲250	▲300	▲400	▲500	▲1,000		
22	Honus Wagner	▲5,000	▲8,000	▲10,000	▲12,000	▲15,000	▲30,000		
23	Ed Willetts (Willett)	60	▲100	▲120	▼150	▼200	▼400		
24	Vic Willis	▲200	▲300	▲400	▲500	▼600	▼1,200		
25	Hooks Wiltse	50	▲80	100	▼120	▼150	▼300		

1909 Ramly T204

#	Name	PrFr 1	GD 2	VG 3	VgEx 4	EX 5	ExMt 6	NM 7	NmMt 8
1	Whitey Alperman	▲200	▲300	▲400	▲500	▲1,000			
2	John J. Anderson	▲120	▲200	▲250	▲300	▲600			
3	Jimmy Archer	▲120	▲200	▲250	▲300	▲600			
4	Frank Arrelanes (Arellanes)	▲200	▲300	▲400	▲500	▲1,000			
5	Jim Ball	▲150	▲250	▲300	▲400	▲800			
6	Neal Ball	▲150	▲250	▲300	▲400	▲800			
7	Frank Bancroft	▲150	▲250	▲300	▲400	▲800			
8	Johnny Bates	▲150	▲250	▲300	▲400	▲800			
9	Fred Beebe	▲150	▲250	▲300	▲400	▲800			
10	George Bell	▲120	▲200	▲250	▲300	▲600			
11	Chief Bender	▲500	▲800	▲1,000	▲1,200	▼2,500			
12	Walter Blair	▲120	▲200	▲250	▲300	▲600			
13	Cliff Blankenship	▲120	▲200	▲250	▲300	▲600			
14	Frank Bowerman	▲120	▲200	▲250	▲300	▲600			
15	Kitty Bransfield	▲200	▲300	▲400	▲500	▲1,000			
16	Roger Bresnahan	▲400	▲600	800	▼1,000	2,000			
17	Al Bridwell	▲120	▲200	▲250	▲300	▲600			
18	Mordecai Brown	▲500	▲800	▲1,000	1,200	▼2,500			
19	Fred Burchell	▲120	▲200	▲250	▼300	▼600			
20	Jesse Burkett	▲2,500	▲4,000	▲5,000	▲6,000	▲12,000			
21	Bobby Byrnes (Byrne)	▲120	▲200	▲250	▲300	▲600			
22	Bill Carrigan	▲120	▲200	▲250	▲300	▼600			
23	Frank Chance	▲400	▲600	▲800	▲1,000	▲2,000			
24	Charles Chech	▲150	▲250	▲300	▲400	▲800			
25	Eddie Cicolte	▲400	▲600	▲800	▲1,000	▲2,000			
26	Otis Clymer	▲120	▲200	▲250	▲300	▲600			
27	Andrew Coakley	▲120	▲200	▲250	▲300	▲600			
28	Eddie Collins	▲500	▲800	▲1,000	1,200	▲2,500			
29	Jimmy Collins	▲400	▲600	▲800	1,000	▲2,000			
30	Wid Conroy	▲120	▲200	▲250	▲300	▲600			
31	Jack Coombs	▲200	▲300	▲400	▲500	▲1,000			
32	Doc Crandall	▲120	▲200	250	▼300	▲600			
33	Lou Criger	▲120	▲200	▲250	▲300	▲600			
34	Harry Davis	▲120	▲200	▲250	▲300	▼600			
35	Art Devlin	▲120	▲200	▲250	▲300	▲600			
36	Bill Dineen (Dineen)	▲120	▲200	▲250	▲300	▲600			
37	Pat Donahue	▲120	▲200	▲250	▲300	▲600			
38	Mike Donlin	▲120	▲200	▲250	▲300	▲600			
39	Bill Donovan	▲150	▲250	▲300	▲400	▲800			
40	Gus Dorner	▲120	▲200	▲250	▲300	▲600			
41	Joe Dunn	▲120	▲200	▲250	▲300	▲600			
42	Kid Elberfield	▲120	▲200	▲250	▼300	▼600			
43	Johnny Evers	▲600	▲1,000	▲1,200	▲2,500				
44	Bob Ewing	▲120	▲200	▲250	▲300	▲600			
45	George Ferguson	▲120	▲200	▲250	▲300	▲600			
46	Hobe Ferris	▲120	▲200	▲250	▲300	▲600			
47	Jerry Freeman	▲120	▲200	▲250	▲300	▲600			
48	Art Fromme	▲120	▲200	▲250	▲300	▲600			
49	Bob Ganley	▲120	▲200	▲250	▲300	▲600			
50	Doc Gessler	▲120	▲200	▲250	▲300	▲600			
51	Peaches Graham	▲120	▲200	▲250	▲300	▲600			
52	Clark Griffith	▲400	▲600	▲800	1,000	2,000			
53	Roy Hartzell (Topsy Hartsel Pictured)	▲120	▲200	▲250	▲300	▲600			
54	Charlie Hemphill	▲120	▲200	▲250	300	▲600			
55	Dick Hoblitzel (Hoblitzell)	▲120	▲200	▲250	▲300	▲600			
56	George Howard	▲120	▲200	▼250	▼300	600			
57	Harry Howell	▲120	▲200	▲250	▲300	▲600			
58	Miller Huggins	▲400	▲600	▲800	▲1,000	2,000			
59	John Hummel	▲120	▲200	▲250	▲300	▲600			
60	Walter Johnson	▲6,000	▲10,000	▲12,000	▼15,000	▲30,000			
61	Tom Jones	▲150	▲250	▲300	▲400	▲800			
62	Mike Kahoe	▲150	▲250	▲300	▲400	▲800			
63	Ed Kargar (Karger)	▲150	▲250	300	400	▲800			

		PrFr 1	GD 2	VG 3	VgEx 4	EX 5	ExMt 6	NM 7	NmMt 8
64	Willie Keeler	▲600	▲1,000	1,200	1,500	▲3,000			
65	Red Kleinon (Kleinow)	▲120	▲200	▲250	300	▲600			
66	John Knight	▲120	▲200	250	300	▲600			
67	Ed Konetchey (Konetchy)	▲120	▲200	▲250	▲300	▲600			
68	Vive Lindaman	▲120	▲200	▲250	▲300	▲600			
69	Hans Loebert (Lobert)	▲120	▲200	250	▼300	▲600			
70	Harry Lord	▲150	▲250	▲300	▲400	▲800			
71	Harry Lumley	▲120	▲200	▲250	▲300	▲600			
72	Ernie Lush	▲120	▲200	▲250	▲300	▲600			
73	Rube Manning	▲120	▲200	▲250	300	▲600			
74	Jimmy McAleer	▲120	▲200	▲250	▲300	▲600			
75	Amby McConnell	▲120	▲200	▲250	▲300	▲600			
76	Moose McCormick	▲120	▲200	▲250	▲300	▲600			
77	Matty McIntyre	▲120	▲200	250	300	▲600			
78	Larry McLean	▲120	▲200	▲250	▲300	▲600			
79	Fred Merkle	▲200	▲300	▲400	▲500	▲1,000			
80	Clyde Milan	▲120	▲200	▲250	▲300	▲600			
81	Mike Mitchell	▲120	▲200	▲250	▲300	▲600			
82	Pat Moran	▲250	▲400	▲400	▲500	▲1,000			
83	Cy Morgan	▲150	▲250	▲300	▲400	▲800			
84	Tim Murname (Murnane)	▲150	▲250	▲300	▲400	▲800			
85	Danny Murphy	▲120	▲200	▲250	▲300	▲600			
86	Red Murray	▲120	▲200	▲250	▲300	▲600			
87	Doc Newton	▲120	▲200	▲250	▲300	600			
88	Simon Nichols (Nicholls)	▲120	▲200	▲250	▼300	▼600			
89	Harry Niles	▲120	▲200	▲250	▲300	▲600			
90	Bill O'Hare (O'Hara)	▲120	▲200	▲250	▲300	▲600			
91	Charley O'Leary	▲120	▲200	▲250	▼300	600			
92	Dode Paskert	▲120	▲200	▲250	▲300	▲600			
93	Barney Pelty	▲300	▲500	▲600	▲800	▲1,500			
94	Jack Pfeister (Pfiester)	▲120	▲200	▲250	▲300	▲600			
95	Eddie Plank	▲2,000	▲3,000	▲4,000	▲5,000	10,000			
96	Jack Powell	▲120	▲200	▲250	▲300	▲600			
97	Bugs Raymond	▲120	▲200	▲250	▲300	▲600			
98	Tom Reilly	▲120	▲200	▲250	▲300	▲600			
99	Claude Ritchey	▲120	▲200	▲250	▲300	▲600			
100	Nap Rucker	▲150	▲250	▲300	▲400	▲800			
101	Ed Ruelbach (Reulbach)	▲120	▲200	▲250	▲300	▲600			
102	Slim Sallee	▲120	▲200	▲250	▲300	▲600			
103	Germany Schaefer	▲120	▲200	▲250	▲300	▲600			
104	Jimmy Schekard (Sheckard)	▲120	▲200	▲250	▲300	▲600			
105	Admiral Schlei	▲120	▲200	▲250	▲300	▲600			
106	Wildfire Schulte	▲120	▲200	▲250	▲300	▲600			
107	Jimmy Sebring	▲120	▲200	▲250	▲300	▲600			
108	Bill Shipke	▲120	▲200	▲250	▲300	▲600			
109	Charlie Smith	▲120	▲200	250	▼300	▲600			
110	Tubby Spencer	▲120	▲200	▲250	▲300	▲600			
111	Jake Stahl	▲200	▲300	▲400	▲500	▲1,000			
112	Jim Stephens	▲120	▲200	▲250	▲300	▲600			
113	Harry Stienfeldt (Steinfeldt)	▲200	▲300	▲400	▲500	▲1,000			
114	Gabby Street	▲120	▲200	▲250	▲300	▲600			
115	Bill Sweeney	▲120	▲200	▲250	▲300	▲600			
116	Fred Tenney	▲120	▲200	▼250	▼300	▼600			
117	Ira Thomas	▲120	▲200	▲250	▲300	▲600			
118	Joe Tinker	▲600	▲1,000	▲1,200	▼1,500	▲3,000			
119	Bob Unglane (Unglaub)	▲120	▲200	▲250	▲300	▲600			
120	Heinie Wagner	▲120	▲200	250	▼300	700			
121	Bobby Wallace	▲400	▲600	▲800	▲1,000	▲2,000			

— Eddie Collins #28 PSA 8 (NmMt) sold for $16,286 (Mile High; 1/13)
— Eddie Collins #28 PSA 8 (NmMt) sold for $13,080 (Goodwin; 8/12)
— Walter Johnson SGC 9 (Mint) sold for $59,250 (REA; Spring '14)
— Walter Johnson SGC 7 (NM) sold for $42,000 (REA; Spring '15)
— Walter Johnson PSA 6 (ExMt) sold for $29,718 (Mile High; 10/13)
— Walter Johnson SGC 80 (ExMt) sold for $21,330 (REA; Spring '14)
— Eddie Plank #95 PSA 8 (NmMt) sold for $40,825 (Mile High; 1/12)

1909-11 Colgan's Chips E254

		PrFr 1	GD 2	VG 3	VgEx 4	EX 5	ExMt 6	NM 7	NmMt 8
1	Ed Abbaticchio	▲25	▲40	▲50	▲60	▲80	▲150		
2	Fred Abbott	▲25	▲40	▲50	▲60	▲80	▲150		
3A	Bill Abstein Pittsburg	▲25	▲40	▲50	▲60	▲80	▲150		
3B	Bill Abstein Jersey City	▲25	▲40	▲50	▲60	▲80	▲150		
4	Babe Adams	▲25	▲40	▲50	▲60	▲80	▲150		
5	Merle (Doc) Adkins	▲25	▲40	▲50	▲60	▲80	▲150		
6	Joe Agler	▲25	▲40	▲50	▲60	▲80	▲150		
7	Alperman	▲25	▲40	▲50	▲60	▲80	▲150		
8A	Dave Altizer Cincinnati	▲25	▲40	▲50	▲60	▲80	▲150		
8B	Dave Altizer Minneapolis	▲25	▲40	▲50	▲60	▲80	▲150		
9	Nick Altrock	▲25	▲40	▲50	▲60	▲80	▲150		
10A	Red Ames Cincinnati	▲25	▲40	▲50	▲60	▲80	▲150		
10B	Red Ames New York	▲25	▲40	▲50	▲60	▲80	▲150		
11	Jimmy Archer	▲25	▲40	▲50	▲60	▲80	▲150		
12A	Atkins Atlanta	▲25	▲40	▲50	▲60	▲80	▲150		
12B	Atkins Fort Wayne	▲25	▲40	▲50	▲60	▲80	▲150		
13	Jake Atz	▲25	▲40	▲50	▲60	▲80	▲150		
14A	Jimmy Austin New York	▲25	▲40	▲50	▲60	▲80	▲150		
14B	Jimmy Austin St. Louis	▲25	▲40	▲50	▲60	▲80	▲150		
15A	Charlie Babb Memphis	▲25	▲40	▲50	▲60	▲80	▲150		
15B	Charlie Babb Norfolk	▲25	▲40	▲50	▲60	▲80	▲150		
16	Rudolph Baerwald	▲25	▲40	▲50	▲60	▲80	▲150		
17	Bill Bailey	▲25	▲40	▲50	▲60	▲80	▲150		
18	Frank Baker	▲100	▲150	▲200	▲250	▲300	▲600		
19	Jack Barry	▲25	▲40	▲50	▲60	▲80	▲150		
20	Bill Bartley	▲25	▲40	▲50	▲60	▲80	▲150		
21A	Johnny Bates Cincinnati	▲25	▲40	▲50	▲60	▲80	▲150		
21B	Johnny Bates Philadelphia	▲25	▲40	▲50	▲60	▲80	▲150		
22	Dick Bayless	▲25	▲40	▲50	▲60	▲80	▲150		
23A	Ginger Beaumont Boston	▲25	▲40	▲50	▲60	▲80	▲150		
23B	Ginger Beaumont Chicago	▲25	▲40	▲50	▲60	▲80	▲150		
23C	Ginger Beaumont St. Paul	▲25	▲40	▲50	▲60	▲80	▲150		
24	Beals Becker	▲25	▲40	▲50	▲60	▲80	▲150		
25	Fred Beebe	▲25	▲40	▲50	▲60	▲80	▲150		
26	George Bell	▲25	▲40	▲50	▲60	▲80	▲150		
27A	Harry Bemis Cleveland	▲25	▲40	▲50	▲60	▲80	▲150		
27B	Harry Bemis Columbus	▲25	▲40	▲50	▲60	▲80	▲150		
28A	Heinie Berger Cleveland	▲25	▲40	▲50	▲60	▲80	▲150		
28B	Heinie Berger Columbus	▲25	▲40	▲50	▲60	▲80	▲150		
29	Bob Bescher	▲25	▲40	▲50	▲60	▲80	▲150		
30	Beumiller	▲25	▲40	▲50	▲60	▲80	▲150		
31	Joe Birmingham	▲25	▲40	▲50	▲60	▲80	▲150		
32	Kitty Bransfield	▲25	▲40	▲50	▲60	▲80	▲150		
33A	Roger Bresnahan St. Louis	▲100	▲150	▲200	▲250	▲300	▲600		
33B	Roger Bresnahan Chicago	▲100	▲150	▲200	▲250	▲300	▲600		
34	Al Bridwell	▲25	▲40	▲50	▲60	▲80	▲150		
35	Lew Brockett	▲25	▲40	▲50	▲60	▲80	▲150		
36	Brown	▲25	▲40	▲50	▲60	▲80	▲150		
37A	Al Burch Brooklyn	▲25	▲40	▲50	▲60	▲80	▲150		
37B	Burch Louisville	▲25	▲40	▲50	▲60	▲80	▲150		
38A	William Burke Ft. Wayne	▲25	▲40	▲50	▲60	▲80	▲150		
38B	William Burke Indianapolis	▲25	▲40	▲50	▲60	▲80	▲150		
39	Burns	▲25	▲40	▲50	▲60	▲80	▲150		
40	Donie Bush	▲25	▲40	▲50	▲60	▲80	▲150		
41	Bill Byers	▲25	▲40	▲50	▲60	▲80	▲150		
42	Bobby Byrne	▲25	▲40	▲50	▲60	▲80	▲150		
43	Callahan	▲25	▲40	▲50	▲60	▲80	▲150		
44	Howie Camnitz	▲25	▲40	▲50	▲60	▲80	▲150		
45	Campbell	▲25	▲40	▲50	▲60	▲80	▲150		
46A	Charlie Carr Indianapolis	▲25	▲40	▲50	▲60	▲80	▲150		
46B	Charlie Carr Utica	▲25	▲40	▲50	▲60	▲80	▲150		
46C	Charlie Carr Kansas City	▲25	▲40	▲50	▲60	▲80	▲150		
47	Cashion Washington	▲25	▲40	▲50	▲60	▲80	▲150		
48A	Frank Chance	▲100	▲150	▲200	▲250	▲300	▲600		
48B	Frank Chance New York	▲25	▲40	▲50	▲60	▲80	▲150		
49	Hal Chase	▲120	▲200	▲250	▲300	▲400	▲800		

#	Player	PrFr 1	GD 2	VG 3	VgEx 4	EX 5	ExMt 6	NM 7	NmMt 8
50	Eddie Cicotte	▲25	▲40	▲50	▲60	▲80	▲150		
51	Clancy	▲25	▲40	▲50	▲60	▲80	▲150		
52	Nig Clarke	▲40	▲60	▲80	▲100	▲120	▲250		
53	Fred Clarke	▲80	▲120	▲150	▲200	▲250	▲500		
54	Clarke	▲25	▲40	▲50	▲60	▲80	▲150		
55	Clemons	▲25	▲40	▲50	▲60	▲80	▲150		
56	Otis Clymer	▲25	▲40	▲50	▲60	▲80	▲150		
57A	Ty Cobb w/Name	▲600	▲1,000	▲1,200	▲1,500	▲2,000	▲4,000		
57B	Ty Cobb w/o Name	▲500	▲800	▲1,000	▲1,200	▲1,500	▲3,000		
58	Eddie Collins	▲100	▲150	▲200	▲250	▲300	▲600		
59A	Buck Congalton Columbus	▲25	▲40	▲50	▲60	▲80	▲150		
59B	Buck Congalton Omaha	▲25	▲40	▲50	▲60	▲80	▲150		
59C	Buck Congalton Toledo	▲25	▲40	▲50	▲60	▲80	▲150		
60	Wid Conroy	▲25	▲40	▲50	▲60	▲80	▲150		
61	Cook	▲25	▲40	▲50	▲60	▲80	▲150		
62	Coombs	▲25	▲40	▲50	▲60	▲80	▲150		
63	Corcoran	▲25	▲40	▲50	▲60	▲80	▲150		
64	Courtney	▲25	▲40	▲50	▲60	▲80	▲150		
65A	Harry Coveleski	▲25	▲40	▲50	▲60	▲80	▲150		
65B	Stan Coveleski	▲40	▲60	▲80	▲100	▲120	▲250		
66	Doc Crandall	▲25	▲40	▲50	▲60	▲80	▲150		
67	Gavvy Cravath	▲25	▲40	▲50	▲60	▲80	▲150		
68	Sam Crawford	▲25	▲40	▲50	▲60	▲80	▲150		
69	Dode Criss	▲25	▲40	▲50	▲60	▲80	▲150		
70	Bill Dahlen	▲25	▲40	▲50	▲60	▲80	▲150		
71	Bernard Daniels	▲25	▲40	▲50	▲60	▲80	▲150		
72A	Jake Daubert Memphis	▲25	▲40	▲50	▲60	▲80	▲150		
72B	Jake Daubert Brooklyn	▲25	▲40	▲50	▲60	▲80	▲150		
73	Harry Davis	▲25	▲40	▲50	▲60	▲80	▲150		
74	George Davis	▲40	▲60	▲80	▲100	▲120	▲250		
75	Jim Delahanty	▲25	▲40	▲50	▲60	▲80	▲150		
76A	Ray Demmett New York	▲25	▲40	▲50	▲60	▲80	▲150		
76B	Ray Demmett Montreal	▲25	▲40	▲50	▲60	▲80	▲150		
76C	Ray Demmett St. Louis	▲25	▲40	▲50	▲60	▲80	▲150		
77	Art Devlin	▲25	▲40	▲50	▲60	▲80	▲150		
78A	Joshua Devore Cincinnati	▲25	▲40	▲50	▲60	▲80	▲150		
78B	Joshua Devore New York	▲25	▲40	▲50	▲60	▲80	▲150		
79	Turkey Mike Donlin	▲25	▲40	▲50	▲60	▲80	▲150		
80	Bill Donovan	▲25	▲40	▲50	▲60	▲80	▲150		
81	Charles Dooin	▲25	▲40	▲50	▲60	▲80	▲150		
82	Mickey Doolan	▲25	▲40	▲50	▲60	▲80	▲150		
83	Patsy Dougherty	▲25	▲40	▲50	▲60	▲80	▲150		
84	Tom Downey	▲25	▲40	▲50	▲60	▲80	▲150		
85	Larry Doyle	▲25	▲40	▲50	▲60	▲80	▲150		
86	Drake	▲25	▲40	▲50	▲60	▲80	▲150		
87	Jack Dunn	▲25	▲40	▲50	▲60	▲80	▲150		
88	Charles Eagan	▲25	▲40	▲50	▲60	▲80	▲150		
89A	Kid Elberfield Washington	▲25	▲40	▲50	▲60	▲80	▲150		
89B	Kid Elberfield Chattanooga	▲25	▲40	▲50	▲60	▲80	▲150		
89C	Kid Elberfield New York	▲25	▲40	▲50	▲60	▲80	▲150		
90	Roy Ellam	▲25	▲40	▲50	▲60	▲80	▲150		
91	Elliott	▲25	▲40	▲50	▲60	▲80	▲150		
92	Rube Ellis	▲25	▲40	▲50	▲60	▲80	▲150		
93	Elwert	▲25	▲40	▲50	▲60	▲80	▲150		
94A	Clyde Engle New York	▲25	▲40	▲50	▲60	▲80	▲150		
94B	Clyde Engle Boston	▲25	▲40	▲50	▲60	▲80	▲150		
95	James Esmond	▲25	▲40	▲50	▲60	▲80	▲150		
96	Steve Evans	▲25	▲40	▲50	▲60	▲80	▲150		
97	Johnny Evers	▲100	▲150	▲200	▲250	▲300	▲600		
98	George Ferguson	▲25	▲40	▲50	▲60	▲80	▲150		
99	Hobe Ferris	▲25	▲40	▲50	▲60	▲80	▲150		
100	James Field	▲25	▲40	▲50	▲60	▲80	▲150		
101	Fisher	▲25	▲40	▲50	▲60	▲80	▲150		
102	Matthew Fitzgerald	▲25	▲40	▲50	▲60	▲80	▲150		
103A	Patrick Flaherty Kansas City	▲25	▲40	▲50	▲60	▲80	▲150		
103B	Patrick Flaherty Atlanta	▲25	▲40	▲50	▲60	▲80	▲150		
104	John Flater	▲25	▲40	▲50	▲60	▲80	▲150		

#	Player	PrFr 1	GD 2	VG 3	VgEx 4	EX 5	ExMt 6	NM 7	NmMt 8
105A	Elmer Flick Cleveland	▲80	▲120	▲150	▲200	▲250	▲500		
105B	Elmer Flick Toledo	▲80	▲120	▲150	▲200	▲250	▲500		
106	Russ Ford	▲25	▲40	▲50	▲60	▲80	▲150		
107	George Foster	▲25	▲40	▲50	▲60	▲80	▲150		
108A	Freck Balt	▲25	▲40	▲50	▲60	▲80	▲150		
108B	Freck Tor	▲25	▲40	▲50	▲60	▲80	▲150		
109	Freeman	▲25	▲40	▲50	▲60	▲80	▲150		
110	Bill Friel	▲25	▲40	▲50	▲60	▲80	▲150		
111	John Frill	▲25	▲40	▲50	▲60	▲80	▲150		
112	Art Fromme	▲25	▲40	▲50	▲60	▲80	▲150		
113A	Larry Gardner Boston	▲25	▲40	▲50	▲60	▲80	▲150		
113B	Larry Gardner New York	▲25	▲40	▲50	▲60	▲80	▲150		
114	Harry Gaspar	▲25	▲40	▲50	▲60	▲80	▲150		
115A	Gus Getz Boston	▲25	▲40	▲50	▲60	▲80	▲150		
115B	Gus Getz Pittsburgh	▲25	▲40	▲50	▲60	▲80	▲150		
116	George Gibson	▲25	▲40	▲50	▲60	▲80	▲150		
117	Graham	▲25	▲40	▲50	▲60	▲80	▲150		
118A	Ed Grant Cincinnati	▲25	▲40	▲50	▲60	▲80	▲150		
118B	Ed Grant New York	▲25	▲40	▲50	▲60	▲80	▲150		
119	Grief	▲25	▲40	▲50	▲60	▲80	▲150		
120A	Moose Grimshaw Toronto	▲25	▲40	▲50	▲60	▲80	▲150		
120B	Moose Grimshaw Louisville	▲25	▲40	▲50	▲60	▲80	▲150		
121	Bob Groom	▲25	▲40	▲50	▲60	▲80	▲150		
122	Noodles Hahn	▲25	▲40	▲50	▲60	▲80	▲150		
123	John Halla	▲25	▲40	▲50	▲60	▲80	▲150		
124	Hally	▲25	▲40	▲50	▲60	▲80	▲150		
125	Charles Hanford	▲25	▲40	▲50	▲60	▲80	▲150		
126A	Topsy Hartsel Philadelphia	▲25	▲40	▲50	▲60	▲80	▲150		
126B	Topsy Hartsel Toledo	▲25	▲40	▲50	▲60	▲80	▲150		
127A	Roy Hartzel St. Louis	▲25	▲40	▲50	▲60	▲80	▲150		
127B	Roy Hartzell New York	▲25	▲40	▲50	▲60	▲80	▲150		
128	Weldon Henley	▲25	▲40	▲50	▲60	▲80	▲150		
129	Harry Hinchman	▲25	▲40	▲50	▲60	▲80	▲150		
130	Richard Hoblitzell	▲25	▲40	▲50	▲60	▲80	▲150		
131	Solly Hofman	▲25	▲40	▲50	▲60	▲80	▲150		
132	William Hogan	▲25	▲40	▲50	▲60	▲80	▲150		
133A	Harry Hooper Boston AL	▲80	▲120	150	200	250	▲500		
133B	Harry Hooper Boston NL	▲80	▲120	▲150	▲200	▲250	▲500		
134	Del Howard	▲25	▲40	▲50	▲60	▲80	▲150		
135	Miller Huggins	▲25	▲40	▲50	▲60	▲80	▲150		
136A	Thomas Hughes Milwaukee	▲25	▲40	▲50	▲60	▲80	▲150		
136B	Thomas Hughes Louisville	▲25	▲40	▲50	▲60	▲80	▲150		
136C	Thomas Hughes Louisville C	▲25	▲40	▲50	▲60	▲80	▲150		
137	Thomas Hughes Rochester	▲25	▲40	▲50	▲60	▲80	▲150		
138A	Rudy Hulswitt St. Louis	▲25	▲40	▲50	▲60	▲80	▲150		
138B	Rudy Hulswitt Chattanooga	▲25	▲40	▲50	▲60	▲80	▲150		
138C	Rudy Hulswitt Louisville	▲25	▲40	▲50	▲60	▲80	▲150		
139	John Hummel	▲25	▲40	▲50	▲60	▲80	▲150		
140	George Hunter	▲25	▲40	▲50	▲60	▲80	▲150		
142	Hugh Jennings	▲120	▲200	▲250	▲300	▲400	▲800		
143	Johns	▲25	▲40	▲50	▲60	▲80	▲150		
144	Davy Jones	▲25	▲40	▲50	▲60	▲80	▲150		
145	Tom Jones	▲25	▲40	▲50	▲60	▲80	▲150		
146A	Jordon Toronto	▲25	▲40	▲50	▲60	▲80	▲150		
146B	Jordon Atlanta	▲25	▲40	▲50	▲60	▲80	▲150		
146C	Jordon Atlanta	▲25	▲40	▲50	▲60	▲80	▲150		
146D	Jordon Louisville	▲25	▲40	▲50	▲60	▲80	▲150		
147	Addie Joss	▲80	▲120	▲150	▲200	250	▲500		
148	Kaiser Louisville	▲25	▲40	▲50	▲60	▲80	▲150		
149	Keefe Rochester	▲25	▲40	▲50	▲60	▲80	▲150		
150	Willie Keeler	▲80	▲120	▲150	▲200	▲250	▲500		
151A	Kelly Jersey City	▲25	▲40	▲50	▲60	▲80	▲150		
151B	Kelly Toronto	▲25	▲40	▲50	▲60	▲80	▲150		
152A	William Killefer St. Louis	▲25	▲40	▲50	▲60	▲80	▲150		
152B	William Killefer Philadelphia	▲25	▲40	▲50	▲60	▲80	▲150		
153A	Ed Killian Detroit	▲25	▲40	▲50	▲60	▲80	▲150		
153B	Ed Killian Toronto	▲25	▲40	▲50	▲60	▲80	▲150		

#	Player	PrFr 1	GD 2	VG 3	VgEx 4	EX 5	ExMt 6	NM 7	NmMt 8
154	Johnny Kling	▲25	▲40	▲50	▲60	▲80	▲150		
155	Klipfer	▲25	▲40	▲50	▲60	▲80	▲150		
156	Otto Knabe	▲25	▲40	▲50	▲60	▲80	▲150		
157A	John Knight New York	▲25	▲40	▲50	▲60	▲80	▲150		
157B	John Knight Jersey City	▲25	▲40	▲50	▲60	▲80	▲150		
158	Ed Konetchy	▲25	▲40	▲50	▲60	▲80	▲150		
159	Paul Krichell St. Louis	▲25	▲40	▲50	▲60	▲80	▲150		
160	Rube Kroh	▲25	▲40	▲50	▲60	▲80	▲150		
161A	Doc Lafitte Rochester	▲25	▲40	▲50	▲60	▲80	▲150		
161B	Doc Lafitte Providence	▲25	▲40	▲50	▲60	▲80	▲150		
162	Nap Lajoie	▲120	▲200	▲250	▲300	▲400	▲800		
163	Lakoff	▲25	▲40	▲50	▲60	▲80	▲150		
164	Frank Lange	▲25	▲40	▲50	▲60	▲80	▲150		
165A	Frank LaPorte St. Louis	▲25	▲40	▲50	▲60	▲80	▲150		
165B	Frank LaPorte New York	▲25	▲40	▲50	▲60	▲80	▲150		
166	Tommy Leach	▲25	▲40	▲50	▲60	▲80	▲150		
167	Lee	▲25	▲40	▲50	▲60	▲80	▲150		
168	William Lelivelt	▲25	▲40	▲50	▲60	▲80	▲150		
169A	Lewis Milwaukee	▲25	▲40	▲50	▲60	▲80	▲150		
169B	Lewis Indianapolis	▲25	▲40	▲50	▲60	▲80	▲150		
170A	Vivian Lindaman Boston	▲25	▲40	▲50	▲60	▲80	▲150		
170B	Vivian Lindaman Louisville	▲25	▲40	▲50	▲60	▲80	▲150		
170C	Vivian Lindaman Indianapolis	▲25	▲40	▲50	▲60	▲80	▲150		
171	Bris Lord	▲25	▲40	▲50	▲60	▲80	▲150		
172A	Harry Lord Boston	▲25	▲40	▲50	▲60	▲80	▲150		
172B	Harry Lord Chicago	▲25	▲40	▲50	▲60	▲80	▲150		
173A	William Ludwig Milwaukee	▲25	▲40	▲50	▲60	▲80	▲150		
173B	William Ludwig St. Louis	▲25	▲40	▲50	▲60	▲80	▲150		
174	Lush Toronto	▲25	▲40	▲50	▲60	▲80	▲150		
175	Thomas Madden	▲25	▲40	▲50	▲60	▲80	▲150		
176A	Nick Maddox Pittsburg	▲25	▲40	▲50	▲60	▲80	▲150		
176B	Nick Maddox Louisville	▲25	▲40	▲50	▲60	▲80	▲150		
177A	Manser Jersey City	▲25	▲40	▲50	▲60	▲80	▲150		
177B	Manser Rochester	▲25	▲40	▲50	▲60	▲80	▲150		
178	Rube Marquard	▲80	▲120	▲150	▲200	▲250	▲500		
179	Al Mattern	▲25	▲40	▲50	▲60	▲80	▲150		
180	Matthews Atlanta	▲25	▲40	▲50	▲60	▲80	▲150		
181	McAllister Atlanta	▲25	▲40	▲50	▲60	▲80	▲150		
182	George McBride	▲25	▲40	▲50	▲60	▲80	▲150		
183	Alex McCarthy	▲25	▲40	▲50	▲60	▲80	▲150		
184	Ambrose McConnell Rochester	▲25	▲40	▲50	▲60	▲80	▲150		
185	Ambrose McConnell Toronto	▲25	▲40	▲50	▲60	▲80	▲150		
186	Moose McCormick	▲25	▲40	▲50	▲60	▲80	▲150		
187	Dennis McGann	▲25	▲40	▲50	▲60	▲80	▲150		
188	James McGinley	▲25	▲40	▲50	▲60	▲80	▲150		
189	Joe McGinnity	▲80	▲120	▲150	▲200	▲250	▲500		
190A	Matty McIntyre Detroit	▲25	▲40	▲50	▲60	▲80	▲150		
190B	Matty McIntyre Chicago	▲25	▲40	▲50	▲60	▲80	▲150		
191A	Larry McLean Cincinnati	▲25	▲40	▲50	▲60	▲80	▲150		
191B	Larry McLean St. Louis	▲25	▲40	▲50	▲60	▲80	▲150		
192	Fred Merkle	▲25	▲40	▲50	▲60	▲80	▲150		
193A	George Merritt Buffalo	▲25	▲40	▲50	▲60	▲80	▲150		
193B	George Merritt Jersey City	▲25	▲40	▲50	▲60	▲80	▲150		
194	Lee Meyer	▲25	▲40	▲50	▲60	▲80	▲150		
195	Chief Meyers	▲25	▲40	▲50	▲60	▲80	▲150		
196	Clyde Milan	▲25	▲40	▲50	▲60	▲80	▲150		
197	Dots Miller	▲25	▲40	▲50	▲60	▲80	▲150		
198	Miller Columbus	▲25	▲40	▲50	▲60	▲80	▲150		
199A	Mike Mitchell Cincinnati	▲25	▲40	▲50	▲60	▲80	▲150		
199B	Mike Mitchell Chicago	▲25	▲40	▲50	▲60	▲80	▲150		
200	Mitchell Providence	▲25	▲40	▲50	▲60	▲80	▲150		
201	Albert Mitchell	▲25	▲40	▲50	▲60	▲80	▲150		
202	Carlton Molesworth	▲25	▲40	▲50	▲60	▲80	▲150		
203	Joseph H. Moran	▲25	▲40	▲50	▲60	80	▲150		
204	Pat Moran	▲25	▲40	▲50	▲60	▲80	▲150		
205	George Moriarty Detroit	▲25	▲40	▲50	▲60	▲80	▲150		
206A	George Moriarty Louisville	▲25	▲40	▲50	▲60	▲80	▲150		
206B	George Moriarty Omaha	▲25	▲40	▲50	▲60	▲80	▲150		
207	George Mullin	▲25	▲40	▲50	▲60	▲80	▲150		
208A	Simmy Murch Chattanooga	▲25	▲40	▲50	▲60	▲80	▲150		
208B	Simmy Murch Indianapolis	▲25	▲40	▲50	▲60	▲80	▲150		
209	Danny Murphy	▲25	▲40	▲50	▲60	▲80	▲150		
210A	Red Murray	▲25	▲40	▲50	▲60	▲80	▲150		
210B	Red Murray	▲25	▲40	▲50	▲60	▲80	▲150		
211	Murray Buffalo	▲25	▲40	▲50	▲60	▲80	▲150		
212	Bill Nattress	▲25	▲40	▲50	▲60	▲80	▲150		
213A	Red Nelson St. Louis	▲25	▲40	▲50	▲60	▲80	▲150		
213B	Red Nelson Toledo	▲25	▲40	▲50	▲60	▲80	▲150		
214	George Northrop	▲25	▲40	▲50	▲60	▲80	▲150		
215	Rebel Oakes	▲25	▲40	▲50	▲60	▲80	▲150		
216	Frederick Odwell	▲25	▲40	▲50	▲60	▲80	▲150		
217	Rube Oldring	▲25	▲40	▲50	▲60	▲80	▲150		
218	Steve O'Neill	▲25	▲40	▲50	▲60	▲80	▲150		
219A	O'Rourke St. Paul	▲25	▲40	▲50	▲60	▲80	▲150		
219B	O'Rourke Columbus	▲25	▲40	▲50	▲60	▲80	▲150		
220A	Al Orth New York	▲25	▲40	▲50	▲60	▲80	▲150		
220B	Al Orth Indianapolis	▲25	▲40	▲50	▲60	▲80	▲150		
221	Wilfred Osborn	▲25	▲40	▲50	▲60	▲80	▲150		
222	Orvie Overall	▲25	▲40	▲50	▲60	▲80	▲150		
223	Frank Owens	▲25	▲40	▲50	▲60	▲80	▲150		
224	Lawrence Pape	▲25	▲40	▲50	▲60	▲80	▲150		
225A	Freddie Parent	▲25	▲40	▲50	▲60	▲80	▲150		
225B	Freddy Parent	▲25	▲40	▲50	▲60	▲80	▲150		
226A	Dode Paskert Cincinnati	▲25	▲40	▲50	▲60	▲80	▲150		
226B	Dode Paskert Philadelphia	▲25	▲40	▲50	▲60	▲80	▲150		
227	Heinie Peitz	▲25	▲40	▲50	▲60	▲80	▲150		
228	Perry Providence	▲25	▲40	▲50	▲60	▲80	▲150		
229	Robert A. Peterson	▲25	▲40	▲50	▲60	▲80	▲150		
230	John Pfeister	▲25	▲40	▲50	▲60	▲80	▲150		
231	Deacon Phillipe	▲25	▲40	▲50	▲60	▲80	▲150		
232A	Oliver Pickering Louisville	▲25	▲40	▲50	▲60	▲80	▲150		
232B	Oliver Pickering Minneapolis	▲25	▲40	▲50	▲60	▲80	▲150		
232C	Oliver Pickering Omaha	▲25	▲40	▲50	▲60	▲80	▲150		
233A	Billy Purtell Chicago	▲25	▲40	▲50	▲60	▲80	▲150		
233B	Billy Purtell Boston	▲25	▲40	▲50	▲60	▲80	▲150		
233C	Billy Purtell Jersey City	▲25	▲40	▲50	▲60	▲80	▲150		
234	Bill Rariden	▲25	▲40	▲50	▲60	▲80	▲150		
235	Morrie Rath	▲25	▲40	▲50	▲60	▲80	▲150		
236	Bugs Raymond	▲25	▲40	▲50	▲60	▲80	▲150		
237	Michael Regan	▲25	▲40	▲50	▲60	▲80	▲150		
238	Thomas Reilly Chicago	▲25	▲40	▲50	▲60	▲80	▲150		
239	Thomas Reilly Louisville	▲25	▲40	▲50	▲60	▲80	▲150		
240	Ed Reulbach	▲25	▲40	▲50	▲60	▲80	▲150		
241	Claude Ritchey	▲25	▲40	▲50	▲60	▲80	▲150		
242	Lou Ritter	▲25	▲40	▲50	▲60	▲80	▲150		
243	Clyde Robinson	▲25	▲40	▲50	▲60	▲80	▲150		
244	Royal Rock	▲25	▲40	▲50	▲60	▲80	▲150		
245A	Jack Rowan Cin	▲25	▲40	▲50	▲60	▲80	▲150		
245B	Jack Rowan Phil	▲25	▲40	▲50	▲60	▲80	▲150		
246	Nap Rucker	▲25	▲40	▲50	▲60	▲80	▲150		
247A	Dick Rudolph New York	▲25	▲40	▲50	▲60	▲80	▲150		
247B	Dick Rudolph Toronto	▲25	▲40	▲50	▲60	▲80	▲150		
248	Buddy Ryan St. Paul	▲25	▲40	▲50	▲60	▲80	▲150		
249	Buddy Ryan Cleveland	▲25	▲40	▲50	▲60	▲80	▲150		
250	Slim Sallee	▲25	▲40	▲50	▲60	▲80	▲150		
251	Ray Schalk	▲25	▲40	▲50	▲60	▲80	▲150		
252A	Bill Schardt Birmingham	▲25	▲40	▲50	▲60	▲80	▲150		
252B	Bill Schardt Milwaukee	▲25	▲40	▲50	▲60	▲80	▲150		
253	Jimmy Sheckard (Scheckard)	▲25	▲40	▲50	▲60	▲80	▲150		
254A	George Schirm Birmingham	▲25	▲40	▲50	▲60	▲80	▲150		
254B	George Schirm Buffalo	▲25	▲40	▲50	▲60	▲80	▲150		
255	Larry Schlafly	▲25	▲40	▲50	▲60	▲80	▲150		
256	Frank Schulte	▲25	▲40	▲50	▲60	▲80	▲150		
257A	James Seabaugh Nashville	▲25	▲40	▲50	▲60	▲80	▲150		

		PrFr 1	GD 2	VG 3	VgEx 4	EX 5	ExMt 6	NM 7	NmMt 8
257B	James Seabaugh/Facing left is Weisman								
258	Selby Louisville	▲25	▲40	▲50	▲60	▲80	▲150		
259A	Cy Seymour New York	▲25	▲40	▲50	▲60	▲80	▲150		
259B	Cy Seymour Baltimore	▲25	▲40	▲50	▲60	▲80	▲150		
260	Bob Shawkey	▲25	▲40	▲50	▲60	▲80	▲150		
261	Shelton Columbus	▲25	▲40	▲50	▲60	▲80	▲150		
262	Hosea Siner	▲25	▲40	▲50	▲60	▲80	▲150		
263A	Smith Atlanta	▲25	▲40	▲50	▲60	▲80	▲150		
263B	Smith Buffalo	▲25	▲40	▲50	▲60	▲80	▲150		
264	Smith Newark	▲25	▲40	▲50	▲60	▲80	▲150		
265	George Henry Smith	▲25	▲40	▲50	▲60	▲80	▲150		
266	Fred Snodgrass	▲25	▲40	▲50	▲60	▲80	▲150		
267A	Robert Spade Cincinnati	▲25	▲40	▲50	▲60	▲80	▲150		
267B	Robert Spade Newark	▲25	▲40	▲50	▲60	▲80	▲150		
268A	Tully Sparks Philadelphia	▲25	▲40	▲50	▲60	▲80	▲150		
268B	Tully Sparks Richmond	▲25	▲40	▲50	▲60	▲80	▲150		
269A	Tris Speaker Boston AL	▲120	▲200	▲250	▲300	▲400	▲800		
269B	Tris Speaker Boston NL	▲120	▲200	▲250	▲300	▲400	▲800		
270	Tubby Spencer	▲25	▲40	▲50	▲60	▲80	▲150		
271	Jake Stahl	▲25	▲40	▲50	▲60	▲80	▲150		
272	Stansberry Louisville	▲25	▲40	▲50	▲60	▲80	▲150		
273	Harry Steinfeldt	▲25	▲40	▲50	▲60	▲80	▲150		
274	George Stone	▲25	▲40	▲50	▲60	▲80	▲150		
275	George Stovall	▲25	▲40	▲50	▲60	▲80	▲150		
276	Gabby Street	▲25	▲40	▲50	▲60	▲80	▲150		
277	Amos Strunk	▲25	▲40	▲50	▲60	▲80	▲150		
278A	Billy Sullivan Louisville	▲25	▲40	▲50	▲60	▲80	▲150		
278B	Billy Sullivan Omaha	▲25	▲40	▲50	▲60	▲80	▲150		
279	Billy Sullivan Indianapolis	▲25	▲40	▲50	▲60	▲80	▲150		
280	J. Sullivan Louisville	▲25	▲40	▲50	▲60	▲80	▲150		
281	Ed Summers	▲25	▲40	▲50	▲60	▲80	▲150		
282	Swacina Newark	▲25	▲40	▲50	▲60	▲80	▲150		
283	Jeff Sweeney	▲25	▲40	▲50	▲60	▲80	▲150		
284	Bill Sweeney	▲25	▲40	▲50	▲60	▲80	▲150		
285	Lee Tannehill	▲25	▲40	▲50	▲60	▲80	▲150		
286	John Taylor Kansas City	▲25	▲40	▲50	▲60	▲80	▲150		
287	John Taylor Montreal	▲25	▲40	▲50	▲60	▲80	▲150		
288	Jim Thorpe	▲25	▲40	▲50	▲60	▲80	▲150		
289A	Joe Tinker	▲100	▲150	▲200	▲250	▲300	▲600		
289B	Joe Tinker Cincinnati	▲25	▲40	▲50	▲60	▲80	▲150		
290A	John Titus Philadelphia	▲25	▲40	▲50	▲60	▲80	▲150		
290B	John Titus Boston	▲25	▲40	▲50	▲60	▲80	▲150		
291	Terry Turner	▲25	▲40	▲50	▲60	▲80	▲150		
292A	Bob Unglaub Washington	▲25	▲40	▲50	▲60	▲80	▲150		
292B	Bob Unglaub Lincoln	▲25	▲40	▲50	▲60	▲80	▲150		
292C	Bob Unglaub Minneapolis	▲25	▲40	▲50	▲60	▲80	▲150		
293	Viebahn Jersey City	▲25	▲40	▲50	▲60	▲80	▲150		
294A	Rube Waddell St. Louis	▲80	▲120	▲150	▲200	▲250	▲500		
294B	Rube Waddell Minneapolis	▲80	▲120	▲150	▲200	▲250	▲500		
294C	Rube Waddell Newark	▲80	▲120	▲150	▲200	▲250	▲500		
295	Honus Wagner	▲500	▲800	▲1,000	▲1,200	▲1,500	▲3,000		
296	Walker Atlanta	▲25	▲40	▲50	▲60	▲80	▲150		
297	Bobby Wallace	▲25	▲40	▲50	▲60	▲80	▲150		
298	Waller Jersey City	▲25	▲40	▲50	▲60	▲80	▲150		
299	Ed Walsh	▲25	▲40	▲50	▲60	▲80	▲150		
300	Jack Warhop	▲25	▲40	▲50	▲60	▲80	▲150		
301	Wauner Memphis	▲25	▲40	▲50	▲60	▲80	▲150		
302	Wiesman Nashville	▲25	▲40	▲50	▲60	▲80	▲150		
303	Zach Wheat	▲25	▲40	▲50	▲60	▲80	▲150		
304	White Buffalo	▲25	▲40	▲50	▲60	▲80	▲150		
305	Kirby White	▲25	▲40	▲50	▲60	▲80	▲150		
306	Kaiser Wilhelm	▲25	▲40	▲50	▲60	▲80	▲150		
307	Ed Willett	▲25	▲40	▲50	▲60	▲80	▲150		
308A	Williams Indianapolis	▲25	▲40	▲50	▲60	▲80	▲150		
308B	Williams Minneapolis	▲25	▲40	▲50	▲60	▲80	▲150		
309	Owen Wilson	▲25	▲40	▲50	▲60	▲80	▲150		
310	Hooks Wiltse	▲25	▲40	▲50	▲60	▲80	▲150		

		PrFr 1	GD 2	VG 3	VgEx 4	EX 5	ExMt 6	NM 7	NmMt 8
311	Joe Wood Boston	▲25	▲40	▲50	▲60	▲80	▲150		
312A	Orville Woodruff Indianapolis	▲25	▲40	▲50	▲60	▲80	▲150		
312B	Orville Woodruff Louisville	▲25	▲40	▲50	▲60	▲80	▲150		
313	Walter Woods Buffalo	▲25	▲40	▲50	▲60	▲80	▲150		
314	Joseph Yeager	▲25	▲40	▲50	▲60	▲80	▲150		
315	Cy Young	▲250	▲400	▲500	▲600	▲800	▲1,500		
316	Heinie Zimmerman Chicago	▲40	▲60	▲80	▲100	▲120	▲250		
317A	Heinie Zimmerman Newark	▲40	▲60	▲80	▲100	▲120	▲250		
317B	Zimmerman Newark	▲25	▲40	▲50	▲60	▲80	30		

1909-11 American Caramel E90-1

		PrFr 1	GD 2	VG 3	VgEx 4	EX 5	ExMt 6	NM 7	NmMt 8
1	Bill Bailey	▲50	▲80	▲100	120	▼150	▼300		
2	Home Run Baker	▲150	▲250	▼300	▼400	▼500	▼1,000		
3	Jack Barry	▲50	▲80	▼100	▼120	▼150	▼300		
4	George Bell	▲50	▲80	100	▼120	▼150	▼300		
5	Harry Bemis	▲200	▲300	▲400	▲500	▲1,000			
6	Chief Bender	▲150	▲250	▲300	▲400	▼500	▼1,000		
7	Bob Bescher	▲100	▲150	▲200	250	▲500			
8	Cliff Blankenship	▲50	▲80	▲100	▼120	▼150	▼300		
9	John Bliss	▲50	▲80	▲100	120	▼150	▼300		
10	Bill Bradley	▲100	▲150	▲200	▲250	300	▲600		
11	Kitty Bransfield P on Shirt	▲50	▲80	▲100	▼120	▼150	▼300		
12	Kitty Bransfield No P on Shirt	▲100	▲150	▲200	250	▼300	600		
13	Roger Bresnahan	▲150	▲250	▲300	400	▼800			
14	Al Bridwell	▲50	▲80	▲100	120	▼150	▼300		
15	Buster Brown Horizontal	▲120	▲200	▲250	▲300	400	800		
16	Mordecai Brown	▲250	▲400	▲500	▲1,000				
17	Donie Bush	▲50	▲80	▲100	120	▼150	▼300		
18	John Butler	▲50	▲80	▲100	▼120	▼150	▼300		
19	Howie Camnitz	▲50	▲80	▲100	▼120	▼150	▼300		
20	Frank Chance	▲150	▲250	▲300	400	▼500	▼1,000		
21	Hal Chase	▲200	▲300	▲400	▲500	▲600	1,200		
22	Fred Clarke Philadelphia	▲150	▲250	▲300	400	800			
23	Fred Clarke Pittsburgh	▲400	▲600	▲800	▲1,500				
24	Wally Clement	▲60	▲100	▲120	150	▼200	▼400		
25	Ty Cobb	▲3,000	▲5,000	▲6,000	▲8,000	▲15,000			
26	Eddie Collins	▲150	▲250	300	400	800			
27	Frank Corridon	▲50	▲80	▲100	120	▼150	▼300		
28	Sam Crawford	▲150	▲250	▲300	▼400	▼500	▼1,000		
29	Lou Criger	▲50	▲80	▲100	120	▼150	▼300		
30	George Davis	▲200	▲300	▲400	500	▲1,000			
31	Jasper Davis	▲50	▲80	▲100	120	▼150	▼300		
32	Ray Demmitt	▲100	▲150	▲200	250	▲500			
33	Mike Donlin	▲80	▲120	▲150	200	▼250	▼500		
34	Wild Bill Donovan	▲60	▲100	▲120	▼150	▼200	▼400		
35	Red Dooin	▲50	▲80	100	120	▼150	▼300		
36	Patsy Dougherty	▲250	▲400	▲500	▲600	▲800	▲1,500		
37	Hugh Duffy	▲600	▲1,000	1,200	▲2,500				
38	Jimmy Dygert	▲80	▲120	▲150	▲200	▲250	▲500		
39	Rube Ellis	▲80	▲120	▲150	▲200	250	▲500		
40	Clyde Engle	▲50	▲80	▲100	▼120	▼150	▼300		
41	Art Fromme	▲100	▲150	▲200	250	▲500			
42	George Gibson Back View	▲100	▲150	▼200	▼250	▼500			
43	George Gibson Front View	▲100	▲150	▲200	▲250	▲300	▲600		
44	George Graham	▲1,000	▲1,500	▲2,000	▲4,000				
45	Eddie Grant	▲60	▲100	▲120	150	▼200	▼400		
46	Dolly Gray	▲80	▲120	▲150	▲200	250	500		
47	Bob Groom	▲80	▲120	▲150	▲200	▲250	▲500		
48	Charles Hall Horizontal	▲60	▲100	▲120	150	▼200	▼400		
49	Roy Hartzell Fielding	▲50	▲80	▲100	▼120	▼150	▼300		
50	Roy Hartzell Batting	▲80	▲120	▲150	200	▼250	▼500		
51	William Heitmuller	▲80	▲120	▲150	▲200	▲400			
52	Harry Howell Follow Through	▲50	▲80	▲100	120	▼150	▼300		
53	Harry Howell Wind Up	▲60	▲100	▲120	150	▼200	▼400		
54	Tex Irwin (Erwin)	▲50	▲80	▲100	▼120	▼150	▼300		
55	Frank Isbell	▲50	▲80	▲100	▼120	▼150	▼300		

#	Player	PrFr 1	GD 2	VG 3	VgEx 4	EX 5	ExMt 6	NM 7	NmMt 8
56	Joe Jackson	▲30,000	▲50,000	▲60,000	▲120,000				
57	Hughie Jennings	▲120	▲200	▲250	▲300	▲600			
58	Tim Jordan	▲50	▲80	▲100	▼120	▼150	▼300		
59	Addie Joss Pitching	▲400	▲600	▲800	▲1,500				
60	Addie Joss Portrait	▲250	▲400	▼500	▼600	▼800	▼1,500		
61	Ed Karger	▲400	▲600	▲800	▲1,500				
62	Willie Keeler Portrait Pink	▲200	▲300	400	▼500	▼600	▼1,200		
63	Willie Keeler Portrait Red	▲600	▲1,000	▲1,200	▲2,500				
64	Willie Keeler Throwing	▲600	▲1,000	▲1,200	1,500	▲3,000			
65	John Knight	▲50	▲80	▼100	▼120	▼150	▼300		
66	Harry Krause	▲50	▲80	▲100	▼120	250			
67	Nap Lajoie	▲800	▲1,200	▲1,500	▲2,000	▲2,500	▲5,000		
68	Tommy Leach Batting	▲60	▲100	120	150	▼200	▼400		
69	Tommy Leach Throwing	▲60	▲100	▲120	150	▼200	▼400		
70	Sam Leever	▲50	▲80	100	120	▼150	▼300		
71	Hans Lobert	▲300	▲500	▲600	▲800	▲1,500			
72	Harry Lumley	▲50	▲80	▼100	▼120	▼150	▼300		
73	Rube Marquard	▲200	▲300	▲400	▲500	▼600			
74	Christy Mathewson	▲2,000	▲3,000	▲4,000	▲5,000	▲6,000	▲12,000		
75	Stuffy McInnes (McInnis)	▲80	▲120	▲150	▲200	250	500		
76	Harry McIntyre	▲50	▲80	▲100	120	▼150	▼300		
77	Larry McLean	▲250	▲400	▲500	▲600	▲1,200			
78	George McQuillan	▲50	▲80	▲100	120	▼150	▼300		
79	Dots Miller/w/o sunset in background	▲50	▲80	100	120	▼150	▼300		
80	Dots Miller/Red sunset in background								
81	Mike Mitchell	▲3,000	▲5,000	▲6,000	▲12,000				
82	Fred Mitchell	▲50	▲80	▲100	▼120	▼150	▼300		
83	George Mullin	▲60	▲100	▲120	150	▼200	▼400		
84	Rebel Oakes	▲150	▲250	300	400	500	▲1,000		
85	Patrick O'Connor	▲60	▲100	▲120	150	▲300			
86	Charley O'Leary	▲50	▲80	▲100	120	▼150	▼300		
87	Orval Overall	▲120	▲200	250	300	600			
88	Jim Pastorius	▲80	▲120	150	200	▼250	▲500		
89	Ed Phelps	▲50	▲80	100	120	▼150	▼300		
90	Eddie Plank	▲1,000	▲1,500	▲2,000	▲2,500	▲3,000	▲6,000		
91	Lew Richie	▲50	▲80	▲100	120	▼150	▼300		
92	Germany Schaefer	▲60	▲100	120	150	▲300			
93	Victor Schlitzer	▲120	▲200	250	300	400	▲800		
94	Johnny Siegle	▲100	▲150	▲200	250	▲500			
95	Dave Shean	▲100	▲150	▼200	▼250	500			
96	Jimmy Sheckard	▲60	▲100	▲120	150	▼200	▼400		
97	Tris Speaker	▲2,000	▲3,000	▲6,000					
98	Jake Stahl	▲500	▲800	▲1,000	▲2,000				
99	Oscar Stanage	▲60	▲100	▲120	150	200	400		
100	George Stone Left Hand	▲250	▲400	▲500	600	▼800	▼1,500		
101	George Stone No Hands	▲60	▲100	▲120	150	200	400		
102	George Stovall	▲50	▲80	▼100	▼120	▼150	▼300		
103	Ed Summers	▲50	▲80	▲100	120	▼150	▼300		
104	Bill Sweeney	▲1,200	▲2,000	▲2,500	▲5,000				
105	Jeff Sweeney	▲50	▲80	▲100	120	▼150	▼300		
106	Jesse Tannehill	▲50	▲80	▲100	120	▼150	▼300		
107	Lee Tannehill	▲50	▲80	▼100	▼120	▼150	▼300		
108	Fred Tenney	▲80	▲120	▲150	200	▼250	▼500		
109	Ira Thomas	▲60	▲100	▲120	150	▼200	▼400		
110	Roy Thomas	▲50	▲80	▲100	120	▼150	▼300		
111	Joe Tinker	▲150	▲250	300	400	500			
112	Bob Unglaub	▲50	▲80	▲100	120	▼150	▼300		
113	Jerry Upp	▲250	▲400	▲500	600	▲1,200			
114	Honus Wagner Batting	▲1,500	▲2,500	▲5,000					
115	Honus Wagner Throwing	▲1,200	▲2,000	▲4,000					
116	Bobby Wallace	▲100	▲150	▲200	▼250	500			
117	Ed Walsh	▲800	▲1,200	▲2,500					
118	Vic Willis	▲200	▲300	▲400	500	1,000			
119	Hooks Wiltse	▲80	▲120	▲150	200	▼250	▼500		
120	Cy Young Boston	▲1,500	▲2,500	▲3,000	▲4,000	▲5,000	▲10,000		
121	Cy Young Cleveland	▲2,000	▲3,000	▲4,000	▲8,000				

— Joe Jackson PSA 8 (NmMt) sold for $667,189 (SCP; 8/16)
— Joe Jackson PSA 2.5 (G/VG) sold for $18,800 (eBay; 1/13)
— Joe Jackson SGC 20 (Fair) sold for $10,280 (Goodwin; 2/14)

1909-11 T206

#	Player	PrFr 1	GD 2	VG 3	VgEx 4	EX 5	ExMt 6	NM 7	NmMt 8
1	Ed Abbaticchio Blue Sleeves	25	30	100	120	400	600		
2	Ed Abbaticchio Brown Sleeves	25	30	50	100	200	300	800	
3	Fred Abbott ML	50	80	100	150	250	500	600	
4	Bill Abstein	20	50	80	120	200	300	500	
5	Doc Adkins ML	40	50	100	200	400	500		
6	Whitey Alperman	40	60	100	120	200	300	600	
7	Red Ames Hands at Chest	30	40	80	120	400	600		
8	Red Ames Hands over Head	20	25	60	100	250	300		
9	Red Ames Portrait	20	30	50	100	200	400	500	
10	John Anderson ML	40	60	100	150	250	400	600	
11	Frank Arellanes	40	60	100	150	250	400	600	
12	Herman Armbruster ML	20	40	60	120	150	350		
13	Harry Arndt ML	30	50	80	120	200	300	1,000	
14	Jake Atz	20	25	40	100	200	300	400	
15	Home Run Baker	80	150	400	500	800	1,400	2,500	
16	Neal Ball Cleveland	20	25	40	80	120	200	500	
17	Neal Ball New York	30	40	60	100	200	250	400	
18	Jap Barbeau	30	50	80	120	200	400	500	
19	Cy Barger ML	30	50	80	120	250	300		
20	Jack Barry	50	80	120	200	250	400	600	
21	Shad Barry ML	50	60	80	150	200	250	800	
22	Jack Bastian SL	40	80	150	300	500	600		
23	Emil Batch ML	25	40	60	100	200	400		
24	Johnny Bates	30	50	60	100	250	300	500	
25	Harry Bay SL	100	150	250	300	600	800		
26	Ginger Beaumont	30	60	80	150	200	400	800	
27	Fred Beck	40	60	100	150	250	300	500	
28	Beals Becker	30	50	80	120	250	300	400	
29	Jake Beckley ML	100	150	250	400	800	1,200	2,000	
30	George Bell Follow Through	20	25	60	120	150	300		
31	George Bell Hands above Head	20	25	40	50	150	250		
32	Chief Bender Pitching No Trees	60	100	200	250	600	1,000	2,700	
33	Chief Bender Pitching Trees	100	120	150	250	350	800	1,900	
34	Chief Bender Portrait	120	150	200	300	600	1,200	2,000	
35	Bill Bergen Batting	20	30	40	60	100	250	500	
36	Bill Bergen Catching	20	25	60	120	150	200	500	
37	Heinie Berger	30	50	80	120	250	300	500	
38	Bill Bernhard SL	50	80	300	400	500	800		
39	Bob Bescher Hands in Air	20	25	50	100	150	300	400	
40	Bob Bescher Portrait	20	25	120	150	200	250	400	
41	Joe Birmingham Horizontal	50	80	120	150	250	300		
42	Lena Blackburne ML	20	50	60	120	200	400	500	
43	Jack Bliss	20	25	50	120	150	400	500	
44	Frank Bowerman	50	80	120	200	300	500	800	
45	Bill Bradley with Bat	25	30	50	100	200	250	600	
46	Bill Bradley Portrait	50	80	100	120	150	300	500	
47	Dave Brain ML	40	60	80	100	200	400	600	
48	Kitty Bransfield	40	60	80	100	120	400	1,000	
49	Roy Brashear ML	50	80	120	200	300	500	800	
50	Ted Breitenstein SL	80	120	250	400	500	600	1,200	
51	Roger Bresnahan Portrait	80	120	150	250	350	1,000	1,800	
52	Roger Bresnahan with Bat	60	100	150	250	400	600	1,500	
53	Al Bridwell No Cap	20	25	50	100	120	200	500	
54	Al Bridwell with Cap	20	25	50	100	150	250	400	
55	George Brown Chicago	30	40	80	120	200	500		
56	George Brown Washington	80	120	200	500	600	1,200	3,600	
57	Mordecai Brown Chicago Shirt	120	150	200	400	500	800	2,500	
58	Mordecai Brown Cubs Shirt	100	150	250	400	500	1,500	2,500	
59	Mordecai Brown Portrait	120	150	250	400	600	1,400	2,000	
60	Al Burch Batting	40	50	80	120	350	500		
61	Al Burch Fielding	20	25	40	100	150	200	400	

#	Player	PrFr 1	GD 2	VG 3	VgEx 4	EX 5	ExMt 6	NM 7	NmMt 8
62	Fred Burchell ML	30	50	80	120	200	300	500	
63	Jimmy Burke ML	20	25	40	50	120	200	400	
64	Bill Burns	20	60	100	120	250	400		
65	Donie Bush	20	25	50	100	150	250		
66	John Butler ML	20	25	40	120	200	250	500	
67	Bobby Byrne	20	25	50	150	200	300	400	
68	Howie Camnitz Arm at Side	60	80	100	125	200	350	600	
69	Howie Camnitz Arms Folded	20	30	60	100	150	200	600	
70	Howie Camnitz Hands above Head	25	30	40	150	200	400	500	
71	Billy Campbell	20	25	40	100	150	250	500	
72	Scoops Carey SL	40	50	100	300	500	800	2,500	
73	Charley Carr ML	20	25	40	80	200	250	500	
74	Bill Carrigan	30	40	60	120	150	250		
75	Doc Casey ML	20	25	50	100	120	250	400	
76	Peter Cassidy ML	50	80	120	200	300	500	800	
77	Frank Chance Batting	60	100	300	400	500	100	2,000	
78	Frank Chance Portrait Red	100	200	300	400	1,000	1,200	2,500	
79	Frank Chance Portrait Yellow	80	120	200	350	600	1,500	2,000	
80	Bill Chappelle ML	20	30	60	80	120	200	425	
81	Chappie Charles	25	30	50	80	150	200	400	
82	Hal Chase Throwing Dark Cap	25	30	100	150	250	450	1,000	
83	Hal Chase Holding Trophy	30	80	120	300	400	800		
84	Hal Chase Portrait Blue	30	50	120	200	300	400	800	
85	Hal Chase Portrait Pink	50	80	100	300	400	1,200		
86	Hal Chase Throwing White Cap	30	40	100	150	300	400	1,200	
87	Jack Chesbro	120	200	400	500	800	1,200	2,500	
88	Ed Cicotte	100	150	250	400	600	1,000		
89	Bill Clancy (Clancey) ML	20	25	50	60	300	400	600	
90	Fred Clarke Holding Bat	50	100	150	300	400	600	1,500	
91	Fred Clarke Portrait	60	100	150	250	400	600	2,000	
92	Josh Clark (Clarke) ML	20	25	60	80	150	200	600	
93	J.J. (Nig) Clarke	20	25	40	150	200	250	400	
94	Bill Clymer ML	40	60	100	150	250	400	600	
95	Ty Cobb Bat off Shoulder	1,000	1,500	2,000	4,000	6,000	8,000	15,000	
96	Ty Cobb Bat on Shoulder	1,000	2,000	2,500	4,000	6,000	8,000	15,000	
97	Ty Cobb Portrait Green	1,500	4,000	5,000	8,000	10,000	25,000		
98	Ty Cobb Portrait Red	1,200	2,000	3,000	5,000	6,000	10,000	15,000	
99	Cad Coles SL	20	25	120	200	300	600	3,000	
100	Eddie Collins Philadelphia	300	500	800	1,200	2,000	3,000	5,000	
101	Jimmy Collins Minneapolis ML	120	200	300	500	800	1,200	2,000	
102	Bunk Congalton ML	20	25	40	100	200	250	1,200	
103	Wid Conroy Fielding	20	25	40	100	150	250	800	
104	Wid Conroy with Bat	20	25	40	60	100	250	500	
105	Harry Covaleski	40	50	120	150	200	300	800	
106	Doc Crandall No Cap	20	25	60	80	200	250	400	
107	Doc Crandall with Cap	20	25	60	120	150	200	500	
108	Bill Cranston SL	50	60	100	150	500	600		
109	Gavvy Cravath ML	20	25	100	120	150	300	800	
110	Sam Crawford Throwing	60	100	200	300	600	1,200	1,500	
111	Sam Crawford with Bat	60	120	200	250	600	600	20,000	
112	Birdie Cree	25	30	50	150	200	250		
113	Lou Criger	20	40	60	80	250	300		
114	Dode Criss UER	40	60	100	150	250	400	600	
115	Monte Cross ML	20	25	40	60	120	200	400	
116	Bill Dahlen Boston	20	50	80	150	200	250	800	
117	Bill Dahlen Brooklyn	100	120	400	800	2,000	5,000	8,000	
118	Paul Davidson ML	30	50	80	120	200	400	600	
119	George Davis	150	250	400	600	1,000	1,500	2,500	
120	Harry Davis (Davis on Front)	20	25	40	120	150	200	500	
121	Harry Davis (H.Davis on Front)	20	25	40	50	150	200	500	
122	Frank Delehanty (Delahanty) ML	20	40	60	120	200	250	500	
123	Jim Delehanty	20	25	80	120	200	800		
124	Ray Demmitt New York	25	30	50	100	150	300	600	
125	Ray Demmitt St. Louis	1,500	2,000	2,500	8,000				
126	Rube Dessau ML	20	30	40	60	175	300	600	
127	Art Devlin	20	25	40	60	150	250	400	
128	Josh Devore	20	50	60	120	150	200	600	
129	Bill Dineen	25	30	40	50	150	200	800	
130	Mike Donlin Fielding	40	50	80	120	200	400		
131	Mike Donlin Seated	20	25	40	60	120	350	500	
132	Mike Donlin with Bat	20	25	60	120	300	350	400	
133	Jiggs Donahue (Donohue)	20	25	40	50	100	200	1,000	
134	Wild Bill Donovan Portrait	30	40	60	100	150	250	1,000	
135	Wild Bill Donovan Throwing	20	25	80	100	200	275	600	
136	Red Dooin	20	25	40	80	150	200	500	
137	Mickey Doolan Batting	30	40	60	120	150	250	500	
138	Mickey Doolan Fielding	20	25	100	120	150	250	400	
139	Mickey Doolin Portrait	20	25	40	50	200	300	400	
140	Gus Dorner ML	20	25	60	80	120	300	400	
143	Patsy Dougherty Portrait	20	25	40	200	250	300	400	
144	Tom Downey Batting	30	40	60	80	150	250		
145	Tom Downey Fielding	20	30	40	80	120	300	400	
146	Jerry Downs ML	30	40	60	100	120	400	600	
147	Joe Doyle Hands Above Head	150	200	250	500	800			
149	Larry Doyle Portrait	20	25	40	60	300	350		
150	Larry Doyle Throwing	20	25	60	100	200	300		
151	Larry Doyle with Bat	30	40	50	80	250	300	400	
152	Jean Dubuc	50	80	100	120	250	200	500	
153	Hugh Duffy	150	250	400	600	1,000	1,500	2,500	
154	Jack Dunn Baltimore ML	20	25	60	120	300	400	500	
155	Joe Dunn Brooklyn	20	25	120	150	200	250	700	
156	Bull Durham	25	30	50	200	400	600		
157	Jimmy Dygert	20	25	40	50	120	250	400	
158	Ted Easterly	20	30	40	100	150	200	600	
159	Dick Egan	20	30	40	100	120	250	800	
160	Kid Elberfeld Fielding	50	60	100	120	200	300		
161	Kid Elberfeld Portrait New York	25	30	50	150	300	400		
162	Kid Elberfeld Portrait Wash	300	400	600	1,000	2,500			
163	Roy Ellam SL	60	100	120	500	600	800		
164	Clyde Engle	20	25	40	80	150	250	500	
165	Steve Evans	30	40	60	100	120	300	500	
166	Johnny Evers Portrait	120	200	300	400	800	1,500	2,500	
167	Johnny Evers w/Bat Chi Shirt	80	120	150	400	500	1,500	2,000	
168	Johnny Evers w/Bat Cubs Shirt	150	200	300	500	1,000	2,000		
169	Bob Ewing	20	25	60	120	150	250	800	
170	Cecil Ferguson	20	25	40	100	120	250	500	
171	Hobe Ferris	20	25	120	150	200	250	500	
172	Lou Fiene Portrait	30	40	60	120	300	500	600	
173	Lou Fiene Throwing	20	25	50	80	150	250	400	
174	Steamer Flanagan ML	20	25	60	80	200	300	500	
175	Art Fletcher	20	25	40	80	120	200	400	
176	Elmer Flick	100	200	300	500	800	1,200	2,000	
177	Russ Ford	20	50	80	120	250	300	500	
178	Ed Foster SL	50	60	250	500	600			
179	Jerry Freeman ML	20	25	80	120	250	400	600	
180	John Frill	20	60	100	120	150	200	500	
181	Charlie Fritz SL	40	80	100	200	400	1,200		
182	Art Fromme	40	60	100	150	250	400	600	
183	Chick Gandil	60	120	200	300	400	1,000	1,500	
184	Bob Ganley	25	30	100	120	200	400		
185	John Ganzel ML	30	50	80	120	200	300	500	
186	Harry Gasper (Gaspar)	20	30	60	200	250	300	400	
187	Rube Geyer	20	40	60	80	120	300	500	
188	George Gibson	25	60	80	120	150	250	500	
189	Billy Gilbert	20	40	50	100	120	200	500	
190	Wilbur Goode	40	60	100	150	250	400	600	
191	Bill Graham St. Louis	20	25	40	80	150	300	400	
192	Peaches Graham Boston	30	50	80	100	120	300	600	
193	Dolly Gray	20	25	40	60	200	250	500	
194	Ed Greminger SL	50	60	100	300	400	800	1,500	
195	Clark Griffith Batting	50	60	100	250	350	500	2,000	
196	Clark Griffith Portrait	50	100	120	200	400	800	2,000	
197	Moose Grimshaw ML	30	50	80	120	200	300	500	
198	Bob Groom	25	40	60	80	200	250	400	

#	Card	PrFr 1	GD 2	VG 3	VgEx 4	EX 5	ExMt 6	NM 7	NmMt 8
199	Tom Guiheen SL	80	120	200	300	500	800	3,000	
200	Ed Hahn	50	80	120	200	300	500	800	
201	Bob Hall ML	20	25	40	80	120	400		
202	Bill Hallman ML	25	30	40	60	150	250		
203	Jack Hannifan (Hannifin) ML	20	25	50	80	100	200	400	
204	Bill Hart Little Rock SL	40	50	120	200	300	850	1,200	
205	Jimmy Hart Montgomery SL	50	60	100	200	400	700		
206	Topsy Hartsel	30	40	60	80	150	200		
207	Jack Hayden ML	20	25	40	120	150	200	500	
208	J.Ross Helm SL	40	50	120	250	400	800	1,500	
209	Charlie Hemphill	20	25	40	50	150	250	500	
210	Buck Herzog Boston	20	25	60	120	250	400	800	
211	Buck Herzog New York	20	25	50	100	150	250		
212	Gordon Hickman SL	80	120	200	300	500	600	3,000	
213	Bill Hinchman Cleveland	20	25	40	50	150	200	500	
214	Harry Hinchman Toledo ML	50	80	120	200	300	500	800	
215	Dick Hoblitzell	20	25	50	100	150	200	400	
216	Danny Hoffman St. Louis	40	60	100	150	250	400	600	
217	Izzy Hoffman Providence ML	20	30	50	100	150	250		
218	Solly Hofman	20	25	40	60	250	300	400	
219	Bock Hooker SL	100	150	200	250	400	650		
220	Del Howard Chicago	20	25	50	100	200	300		
221	Ernie Howard Savannah SL	50	80	120	200	400	800		
222	Harry Howell Hand at Waist	20	25	40	120	200	250	500	
223	Harry Howell Portrait	30	40	120	150	200	400		
224	Miller Huggins Hands at Mouth	100	120	150	200	500	600	1,500	
225	Miller Huggins Portrait	50	60	200	250	400	600	1,500	
226	Rudy Hulswitt	30	60	80	120	200	300	400	
227	John Hummel	20	25	100	120	250	400	800	
228	George Hunter	50	80	120	200	300	500	800	
229	Frank Isbell	50	80	120	200	300	500		
230	Fred Jacklitsch	30	50	80	120	200	300	500	
231	Jimmy Jackson ML	20	30	60	100	150	300	500	
232	Hughie Jennings Both Hands	60	120	200	250	500	600	1,500	
233	Hughie Jennings One Hand	80	100	120	200	600	800	2,000	
234	Hughie Jennings Portrait	80	150	200	250	500	600	2,000	
235	Walter Johnson Hands at Chest	200	500	800	1,200	2,500	4,000	10,000	
236	Walter Johnson Portrait	500	600	1,200	2,000	3,000	5,000	20,000	
237	Davy Jones Detroit	25	30	40	100	120	250	800	
238	Fielder Jones Hands at Hips	20	25	40	100	150	250		
239	Fielder Jones Portrait	20	25	40	80	120	500	800	
240	Tom Jones St. Louis	20	25	40	80	100			
241	Dutch Jordan Atlanta SL	40	50	100	300	500	600		
242	Tim Jordan Brooklyn Batting	20	25	40	80	250	350	500	
243	Tim Jordan Brooklyn Portrait	20	25	40	50	150	200	400	
244	Addie Joss Pitching	60	100	200	300	600	700	2,000	
245	Addie Joss Portrait	80	200	250	300	500	1,200	4,000	
246	Ed Karger	20	25	50	80	100	300	500	
247	Willie Keeler Portrait	100	200	250	500	600	1,000	4,000	
248	Willie Keeler with Bat	100	150	200	400	600	2,000	3,000	
249	Joe Kelley ML	120	200	300	500	800	1,200		
250	J.F. Kiernan SL	80	100	150	400	500			
251	Ed Killian Pitching	20	25	40	60	150	200	400	
252	Ed Killian Portrait	20	25	40	120	200	250	400	
253	Frank King SL	60	80	200	400	500	600		
254	Rube Kisinger (Kissinger) ML	25	30	40	60	150	400		
255	Red Kleinow Boston	80	100	200	300	500	800	2,500	
256	Red Kleinow New York Catching	25	30	120	150	250	500	600	
257	Red Kleinow New York with Bat	30	40	60	80	150	300	400	
258	Johnny Kling	20	25	60	80	200	250		
259	Otto Knabe	20	25	40	60	120	200	400	
260	Jack Knight Portrait	20	25	50	100	150	250		
261	Jack Knight with Bat	20	25	40	100	250	300	500	
262	Ed Konetchy Glove Near Ground	30	40	60	120	200	300	600	
263	Ed Konetchy Glove Above Head	20	25	40	120	200	300	500	
264	Harry Krause Pitching	20	25	50	120	150	200	400	
265	Harry Krause Portrait	30	40	60	80	150	250	400	

#	Card	PrFr 1	GD 2	VG 3	VgEx 4	EX 5	ExMt 6	NM 7	NmMt 8
266	Rube Kroh	20	25	40	50	100	200	500	
267	Otto Kruger (Krueger) ML	20	25	40	60	250	350	800	
268	James LaFitte SL	150	250	400	600	1,000	1,500		
269	Nap Lajoie Portrait	120	300	400	600	1,000	2,000	6,000	
270	Nap Lajoie Throwing	120	200	300	400	600	1,000	2,000	
271	Nap Lajoie with Bat	120	250	400	600	800	1,200	3,000	
272	Joe Lake New York	30	40	80	100	150	250		
273	Joe Lake St. Louis No Ball	20	25	40	80	120	200	400	
274	Joe Lake St. Louis with Ball	20	25	40	80	150	500		
275	Frank LaPorte	30	50	80	120	200	400	800	
276	Arlie Latham	20	25	50	100	200	300	800	
277	Bill Lattimore ML	20	30	40	60	100	200	400	
278	Jimmy Lavender ML	20	25	60	150	200	250	500	
279	Tommy Leach Bending Over	20	25	60	80	150	300	500	
280	Tommy Leach Portrait	20	25	60	100	150	250		
281	Lefty Leifield Batting	30	40	50	100	200	300	400	
282	Lefty Leifield Pitching	20	30	60	80	200	300		
283	Ed Lennox	20	25	40	80	120	200	400	
284	Harry Lentz (Sentz) SL	80	120	200	300	500	1,500		
285	Glenn Liebhardt	40	60	100	150	250	400	600	
286	Vive Lindaman	20	25	40	50	150	300		
287	Perry Lipe SL	40	80	150	400	500	800		
288	Paddy Livingstone	40	60	80	100	150	300	400	
289	Hans Lobert	20	25	100	150	200	300	500	
290	Harry Lord	25	50	80	120	250	300	400	
291	Harry Lumley	30	50	80	120	200	400	600	
292	Carl Lundgren Chicago	120	200	300	500	800	2,500		
293	Carl Lundgren Kansas City ML	25	30	100	200	250	800		
294	Nick Maddox	20	25	40	50	100	200	400	
294	Sherry Magie Portrait (Magee)	10,000	15,000	25,000	40,000				
295	Sherry Magee with Bat	20	25	60	120	250	450	500	
296	Sherry Magee Portrait	40	60	200	300	400	500		
298	Bill Malarkey ML	20	25	40	80	100	250	800	
299	Billy Maloney ML	20	30	40	80	120	400	600	
300	George Manion SL	50	60	150	250	500	600		
301	Rube Manning Batting	20	25	50	80	120	200	400	
302	Rube Manning Pitching	20	25	50	80	200	250		
303	Rube Marquard Follow Through	50	80	120	250	600	800	1,700	
304	Rube Marquard Hands at Thighs	80	100	200	250	400	500	1,700	
305	Rube Marquard Portrait	80	100	150	250	500	1,200	2,000	
306	Doc Marshall	20	25	40	80	120	200	400	
307	Christy Mathewson Dark Cap	300	400	500	1,000	2,000	3,000	6,000	
308	Christy Mathewson Portrait	250	400	800	2,000	2,500	4,000	8,000	
309	Christy Mathewson White Cap	300	400	600	1,000	2,000	2,500	5,000	
310	Al Mattern	40	50	60	100	150	250	400	
311	John McAleese	30	50	60	100	120	200	500	
312	George McBride	40	50	60	120	250	300	400	
313	Pat McCauley SL	120	200	300	500	800	1,200	4,000	
314	Moose McCormick	25	30	60	80	150	200	400	
315	Pryor McElveen	50	80	120	200	300	500	800	
316	Dan McGann ML	20	25	40	60	120	200	400	
317	Jim McGinley ML	20	25	40	60	100	250	400	
318	Iron Man McGinnity ML	60	80	120	200	450	600	2,000	
319	Stoney McGlynn ML	30	40	60	80	150	200	500	
320	John McGraw Finger in Air	60	100	150	250	500	600	2,000	
321	John McGraw Glove at Hip	100	120	200	300	500	800	2,000	
322	John McGraw Portrait No Cap	60	100	200	300	500	800	1,500	
323	John McGraw Portrait with Cap	60	80	200	300	400	600	1,500	
324	Harry McIntyre Brooklyn	20	25	40	80	150	200	400	
325	Harry McIntyre Brooklyn-Chicago	20	25	40	60	100	200	400	
326	Matty McIntyre Detroit	20	25	40	80	150	350		
327	Larry McLean	20	25	40	60	150	200	400	
328	George McQuillan Ball in Hand	20	25	50	80	150	300	500	
329	George McQuillan with Bat	30	40	60	120	250	300	800	
330	Fred Merkle Portrait	25	100	120	150	250	300	800	
331	Fred Merkle Throwing	25	30	60	150	250	500		
332	George Merritt ML	50	80	120	200	300	500	800	

		PrFr 1	GD 2	VG 3	VgEx 4	EX 5	ExMt 6	NM 7	NmMt 8
33	Chief Meyers	20	25	40	80	120	400	600	
34	Chief Myers Batting (Meyers)	20	25	40	80	120	250		
35	Chief Myers Fielding (Meyers)	20	25	40	120	300	400	800	
36	Clyde Milan	30	50	80	120	200	400	500	
37	Molly Miller Dallas SL	40	50	200	300	400	600		
38	Dots Miller Pittsburgh	30	40	60	100	150	250	500	
39	Bill Milligan ML	20	25	40	100	150	250		
40	Fred Mitchell Toronto ML	40	60	100	150	250	400		
41	Mike Mitchell Cincinnati	20	25	40	80	150	250	600	
42	Dan Moeller ML	20	25	50	80	100	200	600	
43	Carleton Molesworth SL	100	150	250	400	600	1,000		
44	Herbie Moran Providence ML	20	25	40	60	120	200	500	
45	Pat Moran Chicago	40	60	100	150	250	400		
46	George Moriarty	40	60	100	150	250	400	600	
47	Mike Mowrey	20	25	40	60	150	200	400	
48	Dom Mullaney SL	40	80	150	300	500	700	1,200	
49	George Mullen (Mullin)	30	40	80	100	150	250	500	
50	George Mullin with Bat	20	25	40	80	100	250		
51	George Mullin Throwing	25	30	100	150	200	300		
52	Danny Murphy Batting	20	25	40	100	200	250		
53	Danny Murphy Throwing	25	30	60	100	150	250	800	
54	Red Murray Batting	20	25	40	80	150	200	400	
55	Red Murray Portrait	20	25	40	80	150	200	400	
56	Billy Nattress ML	20	25	40	60	200	250	500	
57	Tom Needham	30	40	60	100	200	300		
58	Simon Nicholls Hands on Knees	20	25	40	120	200	250	800	
59	Simon Nichols Batting (Nicholls)	20	25	60	80	300	500		
60	Harry Niles	20	50	60	100	250	300	400	
61	Rebel Oakes	20	25	60	80	120	250		
62	Frank Oberlin ML	40	50	60	100	200	400	500	
63	Peter O'Brien ML	40	50	60	120	150	250		
64	Bill O'Hara New York	20	25	40	120	150	300		
65	Bill O'Hara St. Louis	1,500	2,000	4,000	8,000				
66	Rube Oldring Batting	20	25	60	80	120	300	400	
67	Rube Oldring Fielding	20	25	40	80	120	200	500	
68	Charley O'Leary Hands on Knees	20	25	40	60	120	200	400	
69	Charley O'Leary Portrait	30	40	60	100	150	200	600	
70	William O'Neil ML	25	40	100	120	200	500		
71	Al Orth SL	40	50	100	300	350	600	1,200	
72	William Otey SL	50	100	200	400	500	1,000		
73	Orval Overall Hand at Face	20	30	50	100	150	200	400	
74	Orval Overall Hands at Waist	20	25	60	100	200	250		
75	Orval Overall Portrait	20	25	50	80	150	250	500	
76	Frank Owen (Owens)	20	40	60	80	150	300	400	
77	George Paige SL	50	60	150	400	500	800	2,500	
78	Fred Parent	20	25	50	80	150	200	600	
79	Dode Paskert	20	25	40	100	120	200	700	
80	Jim Pastorius	20	25	40	100	120	250		
81	Harry Pattee	100	150	250	400	600	1,000	2,000	
82	Fred Payne	20	25	50	80	300	400	600	
83	Barney Pelty Horizontal	30	80	200	250	300	500	1,200	
84	Barney Pelty Vertical	20	25	50	120	250	800	1,000	
85	Hub Perdue SL	40	50	150	250	600	800	1,500	
86	George Perring	30	50	80	120	200	300	500	
87	Arch Persons SL	40	50	150	200	450	600		
88	Francis Pfeffer	30	40	60	100	200	250	600	
89	Jeff Pfeffer ERR/Chicaco								
90	Jake Pfeister Seated (Pfiester)	30	40	60	120	150	200	400	
91	Jake Pfeister Throwing (Pfiester)	20	25	50	100	200	300		
92	Jimmy Phelan ML	20	25	40	80	150	250		
93	Eddie Phelps	20	25	40	80	150	200	400	
94	Deacon Phillippe	20	25	40	100	150	200	450	
95	Ollie Pickering ML	20	25	50	80	100	250		
96	Eddie Plank	60,000	80,000						
97	Phil Poland ML	20	25	40	120	150	200		
98	Jack Powell	25	30	100	120	200	250	1,000	
99	Mike Powers	25	60	80	200	250	500		

		PrFr 1	GD 2	VG 3	VgEx 4	EX 5	ExMt 6	NM 7	NmMt 8
400	Billy Purtell	20	30	40	50	200	300	500	
401	Ambrose Puttman (Puttmann) ML	40	60	100	150	250	400		
402	Lee Quillen (Quillin) ML	20	25	40	100	150	250	400	
403	Jack Quinn	30	40	50	60	200	300	400	
404	Newt Randall ML	20	25	50	60	120	200	1,000	
405	Bugs Raymond	20	25	40	80	200	250	500	
406	Ed Reagan SL	40	50	100	250	400	800		
407	Ed Reulbach Glove Showing	30	60	80	150	300	400		
408	Ed Reulbach No Glove	25	30	60	100	250	350	500	
409	Dutch Revelle SL	40	50	80	150	400	1,000	1,200	
410	Bob Rhoades Hands at Chest	20	25	40	60	100	300	500	
411	Bob Rhoades Right Arm Out	30	40	60	100	150	200	500	
412	Charlie Rhodes	20	25	150	200	250	300	400	
413	Claude Ritchey	30	50	80	150	250	400		
414	Lou Ritter ML	20	25	40	60	120	300		
415	Ike Rockenfeld SL	40	60	100	200	500	600		
416	Claude Rossman	30	50	80	120	300	400	500	
417	Nap Rucker Portrait	25	30	40	120	150	200	600	
418	Nap Rucker Throwing	30	40	50	100	250	500	700	
419	Dick Rudolph ML	20	30	80	150	300	400	500	
420	Ray Ryan SL	60	100	250	300	500	1,000		
421	Germany Schaefer Detroit	20	50	60	150	300	400	500	
422	Germany Schaefer Washington	30	40	60	80	150	200	500	
423	George Schirm ML	30	50	60	80	150	400		
424	Larry Schlafly ML	20	25	40	100	120	250	400	
425	Admiral Schlei Batting	20	25	60	80	150	200	500	
426	Admiral Schlei Catching	20	40	60	80	200	300	500	
427	Admiral Schlei Portrait	40	50	60	120	200	350	1,200	
428	Boss Schmidt Portrait	20	25	40	60	150	200	400	
429	Boss Schmidt Throwing	20	25	40	80	150	250	400	
430	Ossee Schreck (Schreckengost) ML	20	25	40	80	200	250	850	
431	Wildfire Schulte Back View	20	30	40	120	150	400	500	
432	Wildfire Schulte Front View	30	50	80	150	600			
433	Jim Scott	25	40	60	100	150	250	600	
434	Charles Seitz SL	100	150	250	400	600	1,000		
435	Cy Seymour Batting	20	25	40	60	120	200	400	
436	Cy Seymour Portrait	20	25	40	80	150	200	500	
437	Cy Seymour Throwing	20	25	40	120	200	400	500	
438	Spike Shannon ML	20	25	40	60	150	200	1,000	
439	Bud Sharpe ML	20	25	40	50	150	250	400	
440	Bud Shappe (Sharpe) ML	300	500	800					
441	Shag Shaughnessy SL	100	150	400	450	1,000	1,200		
442	Al Shaw St. Louis	20	50	60	120	150	250		
443	Hunky Shaw Providence ML	20	25	40	50	200	250		
444	Jimmy Sheckard Glove Showing	20	25	40	80	150	300	600	
445	Jimmy Sheckard No Glove	30	40	80	100	120	200	500	
446	Bill Shipke	20	25	40	60	200	300	500	
447	Jimmy Slagle ML	25	30	40	60	150	200		
448	Carlos Smith Shreveport SL	50	80	150	250	600	1,000		
449	Frank Smith Chicago-Boston	100	120	150	250	600			
450	Frank Smith Chicago F.Smith	40	50	60	80	120	200	500	
451	Frank Smith Chicago White Cap	25	30	40	80	150	250	400	
452	Heinie Smith Buffalo ML	25	30	60	150	200	200	500	
453	Happy Smith Brooklyn	20	25	40	100	150	200	800	
454	Sid Smith Atlanta SL	40	60	120	250	500	1,500		
455	Fred Snodgrass Batting	30	40	60	100	200	600		
456	Fred nodgrass (Snodgrass) Batting	400	600	1,000					
457	Fred Snodgrass Catching	20	25	50	120	200	250	500	
458	Bob Spade	20	25	40	80	120	300	500	
459	Tris Speaker	500	800	1,200	2,000	3,000	4,000	5,000	
460	Tubby Spencer	20	25	60	80	150	350		
461	Jake Stahl Glove Shows	20	40	60	80	150	300		
462	Jake Stahl No Glove Shows	20	25	60	120	150	200	400	
463	Oscar Stanage	40	60	100	150	250	400	600	
464	Dolly Stark SL	60	80	150	200	300	600		

		PrFr 1	GD 2	VG 3	VgEx 4	EX 5	ExMt 6	NM 7	NmMt 8
465	Charlie Starr	20	25	40	120	200	300	600	
466	Harry Steinfeldt with Bat	20	25	50	80	150	200	600	
467	Harry Steinfeldt Portrait	30	40	60	100	150	250	600	
468	Jim Stephens	20	25	40	80	120	200	500	
469	George Stone	30	60	80	120	400	500	800	
470	George Stovall Batting	20	25	40	80	150	400	800	
471	George Stovall Portrait	20	25	40	80	150	200	500	
472	Sam Strang ML	20	25	40	80	150	250	400	
473	Gabby Street Catching	20	25	60	100	200	250	400	
474	Gabby Street Portrait	30	40	60	100	200	250	500	
475	Billy Sullivan	20	25	50	80	150	250	800	
476	Ed Summers	20	40	50	80	120	250	600	
477	Bill Sweeney Boston	20	25	50	80	120	300	600	
478	Jeff Sweeney New York	40	50	80	150	300	400	600	
479	Jesse Tannehill Washington	50	80	120	200	300	500	800	
480	Lee Tannehill Chicago L.Tannehill	20	25	40	80	120	250	600	
481	Lee Tannehill Chicago Tannehill	20	25	40	80	120	250	1,000	
482	Dummy Taylor ML	25	50	80	100	300	400	1,000	
483	Fred Tenney	25	50	100	150	400	500	600	
484	Tony Thebo SL	60	80	120	250	400	1,200		
485	Jake Thielman ML	20	25	40	80	200	250	600	
486	Ira Thomas	50	80	120	200	300	500	800	
487	Woodie Thornton SL	50	120	150	250	500	800	1,200	
488	Joe Tinker Bat off Shoulder	80	100	250	300	800	1,200	3,000	
489	Joe Tinker Bat on Shoulder	100	120	200	300	500	1,000	2,000	
490	Joe Tinker Hands on Knees	80	120	200	400	700	1,200	6,000	
491	Joe Tinker Portrait	100	200	300	500	600	3,000	4,000	
492	John Titus	100	200	250	400	600			
493	Terry Turner	20	50	60	120	200	300	800	
494	Bob Unglaub	20	25	40	80	150	400	600	
495	Juan Violat (Viola) SL	50	60	200	250	400	1,000		
496	Rube Waddell Portrait	80	120	250	400	500	800	2,000	
497	Rube Waddell Throwing	50	120	200	500	600	1,000	2,500	
498	Heinie Wagner Bat on Left	25	30	50	120	150	250	600	
499	Heinie Wagner Bat on Right	25	30	60	200	250	300		
500	Honus Wagner	1,500,000	2,500,000						
501	Bobby Wallace	50	120	150	250	400	600	2,000	
502	Ed Walsh	150	200	250	500	800	1,500	2,000	
503	Jack Warhop	20	25	50	80	150	200	600	
504	Jake Weimer	20	25	40	80	150	250	400	
505	James Westlake SL	80	120	200	300	500	800		
506	Zack Wheat	80	150	200	600	800	1,000	2,000	
507	Doc White Chicago Pitching	20	25	50	80	120	300	800	
508	Doc White Chicago Portrait	40	50	80	100	120	200	400	
509	Foley White Houston SL	80	120	150	300	400	600		
510	Jack White Buffalo ML	20	25	40	60	120	200	400	
511	Kaiser Wilhelm Hands at Chest	25	30	40	120	200	300	500	
512	Kaiser Wilhelm with Bat	25	30	40	120	200	250	500	
513	Ed Willett with Bat	20	25	60	100	200	250	500	
514	Ed Willetts Throwing	20	25	40	50	200	300	500	
515	Jimmy Williams	20	25	60	80	150	200	400	
516	Vic Willis Pittsburgh Portrait	80	120	200	300	500	1,200	1,500	
517	Vic Willis St. Louis Throwing	50	80	120	200	500	800	1,500	
518	Vic Willis St. Louis with Bat	50	80	150	200	400	600	2,000	
519	Owen Wilson	25	30	80	120	150	250	400	
520	Hooks Wiltse Pitching	25	30	40	120	150	250	400	
521	Hooks Wiltse Portrait No Cap	40	50	60	100	150	300		
522	Hooks Wiltse Portrait with Cap	20	25	40	150	200	400	2,000	
523	Lucky Wright ML	20	25	40	80	150	250	400	
524	Cy Young Bare Hand Shows	250	600	800	1,500	2,000	2,500	6,000	
525	Cy Young Glove Shows	500	600	800	1,500	2,000	2,500	4,000	
526	Cy Young Portrait	400	800	1,500	2,500	5,000	6,000	8,000	
527	Irv Young Minneapolis ML	50	60	80	120	200	400		
528	Heinie Zimmerman	40	60	100	150	250	400		

— Prices listed above pertain to Piedmont and Sweet Caporal backs. The scarcer backs command premium values.

— Jake Beckley ML PSA 8 (NmMt) sold for $33,958 (Goodwin; 10/12)

— Chief Bender Portrait PSA 9 (Mint) sold for $30,090 (Goodwin; 6/12)
— Jake Beckley PSA 8 (NmMt) sold for $33,958 (Goodwin; 9/12)
— Mordecai Brown Cubs Shirt PSA 2 (Good) (Black Lennox) sold for $7,770 (Goodwin; 6/12)
— Hal Chase Portrait Pink PSA 7 (NM) sold for $5,117 (Goodwin; 03/12)
— Frank Chance Batting SGC 96 (Mint) sold for $10,809 (Goodwin; 10/12)
— Frank Chance Portrait Yellow (Lenox Back) PSA 4 (VgEx) sold for $7,500 (REA; 05/12)
— Frank Chance Portrait Yellow (Red Hindu Back) PSA 3 (VG) sold for $16,980 (SCP; 12/12)
— Jack Chesbro PSA 8 (NmMt) sold for $7,477 (Goodwin; 8/12)
— Fred Clarke Holding Bat PSA 8 (NmMt) sold for $6,177 (Goodwin; 8/12)
— Fred Clarke Portrait PSA 8 (NmMt) sold for $8,908 (SCP; 5/12)
— Ty Cobb Bat off Shoulder PSA 9 (Mint) sold for $488,425 (SCP; 8/16)
— Ty Cobb Bat off Shoulder PSA 8 (NmMt) sold for $29,625 (REA; 5/13)
— Ty Cobb Bat off Shoulder (Uzit) PSA 2 (Good) sold for $17,775 (REA; 5/13)
— Ty Cobb Portrait Green PSA 7 (NM) sold for $32,588 (REA; 5/13)
— Ty Cobb Portrait Red PSA 8 (NmMt) sold for $27,584 (SCP; 12/14)
— Ty Cobb Portrait Red PSA 8 (NmMt) sold for $26,663 (REA; 5/13)
— Ty Cobb Portrait Red (Hindu Red) PSA 3 (VG) sold for $45,510 (SCP; 12/12)
— Ty Cobb Portrait Red (Lennox) PSA 3 (VG) sold for $27,000 (REA; Spring '15)
— Ty Cobb Portrait Red (Cobb Back) SGC 30 (Good) sold for $132,000 (REA; Spring '15)
— Ty Cobb Portrait Red (Hindu Red) PSA 1 (Poor) sold for $29,336 (SCP; 4/13)
— Eddie Collins Philadelphia PSA 8 (NmMt) sold for $7,500 (REA; 05/12)
— Ray Demmitt St. Louis SGC 60 (Ex) sold for $9,718 (Goodwin; 04/12)
— Ray Demmitt St. Louis SGC 60 (EX) sold for $5,000 (REA; 05/12)
— Gus Dorner Dopner PSA 2 (Good) sold for $5,500 (REA; 05/12)
— Joe Doyle Hands Above Head Nat'l PSA 3 (Vg) sold for $350,000 (REA; 05/12)
— Larry Doyle with Bat PSA 2 (Good) (Drum) sold for $5,362 (Goodwin; 6/12)
— Hugh Duffy PSA 8 (NmMt) sold for $6,797 (Goodwin; 6/12)
— Johnny Evers Portrait PSA 8 (NmMt) sold for $12,440 (Goodwin; 8/12)
— Johnny Evers Portrait PSA 8 (NmMt) sold for $10,690 (Goodwin; 7/14)
— Johnny Evers w/Bat Cubs Shirt PSA 4.5 (Vg/Ex+) (Hindu) sold for $9,306 (SCP; 5/12)
— Lou Fiene Throwing SGC 40 (VG) (Drum) sold for $5,484 (Goodwin; 10/12)
— Elmer Flick PSA 8 (NmMt) sold for $7,477 (Goodwin; 8/12)
— Clark Griffith Batting PSA 4 (Vg/Ex) (Drum) sold for $8,755 (Goodwin; 10/12)
— Miller Huggins Hands at Mouth (Drum) SGC 40 (VG) sold for $14,578 (Goodwin; 6/13)
— Miller Huggins Portrait PSA 8 (NmMt) sold for $6,177 (Goodwin; 8/12)
— Hughie Jennings Both Hands PSA 8 (NmMt) sold for $8,225 (Goodwin; 8/12)
— Walter Johnson Hands at Chest PSA 8 (NmMt) sold for $10,280 (Goodwin; 7/13)
— Walter Johnson Hands at Chest (Hindu Red) SGC 55 (VgEx+) sold for $10,073 (REA; 5/13)
— Walter Johnson Hands at Chest (Hindu Red) SGC 4 (VgEx) sold for $11,000 (REA; 05/12)
— Walter Johnson Hands at Chest (Hindu Red) PSA 4 (VgEx) sold for $10,780 (SCP; 4/13)
— Walter Johnson Hands at Chest (Hindu Red) PSA 4 (VgEx) sold for $9,799 (SCP; 12/12)
— Walter Johnson Portrait PSA 8 (NmMt) sold for $23,971 (Goodwin; 3/15)
— Walter Johnson Portrait PSA 8 (NmMt) sold for $22,440 (Bussineau; 7/13)
— Addie Joss Portrait PSA 8 (NmMt) sold for $5,801 (Goodwin; 8/12)
— Addie Joss Portrait PSA 8 (NmMt) sold for $5,273 (Goodwin; 10/12)
— Willie Keeler Portrait PSA 8 (NmMt) sold for $19,404 (Goodwin; 6/12)
— Willie Keeler with Bat PSA 8 (NmMt) sold for $5,801 (Goodwin; 8/12)
— Rube Kisinger ML PSA 8 (NmMt) sold for $8,550 (Goodwin; 10/12)
— Red Kleinow Boston SGC 30 (Good) (Broad Leaf 460) sold for $5,425 (Memory Lane; 8/12)
— Ed Konetchy Glove Near Ground (Drum) PSA 1 (Poor) sold for $10,347 (Goodwin; 3/13)
— Nap Lajoie Portrait PSA 8 (NmMt) sold for $8,495 (Goodwin; 6/12)
— Nap Lajoie Throwing PSA 8 (NmMt) sold for $6,032 (Mile High; 5/12)
— Nap Lajoie Throwing PSA 8 (NmMt) sold for $5,616 (Goodwin; 11/12)
— Nap Lajoie Throwing PSA 8 (NmMt) sold for $5,105 (Goodwin; 10/12)
— Nap Lajoie with Bat PSA 8 (NmMt) sold for $8,495 (Goodwin; 6/12)
— Sherry Magie Portrait (Magee) PSA 8 (NmMt) sold for $27,660 (Greg Bussineau; 12/15)
— Sherry Magie Portrait (Magee) SGC 80 (ExMt) sold for $80,077 (Goodwin; 04/12)
— Sherry Magie Portrait (Magee) SGC 60 (EX) sold for $30,600 (Greg Bussineau; 12/12)
— Sherry Magie Portrait (Magee) PSA 2.5 (G+) sold for $15,000 (REA; 05/12)
— Sherry Magie Portrait (Magee) SGC 20 (Fair) sold for $8,215 (Goodwin; 8/12)
— Sherry Magee Portrait PSA 2.5 (G+) sold for $7,848 (Memory Lane; 8/12)
— Christy Mathewson Dark Cap PSA 8.5 (NmMt+) sold for $34,693 (Mile High; 10/13)
— Christy Mathewson Portrait PSA 8 (NmMt) sold for $32,588 (REA; 5/13)
— Christy Mathewson Portrait PSA 8 (NmMt) sold for $29,339 (Goodwin; 6/12)
— Christy Mathewson Dark Cap PSA 8 (NmMt) sold for $35,502 (Goodwin; 8/12)
— John McGraw Glove at Hip PSA 8 (NmMt) sold for $5,801 (Goodwin; 10/12)
— George McQuillan with Bat PSA 1 (Poor) (Brown Lennox) sold for $5,484 (Goodwin; 8/12)

	PrFr 1	GD 2	VG 3	VgEx 4	EX 5	ExMt 6	NM 7	NmMt 8

— Danny Murphy Batting PSA 2 (Red Hindu Back) (Good) sold for $31,328 (SCP; 12/12)

— Eddie Plank PSA 6 (ExMt) sold for $239,000 (Heritage; 7/16)

— Eddie Plank SGC 70 (Ex+) (Piedmont 150 Back) sold for $330,826 (Goodwin; 04/12)

— Eddie Plank SGC 60 (EX) sold for $106,650 (REA; 5/13)

— Eddie Plank PSA 5 (EX) sold for $85,237 (Lelands; 12/12)

— Eddie Plank PSA 5 (EX) sold for $78,959 (Mile High; 10/13)

— Eddie Plank PSA 5 (EX) sold for $75,600 (Bussineau; 7/13)

— Eddie Plank PSA 4.5 (VgEx+) sold for $66,000 (REA; Spring '15)

— Eddie Plank PSA 4 (VgEx) sold for $88,875 (REA; 5/13)

— Eddie Plank PSA 4 (VgEx) sold for $83,300 (Memory Lane; 5/12)

— Eddie Plank PSA 4 (VgEx) sold for $80,000 (REA; 05/12)

— Eddie Plank SGC 2.5 (G/VG) sold for $42,000 (REA; Spring '15)

— Eddie Plank PSA Authentic (Missing Color) sold for $92,762 (Goodwin; 1/13)

— Germany Schaefer Detroit PSA 9 (Mint) sold for $5,558 (Memory Lane; 8/12)

— Cy Seymour Throwing (Drum) PSA 1 (Poor) sold for $24,406 (Goodwin; 3/13)

— Sid Smith Atlanta SL SGC A (Authentic) (Old Mill Brown) sold for $24,000 (REA; Fall '14)

— Tris Speaker PSA 8 (NmMt) sold for $12,720 (Greg Bussineau; 12/12)

— Gabby Street Catching SGC 40 (Vg) (Broadleaf 460) sold for $15,307 (Goodwin; 01/12)

— Cy Seymour Throwing (Red Hindu Back) PSA 3 (VG) sold for $12,173 (SCP; 12/12)

— Joe Tinker Bat off Shoulder PSA 8 (NmMt) (EPDG) sold for $15,054 (Goodwin; 8/12)

— Rube Waddell Portrait PSA 8 (NmMt) sold for $13,252 (Goodwin; 8/12)

— Rube Waddell Throwing PSA 9 (Mint) sold for $23,520 (Greg Bussineau; 4/12)

— Honus Wagner PSA 8 (NmMt) sold privately by SCP for $2.8M in September, 2007

— Honus Wagner PSA 8 (NmMt) purchased for $2.35M in March, 2007 by SCP

— Honus Wagner PSA 8 (NmMt) purchased for $1.265M on eBay in 2000 by B.Seigel

— Honus Wagner PSA 8 (NmMt) purchased for $640K at Christy's, 1996 by M.Gidwitz

— Honus Wagner PSA 8 (NmMt) sold by Gretzky for $500,000 to Treat Ent. in 1995

— Honus Wagner PSA 8 (NmMt) purchased for $451,000 in 1991 by Gretzky & McNall

— Honus Wagner PSA 5 MC (EX, Miscut) sold for $2.10M (Goldin; 4/13)

— Honus Wagner PSA 3 (Vg) sold for $1,320,000 (REA; Spring '15)

— Honus Wagner SGC 40 (Vg) sold for $1,232,466 (Goodwin; 04/12)

— Honus Wagner PSA 2 (Good) sold for $654,500 (Memory Lane; 5/12)

— Honus Wagner PSA 2 (Good) sold for $651,150 (REA; 5/12)

— Honus Wagner PSA 1 (Poor) sold for $402,900 (REA; 5/13)

— Honus Wagner SGC Authentic sold for $198,850 (Goodwin; 8/12)

— Vic Willis St. Louis with Bat PSA 8 (NmMt) sold for $7,477 (Goodwin; 8/12)

— Cy Young Portrait PSA 8 (NmMt) sold for $35,225 (Goodwin; 3/15)

— Cy Young Portrait PSA 8 (NmMt) sold for $27,240 (Bussineau; 7/13)

1910 American Caramel Pirates E90-2

		PrFr 1	GD 2	VG 3	VgEx 4	EX 5	ExMt 6	NM 7	NmMt 8
1	Babe Adams	120	200	250	800				
2	Fred Clarke	120	250	400	800				
3	George Gibson	120	200	400	500				
4	Ham Hyatt	120	200	400	800				
5	Tommy Leach	120	200	300	800				
6	Sam Leever	120	200	400	800				
7	Nick Maddox	120	200	400	800				
8	Dots Miller	120	200	400	800				
9	Deacon Phillippe	120	200	300	800				
10	Honus Wagner	2,500	4,000	6,000	9,000	10,000			
11	Chief Wilson	120	200	400	800				

1910 E98 Set of 30

		PrFr 1	GD 2	VG 3	VgEx 4	EX 5	ExMt 6	NM 7	NmMt 8
1	Chief Bender	120	250	400	800	1,500			
2	Roger Bresnahan	150	300	400	800	1,500			
3	Al Bridwell	150	200	250	500	1,000			
4	Miner Brown	150	500	600	1,000	1,500			
5	Frank Chance	120	400	500	800	1,500			
6	Hal Chase	150	400	500	1,000				
7	Fred Clarke	120	400	500	800	1,500			
8	Ty Cobb	1,500	2,000	3,000	6,000				
9	Eddie Collins	120	300	400	800	3,000			
10	Jack Coombs	100	150	250	500	1,000			
11	Bill Dahlen	100	150	250	500	1,000			

		PrFr 1	GD 2	VG 3	VgEx 4	EX 5	ExMt 6	NM 7	NmMt 8
12	Harry Davis	100	150	250	500	1,000			
13	Red Dooin	100	150	400	500	1,000			
14	Johnny Evers	150	300	400	800	1,500			
15	Russ Ford	80	200	250	500	1,000			
16	Hughey Jennings	150	300	400	800	1,500			
17	Johnny Kling	80	150	250	600	1,000			
18	Nap Lajoie	200	400	600	1,200	2,500			
19	Connie Mack	150	600	1,000	1,500	3,000			
20	Christy Mathewson	800	2,500	3,000					
21	John McGraw	150	250	400	800	1,500			
22	Larry McLean	80	150	250	500	1,000			
23	Chief Meyers	100	150	300	500	1,000			
24	George Mullin	80	200	250	500	1,000			
25	Fred Tenney	80	150	250	500	1,000			
26	Joe Tinker	120	250	400					
27	Hippo Vaughn	120	250	500					
28	Hans Wagner	1,000	1,600	2,500	6,500				
29	Ed Walsh	250	300	600	800	1,500			
30	Cy Young	600	1,200	2,000	3,000				

— Cy Young #30 PSA 8 (NmMt) sold for $5,273 (Mile High; 1/13)

1910 Old Mill T210

— Joe Jackson SGC 40 (VG) sold for $168,000 (REA; Spring '15)

— Joe Jackson SGC 30 (Good) sold for $118,500 (REA; 5/13)

— Joe Jackson PSA 2 (Good) sold for $96,631 (SCP; 12/12)

— Joe Jackson SGC 30 (Good) sold for $80,000 (Legendary; 11/13)

— Joe Jackson PSA 1.5 (Fair) sold for $77,820 (SCP; 4/13)

— Joe Jackson SGC Authentic sold for $57,500 (Lgendary ; 5/14)

— Joe Jackson PSA Authentic sold for $56,028 (Goodwin; 11/15)

— Casey Stengel SGC 5 (Ex) sold for $27,000 (REA; Sping '15)

1910 Philadelphia Caramel E96

		PrFr 1	GD 2	VG 3	VgEx 4	EX 5	ExMt 6	NM 7	NmMt 8
1	Babe Adams	60	120	200	300				
2	Red Ames	60	120	200	300				
3	Frank Arellanes	60	120	200	300	1,500			
4	Home Run Baker	200	300	400	800				
5	Mordecai Brown	100	200	600	800				
6	Fred Clark (Clarke)	100	200	300	500				
7	Harry Davis	60	120	200	300	600			
8	Jim Delehanty	60	120	200	300				
9	Bill Donovan	60	150	200	300				
10	Red Dooin	60	120	200	300				
11	George Gibson	60	120	200	500				
12	Buck Herzog	60	120	200	300				
13	Hugh Jennings MG	80	150	250	400				
14	Ed Karger	60	120	200	300	600			
15	Johnny Kling	60	120	200	300				
16	Ed Konetchy	60	120	200	300				
17	Napoleon Lajoie	325	400	800	1,000				
18	Connie Mack MG	300	800	1,000	1,200				
19	Rube Marquard	100	250	400	400				
20	George McQuillan	60	150	200	300				
21	Chief Meyers	60	120	200	300	600			
22	Mike Mowrey	60	120	200	300	600			
23	George Mullin	60	120	200	300				
24	Red Murray	60	120	200	300	600			
25	Jack Pfeister (Pfiester)	60	120	200	300				
26	Claude Rossman	60	120	150	300				
27	Nap Rucker	60	120	250	300				
28	Tubby Spencer	60	120	200	300				
29	Ira Thomas	60	120	300	350				
30	Joe Tinker	100	200	300	800				

1910 Standard Caramel E93

#	Name	PrFr 1	GD 2	VG 3	VgEx 4	EX 5	ExMt 6	NM 7	NmMt 8
1	Red Ames	60	80	100	120	650	1,200		
2	Chief Bender	120	200	350	400	600	800		
3	Mordecai Brown	200	300	500	800	1,500	2,500		
4	Frank Chance	175	250	350	600	1,200	2,000		
5	Hal Chase	100	150	200	250	600	1,500		
6	Ty Cobb	800	1,500	2,500	4,000	6,000	8,000		
7	Eddie Collins	100	150	300	500	800	1,000		
8	Harry Coveleskie (Coveleski)	50	80	150	400	800	1,500		
9	Fred Clarke	100	150	250	500	800	1,500		
10	Jim Delehanty	50	80	200	250	350	400		
11	Bill Donovan	50	80	150	400	800			
12	Red Dooin	50	80	150	250	350	1,200		
13	Johnny Evers	150	250	400	600	1,500	2,500		
14	George Gibson	50	80	150	300	500	800		
15	Clark Griffith	100	150	250	500	800	1,500		
16	Hugh Jennings	100	150	250	500	1,000	1,500		
17	Davy Jones	50	80	150	325	500	1,200		
18	Addie Joss	150	250	400	600	1,000	2,500		
19	Napoleon Lajoie	200	300	500	800	2,000	3,000		
20	Tommy Leach	50	80	150	300	500	3,600		
21	Christy Mathewson	600	1,000	1,500	2,500	4,000	6,000		
22	John McGraw	100	150	200	300	1,000	1,500		
23	Jim Pastorius	50	80	150	300	500	1,300		
24	Deacon Phillippe	50	80	200	300	500	800		
25	Eddie Plank	250	500	550	600	1,000	3,000		
26	Joe Tinker	100	150	300	500	1,000	1,500		
27	Rube Waddell	120	200	400	600	1,200			
28	Honus Wagner	1,200	2,000	2,500	3,500	6,000	8,000		
29	Hooks Wiltse	50	80	150	250	300	1,500		
30	Cy Young	500	800	1,200	2,000	3,500	6,000		

— Christy Mathewson PSA 8 (NM) sold for $24,000 (REA; Fall '14)
— Honus Wagner SGC 88 (NmMt) sold for $17,101 (Mile High; 1/12)
— Honus Wagner SGC 88 (NmMt) sold for $16,440 (Goodwin; 6/12)

1910-11 Sporting Life M116

#	Name	PrFr 1	GD 2	VG 3	VgEx 4	EX 5	ExMt 6	NM 7	NmMt 8
1	Ed Abbaticchio	25	30	40	50	80	120	150	400
2A	Babe Adams Black Back	25	30	40	50	80	120	200	400
2B	Babe Adams Blue Back	25	30	40	50	80	120	200	400
3	Red Ames	25	30	40	60	80	120	200	400
4	Jimmy Archer	25	30	40	50	80	120	200	400
5	Frank Arellanes	25	30	40	50	80	120	200	400
6	Tommy Atkins	25	30	40	50	80	120	200	400
7	Jimmy Austin	25	30	40	50	80	120	200	400
8	Les Bachman	25	30	40	50	80	120	200	400
9	Bill Bailey	25	30	40	50	80	120	200	400
10A	Frank Baker Black Back	120	150	200	250	300	400	600	1,200
10B	Frank Baker Blue Back	100	120	150	350	450	600	800	1,000
11	Cy Barger	25	30	40	50	80	120	200	400
12	Jack Barry	25	30	40	50	80	120	200	400
13A	Johnny Bates Philadelphia	25	30	40	50	80	120	200	400
14	Ginger Beaumont	25	30	40	50	80	120	200	400
15	Fred Beck	25	30	40	50	80	120	200	400
16	Heine Beckendorf	25	30	40	50	80	120	200	400
17	Fred Beebe	25	30	40	50	80	120	200	400
18	George Bell	25	30	40	50	80	120	200	400
19	Harry Bemis	25	30	40	50	80	120	200	400
20A	Chief Bender Blue	120	150	200	250	300	500	900	1,500
20B	Chief Bender Pastel	100	120	150	200	250	400	600	1,000
21	Bill Bergen	25	30	40	50	80	120	200	400
22	Charles Berger	25	30	40	50	80	120	200	400
23	Bob Bescher	25	30	40	50	80	120	200	400
24	Joseph Birmingham	25	30	40	50	80	120	200	400
25	Lena Blackburn	25	30	40	50	80	120	200	400
26	Jack Bliss	25	30	40	50	80	120	200	400
27	James J. Block	25	30	40	50	80	120	200	400
28	Hugh Bradley	25	30	40	50	80	120	200	400
29	Kitty Bransfield	25	30	40	50	100	120	200	400
30A	Roger Bresnahan Blue	120	150	200	250	300	500	800	1,500
30B	Roger Bresnahan Pastel	100	120	150	200	400	500	700	1,000
31	Al Bridwell	25	30	40	50	80	120	200	400
32	Buster Brown	25	30	40	50	80	120	200	400
33A	Mordecai Brown Blue	120	150	200	350	400	600	800	1,500
33B	Mordecai Brown Pastel	120	150	200	350	400	600	850	1,000
34	Al Burch	25	30	40	50	80	120	200	400
35	Donie Bush	25	30	40	50	80	120	200	400
36	Bobby Byrne	25	30	40	50	80	120	200	400
37	Howie Camnitz	25	30	40	50	80	120	200	400
38	Vin Campbell	25	30	40	50	80	120	200	400
39	Bill Carrigan	25	30	40	50	100	120	200	400
40A	Frank Chance Blue	120	150	200	250	300	500	900	1,500
40B	Frank Chance Pastel	100	120	200	250	300	400	600	1,000
41	Chappy Charles	25	30	40	50	80	120	200	400
42A	Hal Chase Blue	80	100	120	150	200	300	600	1,200
42B	Hal Chase Pastel	80	100	120	150	200	300	600	1,000
43	Ed Cicotte	100	120	150	200	300	400	800	1,200
44A	Fred Clarke Black Back	100	120	150	200	250	400	600	1,000
44B	Fred Clarke Blue Back	100	120	150	200	250	400	600	1,000
45	Nig Clarke	25	30	40	50	80	120	200	400
46	Tommy Clarke	25	30	40	50	80	120	200	400
47A	Ty Cobb Blue	1,000	1,500	2,500	3,500	4,000	5,000	6,000	
47B	Ty Cobb Pastel	800	1,000	1,500	2,000	2,500	3,000	5,000	
48A	Eddie Collins Blue	150	200	250	300	500	600	1,000	2,500
48B	Eddie Collins Pastel	120	150	200	250	300	500	800	1,200
49	Ray Collins	25	30	40	50	80	120	200	400
50	Wid Conroy	25	30	40	50	80	120	200	400
51	Jack Coombs	25	30	40	50	80	120	200	400
52	Frank Corridon	25	30	40	-50	80	120	200	400
53	Harry Coveleski ML	30	40	50	60	100	150	250	500
54	Doc Crandall	25	30	40	50	80	120	200	400
55A	Sam Crawford Blue	120	150	200	250	400	500	800	1,500
55B	Sam Crawford Pastel	100	120	150	200	300	400	600	1,000
56	Birdie Cree	25	30	40	50	80	120	200	625
57	Lou Criger	25	30	40	50	80	120	200	400
58	Dode Criss	25	30	40	50	80	120	200	400
59	Cliff Curtis	25	30	40	50	80	120	200	400
60	Bill Dahlen MG	25	30	40	50	80	120	200	400
61	William Davidson	25	30	40	50	80	120	200	400
62A	Harry Davis Blue	30	40	50	60	150	200	250	500
62B	Harry Davis Pastel	25	30	40	50	80	120	200	400
63	Jim Delehanty	25	30	40	50	80	120	200	400
64	Ray Demmitt	25	30	40	50	80	120	200	400
65	Frank Dessau	25	30	40	50	80	120	200	400
66A	Art Devlin Black Back	25	30	40	50	80	120	200	400
66B	Art Devlin Blue Back	25	30	40	50	80	120	200	400
67	Josh Devore	25	30	40	50	80	120	200	400
68	Pat Donahue	25	30	40	50	80	120	200	400
69	Patsy Donovan MG	25	30	40	50	80	120	200	400
70A	Bill Donovan Blue	25	30	40	50	100	120	200	400
70B	Bill Donovan Pastel	25	30	40	50	100	120	200	400
71A	Red Dooin Blue	30	40	50	100	150	200	250	500
71B	Red Dooin Pastel	25	30	40	50	80	120	200	400
72	Mickey Doolan	25	30	40	50	80	120	200	400
73	Patsy Dougherty	25	30	40	50	80	120	200	400
74	Tom Downey	25	30	40	50	80	120	200	400
75	Jim Doyle	25	30	40	50	80	120	200	400
76A	Larry Doyle Blue	30	40	50	60	100	150	250	500
76B	Larry Doyle Pastel	25	30	40	50	80	120	200	400
77	Hugh Duffy MG	100	120	250	300	350	400	600	1,000
78	Jimmy Dygert	25	30	40	50	80	120	150	400
79	Dick Eagan	25	30	40	50	80	120	200	400
80	Kid Elberfeld	25	30	40	50	80	120	200	400
81	Rube Ellis	25	30	40	50	80	120	200	400
82	Clyde Engle	25	30	40	50	80	120	200	400

		PrFr 1	GD 2	VG 3	VgEx 4	EX 5	ExMt 6	NM 7	NmMt 8
8	Tex Erwin	25	30	40	50	80	120	300	400
4	Steve Evans	25	30	40	50	80	120	200	400
5A	Johnny Evers Black Back	120	150	200	250	300	500	800	1,500
5B	Johnny Evers Blue Back	120	150	200	250	300	500	800	1,200
6	Bob Ewing	25	30	40	50	80	120	200	400
7	Cy Falkenberg	25	30	40	80	100	120	150	400
8	George Ferguson	25	30	40	50	80	120	200	400
9	Art Fletcher	25	30	40	50	80	120	200	400
0	Elmer Flick	100	120	150	200	250	400	600	1,000
1	John Flynn	25	30	40	50	80	120	200	400
2	Russ Ford	25	30	40	50	80	120	200	400
3	Ed Foster ML	25	30	40	50	120	200	300	400
4	Bill Foxen	25	30	40	50	80	120	200	400
5	John Frill ML	25	30	40	50	80	120	200	400
6	Samuel Frock	25	30	40	50	80	120	200	400
7	Art Fromme	25	30	40	50	80	120	200	400
8	Earle Gardner New York	25	30	40	50	80	120	200	400
9	Larry Gardner Boston	25	30	40	80	120	200	300	400
00	Harry Gaspar	25	30	40	50	80	120	200	400
01	Doc Gessler	25	30	40	50	80	120	150	400
02A	George Gibson Blue	30	40	50	60	150	250		
02B	George Gibson Pastel	25	30	40	60	150	250		
03	Bert Graham	25	30	40	50	80	120	200	400
04	Peaches Graham	25	30	40	50	80	120	200	400
05	Eddie Grant	25	30	40	50	80	120	200	400
06	Clark Griffith MG	100	120	150	200	300	400	600	1,000
07	Ed Hahn	25	30	40	50	80	150	250	
08	Charles Hall	25	30	40	50	80	120	200	400
09	Bob Harmon	25	30	40	50	80	120	200	400
10	Topsy Hartsel	25	30	40	50	80	120	200	400
11	Roy Hartzell	25	30	40	50	80	120	200	400
12	Heinie Heitmuller	25	30	40	50	80	120	200	400
13	Buck Herzog	25	30	40	50	80	120	200	400
14	Doc Hoblitzel	25	30	40	50	80	120	200	400
15	Danny Hoffman	25	30	40	50	80	120	200	400
16	Solly Hofman	25	30	40	50	80	120	200	400
17	Harry Hooper	100	120	150	200	250	400	600	1,500
18	Harry Howell	25	30	40	50	80	120	200	400
19	Miller Huggins	100	120	150	200	250	400	600	1,200
20	Tom Hughes ML	25	30	40	50	80	120	200	400
21	Rudy Hulswitt	25	30	40	50	80	120	200	400
22	John Hummel	25	30	40	50	80	120	200	400
23	George Hunter	25	30	40	50	80	120	200	400
24	Ham Hyatt	25	30	40	50	80	120	200	400
25	Fred Jacklitsch	25	30	50	60	80	120	200	400
26A	Hugh Jennings MG Blue	120	150	200	250	400	500	800	1,500
26B	Hugh Jennings MG Pastel	100	120	150	200	250	400	600	1,000
27	Walter Johnson	500	600	800	1,000	1,800	2,000	4,000	5,000
28A	Davy Jones Blue	30	40	50	60	100	150	250	1,500
28B	Davy Jones Pastel	25	30	40	50	80	120	200	400
29	Tom Jones	25	30	40	50	80	120	200	400
130A	Tim Jordan Blue	30	40	50	60	100	150	250	500
130B	Tim Jordan Pastel	25	30	40	50	80	120	200	400
131	Addie Joss	100	120	200	250	300	1,100	1,800	
132	John Kane	25	30	40	50	80	120	200	400
133	Edwin Karge	25	30	40	50	80	120	200	400
134	Red Killifer	25	30	40	50	120	120	200	625
135	Johnny Kling	25	30	40	50	80	120	200	400
136	Otto Knabe	25	30	40	50	80	120	200	400
137	John Knight	25	30	40	50	80	120	200	400
138	Ed Konetchy	25	30	40	50	80	120	200	400
139	Harry Krause	25	30	40	50	80	120	200	400
140	Rube Kroh	25	30	40	50	80	120	200	400
141	Otto Krueger ML	25	30	40	50	80	120	200	400
142A	Nap Lajoie Blue	300	400	500	600	800	1,000	1,500	
142B	Nap Lajoie Pastel	200	300	400	500	600	800	1,200	
143	Joe Lake	25	30	40	50	80	120	200	400
144	Fred Lake MG	25	30	40	50	80	120	200	400
145	Frank LaPorte	25	30	40	50	80	120	200	400
146	Jack Lapp	25	30	40	80	120	200	300	400
147	Chick Lathers	25	30	40	60	80	120	200	400
148A	Tommy Leach Blue	30	40	50	120	150	200	300	500
148B	Tommy Leach Pastel	25	30	40	50	80	120	200	400
149	Sam Leever	25	30	40	50	80	120	200	400
150	Lefty Leifield	25	30	40	50	80	120	200	400
151	Ed Lennox	25	30	40	50	80	120	200	400
152	Frederick Link	25	30	40	50	80	120	200	400
153	Paddy Livingstone	25	30	40	50	80	120	200	400
154	Hans Lobert	25	30	40	50	80	120	200	400
155	Bris Lord	25	30	40	50	80	120	200	400
156A	Harry Lord Blue	30	40	50	60	100	150	250	500
156B	Harry Lord Pastel	25	30	40	50	80	120	200	400
157	Johnny Lush	25	30	40	50	80	100	120	400
158	Connie Mack MG	150	200	250	300	400	700		
159	Thomas Madden	25	30	40	50	80	120	200	400
160	Nick Maddox	25	30	40	50	80	120	200	400
161	Sherry Magee	25	30	40	50	80	120	200	400
162A	Christy Mathewson Blue	500	600	800	1,000	1,200	1,500	2,500	
162B	Christy Mathewson Pastel	500	600	800	1,000	1,200	1,500	2,500	5,000
163	Al Mattern	25	30	40	60	80	120	200	400
164	Jimmy McAleer MG	25	30	40	50	80	120	200	400
165	George McBride	25	30	40	50	80	120	200	400
166A	Amby McConnell Boston	25	30	40	50	80	120	200	400
167	Pryor McElveen	25	30	40	50	80	120	200	400
168	John McGraw MG	80	100	200	250	300	500	800	1,200
169	Deacon McGuire MG	25	30	40	50	80	120	200	400
170	Stuffy McInnis	25	30	40	50	80	120	200	400
171	Harry McIntire	25	30	40	50	80	120	200	400
172	Matty McIntyre	25	30	40	50	80	120	250	
173	Larry McLean	25	30	40	50	80	120	200	400
174	Tommy McMillan	25	30	40	50	80	120	200	400
175B	George McQuillan Phil Blue	30	40	50	80	100	150	250	500
175C	George McQuillan Phil Pastel	25	30	40	50	80	120	200	400
176	Paul Meloan	25	30	40	80	120	200	300	400
177	Fred Merkle	25	30	40	50	80	120	200	400
178	Chief Meyers	25	30	40	50	120	150	200	400
179	Clyde Milan	25	30	40	50	80	120	200	400
180	Dots Miller	25	30	40	50	80	120	200	400
181	Warren Miller	25	30	40	50	80	120	200	750
182	Fred Mitchell ML	25	30	40	50	80	120	200	400
183	Mike Mitchell	25	30	40	50	80	120	200	400
184	Earl Moore	25	30	40	50	80	120	200	400
185	Pat Moran	25	30	40	50	80	120	200	400
186A	Lew Moren Black Back	25	30	40	50	80	120	200	400
186B	Lew Moren Blue Back	30	40	50	60	100	150	250	500
187	Cy Morgan	25	30	40	50	80	120	200	400
188	George Moriarty	25	30	40	50	80	120	200	400
189	Mike Mowery	25	30	40	50	80	120	200	400
190A	George Mullin Black Back	25	30	40	50	80	120	200	400
190B	George Mullin Blue Back	30	40	50	60	100	150	250	500
191	Danny Murphy	25	30	40	50	80	120	200	400
192	Red Murray	25	30	40	50	80	175	200	400
193	Tom Needham	25	30	40	50	80	120	200	400
194	Harry Niles	25	30	40	50	80	120	200	400
195	Rebel Oakes	25	30	40	80	100	120	300	400
196	Jack O'Connor	25	30	40	50	80	120	200	400
197	Paddy O'Connor	25	30	40	50	80	120	150	400
198	Bill O'Hara ML	25	30	40	50	80	120	200	400
199	Rube Oldring	25	30	40	50	80	120	200	400
200	Charley O'Leary	25	30	40	50	80	150	200	400
201	Orval Overall	25	30	40	50	80	120	200	400
202	Fred Parent	25	30	40	60	80	120	200	400
203	Dode Paskert	25	30	40	50	80	120	200	400
204	Frederick Payne	25	30	40	50	80	120	200	400

		PrFr 1	GD 2	VG 3	VgEx 4	EX 5	ExMt 6	NM 7	NmMt 8
205	Barney Pelty	25	30	40	50	80	120	200	400
206	Hub Pernoll	25	30	40	80	120	200	300	
207	George Perring ML	25	30	40	50	80	300	400	
208	Big Jeff Pfeffer	25	30	40	50	80	120	200	400
209	Jack Pfiester	25	30	40	50	80	120	200	400
210	Art Phelan	25	30	40	50	120	200	300	400
211	Ed Phelps	25	30	40	50	80	120	200	400
212	Deacon Phillipe	25	30	40	50	80	120	200	400
213	Eddie Plank	400	500	600	800	1,000	1,200	2,000	
214	Jack Powell	25	30	40	50	80	120	200	400
215	Billy (William) Purtell	25	30	40	50	80	120	200	400
216	Farmer Ray ML	25	30	40	50	80	120	200	500
217	Bugs Raymond	25	30	40	50	450	500	600	400
218	Doc Reisling	25	30	40	50	80	120	200	400
219	Ed Reulbach	25	30	40	50	80	120	200	400
220	Lew Richie	25	30	40	50	80	120	200	400
221	Jack Rowan	25	30	40	50	80	120	200	400
222A	Nap Rucker Black Back	25	30	40	50	80	120	200	400
222B	Nap Rucker Blue Back	25	30	60	80	100	120	200	400
223	Slim Sallee	25	30	40	50	80	120	200	400
224	Doc Scanlon	25	30	40	60	80	120	200	400
225	Germany Schaefer	25	30	40	50	80	120	200	400
226	Lou Schettler	25	30	40	50	80	150	200	400
227	Admiral Schlei	25	30	40	50	80	120	200	400
228	Boss Schmidt	25	30	40	50	80	120	200	400
229	Wildfire Schulte	25	30	40	50	80	120	200	400
230	Al Schweitzer	25	30	40	50	80	120	200	400
231	James Scott	25	30	40	50	80	120	200	400
232	James Seymour	25	30	40	50	80	120	200	400
233	Tillie Shafer	25	30	40	50	80	120	200	400
234	David Shean	25	30	40	50	80	120	200	400
235	Bayard Sharpe	25	30	40	50	80	120	200	400
236	Jimmy Sheckard	25	30	40	50	80	120	200	400
237	Mike Simon	25	30	40	50	80	120	200	400
238	Charlie Smith	25	30	40	50	80	120	200	400
239	Frank Smith	25	30	40	50	80	120	200	675
240	Harry Smith	25	30	40	50	80	120	200	400
241	Fred Snodgrass	25	30	40	50	80	120	200	400
242	Bob Spade UER	25	30	40	50	80	120	200	400
243	Tully Sparks	25	30	40	50	80	120	200	400
244	Tris Speaker	500	600	800	1,000	1,200	2,000	3,000	5,000
245	Jake Stahl	25	30	40	50	120	200	200	400
246	George Stallings MG	25	30	40	50	80	120	200	400
247	Oscar Stanage	25	30	40	50	80	120	200	400
248	Harry Steinfeldt	25	30	40	50	80	120	200	400
249	Jim Stephens	25	30	40	50	80	120	200	400
250	George Stone	25	30	40	50	80	120	200	400
251	George Stovall	25	30	40	80	100	120	200	400
252	Gabby Street	25	30	40	50	80	120	150	400
253	Sailor Stroud	25	30	40	50	80	120	200	400
254	Amos Strunk	25	30	40	50	80	120	200	400
255	George Suggs	25	30	40	50	80	120	200	525
256	Billy Sullivan	25	30	40	50	80	120	150	400
257A	Ed Summers Black Back	25	30	40	50	80	120	200	400
257B	Ed Summers Blue Back	25	30	40	50	80	120	200	400
258	Bill Sweeney	25	30	40	50	80	120	200	400
259	Jeff Sweeney	25	30	40	50	80	120	200	400
260	Lee Tannehill	25	30	40	50	80	120	200	400
261A	Fred Tenney Blue	30	40	50	60	250	300	400	600
262B	Fred Tenney Pastel	25	30	40	50	100	120	200	400
262A	Ira Thomas Blue	30	40	50	80	100	250	400	600
262B	Ira Thomas Pastel	25	30	40	50	80	120	200	400
263	John Thoney	25	30	40	50	80	120	200	400
264A	Joe Tinker Black Back	120	150	200	250	300	500	800	1,500
264B	Joe Tinker Blue Back	100	120	150	200	250	400	1,400	2,200
265	John Titus	25	30	40	50	80	120	200	400
266	Terry Turner	25	30	40	50	80	120	200	400

		PrFr 1	GD 2	VG 3	VgEx 4	EX 5	ExMt 6	NM 7	NmMt 8
267	Bob Unglaub	25	30	40	50	80	120	200	400
268A	Rube Waddell Black Back	120	200	250	300	300	500	800	1,500
268B	Rube Waddell Blue Back	100	120	150	300	350	400	600	1,000
269A	Hans Wagner Blue	2,000	3,000	4,000	5,000	6,000	8,000		
269B	Hans Wagner Pastel	1,200	1,500	3,000	4,000	5,000	6,000	12,000	
270	Heinie Wagner	25	30	40	50	80	120	200	400
271	Bobby Wallace	80	100	120	150	200	300	500	1,000
272	Ed Walsh	100	120	150	250	300	400	900	1,500
273	Jimmy Walsh Gray	60	80	100	120	150	250	500	800
274	Jimmy Walsh White	80	100	120	150	250	300	600	1,000
275	Doc White	25	30	40	50	80	120	200	400
276	Kaiser Wilhelm	25	30	40	50	80	120	200	400
277	Ed Willett	25	30	40	50	80	120	200	400
278	Vic Willis	100	120	150	200	250	400	600	1,500
279	Art Wilson	25	30	40	50	80	200	200	400
280	Chief Wilson	25	30	40	50	80	120	200	400
281	Hooks Wiltse	25	30	40	50	80	120	200	400
282	Harry Wolter	25	30	40	50	80	120	200	400
283	Joe Wood	300	400	500	800	1,200	2,800		
284	Ralph Works	25	30	40	50	80	120	200	400
285A	Cy Young Black Back	500	600	800	1,000	1,200	1,500	2,500	4,000
285B	Cy Young Blue Back	500	600	800	1,000	1,200	1,500	2,500	
286	Irv Young	25	30	40	50	80	120	200	400
287	Heinie Zimmerman	25	30	40	50	80	120	200	400
288	Dutch Zwilling	25	30	40	50	80	200	250	400

1910-12 Sweet Caporal Pins P2

		PrFr 1	GD 2	VG 3	VgEx 4	EX 5	ExMt 6	NM 7	NmMt 8
1	Ed Abbaticchio	6	8	10	12	20	25	40	60
2	Red Ames	6	8	10	12	20	25	40	60
3A	Jimmy Archer Small Letters	6	8	10	12	20	25	40	60
3B	Jimmy Archer Large Letters	8	10	12	15	20	30	50	80
4A	Jimmy Austin Small Letters	6	8	10	12	20	25	40	80
4B	Jimmy Austin Large Letters	8	10	12	15	20	30	50	80
5	Home Run Baker	12	15	20	25	30	80	100	200
6	Neal Ball	6	8	10	12	20	25	40	60
7	Cy Barger	6	8	10	12	20	25	40	60
8	Jack Barry	6	8	10	12	20	25	40	60
9	Johnny Bates	6	8	10	12	20	25	40	60
10	Beals Becker	6	8	10	12	20	25	40	60
11	Fred Beebe	6	8	10	12	20	25	40	60
12A	George Bell Small Letters	6	8	10	12	20	25	40	60
12B	George Bell Large Letters	8	10	12	15	20	30	50	80
13A	Chief Bender Small Letters	12	15	20	25	30	50	80	150
13B	Chief Bender Large Letters	20	25	30	40	50	80	120	300
14	Bill Bergen	6	8	10	12	20	25	40	60
15	Bob Bescher	6	8	10	12	20	25	40	60
16	Joe Birmingham	6	8	10	12	20	25	40	60
17	Kitty Bransfield	6	8	10	12	15	50	60	80
18A	R.Bresnahan Mouth Closed Sm Ltr	12	15	20	25	30	50	80	200
18B	R.Bresnahan Mouth Closed Lg Ltr	20	25	30	40	60	80	120	400
19	Al Bridwell	6	8	10	12	20	25	40	60
20A	Mordecai Brown Small Letters	12	15	20	25	30	50	80	120
20B	Mordecai Brown Large Letters	20	25	30	40	80	100	175	250
21	Bobby Byrne	6	8	10	12	20	25	40	60
22	Nixey Callahan	6	8	10	12	20	25	40	
23A	Howie Camnitz Small Letters	6	8	10	12	20	25	40	60
23B	Howie Camnitz Large Letters	8	10	12	15	20	30	50	80
24A	Bill Carrigan Small Letters	6	8	10	12	20	25	40	60
24B	Bill Carrigan Large Letters	8	10	12	15	20	30	50	80
25A	Frank Chance Small Letters	20	25	30	40	250	300	500	
25B	Frank Chance Large Letters	12	15	20	25	60	250	300	500
26A	Hal Chase Small Letters	12	15	20	25	30	80	100	120
26B	Hal Chase Large Letters	12	15	20	25	30	50	80	120
27	Ed Cicotte	12	15	20	25	80	100	120	200
28A	Fred Clarke Small Letters	12	15	20	25	30	50	80	120
28B	Fred Clarke Large Letters	20	25	30	40	50	100	120	200

#	Player	PrFr 1	GD 2	VG 3	VgEx 4	EX 5	ExMt 6	NM 7	NmMt 8
9A	Ty Cobb Small Letters	150	200	250	300	400	600	800	1,200
9B	Ty Cobb Large Letters	200	250	300	400	500	700	1,000	
0A	Eddie Collins Small Letters	12	15	20	25	80	100	120	150
0B	Eddie Collins Large Letters	20	25	30	40	50	80	120	200
1	Doc Crandall	6	8	10	12	20	25	40	60
2A	Birdie Cree	6	8	10	12	20	25	40	60
2B	Bill Dahlen Large Letters	6	8	10	12	20	25	40	60
3	Jim Delahanty	6	8	10	12	20	25	40	60
4	Art Devlin	6	8	10	12	20	25	40	60
5	Josh Devore	6	8	10	12	20	25	40	60
6	Bill Donovan	6	8	10	12	20	25	40	60
7A	Red Dooin Small Letters	6	8	10	12	20	25	40	60
7B	Red Dooin Large Letters	8	10	12	15	20	30	50	80
8A	Mickey Doolan Small Letters	6	8	10	12	20	25	40	60
8B	Mickey Doolan Large Letters	8	10	12	15	20	30	50	80
9	Patsy Dougherty	6	8	10	12	20	25	40	60
0A	Tom Downey Small Letters	6	8	10	12	20	25	40	80
0B	Tom Downey Large Letters	8	10	12	15	20	30	50	80
1A	Larry Doyle Small Letters	6	8	10	12	20	25	40	60
1B	Larry Doyle Large Letters	8	10	12	15	20	30	50	80
2	Louis Drucke	6	8	10	12	20	25	40	60
3A	Hugh Duffy Small Letters	12	15	20	25	30	50	80	200
3B	Hugh Duffy Large Letters	20	25	30	40	50	80	120	200
4	Jimmy Dygert	6	8	10	12	20	25	80	120
5A	Kid Elberfeld Small Letters	6	8	10	12	20	25	40	60
5B	Kid Elberfeld Large Letters	8	10	12	15	20	30	50	80
6A	Clyde Engle Small Letters	6	8	10	12	20	25	40	60
6B	Clyde Engle Large Letters	8	10	12	15	20	30	50	80
7	Tex Erwin	6	8	10	12	20	25	40	60
8	Steve Evans	6	8	10	12	20	25	40	60
9	Johnny Evers	12	15	20	25	100	120	150	250
0	Cecil Ferguson	6	8	10	12	20	25	40	60
1	John Flynn	6	8	10	12	20	25	40	60
2A	Russ Ford Small Letters	6	8	10	12	20	25	40	60
2B	Russ Ford Large Letters	8	10	12	15	20	30	50	80
3	Art Fromme	6	8	10	12	20	25	40	60
4	Harry Gaspar	6	8	10	12	20	25	40	60
5	George Gibson	6	8	10	12	20	25	60	80
6	Eddie Grant	6	8	10	12	20	25	40	60
7	Dolly Gray	6	8	10	12	20	25	40	60
8A	Clark Griffith Small Letters	12	15	20	25	30	50	80	120
8B	Clark Griffith Large Letters	20	25	30	40	50	80	120	200
9	Bob Groom	6	8	10	12	20	25	40	60
0	Bob Harmon	6	8	10	12	20	25	40	60
1	Topsy Hartsel	6	8	10	12	20	25	40	60
2	Arnold Hauser	6	8	10	12	15	80	100	60
3	Ira Hemphill	6	8	10	12	20	25	40	60
4	Buck Herzog Large Letters	6	8	10	12	20	25	40	60
5	Buck Herzog Small Letters	6	8	10	12	20	25	40	60
6	Dick Hoblitzell	6	8	10	12	20	25	60	80
7	Danny Hoffman	6	8	10	12	20	25	40	60
8	Harry Hooper	12	15	20	25	30	80	100	120
9A	Miller Huggins Small Letters	12	15	20	25	30	50	150	200
9B	Miller Huggins Large Letters	20	25	30	40	60	100	120	200
0	John Hummel	6	8	10	12	20	25	40	80
1A	Hugh Jennings Small Letters	12	15	20	25	30	50	200	250
1B	Hugh Jennings Large Letters	20	25	30	40	50	120	150	200
2A	Walter Johnson Small Letters	50	60	80	150	200	250	400	500
2B	Walter Johnson Large Letters	100	120	150	200	250	300	400	600
3	Tom Jones	6	8	10	12	20	25	40	60
4	Ed Karger	6	8	10	12	20	25	40	60
5	Ed Killian	6	8	10	12	20	25	50	60
6A	Jack Knight Small Letters	6	8	10	12	20	25	40	80
6B	Jack Knight Large Letters	8	10	12	15	20	30	50	80
7	Ed Konetchy	6	8	10	12	20	25	40	60
8	Harry Krause	6	8	10	12	20	25	40	60
9	Rube Kroh	6	8	10	12	20	25	40	60
80	Nap Lajoie	30	40	50	60	120	150	250	300
81A	Frank LaPorte Small Letters	6	8	10	12	20	25	40	60
81B	Frank LaPorte Large Letters	8	10	12	15	20	30	50	80
82	Arlie Latham	6	8	10	12	20	25	40	60
83A	Tommy Leach Small Letters	6	8	10	12	20	25	40	60
83B	Tommy Leach Large Letters	8	10	12	15	20	30	50	80
84	Sam Leever	6	8	10	12	20	25	40	60
85	Lefty Leifield	6	8	10	12	20	25	40	60
86	Paddy Livingston	6	8	10	12	20	25	40	60
87	Hans Lobert	6	8	10	12	20	25	40	60
88A	Harry Lord Small Letters	6	8	10	12	20	25	40	60
88B	Harry Lord Large Letters	8	10	12	15	20	30	50	120
89	Nick Maddox	6	8	10	12	20	25	40	60
90	Sherry Magee	6	8	10	12	15	30	40	80
91	Rube Marquard	25	30	40	50	60	100	150	
92A	Christy Mathewson Small Ltr	50	60	80	120	150	300	350	500
92B	Christy Mathewson Large Ltr	60	80	100	120	200	250	400	600
93A	Al Mattern Small Letters	6	8	10	12	20	25	40	60
93B	Al Mattern Large Letters	8	10	12	15	20	30	50	80
94	George McBride	6	8	10	12	20	25	40	60
95A	John McGraw Small Letters	12	15	20	25	30	50	80	300
95B	John McGraw Large Letters	20	25	30	40	50	150	200	400
96	Harry McIntire	6	8	10	12	20	25	40	60
97A	Matty McIntyre Small Letters	6	8	10	12	20	25	120	200
97B	Matty McIntyre Large Letters	8	10	12	15	20	30	50	60
98A	Larry McLean Small Letters	6	8	10	12	20	25	40	60
98B	Larry McLean Large Letters	8	10	12	15	20	30	50	175
99	Fred Merkle	6	8	10	12	20	25	60	80
100	Chief Meyers	6	8	10	12	15	60	80	100
101	Clyde Milan	6	8	10	12	20	25	40	60
102	Dots Miller	6	8	10	12	20	25	40	60
103	Mike Mitchell	6	8	10	12	20	25	40	60
104	Pat Moran	6	8	10	12	20	25	40	60
105A	George Mullen (Mullin) Small Ltr	6	8	10	12	20	25	40	60
105B	George Mullen (Mullin) Large Ltr	8	10	12	15	20	30	60	80
106	Danny Murphy	6	8	10	12	20	25	40	60
107	Red Murray	6	8	10	12	20	25	40	60
108	Tom Needham	6	8	10	12	15	60	80	100
109A	Rebel Oakes Small Letters	6	8	10	12	20	25	40	300
109B	Rebel Oakes Large Letters	8	10	12	15	20	30	50	350
110	Rube Oldring	6	8	10	12	20	25	40	60
111	Charley O'Leary	6	8	10	12	20	25	40	60
112	Orval Overall	6	8	10	12	20	25	40	60
113	Fred Parent	6	8	10	12	20	25	40	80
114A	Dode Paskert Small Letters	6	8	10	12	20	25	40	60
114B	Dode Paskert Large Letters	8	10	12	15	20	30	50	80
115	Barney Pelty	6	8	10	60	80	100	120	150
116	Jake Pfiester	6	8	10	12	20	25	40	60
117	Eddie Phelps	6	8	10	12	15	25	40	60
118	Deacon Phillippe	6	8	10	12	20	25	40	60
119	Jack Quinn	6	8	10	12	20	25	40	60
120	Ed Reulbach	6	8	10	12	20	25	40	60
121	Lew Richie	6	8	10	12	20	25	40	60
122	Jack Rowan	6	8	10	12	20	25	40	60
123A	Nap Rucker Small Letters	6	8	10	12	20	25	40	60
123B	Nap Rucker Large Letters	8	10	12	15	20	30	50	80
124	Doc Scanlon	6	8	10	12	20	25	40	60
125	Herman Schaefer	6	8	10	12	20	25	40	80
126A	Boss Schmidt Small Letters	6	8	10	12	20	25	40	60
126B	Boss Schmidt Large Letters	12	15	20	25	30	60	80	120
127	Wildfire Schulte	6	8	10	12	20	25	40	60
128	Jimmy Sheckard	6	8	10	12	20	25	40	60
129	Hap Smith	6	8	10	12	20	25	40	60
130A	Tris Speaker Small Letters	30	40	50	60	100	120	200	300
130B	Tris Speaker Large Letters	40	50	60	80	120	150	250	400
131	Oscar Stanage	6	8	10	12	20	25	40	
132	Harry Steinfeldt	6	8	10	12	20	25	40	60

		PrFr 1	GD 2	VG 3	VgEx 4	EX 5	ExMt 6	NM 7	NmMt 8
133	George Stone	6	8	10	12	15	60	80	100
134A	George Stovall Small Letters	6	8	10	12	20	25	40	60
134B	George Stovall Large Letters	8	10	12	15	20	30	50	80
135A	Gabby Street Small Letters	6	8	10	12	20	25	40	60
135B	Gabby Street Large Letters	8	10	12	15	20	30	50	80
136	George Suggs	6	8	10	12	20	25	40	
137A	Ira Thomas Small Letters	6	8	10	12	20	25	40	80
137B	Ira Thomas Large Letters	8	10	12	15	20	30	50	80
138A	Joe Tinker Small Letters	12	15	20	25	30	80	100	120
138B	Joe Tinker Large Letters	20	25	30	40	50	80	120	200
139A	John Titus Small Letters	6	8	10	12	20	25	40	60
139B	John Titus Large Letters	8	10	12	15	20	30	50	80
140	Terry Turner	6	8	10	12	20	25	80	100
141	Heinie Wagner	6	8	10	12	20	25	40	60
142A	Bobby Wallace w/Cap Small Ltr	8	10	12	15	20	30	50	80
143	Bobby Wallace without Cap	12	15	20	25	30	40	50	80
142B	Bobby Wallace w/Cap Large Ltr	12	15	20	25	30	50	80	120
144	Ed Walsh	12	15	20	25	30	50	100	120
145	Jack Warhop	6	8	10	12	20	25	60	80
146B	Zach Wheat Large Letters	20	25	30	40	50	100	120	200
146A	Zach Wheat Small Letters	20	25	30	40	50	100	120	300
147	Doc White	6	8	10	12	20	25	40	60
148A	Art Wilson Small Letters	6	8	10	12	20	25	40	60
148B	Art Wilson Large Letters	8	10	12	15	20	30	50	80
149	Owen Wilson	6	8	10	12	20	25	40	60
150	Hooks Wiltse	6	8	10	12	20	25	40	60
151	Harry Wolter	6	8	10	12	20	25	40	60
152A	Cy Young C on Cap	50	60	100	120	150	300	400	600
152B	Old Cy Young Plain Cap	50	60	100	120	150	300	400	600

1911 Close Candy E94

		PrFr 1	GD 2	VG 3	VgEx 4	EX 5	ExMt 6	NM 7	NmMt 8
1	Jimmy Austin	100	250	500	700				
2	Johnny Bates	100	350	500	1,200	1,800			
3	Bob Bescher	120	250	350	400				
4	Bobby Byrne	100	250	500	1,100				
5	Frank Chance	250	600	900					
6	Eddie Cicotte	250	500	1,200	1,300	2,000			
7	Ty Cobb	300	3,500	8,200	8,500	12,000			
8	Sam Crawford	250	550	925	1,200				
9	Harry Davis	100	250	350					
10	Art Devlin	100	250	400	700				
11	Josh Devore	120	250	350					
12	Mickey Doolan	120	250	350	500				
13	Patsy Dougherty	100	250	700					
14	Johnny Evers	250	500	800					
15	Eddie Grant	100	250	500					
16	Hugh Jennings	200	450	600					
17	Red Kleinow	100	250	500					
18	Napoleon Lajoie	250	500	800	1,500				
19	Joe Lake	100	250	450	600				
20	Tommy Leach	100	250	350	600	1,000			
21	Hans Lobert	100	250	350					
22	Harry Lord	100	250	800					
23	Sherry Magee	100	300	500	700	1,500			
24	John McGraw	250	500	1,000	1,200				
25	Earl Moore	120	400	500	600				
26	Red Murray	100	250	350	850				
27	Tris Speaker	700	1,000	1,800	2,000				
28	Terry Turner	100	250	500	1,400				
29	Honus Wagner	2,000	2,500	4,800	6,000	10,400			
30	Cy Young	1,000	2,500	3,800					

— Frank Chance #5 PSA 8 (NmMt) sold for $11,212 (Goodwin; 6/12)

1911 Mecca Double Folders T201

		PrFr 1	GD 2	VG 3	VgEx 4	EX 5	ExMt 6	NM 7	NmMt 8
1	Abstein/Butler	25	40	100	150	250	300	400	1,000
2	Baker/Downie	25	30	50	100	120	150	400	800
3	Barrett/McGlyn	25	30	40	60	120	200	300	800
4	Bender/Oldring	50	60	120	150	175	250	400	1,500
5	Brown/Hofman	60	80	100	150	200	250	400	1,200
6	Chase/Sweeney	30	40	50	80	120	200	500	800
7	Cicotte/Thoney	30	60	80	100	120	250	500	1,200
8	Clarke/Byrne	30	40	60	80	150	250	400	800
9	Collins/Baker	50	80	100	120	250	300	800	1,500
10	Crawford/Cobb	250	400	500	700	1,200	2,000	2,500	8,000
11	Donovan/Stroud	25	30	40	60	100	150	350	800
12	Downs/Odell	25	30	50	60	100	150	300	800
13	Doyle/Meyers	25	30	40	60	100	150	250	800
14	Evers/Chance	60	80	120	200	250	400	700	2,000
15	Ford/Johnson	25	30	40	60	100	150	300	800
16	Foster/Ward	25	30	40	60	100	150	300	800
17	Gaspar/Clarke	25	30	40	60	100	150	300	800
18	Grant/McLean	25	30	60	80	100	150	300	800
19	Hartzell/Blair	25	30	40	60	100	150	300	800
20	Hickman/Hinchman	25	30	40	60	100	200	300	1,000
21	Huggins/Bresnahan	50	60	100	120	200	300	600	1,500
22	Johnson/Street	120	150	200	300	500	700	1,500	4,000
23	Killian/Fitzpatrick	25	30	40	60	100	250	350	800
24	Kling/Cole	25	30	60	80	100	150	300	800
25	Lajoie/Falkenberg	120	150	200	250	600	700	800	2,000
26	Lake/Wallace	30	60	80	100	150	200	400	1,300
27	LaPorte/Stephens	25	30	40	60	100	150	250	800
28	Lapp/Barry	25	30	40	60	100	200	300	800
29	Leach/Gibson	25	30	40	80	100	150	300	800
30	Leifield/Simon	25	30	50	60	100	150	300	800
31	Lobert/Moore	25	30	50	60	100	150	300	800
32	Lord/Dougherty	40	50	60	100	200	400	500	1,500
33	Lush/Hauser	25	30	40	60	100	150	300	800
34	Mattern/Graham	25	30	40	60	100	150	300	800
35	Mathewson/Bridwell UER	120	150	300	350	600	800	1,800	4,000
36	McBride/Elberfeld	25	40	50	60	100	150	300	800
37	McCabe/Starr	25	30	40	60	100	150	300	800
38	McGinnity/McCarty	30	60	80	100	200	300	500	1,200
39	Miller/Herzog	25	30	40	60	100	150	300	800
40	Rucker/Daubert	25	30	40	80	100	150	300	800
41	Seymour/Dygert	25	30	40	60	100	150	300	800
42	Speaker/Gardner	60	80	150	200	400	450	800	2,000
43	Summers/Jennings	30	40	50	80	150	200	400	1,200
44	Thomas/Coombs	25	30	40	60	100	150	300	800
45	Titus/Dooin	25	30	40	60	100	150		
46	Turner/Stovall	25	30	40	60	120	150	300	800
47	Walsh/Payne	40	50	60	100	150	200	400	1,200
48	Wheat/Bergen	30	80	100	150	200	250	400	1,200
49	Wiltse/Merkle	25	30	40	80	100	150	300	800
50	Woodruff/Williams	25	30	40	80	100	150	150	800

1911 T205 Gold Border

		PrFr 1	GD 2	VG 3	VgEx 4	EX 5	ExMt 6	NM 7	NmMt 8
1	Ed Abbaticchio	15	25	30	50	120	250		
2	Doc Adkins	30	50	80	200	250	500		
3	Leon K. Ames	15	25	30	60	200	300		
4	Jas. P. Archer	15	25	60	80	120	300		
5	Jimmy Austin	30	50	80	120	200	300		
6	Bill Bailey	15	25	30	80	100	250		
7	Home Run Baker	100	150	200	250	500	800		
8	Neal Ball	15	25	30	50	100	250		
9	E.B. Barger Full B on Cap	15	25	30	80	120	400		
10	E.B. Barger Partial B on Cap	60	100	120	250	500	800		

#	Name	PrFr 1	GD 2	VG 3	VgEx 4	EX 5	ExMt 6	NM 7	NmMt 8
1	Jack Barry	15	25	30	50	120	250		
2	Emil Batch	40	60	100	150	250			
3	John W. Bates	30	50	80	120	200	300		
4	Fred Beck	25	40	60	100	150	250		
5	Beals Becker	15	25	30	50	150	300		
6	George Bell	15	25	30	60	100	300		
7	Chas. Bender	60	100	150	200	400	800		
8	William Bergen	15	25	50	60	120	250		
9	Bob Bescher	15	25	50	100	200	250		
10	Joe Birmingham	15	25	30	80	100	300		
11	Lena Blackburne	20	30	50	80	120	250		
12	William Bransfield	25	40	50	80	150	300		
13	Roger Bresnahan Mouth Closed	60	100	200	250	300	600		
14	Roger Bresnahan Mouth Open	80	120	300	400	600	1,000		
15	A.H. Bridwell	15	25	30	80	120	200		
16	Mordecai Brown	120	200	300	500	800	1,200		
17	Robt. Byrne	25	40	60	100	150	250		
18	Hick Cady	30	50	60	120	300	600		
19	Howie Camnitz	15	25	40	80	150	200		
20	Bill Carrigan	25	40	60	100	150	250		
21	Frank Chance	80	120	200	300	500	800		
22A	Hal Chase Both Border Ends	30	50	80	120	300	600		
22B	Hal Chase Both Border Extends	30	50	60	200	350	600		
23	Hal Chase Left Ear	60	120	200	300	400	1,000		
24	Ed Cicotte	100	150	250	400	600	1,000		
25	Fred Clarke	80	120	200	300	500	800		
26	Ty Cobb	600	1,200	1,500	2,000	4,000	10,000		
27	Eddie Collins Mouth Closed	50	100	150	300	400	1,000		
28	Eddie Collins Mouth Open	120	200	300	500	600	1,800		
29	Jimmy Collins	60	120	225	350	500	800		
30	Frank Corridon	15	25	50	120	150	200		
31A	Otis Crandall T Crossed	20	30	40	80	250			
31B	Otis Crandall T Not Crossed	20	30	40	60	200			
32	Lou Criger	15	25	40	60	120	250		
33	W.F. Dahlen	60	100	120	300	400			
34	Jake Daubert	15	25	30	50	100	250		
35	Jim Delahanty	15	25	30	60	120	250		
36	Art Devlin	50	80	120	200	300	500		
37	Josh Devore	15	25	30	80	120	200		
38	W.R. Dickson	15	25	30	50	200	300		
39	Jiggs Donohue (Donahue)	60	100	150	250	400	800		
40	Chas. S. Dooin	30	50	80	120	200	300		
41	Michael J. Doolan	15	25	30	50	100	250		
42A	Patsy Dougherty Red Sock	30	50	100	150	350			
42B	Patsy Dougherty White Sock	30	50	80	100	300	700		
43	Thomas Downey	15	25	30	50	100	250		
44	Larry Doyle	15	25	40	80	150	250		
45	Hugh Duffy	80	120	200	300	500	800		
46	Jack Dunn	50	80	100	150	400	500		
47	Jimmy Dygert	15	40	50	80	120	200		
48	R. Egan	25	40	60	100	150	300		
49	Kid Elberfeld	15	25	40	50	100	250		
50	Clyde Engle	15	25	30	50	150	250		
51	Louis Evans	30	50	80	120	200	300		
52	John J. Evers	80	120	150	350	500	1,000		
53	Bob Ewing	25	40	50	80	120	300		
54	G.C. Ferguson	15	25	50	60	100	200		
55	Ray Fisher	40	100	120	150	300	900		
56	Arthur Fletcher	15	25	30	50	200	300		
57	John Flynn	20	25	30	50	100	200		
58	Russ Ford Black Cap	15	25	60	80	120	250		
59	Russ Ford White Cap	60	80	120	150	400			
60	Wm. A. Foxen	15	25	50	80	120	250		
61	Jimmy Frick	30	50	60	150				
62	Arthur Fromme	15	25	40	50	100	250		
63	Earl Gardner	30	50	80	120	200	300		
64	H.L. Gaspar	15	25	40	60	120	200		
75	George Gibson	30	50	80	120	200	300		
76	William Goode (Good)	15	50	60	80	150	250		
77	George Graham Cubs	60	100	150	250	500	1,000		
78	George Graham Rustlers	15	25	40	50	120	350		
79	Edward L. Grant	50	150	350	450	800	1,200		
80A	Dolly Gray No Stats on Back	40	60	100	120	250	500		
80B	Dolly Gray Stats on Back	200	300	400	800	1,000	3,500		
81	Clark Griffith	50	80	120	150	300	800		
82	Bob Groom	15	25	30	50	120	250		
83	Charlie Hanford	30	50	60	100	250			
84	Bob Harmon Both Ears	15	25	30	60	120	200		
85	Bob Harmon Left Ear	50	80	120	200	475	800		
86	Topsy Hartsel	15	25	30	50	100	250		
87	Arnold J. Hauser	15	25	30	80	120	400		
88	Charlie Hemphill	30	50	60	80	125	200		
89	C.L. Herzog	30	50	80	120	200	300		
90A	R.Hoblitzell No Stats on Back	6,000	8,000	10,000	12,000				
90B	R.Hoblitzel Cin. after 1908	25	40	60	120	450	600		
90C	R.Hoblitzel Name Incorrect	100	150	200	300	600	1,200		
90D	R.Hoblitzel No Cin. after 1908	100	150	200	800				
91	Danny Hoffman	15	40	50	80	120	600		
92	Miller J. Huggins	50	80	120	200	500	800		
93	John Hummell	15	25	30	60	100	250		
94	Fred Jacklitsch	15	25	30	50	120	250		
95	Hughie Jennings	80	100	120	150	300	1,000		
96	Walter Johnson	250	400	700	1,000	1,500	5,500		
97	David Jones	20	30	50	80	150	250		
98	Tom Jones	25	40	60	100	150	300		
99	Addie Joss	400	500	1,200	1,500	2,000			
100	Ed Karger	50	80	150	200	400	1,000		
101	Ed Killian	15	25	30	50	150			
102	Red Kleinow	60	100	120	200	400	800		
103	John G. Kling	15	25	30	50	100	300		
104	Jack Knight	15	30	40	80	120	200		
105	Ed Konetchy	20	30	50	80	120	300		
106	Harry Krause	30	50	80	120	200	300		
107	Floyd M. Kroh	15	25	40	60	100	200		
108	Frank Lang	15	25	30	50	100	200		
109	Frank LaPorte	15	25	40	60	120			
110A	Arlie Latham A.Latham	25	40	50	80	300	400		
110B	Arlie Latham W.A. Latham	60	120	150	400	500			
111	Thomas W. Leach	25	40	60	100	150	250		
112	Wyatt Lee	25	40	60	120	200	400		
113	Sam Leever	15	25	40	60	250	400		
114A	A. Leifield A. on Front	40	60	80	120	400	800		
114B	A.P. Leifield A.P. on Front	40	60	80	135	400			
115	Edgar Lennox	15	25	50	80	120	600		
116	Paddy Livingston	15	25	30	50	150	200		
117	John B. Lobert	15	25	40	80	120	250		
118	Briscoe Lord	15	25	40	60	175	250		
119	Harry Lord	15	25	30	50	100	250		
120	John Lush	15	25	30	60	150	250		
121	Nick Maddox	15	25	30	50	120	300		
122	Sherwood R. Magee	25	40	60	100	150	400		
123	R.W. Marquard	50	100	120	150	300	1,000		
124	Christy Mathewson	600	1,000	1,500	2,000	3,000	5,000		
125	A.A. Mattern	15	25	30	60	120			
126	Lewis McAllister	25	40	80	100	200			
127	George McBride	15	25	40	60	120	250		
128	Amby McConnell	15	25	50	80	120			
129	Pryor McElveen	15	25	30	50	200	250		
130	J.J. McGraw	100	150	250	400	600	1,000		
131	Harry McIntire	15	25	30	80	100	200		
132	Matty McIntyre	15	25	30	50	100	225		
133	M.A. McLean	15	25	30	60	150	300		
134	Fred Merkle	15	25	30	80	120	500		
135	George Merritt	30	50	60	100	250	500		

#	Player	PrFr 1	GD 2	VG 3	VgEx 4	EX 5	ExMt 6	NM 7	NmMt 8
136	J.T. Meyers	15	20	30	50	120	200		
137	Clyde Milan	15	20	30	50	120	400		
138	J.D. Miller	15	25	40	80	100	250		
139	M.F. Mitchell	15	25	30	50	150	200		
140A	Pat Moran Stray Line	400	600	1,200	1,500	4,000			
140B	Pat Moran No Stray Line	15	25	30	60	120	300		
141	George Moriarty	15	25	30	60	150	300		
142	George Mullin	25	40	60	100	150	250		
143	Danny Murphy	15	25	30	50	100	250		
144	Jack Murray	15	25	30	50	200	400		
145	John Nee	40	60	100	150	400			
146	Thos. J. Needham	25	40	60	100	150	600		
147	Rebel Oakes	15	50	60	100	150	250		
148	Rube Oldring	15	25	40	60	150	250		
149	Charley O'Leary	20	30	50	80	200	300		
150	Fred Olmstead	20	30	50	80	200	300		
151	Orval Overall	30	50	80	120	200	600		
152	Freddy Parent	15	30	40	50	100	200		
153	George Paskert	15	25	30	50	100	300		
154	Fred Payne	15	25	30	60	120	200		
155	Barney Pelty	15	25	40	60	120	200		
156	John Pfiester	15	25	30	50	120	250		
157	Jimmy Phelan	30	50	60	100	250	800		
158	E.J. Phelps	15	25	50	80	100	250		
159	Charles Phillippe	15	25	30	50	100	200		
160	Jack Quinn	30	60	80	100	200	400		
161	Bugs Raymond	60	100	120	200	400	800		
162	E.M. Reulbach	15	25	40	80	120	250		
163	Lewis Richie	20	30	50	80	120	200		
164	John A. Rowan	40	60	100	120	250	600		
165	Geo N. Rucker	15	25	30	50	100	250		
166	W.D. Scanlan	50	80	100	200	400	1,000		
167	Germany Schaefer	15	25	30	50	100	200		
168	Admiral Schlei	15	40	50	60	120	200		
169	Boss Schmidt	20	30	50	80	120	200		
170	F.M. Schulte	15	25	40	60	150	300		
171	Jim Scott	15	25	30	60	120	250		
172	B.H. Sharpe	15	25	30	60	120	200		
173	David Shean Cubs	40	60	80	150	400	800		
174	David Shean Rustlers	15	25	40	100	150	250		
175	Jas. T. Sheckard	15	25	30	80	120	350		
176	Hack Simmons	15	25	30	80	120	400		
177	Tony Smith	15	30	40	50	100	300		
178	Fred Snodgrass	15	25	40	60	100	250		
179	Tris Speaker	120	250	350	500	1,000	1,500		
180	Jake Stahl	15	25	30	50	120	400		
181	Oscar Stanage	20	30	50	80	200	300		
182	Harry Steinfeldt	25	40	60	100	150	250		
183	George Stone	20	30	50	80	200	300		
184	George Stovall	15	25	40	60	250	400		
185	Gabby Street	15	25	30	50	100	300		
186	George Suggs	60	100	120	200	500	800		
187	Ed Summers	15	25	30	60	200	300		
188	Jeff Sweeney	50	80	100	200	450			
189	Lee Tannehill	15	25	30	50	100	200		
190	Ira Thomas	15	25	30	60	120	250		
191	Joe Tinker	100	150	250	400	600	1,000		
192	John Titus	15	25	30	50	200	250		
193	Terry Turner	50	80	100	200	400	800		
194	James Vaughn	60	100	120	200	500			
195	Heinie Wagner	50	80	120	200	300	800		
196	Bobby Wallace with Cap	40	80	100	250	400	600		
197A	Bobby Wallace No Cap 1 Line	500	800	1,000	1,500	2,400			
197B	Bobby Wallace No Cap 2 Lines	150	300	400	750	1,200			
198	Ed Walsh	100	150	200	350	800	1,500		
199	Z.D. Wheat	60	100	200	250	300	1,200		
200	Doc White	15	25	30	50	120	800		

#	Player	PrFr 1	GD 2	VG 3	VgEx 4	EX 5	ExMt 6	NM 7	NmMt 8
201	Kirb White	50	80	100	200	400			
202A	Irvin K. Wilhelm	100	150	200	300	600	1,200		
202B	Irvin K. Wilhelm Suffe ed in Bio	150	200	350	800				
203	Ed Willett	15	25	30	50	120	300		
204	J. Owen Wilson	15	25	40	50	120	300		
205	George R. Wiltse Both Ears	15	25	40	80	120	250		
206	George R. Wiltse Right Ear	40	60	80	150	400	800		
207	Harry Wolter	15	25	30	80	150	250		
208	Cy Young	300	500	1,000	1,200	1,800	4,000		

— Frank Chance #31 PSA 8 (NmMt) sold for $6,000 (Greg Bussineau; 7/12)
— Ty Cobb PSA 7 (NM) sold for $14,220 (REA; Fall '13)
— Ty Cobb SGC 84 (NM) sold for $10,665 (REA; Spring '14)
— Eddie Collins Mouth Open PSA 8 (NmMt) sold for $10,665 (REA; Fall '13)
— Clark Griffith #81 PSA 8 (NmMt) sold for $9,049 (Goodwin; 8/12)
— Richard Hoblitzell No Stats PSA 5 (EX) sold for $11,309 (Mile High; 1/13)
— Richard Hoblitzell No Stats SGC 60 (EX) sold for $10,280 (Mile High; 12/13)
— Walter Johnson SGC 92 (NmMt+) sold for $28,063 (Goodwin; 9/13)
— Addie Joss PSA 6 (ExMt) sold for $6,420 (Mile High; 1/13)
— Addie Joss PSA 6 (ExMt) sold for $5,040 (Greg Bussineau; 7/12)
— Christy Mathewson PSA 8 (NmMt) sold for $24,720 (Greg Bussineau; 4/15)
— Christy Mathewson PSA 8 (NmMt) sold for $23,700 (REA; Fall '13)
— Tris Speaker PSA 8 (NmMt) sold for $10,280 (Mile High; 6/13)
— Tris Speaker #179 PSA 8 (NmMt) sold for $10,440 (Greg Bussineau; 7/12)
— Irvin K. Wilhelm #202B PSA 5 (EX) sold for $5,094 (Memory Lane; 5/12)
— Cy Young PSA 8 (NmMt) sold for $17,775 (REA; Fall '13)

1910-11 Turkey Red T3

#	Player	PrFr 1	GD 2	VG 3	VgEx 4	EX 5	ExMt 6
1	Mordecai Brown	400	600	1,000	1,500	2,500	
4	Roger Bresnahan	200	300	500	1,000	1,750	
5	Sam Crawford	300	500	800	1,200	2,000	
6	Hal Chase	200	300	500	800	1,500	
8	Fred Clarke	300	400	600	1,000	2,000	
9	Ty Cobb	2,500	4,000	5,000	8,000	20,000	30,000
16	Johnny Evers	300	500	800	1,200	2,300	
17	Clark Griffith	250	400	600	1,000	1,750	
18	Hughie Jennings	300	500	800	1,200	2,000	
19	Addie Joss	400	600	1,000	1,500	2,500	
23	Napoleon Lajoie	500	800	1,200	2,000	3,000	
26	John McGraw	300	400	600	1,200	2,000	
27	Christy Mathewson	1,000	2,000	3,000	6,000	12,000	18,000
35	Joe Tinker	300	400	600	1,200	2,500	
36	Tris Speaker	500	800	1,500	2,500	4,000	6,000
39	Rube Waddell	200	400	600	1,000	2,000	
40	Vic Willis	200	300	500	800	1,500	3,500
42	Cy Young	1,000	1,500	2,700	4,000	6,000	
47	Frank Chance At Bat	400	600	1,000	1,500	3,000	
48	Jack Murray At Bat	150	200	500	800	2,000	
49	Close Play At Second	150	200	500	800		
50	Chief Myers At Bat UER	150	200	675	800		
78	Frank Baker	120	300	500	800	2,000	
80	Chief Bender	300	500	800	1,200	2,500	
87	Eddie Collins	300	400	600	1,000	2,500	
99	Walter Johnson	1,000	1,500	2,500	4,000	10,600	
101	Willie Keeler	300	500	800	1,200	2,500	
114	Bob Rhoads	600	800	1,000	1,500	2,500	
122	Fred Tenney	500	800	1,200	2,000	3,000	
124	Bobby Wallace	250	300	500	800	1,500	3,000
125	Ed Walsh	250	400	600	1,000	2,000	
126	Chief Wilson	200	300	500	1,000		

1912 Hassan Triple Folders T202

#		PrFr 1	GD 2	VG 3	VgEx 4	EX 5	ExMt 6	NM 7	NmMt 8
1	A Close Play (Wallace, LaPorte)	60	80	100	150	250	400	1,000	
2	A Close Play (Wallace, Pelty)	60	80	100	150	250	400	800	
3	A Desperate (O'Leary, Cobb)	300	450	600	1,000	1,750	3,500		

	PrFr 1	GD 2	VG 3	VgEx 4	EX 5	ExMt 6	NM 7	NmMt 8
A Great Batsman (Barger, Bergen)	30	40	60	100	150	300	800	
A Great Batsman (Rucker, Bergen)	30	50	60	100	150	250	600	
A Wide Throw (Mullin, Stanage)	30	40	60	120	150	250	600	
Ambrose McCon (Blair, Quinn)	30	40	60	100	150	250	800	
Baker Gets His (Collins, Baker)	100	120	150	250	400	800	1,500	
Birmingham Gets (Johnson, Street)	150	200	300	400	700	900		1,200
Birmingham's HR (Birm, Turner)	60	80	100	150	250	400	1,000	
Bush Just (Moran, Magee)	30	40	60	100	150	300	600	
Carrigan (Gaspar, McLean)	30	40	60	100	200	250	600	
Carrigan (Wagner, Carrigan)	30	50	60	100	200	250	600	
Catching (Oakes, Bresnahan)	60	80	100	150	250	500	1,000	
Caught (Bresnahan, Harmon)	60	80	100	150	250	400	1,000	
Chance Beats (Chance, Foxen)	60	80	100	150	250	400	1,000	
Chance Beats (McIntire, Archer)	30	40	60	120	200	250	800	
Chance Beats (Overall, Archer)	30	40	60	100	200	250	800	
Chance Beats (Rowan, Archer)	30	40	60	100	200	250	600	
Chance Beats (Shean, Chance)	60	80	100	150	250	400	1,000	
Chase Dives (Chase, Wolter)	30	40	60	100	200	250	600	
Chase Dives (Gibson, Clarke)	60	80	100	150	250	400	1,000	
Chase Dives (Phillippe, Gibson)	30	40	60	100	150	250	600	
Chase Gets (Egan, Mitchell)	30	40	60	100	200	250	600	
Chase Gets (Wolter, Chase)	30	40	60	200	250	300	600	
Chase Guard (Chase, Wolter)	30	40	80	100	200	400	900	
Chase Guard (Gibson, Clarke)	30	40	60	120	200	250	1,200	
Chase Guard (Leifield, Gibson)	30	40	60	100	200	250	600	
Chase Ready (Paskert, Magee)	30	40	60	100	150	450	600	
Chase Safe (Barry, Baker)	80	100	120	200	500			
Chief Bender (Bender, Thomas)	60	100	120	200	250	400	1,000	
Clarke Hikes (Bridwell, Kling)	30	40	80	100	150	400	1,800	
Close at First (Ball, Stovall)	30	40	60	100	150	250	600	
Close at the Plate (Payne, White)	30	40	80	120	150	400	800	
Close at the Plate (Walsh, Payne)	60	80	120	200	250	450	800	
Close at Third (Carrigan, Wagner)	30	40	60	100	200	250	600	
Close at Third (Wood, Speaker)	200	250	300	350	500	1,200		
Collins Easily (Byrne, Clarke)	60	80	100	150	250	450	1,000	
Collins Easily (Collins, Baker)	100	120	200	250	400	700	1,800	
Collins Easily (Collins, Murphy)	60	80	100	150	300	400	1,000	
Crawford (Stanage, Summers)	30	40	60	100	150	250	600	
Cree Rolls (Daubert, Hummel)	30	40	60	100	150	250	600	
Davy Jones (Delahanty, Jones)	30	40	60	120	150	250	800	
Devlin (Devlin G, Mathewson)	150	300	800	1,000	1,200			
Devlin (Devlin R, Mathewson)	120	150	250	350	700	1,400	2,500	
Devlin (Fletcher, Mathewson)	120	150	250	350	500	1,500		
Devlin (Meyers, Mathewson)	150	200	250	350	500	1,000	2,000	
Donlin Out (Camnitz, Gibson)	30	40	60	100	150	300	600	
Donlin Out (Dooin, Magee)	30	40	60	100	150	250	600	
Donlin Out (Doyle, Merkle)	30	40	60	100	150	250	900	
Donlin Out (Gibson, Phillippe)	30	40	60	100	150	250	600	
Donlin Out (Leach, Wilson)	30	40	60	100	150	400	600	
Dooin Gets (Dooin, Doolan)	30	40	80	100	200	250	600	
Dooin Gets (Dooin, Lobert)	30	40	60	100	150	300	1,200	
Dooin Gets (Dooin, Titus)	30	40	60	100	200	250	800	
Easy for Larry (Doyle, Merkle)	30	40	60	100	200	300	1,000	
Elberfeld Beats (Elberfeld, Milan)	30	40	60	100	150	300	600	
Elberfeld Gets (Elberfeld, Milan)	30	40	60	100	150	300	600	
Engle in a (Speaker, Engle)	80	100	200	250	350	500	1,200	
Evers Makes (Archer, Evers)	60	80	100	150	250	450	1,000	
Evers Makes (Archer, Overall)	30	40	100	120	150	250	1,000	
Evers Makes (Archer, Ruelbach)	30	40	60	100	200	400	600	
Evers Makes (Chance, Evers)	100	120	150	400	500	800		
Evers Makes (Tinker, Chance)	200	300	300	500	700	1,200	3,000	
Fast Work (O'Leary, Cobb)	400	450	600	1,000	1,700	2,500	4,000	
Ford Putting (Ford, Sweeney)	30	40	60	150	200	250	800	
Ford Putting (Ford, Vaughn)	30	40	60	120	200	250	800	
Good Play (Moriarty, Cobb)	300	500	600	800	1,800	3,000		
Grant Gets (Grant, Hoblitzell)	40	80	100	120	150	300	600	
Hal Chase (McConnell, McIntyre)	30	40	60	100	200	400	700	

		PrFr 1	GD 2	VG 3	VgEx 4	EX 5	ExMt 6	NM 7	NmMt 8
71	Hal Chase (McLean, Suggs)	30	40	60	100	150	300	600	
72	Harry Lord at (Lennox, Tinker)	60	80	120	150	275	400	1,000	
73	Hartsel Strikes (Gray, Groom)	30	40	60	100	200	400	1,200	
74	Hartzell (Dahlen, Scanlan)	30	40	60	100	150	300	600	
75	Held at Third (Lord, Tannehill)	30	40	60	100	200	250	600	
76	Jake Stahl (Cicotte, Stahl)	30	40	80	120	200	250	600	
77	Jim Delahanty (Delahanty, Jones)	30	40	80	100	200	350	1,000	
78	Just Before (Ames, Meyers)	30	40	60	150	200	400	600	
79	Just Before (Becker, Devore)	30	40	60	120	200	250	600	
80	Just Before (Bresnahan, McGraw)	100	120	150	250	400	600	1,500	
81	Just Before (Crandall, Meyers)	30	40	80	100	150	250	600	
82	Just Before (Fletcher, Mathewson)	150	200	250	400	600	1,500		
83	Just Before (Marquard, Meyers)	60	80	100	250	300	600		
84	Just Before (McGraw, Jennings)	80	100	120	200	400	600	1,500	
85	Just Before (Meyers, Mathewson)	120	150	200	500	700	800	1,800	
86	Just Before (Meyers, Wiltse)	30	40	80	150	250	300	600	
87	Just Before (Murray, Snodgrass)	30	40	60	200	250	300	600	
88	Knight Catches (Knight, Johnson)	150	200	250	400	600	1,000	1,500	
89	Lobert Almost (Bridwell, Kling)	30	40	60	100	200	250	600	
90	Lobert Almost (Kling, Steinfeldt)	30	40	60	100	150	250	600	
91	Lobert Almost (Kling, Young)	150	300	350	400	600	1,000		
92	Lobert Almost (Kling, Mattern)	30	40	60	100	150	250	600	
93	Lobert Gets (Dooin, Lobert)	30	40	60	100	150	250	600	
94	Lobert Catches (Lord, Tannehill)	30	40	60	100	150	500		
95	McConnell (Needham, Richie)	30	40	60	100	150	250	600	
96	McIntyre (McConnell, McIntyre)	30	40	60	100	150	250	900	
97	Moriarty Spiked (Stanage, Willett)	30	40	60	100	200	250	600	
98	Nearly Caught (Bates, Bescher)	30	40	60	100	150	250	800	
99	Oldring Almost (Lord, Oldring)	30	40	60	120	150	300	900	
100	Schaefer On (McBride, Milan)	30	40	60	100	150	250	600	
101	Schaefer Steals (McBride, Griffith)	30	40	60	100	200	250	800	
102	Scoring From (Lord, Oldring)	30	40	60	100	150	250	650	
103	Scrambling (Barger, Bergen)	30	40	60	100	250	350	600	
104	Scrambling (Chase, Wolter)	30	40	80	100	150	400	600	
105	Speaker Almost (Miller, Clarke)	60	80	120	150	250	400	1,000	
106	Speaker Round (Wood, Speaker)	200	250	300	500	600	1,200		
107	Speaker Scores (Speaker, Engle)	120	200	250	300	500	1,000		
108	Stahl Safe (Austin, Stovall)	30	40	60	100	150	250	600	
109	Stone About (Schulte, Sheckard)	30	40	60	100	150	250	600	
110	Sullivan Puts (Evans, Huggins)	60	80	100	150	250	400		
111	Sullivan Puts (Gray, Groom)	30	40	60	120	150	250	800	
112	Sweeney Gets (Ford, Sweeney)	30	40	60	100	200	250	600	
113	Sweeney Gets (Ford, Vaughn)	30	40	60	100	150	400	1,200	
114	Tenney Lands (Latham, Raymond)	30	40	60	300	400	500	600	
115	The Athletic (Barry, Baker)	80	100	150	200	300	500		
116	The Athletic (Brown, Graham)	60	80	100	150	300	400	800	
117	The Athletic (Hauser, Konetchy)	30	40	60	100	150	250	600	
118	The Athletic (Krause, Thomas)	30	40	80	100	150	250	600	
119	The Pinch Hitter (Egan, Hoblitzell)	30	40	60	100	200	250	600	
120	The Scissors (Birmingham, Turner)	30	40	80	100	200	250		600
121	Tom Jones (Fromme, McLean)	30	40	60	150	200	250	600	
122	Tom Jones (Gaspar, McLean)	30	40	60	100	150	250	600	
123	Too Late (Ames, Meyers)	30	40	60	100	150	250	1,200	
124	Too Late (Crandall, Meyers)	30	50	60	100	250	300	600	
125	Too Late (Devlin G, Mathewson)	250	300	400	825	1,200			
126	Too Late (Devlin R, Mathewson)	300	400	500	800	1,500			
127	Too Late (Marquard, Meyers)	60	80	100	200	400			
128	Too Late (Meyers, Wiltse)	30	40	60	100	150	300	600	
129	Ty Cobb Steals (Jennings, Cobb)	400	600	800	1,400	2,000	3,200	6,400	
130	Ty Cobb Steals (Moriarty, Cobb)	350	450	750	1,000	1,750	3,000		
131	Ty Cobb Steals (Stovall, Austin)	200	250	400	600	1,000	1,500	3,000	
132	Wheat Strikes (Dahlen, Wheat)	60	80	100	200	300	400	1,000	

— A Desperate (O'Leary, Cobb) #3 PSA 7 (NrMt) sold for $7,800 (Greg Bussineau; 4/12)

— Ty Cobb Steals (Jennings/Cobb) PSA 8 (NmMt) sold for $10,192 (Goodwin; 9/14)

— Good Play (Moriarty/Cobb) PSA 8 (NmMt) sold for $,920 (Bussineau; 7/14)

1912 T207 Brown Background

#	Player	PrFr 1	GD 2	VG 3	VgEx 4	EX 5	ExMt 6	NM 7	NmMt 8
2	Eddie Ainsmith	25	40	50	60	100			
4	Jimmy Austin Insignia	25	40	50	60	100			
5	Jimmy Austin No Insignia	40	60	80	100	150			
6	Neal Ball	40	60	80	100	150			
7	Eros Barger	25	40	50	80	100	200		
8	Jack Barry	40	60	80					
10	Beals Becker	25	40	50	80	100	200		
11	Chief Bender	60	80	120	200	350	500		
13	Robert Bescher	25	40	50	60	120	200		
15	Lena Blackburne	80	120	150	250				
18	Ping Bodie	25	40	50	80	100			
19	Hugh Bradley	25	40	150	200	250	300		
20	Roger Bresnahan	50	80	120	200	325	500		
23	Robert M. Byrne	25	40	50	80	120			
24	Nixey Callahan	25	40	50	60	100			
25	Howie Camnitz	25	40	100	120	200	250		
26	Max Carey	100	150	200	400	500	750		
28	Bill Carrigan Wagner Back	40	60	80	100	150			
29	George Chalmers	25	40	50	60	100	200		
30	Frank Chance	50	80	120	200	350	500		
31	Eddie Cicotte	150	250	300	500	1,000			
32	Tommy Clarke	25	40	50	120	150			
33	King Cole	25	40	50	60	100	200		
34	John Collins	40	60	80					
35	Robert Coulson	25	40	50	60	100	200		
36	Tex Covington	25	40	50	60	100	200		
37	Otis Crandall	25	40	50	60	150	200		
39	Dave Danforth	25	80	100	120	150			
40	Bert Daniels	25	40	50	60	100	200		
41	Jake Daubert	40	60	80	100	150			
42	Harry Davis	25	40	50	100	200			
43	Jim Delahanty	25	40	50	60	100	200		
44	Claud Derrick	25	40	50	60	120	200		
45	Art Devlin	25	40	50	60	120	200		
46	Joshua Devore	25	40	50	60	100	250		
49	Red Dooin	25	40	50	60	100	200		
51	Lawrence Doyle	25	40	50	60	120	200		
52	Dellos Drake	25	40	50	120	150			
56	Tex Erwin	25	40	50	150	200	250		
57	Steve Evans	25	40	50	60	120			
58	John Ferry	25	40	50	60	100	200		
59	Ray Fisher Blue Cap	25	40	200	200	250	300		
60	Ray Fisher White Cap	40	60	80	250	300			
61	Art Fletcher	25	40	50	60	120	200		
63	Art Fromme	25	40	50	60	100			
64	Del Gainor	25	40	50	60	100			
65	Larry Gardner	25	40	50	60	150	250		
67	Roy Golden	25	40	50	80	100	200		
68	Hank Gowdy	25	60	80	150				
69	Peaches Graham	40	60	80	100	150			
70	Jack Graney	25	40	50	150	200	250		
71	Vean Gregg	80	150	400	450	500			
73	Sea Lion Hall	25	40	50	60	250			
74	Ed Hallinan	40	60	80	100	200			
75	Earl Hamilton	25	40	50	60	100			
76	Robert Harmon	25	40	50	120	150	200		
78	Olaf Henriksen	25	40	50	60	100	250		
79	John Henry	40	60	80	100	250			
80	Buck Herzog	60	100	120	150	250			
83	Willie Hogan	25	40	60	100				
84	Harry Hooper	150	250	300	500				
87	Walter Johnson	200	350	500	600	1,000	2,500		
88	George Kaler (Kahler)	25	40	50	60	100			
89	Billy Kelly	40	80	100	120	150			
90	Jay Kirke	60	100	150					
92	Otto Knabe	25	40	50	60	100	200		
94	Ed Konetchy	25	40	50	60	100	250		
95	Harry Krause	25	40	50	60	120			
99	Jack Lapp	25	40	50	60	100			
100	Arlie Latham	25	40	50	60	100	200		
101	Tommy Leach	25	40	50	350	400			
102	Lefty Leifield	25	40	50	60				
103	Ed Lennox	25	40	50	60	120			
104	Duffy Lewis Boston	80	120	250	300				
105A	Irving Lewis Emblem	1,500	2,500	4,000	6,000				
105B	Irving Lewis No Emblem	1,500	2,500	14,000	16,000				
106	Jack Lively	25	40	50	60	250	300		
107	Paddy Livingston A on Shirt	40	60	100	200				
109	Paddy Livingston Small C	40	60	100					
110	Bris Lord Philadelphia	25	40	50	60	100			
111	Harry Lord Chicago	25	40	50	60	100			
112	Louis Lowdermilk	1,000	1,500	2,800	3,500				
113	Richard Marquard	50	80	100	200	300	500		
114	Armando Marsans	40	60	150	200	250			
115	George McBride	25	40	50	60	100	200		
117	Ed McDonald	25	40	120	150	200			
118	John McGraw	50	100	120	150	200			
119	Harry McIntire	25	40	50	60	100	200		
120	Matty McIntyre	25	40	50	60	150			
121	Bill McKechnie	150	250	300	600				
122	Larry McLean	25	40	60	80	100			
123	Clyde Milan	25	40	50	60	100	250		
124	Doc Miller Boston	80	120	300	400				
125	Dots Miller Pittsburgh	25	40	50	60	100	200		
127	Ward Miller Chicago	800	1,400	1,500	2,000				
128	Mike Mitchell Cincinnati	25	40	50	60	100			
129	Willie Mitchell Cleveland	25	40	50	60	100			
132	Pat Moran	25	40	60	60	100	200		
133	Cy Morgan Philadelphia	30	50	60	80	120			
134	Ray Morgan Washington	40	60	80					
135	George Moriarty	60	100	300					
136	George Mullin D Cap	40	60	80	100	150			
137	George Mullin No D on Cap	40	60	80	100	250	350		
138	Tom Needham	25	40	50	60	150			
140	Hub Northen	25	40	50					
141	Les Nunamaker	25	40	50	150	250			
142	Rebel Oakes	25	40	50	60	100	200		
143	Buck O'Brien	25	40	100	120	200	300		
144	Rube Oldring	25	40	50	60	100			
145	Ivy Olson	25	40	150	200	250	300		
146	Martin J. O'Toole	25	40	50	60	100			
147	George Paskart (Paskert)	25	40	50	80	100	200		
149	Hub Perdue	25	40	80					
152	Jack Quinn	25	40	50	200	250	300		
153	Pat Ragan	100	150	200	300				
154	Arthur Rasmussen	100	250	300	350				
156	Ed Reulbach	25	40	50	80				
157	Nap Rucker	40	100	200					
159	Vic Saier	400	500	1,200					
160	Doc Scanlon (Scanlan)	25	40	50	60	120	200		
161	Germany Schaefer	25	40	50	60	100	200		
162	Bill Schardt	30	50	60	80	120			
163	Frank Schulte	30	50	60	80	120			
164	Jim Scott	30	50						
165	Hank Severeid	25	40	50	60	100	200		
166	Mike Simon	25	40	50	60	100	200		
167	Frank Smith Cincinnati	30	50	120					
168	Wallace Smith St. Louis	30	50	60					
169	Fred Snodgrass	25	40	50	60	100			
170	Tris Speaker	250	400	700	1,200	1,800	2,200		
171	Harry Spratt	25	40	50	80	100			

BASEBALL

#		PrFr 1	GD 2	VG 3	VgEx 4	EX 5	ExMt 6	NM 7	NmMt 8
2	Eddie Stack	25	40	50	100	120	200		
3	Oscar Stanage	25	40	50	80	150			
4	Bill Steele	60	100	150					
5	Harry Steinfeldt	25	40	100	120	150	250		
6	George Stovall	30	50	120					
7	Gabby Street	25	40	50	60	100			
8	Amos Strunk	25	40	50	60	100	200		
9	Billy Sullivan	25	40	50					
1	Lee Tannehill	25	40	50	60	100			
3	Joe Tinker	60	100	200	250	350	500		
4	Bert Tooley	25	40	50	60	100			
5	Terry Turner	25	40	50	60	150	200		
6	Lefty Tyler	250	400	500	600				
7	Hippo Vaughn	40	60	80	100	200			
8	Heine Wagner	40	200	250	300	400			
9	Dixie Walker	25	40	50	60	150	200		
0	Bobby Wallace	80	120	150					
1	Jack Warhop	25	40	50	250	400			
2	Buck Weaver	500	800	1,000	2,000	3,000			
3	Zack Wheat	80	120	150	250	400			
5	Dewey Wilie	25	40	50	60	120	200		
6	Bob Williams	30	50	60	80	120			
7	Art Wilson New York	25	40	50	60	100	200		
8	Chief Wilson Pittsburgh	25	40	50	60	100			
9	George Wiltse	25	40	50	80	100	200		
1	Harry Wolverton	25	40	50	60	120	200		
2	Joe Wood	300	600	800	1,000				
4	Ralph Works	200	300	400	500				
5	Steve Yerkes	40	60	80					

- Irving Lewis (No Emblem) PSA 2.5 (GVg) sold for $12,936 (Goodwin; 2/14)
- Irving Lewis (Emblem) SGC 60 (EX) sold for $9,345 (Goodwin; 12/12)
- Louis Lowdermilk PSA 7 (NM) sold for $15,405 (REA; 5/13)
- Louis Lowdermilk Red Cross SGC 40 (VG) sold for $16,590 (REA; 5/13)
- Ward Miller Chicago PSA 8 (NmMt) sold for $13,035 (REA; Spring '14)

1913 Tom Barker Game WG6

	PrFr 1	GD 2	VG 3	VgEx 4	EX 5	ExMt 6	NM 7	NmMt 8
Grover Alexander	120	150	200	250	300	400	500	600
Chief Bender	15	20	25	30	40	60	80	100
Bob Bescher	8	10	12	15	20	25	30	50
Joe Birmingham	8	10	12	15	20	25	30	50
Roger Bresnahan	20	25	30	40	50	60	80	120
Nixey Callahan	8	10	12	15	20	25	30	50
Bill Carrigan	8	10	12	15	20	25	30	50
Frank Chance	20	25	30	40	50	60	80	120
Hal Chase	10	12	15	20	25	30	40	60
Fred Clarke	15	20	25	30	40	50	60	100
Ty Cobb	120	250	300	350	400	425	600	1,000
Sam Crawford	20	25	30	40	50	60	80	120
Jake Daubert	8	10	12	15	20	25	30	50
Red Dooin	8	10	12	15	20	25	30	50
Johnny Evers	20	25	30	40	50	60	100	150
Vean Gregg	8	10	12	15	20	25	30	50
Clark Griffith	15	20	25	30	40	50	60	100
Dick Hoblitzel	8	10	12	15	20	25	30	50
Miller Huggins	15	20	25	30	40	50	60	100
Joe Jackson	500	600	750	1,000	1,200	1,500	2,000	2,500
Hugh Jennings	15	20	25	30	40	50	60	100
Walter Johnson	50	60	80	100	120	150	200	350
Ed Konetchy	8	10	12	15	20	25	30	50
Nap Lajoie	25	30	40	50	60	80	100	150
Connie Mack	20	25	30	40	50	60	100	200
Rube Marquard	15	20	25	30	60	80	100	100
Christy Mathewson	50	60	80	100	120	250	400	500
John McGraw	20	25	30	40	50	60	80	120
Chief Meyers	8	10	12	15	20	25	30	50
Clyde Milan	8	10	12	15	20	25	30	50

#		PrFr 1	GD 2	VG 3	VgEx 4	EX 5	ExMt 6	NM 7	NmMt 8
32	Marty O'Toole	8	10	12	15	20	25	30	50
33	Nap Rucker	8	10	12	15	20	25	30	50
34	Tris Speaker	25	30	40	50	80	150	200	250
35	George Stallings	8	10	12	15	20	25	30	50
36	Bill Sweeney	8	10	12	15	20	25	30	50
37	Joe Tinker	20	25	30	40	50	60	80	120
38	Honus Wagner	120	150	200	250	300	400	500	800
40	Zack Wheat	15	20	30	40	50	60	80	120
42	Joe Wood	15	20	25	30	100	120	150	200
43	Cy Young	50	60	80	100	120	150	200	350

1913 National Game WG5

#		PrFr 1	GD 2	VG 3	VgEx 4	EX 5	ExMt 6	NM 7	NmMt 8
1	Grover Alexander	100	120	150	200	250	300	400	500
2	Frank Baker	20	25	30	40	50	60	80	200
3	Chief Bender	15	20	25	30	40	50	60	150
4	Bob Bescher	8	10	12	15	20	25	30	50
5	Joe Birmingham	8	10	12	15	20	25	30	120
6	Roger Bresnahan	20	25	30	40	50	60	80	150
7	Nixey Callahan	8	10	12	15	20	25	30	60
8	Frank Chance	20	25	30	40	50	60	80	120
9	Hal Chase	10	12	15	20	25	30	40	60
10	Fred Clarke	15	20	25	30	40	50	60	100
11	Ty Cobb	120	150	200	250	400	700	800	1,000
12	Sam Crawford	20	25	30	40	50	60	100	120
13	Bill Dahlen	8	10	12	15	20	25	30	150
14	Jake Daubert	8	10	12	15	20	25	30	80
15	Red Dooin	8	10	12	15	20	25	30	120
16	Johnny Evers	20	25	30	120	150	200	250	200
17	Vean Gregg	8	10	12	15	20	25	30	120
18	Clark Griffith MG	15	20	25	30	40	50	60	150
19	Dick Hoblitzel	8	10	12	15	20	25	30	120
20	Miller Huggins	15	20	25	30	40	50	60	100
21	Joe Jackson	500	600	700	800	1,000	1,200	1,500	2,500
22	Hugh Jennings MG	15	20	25	30	40	50	60	100
23	Walter Johnson	40	50	150	200	250	300	400	500
24	Ed Konetchy	8	10	12	15	20	25	30	50
25	Nap Lajoie	25	30	40	50	120	150	200	200
26	Connie Mack MG	20	25	30	40	50	80	120	200
27	Rube Marquard	15	20	25	30	40	50	80	100
28	Christy Mathewson	40	50	60	120	150	200	250	300
29	John McGraw MG	20	25	30	40	50	60	80	120
30	Larry McLean	8	10	12	15	20	25	30	50
31	Clyde Milan	8	10	12	15	20	25	30	120
32	Marty O'Toole	8	10	12	15	20	25	30	120
33	Nap Rucker	8	10	12	15	20	25	30	100
34	Tris Speaker	25	30	40	50	60	80	120	150
35	Jake Stahl	8	10	12	15	20	25	30	50
36	George Stallings MG	8	10	12	15	20	25	30	50
37	George Stovall	8	10	12	15	20	25	30	50
39	Joe Tinker	20	25	50	60	80	100	120	150
40	Honus Wagner	120	150	250	300	350	500	600	800
42	Joe Wood	15	20	25	30	40	50	100	150
43	Cy Young	50	60	80	100	200	250	300	400

1913 Fatima Teams T200

#		PrFr 1	GD 2	VG 3	VgEx 4	EX 5	ExMt 6	NM 7	NmMt 8
1	Boston Americans	150	250	350	550	950			
2	Chicago Americans	150	250	300	500	800			
3	Cleveland Americans	500	600	800	1,000	1,800			
4	Detroit Americans	300	600	800	1,200	2,000			
5	New York Americans	400	600	800	1,200				
6	Philadelphia Americans	100	150	300	400	600			
7	St. Louis Americans	300	500	600	1,000	1,500			
8	Washington Americans	200	250	400	500	900			
9	Boston Nationals	600	1,000						

BASEBALL

#		PrFr 1	GD 2	VG 3	VgEx 4	EX 5	ExMt 6	NM 7	NmMt 8
10	Brooklyn Nationals	150	250	300	500	800			
11	Chicago Nationals	120	200	250	400	600			
12	Cincinnati Nationals	100	150	200	400	500			
13	New York Nationals	200	300	400	600	1,200			
14	Philadelphia Nationals	150	200	250	300	500			
15	Pittsburgh Nationals	200	300	400	650	800			
16	St. Louis Nationals	150	250	300	700	1,000			

— Cleveland Americans PSA 8 (NmMt) sold for $11,850 (REA; Spring '14)

1914 Cracker Jack

#		PrFr 1	GD 2	VG 3	VgEx 4	EX 5	ExMt 6	NM 7	NmMt 8
1	Otto Knabe	150	500	600	800				
2	Frank Baker	300	400	800	1,000	1,400	1,800		
3	Joe Tinker	250	300	800	1,200	1,500	2,200		
4	Larry Doyle	80	120	200	300	500			
5	Ward Miller	80	100	200	200	600	800		
6	Eddie Plank	250	600	900	1,300	2,200			
7	Eddie Collins	300	500	800	1,000	1,500	2,000		
8	Rube Oldring	80	100	250	400	1,000			
9	Artie Hoffman (Hofman)	150	250	400	600	1,000			
10	John McInnis	100	150	200	400	500	600		
11	George Stovall	100	100	300	400	600	800		
12	Connie Mack MG	150	250	600	1,000	1,500	2,000		
13	Art Wilson	80	100	250	300	400	400		
14	Sam Crawford	150	300	800	1,200	2,000	3,000		
15	Reb Russell	60	100	200	300	600			
16	Howie Camnitz	80	250	300	400	600	800		
17	Roger Bresnahan	250	600	1,200	1,500	2,000	2,500		
17B	Roger Bresnahan NNO	1,000	1,500	2,000	2,500	3,500			
18	Johnny Evers	300	500	1,000	1,500	2,000	2,500		
19	Chief Bender	150	450	500	1,500	2,000	2,500		
20	Cy Falkenberg	100	200	250	300	400			
21	Heinie Zimmerman	60	120	300	400	500			
22	Joe Wood	400	700	2,000	2,500	3,000			
23	Charles Comiskey	250	500	800	1,000	1,200	1,500		
24	George Mullen (Mullin)	100	200	250	400	500	2,000		
25	Michael Simon	120	200	300	500	800	1,200		
26	James Scott	120	200	400	600	800	1,000		
27	Bill Carrigan	80	300	600	800	1,000			
28	Jack Barry	120	200	300	500	800			
29	Vean Gregg	100	250	300	500	600			
30	Ty Cobb	5,000	6,000	15,000	20,000	30,000	40,000		
31	Heinie Wagner	60	200	300	500	600	700		
32	Mordecai Brown	300	400	1,000	1,200	1,500			
33	Amos Strunk	100	120	250	300	450	400		
34	Ira Thomas	60	120	150	250	600	1,000		
35	Harry Hooper	150	250	800	2,000	3,000	5,000		
36	Ed Walsh	300	500	600	1,000	1,200	1,500		
37	Grover C. Alexander	1,200	1,500	2,500	4,000				
38	Red Dooin	120	250	600	800	1,000			
39	Chick Gandil	800	1,200	2,000	3,000	5,000			
40	Jimmy Austin	120	250	500	600	1,500			
41	Tommy Leach	100	200	300	400	1,000			
42	Al Bridwell	120	250	400	600	800	1,000		
43	Rube Marquard	400	600	800	1,000	1,500	2,500		
44	Charles Tesreau	120	250	300	400	600			
45	Fred Luderus	100	150	250	400	500			
46	Bob Groom	80	200	250	400	500	600		
47	Josh Devore	60	120	250	400	600	1,000		
48	Harry Lord	60	100	400	500	600	800		
49	John Miller	60	300	400	500	600			
50	John Hummell (Hummel)	60	200	300	500	600	800		
51	Nap Rucker	100	120	150	300	350	400		
52	Zach Wheat	150	250	700	1,000	1,500	2,000		
53	Otto Miller	120	250	400	600	800			
54	Marty O'Toole	150	250	400	600	800	1,000		
55	Dick Hoblitzel (Hoblitzell)	120	250	400	600	800	1,000		
56	Clyde Milan	120	250	400	600	800	1,000		
57	Walter Johnson	1,500	3,000	4,000	6,000	8,000			
58	Wally Schang	120	250	400	600	800	1,000		
59	Harry Gessler	80	250	300	600	800	1,000		
60	Rollie Zeider	100	200	300	500	800	1,000		
61	Ray Schalk	300	500	600	1,200	1,500	2,000		
62	Jay Cashion	150	200	400	500	600	1,000		
63	Babe Adams	100	200	250	400	600	800		
64	Jimmy Archer	60	120	400	500	600			
65	Tris Speaker	500	1,000	1,500	2,000	3,000			
66	Napoleon Lajoie	800	1,200	2,000	3,000	5,000			
67	Otis Crandall	150	300	400	500	600	800		
68	Honus Wagner	2,000	2,500	4,000	6,000	10,000			
69	John McGraw	500	800	1,200	2,000	3,000	5,000		
70	Fred Clarke	250	400	600	700	1,200	1,500		
71	Chief Meyers	80	120	250	400	1,500			
72	John Boehling	150	250	400	600	1,000			
73	Max Carey	200	300	500	1,200	2,500	3,000		
74	Frank Owens	60	300	400	1,800	2,000			
75	Miller Huggins	200	300	800	1,000	1,500	2,500		
76	Claude Hendrix	60	100	150	200	300			
77	Hughie Jennings MG	200	300	600	800	1,500	2,500		
78	Fred Merkle	60	300	400	1,000	1,200			
79	Ping Bodie	100	150	400	800	1,000			
80	Ed Ruelbach	60	100	250	300	400			
81	Jim Delahanty	60	120	200	250	300	400		
82	Gavvy Cravath	150	200	400	600	800	1,000		
83	Russ Ford	60	100	150	600	800			
84	Elmer E. Knetzer	60	100	300	400	600			
85	Buck Herzog	80	150	200	250	600			
86	Burt Shotton	60	100	150	200	300			
87	Forrest Cady	100	150	250	300	500			
88	Christy Mathewson	30,000	50,000	80,000	100,000				
89	Lawrence Cheney	120	250	400	1,000	1,500	2,500		
90	Frank Smith	300	500	3,000	4,000	5,000			
91	Roger Peckinpaugh	60	100	600	800	1,000	1,200		
92	Al Demaree	400	600	800	2,000				
93	Del Pratt	5,000	8,000						
94	Eddie Cicotte	300	500	2,000	2,500				
95	Ray Keating	100	150	250	300				
96	Beals Becker	60	100	2,000	3,000	4,000			
97	Rube Benton	80	100	400	600	800			
98	Frank LaPorte	60	200	400	600	800			
99	Frank Chance	500	800	1,200	2,500	4,000			
100	Thomas Seaton	150	300	500	600	800	1,000		
101	Frank Schulte	60	100	300	500	800			
102	Ray Fisher	60	100	150	400	500	600		
103	Joe Jackson	20,000	30,000	50,000	80,000	120,000			
104	Vic Saier	200	250	400	600	800	1,000		
105	James Lavender	60	100	400	500	600	1,500		
106	Joe Birmingham	120	250	400	1,200	2,000			
107	Tom Downey	100	150	250	400	600	1,200		
108	Sherry Magee	120	250	1,200	2,000	3,000			
109	Fred Blanding	60	100	150	300	600	800		
110	Bob Bescher	60	400	500	600	800			
111	Jim Callahan	60	100	150	200	300			
112	Ed Sweeney	60	100	400	500	600			
113	George Suggs	60	100	150	400	600			
114	George Moriarity (Moriarty)	60	200	300	400	600	1,200		
115	Addison Brennan	60	100	150	200	300	400		
116	Rollie Zeider	80	120	300	400	600	800		
117	Ted Easterly	80	100	300	500	800			
118	Ed Konetchy	120	300	400	500	800			
119	George Perring	60	100	500	800	1,000			
120	Mike Doolan	60	100	200	200	400			
121	Hub Perdue	60	100	400	500	1,500	2,500		
122	Owen Bush	60	100	150	600	800	2,000		

	PrFr 1	GD 2	VG 3	VgEx 4	EX 5	ExMt 6	NM 7	NmMt 8
Slim Sallee	60	100	150	250	300	400		
Earl Moore	200	300	500	800	1,000	1,500		
Bert Niehoff	200	300	400	600	800	1,200		
Walter Blair	60	100	300	400	600	800		
Butch Schmidt	60	100	150	500	800			
Steve Evans	60	150	400	500	800	1,000		
Ray Caldwell	60	100	120	400	600			
Ivy Wingo	100	200	300	1,000				
George Baumgardner	60	400	500	600	800	1,000		
Les Nunamaker	60	150	200	400	600	800		
Branch Rickey MG	400	800	3,000	4,000				
Armando Marsans	120	400	500	600	800	1,200		
Bill Killefer	250	300	400	500				
Rabbit Maranville	400	800	1,200	2,000				
William Rariden	120	300	400	600	800			
Hank Gowdy	60	100	200	250	300	400		
Rebel Oakes	80	150	200	200	600			
Danny Murphy	120	300	400	600	800			
Cy Barger	100	200	200	800	1,000			
Eugene Packard	100	200	300	400	500			
Jake Daubert	60	100	800	1,000	1,200			
James C. Walsh	250	300	400	600	800			

rover C. Alexander #37 SGC 60 (EX) sold for $5,500 (Legendary; 8/12)
el Pratt #93 PSA 4 (VgEx) sold for $17,625 (Mile High; 6/13)
Cobb #30 PSA 8.5 (NmMt+) sold for $106,650 (REA; Spring '14)
Cobb #30 PSA 8.5 (NmMt+) sold for $75,000 (REA; 05/12)
e Jackson #103 SGC 70 (EX+) sold for $44,057 (Goodwin; 12/12)
alter Johnson #57 SGC 80 (ExMt) sold for $5,838 (Goodwin; 11/12)
hristy Mathewson #88 SGC 9 Mint sold for $35,000 (REA; 05/12)
hristy Mathewson #88 PSA 5 (EX) sold for $67,798 (Goodwin; 11/12)
hristy Mathewson #88 SGC 20 (Fair) sold for $18,062 (Goodwin; 12/12)
el Pratt #93 SGC 80 (ExMt) sold for $24,659 (Goodwin; 12/12)
onus Wagner #68 SGC 84 (NM) sold for $28,539 (Mile High; 10/12)

14 Polo Grounds Game WG4

	GD 2	VG 3	VgEx 4	EX 5	ExMt 6	NM 7	NmMt 8	MT 9
Jimmy Archer	8	10	12	15	25	40	80	200
Frank Baker	20	25	30	40	60	80	150	400
Frank Chance	15	20	25	30	50	80	150	400
Larry Cheney	8	10	12	15	25	40	80	200
Ty Cobb	120	250	300	400	500	600	800	1,500
Eddie Collins	20	25	30	40	60	80	150	400
Larry Doyle	8	10	12	15	25	40	80	200
Art Fletcher	8	10	12	15	25	40	80	200
Claude Hendrix	8	10	12	15	25	40	80	200
Joe Jackson	300	400	500	600	800	1,400	1,800	2,500
Hugh Jennings MG	20	25	30	40	60	80	150	400
Nap Lajoie	25	30	40	50	80	175	225	500
Jimmy Lavender	8	10	12	15	25	40	80	200
Fritz Maisel	8	10	12	15	25	40	80	200
Rabbit Maranville	20	25	30	50	60	80	200	400
Rube Marquard	20	25	30	40	60	80	150	400
Christy Mathewson	50	60	80	100	150	200	400	800
John McGraw MG	20	25	30	40	60	100	150	400
Stuffy McInnis	8	10	12	15	25	40	80	200
Chief Meyers	8	10	12	15	25	40	80	200
Red Murray	8	10	12	15	25	40	80	200
Eddie Plank	20	25	30	40	60	80	150	400
Nap Rucker	8	10	12	15	25	40	80	200
Reb Russell	8	10	12	15	25	40	80	200
Frank Schulte	8	10	12	15	25	40	80	200
Jim Scott	8	10	12	15	25	40	80	200
Tris Speaker	25	30	40	50	80	100	250	500
Honus Wagner	80	100	120	150	250	800	1,000	1,200
Ed Walsh	20	25	30	40	60	80	150	400
Joe Wood	20	25	30	40	60	100	150	400

1915 American Caramel E106

		PrFr 1	GD 2	VG 3	VgEx 4	EX 5	ExMt 6	NM 7	NmMt 8
1	Jack Barry	60	150	250	300				
2A	Chief Bender Striped Hat	120	300	600					
2B	Chief Bender White Hat	100	250	400					
3	Bob Bescher	60	150	250	300				
4	Roger Bresnahan	100	250	400	800				
5	Al Bridwell	60	150	250	300				
6	Donie Bush	60	150	250	300				
7A	Hal Chase Portrait	100	200	400					
7B	Hal Chase Catching	100	250	400					
8A	Ty Cobb Batting Front	800	2,500	4,000					
8B	Ty Cobb Batting Side	800	2,500	4,000					
9	Eddie Collins	100	250	400	800				
10	Sam Crawford	150	300	500	800				
11	Ray Demmitt	60	150	250	300				
12	Bill Donovan	60	150	250	300				
13	Red Dooin	60	150	250	300				
14	Mickey Doolan	60	150	250	300				
15	Larry Doyle	60	150	250	300				
16	Clyde Engle	60	150	250	300				
17	Johnny Evers	100	500	600	800				
18	Art Fromme	60	150	250	300				
19A	George Gibson Back	60	150	250	300				
19B	George Gibson Front	60	150	250	300				
20	Topsy Hartzell	60	150	250	300				
21	Fred Jacklitsch	60	150	250	300				
22	Hugh Jennings MG	150	300	500					
23	Otto Knabe	60	150	250	300				
24	Nap Lajoie	250	600	1,000					
25	Hans Lobert	60	150	250	300				
26	Rube Marquard	150	300	500					
27	Christy Mathewson	500	1,200	2,000					
28	John McGraw MG	150	300	500					
29	George McQuillan	60	150	250	300				
30	Dots Miller	60	150	300	400				
31	Danny Murphy	60	150	250	300				
32	Rebel Oakes	60	150	250	300				
33	Eddie Plank	250	600	1,000					
34	Germany Schaefer	60	150	250	300				
35	Tris Speaker	300	800	1,500					
36	Oscar Stanage	60	150	250	300				
37	George Stovall	60	150	250	300				
38	Jeff Sweeney	60	150	250	300				
39A	Joe Tinker Batting	150	300	500					
39B	Joe Tinker Portrait	150	300	600	1,000				
40A	Honus Wagner Batting	1,200	2,500	4,000					
40B	Honus Wagner Throwing	1,200	2,500	4,000					
41	Hooks Wiltse	60	150	250	300				
42	Heinie Zimmerman	60	150	250	300				

— Honus Wagner Batting PSA 5 (EX) sold for $5,880 (Greg Bussineau; 12/12)

1915 Cracker Jack

		PrFr 1	GD 2	VG 3	VgEx 4	EX 5	ExMt 6	NM 7	NmMt 8
1	Otto Knabe	80	100	120	150	250	1,500	3,000	
2	Frank Baker	200	500	800	1,000	1,200	1,500	2,000	6,000
3	Joe Tinker	200	300	500	800	1,200	2,000	3,000	8,000
4	Larry Doyle	60	100	150	250	400	600	1,000	
5	Ward Miller	40	120	250	300	400	500	600	1,500
6	Eddie Plank	600	800	1,200	1,500	2,500	3,000	4,000	20,000
7	Eddie Collins	200	400	600	800	1,000	1,800	2,000	4,000
8	Rube Oldring	40	50	60	150	200	250	300	600
9	Artie Hoffman	40	50	60	150	200	250	300	
10	John McInnis	40	120	150	200	250	300	400	1,000
11	George Stovall	40	50	60	120	150	200	300	500

#	Name	PrFr 1	GD 2	VG 3	VgEx 4	EX 5	ExMt 6	NM 7	NmMt 8
12	Connie Mack MG	250	500	600	800	1,000	1,200	1,500	4,000
13	Art Wilson	40	80	100	200	250	300	500	800
14	Sam Crawford	250	500	600	800	1,000	1,200	1,500	5,000
15	Reb Russell	40	50	120	120	150	200	300	600
16	Howie Camnitz	40	50	60	150	200	250	300	1,000
17	Roger Bresnahan	150	300	500	600	800	1,000	1,200	2,500
18	Johnny Evers	200	300	400	500	600	800	2,000	5,000
19	Chief Bender	200	400	500	600	800	1,000	1,200	6,000
20	Cy Falkenberg	40	100	120	150	200	250	600	600
21	Heinie Zimmerman	40	80	100	150	200	300	500	1,000
22	Joe Wood	250	300	400	850	1,000	1,200	1,500	2,000
23	Charles Comiskey	250	300	500	600	800	1,000	1,500	8,000
24	George Mullen	40	50	60	120	150	200	300	1,000
25	Michael Simon	40	50	60	100	300	400	500	800
26	James Scott	40	50	60	150	200	500	800	
27	Bill Carrigan	40	50	100	150	200	300	500	
28	Jack Barry	50	100	120	150	300	500		
29	Vean Gregg	40	50	60	150	300	400	600	800
30	Ty Cobb	3,000	6,000	8,000	12,000	15,000	20,000	25,000	30,000
31	Heinie Wagner	40	50	60	100	250	300	500	2,500
32	Mordecai Brown	200	250	500	600	800	1,200	2,500	
33	Amos Strunk	50	100	200	300	500	600	800	2,500
34	Ira Thomas	40	80	120	150	175	200	300	1,000
35	Harry Hooper	150	200	250	400	500	600	1,000	4,000
36	Ed Walsh	200	250	400	500	600	800	1,500	6,000
37	Grover C. Alexander	800	1,000	2,000	2,500	3,000	4,000	6,000	8,000
38	Red Dooin	40	50	60	100	200	250	600	800
39	Chick Gandil	200	300	400	500	600	800	1,200	5,000
40	Jimmy Austin	50	60	80	120	200	250	400	800
41	Tommy Leach	40	50	60	100	120	200	300	800
42	Al Bridwell	40	60	80	150	200	250	300	1,000
43	Rube Marquard	300	400	500	600	800	1,000	2,500	4,000
44	Jeff (Charles) Tesreau	40	50	80	100	200	350	400	1,000
45	Fred Luderus	40	50	60	150	200	250	300	1,000
46	Bob Groom	40	150	200	300	400	500	600	2,000
47	Josh Devore	40	50	60	300	400	500	600	800
48	Steve O'Neill	40	50	80	120	150	200	400	800
49	John Miller	50	80	120	200	300	500	800	1,200
50	John Hummell	40	80	200	250	300	400	500	600
51	Nap Rucker	40	60	80	100	120	200	400	800
52	Zach Wheat	200	250	300	400	1,000	2,000	2,000	4,000
53	Otto Miller	40	50	60	120	150	200	300	450
54	Marty O'Toole	50	60	150	200	300	400	600	800
55	Dick Hoblitzel	40	50	60	100	120	200	300	800
56	Clyde Milan	40	80	100	120	150	200	400	1,000
57	Walter Johnson	2,000	4,000	5,000	6,000	8,000	10,000	12,000	20,000
58	Wally Schang	40	50	60	200	250	300	400	800
59	Harry Gessler	40	50	60	100	120	200	300	800
60	Oscar Dugey	60	150	200	250	300	400	600	800
61	Ray Schalk	200	250	500	600	800	1,000	1,200	4,000
62	Willie Mitchell	40	50	60	100	120	200	400	825
63	Babe Adams	40	50	60	100	120	200	300	925
64	Jimmy Archer	40	100	120	200	250	300	350	750
65	Tris Speaker	600	800	1,000	1,200	2,000	3,000	4,000	5,000
66	Napoleon Lajoie	300	600	800	1,000	1,200	1,500	2,000	8,000
67	Otis Crandall	50	100	200	300	400	500	600	800
68	Honus Wagner	2,500	3,000	4,000	5,000	10,000	12,000	15,000	20,000
69	John McGraw MG	200	250	300	450	500	800	1,200	6,000
70	Fred Clarke	200	400	450	500	600	800	1,300	
71	Chief Meyers	50	60	100	120	150	250	400	1,200
72	John Boehling	40	60	80	120	150	200	300	600
73	Max Carey	200	250	300	400	500	800	1,200	4,000
74	Frank Owens	40	50	60	250	400	600	800	1,000
75	Miller Huggins	200	250	300	400	600	800	1,000	2,500
76	Claude Hendrix	40	50	80	100	150	200	300	600
77	Hughie Jennings MG	200	300	400	500	600	800	1,200	3,000
78	Fred Merkle	40	50	60	100	300	400	600	1,000

#	Name	PrFr 1	GD 2	VG 3	VgEx 4	EX 5	ExMt 6	NM 7	NmMt 8
79	Ping Bodie	100	150	250	400	600	1,000	1,500	2,...
80	Ed Ruelbach	40	50	60	100	200	250	400	
81	Jim Delahanty	40	50	60	150	200	250	300	
82	Gavvy Cravath	40	50	60	120	150	200	450	1,...
83	Russ Ford	40	50	100	120	150	200	400	
84	Elmer E. Knetzer	50	80	120	200	300	500	800	1,2...
85	Buck Herzog	40	50	60	100	120	300	350	1,...
86	Burt Shotton	40	50	100	200	250	300	350	
87	Forrest Cady	50	80	120	200	300	500	800	1,2...
88	Christy Mathewson	1,200	2,500	3,000	4,000	5,000	6,000	8,000	15,...
89	Lawrence Cheney	50	60	80	120	150	200	400	
90	Frank Smith	40	50	60	100	120	200	300	1,...
91	Roger Peckinpaugh	40	60	80	100	120	800	1,000	2,...
92	Al Demaree	80	300	400	500	600	800	1,000	1,5...
93	Del Pratt	80	150	200	250	300	400	500	1,2...
94	Eddie Cicotte	300	500	800	1,000	1,200	1,500	2,000	4,...
95	Ray Keating	80	250	300	400	500	600	800	1,5...
96	Beals Becker	150	250	300	400	500	800	1,200	2,...
97	John (Rube) Benton	40	50	60	200	250	800	1,000	1,2...
98	Frank LaPorte	40	50	80	200	250	300	400	6...
99	Hal Chase	100	120	200	300	400	400	800	2,5...
100	Thomas Seaton	40	50	60	100	120	200	300	1,...
101	Frank Schulte	40	50	200	300	400	500	600	1,0...
102	Ray Fisher	40	100	120	150	200	250	500	8...
103	Joe Jackson	10,000	12,000	20,000	25,000	30,000	40,000	50,000	60,...
104	Vic Saier	40	50	120	150	300	400	600	1,2...
105	James Lavender	80	150	300	400	500	600	800	1,2...
106	Joe Birmingham	40	50	60	120	150	300	400	8...
107	Thomas Downey	40	50	60	200	250	300	400	6...
108	Sherry Magee	100	150	250	400	600	1,000	1,500	2,5...
109	Fred Blanding	50	60	120	250	300	400	500	8...
110	Bob Bescher	80	150	200	250	300	400	600	2,0...
111	Herbie Moran	40	50	120	200	300	400	500	1,0...
112	Ed Sweeney	40	50	60	150	200	400	600	1,0...
113	George Suggs	40	50	60	200	250	300	400	1,2...
114	George Moriarity	40	50	200	300	400	500	600	8...
115	Addison Brennan	40	80	100	150	200	400	500	8...
116	Rollie Zeider	40	50	60	100	150	250	350	1,0...
117	Ted Easterly	50	80	120	200	300	500	800	1,2...
118	Ed Konetchy	40	50	250	300	400	500	600	1,0...
119	George Perring	40	50	60	200	250	300	400	1,0...
120	Mike Doolan	40	200	250	300	400	500	600	1,2...
121	Hub Perdue	40	50	60	250	300	400	500	3,0...
122	Owen Bush	40	50	60	100	120	200	300	8...
123	Slim Sallee	50	80	150	200	250	400	500	6...
124	Earl Moore	40	50	60	150	200	250	300	1,0...
125	Bert Niehoff	40	120	150	200	250	300	400	2,0...
126	Walter Blair	40	150	200	300	400	500	600	1,0...
127	Butch Schmidt	40	50	60	100	120	200	300	2,5...
128	Steve Evans	50	60	80	250	400	500	600	2,5...
129	Ray Caldwell	40	50	60	100	120	200	400	8...
130	Ivy Wingo	50	100	120	150	200	250	300	1,0...
131	Geo. Baumgardner	40	100	120	150	200	250	600	4,0...
132	Les Nunamaker	60	120	250	300	400	500	800	1,2...
133	Branch Rickey MG	250	500	1,000	1,200	1,500	2,000	3,000	5,0...
134	Armando Marsans	100	200	250	300	400	500	600	1,5...
135	William Killefer	80	150	200	250	300	400	500	1,0...
136	Rabbit Maranville	250	400	600	1,000	1,500	2,500	4,000	6,0...
137	William Rariden	40	50	60	100	120	200	300	1,5...
138	Hank Gowdy	40	50	60	100	200	300	400	1,1...
139	Rebel Oakes	40	80	150	200	250	300	400	1,5...
140	Danny Murphy	60	100	150	250	400	600	1,000	1,5...
141	Cy Barger	40	50	60	150	200	250	300	1,2...
142	Eugene Packard	80	150	250	400	500	600	800	1,5...
143	Jake Daubert	80	150	200	250	300	400	500	1,5...
144	James C. Walsh	40	100	120	150	200	250	300	1,0...
145	Ted Cather	40	50	100	120	150	200	300	6...

	PrFr 1	GD 2	VG 3	VgEx 4	EX 5	ExMt 6	NM 7	NmMt 8
George Tyler	40	80	150	250	300	400	500	800
Lee Magee	40	50	100	120	150	200	500	800
Owen Wilson	40	50	60	200	250	300	400	800
Hal Janvrin	40	50	60	100	120	200	350	600
Doc Johnston	40	50	100	120	300	400	500	800
George Whitted	40	80	100	150	200	250	400	600
George McQuillen	40	50	80	120	150	200	350	1,500
Bill James	40	150	200	300	400	500	600	800
Dick Rudolph	40	100	120	150	200	250	400	800
Joe Connolly	40	50	60	200	250	400	500	3,000
Jean Dubuc	40	50	60	100	120	200	300	1,000
George Kaiserling	80	100	120	150	200	300	400	2,000
Fritz Maisel	100	150	250	400	600	1,000	1,500	2,500
Heinie Groh	80	120	250	300	400	500	600	1,200
Benny Kauff	50	60	80	120	150	200	300	1,500
Edd Roush	250	500	1,000	1,200	1,500	2,000	2,500	4,000
George Stallings MG	50	100	200	250	300	400	500	800
Bert Whaling	40	50	80	100	120	250	400	800
Bob Shawkey	40	50	100	120	150	500	600	1,200
Eddie Murphy	50	60	150	200	250	300	400	600
Joe Bush	40	50	100	200	250	300	400	1,000
Clark Griffith	150	250	300	350	400	600	1,000	4,000
Vin Campbell	50	100	120	150	200	250	400	2,500
Raymond Collins	40	50	60	100	120	200	300	750
Hans Lobert	80	100	120	200	400	500	600	1,000
Earl Hamilton	100	120	150	200	250	300	400	800
Erskine Mayer	50	100	200	250	300	400	1,000	
Tilly Walker	100	150	250	400	600	1,000	1,500	3,000
Robert Veach	80	100	120	150	200	250	300	2,000
Joseph Benz	40	50	60	100	120	200	1,500	2,000
Hippo Vaughn	120	100	120	150	300	600		

Roger Bresnahan #17 PSA 9 (MT) sold for $8,932 (Goodwin; 9/12)
Grover Alexander #37 SGC 92 (NmMt+) sold for $15,405 (REA; 5/13)
Eddie Cicotte #94 PSA 9 (MT) sold for $10,440 (Bussineau; Fall '13)
Ty Cobb #30 SGC 92 (NmMt+) sold for $25,000 (REA; 05/12)
Ty Cobb #30 SGC 86 (NrMt+) sold for $17,362 (Mile High; 1/13)
Ty Cobb #30 SGC 86 (NrMt+) sold for $10,361 (eBay; 9/12)
Ty Cobb #30 SGC 7.5 (NM+) sold for $10,000 (REA; 05/12)
Joe Jackson #103 SGC 92 (NmMt+) sold for $38,267 (Goodwin; 9/12)
Joe Jackson #103 SGC 92 (NmMt+) sold for $38,267 (Goodwin; 10/12)
Walter Johnson #57 SGC 86 (NrMt+) sold for $5,271 (Memory Lane; 5/12)
Christy Mathewson #88 SGC 92 (NmMt+) sold for $13,920 (Greg Bussineau; 7/12)
Christy Mathewson #88 SGC 92 (NmMt+) sold for $12,545 (SCP; 9/12)
Christy Mathewson #88 SGC 86 (NrMt+) sold for $5,616 (Goodwin; 7/12)
Honus Wagner #68 SGC 92 (NmMt+) sold for $14,299 (Mile High; 12/13)

916 M101-4 Blank Back

	PrFr 1	GD 2	VG 3	VgEx 4	EX 5	ExMt 6	NM 7	NmMt 8
Sam Agnew Red Sox	20	25	30	50	60	80	120	200
H. D. Baird C.F.	20	25	30	50	60	80	120	200
J. Franklin Baker	60	80	150	200	250	300	400	800
Dave Bancroft	60	120	150	200	250	300	550	800
Jack Barry	20	25	30	50	60	80	120	200
Zinn Beck	20	25	30	50	60	80	120	200
Chief Bender	60	80	100	200	250	300	400	800
Joe Benz	20	25	30	50	60	80	120	200
Bob Bescher	20	25	30	50	60	80	120	200
Al Betzel 2nd B.	20	25	30	50	60	80	120	200
Mordecai Brown	60	80	100	150	200	250	400	800
Eddie Burns	20	25	30	50	60	80	120	200
George Burns	20	25	30	50	60	80	120	200
Geo. J. Burns	20	25	50	60	80	100	120	200
Joe Bush	20	25	30	50	60	80	120	200
Donie Bush	20	25	30	50	80	100	120	200
Art Butler	20	25	30	50	60	80	120	200
Bobbie Byrne	20	25	30	50	60	80	120	200
Forrest Cady	20	25	30	50	60	80	120	200
Jimmy Callahan	20	25	30	50	60	80	120	200

		PrFr 1	GD 2	VG 3	VgEx 4	EX 5	ExMt 6	NM 7	NmMt 8
27	Ray Caldwell	20	25	30	50	60	80	120	200
28	Max Carey	60	80	120	150	200	250	400	800
29	George Chalmers	20	25	30	50	60	80	120	200
30	Ray Chapman	20	25	30	50	60	80	120	200
31	Larry Cheney	20	25	30	50	80	100	120	200
32	Eddie Cicotte	60	80	100	150	200	250	400	800
33	Tom Clarke	20	25	30	50	60	80	120	200
34	Eddie Collins	60	80	100	150	200	250	400	800
35	Shauno Collins	20	25	30	50	60	80	250	300
36	Charles Comiskey	60	80	100	150	200	250	400	800
37	Joe Connolly	20	25	30	50	60	80	120	200
38	Ty Cobb	1,000	1,200	1,500	2,000	2,500	3,000	8,000	
39	Harry Coveleskie (Coveleski)	20	25	30	50	60	80	120	200
40	Gavvy Cravath	20	25	30	50	60	80	120	200
41	Sam Crawford	60	80	100	150	200	250	400	800
42	Jean Dale	20	25	30	50	60	80	120	200
43	Jake Daubert	20	25	30	50	60	80	120	200
44	Charles Deal	20	25	30	50	60	80	120	200
45	Al Demaree	20	25	30	50	60	80	120	200
46	Josh Devore	20	25	30	50	60	80	120	200
47	William Doak	20	25	30	50	60	80	120	200
48	Bill Donovan	20	25	30	50	60	80	120	200
49	Charles Dooin	20	25	30	50	60	80	120	200
50	Mike Doolan	20	25	30	50	60	80	120	200
51	Larry Doyle	20	25	30	50	60	80	120	200
52	Jean Dubuc	20	25	30	50	60	80	120	200
53	Oscar Dugey	20	25	30	50	60	80	120	200
54	Johnny Evers	60	80	100	150	200	250	400	800
55	Urban Faber	50	60	80	120	150	200	300	500
56	Hap Felsch C.F.	40	50	60	700	800	900	1,000	1,200
57	Bill Fischer	20	25	30	50	60	80	120	200
58	Ray Fisher Pitching	20	25	30	50	60	80	120	200
59	Max Flack	20	25	30	50	60	80	150	200
60	Art Fletcher	20	25	30	50	60	80	120	200
61	Eddie Foster	20	25	30	50	60	80	120	200
62	Jacques Fournier	20	25	30	50	60	80	120	200
63	Del Gainer (Gainor)	20	25	30	50	60	80	120	200
64	Chick Gandil	20	25	30	50	60	80	120	200
68	Geo. Gibson (eo Missing)	20	25	30	50	60	80	120	200
72	Clark Griffith	50	60	100	120	150	200	300	500
73	Tom Griffith	20	25	30	50	60	80	120	200
74	Heinie Groh	20	25	30	50	60	80	120	200
75	Earl Hamilton	20	25	30	50	60	80	120	200
76	Bob Harmon	20	25	30	50	60	80	120	200
77	Roy Hartzell Americans	20	25	30	50	80	100	120	200
78	Claude Hendrix	20	25	30	50	60	80	120	200
79	Olaf Henriksen	20	25	30	50	60	80	120	200
80	John Henry	20	25	30	50	60	80	120	200
81	Buck Herzog	20	25	30	50	60	80	120	200
82	Hugh High	20	25	30	50	60	80	120	200
83	Dick Hoblitzell	20	25	30	50	60	80	120	200
84	Harry Hooper	50	60	80	120	150	200	300	500
85	Ivan Howard 3rd B.	20	25	30	50	60	80	120	200
86	Miller Huggins	50	60	80	120	150	200	300	500
87	Joe Jackson	2,000	2,500	3,000	4,200	5,000	8,000	10,000	25,000
88	William James	20	25	30	50	60	80	120	200
89	Harold Janvrin	20	25	30	50	60	80	120	200
90	Hughie Jennings	50	60	80	120	150	200	300	500
91	Walter Johnson	200	250	300	500	800	1,000	1,500	
92	Fielder Jones	20	25	30	50	60	80	120	200
93	Joe Judge	20	25	30	50	60	80	120	200
94	Benny Kauff	20	25	30	50	60	80	120	200
95	Wm. Killefer Jr.	20	25	30	50	60	80	120	200
96	Ed. Konetchy	20	25	30	50	60	80	120	200
97	Napoleon Lajoie	100	200	250	300	400	500	600	1,200
98	Jack Lapp	20	25	30	50	60	80	120	200
99	John Lavan	20	25	30	50	60	80	120	200
100	Jimmy Lavender	20	25	30	50	60	80	120	200
101	Nemo Leibold	20	25	30	50	60	80	120	200
102	H. B. Leonard	20	25	30	50	60	80	120	200
103	Duffy Lewis	20	25	30	50	60	80	120	200

#	Name	PrFr 1	GD 2	VG 3	VgEx 4	EX 5	ExMt 6	NM 7	NmMt 8
104	Hans Lobert	20	25	30	50	60	80	120	200
105	Tom Long	20	25	30	50	60	80	120	200
106	Fred Luderus	20	25	30	50	60	80	120	200
107	Connie Mack	80	100	120	200	250	300	500	1,000
108	Lee Magee L.F.	20	25	30	50	60	80	120	200
109	Sherwood Magee	20	25	30	50	60	80	120	200
110	Al. Mamaux	20	25	30	50	60	80	120	200
111	Leslie Mann L.F.	20	25	30	50	60	80	120	200
112	Rabbit Maranville	60	80	100	150	200	250	400	
113	Rube Marquard	60	80	100	150	200	250	400	800
114	J. Erskine Mayer	20	25	30	50	60	80	120	200
115	George McBride	20	25	30	50	60	80	120	200
116	John J. McGraw	60	80	100	150	200	250	400	800
117	Jack McInnis	20	25	30	80	100	120	150	200
118	Fred Merkle	20	25	30	50	60	200	250	300
119	Chief Meyers	20	25	30	50	60	80	120	200
120	Clyde Milan	20	25	30	50	60	80	120	200
121	John Miller	20	25	30	50	60	80	120	200
122	Otto Miller	20	25	30	50	80	100	120	200
123	Willie Mitchell	20	25	30	50	60	80	120	200
124	Fred Mollwitz	20	25	30	50	60	80	120	200
125	Pat Moran	20	25	30	50	60	80	120	200
126	Ray Morgan	20	25	30	50	60	80	120	200
127	Geo. Moriarty	20	25	30	50	60	80	120	200
128	Guy Morton	20	25	30	50	60	80	250	300
129	Mike Mowrey	20	25	30	50	60	80	120	200
130	Ed. Murphy	20	25	30	50	60	80	120	200
131	Hy Myers	20	25	30	50	60	80	120	200
132	J. A. Niehoff	20	25	30	50	60	80	120	200
133	Rube Oldring	20	25	30	50	60	80	120	200
134	Oliver O'Mara	20	25	30	50	60	80	120	200
135	Steve O'Neill	20	25	30	50	60	80	120	200
136	Dode Paskert C.F.	20	25	30	50	60	80	120	200
137	Roger Peckinpaugh	20	25	30	50	60	80	120	200
138	Wally Pipp	20	25	30	50	60	80	120	200
139	Derril Pratt (Derrill)	20	25	30	50	60	80	120	200
140	Pat Ragan	20	25	30	50	60	80	120	200
145	Bob Roth R.F.	20	25	30	50	60	80	120	200
146	Ed. Rousch R.F. (Roush)	60	80	100	150	200	250	400	800
154	Ray Schalk	50	60	80	120	150	200	300	500
155	Walter Schang	20	25	30	50	60	80	120	200
156	Frank Schulte	20	25	30	50	60	80	120	200
157	Everett Scott	20	25	30	50	60	80	120	200
158	Jim Scott	20	25	30	50	60	80	120	200
159	Tom Seaton	20	25	30	50	60	80	120	200
160	Howard Shanks	20	25	30	50	60	80	120	200
161	Bob Shawkey	20	25	30	50	60	80	120	200
162	Ernie Shore	20	25	30	50	60	80	120	200
163	Burt Shotton	20	25	30	50	60	80	120	200
164	Geo. Sisler 1st B.	60	80	100	150	200	250	400	800
165	J. Carlisle Smith	20	25	30	50	60	80	120	200
166	Fred Snodgrass	20	25	30	50	60	80	120	200
167	Geo. Stallings	20	25	30	50	60	80	120	200
168A	Oscar Stanage Portrait SP	20	25	30	50	60	80	120	200
168B	Oscar Stanage Catching								
169	Charles Stengel	200	250	300	500	600	800	1,200	2,000
170	Milton Stock	20	25	30	50	60	80	120	200
171	Amos Strunk	20	25	30	50	60	80	120	200
172	Billy Sullivan	20	25	30	50	60	80	120	200
173	Jeff Tesreau	20	25	30	50	60	80	120	200
174	Joe Tinker	60	80	100	150	200	250	400	800
175	Fred Toney	20	25	30	50	60	80	120	200
176	Terry Turner 2nd B.	20	25	30	50	60	80	120	200
177	George Tyler	20	25	30	50	60	80	120	200
178	Jim Vaughn	20	25	30	50	60	80	120	200
179	Bob Veach	20	25	30	50	60	80	120	200
180	James Viox 3rd B.	20	25	30	50	60	80	120	200
181	Oscar Vitt	20	25	30	50	60	80	120	200
182	Hans Wagner	900	1,000	1,100	1,200	1,800	2,000	3,000	
183	Clarence Walker Red Sox	20	25	30	50	60	80	120	200
184	Ed. Walsh	60	80	100	150	200	250	400	800

#	Name	PrFr 1	GD 2	VG 3	VgEx 4	EX 5	ExMt 6	NM 7	NmMt 8
185	W. Wambsganss UER Photo	20	25	30	50	60	80	120	200
186	Buck Weaver 3rd B.	60	80	100	150	200	250	400	800
187	Carl Weilman	20	25	30	50	60	80	120	200
188	Zach Wheat	60	80	100	150	200	250	400	800
189	Geo. Whitted Nationals	20	25	30	50	60	80	120	200
190	Fred Williams	20	25	30	50	60	80	120	200
191	Art Wilson	20	25	30	50	60	80	120	200
192	J. Owen Wilson	20	25	30	50	60	80	120	200
193	Ivy Wingo	20	25	30	50	60	80	120	200
194	Mel Wolfgang	20	25	30	50	60	80	120	200
195	Joe Wood	80	100	120	200	250	300	500	1,000
196	Steve Yerkes	20	25	30	50	60	80	120	200
197	Pep Young	20	25	30	50	60	80	120	200

1916 M101-4 Sporting News

#	Name	PrFr 1	GD 2	VG 3	VgEx 4	EX 5	ExMt 6	NM 7	NmMt 8
151	Babe Ruth	35,000	50,000	60,000	65,000	90,000	200,000	300,000	

— Joe Jackson SGC 50 (Vg/Ex) sold for $6,422 (Goodwin; 3/12)
— Babe Ruth PSA 1 (Poor) sold for $30,343 (SCP; 5/12)

1916 M101-5 Blank Back

#	Name	PrFr 1	GD 2	VG 3	VgEx 4	EX 5	ExMt 6	NM 7	NmMt 8
1	Babe Adams *	20	25	30	50	60	80	120	200
2	Sam Agnew Browns	20	25	30	50	60	80	120	200
3	Ed Ainsmith *	20	25	30	50	60	80	120	200
4	Grover Alexander *	100	120	150	650				
5	Leon Ames *	20	25	30	50	60	80	120	200
6	Jimmy Archer *	20	25	30	50	60	80	120	200
7	Jimmy Austin *.	20	25	30	50	60	80	120	200
8	J. Franklin Baker	60	80	100	150	200	250	400	800
9	Dave Bancroft	60	80	100	150	200	250	400	900
10	Jack Barry	20	25	30	50	60	80	175	250
11	Zinn Beck	20	25	30	50	60	80	120	200
12B	Lute Boone *	20	25	30	50	60	80	120	200
13	Joe Benz	20	25	30	50	60	80	120	200
14	Bob Bescher	20	25	30	50	60	80	120	200
15	Al Betzel 3rd B.	20	25	30	50	60	80	120	200
16	Roger Bresnahan	60	80	100	150	200	250	400	800
17	Eddie Burns	20	25	30	50	60	80	120	200
18	Geo. J. Burns	20	25	30	50	60	80	120	200
19	Joe Bush	20	25	30	50	60	80	120	200
20	Owen J. Bush	20	25	30	50	60	80	120	200
21	Art Butler	20	25	30	50	60	80	120	200
22	Bobby Byrne	20	25	30	50	60	80	120	200
23A	Mordecai Brown	60	80	100	150	200	250	1,100	2,000
24	Jimmy Callahan	20	25	30	50	60	80	120	200
25	Ray Caldwell	20	25	30	50	60	80	120	200
26	Max Carey	60	80	100	150	200	250	400	800
27	George Chalmers	20	25	30	50	60	80	120	200
28	Frank Chance	60	80	100	150	200	250	400	800
29	Ray Chapman	20	25	30	50	60	80	120	200
30	Larry Cheney	20	25	30	50	60	80	120	200
31	Eddie Cicotte	60	80	100	150	200	250	400	800
32	Tom Clarke	20	25	30	50	60	80	120	200
33	Eddie Collins	60	80	100	150	200	250	400	800
34	Shauno Collins	20	25	30	50	60	80	120	200
35	Charles Comisky (Comiskey)	60	80	100	150	200	250	400	800
36	Joe Connolly	20	25	30	50	60	80	120	200
37	Luther Cook	20	25	30	50	60	80	120	200
38	Jack Coombs	40	50	60	100	120	150	250	400
39	Dan Costello	20	25	30	50	60	80	120	200
40	Harry Coveleskie (Coveleski)	20	25	30	50	60	80	120	200
41	Gavvy Cravath	20	25	30	50	60	80	120	200
42	Sam Crawford	60	80	100	150	200	250	400	800
43	Jean Dale	20	25	30	50	60	80	120	200
44	Jake Daubert	20	25	30	50	60	80	120	200
45	Geo. A. Davis Jr.	20	25	30	50	60	80	120	200
46	Charles Deal	20	25	30	50	60	80	120	200
47	Al Demaree	20	25	30	50	60	80	120	200
48	William Doak	20	25	30	50	60	80	120	200

	PrFr 1	GD 2	VG 3	VgEx 4	EX 5	ExMt 6	NM 7	NmMt 8
Bill Donovan	20	25	30	50	60	80	120	200
Charles Dooin	20	25	30	50	60	80	120	200
Mike Doolan	20	25	30	50	60	80	120	200
Larry Doyle	20	25	30	50	60	80	120	200
Jean Dubuc	20	25	30	50	60	80	120	200
Oscar Dugey	20	25	30	50	60	80	120	200
Johnny Evers	60	80	100	150	200	250	400	800
Urban Faber	50	60	80	120	150	200	300	500
Hap Felsch R.F.	40	50	60	100	120	150	1,000	1,200
Bill Fischer	20	25	30	50	60	80	120	200
Ray Fisher Hands Over Head	20	25	30	50	60	80	120	200
Max Flack	20	25	30	50	60	80	120	200
Art Fletcher	20	25	30	50	60	80	120	200
Eddie Foster	20	25	30	50	60	80	120	200
Jacques Fournier	20	25	30	50	60	80	120	200
Del Gainer (Gainor)	20	25	30	50	60	80	120	200
Larry Gardner *	20	25	30	50	60	80	120	200
Joe Gedeon *	20	25	30	50	60	80	120	200
Gus Getz *	20	25	30	50	60	80	120	200
Geo. Gibson (eo Not Missing)	20	25	30	50	60	80	120	200
Wilbur Good *	20	25	30	50	60	80	120	200
Hank Gowdy *	20	25	30	50	60	80	120	200
Jack Graney *	20	25	30	50	60	80	120	200
Tom Griffith	20	25	30	50	60	80	120	200
Heinie Groh	20	25	30	50	60	80	120	200
Earl Hamilton	20	25	30	50	60	80	120	200
Bob Harmon	20	25	30	50	60	80	120	200
Roy Hartzell Am.	20	25	30	50	60	80	120	200
Claude Hendrix	20	25	30	50	60	80	120	200
Olaf Henriksen	20	25	30	50	60	80	120	200
John Henry	20	25	30	50	60	80	120	200
Buck Herzog	20	25	30	50	60	80	120	200
Hugh High	20	25	30	50	60	80	120	200
Dick Hoblitzell	20	25	30	50	60	80	120	200
Harry Hooper	50	60	80	120	150	200	300	500
Ivan Howard 1st B.	20	25	30	50	60	80	120	200
Miller Huggins	50	60	80	120	150	200	300	500
Joe Jackson	2,000	2,500	3,000	5,000	6,000	10,000	12,000	20,000
William James	20	25	30	50	60	80	120	200
Harold Janvrin	20	25	30	50	60	80	120	200
Hughie Jennings	50	60	80	120	150	200	300	500
Walter Johnson	200	250	300	500	800	1,200	4,200	
Fielder Jones	20	25	30	50	60	80	120	200
Benny Kauff	20	25	30	50	60	80	120	200
Wm. Killefer Jr.	20	25	30	50	60	80	120	200
Ed. Konetchy	20	25	30	50	60	80	120	200
Napoleon Lajoie	100	120	150	250	300	400	600	1,200
Jack Lapp	20	25	30	50	60	80	120	200
John Lavan	20	25	30	50	60	80	120	200
Jimmy Lavender	20	25	30	50	60	80	120	200
Nemo Leibold	20	25	30	50	60	80	120	200
H. B. Leonard	20	25	30	50	60	80	120	200
Duffy Lewis	20	25	30	50	60	80	120	200
Hans Lobert	20	25	30	50	60	80	120	200
Tom Long	20	25	30	50	60	80	120	200
Fred Luderus	20	25	30	50	60	80	120	200
Connie Mack	80	100	120	200	250	300	500	1,000
Lee Magee 2nd B.	20	25	30	50	60	80	120	200
Al. Mamaux	20	25	30	50	60	80	120	200
Leslie Mann C.F.	20	25	30	50	60	80	120	200
Rabbit Maranville	60	80	100	150	200	250	400	800
Rube Marquard	60	80	100	150	200	425	600	800
Armando Marsans	20	25	30	50	60	80	120	200
J. Erskine Mayer	20	25	30	50	60	80	120	200
George McBride	20	25	30	50	60	80	120	200
John J. McGraw	60	80	100	150	200	250	400	800
Jack McInnis	20	25	30	50	60	80	120	250
Fred Merkle	20	25	30	50	60	80	120	200
Chief Meyers	20	25	30	50	60	80	120	200
Clyde Milan	20	25	30	50	60	80	120	200
Otto Miller	20	25	30	50	60	80	120	200

		PrFr 1	GD 2	VG 3	VgEx 4	EX 5	ExMt 6	NM 7	NmMt 8
120	Willie Mitchel (Mitchell)	20	25	30	50	60	80	120	200
121	Fred Mollwitz	20	25	30	50	60	80	120	200
122	J. Herbert Moran	20	25	30	50	60	80	120	200
123	Pat Moran	20	25	30	50	60	80	120	200
124	Ray Morgan	20	25	30	50	60	80	120	200
125	Geo. Moriarty	20	25	30	50	60	80	120	200
126	Guy Morton	20	25	30	50	60	80	120	200
127	Ed. Murphy UER Photo	20	25	30	50	60	80	120	200
128	John Murray	20	25	30	50	60	80	120	200
129	Hy Myers	20	25	30	50	60	80	120	200
130	J. A. Niehoff	20	25	30	50	60	80	120	200
131	Leslie Nunamaker	20	25	30	50	60	80	120	300
132	Rube Oldring	20	25	30	50	60	80	120	200
133	Oliver O'Mara	20	25	30	50	60	80	120	200
134	Steve O'Neill	20	25	30	50	60	80	120	200
135	Dode Paskert C.	20	25	30	50	60	80	120	200
136	Roger Peckinpaugh UER Photo	20	25	30	50	60	80	120	200
137	E. J. Pfeffer	20	25	30	50	60	80	120	200
138	Geo. Pierce (Pearce)	20	25	30	50	60	80	120	200
139	Wally Pipp	20	25	30	50	60	80	120	200
140	Derril Pratt (Derrill)	20	25	30	50	60	80	120	200
141	Bill Rariden *	20	25	30	50	60	80	120	200
142	Eppa Rixey *	50	60	80	120	150	200	300	500
143	Davey Robertson *	20	25	30	50	60	80	120	200
144	Wilbert Robinson *	50	60	80	120	150	475	600	800
145	Bob Roth C.F.	20	25	30	50	60	80	120	200
146	Ed. Roush C.F.	60	80	100	150	200	250	400	800
147	Clarence Rowland *	20	25	30	50	60	80	120	200
148	Nap Rucker *	20	25	30	50	60	80	120	200
149	Dick Rudolph *	20	25	30	50	60	80	120	200
150	Reb Russell *	20	25	30	50	60	80	120	200
151	Babe Ruth *	35,000	50,000	60,000	65,000	80,000	120,000	200,000	
152	Vic Saier *	20	25	30	50	60	80	120	200
153	Slim Sallee *	20	25	30	50	60	80	120	200
154	Germany Schaefer	20	25	30	50	60	80	120	250
155	Ray Schalk	50	60	80	120	150	200	300	500
156	Walter Schang	20	25	30	50	60	80	120	200
157	Chas. Schmidt	20	25	30	50	60	80	120	200
158	Frank Schulte	20	25	30	50	60	80	120	200
159	Jim Scott	20	25	30	50	60	80	120	200
160	Everett Scott	20	25	30	50	60	80	120	200
161	Tom Seaton	20	25	30	50	60	80	120	200
162	Howard Shanks	20	25	30	50	60	80	120	200
163	Bob Shawkey UER Photo	20	25	30	50	60	80	120	200
164	Ernie Shore	20	25	30	50	60	80	120	200
165	Burt Shotton	20	25	30	50	60	80	120	200
166	Geo. Sisler P	60	80	100	150	200	250	1,200	1,600
167	J. Carlisle Smith	20	25	30	50	60	80	120	200
168	Fred Snodgrass	20	25	30	50	60	80	120	200
169	Geo. Stallings	20	25	30	50	60	80	120	200
170	Oscar Stanage UER Photo	20	25	30	50	60	80	120	200
171	Charles Stengel	200	250	300	500	1,400	1,600	2,000	2,600
172	Milton Stock	20	25	30	50	60	80	120	200
173	Amos Strunk UER Photo	20	25	30	50	60	80	120	200
174	Billy Sullivan	20	25	30	50	60	80	120	200
175	Jeff Tesreau	20	25	30	50	60	80	120	200
176	Jim Thorpe	2,500	3,000	4,000	5,000				
177	Joe Tinker	60	80	100	150	200	250	400	800
178	Fred Toney	20	25	30	50	60	80	120	200
179	Terry Turner 3rd B.	20	25	30	50	60	80	120	200
180	Jim Vaughn	20	25	30	50	60	80	120	200
181	Bob Veach	20	25	30	50	60	80	120	300
182	James Viox 2nd B.	20	25	30	50	60	80	120	200
183	Oscar Vitt	20	25	30	50	60	80	120	200
184	Hans Wagner	600	800	1,000	1,200	1,500	2,000	3,000	
185	Clarence Walker Browns UER Photo	20	25	30	50	60	80	120	200
186A	Zach Wheat	60	80	100	150	200	250	400	800
187	Ed. Walsh	60	80	100	150	200	250	400	800
188	Buck Weaver S.S.	120	150	250	400	600			
189	Carl Weilman	20	25	30	50	60	80	120	200

#		PrFr 1	GD 2	VG 3	VgEx 4	EX 5	ExMt 6	NM 7	NmMt 8
190	Geo. Whitted Nat'ls	20	25	30	50	60	80	120	200
191	Fred Williams	20	25	30	50	60	80	120	200
192	Art Wilson	20	25	30	50	60	80	120	200
193	J. Owen Wilson	20	25	30	50	60	80	120	200
194	Ivy Wingo	20	25	30	50	60	80	120	200
195	Mel Wolfgang	20	25	30	50	60	80	120	200
196	Joe Wood	80	100	120	200	250	300	500	1,000
197	Steve Yerkes	20	25	30	50	60	80	120	200
198	Rollie Zeider *	20	25	30	50	60	80	120	200
199	Heiny Zimmerman *	20	25	30	50	60	80	120	200
200	Ed. Zwilling *	20	25	30	50	60	80	120	200

— Babe Ruth #151 PSA 7 (NrMt) sold for $200,169 (Goodwin; 1/12)
— Babe Ruth #151 SGC 5.5 (Ex+) sold for $84,000 (REA; Fall '14)
— Jim Thorpe #176 PSA 6 (ExMt) sold for $11,511 (Goodwin; 03/12)
— Jim Thorpe #176 PSA 6 (ExMt) sold for $11,511 (Goodwin; 3/12)

1919-21 W514

#		PrFr 1	GD 2	VG 3	VgEx 4	EX 5	ExMt 6	NM 7	NmMt 8
2	Babe Ruth	800	1,000	1,200	1,500	1,800	2,200		
15	Joe Jackson	800	1,000	2,000	2,200	2,500	3,000		
43	Ty Cobb	200	250	300	400	500	800		
56	Rogers Hornsby	100	120	200	250	300	500		
72	Christy Mathewson	120	150	200	250	300	500		
94	Walter Johnson	100	120	300	350	400	600		

— Joe Jackson PSA 8 (NmMt) sold for $5,280 (Greg Bussineau; 12/12)

1921 E121 American Caramel Series of 80

#		PrFr 1	GD 2	VG 3	VgEx 4	EX 5	ExMt 6	NM 7	NmMt 8
1A	G.C. Alexander Arms Above	200	250	300	500	800	1,200		
1B	Grover Alexander Arm Forward	200	250	300	500	800	1,200		
11A	Ty Cobb Look Ahead	300	500	600	1,000	1,200			
11B	Ty Cobb Look Right Manager	400	500	600	1,000	1,200			
11C	Ty Cobb Look Right Mgr.	300	500	600	1,000	2,000			
38	Rogers Hornsby	250	300	400	500	1,200			
43A	Walter Johnson Throwing	250	350	500	800	1,000			
43B	Walter Johnson Hands at Chest	250	350	500	800	1,000			
82A	Babe Ruth	2,500	8,000	10,000	12,000	10,000	12,000		
82B	Babe Ruth Babe in Quotations	2,000	4,000	10,000	12,000				
82C	George Ruth	1,500	2,000	25,000					
94A	Tris Speaker Manager Large	100	120	150	200	400			
94B	Tris Speaker Manager Small	100	120	150	200				
94C	Tris Speaker Mgr.	100	120	150	200	400			

— Ty Cobb #11C PSA 8 (NmMt) sold for $9,049 (Goodwin; 8/12)
— Babe Ruth SGC 86 (NM+) sold for $31,755 (Goodwin; 3/14)

1921 W551

#		PrFr 1	GD 2	VG 3	VgEx 4	EX 5	ExMt 6	NM 7	NmMt 8
4	Ty Cobb	200	250	350	400	500	800		
7	Babe Ruth	200	250	300	800	1,200			

— Babe Ruth PSA 9 (MT) sold for $8,075 (eBay; 2/13)

1922 E120 American Caramel Series of 240

#		PrFr 1	GD 2	VG 3	VgEx 4	EX 5	ExMt 6	NM 7	NmMt 8
42	Tris Speaker	100	120	150	300	400	500		
48	Ty Cobb	250	350	600	1,000	1,200	2,000		
71	Babe Ruth	1,500	3,000	5,000	8,000				
110	Walter Johnson	150	200	400	500	800	1,000		
152	Grover C. Alexander	150	200	300	500	600	1,000		
232	Rogers Hornsby	150	200	300	500	600			

1922 E121 American Caramel Series of 120

#		PrFr 1	GD 2	VG 3	VgEx 4	EX 5	ExMt 6	NM 7	NmMt 8
2	Grover C. Alexander	120	150	200	350	500	800		
10A	Ty Cobb Batting	500	1,000	1,200	1,500	2,000			
10B	Ty Cobb Throwing	500	1,000	1,200	1,500	2,000			

#		PrFr 1	GD 2	VG 3	VgEx 4	EX 5	ExMt 6	NM 7	NmMt
45	Rogers Hornsby	150	250	450	600	800	1,200		
48	Walter Johnson	200	350	400	600	1,000	1,500		
86A	Babe Ruth Montage	1,000	1,500	3,000	4,000	5,000	6,000		
86B	Babe Ruth Montage (Quotations)	1,000	2,000	3,000	4,000	5,000	6,000		
86C	Babe Ruth Bird	600	1,000	2,000	2,500	4,000	5,000		
86D	Babe Ruth Bird (Quotations)	600	1,000	2,000	2,500	4,000	5,000		
86E	Babe Ruth Holding Ball	1,000	1,500	2,000	3,000	5,000	6,000		
102A	Tris Speaker Large Projection	120	150	200	300	500	800		
102B	Tris Speaker Small Projection	120	150	200	300	500	800		

1922 E122 American Caramel Series of 80

#		PrFr 1	GD 2	VG 3	VgEx 4	EX 5	ExMt 6	NM 7	NmMt
1	Grover C. Alexander	120	150	200	300	500	800		
11	Ty Cobb	300	400	500	800	1,200	2,000		
30	Rogers Hornsby	120	150	200	300	500	800		
32	Walter Johnson	150	200	250	400	600	1,000		
57	Babe Ruth	1,000	1,500	4,500					
67	Tris Speaker	120	150	200	300	500	800		

1923 W515-1

#		PrFr 1	GD 2	VG 3	VgEx 4	EX 5	ExMt 6	NM 7	NmMt
3	Babe Ruth	400	500	600	700	800	900	1,100	
47	Babe Ruth	400	500	600	700	800	900	1,100	

1925 Exhibits

#		PrFr 1	GD 2	VG 3	VgEx 4	EX 5	ExMt 6	NM 7	NmMt
90	Tyrus Cobb	80	120	200	300	500	800		
97	Lou Gehrig	10,000	25,000	30,000	35,000	80,000			
100	Babe Ruth	800	1,200	1,500	2,500	4,000			

— Lou Gehrig #97 PSA 6 (ExMt) sold for $12,000 (Legendary; 8/12)

1927 W560 Black

#		GD 2	VG 3	VgEx 4	EX 5	ExMt 6	NM 7	NmMt 8	MT
C3	Lou Gehrig	120	150	200	300	400	500	600	1,00
JOK	Babe Ruth	100	120	150	250	300	400	500	80

1932 U.S. Caramel

#		PrFr 1	GD 2	VG 3	VgEx 4	EX 5	ExMt 6	NM 7	NmMt
1	Eddie Collins	150	200	250	300	400	600	1,200	5,00
2	Paul Waner	150	200	250	300	400	600	1,000	4,00
4	Bill Terry	150	200	250	300	400	600	1,700	
5	Earl Combs	200	250	300	400	500	1,000		
6	Bill Dickey	200	250	300	400	500	800	1,200	3,00
7	Joe Cronin	150	200	250	300	400	600	1,000	2,50
8	Chick Hafey	150	200	250	300	400	600	1,000	2,50
10	Rabbit Maranville	150	200	250	300	400	600	1,000	3,00
11	Rogers Hornsby	600	800	1,000	1,200	1,500	2,000	4,000	
12	Mickey Cochrane	200	250	300	400	500	800	1,200	3,00
13	Lloyd Waner	150	200	250	300	400	600	1,000	4,00
14	Ty Cobb	800	1,000	1,200	1,500	2,000	3,000	5,000	12,00
17	Al Simmons	150	200	250	400	500	800	1,200	3,00
18	Tony Lazzeri	200	250	300	400	500	800	1,200	3,00
19	Wally Berger	80	100	120	150	200	300	800	1,20
20	Red Ruffing	150	200	250	300	400	600	1,000	
21	Chuck Klein	150	200	250	300	400	600	1,000	4,50
23	Jimmie Foxx	400	600	800	1,000	1,200	2,500	4,000	5,00
24	Lefty O'Doul	120	150	200	250	350	500	800	1,50
26	Lou Gehrig	2,000	2,500	3,000	5,000	8,000	10,000	15,000	20,00
27	Lefty Grove	500	600	800	1,000	1,200	1,500		
30	Frankie Frisch	200	250	300	400	500	800	1,200	3,00
31	Lefty Gomez	200	250	300	400	500	800	1,200	
32	Babe Ruth	2,000	2,500	5,000	8,000	10,000	12,000	15,000	25,00

1933 DeLong

	PrFr 1	GD 2	VG 3	VgEx 4	EX 5	ExMt 6	NM 7	NmMt 8
Marty McManus	50	80	120	200	300	500	800	4,000
Al Simmons	100	150	200	250	400	500	1,500	4,000
Oscar Melillo	50	80	120	200	300	500	1,000	
Bill Terry	80	100	300	400	500	600	1,500	3,000
Charlie Gehringer	80	120	200	300	500	800	1,500	4,000
Mickey Cochrane	150	250	400	600	1,000	1,500	2,500	
Lou Gehrig	1,000	2,000	2,500	3,000	5,000	8,000	20,000	60,000
Kiki Cuyler	100	120	200	500	600	800	1,500	
Bill Urbanski	50	80	120	200	300	500	800	
Lefty O'Doul	80	100	150	200	250	500	800	3,000
Fred Lindstrom	80	100	120	200	500	600	1,500	8,000
Pie Traynor	80	150	200	300	500	800	1,500	2,500
Rabbit Maranville	120	200	300	500	800	1,200	2,000	4,000
Lefty Gomez	100	150	400	500	600	800	1,000	2,500
Riggs Stephenson	60	80	100	150	250	400	1,000	
Lon Warneke	60	80	100	200	250	400	1,000	
Pepper Martin	80	120	200	300	500	800	1,200	2,000
Jimmy Dykes	50	60	120	150	300	400	600	2,000
Chick Hafey	80	100	200	250	400	1,000	1,200	20,000
Joe Vosmik	50	60	150	200	250	400	1,000	
Jimmie Foxx	150	200	300	600	800	1,500	3,000	10,000
Chuck Klein	80	100	150	200	400	600	1,200	2,500
Lefty Grove	250	400	600	1,000	1,500	2,500	4,000	6,000
Goose Goslin	120	150	200	300	500	800	2,500	

1933 Goudey

	PrFr 1	GD 2	VG 3	VgEx 4	EX 5	ExMt 6	NM 7	NmMt 8
Benny Bengough	300	500	800	1,200	2,000	3,000	10,000	
Dazzy Vance	120	200	300	600	1,000	1,500	7,000	15,000
Hugh Critz Batting	25	40	60	100	150	250	1,000	8,000
Heinie Schuble	30	50	80	100	150	300	600	
Babe Herman	50	80	120	250	300	400		
Jimmy Dykes	30	50	80	120	200	300	500	
Ted Lyons	60	100	150	250	400	600	1,000	2,000
Roy Johnson	20	30	50	80	100	250	500	
Dave Harris	20	30	50	100	120	150	300	2,500
Glenn Myatt	25	40	60	100	250	400		
Billy Rogell	25	40	60	100	150	250	400	1,500
George Pipgras	40	60	100	150	250	400	800	
Lafayette Thompson	30	50	80	120	200	300	500	4,000
Henry Johnson	25	40	60	100	150	250	400	1,200
Victor Sorrell	25	40	60	100	120	150	600	
George Blaeholder	20	30	50	80	150	200	400	1,000
Watson Clark	20	30	50	100	120	150	800	
Muddy Ruel	20	30	50	80	120	150	400	
Bill Dickey	200	300	500	800	1,200	2,000	3,000	5,000
Bill Terry Throwing	60	100	150	250	400	500	800	3,000
Phil Collins	25	40	60	100	150	250	400	1,500
Pie Traynor	120	200	300	500	800	1,200	2,000	5,000
Kiki Cuyler	100	150	200	300	500	800	1,200	3,000
Horace Ford	30	50	80	120	200	300	500	
Paul Waner	150	250	400	600	1,000	1,500	2,500	8,000
Chalmer Cissell	15	25	40	60	100	150	500	
George Connally	25	40	60	100	150	250	400	2,000
Dick Bartell	25	40	60	100	120	200	500	
Jimmie Foxx	400	600	1,000	1,500	2,500	3,000	5,000	50,000
Frank Hogan	15	25	40	60	120	200	500	3,000
Tony Lazzeri	150	250	400	600	1,000	1,500	2,000	6,000
Bud Clancy	25	40	60	100	150	250	400	2,000
Ralph Kress	20	30	50	80	100	200	300	
Bob O'Farrell	15	25	40	60	100	150	200	600
Al Simmons	80	120	200	300	500	800	1,200	2,500
Tommy Thevenow	25	40	60	100	100	300	1,000	4,000

		PrFr 1	GD 2	VG 3	VgEx 4	EX 5	ExMt 6	NM 7	NmMt 8
37	Jimmy Wilson	20	30	50	80	120	200	300	2,000
38	Fred Brickell	25	40	60	100	150	250	400	2,500
39	Mark Koenig	25	40	60	100	150	250	800	
40	Taylor Douthit	20	30	50	80	120	150	300	1,000
41	Gus Mancuso Catching	20	30	50	80	120	200	300	800
42	Eddie Collins	60	100	150	250	400	600	1,000	2,500
43	Lew Fonseca	25	40	60	100	150	250	400	600
44	Jim Bottomley	60	100	150	250	400	600	1,000	2,000
45	Larry Benton	20	30	50	80	120	200	400	4,000
46	Ethan Allen	20	30	50	80	150	200	400	800
47	Heinie Manush Batting	50	80	120	150	300	600	800	4,000
48	Marty McManus	25	40	60	100	150	250	400	
49	Frankie Frisch	120	200	300	500	800	1,200	2,000	20,000
50	Ed Brandt	20	30	50	80	100	200	300	800
51	Charlie Grimm	12	20	30	80	150	300	400	1,200
52	Andy Cohen	15	25	40	80	100	300		
53	Babe Ruth w/Bat Yellow	10,000	15,000	25,000	40,000	60,000	80,000	100,000	200,000
54	Ray Kremer	15	25	40	60	80	100	250	500
55	Pat Malone	20	30	50	60	100	150	600	
56	Red Ruffing	80	120	200	300	500	800	1,200	2,000
57	Earl Clark	15	25	40	60	80	120	250	800
58	Lefty O'Doul	20	30	50	120	150	200	300	1,000
59	Bing Miller	25	40	60	100	150	250	400	600
60	Waite Hoyt	60	100	150	250	400	600	1,000	1,500
61	Max Bishop	20	30	50	80	120	200	300	500
62	Pepper Martin	25	40	60	100	150	250	400	1,000
63	Joe Cronin w/Bat	50	80	120	200	300	500	800	2,000
64	Burleigh Grimes	60	100	150	250	400	600	1,000	1,500
65	Milt Gaston	15	25	40	50	100	120	200	400
66	George Grantham	10	15	25	50	80	120	200	600
67	Guy Bush	20	30	50	80	120	200	300	600
68	Horace Lisenbee	15	25	40	60	80	120	200	400
69	Randy Moore	12	20	30	100	120	200	800	
70	Floyd (Pete) Scott	15	25	40	60	100	150	250	400
71	Robert J. Burke	15	25	40	60	80	100	200	800
72	Owen Carroll	15	25	40	60	100	150	250	800
73	Jesse Haines	60	100	150	250	400	600	1,000	1,500
74	Eppa Rixey	60	100	150	250	400	600	1,000	1,500
75	Willie Kamm	15	25	40	60	100	150	250	600
76	Mickey Cochrane	100	150	250	400	600	1,000	1,500	2,500
77	Adam Comorosky	20	30	50	80	120	200	300	600
78	Jack Quinn	20	30	50	60	100	150	250	600
79	Red Faber	40	80	120	200	300	500	800	1,200
80	Clyde Manion	10	15	25	50	100	120	250	800
81	Sam Jones	20	30	50	60	100	120	200	600
82	Dibrell Williams	10	15	25	50	80	100	200	800
83	Pete Jablonowski	25	40	50	60	100	120	200	1,500
84	Glenn Spencer	20	30	50	80	120	300	500	
85	Heinie Sand	10	15	25	50	120	200	300	600
86	Phil Todt	20	30	50	80	120	200	300	800
87	Frank O'Rourke	15	25	40	50	100	120	200	600
88	Russell Rollings	12	20	30	60	80	100	200	800
89	Tris Speaker	120	200	300	500	800	1,200	1,500	5,000
90	Jess Petty	25	40	60	100	150	250	400	1,000
91	Tom Zachary	20	30	50	60	80	120	200	500
92	Lou Gehrig	2,500	4,000	6,000	10,000	15,000	25,000	50,000	100,000
93	John Welch	25	40	60	100	150	250	400	600
94	Bill Walker	25	40	50	80	120	200	300	600
95	Alvin Crowder	20	30	50	80	120	200	300	500
96	Willis Hudlin	10	15	25	60	100	120	250	800
97	Joe Morrissey	15	25	40	60	80	100	200	1,200
98	Walter Berger	12	20	30	100	120	150	500	1,500
99	Tony Cuccinello	12	20	30	50	80	200	250	1,200
100	George Uhle	15	25	40	60	150	250	400	1,000
101	Richard Coffman	15	25	40	60	100	150	250	800
102	Travis Jackson	60	100	150	250	400	600	1,000	2,000
103	Earle Combs	60	100	150	250	400	600	1,000	2,000

#	Player	PrFr 1	GD 2	VG 3	VgEx 4	EX 5	ExMt 6	NM 7	NmMt 8
104	Fred Marberry	30	50	80	120	200	300	500	800
105	Bernie Friberg	15	25	40	60	100	120	200	400
106	Napoleon Lajoie SP	15,000	25,000	40,000	50,000	60,000	80,000	100,000	150,000
107	Heinie Manush	40	60	100	120	250	300	400	1,500
108	Joe Kuhel	25	40	60	100	150	250	400	600
109	Joe Cronin w/Glove	40	60	100	120	200	300	600	1,500
110	Goose Goslin	40	60	100	150	200	250	500	2,000
111	Monte Weaver	20	30	50	80	120	250	400	600
112	Fred Schulte	15	25	40	80	100	200	250	500
113	Oswald Bluege Portrait	20	30	50	80	120	200	300	800
114	Luke Sewell Fielding	20	30	50	60	120	200	300	800
115	Cliff Heathcote	25	40	60	100	150	250	400	600
116	Eddie Morgan	12	20	30	50	100	120	200	2,000
117	Rabbit Maranville	60	100	150	250	400	600	1,000	2,000
118	Val Picinich	30	50	80	120	200	300	500	1,000
119	Rogers Hornsby Fielding	200	300	500	600	1,000	1,200	2,000	12,000
120	Carl Reynolds	20	30	50	80	120	200	300	800
121	Walter Stewart	15	25	40	50	80	120	150	600
122	Alvin Crowder	10	15	25	80	100	120	200	500
123	Jack Russell	20	30	50	80	120	200	200	500
124	Earl Whitehill	15	25	40	60	120	150	200	1,000
125	Bill Terry	30	50	80	150	250	300	600	2,000
126	Joe Moore Batting	20	30	50	80	120	200	300	500
127	Melvin Ott Portrait	250	400	600	1,000	1,500	2,500	4,000	10,000
128	Chuck Klein	60	100	150	250	400	600	1,000	2,000
129	Harold Schumacher Pitching	25	40	60	100	150	250	400	1,000
130	Fred Fitzsimmons Portrait	15	25	40	60	100	120	250	1,200
131	Fred Frankhouse	25	40	60	100	150	250	400	600
132	Jim Elliott	20	30	50	80	120	200	300	1,200
133	Fred Lindstrom	60	100	150	250	400	600	1,000	2,000
134	Sam Rice	60	100	150	250	400	600	1,000	1,200
135	Woody English	10	15	25	50	100	120	300	800
136	Flint Rhem	25	30	50	80	120	200	300	800
137	Fred (Red) Lucas	20	30	50	60	120	200	250	800
138	Herb Pennock	80	120	200	300	500	800	1,200	2,000
139	Ben Cantwell	20	30	50	80	100	120	300	800
140	Bump Hadley	25	40	60	100	150	250	400	1,000
141	Ray Benge	15	25	40	60	100	150	300	1,500
142	Paul Richards	15	25	40	60	80	120	250	1,000
143	Glenn Wright	25	40	60	100	150	250	400	600
144	Babe Ruth Batting DP	6,000	10,000	15,000	25,000	40,000	60,000	80,000	300,000
145	George Walberg	12	20	30	60	100	120	300	800
146	Walter Stewart Pitching	15	325	40	60	100	150	300	1,500
147	Leo Durocher	50	80	120	150	250	500	600	1,500
148	Eddie Farrell	12	20	30	80	100	120	300	
149	Babe Ruth w/Bat Red	8,000	12,000	20,000	30,000	40,000	50,000	120,000	200,000
150	Ray Kolp	20	30	50	80	120	200	300	600
151	Jake Flowers	20	30	50	80	120	200	300	600
152	James (Zack) Taylor	15	25	40	50	100	120	200	800
153	Buddy Myer	15	25	40	50	100	200	400	
154	Jimmie Foxx	400	600	1,000	1,500	2,500	4,000	8,000	60,000
155	Joe Judge	30	50	80	120	200	300	500	800
156	Danny MacFayden	20	30	50	80	120	200	300	600
157	Sam Byrd	20	30	50	100	120	150	200	600
158	Moe Berg	250	400	600	800	1,000	1,200	1,500	2,500
159	Oswald Bluege Fielding	15	25	40	60	100	150	250	
160	Lou Gehrig	3,000	5,000	8,000	12,000	20,000	30,000	50,000	80,000
161	Al Spohrer	25	45	60	100	150	250	400	600
162	Leo Mangum	30	50	80	120	200	300	500	1,500
163	Luke Sewell Portrait	15	25	40	50	100	120	200	600
164	Lloyd Waner	150	250	400	600	1,000	1,500	2,500	4,000
165	Joe Sewell	50	80	120	200	250	400	500	1,500
166	Sam West	25	40	60	100	150	250	400	1,000
167	Jack Russell	10	15	25	50	100	120	250	800
168	Goose Goslin	60	100	150	250	300	500	600	1,500
169	Al Thomas	15	25	40	60	80	100	200	500
170	Harry McCurdy	15	25	40	50	100	120	200	1,000
171	Charlie Jamieson	20	30	50	80	120	200	300	800
172	Billy Hargrave	12	20	30	50	80	120	250	500
173	Roscoe Holm	20	30	50	80	120	200	300	800
174	Warren (Curley) Ogden	15	25	40	60	100	150	250	800
175	Dan Howley MG	25	40	60	100	150	250	400	600
176	John Ogden	20	30	50	80	120	200	300	800
177	Walter French	20	30	50	80	120	200	300	1,000
178	Jackie Warner	15	25	40	60	100	150	250	1,500
179	Fred Leach	12	20	30	50	80	150	250	500
180	Eddie Moore	15	25	40	60	100	150	250	600
181	Babe Ruth Portrait Green	6,000	12,000	20,000	30,000	50,000	60,000	80,000	120,000
182	Andy High	25	40	60	100	150	250	400	600
183	George Walberg	15	25	40	60	80	120	250	600
184	Charley Berry	25	40	60	100	150	250	400	500
185	Bob Smith	20	30	50	80	120	200	300	600
186	John Schulte	20	30	50	80	120	200	300	600
187	Heinie Manush	40	60	100	150	200	250	500	1,200
188	Rogers Hornsby Pointing	120	200	300	500	600	1,200	1,500	3,500
189	Joe Cronin	40	60	100	200	250	300	800	2,500
190	Fred Schulte	10	15	25	50	80	120	200	600
191	Ben Chapman	15	25	40	60	100	150	250	1,000
192	Walter Brown	15	25	40	50	100	150	200	400
193	Lynford Lary	20	30	50	80	120	150	250	1,200
194	Earl Averill	60	100	150	250	400	600	1,000	1,200
195	Evar Swanson	12	20	30	80	100	120	300	1,500
196	Leroy Mahaffey	20	30	50	80	120	200	300	800
197	Rick Ferrell	80	120	200	300	500	800	1,200	2,000
198	Jack Burns	15	25	40	60	100	150	250	500
199	Tom Bridges	25	40	60	100	150	250	400	1,000
200	Bill Hallahan	25	40	60	100	150	250	400	600
201	Ernie Orsatti	25	40	60	100	150	250	400	600
202	Gabby Hartnett	60	100	150	250	300	400	800	3,000
203	Lon Warneke	15	25	40	50	80	150	250	800
204	Riggs Stephenson	10	15	25	60	100	150	200	400
205	Heinie Meine	20	30	50	80	120	200	300	500
206	Gus Suhr	10	15	25	60	80	100	300	600
207	Melvin Ott w/Bat	100	150	250	500	600	800	1,500	6,000
208	Bernie James	20	30	50	80	120	200	300	500
209	Adolfo Luque	15	25	40	60	80	120	300	1,000
210	Spud Davis	15	25	40	60	100	120	600	800
211	Hack Wilson	200	300	500	800	1,200	2,000	3,000	5,000
212	Billy Urbanski	25	40	60	100	150	250	400	600
213	Earl Adams	20	30	50	80	120	200	300	1,000
214	John Kerr	15	25	40	60	100	150	250	600
215	Russell Van Atta	15	25	40	60	100	150	250	600
216	Vernon Gomez	80	120	200	300	500	800	1,200	2,500
217	Frank Crosetti	40	60	100	150	250	400	600	2,000
218	Wes Ferrell	25	40	60	100	150	250	400	800
219	Mule Haas UER	10	15	25	60	150	200	250	800
220	Lefty Grove	200	300	500	800	1,200	2,000	3,000	5,000
221	Dale Alexander	10	15	25	60	100	120	300	2,000
222	Charley Gehringer	120	200	300	500	800	1,200	2,000	4,000
223	Dizzy Dean	300	500	800	1,200	2,000	3,000	5,000	8,000
224	Frank Demaree	20	30	50	80	120	200	300	600
225	Bill Jurges	10	15	25	50	100	120	250	600
226	Charley Root	50	80	120	200	300	500	800	1,200
227	Bill Herman	80	120	200	300	500	800	1,200	3,000
228	Tony Piet	15	25	40	60	80	100	400	600
229	Arky Vaughan	60	100	150	250	400	600	1,000	4,000
230	Carl Hubbell Pitching	80	120	200	300	500	600	1,200	4,000
231	Joe Moore w/Glove	12	20	30	60	100	150		
232	Lefty O'Doul	40	60	100	150	250	400	600	1,000
233	Johnny Vergez	20	30	50	80	120	200	300	1,500
234	Carl Hubbell Portrait	100	150	250	300	600	800	1,000	2,000
235	Fred Fitzsimmons Pitching	15	25	40	60	100	150	250	600
236	George Davis	20	30	50	80	120	200	300	1,000
237	Gus Mancuso Fielding	25	40	60	100	150	250	400	600

#		PrFr 1	GD 2	VG 3	VgEx 4	EX 5	ExMt 6	NM 7	NmMt 8
8	Hugh Critz Fielding	10	15	25	60	100	120	200	500
9	Leroy Parmelee	12	15	25	50	100	120	200	600
0	Harold Schumacher	20	30	50		120	200	500	2,000

- Ray Benge #141 PSA 9 (Mint) sold for $5,899 (Goodwin; 8/12)
- Benny Bengough #1 PSA 8 (NmMt) sold for $26,663 (REA; 5/13)
- Robert Burke #71 SGC 88 (NmMt) sold for $61,793 (Mile High; 10/12)
- Lou Gehrig #92 SGC 92 (NmMt+) sold for $14,975 (Lelands; 12/12)
- Nap Lajoie #106 PSA 9 (MT) sold for $103,137 (Lelands; 12/12)
- Nap Lajoie #106 PSA 9 (MT) sold for $100,000 (REA; 05/12)
- Babe Ruth #53 SGC 86 (NM+) sold for $21,883 (Goodwin; 7/14)
- Babe Ruth #181 PSA 7.5 (NmMt+) sold for $10,073 (REA; 5/13)

1933 Sport Kings

	PrFr 1	GD 2	VG 3	VgEx 4	EX 5	ExMt 6	NM 7	NmMt 8
Ty Cobb BB	500	1,000	1,200	2,000	3,000	4,000	6,000	12,000
Babe Ruth BB	1,200	2,500	3,000	4,000	8,000	10,000	12,000	40,000
Carl Hubbell BB	100	150	200	300	500	600	1,000	2,000

- Ed Wachter #5 PSA 8 (NmMt) sold for $2,100 (Bussineau; 7/13)

1933 Tattoo Orbit

		PrFr 1	GD 2	VG 3	VgEx 4	EX 5	ExMt 6	NM 7	NmMt 8
	Dale Alexander	30	40	50	100	150	300		
	Ivy Andrews SP	60	80	100	150	250	400		
	Earl Averill	60	80	100	150	250	400	600	
	Dick Bartell	20	30	40	60	100	150	300	
	Wally Berger	20	30	40	60	100	150	300	
	George Blaeholder SP	50	60	80	120	200	300		
	Irving Burns	20	30	40	60	100	150		
	Guy Bush	20	30	40	80	100	150		
	Bruce Campbell	20	30	40	60	100	150	300	
0	Chalmers Cissell	20	30	40	60	100	150	200	
1	Watson Clark	20	30	40	80	100	150	120	
2	Mickey Cochrane	100	120	150	250	350	500	1,000	
3	Phil Collins	20	30	40	60	100	150	150	
4	Kiki Cuyler	40	50	60	200	300	400	600	
5	Dizzy Dean	120	150	200	500	600	800	1,500	
6	Jimmy Dykes	20	30	40	60	100	150	300	
7	George Earnshaw	30	40	50	60	100	150	300	
8	Woody English	20	30	40	60	100	150	250	
9	Lou Fonseca	20	30	40	60	100	150	250	
0	Jimmy Foxx	120	150	200	400	500	800	2,000	
1	Burleigh Grimes	40	50	60	100	150	250	600	
2	Charlie Grimm	20	30	40	60	100	150		
3	Lefty Grove	80	100	150	200	300	400	800	
4	Frank Grube	20	30	40	60	100	150	250	
5	George Haas	20	30	40	60	100	150	300	
6	Bump Hadley SP	60	80	100	150	250	400		
7	Chick Hafey	40	50	80	100	175	250	700	
8	Jess Haines	40	50	80	100	150	250	500	
9	Bill Hallahan	20	30	40	60	120	150	300	
30	Mel Harder	20	30	40	60	100	150	300	
31	Gabby Hartnett	40	60	100	150	250	400	800	
32	Babe Herman	20	30	40	60	100	175		
33	Billy Herman	40	50	80	120	200	300		
34	Rogers Hornsby	120	150	200	350	400	600	1,500	
35	Roy Johnson	20	30	40	80	100	150	200	
36	Smead Jolley	20	30	40	60	100	150	300	
37	Billy Jurges	20	30	40	60	100	150	300	
38	Willie Kamm	20	30	40	60	100	150		
39	Mark Koenig	20	30	40	60	100	150	300	
40	Jim Levey	20	30	40	60	100	200		
41	Ernie Lombardi	60	80	100	250	400	600	1,000	
42	Red Lucas	20	30	40	60	100	150	300	
43	Ted Lyons	40	50	100	120	200	250	400	
44	Connie Mack MG	100	120	150	250	300	500	800	
45	Pat Malone	30	40	50	60	100	150	300	

#		PrFr 1	GD 2	VG 3	VgEx 4	EX 5	ExMt 6	NM 7	NmMt 8
46	Pepper Martin	20	30	40	60	100	150		
47	Marty McManus	20	30	40	60	100	150	300	
48	Lefty O'Doul	20	30	40	60	100	150	450	
49	Dick Porter	20	30	40	60	100	150	300	
50	Carl N. Reynolds	20	30	40	80	100	150	300	
51	Charlie Root	20	30	40	60	100	150	300	
52	Bob Seeds	20	30	40	60	150	200	300	
53	Al Simmons	50	60	100	120	200	300	500	
54	Riggs Stephenson	30	40	50	60	100	150		
55	Lyle Tinning	20	30	40	60	100	150	300	
56	Joe Vosmik	20	30	40	60	100	150	300	
57	Rube Walberg	20	30	40	60	100	150	300	
58	Paul Waner	40	50	60	100	150	400	600	
59	Lon Warneke	20	30	40	60	100	150	300	
60	Arthur Whitney	20	30	40	60	80	120	300	

1934 Goudey

#		PrFr 1	GD 2	VG 3	VgEx 4	EX 5	ExMt 6	NM 7	NmMt 8
1	Jimmie Foxx	400	600	1,000	1,500	2,500	4,000	6,000	12,000
2	Mickey Cochrane	80	120	200	300	500	800	1,200	4,000
3	Charlie Grimm	12	15	25	50	60	200	250	1,200
4	Woody English	12	15	20	30	60	120	250	1,200
5	Ed Brandt	10	12	15	30	80	100	150	
6	Dizzy Dean	200	300	500	800	1,200	2,000	3,000	5,000
7	Leo Durocher	60	100	150	250	400	600	1,000	2,500
8	Tony Piet	10	15	25	50	60	150	250	600
9	Ben Chapman	20	30	50	80	120	200		600
10	Chuck Klein	40	60	100	150	250	400	600	2,000
11	Paul Waner	50	80	100	120	200	250	600	1,500
12	Carl Hubbell	80	120	200	250	400	600	1,000	2,000
13	Frankie Frisch	50	80	120	200	300	500	800	1,000
14	Willie Kamm	12	20	30	50	80	100	200	600
15	Alvin Crowder	12	20	30	50	80	100	200	600
16	Joe Kuhel	10	15	25	40	60	100	150	500
17	Hugh Critz	10	12	15	60	80	150	200	400
18	Heinie Manush	30	50	80	120	200	300	500	1,200
19	Lefty Grove	150	250	400	600	1,000	1,500	2,500	5,000
20	Frank Hogan	10	12	15	50	60	80	150	600
21	Bill Terry	50	80	120	200	300	500	800	1,500
22	Arky Vaughan	30	50	80	120	200	300	500	1,000
23	Charley Gehringer	50	80	120	200	300	500	1,200	2,000
24	Ray Benge	10	12	15	60	80	120	250	
25	Roger Cramer	10	12	15	40	60	80	300	500
26	Gerald Walker	10	15	25	40	60	100	150	500
27	Luke Appling	60	100	150	250	300	500	600	5,000
28	Ed Coleman	10	15	25	40	60	100	200	500
29	Larry French	10	15	25	40	60	100	150	600
30	Julius Solters	10	15	25	40	60	100	150	500
31	Baxter Jordan	10	12	25	40	60	80	200	500
32	Blondy Ryan	10	12	20	40	60	80	200	650
33	Don Hurst	10	15	25	40	60	100	200	500
34	Chick Hafey	30	50	80	120	200	300	500	1,200
35	Ernie Lombardi	50	80	120	200	250	400	600	1,200
36	Walter Betts	12	20	30	50	80	120	200	500
37	Lou Gehrig	3,000	5,000	8,000	12,000	20,000	30,000	50,000	80,000
38	Oral Hildebrand	20	25	30	50	80	120	200	500
39	Fred Walker	10	12	15	60	80	100	150	500
40	John Stone	12	20	30	50	80	120	200	600
41	George Earnshaw	12	20	30	50	80	120	200	600
42	John Allen	10	12	25	40	60	80	200	600
43	Dick Porter	10	12	20	30	60	100	250	
44	Tom Bridges	10	15	25	40	60	100	200	800
45	Oscar Melillo	15	25	40	60	100	150	250	500
46	Joe Stripp	10	12	15	40	60	100	200	800
47	John Frederick	12	20	30	50	80	120	250	2,000
48	Tex Carleton	15	20	40	50	80	100	300	1,000
49	Sam Leslie	15	25	40	60	100	150	200	600

		PrFr 1	GD 2	VG 3	VgEx 4	EX 5	ExMt 6	NM 7	NmMt 8
50	Walter Beck	10	15	25	40	60	100	200	
51	Rip Collins	12	20	30	50	80	150	300	500
52	Herman Bell	10	15	25	40	60	80	150	500
53	George Watkins	20	30	50	80	120	200	300	
54	Wesley Schulmerich	12	20	30	50	80	120	200	500
55	Ed Holley	12	15	40	50	60	80	175	500
56	Mark Koenig	10	15	25	40	60	100	200	400
57	Bill Swift	12	20	30	50	80	120	200	500
58	Earl Grace	10	15	25	40	60	80	200	500
59	Joe Mowry	12	15	20	50	60	80	225	600
60	Lynn Nelson	10	15	25	40	60	100	150	500
61	Lou Gehrig	2,000	3,000	5,000	8,000	12,000	20,000	30,000	50,000
62	Hank Greenberg	500	800	1,200	2,000	3,000	5,000	10,000	15,000
63	Minter Hayes	15	25	50	60	80	100	120	500
64	Frank Grube	12	20	30	50	80	100	200	
65	Cliff Bolton	15	25	50	60	80	100	200	500
66	Mel Harder	12	15	20	60	80	150	300	600
67	Bob Weiland	12	20	30	50	80	120	200	
68	Bob Johnson	15	25	40	60	100	150	250	1,000
69	John Marcum	12	15	20	40	60	80	150	500
70	Pete Fox	10	15	25	40	60	100	300	800
71	Lyle Tinning	12	20	30	50	80	120	250	800
72	Arndt Jorgens	10	15	25	40	60	120	200	300
73	Ed Wells	15	25	40	60	120	200	300	600
74	Bob Boken	20	30	40	60	100	150	250	600
75	Bill Werber	20	30	50	60	120	200	300	800
76	Hal Trosky	25	60	100	120	200	250	300	800
77	Joe Vosmik	20	30	50	80	120	200	300	800
78	Pinky Higgins	20	30	50	80	120	200	300	800
79	Eddie Durham	20	30	50	80	120	200	300	600
80	Marty McManus	20	30	40	60	200	250	300	800
81	Bob Brown	30	50	80	120	200	300	500	800
82	Bill Hallahan	20	30	50	80	120	200	250	600
83	Jim Mooney	20	30	40	80	120	150	250	600
84	Paul Derringer	20	30	40	60	150	200	400	600
85	Adam Comorosky	25	40	60	100	150	250	400	600
86	Lloyd Johnson	15	25	40	60	100	200	300	600
87	George Darrow	20	30	50	100	120	200	250	600
88	Homer Peel	20	30	50	80	120	200	250	600
89	Linus Frey	50	60	80	100	120	150	250	600
90	KiKi Cuyler	100	150	250	400	600	1,000	1,500	2,500
91	Dolph Camilli	25	40	60	100	150	250	400	600
92	Steve Larkin	30	50	80	120	200	300	500	
93	Fred Ostermueller	20	30	50	80	120	250	400	600
94	Red Rolfe	30	50	80	120	200	300	500	1,000
95	Myril Hoag	15	25	40	80	150	200	300	1,200
96	James DeShong	60	100	150	250	400	600	1,000	1,500

— Lou Gehrig #37 SGC 98 (Gem) sold for $125,332 (SCP; 8/13)
— Lou Gehrig #37 SGC 96 (MT) sold for $54,609 (Goodwin; 03/12)
— Lou Gehrig #37 SGC 96 (Mint) sold for $54,609 (Goodwin; 3/12)
— Lou Gehrig #37 PSA 6.5 (ExMt+) sold for $7,299 (Goodwin; 6/12)
— Joe Kuhel #16 PSA 9 (MT) sold for $5,836 (Goodwin; 03/12)
— Joe Kuhel #16 PSA 9 (Mint) sold for $5,836 (Goodwin; 3/12)

1934-36 Batter-Up

		PrFr 1	GD 2	VG 3	VgEx 4	EX 5	ExMt 6	NM 7	NmMt 8
1	Wally Berger	10	12	15	25	50	100	200	
2	Ed Brandt	10	12	15	25	40	60	150	
3	Al Lopez	15	20	25	40	60	120	250	
4	Dick Bartell	10	12	15	25	40	60	150	
5	Carl Hubbell	30	40	50	80	100	200	400	
6	Bill Terry	25	30	40	60	100	200	400	
7	Pepper Martin	10	12	15	25	40	60	150	
8	Jim Bottomley	15	20	25	40	60	120	250	
9	Tommy Bridges	10	12	15	25	40	60	150	
10	Rick Ferrell	15	20	25	40	60	120	250	
11	Ray Benge	10	12	15	25	40	60	150	
12	Wes Ferrell	10	12	15	25	40	60	150	
13	Chalmer Cissell	10	12	15	25	40	60	150	
14	Pie Traynor	25	30	40	60	100	200	400	
15	Leroy Mahaffey	10	12	15	25	40	60	150	
16	Chick Hafey	15	20	25	40	60	120	250	
17	Lloyd Waner	15	20	25	40	60	120	250	
18	Jack Burns	10	12	15	25	40	60	150	
19	Buddy Myer	10	12	15	25	40	60	150	
20	Bob Johnson	10	12	15	25	40	60	150	
21	Arky Vaughan	15	20	25	40	60	120	250	
22	Red Rolfe	10	12	15	25	40	60	150	
23	Lefty Gomez	25	30	40	80	100	200	500	
24	Earl Averill	25	30	40	60	80	150	250	
25	Mickey Cochrane	25	30	40	60	100	200	400	
26	Van Lingle Mungo	10	12	15	25	40	60	150	
27	Mel Ott	40	50	80	100	200	300	600	
28	Jimmie Foxx	60	80	100	150	250	500	800	
29	Jimmy Dykes	10	12	15	25	40	60	150	
30	Bill Dickey	40	50	80	100	150	250	500	
31	Lefty Grove	40	60	80	100	150	250	500	
32	Joe Cronin	25	30	40	60	100	200	400	
33	Frankie Frisch	25	30	40	60	100	200	400	
34	Al Simmons	25	30	40	60	100	200	400	
35	Rogers Hornsby	60	80	150	200	250	500	800	
36	Ted Lyons	15	20	25	40	60	120	250	
37	Rabbit Maranville	15	20	25	60	60	120	325	
38	Jimmy Wilson	10	12	15	25	40	60	150	
39	Willie Kamm	10	12	15	25	40	60	150	
40	Bill Hallahan	10	12	15	25	40	60	150	
41	Gus Suhr	10	12	15	25	40	60	150	
42	Charley Gehringer	25	30	40	60	150	300	500	
43	Joe Heving	10	12	15	25	40	60	150	
44	Adam Comorosky	10	12	15	25	40	60	150	
45	Tony Lazzeri	25	30	40	60	150	300	500	
46	Sam Leslie	10	12	15	25	40	60	150	
47	Bob Smith	10	12	15	25	40	60	150	
48	Willis Hudlin	10	12	15	25	40	60	150	
49	Carl Reynolds	10	12	15	25	40	60	150	
50	Fred Schulte	10	12	15	25	40	60	150	
51	Cookie Lavagetto	10	12	15	25	40	60	150	
52	Hal Schumacher	10	12	15	25	40	60	150	
53	Roger Cramer	10	12	15	25	40	60	150	
54	Sylvester Johnson	10	12	15	25	40	60	150	
55	Ollie Bejma	10	12	15	25	40	60	150	
56	Sam Byrd	10	12	15	25	40	60	150	
57	Hank Greenberg	80	100	120	200	400	900	1,200	
58	Bill Knickerbocker	10	12	15	25	40	60	150	
59	Bill Urbanski	10	12	15	25	40	60	150	
60	Eddie Morgan	10	12	15	25	40	60	150	
61	Rabbit McNair	10	12	15	25	40	60	150	
62	Ben Chapman	10	12	15	25	40	100		
63	Roy Johnson	10	12	15	25	40	80	150	
64	Dizzy Dean	60	80	120	150	250	500	800	
65	Zeke Bonura	10	12	15	25	40	60	150	
66	Fred Marberry	10	12	15	25	40	60	150	
67	Gus Mancuso	10	12	15	25	40	60	150	
68	Joe Vosmik	10	12	15	25	40	60	150	
69	Earl Grace RC	10	12	15	25	40	60	150	
70	Tony Piet	10	12	15	25	40	60	150	
71	Rollie Hemsley	10	12	15	25	40	60	150	
72	Fred Fitzsimmons	10	12	15	25	50	80	150	
73	Hack Wilson	25	30	40	80	100	250	400	
74	Chick Fullis	10	12	15	25	40	60	150	
75	Fred Frankhouse	10	12	15	25	40	60	150	
76	Ethan Allen	10	12	15	25	40	60	150	
77	Heinie Manush	15	20	25	40	60	120	250	
78	Rip Collins	10	12	15	25	40	60	150	

Name							
Tony Cuccinello	10	12	15	25	40	60	150
Joe Kuhel	10	12	15	25	40	60	150
Tommy Bridges	20	25	30	100	120	150	250
Clint Brown	20	25	30	50	80	150	250
Albert Blanche	20	25	30	50	80	150	250
Boze Berger	20	25	30	50	80	150	250
Goose Goslin	25	30	40	60	100	200	400
Lefty Gomez	30	40	50	80	120	250	500
Joe Glenn	20	25	30	50	80	150	250
Cy Blanton	20	25	30	50	80	150	250
Tom Carey	20	25	30	50	80	150	250
Ralph Birkofer	20	25	30	50	80	150	250
Fred Gabler	20	25	30	50	80	150	250
Dick Coffman	20	25	30	50	80	150	250
Ollie Bejma	20	25	30	50	80	150	250
Leroy Parmelee	20	25	30	50	80	150	250
Carl Reynolds	20	25	30	50	80	150	250
Ben Cantwell	20	25	30	50	80	150	250
Curtis Davis	20	25	30	50	100	150	250
E. Webb/W. Moses	20	25	30	50	80	150	250
Ray Benge	20	25	30	50	80	150	250
Pie Traynor	25	30	40	60	100	200	400
Phil Cavarretta	20	25	30	50	80	150	250
Pep Young	20	25	30	50	80	150	250
Willis Hudlin	20	25	30	50	80	150	425
Mickey Haslin	20	25	30	50	80	150	250
Ossie Bluege	20	25	30	50	80	150	250
Paul Andrews	20	25	30	50	80	150	250
Ed Brandt	20	25	30	50	80	150	250
Don Taylor	20	25	30	50	80	200	300
Thornton Lee	20	25	30	50	80	150	250
Hal Schumacher	20	25	30	50	80	150	250
F.Hayes/T.Lyons	25	30	40	60	100	250	
Odell Hale	20	25	30	50	80	150	250
Earl Averill	25	30	40	60	120	200	400
Italo Chelini	20	25	30	50	80	150	250
I.Andrews/J.Bottomley	25	30	40	60	100	200	400
Bill Walker	20	25	30	50	100	150	250
Bill Dickey	80	100	120	175	250	500	1,000
Gerald Walker	20	25	30	60	80	150	250
Ted Lyons	25	30	40	60	100	200	400
Eldon Auker	20	25	30	50	80	100	250
Bill Hallahan	20	25	30	50	80	150	250
Fred Lindstrom	25	30	40	60	100	200	400
Oral Hildebrand	20	25	30	50	80	150	250
Luke Appling	40	50	100	200	250	300	600
Pepper Martin	20	25	30	50	80	150	250
Rick Ferrell	25	30	40	60	100	200	400
Ival Goodman	20	25	30	50	80	150	250
Joe Kuhel	20	25	30	50	80	150	250
Ernie Lombardi	25	30	40	60	100	200	400
Charley Gehringer	40	50	60	100	150	300	600
Van Lingle Mungo	20	25	30	50	80	150	250
Larry French	20	25	30	50	80	150	250
Buddy Myer	20	25	30	50	80	150	250
Mel Harder	20	25	30	50	100	150	250
Augie Galan	20	25	30	50	80	150	525
Gabby Hartnett	25	30	40	60	100	200	400
Stan Hack	20	25	30	50	80	150	250
Billy Herman	25	30	40	100	120	200	400
Bill Jurges	20	25	30	50	80	150	250
Bill Lee	20	25	30	50	80	150	250
Zeke Bonura	20	25	30	50	80	150	250
Tony Piet	20	25	30	50	80	150	250
Paul Dean	25	30	40	100	150	200	400
Jimmie Foxx	80	100	120	200	300	500	1,000
Joe Medwick	30	50	60	80	120	250	500

		PrFr 1	GD 2	VG 3	VgEx 4	EX 5	ExMt 6	NM 7	NmMt 8
146	Rip Collins	20	25	30	50	80	150	250	
147	Mel Almada	20	25	30	50	80	150	250	
148	Allan Cooke	20	25	30	50	80	150	250	
149	Moe Berg	100	120	150	250	400	600	1,600	
150	Dolph Camilli	20	25	30	50	80	150	250	
151	Oscar Melillo	20	25	30	60	100	150	250	
152	Bruce Campbell	20	25	30	50	80	150	250	
153	Lefty Grove	60	100	120	200	250	400	950	
154	Johnny Murphy	20	25	30	50	80	150	250	
155	Luke Sewell	20	25	30	50	80	150	250	
156	Leo Durocher	25	30	40	60	100	200	400	
157	Lloyd Waner	25	30	40	80	100	200	500	
158	Guy Bush	20	25	30	50	100	150	250	
159	Jimmy Dykes	20	25	30	50	80	150	250	
160	Steve O'Neill	20	25	30	50	80	150	300	
161	General Crowder	20	25	30	50	80	150	250	
162	Joe Cascarella	20	25	30	50	80	150	250	
163	Daniel Hafey	20	25	30	50	80	150	250	
164	Gilly Campbell	20	25	30	50	80	150	250	
165	Ray Hayworth	20	25	30	50	120	150	275	
166	Frank Demaree	20	25	30	50	80	150	250	
167	John Babich	20	25	30	50	80	150	300	
168	Marvin Owen	20	25	30	50	80	150	250	
169	Ralph Kress	20	25	30	50	80	150	250	
170	Mule Haas	20	25	30	50	80	150	250	
171	Frank Higgins	20	25	50	60	80	150	250	
172	Wally Berger	20	25	30	100	120	150	250	
173	Frankie Frisch	40	50	60	100	150	300	600	
174	Wes Ferrell	20	25	30	50	80	150	250	
175	Pete Fox	20	25	30	50	80	150	250	
176	John Vergez	20	25	30	50	80	150	250	
177	Billy Rogell	20	25	30	50	80	150	300	
178	Don Brennan	20	25	30	50	80	150	250	
179	Jim Bottomley	25	30	40	60	100	200	400	
180	Travis Jackson	25	30	40	60	100	200	400	
181	Red Rolfe	20	25	30	50	80	150	250	
182	Frank Crosetti	25	30	40	60	100	200	400	
183	Joe Cronin	25	30	40	60	100	200	400	
184	Schoolboy Rowe	20	25	30	60	80	150	300	
185	Chuck Klein	30	40	50	150	200	250	500	
186	Lon Warneke	20	25	30	50	80	150	250	
187	Gus Suhr	20	25	30	50	80	150	250	
188	Ben Chapman	20	25	30	50	80	150	275	
189	Clint Brown	20	25	30	50	80	150	250	
190	Paul Derringer	20	25	30	50	80	150	250	
191	John Burns	20	25	30	50	80	150	250	500
192	John Broaca	25	30	40	60	100	200	400	

1934-36 Diamond Stars

		PrFr 1	GD 2	VG 3	VgEx 4	EX 5	ExMt 6	NM 7	NmMt 8
1	Lefty Grove	100	250	500	800	1,200	1,500	5,000	20,000
2A	Al Simmons Sox Insignia	30	40	80	100	120	200	500	
2B	Al Simmons No Insignia	30	40	50	80	120	200	600	
3	Rabbit Maranville	30	40	60	100	150	200	500	1,200
4	Buddy Myer	10	12	15	25	80	120	300	800
5	Tom Bridges	10	12	15	25	150	250	350	600
6	Max Bishop	10	12	15	25	60	80	150	500
7	Lew Fonseca	12	15	20	40	50	80	200	850
8	Joe Vosmik	8	10	12	20	35	80	150	300
9	Mickey Cochrane	30	40	80	150	200	400	600	1,200
10A	Roy Mahaffey A's Insignia	8	10	12	20	35	80	200	300
11	Bill Dickey	40	80	80	100	300	400	500	1,200
12A	Dixie Walker 1934 Green Back	8	10	12	20	35	60	120	400
12B	Dixie Walker 1935 Green Back	8	10	12	20	35	60	150	
13	George Blaeholder	12	15	20	30	50	80	200	1,500
14	Bill Terry	30	40	80	150	200	250	600	2,000
15A	Dick Bartell Phillies on Back	10	12	15	25	60	100	250	

#	Player	PrFr 1	GD 2	VG 3	VgEx 4	EX 5	ExMt 6	NM 7	NmMt 8
16	Lloyd Waner	20	30	60	80	100	250	500	800
17	Frankie Frisch	25	40	50	80	100	300	400	1,000
18	Chick Hafey	20	25	30	80	100	200	300	1,500
19	Van Mungo	15	20	25	60	100	150	300	1,200
20	Shanty Hogan	8	10	12	20	35	60	120	400
21A	Johnny Vergez Giants on back	8	10	12	25	35	100	250	
22	Jimmy Wilson	8	10	12	20	35	60	120	400
23	Bill Hallahan	8	10	12	20	35	60	200	
24	Sparky Adams	8	10	12	20	35	100	120	400
25	Wally Berger	8	10	12	20	35	50	120	300
26	Pepper Martin	12	15	20	60	120	150	200	350
27	Pie Traynor	25	30	40	80	120	200	350	600
28	Al Lopez	12	15	20	60	100	120	200	650
29	Robert Rolfe	10	12	15	25	40	60	100	300
30A	Heinie Manush W on Sleeve	15	20	25	60	100	120	250	600
31A	Kiki Cuyler Cubs	15	20	25	50	100	150	200	500
31B	Kiki Cuyler Reds	15	20	25	40	100	150	200	500
32	Sam Rice	12	15	20	40	80	120	200	400
33	Schoolboy Rowe	6	8	10	15	30	100	120	250
34	Stanley Hack	6	8	10	15	25	80	150	250
35	Earle Averill	12	15	20	60	80	120	200	400
36A	Earnie Lombardi ERR	20	25	30	80	120	150	350	700
36B	Ernie Lombardi COR	20	25	30	50	80	150	250	
37	Billy Urbanski	6	8	10	20	30	50	100	150
38	Ben Chapman	6	8	10	30	50	60	150	250
39	Carl Hubbell	30	40	50	100	120	200	300	700
40	Blondy Ryan	6	8	10	15	25	40	80	225
41	Harvey Hendrick	6	8	10	15	25	40	80	200
42	Jimmy Dykes	6	8	10	30	60	80	120	400
43	Ted Lyons	12	15	30	40	80	120	200	500
44	Rogers Hornsby	80	100	150	200	250	300	500	1,200
45	Jo Jo White	15	20	25	40	50	60	80	120
46	Red Lucas	6	8	10	15	25	40	80	200
47	Bob Bolton	6	8	10	15	25	60	100	150
48	Rick Ferrell	12	15	20	30	100	150	200	500
49	Buck Jordan	6	8	10	15	25	60	100	200
50	Mel Ott	60	80	120	150	200	300	800	1,000
51	Burgess Whitehead	6	8	10	15	25	80	80	200
52	George Stainback	6	8	10	15	25	40	100	200
53	Oscar Melillo	6	8	10	15	25	40	100	200
54A	Hank Greenburg ERR	120	150	200	500	800	1,200	1,500	
54B	Hank Greenberg COR	80	100	150	200	250	600	800	2,000
55	Tony Cuccinello	12	15	20	30	50	100	150	250
56	Gus Suhr	10	12	15	40	60	80	120	300
57	Cy Blanton	6	8	10	15	25	40	80	200
58	Glenn Myatt	8	10	12	20	30	50	120	300
59	Jim Bottomley	20	25	30	40	80	100	150	500
60	Red Ruffing	20	25	30	60	100	200	250	600
61	Bill Werber	6	8	10	15	25	60	100	300
62	Fred Frankhouse	6	8	10	15	25	60	150	300
63	Stonewall Jackson	15	20	25	40	80	100	150	500
64	Jimmie Foxx	60	80	150	200	300	500	600	1,200
65	Zeke Bonura	6	8	10	15	25	40	80	300
66	Ducky Medwick	60	80	100	120	250	300	350	800
67	Marvin Owen	6	8	10	15	25	80	100	300
68	Sam Leslie	6	8	10	15	25	40	100	250
69	Earl Grace	6	8	10	15	25	40	80	200
70	Hal Trosky	6	8	10	15	50	60	100	500
71	Ossie Bluege	6	8	10	15	25	60	80	200
72	Tony Piet	6	8	10	15	25	40	100	200
73	Fritz Ostermueller	6	8	10	15	30	60	80	200
74	Tony Lazzeri	30	40	50	120	200	300	400	800
75	Irving Burns	10	12	15	25	40	80	120	200
76	Billy Rogell	6	8	10	15	25	50	80	250
77	Charlie Gehringer	40	80	100	120	150	300	400	1,000
78	Joe Kuhel	6	8	10	15	40	60	120	200
79	Willis Hudlin	6	8	10	15	50	80	100	300

#	Player	PrFr 1	GD 2	VG 3	VgEx 4	EX 5	ExMt 6	NM 7	NmMt 8
80	Lou Chiozza	6	8	10	15	30	60	120	20
81	Bill Delancey	10	12	15	25	40	60	150	30
82A	John Babich Dodgers Insignia	6	8	10	15	25	80	120	20
82B	John Babich No Insignia	6	8	10	15	25	40	80	20
83	Paul Waner	25	30	40	80	150	300	500	80
84	Sam Byrd	12	15	20	30	50	80	100	
85	Julius Solters	12	15	20	40	60	80	150	40
86	Frank Crosetti	20	25	50	60	80	200	300	80
87	Steve O'Neil MG	12	15	20	30	50	80	150	30
88	George Selkirk	12	15	20	40	60	120	150	40
89	Joe Stripp	12	15	20	30	50	80	150	40
90	Ray Hayworth	12	15	20	30	50	80	150	40
91	Bucky Harris MG	25	30	60	80	100	200	400	1,00
92	Ethan Allen	12	15	20	30	50	100	200	40
93	Alvin Crowder	12	15	20	40	60	100	150	40
94	Wes Ferrell	12	15	20	30	60	80	150	50
95	Luke Appling	30	40	50	80	120	300	400	1,20
96	Lew Riggs	12	15	20	50	80	100	250	40
97	Al Lopez	60	80	100	150	250	500	800	2,00
98	Schoolboy Rowe	50	60	80	150	200	300	500	1,50
99	Pie Traynor	60	80	120	150	300	400	800	2,60
100	Earle Averill	60	80	100	150	250	400	800	1,60
101	Dick Bartell	40	50	60	100	200	400	500	1,00
102	Van Mungo	40	50	60	120	200	300	500	1,500
103	Bill Dickey	150	200	250	300	450	600	1,200	
104	Robert Rolfe	40	50	60	120	150	250	500	1,000
105	Ernie Lombardi	60	80	100	250	350	400	700	2,700
106	Red Lucas	50	60	80	150	200	400	700	1,500
107	Stanley Hack	50	60	80	120	200	300	600	
108	Wallter Berger	50	60	80	300	350	400	800	2,500

— Jimmie Foxx #64 PSA 9 (MT) sold for $17,456 (Goodwin; 7/13)

1935 Goudey 4-in-1

Card	PrFr 1	GD 2	VG 3	VgEx 4	EX 5	ExMt 6	NM 7	NmMt 8
2-Jan Berry/Burk/Kres/Vance 2C SP	20	25	30	50	80	150	300	
4-Jan Berry/Burk/Kres/Vance 4C	15	20	25	40	60	150	6,000	
7-Jan Berry/Burk/Kres/Vance 7C	15	20	25	50	60	120	300	
8-Feb Burns/Hems/Grub/Weil 8C	15	20	25	40	60	120		
9-Feb Burns/Hems/Grub/Weil 9C	15	20	25	40	60	120		
8-Mar Campbell/Mey/Good/Kamp 8D	15	20	25	40	60	120		
9-Mar Campbell/Mey/Good/Kamp 9D	15	20	25	40	60	120		
1-Apr Cochrane/Gehr/Brid/Rog 1D	25	30	40	80	100	250	600	
2-Apr Cochrane/Gehr/Brid/Rog 2D	25	30	40	60	100	250	600	
6-Apr Cochrane/Gehr/Brid/Rog 6D SP	30	40	50	80	120	300	800	
7-Apr Cochrane/Gehr/Brid/Rog 7D SP	40	40	50	80	120	300	800	
2-May Critz/Bartell/Ott/Manc 2A SP	30	40	50	80	150	250	2,000	
4-May Critz/Bartell/Ott/Manc 4A	25	30	40	80	120	200	600	
7-May Critz/Bartell/Ott/Manc 7A	25	30	40	60	120	200	600	
1-Jun Cronin/Reyn/Bish/Ciss 1G SP	20	25	30	50	100	250		
3-Jun Cronin/Reyn/Bish/Ciss 3E SP	20	25	30	50	100	200		
5-Jun Cronin/Reyn/Bish/Ciss 5E SP	20	25	30	50	100	200		
6-Jun Cronin/Reyn/Bish/Ciss 6E	15	20	25	40	100	120		
8-Jul DeShong/Allen/Rolfe/Walk 8E	15	20	25	40	60	120		
9-Jul DeShong/Allen/Rolfe/Walk 9E	15	20	25	40	60	120		
1-AugEarn/Dyk/Sew/Appling 1I	15	20	25	40	60	120	400	
2-AugEarn/Dyk/Sew/Appling 2F	15	20	25	40	60	120	600	
6-AugEarn/Dyk/Sew/Appling 6F SP	20	25	30	50	100	200	500	
7-AugEarn/Dyk/Sew/Appling 7F SP	20	25	30	50	100	200	500	
8-Sep Fox/Greenberg/Walk/Rowe 8F	50	60	80	100	250	400	1,000	
9-Sep Fox/Greenberg/Walk/Rowe 9F	50	60	80	100	250	400	1,000	
1-Oct Frisch/Dean/Ors/Carl 1A	50	80	100	150	200	400	2,000	
2-Oct Frisch/Dean/Ors/Carl 2A	50	60	80	100	200	400	1,000	
6-Oct Frisch/Dean/Ors/Carl 6A SP	60	80	100	120	250	500	1,500	
7-Oct Frisch/Dean/Ors/Carl 7A SP	60	80	100	120	250	500	1,500	
1-NovGrimes/Klein/Cuyl/Eng 1F	25	30	40	80	120	250	600	
3-NovGrimes/Klein/Cuyl/Eng 3D	25	30	40	60	120	250	600	
4-NovGrimes/Klein/Cuyl/Eng 4D SP	30	40	50	80	150	300	800	
5-NovGrimes/Klein/Cuyl/Eng 5D SP	30	40	50	80	150	300	800	

	PrFr 1	GD 2	VG 3	VgEx 4	EX 5	ExMt 6	NM 7	NmMt 8
-Dec Hayes/Lyons/Haas/Bon 8B	15	20	25	40	80	120	300	
-Dec Hayes/Lyons/Haas/Bon 9B	15	20	25	40	60	120	300	
3-8 Herman/Suhr/Padd/Blant 8K	15	20	25	40	60	120		
3-9 Herman/Suhr/Padd/Blant 9K	15	20	25	40	60	120		
4-1 Hudlin/Myatt/Com/Bottomley 1K SP	20	25	30	50	80	150		
4-3 Hudlin/Myatt/Com/Bottomley 3B SP	20	25	30	50	80	150		
4-5 Hudlin/Myatt/Com/Bottomley 5B	15	20	25	40	60	120		
4-6 Hudlin/Myatt/Com/Bottomley 6B	15	20	25	40	60	150		
5-8 Johnson/Cole/Marc/Cramer 8J	15	20	25	40	60	120	300	
5-9 Johnson/Cole/Marc/Cramer 9J	15	20	25	40	60	120	400	
6-1 Kamm/Hild/Averill/Tro 1L	15	20	25	40	80	200	500	
6-2 Kamm/Hild/Averill/Tro 2E	15	20	25	50	60	200	500	
6-6 Kamm/Hild/Averill/Tro 6E SP	20	25	30	50	80	250	600	
6-7 Kamm/Hild/Averill/Tro 7E SP	20	25	30	50	80	250	600	
7-8 Koenig/Fitz/Benge/Zach 8A	15	20	25	40	60	120		
7-8 Koenig/Fitz/Benge/Zach 8M	15	20	25	40	60	120		
8-8 Kuhel/White/Myer/Stone 8H	15	20	25	40	60	120		
8-9 Kuhel/White/Myer/Stone 9H	15	20	25	40	60	120		
9-1 Leslie/Frey/Stripp/Clark 1G	15	20	25	40	60	120		
9-3 Leslie/Frey/Stripp/Clark 3E	15	20	25	40	60	120	300	
9-4 Leslie/Frey/Stripp/Clark 4E SP	20	25	30	50	80	150	400	
9-5 Leslie/Frey/Stripp/Clark 5E	15	20	25	40	60	120	300	
20-1 Mahaffey/Foxx/Will/Hig 1B	30	40	80	100	150	300	800	
20-2 Mahaffey/Foxx/Will/Hig 2B	30	40	50	120	150	300	2,000	
20-6 Mahaffey/Foxx/Will/Hig 6B SP	50	60	80	100	200	400	1,000	
20-7 Mahaffey/Foxx/Will/Hig 7B SP	50	60	80	100	200	400	1,000	
21-1 Manush/Lary/Weav/Had 1C	15	20	25	40	60	120	500	
21-2 Manush/Lary/Weav/Had 2C	15	20	25	60	60	120	500	
21-6 Manush/Lary/Weav/Had 6C SP	20	25	30	50	80	150	600	
21-7 Manush/Lary/Weav/Had 7C SP	20	25	30	50	80	150	600	
22-2 Martin/O'Far/Byrd/Mac 2F SP	20	25	30	50	80	150		
22-4 Martin/O'Far/Byrd/Mac 4F	15	20	25	40	60	120		
22-7 Martin/O'Far/Byrd/Mac 7F	15	20	25	40	60	120		
23-2 Moore/Hogan/Frank/Bran 2E SP	20	25	30	50	80	150	400	
23-4 Moore/Hogan/Frank/Bran 4E	15	20	25	40	60	120		
23-7 Moore/Hogan/Frank/Bran 7E	15	20	25	40	60	120	300	
24-1 Piet/Com/Bottomley/Adam 1H	15	20	25	40	60	120	1,000	
24-3 Piet/Com/Bottomley/Adam 3F	15	20	25	40	60	120	300	
24-4 Piet/Com/Bottomley/Adam 4F SP	20	25	30	50	80	150	400	
24-5 Piet/Com/Bottomley/Adam 5F SP	20	25	30	50	80	150	400	
25-1 Ruel/Simmons/Kam/Coch 1J SP	30	40	50	80	150	300	800	
25-3 Ruel/Simmons/Kam/Coch 3A SP	30	40	50	80	150	300	800	
25-5 Ruel/Simmons/Kam/Coch 5A	25	30	40	60	120	250	600	
25-6 Ruel/Simmons/Kam/Coch 6A	25	30	40	60	120	250	600	
26-2 Ruff/Mal/Lazzeri/Dickey 2D SP	40	50	60	100	200	400	1,000	
26-4 Ruff/Mal/Lazzeri/Dickey 4D	30	40	50	80	200	300	800	
26-7 Ruff/Mal/Lazzeri/Dickey 7D	30	40	50	80	150	300	800	
27-1 Ruth/McM/Bran/Maran 1J	400	500	600	800	1,000	1,500	4,000	
27-3 Ruth/McM/Bran/Maran 3A	300	400	600	800	1,000	1,500	4,000	
27-4 Ruth/McM/Bran/Maran 4A SP	400	500	600	1,000	1,200	2,500	5,000	
27-5 Ruth/McM/Bran/Maran 5A SP	400	500	600	1,000	1,200	2,500	5,000	
28-1 Schuble/Marb/Goslin/Crow 1H SP	20	25	30	50	80	150	500	
28-3 Schuble/Marb/Goslin/Crow 3F SP	20	25	30	50	80	150	400	
28-5 Schuble/Marb/Goslin/Crow 5F	15	20	25	40	80	150	300	
28-6 Schuble/Marb/Goslin/Crow 6F	15	20	25	40	60	120	300	
29-8 Spohrer/Rhem/Cant/Bent 8L	15	20	25	40	60	120		
29-9 Spohrer/Rhem/Cant/Bent 9L	15	20	25	40	60	120		
30-1 Terry/Schu/Man/Jackson 1K	25	30	40	60	120	250		
30-3 Terry/Schu/Man/Jackson 3B	25	30	40	60	120	250		
30-4 Terry/Schu/Man/Jackson 4B SP	30	40	50	80	150	300		
30-5 Terry/Schu/Man/Jackson 5B SP	30	40	50	80	150	300		
31-2 Traynor/Luc/Thev/Wright 2B SP	20	25	30	50	80	150	400	
31-4 Traynor/Luc/Thev/Wright 4B	15	20	25	60	80	120	300	
31-7 Traynor/Luc/Thev/Wright 7B	15	20	25	40	80	120	300	
32-8 Vosmik/Knick/Hard/Stew 8I	15	20	25	40	60	120	500	
32-9 Vosmik/Knick/Hard/Stew 9I	15	20	25	40	60	120	1,200	
33-1 Waner/Bush/Hoyt/Waner 1E	25	30	40	60	100	250	600	
33-3 Waner/Bush/Hoyt/Waner 3C	25	30	40	60	100	250	600	
33-4 Waner/Bush/Hoyt/Waner 5C	25	30	40	60	100	250	600	
33-5 Waner/Bush/Hoyt/Waner 4C SP	30	40	50	80	150	300	1,000	
34-8 Werber/Ferrell/Ferrell/Ost 8G	15	20	25	40	60	200	300	
34-9 Werber/Ferrell/Ferrell/Ost 9G	15	20	25	40	60	250	300	
35-1 West/Melillo/Blae/Coff 1F SP	20	25	30	50	80	150	400	
35-3 West/Melillo/Blae/Coff 3D SP	20	25	30	50	80	150	400	
35-5 West/Melillo/Blae/Coff 5D	15	20	25	40	60	120		
35-6 West/Melillo/Blae/Coff 6D	15	20	25	40	60	120		
36-1 Wilson/Allen/Jonnard/Brick 1E SP	20	25	30	50	80	150		
36-3 Wilson/Allen/Jonnard/Brick 3C SP	20	25	30	50	80	150		
36-5 Wilson/Allen/Jonnard/Brick 5C SP	20	25	30	50	80	150		
36-6 Wilson/Allen/Jonnard/Brick 6C	15	20	25	40	60	120		

1936 Goudey Black and White

		PrFr 1	GD 2	VG 3	VgEx 4	EX 5	ExMt 6	NM 7	NmMt 8
1	Wally Berger	12	15	20	30	50	60	150	300
2	Zeke Bonura	10	12	15	25	40	50	120	250
3	Frenchy Bordagaray	10	12	15	25	40	50	100	250
4	Bill Brubaker	10	12	20	30	50	80	100	250
5	Dolph Camilli	10	12	15	25	40	50	100	250
6	Clyde Castleman	10	12	15	25	40	50	120	
7	Mickey Cochrane	25	40	60	100	150	250	600	1,200
8	Joe Coscarart	10	12	15	25	40	50	100	250
9	Frank Crosetti	15	25	40	60	100	150	250	400
10	Kiki Cuyler	12	15	25	40	60	80	150	400
11	Paul Derringer	10	12	15	25	40	50	120	
12	Jimmy Dykes	10	12	15	25	40	50	100	250
13	Rick Ferrell	12	20	30	50	80	120	200	500
14	Lefty Gomez	25	40	60	100	150	250	400	800
15	Hank Greenberg	60	100	150	250	400	600	1,000	
16	Bucky Harris	12	15	25	40	60	80	200	400
17	Rollie Hemsley	10	12	15	25	40	50	100	250
18	Pinky Higgins	10	12	15	25	40	50	100	250
19	Oral Hildebrand	10	12	15	25	40	50	100	250
20	Chuck Klein	25	40	60	100	150	250	400	1,000
21	Pepper Martin	12	15	25	40	60	100	250	400
22	Bobo Newsom	10	12	15	25	40	50	100	250
23	Joe Vosmik	10	12	15	25	40	50	100	250
24	Paul Waner	25	40	60	100	150	250	400	600
25	Bill Werber	10	12	15	25	40	50	150	

1938 Goudey Heads-Up

		PrFr 1	GD 2	VG 3	VgEx 4	EX 5	ExMt 6	NM 7	NmMt 8
241	Charley Gehringer	80	100	120	200	400	500	800	3,000
242	Pete Fox	20	30	40	60	100	150	500	800
243	Joe Kuhel	20	30	40	60	100	150	400	800
244	Frank Demaree	20	30	40	60	100	200	300	800
245	Frank Pytlak	20	30	40	60	100	250	400	800
246	Ernie Lombardi	50	80	120	300	400	600	800	1,500
247	Joe Vosmik	20	30	40	80	100	150	300	800
248	Dick Bartell	20	30	40	80	100	200	300	1,000
249	Jimmie Foxx	120	150	200	300	400	600	1,200	4,000
250	Joe DiMaggio	1,000	1,500	2,500	3,000	4,000	5,000	6,000	15,000
251	Bump Hadley	30	40	50	60	100	200	300	800
252	Zeke Bonura	20	30	40	60	100	150	600	800
253	Hank Greenberg	120	150	200	600	800	1,000	1,500	3,000
254	Van Lingle Mungo	20	30	40	60	100	250	400	
255	Moose Solters	20	30	40	60	80	100	400	800
256	Vernon Kennedy	20	30	50	60	80	100	400	800
257	Al Lopez	40	50	60	100	200	300	500	1,200
258	Bobby Doerr	60	100	200	250	300	400	800	2,000
259	Billy Werber	20	30	40	60	100	150	500	800
260	Rudy York	20	30	40	80	150	200	400	1,000
261	Rip Radcliff	20	30	40	60	80	120	300	1,000
262	Joe Medwick	60	80	100	150	300	400	800	2,000
263	Marvin Owen	20	30	40	60	100	150	300	800
264	Bob Feller	250	400	500	600	800	1,500	2,000	5,000
265	Charley Gehringer	80	100	120	200	300	500	800	2,000

#	Name	PrFr 1	GD 2	VG 3	VgEx 4	EX 5	ExMt 6	NM 7	NmMt 8
266	Pete Fox	40	50	60	100	150	250		
267	Joe Kuhel	20	30	40	60	100	150	300	800
268	Frank Demaree	20	30	40	60	100	150	300	800
269	Frank Pytlak	20	30	40	60	100	150	300	800
270	Ernie Lombardi	50	60	80	200	300	500	600	1,200
271	Joe Vosmik	20	30	40	60	100	150	400	800
272	Dick Bartell	20	30	40	60	100	150	300	800
273	Jimmie Foxx	120	200	250	400	500	800	2,000	4,000
274	Joe DiMaggio	800	1,200	1,400	2,000	2,500	5,000	15,000	20,000
275	Bump Hadley	20	30	40	60	100	150	300	800
276	Zeke Bonura	20	30	40	60	100	200	300	800
277	Hank Greenberg	120	150	200	400	600	1,000	1,500	5,000
278	Van Lingle Mungo	20	30	60	80	100	150	300	800
279	Moose Solters	20	30	40	60	100	150	300	1,200
280	Vernon Kennedy	20	30	40	60	100	150	300	800
281	Al Lopez	40	50	80	100	200	400	500	1,500
282	Bobby Doerr	60	150	200	250	500	600	800	2,000
283	Billy Werber	20	30	40	60	100	150	300	1,000
284	Rudy York	20	30	40	60	150	250	400	1,000
285	Rip Radcliff	20	30	40	60	100	150	300	800
286	Joe Medwick	60	80	100	200	250	400	800	
287	Marvin Owen	20	30	40	60	100	150	400	800
288	Bob Feller	250	300	600	800	1,000	1,500	2,500	

— Joe DiMaggio #274 PSA 7.5 (Nm+) sold for $7,320 (Greg Bussineau; 12/12)

— Joe DiMaggio #274 SGC 86 (NrMt+) sold for $6,115 (Mile High; 5/12)

— Bob Feller #288 PSA 8 (NmMt) sold for $6,500 (REA; 05/12)

1939 Play Ball

#	Name	PrFr 1	GD 2	VG 3	VgEx 4	EX 5	ExMt 6	NM 7	NmMt 8
1	Jake Powell	12	15	20	25	40	60		
2	Lee Grissom	6	8	10	12	15	25	60	150
3	Red Ruffing	20	30	50	80	120	200	300	500
4	Eldon Auker	6	10	15	25	40	60	150	
5	Luke Sewell	6	8	10	12	15	25	60	100
6	Leo Durocher	15	25	50	60	100	150	250	400
7	Bobby Doerr	20	25	60	100	150	250	400	600
8	Henry Pippen	6	8	10	12	15	25	60	
9	James Tobin	6	8	10	12	15	25	40	
10	James DeShong	6	8	10	12	20	30	50	100
11	Johnny Rizzo	6	8	10	12	15	25	40	100
12	Hershel Martin	6	8	10	12	15	25	40	100
13	Luke Hamlin	6	8	10	15	25	40	50	150
14	Jim Tabor	6	8	10	20	20	30	80	120
15	Paul Derringer	8	10	12	15	20	30	40	120
16	John Peacock	6	8	10	12	15	25	40	100
17	Emerson Dickman	6	8	10	15	15	25	60	100
18	Harry Danning	6	8	10	12	15	25	50	100
19	Paul Dean	12	15	20	20	30	50	120	250
20	Joe Heving	6	6	10	15	25	40	60	
21	Dutch Leonard	8	10	12	15	25	40	60	200
22	Bucky Walters	8	10	12	15	20	30	80	200
23	Burgess Whitehead	6	8	10	20	20	30	40	150
24	Richard Coffman	6	8	10	12	15	25	60	
25	George Selkirk	8	12	20	30	50	80	120	200
26	Joe DiMaggio	1,200	1,500	2,000	2,500	4,000	6,000	8,000	15,000
27	Fred Ostermueller	6	8	10	12	15	25	40	120
28	Sylvester Johnson	6	8	10	12	20	30	40	100
29	Jack Wilson	5	5	8	12	20	30	50	100
30	Bill Dickey	30	60	80	60	100	150	300	800
31	Sam West	6	6	10	15	25	40	60	100
32	Bob Seeds	5	8	12	20	30	40	60	100
33	Del Young	6	8	10	12	15	25	40	100
34	Frank Demaree	6	8	10	12	15	25	50	100
35	Bill Jurges	6	8	10	12	15	25	40	
36	Frank McCormick	6	8	10	12	15	25	60	150
37	Virgil Davis	6	8	10	12	15	25	40	100
38	Billy Myers	6	8	10	12	15	25	40	100
39	Rick Ferrell	12	20	30	40	60	100	150	400
40	James Bagby Jr.	6	8	10	12	15	25	60	
41	Lon Warneke	6	8	10	12	15	25	40	100
42	Arndt Jorgens	6	8	10	12	15	25	40	100
43	Melo Almada	6	8	10	12	15	25	60	
44	Don Heffner	6	8	10	12	15	25	40	
45	Merrill May	6	8	10	12	15	25	40	100
46	Morris Arnovich	6	8	10	12	15	25	40	100
47	Buddy Lewis	6	10	15	25	40	60	80	120
48	Lefty Gomez	25	30	50	80	120	200	250	400
49	Eddie Miller	6	6	8	12	20	30	50	150
50	Charley Gehringer	40	60	100	150	250	400	600	1,000
51	Mel Ott	20	30	60	100	150	250	300	600
52	Tommy Henrich	5	8	12	20	30	50	150	300
53	Carl Hubbell	40	60	100	150	250	400	600	1,000
54	Harry Gumpert	6	6	10	15	25	40	60	150
55	Arky Vaughan	10	15	25	40	60	100	120	500
56	Hank Greenberg	60	100	150	250	400	600	1,000	2,000
57	Buddy Hassett	6	8	10	12	15	25	40	
58	Lou Chiozza	6	8	10	12	15	25	60	
59	Ken Chase	6	8	10	12	15	25	40	100
60	Schoolboy Rowe	8	10	12	25	40	60	80	150
61	Tony Cuccinello	8	12	15	15	25	40	60	100
62	Tom Carey	5	5	8	12	20	30	50	100
63	Emmett Mueller	5	5	8	12	20	30	50	100
64	Wally Moses	6	8	10	15	15	25	40	120
65	Harry Craft	6	8	10	12	20	30	50	100
66	Jimmy Ripple	6	8	10	12	15	25	60	
67	Ed Joost	6	8	10	20	30	50	80	150
68	Fred Sington	6	6	10	15	25	40	60	100
69	Elbie Fletcher	6	8	10	12	15	25	40	150
70	Fred Frankhouse	6	8	10	12	20	30	50	100
71	Monte Pearson	8	10	12	15	20	30	100	150
72	Debs Garms	6	6	8	12	20	30	50	100
73	Hal Schumacher	6	8	10	12	15	25	40	120
74	Cookie Lavagetto	6	8	12	20	30	50	80	1,000
75	Stan Bordagaray	6	6	10	15	25	40	60	150
76	Goody Rosen	5	8	12	20	30	50	80	120
77	Lew Riggs	5	5	8	12	20	30	50	100
78	Julius Solters	6	8	10	12	15	25	40	100
79	Jo Jo Moore	6	6	10	15	25	40	60	150
80	Pete Fox	5	5	8	12	20	30	50	100
81	Babe Dahlgren	8	10	12	15	20	30	50	150
82	Chuck Klein	12	20	30	50	80	120	150	400
83	Gus Suhr	6	8	10	12	15	25	50	
84	Skeeter Newsom	6	8	10	12	15	25	40	120
85	Johnny Cooney	6	8	10	12	15	25	40	100
86	Dolph Camilli	6	8	10	12	15	25	40	120
87	Milburn Shoffner	6	8	10	12	15	25	60	
88	Charlie Keller	12	15	20	20	30	50	80	200
89	Lloyd Waner	25	40	60	100	150	250	400	600
90	Robert Klinger	5	6	10	15	25	40	60	100
91	John Knott	5	6	10	15	25	40	60	100
92	Ted Williams	1,500	2,500	4,000	6,000	10,000	15,000	40,000	60,000
93	Charles Gelbert	6	8	10	12	15	25	40	100
94	Heinie Manush	12	20	30	50	80	120	200	300
95	Whit Wyatt	5	5	8	12	20	30	50	100
96	Babe Phelps	5	6	10	15	25	40	60	100
97	Bob Johnson	6	8	12	20	30	50	80	150
98	Pinky Whitney	6	8	12	20	30	50	80	120
99	Wally Berger	5	8	12	20	30	50	80	200
100	Buddy Myer	5	8	12	20	30	50	80	120
101	Roger Cramer	6	10	15	25	40	60	100	150
102	Lem (Pep) Young	5	8	12	20	30	50	80	150
103	Moe Berg	40	60	100	150	250	400	600	1,000
104	Tom Bridges	6	8	10	12	15	25	40	120
105	Rabbit McNair	6	8	10	12	15	25	40	100
106	Dolly Stark Umpire	8	10	12	20	30	50	80	250
107	Joe Vosmik	5	8	12	20	30	50	80	100
108	Frank Hayes	6	8	10	12	15	25	40	100

	PrFr 1	GD 2	VG 3	VgEx 4	EX 5	ExMt 6	NM 7	NmMt 8
Myril Hoag	6	8	10	15	25	40	50	100
Fred Fitzsimmons	6	8	10	20	30	50	80	120
Van Lingle Mungo	6	6	8	12	20	30	50	100
Paul Waner	10	15	25	40	60	100	120	400
Al Schacht	5	6	10	15	25	40	80	200
Cecil Travis	6	8	10	15	25	40	80	
Ralph Kress	5	5	6	10	15	25	60	
Gene Desautels	6	10	15	30	50	80	150	
Wayne Ambler	6	10	15	25	40	60	100	250
Lynn Nelson	6	10	15	25	40	60	150	
Will Hershberger	10	15	25	40	60	100	200	500
Rabbit Warstler	8	12	20	30	50	80	150	250
Bill Posedel	10	12	15	25	40	60	150	
George McQuinn	10	12	15	25	40	60	100	250
Ray T. Davis	10	12	15	25	40	60	100	250
Walter Brown	10	12	15	25	40	60	100	250
Cliff Melton	10	15	25	40	60	100	120	250
Gil Brack	10	12	15	25	40	60	150	
Joe Bowman	10	12	15	25	40	60	100	
Bill Swift	10	12	15	25	40	60	150	
Bill Brubaker	10	12	15	30	50	80	100	250
Mort Cooper	10	12	15	30	50	80	120	
Jim Brown	10	12	15	30	50	80	100	300
Lynn Myers	10	12	15	25	40	60	100	250
Tot Presnell	10	12	15	25	40	60	100	
Mickey Owen	10	15	25	40	60	100	150	400
Roy Bell	10	12	15	25	40	60	100	250
Pete Appleton	10	12	15	25	40	60	100	250
George Case	10	12	15	30	50	80	150	
Vito Tamulis	10	12	15	30	50	80	100	300
Ray Hayworth	10	12	15	25	40	60	100	
Pete Coscarart	10	12	15	25	40	60	100	250
Ira Hutchinson	10	12	15	25	40	60	100	
Earl Averill	25	30	50	80	120	200	250	600
Zeke Bonura	10	12	15	25	40	60	120	300
Hugh Mulcahy	10	15	25	40	60	100	150	
Tom Sunkel	8	12	20	30	50	80	150	
George Coffman	10	12	15	25	40	60	100	250
Bill Trotter	10	12	15	25	40	60	100	250
Max West	10	12	15	25	40	60	100	250
James Walkup	10	12	15	25	40	60	100	250
Hugh Casey	10	12	15	25	40	60	120	400
Roy Weatherly	10	12	15	25	40	60	100	250
Dizzy Trout	12	15	20	30	50	80	150	500
Johnny Hudson	10	15	25	40	60	100	150	
Jimmy Outlaw	10	12	15	25	40	60	100	200
Ray Berres	10	12	15	25	40	60	100	
Don Padgett	10	12	15	30	50	80	200	
Bud Thomas	10	12	15	20	50	80	100	
Red Evans	10	12	15	25	40	60	100	250
Gene Moore	10	12	15	25	40	60	150	
Lonnie Frey	10	12	15	25	40	60	150	
Whitey Moore	25	30	50	80	120	200	400	

Joe DiMaggio #26 PSA 9 (MT) sold for $10,665 (REA; Spring '14)

Joe DiMaggio #26 SGC 96 (Mint) sold for $6,463 (Huggins and Scott; 6/12)

Joe DiMaggio #26 SGC 96 (MT) sold for $6,600 (Greg Bussineau; 12/12)

1940 Play Ball

	PrFr 1	GD 2	VG 3	VgEx 4	EX 5	ExMt 6	NM 7	NmMt 8
Joe DiMaggio	800	1,000	1,200	2,000	3,000	5,000	8,000	40,000
Art Jorgens	8	10	12	15	20	50	150	
Babe Dahlgren	8	10	12	15	20	25	80	
Tommy Henrich	10	12	15	20	25	60	150	
Monte Pearson	8	10	12	15	20	50	100	
Lefty Gomez	25	60	80	100	120	150	200	600
Bill Dickey	25	30	40	60	150	200	400	800
George Selkirk	8	10	12	15	20	40	150	250
Charlie Keller	10	12	15	20	25	40	80	500

		PrFr 1	GD 2	VG 3	VgEx 4	EX 5	ExMt 6	NM 7	NmMt 8
10	Red Ruffing	20	40	50	60	80	100	150	500
11	Jake Powell	8	10	12	15	20	25	40	250
12	Johnny Schulte	8	10	12	15	20	30	40	300
13	Jack Knott	8	10	12	15	25	40	120	
14	Rabbit McNair	8	10	12	25	30	40	80	
15	George Case	8	10	12	15	20	25	50	250
16	Cecil Travis	8	10	12	15	20	40	60	250
17	Buddy Myer	8	8	10	15	25	40	60	300
18	Charlie Gelbert	5	8	12	20	30	50	80	250
19	Ken Chase	8	10	12	15	20	25	80	
20	Buddy Lewis	8	10	12	15	20	25	40	250
21	Rick Ferrell	12	20	30	50	80	100	150	800
22	Sammy West	8	10	12	15	20	25	60	
23	Dutch Leonard	8	10	12	25	30	40	60	
24	Frank Hayes	8	10	12	15	20	25	60	150
25	Bob Johnson	10	12	15	20	25	50	60	
26	Wally Moses	5	8	12	20	30	50	80	200
27	Ted Williams	400	600	1,000	1,500	2,500	4,000	6,000	8,000
28	Gene Desautels	8	10	12	15	20	30	60	150
29	Doc Cramer	8	10	12	15	20	25	60	500
30	Moe Berg	40	50	60	100	200	250	300	600
31	Jack Wilson	8	8	10	15	25	40	60	250
32	Jim Bagby	8	10	12	15	20	25	50	250
33	Fritz Ostermueller	8	10	12	15	20	25	40	120
34	John Peacock	8	10	12	15	20	25	40	150
35	Joe Heving	8	10	12	15	20	25	60	150
36	Jim Tabor	8	10	12	15	20	25	50	150
37	Emerson Dickman	8	10	12	15	20	25	50	
38	Bobby Doerr	10	15	25	40	60	100	200	500
39	Tom Carey	8	10	12	15	20	25	40	150
40	Hank Greenberg	60	100	150	250	400	600	1,500	2,500
41	Charley Gehringer	50	80	120	200	300	500	800	1,200
42	Bud Thomas	8	10	12	15	20	25	60	150
43	Pete Fox	8	10	12	15	20	25	100	200
44	Dizzy Trout	8	10	12	15	30	40	100	
45	Red Kress	8	10	12	15	20	25	50	
46	Earl Averill	15	20	25	60	80	100	150	400
47	Oscar Vitt RC	8	10	12	15	20	25	50	300
48	Luke Sewell	8	10	12	15	20	50	60	150
49	Stormy Weatherly	8	10	12	15	20	25	60	
50	Hal Trosky	8	10	12	15	20	25	40	250
51	Don Heffner	8	10	12	15	20	25	40	200
52	Myril Hoag	8	10	12	15	20	25	40	150
53	George McQuinn	8	10	12	15	20	25	40	100
54	Bill Trotter	8	10	12	15	20	25	50	
55	Slick Coffman	8	10	12	15	20	25	40	150
56	Eddie Miller RC	8	10	12	15	20	25	60	200
57	Max West	8	10	12	15	20	25	50	100
58	Bill Posedel	8	10	12	15	20	25	50	250
59	Rabbit Warstler	8	10	12	15	20	25	50	100
60	John Cooney	8	10	12	25	30	40	50	150
61	Tony Cuccinello	8	10	12	15	20	25	40	150
62	Buddy Hassett	8	10	12	15	20	25	40	100
63	Pete Coscarart	8	10	12	15	20	25	50	100
64	Van Lingle Mungo	8	10	12	15	20	30	40	150
65	Fred Fitzsimmons	8	10	12	20	30	40	50	100
66	Babe Phelps	8	10	12	15	20	25	40	250
67	Whit Wyatt	8	10	12	15	20	25	40	150
68	Dolph Camilli	8	10	12	15	20	25	60	
69	Cookie Lavagetto	8	10	12	15	20	25	40	
70	Luke Hamlin	8	10	12	15	20	25	40	150
71	Mel Almada	8	10	12	15	20	25	80	
72	Chuck Dressen RC	8	10	12	15	20	25	40	150
73	Bucky Walters	8	10	12	15	25	50	80	200
74	Duke Derringer	8	10	12	15	20	25	80	120
75	Buck McCormick	8	10	12	15	20	25	40	150
76	Lonny Frey	8	10	12	15	20	25	40	300

#	Player	PrFr 1	GD 2	VG 3	VgEx 4	EX 5	ExMt 6	NM 7	NmMt 8
77	Willard Hershberger	8	10	12	15	30	40	80	150
78	Lew Riggs	8	10	12	15	20	40	60	100
79	Harry Craft	8	10	12	15	20	25	60	
80	Billy Myers	8	10	12	15	20	25	40	300
81	Wally Berger	8	10	12	15	20	25	40	250
82	Hank Gowdy CO	8	10	12	15	20	25	50	100
83	Cliff Melton	8	10	12	15	20	30	50	120
84	Jo Jo Moore	8	10	12	15	20	25	50	200
85	Hal Schumacher	8	10	12	15	20	25	80	
86	Harry Gumbert	8	10	12	15	20	25	40	100
87	Carl Hubbell	30	50	80	120	200	300	500	800
88	Mel Ott	60	100	150	250	400	600	1,000	1,500
89	Bill Jurges	8	10	12	15	20	25	100	250
90	Frank Demaree	8	10	12	15	20	25	40	250
91	Bob Seeds	8	10	12	15	20	25	60	120
92	Whitey Whitehead	8	10	12	15	25	40	60	250
93	Harry Danning	8	10	12	15	20	25	60	
94	Gus Suhr	8	10	12	15	20	25	60	100
95	Hugh Mulcahy	8	10	12	15	20	25	60	300
96	Heinie Mueller	8	10	12	15	20	25	40	150
97	Morry Arnovich	8	10	12	15	20	25	50	250
98	Pinky May	8	10	12	15	20	25	40	250
99	Syl Johnson	8	10	15	25	40	60	100	150
100	Hersh Martin	8	10	12	15	20	25	40	120
101	Del Young	8	10	12	15	25	50	80	120
102	Chuck Klein	12	20	30	50	80	100	150	600
103	Elbie Fletcher	8	10	12	15	20	25	40	100
104	Paul Waner	25	40	60	100	150	250	400	600
105	Lloyd Waner	15	20	25	80	100	120	150	600
106	Pep Young	8	10	12	15	20	25	40	120
107	Arky Vaughan	15	20	25	30	40	80	120	400
108	Johnny Rizzo	8	10	12	15	20	25	50	
109	Don Padgett	8	10	12	15	20	25	60	100
110	Tom Sunkel	8	10	12	15	20	25	60	
111	Mickey Owen	8	10	12	15	50	60	80	
112	Jimmy Brown	8	10	12	15	20	40	100	
113	Mort Cooper	8	10	12	15	20	40	150	
114	Lon Warneke	8	10	12	15	20	25	80	250
115	Mike Gonzalez CO	8	10	12	15	20	25	60	250
116	Al Schacht	10	12	15	20	25	80	150	
117	Dolly Stark UMP	8	10	12	20	40	60	80	300
118	Waite Hoyt	15	20	30	50	80	120	200	500
119	Grover C. Alexander	50	80	120	200	300	500	800	1,200
120	Walter Johnson	60	100	150	250	400	600	1,000	1,500
121	Atley Donald RC	8	10	12	15	20	25	60	
122	Sandy Sundra RC	8	10	12	15	20	40	100	
123	Hildy Hildebrand	8	10	12	15	20	25	40	100
124	Earle Combs	12	15	20	25	60	100	150	200
125	Art Fletcher RC	8	10	12	15	20	25	60	
126	Jake Solters	8	10	12	15	20	25	80	
127	Muddy Ruel	8	10	12	15	20	25	50	120
128	Pete Appleton	8	10	12	25	30	40	50	120
129	Bucky Harris MG	15	20	25	30	40	100	120	400
130	Clyde Milan RC	8	10	12	15	20	25	40	120
131	Zeke Bonura	8	10	12	20	30	50	80	120
132	Connie Mack MG	25	40	60	100	150	250	400	800
133	Jimmie Foxx	60	100	150	250	400	600	1,000	1,500
134	Joe Cronin	20	30	50	80	120	200	300	
135	Line Drive Nelson	8	10	12	15	20	25	50	100
136	Cotton Pippen	8	10	12	15	20	25	40	100
137	Bing Miller	8	10	12	15	20	25	40	120
138	Beau Bell	8	10	12	15	20	25	60	100
139	Elden Auker	8	10	12	15	20	25	40	120
140	Dick Coffman	8	10	12	15	20	25	40	120
141	Casey Stengel MG	40	60	100	150	250	400	600	1,000
142	George Kelly RC	15	20	25	30	40	100	150	600
143	Gene Moore	8	10	12	15	20	25	50	150

#	Player	PrFr 1	GD 2	VG 3	VgEx 4	EX 5	ExMt 6	NM 7	NmMt 8
144	Joe Vosmik	8	10	12	15	20	25	40	
145	Vito Tamulis	8	10	12	15	20	25	80	
146	Tot Pressnell	8	10	12	15	20	25	60	
147	Johnny Hudson	8	10	12	15	20	25	60	
148	Hugh Casey	8	10	12	15	20	25	100	
149	Pinky Shoffner	8	10	12	15	25	30	40	
150	Whitey Moore	8	10	12	15	30	40	50	
151	Edwin Joost	8	10	12	25	30	40	50	
152	Jimmy Wilson	8	10	12	15	25	40	60	
153	Bill McKechnie MG	15	20	25	30	40	100	120	
154	Jumbo Brown	8	10	12	15	20	25	40	
155	Ray Hayworth	8	10	12	15	20	25	50	
156	Daffy Dean	8	12	20	30	50	80	120	
157	Lou Chiozza	8	10	12	15	25	60	80	
158	Travis Jackson	15	20	25	30	60	80	120	
159	Pancho Snyder	8	10	12	15	20	30	50	
160	Hans Lobert CO	8	10	12	15	20	25	50	
161	Debs Garms	8	10	12	15	20	25	40	
162	Joe Bowman	8	10	12	15	20	40	80	
163	Spud Davis	8	10	12	15	20	25	50	
164	Ray Berres	8	10	12	15	20	40	60	
165	Bob Klinger	8	10	12	15	20	25	40	
166	Bill Brubaker	8	10	12	20	30	50	120	
167	Frankie Frisch MG	15	25	40	60	100	150	250	
168	Honus Wagner CO	60	100	150	250	300	400	500	1,500
169	Gabby Street	6	10	12	15	25	30	40	
170	Tris Speaker	25	40	60	100	150	250	400	
171	Harry Heilmann	15	20	25	60	80	100	150	
172	Chief Bender	15	20	25	40	50	100	150	
173	Napoleon Lajoie	50	80	120	200	300	500	800	1,200
174	Johnny Evers	10	15	25	40	60	100	150	
175	Christy Mathewson	50	80	120	200	300	500	800	1,200
176	Heinie Manush	15	20	25	40	60	100	120	
177	Frank Baker	20	25	30	80	100	120	150	
178	Max Carey	15	20	25	30	50	60	150	
179	George Sisler	20	25	40	80	100	120	200	
180	Mickey Cochrane	25	30	40	80	120	150	300	
181	Spud Chandler	10	12	15	20	25	80	300	
182	Knick Knickerbocker	10	12	15	20	25	50	150	
183	Marvin Breuer	10	12	15	20	25	40	120	
184	Mule Haas	10	12	15	20	25	40	80	
185	Joe Kuhel	10	12	15	20	30	50	200	
186	Taft Wright	10	12	15	20	25	50	150	
187	Jimmy Dykes MG	10	12	15	20	25	50	100	
188	Joe Krakauskas	10	12	15	20	50	60	150	
189	Jim Bloodworth	10	12	15	20	25	60	200	
190	Charley Berry	10	12	15	30	50	60	100	
191	John Babich	10	12	15	20	25	40	200	
192	Dick Siebert	10	12	15	20	25	50	200	
193	Chubby Dean	10	12	15	20	50	80	120	
194	Sam Chapman	10	12	15	20	25	40	60	
195	Dee Miles	10	12	15	20	25	50	150	
196	Red Nonnenkamp	10	12	15	20	40	60	150	
197	Lou Finney	10	12	15	20	25	40	80	
198	Denny Galehouse	10	12	15	20	25	40	60	
199	Pinky Higgins	10	12	15	20	25	40	80	
200	Soup Campbell	10	12	15	20	25	50	150	
201	Barney McCosky	10	12	15	20	25	40	60	
202	Al Milnar	10	12	15	20	25	50	80	
203	Bad News Hale	10	12	15	20	40	80	120	
204	Harry Eisenstat	10	12	15	60	80	100	120	
205	Rollie Hemsley	10	12	15	20	25	40	150	
206	Chet Laabs	10	12	15	20	25	80	200	
207	Gus Mancuso	10	12	15	20	25	40	80	
208	Lee Gamble	10	12	15	25	40	100	200	
209	Hy Vandenberg	10	12	15	20	25	50	150	
210	Bill Lohrman	10	12	15	20	25	80	120	

#	Player	PrFr 1	GD 2	VG 3	VgEx 4	EX 5	ExMt 6	NM 7	NmMt 8
1	Pop Joiner	10	12	15	20	25	50	200	450
2	Babe Young	10	12	15	20	30	50	150	
3	John Rucker	10	12	15	25	40	60	100	250
4	Ken O'Dea	10	12	15	20	25	80	150	300
5	Johnnie McCarthy	10	12	15	20	25	50	80	250
6	Joe Marty	10	12	15	20	40	50	60	250
7	Walter Beck	10	12	15	20	30	40	80	250
8	Wally Millies	10	12	15	20	25	60	100	
9	Russ Bauers	10	12	15	20	25	60	100	250
10	Mace Brown	10	12	15	25	40	60	100	300
11	Lee Handley	10	12	15	20	25	60	100	300
12	Max Butcher	10	12	15	20	25	50	100	
23	Hughie Jennings	25	30	40	60	80	100	200	600
24	Pie Traynor	25	30	50	60	80	100	200	1,200
25	Joe Jackson	1,000	1,200	1,500	2,000	2,500	4,000	5,000	15,000
26	Harry Hooper	25	30	40	50	100	120	250	600
27	Jesse Haines	15	25	40	60	100	150	200	600
28	Charlie Grimm	10	12	15	20	25	80	100	250
29	Buck Herzog	10	12	15	20	25	80	100	300
30	Red Faber	25	30	40	50	60	120	250	600
31	Dolf Luque	10	12	15	20	50	100	500	
32	Goose Goslin	25	30	40	50	60	150	250	600
33	George Earnshaw	10	12	15	20	25	60	200	
34	Frank Chance	25	30	40	50	100	150	200	600
35	John McGraw	20	30	50	80	120	300	400	800
36	Jim Bottomley	25	30	40	50	80	200	250	600
37	Willie Keeler	30	40	50	60	120	150	400	800
38	Tony Lazzeri	20	30	50	80	120	200	400	600
39	George Uhle	10	12	15	20	25	40	300	500
40	Bill Atwood	10	15	25	40	60	100	300	

— Charlie Gelbert #18 SGC 96 (Mint) sold for $5,273 (Goodwin; 3/12)

1941 Double Play

#	Player	PrFr 1	GD 2	VG 3	VgEx 4	EX 5	ExMt 6	NM 7	NmMt 8
1	L.French/V.Page	10	12	15	20	25	40	100	250
3	B.Herman/S.Hack	10	12	15	50	60	80	100	150
5	L.Frey/J.VanderMeer	6	8	10	12	15	25	40	100
7	P.Derringer/B.Walters	6	8	10	12	15	25	40	100
9	F.McCormick/B.Werber	6	8	10	12	15	25	40	100
11	J.Ripple/E.Lombardi	10	12	15	20	25	40	80	
13	A.Kampouris/W.Wyatt	6	8	10	12	15	25	50	100
15	M.Owen/P.Waner	10	12	15	20	40	60	100	150
17	C.Lavagetto/P.Reiser	6	8	10	12	15	25	100	
19	J.Wasdell/D.Camilli	6	8	10	12	15	25	50	100
21	D.Walker/J.Medwick	10	12	15	20	25	80	100	150
23	P.Reese/K.Higbe	40	60	100	150	250	400	600	800
25	H.Danning/C.Melton	6	8	10	12	15	25	40	150
27	H.Gumbert/B.Whitehead	6	8	10	12	15	25	40	100
29	J.Orengo/J.Moore	6	8	10	12	15	50	80	200
31	M.Ott/N.Young	25	30	40	50	80	120	250	400
33	L.Handley/A.Vaughan	10	12	15	20	25	40	60	150
35	B.Klinger/S.Brown	6	8	10	12	15	25	50	100
37	T.Moore/G.Mancuso	6	8	10	12	15	25	40	100
39	J.Mize/E.Slaughter	25	30	40	50	150	200	300	400
41	J.Cooney/S.Sisti	6	8	10	12	15	25	40	100
43	M.West/C.Rowell	6	8	10	12	15	25	40	100
45	D.Litwhiler/M.May	6	8	10	12	15	25	40	100
47	F.Hayes/A.Brancato	6	8	10	12	15	25	40	100
49	B.Johnson/B.Nagel	6	8	10	12	15	25	40	100
51	B.Newsom/H.Greenberg	30	40	80	100	120	150	200	600
53	B.McCosky/C.Gehringer	20	25	30	40	50	80	120	300
55	P.Higgins/D.Bartell	6	8	10	12	15	25	40	100
57	T.Williams/J.Tabor	100	120	150	300	400	500	750	1,500
59	J.Cronin/J.Foxx	40	50	60	80	100	200	300	600
61	L.Gomez/P.Rizzuto	50	60	80	100	300	400	500	800
63	J.DiMaggio/C.Keller	250	400	500	600	800	1,200	2,000	3,000
65	R.Rolfe/B.Dickey	25	30	40	50	60	100	200	400

#	Player	PrFr 1	GD 2	VG 3	VgEx 4	EX 5	ExMt 6	NM 7	NmMt 8
67	J.Gordon/R.Ruffing	15	20	25	30	40	60	250	400
69	M.Tresh/L.Appling	10	12	15	20	25	80	150	200
71	M.Solters/J.Rigney	6	8	10	12	15	25	40	100
73	B.Meyer/B.Chapman	10	12	15	20	25	40	60	150
75	C.Travis/G.Case	6	8	10	12	15	25	40	100
77	J.Krakauskas/B.Feller	30	40	50	60	150	200	325	600
79	K.Keltner/H.Trosky	6	8	10	12	15	25	40	100
81	T.Williams/J.Cronin	125	200	200	250	350	500	800	2,000
83	J.Gordon/C.Keller	30	40	50	60	80	150	200	400
85	H.Greenberg/R.Ruffing	40	50	80	100	120	150	300	600
87	H.Trosky/G.Case	6	8	10	12	15	25	40	100
89	M.Ott/B.Whitehead	25	30	40	50	60	150	225	800
91	H.Danning/H.Gumbert	6	8	10	12	15	25	40	200
93	N.Young/C.Melton	6	8	10	12	15	25	40	100
95	J.Ripple/B.Walters	6	8	10	12	15	25	40	120
97	S.Hack/B.Klinger	6	8	10	12	30	50	100	120
99	J.Mize/D.Litwhiler	15	20	25	30	40	80	100	250
101	D.Dallesandro/A.Galan	8	10	12	20	30	50	80	120
103	B.Lee/P.Cavarretta	8	10	12	15	20	30	50	120
105	L.Grove/B.Doerr	40	50	60	100	150	200	250	600
107	F.Pytlak/D.DiMaggio	15	20	25	30	60	80	100	300
109	J.Priddy/J.Murphy	8	10	12	15	20	30	80	120
111	T.Henrich/M.Russo	25	30	40	50	60	80	100	150
113	F.Crosetti/J.Sturm	10	12	15	20	25	40	60	250
115	I.Goodman/M.McCormick	8	10	12	15	20	30	50	120
117	E.Joost/E.Koy	8	10	12	15	20	40	50	120
119	L.Waner/H.Majeski	20	25	30	40	50	80	120	300
121	B.Hassett/E.Moore	8	10	12	15	20	30	50	200
123	N.Etten/J.Rizzo	8	10	12	15	20	40	50	150
125	S.Chapman/W.Moses	8	10	12	15	20	30	50	120
127	J.Babich/D.Siebert	8	10	12	15	20	30	50	120
129	N.Potter/B.McCoy	8	10	12	15	20	30	50	120
131	C.Campbell/L.Boudreau	20	25	30	40	50	80	120	300
133	R.Hemsley/M.Harder	8	10	12	15	20	30	60	120
135	G.Walker/J.Heving	8	10	12	15	20	30	50	200
137	J.Rucker/A.Adams	8	10	12	15	20	30	60	200
139	M.Arnovich/C.Hubbell	40	50	60	80	100	150	250	600
141	L.Riggs/L.Durocher	12	15	20	25	30	40	60	120
143	F.Fitzsimmons/J.Vosmik	8	10	12	15	20	30	50	120
145	F.Crespi/J.Brown	8	10	12	15	20	30	50	120
147	D.Heffner/H.Clift	8	10	12	15	20	30	50	120
149	D.Garms/E.Fletcher	8	10	12	15	20	30	50	120

1941 Play Ball

#	Player	PrFr 1	GD 2	VG 3	VgEx 4	EX 5	ExMt 6	NM 7	NmMt 8
1	Eddie Miller	20	30	50	80	120	200	300	1,200
2	Max West	15	20	25	30	50	120	200	1,200
3	Bucky Walters	12	20	30	50	60	100	200	1,200
4	Paul Derringer	12	20	30	50	80	120	150	500
5	Frank (Buck) McCormick	10	15	20	25	60	80	200	600
6	Carl Hubbell	40	60	100	150	250	400	600	1,000
7	Harry Danning	12	20	30	50	80	100	150	300
8	Mel Ott	80	120	200	300	500	800	1,200	2,000
9	Pinky May	6	10	15	25	40	80	120	300
10	Arky Vaughan	25	40	60	80	120	200	300	800
11	Debs Garms	6	10	15	25	40	60	150	500
12	Jimmy Brown	8	12	20	30	50	80	120	300
13	Jimmie Foxx	150	250	400	500	800	1,000	1,500	2,500
14	Ted Williams	400	600	1,000	1,500	2,500	4,000	6,000	20,000
15	Joe Cronin	30	50	80	120	200	300	500	800
16	Hal Trosky	6	10	15	40	80	100	120	300
17	Roy Weatherly	6	10	15	20	50	50	150	400
18	Hank Greenberg	80	100	120	200	300	500	800	1,200
19	Charley Gehringer	40	60	100	150	250	400	600	1,200
20	Red Ruffing	30	50	80	120	200	300	500	800
21	Charlie Keller	20	25	30	40	60	100	150	600
22	Bob Johnson	12	20	30	50	80	120	150	400

#	Player	PrFr 1	GD 2	VG 3	VgEx 4	EX 5	ExMt 6	NM 7	NmMt 8
23	George McQuinn	12	20	30	50	80	120	200	400
24	Dutch Leonard	10	15	25	40	60	100	120	400
25	Gene Moore	6	10	15	25	40	60	100	300
26	Harry Gumpert	6	10	15	25	40	100	150	500
27	Babe Young	6	10	15	20	60	80	120	500
28	Joe Marty	6	10	15	25	40	50	150	400
29	Jack Wilson	6	10	15	25	50	80	120	300
30	Lou Finney	12	20	30	50	80	120	200	300
31	Joe Kuhel	6	10	15	25	40	60	200	300
32	Taft Wright	6	10	15	25	40	60	120	300
33	Al Milnar	6	10	15	25	40	50	120	400
34	Rollie Hemsley	8	12	20	30	50	80	150	400
35	Pinky Higgins	6	10	15	25	50	80	150	400
36	Barney McCosky	6	10	15	25	40	50	120	200
37	Bruce Campbell	6	10	15	25	40	80	200	400
38	Atley Donald	6	10	15	25	40	120	150	400
39	Tommy Henrich	15	25	40	60	100	150	300	600
40	John Babich	6	10	15	25	40	60	100	300
41	Blimp Hayes	8	12	20	30	50	80	150	400
42	Wally Moses	6	10	15	25	40	80	120	500
43	Al Brancato	6	10	15	20	50	60	120	400
44	Sam Chapman	6	10	15	25	40	80	100	300
45	Eldon Auker	6	10	15	25	40	60	100	300
46	Sid Hudson	6	10	15	25	40	80	120	500
47	Buddy Lewis	6	10	15	25	40	80	120	300
48	Cecil Travis	10	15	25	40	60	100	200	500
49	Babe Dahlgren	6	10	15	25	40	80	150	400
50	Johnny Cooney	6	10	15	25	40	60	150	500
51	Dolph Camilli	10	20	25	50	80	120	200	400
52	Kirby Higbe	10	15	20	25	50	80	150	600
53	Luke Hamlin	8	12	20	30	50	100	200	400
54	Pee Wee Reese	200	300	500	800	1,200	2,000	3,000	10,000
55	Whit Wyatt	6	10	15	25	60	100	200	600
56	Johnny VanderMeer	30	50	80	120	200	300	500	800
57	Moe Arnovich	10	15	20	25	50	100	200	600
58	Frank Demaree	6	10	15	25	40	100	200	800
59	Bill Jurges	6	10	15	25	40	80	120	400
60	Chuck Klein	30	40	60	100	150	250	400	1,000
61	Vince DiMaggio	30	50	80	120	200	300	500	1,200
62	Elbie Fletcher	6	10	15	25	40	60	200	800
63	Dom DiMaggio	30	50	80	120	200	300	500	1,200
64	Bobby Doerr	40	60	100	150	250	400	600	1,000
65	Tommy Bridges	10	15	20	25	50	60	200	800
66	Harland Clift	6	10	15	25	40	80	200	400
67	Walt Judnich	8	12	20	30	50	80	150	400
68	John Knott	6	10	15	25	40	60	100	300
69	George Case	6	10	15	25	40	60	200	600
70	Bill Dickey	80	120	200	250	300	400	600	2,000
71	Joe DiMaggio	1,000	1,500	2,500	4,000	6,000	10,000	20,000	60,000
72	Lefty Gomez	80	100	150	250	400	500	800	1,500

— Hank Greenberg #18 SGC 96 (MT) sold for $5,273 (Goodwin; 03/12)

1948 Bowman

#	Player	GD 2	VG 3	VgEx 4	EX 5	ExMt 6	NM 7	NmMt 8	MT 9
1	Bob Elliott RC	10	20	40	50	100	200	400	2,000
2	Ewell Blackwell RC	12	20	30	50	80	80	250	800
3	Ralph Kiner RC	60	100	150	250	400	600	1,000	5,000
4	Johnny Mize RC	30	50	80	120	200	300	500	1,200
5	Bob Feller RC	150	200	250	300	400	600	1,000	2,000
6	Yogi Berra RC	400	500	600	800	1,000	2,000	4,000	8,000
7	Pete Reiser SP RC	20	30	50	80	100	250	600	1,500
8	Phil Rizzuto SP RC	100	150	250	300	500	600	1,200	2,500
9	Walker Cooper RC	15	25	40	60	100	150	250	1,200
10	Buddy Rosar RC	8	12	20	30	50	80	150	800
11	Johnny Lindell RC	5	6	10	25	50	60	200	1,000
12	Johnny Sain RC	6	12	20	40	50	100	250	1,200
13	Willard Marshall SP RC	5	8	12	50	60	100	200	800

#	Player	GD 2	VG 3	VgEx 4	EX 5	ExMt 6	NM 7	NmMt 8	MT 9
14	Allie Reynolds RC	6	12	40	60	80	120	300	1,200
15	Eddie Joost	10	15	25	40	60	100	150	600
16	Jack Lohrke SP RC	5	10	15	30	50	100	400	1,000
17	Enos Slaughter RC	30	50	80	100	150	300	500	1,200
18	Warren Spahn RC	150	250	400	500	600	800	2,000	4,000
19	Tommy Henrich	12	20	30	50	80	120	250	1,000
20	Buddy Kerr SP RC	5	10	15	25	40	120	250	800
21	Ferris Fain RC	10	15	25	40	60	100	150	1,500
22	Floyd Bevens SP RC	12	20	40	50	100	120	250	800
23	Larry Jansen RC	8	12	20	30	50	80	120	500
24	Dutch Leonard SP	10	15	25	40	60	100	300	600
25	Barney McCosky	8	12	20	30	50	60	150	500
26	Frank Shea SP RC	8	12	20	30	60	150	300	
27	Sid Gordon RC	5	6	20	25	50	120	250	1,000
28	Emil Verban SP RC	5	10	15	25	80	100	200	1,200
29	Joe Page SP RC	12	20	30	50	60	120	300	800
30	Whitey Lockman SP RC	6	12	30	50	80	120	250	600
31	Bill McCahan RC	5	6	15	20	25	60	150	500
32	Bill Rigney RC	6	10	15	30	50	80	100	500
33	Bill Johnson RC	5	10	15	30	40	60	150	800
34	Sheldon Jones SP RC	5	15	20	40	60	100	250	800
35	Snuffy Stirnweiss RC	15	25	40	60	100	150	250	1,200
36	Stan Musial RC	600	800	1,000	1,200	2,000	3,000	12,000	25,000
37	Clint Hartung RC	5	10	15	25	100	120	250	1,400
38	Red Schoendienst RC	60	120	200	250	400	600	1,500	5,000
39	Augie Galan RC	5	10	15	25	40	100	200	1,000
40	Marty Marion RC	15	30	50	80	150	250	500	1,500
41	Rex Barney RC	10	15	25	40	60	150	300	1,000
42	Ray Poat RC	5	10	20	30	50	100	200	1,000
43	Bruce Edwards RC	12	20	30	50	80	150	300	1,000
44	Johnny Wyrostek RC	10	15	25	40	60	120	500	1,000
45	Hank Sauer RC	10	20	30	60	80	200	600	1,500
46	Herman Wehmeier RC	5	10	15	30	50	100	300	2,500
47	Bobby Thomson RC	20	40	60	100	150	300	600	3,000
48	Dave Koslo RC	10	20	30	50	60	200	600	1,800

— Stan Musial #36 PSA 10 (Gem) (Young Collection) sold for $129,850 (SCP; 5/12)

1949 Bowman

#	Player	GD 2	VG 3	VgEx 4	EX 5	ExMt 6	NM 7	NmMt 8	MT 9
1	Vern Bickford RC	10	15	30	40	60	120	400	
2	Whitey Lockman	5	10	15	20	30	60	200	
3	Bob Porterfield RC	5	8	12	20	30	60	120	
4A	Jerry Priddy NNOF RC	5	6	10	15	20	40	250	
4B	Jerry Priddy NOF	10	15	25	30	100	150		
5	Hank Sauer	6	10	15	25	40	60	150	
6	Phil Cavarretta RC	5	8	12	20	25	50	120	
7	Joe Dobson RC	5	6	10	15	20	50	120	
8	Murry Dickson RC	5	6	10	15	20	40	80	
9	Ferris Fain	5	8	12	25	30	50	120	
10	Ted Gray RC	5	8	12	20	25	40	80	
11	Lou Boudreau MG RC	6	10	30	50	60	100	300	
12	Cass Michaels RC	5	6	10	15	20	50	80	
13	Bob Chesnes RC	5	6	10	15	20	50	100	
14	Curt Simmons RC	10	15	25	40	60	80	150	
15	Ned Garver RC	5	6	10	15	20	40	80	
16	Al Kozar RC	5	6	10	15	20	40	80	
17	Earl Torgeson RC	5	6	10	15	25	50	100	
18	Bobby Thomson	10	15	40	50	80	120	200	
19	Bobby Brown RC	8	12	30	40	50	60	300	
20	Gene Hermanski RC	5	8	12	20	30	50	100	
21	Frank Baumholtz RC	5	6	10	15	20	30	100	
22	Peanuts Lowrey RC	5	6	10	15	20	25	120	
23	Bobby Doerr	20	30	50	80	100	200	250	
24	Stan Musial	200	250	300	500	800	1,200	2,000	8,000
25	Carl Scheib RC	5	6	10	15	20	50	120	
26	George Kell RC	10	50	80	120	200	300	400	
27	Bob Feller	20	100	120	150	250	300	800	1,200

No.	Player	GD 2	VG 3	VgEx 4	EX 5	ExMt 6	NM 7	NmMt 8	MT 9
28	Don Kolloway RC	5	6	10	15	30	50	80	
29	Ralph Kiner	25	40	60	80	100	250	400	
30	Andy Seminick	5	8	12	20	30	50	80	
31	Dick Kokos RC	5	6	10	15	20	50	80	
32	Eddie Yost RC	5	8	12	20	30	50	80	
33	Warren Spahn	60	100	150	250	400	500	1,000	
34	Dave Koslo	5	6	10	15	20	50	120	
35	Vic Raschi RC	8	12	20	30	60	100	800	
36	Pee Wee Reese	60	100	120	150	250	400	800	3,000
37	Johnny Wyrostek	6	10	15	25	30	40	60	
38	Emil Verban	5	6	10	15	20	60	150	
39	Billy Goodman RC	5	6	10	15	40	50	80	
40	George Munger RC	5	6	10	15	20	80	150	
41	Lou Brissie RC	5	6	10	15	20	50	80	
42	Hoot Evers RC	5	6	10	15	20	50	80	
43	Dale Mitchell RC	5	8	15	20	50	60	120	
44	Dave Philley RC	5	6	10	15	20	40	200	
45	Wally Westlake RC	5	6	10	15	20	50	200	
46	Robin Roberts RC	120	250	300	400	500	600	1,000	3,000
47	Johnny Sain	15	25	40	50	60	100	200	
48	Willard Marshall	5	6	10	15	20	50	100	
49	Frank Shea	5	6	10	15	20	50	300	
50	Jackie Robinson RC	2,000	2,000	2,500	4,000	5,000	6,000	8,000	30,000
51	Herman Wehmeier	5	6	10	15	25	40	120	
52	Johnny Schmitz RC	5	6	10	15	40	50	100	
53	Jack Kramer RC	5	6	10	15	20	60	100	
54	Marty Marion	6	10	25	30	40	100	300	
55	Eddie Joost	5	6	10	15	30	40	80	
56	Pat Mullin RC	5	6	10	15	20	40	100	
57	Gene Bearden RC	5	8	12	20	25	40	120	
58	Bob Elliott	5	8	12	20	25	50	120	
59	Jack Lohrke	5	6	10	20	25	50	100	
60	Yogi Berra	200	300	500	600	1,000	1,200	2,000	4,000
61	Rex Barney	5	8	12	20	25	60	100	
62	Grady Hatton RC	5	6	10	15	20	35	120	
63	Andy Pafko RC	5	10	15	20	50	60	150	
64	Dom DiMaggio	10	15	25	50	100	120	200	
65	Enos Slaughter	25	40	60	100	150	250	400	
66	Elmer Valo RC	5	6	10	20	30	50	100	
67	Alvin Dark RC	5	8	12	20	40	100	150	
68	Sheldon Jones	5	6	10	15	20	40	100	
69	Tommy Henrich	5	10	20	40	50	80	150	
70	Carl Furillo RC	12	20	60	80	120	200	400	
71	Vern Stephens RC	5	6	10	20	40	60	150	
72	Tommy Holmes RC	5	10	15	20	30	80	250	
73	Billy Cox RC	6	10	20	25	40	60	200	
74	Tom McBride RC	5	6	10	15	20	40	80	
75	Eddie Mayo RC	5	6	10	20	25	50	100	
76	Bill Nicholson RC	5	6	10	15	20	60	120	
77	Ernie Bonham RC	5	6	10	15	20	35	80	
78A	Sam Zoldak NNOF RC	5	6	10	15	20	40	80	
78B	Sam Zoldak NOF	10	15	25	30	50	80	400	
79	Ron Northey RC	5	6	10	15	25	50	200	
80	Bill McCahan	5	6	10	15	25	50	120	
81	Virgil Stallcup RC	5	6	10	15	20	40	100	
82	Joe Page	6	10	20	25	40	80	150	
83A	Bob Scheffing NNOF RC	5	6	10	15	20	40	80	
83B	Bob Scheffing NOF	10	15	25	30	50	80	120	
84	Roy Campanella RC	500	600	800	1,000	1,200	1,500	3,000	20,000
85A	Johnny Mize NNOF	10	20	30	40	80	120	250	1,000
85B	Johnny Mize NOF	15	25	40	60	100	150	400	
86	Johnny Pesky RC	6	10	20	40	60	100	250	
87	Randy Gumpert RC	5	8	12	20	30	50	100	
88A	Bill Salkeld NNOF RC	5	6	10	15	20	35	80	
88B	Bill Salkeld NOF	10	15	25	30	50	80	200	
89	Mizell Platt RC	5	6	10	15	20	40	80	
90	Gil Coan RC	5	6	10	15	25	40	100	

No.	Player	GD 2	VG 3	VgEx 4	EX 5	ExMt 6	NM 7	NmMt 8	MT 9
91	Dick Wakefield	5	6	10	15	20	40	80	
92	Willie Jones RC	5	8	12	20	25	60	100	
93	Ed Stevens RC	5	6	10	15	20	40	120	
94	Mickey Vernon RC	5	10	20	25	30	50	200	
95	Howie Pollet RC	5	6	10	20	25	50	150	
96	Taft Wright	5	6	10	15	20	35	120	
97	Danny Litwhiler RC	5	6	10	15	25	35	80	
98A	Phil Rizzuto NNOF	20	35	80	100	150	250	500	2,500
98B	Phil Rizzuto NOF	30	50	80	150	200	350	600	3,000
99	Frank Gustine RC	6	10	15	25	40	60	200	
100	Gil Hodges RC	250	300	400	500	800	1,500	3,000	5,000
101	Sid Gordon	5	6	10	15	20	30	120	
102	Stan Spence RC	5	6	10	15	20	50	120	
103	Joe Tipton RC	5	6	15	20	30	50	80	
104	Eddie Stanky RC	5	8	20	25	30	60	150	
105	Bill Kennedy RC	5	6	10	15	20	80	100	
106	Jake Early RC	5	6	10	15	20	35	50	
107	Eddie Lake RC	5	6	10	15	20	35	60	
108	Ken Heintzelman RC	5	6	10	15	30	50	150	
109A	Ed Fitzgerald Script Name RC	5	6	10	15	20	35	80	
109B	Ed Fitzgerald Print Name	10	15	25	30	50	80	250	
110	Early Wynn RC	60	100	150	250	300	500	600	3,000
111	Red Schoendienst	15	25	40	50	80	150	250	
112	Sam Chapman	6	10	15	25	30	50	100	
113	Ray LaManno RC	5	6	10	15	25	50	80	
114	Allie Reynolds	6	10	20	25	50	60	150	
115	Dutch Leonard	5	6	10	15	20	50	100	
116	Joe Hatten RC	5	6	10	15	30	60	200	
117	Walker Cooper	5	6	10	15	20	40	150	
118	Sam Mele RC	5	6	10	15	30	40	100	
119	Floyd Baker RC	5	6	10	15	20	30	100	
120	Cliff Fannin RC	5	6	15	20	25	30	100	
121	Mark Christman RC	5	6	10	20	25	40	120	
122	George Vico RC	5	6	10	15	25	40	80	
123	Johnny Blatnick	5	6	10	15	20	40	120	
124A	Danny Murtaugh Script Name RC	5	8	12	20	25	40	80	
124B	Danny Murtaugh Print Name	10	15	25	30	50	80	150	
125	Ken Keltner RC	5	6	10	15	20	60	100	
126A	Al Brazle Script Name RC	5	6	10	15	20	40	100	
126B	Al Brazle Print Name	10	15	25	30	50	80	150	
127A	Hank Majeski Script Name RC	5	6	10	15	20	40	60	
127B	Hank Majeski Print Name	10	15	25	30	50	80	250	
128	Johnny VanderMeer	12	20	30	40	50	80	200	
129	Bill Johnson	5	8	12	20	25	50	150	
130	Harry Walker RC	5	6	10	15	20	60	120	
131	Paul Lehner RC	5	8	12	20	30	50	80	
132A	Al Evans Script Name RC	5	6	10	15	20	40	120	
132B	Al Evans Print Name	10	15	25	30	50	80	100	
133	Aaron Robinson RC	5	6	10	15	20	40	60	
134	Hank Borowy RC	6	10	15	25	40	60	100	
135	Stan Rojek RC	5	6	10	15	20	40	100	
136	Hank Edwards RC	5	6	10	20	25	50	80	
137	Ted Wilks RC	5	6	10	15	20	40	80	
138	Buddy Rosar	5	6	10	15	20	40	80	
139	Hank Arft RC	5	6	10	20	25	50	80	
140	Ray Scarborough RC	5	6	10	15	20	40	60	
141	Tony Lupien RC	5	6	15	20	25	30	100	
142	Eddie Waitkus RC	8	12	20	30	40	50	120	
143A	Bob Dillinger Script Name RC	5	6	10	20	25	100	400	
143B	Bob Dillinger Print Name	10	15	25	30	50	80	200	
144	Mickey Haefner RC	5	6	10	15	20	50	200	
145	Blix Donnelly RC	5	10	15	25	40	100	300	
146	Mike McCormick RC	5	8	12	20	50	80	120	
147	Bert Singleton RC	5	8	12	20	50	120	200	
148	Bob Swift RC	5	8	12	30	40	80	300	
149	Roy Partee RC	5	8	12	20	40	80	250	
150	Allie Clark RC	5	8	12	20	25	50	120	

BASEBALL

#	Player	GD 2	VG 3	VgEx 4	EX 5	ExMt 6	NM 7	NmMt 8	MT 9
151	Mickey Harris RC	5	8	12	40	50	120	250	
152	Clarence Maddern RC	5	8	12	20	25	100	200	
153	Phil Masi RC	5	8	12	20	25	150	300	
154	Clint Hartung	5	8	12	20	25	80	150	
155	Mickey Guerra RC	5	8	12	20	40	60	120	
156	Al Zarilla RC	5	8	12	20	25	100	150	
157	Walt Masterson RC	5	8	12	20	25	100	250	
158	Harry Brecheen RC	5	8	12	20	25	80	250	
159	Glen Moulder RC	5	8	12	20	40	50	120	
160	Jim Blackburn RC	5	8	12	20	40	80	200	
161	Jocko Thompson RC	5	8	12	20	25	50	150	
162	Preacher Roe RC	15	25	80	100	150	200	600	
163	Clyde McCullough RC	5	8	12	20	25	100	200	
164	Vic Wertz RC	12	20	30	50	80	120	200	
165	Snuffy Stirnweiss	5	8	12	20	25	80	250	
166	Mike Tresh RC	12	20	30	50	80	150	600	
167	Babe Martin RC	5	8	12	30	40	60	150	
168	Doyle Lade RC	5	8	12	20	30	80	150	
169	Jeff Heath RC	5	8	12	20	40	100	200	
170	Bill Rigney	5	8	12	20	25	80	400	
171	Dick Fowler RC	5	8	12	20	50	100	300	
172	Eddie Pellagrini RC	5	8	12	20	25	50	200	
173	Eddie Stewart RC	5	8	12	20	30	100	150	
174	Terry Moore RC	10	20	30	50	80	150	600	
175	Luke Appling	15	25	60	80	200	250	500	
176	Ken Raffensberger RC	5	8	20	25	30	80	100	
177	Stan Lopata RC	5	8	12	20	25	60	200	
178	Tommy Brown RC	8	12	20	30	50	100	250	
179	Hugh Casey	5	12	25	50	60	150	400	
180	Connie Berry	5	8	12	20	40	150	300	
181	Gus Niarhos RC	5	8	12	30	40	80	300	
182	Hal Peck RC	5	8	12	25	30	60	200	
183	Lou Stringer RC	5	8	12	25	40	50	120	
184	Bob Chipman RC	5	8	12	20	25	50	100	
185	Pete Reiser	5	8	12	40	60	100	200	
186	Buddy Kerr	5	8	12	20	40	50	120	
187	Phil Marchildon RC	5	8	12	20	25	50	120	
188	Karl Drews RC	5	8	12	20	40	150	500	
189	Earl Wooten RC	5	8	12	20	50	200	400	
190	Jim Hearn RC	5	8	25	30	40	100	150	
191	Joe Haynes RC	5	8	12	20	25	50	120	
192	Harry Gumbert RC	5	8	12	20	25	60	100	
193	Ken Trinkle RC	5	8	12	20	25	80	200	
194	Ralph Branca RC	10	15	25	40	120	200	300	
195	Eddie Bockman RC	5	8	12	20	25	60	150	
196	Fred Hutchinson RC	5	8	12	20	25	50	120	
197	Johnny Lindell	5	8	12	30	40	120		
198	Steve Gromek RC	5	8	12	20	25	50	250	
199	Tex Hughson RC	5	8	12	20	30	60	120	
200	Jess Dobernic RC	5	8	12	20	25	60	150	
201	Sibby Sisti RC	5	8	12	20	50	80	150	
202	Larry Jansen	5	8	12	20	25	50	150	
203	Barney McCosky	5	8	12	20	25	50	150	
204	Bob Savage RC	5	8	12	20	25	60	200	
205	Dick Sisler RC	5	8	12	20	25	80	150	
206	Bruce Edwards	5	8	12	20	40	150		
207	Johnny Hopp RC	10	15	25	40	50	150	500	
208	Dizzy Trout	5	8	12	30	40	60	150	
209	Charlie Keller	15	25	40	60	100	150	300	
210	Joe Gordon RC	12	20	30	50	80	150	400	
211	Boo Ferriss RC	20	30	50	80	200	250	500	
212	Ralph Hamner RC	5	8	12	20	40	50	150	
213	Red Barrett RC	5	8	12	20	25	60	150	
214	Richie Ashburn RC	250	400	500	600	800	1,000	2,500	
215	Kirby Higbe	5	8	12	20	25	80		
216	Schoolboy Rowe	5	8	12	50	60	100	500	
217	Marino Pieretti RC	5	8	12	20	50	80	120	

#	Player	GD 2	VG 3	VgEx 4	EX 5	ExMt 6	NM 7	NmMt 8	MT 9
218	Dick Kryhoski RC	10	15	30	40	50	80	150	
219	Virgil Trucks RC	5	8	12	20	25	50	200	
220	Johnny McCarthy	5	8	12	20	25	200	400	
221	Bob Muncrief RC	5	8	12	20	25	50	150	
222	Alex Kellner RC	5	8	12	20	40	60	120	
223	Bobby Hofman RC	5	8	12	20	25	60	200	
224	Satchel Paige RC	1,500	2,000	2,500	3,000	4,000	5,000	10,000	20,000
225	Jerry Coleman RC	12	20	30	50	80	120	400	
226	Duke Snider RC	600	800	1,000	1,200	2,000	2,500	3,000	10,000
227	Fritz Ostermueller	5	8	12	20	50	60	120	
228	Jackie Mayo RC	5	8	12	20	25	50	200	
229	Ed Lopat RC	10	25	40	50	80	120	300	
230	Augie Galan	5	8	12	20	30	50	120	
231	Earl Johnson RC	5	8	12	20	40	100	120	
232	George McQuinn	5	8	12	20	40	60	150	
233	Larry Doby RC	250	400	500	600	800	1,000	2,000	
234	Rip Sewell RC	5	8	12	20	40	80	200	
235	Jim Russell RC	5	8	12	25	30	60	150	
236	Fred Sanford RC	5	8	12	20	30	50	150	
237	Monte Kennedy RC	5	8	12	20	30	80	150	
238	Bob Lemon RC	150	200	250	400	500	600	1,500	
239	Frank McCormick RC	5	8	12	20	25	80	150	
240	Babe Young	10	20	30	50	100	200		

— Roy Campanella #84 PSA 10 (Gem) (Young Collection) sold for $44,428 (SCP; 5/12)
— Larry Doby #233 PSA 9 (Mint) sold for $5,180 (Memory Lane; 8/12)
— Sheldon Jones #68 PSA 10 (Gem) sold for $5,899 (Mile High; 5/12)
— Jackie Robinson #50 SGC 92 (NmMt+) sold for $10,073 (REA; Fall '13)

1949 Leaf

#	Player	PrFr 1	GD 2	VG 3	VgEx 4	EX 5	ExMt 6	NM 7	NmMt 8
1	Joe DiMaggio	500	800	1,200	2,000	3,000	5,000	8,000	30,000
3	Babe Ruth	1,200	2,000	3,000	5,000	8,000	12,000	25,000	60,000
4	Stan Musial	600	1,000	1,500	2,500	4,000	6,000	10,000	40,000
5	Virgil Trucks SP RC	80	120	200	300	400	500		
8	Satchel Paige SP RC	8,000	12,000	20,000	30,000	50,000	100,000	150,000	
10	Paul Trout	5	10	15	20	25	80	150	400
11	Phil Rizzuto	60	80	100	120	200	300	600	1,200
13	Casimer Michaels SP RC	60	100	250	400	500	600	1,500	
14	Billy Johnson	5	10	15	20	40	60	150	
17	Frank Overmire RC	5	10	15	20	25	40	100	300
19	John Wyrostek SP	60	100	150	250	400	600	1,200	
20	Hank Sauer SP	100	200	300	400	500	800	1,200	
22	Al Evans RC	5	10	15	20	40	60	100	400
26	Sam Chapman	5	10	15	20	25	40	100	400
27	Mickey Harris RC	5	10	15	20	25	50	100	300
28	Jim Hegan RC	5	10	15	30	40	60	150	600
29	Elmer Valo RC	5	10	15	20	25	50	100	300
30	Billy Goodman SP RC	60	100	150	250	400	600	1,500	
31	Lou Brissie RC	5	10	15	20	25	40	100	300
32	Warren Spahn	120	200	250	400	600	800	1,500	3,000
33	Harry Lowrey SP RC	60	100	150	250	400	600	1,000	
36	Al Zarilla SP	100	150	200	300	400	600		
38	Ted Kluszewski RC	20	40	80	100	200	250	300	800
39	Ewell Blackwell	10	15	25	40	60	80	150	400
42A	Kent Peterson Black Cap RC	5	10	15	20	25	50	150	
42B	Kent Peterson Red Cap	60	100	150	150	400	600		
43	Eddie Stevens SP RC	100	120	150	250	400	600		
45	Ken Keltner SP RC	60	150	200	250	400	600		
46	Johnny Mize	10	15	20	50	80	150	200	800
47	George Vico RC	5	10	20	25	30	40	120	600
48	Johnny Schmitz SP RC	100	120	150	250	400	600	1,000	
49	Del Ennis RC	5	10	15	20	25	50	100	400
50	Dick Wakefield RC	5	10	15	20	40	60	100	300
51	Alvin Dark SP RC	100	150	250	400	600	1,000		
53	John VanderMeer	10	15	25	40	60	100	150	1,000
54	Bobby Adams SP RC	100	150	200	300	400	600	1,000	
55	Tommy Henrich SP	100	250	300	400	600	800	1,500	
56	Larry Jensen	5	10	15	20	25	60	100	300

#		PrFr 1	GD 2	VG 3	VgEx 4	EX 5	ExMt 6	NM 7	NmMt 8
	Bob McCall RC	5	10	15	25	30	40	100	400
	Luke Appling	10	15	40	60	80	120	200	600
	Jake Early RC	5	10	15	20	25	40	100	400
	Eddie Joost SP	60	100	150	400	400	600	1,000	1,500
	Barney McCosky SP	60	100	150	250	400	600	1,000	
	Bob Elliott	5	10	15	20	25	40	100	300
	Orval Grove SP RC	60	200	250	300	400	600		
	Ed Miller SP	60	100	150	250	500	600		
	Honus Wagner	80	120	200	250	300	500	800	1,200
	Hank Edwards RC	5	10	15	20	25	40	100	300
	Pat Seerey RC	5	10	15	20	25	120	250	600
	Dom DiMaggio SP	100	200	300	500	800	1,200		
	Ted Williams	300	500	600	800	1,200	1,500	2,000	8,000
	Roy Smalley RC	5	10	15	20	25	50	120	400
	Walter Evers SP RC	80	100	200	250	600	800	1,000	
	Jackie Robinson RC	1,200	2,000	3,000	4,000	6,000	12,000	15,000	25,000
	George Kurowski SP RC	80	120	200	300	500	800		
	Johnny Lindell	5	10	15	20	40	60	120	300
	Bobby Doerr	10	15	25	60	100	120	250	600
	Sid Hudson	5	10	20	25	30	40	100	300
	Dave Philley SP RC	60	100	150	250	500	600	1,200	
	Ralph Weigel RC	5	10	15	30	40	50	100	400
	Frank Gustine SP RC	80	120	200	300	600	800	1,500	
	Ralph Kiner	15	25	80	100	150	250	400	1,000
	Bob Feller SP	800	1,000	1,200	1,500	2,000	2,500		
	George Stirnweiss	5	10	15	20	25	40	100	300
	Marty Marion	6	10	20	25	40	100	200	500
	Hal Newhouser SP RC	300	400	500	1,000	1,500	2,200		
102A	Gene Hermansk ERR	150	250	400	600	1,200			
102B	Gene Hermanski COR RC	10	15	25	40	50	80	200	600
104	Edward Stewart SP RC	100	120	150	250	400	600		
106	Lou Boudreau MG RC	10	15	25	40	80	120	200	600
108	Matthew Batts SP RC	60	120	150	250	400	600	1,000	1,500
11	Gerald Priddy RC	5	10	15	20	25	40	100	300
13	Emil Leonard SP	60	100	150	400	400	600	1,500	
17	Joe Gordon RC	5	10	15	60	80	100	150	600
20	George Kell SP RC	150	250	400	800	1,000	1,200	3,000	
21	Johnny Pesky SP RC	100	150	200	300	500	800		
23	Cliff Fannin SP RC	60	100	200	250	400	600	1,200	
25	Andy Pafko RC	5	10	15	20	25	100	120	800
27	Enos Slaughter SP	300	400	500	600	1,000	1,200	2,000	
28	Warren Rosar	5	10	15	20	25	40	100	300
29	Kirby Higbe SP	100	120	150	200	300	600		
31	Sid Gordon SP	60	200	250	300	400	600		
33	Tommy Holmes SP RC	100	150	200	400	600	800		
36A	Cliff Aberson Full Sleeve RC	5	10	15	20	120	150	200	
36B	Cliff Aberson Short Sleeve	15	25	40	60	100	150	1,000	
37	Harry Walker SP RC	60	120	150	200	400	800		
38	Larry Doby SP RC	300	400	600	1,200	1,500	2,500	4,000	
39	Johnny Hopp RC	5	10	15	30	40	60	100	300
142	Danny Murtaugh SP RC	60	120	150	200	250	500		
143	Dick Sisler SP RC	60	120	150	400	400	600	1,000	2,000
144	Bob Dillinger SP RC	60	100	150	250	400	600	1,200	
146	Harold Reiser SP	80	120	200	300	800	800		
149	Henry Majeski SP RC	60	100	150	250	400	1,000		
153	Floyd Baker SP RC	100	150	200	300	500	800		
158	Harry Brecheen SP RC	100	250	300	400	800	1,500		
159	Mizell Platt RC	6	10	20	25	35	50	120	500
160	Bob Scheffing SP RC	60	100	150	250	400	800		
161	Vernon Stephens SP RC	100	150	300	400	500	800		
163	Fred Hutchinson SP RC	100	150	200	300	500	800		
165	Dale Mitchell SP RC	100	150	200	300	400	600	2,000	
168	Phil Cavaretta SP RC	100	150	250	500	800	1,000		

— Phil Rizzuto #11 SGC 96 (MT) sold for $5,484 (Goodwin; 10/12)
— Jackie Robinson #79 PSA 9 (MT) sold for $45,000 (Memory Lane; Private - 2006)
— Jackie Robinson #79 SGC 92 (NmMt+) sold for $13,035 (REA; 5/13)
— Jackie Robinson #79 SGC 92 (NmMt+) sold for $11,850 (REA; Spring '14)

1950 Bowman

#		GD 2	VG 3	VgEx 4	EX 5	ExMt 6	NM 7	NmMt 8	MT 9
1	Mel Parnell RC	15	25	50	120	400			
2	Vern Stephens	15	20	30	50	80	100	1,000	
3	Dom DiMaggio	25	40	60	100	150	250	1,200	
4	Gus Zernial RC	5	10	15	25	50	80	500	
5	Bob Kuzava RC	5	8	12	25	30	80	250	
6	Bob Feller	100	120	150	200	250	800	2,000	
7	Jim Hegan	5	10	15	40	60	200	400	
8	George Kell	10	15	50	60	80	150	400	
9	Vic Wertz	5	10	15	25	40	120		
10	Tommy Henrich	10	30	40	50	100	150	1,000	
11	Phil Rizzuto	50	80	120	200	300	400	1,200	
12	Joe Page	8	12	18	40	50	120	300	
13	Ferris Fain	5	10	15	30	40	200	300	
14	Alex Kellner	5	8	12	20	30	60	100	
15	Al Kozar	6	10	15	25	30	100	200	
16	Roy Sievers RC	8	12	40	50	100	200	500	
17	Sid Hudson	5	8	12	20	30	60	200	
18	Eddie Robinson RC	5	8	12	20	30	80	300	
19	Warren Spahn	▲100	▲150	▲250	▲400	▲500	▲800	▲2,000	
20	Bob Elliott	6	10	15	25	60	100	200	
21	Pee Wee Reese	80	120	200	200	500	800	1,500	
22	Jackie Robinson	3,000	4,000	5,000	6,000	10,000	12,000	15,000	
23	Don Newcombe RC	40	50	60	120	250	400	1,200	
24	Johnny Schmitz	5	8	12	20	30	50	150	
25	Hank Sauer	5	10	15	25	50	80	300	
26	Grady Hatton	5	8	12	30	50	60	250	
27	Herman Wehmeier	5	8	12	20	30	60	120	
28	Bobby Thomson	20	30	40	50	80	200	300	
29	Eddie Stanky	5	10	15	25	40	80	300	
30	Eddie Waitkus	5	10	15	25	50	80	200	
31	Del Ennis	8	12	20	30	80	100	500	
32	Robin Roberts	25	50	80	120	200	400	1,200	
33	Ralph Kiner	30	50	80	100	150	250	500	2,000
34	Murry Dickson	5	10	15	25	40	250	500	
35	Enos Slaughter	25	30	50	60	80	250	500	
36	Eddie Kazak RC	8	12	20	30	50	100	1,200	
37	Luke Appling	10	15	40	80	100	200	500	
38	Bill Wight RC	5	8	12	20	30	60	120	
39	Larry Doby	30	50	60	100	150	300	1,000	
40	Bob Lemon	10	15	50	60	80	200	500	
41	Hoot Evers	6	10	15	25	40	60	120	
42	Art Houtteman RC	5	8	12	20	40	60	150	
43	Bobby Doerr	30	40	50	60	120	200	400	
44	Joe Dobson	5	8	12	20	30	50	150	
45	Al Zarilla	5	8	12	20	30	50	200	
46	Yogi Berra	▲250	▲400	▲600	▲1,000	▲1,500	▲2,000	▲5,000	
47	Jerry Coleman	5	10	25	30	50	120	250	
48	Lou Brissie	5	8	12	20	25	50	150	
49	Elmer Valo	6	10	15	25	40	80	250	
50	Dick Kokos	5	8	12	20	30	60	100	
51	Ned Garver	5	10	15	25	40	60	250	
52	Sam Mele	5	8	12	20	30	60	150	
53	Clyde Vollmer RC	5	8	12	20	30	80	100	
54	Gil Coan	5	8	12	20	30	60	120	
55	Buddy Kerr	5	8	12	20	30	50	150	
56	Del Crandall RC	5	10	25	40	50	100	200	
57	Vern Bickford	5	8	12	20	30	50	200	
58	Carl Furillo	10	15	25	60	80	120	300	800
59	Ralph Branca	10	15	25	40	60	100	300	
60	Andy Pafko	5	20	30	40	50	80	200	
61	Bob Rush RC	5	8	12	20	30	60	100	
62	Ted Kluszewski	10	15	25	60	80	150	400	
63	Ewell Blackwell	10	15	25	30	40	80	250	
64	Alvin Dark	5	10	15	25	50	80	300	
65	Dave Koslo	5	8	12	20	30	80	150	
66	Larry Jansen	5	8	12	20	30	50	200	

#	Name	GD 2	VG 3	VgEx 4	EX 5	ExMt 6	NM 7	NmMt 8	MT 9
67	Willie Jones	5	10	15	25	40	100	500	
68	Curt Simmons	6	10	15	25	50	100	200	
69	Wally Westlake	5	8	12	20	30	50	100	
70	Bob Chesnes	5	8	12	20	30	40	200	
71	Red Schoendienst	10	15	50	60	80	120	400	
72	Howie Pollet	5	8	12	20	30	50	200	
73	Willard Marshall	5	8	12	20	30	60	400	
74	Johnny Antonelli RC	5	10	15	25	40	50	200	
75	Roy Campanella	▲100	▲150	▲250	▲300	▲500	▲600	1,200	10,000
76	Rex Barney	5	5	8	12	15	30	500	
77	Duke Snider	100	150	250	300	400	500	1,500	5,000
78	Mickey Owen	5	5	8	20	25	40	100	
79	Johnny VanderMeer	5	10	15	25	50	120	200	
80	Howard Fox RC	5	5	8	12	15	25	80	
81	Ron Northey	5	6	10	12	15	30	150	
82	Whitey Lockman	5	8	12	15	20	40	150	
83	Sheldon Jones	5	5	8	12	25	50	60	
84	Richie Ashburn	30	40	50	80	120	400	600	
85	Ken Heintzelman	5	5	8	12	15	40	150	
86	Stan Rojek	5	6	10	15	25	40	100	
87	Bill Werle RC	5	5	8	12	20	40	80	
88	Marty Marion	5	8	12	20	50	60	300	
89	George Munger	5	5	8	12	15	40	120	
90	Harry Brecheen	5	5	8	12	15	40	120	
91	Cass Michaels	5	5	8	12	15	40	100	
92	Hank Majeski	5	6	10	12	15	30	150	
93	Gene Bearden	5	5	8	12	25	30	150	
94	Lou Boudreau MG	10	15	25	40	50	100	150	700
95	Aaron Robinson	5	5	8	12	15	25	80	
96	Virgil Trucks	5	5	8	12	30	40	200	
97	Maurice McDermott RC	5	5	8	12	15	25	300	
98	Ted Williams	500	800	1,000	1,200	1,500	2,500	8,000	10,000
99	Billy Goodman	5	8	12	20	25	40	150	
100	Vic Raschi	5	10	15	25	40	60	250	
101	Bobby Brown	5	10	15	25	40	80	200	
102	Billy Johnson	5	5	8	12	15	60	120	
103	Eddie Joost	5	5	8	12	25	30	60	
104	Sam Chapman	5	6	10	12	20	30	200	
105	Bob Dillinger	5	5	8	12	15	30	80	
106	Cliff Fannin	5	5	8	12	15	40	150	
107	Sam Dente RC	5	5	8	12	15	40	150	
108	Ray Scarborough	5	5	8	12	25	50	200	
109	Sid Gordon	5	5	8	12	15	40	150	
110	Tommy Holmes	5	5	8	20	25	50	60	
111	Walker Cooper	5	5	8	12	15	25	60	
112	Gil Hodges	30	50	80	120	200	▲400	▲1,200	▲2,500
113	Gene Hermanski	5	5	8	12	15	40	100	
114	Wayne Terwilliger RC	5	5	8	20	25	50	120	
115	Roy Smalley	5	6	10	12	30	50	80	
116	Virgil Stallcup	5	5	8	12	20	30	80	
117	Bill Rigney	5	5	8	12	15	40	80	
118	Clint Hartung	5	6	10	12	25	30	250	
119	Dick Sisler	5	5	8	12	15	60	80	
120	John Thompson	5	5	8	12	15	25	80	
121	Andy Seminick	5	5	8	12	15	80	150	
122	Johnny Hopp	5	6	10	15	25	40	80	
123	Dino Restelli RC	5	6	10	12	15	40	120	
124	Clyde McCullough	5	5	8	12	15	25	80	
125	Del Rice RC	5	5	8	12	15	40	80	
126	Al Brazle	5	5	8	12	15	25	50	
127	Dave Philley	5	6	10	12	20	30	100	
128	Phil Masi	5	5	12	15	20	50	80	
129	Joe Gordon	5	6	10	25	50	80	250	
130	Dale Mitchell	5	6	10	12	15	50	150	
131	Steve Gromek	5	5	12	15	20	40	80	
132	Mickey Vernon	5	5	8	12	15	40	150	
133	Don Kolloway	5	5	8	12	25	30	80	
134	Paul Trout	5	5	8	12	25	30	80	
135	Pat Mullin	5	5	8	12	15	25	80	
136	Buddy Rosar	5	6	10	12	15	30	200	
137	Johnny Pesky	5	8	12	20	60	100	120	
138	Allie Reynolds	5	10	25	30	50	60	150	
139	Johnny Mize	15	25	40	60	100	150	400	
140	Pete Suder RC	5	5	8	12	15	30	50	
141	Joe Coleman RC	5	5	8	25	30	50	80	
142	Sherman Lollar RC	5	8	12	20	25	50	250	
143	Eddie Stewart	5	5	8	12	15	25	50	
144	Al Evans	5	5	8	12	20	30	120	
145	Jack Graham RC	5	5	8	12	15	50	80	
146	Floyd Baker	5	6	10	12	15	40	100	
147	Mike Garcia RC	5	8	12	20	25	40	120	
148	Early Wynn	15	25	40	60	100	150	300	
149	Bob Swift	5	5	8	12	15	25	120	
150	George Vico	5	5	8	12	20	30	50	
151	Fred Hutchinson	5	5	8	12	25	30	150	
152	Ellis Kinder RC	5	5	8	12	25	30	100	
153	Walt Masterson	5	6	10	15	25	40	80	
154	Gus Niarhos	5	5	8	12	25	30	150	
155	Frank Shea	5	5	8	12	20	30	100	
156	Fred Sanford	5	5	8	12	20	50	80	
157	Mike Guerra	5	5	8	20	25	30	60	
158	Paul Lehner	5	5	8	12	15	30	60	
159	Joe Tipton	5	5	8	15	20	30	60	
160	Mickey Harris	5	5	8	12	15	40	100	
161	Sherry Robertson RC	5	5	8	12	20	25	80	
162	Eddie Yost	5	5	8	12	20	30	100	
163	Earl Torgeson	5	5	8	12	25	30	60	
164	Sibby Sisti	5	5	8	12	15	40	80	
165	Bruce Edwards	5	6	10	12	20	30	120	
166	Joe Hatton	5	5	8	12	15	40	80	
167	Preacher Roe	5	10	20	25	40	60	200	1,000
168	Bob Scheffing	5	5	8	20	25	30	80	
169	Hank Edwards	5	5	8	12	15	25	100	
170	Dutch Leonard	5	5	8	12	25	40	60	
171	Harry Gumbert	5	5	8	12	15	25	60	
172	Peanuts Lowrey	5	5	8	12	25	25	80	
173	Lloyd Merriman RC	5	5	8	20	25	30	80	
174	Hank Thompson RC	6	10	15	25	40	60	150	
175	Monte Kennedy	5	5	8	12	15	40	50	
176	Sylvester Donnelly	5	5	8	12	30	60	80	
177	Hank Borowy	5	6	10	15	25	30	80	
178	Ed Fitzgerald	5	5	8	12	15	40	100	
179	Chuck Diering RC	5	5	8	12	20	25	80	
180	Harry Walker	5	5	8	20	25	30	60	
181	Marino Pieretti	5	5	8	12	15	50	100	
182	Sam Zoldak	5	5	8	12	15	40	100	
183	Mickey Haefner	5	5	8	12	20	25	50	
184	Randy Gumpert	5	5	8	12	15	25	100	
185	Howie Judson RC	5	5	8	12	30	50	80	
186	Ken Keltner	5	5	8	12	15	30	120	
187	Lou Stringer	5	5	8	12	15	30	60	
188	Earl Johnson	5	5	8	12	25	50	60	
189	Owen Friend RC	5	8	12	20	30	50	80	
190	Ken Wood RC	5	6	10	15	20	30	100	
191	Dick Starr RC	5	5	8	12	15	30	60	
192	Bob Chipman	5	5	8	12	15	25	60	
193	Pete Reiser	5	8	12	20	25	40	120	
194	Billy Cox	5	8	12	20	30	50	120	600
195	Phil Cavarretta	5	8	12	20	25	40	100	
196	Doyle Lade	5	5	8	12	15	30	80	
197	Johnny Wyrostek	5	5	8	12	20	30	80	
198	Danny Litwhiler	5	5	8	12	15	25	60	
199	Jack Kramer	5	5	8	12	15	40	120	
200	Kirby Higbe	5	5	8	15	20	25	80	
201	Pete Castiglione RC	5	5	8	15	20	40	80	
202	Cliff Chambers RC	5	5	8	12	20	50	80	
203	Danny Murtaugh	5	5	8	12	15	30	60	
204	Granny Hamner RC	5	8	12	20	40	50	100	

	GD 2	VG 3	VgEx 4	EX 5	ExMt 6	NM 7	NmMt 8	MT 9
5 Mike Goliat RC	5	5	8	12	15	30	80	
6 Stan Lopata	5	5	8	12	25	30	120	
7 Max Lanier RC	5	5	8	12	20	30	80	
8 Jim Hearn	5	5	8	12	15	40	80	
9 Johnny Lindell	5	5	8	12	20	30	100	
0 Ted Gray	5	5	8	12	15	40	80	
1 Charlie Keller	5	8	12	20	25	80	120	
2 Jerry Priddy	5	5	8	15	20	25	60	
3 Carl Scheib	5	5	8	12	20	30	80	
4 Dick Fowler	5	5	8	12	25	30	60	
5 Ed Lopat	5	10	15	25	40	60	150	
6 Bob Porterfield	5	5	8	12	15	40	100	
7 Casey Stengel MG	10	15	50	60	100	120	400	1,000
8 Cliff Mapes RC	5	5	8	30	40	50	80	
9 Hank Bauer RC	8	25	30	50	60	120	250	800
0 Leo Durocher MG	5	10	30	40	60	100	200	800
1 Don Mueller RC	5	8	12	20	25	50	100	
2 Bobby Morgan RC	5	5	8	12	25	50	120	
3 Jim Russell	5	5	8	12	15	40	80	
4 Jack Banta RC	5	5	8	12	15	30	80	
5 Eddie Sawyer MG RC	5	5	8	20	25	50	100	
6 Jim Konstanty RC	5	8	12	20	50	60	150	
7 Bob Miller RC	5	5	8	12	20	30	80	
8 Bill Nicholson	5	8	12	20	30	50	60	
9 Frankie Frisch MG	6	10	15	25	40	80	200	
0 Bill Serena RC	5	5	8	12	15	30	60	
1 Preston Ward RC	5	5	8	12	25	40	60	
2 Al Rosen RC	5	10	40	50	60	80	250	
3 Allie Clark	5	5	8	20	25	40	100	
4 Bobby Shantz RC	5	10	15	25	40	60	250	
5 Harold Gilbert RC	5	5	8	15	20	50	80	
6 Bob Cain RC	5	5	8	12	20	25	100	
7 Bill Salkeld	5	5	8	12	15	25	60	
8 Nippy Jones RC	5	5	8	12	20	30	60	
9 Bill Howerton RC	5	5	8	12	15	30	100	
0 Eddie Lake	5	5	8	12	15	30	80	
1 Neil Berry RC	5	5	8	12	30	40	80	
2 Dick Kryhoski	5	5	8	12	25	30	100	
3 Johnny Groth RC	5	5	8	12	15	25	80	
4 Dale Coogan RC	5	5	8	12	15	40	80	
5 Al Papai RC	5	5	8	12	40	60	100	
6 Walt Dropo RC	5	10	12	20	25	80	100	
7 Irv Noren RC	5	5	8	20	30	40	250	
8 Sam Jethroe RC	5	10	15	25	50	80	200	
9 Snuffy Stirnweiss	5	5	8	12	15	30	100	
0 Ray Coleman RC	5	5	8	12	15	50	80	
1 Les Moss RC	5	5	8	12	25	30	150	
2 Billy DeMars RC	10	15	25	40	60	100	400	

— Jackie Robinson #22 PSA 8.5 (NmMt+) sold for $5,969 (Mile High; 1/13)

1950-51 Toleteros

— Joshua Gibson #JG PSA 7 (NrMt) sold for $27,631 (Mile High; 1/12)
— Joshua Gibson #JG PSA 4 (VgEx) sold for $18,330 (Goodwin; 9/13)
— Joshua Gibson #JG PSA 4 (Vg/Ex) sold for $9,076 (Legendary; 6/12)

1951 Bowman

	GD 2	VG 3	VgEx 4	EX 5	ExMt 6	NM 7	NmMt 8	MT 9
Whitey Ford RC	500	600	1,500	2,000	3,000	5,000	20,000	
2 Yogi Berra	200	300	▲500	▲800	▲1,000	▲1,500	5,000	8,000
3 Robin Roberts	10	30	40	60	100	200	800	2,000
4 Del Ennis	12	15	40	50	50	120	250	1,000
5 Dale Mitchell	5	5	8	12	20	30	120	
6 Don Newcombe	15	25	40	50	80	200	500	
7 Gil Hodges	12	30	50	60	100	150	400	5,000
8 Paul Lehner	5	5	8	12	20	40	80	1,000
9 Sam Chapman	5	5	8	25	30	80	250	500
10 Red Schoendienst	12	20	30	50	80	120	250	1,200
11 George Munger	5	5	8	12	20	30	80	500

	GD 2	VG 3	VgEx 4	EX 5	ExMt 6	NM 7	NmMt 8	MT 9
12 Hank Majeski	5	5	8	20	25	40	60	600
13 Eddie Stanky	5	5	8	12	20	50	100	3,000
14 Alvin Dark	5	5	8	12	25	60	100	1,500
15 Johnny Pesky	5	5	8	12	50	50	250	1,000
16 Maurice McDermott	5	5	8	12	20	40	100	500
17 Pete Castiglione	5	5	8	12	20	40	80	500
18 Gil Coan	5	5	8	12	20	120	200	
19 Sid Gordon	5	8	12	20	25	50	100	1,200
20 Del Crandall	5	5	8	12	30	80	800	
21 Snuffy Stirnweiss	5	5	8	12	25	40	150	500
22 Hank Sauer	5	5	8	12	40	150	200	
23 Hoot Evers	5	8	12	20	25	60	100	800
24 Ewell Blackwell	5	5	8	20	30	40	80	
25 Vic Raschi	8	12	20	25	30	60	150	800
26 Phil Rizzuto	40	60	100	150	200	500	1,000	3,000
27 Jim Konstanty	5	6	10	25	30	40	150	
28 Eddie Waitkus	5	5	8	12	20	100	500	400
29 Allie Clark	5	8	12	15	25	40	80	500
30 Bob Feller	100	150	250	300	400	500	600	5,000
31 Roy Campanella	150	250	300	400	500	600	1,200	8,000
32 Duke Snider	▲80	▲120	▲200	▲300	▲500	800	1,200	
33 Bob Hooper RC	5	5	8	12	40	60	80	
34 Marty Marion MG	5	8	12	20	30	50	200	1,500
35 Al Zarilla	5	5	8	12	20	40	60	
36 Joe Dobson	5	5	8	12	20	40	100	
37 Whitey Lockman	5	5	8	12	20	50	120	
38 Al Evans	5	5	8	12	20	40	100	800
39 Ray Scarborough	5	6	10	15	20	50	80	500
40 Gus Bell RC	5	6	10	15	40	60	150	1,000
41 Eddie Yost	5	6	10	15	25	40	100	800
42 Vern Bickford	5	8	12	20	25	40	80	500
43 Billy DeMars	5	5	8	12	20	40	80	500
44 Roy Smalley	5	5	8	12	20	40	100	500
45 Art Houtteman	5	5	8	12	20	40	100	
46 George Kell	12	20	30	50	60	120	250	1,000
47 Grady Hatton	5	5	8	12	20	40	80	500
48 Ken Raffensberger	5	5	8	12	20	40	80	600
49 Jerry Coleman	5	5	8	12	20	60	120	600
50 Johnny Mize	12	20	30	50	80	120	250	1,200
51 Andy Seminick	5	5	8	15	20	40	100	500
52 Dick Sisler	5	5	8	12	20	60	100	1,000
53 Bob Lemon	12	20	30	50	80	120	200	1,000
54 Ray Boone RC	5	6	10	15	25	100	150	
55 Gene Hermanski	5	8	12	20	30	50	150	
56 Ralph Branca	5	10	25	30	50	80	250	
57 Alex Kellner	5	8	12	20	30	50	80	500
58 Enos Slaughter	12	20	30	50	80	150	250	800
59 Randy Gumpert	5	6	10	15	25	30	50	600
60 Chico Carrasquel RC	10	15	25	40	60	100	150	2,200
61 Jim Hearn	5	8	12	20	30	50	80	500
62 Lou Boudreau MG	12	20	30	50	80	120	200	1,000
63 Bob Dillinger	5	5	8	12	20	30	100	
64 Bill Werle	5	5	8	12	20	40	60	
65 Mickey Vernon	5	8	12	20	30	50	120	600
66 Bob Elliott	5	5	8	12	20	30	60	1,000
67 Roy Sievers	5	8	12	20	30	50	150	2,500
68 Dick Kokos	5	5	8	12	20	30	60	
69 Johnny Schmitz	5	5	8	12	20	30	50	
70 Ron Northey	5	5	8	12	20	30	50	1,200
71 Jerry Priddy	5	5	8	12	20	25	60	
72 Lloyd Merriman	5	5	8	12	20	50	60	500
73 Tommy Byrne RC	5	6	10	15	25	100		
74 Billy Johnson	5	5	8	12	20	30	150	1,200
75 Russ Meyer RC	5	6	10	15	25	40	100	1,000
76 Stan Lopata	5	8	12	20	25	40	100	400
77 Mike Goliat	5	5	8	12	20	50	80	250
78 Early Wynn	8	12	20	50	60	100	500	1,200

#	Player	GD 2	VG 3	VgEx 4	EX 5	ExMt 6	NM 7	NmMt 8	MT 9
79	Jim Hegan	5	5	8	12	25	40	80	800
80	Pee Wee Reese	▲50	▲80	▲120	▲200	▲300	▲400	▲800	10,000
81	Carl Furillo	12	20	30	50	80	120	300	1,000
82	Joe Tipton	5	5	8	12	25	40	60	1,200
83	Carl Scheib	5	8	12	20	30	50	80	400
84	Barney McCosky	5	5	8	12	20	40	100	800
85	Eddie Kazak	5	5	8	12	20	30	60	400
86	Harry Brecheen	5	6	10	15	25	40	80	500
87	Floyd Baker	5	5	8	12	20	40	60	500
88	Eddie Robinson	5	5	8	12	20	40	100	300
89	Hank Thompson	5	5	8	12	25	40	120	400
90	Dave Koslo	6	10	15	25	40	60	100	
91	Clyde Vollmer	5	6	10	15	25	40	80	1,000
92	Vern Stephens	5	5	8	20	30	40	60	500
93	Danny O'Connell RC	5	6	10	15	25	30	60	500
94	Clyde McCullough	5	6	10	15	25	30	80	600
95	Sherry Robertson	5	5	8	12	20	40	60	1,200
96	Sandy Consuegra RC	5	5	8	12	20	30	100	400
97	Bob Kuzava	5	5	8	12	20	30	80	500
98	Willard Marshall	5	5	8	12	20	30	60	400
99	Earl Torgeson	5	5	8	12	20	40	80	500
100	Sherm Lollar	5	5	8	20	30	50	120	
101	Owen Friend	5	5	8	12	20	40	60	1,000
102	Dutch Leonard	6	10	15	25	40	60	100	500
103	Andy Pafko	6	10	15	25	40	60	120	1,000
104	Virgil Trucks	5	5	8	12	30	50	150	800
105	Don Kolloway	5	6	10	15	20	30	60	1,200
106	Pat Mullin	5	5	8	12	20	30	80	500
107	Johnny Wyrostek	5	5	8	12	20	30	100	500
108	Virgil Stallcup	5	5	8	12	20	30	100	
109	Allie Reynolds	8	12	20	30	40	100	200	1,500
110	Bobby Brown	8	12	20	30	50	80	120	800
111	Curt Simmons	6	10	15	25	40	50	120	1,000
112	Willie Jones	5	5	8	12	20	50	100	500
113	Bill Nicholson	5	5	8	12	20	50	100	600
114	Sam Zoldak	5	5	8	12	20	30	80	
115	Steve Gromek	5	5	8	12	20	30	80	2,000
116	Bruce Edwards	5	5	8	12	20	30	120	
117	Eddie Miksis RC	5	5	15	12	20	50	250	
118	Preacher Roe	10	15	25	40	60	100	200	800
119	Eddie Joost	5	5	8	12	20	40	80	
120	Joe Coleman	5	5	8	12	20	50	80	400
121	Gerry Staley RC	5	5	8	12	20	40	80	500
122	Joe Garagiola RC	15	25	40	50	80	100	250	800
123	Howie Judson	5	5	8	12	20	30	50	1,000
124	Gus Niarhos	5	5	8	12	20	30	60	400
125	Bill Rigney	5	6	10	15	25	50	80	500
126	Bobby Thomson	15	25	40	60	100	150	250	1,000
127	Sal Maglie RC	5	10	25	30	50	60	250	
128	Ellis Kinder	5	5	8	12	25	50	120	400
129	Matt Batts	5	5	8	12	20	30	120	500
130	Tom Saffell RC	5	5	8	12	20	30	60	600
131	Cliff Chambers	5	5	8	12	20	30	60	500
132	Cass Michaels	5	5	8	12	20	40	60	800
133	Sam Dente	5	5	8	12	25	30	60	400
134	Warren Spahn	▲100	▲150	▲200	▲300	▲500	▲600	▲1,500	4,000
135	Walker Cooper	5	5	8	20	25	40	100	
136	Ray Coleman	5	5	8	12	20	30	80	500
137	Dick Starr	5	5	8	12	20	30	100	
138	Phil Cavarretta	5	5	8	12	30	40	100	500
139	Doyle Lade	5	5	8	12	20	40	80	
140	Eddie Lake	5	5	8	12	20	30	80	4,000
141	Fred Hutchinson	5	5	8	12	20	50	80	500
142	Aaron Robinson	5	5	8	12	20	30	60	500
143	Ted Kluszewski	15	25	40	60	100	150	250	1,500
144	Herman Wehmeier	5	5	8	12	20	50	60	500
145	Fred Sanford	5	5	8	12	20	40	80	500

#	Player	GD 2	VG 3	VgEx 4	EX 5	ExMt 6	NM 7	NmMt 8	MT 9
146	Johnny Hopp	5	8	12	20	30	50	120	500
147	Ken Heintzelman	5	5	8	12	20	30	60	500
148	Granny Hamner	5	5	8	12	20	60	80	
149	Bubba Church RC	5	5	8	12	20	50	60	500
150	Mike Garcia	5	5	8	12	20	50	100	400
151	Larry Doby	40	60	100	150	300	500	800	4,000
152	Cal Abrams RC	5	6	10	15	25	40	80	1,200
153	Rex Barney	6	10	15	25	40	60	100	
154	Pete Suder	5	6	10	15	25	30	60	500
155	Lou Brissie	5	5	8	12	20	30	60	400
156	Del Rice	5	5	8	12	25	30	60	600
157	Al Brazle	5	8	12	20	30	50	80	400
158	Chuck Diering	5	5	8	12	20	30	60	1,000
159	Eddie Stewart	5	5	8	15	20	40	60	400
160	Phil Masi	5	5	8	12	20	30	60	800
161	Wes Westrum RC	5	5	8	12	25	40	80	
162	Larry Jansen	5	5	8	12	20	40	80	
163	Monte Kennedy	5	5	8	20	25	30	60	500
164	Bill Wight	5	5	8	12	20	30	80	2,500
165	Ted Williams	500	600	800	1,000	1,500	2,500	5,000	8,000
166	Stan Rojek	5	5	8	12	20	40	80	400
167	Murry Dickson	5	5	8	12	20	30	60	500
168	Sam Mele	5	5	8	12	20	30	80	500
169	Sid Hudson	5	5	8	12	20	30	80	2,500
170	Sibby Sisti	5	5	8	12	20	30	60	
171	Buddy Kerr	5	5	8	12	20	30	80	400
172	Ned Garver	5	5	8	12	20	30	100	
173	Hank Arft	5	6	10	15	25	40	60	500
174	Mickey Owen	5	5	8	12	20	30	80	
175	Wayne Terwilliger	5	5	8	12	20	30	60	400
176	Vic Wertz	5	5	8	12	25	40	80	800
177	Charlie Keller	5	6	10	15	25	40	60	600
178	Ted Gray	5	5	8	12	20	30	60	400
179	Danny Litwhiler	5	5	8	12	20	30	80	400
180	Howie Fox	5	8	12	20	30	50	80	500
181	Casey Stengel MG	20	30	50	80	120	200	300	2,000
182	Tom Ferrick RC	5	5	8	12	20	30	120	1,000
183	Hank Bauer	8	12	20	30	50	80	250	2,000
184	Eddie Sawyer MG	5	5	8	12	20	30	80	500
185	Jimmy Bloodworth	5	5	8	12	20	30	60	600
186	Richie Ashburn	20	30	50	80	100	150	400	1,200
187	Al Rosen	5	8	12	20	50	80	200	
188	Roberto Avila RC	5	5	8	12	20	50	100	500
189	Erv Palica RC	5	5	8	25	30	40	100	
190	Joe Hatten	5	6	10	15	25	40	80	2,500
191	Billy Hitchcock RC	5	5	8	12	20	25	80	600
192	Hank Wyse RC	5	5	8	12	20	30	60	400
193	Ted Wilks	5	5	8	12	20	30	80	400
194	Peanuts Lowrey	5	6	10	15	20	30	60	
195	Paul Richards MG	5	5	8	12	25	30	60	800
196	Billy Pierce RC	10	15	25	40	60	100	150	600
197	Bob Cain	5	5	8	12	20	30	60	2,500
198	Monte Irvin RC	40	60	100	150	250	500	1,200	
199	Sheldon Jones	5	5	8	12	25	30	60	
200	Jack Kramer	5	6	10	15	20	50	60	400
201	Steve O'Neill MG RC	5	5	8	12	20	30	80	500
202	Mike Guerra	5	5	8	12	20	30	100	400
203	Vern Law RC	6	10	15	25	40	50	120	600
204	Vic Lombardi RC	5	5	8	20	25	30	60	500
205	Mickey Grasso RC	5	5	8	12	20	40	60	800
206	Conrado Marrero RC	5	5	8	12	20	30	60	1,500
207	Billy Southworth MG RC	8	12	20	30	50	80	120	800
208	Blix Donnelly	5	5	8	12	20	30	80	
209	Ken Wood	5	5	8	12	25	30	60	600
210	Les Moss	5	8	12	20	30	50	80	500
211	Hal Jeffcoat RC	5	5	8	12	20	30	60	2,500
212	Bob Rush	5	5	8	12	25	30	80	500

#	Name	GD 2	VG 3	VgEx 4	EX 5	ExMt 6	NM 7	NmMt 8	MT 9
213	Neil Berry	5	6	10	15	25	30	60	600
214	Bob Swift	5	5	8	12	20	30	100	300
215	Ken Peterson	5	5	8	12	25	30	80	400
216	Connie Ryan RC	5	5	8	12	20	30	100	
217	Joe Page	5	5	15	20	25	50	100	
218	Ed Lopat	5	10	15	25	30	50	100	1,200
219	Gene Woodling RC	5	8	15	25	40	60	150	1,500
220	Bob Miller	5	6	10	15	25	40	100	500
221	Dick Whitman RC	5	5	8	12	20	30	60	500
222	Thurman Tucker RC	5	6	10	15	25	30	60	400
223	Johnny VanderMeer	5	8	12	20	30	50	150	800
224	Billy Cox	5	8	12	20	30	50	120	500
225	Dan Bankhead RC	5	5	8	12	40	50	120	600
226	Jimmie Dykes MG	5	8	12	20	30	50	50	1,200
227	Bobby Shantz	5	5	8	12	25	40	80	2,000
228	Cloyd Boyer RC	5	5	8	12	20	40	100	500
229	Bill Howerton	5	5	8	12	20	30	50	500
230	Max Lanier	5	5	8	12	20	40	60	400
231	Luis Aloma RC	5	6	10	15	25	50	80	400
232	Nellie Fox RC	▲100	▲150	▲250	▲400	▲500	600	1,200	4,000
233	Leo Durocher MG	10	15	25	40	60	100	200	800
234	Clint Hartung	5	5	8	12	20	30	80	400
235	Jack Lohrke	5	5	8	20	25	40	60	400
236	Buddy Rosar	5	5	8	12	20	30	50	400
237	Billy Goodman	5	5	8	12	20	40	60	1,500
238	Pete Reiser	5	6	10	15	25	40	80	1,000
239	Bill MacDonald RC	5	5	8	12	20	30	50	800
240	Joe Haynes	5	5	8	12	20	30	60	400
241	Irv Noren	5	5	8	12	20	30	60	500
242	Sam Jethroe	5	5	8	12	20	30	100	500
243	Johnny Antonelli	5	8	12	20	30	50	100	400
244	Cliff Fannin	5	5	8	12	20	40	60	600
245	John Berardino RC	5	6	8	12	20	50	100	3,000
246	Bill Serena	5	5	8	12	20	40	60	500
247	Bob Ramazzotti RC	5	6	10	15	25	30	100	800
248	Johnny Klippstein RC	5	5	8	12	20	30	80	600
249	Johnny Groth	5	5	8	12	20	30	50	400
250	Hank Borowy	5	5	8	12	20	30	60	400
251	Willard Ramsdell RC	6	10	15	25	30	40	80	400
252	Dixie Howell RC	5	5	8	12	20	30	80	500
253	Mickey Mantle RC	15,000	20,000	30,000	40,000	80,000	120,000	600,000	
254	Jackie Jensen RC	12	20	40	80	80	120	400	5,000
255	Milo Candini RC	5	8	20	25	30	60	200	800
256	Ken Silvestri RC	5	8	12	20	30	60	200	
257	Birdie Tebbetts RC	5	8	12	20	30	50	120	
258	Luke Easter RC	5	10	15	25	40	60	250	800
259	Chuck Dressen MG	5	8	12	20	30	80	200	800
260	Carl Erskine RC	15	25	40	80	120	150	350	2,500
261	Wally Moses	5	8	12	20	30	50	120	600
262	Gus Zernial	5	8	12	20	30	50	150	600
263	Howie Pollet	8	12	20	30	50	60	120	
264	Don Richmond RC	5	8	12	20	30	50	150	
265	Steve Bilko RC	5	8	15	20	50	120	200	1,200
266	Harry Dorish RC	5	8	12	20	30	40	100	
267	Ken Holcombe RC	5	8	12	20	30	50	100	800
268	Don Mueller	5	8	12	20	30	100	120	2,000
269	Ray Noble RC	5	8	12	20	30	60	200	800
270	Willard Nixon RC	6	10	15	25	40	60	200	800
271	Tommy Wright RC	5	10	15	25	40	80	400	
272	Billy Meyer MG RC	5	8	12	20	50	60	300	
273	Danny Murtaugh	6	10	15	25	40	60	500	
274	George Metkovich RC	5	8	12	20	40	60	250	
275	Bucky Harris MG	5	10	15	50	60	100	250	
276	Frank Quinn RC	5	8	12	20	30	80	200	800
277	Roy Hartsfield RC	5	8	12	15	30	50	120	600
278	Norman Roy RC	5	8	12	20	30	60	120	
279	Jim Delsing RC	8	12	20	30	50	80	120	600

#	Name	GD 2	VG 3	VgEx 4	EX 5	ExMt 6	NM 7	NmMt 8	MT 9
280	Frank Overmire	5	8	12	20	30	80	400	
281	Al Widmar RC	5	8	12	20	30	50	120	
282	Frankie Frisch MG	5	10	15	25	80	100	300	
283	Walt Dubiel RC	5	8	12	20	50	80	120	600
284	Gene Bearden	5	8	12	20	30	50	120	
285	Johnny Lipon RC	5	8	12	20	30	50	120	600
286	Bob Usher RC	5	8	12	20	30	250		
287	Jim Blackburn	5	8	12	20	30	50	150	600
288	Bobby Adams	5	8	12	20	30	50	150	600
289	Cliff Mapes	5	8	12	20	30	50		
290	Bill Dickey CO	10	15	25	80	120	200	400	
291	Tommy Henrich CO	8	12	20	40	80	100	300	1,500
292	Eddie Pellagrini	5	8	12	25	30	50	100	800
293	Ken Johnson RC	8	12	20	30	50	80	200	600
294	Jocko Thompson	5	8	12	20	30	50	150	1,200
295	Al Lopez MG RC	20	30	40	50	60	100	200	1,500
296	Bob Kennedy RC	5	8	12	20	30	100	120	600
297	Dave Philley	5	8	12	20	30	50	120	
298	Joe Astroth RC	5	8	12	20	30	60	200	
299	Clyde King RC	8	12	20	30	50	80	150	
300	Hal Rice RC	6	10	15	25	40	50	200	5,000
301	Tommy Glaviano RC	5	8	12	20	30	40	150	1,200
302	Jim Busby RC	5	8	12	20	40	60	150	1,500
303	Marv Rotblatt RC	5	8	12	20	30	50	150	800
304	Al Gettell RC	5	8	12	20	30	50	150	600
305	Willie Mays RC	6,000	12,000	20,000	25,000	▲50,000	100,000	250,000	
306	Jimmy Piersall RC	12	20	30	50	80	150	500	1,200
307	Walt Masterson	8	12	20	30	40	100	120	800
308	Ted Beard RC	5	8	15	20	30	50	150	
309	Mel Queen RC	5	8	12	20	50	60	200	
310	Erv Dusak RC	5	8	12	20	30	60	150	1,300
311	Mickey Harris	5	8	12	20	30	50	100	800
312	Gene Mauch RC	15	25	30	40	60	100	200	
313	Ray Mueller RC	5	8	12	20	30	60	100	2,800
314	Johnny Sain	8	12	20	25	60	120	300	1,200
315	Zack Taylor MG	5	8	12	20	40	50	120	
316	Duane Pillette RC	8	12	20	30	50	80	150	600
317	Forrest Burgess RC	5	10	15	25	60	120	250	
318	Warren Hacker RC	5	8	12	20	30	50	150	800
319	Red Rolfe MG	5	10	15	25	40	100	200	800
320	Hal White RC	5	8	12	20	30	80	120	
321	Earl Johnson	5	8	12	20	30	50	150	1,700
322	Luke Sewell MG	5	9	15	25	40	100	250	
323	Joe Adcock RC	8	12	20	30	60	120	400	
324	Johnny Pramesa RC	9	15	25	40	80	150	400	3,500

— Whitey Ford #1 PSA 9 (MT) sold for $75,000 (Memory Lane; Private 2007)
— Nellie Fox #232 PSA 10 (Gem) (Young Collection) sold for $13,344 (SCP; 5/12)
— Vern Law #203 PSA 10 (Gem) (Young Collection) sold for $6,991 (SCP; 5/12)
— Mickey Mantle #253 PSA 9 (MT) sold for $135,000 (Memory Lane - Private 2007)
— Mickey Mantle #253 SGC 96 (MT) sold for $127,810 (Mile High; 10/13)
— Willie Mays #305 SGC 92 (NmMt+) sold for $30,822 (Goodwin; 12/14)
— Willie Mays #305 SGC 92 (NmMt+) sold for $22,730 (Mile High; 4/14)
— Sam Zoldak #114 PSA 10 (Gem) sold for $6,610 (eBay; 9/12)

1951 Topps Blue Backs

#	Name	GD 2	VG 3	VgEx 4	EX 5	ExMt 6	NM 7	NmMt 8	MT 9
1	Eddie Yost	5	10	15	80	100	200	▲400	▲600
2	Hank Majeski	5	30	40	50	60	80	▲120	▲250
3	Richie Ashburn	60	100	150	200	250	300	▲500	▲800
4	Del Ennis	40	50	60	80	100	120	▲200	▲300
5	Johnny Pesky	5	8	25	60	80	50	▲120	▲300
6	Red Schoendienst	12	20	30	40	50	80	▲200	▲400
7	Gerry Staley RC	5	8	12	15	20	30	▲80	▲200
8	Dick Sisler	5	8	12	15	20	30	▲100	▲250
9	Johnny Sain	8	12	20	25	30	50	▲120	▲250
10	Joe Page	10	15	25	40	50	60	▲200	▲300
11	Johnny Groth	5	8	12	40	50	60	▲80	▲250

#	Player	GD 2	VG 3	VgEx 4	EX 5	ExMt 6	NM 7	NmMt 8	MT 9
12	Sam Jethroe	5	10	15	20	50	60	▲150	▲250
13	Mickey Vernon	5	8	12	15	30	60	▲100	▲200
14	George Munger	5	8	12	15	20	60	▲120	▲250
15	Eddie Joost	10	15	25	30	40	60	▲150	▲250
16	Murry Dickson	5	8	12	15	20	30	▲250	▲400
17	Roy Smalley	5	8	12	15	20	60	▲150	▲200
18	Ned Garver	5	8	12	15	20	30	▲120	▲250
19	Phil Masi	5	8	12	15	20	30	▲120	▲200
20	Ralph Branca	5	10	15	20	25	40	▲120	▲300
21	Billy Johnson	5	8	12	15	20	30	▲80	▲400
22	Bob Kuzava	5	8	12	15	50	60	▲120	▲200
23	Dizzy Trout	5	10	15	20	25	40	▲150	▲250
24	Sherman Lollar	5	8	12	15	20	60	▲100	▲300
25	Sam Mele	5	8	12	15	20	50	▲80	▲150
26	Chico Carrasquel RC	5	8	12	15	20	30	▲200	▲300
27	Andy Pafko	5	8	12	15	20	30	▲100	▲200
28	Harry Brecheen	5	8	12	15	20	30	▲80	▲200
29	Granville Hamner	5	8	12	15	20	30	▲150	▲250
30	Enos Slaughter	15	25	40	50	60	100	▲200	▲500
31	Lou Brissie	5	8	12	15	20	30	▲80	▲200
32	Bob Elliott	5	10	15	20	25	40	▲100	▲250
33	Don Lenhardt RC	5	8	12	15	20	30	▲120	▲200
34	Earl Torgeson	5	8	12	15	20	30	▲80	▲300
35	Tommy Byrne RC	6	10	15	25	40	50	▲80	▲200
36	Cliff Fannin	5	8	12	40	50	60	▲120	▲250
37	Bobby Doerr	12	20	30	60	80	100	▲300	▲500
38	Irv Noren	5	8	12	15	20	30	▲100	▲250
39	Ed Lopat	5	10	15	20	25	40	▲120	▲400
40	Vic Wertz	5	8	12	15	20	30	▲150	▲200
41	Johnny Schmitz	5	8	12	15	20	30	▲100	▲200
42	Bruce Edwards	5	8	12	15	20	30	▲120	▲250
43	Willie Jones	5	8	12	15	20	30	▲120	▲250
44	Johnny Wyrostek	5	8	12	15	20	30	▲100	▲300
45	Billy Pierce RC	5	10	15	20	25	40	▲120	▲250
46	Gerry Priddy	5	8	12	15	20	30	▲100	▲200
47	Herman Wehmeier	5	8	12	15	20	30	▲100	▲200
48	Billy Cox	5	10	15	20	25	50	▲200	▲300
49	Hank Sauer	5	10	15	20	60	80	▲200	
50	Johnny Mize	12	20	30	40	80	100	▲200	▲400
51	Eddie Waitkus	5	25	30	40	50	60	▲400	
52	Sam Chapman	5	10	50	60	80	100	▲400	▲500

1951 Topps Connie Mack's All-Stars

#	Player	PrFr 1	GD 2	VG 3	VgEx 4	EX 5	ExMt 6	NM 7	NmMt 8
1	Grover C. Alexander	100	150	250	300	500	600		
2	Mickey Cochrane	80	100	150	250	300	400		
3	Eddie Collins	80	100	200	250	400	600		
4	Jimmy Collins	60	80	120	200	250	450		
5	Lou Gehrig	300	400	600	1,200	1,500	2,000		
6	Walter Johnson	200	250	400	500	600	800		
7	Connie Mack	100	120	200	300	400	800		
8	Christy Mathewson	150	200	300	400	800	1,000		
9	Babe Ruth	350	500	800	1,200	2,000	2,800		
10	Tris Speaker	80	250	300	400	500	600		
11	Honus Wagner	150	250	300	450	600	800		

— Babe Ruth #9 SGC 92 (NmMt+) sold for $8,927 (Memory Lane; 5/12)

1951 Topps Red Backs

#	Player	GD 2	VG 3	VgEx 4	EX 5	ExMt 6	NM 7	NmMt 8	MT 9
1	Yogi Berra	50	60	100	150	250	300	800	1,000
2	Sid Gordon	5	5	8	10	12	20	150	250
3	Ferris Fain	5	5	8	10	12	20	60	120
4	Vern Stephens	5	5	8	10	40	50	120	200
5	Phil Rizzuto	15	25	40	60	100	150	250	500
6	Allie Reynolds	8	12	20	30	50	60	100	200
7	Howie Pollet	5	5	8	10	12	25	60	120

#	Player	GD 2	VG 3	VgEx 4	EX 5	ExMt 6	NM 7	NmMt 8	MT 9
8	Early Wynn	12	20	30	50	80	100	200	2,500
9	Roy Sievers	5	5	8	10	12	20	60	100
10	Mel Parnell	5	5	8	10	12	20	60	150
11	Gene Hermanski	5	5	8	10	12	25	60	120
12	Jim Hegan	5	6	10	15	25	30	50	100
13	Dale Mitchell	5	5	8	10	12	20	50	100
14	Wayne Terwilliger	5	5	8	10	12	40	80	120
15	Ralph Kiner	15	25	40	60	100	150	250	300
16	Preacher Roe	5	8	12	20	30	50	100	200
17	Gus Bell RC	5	5	8	12	20	30	50	100
18	Jerry Coleman	5	5	8	12	25	30	100	120
19	Dick Kokos	5	5	8	12	15	20	50	100
20	Dom DiMaggio	8	12	20	30	50	80	100	200
21	Larry Jansen	5	5	8	10	12	25	60	250
22	Bob Feller	40	60	100	150	200	300	500	1,000
23	Ray Boone RC	5	5	8	10	12	20	80	150
24	Hank Bauer	5	8	12	15	30	50	100	200
25	Cliff Chambers	5	5	8	10	12	20	50	100
26	Luke Easter RC	5	5	8	10	12	20	50	150
27	Wally Westlake	5	5	8	10	12	20	60	120
28	Elmer Valo	5	5	8	10	12	20	40	120
29	Bob Kennedy RC	5	5	8	10	12	20	60	100
30	Warren Spahn	25	40	60	100	150	250	400	800
31	Gil Hodges	15	25	40	60	100	150	250	600
32	Henry Thompson	5	8	12	20	30	50	100	200
33	William Werle	5	5	8	10	12	20	50	150
34	Grady Hatton	5	5	8	10	12	20	50	100
35	Al Rosen	5	6	10	25	30	50	80	150
36A	Gus Zernial Chicago	5	10	15	20	30	50	100	500
36B	Gus Zernial Philadelphia	5	6	10	12	15	25	80	400
37	Wes Westrum RC	5	5	8	10	12	20	50	200
38	Duke Snider	12	20	50	60	80	120	500	1,000
39	Ted Kluszewski	5	8	30	40	50	60	100	150
40	Mike Garcia	5	5	8	10	20	30	50	150
41	Whitey Lockman	5	5	6	10	15	25	60	120
42	Ray Scarborough	5	5	8	10	12	20	50	100
43	Maurice McDermott	5	5	8	10	25	30	60	120
44	Sid Hudson	5	5	8	12	20	30	60	120
45	Andy Seminick	5	5	8	10	12	20	50	150
46	Billy Goodman	5	6	10	15	25	30	60	150
47	Tommy Glaviano RC	5	5	8	10	12	20	40	100
48	Eddie Stanky	5	5	8	10	12	20	200	250
49	Al Zarilla	5	5	8	10	12	40	60	200
50	Monte Irvin RC	30	40	50	80	100	120	150	250
51	Eddie Robinson	5	5	8	10	12	30	40	200
52A	Tommy Holmes Boston	5	10	15	20	30	60		
52B	Tommy Holmes Hartford	5	8	12	15	20	30	80	

1952 Berk Ross

#	Player	GD 2	VG 3	VgEx 4	EX 5	ExMt 6	NM 7	NmMt 8	MT 9
	COMMON CARD	5	6	10	15	20	30	80	
1	Richie Ashburn	6	10	15	25	40	60	200	
2	Hank Bauer	5	6	10	15	20	30	80	
3	Yogi Berra	25	40	60	80	150	250	500	
4	Ewell Blackwell	5	6	10	15	20	30	200	
5	Bobby Brown	5	6	10	15	20	30	80	
6	Jim Busby	5	6	10	15	20	30	100	
7	Roy Campanella	12	20	30	60	80	200	650	
8	Chico Carrasquel	5	6	10	15	20	30	250	
9	Jerry Coleman	5	6	10	15	20	30	80	
10	Joe Collins	5	6	10	15	20	30	80	
11	Alvin Dark	5	6	10	15	20	30	550	
12	Dom DiMaggio	5	6	10	15	20	400	1,000	
13	Joe DiMaggio	120	200	300	500	800	1,000	2,500	
14	Larry Doby	10	15	25	40	60	100	300	
15	Bobby Doerr	5	8	12	20	40	100	200	
16	Bob Elliott	5	6	10	15	20	30	80	

	GD 2	VG 3	VgEx 4	EX 5	ExMt 6	NM 7	NmMt 8	MT 9
Del Ennis	5	6	10	15	20	30	80	
Ferris Fain	5	6	10	15	20	30	100	
Bob Feller	10	15	25	40	100	120	400	
Nellie Fox	6	10	15	25	40	60	150	
Ned Garver	5	6	10	15	20	30	120	
Clint Hartung	5	6	10	15	20	30	80	
Jim Hearn	5	6	10	15	20	30		
Gil Hodges	6	10	15	25	40	60	400	
Monte Irvin	5	8	12	20	30	50		
Larry Jansen	5	6	10	15	20	30	150	
Sheldon Jones	5	6	10	15	20	2,000		
George Kell	5	6	10	15	20	30	600	
Monte Kennedy	5	6	10	15	20	30		
Ralph Kiner	5	8	12	20	30	50		
Dave Koslo	5	6	10	15	20	80		
Bob Kuzava	5	6	10	15	20	30		
Bob Lemon	5	8	12	20	30	60		
Whitey Lockman	5	6	10	15	20	30		
Ed Lopat	5	6	10	15	20	30	80	
Sal Maglie	5	6	10	15	20	30		
Mickey Mantle	400	450	600	1,200	3,000	5,000		
Billy Martin	8	12	20	30	50	80	200	
Willie Mays	100	125	175	250	500	750	1,500	
Gil McDougald	12	20	30	50	80	200	500	
Minnie Minoso	5	6	10	15	20	30		
Johnny Mize	5	8	12	20	30	50	120	
Tom Morgan	5	6	10	15	20	30		
Don Mueller	5	6	10	15	20	30	80	
Stan Musial	25	40	80	100	250	400	1,200	
Don Newcombe	5	6	10	15	20	30	200	
Ray Noble	5	6	10	15	20	30		
Joe Ostrowski	5	6	10	15	20	30		
Mel Parnell	5	6	10	15	20	30	80	
Vic Raschi	5	6	10	15	20	30	80	
Pee Wee Reese	10	15	25	40	100	250	400	
Allie Reynolds	5	6	10	20	30	50	200	
Bill Rigney	5	6	10	15	20	30	150	
Phil Rizzuto Bunting	10	15	25	40	60	80	300	
Phil Rizzuto Swinging	10	15	25	40	80	100		
Robin Roberts	5	8	12	20	30	50	200	
Eddie Robinson	5	6	10	15	20	30		
Jackie Robinson	120	150	200	250	600	1,000	1,500	
Preacher Roe	5	6	10	50	60	80	400	
Johnny Sain	5	6	10	15	20	120		
Red Schoendienst	5	8	12	20	30	50	120	
Duke Snider	15	25	40	60	100	200	700	
George Spencer	5	6	10	15	20	30	80	
Eddie Stanky	5	6	10	15	20	30	100	
Hank Thompson	5	6	10	15	20	30	80	
Bobby Thomson	5	6	10	15	20	1,000		
Vic Wertz	5	6	10	15	20	30	80	
Wally Westlake	5	6	10	15	20	30		
Wes Westrum	5	6	10	15	20	30		
Ted Williams	100	120	200	300	500	800	1,800	
Gene Woodling	5	6	10	15	20	30	150	
Gus Zernial	5	6	10	15	20	30	80	

– Willie Mays PSA 9 (MT) sold for $5,899 (Goodwin; 03/12)

1952 Bowman

	GD 2	VG 3	VgEx 4	EX 5	ExMt 6	NM 7	NmMt 8	MT 9
Yogi Berra	200	300	500	800	1,200	2,500	4,000	20,000
Bobby Thomson	20	25	30	40	60	150	500	
Fred Hutchinson	5	5	8	10	25	50	120	400
Robin Roberts	20	30	50	80	120	150	400	1,200
Minnie Minoso RC	12	200	300	500	600	1,000	2,000	5,000
Virgil Stallcup	5	5	8	10	30	40	150	
Mike Garcia	5	8	12	20	30	50	200	

		GD 2	VG 3	VgEx 4	EX 5	ExMt 6	NM 7	NmMt 8	MT 9
8	Pee Wee Reese	50	80	120	200	300	500	800	4,000
9	Vern Stephens	6	10	15	25	40	50	120	
10	Bob Hooper	5	5	8	10	15	30	100	
11	Ralph Kiner	30	50	80	120	200	300	500	1,500
12	Max Surkont RC	5	5	8	10	25	40	60	
13	Cliff Mapes	5	5	8	10	15	30	80	250
14	Cliff Chambers	5	5	8	12	20	40	100	400
15	Sam Mele	5	5	8	12	20	40	80	400
16	Turk Lown RC	5	5	8	10	15	25	100	
17	Ed Lopat	5	10	15	20	40	60	120	800
18	Don Mueller	5	5	8	10	15	25	120	
19	Bob Cain	5	8	12	20	30	40	80	
20	Willie Jones	5	5	8	10	15	50	80	250
21	Nellie Fox	20	30	50	60	100	150	400	2,500
22	Willard Ramsdell	5	5	8	10	25	60	80	400
23	Bob Lemon	5	10	25	30	50	80	200	1,000
24	Carl Furillo	8	20	25	30	50	80	200	1,000
25	Mickey McDermott	5	5	8	12	20	25	100	
26	Eddie Joost	5	5	8	12	20	40	100	800
27	Joe Garagiola	10	15	25	30	40	80	150	600
28	Roy Hartsfield	5	5	10	15	25	50	150	400
29	Ned Garver	5	5	8	12	20	40	120	
30	Red Schoendienst	20	30	50	80	120	200	300	1,000
31	Eddie Yost	5	6	10	15	25	50	80	
32	Eddie Miksis	5	5	8	12	20	30	100	400
33	Gil McDougald RC	12	20	30	50	60	80	250	1,000
34	Alvin Dark	5	6	10	15	30	50	150	500
35	Granny Hamner	5	6	10	15	25	50	120	
36	Cass Michaels	5	5	8	10	20	50	100	
37	Vic Raschi	5	8	12	15	25	50	200	
38	Whitey Lockman	5	5	8	10	15	50	100	
39	Vic Wertz	5	6	10	12	20	30	120	
40	Bubba Church	5	6	10	15	25	30	80	
41	Chico Carrasquel	5	6	10	12	20	30	80	500
42	Johnny Wyrostek	5	5	8	12	20	30	120	
43	Bob Feller	50	80	120	200	300	500	1,000	2,000
44	Roy Campanella	50	80	120	200	300	500	800	4,000
45	Johnny Pesky	10	15	25	40	50	80	250	
46	Carl Scheib	5	5	8	10	25	30	100	
47	Pete Castiglione	5	5	8	10	25	30	60	400
48	Vern Bickford	5	5	8	12	20	30	80	
49	Jim Hearn	5	5	8	10	15	25	60	
50	Gerry Staley	5	6	10	15	25	40	100	
51	Gil Coan	5	6	10	15	25	40	80	400
52	Phil Rizzuto	40	60	100	150	250	400	600	2,000
53	Richie Ashburn	30	50	80	120	200	300	500	1,500
54	Billy Pierce	5	6	10	12	20	50	100	
55	Ken Raffensberger	5	5	8	10	15	50	60	
56	Clyde King	5	5	8	10	30	40	100	400
57	Clyde Vollmer	5	5	8	15	20	40	80	
58	Hank Majeski	5	5	8	10	25	40	100	
59	Murry Dickson	5	5	8	10	15	40	60	250
60	Sid Gordon	5	5	8	10	25	40	60	
61	Tommy Byrne	5	5	8	12	20	25	80	300
62	Joe Presko RC	5	5	8	10	15	40	80	400
63	Irv Noren	5	8	12	20	30	50	80	400
64	Roy Smalley	5	8	12	20	30	80	120	400
65	Hank Bauer	5	10	20	30	40	100	250	800
66	Sal Maglie	5	5	10	15	25	50	100	400
67	Johnny Groth	5	5	8	10	20	25	80	300
68	Jim Busby	5	5	8	10	15	30	120	
69	Joe Adcock	5	6	10	15	25	50	100	400
70	Carl Erskine	10	15	25	40	60	100	150	
71	Vern Law	5	6	10	12	20	30	80	
72	Earl Torgeson	5	6	10	15	25	40	200	300
73	Jerry Coleman	6	10	15	25	40	50	200	600
74	Wes Westrum	5	5	8	10	30	40	100	

#	Player	GD 2	VG 3	VgEx 4	EX 5	ExMt 6	NM 7	NmMt 8	MT 9
75	George Kell	12	20	30	40	50	100	200	1,000
76	Del Ennis	5	6	10	15	25	50	150	400
77	Eddie Robinson	5	5	8	10	15	40	80	300
78	Lloyd Merriman	5	5	8	10	25	30	100	400
79	Lou Brissie	5	5	8	12	20	30	60	400
80	Gil Hodges	30	50	80	120	200	300	800	3,000
81	Billy Goodman	5	6	10	15	25	40	100	250
82	Gus Zernial	5	5	8	10	20	50	100	
83	Howie Pollet	5	5	8	10	20	30	60	
84	Sam Jethroe	6	10	15	25	30	50	120	
85	Marty Marion CO	5	6	10	12	25	50	120	
86	Cal Abrams	5	5	8	10	25	50	100	400
87	Mickey Vernon	5	6	10	15	25	40	100	400
88	Bruce Edwards	5	5	6	10	15	30	80	300
89	Billy Hitchcock	5	5	8	12	20	30	60	300
90	Larry Jansen	5	8	12	20	30	40	150	
91	Don Kolloway	5	5	8	10	15	40	100	300
92	Eddie Waitkus	5	5	8	10	25	60	100	400
93	Paul Richards MG	5	5	8	12	20	30	120	400
94	Luke Sewell MG	5	6	10	15	25	50	80	400
95	Luke Easter	5	8	12	20	40	50	150	500
96	Ralph Branca	5	8	12	25	30	80	150	800
97	Willard Marshall	6	10	15	25	40	60	100	
98	Jimmie Dykes MG	5	5	8	10	15	40	80	500
99	Clyde McCullough	5	5	8	10	15	40	80	500
100	Sibby Sisti	5	5	8	10	25	30	40	
101	Mickey Mantle	4,000	5,000	8,000	10,000	12,000	20,000	▲50,000	400,000
102	Peanuts Lowrey	5	5	8	10	15	50	60	400
103	Joe Haynes	5	5	8	10	15	40	120	400
104	Hal Jeffcoat	5	5	8	10	15	25	60	300
105	Bobby Brown	6	10	15	25	30	50	150	
106	Randy Gumpert	5	5	8	10	20	30	80	500
107	Del Rice	5	6	10	15	25	40	100	300
108	George Metkovich	5	5	8	10	15	30	100	
109	Tom Morgan RC	6	10	15	25	40	60	150	
110	Max Lanier	5	5	8	10	20	50	60	
111	Hoot Evers	5	5	8	10	15	50	100	
112	Smoky Burgess	5	8	12	20	25	80	150	500
113	Al Zarilla	5	5	8	12	20	30	120	400
114	Frank Hiller RC	5	5	8	10	20	40	120	500
115	Larry Doby	10	15	40	50	60	100	300	
116	Duke Snider	80	120	200	300	500	600	1,000	3,000
117	Bill Wight	5	5	8	10	15	25	60	
118	Ray Murray RC	5	5	8	12	20	40	120	300
119	Bill Howerton	5	5	8	10	25	30	50	250
120	Chet Nichols RC	5	5	8	10	15	30	80	300
121	Al Corwin RC	5	5	8	10	20	30	60	500
122	Billy Johnson	5	5	8	10	15	25	60	400
123	Sid Hudson	5	5	8	10	15	30	60	250
124	Birdie Tebbetts	5	8	12	20	25	30	120	250
125	Howie Fox	5	5	8	10	15	25	80	250
126	Phil Cavarretta	8	12	20	30	50	80	120	400
127	Dick Sisler	5	5	8	10	15	50	120	400
128	Don Newcombe	12	20	30	50	60	120	250	1,200
129	Gus Niarhos	5	5	8	10	15	25	100	
130	Allie Clark	5	5	8	10	15	25	100	
131	Bob Swift	5	5	8	10	15	40	80	
132	Dave Cole RC	5	6	10	15	25	50	80	
133	Dick Kryhoski	5	6	10	15	25	40	60	
134	Al Brazle	5	5	8	10	15	25	50	
135	Mickey Harris	5	5	8	10	15	50	150	
136	Gene Hermanski	5	5	8	10	15	25	100	
137	Stan Rojek	5	5	8	10	15	25	100	300
138	Ted Wilks	5	5	8	10	15	25	60	500
139	Jerry Priddy	5	5	8	10	15	30	80	250
140	Ray Scarborough	5	5	8	10	25	50	80	
141	Hank Edwards	5	6	10	15	25	40	60	

#	Player	GD 2	VG 3	VgEx 4	EX 5	ExMt 6	NM 7	NmMt 8	MT
142	Early Wynn	20	30	50	80	120	250	500	2,00
143	Sandy Consuegra	5	5	8	10	15	40	100	40
144	Joe Hatton	5	6	10	15	25	50	80	40
145	Johnny Mize	15	25	40	50	80	200	300	1,00
146	Leo Durocher MG	15	25	40	60	100	150	300	80
147	Marlin Stuart RC	5	5	8	20	25	60	120	
148	Ken Heintzelman	5	5	8	15	30	50	80	
149	Howie Judson	5	5	8	10	25	30	80	40
150	Herman Wehmeier	5	5	8	10	20	50	80	35
151	Al Rosen	5	8	12	15	40	50	150	1,0
152	Billy Cox	5	6	10	12	20	30	150	40
153	Fred Hatfield RC	5	6	10	15	30	40	80	
154	Ferris Fain	5	6	10	15	25	50	80	
155	Billy Meyer MG	5	5	8	12	20	50	80	30
156	Warren Spahn	50	80	120	200	300	500	800	1,50
157	Jim Delsing	5	5	8	10	15	40	80	40
158	Bucky Harris MG	5	8	12	20	30	60	200	60
159	Dutch Leonard	5	6	10	15	25	30	120	25
160	Eddie Stanky	5	6	10	15	20	50	120	40
161	Jackie Jensen	8	12	20	30	50	80	150	80
162	Monte Irvin	12	20	30	50	80	200	500	80
163	Johnny Lipon	5	5	8	10	15	25	60	
164	Connie Ryan	5	6	10	15	25	30	100	
165	Saul Rogovin RC	5	5	8	10	25	40	100	80
166	Bobby Adams	5	5	8	10	15	40	50	25
167	Bobby Avila	5	6	10	12	20	50	100	40
168	Preacher Roe	5	10	15	20	40	80	200	60
169	Walt Dropo	5	6	10	15	25	40	120	40
170	Joe Astroth	5	5	8	10	15	25	80	
171	Mel Queen	5	5	8	10	25	30	80	
172	Ebba St.Claire RC	5	5	8	10	25	30	150	30
173	Gene Bearden	5	5	8	10	40	50	100	30
174	Mickey Grasso	5	5	8	12	20	25	60	300
175	Randy Jackson RC	5	6	10	15	25	50	100	300
176	Harry Brecheen	5	5	8	10	30	50	100	400
177	Gene Woodling	8	12	20	30	50	80	150	500
178	Dave Williams RC	5	5	8	10	15	25	120	400
179	Pete Suder	5	5	8	10	15	30	60	250
180	Ed Fitzgerald	5	5	8	10	15	30	150	
181	Joe Collins RC	5	6	10	15	25	40	200	
182	Dave Koslo	5	5	8	12	20	25	60	
183	Pat Mullin	5	6	10	15	25	40	60	
184	Curt Simmons	5	5	8	10	15	30	80	800
185	Eddie Stewart	5	5	8	10	15	30	60	300
186	Frank Smith RC	5	6	10	15	25	40	100	
187	Jim Hegan	5	5	8	10	15	50	100	
188	Chuck Dressen MG	5	5	8	10	15	30	150	500
189	Jimmy Piersall	5	6	10	20	40	60	120	500
190	Dick Fowler	5	5	8	10	15	30	100	
191	Bob Friend RC	5	6	10	15	25	50	120	800
192	John Cusick RC	5	5	8	10	15	25	400	
193	Bobby Young RC	5	5	8	10	20	50	50	300
194	Bob Porterfield	5	5	8	10	25	40	50	300
195	Frank Baumholtz	5	6	10	15	25	50	60	300
196	Stan Musial	250	400	500	600	1,000	1,500	3,000	4,000
197	Charlie Silvera RC	5	6	10	15	25	50	120	800
198	Chuck Diering	5	5	8	10	15	50	100	
199	Ted Gray	5	5	8	10	25	30	60	
200	Ken Silvestri	5	5	8	10	20	40	50	200
201	Ray Coleman	5	5	8	10	15	25		
202	Harry Perkowski RC	5	5	8	12	20	30	60	300
203	Steve Gromek	5	6	10	15	25	40	60	250
204	Andy Pafko	5	6	10	12	40	50	100	500
205	Walt Masterson	5	5	8	10	25	40	60	400
206	Elmer Valo	5	5	8	10	15	40	60	400
207	George Strickland RC	5	5	8	10	25	50	80	500
208	Walker Cooper	5	5	8	10	15	30	100	400

#	Player	GD 2	VG 3	VgEx 4	EX 5	ExMt 6	NM 7	NmMt 8	MT 9
9	Dick Littlefield RC	5	5	8	10	15	30	100	
10	Archie Wilson RC	5	6	10	15	20	25	80	400
11	Paul Minner RC	5	5	8	10	15	25	60	
12	Solly Hemus RC	6	10	15	25	40	60	100	300
13	Monte Kennedy	5	5	8	10	15	30	60	300
14	Ray Boone	5	8	12	20	30	50	60	300
15	Sheldon Jones	5	5	8	12	20	30	80	
16	Matt Batts	5	5	8	10	15	25	100	300
17	Casey Stengel MG	15	30	40	100	120	200	250	600
18	Willie Mays	2,000	2,500	3,000	5,000	6,000	10,000	40,000	
19	Neil Berry	5	8	12	15	25	100	120	
20	Russ Meyer	5	8	12	15	30	80	150	
21	Lou Kretlow RC	5	8	12	15	25	50	60	
22	Dixie Howell	5	8	12	15	25	40	120	
23	Harry Simpson RC	5	8	12	15	25	50	120	
24	Johnny Schmitz	5	8	12	15	30	50	80	
25	Del Wilber RC	5	6	10	15	25	80	120	800
26	Alex Kellner	5	8	12	15	25	50	120	300
27	Clyde Sukeforth CO RC	5	8	12	25	40	50	120	800
28	Bob Chipman	6	10	15	20	25	80	200	500
29	Hank Arft	5	8	12	15	25	50	60	
30	Frank Shea	5	8	12	15	25	30	150	
31	Dee Fondy RC	5	8	12	15	25	50	80	
32	Enos Slaughter	15	25	40	60	100	150	250	1,200
33	Bob Kuzava	6	10	15	25	40	60	120	800
34	Fred Fitzsimmons CO	5	8	12	15	50	80	80	600
35	Steve Souchock RC	6	10	15	20	25	60	150	600
36	Tommy Brown	5	8	12	15	25	80	150	400
37	Sherm Lollar	5	10	15	20	30	80	150	
38	Roy McMillan RC	5	10	15	20	30	80	150	800
39	Dale Mitchell	8	12	20	25	40	60	200	
40	Billy Loes RC	5	15	20	25	50	80	200	600
41	Mel Parnell	5	10	15	25	50	100	150	
42	Everett Kell RC	5	8	15	20	40	100	120	
43	George Munger	5	8	12	15	25	60	150	
44	Lew Burdette RC	12	20	30	50	100	120	500	1,000
45	George Schmees RC	5	8	12	15	25	120	250	
46	Jerry Snyder RC	5	8	12	15	30	50	150	
47	Johnny Pramesa	6	10	15	20	25	40	100	600
48	Bill Werle	5	8	12	15	25	40	100	
49	Hank Thompson	5	8	12	20	25	30	80	400
50	Ike Delock RC	5	8	12	15	25	50	120	500
51	Jack Lohrke	5	8	12	15	25	60	120	
52	Frank Crosetti CO	12	30	40	60	150	300	600	

— Willie Mays #218 SGC 96 (Mint) sold for $20,037 (Goodwin; 7/12)

1952 Red Man

#	Player	GD 2	VG 3	VgEx 4	EX 5	ExMt 6	NM 7	NmMt 8	MT 9
AL1	Casey Stengel MG	15	25	40	60	150			
AL2	Bobby Avila	8	12	20	30	50	100	300	
AL3	Yogi Berra	25	40	100	120	200	300	1,000	
AL4	Gil Coan	8	12	20	30	50	100		
AL5	Dom DiMaggio	10	15	25	40	60	120	400	
AL6	Larry Doby	10	15	25	40	60	120	400	
AL7	Ferris Fain	8	12	20	30	50	120		
AL8	Bob Feller	20	30	50	100	150	250		
AL9	Nellie Fox	10	15	25	40	60	120	400	
AL10	Johnny Groth	8	12	20	30	50	120	300	
AL11	Jim Hegan	8	12	20	30	50	100	300	
AL12	Eddie Joost	8	12	20	30	50	100	300	
AL13	George Kell	10	15	25	50	60	120	500	
AL14	Gil McDougald	10	15	25	40	60	120	400	
AL15	Minnie Minoso	8	12	20	30	50	100	300	
AL16	Billy Pierce	8	12	20	30	50	100	300	
AL17	Bob Porterfield	8	12	20	30	100	175	300	
AL18	Eddie Robinson	8	12	20	30	50	100		
AL19	Saul Rogovin	8	12	20	30	50	100	300	
AL20	Bobby Shantz	8	12	20	30	50	120	600	
AL21	Vern Stephens	8	12	20	30	50	100	300	
AL22	Vic Wertz	8	12	20	30	50	100	300	
AL23	Ted Williams	125	200	300	600	1,000	2,500	8,000	
AL24	Early Wynn	10	15	25	40	100	120	400	
AL25	Eddie Yost	8	12	20	30	50	120	300	
AL26	Gus Zernial	8	12	20	30	50	120	325	
NL1	Leo Durocher MG	10	15	25	40	80	120		
NL2	Richie Ashburn	12	20	30	50	80	250	500	
NL3	Ewell Blackwell	8	12	20	30	50	100	300	
NL4	Cliff Chambers	8	12	20	30	50	120	300	
NL5	Murry Dickson	8	12	20	30	50	100	300	
NL6	Sid Gordon	8	12	20	30	50	100		
NL7	Granny Hamner	8	12	20	30	50	100	350	
NL8	Jim Hearn	8	12	20	30	50	100	300	
NL9	Monte Irvin	10	15	25	40	60	120	600	
NL10	Larry Jansen	8	12	20	30	50	100	300	
NL11	Willie Jones	8	12	20	30	50	120	300	
NL12	Ralph Kiner	10	15	25	40	60	150	400	
NL13	Whitey Lockman	8	12	20	30	50	100	300	
NL14	Sal Maglie	8	12	20	30	50	100	300	
NL15	Willie Mays	50	100	200	250	500	800	2,000	
NL16	Stan Musial	80	100	150	250	600	800	2,500	
NL17	Pee Wee Reese	20	30	50	100	150	350	800	
NL18	Robin Roberts	15	25	40	60	100	150	400	
NL19	Red Schoendienst	10	15	25	40	80	120	400	
NL20	Enos Slaughter	10	15	25	40	60	200	500	
NL21	Duke Snider	25	40	60	120	200	400	1,600	
NL22	Warren Spahn	12	20	30	50	80	250	800	
NL23	Eddie Stanky	8	12	20	30	50	100	300	
NL24	Bobby Thomson	8	12	20	30	50	100		
NL25	Earl Torgeson	8	12	20	30	50	150	300	
NL26	Wes Westrum	8	12	20	30	50	100	300	

— Prices reference cards with tabs

1952 Topps

#	Player	GD 2	VG 3	VgEx 4	EX 5	ExMt 6	NM 7	NmMt 8	MT 9
1	Andy Pafko	200	300	500	1,200	5,000			
1A	Andy Pafko Black	200	300	500	800	2,000			
2	Pete Runnels RC	25	40	80	250	500			
2A	Pete Runnels Black RC	25	40	60	120	500			
3	Hank Thompson	12	20	40	80	120	400	2,500	
3A	Hank Thompson Black	12	20	30	50	80	700	3,000	
4	Don Lenhardt	12	20	50	60	150	250	800	
4A	Don Lenhardt Black	8	12	20	40	120	250	600	
5	Larry Jansen	12	20	40	60	120	250	800	
5A	Larry Jansen Black	12	20	40	60	100	250	800	
6	Grady Hatton	8	12	50	60	100	200	800	
6A	Grady Hatton Black	8	12	40	80	200	1,500		
7	Wayne Terwilliger	8	15	40	60	120	400		
7A	Wayne Terwilliger Black	8	12	40	120	350	1,000		
8	Fred Marsh RC	8	12	50	100	250	600		
8A	Fred Marsh Black	8	12	40	80	200	500		
9	Bobby Hogue RC	15	25	50	80	200	500		
9A	Bobby Hogue Black	15	25	40	80	150	400		
10	Al Rosen	25	30	80	100	300	600	2,000	
10A	Al Rosen Black	20	30	50	80	200	500	4,000	
11	Phil Rizzuto	80	100	150	300	400	1,000		
11A	Phil Rizzuto Black	40	80	120	250	500	600		
12	Monty Basgall RC	8	12	40	60	200	400		
12A	Monty Basgall Black	8	12	20	50	100	250		
13	Johnny Wyrostek	12	20	30	60	100	200	600	
13A	Johnny Wyrostek Black	8	12	20	40	50	200	300	
14	Bob Elliott	8	12	20	30	60	200	500	
14A	Bob Elliott Black	8	12	20	40	60	200	500	
15	Johnny Pesky	25	50	60	100	120	250	1,000	
15A	Johnny Pesky Black	12	20	40	80	120	300	1,000	

#	Player	GD 2	VG 3	VgEx 4	EX 5	ExMt 6	NM 7	NmMt 8	MT 9
16	Gene Hermanski	12	20	30	50	100	200		
16A	Gene Hermanski Black	10	15	25	40	100	200	800	
17	Jim Hegan	15	20	40	80	100	250		
17A	Jim Hegan Black	8	12	20	40	100	300	1,200	
18	Merrill Combs RC	8	12	40	50	100	200	400	
18A	Merrill Combs Black	8	12	20	40	80	200		
19	Johnny Bucha RC	15	25	40	80	150	400		
19A	Johnny Bucha Black	10	15	25	40	120	400	1,500	
20	Billy Loes SP RC	15	25	60	120	300			
20A	Billy Loes Black	15	25	60	150	250			
21	Ferris Fain	8	20	30	50	100	250		
21A	Ferris Fain Black	8	12	20	50	120	150	500	
22	Dom DiMaggio	40	50	60	150	250	500		
22A	Dom DiMaggio Black	15	30	40	80	200	600		
23	Billy Goodman	10	15	25	50	100	250	500	
23A	Billy Goodman Black	8	12	20	40	80	150	500	
24	Luke Easter	10	15	40	50	100	250	600	
24A	Luke Easter Black	10	15	25	40	80	150	600	
25	Johnny Groth	12	20	30	50	120	250	1,000	
25A	Johnny Groth Black	8	12	20	40	50	200	1,000	
26	Monte Irvin	25	40	60	100	200	300		
26A	Monte Irvin Black	15	25	40	60	100	400		
27	Sam Jethroe	10	15	30	50	100	120	500	
27A	Sam Jethroe Black	8	12	20	40	80	250		
28	Jerry Priddy	12	20	30	50	100	200	500	
28A	Jerry Priddy Black	8	12	20	40	80	100	400	
29	Ted Kluszewski	30	40	60	100	200	500	3,000	
29A	Ted Kluszewski Black	15	25	40	60	150	500	2,000	
30	Mel Parnell	25	30	40	80	150	400	1,200	
30A	Mel Parnell Black	10	15	25	60	100	400	2,000	
31	Gus Zernial	12	20	50	60	150	300		
31A	Gus Zernial Black	10	15	25	60	100	200	800	
32	Eddie Robinson	20	25	40	100	150	400		
32A	Eddie Robinson Black	8	12	20	150	100	400		
33	Warren Spahn	80	12	150	200	300	600	3,000	
33A	Warren Spahn Black	25	40	120	150	200	600	1,200	
34	Elmer Valo	8	20	25	50	100	200	400	
34A	Elmer Valo Black	8	12	20	40	80	200	400	
35	Hank Sauer	25	40	50	80	150	250		
35A	Hank Sauer Black	25	40	50	80	150	250	800	
36	Gil Hodges	60	80	100	200	400	600	2,500	
36A	Gil Hodges Black	25	40	120	150	250	500		
37	Duke Snider	80	100	200	250	400	600	2,500	
37A	Duke Snider Black	50	80	120	200	300	600	2,000	
38	Wally Westlake	8	20	30	50	60	150	500	
38A	Wally Westlake Black	8	12	20	40	60	150	500	
39	Dizzy Trout	20	30	50	60	100	250		
39A	Dizzy Trout Black	20	30	50	60	100	250		
40	Irv Noren	8	12	30	60	120	300	800	
40A	Irv Noren Black	8	12	20	40	50	400		
41	Bob Wellman RC	8	20	30	50	100	250		
41A	Bob Wellman Black	8	12	20	50	60	500		
42	Lou Kretlow RC	10	15	30	80	120	400		
42A	Lou Kretlow Black	10	15	25	40	120	400		
43	Ray Scarborough	15	25	30	60	100	250		
43A	Ray Scarborough Black	8	12	20	40	150	250	1,000	
44	Con Dempsey RC	20	30	50	80	120	200	1,200	
44A	Con Dempsey Black	8	12	20	50	60	200	1,000	
45	Eddie Joost	12	20	40	50	100	250		
45A	Eddie Joost Black	8	12	20	50	100	120	1,200	
46	Gordon Goldsberry RC	12	20	30	50	100	250		
46A	Gordon Goldsberry Black	8	12	20	40	100	400		
47	Willie Jones	8	12	40	50	100	150		
47A	Willie Jones Black	8	12	20	40	120	200	1,000	
48A	Joe Page Error Sain Bio Black	200	300	600	900	1,000	1,500	5,000	
48B	Joe Page Correct Bio Black	12	20	30	100	150	400		
48C	Joe Page Correct Bio Red	12	20	30	60	120	250		

#	Player	GD 2	VG 3	VgEx 4	EX 5	ExMt 6	NM 7	NmMt 8	MT 9
49A	John Sain Error Page Bio Black	250	300	500	1,000	1,500			
49B	John Sain Correct Bio Black	15	25	40	60	200	500		
49C	John Sain Correct Bio Red	15	25	40	60	150	800		
50	Marv Rickert RC	12	20	30	60	150	250		
50A	Marv Rickert Black	8	12	20	40	100	150		
51	Jim Russell	10	15	25	50	120	250		
51A	Jim Russell Black	8	12	20	40	150	200		
52	Don Mueller	10	15	30	50	120	150		
52A	Don Mueller Black	8	12	20	40	60	500		
53	Chris Van Cuyk RC	12	20	30	60	80	250		
53A	Chris Van Cuyk Black	8	12	20	40	80	200		
54	Leo Kiely RC	10	15	25	50	100	150	400	
54A	Leo Kiely Black	8	12	20	40	60	120	400	
55	Ray Boone	12	20	40	50	100	200	600	
55A	Ray Boone Black	8	12	20	40	80	200		
56	Tommy Glaviano	10	15	30	50	80	200		
56A	Tommy Glaviano Black	8	12	20	40	50	120	600	
57	Ed Lopat	20	30	40	60	100	250	600	
57A	Ed Lopat Black	12	25	30	50	100	200	500	
58	Bob Mahoney RC	15	25	40	50	80	200	400	
58A	Bob Mahoney Black	8	12	20	40	50	120	400	
59	Robin Roberts	30	50	80	150	200	500	2,500	
59A	Robin Roberts Black	30	50	80	150	200	500	2,500	
60	Sid Hudson	12	20	30	50	100	250	800	
60A	Sid Hudson Black	8	12	20	40	60	300		
61	Tookie Gilbert	8	12	25	50	100	200		
61A	Tookie Gilbert Black	8	12	25	50	100	200	800	
62	Chuck Stobbs RC	8	12	25	50	100	200		
62A	Chuck Stobbs Black	8	12	20	40	60	200	1,000	
63	Howie Pollet	8	12	25	50	120	250	800	
63A	Howie Pollet Black	8	12	20	40	80	250	500	
64	Roy Sievers	10	15	30	50	80	200	400	
64A	Roy Sievers Black	8	12	20	40	80	100	600	
65	Enos Slaughter	40	50	80	100	200	400	3,000	
65A	Enos Slaughter Black	20	30	50	80	200	300	1,500	
66	Preacher Roe	25	30	50	60	120	250	1,500	
66A	Preacher Roe Black	12	20	30	80	120	150	800	
67	Allie Reynolds	25	30	40	80	120	250	500	
67A	Allie Reynolds Black	12	20	30	50	120	200	800	
68	Cliff Chambers	12	20	30	40	80	200	400	
68A	Cliff Chambers Black	8	12	20	40	60	120	400	
69	Virgil Stallcup	8	12	25	50	100	250	500	
69A	Virgil Stallcup Black	8	12	20	40	50	200	800	
70	Al Zarilla	8	12	30	50	100	250		
70A	Al Zarilla Black	8	12	20	40	50	800		
71	Tom Upton RC	8	12	30	60	100	300	1,000	
71A	Tom Upton Black	8	12	20	40	60	300	2,500	
72	Karl Olson RC	8	12	25	60	200	500		
72A	Karl Olson Black	8	12	20	80	120	1,500		
73	Bill Werle	8	12	20	60	100	300		
73A	Bill Werle Black	8	12	20	40	50	400	2,000	
74	Andy Hansen RC	10	15	30	50	100	250	500	
74A	Andy Hansen Black	8	12	20	40	60	200		
75	Wes Westrum	15	20	30	50	150	250		
75A	Wes Westrum Black	8	12	20	40	120	300		
76	Eddie Stanky	10	15	40	50	120	200	1,000	
76A	Eddie Stanky Black	10	15	25	40	150	200		
77	Bob Kennedy	12	20	40	50	100	250		
77A	Bob Kennedy Black	8	12	20	40	100	200		
78	Ellis Kinder	20	25	40	50	100	250	800	
78A	Ellis Kinder Black	8	12	20	40	50	250		
79	Gerald Staley	8	20	25	50	120	600		
79A	Gerald Staley Black	8	12	20	40	80	800		
80	Herman Wehmeier	12	20	50	60	300	1,000		
80A	Herman Wehmeier Black	10	15	30	60				
81	Vern Law	12	20	30	60	100	200	800	
82	Duane Pillette	12	20	30	60	100	100	250	

Player	GD 2	VG 3	VgEx 4	EX 5	ExMt 6	NM 7	NmMt 8	MT 9
Billy Johnson	10	15	25	40	60	80	300	
Vern Stephens	12	20	30	40	80	100	300	1,000
Bob Kuzava	12	20	30	50	80	120	250	
Ted Gray	12	20	30	40	60	100	250	
Dale Coogan	8	12	25	30	50	80	200	
Bob Feller	150	250	400	600	1,000	1,500	2,500	5,000
Johnny Lipon	12	20	30	50	80	120	300	
Mickey Grasso	6	10	25	30	60	100	400	
Red Schoendienst	50	80	120	200	300	500	800	
Dale Mitchell	10	15	25	40	60	100	500	
Al Sima RC	10	15	25	40	60	100	250	
Sam Mele	8	12	25	40	60	100	250	1,000
Ken Holcombe	6	10	25	30	60	80	150	1,000
Willard Marshall	12	20	30	40	60	100	250	
Earl Torgeson	12	20	30	50	80	120	250	
Bill Pierce	12	20	30	50	80	120	400	
Gene Woodling	20	30	50	60	100	150	400	
Del Rice	15	25	30	50	80	100	250	
Max Lanier	12	20	30	50	80	120	200	
Bill Kennedy	6	10	25	50	60	100	300	
Cliff Mapes	12	20	30	50	80	120	250	
Don Kolloway	15	25	40	60	100	150	250	
Johnny Pramesa	15	25	40	60	100	150	250	1,000
Mickey Vernon	8	12	20	30	50	100	400	1,000
Connie Ryan	15	25	40	60	100	150	250	
Jim Konstanty	15	25	40	60	100	150	300	
Ted Wilks	12	20	30	50	80	120	250	
Dutch Leonard	12	20	30	50	80	120	400	1,200
Peanuts Lowrey	12	15	20	40	50	100	250	
Hank Majeski	12	20	30	50	80	120	250	
Dick Sisler	15	25	40	50	60	100	250	1,000
Willard Ramsdell	10	15	25	40	60	80	250	
George Munger	12	20	30	50	80	120	300	1,000
Carl Scheib	12	20	30	50	80	120	300	
Sherm Lollar	12	20	30	50	80	120	250	
Ken Raffensberger	10	15	25	40	60	120	250	
Mickey McDermott	10	15	25	30	50	100	250	
Bob Chakales RC	10	15	25	40	60	100	250	
Gus Niarhos	12	20	30	50	80	120	250	
Jack Jensen	25	40	60	100	150	250	400	
Eddie Yost	10	15	25	40	60	100	250	1,000
Monte Kennedy	12	20	30	50	80	120	250	1,000
Bill Rigney	12	20	30	50	80	120	250	
Fred Hutchinson	12	20	30	40	60	100	250	1,000
Paul Minner RC	12	20	30	50	80	120	250	
Don Bollweg RC	15	25	30	50	120	200	500	
Johnny Mize	50	60	80	120	200	300	600	
Sheldon Jones	12	20	30	50	60	80	250	
Morrie Martin RC	8	12	25	30	50	80		
Clyde Kluttz RC	10	15	25	40	60	80	300	
Al Widmar	10	15	25	40	50	80	250	
Joe Tipton	10	15	25	30	50	80	250	
Dixie Howell	6	10	30	40	50	100	400	
Johnny Schmitz	10	15	25	50	60	120		
Roy McMillan RC	10	15	30	40	60	100	300	
Bill MacDonald	10	15	25	30	50	80	250	
Ken Wood	6	10	15	25	50	80	250	
Johnny Antonelli	8	20	25	40	50	120		
Clint Hartung	6	10	25	30	50	100	800	
Harry Perkowski RC	12	20	25	40	60	120	600	
Les Moss	6	10	25	40	50	100	250	
Ed Blake RC	8	12	20	30	50	80	250	
Joe Haynes	6	10	15	30	50	100	300	
Frank House RC	6	10	15	50	60	100	250	
Bob Young RC	10	15	25	40	50	120	250	
Johnny Klippstein	8	12	20	40	50	80	250	
Dick Kryhoski	8	12	20	40	50	60	250	

#	Player	GD 2	VG 3	VgEx 4	EX 5	ExMt 6	NM 7	NmMt 8	MT 9
150	Ted Beard	6	10	15	50	60	100	250	
151	Wally Post RC	6	10	15	50	80	150		
152	Al Evans	6	10	25	50	80	120	500	
153	Bob Rush	8	12	25	30	50	100	300	
154	Joe Muir RC	12	20	30	50	60	80	300	
155	Frank Overmire	6	10	25	40	50	100	400	
156	Frank Hiller RC	6	10	25	30	40	80	300	
157	Bob Usher	6	10	15	50	60	80	250	
158	Eddie Waitkus	10	15	25	40	60	120	300	
159	Saul Rogovin RC	10	15	25	50	60	100	250	
160	Owen Friend	6	10	30	40	60	100	300	
161	Bud Byerly RC	20	30	50	80	120	400		
162	Del Crandall	15	25	40	50	80	250		
163	Stan Rojek	6	10	20	30	50	150	500	
164	Walt Dubiel	10	15	30	40	50	100	400	
165	Eddie Kazak	6	10	15	40	80	200		
166	Paul LaPalme RC	10	15	25	30	60	100	250	
167	Bill Howerton	6	10	15	30	60	80	500	
168	Charlie Silvera RC	12	25	30	50	80	100	300	
169	Howie Judson	6	10	15	50	80	150		
170	Gus Bell	10	15	30	50	80	120	1,200	
171	Ed Erautt RC	6	10	15	50	80	200		
172	Eddie Miksis	6	10	25	50	80	250		
173	Roy Smalley	15	25	40	50	60	250		
174	Clarence Marshall RC	6	10	15	40	80	120	1,000	
175	Billy Martin RC	120	150	200	300	500	800	5,000	
176	Hank Edwards	6	10	15	50	60	80	400	
177	Bill Wight	6	10	15	25	60	150	300	
178	Cass Michaels	6	10	15	50	60	100	400	
179	Frank Smith RC	6	10	15	25	50	120	400	
180	Charlie Maxwell RC	12	20	60	80	400	500		
181	Bob Swift	10	15	25	50	100	250		
182	Billy Hitchcock	6	12	25	50	60	100	250	
183	Erv Dusak	6	10	25	30	60	100	300	
184	Bob Ramazzotti	8	12	25	40	50	100	250	1,200
185	Bill Nicholson	12	25	30	40	100	150	400	
186	Walt Masterson	8	12	25	30	60	100	400	
187	Bob Miller	6	10	15	40	60	100	400	
188	Clarence Podbielan RC	8	12	25	50	60	120	300	1,000
189	Pete Reiser	15	25	40	50	100	200		
190	Don Johnson RC	6	10	15	30	60	150	500	
191	Yogi Berra	300	500	800	1,200	2,000	3,000	10,000	
192	Myron Ginsberg RC	15	25	40	50	80	200		
193	Harry Simpson RC	8	12	30	40	80	150	600	
194	Joe Hatton	12	20	30	50	80	120	300	
195	Orestes Minoso RC	300	500	800	1,200	2,000	3,000	5,000	10,000
196	Solly Hemus RC	15	25	40	60	100	150	250	1,000
197	George Strickland RC	6	10	15	30	50	120	250	
198	Phil Haugstad RC	6	10	25	40	60	80	250	
199	George Zuverink RC	6	10	15	50	60	120	300	
200	Ralph Houk RC	30	50	80	120	200	300	500	
201	Alex Kellner	10	15	25	40	50	100	250	
202	Joe Collins RC	15	25	40	60	100	120	600	
203	Curt Simmons	15	25	40	60	100	150	250	
204	Ron Northey	12	20	30	50	80	120	250	
205	Clyde King	15	25	40	60	100	120	300	1,000
206	Joe Ostrowski RC	12	20	30	50	80	100	250	1,500
207	Mickey Harris	12	20	30	40	50	100	250	1,000
208	Marlin Stuart RC	12	20	30	40	60	100	250	
209	Howie Fox	8	12	25	40	60	80	250	
210	Dick Fowler	6	10	15	30	50	100	250	1,000
211	Ray Coleman	10	15	25	40	80	120		
212	Ned Garver	6	10	20	40	80	100		
213	Nippy Jones	12	20	30	50	60	80	250	
214	Johnny Hopp	8	12	30	40	50	120	250	1,200
215	Hank Bauer	30	40	60	100	150	250	400	
216	Richie Ashburn	60	100	150	250	400	600	1,000	3,000

#	Player	GD 2	VG 3	VgEx 4	EX 5	ExMt 6	NM 7	NmMt 8	MT 9
217	Snuffy Stirnweiss	6	10	15	25	40	100	250	1,000
218	Clyde McCullough	10	15	25	40	60	100	200	
219	Bobby Shantz	15	25	40	50	80	120	400	
220	Joe Presko RC	6	10	15	40	50	80	200	
221	Granny Hamner	15	25	40	60	100	150	400	
222	Hoot Evers	12	20	30	40	60	80	400	1,000
223	Del Ennis	12	20	30	50	80	120	250	
224	Bruce Edwards	10	15	25	40	60	80	250	
225	Frank Baumholtz	12	20	30	40	50	100	250	1,000
226	Dave Philley	8	12	20	40	50	80	250	
227	Joe Garagiola	20	30	50	80	100	200	400	1,500
228	Al Brazle	12	20	30	40	50	80	250	1,200
229	Gene Bearden	6	10	15	30	50	100	250	
230	Matt Batts	12	20	30	50	80	150	250	
231	Sam Zoldak	10	15	25	40	50	100	300	
232	Billy Cox	15	25	40	60	100	150	400	
233	Bob Friend RC	15	25	40	60	100	150	400	
234	Steve Souchock RC	12	20	30	50	80	100	200	
235	Walt Dropo	12	20	30	50		100	250	
236	Ed Fitzgerald	12	20	30		80	120	250	1,000
237	Jerry Coleman	15	25	40	60	100	150	400	
238	Art Houtteman	8	12	20	30	50	100	200	
239	Rocky Bridges RC	12	20	30	50	80	120	250	
240	Jack Phillips RC	10	15	25	40	60	100	250	1,000
241	Tommy Byrne	12	20	30	40	60	150	800	
242	Tom Poholsky RC	10	15	30	40	50	100	300	
243	Larry Doby	40	60	100	150	250	400	2,500	
244	Vic Wertz	12	20	30	50	80	120	250	
245	Sherry Robertson	10	15	25	40	60	120	250	
246	George Kell	50	80	120	200	300	500	800	
247	Randy Gumpert	10	15	25	40	60	100	250	
248	Frank Shea	12	20	30	50	80	150	400	
249	Bobby Adams	6	10	30	40	50	80	300	
250	Carl Erskine	25	40	60	100	200	300	800	
251	Chico Carrasquel	30	50	80	100	150	250		
252	Vern Bickford	15	25	30	50	60	120	300	
253	Johnny Berardino	12	20	30	50	80	120	300	
254	Joe Dobson	8	12	30	40	60	120	250	
255	Clyde Vollmer	12	20	40	50	60	100	300	
256	Pete Suder	8	12	25	50	60	100	250	1,000
257	Bobby Avila	15	25	40	50	150	250	250	1,000
258	Steve Gromek	15	25	40	60	100	150	300	1,000
259	Bob Addis RC	15	25	40	60	100	150	250	
260	Pete Castiglione	8	12	25	40	50	150	500	
261	Willie Mays	6,000	10,000	12,000	15,000	20,000	25,000	40,000	
262	Virgil Trucks	10	15	40	60	80	120	500	
263	Harry Brecheen	8	12	30	40	80	120	300	1,000
264	Roy Hartsfield	12	20	30	50	80	120	250	1,000
265	Chuck Diering	15	25	40	50	80	120	300	
266	Murry Dickson	8	12	25	40	50	150	300	1,000
267	Sid Gordon	12	20	30	50	60	120	300	
268	Bob Lemon	60	100	150	250	400	600	1,000	4,000
269	Willard Nixon	12	20	30	50	80	120	300	
270	Lou Brissie	15	25	40	60	80	120	400	
271	Jim Delsing	8	12	30	40	80	120	400	1,000
272	Mike Garcia	10	25	30	60	80	150	500	
273	Erv Palica	20	30	50	80	150	250	300	
274	Ralph Branca	40	60	100	150	250	400	1,000	
275	Pat Mullin	8	12	20	50	80	150	400	
276	Jim Wilson RC	15	25	40	60	100	150	250	
277	Early Wynn	80	120	200	300	500	800	1,200	2,500
278	Allie Clark	12	20	30	50	80	120	300	
279	Eddie Stewart	8	12	20	40	60	100	250	1,500
280	Cloyd Boyer	12	20	40	100	150	250	500	
281	Tommy Brown SP	15	25	40	60	100	150	300	
282	Birdie Tebbetts SP	10	15	50	80	100	120	300	2,000
283	Phil Masi SP	8	12	30	50	60	100	250	1,200

#	Player	GD 2	VG 3	VgEx 4	EX 5	ExMt 6	NM 7	NmMt 8	MT
284	Hank Arft SP	12	20	30	50	80	120	250	1,00
285	Cliff Fannin SP	8	12	40	50	100	120	250	
286	Joe DeMaestri SP RC	12	20	30	50	80	100	250	1,00
287	Steve Bilko SP	25	40	60	100	150	250	400	1,00
288	Chet Nichols SP RC	15	25	40	60	100	150	250	
289	Tommy Holmes MG	20	30	50	80	150	250	400	1,50
290	Joe Astroth SP	15	25	40	60	100	150	300	
291	Gil Coan SP	12	20	40	50	80	120	300	1,00
292	Floyd Baker SP	15	25	40	60	100	150	300	1,20
293	Sibby Sisti SP	8	12	30	50	60	120	300	
294	Walker Cooper SP	15	25	40	60	100	150	250	80
295	Phil Cavarretta	40	60	100	150	250	400	1,000	1,20
296	Red Rolfe MG	25	40	60	100	150	250	500	1,20
297	Andy Seminick SP	15	25	40	60	100	150	200	1,00
298	Bob Ross SP RC	15	25	40	50	100	150	300	
299	Ray Murray SP RC	15	25	40	60	100	150	250	1,20
300	Barney McCosky SP	12	20	40	60	100	150	300	1,20
301	Bob Porterfield	12	20	40	60	80	120	400	
302	Max Surkont RC	20	30	40	60	100	150	300	1,00
303	Harry Dorish	12	20	30	50	80	150	300	1,00
304	Sam Dente	10	15	25	50	80	120	300	
305	Paul Richards MG	10	15	40	60	80	100	300	
306	Lou Sleater RC	10	15	30	50	60	120	300	1,00
307	Frank Campos RC	30	50	80	100	120	200	300	
308	Luis Aloma	20	30	50	60	80	120	250	
309	Jim Busby	20	30	40	50	100	200	400	1,20
310	George Metkovich	15	25	40	80	150	250	600	
311	Mickey Mantle DP	▲60,000	▲80,000	▲120,000	▲150,000	200,000	250,000	1,200,000	
312	Jackie Robinson DP	10,000	12,000	20,000	25,000	30,000	40,000	300,000	
313	Bobby Thomson DP	120	150	200	250	400	800	1,200	3,000
314	Roy Campanella	1,200	2,000	4,000	5,000	6,000	8,000	12,000	
315	Leo Durocher MG	250	300	400	500	800	1,000	2,500	
316	Davey Williams RC	120	150	200	300	400	600		
317	Connie Marrero	100	150	200	300	400	800		
318	Harold Gregg RC	150	200	250	300	400	500	800	
319	Al Walker RC	150	250	400	600	1,000	1,500		
320	John Rutherford RC	200	250	300	400	800	3,000		
321	Joe Black RC	200	250	300	400	500	800	1,500	
322	Randy Jackson RC	120	150	250	300	400	600	1,000	2,500
323	Bubba Church	100	150	250	300	400	500	1,000	
324	Warren Hacker	120	200	300	400	500	600	1,000	2,500
325	Bill Serena	100	150	250	400	600	1,000	1,500	
326	George Shuba RC	150	200	300	500	800	1,200		
327	Al Wilson RC	150	250	300	400	500	800	1,200	
328	Bob Borkowski RC	100	120	150	200	300	400	600	
329	Ike Delock RC	120	200	300	400	600	1,000	1,500	
330	Turk Lown RC	200	250	300	400	500	600	800	
331	Tom Morgan RC	100	150	250	400	600	1,000	2,000	
332	Tony Bartirome RC	600	1,000	1,500	2,500	3,000	6,000	8,000	
333	Pee Wee Reese	1,000	1,200	1,500	2,000	2,500	4,000	8,000	
334	Wilmer Mizell RC	100	150	250	400	600	1,000	1,500	2,500
335	Ted Lepcio RC	100	150	250	400	600	1,000	1,500	
336	Dave Koslo	100	150	250	300	400	600	1,200	
337	Jim Hearn	100	150	250	400	600	1,000	1,500	
338	Sal Yvars RC	120	200	250	300	400	500	800	
339	Russ Meyer	50	80	150	300	400	500	800	2,500
340	Bob Hooper	100	150	250	400	600	1,000	1,500	
341	Hal Jeffcoat	100	150	250	300	500	800		
342	Clem Labine RC	150	250	400	500	600	1,000	1,500	3,000
343	Dick Gernert RC	100	150	250	400	500	800	1,200	
344	Ewell Blackwell	100	150	250	400	500	600	1,500	3,000
345	Sammy White RC	100	150	250	300	400	500	800	2,500
346	George Spencer RC	80	120	200	300	500	600	1,000	
347	Joe Adcock	100	150	250	400	600	1,000	2,000	3,000
348	Robert Kelly RC	120	200	250	300	400	500	1,000	
349	Bob Cain	100	150	250	300	400	500		
350	Cal Abrams	100	200	250	300	500	800	1,200	

		GD 2	VG 3	VgEx 4	EX 5	ExMt 6	NM 7	NmMt 8	MT 9
1	Alvin Dark	120	200	250	300	500	600	1,000	5,500
2	Karl Drews	100	200	250	300	400	500	1,000	3,000
3	Bob Del Greco RC	100	150	200	250	400	600	800	3,500
4	Fred Hatfield RC	120	200	300	400	500	600	1,000	
5	Bobby Morgan	120	200	300	500	800	1,200		
6	Toby Atwell RC	120	150	250	300	400	1,000	2,000	
7	Smoky Burgess	150	250	400	500	800	1,200	2,000	
8	John Kucab RC	80	120	200	300	500	800	1,200	
9	Dee Fondy RC	120	200	300	400	600	1,500	3,000	
0	George Crowe RC	150	200	250	400	500	600	1,500	
1	Bill Posedel CO	80	100	200	250	300	500	800	
2	Ken Heintzelman	120	150	200	300	400	500	1,000	
3	Dick Rozek RC	80	100	150	250	400	600	1,000	1,200
4	Clyde Sukeforth CO RC	100	150	200	300	400	500	800	
5	Cookie Lavagetto CO	120	200	300	400	500	800	1,200	3,000
6	Dave Madison RC	120	150	200	250	300	400	800	
7	Ben Thorpe RC	100	150	250	300	500	800	1,200	
8	Ed Wright RC	80	120	200	300	500	800	1,500	
9	Dick Groat RC	200	300	400	600	1,000	1,500	2,500	5,000
0	Billy Hoeft RC	150	250	400	500	600	800	1,000	
1	Bobby Hofman	120	150	200	250	300	400	800	
2	Gil McDougald RC	250	400	600	800	1,000	1,200	2,500	5,000
3	Jim Turner CO RC	250	300	400	600	800	1,000		
4	Al Benton RC	150	200	250	400	600	1,000	1,500	2,500
5	John Merson RC	100	150	200	300	500	800	1,200	2,500
6	Faye Throneberry RC	150	250	400	500	600	800	1,200	
7	Chuck Dressen MG	150	250	300	400	600	1,000		
8	Leroy Fusselman RC	150	250	400	500	800	1,200	2,000	
9	Joe Rossi RC	100	150	200	250	300	600		
0	Clem Koshorek RC	120	150	200	250	300	600	1,000	
1	Milton Stock CO RC	150	200	250	300	500	800	1,200	
2	Sam Jones RC	120	200	300	500	800	1,000	1,500	
3	Del Wilber RC	100	150	250	300	400	600	1,500	2,500
4	Frank Crosetti CO	150	250	400	600	1,000	1,500	2,500	5,000
5	Herman Franks CO RC	120	200	300	400	600	1,000	1,500	
6	Ed Yuhas RC	100	150	250	400	600	1,000	1,500	
7	Billy Meyer MG	150	200	250	300	400	600	800	2,500
8	Bob Chipman	120	200	250	300	400	800		
9	Ben Wade RC	120	150	250	300	400	500	1,500	
0	Glenn Nelson RC	120	200	250	300	400	600	1,000	
1	Ben Chapman CO UER	120	200	250	300	400	600	1,000	
2	Hoyt Wilhelm RC	800	1,200	2,000	2,500	3,000	4,000	6,000	50,000
3	Ebba St.Claire RC	120	200	250	300	400	500	1,200	
4	Billy Herman CO	150	250	400	500	600	800		
5	Jake Pitler CO	100	250	300	500	800	1,200		
6	Dick Williams RC	200	250	300	600	1,000	1,500		
7	Forrest Main RC	200	250	300	400	600	1,000	1,500	
8	Hal Rice	120	200	250	400	500	800		
9	Jim Fridley RC	120	200	250	300	500	800		
0	Bill Dickey CO	500	600	1,000	1,200	1,500	2,500	4,000	
1	Bob Schultz RC	150	250	300	400	400	400	800	3,600
2	Earl Harrist RC	100	120	200	300	400	500	800	
3	Bill Miller RC	150	250	400	500	600	800		
4	Dick Brodowski RC	150	250	400	600	800	1,200	2,000	
5	Eddie Pellagrini	120	200	300	500	800	1,200	2,000	
6	Joe Nuxhall RC	300	500	800	1,000	1,500	2,500	2,500	
7	Eddie Mathews RC	4,000	6,000	10,000	15,000	20,000	40,000	100,000	

— Yogi Berra #191 PSA 8.5 (NmMt+) sold for $17,775 (REA; 5/13)
— Yogi Berra #191 PSA 8.5 (NmMt+) sold for $14,220 (REA; Spring '14)
— Frank Campos Black Star #307A PSA 8 (NmMt) sold for $10,207 (Goodwin; 8/12)
— Con Dempsey #44 PSA 9 (MT) sold for $9,265 (Goodwin; 03/12)
— Con Dempsey #44 PSA 9 (Mint) sold for $9,265 (Goodwin; 3/12)
— Gil Hodges #36 (Red) PSA 9 (MT) sold for $5,969 (Mile High; 10/12)
— Mickey Mantle #311 PSA 9 (MT) sold for $225,000 (Memory Lane; Private 2006)
— Mickey Mantle #311 PSA 8.5 (NmMt+) sold for $272,550 (REA; 5/13)
— Mickey Mantle #311 PSA 8 (NmMt) sold for $486,100 (eBay; 11/15)
— Mickey Mantle #311 PSA 8 (NmMt) sold for $268,644 (SCP; 12/14)
— Mickey Mantle #311 BGS 8 (NmMt) sold for $81,348 (Goodwin; 9/13)
— Mickey Mantle #311 PSA 8 (NmMt) sold for $75,198 (Mile High; 5/12)
— Mickey Mantle #311 GAI 8 (NmMt) sold for $27,180 (Mile High; 10/12)
— Willie Mays #261 PSA 9 (MT) sold for $478,000 (Heritage; 5/16)
— Willie Mays #261 PSA 9 (MT) sold for $382,400 (Heritage; 8/16)
— Willie Mays #261 PSA 9 (MT) sold for $310,700 (Heritage; 11/16)
— Willie Mays #244 PSA 8 (NmMt) sold for $12,684 (Bussineau; 7/13)
— Andy Pafko #1 PSA 7 (NrMt) sold for $14,100 (Huggins and Scott; 8/12)
— Jake Pitler CO #395 PSA 9 (MT) sold for $13,894 (Goodwin; 11/12)
— Hoyt Wilhelm #392 PSA 10 (Gem) (Young Collection) sold for $23,352 (SCP; 5/12)

1953 Bowman Black and White

		PrFr 1	GD 2	VG 3	VgEx 4	EX 5	ExMt 6	NM 7	NmMt 8
1	Gus Bell	10	15	25	40	50	120	600	
2	Willard Nixon	5	6	10	15	20	30	80	200
3	Bill Rigney	5	6	10	15	20	30	80	200
4	Pat Mullin	5	6	10	15	20	30	60	200
5	Dee Fondy	5	6	10	15	20	30	60	300
6	Ray Murray	5	6	10	15	20	30	80	200
7	Andy Seminick	5	6	10	15	20	30	60	200
8	Pete Suder	5	6	10	15	20	30	60	200
9	Walt Masterson	5	6	10	15	40	80	150	
10	Dick Sisler	5	8	12	20	25	40	80	200
11	Dick Gernert	5	6	10	15	20	30	60	200
12	Randy Jackson	5	6	10	15	20	30	80	200
13	Joe Tipton	5	6	10	15	30	40	60	200
14	Bill Nicholson	5	8	12	20	25	40	100	300
15	Johnny Mize	10	15	25	50	60	100	200	350
16	Stu Miller RC	5	8	12	20	25	502	80	300
17	Virgil Trucks	5	8	12	20	30	50	100	500
18	Billy Hoeft	5	6	10	15	50	60	80	200
19	Paul LaPalme	5	6	10	15	30	40	60	200
20	Eddie Robinson	5	6	10	15	20	30	60	200
21	Clarence Podbielan	5	6	10	15	20	30	60	200
22	Matt Batts	5	6	10	15	20	30	60	200
23	Wilmer Mizell	5	6	10	15	20	50	100	200
24	Del Wilber	5	6	10	15	20	40	80	200
25	Johnny Sain	8	12	20	30	50	60	150	600
26	Preacher Roe	8	12	20	30	50	60	150	300
27	Bob Lemon	10	15	25	40	50	120	200	600
28	Hoyt Wilhelm	12	20	30	60	100	150	250	500
29	Sid Hudson	5	8	12	20	30	60	100	200
30	Walker Cooper	5	6	10	15	20	30	60	150
31	Gene Woodling	8	12	20	30	40	80	300	500
32	Rocky Bridges	5	6	10	15	20	30	60	200
33	Bob Kuzava	5	8	12	20	25	50	120	250
34	Ebba St.Claire	5	6	10	15	20	30	100	200
35	Johnny Wyrostek	5	6	10	15	20	30	60	200
36	Jimmy Piersall	8	12	20	30	40	80	150	500
37	Hal Jeffcoat	5	8	12	20	25	40	100	500
38	Dave Cole	5	6	10	15	20	30	60	300
39	Casey Stengel MG	50	80	150	200	▼250	400	▲1,000	
40	Larry Jansen	5	8	12	20	25	60		
41	Bob Ramazzotti	5	6	10	15	20	30	60	200
42	Howie Judson	5	6	10	15	20	30	60	200
43	Hal Bevan RC	5	6	10	15	20	40	80	500
44	Jim Delsing	5	6	10	20	25	30	80	250
45	Irv Noren	6	10	15	25	30	50	100	600
46	Bucky Harris MG	8	12	20	30	40	80	120	500
47	Jack Lohrke	5	8	12	20	30	60	150	400
48	Steve Ridzik RC	5	6	10	15	20	50	150	
49	Floyd Baker	5	6	10	15	20	30	80	300
50	Dutch Leonard	5	6	10	15	20	30	60	250
51	Lew Burdette	5	8	12	20	25	50	200	400
52	Ralph Branca	8	12	20	30	40	60	200	
53	Morrie Martin	5	6	10	15	20	30	80	250
54	Bill Miller	5	6	10	15	20	30	120	250

#	Name	PrFr 1	GD 2	VG 3	VgEx 4	EX 5	ExMt 6	NM 7	NmMt 8
55	Don Johnson	5	6	10	15	25	80		
56	Roy Smalley	8	12	20	30	40	80		
57	Andy Pafko	5	8	12	20	25	40	80	400
58	Jim Konstanty	5	8	12	20	25	40	80	500
59	Duane Pillette	5	6	8	12	20	40	80	200
60	Billy Cox	8	12	20	30	40	80	250	
61	Tom Gorman RC	5	6	10	15	20	30	100	300
62	Keith Thomas RC	5	6	10	15	20	60	150	
63	Steve Gromek	5	6	10	15	20	60		
64	Andy Hansen	10	15	25	40	60	300		

1953 Bowman Color

#	Name	GD 2	VG 3	VgEx 4	EX 5	ExMt 6	NM 7	NmMt 8	MT 9
1	Davey Williams	8	12	20	30	120	500	800	
2	Vic Wertz	6	10	15	20	30	100	250	1,000
3	Sam Jethroe	6	10	15	25	80	120	1,000	
4	Art Houtteman	6	8	12	20	30	60	200	800
5	Sid Gordon	5	8	12	20	40	60	150	600
6	Joe Ginsberg	5	8	12	20	50	80	150	800
7	Harry Chiti RC	6	10	15	25	40	50	150	800
8	Al Rosen	8	12	20	50	60	100	250	800
9	Phil Rizzuto	30	50	80	120	150	500	800	
10	Richie Ashburn	30	50	80	100	150	250	800	2,000
11	Bobby Shantz	8	12	20	30	50	100	150	1,000
12	Carl Erskine	6	10	15	25	80	120	250	
13	Gus Zernial	8	12	20	30	50	80	150	1,000
14	Billy Loes	6	10	15	25	40	60	200	
15	Jim Busby	6	10	15	25	40	60	150	800
16	Bob Friend	6	10	15	25	40	60	150	600
17	Gerry Staley	5	8	12	20	30	80	300	
18	Nellie Fox	15	25	40	50	100	150	300	2,000
19	Alvin Dark	5	8	12	20	30	50	150	800
20	Don Lenhardt	5	8	12	20	30	50	120	800
21	Joe Garagiola	10	15	25	30	40	100	200	1,000
22	Bob Porterfield	6	10	15	25	40	50	150	800
23	Herman Wehmeier	6	10	15	25	40	60	150	800
24	Jackie Jensen	10	15	25	30	40	80	250	
25	Hoot Evers	5	8	12	20	40	60	200	800
26	Roy McMillan	6	10	15	25	40	80	200	600
27	Vic Raschi	8	12	20	30	50	100	300	1,500
28	Smoky Burgess	6	10	15	25	40	80	250	1,000
29	Bobby Avila	5	8	12	20	40	60	250	600
30	Phil Cavarretta	5	8	12	20	40	60	200	1,000
31	Jimmy Dykes MG	5	8	12	20	30	50	200	800
32	Stan Musial	150	250	400	600	▼800	1,500	2,500	4,000
33	Pee Wee Reese	300	500	800	1,200	2,000	2,500	4,000	6,000
34	Gil Coan	5	8	12	20	30	50	150	600
35	Maurice McDermott	5	8	12	20	30	60	120	600
36	Minnie Minoso	12	20	40	50	80	120	500	1,200
37	Jim Wilson	5	8	12	20	30	80	150	600
38	Harry Byrd RC	5	8	12	20	30	50	150	
39	Paul Richards MG	8	12	20	30	50	80	150	800
40	Larry Doby	30	50	80	120	200	300	1,000	2,000
41	Sammy White	8	12	20	30	40	60	150	800
42	Tommy Brown	5	8	12	20	30	60	150	
43	Mike Garcia	6	10	15	25	40	60	200	1,000
44	Bauer/Berra/Mantle	150	250	400	600	1,000	1,500	3,000	50,000
45	Walt Dropo	8	12	20	30	50	80	150	600
46	Roy Campanella	60	100	150	250	400	600	1,000	5,000
47	Ned Garver	6	10	15	30	50	60	200	600
48	Hank Sauer	10	15	25	40	50	120	300	
49	Eddie Stanky MG	5	8	12	20	40	60	150	1,000
50	Lou Kretlow	5	8	12	20	40	60	200	800
51	Monte Irvin	15	25	40	60	100	200	300	1,200
52	Marty Marion MG	8	12	20	30	50	80	200	
53	Del Rice	6	10	15	25	40	60	200	
54	Chico Carrasquel	5	8	12	20	30	80	200	800

#	Name	GD 2	VG 3	VgEx 4	EX 5	ExMt 6	NM 7	NmMt 8	MT
55	Leo Durocher MG	10	15	25	40	80	120	300	1,0..
56	Bob Cain	5	8	12	25	40	60	150	
57	Lou Boudreau MG	12	20	30	50	60	150	250	1,0..
58	Willard Marshall	8	12	20	30	50	80	120	8..
59	Mickey Mantle	2,000	2,500	3,000	5,000	6,000	8,000	20,000	80,0..
60	Granny Hamner	5	8	12	30	40	60	200	8..
61	George Kell	15	25	40	60	100	150	300	
62	Ted Kluszewski	20	30	50	60	80	200	300	
63	Gil McDougald	10	15	25	50	100	150	400	
64	Curt Simmons	10	15	25	40	60	120	2,000	
65	Robin Roberts	25	40	60	100	200	400	800	
66	Mel Parnell	6	10	15	25	40	150	800	
67	Mel Clark RC	6	10	15	25	30	60	400	
68	Allie Reynolds	10	15	30	60	100	150	600	
69	Charlie Grimm MG	10	15	25	40	50	150	250	
70	Clint Courtney RC	5	8	12	30	40	100	300	
71	Paul Minner	5	8	12	20	40	60	400	
72	Ted Gray	5	8	12	20	40	60	200	
73	Billy Pierce	6	10	15	25	40	120	250	1,00
74	Don Mueller	6	10	15	25	40	80	250	
75	Saul Rogovin	5	8	12	20	30	60	200	
76	Jim Hearn	5	8	12	20	30	100	200	8C
77	Mickey Grasso	6	10	15	30	40	80	250	
78	Carl Furillo	15	25	40	50	80	150	500	
79	Ray Boone	6	10	15	30	50	150	300	1,00
80	Ralph Kiner	15	25	40	60	80	250	500	1,20
81	Enos Slaughter	20	30	50	80	120	200	600	
82	Joe Astroth	5	8	12	20	50	60	200	
83	Jack Daniels RC	5	8	12	20	50	80	300	8C
84	Hank Bauer	12	20	25	40	60	150	250	1,20
85	Solly Hemus	8	12	20	30	50	60	250	8C
86	Harry Simpson	5	8	12	25	50	120	250	
87	Harry Perkowski	5	8	12	25	50	80	250	8C
88	Joe Dobson	5	8	12	20	30	50	120	8C
89	Sandy Consuegra	6	10	15	25	50	100	300	
90	Joe Nuxhall	10	15	25	40	60	120	300	
91	Steve Souchock	8	12	20	30	50	80	200	60
92	Gil Hodges	50	80	120	200	300	500	1,000	3,50
93	P.Rizzuto/B.Martin	40	60	100	150	250	400	1,000	6,00
94	Bob Addis	5	8	12	20	40	120	400	
95	Wally Moses CO	6	10	15	25	40	60	200	
96	Sal Maglie	10	15	25	40	60	100	400	
97	Eddie Mathews	60	100	150	250	400	600	1,200	4,00
98	Hector Rodriguez RC	6	10	15	25	60	200		
99	Warren Spahn	80	120	200	250	400	800	1,500	4,00
100	Bill Wight	10	15	25	40	60	120	300	
101	Red Schoendienst	12	20	30	100	150	250	500	
102	Jim Hegan	10	15	25	40	60	250	400	
103	Del Ennis	10	15	25	40	80	250		
104	Luke Easter	15	25	40	60	100			
105	Eddie Joost	6	10	15	25	40		500	
106	Ken Raffensberger	5	8	12	25	30	120	400	
107	Alex Kellner	5	8	12	25	40	80	250	
108	Bobby Adams	8	12	20	30	40	80	200	80
109	Ken Wood	6	10	15	30	40	120	400	
110	Bob Rush	8	12	20	25	30	150	300	
111	Jim Dyck RC	5	8	12	20	50	120	400	
112	Toby Atwell	8	12	20	30	60	200		
113	Karl Drews	8	12	20	30	100	300		
114	Bob Feller	80	120	200	300	400	800	2,500	5,00
115	Cloyd Boyer	12	20	30	50	80	300	600	
116	Eddie Yost	12	20	30	50	120	250	800	
117	Duke Snider	100	150	200	250	500	1,000	2,500	10,00
118	Billy Martin	40	80	100	200	300	600	3,000	6,00
119	Dale Mitchell	10	15	40	60	80	150		
120	Marlin Stuart	10	15	25	80	150	250		
121	Yogi Berra	150	250	400	600	1,000	1,500	3,000	10,00

		GD 2	VG 3	VgEx 4	EX 5	ExMt 6	NM 7	NmMt 8	MT 9
22	Bill Serena	10	15	25	40	60	200	500	
23	Johnny Lipon	10	15	25	40	100	200	500	2,500
24	Chuck Dressen MG	12	20	30	80	150	250	600	3,000
25	Fred Hatfield	10	15	25	40	100	250	800	
26	Al Corwin	10	15	25	40	60	250	1,200	
27	Dick Kryhoski	10	15	25	40	80	300		
28	Whitey Lockman	10	15	25	50	150	600		
29	Russ Meyer	10	15	40	50	100	300		
30	Cass Michaels	8	12	20	40	60	300	800	2,000
31	Connie Ryan	12	20	30	50	60	300	800	
32	Fred Hutchinson	8	12	20	30	100	300	800	1,200
33	Willie Jones	10	15	25	40	60	250	400	2,000
34	Johnny Pesky	10	15	25	50	120	200	1,000	
35	Bobby Morgan	15	25	40	60	100	250		
36	Jim Brideweser RC	15	25	40	60	100	250	600	
37	Sam Dente	8	12	20	30	50	250	600	2,500
38	Bubba Church	8	12	20	40	60	200	500	
39	Pete Runnels	12	20	30	50	80	150	1,200	
40	Al Brazle	8	12	20	30	60	150	500	
41	Frank Shea	8	12	20	30	80	200	600	1,500
42	Larry Miggins RC	10	15	25	50	60	300	1,500	
43	Al Lopez MG	10	15	25	80	100	300	2,000	
44	Warren Hacker	10	15	25	40	50	150	1,000	
45	George Shuba	15	25	40	60	150			
46	Early Wynn	30	50	80	120	200	400	1,000	2,500
47	Clem Koshorek	6	10	15	25	60	200	500	1,500
48	Billy Goodman	10	20	25	30	120	300		
49	Al Corwin	8	12	20	50	60	150	600	
50	Carl Scheib	8	12	20	30	50	100	300	
51	Joe Adcock	10	15	25	60	100	200	1,000	
52	Clyde Vollmer	8	12	20	30	50	120	400	
53	Whitey Ford	100	150	250	400	600	1,500	10,000	
54	Turk Lown	8	12	20	40	80	300	1,000	
55	Allie Clark	10	15	25	30	60	250	600	
56	Max Surkont	8	12	20	50	60	300	600	
57	Sherm Lollar	10	15	25	50	80	150	500	2,000
58	Howard Fox	8	12	20	30	60	250	1,000	
59	Mickey Vernon	10	15	25	60	100	250	1,200	
60	Cal Abrams	25	40	60	100	250	500	800	

— Whitey Ford #153 PSA 9 (MT) sold for $75,000 (Memory Lane; Private - 2007)
— Mickey Mantle #59 PSA 10 (Gem) sold for $115,000 (Memory Lane; Private - 2007)

1953 Red Man

		GD 2	VG 3	VgEx 4	EX 5	ExMt 6	NM 7	NmMt 8	MT 9
AL1	Casey Stengel MG	10	15	25	80	100	150		
AL2	Hank Bauer	8	12	20	30	50	100	300	
AL3	Yogi Berra	15	25	50	100	120	250	1,000	
AL4	Walt Dropo	6	10	15	25	40	80	200	
AL5	Nellie Fox	10	15	25	40	60	120	500	
AL6	Jackie Jensen	8	12	20	30	50	100		
AL7	Eddie Joost	6	10	15	25	40	80	200	
AL8	George Kell	10	15	25	40	60	120	500	
AL9	Dale Mitchell	6	10	15	25	40	80	200	
AL10	Phil Rizzuto	15	25	40	60	100	250	800	
AL11	Eddie Robinson	6	10	15	25	40	80		
AL12	Gene Woodling	8	12	20	30	50	100	300	
AL13	Gus Zernial	6	10	15	25	40	80		
AL14	Early Wynn	10	15	25	40	60	120	300	
AL15	Joe Dobson	6	10	15	25	40	80	200	
AL16	Billy Pierce	6	10	15	25	40	80	200	
AL17	Bob Lemon	10	15	25	40	60	120	500	
AL18	Johnny Mize	10	15	25	40	60	120	500	
AL19	Bob Porterfield	6	10	15	25	40	80	250	
AL20	Bobby Shantz	6	10	15	25	40	80		
AL21	Mickey Vernon	6	10	15	25	40	80	200	
AL22	Dom DiMaggio	8	12	20	30	50	100	250	
AL23	Gil McDougald	8	12	20	30	50	100	300	

		GD 2	VG 3	VgEx 4	EX 5	ExMt 6	NM 7	NmMt 8	MT 9
AL24	Al Rosen	8	12	20	30	50	100	300	
AL25	Mel Parnell	6	10	15	25	40	80	200	
AL26	Bobby Avila	6	10	15	25	40	80	200	
NL1	Charlie Dressen MG	6	10	15	25	40	80		
NL2	Bobby Adams	6	10	15	25	40	80	200	
NL3	Richie Ashburn	10	15	25	40	60	120	500	
NL4	Joe Black	8	12	20	30	60	100	300	
NL5	Roy Campanella	15	25	50	100	120	250	1,200	
NL6	Ted Kluszewski	10	15	25	40	60	120	500	
NL7	Whitey Lockman	6	10	15	25	40	80	300	
NL8	Sal Maglie	6	10	15	25	40	80	200	
NL9	Andy Pafko	6	10	15	25	40	80	200	
NL10	Pee Wee Reese	15	25	40	80	100	200	800	
NL11	Robin Roberts	10	15	25	40	60	120	600	
NL12	Red Schoendienst	10	15	25	40	60	120	500	
NL13	Enos Slaughter	10	15	25	40	60	120	500	
NL14	Duke Snider	15	25	50	80	120	250	1,200	
NL15	Ralph Kiner	8	12	20	30	50	100	300	
NL16	Hank Sauer	6	10	15	25	40	150	200	
NL17	Del Ennis	6	10	15	25	40	80	350	
NL18	Granny Hamner	6	10	15	25	40	80	200	
NL19	Warren Spahn	15	25	40	60	100	200	800	
NL20	Wes Westrum	6	10	15	25	40	80	400	
NL21	Hoyt Wilhelm	10	15	25	40	60	120	500	
NL22	Murry Dickson	6	10	15	25	40	80	250	
NL23	Warren Hacker	6	10	15	25	40	80	200	
NL24	Gerry Staley	6	10	15	25	40	80		
NL25	Bobby Thomson	8	12	20	30	50	100	300	
NL26	Stan Musial	30	50	100	250	350	500		

— Prices reference cards with tabs.
— Duke Snider #NL14 BVG 9 (MT) sold for $1,355 (eBay; 1/0/)

1953 Topps

		GD 2	VG 3	VgEx 4	EX 5	ExMt 6	NM 7	NmMt 8	MT 9
	COMMON DP (221-280)			15	25	40	60	200	1,200
1	Jackie Robinson DP	1,000	2,000	3,000	5,000	6,000	20,000	50,000	80,000
2	Luke Easter DP	6	10	15	25	40	100	250	
3	George Crowe	15	25	40	60	100	150	300	
4	Ben Wade	6	10	15	30	50	100	300	
5	Joe Dobson	8	12	20	30	50	80	200	1,200
6	Sam Jones	8	12	20	40	50	80	200	800
7	Bob Borkowski DP	6	10	15	25	40	60	120	1,000
8	Clem Koshorek DP	6	8	12	20	40	50	150	1,000
9	Joe Collins	12	20	30	50	120	200		
10	Smoky Burgess SP	15	25	40	60	100	150	600	
11	Sal Yvars	6	10	15	30	50	100	250	
12	Howie Judson DP	5	6	10	25	30	60	150	
13	Conrado Marrero DP	6	10	15	25	40	60	250	
14	Clem Labine DP	15	25	40	60	100	150	600	
15	Bobo Newsom DP RC	6	10	15	25	40	50	120	
16	Harry Lowrey DP	5	6	10	25	30	60	200	1,500
17	Billy Hitchcock	8	12	20	30	50	80	200	1,500
18	Ted Lepcio DP	5	6	10	15	30	60	150	1,200
19	Mel Parnell DP	5	8	12	20	50	50	150	800
20	Hank Thompson	8	12	20	30	50	120	200	1,800
21	Billy Johnson	8	12	20	30	50	80	150	1,200
22	Howie Fox	6	10	15	30	50	60	200	
23	Toby Atwell DP	5	6	10	15	40	50	150	1,000
24	Ferris Fain	8	12	20	30	50	80	250	1,200
25	Ray Boone	6	10	15	30	50	80	250	
26	Dale Mitchell DP	6	10	15	30	50	60	200	
27	Roy Campanella DP	80	120	200	300	500	800	1,200	2,000
28	Eddie Pellagrini	5	8	12	20	40	80	200	1,000
29	Hal Jeffcoat	5	8	12	25	40	60	150	1,200
30	Willard Nixon	8	12	20	30	50	100	400	1,200
31	Ewell Blackwell	8	12	20	40	50	100	300	
32	Clyde Vollmer	6	10	15	25	30	60	200	

#	Name	GD 2	VG 3	VgEx 4	EX 5	ExMt 6	NM 7	NmMt 8	MT 9
33	Bob Kennedy DP	5	8	12	20	30	60	120	800
34	George Shuba	6	10	15	25	50	60	300	
35	Irv Noren DP	10	15	25	40	60	100	120	1,200
36	Johnny Groth DP	5	6	10	15	40	50	150	800
37	Eddie Mathews DP	80	120	200	300	500	800	2,000	4,000
38	Jim Hearn DP	6	10	15	25	40	60	120	1,200
39	Eddie Miksis	8	12	20	30	50	80	150	1,200
40	John Lipon	5	8	12	20	40	60	200	1,200
41	Enos Slaughter	15	25	50	60	120	250	2,000	
42	Gus Zernial DP	6	10	15	25	30	50	150	
43	Gil McDougald	15	25	40	60	100	250		
44	Ellis Kinder SP	8	12	20	30	60	250		
45	Grady Hatton DP	5	6	15	20	30	60	150	
46	Johnny Klippstein DP	5	6	10	15	40	200		
47	Bubba Church DP	5	8	12	20	30	60	150	
48	Bob Del Greco DP	5	6	10	25	30	60	120	
49	Faye Throneberry DP	6	10	15	30	40	60	150	1,200
50	Chuck Dressen DP	10	15	25	30	50	80	200	1,200
51	Frank Campos DP	6	10	15	25	40	50	150	1,200
52	Ted Gray DP	6	10	15	25	30	60	150	1,500
53	Sherm Lollar DP	8	12	20	30	50	80	120	800
54	Bob Feller DP	120	200	250	300	500	800	1,200	4,000
55	Maurice McDermott DP	8	12	20	30	50	80	200	
56	Gerry Staley DP	6	10	15	25	50	60	120	1,200
57	Carl Scheib	6	10	15	25	40	60	120	
58	George Metkovich	5	8	12	20	40	60	200	1,200
59	Karl Drews DP	6	10	15	25	40	50	120	1,000
60	Cloyd Boyer DP	6	10	15	25	40	60	200	
61	Early Wynn SP	30	50	80	120	200	300	600	
62	Monte Irvin DP	50	80	120	200	300	500	800	
63	Gus Niarhos DP	5	6	10	25	30	80	120	1,000
64	Dave Philley	10	15	25	40	60	100	200	
65	Earl Harrist	10	15	25	30	60	80	200	1,500
66	Orestes Minoso	40	60	100	150	250	400	600	1,200
67	Roy Sievers DP	5	6	10	15	30	60	150	800
68	Del Rice	5	8	12	20	40	60	150	1,200
69	Dick Brodowski	6	10	15	25	50	80	150	1,000
70	Ed Yuhas	8	12	20	30	50	80	200	1,200
71	Tony Bartirome	6	10	15	25	40	80	200	
72	Fred Hutchinson SP	15	25	40	60	100	200	400	
73	Eddie Robinson	5	8	12	20	40	60	150	800
74	Joe Rossi	8	12	20	30	50	60	200	1,400
75	Mike Garcia	6	10	15	25	40	80	150	1,200
76	Pee Wee Reese	100	150	250	400	600	1,000	1,500	4,000
77	Johnny Mize DP	25	40	60	100	150	200	400	1,200
78	Al Schoendienst	20	30	50	80	120	200	1,000	
79	Johnny Wyrostek	8	12	20	30	50	80	200	1,200
80	Jim Hegan	6	10	15	25	40	80	150	1,200
81	Joe Black SP	10	15	25	50	100	200	1,000	
82	Mickey Mantle	4,000	5,000	8,000	10,000	15,000	40,000	60,000	
83	Howie Pollet	6	10	15	30	40	100	500	
84	Bob Hooper DP	5	6	10	15	30	50	150	1,000
85	Bobby Morgan DP	6	10	15	25	50	120		
86	Billy Martin	60	100	150	250	400	600	2,000	4,000
87	Ed Lopat	12	20	30	50	100	150	400	
88	Willie Jones DP	10	15	25	40	60	200	1,200	
89	Chuck Stobbs DP	6	10	15	25	40	60	150	
90	Hank Edwards DP	5	8	12	20	30	60	150	
91	Ebba St.Claire DP	6	10	15	25	40	80	400	1,200
92	Paul Minner DP	5	6	10	30	40	100	300	
93	Hal Rice DP	8	12	20	30	60	120		
94	Bill Kennedy DP	5	8	12	20	30	60	200	1,200
95	Willard Marshall DP	6	10	15	25	40	80	250	
96	Virgil Trucks	10	15	25	40	60	100	800	
97	Don Kolloway DP	5	8	12	20	30	60	200	
98	Cal Abrams DP	8	12	20	30	50	80	250	1,200
99	Dave Madison	6	10	15	30	40	80	200	

#	Name	GD 2	VG 3	VgEx 4	EX 5	ExMt 6	NM 7	NmMt 8	MT
100	Bill Miller	6	10	25	50	60	200	600	
101	Ted Wilks	6	10	15	25	50	200	1,200	
102	Connie Ryan DP	6	10	15	30	40	250	600	
103	Joe Astroth DP	6	10	15	25	40	60	200	1,200
104	Yogi Berra	200	250	400	600	800	▲1,500	4,000	12,000
105	Joe Nuxhall DP	10	20	30	50	150	500		
106	Johnny Antonelli	6	10	15	40	60	100	250	
107	Danny O'Connell DP	5	6	10	15	30	80	400	
108	Bob Porterfield DP	5	6	15	25	30	50	120	1,400
109	Alvin Dark	15	25	40	60	100	150	600	
110	Herman Wehmeier DP	8	12	20	30	50	80	250	1,200
111	Hank Sauer DP	8	12	20	30	50	100	150	1,800
112	Ned Garver DP	6	10	15	25	40	60	250	
113	Jerry Priddy	5	8	12	20	60	100	400	
114	Phil Rizzuto	100	150	250	400	600	1,000	2,500	
115	George Spencer	5	8	25	30	50	60	250	
116	Frank Smith DP	8	12	20	30	50	250		
117	Sid Gordon DP	5	6	10	15	30	80	300	
118	Gus Bell DP	6	10	15	25	40	100	250	1,200
119	Johnny Sain SP	12	20	30	50	100	200	600	
120	Davey Williams	8	12	20	25	50	60	500	
121	Walt Dropo	6	10	15	40	50	150	300	
122	Elmer Valo	8	12	20	30	50	80	250	
123	Tommy Byrne DP	6	10	15	25	30	60	150	1,200
124	Sibby Sisti DP	6	10	15	25	40	60	200	
125	Dick Williams DP	12	20	25	30	80	200	500	
126	Bill Connelly DP RC	6	10	15	25	40	60	300	
127	Clint Courtney DP RC	5	6	10	25	40	80	150	
128	Wilmer Mizell DP	5	6	10	30	50	100	400	
129	Keith Thomas RC	8	12	20	30	50	80	300	
130	Turk Lown DP	8	12	20	30	40	150	800	
131	Harry Byrd DP RC	6	10	15	25	40	50	120	
132	Tom Morgan	12	20	30	50	80	200	400	
133	Gil Coan	5	8	12	20	40	80	200	
134	Rube Walker	8	12	20	40	60	100	800	
135	Al Rosen DP	6	10	15	30	60	120	500	
136	Ken Heintzelman DP	5	6	10	25	50	100	150	
137	John Rutherford DP	8	12	25	30	40	60	400	
138	George Kell	20	30	50	80	120	200	400	
139	Sammy White	5	8	12	20	50	80	200	
140	Tommy Glaviano	5	8	25	30	40	120		
141	Allie Reynolds DP	15	25	40	60	100	150		
142	Vic Wertz	8	12	20	30	50	100	500	
143	Billy Pierce	15	25	40	60	80	150	500	
144	Bob Schultz DP	5	6	10	25	40	60	250	
145	Harry Dorish DP	5	8	12	25	30	50	150	
146	Granville Hamner	6	10	15	30	60	150		
147	Warren Spahn	100	150	250	400	600	1,000	2,000	
148	Mickey Grasso	5	8	12	20	40	100	200	
149	Dom DiMaggio DP	15	25	40	60	100	150	400	
150	Harry Simpson DP	5	8	12	20	30	60	250	
151	Hoyt Wilhelm	25	40	60	100	120	400	600	
152	Bob Adams DP	10	15	25	40	60	100	400	
153	Andy Seminick DP	6	10	15	25	40	80	300	
154	Dick Groat	20	30	50	80	120	600		
155	Dutch Leonard	6	10	15	30	40	100	250	
156	Jim Rivera DP RC	8	12	20	30	50	80	120	1,200
157	Bob Addis DP	10	15	25	40	60	100		
158	Johnny Logan RC	12	20	30	50	80	120	400	1,200
159	Wayne Terwilliger DP	6	10	15	30	40	200	600	
160	Bob Young	6	10	15	25	40	80	150	1,200
161	Vern Bickford DP	5	6	10	30	50	150	300	
162	Ted Kluszewski	10	15	40	80	100	200	400	
163	Fred Hatfield DP	5	8	12	20	30	60	300	1,500
164	Frank Shea DP	5	6	10	15	50	100		
165	Billy Hoeft	5	8	12	40	50	200	400	
166	Billy Hunter RC	8	12	20	30	50	80	200	

	GD 2	VG 3	VgEx 4	EX 5	ExMt 6	NM 7	NmMt 8	MT 9
Art Schult RC	10	15	25	40	60	100	200	1,200
Willard Schmidt RC	6	10	15	25	40	60	120	
Dizzy Trout	5	6	10	25	40	60	250	1,200
Bill Werle	6	10	15	25	40	60	200	1,200
Bill Glynn RC	5	6	10	25	30	50	200	
Rip Repulski RC	5	6	10	15	50	100	800	
Preston Ward	6	10	15	25	40	60	120	1,200
Billy Loes	10	15	25	30	40	100	400	
Ron Kline RC	6	10	15	25	50	100		
Don Hoak RC	8	12	20	30	50	80	200	1,800
Jim Dyck RC	6	10	15	25	40	60	100	
Jim Waugh RC	5	6	10	25	30	60	200	1,500
Gene Hermanski	6	10	15	25	50	60	250	
Virgil Stallcup	10	15	25	40	60	100	150	1,200
Al Zarilla	6	10	15	25	40	80	250	1,200
Bobby Hofman	6	10	15	25	40	60	120	
Stu Miller RC	6	10	15	25	40	60	300	
Hal Brown RC	6	10	15	25	40	60	250	1,200
Jim Pendleton RC	6	10	15	25	30	50	120	
Charlie Bishop RC	6	10	15	25	40	50	150	1,200
Jim Fridley	5	6	15	25	30	50	200	1,200
Andy Carey RC	15	25	40	60	100	150	400	
Ray Jablonski RC	5	6	10	25	40	60	150	1,200
Dixie Walker CO	5	6	10	25	40	60	200	
Ralph Kiner	20	30	40	50	150	250	500	
Wally Westlake	5	8	12	20	30	100	200	1,200
Mike Clark RC	6	10	15	25	30	50	200	
Eddie Kazak	6	10	15	25	40	50	150	
Ed McGhee RC	6	10	15	25	40	60	150	
Bob Keegan RC	5	8	12	20	30	50	150	1,200
Del Crandall	10	15	25	40	60	100	300	
Forrest Main	6	10	15	25	30	50	150	
Marion Fricano RC	8	12	20	30	50	80	200	
Gordon Goldsberry	5	8	12	20	40	60	150	1,200
Paul LaPalme	6	10	15	25	40	50	300	
Carl Sawatski RC	5	8	12	30	40	60	200	1,200
Cliff Fannin	10	15	25	40	60	100	250	
Dick Bokelman RC	5	6	10	15	30	60	150	2,000
Vern Benson RC	8	12	20	25	30	60	250	
Ed Bailey RC	8	12	20	30	50	80	200	
Whitey Ford	80	120	200	300	500	800	2,500	4,000
Jim Wilson	6	10	15	25	40	60	120	1,200
Jim Greengrass RC	6	10	15	25	40	60	200	1,200
Bob Cerv RC	12	20	30	50	80	150	600	
J.W. Porter RC	8	12	20	30	50	80	150	150
Jack Dittmer RC	6	10	15	25	40	60		
Ray Scarborough	10	15	25	40	60	100	400	
Bill Bruton RC	5	6	10	25	30	60	150	
Gene Conley RC	6	10	15	25	50	100	400	
Jim Hughes RC	8	12	20	30	40	80	300	
Murray Wall RC	6	10	15	25	50	60	250	
Les Fusselman	5	6	20	25	50	120	200	
Pete Runnels	8	12	20	30	50	80	200	
Satchel Paige	1,000	▲1,500	▲2,500	▲3,000	▲5,000	6,000	15,000	40,000
Bob Milliken RC	8	12	20	60	80	200	500	
Vic Janowicz DP RC	20	30	50	60	80	300		
Johnny O'Brien DP RC	6	10	15	40	50	100	300	
Lou Sleater DP	6	10	25	30	80	100	400	
Bobby Shantz	12	20	30	60	120	150	400	
Ed Erautt	8	12	20	50	60	100	400	
Morris Martin	8	12	20	50	60	150	400	
Hal Newhouser	50	80	120	200	300	500	800	
Rocky Krsnich RC	8	12	20	50	100	200	500	
Johnny Lindell DP	12	20	30	50	60	150	500	1,200
Solly Hemus DP	6	10	15	30	50	100	500	
Dick Kokos	15	25	40	60	100	200	400	
Al Aber RC	8	12	20	30	80	250	600	

	GD 2	VG 3	VgEx 4	EX 5	ExMt 6	NM 7	NmMt 8	MT 9
234 Ray Murray DP	6	10	25	40	50	100	250	1,200
235 John Hetki DP RC	6	10	15	40	50	150	400	
236 Harry Perkowski DP	8	12	20	50	80	150	800	
237 Clarence Podbielan DP	10	15	25	40	60	200	500	
238 Cal Hogue DP RC	10	15	25	50	80	150	500	
239 Jim Delsing	12	20	30	50	60	150	400	
240 Freddie Marsh	12	20	30	50	80	250	500	
241 Al Sima DP	10	15	25	30	50	80	200	2,000
242 Charlie Silvera	10	15	25	40	100	200	500	
243 Carlos Bernier DP RC	10	15	30	50	60	120	500	
244 Willie Mays	2,500	▲4,000	▲6,000	8,000	10,000	20,000		
245 Bill Norman CO	10	15	25	50	100	250		
246 Roy Face DP RC	20	30	50	80	120	400	800	
247 Mike Sandlock DP RC	12	20	25	30	50	120	300	
248 Gene Stephens DP RC	8	12	20	30	60	100	500	
249 Eddie O'Brien RC	12	20	30	50	80	200	3,000	1,200
250 Bob Wilson RC	25	40	60	100	150	250	600	
251 Sid Hudson	20	30	50	80	200	250		
252 Henry Foiles RC	10	15	25	60	100	200	600	
254 Preacher Roe DP	10	15	50	60	120	300	500	
255 Dixie Howell	20	30	50	100	120	200	800	
256 Les Peden RC	20	30	50	80	120	200	500	
257 Bob Boyd RC	15	25	40	100	120	200	400	
258 Jim Gilliam RC	100	150	250	400	500	800	2,500	
259 Roy McMillan DP	12	20	30	50	80	200		
260 Sam Calderone RC	12	20	30	50	100	300		
262 Bob Oldis RC	8	12	20	50	80	300	600	
263 Johnny Podres RC	60	100	120	250	400	1,000	2,000	
264 Gene Woodling DP	15	25	40	60	80	250	600	
265 Jackie Jensen	12	20	50	80	100	250	500	
266 Bob Cain	8	12	20	60	80	200	600	
269 Duane Pillette	15	25	40	50	100	300	500	
270 Vern Stephens	20	30	50	80	120	200	400	
272 Bill Antonello RC	10	15	40	50	80	300	500	
273 Harvey Haddix RC	50	80	120	200	300	500		
274 John Riddle CO	10	15	25	100	150	500		
276 Ken Raffensberger	15	25	50	60	250	400	800	
277 Don Lund RC	20	30	50	60	120	250	500	
278 Willie Miranda RC	15	25	50	120	200	600		
279 Joe Coleman DP	10	15	25	40	60	120	400	
280 Milt Bolling RC	40	60	100	200	400			

— Mickey Mantle #82 PSA 8.5 (NmMt+) sold for $23,640 (Greg Bussineau; 7/12)

1954 Bowman

		GD 2	VG 3	VgEx 4	EX 5	ExMt 6	NM 7	NmMt 8	MT 9
1	Phil Rizzuto	25	40	60	100	120	250	800	
2	Jackie Jensen	5	6	10	15	25	60	300	
3	Marion Fricano	5	5	5	8	12	20	120	
4	Bob Hooper	5	5	5	8	12	15	60	300
5	Billy Hunter	5	5	5	8	12	15	50	
6	Nellie Fox	12	20	30	50	80	100	300	
7	Walter Dropo	5	5	5	10	15	40	60	
8	Jim Busby	5	5	5	8	12	25	80	
9	Dave Williams	5	5	5	8	12	30	60	
10	Carl Erskine	6	10	15	25	40	50	200	
11	Sid Gordon	5	5	5	8	12	20	50	350
12A	Roy McMillan 551/1290 At Bat	5	5	5	8	12	15	50	250
12B	Roy McMillan 557/1296 At Bat	5	5	6	10	15	25	150	
13	Paul Minner	5	5	5	8	12	20	50	300
14	Gerry Staley	5	5	5	8	12	25	50	
15	Richie Ashburn	20	30	50	80	100	150	250	
16	Jim Wilson	5	5	5	8	12	25	80	
17	Tom Gorman	5	5	5	8	12	25	50	350
18	Hoot Evers	5	5	5	8	12	30	80	300
19	Bobby Shantz	5	5	5	8	12	20	50	
20	Art Houtteman	5	5	5	8	12	25	50	300
21	Vic Wertz	5	5	5	8	12	30	80	

#	Player	GD 2	VG 3	VgEx 4	EX 5	ExMt 6	NM 7	NmMt 8	MT 9
22A	Sam Mele 213/1661 Putouts	5	5	5	8	12	15	50	350
22B	Sam Mele 217/1665 Putouts	5	5	6	10	15	25	200	
23	Harvey Kuenn RC	6	10	15	25	40	60	100	500
24	Bob Porterfield	5	5	5	8	12	25	50	
25A	Wes Westrum 1.000/.987	5	5	6	10	15	30		
25B	Wes Westrum .982/.986	5	5	8	12	20	40		
26A	Billy Cox 1.000/.960	5	5	6	10	15	30	150	
26B	Billy Cox .972/.960	5	5	8	12	20	40	150	
27	Dick Cole RC	5	5	5	8	12	30	60	250
28A	Jim Greengrass Addison, NJ	5	5	5	8	12	15	50	250
28B	Jim Greengrass Addison, NY	5	5	5	8	12	15	50	
29	Johnny Klippstein	5	5	6	10	15	20	50	350
30	Del Rice	5	5	5	8	12	25	30	300
31	Smoky Burgess	5	5	8	12	20	30	50	300
32	Del Crandall	5	5	5	8	12	20	60	300
33A	Vic Raschi No Trade	5	5	5	8	12	20	50	150
33B	Vic Raschi Traded to St.Louis	5	6	10	15	25	80	600	
34	Sammy White	5	5	5	8	12	25	50	400
35A	Eddie Joost Quiz Answer is 8	5	5	5	8	12	15	50	300
35B	Eddie Joost Quiz Answer is 33	5	5	6	10	15	25		
36	George Strickland	5	5	6	10	15	25	50	250
37	Dick Kokos	5	5	5	8	12	20	50	250
38A	Minnie Minoso .895/.961	5	5	8	12	20	30	80	500
38B	Minnie Minoso .963/.963	5	6	10	15	25	40	250	
39	Ned Garver	5	5	5	8	12	20	50	300
40	Gil Coan	5	5	5	8	12	25	50	
41A	Alvin Dark .986/960	5	5	5	8	12	25	80	400
41B	Alvin Dark .968/.960	5	5	6	10	15	30		
42	Billy Loes	5	5	5	8	12	30	80	400
43A	Bob Friend 20 Shutouts in Quiz	5	5	5	8	12	25	80	
43B	Bob Friend 16 Shutouts in Quiz	5	5	6	10	15	40	120	
44	Harry Perkowski	5	5	5	8	12	25	50	300
45	Ralph Kiner	10	15	25	40	60	120	200	
46	Rip Repulski	5	5	8	12	20	25	50	300
47A	Granny Hamner .970/.953	5	5	5	8	12	15	60	300
47B	Granny Hamner .953/.951	5	5	8	12	20	30	120	
48	Jack Dittmer	5	5	5	8	12	25	80	
49	Harry Byrd	5	6	10	15	25	40	60	
50	George Kell	6	10	15	25	40	50	150	400
51	Alex Kellner	5	5	5	8	12	25	50	300
52	Joe Ginsberg	5	5	5	8	12	20	50	350
53A	Don Lenhardt .969/.984	5	5	5	8	12	15	50	300
53B	Don Lenhardt .966/.983	5	5	5	8	12	25	60	
54	Chico Carrasquel	5	5	5	8	12	25	50	300
55	Jim Delsing	5	5	5	8	12	25	50	250
56	Maurice McDermott	5	5	5	8	12	20	50	
57	Hoyt Wilhelm	8	12	20	30	50	60	150	500
58	Pee Wee Reese	▲30	▲50	▲80	▲120	▲200	▲400	▲600	2,000
59	Bob Schultz	5	5	5	8	12	25	50	300
60	Fred Baczewski RC	5	5	6	10	15	25	50	250
61A	Eddie Miksis .954/.962	5	5	5	8	12	15	50	300
61B	Eddie Miksis .954/.961	5	5	6	10	15	25	120	
62	Enos Slaughter	12	20	30	50	80	120	200	600
63	Earl Torgeson	5	5	5	8	12	15	50	250
64	Eddie Mathews	40	60	▼80	▼120	250	400	600	2,000
65	Mickey Mantle	1,000	1,500	2,500	4,000	5,000	8,000	15,000	25,000
66A	Ted Williams	1,200	2,000	2,500	3,000	5,000	8,000	15,000	
66B	Jimmy Piersall	6	10	15	25	60	100	250	
67A	Carl Scheib .306 Pct. Two Lines	5	5	5	8	12	40	200	
67B	Carl Scheib .306 Pct. One Line	5	5	6	10	15	60	300	
67C	Carl Scheib .300 Pct.	5	5	6	10	15	50	200	
68	Bobby Avila	5	5	5	8	12	30	80	
69	Clint Courtney	5	5	5	8	12	15	50	300
70	Willard Marshall	5	5	6	10	15	25	50	250
71	Ted Gray	5	5	6	10	15	30	50	300
72	Eddie Yost	5	5	5	8	12	30	60	300
73	Don Mueller	5	5	5	8	12	20	50	300

#	Player	GD 2	VG 3	VgEx 4	EX 5	ExMt 6	NM 7	NmMt 8	MT
74	Jim Gilliam	5	6	10	15	25	60	120	5
75	Max Surkont	5	5	5	8	12	20	50	
76	Joe Nuxhall	5	5	5	8	12	40	60	25
77	Bob Rush	5	5	5	8	12	25	50	30
78	Sal Yvars	5	5	5	8	12	25	50	30
79	Curt Simmons	5	5	5	8	12	25	50	
80A	Johnny Logan 106 Runs	5	5	5	8	12	60		
80B	Johnny Logan 100 Runs	5	5	6	10	15	25	150	
81A	Jerry Coleman 1.000/.975	5	5	8	12	20	40	500	
81B	Jerry Coleman .952/.975	5	6	10	15	25	60	500	
82A	Bill Goodman .965/.986	5	5	6	10	15	30	80	4
82B	Bill Goodman .972/.985	5	5	8	12	20	40	120	
83	Ray Murray	5	5	5	8	12	30	50	3
84	Larry Doby	10	15	25	40	50	80	200	60
85A	Jim Dyck .926/.956	5	5	5	8	12	15	60	
85B	Jim Dyck .947/.960	5	5	6	10	15	25	100	
86	Harry Dorish	5	5	5	8	12	40	50	30
87	Don Lund	5	5	5	8	12	20	50	30
88	Tom Umphlett RC	5	5	5	8	12	15	50	
89	Willie Mays	▼400	▼600	1,000	▼1,200	2,000	5,000	8,000	12,00
90	Roy Campanella	▲40	▲60	▲100	▲150	▲200	▲300	▲800	8
91	Cal Abrams	5	5	5	8	12	25	50	30
92	Ken Raffensberger	5	5	5	8	12	15	50	30
93A	Bill Serena .983/.966	5	5	5	8	12	15	60	30
93B	Bill Serena .977/.966	5	5	6	10	15	25	120	
94A	Solly Hemus 476/1343	5	5	5	8	12	15	50	30
94B	Solly Hemus 477/1343	5	5	6	10	15	25	150	
95	Robin Roberts	12	20	30	50	80	120	250	80
96	Joe Adcock	5	5	8	12	20	30	100	
97	Gil McDougald	5	8	12	20	30	50	120	50
98	Ellis Kinder	5	5	8	12	20	25	60	40
99A	Peter Suder .985/.974	5	5	5	8	12	15	50	30
99B	Peter Suder .978/.974	5	5	6	10	15	40	200	
100	Mike Garcia	5	5	8	12	20	25	50	
101	Don Larsen RC	15	25	40	60	100	150	250	60
102	Billy Pierce	5	5	8	12	20	40	60	30
103A	Stephen Souchock 144/1192	5	5	5	8	12	15	50	25
103B	Stephen Souchock 147/1195	5	5	6	10	15	25	120	
104	Frank Shea	5	5	5	8	12	25	50	30
105A	Sal Maglie Quiz Answer is 8	5	5	5	8	12	25	150	
105B	Sal Maglie Quiz Answer is 1904	5	5	8	12	20	30		
106	Clem Labine	5	6	10	15	25	40	80	40
107	Paul LaPalme	5	5	5	8	12	25	50	30
108	Bobby Adams	5	5	5	8	12	25	50	30
109	Roy Smalley	5	5	6	10	15	30	50	30
110	Red Schoendienst	6	8	12	20	30	80	150	
111	Murry Dickson	5	5	8	12	20	25	50	
112	Andy Pafko	5	5	8	12	20	30	60	
113	Allie Reynolds	8	12	20	30	50	80	120	60
114	Willard Nixon	5	5	5	8	12	15	50	30
115	Don Bollweg	5	5	5	8	12	25	50	25
116	Luke Easter	5	5	5	8	12	30	100	
117	Dick Kryhoski	5	5	6	10	15	25	50	35
118	Bob Boyd	5	5	5	8	12	15	50	35
119	Fred Hatfield	5	5	6	10	15	25	40	35
120	Mel Hoderlein RC	5	5	5	8	12	20	50	200
121	Ray Katt RC	5	5	5	8	12	15	60	
122	Carl Furillo	8	8	12	20	30	60	150	600
123	Toby Atwell	5	5	5	8	12	15	50	35
124A	Gus Bell 15/27 Errors	5	5	5	8	12	15	50	45
124B	Gus Bell 11/26 Errors	5	5	6	10	15	25	120	
125	Warren Hacker	5	5	5	8	12	15	50	25
126	Cliff Chambers	5	5	5	8	12	25	50	400
127	Del Ennis	5	5	8	12	20	25	50	
128	Ebba St.Claire	5	5	5	8	12	15	50	35
129	Hank Bauer	12	20	30	50	80	120	1,200	
130	Milt Bolling	5	5	5	8	12	40	150	

		GD 2	VG 3	VgEx 4	EX 5	ExMt 6	NM 7	NmMt 8	MT 9
31	Joe Astroth	5	5	5	8	12	25	200	
32	Bob Feller	50	80	120	200	300	500	800	
33	Duane Pillette	5	5	5	8	12	30	50	
34	Luis Aloma	5	5	5	8	12	25	60	
35	Johnny Pesky	5	5	5	8	12	30	80	
36	Clyde Vollmer	5	5	5	8	12	15	60	300
37	Al Corwin	5	5	5	8	12	80		
38A	Gil Hodges .993/.991	10	15	25	40	60	100	600	
38B	Gil Hodges .992/.991	10	15	25	40	60	100	600	
39A	Preston Ward .961/.992	5	5	5	8	12	40	300	
39B	Preston Ward .990/.992	5	5	6	10	15	60		
40A	Saul Rogovin 7-12 W-L 2 K's	5	8	12	20	30	80		
40B	Saul Rogovin 7-12 W-L 62 K's	5	8	12	20	30			
40C	Saul Rogovin 8-12 W-L	5	8	12	20	30	80	150	
41	Joe Garagiola	6	10	15	25	50	60	150	
42	Al Brazle	5	5	5	8	12	20	60	
43	Willie Jones	5	5	5	8	12	40	150	350
44	Ernie Johnson RC	5	5	8	12	20	30	250	
45A	Billy Martin .985/.983	10	15	25	40	60	100	400	
45B	Billy Martin .983/.982	10	15	25	40	60	120	400	
46	Dick Gernert	5	5	5	8	12	25	60	300
47	Joe DeMaestri	5	5	5	8	12	25	80	
48	Dale Mitchell	5	5	6	10	15	30	100	
49	Bob Young	5	5	5	8	12	25	200	
50	Cass Michaels	5	5	5	8	12	25	150	
51	Pat Mullin	5	5	5	8	12	25	150	
52	Mickey Vernon	5	6	10	15	25	100		
53A	Whitey Lockman 100/331	5	6	10	15	25			
53B	Whitey Lockman 102/333	5	8	12	20	30			
54	Don Newcombe	5	6	10	15	50	150	400	
55	Frank Thomas RC	5	5	6	10	15	40	120	
56A	Rocky Bridges 320/467	5	5	5	8	12	40	150	
56B	Rocky Bridges 328/475	5	5	6	10	15	40	300	
57	Omar Lown	5	5	5	8	12	30	250	
58	Stu Miller	5	5	5	8	12	30	400	
59	John Lindell	5	5	5	8	12	50	450	
60	Danny O'Connell	5	5	6	10	15	150		
61	Yogi Berra	60	100	150	▼200	300	500	800	2,000
62	Ted Lepcio	5	5	8	12	20	25	60	300
63A	Dave Philley No Trade 152 Games	5	5	6	10	15	40	120	
63B	Dave Philley Traded 152 Games	5	5	8	12	20	50	150	
63C	Dave Philley Traded 157 Games	5	6	10	15	25	50	150	
64	Early Wynn	▲10	▲15	▲25	30	50	120	150	
65	Johnny Groth	5	5	5	8	12	30	50	250
66	Sandy Consuegra	5	5	5	8	12	15	50	
67	Billy Hoeft	5	5	5	8	12	25	60	350
68	Ed Fitzgerald	5	5	5	8	12	25	60	
69	Larry Jansen	5	5	5	8	12	25	60	350
70	Duke Snider	50	80	120	200	300	500	800	1,200
71	Carlos Bernier	5	5	5	8	12	25	50	250
72	Andy Seminick	5	5	5	8	12	20	50	250
73	Dee Fondy	5	5	5	8	12	25	50	300
74A	Pete Castiglione .966/.959	5	5	5	8	12	15	60	300
74B	Pete Castiglione .970/.959	5	5	5	8	12	25	80	
75	Mel Clark	5	5	5	8	12	25	60	350
76	Vern Bickford	5	5	5	8	12	25	80	350
77	Whitey Ford	40	60	100	150	250	400	600	2,500
78	Del Wilber	5	5	6	10	15	25	50	
79A	Morris Martin 44 ERA	5	5	5	8	12	15	50	
79B	Morris Martin 4.44 ERA	5	5	5	8	12	25	80	
80	Joe Tipton	5	5	5	8	12	25	50	250
81	Les Moss	5	5	5	8	12	25	50	350
82	Sherm Lollar	5	5	6	10	15	25	50	
83	Matt Batts	5	5	5	8	12	25	60	300
84	Mickey Grasso	5	5	8	12	20	25	60	
85A	Daryl Spencer .941/.944 RC	5	5	5	8	12	15	50	300
85B	Daryl Spencer .933/.936	5	5	6	10	15	25		

		GD 2	VG 3	VgEx 4	EX 5	ExMt 6	NM 7	NmMt 8	MT 9
186	Russ Meyer	5	5	8	12	20	30	80	
187	Vern Law	5	5	10	15	25	30	80	
188	Frank Smith	5	5	6	10	15	20	50	350
189	Randy Jackson	5	5	5	8	12	25	50	350
190	Joe Presko	5	5	5	8	12	25	50	350
191	Karl Drews	5	5	5	8	12	25	50	250
192	Lew Burdette	5	5	8	12	20	30	120	500
193	Eddie Robinson	5	6	10	15	25	120	200	
194	Sid Hudson	5	5	8	12	20	30	100	
195	Bob Cain	5	5	8	12	20	25	50	250
196	Bob Lemon	8	8	12	20	30	60	120	500
197	Lou Kretlow	5	5	5	8	12	25	50	250
198	Virgil Trucks	5	5	8	12	20	25	50	300
199	Steve Gromek	5	5	5	8	12	30	60	250
200	Conrado Marrero	5	5	5	8	12	25	60	300
201	Bob Thomson	5	5	8	12	20	40	175	
202	George Shuba	5	5	6	10	15	40	120	
203	Vic Janowicz	5	5	5	8	12	30	100	
204	Jack Collum RC	5	5	5	8	12	15	60	300
205	Hal Jeffcoat	5	5	5	8	12	30	50	
206	Steve Bilko	5	5	8	12	20	25	60	250
207	Stan Lopata	5	5	5	8	12	25	50	250
208	Johnny Antonelli	5	5	5	8	12	15	60	300
209	Gene Woodling	6	10	15	25	40	60	200	
210	Jimmy Piersall	6	10	15	25	40	60	120	
211	Al Robertson RC	5	5	5	8	12	15	60	350
212A	Owen Friend .964/.957	5	5	5	8	12	25	80	300
212B	Owen Friend .967/.958	5	5	6	10	15	30	100	350
213	Dick Littlefield	5	5	5	8	12	25	50	350
214	Ferris Fain	5	5	5	8	12	20	50	250
215	Johnny Bucha	5	5	5	8	12	15	60	300
216A	Jerry Snyder .988/.988	5	5	5	8	12	25	80	300
216B	Jerry Snyder .968/.968	5	5	5	8	12	25	80	
217A	Henry Thompson .956/.951	5	6	10	15	25	60	350	
217B	Henry Thompson .958/.952	5	8	12	20	30	80	450	
218	Preacher Roe	5	6	10	15	25	60	150	
219	Hal Rice	5	5	5	8	12	25	50	350
220	Hobie Landrith RC	5	5	5	8	12	15	60	
221	Frank Baumholtz	5	5	5	8	12	25	50	400
222	Memo Luna RC	5	5	5	8	12	40	80	250
223	Steve Ridzik	5	5	5	8	12	20	80	250
224	Bill Bruton	5	6	10	15	25	80	300	

— Ted Williams #66A SGC 92 (NmMt+) sold for $7,080 (Greg Bussineau; 7/12)
— Ted Williams #66A SGC 92 (NmMt+) sold for $6,382 (Mile High; 10/12)

1954 Braves Johnston Cookies

		GD 2	VG 3	VgEx 4	EX 5	ExMt 6	NM 7	NmMt 8	MT 9
	COMMON CARD	5	8	12	15	20	30	60	200
1	Del Crandall	5	8	12	15	20	30	100	
3	Jim Pendleton	5	8	12	15	20	40	60	
4	Danny O'Connell	5	8	12	15	20	30	100	200
5	Hank Aaron	250	300	350	600	1,200	2,500	3,000	
6	Jack Dittmer	5	8	12	15	20	30	80	
9	Joe Adcock	5	8	12	15	20	30	60	
10	Bob Buhl	5	8	12	15	20	30	80	200
11	Phil Paine	5	8	12	15	20	30	100	200
12	Ben Johnson	5	8	12	15	20	30	60	
13	Sibbi Sisti	5	8	12	15	20	30	60	
15	Charles Gorin	5	8	12	15	20	30	60	
16	Chet Nichols	5	8	12	15	20	30	60	
17	Dave Jolly	5	8	12	15	20	30	120	
19	Jim Wilson	5	8	12	15	20	30	100	
20	Ray Crone	5	8	12	15	20	30		
21	Warren Spahn	15	25	35	50	100	150	350	
22	Gene Conley	5	8	12	15	20	30	80	
23	Johnny Logan	5	8	12	15	20	30		
24	Charlie White	5	8	12	15	20	30	120	

BASEBALL

		GD 2	VG 3	VgEx 4	EX 5	ExMt 6	NM 7	NmMt 8	MT 9
27	George Metkovich	5	8	12	15	20	30	80	
28	Johnny Cooney CO	5	8	12	15	20	30	60	
29	Paul Burris	5	8	12	15	20	30	60	200
31	Bucky Walters CO	5	8	12	15	20	30	60	200
32	Ernie Johnson	5	8	12	15	20	30	60	
33	Lou Burdette	5	8	12	15	20	30	100	
34	Bobby Thomson SP	50	75	100	150	300	400		
35	Bob Keely	5	8	12	15	20	30		
38	Bill Bruton	5	8	12	15	20	30	60	
40	Charlie Grimm MG	5	8	12	15	20	30	60	200
41	Eddie Mathews	15	25	35	50	80	300		
42	Sam Calderone	5	8	12	15	20	30	60	200
47	Joey Jay	5	8	12	15	20	30	80	
48	Andy Pafko	5	8	12	15	20	30	100	
49	Dr. Charles Lacks (Unnumbered)	5	8	12	15	20	30	60	
50	Joseph F. Taylor (Unnumbered)	5	8	12	15	20	30	80	

1954 Dan-Dee

		GD 2	VG 3	VgEx 4	EX 5	ExMt 6	NM 7	NmMt 8	MT 9
1	Bobby Avila	10	15	25	40	60	150	450	
2	Hank Bauer	15	25	40	80	150	250	600	
3	Walker Cooper SP	30	150	300	350	400	450		
4	Larry Doby	20	30	50	80	120	250	800	
5	Luke Easter	10	15	25	120	150	250	300	
6	Bob Feller	30	100	150	200	250	400	1,500	
7	Bob Friend	10	15	25	40	150	200	400	
8	Mike Garcia	10	15	25	40	60	150	300	
9	Sid Gordon	10	15	25	40	60	150	500	
10	Jim Hegan	10	15	25	40	60	150	300	
11	Gil Hodges	30	100	120	150	200	300	1,200	
12	Art Houtteman	10	15	25	40	60	150	400	
13	Monte Irvin	15	25	40	80	100	300	500	
14	Paul LaPalme	10	15	25	60	80	300	400	
15	Bob Lemon	15	25	40	60	100	225	500	
16	Al Lopez MG	10	15	25	40	60	200		
17	Mickey Mantle	1,200	2,000	3,000	5,000	8,000	12,000	20,000	
18	Dale Mitchell	10	15	25	40	80	150	300	
19	Phil Rizzuto	25	60	100	120	150	400		
20	Curt Roberts	10	15	25	40	60	150	500	
21	Al Rosen	12	20	30	50	60	175	400	
22	Red Schoendienst	15	25	40	80	120	250	600	
23	Paul Smith SP	30	50	80	120	200	300	800	
24	Duke Snider	50	100	120	200	375	600	1,500	
25	George Strickland	10	15	25	40	60	150	300	
26	Max Surkont	10	15	25	40	60	150	500	
27	Frank Thomas	12	20	30	50	80	200	500	
28	Wally Westlake	10	15	25	40	60	150	300	
29	Early Wynn	15	25	40	60	150	225	500	

— Mickey Mantle PSA 9 (MT) sold for $15,405 (REA; Spring '14)
— Mickey Mantle PSA 9 (MT) sold for $16,286 (Mile High; 10/13)
— Mickey Mantle #17 PSA 8.5 (NmMt+) sold for $6,840 (Greg Bussineau; 12/12)
— Mickey Mantle #17 PSA 8.5 (NmMt+) sold for $6,791 (Memory Lane; 5/12)

1954 Red Heart

		GD 2	VG 3	VgEx 4	EX 5	ExMt 6	NM 7	NmMt 8	MT 9
	COMMON CARD	5	8	12	20	30	50	120	500
1	Richie Ashburn SP	15	25	40	60	100	150	500	
2	Frank Baumholtz SP	5	8	12	20	30	100	150	
3	Gus Bell	5	8	12	20	30	50	250	700
4	Billy Cox	5	8	12	20	40	50	150	500
5	Alvin Dark	5	8	12	20	30	50	150	
6	Carl Erskine SP	10	15	25	40	120	200	500	
7	Ferris Fain	5	8	12	20	30	50	200	
8	Dee Fondy	5	8	12	20	30	150	200	
9	Nellie Fox	12	20	30	50	80	200	250	
10	Jim Gilliam	6	10	15	25	40	80	150	800

		GD 2	VG 3	VgEx 4	EX 5	ExMt 6	NM 7	NmMt 8	MT 9
11	Jim Hegan SP	5	8	12	20	30	80	225	
12	George Kell	6	10	15	25	40	60	150	
13	Ralph Kiner SP	8	12	20	30	50	150	300	
14	Ted Kluszewski SP	8	12	20	100	120	150	300	1,000
15	Harvey Kuenn	5	8	12	20	30	50	150	500
16	Bob Lemon SP	8	12	20	30	50	100	400	
17	Sherman Lollar	5	8	12	20	30	50	135	
18	Mickey Mantle	800	1,000	1,200	1,500	2,500	4,000	5,000	20,000
19	Billy Martin	8	12	20	30	100	150	400	1,000
20	Gil McDougald SP	6	10	15	25	50	80	250	800
21	Roy McMillan	5	8	12	20	30	60	120	500
22	Minnie Minoso	6	10	15	25	40	80	300	600
23	Stan Musial SP	100	150	250	400	600	1,000	2,000	7,000
24	Billy Pierce	5	8	12	20	30	50	200	600
25	Al Rosen SP	6	10	15	25	40	100	300	
26	Hank Sauer	5	8	12	20	30	50	150	500
27	Red Schoendienst SP	12	20	30	50	100	200	300	
28	Enos Slaughter	6	10	15	25	40	150	250	800
29	Duke Snider	15	25	40	100	100	250	800	
30	Warren Spahn	10	15	25	40	60	120	350	
31	Sammy White	5	8	12	20	30	50	250	700
32	Eddie Yost	5	8	12	20	30	50	250	500
33	Gus Zernial	5	8	12	20	30	100	300	

1954 Red Man

		GD 2	VG 3	VgEx 4	EX 5	ExMt 6	NM 7	NmMt 8	MT 9
AL1	Bobby Avila	5	8	12	20	30	60	250	
AL2	Jim Busby	5	8	12	20	30	60	150	
AL3	Nellie Fox	10	15	25	40	60	120	400	
AL4	George Kell Boston	10	15	25	40	60	120	400	
AL4	George Kell Chicago	12	20	30	50	80	150		
AL5	Sherman Lollar	5	8	12	20	30	60	150	
AL6	Sam Mele Baltimore	6	10	15	25	40	80	200	
AL6	Sam Mele Chicago	10	15	25	40	60	120		
AL7	Minnie Minoso	6	10	15	25	40	80		
AL8	Mel Parnell	5	8	12	20	30	60	150	
AL9	Dave Philley Cleveland	6	10	15	25	40	80	200	
AL9	Dave Philley Philadelphia	10	15	25	40	60	120	300	
AL10	Billy Pierce	5	8	12	20	30	60	150	
AL11	Jimmy Piersall	6	10	15	25	40	80	200	
AL12	Al Rosen	6	10	15	25	40	80	200	
AL13	Mickey Vernon	5	8	12	20	30	60	150	
AL14	Sammy White	5	8	12	20	30	60	150	
AL15	Gene Woodling	6	10	15	25	40	80	200	
AL16	Whitey Ford	15	25	40	60	80	200	500	
AL17	Phil Rizzuto	12	20	30	50	80	150	500	
AL18	Bob Porterfield	5	8	12	20	30	60	150	
AL19	Chico Carrasquel	5	8	12	20	30	60	150	
AL20	Yogi Berra	15	25	40	80	100	200	600	
AL21	Bob Lemon	6	10	15	25	40	80	200	
AL22	Ferris Fain	5	8	12	20	30	60	150	
AL23	Hank Bauer	6	10	15	25	40	80	200	
AL24	Jim Delsing	5	8	12	20	30	60	150	
AL25	Gil McDougald	6	10	15	25	40	80	250	
NL1	Richie Ashburn	10	15	25	40	60	120	400	
NL2	Billy Cox	6	10	15	25	40	80	200	
NL3	Del Crandall	5	8	12	20	30	60	150	
NL4	Carl Erskine	6	10	15	25	40	80	250	
NL5	Monte Irvin	6	10	15	25	40	80	200	
NL6	Ted Kluszewski	8	12	20	30	50	100	250	
NL7	Don Mueller	5	8	12	20	30	60	175	
NL8	Andy Pafko	5	8	12	20	30	60	150	
NL9	Del Rice	5	8	12	20	30	60	150	
NL10	Red Schoendienst	6	10	15	25	40	80	200	
NL11	Warren Spahn	12	20	30	50	80	150		
NL12	Curt Simmons	5	8	12	20	30	60	150	
NL13	Roy Campanella	15	25	40	80	150	250	800	

	GD 2	VG 3	VgEx 4	EX 5	ExMt 6	NM 7	NmMt 8	MT 9
4 Jim Gilliam	6	10	15	25	40	80	250	
5 Pee Wee Reese	12	20	30	50	80	150	500	
6 Duke Snider	12	20	30	80	100	200	600	
7 Rip Repulski	5	8	12	20	30	60	150	
8 Robin Roberts	6	10	15	25	40	80	225	
9 Enos Slaughter	12	20	30	50	80	150	500	
19 Gus Bell	10	15	25	40	60	120	400	
20 Johnny Logan	5	8	12	20	30	60	150	
21 John Antonelli	5	8	12	20	30	60	150	
22 Gil Hodges	10	15	25	40	60	150	400	
23 Eddie Mathews	12	20	30	50	100	150	400	
24 Lew Burdette	5	8	12	20	30	60	150	
25 Willie Mays	30	50	100	120	250	400	1,200	

Prices reference cards with tabs.

1954 Topps

	GD 2	VG 3	VgEx 4	EX 5	ExMt 6	NM 7	NmMt 8	MT 9
Ted Williams	400	600	1,000	1,500	2,500	5,000	12,000	
Gus Zernial	5	5	8	12	20	50	250	
Monte Irvin	12	25	30	50	80	100	400	
Hank Sauer	8	12	20	30	50	80	120	
Ed Lopat	5	8	12	20	30	50	250	
Pete Runnels	5	8	12	20	30	40	200	800
Ted Kluszewski	6	10	20	30	40	80	200	1,500
Bob Young	5	5	8	20	25	40	100	800
Harvey Haddix	5	6	10	15	30	40	100	800
Jackie Robinson	400	600	1,000	1,500	2,500	5,000	12,000	
Paul Leslie Smith RC	5	5	8	12	20	40	60	400
Del Crandall	6	10	15	25	40	60	100	1,200
Billy Martin	25	40	50	60	100	200	400	
Preacher Roe	5	6	20	25	30	50	200	
Al Rosen	5	6	10	25	40	50	150	800
Vic Janowicz	5	6	10	15	25	50	100	
Phil Rizzuto	25	40	50	80	100	150	400	2,000
Walt Dropo	5	6	10	15	30	50	80	600
Johnny Lipon	5	6	10	15	25	30	100	800
Warren Spahn	25	50	60	80	120	250	600	1,500
Bobby Shantz	5	6	10	15	25	50	100	
Jim Greengrass	5	5	8	12	20	40	120	
Luke Easter	6	10	15	25	40	60	150	1,000
Granny Hamner	5	5	8	25	30	50	60	
Harvey Kuenn RC	5	12	15	25	40	60	150	
Ray Jablonski	5	5	8	12	25	40	150	
Ferris Fain	5	6	10	15	25	40	60	
Paul Minner	5	5	8	12	20	30	60	800
Jim Hegan	5	5	8	12	20	30	120	1,000
Eddie Mathews	50	80	120	200	300	400	800	2,500
Johnny Klippstein	5	5	8	12	25	30	80	800
Duke Snider	30	50	60	100	120	250	500	2,500
Johnny Schmitz	5	5	8	12	20	40	80	800
Jim Rivera	5	5	8	20	25	30	80	
Jim Gilliam	6	10	15	25	50	80	200	
Hoyt Wilhelm	6	10	25	40	60	80	250	1,500
Whitey Ford	30	50	60	80	150	250	1,500	4,000
Eddie Stanky MG	5	6	10	20	25	40	80	
Sherm Lollar	5	5	8	12	20	50	100	
Mel Parnell	5	5	12	15	20	40	60	600
Willie Jones	5	5	8	12	25	30	60	600
Don Mueller	5	5	8	12	20	40	80	600
Dick Groat	5	6	10	15	25	50	100	
Ned Garver	5	5	8	12	25	50	120	
Richie Ashburn	10	25	30	50	80	120	250	1,500
Ken Raffensberger	5	5	8	12	25	40	120	
Ellis Kinder	5	5	8	15	20	30	80	400
Billy Hunter	5	8	12	20	30	50	100	800
Ray Murray	5	5	8	12	20	25	60	
Yogi Berra	60	100	150	250	400	600	2,500	4,000

	GD 2	VG 3	VgEx 4	EX 5	ExMt 6	NM 7	NmMt 8	MT 9
51 Johnny Lindell	5	6	10	20	25	60	150	
52 Vic Power RC	5	8	12	30	40	60	200	
53 Jack Dittmer	5	6	10	15	30	60	200	
54 Vern Stephens	5	8	12	20	40	60	150	
55 Phil Cavarretta MG	6	10	15	25	40	80	150	1,200
56 Willie Miranda	5	6	10	15	25	80	100	
57 Luis Aloma	8	12	20	30	50	80	120	600
58 Bob Wilson	5	8	12	20	30	50	100	600
59 Gene Conley	5	8	12	20	30	80	150	
60 Frank Baumholtz	5	6	10	15	30	50	150	
61 Bob Cain	5	6	10	15	30	40	120	1,200
62 Eddie Robinson	8	12	20	30	50	100	250	1,200
63 Johnny Pesky	12	20	30	50	80	120	200	800
64 Hank Thompson	5	6	10	30	40	120	800	
65 Bob Swift CO	5	6	10	15	25	60	120	
66 Ted Lepcio	10	15	20	30	50	80	120	
67 Jim Willis RC	5	6	10	20	25	40	100	600
68 Sam Calderone	6	10	15	25	40	60	100	1,200
69 Bud Podbielan	5	6	10	15	25	50	150	1,000
70 Larry Doby	50	80	120	200	300	500	1,200	3,000
71 Frank Smith	5	8	12	20	30	50	200	
72 Preston Ward	5	8	12	20	40	60	250	1,200
73 Wayne Terwilliger	5	8	12	20	30	50	120	
74 Bill Taylor RC	5	6	10	15	25	50	120	
75 Fred Haney MG RC	8	12	20	30	50	200	500	
76 Bob Scheffing CO	5	8	12	20	30	50	120	800
77 Ray Boone	5	6	10	15	25	40	80	500
78 Ted Kazanski RC	5	5	8	12	20	50	120	
79 Andy Pafko	5	8	12	20	30	80	200	
80 Jackie Jensen	5	8	15	25	40	60	250	1,200
81 Dave Hoskins RC	5	8	12	20	25	100	150	600
82 Milt Bolling	5	8	12	20	30	50	80	600
83 Joe Collins	8	12	20	30	40	60	120	1,000
84 Dick Cole RC	5	6	10	15	25	60	120	
85 Bob Turley RC	8	12	20	30	50	80	150	1,000
86 Billy Herman CO	8	12	20	30	50	80	250	800
87 Roy Face	5	8	12	20	30	50	120	500
88 Matt Batts	5	8	12	20	30	40	120	600
89 Howie Pollet	5	5	8	12	20	40	60	600
90 Willie Mays	500	▼600	1,000	▼1,200	2,000	3,000	12,000	20,000
91 Bob Oldis	5	5	8	12	25	30	120	600
92 Wally Westlake	5	5	8	25	30	40	100	600
93 Sid Hudson	5	5	8	20	30	40	100	800
94 Ernie Banks RC	1,000	1,200	2,500	4,000	6,000	12,000	40,000	40,000
95 Hal Rice	5	8	12	20	30	50	120	
96 Charlie Silvera	8	12	20	30	50	80	120	1,000
97 Hal Lane RC	5	5	8	12	20	50	120	500
98 Joe Black	15	25	40	60	100	150	300	
99 Bobby Hofman	5	5	8	12	20	50	80	
100 Bob Keegan	5	5	8	25	30	50	100	
101 Gene Woodling	6	10	15	25	60	150	500	2,500
102 Gil Hodges	50	80	120	200	300	500	1,000	
103 Jim Lemon RC	5	5	25	30	50	▲250	500	
104 Mike Sandlock	5	6	10	15	25	50	100	600
105 Andy Carey	6	10	15	25	40	100	200	
106 Dick Kokos	5	5	8	12	30	50	150	
107 Duane Pillette	5	8	12	20	30	50	80	800
108 Thornton Kipper RC	6	10	15	25	40	60	100	800
109 Bill Bruton	5	8	12	20	30	60	120	
110 Harry Dorish	5	8	12	20	30	50	100	400
111 Jim Delsing	5	8	12	20	30	60	120	800
112 Bill Renna RC	5	5	8	12	20	40	80	600
113 Bob Boyd	5	8	12	20	50	80	80	600
114 Dean Stone RC	5	5	8	12	25	40	80	
115 Rip Repulski	6	10	15	25	40	60	300	
116 Steve Bilko	5	8	12	20	30	80	250	
117 Solly Hemus	5	5	8	12	20	50	100	400

Beckett Graded Card Price Guide 77

#		GD 2	VG 3	VgEx 4	EX 5	ExMt 6	NM 7	NmMt 8	MT 9
118	Carl Scheib	5	5	8	12	20	30	80	
119	Johnny Antonelli	6	10	15	25	40	60	100	600
120	Roy McMillan	5	5	8	12	20	40	200	
121	Clem Labine	5	6	20	25	30	100	400	
122	Johnny Logan	5	6	10	20	25	40	100	
123	Bobby Adams	6	10	15	25	40	60	150	800
124	Marion Fricano	5	6	10	15	25	40	100	800
125	Harry Perkowski	5	6	10	15	25	50	150	
126	Ben Wade	10	15	25	40	60	400		
127	Steve O'Neill MG	5	8	12	20	30	50	80	400
128	Hank Aaron RC	4,000	5,000	6,000	10,000	▲15,000	25,000	80,000	800,000
129	Forrest Jacobs RC	5	5	8	12	20	40	100	500
130	Hank Bauer	10	15	25	40	60	100	800	
131	Reno Bertoia RC	5	6	10	15	25	40	80	400
132	Tommy Lasorda RC	150	250	▼300	500	600	▼800	2,500	6,000
133	Del Baker CO	5	6	10	15	25	40	100	400
134	Cal Hogue	5	8	12	20	30	80	300	800
135	Joe Presko	5	6	10	15	25	40	150	
136	Connie Ryan	5	8	12	20	30	50	100	400
137	Wally Moon RC	10	15	25	40	60	100	150	800
138	Bob Borkowski	5	8	12	20	30	50	80	400
139	J.O'Brien/E.O'Brien	15	25	40	60	100	150	600	1,500
140	Tom Wright	5	5	8	12	20	30	80	300
141	Joey Jay RC	6	10	15	25	40	60	250	1,000
142	Tom Poholsky	5	8	12	20	30	50	80	500
143	Rollie Hemsley CO	5	6	10	15	25	40	60	600
144	Bill Werle	5	6	10	15	25	40	60	400
145	Elmer Valo	6	10	15	25	40	60	120	400
146	Don Johnson	5	6	10	15	30	50	80	400
147	Johnny Riddle CO	5	8	12	20	30	50	100	
148	Bob Trice RC	5	8	12	20	30	50	80	600
149	Al Robertson	5	5	8	12	20	40	200	
150	Dick Kryhoski	5	5	8	12	30	60	100	800
151	Alex Grammas RC	5	5	8	20	25	80	120	1,000
152	Michael Blyzka RC	5	8	12	20	30	50	150	
153	Rube Walker	5	6	10	15	40	50	120	1,500
154	Mike Fornieles RC	5	5	8	20	30	50	80	
155	Bob Kennedy	5	5	8	12	20	50	150	
156	Joe Coleman	5	8	12	20	30	50	250	
157	Don Lenhardt	6	10	15	25	40	80	300	
158	Peanuts Lowrey	5	8	12	20	30	50	100	600
159	Dave Philley	5	5	8	12	30	50	120	
160	Ralph Kress CO	5	5	8	30	40	50	150	
161	John Hetki	5	5	8	12	20	40	100	800
162	Herman Wehmeier	5	5	8	12	20	50	100	
163	Frank House	5	5	8	12	20	80	120	
164	Stu Miller	5	6	10	15	25	50	150	
165	Jim Pendleton	5	8	12	20	30	80	120	
166	Johnny Podres	10	15	25	40	60	150	300	
167	Don Lund	5	5	8	12	20	60	150	
168	Morrie Martin	6	10	15	25	40	60	100	
169	Jim Hughes	5	8	12	20	30	80	300	
170	Dusty Rhodes RC	5	8	12	20	30	80	300	
171	Leo Kiely	5	6	10	15	25	50	100	
172	Hal Brown RC	5	5	8	12	20	50	150	1,200
173	Jack Harshman RC	5	5	8	12	20	60	100	600
174	Tom Qualters RC	5	5	8	12	40	50	200	1,200
175	Frank Leja RC	8	12	20	30	50	80	1,000	
176	Robert Keely CO	5	8	12	20	30	50	120	600
177	Bob Milliken	5	6	10	15	25	40	100	500
178	Bill Glynn UER	5	8	12	20	30	50	80	400
179	Gair Allie RC	5	6	10	15	25	40	100	400
180	Wes Westrum	5	5	8	12	20	40	100	600
181	Mel Roach RC	5	6	10	15	25	30	60	400
182	Chuck Harmon RC	5	5	8	20	30	200	600	
183	Earle Combs CO	8	12	20	30	50	80	120	
184	Ed Bailey	5	6	10	15	25	40	100	500

#		GD 2	VG 3	VgEx 4	EX 5	ExMt 6	NM 7	NmMt 8	M
185	Chuck Stobbs	5	5	8	12	20	30	80	5
186	Karl Olson	5	5	8	12	30	40	80	4
187	Heinie Manush CO	6	10	15	25	40	60	200	6
188	Dave Jolly RC	6	10	15	25	40	60	120	4
189	Bob Ross	5	8	12	20	30	50	120	5
190	Ray Herbert RC	5	8	12	20	30	50	150	
191	Dick Schofield RC	5	6	10	25	30	60	80	1,0
192	Ellis Deal CO	5	6	10	15	25	40	60	4
193	Johnny Hopp CO	5	8	12	20	30	50	120	6
194	Bill Sarni RC	6	10	15	25	40	60	100	6
195	Billy Consolo RC	5	5	8	12	20	50	120	
196	Stan Jok RC	5	8	12	20	30	50	80	8
197	Lynwood Rowe CO	5	8	12	20	30	60	150	6
198	Carl Sawatski	5	8	12	20	30	50	80	1,0
199	Glenn (Rocky) Nelson	5	5	8	12	20	30	80	5
200	Larry Jansen	5	5	8	25	30	80	250	1,0
201	Al Kaline RC	500	600	▲1,000	▼1,200	▼2,000	4,000	10,000	40,0
202	Bob Purkey RC	5	8	12	20	25	60	100	8
203	Harry Brecheen CO	5	5	8	12	25	40	120	1,2
204	Angel Scull RC	5	6	10	15	25	60	100	4
205	Johnny Sain	6	10	15	25	50	100	120	8
206	Ray Crone RC	5	5	8	12	25	40	80	
207	Tom Oliver CO RC	5	5	8	12	20	60	100	
208	Grady Hatton	5	8	12	20	30	50	120	4
209	Chuck Thompson RC	5	8	12	20	30	50	100	4
210	Bob Buhl RC	5	8	12	20	30	50	100	6
211	Don Hoak	8	12	20	30	50	80	250	8
212	Bob Micelotta RC	5	5	8	12	20	40	60	4
213	Johnny Fitzpatrick CO RC	5	5	8	12	30	50	250	
214	Arnie Portocarrero RC	5	8	12	20	30	50	100	6
215	Ed McGhee	5	8	12	20	30	50	80	4
216	Al Sima	5	5	8	12	20	30	80	4
217	Paul Schreiber CO RC	5	6	10	15	25	40	120	5
218	Fred Marsh	5	8	12	20	30	50	100	4
219	Chuck Kress RC	5	6	10	15	25	40	120	8
220	Ruben Gomez RC	5	8	12	20	30	50	120	3
221	Dick Brodowski	6	10	15	25	40	60	100	4
222	Bill Wilson RC	5	8	12	20	30	50	100	8
223	Joe Haynes CO	5	6	10	15	25	40	120	8
224	Dick Weik RC	5	5	8	12	20	40	100	
225	Don Liddle RC	5	6	10	15	25	40	100	40
226	Jehosie Heard RC	5	8	12	20	30	40	100	40
227	Buster Mills CO RC	5	8	12	20	50	250		
228	Gene Hermanski	5	8	12	20	30	50	80	40
229	Bob Talbot RC	5	5	8	12	20	40	60	40
230	Bob Kuzava	6	10	15	25	40	60	100	50
231	Roy Smalley	5	5	8	12	20	60	120	
232	Lou Limmer RC	6	10	15	25	40	60	100	40
233	Augie Galan CO	5	6	10	15	25	40	60	
234	Jerry Lynch RC	5	6	10	15	25	40	150	
235	Vern Law	8	12	20	30	50	80	150	60
236	Paul Penson RC	8	12	20	30	50	80	150	
237	Mike Ryba CO RC	5	5	8	12	30	50	80	50
238	Al Aber	5	5	8	12	20	40	100	80
239	Bill Skowron RC	15	25	40	60	100	▲200	500	2,50
240	Sam Mele	5	8	12	20	30	50	100	
241	Robert Miller RC	5	5	8	12	30	50	100	
242	Curt Roberts RC	5	5	8	12	20	40	150	60
243	Ray Blades CO RC	5	5	8	12	25	60	100	
244	Leroy Wheat RC	5	6	10	15	25	40	100	60
245	Roy Sievers	5	5	8	12	30	200	600	
246	Howie Fox	5	5	8	12	25	40	120	80
247	Ed Mayo CO	5	5	8	12	25	80	80	80
248	Al Smith RC	8	12	20	30	50	80	300	1,20
249	Wilmer Mizell	5	5	8	12	30	60	150	
250	Ted Williams	400	600	1,000	1,500	2,500	4,000	15,000	25,00

Hank Aaron #128 PSA 10 (Gem) (Young Collection) sold for $357,594 (SCP; 5/12)
Hank Aaron #128 SGC 92 (NmMt+) sold for $21,856 (Goodwin; 12/14)
Hank Aaron #128 SGC 92 (NmMt+) sold for $17,775 (Huggins and Scott; 8/14)
Hank Aaron #128 PSA 8.5 (NmMt+) sold for $9,718 (Goodwin; 1/13)
Ernie Banks #94 PSA 10 (Gem) (Young Collection) sold for $142,836 (SCP; 5/12)
Al Kaline #201 PSA 10 (Gem) (Young Collection) sold for $88,688 (SCP; 5/12)
Bill Skowron #239 PSA 10 (Gem) (Young Collection) sold for $9,799 (SCP; 5/12)
Ted Williams #1 SGC 96 (Mint) sold for $12,000 (Greg Bussineau; 4/12)
Ted Williams #1 PSA 8.5 (NmMt+) sold for $5,314 (Memory Lane; 8/12)

954 Wilson Franks

	PrFr 1	GD 2	VG 3	VgEx 4	EX 5	ExMt 6	NM 7	NmMt 8
Roy Campanella	300	500	800	1,200	2,000	3,000	5,000	
Del Ennis	100	150	200	400	300	500		
Carl Erskine	80	120	150	200	400	450	800	
Ferris Fain	80	120	150	200	300	400		
Bob Feller	150	250	300	450	600	800	1,500	
Nellie Fox	150	250	300	500	600	1,000		
Johnny Groth	80	120	150	200	400			
Stan Hack MG	80	120	175	300				
Gil Hodges	150	250	300	500	600	1,200		
Ray Jablonski	200	300	475	550	650			
Harvey Kuenn	80	120	150	250				
Roy McMillan	60	100	120	200	250	300	500	
Andy Pafko	60	100	120	150	200	400	500	
Paul Richards MG	60	100	150	250				
Hank Sauer	60	100	120	150	200	600	650	
Red Schoendienst	100	150	250	300	500			
Enos Slaughter	100	150	200	250	300	500		
Vern Stephens	60	100	120	150	200	300	500	
Sammy White	60	100	120	150	200	300	500	
Ted Williams	2,500	4,000	6,000	8,000	12,000	20,000		

Roy Campanella #1 PSA 8 (NmMt) sold for $6,268 (Memory Lane; 8/12)
Ted Williams #20 SGC 84 (NrMt) sold for $11,228 (Goodwin; 8/12)
Ted Williams #20 PSA 7 (NrMt) sold for $17,261 (Memory Lane; 8/12)

955 Bowman

	GD 2	VG 3	VgEx 4	EX 5	ExMt 6	NM 7	NmMt 8	MT 9
Hoyt Wilhelm	▲20	▲30	▲50	▲60	80	120	500	
Alvin Dark	5	5	6	8	15	25	60	
Joe Coleman	5	5	6	8	12	20	80	
Eddie Waitkus	5	5	5	6	10	15	50	
Jim Robertson	5	5	5	6	10	15	50	
Pete Suder	5	5	5	6	10	25	100	
Gene Baker RC	5	5	5	6	10	25	100	
Warren Hacker	5	5	5	6	10	30	80	
Gil McDougald	8	12	20	30	50	80	120	500
Phil Rizzuto	▲40	▲50	▲60	80	100	120	250	1,200
Bill Bruton	5	5	6	8	12	25	50	
Andy Pafko	5	5	6	8	12	30	50	300
Clyde Vollmer	5	5	6	6	20	25	50	250
Gus Keriazakos RC	5	5	5	6	10	15	40	
Frank Sullivan RC	5	5	5	6	20	25	50	300
Jimmy Piersall	5	5	6	15	30	50	120	300
Del Ennis	5	5	6	8	20	25	80	
Stan Lopata	5	5	5	6	10	15	50	350
Bobby Avila	5	5	6	8	12	20	150	
Al Smith	5	5	5	6	10	30	50	250
Don Hoak	5	5	8	12	20	25	80	250
Roy Campanella	▲50	▲60	80	▼100	200	300	500	
Al Kaline	30	50	80	120	▲200	250	400	2,500
Al Aber	5	5	5	6	10	15	40	
Minnie Minoso	8	12	20	30	40	120	150	
Virgil Trucks	5	5	5	6	10	20	60	
Preston Ward	5	5	5	6	10	20	80	350
Dick Cole	5	5	5	6	10	25	50	

	GD 2	VG 3	VgEx 4	EX 5	ExMt 6	NM 7	NmMt 8	MT 9
29	Red Schoendienst	5	8	12	30	40	80	100	400
30	Bill Sarni	5	5	5	6	10	20	60	
31	Johnny Temple RC	5	5	6	8	25	30	50	
32	Wally Post	5	5	6	8	12	30	50	250
33	Nellie Fox	▲12	▲20	▲30	▲50	▲80	▲120	200	
34	Clint Courtney	5	5	5	6	10	25	60	350
35	Bill Tuttle RC	5	5	5	6	10	25	40	
36	Wayne Belardi RC	5	5	5	6	10	20	60	
37	Pee Wee Reese	▲25	▲40	▲60	▲100	▲150	▲200	▲400	
38	Early Wynn	8	12	20	30	50	80	120	600
39	Bob Darnell RC	5	5	6	8	25	40	200	400
40	Vic Wertz	5	5	6	8	20	40	100	
41	Mel Clark	5	5	5	6	10	25	50	
42	Bob Greenwood RC	5	6	10	15	25	30	50	300
43	Bob Buhl	5	5	5	6	12	30	60	250
44	Danny O'Connell	5	5	5	6	10	25	50	200
45	Tom Umphlett	5	5	6	12	20	25	60	300
46	Mickey Vernon	5	5	6	10	15	25	200	
47	Sammy White	5	5	5	6	15	20	50	300
48A	Milt Bolling ERR Frank on Back	5	5	6	8	12	40	100	
48B	Milt Bolling COR Milt on Back	5	5	6	8	12	25		
49	Jim Greengrass	5	5	6	12	25	50		
50	Hobie Landrith	5	5	5	6	10	15	50	250
51	Elvin Tappe RC	5	5	6	8	15	25	40	250
52	Hal Rice	5	5	5	6	10	25	40	250
53	Alex Kellner	5	5	6	12	20	50		300
54	Don Bollweg	5	5	6	10	15	30	60	300
55	Cal Abrams	5	5	5	6	10	30	50	200
56	Billy Cox	5	5	6	8	20	25	50	
57	Bob Friend	5	5	6	8	12	30	80	
58	Frank Thomas	5	5	6	8	15	25	50	
59	Whitey Ford	▲30	▲50	60	80	120	250	400	2,000
60	Enos Slaughter	8	12	20	25	40	100	120	500
61	Paul LaPalme	5	5	6	10	30	50		
62	Royce Lint RC	5	5	6	10	25	60		
63	Irv Noren	5	5	6	8	12	20	60	300
64	Curt Simmons	5	5	6	8	20	25	60	
65	Don Zimmer RC	▲12	▲20	▲30	▲40	50	100	200	500
66	George Shuba	5	5	6	8	12	25		
67	Don Larsen	6	10	15	25	60	80	200	
68	Elston Howard RC	40	60	100	150	250	400	600	1,000
69	Billy Hunter	5	5	6	8	12	40	150	
70	Lew Burdette	5	5	6	10	20	40	100	
71	Dave Jolly	5	5	5	6	10	40	50	300
72	Chet Nichols	5	5	5	6	10	20	120	
73	Eddie Yost	5	5	6	8	12	25	80	400
74	Jerry Snyder	5	5	5	6	10	30	50	
75	Brooks Lawrence RC	5	5	5	6	25	50	150	300
76	Tom Poholsky	5	5	5	6	10	30	150	
77	Jim McDonald RC	5	5	5	6	10	15	80	
78	Gil Coan	5	5	8	12	20	25	80	300
79	Wiliie Miranda	5	5	6	10	50	80		
80	Lou Limmer	5	5	5	6	10	20	250	
81	Bobby Morgan	5	5	5	6	10	20	80	
82	Lee Walls RC	5	5	5	6	20	50	80	300
83	Max Surkont	5	5	5	6	10	20	100	400
84	George Freese RC	5	5	5	6	10	30	80	
85	Cass Michaels	5	5	8	12	20	30	60	
86	Ted Gray	5	5	5	6	10	25	80	
87	Randy Jackson	5	5	5	6	10	15	100	300
88	Steve Bilko	5	5	5	6	12	25	300	
89	Lou Boudreau MG	5	12	20	25	40	60	120	
90	Art Ditmar RC	5	5	5	6	15	20	60	
91	Dick Marlowe RC	5	5	5	6	12	25	120	
92	George Zuverink	5	5	5	6	10	40	50	
93	Andy Seminick	5	5	6	8	10	25	80	
94	Hank Thompson	5	5	6	8	12	30	80	

#	Player	GD 2	VG 3	VgEx 4	EX 5	ExMt 6	NM 7	NmMt 8	MT 9
95	Sal Maglie	5	5	8	10	30	40	100	
96	Ray Narleski RC	5	5	5	6	25	30	150	
97	Johnny Podres	8	12	20	30	50	100	150	
98	Jim Gilliam	5	6	10	12	30	60	200	
99	Jerry Coleman	5	5	6	8	30	50	100	
100	Tom Morgan	5	5	6	8	20	30	200	
101A	Don Johnson ERR Ernie on Front	5	5	6	8	12	40	150	
101B	Don Johnson COR Don on Front	5	5	6	8	12	25	60	
102	Bobby Thomson	5	5	8	10	25	50	80	
103	Eddie Mathews	25	40	60	▲100	▲150	▲400	▲800	
104	Bob Porterfield	5	5	5	6	15	20	60	
105	Johnny Schmitz	5	5	5	6	10	30	60	
106	Del Rice	5	5	5	6	20	25	120	400
107	Solly Hemus	5	5	5	6	10	15	80	-
108	Lou Kretlow	5	5	5	6	10	15	80	
109	Vern Stephens	5	5	5	6	10	25	100	250
110	Bob Miller	5	5	5	6	10	15	60	
111	Steve Ridzik	5	5	5	6	10	30	60	
112	Granny Hamner	5	5	5	6	12	25	100	
113	Bob Hall RC	5	5	5	6	10	15	60	
114	Vic Janowicz	5	5	6	8	15	20	120	
115	Roger Bowman RC	5	5	5	6	20	25	50	
116	Sandy Consuegra	5	5	5	6	10	15	60	
117	Johnny Groth	5	5	5	6	10	15	50	
118	Bobby Adams	5	5	5	6	10	15	100	
119	Joe Astroth	5	5	5	6	15	25	80	
120	Ed Burtschy RC	5	5	5	6	10	15	50	
121	Rufus Crawford RC	5	5	5	6	15	30	60	
122	Al Corwin	5	5	5	6	10	20	100	
123	Marv Grissom RC	5	5	5	6	15	25	40	
124	Johnny Antonelli	5	8	12	20	30	40	60	
125	Paul Giel RC	5	5	5	6	20	25	60	
126	Billy Goodman	5	5	5	6	15	20	60	
127	Hank Majeski	5	5	5	6	20	30	100	
128	Mike Garcia	5	5	6	8	12	30	80	
129	Hal Naragon RC	5	5	5	6	10	20	60	
130	Richie Ashburn	10	15	25	30	60	100	400	
131	Willard Marshall	5	5	6	10	15	20	60	
132A	Harvey Kueen ERR	5	5	8	10	15	25	100	
132B	Harvey Kuenn COR	5	8	12	15	25	40		
133	Charles King RC	5	5	5	12	15	25	60	300
134	Bob Feller	30	50	100	120	250	400	600	
135	Lloyd Merriman	5	5	5	6	10	15	50	
136	Rocky Bridges	5	5	5	6	10	20	80	
137	Bob Talbot	5	5	5	6	10	15	100	350
138	Davey Williams	5	5	6	8	20	25	80	
139	B.Shantz/B.Shantz	5	5	6	8	20	40	200	
140	Bobby Shantz	5	5	6	8	12	30	120	
141	Wes Westrum	5	5	5	6	10	25	60	
142	Rudy Regalado RC	5	5	5	6	10	15	100	
143	Don Newcombe	10	15	25	40	60	100	300	
144	Art Houtteman	5	5	5	6	10	25	80	
145	Bob Nieman RC	5	5	5	6	10	20		
146	Don Liddle	5	5	6	10	15	30	150	
147	Sam Mele	5	5	5	6	10	20	100	
148	Bob Chakales	5	5	5	6	20	25	60	300
149	Cloyd Boyer	5	5	5	6	20	30	50	300
150	Billy Klaus RC	5	5	5	6	10	15	50	
151	Jim Brideweser	5	5	6	10	15	25	60	
152	Johnny Klippstein	5	5	5	6	10	20	100	
153	Eddie Robinson	5	5	6	8	20	50		
154	Frank Lary RC	5	5	8	12	20	40		
155	Gerry Staley	5	5	5	6	10	20	150	
156	Jim Hughes	5	5	8	10	25	30	100	
157A	Ernie Johnson ERR Don on Front	5	5	6	8	12	40	225	
157B	Ernie Johnson COR Ernie on Front	5	5	6	8	12	25		
158	Gil Hodges	30	50	80	100	120	200	▲500	

#	Player	GD 2	VG 3	VgEx 4	EX 5	ExMt 6	NM 7	NmMt 8	MT
159	Harry Byrd	5	5	5	6	10	25	80	
160	Bill Skowron	8	12	20	30	50	100	200	
161	Matt Batts	5	5	5	6	10	15	60	3
162	Charlie Maxwell	5	5	5	6	10	15	150	3
163	Sid Gordon	5	5	5	6	10	30	50	4
164	Toby Atwell	5	5	5	6	20	25	60	
165	Maurice McDermott	5	5	8	12	20	30	50	
166	Jim Busby	5	6	10	15	25	30	50	
167	Bob Grim RC	5	6	10	15	25	40	80	
168	Yogi Berra	▲100	▲120	▲150	200	300	500	1,000	
169	Carl Furillo	5	8	12	15	40	60	150	8
170	Carl Erskine	5	6	15	20	40	50	200	
171	Robin Roberts	12	20	30	50	60	80	250	
172	Willie Jones	5	5	6	10	15	25	60	3
173	Chico Carrasquel	5	5	5	6	10	25	80	2
174	Sherm Lollar	5	5	6	8	20	30	60	4
175	Wilmer Shantz RC	5	5	5	6	20	25	60	
176	Joe DeMaestri	5	5	5	6	10	15	30	100
177	Willard Nixon	5	5	5	6	10	25	60	3
178	Tom Brewer RC	5	5	5	6	25	30	60	
179	Hank Aaron	250	400	500	800	1,200	2,000	6,000	
180	Johnny Logan	5	5	6	8	20	50	80	
181	Eddie Miksis	5	5	5	6	15	30	50	
182	Bob Rush	5	5	5	6	10	30	50	
183	Ray Katt	5	5	5	6	15	20	50	3
184	Willie Mays	▼250	▼400	▼500	1,000	1,200	2,500	6,000	
185	Vic Raschi	5	5	5	6	10	15	50	
186	Alex Grammas	5	5	5	6	10	15	100	
187	Fred Hatfield	5	5	5	6	10	25	60	
188	Ned Garver	5	5	5	6	10	30	80	
189	Jack Collum	5	5	5	6	10	15	50	
190	Fred Baczewski	5	5	5	6	10	30	50	
191	Bob Lemon	8	12	20	30	50	80	150	5
192	George Strickland	5	5	5	6	20	30	150	
193	Howie Judson	5	5	5	6	10	25	60	3
194	Joe Nuxhall	5	5	6	8	20	30	50	
195A	Erv Palica No Trade	5	5	5	6	12	20	80	
195B	Erv Palica Trade	6	10	15	20	30	50	150	
196	Russ Meyer	5	5	6	8	12	50	100	
197	Ralph Kiner	15	25	40	60	100	150	250	6
198	Dave Pope RC	5	5	5	6	10	15	80	
199	Vern Law	5	5	8	12	20	30	60	
200	Dick Littlefield	5	5	8	12	20	30	60	
201	Allie Reynolds	6	10	15	25	40	50	100	4
202	Mickey Mantle	▼600	▼800	▼1,200	2,500	▲4,000	▲6,000	15,000	350,0
203	Steve Gromek	5	5	5	6	10	15	50	
204A	Frank Bolling ERR Milt on Back RC	5	5	6	8	12	40		
204B	Frank Bolling COR Frank on Back	5	5	6	8	12	25		
205	Rip Repulski	5	5	5	6	10	20	100	
206	Ralph Beard RC	5	5	5	6	20	40	60	
207	Frank Shea	5	5	6	8	12	20	80	
208	Ed Fitzgerald	5	5	5	6	10	40	80	30
209	Smoky Burgess	5	5	6	10	15	25	200	
210	Earl Torgeson	5	5	5	6	25	30	200	
211	Sonny Dixon RC	5	5	5	6	10	50	60	
212	Jack Dittmer	5	5	5	6	10	15	50	
213	George Kell	5	6	10	20	30	80	150	
214	Billy Pierce	5	5	6	8	20	30	60	30
215	Bob Kuzava	5	5	5	6	10	15	60	
216	Preacher Roe	5	5	8	10	25	40	120	
217	Del Crandall	5	5	6	8	20	30	100	
218	Joe Adcock	5	5	6	8	20	50	100	
219	Whitey Lockman	5	5	8	12	20	30	60	
220	Jim Hearn	5	5	5	6	10	30	50	
221	Hector Brown	5	5	5	6	10	15	50	
222	Russ Kemmerer RC	5	5	5	6	10	40	60	
223	Hal Jeffcoat	5	5	5	6	10	25	100	35

	GD 2	VG 3	VgEx 4	EX 5	ExMt 6	NM 7	NmMt 8	MT 9
Dee Fondy	5	5	5	6	20	30	100	
Paul Richards MG	5	6	10	12	25	60	300	
Bill McKinley UMP	5	6	10	12	20	80	250	
Frank Baumholtz	5	5	8	10	30	50	100	
John Phillips RC	5	5	8	10	15	40	100	
Jim Brosnan RC	5	5	8	10	15	40	150	500
Al Brazle	5	5	8	10	15	25	100	
Jim Konstanty	8	12	20	30	50	80	200	500
Birdie Tebbetts MG	6	10	15	20	30	60	300	
Bill Serena	5	5	8	10	15	50	300	
Dick Bartell CO	5	5	8	10	25	40	120	
Joe Paparella UMP	5	6	10	12	30	40	120	
Murry Dickson	5	5	8	10	30	40	250	
Johnny Wyrostek	5	5	8	10	15	40	80	
Eddie Stanky MG	5	6	10	12	20	30	250	500
Edwin Rommel UMP	5	6	10	12	30	60	120	
Billy Loes	5	8	12	15	50	100		
Johnny Pesky	5	6	10	12	20	40		
Ernie Banks	▲150	▲250	▲400	▲500	▲600	1,500	3,000	
Gus Bell	5	5	8	10	15	60	100	500
Duane Pillette	5	5	8	10	15	60	200	
Bill Miller	5	5	8	10	15	40	100	400
Hank Bauer	8	12	20	40	60	80	200	500
Dutch Leonard CO	8	12	20	30	50	60	120	400
Harry Dorish	5	5	8	10	15	40	150	
Billy Gardner RC	5	5	8	10	15	40	400	
Larry Napp UMP	5	6	10	12	40	60	250	
Stan Jok	5	5	8	10	20	25	80	
Roy Smalley	5	5	8	10	15	25	100	400
Jim Wilson	5	5	8	10	15	40	250	
Bennett Flowers RC	5	5	8	10	25	40	120	400
Pete Runnels	5	5	8	10	15	50	100	
Owen Friend	5	5	8	10	25	50	100	
Tom Alston RC	5	5	8	10	15	50	80	400
John Stevens UMP	5	6	10	12	25	30	100	
Don Mossi RC	5	8	12	15	25	50	120	500
Edwin Hurley UMP	5	6	10	12	20	40	150	
Walt Moryn RC	5	6	10	12	25	80	250	
Jim Lemon	5	5	8	20	25	30	100	
Eddie Joost	5	5	8	20	25	40	80	
Bill Henry RC	5	5	6	10	15	50	200	
Al Barlick UMP	15	25	40	60	80	100	250	
Mike Fornieles	5	5	8	10	15	25	200	
Jim Honochick UMP	6	10	15	25	40	60	120	500
Roy Lee Hawes RC	5	5	8	10	25	40	120	
Joe Amalfitano RC	5	8	12	15	50	60	120	
Chico Fernandez RC	5	6	10	12	50	60	250	
Bob Hooper	5	5	8	10	15	25	100	500
John Flaherty UMP	5	6	10	12	20	80	150	
Bubba Church	5	5	8	10	15	25	100	
Jim Delsing	5	5	8	25	30	50	150	
William Grieve UMP	5	6	10	12	20	40	120	
Ike Delock	5	5	8	10	15	50	120	
Ed Runge UMP	5	6	10	25	30	50	150	
Charlie Neal RC	8	12	20	40	50	100	600	
Hank Soar UMP	6	10	15	20	25	60	150	
Clyde McCullough	5	5	8	10	20	50	400	
Charles Berry UMP	5	6	10	12	25	30	120	
Phil Cavarretta MG	5	8	12	15	25	80	250	
Nestor Chylak UMP	8	12	20	40	80	80	500	
Bill Jackowski UMP	5	6	10	12	20	50	200	
Walt Dropo	5	5	8	15	20	80	100	
Frank Secory UMP	6	10	15	25	40	60	150	400
Ron Mrozinski RC	5	5	8	10	25	80	250	
Dick Smith RC	5	5	8	10	15	60	200	
Arthur Gore UMP	5	6	10	12	20	120	150	400
Hershell Freeman RC	5	5	8	10	15	25	100	

		GD 2	VG 3	VgEx 4	EX 5	ExMt 6	NM 7	NmMt 8	MT 9
291	Frank Dascoli UMP	5	6	10	12	20	80	120	
292	Marv Blaylock RC	5	5	8	10	25	60	300	500
293	Thomas Gorman UMP	5	6	10	12	30	50	100	
294	Wally Moses CO	5	5	8	10	15	25	80	500
295	Lee Ballanfant UMP	5	8	12	20	30	60	150	
296	Bill Virdon RC	6	10	15	30	40	120	200	
297	Dusty Boggess UMP	5	6	10	12	20	80	250	
298	Charlie Grimm	5	5	8	10	30	40		
299	Lon Warneke UMP	5	8	12	20	30	80	200	
300	Tommy Byrne	5	8	12	20	40	120		
301	William Engeln UMP	5	6	10	12	30	30	150	
302	Frank Malzone RC	5	8	12	15	50	80	300	
303	Jocko Conlan UMP	12	20	30	50	80	250	400	1,000
304	Harry Chiti	5	5	8	10	15	30	150	
305	Frank Umont UMP	5	6	10	12	25	30	250	
306	Bob Cerv	5	8	15	20	60	100	400	
307	Babe Pinelli UMP	5	6	10	12	30	100	120	
308	Al Lopez MG	6	10	25	30	40	150	300	
309	Hal Dixon UMP	5	6	10	12	20	50	100	
310	Ken Lehman RC	5	5	8	10	15	80		
311	Lawrence Goetz UMP	5	6	10	12	25	30	150	
312	Bill Wight	5	5	8	10	20	40	120	
313	Augie Donatelli UMP	5	8	12	15	25	50	120	
314	Dale Mitchell	5	6	10	25	30	150		
315	Cal Hubbard UMP	6	10	15	40	60	100	250	
316	Marion Fricano	5	5	8	10	15	25	100	
317	William Summers UMP	5	6	10	12	30	60		
318	Sid Hudson	5	5	8	10	15	50	120	
319	Al Schroll RC	5	5	8	10	20	40		
320	George Susce RC	8	12	25	30	50	120		

1955 Red Man

		GD 2	VG 3	VgEx 4	EX 5	ExMt 6	NM 7	NmMt 8	MT 9
AL1	Ray Boone	5	8	12	20	35	100	200	
AL2	Jim Busby	5	8	12	20	35	60	200	
AL3	Whitey Ford	12	20	30	50	80	120	500	
AL4	Nellie Fox	8	12	20	30	50	80	250	
AL5	Bob Grim	5	8	12	20	35	80	200	500
AL6	Jack Harshman	5	8	12	20	35	80	200	500
AL7	Jim Hegan	5	8	12	20	35	60	200	
AL8	Bob Lemon	8	12	20	30	50	80	250	
AL9	Irv Noren	5	8	12	20	35	60	200	
AL10	Bob Porterfield	5	8	12	20	35	60	200	
AL11	Al Rosen	5	8	12	20	35	60	200	
AL12	Mickey Vernon	5	8	12	20	35	80	200	
AL13	Vic Wertz	5	8	12	20	35	60	200	
AL14	Early Wynn	8	12	20	30	50	80	250	
AL15	Bobby Avila	5	8	12	20	35	60	200	
AL16	Yogi Berra	20	30	40	60	120	150	600	
AL17	Joe Coleman	5	8	12	20	35	60	200	500
AL18	Larry Doby	8	12	20	30	50	80	250	
AL19	Jackie Jensen	5	8	12	20	35	60	200	
AL20	Pete Runnels	5	8	12	20	35	60		
AL21	Jimmy Piersall	5	8	12	20	35	60	200	
AL22	Hank Bauer	5	8	12	20	35	60	200	800
AL23	Chico Carrasquel	5	8	12	20	35	60	200	
AL24	Minnie Minoso	5	8	12	20	35	60	200	
AL25	Sandy Consuegra	5	8	12	20	35	60	200	500
NL1	Richie Ashburn	10	15	25	40	60	100	400	
NL2	Del Crandall	5	8	12	20	35	60	200	500
NL3	Gil Hodges	10	15	25	40	80	100	400	
NL4	Brooks Lawrence	5	8	12	20	35	60		500
NL5	Johnny Logan	5	8	12	20	35	60	200	500
NL6	Sal Maglie	5	8	12	20	35	60	200	
NL7	Willie Mays	40	60	80	120	300	400	1,200	
NL8	Don Mueller	5	8	12	20	35	60	200	
NL9	Bill Sarni	5	8	12	20	35	60	200	500

		GD 2	VG 3	VgEx 4	EX 5	ExMt 6	NM 7	NmMt 8	MT 9
NL10	Warren Spahn	12	20	30	50	80	120	500	
NL11	Hank Thompson	5	8	12	20	35	60	200	
NL12	Hoyt Wilhelm	8	12	20	30	50	80	250	
NL13	John Antonelli	5	8	12	20	35	60	200	
NL14	Carl Erskine	5	8	12	20	35	60	200	
NL15	Granny Hamner	5	8	12	20	35	60	200	
NL16	Ted Kluszewski	8	12	20	30	50	80	250	
NL17	Pee Wee Reese	12	20	30	50	80	120	500	
NL18	Red Schoendienst	8	12	20	30	50	80	250	
NL19	Duke Snider	20	30	40	60	100	150	600	
NL20	Frank Thomas	5	8	12	20	35	60	200	
NL21	Ray Jablonski	5	8	12	20	35	60	200	
NL22	Dusty Rhodes	5	8	12	20	35	80	300	
NL23	Gus Bell	5	8	12	20	35	60	200	500
NL24	Curt Simmons	5	8	12	20	35	60		
NL25	Marv Grissom	5	8	12	20	35	80	250	

— Prices reference cards with tabs.

1955 Topps

		GD 2	VG 3	VgEx 4	EX 5	ExMt 6	NM 7	NmMt 8	MT 9
1	Dusty Rhodes	5	15	20	30	60	150	300	4,000
2	Ted Williams	250	400	▼500	800	1,200	2,500	8,000	15,000
3	Art Fowler RC	8	12	20	30	50	100	800	
4	Al Kaline	120	150	200	250	500	1,000	2,000	
5	Jim Gilliam	15	25	40	60	100	250	500	
6	Stan Hack MG RC	5	5	8	12	25	50	120	
7	Jim Hegan	5	5	6	15	60	200	1,000	
8	Hal Smith RC	5	5	6	10	40	80	600	
9	Bob Miller	5	5	6	10	15	30	100	1,200
10	Bob Keegan	5	5	6	10	25	120	800	
11	Ferris Fain	5	5	8	12	25	80	400	
12	Jake Thies RC	5	5	6	10	15	30	100	600
13	Fred Marsh	5	5	6	10	20	50	100	500
14	Jim Finigan RC	5	5	6	10	30	50	200	
15	Jim Pendleton	5	5	6	10	15	50	80	400
16	Roy Sievers	5	5	6	10	30	100	250	
17	Bobby Hofman	5	5	6	10	15	40	80	600
18	Russ Kemmerer RC	5	5	6	10	30	80	200	
19	Billy Herman CO	10	15	25	40	50	100	500	
20	Andy Carey	5	6	10	15	30	150	1,200	
21	Alex Grammas	5	5	6	15	20	50	100	
22	Bill Skowron	8	12	20	30	50	80	250	1,500
23	Jack Parks RC	6	10	15	25	40	60	600	
24	Hal Newhouser	15	25	40	60	100	150	1,200	
25	Johnny Podres	15	25	40	60	100	150	2,000	
26	Dick Groat	12	20	30	50	80	300	1,200	
27	Billy Gardner RC	5	8	12	20	30	50	60	
28	Ernie Banks	▼120	200	300	400	600	1,200	3,000	12,000
29	Herman Wehmeier	5	5	6	10	30	60	120	
30	Vic Power	5	5	8	15	25	100	250	
31	Warren Spahn	50	80	120	200	250	500	1,000	
32	Ed McGhee RC	5	5	6	10	25	50	250	
33	Tom Qualters	6	10	15	25	40	80	400	
34	Wayne Terwilliger	5	5	6	10	25	50	300	
35	Dave Jolly	5	8	12	20	30	50	80	400
36	Leo Kiely	6	10	15	25	40	60	250	
37	Joe Cunningham RC	5	5	8	12	25	50	100	1,000
38	Bob Turley	5	5	8	25	30	50	150	1,200
39	Bill Glynn	5	5	6	10	25	80	250	
40	Don Hoak	5	6	20	30	40	60	300	
41	Chuck Stobbs	5	6	10	15	25	40	100	600
42	Windy McCall RC	5	8	12	20	30	50	100	600
43	Harvey Haddix	6	10	15	25	40	50	80	500
44	Harold Valentine RC	5	5	6	10	25	40	80	
45	Hank Sauer	5	5	8	12	25	50	100	600
46	Ted Kazanski	5	5	6	20	25	40	100	600
47	Hank Aaron	500	600	800	1,200	2,000	▲4,000	6,000	15,000

		GD 2	VG 3	VgEx 4	EX 5	ExMt 6	NM 7	NmMt 8	M
48	Bob Kennedy	5	5	6	10	25	30	100	5
49	J.W. Porter	10	12	15	20	25	60	400	
50	Jackie Robinson	▼500	800	1,000	1,500	2,500	4,000	10,000	20,0
51	Jim Hughes	5	5	8	12	40	80	120	
52	Bill Tremel RC	5	5	6	10	15	40	80	5
53	Bill Taylor	5	5	6	10	15	30	100	6
54	Lou Limmer	5	5	6	15	25	60	120	8
55	Rip Repulski	5	5	6	10	25	50	100	
56	Ray Jablonski	5	5	6	15	25	60	120	8
57	Billy O'Dell RC	5	5	6	10	15	60	400	
58	Jim Rivera	6	10	15	25	40	100	400	
59	Gair Allie	6	10	15	25	30	40	150	
60	Dean Stone	5	5	8	12	20	30	60	6
61	Spook Jacobs	5	5	8	12	20	60	100	
62	Thornton Kipper	5	5	6	10	30	80	100	
63	Joe Collins	6	10	15	25	50	150		
64	Gus Triandos RC	6	10	15	25	30	100	300	
65	Ray Boone	5	5	6	10	30	50	120	
66	Ron Jackson RC	5	5	6	10	50	80	250	
67	Wally Moon	5	5	6	20	30	50	150	
68	Jim Davis RC	5	5	6	10	25	50	120	6
69	Ed Bailey	5	5	6	10	25	60	80	
70	Al Rosen	5	8	12	20	30	80	500	
71	Ruben Gomez	5	5	6	25	30	40	100	4
72	Karl Olson	8	12	20	30	50	120	250	
73	Jack Shepard RC	5	5	6	10	15	40	80	6
74	Bob Borkowski	5	5	6	10	25	50	100	5
75	Sandy Amoros RC	15	25	40	50	60	150	400	
76	Howie Pollet	5	5	6	10	15	40	80	4
77	Arnie Portocarrero	5	5	6	10	25	40	400	
78	Gordon Jones RC	5	5	6	10	30	50	300	
79	Danny Schell RC	5	5	6	15	20	40	100	6
80	Bob Grim RC	8	12	20	30	50	120	400	1,5
81	Gene Conley	6	10	15	25	50	80	300	
82	Chuck Harmon	5	5	6	10	25	80	200	6
83	Tom Brewer RC	5	5	6	15	20	60	150	
84	Camilo Pascual RC	6	10	15	25	40	100	500	
85	Don Mossi RC	5	5	6	10	30	60	100	1,2
86	Bill Wilson	5	5	10	12	25	30	80	
87	Frank House	5	6	10	15	20	40	80	8
88	Bob Skinner RC	6	10	15	25	30	80	150	
89	Joe Frazier RC	5	5	6	10	15	60	250	
90	Karl Spooner RC	5	5	20	25	30	60	100	
91	Milt Bolling	5	5	6	20	30	50	100	1
92	Don Zimmer RC	30	50	60	▲100	120	300	1,500	
93	Steve Bilko	5	5	6	10	25	50	80	
94	Reno Bertoia	5	5	6	10	30	50	120	
95	Preston Ward	5	5	6	10	30	50	100	
96	Chuck Bishop	5	5	6	10	25	30	100	6
97	Carlos Paula RC	5	5	6	10	20	40	80	6
98	John Riddle CO	5	6	10	15	25	40	80	8
99	Frank Leja	5	5	6	10	20	60	150	
100	Monte Irvin	25	40	60	▲120	▲150	▲600		
101	Johnny Gray RC	5	5	6	10	25	60	250	
102	Wally Westlake	5	6	10	15	25	50	100	1,2
103	Chuck White RC	5	5	6	15	20	40	80	5
104	Jack Harshman	5	8	12	20	30	50	120	8
105	Chuck Diering	5	5	6	10	20	50	100	
106	Frank Sullivan RC	6	10	15	25	40	60		
107	Curt Roberts	5	8	12	20	25	40	120	5
108	Rube Walker	6	10	15	25	40	80	120	8
109	Ed Lopat	6	10	15	25	40	120	400	
110	Gus Zernial	5	6	10	15	25	100	200	
111	Bob Milliken	5	6	10	15	30	50	100	
112	Nelson King RC	5	5	6	10	15	30	100	
113	Harry Brecheen CO	5	5	6	15	25	40	100	6
114	Lou Ortiz RC	5	5	6	10	20	40	100	5

	GD 2	VG 3	VgEx 4	EX 5	ExMt 6	NM 7	NmMt 8	MT 9
Ellis Kinder	5	8	12	20	30	50	100	500
Tom Hurd RC	5	5	6	10	15	30	100	800
Mel Roach	5	5	6	10	25	40	100	1,000
Bob Purkey	5	8	12	20	30	40	120	600
Bob Lennon RC	5	5	6	10	25	40	100	
Ted Kluszewski	15	25	30	40	50	120	300	2,000
Bill Renna	5	6	10	15	25	40	100	500
Carl Sawatski	5	5	6	10	15	50	80	600
Sandy Koufax RC	1,000	▼1,200	2,000	3,000	5,000	10,000	25,000	100,000
Harmon Killebrew RC	▼200	▼250	400	500	800	1,200	5,000	12,000
Ken Boyer RC	20	30	50	80	100	300	500	
Dick Hall RC	5	5	6	10	15	40	80	600
Dale Long RC	5	5	8	12	20	40	100	500
Ted Lepcio	5	6	10	15	25	30	120	600
Elvin Tappe	5	5	6	15	20	40	100	600
Mayo Smith MG RC	5	5	6	10	25	50	100	400
Grady Hatton	5	6	10	15	25	40	100	500
Bob Trice	5	5	6	20	25	60	120	400
Dave Hoskins	5	8	12	20	30	80	100	
Joey Jay	5	6	10	15	25	40	100	600
Johnny O'Brien	5	5	6	10	30	40	100	
Bunky Stewart RC	5	8	12	20	30	50	100	600
Harry Elliott RC	5	5	10	12	30	50	150	
Ray Herbert	8	12	20	30	50	80	120	600
Steve Kraly RC	5	5	6	12	20	50	100	800
Mel Parnell	5	5	6	10	25	50	80	
Tom Wright	5	6	10	15	25	40	100	600
Jerry Lynch	5	5	6	15	25	40	100	500
Dick Schofield	5	5	8	12	30	50	200	1,200
Joe Amalfitano RC	5	5	8	12	20	50	100	
Elmer Valo	5	6	10	15	25	80	120	800
Dick Donovan RC	5	5	6	10	25	60	100	500
Hugh Pepper RC	5	5	6	10	15	40	100	
Hal Brown	5	6	10	15	25	50	100	500
Ray Crone	5	6	10	15	25	40	100	400
Mike Higgins MG	5	5	6	10	25	40	100	700
Red Kress CO	5	5	6	10	30	50	120	700
Harry Agganis RC	20	30	50	80	120	400	600	
Bud Podbielan	6	10	15	25	40	60	150	600
Willie Miranda	8	12	20	25	40	50	150	
Eddie Mathews	60	100	▲150	▲200	▲250	▲500	▲1,000	2,000
Joe Black	10	15	25	50	100	200	500	1,000
Robert Miller	6	10	15	25	40	60	120	600
Tom Carroll RC	5	6	10	15	40	80	400	800
Johnny Schmitz	5	5	8	12	25	80	120	
Ray Narleski RC	5	5	8	12	25	60	100	
Chuck Tanner RC	10	15	25	40	60	100	250	
Joe Coleman	10	15	25	40	60	100	250	
Faye Throneberry	5	6	10	15	40	100	250	
Roberto Clemente RC	2,500	3,000	4,000	5,000	▲10,000	25,000	100,000	
Don Johnson	5	6	10	15	40	80	200	
Hank Bauer	15	25	50	60	100	250	600	
Tom Casagrande RC	5	6	10	15	50	100	300	
Duane Pillette	5	6	10	25	40	80	250	800
Bob Oldis	5	8	12	20	40	60	300	800
Jim Pearce DP RC	5	5	8	12	25	60	120	
Dick Brodowski	10	15	25	40	60	100	200	800
Frank Baumholtz DP	5	5	8	15	30	60	150	600
Bob Kline RC	8	12	20	30	50	60	200	
Rudy Minarcin RC	5	6	10	15	30	50	200	600
Norm Zauchin RC	5	8	12	25	60	250	600	
Jim Robertson	5	6	10	25	30	80	250	1,000
Bobby Adams	10	15	25	40	60	100	200	
Jim Bolger RC	5	6	10	30	60	120	250	
Clem Labine	6	10	15	50	100	200	400	
Roy McMillan	5	8	12	30	50	100	250	
Humberto Robinson RC	5	6	10	15	40	120	300	

	GD 2	VG 3	VgEx 4	EX 5	ExMt 6	NM 7	NmMt 8	MT 9
183 Tony Jacobs RC	12	20	30	50	80	250	1,000	
184 Harry Perkowski DP	5	6	10	15	40	60	200	800
185 Don Ferrarese RC	5	6	10	15	50	80	200	800
187 Gil Hodges	50	80	120	150	▲250	500	1,000	4,000
188 Charlie Silvera DP	6	10	15	25	30	80	200	
189 Phil Rizzuto	60	100	120	150	250	500	1,000	
190 Gene Woodling	5	8	12	40	60	100	300	
191 Ed Stanky MG	8	12	20	30	50	200	400	
192 Jim Delsing	10	15	25	40	60	200	600	
193 Johnny Sain	12	20	30	50	80	200	400	
194 Willie Mays	▲500	▼600	▼800	▼1,200	2,500	4,000	8,000	
195 Ed Roebuck RC	15	25	40	60	100	400	2,000	
196 Gale Wade RC	8	12	20	30	50	120	300	
197 Al Smith	6	10	15	25	60	150	500	
198 Yogi Berra	150	250	400	500	600	1,000	2,500	8,000
199 Bert Hamric RC	6	10	15	25	50	100	300	
200 Jackie Jensen	12	20	30	50	60	200	400	
201 Sherman Lollar	6	10	15	25	80	200	1,000	
202 Jim Owens RC	12	20	30	50	80	400	1,000	
204 Frank Smith	5	6	10	30	60	120	500	
205 Gene Freese RC	15	25	40	60	150	400	2,500	
206 Pete Daley RC	12	20	30	50	120	200	1,000	
207 Bill Consolo	15	25	40	60	100	400	1,500	
208 Ray Moore RC	6	10	15	25	80	300	600	
210 Duke Snider	120	▼150	250	400	800	1,500	6,000	

— Roberto Clemente #164 PSA 10 (Gem) (Young Collection) sold for $432,690 (SCP; 5/12)
— Roberto Clemente #164 PSA 9 (MT) sold for $478,000 (Heritage; 2/16)
— Roberto Clemente #164 PSA 9 (MT) sold for $310,700 (Heritage; 7/15)
— Harmon Killebrew #124 PSA 10 (Gem) (Young Collection) sold for $59,135 (SCP; 5/12)
— Sandy Koufax #123 PSA 10 (Gem) sold for $100,000 (Memory Lane; Private 2006)

1955 Topps Double Header

		GD 2	VG 3	VgEx 4	EX 5	ExMt 6	NM 7	NmMt 8	MT 9
1	A.Rosen/C.Diering	15	25	40	80	150	1,200		
3	M.Irvin/R.Kemmerer	8	12	20	30	50	100	250	
5	T.Kazanski/G.Jones	5	8	12	20	40	80	150	
7	B.Taylor/B.O'Dell	5	8	12	20	40	60	100	
9	J.Porter/T.Kipper	8	12	20	30	50	80	150	
11	C.Roberts/A.Portocarrero	5	8	12	20	40	60	200	
13	W.Westlake/F.House	5	8	12	20	40	60	100	
15	R.Walker/L.Limmer	5	8	12	20	40	80	150	
17	D.Stone/C.White	5	8	12	20	40	60	100	
19	K.Spooner/J.Hughes	5	8	12	20	40	60	150	
21	B.Skowron/F.Sullivan	6	10	15	25	40	80	250	
23	J.Shepard/S.Hack	5	8	12	20	40	60	150	
25	J.Robinson/D.Hoak	40	60	80	250	300	500	1,200	
27	D.Rhodes/J.Davis	5	8	12	20	50	60	150	
29	V.Power/E.Bailey	5	8	12	20	40	60	150	
31	H.Pollet/E.Banks	20	30	50	100	250	300	400	
33	J.Pendleton/G.Conley	5	8	12	20	40	100	300	
35	K.Olson/A.Carey	5	8	12	20	50	60	225	
37	W.Moon/J.Cunningham	5	8	12	20	40	60	150	
39	F.Marsh/V.Thies	5	8	12	20	40	60	150	
41	E.Lopat/H.Haddix	5	8	12	20	40	60	150	
43	L.Kiely/C.Stobbs	5	8	12	20	40	60	150	
45	A.Kaline/H.Valentine	20	30	50	100	60	300		
47	F.Jacobs/J.Gray	5	8	12	20	60	80	250	
49	R.Jackson/J.Finigan	5	8	12	20	60	80	225	
51	R.Jablonski/B.Keegan	5	8	12	20	40	60	150	
53	B.Herman/S.Amoros	6	10	15	25	80	100	300	
55	C.Harmon/B.Skinner	5	8	12	20	40	60	150	
57	D.Hall/B.Grim	5	8	12	20	40	60	200	
59	B.Glynn/B.Miller	5	8	12	20	40	60	150	
61	B.Gardner/J.Hetki	5	8	12	20	40	60	150	
63	B.Borkowski/B.Turley	5	8	12	20	40	60	150	
65	J.Collins/J.Harshman	5	8	12	20	40	60	200	
67	J.Hegan/J.Parks	5	8	12	20	40	60	150	
69	T.Williams/M.Smith	80	100	120	400	600	1,000	2,500	

BASEBALL

#	Player	GD 2	VG 3	VgEx 4	EX 5	ExMt 6	NM 7	NmMt 8	MT 9
71	G.Allie/G.Hatton	8	12	20	30	50	80	150	
73	J.Lynch/H.Brecheen	5	8	12	20	30	60	150	
75	T.Wright/V.Stewart	5	8	12	20	40	80		
77	D.Hoskins/W.McGhee	5	8	12	20	40	80	150	
79	R.Sievers/A.Fowler	5	8	12	20	40	80	150	
81	D.Schell/G.Triandos	5	8	12	20	60	80	200	
83	J.Frazier/D.Mossi	5	8	12	20	40	60		
85	E.Valo/H.Brown	5	8	12	20	40	80		
87	B.Kennedy/W.McCall	5	8	12	20	60	80		
89	R.Gomez/J.Rivera	5	8	12	20	40	60	300	
91	L.Ortiz/M.Bolling	5	8	12	20	40	60	150	
93	C.Sawatski/E.Tappe	5	8	12	20	40	60	150	
95	D.Jolly/B.Hofman	5	8	12	20	40	60	150	
97	P.Ward/D.Zimmer	5	8	12	20	40	60	150	
99	B.Renna/D.Groat	5	8	12	20		60	200	
101	B.Wilson/B.Tremel	5	8	12	20	30	60	150	
103	H.Sauer/C.Pascual	5	8	12	20	60	120	200	
105	H.Aaron/R.Herbert	50	80	150	200	250	600	2,000	
107	A.Grammas/T.Qualters	5	8	12	20	30	80	150	
109	H.Newhouser/C.Bishop	8	12	20	30	50	100	250	
111	H.Killebrew/J.Podres	20	30	50	120	250	400	800	
113	R.Boone/B.Purkey	5	8	12	20	30	60	150	
115	D.Long/F.Fain	5	8	12	20	30	60	150	
117	S.Bilko/B.Milliken	5	8	12	20	30	80	150	
119	M.Parnell/T.Hurd	5	8	12	20	30	80	250	
121	T.Kluszewski/J.Owens	10	15	25	40	80	120	500	
123	G.Zernial/B.Trice	5	8	12	20	30	60		
125	R.Repulski/T.Lepcio	5	8	12	20	50	60	150	
127	W.Spahn/T.Brewer	15	25	50	60	100	300		
129	J.Gilliam/E.Kinder	6	10	15	25	80	200		
131	H.Wehmeier/W.Terwilliger	5	8	12	20	100	120		

1956 Topps

#	Player	GD 2	VG 3	VgEx 4	EX 5	ExMt 6	NM 7	NmMt 8	MT 9
1	Will Harridge PRES	12	15	30	40	80	200	800	
2	Warren Giles PRES DP	8	12	20	30	40	100	200	
3	Elmer Valo	5	5	6	10	30	50	200	500
4	Carlos Paula	5	5	6	10	25	60	120	
5	Ted Williams	120	200	250	400	500	1,000	2,500	6,000
6	Ray Boone	5	6	8	12	25	40	60	500
7	Ron Negray RC	5	5	6	10	15	30	60	
8	Walter Alston MG RC	6	8	10	20	40	80	150	
9	Ruben Gomez DP	5	5	6	10	20	25	50	500
10	Warren Spahn	20	30	50	60	100	150	400	
11A	Chicago Cubs TC Center	10	12	15	25	40	100	350	
11B	Chicago Cubs TC Dated 55	12	15	20	30	60	150		
11C	Chicago Cubs TC Left	10	12	15	25	40	135	600	
12	Andy Carey	5	6	8	12	20	40	100	400
13	Roy Face	5	6	8	12	20	50	80	500
14	Ken Boyer DP	5	6	8	20	30	50	100	1,000
15	Ernie Banks DP	30	50	80	120	200	400	2,000	12,000
16	Hector Lopez RC	5	5	6	10	20	30	60	500
17	Gene Conley	5	5	6	10	15	25	60	500
18	Dick Donovan	5	5	6	15	20	30	50	400
19	Chuck Diering DP	5	5	6	10	15	25	50	500
20	Al Kaline	30	40	50	80	120	250	600	4,000
21	Joe Collins DP	5	5	6	10	20	40	60	400
22	Jim Finigan	5	5	6	10	15	30	60	
23	Fred Marsh	5	5	6	10	15	30	50	400
24	Dick Groat	5	6	8	12	25	50	100	500
25	Ted Kluszewski	8	10	12	30	50	80	250	800
26	Grady Hatton	5	5	6	10	15	30	60	500
27	Nelson Burbrink DP RC	5	5	6	10	15	25	50	400
28	Bobby Hofman	5	5	6	15	20	30	50	400
29	Jack Harshman	5	5	6	15	25	30	60	
30	Jackie Robinson DP	250	400	600	1,000	1,500	2,500	8,000	15,000
31	Hank Aaron DP	100	120	200	250	400	2,000	4,000	8,000
32	Frank House	5	5	6	10	15	30	60	500
33	Roberto Clemente	150	250	300	500	2,000	5,000	8,000	25,000

#	Player	GD 2	VG 3	VgEx 4	EX 5	ExMt 6	NM 7	NmMt 8	M
34	Tom Brewer DP	5	5	6	10	15	30	50	
35	Al Rosen	5	6	8	25	30	50	80	
36	Rudy Minarcin	5	5	6	10	20	40	80	
37	Alex Grammas	5	5	6	20	25	30	50	
38	Bob Kennedy	5	5	6	10	20	25	50	
39	Don Mossi	5	5	6	10	25	30	60	
40	Bob Turley	5	6	12	20	30	50	100	
41	Hank Sauer	5	6	8	12	20	30	60	
42	Sandy Amoros	5	6	8	25	50	60	120	
43	Ray Moore	5	5	6	10	15	25	60	
44	Windy McCall	5	5	6	15	25	30	60	
45	Gus Zernial	5	5	6	10	20	30	80	
46	Gene Freese DP	5	5	6	10	25	50		
47	Art Fowler	5	5	6	10	20	25	60	
48	Jim Hegan	5	8	12	20	30	40	60	
49	Pedro Ramos RC	5	5	6	10	20	30	60	
50	Dusty Rhodes DP	5	5	6	10	20	25	60	
51	Ernie Oravetz RC	5	5	6	10	20	30	50	
52	Bob Grim DP	5	6	8	12	30	40	60	
53	Arnie Portocarrero	5	5	6	10	15	30	60	
54	Bob Keegan	5	5	6	10	15	25	60	
55	Wally Moon	5	5	6	10	25	40	60	
56	Dale Long	5	5	6	10	20	40	80	
57	Duke Maas RC	5	5	6	10	15	25	50	
58	Ed Roebuck	5	5	6	15	20	40	80	
59	Jose Santiago RC	5	5	6	10	15	30	60	
60	Mayo Smith MG DP	5	5	6	10	20	30	50	
61	Bill Skowron	8	12	20	30	50	80	300	
62	Hal Smith	5	5	6	10	15	30	50	
63	Roger Craig RC	5	6	20	25	40	60	120	
64	Luis Arroyo RC	5	5	6	10	20	30	60	
65	Johnny O'Brien	5	5	6	10	25	50	60	
66	Bob Speake DP RC	5	5	6	10	15	25	60	
67	Vic Power	5	6	8	12	20	30	80	
68	Chuck Stobbs	5	5	6	10	15	25	50	
69	Chuck Tanner	5	5	6	10	15	40	60	
70	Jim Rivera	5	5	6	15	20	50	60	
71	Frank Sullivan	5	5	6	10	20	40	60	
72A	Philadelphia Phillies TC Center	6	8	10	15	25	50		
72B	Philadelphia Phillies TC Dated 5510	12	15	25	80	100	600		
72C	Philadelphia Phillies TC Left DP	6	8	10	15	25	80	750	
73	Wayne Terwilliger	5	5	6	15	20	30	50	
74	Jim King RC	5	5	6	10	20	30	50	
75	Roy Sievers DP	5	5	6	10	15	25	60	
76	Ray Crone	5	5	6	10	20	50	60	
77	Harvey Haddix	5	6	8	20	25	30	60	
78	Herman Wehmeier	5	5	6	10	20	25	60	
79	Sandy Koufax	120	150	200	250	400	1,500	5,000	10,0
80	Gus Triandos DP	5	5	6	10	15	25	50	
81	Wally Westlake	5	5	6	10	15	25	50	
82	Bill Renna DP	5	5	6	10	20	30	50	
83	Karl Spooner	5	6	8	12	25	40	60	
84	Babe Birrer RC	5	5	6	10	20	30	50	
85A	Cleveland Indians TC Center	8	10	12	20	30	60	250	
85B	Cleveland Indians TC Dated 55	12	15	20	30	50	100	450	
85C	Cleveland Indians TC Left	8	10	12	20	30	60	400	
86	Ray Jablonski DP	5	5	6	10	15	30	50	
87	Dean Stone	5	5	6	20	25	30	50	
88	Johnny Kucks RC	5	6	10	15	25	50	80	
89	Norm Zauchin	5	5	6	12	25	30	50	
90A	Cincinnati Reds TC Center	8	10	12	20	40	80	300	
90B	Cincinnati Reds TC Dated 55	12	15	20	30	50	135	600	
90C	Cincinnati Reds TC Left	8	10	12	20	40	100	600	
91	Gail Harris RC	5	5	6	10	20	25	60	
92	Bob (Red) Wilson	5	5	6	10	20	40	60	
93	George Susce	5	5	6	10	20	30	80	
94	Ron Kline	5	5	6	10	15	40	60	
95A	Milwaukee Braves TC Center	10	12	15	25	40	150	600	
95B	Milwaukee Braves TC Dated 55	12	15	20	40	100	250	1,000	

	GD 2	VG 3	VgEx 4	EX 5	ExMt 6	NM 7	NmMt 8	MT 9
Milwaukee Braves TC Left	10	12	15	25	50	200	600	
Bill Tremel	5	5	6	10	25	30	50	500
Jerry Lynch	5	5	6	10	20	30	60	
Camilo Pascual	5	5	6	10	20	25	80	500
Don Zimmer	6	8	15	30	40	60	150	1,000
Baltimore Orioles TC Center	10	12	15	25	60	200		
Baltimore Orioles TC Dated 55	12	15	20	30	80	400	600	
Baltimore Orioles TC Left	10	12	15	25	60	300		
Roy Campanella	40	50	60	100	150	300	600	
Jim Davis	5	5	6	10	20	25	60	400
Willie Miranda	5	5	6	10	25	50	80	
Bob Lennon	5	5	6	10	15	30	60	400
Al Smith	5	5	6	20	25	30	50	
Joe Astroth	5	5	20	25	30	40	50	500
Eddie Mathews	30	50	80	120	200	300	400	1,500
Laurin Pepper	5	5	6	25	40	60	80	400
Enos Slaughter	8	12	15	25	50	80	150	1,200
Yogi Berra	60	80	100	150	300	400	1,000	3,000
Boston Red Sox TC	8	10	12	25	50	80	250	
Dee Fondy	5	10	15	20	25	30	50	400
Phil Rizzuto	25	30	60	80	120	250	500	1,200
Jim Owens	5	5	6	20	25	30	80	300
Jackie Jensen	5	6	8	25	30	40	80	500
Eddie O'Brien	5	5	6	10	15	25	80	500
Virgil Trucks	5	5	6	10	25	40	100	
Nellie Fox	10	15	25	40	60	100	250	1,500
Larry Jackson RC	5	5	8	12	20	30	50	400
Richie Ashburn	10	15	25	40	60	100	200	1,000
Pittsburgh Pirates TC	10	12	20	60	100	200	500	1,500
Willard Nixon	5	6	10	15	25	40	50	300
Roy McMillan	5	5	6	10	20	40	80	500
Don Kaiser	5	5	6	10	25	40	80	500
Minnie Minoso	6	8	25	30	50	100	200	
Jim Brady RC	5	5	6	10	25	50	100	500
Willie Jones	5	6	10	15	25	50	60	1,800
Eddie Yost	5	5	6	10	20	50	150	400
Jake Martin RC	5	5	6	20	25	30	50	400
Willie Mays	120	150	200	300	500	800	5,000	8,000
Bob Roselli RC	5	5	6	10	15	30	60	
Bobby Avila	5	5	6	10	25	40	60	
Ray Narleski	5	5	6	10	15	30	50	400
St. Louis Cardinals TC	8	10	12	25	40	80	200	
Mickey Mantle	1,500	2,000	2,500	4,000	5,000	6,000	25,000	200,000
Johnny Logan	5	5	6	10	15	25	60	
Al Silvera RC	5	5	6	10	15	40	50	
Johnny Antonelli	5	5	6	12	20	40	60	300
Tommy Carroll	5	6	8	12	30	50	80	
Herb Score RC	8	10	30	40	50	80	150	
Joe Frazier	5	5	6	10	25	30	60	400
Gene Baker	5	5	6	15	20	30	50	300
Jim Piersall	5	6	8	12	25	40	80	
Leroy Powell RC	5	5	6	10	15	30	60	300
Gil Hodges	15	25	40	50	80	150	400	1,500
Washington Nationals TC	8	10	30	40	80	100	250	
Earl Torgeson	5	5	6	10	20	30	60	400
Alvin Dark	5	6	8	12	30	40	60	300
Dixie Howell	5	5	6	10	25	50	80	
Duke Snider	50	80	120	150	200	300	500	2,000
Spook Jacobs	5	5	6	10	15	30	60	250
Billy Hoeft	5	5	6	20	25	30	60	400
Frank Thomas	5	5	6	10	25	40	100	
Dave Pope	5	5	6	10	15	40	50	300
Harvey Kuenn	5	6	8	15	40	50	80	500
Wes Westrum	5	5	6	10	30	40	50	
Dick Brodowski	5	5	6	10	15	25	50	500
Wally Post	5	5	6	10	20	30	60	400
Clint Courtney	5	5	6	10	15	40	250	
Billy Pierce	5	6	15	20	25	40	80	
Joe DeMaestri	5	6	10	15	25	40	80	400

		GD 2	VG 3	VgEx 4	EX 5	ExMt 6	NM 7	NmMt 8	MT 9
162	Dave (Gus) Bell	5	5	8	12	20	30	80	
163	Gene Woodling	5	5	6	20	25	30	60	400
164	Harmon Killebrew	25	50	60	100	120	200	600	
165	Red Schoendienst	6	10	20	30	60	100	150	1,000
166	Brooklyn Dodgers TC	40	60	100	120	150	300	500	
167	Harry Dorish	5	5	6	10	15	25	60	300
168	Sammy White	5	5	6	10	25	30	50	500
169	Bob Nelson RC	5	5	6	15	20	40	50	500
170	Bill Virdon	5	6	8	12	20	30	60	500
171	Jim Wilson	5	5	6	10	25	30	50	
172	Frank Torre RC	5	5	6	25	30	40	60	300
173	Johnny Podres	6	8	25	30	50	60	150	
174	Glen Gorbous RC	5	5	6	20	25	40	80	500
175	Del Crandall	5	5	6	10	15	30	50	500
176	Alex Kellner	5	5	6	10	15	30	50	300
177	Hank Bauer	6	10	15	25	40	60	150	
178	Joe Black	5	5	8	12	20	30	80	
179	Harry Chiti	5	5	6	10	20	30	60	
180	Robin Roberts	8	12	25	40	50	80	200	800
181	Billy Martin	25	40	60	100	150	300	500	1,000
182	Paul Minner	5	8	12	20	30	60	100	500
183	Stan Lopata	5	5	6	10	20	30	60	
184	Don Bessent RC	5	8	12	20	30	60	100	
185	Bill Bruton	5	5	6	20	25	40	120	
186	Ron Jackson	5	5	6	10	25	50	100	500
187	Early Wynn	20	30	50	80	120	200	400	
188	Chicago White Sox TC	10	12	20	30	80	200	500	
189	Ned Garver	5	5	6	10	20	30	60	300
190	Carl Furillo	15	25	40	60	100	150	300	
191	Frank Lary	5	6	10	15	25	40	100	500
192	Smoky Burgess	5	5	6	10	30	50	80	400
193	Wilmer Mizell	5	5	6	10	20	60	100	
194	Monte Irvin	15	25	40	60	100	120	500	800
195	George Kell	10	15	25	40	60	50	150	600
196	Tom Poholsky	5	6	10	15	25	50	100	
197	Granny Hamner	5	5	6	10	25	40	80	500
198	Ed Fitzgerald	5	5	6	10	25	30	100	
199	Hank Thompson	5	5	6	10	25	40	100	
200	Bob Feller	60	100	150	250	▼300	▼500	1,000	2,000
201	Rip Repulski	5	5	6	10	20	30	60	500
202	Jim Hearn	5	8	12	20	30	50	80	400
203	Bill Tuttle	5	8	12	20	30	50	60	
204	Art Swanson RC	5	6	10	15	25	40	80	400
205	Whitey Lockman	5	8	12	20	30	40	100	500
206	Erv Palica	5	6	10	15	25	40	80	300
207	Jim Small RC	5	5	6	10	25	30	60	500
208	Elston Howard	20	30	50	80	120	200	400	1,000
209	Max Surkont	5	8	12	20	30	50	50	500
210	Mike Garcia	5	5	6	10	25	40	100	
211	Murry Dickson	5	8	12	20	30	50	80	400
212	Johnny Temple	5	5	6	10	20	50	80	100
213	Detroit Tigers TC	8	10	12	30	50	120	500	
214	Bob Rush	5	5	6	10	25	40	80	400
215	Tommy Byrne	5	8	12	20	30	60	100	
216	Jerry Schoonmaker RC	5	6	10	15	25	40	80	500
217	Billy Klaus	5	6	10	15	25	40	80	400
218	Joe Nuxhall	5	5	6	10	25	60	100	600
219	Lew Burdette	5	5	6	10	30	60	250	
220	Del Ennis	5	5	6	10	25	40	80	
221	Bob Friend	6	10	15	25	40	60	100	300
222	Dave Philley	5	5	6	10	25	30	60	
223	Randy Jackson	5	6	10	15	25	50	100	
224	Bud Podbielan	5	5	6	10	15	30	100	
225	Gil McDougald	8	12	20	30	50	80	400	800
226	New York Giants TC	10	15	25	30	60	100	400	1,000
227	Russ Meyer	5	5	6	10	15	50	80	500
228	Mickey Vernon	6	10	15	25	40	60	120	
229	Harry Brecheen CO	5	5	6	10	25	40	60	400
230	Chico Carrasquel	5	5	6	10	25	30	80	600

#	Player	GD 2	VG 3	VgEx 4	EX 5	ExMt 6	NM 7	NmMt 8	MT 9
231	Bob Hale RC	5	5	6	10	25	40	80	500
232	Toby Atwell	5	5	6	10	25	50	120	
233	Carl Erskine	12	20	30	50	60	80	200	800
234	Pete Runnels	5	5	6	12	30	50	60	500
235	Don Newcombe	20	30	50	80	120	300	1,000	
236	Kansas City Athletics TC	6	10	15	25	40	60	250	
237	Jose Valdivielso RC	5	5	6	10	15	40	100	
238	Walt Dropo	5	5	6	10	25	50	80	500
239	Harry Simpson	5	8	12	20	30	50	120	
240	Whitey Ford	50	80	▼100	▼120	▲250	500	1,000	4,000
241	Don Mueller	5	5	6	10	15	30	120	500
242	Hershell Freeman	6	10	15	25	40	60	120	
243	Sherm Lollar	5	8	12	20	30	50	100	500
244	Bob Buhl	6	10	15	25	40	60	100	500
245	Billy Goodman	5	6	10	15	25	60	100	500
246	Tom Gorman	5	5	6	10	25	50	80	400
247	Bill Sarni	5	5	6	10	15	50	80	400
248	Bob Porterfield	5	5	6	10	25	40	80	500
249	Johnny Klippstein	5	8	12	20	30	50	80	
250	Larry Doby	30	50	80	120	200	300	500	1,200
251	New York Yankees TC	▲50	▲80	▲120	▲200	▲300	▲1,200	2,500	3,500
252	Vern Law	5	5	6	10	25	50	100	
253	Irv Noren	6	8	10	15	50	120	600	
254	George Crowe	5	5	6	10	25	80	200	
255	Bob Lemon	▲15	▲25	▲40	▲60	80	▲200	▲300	1,000
256	Tom Hurd	5	6	10	15	25	60	80	500
257	Bobby Thomson	▲8	▲12	▲20	▲30	▲50	▲60	▲250	
258	Art Ditmar	6	10	15	25	40	60	100	
259	Sam Jones	5	5	6	10	15	40	100	
260	Pee Wee Reese	50	80	120	200	300	500	1,200	
261	Bobby Shantz	5	8	12	20	30	50	100	500
262	Howie Pollet	5	5	6	20	25	40	80	500
263	Bob Miller	5	5	6	10	15	40	120	
264	Ray Monzant RC	5	8	12	20	30	50	80	400
265	Sandy Consuegra	5	6	10	15	25	40	60	
266	Don Ferrarese	5	5	6	10	25	30	80	
267	Bob Nieman	5	5	6	10	15	50	80	400
268	Dale Mitchell	5	6	8	15	60	200	800	
269	Jack Meyer RC	5	6	10	15	20	30	60	500
270	Billy Loes	5	8	12	20	30	50	60	500
271	Foster Castleman RC	5	5	6	8	12	50	100	
272	Danny O'Connell	5	5	6	10	20	30	60	250
273	Walker Cooper	5	5	6	10	20	30	80	500
274	Frank Baumholtz	5	6	10	15	25	50	60	500
275	Jim Greengrass	5	6	10	15	25	40	80	400
276	George Zuverink	5	5	6	10	30	50	150	
277	Daryl Spencer	5	5	6	10	20	60	100	500
278	Chet Nichols	5	6	10	15	25	50	100	500
279	Johnny Groth	5	5	6	15	25	30	60	250
280	Jim Gilliam	▲15	▲25	▲40	▲60	▲100	▲150	200	600
281	Art Houtteman	5	5	6	10	25	30	60	400
282	Warren Hacker	5	6	10	15	25	40	60	300
283	Hal R.Smith RC	5	6	10	15	25	40	60	
284	Ike Delock	5	5	6	10	20	40	60	500
285	Eddie Miksis	5	5	6	10	15	50	80	400
286	Bill Wight	5	5	6	15	20	25	60	
287	Bobby Adams	5	5	6	10	20	40	60	300
288	Bob Cerv	10	15	25	40	60	100	150	600
289	Hal Jeffcoat	5	5	6	10	25	30	50	300
290	Curt Simmons	5	6	10	15	25	40	150	400
291	Frank Kellert RC	5	5	6	15	25	30	80	400
292	Luis Aparicio RC	▲100	▲150	▲250	300	▼400	▼600	2,000	
293	Stu Miller	8	12	20	30	50	80	120	800
294	Ernie Johnson	5	5	6	10	20	30	60	400
295	Clem Labine	8	12	20	30	50	80	120	600
296	Andy Seminick	5	5	6	10	20	30	80	500
297	Bob Skinner	5	8	12	20	30	50	60	500
298	Johnny Schmitz	5	6	10	15	25	40	60	250
299	Charlie Neal	10	15	25	40	60	80	200	1,000

#	Player	GD 2	VG 3	VgEx 4	EX 5	ExMt 6	NM 7	NmMt 8	
300	Vic Wertz	5	8	12	20	30	50	80	
301	Marv Grissom	5	5	6	10	20	30	80	
302	Eddie Robinson	5	6	8	12	25	60	300	
303	Jim Dyck	5	5	6	10	15	30	100	
304	Frank Malzone	5	6	10	15	25	50	120	
305	Brooks Lawrence	5	6	10	15	25	40	60	
306	Curt Roberts	5	5	10	15	25	60	120	
307	Hoyt Wilhelm	▲15	▲25	▲40	▲60	▲80	▲120	300	
308	Chuck Harmon	5	5	6	10	15	50	120	
309	Don Blasingame RC	5	8	12	20	30	50	80	
310	Steve Gromek	5	6	10	15	25	40	60	
311	Hal Naragon	5	6	10	15	25	40	80	
312	Andy Pafko	5	6	8	12	25	30	100	
313	Gene Stephens	5	5	6	10	20	40	60	
314	Hobie Landrith	5	5	6	10	20	30	80	
315	Milt Bolling	5	5	6	10	20	40	60	
316	Jerry Coleman	5	6	8	20	25	40	120	
317	Al Aber	5	5	6	10	20	25	50	
318	Fred Hatfield	5	5	6	10	15	30	80	
319	Jack Crimian RC	5	6	10	15	25	40	80	
320	Joe Adcock	6	10	15	25	40	60	100	
321	Jim Konstanty	5	6	8	15	30	40	60	
322	Karl Olson	5	6	10	15	25	40	60	
323	Willard Schmidt	5	5	6	10	15	30	80	
324	Rocky Bridges	5	6	10	15	25	40	60	
325	Don Liddle	5	5	6	10	15	40	80	
326	Connie Johnson RC	5	6	10	15		80	250	
327	Bob Wiesler RC	5	5	6	10	15	40	80	
328	Preston Ward	5	5	6	20	25	40	80	
329	Lou Berberet RC	5	5	6	10	20	40	60	
330	Jim Busby	5	8	12	20	30	50	100	
331	Dick Hall	5	6	10	15	25	40	60	
332	Don Larsen	20	30	50	80	120	200	500	
333	Rube Walker	5	8	12	20	30	50	120	
334	Bob Miller	6	10	15	25	30	60	120	
335	Don Hoak	5	6	10	15	25	50	80	
336	Ellis Kinder	5	5	6	20	25	40	80	
337	Bobby Morgan	5	8	12	20	30	50	120	
338	Jim Delsing	5	5	6	10	20	40	80	
339	Rance Pless RC	5	5	6	10	15	60	300	
340	Mickey McDermott	▲10	▲15	▲25	▲40	50	▲250	500	
CL1	Checklist 1/3	30	40	60	100	150	300	800	
CL2	Checklist 2/4	30	40	60	100	150	300	800	2,

— Luis Aparicio #292 PSA 10 (Gem) (Young Collection) sold for $11,028 (SCP; 5/12)
— Boston Red Sox TC #111 PSA 10 (Gem) sold for $6,000 (Legendary; 5/12)
— Harmon Killebrew #164 PSA 9 (MT) sold for $5,460 (Greg Bussineau; 12/12)
— Mickey Mantle #135 PSA 10 (Gem) sold for $382,400 (Heritage; 8/16)
— Mickey Mantle #135 PSA 10 (Gem) sold for $50,000 (Memory Lane; Private 2006)
— Rudy Minarcin #36 PSA 10 (Gem) sold for $5,106 (Memory Lane; 8/12)
— Rip Repulski #201 PSA 10 (Gem) sold for $2,228 (eBay; 1/13)

1957 Topps

#	Player	GD 2	VG 3	VgEx 4	EX 5	ExMt 6	NM 7	NmMt 8	M
1	Ted Williams	▼200	▼250	400	500	▲800	▲2,000	5,000	1,
2	Yogi Berra	40	60	100	120	150	250	500	3,
3	Dale Long	5	5	6	10	25	30	100	
4	Johnny Logan	5	6	10	15	25	60	250	
5	Sal Maglie	6	8	12	20	30	50	120	
6	Hector Lopez	5	6	10	15	25	40	100	
7	Luis Aparicio	▲20	▲30	▲40	▲60	▲80	▲120	300	1,
8	Don Mossi	5	5	5	8	20	25	100	
9	Johnny Temple	5	5	8	12	20	30	150	
10	Willie Mays	250	▼300	▼400	600	1,200	2,000	5,000	8,
11	George Zuverink	5	5	5	6	15	20	50	
12	Dick Groat	5	6	10	15	25	60	150	
13	Wally Burnette RC	5	5	5	6	10	15	40	
14	Bob Nieman	5	5	6	15	25	40	80	
15	Robin Roberts	15	25	40	60	100	▲200	400	1,

	GD 2	VG 3	VgEx 4	EX 5	ExMt 6	NM 7	NmMt 8	MT 9
Walt Moryn	5	5	5	8	12	25	60	400
Billy Gardner	5	5	5	6	10	25	50	
Don Drysdale RC	▲100	120	▼200	▼250	500	▼1,000	3,000	15,000
Bob Wilson	5	5	5	6	10	20	50	400
Hank Aaron	250	300	▼400	600	▼1,000	1,500	5,000	15,000
Frank Sullivan	5	5	5	6	10	20	50	300
Jerry Snyder	5	5	5	6	10	20	80	400
Sherm Lollar	5	5	5	6	10	25	60	
Bill Mazeroski RC	▲60	▲100	▲150	200	▼250	400	800	3,000
Whitey Ford	30	50	60	100	▲250	500	1,000	3,000
Bob Boyd	5	5	5	6	10	20	50	
Ted Kazanski	5	5	6	10	15	25	60	300
Gene Conley	5	5	5	8	15	30	200	
Whitey Herzog RC	12	20	30	50	80	120	300	600
Pee Wee Reese	▼25	▼40	▼60	▼100	▼120	▼250	600	3,000
Ron Northey	5	5	5	8	12	25	50	
Hershell Freeman	5	5	5	6	10	20	50	250
Jim Small	5	5	5	6	10	30	100	
Tom Sturdivant RC	5	5	5	8	12	25	60	250
Frank Robinson RC	250	300	▼400	▼500	1,000	2,000	5,000	
Bob Grim	5	5	6	10	15	50	100	
Frank Torre	5	5	5	8	20	30	80	
Nellie Fox	15	25	40	50	80	120	250	1,000
Al Worthington RC	5	5	5	6	12	30	50	
Early Wynn	10	15	25	40	60	120	200	1,000
Hal W. Smith	5	5	5	6	10	15	50	250
Dee Fondy	5	5	5	6	10	25	50	250
Connie Johnson	5	5	5	6	10	25	40	250
Joe DeMaestri	5	5	5	6	10	25	80	
Carl Furillo	6	10	15	25	50	80	400	
Robert J. Miller	5	5	5	6	10	20	50	200
Don Blasingame	5	5	5	6	10	25	60	500
Bill Bruton	5	5	5	8	12	30	100	400
Daryl Spencer	5	5	5	6	10	25	100	
Herb Score	5	6	8	20	30	40	100	
Clint Courtney	5	5	5	8	12	30	50	
Lee Walls	5	5	5	6	15	25	50	300
Clem Labine	5	8	12	20	30	50	60	250
Elmer Valo	5	5	5	8	15	40	60	400
Ernie Banks	100	120	150	▼200	400	▼500	1,200	8,000
Dave Sisler RC	5	5	5	6	10	25	80	
Jim Lemon	5	5	8	12	20	25	50	400
Ruben Gomez	5	5	5	8	12	25	60	
Dick Williams	5	5	5	6	10	30	80	250
Billy Hoeft	5	5	5	6	10	25	60	
Dusty Rhodes	5	5	5	6	25	30	80	
Billy Martin	30	40	50	60	100	150	300	2,000
Ike Delock	5	5	5	6	12	25	50	300
Pete Runnels	5	5	5	6	10	25	50	250
Wally Moon	5	5	5	8	12	30	80	
Brooks Lawrence	5	5	5	6	10	25	60	
Chico Carrasquel	5	5	5	6	10	30	60	
Ray Crone	5	5	5	6	15	25	250	
Roy McMillan	5	5	5	8	20	25	120	
Richie Ashburn	20	30	50	80	100	150	250	1,000
Murry Dickson	5	5	5	6	12	25	40	300
Bill Tuttle	5	5	5	6	10	25	50	250
George Crowe	5	5	5	6	15	25	50	
Vito Valentinetti RC	5	5	8	12	20	30	50	400
Jimmy Piersall	5	5	5	8	12	25	60	400
Roberto Clemente	▲150	250	300	500	800	▼1,200	3,000	8,000
Paul Foytack RC	5	5	5	8	12	20	60	
Vic Wertz	5	5	5	8	12	25	80	400
Lindy McDaniel RC	5	5	8	12	20	30	100	500
Gil Hodges	25	40	60	100	150	250	400	1,500
Herman Wehmeier	5	5	5	6	10	20	40	250
Elston Howard	8	12	20	30	50	80	150	1,000

	GD 2	VG 3	VgEx 4	EX 5	ExMt 6	NM 7	NmMt 8	MT 9
83 Lou Skizas RC	5	5	8	12	10	20	50	400
84 Moe Drabowsky RC	5	5	8	12	20	30	80	300
85 Larry Doby	12	20	30	50	80	150	500	
86 Bill Sarni	5	5	6	10	15	20	60	400
87 Tom Gorman	5	5	5	6	12	25	40	300
88 Harvey Kuenn	5	5	5	8	12	30	120	500
89 Roy Sievers	5	5	5	6	10	40	60	
90 Warren Spahn	25	40	60	100	150	250	300	2,000
91 Mack Burk RC	5	5	5	6	10	20	50	
92 Mickey Vernon	5	5	5	8	15	30	50	
93 Hal Jeffcoat	5	5	5	6	10	20	40	
94 Bobby Del Greco	5	5	5	6	10	15	60	400
95 Mickey Mantle	500	800	1,000	1,200	3,000	5,000	12,000	200,000
96 Hank Aguirre RC	5	5	5	6	10	25	60	300
97 New York Yankees TC	15	20	25	50	80	200	300	1,000
98 Alvin Dark	5	5	8	12	20	30	60	200
99 Bob Keegan	5	5	5	6	10	25	120	400
100 League Presidents	5	8	12	20	25	50	200	
101 Chuck Stobbs	5	5	5	6	10	20	50	
102 Ray Boone	5	6	10	15	25	40	80	400
103 Joe Nuxhall	5	5	6	10	15	50	100	
104 Hank Foiles	5	5	5	6	10	30	50	
105 Johnny Antonelli	5	5	5	8	12	25	60	
106 Ray Moore	5	5	5	6	10	25	50	
107 Jim Rivera	5	5	5	6	10	20	50	200
108 Tommy Byrne	5	5	5	8	25	50	150	
109 Hank Thompson	5	5	8	12	20	30	50	250
110 Bill Virdon	5	5	5	8	12	25	50	250
111 Hal R. Smith	5	5	6	10	15	25	50	
112 Tom Brewer	5	5	5	6	10	25	80	
113 Wilmer Mizell	5	5	6	10	15	25	50	400
114 Milwaukee Braves TC	5	8	12	20	30	40	120	500
115 Jim Gilliam	8	12	20	30	50	80	150	
116 Mike Fornieles	5	5	5	6	10	25	50	400
117 Joe Adcock	5	6	8	12	15	50	120	
118 Bob Porterfield	5	5	5	6	10	25	40	
119 Stan Lopata	5	5	5	6	10	25	50	
120 Bob Lemon	12	20	30	50	80	120	▲300	1,500
121 Clete Boyer RC	5	6	8	20	25	60	150	
122 Ken Boyer	6	10	15	25	40	▲80	▲200	
123 Steve Ridzik	5	5	5	6	10	30	60	
124 Dave Philley	5	5	5	6	10	15	50	
125 Al Kaline	30	50	80	120	200	300	500	3,000
126 Bob Wiesler	5	5	5	6	10	25	50	1,000
127 Bob Buhl	5	5	6	10	15	30	80	
128 Ed Bailey	5	5	5	8	12	30	80	
129 Saul Rogovin	5	5	5	6	10	25	50	250
130 Don Newcombe	▲8	▲12	▲20	▲30	▲40	100	▲300	600
131 Milt Bolling	5	5	5	6	10	20	50	300
132 Art Ditmar	5	5	5	8	12	30	50	300
133 Del Crandall	5	5	6	10	15	30	100	600
134 Don Kaiser	5	5	5	6	10	20	40	350
135 Bill Skowron	5	6	8	12	40	60	150	600
136 Jim Hegan	5	5	8	12	20	40	60	200
137 Bob Rush	5	5	6	10	15	25	50	300
138 Minnie Minoso	5	6	8	20	25	50	▲300	▲1,500
139 Lou Kretlow	5	5	5	6	10	25	200	
140 Frank Thomas	5	5	5	6	10	25	50	400
141 Al Aber	5	5	5	6	10	15	40	400
142 Charley Thompson	5	5	5	6	10	20	40	400
143 Andy Pafko	5	6	10	15	25	40	60	300
144 Ray Narleski	5	5	8	12	20	30	50	250
145 Al Smith	5	5	5	6	10	25	50	200
146 Don Ferrarese	5	5	5	6	10	25	50	250
147 Al Walker	5	5	6	10	20	30	100	
148 Don Mueller	5	5	5	6	10	20	50	250
149 Bob Kennedy	5	5	5	8	12	25	80	

#	Player	GD 2	VG 3	VgEx 4	EX 5	ExMt 6	NM 7	NmMt 8	MT 9
150	Bob Friend	5	5	5	8	12	20	60	250
151	Willie Miranda	5	5	5	6	10	20	40	300
152	Jack Harshman	5	5	5	6	10	20	40	300
153	Karl Olson	5	5	6	10	15	25	40	400
154	Red Schoendienst	5	6	8	20	30	50	250	600
155	Jim Brosnan	5	5	5	6	10	25	60	
156	Gus Triandos	5	5	5	6	10	25	50	
157	Wally Post	5	5	5	8	12	25	60	250
158	Curt Simmons	5	5	5	8	12	40	80	
159	Solly Drake RC	5	5	5	6	10	20	50	400
160	Billy Pierce	5	5	6	10	15	25	100	400
161	Pittsburgh Pirates TC	5	5	6	20	25	50	200	
162	Jack Meyer	5	5	5	6	10	25	50	250
163	Sammy White	5	5	5	6	10	20	50	300
164	Tommy Carroll	5	5	6	10	15	30	60	400
165	Ted Kluszewski	25	40	60	100	150	250	400	3,000
166	Roy Face	5	5	5	8	15	25	80	400
167	Vic Power	5	5	5	8	12	20	50	300
168	Frank Lary	5	5	5	8	12	20	50	250
169	Herb Plews RC	5	5	5	6	10	25	40	
170	Duke Snider	30	50	▼60	120	200	▲400	800	
171	Boston Red Sox TC	6	8	10	15	25	80	150	
172	Gene Woodling	5	5	5	8	12	30	50	300
173	Roger Craig	5	5	5	15	20	30	50	400
174	Willie Jones	5	5	5	6	10	20	50	400
175	Don Larsen	8	10	12	30	40	80	150	
176A	Gene Bakep ERR (Baker)	150	200	250	300	400			
176B	Gene Baker COR	5	5	5	6	10	15	80	
177	Eddie Yost	5	5	5	8	15	40	120	
178	Don Bessent	5	5	5	8	15	50	200	
179	Ernie Oravetz	5	5	5	6	10	20	40	500
180	Gus Bell	5	8	12	20	30	50	120	
181	Dick Donovan	5	5	6	10	15	25	40	300
182	Hobie Landrith	5	5	5	6	10	25	50	400
183	Chicago Cubs TC	5	5	6	10	25	40	100	
184	Tito Francona RC	5	5	5	8	12	40	250	
185	Johnny Kucks	5	5	6	10	15	25	60	400
186	Jim King	5	5	5	6	10	25	50	250
187	Virgil Trucks	5	5	8	12	20	30	50	250
188	Felix Mantilla RC	5	5	5	6	10	30	60	200
189	Willard Nixon	5	5	6	10	15	20	40	250
190	Randy Jackson	5	5	8	12	20	30	50	250
191	Joe Margoneri RC	5	5	5	6	10	20	50	500
192	Jerry Coleman	5	5	5	8	12	50	80	300
193	Del Rice	5	5	5	6	10	20	40	250
194	Hal Brown	5	5	5	6	10	25	50	300
195	Bobby Avila	5	5	6	10	15	25	80	
196	Larry Jackson	5	5	5	6	15	25	60	200
197	Hank Sauer	5	5	5	6	15	25	50	400
198	Detroit Tigers TC	5	5	6	10	15	50	100	400
199	Vern Law	5	5	5	6	10	20	60	250
200	Gil McDougald	6	10	15	25	40	60	120	500
201	Sandy Amoros	6	10	15	25	30	60	150	
202	Dick Gernert	5	6	10	15	25	40	60	400
203	Hoyt Wilhelm	6	10	15	25	40	60	200	600
204	Kansas City Athletics TC	5	5	6	10	25	40	80	250
205	Charlie Maxwell	5	5	5	8	12	25	80	400
206	Willard Schmidt	5	5	5	6	10	20	40	250
207	Gordon (Billy) Hunter	5	5	5	6	10	15	50	250
208	Lew Burdette	5	5	6	10	15	80	120	400
209	Bob Skinner	5	5	5	6	10	25	50	250
210	Roy Campanella	25	40	50	60	100	150	300	1,200
211	Camilo Pascual	5	5	5	6	10	25	50	200
212	Rocky Colavito RC	30	50	80	120	150	250	400	1,500
213	Les Moss	5	5	5	6	10	25	40	250
214	Philadelphia Phillies TC	5	5	6	10	15	30	80	400
215	Enos Slaughter	10	15	25	40	60	100	250	600

#	Player	GD 2	VG 3	VgEx 4	EX 5	ExMt 6	NM 7	NmMt 8	MT 9
216	Marv Grissom	5	5	5	6	10	25	40	
217	Gene Stephens	5	5	5	6	10	25	50	
218	Ray Jablonski	5	5	5	6	10	25	40	1
219	Tom Acker RC	5	5	5	6	10	15	40	
220	Jackie Jensen	5	5	6	10	15	50	80	5
221	Dixie Howell	5	5	5	6	10	20	40	
222	Alex Grammas	5	5	5	6	10	15	50	
223	Frank House	5	5	5	6	10	25	50	
224	Marv Blaylock	5	5	5	6	10	25	60	
225	Harry Simpson	5	5	6	10	15	25	50	
226	Preston Ward	5	5	5	6	10	20	50	
227	Gerry Staley	5	5	5	6	10	25	40	
228	Smoky Burgess	5	6	10	15	25	40	80	
229	George Susce	5	5	5	6	10	25	50	
230	George Kell	6	10	15	25	40	60	120	
231	Solly Hemus	5	5	5	6	10	25	40	
232	Whitey Lockman	5	5	5	6	10	25	60	3
233	Art Fowler	5	5	5	6	10	25	50	
234	Dick Cole	5	5	5	6	10	15	40	
235	Tom Poholsky	5	5	5	6	10	20	50	3
236	Joe Ginsberg	5	5	5	6	10	25	40	
237	Foster Castleman	5	5	8	12	20	30	50	
238	Eddie Robinson	5	5	5	6	10	25	50	
239	Tom Morgan	5	5	5	6	10	20	40	
240	Hank Bauer	6	8	10	15	50	60	250	
241	Joe Lonnett RC	5	5	5	6	10	20	40	
242	Charlie Neal	5	5	5	8	15	30	50	
243	St. Louis Cardinals TC	5	8	12	20	30	50	120	
244	Billy Loes	5	5	5	6	10	20	40	
245	Rip Repulski	5	5	5	6	10	15	50	3
246	Jose Valdivielso	5	5	8	12	20	30	50	
247	Turk Lown	5	5	5	6	10	25	40	
248	Jim Finigan	5	5	5	6	10	20	50	
249	Dave Pope	5	5	5	6	10	25	50	3
250	Eddie Mathews	20	30	50	▼80	120	▼200	500	2,0
251	Baltimore Orioles TC	5	5	6	10	25	60	100	3
252	Carl Erskine	5	8	12	20	30	60	150	8
253	Gus Zernial	5	5	5	6	15	20	60	
254	Ron Negray	5	5	5	6	10	20	40	
255	Charlie Silvera	5	5	8	12	20	30	50	
256	Ron Kline	5	5	5	6	10	25	40	
257	Walt Dropo	5	5	8	12	20	30	50	
258	Steve Gromek	5	5	5	6	15	25	50	
259	Eddie O'Brien	5	5	5	6	10	20	40	
260	Del Ennis	5	5	5	8	12	20	60	
261	Bob Chakales	5	5	5	6	10	20	40	3
262	Bobby Thomson	5	5	5	20	25	40	80	
263	George Strickland	5	5	5	6	10	15	60	3
264	Bob Turley	5	5	6	10	15	30	100	4
265	Harvey Haddix DP	5	6	8	12	25	60	150	
266	Ken Kuhn DP RC	5	5	5	6	10	25	100	
267	Danny Kravitz RC	5	5	6	10	15	30	80	
268	Jack Collum	5	5	6	10	20	40	80	
269	Bob Cerv	5	5	6	10	25	40	80	
270	Washington Senators TC	6	10	15	25	50	150	800	
271	Danny O'Connell DP	5	5	6	10	15	60	150	
272	Bobby Shantz	8	12	20	30	50	80	150	6
273	Jim Davis	5	5	6	10	15	30	100	5
274	Don Hoak	5	5	6	10	15	40	100	
275	Cleveland Indians TC	10	15	25	40	60	100	300	
276	Jim Pyburn RC	5	6	10	15	25	50	300	
277	Johnny Podres DP	10	15	25	40	60	100	300	8
278	Fred Hatfield DP	5	6	10	15	25	40	60	
279	Bob Thurman RC	5	5	6	10	20	50	250	
280	Alex Kellner	5	5	6	20	25	50	250	
281	Gail Harris	5	5	6	10	15	30	60	
282	Jack Dittmer DP	5	6	8	12	20	30	80	

	GD 2	VG 3	VgEx 4	EX 5	ExMt 6	NM 7	NmMt 8	MT 9
Wes Covington DP RC	5	6	8	12	20	60	200	1,000
Don Zimmer	▲12	▲20	▲30	▲50	▲80	▲120	200	2,000
Ned Garver	5	5	6	10	15	30	60	400
Bobby Richardson RC	40	60	100	120	150	250	500	
Sam Jones	5	5	6	10	30	50	250	
Ted Lepcio	5	5	6	10	15	40	80	
Jim Bolger DP	5	5	6	10	15	30	50	
Andy Carey DP	6	8	10	25	30	100	500	
Windy McCall	5	6	10	15	25	40	250	
Billy Klaus	5	5	6	10	15	60	200	
Ted Abernathy RC	5	5	6	10	15	30	50	
Rocky Bridges DP	5	5	6	10	30	40	100	
Joe Collins DP	6	8	10	15	40	80	200	
Johnny Klippstein	5	6	10	15	20	30	120	
Jack Crimian	5	5	6	10	25	30	150	
Irv Noren DP	5	5	6	10	20	50	600	
Chuck Harmon	5	5	6	10	25	40	200	
Mike Garcia	6	10	15	25	40	120	1,000	
Sammy Esposito DP RC	5	5	6	10	15	40	100	400
Sandy Koufax DP	200	▼250	▼300	▼500	▼600	1,500	5,000	
Billy Goodman	5	6	8	15	40	120	400	
Joe Cunningham	5	5	6	10	15	30	60	500
Chico Fernandez	5	5	6	10	25	40	100	
Darrell Johnson DP RC	5	6	8	20	30	40	80	400
Jack D. Phillips DP	5	5	6	10	25	50	500	
Dick Hall	5	5	6	10	15	50	80	
Jim Busby DP	5	5	6	10	20	40	120	
Max Surkont DP	6	10	15	25	30	100	2,000	
Al Pilarcik DP RC	5	5	6	10	15	30	100	500
Tony Kubek DP RC	40	60	100	120	200	300	500	1,200
Mel Parnell	5	5	6	10	25	50	150	
Ed Bouchee DP RC	5	5	6	10	25	50	120	
Lou Berberet DP	5	6	10	15	25	40	150	
Billy O'Dell	5	5	6	10	15	40	100	
New York Giants TC	12	20	30	50	80	150	300	
Mickey McDermott	5	5	6	10	25	40	100	
Gino Cimoli RC	8	12	20	30	50	100	1,000	
Neil Chrisley RC	5	6	10	15	25	40	80	400
John (Red) Murff RC	5	5	6	10	30	40	100	
Cincinnati Reds TC	8	10	12	20	50	100	400	
Wes Westrum	5	5	6	10	15	50	100	
Brooklyn Dodgers TC	25	40	60	100	120	300	500	2,500
Frank Bolling	6	10	15	25	40	60	120	
Pedro Ramos	5	5	6	10	15	30	80	
Jim Pendleton	5	5	8	12	20	40	100	
Brooks Robinson RC	▲500	600	800	1,000	1,500	2,500	5,000	20,000
Chicago White Sox TC	8	10	12	20	50	80	250	
Jim Wilson	5	5	6	10	20	25	80	
Ray Katt	5	5	6	10	25	40	150	
Bob Bowman RC	5	5	6	10	20	40	120	
Ernie Johnson	5	6	8	12	50	100	300	
Jerry Schoonmaker	5	5	6	10	20	30	100	
Granny Hamner	5	6	10	15	25	50	600	
Haywood Sullivan RC	5	5	6	10	30	40	80	
Rene Valdes RC	5	6	8	12	25	50	100	600
Jim Bunning RC	50	80	120	200	▼250	▲500	▲1,200	2,000
Bob Speake	5	6	10	15	25	40	80	400
Bill Wight	5	5	6	10	25	60	200	
Don Gross RC	5	5	6	10	15	30	100	
Gene Mauch	5	5	6	10	20	50	200	
Taylor Phillips RC	5	5	6	10	25	100	500	
Paul LaPalme	5	5	8	12	20	40	100	
Paul Smith	5	5	6	10	15	50	60	250
Dick Littlefield	5	5	6	10	15	30	120	500
Hal Naragon	5	5	6	10	15	50	300	
Jim Hearn	5	5	6	10	20	30	80	
Nelson King	5	5	6	10	20	40	100	

		GD 2	VG 3	VgEx 4	EX 5	ExMt 6	NM 7	NmMt 8	MT 9
350	Eddie Miksis	5	5	6	10	25	60	400	
351	Dave Hillman RC	5	5	6	10	15	50	80	400
352	Ellis Kinder	5	5	6	10	20	50	150	
353	Cal Neeman RC	5	5	5	6	10	25	50	300
354	Rip Coleman RC	5	5	5	6	10	25	50	
355	Frank Malzone	5	5	5	8	12	25	50	250
356	Faye Throneberry	5	5	5	6	10	30	50	
357	Earl Torgeson	5	5	8	12	20	40	60	
358	Jerry Lynch	5	5	5	6	10	20	60	
359	Tom Cheney RC	5	5	5	6	10	20	50	
360	Johnny Groth	5	5	5	6	10	20	60	250
361	Curt Barclay RC	5	5	5	6	12	25	80	
362	Roman Mejias RC	5	5	5	6	10	20	50	
363	Eddie Kasko RC	5	5	5	6	10	20	50	400
364	Cal McLish RC	5	5	5	6	10	25	60	300
365	Ozzie Virgil RC	5	5	5	6	10	30	60	400
366	Ken Lehman	5	5	8	12	20	30	50	
367	Ed Fitzgerald	5	5	5	6	10	20	40	
368	Bob Purkey	5	5	6	10	15	25	50	
369	Milt Graff RC	5	5	5	6	10	25	60	
370	Warren Hacker	5	5	5	6	10	15	60	400
371	Bob Lennon	5	5	5	6	10	15	40	
372	Norm Zauchin	5	5	5	8	12	20	50	250
373	Pete Whisenant RC	5	5	5	6	10	20	50	350
374	Don Cardwell RC	5	5	6	10	15	25	50	
375	Jim Landis RC	5	5	5	8	12	20	100	
376	Don Elston RC	5	5	5	8	12	30	60	
377	Andre Rodgers RC	5	5	8	12	20	30	60	
378	Elmer Singleton	5	5	5	6	10	25	60	
379	Don Lee RC	5	5	5	6	10	25	50	
380	Walker Cooper	5	5	5	6	10	20	50	
381	Dean Stone	5	5	5	6	10	25	50	
382	Jim Brideweser	5	5	5	6	10	20	50	400
383	Juan Pizarro RC	5	5	5	6	10	40	80	
384	Bobby G. Smith RC	5	5	5	6	10	20	60	
385	Art Houtteman	5	5	5	6	10	20	40	
386	Lyle Luttrell RC	5	5	5	6	10	25	50	400
387	Jack Sanford RC	5	5	6	10	15	30	50	
388	Pete Daley	5	5	5	6	10	25	50	400
389	Dave Jolly	5	5	5	6	10	20	50	
390	Reno Bertoia	5	5	5	6	10	25	50	200
391	Ralph Terry RC	5	6	8	12	30	60	150	500
392	Chuck Tanner	5	5	5	8	12	20	30	200
393	Raul Sanchez RC	5	5	5	6	10	25	50	
394	Luis Arroyo	5	5	6	10	15	25	50	500
395	Bubba Phillips	5	5	5	6	10	25	60	
396	Casey Wise RC	5	5	5	6	10	25	50	400
397	Roy Smalley	5	5	5	6	10	25	50	400
398	Al Cicotte RC	5	5	5	8	12	30	100	
399	Billy Consolo	5	5	5	6	10	20	50	200
400	Dodgers Sluggers	30	50	80	120	150	400	800	
401	Earl Battey RC	5	5	5	8	12	20	60	300
402	Jim Pisoni RC	5	5	5	6	10	20	50	
403	Dick Hyde RC	5	5	6	10	15	25	50	
404	Harry Anderson RC	5	5	5	8	12	20	50	
405	Duke Maas	5	5	5	6	15	25	50	400
406	Bob Hale	5	5	5	8	15	30	120	
407	Yankees Power Hitters	200	300	400	600	1,000	1,500	5,000	
CC1	Contest May 4th	15	20	25	40	60	150		
CC2	Contest May 25th	15	20	25	40	60	150		
CC3	Contest June 22nd	20	25	30	50	100	200		
CC4	Contest July 19th	20	25	30	50	80	250		
NNO	Checklist 1/2 Bazooka	60	80	100	150	200	400		
NNO	Checklist 1/2 Big Blony	60	80	100	135	200	600		
NNO	Checklist 2/3 Bazooka	60	80	100	150	250			
NNO	Checklist 2/3 Big Blony	60	80	100	200				
NNO	Checklist 3/4 Bazooka	150	200	250	400	600			

		GD 2	VG 3	VgEx 4	EX 5	ExMt 6	NM 7	NmMt 8	MT 9
NNO	Checklist 3/4 Big Blony	120	150	200	300	500			
NNO	Checklist 4/5 Bazooka	200	300	400	500				
NNO	Checklist 4/5 Big Blony	300	400	500	800				
NNO	Lucky Penny Card	50	60	80	120	200			

— Ernie Banks #55 PSA 10 (Gem) sold for $10,073 (REA; Spring '14)
— Ernie Banks #55 PSA 8.5 (NmMt+) sold for $10,665 (REA; Spring '14)
— Rocky Colavito #212 PSA 10 (Gem) (Young Collection) sold for $7,352 (SCP; 5/12)
— Bill Mazeroski #24 PSA 10 (Gem) sold for $21,762 (Mile High; 12/14)
— Bobby Richardson #286 PSA 9 (MT) sold for $5,117 (Goodwin; 03/12)
— Bobby Richardson #286 PSA 9 (Mint) sold for $5,117 (Goodwin; 3/12)
— Brooks Robinson #328 PSA 10 (Gem) (Young Collection) sold for $47,251 (SCP; 5/12)
— Frank Robinson RC #35 PSA 9 (MT) sold for $6,840 (Greg Bussineau; 12/12)
— Frank Robinson #35 PSA 9 (Mint) sold for $9,718 (Mile High; 5/12)

1958 Hires Root Beer

		GD 2	VG 3	VgEx 4	EX 5	ExMt 6	NM 7	NmMt 8	MT 9
10	Richie Ashburn	8	12	20	30	50	150	1,000	
11	Chico Carrasquel	5	5	8	12	20	30	60	
12	Dave Philley	5	5	8	12	20	30	60	
13	Don Newcombe	5	8	12	20	30	50	100	
14	Wally Post	5	5	8	12	20	30	60	
15	Rip Repulski	5	5	8	12	20	30	60	
16	Chico Fernandez	5	5	8	12	20	30	60	
17	Larry Doby	6	10	15	25	40	60	120	
18	Hector Brown	5	5	8	12	20	30	60	
19	Danny O'Connell	5	5	8	12	20	30	60	
20	Granny Hamner	5	5	8	12	20	30	60	
21	Dick Groat	5	5	8	12	20	30	60	
22	Ray Narleski	5	5	8	12	20	30	60	
23	Pee Wee Reese	8	12	20	30	50	120	150	
24	Bob Friend	5	5	8	12	20	30	60	
25	Willie Mays	40	60	80	200	400	800	1,000	
26	Bob Nieman	5	5	8	12	20	30	60	
27	Frank Thomas	5	5	8	12	20	30	60	
28	Curt Simmons	5	5	8	12	20	30	60	
29	Stan Lopata	5	5	8	12	20	30	60	
30	Bob Skinner	5	5	8	12	20	30	60	
31	Ron Kline	5	5	8	12	20	30	80	
32	Willie Miranda	5	5	8	12	20	30	60	
33	Bobby Avila	5	5	8	12	20	30	60	
34	Clem Labine	5	6	10	15	25	40	80	
35	Ray Jablonski	5	5	8	12	20	30	60	
36	Bill Mazeroski	6	10	15	25	80	120	150	
37	Billy Gardner	5	5	8	50	80	120	250	
38	Pete Runnels	5	5	8	12	20	30	60	
39	Jack Sanford	5	5	8	12	20	30	60	
40	Dave Sisler	5	5	8	12	20	30	60	
41	Don Zimmer	5	8	12	20	30	50	100	
42	Johnny Podres	5	8	12	20	30	50	100	
43	Dick Farrell	5	5	8	12	20	30	60	
44	Hank Aaron	40	60	80	150	550	700	1,500	
45	Bill Virdon	5	5	8	12	20	30	60	
46	Bobby Thomson	5	8	12	20	30	50	120	
47	Willard Nixon	5	5	8	12	20	30	60	
48	Billy Loes	5	5	8	12	20	30	60	
49	Hank Sauer	5	5	8	12	20	30	100	
50	Johnny Antonelli	5	5	8	12	20	30	60	
51	Daryl Spencer	5	5	8	12	20	30	60	
52	Ken Lehman	5	5	8	12	20	30	60	
53	Sammy White	5	5	8	12	20	30	60	
54	Charley Neal	5	5	8	12	20	30	60	
55	Don Drysdale	8	12	20	30	50	80	300	
56	Jackie Jensen	5	5	8	12	20	30	60	
57	Ray Katt	5	5	8	12	20	30	120	
58	Frank Sullivan	5	5	8	12	20	30	60	
59	Roy Face	5	5	8	12	20	30	80	
60	Willie Jones	5	5	8	12	20	30	60	

61	Duke Snider	15	25	60	80	100	150	300	
62	Whitey Lockman	5	5	8	12	20	30	80	
63	Gino Cimoli	5	5	8	12	20	30	60	
64	Marv Grissom	5	5	8	12	20	30	60	
65	Gene Baker	5	5	8	12	20	30	60	
66	George Zuverink	5	5	8	12	20	30	60	
67	Ted Kluszewski	6	10	15	25	40	80	150	
68	Jim Busby	5	5	8	12	20	30	60	
70	Curt Barclay	5	5	8	12	20	30	80	
71	Hank Foiles	5	5	8	12	20	30	60	
72	Gene Stephens	5	5	8	12	20	30	80	
73	Al Worthington	5	5	8	12	20	30	60	
74	Al Walker	5	5	8	12	20	30	60	
75	Bob Boyd	5	5	8	12	20	30	60	
76	Al Pilarcik	5	5	8	12	20	30	60	

1958 Topps

		GD 2	VG 3	VgEx 4	EX 5	ExMt 6	NM 7	NmMt 8	M
1	Ted Williams	100	120	150	250	400	600	6,000	
2A	Bob Lemon	5	6	10	15	25	40	200	
2B	Bob Lemon YT	10	15	25	40	80			
3	Alex Kellner	5	5	5	8	20	40	60	
4	Hank Foiles	5	5	5	8	12	20	60	
5	Willie Mays	60	80	100	150	300	2,000	6,000	
6	George Zuverink	5	5	5	8	12	40	60	2
7	Dale Long	5	5	5	8	12	50	120	
8A	Eddie Kasko	5	5	5	8	12	30	200	
8B	Eddie Kasko YN	6	10	15	25	60	200		
9	Hank Bauer	8	12	20	30	50	80	250	
10	Lou Burdette	5	5	8	12	30	60	150	
11A	Jim Rivera	5	5	6	10	15	40	400	
11B	Jim Rivera YT	6	10	15	25	50	150		
12	George Crowe	5	5	5	8	12	20	50	
13A	Billy Hoeft	5	5	5	8	12	30	250	
13B	Billy Hoeft YN	6	10	15	25	40	80		
14	Rip Repulski	5	5	5	8	12	30	60	2
15	Jim Lemon	5	5	5	8	12	30	40	
16	Charlie Neal	5	5	6	10	30	50	300	
17	Felix Mantilla	5	5	5	8	15	50	250	
18	Frank Sullivan	5	5	5	8	12	20	50	
19	San Francisco Giants TC	5	6	10	15	50	100	400	
20A	Gil McDougald	5	6	10	15	25	40	200	
20B	Gil McDougald YN	10	15	25	40	60	200	600	
21	Curt Barclay	5	5	5	8	12	25	60	
22	Hal Naragon	5	5	5	8	12	30	60	
23A	Bill Tuttle	5	5	5	8	12	30		
23B	Bill Tuttle YN	6	10	15	30	40	150		
24A	Hobie Landrith	5	5	5	8	12	25	80	
24B	Hobie Landrith YN	6	10	15	30	60	100		
25	Don Drysdale	▲25	▲40	▲60	▲100	▲150	400	600	
26	Ron Jackson	5	5	5	8	12	20	50	3
27	Bud Freeman	5	5	5	8	12	25	30	3
28	Jim Busby	5	5	5	8	12	30	50	4
29	Ted Lepcio	5	5	5	8	12	20	60	
30A	Hank Aaron	20	50	80	150	200	400	5,000	
30B	Hank Aaron YN	50	120	150	200	300	500	6,000	
31	Tex Clevenger RC	5	5	5	8	12	25	50	3
32A	J.W. Porter	5	5	5	8	12	40	150	
32B	J.W. Porter YN	6	10	15	25	40	120	400	
33A	Cal Neeman	5	5	5	8	12	20	50	
33B	Cal Neeman YT	6	10	15	25	40	150	500	
34	Bob Thurman	5	5	5	8	12	20	50	2
35A	Don Mossi	5	5	6	10	15	25	150	
35B	Don Mossi YT	6	10	15	25	40	80	300	
36	Ted Kazanski	5	5	5	8	12	25	50	
37	Mike McCormick RC	5	5	6	10	25	60		
38	Dick Gernert	5	5	5	8	20	30	50	

	GD 2	VG 3	VgEx 4	EX 5	ExMt 6	NM 7	NmMt 8	MT 9
Bob Martyn RC	5	5	5	8	12	20	100	250
George Kell	5	5	8	20	30	50	150	
Dave Hillman	5	5	5	8	12	25	30	300
John Roseboro RC	12	20	30	50	80	200	600	
Sal Maglie	5	5	6	10	25	50	100	250
Washington Senators TC	5	5	6	10	50	150	800	
Dick Groat	5	5	6	10	15	40	60	
Lou Sleater	5	5	5	8	12	25	250	
Lou Sleater YN	6	10	15	25	40	150	500	
Roger Maris RC	▲300	400	500	600	▼1,000	1,500	▲5,000	15,000
Chuck Harmon	5	5	5	8	12	20	40	400
Smoky Burgess	5	5	6	10	15	30	100	
Billy Pierce	5	5	5	8	12	20	50	
Billy Pierce YT	6	10	15	25	40	80	250	
Del Rice	5	5	5	8	12	20	120	
Roberto Clemente	40	60	100	150	200	500	200	800
Roberto Clemente YT	50	80	100	200	300	800	400	
Morrie Martin	5	5	5	8	12	20	100	
Morrie Martin YN	6	10	15	25	40	80	300	
Norm Siebern RC	5	5	6	10	15	40	120	400
Chico Carrasquel	5	5	5	8	12	20	50	500
Bill Fischer RC	5	5	8	12	20	30	50	250
Tim Thompson	5	5	5	8	12	20	50	
Tim Thompson YN	6	10	15	25	40	100	400	
Art Schult	5	5	5	8	12	20	80	
Art Schult YT	12	20	30	60	100	120	100	
Dave Sisler	5	5	5	8	12	50	150	
Del Ennis	5	5	5	8	12	20	50	
Del Ennis YN	6	10	15	25	40	80	300	
Darrell Johnson	5	5	6	10	15	25	100	
Darrell Johnson YN	6	10	15	25	40	100		
Joe DeMaestri	5	5	5	8	12	20	60	250
Joe Nuxhall	5	6	10	15	25	40	60	
Joe Lonnett	5	5	5	8	12	40	120	
Von McDaniel RC	5	5	5	8	12	25	135	
Von McDaniel YN	6	10	15	25	50	100		
Lee Walls	5	5	5	8	12	20	50	500
Joe Ginsberg	5	5	5	8	12	20	80	
Daryl Spencer	5	5	5	8	12	25	80	
Wally Burnette	5	5	5	8	12	20	40	
Al Kaline	10	15	25	40	100	150	300	1,000
Al Kaline YN	20	30	80	120	200	300	1,000	
Los Angeles Dodgers TC	6	10	15	40	60	200	1,000	
Bud Byerly	5	5	5	8	12	20	60	
Pete Daley	5	5	5	8	25	30	120	
Roy Face	5	5	6	10	15	25	60	500
Gus Bell	5	5	8	12	20	30	50	
Dick Farrell RC	5	5	5	8	12	20	80	
Dick Farrell YT	6	10	15	25	80	200		
Don Zimmer	5	5	6	10	15	40	100	
Don Zimmer YT	10	15	25	40	60	250	1,000	
Ernie Johnson	5	5	5	8	12	250	400	
Ernie Johnson YN	6	10	15	25	50	150		
Dick Williams	5	5	5	8	12	25	50	
Dick Williams YT	6	10	15	25	50	100	300	
Dick Drott RC	5	5	5	8	12	20	40	250
Steve Boros RC	5	5	5	8	12	30	200	
Steve Boros YT	6	10	15	25	60	150		
Ron Kline	5	5	5	8	12	15	40	
Bob Hazle RC	5	5	5	8	12	30	120	
Billy O'Dell	5	5	5	8	12	20	40	300
Luis Aparicio	5	6	10	15	25	40	200	
Luis Aparicio YT	15	25	40	60	100	250		
Valmy Thomas RC	5	5	5	8	12	20	40	250
Johnny Kucks	5	5	6	10	15	100	200	
Duke Snider	20	30	50	60	100	200	400	
Billy Klaus	5	5	5	8	12	30	200	

		GD 2	VG 3	VgEx 4	EX 5	ExMt 6	NM 7	NmMt 8	MT 9
90	Robin Roberts	▲12	▲20	▲30	▲50	▲80	▲120	250	
91	Chuck Tanner	5	5	6	10	15	50	250	
92A	Clint Courtney	5	5	5	8	12	20	40	500
92B	Clint Courtney YN	5	6	10	15	25	40	200	
93	Sandy Amoros	5	6	10	15	25	40	80	
94	Bob Skinner	5	5	5	8	12	25	40	300
95	Frank Bolling	5	5	5	8	12	30	50	
96	Joe Durham RC	5	5	5	8	12	20	40	800
97A	Larry Jackson	5	5	5	8	12	20	100	400
97B	Larry Jackson YN	6	10	15	25	60	80	675	
98A	Billy Hunter	5	5	5	8	12	20	50	
98B	Billy Hunter YN	6	10	15	25	40	100		
99	Bobby Adams	5	5	5	8	12	20	50	400
100A	Early Wynn	5	5	8	12	20	40	100	500
100B	Early Wynn YT	10	15	25	40	60	100	200	
101A	Bobby Richardson	5	8	12	20	30	60	150	
101B	Bobby Richardson YN	10	15	25	40	80	120		
102	George Strickland	5	5	5	8	12	30	50	
103	Jerry Lynch	5	5	5	8	12	20	50	400
104	Jim Pendleton	5	5	5	8	12	30	60	
105	Billy Gardner	5	5	5	8	12	40	250	
106	Dick Schofield	5	5	5	8	12	20	40	300
107	Ossie Virgil	5	5	6	10	15	60	250	
108A	Jim Landis	5	5	5	8	12	25	80	
108B	Jim Landis YT	6	10	15	25	40	100	400	
109	Herb Plews	5	5	6	10	15	25	40	300
110	Johnny Logan	5	6	10	15	25	40	80	
111	Stu Miller	5	5	5	6	10	25	50	
112	Gus Zernial	5	5	5	6	10	25	40	300
113	Jerry Walker RC	5	5	5	6	10	15	40	
114	Irv Noren	5	5	5	6	10	25	40	
115	Jim Bunning	10	15	25	40	60	100	150	400
116	Dave Philley	5	5	5	6	10	15	60	
117	Frank Torre	5	5	5	6	10	25	50	300
118	Harvey Haddix	5	5	5	6	10	25	50	300
119	Harry Chiti	5	5	5	6	10	15	30	200
120	Johnny Podres	5	5	6	10	25	30	▲80	400
121	Eddie Miksis	5	5	5	6	10	15	30	500
122	Walt Moryn	5	5	5	6	10	15	40	150
123	Dick Tomanek RC	5	5	5	8	12	20	40	250
124	Bobby Usher	5	5	5	6	10	15	30	200
125	Alvin Dark	5	5	5	6	10	15	40	300
126	Stan Palys RC	5	5	5	6	10	15	40	
127	Tom Sturdivant	5	6	10	15	25	40	50	300
128	Willie Kirkland RC	5	5	5	6	10	15	50	300
129	Jim Derrington RC	5	5	5	6	10	15	50	
130	Jackie Jensen	5	5	5	8	12	25	60	250
131	Bob Henrich RC	5	5	5	6	10	20	30	500
132	Vern Law	5	5	5	6	10	20	40	150
133	Russ Nixon RC	5	5	5	6	10	15	40	400
134	Philadelphia Phillies TC	5	5	6	10	25	50	60	300
135	Mike Drabowsky	5	5	5	6	10	15	40	400
136	Jim Finigan	5	5	5	6	10	30	40	300
137	Russ Kemmerer	5	5	5	6	10	15	40	
138	Earl Torgeson	5	5	5	6	10	15	40	400
139	George Brunet RC	5	5	5	6	10	15	30	300
140	Wes Covington	5	5	5	6	10	15	50	
141	Ken Lehman	5	5	5	6	10	15	50	400
142	Enos Slaughter	10	15	25	40	60	100	150	250
143	Billy Muffett RC	5	5	5	6	10	15	30	200
144	Bobby Morgan	5	5	5	6	10	15	40	400
146	Dick Gray RC	5	5	5	6	10	25	50	250
147	Don McMahon RC	5	5	5	6	10	15	40	
148	Billy Consolo	5	5	5	6	10	15	40	
149	Tom Acker	5	5	5	6	10	15	30	200
150	Mickey Mantle	300	500	800	1,200	2,000	3,000	12,000	
151	Buddy Pritchard RC	5	5	5	6	15	60	250	

#	Player	GD 2	VG 3	VgEx 4	EX 5	ExMt 6	NM 7	NmMt 8	MT 9
152	Johnny Antonelli	5	5	5	6	10	15	40	400
153	Les Moss	5	5	5	6	10	15	40	300
154	Harry Byrd	5	5	5	6	10	15	80	
155	Heetor Lopez	5	5	5	6	10	20	40	200
156	Dick Hyde	5	5	5	6	10	15	60	
157	Dee Fondy	5	5	5	6	10	15	50	400
158	Cleveland Indians TC	5	5	6	10	25	50	150	
159	Taylor Phillips	5	5	6	10	15	25	30	300
160	Don Hoak	5	5	5	6	10	25	40	250
161	Don Larsen	10	15	25	40	60	100	250	500
162	Gil Hodges	15	25	40	60	100	150	300	800
163	Jim Wilson	5	5	5	6	10	15	30	150
164	Bob Taylor RC	5	5	5	6	10	30	200	
165	Bob Nieman	5	5	5	6	10	15	40	
166	Danny O'Connell	5	5	5	6	10	15	30	200
167	Frank Baumann RC	5	5	5	6	10	15	30	150
168	Joe Cunningham	5	5	5	6	10	15	50	
169	Ralph Terry	5	5	5	8	12	20	60	
170	Vic Wertz	5	5	5	6	10	20	40	200
171	Harry Anderson	5	5	5	6	10	15	40	
172	Don Gross	5	5	5	6	10	15	50	
173	Eddie Yost	5	5	5	6	10	15	50	400
174	Kansas City Athletics TC	5	5	6	10	15	50	100	
175	Marv Throneberry RC	5	5	8	12	50	80	150	
176	Bob Buhl	5	5	5	6	10	25	50	
177	Al Smith	5	5	5	6	10	25	50	300
178	Ted Kluszewski	5	5	8	12	25	50	80	800
179	Willie Miranda	5	5	5	6	10	15	40	
180	Lindy McDaniel	5	5	8	12	20	30	50	200
181	Willie Jones	5	5	5	6	10	15	50	300
182	Joe Caffie RC	5	5	5	6	10	15	50	400
183	Dave Jolly	5	5	5	6	10	15	40	300
184	Elvin Tappe	5	5	5	6	10	20	50	
185	Ray Boone	5	5	5	6	10	20	40	
186	Jack Meyer	5	5	5	6	10	25	60	250
187	Sandy Koufax	120	150	200	▲300	400	▲1,000	▲2,500	6,000
188	Milt Bolling	5	5	5	6	10	15	40	
189	George Susce	5	5	5	6	10	15	40	
190	Red Schoendienst	6	10	15	25	40	80	250	
191	Art Ceccarelli RC	5	5	5	6	10	15	80	
192	Milt Graff	5	5	5	6	10	20	40	300
193	Jerry Lumpe RC	5	5	5	8	12	30	60	500
194	Roger Craig	5	5	5	6	10	30	60	
195	Whitey Lockman	5	5	5	6	10	15	60	300
196	Mike Garcia	5	5	5	6	10	25	40	200
197	Haywood Sullivan	5	5	5	6	10	15	40	200
198	Bill Virdon	5	5	5	6	10	25	60	
199	Don Blasingame	5	5	5	6	10	15	60	
200	Bob Keegan	5	5	5	6	10	25	40	
201	Jim Bolger	5	5	5	6	10	20	30	
202	Woody Held RC	5	5	5	6	10	20	50	300
203	Al Walker	5	5	5	6	10	15	30	300
204	Leo Kiely	5	5	5	6	10	15	60	
205	Johnny Temple	5	5	5	6	10	25	40	300
206	Bob Shaw RC	5	5	5	6	10	15	60	
207	Solly Hemus	5	5	5	6	15	30	300	
208	Cal McLish	5	5	5	6	10	25	60	
209	Bob Anderson RC	5	5	5	6	10	25	50	
210	Wally Moon	5	5	5	6	10	30	80	
211	Pete Burnside RC	5	5	5	6	10	15	30	
212	Bubba Phillips	5	5	5	6	10	20	100	
213	Red Wilson	5	5	5	6	10	15	40	
214	Willard Schmidt	5	5	5	6	10	20	40	
215	Jim Gilliam	5	5	5	8	20	30	80	
216	St. Louis Cardinals TC	5	5	6	10	25	60	120	
217	Jack Harshman	5	5	5	6	10	15	60	
218	Dick Rand RC	5	5	5	6	10	25	100	

#	Player	GD 2	VG 3	VgEx 4	EX 5	ExMt 6	NM 7	NmMt 8	MT
219	Camilo Pascual	5	5	5	6	10	15	40	
220	Tom Brewer	5	5	5	6	10	20	40	30
221	Jerry Kindall RC	5	5	6	10	15	25	40	30
222	Bud Daley RC	5	5	5	6	10	20	30	4
223	Andy Pafko	5	5	5	8	25	40	100	
224	Bob Grim	5	5	5	8	12	25	50	30
225	Billy Goodman	5	5	5	6	10	25	50	
226	Bob Smith RC	5	5	5	6	10	15	40	15
227	Gene Stephens	5	5	5	6	10	15	40	
228	Duke Maas	5	5	5	6	10	15	40	30
229	Frank Zupo RC	5	5	5	6	10	20	40	3
230	Richie Ashburn	12	20	30	50	80	120	▲400	
231	Lloyd Merritt RC	5	5	5	6	10	25	50	
232	Reno Bertoia	5	5	5	6	10	15	40	30
233	Mickey Vernon	5	5	5	6	20	25	50	
234	Carl Sawatski	5	5	5	6	10	20	50	40
235	Tom Gorman	5	5	5	6	10	15	40	3
236	Ed Fitzgerald	5	5	5	6	10	15	50	
237	Bill Wight	5	5	5	6	10	15	50	25
238	Bill Mazeroski	15	25	40	60	100	250	600	
239	Chuck Stobbs	5	5	5	6	10	25	80	
240	Bill Skowron	6	10	15	25	40	50	150	60
241	Dick Littlefield	5	5	5	6	10	15	50	
242	Johnny Klippstein	5	5	5	6	10	20	60	40
243	Larry Raines RC	5	5	5	6	10	25	50	40
244	Don Demeter RC	5	5	5	6	10	15	50	
245	Frank Lary	5	5	5	6	10	25	50	30
246	New York Yankees TC	10	20	40	60	80	300	1,200	
247	Casey Wise	5	5	5	6	10	20	50	
248	Herman Wehmeier	5	5	5	6	10	25	80	
249	Ray Moore	5	5	5	6	10	15	60	
250	Roy Sievers	5	5	5	6	10	25	50	30
251	Warren Hacker	5	5	5	6	10	15	50	
252	Bob Trowbridge RC	5	5	5	6	10	20	60	
253	Don Mueller	5	5	5	6	10	25	40	30
254	Alex Grammas	5	5	5	6	10	15	50	
255	Bob Turley	5	5	6	10	30	40	120	
256	Chicago White Sox TC	5	5	6	10	40	80	400	
257	Hal Smith	5	5	5	6	10	15	70	
258	Carl Erskine	5	5	5	8	20	40	80	40
259	Al Pilarcik	5	5	5	6	10	25	50	40
260	Frank Malzone	5	5	5	6	10	30	60	
261	Turk Lown	5	5	5	6	10	15	60	40
262	Johnny Groth	5	5	5	6	10	15	60	40
263	Eddie Bressoud RC	5	5	5	6	10	25	40	
264	Jack Sanford	5	5	5	6	10	15	40	20
265	Pete Runnels	5	5	5	6	10	25	120	
266	Connie Johnson	5	5	5	6	10	15	40	
267	Sherm Lollar	5	5	5	6	10	20	60	40
268	Granny Hamner	5	5	5	6	10	15	60	
269	Paul Smith	5	5	5	6	10	15	40	30
270	Warren Spahn	8	25	30	40	80	120	500	
271	Billy Martin	10	15	25	40	60	100	150	80
272	Ray Crone	5	5	5	6	10	15	50	20
273	Hal Smith	5	5	5	6	10	15	50	20
274	Rocky Bridges	5	5	5	6	10	15	40	40
275	Elston Howard	8	12	20	30	40	60	300	
276	Bobby Avila	5	5	5	8	12	20	50	
277	Virgil Trucks	5	5	5	6	10	25	80	30
278	Mack Burk	5	5	5	6	10	15	40	
279	Bob Boyd	5	5	5	6	10	25	50	30
280	Jim Piersall	5	5	5	8	12	50	100	
281	Sammy Taylor RC	5	5	5	6	10	15	60	
282	Paul Foytack	5	5	5	6	10	15	30	20
283	Ray Shearer RC	5	5	5	6	10	30	120	30
284	Ray Katt	5	5	6	10	15	25	40	30
285	Frank Robinson	40	60	100	150	250	400	600	

#	Player	GD 2	VG 3	VgEx 4	EX 5	ExMt 6	NM 7	NmMt 8	MT 9
286	Gino Cimoli	5	5	5	6	10	30	120	
287	Sam Jones	5	5	5	6	10	25	150	400
288	Harmon Killebrew	▲30	▲50	▲80	▲120	▲150	▲300	500	▲5,000
289	Series Hurling Rivals	5	5	6	10	15	60	400	
290	Dick Donovan	5	5	5	6	10	15	40	400
291	Don Landrum RC	5	5	5	6	10	25	100	
292	Ned Garver	5	5	5	6	10	15	50	200
293	Gene Freese	5	5	5	6	10	15	50	300
294	Hal Jeffcoat	5	5	5	6	10	15	50	
295	Minnie Minoso	5	5	12	15	20	50	100	400
296	Ryne Duren RC	8	12	20	30	50	150	500	
297	Don Buddin RC	5	5	5	6	10	15	50	
298	Jim Hearn	5	5	5	6	10	15	50	
299	Harry Simpson	5	5	5	6	10	20	80	300
300	League Presidents	5	5	6	10	15	30	80	
301	Randy Jackson	5	5	5	6	10	20	60	300
302	Mike Baxes RC	5	5	5	6	10	25	150	
303	Neil Chrisley	5	5	5	6	10	25	40	300
304	Tigers Big Bats	5	6	10	15	50	80	200	
305	Clem Labine	5	6	10	15	25	40	60	300
306	Whammy Douglas RC	5	5	5	6	10	20	40	500
307	Brooks Robinson	50	80	▲120	150	300	600	1,200	
308	Paul Giel	5	5	5	6	10	15	40	
309	Gail Harris	5	5	5	6	10	15	40	400
310	Ernie Banks	10	30	60	100	120	300	600	3,000
311	Bob Purkey	5	5	5	6	10	15	60	
312	Boston Red Sox TC	6	10	15	25	30	200	800	
313	Bob Rush	5	5	5	6	10	30	80	
314	Dodgers Boss and Power	10	15	25	40	60	80	200	
315	Bob Friend	5	5	5	6	10	15	80	400
316	Tito Francona	5	5	5	6	10	25	80	400
317	Albie Pearson RC	5	5	5	6	10	15	100	
318	Frank House	5	5	5	6	10	15	50	
319	Lou Skizas	5	5	5	6	10	15	50	400
320	Whitey Ford	30	50	80	120	200	300	600	2,000
321	Sluggers Supreme	10	15	30	50	60	120	300	2,000
322	Harding Peterson RC	5	5	5	6	10	15	60	
323	Elmer Valo	5	5	5	6	10	25	80	
324	Hoyt Wilhelm	5	5	8	12	25	60	150	600
325	Joe Adcock	5	5	5	6	15	25	100	300
326	Bob Miller	5	5	6	10	15	25	40	
327	Chicago Cubs TC	5	5	8	12	25	80	400	
328	Ike Delock	5	5	5	6	10	30	60	
329	Bob Cerv	5	5	5	6	10	25	50	250
330	Ed Bailey	5	5	5	6	10	15	50	
331	Pedro Ramos	5	5	6	10	15	25	100	400
332	Jim King	5	5	5	6	10	20	60	
333	Andy Carey	5	5	5	8	12	25	60	600
334	Mound Aces	5	5	5	6	10	20	60	
335	Ruben Gomez	5	5	6	10	15	25	60	
336	Bert Hamric	5	5	5	6	10	15	40	
337	Hank Aguirre	5	5	5	6	10	15	40	200
338	Walt Dropo	5	5	5	6	10	15	60	400
339	Fred Hatfield	5	5	5	6	10	15	40	
340	Don Newcombe	6	10	15	25	40	50	▲200	
341	Pittsburgh Pirates TC	5	5	8	12	25	60	400	
342	Jim Brosnan	5	5	5	6	10	25	60	
343	Orlando Cepeda RC	100	150	200	250	300	▼500	1,200	3,000
344	Bob Porterfield	5	5	5	6	10	15	50	300
345	Jim Hegan	5	5	5	6	10	15	50	
346	Steve Bilko	5	5	5	6	10	20	80	
347	Don Rudolph RC	5	5	5	6	10	20	40	
348	Chico Fernandez	5	5	5	6	10	20	60	400
349	Murry Dickson	5	5	5	6	10	20		
350	Ken Boyer	5	5	8	12	20	60	200	
351	Braves Fence Busters	20	30	50	80	100	150	600	2,000
352	Herb Score	5	5	5	8	20	40	100	
353	Stan Lopata	5	5	5	6	10	15	60	
354	Art Ditmar	5	5	5	8	12	50	150	400
355	Bill Bruton	5	5	5	8	12	60	250	500
356	Bob Malkmus RC	5	5	5	6	10	15	60	
357	Danny McDevitt RC	5	5	5	6	10	20	80	
358	Gene Baker	5	5	5	6	10	15	50	
359	Billy Loes	5	5	5	6	10	15	50	
360	Roy McMillan	5	5	5	6	10	25	50	250
361	Mike Fornieles	5	5	5	6	10	15	50	
362	Ray Jablonski	5	5	5	6	10	15	80	
363	Don Elston	5	5	5	6	10	20	50	300
364	Earl Battey	5	5	5	6	10	15	50	200
365	Tom Morgan	5	5	5	6	10	15	40	
366	Gene Green RC	5	5	5	6	10	15	60	
367	Jack Urban RC	5	5	5	6	10	15	40	300
368	Rocky Colavito	▲10	▲15	▲25	▲40	60	▲200	▲400	1,500
369	Ralph Lumenti RC	5	5	5	6	10	15	50	200
370	Yogi Berra	▲60	▲100	120	200	300	▼400	▲1,000	2,000
371	Marty Keough RC	5	5	5	6	10	15	40	
372	Don Cardwell	5	5	5	6	10	15	60	
373	Joe Pignatano RC	5	5	5	6	10	20	80	400
374	Brooks Lawrence	5	5	5	6	10	40	120	
375	Pee Wee Reese	▼20	▼30	▼50	▼80	▼120	▲250	300	800
376	Charley Rabe RC	5	5	5	6	10	15	80	300
377A	Milwaukee Braves TC Alpha	5	5	8	12	20	30	120	
377B	Milwaukee Braves TC Num	10	15	25	40	80			
378	Hank Sauer	5	5	5	15	20	25	50	400
379	Ray Herbert	5	5	5	6	10	15	50	300
380	Charlie Maxwell	5	5	5	6	10	25	60	400
381	Hal Brown	5	5	5	6	10	15	60	
382	Al Cicotte	5	5	5	6	10	25	50	300
383	Lou Berberet	5	5	5	6	10	15	30	
384	John Goryl RC	5	5	5	6	10	25	50	
385	Wilmer Mizell	5	5	5	6	10	20	50	250
386	Birdie's Young Sluggers	6	10	15	25	40	60	200	
387	Wally Post	5	5	5	6	10	25	60	300
388	Billy Moran RC	5	5	5	6	10	15	30	300
389	Bill Taylor	5	5	5	6	10	15	30	250
390	Del Crandall	5	5	5	6	15	25	60	400
391	Dave Melton RC	5	5	5	6	10	15	60	
392	Bennie Daniels RC	5	5	5	6	15	80	400	
393	Tony Kubek	8	12	20	30	50	60	120	400
394	Jim Grant RC	5	5	5	6	20	30	150	
395	Willard Nixon	5	5	5	6	10	15	80	
396	Dutch Dotterer RC	5	5	5	6	10	15	30	250
397A	Detroit Tigers TC Alpha	5	5	6	10	15	25	80	
397B	Detroit Tigers TC Num	10	15	25	40	60			
398	Gene Woodling	5	5	5	6	10	25	60	
399	Marv Grissom	5	5	5	6	10	15	40	300
400	Nellie Fox	8	12	20	25	30	50	150	500
401	Don Bessent	5	5	5	6	10	15	30	300
402	Bobby Gene Smith	5	5	5	6	10	15	50	
403	Steve Korcheck RC	5	5	5	6	10	15	30	300
404	Curt Simmons	5	5	8	12	20	30	50	
405	Ken Aspromonte RC	5	5	5	6	10	25	40	250
406	Vic Power	5	5	5	6	10	15	40	
407	Carlton Willey RC	5	5	8	12	20	30	50	250
408A	Baltimore Orioles TC Alpha	5	5	6	10	15	25	80	
408B	Baltimore Orioles TC Num	10	15	25	40	80			
409	Frank Thomas	5	5	5	8	15	80	600	
410	Murray Wall	5	5	5	6	10	15	30	
411	Tony Taylor RC	5	5	5	6	10	20	60	300
412	Gerry Staley	5	5	5	6	10	20	40	
413	Jim Davenport RC	5	5	5	6	10	15	40	
414	Sammy White	5	5	5	6	10	15	40	
415	Bob Bowman	5	5	5	6	10	15	30	200
416	Foster Castleman	5	5	5	6	10	25	50	

#	Player	GD 2	VG 3	VgEx 4	EX 5	ExMt 6	NM 7	NmMt 8	MT 9
417	Carl Furillo	5	8	12	20	25	30	100	400
418	World Series Batting Foes	80	120	200	250	300	800	4,000	20,000
419	Bobby Shantz	5	5	5	8	12	25	120	500
420	Vada Pinson RC	12	20	30	50	▲80	▲150	▲400	
421	Dixie Howell	5	5	5	6	10	15	40	
422	Norm Zauchin	5	5	5	6	10	15	80	
423	Phil Clark RC	5	5	6	10	15	25	30	
424	Larry Doby	12	20	30	50	80	120	200	
425	Sammy Esposito	5	5	5	6	10	15	40	
426	Johnny O'Brien	5	5	5	6	10	15	40	250
427	Al Worthington	5	5	5	6	15	20	60	300
428A	Cincinnati Reds TC Alpha	5	5	6	10	15	25	120	
428B	Cincinnati Reds TC Num	8	12	20	30	50	80		
429	Gus Triandos	5	5	5	6	10	40	100	
430	Bobby Thomson	5	5	5	8	12	30	50	250
431	Gene Conley	5	5	5	6	20	100	250	
432	John Powers RC	5	5	5	6	10	15	50	
433A	Pancho Herrera COR RC	5	5	5	6	10	15	60	300
433B	Pancho Herrer ERR (No a)	1,200	2,000	3,000	4,000	5,000	8,000	20,000	
434	Harvey Kuenn	5	5	5	8	12	30	50	
435	Ed Roebuck	5	5	5	6	10	20	40	250
436	Rival Fence Busters	20	30	50	60	80	250	800	
437	Bob Speake	5	5	5	6	10	15	50	400
438	Whitey Herzog	5	5	5	6	10	60	100	300
439	Ray Narleski	5	5	5	6	10	25	50	
440	Eddie Mathews	10	15	25	50	60	250	500	
441	Jim Marshall RC	5	5	5	6	10	25	60	
442	Phil Paine RC	5	5	5	6	10	15	30	
443	Billy Harrell SP RC	5	5	5	6	10	30	150	
444	Danny Kravitz	5	5	5	6	10	25	30	300
445	Bob Smith RC	5	5	5	6	10	15	40	500
446	Carroll Hardy SP RC	5	5	8	12	20	30	80	
447	Ray Monzant	5	5	5	6	10	15	40	
448	Charley Lau RC	5	5	5	8	12	30	200	
449	Gene Fodge RC	5	5	5	6	10	20	30	600
450	Preston Ward SP	5	5	5	6	10	50	80	
451	Joe Taylor RC	5	5	5	6	10	25	50	
452	Roman Mejias	5	5	6	10	15	25	40	250
453	Tom Qualters	5	5	5	6	10	15	40	150
454	Harry Hanebrink RC	5	5	5	6	10	20	40	400
455	Hal Griggs RC	5	5	5	6	10	15	30	
456	Dick Brown RC	5	5	5	6	10	15	30	150
457	Milt Pappas RC	5	6	10	15	25	40	80	
458	Julio Becquer RC	5	5	5	6	10	15	40	
459	Ron Blackburn RC	5	5	5	6	10	15	40	200
460	Chuck Essegian RC	5	5	5	6	10	15	40	300
461	Ed Mayer RC	5	5	5	6	10	15	40	300
462	Gary Geiger SP RC	5	5	5	8	20	30	100	
463	Vito Valentinetti	5	5	5	6	10	15	60	
464	Curt Flood RC	▲20	▲30	▲50	▲80	▲120	▲200	▲400	
465	Arnie Portocarrero	5	5	5	6	10	15	50	400
466	Pete Whisenant	5	5	5	6	10	15	50	400
467	Glen Hobbie RC	5	5	5	6	10	15	40	200
468	Bob Schmidt RC	5	5	5	6	10	15	40	400
469	Don Ferrarese	5	5	5	6	10	15	30	300
470	R.C. Stevens RC	5	5	5	6	10	15	50	250
471	Lenny Green RC	5	5	6	10	15	25	40	
472	Joey Jay	5	5	5	6	10	60	120	
473	Bill Renna	5	5	5	6	10	15	30	400
474	Roman Semproch RC	5	5	5	6	10	30	50	
475	All-Star Managers	10	15	25	30	40	80	300	
476	Stan Musial AS TP	25	40	60	100	120	200	300	1,200
477	Bill Skowron AS	5	5	15	20	30	50	80	600
478	Johnny Temple AS	5	5	5	6	10	15	50	400
479	Nellie Fox AS	5	5	15	20	25	40	80	600
480	Eddie Mathews AS	5	8	25	30	40	60	200	
481	Frank Malzone AS	5	5	5	6	10	25	100	

#	Player	GD 2	VG 3	VgEx 4	EX 5	ExMt 6	NM 7	NmMt 8	MT
482	Ernie Banks AS	10	15	25	40	60	80	150	1,00
483	Luis Aparicio AS	5	5	6	10	25	40	80	
484	Frank Robinson AS	12	20	30	50	60	80	150	1,5
485	Ted Williams AS	40	50	60	100	120	200	400	1,5
486	Willie Mays AS	20	30	50	80	100	250	500	3,0
487	Mickey Mantle AS TP	150	250	300	400	500	800	1,200	4,0
488	Hank Aaron AS	25	30	40	60	80	150	400	5,0
489	Jackie Jensen AS	5	5	5	6	10	50	120	
490	Ed Bailey AS	5	5	5	6	10	15	80	
491	Sherm Lollar AS	5	5	5	6	10	15	60	
492	Bob Friend AS	5	8	12	20	25	40	120	
493	Bob Turley AS	5	5	5	6	25	50	120	
494	Warren Spahn AS	10	15	25	40	60	100	250	1,5
495	Herb Score AS	5	5	6	10	25	50	300	
NNO	Contest Card July 8th	5	8	12	20	30	150		
NNO	Felt Emblem Insert	5	8	12	20	30	60	500	

— Gus Bell #75 PSA 10 (Gem) sold for $7,114 (eBay; 10/12)
— Sandy Koufax #187 PSA 10 (Gem) sold for $40,000 (Memory Lane; Private 2007)
— Mickey Mantle #150 PSA 9 (MT) sold for $15,692 (Memory Lane; Winter '13)
— Mickey Mantle #150 PSA 9 (MT) sold for $15,405 (REA; Spring '14)
— Mickey Mantle #150 PSA 9 (MT) sold for $13,458 (Memory Lane; 8/12)
— Mickey Mantle #150 PSA 9 (MT) sold for $13,062 (Mile High; 4/14)
— Mickey Mantle #150 PSA 9 (MT) sold for $12,866 (SCP; 8/13)
— Mickey Mantle #150 PSA 9 (MT) sold for $12,440 (Mile High; 5/12)
— Bob Martyn RC #39 PSA 10 (Gem) sold for $2,560 (eBay; 9/12)
— Mike McCormick RC #37 PSA 9 (MT) sold for $5,609 (eBay; 8/12)
— Robin Roberts #90 PSA 9 (MT) sold for $4,836 (eBay; 02/12)
— Bobby Thomson #430 PSA 10 (Gem) sold for $4,893 (eBay; 12/12)
— Bobby Thomson #430 PSA 10 (Gem) sold for $3,000 (Legendary; 11/12)

1959 Fleer Ted Williams

#	Title	GD 2	VG 3	VgEx 4	EX 5	ExMt 6	NM 7	NmMt 8	MT
1	The Early Years	6	10	15	25	60	100	400	
2	Ted's Idol Babe Ruth	8	12	20	80	100	150	300	600
3	Practice Makes Perfect	5	5	8	12	20	30	80	150
4	Learns Fine Points	5	5	5	8	12	20	50	200
5	Ted's Fame Spreads	5	5	5	8	12	20	40	120
6	Ted Turns Professional	5	5	6	10	15	25	50	250
7	From Mound to Plate	5	5	5	8	12	20	40	150
8	1937 First Full Season	5	5	5	8	20	30	50	250
9	First Step to the Majors w/Collins	5	5	6	10	15	25	50	200
10	Gunning as Pastime	5	5	5	8	12	20	40	200
11	First Spring Training w/Foxx	5	5	8	12	20	50	120	200
12	Burning Up Minors	5	5	5	8	12	20	40	200
13	1939 Shows Will Stay	5	5	5	8	12	20	40	150
14	Outstanding Rookie '39	5	5	5	8	12	25	60	200
15	Licks Sophomore Jinx	5	5	5	8	12	20	40	120
16	Williams' Greatest Year	5	5	5	8	15	30	50	120
17	How Ted Hit .400	5	6	10	15	25	50	100	300
18	1941 All Star Hero	5	5	5	8	12	20	40	120
19	Ted Wins Triple Crown	5	5	5	8	12	20	40	150
20	On to Naval Training	5	5	5	8	12	20	40	150
21	Honors for Williams	5	5	5	8	12	20	40	
22	1944 Ted Solos	5	5	5	8	12	20	40	150
23	Williams Wins His Wings	5	5	5	8	12	20	40	175
24	1945 Sharpshooter	5	5	5	8	12	20	25	100
25	1945 Ted Discharged	5	5	5	8	12	20	40	100
26	Off to Flying Start	5	5	5	8	12	20	30	150
27	7/9/46 One Man Show	5	5	5	8	12	30	50	150
28	The Williams Shift	5	5	5	8	12	20	40	120
29	Ted Hits for Cycle	5	5	5	8	12	20	40	120
30	Beating The Williams Shift	5	5	5	8	12	20	50	80
31	Sox Lose Series	5	5	5	8	12	25	40	100
32	Most Valuable Player	5	5	5	8	15	20	40	150
33	Another Triple Crown	5	5	5	8	12	20	40	80
34	Runs Scored Record	5	5	5	8	12	20	40	150
35	Sox Miss Pennant	5	5	5	8	12	20	40	100

	GD 2	VG 3	VgEx 4	EX 5	ExMt 6	NM 7	NmMt 8	MT 9
Banner Year for Ted	5	5	5	8	12	20	40	150
1949 Sox Miss Again	5	5	5	8	12	20	40	100
1949 Power Rampage	5	5	5	8	12	20	40	120
1950 Great Start	5	5	5	8	12	20	40	100
Ted Crashes into Wall	5	5	5	8	12	20	50	250
1950 Ted Recovers	5	5	5	8	12	20	25	120
Williams/Tom Yawkey	5	5	5	8	12	20	40	120
Double Play Lead	5	5	5	8	12	20	40	120
Back to Marines	5	5	5	8	12	20	40	150
Farewell to Baseball	5	5	5	8	12	20	40	100
Ready for Combat	5	5	5	8	12	20	30	100
Ted Crash Lands Jet	5	5	5	8	12	20	40	100
1953 Ted Returns	5	5	5	8	12	20	40	120
Smash Return	5	5	5	8	12	20	40	100
1954 Spring Injury	5	5	5	8	12	20	30	150
Ted is Patched Up	5	5	5	8	12	20	25	150
1954 Ted's Comeback	5	5	5	8	12	30	50	100
Comeback is Success	5	5	5	8	12	20	40	120
Ted Hooks Big One	5	5	5	8	12	20	40	80
Retirement No Go	5	5	5	8	12	20	40	150
2,000th Hit 8/11/55	5	5	5	8	12	20	30	120
Ted Reaches 400th Homer	5	5	5	8	12	20	40	150
Williams Hits .388	5	5	5	8	12	20	40	100
Hot September for Ted	5	5	5	8	12	20	40	120
More Records for Ted	5	5	5	8	12	20	40	100
1957 Outfielder Ted	5	5	5	8	12	20	40	175
1958 Sixth Batting Title	5	5	5	8	12	20	40	100
All-Star Record w/facsimile Auto	8	12	20	30	50	80	100	300
Daughter and Daddy	5	5	5	8	12	20	40	100
1958 August 30	5	5	5	8	12	20	40	80
1958 Powerhouse	5	5	5	8	12	20	40	100
Two Famous Fishermen w/Snead	5	5	8	12	20	30	60	120
Ted Signs for 1959 SP	250	300	500	500	800	1,000	1,200	2,000
A Future Ted Williams	5	5	5	8	12	20	40	100
Ted Williams and Jim Thorpe	5	5	8	12	20	40	50	250
Hitting Fundamental 1	5	5	5	8	12	20	25	120
Hitting Fundamental 2	5	5	5	8	12	20	40	120
Hitting Fundamental 3	5	5	5	8	12	20	30	120
Here's How	5	5	5	8	12	20	40	200
Williams' Value to Sox w/Ruth	5	5	8	12	20	50	80	300
On Base Record	5	5	5	8	12	20	40	100
Ted Relaxes	5	5	5	8	12	20	25	150
Honors for Williams	5	5	5	8	12	20	40	175
Where Ted Stands	5	5	5	8	12	20	50	250
Ted's Goals for 1959	5	6	10	15	25	50	150	

959 Topps

	GD 2	VG 3	VgEx 4	EX 5	ExMt 6	NM 7	NmMt 8	MT 9
Ford Frick COMM	15	25	40	60	100	250	600	
Eddie Yost	5	5	5	5	8	25	100	500
Don McMahon	5	5	5	6	10	20	60	
Albie Pearson	5	5	6	10	15	25	60	400
Dick Donovan	5	5	5	5	8	15	50	400
Alex Grammas	5	5	5	5	8	15	50	300
Al Pilarcik	5	5	5	5	8	15	40	250
Philadelphia Phillies CL	6	10	25	50	100	150	400	
Paul Giel	5	5	5	5	8	20	60	
Mickey Mantle	300	500	800	1,200	2,000	2,500	10,000	100,000
Billy Hunter	5	5	5	8	25	80	150	
Vern Law	5	5	5	8	12	50	80	400
Dick Gernert	5	5	5	5	8	15	50	300
Pete Whisenant	5	5	5	5	8	15	40	150
Dick Drott	5	5	5	5	8	30	50	
Joe Pignatano	5	5	5	5	8	15	40	400
Danny's All-Stars	5	5	5	8	12	25	50	
Jack Urban	5	5	5	5	8	15	30	200
Eddie Bressoud	5	5	6	10	15	25	40	300

		GD 2	VG 3	VgEx 4	EX 5	ExMt 6	NM 7	NmMt 8	MT 9
20	Duke Snider	10	15	25	40	60	80	250	1,200
21	Connie Johnson	5	5	5	5	8	15	40	250
22	Al Smith	5	5	5	5	8	25	30	
23	Murry Dickson	5	5	6	10	15	25	80	300
24	Red Wilson	5	5	5	5	8	15	30	200
25	Don Hoak	5	5	5	8	12	40	60	
26	Chuck Stobbs	5	5	5	5	8	20	40	200
27	Andy Pafko	5	5	5	5	8	20	40	300
28	Al Worthington	5	5	5	5	8	15	25	200
29	Jim Bolger	5	5	5	5	8	15	30	150
30	Nellie Fox	5	5	8	12	30	50	120	500
31	Ken Lehman	5	5	5	5	8	15	30	150
32	Don Buddin	5	5	5	5	8	15	50	300
33	Ed Fitzgerald	5	5	5	5	10	30	60	
34	Pitchers Beware	5	8	12	20	30	60	120	400
35	Ted Kluszewski	5	5	5	8	25	40	80	400
36	Hank Aguirre	5	5	5	5	8	30	50	250
37	Gene Green	5	5	5	5	8	15	50	
38	Morrie Martin	5	5	5	5	8	30	60	400
39	Ed Bouchee	5	5	5	5	8	25	40	
40A	Warren Spahn 1931 Clear 3	10	15	25	40	60	150		
40B	Warren Spahn 1931 Obscured 3	8	12	20	30	50	120	400	
40C	Warren Spahn 1921	6	10	15	25	40	100	250	
41	Bob Martyn	5	5	5	5	8	15	40	150
42	Murray Wall	5	5	5	5	8	15	30	200
43	Steve Bilko	5	5	5	5	8	25	40	250
44	Vito Valentinetti	5	5	5	5	8	15	40	120
45	Andy Carey	5	5	6	10	15	50	150	
46	Bill R. Henry	5	5	5	5	8	15	40	
47	Jim Finigan	5	5	5	5	8	30	120	
48	Baltimore Orioles CL	5	5	5	10	15	40	100	400
49	Bill Hall RC	5	5	5	5	8	15	50	250
50	Willie Mays	100	150	250	400	600	1,000	2,500	6,000
51	Rip Coleman	5	5	5	5	8	15	50	
52	Coot Veal RC	5	5	5	5	8	15	80	300
53	Stan Williams RC	5	5	6	10	15	25	50	300
54	Mel Roach	5	5	5	5	8	15	40	250
55	Tom Brewer	5	5	5	5	8	15	30	150
56	Carl Sawatski	5	5	5	5	8	25	80	400
57	Al Cicotte	5	5	5	5	8	15	40	300
58	Eddie Miksis	5	5	5	5	8	15	40	150
59	Irv Noren	5	5	5	5	8	15	50	350
60	Bob Turley	5	5	6	10	15	30	80	
61	Dick Brown	5	5	5	5	10	30	60	
62	Tony Taylor	5	5	5	5	8	20	40	200
63	Jim Hearn	5	5	5	5	8	15	40	150
64	Joe DeMaestri	5	5	5	5	8	15	30	150
65	Frank Torre	5	5	6	10	15	25	40	300
66	Joe Ginsberg	5	5	5	6	10	15	25	250
67	Brooks Lawrence	5	5	5	5	8	15	30	150
68	Dick Schofield	5	5	5	5	8	20	40	
69	San Francisco Giants CL	5	6	10	15	25	60	120	500
70	Harvey Kuenn	5	5	5	5	8	25	40	300
71	Don Bessent	5	5	5	6	10	15	40	150
72	Bill Renna	5	5	5	5	8	15	40	150
73	Ron Jackson	5	5	5	5	8	15	40	200
74	Directing the Power	5	5	5	8	12	30	80	
75	Sam Jones	5	5	5	5	8	15	30	400
76	Bobby Richardson	5	8	12	20	30	60	150	500
77	John Goryl	5	5	5	5	8	25	80	
78	Pedro Ramos	5	5	5	5	8	15	30	200
79	Harry Chiti	5	5	5	8	12	20	30	150
80	Minnie Minoso	5	6	10	15	25	50	100	
81	Hal Jeffcoat	5	5	5	5	8	25	40	200
82	Bob Boyd	5	5	5	5	8	15	40	
83	Bob Smith	5	5	5	5	8	15	30	200
84	Reno Bertoia	5	5	5	5	8	25	40	300

#	Player	GD 2	VG 3	VgEx 4	EX 5	ExMt 6	NM 7	NmMt 8	MT 9
85	Harry Anderson	5	5	5	5	8	15	30	300
86	Bob Keegan	5	5	5	5	8	15	30	250
87	Danny O'Connell	5	5	5	5	8	15	30	150
88	Herb Score	5	5	5	8	12	25	80	
89	Billy Gardner	5	5	5	5	8	15	50	250
90	Bill Skowron	5	5	8	12	20	50	120	
91	Herb Moford RC	5	5	5	10	15	25	40	200
92	Dave Philley	5	5	5	5	8	30	80	
93	Julio Becquer	5	5	5	5	8	20	60	250
94	Chicago White Sox CL	5	6	10	15	25	80	100	400
95	Carl Willey	5	5	5	5	8	15	50	250
96	Lou Berberet	5	5	5	5	8	15	25	120
97	Jerry Lynch	5	5	5	5	8	15	40	
98	Arnie Portocarrero	5	5	5	5	8	15	25	300
99	Ted Kazanski	5	5	5	5	8	15	40	200
100	Bob Cerv	5	5	5	5	8	15	40	150
101	Alex Kellner	5	5	5	8	12	20	30	200
102	Felipe Alou RC	5	8	12	20	30	80	120	500
103	Billy Goodman	5	5	5	5	8	25	50	
104	Del Rice	5	5	8	12	50	80	250	
105	Lee Walls	5	5	5	5	8	30	150	
106	Hal Woodeshick RC	5	5	5	5	8	50	80	
107	Norm Larker RC	5	5	5	5	8	15	40	250
108	Zack Monroe RC	5	5	5	5	8	20	100	
109	Bob Schmidt	5	5	5	5	8	25	120	
110	George Witt RC	5	5	5	6	10	15	30	200
111	Cincinnati Redlegs CL	5	5	5	6	10	60	300	
112	Billy Consolo	5	5	5	5	6	12	40	250
113	Taylor Phillips	5	5	5	5	6	12	30	
114	Earl Battey	5	5	5	5	8	20	50	
115	Mickey Vernon	5	5	5	5	8	40	200	
116	Bob Allison RS RC	5	5	5	6	10	40	60	400
117	John Blanchard RS RC	5	5	5	6	10	30	80	400
118	John Buzhardt RS RC	5	5	5	5	6	12	30	150
119	Johnny Callison RS RC	5	5	5	6	10	40	80	
120	Chuck Coles RS RC	5	5	5	5	6	15	50	200
121	Bob Conley RS RC	5	5	5	5	6	12	50	250
122	Bennie Daniels RS	5	5	5	5	6	20	40	150
123	Don Dillard RS RC	5	5	5	5	6	12	25	200
124	Dan Dobbek RS RC	5	5	5	5	6	12	50	200
125	Ron Fairly RS RC	5	5	5	6	10	25	60	500
126	Eddie Haas RS RC	5	5	5	5	6	12	30	250
127	Kent Hadley RS RC	5	5	5	5	6	12	30	200
128	Bob Hartman RS RC	5	5	5	5	6	30	50	
129	Frank Herrera RS	5	5	5	5	6	20	40	250
130	Lou Jackson RS RC	5	5	5	5	6	20	60	
131	Deron Johnson RS RC	5	5	5	8	12	25	100	
132	Don Lee RS	5	5	5	5	6	12	40	250
133	Bob Lillis RS RC	5	5	5	5	8	15	50	120
134	Jim McDaniel RS RC	5	5	5	5	8	25	40	
135	Gene Oliver RS RC	5	5	5	5	6	20	30	200
136	Jim O'Toole RS RC	5	5	5	5	6	12	50	
137	Dick Ricketts RS RC	5	5	5	5	6	20	40	250
138	John Romano RS RC	5	5	5	5	6	20	50	
139	Ed Sadowski RS RC	5	5	5	5	6	15	60	150
140	Charlie Secrest RS RC	5	5	5	5	6	12	30	250
141	Joe Shipley RS RC	5	5	5	5	6	12	40	200
142	Dick Stigman RS RC	5	5	5	5	6	15	50	
143	Willie Tasby RS RC	5	5	5	5	6	12	30	200
144	Jerry Walker RS	5	5	5	5	6	12	50	250
145	Dom Zanni RS RC	5	5	5	5	6	15	30	200
146	Jerry Zimmerman RS RC	5	5	5	5	6	20	60	
147	Cubs Clubbers	5	5	6	20	25	50	100	300
148	Mike McCormick	5	5	5	5	6	12	40	250
149	Jim Bunning	5	8	12	20	30	50	150	
150	Stan Musial	40	50	60	100	150	250	1,200	2,000
151	Bob Malkmus	5	5	5	5	6	12	30	150

#	Player	GD 2	VG 3	VgEx 4	EX 5	ExMt 6	NM 7	NmMt 8	MT 9
152	Johnny Klippstein	5	5	5	5	6	12	30	2(
153	Jim Marshall	5	5	5	5	6	12	40	2
154	Ray Herbert	5	5	5	5	6	12	25	2
155	Enos Slaughter	12	20	30	50	80	120	200	5(
156	Ace Hurlers	5	5	5	8	20	40	80	3(
157	Felix Mantilla	5	5	5	5	6	12	30	1!
158	Walt Dropo	5	5	5	5	6	15	30	2(
159	Bob Shaw	5	5	5	5	6	25	60	3(
160	Dick Groat	5	5	5	5	8	25	100	2!
161	Frank Baumann	5	5	5	5	6	12	40	
162	Bobby G. Smith	5	5	5	5	6	12	30	1!
163	Sandy Koufax	100	▼120	200	▼250	▼400	800	1,200	8,0(
164	Johnny Groth	5	5	5	5	6	12	40	2!
165	Bill Bruton	5	5	5	5	6	12	40	2!
166	Destruction Crew	5	5	6	20	25	50	80	5(
167	Duke Maas	5	5	5	6	10	25	120	
168	Carroll Hardy	5	5	5	5	6	12	30	12
169	Ted Abernathy	5	5	5	5	6	15	40	2!
170	Gene Woodling	5	5	5	5	6	12	40	1!
171	Willard Schmidt	5	5	5	5	6	12	40	
172	Kansas City Athletics CL	5	6	10	15	25	40	80	30
173	Bill Monbouquette RC	5	5	5	5	6	20	60	30
174	Jim Pendleton	5	5	5	5	6	15	40	30
175	Dick Farrell	5	5	5	5	6	12	30	15
176	Preston Ward	5	5	5	5	6	12	30	15
177	John Briggs RC	5	5	5	5	6	12	30	20
178	Ruben Amaro RC	5	5	5	8	20	40	300	
179	Don Rudolph	5	5	5	5	8	25	60	
180	Yogi Berra	▼50	▼80	▼100	▼120	▼200	400	1,000	2,0(
181	Bob Porterfield	5	5	5	5	6	15	25	15(
182	Milt Graff	5	5	5	5	6	20	120	
183	Stu Miller	5	5	5	5	8	40	150	
184	Harvey Haddix	5	5	5	5	6	20	30	20(
185	Jim Busby	5	5	5	5	6	12	40	20
186	Mudcat Grant	5	5	5	5	8	15	30	25(
187	Bubba Phillips	5	5	5	5	6	12	20	
188	Juan Pizarro	5	5	5	5	6	12	40	25(
189	Neil Chrisley	5	5	5	5	6	12	60	
190	Bill Virdon	5	5	5	5	8	15	50	45(
191	Russ Kemmerer	5	5	5	5	6	12	30	15(
192	Charlie Beamon RC	5	5	5	5	6	12	30	30(
193	Sammy Taylor	5	5	5	5	6	12	30	20(
194	Jim Brosnan	5	5	5	5	6	15	25	15(
195	Rip Repulski	5	5	5	5	8	40	100	
196	Billy Moran	5	5	5	5	6	12	40	20(
197	Ray Semproch	5	5	5	5	6	20	100	
198	Jim Davenport	5	5	5	5	6	20	80	
199	Leo Kiely	5	5	5	5	6	30	200	
200	Warren Giles NL PRES	5	5	5	8	12	25	60	30(
201	Tom Acker	5	5	5	5	6	15	60	
202	Roger Maris	30	50	60	80	120	200	400	2,500
203	Ossie Virgil	5	5	5	5	6	12	30	250
204	Casey Wise	5	5	5	5	6	15	80	
205	Don Larsen	5	5	8	12	25	30	100	
206	Carl Furillo	5	5	6	10	15	30	80	400
207	George Strickland	5	5	5	5	6	12	50	150
208	Willie Jones	5	5	5	5	6	12	25	250
209	Lenny Green	5	5	5	5	6	12	40	200
210	Ed Bailey	5	5	5	5	6	12	40	200
211	Bob Blaylock RC	5	5	5	5	6	12	40	300
212	Fence Busters	15	20	25	40	80	120	250	1,000
213	Jim Rivera	5	5	5	5	6	20	30	200
214	Marcelino Solis RC	5	5	5	5	6	12	50	
215	Jim Lemon	5	5	5	5	6	25	30	200
216	Andre Rodgers	5	5	5	5	6	12	40	250
217	Carl Erskine	5	5	5	6	10	25	60	200
218	Roman Mejias	5	5	5	5	6	20	40	250

	GD 2	VG 3	VgEx 4	EX 5	ExMt 6	NM 7	NmMt 8	MT 9
George Zuverink	5	5	5	5	6	15	60	150
Frank Malzone	5	5	5	5	6	20	40	
Bob Bowman	5	5	5	5	6	40	200	
Bobby Shantz	5	5	6	10	25	40	400	
St. Louis Cardinals CL	5	5	6	10	15	100	250	
Claude Osteen RC	5	5	5	6	10	20	50	400
Johnny Logan	5	5	5	5	8	25	80	300
Art Ceccarelli	5	5	5	5	6	12	30	200
Hal W. Smith	5	5	5	5	6	20	40	200
Don Gross	5	5	5	5	6	12	25	200
Vic Power	5	5	5	5	8	30	100	
Bill Fischer	5	5	5	5	6	12	30	150
Ellis Burton RC	5	5	5	5	6	15	60	250
Eddie Kasko	5	5	5	5	6	15	50	250
Paul Foytack	5	5	5	5	6	15	40	250
Chuck Tanner	5	5	5	5	6	12	30	120
Valmy Thomas	5	5	5	5	6	12	25	150
Ted Bowsfield RC	5	5	5	5	6	12	30	200
Run Preventers	5	5	6	10	15	30	100	
Gene Baker	5	5	5	5	6	40	100	400
Bob Trowbridge	5	5	5	5	6	12	30	150
Hank Bauer	5	5	6	10	15	30	60	
Billy Muffett	5	5	5	5	6	12	30	150
Ron Samford RC	5	5	5	5	6	12	25	200
Marv Grissom	5	5	5	5	6	12	25	150
Dick Gray	5	5	5	5	6	12	30	250
Ned Garver	5	5	5	5	6	12	25	250
J.W. Porter	5	5	5	5	6	12	25	150
Don Ferrarese	5	5	5	5	6	12	25	200
Boston Red Sox CL	5	5	6	10	25	40	80	300
Bobby Adams	5	5	5	5	6	15	40	
Billy O'Dell	5	5	5	6	10	70	300	
Clete Boyer	5	5	6	10	25	30	100	500
Ray Boone	5	5	5	5	8	15	50	250
Seth Morehead RC	5	5	5	5	6	20	30	150
Zeke Bella RC	5	5	5	5	6	20	30	150
Del Ennis	5	5	5	5	6	12	30	200
Jerry Davie RC	5	5	5	5	6	12	30	150
Leon Wagner RC	5	5	5	5	8	15	50	200
Fred Kipp RC	5	5	5	5	8	15	50	250
Jim Pisoni	5	5	5	5	6	20	40	300
Early Wynn	5	5	5	8	25	50	100	500
Gene Stephens	5	5	5	5	6	12	25	300
Hitters Foes	10	12	15	25	30	50	100	400
Bud Daley	5	5	5	5	6	12	30	250
Chico Carrasquel	5	5	5	5	6	12	60	250
Ron Kline	5	5	5	5	6	12	25	120
Woody Held	5	5	5	5	8	25	50	
John Romonosky RC	5	5	5	5	6	12	30	200
Tito Francona	5	5	5	5	6	12	40	200
Jack Meyer	5	5	5	5	6	12	25	150
Gil Hodges	5	5	8	20	30	50	100	550
Orlando Pena RC	5	5	5	5	6	25	60	
Jerry Lumpe	5	5	5	5	8	15	50	
Joey Jay	5	5	5	5	6	25	30	100
Jerry Kindall	5	5	5	5	6	12	25	120
Jack Sanford	5	5	5	5	6	15	50	200
Pete Daley	5	5	5	5	6	12	25	150
Turk Lown	5	5	5	5	6	12	30	200
Chuck Essegian	5	5	5	5	6	12	30	250
Ernie Johnson	5	5	5	5	6	12	25	120
Frank Bolling	5	5	5	5	6	12	175	400
Walt Craddock RC	5	5	5	5	6	12	30	200
R.C. Stevens	5	5	5	6	12	30	200	
Russ Heman RC	5	5	5	5	6	12	25	150
Steve Korcheck	5	5	5	5	6	12	30	200
Joe Cunningham	5	5	5	5	6	20	200	250

		GD 2	VG 3	VgEx 4	EX 5	ExMt 6	NM 7	NmMt 8	MT 9
286	Dean Stone	5	5	5	5	6	20	250	
287	Don Zimmer	5	6	10	15	25	40	100	
288	Dutch Dotterer	5	5	5	5	6	12	30	200
289	Johnny Kucks	5	5	5	5	8	20	40	250
290	Wes Covington	5	5	5	5	6	12	40	200
291	Pitching Partners	5	5	5	5	8	15	30	200
292	Dick Williams	5	5	5	5	6	12	25	200
293	Ray Moore	5	5	5	5	6	20	80	
294	Hank Foiles	5	5	5	5	6	12	25	120
295	Billy Martin	6	10	15	25	40	60	100	
296	Ernie Broglio RC	5	5	5	5	6	12	20	150
297	Jackie Brandt RC	5	5	5	5	6	12	30	250
298	Tex Clevenger	5	5	5	5	6	12	25	150
299	Billy Klaus	5	5	5	5	6	12	40	250
300	Richie Ashburn	6	10	15	25	40	80	300	
301	Earl Averill Jr. RC	5	5	5	5	6	12	25	150
302	Don Mossi	5	5	5	5	6	25	50	
303	Marty Keough	5	5	5	5	6	12	30	250
304	Chicago Cubs CL	5	5	6	10	15	40	80	500
305	Curt Raydon RC	5	5	5	5	6	12	25	200
306	Jim Gilliam	5	5	5	6	10	25	60	250
307	Curt Barclay	5	5	5	5	6	20	40	
308	Norm Siebern	5	5	5	5	6	25	50	
309	Sal Maglie	5	5	5	5	8	15	40	300
310	Luis Aparicio	5	10	12	15	30	50	200	
311	Norm Zauchin	5	5	5	5	6	15	25	250
312	Don Newcombe	5	6	10	15	25	40	60	300
313	Frank House	5	5	5	5	6	12	30	200
314	Don Cardwell	5	5	5	5	6	12	25	150
315	Joe Adcock	5	5	5	5	8	15	30	200
316A	Ralph Lumenti Option	5	5	5	5	6	12	30	
316B	Ralph Lumenti No Option ERR	12	20	30	50	80			
317	NL Hitting Kings	10	20	30	40	50	80	150	800
318	Rocky Bridges	5	5	5	5	6	20	25	200
319	Dave Hillman	5	5	5	5	6	15	50	250
320	Bob Skinner	5	5	5	6	10	20	60	250
321A	Bob Giallombardo Option RC	5	5	5	5	6	20	30	
321B	Bob Giallombardo No Option ERR	10	15	25	40	80	120		
322A	Harry Hanebrink Trade	5	5	5	5	6	15	80	
322B	Harry Hanebrink No Trade ERR	40	60	100	150	250			
323	Frank Sullivan	5	5	5	5	6	12	25	150
324	Don Demeter	5	5	5	5	6	15	60	300
325	Ken Boyer	5	5	5	6	20	30	80	
326	Marv Throneberry	5	5	5	5	6	25	50	300
327	Gary Bell RC	5	5	5	5	6	20	30	150
328	Lou Skizas	5	5	5	5	6	15	30	250
329	Detroit Tigers CL	5	5	6	10	15	50	60	200
330	Gus Triandos	5	5	5	5	8	25	250	
331	Steve Boros	5	5	5	5	6	12	30	250
332	Ray Monzant	5	5	5	5	6	12	25	120
333	Harry Simpson	5	5	5	5	6	12	40	250
334	Glen Hobbie	5	5	5	5	6	12	25	150
335	Johnny Temple	5	5	5	5	8	15	50	300
336A	Billy Loes Trade	5	5	5	5	6	12	40	300
336B	Billy Loes No Trade ERR	12	20	30	50	120	300		
337	George Crowe	5	5	5	5	6	20	40	200
338	Sparky Anderson RC	15	25	40	50	80	120	300	600
339	Roy Face	5	5	5	5	6	12	25	200
340	Roy Sievers	5	5	5	5	6	20	50	300
341	Tom Qualters	5	5	5	5	6	12	40	250
342	Ray Jablonski	5	5	5	5	6	12	25	150
343	Billy Hoeft	5	5	5	5	6	15	50	150
344	Russ Nixon	5	5	5	5	6	12	30	250
345	Gil McDougald	5	5	6	10	15	30	100	
346	Batter Bafflers	5	5	5	5	8	20	30	200
347	Bob Buhl	5	5	5	5	6	20	80	
348	Ted Lepcio	5	5	5	5	6	12	25	150

#	Player	GD 2	VG 3	VgEx 4	EX 5	ExMt 6	NM 7	NmMt 8	MT 9
349	Hoyt Wilhelm	▲6	▲10	▲15	▲25	▲40	50	100	300
350	Ernie Banks	25	40	50	80	100	200	400	2,000
351	Earl Torgeson	5	5	5	5	6	15	40	
352	Robin Roberts	6	10	15	25	40	60	100	500
353	Curt Flood	5	5	8	12	20	30	100	200
354	Pete Burnside	5	5	5	5	6	12	30	200
355	Jimmy Piersall	5	5	5	5	8	25	80	
356	Bob Mabe RC	5	5	5	5	6	12	25	150
357	Dick Stuart RC	5	5	6	10	15	25	40	150
358	Ralph Terry	5	5	5	5	6	12	40	300
359	Bill White RC	5	5	8	12	20	30	50	250
360	Al Kaline	10	25	30	50	60	100	250	1,800
361	Willard Nixon	5	5	5	5	6	12	25	120
362A	Dolan Nichols Option RC	5	5	5	5	6	12	30	
362B	Dolan Nichols No Option ERR	12	20	30	50	80	275		
363	Bobby Avila	5	5	5	6	10	30	150	
364	Danny McDevitt	5	5	5	5	6	12	30	150
365	Gus Bell	5	5	6	10	15	25	40	200
366	Humberto Robinson	5	5	5	5	6	15	40	200
367	Cal Neeman	5	5	5	5	6	12	25	200
368	Don Mueller	5	5	5	5	6	25	40	200
369	Dick Tomanek	5	5	5	5	6	12	25	250
370	Pete Runnels	5	5	5	5	6	20	30	
371	Dick Brodowski	5	5	5	5	6	12	25	150
372	Jim Hegan	5	5	5	5	8	30	400	
373	Herb Plews	5	5	5	5	6	12	30	
374	Art Ditmar	5	5	5	5	8	25	100	
375	Bob Nieman	5	5	5	6	15	25	250	
376	Hal Naragon	5	5	5	5	6	12	25	120
377	John Antonelli	5	5	5	5	6	12	30	150
378	Gail Harris	5	5	5	5	6	12	25	120
379	Bob Miller	5	5	5	5	6	12	25	120
380	Hank Aaron	80	120	200	300	500	800	2,000	6,000
381	Mike Baxes	5	5	5	5	6	12	25	150
382	Curt Simmons	5	5	5	5	6	12	30	120
383	Words of Wisdom	5	5	5	8	20	40	100	300
384	Dave Sisler	5	5	5	5	6	12	25	150
385	Sherm Lollar	5	5	5	8	12	20	30	120
386	Jim Delsing	5	5	5	5	6	12	30	250
387	Don Drysdale	6	10	15	25	40	60	120	500
388	Bob Will RC	5	5	5	5	6	12	25	120
389	Joe Nuxhall	5	5	6	10	15	25	80	150
390	Orlando Cepeda	5	10	12	15	30	60	100	400
391	Milt Pappas	5	5	6	10	15	25	40	200
392	Whitey Herzog	5	5	6	10	15	25	▲60	▲200
393	Frank Lary	5	5	5	5	6	15	30	150
394	Randy Jackson	5	5	5	5	6	12	25	150
395	Elston Howard	5	8	12	20	30	50	120	300
396	Bob Rush	5	5	5	5	6	12	25	250
397	Washington Senators CL	5	5	6	10	15	25	40	150
398	Wally Post	5	5	5	8	12	20	30	120
399	Larry Jackson	5	5	5	5	6	12	25	120
400	Jackie Jensen	5	5	5	5	8	30	60	400
401	Ron Blackburn	5	5	5	5	6	12	30	120
402	Hector Lopez	5	5	5	8	12	20	30	120
403	Clem Labine	5	5	5	5	6	12	30	200
404	Hank Sauer	5	5	5	5	6	12	30	200
405	Roy McMillan	5	5	5	5	6	12	25	120
406	Solly Drake	5	5	5	5	6	12	25	120
407	Moe Drabowsky	5	5	5	5	6	15	25	120
408	Keystone Combo	5	5	5	8	25	40	80	300
409	Gus Zernial	5	5	5	8	12	20	40	100
410	Billy Pierce	5	5	5	5	8	15	40	200
411	Whitey Lockman	5	5	5	5	6	12	25	120
412	Stan Lopata	5	5	5	5	6	12	25	120
413	Camilo Pascual	5	5	5	5	6	12	30	200
414	Dale Long	5	5	5	5	6	12	25	120

#	Player	GD 2	VG 3	VgEx 4	EX 5	ExMt 6	NM 7	NmMt 8	MT
415	Bill Mazeroski	5	5	5	20	25	50	80	25
416	Haywood Sullivan	5	5	20	25	30	50	100	50
417	Virgil Trucks	5	5	5	5	6	15	30	10
418	Gino Cimoli	5	5	5	5	6	12	25	12
419	Milwaukee Braves CL	5	5	5	6	10	25	60	20
420	Rocky Colavito	5	8	12	20	30	40	100	30
421	Herman Wehmeier	5	5	5	5	6	12	25	12
422	Hobie Landrith	5	5	5	5	6	12	25	15
423	Bob Grim	5	5	5	5	6	15	25	12
424	Ken Aspromonte	5	5	5	5	6	12	25	8
425	Del Crandall	5	5	5	5	6	20	30	12
426	Gerry Staley	5	5	5	5	6	15	30	12
427	Charlie Neal	5	5	5	5	8	25	50	30
428	Buc Hill Aces	5	5	5	5	6	20	25	15
429	Bobby Thomson	5	5	5	8	12	30	50	15
430	Whitey Ford	30	50	60	80	▲120	150	300	1,00
431	Whammy Douglas	5	5	5	5	6	12	30	20
432	Smoky Burgess	5	5	5	5	6	20	40	20
433	Billy Harrell	5	5	5	5	6	12	25	12
434	Hal Griggs	5	5	5	5	6	12	20	8
435	Frank Robinson	30	50	80	100	120	250	▲600	1,00
436	Granny Hamner	5	5	5	5	6	15	25	12
437	Ike Delock	5	5	5	5	6	12	25	12
438	Sammy Esposito	5	5	5	5	6	12	25	15
439	Brooks Robinson	▼40	▼50	▼60	▼80	▼100	200	500	1,50
440	Lew Burdette	5	6	10	15	25	40	60	25
441	John Roseboro	5	5	5	5	8	25	50	30
442	Ray Narleski	5	5	5	5	6	15	40	
443	Daryl Spencer	5	5	5	5	8	25	120	
444	Ron Hansen RC	5	5	5	5	6	12	40	150
445	Cal McLish	5	5	5	5	8	60	450	
446	Rocky Nelson	5	5	5	5	6	12	30	150
447	Bob Anderson	5	5	5	5	6	12	25	150
448	Vada Pinson	5	6	10	15	25	30	60	250
449	Tom Gorman	5	5	5	5	6	12	80	250
450	Eddie Mathews	8	20	30	40	60	200	600	
451	Jimmy Constable RC	5	5	5	5	6	12	30	250
452	Chico Fernandez	5	5	5	5	6	15	30	120
453	Les Moss	5	5	5	5	6	12	30	150
454	Phil Clark	5	5	5	5	6	12	40	250
455	Larry Doby	6	10	15	25	40	60	150	800
456	Jerry Casale RC	5	5	5	5	6	12	30	200
457	Los Angeles Dodgers CL	5	5	5	8	30	50	120	500
458	Gordon Jones	5	5	5	5	6	12	25	200
459	Bill Tuttle	5	5	5	5	6	15	30	200
460	Bob Friend	5	5	5	5	8	20	40	
461	Mickey Mantle BT	40	50	60	100	120	▲250	▲800	1,200
462	Rocky Colavito BT	5	5	8	12	20	30	60	250
463	Al Kaline BT	6	10	15	25	40	60	100	250
464	Willie Mays BT	15	25	30	50	60	100	300	4,000
465	Roy Sievers BT	5	5	5	5	6	15	50	300
466	Billy Pierce BT	5	5	5	5	6	15	60	300
467	Hank Aaron BT	10	15	25	40	50	▲120	▲400	600
468	Duke Snider BT	5	5	10	15	20	25	▲100	300
469	Ernie Banks BT	8	12	20	30	50	60	100	300
470	Stan Musial BT	8	12	20	30	50	60	120	600
471	Tom Sturdivant	5	5	5	5	8	25	120	
472	Gene Freese	5	5	5	5	6	20	80	250
473	Mike Fornieles	5	5	5	5	6	15	30	
474	Moe Thacker RC	5	5	5	5	6	15	50	250
475	Jack Harshman	5	5	5	5	6	15	100	
476	Cleveland Indians CL	5	5	5	6	20	25	100	300
477	Barry Latman RC	5	5	5	5	6	20	25	150
478	Roberto Clemente	80	120	200	300	500	800	1,500	5,000
479	Lindy McDaniel	5	5	5	5	6	12	25	200
480	Red Schoendienst	5	5	5	15	25	40	100	300
481	Charlie Maxwell	5	5	5	5	6	25	120	

	GD 2	VG 3	VgEx 4	EX 5	ExMt 6	NM 7	NmMt 8	MT 9
Russ Meyer	5	5	5	5	6	12	30	250
Clint Courtney	5	5	5	5	6	12	25	150
Willie Kirkland	5	5	5	5	6	12	40	200
Ryne Duren	5	5	5	5	8	20	60	250
Sammy White	5	5	5	5	6	12	25	120
Hal Brown	5	5	5	5	6	12	80	300
Walt Moryn	5	5	5	5	6	12	60	150
John Powers	5	5	5	5	6	12	40	
Frank Thomas	5	5	5	5	6	20	30	
Don Blasingame	5	5	5	5	6	12	30	250
Gene Conley	5	5	5	5	6	12	25	150
Jim Landis	5	5	5	5	6	12	40	200
Don Pavletich RC	5	5	5	5	6	15	30	300
Johnny Podres	5	5	8	12	20	30	50	250
Wayne Terwilliger	5	5	5	5	6	25	30	250
Hal R. Smith	5	5	5	5	6	15	30	150
Dick Hyde	5	5	5	5	6	12	50	250
Johnny O'Brien	5	5	5	5	6	15	60	
Vic Wertz	5	5	5	5	10	30	300	
Bob Tiefenauer RC	5	5	5	5	6	12	25	250
Alvin Dark	5	5	5	5	6	15	50	200
Jim Owens	5	5	5	5	6	15	80	
Ossie Alvarez RC	5	5	5	5	6	20	80	250
Tony Kubek	5	5	6	10	25	50	120	400
Bob Purkey	5	5	5	5	6	15	60	200
Bob Hale	5	5	5	6	25	30	60	
Art Fowler	5	6	10	15	25	30	60	
Norm Cash RC	15	25	40	50	80	120	300	
New York Yankees CL	20	30	50	80	120	200	400	1,200
George Susce	5	5	5	6	25	30	80	300
George Altman RC	5	5	5	6	10	40	60	300
Tommy Carroll	5	5	5	6	10	20	40	200
Bob Gibson RC	500	600	800	1,200	▼1,500	▼2,500	8,000	30,000
Harmon Killebrew	30	50	80	120	▼150	300	800	5,000
Mike Garcia	5	5	6	10	15	30	80	300
Joe Koppe RC	5	5	5	6	10	30	60	
Mike Cuellar RC	6	10	15	25	40	60	150	600
Infield Power	5	5	8	12	20	80	400	
Don Elston	5	5	5	6	10	40	80	250
Gary Geiger	5	5	5	6	20	30	50	
Gene Snyder RC	5	5	5	6	20	50	60	250
Harry Bright RC	5	5	5	6	10	25	50	300
Larry Osborne RC	5	5	5	6	10	25	60	
Jim Coates RC	5	5	6	10	15	40	100	400
Bob Speake	5	5	5	6	10	20	60	
Solly Hemus	5	5	5	6	10	25	60	250
Pittsburgh Pirates CL	5	8	12	20	50	100	150	600
George Bamberger RC	5	5	5	6	25	30	80	250
Wally Moon	5	5	8	12	30	50	120	
Ray Webster RC	5	5	5	6	10	25	50	200
Mark Freeman RC	5	5	5	6	10	20	50	250
Darrell Johnson	5	5	6	10	15	80	120	
Faye Throneberry	5	5	5	6	10	25	100	400
Ruben Gomez	5	5	5	6	20	30	60	250
Danny Kravitz	5	5	5	6	10	20	50	
Rodolfo Arias RC	5	5	5	6	10	30	120	500
Chick King	5	5	5	6	25	30	80	400
Gary Blaylock RC	5	5	5	6	10	40	200	400
Willie Miranda	5	6	10	15	25	40	60	
Bob Thurman	5	5	5	6	10	20	60	200
Jim Perry RC	5	5	8	12	20	60	100	500
Corsair Trio	5	15	40	50	60	100	200	1,000
Lee Tate RC	5	5	6	10	15	25	60	200
Tom Morgan	5	5	5	6	10	30	40	
Al Schroll	5	5	5	6	10	20	50	250
Jim Baxes RC	5	5	5	8	12	40	120	
Elmer Singleton	5	5	5	8	25	50	300	

	GD 2	VG 3	VgEx 4	EX 5	ExMt 6	NM 7	NmMt 8	MT 9
549 Howie Nunn RC	5	5	5	6	10	30	50	200
550 Roy Campanella Courage	25	40	60	100	150	300	▼600	2,500
551 Fred Haney AS MG	5	▲8	▲12	▲20	▲30	▲50	▲120	400
552 Casey Stengel AS MG	5	6	10	15	25	60	150	
553 Orlando Cepeda AS	5	15	20	25	40	60	150	
554 Bill Skowron AS	5	6	10	15	30	40	250	
555 Bill Mazeroski AS	5	5	8	12	40	50	100	400
556 Nellie Fox AS	5	6	10	20	25	50	150	
557 Ken Boyer AS	5	5	8	25	30	50	100	500
558 Frank Malzone AS	5	5	5	6	15	30	80	250
559 Ernie Banks AS	5	20	30	40	60	100	250	2,000
560 Luis Aparicio AS	5	6	10	15	30	50	200	
561 Hank Aaron AS	30	40	60	80	100	150	1,000	
562 Al Kaline AS	5	8	12	30	50	80	200	600
563 Willie Mays AS	25	40	50	60	100	150	400	1,200
564 Mickey Mantle AS	120	150	250	400	500	800	1,500	3,000
565 Wes Covington AS	5	5	5	6	10	40	80	250
566 Roy Sievers AS	5	5	5	6	10	40	80	300
567 Del Crandall AS	5	5	5	6	20	30	150	
568 Gus Triandos AS	5	5	5	6	10	30	120	200
569 Bob Friend AS	5	5	5	6	12	80	200	
570 Bob Turley AS	5	5	6	10	15	40	150	
571 Warren Spahn AS	5	8	12	20	50	80	150	1,000
572 Billy Pierce AS	5	5	8	30	100	250		

— Hank Aaron #380 PSA 10 (Gem) sold for $27,126 (Goodwin; 11/12)
— Norm Cash #509 PSA 10 (Gem) (Young Collection) sold for $6,544 (SCP; 5/12)
— Bob Gibson #514 PSA 10 (Gem) (Young Collection) sold for $53,759 (SCP; 5/12)
— Elston Howard #395 PSA 10 (Gem) sold for $4,158 (eBay; 8/12)
— Warren Spahn 1921 #40C PSA 10 (Gem) sold for $4,613 (eBay; 9/12)

1960 Fleer

		GD 2	VG 3	VgEx 4	EX 5	ExMt 6	NM 7	NmMt 8	MT 9
1	Napoleon Lajoie DP	6	6	8	20	25	40	150	
2	Christy Mathewson	5	5	8	12	20	40	60	
3	Babe Ruth	▲100	▲120	▲150	▲200	250	300	500	600
4	Carl Hubbell	5	5	5	5	8	15	40	200
5	Grover C. Alexander	5	5	5	5	8	15	60	700
6	Walter Johnson DP	5	5	5	8	15	40	100	150
7	Chief Bender	5	5	5	6	12	20	175	
8	Roger Bresnahan	8	8	8	8	10	20	30	135
9	Mordecai Brown	8	8	8	8	10	20	30	350
10	Tris Speaker	5	5	5	6	12	80	200	
11	Arky Vaughan DP	5	5	5	6	8	15	25	
12	Zach Wheat	6	6	6	6	8	15	25	150
13	George Sisler	6	6	6	6	8	15	20	120
14	Connie Mack	5	5	5	6	10	20	40	
15	Clark Griffith	5	5	5	6	8	12	40	
16	Lou Boudreau DP	5	5	5	6	8	15	25	80
17	Ernie Lombardi	6	6	6	6	8	15	30	200
18	Heinie Manush	6	6	6	6	8	15	30	
19	Marty Marion	5	5	5	6	8	12	25	
20	Eddie Collins DP	5	5	5	6	8	12	20	80
21	Rabbit Maranville DP	6	6	6	6	8	15	20	200
22	Joe Medwick	5	5	5	5	6	12	25	100
23	Ed Barrow	5	5	5	5	6	12	25	
24	Mickey Cochrane	5	5	5	5	6	12	30	
25	Jimmy Collins	5	5	5	5	6	12	30	300
26	Bob Feller DP	6	6	6	10	20	30	80	150
27	Luke Appling	5	5	5	5	6	12	25	120
28	Lou Gehrig	20	30	50	80	120	150	300	600
29	Gabby Hartnett	6	6	6	6	8	15	20	80
30	Chuck Klein	5	5	5	5	6	12	20	100
31	Tony Lazzeri DP	6	6	6	6	8	15	40	135
32	Al Simmons	6	6	6	6	8	15	40	120
33	Wilbert Robinson	6	6	6	6	8	15	40	150
34	Sam Rice	5	5	5	5	6	12	20	150
35	Herb Pennock	5	5	5	5	6	12	20	200

		GD 2	VG 3	VgEx 4	EX 5	ExMt 6	NM 7	NmMt 8	MT 9
36	Mel Ott DP	5	5	5	8	12	20	60	150
37	Lefty O'Doul	5	5	5	5	6	12	20	200
38	Johnny Mize	5	5	6	10	15	25	50	135
39	Bing Miller	6	6	6	6	8	15	20	120
40	Joe Tinker	5	5	5	5	6	12	20	120
41	Frank Baker DP	5	5	5	5	6	12	40	200
42	Ty Cobb	▲30	▲50	▲60	▲80	▲100	120	200	250
43	Paul Derringer	5	5	5	5	6	12	30	150
44	Cap Anson	5	5	5	5	10	20	40	200
45	Jim Bottomley	5	5	5	5	6	12	25	150
46	Eddie Plank DP	6	6	6	6	8	15	25	100
47	Cy Young	6	8	12	20	30	40	▲100	200
48	Hack Wilson	5	5	5	5	6	20	25	50
49	Ed Walsh	5	5	5	5	6	12	20	100
50	Frank Chance	6	6	6	6	8	15	20	100
51	Dazzy Vance DP	6	6	6	6	8	15	20	150
52	Bill Terry	5	5	5	5	6	12	25	120
53	Jimmie Foxx	5	5	6	10	15	30	100	200
54	Lefty Gomez	5	5	5	8	12	20	25	120
55	Branch Rickey	6	6	6	6	8	15	25	175
56	Ray Schalk DP	5	5	5	5	6	12	25	150
57	Johnny Evers	5	5	5	5	6	12	25	100
58	Charley Gehringer	6	6	6	8	25	30	150	
59	Burleigh Grimes	6	6	6	10	20	25	150	
60	Lefty Grove	6	6	6	8	15	40	150	
61	Rube Waddell DP	5	5	5	5	6	12	25	
62	Honus Wagner	▲10	▲15	▲25	▲40	▲60	80	▼150	300
63	Red Ruffing	5	5	5	5	8	15	30	80
64	Kenesaw M. Landis	5	5	5	5	6	12	20	150
65	Harry Heilmann	6	6	6	6	8	15	20	150
66	John McGraw DP	5	5	5	5	6	12	20	150
67	Hughie Jennings	5	5	5	5	6	12	20	150
68	Hal Newhouser	5	5	5	5	6	12	25	200
69	Waite Hoyt	5	5	5	5	6	12	25	150
70	Bobo Newsom	6	6	6	6	8	15	25	
71	Earl Averill DP	6	6	6	6	8	15	40	250
72	Ted Williams	▲60	▲80	▲100	▲120	150	▲250	400	▲1,000
73	Warren Giles	5	5	5	5	6	12	25	150
74	Ford Frick	5	5	5	5	6	12	30	250
75	Kiki Cuyler	5	5	5	5	6	12	20	625
76	Paul Waner DP	5	5	5	5	6	12	25	225
77	Pie Traynor	5	5	5	5	6	12	40	200
78	Lloyd Waner	5	5	5	5	6	12	30	200
79	Ralph Kiner	5	5	5	5	6	15	80	

1960 Leaf

		GD 2	VG 3	VgEx 4	EX 5	ExMt 6	NM 7	NmMt 8	MT 9
27	Brooks Robinson	5	8	12	20	60	100	200	
37	Duke Snider	5	6	10	15	40	50	100	
125	Sparky Anderson	8	12	20	30	50	250	400	
128	Orlando Cepeda	6	10	15	25	40	60	120	
144	Jim Bunning	6	10	15	25	40	60	135	

1960 Topps

		GD 2	VG 3	VgEx 4	EX 5	ExMt 6	NM 7	NmMt 8	MT 9
1	Early Wynn	▲20	25	40	60	100	300	600	
2	Roman Mejias	5	5	5	6	10	50	150	
3	Joe Adcock	5	5	6	10	15	25	40	
4	Bob Purkey	5	5	5	6	10	20	30	100
5	Wally Moon	5	5	5	5	6	15	50	
6	Lou Berberet	5	5	5	5	5	20		
7	Master and Mentor	5	15	20	25	30	40	80	500
8	Bud Daley	5	5	5	5	6	15	25	150
9	Faye Throneberry	5	5	5	5	8	15	40	
10	Ernie Banks	25	40	50	60	100	250	500	
11	Norm Siebern	5	5	5	6	10	15	30	150

		GD 2	VG 3	VgEx 4	EX 5	ExMt 6	NM 7	NmMt 8	M
12	Milt Pappas	5	5	8	12	20	30	50	
13	Wally Post	5	5	5	8	12	20	30	
14	Jim Grant	5	5	6	10	15	25	200	
15	Pete Runnels	5	5	5	5	5	15	25	
16	Ernie Broglio	5	5	5	6	10	15	30	1
17	Johnny Callison	5	5	5	8	12	20	30	1
18	Los Angeles Dodgers CL	5	6	10	15	25	60	250	
19	Felix Mantilla	5	5	5	5	8	25	120	
20	Roy Face	5	5	5	8	12	20	30	2
21	Dutch Dotterer	5	5	5	5	8	25	200	
22	Rocky Bridges	5	5	5	5	5	15	25	1
23	Eddie Fisher RC	5	5	5	6	10	15	80	
24	Dick Gray	5	5	5	5	5	15	40	1
25	Roy Sievers	5	5	5	5	5	15	30	
26	Wayne Terwilliger	5	5	5	5	8	30	200	
27	Dick Drott	5	5	5	5	8	40	120	
28	Brooks Robinson	25	40	60	100	120	200	▲600	2,5
29	Clem Labine	5	5	8	12	20	30	50	
30	Tito Francona	5	5	5	8	12	30	80	1
31	Sammy Esposito	5	5	5	5	5	15	25	1
32	Sophomore Stalwarts	5	5	5	5	6	15	50	2
33	Tom Morgan	5	5	5	5	8	25	120	3
34	Sparky Anderson	5	5	8	12	20	30	250	
35	Whitey Ford	▲40	▲50	60	▼80	▼100	200	400	8
36	Russ Nixon	5	5	5	6	10	15	25	1
37	Bill Bruton	5	5	5	5	5	15	25	
38	Jerry Casale	5	5	5	5	5	15	80	
39	Earl Averill Jr.	5	5	5	8	12	20	25	15
40	Joe Cunningham	5	5	5	6	10	15	25	15
41	Barry Latman	5	5	5	5	5	15	30	
42	Hobie Landrith	5	5	5	5	8	15	25	
43	Washington Senators CL	5	5	5	5	8	15	250	40
44	Bobby Locke RC	5	5	5	5	10	20	250	40
45	Roy McMillan	5	5	6	10	15	25	50	15
46	Jack Fisher RC	5	5	5	5	5	15	40	15
47	Don Zimmer	5	5	8	12	20	30	50	25
48	Hal W. Smith	5	5	5	5	5	15	30	17
49	Curt Raydon	5	5	5	5	5	15	60	20
50	Al Kaline	20	25	30	50	60	120	400	
51	Jim Coates	5	5	5	5	10	30	50	20
52	Dave Philley	5	5	5	5	5	15	120	
53	Jackie Brandt	5	5	5	5	5	15	25	15
54	Mike Fornieles	5	5	5	5	5	15	30	15
55	Bill Mazeroski	15	25	40	60	100	150	500	1,20
56	Steve Korcheck	5	5	5	5	5	15	25	15
57	Win Savers	5	5	5	5	5	15	60	15
58	Gino Cimoli	5	5	5	5	5	15	30	20
59	Juan Pizarro	5	5	5	5	8	15	25	10
60	Gus Triandos	5	5	8	12	20	30	50	12
61	Eddie Kasko	5	5	5	5	5	15	30	15
62	Roger Craig	5	5	8	12	20	30	50	150
63	George Strickland	5	5	5	5	5	15	25	10
64	Jack Meyer	5	5	5	5	5	15	60	12
65	Elston Howard	5	5	5	8	20	40	100	35
66	Bob Trowbridge	5	5	5	5	5	15	40	150
67	Jose Pagan RC	5	5	5	6	10	15	30	120
68	Dave Hillman	5	5	5	5	5	15	25	120
69	Billy Goodman	5	5	8	12	20	30	50	
70	Lew Burdette	5	5	8	12	20	30	60	200
71	Marty Keough	5	5	5	5	5	15	25	150
72	Detroit Tigers CL	5	5	6	10	15	60	120	400
73	Bob Gibson	▲50	▲80	100	▼120	250	600	1,000	6,000
74	Walt Moryn	5	5	5	5	5	15	25	100
75	Vic Power	5	5	6	10	15	25	80	150
76	Bill Fischer	5	5	5	5	5	15	30	150
77	Hank Foiles	5	5	5	5	5	15	25	120
78	Bob Grim	5	5	5	5	5	15	150	250

BASEBALL

	GD 2	VG 3	VgEx 4	EX 5	ExMt 6	NM 7	NmMt 8	MT 9
Walt Dropo	5	5	5	5	5	15	25	
Johnny Antonelli	5	5	5	5	6	15	25	120
Russ Snyder RC	5	5	5	5	5	15	25	150
Ruben Gomez	5	5	5	5	6	15	30	120
Tony Kubek	▲10	▲15	▲25	30	50	80	300	
Hal R. Smith	5	5	5	5	5	15	30	100
Frank Lary	5	5	6	10	15	25	40	100
Dick Gernert	5	5	5	5	5	25	80	120
John Romonosky	5	5	5	5	5	15	25	
John Roseboro	5	5	5	5	6	15	30	
Hal Brown	5	5	5	8	12	20	50	
Bobby Avila	5	5	5	6	10	15	40	
Bennie Daniels	5	5	5	5	5	25	80	120
Whitey Herzog	5	8	12	20	30	50	80	150
Art Schult	5	5	5	6	10	15	25	100*
Leo Kiely	5	5	5	5	8	20	120	
Frank Thomas	5	5	8	12	20	30	50	200
Ralph Terry	5	5	5	5	8	20	50	300
Ted Lepcio	5	5	5	5	5	15	50	200
Gordon Jones	5	5	5	5	5	15	80	
Lenny Green	5	5	5	6	10	20	25	200
Nellie Fox	5	10	15	25	40	50	120	500
Bob Miller RC	5	5	5	5	5	15	25	150
Kent Hadley	5	5	6	10	15	25	100	
Dick Farrell	5	5	6	10	15	25	50	150
Dick Schofield	5	5	5	5	5	15	50	200
Larry Sherry RC	5	5	5	5	8	15	25	
Billy Gardner	5	5	5	5	5	15	150	
Carlton Willey	5	5	5	5	5	15	25	
Pete Daley	5	5	5	5	5	15	25	100
Clete Boyer	5	5	8	12	20	40	150	400
Cal McLish	5	5	5	5	5	15	100	
Vic Wertz	5	5	5	5	8	30	400	
Jack Harshman	5	5	5	5	8	20		
Bob Skinner	5	5	5	5	5	15	40	100
Ken Aspromonte	5	5	5	5	5	15	150	
Fork and Knuckler	5	6	10	15	25	40	60	200
Jim Rivera	5	5	5	8	12	30	600	
Tom Borland RS	5	5	5	5	5	15	25	100
Bob Bruce RS RC	5	5	5	5	5	15	25	150
Chico Cardenas RS RC	5	6	10	15	25	40	60	120
Duke Carmel RS RC	5	5	5	5	8	15	25	
Camilo Carreon RS RC	5	5	5	5	5	15	20	120
Don Dillard RS	5	5	5	5	5	15	25	100
Dan Dobbek RS	5	5	5	5	5	15	25	150
Jim Donohue RS RC	5	5	5	5	5	15	25	100
Dick Ellsworth RS RC	5	5	5	5	5	15	25	150
Chuck Estrada RS RC	5	5	5	6	10	15	25	200
Ron Hansen RS	5	5	8	12	20	30	50	100
Bill Harris RS RC	5	5	5	5	5	15	25	100
Bob Hartman RS	5	5	5	5	5	15	25	100
Frank Herrera RS	5	5	5	5	5	15	25	150
Ed Hobaugh RS RC	5	5	5	5	5	15	25	100
Frank Howard RS RC	▲15	▲20	▲30	40	60	120	200	
Julian Javier RS RC	5	5	5	5	6	40	80	250
Deron Johnson RS	5	5	5	5	5	15	60	120
Ken Johnson RS RC	5	5	5	5	5	15	25	100
Jim Kaat RS RC	60	▼80	▼100	▼120	▼250	600	1,200	
Lou Klimchock RS RC	5	5	5	5	5	15	25	120
Art Mahaffey RS RC	5	5	8	12	20	30	50	100
Carl Mathias RS RC	5	5	5	5	5	15	25	120
Julio Navarro RS RC	5	5	5	5	5	10	25	100
Jim Proctor RS RC	5	5	5	5	5	10	25	120
Bill Short RS RC	5	5	5	5	6	15	30	250
Al Spangler RS RC	5	5	5	5	5	15	25	150
Al Stieglitz RS RC	5	5	5	5	6	15	40	150
Jim Umbricht RS RC	5	5	5	5	8	15	25	200

	GD 2	VG 3	VgEx 4	EX 5	ExMt 6	NM 7	NmMt 8	MT 9
146 Ted Wieand RS RC	5	5	5	5	5	15	25	100
147 Bob Will RS	5	5	5	6	10	15	40	150
148 Carl Yastrzemski RS RC	200	250	▼300	500	800	1,200	4,000	20,000
149 Bob Nieman	5	5	5	5	5	10	20	120
150 Billy Pierce	5	5	5	5	6	20	50	175
151 San Francisco Giants CL	5	▲6	▲10	▲15	25	▲60	400	800
152 Gail Harris	5	5	5	5	5	15	30	150
153 Bobby Thomson	5	5	5	10	15	25	50	200
154 Jim Davenport	5	5	5	6	10	15	120	
155 Charlie Neal	5	5	5	12	20	30	50	200
156 Art Ceccarelli	5	5	5	5	5	10	25	120
157 Rocky Nelson	5	5	5	5	5	15	30	150
158 Wes Covington	5	5	5	5	5	15	30	
159 Jim Piersall	5	5	10	15	25	40	60	120
160 Rival All-Stars	30	50	80	120	200	300	500	800
161 Ray Narleski	5	5	5	5	5	15	25	200
162 Sammy Taylor	5	5	5	5	5	15	40	
163 Hector Lopez	5	5	5	5	20	25	300	500
164 Cincinnati Reds CL	5	6	10	15	25	▲50	▲80	150
165 Jack Sanford	5	5	5	10	15	25	60	100
166 Chuck Essegian	5	5	5	5	5	12	25	
167 Valmy Thomas	5	5	5	5	5	15	25	120
168 Alex Grammas	5	5	5	5	5	15	25	125
169 Jake Striker RC	5	5	5	5	5	15	25	150
170 Del Crandall	5	5	5	5	8	12	40	150
171 Johnny Groth	5	5	5	5	5	15	12	25	100
172 Willie Kirkland	5	5	5	5	5	15	20	150
173 Billy Martin	▲8	▲12	▲20	▲30	▲50	100	150	250
174 Cleveland Indians CL	5	5	5	5	6	15	40	60	200
175 Pedro Ramos	5	5	5	5	5	15	25	120
176 Vada Pinson	5	5	6	10	15	25	300	
177 Johnny Kucks	5	5	5	5	5	15	100	
178 Woody Held	5	5	5	6	10	15	25	100
179 Rip Coleman	5	5	5	5	5	15	25	100
180 Harry Simpson	5	5	5	5	5	15	25	120
181 Billy Loes	5	5	6	10	15	25	40	120
182 Glen Hobbie	5	5	5	5	5	15	25	150
183 Eli Grba RC	5	5	5	5	6	15	30	200
184 Gary Geiger	5	5	5	5	5	15	25	100
185 Jim Owens	5	5	5	5	5	15	100	150
186 Dave Sisler	5	5	5	5	5	15	25	
187 Jay Hook RC	5	5	5	5	5	15	25	150
188 Dick Williams	5	5	5	5	5	15	25	100
189 Don McMahon	5	5	5	5	5	15	25	150
190 Gene Woodling	5	5	5	5	5	15	25	
191 Johnny Klippstein	5	5	5	6	10	15	60	
192 Danny O'Connell	5	5	5	5	5	15	25	100
193 Dick Hyde	5	5	5	5	5	15	25	100
194 Bobby Gene Smith	5	5	5	5	5	20	80	
195 Lindy McDaniel	5	5	6	10	15	25	40	100
196 Andy Carey	5	5	5	5	6	50	80	
197 Ron Kline	5	5	5	5	5	15	40	120
198 Jerry Lynch	5	5	5	5	5	15	25	100
199 Dick Donovan	5	5	5	5	5	15	40	200
200 Willie Mays	80	120	200	300	500	800	2,500	12,000
201 Larry Osborne	5	5	5	5	5	15	25	100
202 Fred Kipp	5	5	5	5	5	15	25	150
203 Sammy White	5	5	5	5	5	15	25	120
204 Ryne Duren	5	6	10	15	25	50		
205 Johnny Logan	5	5	5	5	5	20	25	200
206 Claude Osteen	5	5	5	5	5	15	40	
207 Bob Boyd	5	5	5	5	5	15	25	80
208 Chicago White Sox CL	5	5	5	5	8	15	80	200
209 Ron Blackburn	5	5	5	5	5	15	25	150
210 Harmon Killebrew	▲40	50	60	▼80	▼100	200	▲500	
211 Taylor Phillips	5	5	5	5	5	15	25	150
212 Walter Alston MG	5	▲8	▲12	▲20	▲30	▲50	80	150

#	Name	GD 2	VG 3	VgEx 4	EX 5	ExMt 6	NM 7	NmMt 8	MT 9
213	Chuck Dressen MG	5	5	5	5	5	15	100	
214	Jimmy Dykes MG	5	5	5	5	15	25	40	
215	Bob Elliott MG	5	5	5	5	5	15	50	100
216	Joe Gordon MG	5	5	5	5	6	50	80	200
217	Charlie Grimm MG	5	5	6	10	15	25	40	200
218	Solly Hemus MG	5	5	5	5	5	15	25	150
219	Fred Hutchinson MG	5	5	5	5	5	50	80	300
220	Billy Jurges MG	5	5	5	5	8	80	300	
221	Cookie Lavagetto MG	5	5	5	5	5	15	25	120
222	Al Lopez MG	5	5	5	5	15	30	80	250
223	Danny Murtaugh MG	5	5	8	12	20	100		
224	Paul Richards MG	5	5	5	5	5	15	200	500
225	Bill Rigney MG	5	5	5	5	5	15	25	120
226	Eddie Sawyer MG	5	5	5	5	5	15	40	150
227	Casey Stengel MG	15	25	40	60	100	150	250	
228	Ernie Johnson	5	5	5	5	6	15	30	200
229	Joe M. Morgan RC	5	5	5	5	5	15	20	100
230	Mound Magicians	8	12	20	30	50	100	250	600
231	Hal Naragon	5	5	5	5	5	15	25	120
232	Jim Busby	5	5	5	5	5	10	15	175
233	Don Elston	5	5	5	5	5	15	25	120
234	Don Demeter	5	5	5	5	5	20	25	120
235	Gus Bell	5	5	5	5	5	15	30	
236	Dick Ricketts	5	5	5	5	5	15	25	150
237	Elmer Valo	5	5	5	5	10	30	250	
238	Danny Kravitz	5	5	5	5	5	15	25	200
239	Joe Shipley	5	5	5	5	5	15	80	
240	Luis Aparicio	5	5	15	20	30	50	150	500
241	Albie Pearson	5	5	6	10	15	25	40	150
242	St. Louis Cardinals CL	5	5	5	5	8	30	100	
243	Bubba Phillips	5	5	5	5	5	15	25	100
244	Hal Griggs	5	5	5	5	5	15	25	150
245	Eddie Yost	5	5	5	5	6	15	100	
246	Lee Maye RC	5	5	5	5	8	20	80	200
247	Gil McDougald	5	▲8	▲12	▲20	▲30	▲50	100	250
248	Del Rice	5	5	5	5	5	15	25	120
249	Earl Wilson RC	5	5	5	5	5	15	30	120
250	Stan Musial	▲50	60	100	150	250	400	1,000	2,500
251	Bob Malkmus	5	5	5	5	5	15	25	120
252	Ray Herbert	5	5	5	5	5	15	25	150
253	Eddie Bressoud	5	5	5	5	5	15	25	100
254	Arnie Portocarrero	5	5	5	5	5	15	25	150
255	Jim Gilliam	5	5	▲8	▲12	▲20	▲30	▲80	200
256	Dick Brown	5	5	5	5	5	15	50	150
257	Gordy Coleman RC	5	5	6	10	15	25	150	150
258	Dick Groat	5	5	5	8	12	25	50	250
259	George Altman	5	5	5	5	5	15	25	120
260	Power Plus	5	5	5	8	12	25	60	250
261	Pete Burnside	5	5	5	5	5	15	60	
262	Hank Bauer	5	5	5	5	8	15	300	
263	Darrell Johnson	5	5	5	5	5	15	25	120
264	Robin Roberts	▼6	▼10	▼15	▼25	▼40	80	▲200	
265	Rip Repulski	5	5	5	5	5	15	20	100
266	Joey Jay	5	5	5	5	5	20	30	150
267	Jim Marshall	5	5	5	5	5	15	30	120
268	Al Worthington	5	5	5	5	5	15	25	200
269	Gene Green	5	5	5	5	5	15	25	120
270	Bob Turley	5	5	5	5	8	25	30	200
271	Julio Becquer	5	5	5	5	5	15	15	150
272	Fred Green RC	5	5	5	5	5	15	40	120
273	Neil Chrisley	5	5	5	5	5	15	30	
274	Tom Acker	5	5	5	5	5	15	30	
275	Curt Flood	▲6	▲10	▲15	▲25	▲40	▲60	150	250
276	Ken McBride RC	5	5	5	5	5	15	25	100
277	Harry Bright	5	5	5	5	5	15	25	100
278	Stan Williams	5	5	6	10	15	25	40	120
279	Chuck Tanner	5	5	8	12	20	30	50	150

#	Name	GD 2	VG 3	VgEx 4	EX 5	ExMt 6	NM 7	NmMt 8	MT
280	Frank Sullivan	5	5	5	5	5	15	25	12
281	Ray Boone	5	5	8	12	20	30	80	
282	Joe Nuxhall	5	5	5	5	6	15	40	20
283	Johnny Blanchard	5	5	5	5	8	15	60	
284	Don Gross	5	5	5	5	5	20	60	15
285	Harry Anderson	5	5	5	5	5	20	25	12
286	Ray Semproch	5	5	8	12	20	30	150	
287	Felipe Alou	5	8	12	20	30	80	400	
288	Bob Mabe	5	5	5	5	5	15	30	
289	Willie Jones	5	5	5	6	10	15	25	20
290	Jerry Lumpe	5	5	5	5	5	15	50	
291	Bob Keegan	5	5	5	6	10	15	25	
292	Dodger Backstops	5	5	5	5	6	15	80	15
293	Gene Conley	5	5	6	10	15	25	40	15
294	Tony Taylor	5	5	5	5	5	25	40	15
295	Gil Hodges	5	10	12	15	30	40	80	50
296	Nelson Chittum RC	5	5	5	5	5	15	30	
297	Reno Bertoia	5	5	5	5	5	15	25	15
298	George Witt	5	5	5	5	5	15	50	15
299	Earl Torgeson	5	5	5	5	5	15	40	20
300	Hank Aaron	50	80	120	200	250	500	2,000	
301	Jerry Davie	5	5	5	5	5	15	25	
302	Philadelphia Phillies CL	5	6	10	15	25	40	80	
303	Billy O'Dell	5	5	5	5	5	15	25	12
304	Joe Ginsberg	5	5	5	5	6	15	200	30
305	Richie Ashburn	▼8	▼12	▼20	▼30	▼50	100	200	300
306	Frank Baumann	5	5	5	5	5	15	25	120
307	Gene Oliver	5	5	5	5	5	15	25	120
308	Dick Hall	5	5	5	5	5	15	30	100
309	Bob Hale	5	5	5	5	5	15	50	120
310	Frank Malzone	5	5	5	8	12	20	80	
311	Raul Sanchez	5	5	5	5	5	15	30	200
312	Charley Lau	5	5	6	10	15	25	40	150
313	Turk Lown	5	5	5	5	5	15	25	120
314	Chico Fernandez	5	5	5	5	5	15	25	100
315	Bobby Shantz	▲6	▲10	▲15	▲25	▲40	▲60	▲100	300
316	Willie McCovey ASR RC	200	250	300	400	500	800	3,000	40,000
317	Pumpsie Green ASR RC	5	5	5	6	10	50	100	
318	Jim Baxes ASR	5	5	5	5	5	15	60	
319	Joe Koppe ASR	5	5	5	5	5	15	50	150
320	Bob Allison ASR	5	5	5	6	8	15	80	500
321	Ron Fairly ASR	5	5	5	5	6	20	60	200
322	Willie Tasby ASR	5	5	5	5	8	15	40	250
323	John Romano ASR	5	5	5	5	5	15	40	200
324	Jim Perry ASR	5	5	5	6	10	25	200	
325	Jim O'Toole ASR	5	5	5	6	10	20	30	
326	Roberto Clemente	120	150	250	300	500	▼600	▲2,500	8,000
327	Ray Sadecki RC	5	5	5	5	5	15	25	100
328	Earl Battey	5	5	5	5	5	15	50	200
329	Zack Monroe	5	5	5	5	5	15	30	150
330	Harvey Kuenn	5	5	5	5	8	30	40	
331	Henry Mason RC	5	5	5	5	5	15	25	100
332	New York Yankees CL	▲15	▲25	▲40	▲60	▲100	▲150	250	400
333	Danny McDevitt	5	5	5	6	10	15	120	250
334	Ted Abernathy	5	5	5	6	10	15	25	100
335	Red Schoendienst	6	10	15	25	40	60	150	250
336	Ike Delock	5	5	5	5	5	15	25	100
337	Cal Neeman	5	5	5	5	5	15	100	
338	Ray Monzant	5	5	5	5	5	15	25	120
339	Harry Chiti	5	5	5	5	5	15	25	200
340	Harvey Haddix	5	5	5	5	8	20	120	200
341	Carroll Hardy	5	5	5	5	5	15	40	150
342	Casey Wise	5	5	5	5	6	10	30	200
343	Sandy Koufax	▲100	120	200	250	300	600	1,200	3,000
344	Clint Courtney	5	5	5	5	5	15	25	120
345	Don Newcombe	5	8	12	20	30	50	100	250
346	J.C. Martin RC	5	5	5	8	12	20	40	150

#	Player	GD 2	VG 3	VgEx 4	EX 5	ExMt 6	NM 7	NmMt 8	MT 9
347	Ed Bouchee	5	5	5	5	5	15	25	120
348	Barry Shetrone RC	5	5	5	5	5	15	25	150
349	Moe Drabowsky	5	5	5	5	8	15	30	120
350	Mickey Mantle	300	500	800	1,000	1,500	2,500	10,000	60,000
351	Don Nottebart RC	5	5	5	5	5	15	40	200
352	Cincy Clouters	5	6	10	15	25	40	120	500
353	Don Larsen	5	8	12	20	30	50	80	250
354	Bob Lillis	5	5	5	5	6	15	80	120
355	Bill White	5	5	5	5	8	40	120	200
356	Joe Amalfitano	5	5	5	5	5	15	25	
357	Al Schroll	5	5	5	5	5	15	25	250
358	Joe DeMaestri	5	5	5	5	8	20	150	
359	Buddy Gilbert RC	5	5	5	5	5	15	25	120
360	Herb Score	5	5	5	5	6	15	150	250
361	Bob Oldis	5	5	5	8	12	20	150	200
362	Russ Kemmerer	5	5	5	5	5	15	100	
363	Gene Stephens	5	5	5	6	10	15	40	120
364	Paul Foytack	5	5	5	5	8	15	50	200
365	Minnie Minoso	▲12	▲20	▲30	▲80	▲120	▲250	▲600	▲1,000
366	Dallas Green RC	5	▲8	▲12	▲20	▲30	▲50	▲80	300
367	Bill Tuttle	5	5	5	5	5	15	40	
368	Daryl Spencer	5	5	5	5	5	15	25	150
369	Billy Hoeft	5	5	5	5	5	15	25	200
370	Bill Skowron	5	5	8	12	25	50		
371	Bud Byerly	5	5	5	5	5	15	25	150
372	Frank House	5	5	5	5	5	15	25	120
373	Don Hoak	5	5	5	5	5	20	50	120
374	Bob Buhl	5	5	5	6	10	15	40	200
375	Dale Long	5	5	5	6	10	25	60	
376	John Briggs	5	5	5	5	5	10	25	225
377	Roger Maris	40	60	100	150	250	400	800	5,000
378	Stu Miller	5	5	5	5	5	15	25	150
379	Red Wilson	5	5	5	8	12	20	60	150
380	Bob Shaw	5	5	5	5	5	10	25	
381	Milwaukee Braves CL	5	5	5	8	15		100	300
382	Ted Bowsfield	5	5	5	5	5	10	25	
383	Leon Wagner	5	5	5	5	5	10	25	120
384	Don Cardwell	5	5	5	5	5	10	80	150
385	Charlie Neal WS1	6	10	15	25	40	60	100	300
386	Charlie Neal WS2	5	5	5	5	8	15	100	250
387	Carl Furillo WS3	5	5	5	5	12	15	100	300
388	Gil Hodges WS4	5	6	10	15	25	60	200	500
389	L.Aparcio/M.Wills WS 5	5	6	10	15	25	50	150	
390	Scrambling After Ball WS6	5	5	5	5	8	20	60	250
391	Champs Celebrate WS	5	5	5	6	10	50	250	
392	Tex Clevenger	5	5	5	5	5	15	25	100
393	Smoky Burgess	5	5	5	5	8	30	80	200
394	Norm Larker	5	5	5	5	6	15	30	150
395	Hoyt Wilhelm	5	5	5	8	20	40	60	200
396	Steve Bilko	5	5	5	5	6	15	50	150
397	Don Blasingame	5	5	5	8	12	20	30	120
398	Mike Cuellar	5	5	5	5	6	20	50	200
399	Young Hill Stars	5	5	5	5	6	20	50	800
400	Rocky Colavito	6	10	15	25	40	60	120	800
401	Bob Duliba RC	5	5	5	5	8	12	80	
402	Dick Stuart	5	5	5	5	5	10	25	100
403	Ed Sadowski	5	5	5	5	5	10	25	100
404	Bob Rush	5	5	5	5	5	10	25	
405	Bobby Richardson	5	8	12	20	25	80	120	
406	Billy Klaus	5	5	5	5	5	10	25	150
407	Gary Peters RC	5	5	5	5	6	12	40	150
408	Carl Furillo	5	5	5	5	6	25	40	150
409	Ron Samford	5	5	5	5	5	15	25	100
410	Sam Jones	5	5	5	5	5	15	25	120
411	Ed Bailey	5	5	5	5	5	15	25	120
412	Bob Anderson	5	5	5	5	5	15	40	
413	Kansas City Athletics CL	5	5	8	12	20	30	▲60	100

#	Player	GD 2	VG 3	VgEx 4	EX 5	ExMt 6	NM 7	NmMt 8	MT 9
414	Don Williams RC	5	5	5	5	8	25	60	
415	Bob Cerv	5	5	5	8	12	25	100	
416	Humberto Robinson	5	5	5	5	10	25	150	
417	Chuck Cottier RC	5	5	5	6	10	15	25	100
418	Don Mossi	5	5	5	5	10	30		
419	George Crowe	5	5	5	5	8	20	60	200
420	Eddie Mathews	15	25	40	60	100	150	250	1,000
421	Duke Maas	5	5	5	8	15	40	175	
422	John Powers	5	5	5	5	10	30	100	
423	Ed Fitzgerald	5	5	5	5	5	10	25	120
424	Pete Whisenant	5	5	5	5	10	25	150	
425	Johnny Podres	5	5	5	5	6	20	30	150
426	Ron Jackson	5	5	5	5	15	25	120	
427	Al Grunwald RC	5	5	5	5	15	30	250	
428	Al Smith	5	5	5	5	15	30	175	
429	American League Kings	5	5	5	6	15	25	80	
430	Art Ditmar	5	5	5	5	8	15	40	200
431	Andre Rodgers	5	5	5	5	5	10	40	200
432	Chuck Stobbs	5	5	5	5	5	10	25	200
433	Irv Noren	5	5	5	5	5	10	25	150
434	Brooks Lawrence	5	5	5	5	5	10	25	
435	Gene Freese	5	5	5	5	5	10	25	150
436	Marv Throneberry	5	5	5	5	5	10	25	150
437	Bob Friend	5	5	5	5	6	20	25	150
438	Jim Coker RC	5	5	5	5	8	25	150	300
439	Tom Brewer	5	5	5	5	5	15	25	120
440	Jim Lemon	5	5	5	5	5	15	40	150
441	Gary Bell	5	5	5	6	10	15	▲100	300
442	Joe Pignatano	5	5	5	5	6	20	120	300
443	Charlie Maxwell	5	5	5	5	6	15	30	150
444	Jerry Kindall	5	5	8	12	20	30	60	250
445	Warren Spahn	▲40	▲50	60	▼80	▼100	▼200	300	800
446	Ellis Burton	5	5	5	5	6	40	800	
447	Ray Moore	5	5	5	5	5	20	100	
448	Jim Gentile RC	5	5	6	10	20	60	80	
449	Jim Brosnan	5	5	5	6	10	12	25	150
450	Orlando Cepeda	▲25	▲30	▲40	50	80	120	400	800
451	Curt Simmons	5	6	10	15	25	80	500	
452	Ray Webster	5	5	5	5	6	20	60	
453	Vern Law	5	5	5	5	8	25	60	300
454	Hal Woodeshick	5	5	8	12	20	30	50	
455	Baltimore Coaches	5	5	5	6	10	15	40	250
456	Red Sox Coaches	5	5	5	8	12	30	120	
457	Cubs Coaches	5	5	5	5	6	15	80	
458	White Sox Coaches	5	5	5	6	10	25	30	150
459	Reds Coaches	5	5	5	5	6	15	40	150
460	Indians Coaches	5	5	5	5	6	20	80	150
461	Tigers Coaches	5	5	5	6	10	40	50	
462	Athletics Coaches	5	5	8	12	20	30	50	150
463	Dodgers Coaches	5	5	5	5	8	15	80	300
464	Braves Coaches	5	5	5	5	6	15	40	
465	Yankees Coaches	6	10	15	25	40	60	100	250
466	Phillies Coaches	5	5	5	5	6	15	30	200
467	Pirates Coaches	5	6	10	15	25	40	60	200
468	Cardinals Coaches	5	5	5	5	8	20	60	150
469	Giants Coaches	5	5	5	5	6	15	100	250
470	Senators Coaches	5	5	5	6	10	40	150	
471	Ned Garver	5	5	5	5	6	20	400	
472	Alvin Dark	5	5	5	5	6	12	30	120
473	Al Cicotte	5	5	5	5	6	20	60	
474	Haywood Sullivan	5	5	5	5	6	12	30	200
475	Don Drysdale	6	10	25	30	60	80	200	400
476	Lou Johnson RC	5	5	5	5	8	30	80	
477	Don Ferrarese	5	5	5	5	6	15	120	
478	Frank Torre	5	5	5	5	6	15	25	500
479	Georges Maranda RC	5	5	5	5	6	15	40	120
480	Yogi Berra	▲60	80	▼100	▼150	250	400	800	▲8,000

#	Player	GD 2	VG 3	VgEx 4	EX 5	ExMt 6	NM 7	NmMt 8	MT 9
481	Wes Stock RC	5	5	5	5	8	12	80	200
482	Frank Bolling	5	5	8	12	20	30	50	120
483	Camilo Pascual	5	5	5	5	6	20	30	120
484	Pittsburgh Pirates CL	5	5	8	12	20	80	150	800
485	Ken Boyer	5	5	8	12	20	30	150	200
486	Bobby Del Greco	5	5	8	12	20	30	50	200
487	Tom Sturdivant	5	5	5	5	6	12	50	100
488	Norm Cash	5	5	8	12	25	80		
489	Steve Ridzik	5	6	10	15	25	40	300	
490	Frank Robinson	▲30	▲50	▲80	▲100	120	200	500	
491	Mel Roach	5	5	5	5	6	12	80	
492	Larry Jackson	5	5	5	5	6	12	40	120
493	Duke Snider	25	40	60	80	120	200	300	800
494	Baltimore Orioles CL	▲6	▲10	▲15	▲25	▲40	▲100	▲400	
495	Sherm Lollar	5	5	5	5	8	15	120	
496	Bill Virdon	5	5	5	5	25	30	500	
497	John Tsitouris	5	5	5	5	12	20	80	
498	Al Pilarcik	5	5	5	5	8	25	400	
499	Johnny James RC	5	5	5	5	8	30	120	
500	Johnny Temple	5	5	8	12	20	30	60	250
501	Bob Schmidt	5	5	5	5	6	15	120	
502	Jim Bunning	15	25	40	60	100	150	250	
503	Don Lee	5	5	5	5	6	15	50	
504	Seth Morehead	5	5	5	5	6	15	40	200
505	Ted Kluszewski	6	10	15	25	40	60	120	250
506	Lee Walls	5	5	5	5	6	15	25	200
507	Dick Stigman	5	5	5	5	8	25	80	200
508	Billy Consolo	5	5	5	5	8	30	60	
509	Tommy Davis RC	5	5	8	12	50	150	500	
510	Gerry Staley	5	5	5	5	8	15	60	200
511	Ken Walters RC	5	5	5	5	8	25	120	500
512	Joe Gibbon RC	5	5	5	5	8	30	100	200
513	Chicago Cubs CL	10	15	25	40	60	100	150	300
514	Steve Barber RC	5	5	5	5	8	20	60	
515	Stan Lopata	5	5	5	5	8	20	100	120
516	Marty Kutyna RC	5	5	5	5	8	25	120	
517	Charlie James RC	5	5	5	5	8	25	40	250
518	Tony Gonzalez RC	5	8	12	20	30	50	120	300
519	Ed Roebuck	5	5	5	5	15	20	50	
520	Don Buddin	5	5	5	5	8	50	80	200
521	Mike Lee RC	5	5	5	8	12	25	40	150
522	Ken Hunt RC	5	5	6	10	25	100	200	
523	Clay Dalrymple RC	5	6	10	15	25	40	60	200
524	Bill Henry	5	5	5	5	8	25	50	120
525	Marv Breeding RC	5	5	5	8	12	15	60	250
526	Paul Giel	5	5	5	6	10	30	60	
527	Jose Valdivielso	5	5	8	12	20	30	50	100
528	Ben Johnson RC	5	5	5	6	10	100	250	
529	Norm Sherry RC	5	5	5	6	10	40	50	200
530	Mike McCormick	5	5	8	12	20	30	80	400
531	Sandy Amoros	5	6	10	15	25	40	250	
532	Mike Garcia	5	5	6	10	15	25	50	
533	Lu Clinton RC	5	5	6	10	15	25	40	200
534	Ken MacKenzie RC	5	5	5	6	10	15	50	300
535	Whitey Lockman	5	5	5	6	10	15	60	200
536	Wynn Hawkins RC	5	5	5	6	10	15	50	150
537	Boston Red Sox CL	5	5	6	10	15	50	150	300
538	Frank Barnes RC	5	5	5	6	10	20	40	120
539	Gene Baker	5	6	10	15	25	100	400	
540	Jerry Walker	5	5	5	8	12	20	60	120
541	Tony Curry RC	5	5	6	10	15	25	60	120
542	Ken Hamlin RC	5	5	5	8	12	20	50	150
543	Elio Chacon RC	5	5	6	10	15	25	60	
544	Bill Monbouquette	5	5	6	10	15	50	100	
545	Carl Sawatski	5	5	6	10	15	25	40	
546	Hank Aguirre	5	5	5	8	12	20	150	
547	Bob Aspromonte RC	5	5	8	12	20	30	80	150

#	Player	GD 2	VG 3	VgEx 4	EX 5	ExMt 6	NM 7	NmMt 8	MT
548	Don Mincher RC	5	5	5	6	10	15	60	3
549	John Buzhardt	5	5	5	8	12	20	40	12
550	Jim Landis	5	5	5	8	12	25	80	15
551	Ed Rakow RC	5	5	6	10	15	25	80	
552	Walt Bond RC	5	5	5	5	8	30	50	15
553	Bill Skowron AS	6	10	15	25	30	40	80	4
554	Willie McCovey AS	25	40	60	100	150	250	400	80
555	Nellie Fox AS	5	5	8	12	25	50	100	40
556	Charlie Neal AS	5	5	5	8	12	30	80	25
557	Frank Malzone AS	5	5	6	10	15	40	150	30
558	Eddie Mathews AS	10	15	25	30	40	60	120	
559	Luis Aparicio AS	5	8	12	20	30	50	100	30
560	Ernie Banks AS	6	20	25	40	80	120	200	50
561	Al Kaline AS	12	20	25	30	50	60	200	50
562	Joe Cunningham AS	5	5	5	8	12	20	80	15
563	Mickey Mantle AS	100	150	250	400	600	1,000	1,500	3,00
564	Willie Mays AS	40	60	100	150	250	400	600	
565	Roger Maris AS	40	60	100	150	250	400	600	
566	Hank Aaron AS	25	40	60	80	100	200	300	1,20
567	Sherm Lollar AS	5	5	6	10	15	40	60	15
568	Del Crandall AS	5	6	10	15	25	40	50	25
569	Camilo Pascual AS	5	5	8	12	20	30	100	
570	Don Drysdale AS	10	15	25	40	60	80	250	80
571	Billy Pierce AS	5	5	8	12	20	30	60	20
572	Johnny Antonelli AS	5	6	10	15	25	40	100	

— Hank Aaron #300 PSA 8.5 (NmMt+) sold for $2,492 (eBay; 08/12)
— Ernie Banks #10 PSA 9 (MT) sold for $4,386 (eBay; 12/12)
— Mickey Mantle #350 PSA 8.5 (NmMt+) sold for $3,270 (Greg Bussineau; 12/12)
— Carl Yastrzemski #148 PSA 10 (Gem) (Young Collection) sold for $83,813 (SCP; 5/12)

1961 Fleer

#	Player	GD 2	VG 3	VgEx 4	EX 5	ExMt 6	NM 7	NmMt 8	MT 9
1	Baker/Cobb/Wheat CL	5	6	10	15	30	80	250	
2	Grover C. Alexander	5	5	5	5	6	15	60	
3	Nick Altrock	5	5	5	5	5	12	30	
4	Cap Anson	5	5	5	5	5	10	30	
5	Earl Averill	5	5	5	5	5	8	25	
6	Frank Baker	5	5	5	5	5	8	20	
7	Dave Bancroft	5	5	5	5	8	10	30	60
8	Chief Bender	5	5	5	5	5	8	15	80
9	Jim Bottomley	5	5	5	5	5	8	20	60
10	Roger Bresnahan	5	5	5	5	5	8	25	
11	Mordecai Brown	5	5	5	5	5	8	20	
12	Max Carey	5	5	5	5	5	8	40	
13	Jack Chesbro	5	5	5	5	5	10	20	60
14	Ty Cobb	12	20	30	50	80	120	200	600
15	Mickey Cochrane	5	5	5	5	5	10	20	60
16	Eddie Collins	5	5	5	5	5	8	15	60
17	Earle Combs	5	5	5	5	5	8	30	
18	Charles Comiskey	5	5	5	5	5	10	30	
19	Kiki Cuyler	5	5	5	5	5	8	15	50
20	Paul Derringer	5	5	5	5	5	8	20	100
21	Howard Ehmke	5	5	5	5	5	8	15	50
22	Billy Evans UMP	5	5	5	5	5	10	20	50
23	Johnny Evers	5	5	5	5	5	8	15	50
24	Red Faber	5	5	5	5	5	8	15	50
25	Bob Feller	5	5	5	6	10	20	50	200
26	Wes Ferrell	5	5	5	5	8	10	20	50
27	Lew Fonseca	5	5	5	5	5	8	15	60
28	Jimmie Foxx	5	5	5	6	10	15	50	120
29	Ford Frick	5	5	5	5	5	8	15	80
30	Frankie Frisch	5	5	5	5	5	10	25	60
31	Lou Gehrig	30	50	80	120	150	250	400	800
32	Charley Gehringer	5	5	5	5	5	8	15	50
33	Warren Giles	5	5	5	5	5	10	25	
34	Lefty Gomez	5	5	5	5	5	10	20	60
35	Goose Goslin	5	5	5	5	5	8	15	50

#	GD 2	VG 3	VgEx 4	EX 5	ExMt 6	NM 7	NmMt 8	MT 9
36 Clark Griffith	5	5	5	5	5	8	15	60
37 Burleigh Grimes	5	5	5	5	5	8	15	50
38 Lefty Grove	5	5	5	5	5	10	40	80
39 Chick Hafey	5	5	5	5	5	8	15	60
40 Jesse Haines	5	5	5	5	8	10	20	50
41 Gabby Hartnett	5	5	5	5	5	8	15	60
42 Harry Heilmann	5	5	5	5	5	8	15	60
43 Rogers Hornsby	5	5	5	6	10	15	60	150
44 Waite Hoyt	5	5	5	5	5	8	15	60
45 Carl Hubbell	5	5	8	12	20	30	50	150
46 Miller Huggins	5	5	5	5	8	15	25	80
47 Hughie Jennings	5	5	5	5	5	8	15	50
48 Ban Johnson	5	5	5	5	5	10	20	50
49 Walter Johnson	5	5	5	8	12	25	80	150
50 Ralph Kiner	5	5	5	8	10	20	40	60
51 Chuck Klein	5	5	5	5	8	10	20	60
52 Johnny Kling	5	5	5	5	5	8	15	50
53 Kenesaw M. Landis	5	5	5	5	5	8	15	50
54 Tony Lazzeri	5	5	5	5	5	8	15	60
55 Ernie Lombardi	5	5	5	5	5	8	15	50
56 Dolf Luque	5	5	5	5	5	8	15	60
57 Heinie Manush	5	5	5	8	10	15	25	50
58 Marty Marion	5	5	5	5	5	8	15	60
59 Christy Mathewson	6	10	15	25	40	60	80	300
60 John McGraw	5	5	5	5	8	10	20	50
61 Joe Medwick	5	5	5	5	5	8	15	50
62 Bing Miller	5	5	5	5	5	8	15	50
63 Johnny Mize	5	5	5	5	5	8	15	50
64 John Mostil	5	5	5	5	5	8	15	50
65 Art Nehf	5	5	5	8	10	15	25	
66 Hal Newhouser	5	5	5	5	5	8	15	50
67 Bobo Newsom	5	5	5	5	5	8	15	50
68 Mel Ott	5	5	8	12	20	30	50	120
69 Allie Reynolds	5	5	5	5	5	8	15	50
70 Sam Rice	5	5	5	5	8	10	20	50
71 Eppa Rixey	5	5	5	5	5	8	15	50
72 Edd Roush	5	5	5	8	10	15	25	60
73 Schoolboy Rowe	5	5	5	5	5	8	20	50
74 Red Ruffing	5	5	5	5	5	10	20	50
75 Babe Ruth	30	50	80	150	250	300	500	1,200
76 Joe Sewell	5	5	5	5	5	5	12	30
77 Al Simmons	5	5	5	5	5	8	15	50
78 George Sisler	5	5	5	5	5	8	15	50
79 Tris Speaker	5	5	5	8	10	15	25	
80 Fred Toney	5	5	5	8	10	15	25	60
81 Dazzy Vance	5	5	5	5	5	8	25	
82 Jim Vaughn	5	5	5	8	10	15	25	60
83 Ed Walsh	5	5	5	8	10	15	25	60
84 Lloyd Waner	5	5	5	8	10	15	25	60
85 Paul Waner	5	5	5	8	10	15	25	80
86 Zack Wheat	5	5	5	5	5	8	15	100
87 Hack Wilson	5	5	5	5	5	10	25	80
88 Jimmy Wilson	5	5	5	5	5	8	20	100
89 G.Sisler/P.Traynor CL	8	10	15	25	80	150	300	
90 Babe Adams	5	5	5	5	5	10	25	
91 Dale Alexander	5	5	5	5	5	10	30	
92 Jim Bagby	5	5	5	5	5	10		
93 Ossie Bluege	5	5	5	5	5	10	20	
94 Lou Boudreau	5	5	5	5	5	10	50	
95 Tommy Bridges	5	5	5	5	5	10	80	
96 Donie Bush	5	5	5	5	5	10	20	120
97 Dolph Camilli	5	5	5	5	5	10	25	150
98 Frank Chance	5	5	5	5	5	10	40	60
99 Jimmy Collins	5	5	5	5	5	10	25	
100 Stan Coveleskie	5	5	5	5	5	10	150	
101 Hugh Critz	5	5	5	5	5	10	20	100
102 Alvin Crowder	5	5	6	10	15	25	40	150
103 Joe Dugan	5	5	5	5	5	10	20	60
104 Bibb Falk	5	5	5	5	5	10	60	150
105 Rick Ferrell	5	5	5	5	8	15	30	80
106 Art Fletcher	5	5	5	5	5	10	20	150
107 Dennis Galehouse	5	5	5	5	5	10	40	120
108 Chick Galloway	5	5	5	5	5	10	50	150
109 Mule Haas	5	5	5	5	5	10	20	150
110 Stan Hack	5	5	5	5	5	10	20	150
111 Bump Hadley	5	5	5	8	10	15	50	100
112 Billy Hamilton	5	5	5	5	5	10	20	
113 Joe Hauser	5	5	5	8	10	15	50	100
114 Babe Herman	5	5	5	8	10	15	80	150
115 Travis Jackson	5	5	5	6	10	15	50	
116 Eddie Joost	5	5	5	5	5	10	20	80
117 Addie Joss	5	5	5	8	10	20	40	100
118 Joe Judge	5	5	5	5	5	10	40	
119 Joe Kuhel	5	5	5	8	10	15	30	60
120 Napoleon Lajoie	5	5	8	12	20	30	80	
121 Dutch Leonard	5	5	5	5	5	10	40	
122 Ted Lyons	5	5	8	10	15	30	60	
123 Connie Mack	5	5	5	5	8	15	60	150
124 Rabbit Maranville	5	5	5	5	5	10	20	
125 Fred Marberry	5	5	5	5	5	10	20	100
126 Joe McGinnity	5	5	5	5	5	10	30	60
127 Oscar Melillo	5	5	5	8	12	20	40	100
128 Ray Mueller	5	5	5	5	5	10	40	120
129 Kid Nichols	5	5	5	5	5	10	20	60
130 Lefty O'Doul	5	5	5	5	5	10	20	100
131 Bob O'Farrell	5	5	5	5	5	10	20	60
132 Roger Peckinpaugh	5	5	5	8	12	20	30	100
133 Herb Pennock	5	5	5	8	12	25	80	
134 George Pipgras	5	5	5	5	5	10	100	200
135 Eddie Plank	5	5	5	8	12	25	50	80
136 Ray Schalk	5	5	5	5	5	10	20	120
137 Hal Schumacher	5	5	5	8	12	20	30	100
138 Luke Sewell	5	5	5	5	5	10	20	60
139 Bob Shawkey	5	5	5	5	5	10	20	60
140 Riggs Stephenson	5	5	5	5	5	15	20	60
141 Billy Sullivan	5	5	5	5	5	10	20	100
142 Bill Terry	5	5	5	5	8	12	40	100
143 Joe Tinker	5	5	5	5	5	10	20	60
144 Pie Traynor	5	5	5	5	5	10	80	
145 Hal Trosky	5	5	5	5	5	10	30	200
146 George Uhle	5	5	5	5	5	10	20	60
147 Johnny VanderMeer	5	5	5	5	5	10	20	60
148 Arky Vaughan	5	5	5	5	5	10	40	80
149 Rube Waddell	5	5	5	5	5	10	100	150
150 Honus Wagner	5	8	12	20	50	60	150	300
151 Dixie Walker	5	5	5	5	5	10	60	
152 Ted Williams	15	25	40	100	120	250	300	800
153 Cy Young	5	8	12	20	30	50	100	250
154 Ross Youngs	5	5	5	6	12	30	200	

1961 Golden Press

#	VG 3	VgEx 4	EX 5	ExMt 6	NM 7	NmMt 8	MT 9	Gem 9.5/10
1 Mel Ott	5	5	6	10	40	80	250	
2 Grover C. Alexander	5	5	5	8	15	50	250	
3 Babe Ruth	10	12	40	50	100	250	600	
4 Hank Greenberg	5	5	5	5	8	15	50	200
5 Bill Terry	5	5	5	5	8	15	40	250
6 Carl Hubbell	5	5	5	5	10	20	40	
7 Rogers Hornsby	5	5	6	10	15	25	80	
8 Dizzy Dean	5	5	8	12	20	60	120	
9 Joe DiMaggio	8	10	12	20	35	120	300	
10 Charlie Gehringer	5	5	5	5	8	15	40	150
11 Gabby Hartnett	5	5	5	5	8	15	40	
12 Mickey Cochrane	5	5	5	5	8	15	40	

		VG 3	VgEx 4	EX 5	ExMt 6	NM 7	NmMt 8	MT 9	Gem 9.5/10
13	George Sisler	5	5	5	5	8	15	40	200
14	Joe Cronin	5	5	5	5	8	30	40	200
15	Pie Traynor	5	5	5	5	8	15	40	150
16	Lou Gehrig	6	10	15	25	30	100	400	
17	Lefty Grove	5	5	5	5	8	15	80	250
18	Chief Bender	5	5	5	5	8	15	40	200
19	Frankie Frisch	5	5	5	5	8	15	40	200
20	Al Simmons	5	5	5	5	8	15	40	200
21	Home Run Baker	5	5	5	5	8	15	50	200
22	Jimmy Foxx	5	5	6	10	15	40	100	
23	John McGraw	5	5	5	5	8	15	40	200
24	Christy Mathewson	5	5	6	10	15	25	80	
25	Ty Cobb	6	8	10	15	25	150	250	300
26	Dazzy Vance	5	5	5	5	8	15	40	
27	Bill Dickey	5	5	5	5	8	15	40	
28	Eddie Collins	5	5	5	5	8	40	120	
29	Walter Johnson	5	8	12	20	30	80	400	
30	Tris Speaker	5	5	6	10	15	25	150	
31	Nap Lajoie	5	5	5	8	12	40	120	
32	Honus Wagner	8	10	10	25	60	80	200	
33	Cy Young	4	5	10	15	25	60	300	

1961 Topps

		GD 2	VG 3	VgEx 4	EX 5	ExMt 6	NM 7	NmMt 8	MT 9
1	Dick Groat	5	5	6	10	25	40	150	300
2	Roger Maris	40	60	80	100	150	300	600	8,000
3	John Buzhardt	5	5	5	5	5	10	20	80
4	Lenny Green	5	5	5	5	5	10	20	80
5	John Romano	5	5	5	5	5	10	25	
6	Ed Roebuck	5	5	5	5	8	12	20	80
7	Chicago White Sox TC	5	5	5	5	6	12	30	100
8	Dick Williams	5	5	6	10	15	25	40	120
9	Bob Purkey	5	5	5	5	5	10	20	60
10	Brooks Robinson	10	15	25	30	40	80	100	500
11	Curt Simmons	5	5	5	8	12	20	30	80
12	Moe Thacker	5	5	5	5	5	10	20	50
13	Chuck Cottier	5	5	5	5	5	10	20	60
14	Don Mossi	5	5	5	8	12	20	30	50
15	Willie Kirkland	5	5	5	5	5	10	30	
16	Billy Muffett	5	5	5	5	5	10	20	80
17	Checklist 1	5	5	5	5	6	12	25	100
18	Jim Grant	5	5	5	8	12	20	30	80
19	Clete Boyer	5	5	5	8	12	40	100	
20	Robin Roberts	5	8	12	20	30	50	80	400
21	Zoilo Versalles RC	5	5	5	5	8	12	30	100
22	Clem Labine	5	5	6	10	15	25	50	80
23	Don Demeter	5	5	5	5	6	12	25	150
24	Ken Johnson	5	5	5	5	5	10	20	80
25	Reds Heavy Artillery	5	5	5	8	12	25	50	120
26	Wes Stock	5	5	5	5	5	10	20	100
27	Jerry Kindall	5	5	5	5	5	10	25	80
28	Hector Lopez	5	5	5	5	8	12	30	150
29	Don Nottebart	5	5	5	5	5	10	20	60
30	Nellie Fox	5	5	6	10	25	30	60	250
31	Bob Schmidt	5	5	5	5	5	10	20	80
32	Ray Sadecki	5	5	5	5	5	10	20	80
33	Gary Geiger	5	5	5	5	5	10	20	80
34	Wynn Hawkins	5	5	5	5	5	10	15	50
35	Ron Santo RC	40	▼50	80	100	150	250	500	1,500
36	Jack Kralick RC	5	5	5	5	5	10	20	60
37	Charley Maxwell	5	5	5	5	6	12	30	100
38	Bob Lillis	5	5	5	5	5	10	20	40
39	Leo Posada RC	5	5	5	5	5	10	20	60
40	Bob Turley	5	5	5	5	8	15	50	120
41	NL Batting Leaders	8	12	15	20	25	50	80	250
42	AL Batting Leaders	5	5	5	6	10	15	30	100
43	NL Home Run Leaders	5	5	15	20	25	40	80	300
44	AL Home Run Leaders	15	25	40	50	60	120	200	80
45	NL ERA Leaders	5	5	5	5	8	15	30	8
46	AL ERA Leaders	5	5	5	5	6	12	25	12
47	NL Pitching Leaders	5	5	5	5	8	20	40	30
48	AL Pitching Leaders	5	5	5	6	10	15	25	10
49	NL Strikeout Leaders	5	5	6	10	20	30	80	30
50	AL Strikeout Leaders	5	5	5	5	8	15	40	20
51	Detroit Tigers TC	5	5	5	5	6	12	30	15
52	George Crowe	5	5	5	5	5	10	20	6
53	Russ Nixon	5	5	5	5	5	10	20	8
54	Earl Francis RC	5	5	5	5	5	10	20	15
55	Jim Davenport	5	5	5	5	5	10	20	6
56	Russ Kemmerer	5	5	5	5	5	10	20	10
57	Marv Throneberry	5	5	5	8	12	20	30	8
58	Joe Schaffernoth RC	5	5	5	5	5	10	20	80
59	Jim Woods	5	5	5	5	5	10	20	80
60	Woody Held	5	5	5	5	5	10	20	80
61	Ron Piche RC	5	5	5	5	5	10	20	12
62	Al Pilarcik	5	5	5	5	5	10	20	6
63	Jim Kaat	5	5	6	10	15	25	40	250
64	Alex Grammas	5	5	5	5	5	10	20	60
65	Ted Kluszewski	5	5	5	5	8	20	40	200
66	Bill Henry	5	5	5	5	5	10	20	80
67	Ossie Virgil	5	5	5	5	5	12	50	
68	Deron Johnson	5	5	6	10	15	25	40	60
69	Earl Wilson	5	5	5	5	5	10	25	80
70	Bill Virdon	5	5	5	5	8	15	50	150
71	Jerry Adair	5	5	5	5	5	10	15	80
72	Stu Miller	5	5	5	8	12	20	30	100
73	Al Spangler	5	5	5	5	5	10	20	80
74	Joe Pignatano	5	5	5	5	5	10	20	80
75	Lindy Shows Larry	5	5	5	5	6	12	25	80
76	Harry Anderson	5	5	5	5	5	10	20	60
77	Dick Stigman	5	5	5	5	5	10	20	80
78	Lee Walls	5	5	5	8	12	20	30	100
79	Joe Ginsberg	5	5	5	5	5	10	20	80
80	Harmon Killebrew	▲15	▲25	▲40	50	60	▲120	300	
81	Tracy Stallard RC	5	5	5	5	5	10	20	80
82	Joe Christopher RC	5	5	5	5	5	10	20	80
83	Bob Bruce	5	5	5	5	5	10	20	80
84	Lee Maye	5	5	5	5	5	10	20	100
85	Jerry Walker	5	5	5	5	5	10	20	50
86	Los Angeles Dodgers TC	5	5	6	10	15	25	40	250
87	Joe Amalfitano	5	5	5	5	5	10	20	60
88	Richie Ashburn	5	6	10	15	25	40	60	250
89	Billy Martin	5	8	12	20	30	50	100	
90	Gerry Staley	5	5	5	5	5	10	20	100
91	Walt Moryn	5	5	5	5	5	10	20	100
92	Hal Naragon	5	5	5	5	5	10	20	80
93	Tony Gonzalez	5	5	5	5	5	10	20	100
94	Johnny Kucks	5	5	5	5	5	10	20	80
95	Norm Cash	5	5	5	5	6	25	40	120
96	Billy O'Dell	5	5	5	5	6	12	80	100
97	Jerry Lynch	5	5	5	5	5	10	30	100
98A	Checklist 2 Red	5	5	5	5	15	60	150	
98B	Checklist 2 Yellow w/White 98	5	5	5	5	6	12	50	
98C	Checklist 2 Yellow w/Black 98	5	5	5	5	6	12	30	
99	Don Buddin	5	5	5	5	5	10	20	80
100	Harvey Haddix	5	5	5	5	6	12	20	80
101	Bubba Phillips	5	5	5	5	5	10	20	100
102	Gene Stephens	5	5	5	5	5	10	20	80
103	Ruben Amaro	5	5	5	5	5	10	20	120
104	John Blanchard	5	5	5	5	8	15	50	120
105	Carl Willey	5	5	5	6	10	20	20	80
106	Whitey Herzog	5	5	5	5	5	10	20	80
107	Seth Morehead	5	5	5	5	5	10	20	80
108	Dan Dobbek	5	5	5	5	5	10	20	100

#	Player	GD 2	VG 3	VgEx 4	EX 5	ExMt 6	NM 7	NmMt 8	MT 9
109	Johnny Podres	5	5	5	5	5	12	50	100
110	Vada Pinson	5	5	5	8	12	30	50	
111	Jack Meyer	5	5	5	5	5	10	20	150
112	Chico Fernandez	5	5	5	5	5	10	20	
113	Mike Fornieles	5	5	5	5	5	10	80	
114	Hobie Landrith	5	5	5	5	5	12	30	
115	Johnny Antonelli	5	5	6	10	15	25	40	
116	Joe DeMaestri	5	5	5	5	6	12	25	120
117	Dale Long	5	5	6	10	15	25	50	120
118	Chris Cannizzaro RC	5	5	5	5	5	10	25	
119	A's Big Armor	5	5	5	5	6	12	100	200
120	Eddie Mathews	▲20	▲25	▲30	40	60	120	250	800
121	Eli Grba	5	5	6	10	15	25	40	
122	Chicago Cubs TC	5	5	5	5	6	12	30	
123	Billy Gardner	5	5	5	5	5	10	30	
124	J.C. Martin	5	5	5	5	5	10	20	
125	Steve Barber	5	5	5	5	5	10	20	100
126	Dick Stuart	5	5	5	8	12	20	100	400
127	Ron Kline	5	5	5	5	5	10	20	80
128	Rip Repulski	5	5	5	5	5	12	60	
129	Ed Hobaugh	5	5	5	5	5	8	15	50
130	Norm Larker	5	5	5	5	5	10	20	100
131	Paul Richards MG	5	5	5	5	5	10	20	
132	Al Lopez MG	5	5	5	5	6	25	60	
133	Ralph Houk MG	5	8	12	20	30	50	800	
134	Mickey Vernon MG	5	5	5	5	6	12	25	150
135	Fred Hutchinson MG	5	5	5	5	8	15	30	
136	Walter Alston MG	5	5	8	12	20	30	100	
137	Chuck Dressen MG	5	5	5	5	6	15	150	
138	Danny Murtaugh MG	5	5	5	5	6	12	30	
139	Solly Hemus MG	5	5	5	5	5	12	25	
140	Gus Triandos	5	5	5	5	5	12	25	500
141	Billy Williams RC	▲50	▲60	80	100	▼120	▼250	800	5,000
142	Luis Arroyo	5	5	5	5	6	12	25	100
143	Russ Snyder	5	5	5	6	10	15	60	
144	Jim Coker	5	5	5	5	5	10	20	100
145	Bob Buhl	5	5	6	10	15	25	40	150
146	Marty Keough	5	5	5	5	5	10	20	150
147	Ed Rakow	5	5	5	5	5	10	20	100
148	Julian Javier	5	5	5	5	6	15	50	
149	Bob Oldis	5	5	5	5	5	10	20	100
150	Willie Mays	50	80	120	200	300	500	2,000	15,000
151	Jim Donohue	5	5	5	5	5	10	30	
152	Earl Torgeson	5	5	5	5	5	10	20	100
153	Don Lee	5	5	5	5	5	12	80	
154	Bobby Del Greco	5	5	5	5	5	10	50	150
155	Johnny Temple	5	5	6	10	15	25	40	
156	Ken Hunt	5	5	5	8	12	20	30	
157	Cal McLish	5	5	5	5	5	10	20	200
158	Pete Daley	5	5	5	5	5	10	20	100
159	Baltimore Orioles TC	5	5	5	5	6	12	25	250
160	Whitey Ford	15	20	25	30	50	80	400	
161	Sherman Jones RC	5	5	5	5	5	10	20	150
162	Jay Hook	5	5	5	5	5	10	20	120
163	Ed Sadowski	5	5	5	5	5	10	20	100
164	Felix Mantilla	5	5	5	5	5	10	25	100
165	Gino Cimoli	5	5	5	5	5	10	20	80
166	Danny Kravitz	5	5	5	5	5	10	20	80
167	San Francisco Giants TC	5	5	5	5	6	12	60	120
168	Tommy Davis	5	5	5	6	10	15	50	120
169	Don Elston	5	5	5	5	5	10	20	80
170	Al Smith	5	5	5	5	5	12	40	
171	Paul Foytack	5	5	5	5	5	12	80	
172	Don Dillard	5	5	5	5	5	8	15	100
173	Beantown Bombers	5	5	5	5	6	25	50	
174	Ray Semproch	5	5	5	5	5	10	25	
175	Gene Freese	5	5	5	5	6	15	60	

#	Player	GD 2	VG 3	VgEx 4	EX 5	ExMt 6	NM 7	NmMt 8	MT 9
176	Ken Aspromonte	5	5	5	5	5	10	20	80
177	Don Larsen	5	5	5	5	8	12	60	250
178	Bob Nieman	5	5	5	5	5	10	20	100
179	Joe Koppe	5	5	5	5	5	10	20	
180	Bobby Richardson	5	5	6	12	20	50	100	600
181	Fred Green	5	5	5	5	5	10	20	150
182	Dave Nicholson RC	5	5	5	5	5	12	150	
183	Andre Rodgers	5	5	5	5	5	10	20	120
184	Steve Bilko	5	5	5	6	10	15	25	80
185	Herb Score	5	5	5	5	6	25	60	
186	Elmer Valo	5	5	5	5	5	10	50	
187	Billy Klaus	5	5	5	5	5	10	20	100
188	Jim Marshall	5	5	5	5	5	10	20	
189A	Checklist 3 Copyright at 263	5	5	5	5	6	12	25	
189B	Checklist 3 Copyright at 264	5	5	5	5	8	15		
190	Stan Williams	5	5	5	6	10	15	25	60
191	Mike de la Hoz RC	5	5	5	5	5	10	20	
192	Dick Brown	5	5	5	5	5	10	25	
193	Gene Conley	5	5	5	5	5	10	20	80
194	Gordy Coleman	5	5	5	5	5	10	20	80
195	Jerry Casale	5	5	5	5	5	10	30	
196	Ed Bouchee	5	5	5	5	5	10	20	100
197	Dick Hall	5	5	5	5	5	10	20	80
198	Carl Sawatski	5	5	5	5	5	10	20	80
199	Bob Boyd	5	5	5	5	5	10	20	80
200	Warren Spahn	5	10	20	30	40	50	120	600
201	Pete Whisenant	5	5	5	5	8	10	15	120
202	Al Neiger RC	5	5	5	5	8	10	15	100
203	Eddie Bressoud	5	5	5	5	5	10	20	80
204	Bob Skinner	5	5	5	5	6	12	40	200
205	Billy Pierce	5	5	5	5	5	10	20	80
206	Gene Green	5	5	5	5	5	10	20	60
207	Dodger Southpaws	6	10	15	25	40	60	120	1,500
208	Larry Osborne	5	5	5	5	5	10	20	80
209	Ken McBride	5	5	5	5	5	10	20	60
210	Pete Runnels	5	5	6	10	15	25	40	150
211	Bob Gibson	30	50	60	100	150	200	500	2,000
212	Haywood Sullivan	5	5	5	6	10	15	25	80
213	Bill Stafford RC	5	5	6	10	15	25	30	100
214	Danny Murphy RC	5	5	5	5	5	10	25	120
215	Gus Bell	5	5	5	5	5	10	25	80
216	Ted Bowsfield	5	5	5	5	5	10	20	80
217	Mel Roach	5	5	5	5	5	10	20	60
218	Hal Brown	5	5	5	5	5	10	20	100
219	Gene Mauch MG	5	5	5	5	5	10	20	80
220	Alvin Dark MG	5	5	6	10	15	25	40	80
221	Mike Higgins MG	5	5	5	5	5	8	15	120
222	Jimmy Dykes MG	5	5	5	5	12	20	30	80
223	Bob Scheffing MG	5	5	5	5	6	12	30	100
224	Joe Gordon MG	5	5	5	5	5	12	25	80
225	Bill Rigney MG	5	5	5	5	5	10	25	80
226	Cookie Lavagetto MG	5	5	5	5	5	10	25	100
227	Juan Pizarro	5	5	5	5	5	10	20	80
228	New York Yankees TC	15	25	40	60	80	120	150	1,000
229	Rudy Hernandez RC	5	5	5	5	5	10	20	80
230	Don Hoak	5	5	5	5	5	12	40	200
231	Dick Drott	5	5	5	5	5	10	20	
232	Bill White	5	5	5	5	8	15	50	
233	Joey Jay	5	5	5	5	5	10	25	100
234	Ted Lepcio	5	5	5	5	5	12	60	150
235	Camilo Pascual	5	5	5	5	5	10	25	80
236	Don Gile RC	5	5	5	5	5	10	20	100
237	Billy Loes	5	5	5	5	5	10	20	80
238	Jim Gilliam	5	5	5	5	6	12	40	100
239	Dave Sisler	5	5	5	5	5	10	20	60
240	Ron Hansen	5	5	5	5	5	12	60	150
241	Al Cicotte	5	5	5	5	5	10	20	60

No.	Player	GD 2	VG 3	VgEx 4	EX 5	ExMt 6	NM 7	NmMt 8	MT 9
242	Hal Smith	5	5	5	12	25	50	100	150
243	Frank Lary	5	5	5	5	5	10	60	150
244	Chico Cardenas	5	5	5	5	5	10	50	100
245	Joe Adcock	5	5	8	12	20	30	50	
246	Bob Davis RC	5	5	5	5	5	10	20	80
247	Billy Goodman	5	5	5	5	8	15	80	
248	Ed Keegan RC	5	5	5	5	5	10	15	60
249	Cincinnati Reds TC	5	5	5	8	12	20	120	250
250	Buc Hill Aces	5	5	5	5	6	12	50	150
251	Bill Bruton	5	5	5	5	5	12	40	
252	Bill Short	5	5	5	5	5	10	25	200
253	Sammy Taylor	5	5	5	5	5	8	15	80
254	Ted Sadowski RC	5	5	5	5	8	10	40	80
255	Vic Power	5	5	5	6	8	12	25	100
256	Billy Hoeft	5	5	5	5	8	12	25	100
257	Carroll Hardy	5	5	5	5	8	12	25	100
258	Jack Sanford	5	5	6	8	10	15	30	120
259	John Schaive RC	5	5	5	5	5	10	20	80
260	Don Drysdale	▲20	▲25	▲30	40	60	▲100	▲200	▲2,500
261	Charlie Lau	5	5	5	5	5	10	30	80
262	Tony Curry	5	5	5	5	5	10	20	80
263	Ken Hamlin	5	5	5	5	5	10	20	80
264	Glen Hobbie	5	5	5	5	5	10	20	
265	Tony Kubek	5	6	8	12	25	60	150	
266	Lindy McDaniel	5	5	5	10	15	25	80	
267	Norm Siebern	5	5	5	5	5	10	20	120
268	Ike Delock	5	5	5	5	5	10	20	80
269	Harry Chiti	5	5	5	5	5	10	20	80
270	Bob Friend	5	5	5	5	8	12	40	200
271	Jim Landis	5	5	5	5	5	10	20	100
272	Tom Morgan	5	5	5	5	5	10	20	80
273A	Checklist 4 Copyright at 336	5	5	5	5	8	15		
273B	Checklist 4 Copyright at 339	5	5	5	5	6	12	30	
274	Gary Bell	5	5	5	5	5	8	15	100
275	Gene Woodling	5	5	6	10	15	25	40	60
276	Ray Rippelmeyer RC	5	5	5	5	5	10	20	80
277	Hank Foiles	5	5	5	5	5	10	20	60
278	Don McMahon	5	5	5	5	5	10	20	80
279	Jose Pagan	5	5	5	5	5	12	40	
280	Frank Howard	5	6	8	10	12	50	100	200
281	Frank Sullivan	5	5	6	10	15	25	60	
282	Faye Throneberry	5	5	5	5	5	10	20	100
283	Bob Anderson	5	5	5	5	5	10	20	60
284	Dick Gernert	5	5	5	5	5	8	15	60
285	Sherm Lollar	5	5	6	10	15	25	40	80
286	George Witt	5	5	5	5	5	10	20	120
287	Carl Yastrzemski	60	100	▲150	200	300	400	800	3,000
288	Albie Pearson	5	5	5	5	5	10	25	
289	Ray Moore	5	5	5	5	5	10	25	
290	Stan Musial	30	50	▼60	100	▼120	250	▲600	2,500
291	Tex Clevenger	5	5	5	5	5	12	50	
292	Jim Baumer RC	5	5	5	5	5	10	25	100
293	Tom Sturdivant	5	5	5	5	5	12	60	
294	Don Blasingame	5	5	5	5	6	15	80	
295	Milt Pappas	5	5	5	5	5	10	25	100
296	Wes Covington	5	5	6	10	15	25	40	80
297	Kansas City Athletics TC	5	5	5	5	6	12	30	
298	Jim Golden RC	5	5	5	5	5	10	20	100
299	Clay Dalrymple	5	5	5	5	5	10	20	200
300	Mickey Mantle	300	500	600	1,000	1,500	2,000	8,000	20,000
301	Chet Nichols	5	5	5	5	5	15	80	150
302	Al Heist RC	5	5	5	5	5	10	60	
303	Gary Peters	5	5	5	5	5	12	30	150
304	Rocky Nelson	5	5	5	5	6	12	25	100
305	Mike McCormick	5	5	5	5	6	12	25	150
306	Bill Virdon WS1	5	5	5	5	15	80	1,000	
307	Mickey Mantle WS2	40	60	100	150	200	250	300	800

No.	Player	GD 2	VG 3	VgEx 4	EX 5	ExMt 6	NM 7	NmMt 8	MT
308	Bobby Richardson WS3	5	5	5	5	12	40	200	
309	Gino Cimoli WS4	5	5	5	5	12	30	80	
310	Roy Face WS5	5	5	8	12	20	30	120	50
311	Whitey Ford WS6	5	5	6	10	15	30	60	1,50
312	Bill Mazeroski WS7	5	6	10	15	50	100	400	
313	The Winners Celebrate WS	5	8	12	20	30	50	100	
314	Bob Miller	5	5	5	5	5	10	20	80
315	Earl Battey	5	5	5	5	5	10	50	100
316	Bobby Gene Smith	5	5	5	5	5	10	25	
317	Jim Brewer RC	5	5	5	5	5	10	20	60
318	Danny O'Connell	5	5	5	5	5	10	20	100
319	Valmy Thomas	5	5	5	5	5	10	20	100
320	Lou Burdette	5	5	5	5	6	12	50	150
321	Marv Breeding	5	5	5	5	5	10	20	80
322	Bill Kunkel RC	5	5	5	5	5		20	
323	Sammy Esposito	5	5	5	5	5	10	20	
324	Hank Aguirre	5	5	5	5	5	10	30	300
325	Wally Moon	5	5	5	5	6	12	30	250
326	Dave Hillman	5	5	5	5	5	10	20	100
327	Matty Alou RC	5	6	10	15	25	30	100	200
328	Jim O'Toole	5	5	5	5	5	10	40	80
329	Julio Becquer	5	5	5	5	5	10	20	100
330	Rocky Colavito	5	8	10	15	20	40	60	500
331	Ned Garver	5	5	5	5	5	10	30	
332	Dutch Dotterer	5	5	5	5	5	10	20	50
333	Fritz Brickell RC	5	5	5	5	6	12	25	100
334	Walt Bond	5	5	5	5	5	10	20	80
335	Frank Bolling	5	5	5	5	5	10	20	120
336	Don Mincher	5	5	5	5	5	10	30	80
337	Al's Aces	5	5	5	5	8	20	80	
338	Don Landrum	5	5	5	5	5	15	80	
339	Gene Baker	5	5	5	5	5	10	20	80
340	Vic Wertz	5	5	6	10	15	25	40	80
341	Jim Owens	5	5	5	5	5	10	20	100
342	Clint Courtney	5	5	5	5	6	12	40	100
343	Earl Robinson RC	5	5	5	5	5	10	20	80
344	Sandy Koufax	30	50	60	80	100	150	1,000	5,000
345	Jimmy Piersall	5	5	5	5	8	30	60	250
346	Howie Nunn	5	5	5	5	5	10	20	80
347	St. Louis Cardinals TC	5	5	5	5	8	12	20	100
348	Steve Boros	5	5	5	5	6	12	50	200
349	Danny McDevitt	5	5	6	10	15	25	40	
350	Ernie Banks	20	25	40	60	80	100	200	1,200
351	Jim King	5	5	5	5	5	10	30	
352	Bob Shaw	5	5	5	5	5	12	60	
353	Howie Bedell RC	5	5	5	5	5	10	20	100
354	Billy Harrell	5	5	5	5	5	10	20	
355	Bob Allison	5	5	5	6	8	40	60	
356	Ryne Duren	5	5	5	5	8	25	80	300
357	Daryl Spencer	5	5	5	5	5	10	20	80
358	Earl Averill Jr.	5	5	5	5	8	12	30	100
359	Dallas Green	5	5	5	5	6	12	25	120
360	Frank Robinson	5	10	30	40	50	60	200	400
361A	Checklist 5 Black Topps	5	5	5	5	6	12	50	200
361B	Checklist 5 Yelllow Topps	5	5	5	5	8	15	120	
362	Frank Funk RC	5	5	5	5	5	10	20	
363	John Roseboro	5	5	5	5	6	12	25	80
364	Moe Drabowsky	5	5	5	5	5	10	25	60
365	Jerry Lumpe	5	5	5	5	5	10	30	
366	Eddie Fisher	5	5	5	5	5	8	20	
367	Jim Rivera	5	5	5	5	5	10	25	150
368	Bennie Daniels	5	5	5	5	5	10	30	200
369	Dave Philley	5	5	5	5	5	10	80	100
370	Roy Face	5	5	5	5	6	12	40	250
371	Bill Skowron SP	5	6	10	15	30	50	80	200
372	Bob Hendley RC	5	5	5	5	5	10	20	
373	Boston Red Sox TC	5	5	5	5	8	30	80	

#	Player	GD 2	VG 3	VgEx 4	EX 5	ExMt 6	NM 7	NmMt 8	MT 9
374	Paul Giel	5	5	5	5	5	10	20	80
375	Ken Boyer	5	5	5	8	10	25	80	
376	Mike Roarke RC	5	5	5	5	5	10	25	100
377	Ruben Gomez	5	5	5	5	6	12	25	80
378	Wally Post	5	5	5	5	6	12	50	150
379	Bobby Shantz	5	5	5	5	8	15	50	200
380	Minnie Minoso	5	5	5	5	6	12	40	150
381	Dave Wickersham RC	5	5	5	5	6	12	25	80
382	Frank Thomas	5	5	5	5	5	20	40	120
383	Frisco First Liners	5	5	5	5	8	25	80	
384	Chuck Essegian	5	5	5	5	5	10	20	80
385	Jim Perry	5	5	5	5	5	10	25	50
386	Joe Hicks	5	5	5	5	5	10	20	100
387	Duke Maas	5	5	5	5	6	12	25	100
388	Roberto Clemente	60	100	120	200	250	500	1,000	1,500
389	Ralph Terry	5	5	5	6	15	40	150	
390	Del Crandall	5	5	5	5	5	10	50	80
391	Winston Brown RC	5	5	5	5	5	10	20	80
392	Reno Bertoia	5	5	5	5	5	10	20	80
393	Batter Bafflers	5	5	5	5	6	12	25	120
394	Ken Walters	5	5	5	5	5	10	60	80
395	Chuck Estrada	5	6	10	15	25	40	60	
396	Bob Aspromonte	5	5	5	5	6	12	40	80
397	Hal Woodeshick	5	5	5	5	5	10	20	80
398	Hank Bauer	5	5	5	5	6	12	40	
399	Cliff Cook RC	5	5	5	5	5	10	20	80
400	Vern Law	5	5	5	5	6	12	40	150
401	Babe Ruth 60th HR	25	40	60	100	150	200	250	600
402	Don Larsen Perfect SP	8	12	20	30	50	80	150	200
403	26 Inning Tire	5	5	5	5	6	15	50	100
404	Rogers Hornsby .424	5	5	5	8	12	20	100	200
405	Lou Gehrig Streak	12	20	30	50	80	100	150	400
406	Mickey Mantle 565 HR	40	60	80	100	120	200	400	1,000
407	Jack Chesbro Wins 41	5	5	6	10	15	25	40	200
408	Christy Mathewson K's SP	6	8	12	20	30	50	120	
409	Walter Johnson Shutout	5	5	6	10	20	40	100	
410	Harvey Haddix 12 Perfect	5	6	10	15	25	30	50	80
411	Tony Taylor	5	5	5	8	12	20	30	80
412	Larry Sherry	5	5	5	5	5	10	25	100
413	Eddie Yost	5	5	6	10	15	25	40	100
414	Dick Donovan	5	5	5	8	12	20	30	80
415	Hank Aaron	40	60	80	100	200	300	2,000	4,000
416	Dick Howser RC	5	6	10	15	25	40	80	200
417	Juan Marichal SP RC	100	150	200	▼250	500	▼600	▼1,000	4,000
418	Ed Bailey	5	5	5	5	5	10	20	60
419	Tom Borland	5	5	5	5	6	12	40	
420	Ernie Broglio	5	5	5	5	5	10	20	80
421	Ty Cline SP RC	5	5	6	10	15	25	40	120
422	Bud Daley	5	5	5	5	5	10	20	350
423	Charlie Neal SP	5	8	12	20	30	50	80	250
424	Turk Lown	5	5	5	5	6	12	25	
425	Yogi Berra	30	50	80	120	200	300	600	2,000
426	Milwaukee Braves TC UER 463	5	5	5	5	8	15	40	150
427	Dick Ellsworth	5	5	5	5	5	10	25	80
428	Ray Barker SP RC	5	5	8	12	20	30	50	80
429	Al Kaline	6	10	15	25	40	80	200	
430	Bill Mazeroski SP	8	12	20	30	50	80	120	500
431	Chuck Stobbs	5	5	5	5	5	10	30	100
432	Coot Veal	5	5	5	5	5	10	50	80
433	Art Mahaffey	5	5	5	5	5	10	20	80
434	Tom Brewer	5	5	5	5	5	10	20	80
435	Orlando Cepeda	8	12	20	30	50	100	▲200	
436	Jim Maloney SP RC	5	5	5	8	12	50	100	250
437A	Checklist 6 440 is Louis	5	5	5	5	5	12	60	100
437B	Checklist 6 440 is Luis	5	5	5	5	5	12	25	150
438	Curt Flood	5	5	6	10	15	25	100	
439	Phil Regan RC	5	5	5	5	8	15	30	100

#	Player	GD 2	VG 3	VgEx 4	EX 5	ExMt 6	NM 7	NmMt 8	MT 9
440	Luis Aparicio	5	5	6	10	20	30	60	120
441	Dick Bertell RC	5	5	5	5	5	10	20	60
442	Gordon Jones	5	5	5	5	5	10	20	100
443	Duke Snider	20	30	50	60	80	100	250	500
444	Joe Nuxhall	5	5	5	5	6	12	25	80
445	Frank Malzone	5	5	5	5	6	10	50	200
446	Bob Taylor	5	5	5	5	8	20	50	
447	Harry Bright	5	5	5	5	6	12	20	
448	Del Rice	5	5	5	8	12	20	30	200
449	Bob Bolin RC	5	5	6	10	15	25	40	80
450	Jim Lemon	5	5	6	10	15	25	40	120
451	Power for Ernie	5	5	5	5	8	15	30	100
452	Bob Allen RC	5	5	5	8	12	20	30	80
453	Dick Schofield	5	5	6	10	15	25	40	80
454	Pumpsie Green	5	5	5	5	6	12	30	80
455	Early Wynn	5	6	10	15	25	40	60	300
456	Hal Bevan	5	5	5	5	6	12	25	100
457	Johnny James	5	5	5	5	8	15	40	150
458	Willie Tasby	5	5	5	5	6	12	20	60
459	Terry Fox RC	5	5	8	12	20	30	50	120
460	Gil Hodges	10	15	25	40	60	80	250	500
461	Smoky Burgess	5	5	5	5	8	15	50	250
462	Lou Klimchock	5	5	5	5	6	12	40	80
463	Jack Fisher	5	5	6	8	10	25	120	250
464	Lee Thomas RC	5	5	5	5	6	12	60	120
465	Roy McMillan	5	5	5	5	6	12	30	100
466	Ron Moeller RC	5	5	5	5	6	12	25	80
467	Cleveland Indians TC	5	5	5	5	8	20	40	150
468	John Callison	5	5	8	12	20	30	50	80
469	Ralph Lumenti	5	5	5	8	12	20	30	150
470	Roy Sievers	5	5	5	5	12	15	25	
471	Phil Rizzuto MVP	10	15	25	40	60	100	200	
472	Yogi Berra MVP SP	20	30	50	80	120	200	300	1,500
473	Bob Shantz MVP	5	5	5	5	8	12	30	
474	Al Rosen MVP	5	5	5	8	12	20	40	250
475	Mickey Mantle MVP	80	120	200	300	500	800	1,200	3,000
476	Jackie Jensen MVP	5	5	5	5	10	20	50	100
477	Nellie Fox MVP	5	5	5	8	15	50	60	300
478	Roger Maris MVP	20	30	50	80	120	200	300	2,500
479	Jim Konstanty MVP	5	5	5	5	6	25	60	
480	Roy Campanella MVP	10	15	25	40	60	120	250	800
481	Hank Sauer MVP	5	5	6	10	15	25	40	120
482	Willie Mays MVP	40	60	100	150	250	300	500	4,000
483	Don Newcombe MVP	5	8	12	20	30	50	100	200
484	Hank Aaron MVP	25	40	60	100	120	200	600	1,200
485	Ernie Banks MVP	8	12	20	30	50	80	300	1,000
486	Dick Groat MVP	5	5	5	8	12	20	50	300
487	Gene Oliver	5	5	6	10	15	25	40	100
488	Joe McClain RC	5	5	5	6	10	15	25	100
489	Walt Dropo	5	5	5	5	8	25	60	
490	Jim Bunning	5	8	12	20	30	50	80	300
491	Philadelphia Phillies TC	5	5	5	5	8	20	40	250
492A	Ron Fairly White	5	5	5	5	8	15	60	
493	Don Zimmer	5	5	5	5	12	25	40	150
494	Tom Cheney	5	5	5	6	10	20	50	200
495	Elston Howard	6	10	15	25	40	60	100	250
496	Ken MacKenzie	5	5	5	5	6	12	30	100
497	Willie Jones	5	5	5	5	6	12	40	80
498	Ray Herbert	5	5	5	5	6	12	50	100
499	Chuck Schilling RC	5	5	5	5	10	12	25	200
500	Harvey Kuenn	5	5	6	10	15	25	80	
501	John DeMerit RC	5	5	5	8	12	30	100	250
502	Choo Choo Coleman RC	5	5	5	5	6	12	30	100
503	Tito Francona	5	5	5	5	6	12	30	100
504	Billy Consolo	5	5	5	5	6	20	25	60
505	Red Schoendienst	5	5	6	10	15	25	150	400
506	Willie Davis RC	5	8	12	20	30	50	80	

#	Player	GD 2	VG 3	VgEx 4	EX 5	ExMt 6	NM 7	NmMt 8	MT 9
507	Pete Burnside	5	5	5	6	8	10	25	60
508	Rocky Bridges	5	5	5	6	10	15	25	80
509	Camilo Carreon	5	5	5	5	6	12	40	
510	Art Ditmar	5	5	5	5	8	15	40	80
511	Joe M. Morgan	5	5	5	5	6	15	30	100
512	Bob Will	5	5	5	5	6	12	30	100
513	Jim Brosnan	5	5	5	5	6	12	25	80
514	Jake Wood RC	5	5	6	10	15	25	40	80
515	Jackie Brandt	5	5	5	8	12	20	40	600
516A	Checklist 7	5	5	5	5	8	15	100	
516B	Checklist 7/(C on front fully above Braves cap)								
517	Willie McCovey	▲40	▲50	▲60	80	150	200	500	▲2,500
518	Andy Carey	5	5	5	5	6	12	25	80
519	Jim Pagliaroni RC	5	5	5	5	6	12	30	100
520	Joe Cunningham	5	5	5	8	12	20	120	
521	Brother Battery	5	5	8	12	20	30	50	80
522	Dick Farrell	5	5	8	12	20	30	50	100
523	Joe Gibbon	5	6	10	15	40	120	300	
524	Johnny Logan	5	6	10	15	40	50	80	300
525	Ron Perranoski RC	10	15	25	40	60	100	150	300
526	R.C. Stevens	6	10	15	25	40	60	100	
527	Gene Leek RC	5	5	8	12	20	30	80	200
528	Pedro Ramos	5	6	8	12	20	50	80	
529	Bob Roselli	5	5	6	15	20	30	60	120
530	Bob Malkmus	5	6	10	15	25	40	100	
531	Jim Coates	12	20	30	50	80	100	150	
532	Bob Hale	5	5	6	10	15	40	50	150
533	Jack Curtis RC	6	10	15	25	40	60	120	
534	Eddie Kasko	5	5	8	12	20	30	100	600
535	Larry Jackson	5	8	12	20	30	50	60	
536	Bill Tuttle	5	8	12	20	30	50	100	200
537	Bobby Locke	6	10	15	25	40	60	100	150
538	Chuck Hiller RC	6	10	15	25	40	60	100	250
539	Johnny Klippstein	5	5	8	12	25	40	60	200
540	Jackie Jensen	5	6	8	12	25	30	80	200
541	Rollie Sheldon RC	12	20	30	50	80	100	200	
542	Minnesota Twins TC	6	10	15	25	40	80	250	800
543	Roger Craig	8	12	20	30	50	80	120	250
544	George Thomas RC	5	6	8	12	25	50	60	150
545	Hoyt Wilhelm	5	10	30	40	60	80	150	300
546	Marty Kutyna	5	5	8	12	25	50	80	
547	Leon Wagner	5	8	12	20	30	50	80	150
548	Ted Wills	5	6	10	15	25	50	120	
549	Hal R. Smith	5	5	6	10	15	40	60	100
550	Frank Baumann	5	5	8	12	20	30	50	150
551	George Altman	5	8	12	20	30	50	80	150
552	Jim Archer RC	5	6	10	15	25	40	80	
553	Bill Fischer	5	5	8	12	20	50	80	
554	Pittsburgh Pirates TC	15	20	50	60	80	120	400	
555	Sam Jones	5	6	10	15	25	80	120	250
556	Ken R. Hunt RC	5	5	8	12	20	40	80	250
557	Jose Valdivielso	5	5	8	12	25	50	80	150
558	Don Ferrarese	6	10	15	25	40	60	100	200
559	Jim Gentile	15	25	40	60	80	250	600	
560	Barry Latman	5	6	10	15	25	40	120	250
561	Charley James	5	5	8	12	20	30	50	100
562	Bill Monbouquette	5	5	8	12	20	40	50	
563	Bob Cerv	25	40	60	100	150	250	600	
564	Don Cardwell	5	5	8	12	20	50	80	
565	Felipe Alou	5	6	8	12	50	80	120	250
566	Paul Richards AS MG	5	5	8	12	20	50	60	150
567	Danny Murtaugh AS MG	5	5	8	12	20	40	100	250
568	Bill Skowron AS	5	5	8	12	30	60	80	150
569	Frank Herrera AS	5	5	8	12	25	30	50	250
570	Nellie Fox AS	5	6	8	12	40	60	80	150
571	Bill Mazeroski AS	5	8	12	40	50	60	120	300
572	Brooks Robinson AS	6	10	15	25	60	120	250	400

#	Player	GD 2	VG 3	VgEx 4	EX 5	ExMt 6	NM 7	NmMt 8	MT 9
573	Ken Boyer AS	8	8	12	30	40	50	60	120
574	Luis Aparicio AS	6	8	12	20	30	60	80	150
575	Ernie Banks AS	8	12	30	60	80	100	200	600
576	Roger Maris AS	25	30	60	80	120	200	500	1,000
577	Hank Aaron AS	20	25	50	100	120	200	300	600
578	Mickey Mantle AS	250	300	500	600	800	1,200	1,500	3,000
579	Willie Mays AS	30	50	80	120	200	300	800	1,200
580	Al Kaline AS	6	10	15	40	50	100	300	500
581	Frank Robinson AS	25	30	40	50	60	80	200	400
582	Earl Battey AS	5	8	12	20	30	50	80	120
583	Del Crandall AS	5	5	8	12	20	40	80	200
584	Jim Perry AS	5	5	8	12	25	40	80	200
585	Bob Friend AS	5	6	8	12	25	40	80	200
586	Whitey Ford AS	8	12	20	40	60	80	120	500
589	Warren Spahn AS	6	10	15	40	80	100	200	500

— Juan Marichal SP #417 PSA 10 (Gem) (Young Collection) sold for $7,691 (SCP; 5/12)
— Ron Santo #35 PSA 10 (Gem) (Young Collection) sold for $5,948 (SCP; 5/12)
— Billy Williams #141 PSA 10 (Gem) (Young Collection) sold for $6,738 (SCP; 5/12)

1962 Topps

#	Player	GD 2	VG 3	VgEx 4	EX 5	ExMt 6	NM 7	NmMt 8	MT 9
1	Roger Maris	50	60	100	120	250	800	5,000	
2	Jim Brosnan	5	5	5	8	15	30	100	
3	Pete Runnels	5	5	6	10	15	25	450	
4	John DeMerit	5	5	5	5	6	12	40	
5	Sandy Koufax	50	80	120	200	300	800	2,000	
6	Marv Breeding	5	5	5	5	6	25	300	
7	Frank Thomas	5	5	5	5	6	50	120	
8	Ray Herbert	5	5	5	5	6	20	60	
9	Jim Davenport	5	5	5	5	6	15	40	
10	Roberto Clemente	▲80	▼100	▼120	▼200	400	800	2,500	8,000
11	Tom Morgan	5	5	5	5	6	12	25	
12	Harry Craft MG	5	5	5	5	6	15	80	
13	Dick Howser	5	5	5	5	6	12	30	
14	Bill White	5	5	5	5	8	15	120	
15	Dick Donovan	5	5	5	5	6	12	25	
16	Darrell Johnson	5	5	5	5	6	12	25	
17	Johnny Callison	5	5	5	5	8	15	150	
18	Managers Dream	50	60	100	120	150	400	1,200	
19	Ray Washburn RC	5	5	5	5	6	12	25	
20	Rocky Colavito	5	6	10	15	25	40	80	
21	Jim Kaat	5	5	6	8	12	20	40	200
22A	Checklist 1 ERR 121-176	5	5	5	5	6	12	25	150
22B	Checklist 1 COR 33-88	5	5	5	8	12	25	100	
23	Norm Larker	5	5	5	5	6	12	30	80
24	Detroit Tigers TC	5	5	5	5	8	15	30	300
25	Ernie Banks	30	50	80	100	150	250	800	6,000
26	Chris Cannizzaro	8	12	25	5	6	25	50	
27	Chuck Cottier	5	5	5	5	6	12	25	
28	Minnie Minoso	▲12	▲20	▲30	▲50	▲80	▲150	▲400	
29	Casey Stengel MG	6	10	15	25	40	60	100	
30	Eddie Mathews	▲15	▲25	40	▲60	▲80	▲150	500	
31	Tom Tresh RC	6	10	15	25	40	60	100	400
32	John Roseboro	5	5	5	5	8	15	80	
33	Don Larsen	5	5	8	12	20	30	50	200
34	Johnny Temple	5	5	5	5	6	12	40	200
35	Don Schwall RC	5	5	5	5	8	20	60	400
36	Don Leppert RC	5	5	5	5	6	12	30	
37	Tribe Hill Trio	5	5	5	5	8	15	30	
38	Gene Stephens	5	5	5	5	6	12	80	
39	Joe Koppe	5	5	5	5	6	12	25	200
40	Orlando Cepeda	5	5	5	5	6	100	300	
41	Cliff Cook	5	5	5	5	6	12	30	
42	Jim King	5	5	5	5	6	12	40	
43	Los Angeles Dodgers TC	5	5	6	10	20	40	325	
44	Don Taussig RC	5	5	5	5	6	12	25	250
45	Brooks Robinson	8	15	20	30	50	80	300	

	GD 2	VG 3	VgEx 4	EX 5	ExMt 6	NM 7	NmMt 8	MT 9
Jack Baldschun RC	5	5	5	6	8	15	50	
Bob Will	5	5	5	5	6	12	25	
Ralph Terry	5	5	6	10	15	25	100	
Hal Jones RC	5	5	5	5	6	12	25	
Stan Musial	20	30	40	60	80	120	250	2,000
AL Batting Leaders	5	5	5	5	8	20	60	
NL Batting Leaders	8	12	15	20	25	50	120	500
AL Home Run Leaders	10	30	40	60	80	120	400	800
NL Home Run Leaders	5	5	6	20	25	40	80	600
AL ERA Leaders	5	5	5	5	8	15	30	200
NL ERA Leaders	5	5	5	5	8	15	40	300
AL Win Leaders	5	5	6	10	15	25	50	300
NL Win Leaders	5	5	5	6	10	25	80	
AL Strikeout Leaders	5	5	5	5	8	20	30	250
NL Strikeout Leaders	5	5	6	8	30	40	100	600
St. Louis Cardinals TC	5	5	5	5	8	15	40	250
Steve Boros	5	5	5	5	6	12	25	
Tony Cloninger RC	5	5	5	5	6	12	40	400
Russ Snyder	5	5	5	5	6	12	50	250
Bobby Richardson	5	5	5	12	15	50	120	
Cuno Barragan RC	5	5	5	5	6	12	25	150
Harvey Haddix	5	5	6	10	15	25	40	
Ken Hunt	5	5	5	5	6	12	30	
Phil Ortega RC	5	5	5	5	6	12	30	150
Harmon Killebrew	5	8	20	30	40	80	400	4,000
Dick LeMay RC	5	5	5	5	6	12	25	200
Bob's Pupils	5	5	5	5	6	12	30	300
Nellie Fox	▲10	▲12	▲15	▲20	25	▲80	250	500
Bob Lillis	5	5	5	5	6	12	30	
Milt Pappas	5	5	5	5	6	20	80	
Howie Bedell	5	5	5	5	6	12	25	
Tony Taylor	5	5	5	5	6	25	60	
Gene Green	5	5	5	8	12	20	50	150
Ed Hobaugh	5	5	5	5	6	12	25	200
Vada Pinson	5	6	10	15	25	40	100	250
Jim Pagliaroni	5	5	5	5	6	12	25	
Deron Johnson	5	5	6	10	15	25	40	200
Larry Jackson	5	5	5	5	6	12	40	
Lenny Green	5	5	5	5	6	20	100	
Gil Hodges	▲25	▲30	▲40	▲50	60	100	200	
Donn Clendenon RC	5	5	5	5	8	15	50	250
Mike Roarke	5	5	5	5	6	12	30	
Ralph Houk MG	5	5	5	5	8	15	60	
Barney Schultz RC	5	5	5	5	6	12	25	175
Jimmy Piersall	5	5	5	5	8	20	30	
J.C. Martin	5	5	5	5	6	12	200	
Sam Jones	5	5	5	5	6	25	40	
John Blanchard	5	5	5	5	8	50	500	
Jay Hook	5	5	5	8	12	20	30	250
Don Hoak	5	5	5	5	6	15	50	
Eli Grba	5	5	5	5	6	12	25	
Tito Francona	5	5	5	5	6	12	40	
Checklist 2	5	5	5	5	6	12	25	100
Boog Powell RC	10	15	25	40	60	100	150	
Warren Spahn	12	15	20	30	40	100	400	
Carroll Hardy	5	5	5	5	6	12	40	150
Al Schroll	5	5	5	5	6	12	30	
Don Blasingame	5	5	5	5	6	12	80	
Ted Savage RC	5	5	5	6	10	15	30	150
Don Mossi	5	5	5	5	6	15	50	
Carl Sawatski	5	5	5	6	10	15	30	150
Mike McCormick	5	5	5	5	6	20	30	
Willie Davis	5	5	5	5	8	20	40	
Bob Shaw	5	5	5	5	6	12	40	
Bill Skowron	5	5	5	6	10	40	200	500
Dallas Green	5	5	5	5	8	30	135	
Hank Foiles	5	5	5	5	6	12	30	

		GD 2	VG 3	VgEx 4	EX 5	ExMt 6	NM 7	NmMt 8	MT 9
113	Chicago White Sox TC	5	5	5	5	8	15	50	200
114	Howie Koplitz RC	5	5	5	5	6	12	30	200
115	Bob Skinner	5	5	5	5	10	50	200	
116	Herb Score	5	5	5	5	8	40	10	
117	Gary Geiger	5	5	5	5	6	15	120	
118	Julian Javier	5	5	5	6	12	60	300	
119	Danny Murphy	5	5	5	5	6	12	30	200
120	Bob Purkey	5	5	5	5	6	25	200	
121	Billy Hitchcock MG	5	5	5	5	6	15	40	
122	Norm Bass RC	5	5	5	5	6	20	30	
123	Mike de la Hoz	5	5	5	5	6	12	40	
124	Bill Pleis RC	5	5	5	5	6	12	30	
125	Gene Woodling	5	5	5	5	6	12	30	
126	Al Cicotte	5	5	5	5	6	12	30	200
127	Pride of A's	5	5	5	5	8	15	40	200
128	Art Fowler	5	5	5	5	6	12	40	
129A	Lee Walls Face Right, Plain Jsy	5	5	5	5	6	15	80	
129B	Lee Walls Face Left, Striped Jsy	5	5	5	8	12	30	100	
130	Frank Bolling	5	5	5	5	6	30	250	
131	Pete Richert RC	5	5	5	5	6	10	40	
132A	Los Angeles Angels TC No Inset	5	5	5	5	8	15	40	
132B	Los Angeles Angels TC With Inset	5	5	6	10	15	25	60	
133	Felipe Alou	5	5	5	5	8	15	50	300
134A	Billy Hoeft Blue Sky	5	5	6	10	15	60		
135	Babe as a Boy	5	5	8	12	25	50	250	800
136	Babe Joins Yanks	5	5	6	10	30	50	100	
137	Babe with Mgr. Huggins	5	5	15	20	25	30	100	800
138	The Famous Slugger	5	5	6	10	40	50	120	800
139A1	Babe Hits 60 (Pole)	5	5	6	10	30	50	100	
139A2	Babe Hits 60 (No Pole)	5	5	6	10	30	50	80	1,000
139B	Hal Reniff Portrait	5	5	5	8	15	50	250	
139C	Hal Reniff Pitching	6	10	15	25	40	100	400	
140	Gehrig and Ruth	5	8	12	40	50	80	250	800
141	Twilight Years	10	12	15	25	30	40	120	600
142	Coaching the Dodgers	5	5	8	15	40	50	120	800
143	Greatest Sports Hero	5	15	20	25	30	40	100	600
144	Farewell Speech	5	5	8	25	30	60	150	800
145	Barry Latman	5	5	5	5	8	15	30	150
146	Don Demeter	5	5	5	5	6	12	25	
147A	Bill Kunkel Portrait	5	5	5	8	12	20	100	
147B	Bill Kunkel Pitching	5	5	6	10	15	25	100	
148	Wally Post	5	5	5	5	12	20	60	400
149	Bob Duliba	5	5	5	5	6	12	25	200
150	Al Kaline	10	20	25	30	50	80	400	2,700
151	Johnny Klippstein	5	5	5	5	6	12	30	150
152	Mickey Vernon MG	5	5	5	6	10	15	30	150
153	Pumpsie Green	5	5	5	5	8	15	30	225
154	Lee Thomas	5	5	5	5	6	25	60	
155	Stu Miller	5	5	5	5	6	12	40	150
156	Merritt Ranew RC	5	5	6	8	12	20	40	150
157	Wes Covington	5	5	5	5	8	20	30	
158	Milwaukee Braves TC	5	5	5	5	8	15	30	200
159	Hal Reniff RC	5	5	5	6	12	40	200	
160	Dick Stuart	5	5	5	5	8	30	200	
161	Frank Baumann	5	5	5	5	6	25	30	
162	Sammy Drake RC	5	5	5	5	8	15	40	200
163	Hot Corner Guardians	5	5	5	8	12	20	80	300
164	Hal Naragon	5	5	5	5	6	12	25	150
165	Jackie Brandt	5	5	5	5	6	15	50	
166	Don Lee	5	5	5	5	6	12	50	400
167	Tim McCarver RC	5	5	20	25	40	50	150	600
168	Leo Posada	5	5	5	5	6	12	25	
169	Bob Cerv	5	5	5	6	10	40	120	300
170	Ron Santo	5	5	15	25	30	60	200	900
171	Dave Sisler	5	5	5	5	8	15	40	
172	Fred Hutchinson MG	5	5	5	5	6	12	30	150
173	Chico Fernandez	5	5	5	5	6	12	100	

#	Player	GD 2	VG 3	VgEx 4	EX 5	ExMt 6	NM 7	NmMt 8	MT 9
174A	Carl Willey w/o Cap	5	5	5	8	12	30	175	
174B	Carl Willey w/Cap	5	6	10	15	25	60	150	
175	Frank Howard	5	5	5	5	20	25	80	
176A	Eddie Yost Portrait	5	5	5	5	6	15	100	
176B	Eddie Yost Batting	5	5	8	12	20	40	150	
177	Bobby Shantz	5	5	5	5	8	15	40	
178	Camilo Carreon	5	5	5	5	6	12	40	
179	Tom Sturdivant	5	5	5	5	6	12	40	
180	Bob Allison	5	5	5	5	8	30	60	250
181	Paul Brown RC	5	5	5	5	6	12	25	100
182	Bob Nieman	5	5	5	5	6	15	150	
183	Roger Craig	5	5	5	5	8	15	30	200
184	Haywood Sullivan	5	5	5	5	6	12	40	150
185	Roland Sheldon	5	5	5	5	8	15	50	
186	Mack Jones RC	5	5	5	5	6	12	80	
187	Gene Conley	5	5	5	5	6	15	30	200
188	Chuck Hiller	5	5	5	6	10	15	25	200
189	Dick Hall	5	5	5	5	6	12	80	
190A	Wally Moon No Cap	5	5	5	5	8	30	200	
190B	Wally Moon w/Cap	5	5	6	10	15	50	250	
191	Jim Brewer	5	5	5	8	12	20	40	
192A	Checklist 3 192 No Comma	5	5	5	5	6	12	30	
192B	Checklist 3 192 with Comma	5	5	5	5	6	12	40	150
193	Eddie Kasko	5	5	5	5	6	12	30	
194	Dean Chance RC	5	5	5	5	10	50	200	
195	Joe Cunningham	5	5	5	5	6	12	50	
196	Terry Fox	5	5	5	5	6	15	120	
197	Daryl Spencer	5	5	5	5	6	15	100	300
198	Johnny Keane MG	5	5	5	5	6	12	30	
199	Gaylord Perry RC	50	80	120	150	300	▲600	1,500	
200	Mickey Mantle	250	400	600	1,000	1,500	2,500	8,000	150,000
201	Ike Delock	5	5	5	5	6	12	60	
202	Carl Warwick RC	5	5	5	5	6	12	25	150
203	Jack Fisher	5	5	5	5	6	12	25	
204	Johnny Weekly RC	5	5	8	12	20	30	50	200
205	Gene Freese	5	5	5	5	6	12	30	
206	Washington Senators TC	5	5	5	5	8	25	30	200
207	Pete Burnside	5	5	5	5	6	15	150	
208	Billy Martin	6	10	15	25	40	60	120	
209	Jim Fregosi RC	5	5	5	8	12	50	100	1,000
210	Roy Face	5	5	5	5	8	25	80	
211	Midway Masters	5	5	5	5	8	15	40	250
212	Jim Owens	5	5	5	5	6	12	30	
213	Richie Ashburn	5	5	6	10	15	40	100	300
214	Dom Zanni	5	5	5	5	6	15	40	
215	Woody Held	5	5	5	5	6	12	40	
216	Ron Kline	5	5	5	5	6	12	60	200
217	Walter Alston MG	5	5	5	5	8	25	50	
218	Joe Torre RC	50	80	120	▼150	300	400	1,000	
219	Al Downing RC	5	5	8	12	20	40	80	
220	Roy Sievers	5	5	5	5	6	20	30	
221	Bill Short	5	5	5	5	6	15	200	
222	Jerry Zimmerman	5	5	5	5	6	12	50	
223	Alex Grammas	5	5	5	5	6	12	50	
224	Don Rudolph	5	5	5	5	6	15	60	
225	Frank Malzone	5	5	5	5	8	15	100	
226	San Francisco Giants TC	5	5	5	5	8	15	50	300
227	Bob Tiefenauer	5	5	5	5	6	12	40	200
228	Dale Long	5	5	5	5	6	20	40	
229	Jesus McFarlane RC	5	5	5	5	6	12	30	
230	Camilo Pascual	5	5	5	5	6	15	60	
231	Ernie Bowman RC	5	5	5	5	6	20	30	
232	Yanks Win Opener WS1	5	5	5	6	10	30	100	300
233	Joey Jay WS2	5	8	12	20	30	150	300	
234	Roger Maris WS3	5	5	8	30	40	120	150	400
235	Whitey Ford WS4	5	5	5	6	25	60	80	
236	Yanks Crush Reds WS5	5	6	10	15	25	100	250	
237	Yanks Celebrate WS	5	6	10	15	25	40	80	40
238	Norm Sherry	5	5	5	5	6	12	25	
239	Cecil Butler RC	5	5	5	5	6	12	50	
240	George Altman	5	5	5	5	6	12	40	
241	Johnny Kucks	5	5	5	5	6	12	40	
242	Mel McGaha MG RC	5	5	5	5	6	12	30	
243	Robin Roberts	6	10	15	25	40	60	100	90
244	Don Gile	5	5	5	5	6	12	25	200
245	Ron Hansen	5	5	5	5	6	12	25	150
246	Art Ditmar	5	5	5	5	6	12	30	
247	Joe Pignatano	5	5	5	5	8	15	30	200
248	Bob Aspromonte	5	5	5	5	6	12	40	200
249	Ed Keegan	5	5	5	5	6	12	30	
250	Norm Cash	5	5	5	6	10	25	60	
251	New York Yankees TC	12	20	30	50	80	120	200	800
252	Earl Francis	5	5	5	5	6	12	60	200
253	Harry Chiti CO	5	5	5	5	6	12	25	
254	Gordon Windhorn RC	5	5	5	5	6	12	50	25
255	Juan Pizarro	5	5	5	5	6	10	30	
256	Elio Chacon	5	5	5	5	6	15	60	
257	Jack Spring RC	5	5	5	5	6	12	40	200
258	Marty Keough	5	5	5	5	6	10	25	150
259	Lou Klimchock	5	5	5	5	6	12	60	150
260	Billy Pierce	5	5	5	5	6	12	40	
261	George Alusik RC	5	5	5	5	6	20	30	
262	Bob Schmidt	5	5	5	5	6	12	25	150
263	The Right Pitch	5	5	5	5	6	12	40	200
264	Dick Ellsworth	5	5	5	5	6	10	20	
265	Joe Adcock	5	5	5	5	8	20	150	
266	John Anderson RC	5	5	5	5	6	20	80	150
267	Dan Dobbek	5	5	5	5	6	20	30	
268	Ken McBride	5	5	5	5	6	20	30	
269	Bob Oldis	5	5	5	5	6	12	25	200
270	Dick Groat	5	5	5	5	8	15	60	250
271	Ray Rippelmeyer	5	5	5	5	6	12	30	
272	Earl Robinson	5	5	5	5	6	12	30	
273	Gary Bell	5	5	5	5	6	12	40	
274	Sammy Taylor	5	5	5	5	6	12	40	
275	Norm Siebern	5	5	5	5	6	12	40	250
276	Hal Kolstad RC	5	5	5	5	6	12	25	200
277	Checklist 4	5	5	8	12	20	30	40	
278	Ken Johnson	5	5	5	5	6	12	50	
279	Hobie Landrith	5	5	5	5	6	12	25	
280	Johnny Podres	5	5	5	5	8	20	80	
281	Jake Gibbs RC	5	5	6	8	12	25	60	
282	Dave Hillman	5	5	5	5	6	12	25	200
283	Charlie Smith RC	5	5	5	5	8	15	30	
284	Ruben Amaro	5	5	5	5	6	20	250	
285	Curt Simmons	5	5	5	5	8	30	200	
286	Al Lopez MG	5	5	5	5	8	25	50	250
287	George Witt	5	5	8	12	20	150		
288	Billy Williams	15	25	40	60	100	500	2,000	
289	Mike Krsnich RC	5	5	5	6	8	15	50	
290	Jim Gentile	5	5	5	5	8	30	300	
291	Hal Stowe RC	5	5	5	8	12	50	200	
292	Jerry Kindall	5	5	5	5	6	12	40	250
293	Bob Miller	5	5	5	5	6	15	60	
294	Philadelphia Phillies TC	5	5	6	10	15	25	30	
295	Vern Law	5	5	5	5	8	50	400	
296	Ken Hamlin	5	5	5	5	6	15	80	
297	Ron Perranoski	5	5	5	5	6	25	200	
298	Bill Tuttle	5	5	5	5	6	15	300	
299	Don Wert RC	5	5	5	5	6	80	300	
300	Willie Mays	120	200	300	500	800	1,500	2,500	8,000
301	Galen Cisco RC	5	5	5	5	6	8	25	400
302	Johnny Edwards RC	5	5	5	5	6	15	60	
303	Frank Torre	5	5	5	5	6	25	50	

#	Player	GD 2	VG 3	VgEx 4	EX 5	ExMt 6	NM 7	NmMt 8	MT 9
304	Dick Farrell	5	5	5	5	6	25	40	
305	Jerry Lumpe	5	5	5	5	6	12	80	
306	Redbird Rippers	5	5	5	5	6	15	80	
307	Jim Grant	5	5	5	5	6	25	60	
308	Neil Chrisley	5	5	5	5	6	15	80	300
309	Moe Morhardt RC	5	5	5	5	6	15	60	
310	Whitey Ford	15	25	30	40	50	100	400	1,800
311	Tony Kubek IA	5	5	5	8	20	50	150	
312	Warren Spahn IA	5	5	5	8	20	50	100	
313	Roger Maris IA	15	25	40	60	100	150	300	
314	Rocky Colavito IA	5	5	5	8	25	30	60	
315	Whitey Ford IA	5	6	10	15	30	40	80	500
316	Harmon Killebrew IA	5	5	15	20	25	50	150	
317	Stan Musial IA	10	15	25	40	60	100	120	400
318	Mickey Mantle IA	40	60	80	120	200	▲600	1,200	20,000
319	Mike McCormick IA	5	5	5	5	6	12	50	
320	Hank Aaron	60	100	150	250	400	600	2,500	10,000
321	Lee Stange RC	5	5	5	5	8	15	40	
322	Alvin Dark MG	5	5	5	5	6	15	100	
323	Don Landrum	5	5	5	5	8		60	
324	Joe McClain	5	5	5	5	6	15	80	
325	Luis Aparicio	5	5	5	8	25	40	400	
326	Tom Parsons RC	5	5	5	5	8	15	80	
327	Ozzie Virgil	5	5	5	5	10	15	40	
328	Ken Walters	5	5	5	5	6	12	50	200
329	Bob Bolin	5	5	5	5	6	15	300	
330	John Romano	5	5	5	5	6	25	60	
331	Moe Drabowsky	5	5	5	5	8	15	100	400
332	Don Buddin	5	5	5	5	6	15	80	
333	Frank Cipriani RC	5	5	5	5	6	12	30	
334	Boston Red Sox TC	5	5	5	8	20	30	60	
335	Bill Bruton	5	5	5	5	8	25	60	
336	Billy Muffett	5	5	5	5	6	30	120	
337	Jim Marshall	5	5	5	5	8	40	300	
338	Billy Gardner	5	5	5	5	6	15	60	250
339	Jose Valdivielso	5	5	5	5	6	12	60	200
340	Don Drysdale	10	15	25	30	40	120	500	1,000
341	Mike Hershberger RC	5	5	5	5	6	15	30	250
342	Ed Rakow	5	5	5	5	6	12	60	
343	Albie Pearson	5	5	5	5	8	25	200	
344	Ed Bauta RC	5	5	5	5	6	15	60	
345	Chuck Schilling	5	5	5	5	6	15	50	300
346	Jack Kralick	5	5	5	5	6	12	25	
347	Chuck Hinton RC	5	5	5	5	6	12	30	
348	Larry Burright RC	5	5	5	5	6	15	120	
349	Paul Foytack	5	5	5	8	12		100	
350	Frank Robinson	6	10	20	40	80	300	3,000	
351	Braves Backstops	5	5	5	5	6	30	100	
352	Frank Sullivan	5	5	5	5	6	30	150	
353	Bill Mazeroski	5	5	8	25	40	50	400	
354	Roman Mejias	5	5	5	5	6	12	40	150
355	Steve Barber	5	5	5	5	6	15	100	
356	Tom Haller RC	5	5	5	5	6	15	150	
357	Jerry Walker	5	5	5	5	6	12	30	
358	Tommy Davis	5	6	10	15	25	40	60	200
359	Bobby Locke	5	5	5	5	6	50	250	
360	Yogi Berra	25	40	60	100	150	250	400	10,000
361	Bob Hendley	5	5	5	5	6	15	150	
362	Ty Cline	5	5	5	5	6	15	60	
363	Bob Roselli	5	5	5	5	6	15	40	
364	Ken Hunt	5	5	5	5	6	12	40	
365	Charlie Neal	5	5	5	5	8	40	250	
366	Phil Regan	5	5	5	5	6	12	40	
367	Checklist 5	5	5	5	5	6	25	60	300
368	Bob Tillman RC	5	5	5	5	6	12	25	
369	Ted Bowsfield	5	5	5	6	10	15	40	
370	Ken Boyer	5	6	10	15	25	50	200	
371	Earl Battey	5	5	5	12	20	30	100	
372	Jack Curtis	5	5	5	5	6	12	25	200
373	Al Heist	5	5	5	5	6	12	30	325
374	Gene Mauch MG	5	6	10	15	25	40	60	200
375	Ron Fairly	5	5	5	5	8	25	30	300
376	Bud Daley	5	5	5	5	8	12	40	
377	John Orsino RC	5	5	5	5	6	12	25	
378	Bennie Daniels	5	5	5	5	6	12	50	
379	Chuck Essegian	5	5	5	5	6	12	60	250
380	Lew Burdette	5	5	5	5	8	20	80	200
381	Chico Cardenas	5	5	5	5	6	12	40	
382	Dick Williams	5	5	5	5	6	25	40	
383	Ray Sadecki	5	5	5	5	8	15	30	
384	Kansas City Athletics TC	5	5	5	8	12	20	40	250
385	Early Wynn	5	6	10	15	25	40	60	500
386	Don Mincher	5	5	5	5	6	12	25	
387	Lou Brock RC	▼150	▼200	▼250	▼400	600	1,200	4,000	15,000
388	Ryne Duren	5	5	5	5	8	15	150	
389	Smoky Burgess	5	5	5	5	8	25	80	
390	Orlando Cepeda AS	5	6	10	15	25	40	80	
391	Bill Mazeroski AS	5	5	5	5	15	25	50	200
392	Ken Boyer AS	5	5	5	5	8	15	120	
393	Roy McMillan AS	5	5	5	5	6	12	40	
394	Hank Aaron AS	12	20	30	40	60	80	300	
395	Willie Mays AS	10	15	25	40	50	80	200	800
396	Frank Robinson AS	5	6	10	15	25	40	100	1,200
397	John Roseboro AS	5	5	5	5	8	12	50	200
398	Don Drysdale AS	5	5	10	12	15	30	60	300
399	Warren Spahn AS	5	5	12	15	20	40	60	300
400	Elston Howard	6	10	15	25	40	80	150	
401	AL and NL Homer Kings	10	15	25	30	40	120	250	1,000
402	Gino Cimoli	5	5	5	5	6	25	60	
403	Chet Nichols	5	5	5	5	6	12	25	150
404	Tim Harkness RC	5	5	5	5	6	12	30	250
405	Jim Perry	5	5	5	5	6	15	100	
406	Bob Taylor	5	5	5	5	6	12	40	200
407	Hank Aguirre	5	5	5	5	6	12	30	
408	Gus Bell	5	5	5	5	6	40	80	
409	Pittsburgh Pirates TC	5	5	5	5	8	15	30	300
410	Al Smith	5	5	5	5	6	12	40	
411	Danny O'Connell	5	5	5	10	15	25	50	200
412	Charlie James	5	5	5	5	6	12	50	
413	Matty Alou	5	5	5	10	15	25	80	
414	Joe Gaines RC	5	5	5	5	6	12	50	150
415	Bill Virdon	5	5	5	5	5	12	100	
416	Bob Scheffing MG	5	5	5	5	6	12	30	200
417	Joe Azcue RC	5	5	5	5	6	12	40	
418	Andy Carey	5	5	8	12	20	30	50	
419	Bob Bruce	5	5	5	5	6	12	25	
420	Gus Triandos	5	5	5	5	6	15	120	
421	Ken MacKenzie	5	5	5	5	6	12	25	
422	Steve Bilko	5	5	6	10	15	25	40	200
423	Rival League Relief Aces	5	5	5	5	8	15	80	
424	Al McBean RC	5	5	5	8	12	20	30	300
425	Carl Yastrzemski	40	60	▼80	▼120	▼200	400	1,000	1,200
426	Bob Farley RC	5	5	8	12	20	30	50	200
427	Jake Wood	5	5	5	5	6	12	60	200
428	Joe Hicks	5	5	5	5	6	12	80	
429	Billy O'Dell	5	5	5	5	6	15	40	
430	Tony Kubek	5	6	10	15	20	60	250	
431	Bob Rodgers RC	5	5	5	5	6	25	40	200
432	Jim Pendleton	5	5	5	5	6	12	40	
433	Jim Archer	5	5	5	5	6	12	25	
434	Clay Dalrymple	5	5	5	5	8	15	80	
435	Larry Sherry	5	5	5	5	8	30	250	
436	Felix Mantilla	5	5	5	5	6	20	25	
437	Ray Moore	5	5	5	5	6	12	80	250

#	Name	GD 2	VG 3	VgEx 4	EX 5	ExMt 6	NM 7	NmMt 8	MT 9
438	Dick Brown	5	5	5	5	6	12	25	250
439	Jerry Buchek RC	5	5	5	5	6	20	30	150
440	Joey Jay	5	5	5	5	6	12	25	250
441	Checklist 6	5	5	5	5	15	30	300	
442	Wes Stock	5	5	5	5	6	12	25	
443	Del Crandall	5	5	5	5	8	15	60	200
444	Ted Wills	5	5	5	5	6	12	40	
445	Vic Power	5	5	5	5	8	25	80	
446	Don Elston	5	5	5	5	6	12	25	200
447	Willie Kirkland	5	5	5	8	12	20	30	
448	Joe Gibbon	5	5	5	5	12	20	50	
449	Jerry Adair	5	5	5	5	8	15	50	300
450	Jim O'Toole	5	5	5	5	8	25	60	
451	Jose Tartabull RC	5	5	5	5	15	20	30	350
452	Earl Averill Jr.	5	5	5	5	8	20	80	
453	Cal McLish	5	5	5	5	8	25	80	
454	Floyd Robinson RC	5	5	5	5	8	20	120	
455	Luis Arroyo	5	5	5	5	20	50	100	
456	Joe Amalfitano	5	5	5	5	8	15	30	
457	Lou Clinton	5	5	5	5	8	15	30	200
458A	Bob Buhl M on Cap	5	5	5	5	8	30	150	
458B	Bob Buhl Plain Cap	5	6	10	15	25	40	120	
459	Ed Bailey	5	5	5	5	10	25	120	200
460	Jim Bunning	5	6	8	12	20	60	100	
461	Ken Hubbs RC	5	8	12	20	30	50	120	600
462A	Willie Tasby W on Cap	5	5	5	5	8	30	150	
462B	Willie Tasby Plain Cap	5	6	10	15	25	40	80	250
463	Hank Bauer MG	5	5	5	6	10	20	25	200
464	Al Jackson RC	5	5	6	10	15	80	300	
465	Cincinnati Reds TC	5	5	5	5	8	15	50	300
466	Norm Cash AS	5	5	5	6	15	30	120	
467	Chuck Schilling AS	5	5	5	5	8	30	40	250
468	Brooks Robinson AS	6	10	15	25	40	60	100	400
469	Luis Aparicio AS	5	5	5	6	15	25	50	300
470	Al Kaline AS	5	6	8	12	50	60	300	
471	Mickey Mantle AS	60	100	120	200	300	600	800	25,000
472	Rocky Colavito AS	5	5	5	6	20	25	50	400
473	Elston Howard AS	5	5	5	6	10	30	80	300
474	Frank Lary AS	5	5	6	10	15	25	120	300
475	Whitey Ford AS	5	8	12	20	40	50	100	
476	Baltimore Orioles TC	5	6	10	15	25	40	60	300
477	Andre Rodgers	5	5	5	5	8	15	60	
478	Don Zimmer	6	10	15	25	40	60	100	300
479	Joel Horlen RC	5	5	6	10	15	25	40	
480	Harvey Kuenn	5	5	5	5	8	20	40	150
481	Vic Wertz	5	5	6	10	15	25	40	200
482	Sam Mele MG	5	5	5	5	8	15	30	150
483	Don McMahon	5	5	5	5	8	15	60	
484	Dick Schofield	5	5	5	5	8	15	80	
485	Pedro Ramos	5	5	6	10	15	25	30	
486	Jim Gilliam	5	5	5	8	12	20	80	
487	Jerry Lynch	5	5	5	8	12	20	40	250
488	Hal Brown	5	5	6	10	15	25	60	
489	Julio Gotay RC	5	5	6	10	15	25	40	325
490	Clete Boyer	5	8	12	20	25	50	120	
491	Leon Wagner	5	5	5	6	10	25	50	
492	Hal W. Smith	5	5	5	5	12	20	30	150
493	Danny McDevitt	5	5	5	5	8	15	50	
494	Sammy White	5	5	5	8	12	20	50	
495	Don Cardwell	5	5	5	8	12	20	60	
496	Wayne Causey RC	5	5	5	8	12	20	40	200
497	Ed Bouchee	5	5	6	10	15	25	60	250
498	Jim Donohue	5	5	6	10	15	25	30	150
499	Zoilo Versalles	5	5	5	6	10	15	100	250
500	Duke Snider	12	20	30	50	80	120	▲1,000	▲2,500
501	Claude Osteen	5	5	5	5	15	20	40	200
502	Hector Lopez	5	5	5	6	10	20	80	250

#	Name	GD 2	VG 3	VgEx 4	EX 5	ExMt 6	NM 7	NmMt 8	MT
503	Danny Murtaugh MG	5	5	5	5	8	20	40	
504	Eddie Bressoud	5	5	5	5	8	20	40	
505	Juan Marichal	▲50	▲60	80	100	150	250	400	
506	Charlie Maxwell	5	5	5	5	8	25	50	
507	Ernie Broglio	5	5	5	5	8	25	60	
508	Gordy Coleman	5	5	5	5	6	25	60	
509	Dave Giusti RC	5	5	5	5	8	25	50	
510	Jim Lemon	5	5	6	10	15	25	40	
511	Bubba Phillips	5	5	5	5	8	15	80	
512	Mike Fornieles	5	5	6	8	12	30	50	15(
513	Whitey Herzog	5	8	12	20	30	50	100	30(
514	Sherm Lollar	5	5	5	6	10	25	80	
515	Stan Williams	5	5	5	5	8	15	30	25(
516A	Checklist 7 White Boxes	5	5	5	5	8	15	30	
516B	Checklist 7 Yellow Boxes	5	5	5	5	8			
517	Dave Wickersham	5	5	5	5	8	25	50	
518	Lee Maye	5	5	5	5	8	25	40	15(
519	Bob Johnson RC	5	5	5	5	8	15	60	
520	Bob Friend	5	5	6	10	15	25	80	
521	Jacke Davis RC	5	5	5	5	8	25	60	20(
522	Lindy McDaniel	5	5	5	5	8	15	60	
523	Russ Nixon SP	5	5	5	8	12	20	60	
524	Howie Nunn SP	5	6	10	15	25	40	60	
525	George Thomas	5	5	6	10	15	25	40	150
526	Hal Woodeshick SP	5	6	10	15	25	40	60	20(
527	Dick McAuliffe RC	5	5	6	10	15	40	120	
528	Turk Lown	5	5	5	8	12	25	40	80(
529	John Schaive SP	5	5	5	8	12	25	60	12(
530	Bob Gibson SP	100	150	▼200	▼250	500	600	2,500	
531	Bobby G. Smith	5	5	8	12	20	25	40	
532	Dick Stigman	5	5	6	6	10	15	40	
533	Charley Lau SP	5	5	6	10	15	25	100	250
534	Tony Gonzalez SP	5	6	8	10	20	30	50	500
535	Ed Roebuck	5	5	6	8	20	25	40	25(
536	Dick Gernert	5	5	6	8	12	20	50	300
537	Cleveland Indians TC	5	6	10	15	25	40	60	150
538	Jack Sanford	5	5	5	6	8	20	40	150
539	Billy Moran	5	5	5	6	8	25	40	150
540	Jim Landis SP	5	5	6	8	12	30	60	
541	Don Nottebart SP	5	5	5	8	12	30	60	200
542	Dave Philley	5	5	8	12	20	30	50	
543	Bob Allen SP	5	5	5	8	25	30	60	200
544	Willie McCovey SP	50	80	120	▼150	▼200	500	1,000	1,500
545	Hoyt Wilhelm SP	8	10	15	30	50	100	300	
546	Moe Thacker SP	5	5	6	8	15	30	60	200
547	Don Ferrarese	5	6	10	15	25	40	60	200
548	Bobby Del Greco	5	5	6	8	12	20	50	200
549	Bill Rigney MG SP	5	6	10	15	25	40	80	
550	Art Mahaffey SP	5	5	6	10	15	40	100	250
551	Harry Bright	5	5	6	8	12	20	40	200
552	Chicago Cubs TC SP	5	6	8	12	40	50	100	400
553	Jim Coates	5	5	5	8	12	30	60	250
554	Bubba Morton SP RC	5	6	8	12	20	40	100	250
555	John Buzhardt SP	5	5	8	12	20	30	120	
556	Al Spangler	5	5	5	6	6	15	50	250
557	Bob Anderson SP	5	5	8	12	20	30	50	120
558	John Goryl	5	5	8	12	20	30	50	120
559	Mike Higgins MG	5	5	5	6	8	25	50	
560	Chuck Estrada SP	5	5	6	10	15	25	80	200
561	Gene Oliver SP	5	5	5	8	10	40	80	200
562	Bill Henry	5	5	5	6	8	20	40	120
563	Ken Aspromonte	5	5	6	10	15	25	40	80
564	Bob Grim	5	5	5	6	10	20	50	150
565	Jose Pagan	5	5	5	6	8	25	40	150
566	Marty Kutyna SP	5	5	5	8	10	30	60	200
567	Tracy Stallard SP	5	5	10	15	25	40	60	200
568	Jim Golden	5	5	5	6	10	20	60	150

	GD 2	VG 3	VgEx 4	EX 5	ExMt 6	NM 7	NmMt 8	MT 9
Ed Sadowski SP	5	5	5	8	12	30	80	
Bill Stafford SP	5	5	6	25	40	50	250	
Billy Klaus SP	5	5	5	8	10	30	60	200
Bob G.Miller SP	5	5	5	8	12	25	60	350
Johnny Logan	5	5	8	12	20	30	50	250
Dean Stone	5	5	5	8	10	20	50	150
Red Schoendienst SP	8	12	20	40	60	▲150	▲400	
Russ Kemmerer SP	5	5	5	8	12	30	80	200
Dave Nicholson SP	5	5	5	8	12	40	60	300
Jim Duffalo RC	5	5	5	8	8	25	50	350
Jim Schaffer SP RC	5	8	12	20	30	50	120	
Bill Monbouquette	5	5	6	10	15	30	60	250
Mel Roach	5	5	5	6	8	20	40	
Ron Piche	5	6	8	10	12	25	40	150
Larry Osborne	5	6	8	10	12	25	40	150
Minnesota Twins TC SP	5	8	12	20	40	80	120	
Glen Hobbie SP	5	5	5	8	12	20	50	
Sammy Esposito SP	5	5	5	8	12	25	60	200
Frank Funk SP	5	5	5	8	12	30	100	200
Birdie Tebbetts MG	5	5	8	12	20	30	50	150
Bob Turley	5	5	8	12	40	50	60	300
Curt Flood	5	5	6	10	15	60	150	500
Sam McDowell SP RC	25	40	60	100	150	250	▲500	
Jim Bouton SP RC	20	30	50	80	120	150	250	500
Bob Veale SP RC	20	30	50	80	120	200	300	
Bob Uecker SP RC	120	200	300	500	600	1,000	2,500	
Rookie Infielders SP	5	8	12	20	60	80	120	250
Joe Pepitone SP RC	30	50	80	120	200	300	500	
Rookie Infielders SP	5	8	12	20	80	120	▲500	
Rookie Outfielders SP	25	40	60	100	150	250	1,200	

Lou Brock #387 PSA 10 (Gem) (Young Collection) sold for $32,545 (SCP; 5/12)
Sandy Koufax #5 SGC 96 (MT) sold for $11,309 (Goodwin; 9/13)
Juan Marichal #505 PSA 9 (MT) sold for $3,505 (eBay; 12/12)
Roger Maris #1 PSA 9 (Mint) sold for $27,171 (Mile High; 12/13)
Roger Maris #1 SGC 92 (NmMt+) sold for $2,065 (Mile High; 10/12)
Joe Torre #218 PSA 10 (Gem) (Young Collection) sold for $10,780 (SCP; 5/12)

963 Fleer

	GD 2	VG 3	VgEx 4	EX 5	ExMt 6	NM 7	NmMt 8	MT 9
Steve Barber	8	12	20	30	50	80	250	
Ron Hansen	5	5	5	6	12	25	60	
Milt Pappas	5	5	5	10	12	30	80	200
Brooks Robinson	12	20	30	50	80	120	250	600
Willie Mays	50	80	120	200	▼250	500	1,000	3,000
Lou Clinton	5	5	8	12	20	50	80	150
Bill Monbouquette	5	5	8	12	20	50	80	150
Carl Yastrzemski	15	25	40	60	100	150	300	800
Ray Herbert	5	5	5	6	12	20	30	100
Jim Landis	5	5	5	6	12	20	40	150
Dick Donovan	5	5	5	6	12	20	40	
Tito Francona	5	5	5	6	12	20	80	
Jerry Kindall	5	5	5	6	12	20	50	200
Frank Lary	5	5	5	6	12	20	40	150
Dick Howser	5	5	5	6	10	15	40	120
Jerry Lumpe	5	5	5	6	12	20	50	200
Norm Siebern	5	5	5	6	10	15	30	
Don Lee	5	5	5	6	12	20	40	150
Albie Pearson	5	5	5	6	12	20	40	200
Bob Rodgers	5	5	5	6	12	20	40	200
Leon Wagner	5	5	5	6	12	25	50	100
Jim Kaat	6	10	15	25	40	60	100	250
Vic Power	5	5	5	6	20	25	40	200
Rich Rollins	5	5	5	6	10	15	40	200
Bobby Richardson	5	5	8	12	20	30	80	400
Ralph Terry	5	5	8	12	20	30	50	150
Tom Cheney	5	5	5	6	12	20	40	150
Chuck Cottier	5	5	6	10	15	25	40	100

	GD 2	VG 3	VgEx 4	EX 5	ExMt 6	NM 7	NmMt 8	MT 9
29	Jimmy Piersall	5	5	5	8	12	15	40	200
30	Dave Stenhouse	5	5	5	6	12	20	40	200
31	Glen Hobbie	5	5	5	6	10	15	30	150
32	Ron Santo	6	10	15	25	40	60	120	250
33	Gene Freese	5	5	5	6	12	20	40	150
34	Vada Pinson	5	5	6	10	15	25	80	150
35	Bob Purkey	5	5	5	6	10	15	40	200
36	Joe Amalfitano	5	5	5	6	12	25	40	150
37	Bob Aspromonte	5	5	8	12	20	30	50	200
38	Dick Farrell	5	5	5	6	10	15	30	120
39	Al Spangler	5	5	5	6	10	15	40	150
40	Tommy Davis	5	5	6	10	15	25	100	300
41	Don Drysdale	12	20	30	40	▲60	100	250	500
42	Sandy Koufax	50	80	120	200	300	500	600	2,000
43	Maury Wills RC	20	30	50	80	120	▲200	300	1,000
44	Frank Bolling	5	5	8	12	20	30	40	120
45	Warren Spahn	12	20	30	50	80	120	200	300
46	Joe Adcock SP	12	20	30	50	80	120	250	1,000
47	Roger Craig	5	5	6	10	15	25	40	150
48	Al Jackson	5	5	6	8	15	25	50	200
49	Rod Kanehl	5	5	5	8	15	25	50	200
50	Ruben Amaro	5	5	5	8	15	25	50	150
51	Johnny Callison	5	5	5	8	15	25	60	200
52	Clay Dalrymple	5	5	5	6	12	30	50	150
53	Don Demeter	5	5	6	10	15	25	60	250
54	Art Mahaffey	5	5	5	6	12	20	40	250
55	Smoky Burgess	5	5	8	12	20	30	60	200
56	Roberto Clemente	100	120	150	250	300	500	800	▲3,000
57	Roy Face	5	5	5	8	12	25	40	200
58	Vern Law	5	5	8	12	20	30	50	200
59	Bill Mazeroski	5	8	12	20	30	50	120	
60	Ken Boyer	5	5	6	10	15	25	80	
61	Bob Gibson	15	25	40	60	100	150	300	600
62	Gene Oliver	5	5	6	10	15	25	40	150
63	Bill White	5	5	6	15	25	40	80	200
64	Orlando Cepeda	5	8	12	20	30	80	150	600
65	Jim Davenport	5	5	5	6	12	25	50	
66	Billy O'Dell	5	5	6	10	15	30	120	
NNO	Checklist SP	75	100	150	200	250	400	600	800

1963 Topps

		GD 2	VG 3	VgEx 4	EX 5	ExMt 6	NM 7	NmMt 8	MT 9
1	NL Batting Leaders	5	6	10	15	25	100	800	
2	AL Batting Leaders	15	25	30	40	50	80	150	800
3	NL Home Run Leaders	5	8	12	20	50	80	400	
4	AL Home Run Leaders	5	6	10	15	25	50	80	
5	NL ERA Leaders	5	6	10	15	25	50	200	
6	AL ERA Leaders	5	5	8	12	20	30	60	600
7	NL Pitching Leaders	5	5	5	8	12	30	80	
8	AL Pitching Leaders	5	5	5	8	12	20	40	
9	NL Strikeout Leaders	5	8	12	20	30	40	60	400
10	AL Strikeout Leaders	5	5	5	8	12	30	80	
11	Lee Walls	5	5	5	8	12	20	40	
12	Steve Barber	5	5	5	5	6	10	20	100
13	Philadelphia Phillies TC	5	5	5	6	10	15	120	250
14	Pedro Ramos	5	6	10	15	30	60	120	
15	Ken Hubbs NPO	5	5	5	5	8	40	80	
16	Al Smith	5	5	5	5	6	10	20	
17	Ryne Duren	5	5	5	5	6	10	50	200
18	Buc Blasters	8	12	20	30	50	80	150	1,000
19	Pete Burnside	5	5	5	5	6	10	20	
20	Tony Kubek	5	▲8	▲12	▲20	▲25	50	120	500
21	Marty Keough	5	5	5	8	12	20	200	
22	Curt Simmons	5	5	5	8	12	20	200	
23	Ed Lopat MG	5	5	5	5	6	10	30	
24	Bob Bruce	5	5	5	5	6	10	20	
25	Al Kaline	25	40	50	60	100	150	▲600	

#	Name	GD 2	VG 3	VgEx 4	EX 5	ExMt 6	NM 7	NmMt 8	MT 9
26	Ray Moore	5	5	5	5	6	10	40	
27	Choo Choo Coleman	5	5	5	6	10	15	80	
28	Mike Fornieles	5	5	5	5	6	10	50	
29A	1962 Rookie Stars	5	5	5	6	10	15	30	
29B	1963 Rookie Stars	5	5	5	5	6	10	25	
30	Harvey Kuenn	5	5	5	8	12	20	60	
31	Cal Koonce RC	5	5	5	5	6	10	25	
32	Tony Gonzalez	5	5	5	5	6	10	20	
33	Bo Belinsky	5	5	5	5	6	10	20	150
34	Dick Schofield	5	5	6	10	15	25	400	
35	John Buzhardt	5	5	5	5	6	10	25	
36	Jerry Kindall	5	5	5	5	6	10	30	
37	Jerry Lynch	5	5	5	5	6	10	40	
38	Bud Daley	5	5	5	8	12	20	50	120
39	Los Angeles Angels TC	5	5	5	5	8	12	25	120
40	Vic Power	5	5	5	6	10	15	60	
41	Charley Lau	5	5	5	5	8	12	25	
42	Stan Williams	5	5	5	8	12	25	60	
43	Veteran Masters	5	5	5	8	12	20	100	
44	Terry Fox	5	5	5	5	6	10	30	
45	Bob Aspromonte	5	5	5	5	6	10	20	100
46	Tommie Aaron RC	5	5	5	5	6	10	30	
47	Don Lock RC	5	5	5	8	12	25	50	100
48	Birdie Tebbetts MG	5	5	5	5	6	10	30	
49	Dal Maxvill RC	5	5	5	8	12	20	80	
50	Billy Pierce	5	5	5	5	6	10	50	150
51	George Alusik	5	5	5	5	6	10	20	150
52	Chuck Schilling	5	5	5	5	6	10	25	
53	Joe Moeller RC	5	5	5	5	6	10	30	120
54A	Dave DeBusschere 1962	5	5	6	10	15	25	50	400
54B	Dave DeBusschere 1963 RC	5	5	6	10	15	25	50	
55	Bill Virdon	5	5	6	10	15	25	40	
56	Dennis Bennett RC	5	5	5	8	12	20	40	
57	Billy Moran	5	5	5	8	12	20	40	80
58	Bob Will	5	5	5	8	12	20	40	
59	Craig Anderson	5	5	5	5	6	10	20	150
60	Elston Howard	5	5	5	8	12	80	150	
61	Ernie Bowman	5	5	6	10	15	30	60	
62	Bob Hendley	5	5	5	5	6	10	20	80
63	Cincinnati Reds TC	5	5	5	5	8	12	50	325
64	Dick McAuliffe	5	5	5	6	10	15	50	
65	Jackie Brandt	5	5	5	5	6	10	20	100
66	Mike Joyce RC	5	5	5	5	6	10	25	
67	Ed Charles	5	5	5	5	6	10	20	
68	Friendly Foes	5	6	10	15	25	80	120	2,000
69	Bud Zipfel RC	5	5	5	5	6	10	20	
70	Jim O'Toole	5	5	5	6	10	15	50	
71	Bobby Wine RC	5	5	6	10	15	25	40	150
72	Johnny Romano	5	5	5	5	6	10	40	
73	Bobby Bragan MG RC	5	5	5	6	10	15	25	100
74	Denny Lemaster RC	5	5	5	5	6	10	20	120
75	Bob Allison	5	5	5	6	10	15	50	
76	Earl Wilson	5	5	5	8	12	20	40	
77	Al Spangler	5	5	5	5	6	10	20	
78	Marv Throneberry	5	6	10	15	25	40	60	150
79	Checklist 1	5	5	5	6	10	20	30	120
80	Jim Gilliam	5	5	5	6	10	15	30	
81	Jim Schaffer	5	5	5	5	6	10	20	
82	Ed Rakow	5	5	5	5	6	10	20	
83	Charley James	5	5	5	5	6	10	20	100
84	Ron Kline	5	5	5	6	10	15	60	
85	Tom Haller	5	5	5	5	6	10	30	80
86	Charley Maxwell	5	5	5	5	6	10	20	300
87	Bob Veale	5	5	6	10	15	25	40	
88	Ron Hansen	5	5	5	5	6	10	20	150
89	Dick Stigman	5	5	5	5	8	12	80	
90	Gordy Coleman	5	5	5	5	6	10	30	
91	Dallas Green	5	5	5	8	12	20	30	1
92	Hector Lopez	5	5	5	8	12	20	25	
93	Galen Cisco	5	5	5	5	6	10	20	
94	Bob Schmidt	5	5	5	5	6	10	25	
95	Larry Jackson	5	5	5	5	6	10	30	
96	Lou Clinton	5	5	5	5	6	10	40	
97	Bob Duliba	5	5	5	5	6	10	20	1
98	George Thomas	5	5	5	5	6	10	20	
99	Jim Umbricht	5	5	5	5	6	10	20	
100	Joe Cunningham	5	5	5	8	12	20	150	
101	Joe Gibbon	5	5	5	5	8	12	30	
102A	Checklist 2 Red/Yellow	5	5	5	5	6	10	25	
102B	Checklist 2 White/Red	5	5	5	5	6	10	25	1
103	Chuck Essegian	5	5	5	5	6	10	20	2
104	Lew Krausse RC	5	5	5	5	6	10	30	1
105	Ron Fairly	5	5	8	12	20	30	120	2
106	Bobby Bolin	5	5	5	5	6	10	20	1
107	Jim Hickman	5	5	5	5	6	10	50	
108	Hoyt Wilhelm	5	8	12	20	30	50	80	2
109	Lee Maye	5	5	5	5	8	12	30	
110	Rich Rollins	5	5	5	5	6	10	20	
111	Al Jackson	5	5	5	5	6	10	20	
112	Dick Brown	5	5	5	5	6	10	30	
113	Don Landrum	5	5	5	5	6	10	25	
114	Dan Osinski RC	5	5	5	6	10	15	30	1
115	Carl Yastrzemski	▼25	▼40	▼50	80	▼120	250	500	
116	Jim Brosnan	5	5	5	8	12	20	30	50
117	Jacke Davis	5	5	5	5	6	10	30	
118	Sherm Lollar	5	5	5	5	6	10	20	
119	Bob Lillis	5	5	5	5	6	10	20	1
120	Roger Maris	30	40	60	80	100	150	600	
121	Jim Hannan RC	5	5	5	5	6	10	20	
122	Julio Gotay	5	5	5	5	6	10	25	1
123	Frank Howard	5	5	5	5	8	25	100	1
124	Dick Howser	5	5	5	5	6	10	20	1
125	Robin Roberts	▲8	▲12	▲20	▲30	▲50	▲80	▲200	
126	Bob Uecker	▲25	▲40	▲60	▲100	▲120	▲300	400	
127	Bill Tuttle	5	5	5	5	6	10	20	
128	Matty Alou	5	5	5	5	8	12	40	1
129	Gary Bell	5	5	5	5	6	10	20	
130	Dick Groat	5	5	8	12	20	30	50	1
131	Washington Senators TC	5	5	5	5	8	12	50	1
132	Jack Hamilton	5	5	5	5	6	10	20	
133	Gene Freese	5	5	5	5	6	10	25	1
134	Bob Scheffing MG	5	5	5	5	6	10	30	1
135	Richie Ashburn	8	12	20	30	50	80	100	
136	Ike Delock	5	5	5	5	6	10	20	1
137	Mack Jones	5	5	5	5	6	10	20	
138	Pride of NL	15	25	40	50	100	120	200	1,0
139	Earl Averill Jr.	5	5	5	5	6	10	20	1
140	Frank Lary	5	5	5	6	10	15	50	2
141	Manny Mota RC	5	5	5	5	8	12	50	1
142	Whitey Ford WS1	5	5	8	12	20	50	120	5
143	Jack Sanford WS2	5	5	5	5	6	30	50	20
144	Roger Maris WS3	5	6	10	15	25	30	200	
145	Chuck Hiller WS4	5	5	5	5	8	12	40	15
146	Tom Tresh WS5	5	5	5	6	10	15	120	
147	Billy Pierce WS6	5	5	5	10	15	25	60	
148	Ralph Terry WS7	5	5	5	8	12	20	150	
149	Marv Breeding	5	5	5	5	8	12	40	
150	Johnny Podres	5	5	8	12	20	30	50	40
151	Pittsburgh Pirates TC	5	5	5	5	8	12	100	15
152	Ron Nischwitz	5	5	5	5	6	10	20	15
153	Hal Smith	5	5	5	5	6	10	20	1
154	Walter Alston MG	5	5	5	5	8	12	50	1
155	Bill Stafford	5	5	5	6	10	15	120	
156	Roy McMillan	5	5	5	5	6	10	20	

	GD 2	VG 3	VgEx 4	EX 5	ExMt 6	NM 7	NmMt 8	MT 9
Diego Segui RC	5	5	5	5	6	10	30	80
Tommy Harper RC	5	5	8	12	20	30	50	150
Jim Pagliaroni	5	5	5	5	6	10	30	
Juan Pizarro	5	5	5	5	6	10	20	120
Frank Torre	5	5	5	5	8	12	25	100
Minnesota Twins TC	5	5	5	5	8	25	80	
Don Larsen	5	5	6	10	15	25	40	150
Bubba Morton	5	5	5	5	6	10	20	200
Jim Kaat	5	5	5	8	12	20	25	150
Johnny Keane MG	5	5	5	5	8	12	40	
Jim Fregosi	5	5	6	10	15	25	50	150
Russ Nixon	5	5	5	5	8	12	40	
Gaylord Perry	10	15	25	40	60	100	250	500
Joe Adcock	5	5	8	12	20	30	50	100
Steve Hamilton RC	5	5	5	5	6	10	20	80
Gene Oliver	5	5	5	5	6	10	20	
Bomber's Best	60	80	120	150	200	300	500	1,000
Larry Burright	5	5	5	5	8	12	40	
Bob Buhl	5	5	5	5	6	10	25	
Jim King	5	5	5	5	6	10	25	
Bubba Phillips	5	5	5	5	6	10	20	120
Johnny Edwards	5	5	5	5	6	10	20	150
Ron Piche	5	5	5	5	6	10	20	150
Bill Skowron	5	5	5	5	8	12	25	120
Sammy Esposito	5	5	5	5	6	10	20	80
Albie Pearson	5	5	5	5	6	10	30	80
Joe Pepitone	5	5	5	8	12	20	40	150
Vern Law	5	5	5	6	10	15	50	200
Chuck Hiller	5	5	5	5	6	10	20	150
Jerry Zimmerman	5	5	5	5	6	10	20	
Willie Kirkland	5	5	5	5	6	10	20	200
Eddie Bressoud	5	5	5	5	6	10	20	
Dave Giusti	5	5	5	5	6	10	25	150
Minnie Minoso	5	5	5	5	8	25	150	
Checklist 3	5	5	5	5	8	12	30	150
Clay Dalrymple	5	5	5	5	6	10	20	80
Andre Rodgers	5	5	5	5	6	10	20	150
Joe Nuxhall	5	5	5	5	8	12	40	
Manny Jimenez	5	5	5	5	6	10	20	
Doug Camilli	5	5	5	5	6	10	20	120
Roger Craig	5	5	5	5	6	10	20	200
Lenny Green	5	5	5	5	6	10	20	100
Joe Amalfitano	5	5	5	5	6	10	20	
Mickey Mantle	200	300	500	600	1,000	2,500	6,000	80,000
Cecil Butler	5	5	5	8	12	20	25	150
Boston Red Sox TC	5	5	5	8	12	20	40	150
Chico Cardenas	5	5	5	5	6	10	20	80
Don Nottebart	5	5	5	5	6	10	25	150
Luis Aparicio	5	▲6	▲10	▲15	▲25	▲40	▲80	200
Ray Washburn	5	5	5	5	8	12	20	200
Ken Hunt	5	5	5	8	12	20	30	150
1963 Rookie Stars	5	5	5	5	8	60	100	
Hobie Landrith	5	5	5	5	6	10	20	200
Sandy Koufax	150	200	250	300	500	1,000	1,500	4,000
Fred Whitfield RC	5	5	5	5	6	10	30	
Glen Hobbie	5	5	5	5	6	10	25	150
Billy Hitchcock MG	5	5	5	5	6	10	20	100
Orlando Pena	5	5	5	6	10	15	25	80
Bob Skinner	5	5	5	5	6	10	50	100
Gene Conley	5	5	5	8	12	20	30	100
Joe Christopher	5	5	5	5	6	10	100	
Tiger Twirlers	5	5	5	8	12	20	80	120
Chuck Cottier	5	5	5	5	6	10	25	60
Camilo Pascual	5	5	5	5	8	12	60	
Cookie Rojas RC	5	5	5	8	12	20	60	
Chicago Cubs TC	5	5	5	8	12	20	100	
Eddie Fisher	5	5	6	10	15	25	40	80

		GD 2	VG 3	VgEx 4	EX 5	ExMt 6	NM 7	NmMt 8	MT 9
224	Mike Roarke	5	5	5	5	8	12	60	
225	Joey Jay	5	5	5	5	6	10	25	
226	Julian Javier	5	5	5	5	6	10	40	150
227	Jim Grant	5	5	5	8	12	20	60	
228	Tony Oliva RC	100	150	250	▼30	▼500	800	▲2,000	
229	Willie Davis	5	5	5	5	8	12	60	150
230	Pete Runnels	5	5	5	5	6	10	50	
231	Eli Grba	5	5	5	6	10	15	20	80
232	Frank Malzone	5	5	6	10	15	25	50	120
233	Casey Stengel MG	5	5	8	12	20	25	80	200
234	Dave Nicholson	5	5	5	5	6	10	20	80
235	Billy O'Dell	5	5	5	8	12	20	30	80
236	Bill Bryan RC	5	5	6	10	15	25	40	
237	Jim Coates	5	5	5	5	5	25	120	
238	Lou Johnson	5	8	12	20	30	50	80	120
239	Harvey Haddix	5	5	5	5	8	12	40	100
240	Rocky Colavito	5	6	10	15	25	30	100	
241	Billy Smith RC	5	5	5	5	6	10	30	80
242	Power Plus	30	50	80	100	120	200	300	2,500
243	Don Leppert	5	5	5	5	6	10	20	50
244	John Tsitouris	5	5	5	5	6	10	30	100
245	Gil Hodges	5	5	8	12	20	30	100	200
246	Lee Stange	5	5	5	10	15	25	40	150
247	New York Yankees TC	15	25	40	60	100	150	600	
248	Tito Francona	5	5	5	5	6	10	40	200
249	Leo Burke RC	5	5	5	8	12	20	30	100
250	Stan Musial	40	60	100	120	▲200	▲400	800	2,000
251	Jack Lamabe	5	5	5	8	12	20	30	200
252	Ron Santo	▼8	▼12	▼20	▼30	▼50	▼80	▲300	▲800
253	1963 Rookie Stars	5	5	5	5	6	10	40	120
254	Mike Hershberger	5	5	5	10	15	25	40	150
255	Bob Shaw	5	5	6	10	15	25	40	80
256	Jerry Lumpe	5	5	8	12	20	30	50	
257	Hank Aguirre	5	5	5	5	6	10	20	100
258	Alvin Dark MG	5	5	5	5	6	10	25	80
259	Johnny Logan	5	5	8	12	20	30	50	300
260	Jim Gentile	5	5	5	5	8	12	40	
261	Bob Miller	5	5	5	6	10	15	80	
262	Ellis Burton	5	5	5	5	8	12	40	
263	Dave Stenhouse	5	5	5	5	6	10	30	100
264	Phil Linz	5	5	5	6	10	15	80	
265	Vada Pinson	5	5	5	5	8	12	60	
266	Bob Allen	5	5	5	5	6	10	30	150
267	Carl Sawatski	5	5	5	5	6	10	20	100
268	Don Demeter	5	5	5	5	6	10	30	
269	Don Mincher	5	5	5	5	6	10	20	200
270	Felipe Alou	5	5	6	10	15	25	50	200
271	Dean Stone	5	5	6	10	15	25	40	
272	Danny Murphy	5	5	5	5	6	10	50	150
273	Sammy Taylor	5	5	5	5	6	10	30	80
274	Checklist 4	5	5	5	5	6	10	40	150
275	Eddie Mathews	▲25	▲40	▲60	▲80	100	120	250	500
276	Barry Shetrone	5	5	5	5	6	10	20	80
277	Dick Farrell	5	5	5	5	8	12	40	
278	Chico Fernandez	5	5	5	8	12	20	30	150
279	Wally Moon	5	5	5	5	8	12	50	
280	Bob Rodgers	5	5	5	5	6	10	30	150
281	Tom Sturdivant	5	5	5	5	6	10	20	80
282	Bobby Del Greco	5	5	5	5	6	10	25	80
283	Roy Sievers	5	5	5	6	10	15	300	300
284	Dave Sisler	5	5	5	5	8	12	50	150
285	Dick Stuart	5	5	8	12	20	30	100	
286	Stu Miller	5	5	5	5	6	10	50	200
287	Dick Bertell	5	5	5	5	6	10	30	120
288	Chicago White Sox TC	5	5	5	6	10	15	50	120
289	Hal Brown	5	5	5	5	8	12	20	200
290	Bill White	5	5	5	5	8	12	40	120

#	Name	GD 2	VG 3	VgEx 4	EX 5	ExMt 6	NM 7	NmMt 8	MT 9
291	Don Rudolph	5	5	5	6	10	15	80	
292	Pumpsie Green	5	5	5	5	8	12	120	
293	Bill Pleis	5	5	5	5	8	12	100	
294	Bill Rigney MG	5	5	5	5	6	10	40	
295	Ed Roebuck	5	5	5	5	6	10	50	150
296	Doc Edwards	5	5	5	5	6	10	20	80
297	Jim Golden	5	5	5	5	6	10	40	
298	Don Dillard	5	5	5	5	6	10	150	200
299	1963 Rookie Stars	5	5	5	6	10	15	120	200
300	Willie Mays	80	120	200	300	500	800	1,500	3,000
301	Bill Fischer	5	5	5	5	6	10	40	
302	Whitey Herzog	5	5	5	5	5	50	200	
303	Earl Francis	5	5	5	5	6	10	25	120
304	Harry Bright	5	5	5	5	6	10	30	150
305	Don Hoak	5	5	5	5	8	12	80	150
306	Star Receivers	5	5	8	12	20	30	100	500
307	Chet Nichols	5	5	5	5	6	10	50	
308	Camilo Carreon	5	5	5	5	6	10	40	200
309	Jim Brewer	5	5	5	6	10	15	100	
310	Tommy Davis	5	5	5	5	8	40	150	
311	Joe McClain	5	5	5	5	6	10	40	120
312	Houston Colts TC	5	6	10	15	25	30	100	150
313	Ernie Broglio	5	5	5	6	10	15	50	
314	John Goryl	5	5	5	6	10	15	60	
315	Ralph Terry	5	5	5	8	12	20	200	
316	Norm Sherry	5	5	5	5	6	10	80	150
317	Sam McDowell	5	5	6	10	15	25	30	200
318	Gene Mauch MG	5	5	5	5	6	10	25	
319	Joe Gaines	5	5	5	5	8	12	80	
320	Warren Spahn	25	40	60	100	150	250	400	
321	Gino Cimoli	5	5	5	5	6	10	50	300
322	Bob Turley	5	5	5	5	6	10	40	150
323	Bill Mazeroski	8	12	20	30	50	60	300	
324	Vic Davalillo RC	5	5	5	5	8	25	120	250
325	Jack Sanford	5	5	6	10	15	25	100	
326	Hank Foiles	5	5	5	5	6	10	80	
327	Paul Foytack	5	5	5	5	6	10	40	
328	Dick Williams	5	5	5	5	8	25	300	
329	Lindy McDaniel	5	5	6	10	15	25	40	150
330	Chuck Hinton	5	5	5	5	6	10	30	150
331	Series Foes	5	5	8	12	20	30	60	350
332	Joel Horlen	5	5	5	5	6	10	40	150
333	Carl Warwick	5	5	6	10	15	25	120	
334	Wynn Hawkins	5	5	5	5	6	10	50	100
335	Leon Wagner	5	5	5	6	10	15	120	
336	Ed Bauta	5	5	5	5	6	10	100	
337	Los Angeles Dodgers TC	5	5	8	12	20	60	200	
338	Russ Kemmerer	5	5	6	10	15	25	50	
339	Ted Bowsfield	5	5	5	5	6	10	25	150
340	Yogi Berra	▲40	▲60	▼10	▲120	▲250	▲400	2,000	
341	Jack Baldschun	5	5	5	6	10	15	60	
342	Gene Woodling	5	5	5	6	10	15	25	150
343	Johnny Pesky MG	5	5	5	6	10	15	80	200
344	Don Schwall	5	5	5	5	6	10	30	
345	Brooks Robinson	▼25	▼30	▼40	▼60	▲150	200	300	800
346	Billy Hoeft	5	5	6	10	15	25	40	100
347	Joe Torre	6	10	15	25	40	60	200	
348	Vic Wertz	5	5	6	10	15	25	80	200
349	Zoilo Versalles	5	5	5	5	6	10	60	150
350	Bob Purkey	5	5	5	5	6	10	40	150
351	Al Luplow	5	5	5	8	12	20	80	
352	Ken Johnson	5	5	5	5	6	10	40	200
353	Billy Williams	12	20	30	50	80	120	▲500	
354	Dom Zanni	5	5	5	5	6	10	15	80
355	Dean Chance	5	5	8	12	20	30	80	250
356	John Schaive	5	5	5	5	6	10	200	
357	George Altman	5	5	5	5	6	10	20	100

#	Name	GD 2	VG 3	VgEx 4	EX 5	ExMt 6	NM 7	NmMt 8	MT
358	Milt Pappas	5	5	5	5	6	10	60	
359	Haywood Sullivan	5	5	5	5	6	10	60	
360	Don Drysdale	10	15	25	40	50	100	250	
361	Clete Boyer	8	12	20	30	50	80	120	
362	Checklist 5	5	5	5	6	10	15	150	
363	Dick Radatz	5	5	8	12	20	30	80	
364	Howie Goss	5	5	5	5	6	10	25	
365	Jim Bunning	5	5	8	12	20	50	120	
366	Tony Taylor	5	5	5	5	6	10	60	15
367	Tony Cloninger	5	5	5	5	6	10	30	12
368	Ed Bailey	5	5	5	5	6	10	40	15
369	Jim Lemon	5	5	5	5	6	12	50	
370	Dick Donovan	5	5	5	5	6	10	30	1
371	Rod Kanehl	5	5	5	5	6	10	50	10
372	Don Lee	5	5	5	8	12	20	30	10
373	Jim Campbell RC	5	5	5	8	12	20	30	
374	Claude Osteen	5	5	5	5	6	10	25	12
375	Ken Boyer	5	5	6	10	15	50	200	3
376	John Wyatt RC	5	5	5	8	12	20	30	8
377	Baltimore Orioles TC	5	5	8	12	20	25	40	15
378	Bill Henry	5	5	5	8	12	20	30	8
379	Bob Anderson	5	5	5	5	6	10	20	12
380	Ernie Banks	50	80	100	120	250	400	800	2,5
381	Frank Baumann	5	5	5	5	6	10	40	1
382	Ralph Houk MG	8	12	20	30	50	80	150	40
383	Pete Richert	5	5	5	5	6	10	100	
384	Bob Tillman	5	5	5	5	6	10	40	
385	Art Mahaffey	5	5	5	5	6	10	20	15
386	1963 Rookie Stars	5	5	5	5	8	12	50	
387	Al McBean	5	5	5	5	6	10	40	12
388	Jim Davenport	5	5	5	8	12	20	30	8
389	Frank Sullivan	5	5	5	8	12	20	30	10
390	Hank Aaron	40	60	100	150	250	400	3,000	6,00
391	Bill Dailey RC	5	5	5	5	6	10	20	15
392	Tribe Thumpers	5	5	5	5	8	12	50	25
393	Ken MacKenzie	5	5	5	6	10	15	50	
394	Tim McCarver	5	6	10	15	25	40	100	20
395	Don McMahon	5	5	5	6	10	15	25	12
396	Joe Koppe	5	5	5	8	12	20	30	12
397	Kansas City Athletics TC	5	5	5	6	10	15	80	12
398	Boog Powell	6	10	15	25	40	60	150	
399	Dick Ellsworth	5	5	5	5	6	10	40	10
400	Frank Robinson	20	30	50	60	100	150	400	2,00
401	Jim Bouton	6	10	15	25	40	60	250	1,20
402	Mickey Vernon MG	5	5	5	5	8	12	25	15
403	Ron Perranoski	5	5	5	5	6	10	30	10
404	Bob Oldis	5	5	5	5	6	10	20	15
405	Floyd Robinson	5	5	5	5	6	10	20	8
406	Howie Koplitz	5	5	5	5	8	12	30	
407	1963 Rookie Stars	5	5	5	5	6	10	40	
408	Billy Gardner	5	5	5	5	6	10	50	
409	Roy Face	5	5	6	10	15	25	50	
410	Earl Battey	5	5	5	5	6	10	30	20
411	Jim Constable	5	5	5	5	6	10	20	
412	Dodgers Big Three	20	30	50	80	120	200	600	1,50
413	Jerry Walker	5	5	5	6	10	15	25	15
414	Ty Cline	5	5	5	5	6	10	20	
415	Bob Gibson	30	50	80	120	200	400	800	2,00
416	Alex Grammas	5	5	6	10	15	25	40	
417	San Francisco Giants TC	5	5	5	5	5	25	100	
418	John Orsino	5	5	5	5	6	10	20	15
419	Tracy Stallard	5	5	5	5	6	10	20	8
420	Bobby Richardson	8	12	20	30	50	80	120	20
421	Tom Morgan	5	5	5	5	6	10	50	
422	Fred Hutchinson MG	5	5	5	5	6	10	20	135
423	Ed Hobaugh	5	5	5	5	6	10	25	10
424	Charlie Smith	5	5	5	5	6	10	20	10

#	Player	GD 2	VG 3	VgEx 4	EX 5	ExMt 6	NM 7	NmMt 8	MT 9
5	Smoky Burgess	5	5	5	5	8	12	30	150
6	Barry Latman	5	5	5	5	6	10	20	120
7	Bernie Allen	5	5	5	5	6	10	25	80
8	Carl Boles RC	5	5	5	6	10	15	25	
9	Lew Burdette	5	5	5	5	8	12	40	
0	Norm Siebern	5	5	5	5	6	10	20	
1A	Checklist 6 White/Red	5	5	5	6	10	15	100	
1B	Checklist 6 Black/Orange	5	5	5	6	10	15	40	200
2	Roman Mejias	5	5	5	5	6	10	20	100
3	Denis Menke	5	5	5	6	10	15	40	80
4	John Callison	5	5	5	5	8	12	60	200
5	Woody Held	5	5	5	5	6	10	20	120
6	Tim Harkness	5	5	5	5	6	10	20	120
7	Bill Bruton	5	5	5	5	6	10	20	
8	Wes Stock	5	5	5	8	12	20	30	80
9	Don Zimmer	5	5	6	10	15	25	40	120
0	Juan Marichal	15	25	40	60	100	150	250	400
1	Lee Thomas	5	5	5	5	6	10	50	
2	J.C. Hartman RC	5	5	5	5	6	10	30	150
3	Jimmy Piersall	5	5	5	8	12	20	60	
4	Jim Maloney	5	5	5	5	6	10	50	120
5	Norm Cash	5	5	5	8	12	30	40	
6	Whitey Ford	8	12	30	40	50	80	300	
7	Felix Mantilla	5	5	5	6	10	15	50	100
8	Jack Kralick	5	5	5	6	10	15	50	120
9	Jose Tartabull	5	5	5	8	12	20	60	
0	Bob Friend	5	6	10	15	25	40	60	100
1	Cleveland Indians TC	5	5	6	10	15	25	50	
2	Barney Schultz	5	5	5	6	10	15	40	150
3	Jake Wood	5	5	5	6	10	15	30	
4A	Art Fowler White Card No.	5	5	5	6	10	60	100	200
4B	Art Fowler Orange Card No.	5	5	5	6	10	15	25	120
5	Ruben Amaro	5	5	5	6	10	15	80	
6	Jim Coker	5	5	5	6	10	15	50	100
7	Tex Clevenger	5	5	5	8	12	20	60	200
8	Al Lopez MG	5	5	8	12	20	30	80	
9	Dick LeMay	5	5	5	6	10	15	60	120
0	Del Crandall	5	5	5	8	12	20	60	
1	Norm Bass	5	5	6	10	15	25	40	100
2	Wally Post	5	5	5	6	10	15	50	150
3	Joe Schaffernoth	5	5	5	6	10	15	40	100
4	Ken Aspromonte	5	5	5	6	10	25	60	
5	Chuck Estrada	5	5	8	12	20	30	50	100
6	Bill Freehan SP RC	15	25	40	60	100	150	300	500
7	Phil Ortega	5	5	5	6	10	15	80	
8	Carroll Hardy	5	5	8	12	20	30	40	200
9	Jay Hook	5	5	5	8	12	30	60	
0	Tom Tresh SP	6	10	15	25	30	80	120	400
1	Ken Retzer	5	5	5	6	10	15	30	80
2	Lou Brock	40	60	100	150	▲250	▲300	1,000	
3	New York Mets TC	6	10	15	25	40	50	150	800
4	Jack Fisher	5	5	5	8	12	20	40	100
5	Gus Triandos	5	5	5	8	12	20	50	
6	Frank Funk	5	5	5	6	10	15	50	120
7	Donn Clendenon	5	5	5	8	12	25	60	
8	Paul Brown	5	5	5	6	10	25	80	150
9	Ed Brinkman RC	5	5	5	6	10	15	50	
0	Bill Monbouquette	5	5	5	6	10	40	80	150
1	Bob Taylor	5	5	5	6	10	15	50	100
2	Felix Torres	5	5	5	6	10	15	30	100
3	Jim Owens	5	5	5	6	10	15	50	275
4	Dale Long SP	5	6	10	15	25	40	60	550
5	Jim Landis	5	5	5	6	10	15	50	100
6	Ray Sadecki	5	5	5	8	12	20	60	100
7	John Roseboro	5	5	5	8	12	20	80	250
8	Jerry Adair	5	5	5	6	10	30	40	150
9	Paul Toth RC	5	5	8	12	20	30	50	120
490	Willie McCovey	25	40	60	100	120	200	500	800
491	Harry Craft MG	5	5	5	6	10	25	40	60
492	Dave Wickersham	5	5	5	6	10	15	50	150
493	Walt Bond	5	5	5	6	10	15	50	120
494	Phil Regan	5	5	6	10	15	25	40	100
495	Frank Thomas SP	5	8	12	20	30	50	150	
496	1963 Rookie Stars	5	5	60	80	100	120	1,000	
497	Bennie Daniels	5	5	5	6	10	15	30	120
498	Eddie Kasko	5	5	5	6	10	15	50	100
499	J.C. Martin	5	5	6	10	15	25	40	100
500	Harmon Killebrew SP	▲50	▲60	▲80	100	150	250	▲600	▲2,500
501	Joe Azcue	5	5	5	6	10	15	150	
502	Daryl Spencer	5	5	5	6	10	15	50	80
503	Milwaukee Braves TC	5	5	5	8	12	30	80	120
504	Bob Johnson	5	5	5	6	10	15	40	150
505	Curt Flood	8	12	20	30	50	80	150	250
506	Gene Green	5	5	5	6	10	15	40	
507	Roland Sheldon	5	5	8	12	20	25	50	100
508	Ted Savage	5	5	5	6	10	25	40	200
509A	Checklist 7 Copyright Centered	5	5	5	8	12	20	30	
509B	Checklist 7 Copyright to Right	5	5	5	8	12	20	40	
510	Ken McBride	5	5	5	6	10	15	40	100
511	Charlie Neal	5	5	5	8	12	20	50	
512	Cal McLish	5	5	5	6	10	15	50	
513	Gary Geiger	5	5	5	6	10	15	50	150
514	Larry Osborne	5	5	5	6	10	15	40	100
515	Don Elston	5	5	5	6	10	15	25	120
516	Purnell Goldy RC	5	5	5	6	10	30	60	
517	Hal Woodeshick	5	5	5	6	10	15	60	
518	Don Blasingame	5	5	5	6	10	15	30	80
519	Claude Raymond RC	5	5	5	6	10	25	40	150
520	Orlando Cepeda	6	10	15	25	40	120	▲500	▲1,200
521	Dan Pfister	5	5	5	6	20	25	40	100
522	1963 Rookie Stars	5	6	10	15	25	40	100	
523	Bill Kunkel	5	5	5	5	8	25	60	
524	St. Louis Cardinals TC	5	5	5	8	12	20	60	200
525	Nellie Fox	8	12	20	30	50	80	100	300
526	Dick Hall	5	5	5	8	12	20	100	
527	Ed Sadowski	5	5	5	8	12	20	30	80
528	Carl Willey	5	5	5	5	8	12	30	80
529	Wes Covington	5	5	5	5	8	12	60	
530	Don Mossi	5	5	5	5	8	12	60	100
531	Sam Mele MG	5	5	5	8	12	20	30	120
532	Steve Boros	5	5	5	5	8	12	40	100
533	Bobby Shantz	5	5	6	10	15	25	40	80
534	Ken Walters	5	5	5	5	8	12	30	
535	Jim Perry	5	5	8	12	20	30	60	
536	Norm Larker	5	5	5	5	8	12	40	
537	Pete Rose RC	▲1,200	1,500	▼2,000	3,000	4,000	6,000	15,000	125,000
538	George Brunet	5	5	5	5	8	12	25	100
539	Wayne Causey	5	5	5	5	8	12	50	100
540	Roberto Clemente	100	150	250	400	600	1,000	1,500	3,000
541	Ron Moeller	5	5	5	5	8	12	40	80
542	Lou Klimchock	5	5	5	6	10	15	30	100
543	Russ Snyder	5	5	5	5	8	12	30	100
544	Rusty Staub RC	15	25	40	60	100	150	250	600
545	Jose Pagan	5	5	5	5	8	12	40	100
546	Hal Reniff	5	5	8	12	20	30	50	
547	Gus Bell	5	5	5	5	8	12	50	150
548	Tom Satriano RC	5	5	5	5	8	12	100	
549	1963 Rookie Stars	5	5	5	6	10	25	250	
550	Duke Snider	12	20	30	50	80	100	250	800
551	Billy Klaus	5	5	5	5	8	12	25	80
552	Detroit Tigers TC	5	6	10	15	25	40	100	800
553	Willie Stargell RC	120	200	250	300	500	800	2,000	8,000
554	Hank Fischer RC	5	5	5	8	12	20	40	150
555	John Blanchard	5	5	5	6	10	30	50	

#	Player	GD 2	VG 3	VgEx 4	EX 5	ExMt 6	NM 7	NmMt 8	MT 9
556	Al Worthington	5	5	5	5	8	12	50	100
557	Cuno Barragan	5	5	5	5	8	12	25	600
558	Ron Hunt RC	8	12	20	30	50	80	120	150
559	Danny Murtaugh MG	5	5	5	5	8	12	60	
560	Ray Herbert	5	5	6	10	15	25	40	80
561	Mike De La Hoz	5	5	5	5	8	12	50	
562	Dave McNally RC	6	10	15	25	40	60	120	300
563	Mike McCormick	5	5	5	5	8	12	30	80
564	George Banks RC	5	5	5	6	10	15	40	
565	Larry Sherry	5	5	5	5	6	30	100	
566	Cliff Cook	5	5	6	10	15	25	40	100
567	Jim Duffalo	5	5	5	5	8	12	50	
568	Bob Sadowski	5	5	5	5	8	12	50	150
569	Luis Arroyo	5	5	5	5	8	25	60	200
570	Frank Bolling	5	5	5	5	8	12	40	
571	Johnny Klippstein	5	5	6	10	15	25	40	80
572	Jack Spring	5	5	5	5	8	12	25	60
573	Coot Veal	5	5	5	5	6	25	100	150
574	Hal Kolstad	5	5	5	6	10	15	80	
575	Don Cardwell	5	5	5	6	10	15	100	200
576	Johnny Temple	5	6	10	15	25	40	60	200

— Roger Maris #120 PSA 9 (MT) sold for $2,177 (eBay; 01/12)
— Pete Rose #537 PSA 10 (Gem) sold for $717,000 (Heritage; 8/16)
— Pete Rose #537 PSA 10 (Gem) (Young Collection) sold for $157,366 (SCP; 5/12)
— Pete Rose RC #537 PSA 8.5 (NmMt+) sold for $5,005 (eBay; 12/12)
— Willie Stargell #553 PSA 10 (Gem) (Young Collection) sold for $12,131 (SCP; 5/12)

1963 Topps Peel-Offs

#	Player	GD 2	VG 3	VgEx 4	EX 5	ExMt 6	NM 7	NmMt 8	MT 9
1	Hank Aaron	5	8	10	12	20	100	200	300
2	Luis Aparicio	5	5	5	5	5	10	20	60
3	Richie Ashburn	5	5	5	5	8	12	40	
4	Bob Aspromonte	5	5	5	5	5	8	15	
5	Ernie Banks	5	5	5	6	10	15	50	
6	Ken Boyer	5	5	5	5	5	8	15	50
7	Jim Bunning	5	5	5	5	5	10	25	60
8	Johnny Callison	5	5	5	5	5	8	15	50
9	Roberto Clemente	5	8	12	15	25	120	250	
10	Orlando Cepeda	5	5	5	5	5	10	20	60
11	Rocky Colavito	5	5	5	5	8	12	80	
12	Tommy Davis	5	5	5	5	5	8	15	
13	Dick Donovan	5	5	5	5	5	8	15	60
14	Don Drysdale	5	5	5	5	8	12	40	80
15	Dick Farrell	5	5	5	5	5	8	15	50
16	Jim Gentile	5	5	5	5	5	8	15	
17	Ray Herbert	5	5	5	5	5	8	15	50
18	Chuck Hinton	5	5	5	5	5	8	15	
19	Ken Hubbs	5	5	5	5	5	10	30	60
20	Al Jackson	5	5	5	5	5	8	15	50
21	Al Kaline	5	5	5	6	10	15	150	
22	Harmon Killebrew	5	5	5	6	10	15	60	80
23	Sandy Koufax	5	8	12	15	60	80	200	
24	Jerry Lumpe	5	5	5	5	5	8	12	30
25	Art Mahaffey	5	5	5	5	5	8	15	
26	Mickey Mantle	15	20	25	100	120	150	500	
27	Willie Mays	5	5	8	10	15	30	60	
28	Bill Mazeroski	5	5	5	5	8	12	80	150
29	Bill Monbouquette	5	5	5	5	5	8	15	50
30	Stan Musial	5	5	8	10	15	50	120	
31	Camilo Pascual	5	5	5	5	5	8	15	
32	Bob Purkey	5	5	5	5	5	8	15	60
33	Bobby Richardson	5	5	5	5	5	10	40	60
34	Brooks Robinson	5	5	5	6	10	15	50	100
35	Floyd Robinson	5	5	5	5	5	8	15	60
36	Frank Robinson	5	5	6	10	15	50		
37	Bob Rodgers	5	5	5	5	5	8	15	60
38	Johnny Romano	5	5	5	5	5	8	15	

#	Player	GD 2	VG 3	VgEx 4	EX 5	ExMt 6	NM 7	NmMt 8	MT
39	Jack Sanford	5	5	5	5	5	8	15	
40	Norm Siebern	5	5	5	5	5	8	15	
41	Warren Spahn	5	5	5	6	10	15	50	10
42	Dave Stenhouse	5	5	5	5	5	8	15	
43	Ralph Terry	5	5	5	5	5	8	15	
44	Lee Thomas	5	5	5	5	5	8	15	6
45	Bill White	5	5	5	5	5	8	15	
46	Carl Yastrzemski	5	5	8	10	40	60	200	

1964 Topps

#	Player	GD 2	VG 3	VgEx 4	EX 5	ExMt 6	NM 7	NmMt 8	MT
1	NL ERA Leaders	5	5	8	12	30	50	250	
2	AL ERA Leaders	5	5	5	6	10	15	120	
3	NL Pitching Leaders	5	5	8	12	20	120		
4	AL Pitching Leaders	5	5	5	8	12	40	100	50
5	NL Strikeout Leaders	5	5	6	10	12	30	60	40
6	AL Strikeout Leaders	5	5	5	5	8	30	80	30
7	NL Batting Leaders	5	6	10	15	25	50	100	50
8	AL Batting Leaders	5	5	5	10	25	40	500	
9	NL Home Run Leaders	5	6	10	30	50	60	150	50
10	AL Home Run Leaders	5	5	5	6	10	15	80	50
11	NL RBI Leaders	5	5	6	15	25	30	80	50
12	AL RBI Leaders	5	5	5	6	10	15	100	60
13	Hoyt Wilhelm	5	8	12	20	30	50	100	40
14	D.Nen RC/N.Willhite RC	5	5	5	5	5	8	15	10
15	Zoilo Versalles	5	5	5	5	6	15	40	
16	John Boozer	5	5	5	5	5	8	15	5
17	Willie Kirkland	5	5	5	5	5	8	15	5
18	Billy O'Dell	5	5	5	5	5	8	15	5
19	Don Wert	5	5	5	5	5	8	15	10
20	Bob Friend	5	5	5	5	5	15	20	
21	Yogi Berra MG	▲30	▲40	50	80	100	150	300	60
22	Jerry Adair	5	5	5	5	5	8	20	15
23	Chris Zachary RC	5	5	5	5	5	8	30	10
24	Carl Sawatski	5	5	5	5	5	8	15	5
25	Bill Monbouquette	5	5	5	5	5	8	25	8
26	Gino Cimoli	5	5	5	5	5	8	15	5
27	New York Mets TC	5	5	5	5	8	15	30	10
28	Claude Osteen	5	5	5	5	5	15	50	8
29	Lou Brock	25	40	60	100	150	300	400	1,00
30	Ron Perranoski	5	5	5	5	5	8	20	8
31	Dave Nicholson	5	5	5	5	5	8	15	80
32	Dean Chance	5	5	5	5	5	10	20	8
33	S.Ellis/M.Queen	5	5	5	5	5	8	25	
34	Jim Perry	5	5	5	5	5	10	50	8
35	Eddie Mathews	20	30	50	60	80	120	250	80
36	Hal Reniff	5	5	5	5	6	15	50	
37	Smoky Burgess	5	5	5	5	6	15	40	
38	Jim Wynn RC	8	12	20	30	50	50	150	15
39	Hank Aguirre	5	5	5	5	5	8	15	5
40	Dick Groat	5	5	5	5	8	25	60	
41	Friendly Foes	5	5	5	8	12	20	40	
42	Moe Drabowsky	5	5	5	5	5	8	20	
43	Roy Sievers	5	5	5	5	5	10	20	10
44	Duke Carmel	5	5	5	5	5	8	15	10
45	Milt Pappas	5	5	5	5	5	8	15	10
46	Ed Brinkman	5	5	5	5	5	8	15	5
47	J.Alou RC/R.Herbel	5	5	5	5	5	10	20	8
48	Bob Perry RC	5	5	5	5	5	8	25	12
49	Bill Henry	5	5	5	5	5	8	20	
50	Mickey Mantle	300	400	500	600	1,000	2,000	5,000	60,00
51	Pete Richert	5	5	5	5	5	8	20	5
52	Chuck Hinton	5	5	5	5	5	8	15	5
53	Denis Menke	5	5	5	5	5	8	25	8
54	Sam Mele MG	5	5	5	5	5	8	15	60
55	Ernie Banks	30	50	80	120	150	300	600	2,500
56	Hal Brown	5	5	5	5	5	8	15	60

Player	GD 2	VG 3	VgEx 4	EX 5	ExMt 6	NM 7	NmMt 8	MT 9
Tim Harkness	5	5	5	5	5	8	15	80
Don Demeter	5	5	5	5	5	8	25	
Ernie Broglio	5	5	5	5	5	8	25	100
Frank Malzone	5	5	5	5	5	10	30	80
Angel Backstops	5	5	5	5	5	8	15	50
Ted Savage	5	5	5	5	5	8	15	50
John Orsino	5	5	5	5	5	8	15	50
Ted Abernathy	5	5	5	5	5	8	25	
Felipe Alou	5	5	5	5	5	10	20	80
Eddie Fisher	5	5	5	5	5	8	20	
Detroit Tigers TC	5	5	5	5	6	12	25	200
Willie Davis	5	5	5	6	10	15	25	50
Clete Boyer	5	5	5	5	5	15	80	200
Joe Torre	5	5	5	8	12	30	120	250
Jack Spring	5	5	5	5	6	12	30	100
Chico Cardenas	5	5	5	5	5	15	50	
Jimmie Hall RC	5	5	5	5	5	15	50	100
B.Priddy RC/T.Butters	5	5	5	5	5	8	25	100
Wayne Causey	5	5	5	5	5	8	25	
Checklist 1	5	5	5	5	5	10	20	80
Jerry Walker	5	5	5	5	5	8	25	100
Merritt Ranew	5	5	5	5	5	8	15	50
Bob Heffner RC	5	5	5	5	5	8	25	100
Vada Pinson	5	5	5	5	5	10	80	150
All-Star Vets	5	5	5	8	12	20	60	200
Jim Davenport	5	5	5	5	5	10	20	80
Gus Triandos	5	5	5	5	5	8	25	80
Carl Willey	5	5	5	5	5	8	15	50
Pete Ward	5	5	5	5	5	8	15	50
Al Downing	5	5	5	5	5	10	30	150
St. Louis Cardinals TC	5	5	5	5	5	10	20	100
John Roseboro	5	5	5	5	5	10	20	100
Boog Powell	5	5	5	5	5	10	100	200
Earl Battey	5	5	5	5	5	8	15	150
Bob Bailey	5	5	5	5	5	8	50	
Steve Ridzik	5	5	5	5	5	8	25	100
Gary Geiger	5	5	5	5	5	8	25	
J.Britton RC/L.Maxie RC	5	5	5	5	5	8	20	
George Altman	5	5	5	5	5	8	15	50
Bob Buhl	5	5	5	5	5	8	15	100
Jim Fregosi	5	5	5	5	5	10	30	60
Bill Bruton	5	5	5	5	5	10	20	120
Al Stanek RC	5	5	5	5	5	8	25	80
Elston Howard	5	5	5	8	12	20	40	200
Walt Alston MG	5	5	6	10	15	25	40	80
Checklist 2	5	5	5	5	5	8	15	50
Curt Flood	6	10	15	25	40	100	300	
Art Mahaffey	5	5	5	5	5	8	20	120
Woody Held	5	5	5	5	5	8	15	60
Joe Nuxhall	5	5	5	5	5	10	25	
B.Howard RC/F.Kruetzer RC	5	5	5	5	5	8	15	50
John Wyatt	5	5	5	5	5	8	25	
Rusty Staub	5	5	5	5	8	25	30	150
Albie Pearson	5	5	5	5	5	12	25	
Don Elston	5	5	5	5	5	8	15	50
Bob Tillman	5	5	5	5	5	8	15	50
Grover Powell RC	5	5	5	5	5	8	15	50
Don Lock	5	5	5	5	5	8	30	60
Frank Bolling	5	5	5	5	5	8	15	80
J.Ward RC/T.Oliva	▲15	▲25	▲40	▲60	▲100	▲200	▲250	▲800
Earl Francis	5	5	5	5	5	8	15	80
John Blanchard	5	5	5	5	6	20	50	
Gary Kolb RC	5	5	5	5	5	8	15	50
Don Drysdale	6	10	15	25	40	60	120	400
Pete Runnels	5	5	5	5	5	10	40	
Don McMahon	5	5	5	5	5	8	15	50
Jose Pagan	5	5	5	5	5	8	15	50

Player	GD 2	VG 3	VgEx 4	EX 5	ExMt 6	NM 7	NmMt 8	MT 9
124 Orlando Pena	5	5	5	5	5	8	15	50
125 Pete Rose	250	300	400	600	1,000	▲2,000	5,000	12,000
126 Russ Snyder	5	5	5	5	5	8	15	50
127 A.Gatewood RC/D.Simpson	5	5	5	5	5	8	15	50
128 Mickey Lolich RC	6	10	15	25	40	60	200	400
129 Amado Samuel	5	5	5	5	5	8	15	50
130 Gary Peters	5	5	5	5	5	8	20	100
131 Steve Boros	5	5	5	5	5	8	15	50
132 Milwaukee Braves TC	5	5	5	5	5	10	20	70
133 Jim Grant	5	5	5	5	5	8	25	80
134 Don Zimmer	5	5	5	5	5	10	25	80
135 Johnny Callison	5	5	5	5	5	10	25	80
136 Sandy Koufax WS1	6	10	15	25	40	80	400	
137 Willie Davis WS2	5	5	5	5	8	15	40	150
138 Ron Fairly WS3	5	5	5	5	8	15	40	120
139 Frank Howard WS4	5	5	5	5	8	15	50	650
140 Dodgers Celebrate WS	5	5	5	5	8	15	30	120
141 Danny Murtaugh MG	5	5	5	5	5	8	25	50
142 John Bateman	5	5	5	5	5	10	30	120
143 Bubba Phillips	5	5	5	5	5	8	15	50
144 Al Worthington	5	5	5	5	5	8	15	50
145 Norm Siebern	5	5	5	5	5	8	15	80
146 T.John RC/B.Chance RC	6	10	15	50	60	80	200	800
147 Ray Sadecki	5	5	5	5	5	8	30	120
148 J.C. Martin	5	5	5	5	5	10	40	100
149 Paul Foytack	5	5	5	5	5	8	15	50
150 Willie Mays	40	50	60	100	150	250	1,500	4,000
151 Kansas City Athletics TC	5	5	5	5	5	10	20	80
152 Denny Lemaster	5	5	5	5	5	8	15	50
153 Dick Williams	5	5	5	5	5	8	40	80
154 Dick Tracewski RC	5	5	5	5	5	10	20	60
155 Duke Snider	6	10	15	25	50	60	120	400
156 Bill Dailey	5	5	5	5	5	8	15	60
157 Gene Mauch MG	5	5	5	5	5	8	15	100
158 Ken Johnson	5	5	5	5	5	8	15	50
159 Charlie Dees RC	5	5	5	5	5	8	50	80
160 Ken Boyer	5	5	5	5	8	20	60	200
161 Dave McNally	5	5	5	5	5	10	25	60
162 Hitting Area	5	5	5	5	5	8	60	
163 Donn Clendenon	5	5	5	5	5	10	40	80
164 Bud Daley	5	5	5	5	5	8	15	50
165 Jerry Lumpe	5	5	5	5	5	8	15	50
166 Marty Keough	5	5	5	5	5	8	15	50
167 M.Brumley RC/L.Piniella RC	6	10	15	25	40	60	120	1,000
168 Al Weis	5	5	5	5	5	8	15	60
169 Del Crandall	5	5	5	5	5	10	20	80
170 Dick Radatz	5	5	5	5	5	15	40	100
171 Ty Cline	5	5	5	5	5	8	15	50
172 Cleveland Indians TC	5	5	5	5	5	10	20	80
173 Ryne Duren	5	5	5	5	5	8	30	60
174 Doc Edwards	5	5	5	5	5	8	15	50
175 Billy Williams	6	10	15	25	40	▲120	▲500	
176 Tracy Stallard	5	5	5	5	5	8	15	50
177 Harmon Killebrew	12	20	30	50	60	120	250	▲1,500
178 Hank Bauer MG	5	5	5	5	6	10	15	60
179 Carl Warwick	5	5	5	5	5	8	20	50
180 Tommy Davis	5	5	5	5	5	10	25	80
181 Dave Wickersham	5	5	5	5	5	8	15	50
182 Sox Sockers	5	5	5	5	8	15	80	120	200
183 Ron Taylor	5	5	5	5	5	8	15	450
184 Al Luplow	5	5	5	5	5	8	15	50
185 Jim O'Toole	5	5	5	5	5	8	15	50
186 Roman Mejias	5	5	5	5	5	8	25	
187 Ed Roebuck	5	5	5	5	5	8	15	50
188 Checklist 3	5	5	5	5	5	8	25	80
189 Bob Hendley	5	5	5	5	5	8	15	175
190 Bobby Richardson	5	5	5	6	10	20	80	300

#	Player	GD 2	VG 3	VgEx 4	EX 5	ExMt 6	NM 7	NmMt 8	MT 9
191	Clay Dalrymple	5	5	5	5	5	8	15	50
192	J.Boccabella RC/B.Cowan RC	5	5	5	5	5	8	15	50
193	Jerry Lynch	5	5	5	5	5	8	15	120
194	John Goryl	5	5	5	5	5	8	15	50
195	Floyd Robinson	5	5	5	5	5	8	15	50
196	Jim Gentile	5	5	5	5	5	8	20	
197	Frank Lary	5	5	5	5	5	8	15	100
198	Len Gabrielson	5	5	5	5	6	12	30	100
199	Joe Azcue	5	5	5	5	5	8	15	50
200	Sandy Koufax	50	80	120	100	150	200	400	1,200
201	S.Bowens RC/W.Bunker RC	5	5	5	8	12	20	30	400
202	Galen Cisco	5	5	5	5	5	8	25	50
203	John Kennedy RC	5	5	5	5	5	8	20	50
204	Matty Alou	5	5	5	6	10	15	40	80
205	Nellie Fox	5	5	5	8	20	25	40	150
206	Steve Hamilton	5	5	5	5	5	8	30	50
207	Fred Hutchinson MG	5	5	5	5	5	8	15	80
208	Wes Covington	5	5	5	5	5	10	40	
209	Bob Allen	5	5	5	5	6	12	30	80
210	Carl Yastrzemski	25	40	50	60	80	250	500	1,500
211	Jim Coker	5	5	5	5	5	8	15	50
212	Pete Lovrich	5	5	5	5	5	8	15	50
213	Los Angeles Angels TC	5	5	5	8	12	20	30	80
214	Ken McMullen	5	5	5	5	5	8	25	50
215	Ray Herbert	5	5	5	5	5	8	25	80
216	Mike de la Hoz	5	5	5	5	5	8	15	50
217	Jim King	5	5	5	5	5	8	15	50
218	Hank Fischer	5	5	5	5	5	8	15	50
219	Young Aces	5	5	5	5	5	10	30	120
220	Dick Ellsworth	5	5	5	5	5	8	15	50
221	Bob Saverine	5	5	5	5	5	8	15	50
222	Billy Pierce	5	5	5	5	5	8	25	50
223	George Banks	5	5	5	5	5	8	15	60
224	Tommie Sisk	5	5	5	5	5	8	15	80
225	Roger Maris	▲40	▲60	▲80	▲120	▲200	▲300	▲500	▲1,200
226	J.Grote RC/L.Yellen RC	5	5	5	5	5	8	15	50
227	Barry Latman	5	5	5	5	5	8	15	50
228	Felix Mantilla	5	5	5	5	5	8	15	80
229	Charley Lau	5	5	5	8	12	20	30	50
230	Brooks Robinson	15	25	40	60	▲120	▲150	▲500	▲1,200
231	Dick Calmus RC	5	5	5	5	5	8	15	50
232	Al Lopez MG	5	5	5	5	5	10	30	80
233	Hal Smith	5	5	5	5	5	8	15	50
234	Gary Bell	5	5	5	5	5	10	20	60
235	Ron Hunt	5	5	5	5	5	8	15	60
236	Bill Faul	5	5	5	5	5	8	15	80
237	Chicago Cubs TC	5	5	6	10	15	25	60	250
238	Roy McMillan	5	5	5	5	5	8	20	50
239	Herm Starrette RC	5	5	5	5	5	8	25	80
240	Bill White	5	5	5	5	8	15	40	120
241	Jim Owens	5	5	5	5	5	8	15	50
242	Harvey Kuenn	5	5	5	5	5	8	15	50
243	R.Allen RC/J.Hernstein	▲30	▲50	▲80	▲120	▲200	▲300	▲600	▲2,500
244	Tony LaRussa RC	▲20	▲25	▲30	40	60	100	▲250	▲600
245	Dick Stigman	5	5	5	5	5	8	15	50
246	Manny Mota	5	5	5	5	5	10	40	80
247	Dave DeBusschere	5	5	5	5	5	10	40	150
248	Johnny Pesky MG	5	5	5	5	5	10	30	80
249	Doug Camilli	5	5	5	5	5	8	20	50
250	Al Kaline	20	25	30	40	50	80	120	500
251	Choo Choo Coleman	5	5	5	5	5	10	50	100
252	Ken Aspromonte	5	5	5	5	5	8	25	
253	Wally Post	5	5	5	5	5	8	25	80
254	Don Hoak	5	5	5	5	5	8	30	50
255	Lee Thomas	5	5	5	5	5	8	25	100
256	Johnny Weekly	5	5	5	5	5	8	25	80
257	San Francisco Giants TC	5	5	5	5	5	8	50	120

#	Player	GD 2	VG 3	VgEx 4	EX 5	ExMt 6	NM 7	NmMt 8	MT 9
258	Garry Roggenburk	5	5	5	5	5	10	20	
259	Harry Bright	5	5	5	5	5	10	20	
260	Frank Robinson	20	30	50	80	120	150	300	5..
261	Jim Hannan	5	5	5	5	5	8	15	
262	M.Shannon RC/H.Fanok	5	5	5	5	8	15	50	1..
263	Chuck Estrada	5	5	5	5	5	8	15	
264	Jim Landis	5	5	5	5	5	8	15	
265	Jim Bunning	5	5	5	8	12	20	50	1..
266	Gene Freese	5	5	5	5	5	8	15	
267	Wilbur Wood RC	5	5	5	5	6	12	25	1..
268	Bill's Got It	5	5	5	5	5	12	40	1..
269	Ellis Burton	5	5	5	5	5	8	15	
270	Rich Rollins	5	5	5	5	5	8	30	1..
271	Bob Sadowski	5	5	5	5	5	8	15	
272	Jake Wood	5	5	5	5	5	8	15	1..
273	Mel Nelson	5	5	5	5	5	8	15	
274	Checklist 4	5	5	5	5	8	12	25	1..
275	John Tsitouris	5	5	5	5	5	10	30	1..
276	Jose Tartabull	5	5	5	5	5	8	20	
277	Ken Retzer	5	5	5	5	5	8	30	1..
278	Bobby Shantz	5	5	5	5	5	8	30	1..
279	Joe Koppe	5	5	5	5	5	8	15	
280	Juan Marichal	6	10	15	25	40	100	200	3..
281	J.,Gibbs/T.Metcalf RC	5	5	5	5	5	10	25	1..
282	Bob Bruce	5	5	5	5	5	8	15	
283	Tom McCraw RC	5	5	5	5	5	8	15	
284	Dick Schofield	5	5	5	5	5	8	15	
285	Robin Roberts	5	5	5	8	12	20	60	10..
286	Don Landrum	5	5	5	5	5	8	15	
287	Tony Conigliaro RC	10	15	25	40	60	80	200	50..
288	Al Moran	5	5	5	5	5	8	15	
289	Frank Funk	5	5	5	5	5	8	15	
290	Bob Allison	5	5	5	5	5	10	20	
291	Phil Ortega	5	5	5	5	5	8	15	
292	Mike Roarke	5	5	5	5	5	8	15	
293	Philadelphia Phillies TC	5	5	5	5	5	10	20	12..
294	Ken L. Hunt	5	5	5	5	5	8	15	3..
295	Roger Craig	5	5	5	8	12	20	30	10..
296	Ed Kirkpatrick	5	5	5	5	5	8	15	
297	Ken MacKenzie	5	5	5	5	5	8	15	
298	Harry Craft MG	5	5	5	5	5	8	15	
299	Bill Stafford	5	5	5	5	5	12	60	10..
300	Hank Aaron	50	80	120	200	250	400	1,500	3,00..
301	Larry Brown RC	5	5	5	5	5	8	15	5..
302	Dan Pfister	5	5	5	5	5	8	15	6..
303	Jim Campbell	5	5	5	5	5	8	15	
304	Bob Johnson	5	5	5	5	5	8	15	
305	Jack Lamabe	5	5	5	5	5	8	15	
306	Giant Gunners	8	12	20	30	50	80	100	50..
307	Joe Gibbon	5	5	5	5	5	8	15	
308	Gene Stephens	5	5	5	5	5	8	15	
309	Paul Toth	5	5	5	5	6	12	30	10..
310	Jim Gilliam	5	5	5	5	6	12	30	5..
311	Tom W. Brown RC	5	5	5	5	5	8	15	5..
312	F.Fisher RC/F.Gladding RC	5	5	5	5	5	8	15	5..
313	Chuck Hiller	5	5	5	5	5	8	15	
314	Jerry Buchek	5	5	5	5	5	8	15	
315	Bo Belinsky	5	5	5	5	5	8	25	5..
316	Gene Oliver	5	5	5	5	5	8	15	
317	Al Smith	5	5	5	5	5	8	15	5..
318	Minnesota Twins TC	5	5	5	5	6	12	25	12..
319	Paul Brown	5	5	5	5	5	8	15	5..
320	Rocky Colavito	5	5	5	8	12	20	50	30..
321	Bob Lillis	5	5	5	5	5	8	15	5..
322	George Brunet	5	5	5	5	5	8	15	5..
323	John Buzhardt	5	5	5	5	5	8	15	5..
324	Casey Stengel MG	5	8	12	20	30	50	100	25..

	GD 2	VG 3	VgEx 4	EX 5	ExMt 6	NM 7	NmMt 8	MT 9
25 Hector Lopez	5	5	5	5	5	10	50	80
26 Ron Brand RC	5	5	5	5	5	8	15	50
27 Don Blasingame	5	5	5	5	5	8	15	50
28 Bob Shaw	5	5	5	5	5	8	15	50
29 Russ Nixon	5	5	5	5	5	8	15	60
30 Tommy Harper	5	5	5	5	8	20	120	250
31 AL Bombers	100	150	250	300	400	500	800	▲4,000
32 Ray Washburn	5	5	5	5	6	12	30	150
33 Billy Moran	5	5	5	5	5	8	15	50
34 Lew Krausse	5	5	5	5	5	8	15	50
35 Don Mossi	5	5	5	5	5	10	25	80
36 Andre Rodgers	5	5	5	5	5	8	15	50
37 A.Ferrara RC/J.Torborg RC	5	5	5	5	5	8	25	50
38 Jack Kralick	5	5	5	5	5	8	15	50
39 Walt Bond	5	5	5	5	5	8	15	50
40 Joe Cunningham	5	5	5	5	5	8	15	50
41 Jim Roland	5	5	5	5	5	8	15	50
42 Willie Stargell	20	30	50	80	120	250	400	2,000
43 Washington Senators TC	5	5	5	5	5	10	20	80
44 Phil Linz	5	5	5	5	5	10	25	150
45 Frank Thomas	5	5	5	5	5	10	25	80
46 Joey Jay	5	5	5	5	5	8	15	50
47 Bobby Wine	5	5	5	5	5	8	15	50
48 Ed Lopat MG	5	5	5	5	5	10	20	50
49 Art Fowler	5	5	5	5	5	8	15	50
50 Willie McCovey	8	12	20	30	50	80	100	400
51 Dan Schneider	5	5	5	5	5	8	15	50
52 Eddie Bressoud	5	5	5	5	5	8	15	50
53 Wally Moon	5	5	5	5	5	10	60	80
54 Dave Giusti	5	5	5	5	5	8	15	50
55 Vic Power	5	5	5	5	5	10	25	50
56 B.McCool RC/C.Ruiz	5	5	5	5	5	8	15	50
57 Charley James	5	5	5	5	5	8	15	60
58 Ron Kline	5	5	5	5	5	8	15	50
59 Jim Schaffer	5	5	5	5	5	8	15	50
60 Joe Pepitone	5	5	5	5	8	25	60	100
61 Jay Hook	5	5	5	5	5	8	15	50
62 Checklist 5	5	5	5	6	10	15	40	60
63 Dick McAuliffe	5	5	5	6	10	15	25	50
64 Joe Gaines	5	5	5	5	5	8	15	50
65 Cal McLish	5	5	5	5	5	8	15	50
66 Nelson Mathews	5	5	5	5	5	8	15	50
67 Fred Whitfield	5	5	5	5	5	8	15	50
68 F.Ackley RC/D.Buford RC	5	5	5	5	5	8	20	100
69 Jerry Zimmerman	5	5	5	5	5	8	15	50
70 Hal Woodeshick	5	5	5	5	5	8	15	50
71 Frank Howard	5	5	5	10	15	30	60	150
72 Howie Koplitz	5	5	5	5	5	10	25	60
73 Pittsburgh Pirates TC	5	5	5	5	6	15	60	100
74 Bobby Bolin	5	5	5	5	5	10	30	60
75 Ron Santo	▲20	▲25	▲30	▲40	▲50	▲150	300	600
76 Dave Morehead	5	5	5	5	5	10	25	60
77 Bob Skinner	5	5	5	5	5	10	20	100
78 W.Woodward RC/J.Smith	5	5	5	5	5	10	25	60
79 Tony Gonzalez	5	5	5	5	5	15	30	120
80 Whitey Ford	12	20	30	50	80	150	300	1,200
81 Bob Taylor	5	5	5	5	5	10	30	60
82 Wes Stock	5	5	5	5	5	20	30	60
83 Bill Rigney MG	5	5	5	5	5	15	40	60
84 Ron Hansen	5	5	5	5	5	15	40	80
85 Curt Simmons	5	5	5	5	6	12	30	150
86 Lenny Green	5	5	5	5	5	10	25	60
87 Terry Fox	5	5	5	5	5	10	25	80
88 J.O'Donoghue RC/G.Williams	5	5	5	5	5	10	50	150
89 Jim Umbricht	5	5	5	5	5	10	20	80
90 Orlando Cepeda	5	8	12	20	25	50	100	250
91 Sam McDowell	5	5	5	8	12	20	40	80

	GD 2	VG 3	VgEx 4	EX 5	ExMt 6	NM 7	NmMt 8	MT 9
392 Jim Pagliaroni	5	5	5	5	5	10	50	120
393 Casey Teaches	5	5	5	6	15	20	60	250
394 Bob Miller	5	5	5	5	5	10	40	120
395 Tom Tresh	5	6	10	15	25	40	100	150
396 Dennis Bennett	5	5	5	5	5	10	20	60
397 Chuck Cottier	5	5	5	5	5	10	25	60
398 B.Haas/D.Smith	5	5	5	5	6	15	50	200
399 Jackie Brandt	5	5	5	5	5	20	50	120
400 Warren Spahn	12	20	30	50	80	120	150	400
401 Charlie Maxwell	5	5	5	5	5	15	80	100
402 Tom Sturdivant	5	5	5	5	5	10	30	60
403 Cincinnati Reds TC	5	5	5	5	6	12	60	150
404 Tony Martinez	5	5	5	5	5	10	20	60
405 Ken McBride	5	5	5	5	5	10	30	60
406 Al Spangler	5	5	5	5	5	10	25	100
407 Bill Freehan	5	5	5	8	12	40	50	150
408 J.Stewart RC/F.Burdette RC	5	5	5	5	5	10	25	60
409 Bill Fischer	5	5	5	5	5	10	20	60
410 Dick Stuart	5	5	5	5	5	10	40	120
411 Lee Walls	5	5	5	5	5	10	20	60
412 Ray Culp	5	5	6	8	12	20	50	80
413 Johnny Keane MG	5	5	5	5	5	10	20	80
414 Jack Sanford	5	5	5	5	5	15	30	100
415 Tony Kubek	5	8	12	20	25	40	120	250
416 Lee Maye	5	5	5	5	5	5	40	80
417 Don Cardwell	5	5	5	5	5	10	25	60
418 D.Knowles RC/B.Narum RC	5	5	5	5	5	10	30	60
419 Ken Harrelson RC	5	5	6	10	15	25	60	100
420 Jim Maloney	5	5	5	5	20	25	30	60
421 Camilo Carreon	5	5	5	5	5	10	20	60
422 Jack Fisher	5	5	5	5	5	10	25	60
423 Tops in NL	30	50	80	120	200	300	500	1,200
424 Dick Bertell	5	5	5	5	5	10	20	60
425 Norm Cash	5	5	5	8	12	20	40	100
426 Bob Rodgers	5	5	5	5	5	10	20	60
427 Don Rudolph	5	5	5	6	10	15	25	60
428 A.Skeen RC/P.Smith RC	5	5	5	5	5	10	50	120
429 Tim McCarver	5	5	5	5	20	25	60	250
430 Juan Pizarro	5	5	5	5	5	20		
431 George Alusik	5	5	5	5	5	10	30	60
432 Ruben Amaro	5	5	5	6	10	15	25	60
433 New York Yankees TC	8	12	20	30	50	80	200	400
434 Don Nottebart	5	5	5	5	5	10	20	60
435 Vic Davalillo	5	5	5	5	8	30	80	400
436 Charlie Neal	5	5	5	5	6	12	30	80
437 Ed Bailey	5	5	5	5	5	10	30	80
438 Checklist 6	5	5	5	5	8	15	30	100
439 Harvey Haddix	5	5	5	5	6	15	80	120
440 Roberto Clemente	100	150	250	400	500	800	▲3,000	▲6,000
441 Bob Duliba	5	5	5	5	5	10	20	60
442 Pumpsie Green	5	5	5	5	6	15	40	100
443 Chuck Dressen MG	5	5	5	5	6	20	20	80
444 Larry Jackson	5	5	5	5	5	10	20	150
445 Bill Skowron	5	5	5	5	6	12	30	80
446 Julian Javier	5	5	6	10	15	25	150	
447 Ted Bowsfield	5	5	5	5	5	10	20	60
448 Cookie Rojas	5	5	5	5	6	20	25	80
449 Deron Johnson	5	5	5	6	10	15	40	100
450 Steve Barber	5	5	5	5	8	20	50	100
451 Joe Amalfitano	5	5	5	5	5	10	50	150
452 G.Garrido RC/J.Hart RC	5	5	6	10	15	25	40	80
453 Frank Baumann	5	5	5	5	5	15	40	80
454 Tommie Aaron	5	5	5	5	6	12	50	150
455 Bernie Allen	5	5	5	5	5	10	25	60
456 W.Parker RC/J.Werhas RC	5	5	5	5	6	25	50	100
457 Jesse Gonder	5	5	5	5	5	10	25	60
458 Ralph Terry	5	5	6	10	15	25	80	250

#	Player	GD 2	VG 3	VgEx 4	EX 5	ExMt 6	NM 7	NmMt 8	MT 9
459	P.Charton RC/D.Jones RC	5	5	5	5	5	10	40	60
460	Bob Gibson	25	40	60	100	150	250	400	1,000
461	George Thomas	5	5	5	5	5	15	40	80
462	Birdie Tebbetts MG	5	5	5	5	5	15	40	100
463	Don Leppert	5	5	5	5	5	10	25	80
464	Dallas Green	5	5	5	8	15	20	80	120
465	Mike Hershberger	5	5	5	5	5	15	100	
466	D.Green RC/A.Monteagudo RC	5	5	5	5	6	20	60	80
467	Bob Aspromonte	5	5	5	5	5	10	20	60
468	Gaylord Perry	6	10	15	25	40	80	120	500
469	F.Norman RC/S.Slaughter RC	5	5	5	5	6	30	80	120
470	Jim Bouton	5	5	5	8	12	30	50	120
471	Gates Brown RC	5	5	5	8	12	20	100	
472	Vern Law	5	5	5	8	12	20	80	120
473	Baltimore Orioles TC	30	50	60	80	120	250	500	
474	Larry Sherry	5	5	5	5	6	12	100	150
475	Ed Charles	5	5	5	5	5	10	20	60
476	R.Carty RC/D.Kelley RC	5	5	5	5	10	40	120	200
477	Mike Joyce	5	5	5	5	5	15	50	50
478	Dick Howser	5	5	5	5	5	10	30	120
479	D.Bakenhaster RC/J.Lewis RC	5	5	5	5	5	10	25	60
480	Bob Purkey	5	5	5	5	5	10	25	60
481	Chuck Schilling	5	5	5	5	5	10	30	80
482	J.Briggs RC/D.Cater RC	5	5	5	5	10	20	80	150
483	Fred Valentine RC	5	5	5	5	5	10	30	60
484	Bill Pleis	5	5	5	5	5	10	20	60
485	Tom Haller	5	5	5	5	5	10	20	60
486	Bob Kennedy MG	5	5	5	5	5	10	25	60
487	Mike McCormick	5	5	5	5	5	25	40	
488	P.Mikkelsen RC/B.Meyer RC	5	5	5	5	6	12	50	800
489	Julio Navarro	5	5	5	5	5	10	60	100
490	Ron Fairly	5	5	5	5	6	12	40	80
491	Ed Rakow	5	5	5	5	5	10	30	60
492	J.Beauchamp RC/M.White RC	5	5	5	5	5	10	25	60
493	Don Lee	5	5	5	5	5	10	20	40
494	Al Jackson	5	5	5	5	5	10	50	120
495	Bill Virdon	5	5	5	5	6	15	50	120
496	Chicago White Sox TC	5	5	5	5	12	25	80	
497	Jeoff Long RC	5	5	5	5	5	10	40	120
498	Dave Stenhouse	5	5	5	5	5	10	25	60
499	C.Slamon RC/G.Seyfried RC	5	5	5	5	8	15	30	100
500	Camilo Pascual	5	5	5	5	6	40	100	
501	Bob Veale	5	5	5	5	5	10	150	
502	B.Knoop RC/B.Lee RC	5	5	5	5	5	10	50	150
503	Earl Wilson	5	5	5	5	5	12	40	100
504	Claude Raymond	5	5	5	5	5	10	25	60
505	Stan Williams	5	5	6	10	15	50	120	250
506	Bobby Bragan MG	5	5	5	5	5	10	50	100
507	Johnny Edwards	5	5	5	5	5	10	25	50
508	Diego Segui	5	5	5	5	5	10	25	
509	G.Alley RC/O.McFarlane RC	5	5	5	5	25	100	400	
510	Lindy McDaniel	5	5	5	5	6	12	30	120
511	Lou Jackson	5	5	5	5	5	20	25	80
512	W.Horton RC/J.Sparma RC	5	5	6	10	15	25	250	800
513	Don Larsen	5	5	5	6	10	15	80	120
514	Jim Hickman	5	5	5	8	12	20	80	150
515	Johnny Romano	5	5	5	5	5	10	60	
516	J.Arrigo RC/D.Siebler RC	5	5	5	5	5	10	30	
517A	Checklist 7 Incorrect Numbering	5	5	6	10	15	25	40	150
517B	Checklist 7 Correct Numbering	5	5	6	10	15	40	100	
518	Carl Bouldin	5	5	5	5	5	10	30	150
519	Charlie Smith	5	5	5	5	5	10	20	60
520	Jack Baldschun	5	5	5	5	5	10	60	100
521	Tom Satriano	5	5	5	5	5	15	60	100
522	Bob Tiefenauer	5	5	5	5	5	10	25	60
523	Lou Burdette	5	5	8	12	20	30	50	150
524	J.Dickson RC/B.Klaus RC	5	5	5	5	8	15	40	

#	Player	GD 2	VG 3	VgEx 4	EX 5	ExMt 6	NM 7	NmMt 8	MT
525	Al McBean	5	5	5	5	8	15	30	8
526	Lou Clinton	5	5	5	5	8	20	30	8
527	Larry Bearnarth	5	5	5	5	8	15	40	12
528	D.Duncan RC/T.Reynolds RC	5	5	5	5	8	15	60	
529	Alvin Dark MG	5	5	8	12	20	30	60	15
530	Leon Wagner	5	5	5	5	8	15	50	12
531	Los Angeles Dodgers TC	5	8	12	20	30	50	150	50
532	B.Bloomfield RC/J.Nossek RC	5	5	5	5	8	15	80	15
533	Johnny Klippstein	5	5	5	5	8	15	30	
534	Gus Bell	5	5	5	8	12	20	40	
535	Phil Regan	5	5	5	5	8	30	50	12
536	L.Elliot/J.Stephenson RC	5	5	5	5	8	15	40	
537	Dan Osinski	5	5	5	5	8	15	30	8
538	Minnie Minoso	5	5	8	12	20	80	300	
539	Roy Face	5	5	5	5	8	15	40	12
540	Luis Aparicio	5	6	10	15	25	60	500	
541	P.Roof/P.Niekro RC	80	120	▼150	▼200	▼250	500	600	1,50
542	Don Mincher	5	5	5	6	10	15	30	10
543	Bob Uecker	5	6	10	15	50	200	300	500
544	S.Hertz RC/J.Hoerner RC	5	5	5	6	10	15	50	
545	Max Alvis	5	5	5	6	10	15	50	8
546	Joe Christopher	5	5	5	6	10	15	60	15
547	Gil Hodges MG	5	5	6	10	15	25	100	25
548	W.Schurr RC/P.Speckenbach RC	5	5	5	8	12	20	30	8
549	Joe Moeller	5	5	5	5	8	15	40	8
550	Ken Hubbs MEM	5	6	10	15	25	80	100	30
551	Billy Hoeft	5	5	5	5	8	25	40	8
552	T.Kelley RC/S.Siebert RC	5	5	5	5	8	20	40	15
553	Jim Brewer	5	5	5	5	8	15	30	12
554	Hank Foiles	5	5	5	5	8	15	25	8
555	Lee Stange	5	5	5	5	8	15	60	10
556	S.Dillon RC/R.Locke RC	5	5	5	5	8	15	50	
557	Leo Burke	5	5	5	5	8	15	25	8
558	Don Schwall	5	5	5	5	8	15	40	
559	Dick Phillips	5	5	5	5	8	15	30	8
560	Dick Farrell	5	5	5	5	8	15	30	8
561	D.Bennett RC/R.Wise RC	5	5	8	12	20	30	60	15
562	Pedro Ramos	5	5	5	8	10	20	50	8
563	Dal Maxvill	5	5	5	5	8	40	100	200
564	J.McCabe RC/J.McNertney RC	5	5	5	5	8	15	40	80
565	Stu Miller	5	5	5	5	8	15	50	80
566	Ed Kranepool	5	5	5	8	12	20	40	100
567	Jim Kaat	5	6	10	15	25	40	▲150	▲400
568	P.Gagliano RC/C.Peterson RC	5	5	5	8	12	20	30	8
569	Fred Newman	5	5	6	10	15	25	40	8
570	Bill Mazeroski	12	20	30	40	50	60	150	250
571	Gene Conley	5	5	5	5	8	15	30	80
572	D.Gray RC/D.Egan	5	5	5	5	8	15	50	
573	Jim Duffalo	5	5	5	8	12	20	30	8
574	Manny Jimenez	5	5	5	5	8	15	25	50
575	Tony Cloninger	5	5	5	5	8	15	30	60
576	J.Hinsley RC/B.Wakefield RC	5	5	5	8	12	20	60	200
577	Gordy Coleman	5	5	5	5	8	15	60	200
578	Glen Hobbie	5	5	8	12	20	30	50	80
579	Boston Red Sox TC	5	8	12	20	30	50	80	400
580	Johnny Podres	5	5	5	6	10	25	60	100
581	P.Gonzalez/A.Moore RC	5	5	5	8	15	50	200	
582	Rod Kanehl	5	5	5	5	8	20	60	100
583	Tito Francona	5	5	5	5	8	20	50	300
584	Joel Horlen	5	5	5	5	10	25	100	200
585	Tony Taylor	5	5	5	5	8	25	80	
586	Jimmy Piersall	5	6	10	15	25	40	60	150
587	Bennie Daniels	5	5	5	6	10	25	60	

— Chicago Cubs TC #237 PSA 10 (Gem) sold for $2,670 (Greg Bussineau; 12/12)

— P.Roof/P.Niekro #541 PSA 10 (Gem) (Young Collection) sold for $8,711 (SCP; 5/12)

BASEBALL

1964 Topps Giants

	VG 3	VgEx 4	EX 5	ExMt 6	NM 7	NmMt 8	MT 9	Gem 9.5/10
Gary Peters	5	5	5	5	8	30	120	
Ken Johnson	5	5	5	5	8	25	100	
Sandy Koufax SP	80	120	200	250	▲400	500	2,500	
Bob Bailey	5	5	5	5	8	15	60	
Milt Pappas	5	5	5	5	8	15	30	400
Ron Hunt	5	5	5	5	8	15	40	250
Whitey Ford	10	15	25	40	60	100	▲250	
Roy McMillan	5	5	5	5	8	20	40	300
Rocky Colavito	5	5	5	5	8	15	60	300
Jim Bunning	5	5	5	6	10	30	200	300
Roberto Clemente	40	60	100	120	▲200	300	800	
Al Kaline	6	10	15	25	40	60	100	400
Nellie Fox	5	8	12	20	30	▲60	80	400
Tony Gonzalez	5	5	5	5	8	30	80	
Jim Gentile	5	5	5	5	8	40	60	
Dean Chance	5	5	5	5	8	20	60	
Dick Ellsworth	5	5	5	5	8	15	40	
Jim Fregosi	5	5	5	6	15	50		
Dick Groat	5	5	5	5	8	15	50	350
Chuck Hinton	5	5	5	5	8	15	40	450
Elston Howard	5	5	5	6	15	80	150	
Dick Farrell	5	5	5	5	8	15	40	150
Albie Pearson	5	5	5	5	8	15	30	150
Frank Howard	5	5	5	5	8	15	40	300
Mickey Mantle	120	150	200	250	300	500	1,500	
Joe Torre	5	5	5	5	8	15	40	500
Eddie Brinkman	5	5	5	5	8	40	60	
Bob Friend SP	12	20	30	50	80	120	200	
Frank Robinson	10	15	25	40	60	▲120	250	1,200
Bill Freehan	5	5	5	6	15	50	300	
Warren Spahn	6	10	15	25	40	60	80	300
Camilo Pascual	5	5	5	5	8	15	30	300
Pete Ward	5	5	5	5	8	15	30	
Jim Maloney	5	5	5	5	8	40	60	300
Dave Wickersham	5	5	5	5	8	15	60	500
Johnny Callison	5	5	5	5	8	15	30	250
Juan Marichal	5	5	5	6	10	20	50	
Harmon Killebrew	8	12	20	30	50	▲80	150	400
Luis Aparicio	5	5	5	6	10	20	60	
Dick Radatz	5	5	5	5	8	15	30	200
Bob Gibson	15	25	40	60	100	120	250	
Dick Stuart SP	5	5	8	12	20	50	80	
Tommy Davis	5	5	5	5	8	15	60	200
Tony Oliva	5	5	5	6	10	20	40	400
Wayne Causey SP	6	10	15	25	40	60	120	
Max Alvis	5	5	5	5	8	15	40	
Galen Cisco SP	6	10	15	25	30	50	100	
Carl Yastrzemski	8	12	20	30	50	80	120	
Hank Aaron	30	50	80	120	200	300	500	
Brooks Robinson	8	12	20	30	50	80	200	600
Willie Mays SP	▲80	▲120	▲200	▲300	▲400	▲600	▲1,000	
Billy Williams	5	5	5	6	10	25	200	
Juan Pizarro	5	5	5	8	12	20	30	250
Leon Wagner	5	5	5	5	8	15	30	250
Orlando Cepeda	5	5	5	8	12	20	25	200
Vada Pinson	5	5	5	5	8	15	30	400
Ken Boyer	5	6	10	15	25	200		
Ron Santo	▲8	▲12	▲20	▲30	▲50	▲80	▲120	
John Romano	5	5	5	5	8	20	80	
Bill Skowron SP	12	20	30	50	80	150		

Bill Freehan #30 PSA 10 (Gem) sold for $2,030 (eBay; 1/13)

1964 Topps Stand-Ups

		GD 2	VG 3	VgEx 4	EX 5	ExMt 6	NM 7	NmMt 8	MT 9
1	Hank Aaron	20	30	40	80	150	200	1,000	2,500
2	Hank Aguirre	5	5	5	5	20	25	50	300
3	George Altman	5	5	5	5	10	30	200	
4	Max Alvis	5	5	6	10	15	25	60	
5	Bob Aspromonte	5	5	5	5	10	15	50	300
6	Jack Baldschun SP	5	5	8	12	20	200		
7	Ernie Banks	8	12	20	40	80	150	300	
8	Steve Barber	5	5	5	5	10	20	300	
9	Earl Battey	5	5	5	5	10	20	200	
10	Ken Boyer	5	5	5	8	15	30	120	
11	Ernie Broglio	5	5	5	8	12	20	100	
12	John Callison	5	5	5	8	12	20	100	
13	Norm Cash SP	6	10	15	25	40	120	300	
14	Wayne Causey	5	5	5	5	10	15	80	
15	Orlando Cepeda	5	5	5	8	15	60	200	
16	Ed Charles	5	5	5	10	15	40		250
17	Roberto Clemente	25	50	60	150	200	350	600	
18	Donn Clendenon SP	5	5	8	12	20	30	80	300
19	Rocky Colavito	5	5	5	8	15	30	80	
20	Ray Culp SP	5	5	8	12	40	200		
21	Tommy Davis	5	5	5	5	10	20	120	
22	Don Drysdale SP	10	15	40	50	100	120	▲400	
23	Dick Ellsworth	5	5	5	5	10	15	40	250
24	Dick Farrell	5	5	5	10	20	40		300
25	Jim Fregosi	5	5	5	5	10	20	120	
26	Bob Friend	5	5	5	5	10	15	100	
27	Jim Gentile	5	5	5	5	10	15	60	
28	Jesse Gonder SP	5	5	8	12	20	100	200	
29	Tony Gonzalez SP	5	5	8	12	20	100	200	
30	Dick Groat	5	5	5	6	12	25	200	
31	Woody Held	5	5	5	5	10	15	120	
32	Chuck Hinton	5	5	5	5	10	15	40	400
33	Elston Howard	5	5	5	8	15	30	120	
34	Frank Howard SP	5	8	12	20	30	80	150	
35	Ron Hunt	5	5	5	5	10	20		
36	Al Jackson	5	5	5	5	10	15	80	
37	Ken Johnson	5	5	5	5	10	20	120	
38	Al Kaline	10	15	25	40	80	100	200	
39	Harmon Killebrew	5	8	12	20	30	100	200	
40	Sandy Koufax	20	30	40	100	150	200	600	
41	Don Lock SP	5	5	8	12	20	40	100	
42	Jerry Lumpe SP	5	5	8	12	20	40	200	
43	Jim Maloney	5	5	5	5	10	15	80	
44	Frank Malzone	5	5	5	5	10	15	80	
45	Mickey Mantle	80	120	200	250	400	800	1,500	5,000
46	Juan Marichal SP	8	12	20	30	50	100	250	800
47	Eddie Mathews SP	10	15	25	40	60	120	300	1,200
48	Willie Mays	25	40	50	80	150	300	1,500	
49	Bill Mazeroski	5	5	5	10	15	50	150	
50	Ken McBride	5	5	5	5	10	15	50	
51	Willie McCovey SP	8	12	20	30	50	200	400	
52	Claude Osteen	5	5	5	5	10	20	60	
53	Jim O'Toole	5	5	5	5	10	15	50	
54	Camilo Pascual	5	5	5	5	10	15	80	
55	Albie Pearson SP	5	5	8	12	20	35	70	
56	Gary Peters	5	5	5	5	10	15	100	
57	Vada Pinson	5	5	5	5	10	20	100	
58	Juan Pizarro	5	5	5	5	10	15	40	150
59	Boog Powell	5	5	5	8	15	30	120	
60	Bobby Richardson	5	5	5	8	15	30	150	300
61	Brooks Robinson	6	10	15	25	60	100	250	▲800
62	Floyd Robinson	5	5	5	5	10	30	80	
63	Frank Robinson	6	10	15	25	80	100	400	
64	Ed Roebuck SP	5	5	8	12	20	35	100	

#	Player	GD 2	VG 3	VgEx 4	EX 5	ExMt 6	NM 7	NmMt 8	MT 9
65	Rich Rollins	5	5	5	5	10	20		
66	John Romano	5	5	5	5	10	15	50	200
67	Ron Santo SP	6	10	15	25	50	200	350	
68	Norm Siebern	5	5	5	5	10	15	80	
69	Warren Spahn SP	10	15	25	40	60	150	350	1,200
70	Dick Stuart SP	5	8	12	20	30	80	200	
71	Lee Thomas	5	5	5	8	12	20	50	
72	Joe Torre	5	5	8	12	20	60	250	
73	Pete Ward	5	5	5	5	10	15	120	
74	Bill White SP	5	6	10	15	25	50	135	400
75	Billy Williams SP	8	12	20	30	50	300	500	
76	Hal Woodeshick SP	5	5	8	12	30	50		
77	Carl Yastrzemski SP	25	40	80	200	250	500	1,000	

1965 Topps

#	Player	GD 2	VG 3	VgEx 4	EX 5	ExMt 6	NM 7	NmMt 8	MT 9
	COMMON SP (371-598)	5	5	5	5	8	15	25	60
1	AL Batting Leaders	5	5	8	12	20	30	120	500
2	NL Batting Leaders	5	6	10	15	50	80	150	700
3	AL Home Run Leaders	6	30	40	50	60	80	120	600
4	NL Home Run Leaders	5	5	8	12	20	50	120	600
5	AL RBI Leaders	6	10	15	25	60	80	200	500
6	NL RBI Leaders	5	5	8	12	20	40	80	500
7	AL ERA Leaders	5	5	5	5	6	10	30	100
8	NL ERA Leaders	6	10	15	25	30	60	120	500
9	AL Pitching Leaders	5	5	5	8	12	20	80	150
10	NL Pitching Leaders	5	5	5	8	12	20	50	120
11	AL Strikeout Leaders	5	5	5	10	15	25	100	300
12	NL Strikeout Leaders	5	5	5	8	12	20	60	300
13	Pedro Ramos	5	5	5	5	6	10	25	80
14	Len Gabrielson	5	5	5	5	8	30	200	
15	Robin Roberts	▲8	▲12	▲20	▲30	▲50	▲60	100	▲400
16	Joe Morgan DP RC	80	100	120	200	300	400	1,200	4,000
17	Johnny Romano	5	5	5	5	5	8	20	60
18	Bill McCool	5	5	5	5	5	8	20	30
19	Gates Brown	5	5	5	10	15	25	80	
20	Jim Bunning	5	8	12	20	30	50	100	300
21	Don Blasingame	5	5	5	6	10	15	100	
22	Charlie Smith	5	5	8	12	20	30	250	
23	Bob Tiefenauer	5	5	5	5	5	8	20	60
24	Minnesota Twins TC	5	5	5	8	12	20	80	175
25	Al McBean	5	5	5	5	5	8	40	80
26	Bobby Knoop	5	5	5	5	5	8	25	
27	Dick Bertell	5	5	5	5	5	8	20	50
28	Barney Schultz	5	5	5	5	5	8	20	60
29	Felix Mantilla	5	5	5	5	5	8	20	60
30	Jim Bouton	5	5	5	6	10	15	50	150
31	Mike White	5	5	5	5	5	8	20	100
32	Herman Franks MG	5	5	5	5	5	8	20	60
33	Jackie Brandt	5	5	5	5	5	8	20	60
34	Cal Koonce	5	5	5	5	5	8	20	80
35	Ed Charles	5	5	5	5	5	8	20	80
36	Bobby Wine	5	5	5	5	5	8	20	60
37	Fred Gladding	5	5	5	5	5	8	20	60
38	Jim King	5	5	5	5	5	8	20	60
39	Gerry Arrigo	5	5	5	5	5	8	20	80
40	Frank Howard	5	5	5	6	10	15	50	120
41	B.Howard/M.Staehle RC	5	5	5	5	5	8	20	60
42	Earl Wilson	5	5	5	5	6	10	30	80
43	Mike Shannon	5	5	5	5	5	8	20	60
44	Wade Blasingame RC	5	5	5	5	6	10	40	80
45	Roy McMillan	5	5	5	5	5	8	20	60
46	Bob Lee	5	5	5	6	10	15	25	225
47	Tommy Harper	5	5	5	5	5	8	20	60
48	Claude Raymond	5	5	5	5	5	8	20	50
49	C.Blefary RC/J.Miller	5	5	5	5	5	8	20	50
50	Juan Marichal	▲10	▲15	▲25	▲40	▲50	▲100	▲200	▲800

#	Player	GD 2	VG 3	VgEx 4	EX 5	ExMt 6	NM 7	NmMt 8	M
51	Bill Bryan	5	5	5	5	5		20	
52	Ed Roebuck	5	5	5	5	5	8	25	1
53	Dick McAuliffe	5	5	5	5	6	10	30	2
54	Joe Gibbon	5	5	5	5	5	8	20	
55	Tony Conigliaro	8	12	20	30	50	80	120	
56	Ron Kline	5	5	5	5	5	8	20	
57	St. Louis Cardinals TC	5	5	5	5	6	10	25	
58	Fred Talbot RC	5	5	5	5	5	8	20	
59	Nate Oliver	5	5	5	5	5	8	20	1
60	Jim O'Toole	5	5	5	5	5	8	20	1
61	Chris Cannizzaro	5	5	5	5	5		25	
62	Jim Kaat DP	5	5	6	10	15	25	40	1
63	Ty Cline	5	5	5	5	5	8	20	
64	Lou Burdette	5	5	5	5	5	8	20	
65	Tony Kubek	5	6	10	15	25	40	60	2
66	Bill Rigney MG	5	5	5	5	5	8	20	
67	Harvey Haddix	5	5	5	5	6	10	25	1
68	Del Crandall	5	5	5	5	5	8	20	
69	Bill Virdon	5	5	5	5	5	8	25	
70	Bill Skowron	5	5	5	5	6	10	25	
71	John O'Donoghue	5	5	5	5	5	5	40	
72	Tony Gonzalez	5	5	5	5	5	8	20	
73	Dennis Ribant RC	5	5	5	5	5	8	20	
74	Rico Petrocelli RC	5	6	10	15	25	30	100	2
75	Deron Johnson	5	5	5	5	5	8	20	1
76	Sam McDowell	5	5	5	5	6	10	60	1
77	Doug Camilli	5	5	5	5	6	10	30	
78	Dal Maxvill	5	5	5	5	5	8	20	
79A	Checklist 1 Cannizzaro	5	5	5	5	5	8	150	
79B	Checklist 1 C.Cannizzaro	5	5	5	5	5	8	30	
80	Turk Farrell	5	5	5	5	5	8	20	
81	Don Buford	5	5	5	5	5	8	20	
82	S.Alomar RC/J.Braun RC	5	5	5	5	6	10	30	1
83	George Thomas	5	5	5	5	5	8	20	1
84	Ron Herbel	5	5	5	5	5	8	20	
85	Willie Smith RC	5	5	5	5	5	8	25	1
86	Buster Narum	5	5	5	5	5	8	20	
87	Nelson Mathews	5	5	5	5	5	8	20	
88	Jack Lamabe	5	5	5	5	5	8	20	
89	Mike Hershberger	5	5	5	5	5	8	25	
90	Rich Rollins	5	5	5	5	5	8	20	
91	Chicago Cubs TC	5	5	5	8	12	20	50	2
92	Dick Howser	5	5	5	5	6	10	40	
93	Jack Fisher	5	5	5	5	5	8	20	
94	Charlie Lau	5	5	5	5	5	8	60	
95	Bill Mazeroski DP	8	12	20	30	50	60	100	▲3
96	Sonny Siebert	5	5	5	6	10	15	150	
97	Pedro Gonzalez	5	5	5	5	5	8	20	
98	Bob Miller	5	5	5	5	5	8	30	
99	Gil Hodges MG	5	5	5	6	10	15	40	1
100	Ken Boyer	5	5	5	6	10	30	80	
101	Fred Newman	5	5	5	5	5	8	20	
102	Steve Boros	5	5	5	5	5	8	20	
103	Harvey Kuenn	5	5	5	5	5	8	20	
104	Checklist 2	5	5	5	5	5	8	20	
105	Chico Salmon	5	5	5	5	5	8	20	
106	Gene Oliver	5	5	5	5	5	8	20	
107	P.Corrales RC/C.Shockley RC	5	5	5	5	5	8	40	1
108	Don Mincher	5	5	5	5	5	8	20	
109	Walt Bond	5	5	5	5	6	10	60	1
110	Ron Santo	8	12	20	30	50	80	150	4
111	Lee Thomas	5	5	5	5	5	8	20	
112	Derrell Griffith RC	5	5	5	5	5	8	20	
113	Steve Barber	5	5	5	5	5	8	20	
114	Jim Hickman	5	5	5	5	6	10	40	1
115	Bobby Richardson	5	8	12	20	30	80	200	
116	D.Dowling RC/B.Tolan RC	5	5	5	5	5	8	20	

	GD 2	VG 3	VgEx 4	EX 5	ExMt 6	NM 7	NmMt 8	MT 9
Wes Stock	5	5	5	5	5	8	25	100
Hal Lanier RC	5	5	5	5	5	8	20	60
John Kennedy	5	5	5	5	5	8	20	60
Frank Robinson	30	50	60	80	200	250	500	2,000
Gene Alley	5	5	5	5	5	8	20	60
Bill Pleis	5	5	5	5	5	8	20	60
Frank Thomas	5	5	5	5	5	8	20	80
Tom Satriano	5	5	5	5	5	8	20	80
Juan Pizarro	5	5	5	5	5	8	20	60
Los Angeles Dodgers TC	5	5	5	6	10	15	60	150
Frank Lary	5	5	5	5	5	8	25	
Vic Davalillo	5	5	5	5	5	8	20	60
Bennie Daniels	5	5	5	5	5	8	20	50
Al Kaline	▲20	▲30	▲40	50	100	120	▲250	2,000
Johnny Keane MG	5	5	5	5	5	8	40	
Cards Take Opener WS1	5	5	5	6	10	15	80	150
Mel Stottlemyre WS2	5	5	5	5	6	10	40	400
Mickey Mantle WS3	40	60	100	120	150	250	▼400	1,000
Ken Boyer WS4	5	5	5	8	12	20	60	150
Tim McCarver WS5	5	6	10	15	25	40	60	120
Jim Bouton WS6	5	5	5	5	6	10	30	100
Bob Gibson WS7	5	5	5	8	12	20	▲60	500
Cards Celebrate WS	5	5	5	8	12	20	50	150
Dean Chance	5	5	5	5	5	8	20	60
Charlie James	5	5	5	5	5	8	20	60
Bill Monbouquette	5	5	5	5	5	8	20	80
J.Gelnar RC/J.May RC	5	5	5	5	5	8	20	60
Ed Kranepool	5	5	5	5	5	8	30	60
Luis Tiant RC	▲20	▲30	▲50	▲80	▲120	▲200	▲1,000	▲1,500
Ron Hansen	5	5	5	5	5	8	20	60
Dennis Bennett	5	5	5	5	5	8	20	60
Willie Kirkland	5	5	5	5	5	8	25	80
Wayne Schurr	5	5	5	5	5	8	20	50
Brooks Robinson	8	12	20	40	50	60	120	600
Kansas City Athletics TC	5	5	5	5	6	10	25	80
Phil Ortega	5	5	5	5	5	8	20	50
Norm Cash	5	6	10	15	25	30	60	250
Bob Humphreys RC	5	5	5	5	5	8	20	50
Roger Maris	30	50	80	▼100	▼120	200	▲500	1,200
Bob Sadowski	5	5	5	5	5	8	20	50
Zoilo Versalles	5	5	5	5	6	10	40	100
Dick Sisler	5	5	5	5	5	8	20	60
Jim Duffalo	5	5	5	5	5	8	20	80
Roberto Clemente	80	120	▼150	▼200	300	600	1,500	6,000
Frank Baumann	5	5	5	5	5	8	20	80
Russ Nixon	5	5	5	5	5	8	20	60
Johnny Briggs	5	5	5	5	5	8	20	60
Al Spangler	5	5	5	5	5	8	25	80
Dick Ellsworth	5	5	5	5	5	8	20	50
G.Culver RC/T.Agee RC	5	5	5	5	5	8	20	60
Bill Wakefield	5	5	5	5	5	8	20	50
Dick Green	5	5	5	5	5	8	25	50
Dave Vineyard RC	5	5	5	5	5	8	20	50
Hank Aaron	30	50	60	100	200	250	1,500	5,000
Jim Roland	5	5	5	5	5	8	20	80
Jimmy Piersall	5	5	5	5	6	10	30	100
Detroit Tigers TC	5	5	5	6	10	15	25	100
Joey Jay	5	5	5	5	5	8	20	60
Bob Aspromonte	5	5	5	5	5	8	20	80
Willie McCovey	20	30	40	50	80	120	250	400
Pete Mikkelsen	5	5	5	5	6	10	25	100
Dalton Jones	5	5	5	5	5	8	20	60
Hal Woodeshick	5	5	5	5	5	8	20	50
Bob Allison	5	5	5	5	5	8	30	100
D.Loun RC/J.McCabe	5	5	5	5	5	8	20	50
Mike de la Hoz	5	5	5	5	5	8	20	50
Dave Nicholson	5	5	5	5	5	8	20	50

		GD 2	VG 3	VgEx 4	EX 5	ExMt 6	NM 7	NmMt 8	MT 9
184	John Boozer	5	5	5	5	5	8	20	60
185	Max Alvis	5	5	5	5	5	8	20	60
186	Billy Cowan	5	5	5	5	5	8	25	100
187	Casey Stengel MG	8	12	20	30	50	60	150	400
188	Sam Bowens	5	5	5	5	5	8	20	50
189	Checklist 3	5	5	5	5	6	10	40	60
190	Bill White	5	5	5	8	12	20	30	100
191	Phil Regan	5	5	5	5	5	8	20	100
192	Jim Coker	5	5	5	5	5	8	20	60
193	Gaylord Perry	8	12	20	30	50	80	100	▲250
194	B.Kelso RC/R.Reichardt RC	5	5	5	5	5	8	20	50
195	Bob Veale	5	5	5	5	5	8	20	60
196	Ron Fairly	5	5	5	5	8	12	40	120
197	Diego Segui	5	5	5	5	5	8	30	
198	Smoky Burgess	5	5	5	5	8	12	40	150
199	Bob Heffner	5	5	5	5	5	8	20	60
200	Joe Torre	▲8	▲12	▲20	▲30	▲50	▲80	200	600
201	S.Valdespino RC/C.Tovar RC	5	5	5	5	5	8	25	
202	Leo Burke	5	5	5	5	5	8	20	60
203	Dallas Green	5	5	5	5	5	8	40	60
204	Russ Snyder	5	5	5	5	5	8	20	50
205	Warren Spahn	8	12	20	30	50	80	150	400
206	Willie Horton	5	5	5	8	12	20	120	150
207	Pete Rose	100	120	200	250	▲400	600	2,500	5,000
208	Tommy John	5	5	5	8	12	30	120	150
209	Pittsburgh Pirates TC	5	5	5	8	12	20	120	
210	Jim Fregosi	5	5	5	5	5	8	20	80
211	Steve Ridzik	5	5	5	5	5	8	20	80
212	Ron Brand	5	5	5	5	5	8	20	60
213	Jim Davenport	5	5	5	5	5	8	30	100
214	Bob Purkey	5	5	5	5	5	8	20	300
215	Pete Ward	5	5	5	5	5	8	25	200
216	Al Worthington	5	5	5	5	5	8	20	60
217	Walter Alston MG	5	5	5	5	6	10	30	80
218	Dick Schofield	5	5	5	6	10	15	60	150
219	Bob Meyer	5	5	5	5	5	8	25	100
220	Billy Williams	10	15	25	40	60	100	200	
221	John Tsitouris	5	5	5	5	5	8	20	50
222	Bob Tillman	5	5	5	5	5	8	20	60
223	Dan Osinski	5	5	5	6	10	15	30	80
224	Bob Chance	5	5	5	5	5	8	25	80
225	Bo Belinsky	5	5	5	5	5	8	20	100
226	E.Jimenez RC/J.Gibbs	5	5	5	5	6	10	40	100
227	Bobby Klaus	5	5	5	5	5	8	20	60
228	Jack Sanford	5	5	5	5	5	8	20	80
229	Lou Clinton	5	5	5	5	5	8	20	60
230	Ray Sadecki	5	5	5	5	5	8	20	80
231	Jerry Adair	5	5	5	5	5	8	20	80
232	Steve Blass RC	5	5	5	5	5	8	30	80
233	Don Zimmer	5	5	5	5	6	10	25	100
234	Chicago White Sox TC	5	5	5	5	6	10	25	100
235	Chuck Hinton	5	5	5	5	5	8	20	60
236	Denny McLain RC	15	25	40	50	▲80	▲100	250	600
237	Bernie Allen	5	5	5	5	5	8	20	80
238	Joe Moeller	5	5	5	5	5	8	40	80
239	Doc Edwards	5	5	5	5	5	8	20	80
240	Bob Bruce	5	5	5	5	5	8	25	50
241	Mack Jones	5	5	5	5	5	8	20	60
242	George Brunet	5	5	5	5	5	8	25	
243	T.Davidson RC/T.Helms RC	5	5	5	5	6	10	30	100
244	Lindy McDaniel	5	5	5	5	5	8	20	50
245	Joe Pepitone	5	5	5	6	10	30	250	
246	Tom Butters	5	5	5	5	5	8	20	80
247	Wally Moon	5	5	5	5	6	10	25	80
248	Gus Triandos	5	5	5	5	5	8	20	80
249	Dave McNally	5	5	5	5	6	10	25	100
250	Willie Mays	80	120	150	300	400	600	1,000	4,000

#	Name	GD 2	VG 3	VgEx 4	EX 5	ExMt 6	NM 7	NmMt 8	MT 9
251	Billy Herman MG	5	5	5	5	5	8	20	80
252	Pete Richert	5	5	5	5	5	8	20	80
253	Danny Cater	5	5	5	5	5	8	20	100
254	Roland Sheldon	5	5	5	5	6	10	40	200
255	Camilo Pascual	5	5	5	5	6	10	40	200
256	Tito Francona	5	5	5	5	6	10	25	200
257	Jim Wynn	5	5	5	6	10	15	50	
258	Larry Bearnarth	5	5	5	5	5	8	20	150
259	J.Northrup RC/R.Oyler RC	5	5	8	12	20	30	60	250
260	Don Drysdale	6	10	15	25	50	60	100	600
261	Duke Carmel	5	5	5	5	6	10	50	150
262	Bud Daley	5	5	5	5	5	8	20	60
263	Marty Keough	5	5	5	5	5	8	20	60
264	Bob Buhl	5	5	5	5	5	8	25	80
265	Jim Pagliaroni	5	5	5	5	5	8	25	120
266	Bert Campaneris RC	5	8	12	20	30	40	200	400
267	Washington Senators TC	5	5	5	5	6	10	25	150
268	Ken McBride	5	5	5	5	5	8	20	80
269	Frank Bolling	5	5	5	5	5	8	20	80
270	Milt Pappas	5	5	5	5	5	8	20	60
271	Don Wert	5	5	5	5	8	12	60	250
272	Chuck Schilling	5	5	5	5	5	8	20	150
273	Checklist 4	5	5	5	5	5	8	20	120
274	Lum Harris MG RC	5	5	5	5	5	8	20	60
275	Dick Groat	5	5	5	6	10	15	40	150
276	Hoyt Wilhelm	5	6	10	15	25	40	80	250
277	Johnny Lewis	5	5	5	5	5	8	60	150
278	Ken Retzer	5	5	5	5	5	8	30	80
279	Dick Tracewski	5	5	5	5	5	8	20	80
280	Dick Stuart	5	5	5	5	5	8	25	100
281	Bill Stafford	5	5	5	5	8	12	30	150
282	Masanori Murakami RC	12	20	30	50	80	120	200	400
283	Fred Whitfield	5	5	5	5	5	8	25	80
284	Nick Willhite	5	5	5	5	5	8	20	80
285	Ron Hunt	5	5	5	5	6	10	80	150
286	J.Dickson/A.Monteagudo	5	5	5	5	5	8	20	60
287	Gary Kolb	5	5	5	5	5	8	25	80
288	Jack Hamilton	5	5	5	5	5	8	20	50
289	Gordy Coleman	5	5	5	5	5	8	30	150
290	Wally Bunker	5	5	5	5	5	8	25	120
291	Jerry Lynch	5	5	5	5	6	10	40	
292	Larry Yellen	5	5	5	5	6	10	40	150
293	Los Angeles Angels TC	5	5	5	5	8	12	30	100
294	Tim McCarver	5	5	5	5	8	30	80	150
295	Dick Radatz	5	5	5	5	5	8	20	60
296	Tony Taylor	5	5	5	5	5	8	50	100
297	Dave DeBusschere	5	5	5	8	12	20	30	200
298	Jim Stewart	5	5	5	5	6	10	30	150
299	Jerry Zimmerman	5	5	5	5	5	8	30	120
300	Sandy Koufax	▲80	▲100	▲120	150	300	▼600	▲1,200	12,000
301	Birdie Tebbetts MG	5	5	5	5	6	10	30	150
302	Al Stanek	5	5	5	5	5	8	20	50
303	John Orsino	5	5	5	5	5	8	20	60
304	Dave Stenhouse	5	5	5	5	5	8	20	50
305	Rico Carty	5	5	5	6	10	60	100	
306	Bubba Phillips	5	5	5	6	10	15	80	120
307	Barry Latman	5	5	5	5	5	8	20	50
308	C.Jones RC/T.Parsons	5	5	5	6	10	15	150	300
309	Steve Hamilton	5	5	5	5	6	10	100	
310	Johnny Callison	5	5	5	6	10	15	40	200
311	Orlando Pena	5	5	5	5	5	8	20	100
312	Joe Nuxhall	5	5	5	5	6	10	25	100
313	Jim Schaffer	5	5	5	5	5	8	25	80
314	Sterling Slaughter	5	5	5	5	5	8	30	60
315	Frank Malzone	5	5	5	5	6	10	25	100
316	Cincinnati Reds TC	5	5	5	6	10	15	60	300
317	Don McMahon	5	5	5	5	5	8	20	200

#	Name	GD 2	VG 3	VgEx 4	EX 5	ExMt 6	NM 7	NmMt 8	MT
318	Matty Alou	5	5	6	10	15	25	100	1
319	Ken McMullen	5	5	5	5	5	8	20	
320	Bob Gibson	15	25	40	60	100	150	500	1,2
321	Rusty Staub	5	5	6	10	15	25	60	1
322	Rick Wise	5	5	5	5	6	10	25	
323	Hank Bauer MG	5	5	5	5	6	10	40	
324	Bobby Locke	5	5	5	5	5	8	20	
325	Donn Clendenon	5	5	5	5	5	8	30	
326	Dwight Siebler	5	5	5	5	5	8	60	1
327	Denis Menke	5	5	5	5	5	8	30	
328	Eddie Fisher	5	5	5	5	5	8	25	1
329	Hawk Taylor RC	5	5	5	5	5	8	20	
330	Whitey Ford	15	25	40	60	100	150	250	6
331	A.Ferrara/J.Purdin RC	5	5	5	6	10	15	25	1
332	Ted Abernathy	5	5	5	5	5	8	25	
333	Tom Reynolds	5	5	5	5	5	8	20	
334	Vic Roznovsky RC	5	5	5	5	5	8	30	
335	Mickey Lolich	5	8	12	20	30	50	80	
336	Woody Held	5	5	5	5	5	8	30	1
337	Mike Cuellar	5	5	5	6	10	15	30	
338	Philadelphia Phillies TC	5	5	5	5	6	10	30	1
339	Ryne Duren	5	5	5	8	12	20	60	
340	Tony Oliva	▲40	▲60	▲100	▲150	▲250	▲300	▲600	
341	Bob Bolin	5	5	5	5	5	8	30	1
342	Bob Rodgers	5	5	5	5	6	10	25	1
343	Mike McCormick	5	5	5	5	5	8	25	
344	Wes Parker	5	5	5	5	6	10	25	1
345	Floyd Robinson	5	5	5	5	5	8	20	
346	Bobby Bragan MG	5	5	5	5	6	10	25	1
347	Roy Face	5	5	5	5	6	10	25	1
348	George Banks	5	5	5	5	5	8	20	
349	Larry Miller RC	5	5	5	5	5	10	40	1
350	Mickey Mantle	250	300	500	800	1,500	2,500	6,000	40,0
351	Jim Perry	5	5	5	6	10	15	60	1
352	Alex Johnson RC	5	5	5	5	5	8	20	1
353	Jerry Lumpe	5	5	5	6	10	15	50	
354	B.Ott RC/J.Warner RC	5	5	5	5	5	8	20	
355	Vada Pinson	5	5	5	5	6	10	60	▲2
356	Bill Spanswick	5	5	5	5	5	8	20	1
357	Carl Warwick	5	5	5	5	5	8	20	
358	Albie Pearson	5	5	5	5	5	8	20	
359	Ken Johnson	5	5	5	5	5	8	20	
360	Orlando Cepeda	▲12	▲20	▲30	▲50	▲80	120	▲400	8
361	Checklist 5	5	5	5	5	5	8	30	
362	Don Schwall	5	5	5	6	10	15	40	
363	Bob Johnson	5	5	5	5	5	8	20	
364	Galen Cisco	5	5	5	5	5	8	20	
365	Jim Gentile	5	5	5	5	5	8	20	
366	Dan Schneider	5	5	5	5	5	8	20	
367	Leon Wagner	5	5	5	5	6	10	60	
368	K.Berry RC/J.Gibson RC	5	5	5	6	10	15	25	
369	Phil Linz	5	8	12	20	30	50	80	
370	Tommy Davis	5	5	5	6	10	15	50	
371	Frank Kreutzer	5	5	5	5	6	10	25	1
372	Clay Dalrymple	5	5	5	5	6	10	40	1
373	Curt Simmons	5	5	5	6	10	15	25	
374	J.Cardenal RC/D.Simpson	5	5	5	5	6	10	50	1
375	Dave Wickersham	5	5	5	5	6	10	30	
376	Jim Landis	5	5	5	5	5	8	20	
377	Willie Stargell	15	25	30	40	60	100	300	8
378	Chuck Estrada	5	5	5	5	6	10	20	
379	San Francisco Giants TC	5	5	5	5	8	12	30	1
380	Rocky Colavito	5	6	10	15	25	40	100	▲2
381	Al Jackson	5	5	5	5	6	10	30	
382	J.C. Martin	5	5	5	5	6	10	20	
383	Felipe Alou	5	5	5	8	12	20	100	
384	Johnny Klippstein	5	5	5	5	6	10	30	

	GD 2	VG 3	VgEx 4	EX 5	ExMt 6	NM 7	NmMt 8	MT 9
Carl Yastrzemski	30	50	60	80	120	▼200	500	1,200
P.Jaeckel RC/F.Norman	5	5	5	5	6	10	20	80
Johnny Podres	5	5	5	6	10	15	25	200
John Blanchard	5	5	5	8	12	20	80	250
Don Larsen	5	5	6	10	15	25	30	60
Bill Freehan	5	5	5	6	10	15	100	
Mel McGaha MG	5	5	5	5	6	10	20	100
Bob Friend	5	5	6	10	15	25	30	80
Ed Kirkpatrick	5	5	6	10	15	25	40	60
Jim Hannan	5	5	5	6	10	15	25	50
Jim Ray Hart	5	5	5	5	8	12	50	80
Frank Bertaina RC	5	5	5	5	8	12	50	
Jerry Buchek	5	5	5	5	6	10	20	40
D.Neville RC/A.Shamsky RC	5	5	5	5	8	12	60	100
Ray Herbert	5	5	5	5	6	10	40	60
Harmon Killebrew	12	20	30	50	80	120	200	600
Carl Willey	5	5	5	5	6	10	20	60
Joe Amalfitano	5	5	5	5	8	12	30	200
Boston Red Sox TC	5	5	5	6	10	15	30	150
Stan Williams	5	5	5	5	6	10	20	60
John Roseboro	5	5	5	5	8	12	50	150
Ralph Terry	5	5	5	5	8	12	30	80
Lee Maye	5	5	5	5	6	10	20	80
Larry Sherry	5	5	5	6	10	15	25	80
J.Beauchamp RC/L.Dierker RC	5	5	5	6	10	15	30	120
Luis Aparicio	5	8	12	20	30	50	120	500
Roger Craig	5	5	5	5	6	10	30	50
Bob Bailey	5	5	5	5	6	10	30	60
Hal Reniff	5	5	5	5	8	12	30	150
Al Lopez MG	5	5	5	8	12	20	30	120
Curt Flood	5	6	8	12	20	50	150	300
Jim Brewer	5	5	5	5	6	10	50	120
Ed Brinkman	5	5	5	5	6	10	20	40
Johnny Edwards	5	5	5	5	6	10	20	120
Ruben Amaro	5	5	5	5	6	10	30	60
Larry Jackson	5	5	5	5	6	10	40	80
G.Dotter RC/J.Ward	5	5	5	5	6	10	30	50
Aubrey Gatewood	5	5	5	5	6	10	30	100
Jesse Gonder	5	5	5	5	6	10	30	100
Gary Bell	5	5	5	8	12	20	40	120
Wayne Causey	5	5	5	5	6	10	25	100
Milwaukee Braves TC	5	5	5	5	8	12	50	100
Bob Saverine	5	5	5	5	6	10	25	50
Bob Shaw	5	5	5	5	6	10	50	150
Don Demeter	5	5	5	5	6	10	40	120
Gary Peters	5	5	5	5	8	12	50	120
N.Briles RC/W.Spiezio RC	5	5	5	5	8	12	60	120
Jim Grant	5	5	5	5	8	12	50	80
John Bateman	5	5	5	5	8	12	30	150
Dave Morehead	5	5	5	5	6	10	40	80
Willie Davis	5	5	5	10	15	25	40	150
Don Elston	5	5	5	5	6	10	20	100
Chico Cardenas	5	5	5	5	6	10	25	60
Harry Walker MG	5	5	5	5	6	10	30	50
Moe Drabowsky	5	5	5	5	6	10	60	100
Tom Tresh	5	5	6	10	15	25	60	
Denny Lemaster	5	5	5	5	6	10	20	60
Vic Power	5	5	5	5	6	10	20	80
Checklist 6	5	5	5	5	8	12	40	80
Bob Hendley	5	5	5	5	6	10	20	120
Don Lock	5	5	5	5	6	10	20	60
Art Mahaffey	5	5	5	5	6	10	25	100
Julian Javier	5	5	5	8	12	50	100	400
Lee Stange	5	5	5	5	6	10	25	60
J.Hinsley/G.Kroll RC	5	5	5	5	8	12	30	80
Elston Howard	6	10	15	25	40	60	100	250
Jim Owens	5	5	5	5	6	▼200	20	50

	GD 2	VG 3	VgEx 4	EX 5	ExMt 6	NM 7	NmMt 8	MT 9
452 Gary Geiger	5	5	5	5	6	10	30	60
453 W.Crawford RC/J.Werhas	5	5	5	8	12	60	100	
454 Ed Rakow	5	5	5	5	6	10	30	80
455 Norm Siebern	5	5	5	8	12	20	60	
456 Bill Henry	5	5	5	5	6	10	30	120
457 Bob Kennedy MG	5	5	5	5	5	10	40	120
458 John Buzhardt	5	5	5	5	5	10	25	40
459 Frank Kostro	5	5	5	5	5	10	20	60
460 Richie Allen	6	10	15	25	40	120	400	1,000
461 C.Carroll RC/P.Niekro	15	25	30	40	100	120	200	400
462 Lew Krausse	5	5	5	5	6	10	25	150
463 Manny Mota	5	5	5	8	12	20	30	50
464 Ron Piche	5	5	5	5	6	10	30	80
465 Tom Haller	5	5	5	5	6	10	20	80
466 P.Craig RC/D.Nen	5	5	5	5	6	10	20	50
467 Ray Washburn	5	5	6	10	15	25	40	80
468 Larry Brown	5	5	5	5	6	10	25	60
469 Don Nottebart	5	5	5	5	6	10	20	60
470 Yogi Berra P/CO	25	40	50	60	▲100	▲150	▲400	▲600
471 Billy Hoeft	5	5	5	5	6	10	30	
472 Don Pavletich	5	5	5	5	6	10	40	80
473 P.Blair RC/D.Johnson RC	5	8	12	20	30	50	150	300
474 Cookie Rojas	5	5	5	5	8	25	40	60
475 Clete Boyer	5	5	6	10	15	25	60	100
476 Billy O'Dell	5	5	5	5	6	10	20	50
477 Steve Carlton RC	200	250	300	400	500	600	1,000	4,000
478 Wilbur Wood	5	5	5	5	8	12	30	60
479 Ken Harrelson	5	5	6	10	15	25	100	150
480 Joel Horlen	5	5	5	5	6	10	25	80
481 Cleveland Indians TC	5	5	5	5	8	12	50	100
482 Bob Priddy	5	5	5	5	6	10	40	80
483 George Smith RC	5	5	5	5	6	10	25	120
484 Ron Perranoski	5	5	5	5	8	12	60	300
485 Nellie Fox	5	8	12	20	30	40	60	200
486 T.Egan/P.Rogan RC	5	5	5	8	12	20	40	100
487 Woody Woodward	5	5	5	5	6	10	30	100
488 Ted Wills	5	5	5	5	8	12	40	150
489 Gene Mauch MG	5	5	5	5	6	10	80	150
490 Earl Battey	5	5	5	5	8	12	40	80
491 Tracy Stallard	5	5	5	5	6	10	20	60
492 Gene Freese	5	5	5	5	6	10	25	50
493 B.Roman RC/B.Brubaker RC	5	5	5	5	6	10	20	60
494 Jay Ritchie RC	5	5	5	5	6	10	30	60
495 Joe Christopher	5	5	5	5	6	10	30	60
496 Joe Cunningham	5	5	5	6	10	15	25	50
497 K.Henderson RC/J.Hiatt RC	5	5	5	5	6	10	25	80
498 Gene Stephens	5	5	5	6	10	15	25	60
499 Stu Miller	5	5	5	5	8	12	30	40
500 Eddie Mathews	20	30	50	80	120	250	300	1,200
501 R.Gagliano RC/J.Rittwage RC	5	5	5	5	6	10	20	50
502 Don Cardwell	5	5	5	5	6	10	20	80
503 Phil Gagliano	5	5	5	8	12	20	30	60
504 Jerry Grote	5	5	5	5	8	12	30	60
505 Ray Culp	5	5	5	5	8	12	25	100
506 Sam Mele MG	5	5	5	5	5	6	20	80
507 Sammy Ellis	5	5	5	5	8	12	30	80
508 Checklist 7	5	5	5	5	8	12	60	50
509 B.Guindon RC/G.Vezendy RC	5	5	5	5	6	10	25	60
510 Ernie Banks	▼25	▼40	▼60	▼100	▼150	250	600	2,500
511 Ron Locke	5	5	5	5	6	10	20	60
512 Cap Peterson	5	5	5	5	6	10	20	60
513 New York Yankees TC	15	25	40	50	60	80	120	400
514 Joe Azcue	5	5	5	5	10	15	25	60
515 Vern Law	5	5	6	10	15	25	40	80
516 Al Weis	5	5	5	5	6	10	25	50
517 P.Schaal RC/J.Warner	5	5	5	5	6	10	25	50
518 Ken Rowe	5	5	5	5	6	10	20	60

#	Player	GD 2	VG 3	VgEx 4	EX 5	ExMt 6	NM 7	NmMt 8	MT 9
519	Bob Uecker	8	12	20	30	50	60	400	800
520	Tony Cloninger	5	5	5	5	6	10	50	120
521	D.Bennett/M.Steevens RC	5	5	5	5	6	10	25	80
522	Hank Aguirre	5	5	5	5	6	10	30	50
523	Mike Brumley SP	5	5	5	6	10	15	25	100
524	Dave Giusti SP	5	5	5	6	10	15	25	60
525	Eddie Bressoud	5	5	5	5	6	10	20	50
526	J.Odom/J.Hunter SP RC	50	80	120	150	200	250	500	2,500
527	Jeff Torborg SP	5	5	8	12	20	30	50	80
528	George Altman	5	5	5	5	6	10	20	150
529	Jerry Fosnow SP RC	5	5	5	6	10	15	30	200
530	Jim Maloney	5	5	5	5	6	10	50	120
531	Chuck Hiller	5	5	5	5	6	10	50	200
532	Hector Lopez	5	5	8	12	20	30	50	80
533	R.Swoboda RC/T.McGraw RC SP	10	15	25	40	50	▲120	200	300
534	John Herrnstein	5	5	5	5	6	10	20	50
535	Jack Kralick SP	5	5	8	12	20	30	50	80
536	Andre Rodgers SP	5	5	5	6	10	15	25	100
537	Lopez/Roof/May RC	5	5	5	5	6	10	40	100
538	Chuck Dressen MG SP	5	5	5	6	10	15	50	150
539	Herm Starrette	5	5	5	8	12	20	30	80
540	Lou Brock SP	30	50	80	100	150	▲250	400	800
541	G.Bollo RC/B.Locker RC	5	5	5	5	6	10	25	80
542	Lou Klimchock	5	5	5	5	6	10	30	60
543	Ed Connolly SP RC	5	5	5	6	10	15	25	200
544	Howie Reed RC	5	5	5	5	6	10	40	60
545	Jesus Alou SP	6	10	15	25	40	60	100	200
546	Davis/Hed/Bark/Weav RC	5	5	5	5	8	12	25	50
547	Jake Wood SP	5	5	5	6	10	15	60	150
548	Dick Stigman	5	5	5	8	12	20	30	60
549	R.Pena RC/G.Beckert RC	5	5	6	10	15	25	80	150
550	Mel Stottlemyre SP RC	8	12	20	30	50	80	120	600
551	New York Mets TC SP	5	5	5	8	12	30	50	200
552	Julio Gotay	5	5	5	5	6	10	30	80
553	Coombs/Ratliff/McClure RC	5	5	5	5	6	10	20	80
554	Chico Ruiz SP	5	5	5	6	10	15	50	80
555	Jack Baldschun SP	5	5	5	10	15	25	50	100
556	Red Schoendienst SP	5	5	5	8	12	30	50	200
557	Jose Santiago RC	5	5	5	5	6	10	30	80
558	Tommie Sisk	5	5	5	5	6	10	20	80
559	Ed Bailey SP	5	5	5	6	10	15	30	100
560	Boog Powell SP	6	10	15	25	40	60	100	250
561	Dab/Kek/Valle/Lefebvre RC	5	5	6	10	15	25	40	100
562	Billy Moran	5	5	5	5	6	10	30	50
563	Julio Navarro	5	5	5	8	12	20	40	100
564	Mel Nelson	5	5	5	5	6	10	40	120
565	Ernie Broglio SP	5	6	10	15	25	40	60	150
566	Blanco RC/Mosch RC/Lopez RC	5	5	8	12	20	30	50	100
567	Tommie Aaron	5	5	5	5	6	10	30	80
568	Ron Taylor SP	5	5	5	10	15	25	50	150
569	Gino Cimoli SP	5	6	10	15	25	40	60	100
570	Claude Osteen SP	5	5	5	6	10	15	40	150
571	Ossie Virgil SP	5	5	6	10	15	25	40	80
572	Baltimore Orioles TC SP	5	5	8	12	20	30	50	100
573	Jim Lonborg SP RC	12	20	30	50	80	120	200	400
574	Roy Sievers	5	5	5	8	12	20	30	100
575	Jose Pagan	5	5	5	5	6	12	25	60
576	Terry Fox SP	5	5	5	8	12	20	30	150
577	Knowles/Buschhorn RC/Schein RC	5	5	5	10	15	25	40	
100									
578	Camilo Carreon SP	5	5	6	10	15	25	40	120
579	Dick Smith SP	5	5	5	6	10	15	40	
580	Jimmie Hall SP	5	5	5	5	10	20	25	150
581	Tony Perez SP RC	40	80	100	120	200	300	600	2,500
582	Bob Schmidt SP	5	5	8	12	20	30	100	200
583	Wes Covington SP	5	5	5	6	10	15	50	80
584	Harry Bright	5	5	5	5	6	10	50	100

#	Player	GD 2	VG 3	VgEx 4	EX 5	ExMt 6	NM 7	NmMt 8	N
585	Hank Fischer	5	5	5	5	6	10	30	
586	Tom McCraw SP	5	5	5	6	10	15	30	
587	Joe Sparma	5	5	5	5	6	10	15	
588	Lenny Green	5	5	6	10	15	25	60	
589	F.Linzy RC/B.Schroder RC	5	5	5	8	12	20	50	
590	John Wyatt	5	5	5	5	6	10	25	
591	Bob Skinner SP	5	5	5	6	10	15	30	
592	Frank Bork SP RC	5	5	5	6	10	15	40	
593	J.Sullivan RC/J.Moore RC SP	5	5	5	6	10	15	50	
594	Joe Gaines	5	5	5	6	10	15	25	
595	Don Lee	5	5	5	5	6	10	30	
596	Don Landrum SP	5	5	5	8	12	20	40	
597	Nossek/Sevcik/Reese RC	5	6	10	15	30	80	150	
598	Al Downing SP	5	5	8	12	20	50	200	

— Steve Carlton #477 PSA 10 (Gem) (Young Collection) sold for $12,756 (SCP; 5/12)

— Len Gabrielson #14 PSA 9 (MT) sold for $2,862 (Mile High; 10/12)

— Jim Hunter #526 PSA 10 (Gem) (Young Collection) sold for $11,596 (SCP; 5/12)

— Joe Morgan #16 PSA 10 (Gem) (Young Collection) sold for $8,897 (SCP; 5/12)

— NL Strikeout Leaders #12 PSA 10 (Gem) sold for $2,000 (eBay; 10/12)

— Tony Oliva #340 PSA 9 (MT) sold for $3,055 (eBay; 08/12)

— Tony Perez SP #581 PSA 10 (Gem) (Young Collection) sold for $7,919 (SCP; 5/12)

1965 Topps Embossed

#	Player	GD 2	VG 3	VgEx 4	EX 5	ExMt 6	NM 7	NmMt 8	N
8	Sandy Koufax	6	10	15	40	50	60	150	
11	Mickey Mantle	40	60	80	120	150	250	1,000	
19	Roberto Clemente	15	25	40	60	100	150	500	
27	Willie Mays	5	5	8	12	25	40		
59	Hank Aaron	1	15	25	40	60	100	150	

1966 Topps

#	Player	GD 2	VG 3	VgEx 4	EX 5	ExMt 6	NM 7	NmMt 8	N
1	Willie Mays	40	60	80	120	250	1,000	2,000	5
2	Ted Abernathy	5	6	5	5	5	12	30	
3	Sam Mele MG	5	5	5	5	5	10	50	
4	Ray Culp	5	5	5	5	5	10	30	
5	Jim Fregosi	5	5	5	5	5	20	30	
6	Chuck Schilling	5	5	5	5	5	8	20	
7	Tracy Stallard	5	5	5	5	5	8	20	
8	Floyd Robinson	5	5	5	5	5	8	15	
9	Clete Boyer	5	5	5	5	8	15	50	
10	Tony Cloninger	5	5	5	5	5	10	25	
11	B.Alyea RC/P.Craig	5	5	5	5	5	5	25	
12	John Tsitouris	5	5	5	5	5	8	25	
13	Lou Johnson	5	5	5	5	5	8	25	
14	Norm Siebern	5	5	5	5	5	8	20	
15	Vern Law	5	5	5	5	5	8	15	
16	Larry Brown	5	5	5	5	5	8	15	
17	John Stephenson	5	5	5	5	5	8	15	
18	Roland Sheldon	5	5	5	5	5	8	20	
19	San Francisco Giants TC	5	5	5	5	5	10	40	
20	Willie Horton	5	5	5	5	6	15	50	
21	Don Nottebart	5	5	5	5	5	8	15	
22	Joe Nossek	5	5	5	5	5	8	20	
23	Jack Sanford	5	5	5	5	5	8	20	
24	Don Kessinger RC	5	5	5	5	5	12	40	
25	Pete Ward	5	5	5	5	5	8	30	
26	Ray Sadecki	5	5	5	5	5	8	25	
27	D.Knowles/A.Etchebarren RC	5	5	5	5	5	10	30	
28	Phil Niekro	8	12	20	30	50	80	120	
29	Mike Brumley	5	5	5	5	5	8	25	
30	Pete Rose DP	40	60	▼80	150	250	▼400	1,200	5
31	Jack Cullen	5	5	5	5	5	10	25	
32	Adolfo Phillips RC	5	5	5	5	5	8	15	
33	Jim Pagliaroni	5	5	5	5	5	8	15	
34	Checklist 1	5	5	5	5	5	8	25	

Name	GD 2	VG 3	VgEx 4	EX 5	ExMt 6	NM 7	NmMt 8	MT 9
Ron Swoboda	5	5	5	5	5	8	15	40
Jim Hunter DP	5	6	10	15	25	30	80	500
Billy Herman MG	5	5	5	5	5	8	15	50
Ron Nischwitz	5	5	5	5	5	8	20	80
Ken Henderson	5	5	5	5	5	8	20	100
Jim Grant	5	5	5	5	5	8	15	80
Don LeJohn RC	5	5	5	5	5	8	20	100
Aubrey Gatewood	5	5	5	5	5	8	25	100
Don Landrum Full Button	5	5	5	5	6	12	40	
Don Landrum Partial Button	5	5	6	10	15	25		
Don Landrum No Button	5	5	5	5	6	12	40	
B.Davis/T.Kelley	5	5	5	5	5	8	20	70
Jim Gentile	5	5	5	5	5	8	15	60
Howie Koplitz	5	5	5	5	5	8	15	50
J.C. Martin	5	5	5	5	5	8	20	80
Paul Blair	5	5	5	5	5	10	40	
Woody Woodward	5	5	5	5	5	8	15	
Mickey Mantle DP	250	300	500	600	1,000	2,000	4,000	25,000
Gordon Richardson RC	5	5	5	5	5	8	20	60
Power Plus	5	5	5	5	5	10	20	100
Bob Duliba	5	5	5	5	5	8	20	
Jose Pagan	5	5	5	5	5	8	20	100
Ken Harrelson	5	5	5	5	5	8	30	100
Sandy Valdespino	5	5	5	5	5	8	30	
Jim Lefebvre	5	5	5	5	5	8	20	100
Dave Wickersham	5	5	5	5	5	8	15	60
Cincinnati Reds TC	5	5	5	5	5	10	40	80
Curt Flood	5	5	5	5	5	10	40	
Bob Bolin	5	5	5	5	5	8	15	60
Merritt Ranew Sold Line	5	5	5	5	5	8	25	80
Merritt Ranew No Sold Line	5	6	10	15	25	40		
Jim Stewart	5	5	5	5	5	8	20	60
Bob Bruce	5	5	5	5	5	8	25	80
Leon Wagner	5	5	5	5	5	8	20	60
Al Weis	5	5	5	5	5	8	15	50
C.Jones/D.Selma RC	5	5	5	5	5	10	40	120
Hal Reniff	5	5	5	5	5	8	20	300
Ken Hamlin	5	5	5	5	5	8	20	60
Carl Yastrzemski	20	30	50	60	100	200	400	800
Frank Carpin RC	5	5	5	5	5	8	25	120
Tony Perez	25	40	60	80	120	200	400	
Jerry Zimmerman	5	5	5	5	5	8	20	60
Don Mossi	5	5	5	5	5	8	15	60
Tommy Davis	5	5	5	5	5		60	
Red Schoendienst MG	5	5	5	5	5	8	15	30
Johnny Orsino	5	5	5	5	5	8	15	50
Frank Linzy	5	5	5	5	5	8	15	60
Joe Pepitone	5	5	5	5	6	12	30	
Richie Allen	5	5	5	5	5	8	20	60
Ray Oyler	5	5	5	5	5	8	30	100
Bob Hendley	5	5	5	5	5	8	15	60
Albie Pearson	5	5	5	5	5	8	20	60
J.Beauchamp/D.Kelley	5	5	5	5	5	8	15	50
Eddie Fisher	5	5	5	5	5	8	20	60
John Bateman	5	5	5	5	5	8	20	80
Dan Napoleon	5	5	5	5	5	8	20	100
Fred Whitfield	5	5	5	5	5	8	20	60
Ted Davidson	5	5	5	5	5	8	20	60
Luis Aparicio DP	5	5	8	12	20	50	80	200
Bob Uecker Trade Line	5	5	6	10	15	50	200	
Bob Uecker No Trade Line	12	20	30	50	60	150		
New York Yankees TC	5	5	6	10	15	25	100	
Jim Lonborg DP	5	5	5	5	5	8	20	60
Matty Alou	5	5	5	5	5	8	25	80
Pete Richert	5	5	5	5	5	8	15	50
Felipe Alou	5	5	5	5	5	10	30	
Jim Merritt RC	5	5	5	5	5	8	25	100

#	Name	GD 2	VG 3	VgEx 4	EX 5	ExMt 6	NM 7	NmMt 8	MT 9
98	Don Demeter	5	5	5	5	5	10	30	
99	Buc Belters	5	5	5	5	8	20	40	
100	Sandy Koufax DP	30	50	60	80	100	200	500	5,000
101A	Checklist 2 Spahn 115 ERR	5	5	5	5	5	8	30	
101B	Cheklist 2 Henry 115 COR	5	5	5	5	5	8	30	
102	Ed Kirkpatrick	5	5	5	5	5	8	20	100
103A	Dick Groat Trade Line	5	5	5	5	5	10	25	60
103B	Dick Groat No Trade Line	5	6	10	15	25	40		
104A	Alex Johnson Trade Line	5	5	5	5	5	8	20	100
104B	Alex Johnson No Trade Line	5	6	10	15	25	40		
105	Milt Pappas	5	5	5	5	5	12	40	
106	Rusty Staub	5	5	5	5	5	10	30	
107	L.Stahl RC/R.Tompkins RC	5	5	5	5	5	8	20	100
108	Bobby Klaus	5	5	5	5	5	8	25	
109	Ralph Terry	5	5	5	5	5	8	25	200
110	Ernie Banks	30	50	60	100	120	250	400	2,500
111	Gary Peters	5	5	5	5	5	12	40	100
112	Manny Mota	5	5	5	5	5	8	30	
113	Hank Aguirre	5	5	5	5	5	8	20	60
114	Jim Gosger	5	5	5	5	5	8	20	80
115	Bill Henry	5	5	5	5	5	8	25	
116	Walter Alston MG	5	5	5	5	5	10	30	
117	Jake Gibbs	5	5	5	5	5	10	40	
118	Mike McCormick	5	5	5	5	5	8	20	60
119	Art Shamsky	5	5	5	5	5	8	20	60
120	Harmon Killebrew	12	20	▲30	▲50	▲60	80	120	800
121	Ray Herbert	5	5	5	5	5	8	25	100
122	Joe Gaines	5	5	5	5	5	8	25	
123	F.Bork/J.May	5	5	5	5	5	8	20	
124	Tug McGraw	5	5	5	5	5	10	25	
125	Lou Brock	30	40	50	60	120	200	300	1,200
126	Jim Palmer UER RC	50	80	100	200	250	500	1,000	3,000
127	Ken Berry	5	5	5	5	5	8	25	120
128	Jim Landis	5	5	5	5	5	8	25	100
129	Jack Kralick	5	5	5	5	5	8	30	100
130	Joe Torre	5	5	6	10	15	25	40	120
131	California Angels TC	5	5	5	5	5	10	25	80
132	Orlando Cepeda	6	10	15	25	40	60	150	400
133	Don McMahon	5	5	5	5	5	8	20	60
134	Wes Parker	5	5	5	5	5	10	25	60
135	Dave Morehead	5	5	5	5	5	8	20	
136	Woody Held	5	5	5	5	5	8	20	80
137	Pat Corrales	5	5	5	5	5	8	20	
138	Roger Repoz RC	5	5	5	5	5	12	50	
139	B.Browne RC/D.Young RC	5	5	5	5	5	8	15	50
140	Jim Maloney	5	5	5	5	5	12	60	
141	Tom McCraw	5	5	5	5	5	8	15	60
142	Don Dennis RC	5	5	5	5	5	8	40	
143	Jose Tartabull	5	5	5	5	5	8	25	
144	Don Schwall	5	5	5	5	5	8	15	100
145	Bill Freehan	5	5	5	5	5	8	15	40
146	George Altman	5	5	5	5	5	8	25	60
147	Lum Harris MG	5	5	5	5	5	8	20	100
148	Bob Johnson	5	5	5	5	5	8	20	100
149	Dick Nen	5	5	5	5	5	8	20	60
150	Rocky Colavito	5	5	6	10	15	25	80	400
151	Gary Wagner RC	5	5	5	5	5	8	25	60
152	Frank Malzone	5	5	5	5	5	8	20	
153	Rico Carty	5	5	5	5	5	10	25	60
154	Chuck Hiller	5	5	5	5	5	8	25	
155	Marcelino Lopez	5	5	5	5	5	8	15	50
156	DP Combo	5	5	5	5	5	8	20	100
157	Rene Lachemann	5	5	5	5	5	8	25	60
158	Jim Brewer	5	5	5	5	5	8	15	60
159	Chico Ruiz	5	5	5	5	5	8	20	60
160	Whitey Ford	15	25	40	60	80	150	250	600
161	Jerry Lumpe	5	5	5	5	10	30	80	

#	Player	GD 2	VG 3	VgEx 4	EX 5	ExMt 6	NM 7	NmMt 8	MT 9
162	Lee Maye	5	5	5	5	5	8	20	120
163	Tito Francona	5	5	5	5	5	8	25	80
164	T.Agee/M.Staehle	5	5	5	5	5	10	25	80
165	Don Lock	5	5	5	5	5	8	15	50
166	Chris Krug RC	5	5	5	5	5	8	20	60
167	Boog Powell	5	5	5	5	5	20	50	
168	Dan Osinski	5	5	5	5	5	8	20	60
169	Duke Sims RC	5	5	5	5	5	8	20	
170	Cookie Rojas	5	5	5	5	5	10	25	
171	Nick Willhite	5	5	5	5	5	8	40	80
172	New York Mets TC	5	5	5	5	8	15	30	60
173	Al Spangler	5	5	5	5	5	8	15	60
174	Ron Taylor	5	5	5	5	5	8	15	80
175	Bert Campaneris	5	5	5	5	5	10	40	
176	Jim Davenport	5	5	5	5	5	8	20	100
177	Hector Lopez	5	5	5	5	5	10	30	80
178	Bob Tillman	5	5	5	5	5	8	25	100
179	D.Aust RC/B.Tolan	5	5	5	5	5	10	30	
180	Vada Pinson	5	5	5	5	5	10	25	80
181	Al Worthington	5	5	5	5	5	8	20	50
182	Jerry Lynch	5	5	5	5	5	8	20	60
183A	Checklist 3 Large Print	5	5	5	5	5	8	25	60
183B	Checklist 3 Small Print	5	5	5	5	5	8	25	60
184	Denis Menke	5	5	5	5	5	8	20	50
185	Bob Buhl	5	5	5	5	5	8	25	
186	Ruben Amaro	5	5	5	5	5	15	50	
187	Chuck Dressen MG	5	5	5	6	10	15	50	100
188	Al Luplow	5	5	5	5	5	8	25	60
189	John Roseboro	5	5	5	5	5	10	20	80
190	Jimmie Hall	5	5	5	5	5	8	15	50
191	Darrell Sutherland RC	5	5	5	5	5	8	15	60
192	Vic Power	5	5	5	5	5	8	20	60
193	Dave McNally	5	5	5	5	5	10	20	200
194	Washington Senators TC	5	5	5	5	5	10	20	80
195	Joe Morgan	30	50	80	100	150	250	600	1,500
196	Don Pavletich	5	5	5	5	5	8	25	
197	Sonny Siebert	5	5	5	5	5	8	15	80
198	Mickey Stanley RC	5	5	6	10	15	25	120	300
199	ChiSox Clubbers	5	5	5	5	5	10	20	60
200	Eddie Mathews	12	20	30	40	60	100	150	400
201	Jim Dickson	5	5	5	5	5	8	15	50
202	Clay Dalrymple	5	5	5	5	5	8	30	80
203	Jose Santiago	5	5	5	5	5	8	15	50
204	Chicago Cubs TC	5	5	5	5	5	10	20	60
205	Tom Tresh	5	5	5	5	8	15	50	250
206	Al Jackson	5	5	5	5	5	8	15	50
207	Frank Quilici RC	5	5	5	5	5	8	15	50
208	Bob Miller	5	5	5	5	5	8	20	50
209	F.Fisher/J.Hiller RC	5	5	5	5	5	10	20	150
210	Bill Mazeroski	5	8	12	20	30	50	100	200
211	Frank Kreutzer	5	5	5	5	5	8	20	100
212	Ed Kranepool	5	5	5	5	5	10	25	
213	Fred Newman	5	5	5	5	5	8	15	50
214	Tommy Harper	5	5	5	5	5	10	20	80
215	NL Batting Leaders	80	120	200	250	500	800	▲2,000	
216	AL Batting Leaders	5	6	10	15	25	40	250	
217	NL Home Run Leaders	▲12	▲20	▲30	▲50	▲80	120	150	400
218	AL Home Run Leaders	5	5	5	6	10	20	60	200
219	NL RBI Leaders	5	8	12	20	25	40	100	
220	AL RBI Leaders	5	5	5	5	8	15	60	
221	NL ERA Leaders	5	5	6	10	15	30	120	
222	AL ERA Leaders	5	5	5	5	8	15	50	
223	NL Pitching Leaders	5	15	20	25	30	40	100	
224	AL Pitching Leaders	5	5	5	5	8	20	120	
225	NL Strikeout Leaders	5	12	15	20	30	50	80	400
226	AL Strikeout Leaders	5	5	5	5	8	15	50	
227	Russ Nixon	5	5	5	5	5	8	20	80

#	Player	GD 2	VG 3	VgEx 4	EX 5	ExMt 6	NM 7	NmMt 8	
228	Larry Dierker	5	5	5	5	5	8	15	
229	Hank Bauer MG	5	5	5	5	5	8	20	
230	Johnny Callison	5	5	5	5	5	10	30	
231	Floyd Weaver	5	5	5	5	5	8	20	
232	Glenn Beckert	5	5	5	5	5	8	25	
233	Dom Zanni	5	5	5	5	5	8	20	
234	R.Beck RC/R.White RC	5	5	5	5	5	10	40	
235	Don Cardwell	5	5	5	5	5	8	15	
236	Mike Hershberger	5	5	5	5	5	8	15	
237	Billy O'Dell	5	5	5	5	5	8	20	
238	Los Angeles Dodgers TC	5	5	5	5	8	15	50	
239	Orlando Pena	5	5	5	5	5	8	15	
240	Earl Battey	5	5	5	5	5	8	20	
241	Dennis Ribant	5	5	5	5	5	8	20	
242	Jesus Alou	5	5	5	5	5	8	20	
243	Nelson Briles	5	5	5	5	5	8	15	
244	C.Harrison RC//S.Jackson	5	5	5	5	5	8	15	
245	John Buzhardt	5	5	5	5	5	8	15	
246	Ed Bailey	5	5	5	5	5	8	15	
247	Carl Warwick	5	5	5	5	5	8	15	
248	Pete Mikkelsen	5	5	5	5	5	8	15	
249	Bill Rigney MG	5	5	5	5	5	8	20	
250	Sammy Ellis	5	5	5	5	5	8	20	
251	Ed Brinkman	5	5	5	5	5	8	20	
252	Denny Lemaster	5	5	5	5	5	8	15	
253	Don Wert	5	5	5	5	5	8	15	
254	Fergie Jenkins RC	40	60	100	150	250	400	600	
255	Willie Stargell	10	15	25	40	60	100	300	
256	Lew Krausse	5	5	5	5	5	8	20	
257	Jeff Torborg	5	5	5	5	5	8	20	
258	Dave Giusti	5	5	5	5	5	8	15	
259	Boston Red Sox TC	5	5	5	5	6	12	30	
260	Bob Shaw	5	5	5	5	5	8	20	
261	Ron Hansen	5	5	5	5	5	8	15	
262	Jack Hamilton	5	5	5	5	5	8	15	
263	Tom Egan	5	5	5	5	5	8	15	
264	A.Kosco RC/T.Uhlaender RC	5	5	5	5	5	8	20	
265	Stu Miller	5	5	5	5	5	8	20	
266	Pedro Gonzalez	5	5	5	5	5	8	15	
267	Joe Sparma	5	5	5	5	5	8	15	
268	John Blanchard	5	5	5	5	5	8	15	
269	Don Heffner MG	5	5	5	5	5	8	20	
270	Claude Osteen	5	5	5	5	5	10	20	
271	Hal Lanier	5	5	5	5	5	8	20	
272	Jack Baldschun	5	5	5	5	5	8	15	
273	Astro Aces	5	5	5	5	5	10	25	
274	Buster Narum	5	5	5	5	5	8	20	
275	Tim McCarver	5	5	5	5	6	12	30	
276	Jim Bouton	5	5	5	5	5	10	20	
277	George Thomas	5	5	5	5	5	8	15	
278	Cal Koonce	5	5	5	5	5	8	15	
279A	Checklist 4 Black Cap	5	5	5	5	5	10	20	
279B	Checklist 4 Red Cap	5	5	5	5	5	8	25	
280	Bobby Knoop	5	5	5	5	5	8	15	
281	Bruce Howard	5	5	5	5	5	8	20	
282	Johnny Lewis	5	5	5	5	5	8	15	
283	Jim Perry	5	5	5	5	5	8	20	
284	Bobby Wine	5	5	5	5	5	8	40	
285	Luis Tiant	5	5	5	5	5	10	40	
286	Gary Geiger	5	5	5	5	5	8	40	
287	Jack Aker RC	5	5	5	5	5	8	40	
288	Don Sutton RC	40	60	80	100	120	250	400	
289	Larry Sherry	5	5	5	5	5	8	20	
290	Ron Santo	5	6	10	15	25	40	200	
291	Moe Drabowsky	5	5	5	5	5	10	30	
292	Jim Coker	5	5	5	5	5	8	25	
293	Mike Shannon	5	5	5	5	8	15	30	

	GD 2	VG 3	VgEx 4	EX 5	ExMt 6	NM 7	NmMt 8	MT 9
Steve Ridzik	5	5	5	5	5	8	20	60
Jim Ray Hart	5	5	5	5	5	8	25	80
Johnny Keane MG	5	5	5	5	5	10	25	
Jim Owens	5	5	5	5	5	8	15	60
Rico Petrocelli	5	5	5	8	12	30	100	300
Lou Burdette	5	5	6	10	15	25	40	
Roberto Clemente	60	100	150	250	300	600	2,000	4,000
Greg Bollo	5	5	5	5	5	8	20	60
Ernie Bowman	5	5	5	5	5	8	40	
Cleveland Indians TC	5	5	5	5	5	8	25	80
John Herrnstein	5	5	5	5	5	8	20	60
Camilo Pascual	5	5	5	5	5	8	25	150
Ty Cline	5	5	5	5	5	8	20	60
Clay Carroll	5	5	5	5	5	8	40	
Tom Haller	5	5	5	5	5	8	40	
Diego Segui	5	5	5	5	5	8	25	60
Frank Robinson	15	25	40	60	▲100	▲120	150	800
T.Helms/D.Simpson	5	5	5	5	5	8	25	60
Bob Saverine	5	5	5	5	5	8	20	60
Chris Zachary	5	5	5	5	5	8	25	100
Hector Valle	5	5	5	5	5	8	20	150
Norm Cash	5	5	5	8	12	25	150	
Jack Fisher	5	5	5	5	5	8	20	120
Dalton Jones	5	5	5	5	5	8	15	60
Harry Walker MG	5	5	5	5	5	8	30	80
Gene Freese	5	5	5	5	5	8	25	100
Bob Gibson	15	20	30	40	50	100	300	1,200
Rick Reichardt	5	5	5	5	5	8	20	100
Bill Faul	5	5	5	5	5	8	15	60
Ray Barker	5	5	5	5	5	12	40	120
John Boozer	5	5	5	5	5	8	20	
Vic Davalillo	5	5	5	5	5	8	25	
Atlanta Braves TC	5	5	5	5	5	10	30	
Bernie Allen	5	5	5	5	5	8	20	60
Jerry Grote	5	5	5	5	5	10	25	
Pete Charton	5	5	5	5	5	8	20	60
Ron Fairly	5	5	5	5	5	20	60	
Ron Herbel	5	5	5	5	5	12	40	100
Bill Bryan	5	5	5	5	5	8	25	100
J.Coleman RC/J.French RC	5	5	5	5	5	8	20	80
Marty Keough	5	5	5	5	5	10	30	150
Juan Pizarro	5	5	5	5	5	8	20	60
Gene Alley	5	5	5	5	5	10	30	80
Fred Gladding	5	5	5	5	5	8	20	60
Dal Maxvill	5	5	5	5	5	8	30	100
Del Crandall	5	5	5	5	5	10	20	80
Dean Chance	5	5	5	6	10	15	40	100
Wes Westrum MG	5	5	5	5	5	10	25	60
Bob Humphreys	5	5	5	5	5	8	25	
Joe Christopher	5	5	5	5	5	8	15	60
Steve Blass	5	5	5	5	5	8	15	120
Bob Allison	5	5	5	5	5	10	120	
Mike de la Hoz	5	5	5	5	5	8	20	50
Phil Regan	5	5	5	5	5	8	20	60
Baltimore Orioles TC	5	5	5	5	6	12	120	200
Cap Peterson	5	5	5	5	5	8	20	60
Mel Stottlemyre	5	5	5	5	8	40	120	
Fred Valentine	5	5	5	5	5	8	20	
Bob Aspromonte	5	5	5	5	5	8	25	80
Al McBean	5	5	5	5	5	8	20	120
Smoky Burgess	5	5	5	5	5	10	25	80
Wade Blasingame	5	5	5	5	5	8	20	60
O.Johnson RC/K.Sanders RC	5	5	5	5	5	12	80	100
Gerry Arrigo	5	5	5	5	5	8	20	60
Charlie Smith	5	5	5	5	5	8	15	60
Johnny Briggs	5	5	5	5	5	8	20	100
Ron Hunt	5	5	5	5	5	10	30	200

		GD 2	VG 3	VgEx 4	EX 5	ExMt 6	NM 7	NmMt 8	MT 9
361	Tom Satriano	5	5	5	5	5	8	20	60
362	Gates Brown	5	5	5	5	6	15	40	100
363	Checklist 5	5	5	5	5	5	8	25	
364	Nate Oliver	5	5	5	5	5	8	20	60
365	Roger Maris	▼25	▼40	▼60	▼100	▼150	▼250	500	1,200
366	Wayne Causey	5	5	5	5	5	8	25	
367	Mel Nelson	5	5	5	5	5	8	25	100
368	Charlie Lau	5	5	5	5	5	8	20	60
369	Jim King	5	5	5	5	5	8	15	60
370	Chico Cardenas	5	5	5	5	5	8	40	60
371	Lee Stange	5	5	5	5	6	10	15	50
372	Harvey Kuenn	5	5	5	5	6	12	20	50
373	J.Hiatt/D.Estelle	5	5	5	6	10	15	25	60
374	Bob Locker	5	5	5	5	6	10	15	50
375	Donn Clendenon	5	5	5	5	6	10	20	60
376	Paul Schaal	5	5	5	5	6	10	20	50
377	Turk Farrell	5	5	5	5	5	8	20	50
378	Dick Tracewski	5	5	5	5	6	12	30	80
379	St. Louis Cardinals TC	5	5	5	5	6	12	25	150
380	Tony Conigliaro	5	8	12	20	30	50	100	200
381	Hank Fischer	5	5	5	5	6	10	20	60
382	Phil Roof	5	5	5	5	6	10	20	60
383	Jackie Brandt	5	5	5	5	6	10	15	50
384	Al Downing	5	5	5	5	8	12	20	80
385	Ken Boyer	5	5	6	10	15	25	60	80
386	Gil Hodges MG	5	5	5	8	12	20	40	120
387	Howie Reed	5	5	5	5	6	10	15	50
388	Don Mincher	5	5	5	5	6	10	20	
389	Jim O'Toole	5	5	5	5	6	10	20	60
390	Brooks Robinson	15	25	40	60	100	120	400	1,200
391	Chuck Hinton	5	5	5	5	6	10	20	120
392	B.Hands RC/R.Hundley RC	5	5	5	6	10	15	40	200
393	George Brunet	5	5	5	5	6	10	15	50
394	Ron Brand	5	5	5	5	6	10	15	50
395	Len Gabrielson	5	5	5	5	6	10	15	60
396	Jerry Stephenson	5	5	5	6	10	15	25	100
397	Bill White	5	5	5	5	8	25	40	60
398	Danny Cater	5	5	5	5	6	10	20	60
399	Ray Washburn	5	5	5	5	8	12	20	60
400	Zoilo Versalles	5	5	5	5	6	10	25	60
401	Ken McMullen	5	5	5	5	6	12	20	50
402	Jim Hickman	5	5	5	5	6	10	20	100
403	Fred Talbot	5	5	5	5	6	10	15	50
404	Pittsburgh Pirates TC	5	5	8	12	20	25	60	150
405	Elston Howard	5	5	5	6	10	15	120	250
406	Joey Jay	5	5	5	5	6	10	20	80
407	John Kennedy	5	5	5	5	6	10	15	50
408	Lee Thomas	5	5	5	5	6	10	15	50
409	Billy Hoeft	5	5	5	5	6	10	15	60
410	Al Kaline	12	20	30	25	40	150	▲400	
411	Gene Mauch MG	5	5	5	5	6	10	15	60
412	Sam Bowens	5	5	5	5	6	10	20	60
413	Johnny Romano	5	5	5	5	6	10	20	60
414	Dan Coombs	5	5	5	5	10	15	25	50
415	Max Alvis	5	5	5	5	6	10	20	80
416	Phil Ortega	5	5	5	5	6	10	15	60
417	J.McGlothlin RC/E.Sukla RC	5	5	5	5	6	10	15	60
418	Phil Gagliano	5	5	5	5	6	12	20	50
419	Mike Ryan	5	5	5	5	6	10	20	
420	Juan Marichal	8	12	20	30	50	80	150	500
421	Roy McMillan	5	5	5	5	6	10	20	
422	Ed Charles	5	5	5	5	6	10	15	50
423	Ernie Broglio	5	5	5	5	6	10	20	60
424	L.May RC/D.Osteen RC	5	5	5	6	10	15	25	120
425	Bob Veale	5	5	5	5	6	10	20	100
426	Chicago White Sox TC	5	5	5	5	6	12	50	300
427	John Miller	5	5	5	5	6	10	15	80

		GD 2	VG 3	VgEx 4	EX 5	ExMt 6	NM 7	NmMt 8	MT 9
428	Sandy Alomar	5	5	5	5	6	10	15	60
429	Bill Monbouquette	5	5	5	5	8	12	30	
430	Don Drysdale	12	20	30	50	80	120	300	1,200
431	Walt Bond	5	5	5	5	6	10	20	
432	Bob Heffner	5	5	5	5	6	10	15	50
433	Alvin Dark MG	5	5	5	5	6	10	30	80
434	Willie Kirkland	5	5	5	5	6	10	15	50
435	Jim Bunning	6	10	15	25	40	100	200	
436	Julian Javier	5	5	5	5	6	10	60	200
437	Al Stanek	5	5	5	5	6	10	30	100
438	Willie Smith	5	5	5	5	6	10	15	60
439	Pedro Ramos	5	5	5	5	8	12	20	60
440	Deron Johnson	5	5	5	5	6	10	25	100
441	Tommie Sisk	5	5	5	5	8	12	20	50
442	E.Barnowski RC/E.Watt RC	5	5	5	5	8	25	200	
443	Bill Wakefield	5	5	5	5	6	10	20	60
444	Checklist 6 R.Sox	5	5	5	5	6	10	30	60
445	Jim Kaat	▲6	▲10	▲15	▲25	▲40	▲60	▲200	▲600
446	Mack Jones	5	5	5	5	6	10	20	50
447	Dick Ellsworth (Hubbs Photo)	5	5	5	5	8	20	30	200
448	Eddie Stanky MG	5	5	5	5	8	12	20	80
449	Joe Moeller	5	5	5	5	10	25	80	
450	Tony Oliva	5	5	6	10	40	50	100	400
451	Barry Latman	5	5	5	5	8	12	20	60
452	Joe Azcue	5	5	5	5	8	12	20	60
453	Ron Kline	5	5	5	5	10	15	25	60
454	Jerry Buchek	5	5	5	5	8	12	20	60
455	Mickey Lolich	5	5	5	6	10	25	40	150
456	D.Brandon RC/J.Foy RC	5	5	5	5	8	20	25	80
457	Joe Gibbon	5	5	5	6	10	15	25	80
458	Manny Jiminez	5	5	5	5	8	12	20	60
459	Bill McCool	5	5	5	5	8	12	30	60
460	Curt Blefary	5	5	5	5	10	25	30	80
461	Roy Face	5	5	5	6	10	15	20	60
462	Bob Rodgers	5	5	5	5	8	12	20	60
463	Philadelphia Phillies TC	5	5	5	5	8	12	30	100
464	Larry Bearnarth	5	5	5	5	8	12	50	120
465	Don Buford	5	5	5	8	12	20	30	60
466	Ken Johnson	5	5	5	5	8	12	20	60
467	Vic Roznovsky	5	5	5	6	10	15	25	60
468	Johnny Podres	5	5	5	6	10	15	40	80
469	Bobby Murcer RC	8	12	20	30	50	80	150	
470	Sam McDowell	5	5	5	6	10	15	60	100
471	Bob Skinner	5	5	5	5	10	25	60	
472	Terry Fox	5	5	5	5	10	25	100	
473	Rich Rollins	5	5	5	5	8	12	20	80
474	Dick Schofield	5	5	5	5	8	12	20	80
475	Dick Radatz	5	5	5	5	8	12	25	60
476	Bobby Bragan MG	5	5	5	5	8	12	20	50
477	Steve Barber	5	5	5	5	8	12	30	60
478	Tony Gonzalez	5	5	5	5	8	20	50	150
479	Jim Hannan	5	5	5	8	12	20	30	60
480	Dick Stuart	5	5	5	5	8	12	50	100
481	Bob Lee	5	5	5	6	10	15	30	80
482	J.Boccabella/D.Dowling	5	5	5	6	15	50	200	
483	Joe Nuxhall	5	5	5	5	8	12	60	100
484	Wes Covington	5	5	5	10	15	25	40	80
485	Bob Bailey	5	5	5	5	8	12	25	80
486	Tommy John	5	5	5	6	10	40	60	120
487	Al Ferrara	5	5	5	5	8	12	25	60
488	George Banks	5	5	5	6	10	15	25	100
489	Curt Simmons	5	5	5	5	8	12	20	60
490	Bobby Richardson	6	10	15	25	40	60	120	300
491	Dennis Bennett	5	5	5	5	8	20	25	60
492	Kansas City Athletics TC	5	5	5	5	8	12	60	60
493	Johnny Klippstein	5	5	5	5	8	20	25	60
494	Gordy Coleman	5	5	5	5	8	12	25	80
495	Dick McAuliffe	5	5	5	5	6	10	15	25
496	Lindy McDaniel	5	5	5	5	8	12	25	
497	Chris Cannizzaro	5	5	5	6	10	15	25	
498	L.Walker RC/W.Fryman RC	5	5	5	5	8	12	25	
499	Wally Bunker	5	5	5	5	8	30	60	
500	Hank Aaron	60	100	150	250	400	600	1,200	
501	John O'Donoghue	5	5	5	5	8	12	20	
502	Lenny Green	5	5	5	8	12	20	30	
503	Steve Hamilton	5	5	5	6	10	15	40	
504	Grady Hatton MG	5	5	5	5	8	12	20	
505	Jose Cardenal	5	5	5	5	8	12	30	
506	Bo Belinsky	5	5	5	6	10	15	25	
507	Johnny Edwards	5	5	5	5	8	20	100	
508	Steve Hargan RC	5	5	5	5	8	12	20	
509	Jake Wood	5	5	5	5	10	25	80	
510	Hoyt Wilhelm	5	8	12	20	30	50	80	
511	B.Barton RC/T.Fuentes RC	5	5	5	6	15	40	200	
512	Dick Stigman	5	5	5	8	12	20	30	
513	Camilo Carreon	5	5	5	8	12	30	80	
514	Hal Woodeshick	5	5	5	6	10	15	25	
515	Frank Howard	5	5	5	6	10	15	40	
516	Eddie Bressoud	5	5	5	5	8	12	30	
517A	Checklist 7 529 is White Sox	5	5	5	6	10	15	40	
517B	Checklist 7 529 is W.Sox	5	5	5	6	10	15	50	
518	H.Hippauf RC/A.Umbach RC	5	5	5	5	8	20	40	
519	Bob Friend	5	5	5	5	8	15	80	
520	Jim Wynn	5	5	5	6	10	15	50	
521	John Wyatt	5	5	5	8	12	20	30	
522	Phil Linz	5	5	5	5	8	12	20	
523	Bob Sadowski	5	5	5	6	10	15	40	
524	O.Brown RC/D.Mason RC SP	5	5	8	12	50	60	100	
525	Gary Bell SP	5	6	10	15	25	40	100	
526	Minnesota Twins TC SP	40	60	100	120	150	200	300	
527	Julio Navarro	5	8	12	20	30	50	80	
528	Jesse Gonder SP	5	8	12	20	30	50	100	
529	Elia/Higgins/Voss RC	5	5	5	6	10	15	40	
530	Robin Roberts	10	15	25	40	60	100	200	
531	Joe Cunningham	5	5	5	6	10	25	50	
532	Aurelio Monteagudo SP	5	5	6	10	15	40	60	
533	Jerry Adair SP	5	5	6	10	15	30	60	
534	D.Eilers RC/R.Gardner RC	5	5	5	6	15	25	50	
535	Willie Davis SP	5	6	10	15	40	100	120	
536	Dick Egan	5	5	5	6	10	15	30	
537	Herman Franks MG	5	5	6	12	20	25	80	
538	Bob Allen SP	5	5	5	8	15	40	50	
539	B.Heath RC/C.Sembera RC	5	5	5	8	12	50	100	
540	Denny McLain SP	20	30	50	80	100	120	300	
541	Gene Oliver SP	5	6	10	15	25	40	100	
542	George Smith	5	5	5	6	10	15	60	
543	Roger Craig SP	6	10	15	25	40	80	120	
544	Cardinals Rookies SP RC	5	8	12	20	30	250	500	
545	Dick Green SP	5	5	6	10	20	30	60	
546	Dwight Siebler	5	5	5	8	12	40	50	
547	Horace Clarke SP RC	50	80	120	150	200	250	400	
548	Gary Kroll SP	5	5	6	10	15	25	50	
549	A.Closter RC/C.Cox RC	5	5	8	12	20	30	50	
550	Willie McCovey SP	40	60	100	150	250	400	500	
551	Bob Purkey SP	5	8	12	20	30	50	80	
552	Birdie Tebbetts MG SP	5	5	8	12	20	60	100	
553	P.Garrett RC/J.Warner	5	5	5	8	12	30	40	
554	Jim Northrup SP	5	6	10	15	25	40	150	
555	Ron Perranoski SP	5	8	12	20	40	120	250	
556	Mel Queen SP	5	5	10	15	50	100	200	
557	Felix Mantilla SP	5	5	8	12	20	60	100	
558	Grilli/Magrini/Scott RC	5	5	8	12	25	80	100	
559	Roberto Pena SP	5	5	8	12	20	50	120	
560	Joel Horlen	5	5	5	6	10	25	50	

	GD 2	VG 3	VgEx 4	EX 5	ExMt 6	NM 7	NmMt 8	MT 9
Choo Choo Coleman SP	60	100	120	150	200	400	800	
Russ Snyder	5	6	10	15	100	150	400	
P.Cimino RC/C.Tovar RC	5	5	5	8	12	50	200	300
Bob Chance SP	5	5	6	10	30	40	80	200
Jimmy Piersall SP	5	6	10	15	40	50	100	500
Mike Cuellar SP	5	8	12	20	30	50	80	150
Dick Howser SP	6	10	15	25	40	60	80	300
P.Lindblad RC/R.Stone RC	5	5	6	10	15	25	60	100
Orlando McFarlane SP	5	5	6	10	15	60	80	150
Art Mahaffey SP	5	5	6	10	15	60	120	
Dave Roberts SP	5	5	6	10	20	30	50	100
Bob Priddy	5	5	5	6	10	20	40	60
Derrell Griffith	5	5	5	6	10	25	40	60
B.Hepler RC/B.Murphy RC	5	5	5	6	10	30	50	80
Earl Wilson	5	5	5	8	12	20	50	100
Dave Nicholson SP	5	5	8	12	30	50	120	400
Jack Lamabe SP	5	5	6	10	15	40	60	100
Chi Chi Olivo SP RC	5	5	6	10	15	25	60	120
Bertaina/Brabender/Johnson RC	5	5	8	10	25	50	80	200
Billy Williams SP	20	30	50	80	100	200	400	800
Tony Martinez	5	5	8	12	20	30	100	150
Garry Roggenburk	5	5	5	6	10	15	50	120
Detroit Tigers TC SP	30	50	80	120	150	200	300	600
F.Fernandez RC/F.Peterson RC	5	5	6	10	20	60	100	250
Tony Taylor	5	5	5	5	10	50	60	
Claude Raymond SP	5	5	6	10	15	80	120	200
Dick Bertell	5	5	5	6	10	15	80	200
C.Dobson RC/K.Suarez RC	5	5	5	6	10	50	60	120
Lou Klimchock SP	5	6	10	15	25	60	100	200
Bill Skowron SP	5	6	10	40	50	80	100	250
Grant Jackson SP RC	150	200	250	300	400	500	600	
Andre Rodgers	5	5	5	6	10	20	50	80
Doug Camilli SP	5	5	6	10	15	25	50	150
Chico Salmon	5	5	5	5	10	20	100	100
Larry Jackson	5	5	6	10	15	25	40	80
N.Colbert RC/G.Sims RC SP	10	15	25	40	60	100	200	500
John Sullivan	5	5	5	8	12	60	100	200
Gaylord Perry SP	50	80	120	200	300	400	800	1,200

on Sutton #288 PSA 10 (Gem) (Young Collection) sold for $7,919 (SCP; 5/12)

66 Topps Rub-Offs

	GD 2	VG 3	VgEx 4	EX 5	ExMt 6	NM 7	NmMt 8	MT 9
Hank Aaron	5	5	6	10	20			
Roberto Clemente	5	6	10	15	25			
Sandy Koufax	5	6	10	15	25	40	80	150
Mickey Mantle	10	15	25	40	100	120	150	500
Willie Mays	5	5	6	10	15	25	100	150
Pete Rose	5	5	8	12	20	30	100	250
Carl Yastrzemski	5	5	5	6	10	15	60	80

oberto Clemente #18 PSA 10 (Gem) sold for $7,014 (eBay; 1/13)

67 Topps

	GD 2	VG 3	VgEx 4	EX 5	ExMt 6	NM 7	NmMt 8	MT 9
The Champs	5	5	6	15	40	60	150	1,000
Jack Hamilton	5	5	5	5	5	8	40	
Duke Sims	5	5	5	6	10	25	150	
Hal Lanier	5	5	5	5	5	8	30	200
Whitey Ford	▼12	▼20	▼30	▼50	80	120	200	800
Dick Simpson	5	5	5	5	5	8	50	200
Don McMahon	5	5	5	5	5	8	20	200
Chuck Harrison	5	5	5	5	5	8	20	80
Ron Hansen	5	5	5	5	5	8	15	80
Matty Alou	5	5	5	5	6	15	100	200
Barry Moore RC	5	5	5	5	5	8	20	80
J.Campanis RC/B.Singer RC	5	5	5	5	5	8	40	80
Joe Sparma	5	5	5	5	6	15	60	200

		GD 2	VG 3	VgEx 4	EX 5	ExMt 6	NM 7	NmMt 8	MT 9
14	Phil Linz	5	5	5	5	5	8	25	300
15	Earl Battey	5	5	5	5	5	8	15	60
16	Bill Hands	5	5	5	5	6	15	50	
17	Jim Gosger	5	5	5	5	5	8	15	80
18	Gene Oliver	5	5	5	5	5	8	20	100
19	Jim McGlothlin	5	5	5	5	5	8	20	60
20	Orlando Cepeda	▲10	▲15	▲25	▲40	▲60	▲120	250	1,000
21	Dave Bristol MG RC	5	5	5	5	6	15	80	200
22	Gene Brabender	5	5	5	5	5	8	20	50
23	Larry Elliot	5	5	5	5	5	8	25	100
24	Bob Allen	5	5	5	5	5	8	20	80
25	Elston Howard	5	5	5	5	5	10	25	80
26A	Bob Priddy No Trade Line	5	6	10	15	25	60	25	
26B	Bob Priddy Trade Line	5	5	5	5	6	15	60	150
27	Bob Saverine	5	5	5	5	5	8	15	80
28	Barry Latman	5	5	5	5	5	8	20	100
29	Tom McCraw	5	5	5	5	5	8	20	80
30	Al Kaline DP	5	5	20	25	30	50	80	600
31	Jim Brewer	5	5	5	5	5	8	15	80
32	Bob Bailey	5	5	5	5	6	20	100	
33	S.Bando RC/R.Schwartz RC	5	5	5	5	6	15	100	
34	Pete Cimino	5	5	5	5	5	8	15	80
35	Rico Carty	5	5	5	5	5	8	25	120
36	Bob Tillman	5	5	5	5	5	10	20	200
37	Rick Wise	5	5	5	5	6	15	100	250
38	Bob Johnson	5	5	5	5	5	8	30	100
39	Curt Simmons	5	5	5	5	5	8	15	80
40	Rick Reichardt	5	5	5	5	5	8	15	100
41	Joe Hoerner	5	5	5	5	6	15	60	150
42	New York Mets TC	5	5	5	5	8	15	40	300
43	Chico Salmon	5	5	5	5	6	15	50	400
44	Joe Nuxhall	5	5	5	5	5	8	25	100
45	Roger Maris Cardinals	5	8	25	40	60	100	200	
46	Lindy McDaniel	5	5	5	5	5	8	15	60
47	Ken McMullen	5	5	5	5	5	8	15	80
48	Bill Freehan	5	5	5	5	8	15	30	300
49	Roy Face	5	5	5	5	5	10	15	150
50	Tony Oliva	5	5	5	5	5	8	80	150
51	D.Adlesh RC/W.Bales RC	5	5	5	5	5	8	15	60
52	Dennis Higgins	5	5	5	5	5	8	30	100
53	Clay Dalrymple	5	5	5	5	5	8	15	80
54	Dick Green	5	5	5	5	5	8	25	150
55	Don Drysdale	12	20	30	40	60	100	▼150	600
56	Jose Tartabull	5	5	5	5	5	8	50	150
57	Pat Jarvis RC	5	5	5	5	5	8	25	100
58A	Paul Schaal Green Bat	5	5	6	10	15	25	60	250
58B	Paul Schaal Natural Bat	5	5	5	5	5	8	15	80
59	Ralph Terry	5	5	5	5	5	8	15	80
60	Luis Aparicio	5	8	12	20	30	50	100	
61	Gordy Coleman	5	5	5	5	5	8	15	80
62	Frank Robinson CL1	5	5	5	5	8	15	80	
63	Cards Clubbers	5	5	5	5	8	12	30	100
64	Fred Valentine	5	5	5	5	5	8	15	80
65	Tom Haller	5	5	5	5	5	8	15	50
66	Manny Mota	5	5	5	5	5	8	15	60
67	Ken Berry	5	5	5	5	5	8	15	120
68	Bob Buhl	5	5	5	5	5	8	25	100
69	Vic Davalillo	5	5	5	5	5	8	60	200
70	Ron Santo	6	10	15	25	40	60	120	250
71	Camilo Pascual	5	5	5	5	5	8	15	100
72	G.Korince RC/T.Matchick RC	5	5	5	5	6	20	80	400
73	Rusty Staub	5	5	5	5	6	15	50	150
74	Wes Stock	5	5	5	5	5	8	20	100
75	George Scott	5	5	5	5	5	10	25	100
76	Jim Barbieri RC	5	5	5	5	5	8	15	80
77	Dooley Womack	5	5	5	5	5	8	15	80
78	Pat Corrales	5	5	5	5	5	8	15	80

#	Player	GD 2	VG 3	VgEx 4	EX 5	ExMt 6	NM 7	NmMt 8	MT 9
79	Bubba Morton	5	5	5	5	5	8	15	100
80	Jim Maloney	5	5	5	5	6	12	25	150
81	Eddie Stanky MG	5	5	5	5	5	8	15	50
82	Steve Barber	5	5	5	5	6	15	120	
83	Ollie Brown	5	5	5	5	5	8	25	100
84	Tommie Sisk	5	5	5	5	5	8	15	50
85	Johnny Callison	5	5	5	5	6	15	80	200
86A	Mike McCormick No Trade Line	5	6	10	15	25	40		
86B	Mike McCormick Trade Line	5	5	5	5	5	8	25	150
87	George Altman	5	5	5	5	5	8	15	50
88	Mickey Lolich	5	5	5	5	5	10	25	
89	Felix Millan RC	5	5	5	5	5	8	15	60
90	Jim Nash RC	5	5	5	5	6	25	80	
91	Johnny Lewis	5	5	5	5	5	10	20	60
92	Ray Washburn	5	5	5	5	5	8	25	150
93	S.Bahnsen RC/B.Murcer	5	5	5	5	8	30	40	200
94	Ron Fairly	5	5	5	5	5	8	15	60
95	Sonny Siebert	5	5	5	5	6	12	25	100
96	Art Shamsky	5	5	5	5	5	8	15	60
97	Mike Cuellar	5	5	5	5	5	10	20	80
98	Rich Rollins	5	5	5	5	6	15	40	135
99	Lee Stange	5	5	5	5	5	8	20	150
100	Frank Robinson DP	5	5	15	20	40	50	200	300
101	Ken Johnson	5	5	5	5	5	8	15	50
102	Philadelphia Phillies TC	5	5	5	5	5	8	15	50
103A	Mickey Mantle CL2 DP D.McAuliffe	5	5	6	10	15	25	60	200
103B	Mickey Mantle CL2 DP D McAuliffe		5	5	8	12	20	30	
104	Minnie Rojas RC	5	5	5	5	5	8	25	100
105	Ken Boyer	5	5	5	5	6	12	60	200
106	Randy Hundley	5	5	5	5	6	12	25	150
107	Joel Horlen	5	5	5	5	5	8	20	80
108	Alex Johnson	5	5	5	5	5	10	30	300
109	Tribe Thumpers	5	5	5	5	5	10	30	60
110	Jack Aker	5	5	5	5	5	8	15	50
111	John Kennedy	5	5	5	5	5	8	40	150
112	Dave Wickersham	5	5	5	5	5	8	20	100
113	Dave Nicholson	5	5	5	5	5	8	15	80
114	Jack Baldschun	5	5	5	5	5	8	15	150
115	Paul Casanova RC	5	5	5	5	6	15	60	200
116	Herman Franks MG	5	5	5	5	5	8	15	60
117	Darrell Brandon	5	5	5	5	5	8	15	120
118	Bernie Allen	5	5	5	5	5	8	15	80
119	Wade Blasingame	5	5	5	5	5	8	15	50
120	Floyd Robinson	5	5	5	5	5	8	20	80
121	Eddie Bressoud	5	5	5	5	5	8	25	120
122	George Brunet	5	5	5	5	5	8	15	60
123	J.Price RC/L.Walker	5	5	5	5	5	8	15	120
124	Jim Stewart	5	5	5	5	5	8	15	100
125	Moe Drabowsky	5	5	5	5	6	15	30	100
126	Tony Taylor	5	5	5	5	6	15	50	150
127	John O'Donoghue	5	5	5	5	5	8	30	120
128A	Ed Spiezio RC	5	5	5	5	5	8	25	120
129	Phil Roof	5	5	5	5	5	8	15	50
130	Phil Regan	5	5	5	5	5	10	25	120
131	New York Yankees TC	5	5	5	15	20	40	800	200
132	Ozzie Virgil	5	5	5	5	5	8	20	100
133	Ron Kline	5	5	5	5	5	8	15	60
134	Gates Brown	5	5	5	5	6	12	60	
135	Deron Johnson	5	5	5	5	6	15	40	120
136	Carroll Sembera	5	5	5	5	5	8	40	120
137	R.Clark RC/J.Ollum	5	5	5	5	5	8	15	60
138	Dick Kelley	5	5	5	5	5	8	20	80
139	Dalton Jones	5	5	5	5	5	10	20	100
140	Willie Stargell	15	25	40	60	100	120	250	1,000
141	John Miller	5	5	5	5	5	10	50	100
142	Jackie Brandt	5	5	5	5	5	8	15	80

#	Player	GD 2	VG 3	VgEx 4	EX 5	ExMt 6	NM 7	NmMt 8
143	Sox Sockers	5	5	5	5	5	10	25
144	Bill Hepler	5	5	5	5	5	8	30
145	Larry Brown	5	5	5	5	6	15	40
146	Steve Carlton	20	30	50	60	100	200	500
147	Tom Egan	5	5	5	5	5	8	15
148	Adolfo Phillips	5	5	5	5	5	8	15
149	Joe Moeller	5	5	5	5	5	8	50
150	Mickey Mantle	200	300	500	600	800	2,000	4,000
151	Moe Drabowsky WS1	5	5	5	5	5	10	40
152	Jim Palmer WS2	5	5	5	5	8	20	100
153	Paul Blair WS3	5	5	5	5	5	10	30
154	B.Robinson/D.McNally WS4	5	5	5	5	6	12	30
155	Orioles Celebrate WS	5	5	5	5	6	12	50
156	Ron Herbel	5	5	5	5	5	8	20
157	Danny Cater	5	5	5	5	5	8	15
158	Jimmie Coker	5	5	5	5	5	8	15
159	Bruce Howard	5	5	5	5	5	8	15
160	Willie Davis	5	5	5	5	5	10	20
161	Dick Williams MG	5	5	5	5	6	15	50
162	Billy O'Dell	5	5	5	5	5	8	20
163	Vic Roznovsky	5	5	5	5	6	20	50
164	Dwight Siebler	5	5	5	5	5	8	20
165	Cleon Jones	5	5	5	5	6	12	30
166	Eddie Mathews	▲6	▲10	▲15	▲25	▲40	▲60	80
167	J.Coleman RC/T.Cullen RC	5	5	5	5	5	8	25
168	Ray Culp	5	5	5	5	5	8	20
169	Horace Clarke	5	5	5	5	6	12	25
170	Dick McAuliffe	5	5	5	5	6	15	60
171	Cal Koonce	5	5	5	5	5	8	20
172	Bill Heath	5	5	5	5	5	8	20
173	St. Louis Cardinals TC	5	5	5	5	6	12	30
174	Dick Radatz	5	5	5	5	5	8	15
175	Bobby Knoop	5	5	5	5	5	8	15
176	Sammy Ellis	5	5	5	5	5	8	30
177	Tito Fuentes	5	5	5	5	5	8	15
178	John Buzhardt	5	5	5	5	5	8	20
179	C.Vaughan RC/C.Epshaw RC	5	5	5	5	5	8	20
180	Curt Blefary	5	5	5	5	5	8	20
181	Terry Fox	5	5	5	5	5	8	25
182	Ed Charles	5	5	5	5	5	8	20
183	Jim Pagliaroni	5	5	5	5	5	8	15
184	George Thomas	5	5	5	5	5	8	30
185	Ken Holtzman RC	5	5	5	5	6	10	40
186	Mets Maulers	5	5	5	5	6	15	70
187	Pedro Ramos	5	5	5	5	5	8	15
188	Ken Harrelson	5	5	5	5	5	8	25
189	Chuck Hinton	5	5	5	5	6	15	40
190	Turk Farrell	5	5	5	5	5	8	20
191A	Willie Mays CL3 214 is Tom	5	5	5	5	5	10	30
191B	Willie Mays CL3 214 is Dick	5	5	5	5	5	10	25
192	Fred Gladding	5	5	5	5	5	8	15
193	Jose Cardenal	5	5	5	5	5	8	15
194	Bob Allison	5	5	5	5	5	10	25
195	Al Jackson	5	5	5	5	5	8	30
196	Johnny Romano	5	5	5	5	5	12	150
197	Ron Perranoski	5	5	5	5	5	10	20
198	Chuck Hiller	5	5	5	5	5	8	20
199	Billy Hitchcock MG	5	5	5	5	5	8	15
200	Willie Mays	25	40	60	80	120	150	1,500
201	Hal Reniff	5	5	5	5	5	10	25
202	Johnny Edwards	5	5	5	5	5	8	15
203	Al McBean	5	5	5	5	5	8	15
204	M.Epstein RC/T.Phoebus RC	5	5	5	5	5	8	50
205	Dick Groat	5	5	5	5	5	10	20
206	Dennis Bennett	5	5	5	5	5	8	20
207	John Orsino	5	5	5	5	5	8	15
208	Jack Lamabe	5	5	5	5	5	8	15

Name	GD 2	VG 3	VgEx 4	EX 5	ExMt 6	NM 7	NmMt 8	MT 9
Joe Nossek	5	5	5	5	5	8	15	80
Bob Gibson	8	12	20	30	40	100	250	800
Minnesota Twins TC	5	5	5	5	5	8	15	60
Chris Zachary	5	5	5	5	5	8	15	50
Jay Johnstone RC	5	5	5	5	5	8	15	50
Tom Kelley	5	5	5	5	5	8	15	50
Ernie Banks	30	50	60	100	120	200	500	1,000
Bengal Belters	5	5	6	10	20	50	100	250
Rob Gardner	5	5	5	5	5	8	15	80
Wes Parker	5	5	5	5	6	15	40	200
Clay Carroll	5	5	5	5	5	8	15	50
Jim Ray Hart	5	5	5	5	5	8	15	60
Woody Fryman	5	5	5	5	5	8	15	50
D.Osteen/L.May	5	5	5	5	5	8	25	50
Mike Ryan	5	5	5	5	5	10	60	150
Walt Bond	5	5	5	5	5	8	15	50
Mel Stottlemyre	5	5	5	5	6	12	40	150
Julian Javier	5	5	5	5	5	8	15	60
Paul Lindblad	5	5	5	5	5	8	15	80
Gil Hodges MG	5	5	5	5	6	12	25	100
Larry Jackson	5	5	5	5	5	8	20	120
Boog Powell	5	5	5	5	5	10	40	
John Bateman	5	5	5	5	5	8	15	50
Don Buford	5	5	5	5	5	8	20	100
AL ERA Leaders	5	5	5	5	5	8	25	100
NL ERA Leaders	5	8	12	20	25	40	80	300
AL Pitching Leaders	5	5	5	5	5	10	25	200
NL Pitching Leaders	10	15	25	40	60	120	150	300
AL Strikeout Leaders	5	5	5	5	5	10	80	100
NL Strikeout Leaders	8	12	20	30	50	80	120	250
AL Batting Leaders	5	5	8	12	20	30	50	400
NL Batting Leaders	5	5	5	5	8	15	50	120
AL RBI Leaders	▲8	▲12	▲20	▲30	▲50	▲80	▲100	▲300
NL RBI Leaders	8	12	20	30	50	200	500	1,200
AL Home Run Leaders	5	5	5	5	8	25	60	200
NL Home Run Leaders	5	5	15	20	30	50	100	400
Curt Flood	5	5	5	5	6	12	40	150
Jim Perry	5	5	5	5	5	10	25	120
Jerry Lumpe	5	5	5	5	5	8	20	100
Gene Mauch MG	5	5	5	5	5	8	20	100
Nick Willhite	5	5	5	5	5	8	15	50
Hank Aaron	50	60	80	100	120	500	1,200	4,000
Woody Held	5	5	5	5	5	5	30	80
Bob Bolin	5	5	5	5	5	8	20	50
B.Davis/G.Gil RC	5	5	5	5	5	8	15	50
Milt Pappas	5	5	5	5	5	8	15	50
Frank Howard	5	5	5	5	5	10	30	60
Bob Hendley	5	5	5	5	5	8	15	50
Charlie Smith	5	5	5	5	5	8	15	100
Lee Maye	5	5	5	5	5	8	15	50
Don Dennis	5	5	5	5	5	8	15	50
Jim Lefebvre	5	5	5	5	5	8	20	80
John Wyatt	5	5	5	5	5	8	15	50
Kansas City Athletics TC	5	5	5	5	5	8	20	60
Hank Aguirre	5	5	5	5	5	8	15	50
Ron Swoboda	5	5	5	5	5	10	25	
Lou Burdette	5	5	5	5	5	8	15	50
Pitt Power	5	5	5	5	8	15	40	150
Don Schwall	5	5	5	5	5	8	15	50
Johnny Briggs	5	5	5	5	5	8	15	50
Don Nottebart	5	5	5	5	5	8	20	80
Zoilo Versalles	5	5	5	5	5	8	15	80
Eddie Watt	5	5	5	5	5	8	20	80
B.Connors RC/D.Dowling	5	5	5	5	5	8	15	50
Dick Lines RC	5	5	5	5	5	8	15	120
Bob Aspromonte	5	5	5	5	5	8	20	80
Fred Whitfield	5	5	5	5	5	8	30	100

#	Name	GD 2	VG 3	VgEx 4	EX 5	ExMt 6	NM 7	NmMt 8	MT 9
276	Bruce Brubaker	5	5	5	5	5	8	15	50
277	Steve Whitaker RC	5	5	5	5	5	10	20	60
278	Jim Kaat CL4	5	5	5	6	10	15	40	250
279	Frank Linzy	5	5	5	5	5	8	15	60
280	Tony Conigliaro	8	12	20	30	50	80	120	500
281	Bob Rodgers	5	5	5	5	5	8	15	100
282	John Odom	5	5	5	5	5	8	15	60
283	Gene Alley	5	5	5	5	5	8	15	100
284	Johnny Podres	5	5	5	5	6	10	20	100
285	Lou Brock	8	12	20	30	40	80	120	800
286	Wayne Causey	5	5	5	5	5	8	15	50
287	G.Goosen RC/B.Shirley	5	5	5	5	5	8	30	100
288	Denny Lemaster	5	5	5	5	5	8	20	50
289	Tom Tresh	5	5	5	5	5	20	40	60
290	Bill White	5	5	5	5	5	10	30	100
291	Jim Hannan	5	5	5	5	5	8	15	80
292	Don Pavletich	5	5	5	5	5	10	20	100
293	Ed Kirkpatrick	5	5	5	5	5	8	15	50
294	Walter Alston MG	5	5	5	5	5	10	50	120
295	Sam McDowell	5	5	5	5	5	10	50	150
296	Glenn Beckert	5	5	5	5	5	10	60	120
297	Dave Morehead	5	5	5	5	5	8	50	120
298	Ron Davis RC	5	5	5	5	5	8	15	50
299	Norm Siebern	5	5	5	5	6	15	40	200
300	Jim Kaat	5	5	5	5	8	15	50	150
301	Jesse Gonder	5	5	5	5	5	10	20	80
302	Baltimore Orioles TC	5	5	5	5	5	8	50	200
303	Gil Blanco	5	5	5	5	5	8	25	120
304	Phil Gagliano	5	5	5	5	5	8	20	80
305	Earl Wilson	5	5	5	8	12	20	25	80
306	Bud Harrelson RC	5	6	10	15	25	40	100	150
307	Jim Beauchamp	5	5	5	5	5	8	15	50
308	Al Downing	5	5	5	5	5	8	50	100
309	Hurlers Beware	5	5	5	5	10	25	80	150
310	Gary Peters	5	5	5	5	5	8	20	80
311	Ed Brinkman	5	5	5	5	5	8	15	60
312	Don Mincher	5	5	5	5	5	8	15	60
313	Bob Lee	5	5	5	5	5	8	20	80
314	M.Andrews RC/R.Smith RC	5	5	5	5	6	12	50	300
315	Billy Williams	10	15	25	40	60	100	200	600
316	Jack Kralick	5	5	5	5	6	15	50	200
317	Cesar Tovar	5	5	5	5	5	8	20	80
318	Dave Giusti	5	5	5	5	5	8	15	100
319	Paul Blair	5	5	5	6	10	15	40	100
320	Gaylord Perry	5	5	6	10	15	25	150	400
321	Mayo Smith MG	5	5	5	5	5	10	20	120
322	Jose Pagan	5	5	5	5	5	8	15	50
323	Mike Hershberger	5	5	5	5	5	8	15	60
324	Hal Woodeshick	5	5	5	5	5	8	30	200
325	Chico Cardenas	5	5	5	5	5	8	15	50
326	Bob Uecker	6	10	15	25	40	120	▼200	600
327	California Angels TC	5	5	5	5	5	8	20	40
328	Clete Boyer	5	5	5	5	6	10	25	60
329	Charlie Lau	5	5	5	5	5	8	15	30
330	Claude Osteen	5	5	5	5	5	8	15	50
331	Joe Foy	5	5	5	5	5	8	40	100
332	Jesus Alou	5	5	5	5	5	8	15	60
333	Fergie Jenkins	12	20	30	50	80	100	250	400
334	Twin Terrors	5	6	10	15	25	40	60	200
335	Bob Veale	5	5	5	5	5	8	15	60
336	Joe Azcue	5	5	5	5	5	8	15	60
337	Joe Morgan	10	15	25	40	60	80	200	500
338	Bob Locker	5	5	5	5	5	8	15	80
339	Chico Ruiz	5	5	5	5	5	8	25	60
340	Joe Pepitone	5	5	5	5	6	12	40	80
341	D.Dietz RC/B.Sorrell	5	5	5	5	5	8	15	60
342	Hank Fischer	5	5	5	5	5	8	20	60

#	Player	GD 2	VG 3	VgEx 4	EX 5	ExMt 6	NM 7	NmMt 8	MT 9
343	Tom Satriano	5	5	5	5	5	8	15	50
344	Ossie Chavarria RC	5	5	5	5	5	8	20	50
345	Stu Miller	5	5	5	5	5	8	40	80
346	Jim Hickman	5	5	5	5	5	8	15	50
347	Grady Hatton MG	5	5	5	5	5	8	15	50
348	Tug McGraw	5	5	5	8	12	20	40	80
349	Bob Chance	5	5	5	5	5	8	15	80
350	Joe Torre	8	12	20	30	50	80	100	250
351	Vern Law	5	5	5	5	6	15	60	200
352	Ray Oyler	5	5	5	5	5	10	20	80
353	Bill McCool	5	5	5	5	5	8	15	50
354	Chicago Cubs TC	5	5	5	5	6	12	40	
355	Carl Yastrzemski	▲30	▲50	▲80	▲120	150	▲300	▲800	▲2,000
356	Larry Jaster RC	5	5	5	5	5	8	15	50
357	Bill Skowron	5	5	6	10	15	25	40	80
358	Ruben Amaro	5	5	5	5	5	8	15	60
359	Dick Ellsworth	5	5	5	5	5	8	15	50
360	Leon Wagner	5	5	5	5	5	10	20	100
361	Roberto Clemente CL5	5	5	8	12	20	30	50	120
362	Darold Knowles	5	5	5	5	5	8	30	200
363	Davey Johnson	5	5	5	5	6	12	120	250
364	Claude Raymond	5	5	5	5	5	8	15	60
365	John Roseboro	5	5	6	10	15	25	40	60
366	Andy Kosco	5	5	5	5	5	8	15	50
367	B.Kelso/D.Wallace RC	5	5	5	5	5	8	15	40
368	Jack Hiatt	5	5	5	5	5	8	15	60
369	Jim Hunter	10	15	25	40	60	100	150	400
370	Tommy Davis	5	5	5	5	5	10	50	120
371	Jim Lonborg	5	5	5	5	6	20	100	600
372	Mike de la Hoz	5	5	5	5	5	8	20	100
373	D.Josephson RC/F.Klages RC DP	5	5	5	5	5	8	20	100
374A	Mel Queen Partial Line	5	5	6	10	15	25		
374B	Mel Queen Complete Line DP	5	5	5	5	6	15	60	400
375	Jake Gibbs	5	5	5	5	5	8	30	80
376	Don Lock DP	5	5	5	5	5	8	30	200
377	Luis Tiant	5	5	5	5	8	20	200	500
378	Detroit Tigers TC	5	5	5	5	8	20	60	
379	Jerry May DP	5	5	5	5	5	8	15	80
380	Dean Chance DP	5	5	5	5	5	10	25	100
381	Dick Schofield DP	5	5	5	5	5	8	15	60
382	Dave McNally	5	5	5	6	10	15	80	250
383	Ken Henderson DP	5	5	5	5	5	8	30	80
384	J.Cosman RC/D.Hughes RC	5	5	5	5	5	8	15	100
385	Jim Fregosi	5	5	5	5	5	8	20	80
386	Dick Selma DP	5	5	5	5	5	10	30	120
387	Cap Peterson DP	5	5	5	5	5	8	15	80
388	Arnold Earley DP	5	5	5	5	5	8	30	300
389	Alvin Dark MG DP	5	5	5	6	10	15	25	50
390	Jim Wynn DP	5	5	5	5	5	8	20	60
391	Wilbur Wood DP	5	5	5	5	5	10	50	100
392	Tommy Harper DP	5	6	10	15	25	40	100	400
393	Jim Bouton DP	5	5	5	5	5	12	50	
394	Jake Wood DP	5	5	5	5	5	12	30	200
395	Chris Short RC	5	5	5	5	5	10	100	300
396	Atlanta Aces	5	5	5	5	8	20	80	200
397	Willie Smith DP	5	5	5	5	5	8	30	200
398	Jeff Torborg	5	5	5	6	10	15	25	50
399	Al Worthington DP	5	5	5	5	6	15	60	250
400	Roberto Clemente DP	50	60	80	100	120	250	1,000	6,000
401	Jim Coates	5	5	5	5	5	8	15	80
402A	G.Jackson/B.Wilson Partial	5	5	6	10	15			
402B	G.Jackson B.Wilson Complete RC DP	5	5	5	5	6	15	40	125
403	Dick Nen	5	5	5	5	6	15	30	500
404	Nelson Briles	5	5	5	5	5	8	30	
405	Russ Snyder	5	5	5	5	5	8	15	60
406	Lee Elia DP	5	5	5	5	5	8	20	100

#	Player	GD 2	VG 3	VgEx 4	EX 5	ExMt 6	NM 7	NmMt 8	M
407	Cincinnati Reds TC	5	5	5	5	5	20	40	
408	Jim Northrup DP	5	5	5	8	12	20	100	
409	Ray Sadecki	5	5	5	5	5	8	15	
410	Lou Johnson DP	5	5	5	5	5	8	30	
411	Dick Howser DP	5	5	5	5	5	10	25	
412	N.Miller RC/D.Rader RC	5	5	5	5	5	10	40	
413	Jerry Grote	5	5	5	5	6	12	40	
414	Casey Cox	5	5	5	5	5	8	30	
415	Sonny Jackson	5	5	5	5	5	8	25	
416	Roger Repoz	5	5	5	5	5	10	30	
417A	Bob Bruce ERR Rbaves	5	5	6	10	15	25	120	
417B	Bob Bruce COR Braves DP	5	5	5	5	5	8	40	
418	Sam Mele MG	5	5	5	5	6	15	50	
419	Don Kessinger DP	5	5	5	5	5	8	25	
420	Denny McLain	5	8	12	20	30	50	100	
421	Dal Maxvill DP	5	5	5	5	5	12	35	
422	Hoyt Wilhelm	5	8	12	20	30	50	100	
423	Fence Busters	5	6	10	30	60	250	500	
424	Pedro Gonzalez	5	5	5	5	6	15	50	
425	Pete Mikkelsen	5	5	5	5	6	15	50	
426	Lou Clinton	5	5	5	5	5	10	25	
427A	Ruben Gomez Partial	5	5	6	10	25			
427B	Ruben Gomez Complete DP	5	5	5	5	6	15	40	
428	T.Hutton RC/G.Michael RC DP	5	5	5	5	6	15	50	
429	Garry Roggenburk DP	5	5	5	5	6	15	80	
430	Pete Rose	60	80	120	200	250	500	1,500	6,
431	Ted Uhlaender	5	5	5	5	5	8	25	
432	Jimmie Hall DP	5	5	5	5	5	8	15	
433	Al Luplow DP	5	5	5	5	5	8	30	
434	Eddie Fisher DP	5	5	5	5	5	8	20	
435	Mack Jones DP	5	5	5	5	5	8	15	
436	Pete Ward	5	5	5	5	5	10	30	
437	Washington Senators TC	5	5	5	5	5	8	40	
438	Chuck Dobson	5	5	5	5	5	8	15	
439	Byron Browne	5	5	5	5	5	8	25	
440	Steve Hargan	5	5	5	5	5	8	15	
441	Jim Davenport	5	5	5	5	5	10	20	
442	B.Robinson RC/J.Verbanic RC DP	5	5	6	10	15	40		
443	Tito Francona DP	5	5	5	5	5	8	25	
444	George Smith	5	5	5	5	5	10	20	
445	Don Sutton	10	15	25	40	60	100	250	
446	Russ Nixon DP	5	5	5	5	5	8	20	
447A	Bo Belinsky Partial	5	5	6	10	15			
447B	Bo Belinsky Complete DP	5	5	6	10	15	25		
448	Harry Walker MG DP	5	5	6	10	15	25	40	
449	Orlando Pena	5	5	5	6	10	15	25	
450	Richie Allen	5	5	5	6	10	15	120	
451	Fred Newman DP	5	5	5	5	5	8	15	
452	Ed Kranepool	5	5	5	5	6	15	40	
453	Aurelio Monteagudo DP	5	5	5	5	5	8	40	
454A	Juan Marichal CL6 No Left Ear DP	5	5	5	5	8	30	150	
454B	Juan Marichal CL6 Left Ear DP	5	5	5	5	8	30	150	
455	Tommie Agee	5	5	5	5	5	10	30	
456	Phil Niekro UER ERA incorrect as .288	10	15	25	40	60	80	120	
457	Andy Etchebarren DP	5	5	6	10	25	50	200	
458	Lee Thomas	5	5	5	5	5	10	20	
459	D.Bosman RC/P.Craig	5	5	5	5	5	10	20	
460	Harmon Killebrew	8	12	20	30	40	120	200	
461	Bob Miller	5	5	5	5	6	15	80	
462	Bob Barton	5	5	5	5	5	10	40	
463	Hill Aces	5	5	5	5	6	12	40	
464	Dan Coombs	5	5	5	5	5	10	30	
465	Willie Horton	6	10	15	25	40	60	100	
466	Bobby Wine	5	5	5	5	20	25	60	
467	Jim O'Toole	5	5	5	5	5	10	50	
468	Ralph Houk MG	5	5	5	5	6	15	80	

	GD 2	VG 3	VgEx 4	EX 5	ExMt 6	NM 7	NmMt 8	MT 9
Len Gabrielson	5	5	5	6	10	15	25	80
Bob Shaw	5	5	5	5	6	15	100	
Rene Lachemann	5	5	5	5	5	10	40	80
J.Gelnar/G.Spriggs RC	5	5	5	5	8	25	60	
Jose Santiago	5	5	5	5	5	10	50	100
Bob Tolan	5	5	6	10	15	25	100	200
Jim Palmer	5	8	25	30	50	80	250	
Tony Perez SP	25	40	60	100	150	250	400	1,000
Atlanta Braves TC	5	5	5	5	6	30	50	150
Bob Humphreys	5	5	5	5	5	10	25	80
Gary Bell	5	5	5	5	5	12	60	150
Willie McCovey	12	20	30	50	80	150	300	600
Leo Durocher MG	5	6	10	15	25	40	80	200
Bill Monbouquette	5	5	5	10	15	30	80	
Jim Landis	5	5	5	5	5	10	40	200
Jerry Adair	5	5	5	5	5	10	40	
Tim McCarver	5	5	5	25	30	80	250	
R.Reese RC/B.Whitby RC	5	5	5	.5	5	10	50	100
Tommie Reynolds	5	5	5	5	5	10	30	100
Gerry Arrigo	5	5	5	5	5	10	40	80
Doug Clemens RC	5	5	5	5	5	10	50	150
Tony Cloninger	5	5	5	5	5	10	20	80
Sam Bowens	5	5	5	5	5	10	20	80
Pittsburgh Pirates TC	5	5	6	10	15	80	200	
Phil Ortega	5	5	5	5	5	10	50	150
Bill Rigney MG	5	5	5	5	5	10	20	80
Fritz Peterson	5	5	5	5	6	15	60	
Orlando McFarlane	5	5	5	5	5	10	20	50
Ron Campbell RC	5	5	5	5	6	25	80	200
Larry Dierker	5	5	5	6	10	15	40	100
G.Culver/J.Vidal RC	5	5	5	5	5	10	20	80
Juan Marichal	5	5	10	25	40	50	80	200
Jerry Zimmerman	5	5	5	5	6	15	50	
Derrell Griffith	5	5	5	5	5	10	30	100
Los Angeles Dodgers TC	5	5	5	8	12	20	40	150
Orlando Martinez RC	5	5	5	5	5	10	40	120
Tommy Helms	5	6	10	15	25	40	100	400
Smoky Burgess	5	5	5	5	5	10	30	100
E.Barnowski/L.Haney RC	5	5	5	5	5	10	20	80
Dick Hall	5	5	5	5	15	30	80	120
Jim King	5	5	5	5	5	10	25	100
Bill Mazeroski	▲8	▲12	▲20	▲30	▲50	▲80	▲120	▲300
Don Wert	5	5	5	5	6	15	60	150
Red Schoendienst MG	5	5	6	10	15	60	150	250
Marcelino Lopez	5	5	5	5	5	10	25	100
John Werhas	5	5	5	5	10	20	50	100
Bert Campaneris	5	5	5	8	10	20	50	120
San Francisco Giants TC	5	5	5	5	6	30	100	200
Fred Talbot	5	5	5	5	5	10	25	
Denis Menke	5	5	5	5	5	10	20	80
Ted Davidson	5	5	5	5	5	10	30	100
Max Alvis	5	5	5	5	5	10	25	80
Bird Bombers	5	5	5	5	6	30	100	200
John Stephenson	5	5	5	5	5	10	30	60
Jim Merritt	5	5	5	5	5	10	40	80
Felix Mantilla	5	5	5	5	6	15	50	150
Ron Hunt	5	5	5	6	10	15	50	150
P.Dobson RC/G.Korince RC	5	5	5	6	15	40	175	
Dennis Ribant	5	5	5	5	5	15	30	100
Rico Petrocelli	5	5	8	12	20	60	120	300
Gary Wagner	5	5	5	5	5	10	50	200
Felipe Alou	5	5	5	5	6	40	50	200
Brooks Robinson CL7 DP	5	5	6	10	20	100	300	1,200
Jim Hicks RC	5	5	5	5	5	10	30	80
Jack Fisher	5	5	5	5	6	15	80	300
Hank Bauer MG DP	5	5	5	6	10	25	40	150
Donn Clendenon	5	8	12	20	60	100	200	600
536 J.Niekro RC/P.Popovich RC	20	30	50	60	100	150	200	600
537 Chuck Estrada DP	5	5	6	10	15	25	30	80
538 J.C. Martin	5	5	6	10	15	30	80	120
539 Dick Egan DP	5	5	5	6	10	15	30	100
540 Norm Cash	6	10	15	25	60	100	200	400
541 Joe Gibbon	5	5	6	10	15	60	100	150
542 R.Monday RC/T.Pierce RC DP	5	6	10	15	25	30	100	200
543 Dan Schneider	5	6	10	15	25	40	80	250
544 Cleveland Indians TC	12	20	30	50	80	120	200	300
545 Jim Grant	10	15	25	40	60	100	150	300
546 Woody Woodward	5	5	6	10	15	40	50	200
547 R.Gibson RC/B.Rohr RC DP	5	5	5	6	10		60	100
548 Tony Gonzalez DP	5	5	8	12	20	30	50	100
549 Jack Sanford	5	5	6	10	15	30	80	
550 Vada Pinson DP	5	6	10	15	25	50	200	600
551 Doug Camilli DP	5	5	5	8	12	20	30	60
552 Ted Savage	6	10	15	25	40	50	100	150
553 M.Hegan RC/T.Tillotson	5	5	8	12	50	60	150	300
554 Andre Rodgers DP	5	5	5	6	10	15	50	
555 Don Cardwell	6	10	15	25	40	60	100	200
556 Al Weis DP	5	5	5	10	15	25	30	80
557 Al Ferrara	5	5	6	10	15	50	80	200
558 M.Belanger RC/B.Dillman RC	25	40	60	100	150	250	400	800
559 Dick Tracewski DP	5	5	8	12	20	30	50	120
560 Jim Bunning	10	40	50	80	100	150	250	600
561 Sandy Alomar	5	6	10	15	50	120	300	400
562 Steve Blass DP	5	5	8	12	20	30	100	300
563 Joe Adcock MG	5	5	8	12	20	100	150	250
564 A.Harris RC/A.Pointer RC DP	5	5	5	6	10	20	40	80
565 Lew Krausse	5	5	6	10	15	25	50	120
566 Gary Geiger DP	5	5	5	8	12	20	50	100
567 Steve Hamilton	6	10	15	25	40	60	150	250
568 John Sullivan	6	10	15	25	40	60	150	200
569 Rod Carew DP RC	400	500	600	800	1,000	2,000	3,000	15,000
570 Maury Wills	25	40	60	80	100	200	▲500	1,000
571 Larry Sherry	5	5	8	12	20	60	100	
572 Don Demeter	5	8	12	20	30	100	150	
573 Chicago White Sox TC	5	5	8	15	20	50	100	150
574 Jerry Buchek	15	25	40	60	80	120	200	250
575 Dave Boswell RC	5	5	6	10	15	60	200	500
576 R.Hernandez RC/N.Gigon RC	5	8	12	20	40	60	200	250
577 Bill Short	5	5	8	12	20	50	120	
578 John Boccabella	5	5	6	10	15	40	80	150
579 Bill Henry	5	5	6	10	15	25	60	120
580 Rocky Colavito	12	20	100	120	150	200	300	500
581 Tom Seaver RC	1,000	1,200	1,500	2,000	2,500	3,000	6,000	25,000
582 Jim Owens DP	5	5	5	6	10	15	25	150
583 Ray Barker	5	6	10	15	25	60	80	
584 Jimmy Piersall	5	5	6	10	25	50	100	150
585 Wally Bunker	5	5	6	10	15	60	150	
586 Manny Jimenez	5	5	6	12	20	40	120	300
587 D.Shaw RC/G.Sutherland RC	5	8	12	20	80	100	120	200
588 Johnny Klippstein DP	5	5	5	6	10	15	40	150
589 Dave Ricketts DP	5	5	5	6	10	15	50	150
590 Pete Richert	5	5	8	12	20	30	100	150
591 Ty Cline	5	5	6	10	25	40	60	120
592 J.Shellenback RC/R.Willis RC	25	40	60	100	150	250	400	
593 Wes Westrum MG	8	12	20	30	50	80	120	150
594 Dan Osinski	5	6	10	15	25	80	150	300
595 Cookie Rojas	5	5	6	10	15	25	80	200
596 Galen Cisco DP	5	5	5	6	10	15	100	400
597 Ted Abernathy	5	6	10	15	25	50	100	150
598 W.Williams RC/E.Stroud RC	5	6	10	15	25	60	120	200
599 Bob Duliba DP	5	5	5	6	10	30	60	150
600 Brooks Robinson	100	150	250	300	400	500	1,000	3,000
601 Bill Bryan DP	5	5	5	6	10	15	60	
602 Juan Pizarro	5	5	8	12	50	60	100	200

#		GD 2	VG 3	VgEx 4	EX 5	ExMt 6	NM 7	NmMt 8	MT 9
603	T.Talton RC/R.Webster RC	10	15	25	40	60	100	200	300
604	Boston Red Sox TC	40	60	100	150	250	400	800	
605	Mike Shannon	20	30	50	80	120	250	500	1,000
606	Ron Taylor	5	5	8	12	40	60	100	
607	Mickey Stanley	8	12	25	50	100	120	300	
608	R.Nye RC/J.Upham RC DP	5	5	5	6	10	15	50	
609	Tommy John	30	50	80	100	150	250	400	1,500

— Rod Carew #569 PSA 10 (Gem) (Young Collection) sold for $95,294 (Mile High; 12/14)
— Rod Carew #569 PSA 10 (Gem) sold for $40,388 (SCP; 5/12)
— Mickey Mantle #150 PSA 10 (Gem) sold for $68,676 (Mile High; 10/13)
— Tom Seaver #581 PSA 10 (Gem) (Young Collection) sold for $24,450 (SCP; 5/12)

1967 Topps Who Am I

#		GD 2	VG 3	VgEx 4	EX 5	ExMt 6	NM 7	NmMt 8	MT 9
12	Babe Ruth	40	60	80	100	150	200	600	
22	Mickey Mantle	40	50	60	100	150	400	600	
33	Willie Mays	15	20	30	50	80	120	300	
41	Sandy Koufax	20	30	50	80	100	150	400	

1968 Topps

#		GD 2	VG 3	VgEx 4	EX 5	ExMt 6	NM 7	NmMt 8	MT 9
1	NL Batting Leaders	5	5	6	15	25	50	80	
2	AL Batting Leaders	5	5	5	8	30	60	150	
3	NL RBI Leaders	5	5	20	25	40	60	200	
4	AL RBI Leaders	5	5	5	6	10	30	60	200
5	NL Home Run Leaders	5	5	6	10	30	50	250	
6	AL Home Run Leaders	5	5	5	5	6	10	60	200
7	NL ERA Leaders	5	5	5	5	6	15	25	250
8	AL ERA Leaders	5	5	5	5	5	8	15	50
9	NL Pitching Leaders	5	5	5	5	6	10	30	200
10A	AL Pitching Leaders ERR Lonberg	5	5	5	5	6	15	80	
10B	AL Pitching Leaders COR Lonborg	5	5	5	5	6	15	120	
11	NL Strikeout Leaders	5	5	5	5	6	10	30	80
12	AL Strikeout Leaders/Jim Lonborg Sam McDowell/Dean Chance	5	5	5	5	6	10	40	200
13	Chuck Hartenstein RC	5	5	5	5	5	5	15	120
14	Jerry McNertney	5	5	5	5	5	5	10	30
15	Ron Hunt	5	5	5	5	5	6	12	30
16	L.Piniella/R.Scheinblum	5	5	5	5	6	10	30	300
17	Dick Hall	5	5	5	5	5	5	10	25
18	Mike Hershberger	5	5	5	5	5	5	10	30
19	Juan Pizarro	5	5	5	5	5	6	20	150
20	Brooks Robinson	5	5	5	10	30	50	80	200
21	Ron Davis	5	5	5	5	5	8	25	80
22	Pat Dobson	5	5	5	5	6	15	50	250
23	Chico Cardenas	5	5	5	5	5	6	15	40
24	Bobby Locke	5	5	5	5	5	5	10	60
25	Julian Javier	5	5	5	5	5	5	20	80
26	Darrell Brandon	5	5	5	5	5	5	10	60
27	Gil Hodges MG	5	8	12	20	30	60	▲100	200
28	Ted Uhlaender	5	5	5	5	5	5	10	80
29	Joe Verbanic	5	5	5	5	5	5	10	30
30	Joe Torre	5	5	5	5	10	20	80	200
31	Ed Stroud	5	5	5	5	5	5	15	50
32	Joe Gibbon	5	5	5	5	5	5	10	25
33	Pete Ward	5	5	5	5	5	5	15	80
34	Al Ferrara	5	5	5	5	5	5	10	50
35	Steve Hargan	5	5	5	5	5	5	10	30
36	B.Moose RC/B.Robertson RC	5	5	5	5	5	5	12	30
37	Billy Williams	6	10	15	25	40	▲80	100	250
38	Tony Pierce	5	5	5	5	5	5	10	25
39	Cookie Rojas	5	5	5	5	5	5	15	80
40	Denny McLain	5	6	10	15	25	60	100	200
41	Julio Gotay	5	5	5	5	5	5	12	40
42	Larry Haney	5	5	5	5	5	5	15	100
43	Gary Bell	5	5	5	5	5	5	10	25
44	Frank Kostro	5	5	5	5	5	5	10	
45	Tom Seaver DP	50	▼60	▼80	150	200	400	▼800	6,0
46	Dave Ricketts	5	5	5	5	5	5	10	
47	Ralph Houk MG	5	5	5	5	5	6	12	
48	Ted Davidson	5	5	5	5	5	5	20	
49A	Ed Brinkman White Team	5	5	5	5	5	5	10	
49B	Ed Brinkman Yellow Team	8	12	20	30	100	150	450	
50	Willie Mays	80	120	150	250	300	600	1,000	1,5
51	Bob Locker	5	5	5	5	5	5	10	
52	Hawk Taylor	5	5	5	5	5	5	10	
53	Gene Alley	5	5	5	5	5	5	10	
54	Stan Williams	5	5	5	5	5	5	10	
55	Felipe Alou	5	5	5	5	5	6	12	
56	D.Leonhard RC/D.May RC	5	5	5	5	5	6	20	
57	Dan Schneider	5	5	5	5	5	5	10	
58	Eddie Mathews	10	15	25	40	60	100	150	
59	Don Lock	5	5	5	5	5	5	10	
60	Ken Holtzman	5	5	5	5	5	6	12	
61	Reggie Smith	5	5	5	5	5	6	12	
62	Chuck Dobson	5	5	5	5	5	5	10	
63	Dick Kenworthy RC	5	5	5	5	5	5	25	
64	Jim Merritt	5	5	5	5	5	5	10	
65	John Roseboro	5	5	5	5	5	5	12	
66A	Casey Cox White Team	5	5	5	5	5	5	10	
66B	Casey Cox Yellow Team	8	12	20	30	50	80	120	
67	Checklist 1/Kaat	5	5	5	5	5	6	20	
68	Ron Willis	5	5	5	5	5	5	10	
69	Tom Tresh	5	5	5	5	5	8	15	
70	Bob Veale	5	5	5	5	5	10	60	
71	Vern Fuller RC	5	5	5	5	5	5	10	
72	Tommy John	5	5	5	5	8	12	20	
73	Jim Ray Hart	5	5	5	5	5	6	15	
74	Milt Pappas	5	5	5	5	5	5	15	
75	Don Mincher	5	5	5	5	5	6	20	
76	J.Britton/R.Reed RC	5	5	5	5	5	8	25	
77	Don Wilson RC	5	5	5	5	5	5	10	
78	Jim Northrup	5	5	5	5	5	8	15	
79	Ted Kubiak RC	5	5	5	5	5	5	10	
80	Rod Carew	5	6	10	15	30	150	250	8
81	Larry Jackson	5	5	5	5	5	5	10	
82	Sam Bowens	5	5	5	5	5	5	10	
83	John Stephenson	5	5	5	5	5	5	10	
84	Bob Tolan	5	5	5	5	5	5	10	
85	Gaylord Perry	5	▲8	▲12	▲20	▲30	40	60	
86	Willie Stargell	12	20	30	50	80	120	200	
87	Dick Williams MG	5	5	5	5	5	5	10	
88	Phil Regan	5	5	5	5	5	5	10	
89	Jake Gibbs	5	5	5	5	5	6	12	
90	Vada Pinson	5	5	5	5	5	6	12	
91	Jim Ollom RC	5	5	5	5	5	5	10	
92	Ed Kranepool	5	5	5	5	5	6	12	
93	Tony Cloninger	5	5	5	5	5	5	10	
94	Lee Maye	5	5	5	5	5	5	10	
95	Bob Aspromonte	5	5	5	5	5	6	12	
96	F.Coggins RC/D.Nold	5	5	5	5	5	5	15	
97	Tom Phoebus	5	5	5	5	5	5	10	
98	Gary Sutherland	5	5	5	5	5	5	10	
99	Rocky Colavito	5	6	10	15	25	40	60	
100	Bob Gibson	5	5	6	10	50	60	150	
101	Glenn Beckert	5	5	5	5	5	6	12	
102	Jose Cardenal	5	5	5	5	5	8	30	
103	Don Sutton	5	▲8	▲12	▲20	▲30	▲50	▲80	
104	Dick Dietz	5	5	5	5	5	5	10	
105	Al Downing	5	5	5	5	5	6	15	
106	Dalton Jones	5	5	5	5	5	5	10	
107A	Checklist 2/Marichal Wide Mesh	5	5	5	5	5	12	30	
107B	Checklist 2/Marichal Fine Mesh	5	5	5	5	5	12	30	

Name	GD 2	VG 3	VgEx 4	EX 5	ExMt 6	NM 7	NmMt 8	MT 9
Don Pavletich	5	5	5	5	5	5	10	25
Bert Campaneris	5	5	5	5	5	6	15	40
Hank Aaron	6	20	25	60	100	150	300	2,500
Rich Reese	5	5	5	5	5	5	10	25
Woody Fryman	5	5	5	5	5	5	10	40
T.Matchick/D.Patterson RC	5	5	5	5	6	10	25	100
Ron Swoboda	5	5	5	5	5	8	15	40
Sam McDowell	5	5	5	5	5	6	12	40
Ken McMullen	5	5	5	5	5	5	10	25
Larry Jaster	5	5	5	5	5	5	10	25
Mark Belanger	5	5	5	5	5	6	12	40
Ted Savage	5	5	5	5	5	5	10	25
Mel Stottlemyre	5	5	5	5	5	6	15	40
Jimmie Hall	5	5	5	5	5	5	10	30
Gene Mauch MG	5	5	5	5	5	5	15	80
Jose Santiago	5	5	5	5	5	5	10	25
Nate Oliver	5	5	5	5	5	5	10	40
Joel Horlen	5	5	5	5	5	5	10	40
Bobby Etheridge RC	5	5	5	5	5	6	20	80
Paul Lindblad	5	5	5	5	5	6	15	80
T.Dukes RC/A.Harris	5	5	5	5	5	8	30	150
Mickey Stanley	5	5	5	5	5	8	20	60
Tony Perez	▲15	▲25	▲40	▲60	▲100	▲120	250	500
Frank Bertaina	5	5	5	5	5	5	10	25
Bud Harrelson	5	5	5	5	5	8	15	40
Fred Whitfield	5	5	5	5	5	5	10	25
Pat Jarvis	5	5	5	5	5	5	10	25
Paul Blair	5	5	5	5	5	8	20	135
Randy Hundley	5	5	5	5	5	5	15	60
Minnesota Twins TC	5	5	5	5	5	6	15	40
Ruben Amaro	5	5	5	5	5	5	10	30
Chris Short	5	5	5	5	5	5	10	30
Tony Conigliaro	5	5	5	5	6	15	25	120
Dal Maxvill	5	5	5	5	5	6	12	50
B.Bradford RC/B.Voss	5	5	5	5	5	5	10	40
Pete Cimino	5	5	5	5	5	5	15	80
Joe Morgan	5	5	10	12	20	30	60	150
Don Drysdale	10	15	25	40	60	100	▼150	300
Sal Bando	5	5	5	5	5	6	12	60
Frank Linzy	5	5	5	5	5	5	10	40
Dave Bristol MG	5	5	5	5	5	5	10	25
Bob Saverine	5	5	5	5	5	5	10	25
Roberto Clemente	30	50	80	120	200	500	800	3,000
Lou Brock WS1	5	5	5	8	12	20	60	150
Carl Yastrzemski WS2	5	5	6	10	15	25	100	250
Nelson Briles WS3	5	5	5	5	5	6	20	80
Bob Gibson WS4	5	5	5	8	12	20	50	100
Jim Lonborg WS5	5	5	5	5	5	6	12	30
Rico Petrocelli WS6	5	5	5	5	5	6	12	40
St. Louis Wins It WS7	5	5	5	5	5	6	30	60
Cardinals Celebrate WS	5	5	5	5	5	12	50	100
Don Kessinger	5	5	5	5	5	8	15	80
Earl Wilson	5	5	5	5	8	12	30	100
Norm Miller	5	5	5	5	5	5	30	120
H.Gilson RC/M.Torrez RC	5	5	5	5	5	6	12	40
Gene Brabender	5	5	5	5	5	5	10	60
Ramon Webster	5	5	5	5	5	5	10	50
Tony Oliva	5	5	5	5	8	15	60	225
Claude Raymond	5	5	5	5	5	6	20	80
Elston Howard	5	5	5	5	5	8	25	60
Los Angeles Dodgers TC	5	5	5	5	5	8	12	30
Bob Bolin	5	5	5	5	5	5	10	50
Jim Fregosi	5	5	5	5	5	6	12	40
Don Nottebart	5	5	5	5	5	5	10	30
Walt Williams	5	5	5	5	8	12	20	30	135
John Boozer	5	5	5	5	5	5	10	50
Bob Tillman	5	5	5	5	5	5	10	30

Name	GD 2	VG 3	VgEx 4	EX 5	ExMt 6	NM 7	NmMt 8	MT 9
175 Maury Wills	5	5	5	5	5	8	20	150
176 Bob Allen	5	5	5	5	5	5	10	50
177 N.Ryan RC/J.Koosman RC	800	1,000	1,200	2,000	2,500	4,000	▲15,000	120,000
178 Don Wert	5	5	5	5	6	15	60	250
179 Bill Stoneman RC	5	5	5	5	5	5	10	30
180 Curt Flood	5	5	5	5	5	8	15	40
181 Jerry Zimmerman	5	5	5	5	5	5	15	50
182 Dave Giusti	5	5	5	5	5	5	10	25
183 Bob Kennedy MG	5	5	5	5	5	5	12	120
184 Lou Johnson	5	5	5	5	5	5	10	30
185 Tom Haller	5	5	5	5	5	5	10	60
186 Eddie Watt	5	5	5	5	5	5	10	30
187 Sonny Jackson	5	5	5	5	5	5	10	40
188 Cap Peterson	5	5	5	5	5	5	10	60
189 Bill Landis RC	5	5	5	5	5	5	10	50
190 Bill White	5	5	5	5	5	6	15	50
191 Dan Frisella RC	5	5	5	5	5	5	12	80
192A Checklist 3/Yaz Spec. BB	5	5	5	5	8	12	40	
192B Checklist 3/Yaz Spec. BB Play Card	5	5	5	5	8	12		30
193 Jack Hamilton	5	5	5	5	5	5	15	100
194 Don Buford	5	5	5	5	5	6	12	50
195 Joe Pepitone	5	5	5	5	5	6	12	50
196 Gary Nolan RC	5	5	5	5	6	10	25	135
197 Larry Brown	5	5	5	5	5	5	10	40
198 Roy Face	5	5	5	5	5	6	12	50
199 R.Rodriguez RC/D.Osteen	5	5	5	5	5	5	15	100
200 Orlando Cepeda	5	5	5	10	25	30	80	150
201 Mike Marshall RC	5	5	5	5	5	8	15	120
202 Adolfo Phillips	5	5	5	5	5	5	10	25
203 Dick Kelley	5	5	5	5	5	5	10	25
204 Andy Etchebarren	5	5	5	5	5	5	10	25
205 Juan Marichal	5	5	5	8	12	30	50	150
206 Cal Ermer MG RC	5	5	5	5	5	5	10	25
207 Carroll Sembera	5	5	5	5	5	5	10	25
208 Willie Davis	5	5	5	5	5	5	10	25
209 Tim Cullen	5	5	5	5	5	5	10	25
210 Gary Peters	5	5	5	5	5	5	10	25
211 J.C. Martin	5	5	5	5	5	5	10	25
212 Dave Morehead	5	5	5	5	5	5	10	25
213 Chico Ruiz	5	5	5	5	5	5	10	30
214 S.Bahnsen/F.Fernandez	5	5	5	5	5	6	15	175
215 Jim Bunning	5	5	5	5	5	8	25	50
216 Bubba Morton	5	5	5	5	5	5	10	25
217 Dick Farrell	5	5	5	5	5	5	10	25
218 Ken Suarez	5	5	5	5	5	5	10	30
219 Rob Gardner	5	5	5	5	5	5	10	40
220 Harmon Killebrew	5	5	15	25	30	50	80	250
221 Atlanta Braves TC	5	5	5	5	5	6	12	30
222 Jim Hardin RC	5	5	5	5	5	5	10	25
223 Ollie Brown	5	5	5	5	5	5	15	
224 Jack Aker	5	5	5	5	5	5	12	50
225 Richie Allen	5	5	5	5	5	8	15	60
226 Jimmie Price	5	5	5	5	5	8	15	40
227 Joe Hoerner	5	5	5	5	5	5	10	50
228 J.Billingham RC/J.Fairey RC	5	5	5	5	5	6	12	40
229 Fred Klages	5	5	5	5	5	5	10	25
230 Pete Rose	50	80	100	120	150	400	800	2,500
231 Dave Baldwin RC	5	5	5	5	5	5	10	25
232 Denis Menke	5	5	5	5	5	5	10	25
233 George Scott	5	5	5	5	5	6	12	40
234 Bill Monbouquette	5	5	5	5	5	5	10	30
235 Ron Santo	5	5	5	8	12	25	40	150
236 Tug McGraw	5	5	5	5	5	8	30	100
237 Alvin Dark MG	5	5	5	5	5	6	15	
238 Tom Satriano	5	5	5	5	5	6	20	200
239 Bill Henry	5	5	5	5	5	5	10	25
240 Al Kaline	15	25	40	60	100	150	250	1,000

#	Player	GD 2	VG 3	VgEx 4	EX 5	ExMt 6	NM 7	NmMt 8	MT 9
241	Felix Millan	5	5	5	5	5	5	10	25
242	Moe Drabowsky	5	5	5	5	5	8	20	100
243	Rich Rollins	5	5	5	5	5	5	10	60
244	John Donaldson RC	5	5	5	5	5	5	10	25
245	Tony Gonzalez	5	5	5	5	5	5	10	40
246	Fritz Peterson	5	5	5	5	5	6	12	80
247A	Rookie Stars/Johnny Bench RC								
	Ron Tompkins COR	120	150	200	250	400	600	2,500	6,000
247B	Rookie Stars/Johnny Bench RC/Ron Tompkins ERR the is Misspelled in First Line								
248	Fred Valentine							10	25
249	Bill Singer	5	5	5	5	5	5	10	25
250	Carl Yastrzemski	10	15	25	40	60	100	150	600
251	Manny Sanguillen RC	5	5	6	10	15	25	100	300
252	California Angels TC	5	5	5	5	5	6	12	40
253	Dick Hughes	5	5	5	5	5	5	10	40
254	Cleon Jones	5	5	5	5	5	8	20	100
255	Dean Chance	5	5	5	5	5	5	10	30
256	Norm Cash	5	5	8	12	20	80	200	400
257	Phil Niekro	5	8	12	20	25	40	60	150
258	J.Arcia RC/B.Schlesinger	5	5	5	5	5	5	15	80
259	Ken Boyer	5	5	5	5	6	10	30	100
260	Jim Wynn	5	5	5	5	5	6	12	40
261	Dave Duncan	5	5	5	5	5	5	10	30
262	Rick Wise	5	5	5	5	5	5	10	30
263	Horace Clarke	5	5	5	5	5	6	15	.
264	Ted Abernathy	5	5	5	5	5	5	10	50
265	Tommy Davis	5	5	5	5	5	6	15	120
266	Paul Popovich	5	5	5	5	5	5	10	50
267	Herman Franks MG	5	5	5	5	5	5	10	40
268	Bob Humphreys	5	5	5	5	5	5	15	50
269	Bob Tiefenauer	5	5	5	5	5	5	10	40
270	Matty Alou	5	5	5	5	5	6	15	120
271	Bobby Knoop	5	5	5	5	5	5	15	80
272	Ray Culp	5	5	5	5	5	5	10	25
273	Dave Johnson	5	5	5	5	5	6	12	40
274	Mike Cuellar	5	5	5	5	5	6	12	40
275	Tim McCarver	5	5	5	5	8	12	40	150
276	Jim Roland	5	5	5	5	5	5	10	40
277	Jerry Buchek	5	5	5	5	5	5	12	40
278	Checklist 4/Cepeda	5	5	5	5	5	8	25	80
279	Bill Hands	5	5	5	5	5	5	15	60
280	Mickey Mantle	250	300	400	500	600	1,000	3,000	20,000
281	Jim Campanis	5	5	5	5	5	5	15	150
282	Rick Monday	5	5	5	5	5	6	15	165
283	Mel Queen	5	5	5	5	5	5	10	25
284	Johnny Briggs	5	5	5	5	5	5	10	40
285	Dick McAuliffe	5	5	5	8	12	20	60	150
286	Cecil Upshaw	5	5	5	5	5	5	15	80
287	M.Abarbanel RC/C.Carlos RC	5	5	5	5	5	5	10	25
288	Dave Wickersham	5	5	5	5	5	5	10	25
289	Woody Held	5	5	5	5	5	5	10	25
290	Willie McCovey	10	15	25	40	60	▲120	▲250	600
291	Dick Lines	5	5	5	5	5	5	10	40
292	Art Shamsky	5	5	5	5	5	5	10	25
293	Bruce Howard	5	5	5	5	5	5	10	25
294	Red Schoendienst MG	5	8	12	20	30	50	100	200
295	Sonny Siebert	5	5	5	5	5	5	10	40
296	Byron Browne	5	5	5	5	5	5	10	40
297	Russ Gibson	5	5	5	5	5	5	10	25
298	Jim Brewer	5	5	5	5	5	5	10	30
299	Gene Michael	5	5	5	5	5	5	10	25
300	Rusty Staub	5	5	5	5	8	12	40	100
301	G.Mitterwald RC/R.Renick RC	5	5	5	5	5	5	10	40
302	Gerry Arrigo	5	5	5	5	5	5	10	25
303	Dick Green	5	5	5	5	5	5	10	25
304	Sandy Valdespino	5	5	5	5	5	5	10	25
305	Minnie Rojas	5	5	5	5	5	5	10	25

#	Player	GD 2	VG 3	VgEx 4	EX 5	ExMt 6	NM 7	NmMt 8	MT 9
306	Mike Ryan	5	5	5	5	5	5	10	
307	John Hiller	5	5	5	5	5	8	25	
308	Pittsburgh Pirates TC	5	5	5	5	5	8	20	
309	Ken Henderson	5	5	5	5	5	6	12	
310	Luis Aparicio	5	5	8	12	20	30	50	
311	Jack Lamabe	5	5	5	5	5	5	10	
312	Curt Blefary	5	5	5	5	5	5	10	
313	Al Weis	5	5	5	5	5	6	12	
314	B.Rohr/G.Spriggs	5	5	5	5	5	5	15	1
315	Zoilo Versalles	5	5	5	5	5	5	10	
316	Steve Barber	5	5	5	5	5	6	12	
317	Ron Brand	5	5	5	5	5	5	10	
318	Chico Salmon	5	5	5	5	5	5	10	
319	George Culver	5	5	5	5	5	5	10	
320	Frank Howard	5	5	5	5	5	6	12	
321	Leo Durocher MG	5	5	5	5	5	6	40	
322	Dave Boswell	5	5	5	5	5	5	10	
323	Deron Johnson	5	5	5	5	5	5	10	
324	Jim Nash	5	5	5	5	5	5	10	
325	Manny Mota	5	5	5	5	5	5	25	
326	Dennis Ribant	5	5	5	5	5	8	15	
327	Tony Taylor	5	5	5	5	5	5	12	
328	C.Vinson RC/J.Weaver RC	5	5	5	5	5	5	10	
329	Duane Josephson	5	5	5	5	5	5	10	
330	Roger Maris	▼30	▼40	▼50	▼60	▼80	120	200	50
331	Dan Osinski	5	5	5	5	5	5	10	
332	Doug Rader	5	5	5	5	5	5	12	
333	Ron Herbel	5	5	5	5	5	5	10	
334	Baltimore Orioles TC	5	5	5	5	5	6	12	
335	Bob Allison	5	5	5	5	5	5	12	
336	John Purdin	5	5	5	5	5	5	10	
337	Bill Robinson	5	5	5	5	5	5	12	
338	Bob Johnson	5	5	5	5	5	5	10	
339	Rich Nye	5	5	5	5	5	5	10	
340	Max Alvis	5	5	5	5	5	5	10	
341	Jim Lemon MG	5	5	5	5	5	5	10	
342	Ken Johnson	5	5	5	5	5	5	10	
343	Jim Gosger	5	5	5	5	5	5	10	
344	Donn Clendenon	5	5	5	5	5	6	12	
345	Bob Hendley	5	5	5	5	5	6	12	
346	Jerry Adair	5	5	5	5	5	5	10	
347	George Brunet	5	5	5	5	5	5	10	
348	L.Colton RC/D.Thoenen RC	5	5	5	5	5	5	10	
349	Ed Spiezio	5	5	5	5	5	5	10	
350	Hoyt Wilhelm	5	6	10	15	25	40	80	25
351	Bob Barton	5	5	5	5	5	5	10	
352	Jackie Hernandez RC	5	5	5	5	5	5	10	
353	Mack Jones	5	5	5	5	5	6	12	
354	Pete Richert	5	5	5	5	5	5	10	
355	Ernie Banks	30	50	60	80	100	150	▲300	60
356A	Checklist 5/Holtzman Center	5	5	5	5	5	8	25	
356B	Checklist 5/Holtzman Right	5	5	5	5	5	8	20	8
357	Len Gabrielson	5	5	5	5	5	5	10	4
358	Mike Epstein	5	5	5	5	5	5	10	3
359	Joe Moeller	5	5	5	5	5	5	10	3
360	Willie Horton	5	5	5	5	8	15	40	250
361	Harmon Killebrew AS	5	5	5	5	20	25	50	100
362	Orlando Cepeda AS	5	5	5	5	5	6	25	60
363	Rod Carew AS	5	5	5	5	6	25	50	100
364	Joe Morgan AS	5	5	5	5	6	20	30	80
365	Brooks Robinson AS	5	5	5	5	15	25	50	100
366	Ron Santo AS	5	5	5	5	5	10	15	80
367	Jim Fregosi AS	5	5	5	5	5	5	10	25
368	Gene Alley AS	5	5	5	5	5	5	15	80
369	Carl Yastrzemski AS	5	5	15	20	25	30	60	100
370	Hank Aaron AS	8	12	20	30	50	60	80	250
371	Tony Oliva AS	5	5	5	5	5	6	25	60

	GD 2	VG 3	VgEx 4	EX 5	ExMt 6	NM 7	NmMt 8	MT 9
Lou Brock AS	5	5	8	12	20	30	50	100
Frank Robinson AS	5	5	5	5	8	25	50	100
Roberto Clemente AS	12	20	25	30	80	100	250	600
Bill Freehan AS	5	5	5	5	5	8	25	80
Tim McCarver AS	5	5	5	5	5	6	12	40
Joel Horlen AS	5	5	5	5	5	5	10	25
Bob Gibson AS	5	5	5	5	8	20	50	100
Gary Peters AS	5	5	5	5	5	6	15	30
Ken Holtzman AS	5	5	5	5	5	6	15	30
Boog Powell	5	5	5	5	6	10	25	100
Ramon Hernandez	5	5	5	5	5	5	10	60
Steve Whitaker	5	5	5	5	5	6	15	30
B.Henry/H.McRae RC	5	5	5	5	5	8	20	120
Jim Hunter	5	8	12	20	30	50	80	150
Greg Goossen	5	5	5	5	5	5	12	30
Joe Foy	5	5	5	5	5	6	15	30
Ray Washburn	5	5	5	5	5	5	10	25
Jay Johnstone	5	5	5	5	5	5	10	40
Bill Mazeroski	6	10	15	25	40	60	100	250
Bob Priddy	5	5	5	5	5	5	10	25
Grady Hatton MG	5	5	5	5	5	6	20	120
Jim Perry	5	5	5	5	5	5	10	25
Tommie Aaron	5	5	5	6	10	15	25	50
Camilo Pascual	5	5	5	5	5	6	15	60
Bobby Wine	5	5	5	5	5	5	10	25
Vic Davalillo	5	5	5	5	5	5	15	25
Jim Grant	5	5	5	5	5	5	10	30
Ray Oyler	5	5	5	5	5	8	20	60
A Mike McCormick Yellow Team	5	5	5	5	5	5	10	25
Mets Team	5	5	5	5	5	6	20	40
Mike Hegan	5	5	5	5	5	5	10	25
John Buzhardt	5	5	5	5	5	5	10	25
Floyd Robinson	5	5	5	5	5	5	10	25
Tommy Helms	5	5	5	5	5	6	15	80
Dick Ellsworth	5	5	5	5	5	5	10	60
Gary Kolb	5	5	5	5	5	5	10	25
Steve Carlton	15	25	40	60	100	150	200	500
F.Peters RC/R.Stone	5	5	5	5	5	5	10	25
Ferguson Jenkins	5	5	6	10	15	30	150	300
Ron Hansen	5	5	5	5	5	5	10	25
Clay Carroll	5	5	5	5	5	5	10	25
Tom McCraw	5	5	5	5	5	5	10	25
Mickey Lolich	5	5	5	6	10	30	200	
Johnny Callison	5	5	5	5	5	6	12	40
Bill Rigney MG	5	5	5	5	5	5	10	25
Willie Crawford	5	5	5	5	5	5	10	25
Eddie Fisher	5	5	5	5	5	5	10	25
Jack Hiatt	5	5	5	5	5	5	12	40
Cesar Tovar	5	5	5	5	5	6	8	25
Ron Taylor	5	5	5	5	5	6	25	100
Rene Lachemann	5	5	5	5	5	5	10	25
Fred Gladding	5	5	5	5	5	5	10	25
Chicago White Sox TC	5	5	5	5	5	6	20	80
Jim Maloney	5	5	5	5	5	6	12	40
Hank Allen	5	5	5	5	5	5	10	25
Dick Calmus	5	5	5	5	5	5	10	25
Vic Roznovsky	5	5	5	5	5	5	10	60
Tommie Sisk	5	5	5	5	5	5	10	25
Rico Petrocelli	5	5	5	5	6	10	30	150
Dooley Womack	5	5	5	5	5	6	12	60
B.Davis/J.Vidal	5	5	5	5	5	5	10	50
Bob Rodgers	5	5	5	5	5	5	10	25
Ricardo Joseph RC	5	5	5	5	5	5	10	80
Ron Perranoski	5	5	5	5	5	6	12	50
Hal Lanier	5	5	5	5	5	5	10	60

	GD 2	VG 3	VgEx 4	EX 5	ExMt 6	NM 7	NmMt 8	MT 9

	GD 2	VG 3	VgEx 4	EX 5	ExMt 6	NM 7	NmMt 8	MT 9
Don Cardwell	5	5	5	5	5	8	40	120
Lee Thomas	5	5	5	5	5	5	10	25

		GD 2	VG 3	VgEx 4	EX 5	ExMt 6	NM 7	NmMt 8	MT 9
439	Lum Harris MG	5	5	5	5	5	5	10	25
440	Claude Osteen	5	5	5	5	5	5	10	30
441	Alex Johnson	5	5	5	5	5	8	30	135
442	Dick Bosman	5	5	5	5	5	5	10	50
443	Joe Azcue	5	5	5	5	5	5	10	25
444	Jack Fisher	5	5	5	5	5	5	10	25
445	Mike Shannon	5	5	5	5	5	8	15	50
446	Ron Kline	5	5	5	5	5	5	10	40
447	G.Korince/F.Lasher RC	5	5	5	5	5	8	30	200
448	Gary Wagner	5	5	5	5	5	5	10	25
449	Gene Oliver	5	5	5	5	5	5	15	60
450	Jim Kaat	5	5	5	5	6	10	20	60
451	Al Spangler	5	5	5	5	5	5	10	25
452	Jesus Alou	5	5	5	5	5	6	12	60
453	Sammy Ellis	5	5	5	5	5	8	30	250
454A	Checklist 6/F.Rob Cap Complete	5	5	5	5	5	6	12	60
454B	Checklist 6/F.Rob Cap Partial	5	5	5	5	5	6	12	60
455	Rico Carty	5	5	5	5	5	6	15	80
456	John O'Donoghue	5	5	5	5	5	5	10	25
457	Jim Lefebvre	5	5	5	5	5	5	10	30
458	Lew Krausse	5	5	5	5	5	5	10	25
459	Dick Simpson	5	5	5	5	5	5	10	25
460	Jim Lonborg	5	5	5	5	5	6	15	30
461	Chuck Hiller	5	5	5	5	5	5	10	25
462	Barry Moore	5	5	5	5	5	5	10	25
463	Jim Schaffer	5	5	5	5	5	5	10	25
464	Don McMahon	5	5	5	5	5	8	40	135
465	Tommie Agee	5	5	5	5	5	6	30	60
466	Bill Dillman	5	5	5	5	5	5	10	25
467	Dick Howser	5	5	5	5	5	6	25	40
468	Larry Sherry	5	5	5	5	5	5	10	25
469	Ty Cline	5	5	5	5	5	5	10	30
470	Bill Freehan	5	5	5	6	10	15	50	80
471	Orlando Pena	5	5	5	5	5	5	10	25
472	Walter Alston MG	5	5	8	12	20	30	50	100
473	Al Worthington	5	5	5	5	5	5	10	25
474	Paul Schaal	5	5	5	5	5	5	6	15
475	Joe Niekro	5	5	6	10	15	25	40	100
476	Woody Woodward	5	5	5	5	5	5	10	25
477	Philadelphia Phillies TC	5	5	5	5	5	5	10	30
478	Dave McNally	5	5	8	12	20	30	50	120
479	Phil Gagliano	5	5	5	5	5	5	10	25
480	Manager's Dream	40	50	60	80	100	150	300	500
481	John Wyatt	5	5	5	5	5	5	10	25
482	Jose Pagan	5	5	5	5	5	5	10	25
483	Darold Knowles	5	5	5	5	5	5	10	30
484	Phil Roof	5	5	5	5	5	5	8	20
485	Ken Berry	5	5	5	6	10	15	25	40
486	Cal Koonce	5	5	5	5	5	6	15	30
487	Lee May	5	5	5	25	30	50	80	250
488	Dick Tracewski	5	5	5	6	8	10	20	80
489	Wally Bunker	5	5	5	5	5	5	10	25
490	Super Stars	100	150	200	▲300	400	600	1,000	2,500
491	Denny Lemaster	5	5	5	5	5	5	10	25
492	Jeff Torborg	5	5	5	5	5	5	10	80
493	Jim McGlothlin	5	5	5	5	5	5	6	15
494	Ray Sadecki	5	5	5	5	5	5	6	15
495	Leon Wagner	5	5	5	5	5	8	60	120
496	Steve Hamilton	5	5	5	5	5	6	15	50
497	St. Louis Cardinals TC	5	5	5	5	8	12	40	80
498	Bill Bryan	5	5	5	5	5	8	40	80
499	Steve Blass	5	5	5	5	5	5	10	25
500	Frank Robinson	5	5	6	20	30	60	100	250
501	John Odom	5	6	10	15	25	100	500	1,200
502	Mike Andrews	5	5	5	5	6	8	12	30
503	Al Jackson	5	5	5	5	6	8	12	50
504	Russ Snyder	5	5	5	5	5	5	10	40

		GD 2	VG 3	VgEx 4	EX 5	ExMt 6	NM 7	NmMt 8	MT 9
505	Joe Sparma	5	5	5	6	25	50	60	120
506	Clarence Jones RC	5	5	5	5	5	5	10	25
507	Wade Blasingame	5	5	5	5	5	5	10	25
508	Duke Sims	5	5	5	5	5	5	10	25
509	Dennis Higgins	5	5	5	5	5	5	10	25
510	Ron Fairly	5	5	6	10	15	25	40	80
511	Bill Kelso	5	5	5	5	5	6	8	20
512	Grant Jackson	5	5	5	5	5	5	10	25
513	Hank Bauer MG	5	5	5	5	8	12	20	50
514	Al McBean	5	5	5	5	5	5	10	25
515	Russ Nixon	5	5	5	5	5	5	10	25
516	Pete Mikkelsen	5	5	5	5	5	5	10	25
517	Diego Segui	5	5	5	5	5	5	10	25
518A	Checklist 7/Boyer ERR AL	5	5	5	5	5	5	15	25
518B	Checklist 7/Boyer COR ML	5	5	5	5	5	5	10	25
519	Jerry Stephenson	5	5	5	5	5	5	10	25
520	Lou Brock	10	15	25	40	60	100	150	400
521	Don Shaw	5	5	5	5	5	5	10	25
522	Wayne Causey	5	5	5	5	5	5	10	25
523	John Tsitouris	5	5	5	5	5	6	30	60
524	Andy Kosco	5	5	5	5	5	6	12	80
525	Jim Davenport	5	5	5	5	5	5	10	50
526	Bill Denehy	5	5	5	5	5	6	15	80
527	Tito Francona	5	5	5	5	5	5	10	50
528	Detroit Tigers TC	5	6	10	20	50	60	120	300
529	Bruce Von Hoff RC	5	5	5	5	5	6	20	80
530	Bird Belters	5	5	8	30	40	50	120	250
531	Chuck Hinton	5	5	5	5	5	5	10	30
532	Luis Tiant	5	5	5	5	8	12	50	100
533	Wes Parker	5	5	5	5	5	8	25	60
534	Bob Miller	5	5	5	5	5	5	12	40
535	Danny Cater	5	5	5	6	10	15	25	40
536	Bill Short	5	5	5	5	6	8	10	25
537	Norm Siebern	5	5	5	5	5	5	30	50
538	Manny Jimenez	5	5	5	5	5	5	10	30
539	J.Ray RC/M.Ferraro RC	5	5	5	5	5	5	10	50
540	Nelson Briles	5	5	5	5	5	5	25	40
541	Sandy Alomar	5	5	5	5	5	5	12	25
542	John Boccabella	5	5	5	5	5	5	10	25
543	Bob Lee	5	5	5	5	5	5	12	40
544	Mayo Smith MG	5	5	6	10	15	25	80	200
545	Lindy McDaniel	5	5	5	5	5	5	20	40
546	Roy White	5	6	10	15	25	40	80	120
547	Dan Coombs	5	5	5	5	5	5	10	25
548	Bernie Allen	5	5	5	5	5	5	10	25
549	C.Motton RC/R.Nelson RC	5	5	5	5	5	5	10	40
550	Clete Boyer	5	5	5	5	5	6	12	40
551	Darrell Sutherland	5	5	5	5	5	5	10	25
552	Ed Kirkpatrick	5	5	5	5	5	5	10	40
553	Hank Aguirre	5	5	5	5	5	5	10	25
554	Oakland Athletics TC	5	5	5	5	5	8	40	120
555	Jose Tartabull	5	5	5	5	5	5	10	25
556	Dick Selma	5	5	5	5	5	6	30	80
557	Frank Quilici	5	5	5	5	8	12	20	50
558	Johnny Edwards	5	5	5	5	5	5	10	50
559	C.Taylor RC/L.Walker	5	5	5	5	5	6	15	100
560	Paul Casanova	5	5	5	5	5	5	10	40
561	Lee Elia	5	5	5	5	5	5	10	25
562	Jim Bouton	5	5	8	12	20	30	50	200
563	Ed Charles	5	5	5	5	5	6	20	100
564	Eddie Stanky MG	5	5	5	5	5	8	40	150
565	Larry Dierker	5	5	5	5	5	5	15	40
566	Ken Harrelson	5	5	5	8	12	20	30	60
567	Clay Dalrymple	5	5	5	5	5	6	15	60
568	Willie Smith	5	5	5	5	5	5	10	25
569	I.Murrell RC/L.Rohr RC	5	5	5	5	5	5	15	80
570	Rick Reichardt	5	5	5	5	5	5	10	25

		GD 2	VG 3	VgEx 4	EX 5	ExMt 6	NM 7	NmMt 8	MT
571	Tony LaRussa	5	5	8	12	20	30	50	1
572	Don Bosch RC	5	5	5	5	5	5	12	
573	Joe Coleman	5	5	5	5	5	5	10	
574	Cincinnati Reds TC	5	5	8	12	20	30	50	12
575	Jim Palmer	10	15	25	40	60	▲100	▲150	40
576	Dave Adlesh	5	5	5	5	5	5	10	
577	Fred Talbot	5	5	5	5	5	5	10	
578	Orlando Martinez	5	5	5	5	5	5	10	
579	L.Hisle RC/M.Lum RC	5	5	8	12	20	30	100	25
580	Bob Bailey	5	5	5	5	8	12	20	5
581	Garry Roggenburk	5	5	5	5	5	5	8	5
582	Jerry Grote	5	5	8	12	20	30	50	12
583	Gates Brown	5	5	5	8	15	30	80	20
584	Larry Shepard MG RC	5	5	5	5	5	5	10	3
585	Wilbur Wood	5	5	6	10	15	25	40	3
586	Jim Pagliaroni	5	5	5	5	5	5	10	4
587	Roger Repoz	5	5	5	5	5	5	10	2
588	Dick Schofield	5	5	5	5	5	6	12	3
589	R.Clark/M.Ogier RC	5	5	5	5	5	5	15	10
590	Tommy Harper	5	5	5	6	10	15	25	5
591	Dick Nen	5	5	5	5	5	5	10	2
592	John Bateman	5	5	5	5	5	5	10	2
593	Lee Stange	5	5	5	5	5	5	10	2
594	Phil Linz	5	5	5	6	10	15	25	10
595	Phil Ortega	5	5	5	5	5	5	10	4
596	Charlie Smith	5	5	5	5	5	5	10	3
597	Bill McCool	5	5	5	5	5	6	20	5
598	Jerry May	5	5	5	8	12	20	30	10

— Johnny Bench #247 PSA 10 (Gem) (Young Collection) sold for $8,711 (SCP; 5/12)
— Rod Carew #80 PSA 10 (Gem) sold for $2,607 (eBay; 02/12)
— Nolan Ryan #177 PSA 10 (Gem) sold for $612,360 (Heritage; 8/27)

1968 Topps 3-D

— Roberto Clemente PSA 10 (Gem) sold for $30,000 (REA; 05/12)
— Roberto Clemente SGC 96 (MT) sold for $15,569 (SCP; 5/12)
— Roberto Clemente PSA 9 (MT) sold for $25,000 (REA; 05/12)
— Roberto Clemente #1 PSA 6 (ExMt) sold for $8,000 (Legendary; 5/12)

1968 Topps Game

		GD 2	VG 3	VgEx 4	EX 5	ExMt 6	NM 7	NmMt 8	MT 9
1	Matty Alou	5	5	5	5	6	10	50	
2	Mickey Mantle	▲80	▲100	120	150	▼200	▼250	500	▲1,500
3	Carl Yastrzemski	5	6	10	15	30	50	80	300
4	Hank Aaron	12	20	30	50	80	120	150	500
5	Harmon Killebrew	5	5	8	12	20	25	50	150
6	Roberto Clemente	▲25	▲40	▲60	80	100	120	250	400
7	Frank Robinson	5	8	12	20	30	50	80	150
8	Willie Mays	▲30	▲40	▲50	▲60	80	▲250	▲400	1,000
9	Brooks Robinson	▲12	▲15	▲20	▲25	▲30	▲50	150	400
10	Tommy Davis	5	5	5	5	5	6	15	50
11	Bill Freehan	5	5	5	5	5	8	20	60
12	Claude Osteen	5	5	5	5	5	6	20	120
13	Gary Peters	5	5	5	5	5	6	15	60
14	Jim Lonborg	5	5	5	5	5	6	15	80
15	Steve Hargan	5	5	5	5	5	6	15	60
16	Dean Chance	5	5	5	5	5	5	15	50
17	Mike McCormick	5	5	5	5	5	5	15	50
18	Tim McCarver	5	5	5	5	5	6	15	50
19	Ron Santo	5	5	5	5	5	8	20	80
20	Tony Gonzalez	5	5	5	5	5	6	15	100
21	Frank Howard	5	5	5	5	5	8	20	100
22	George Scott	5	5	5	5	5	6	30	200
23	Richie Allen	5	5	5	5	5	6	15	100
24	Jim Wynn	5	5	5	5	5	8	25	80
25	Gene Alley	5	5	5	5	5	6	15	80
26	Rick Monday	5	5	5	5	5	8	25	120

	GD 2	VG 3	VgEx 4	EX 5	ExMt 6	NM 7	NmMt 8	MT 9
Al Kaline	5	5	6	10	15	30	30	250
Rusty Staub	5	5	5	5	5	6	25	60
Rod Carew	▲12	▲15	▲20	▲25	▲30	▲40	▲60	200
Pete Rose	8	12	20	30	50	80	100	200
Joe Torre	5	5	5	5	5	8	20	80
Orlando Cepeda	5	5	5	5	5	8	20	120
Jim Fregosi	5	5	5	5	6	10	40	300

69 Topps

	GD 2	VG 3	VgEx 4	EX 5	ExMt 6	NM 7	NmMt 8	MT 9
AL Batting Leaders	5	5	6	10	25	30	80	150
NL Batting Leaders	5	5	5	8	20	40	120	250
AL RBI Leaders	5	5	5	5	5	8	20	30
NL RBI Leaders	5	5	5	5	5	8	15	80
AL Home Run Leaders	5	5	5	5	5	8	25	60
NL Home Run Leaders	5	5	5	6	15	60	100	
AL ERA Leaders	5	5	5	5	5	6	12	25
NL ERA Leaders	5	5	5	6	10	20	120	
AL Pitching Leaders	5	5	5	5	5	5	25	60
NL Pitching Leaders	5	5	5	5	5	8	25	50
AL Strikeout Leaders	5	5	5	5	5	6	12	30
NL Strikeout Leaders	5	5	5	5	6	10	25	50
Mickey Stanley	5	5	5	5	6	10	25	50
Al McBean	5	5	5	5	5	5	10	25
Boog Powell	5	5	5	6	10	15	25	60
C.Gutierrez RC/R.Robertson RC	5	5	5	5	5	5	25	40
Mike Marshall	5	5	5	5	5	6	12	25
Dick Schofield	5	5	5	5	5	5	10	25
Ken Suarez	5	5	5	5	5	6	12	30
Ernie Banks	20	30	50	80	100	▲150	300	500
Jose Santiago	5	5	5	5	5	8	20	150
Jesus Alou	5	5	5	5	5	6	12	30
Lew Krausse	5	5	5	5	5	5	20	40
Walt Alston MG	5	5	5	5	5	8	20	40
Roy White	5	5	5	5	6	15	40	150
Clay Carroll	5	5	5	5	5	5	10	25
Bernie Allen	5	5	5	5	5	5	10	25
Mike Ryan	5	5	5	5	5	8	15	25
Dave Morehead	5	5	5	5	5	5	10	25
Bob Allison	5	5	5	5	5	8	15	30
G.Gentry RC/A.Otis RC	5	5	5	5	5	8	20	40
Sammy Ellis	5	5	5	5	5	8	15	60
Wayne Causey	5	5	5	5	5	8	15	25
Gary Peters	5	5	5	5	5	8	15	80
Joe Morgan	8	12	20	30	50	80	120	250
Luke Walker	5	5	5	5	5	8	15	25
Curt Motton	5	5	5	5	5	8	15	50
Zoilo Versalles	5	5	5	5	5	8	15	30
Dick Hughes	5	5	5	5	5	5	10	25
Mayo Smith MG	5	5	5	6	10	15	25	100
Bob Barton	5	5	5	5	5	5	12	40
Tommy Harper	5	5	5	5	5	5	10	30
Joe Niekro	5	5	5	5	8	20	40	
Danny Cater	5	5	5	5	5	5	15	30
Maury Wills	5	5	5	5	5	6	15	30
Fritz Peterson	5	5	5	5	8	15	40	
Paul Popovich No C Thick Airbrush	5	5	5	5	5	5	10	25
Paul Popovich No C Light Airbrush	5	5	5	5	5	5	10	25
Paul Popovich C on Helmet	5	5	5	6	10	15	25	
Brant Alyea	5	5	5	5	5	8	20	120
S.Jones/E.Rodriguez ERR	5	5	5	6	10	30	40	
S.Jones RC/E.Rodriguez RC	5	5	5	5	5	5	10	25
Roberto Clemente	60	80	▼100	▼120	200	400	▲1,200	2,000
Woody Fryman	5	5	5	5	5	5	10	25
Mike Andrews	5	5	5	5	6	15	60	

		GD 2	VG 3	VgEx 4	EX 5	ExMt 6	NM 7	NmMt 8	MT 9
53	Sonny Jackson	5	5	5	5	5	5	10	25
54	Cisco Carlos	5	5	5	5	5	8	60	175
55	Jerry Grote	5	5	5	5	5	8	15	30
56	Rich Reese	5	5	5	5	5	8	40	60
57	Checklist 1/McLain	5	5	5	5	5	8	15	30
58	Fred Gladding	5	5	5	5	5	5	10	25
59	Jay Johnstone	5	5	5	5	5	6	15	80
60	Nelson Briles	5	5	5	5	6	15	25	200
61	Jimmie Hall	5	5	5	5	5	5	10	30
62	Chico Salmon	5	5	5	5	5	5	10	25
63	Jim Hickman	5	5	5	5	6	25	40	150
64	Bill Monbouquette	5	5	5	5	5	5	10	25
65	Willie Davis	5	5	5	5	5	8	15	120
66	M.Adamson RC/M.Rettenmund RC	5	5	5	5	5	5	10	50
67	Bill Stoneman	5	5	5	5	5	5	12	60
68	Dave Duncan	5	5	5	5	8	20	200	
69	Steve Hamilton	5	5	5	5	5	8	30	300
70	Tommy Helms	5	5	5	5	6	10	50	120
71	Steve Whitaker	5	5	5	5	5	8	40	100
72	Ron Taylor	5	5	5	5	6	10	40	200
73	Johnny Briggs	5	5	5	5	5	5	10	25
74	Preston Gomez MG	5	5	5	5	5	5	10	25
75	Luis Aparicio	5	5	5	5	5	25	60	100
76	Norm Miller	5	5	5	5	5	5	10	80
77A	Ron Perranoski No LA on Cap	5	5	5	5	5	8	20	50
77B	Ron Perranoski LA on Cap	5	5	5	6	10	15	25	150
78	Tom Satriano	5	5	5	5	5	20	80	
79	Milt Pappas	5	5	5	5	5	5	12	25
80	Norm Cash	5	5	5	8	12	20	25	120
81	Mel Queen	5	5	5	5	5	5	12	25
82	R.Hebner RC/A.Oliver RC	5	5	5	5	8	50	80	250
83	Mike Ferraro	5	5	5	5	6	15	100	
84	Bob Humphreys	5	5	5	5	5	5	10	25
85	Lou Brock	6	10	12	25	40	100	800	
86	Pete Richert	5	5	5	5	5	5	15	50
87	Horace Clarke	5	5	5	5	5	10	30	200
88	Rich Nye	5	5	5	5	5	5	10	25
89	Russ Gibson	5	5	5	5	5	5	10	30
90	Jerry Koosman	5	5	5	5	8	15	40	200
91	Alvin Dark MG	5	5	5	5	5	5	10	25
92	Jack Billingham	5	5	5	5	5	5	12	30
93	Joe Foy	5	5	5	5	5	6	40	
94	Hank Aguirre	5	5	5	5	5	5	15	40
95	Johnny Bench	40	60	80	120	150	250	500	2,000
96	Denny Lemaster	5	5	5	5	5	5	10	30
97	Buddy Bradford	5	5	5	5	5	5	12	40
98	Dave Giusti	5	5	5	5	5	5	12	60
99A	D.Morris RC G.Nettles RC No Loop	5	5	5	8	12	20	200	
99B	D.Morris/G.Nettles Black Loop	5	5	5	8	12	20	60	
100	Hank Aaron	60	80	120	200	▼250	500	▲1,200	3,000
101	Daryl Patterson	5	5	5	5	5	12	50	
102	Jim Davenport	5	5	5	5	6	15	150	
103	Roger Repoz	5	5	5	5	5	5	10	30
104	Steve Blass	5	5	5	5	6	15	50	
105	Rick Monday	5	5	5	5	5	8	50	
106	Jim Hannan	5	5	5	5	5	5	25	50
107A	Checklist 2 Gibson ERR 161 is Jim	5	5	5	5	5	6	20	40
107B	Checklist 2 Gibson COR 161 is John	5	5	5	5	5	6	20	50
108	Tony Taylor	5	5	5	5	5	8	30	135
109	Jim Lonborg	5	5	5	5	6	10	25	60
110	Mike Shannon	5	5	5	6	15	30	150	
111	John Morris RC	5	5	5	5	6	15	80	
112	J.C. Martin	5	5	5	5	5	10	25	50
113	Dave May	5	5	5	5	5	5	12	50

#	Name	GD 2	VG 3	VgEx 4	EX 5	ExMt 6	NM 7	NmMt 8	MT 9
114	A.Closter/J.Cumberland RC	5	5	5	5	5	6	25	100
115	Bill Hands	5	5	5	5	5	6	25	120
116	Chuck Harrison	5	5	5	5	8	12	40	60
117	Jim Fairey	5	5	5	5	5	5	15	30
118	Stan Williams	5	5	5	5	5	5	10	25
119	Doug Rader	5	5	5	5	5	5	10	40
120	Pete Rose	15	25	40	50	60	100	200	1,000
121	Joe Grzenda RC	5	5	5	5	5	8	25	
122	Ron Fairly	5	5	5	5	5	6	12	40
123	Wilbur Wood	5	5	5	5	5	5	10	25
124	Hank Bauer MG	5	5	5	5	5	5	10	40
125	Ray Sadecki	5	5	5	5	5	5	10	30
126	Dick Tracewski	5	5	5	5	5	6	15	50
127	Kevin Collins	5	5	5	5	6	15	50	200
128	Tommie Aaron	5	5	5	5	5	5	10	30
129	Bill McCool	5	5	5	5	5	5	10	40
130	Carl Yastrzemski	5	10	20	25	50	80	250	2,000
131	Chris Cannizzaro	5	5	5	5	5	6	20	80
132	Dave Baldwin	5	5	.5	5	5	5	15	40
133	Johnny Callison	5	5	5	5	6	15	60	150
134	Jim Weaver	5	5	5	5	5	5	10	40
135	Tommy Davis	5	5	5	5	5	8	20	60
136	S.Huntz RC/M.Torrez	5	5	5	5	5	6	15	50
137	Wally Bunker	5	5	5	5	5	6	15	30
138	John Bateman	5	5	5	5	5	6	15	80
139	Andy Kosco	5	5	5	5	5	6	20	
140	Jim Lefebvre	5	5	5	5	5	6	12	50
141	Bill Dillman	5	5	5	5	8	12	30	135
142	Woody Woodward	5	5	5	5	5	5	10	25
143	Joe Nossek	5	5	5	5	5	6	20	
144	Bob Hendley	5	5	5	5	6	10	60	100
145	Max Alvis	5	5	5	5	5	8	25	60
146	Jim Perry	5	5	5	5	5	8	25	60
147	Leo Durocher MG	5	5	5	5	5	6	20	60
148	Lee Stange	5	5	5	5	5	5	15	40
149	Ollie Brown	5	5	5	5	5	5	10	25
150	Denny McLain	5	5	5	5	8	25	50	300
151A	Clay Dalrymple Orioles	5	5	5	8	12	20	30	80
151B	Clay Dalrymple Phillies	5	5	5	6	10	15	60	
152	Tommie Sisk	5	5	5	5	5	8	30	80
153	Ed Brinkman	5	5	5	5	5	6	25	60
154	Jim Britton	5	5	5	5	5	5	10	40
155	Pete Ward	5	5	5	5	5	5	30	60
156	H.Gilson/L.McFadden RC	5	5	5	5	5	5	15	25
157	Bob Rodgers	5	5	5	5	5	6	25	80
158	Joe Gibbon	5	5	5	5	5	5	10	50
159	Jerry Adair	5	5	5	5	5	5	15	40
160	Vada Pinson	5	5	5	5	5	5	15	60
161	John Purdin	5	5	5	5	5	6	20	60
162	Bob Gibson WS1	5	5	5	5	10	20	80	300
163	Willie Horton WS2	5	5	5	5	5	6	30	50
164	T.McCarver w/Maris WS3	5	5	5	5	5	8	20	50
165	Lou Brock WS4	5	5	5	5	6	10	40	100
166	Al Kaline WS5	5	5	5	10	15	30	80	400
167	Jim Northrup WS6	5	5	5	5	5	8	15	60
168	M.Lolich/B.Gibson WS7	5	5	5	6	10	15	30	100
169	Tigers Celebrate WS	5	5	5	5	6	15	40	150
170	Frank Howard	5	5	5	5	5	6	15	60
171	Glenn Beckert	5	5	5	5	8	12	20	200
172	Jerry Stephenson	5	5	5	5	5	5	15	50
173	B.Christian RC/G.Nyman RC	5	5	5	5	5	6	15	60
174	Grant Jackson	5	5	5	5	5	5	15	40
175	Jim Bunning	5	5	5	5	6	10	25	100
176	Joe Azcue	5	5	5	5	5	5	10	80
177	Ron Reed	5	5	5	5	5	5	10	40
178	Ray Oyler	5	5	5	5	6	15	30	
179	Don Pavletich	5	5	5	5	5	5	10	25

#	Name	GD 2	VG 3	VgEx 4	EX 5	ExMt 6	NM 7	NmMt 8	M
180	Willie Horton	5	5	5	5	8	12	40	3
181	Mel Nelson	5	5	5	5	5	8	20	
182	Bill Rigney MG	5	5	5	5	5	8	40	
183	Don Shaw	5	5	5	5	5	5	15	
184	Roberto Pena	5	5	5	5	5	5	12	
185	Tom Phoebus	5	5	5	5	5	8	25	
186	Johnny Edwards	5	5	5	5	5	5	15	
187	Leon Wagner	5	5	5	5	5	6	15	1
188	Rick Wise	5	5	5	5	5	5	10	
189	J.Lahoud RC/J.Thibodeau RC	5	5	5	5	5	6	15	
190	Willie Mays	60	100	▼120	250	▼300	▼500	1,200	4,0
191	Lindy McDaniel	5	5	5	5	8	25	250	
192	Jose Pagan	5	5	5	5	8	25	50	
193	Don Cardwell	5	5	5	5	5	8	15	
194	Ted Uhlaender	5	5	5	5	5	5	15	
195	John Odom	5	5	5	5	5	5	12	
196	Lum Harris MG	5	5	5	5	5	5	12	
197	Dick Selma	5	5	5	5	5	5	15	
198	Willie Smith	5	5	5	5	5	8	20	1
199	Jim French	5	5	5	5	5	5	15	
200	Bob Gibson	5	5	20	30	60	80	250	8
201	Russ Snyder	5	5	5	5	5	8	20	
202	Don Wilson	5	5	5	5	5	5	20	
203	Dave Johnson	5	5	5	5	5	6	12	
204	Jack Hiatt	5	5	5	5	5	5	15	
205	Rick Reichardt	5	5	5	5	5	5	20	
206	L.Hisle/B.Lersch RC	5	5	5	5	5	5	12	
207	Roy Face	5	5	5	5	5	15	30	1
208A	Donn Clendenon Houston	5	5	5	5	5	8	40	15
208B	Donn Clendenon Expos	5	5	6	10	15	40	100	4
209	Larry Haney	5	5	5	5	5	6	15	
210	Felix Millan	5	5	5	5	5	5	25	1
211	Galen Cisco	5	5	5	5	5	6	20	2
212	Tom Tresh	5	5	5	6	10	15	40	20
213	Gerry Arrigo	5	5	5	5	5	5	15	6
214	Checklist 3	5	5	5	5	5	8	20	6
215	Rico Petrocelli	5	5	5	5	8	12	30	20
216	Don Sutton DP	5	5	5	6	10	15	100	30
217	John Donaldson	5	5	5	5	5	8	20	15
218	John Roseboro	5	5	5	5	5	5	20	4
219	Fred Patek RC	5	5	5	5	5	5	15	6
220	Sam McDowell	5	5	5	5	6	15	80	20
221	Art Shamsky	5	5	5	5	6	15	60	30
222	Duane Josephson	5	5	5	5	5	6	15	6
223	Tom Dukes	5	5	5	5	5	6	15	5
224	B.Harrelson RC/S.Kealey RC	5	5	5	5	5	5	10	3
225	Don Kessinger	5	5	5	5	6	15	40	
226	Bruce Howard	5	5	5	5	5	8	30	8
227	Frank Johnson RC	5	5	5	5	5	5	10	5
228	Dave Leonhard	5	5	5	5	5	6	12	2
229	Don Lock	5	5	5	5	5	8	30	10
230	Rusty Staub	5	5	5	5	5	6	15	17
231	Pat Dobson	5	5	5	5	5	8	30	12
232	Dave Ricketts	5	5	5	5	6	15	30	15
233	Steve Barber	5	5	5	5	5	12	30	8
234	Dave Bristol MG	5	5	5	5	5	6	15	6
235	Jim Hunter	5	5	5	8	15	30	60	
236	Manny Mota	5	5	5	5	5	8	40	
237	Bobby Cox RC	15	25	40	60	▼80	150	200	50
238	Ken Johnson	5	5	5	5	5	5	25	10
239	Bob Taylor	5	5	5	5	5	8	60	20
240	Ken Harrelson	5	5	5	5	6	10	50	15
241	Jim Brewer	5	5	5	5	5	5	12	4
242	Frank Kostro	5	5	5	5	5	5	10	6
243	Ron Kline	5	5	5	5	6	15	25	
244	R.Fosse RC/G.Woodson RC	5	5	5	5	5	8	25	100
245	Ed Charles	5	5	5	5	8	25	60	

	GD 2	VG 3	VgEx 4	EX 5	ExMt 6	NM 7	NmMt 8	MT 9
Joe Coleman	5	5	5	5	5	6	20	50
Gene Oliver	5	5	5	5	5	6	15	60
Bob Priddy	5	5	5	5	8	12	40	
Ed Spiezio	5	5	5	5	5	6	15	80
Frank Robinson	▲30	▲40	50	▼60	▼80	▼100	▲300	▲1,500
Ron Herbel	5	5	5	5	5	5	10	30
Chuck Cottier	5	5	5	5	5	8	20	80
Jerry Johnson RC	5	5	5	5	5	5	10	40
Joe Schultz MG RC	5	5	5	5	6	15	40	80
Steve Carlton	10	15	25	40	60	▲150	▲300	800
Gates Brown	5	5	5	6	10	15	60	120
Jim Ray	5	5	5	5	5	5	10	40
Jackie Hernandez	5	5	5	5	5	6	30	
Bill Short	5	5	5	5	5	6	20	100
Reggie Jackson RC	200	250	300	500	800	1,500	5,000	80,000
Bob Johnson	5	5	5	5	5	5	10	25
Mike Kekich	5	5	5	5	8	40	150	
Jerry May	5	5	5	5	5	8	30	100
Bill Landis	5	5	5	5	5	5	10	40
Chico Cardenas	5	5	5	5	6	25	50	
T.Hutton/A.Foster RC	5	5	5	5	5	12	40	
Vicente Romo RC	5	5	5	5	6	10	40	150
Al Spangler	5	5	5	5	6	15	30	60
Al Weis	5	5	5	5	8	30	60	200
Mickey Lolich	5	5	5	6	10	25	60	300
Larry Stahl	5	5	5	5	5	8	20	80
Ed Stroud	5	5	5	5	5	5	10	25
Ron Willis	5	5	5	5	6	15	100	250
Clyde King MG	5	5	5	5	5	5	25	60
Vic Davalillo	5	5	5	5	5	8	30	60
Gary Wagner	5	5	5	5	5	5	15	40
Rod Hendricks RC	5	5	5	5	6	10	30	100
Gary Geiger	5	5	5	5	5	5	20	120
Roger Nelson	5	5	5	5	5	5	12	50
Alex Johnson	5	5	5	5	5	6	15	80
Ted Kubiak	5	5	5	5	5	6	15	80
Pat Jarvis	5	5	5	5	5	8	25	120
Sandy Alomar	5	5	5	5	5	8	25	80
J.Robertson RC/M.Wegener RC	5	5	5	5	5	5	12	50
Don Mincher	5	5	5	5	5	6	20	
Dock Ellis RC	5	5	5	5	8	12	100	200
Jose Tartabull	5	5	5	5	5	8	25	
Ken Holtzman	5	5	5	5	8	20	80	
Bart Shirley	5	5	5	5	5	5	20	100
Jim Kaat	5	5	5	5	6	10	60	200
Vern Fuller	5	5	5	5	5	8	30	120
Al Downing	5	5	5	5	6	15	40	120
Dick Dietz	5	5	5	5	5	6	15	50
Jim Lemon MG	5	5	5	5	5	12	50	
Tony Perez	10	15	25	30	40	80	120	400
Andy Messersmith RC	5	5	5	5	5	6	25	120
Deron Johnson	5	5	5	5	5	8	30	100
Dave Nicholson	5	5	5	5	5	6	15	60
Mark Belanger	5	5	5	5	6	10	30	
Felipe Alou	5	5	5	5	8	15	60	
Darrell Brandon	5	5	5	5	5	5	10	30
Jim Pagliaroni	5	5	5	5	5	8	30	120
Cal Koonce	5	5	5	5	5	6	15	100
B.Davis/C.Gaston RC	5	5	5	5	5	6	12	30
Dick McAuliffe	5	5	5	5	6	10	30	
Jim Grant	5	5	5	5	5	5	15	80
Gary Kolb	5	5	5	5	5	5	20	80
Wade Blasingame	5	5	5	5	5	6	20	
Walt Williams	5	5	5	5	5	5	10	30
Tom Haller	5	5	5	5	5	5	10	50
Sparky Lyle RC	5	5	5	5	5	8	50	200
Lee Elia	5	5	5	5	6	15	25	

		GD 2	VG 3	VgEx 4	EX 5	ExMt 6	NM 7	NmMt 8	MT 9
313	Bill Robinson	5	5	5	5	8	25	80	
314	Checklist 4/Drysdale	5	5	5	5	8	12	30	150
315	Eddie Fisher	5	5	5	5	5	8	30	100
316	Hal Lanier	5	5	5	5	5	6	15	60
317	Bruce Look RC	5	5	5	5	5	5	12	50
318	Jack Fisher	5	5	5	5	5	5	10	30
319	Ken McMullen	5	5	5	5	5	5	10	50
320	Dal Maxvill	5	5	5	5	5	6	15	80
321	Jim McAndrew RC	5	5	5	5	5	8	25	80
322	Jose Vidal	5	5	5	5	5	5	10	25
323	Larry Miller	5	5	5	5	5	5	10	40
324	L.Cain RC/D.Campbell RC	5	5	5	5	5	6	12	40
325	Jose Cardenal	5	5	5	5	5	6	12	40
326	Gary Sutherland	5	5	5	5	5	6	40	100
327	Willie Crawford	5	5	5	5	5	5	10	25
328	Joel Horlen	5	5	5	5	5	8	30	120
329	Rick Joseph	5	5	5	5	5	5	10	25
330	Tony Conigliaro	5	5	5	5	8	12	30	120
331	G.Garrido/T.House RC	5	5	5	5	5	5	10	40
332	Fred Talbot	5	5	5	5	5	5	15	50
333	Ivan Murrell	5	5	5	5	5	5	10	40
334	Phil Roof	5	5	5	5	5	5	15	50
335	Bill Mazeroski	5	5	5	8	12	20	60	150
336	Jim Roland	5	5	5	5	5	6	15	80
337	Marty Martinez RC	5	5	5	5	5	5	10	25
338	Del Unser RC	5	5	5	5	5	5	15	50
339	S.Mingori RC/J.Pena RC	5	5	5	5	5	5	10	25
340	Dave McNally	5	5	5	5	5	8	20	100
341	Dave Adlesh	5	5	5	5	5	5	15	40
342	Bubba Morton	5	5	5	5	5	8	25	120
343	Dan Frisella	5	5	5	5	5	8	20	60
344	Tom Matchick	5	5	5	5	5	5	10	40
345	Frank Linzy	5	5	5	5	5	5	10	60
346	Wayne Comer RC	5	5	5	5	5	6	20	50
347	Randy Hundley	5	5	5	5	8	25	50	
348	Steve Hargan	5	5	5	5	5	5	10	25
349	Dick Williams MG	5	5	5	5	5	5	15	60
350	Richie Allen	5	5	5	5	5	8	25	200
351	Carroll Sembera	5	5	5	5	5	5	10	30
352	Paul Schaal	5	5	5	5	5	5	10	25
353	Jeff Torborg	5	5	5	5	5	5	12	60
354	Nate Oliver	5	5	5	5	5	5	10	30
355	Phil Niekro	5	5	5	5	25	40	80	150
356	Frank Quilici	5	5	5	5	5	6	15	60
357	Carl Taylor	5	5	5	5	5	6	15	60
358	G.Lauzerique RC/R.Rodriguez	5	5	5	5	5	5	10	25
359	Dick Kelley	5	5	5	5	5	6	15	60
360	Jim Wynn	5	5	5	5	5	6	12	30
361	Gary Holman RC	5	5	5	5	5	5	10	25
362	Jim Maloney	5	5	5	5	5	5	15	40
363	Russ Nixon	5	5	5	5	5	5	10	25
364	Tommie Agee	5	5	5	5	6	10	20	150
365	Jim Fregosi	5	5	5	5	5	5	15	40
366	Bo Belinsky	5	5	5	5	5	6	15	25
367	Lou Johnson	5	5	5	5	5	6	20	40
368	Vic Roznovsky	5	5	5	5	5	5	10	30
369	Bob Skinner MG	5	5	5	5	5	5	12	40
370	Juan Marichal	5	5	5	6	12	40	50	400
371	Sal Bando	5	5	5	5	5	8	20	80
372	Adolfo Phillips	5	5	5	5	5	8	25	
373	Fred Lasher	5	5	5	5	5	5	12	40
374	Bob Tillman	5	5	5	5	5	5	10	40
375	Harmon Killebrew	15	25	40	60	80	100	200	500
376	M.Fiore RC/J.Rooker RC	5	5	5	5	5	5	15	40
377	Gary Bell	5	5	5	5	5	5	15	50
378	Jose Herrera RC	5	5	5	5	5	5	10	30
379	Ken Boyer	5	5	5	5	5	8	15	40

	GD 2	VG 3	VgEx 4	EX 5	ExMt 6	NM 7	NmMt 8	MT 9
380 Stan Bahnsen	5	5	5	5	8	20	30	120
381 Ed Kranepool	5	5	5	8	12	30	100	300
382 Pat Corrales	5	5	5	5	5	6	15	40
383 Casey Cox	5	5	5	5	5	5	15	40
384 Larry Shepard MG	5	5	5	5	5	5	20	30
385 Orlando Cepeda	5	5	8	12	20	30	60	100
386 Jim McGlothlin	5	5	5	5	5	5	12	80
387 Bobby Klaus	5	5	5	5	5	5	10	60
388 Tom McCraw	5	5	5	5	5	5	25	60
389 Dan Coombs	5	5	5	5	5	5	25	60
390 Bill Freehan	5	5	5	6	10	25	50	150
391 Ray Culp	5	5	5	5	5	8	20	80
392 Bob Burda RC	5	5	5	5	5	6	15	60
393 Gene Brabender	5	5	5	5	5	6	15	40
394 L.Piniella/M.Staehle	5	5	5	5	8	12	80	
395 Chris Short	5	5	5	5	5	6	15	50
396 Jim Campanis	5	5	5	5	5	5	10	40
397 Chuck Dobson	5	5	5	5	5	6	15	60
398 Tito Francona	5	5	5	5	6	25	100	
399 Bob Bailey	5	5	5	5	5	5	15	40
400 Don Drysdale	8	12	20	30	50	80	120	400
401 Jake Gibbs	5	5	5	5	5	6	15	40
402 Ken Boswell RC	5	5	5	8	12	20	50	120
403 Bob Miller	5	5	5	5	5	5	12	40
404 V.LaRose RC/G.Ross RC	5	5	5	5	5	5	20	80
405 Lee May	5	5	5	5	5	6	30	100
406 Phil Ortega	5	5	5	5	5	5	10	40
407 Tom Egan	5	5	5	5	5	5	10	60
408 Nate Colbert	5	5	5	5	5	5	10	40
409 Bob Moose	5	5	5	5	5	6	15	40
410 Al Kaline	8	12	20	30	50	80	120	
411 Larry Dierker	5	5	5	5	5	5	10	50
412 Checklist 5/Mantle DP	8	12	20	30	50	80	120	300
413 Roland Sheldon	5	5	5	5	5	6	15	50
414 Duke Sims	5	5	5	5	5	5	10	40
415 Ray Washburn	5	5	5	5	5	6	20	125
416 Willie McCovey AS	5	5	5	5	8	15	60	300
417 Ken Harrelson AS	5	5	5	5	5	6	20	
418 Tommy Helms AS	5	5	5	5	5	6	25	100
419 Rod Carew AS	5	5	5	6	15	20	50	200
420 Ron Santo AS	5	5	5	5	5	8	20	60
421 Brooks Robinson AS	5	5	5	6	10	15	40	150
422 Don Kessinger AS	5	5	5	5	5	6	20	
423 Bert Campaneris AS	5	5	5	5	5	6	25	80
424 Pete Rose AS	5	6	10	15	25	60	100	250
425 Carl Yastrzemski AS	5	6	10	15	25	40	60	350
426 Curt Flood AS	5	5	5	5	8	25	100	300
427 Tony Oliva AS	5	5	5	5	5	8	50	175
428 Lou Brock AS	5	5	5	6	10	25	40	
429 Willie Horton AS	5	5	5	5	6	15	25	150
430 Johnny Bench AS	5	5	5	25	50	60	100	400
431 Bill Freehan AS	5	5	5	5	8	20	60	200
432 Bob Gibson AS	5	5	5	6	15	20	60	350
433 Denny McLain AS	5	5	5	5	6	15	50	150
434 Jerry Koosman AS	5	5	5	5	6	15	40	150
435 Sam McDowell AS	5	5	5	5	5	6	30	80
436 Gene Alley	5	5	5	5	5	6	15	100
437 Luis Alcaraz RC	5	5	5	5	5	6	15	80
438 Gary Waslewski RC	5	5	5	5	5	6	15	40
439 E.Herrmann RC/D.Lazar RC	5	5	5	5	5	5	12	50
440A Willie McCovey	5	5	6	10	15	25	120	
440B Willie McCovey WL	12	20	30	40	60	150	500	
441A Dennis Higgins	5	5	5	5	5	5	15	30
441B Dennis Higgins WL	5	8	12	20	30	80	200	
442 Ty Cline	5	5	5	5	5	5	15	40
443 Don Wert	5	5	5	5	12	20	30	
444A Joe Moeller	5	5	5	5	5	6	15	30

	GD 2	VG 3	VgEx 4	EX 5	ExMt 6	NM 7	NmMt 8	MT
444B Joe Moeller WL	5	8	12	20	30	60		
445 Bobby Knoop	5	5	5	5	5	5	15	
446 Claude Raymond	5	5	5	5	5	6	15	
447A Ralph Houk MG	5	5	5	5	5	8	25	1
447B Ralph Houk MG WL	6	10	15	25	40	80	250	
448 Bob Tolan	5	5	5	5	5	6	15	
449 Paul Lindblad	5	5	5	5	5	8	20	
450 Billy Williams	6	10	15	25	40	100	150	
451A Rich Rollins	5	5	5	5	6	15	100	
451B Rich Rollins WL	5	8	12	20	30	60		
452A Al Ferrara	5	5	5	5	5	5	15	
452B Al Ferrara WL	5	8	12	20	30	80	200	
453 Mike Cuellar	5	5	5	5	5	10	25	1
454A L.Colton/D.Money RC	5	5	5	5	5	5	15	3
454B L.Colton/D.Money WL	5	8	12	20	30	150	350	
455 Sonny Siebert	5	5	5	5	5	6	15	
456 Bud Harrelson	5	5	5	5	8	20	80	
457 Dalton Jones	5	5	5	5	5	5	15	
458 Curt Blefary	5	5	5	5	5	6	20	
459 Dave Boswell	5	5	5	5	5	8	30	
460 Joe Torre	5	5	5	5	8	12	30	
461A Mike Epstein	5	5	5	5	5	6	20	
461B Mike Epstein WL	5	8	12	20	30	100	200	
462 Red Schoendienst MG	5	5	5	5	6	15	50	
463 Dennis Ribant	5	5	5	5	5	5	10	5
464A Dave Marshall RC	5	5	5	5	5	8	25	
464B Dave Marshall WL	5	8	12	20	30	120		
465 Tommy John	5	5	5	5	8	12	30	15
466 John Boccabella	5	5	5	6	10	15	60	15
467 Tommie Reynolds	5	5	5	5	5	6	20	15
468A B.Dal Canton RC/B.Robertson	5	5	5	5	5	5	15	3
468B B.Dal Canton/B.Robertson WL	5	8	12	20	30	60	200	
469 Chico Ruiz	5	5	5	5	5	8	60	10
470A Mel Stottlemyre	5	5	5	5	8	12	25	20
470B Mel Stottlemyre WL	6	10	15	25	40	80	250	
471A Ted Savage	5	5	5	5	5	5	12	5
471B Ted Savage WL	5	8	12	20	30	60	200	
472 Jim Price	5	5	5	5	5	8	25	12
473A Jose Arcia	5	5	5	5	5	5	15	3
473B Jose Arcia WL	5	8	12	20	50	60	200	
474 Tom Murphy RC	5	5	5	5	5	6	15	10
475 Tim McCarver	5	5	5	5	6	15	50	20
476A K.Brett RC/G.Moses	5	5	5	5	5	12	40	
476B K.Brett/G.Moses WL	5	8	12	20	30	60		
477 Jeff James RC	5	5	5	5	5	5	15	100
478 Don Buford	5	5	5	5	5	5	15	100
479 Richie Scheinblum	5	5	5	5	5	6	20	6
480 Tom Seaver	▲30	▲50	60	▼80	120	300	1,000	
481 Bill Melton RC	5	5	5	5	5	6	15	50
482A Jim Gosger	5	5	5	5	5	5	15	50
482B Jim Gosger WL	5	8	12	20	30	100	200	
483 Ted Abernathy	5	5	5	5	5	20	150	
484 Joe Gordon MG	5	5	5	5	5	6	20	100
485A Gaylord Perry	5	5	5	5	8	12	40	300
485B Gaylord Perry WL	6	10	15	25	40	150	300	
486A Paul Casanova	5	5	5	5	5	5	15	50
486B Paul Casanova WL	5	8	12	20	30	100		
487 Denis Menke	5	5	5	5	5	6	25	
488 Joe Sparma	5	5	5	5	5	8	25	80
489 Clete Boyer	5	5	5	5	6	15	50	
490 Matty Alou	5	5	5	5	5	6	20	100
491A J.Crider RC/G.Mitterwald	5	5	5	5	5	5	15	50
491B J.Crider/G.Mitterwald WL	5	8	12	20	30	60	250	
492 Tony Cloninger	5	5	5	5	5	5	15	60
493A Wes Parker	5	5	5	5	5	8	15	80
493B Wes Parker WL	8	12	20	30	50	100	400	
494 Ken Berry	5	5	5	5	5	8	40	100

	GD 2	VG 3	VgEx 4	EX 5	ExMt 6	NM 7	NmMt 8	MT 9
Bert Campaneris	5	5	5	5	6	10	40	120
Larry Jaster	5	5	5	5	5	6	15	100
Julian Javier	5	5	5	5	5	6	15	80
Juan Pizarro	5	5	5	5	5	5	15	50
D.Bryant RC/S.Shea RC	5	5	5	5	5	6	12	25
Mickey Mantle	100	150	250	400	600	1,500	5,000	30,000
Mickey Mantle WL	1,000	1,500	2,000	2,500	4,000	8,000	12,000	
Tony Gonzalez	5	5	5	5	5	6	25	50
Tony Gonzalez WL	6	10	15	25	40	100	200	
Minnie Rojas	5	5	5	5	5	5	12	30
Larry Brown	5	5	5	5	5	6	15	150
Checklist 6/B.Robinson	5	5	5	5	5	6	20	80
Bobby Bolin	5	5	5	5	5	5	15	30
Bobby Bolin WL	5	8	12	20	50	60		
Paul Blair	5	5	5	5	5	8	30	80
Cookie Rojas	5	5	5	5	5	5	15	80
Moe Drabowsky	5	5	5	5	5	6	15	60
Manny Sanguillen	5	5	5	5	6	10	25	150
Rod Carew	8	12	20	25	40	50	150	500
Diego Segui	5	5	5	5	5	5	10	120
Diego Segui WL	5	8	12	20	30	60	200	
Cleon Jones	5	5	6	10	15	30	150	400
Camilo Pascual	5	5	5	5	5	5	12	25
Mike Lum	5	5	5	5	5	5	10	25
Dick Green	5	5	5	5	5	5	12	40
Earl Weaver MG RC	6	10	15	25	40	60	150	250
Mike McCormick	5	5	5	5	5	5	10	30
Fred Whitfield	5	5	5	5	5	5	10	25
J.Kenney RC/L.Boehmer RC	5	5	5	5	5	5	10	25
Bob Veale	5	5	5	5	5	5	10	25
George Thomas	5	5	5	5	5	5	15	40
Joe Hoerner	5	5	5	5	5	6	20	50
Bob Chance	5	5	5	5	5	5	10	25
J.Laboy RC/F.Wicker RC	5	5	5	5	5	5	10	25
Earl Wilson	5	5	5	5	5	6	12	30
Hector Torres RC	5	5	5	5	5	5	10	25
Al Lopez MG	5	5	5	5	5	6	12	40
Claude Osteen	5	5	5	5	5	6	12	30
Ed Kirkpatrick	5	5	5	5	5	5	10	25
Cesar Tovar	5	5	5	5	5	5	10	40
Dick Farrell	5	5	5	5	5	5	10	25
Bird Hill Aces	5	5	5	5	5	5	12	30
Nolan Ryan	250	300	400	500	600	▲1,500	2,500	6,000
Jerry McNertney	5	5	5	5	5	5	10	25
Phil Regan	5	5	5	5	5	6	12	40
D.Breeden RC/D.Roberts RC	5	5	5	5	5	5	10	25
Mike Paul RC	5	5	5	5	5	5	10	40
Charlie Smith	5	5	5	5	5	5	10	40
Ted Shows How	5	5	5	6	20	25	30	250
Curt Flood	5	5	5	5	5	8	20	80
Joe Verbanic	5	5	5	5	5	5	10	25
Bob Aspromonte	5	5	5	5	5	5	10	25
Fred Newman	5	5	5	5	5	5	10	30
M.Kilkenny RC/R.Woods RC	5	5	5	5	5	5	10	25
Willie Stargell	8	12	20	30	50	80	150	500
Jim Nash	5	5	5	5	5	5	10	30
Billy Martin MG	5	5	5	5	5	8	25	80
Bob Locker	5	5	5	5	5	5	10	25
Ron Brand	5	5	5	5	5	5	10	25
Brooks Robinson	6	10	15	25	40	60	100	250
Wayne Granger RC	5	5	5	5	5	5	10	25
T.Sizemore RC/B.Sudakis RC	5	5	5	5	5	6	12	50
Ron Davis	5	5	5	5	5	5	10	25
Frank Bertaina	5	5	5	5	5	5	10	30
Jim Ray Hart	5	5	5	5	5	5	10	25
A's Stars	5	5	5	5	5	5	15	25
Frank Fernandez	5	5	5	5	5	5	10	30

		GD 2	VG 3	VgEx 4	EX 5	ExMt 6	NM 7	NmMt 8	MT 9
558	Tom Burgmeier RC	5	5	5	5	5	5	15	30
559	J.Hague RC/J.Hicks	5	5	5	5	5	5	10	25
560	Luis Tiant	5	5	5	5	5	8	20	40
561	Ron Clark	5	5	5	5	5	5	10	25
562	Bob Watson RC	5	5	5	5	5	5	25	60
563	Marty Pattin RC	5	5	5	5	5	5	10	25
564	Gil Hodges MG	6	10	15	25	40	60	120	250
565	Hoyt Wilhelm	5	5	6	10	15	25	40	100
566	Ron Hansen	5	5	5	5	5	5	10	25
567	E.Jimenez/J.Shellenback	5	5	5	5	5	5	10	25
568	Cecil Upshaw	5	5	5	5	5	5	10	40
569	Billy Harris	5	5	5	5	5	5	10	40
570	Ron Santo	5	5	6	15	20	40	50	150
571	Cap Peterson	5	5	5	5	5	5	10	25
572	Giants Heroes	5	5	5	8	15	25	60	200
573	Jim Palmer	12	20	30	40	50	80	150	500
574	George Scott	5	5	5	5	5	6	12	30
575	Bill Singer	5	5	5	5	5	5	10	25
576	R.Stone/B.Wilson	5	5	5	5	5	5	10	25
577	Mike Hegan	5	5	5	5	5	5	10	25
578	Don Bosch	5	5	5	5	5	5	10	25
579	Dave Nelson RC	5	5	5	5	5	5	10	25
580	Jim Northrup	5	5	5	5	5	6	12	30
581	Gary Nolan	5	5	5	5	5	6	12	30
582A	Checklist 7/Oliva White Circle	5	5	5	5	5	6	15	40
582B	Checklist 7/Oliva Red Circle	5	5	5	5	5	6	15	40
583	Clyde Wright RC	5	5	5	5	5	5	15	30
584	Don Mason	5	5	5	5	5	5	10	25
585	Ron Swoboda	5	5	5	5	5	6	15	40
586	Tim Cullen	5	5	5	5	5	5	10	25
587	Joe Rudi RC	5	5	5	5	5	5	30	60
588	Bill White	5	5	5	5	5	5	10	25
589	Joe Pepitone	5	5	5	5	5	8	20	50
590	Rico Carty	5	5	5	5	5	5	20	60
591	Mike Hedlund	5	5	5	5	5	6	12	30
592	R.Robles RC/A.Santorini RC	5	5	5	5	5	6	12	40
593	Don Nottebart	5	5	5	5	5	6	12	30
594	Dooley Womack	5	5	5	5	5	5	12	25
595	Lee Maye	5	5	5	5	5	6	12	30
596	Chuck Hartenstein	5	5	5	5	5	6	12	30
597	Rollie Fingers RC	30	50	80	120	200	250	▲400	2,000
598	Ruben Amaro	5	5	5	5	5	5	10	100
599	John Boozer	5	5	5	5	5	6	12	25
600	Tony Oliva	5	5	5	8	15	50	60	200
601	Tug McGraw SP	5	5	8	12	20	30	80	150
602	Distaso/Young/Qualls RC	5	5	5	5	6	10	60	150
603	Joe Keough	5	5	5	5	5	6	12	40
604	Bobby Etheridge	5	5	5	5	5	6	12	40
605	Dick Ellsworth	5	5	5	5	5	6	20	60
606	Gene Mauch MG	5	5	5	5	5	6	25	40
607	Dick Bosman	5	5	5	5	5	6	12	30
608	Dick Simpson	5	5	5	5	5	6	12	30
609	Phil Gagliano	5	5	5	5	6	15	50	120
610	Jim Hardin	5	5	5	5	5	5	10	25
611	Didier/Hriniak/Niebauer RC	5	5	5	5	5	5	25	60
612	Jack Aker	5	5	5	5	5	6	12	30
613	Jim Beauchamp	5	5	5	5	5	6	12	30
614	T.Griffin RC/S.Guinn RC	5	5	5	5	5	6	12	40
615	Len Gabrielson	5	5	5	5	5	6	12	30
616	Don McMahon	5	5	5	5	5	8	20	30
617	Jesse Gonder	5	5	5	5	5	6	15	60
618	Ramon Webster	5	5	5	5	5	6	15	80
619	Butler/Kelly/Rios RC	5	5	5	5	5	6	12	30
620	Dean Chance	5	5	5	6	10	15	30	60
621	Bill Voss	5	5	5	5	5	6	12	40
622	Dan Osinski	5	5	5	5	5	6	12	40
623	Hank Allen	5	5	5	5	5	6	12	40

BASEBALL

#	Player	GD 2	VG 3	VgEx 4	EX 5	ExMt 6	NM 7	NmMt 8	MT 9
624	Chaney/Dyer/Harmon RC	5	5	5	5	5	8	15	30
625	Mack Jones	5	5	5	5	5	6	12	40
626	Gene Michael	5	5	5	5	5	8	25	50
627	George Stone RC	5	5	5	5	5	8	25	60
628	Conigliaro/O'Brien/Wenz RC	5	5	5	5	5	6	20	40
629	Jack Hamilton	5	5	5	5	5	6	12	30
630	Bobby Bonds RC	15	20	30	40	60	100	200	500
631	John Kennedy	5	5	5	5	5	6	25	60
632	Jon Warden RC	5	5	5	5	5	6	15	30
633	Harry Walker MG	5	5	5	5	5	6	12	30
634	Andy Etchebarren	5	5	5	5	5	6	15	30
635	George Culver	5	5	5	5	5	6	12	30
636	Woody Held	5	5	5	5	5	6	12	40
637	DaVanon/Reberger/Kirby RC	5	5	5	5	5	6	12	30
638	Ed Sprague RC	5	5	5	5	5	6	10	25
639	Barry Moore	5	5	5	5	5	6	12	25
640	Ferguson Jenkins	8	12	20	30	50	100	150	400
641	Darwin/Miller/Dean RC	5	5	5	5	5	6	12	30
642	John Hiller	5	5	5	5	5	8	20	50
643	Billy Cowan	5	5	5	5	5	8	40	50
644	Chuck Hinton	5	5	5	5	5	6	12	30
645	George Brunet	5	5	5	5	5	6	12	30
646	D.McGinn RC/C.Morton RC	5	5	5	5	6	10	12	30
647	Dave Wickersham	5	5	5	5	5	6	12	40
648	Bobby Wine	5	5	5	5	5	6	12	40
649	Al Jackson	5	5	5	5	6	10	25	80
650	Ted Williams MG	8	12	20	30	50	80	100	250
651	Gus Gil	5	5	5	5	5	6	15	100
652	Eddie Watt	5	5	5	5	5	6	12	30
653	Aurelio Rodriguez RC	5	5	5	5	5	6	15	50
654	May/Secrist/Morales RC	5	5	5	5	5	6	15	40
655	Mike Hershberger	5	5	5	5	5	8	40	100
656	Dan Schneider	5	5	5	5	5	6	10	25
657	Bobby Murcer	5	5	5	6	12	30	80	250
658	Hall/Burbach/Miles RC	5	5	5	5	5	6	12	30
659	Johnny Podres	5	5	5	5	6	10	12	30
660	Reggie Smith	5	5	5	5	6	10	25	100
661	Jim Merritt	5	5	5	5	5	6	12	30
662	Drago/Spriggs/Oliver RC	5	5	5	5	5	8	30	
663	Dick Radatz	5	5	5	5	5	8	25	50
664	Ron Hunt	5	5	5	5	5	10	20	120

— Steve Carlton #255 PSA 10 (Gem) sold for $3,823 (eBay; 09/12)
— Rollie Fingers #597 PSA 10 (Gem) (Young Collection) sold for $5,329 (SCP; 5/12)
— Reggie Jackson #260 PSA 10 (Gem) (Young Collection) sold for $115,242 (SCP; 5/12)
— Dave Marshall WL #464B PSA 8 (NmMt) sold for $3,029 (eBay; 08/12)
— Nolan Ryan #533 PSA 10 (Gem) sold for $20,100 (Mile High; 10/12)
— Tom Seaver #480 PSA 9 (MT) sold for $3,936 (eBay; 11/12)
— Tom Seaver #480 PSA 9 (MT) sold for $2,900 (eBay; 1/13)
— Ted Williams #650 PSA 10 (Gem) sold for $1,056 (Madec; 5/0)

1969 Topps Decals

#	Player	VG 3	VgEx 4	EX 5	ExMt 6	NM 7	NmMt 8	MT 9	Gem 9.5/10
1	Hank Aaron	5	5	8	12	20	30	100	
2	Richie Allen	5	5	5	5	6	10	30	
3	Felipe Alou	5	5	5	5	5	10	40	
4	Matty Alou	5	5	5	5	5	10	30	
5	Luis Aparicio	5	5	5	5	6	10	40	60
6	Roberto Clemente	5	6	10	15	25	120	200	
7	Donn Clendenon	5	5	5	5	5	10	30	
8	Tommy Davis	5	5	5	5	5	8	15	40
9	Don Drysdale	5	5	5	6	10	15	25	50
10	Joe Foy	5	5	5	5	5	8	15	30
11	Jim Fregosi	5	5	5	5	5	8	15	60
12	Bob Gibson	5	5	5	5	8	12	60	120
13	Tony Gonzalez	5	5	5	5	5	10	40	
14	Tom Haller	5	5	5	5	5	8	15	
15	Ken Harrelson	5	5	5	5	5	8	20	

#	Player	VG 3	VgEx 4	EX 5	ExMt 6	NM 7	NmMt 8	MT 9	Gem 9.5
16	Tommy Helms	5	5	5	5	5	8	15	
17	Willie Horton	5	5	5	5	5	8	25	
18	Frank Howard	5	5	5	5	5	8	15	
19	Reggie Jackson	5	6	10	15	25	60	200	5
20	Ferguson Jenkins	5	5	5	5	6	10	40	
21	Harmon Killebrew	5	5	5	6	10	15	50	1
22	Jerry Koosman	5	5	5	5	5	8	15	
23	Mickey Mantle	40	60	100	150	250	400	1,500	
24	Willie Mays	5	5	20	25	30	40	100	5
25	Tim McCarver	5	5	5	5	5	8	15	
26	Willie McCovey	5	5	5	6	10	15	40	
27	Sam McDowell	5	5	5	5	5	8	25	
28	Denny McLain	5	5	5	5	5	8	30	1
29	Dave McNally	5	5	5	5	5	8	15	1
30	Don Mincher	5	5	5	5	5	8	15	
31	Rick Monday	5	5	5	5	5	8	15	
32	Tony Oliva	5	5	5	5	5	8	30	
33	Camilo Pascual	5	5	5	5	5	10	40	
34	Rick Reichardt	5	5	5	5	5	8	15	
35	Frank Robinson	5	5	5	8	12	20	40	5
36	Pete Rose	5	5	6	25	30	40	80	20
37	Ron Santo	5	5	5	5	8	12	30	1
38	Tom Seaver	5	5	5	5	8	12	50	80
39	Dick Selma	5	5	5	5	5	5	15	
40	Chris Short	5	5	5	5	5	8	15	4
41	Rusty Staub	5	5	5	5	5	10	40	
42	Mel Stottlemyre	5	5	5	5	5	10	30	
43	Luis Tiant	5	5	5	5	5	8	15	4
44	Pete Ward	5	5	5	5	5	10	40	
45	Hoyt Wilhelm	5	5	5	5	5	8	15	3
46	Maury Wills	5	5	5	5	5	8	15	3
47	Jim Wynn	5	5	5	5	5	10	40	
48	Carl Yastrzemski	5	5	5	20	25	30	50	25

1969 Topps Deckle Edge

#	Player	GD 2	VG 3	VgEx 4	EX 5	ExMt 6	NM 7	NmMt 8	MT
1	Brooks Robinson	5	5	5	6	10	20	80	
2	Boog Powell	5	5	5	5	8	15	50	
3	Ken Harrelson	5	5	5	5	6	12	60	
4	Carl Yastrzemski	5	5	5	6	10	50	80	
5	Jim Fregosi	5	5	5	5	6	15	80	
6	Luis Aparicio	5	5	5	5	8	20	80	
7	Luis Tiant	5	5	5	5	6	12	50	
8	Denny McLain	5	5	5	5	8	20	60	
9	Willie Horton	5	5	5	5	6	12	60	
10	Bill Freehan	5	5	5	5	6	12	80	
11A	Hoyt Wilhelm	5	5	5	5	8	15		
11B	Jim Wynn	5	5	5	6	10	30	80	
12	Rod Carew	5	5	5	6	10	20	80	
13	Mel Stottlemyre	5	5	5	5	6	12	50	
14	Rick Monday	5	5	5	5	6	12	30	
15	Tommy Davis	5	5	5	5	6	12	60	
16	Frank Howard	5	5	5	5	6	12	50	
17	Felipe Alou	5	5	5	5	6	15	150	
18	Don Kessinger	5	5	5	5	6	12	50	
19	Ron Santo	5	5	5	5	8	15	50	
20	Tommy Helms	5	5	5	5	6	12	80	
21	Pete Rose	15	25	40	60	100	200	400	
22A	Rusty Staub	5	5	5	5	6	12		
22B	Joe Foy	5	5	5	8	12	30	150	
23	Tom Haller	5	5	5	5	6	15	60	
24	Maury Wills	5	5	5	5	6	12	50	
25	Jerry Koosman	5	5	5	5	6	12	30	
26	Richie Allen	5	5	5	5	6	12	120	
27	Roberto Clemente	25	40	60	100	150	400	800	
28	Curt Flood	5	5	5	5	6	12	50	
29	Bob Gibson	5	5	5	6	10	50	175	

	GD 2	VG 3	VgEx 4	EX 5	ExMt 6	NM 7	NmMt 8	MT 9
Al Ferrara	5	5	5	5	6	12	40	
Willie McCovey	5	5	5	6	10	20	50	
Juan Marichal	5	5	5	5	8	15	150	
Willie Mays	5	6	15	50	80	100		

1969 Topps Super

	VG 3	VgEx 4	EX 5	ExMt 6	NM 7	NmMt 8	MT 9	Gem 9.5/10
Dave McNally	12	20	30	50	80	200		
Frank Robinson	10	15	25	60	80	100	250	500
Brooks Robinson	15	25	40	60	100	200	500	
Ken Harrelson	5	5	6	10	15	30	80	120
Carl Yastrzemski	20	30	50	80	120	300	400	
Ray Culp	5	5	6	10	15	30	60	100
Jim Fregosi	5	5	6	10	15	30	80	120
Rick Reichardt	5	5	6	10	15	30	50	100
Vic Davalillo	5	5	6	10	15	30	100	250
Luis Aparicio	8	12	20	30	50	100	200	250
Pete Ward	5	5	6	10	15	30	80	150
Joel Horlen	5	5	6	10	15	30	100	120
Luis Tiant	5	5	6	10	15	30	80	200
Sam McDowell	5	5	8	12	20	40	100	400
Jose Cardenal	5	5	6	10	15	50	100	300
Willie Horton	5	5	6	10	15	30	80	120
Denny McLain	5	8	12	20	30	50	120	150
Bill Freehan	5	5	6	10	15	30	50	200
Harmon Killebrew	12	20	30	50	80	150	250	600
Tony Oliva	5	8	12	20	30	50	120	200
Dean Chance	5	5	6	10	15	30	50	400
Joe Foy	5	5	6	10	15	30	60	120
Roger Nelson	5	5	6	10	15	40	100	200
Mickey Mantle	200	250	400	500	900	1,200	4,000	
Mel Stottlemyre	5	5	6	10	15	30	120	250
Roy White	5	5	6	10	15	40	80	300
Rick Monday	5	5	6	10	15	30	50	120
Reggie Jackson	40	60	100	150	250	600	1,500	
Bert Campaneris	5	5	6	10	15	30	50	100
Frank Howard	5	5	6	10	15	30	80	150
Camilo Pascual	5	5	6	10	15	30	50	120
Tommy Davis	5	5	6	10	15	50	100	250
Don Mincher	5	5	6	10	15	30	100	150
Hank Aaron	25	40	60	100	150	200	800	1,500
Felipe Alou	5	5	6	10	15	30	200	400
Joe Torre	5	6	10	15	25	100	200	400
Ferguson Jenkins	6	10	15	25	40	60	120	300
Ron Santo	6	10	15	25	40	60	300	250
Billy Williams	6	10	15	25	40	60	200	
Tommy Helms	5	5	6	10	15	30	150	
Pete Rose	30	50	80	120	200	300	800	1,200
Joe Morgan	10	15	25	40	60	250	400	300
Jim Wynn	5	5	6	10	15	30	60	120
Curt Blefary	5	5	6	10	15	30	100	100
Willie Davis	5	5	6	10	15	30	60	200
Don Drysdale	10	15	25	40	60	100	150	500
Tom Haller	5	5	6	10	15	40	100	200
Rusty Staub	5	5	6	10	15	30	60	120
Maury Wills	5	5	6	10	15	30	60	
Cleon Jones	5	6	10	15	25	40	150	200
Jerry Koosman	5	5	6	10	15	30	60	400
Tom Seaver	25	40	60	100	150	300	600	
Richie Allen	5	5	6	10	15	30	60	400
Chris Short	5	5	6	10	15	30	100	150
Cookie Rojas	5	5	6	10	15	30	60	150
Matty Alou	5	5	6	10	15	30	120	150
Steve Blass	5	5	6	10	15	50	80	150
Roberto Clemente	50	80	120	200	300	800	1,500	
Curt Flood	5	5	6	10	15	30	100	200
Bob Gibson	12	20	30	50	80	150	400	

		VG 3	VgEx 4	EX 5	ExMt 6	NM 7	NmMt 8	MT 9	Gem 9.5/10
61	Tim McCarver	5	6	10	15	25	40	80	250
62	Dick Selma	5	5	6	10	15	30	50	150
63	Ollie Brown	5	5	6	10	15	50	100	200
64	Juan Marichal	10	15	25	40	60	150	250	
65	Willie Mays	30	50	80	120	200	800	1,000	
66	Willie McCovey	12	20	30	50	80	250	500	

1970 Kellogg's

		VG 3	VgEx 4	EX 5	ExMt 6	NM 7	NmMt 8	MT 9	Gem 9.5/10
1	Ed Kranepool	4	4	4	5	10	15	70	250
2	Pete Rose	4	4	10	12	15	20	60	250
3	Cleon Jones	4	4	4	4	5	8	15	100
4	Willie McCovey	4	4	4	5	6	10	20	100
5	Mel Stottlemyre	4	4	4	4	5	8	12	30
6	Frank Howard	4	4	4	4	5	8	12	50
7	Tom Seaver	4	4	6	8	10	15	30	120
8	Don Sutton	4	4	4	5	6	10	20	80
9	Jim Wynn	4	4	4	4	5	8	12	40
10	Jim Maloney	4	4	4	4	5	8	12	40
11	Tommie Agee	4	4	4	4	5	8	15	100
12	Willie Mays	4	4	10	12	15	20	50	150
13	Juan Marichal	4	4	4	5	6	10	25	60
14	Dave McNally	4	4	4	4	5	8	15	40
15	Frank Robinson	4	4	5	6	8	12	25	80
16	Carlos May	4	4	4	4	5	8	100	
17	Bill Singer	4	4	4	4	5	8	50	250
18	Rick Reichardt	4	4	4	4	5	8	150	
19	Boog Powell	4	4	4	4	5	8	25	
20	Gaylord Perry	4	4	4	5	6	10	30	120
21	Brooks Robinson	4	4	6	8	10	15	80	250
22	Luis Aparicio	4	4	4	5	6	10	20	80
23	Joel Horlen	4	4	4	4	5	8	12	80
24	Mike Epstein	4	4	4	4	5	8	15	
25	Tom Haller	4	4	4	4	5	8	50	
26	Willie Crawford	4	4	4	4	5	8	12	
27	Roberto Clemente	4	8	25	30	40	80	120	500
28	Matty Alou	4	4	4	4	5	8	15	120
29	Willie Stargell	4	4	5	6	8	25	60	200
30	Tim Cullen	4	4	4	4	5	8	80	200
31	Randy Hundley	4	4	4	4	5	8	15	50
32	Reggie Jackson	4	4	6	8	10	15	40	150
33	Rich Allen	4	4	4	4	5	8	15	175
34	Tim McCarver	4	4	4	4	5	8	25	50
35	Ray Culp	4	4	4	4	5	8	12	50
36	Jim Fregosi	4	4	4	4	5	8	12	100
37	Billy Williams	4	4	4	5	6	10	25	80
38	Johnny Odom	4	4	4	4	5	8	12	80
39	Bert Campaneris	4	4	4	4	5	8	12	60
40	Ernie Banks	4	4	6	8	10	15	50	120
41	Chris Short	4	4	4	4	5	8	15	60
42	Ron Santo	4	4	4	5	6	10	20	
43	Glenn Beckert	4	4	4	4	5	8	12	40
44	Lou Brock	4	4	4	5	6	10	20	60
45	Larry Hisle	4	4	4	4	5	8	15	50
46	Reggie Smith	4	4	4	4	5	8	15	200
47	Rod Carew	4	4	4	5	6	10	20	80
48	Curt Flood	4	4	4	4	5	8	15	
49	Jim Lonborg	4	4	4	4	5	8	15	200
50	Sam McDowell	4	4	4	4	5	8	15	60
51	Sal Bando	4	4	4	4	5	8	30	60
52	Al Kaline	4	4	5	6	8	12	25	80
53	Gary Nolan	4	4	4	4	5	8	20	120
54	Rico Petrocelli	4	4	4	4	5	8	12	50
55	Ollie Brown	4	4	4	4	5	8	30	
56	Luis Tiant	4	4	4	4	5	8	12	80
57	Bill Freehan	4	4	4	4	5	8	15	150
58	Johnny Bench	4	4	6	8	10	15	50	200

		VG 3	VgEx 4	EX 5	ExMt 6	NM 7	NmMt 8	MT 9	Gem 9.5/10
59	Joe Pepitone	4	4	4	4	5	8	20	80
60	Bobby Murcer	4	4	5	6	8	12	40	100
61	Harmon Killebrew	4	4	5	6	8	12	25	120
62	Don Wilson	4	4	4	4	5	8	12	40
63	Tony Oliva	4	4	4	4	5	8	15	60
64	Jim Perry	4	4	4	4	5	8	12	30
65	Mickey Lolich	4	4	4	4	5	8	15	30
66	Jose Laboy	4	4	4	4	5	8	12	40
67	Dean Chance	4	4	4	4	5	8	12	40
68	Ken Harrelson	4	4	4	4	5	8	12	50
69	Willie Horton	4	4	4	4	5	8	25	60
70	Wally Bunker	4	4	4	4	5	8	12	50
71A	Bob Gibson ERR 1959 IP Blank	4	4	4	5	6	10	20	
71B	Bob Gibson COR 1959 IP 76	4	4	5	6	8	12	60	120
72	Joe Morgan	4	4	4	5	6	10	25	150
73	Denny McLain	4	4	4	4	5	8	15	80
74	Tommy Harper	4	4	4	4	5	8	15	80
75	Don Mincher	4	4	4	4	5	8	20	300

1970 Topps

		VG 3	VgEx 4	EX 5	ExMt 6	NM 7	NmMt 8	NmMt+ 8.5	MT 9
1	New York Mets TC	5	10	20	25	50	100		
2	Diego Segui	4	8	15	20	40	80		
3	Darrel Chaney	4	4	8	10	20	50		
4	Tom Egan	4	4	4	5	10	20	25	50
5	Wes Parker	4	4	8	10	20	40	80	100
6	Grant Jackson	4	4	4	5	10	20	25	50
7	G.Boyd RC/R.Nagelson RC	4	6	12	15	30	80		
8	Jose Martinez RC	4	4	4	5	10	20	25	50
9	Checklist 1	4	8	15	20	40	80		
10	Carl Yastrzemski	6	15	20	30	50	100	150	400
11	Nate Colbert	4	4	4	5	10	20	25	50
12	John Hiller	4	4	5	6	12	25	30	80
13	Jack Hiatt	4	6	12	15	30	60		
14	Hank Allen	4	4	4	4	6	12	15	30
15	Larry Dierker	4	4	4	5	10	20	25	80
16	Charlie Metro MG RC	4	4	4	5	10	20	25	100
17	Hoyt Wilhelm	4	4	6	8	15	50		
18	Carlos May	4	4	6	8	15	30		
19	John Boccabella	4	4	4	5	10	20	25	80
20	Dave McNally	4	4	4	5	10	20		
21	V.Blue RC/G.Tenace RC	4	6	12	15	30	100		
22	Ray Washburn	4	4	4	4	6	15	15	30
23	Bill Robinson	4	4	4	4	8	15	20	
24	Dick Selma	4	4	4	4	5	15	15	25
25	Cesar Tovar	4	4	4	5	10	20	30	50
26	Tug McGraw	6	12	20	25	30	40	150	250
27	Chuck Hinton	4	4	4	5	10	12	25	50
28	Billy Wilson	4	4	4	4	6	12	15	40
29	Sandy Alomar	4	4	4	4	6	12	15	30
30	Matty Alou	4	4	4	5	10	20	25	
31	Marty Pattin	4	4	4	5	10	20	30	50
32	Harry Walker MG	4	4	4	4	6	12	15	30
33	Don Wert	4	4	4	4	6	12	15	25
34	Willie Crawford	4	4	4	4	5	10	12	50
35	Joel Horlen	4	4	4	4	5	10	12	50
36	D.Breeden/B.Carbo RC	4	4	4	4	5	10	12	50
37	Dick Drago	4	4	4	4	6	15	20	30
38	Mack Jones	4	4	4	4	5	10	12	50
39	Mike Nagy RC	4	4	4	5	10	20	25	100
40	Richie Allen	4	4	6	8	15	30		
41	George Lauzerique	4	4	4	4	8	15	20	
42	Tito Fuentes	4	4	4	4	5	10	12	50
43	Jack Aker	4	4	4	4	8	30	40	50
44	Roberto Pena	4	4	6	8	15	30	40	80
45	Dave Johnson	4	4	5	6	12	25	30	60
46	Ken Rudolph RC	4	4	4	4	6	12	15	60
47	Bob Miller	4	4	4	4	5	10	12	50

		VG 3	VgEx 4	EX 5	ExMt 6	NM 7	NmMt 8	NmMt+ 8.5	MT 9
48	Gil Garrido	4	4	4	4	6	12	15	
49	Tim Cullen	4	4	4	4	5	10	12	
50	Tommie Agee	4	8	15	20	40	50		
51	Bob Christian	4	4	4	4	8	15	20	
52	Bruce Dal Canton	4	4	5	6	12	25	60	1
53	John Kennedy	4	4	5	6	8	12	30	
54	Jeff Torborg	4	4	4	5	10	20	25	
55	John Odom	4	4	4	6	10	15	40	8
56	J.Lis RC/S.Reid RC	4	4	4	4	5	10	12	5
57	Pat Kelly	4	4	4	4	5	10	12	5
58	Dave Marshall	4	4	4	4	5	10	12	
59	Dick Ellsworth	4	4	4	4	8	20	30	
60	Jim Wynn	4	4	4	4	6	12	15	6
61	NL Batting Leaders	12	15	30	40	60	150	200	50
62	AL Batting Leaders	6	12	25	30	50	60	150	30
63	NL RBI Leaders	4	4	8	10	20	40	60	
64	AL RBI Leaders	4	4	8	10	15	25	50	15
65	NL Home Run Leaders	4	8	12	15	20	50	60	12
66	AL Home Run Leaders	4	4	6	8	15	30		
67	NL ERA Leaders	4	4	8	10	20	50		
68	AL ERA Leaders	4	6	12	15	25	30	80	15
69	NL Pitching Leaders	4	5	6	8	12	30	60	12
70	AL Pitching Leaders	4	5	10	12	25	50		
71	NL Strikeout Leaders	4	5	10	12	20	25	80	15
72	AL Strikeout Leaders	4	4	8	10	20	40	50	15
73	Wayne Granger	4	4	4	5	10	20	25	6
74	G.Washburn RC/W.Wolf	4	4	4	4	6	12	15	3
75	Jim Kaat	4	4	5	6	12	20	25	10
76	Carl Taylor	4	4	8	10	20	40	50	
77	Frank Linzy	4	5	10	12	25	50	60	15
78	Joe Lahoud	4	4	5	6	12	15	20	6
79	Clay Kirby	4	4	4	4	6	12	15	3
80	Don Kessinger	4	4	4	4	8	20	30	
81	Dave May	4	4	4	4	6	12	15	6
82	Frank Fernandez	4	4	4	4	8	15	20	3
83	Don Cardwell	4	4	4	4	8	15	20	4
84	Paul Casanova	4	4	6	8	15	30	40	12
85	Max Alvis	4	4	4	4	5	10	12	50
86	Lum Harris MG	4	4	4	4	8	15	20	60
87	Steve Renko RC	4	4	4	4	8	15	20	50
88	M.Fuentes RC/D.Baney RC	4	4	4	4	6	12	15	30
89	Juan Rios	4	4	4	5	10	25	30	60
90	Tim McCarver	4	4	6	8	15	30	40	80
91	Rich Morales	4	4	4	4	8	15	20	50
92	George Culver	4	4	4	4	8	15	20	
93	Rick Renick	4	4	4	4	6	12	15	40
94	Freddie Patek	4	4	5	6	12	25	30	60
95	Earl Wilson	4	4	4	4	8	15	20	40
96	L.Lee RC/J.Reuss RC	4	4	6	8	15	30	50	100
97	Joe Moeller	4	4	4	4	8	15	20	
98	Gates Brown	4	4	4	4	6	15	20	30
99	Bobby Pfeil RC	4	4	6	8	15	30		
100	Mel Stottlemyre	4	4	4	4	8	15	20	100
101	Bobby Floyd	4	4	4	4	8	15	20	
102	Joe Rudi	4	4	4	4	8	15	20	
103	Frank Reberger	4	4	4	4	6	12	15	40
104	Gerry Moses	4	4	4	4	6	15	25	
105	Tony Gonzalez	4	4	4	4	6	12	15	100
106	Darold Knowles	4	4	4	5	10	20	25	60
107	Bobby Etheridge	4	4	4	4	6	12	20	60
108	Tom Burgmeier	4	4	4	5	10	20	25	60
109	G.Jestadt RC/C.Morton	4	4	4	4	8	15	20	80
110	Bob Moose	4	4	4	4	5	10	12	100
111	Mike Hegan	4	4	6	8	15	30		
112	Dave Nelson	4	4	4	4	8	15	20	40
113	Jim Ray	4	4	4	4	8	15	20	
114	Gene Michael	4	6	8	10	20	30	40	150
115	Alex Johnson	6	12	25	30	50	60	200	250

	VG 3	VgEx 4	EX 5	ExMt 6	NM 7	NmMt 8	NmMt+ 8.5	MT 9
Sparky Lyle	4	4	5	6	12	25	30	150
Don Young	4	4	4	4	8	15	20	40
George Mitterwald	4	4	4	6	10	15	20	50
Chuck Taylor RC	4	4	4	4	8	15	20	100
Sal Bando	4	4	5	6	12	25	30	100
F.Beene RC/T.Crowley RC	4	4	8	10	20	40	50	
George Stone	4	4	4	4	6	12	15	30
Don Gutteridge MG RC	4	4	6	8	15	30	40	80
Larry Jaster	4	4	4	4	5	10	12	50
Deron Johnson	4	4	8	10	20	80		
Marty Martinez	4	6	12	15	30	60	80	200
Joe Coleman	4	4	4	4	5	10	12	40
Checklist 2 R Perranoski	4	4	5	6	12	25		
Checklist 2 R. Perranoski	4	4	5	6	12	30		
Jimmie Price	4	4	4	6	15	20	50	
Ollie Brown	4	4	4	5	10	20	25	50
R.Lamb RC/B.Stinson RC	4	4	4	5	10	20	25	60
Jim McGlothlin	4	4	4	4	8	20	25	80
Clay Carroll	4	4	6	8	15	30	40	80
Danny Walton RC	4	4	4	4	5	10	12	40
Dick Dietz	4	6	12	15	30	60	80	100
Steve Hargan	4	4	4	4	6	10	12	80
Art Shamsky	4	5	10	12	25	30	40	250
Joe Foy	4	4	6	8	15	30	40	150
Rich Nye	4	4	4	4	5	10	12	50
Reggie Jackson	25	30	40	50	80	250	500	1,500
D.Cash RC/J.Jeter RC	4	4	4	5	10	20	25	50
Fritz Peterson	4	4	8	10	20	40	50	150
Phil Gagliano	4	4	4	5	10	20	25	50
Ray Culp	4	5	10	12	20	25	30	
Rico Carty	4	4	4	5	10	20	25	100
Danny Murphy	4	4	4	5	10	20	25	50
Angel Hermoso RC	4	4	4	4	6	12	15	30
Earl Weaver MG	4	4	8	10	20	25	30	80
Billy Champion RC	4	4	4	5	10	20	25	40
Harmon Killebrew	12	20	30	50	80	200	250	400
Dave Roberts	4	4	4	4	6	12	15	40
Ike Brown RC	4	4	4	4	6	12	15	60
Gary Gentry	4	4	4	4	5	10	12	50
J.Miles/J.Dukes RC	4	4	5	6	12	30	40	60
Denis Menke	4	4	4	4	8	15	20	
Eddie Fisher	4	4	4	4	5	10	12	50
Manny Mota	4	4	5	6	12	15	20	50
Jerry McNertney	4	4	4	5	10	20	25	50
Tommy Helms	4	4	4	4	6	12	15	60
Phil Niekro	8	12	20	30	60	80	100	200
Richie Scheinblum	4	4	5	6	12	25	30	60
Jerry Johnson	4	4	4	5	10	12	15	25
Syd O'Brien	4	4	4	4	8	15	20	40
Ty Cline	4	4	4	4	6	8	10	30
Ed Kirkpatrick	4	4	4	5	10	12	15	50
Al Oliver	4	4	5	6	12	25		
Bill Burbach	4	4	4	5	10	12	15	50
Dave Watkins RC	4	4	5	6	12	25	30	60
Tom Hall	4	4	4	4	8	15	20	40
Billy Williams	5	8	12	20	30	100	120	150
Jim Nash	4	4	4	5	10	12	15	40
G.Hill RC/R.Garr RC	4	4	4	4	6	12	15	80
Jim Hicks	4	4	5	6	10	12	15	60
Ted Sizemore	4	4	5	6	10	12	15	60
Dick Bosman	4	4	4	4	8	15	20	50
Jim Ray Hart	4	4	8	10	20	25	30	120
Jim Northrup	4	4	4	5	10	15	20	50
Denny Lemaster	4	4	4	5	10	20	25	50
Ivan Murrell	4	4	5	6	12	25	30	60
Tommy John	4	4	6	8	15	25	40	60
Sparky Anderson MG	4	6	10	15	25	100	120	
Dick Hall	4	4	4	4	8	15	20	80

		VG 3	VgEx 4	EX 5	ExMt 6	NM 7	NmMt 8	NmMt+ 8.5	MT 9
183	Jerry Grote	4	4	4	4	6	12	15	30
184	Ray Fosse	4	4	8	10	20	25	30	100
185	Don Mincher	4	4	4	4	8	15	20	30
186	Rick Joseph	4	4	5	6	12	15	20	60
187	Mike Hedlund	4	4	4	5	10	12		40
188	Manny Sanguillen	4	4	6	8	15	30	40	150
189	Thurman Munson RC	50	80	120	200	400	800	1,200	3,000
190	Joe Torre	4	4	8	10	30	60	80	200
191	Vicente Romo	4	4	4	4	8	15	20	60
192	Jim Qualls	4	4	5	6	12	25	30	60
193	Mike Wegener	4	4	4	4	8	15	20	40
194	Chuck Manuel RC	4	4	4	4	5	10	12	80
195	Tom Seaver NLCS1	6	10	15	25	40	100	120	250
196	Ken Boswell NLCS2	4	8	15	20	25	80	100	200
197	Nolan Ryan NLCS3	4	6	12	20	50	150	100	300
198	Mets Celebrate NLCS w/Ryan	4	6	12	25	80	150	200	300
199	Mike Cuellar ALCS1	4	4	6	8	15	30		
200	Boog Powell ALCS2	4	8	15	20	40	80		
201	B.Powell/A.Etchebarren ALCS3	4	4	8	10	20	25	50	150
202	Orioles Celebrate ALCS	4	4	4	5	10	25	25	50
203	Rudy May	4	4	4	4	8	15	20	40
204	Len Gabrielson	4	4	4	4	6	12	15	30
205	Bert Campaneris	4	4	6	8	15	30	40	150
206	Clete Boyer	4	4	4	4	6	12	15	30
207	N.McRae RC/B.Reed RC	4	4	5	6	12	25	30	60
208	Fred Gladding	4	4	4	4	5	10	12	50
209	Ken Suarez	4	4	4	4	5	10	12	50
210	Juan Marichal	6	8	10	15	25	40		
211	Ted Williams MG	10	15	25	40	60	100	120	300
212	Al Santorini	4	4	4	4	6	10	12	25
213	Andy Etchebarren	4	4	4	4	6	12	15	50
214	Ken Boswell	4	4	4	5	10	20	25	120
215	Reggie Smith	4	4	4	4	6	15	20	60
216	Chuck Hartenstein	4	4	4	4	6	12	15	60
217	Ron Hansen	4	4	4	4	6	12	15	40
218	Ron Stone	4	4	4	4	5	10	12	30
219	Jerry Kenney	4	4	4	4	6	20	25	30
220	Steve Carlton	8	12	20	25	40	100	120	400
221	Ron Brand	4	4	4	4	6	12	25	80
222	Jim Rooker	4	4	4	5	10	20	25	50
223	Nate Oliver	4	4	4	5	8	15	20	40
224	Steve Barber	4	4	4	4	5	10	12	50
225	Lee May	4	4	4	4	8	20	25	80
226	Ron Perranoski	4	4	4	4	8	15	20	50
227	J.Mayberry RC/B.Watkins RC	4	4	4	4	8	15		
228	Aurelio Rodriguez	4	4	4	4	5	10	12	25
229	Rich Robertson	4	4	4	4	8	20	25	40
230	Brooks Robinson	4	8	15	20	50	60	80	300
231	Luis Tiant	4	4	5	6	12	15	20	80
232	Bob Didier	4	4	4	4	8	60	30	
233	Lew Krausse	4	4	4	4	5	10	12	50
234	Tommy Dean	4	4	4	4	8	20	25	
235	Mike Epstein	4	4	4	4	8	15	20	100
236	Bob Veale	4	4	4	5	10	20	25	50
237	Russ Gibson	4	4	4	4	6	12	15	30
238	Jose Laboy	4	4	4	4	5	10	12	50
239	Ken Berry	4	4	4	5	10	20	25	100
240	Ferguson Jenkins	4	5	10	12	25	40	50	120
241	A.Fitzmorris RC/S.Northey RC	4	4	5	6	12	25	30	60
242	Walt Alston MG	4	4	4	4	8	15	20	60
243	Joe Sparma	4	4	4	5	10	20	25	100
244A	Checklist 3 Red Bat	4	4	5	6	12	40		
244B	Checklist 3 Brown Bat	4	8	15	20	40	80		
245	Leo Cardenas	4	4	4	5	10	12	15	60
246	Jim McAndrew	4	4	8	10	20	40	50	100
247	Lou Klimchock	4	4	4	4	8	15	20	80
248	Jesus Alou	4	4	4	4	8	15	20	40
249	Bob Locker	4	4	4	4	8	15	20	100

#	Player	VG 3	VgEx 4	EX 5	ExMt 6	NM 7	NmMt 8	NmMt+ 8.5	MT 9
250	Willie McCovey	4	8	15	20	50	80	100	500
251	Dick Schofield	4	4	4	5	10	20	25	30
252	Lowell Palmer RC	4	4	4	5	10	20	25	50
253	Ron Woods	4	4	4	4	8	15		
254	Camilo Pascual	4	4	4	4	6	12	15	30
255	Jim Spencer RC	4	4	4	4	5	10	12	25
256	Vic Davalillo	4	4	4	5	10	20	25	50
257	Dennis Higgins	4	4	4	5	10	20	25	60
258	Paul Popovich	4	4	4	4	6	12	15	30
259	Tommie Reynolds	4	4	4	4	8	15	20	60
260	Claude Osteen	4	4	4	4	6	12	15	30
261	Curt Motton	4	4	4	4	8	25	40	50
262	J.Morales RC/J.Williams RC	4	4	4	5	10	30	40	50
263	Duane Josephson	4	4	4	5	10	20		
264	Rich Hebner	4	4	4	5	10	80		
265	Randy Hundley	4	4	4	4	5	10	12	25
266	Wally Bunker	4	4	4	4	5	10	12	25
267	H.Hill RC/P.Ratliff	4	4	4	4	5	10	12	20
268	Claude Raymond	4	4	4	4	4	6	8	25
269	Cesar Gutierrez	4	4	4	4	5	10	12	15
270	Chris Short	4	4	4	4	6	12	15	30
271	Greg Goossen	4	4	4	4	5	10	12	25
272	Hector Torres	4	4	4	4	8	15		
273	Ralph Houk MG	4	4	4	5	10	20		
274	Gerry Arrigo	4	4	4	4	8	10	12	20
275	Duke Sims	4	4	4	4	8	15	20	40
276	Ron Hunt	4	4	4	4	4	6	10	30
277	Paul Doyle RC	4	4	4	4	4	6	10	30
278	Tommie Aaron	4	4	4	4	5	10	12	20
279	Bill Lee RC	4	4	8	10	20	40	50	80
280	Donn Clendenon	4	5	10	12	25	50		
281	Casey Cox	4	4	4	4	6	12	15	30
282	Steve Huntz	4	4	4	4	6	12	15	30
283	Angel Bravo RC	4	4	4	4	4	6	8	25
284	Jack Baldschun	4	4	4	4	5	10	12	25
285	Paul Blair	4	4	4	4	5	10	12	25
286	Bill Buckner RC	8	12	20	30	50	80	100	150
287	Fred Talbot	4	4	4	4	8	10	12	50
288	Larry Hisle	4	4	4	4	4	8	10	30
289	Gene Brabender	4	4	6	8	15	30	40	80
290	Rod Carew	6	10	20	25	40	80	80	400
291	Leo Durocher MG	4	4	4	4	6	12	15	30
292	Eddie Leon RC	4	4	4	4	5	10	12	25
293	Bob Bailey	4	4	4	4	5	10	12	25
294	Jose Azcue	4	4	4	4	5	10	12	25
295	Cecil Upshaw	4	4	4	4	4	8	10	30
296	Woody Woodward	4	4	4	5	10	12	15	50
297	Curt Blefary	4	4	4	4	5	10	12	25
298	Ken Henderson	4	4	4	4	5	10	12	20
299	Buddy Bradford	4	4	4	4	6	12	15	30
300	Tom Seaver	8	20	25	30	50	80	150	600
301	Chico Salmon	4	4	4	4	6	12	15	30
302	Jeff James	4	4	4	4	5	10	12	25
303	Brant Alyea	4	4	4	4	6	12	15	30
304	Bill Russell RC	4	4	4	4	8	50	60	120
305	Don Buford WS1	4	4	4	4	6	12	15	30
306	Donn Clendenon WS2	4	4	4	4	8	20	25	60
307	Tommie Agee WS3	4	8	15	20	40	60	80	200
308	J.C. Martin WS4	4	4	5	6	12	25	30	80
309	Jerry Koosman WS5	4	4	4	4	5	10	12	25
310	Mets Celebrate WS	4	4	4	5	10	30	40	80
311	Dick Green	4	4	4	4	4	8	10	30
312	Mike Torrez	4	4	4	5	10	12	15	50
313	Mayo Smith MG	4	4	4	4	5	10	12	25
314	Bill McCool	4	4	4	4	6	12	15	30
315	Luis Aparicio	4	6	10	15	25	40	50	▲150
316	Skip Guinn	4	4	4	4	5	10	12	25
317	B.Conigliaro/L.Alvarado RC	4	4	4	4	8	15		

#	Player	VG 3	VgEx 4	EX 5	ExMt 6	NM 7	NmMt 8	NmMt+ 8.5	MT 9
318	Willie Smith	4	4	4	4	6	12	15	
319	Clay Dalrymple	4	4	4	4	5	10	12	
320	Jim Maloney	4	4	4	5	10	30		
321	Lou Piniella	4	4	4	4	8	15	20	8
322	Luke Walker	4	4	4	4	4	8	10	3
323	Wayne Comer	4	4	4	4	6	12	15	4
324	Tony Taylor	4	4	4	4	6	12	15	3
325	Dave Boswell	4	4	4	4	8	15	20	4
326	Bill Voss	4	4	4	4	4	8	10	3
327	Hal King RC	4	4	4	4	5	10	12	2
328	George Brunet	4	4	4	4	4	8	10	3
329	Chris Cannizzaro	4	4	4	4	6	12	15	6
330	Lou Brock	12	20	30	▼40	▼50	▼60	▼80	▲25
331	Chuck Dobson	4	4	4	4	6	12	15	3
332	Bobby Wine	4	4	4	4	4	8	10	3
333	Bobby Murcer	4	4	5	6	12	25	30	10
334	Phil Regan	4	4	4	4	5	10	12	3
335	Bill Freehan	4	4	4	4	8	15	20	5
336	Del Unser	4	4	4	4	8	15		
337	Mike McCormick	4	4	4	4	6	12	15	3
338	Paul Schaal	4	4	4	4	6	12	15	3
339	Johnny Edwards	4	4	4	4	5	10	12	2
340	Tony Conigliaro	6	12	25	30	50	80	150	15
341	Bill Sudakis	4	4	4	4	6	12	15	3
342	Wilbur Wood	4	4	4	4	5	10	12	2
343A	Checklist 4 Red Bat	4	4	6	8	15	50		
343B	Checklist 4 Brown Bat	4	4	5	6	12	25		
344	Marcelino Lopez	4	4	4	4	6	12	15	5
345	Al Ferrara	4	4	4	4	4	8	10	3
346	Red Schoendienst MG	4	4	4	4	8	15		
347	Russ Snyder	4	4	4	4	5	10	12	2
348	M.Jorgensen RC/J.Hudson RC	4	4	4	4	8	15	20	4
349	Steve Hamilton	4	4	4	4	6	12	15	3
350	Roberto Clemente	50	80	120	150	300	600	800	6,00
351	Tom Murphy	4	4	4	4	6	12	15	3
352	Bob Barton	4	4	4	4	5	10	12	2
353	Stan Williams	4	4	4	4	6	12	15	3
354	Amos Otis	4	4	4	5	10	20	25	5
355	Doug Rader	4	4	4	4	5	10	12	2
356	Fred Lasher	4	4	4	4	4	8	10	3
357	Bob Burda	4	4	4	4	6	12	15	3
358	Pedro Borbon RC	4	4	4	4	5	10	12	25
359	Phil Roof	4	4	4	4	6	12	15	30
360	Curt Flood	4	4	4	4	8	15	20	60
361	Ray Jarvis	4	4	4	4	5	10	12	25
362	Joe Hague	4	4	4	4	5	10	12	25
363	Tom Shopay RC	4	4	4	4	5	10	12	25
364	Dan McGinn	4	4	4	4	5	10	12	20
365	Zoilo Versalles	4	4	4	4	5	10	12	80
366	Barry Moore	4	4	4	4	5	10	12	25
367	Mike Lum	4	4	4	4	5	10	12	30
368	Ed Herrmann	4	4	4	4	6	12	15	30
369	Alan Foster	4	4	4	4	8	15		
370	Tommy Harper	4	4	4	4	8	15	20	40
371	Rod Gaspar RC	4	4	4	4	5	10	12	25
372	Dave Giusti	4	4	4	4	6	12	15	30
373	Roy White	4	4	4	5	10	20	25	100
374	Tommie Sisk	4	4	4	4	6	12	15	30
375	Johnny Callison	4	4	4	4	8	15	20	80
376	Lefty Phillips MG RC	4	4	4	4	8	15	20	25
377	Bill Butler	4	4	4	4	8	15		
378	Jim Davenport	4	4	4	4	6	12	15	30
379	Tom Tischinski RC	4	4	5	6	12	25		
380	Tony Perez	4	5	10	12	60	100		
381	B.Brooks RC/M.Olivo RC	4	4	4	4	6	12	15	25
382	Jack DiLauro RC	4	4	4	4	5	10	12	50
383	Mickey Stanley	4	4	4	5	10	20	25	120
384	Gary Neibauer	4	4	4	4	8	15		

#	Player	VG 3	VgEx 4	EX 5	ExMt 6	NM 7	NmMt 8	NmMt+ 8.5	MT 9
385	George Scott	4	4	5	6	12	25	30	60
386	Bill Dillman	4	4	4	4	6	12	15	50
387	Baltimore Orioles TC	4	4	8	10	20	30		
388	Byron Browne	4	4	4	4	6	12	15	30
389	Jim Shellenback	4	4	4	4	6	15	20	30
390	Willie Davis	4	4	4	4	8	20	25	80
391	Larry Brown	4	4	4	4	6	12	15	30
392	Walt Hriniak	4	4	4	4	8	15		
393	John Gelnar	4	4	4	4	6	12	15	50
394	Gil Hodges MG	4	5	10	12	25	50		
395	Walt Williams	4	4	4	4	8	15	20	80
396	Steve Blass	4	4	5	6	12	25	30	100
397	Roger Repoz	4	4	4	4	8	15		
398	Bill Stoneman	4	4	4	4	6	12	15	25
399	New York Yankees TC	4	6	12	15	20	30	40	150
400	Denny McLain	4	6	12	15	30	80	150	250
401	J.Harrell RC/B.Williams RC	4	4	4	5	10	20	25	100
402	Ellie Rodriguez	4	4	4	4	6	12	15	30
403	Jim Bunning	4	5	8	12	20	50	60	150
404	Rich Reese	4	4	4	4	6	12	15	50
405	Bill Hands	4	4	4	4	5	20	25	40
406	Mike Andrews	4	4	4	4	6	12	15	30
407	Bob Watson	4	4	4	4	6	12	15	60
408	Paul Lindblad	4	4	6	8	15	30	40	120
409	Bob Tolan	4	4	4	4	5	10	12	30
410	Boog Powell	4	4	5	6	12	25	30	120
411	Los Angeles Dodgers TC	4	4	4	4	6	12	15	40
412	Larry Burchart	4	4	6	8	15	30	40	80
413	Sonny Jackson	4	4	4	4	6	12	15	30
414	Paul Edmondson RC	4	4	4	4	5	10	12	25
415	Julian Javier	4	4	4	5	10	20	25	50
416	Joe Verbanic	4	4	4	4	6	12	15	60
417	John Bateman	4	4	4	4	8	15		
418	John Donaldson	4	4	5	6	12	25	30	80
419	Ron Taylor	4	4	6	8	15	30	40	100
420	Ken McMullen	4	4	4	4	8	15	20	50
421	Pat Dobson	4	4	5	6	12	25	30	60
422	Kansas City Royals TC	4	4	4	4	5	10	12	20
423	Jerry May	4	6	12	15	30	60	80	150
424	Mike Kilkenny	4	4	6	8	15	30	40	120
425	Bobby Bonds	4	5	10	10	20	30	60	120
426	Bill Rigney MG	4	4	6	8	15	30	40	80
427	Fred Norman	4	4	4	4	6	12	15	30
428	Don Buford	4	4	4	4	6	12	15	50
429	R.Bobb RC/J.Cosman	4	4	4	5	10	20	25	80
430	Andy Messersmith	4	4	4	4	8	80		
431	Ron Swoboda	4	4	4	4	6	12	15	25
432A	Checklist 5 Yellow Letters	4	4	5	6	12	40		
432B	Checklist 5 White Letters	4	4	5	6	12	25		
433	Ron Bryant RC	4	4	4	4	8	15	20	60
434	Felipe Alou	4	4	4	4	6	12	15	100
435	Nelson Briles	4	4	4	4	6	12	15	30
436	Philadelphia Phillies TC	4	4	4	4	6	12	15	40
437	Danny Cater	4	4	4	4	6	12	15	60
438	Pat Jarvis	4	4	4	4	6	12	15	100
439	Lee Maye	4	4	4	4	5	10	12	30
440	Bill Mazeroski	4	4	5	15	25	30	50	60
441	John O'Donoghue	4	4	4	4	5	10	12	40
442	Gene Mauch MG	4	4	4	5	10	20	25	30
443	Al Jackson	4	4	4	4	5	10	12	30
444	B.Farmer RC/J.Matias RC	4	4	4	4	6	12	15	60
445	Vada Pinson	4	4	5	6	12	25	40	100
446	Billy Grabarkewitz RC	4	4	4	4	5	10	12	60
447	Lee Stange	4	4	4	4	6	20	25	30
448	Houston Astros TC	4	4	4	4	5	10	12	40
449	Jim Palmer	15	25	40	50	60	▼100	200	400
450	Willie McCovey AS	6	10	15	25	40	60	80	120
451	Boog Powell AS	4	4	6	8	15	50		
452	Felix Millan AS	4	4	4	5	10	20	25	50
453	Rod Carew AS	4	6	8	10	20	40	100	200
454	Ron Santo AS	4	4	5	6	12	50		
455	Brooks Robinson AS	4	5	10	20	30	150		
456	Don Kessinger AS	4	4	4	5	10	20	25	60
457	Rico Petrocelli AS	4	4	6	8	15	30	50	80
458	Pete Rose AS	10	15	25	30	80	300		
459	Reggie Jackson AS	4	10	12	25	60	250		
460	Matty Alou AS	4	6	12	15	30	100		
461	Carl Yastrzemski AS	4	10	20	30	60	250		
462	Hank Aaron AS	12	25	30	50	80	500		
463	Frank Robinson AS	8	12	20	30	50	80	100	500
464	Johnny Bench AS	12	20	30	50	100	500		
465	Bill Freehan AS	4	6	12	15	30	60	80	175
466	Juan Marichal AS	4	6	12	15	30	60	80	150
467	Denny McLain AS	4	4	5	6	12	50		
468	Jerry Koosman AS	4	6	12	15	30	80		
469	Sam McDowell AS	4	4	8	15	20	40	200	
470	Willie Stargell	▲20	▲30	▲40	50	80	250		
471	Chris Zachary	4	4	4	4	6	12	15	80
472	Atlanta Braves TC	4	4	4	4	5	10	12	80
473	Don Bryant	4	4	4	4	6	12	15	100
474	Dick Kelley	4	4	4	4	6	12	15	80
475	Dick McAuliffe	4	4	5	6	12	25	30	60
476	Don Shaw	4	4	4	5	10	20	25	50
477	A.Severinsen RC/R.Freed RC	4	4	5	6	12	25	60	100
478	Bobby Heise RC	4	4	4	4	8	20		
479	Dick Woodson RC	4	4	5	6	12	25		
480	Glenn Beckert	4	4	6	8	15	30	40	200
481	Jose Tartabull	4	4	4	5	10	20	30	60
482	Tom Hilgendorf RC	4	4	4	4	6	12	15	25
483	Gail Hopkins RC	4	4	4	4	8	15		
484	Gary Nolan	5	6	8	10	20	80	100	150
485	Jay Johnstone	4	5	6	8	10	20	25	60
486	Terry Harmon	4	4	5	6	12	40		
487	Cisco Carlos	4	4	4	4	8	15		
488	J.C. Martin	4	4	6	8	15	30	40	80
489	Eddie Kasko MG	4	4	4	5	10	20	25	50
490	Bill Singer	4	4	4	5	10	20	25	100
491	Graig Nettles	4	4	4	8	15	30	60	120
492	K.Lampard RC/S.Spinks RC	4	4	4	4	6	12	15	30
493	Lindy McDaniel	4	4	4	4	8	20	25	50
494	Larry Stahl	4	4	4	4	8	15	20	60
495	Dave Morehead	4	4	4	5	10	20	25	50
496	Steve Whitaker	4	4	4	5	10	20	25	
497	Eddie Watt	4	4	8	10	20	40	50	100
498	Al Weis	4	4	4	4	5	10	12	60
499	Skip Lockwood	4	4	5	6	12	25	30	120
500	Hank Aaron	60	100	120	250	300	600	800	1,500
501	Chicago White Sox TC	4	4	4	4	8	15	20	60
502	Rollie Fingers	10	15	25	40	60	100	120	150
503	Dal Maxvill	4	4	4	4	8	15	20	100
504	Don Pavletich	4	4	4	4	6	12	15	80
505	Ken Holtzman	4	4	5	6	12	25	30	150
506	Ed Stroud	4	4	4	5	10	20	25	80
507	Pat Corrales	6	8	10	12	25	40		
508	Joe Niekro	4	4	4	4	8	15	30	50
509	Montreal Expos TC	4	4	4	5	10	20	25	
510	Tony Oliva	6	8	10	12	25	150		
511	Joe Hoerner	4	4	4	4	8	15	20	80
512	Billy Harris	4	4	4	4	6	12	15	50
513	Preston Gomez MG	4	4	4	4	5	10	12	25
514	Steve Hovley RC	4	4	4	4	5	10	12	25
515	Don Wilson	4	4	4	5	10	20	25	80
516	J.Ellis RC/J.Lyttle RC	4	5	10	12	25	50		
517	Joe Gibbon	4	4	4	4	5	10	12	25
518	Bill Melton	4	4	4	5	10	20	25	
519	Don McMahon	4	4	4	4	8	15		

#	Player	VG 3	VgEx 4	EX 5	ExMt 6	NM 7	NmMt 8	NmMt+ 8.5	MT 9
520	Willie Horton	8	10	12	15	30	80		
521	Cal Koonce	5	6	8	10	20	40		
522	California Angels TC	4	4	5	6	12	25	30	60
523	Jose Pena	4	4	5	6	12	100		
524	Alvin Dark MG	4	4	4	4	6	12	15	25
525	Jerry Adair	4	4	6	8	15	30	50	80
526	Ron Herbel	4	4	4	5	10	20	25	
527	Don Bosch	4	4	4	4	8	15	20	40
528	Elrod Hendricks	4	4	5	6	12	25	30	200
529	Bob Aspromonte	4	4	4	4	6	12	15	30
530	Bob Gibson	15	25	40	60	100	200	250	600
531	Ron Clark	4	4	4	5	10	20	25	
532	Danny Murtaugh MG	4	4	5	6	12	25	30	80
533	Buzz Stephen RC	4	4	4	4	8	15	20	50
534	Minnesota Twins TC	4	4	5	6	12	25	30	60
535	Andy Kosco	4	4	4	4	8	15	20	25
536	Mike Kekich	4	5	10	12	25	50		
537	Joe Morgan	10	15	25	40	80	150	200	400
538	Bob Humphreys	4	4	4	5	10	20	25	60
539	D.Doyle RC/L.Bowa RC	6	8	15	20	30	60		
540	Gary Peters	4	4	6	8	15	30	40	
541	Bill Heath	4	4	4	4	5	10	12	40
542A	Checklist 6 Brown Bat	4	4	6	8	15	30	40	80
542B	Checklist 6 Gray Bat	4	4	5	6	12	25		
543	Clyde Wright	4	4	4	5	10	60	80	
544	Cincinnati Reds TC	4	4	5	6	12	25	30	150
545	Ken Harrelson	4	4	4	5	10	50	60	100
546	Ron Reed	4	4	4	4	6	12	15	30
547	Rick Monday	4	4	4	4	6	20	25	100
548	Howie Reed	4	4	4	4	5	10	12	40
549	St. Louis Cardinals TC	4	4	4	4	6	20	30	100
550	Frank Howard	4	4	4	4	8	40	50	60
551	Dock Ellis	4	4	4	5	10	20	25	30
552	O'Riley/Paepke/Rico RC	4	4	4	4	8	15	20	60
553	Jim Lefebvre	4	4	4	4	5	10	12	50
554	Tom Timmermann RC	4	4	4	4	5	10	12	30
555	Orlando Cepeda	4	5	15	20	30	80	100	300
556	Dave Bristol MG	4	4	4	4	6	12	15	40
557	Ed Kranepool	4	5	10	12	25	100	120	300
558	Vern Fuller	4	4	4	4	5	10	12	25
559	Tommy Davis	4	4	4	4	5	12	15	100
560	Gaylord Perry	4	6	10	15	30	60	80	200
561	Tom McCraw	4	4	4	4	6	12	15	30
562	Ted Abernathy	4	4	4	4	5	10	12	20
563	Boston Red Sox TC	4	4	5	6	12	50	60	150
564	Johnny Briggs	4	4	4	5	6	12	15	25
565	Jim Hunter	8	12	20	30	80	100	120	250
566	Gene Alley	4	4	4	4	6	15	20	25
567	Bob Oliver	4	4	4	4	5	10	12	20
568	Stan Bahnsen	4	4	4	4	5	15	20	60
569	Cookie Rojas	4	4	4	4	5	25	30	50
570	Jim Fregosi	4	4	4	4	6	12	15	30
571	Jim Brewer	4	4	4	4	5	10	12	30
572	Frank Quilici	4	4	4	4	4	8	10	30
573	Corkins/Robles/Slocum RC	4	4	4	4	5	10	12	20
574	Bobby Bolin	4	4	4	4	5	10	12	25
575	Cleon Jones	4	4	4	4	5	30	40	50
576	Milt Pappas	4	4	4	4	5	10	12	25
577	Bernie Allen	4	4	4	4	5	10	12	25
578	Tom Griffin	4	4	4	4	8	15	20	30
579	Detroit Tigers TC	4	4	4	4	8	30	50	100
580	Pete Rose	30	50	80	120	200	500	600	2,500
581	Tom Satriano	4	4	4	4	6	12	15	25
582	Mike Paul	4	4	4	4	5	10	12	25
583	Hal Lanier	4	4	4	4	5	10	12	25
584	Al Downing	4	4	4	4	6	12	15	60
585	Rusty Staub	4	4	5	6	12	50	60	150
586	Rickey Clark RC	4	4	4	8	15	30	40	80

#	Player	VG 3	VgEx 4	EX 5	ExMt 6	NM 7	NmMt 8	NmMt+ 8.5	MT 9
587	Jose Arcia	4	4	4	4	5	10	12	2
588A	Checklist 7 666 is Adolfo	4	4	5	6	12	25		
588B	Checklist 7 666 is Adolpho	4	4	5	6	12	25		
589	Joe Keough	4	4	4	4	5	10	12	2
590	Mike Cuellar	4	4	5	6	12	25	30	8
591	Mike Ryan	4	4	4	4	5	10	12	2
592	Daryl Patterson	4	4	4	4	5	10	12	2
593	Chicago Cubs TC	4	4	4	5	10	40	50	8
594	Jake Gibbs	4	4	4	4	8	15	20	8
595	Maury Wills	6	10	15	25	40	80	100	250
596	Mike Hershberger	4	4	4	4	4	8	15	2
597	Sonny Siebert	4	4	4	4	5	10	12	2
598	Joe Pepitone	4	4	4	5	8	12	20	4
599	Stelmaszek/Martin/Such RC	4	4	4	4	6	12	15	2
600	Willie Mays	60	▲100	▲150	250	▼400	▼800	1,200	2,000
601	Pete Richert	4	4	4	4	5	10	12	2
602	Ted Savage	4	4	4	4	5	10	12	2
603	Ray Oyler	4	4	4	4	5	10	12	2
604	Cito Gaston	4	4	5	8	12	20	25	5
605	Rick Wise	4	4	4	4	5	10	12	2
606	Chico Ruiz	4	4	4	4	5	10	12	2
607	Gary Waslewski	4	4	4	4	4	8	10	3
608	Pittsburgh Pirates TC	4	4	4	5	10	20	25	8
609	Buck Martinez RC	4	4	4	4	8	15	20	3
610	Jerry Koosman	4	4	5	6	8	15	20	100
611	Norm Cash	5	8	12	20	25	30	40	200
612	Jim Hickman	4	4	4	4	8	15	20	5
613	Dave Baldwin	4	4	4	4	5	25	30	5
614	Mike Shannon	4	4	4	4	6	12	15	6
615	Mark Belanger	4	4	4	4	6	15	20	6
616	Jim Merritt	4	4	4	4	6	12	15	2
617	Jim French	4	4	4	4	4	8	10	3
618	Billy Wynne RC	4	4	4	4	5	10	12	2
619	Norm Miller	4	4	4	4	5	10	12	2
620	Jim Perry	4	4	5	8	12	20	25	5
621	McQueen/Evans/Kester RC	4	6	10	15	40	80	100	250
622	Don Sutton	8	12	20	30	50	▼60	100	150
623	Horace Clarke	4	4	4	4	6	12	15	2
624	Clyde King MG	4	4	4	4	4	8	10	3
625	Dean Chance	4	4	4	4	5	10	12	2
626	Dave Ricketts	4	4	4	4	5	10	12	2
627	Gary Wagner	4	4	4	4	5	10	12	2
628	Wayne Garrett RC	4	4	4	5	10	20	25	200
629	Merv Rettenmund	4	4	4	4	8	15	20	40
630	Ernie Banks	▲30	▲50	60	100	150	▲250	▲300	800
631	Oakland Athletics TC	4	4	6	8	15	60	80	150
632	Gary Sutherland	4	4	4	4	5	10	12	20
633	Roger Nelson	4	4	4	4	4	8	10	30
634	Bud Harrelson	5	10	20	25	50	100		
635	Bob Allison	4	4	4	5	20	40	50	150
636	Jim Stewart	4	4	4	4	6	15	20	60
637	Cleveland Indians TC	4	4	4	4	8	25	30	50
638	Frank Bertaina	4	4	4	5	10	30	40	
639	Dave Campbell	4	4	4	4	6	20	25	50
640	Al Kaline	15	25	40	60	100	200	250	400
641	Al McBean	4	4	4	4	6	15	25	50
642	Garrett/Lund/Tatum RC	4	4	4	4	8	25	30	50
643	Jose Pagan	4	4	4	5	10	20	25	80
644	Gerry Nyman	4	4	4	5	10	20	25	80
645	Don Money	4	4	4	5	10	40	50	80
646	Jim Britton	4	4	4	4	6	12	20	40
647	Tom Matchick	4	4	4	4	6	25	30	50
648	Larry Haney	4	4	4	4	6	▲30	▲40	▲80
649	Jimmie Hall	4	4	4	4	6	▲25	▲30	▲60
650	Sam McDowell	4	4	4	6	12	25	30	60
651	Jim Gosger	4	4	4	4	10	20	25	40
652	Rich Rollins	4	4	4	6	10	15	25	40
653	Moe Drabowsky	4	4	4	4	6	12	25	40
654	Oscar Gamble RC	▲12	▲20	▲30	▲50	▲80	▲120	▲200	▲400

	VG 3	VgEx 4	EX 5	ExMt 6	NM 7	NmMt 8	NmMt+ 8.5	MT 9
John Roseboro	4	6	10	15	25	40	50	100
Jim Hardin	4	4	4	4	8	20	25	60
San Diego Padres TC	4	4	4	4	6	▲40	▲50	▲80
Ken Tatum RC	4	4	4	4	6	25	30	80
Pete Ward	4	4	5	10	20	40	50	80
Johnny Bench	80	120	200	250	400	600	800	1,500
Jerry Robertson	4	4	4	6	12	25	40	60
Frank Lucchesi MG RC	4	4	4	6	12	40	50	80
Tito Francona	4	4	6	10	15	▲40	▲50	▲100
Bob Robertson	4	5	8	12	20	50	60	150
Jim Lonborg	4	4	4	5	10	20	25	50
Adolpho Phillips	4	4	4	5	10	20	25	50
Bob Meyer	4	4	4	4	8	25	30	50
Bob Tillman	4	4	4	4	8	15		
Johnson/Lazar/Scott RC	4	4	4	4	8	30	40	80
Ron Santo	4	8	15	30	50	120	100	500
Jim Campanis	4	4	4	4	5	▲20	▲25	▲50
Leon McFadden	4	4	4	4	6	15	20	40
Ted Uhlaender	4	4	6	10	15	25	25	30
Dave Leonhard	4	4	4	4	6	12	15	40
Jose Cardenal	4	4	4	4	6	30	40	60
Washington Senators TC	4	4	5	6	10	15	25	50
Woodie Fryman	4	5	6	10	15	25	30	60
Dave Duncan	4	4	5	8	12	30	40	80
Ray Sadecki	4	4	4	4	6	20	25	80
Rico Petrocelli	4	5	10	12	25	30	60	120
Bob Garibaldi RC	4	4	4	5	20	30	40	100
Dalton Jones	4	4	4	5	10	40	50	100
Geishart/McRae/Simpson RC	4	6	12	15	40	50	100	300
Jack Fisher	4	4	4	4	6	20	25	50
Tom Haller	4	4	4	5	10	20	25	50
Jackie Hernandez	4	4	4	4	6	12	15	50
Bob Priddy	4	4	4	4	6	12	15	40
Ted Kubiak	4	4	4	4	8	15	20	40
Frank Tepedino RC	4	4	4	5	10	25	30	▲200
Ron Fairly	4	4	5	6	12	25	30	80
Joe Grzenda	4	4	4	4	6	▲20	▲25	▲100
Duffy Dyer	4	4	5	6	12	25	30	▲300
Bob Johnson	4	4	4	4	6	15	20	40
Gary Ross	4	4	4	4	6	20	25	40
Bobby Knoop	4	4	4	4	8	25	30	80
San Francisco Giants TC	4	4	5	6	12	50	60	120
Jim Hannan	4	4	4	4	8	25	30	60
Tom Tresh	4	6	12	15	30	40	80	250
Hank Aguirre	4	4	4	4	6	15	20	40
Frank Robinson	6	25	30	50	60	80	150	400
Jack Billingham	4	4	4	4	8	15	20	80
Johnson/Klimkowski/Zepp RC	4	4	5	6	50	▲200	▲250	▲500
Lou Marone RC	4	5	8	12	20	40	50	150
Frank Baker RC	4	4	5	6	12	25	30	80
Tony Cloninger	4	4	4	4	6	25	30	80
John McNamara MG RC	4	4	4	4	6	▲50	▲60	▲200
Kevin Collins	4	4	4	4	8	15	20	▲400
Jose Santiago	4	4	4	4	6	12	15	25
Mike Fiore	4	4	4	4	6	15	20	▲60
Felix Millan	4	4	4	4	5	15	20	40
Ed Brinkman	4	4	4	4	6	20	25	60
Nolan Ryan	150	250	400	500	800	1,500	2,000	8,000
Seattle Pilots TC	5	6	12	15	80	150	200	400
Al Spangler	4	4	5	8	12	20	25	50
Mickey Lolich	4	8	15	20	40	50	80	300
Campisi/Cleveland/Guzman RC	4	4	4	4	8	25	30	40
Tom Phoebus	4	4	4	4	8	20	25	30
Ed Spiezio	4	4	4	6	10	25	30	60
Jim Roland	4	4	4	4	6	20	25	60
Rick Reichardt	4	4	5	6	12	50	60	▲200

- Thurman Munson #189 PSA 10 (Gem) (Young Collection) sold for $13,045 (SCP; 5/12)
- Pete Rose AS #458 PSA 9 (MT) sold for $1,478 (eBay; 01/12)
- Tom Seaver #300 PSA 10 (Gem) sold for $10,645 (Memory Lane; 5/13)

1970 Topps Super

		GD 2	VG 3	VgEx 4	EX 5	ExMt 6	NM 7	NmMt 8	MT 9
1	Claude Osteen SP	5	8	12	20	30	50	80	
2	Sal Bando SP	5	8	12	20	30	50	80	250
3	Luis Aparicio SP	6	10	15	25	40	60	100	300
4	Harmon Killebrew	6	10	15	25	40	60	100	300
5	Tom Seaver SP	▲20	▲30	▲50	▲80	▲120	▲150	▲250	2,000
6	Larry Dierker	4	4	4	4	4	8	15	40
7	Bill Freehan	4	4	4	8	15	60		120
8	Johnny Bench	20	30	50	80	120	200	300	1,200
9	Tommy Harper	4	4	5	8	12	20	30	100
10	Sam McDowell	6	10	15	25	40	60	100	300
11	Lou Brock	6	10	15	25	40	60	100	300
12	Roberto Clemente	40	60	100	150	250	400	600	1,500
13	Willie McCovey	12	20	30	50	80	120	200	600
14	Rico Petrocelli	4	4	6	10	15	25	40	120
15	Phil Niekro	4	6	10	15	25	40	60	200
16	Frank Howard	4	5	8	12	20	30	50	150
17	Denny McLain	4	5	8	12	20	30	50	150
18	Willie Mays	25	40	60	100	150	250	400	1,200
19	Willie Stargell	6	10	15	25	40	60	100	300
20	Joel Horlen	4	5	8	12	20	30	50	150
21	Ron Santo	4	6	10	15	25	40	60	200
22	Dick Bosman	6	10	15	25	40	60	100	300
23	Tim McCarver	4	5	8	12	20	30	50	150
24	Hank Aaron	▼15	▼25	▼40	▼60	▲100	250	400	1,200
25	Andy Messersmith	4	5	8	12	20	30	50	150
26	Tony Oliva	4	5	8	12	20	30	50	▲300
27	Mel Stottlemyre	4	5	8	12	20	30	50	150
28	Reggie Jackson	12	20	30	50	80	▲200	▲250	▲800
29	Carl Yastrzemski	10	15	25	40	60	100	150	500
30	Jim Fregosi	4	5	8	12	20	30	50	150
31	Vada Pinson	4	6	10	15	25	40	60	200
32	Lou Piniella	4	5	8	12	20	30	50	150
33	Bob Gibson	8	12	20	30	50	80	120	400
34	Pete Rose	25	30	50	80	120	▲250	300	2,000
35	Jim Wynn	4	5	8	12	20	30	50	150
36	Ollie Brown SP	5	8	12	20	30	50	80	250
37	Frank Robinson SP	6	10	15	25	40	60	100	800
38	Boog Powell SP	15	25	40	60	100	150	300	
39	Willie Davis SP	4	5	8	12	20	30	50	150
40	Billy Williams SP	8	12	20	30	50	80	120	
41	Rusty Staub	4	4	6	10	15	25	40	120
42	Tommie Agee	4	4	5	8	12	20	30	100

1971 Kellogg's

		GD 2	VG 3	VgEx 4	EX 5	ExMt 6	NM 7	NmMt 8	MT 9
1A	Wayne Simpson 119 SO	4	4	4	5	6	12	120	
1B	Wayne Simpson 120 SO	4	4	4	5	6	12	25	
2	Tom Seaver	4	4	8	10	20	40	80	200
3A	Jim Perry 2238 IP	4	4	4	4	5	10	20	40
3B	Jim Perry 2239 IP	4	4	4	6	12	25		
4A	Bob Robertson 94 RBI	4	4	6	8	15	30	60	150
4B	Bob Robertson 95 RBI	4	4	4	6	12	25	50	
5	Roberto Clemente	4	5	10	20	50	80	150	400
6A	Gaylord Perry 2014 IP	4	4	4	8	10	20	40	100
6B	Gaylord Perry 2015 IP	4	4	4	8	10	20	40	100
7A	Felipe Alou Oakland NL	4	4	4	8	10	20	40	
7B	Felipe Alou Oakland AL	4	4	4	8	10	20	40	60
8	Denis Menke	4	4	4	8	10	20	40	60
9B	Don Kessinger 1970, 849 Hits	4	4	4	5	6	12	25	60
9C	Don Kessinger 1970, 850 Hits	4	4	4	5	6	12	25	50
10	Willie Mays	4	4	8	15	30	60	150	
11	Jim Hickman	4	4	4	5	6	12	20	60
12	Tony Oliva	4	4	4	5	10	20	40	60

#	Player	VG 3	VgEx 4	EX 5	ExMt 6	NM 7	NmMt 8	NmMt+ 8.5	MT 9
13	Manny Sanguillen	4	4	4	5	6	12	25	60
14A	Frank Howard Washington NL	4	4	4	6	12	25	50	80
14B	Frank Howard Washington AL	4	4	4	8	10	20	40	
15	Frank Robinson	4	4	4	6	8	15	30	150
16	Willie Davis	4	4	4	4	5	10	20	40
17	Lou Brock	4	4	4	6	8	15	30	100
18	Cesar Tovar	4	4	4	4	5	10	20	50
19	Luis Aparicio	4	4	4	5	6	12	25	80
20	Boog Powell	4	4	4	5	6	12	25	50
21A	Dick Selma 584 SO	4	4	4	4	5	10	20	40
21B	Dick Selma 587 SO	4	4	4	5	6	12	25	50
22	Danny Walton	4	4	4	4	5	10	20	60
23	Carl Morton	4	4	4	4	5	10	20	40
24A	Sonny Siebert 1054 SO	4	4	4	4	5	10	20	40
24B	Sonny Siebert 1055 SO	4	4	4	6	8	15	30	50
25	Jim Merritt	4	4	4	4	5	10	20	40
26A	Jose Cardenal 828 Hits	4	4	4	4	5	10	20	40
26B	Jose Cardenal 829 Hits	4	4	4	5	6	12	25	50
27	Don Mincher	4	4	4	4	5	10	20	40
28B	Clyde Wright No 1970, Cal	4	4	4	4	5	10	20	50
28C	Clyde Wright 1970, Cal	4	4	4	4	5	10	20	60
29	Les Cain	4	4	4	5	6	12	25	50
30	Danny Cater	4	4	4	4	5	10	20	60
31	Don Sutton	4	4	4	5	6	12	25	60
32	Chuck Dobson	4	4	4	4	5	10	20	60
33	Willie McCovey	4	4	4	6	12	25	50	120
34	Mike Epstein	4	4	4	4	5	10	50	70
35A	Paul Blair 386 Runs	4	4	4	4	5	10	20	100
35B	Paul Blair 385 Runs	4	4	4	5	6	12	25	
36B	Gary Nolan 1970, 577 SO	4	4	4	4	5	10	20	50
36C	Gary Nolan 1970, 581 SO	4	4	4	4	5	10	20	100
37	Sam McDowell	4	4	4	5	6	12	25	60
38	Amos Otis	4	4	4	4	5	10	20	50
39A	Ray Fosse 69 RBI	4	4	4	4	5	10	20	40
39B	Ray Fosse 70 RBI	4	4	4	5	6	12	25	50
40	Mel Stottlemyre	4	4	4	5	6	12	25	50
41	Clarence Gaston	4	4	4	4	5	10	20	50
42	Dick Dietz	4	4	4	4	5	10	20	50
43	Roy White	4	4	4	4	5	10	20	50
44	Al Kaline	4	4	4	8	10	20	40	120
45	Carlos May	4	4	4	4	5	10	20	60
46A	Tommie Agee 313 RBI	4	4	4	5	6	12	25	100
46B	Tommie Agee 314 RBI	4	4	6	12	25	50	100	
47	Tommy Harper	4	4	4	4	5	10	20	40
48	Larry Dierker	4	4	4	4	5	10	20	60
49	Mike Cuellar	4	4	4	5	6	12	25	50
50	Ernie Banks	4	4	4	8	10	20	40	100
51	Bob Gibson	4	4	4	6	8	15	30	120
52	Reggie Smith	4	4	4	4	5	10	20	60
53A	Matty Alou 273 RBI	4	4	4	4	5	10	20	100
53B	Matty Alou 274 RBI	4	4	4	5	6	12	25	
54A	Alex Johnson No 1970, Angels	4	4	4	4	5	10	20	50
54B	Alex Johnson No 1970, Cal	4	4	4	4	5	10	20	100
55	Harmon Killebrew	4	4	4	8	10	20	40	100
56	Bill Grabarkewitz	4	4	4	4	5	10	20	40
57	Richie Allen	4	4	4	5	6	12	25	50
58	Tony Perez	4	4	4	8	15	30	60	100
59A	Dave McNally 1065 SO	4	4	4	5	6	12	25	80
59B	Dave McNally 1067 SO	4	5	10	20	40	80	150	
60A	Jim Palmer 564 SO	4	4	4	6	8	15	30	120
60B	Jim Palmer 567 SO	4	4	4	8	10	20	40	
61	Billy Williams	4	4	4	8	10	20	40	80
62	Joe Torre	4	4	4	6	8	15	30	80
63A	Jim Northrup 2773 AB	4	4	4	4	5	10	20	
63B	Jim Northrup 2772 AB	4	4	6	12	25	50	100	
64A	Jim Fregosi No 1970, Angels	4	4	4	6	8	15	30	
64C	Jim Fregosi 1970, Cal, 1326 Hits	4	4	4	4	5	10	20	40

#	Player	VG 3	VgEx 4	EX 5	ExMt 6	NM 7	NmMt 8	NmMt+ 8.5	MT
64D	Jim Fregosi 1970, Cal; 1327 Hits	4	4	4	4	5	12	25	
65	Pete Rose	4	4	8	15	30	60	200	30
66B	Bud Harrelson 1970, 112 RBI	4	4	4	5	6	12	25	5
66C	Bud Harrelson 1970, 113 RBI	4	4	4	5	6	12	25	6
67	Tony Taylor	4	4	4	4	5	10	20	5
68	Willie Stargell	4	4	4	8	10	20	50	10
69	Tony Horton	4	4	4	4	5	10	20	10
70A	Claude Osteen No 1970, No #	4	4	4	6	8	15	30	
70C	Claude Osteen 1970, No. 70	4	4	4	4	5	10	20	60
71	Glenn Beckert	4	4	4	8	10	20	40	80
72	Nate Colbert	4	4	4	4	5	10	20	60
73B	Rick Monday 1970, 1705 AB	4	4	4	4	5	10	20	
73C	Rick Monday 1970, 1704 AB	4	4	4	6	8	15	30	
74A	Tommy John 444 BB	4	4	4	8	10	20	40	80
74B	Tommy John 443 BB	4	4	4	6	8	15	30	
75	Chris Short	4	4	4	8	10	20	40	150

1971 O-Pee-Chee

— Pete Rose #100 SGC 96 (MT) sold for $2,386 (eBay; 09/12)

1971 Topps

#	Player	VG 3	VgEx 4	EX 5	ExMt 6	NM 7	NmMt 8	NmMt+ 8.5	MT 9
1	Baltimore Orioles TC	5	10	20	25	50	150		
2	Dock Ellis	4	4	8	10	20	60		
3	Dick McAuliffe	4	5	10	12	25	60		
4	Vic Davalillo	4	4	6	8	15	30	50	200
5	Thurman Munson	40	50	60	120	400	3,000		
6	Ed Spiezio	4	4	6	8	15	30	100	325
7	Jim Holt RC	4	4	5	6	12	60	80	150
8	Mike McQueen	4	4	4	4	10	20	25	200
9	George Scott	5	10	20	25	50	100	120	200
10	Claude Osteen	4	5	10	12	25	50		
11	Elliott Maddox RC	4	4	6	8	15	30	80	200
12	Johnny Callison	4	5	10	12	25	60		
13	C.Brinkman RC/D.Moloney RC	4	4	4	4	8	30	40	120
14	Dave Concepcion RC	▼30	▼40	60	80	200	400	500	1,000
15	Andy Messersmith	4	4	8	10	20	60	80	275
16	Ken Singleton RC	4	4	6	8	15	30		
17	Billy Sorrell	4	4	4	4	8	15	40	120
18	Norm Miller	4	4	4	4	8	20	100	150
19	Skip Pitlock RC	4	4	4	4	8	30	100	120
20	Reggie Jackson	30	50	▲100	200	▲600	▲4,000		
21	Dan McGinn	4	4	4	5	10	20		
22	Phil Roof	4	4	4	6	12	25	50	175
23	Oscar Gamble	4	4	8	10	20	40		
24	Rich Hand RC	4	4	4	4	8	25		
25	Cito Gaston	4	4	8	10	30	80		
26	Bert Blyleven RC	▼25	▼40	▼60	▼100	300	1,200		
27	F.Cambria RC/G.Clines RC	4	4	6	8	25	30		
28	Ron Klimkowski	4	5	10	12	25	80		
29	Don Buford	4	4	4	4	8	20	40	175
30	Phil Niekro	▲12	▲20	▲30	▲50	▲80	▲200		
31	Eddie Kasko MG	4	4	4	5	12	30		
32	Jerry DaVanon	4	4	6	8	15	30	50	200
33	Del Unser	4	4	6	8	15	30		
34	Sandy Vance RC	4	8	15	20	40	100		
35	Lou Piniella	4	4	5	10	20	40		
36	Dean Chance	4	4	4	8	10	20	40	
37	Rich McKinney RC	4	4	4	8	10	20	40	
38	Jim Colborn RC	4	4	4	5	10	20	40	500
39	L.LaGrow RC/G.Lamont RC	4	4	5	6	12	30	60	400
40	Lee May	4	4	4	8	10	20	60	150
41	Rick Austin RC	4	4	4	4	8	15	30	
42	Boots Day	4	4	4	4	8	15	40	150
43	Steve Kealey	4	4	4	4	8	15	25	100
44	Johnny Edwards	4	4	5	6	12	25	30	150
45	Jim Hunter	4	6	10	15	25	▲150	▲200	400
46	Dave Campbell	4	4	4	4	8	15	40	500

#	Player	VG 3	VgEx 4	EX 5	ExMt 6	NM 7	NmMt 8	NmMt+ 8.5	MT 9
	Johnny Jeter	4	4	4	4	8	25	40	150
	Dave Baldwin	4	4	4	4	8	15	25	150
	Don Money	4	6	12	15	30	60		
	Willie McCovey	▼12	▼20	▼30	▼50	▼60	250	300	500
	Steve Kline RC	4	4	4	4	8	20	40	150
	O.Brown RC/E.Williams RC	4	4	4	4	8	15	25	200
	Paul Blair	4	4	6	8	15	30	50	200
	Checklist 1	4	6	12	15	30	60		
	Steve Carlton	▼10	▼15	▼25	▼40	▲100	▲300		
	Duane Josephson	4	4	6	8	15	30		
	Von Joshua RC	4	4	4	5	10	20		
	Bill Lee	4	4	6	8	15	40		
	Gene Mauch MG	4	4	4	4	8	20	40	150
	Dick Bosman	4	8	15	20	40	100		
	AL Batting Leaders	4	6	12	15	30	80		
	NL Batting Leaders	4	4	6	8	15	30	50	150
	AL RBI Leaders	4	4	5	6	12	25		
	NL RBI Leaders	4	4	8	15	30	60	120	400
	AL Home Run Leaders	4	5	10	12	25	50	60	300
	NL Home Run Leaders	4	4	6	12	40	100	120	300
	AL ERA Leaders	4	4	8	10	20	40	80	250
	NL ERA Leaders	4	4	8	10	20	50	80	225
	AL Pitching Leaders	4	4	8	10	20	50		
	NL Pitching Leaders	4	4	6	12	25	80	100	200
	AL Strikeout Leaders	4	4	6	8	15	30	60	300
	NL Strikeout Leaders	4	4	8	10	20	40	80	400
	George Brunet	4	4	4	4	8	15	40	150
	P.Hamm RC/J.Nettles RC	4	4	4	5	10	20		
	Gary Nolan	4	4	4	5	10	50	80	150
	Ted Savage	4	4	5	6	12	30		
	Mike Compton RC	4	4	4	5	10	25		
	Jim Spencer	4	4	4	4	8	15		
	Wade Blasingame	4	6	12	15	30	50		
	Bill Melton	4	4	4	5	10	20		
	Felix Millan	4	4	4	5	10	20		
	Casey Cox	4	4	5	6	12	25		
	T.Foli RC/R.Bobb RC	4	8	15	20	40	120		
	Marcel Lachemann RC	4	4	5	6	12	30		
	Billy Grabarkewitz	4	4	5	6	12	50	40	300
	Mike Kilkenny	4	4	4	4	8	20		
	Jack Heidemann RC	4	4	4	5	10	20		
	Hal King	4	4	4	4	8	15	40	200
	Ken Brett	4	4	6	8	15	40		
	Joe Pepitone	4	4	4	5	10	25	50	250
	Bob Lemon MG	4	4	4	6	12	25		
	Fred Wenz	4	6	12	15	30	80		
	N.McRae/D.Riddleberger	4	4	4	5	10	25		
	Don Hahn RC	4	4	4	5	10	20		
	Luis Tiant	4	4	8	10	20	40		
	Joe Hague	4	4	6	8	15	30		
	Floyd Wicker	4	4	4	4	8	15	50	150
	Joe Decker RC	4	4	4	4	8	15		
	Mark Belanger	4	4	4	5	10	30	80	450
0	Pete Rose	25	30	40	60	250	1,200		
1	Les Cain	4	4	4	5	10	20		
2	K.Forsch RC/L.Howard RC	4	4	4	5	10	25	60	250
3	Rich Severson RC	4	4	4	4	8	15		
4	Dan Frisella	4	4	6	8	15	30		300
5	Tony Conigliaro	4	4	4	4	8	15	25	200
6	Tom Dukes	4	4	4	4	8	15	40	120
7	Roy Foster RC	4	8	15	20	40	80	40	120
8	John Cumberland	4	4	4	4	8	15	50	200
9	Steve Hovley	4	4	4	5	10	20	40	120
0	Bill Mazeroski	▲12	▲20	▲30	▲50	▲60	▲120	▲150	300
1	L.Colson RC/B.Mitchell RC	4	8	15	20	40	80		
2	Manny Mota	4	4	5	6	12	25	80	200
3	Jerry Crider	4	4	4	4	8	20	40	120
4	Billy Conigliaro	4	6	12	15	40	60		
5	Donn Clendenon	4	4	6	8	15	30		

#	Player	VG 3	VgEx 4	EX 5	ExMt 6	NM 7	NmMt 8	NmMt+ 8.5	MT 9
116	Ken Sanders	4	4	4	6	12	25	40	150
117	Ted Simmons RC	40	60	▲100	▼150	400	1,000	1,000	2,000
118	Cookie Rojas	4	4	4	5	10	25		
119	Frank Lucchesi MG	4	4	4	6	12	20	40	120
120	Willie Horton	4	4	4	5	10	25	50	200
121	J.Dunegan/R.Skidmore RC	4	4	4	5	10	20		
122	Eddie Watt	4	4	8	10	20	40	80	250
123A	Checklist 2 Bottom Right	4	5	10	12	25	50		
123B	Checklist 2 Centered	4	6	12	15	30	60		
124	Don Gullett RC	4	4	4	8	15	20	50	200
125	Ray Fosse	4	4	4	5	10	20	50	150
126	Danny Coombs	4	4	4	8	15	40		120
127	Danny Thompson RC	4	4	4	6	12	25		
128	Frank Johnson	4	4	4	5	10	20	25	200
129	Aurelio Monteagudo	4	4	4	5	10	20		
130	Denis Menke	4	4	4	5	10	20	40	120
131	Curt Blefary	4	5	10	12	25	50		
132	Jose Laboy	4	5	10	12	25	50		
133	Mickey Lolich	4	5	10	20	40	80		
134	Jose Arcia	4	4	4	5	10	30		
135	Rick Monday	5	10	20	25	50	100		
136	Duffy Dyer	4	4	4	5	10	20	40	300
137	Marcelino Lopez	4	4	8	10	20	40		
138	J.Lis/W.Montanez RC	5	10	20	25	50	100		
139	Paul Casanova	4	4	4	4	8	15		
140	Gaylord Perry	▲15	▲25	▲40	▲60	▲100	▲150		
141	Frank Quilici	4	4	5	10	20	40		
142	Mack Jones	4	4	5	10	20	40		
143	Steve Blass	4	4	4	5	10	30		
144	Jackie Hernandez	4	4	4	5	10	20	50	200
145	Bill Singer	4	4	4	6	12	25		
146	Ralph Houk MG	4	4	6	8	15	50		
147	Bob Priddy	4	4	4	4	8	15		
148	John Mayberry	4	4	8	10	20	50		
149	Mike Hershberger	4	4	4	5	10	20		
150	Sam McDowell	4	4	4	8	15	30	50	150
151	Tommy Davis	4	4	4	5	10	20		
152	L.Allen RC/W.Llenas RC	4	4	4	5	10	20		
153	Gary Ross	4	6	12	15	30	60		
154	Cesar Gutierrez	4	4	4	4	8	20	40	150
155	Ken Henderson	4	4	4	5	10	20	40	120
156	Bart Johnson	4	6	12	15	30	100		
157	Bob Bailey	4	4	4	4	8	15	40	120
158	Jerry Reuss	4	4	4	6	12	25	60	150
159	Jarvis Tatum	4	4	4	4	8	15	50	150
160	Tom Seaver	20	30	50	60	250	600		
161	Coin Checklist	4	6	10	15	25	40	50	120
162	Jack Billingham	4	4	4	4	8	15		
163	Buck Martinez	4	4	4	6	12	25		
164	F.Duffy RC/M.Wilcox RC	4	4	4	8	15	30		
165	Cesar Tovar	4	4	6	8	15	30		
166	Joe Hoerner	4	4	5	6	12	25		
167	Tom Grieve RC	4	4	4	4	5	20	60	200
168	Bruce Dal Canton	4	4	6	8	15	30	40	150
169	Ed Herrmann	4	4	5	6	12	25		
170	Mike Cuellar	4	4	4	8	15	30	60	250
171	Bobby Wine	4	5	10	12	25	50		
172	Duke Sims	4	4	5	6	12	25	60	275
173	Gil Garrido	4	5	10	12	25	80		
174	Dave LaRoche RC	4	4	4	5	10	20		
175	Jim Hickman	4	4	4	5	10	25	30	400
176	B.Montgomery RC/D.Griffin RC	4	4	8	10	20	50		
177	Hal McRae	4	4	4	5	10	25	50	200
178	Dave Duncan	4	4	4	5	10	80	100	200
179	Mike Corkins	4	4	4	4	8	15	40	120
180	Al Kaline	25	40	50	80	▲150	500	600	3,000
181	Hal Lanier	4	4	4	5	10	20		
182	Al Downing	4	4	4	5	10	20	50	150
183	Gil Hodges MG	4	4	6	8	15	30		

#	Player	VG 3	VgEx 4	EX 5	ExMt 6	NM 7	NmMt 8	NmMt+ 8.5	MT 9
184	Stan Bahnsen	4	4	4	4	8	20	100	250
185	Julian Javier	4	4	8	10	20	40		
186	Bob Spence RC	4	4	4	4	8	15		
187	Ted Abernathy	4	4	4	4	8	15	40	150
188	Bobby Valentine RC	5	8	12	20	30	60		
189	George Mitterwald	4	4	4	5	10	50	60	150
190	Bob Tolan	4	4	6	12	25	50		
191	Mike Andrews	4	4	4	5	10	25		
192	Billy Wilson	4	4	6	8	15	30		
193	Bob Grich RC	4	4	6	8	15	30		
194	Mike Lum	4	4	6	8	15	30	40	120
195	Boog Powell ALCS	4	4	6	8	15	40		
196	Dave McNally ALCS	4	4	4	6	12	25		
197	Jim Palmer ALCS	4	4	8	15	30	200		
198	Orioles Celebrate ALCS	4	6	12	15	30	120		
199	Ty Cline NLCS	5	10	20	25	50	120		
200	Bobby Tolan NLCS	4	6	12	15	30	100		
201	Ty Cline NLCS	4	4	5	10	20	40	80	150
202	Reds Celebrate NLCS	4	4	5	10	20	80		
203	Larry Gura RC	4	4	4	6	12	25	50	250
204	B.Smith RC/G.Kopacz RC	4	4	4	4	8	20		
205	Gerry Moses	4	4	4	4	8	15	40	120
206	Checklist 3 Orange Helmet	5	6	10	15	25	50	60	150
207	Alan Foster	4	4	4	5	10	30		
208	Billy Martin MG	4	4	5	6	12	30	80	300
209	Steve Renko	4	4	4	4	8	15		
210	Rod Carew	20	30	50	▼60	150	▲400	▲500	1,000
211	Phil Hennigan RC	4	4	4	4	8	15	40	120
212	Rich Hebner	4	4	4	4	8	25	40	120
213	Frank Baker RC	4	4	4	5	10	25		
214	Al Ferrara	4	4	4	4	8	15	40	150
215	Diego Segui	4	4	4	5	10	25	40	250
216	R.Cleveland/L.Melendez RC	4	5	10	12	25	50		
217	Ed Stroud	4	4	4	5	10	20	40	120
218	Tony Cloninger	4	4	4	5	10	20	40	150
219	Elrod Hendricks	4	4	4	4	8	15	40	150
220	Ron Santo	6	12	25	30	50	150		
221	Dave Morehead	4	4	4	5	10	20	50	150
222	Bob Watson	4	4	4	5	10	30		
223	Cecil Upshaw	4	4	4	5	10	20	40	120
224	Alan Gallagher RC	4	4	4	4	8	15		
225	Gary Peters	4	4	8	10	20	40	100	200
226	Bill Russell	4	4	8	10	20	40		
227	Floyd Weaver	4	4	4	4	8	15	40	100
228	Wayne Garrett	4	4	4	6	12	25	80	300
229	Jim Hannan	4	4	8	10	20	40	60	250
230	Willie Stargell	▲20	▲30	▲50	▲80	100	▲400	▲500	1,000
231	V.Colbert RC/J.Lowenstein RC	4	4	4	4	8	15	60	
232	John Strohmayer RC	4	4	5	6	12	30	40	150
233	Larry Bowa	4	4	5	10	20	40		
234	Jim Lyttle	4	4	4	8	15	100		
235	Nate Colbert	4	4	4	5	10	20		
236	Bob Humphreys	4	4	4	5	10	20	40	150
237	Cesar Cedeno RC	4	4	8	15	30	60		
238	Chuck Dobson	4	4	4	6	12	25	50	120
239	Red Schoendienst MG	4	4	4	8	15	25	60	150
240	Clyde Wright	4	4	4	5	10	20	40	150
241	Dave Nelson	4	4	4	4	8	15	50	150
242	Jim Ray	4	4	4	5	10	20	40	120
243	Carlos May	4	4	5	10	20	40	60	250
244	Bob Tillman	4	4	4	5	10	20	40	100
245	Jim Kaat	4	4	4	8	15	30	60	200
246	Tony Taylor	5	10	20	25	50	100		
247	J.Cram RC/P.Splittorff RC	4	4	4	5	10	20	50	150
248	Hoyt Wilhelm	4	4	8	10	20	80	15	300
249	Chico Salmon	4	4	4	5	10	20		
250	Johnny Bench	10	25	50	60	200	2,000		
251	Frank Reberger	4	4	4	5	10	20		
252	Eddie Leon	4	4	4	5	10	30	50	150

#	Player	VG 3	VgEx 4	EX 5	ExMt 6	NM 7	NmMt 8	NmMt+ 8.5	MT 9
253	Bill Sudakis	4	4	8	10	20	120		
254	Cal Koonce	4	4	4	5	10	20		
255	Bob Robertson	4	4	4	6	12	25	40	150
256	Tony Gonzalez	4	4	4	5	10	20	30	120
257	Nelson Briles	4	4	4	4	8	20		
258	Dick Green	5	10	20	25	50	200		
259	Dave Marshall	4	4	4	4	8	15		
260	Tommy Harper	4	4	8	10	20	100		
261	Darold Knowles	4	4	8	10	20	120		
262	J.Williams/D.Robinson RC	4	4	4	5	10	20	30	150
263	John Ellis	4	8	15	20	40	80		
264	Joe Morgan	▲15	▲25	▲40	▲50	▲200	800		
265	Jim Northrup	4	4	4	5	10	40	60	200
266	Bill Stoneman	4	4	4	8	15		40	120
267	Rich Morales	4	4	4	5	10	20	40	200
268	Philadelphia Phillies TC	4	4	4	6	12	20	40	150
269	Gail Hopkins	4	4	4	5	10	20		
270	Rico Carty	5	6	12	15	30	200		
271	Bill Zepp	4	4	4	5	10	20	40	200
272	Tommy Helms	4	4	5	10	20	40	60	120
273	Pete Richert	4	4	4	8	15	40	100	150
274	Ron Slocum	4	4	4	8	15	50		
275	Vada Pinson	5	10	20	25	50	100		
276	M.Davison RC/G.Foster RC	20	30	40	50	80	120		
277	Gary Waslewski	4	8	15	20	40	100		
278	Jerry Grote	4	5	10	12	25	80		
279	Lefty Phillips MG	4	4	4	5	10	20		
280	Ferguson Jenkins	4	6	12	20	100	150		
281	Danny Walton	4	4	6	8	15	30		
282	Jose Pagan	4	4	5	6	12	30	60	150
283	Dick Such	4	4	4	6	12	25	40	150
284	Jim Gosger	4	4	4	4	8	15	40	150
285	Sal Bando	4	4	4	5	10	20	80	350
286	Jerry McNertney	4	4	4	5	10	20	40	100
287	Mike Fiore	5	10	20	25	50	60		
288	Joe Moeller	4	5	10	12	25	80		
289	Chicago White Sox TC	4	4	4	5	10	20		
290	Tony Oliva	4	6	12	25	50	80		
291	George Culver	4	4	4	4	8	15	40	150
292	Jay Johnstone	4	4	4	5	10	20		
293	Pat Corrales	4	4	4	4	8	15	40	100
294	Steve Dunning RC	6	12	25	30	60	80		
295	Bobby Bonds	4	4	5	6	12	50	60	200
296	Tom Timmermann	4	4	5	6	12	25	50	200
297	Johnny Briggs	4	4	4	6	12	25	50	175
298	Jim Nelson RC	4	4	4	6	12	25	40	150
299	Ed Kirkpatrick	4	6	12	15	30	60		
300	Brooks Robinson	8	15	30	50	120	800		
301	Earl Wilson	4	4	4	5	10	20	80	200
302	Phil Gagliano	4	4	5	6	12	25		
303	Lindy McDaniel	4	4	4	8	15	50		
304	Ron Brand	4	4	4	4	8	15	80	300
305	Reggie Smith	4	4	8	10	20	40		
306	Jim Nash	4	4	4	4	8	20	40	100
307	Don Wert	4	4	4	4	8	15		
308	St. Louis Cardinals TC	4	4	5	6	12	25	40	120
309	Dick Ellsworth	4	6	12	15	30	60		
310	Tommie Agee	4	4	5	10	20	40	50	175
311	Lee Stange	4	4	4	5	10	20	40	120
312	Harry Walker MG	4	4	4	5	10	20		
313	Tom Hall	4	4	4	4	8	15	40	300
314	Jeff Torborg	4	4	8	15	30	60		
315	Ron Fairly	4	4	4	4	8	15	40	150
316	Fred Scherman RC	4	4	4	5	10	20	40	100
317	J.Driscoll RC/A.Mangual	4	4	4	5	10	20		
318	Rudy May	4	4	5	6	12	25	60	200
319	Ty Cline	4	4	4	5	10	20	50	120
320	Dave McNally	4	4	6	8	15	100		
321	Tom Matchick	4	4	4	4	8	15	40	120

	VG 3	VgEx 4	EX 5	ExMt 6	NM 7	NmMt 8	NmMt+ 8.5	MT 9
Jim Beauchamp	4	4	5	6	12	25		
Billy Champion	4	4	4	4	8	15		
Graig Nettles	4	4	5	10	20	60	200	600
Juan Marichal	12	20	30	50	80	200		
Richie Scheinblum	4	4	4	4	8	15	40	120
Boog Powell WS	4	4	4	8	15	30		
Don Buford WS	4	4	5	10	20	50	100	250
Frank Robinson WS	4	4	5	6	12	30	60	200
Reds Stay Alive WS	4	4	4	5	10	25	50	300
Brooks Robinson WS	4	4	4	8	15	30	60	200
Orioles Celebrate WS	4	4	6	12	25	50		
Clay Kirby	4	4	4	6	12	25		
Roberto Pena	4	4	5	6	12	60		
Jerry Koosman	4	4	4	8	15	30	80	200
Detroit Tigers TC	4	4	4	6	12	25	50	200
Jesus Alou	4	4	6	8	15	60		
Gene Tenace	4	4	4	6	12	60		
Wayne Simpson	4	4	4	5	10	20	60	300
Rico Petrocelli	4	4	4	6	12	25		
Steve Garvey RC	▼25	▼40	▼60	▼100	250	▼600	▼800	▲5,000
Frank Tepedino	4	4	4	5	10	25		
E.Acosta RC/M.May RC	4	4	4	5	10	20	50	100
Ellie Rodriguez	4	4	4	4	8	15	50	120
Joel Horlen	4	4	4	5	10	20	40	100
Lum Harris MG	4	4	6	8	15	50		
Ted Uhlaender	4	4	4	4	8	15	30	80
Fred Norman	4	4	4	5	10	20		
Rich Reese	4	4	5	10	20	40		
Billy Williams	▲12	▲20	▲30	▲50	▲100	▲250		
Jim Shellenback	12	25	50	60	120	400		
Denny Doyle	4	4	5	10	20	50		
Carl Taylor	4	4	4	5	10	20	40	150
Don McMahon	4	4	4	5	10	20		
Bud Harrelson w/Ryan	4	4	8	10	20	60		
Bob Locker	4	4	4	4	8	15	40	100
Cincinnati Reds TC	4	4	6	8	15	40	60	250
Danny Cater	4	4	8	15	30	40	100	150
Ron Reed	4	4	4	4	8	15	40	120
Jim Fregosi	4	4	5	6	12	80		
Don Sutton	10	15	25	40	60	▼120		
M.Adamson/R.Freed	4	4	4	5	10	25		
Mike Nagy	4	4	4	8	15	60		
Tommy Dean	4	4	4	4	8	15	40	80
Bob Johnson	4	4	8	10	20	40		
Ron Stone	4	4	4	5	10	20		
Dalton Jones	4	4	4	4	8	25		
Bob Veale	4	4	4	5	10	20	50	200
Checklist 4	4	4	6	10	20	60		
Joe Torre	4	5	10	12	25	100	120	300
Jack Hiatt	4	4	4	4	8	15	50	120
Lew Krausse	4	4	4	5	10	20	40	120
Tom McCraw	4	5	10	12	25	60		
Clete Boyer	4	4	4	5	10	20		
Steve Hargan	4	4	4	5	10	20	40	120
C.Mashore RC/E.McAnally RC	4	4	4	4	8	15	40	100
Greg Garrett	4	4	4	8	15	30		
Tito Fuentes	4	4	4	4	8	100	150	250
Wayne Granger	4	5	10	12	25	50		
Ted Williams MG	▲12	▲20	▲30	▲50	▼80	200		
Fred Gladding	4	4	4	8	15	80		
Jake Gibbs	5	10	20	25	50	100		
Rod Gaspar	4	4	4	8	15	30		
Rollie Fingers	15	25	40	50	200	▲1,000		
Maury Wills	4	4	4	8	15	120		
Boston Red Sox TC	4	4	4	8	15	30	50	150
Ron Herbel	4	4	4	4	8	15	40	120
Al Oliver	4	4	4	8	15	30		
Ed Brinkman	4	4	4	4	8	20		
Glenn Beckert	4	6	12	15	30	60		

		VG 3	VgEx 4	EX 5	ExMt 6	NM 7	NmMt 8	NmMt+ 8.5	MT 9
391	S.Brye RC/C.Nash RC	4	4	4	6	12	25		
392	Grant Jackson	4	4	5	6	12	40		
393	Merv Rettenmund	4	4	4	8	15	40		
394	Clay Carroll	4	4	4	8	15	30	50	300
395	Roy White	4	6	12	15	30	60	60	250
396	Dick Schofield	4	4	4	5	10	25		
397	Alvin Dark MG	4	4	4	5	10	40		
398	Howie Reed	4	8	15	20	40	100		
399	Jim French	4	4	4	5	10	25	40	120
400	Hank Aaron	▼50	100	150	▼200	500	1,200	1,500	4,000
401	Tom Murphy	4	4	4	4	8	15	40	150
402	Los Angeles Dodgers TC	4	5	8	12	20	30	101	200
403	Joe Coleman	4	4	5	6	12	25		
404	B.Harris RC/R.Metzger RC	4	4	4	6	12	40	100	250
405	Leo Cardenas	4	4	4	4	8	15	80	120
406	Ray Sadecki	4	4	4	4	8	15	50	450
407	Joe Rudi	4	4	8	10	20	40	80	250
408	Rafael Robles	4	4	4	5	10	25		
409	Don Pavletich	4	4	4	5	10	20		
410	Ken Holtzman	4	4	4	5	10	20	60	120
411	George Spriggs	4	4	4	4	8	25		
412	Jerry Johnson	4	4	4	5	10	20		
413	Pat Kelly	4	4	8	10	20	40		
414	Woodie Fryman	4	4	4	4	8	20	40	200
415	Mike Hegan	4	4	8	10	20	40		
416	Gene Alley	4	4	4	5	10	20	50	120
417	Dick Hall	4	4	4	8	15	30		
418	Adolfo Phillips	4	4	4	4	8	25		
419	Ron Hansen	4	4	4	5	10	20		
420	Jim Merritt	4	4	4	6	12	25	40	150
421	John Stephenson	4	4	4	4	8	15	40	120
422	Frank Bertaina	4	5	10	12	25	50		
423	D.Saunders/T.Marting RC	4	4	4	5	10	25	50	150
424	Roberto Rodriquez	4	4	4	4	8	15		
425	Doug Rader	4	4	4	5	10	20	50	150
426	Chris Cannizzaro	4	4	4	4	6	12	40	150
427	Bernie Allen	4	4	4	8	15	40		200
428	Jim McAndrew	4	4	4	4	12	25		
429	Chuck Hinton	4	4	8	10	20	40		
430	Wes Parker	4	4	4	5	10	20	50	200
431	Tom Burgmeier	4	4	4	5	10	20		
432	Bob Didier	4	4	4	5	10	20		
433	Skip Lockwood	4	4	4	4	8	25		
434	Gary Sutherland	8	15	30	40	60	120		
435	Jose Cardenal	4	4	4	6	12	25	40	150
436	Wilbur Wood	4	4	4	5	10	25		
437	Danny Murtaugh MG	4	4	5	6	12	25		
438	Mike McCormick	4	4	4	5	10	20		
439	Greg Luzinski RC	5	8	12	20	60	▲120	▲150	200
440	Bert Campaneris	4	4	4	6	12	25	50	250
441	Milt Pappas	4	4	4	5	10	20		
442	California Angels TC	4	4	4	5	10	20	40	120
443	Rich Robertson	4	4	4	4	8	20	40	120
444	Jimmie Price	4	4	4	8		60	100	150
445	Art Shamsky	4	4	8	10	20	50	100	375
446	Bobby Bolin	4	4	4	5	10	20	50	150
447	Cesar Geronimo RC	4	4	5	10	20	50		
448	Dave Roberts	4	4	4	8	15	40		120
449	Brant Alyea	4	4	4	4	8	20	40	200
450	Bob Gibson	12	20	30	50	100	200	350	1,200
451	Joe Keough	4	4	4	4	8	15	40	120
452	John Boccabella	4	4	4	4	8	20	40	120
453	Terry Crowley	4	4	4	6	12	25	50	300
454	Mike Paul	4	4	4	5	10	20	40	200
455	Don Kessinger	4	4	4	5	10	25	60	400
456	Bob Meyer	4	4	4	4	8	15	40	120
457	Willie Smith	4	4	4	5	10	20	50	120
458	R.Lolich RC/D.Lemonds RC	4	4	4	4	8	15	40	120
459	Jim Lefebvre	4	4	8	10	20	120	150	200

#	Player	VG 3	VgEx 4	EX 5	ExMt 6	NM 7	NmMt 8	NmMt+ 8.5	MT 9
460	Fritz Peterson	4	4	4	6	12	25	40	120
461	Jim Ray Hart	4	4	4	4	8	15		
462	Washington Senators TC	4	6	10	15	25	40	50	200
463	Tom Kelley	4	4	4	4	8	15	50	80
464	Aurelio Rodriguez	4	4	4	4	6	12	40	100
465	Tim McCarver	4	4	4	5	10	20	60	120
466	Ken Berry	4	4	4	5	10	20	50	350
467	Al Santorini	4	4	4	5	10	20	40	120
468	Frank Fernandez	4	4	4	4	8	15	40	100
469	Bob Aspromonte	4	4	4	5	10	20	60	100
470	Bob Oliver	4	4	4	5	10	20	40	150
471	Tom Griffin	4	4	4	5	10	20	40	150
472	Ken Rudolph	4	4	4	5	10	20		
473	Gary Wagner	4	8	15	20	40	50		
474	Jim Fairey	4	4	4	4	8	15	40	100
475	Ron Perranoski	4	4	4	5	10	20	80	250
476	Dal Maxvill	4	4	5	6	12	40		
477	Earl Weaver MG	4	4	4	6	12	30	80	200
478	Bernie Carbo	4	5	10	12	25	80	120	200
479	Dennis Higgins	4	4	4	4	8	15	40	120
480	Manny Sanguillen	4	4	6	8	15	30	60	150
481	Daryl Patterson	4	4	4	4	6	12	40	120
482	San Diego Padres TC	4	4	4	4	8	30	40	120
483	Gene Michael	4	4	4	4	8	20	40	200
484	Don Wilson	4	4	4	6	12	25		
485	Ken McMullen	4	4	4	4	8	15	40	120
486	Steve Huntz	4	4	4	4	8	15	60	150
487	Paul Schaal	4	4	4	6	12	25	40	100
488	Jerry Stephenson	4	4	6	8	15	40		
489	Luis Alvarado	4	4	4	4	8	20	40	200
490	Deron Johnson	4	5	10	12	25	50		
491	Jim Hardin	4	4	4	5	10	25		
492	Ken Boswell	4	6	12	15	30	60	100	150
493	Dave May	4	4	4	5	10	20	40	100
494	R.Garr/R.Kester	4	4	4	5	10	20	40	200
495	Felipe Alou	4	4	5	6	12	30	50	150
496	Woody Woodward	4	4	6	8	15	30	80	200
497	Horacio Pina RC	4	4	4	4	8	20		
498	John Kennedy	4	4	4	5	10	20		
499	Checklist 5	4	4	4	6	12	25	80	500
500	Jim Perry	4	4	4	5	10	20	120	200
501	Andy Etchebarren	4	4	6	8	15	30	120	400
502	Chicago Cubs TC	4	5	8	12	40	60	150	600
503	Gates Brown	4	4	5	10	20	50	60	200
504	Ken Wright RC	4	4	4	5	10	20		
505	Ollie Brown	4	4	4	4	8	15		
506	Bobby Knoop	4	4	4	4	8	20	80	120
507	George Stone	4	4	4	5	10	20	40	120
508	Roger Repoz	4	4	4	4	8	15	50	120
509	Jim Grant	4	4	4	4	8	15		
510	Ken Harrelson	4	4	4	4	8	20	40	150
511	Chris Short w/Rose	4	4	4	8	15	30		
512	D.Mills RC/M.Garman RC	4	4	4	4	8	15	40	100
513	Nolan Ryan	▲100	150	200	300	600	▲1,500		
514	Ron Woods	4	4	4	5	10	20		
515	Carl Morton	4	4	4	8	15	30		
516	Ted Kubiak	4	4	4	6	12	25	40	150
517	Charlie Fox MG RC	4	4	4	4	8	15	25	200
518	Joe Grzenda	4	4	4	5	10	20	40	100
519	Willie Crawford	4	4	6	8	15	80		
520	Tommy John	4	4	5	10	50	80	100	500
521	Leron Lee	4	4	4	5	10	20	40	150
522	Minnesota Twins TC	4	4	4	5	10	40	50	200
523	John Odom	4	4	4	5	10	20	50	120
524	Mickey Stanley	4	4	5	6	12	40	50	200
525	Ernie Banks	▼50	100	120	▼150	400	1,000		
526	Ray Jarvis	4	4	4	4	8	15	40	100
527	Cleon Jones	4	4	4	8	15	80	120	250
528	Wally Bunker	4	4	4	4	8	15	40	120

#	Player	VG 3	VgEx 4	EX 5	ExMt 6	NM 7	NmMt 8	NmMt+ 8.5	MT
529	Hernandez/Buckner/Perez RC	4	4	6	15	60	80	100	2
530	Carl Yastrzemski	▲25	▲40	50	▲80	▲150	500		
531	Mike Torrez	4	4	4	5	10	20	50	15
532	Bill Rigney MG	4	4	4	4	8	15	40	10
533	Mike Ryan	4	4	4	6	12	25	40	12
534	Luke Walker	4	4	4	4	8	15	40	8
535	Curt Flood	4	4	5	10	20	25	60	15
536	Claude Raymond	8	15	30	40	100			
537	Tom Egan	4	4	4	4	8	15	40	10
538	Angel Bravo	4	4	5	6	12	25		
539	Larry Brown	10	20	40	50	100	200		
540	Larry Dierker	4	6	10	15	25	40	50	1
541	Bob Burda	4	5	10	12	25	50		
542	Bob Miller	4	4	4	4	8	25		
543	New York Yankees TC	6	10	15	25	40	100		4
544	Vida Blue	25	40	60	100	▼150	▲500	▲600	
545	Dick Dietz	4	4	4	5	10	20	40	30
546	John Matias	4	4	4	4	8	15	40	15
547	Pat Dobson	4	5	8	12	20	50	50	20
548	Don Mason	4	4	4	4	8	15	40	12
549	Jim Brewer	12	25	40	60	80	500		
550	Harmon Killebrew	▲25	▲40	▲60	▲100	200	300	400	1,00
551	Frank Linzy	6	12	25	30	60	150	200	25
552	Buddy Bradford	4	4	4	6	8	20	40	10
553	Kevin Collins	4	4	4	5	10	20		
554	Lowell Palmer	4	4	4	6	12	25		
555	Walt Williams	4	4	5	10	12	25	40	25
556	Jim McGlothlin	4	4	4	5	10	20	40	12
557	Tom Satriano	4	4	8	10	20	120	150	50
558	Hector Torres	4	4	4	4	8	15	40	15
559	Cox/Gogolewsk/Jones RC	4	4	6	12	25	50	60	15
560	Rusty Staub	4	4	5	6	12	50	100	20
561	Syd O'Brien	4	4	8	10	20	60		
562	Dave Giusti	4	4	4	8	15	30		
563	San Francisco Giants TC	4	4	4	8	15	40		
564	Al Fitzmorris	6	12	25	30	60	150		
565	Jim Wynn	4	4	4	8	40	60		
566	Tim Cullen	4	4	4	4	8	15	40	25
567	Walt Alston MG	6	10	15	25	40	60	80	20
568	Sal Campisi	4	4	6	8	15	40		
569	Ivan Murrell	4	4	4	8	15	30		
570	Jim Palmer	15	25	40	60	200	300	400	1,00
571	Ted Sizemore	4	4	6	6	12	25	40	20
572	Jerry Kenney	4	4	6	8	15	30	50	12
573	Ed Kranepool	8	12	20	30	50	80	120	30
574	Jim Bunning	4	4	6	8	30	60	80	20
575	Bill Freehan	4	5	10	12	25	120		
576	Garrett/Davis/Jestadt RC	4	4	4	5	10	40		50
577	Jim Lonborg	8	15	30	40	150	300		
578	Ron Hunt	4	4	4	4	8	15	40	10
579	Marty Pattin	4	4	12	15	20	100	150	20
580	Tony Perez	▲25	▲40	▲60	▲100	▲150	▲500	▲600	▲1,50
581	Roger Nelson	4	4	6	8	15	100	120	30
582	Dave Cash	4	4	6	12	25	50		
583	Ron Cook RC	4	4	4	5	10	20		
584	Cleveland Indians TC	4	4	4	4	8	20	40	12
585	Willie Davis	4	8	15	30	60	250		
586	Dick Woodson	4	4	4	8	15	30		
587	Sonny Jackson	4	4	4	4	8	20		
588	Tom Bradley RC	4	8	15	20	30	80		
589	Bob Barton	4	4	4	5	10	20	40	15
590	Alex Johnson	4	4	4	6	12	25	50	12
591	Jackie Brown RC	4	4	4	6	12	25	40	15
592	Randy Hundley	4	4	8	10	20	40	60	25
593	Jack Aker	4	4	4	4	8	15	40	12
594	Chlupsa/Stinson/Hrabosky RC	4	4	6	12	25	50		
595	Dave Johnson	5	8	12	20	30	60	80	30
596	Mike Jorgensen	6	12	25	30	60	100		
597	Ken Suarez	4	4	4	6	12	25		

	VG 3	VgEx 4	EX 5	ExMt 6	NM 7	NmMt 8	NmMt+ 8.5	MT 9
Rick Wise	4	4	4	4	8	20	40	120
Norm Cash	4	4	4	8	15	30	60	150
Willie Mays	100	150	▼200	400	800	2,000		
Ken Tatum	4	4	4	4	8	15	40	120
Marty Martinez	4	4	4	4	8	15	25	150
Pittsburgh Pirates TC	4	4	6	12	25	50	80	200
John Gelnar	4	4	6	8	15	40		
Orlando Cepeda	12	20	30	50	120	200		
Chuck Taylor	4	4	4	5	10	20	50	120
Paul Ratliff	4	4	4	4	8	15		
Mike Wegener	15	25	30	40	50	200		
Leo Durocher MG	4	4	8	10	25	80		
Amos Otis	4	4	6	8	40	80	100	500
Tom Phoebus	4	4	6	8	15	30	50	120
Camilli/Ford/Mingori RC	4	4	5	6	12	25		
Pedro Borbon	4	4	4	5	10	20	40	300
Billy Cowan	4	4	5	6	12	30	40	150
Mel Stottlemyre	4	4	6	12	25	50		
Larry Hisle	4	6	10	15	25	40	60	100
Clay Dalrymple	4	4	8	10	20	40	60	150
Tug McGraw	4	4	4	6	12	40	50	200
Checklist 6 No Copyright No Line	4	4	5	6	12	50		
Checklist 6 Copyright w/Line	4	4	5	6	12	50		
Frank Howard	4	4	4	6	25	30	50	150
Ron Bryant	4	4	4	4	8	15	40	150
Joe Lahoud	4	4	5	6	12	25	40	200
Pat Jarvis	4	4	4	5	10	20		
Oakland Athletics TC	4	4	5	10	20	60	100	250
Lou Brock	25	40	60	100	200	250	300	2,500
Freddie Patek	4	4	4	6	15	30		
Steve Hamilton	4	4	4	5	10	20	40	150
John Bateman	4	4	6	8	15	60		
John Hiller	4	4	4	6	12	50	60	200
Roberto Clemente	120	200	300	500	1,000	2,500		
Eddie Fisher	4	4	4	5	10	20	50	120
Darrel Chaney	4	4	4	5	10	20	40	120
Brooks/Koegel/Northey RC	4	4	4	4	8	20	40	120
Phil Regan	4	8	15	20	40	300		
Bobby Murcer	15	30	60	80	200	600		
Denny Lemaster	4	4	8	10	20	60	80	150
Dave Bristol MG	4	4	5	10	20	25	50	200
Stan Williams	4	4	4	6	12	25	40	
Tom Haller	4	5	10	12	40	120		
Frank Robinson	12	20	30	30	100	250	300	1,200
New York Mets TC	6	10	15	25	40	60	▲250	▲500
Jim Roland	4	4	5	6	12	25	50	150
Rick Reichardt	4	4	4	6	12	25	40	120
Jim Stewart SP	10	20	30	40	50	100		
Jim Maloney SP	8	12	20	30	▼40	▲120		
Bobby Floyd SP	8	15	20	25	30	60		
Juan Pizarro	4	6	12	15	30	60		
Folkers/Martinez/Matlack RC	6	12	25	30	50	200		
Sparky Lyle SP	12	20	25	40	100	▲300		
Richie Allen SP	▼40	▼60	▼100	▼200	▼500	1,200		
Jerry Robertson SP	8	12	20	30	50	150		
Atlanta Braves TC	5	8	12	20	40	50	80	300
Russ Snyder SP	4	8	15	20	▲50	80		
Don Shaw SP	4	5	8	12	50	120		
Mike Epstein SP	4	5	10	20	50	150		
Gerry Nyman SP	5	8	10	15	▲40	▲100		
Jose Azcue	4	4	4	8	25	40		
Paul Lindblad SP	6	10	15	25	50	80		
Byron Browne SP	4	6	10	15	25	250		
Ray Culp	4	4	4	8	30	60		
Chuck Tanner MG SP	6	10	15	25	40	▲200		
Mike Hedlund SP	10	15	25	40	60	300		
Marv Staehle	4	5	10	12	25	50		
Reynolds/Reynolds/Reynolds RC	8	12	20	30	80	200		
Ron Swoboda SP	6	10	15	25	60	400		

	VG 3	VgEx 4	EX 5	ExMt 6	NM 7	NmMt 8	NmMt+ 8.5	MT 9
666 Gene Brabender SP	4	4	6	12	25	60		
667 Pete Ward	4	4	6	12	50	120		
668 Gary Neibauer	4	4	4	5	25	60		
669 Ike Brown SP	8	12	20	30	50	200		
670 Bill Hands	4	4	4	8	15	40		
671 Bill Voss SP	5	10	20	25	30	200		
672 Ed Crosby SP RC	6	10	15	25	40	100		
673 Gerry Janeski SP RC	8	12	20	30	50	200		
674 Montreal Expos TC	4	4	5	6	12	▲50	80	200
675 Dave Boswell	4	4	4	4	25	60	80	200
676 Tommie Reynolds	4	6	8	10	25	40		
677 Jack DiLauro SP	4	6	10	15	40	120		
678 George Thomas	4	4	5	8	15	30		
679 Don O'Riley	4	4	5	6	25	50	60	200
680 Don Mincher SP	4	4	6	12	40	80		
681 Bill Butler	4	4	4	6	20	40		
682 Terry Harmon	4	5	8	12	20	40		
683 Bill Burbach SP	4	5	8	12	20	50		
684 Curt Motton	4	4	4	8	25	50		
685 Moe Drabowsky	6	10	20	30	40	50		
686 Chico Ruiz SP	4	4	8	10	30	100		
687 Ron Taylor SP	6	10	15	25	40	100		
688 Sparky Anderson MG SP	15	25	40	60	▲120	250		
689 Frank Baker	8	10	20	25	40	50		
690 Bob Moose	4	4	4	8	15	30		
691 Bobby Heise	4	4	5	5	20	25		
692 Haydel/Moret/Twitchell RC	4	4	5	10	80	100	120	400
693 Jose Pena SP	8	12	30	30	50	▲250		
694 Rick Renick SP	4	4	6	12	20	80		
695 Joe Niekro	4	6	10	15	25	100	120	400
696 Jerry Morales	4	4	6	10	15	30		
697 Rickey Clark SP	5	8	12	20	30	80		
698 Milwaukee Brewers TC SP	5	8	12	20	▲50	80		
699 Jim Britton	4	4	5	10	20	30		
700 Boog Powell SP	5	15	30	50	120	200		
701 Bob Garibaldi	4	4	4	8	15	50		
702 Milt Ramirez RC	4	4	4	8	15	50		
703 Mike Kekich	4	4	4	8	15	40		
704 J.C. Martin SP	4	15	20	25	50	150		
705 Dick Selma SP	4	4	5	6	12	50		
706 Joe Foy SP	4	6	12	15	▲40	▲200		
707 Fred Lasher	4	4	8	25	50	60		
708 Russ Nagelson SP	10	15	25	40	60	200		
709 Baker/Baylor/Paciorek SP RC	▲80	▲120	▲200	250	400	2,000		
710 Sonny Siebert	4	4	5	10	30	40	150	250
711 Larry Stahl SP	4	5	10	12	40	80		
712 Jose Martinez	5	8	12	20	30	50		
713 Mike Marshall SP	4	6	10	15	30	120		
714 Dick Williams MG SP	8	12	20	30	60	80		
715 Horace Clarke SP	5	8	12	25	50	120		
716 Dave Leonhard	4	4	5	6	12	30	60	250
717 Tommie Aaron SP	4	4	5	15	30	▲60		
718 Billy Wynne	4	5	10	12	25	60		
719 Jerry May SP	4	6	10	15	30	80		
720 Matty Alou	5	8	12	20	30	50		
721 John Morris	4	4	5	6	20	25	60	250
722 Houston Astros TC SP	6	12	25	25	60	150		
723 Vicente Romo SP	4	6	12	15	50	200		
724 Tom Tischinski SP	4	5	10	12	30	60		
725 Gary Gentry SP	4	4	6	12	50	150		
726 Paul Popovich	4	4	6	8	15	30	80	200
727 Ray Lamb SP	4	4	5	10	▲50	▲150		
728 Redmond/Lampard/Williams RC	4	4	5	10	40	60	80	250
729 Dick Billings RC	4	4	5	8	25	30		
730 Jim Rooker	4	4	5	10	20	40		
731 Jim Qualls SP	12	20	30	50	100	200		
732 Bob Reed	4	4	4	5	25	40	60	150
733 Lee Maye SP	12	15	20	25	40	▲800		
734 Rob Gardner	4	4	8	15	▲60	▲100		

#	Player	VG 3	VgEx 4	EX 5	ExMt 6	NM 7	NmMt 8	NmMt+ 8.5	MT 9
735	Mike Shannon SP	5	8	12	20	▲60	▲120		
736	Mel Queen SP	4	6	10	15	25	50		
737	Preston Gomez MG SP	4	6	12	15	30	▲120		
738	Russ Gibson SP	4	4	8	10	▲40	▲120		
739	Barry Lersch SP	4	6	10	15	25	60	80	200
740	Luis Aparicio SP	▼10	▼15	▼25	▼40	▲200	250	300	500
741	Skip Guinn	4	4	4	6	12	30		
742	Kansas City Royals TC	4	4	5	10	20	▲50	60	150
743	John O'Donoghue SP	8	12	20	30	50	150		
744	Chuck Manuel SP	8	12	20	30	50	100	120	250
745	Sandy Alomar SP	8	15	25	30	60	80		
746	Andy Kosco	4	4	4	5	10	30	60	250
747	Severinsen/Spinks/Moore RC	4	4	5	6	25	50	60	350
748	John Purdin SP	8	12	15	20	▲80	▼300		
749	Ken Szotkiewicz RC	5	8	12	20	30	100		
750	Denny McLain SP	12	20	▲30	▲50	▲150	250		
751	Al Weis SP	6	10	15	25	80	150		
752	Dick Drago	4	4	8	10	▲40	▲60		

— Bert Blyleven #26 PSA 10 (Gem) (Young Collection) sold for $15,052 (SCP; 5/12)
— Bert Blyleven RC #26 PSA 9 (MT) sold for $3,080 (eBay; 1/13)
— Steve Garvey #341 PSA 10 (Gem) (Young Collection) sold for $25,393 (SCP; 5/12)
— Tommy John #520 PSA 10 (Gem) sold for $1,085 (eBay; 02/12)
— Willie Mays #600 PSA 9 (MT) sold for $3,000 (eBay; 10/12)
— Brooks Robinson #300 PSA 9 (MT) sold for $3,454 (eBay; 1/13)
— Brooks Robinson #300 PSA 9 (MT) sold for $3,160 (eBay; 02/12)

1971 Topps Greatest Moments

#	Player	GD 2	VG 3	VgEx 4	EX 5	ExMt 6	NM 7	NmMt 8	MT 9
1	Thurman Munson DP	60	100	150	250	400			
2	Hoyt Wilhelm	40	60	100	150	250			
3	Rico Carty	25	40	60	100	150	400	500	
4	Carl Morton DP	12	20	30	50	80	150		
5	Sal Bando DP	10	15	25	40	60	80	200	
6	Bert Campaneris DP	6	10	15	25	40	120		
7	Jim Kaat	15	25	40	60	100	200	250	
8	Harmon Killebrew	80	120	200	300	500	800		
9	Brooks Robinson	15	25	40	60	100	400	1,000	
10	Jim Perry	50	80	120	200	300			
11	Tony Oliva	25	40	60	100	150	250	300	
12	Vada Pinson	20	30	50	80	120	300	500	
13	Johnny Bench	30	50	80	120	200	600	800	
14	Tony Perez	25	40	60	100	150	500		
15	Pete Rose DP	80	120	200	300	500	600	▲2,500	
16	Jim Fregosi DP	8	12	20	30	50			
17	Alex Johnson DP	6	10	15	25	40			
18	Clyde Wright DP	6	10	15	25	40			
19	Al Kaline DP	▲25	▲40	▲60	▲100	▲150	200	400	
20	Denny McLain	12	20	30	50	80	150	500	
21	Jim Northrup	▲40	▲60	▲100	▲150	▲250	▲400	▲600	
22	Bill Freehan	8	12	20	30	50	120	400	
23	Mickey Lolich	25	40	60	100	150	400	800	
24	Bob Gibson DP	15	25	40	60	100	250	500	
25	Tim McCarver DP	6	10	15	25	40	120	200	
26	Orlando Cepeda DP	12	20	30	50	80	200	250	
27	Lou Brock DP	15	25	40	60	100			
28	Nate Colbert DP	6	10	15	25	40	80	150	
29	Maury Wills	20	30	50	80	120	150		
30	Wes Parker	12	20	30	50	80	150	250	
31	Jim Wynn	15	25	40	60	100	120	200	
32	Larry Dierker	10	15	25	40	60	200		
33	Bill Melton	6	10	15	25	40	80		
34	Joe Morgan	20	30	50	80	120	150		
35	Rusty Staub	10	15	25	40	60	150	250	
36	Ernie Banks DP	▲50	▲80	▲120	▲200	250	300	400	
37	Billy Williams	15	25	40	60	100	200	400	
38	Lou Piniella	12	20	30	50	80	150	250	
39	Rico Petrocelli DP	8	12	20	30	50	120	300	
40	Carl Yastrzemski DP	▲60	▲100	▲150	▲250	▲400	▲600	▲1,200	
41	Willie Mays DP	25	40	60	100	150	400	1,000	
42	Tommy Harper	10	15	25	40	60	120	250	
43	Jim Bunning DP	8	12	20	30	50	100	300	
44	Fritz Peterson	8	12	20	30	50	150	200	
45	Roy White	12	20	30	50	80	400		
46	Bobby Murcer	50	80	120	200	300	500	800	
47	Reggie Jackson	100	150	250	400	600			
48	Frank Howard	25	40	60	100	150			
49	Dick Bosman	8	12	20	30	50	▲250	▲400	
50	Sam McDowell DP	6	10	15	25	40	100	250	
51	Luis Aparicio DP	8	12	20	30	50	120	500	
52	Willie McCovey DP	12	20	30	50	80	120	350	
53	Joe Pepitone	15	25	40	60	100	175		
54	Jerry Grote	12	20	30	50	80	150	300	
55	Bud Harrelson	25	40	60	100	150			

1971 Topps Super

#	Player	GD 2	VG 3	VgEx 4	EX 5	ExMt 6	NM 7	NmMt 8	MT 9
1	Reggie Smith	4	4	4	4	4	6	12	
2	Gaylord Perry	4	4	4	4	4	6	12	
3	Ted Savage	4	4	4	4	4	5	10	
4	Donn Clendenon	4	4	4	4	4	6	12	
5	Boog Powell	4	4	4	4	4	6	12	
6	Tony Perez	4	4	4	4	4	6	12	
7	Dick Bosman	4	4	4	4	4	5	10	
8	Alex Johnson	4	4	4	4	4	5	10	
9	Rusty Staub	4	4	4	4	4	8	15	1
10	Mel Stottlemyre	4	4	4	4	4	5	10	
11	Tony Oliva	4	4	4	4	4	6	12	
12	Bill Freehan	4	4	4	4	4	5	10	
13	Fritz Peterson	4	4	4	4	4	5	10	
14	Wes Parker	4	4	4	4	4	5	10	
15	Cesar Cedeno	4	4	4	4	4	5	10	
16	Sam McDowell	4	4	4	4	4	5	10	
17	Frank Howard	4	4	4	4	4	5	10	
18	Dave McNally	4	4	4	4	4	5	10	
19	Rico Petrocelli	4	4	4	4	4	5	10	
20	Pete Rose	4	4	6	12	15	80	400	8
21	Luke Walker	4	4	4	4	4	5	10	
22	Nate Colbert	4	4	4	4	4	5	10	
23	Luis Aparicio	4	4	4	4	4	8	15	
24	Jim Perry	4	4	4	4	4	5	10	
25	Lou Brock	4	4	4	5	6	12	25	1
26	Roy White	4	4	4	4	4	5	10	
27	Claude Osteen	4	4	4	4	4	5	10	
28	Carl Morton	4	4	4	4	4	5	10	
29	Rico Carty	4	4	4	4	4	5	10	
30	Larry Dierker	4	4	4	4	4	5	10	
31	Bert Campaneris	4	4	4	4	4	6	12	
32	Johnny Bench	4	4	4	8	10	20	▲400	▲1,0
33	Felix Millan	4	4	4	4	4	6	12	1
34	Tim McCarver	4	4	4	4	4	5	10	1
35	Ron Santo	4	4	4	5	6	12	40	1
36	Tommie Agee	4	4	4	4	4	5	10	
37	Roberto Clemente	20	30	50	80	120	200	800	▲2,5
38	Reggie Jackson	4	4	8	15	20	40	60	2
39	Clyde Wright	4	4	4	4	4	5	10	
40	Rich Allen	4	4	4	4	4	5	10	
41	Curt Flood	4	4	4	4	4	5	10	
42	Ferguson Jenkins	4	4	4	4	4	6	12	
43	Willie Stargell	4	4	4	4	4	8	20	1
44	Hank Aaron	20	30	50	80	▲150	▲200	▲250	▲5
45	Amos Otis	4	4	4	4	4	5	10	
46	Willie McCovey	4	4	4	5	6	12	25	
47	Bill Melton	4	4	4	4	4	5	10	
48	Bob Gibson	4	4	6	10	20	30	60	1,
49	Carl Yastrzemski	4	4	4	5	6	12	120	▲4

	GD 2	VG 3	VgEx 4	EX 5	ExMt 6	NM 7	NmMt 8	MT 9
Glenn Beckert	4	4	4	4	4	5	10	25
Ray Fosse	4	4	4	4	4	5	10	20
Cito Gaston	4	4	4	4	4	5	10	20
Tom Seaver	4	4	4	6	8	60	200	500
Al Kaline	4	4	4	5	6	12	80	150
Jim Northrup	4	4	4	4	4	5	10	80
Willie Mays	▲40	▲60	▲100	▲150	▲200	▲250	▲300	▲800
Sal Bando	4	4	4	4	4	5	10	50
Deron Johnson	4	4	4	4	4	5	10	40
Brooks Robinson	4	4	4	5	6	12	25	100
Harmon Killebrew	4	4	4	8	10	20	40	100
Joe Torre	4	4	4	4	4	6	12	60
Lou Piniella	4	4	4	4	4	5	10	30
Tommy Harper	4	4	4	4	4	6	12	30

1972 Kellogg's

	VG 3	VgEx 4	EX 5	ExMt 6	NM 7	NmMt 8	MT 9	Gem 9.5/10
Tom Seaver ERA 2.85	4	4	4	4	8	15	135	
Tom Seaver ERA 2.81	4	4	4	4	6	12	100	
Amos Otis	4	4	4	4	4	4	10	60
Willie Davis Runs 842	4	4	4	4	4	4	10	
Willie Davis Runs 841	4	4	4	4	4	4	10	60
Wilbur Wood	4	4	4	4	4	4	10	40
Bill Parsons	4	4	4	4	4	4	10	
Pete Rose	4	4	4	4	8	15	40	
Willie McCovey HR 360	4	4	4	4	4	6	15	
Willie McCovey HR 370	4	4	4	4	4	6	15	
Ferguson Jenkins	4	4	4	4	4	6	15	30
Vida Blue ERA 2.35	4	4	4	4	4	4	15	
Vida Blue ERA 2.31	4	4	4	4	4	4	10	60
Joe Torre	4	4	4	4	4	4	10	
Merv Rettenmund	4	4	4	4	4	4	10	
Bill Melton	4	4	4	4	4	4	10	30
Jim Palmer Games 170	4	4	4	4	4	6	25	
Jim Palmer Games 168	4	4	4	4	4	6	15	60
Doug Rader	4	4	4	4	4	4	20	30
Dave Roberts NL Leader	4	4	4	4	4	4	10	60
Bobby Murcer	4	4	4	4	4	6	15	80
Wes Parker	4	4	4	4	4	4	10	25
Joe Coleman BB 394	4	4	4	4	4	4	10	
Joe Coleman BB 393	4	4	4	4	4	4	10	25
Manny Sanguillen	4	4	4	4	4	4	10	60
Reggie Jackson	4	4	4	4	5	10	25	
Ralph Garr	4	4	4	4	4	4	10	50
Jim Hunter	4	4	4	4	4	6	15	
Rick Wise	4	4	4	4	4	4	10	
Glenn Beckert	4	4	4	4	4	4	10	25
Tony Oliva	4	4	4	4	4	4	10	50
Bob Gibson SO 2577	4	4	4	4	4	6	15	
Bob Gibson SO 2578	4	4	4	4	4	6	15	
Mike Cuellar ERA 3.80	4	4	4	4	4	4	25	
Mike Cuellar ERA 3.08	4	4	4	4	4	4	10	
Chris Speier	4	4	4	4	4	4	10	
Dave McNally ERA 3.18	4	4	4	4	4	4	10	
Dave McNally ERA 3.15	4	4	4	4	4	4	10	
Leo Cardenas	4	4	4	4	4	4	10	
Bill Freehan Runs 497	4	4	4	4	4	4	10	
Bud Harrelson Hits 634	4	4	4	4	4	4	10	
Bud Harrelson Hits 624	4	4	4	4	4	4	10	
Sam McDowell Less than 225	4	4	4	4	4	4	10	50
Claude Osteen ERA 3.51	4	4	4	4	4	4	10	
Reggie Smith	4	4	4	4	4	4	10	25
Sonny Siebert	4	4	4	4	4	4	10	25
Lee May	4	4	4	4	4	4	10	60
Mickey Lolich	4	4	4	4	4	4	10	
Cookie Rojas 2B 149	4	4	4	4	4	4	10	
Cookie Rojas 2B 150	4	4	4	4	4	4	10	30

	VG 3	VgEx 4	EX 5	ExMt 6	NM 7	NmMt 8	MT 9	Gem 9.5/10
40A Dick Drago Poyals	4	4	4	4	4	4	10	
40B Dick Drago Royals	4	4	4	4	4	4	10	25
41 Nate Colbert	4	4	4	4	4	4	10	25
42 Andy Messersmith	4	4	4	4	4	4	10	25
43B Dave Johnson Avg .264	4	4	4	4	4	4	10	60
44 Steve Blass	4	4	4	4	4	4	10	
45 Bob Robertson	4	4	4	4	4	4	10	
46A Billy Williams Missed Only 1	4	4	4	4	4	6	15	
46B Billy Williams Phrase Omitted	4	4	4	4	4	6	15	40
47 Juan Marichal	4	4	4	4	4	6	15	60
48 Lou Brock	4	4	4	4	4	6	15	
49 Roberto Clemente	4	4	6	8	15	30	100	300
50 Mel Stottlemyre	4	4	4	4	4	4	10	25
51 Don Wilson	4	4	4	4	4	4	10	30
52A Sal Bando RBI 355	4	4	4	4	4	4	10	
52B Sal Bando RBI 356	4	4	4	4	4	4	10	
53A Willie Stargell 2B 197	4	4	4	4	4	6	60	
53B Willie Stargell 2B 196	4	4	4	4	4	6	20	50
54A Willie Mays RBI 1855	4	4	4	4	8	15	80	
54B Willie Mays RBI 1856	4	4	4	4	8	15	50	

1972 Kellogg's ATG

		VG 3	VgEx 4	EX 5	ExMt 6	NM 7	NmMt 8	MT 9	Gem 9.5/10
1	Walter Johnson	4	4	4	4	5	10	30	
2	Rogers Hornsby	4	4	4	4	4	8	15	60
3	John McGraw	4	4	4	4	4	8	15	40
4	Mickey Cochrane	4	4	4	4	4	8	15	
5	George Sisler	4	4	4	4	4	8	15	60
6	Babe Ruth	4	4	4	4	8	15	30	200
7	Lefty Grove	4	4	4	4	4	8	15	
8	Pie Traynor	4	4	4	4	4	8	15	60
9	Honus Wagner	4	4	4	4	6	12	25	100
10	Eddie Collins	4	4	4	4	4	8	15	50
11	Tris Speaker	4	4	4	4	4	8	15	60
12	Cy Young	4	4	4	4	5	10	20	60
13	Lou Gehrig	4	4	4	4	6	12	25	100
14	Babe Ruth	4	4	4	4	8	15	50	120
15	Ty Cobb	4	4	4	4	6	12	25	

1972 Topps

		VG 3	VgEx 4	EX 5	ExMt 6	NM 7	NmMt 8	NmMt+ 8.5	MT 9
1	Pittsburgh Pirates TC	4	5	10	20	40	100	150	250
2	Ray Culp	4	5	10	12	25	80	100	200
3	Bob Tolan	4	4	4	4	8	15	20	30
4	Checklist 1-132	4	4	4	4	6	12	20	200
5	John Bateman	4	4	4	4	6	12	20	80
6	Fred Scherman	4	4	4	4	5	10	12	30
7	Enzo Hernandez	4	4	4	4	5	10	12	20
8	Ron Swoboda	4	4	4	4	8	15	20	150
9	Stan Williams	4	4	4	4	5	10	12	25
10	Amos Otis	4	4	4	4	5	10	12	25
11	Bobby Valentine	4	4	4	4	5	10	12	25
12	Jose Cardenal	4	4	4	4	5	10	15	40
13	Joe Grzenda	4	4	4	4	6	12	40	150
14	Koegel/Anderson/Twitchell RC	4	4	4	4	8	15		
15	Walt Williams	4	4	4	4	5	10	12	30
16	Mike Jorgensen	4	4	4	4	5	10	15	80
17	Dave Duncan	4	4	4	4	5	10	15	50
18A	Juan Pizarro Yellow	4	4	4	4	5	10	15	60
18B	Juan Pizarro Green	4	4	4	4	5	10	15	60
19	Billy Cowan	4	4	4	4	5	10	12	20
20	Don Wilson	4	4	4	4	5	10	12	20
21	Atlanta Braves TC	4	4	4	4	5	10	12	20
22	Rob Gardner	4	4	5	6	12	25	40	250
23	Ted Kubiak	4	4	4	4	5	10	12	80
24	Ted Ford	4	4	4	4	5	10	12	40
25	Bill Singer	4	4	4	4	5	10	12	50

#	Player	VG 3	VgEx 4	EX 5	ExMt 6	NM 7	NmMt 8	NmMt+ 8.5	MT 9
26	Andy Etchebarren	4	4	4	4	6	12	20	60
27	Bob Johnson	4	4	4	4	5	10	12	200
28	Gebhard/Brye/Haydel RC	4	4	4	4	5	10	12	25
29A	Bill Bonham Yellow RC	4	4	4	4	5	10	15	50
29B	Bill Bonham Green	4	4	4	4	5	10	15	40
30	Rico Petrocelli	4	4	4	4	8	15	20	30
31	Cleon Jones	4	4	4	4	5	10	12	25
32	Cleon Jones IA	4	4	4	5	10	20	30	100
33	Billy Martin MG	4	4	4	6	12	25	30	150
34	Billy Martin IA	4	4	4	4	8	15	25	120
35	Jerry Johnson	4	4	4	4	5	10	12	20
36	Jerry Johnson IA	4	4	4	4	8	15	25	100
37	Carl Yastrzemski	10	15	25	40	50	80	120	300
38	Carl Yastrzemski IA	4	4	12	15	20	30	40	100
39	Bob Barton	4	4	4	4	5	10	12	25
40	Bob Barton IA	4	5	10	12	30	50	100	200
41	Tommy Davis	4	4	4	4	5	10	12	25
42	Tommy Davis IA	4	4	4	4	5	10	12	25
43	Rick Wise	4	4	4	4	5	10	12	25
44	Rick Wise IA	4	4	4	4	8	15	25	150
45A	Glenn Beckert Yellow	4	4	4	4	5	10	12	25
45B	Glenn Beckert Green	4	4	4	4	5	10	12	60
46	Glenn Beckert IA	4	4	4	4	5	10	12	60
47	John Ellis	4	4	4	4	5	10	12	60
48	John Ellis IA	4	4	4	4	8	15	25	120
49	Willie Mays	20	25	40	50	80	120	200	500
50	Willie Mays IA	12	15	20	25	60	250		
51	Harmon Killebrew	10	15	25	40	60	80	100	250
52	Harmon Killebrew IA	4	4	4	5	10	20	30	100
53	Bud Harrelson	4	4	4	4	5	10	15	40
54	Bud Harrelson IA	4	4	4	4	6	12	20	100
55	Clyde Wright	4	4	4	4	5	10	12	40
56	Rich Chiles RC	4	4	4	4	5	10	12	20
57	Bob Oliver	4	4	4	4	5	10	12	25
58	Ernie McAnally	4	4	4	4	5	10	12	20
59	Fred Stanley RC	4	4	4	4	5	10	12	25
60	Manny Sanguillen	4	4	4	4	5	10	12	30
61	Burt Hooten RC	4	4	4	4	5	10	15	60
62	Angel Mangual	4	4	4	4	5	10	12	25
63	Duke Sims	4	4	4	4	5	10	12	20
64	Pete Broberg RC	4	4	4	4	5	10	12	30
65	Cesar Cedeno	4	4	4	4	5	10	12	25
66	Ray Corbin RC	4	4	4	4	5	10	12	20
67	Red Schoendienst MG	4	4	4	4	8	15	20	30
68	Jim York RC	4	4	4	4	5	10	12	40
69	Roger Freed	4	4	4	4	6	12	20	150
70	Mike Cuellar	4	4	4	4	5	10	15	25
71	California Angels TC	4	4	4	4	5	10	12	25
72	Bruce Kison RC	4	4	4	4	6	12	15	25
73	Steve Huntz	4	4	4	4	5	10	12	20
74	Cecil Upshaw	4	4	4	4	5	10	12	30
75	Bert Campaneris	4	4	4	4	8	15	20	30
76	Don Carrithers RC	4	4	4	4	5	10	12	40
77	Ron Theobald RC	4	4	4	4	5	10	12	25
78	Steve Arlin RC	4	4	4	4	5	10	12	20
79	C.Fisk RC/C.Cooper RC	30	▼40	▼50	100	200	▼400	600	2,500
80	Tony Perez	4	4	5	6	12	25	30	100
81	Mike Hedlund	4	4	4	4	5	10	12	20
82	Ron Woods	4	4	4	4	5	10	12	60
83	Dalton Jones	4	4	4	4	5	10	12	20
84	Vince Colbert	4	4	4	4	5	10	12	30
85	NL Batting Leaders	4	4	4	4	6	12	20	200
86	AL Batting Leaders	4	4	4	4	6	12	20	80
87	NL RBI Leaders	4	4	5	8	12	50	60	100
88	AL RBI Leaders	4	4	4	4	8	15	25	80
89	NL Home Run Leaders	4	4	4	4	20	30	40	100
90	AL Home Run Leaders	4	4	4	4	6	12	15	40
91	NL ERA Leaders	4	4	4	4	6	12	20	50
92	AL ERA Leaders	4	4	4	4	6	12	15	30

#	Player	VG 3	VgEx 4	EX 5	ExMt 6	NM 7	NmMt 8	NmMt+ 8.5	M
93	NL Pitching Leaders	4	4	4	4	8	15	30	1
94	AL Pitching Leaders	4	4	4	4	8	15	25	1
95	NL Strikeout Leaders	4	4	4	5	10	20	25	1
96	AL Strikeout Leaders	4	4	4	4	8	15	25	1
97	Tom Kelley	4	4	4	4	4	6	8	
98	Chuck Tanner MG	4	4	4	4	5	10	12	
99	Ross Grimsley RC	4	4	4	4	5	10	12	
100	Frank Robinson	4	4	6	10	20	30	40	1
101	J.R. Richard RC	4	4	4	4	6	12	15	
102	Lloyd Allen	4	4	4	4	5	10	15	2
103	Checklist 133-263	4	4	4	4	5	10	12	
104	Toby Harrah RC	4	4	4	4	5	10	15	
105	Gary Gentry	4	4	4	4	5	10	12	
106	Milwaukee Brewers TC	4	4	4	4	5	10	12	
107	Jose Cruz RC	4	4	4	4	5	10	12	
108	Gary Waslewski	4	4	4	4	5	10	12	
109	Jerry May	4	4	4	4	5	10	12	
110	Ron Hunt	4	4	4	4	5	10	12	1
111	Jim Grant	4	4	4	4	5	10	12	
112	Greg Luzinski	4	4	4	4	5	10	12	
113	Rogelio Moret	4	4	4	4	6	12	15	
114	Bill Buckner	4	4	4	6	12	25	30	
115	Jim Fregosi	4	4	4	4	5	10	12	
116	Ed Farmer RC	4	4	4	4	5	10	12	
117A	Cleo James Yellow RC	4	4	4	4	5	10	15	
117B	Cleo James Green	4	4	4	4	8	15	25	2
118	Skip Lockwood	4	4	4	4	5	10	12	
119	Marty Perez	4	4	4	4	5	10	12	
120	Bill Freehan	4	4	4	4	6	12	20	
121	Ed Sprague	4	4	4	4	5	10	12	
122	Larry Biittner RC	4	4	4	4	5	10	12	
123	Ed Acosta	4	4	4	4	5	10	12	
124	Closter/Torres/Hambright RC	4	4	4	4	5	10	12	
125	Dave Cash	4	4	4	4	8	15	25	
126	Bart Johnson	4	4	4	4	5	10	12	
127	Duffy Dyer	4	4	4	4	5	10	12	
128	Eddie Watt	4	4	4	4	5	10	12	
129	Charlie Fox MG	4	4	4	4	5	10	12	
130	Bob Gibson	15	25	40	▲60	▲80	250	300	1,0
131	Jim Nettles	4	4	4	4	5	10	12	
132	Joe Morgan	4	4	4	8	15	40	50	2
133	Joe Keough	4	4	4	4	5	10	12	
134	Carl Morton	4	4	4	4	5	10	12	
135	Vada Pinson	4	4	4	4	5	10	12	
136	Darrel Chaney	4	4	4	4	5	10	12	
137	Dick Williams MG	4	4	4	4	8	15	20	
138	Mike Kekich	4	4	4	4	8	15	25	3
139	Tim McCarver	4	4	4	4	5	10	15	
140	Pat Dobson	4	4	4	4	5	10	12	2
141	Capra/Stanton/Matlack RC	4	4	4	4	5	10	12	
142	Chris Chambliss RC	4	4	4	4	6	12	15	3
143	Garry Jestadt	4	4	4	4	5	10	12	1
144	Marty Pattin	4	5	10	12	25	30		
145	Don Kessinger	4	4	4	4	5	10	12	2
146	Steve Kealey	4	4	4	4	5	10	12	2
147	Dave Kingman RC	▲5	▲8	▲12	▲20	▲25	30	40	12
148	Dick Billings	4	4	4	4	5	10	12	2
149	Gary Neibauer	4	4	4	4	5	10	15	5
150	Norm Cash	4	6	12	15	30	60		
151	Jim Brewer	4	4	4	4	8	15	20	15
152	Gene Clines	4	4	4	4	5	10	12	2
153	Rick Auerbach RC	4	4	4	4	5	10	12	3
154	Ted Simmons	4	4	4	4	5	10	12	20
155	Larry Dierker	4	4	4	4	5	10	12	2
156	Minnesota Twins TC	4	4	4	4	5	10	12	2
157	Don Gullett	4	4	4	4	5	10	12	3
158	Jerry Kenney	4	4	4	4	5	10	12	2
159	John Boccabella	4	4	4	4	4	8	10	
160	Andy Messersmith	4	4	4	4	5	10	12	2

	VG 3	VgEx 4	EX 5	ExMt 6	NM 7	NmMt 8	NmMt+ 8.5	MT 9
Brock Davis	4	4	4	4	5	10	15	40
Bell/Porter/Reynolds RC	4	4	4	4	5	10	12	30
Tug McGraw	4	4	4	4	5	10	12	40
Tug McGraw IA	4	4	4	4	5	10	12	100
Chris Speier RC	4	4	4	4	5	10	12	25
Chris Speier IA	4	4	4	4	5	10	12	25
Deron Johnson	4	4	4	4	5	10	12	20
Deron Johnson IA	4	4	4	4	8	15	20	80
Vida Blue	4	4	4	4	6	12	15	100
Vida Blue IA	6	12	25	30	60	120	135	400
Darrell Evans	4	4	4	4	5	10	12	25
Darrell Evans IA	4	4	4	4	5	10	12	80
Clay Kirby	4	4	4	4	5	10	12	20
Clay Kirby IA	4	4	4	4	5	10	12	40
Tom Haller	4	4	4	4	5	10	12	20
Tom Haller IA	4	4	4	4	5	10	12	40
Paul Schaal	4	4	4	4	5	10	12	20
Paul Schaal IA	4	4	6	8	15	30	50	250
Dock Ellis	4	4	4	4	5	10	12	100
Dock Ellis IA	4	4	4	4	6	12	15	80
Ed Kranepool	4	4	4	4	6	12	15	25
Ed Kranepool IA	4	4	4	5	10	20	25	120
Bill Melton	4	4	4	4	5	10	12	40
Bill Melton IA	4	4	4	4	5	10	12	25
Ron Bryant	4	4	4	4	5	10	12	20
Ron Bryant IA	4	4	4	4	5	10	12	20
Gates Brown	4	4	4	4	5	10	12	20
Frank Lucchesi MG	4	4	4	4	5	10	12	20
Gene Tenace	4	4	4	4	6	12	15	25
Dave Giusti	4	4	4	4	5	10	12	50
Jeff Burroughs RC	4	4	4	4	6	12	20	100
Chicago Cubs TC	4	4	4	4	5	10	12	60
Kurt Bevacqua RC	4	4	4	4	5	10	12	40
Fred Norman	4	4	4	4	5	10	12	20
Orlando Cepeda	6	10	15	25	40	60	80	▲300
Mel Queen	4	4	4	4	5	10	12	20
Johnny Briggs	4	4	4	4	5	10	12	20
Charlie Hough RC	4	4	6	10	25	▲60	▲100	▲250
Mike Fiore	4	4	4	4	5	10	12	20
Lou Brock	▲12	▲20	▲30	▲50	60	100	120	250
Phil Roof	4	4	4	4	5	10	12	20
Scipio Spinks	4	4	4	4	5	10	12	20
Ron Blomberg RC	4	4	4	4	5	10	12	25
Tommy Helms	4	4	4	4	5	10	12	80
Dick Drago	4	4	4	4	5	10	12	20
Dal Maxvill	4	4	4	4	5	10	12	20
Tom Egan	4	4	4	4	5	10	12	20
Milt Pappas	4	4	4	4	6	12	15	25
Joe Rudi	4	4	4	4	5	10	12	100
Denny McLain	4	4	4	4	5	10	12	30
Gary Sutherland	4	4	4	4	5	10	12	25
Grant Jackson	4	4	4	4	5	10	12	20
Parker/Kusnyer/Silverio RC	4	4	4	4	5	10	12	40
Mike McQueen	4	4	4	4	5	10	12	20
Alex Johnson	4	4	4	4	5	10	12	20
Joe Niekro	4	4	4	4	6	12	15	30
Roger Metzger	4	4	4	4	5	10	12	30
Eddie Kasko MG	4	4	4	4	5	10	12	100
Rennie Stennett RC	4	4	4	4	6	12	20	80
Jim Perry	4	4	4	4	5	10	12	20
NL Playoffs Bucs	4	4	4	4	8	15	20	120
AL Playoffs B.Robinson	4	4	4	4	6	12	15	40
Dave McNally WS1	4	4	4	4	8	15	25	100
D.Johnson/M.Belanger WS2	4	4	4	6	12	25	30	350
Manny Sanguillen WS3	4	4	4	4	6	12	15	80
Roberto Clemente WS4	4	4	5	10	30	50	60	200
Nellie Briles WS5	4	4	4	4	5	10	12	25
F.Robinson/M.Sanguillen WS6	4	6	12	15	30	60	100	250
Steve Blass WS7	4	4	4	5	10	20	30	200

		VG 3	VgEx 4	EX 5	ExMt 6	NM 7	NmMt 8	NmMt+ 8.5	MT 9
230	Pirates Celebrate WS	4	5	6	12	25	50	80	200
231	Casey Cox	4	4	4	4	5	10	12	80
232	Arnold/Barr/Rader RC	4	4	4	4	5	10	12	20
233	Jay Johnstone	4	4	4	4	5	10	12	25
234	Ron Taylor	4	4	4	4	5	10	12	50
235	Merv Rettenmund	4	4	4	4	5	10	12	20
236	Jim McGlothlin	4	4	4	4	5	10	12	20
237	New York Yankees TC	4	4	4	4	6	12	15	30
238	Leron Lee	4	4	4	4	5	10	12	20
239	Tom Timmermann	4	4	4	4	6	12	20	150
240	Richie Allen	4	4	4	4	5	10	12	30
241	Rollie Fingers	6	10	15	25	▼30	▲80	▲100	150
242	Don Mincher	4	4	4	4	5	10	12	40
243	Frank Linzy	4	4	4	4	5	10	12	80
244	Steve Braun RC	4	4	4	4	5	10	12	20
245	Tommie Agee	4	4	4	4	6	12	15	80
246	Tom Burgmeier	4	4	4	4	5	10	12	20
247	Milt May	4	4	4	4	5	10	12	20
248	Tom Bradley	4	4	4	4	5	10	12	20
249	Harry Walker MG	4	4	4	4	5	10	12	20
250	Boog Powell	4	4	5	6	12	25	30	100
251	Checklist 264-394	4	4	4	4	6	25	30	80
252	Ken Reynolds	4	4	4	4	5	10	12	20
253	Sandy Alomar	4	4	4	4	5	10	12	25
254	Boots Day	4	4	4	4	5	10	12	20
255	Jim Lonborg	4	4	4	4	5	10	12	25
256	George Foster	4	4	4	4	6	12	15	40
257	Foor/Hosley/Jata RC	4	4	4	4	6	12	20	60
258	Randy Hundley	4	4	4	4	5	10	12	20
259	Sparky Lyle	4	4	4	4	5	10	12	20
260	Ralph Garr	4	4	4	4	5	10	12	20
261	Steve Mingori	4	4	4	4	5	10	12	20
262	San Diego Padres TC	4	4	4	4	5	10	12	40
263	Felipe Alou	4	6	12	15	30	80	100	200
264	Tommy John	4	4	4	4	6	12	15	30
265	Wes Parker	4	4	4	4	5	10	12	20
266	Bobby Bolin	4	4	4	4	5	10	12	20
267	Dave Concepcion	4	4	4	5	10	20	25	100
268	D.Anderson RC/C.Floethe RC	4	4	4	4	4	8	10	15
269	Don Hahn	4	4	4	4	5	10	12	20
270	Jim Palmer	8	12	20	30	50	▲100	▲120	▲300
271	Ken Rudolph	4	4	4	4	5	10	12	20
272	Mickey Rivers RC	4	4	4	4	5	10	12	25
273	Bobby Floyd	4	4	4	4	5	10	12	20
274	Al Severinsen	4	4	4	4	4	8	10	15
275	Cesar Tovar	4	4	4	4	5	10	12	25
276	Gene Mauch MG	4	4	4	4	4	8	10	15
277	Elliott Maddox	4	4	4	4	5	10	12	25
278	Dennis Higgins	4	4	4	4	5	10	12	20
279	Larry Brown	4	4	4	4	5	10	12	20
280	Willie McCovey	10	15	25	40	60	100	120	▲400
281	Bill Parsons RC	4	4	4	4	5	10	12	20
282	Houston Astros TC	4	4	4	4	5	10	12	20
283	Darrell Brandon	4	4	4	4	5	10	12	20
284	Ike Brown	4	4	4	4	5	10	12	20
285	Gaylord Perry	4	4	4	4	8	15	20	40
286	Gene Alley	4	4	4	4	5	10	12	25
287	Jim Hardin	4	4	4	4	5	10	12	20
288	Johnny Jeter	4	4	4	4	5	10	12	20
289	Syd O'Brien	4	4	4	4	4	8	10	15
290	Sonny Siebert	4	4	4	4	5	10	12	20
291	Hal McRae	4	4	4	4	5	10	12	30
292	Hal McRae IA	8	15	30	40	80	100		
293	Dan Frisella	4	4	4	4	8	15	25	120
294	Dan Frisella IA	4	4	4	4	5	10	12	30
295	Dick Dietz	4	4	4	4	5	10	12	50
296	Dick Dietz IA	4	5	10	12	25	50	60	200
297	Claude Osteen	4	4	4	4	5	10	12	25
298	Claude Osteen IA	4	4	4	5	10	20	25	80

#	Player	VG 3	VgEx 4	EX 5	ExMt 6	NM 7	NmMt 8	NmMt+ 8.5	MT 9
299	Hank Aaron	15	25	50	60	100	500	600	2,000
300	Hank Aaron IA	12	15	20	30	80	250		
301	George Mitterwald	4	4	4	4	5	10	12	40
302	George Mitterwald IA	4	4	4	4	5	10	12	50
303	Joe Pepitone	4	4	4	4	5	10	12	25
304	Joe Pepitone IA	4	4	4	4	5	10	12	30
305	Ken Boswell	4	4	4	4	5	10	12	20
306	Ken Boswell IA	4	4	5	6	12	25	30	100
307	Steve Renko	4	4	4	4	5	10	12	20
308	Steve Renko IA	4	4	4	5	10	20	25	60
309	Roberto Clemente	60	80	100	150	250	500	600	1,000
310	Roberto Clemente IA	4	4	25	30	50	150	200	300
311	Clay Carroll	4	4	4	4	5	10	12	20
312	Clay Carroll IA	4	4	4	4	6	12	15	100
313	Luis Aparicio	4	4	4	5	10	30	40	80
314	Luis Aparicio IA	4	4	4	6	12	15		40
315	Paul Splittorff	4	4	4	4	5	10	12	25
316	Bibby/Roque/Guzman RC	4	4	4	4	5	10	12	20
317	Rich Hand	4	4	4	4	5	10	12	20
318	Sonny Jackson	4	4	4	4	4	8	10	15
319	Aurelio Rodriguez	4	4	4	4	5	10	12	25
320	Steve Blass	4	4	4	4	8	15	20	100
321	Joe Lahoud	4	4	4	4	5	10	12	25
322	Jose Pena	4	4	4	4	8	15	25	80
323	Earl Weaver MG	4	4	4	4	6	15	20	80
324	Mike Ryan	4	4	4	4	5	10	12	20
325	Mel Stottlemyre	4	4	4	4	5	10	12	20
326	Pat Kelly	4	4	4	4	4	8	10	15
327	Steve Stone RC	4	4	4	4	5	10	12	60
328	Boston Red Sox TC	4	4	4	4	8	15	25	150
329	Roy Foster	4	4	4	4	5	10	12	20
330	Jim Hunter	▲10	▲15	▲25	▲40	▲60	▲100	▲120	400
331	Stan Swanson RC	4	4	4	4	5	10	12	20
332	Buck Martinez	4	4	4	4	5	10	12	20
333	Steve Barber	4	4	4	4	5	10	12	20
334	Fahey/Mason Ragland RC	4	4	4	4	5	10	12	20
335	Bill Hands	4	4	4	4	5	10	12	20
336	Marty Martinez	4	4	4	4	6	12	20	120
337	Mike Kilkenny	4	4	4	4	5	10	12	20
338	Bob Grich	4	4	4	4	5	10	12	25
339	Ron Cook	4	4	4	4	5	10	12	20
340	Roy White	4	4	4	4	8	15	20	30
341	Joe Torre KP	4	4	4	4	5	10	12	20
342	Wilbur Wood KP	4	4	4	4	5	10	12	50
343	Willie Stargell KP	4	4	4	4	6	12	15	50
344	Dave McNally KP	4	4	4	4	5	10	12	50
345	Rick Wise KP	4	4	4	4	5	10	12	20
346	Jim Fregosi KP	4	4	5	6	8	15	20	100
347	Tom Seaver KP	4	4	4	4	8	15	20	50
348	Sal Bando KP	4	4	5	4	8	15	20	100
349	Al Fitzmorris	4	4	4	4	5	10	12	25
350	Frank Howard	4	4	4	4	5	10	12	25
351	House/Kester/Britton	4	4	4	4	5	10	12	20
352	Dave LaRoche	4	4	4	4	5	10	12	20
353	Art Shamsky	4	4	4	4	5	10	12	20
354	Tom Murphy	4	4	4	4	5	10	12	20
355	Bob Watson	4	4	4	4	4	8	10	15
356	Gerry Moses	4	4	4	4	5	10	12	20
357	Woody Fryman	4	4	4	4	5	10	12	20
358	Sparky Anderson MG	4	4	4	5	10	20	25	50
359	Don Pavletich	4	4	4	4	5	10	12	20
360	Dave Roberts	4	4	4	4	5	10	12	20
361	Mike Andrews	4	4	4	4	5	10	12	20
362	New York Mets TC	4	4	4	4	6	12	15	40
363	Ron Klimkowski	4	4	4	4	5	10	12	20
364	Johnny Callison	4	4	4	4	5	10	12	30
365	Dick Bosman	4	4	4	4	5	10	12	20
366	Jimmy Rosario RC	4	4	4	4	8	15	25	100
367	Ron Perranoski	4	4	4	4	5	10	12	25

#	Player	VG 3	VgEx 4	EX 5	ExMt 6	NM 7	NmMt 8	NmMt+ 8.5	MT 9
368	Danny Thompson	4	4	4	4	4	8	10	
369	Jim Lefebvre	4	4	4	4	6	12	15	
370	Don Buford	4	4	4	4	5	10	12	
371	Denny Lemaster	4	4	4	4	5	10	12	
372	L.Clemons RC/M.Montgomery RC	4	4	4	4	5	10	12	
373	John Mayberry	4	4	4	4	4	8	10	
374	Jack Heidemann	4	4	4	4	5	10	12	
375	Reggie Cleveland	4	4	4	4	4	8	10	
376	Andy Kosco	4	4	4	4	5	10	12	
377	Terry Harmon	4	4	6	8	15	30		
378	Checklist 395-525	4	4	4	4	5	10	12	
379	Ken Berry	4	4	4	4	5	10	12	
380	Earl Williams	4	4	4	4	5	10	12	
381	Chicago White Sox TC	4	4	4	4	5	10	12	
382	Joe Gibbon	4	4	4	4	5	10	12	
383	Brant Alyea	4	4	4	4	5	10	12	
384	Dave Campbell	4	4	4	4	5	10	12	
385	Mickey Stanley	4	4	4	4	8	15	20	
386	Jim Colborn	4	4	4	4	5	10	12	
387	Horace Clarke	4	4	4	4	5	10	12	
388	Charlie Williams RC	4	4	4	4	4	8	10	
389	Bill Rigney MG	4	4	4	4	5	10	12	
390	Willie Davis	4	4	4	4	5	10	12	
391	Ken Sanders	4	4	4	4	5	10	12	
392	F.Cambria/R.Zisk RC	4	4	4	4	6	12	15	
393	Curt Motton	4	4	4	4	5	10	12	
394	Ken Forsch	4	4	4	4	5	10	12	
395	Matty Alou	4	4	8	15	30	60	80	
396	Paul Lindblad	4	4	4	4	5	10	12	
397	Philadelphia Phillies TC	4	4	4	4	8	15	20	
398	Larry Hisle	4	4	4	5	10	20	25	
399	Milt Wilcox	4	4	4	4	8	15	20	
400	Tony Oliva	4	4	4	6	12	25	30	
401	Jim Nash	4	4	4	4	8	15	20	
402	Bobby Heise	4	4	4	4	5	10	15	
403	John Cumberland	4	4	4	4	5	10	12	
404	Jeff Torborg	4	4	4	4	5	10	12	
405	Ron Fairly	4	4	4	4	6	12	20	
406	George Hendrick RC	4	4	4	4	5	10	15	
407	Chuck Taylor	4	4	4	4	5	10	12	
408	Jim Northrup	4	4	4	5	10	20	25	
409	Frank Baker	4	4	4	4	5	10	15	
410	Ferguson Jenkins	4	4	4	5	10	30	40	
411	Bob Montgomery	4	4	4	4	8	15	20	
412	Dick Kelley	4	4	4	4	8	15	20	
413	D.Eddy RC/D.Lemonds	4	4	4	4	8	15	20	
414	Bob Miller	4	4	4	4	8	15	20	
415	Cookie Rojas	4	4	4	4	6	12	15	
416	Johnny Edwards	4	4	4	4	5	10	12	
417	Tom Hall	4	4	4	4	5	10	12	
418	Tom Shopay	4	4	4	4	5	10	12	
419	Jim Spencer	4	4	4	4	5	10	12	
420	Steve Carlton	5	8	12	20	30	50	50	
421	Ellie Rodriguez	4	4	4	4	5	10	12	
422	Ray Lamb	4	4	4	4	5	10	12	
423	Oscar Gamble	4	4	4	4	5	10	12	
424	Bill Gogolewski	4	4	4	4	5	10	12	
425	Ken Singleton	4	4	4	5	10	20	25	
426	Ken Singleton IA	4	4	4	4	8	15	20	
427	Tito Fuentes	4	4	4	6	12	25	30	
428	Tito Fuentes IA	4	4	4	4	5	10	12	
429	Bob Robertson	4	4	4	5	10	20	25	
430	Bob Robertson IA	4	4	4	4	8	15	20	
431	Cito Gaston	4	4	4	4	5	10	12	
432	Cito Gaston IA	4	4	4	4	5	10	12	
433	Johnny Bench	15	25	40	60	150	300	400	1,2
434	Johnny Bench IA	4	4	12	20	50	100	120	6
435	Reggie Jackson	15	25	40	60	100	200	400	1,2
436	Reggie Jackson IA	4	5	8	15	30	80	100	3

	VG 3	VgEx 4	EX 5	ExMt 6	NM 7	NmMt 8	NmMt+ 8.5	MT 9
7 Maury Wills	4	4	4	4	6	12	15	50
8 Maury Wills IA	4	4	5	10	20	40	50	300
9 Billy Williams	4	4	4	5	10	50	60	80
0 Billy Williams IA	4	4	4	4	6	12	15	40
1 Thurman Munson	10	15	25	30	40	80	100	250
2 Thurman Munson IA	4	4	6	12	25	40	60	200
3 Ken Henderson	4	6	12	25	50	60		
4 Ken Henderson IA	4	4	4	4	5	10	12	20
5 Tom Seaver	10	15	25	50	60	150	200	600
6 Tom Seaver IA	6	10	15	20	25	60	80	300
7 Willie Stargell	4	4	5	10	30	50	60	200
8 Willie Stargell IA	4	4	6	8	15	50	60	300
9 Bob Lemon MG	4	4	4	4	8	15	20	40
0 Mickey Lolich	4	4	4	5	10	20	25	50
1 Tony LaRussa	4	4	4	4	8	15	20	50
2 Ed Herrmann	4	4	4	4	5	10	12	25
3 Barry Lersch	4	4	4	4	8	15	20	40
4 Oakland Athletics TC	4	4	4	5	10	20	25	80
5 Tommy Harper	4	4	4	4	5	10	12	30
6 Mark Belanger	4	4	4	5	10	20	25	50
7 Fast/Thomas/Ivie RC	4	4	4	4	6	12	20	150
8 Aurelio Monteagudo	4	4	4	4	5	10	12	20
9 Rick Renick	4	4	4	4	5	10	12	20
0 Al Downing	4	4	4	4	5	10	12	50
1 Tim Cullen	4	4	4	4	5	10	12	20
2 Rickey Clark	4	4	4	4	5	10	12	25
3 Bernie Carbo	4	4	4	8	15	30	40	80
4 Jim Roland	4	4	4	4	5	10	12	25
5 Gil Hodges MG	4	4	5	10	20	40		
6 Norm Miller	4	4	4	4	5	10	12	20
7 Steve Kline	4	4	4	4	5	10	15	120
8 Richie Scheinblum	4	4	4	4	5	10	12	25
9 Ron Herbel	4	4	4	4	5	10	12	20
0 Ray Fosse	4	4	4	4	5	10	12	50
1 Luke Walker	4	4	4	4	5	10	12	20
2 Phil Gagliano	4	4	4	4	5	10	12	20
3 Dan McGinn	4	4	4	4	5	10	12	20
4 Baylor/Harrison/Oates RC	4	6	10	15	25	80	100	150
5 Gary Nolan	4	4	4	4	5	10	12	25
6 Lee Richard RC	4	4	4	4	5	10	12	20
7 Tom Phoebus	4	4	4	4	5	10	12	20
8 Checklist 526-656	4	4	4	4	5	10	12	120
9 Don Shaw	4	4	4	4	5	10	12	20
0 Lee May	4	4	4	4	5	10	12	20
1 Billy Conigliaro	4	4	4	4	4	8	10	15
2 Joe Hoerner	4	4	4	4	8	15	20	40
3 Ken Suarez	4	4	4	4	5	10	12	20
4 Lum Harris MG	4	4	4	4	5	10	12	20
5 Phil Regan	4	4	4	4	5	10	12	40
6 John Lowenstein	4	4	4	4	5	10	12	25
7 Detroit Tigers TC	4	4	4	4	8	15	20	40
8 Mike Nagy	4	4	4	4	5	10	12	20
9 T.Humphrey RC/K.Lampard	4	4	4	5	10	20	25	250
0 Dave McNally	4	4	4	4	6	12	15	120
1 Lou Piniella KP	4	4	4	4	5	10	12	25
2 Mel Stottlemyre KP	4	4	4	4	6	12	15	25
3 Bob Bailey KP	4	4	5	6	12	25	30	50
4 Willie Horton KP	4	4	4	4	6	12	15	30
5 Bill Melton KP	4	4	4	4	8	15	20	40
6 Bud Harrelson KP	4	4	4	5	10	20	25	100
7 Jim Perry KP	4	4	4	4	5	10	15	50
8 Brooks Robinson KP	4	4	4	4	8	15	20	80
9 Vicente Romo	4	4	4	4	5	10	12	20
0 Joe Torre	4	4	4	5	10	20	25	120
1 Pete Hamm	4	4	4	4	8	15	20	40
2 Jackie Hernandez	4	4	4	4	5	10	12	20
3 Gary Peters	4	4	4	4	8	15	20	50
4 Ed Spiezio	4	4	4	4	6	12	20	120
5 Mike Marshall	4	4	4	4	5	10	12	30

	VG 3	VgEx 4	EX 5	ExMt 6	NM 7	NmMt 8	NmMt+ 8.5	MT 9
506 Ley/Moyer/Tidrow RC	4	4	4	4	5	10	20	80
507 Fred Gladding	4	4	4	4	5	10	12	25
508 Elrod Hendricks	4	4	4	4	5	10	12	60
509 Don McMahon	4	4	4	4	5	10	12	25
510 Ted Williams MG	8	12	20	30	50	120	150	800
511 Tony Taylor	4	4	4	4	5	10	12	25
512 Paul Popovich	4	4	4	4	5	10	12	80
513 Lindy McDaniel	4	4	4	4	5	10	12	30
514 Ted Sizemore	4	4	4	4	5	10	15	50
515 Bert Blyleven	4	4	4	4	6	12	15	120
516 Oscar Brown	4	4	4	4	5	10	12	20
517 Ken Brett	4	4	4	4	8	20	25	60
518 Wayne Garrett	8	15	30	40	80	100		
519 Ted Abernathy	4	4	4	4	6	12	20	120
520 Larry Bowa	4	4	4	4	6	12	20	150
521 Alan Foster	4	4	4	4	5	10	12	25
522 Los Angeles Dodgers TC	4	4	4	4	5	10	15	60
523 Chuck Dobson	4	4	4	4	5	10	15	60
524 E.Armbrister RC/M.Behney RC	4	5	10	12	25	80		
525 Carlos May	4	4	8	10	20	40		
526 Bob Bailey	4	4	4	4	5	10	15	40
527 Dave Leonhard	4	4	4	4	5	10	15	100
528 Ron Stone	4	4	4	4	6	12	15	40
529 Dave Nelson	4	4	4	4	5	10	12	20
530 Don Sutton	▲8	▲12	▲20	▲30	▲50	▲80	▲120	▲250
531 Freddie Patek	4	4	4	6	10	15	12	20
532 Fred Kendall RC	5	10	20	25	50	150		
533 Ralph Houk MG	4	6	12	15	30	60	100	250
534 Jim Hickman	4	4	4	4	5	10	12	20
535 Ed Brinkman	4	4	4	4	5	10	12	25
536 Doug Rader	4	4	4	4	5	10	12	150
537 Bob Locker	4	4	4	4	5	10	12	30
538 Charlie Sands RC	4	4	4	4	5	10	12	80
539 Terry Forster RC	4	4	4	4	5	10	12	40
540 Felix Millan	4	4	4	4	6	12	15	30
541 Roger Repoz	4	4	4	4	5	10	12	20
542 Jack Billingham	4	4	4	4	8	15	20	40
543 Duane Josephson	4	4	4	4	5	10	12	20
544 Ted Martinez	4	4	4	4	5	10	12	30
545 Wayne Granger	4	4	4	4	5	10	12	20
546 Joe Hague	4	4	4	4	5	10	12	20
547 Cleveland Indians TC	4	4	4	4	5	10	12	20
548 Frank Reberger	4	4	4	4	5	10	12	20
549 Dave May	4	4	4	4	5	10	12	50
550 Brooks Robinson	4	10	12	20	30	50	80	250
551 Ollie Brown	4	4	4	4	6	12	15	40
552 Ollie Brown IA	4	4	4	4	6	12	15	40
553 Wilbur Wood	4	4	4	4	5	10	12	20
554 Wilbur Wood IA	4	4	4	4	5	10	12	20
555 Ron Santo	4	4	5	6	25	50	60	100
556 Ron Santo IA	4	4	8	10	20	40	50	120
557 John Odom	4	4	4	4	5	10	12	20
558 John Odom IA	4	4	4	4	5	10	15	50
559 Pete Rose	25	40	60	100	200	300	400	1,500
560 Pete Rose IA	10	20	25	25	50	80	100	500
561 Leo Cardenas	4	4	4	4	5	10	12	25
562 Leo Cardenas IA	4	4	4	4	5	10	12	20
563 Ray Sadecki	4	4	4	4	6	12	20	150
564 Ray Sadecki IA	4	4	4	4	5	10	12	30
565 Reggie Smith	4	4	4	4	8	15	20	100
566 Reggie Smith IA	4	4	4	4	5	10	12	30
567 Juan Marichal	4	6	12	15	30	40	80	200
568 Juan Marichal IA	4	4	5	10	30	40	50	150
569 Ed Kirkpatrick	4	4	4	4	5	10	12	20
570 Ed Kirkpatrick IA	4	4	4	4	5	10	15	80
571 Nate Colbert	4	4	4	4	5	10	12	20
572 Nate Colbert IA	4	4	4	4	6	12	20	120
573 Fritz Peterson	4	4	4	4	5	10	12	20
574 Fritz Peterson IA	4	4	4	4	5	10	15	40

	VG 3	VgEx 4	EX 5	ExMt 6	NM 7	NmMt 8	NmMt+ 8.5	MT 9
575 Al Oliver	4	4	4	4	5	15	20	30
576 Leo Durocher MG	4	4	4	5	15	25	30	80
577 Mike Paul	4	4	4	4	5	10	12	20
578 Billy Grabarkewitz	4	4	4	4	5	10	12	20
579 Doyle Alexander RC	4	4	4	4	6	20	25	30
580 Lou Piniella	4	4	4	4	8	15	20	30
581 Wade Blasingame	4	4	4	4	5	10	12	25
582 Montreal Expos TC	5	8	10	15	60	120		
583 Darold Knowles	4	4	4	4.	5	10	12	20
584 Jerry McNertney	4	4	4	4	5	10	12	20
585 George Scott	4	4	4	4	6	12	15	100
586 Denis Menke	4	4	4	4	5	10	12	25
587 Billy Wilson	4	4	4	4	5	10	12	20
588 Jim Holt	4	4	4	4	5	10	12	120
589 Hal Lanier	4	4	4	4	5	10	12	30
590 Graig Nettles	4	4	4	5	8	12	20	40
591 Paul Casanova	4	4	4	4	5	10	12	20
592 Lew Krausse	4	4	4	4	5	10	12	20
593 Rich Morales	4	4	4	4	5	10	12	20
594 Jim Beauchamp	4	4	4	4	5	10	12	20
595 Nolan Ryan	100	120	150	▼200	400	800	1,000	▲4,000
596 Manny Mota	4	4	4	4	8	15	20	80
597 Jim Magnuson RC	4	4	4	4	5	10	12	20
598 Hal King	4	4	4	4	5	10	12	30
599 Billy Champion	4	4	4	4	5	10	12	20
600 Al Kaline	12	20	30	50	▼60	▼120	200	500
601 George Stone	4	4	4	4	5	10	12	20
602 Dave Bristol MG	4	4	4	4	5	10	15	60
603 Jim Ray	4	4	4	4	5	10	12	20
604A Checklist 657-787 Copyright on Right	4	4	4	4	6	12	15	30
604B Checklist 657-787 Copyright on Left	4	4	4	4	6	12	15	30
605 Nelson Briles	4	4	4	4	5	10	12	50
606 Luis Melendez	4	4	4	4	5	10	12	20
607 Frank Duffy	4	4	4	4	5	10	12	20
608 Mike Corkins	4	4	4	4	5	10	12	20
609 Tom Grieve	4	4	4	4	5	10	12	20
610 Bill Stoneman	4	4	4	4	5	10	12	40
611 Rich Reese	4	4	4	4	5	10	12	20
612 Joe Decker	4	4	4	4	6	12	15	60
613 Mike Ferraro	4	4	4	4	5	10	12	20
614 Ted Uhlaender	4	4	4	4	5	10	12	50
615 Steve Hargan	4	4	4	4	5	10	12	20
616 Joe Ferguson RC	4	4	4	4	6	12	15	40
617 Kansas City Royals TC	4	4	4	4	8	12	20	20
618 Rich Robertson	4	4	4	4	5	10	12	20
619 Rich McKinney	4	4	4	5	10	20	25	250
620 Phil Niekro	5	8	15	20	30	100	120	500
621 Commish Award	4	4	4	4	5	10	12	50
622 MVP Award	4	4	4	4	6	12	15	30
623 Cy Young Award	4	4	4	6	15	20	30	40
624 Minor Lg POY Award	4	4	4	4	8	15		
625 Rookie of the Year	4	4	5	8	12	25	30	50
626 Babe Ruth Award	4	6	8	10	15	25	40	60
627 Moe Drabowsky	4	4	5	6	12	25		
628 Terry Crowley	4	4	4	4	5	10	12	25
629 Paul Doyle	4	4	4	4	5	10	12	25
630 Rich Hebner	4	4	4	4	6	12	15	40
631 John Strohmayer	4	4	4	4	5	10	12	30
632 Mike Hegan	4	4	4	4	5	10	15	60
633 Jack Hiatt	4	4	4	4	5	10	12	25
634 Dick Woodson	4	4	4	4	5	10	12	25
635 Don Money	4	4	4	4	5	15	20	50
636 Bill Lee	4	4	4	4	5	10	20	60
637 Preston Gomez MG	4	4	4	4	5	10	12	30
638 Ken Wright	4	4	4	4	5	10	15	40
639 J.C. Martin	4	4	4	4	5	10	12	40
640 Joe Coleman	4	4	4	4	5	10	12	25

	VG 3	VgEx 4	EX 5	ExMt 6	NM 7	NmMt 8	NmMt+ 8.5	M
641 Mike Lum	4	4	4	4	12	25	30	
642 Dennis Riddleberger RC	4	4	4	4	5	10	12	
643 Russ Gibson	4	4	4	4	5	10	12	
644 Bernie Allen	4	4	4	4	5	10	12	
645 Jim Maloney	4	4	4	4	6	12	20	
646 Chico Salmon	4	4	4	4	5	10	12	2
647 Bob Moose	4	4	4	4	6	12	15	
648 Jim Lyttle	4	4	4	4	5	10	12	
649 Pete Richert	4	4	4	4	5	10	12	
650 Sal Bando	4	4	4	4	5	20	40	
651 Cincinnati Reds TC	4	4	4	4	6	15	20	1
652 Marcelino Lopez	4	4	4	4	5	10	12	
653 Jim Fairey	4	4	4	4	5	10	12	
654 Horacio Pina	4	4	4	4	5	10	12	
655 Jerry Grote	4	8	15	20	40	80		
656 Rudy May	4	4	4	4	5	10	12	
657 Bobby Wine	4	4	4	4	8	25	30	
658 Steve Dunning	4	4	8	10	20	50	60	3
659 Bob Aspromonte	4	4	4	4	8	15	20	
660 Paul Blair	4	4	4	6	15	20	40	
661 Bill Virdon MG	4	4	6	8	15	50	60	1
662 Stan Bahnsen	4	4	4	5	10	20	30	
663 Fran Healy RC	4	4	5	8	25	30	40	
664 Bobby Knoop	4	5	8	12	20	50	60	1
665 Chris Short	4	4	5	6	12	30	30	
666 Hector Torres	4	4	4	5	10	25	30	
667 Ray Newman RC	4	4	5	6	12	40	50	1
668 Texas Rangers TC	4	5	8	10	20	50		
669 Willie Crawford	4	4	4	5	10	30	40	1
670 Ken Holtzman	4	5	8	12	25	60		
671 Donn Clendenon	4	6	10	15	25	40	50	1
672 Archie Reynolds	4	4	4	5	10	20	40	
673 Dave Marshall	4	5	10	12	25	50		
674 John Kennedy	4	4	4	5	10	20	30	
675 Pat Jarvis	4	4	4	4	8	20	25	
676 Danny Cater	4	4	5	6	12	25	30	1
677 Ivan Murrell	4	4	4	4	8	25	30	
678 Steve Luebber RC	4	4	4	4	8	30	60	
679 B.Fenwick RC/B.Stinson	4	4	4	4	8	▲25	▲30	▲
680 Dave Johnson	4	4	4	4	10	25	30	
681 Bobby Pfeil	4	4	4	5	10	25	25	1
682 Mike McCormick	4	4	4	5	10	30	40	
683 Steve Hovley	4	4	6	8	15	▲80		
684 Hal Breeden RC	4	4	4	4	8	20	25	
685 Joel Horlen	4	4	4	4	8	15	20	
686 Steve Garvey	▲20	▲30	▲50	▲80	▼120	▲250	▲300	8
687 Del Unser	4	5	6	8	12	30		
688 St. Louis Cardinals TC	4	4	5	8	12	25	30	10
689 Eddie Fisher	4	4	4	4	8	25	30	
690 Willie Montanez	4	4	4	6	12	60	80	1
691 Curt Blefary	4	4	4	5	10	20	30	1
692 Curt Blefary IA	4	4	4	5	10	30	40	1
693 Alan Gallagher	4	5	8	12	20	30		
694 Alan Gallagher IA	4	4	5	6	12	25	30	
695 Rod Carew	25	40	60	100	200	300	400	1,0
696 Rod Carew IA	8	12	20	30	40	120	150	5
697 Jerry Koosman	4	4	5	6	12	25	30	
698 Jerry Koosman IA	4	4	8	10	20	50		
699 Bobby Murcer	4	4	8	15	50	80	100	15
700 Bobby Murcer IA	4	4	8	10	30	50	60	20
701 Jose Pagan	4	4	4	4	8	20	25	
702 Jose Pagan IA	4	4	5	8	12	40	60	10
703 Doug Griffin	4	4	4	4	8	25	30	
704 Doug Griffin IA	4	4	4	5	10	25	30	15
705 Pat Corrales	4	4	4	15	20	25	30	
706 Pat Corrales IA	4	4	4	6	12	30	40	
707 Tim Foli	4	4	4	5	10	20	25	
708 Tim Foli IA	6	12	25	30	60	150		
709 Jim Kaat	4	4	4	6	12	40	50	

	VG 3	VgEx 4	EX 5	ExMt 6	NM 7	NmMt 8	NmMt+ 8.5	MT 9
Jim Kaat IA	4	4	6	8	25	30	40	80
Bobby Bonds	4	4	5	6	12	30	40	50
Bobby Bonds IA	4	4	5	6	12	30	40	60
Gene Michael	4	4	8	10	20	40	50	200
Gene Michael IA	4	4	8	15	30	50	80	300
Mike Epstein	4	6	10	15	25	50	60	100
Jesus Alou	4	4	5	6	12	50		
Bruce Dal Canton	4	4	4	5	10	25	30	100
Del Rice MG	4	4	4	4	8	15	20	60
Cesar Geronimo	4	4	4	5	10	40	50	▲300
Sam McDowell	4	4	4	4	10	30	40	50
Eddie Leon	4	4	4	4	8	20	25	40
Bill Sudakis	4	6	10	15	25	40	50	80
Al Santorini	4	4	8	10	20	40	60	350
Curtis/Hinton/Scott RC	4	4	8	10	20	40	50	60
Dick McAuliffe	4	4	4	4	8	25	30	60
Dick Selma	4	4	4	4	8	25	30	40
Jose Laboy	4	4	4	5	10	20	25	40
Gail Hopkins	4	4	4	6	12	50	60	250
Bob Veale	4	4	4	5	10	30	40	50
Rick Monday	4	4	6	8	15	50	60	120
Baltimore Orioles TC	4	5	6	8	15	80	100	200
George Culver	4	4	4	4	8	15	20	50
Jim Ray Hart	4	4	4	4	8	25	30	50
Bob Burda	4	4	4	8	15	30	40	200
Diego Segui	4	4	4	4	8	25	30	40
Bill Russell	4	4	4	5	8	30	40	60
Len Randle RC	▲12	▲20	▲30	▲50	▲80	▲250	▲300	▲500
Jim Merritt	4	4	4	4	8	40	50	60
Don Mason	4	4	4	4	8	25	30	50
Rico Carty	4	4	6	8	15	30	40	150
Hutton/Milner/Miller RC	4	4	4	8	15	30	40	80
Jim Rooker	4	4	4	4	8	25	30	▲80
Cesar Gutierrez	4	4	4	4	12	40	50	80
Jim Slaton RC	4	5	8	12	20	30	40	100
Julian Javier	4	4	4	5	10	20	25	80
Lowell Palmer	4	4	4	4	8	20	25	▲150
Jim Stewart	4	4	4	4	8	25	30	60
Phil Hennigan	4	4	▲5	▲8	▲10	15	20	50
Walt Alston MG	4	4	5	10	20	40	50	80
Willie Horton	4	4	4	6	12	25	30	60
Steve Carlton TR	8	12	20	40	50	60	80	250
Joe Morgan TR	25	40	60	100	150	300	400	1,000
Denny McLain TR	4	4	4	12	15	40	50	60
Frank Robinson TR	4	4	8	25	50	60	80	200
Jim Fregosi TR	4	4	4	10	20	30	50	100
Rick Wise TR	4	4	4	5	10	30	40	60
Jose Cardenal TR	4	6	12	15	30	80	120	500
Gil Garrido	4	4	4	5	10	25	40	120
Chris Cannizzaro	4	4	4	5	10	40	50	80
Bill Mazeroski	10	15	25	40	60	100	120	250
Oglivie/Cey/Williams RC	25	40	60	100	150	250	300	500
Wayne Simpson	4	4	4	4	10	25	30	40
Ron Hansen	4	4	4	5	10	20	40	100
Dusty Baker	4	4	5	6	30	40	50	150
Ken McMullen	4	4	4	4	8	25	30	60
Steve Hamilton	4	4	5	6	12	25	40	400
Tom McCraw	4	4	4	5	10	30	40	60
Denny Doyle	4	4	4	4	8	30	40	50
Jack Aker	4	4	4	4	8	▲40	▲50	▲80
Jim Wynn	4	4	4	4	10	40	50	150
San Francisco Giants TC	4	4	4	5	10	30	40	50
Ken Tatum	4	4	4	4	8	25	30	60
Ron Brand	4	4	4	4	8	20	25	40
Luis Alvarado	4	6	10	15	▲20	▲40	▲50	▲100
Jerry Reuss	4	4	4	6	10	40	50	100
Bill Voss	4	4	4	5	10	50	60	150
Hoyt Wilhelm	8	12	20	30	50	▲80	▲100	▲200
Rick Dempsey RC	4	4	8	10	30	60	80	150

	VG 3	VgEx 4	EX 5	ExMt 6	NM 7	NmMt 8	NmMt+ 8.5	MT 9
779 Tony Cloninger	4	4	4	4	8	▲50	▲60	▲120
780 Dick Green	4	4	4	4	8	40	50	80
781 Jim McAndrew	4	4	6	10	15	30	40	100
782 Larry Stahl	4	5	6	8	30	50	60	150
783 Les Cain	4	5	8	12	20	▲40	▲50	▲80
784 Ken Aspromonte	4	4	4	5	10	40	50	60
785 Vic Davalillo	4	4	8	10	20	50	60	80
786 Chuck Brinkman	4	5	6	8	15	30	40	100
787 Ron Reed	4	5	10	12	25	80	120	200

— Hank Aaron #299 PSA 10 (Gem) sold for $20,655 (Mile High; 10/13)
— Roberto Clemente #309 PSA 10 (Gem) sold for $3,888 (eBay; 09/12)
— C.Fisk/C.Cooper #79 PSA 10 (Gem) (Young Collection) sold for $10,855 (SCP; 5/12)
— Steve Garvey #686 PSA 10 (Gem) sold for $2,003 (eBay; 1/13)

1973 Kellogg's

		VG 3	VgEx 4	EX 5	ExMt 6	NM 7	NmMt 8	MT 9	Gem 9.5/10
1	Amos Otis	4	4	4	4	4	5	8	40
2	Ellie Rodriguez	4	4	4	4	4	5	8	25
3	Mickey Lolich	4	4	4	4	4	5	8	25
4	Tony Oliva	4	4	4	4	4	5	8	20
5	Don Sutton	4	4	4	4	4	5	8	20
6	Pete Rose	4	4	4	4	6	12	25	100
7	Steve Carlton	4	4	4	4	4	5	10	25
8	Bobby Bonds	4	4	4	4	4	5	8	20
9	Wilbur Wood	4	4	4	4	4	5	8	25
10	Billy Williams	4	4	4	4	4	5	10	25
11	Steve Blass	4	4	4	4	4	5	8	25
12	Jon Matlack	4	4	4	4	4	5	8	25
13	Cesar Cedeno	4	4	4	4	4	5	8	40
14	Bob Gibson	4	4	4	4	4	5	10	30
15	Sparky Lyle	4	4	4	4	4	5	8	60
16	Nolan Ryan	4	4	4	5	10	20	50	120
17	Jim Palmer	4	4	4	4	4	5	10	25
18	Ray Fosse	4	4	4	4	4	5	8	20
19	Bobby Murcer	4	4	4	4	4	5	10	25
20	Jim Hunter	4	4	4	4	4	5	10	25
21	Tug McGraw	4	4	4	4	4	5	8	25
22	Reggie Jackson	4	4	4	4	4	8	15	40
23	Bill Stoneman	4	4	4	4	4	5	8	60
24	Lou Piniella	4	4	4	4	4	5	8	50
25	Willie Stargell	4	4	4	4	4	5	10	25
26	Dick Allen	4	4	4	4	4	5	10	25
27	Carlton Fisk	4	4	4	4	4	6	50	60
28	Ferguson Jenkins	4	4	4	4	4	5	10	60
29	Phil Niekro	4	4	4	4	4	5	10	25
30	Gary Nolan	4	4	4	4	4	5	8	25
31	Joe Torre	4	4	4	4	4	5	8	20
32	Bobby Tolan	4	4	4	4	4	5	8	20
33	Nate Colbert	4	4	4	4	4	5	8	60
34	Joe Morgan	4	4	4	4	4	5	10	25
35	Bert Blyleven	4	4	4	4	4	5	8	20
36	Joe Rudi	4	4	4	4	4	5	8	25
37	Ralph Garr	4	4	4	4	4	5	8	40
38	Gaylord Perry	4	4	4	4	4	5	10	50
39	Bobby Grich	4	4	4	4	4	5	8	40
40	Lou Brock	4	4	4	4	4	5	10	150
41	Pete Broberg	4	4	4	4	4	5	8	25
42	Manny Sanguillen	4	4	4	4	4	5	8	20
43	Willie Davis	4	4	4	4	4	5	8	20
44	Dave Kingman	4	4	4	4	4	5	8	20
45	Carlos May	4	4	4	4	4	5	8	20
46	Tom Seaver	4	4	4	4	4	8	15	30
47	Mike Cuellar	4	4	4	4	4	5	8	60
48	Joe Coleman	4	4	4	4	4	5	8	20
49	Claude Osteen	4	4	4	4	4	5	8	25
50	Steve Kline	4	4	4	4	4	5	8	20
51	Rod Carew	4	4	4	4	4	5	10	50

		VG 3	VgEx 4	EX 5	ExMt 6	NM 7	NmMt 8	MT 9	Gem 9.5/10
52	Al Kaline	4	4	4	4	4	6	15	30
53	Larry Dierker	4	4	4	4	4	5	8	20
54	Ron Santo	4	4	4	4	4	5	10	25

1973 O-Pee-Chee

		GD 2	VG 3	VgEx 4	EX 5	ExMt 6	NM 7	NmMt 8	MT 9
615	Mike Schmidt RC	100	150	250	400	600	1,000	1,500	4,000

1973 Topps

		VG 3	VgEx 4	EX 5	ExMt 6	NM 7	NmMt 8	NmMt+ 8.5	MT 9
1	Ruth/Aaron/Mays HR	20	25	30	60	80	250	200	600
2	Rich Hebner	4	4	4	4	4	8	10	30
3	Jim Lonborg	4	4	4	4	4	6	8	20
4	John Milner	4	4	4	4	4	6	8	60
5	Ed Brinkman	4	4	4	4	4	6	8	20
6	Mac Scarce RC	4	4	4	4	4	6	8	20
7	Texas Rangers TC	4	4	4	4	4	6	8	20
8	Tom Hall	4	4	4	4	4	6	8	15
9	Johnny Oates	4	4	4	4	4	6	8	15
10	Don Sutton	4	4	4	4	5	10	12	40
11	Chris Chambliss	4	4	4	4	4	8	10	30
12A	Don Zimmer MG Podres w/o Ear	4	4	4	4	4	6	8	20
12B	Don Zimmer MG Podres w/Ear	4	4	4	4	4	6	8	20
13	George Hendrick	4	4	4	4	4	6	8	20
14	Sonny Siebert	4	4	4	4	4	6	8	20
15	Ralph Garr	4	4	4	4	4	6	8	20
16	Steve Braun	4	4	4	4	4	6	8	20
17	Fred Gladding	4	4	4	4	4	6	8	25
18	Leroy Stanton	4	4	4	4	4	6	8	40
19	Tim Foli	4	4	4	4	4	6	8	12
20	Stan Bahnsen	4	4	4	4	4	6	8	20
21	Randy Hundley	4	4	4	4	4	6	8	20
22	Ted Abernathy	4	4	4	4	4	6	8	20
23	Dave Kingman	4	4	4	4	4	8	10	40
24	Al Santorini	4	4	4	4	4	6	8	20
25	Roy White	4	4	4	4	4	8	10	30
26	Pittsburgh Pirates TC	4	4	4	4	4	6	8	20
27	Bill Gogolewski	4	4	4	4	4	6	8	20
28	Hal McRae	4	4	4	4	4	8	10	25
29	Tony Taylor	4	4	4	4	4	6	8	20
30	Tug McGraw	4	4	4	4	4	8	10	25
31	Buddy Bell RC	4	4	4	4	8	15	20	120
32	Fred Norman	4	4	4	4	4	6	8	20
33	Jim Breazeale RC	4	4	4	4	4	6	8	20
34	Pat Dobson	4	4	4	4	4	6	8	20
35	Willie Davis	4	4	4	4	4	6	8	20
36	Steve Barber	4	4	4	4	4	6	8	20
37	Bill Robinson	4	4	4	4	4	6	8	20
38	Mike Epstein	4	4	4	4	4	6	8	20
39	Dave Roberts	4	4	4	4	4	6	8	20
40	Reggie Smith	4	4	4	4	4	8	10	50
41	Tom Walker RC	4	4	4	4	4	6	8	25
42	Mike Andrews	4	4	4	4	4	6	8	12
43	Randy Moffitt RC	4	4	4	4	4	6	8	20
44	Rick Monday	4	4	4	4	4	6	8	30
45	Ellie Rodriguez	4	4	4	4	4	6	8	20
46	Lindy McDaniel	4	4	4	4	4	6	8	20
47	Luis Melendez	4	4	4	4	4	6	8	20
48	Paul Splittorff	4	4	4	4	4	6	8	50
49A	Frank Quilici MG Solid	4	4	4	4	4	6	8	40
49B	Frank Quilici MG Natural	4	4	4	4	4	6	8	40
50	Roberto Clemente	▼50	▼60	▼100	150	250	500	600	2,000
51	Chuck Seelbach RC	4	4	4	4	4	6	8	20
52	Denis Menke	4	4	4	4	4	6	8	20
53	Steve Dunning	4	4	4	4	4	6	8	20
54	Checklist 1-132	4	4	4	4	4	8	20	40

		VG 3	VgEx 4	EX 5	ExMt 6	NM 7	NmMt 8	NmMt+ 8.5	M
55	Jon Matlack	4	4	4	4	4	6	8	
56	Merv Rettenmund	4	4	4	4	4	6	8	
57	Derrel Thomas	4	4	4	4	4	6	8	
58	Mike Paul	4	4	4	4	4	6	8	
59	Steve Yeager RC	4	4	4	4	5	10	12	
60	Ken Holtzman	4	4	4	4	4	6	8	
61	Batting Leaders	4	4	4	4	4	8	10	
62	Home Run Leaders	4	4	4	4	4	8	10	
63	RBI Leaders	4	4	4	4	5	10	12	
64	Stolen Base Leaders	4	4	4	4	4	8	10	
65	ERA Leaders	4	4	4	4	4	8	10	
66	Victory Leaders	4	4	4	4	4	8	10	
67	Strikeout Leaders	4	6	10	15	40	50	60	
68	Leading Firemen	4	4	4	4	4	8	10	
69	Phil Gagliano	4	4	4	4	4	6	8	
70	Milt Pappas	4	4	4	4	4	6	8	
71	Johnny Briggs	4	4	4	4	4	6	8	
72	Ron Reed	4	4	4	4	4	6	8	
73	Ed Herrmann	4	4	4	4	4	5	6	
74	Billy Champion	4	4	4	4	4	5	6	
75	Vada Pinson	4	4	4	4	4	6	8	
76	Doug Rader	4	4	4	4	4	6	8	
77	Mike Torrez	4	4	4	4	4	6	8	
78	Richie Scheinblum	4	4	4	4	4	6	8	
79	Jim Willoughby RC	4	4	4	4	4	6	8	
80	Tony Oliva	4	4	4	4	5	10	12	2
81A	W.Lockman MG w/Banks Solid	4	4	4	4	4	8	10	
81B	W.Lockman MG w/Banks Natural	4	4	4	4	4	8	10	
82	Fritz Peterson	4	4	4	4	4	6	8	
83	Leron Lee	4	4	4	4	4	6	8	
84	Rollie Fingers	4	4	5	6	12	25	30	1
85	Ted Simmons	4	4	4	4	4	8	10	
86	Tom McCraw	4	4	4	4	4	6	8	
87	Ken Boswell	4	4	4	4	4	6	8	
88	Mickey Stanley	4	4	4	4	4	6	8	
89	Jack Billingham	4	4	4	4	4	6	8	
90	Brooks Robinson	10	15	25	40	60	100	120	▲5
91	Los Angeles Dodgers TC	4	4	4	4	4	8	10	
92	Jerry Bell	4	4	4	4	4	6	8	
93	Jesus Alou	4	4	4	4	4	6	8	
94	Dick Billings	4	4	4	4	4	6	8	
95	Steve Blass	4	4	4	4	4	6	8	
96	Doug Griffin	4	4	4	4	4	6	8	
97	Willie Montanez	4	4	4	4	4	6	8	
98	Dick Woodson	4	4	4	4	4	6	8	
99	Carl Taylor	4	4	4	4	4	6	8	
100	Hank Aaron	25	30	40	50	60	120	200	1,5
101	Ken Henderson	4	4	4	4	4	6	8	
102	Rudy May	4	4	4	4	4	6	8	
103	Celerino Sanchez RC	4	4	4	4	4	6	8	
104	Reggie Cleveland	4	4	4	4	4	6	8	
105	Carlos May	4	4	4	4	4	6	8	
106	Terry Humphrey	4	4	4	4	4	6	8	
107	Phil Hennigan	4	4	4	4	4	6	8	
108	Bill Russell	4	4	4	4	4	8	10	
109	Doyle Alexander	4	4	4	4	4	6	8	
110	Bob Watson	4	4	4	4	4	6	8	
111	Dave Nelson	4	4	4	4	4	6	8	
112	Gary Ross	4	4	4	4	4	6	8	
113	Jerry Grote	4	4	4	4	4	5	6	
114	Lynn McGlothen RC	4	4	4	4	4	6	8	
115	Ron Santo	4	4	4	4	8	15	20	
116A	Ralph Houk MG Solid	4	4	4	4	4	6	8	1
116B	Ralph Houk MG Natural	4	4	4	4	4	6	8	
117	Ramon Hernandez	4	4	4	4	4	6	8	
118	John Mayberry	4	4	4	4	4	6	8	
119	Larry Bowa	4	4	4	4	4	8	10	

	VG 3	VgEx 4	EX 5	ExMt 6	NM 7	NmMt 8	NmMt+ 8.5	MT 9
Joe Coleman	4	4	4	4	4	6	8	20
Dave Rader	4	4	4	4	4	6	8	20
Jim Strickland	4	4	4	4	4	6	8	20
Sandy Alomar	4	4	4	4	4	8	10	25
Jim Hardin	4	4	4	4	4	6	8	20
Ron Fairly	4	4	4	4	4	6	8	20
Jim Brewer	4	4	4	4	4	6	8	20
Milwaukee Brewers TC	4	4	4	4	4	6	8	25
Ted Sizemore	4	4	4	4	4	6	8	60
Terry Forster	4	4	4	4	4	8	10	25
Pete Rose	30	▼40	▼50	▼60	▼100	300	400	1,500
A Eddie Kasko MG Popowski w/oEar	4	4	4	4	4	60	80	400
B Eddie Kasko MG Popowski w/Ear	4	4	4	4	4	6	8	20
Matty Alou	4	4	4	4	4	6	8	20
Dave Roberts RC	4	4	4	4	4	6	8	25
Milt Wilcox	4	4	4	4	4	6	8	25
Lee May	4	4	4	4	4	6	8	20
A Earl Weaver MG Orange	4	4	4	4	5	10	12	60
B Earl Weaver MG Brown	4	4	4	4	4	8	10	400
Jim Beauchamp	4	4	4	4	4	6	8	25
Horacio Pina	4	4	4	4	4	6	8	40
Carmen Fanzone RC	4	4	4	4	4	6	8	20
Lou Piniella	4	4	4	4	4	8	10	25
Bruce Kison	4	4	4	4	4	6	8	150
Thurman Munson	20	30	50	80	100	250	300	▲1,000
John Curtis	4	4	4	4	4	6	8	25
Marty Perez	4	4	4	4	4	8	10	
Bobby Bonds	4	4	4	4	4	8	10	80
Woodie Fryman	4	4	4	4	4	15	20	
Mike Anderson	4	4	4	4	4	6	8	20
Dave Goltz RC	4	4	4	4	4	6	8	20
Ron Hunt	4	4	4	4	4	6	8	25
Wilbur Wood	4	4	4	4	4	8	10	25
Wes Parker	4	4	4	4	4	8	10	25
Dave May	4	4	4	4	4	6	8	20
Al Hrabosky	4	4	4	4	4	8	10	25
Jeff Torborg	4	4	4	4	4	6	8	20
Sal Bando	4	4	4	4	4	8	10	30
Cesar Geronimo	4	4	4	4	4	6	8	50
Denny Riddleberger	4	4	4	4	4	6	8	200
Houston Astros TC	4	4	4	4	4	6	8	20
Cito Gaston	4	4	4	4	4	6	8	20
Jim Palmer	4	4	4	4	8	30	40	200
Ted Martinez	4	4	4	4	4	6	8	20
Pete Broberg	4	4	4	4	4	6	8	12
Vic Davalillo	4	4	4	4	4	8	10	
Monty Montgomery	4	4	4	4	4	6	8	20
Luis Aparicio	4	4	4	4	5	15	20	30
Terry Harmon	4	4	4	4	4	6	8	20
Steve Stone	4	4	4	4	4	6	8	20
Jim Northrup	4	4	4	4	4	8	10	25
Ron Schueler RC	4	4	4	4	4	6	8	250
Harmon Killebrew	▲10	▲15	▲25	▲40	▲60	100	120	400
Bernie Carbo	4	4	4	4	4	6	8	25
Steve Kline	4	4	4	5	10	40		20
Hal Breeden	4	4	4	5	10	40		
Rich Gossage RC	20	30	50	80	120	250	300	1,000
Frank Robinson	10	15	25	40	▼50	80	100	200
Chuck Taylor	4	4	4	4	4	6	8	20
Bill Plummer RC	4	4	4	4	4	6	8	20
Don Rose RC	4	4	4	4	4	6	8	80
A Dick Williams MG Hoscheit w/Ear	4	4	4	4	4	6	8	30
B Dick Williams MG Hoscheit w/o Ear	4	4	4	4	4	4	8	20
Ferguson Jenkins	4	4	4	4	5	10	12	50
Jack Brohamer RC	4	4	4	4	4	6	8	25
Mike Caldwell RC	4	4	4	4	4	8	10	30

	VG 3	VgEx 4	EX 5	ExMt 6	NM 7	NmMt 8	NmMt+ 8.5	MT 9
183 Don Buford	4	4	4	4	4	8	10	
184 Jerry Koosman	4	4	4	4	4	8	10	25
185 Jim Wynn	4	4	4	4	4	8	10	25
186 Bill Fahey	4	4	4	4	4	6	8	40
187 Luke Walker	4	4	4	4	4	6	8	15
188 Cookie Rojas	4	4	4	4	4	6	8	20
189 Greg Luzinski	4	4	4	4	4	8	10	50
190 Bob Gibson	15	25	40	50	80	150	200	500
191 Detroit Tigers TC	4	4	4	4	4	8	10	50
192 Pat Jarvis	4	4	4	4	4	6	8	25
193 Carlton Fisk	▲25	▲40	▲60	▲100	120	250	300	500
194 Jorge Orta RC	4	4	4	4	4	6	8	50
195 Clay Carroll	4	4	4	4	4	15	20	100
196 Ken McMullen	4	4	4	4	4	6	8	20
197 Ed Goodson RC	4	4	4	4	4	6	8	25
198 Horace Clarke	4	4	4	4	4	6	8	30
199 Bert Blyleven	4	4	4	4	4	8	10	60
200 Billy Williams	4	4	4	4	6	20	25	80
201 George Hendrick ALCS	4	4	4	4	4	8	10	30
202 George Foster NLCS	4	4	4	4	4	15	20	150
203 Gene Tenace WS1	4	4	4	4	4	8	10	25
204 A's Two Straight WS2	4	4	4	4	4	8	10	30
205 Tony Perez WS3	4	4	4	4	4	8	10	30
206 Gene Tenace WS4	4	4	4	4	4	8	10	40
207 Blue Moon Odom WS5	4	4	4	4	4	8	10	50
208 Johnny Bench WS6	4	4	4	5	8	12	20	25
209 Bert Campaneris WS7	4	4	4	4	4	8	10	30
210 A's Win WS	4	4	4	4	4	6	8	80
211 Balor Moore	4	4	4	4	4	6	8	40
212 Joe Lahoud	4	4	4	4	4	6	8	20
213 Steve Garvey	6	10	15	25	40	▲80	▲120	▲250
214 Dave Hamilton RC	4	4	4	4	4	6	8	25
215 Dusty Baker	4	4	4	4	4	8	10	25
216 Toby Harrah	4	4	4	4	4	6	8	20
217 Don Wilson	4	4	4	6	12	25	30	900
218 Aurelio Rodriguez	4	4	4	4	4	6	8	25
219 St. Louis Cardinals TC	4	4	4	4	4	8	10	80
220 Nolan Ryan	30	50	80	120	▲250	800	1,000	2,500
221 Fred Kendall	4	4	4	4	4	6	8	20
222 Rob Gardner	4	4	4	4	5	10	12	25
223 Bud Harrelson	4	4	4	4	5	10	12	60
224 Bill Lee	4	4	4	4	4	8	10	30
225 Al Oliver	4	4	4	4	4	8	10	25
226 Ray Fosse	4	4	4	4	4	6	8	20
227 Wayne Twitchell	4	4	4	4	4	12	15	60
228 Bobby Darwin	4	4	4	4	4	6	8	20
229 Roric Harrison	4	4	4	4	4	6	8	60
230 Joe Morgan	▼10	▼15	▼25	▼40	▲100	▼150		
231 Bill Parsons	4	4	4	4	4	6	8	20
232 Ken Singleton	4	4	4	4	4	8	10	25
233 Ed Kirkpatrick	4	4	4	4	4	6	8	25
234 Bill North RC	4	4	4	4	4	6	8	50
235 Jim Hunter	4	4	5	6	12	25	30	60
236 Tito Fuentes	4	4	4	4	4	6	8	15
237A Eddie Mathews MG Burdette w/Ear	4	4	4	4	5	10	12	700
237B Eddie Mathews MG Burdette w/o Ear	4	4	4	4	5	10	12	300
238 Tony Muser RC	4	4	4	4	4	6	8	20
239 Pete Richert	4	4	4	4	5	10	15	
240 Bobby Murcer	4	4	4	4	8	15	20	50
241 Dwain Anderson	4	4	4	4	5	10	12	20
242 George Culver	4	4	4	4	4	6	8	20
243 California Angels TC	4	4	4	4	4	6	8	25
244 Ed Acosta	4	4	4	4	4	6	8	20
245 Carl Yastrzemski	10	15	25	40	▼80	▲250		
246 Ken Sanders	4	4	4	4	4	6	8	20
247 Del Unser	4	4	4	4	5	10	15	

#	Player	VG 3	VgEx 4	EX 5	ExMt 6	NM 7	NmMt 8	NmMt+ 8.5	MT 9
248	Jerry Johnson	4	4	4	4	4	6	8	20
249	Larry Biittner	4	4	4	4	4	6	8	20
250	Manny Sanguillen	4	4	4	4	4	8	10	50
251	Roger Nelson	4	4	4	4	4	6	8	15
252A	Charlie Fox MG Orange	4	4	4	4	4	6	8	60
252B	Charlie Fox MG Brown	4	4	4	4	4	6	8	20
253	Mark Belanger	4	4	4	4	4	8	10	25
254	Bill Stoneman	4	4	4	4	4	6	8	12
255	Reggie Jackson	▼12	▼20	▼30	▼50	100	▲250	▲400	1,000
256	Chris Zachary	4	4	4	4	4	6	8	15
257A	Yogi Berra MG Orange	4	4	4	4	5	15	20	80
257B	Yogi Berra MG Brown	4	4	4	4	5	15	20	60
258	Tommy John	4	4	4	4	4	8	10	50
259	Jim Holt	4	4	4	4	5	10	15	
260	Gary Nolan	4	4	4	4	4	6	8	20
261	Pat Kelly	4	4	4	4	4	6	8	25
262	Jack Aker	4	4	4	4	4	6	8	20
263	George Scott	4	4	4	4	4	6	8	20
264	Checklist 133-264	4	4	4	4	8	60	80	100
265	Gene Michael	4	4	4	4	4	6	8	50
266	Mike Lum	4	4	4	4	4	6	8	25
267	Lloyd Allen	4	4	4	4	4	6	8	20
268	Jerry Morales	4	4	4	4	4	6	8	20
269	Tim McCarver	4	4	4	4	4	8	10	25
270	Luis Tiant	4	4	4	4	4	8	10	25
271	Tom Hutton	4	4	4	4	4	6	8	20
272	Ed Farmer	4	4	4	4	4	6	8	25
273	Chris Speier	4	4	4	4	4	6	8	20
274	Darold Knowles	4	4	4	4	4	6	8	25
275	Tony Perez	4	4	4	4	8	60	80	200
276	Joe Lovitto RC	4	4	4	4	4	6	8	20
277	Bob Miller	4	4	4	4	4	6	8	20
278	Baltimore Orioles TC	4	4	4	4	6	12	15	100
279	Mike Strahler	4	4	4	4	4	6	8	50
280	Al Kaline	5	8	12	25	▲50	100	120	250
281	Mike Jorgensen	4	4	4	4	4	6	8	80
282	Steve Hovley	4	4	4	4	4	6	8	80
283	Ray Sadecki	4	4	4	4	4	6	8	120
284	Glenn Borgmann RC	4	4	4	4	4	6	8	20
285	Don Kessinger	4	4	4	4	4	6	8	120
286	Frank Linzy	4	4	4	4	4	6	8	20
287	Eddie Leon	4	4	4	4	4	6	8	20
288	Gary Gentry	4	4	4	4	4	6	8	120
289	Bob Oliver	4	4	4	4	4	6	8	25
290	Cesar Cedeno	4	4	4	4	4	8	10	50
291	Rogelio Moret	4	4	4	4	4	6	8	15
292	Jose Cruz	4	4	4	4	4	8	10	25
293	Bernie Allen	4	4	4	4	4	6	8	20
294	Steve Arlin	4	4	4	4	4	6	8	20
295	Bert Campaneris	4	4	4	4	4	6	8	25
296	Sparky Anderson MG	4	4	4	4	6	12	15	60
297	Walt Williams	4	4	4	4	4	6	8	20
298	Ron Bryant	4	4	4	4	4	6	8	50
299	Ted Ford	4	4	4	4	4	6	8	30
300	Steve Carlton	4	6	10	15	25	60	80	200
301	Billy Grabarkewitz	4	4	4	4	4	6	8	15
302	Terry Crowley	4	4	4	4	4	6	8	100
303	Nelson Briles	4	4	4	4	4	6	8	25
304	Duke Sims	4	4	4	4	4	6	8	20
305	Willie Mays	▼60	▼80	▼100	150	▲300	600	800	2,500
306	Tom Burgmeier	4	4	4	4	4	6	8	40
307	Boots Day	4	4	4	4	4	6	8	20
308	Skip Lockwood	4	4	4	4	4	6	8	30
309	Paul Popovich	4	4	4	4	4	6	8	20
310	Dick Allen	4	4	4	5	10	20	25	150
311	Joe Decker	4	4	4	4	4	6	8	20
312	Oscar Brown	4	4	4	4	4	6	8	20

#	Player	VG 3	VgEx 4	EX 5	ExMt 6	NM 7	NmMt 8	NmMt+ 8.5	M
313	Jim Ray	4	4	4	4	4	6	8	
314	Ron Swoboda	4	4	4	4	4	6	8	
315	John Odom	4	4	4	4	4	6	8	
316	San Diego Padres TC	4	4	4	4	4	6	8	
317	Danny Cater	4	4	4	4	4	6	8	
318	Jim McGlothlin	4	4	4	4	4	6	8	
319	Jim Spencer	4	4	4	4	4	6	8	
320	Lou Brock	4	4	5	10	20	40	50	1
321	Rich Hinton	4	4	4	4	4	6	8	
322	Garry Maddox RC	4	4	4	4	4	6	10	
323	Billy Martin MG	4	4	4	4	6	12	15	
324	Al Downing	4	4	4	4	4	6	8	
325	Boog Powell	4	4	5	6	8	15	20	
326	Darrell Brandon	4	4	4	4	4	6	8	
327	John Lowenstein	4	4	4	4	4	6	8	
328	Bill Bonham	4	4	4	4	4	6	8	
329	Ed Kranepool	4	4	4	4	4	6	8	
330	Rod Carew	4	4	5	15	25	50	80	5
331	Carl Morton	4	4	4	4	4	6	8	
332	John Felske RC	4	4	4	4	4	6	8	
333	Gene Clines	4	4	4	4	4	6	8	
334	Freddie Patek	4	4	4	4	4	6	8	
335	Bob Tolan	4	4	4	4	4	6	8	
336	Tom Bradley	4	4	4	4	4	6	8	
337	Dave Duncan	4	4	4	4	4	6	8	
338	Checklist 265-396	4	4	4	4	8	15	20	1
339	Dick Tidrow	4	4	4	4	4	6	8	
340	Nate Colbert	4	4	4	4	4	6	8	
341	Jim Palmer KP	4	4	4	4	4	8	10	
342	Sam McDowell KP	4	4	4	4	4	6	8	
343	Bobby Murcer KP	4	4	4	4	4	6	8	
344	Jim Hunter KP	4	4	4	4	4	8	10	
345	Chris Speier KP	4	4	4	4	4	6	8	
346	Gaylord Perry KP	4	4	4	4	4	8	10	
347	Kansas City Royals TC	4	4	4	4	4	6	8	1
348	Rennie Stennett	4	4	4	4	4	6	8	
349	Dick McAuliffe	4	4	4	4	4	6	8	
350	Tom Seaver	15	25	40	60	▲120	200	250	8
351	Jimmy Stewart	4	4	4	4	4	6	8	
352	Don Stanhouse RC	4	4	4	4	4	6	8	
353	Steve Brye	4	4	4	4	4	6	8	
354	Billy Parker	4	4	4	4	4	6	8	
355	Mike Marshall	4	4	4	4	4	8	10	1
356	Chuck Tanner MG	4	4	4	4	4	6	8	
357	Ross Grimsley	4	4	4	4	4	6	8	
358	Jim Nettles	4	4	4	4	4	6	8	
359	Cecil Upshaw	4	4	4	4	4	6	8	
360	Joe Rudi	4	4	4	4	4	8	10	
361	Fran Healy	4	4	4	4	4	6	8	
362	Eddie Watt	4	4	4	4	4	6	8	
363	Jackie Hernandez	4	4	4	4	4	6	8	
364	Rick Wise	4	4	4	4	4	6	8	
365	Rico Petrocelli	4	4	4	4	4	8	10	
366	Brock Davis	4	4	4	4	4	6	8	
367	Burt Hooton	4	4	4	4	4	6	8	
368	Bill Buckner	4	4	4	4	4	8	10	
369	Lerrin LaGrow	4	4	4	4	4	6	8	
370	Willie Stargell	▲8	▲12	▲20	▲30	▲50	▲120	▲150	▲4
371	Mike Kekich	4	4	4	4	4	6	8	
372	Oscar Gamble	4	4	4	4	4	6	8	
373	Clyde Wright	4	4	4	4	4	6	8	
374	Darrell Evans	4	4	4	4	4	8	10	
375	Larry Dierker	4	4	4	4	4	6	8	
376	Frank Duffy	4	4	4	4	4	6	8	
377	Gene Mauch MG	4	4	4	4	4	6	8	
378	Len Randle	4	4	4	4	4	6	8	
379	Cy Acosta RC	4	4	4	4	4	6	8	

	VG 3	VgEx 4	EX 5	ExMt 6	NM 7	NmMt 8	NmMt+ 8.5	MT 9
Johnny Bench	12	15	20	25	50	150	200	1,000
Vicente Romo	4	4	4	4	4	6	8	120
Mike Hegan	4	4	4	4	4	20	25	
Diego Segui	4	4	4	4	4	6	8	30
Don Baylor	4	4	4	4	4	8	10	50
Jim Perry	4	4	4	4	6	12	15	50
Don Money	4	4	4	4	4	6	8	20
Jim Barr	4	4	4	4	4	6	8	20
Ben Oglivie	4	4	4	4	4	8	10	30
New York Mets TC	4	4	4	4	8	15	20	60
Mickey Lolich	4	4	4	4	4	8	10	25
Lee Lacy RC	4	4	4	4	4	8	10	25
Dick Drago	4	4	4	4	4	6	8	40
Jose Cardenal	4	4	4	4	4	6	8	20
Sparky Lyle	4	4	4	4	5	10	12	30
Roger Metzger	4	4	4	4	4	6	8	20
Grant Jackson	4	4	4	4	4	6	8	80
Dave Cash	4	4	4	4	4	6	8	50
Rich Hand	4	4	4	4	4	6	8	20
George Foster	4	4	4	4	5	10	12	200
Gaylord Perry	4	5	6	8	15	30	40	150
Clyde Mashore	4	4	4	4	4	6	8	20
Jack Hiatt	4	4	4	4	4	6	8	20
Sonny Jackson	4	4	4	4	4	6	8	20
Chuck Brinkman	4	4	4	4	4	6	8	30
Cesar Tovar	4	4	4	4	4	6	8	20
Paul Lindblad	4	4	4	4	4	6	8	80
Felix Millan	4	4	4	4	4	6	8	100
Jim Colborn	4	4	4	4	4	6	8	20
Ivan Murrell	4	4	4	4	4	6	8	20
Willie McCovey	4	4	5	6	20	30	40	120
Ray Corbin	4	4	4	4	4	6	8	40
Manny Mota	4	4	4	4	4	6	8	30
Tom Timmermann	4	4	4	4	4	6	8	20
Ken Rudolph	4	4	4	4	4	6	8	20
Marty Pattin	4	4	4	4	4	6	8	20
Paul Schaal	4	4	4	4	4	6	8	30
Scipio Spinks	4	4	4	4	4	6	8	25
Bob Grich	4	4	4	4	4	8	10	
Casey Cox	4	4	4	4	4	6	8	50
Tommie Agee	4	4	4	4	4	6	8	120
Bobby Winkles MG Orange RC	4	4	4	4	4	6	8	30
Bobby Winkles MG Brown	4	4	4	4	4	6	8	100
Bob Robertson	4	4	4	4	4	6	8	30
Johnny Jeter	4	4	4	4	4	6	8	20
Denny Doyle	4	4	4	4	4	6	8	60
Alex Johnson	4	4	4	4	4	6	8	25
Dave LaRoche	4	4	4	4	4	6	8	20
Rick Auerbach	4	4	4	4	4	6	8	30
Wayne Simpson	4	4	4	4	4	6	8	60
Jim Fairey	4	4	4	4	4	6	8	20
Vida Blue	4	4	4	4	8	15	20	50
Gerry Moses	4	4	4	4	4	6	8	30
Dan Frisella	4	4	4	4	4	6	8	60
Willie Horton	4	4	4	4	5	10	12	50
San Francisco Giants TC	4	4	4	4	4	6	8	20
Rico Carty	4	4	4	4	4	6	8	20
Jim McAndrew	4	4	4	4	4	6	8	30
John Kennedy	4	4	4	4	4	6	8	20
Enzo Hernandez	4	4	4	4	4	6	8	20
Eddie Fisher	4	4	4	4	4	6	8	20
Glenn Beckert	4	4	4	4	4	6	8	80
Gail Hopkins	4	4	4	4	4	6	8	100
Dick Dietz	4	4	4	4	4	6	8	20
Danny Thompson	4	4	4	4	4	6	8	20
Ken Brett	4	4	4	4	4	6	8	25
Ken Berry	4	4	4	4	4	6	8	20

		VG 3	VgEx 4	EX 5	ExMt 6	NM 7	NmMt 8	NmMt+ 8.5	MT 9
446	Jerry Reuss	4	4	4	4	4	6	8	50
447	Joe Hague	4	4	4	4	4	6	8	25
448	John Hiller	4	4	4	4	4	6	8	20
449A	Ken Aspromonte MG Spahn Ear Pointed	4	4	4	4	4	8	10	25
449B	Ken Aspromonte MG Spahn Ear Round	4	4	4	4	4	8	10	40
450	Joe Torre	4	4	4	4	8	15	20	30
451	John Vukovich RC	4	4	4	4	4	6	8	20
452	Paul Casanova	4	4	4	4	4	6	8	25
453	Checklist 397-528	4	4	4	4	8	15	20	150
454	Tom Haller	4	4	4	4	4	6	8	20
455	Bill Melton	4	4	4	4	4	6	8	25
456	Dick Green	4	4	4	4	4	6	8	30
457	John Strohmayer	4	4	4	4	4	6	8	25
458	Jim Mason	4	4	4	4	4	6	8	20
459	Jimmy Howarth RC	4	4	4	4	4	6	8	20
460	Bill Freehan	4	4	4	4	4	8	10	80
461	Mike Corkins	4	4	4	4	4	6	8	20
462	Ron Blomberg	4	4	4	4	4	6	8	20
463	Ken Tatum	4	4	4	4	4	6	8	20
464	Chicago Cubs TC	4	4	4	4	4	8	10	80
465	Dave Giusti	4	4	4	4	4	6	8	20
466	Jose Arcia	4	4	4	4	4	8	10	
467	Mike Ryan	4	4	4	4	4	6	8	15
468	Tom Griffin	4	4	4	4	4	6	8	40
469	Dan Monzon RC	4	4	4	4	4	6	8	20
470	Mike Cuellar	4	4	4	4	8	15	20	120
471	Ty Cobb LDR	4	4	4	12	15	40	60	250
472	Lou Gehrig LDR	4	4	6	12	25	120	150	300
473	Hank Aaron LDR	4	5	10	20	30	60	100	400
474	Babe Ruth LDR	20	30	50	80	100	▼20	▲250	▲500
475	Ty Cobb LDR	4	4	4	15	25	50	60	150
476	Walter Johnson LDR	4	4	4	4	8	15	20	80
477	Cy Young LDR	4	4	5	6	12	40		
478	Walter Johnson LDR	4	4	4	5	10	20	25	100
479	Hal Lanier	4	4	4	4	4	6	8	20
480	Juan Marichal	4	4	4	6	12	60	80	250
481	Chicago White Sox TC	4	4	4	4	4	6	8	50
482	Rick Reuschel RC	4	4	4	4	5	10	12	40
483	Dal Maxvill	4	4	4	4	4	6	8	25
484	Ernie McAnally	4	4	4	4	4	6	8	20
485	Norm Cash	4	4	4	4	4	5	10	12
486A	Danny Ozark MG Orange RC	4	4	4	4	4	6	8	60
486B	Danny Ozark MG Brown	4	4	4	4	4	6	8	25
487	Bruce Dal Canton	4	4	4	4	4	6	8	30
488	Dave Campbell	4	4	4	4	4	8	10	25
489	Jeff Burroughs	4	4	4	4	4	8	10	25
490	Claude Osteen	4	4	4	4	4	6	8	20
491	Bob Montgomery	4	4	4	4	4	6	8	20
492	Pedro Borbon	4	4	4	4	4	6	8	25
493	Duffy Dyer	4	4	4	4	4	6	8	20
494	Rich Morales	4	4	4	4	4	6	8	20
495	Tommy Helms	4	4	4	4	4	6	8	20
496	Ray Lamb	4	4	4	4	4	6	8	100
497A	Red Schoendienst MG Orange	4	4	4	4	4	8	10	60
497B	Red Schoendienst MG Brown	4	4	4	4	4	8	10	25
498	Graig Nettles	4	4	4	4	8	15	20	200
499	Bob Moose	4	4	4	4	4	6	8	80
500	Oakland Athletics TC	4	4	4	4	4	8	10	20
501	Larry Gura	4	4	4	4	4	6	8	20
502	Bobby Valentine	4	4	4	4	4	8	10	25
503	Phil Niekro	4	4	4	4	8	15	20	150
504	Earl Williams	4	4	4	4	4	6	8	50
505	Bob Bailey	4	4	4	4	4	6	8	20
506	Bart Johnson	4	4	4	4	4	6	8	20
507	Darrel Chaney	4	4	4	4	4	6	8	25

#	Player	VG 3	VgEx 4	EX 5	ExMt 6	NM 7	NmMt 8	NmMt+ 8.5	MT 9
508	Gates Brown	4	4	4	4	4	6	8	20
509	Jim Nash	4	4	4	4	4	6	8	20
510	Amos Otis	4	4	4	4	4	8	10	40
511	Sam McDowell	4	4	4	4	4	8	10	40
512	Dalton Jones	4	4	4	4	4	6	8	20
513	Dave Marshall	4	4	4	4	4	6	8	20
514	Jerry Kenney	4	4	4	4	4	6	8	25
515	Andy Messersmith	4	4	4	4	4	8	10	15
516	Danny Walton	4	4	4	4	5	10	12	20
517A	Bill Virdon MG Mazeroski w/o Ear	4	4	4	4	4	6	8	60
517B	Bill Virdon MG Mazeroski w/Ear	4	4	4	4	4	6	8	60
518	Bob Veale	4	4	4	4	4	6	8	20
519	Johnny Edwards	4	4	4	4	4	6	8	15
520	Mel Stottlemyre	4	4	4	4	6	12	15	25
521	Atlanta Braves TC	4	4	4	4	4	6	8	20
522	Leo Cardenas	4	4	4	4	4	6	8	20
523	Wayne Granger	4	4	4	4	4	6	8	20
524	Gene Tenace	4	4	4	4	4	8	10	200
525	Jim Fregosi	4	4	4	4	4	8	10	25
526	Ollie Brown	4	4	4	4	4	6	8	25
527	Dan McGinn	4	4	4	4	4	6	8	25
528	Paul Blair	4	4	4	4	4	8	10	100
529	Milt May	4	4	4	4	5	10	12	25
530	Jim Kaat	4	4	6	12	25	30	60	100
531	Ron Woods	4	4	4	4	5	10	12	30
532	Steve Mingori	4	4	4	4	5	10	12	25
533	Larry Stahl	4	4	4	4	5	10	12	25
534	Dave Lemonds	4	4	4	4	8	15	25	
535	Johnny Callison	4	4	5	8	12	20	25	100
536	Philadelphia Phillies TC	4	4	4	4	6	12	15	60
537	Bill Slayback RC	4	4	4	4	5	10	12	30
538	Jim Ray Hart	4	4	4	4	5	10	12	50
539	Tom Murphy	4	4	4	4	5	10	12	80
540	Cleon Jones	4	4	4	4	6	12	15	50
541	Bob Bolin	4	4	4	4	5	10	12	25
542	Pat Corrales	4	4	4	4	5	10	12	100
543	Alan Foster	4	4	4	4	5	10	12	25
544	Von Joshua	4	4	4	4	5	10	12	25
545	Orlando Cepeda	4	4	4	8	12	20	30	80
546	Jim York	4	4	4	4	5	10	12	25
547	Bobby Heise	5	6	8	10	20	40	50	
548	Don Durham RC	4	4	4	4	5	10	12	80
549	Whitey Herzog MG	4	4	4	4	30	80		
550	Dave Johnson	4	4	4	4	10	50		
551	Mike Kilkenny	4	4	4	4	8	15	25	
552	J.C. Martin	4	4	4	4	5	10	12	40
553	Mickey Scott	4	4	4	4	8	15	25	
554	Dave Concepcion	4	4	5	8	15	40	50	150
555	Bill Hands	4	4	4	4	5	10	12	400
556	New York Yankees TC	5	6	8	10	15	20	50	120
557	Bernie Williams	4	4	4	4	5	10	12	50
558	Jerry May	4	4	4	4	5	10	12	40
559	Barry Lersch	4	4	4	4	5	10	12	50
560	Frank Howard	5	6	8	10	20	60		
561	Jim Geddes RC	4	4	4	4	8	25	30	
562	Wayne Garrett	4	4	4	4	5	10	12	50
563	Larry Haney	4	4	4	4	5	10	12	120
564	Mike Thompson RC	4	4	4	4	5	10	12	25
565	Jim Hickman	4	4	4	4	5	10	12	50
566	Lew Krausse	4	4	4	4	5	10	12	80
567	Bob Fenwick	4	4	4	4	5	10	12	40
568	Ray Newman	4	4	4	4	5	10	12	30
569	Walt Alston MG	4	4	4	5	6	12	25	120
570	Bill Singer	4	4	4	4	5	10	12	25
571	Rusty Torres	4	4	4	4	6	12	15	25
572	Gary Sutherland	4	4	4	4	6	12	15	30
573	Fred Beene	4	4	4	4	5	10	12	80

#	Player	VG 3	VgEx 4	EX 5	ExMt 6	NM 7	NmMt 8	NmMt+ 8.5	MT 9
574	Bob Didier	4	4	4	5	10	20	25	
575	Dock Ellis	4	4	4	4	5	10	12	
576	Montreal Expos TC	4	4	4	4	4	6	10	
577	Eric Soderholm RC	4	4	4	4	5	10	12	
578	Ken Wright	4	4	4	4	5	10	12	
579	Tom Grieve	4	4	4	4	5	10	12	
580	Joe Pepitone	4	4	4	4	6	12	15	
581	Steve Kealey	4	4	4	4	8	15	25	
582	Darrell Porter	4	4	4	4	8	15	20	
583	Bill Grief	4	4	4	4	5	10	12	
584	Chris Arnold	4	4	4	4	5	10	20	
585	Joe Niekro	4	4	4	4	5	10	12	
586	Bill Sudakis	4	4	4	4	5	10	12	
587	Rich McKinney	4	4	4	4	5	10	12	
588	Checklist 529-660	4	8	15	20	80	200	250	
589	Ken Forsch	4	4	4	4	5	10	12	
590	Deron Johnson	4	4	5	6	12	25	30	
591	Mike Hedlund	4	4	4	4	5	10	12	
592	John Boccabella	4	4	4	4	5	10	12	
593	Jack McKeon MG RC	4	4	4	4	8	100	120	
594	Vic Harris RC	4	4	4	4	8	15	25	
595	Don Gullett	4	4	4	4	5	10	12	
596	Boston Red Sox TC	4	4	4	4	8	15	20	
597	Mickey Rivers	4	4	4	4	6	12	15	
598	Phil Roof	4	4	4	4	5	10	12	
599	Ed Crosby	4	4	4	4	5	10	12	
600	Dave McNally	4	4	4	4	6	30	40	
601	Rookie Catchers	4	4	4	5	10	20	25	
602	Rookie Pitchers	4	4	4	4	8	15	20	
603	Rookie Third Basemen	4	4	4	4	8	40	60	
604	Rookie Pitchers	4	4	4	6	12	20	30	
605	Rookie First Basemen	4	4	4	5	10	25	30	
606	Gary Matthews RC	4	4	4	5	10	20	25	
607	Rookie Shortstops	4	4	4	5	10	30	50	
608	Rookie Pitchers	4	4	4	8	15	60	80	
609	Davey Lopes RC	4	6	10	15	25	60		
610	Rookie Pitchers	4	5	8	12	20	30	40	
611	Rookie Outfielders	4	4	4	5	10	20	25	
612	Rookie Pitchers	4	4	4	4	6	12	15	
613	Bob Boone RC	▲12	▲20	▲30	▲50	▲60	▲80	▲120	
614	Dwight Evans RC	30	50	60	▼80	150	400	500	▲1,2..
615	Mike Schmidt RC	▼150	250	▼300	▼500	▼600	1,500	2,500	15,0..
616	Rookie Pitchers	4	4	4	5	10	25	30	
617	Rich Chiles	4	4	4	4	5	10	12	
618	Andy Etchebarren	4	4	4	4	5	10	12	
619	Billy Wilson	4	4	4	4	5	10	12	
620	Tommy Harper	4	4	4	4	6	12	15	
621	Joe Ferguson	4	4	4	4	5	12	20	
622	Larry Hisle	4	4	4	5	8	15	20	
623	Steve Renko	4	4	4	4	8	15	20	
624	Leo Durocher MG	4	4	4	5	8	20	25	
625	Angel Mangual	4	4	4	5	8	15	20	
626	Bob Barton	4	4	4	4	5	10	12	
627	Luis Alvarado	4	4	4	4	6	12	15	
628	Jim Slaton	4	4	4	4	5	10	12	
629	Cleveland Indians TC	4	4	4	4	5	10	12	
630	Denny McLain	4	4	4	5	8	15	25	
631	Tom Matchick	4	4	4	4	5	10	12	
632	Dick Selma	4	4	4	4	5	10	12	
633	Ike Brown	4	4	4	4	5	10	12	
634	Alan Closter	4	4	4	4	5	10	12	
635	Gene Alley	4	4	4	4	5	10	12	
636	Rickey Clark	4	4	4	4	5	10	12	
637	Norm Miller	4	4	4	4	5	10	12	
638	Ken Reynolds	4	4	4	4	5	10	12	
639	Willie Crawford	4	4	4	4	5	10	12	
640	Dick Bosman	4	4	4	4	5	10	12	

	VG 3	VgEx 4	EX 5	ExMt 6	NM 7	NmMt 8	MT 9	Gem 9.5/10
Cincinnati Reds TC	4	5	6	8	15	60	80	150
Jose Laboy	4	4	4	4	5	10	12	30
Al Fitzmorris	4	4	4	4	5	10	12	80
Jack Heidemann	4	4	4	4	5	10	12	25
Bob Locker	4	4	4	4	5	10	12	250
Del Crandall MG	4	4	4	4	6	12	15	50
George Stone	4	4	4	4	5	10	12	25
Tom Egan	4	4	4	5	8	15	20	50
Rich Folkers	4	4	4	4	5	10	12	60
Felipe Alou	4	4	4	4	8	15	20	80
Don Carrithers	4	4	4	4	5	10	12	25
Ted Kubiak	4	4	4	4	5	10	12	25
Joe Hoerner	4	4	8	10	20	25		
Minnesota Twins TC	4	5	6	8	15	30	40	150
Clay Kirby	4	4	4	4	5	10	12	150
John Ellis	4	4	4	4	5	10	12	50
Bob Johnson	4	4	4	4	5	10	12	60
Elliott Maddox	4	4	4	4	5	10	12	60
Jose Pagan	4	4	4	4	5	10	12	25
Fred Scherman	4	4	6	10	15	80	100	150

Ian Ryan #220 PSA 10 (Gem) sold for $10,573 (Memory Lane; 8/12)

ke Schmidt #615 PSA 10 (Gem) (Young Collection) sold for $15,766 (SCP; 5/12)

74 Kellogg's

	VG 3	VgEx 4	EX 5	ExMt 6	NM 7	NmMt 8	MT 9	Gem 9.5/10
Bob Gibson	4	4	4	4	4	5		
Rick Monday	4	4	4	4	4	5		
Joe Coleman	4	4	4	4	4	5	10	25
Bert Campaneris	4	4	4	4	4	8	15	50
Carlton Fisk	4	4	4	4	4	8	15	80
Jim Palmer	4	4	4	4	4	5	10	30
Ron Santo Cubs	4	4	4	4	5	10	20	
Ron Santo White Sox	4	4	4	4	4	8	15	
Nolan Ryan	4	4	4	5	10	20	40	200
Greg Luzinski	4	4	4	4	4	5	10	40
Buddy Bell 134 Runs	4	4	4	4	4	5	10	
Buddy Bell 135 Runs	4	4	4	4	4	5	10	
Bob Watson	4	4	4	4	4	5	10	25
Bill Singer	4	4	4	4	4	5	10	20
Dave May	4	4	4	4	4	5	10	20
Jim Brewer	4	4	4	4	4	5	10	25
Manny Sanguillen	4	4	4	4	4	5	10	20
Jeff Burroughs	4	4	4	4	4	5	10	20
Amos Otis	4	4	4	4	4	5	10	25
Ed Goodson	4	4	4	4	4	5	10	20
Nate Colbert	4	4	4	4	4	5	10	20
Reggie Jackson	4	4	4	4	4	8	15	40
Ted Simmons	4	4	4	4	4	5	10	20
Bobby Murcer	4	4	4	4	4	5	10	25
Willie Horton	4	4	4	4	4	5	10	20
Orlando Cepeda	4	4	4	4	4	5	10	20
Ron Hunt	4	4	4	4	4	5	10	20
Wayne Twitchell	4	4	4	4	4	5	10	20
Ron Fairly	4	4	4	4	4	5	10	20
Johnny Bench	4	4	4	4	4	8	15	40
John Mayberry	4	4	4	4	4	5	10	20
Rod Carew	4	4	4	4	4	5	10	80
Ken Holtzman	4	4	4	4	4	5	10	20
Billy Williams	4	4	4	4	4	5	10	30
Dick Allen	4	4	4	4	4	5	10	40
Wilbur Wood SO 959	4	4	4	4	4	5	10	
Wilbur Wood SO 960	4	4	4	4	4	5	10	25
Danny Thompson	4	4	4	4	4	5	10	20
Joe Morgan	4	4	4	4	4	5	10	30
Willie Stargell	4	4	4	4	4	5	10	30
Pete Rose	4	4	4	4	5	10	20	80
Bobby Bonds	4	4	4	4	4	5	10	20

	VG 3	VgEx 4	EX 5	ExMt 6	NM 7	NmMt 8	MT 9	Gem 9.5/10
40 Chris Speier	4	4	4	4	4	5	10	20
41 Sparky Lyle	4	4	4	4	4	5	10	20
42 Cookie Rojas	4	4	4	4	4	5	10	20
43 Tommy Davis	4	4	4	4	4	5	10	20
44 Jim Hunter	4	4	4	4	4	5	10	30
45 Willie Davis	4	4	4	4	4	5	10	20
46 Bert Blyleven	4	4	4	4	4	5	10	25
47 Pat Kelly	4	4	4	4	4	5	10	25
48 Ken Singleton	4	4	4	4	4	5	10	20
49 Manny Mota	4	4	4	4	4	5	10	20
50 Dave Johnson	4	4	4	4	4	5	10	20
51 Sal Bando	4	4	4	4	4	5	10	20
52 Tom Seaver	4	4	4	4	4	8	15	40
53 Felix Millan	4	4	4	4	4	5	10	20
54 Ron Blomberg	4	4	4	4	4	5	10	25

1974 Topps

		GD 2	VG 3	EX 5	ExMt 6	NM 7	NmMt 8	NmMt+ 8.5	MT 9
1	Hank Aaron 715	8	12	30	40	100	200	250	3,000
2	Aaron Special 54-57	4	4	15	20	25	80	80	150
3	Aaron Special 58-61	4	4	15	20	25	50	60	120
4	Aaron Special 62-65	4	4	10	15	25	50	60	120
5	Aaron Special 66-69	4	4	15	20	25	40	50	120
6	Aaron Special 70-73	4	4	5	8	20	40	50	120
7	Jim Hunter	4	4	4	6	12	25	30	150
8	George Theodore RC	4	4	4	4	8	15	20	120
9	Mickey Lolich	4	4	4	4	4	5	6	20
10	Johnny Bench	4	4	15	20	30	80	80	300
11	Jim Bibby	4	4	4	4	4	5	6	15
12	Dave May	4	4	4	4	4	5	6	15
13	Tom Hilgendorf	4	4	4	4	4	5	6	15
14	Paul Popovich	4	4	4	4	4	8	10	40
15	Joe Torre	4	4	4	4	4	6	8	20
16	Baltimore Orioles TC	4	4	4	4	4	6	10	150
17	Doug Bird RC	4	4	4	4	4	5	6	15
18	Gary Thomasson RC	4	4	4	4	4	5	6	15
19	Gerry Moses	4	4	4	4	4	5	6	20
20	Nolan Ryan	12	15	25	30	50	100	250	600
21	Bob Gallagher RC	4	4	4	4	4	5	6	15
22	Cy Acosta	4	4	4	4	4	5	6	20
23	Craig Robinson RC	4	4	4	4	4	5	6	15
24	John Hiller	4	4	4	4	4	5	6	15
25	Ken Singleton	4	4	4	4	4	5	6	15
26	Bill Campbell RC	4	4	4	4	4	5	6	25
27	George Scott	4	4	4	4	4	5	6	15
28	Manny Sanguillen	4	4	4	4	4	5	6	15
29	Phil Niekro	4	4	4	4	4	8	10	80
30	Bobby Bonds	4	4	4	4	4	5	6	15
31	Preston Gomez MG	4	4	4	4	4	5	6	20
32A	Johnny Grubb SD RC	4	4	4	4	4	5	6	15
32B	Johnny Grubb WASH	4	4	5	6	12	25	30	100
33	Don Newhauser RC	4	4	4	4	4	5	6	15
34	Andy Kosco	4	4	4	4	4	5	6	15
35	Gaylord Perry	4	4	4	4	4	6	8	20
36	St. Louis Cardinals TC	4	4	4	4	4	5	6	15
37	Dave Sells RC	4	4	4	4	4	5	6	15
38	Don Kessinger	4	4	4	4	4	5	6	15
39	Ken Suarez	4	4	4	4	4	5	6	20
40	Jim Palmer	4	4	4	4	12	40	50	150
41	Bobby Floyd	4	4	4	4	4	5	6	15
42	Claude Osteen	4	4	4	4	4	5	6	15
43	Jim Wynn	4	4	4	4	4	5	6	15
44	Mel Stottlemyre	4	4	4	4	4	5	6	15
45	Dave Johnson	4	4	4	4	4	5	6	15
46	Pat Kelly	4	4	4	4	4	5	6	15
47	Dick Ruthven RC	4	4	4	4	4	5	6	15
48	Dick Sharon RC	4	4	4	4	4	5	6	15
49	Steve Renko	4	4	4	4	4	5	6	15

#	Player	GD 2	VG 3	EX 5	ExMt 6	NM 7	NmMt 8	NmMt+ 8.5	MT 9
50	Rod Carew	4	4	4	15	20	30	40	100
51	Bobby Heise	4	4	4	4	4	5	6	15
52	Al Oliver	4	4	4	4	4	5	6	20
53A	Fred Kendall SD	4	4	4	4	4	5	6	60
53B	Fred Kendall WASH	4	4	5	6	12	25	30	120
54	Elias Sosa RC	4	4	4	4	4	5	6	20
55	Frank Robinson	5	8	20	30	40	80	100	200
56	New York Mets TC	4	4	4	4	4	5	6	15
57	Darold Knowles	4	4	4	4	4	5	6	15
58	Charlie Spikes	4	4	4	4	4	5	6	25
59	Ross Grimsley	4	4	4	4	4	5	6	15
60	Lou Brock	4	4	4	5	12	30	40	80
61	Luis Aparicio	4	4	4	4	5	10	15	60
62	Bob Locker	4	4	4	4	4	5	6	15
63	Bill Sudakis	4	4	4	4	4	5	6	10
64	Doug Rau	4	4	4	4	4	5	6	15
65	Amos Otis	4	4	4	4	4	8	10	100
66	Sparky Lyle	4	4	4	4	4	5	6	30
67	Tommy Helms	4	4	4	4	4	5	6	15
68	Grant Jackson	4	4	4	4	4	5	6	25
69	Del Unser	4	4	4	4	4	8	12	80
70	Dick Allen	4	4	4	4	4	8	10	25
71	Dan Frisella	4	4	4	4	4	5	6	15
72	Aurelio Rodriguez	4	4	4	4	4	5	6	15
73	Mike Marshall	4	4	4	4	4	5	6	15
74	Minnesota Twins TC	4	4	4	4	4	5	6	15
75	Jim Colborn	4	4	4	4	4	5	6	15
76	Mickey Rivers	4	4	4	4	4	5	6	25
77A	Rich Troedson SD	4	4	4	4	4	5	6	25
77B	Rich Troedson WASH	4	4	5	6	12	25	30	80
78	Charlie Fox MG	4	4	4	4	4	5	6	20
79	Gene Tenace	4	4	4	4	4	5	6	15
80	Tom Seaver	12	20	▼40	▼50	▼80	▼200	300	1,000
81	Frank Duffy	4	4	4	4	4	5	6	15
82	Dave Giusti	4	4	4	4	4	5	6	15
83	Orlando Cepeda	4	4	4	4	8	12	15	50
84	Rick Wise	4	4	4	4	4	5	6	15
85	Joe Morgan	4	4	4	5	15	25	30	100
86	Joe Ferguson	4	4	4	4	4	5	6	15
87	Fergie Jenkins	4	4	4	4	6	12	15	30
88	Freddie Patek	4	4	4	4	4	5	6	15
89	Jackie Brown	4	4	4	4	4	5	6	120
90	Bobby Murcer	4	4	4	4	5	10	15	60
91	Ken Forsch	4	4	4	4	4	5	6	15
92	Paul Blair	4	4	4	4	4	5	6	20
93	Rod Gilbreath RC	4	4	4	4	4	5	6	15
94	Detroit Tigers TC	4	4	4	4	4	8	10	25
95	Steve Carlton	4	6	15	25	40	▲80	▲120	250
96	Jerry Hairston RC	4	4	4	4	4	5	6	15
97	Bob Bailey	4	4	4	4	4	5	6	15
98	Bert Blyleven	4	4	4	4	4	6	8	25
99	Del Crandall MG	4	4	4	4	4	5	6	15
100	Willie Stargell	▲8	▲12	▲30	▲50	▲60	▲80	▲120	▲400
101	Bobby Valentine	4	4	4	4	4	5	6	25
102A	Bill Greif SD	4	4	4	4	4	6	10	40
102B	Bill Greif WASH	4	4	4	4	8	15	20	50
103	Sal Bando	4	4	4	4	4	5	6	15
104	Ron Bryant	4	4	4	4	4	5	6	15
105	Carlton Fisk	▲6	▲10	▲25	▲40	▲50	120	150	400
106	Harry Parker RC	4	4	4	4	4	5	6	15
107	Alex Johnson	4	4	4	4	4	5	6	15
108	Al Hrabosky	4	4	4	4	4	5	6	15
109	Bob Grich	4	4	4	4	4	5	6	20
110	Billy Williams	4	4	4	4	5	10	15	200
111	Clay Carroll	4	4	4	4	6	12	15	300
112	Davey Lopes	4	4	4	4	4	6	8	20
113	Dick Drago	4	4	4	4	4	5	6	25
114	California Angels TC	4	4	4	4	4	5	6	15
115	Willie Horton	4	4	4	4	4	5	6	15

#	Player	GD 2	VG 3	EX 5	ExMt 6	NM 7	NmMt 8	NmMt+ 8.5
116	Jerry Reuss	4	4	4	4	4	5	6
117	Ron Blomberg	4	4	4	4	4	5	6
118	Bill Lee	4	4	4	4	4	5	6
119	Danny Ozark MG	4	4	4	4	4	5	6
120	Wilbur Wood	4	4	4	4	5	10	12
121	Larry Lintz RC	4	4	4	4	4	5	6
122	Jim Holt	4	4	4	4	4	5	6
123	Nelson Briles	4	4	4	4	4	5	6
124	Bobby Coluccio RC	4	4	4	4	4	5	6
125A	Nate Colbert SD	4	4	4	4	4	6	10
125B	Nate Colbert WASH	4	4	5	6	12	25	30
126	Checklist 1-132	4	4	4	4	4	6	8
127	Tom Paciorek	4	4	4	4	4	5	6
128	John Ellis	4	4	4	4	4	5	6
129	Chris Speier	4	4	4	4	4	5	6
130	Reggie Jackson	8	10	15	20	30	60	200
131	Bob Boone	4	4	4	4	4	5	6
132	Felix Millan	4	4	4	4	4	8	10
133	David Clyde RC	4	4	4	4	4	5	6
134	Denis Menke	4	4	4	4	4	5	6
135	Roy White	4	4	4	4	4	6	10
136	Rick Reuschel	4	4	4	4	4	5	6
137	Al Bumbry	4	4	4	4	4	5	6
138	Eddie Brinkman	4	4	4	4	4	5	6
139	Aurelio Monteagudo	4	4	4	4	4	5	6
140	Darrell Evans	4	4	4	4	4	5	6
141	Pat Bourque	4	4	4	4	4	5	6
142	Pedro Garcia	4	4	4	4	4	5	6
143	Dick Woodson	4	4	4	4	4	5	6
144	Walter Alston MG	4	4	4	4	4	6	8
145	Dock Ellis	4	4	4	4	4	5	6
146	Ron Fairly	4	4	4	4	4	5	6
147	Bart Johnson	4	4	4	4	4	5	6
148A	Dave Hilton SD	4	4	4	4	4	5	6
148B	Dave Hilton WASH	4	4	5	6	12	25	30
149	Mac Scarce	4	4	4	4	4	5	6
150	John Mayberry	4	4	4	4	4	5	6
151	Diego Segui	4	4	4	4	4	5	6
152	Oscar Gamble	4	4	4	4	4	5	6
153	Jon Matlack	4	4	4	4	4	5	6
154	Houston Astros TC	4	4	4	4	4	5	6
155	Bert Campaneris	4	4	4	4	4	5	6
156	Randy Moffitt	4	4	4	4	4	5	6
157	Vic Harris	4	4	4	4	4	5	6
158	Jack Billingham	4	4	4	4	4	5	6
159	Jim Ray Hart	4	4	4	4	4	5	6
160	Brooks Robinson	4	4	4	15	20	30	40
161	Ray Burris RC	4	4	4	4	4	5	6
162	Bill Freehan	4	4	4	4	4	5	6
163	Ken Berry	4	4	4	4	4	5	6
164	Tom House	4	4	4	4	4	5	6
165	Willie Davis	4	4	4	4	4	5	6
166	Jack McKeon MG	4	4	4	4	4	5	6
167	Luis Tiant	4	4	4	4	4	5	6
168	Danny Thompson	4	4	4	4	4	5	6
169	Steve Rogers RC	4	4	4	4	4	5	6
170	Bill Melton	4	4	4	4	4	5	6
171	Eduardo Rodriguez RC	4	4	4	4	4	5	6
172	Gene Clines	4	4	4	4	4	5	6
173A	Randy Jones SD RC	4	4	4	4	4	6	10
173B	Randy Jones WASH	4	4	6	8	15	30	40
174	Bill Robinson	4	4	4	4	4	5	6
175	Reggie Cleveland	4	4	4	4	4	5	6
176	John Lowenstein	4	4	4	4	4	5	6
177	Dave Roberts	4	4	4	4	4	5	6
178	Garry Maddox	4	4	4	4	4	5	6
179	Yogi Berra MG	4	4	4	4	5	10	15
180	Ken Holtzman	4	4	4	4	4	5	6
181	Cesar Geronimo	4	4	4	4	4	5	6

	GD 2	VG 3	EX 5	ExMt 6	NM 7	NmMt 8	NmMt+ 8.5	MT 9
Lindy McDaniel	4	4	4	4	4	5	6	12
Johnny Oates	4	4	4	4	4	5	6	15
Texas Rangers TC	4	4	4	4	4	5	6	15
Jose Cardenal	4	4	4	4	4	5	6	15
Fred Scherman	4	4	4	4	4	5	6	15
Don Baylor	4	4	4	4	4	5	6	15
Rudy Meoli RC	4	4	4	4	4	5	6	15
Jim Brewer	4	4	4	4	4	5	6	15
Tony Oliva	4	4	4	4	6	12	15	40
Al Fitzmorris	4	4	4	4	4	5	6	15
Mario Guerrero	4	4	4	4	4	5	6	10
Tom Walker	4	4	4	4	4	5	6	20
Darrell Porter	4	4	4	4	4	5	6	15
Carlos May	4	4	4	4	4	5	6	20
Jim Fregosi	4	4	4	4	4	5	6	15
Vicente Romo SD	4	4	4	4	4	5	6	50
Vicente Romo WASH	4	4	5	6	12	25	30	100
Dave Cash	4	4	4	4	4	5	6	15
Mike Kekich	4	4	4	4	4	5	6	25
Cesar Cedeno	4	4	4	4	4	5	6	15
Batting Leaders	4	4	4	4	8	25	30	60
Home Run Leaders	4	4	4	4	6	12	15	40
RBI Leaders	4	4	4	4	6	20	25	150
Stolen Base Leaders	4	4	4	4	4	5	6	15
Victory Leaders	4	4	4	4	4	5	6	15
ERA Leaders	4	4	4	4	6	12	15	50
Strikeout Leaders	4	4	4	5	25	50	60	120
Leading Firemen	4	4	4	4	4	5	6	15
Ted Sizemore	4	4	4	4	4	5	6	15
Bill Singer	4	4	4	4	4	5	6	15
Chicago Cubs TC	4	4	4	4	4	5	6	15
Rollie Fingers	4	4	4	4	6	12	15	30
Dave Rader	4	4	4	4	4	6	8	120
Billy Grabarkewitz	4	4	4	4	4	5	6	15
Al Kaline	6	10	25	40	50	100	120	400
Ray Sadecki	4	4	4	4	4	5	6	15
Tim Foli	4	4	4	4	4	5	6	15
Johnny Briggs	4	4	4	4	4	5	6	20
Doug Griffin	4	4	4	4	4	5	6	20
Don Sutton	4	4	4	4	4	6	8	25
Chuck Tanner MG	4	4	4	4	4	5	6	30
Ramon Hernandez	4	4	4	4	4	5	6	20
Jeff Burroughs	4	4	4	4	4	5	6	15
Roger Metzger	4	4	4	4	4	5	6	15
Paul Splittorff	4	4	4	4	4	5	6	20
San Diego Padres TC SD	4	4	4	4	4	6	8	60
San Diego Padres TC WASH	4	4	5	8	15	30	40	300
Mike Lum	4	4	4	4	4	5	6	15
Ted Kubiak	4	4	4	4	4	5	6	15
Fritz Peterson	4	4	4	4	4	5	6	200
Tony Perez	4	4	4	4	8	15	20	80
Dick Tidrow	4	4	4	4	4	5	6	15
Steve Brye	4	4	4	4	4	5	6	25
Jim Barr	4	4	4	4	4	5	6	30
John Milner	4	4	4	4	4	5	6	12
Dave McNally	4	4	4	4	4	6	8	15
Red Schoendienst MG	4	4	4	4	4	6	8	20
Ken Brett	4	4	4	4	4	5	6	20
F.Healy w/Munson	4	4	4	4	4	5	6	80
Bill Russell	4	4	4	4	4	5	6	20
Joe Coleman	4	4	4	4	4	5	6	15
Glenn Beckert SD	4	4	4	4	4	5	6	25
Glenn Beckert WASH	4	4	5	6	12	25	30	150
Bill Gogolewski	4	4	4	4	4	5	6	15
Bob Oliver	4	4	4	4	4	5	6	20
Carl Morton	4	4	4	4	4	5	6	15
Cleon Jones	4	4	4	4	4	5	6	25
Oakland Athletics TC	4	4	4	4	4	5	6	15
Rick Miller	4	4	4	4	4	5	6	15

		GD 2	VG 3	EX 5	ExMt 6	NM 7	NmMt 8	NmMt+ 8.5	MT 9
248	Tom Hall	4	4	4	4	4	5	6	15
249	George Mitterwald	4	4	4	4	4	5	6	50
250A	Willie McCovey SD	4	4	4	4	8	25	30	80
250B	Willie McCovey WASH	4	4	8	10	20	50	60	200
251	Graig Nettles	4	4	4	4	6	12	15	120
252	Dave Parker RC	15	25	60	▼80	120	250	300	1,000
253	John Boccabella	4	4	4	4	4	5	6	15
254	Stan Bahnsen	4	4	4	4	4	5	6	15
255	Larry Bowa	4	4	4	4	4	5	6	20
256	Tom Griffin	4	4	4	4	4	5	6	15
257	Buddy Bell	4	4	4	4	4	5	6	15
258	Jerry Morales	4	4	4	4	4	5	6	15
259	Bob Reynolds	4	4	4	4	4	5	6	20
260	Ted Simmons	4	4	4	4	4	6	8	25
261	Jerry Bell	4	4	4	4	4	5	6	20
262	Ed Kirkpatrick	4	4	4	4	4	5	6	15
263	Checklist 133-264	4	4	4	4	4	6	8	80
264	Joe Rudi	4	4	4	4	4	5	6	50
265	Tug McGraw	4	4	4	4	4	5	6	15
266	Jim Northrup	4	4	4	4	4	5	6	15
267	Andy Messersmith	4	4	4	4	4	5	6	15
268	Tom Grieve	4	4	4	4	4	5	6	15
269	Bob Johnson	4	4	4	4	4	5	6	15
270	Ron Santo	4	4	4	4	4	6	10	50
271	Bill Hands	4	4	4	4	4	5	6	15
272	Paul Casanova	4	4	4	4	4	5	6	15
273	Checklist 265-396	4	4	4	4	4	8	10	100
274	Fred Beene	4	4	4	4	4	5	6	15
275	Ron Hunt	4	4	4	4	4	5	6	15
276	Bobby Winkles MG	4	4	4	4	4	5	6	10
277	Gary Nolan	4	4	4	4	4	8	10	120
278	Cookie Rojas	4	4	4	4	4	5	6	15
279	Jim Crawford RC	4	4	4	4	4	5	6	15
280	Carl Yastrzemski	▲10	▲15	▲40	50	60	100	120	300
281	San Francisco Giants TC	4	4	4	4	4	5	6	15
282	Doyle Alexander	4	4	4	4	4	5	6	10
283	Mike Schmidt	15	25	50	60	100	250	400	1,500
284	Dave Duncan	4	4	4	4	4	5	6	15
285	Reggie Smith	4	4	4	4	4	5	6	15
286	Tony Muser	4	4	4	4	4	5	6	15
287	Clay Kirby	4	4	4	4	4	5	6	12
288	Gorman Thomas RC	4	4	4	4	4	5	6	15
289	Rick Auerbach	4	4	4	4	4	5	6	100
290	Vida Blue	4	4	4	4	4	5	6	30
291	Don Hahn	4	4	4	4	4	5	6	15
292	Chuck Seelbach	4	4	4	4	4	5	6	15
293	Milt May	4	4	4	4	4	5	6	15
294	Steve Foucault RC	4	4	4	4	4	5	6	15
295	Rick Monday	4	4	4	4	4	5	6	15
296	Ray Corbin	4	4	4	4	4	5	6	15
297	Hal Breeden	4	4	4	4	4	5	6	15
298	Roric Harrison	4	4	4	4	4	5	6	15
299	Gene Michael	4	4	4	4	4	5	6	15
300	Pete Rose	12	20	50	▼60	120	250	300	1,000
301	Bob Montgomery	4	4	4	4	4	5	6	25
302	Rudy May	4	4	4	4	4	5	6	10
303	George Hendrick	4	4	4	4	4	5	6	15
304	Don Wilson	4	4	4	4	4	5	6	15
305	Tito Fuentes	4	4	4	4	4	5	6	15
306	Earl Weaver MG	4	4	4	4	4	5	6	10
307	Luis Melendez	4	4	4	4	4	5	6	15
308	Bruce Dal Canton	4	4	4	4	4	5	6	15
309A	Dave Roberts SD	4	4	4	4	4	5	6	20
309B	Dave Roberts WASH	4	4	6	8	15	60	80	120
310	Terry Forster	4	4	4	4	4	5	6	15
311	Jerry Grote	4	4	4	4	4	5	6	50
312	Deron Johnson	4	4	4	4	4	5	6	60
313	Barry Lersch	4	4	4	4	4	5	6	15
314	Milwaukee Brewers TC	4	4	4	4	4	5	6	15

#	Player	GD 2	VG 3	EX 5	ExMt 6	NM 7	NmMt 8	NmMt+ 8.5	MT 9
315	Ron Cey	4	4	4	4	4	5	6	15
316	Jim Perry	4	4	4	4	4	5	6	15
317	Richie Zisk	4	4	4	4	4	5	6	40
318	Jim Merritt	4	4	4	4	4	5	6	15
319	Randy Hundley	4	4	4	4	4	5	6	200
320	Dusty Baker	4	4	4	4	4	6	8	20
321	Steve Braun	4	4	4	4	4	5	6	300
322	Ernie McAnally	4	4	4	4	4	5	6	15
323	Richie Scheinblum	4	4	4	4	4	5	6	150
324	Steve Kline	4	4	4	4	4	5	6	15
325	Tommy Harper	4	4	4	4	4	5	6	15
326	Sparky Anderson MG	4	4	4	4	4	8	10	80
327	Tom Timmermann	4	4	4	4	4	5	6	20
328	Skip Jutze	4	4	4	4	4	5	6	15
329	Mark Belanger	4	4	4	4	4	5	6	15
330	Juan Marichal	4	4	4	4	8	15	20	60
331	C.Fisk/J.Bench AS	4	4	4	4	10	30	40	80
332	D.Allen/H.Aaron AS	4	4	4	5	10	25	30	60
333	R.Carew/J.Morgan AS	4	4	4	5	10	20	25	150
334	B.Robinson/R.Santo AS	4	4	4	4	4	8	10	30
335	B.Campaneris/C.Speier AS	4	4	4	4	4	5	6	15
336	B.Murcer/P.Rose AS	4	4	4	4	8	40	50	120
337	A.Otis/C.Cedeno AS	4	4	4	4	4	5	6	15
338	R.Jackson/B.Williams AS	4	4	4	4	6	15	20	25
339	J.Hunter/R.Wise AS	4	4	4	4	4	6	8	50
340	Thurman Munson	8	12	30	50	80	100	120	250
341	Dan Driessen RC	4	4	4	4	4	5	6	15
342	Jim Lonborg	4	4	4	4	4	5	6	15
343	Kansas City Royals TC	4	4	4	4	4	5	6	15
344	Mike Caldwell	4	4	4	4	4	5	6	100
345	Bill North	4	4	4	4	4	5	6	15
346	Ron Reed	4	4	4	4	4	5	6	15
347	Sandy Alomar	4	4	4	4	4	5	6	20
348	Pete Richert	4	4	4	4	4	5	6	15
349	John Vukovich	4	4	4	4	4	5	6	20
350	Bob Gibson	6	10	25	40	▲60	▲120	▲150	▼400
351	Dwight Evans	4	4	4	4	6	12	15	40
352	Bill Stoneman	4	4	4	4	4	5	6	80
353	Rich Coggins	4	4	4	4	4	5	6	25
354	Whitey Lockman MG	4	4	4	4	4	5	6	15
355	Dave Nelson	4	4	4	4	4	5	6	50
356	Jerry Koosman	4	4	4	4	4	5	6	12
357	Buddy Bradford	4	4	4	4	4	5	6	15
358	Dal Maxvill	4	4	4	4	4	5	6	80
359	Brent Strom	4	4	4	4	4	5	6	15
360	Greg Luzinski	4	4	4	4	4	5	6	15
361	Don Carrithers	4	4	4	4	4	5	6	60
362	Hal King	4	4	4	4	4	5	6	15
363	New York Yankees TC	4	4	4	4	4	6	8	25
364A	Cito Gaston SD	4	4	4	4	8	15	20	200
364B	Cito Gaston WASH	4	4	12	15	30	60	80	450
365	Steve Busby	4	4	4	4	4	5	6	15
366	Larry Hisle	4	4	4	4	4	5	6	15
367	Norm Cash	4	4	4	4	4	8	10	20
368	Manny Mota	4	4	4	4	4	5	6	15
369	Paul Lindblad	4	4	4	4	4	8	10	60
370	Bob Watson	4	4	4	4	4	5	6	15
371	Jim Slaton	4	4	4	4	4	5	6	15
372	Ken Reitz	4	4	4	4	4	5	6	15
373	John Curtis	4	4	4	4	4	5	6	15
374	Marty Perez	4	4	4	4	4	5	6	25
375	Earl Williams	4	4	4	4	4	5	6	15
376	Jorge Orta	4	4	4	4	4	5	6	10
377	Ron Woods	4	4	4	4	4	5	6	15
378	Burt Hooton	4	4	4	4	4	5	6	20
379	Billy Martin MG	4	4	4	4	4	6	8	25
380	Bud Harrelson	4	4	4	4	4	5	6	15
381	Charlie Sands	4	4	4	4	4	5	6	15
382	Bob Moose	4	4	4	4	4	5	6	15

#	Player	GD 2	VG 3	EX 5	ExMt 6	NM 7	NmMt 8	NmMt+ 8.5
383	Philadelphia Phillies TC	4	4	4	4	4	5	6
384	Chris Chambliss	4	4	4	4	4	5	6
385	Don Gullett	4	4	4	4	4	5	6
386	Gary Matthews	4	4	4	4	4	5	6
387A	Rich Morales SD	4	4	4	4	4	5	6
387B	Rich Morales WASH	4	4	8	10	20	40	60
388	Phil Roof	4	4	4	4	4	5	6
389	Gates Brown	4	4	4	4	4	5	6
390	Lou Piniella	4	4	4	4	4	5	6
391	Billy Champion	4	4	4	4	4	5	6
392	Dick Green	4	4	4	4	4	5	6
393	Orlando Pena	4	4	4	4	4	5	6
394	Ken Henderson	4	4	4	4	4	5	6
395	Doug Rader	4	4	4	4	4	5	6
396	Tommy Davis	4	4	4	4	4	5	6
397	George Stone	4	4	4	4	4	5	6
398	Duke Sims	4	4	4	4	4	5	6
399	Mike Paul	4	4	4	4	4	5	6
400	Harmon Killebrew	▲6	▲10	▲25	▲40	50	80	100 ▲
401	Elliott Maddox	4	4	4	4	4	5	6
402	Jim Rooker	4	4	4	4	4	5	6
403	Darrell Johnson MG	4	4	4	4	4	5	6
404	Jim Howarth	4	4	4	4	4	5	6
405	Ellie Rodriguez	4	4	4	4	4	5	6
406	Steve Arlin	4	4	4	4	4	5	6
407	Jim Wohlford	4	4	4	4	4	5	6
408	Charlie Hough	4	4	4	4	4	5	6
409	Ike Brown	4	4	4	4	4	5	6
410	Pedro Borbon	4	4	4	4	4	5	6
411	Frank Baker	4	4	4	4	4	5	6
412	Chuck Taylor	4	4	4	4	4	5	6
413	Don Money	4	4	4	4	4	5	6
414	Checklist 397-528	4	4	4	4	5	10	12
415	Gary Gentry	4	4	4	4	4	5	6
416	Chicago White Sox TC	4	4	4	4	4	5	6
417	Rich Folkers	4	4	4	4	4	5	6
418	Walt Williams	4	4	4	4	4	5	6
419	Wayne Twitchell	4	4	4	4	4	5	6
420	Ray Fosse	4	4	4	4	4	5	6
421	Dan Fife RC	4	4	4	4	4	5	6
422	Gonzalo Marquez	4	4	4	4	4	5	6
423	Fred Stanley	4	4	4	4	4	5	6
424	Jim Beauchamp	4	4	4	4	4	5	6
425	Pete Broberg	4	4	4	4	4	5	6
426	Rennie Stennett	4	4	4	4	4	5	6
427	Bobby Bolin	4	4	4	4	4	5	6
428	Gary Sutherland	4	4	4	4	4	5	6
429	Dick Lange RC	4	4	4	4	4	5	6
430	Matty Alou	4	4	4	4	4	5	6
431	Gene Garber RC	4	4	4	4	4	5	6
432	Chris Arnold	4	4	4	4	4	5	6
433	Lerrin LaGrow	4	4	4	4	4	5	6
434	Ken McMullen	4	4	4	4	4	5	6
435	Dave Concepcion	4	4	4	4	4	8	10
436	Don Hood RC	4	4	4	4	4	5	6
437	Jim Lyttle	4	4	4	4	4	5	6
438	Ed Herrmann	4	4	4	4	4	5	6
439	Norm Miller	4	4	4	4	4	5	6
440	Jim Kaat	4	4	4	4	4	8	12
441	Tom Ragland	4	4	4	4	4	5	6
442	Alan Foster	4	4	4	4	4	5	6
443	Tom Hutton	4	4	4	4	4	5	6
444	Vic Davalillo	4	4	4	4	4	5	6
445	George Medich	4	4	4	4	4	5	6
446	Len Randle	4	4	4	4	4	5	6
447	Frank Quilici MG	4	4	4	4	4	5	6
448	Ron Hodges RC	4	4	4	4	4	5	6
449	Tom McCraw	4	4	4	4	4	5	6
450	Rich Hebner	4	4	4	4	4	5	6

	GD 2	VG 3	EX 5	ExMt 6	NM 7	NmMt 8	NmMt+ 8.5	MT 9
Tommy John	4	4	4	4	4	5	6	15
Gene Hiser	4	4	4	4	4	5	6	25
Balor Moore	4	4	4	4	4	5	6	15
Kurt Bevacqua	4	4	4	4	4	5	6	40
Tom Bradley	4	4	4	4	4	5	6	20
Dave Winfield RC	20	30	▼60	▼80	150	400	▼1,000	▼2,000
Chuck Goggin RC	4	4	4	4	4	5	6	15
Jim Ray	4	4	4	4	4	5	6	15
Cincinnati Reds TC	4	4	4	4	4	8	10	30
Boog Powell	4	4	4	4	5	10	12	30
John Odom	4	4	4	4	4	5	6	50
Luis Alvarado	4	4	4	4	4	5	6	15
Pat Dobson	4	4	4	4	4	5	6	15
Jose Cruz	4	4	4	4	4	5	6	15
Dick Bosman	4	4	4	4	4	5	6	20
Dick Billings	4	4	4	4	4	5	6	10
Winston Llenas	4	4	4	4	4	5	6	15
Pepe Frias	4	4	4	4	4	5	6	12
Joe Decker	4	4	4	4	4	5	6	15
Reggie Jackson ALCS	4	4	4	4	4	12	20	30
Jon Matlack NLCS	4	4	4	4	4	5	6	15
Darold Knowles WS1	4	4	4	4	4	5	6	15
Willie Mays WS	6	▲10	▲25	▲40	▲60	▲120	▲150	▲300
Bert Campaneris WS3	4	4	4	4	4	8	10	150
Rusty Staub WS4	4	4	4	4	4	5	6	12
Cleon Jones WS5	4	4	4	4	4	5	6	12
Reggie Jackson WS	4	4	4	4	6	10	15	30
Bert Campaneris WS7	4	4	4	4	4	5	6	12
A's Celebrate WS	4	4	4	4	4	5	6	15
Willie Crawford	4	4	4	4	4	5	6	50
Jerry Terrell RC	4	4	4	4	4	5	6	15
Bob Didier	4	4	4	4	4	5	6	15
Atlanta Braves TC	4	4	4	4	4	5	6	10
Carmen Fanzone	4	4	4	4	4	5	6	15
Felipe Alou	4	4	4	4	4	5	6	10
Steve Stone	4	4	4	4	4	5	6	15
Ted Martinez	4	4	4	4	4	5	6	20
Andy Etchebarren	4	4	4	4	4	5	6	15
Danny Murtaugh MG	4	4	4	4	4	5	6	15
Vada Pinson	4	4	4	4	4	6	8	40
Roger Nelson	4	4	4	4	4	5	6	15
Mike Rogodzinski RC	4	4	4	4	6	12	15	100
Joe Hoerner	4	4	4	4	4	5	6	20
Ed Goodson	4	4	4	4	4	5	6	15
Dick McAuliffe	4	4	4	4	4	5	6	15
Tom Murphy	4	4	4	4	4	5	6	15
Bobby Mitchell	4	4	4	4	4	5	6	15
Pat Corrales	4	4	4	4	4	5	6	15
Rusty Torres	4	4	4	4	4	5	6	20
Lee May	4	4	4	4	4	5	6	12
Eddie Leon	4	4	4	4	4	5	6	20
Dave LaRoche	4	4	4	4	4	5	6	15
Eric Soderholm	4	4	4	4	4	5	6	15
Joe Niekro	4	4	4	4	4	5	6	15
Bill Buckner	4	4	4	4	4	5	6	15
Ed Farmer	4	4	4	4	4	5	6	15
Larry Stahl	4	4	4	4	4	5	6	15
Montreal Expos TC	4	4	4	4	4	5	6	15
Jesse Jefferson	4	4	4	4	4	5	6	15
Wayne Garrett	4	4	4	4	4	5	6	10
Toby Harrah	4	4	4	4	4	5	6	15
Joe Lahoud	4	4	4	4	4	5	6	15
Jim Campanis	4	4	4	4	4	5	6	15
Paul Schaal	4	4	4	4	4	5	6	15
Willie Montanez	4	4	4	4	4	5	6	20
Horacio Pina	4	4	4	4	4	5	6	15
Mike Hegan	4	4	4	4	4	5	6	15
Derrel Thomas	4	4	4	4	4	5	6	15
Bill Sharp RC	4	4	4	4	4	5	6	15

		GD 2	VG 3	EX 5	ExMt 6	NM 7	NmMt 8	NmMt+ 8.5	MT 9
520	Tim McCarver	4	4	4	4	4	5	6	15
521	Ken Aspromonte MG	4	4	4	4	4	5	6	15
522	J.R. Richard	4	4	4	4	4	5	6	15
523	Cecil Cooper	4	4	4	4	4	5	6	15
524	Bill Plummer	4	4	4	4	4	5	6	15
525	Clyde Wright	4	4	4	4	4	5	6	15
526	Frank Tepedino	4	4	4	4	4	5	6	15
527	Bobby Darwin	4	4	4	4	4	5	6	20
528	Bill Bonham	4	4	4	4	4	5	6	15
529	Horace Clarke	4	4	4	4	4	5	6	15
530	Mickey Stanley	4	4	4	4	4	5	6	15
531	Gene Mauch MG	4	4	4	4	4	5	6	15
532	Skip Lockwood	4	4	4	4	4	5	6	15
533	Mike Phillips RC	4	4	4	4	4	5	6	25
534	Eddie Watt	4	4	4	4	4	5	6	15
535	Bob Tolan	4	4	4	4	4	5	6	15
536	Duffy Dyer	4	4	4	4	4	5	6	15
537	Steve Mingori	4	4	4	4	4	5	6	15
538	Cesar Tovar	4	4	4	4	4	5	6	15
539	Lloyd Allen	4	4	4	4	4	5	6	15
540	Bob Robertson	4	4	4	4	4	5	6	15
541	Cleveland Indians TC	4	4	4	4	4	5	6	15
542	Goose Gossage	4	4	4	4	8	15	20	50
543	Danny Cater	4	4	4	4	4	5	6	15
544	Ron Schueler	4	4	4	4	4	5	6	15
545	Billy Conigliaro	4	4	4	4	4	5	6	15
546	Mike Corkins	4	4	4	4	4	5	6	15
547	Glenn Borgmann	4	4	4	4	4	5	6	15
548	Sonny Siebert	4	4	4	4	4	5	6	15
549	Mike Jorgensen	4	4	4	4	4	5	6	15
550	Sam McDowell	4	4	4	4	4	5	6	15
551	Von Joshua	4	4	4	4	4	5	6	20
552	Denny Doyle	4	4	4	4	4	5	6	15
553	Jim Willoughby	4	4	4	4	4	5	6	15
554	Tim Johnson RC	4	4	4	4	4	5	6	15
555	Woodie Fryman	4	4	4	4	4	5	6	15
556	Dave Campbell	4	4	4	4	4	5	6	15
557	Jim McGlothlin	4	4	4	4	4	5	6	15
558	Bill Fahey	4	4	4	4	4	5	6	15
559	Darrel Chaney	4	4	4	4	4	5	6	15
560	Mike Cuellar	4	4	4	4	4	5	6	15
561	Ed Kranepool	4	4	4	4	4	5	6	15
562	Jack Aker	4	4	4	4	4	5	6	20
563	Hal McRae	4	4	4	4	4	5	6	12
564	Mike Ryan	4	4	4	4	4	5	6	15
565	Milt Wilcox	4	4	4	4	4	5	6	15
566	Jackie Hernandez	4	4	4	4	4	5	6	15
567	Boston Red Sox TC	4	4	4	4	4	5	6	15
568	Mike Torrez	4	4	4	4	4	5	6	15
569	Rick Dempsey	4	4	4	4	4	5	6	15
570	Ralph Garr	4	4	4	4	4	5	6	15
571	Rich Hand	4	4	4	4	4	5	6	15
572	Enzo Hernandez	4	4	4	4	4	5	6	15
573	Mike Adams RC	4	4	4	4	4	5	6	15
574	Bill Parsons	4	4	4	4	4	5	6	15
575	Steve Garvey	4	4	4	5	10	25	30	300
576	Scipio Spinks	4	4	4	4	4	5	6	15
577	Mike Sadek RC	4	4	4	4	4	5	6	15
578	Ralph Houk MG	4	4	4	4	4	5	6	15
579	Cecil Upshaw	4	4	4	4	4	5	6	15
580	Jim Spencer	4	4	4	4	4	5	6	15
581	Fred Norman	4	4	4	4	4	5	6	15
582	Bucky Dent RC	4	4	5	8	12	20	40	600
583	Marty Pattin	4	4	4	4	4	5	6	15
584	Ken Rudolph	4	4	4	4	4	5	6	15
585	Merv Rettenmund	4	4	4	4	4	5	6	15
586	Jack Brohamer	4	4	4	4	4	5	6	15
587	Larry Christenson RC	4	4	4	4	4	5	6	15
588	Hal Lanier	4	4	4	4	4	5	6	15

#	Player	GD 2	VG 3	EX 5	ExMt 6	NM 7	NmMt 8	NmMt+ 8.5	MT 9
589	Boots Day	4	4	4	4	4	5	6	15
590	Roger Moret	4	4	4	4	4	5	6	15
591	Sonny Jackson	4	4	4	4	4	5	6	15
592	Ed Bane RC	4	4	4	4	4	5	6	15
593	Steve Yeager	4	4	4	4	4	5	6	15
594	Leroy Stanton	4	4	4	4	4	5	6	15
595	Steve Blass	4	4	4	4	4	5	6	20
596	Rookie Pitchers	4	4	4	4	4	5	6	15
597	Rookie Infielders	4	4	4	4	4	6	8	80
598	Ken Griffey RC	▲6	▲10	▲25	30	50	100	120	250
599A	Rookie Pitchers WASH	4	4	4	4	8	15	20	30
599B	Rookie Pitchers SD Large	4	4	4	4	8	15	20	100
599C	Rookie Pitchers SD Small	4	5	20	25				
600	Bill Madlock RC	4	4	4	5	10	80	100	150
601	Rookie Outfielders	4	4	4	4	5	10	15	80
602	Rookie Pitchers	4	4	4	4	4	5	6	120
603	Rookie Catchers	4	4	4	4	4	5	6	30
604	A.Thornton RC/F.White RC	4	4	4	4	8	15	25	100
605	Frank Tanana RC	4	4	4	4	4	8	10	40
606	Rookie Outfielders	4	4	4	4	4	5	6	80
607	Rookie Shortstops	4	4	4	4	4	5	6	15
608A	Rookie Pitchers ERR Apodaco	4	4	4	4	4	8	10	40
608B	Rookie Pitchers COR Apodaca	4	4	4	4	5	10	12	60
609	Rico Petrocelli	4	4	4	4	4	5	6	15
610	Dave Kingman	4	4	4	4	4	6	8	20
611	Rich Stelmaszek	4	4	4	4	4	5	6	15
612	Luke Walker	4	4	4	4	4	5	6	15
613	Dan Monzon	4	4	4	4	4	5	6	15
614	Adrian Devine RC	4	4	4	4	4	5	6	15
615	Johnny Jeter	4	4	4	4	4	5	6	15
616	Larry Gura	4	4	4	4	4	5	6	15
617	Ted Ford	4	4	4	4	4	5	6	15
618	Jim Mason	4	4	4	4	4	5	6	10
619	Mike Anderson	4	4	4	4	4	5	6	15
620	Al Downing	4	4	4	4	4	5	6	15
621	Bernie Carbo	4	4	4	4	4	5	6	15
622	Phil Gagliano	4	4	4	4	4	5	6	15
623	Celerino Sanchez	4	4	4	4	4	5	6	15
624	Bob Miller	4	4	4	4	4	5	6	15
625	Ollie Brown	4	4	4	4	4	5	6	15
626	Pittsburgh Pirates TC	4	4	4	4	4	5	6	15
627	Carl Taylor	4	4	4	4	4	5	6	15
628	Ivan Murrell	4	4	4	4	4	5	6	15
629	Rusty Staub	4	4	4	4	4	8	10	30
630	Tommie Agee	4	4	4	4	4	5	6	15
631	Steve Barber	4	4	4	4	4	5	6	15
632	George Culver	4	4	4	4	4	5	6	30
633	Dave Hamilton	4	4	4	4	4	5	6	15
634	Eddie Mathews MG	4	4	4	4	4	6	8	20
635	Johnny Edwards	4	4	4	4	4	5	6	15
636	Dave Goltz	4	4	4	4	4	5	6	15
637	Checklist 529-660	4	4	4	4	4	8	10	50
638	Ken Sanders	4	4	4	4	4	5	6	15
639	Joe Lovitto	4	4	4	4	4	5	6	15
640	Milt Pappas	4	4	4	4	4	5	6	15
641	Chuck Brinkman	4	4	4	4	4	5	6	15
642	Terry Harmon	4	4	4	4	4	5	6	15
643	Los Angeles Dodgers TC	4	4	4	4	4	5	6	15
644	Wayne Granger	4	4	4	4	4	5	6	15
645	Ken Boswell	4	4	4	4	4	5	6	300
646	George Foster	4	4	4	4	6	12	15	25
647	Juan Beniquez RC	4	4	4	4	4	5	6	15
648	Terry Crowley	4	4	4	4	4	5	6	15
649	Fernando Gonzalez RC	4	4	4	4	4	5	6	15
650	Mike Epstein	4	4	4	4	4	5	6	15
651	Leron Lee	4	4	4	4	4	5	6	15
652	Gail Hopkins	4	4	4	4	4	5	6	15
653	Bob Stinson	4	4	4	4	4	5	6	100
654A	Jesus Alou ERR No Position	4	4	4	4	4	6	8	25

#	Player	GD 2	VG 3	EX 5	ExMt 6	NM 7	NmMt 8	NmMt+ 8.5	M
654B	Jesus Alou COR Outfield	4	4	4	4	4	5	6	
655	Mike Tyson RC	4	4	4	4	4	5	6	
656	Adrian Garrett	4	4	4	4	4	5	6	
657	Jim Shellenback	4	4	4	4	4	5	6	
658	Lee Lacy	4	4	4	4	4	5	6	
659	Joe Lis	4	4	4	6	8	15	20	
660	Larry Dierker	4	4	4	4	4	5	6	

— Hank Aaron 715 #1 PSA 10 (Gem) sold for $9,677 (Memory Lane; 5/12)
— Dave Parker #252 PSA 10 (Gem) sold for $2,028 (eBay; 01/12)
— Frank Robinson #55 PSA 10 (Gem) sold for $1,028 (eBay; 01/12)
— Tom Seaver #80 PSA 10 (Gem) sold for $1,380 (eBay; 01/12)
— Dave Winfield #456 PSA 10 (Gem) (Young Collection) sold for $5,020 (SCP; 5/12)

1974 Topps Traded

#	Player	GD 2	VG 3	EX 5	ExMt 6	NM 7	NmMt 8	NmMt+ 8.5	M
23T	Craig Robinson	4	4	4	4	4	5	6	
42T	Claude Osteen	4	4	4	4	4	5	6	
43T	Jim Wynn	4	4	4	4	5	10	12	
51T	Bobby Heise	4	4	4	4	4	5	6	
59T	Ross Grimsley	4	4	4	4	4	6	8	
62T	Bob Locker	4	4	4	4	4	6	8	
63T	Bill Sudakis	4	4	4	4	4	6	8	
73T	Mike Marshall	4	4	4	4	5	10	12	
123T	Nelson Briles	4	4	4	4	4	6	8	
139T	Aurelio Monteagudo	4	4	4	4	4	5	6	
151T	Diego Segui	4	4	4	4	4	5	6	
165T	Willie Davis	4	4	4	4	4	6	8	
175T	Reggie Cleveland	4	4	4	4	4	5	6	
182T	Lindy McDaniel	4	4	4	4	4	5	6	
186T	Fred Scherman	4	4	4	4	4	5	6	
249T	George Mitterwald	4	4	4	4	4	5	6	
262T	Ed Kirkpatrick	4	4	4	4	4	5	6	
269T	Bob Johnson	4	4	4	4	4	6	8	
270T	Ron Santo	4	4	4	4	8	10	12	
313T	Barry Lersch	4	4	4	4	4	6	8	
319T	Randy Hundley	4	4	4	4	4	8	10	
330T	Juan Marichal	4	4	4	4	5	10	12	
348T	Pete Richert	4	4	4	4	4	5	6	
373T	John Curtis	4	4	4	4	4	6	8	
390T	Lou Piniella	4	4	4	4	5	10	12	
428T	Gary Sutherland	4	4	4	4	4	8	10	
454T	Kurt Bevacqua	4	4	4	4	4	6	8	
458T	Jim Ray	4	4	4	4	4	6	8	
485T	Felipe Alou	4	4	4	4	4	6	8	
486T	Steve Stone	4	4	4	4	4	8	10	
496T	Tom Murphy	4	4	4	4	4	5	6	
516T	Horacio Pina	4	4	4	4	4	5	6	
534T	Eddie Watt	4	4	4	4	4	6	8	
538T	Cesar Tovar	4	4	4	4	4	5	6	
544T	Ron Schueler	4	4	4	4	4	5	6	
579T	Cecil Upshaw	4	4	4	4	4	5	6	
585T	Merv Rettenmund	4	4	4	4	4	5	6	
612T	Luke Walker	4	4	4	4	4	5	6	
616T	Larry Gura	4	4	4	4	4	6	8	
618T	Jim Mason	4	4	4	4	4	5	6	
630T	Tommie Agee	4	4	4	4	4	6	8	
648T	Terry Crowley	4	4	4	4	4	6	8	
649T	Fernando Gonzalez	4	4	4	4	4	5	6	
NNO	Traded Checklist	4	4	4	8	15	30	100	

1975 Kellogg's

#	Player	VG 3	VgEx 4	EX 5	ExMt 6	NM 7	NmMt 8	MT 9	Gem 9.5
1	Roy White	4	4	4	4	4	8		
2	Ross Grimsley	4	4	4	4	4	6	12	
3	Reggie Smith	4	4	4	4	4	6	40	
4A	Bob Grich 1973 Work	4	4	4	4	4	6	12	
4B	Bob Grich Because	4	4	4					

Name	VG 3	VgEx 4	EX 5	ExMt 6	NM 7	NmMt 8	MT 9	Gem 9.5/10
reg Gross	4	4	4	4	4	6	12	
ob Watson	4	4	4	4	4	6	12	
ohnny Bench	4	4	4	4	8	15	50	
eff Burroughs	4	4	4	4	4	6	12	
lliott Maddox	4	4	4	4	4	6	12	
on Matlack	4	4	4	4	4	6	25	
ete Rose	4	4	6	8	15	30	80	
ee Stanton	4	4	4	4	4	6	15	
ake McBride	4	4	4	4	4	6	12	40
orge Orta	4	4	4	4	4	6	12	25
Oliver	4	4	4	4	4	6	12	50
ohn Briggs	4	4	4	4	4	6	12	
teve Garvey	4	4	4	4	4	8	15	50
rooks Robinson	4	4	4	4	5	10	20	
ohn Hiller	4	4	4	4	4	6	12	
ynn McGlothen	4	4	4	4	4	6	12	
leon Jones	4	4	4	4	4	6	12	
ergie Jenkins	4	4	4	4	4	8	15	
ill North	4	4	4	4	4	6	12	
teve Busby	4	4	4	4	4	6	12	
chie Zisk	4	4	4	4	4	6	12	25
olan Ryan	4	4	6	8	15	30	80	
oe Morgan	4	4	4	4	5	10	20	60
oe Rudi	4	4	4	4	4	6	12	
ose Cardenal	4	4	4	4	4	6	12	40
ndy Messersmith	4	4	4	4	4	6	12	
illie Montanez	4	4	4	4	4	6	12	25
ll Buckner	4	4	4	4	4	6	12	40
od Carew	4	4	4	4	5	10	25	
u Piniella	4	4	4	4	4	6	12	
alph Garr	4	4	4	4	4	6	12	
ike Marshall	4	4	4	4	4	6	12	
arry Maddox	4	4	4	4	4	6	12	
wight Evans	4	4	4	4	4	8	20	
ou Brock	4	4	4	4	5	10	100	
en Singleton	4	4	4	4	4	6	12	60
teve Braun	4	4	4	4	4	6	12	
ch Allen	4	4	4	4	4	8	15	40
ohn Grubb	4	4	4	4	4	6	12	25
m Hunter Oakland	4	4	4	4	4	8	15	
m Hunter New York	4	4	4	4	4	8	40	
aylord Perry	4	4	4	4	4	8	15	
eorge Hendrick	4	4	4	4	4	6	12	
parky Lyle	4	4	4	4	4	6	20	
ave Cash	4	4	4	4	4	6	12	
uis Tiant	4	4	4	4	4	6	12	40
esar Geronimo	4	4	4	4	4	6	12	25
arl Yastrzemski	4	4	4	4	8	15	40	
en Brett	4	4	4	4	4	6	12	25
al McRae	4	4	4	4	4	6	12	
eggie Jackson	4	4	4	4	8	15	30	
ollie Fingers	4	4	4	4	5	10		
ike Schmidt	4	4	4	4	8	15		50
chie Hebner	4	4	4	4	5	10		

5 Topps

Name	VG 3	VgEx 4	EX 5	ExMt 6	NM 7	NmMt 8	NmMt+ 8.5	MT 9
ank Aaron HL	12	15	25	30	50	200	250	800
ou Brock HL	4	4	4	5	10	50	80	400
ob Gibson HL	4	4	4	5	10	40	50	250
Kaline HL	4	6	10	15	25	▲80	▲100	▲400
olan Ryan HL	4	8	12	15	20	50	100	300
ike Marshall HL	4	4	5	6	12	25	80	400
yan/Busby/Bosman HL	4	4	4	5	10	25	30	100
ogelio Moret	4	4	4	4	5	10	12	25
rank Tepedino	4	4	4	4	5	10	12	25
illie Davis	4	4	4	4	5	10	12	25

#	Name	VG 3	VgEx 4	EX 5	ExMt 6	NM 7	NmMt 8	NmMt+ 8.5	MT 9
11	Bill Melton	4	4	4	4	5	10	12	25
12	David Clyde	4	4	4	4	5	10	12	25
13	Gene Locklear RC	4	4	4	4	6	12	15	30
14	Milt Wilcox	4	4	4	4	5	10	12	30
15	Jose Cardenal	4	4	4	4	6	12	20	120
16	Frank Tanana	4	6	12	15	30	60	80	250
17	Dave Concepcion	4	4	4	4	8	15	20	40
18	Detroit Tigers CL/Houk	4	4	4	4	6	12	15	50
19	Jerry Koosman	4	4	4	4	5	10	12	25
20	Thurman Munson	15	25	40	50	▲100	200	300	2,500
21	Rollie Fingers	4	4	4	4	8	15	20	150
22	Dave Cash	4	4	4	4	6	12	15	60
23	Bill Russell	4	4	4	4	6	12	20	80
24	Al Fitzmorris	4	4	4	4	5	10	12	25
25	Lee May	4	4	4	4	4	8	10	15
26	Dave McNally	4	4	4	4	5	10	12	30
27	Ken Reitz	4	4	4	4	5	10	15	60
28	Tom Murphy	4	4	4	4	5	10	12	25
29	Dave Parker	4	4	4	4	8	15	20	100
30	Bert Blyleven	4	4	4	6	12	25	30	400
31	Dave Rader	4	4	4	4	5	10	12	25
32	Reggie Cleveland	4	4	4	4	5	10	12	60
33	Dusty Baker	4	4	4	4	6	12	15	60
34	Steve Renko	4	4	4	4	4	8	10	15
35	Ron Santo	4	4	4	4	6	12	15	30
36	Joe Lovitto	4	4	4	4	8	15	20	50
37	Dave Freisleben	4	4	4	4	5	10	15	120
38	Buddy Bell	4	4	4	4	5	10	12	25
39	Andre Thornton	4	4	4	4	5	10	12	50
40	Bill Singer	4	4	4	4	5	10	12	25
41	Cesar Geronimo	4	4	4	4	8	15	20	80
42	Joe Coleman	4	4	4	4	5	10	12	25
43	Cleon Jones	4	4	4	4	6	12	15	40
44	Pat Dobson	4	4	4	4	5	10	12	25
45	Joe Rudi	4	4	4	4	6	12	15	30
46	Philadelphia Phillies CL/Ozark	4	4	4	4	5	10	12	40
47	Tommy John	4	4	4	4	8	20	25	200
48	Freddie Patek	4	4	4	4	5	10	12	25
49	Larry Dierker	4	4	4	4	5	10	12	25
50	Brooks Robinson	▲8	▲12	▲20	▲30	▲50	100	120	300
51	Bob Forsch RC	4	4	4	4	6	12	15	30
52	Darrell Porter	4	4	4	4	5	10	12	25
53	Dave Giusti	4	4	5	6	12	25	40	500
54	Eric Soderholm	4	4	4	4	6	12	15	80
55	Bobby Bonds	4	4	4	4	6	12	20	80
56	Rick Wise	4	4	5	6	12	25	40	120
57	Dave Johnson	4	4	4	4	5	10	12	25
58	Chuck Taylor	4	4	4	4	5	10	12	30
59	Ken Henderson	4	4	4	4	5	10	12	25
60	Fergie Jenkins	4	4	4	4	8	15	20	60
61	Dave Winfield	8	12	20	30	▼50	150	200	▲1,000
62	Fritz Peterson	4	4	4	4	5	10	12	25
63	Steve Swisher RC	4	4	4	4	5	10	12	30
64	Dave Chalk	4	4	4	4	5	10	12	25
65	Don Gullett	4	4	4	6	12	25	30	150
66	Willie Horton	4	4	4	4	6	12	15	30
67	Tug McGraw	4	4	4	4	6	12	15	30
68	Ron Blomberg	4	4	4	4	5	10	12	25
69	John Odom	4	4	4	4	5	10	12	20
70	Mike Schmidt	▲12	▲20	25	▼40	80	200	250	▲2,500
71	Charlie Hough	4	4	4	4	6	12	15	30
72	Kansas City Royals CL/McKeon	4	4	4	4	5	10	12	40
73	J.R. Richard	4	4	4	4	6	12	15	60
74	Mark Belanger	4	4	4	4	6	12	20	80
75	Ted Simmons	4	4	4	4	8	15	60	350
76	Ed Sprague	4	4	4	4	5	10	12	25
77	Richie Zisk	4	4	4	4	5	10	15	100
78	Ray Corbin	4	4	4	4	5	10	12	25

#	Player	VG 3	VgEx 4	EX 5	ExMt 6	NM 7	NmMt 8	NmMt+ 8.5	MT 9
79	Gary Matthews	4	4	4	4	6	12	15	30
80	Carlton Fisk	12	20	30	40	▲60	100	120	500
81	Ron Reed	4	4	4	4	5	10	12	25
82	Pat Kelly	4	4	4	4	8	15	25	120
83	Jim Merritt	4	4	4	4	5	10	12	20
84	Enzo Hernandez	4	4	4	4	4	8	10	15
85	Bill Bonham	4	4	4	4	6	12	15	60
86	Joe Lis	4	4	4	4	8	15	20	120
87	George Foster	4	4	4	6	12	25	30	50
88	Tom Egan	4	4	4	4	5	10	12	25
89	Jim Ray	4	4	4	4	4	8	10	15
90	Rusty Staub	4	4	4	4	8	25	30	500
91	Dick Green	4	4	4	4	5	10	12	25
92	Cecil Upshaw	4	4	4	4	5	10	12	40
93	Davey Lopes	4	4	4	4	6	12	15	60
94	Jim Lonborg	4	4	4	4	5	10	12	60
95	John Mayberry	4	4	4	4	5	10	12	25
96	Mike Cosgrove RC	4	4	4	4	5	10	12	25
97	Earl Williams	4	4	4	4	5	10	15	40
98	Rich Folkers	4	4	4	4	5	10	12	25
99	Mike Hegan	4	4	4	4	5	10	12	25
100	Willie Stargell	4	4	5	6	12	25	40	100
101	Montreal Expos CL/Mauch	4	4	4	5	10	20	40	100
102	Joe Decker	4	4	4	4	5	10	12	25
103	Rick Miller	4	5	10	12	25	50	60	150
104	Bill Madlock	4	4	4	5	10	20	25	150
105	Buzz Capra	4	4	4	4	5	10	12	60
106	Mike Hargrove RC	4	4	4	4	8	15	25	120
107	Jim Barr	4	4	4	4	5	10	12	25
108	Tom Hall	4	4	4	4	5	10	12	25
109	George Hendrick	4	4	4	4	5	10	12	25
110	Wilbur Wood	4	4	4	4	5	10	12	25
111	Wayne Garrett	4	4	4	4	6	12	15	100
112	Larry Hardy RC	4	4	4	4	5	10	12	25
113	Elliott Maddox	4	4	4	4	5	10	12	25
114	Dick Lange	4	4	4	4	5	10	12	25
115	Joe Ferguson	4	4	4	4	5	10	12	60
116	Lerrin LaGrow	4	4	4	4	5	10	12	25
117	Baltimore Orioles CL/Weaver	4	4	5	10	20	40	50	650
118	Mike Anderson	4	4	4	4	5	10	12	25
119	Tommy Helms	4	4	4	4	4	8	10	15
120	Steve Busby	4	4	4	4	5	10	15	100
121	Bill North	4	4	4	4	5	10	12	25
122	Al Hrabosky	4	4	4	4	6	12	15	25
123	Johnny Briggs	4	4	4	4	5	10	12	25
124	Jerry Reuss	4	4	4	4	5	10	12	25
125	Ken Singleton	4	4	4	4	6	12	20	150
126	Checklist 1-132	4	4	4	4	5	10	15	50
127	Glenn Borgmann	4	4	4	4	6	12	15	120
128	Bill Lee	4	4	4	4	6	12	15	30
129	Rick Monday	4	4	4	5	10	20	25	150
130	Phil Niekro	4	4	4	4	8	15	20	50
131	Toby Harrah	4	4	4	4	5	10	12	50
132	Randy Moffitt	4	4	4	4	5	10	15	60
133	Dan Driessen	4	5	6	12	25	50	60	200
134	Ron Hodges	4	4	4	4	5	10	12	25
135	Charlie Spikes	4	4	4	4	5	10	12	60
136	Jim Mason	4	4	4	4	5	10	12	60
137	Terry Forster	4	4	4	4	6	12	15	30
138	Del Unser	4	4	4	4	4	8	10	15
139	Horacio Pina	4	4	4	4	5	10	15	100
140	Steve Garvey	4	4	4	6	12	25	30	100
141	Mickey Stanley	4	4	4	4	5	10	15	80
142	Bob Reynolds	4	4	4	4	5	10	12	25
143	Cliff Johnson RC	4	4	4	4	5	10	15	150
144	Jim Wohlford	4	4	4	4	5	10	12	30
145	Ken Holtzman	4	4	4	4	5	10	12	25
146	San Diego Padres CL/McNamara	4	4	4	4	5	10	12	25

#	Player	VG 3	VgEx 4	EX 5	ExMt 6	NM 7	NmMt 8	NmMt+ 8.5
147	Pedro Garcia	4	4	4	4	5	10	12
148	Jim Rooker	4	4	4	4	5	10	12
149	Tim Foli	4	4	4	4	5	10	12
150	Bob Gibson	4	4	8	10	20	80	100
151	Steve Brye	4	4	4	4	5	10	12
152	Mario Guerrero	4	4	4	4	5	10	12
153	Rick Reuschel	4	4	4	4	5	10	12
154	Mike Lum	4	4	4	4	4	8	10
155	Jim Bibby	4	4	4	4	5	10	12
156	Dave Kingman	4	4	4	4	5	10	12
157	Pedro Borbon	4	4	4	4	5	10	12
158	Jerry Grote	4	4	4	4	5	10	12
159	Steve Arlin	4	4	4	4	5	10	12
160	Graig Nettles	4	4	4	4	8	15	20
161	Stan Bahnsen	4	4	4	4	5	10	12
162	Willie Montanez	4	4	4	4	5	10	12
163	Jim Brewer	4	4	4	4	5	10	12
164	Mickey Rivers	4	4	4	4	6	12	15
165	Doug Rader	4	4	4	4	5	10	12
166	Woodie Fryman	4	4	4	4	5	10	12
167	Rich Coggins	4	4	4	4	5	10	12
168	Bill Greif	4	4	4	4	5	10	15
169	Cookie Rojas	4	4	4	4	5	10	12
170	Bert Campaneris	4	4	4	4	6	12	15
171	Ed Kirkpatrick	4	4	4	4	5	10	15
172	Boston Red Sox CL/Johnson	4	4	4	4	8	15	20
173	Steve Rogers	4	4	4	4	5	10	15
174	Bake McBride	4	4	4	4	5	10	15
175	Don Money	4	4	4	4	5	10	15
176	Burt Hooton	4	4	4	4	5	10	12
177	Vic Correll RC	4	4	4	4	5	10	12
178	Cesar Tovar	4	4	4	6	12	25	30
179	Tom Bradley	4	4	4	4	5	10	12
180	Joe Morgan	12	20	30	▼40	▼50	▼100	150
181	Fred Beene	4	4	4	4	5	10	12
182	Don Hahn	4	4	4	4	5	10	12
183	Mel Stottlemyre	4	4	4	4	8	15	20
184	Jorge Orta	4	4	4	4	5	10	12
185	Steve Carlton	4	4	4	6	15	30	40
186	Willie Crawford	4	4	4	4	5	10	12
187	Denny Doyle	4	4	4	4	5	10	15
188	Tom Griffin	4	4	4	4	5	10	12
189	Y.Berra/Campanella MVP	4	4	4	4	6	12	15
190	B.Shantz/H.Sauer MVP	4	4	4	4	5	10	12
191	Al Rosen/Campanella MVP	4	4	4	4	8	15	20
192	Y.Berra/W.Mays MVP	4	4	4	5	10	20	25
193	Y.Berra/Campanella MVP	4	4	4	4	6	12	15
194	M.Mantle/D.Newcombe MVP	4	4	4	6	20	25	30
195	M.Mantle/H.Aaron MVP	4	4	6	8	20	50	80
196	J.Jensen/E.Banks MVP	4	4	4	4	6	20	25
197	N.Fox/E.Banks MVP	4	4	4	4	5	10	12
198	R.Maris/D.Groat MVP	4	4	4	4	6	12	15
199	R.Maris/F.Robinson MVP	4	4	4	4	6	12	15
200	M.Mantle/M.Wills MVP	4	4	4	6	12	30	40
201	E.Howard/S.Koufax MVP	4	4	4	4	5	10	12
202	B.Robinson/K.Boyer MVP	4	4	4	4	6	12	20
203	Z.Versailes/W.Mays MVP	4	4	4	4	6	12	15
204	F.Robinson/B.Clemente MVP	4	5	8	12	20	30	40
205	C.Yastrzemski/O.Cepeda MVP	4	4	4	4	6	12	15
206	D.McLain/B.Gibson MVP	4	4	4	4	6	12	15
207	H.Killebrew/W.McCovey MVP	4	4	4	4	6	12	15
208	B.Powell/J.Bench MVP	4	4	4	4	6	12	50
209	V.Blue/J.Torre MVP	4	4	4	4	5	10	12
210	R.Allen/J.Bench MVP	4	4	4	4	8	15	20
211	R.Jackson/P.Rose MVP	4	4	4	4	8	15	25
212	J.Burroughs/S.Garvey MVP	4	4	4	4	5	10	12
213	Oscar Gamble	4	4	4	4	6	12	15
214	Harry Parker	4	4	4	4	5	10	12

	VG 3	VgEx 4	EX 5	ExMt 6	NM 7	NmMt 8	NmMt+ 8.5	MT 9
Bobby Valentine	4	4	4	4	6	12	20	50
San Francisco Giants CL/Westrum	4	4	4	4	5	10	12	25
Lou Piniella	4	4	4	4	6	12	15	40
Jerry Johnson	4	4	4	4	4	8	10	15
Ed Herrmann	4	4	4	4	5	60	80	150
Don Sutton	4	4	4	4	6	12	15	40
Aurelio Rodriguez	4	4	4	4	5	10	12	25
Dan Spillner RC	4	4	4	4	5	10	12	25
Robin Yount RC	50	▼60	▼80	▼100	▼200	500	▲1,500	4,000
Ramon Hernandez	4	4	4	4	5	10	12	25
Bob Grich	4	4	4	4	6	12	20	80
Bill Campbell	4	4	4	4	5	10	12	25
Bob Watson	4	4	4	4	5	10	12	25
George Brett RC	▼80	120	▲200	250	▼400	▼1,000	▼1,200	8,000
Barry Foote	4	4	4	4	5	10	12	60
Jim Hunter	4	4	4	4	8	15	20	80
Mike Tyson	4	4	4	4	5	10	12	25
Diego Segui	4	4	4	4	4	8	10	15
Billy Grabarkewitz	4	4	4	4	5	10	12	50
Tom Grieve	4	4	4	4	4	8	10	15
Jack Billingham	4	4	4	4	5	10	12	40
California Angels CL/Williams	4	4	4	4	5	10	12	60
Carl Morton	4	4	4	4	4	8	10	15
Dave Duncan	4	4	4	4	5	10	15	80
George Stone	4	4	4	4	4	8	10	15
Garry Maddox	4	4	4	4	6	12	15	30
Dick Tidrow	4	4	4	4	5	10	12	25
Jay Johnstone	4	4	4	4	5	10	12	25
Jim Kaat	4	4	4	4	6	12	15	30
Bill Buckner	4	4	4	4	6	12	15	40
Mickey Lolich	4	4	4	4	6	12	15	60
St. Louis Cardinals CL/Schoen	4	4	4	4	5	10	12	50
Enos Cabell	4	4	4	4	5	10	12	25
Randy Jones	4	4	4	4	6	12	15	30
Danny Thompson	4	4	4	4	5	10	15	60
Ken Brett	4	4	4	5	10	20	30	200
Fran Healy	4	4	4	4	6	12	20	60
Fred Scherman	4	4	4	4	5	10	12	30
Jesus Alou	4	4	4	4	8	15	25	100
Mike Torrez	4	4	4	4	8	15	20	40
Dwight Evans	4	4	4	4	8	15	20	80
Billy Champion	4	4	4	4	5	10	15	40
Checklist: 133-264	4	4	4	4	5	10	15	40
Dave LaRoche	4	4	4	4	5	10	12	25
Len Randle	4	4	4	5	10	20	30	100
Johnny Bench	4	5	12	25	30	60	100	300
Andy Hassler RC	4	4	4	4	5	10	12	25
Rowland Office RC	4	4	4	4	5	10	15	30
Jim Perry	4	4	4	4	5	10	15	40
John Milner	4	4	4	4	5	10	12	25
Ron Bryant	4	4	4	4	5	10	12	25
Sandy Alomar	4	4	4	4	6	12	15	30
Dick Ruthven	4	4	4	4	5	10	12	25
Hal McRae	4	4	4	4	6	12	20	150
Doug Rau	4	4	4	4	5	10	12	25
Ron Fairly	4	4	4	4	6	12	15	30
Gerry Moses	4	4	4	4	5	10	12	25
Lynn McGlothen	4	4	4	4	5	10	12	25
Steve Braun	4	4	4	4	5	10	12	30
Vicente Romo	4	4	4	4	5	10	12	25
Paul Blair	4	4	4	4	6	12	15	30
Chicago White Sox CL/Tanner	4	4	4	4	5	10	12	30
Frank Taveras	4	4	4	4	5	10	12	50
Paul Lindblad	4	4	4	4	5	10	12	25
Milt May	4	4	4	4	4	8	10	15
Carl Yastrzemski	8	12	20	30	50	100	120	▲300
Jim Slaton	4	4	4	4	5	10	12	25
Jerry Morales	4	4	4	4	5	10	12	25
283 Steve Foucault	4	4	4	4	5	10	12	25
284 Ken Griffey Sr.	4	4	4	5	10	20	25	120
285 Ellie Rodriguez	4	4	4	4	5	10	12	25
286 Mike Jorgensen	4	4	4	4	5	10	12	25
287 Roric Harrison	4	4	4	4	4	8	10	15
288 Bruce Ellingsen RC	4	4	4	4	4	8	10	15
289 Ken Rudolph	4	4	4	4	4	8	10	15
290 Jon Matlack	4	4	4	4	5	10	12	80
291 Bill Sudakis	4	4	4	4	5	10	12	25
292 Ron Schueler	4	4	4	4	5	10	12	25
293 Dick Sharon	4	4	4	4	5	10	12	25
294 Geoff Zahn RC	4	4	4	4	5	10	12	25
295 Vada Pinson	4	4	4	4	5	10	12	50
296 Alan Foster	4	4	4	4	5	10	12	25
297 Craig Kusick RC	4	4	5	6	12	25	30	60
298 Johnny Grubb	4	4	4	4	5	10	12	25
299 Bucky Dent	4	4	4	4	5	10	12	20
300 Reggie Jackson	4	4	6	12	30	80	100	500
301 Dave Roberts	4	4	4	4	5	10	12	500
302 Rick Burleson RC	4	4	4	4	8	15	25	150
303 Grant Jackson	4	4	4	4	4	8	10	15
304 Pittsburgh Pirates CL/Murtaugh	4	4	4	4	5	10	12	30
305 Jim Colborn	4	4	4	4	5	10	12	25
306 Batting Leaders	4	4	4	4	6	12	15	30
307 Home Run Leaders	4	4	4	4	6	12	15	30
308 RBI Leaders	4	4	4	4	6	12	15	60
309 Stolen Base Leaders	4	4	4	4	6	12	15	80
310 Victory Leaders	4	4	4	4	6	12	15	50
311 ERA Leaders	4	4	4	4	6	12	15	30
312 Strikeout Leaders	4	4	4	5	12	30	40	80
313 Leading Firemen	4	4	4	4	6	12	15	50
314 Buck Martinez	4	4	4	4	5	10	12	25
315 Don Kessinger	4	4	4	4	5	10	12	100
316 Jackie Brown	4	4	4	4	5	10	12	25
317 Joe Lahoud	4	4	4	4	5	10	12	25
318 Ernie McAnally	4	4	4	4	4	8	10	15
319 Johnny Oates	4	4	4	4	5	10	12	25
320 Pete Rose	▲15	▲25	▲40	▲60	100	200	▲400	600
321 Rudy May	4	4	4	4	5	10	12	20
322 Ed Goodson	4	4	4	4	5	10	15	50
323 Fred Holdsworth	4	4	4	4	4	8	10	15
324 Ed Kranepool	4	4	4	4	4	8	10	15
325 Tony Oliva	4	4	4	4	6	12	15	40
326 Wayne Twitchell	4	4	4	4	5	10	12	40
327 Jerry Hairston	4	4	4	4	4	8	10	15
328 Sonny Siebert	4	4	4	4	4	8	10	15
329 Ted Kubiak	4	4	4	4	5	10	12	25
330 Mike Marshall	4	4	4	4	6	12	15	25
331 Cleveland Indians CL/Robinson	4	4	4	4	6	12	15	60
332 Fred Kendall	4	4	4	4	5	10	12	25
333 Dick Drago	4	4	4	4	5	10	12	25
334 Greg Gross RC	4	4	4	4	4	8	10	15
335 Jim Palmer	4	4	4	6	12	25	30	400
336 Rennie Stennett	4	4	4	5	10	20	25	100
337 Kevin Kobel	4	4	4	4	5	10	12	25
338 Rich Stelmaszek	4	4	4	4	5	10	12	80
339 Jim Fregosi	4	4	4	4	5	10	12	25
340 Paul Splittorff	4	4	4	4	6	12	20	150
341 Hal Breeden	4	4	4	4	4	8	10	15
342 Leroy Stanton	4	4	4	4	4	8	10	15
343 Danny Frisella	4	4	4	4	8	15	25	80
344 Ben Oglivie	4	4	4	4	6	12	15	30
345 Clay Carroll	4	4	4	4	5	10	12	25
346 Bobby Darwin	4	4	4	4	5	10	12	25
347 Mike Caldwell	4	4	4	4	5	10	12	25
348 Tony Muser	4	4	4	4	5	10	12	25
349 Ray Sadecki	4	4	4	4	5	10	12	25
350 Bobby Murcer	4	4	4	4	6	12	15	30

#	Name	VG 3	VgEx 4	EX 5	ExMt 6	NM 7	NmMt 8	NmMt+ 8.5	MT 9
351	Bob Boone	4	4	4	4	5	10	12	20
352	Darold Knowles	4	4	4	4	5	10	12	25
353	Luis Melendez	4	4	4	4	5	10	12	25
354	Dick Bosman	4	4	4	4	5	10	12	25
355	Chris Cannizzaro	4	4	4	4	4	8	10	15
356	Rico Petrocelli	4	4	4	4	6	12	15	30
357	Ken Forsch	4	4	4	4	5	10	12	25
358	Al Bumbry	4	4	4	4	6	12	15	30
359	Paul Popovich	4	4	4	4	5	10	12	25
360	George Scott	4	4	4	4	5	10	12	25
361	Los Angeles Dodgers CL/Alston	4	4	4	4	6	12	15	30
362	Steve Hargan	4	4	4	4	5	10	12	25
363	Carmen Fanzone	4	4	4	4	5	10	12	25
364	Doug Bird	4	4	4	4	5	10	12	25
365	Bob Bailey	4	4	4	4	5	10	12	25
366	Ken Sanders	4	4	4	4	5	10	12	25
367	Craig Robinson	4	4	4	4	5	10	12	25
368	Vic Albury	4	4	4	4	5	10	12	20
369	Merv Rettenmund	4	4	4	4	5	10	12	25
370	Tom Seaver	▲15	▲25	▲40	50	60	120	150	▲800
371	Gates Brown	4	4	4	4	6	12	15	80
372	John D'Acquisto	4	4	4	4	5	10	15	25
373	Bill Sharp	4	4	4	4	4	8	10	15
374	Eddie Watt	4	4	4	4	4	8	10	15
375	Roy White	4	4	4	4	5	10	12	25
376	Steve Yeager	4	4	4	4	6	12	15	80
377	Tom Hilgendorf	4	4	4	4	5	10	12	50
378	Derrel Thomas	4	4	4	4	5	10	15	40
379	Bernie Carbo	4	4	4	4	5	10	12	25
380	Sal Bando	4	4	4	4	6	12	20	250
381	John Curtis	4	4	4	4	5	10	12	25
382	Don Baylor	4	4	4	4	6	12	15	40
383	Jim York	4	4	4	4	5	10	12	20
384	Milwaukee Brewers CL/Crandall	4	4	4	4	5	10	12	25
385	Dock Ellis	4	4	4	4	4	8	10	15
386	Checklist: 265-396	4	4	4	4	5	10	12	40
387	Jim Spencer	4	4	4	4	5	10	12	25
388	Steve Stone	4	4	4	4	5	10	12	25
389	Tony Solaita RC	4	4	4	4	5	10	12	25
390	Ron Cey	4	4	4	4	5	10	12	30
391	Don DeMola RC	4	4	4	4	5	10	12	25
392	Bruce Bochte RC	4	4	4	4	5	10	12	120
393	Gary Gentry	4	4	4	4	4	8	10	15
394	Larvell Blanks	4	4	4	4	5	10	12	25
395	Bud Harrelson	4	4	4	4	5	10	12	40
396	Fred Norman	4	4	4	4	6	12	15	100
397	Bill Freehan	4	4	4	4	6	12	15	40
398	Elias Sosa	4	4	4	4	4	8	10	15
399	Terry Harmon	4	4	4	4	5	10	12	25
400	Dick Allen	4	4	4	4	6	12	15	60
401	Mike Wallace	4	4	4	4	5	10	12	25
402	Bob Tolan	4	4	4	4	6	12	25	500
403	Tom Buskey RC	4	4	4	4	5	10	12	25
404	Ted Sizemore	4	4	4	4	5	10	12	25
405	John Montague RC	4	4	4	4	6	12	20	250
406	Bob Gallagher	4	4	4	4	5	10	12	40
407	Herb Washington RC	4	4	4	4	8	15	30	150
408	Clyde Wright	4	4	4	4	5	10	12	25
409	Bob Robertson	4	4	4	4	5	10	15	80
410	Mike Cuellar	4	4	4	4	6	12	20	60
411	George Mitterwald	4	4	4	4	5	10	12	25
412	Bill Hands	4	4	4	4	5	10	12	25
413	Marty Pattin	4	4	4	4	5	10	12	20
414	Manny Mota	4	4	4	4	5	10	12	60
415	John Hiller	4	4	4	4	5	10	12	25
416	Larry Lintz	4	4	4	4	5	10	12	25
417	Skip Lockwood	4	4	4	4	5	10	15	120
418	Leo Foster	4	4	4	4	5	10	12	20

#	Name	VG 3	VgEx 4	EX 5	ExMt 6	NM 7	NmMt 8	NmMt+ 8.5
419	Dave Goltz	4	4	4	4	5	10	12
420	Larry Bowa	4	4	4	4	6	12	15
421	New York Mets CL/Berra	4	4	4	4	6	12	15
422	Brian Downing	4	4	4	4	5	10	12
423	Clay Kirby	4	4	4	4	5	10	12
424	John Lowenstein	4	4	4	4	5	10	12
425	Tito Fuentes	4	4	4	4	5	10	12
426	George Medich	4	4	4	4	5	10	12
427	Clarence Gaston	4	4	4	4	5	10	15
428	Dave Hamilton	4	4	4	4	5	10	12
429	Jim Dwyer RC	4	4	4	4	5	10	12
430	Luis Tiant	4	4	4	4	6	12	15
431	Rod Gilbreath	4	4	4	4	5	10	12
432	Ken Berry	4	4	4	4	5	10	12
433	Larry Demery RC	4	4	4	4	5	10	15
434	Bob Locker	4	4	4	4	5	10	15
435	Dave Nelson	4	4	4	4	5	10	15
436	Ken Frailing	4	4	4	4	5	10	15
437	Al Cowens RC	4	4	4	4	6	12	15
438	Don Carrithers	4	4	4	4	8	15	25
439	Ed Brinkman	4	4	4	4	5	10	12
440	Andy Messersmith	4	4	4	4	6	12	15
441	Bobby Heise	4	4	4	4	6	12	15
442	Maximino Leon RC	4	4	4	4	6	12	15
443	Minnesota Twins CL/Quilici	4	4	4	4	5	10	12
444	Gene Garber	4	4	4	4	5	10	15
445	Felix Millan	4	4	4	4	6	12	15
446	Bart Johnson	4	4	4	4	6	12	15
447	Terry Crowley	4	4	4	4	5	10	12
448	Frank Duffy	4	4	4	4	4	8	10
449	Charlie Williams	4	4	4	4	5	10	12
450	Willie McCovey	5	8	12	20	30	60	80
451	Rick Dempsey	4	4	4	4	5	10	12
452	Angel Mangual	4	4	4	4	6	12	15
453	Claude Osteen	4	4	4	4	5	10	12
454	Doug Griffin	4	4	4	4	5	10	12
455	Don Wilson	4	4	4	4	5	10	12
456	Bob Coluccio	4	4	4	4	5	10	12
457	Mario Mendoza RC	4	4	4	4	5	10	12
458	Ross Grimsley	4	4	4	4	8	15	25
459	1974 AL Championships	4	4	4	4	8	15	
460	1974 NL Championships	4	4	4	4	6	12	20
461	Reggie Jackson WS1	4	4	4	4	6	12	15
462	W.Alston/J.Ferguson WS2	4	4	4	4	6	12	15
463	Rollie Fingers WS3	4	4	4	4	6	12	15
464	A's Batter WS4	4	4	4	4	6	12	15
465	Joe Rudi WS5	4	4	4	4	6	12	15
466	A's Do it Again WS	4	4	4	4	6	12	15
467	Ed Halicki RC	4	4	4	4	5	10	15
468	Bobby Mitchell	4	4	4	4	5	10	12
469	Tom Dettore RC	4	4	4	4	5	10	12
470	Jeff Burroughs	4	4	4	4	6	12	15
471	Bob Stinson	4	4	4	4	5	10	15
472	Bruce Dal Canton	4	4	4	4	5	10	15
473	Ken McMullen	4	4	4	4	6	12	15
474	Luke Walker	4	4	4	4	5	10	12
475	Darrell Evans	4	4	5	5	10	20	
476	Ed Figueroa RC	4	4	4	4	5	10	15
477	Tom Hutton	4	4	4	4	5	10	15
478	Tom Burgmeier	4	4	4	4	5	10	12
479	Ken Boswell	4	4	4	4	5	10	12
480	Carlos May	4	4	4	4	5	10	12
481	Will McEnaney RC	4	4	8	15	30	60	80
482	Tom McCraw	4	4	4	4	5	10	12
483	Steve Ontiveros	4	4	4	4	5	10	12
484	Glenn Beckert	4	4	4	4	5	10	15
485	Sparky Lyle	4	4	4	4	8	15	20
486	Ray Fosse	4	4	4	4	5	10	12

	VG 3	VgEx 4	EX 5	ExMt 6	NM 7	NmMt 8	NmMt+ 8.5	MT 9
Houston Astros CL/Gomez	4	4	4	4	5	10	12	40
Bill Travers RC	4	4	4	4	6	12	15	30
Cecil Cooper	4	4	4	4	6	12	20	80
Reggie Smith	4	4	4	4	6	12	20	100
Doyle Alexander	4	4	4	4	5	10	12	20
Rich Hebner	4	4	4	4	5	10	12	40
Don Stanhouse	4	4	4	4	4	8	10	15
Pete LaCock RC	4	4	4	4	5	10	15	50
Nelson Briles	4	4	4	4	5	10	12	25
Pepe Frias	4	4	4	4	5	10	12	25
Jim Nettles	4	4	4	4	5	10	15	50
Al Downing	4	4	4	4	5	10	12	25
Marty Perez	4	4	4	6	12	25	30	120
Nolan Ryan	5	15	25	50	100	300	800	2,500
Bill Robinson	4	4	4	4	5	10	12	25
Pat Bourque	4	4	4	4	4	8	10	15
Fred Stanley	4	4	4	4	5	10	15	200
Buddy Bradford	4	4	4	4	6	12	20	50
Chris Speier	4	4	4	4	5	10	15	50
Leron Lee	4	4	4	4	5	10	12	25
Tom Carroll RC	4	4	4	4	5	10	12	25
Bob Hansen RC	4	4	4	4	5	10	12	50
Dave Hilton	4	4	4	4	5	10	12	25
Vida Blue	4	4	4	4	8	15	20	100
Texas Rangers CL/Martin	4	4	4	4	4	8	10	15
Larry Milbourne RC	4	4	4	4	5	10	12	80
Dick Pole	4	4	4	4	5	10	15	80
Jose Cruz	4	4	4	4	6	12	20	100
Manny Sanguillen	4	4	4	4	6	12	15	40
Don Hood	4	4	4	4	5	10	12	25
Checklist: 397-528	4	4	4	4	5	10	12	30
Leo Cardenas	4	4	4	4	5	10	12	25
Jim Todd RC	4	4	4	4	5	10	12	50
Amos Otis	4	4	4	4	6	12	20	200
Dennis Blair RC	4	4	4	4	5	10	15	80
Gary Sutherland	4	4	4	4	5	10	12	25
Tom Paciorek	4	4	4	4	5	10	15	50
John Doherty RC	4	4	4	4	5	10	12	25
Tom House	4	4	4	4	5	10	12	25
Larry Hisle	4	4	4	4	5	10	12	30
Mac Scarce	4	4	4	4	5	10	15	50
Eddie Leon	4	4	4	4	5	10	12	50
Gary Thomasson	4	4	4	4	5	10	15	60
Gaylord Perry	4	4	4	4	8	15	30	150
Cincinnati Reds CL/Anderson	4	4	4	6	12	20	30	80
Gorman Thomas	4	4	4	4	5	10	15	30
Rudy Meoli	4	4	4	4	5	10	12	25
Alex Johnson	4	4	4	4	6	12	15	60
Gene Tenace	4	4	4	4	6	12	15	40
Bob Moose	4	4	4	5	10	20	25	300
Tommy Harper	4	4	4	4	5	10	12	25
Duffy Dyer	4	4	4	4	5	10	15	60
Jesse Jefferson	4	4	4	4	6	12	15	30
Lou Brock	4	4	4	6	12	20	30	80
Roger Metzger	4	4	4	4	5	10	12	25
Pete Broberg	4	4	4	4	5	10	12	25
Larry Biittner	4	4	4	4	5	10	12	25
Steve Mingori	4	4	4	4	5	10	15	80
Billy Williams	4	4	4	4	8	15	20	50
John Knox	4	4	4	4	4	8	10	15
Von Joshua	4	4	5	6	12	25	30	120
Charlie Sands	4	4	4	4	5	10	15	80
Bill Butler	4	4	4	4	5	10	12	30
Ralph Garr	4	4	4	4	5	10	15	50
Larry Christenson	4	4	4	4	6	12	20	275
Jack Brohamer	4	4	4	4	4	8	10	15
John Boccabella	4	4	4	4	5	10	12	30
Rich Gossage	4	4	4	5	10	20	25	80

		VG 3	VgEx 4	EX 5	ExMt 6	NM 7	NmMt 8	NmMt+ 8.5	MT 9
555	Al Oliver	4	4	4	4	6	12	20	150
556	Tim Johnson	4	4	4	4	5	10	15	60
557	Larry Gura	4	4	4	4	5	10	12	25
558	Dave Roberts	4	4	4	4	5	10	12	25
559	Bob Montgomery	4	4	4	4	5	10	12	25
560	Tony Perez	4	4	4	4	6	12	15	40
561	Oakland Athletics CL/Dark	4	4	4	4	6	12	15	50
562	Gary Nolan	4	4	4	4	5	10	12	25
563	Wilbur Howard	4	4	4	4	4	8	10	15
564	Tommy Davis	4	6	12	15	30	60	90	500
565	Joe Torre	4	4	4	4	6	12	20	60
566	Ray Burris	4	4	4	4	5	10	12	25
567	Jim Sundberg RC	4	4	4	4	6	12	15	40
568	Dale Murray RC	4	4	4	4	5	10	12	50
569	Frank White	4	4	4	4	5	10	15	20
570	Jim Wynn	4	4	4	4	6	12	15	30
571	Dave Lemanczyk RC	4	4	4	4	5	10	12	25
572	Roger Nelson	4	4	4	4	5	10	12	25
573	Orlando Pena	4	4	4	4	4	8	10	15
574	Tony Taylor	4	4	4	4			60	30
575	Gene Clines	4	4	4	4	5	10	15	50
576	Phil Roof	4	4	4	4	5	10	12	25
577	John Morris	4	4	4	4	5	10	12	25
578	Dave Tomlin RC	4	4	4	4	5	10	12	25
579	Skip Pitlock	4	4	4	4	5	10	12	25
580	Frank Robinson	4	4	4	5	12	40	50	150
581	Darrel Chaney	4	4	4	4	8	15	20	40
582	Eduardo Rodriguez	4	4	4	4	5	10	12	40
583	Andy Etchebarren	4	4	4	5	10	20	40	350
584	Mike Garman	4	4	4	4	5	10	15	80
585	Chris Chambliss	4	4	4	4	8	15	20	60
586	Tim McCarver	4	4	4	4	6	12	15	60
587	Chris Ward RC	4	4	4	4	4	8	10	15
588	Rick Auerbach	4	4	4	4	5	10	15	80
589	Atlanta Braves CL/King	4	4	4	4	5	10	12	30
590	Cesar Cedeno	4	4	4	4	6	12	20	80
591	Glenn Abbott	4	4	4	4	5	10	12	25
592	Balor Moore	4	4	4	4	5	10	12	20
593	Gene Lamont	4	4	4	4	4	8	10	15
594	Jim Fuller	4	4	4	4	5	10	12	25
595	Joe Niekro	4	4	4	4	6	12	15	60
596	Ollie Brown	4	4	4	4	5	10	12	60
597	Winston Llenas	4	4	4	4	5	10	12	25
598	Bruce Kison	4	4	4	4	5	10	12	30
599	Nate Colbert	4	4	4	4	5	10	12	25
600	Rod Carew	4	4	5	10	20	40	50	300
601	Juan Beniquez	4	4	6	8	15	30	60	400
602	John Vukovich	4	4	4	4	8	15	20	50
603	Lew Krausse	4	4	4	4	5	10	12	100
604	Oscar Zamora RC	4	4	4	4	5	10	15	30
605	John Ellis	4	4	4	4	5	10	12	25
606	Bruce Miller RC	4	4	4	4	5	10	12	25
607	Jim Holt	4	4	4	4	5	10	15	40
608	Gene Michael	4	4	4	4	5	10	15	60
609	Elrod Hendricks	4	4	4	4	5	10	15	40
610	Ron Hunt	4	4	4	4	5	10	12	25
611	New York Yankees CL/Virdon	4	4	4	4	5	10	15	50
612	Terry Hughes	4	4	4	4	6	15	15	150
613	Bill Parsons	4	4	4	4	5	10	12	25
614	Rookie Pitchers	4	4	4	4	6	12	15	25
615	Rookie Pitchers	4	4	4	4	6	12	15	40
616	Jim Rice RC	20	30	50	60	120	250	300	▲1,500
617	Rookie Infielders	4	4	4	4	6	12	15	50
618	Rookie Pitchers	4	4	4	4	5	10	12	120
619	Rookie Outfielders	4	4	4	4	5	10	12	25
620	Gary Carter RC	25	40	▼50	▼60	120	250	300	1,500
621	Rookie Pitchers	4	4	4	4	6	12	15	30
622	Fred Lynn RC	4	6	10	15	25	40	50	120

		VG 3	VgEx 4	EX 5	ExMt 6	NM 7	NmMt 8	NmMt+ 8.5	MT 9
623	K.Hernandez/P.Garner RC	12	20	30	50	60	80	100	250
624	Rookie Pitchers	4	4	4	4	5	10	15	60
625	Boog Powell	4	4	4	5	10	20	25	250
626	Larry Haney	4	4	4	4	5	10	12	25
627	Tom Walker	4	4	4	4	5	10	15	30
628	Ron LeFlore RC	4	4	4	4	8	15	30	100
629	Joe Hoerner	4	4	4	4	4	8	10	15
630	Greg Luzinski	4	4	4	4	6	12	15	25
631	Lee Lacy	4	4	4	4	6	12	20	80
632	Morris Nettles RC	4	4	4	4	5	10	12	25
633	Paul Casanova	4	4	4	4	5	10	15	60
634	Cy Acosta	4	4	4	4	6	12	20	120
635	Chuck Dobson	4	4	4	4	5	10	12	25
636	Charlie Moore	4	4	4	4	5	10	12	25
637	Ted Martinez	4	4	4	4	5	10	15	250
638	Chicago Cubs CL/Marshall	4	4	8	10	20	40	50	250
639	Steve Kline	4	4	4	4	5	10	15	80
640	Harmon Killebrew	4	4	5	10	20	30	40	200
641	Jim Northrup	4	4	4	4	6	12	15	50
642	Mike Phillips	4	4	4	4	8	15	40	350
643	Brent Strom	4	4	4	4	5	10	15	100
644	Bill Fahey	4	4	4	4	4	8	10	15
645	Danny Cater	4	4	4	4	5	10	15	40
646	Checklist: 529-660	4	4	4	4	5	10	15	40
647	Claudell Washington RC	4	4	5	6	12	150	200	500
648	Dave Pagan RC	4	4	4	4	5	10	12	60
649	Jack Heidemann	4	4	4	4	8	15	20	80
650	Dave May	4	4	4	4	5	10	15	50
651	John Morlan RC	4	5	10	12	25	50	60	80
652	Lindy McDaniel	4	4	4	4	5	10	15	50
653	Lee Richard	4	4	4	4	4	8	10	15
654	Jerry Terrell	4	4	4	4	5	10	15	60
655	Rico Carty	4	4	4	4	5	10	15	30
656	Bill Plummer	4	4	4	4	6	12	15	30
657	Bob Oliver	4	4	4	4	5	10	15	60
658	Vic Harris	4	4	4	5	10	20	25	60
659	Bob Apodaca	4	4	4	4	8	15	20	250
660	Hank Aaron	4	8	25	50	80	250		

— George Brett #228 PSA 10 (Gem) (Young Collection) sold for $11,596 (SCP; 5/12)
— Gary Carter #620 PSA 10 (Gem) (Young Collection) sold for $9,144 (SCP; 5/12)
— Gary Carter #620 PSA 10 (Gem) sold for $6,933 (Mile High; 1/13)
— Gary Carter #620 PSA 10 (Gem) sold for $4,060 (eBay; 09/12)
— Gary Carter #620 PSA 10 (Gem) sold for $3,736 (eBay; 11/12)
— Larry Lintz #416 PSA 10 (Gem) sold for $2,958 (eBay; 08/12)
— Jim Rice #616 PSA 10 (Gem) (Young Collection) sold for $5,676 (SCP; 5/12)
— Brooks Robinson #50 PSA 10 (Gem) sold for $1,133 (eBay; 02/12)
— Frank Robinson #580 PSA 10 (Gem) sold for $1,682 (eBay; 02/12)
— Pete Rose #320 PSA 10 (Gem) sold for $2,328 (eBay; 08/12)
— Robin Yount #223 PSA 10 (Gem) (Young Collection) sold for $22,602 (SCP; 5/12)
— Robin Yount #223 PSA 10 (Gem) sold for $19,799 (Mile High; 4/14)

1975 Topps Mini

		GD 2	VG 3	VgEx 4	EX 5	ExMt 6	NM 7	NmMt 8	MT 9
1	Hank Aaron HL	4	4	8	12	25	50	200	600
2	Lou Brock HL	4	4	4	4	5	10	25	150
3	Bob Gibson HL	4	4	4	4	8	15	30	200
4	Al Kaline HL	4	▲6	▲10	▲15	▲25	▲40	100	250
5	Nolan Ryan HL	6	8	10	12	15	25	60	500
6	Mike Marshall HL	4	4	4	4	4	6	12	120
7	Ryan/Busby/Bosman HL	4	4	4	4	6	20	25	250
8	Rogelio Moret	4	4	4	4	4	5	10	
9	Frank Tepedino	4	4	4	4	4	5	10	30
10	Willie Davis	4	4	4	4	4	5	10	25
11	Bill Melton	4	4	4	4	4	5	10	25
12	David Clyde	4	4	4	4	4	5	10	
13	Gene Locklear	4	4	4	4	4	5	10	25
14	Milt Wilcox	4	4	4	4	4	5	10	60

		GD 2	VG 3	VgEx 4	EX 5	ExMt 6	NM 7	NmMt 8	
15	Jose Cardenal	4	4	4	4	4	5	10	
16	Frank Tanana	4	4	4	6	8	15	80	
17	Dave Concepcion	4	4	4	5	6	12	25	
18	Detroit Tigers CL/Houk	4	4	4	4	4	8	15	
19	Jerry Koosman	4	4	4	4	4	6	12	
20	Thurman Munson	5	6	10	15	25	40	200	
21	Rollie Fingers	4	4	4	4	4	8	25	
22	Dave Cash	4	4	4	4	4	5	10	
23	Bill Russell	4	4	4	4	4	6	12	
24	Al Fitzmorris	4	4	4	4	4	5	10	
25	Lee May	4	4	4	4	4	5	10	
26	Dave McNally	4	4	4	4	4	6	12	
27	Ken Reitz	4	4	4	4	4	5	10	
28	Tom Murphy	4	4	4	4	4	6	12	
29	Dave Parker	4	4	4	4	4	8	15	
30	Bert Blyleven	4	4	8	15	20	40	80	
31	Dave Rader	4	4	4	4	4	8	15	
32	Reggie Cleveland	4	4	4	4	4	5	10	
33	Dusty Baker	4	4	4	4	4	6	12	
34	Steve Renko	4	4	4	4	4	5	10	
35	Ron Santo	4	4	4	4	4	6	12	
36	Joe Lovitto	4	4	4	4	4	5	10	
37	Dave Freisleben	4	4	4	4	4	5	10	
38	Buddy Bell	4	4	4	4	4	6	12	
39	Andre Thornton	4	4	4	4	4	8	15	
40	Bill Singer	4	4	4	4	4	5	10	
41	Cesar Geronimo	4	4	4	4	4	6	12	
42	Joe Coleman	4	4	4	4	4	5	10	
43	Cleon Jones	4	4	4	4	4	6	12	
44	Pat Dobson	4	4	4	4	4	8	15	
45	Joe Rudi	4	4	4	4	4	6	12	
46	Philadelphia Phillies CL/Ozark	4	4	4	4	4	6	12	
47	Tommy John	4	4	4	4	4	8	15	
48	Freddie Patek	4	4	4	4	4	8	15	
49	Larry Dierker	4	4	4	4	4	5	10	
50	Brooks Robinson	▲5	▲5	▲6	▲10	▲15	25	80	
51	Bob Forsch	4	4	4	4	4	5	10	
52	Darrell Porter	4	4	4	4	4	5	10	
53	Dave Giusti	4	4	4	5	6	12	60	
54	Eric Soderholm	4	4	4	4	5	6	12	
55	Bobby Bonds	4	4	4	6	8	15	30	
56	Rick Wise	4	4	4	4	4	8	15	
57	Dave Johnson	4	4	4	4	4	5	10	
58	Chuck Taylor	4	4	4	6	8	15	30	
59	Ken Henderson	4	4	4	4	4	5	10	
60	Fergie Jenkins	4	4	4	4	4	12	20	
61	Dave Winfield	4	6	10	15	25	40	80	
62	Fritz Peterson	4	4	4	4	4	5	10	
63	Steve Swisher	4	4	4	4	4	8	15	
64	Dave Chalk	4	4	4	4	4	8	15	
65	Don Gullett	4	4	4	4	4	6	12	
66	Willie Horton	4	4	4	4	4	6	12	
67	Tug McGraw	4	4	4	4	4	6	12	
68	Ron Blomberg	4	4	4	4	4	5	10	
69	John Odom	4	4	4	4	4	6	12	
70	Mike Schmidt	5	8	12	20	30	50	▲120	1,2
71	Charlie Hough	4	4	4	4	4	6	12	
72	Kansas City Royals CL/McKeon	4	4	4	4	4	6	12	
73	J.R. Richard	4	4	4	4	4	6	12	
74	Mark Belanger	4	4	4	4	5	6	15	
75	Ted Simmons	4	4	4	8	10	12	25	
76	Ed Sprague	4	4	4	4	4	6	15	
77	Richie Zisk	4	4	4	4	4	6	15	
78	Ray Corbin	4	4	4	4	4	5	10	
79	Gary Matthews	4	4	4	4	4	6	12	
80	Carlton Fisk	4	5	8	12	20	30	50	
81	Ron Reed	4	4	4	4	4	8	15	

	GD 2	VG 3	VgEx 4	EX 5	ExMt 6	NM 7	NmMt 8	MT 9
Pat Kelly	4	4	4	4	4	5	10	100
Jim Merritt	4	4	4	4	4	5	10	25
Enzo Hernandez	4	4	4	4	4	5	10	50
Bill Bonham	4	4	4	4	4	5	10	50
Joe Lis	4	4	4	5	6	12	25	
George Foster	4	4	4	4	4	6	12	50
Tom Egan	4	4	4	4	4	5	10	25
Jim Ray	4	4	4	4	4	5	10	25
Rusty Staub	4	4	4	4	5	10	20	200
Dick Green	4	4	4	6	8	15	30	
Cecil Upshaw	4	4	4	4	4	6	12	30
Davey Lopes	4	4	4	4	4	6	12	30
Jim Lonborg	4	4	4	4	4	8	15	60
John Mayberry	4	4	4	4	4	5	10	40
Mike Cosgrove	4	4	4	6	8	15	30	
Earl Williams	4	4	4	4	4	5	10	60
Rich Folkers	4	4	4	4	4	5	10	25
Mike Hegan	4	5	10	20	25	50	100	
Willie Stargell	4	5	8	12	20	30	50	150
Montreal Expos CL/Mauch	4	4	4	5	6	12	25	
Joe Decker	4	4	4	4	4	5	10	25
Rick Miller	4	4	4	4	4	8	15	
Bill Madlock	4	4	4	5	6	12	25	200
Buzz Capra	4	4	4	4	4	5	10	30
Mike Hargrove	4	4	4	4	4	6	12	40
Jim Barr	4	4	4	4	4	5	10	25
Tom Hall	4	4	4	4	4	5	10	25
George Hendrick	4	4	4	4	4	8	15	
Wilbur Wood	4	4	4	4	4	5	10	25
Wayne Garrett	4	4	4	4	4	8	15	
Larry Hardy	4	4	4	4	4	5	10	25
Elliott Maddox	4	4	4	4	4	5	10	25
Dick Lange	4	4	4	4	4	5	10	25
Joe Ferguson	4	4	4	4	4	5	10	25
Lerrin LaGrow	4	4	4	4	4	5	10	100
Baltimore Orioles CL/Weaver	4	4	4	4	4	6	12	50
Mike Anderson	4	4	4	4	4	5	10	25
Tommy Helms	4	4	4	4	4	5	10	25
Steve Busby	4	4	4	4	4	6	12	100
Bill North	4	4	4	4	4	5	10	30
Al Hrabosky	4	4	4	4	4	8	15	
Johnny Briggs	4	4	4	4	4	5	10	25
Jerry Reuss	4	4	4	4	4	5	10	25
Ken Singleton	4	4	4	5	6	12	50	
Checklist 1-132	4	4	4	4	4	6	12	50
Glenn Borgmann	4	4	4	4	5	10	80	
Bill Lee	4	4	4	4	4	6	12	40
Rick Monday	4	4	4	4	4	6	12	50
Phil Niekro	4	4	4	4	4	6	12	100
Toby Harrah	4	4	4	6	8	15	30	
Randy Moffitt	4	4	4	4	4	5	10	25
Dan Driessen	4	4	4	5	6	12	80	
Ron Hodges	4	4	4	4	4	5	10	25
Charlie Spikes	4	4	4	4	4	5	10	50
Jim Mason	4	4	4	5	6	12	25	
Terry Forster	4	4	4	4	4	6	12	40
Del Unser	4	4	4	4	4	5	10	25
Horacio Pina	4	4	4	5	6	12	25	
Steve Garvey	4	4	4	8	10	20	50	
Mickey Stanley	4	4	4	4	4	8	15	
Bob Reynolds	4	4	4	4	4	5	10	30
Cliff Johnson	4	4	4	4	5	10	50	
Jim Wohlford	4	4	4	4	4	5	10	25
Ken Holtzman	4	4	4	4	4	5	10	30
San Diego Padres CL/McNamara	4	4	4	4	4	6	12	40
Pedro Garcia	4	4	4	4	4	5	10	25
Jim Rooker	4	4	4	4	4	5	10	25

		GD 2	VG 3	VgEx 4	EX 5	ExMt 6	NM 7	NmMt 8	MT 9
149	Tim Foli	4	4	4	4	4	4	8	15
150	Bob Gibson	4	5	8	10	20	25	60	300
151	Steve Brye	4	4	4	4	4	5	10	25
152	Mario Guerrero	4	4	4	4	4	5	10	80
153	Rick Reuschel	4	4	4	4	4	5	10	30
154	Mike Lum	4	4	4	4	4	6	12	30
155	Jim Bibby	4	4	4	4	4	5	10	80
156	Dave Kingman	4	4	4	4	4	6	12	60
157	Pedro Borbon	4	4	4	4	4	8	30	
158	Jerry Grote	4	4	4	4	4	8	15	175
159	Steve Arlin	4	4	4	4	4	5	10	25
160	Graig Nettles	4	4	4	4	4	6	12	120
161	Stan Bahnsen	4	4	4	6	8	15	30	
162	Willie Montanez	4	4	4	4	4	8	15	
163	Jim Brewer	4	4	4	4	4	8	15	
164	Mickey Rivers	4	4	4	4	4	8	15	
165	Doug Rader	4	4	4	4	4	5	10	25
166	Woodie Fryman	4	4	4	4	4	5	10	25
167	Rich Coggins	4	4	4	4	4	5	10	25
168	Bill Greif	4	4	5	10	12	25	60	
169	Cookie Rojas	4	4	4	4	4	8	15	50
170	Bert Campaneris	4	4	4	5	6	12	25	
171	Ed Kirkpatrick	4	4	4	4	4	5	10	30
172	Boston Red Sox CL/Johnson	4	4	4	4	4	6	12	50
173	Steve Rogers	4	4	4	5	6	12	25	
174	Bake McBride	4	4	4	4	4	6	12	30
175	Don Money	4	4	4	4	4	5	10	40
176	Burt Hooton	4	4	4	4	4	5	10	60
177	Vic Correll	4	4	4	4	4	5	10	80
178	Cesar Tovar	4	4	4	4	4	5	10	100
179	Tom Bradley	4	4	4	4	4	6	12	25
180	Joe Morgan	4	4	6	10	15	25	▲150	▲400
181	Fred Beene	4	4	4	4	4	5	10	25
182	Don Hahn	4	4	4	4	4	5	10	50
183	Mel Stottlemyre	4	4	4	4	4	8	15	80
184	Jorge Orta	4	4	4	4	4	5	10	25
185	Steve Carlton	4	4	4	5	6	15	30	80
186	Willie Crawford	4	4	4	4	4	5	10	25
187	Denny Doyle	4	4	4	5	6	12	40	
188	Tom Griffin	4	4	4	4	4	5	10	25
189	Y.Berra/Campanella MVP	4	4	4	4	4	6	15	30
190	B.Shantz/H.Sauer MVP	4	4	4	4	4	6	12	30
191	Al Rosen/Campanella MVP	4	4	4	4	4	6	12	30
192	Y.Berra/W.Mays MVP	4	4	4	4	4	8	25	80
193	Y.Berra/Campanella MVP	4	4	4	4	4	5	10	25
194	M.Mantle/D.Newcombe MVP	4	4	4	5	5	20	30	100
195	M.Mantle/H.Aaron MVP	6	8	10	12	15	20	40	250
196	J.Jensen/E.Banks MVP	4	4	4	4	4	6	12	60
197	N.Fox/E.Banks MVP	4	4	4	4	4	5	10	50
198	R.Maris/D.Groat MVP	4	4	4	4	4	8	15	40
199	R.Maris/F.Robinson MVP	4	4	4	4	4	8	15	25
200	M.Mantle/M.Wills MVP	4	4	4	5	6	12	30	80
201	E.Howard/S.Koufax MVP	4	4	4	4	4	6	12	40
202	B.Robinson/K.Boyer MVP	4	4	4	4	4	6	12	80
203	Z.Versalles/W.Mays MVP	4	4	4	4	4	8	15	25
204	F.Robinson/B.Clemente MVP	4	4	4	4	5	10	20	100
205	C.Yastrzemski/O.Cepeda MVP	4	4	4	4	4	8	15	50
206	D.McLain/B.Gibson MVP	4	4	4	4	4	6	12	40
207	H.Killebrew/W.McCovey MVP	4	4	4	4	4	6	12	30
208	B.Powell/J.Bench MVP	4	4	4	4	4	6	12	60
209	V.Blue/J.Torre MVP	4	4	4	4	4	6	12	60
210	R.Allen/J.Bench MVP	4	4	4	4	5	10	20	50
211	R.Jackson/P.Rose MVP	4	4	4	4	5	10	20	150
212	J.Burroughs/S.Garvey MVP	4	4	4	4	4	6	12	50
213	Oscar Gamble	4	4	4	4	4	4	8	15
214	Harry Parker	4	4	4	4	4	5	10	25
215	Bobby Valentine	4	4	4	4	4	6	12	40

#	Player	GD 2	VG 3	VgEx 4	EX 5	ExMt 6	NM 7	NmMt 8	MT 9
216	San Francisco Giants CL/Westrum	4	4	4	4	4	6	12	40
217	Lou Piniella	4	4	4	4	4	6	12	40
218	Jerry Johnson	4	4	4	4	4	5	10	25
219	Ed Herrmann	4	4	4	4	4	8	15	
220	Don Sutton	4	4	4	5	6	12	25	80
221	Aurelio Rodriguez	4	4	4	4	4	5	10	25
222	Dan Spillner	4	4	4	4	5	10	20	
223	Robin Yount	20	30	50	80	▼100	250	600	3,000
224	Ramon Hernandez	4	4	4	4	4	5	10	25
225	Bob Grich	4	4	4	4	4	8	15	
226	Bill Campbell	4	4	4	4	4	8	15	
227	Bob Watson	4	4	4	4	4	8	15	150
228	George Brett	50	80	120	▼150	▼200	▼300	1,000	4,000
229	Barry Foote	4	4	4	4	4	8	15	
230	Jim Hunter	4	4	4	4	4	8	25	80
231	Mike Tyson	4	4	4	4	4	5	10	25
232	Diego Segui	4	4	4	5	6	12	25	100
233	Billy Grabarkewitz	4	4	4	6	8	15	30	
234	Tom Grieve	4	4	4	4	4	5	10	25
235	Jack Billingham	4	4	4	4	4	6	12	30
236	California Angels CL/Williams	4	4	4	4	4	6	12	60
237	Carl Morton	4	4	4	4	4	8	15	
238	Dave Duncan	4	4	4	4	4	5	10	80
239	George Stone	4	4	4	4	4	5	10	25
240	Garry Maddox	4	4	4	4	4	6	12	40
241	Dick Tidrow	4	4	4	4	4	5	10	50
242	Jay Johnstone	4	4	4	4	4	5	10	30
243	Jim Kaat	4	4	6	12	15	30	60	
244	Bill Buckner	4	4	4	4	4	8	15	
245	Mickey Lolich	4	4	4	4	5	10	20	300
246	St. Louis Cardinals CL/Schoen	4	4	5	10	20	40	80	150
247	Enos Cabell	4	4	4	4	4	5	10	25
248	Randy Jones	4	4	4	4	4	8	15	
249	Danny Thompson	4	4	4	4	4	8	15	
250	Ken Brett	4	4	4	4	4	8	15	60
251	Fran Healy	4	4	4	4	4	8	15	
252	Fred Scherman	4	4	4	4	4	5	10	25
253	Jesus Alou	4	8	15	30	40	80	150	
254	Mike Torrez	4	4	4	4	4	5	10	30
255	Dwight Evans	4	4	4	4	4	6	12	50
256	Billy Champion	4	4	4	4	4	8	15	
257	Checklist: 133-264	4	4	4	4	4	6	12	40
258	Dave LaRoche	4	4	4	4	4	8	15	100
259	Len Randle	4	4	4	4	4	8	15	
260	Johnny Bench	4	4	5	10	12	30	60	300
261	Andy Hassler	4	4	4	4	4	5	10	25
262	Rowland Office	4	4	4	4	4	8	15	100
263	Jim Perry	4	4	4	4	4	5	10	25
264	John Milner	4	4	4	4	4	8	15	
265	Ron Bryant	4	4	4	4	4	5	10	25
266	Sandy Alomar	4	4	4	4	4	6	12	40
267	Dick Ruthven	4	4	4	4	4	5	10	25
268	Hal McRae	4	4	4	4	4	8	15	120
269	Doug Rau	4	4	4	4	4	5	10	25
270	Ron Fairly	4	4	4	4	4	5	10	25
271	Gerry Moses	4	4	4	4	4	8	15	
272	Lynn McGlothen	4	4	4	4	4	5	10	25
273	Steve Braun	4	4	4	4	4	5	10	25
274	Vicente Romo	4	4	4	4	4	5	10	20
275	Paul Blair	4	4	4	4	4	6	12	50
276	Chicago White Sox CL/Tanner	4	4	4	4	4	6	12	40
277	Frank Taveras	4	4	4	4	4	8	15	
278	Paul Lindblad	4	4	4	4	4	8	15	
279	Milt May	4	4	4	4	4	5	10	25
280	Carl Yastrzemski	8	10	15	20	25	30	50	300
281	Jim Slaton	4	4	4	4	4	5	10	25
282	Jerry Morales	4	4	4	4	4	5	10	25

#	Player	GD 2	VG 3	VgEx 4	EX 5	ExMt 6	NM 7	NmMt 8	M
283	Steve Foucault	4	4	4	4	4	5	10	
284	Ken Griffey Sr.	4	4	4	4	4	8	25	
285	Ellie Rodriguez	4	4	4	4	4	5	10	
286	Mike Jorgensen	4	4	4	4	4	5	10	
287	Roric Harrison	4	4	4	4	4	8	15	
288	Bruce Ellingsen	4	4	4	4	4	5	10	
289	Ken Rudolph	4	4	4	4	4	8	15	
290	Jon Matlack	4	4	4	4	4	8	15	
291	Bill Sudakis	4	4	4	4	4	5	10	
292	Ron Schueler	4	4	4	4	4	5	10	
293	Dick Sharon	4	4	4	4	4	5	10	
294	Geoff Zahn	4	4	4	4	4	5	10	
295	Vada Pinson	4	4	4	4	4	6	12	1
296	Alan Foster	4	4	4	4	4	8	15	
297	Craig Kusick	4	4	4	4	4	5	50	
298	Johnny Grubb	4	4	4	4	4	5	10	
299	Bucky Dent	4	4	4	4	4	6	12	
300	Reggie Jackson	4	4	4	6	12	25	50	4
301	Dave Roberts	4	4	6	12	15	30	60	
302	Rick Burleson	6	12	15	30	40	80	150	
303	Grant Jackson	4	4	4	4	4	8	15	1
304	Pittsburgh Pirates CL/Murtaugh	4	4	4	4	4	6	12	
305	Jim Colborn	4	4	4	4	4	5	10	2
306	Batting Leaders	4	4	4	4	4	6	12	3
307	Home Run Leaders	4	4	4	4	4	6	12	6
308	RBI Leaders	4	4	4	4	4	6	12	3
309	Stolen Base Leaders	4	4	4	4	4	6	12	
310	Victory Leaders	4	4	4	4	4	8	15	
311	ERA Leaders	4	4	4	4	4	6	12	
312	Strikeout Leaders	4	4	4	6	8	15	25	10
313	Leading Firemen	4	4	4	4	4	6	12	4
314	Buck Martinez	4	4	4	4	4	4	15	
315	Don Kessinger	4	4	5	10	12	25	50	
316	Jackie Brown	4	4	4	4	4	5	10	2
317	Joe Lahoud	4	4	4	4	4	5	10	8
318	Ernie McAnally	4	4	4	4	4	5	10	2
319	Johnny Oates	4	4	4	4	4	8	15	
320	Pete Rose	8	12	20	30	50	80	▲250	80
321	Rudy May	4	4	4	4	4	5	10	2
322	Ed Goodson	4	4	4	4	4	8	15	
323	Fred Holdsworth	4	4	4	4	4	5	10	5
324	Ed Kranepool	4	4	4	4	4	6	12	3
325	Tony Oliva	4	4	4	4	4	6	12	5
326	Wayne Twitchell	4	4	4	4	4	8	60	
327	Jerry Hairston	4	4	4	4	4	5	10	2
328	Sonny Siebert	4	4	4	4	4	5	10	2
329	Ted Kubiak	4	4	4	4	4	5	10	2
330	Mike Marshall	4	4	4	4	4	6	12	4
331	Cleveland Indians CL/Robinson	4	4	4	4	4	8	15	
332	Fred Kendall	4	4	4	4	4	5	10	2
333	Dick Drago	4	4	4	4	4	5	10	3
334	Greg Gross	4	4	4	4	4	5	10	2
335	Jim Palmer	4	4	4	4	8	25	▲60	30
336	Rennie Stennett	4	4	4	8	10	20	40	
337	Kevin Kobel	4	4	4	4	4	8	15	
338	Rich Stelmaszek	4	4	4	4	4	8	15	
339	Jim Fregosi	4	4	4	5	6	12	50	
340	Paul Splittorff	4	4	4	4	4	8	15	
341	Hal Breeden	4	4	4	4	4	5	10	2
342	Leroy Stanton	4	4	4	4	4	5	10	2
343	Danny Frisella	4	4	4	4	4	8	15	
344	Ben Oglivie	4	4	4	5	6	12	25	
345	Clay Carroll	4	4	4	4	4	6	12	80
346	Bobby Darwin	4	4	4	4	4	8	15	
347	Mike Caldwell	4	4	4	4	4	5	10	25
348	Tony Muser	4	4	4	4	4	5	10	25
349	Ray Sadecki	4	4	4	4	4	5	10	25

	GD 2	VG 3	VgEx 4	EX 5	ExMt 6	NM 7	NmMt 8	MT 9
Bobby Murcer	4	4	4	4	4	6	15	80
Bob Boone	4	4	4	4	4	6	12	30
Darold Knowles	4	4	4	4	4	5	10	50
Luis Melendez	4	4	4	4	4	5	10	25
Dick Bosman	4	4	4	4	4	5	10	50
Chris Cannizzaro	4	4	4	4	4	5	10	25
Rico Petrocelli	4	4	4	4	4	6	12	40
Ken Forsch	4	4	4	4	4	5	10	25
Al Bumbry	4	4	4	4	4	5	10	30
Paul Popovich	4	4	4	4	4	5	10	25
George Scott	4	4	4	4	4	5	10	30
Los Angeles Dodgers CL/Alston	4	4	4	4	4	6	12	30
Steve Hargan	4	4	4	4	4	8	15	
Carmen Fanzone	4	4	4	4	4	5	10	25
Doug Bird	4	4	4	4	4	8	15	
Bob Bailey	4	4	4	4	4	5	10	25
Ken Sanders	4	4	4	4	4	8	15	
Craig Robinson	4	4	4	4	4	5	10	25
Vic Albury	4	4	4	4	4	5	10	25
Merv Rettenmund	4	4	4	4	4	8	15	
Tom Seaver	6	10	15	25	40	60	100	300
Gates Brown	4	4	5	10	12	25	60	
John D'Acquisto	4	4	4	4	4	8	15	
Bill Sharp	4	4	4	4	4	5	10	25
Eddie Watt	4	4	4	4	4	5	10	25
Roy White	4	4	4	4	4	8	15	
Steve Yeager	4	4	4	4	4	8	15	
Tom Hilgendorf	4	4	4	4	4	5	10	25
Derrel Thomas	4	4	4	4	4	5	10	60
Bernie Carbo	4	4	4	4	4	5	10	60
Sal Bando	4	4	4	8	10	20	50	
John Curtis	4	4	4	4	4	5	10	25
Don Baylor	4	4	4	4	4	6	12	40
Jim York	4	4	4	4	4	5	10	25
Milwaukee Brewers CL/Crandall	4	4	4	4	4	6	12	60
Dock Ellis	4	4	4	4	4	6	12	30
Checklist: 265-396	4	4	4	4	4	5	10	25
Jim Spencer	4	4	4	4	4	5	10	25
Steve Stone	4	4	4	4	4	5	10	25
Tony Solaita	4	4	4	4	4	5	10	25
Ron Cey	4	4	4	5	6	12	25	
Don DeMola	4	4	4	4	4	5	10	25
Bruce Bochte	4	4	4	6	8	15	30	
Gary Gentry	4	4	4	4	4	5	10	25
Larvell Blanks	4	4	4	4	4	5	10	25
Bud Harrelson	4	4	4	4	4	5	10	30
Fred Norman	4	4	4	4	4	5	10	25
Bill Freehan	4	4	4	4	4	6	12	40
Elias Sosa	4	4	4	4	4	5	10	25
Terry Harmon	4	4	4	4	4	5	10	25
Dick Allen	4	4	4	4	4	8	15	
Mike Wallace	4	4	4	4	4	8	15	
Bob Tolan	4	4	4	5	6	12	25	
Tom Buskey	4	4	4	4	4	5	10	25
Ted Sizemore	4	4	4	4	4	5	10	25
John Montague	4	4	4	8	10	20	40	
Bob Gallagher	4	4	4	4	4	5	10	25
Herb Washington	4	4	4	4	4	6	12	120
Clyde Wright	4	4	4	4	4	5	10	25
Bob Robertson	4	4	4	4	4	8	15	
Mike Cuellar	4	4	4	4	4	8	15	
George Mitterwald	4	4	4	4	4	5	10	25
Bill Hands	4	4	4	4	4	5	10	25
Marty Pattin	4	4	4	4	4	5	10	25
Manny Mota	4	4	4	4	4	5	10	50
John Hiller	4	4	4	4	4	5	10	30
Larry Lintz	4	4	4	4	4	5	10	25

		GD 2	VG 3	VgEx 4	EX 5	ExMt 6	NM 7	NmMt 8	MT 9
417	Skip Lockwood	4	4	4	8	10	20	40	
418	Leo Foster	4	4	4	4	4	5	10	25
419	Dave Goltz	4	4	4	4	4	5	10	25
420	Larry Bowa	4	4	4	4	4	6	12	30
421	New York Mets CL/Berra	4	4	4	4	4	8	15	
422	Brian Downing	4	4	4	4	4	6	12	40
423	Clay Kirby	4	4	4	4	4	5	10	30
424	John Lowenstein	4	4	4	4	4	5	10	25
425	Tito Fuentes	4	4	4	4	4	4	8	15
426	George Medich	4	4	4	4	4	5	10	50
427	Clarence Gaston	4	4	4	4	4	5	10	30
428	Dave Hamilton	4	4	4	4	4	5	10	25
429	Jim Dwyer	4	4	4	4	4	5	10	25
430	Luis Tiant	4	4	4	4	4	6	12	100
431	Rod Gilbreath	4	4	4	4	4	8	15	
432	Ken Berry	4	4	4	4	4	5	10	25
433	Larry Demery	4	4	4	4	4	8	15	
434	Bob Locker	4	4	4	4	4	5	10	25
435	Dave Nelson	4	4	4	4	4	5	10	150
436	Ken Frailing	4	4	4	4	4	5	10	40
437	Al Cowens	4	4	4	4	4	5	10	25
438	Don Carrithers	4	4	4	4	4	5	10	60
439	Ed Brinkman	4	4	4	4	4	5	10	25
440	Andy Messersmith	4	4	4	4	4	5	10	60
441	Bobby Heise	4	4	4	4	4	5	10	80
442	Maximino Leon	4	4	4	4	5	10	20	
443	Minnesota Twins CL/Quilici	4	4	4	4	4	6	12	40
444	Gene Garber	4	4	4	4	5	10	20	
445	Felix Millan	4	4	4	4	4	8	15	
446	Bart Johnson	4	4	4	4	4	8	15	
447	Terry Crowley	4	4	4	4	4	5	10	25
448	Frank Duffy	4	4	4	4	4	5	10	25
449	Charlie Williams	4	4	4	4	4	5	10	50
450	Willie McCovey	4	5	8	12	20	30	50	250
451	Rick Dempsey	4	4	4	4	4	5	10	25
452	Angel Mangual	4	4	4	4	4	5	10	25
453	Claude Osteen	4	4	4	4	4	8	15	
454	Doug Griffin	4	4	4	4	4	5	10	25
455	Don Wilson	4	4	4	4	4	5	10	25
456	Bob Coluccio	4	4	4	4	4	5	10	25
457	Mario Mendoza	4	4	4	4	4	5	10	25
458	Ross Grimsley	4	5	10	20	25	50	100	
459	1974 AL Championships	4	4	5	10	12	25	50	
460	1974 NL Championships	4	4	4	8	10	20	40	
461	Reggie Jackson WS1	4	4	4	4	4	8	15	50
462	W.Alston/J.Ferguson WS2	4	4	4	4	4	6	12	40
463	Rollie Fingers WS3	4	4	4	5	6	12	25	
464	A's Batter WS4	4	4	4	4	4	8	15	
465	Joe Rudi WS5	4	4	4	4	5	10	20	
466	A's Do it Again WS	4	4	4	4	4	6	12	40
467	Ed Halicki	4	4	4	4	4	5	10	25
468	Bobby Mitchell	4	4	4	4	4	8	15	
469	Tom Dettore	4	4	4	4	4	5	10	25
470	Jeff Burroughs	4	4	4	4	4	5	10	50
471	Bob Stinson	4	4	4	4	4	5	10	150
472	Bruce Dal Canton	4	4	4	4	4	5	10	40
473	Ken McMullen	4	4	4	4	4	5	10	25
474	Luke Walker	4	4	4	4	4	5	10	25
475	Darrell Evans	4	4	4	4	4	8	15	
476	Ed Figueroa	4	4	4	4	4	8	15	
477	Tom Hutton	4	4	4	4	4	8	15	
478	Tom Burgmeier	4	4	4	4	4	5	10	40
479	Ken Boswell	4	4	4	4	4	5	10	25
480	Carlos May	4	4	4	4	4	5	10	120
481	Will McEnaney	4	4	4	4	5	10	20	
482	Tom McCraw	4	4	4	4	4	8	15	
483	Steve Ontiveros	4	4	4	4	5	6	12	25

#	Player	GD 2	VG 3	VgEx 4	EX 5	ExMt 6	NM 7	NmMt 8	MT 9
484	Glenn Beckert	4	4	4	4	4	5	10	25
485	Sparky Lyle	4	4	4	4	4	6	12	40
486	Ray Fosse	4	4	4	4	4	5	10	25
487	Houston Astros CL/Gomez	4	4	4	4	4	8	15	40
488	Bill Travers	4	4	4	4	4	5	10	40
489	Cecil Cooper	4	4	4	4	4	8	15	
490	Reggie Smith	4	4	4	4	4	8	15	
491	Doyle Alexander	4	4	4	4	4	5	10	25
492	Rich Hebner	4	4	4	4	4	8	15	50
493	Don Stanhouse	4	4	4	4	4	5	10	30
494	Pete LaCock	4	4	4	4	4	5	10	25
495	Nelson Briles	4	4	4	4	4	5	10	30
496	Pepe Frias	4	4	4	4	4	5	10	25
497	Jim Nettles	4	4	4	4	4	5	10	25
498	Al Downing	4	4	4	4	4	5	10	25
499	Marty Perez	4	4	4	4	4	8	15	
500	Nolan Ryan	4	6	12	25	40	60	250	1,000
501	Bill Robinson	4	4	4	4	4	5	10	60
502	Pat Bourque	4	4	4	4	4	5	10	25
503	Fred Stanley	4	5	10	20	25	50	100	
504	Buddy Bradford	4	4	4	4	4	8	15	
505	Chris Speier	4	4	4	4	4	8	15	
506	Leron Lee	4	4	4	4	4	5	10	25
507	Tom Carroll	4	4	4	4	4	5	10	25
508	Bob Hansen	4	4	4	4	4	5	10	80
509	Dave Hilton	4	4	4	4	4	5	10	25
510	Vida Blue	4	4	4	4	4	8	15	60
511	Texas Rangers CL/Martin	4	4	4	4	4	6	12	30
512	Larry Milbourne	4	4	4	8	10	20	100	
513	Dick Pole	4	4	4	4	4	8	15	
514	Jose Cruz	4	4	4	6	8	15	30	
515	Manny Sanguillen	4	4	4	4	4	8	15	
516	Don Hood	4	4	4	4	4	5	10	25
517	Checklist: 397-528	4	4	4	4	4	8	15	
518	Leo Cardenas	4	4	4	4	4	5	10	25
519	Jim Todd	4	4	4	4	4	8	15	100
520	Amos Otis	4	4	4	4	4	5	10	50
521	Dennis Blair	4	4	4	4	4	5	10	30
522	Gary Sutherland	4	4	4	4	4	5	10	25
523	Tom Paciorek	4	4	4	4	4	5	10	80
524	John Doherty	4	4	4	4	4	5	10	25
525	Tom House	4	4	4	4	4	8	15	
526	Larry Hisle	4	4	4	4	4	5	10	25
527	Mac Scarce	4	4	4	4	4	8	15	
528	Eddie Leon	4	4	4	4	4	5	10	25
529	Gary Thomasson	4	4	4	4	4	5	10	25
530	Gaylord Perry	4	4	4	4	5	10	20	150
531	Cincinnati Reds CL/Anderson	4	4	4	4	6	12	25	50
532	Gorman Thomas	4	4	4	4	4	6	12	40
533	Rudy Meoli	4	4	4	4	4	5	10	25
534	Alex Johnson	4	4	4	4	4	6	12	40
535	Gene Tenace	4	4	4	4	4	8	15	
536	Bob Moose	4	4	4	4	4	5	10	40
537	Tommy Harper	4	4	4	4	4	8	15	
538	Duffy Dyer	4	4	4	4	4	5	10	40
539	Jesse Jefferson	4	4	4	4	4	8	15	
540	Lou Brock	4	4	4	4	10	15	30	80
541	Roger Metzger	4	4	4	4	4	5	10	25
542	Pete Broberg	4	4	4	4	4	8	15	
543	Larry Biittner	4	4	4	4	4	5	10	25
544	Steve Mingori	4	4	4	5	6	12	25	
545	Billy Williams	4	4	4	4	4	8	15	200
546	John Knox	4	4	4	4	4	5	10	25
547	Von Joshua	4	4	4	4	4	5	10	50
548	Charlie Sands	4	4	4	4	4	5	10	25
549	Bill Butler	4	4	4	4	4	5	10	25
550	Ralph Garr	4	4	4	4	4	5	10	120

#	Player	GD 2	VG 3	VgEx 4	EX 5	ExMt 6	NM 7	NmMt 8	M
551	Larry Christenson	4	4	4	4	4	8	15	
552	Jack Brohamer	4	4	4	4	4	5	10	
553	John Boccabella	4	4	4	4	4	5	10	
554	Goose Gossage	4	4	4	4	4	8	15	
555	Al Oliver	4	4	4	4	4	6	12	1
556	Tim Johnson	4	4	4	4	4	8	15	
557	Larry Gura	4	4	4	4	4	5	10	
558	Dave Roberts	4	4	4	4	4	5	10	
559	Bob Montgomery	4	4	4	4	4	5	10	
560	Tony Perez	4	4	6	10	15	25	50	1
561	Oakland Athletics CL/Dark	4	4	4	5	6	12	25	1
562	Gary Nolan	4	4	4	4	4	8	15	
563	Wilbur Howard	4	4	4	4	4	5	10	
564	Tommy Davis	4	4	4	4	8	15	150	
565	Joe Torre	4	4	4	4	4	6	12	
566	Ray Burris	4	4	4	4	4	5	10	
567	Jim Sundberg	4	4	4	4	4	6	12	
568	Dale Murray	4	4	4	4	4	5	10	
569	Frank White	4	4	4	4	4	6	12	
570	Jim Wynn	4	4	4	4	4	6	12	
571	Dave Lemanczyk	4	4	4	4	4	5	10	
572	Roger Nelson	4	4	4	4	4	8	15	
573	Orlando Pena	4	4	4	4	4	5	10	
574	Tony Taylor	4	4	4	4	4	8	15	
575	Gene Clines	4	4	4	4	4	5	10	
576	Phil Roof	4	4	4	4	4	5	10	
577	John Morris	4	4	4	4	4	5	10	
578	Dave Tomlin	4	4	4	4	4	5	10	
579	Skip Pitlock	4	4	4	4	4	5	10	
580	Frank Robinson	4	4	8	10	12	20	30	25
581	Darrel Chaney	4	4	4	4	4	5	10	
582	Eduardo Rodriguez	4	4	4	4	4	5	10	6
583	Andy Etchebarren	4	4	4	5	6	12	25	
584	Mike Garman	4	4	4	4	4	5	10	
585	Chris Chambliss	4	4	4	4	4	6	12	3
586	Tim McCarver	4	4	4	4	4	8	15	3
587	Chris Ward	4	4	4	4	4	5	10	2
588	Rick Auerbach	4	4	4	4	4	8	15	
589	Atlanta Braves CL/King	4	4	4	4	4	8	15	
590	Cesar Cedeno	4	4	4	5	6	12	25	
591	Glenn Abbott	4	4	4	4	4	5	10	2
592	Balor Moore	4	4	4	4	4	5	10	4
593	Gene Lamont	4	4	4	4	4	5	10	2
594	Jim Fuller	4	4	4	4	4	5	10	2
595	Joe Niekro	4	4	4	4	4	5	10	6
596	Ollie Brown	4	4	4	4	4	8	15	
597	Winston Llenas	4	4	4	4	4	5	10	2
598	Bruce Kison	4	4	4	4	4	5	10	8
599	Nate Colbert	4	4	4	4	4	5	10	2
600	Rod Carew	4	4	4	4	8	25	40	50
601	Juan Beniquez	4	4	4	4	4	8	15	
602	John Vukovich	4	4	4	4	4	5	10	8
603	Lew Krausse	4	4	5	10	12	25	50	
604	Oscar Zamora	4	4	4	4	4	5	10	2
605	John Ellis	4	4	4	4	4	5	10	2
606	Bruce Miller	4	4	4	4	4	6	12	2
607	Jim Holt	4	4	4	4	4	8	15	
608	Gene Michael	4	4	4	4	4	5	10	
609	Elrod Hendricks	4	4	4	4	4	5	10	25
610	Ron Hunt	4	4	4	4	4	5	10	30
611	New York Yankees CL/Virdon	4	4	4	4	4	8	15	8
612	Terry Hughes	4	4	4	4	4	5	10	30
613	Bill Parsons	4	4	4	4	4	5	10	25
614	Rookie Pitchers	4	4	4	4	4	5	10	25
615	Rookie Pitchers	4	4	4	4	4	5	10	
616	Jim Rice	8	12	20	30	50	80	120	400
617	Rookie Infielders	4	4	4	4	4	6	12	30

	GD 2	VG 3	VgEx 4	EX 5	ExMt 6	NM 7	NmMt 8	MT 9
Rookie Pitchers	4	4	4	4	4	6	12	50
Rookie Outfielders	4	4	4	4	4	5	10	25
Gary Carter	10	15	25	40	60	100	250	500
Rookie Pitchers	4	4	4	4	4	6	12	30
Fred Lynn	4	4	4	4	8	15	25	60
K.Hernandez/P.Garner	4	4	4	4	8	15	40	200
Rookie Pitchers	4	4	4	5	6	12	25	
Boog Powell	4	4	4	4	6	12	25	200
Larry Haney	4	4	4	8	10	20	40	
Tom Walker	4	4	4	4	4	5	10	25
Ron LeFlore	4	4	4	4	4	5	10	40
Joe Hoerner	4	4	4	4	4	5	10	40
Greg Luzinski	4	4	4	4	4	6	12	30
Lee Lacy	4	4	4	4	4	8	15	
Morris Nettles	4	4	4	4	4	5	10	25
Paul Casanova	4	4	4	4	4	8	10	50
Cy Acosta	4	4	4	4	4	8	15	40
Chuck Dobson	4	4	4	4	4	5	10	25
Charlie Moore	4	4	4	4	4	5	10	20
Ted Martinez	4	4	4	4	4	8	15	
Chicago Cubs CL/Marshall	4	4	4	8	10	20	40	
Steve Kline	4	4	4	4	4	5	10	25
Harmon Killebrew	4	4	4	6	8	25	30	200
Jim Northrup	4	4	4	4	4	6	12	30
Mike Phillips	4	4	4	4	4	8	15	
Brent Strom	4	4	4	4	4	5	10	25
Bill Fahey	4	4	4	4	4	5	10	25
Danny Cater	4	4	4	4	4	5	10	25
Checklist: 529-660	4	4	4	4	4	8	15	
Claudell Washington	4	4	5	10	12	25		
Dave Pagan	4	4	4	4	4	5	10	25
Jack Heidemann	4	4	4	4	4	8	15	
Dave May	4	4	4	4	4	5	10	60
John Morlan	4	4	4	4	4	8	15	
Lindy McDaniel	4	4	4	4	4	5	10	60
Lee Richard	4	4	4	4	4	5	10	20
Jerry Terrell	4	4	4	4	4	5	10	60
Rico Carty	4	4	4	4	4	5	10	25
Bill Plummer	4	4	4	4	4	5	10	25
Bob Oliver	4	4	4	4	4	8	15	
Vic Harris	4	4	4	4	4	5	10	25
Bob Apodaca	4	4	4	4	4	8	15	150
Hank Aaron	8	10	12	25	40	60	200	800

George Brett #228 PSA 10 (Gem) (Young Collection) sold for $5,948 (SCP; 5/12)

Gary Carter #620 PSA 10 (Gem) sold for $3,315 (eBay; 09/12)

76 Kellogg's

	VG 3	VgEx 4	EX 5	ExMt 6	NM 7	NmMt 8	MT 9	Gem 9.5/10
Steve Hargan SP	4	4	4	4	8	15	30	
Claudell Washington SP	4	4	4	4	6	12	25	60
Don Gullett SP	4	4	4	4	6	12	25	120
Randy Jones	4	4	4	4	4	4	8	20
Jim Hunter	4	4	4	4	4	5	10	25
Clay Carroll Reds Logo	4	4	4	4	4	8		
Clay Carroll White Sox Logo	4	4	4	4	4	8		
Joe Rudi	4	4	4	4	4	8	20	
Reggie Jackson	4	4	4	4	8	15	50	
Felix Millan	4	4	4	4	4	8	25	
Jim Rice	4	4	4	4	6	12	40	
Bert Blyleven	4	4	4	4	4	8	25	
Ken Singleton	4	4	4	4	4	8	25	
Don Sutton	4	4	4	4	5	10	25	
Joe Morgan	4	4	4	4	5	10	25	
Dave Parker	4	4	4	4	5	10	60	
Dave Cash	4	4	4	4	4	8	25	
Ron LeFlore	4	4	4	4	4	8	25	
Greg Luzinski	4	4	4	4	4	8	25	

		VG 3	VgEx 4	EX 5	ExMt 6	NM 7	NmMt 8	MT 9	Gem 9.5/10
19	Dennis Eckersley	4	4	4	4	4	8	15	60
20	Bill Madlock	4	4	4	4	4	4	8	25
21	George Scott	4	4	4	4	4	4	8	3
22	Willie Stargell	4	4	4	4	4	5	10	25
23	Al Hrabosky	4	4	4	4	4	4	8	25
24	Carl Yastrzemski	4	4	4	4	4	8	15	40
25A	Jim Kaat White Sox Logo	4	4	4	4	4	4		30
25B	Jim Kaat Phillies Logo	4	4	4	4	4	8		
26	Marty Perez	4	4	4	4	4	4		15
27	Bob Watson	4	4	4	4	4	4	8	25
28	Eric Soderholm	4	4	4	4	4	4	8	25
29	Bill Lee	4	4	4	4	4	4	8	20
30A	Frank Tanana 1975 ERA 2.63	4	4	4	4	4	4	8	25
31	Fred Lynn	4	4	4	4	4	5	10	40
32A	Tom Seaver Pct. 552 No Decimal	4	4	4	4	4	8	15	40
32B	Tom Seaver Pct. .552 w/Decimal	4	4	4	4	4	8		
33	Steve Busby	4	4	4	4	4	4		25
34	Gary Carter	4	4	4	4	4	5	10	25
35	Rick Wise	4	4	4	4	4	4	8	15
36	Johnny Bench	4	4	4	4	4	8	15	60
37	Jim Palmer	4	4	4	4	4	5	10	25
38	Bobby Murcer	4	4	4	4	4	4	8	25
39	Von Joshua	4	4	4	4	4	4	8	25
40	Lou Brock	4	4	4	4	4	5	10	25
41A	Mickey Rivers No Last Line	4	4	4	4	4	4	8	25
42	Manny Sanguillen	4	4	4	4	4	4	8	25
43	Jerry Reuss	4	4	4	4	4	4	8	15
44	Ken Griffey	4	4	4	4	4	4	8	15
45B	Jorge Orta AB 1616	4	4	4	4	4	4	8	15
46	John Mayberry	4	4	4	4	4	4	8	25
47A	Vida Blue Struck Out More	4	4	4	4	4	4	8	20
47B	Vida Blue Pitched More	4	4	4	4	4	4	8	25
48	Rod Carew	4	4	4	4	4	5	10	25
49B	Jon Matlack ER 86	4	4	4	4	4	4	8	25
50	Boog Powell	4	4	4	4	4	4	8	20
51B	Mike Hargrove AB 934	4	4	4	4	4	4	8	25
52A	Paul Lindblad ERA 2.73	4	4	4	4	4	4	8	20
53	Thurman Munson	4	4	4	4	4	8	15	50
54	Steve Garvey	4	4	4	4	4	5	10	25
55	Pete Rose	4	4	4	4	5	10	20	60
56A	Greg Gross Games 334	4	4	4	4	4	4	8	25
57	Ted Simmons	4	4	4	4	4	4	8	25

1976 Topps

		VG 3	VgEx 4	EX 5	ExMt 6	NM 7	NmMt 8	NmMt+ 8.5	MT 9
1	Hank Aaron RB	8	10	12	20	25	60	100	250
2	Bobby Bonds RB	4	4	4	4	4	6	15	80
3	Mickey Lolich RB	4	4	4	4	4	6	10	200
4	Dave Lopes RB	4	4	4	4	4	6	8	25
5	Tom Seaver RB	4	4	4	4	5	20	25	30
6	Rennie Stennett RB	4	4	4	4	4	6	8	200
7	Jim Umbarger RC	4	4	4	4	4	6	8	150
8	Tito Fuentes	4	4	4	4	4	5	6	50
9	Paul Lindblad	4	4	4	4	4	5	6	15
10	Lou Brock	4	4	4	4	8	15	20	50
11	Jim Hughes	4	4	4	4	4	6	8	60
12	Richie Zisk	4	4	4	4	4	6	8	25
13	John Wockenfuss RC	4	4	4	4	4	5	6	15
14	Gene Garber	4	4	4	4	4	5	6	10
15	George Scott	4	4	4	4	4	5	6	20
16	Bob Apodaca	4	4	4	4	4	5	6	10
17	New York Yankees CL/Martin	4	4	4	4	4	6	8	25
18	Dale Murray	4	4	4	4	4	5	6	12
19	George Brett	▼15	▼25	▼40	▼60	150	▼500	1,000	
20	Bob Watson	4	4	4	4	4	5	6	15
21	Dave LaRoche	4	4	4	4	4	5	8	30
22	Bill Russell	4	4	4	4	4	5	6	15

#	Player	VG 3	VgEx 4	EX 5	ExMt 6	NM 7	NmMt 8	NmMt+ 8.5	MT 9
23	Brian Downing	4	4	4	4	4	5	8	25
24	Cesar Geronimo	4	4	4	4	4	5	6	20
25	Mike Torrez	4	4	4	4	4	5	6	15
26	Andre Thornton	4	4	4	4	4	5	6	10
27	Ed Figueroa	4	4	4	4	4	5	6	15
28	Dusty Baker	4	4	4	4	4	6	8	20
29	Rick Burleson	4	4	4	4	4	5	6	15
30	John Montefusco RC	4	4	4	4	4	6	8	20
31	Len Randle	4	4	4	4	4	5	6	12
32	Danny Frisella	4	4	4	4	4	6	8	20
33	Bill North	4	4	4	4	4	5	6	20
34	Mike Garman	4	4	4	4	4	5	6	15
35	Tony Oliva	4	4	4	4	4	25	30	400
36	Frank Taveras	4	4	4	4	4	5	8	40
37	John Hiller	4	4	4	4	4	5	6	10
38	Garry Maddox	4	4	4	4	4	5	6	15
39	Pete Broberg	4	4	4	4	4	5	6	15
40	Dave Kingman	4	4	4	4	4	6	8	20
41	Tippy Martinez RC	4	4	4	4	4	5	6	30
42	Barry Foote	4	4	4	4	4	5	6	10
43	Paul Splittorff	4	4	4	4	4	5	6	15
44	Doug Rader	4	4	4	4	4	5	6	10
45	Boog Powell	4	4	4	4	4	6	8	40
46	Los Angeles Dodgers CL/Alston	4	4	4	4	4	5	6	15
47	Jesse Jefferson	4	4	4	4	4	6	8	60
48	Dave Concepcion	4	4	4	4	4	8	10	50
49	Dave Duncan	4	4	4	4	4	5	6	15
50	Fred Lynn	4	4	4	4	5	10	15	50
51	Ray Burris	4	4	4	4	4	6	8	40
52	Dave Chalk	4	4	4	4	4	5	6	10
53	Mike Beard RC	4	4	4	4	4	5	6	15
54	Dave Rader	4	4	4	4	4	5	6	15
55	Gaylord Perry	4	4	4	4	4	10	12	100
56	Bob Tolan	4	4	4	4	4	5	6	10
57	Phil Garner	4	4	4	4	4	5	6	15
58	Ron Reed	4	4	4	4	4	5	6	15
59	Larry Hisle	4	4	4	4	4	5	6	10
60	Jerry Reuss	4	4	4	4	4	5	6	15
61	Ron LeFlore	4	4	4	4	4	5	6	15
62	Johnny Oates	4	4	4	4	4	5	6	15
63	Bobby Darwin	4	4	4	4	4	5	6	15
64	Jerry Koosman	4	4	4	4	4	5	6	15
65	Chris Chambliss	4	4	4	4	4	5	6	40
66	Gus/Buddy Bell FS	4	4	4	4	4	5	6	15
67	Bob/Ray Boone FS	4	4	4	4	4	5	6	15
68	Joe/Joe Jr. Coleman FS	4	4	4	4	4	5	6	15
69	Jim/Mike Hegan FS	4	4	4	4	4	5	6	15
70	Roy/Roy Jr. Smalley FS	4	4	4	4	4	5	6	30
71	Steve Rogers	4	4	4	4	4	5	6	15
72	Hal McRae	4	4	4	4	4	5	6	15
73	Baltimore Orioles CL/Weaver	4	4	4	4	4	5	6	12
74	Oscar Gamble	4	4	4	4	4	5	6	15
75	Larry Dierker	4	4	4	4	4	5	8	25
76	Willie Crawford	4	4	4	4	4	6	8	50
77	Pedro Borbon	4	4	4	4	4	5	6	20
78	Cecil Cooper	4	4	4	4	4	5	6	25
79	Jerry Morales	4	4	4	4	4	5	6	15
80	Jim Kaat	4	4	4	4	4	6	8	20
81	Darrell Evans	4	4	4	4	4	5	6	15
82	Von Joshua	4	4	4	4	4	5	6	10
83	Jim Spencer	4	4	4	4	4	5	6	10
84	Brent Strom	4	4	4	4	4	5	6	10
85	Mickey Rivers	4	4	4	4	4	5	6	20
86	Mike Tyson	4	4	4	4	4	5	6	10
87	Tom Burgmeier	4	4	4	4	4	5	6	15
88	Duffy Dyer	4	4	4	4	4	5	6	15
89	Vern Ruhle	4	4	4	4	4	5	6	30
90	Sal Bando	4	4	4	4	4	5	6	
91	Tom Hutton	4	4	4	4	4	5	6	
92	Eduardo Rodriguez	4	4	4	4	4	5	6	
93	Mike Phillips	4	4	4	4	4	5	6	
94	Jim Dwyer	4	4	4	4	4	5	6	
95	Brooks Robinson	6	10	15	25	40	100	120	
96	Doug Bird	4	4	4	4	4	5	6	
97	Wilbur Howard	4	4	4	4	4	5	6	
98	Dennis Eckersley RC	15	25	40	60	120	300	400	
99	Lee Lacy	4	4	4	4	4	5	8	
100	Jim Hunter	4	4	4	4	8	15	25	
101	Pete LaCock	4	4	4	4	4	5	6	
102	Jim Willoughby	4	4	4	4	4	5	6	
103	Biff Pocoroba RC	4	4	4	4	4	5	6	
104	Cincinnati Reds CL/Anderson	4	4	4	4	5	10	12	
105	Gary Lavelle	4	4	4	4	4	5	6	
106	Tom Grieve	4	4	4	4	4	5	6	
107	Dave Roberts	4	4	4	4	4	5	6	
108	Don Kirkwood RC	4	4	4	4	4	5	6	
109	Larry Lintz	4	4	4	4	4	5	6	
110	Carlos May	4	4	4	4	4	5	6	
111	Danny Thompson	4	4	4	4	4	5	6	
112	Kent Tekulve RC	4	4	4	4	4	8	10	
113	Gary Sutherland	4	4	4	4	4	5	6	
114	Jay Johnstone	4	4	4	4	4	5	6	
115	Ken Holtzman	4	4	4	4	4	5	6	
116	Charlie Moore	4	4	4	4	4	5	6	
117	Mike Jorgensen	4	4	4	4	4	5	6	
118	Boston Red Sox CL/Johnson	4	4	4	4	4	6	8	
119	Checklist 1-132	4	4	4	4	4	6	8	
120	Rusty Staub	4	4	4	4	4	5	6	
121	Tony Solaita	4	4	4	4	4	5	6	
122	Mike Cosgrove	4	4	4	4	4	5	6	
123	Walt Williams	4	4	4	4	4	5	6	
124	Doug Rau	4	4	4	4	4	5	6	
125	Don Baylor	4	4	4	4	4	6	8	
126	Tom Dettore	4	4	4	4	4	6	8	
127	Larvell Blanks	4	4	4	4	4	5	6	
128	Ken Griffey Sr.	4	4	4	4	4	6	8	
129	Andy Etchebarren	4	4	4	4	4	5	6	
130	Luis Tiant	4	4	4	4	4	6	8	
131	Bill Stein RC	4	4	4	4	4	5	6	
132	Don Hood	4	4	4	4	4	5	6	
133	Gary Matthews	4	4	4	4	4	5	6	
134	Mike Ivie	4	4	4	4	4	5	8	
135	Bake McBride	4	4	4	4	4	5	6	
136	Dave Goltz	4	4	4	4	4	5	6	
137	Bill Robinson	4	4	4	4	4	5	8	
138	Lerrin LaGrow	4	4	4	4	4	5	6	
139	Gorman Thomas	4	4	4	4	4	5	6	
140	Vida Blue	4	4	4	4	4	6	8	
141	Larry Parrish RC	4	4	4	4	4	6	8	
142	Dick Drago	4	4	4	4	4	5	8	
143	Jerry Grote	4	4	4	4	4	5	6	
144	Al Fitzmorris	4	4	4	4	4	5	6	
145	Larry Bowa	4	4	4	4	4	5	6	
146	George Medich	4	4	4	4	4	5	6	
147	Houston Astros CL/Virdon	4	4	4	4	4	5	6	
148	Stan Thomas RC	4	4	4	4	4	5	6	
149	Tommy Davis	4	4	4	4	4	5	6	
150	Steve Garvey	4	4	4	4	5	10	15	
151	Bill Bonham	4	4	4	4	4	5	6	
152	Leroy Stanton	4	4	4	4	4	6	8	
153	Buzz Capra	4	4	4	4	4	5	6	
154	Bucky Dent	4	4	4	4	4	5	6	
155	Jack Billingham	4	4	4	4	4	5	6	
156	Rico Carty	4	4	4	4	4	5	6	

	VG 3	VgEx 4	EX 5	ExMt 6	NM 7	NmMt 8	NmMt+ 8.5	MT 9			VG 3	VgEx 4	EX 5	ExMt 6	NM 7	NmMt 8	NmMt+ 8.5	MT 9
Mike Caldwell	4	4	4	4	4	5	8	25	224 Jim York	4	4	4	4	4	5	6	15
Ken Reitz	4	4	4	4	4	5	6	50	225 Roy White	4	4	4	4	4	5	6	20
Jerry Terrell	4	4	4	4	4	5	6	15	226 Jim Sundberg	4	4	4	4	4	5	6	15
Dave Winfield	5	8	12	20	50	80	100	200	227 Oscar Zamora	4	4	4	4	4	5	6	15
Bruce Kison	4	4	4	4	4	6	8	150	228 John Hale RC	4	4	4	4	4	5	6	15
Jack Pierce RC	4	4	4	4	4	5	6	30	229 Jerry Remy RC	4	4	4	4	4	5	6	60
Jim Slaton	4	4	4	4	4	6	8	100	230 Carl Yastrzemski	▲10	▲15	▲25	▲40	50	▼80	120	300
Pepe Mangual	4	4	4	4	4	5	6	15	231 Tom House	4	4	4	4	4	5	6	15
Gene Tenace	4	4	4	4	4	5	6	15	232 Frank Duffy	4	4	4	4	4	5	6	15
Skip Lockwood	4	4	4	4	4	5	6	12	233 Grant Jackson	4	4	4	4	4	5	6	15
Freddie Patek	4	4	4	4	4	5	6	10	234 Mike Sadek	4	4	4	4	4	5	6	15
Tom Hilgendorf	4	4	4	4	4	5	8	25	235 Bert Blyleven	4	4	4	4	4	6	8	60
Graig Nettles	4	4	4	4	4	8	10	30	236 Kansas City Royals CL/Herzog	4	4	4	4	4	5	6	15
Rick Wise	4	4	4	4	4	5	8	25	237 Dave Hamilton	4	4	4	4	4	5	6	15
Greg Gross	4	4	4	4	4	5	6	15	238 Larry Biittner	4	4	4	4	4	5	6	10
Texas Rangers CL/Lucchesi	4	4	4	4	4	5	6	12	239 John Curtis	4	4	4	4	4	5	6	15
Steve Swisher	4	4	4	4	4	5	6	15	240 Pete Rose	12	20	30	▼50	▼100	250	300	1,500
Charlie Hough	4	4	4	4	4	6	8	40	241 Hector Torres	4	4	4	4	4	5	6	15
Ken Singleton	4	4	4	4	4	5	6	15	242 Dan Meyer	4	4	4	4	4	5	6	10
Dick Lange	4	4	4	4	4	6	8	80	243 Jim Rooker	4	4	4	4	4	5	6	10
Marty Perez	4	4	4	4	4	5	6	15	244 Bill Sharp	4	4	4	4	4	5	6	25
Tom Buskey	4	4	4	4	4	5	6	15	245 Felix Millan	4	4	4	4	4	5	6	15
George Foster	4	4	4	4	4	8	10	25	246 Cesar Tovar	4	4	4	4	4	5	6	15
Goose Gossage	4	4	4	4	4	8	10	25	247 Terry Harmon	4	4	4	4	4	5	6	15
Willie Montanez	4	4	4	4	4	5	6	15	248 Dick Tidrow	4	4	4	4	4	5	6	15
Harry Rasmussen	4	4	4	4	4	5	8	25	249 Cliff Johnson	4	4	4	4	4	5	6	15
Steve Braun	4	4	4	4	4	5	6	25	250 Fergie Jenkins	4	4	4	4	4	6	8	25
Bill Greif	4	4	4	4	4	5	6	15	251 Rick Monday	4	4	4	4	4	5	6	15
Dave Parker	4	4	4	4	4	12	15	25	252 Tim Nordbrook RC	4	4	4	4	4	5	6	15
Tom Walker	4	4	4	4	4	5	6	15	253 Bill Buckner	4	4	4	4	4	5	6	15
Pedro Garcia	4	4	4	4	4	5	6	15	254 Rudy Meoli	4	4	4	4	4	5	8	10
Fred Scherman	4	4	4	4	4	5	6	10	255 Fritz Peterson	4	4	4	4	4	5	6	10
Claudell Washington	4	4	4	4	4	5	6	10	256 Rowland Office	4	4	4	4	4	5	6	15
Jon Matlack	4	4	4	4	4	5	6	15	257 Ross Grimsley	4	4	4	4	4	5	6	15
NL Batting Leaders	4	4	4	4	4	5	6	10	258 Nyls Nyman	4	4	4	4	4	5	6	10
AL Batting Leaders	4	4	4	4	4	6	8	20	259 Darrel Chaney	4	4	4	4	4	5	6	15
NL Home Run Leaders	4	4	4	4	4	10	12	15	260 Steve Busby	4	4	4	4	4	5	6	15
AL Home Run Leaders	4	4	4	4	4	6	8	20	261 Gary Thomasson	4	4	4	4	4	5	8	40
NL RBI Leaders	4	4	4	4	4	6	8	15	262 Checklist 133-264	4	4	4	4	4	6	8	40
AL RBI Leaders	4	4	4	4	4	5	6	15	263 Lyman Bostock RC	4	4	4	4	4	8	10	40
NL Stolen Base Leaders	4	4	4	4	4	6	8	15	264 Steve Renko	4	4	4	4	4	5	6	4
AL Stolen Base Leaders	4	4	4	4	4	6	8	20	265 Willie Davis	4	4	4	4	4	5	6	50
NL Victory Leaders	4	4	4	4	4	6	8	20	266 Alan Foster	4	4	4	4	4	5	8	25
AL Victory Leaders	4	4	4	4	4	6	8	20	267 Aurelio Rodriguez	4	4	4	4	4	5	6	15
NL ERA Leaders	4	4	4	4	4	6	8	20	268 Del Unser	4	4	4	4	4	5	8	25
AL ERA Leaders	4	4	4	4	4	6	8	15	269 Rick Austin	4	4	4	4	4	5	6	15
NL Strikeout Leaders	4	4	4	4	4	6	8	20	270 Willie Stargell	4	4	4	4	8	15	20	60
AL Strikeout Leaders	4	4	4	4	4	5	6	15	271 Jim Lonborg	4	4	4	4	4	5	6	15
NL/AL Leading Firemen	4	4	4	4	4	5	6	20	272 Rick Dempsey	4	4	4	4	4	5	6	15
Manny Trillo	4	4	4	4	4	8	10	80	273 Joe Niekro	4	4	4	4	4	5	6	15
Andy Hassler	4	4	4	4	4	5	6	15	274 Tommy Harper	4	4	4	4	4	5	6	15
Mike Lum	4	4	4	4	4	5	6	12	275 Rick Manning RC	4	4	4	4	4	5	6	20
Alan Ashby RC	4	4	4	4	4	5	6	15	276 Mickey Scott	4	4	4	4	4	5	6	25
Lee May	4	4	4	4	4	5	6	15	277 Chicago Cubs CL/Marshall	4	4	4	4	4	5	6	15
Clay Carroll	4	4	4	4	4	5	6	15	278 Bernie Carbo	4	4	4	4	4	5	8	80
Pat Kelly	4	4	4	4	4	5	6	10	279 Roy Howell RC	4	4	4	4	4	5	6	15
Dave Heaverlo RC	4	4	4	4	4	5	6	15	280 Burt Hooton	4	4	4	4	4	5	6	15
Eric Soderholm	4	4	4	4	4	5	6	15	281 Dave May	4	4	4	4	4	5	6	15
Reggie Smith	4	4	4	4	4	5	6	15	282 Dan Osborn RC	4	4	4	4	4	5	6	10
Montreal Expos CL/Kuehl	4	4	4	4	4	5	6	10	283 Merv Rettenmund	4	4	4	4	4	5	6	12
Dave Freisleben	4	4	4	4	4	5	6	15	284 Steve Ontiveros	4	4	4	4	4	5	6	15
John Knox	4	4	4	4	4	5	8	25	285 Mike Cuellar	4	4	4	4	4	5	6	100
Tom Murphy	4	4	4	4	4	5	8	25	286 Jim Wohlford	4	4	4	4	4	5	6	15
Manny Sanguillen	4	4	4	4	4	5	6	20	287 Pete Mackanin	4	4	4	4	4	5	6	15
Jim Todd	4	4	4	4	4	5	6	10	288 Bill Campbell	4	4	4	4	4	5	6	15
Wayne Garrett	4	4	4	4	4	5	6	10	289 Enzo Hernandez	4	4	4	4	4	5	6	15
Ollie Brown	4	4	4	4	4	5	6	15	290 Ted Simmons	4	4	4	4	4	4	8	10	50

#	Name	VG 3	VgEx 4	EX 5	ExMt 6	NM 7	NmMt 8	NmMt+ 8.5	MT 9
291	Ken Sanders	4	4	4	4	4	5	6	10
292	Leon Roberts	4	4	4	4	4	5	6	15
293	Bill Castro RC	4	4	4	4	4	5	6	15
294	Ed Kirkpatrick	4	4	4	4	4	5	8	60
295	Dave Cash	4	4	4	4	4	6	8	100
296	Pat Dobson	4	4	4	4	4	5	6	10
297	Roger Metzger	4	4	4	4	4	5	6	10
298	Dick Bosman	4	4	4	4	4	5	6	12
299	Champ Summers RC	4	4	4	4	4	5	6	15
300	Johnny Bench	15	25	40	60	120	250	300	500
301	Jackie Brown	4	4	4	4	4	5	6	15
302	Rick Miller	4	4	4	4	4	6	8	40
303	Steve Foucault	4	4	4	4	4	5	6	15
304	California Angels CL/Williams	4	4	4	4	4	5	6	10
305	Andy Messersmith	4	4	4	4	4	5	6	15
306	Rod Gilbreath	4	4	4	4	4	5	6	10
307	Al Bumbry	4	4	4	4	4	5	6	15
308	Jim Barr	4	4	4	4	4	5	8	80
309	Bill Melton	4	4	4	4	4	5	6	15
310	Randy Jones	4	4	4	4	4	5	6	10
311	Cookie Rojas	4	4	4	4	4	5	6	15
312	Don Carrithers	4	4	4	4	4	5	6	15
313	Dan Ford RC	4	4	4	4	4	5	8	150
314	Ed Kranepool	4	4	4	4	4	5	6	15
315	Al Hrabosky	4	4	4	4	4	8	10	200
316	Robin Yount	▼6	▼10	▼15	▼25	▼40	▼60	▼80	▲250
317	John Candelaria RC	4	4	4	4	4	8	10	30
318	Bob Boone	4	4	4	4	4	6	8	25
319	Larry Gura	4	4	4	4	4	5	6	15
320	Willie Horton	4	4	4	4	4	6	8	60
321	Jose Cruz	4	4	4	4	4	5	6	15
322	Glenn Abbott	4	4	4	4	4	5	6	15
323	Rob Sperring RC	4	4	4	4	4	5	6	25
324	Jim Bibby	4	4	4	4	4	5	6	12
325	Tony Perez	4	4	4	4	4	8	10	40
326	Dick Pole	4	4	4	4	4	5	6	15
327	Dave Moates RC	4	4	4	4	4	5	6	10
328	Carl Morton	4	4	4	4	4	5	6	15
329	Joe Ferguson	4	4	4	4	4	5	8	15
330	Nolan Ryan	20	30	▼40	▼50	100	250	300	1,200
331	San Diego Padres CL/McNamara	4	4	4	4	4	5	6	15
332	Charlie Williams	4	4	4	4	4	5	6	15
333	Bob Coluccio	4	4	4	4	4	5	6	10
334	Dennis Leonard	4	4	4	4	4	5	6	15
335	Bob Grich	4	4	4	4	4	5	6	15
336	Vic Albury	4	4	4	4	4	5	6	10
337	Bud Harrelson	4	4	4	4	4	5	6	20
338	Bob Bailey	4	4	4	4	4	5	6	10
339	John Denny	4	4	4	4	4	5	6	15
340	Jim Rice	10	15	25	40	60	120	150	▲500
341	Lou Gehrig ATG	4	5	8	12	20	50	60	▼100
342	Rogers Hornsby ATG	4	4	4	4	4	6	8	30
343	Pie Traynor ATG	4	4	4	4	4	6	8	80
344	Honus Wagner ATG	4	4	4	5	8	12	15	30
345	Babe Ruth ATG	12	20	30	40	▲80	200	250	400
346	Ty Cobb ATG	5	8	12	20	30	50	60	200
347	Ted Williams ATG	▲8	▲12	▲20	▲30	▲50	▲60	▲80	▼150
348	Mickey Cochrane ATG	4	4	4	4	4	6	8	20
349	Walter Johnson ATG	4	4	4	4	4	6	8	40
350	Lefty Grove ATG	4	4	4	4	4	6	10	60
351	Randy Hundley	4	4	4	4	4	5	6	10
352	Dave Giusti	4	4	4	4	4	5	6	12
353	Sixto Lezcano RC	4	4	4	4	4	5	6	10
354	Ron Blomberg	4	4	4	4	4	5	6	20
355	Steve Carlton	5	8	12	20	30	▼50	100	250
356	Ted Martinez	4	4	4	4	4	5	6	15
357	Ken Forsch	4	4	4	4	4	6	8	30

#	Name	VG 3	VgEx 4	EX 5	ExMt 6	NM 7	NmMt 8	NmMt+ 8.5	MT 9
358	Buddy Bell	4	4	4	4	4	5	6	
359	Rick Reuschel	4	4	4	4	4	5	6	
360	Jeff Burroughs	4	4	4	4	4	5	6	
361	Detroit Tigers CL/Houk	4	4	4	4	4	5	6	
362	Will McEnaney	4	4	4	4	4	5	6	
363	Dave Collins RC	4	4	4	4	4	5	6	
364	Elias Sosa	4	4	4	4	4	5	6	
365	Carlton Fisk	4	4	4	5	10	25	30	
366	Bobby Valentine	4	4	4	4	4	5	6	
367	Bruce Miller	4	4	4	4	4	5	6	
368	Wilbur Wood	4	4	4	4	4	5	8	
369	Frank White	4	4	4	4	4	5	6	
370	Ron Cey	4	4	4	4	4	6	8	
371	Elrod Hendricks	4	4	4	4	4	5	6	
372	Rick Baldwin RC	4	4	4	4	4	5	6	
373	Johnny Briggs	4	4	4	4	8	15	25	
374	Dan Warthen RC	4	4	4	4	4	5	6	
375	Ron Fairly	4	4	4	4	4	5	6	
376	Rich Hebner	4	4	4	4	4	5	6	
377	Mike Hegan	4	4	4	4	4	5	6	
378	Steve Stone	4	4	4	4	4	5	6	
379	Ken Boswell	4	4	4	4	4	5	6	
380	Bobby Bonds	4	4	4	4	4	6	8	
381	Denny Doyle	4	4	4	4	4	5	8	
382	Matt Alexander RC	4	4	4	4	4	5	6	
383	John Ellis	4	4	4	4	4	6	8	
384	Philadelphia Phillies CL/Ozark	4	4	4	4	4	5	6	
385	Mickey Lolich	4	4	4	4	4	6	8	
386	Ed Goodson	4	4	4	4	4	5	6	
387	Mike Miley RC	4	4	4	4	4	5	6	
388	Stan Perzanowski RC	4	4	4	4	4	5	6	
389	Glenn Adams RC	4	4	4	4	4	5	8	
390	Don Gullett	4	4	4	4	4	5	6	
391	Jerry Hairston	4	4	4	4	4	5	6	
392	Checklist 265-396	4	4	4	4	4	6	8	
393	Paul Mitchell RC	4	4	4	4	4	5	6	
394	Fran Healy	4	4	4	4	4	5	6	
395	Jim Wynn	4	4	4	4	4	5	6	
396	Bill Lee	4	4	4	4	4	5	6	
397	Tim Foli	4	4	4	4	4	5	6	
398	Dave Tomlin	4	4	4	4	4	5	6	
399	Luis Melendez	4	4	4	4	4	5	6	
400	Rod Carew	4	4	4	6	15	20	25	
401	Ken Brett	4	4	4	4	4	5	6	
402	Don Money	4	4	4	4	4	5	6	
403	Geoff Zahn	4	4	4	4	4	5	6	
404	Enos Cabell	4	4	4	4	4	5	8	
405	Rollie Fingers	4	4	4	4	4	6	8	
406	Ed Herrmann	4	4	4	4	4	5	6	
407	Tom Underwood	4	4	4	4	4	5	6	
408	Charlie Spikes	4	4	4	4	4	5	6	
409	Dave Lemanczyk	4	4	4	4	4	5	6	
410	Ralph Garr	4	4	4	4	4	5	8	
411	Bill Singer	4	4	4	4	4	5	6	
412	Toby Harrah	4	4	4	4	4	5	6	
413	Pete Varney RC	4	4	4	4	4	5	6	
414	Wayne Garland	4	4	4	4	4	5	6	
415	Vada Pinson	4	4	4	4	4	5	6	
416	Tommy John	4	4	4	4	4	5	6	
417	Gene Clines	4	4	4	4	4	5	6	
418	Jose Morales RC	4	4	4	4	4	5	6	
419	Reggie Cleveland	4	4	4	4	4	5	6	
420	Joe Morgan	▲6	▲10	▲15	▲25	▲40	60	80	▲250
421	Oakland Athletics CL	4	4	4	4	4	5	6	
422	Johnny Grubb	4	4	4	4	4	5	6	
423	Ed Halicki	4	4	4	4	4	5	6	
424	Phil Roof	4	4	4	4	4	5	6	

Name	VG 3	VgEx 4	EX 5	ExMt 6	NM 7	NmMt 8	NmMt+ 8.5	MT 9
Rennie Stennett	4	4	4	4	4	5	8	60
Bob Forsch	4	4	4	4	4	5	6	15
Kurt Bevacqua	4	4	4	4	4	5	6	20
Jim Crawford	4	4	4	4	4	5	6	10
Fred Stanley	4	4	4	4	4	5	6	15
Jose Cardenal	4	4	4	4	4	5	6	15
Dick Ruthven	4	4	4	4	4	5	6	10
Tom Veryzer	4	4	4	4	4	5	6	25
Rick Waits RC	4	4	4	4	4	5	6	15
Morris Nettles	4	4	4	4	4	5	6	15
Phil Niekro	4	4	4	4	4	8	10	25
Bill Fahey	4	4	4	4	4	5	6	15
Terry Forster	4	4	4	4	4	5	6	10
Doug DeCinces	4	4	4	4	4	5	6	20
Rick Rhoden	4	4	4	4	4	5	6	15
John Mayberry	4	4	4	4	4	5	6	120
Gary Carter	4	4	4	6	12	25	30	50
Hank Webb	4	4	4	4	4	5	6	15
San Francisco Giants CL	4	4	4	4	4	5	6	12
Gary Nolan	4	4	4	4	4	5	6	15
Rico Petrocelli	4	4	4	4	4	6	8	30
Larry Haney	4	4	4	4	4	5	8	10
Gene Locklear	4	4	4	4	4	5	6	10
Tom Johnson	4	4	4	4	4	5	6	12
Bob Robertson	4	4	4	4	4	6	8	40
Jim Palmer	4	5	8	12	20	▲50	▲60	▼100
Buddy Bradford	4	4	4	4	4	5	6	15
Tom Hausman RC	4	4	4	4	4	5	6	15
Lou Piniella	4	4	4	4	5	10	12	50
Tom Griffin	4	4	4	4	4	5	8	25
Dick Allen	4	4	4	4	4	6	8	20
Joe Coleman	4	4	4	4	4	5	6	15
Ed Crosby	4	4	4	4	4	5	6	15
Earl Williams	4	4	4	4	4	5	6	15
Jim Brewer	4	4	4	4	4	5	8	25
Cesar Cedeno	4	4	4	4	4	5	6	15
NL/AL Champs	4	4	4	4	4	5	6	25
1975 WS/Reds Champs	4	4	4	4	5	10	12	30
Steve Hargan	4	4	4	4	4	5	6	10
Ken Henderson	4	4	4	4	4	5	6	10
Mike Marshall	4	4	4	4	4	5	6	30
Bob Stinson	4	4	4	4	4	5	6	12
Woodie Fryman	4	4	4	4	4	5	6	10
Jesus Alou	4	4	4	4	4	5	6	10
Rawly Eastwick	4	4	4	4	4	5	6	15
Bobby Murcer	4	4	4	4	4	5	6	30
Jim Burton	4	4	4	4	4	5	6	15
Bob Davis RC	4	4	4	4	4	5	6	15
Paul Blair	4	4	4	4	4	5	6	15
Ray Corbin	4	4	4	4	4	5	6	15
Joe Rudi	4	4	4	4	4	6	8	80
Bob Moose	4	4	4	4	4	5	6	15
Cleveland Indians CL/Robinson	4	4	4	4	4	5	6	10
Lynn McGlothen	4	4	4	4	4	5	6	15
Bobby Mitchell	4	4	4	4	4	5	6	15
Mike Schmidt	▼8	▼12	▼20	▼30	60	120	150	600
Rudy May	4	4	4	4	4	5	6	25
Tim Hosley	4	4	4	4	4	5	6	15
Mickey Stanley	4	4	4	4	4	5	6	15
Eric Raich RC	4	4	4	4	4	5	6	10
Mike Hargrove	4	4	4	4	4	5	6	15
Bruce Dal Canton	4	4	4	4	4	5	6	15
Leron Lee	4	4	4	4	4	5	6	15
Claude Osteen	4	4	4	4	4	5	6	15
Skip Jutze	4	4	4	4	4	5	6	10
Frank Tanana	4	4	4	4	4	5	6	15
Terry Crowley	4	4	4	4	4	5	6	15

#	Name	VG 3	VgEx 4	EX 5	ExMt 6	NM 7	NmMt 8	NmMt+ 8.5	MT 9
492	Marty Pattin	4	4	4	4	4	5	6	12
493	Derrel Thomas	4	4	4	4	4	5	6	10
494	Craig Swan	4	4	4	4	4	5	6	15
495	Nate Colbert	4	4	4	4	4	5	6	10
496	Juan Beniquez	4	4	4	4	4	5	6	20
497	Joe McIntosh RC	4	4	4	4	4	5	6	15
498	Glenn Borgmann	4	4	4	4	4	5	6	10
499	Mario Guerrero	4	4	4	4	4	5	6	15
500	Reggie Jackson	4	6	10	15	25	120	150	300
501	Billy Champion	4	4	4	4	4	5	6	15
502	Tim McCarver	4	4	4	4	4	6	8	20
503	Elliott Maddox	4	4	4	4	4	5	6	10
504	Pittsburgh Pirates CL/Murtaugh	4	4	4	4	4	5	6	20
505	Mark Belanger	4	4	4	4	4	5	6	15
506	George Mitterwald	4	4	4	4	4	5	6	15
507	Ray Bare RC	4	4	4	4	4	5	6	15
508	Duane Kuiper RC	4	4	4	4	4	5	6	15
509	Bill Hands	4	4	4	4	4	5	6	15
510	Amos Otis	4	4	4	4	4	5	6	15
511	Jamie Easterley	4	4	4	4	4	5	6	15
512	Ellie Rodriguez	4	4	4	4	4	5	6	15
513	Bart Johnson	4	4	4	4	4	5	6	15
514	Dan Driessen	4	4	4	4	4	5	6	15
515	Steve Yeager	4	4	4	4	4	5	6	15
516	Wayne Granger	4	4	4	4	4	5	6	15
517	John Milner	4	4	4	4	4	5	6	15
518	Doug Flynn RC	4	4	4	4	4	5	6	60
519	Steve Brye	4	4	4	4	4	5	6	15
520	Willie McCovey	4	6	10	15	25	60	80	▼80
521	Jim Colborn	4	4	4	4	4	5	6	10
522	Ted Sizemore	4	4	4	4	4	5	6	10
523	Bob Montgomery	4	4	4	4	4	5	6	15
524	Pete Falcone RC	4	4	4	4	4	5	6	15
525	Billy Williams	4	4	4	4	4	6	8	30
526	Checklist 397-528	4	4	4	4	4	6	8	12
527	Mike Anderson	4	4	4	4	4	5	6	10
528	Dock Ellis	4	4	4	4	4	5	6	15
529	Deron Johnson	4	4	4	4	4	5	6	20
530	Don Sutton	4	4	4	4	4	6	8	25
531	New York Mets CL/Frazier	4	4	4	4	4	5	6	12
532	Milt May	4	4	4	4	4	5	6	10
533	Lee Richard	4	4	4	4	4	5	6	15
534	Stan Bahnsen	4	4	4	4	4	5	6	10
535	Dave Nelson	4	4	4	4	4	5	8	25
536	Mike Thompson	4	4	4	4	4	5	6	10
537	Tony Muser	4	4	4	4	4	5	6	10
538	Pat Darcy	4	4	4	4	4	5	6	15
539	John Balaz RC	4	4	4	4	4	5	6	15
540	Bill Freehan	4	4	4	4	4	5	6	20
541	Steve Mingori	4	4	4	4	4	5	8	25
542	Keith Hernandez	4	4	4	4	4	8	10	40
543	Wayne Twitchell	4	4	4	4	4	5	6	15
544	Pepe Frias	4	4	4	4	4	5	6	15
545	Sparky Lyle	4	4	4	4	4	5	6	15
546	Dave Rosello	4	4	4	4	4	5	6	10
547	Roric Harrison	4	4	4	4	4	5	6	15
548	Manny Mota	4	4	4	4	4	5	6	15
549	Randy Tate RC	4	4	4	4	4	5	6	15
550	Hank Aaron	15	20	25	40	80	150	250	1,000
551	Jerry DaVanon	4	4	4	4	4	5	6	15
552	Terry Humphrey	4	4	4	4	4	5	6	15
553	Randy Moffitt	4	4	4	4	4	5	6	15
554	Ray Fosse	4	4	4	4	4	5	6	15
555	Dyar Miller	4	4	4	4	4	5	6	15
556	Minnesota Twins CL/Mauch	4	4	4	4	4	5	6	15
557	Dan Spillner	4	4	4	4	4	5	6	15
558	Clarence Gaston	4	4	4	4	4	5	6	15

#	Player	VG 3	VgEx 4	EX 5	ExMt 6	NM 7	NmMt 8	NmMt+ 8.5	MT 9
559	Clyde Wright	4	4	4	4	4	5	6	15
560	Jorge Orta	4	4	4	4	4	5	6	15
561	Tom Carroll	4	4	4	4	4	5	8	40
562	Adrian Garrett	4	4	4	4	4	5	6	15
563	Larry Demery	4	4	4	4	4	5	6	15
564	Kurt Bevacqua GUM	4	4	4	4	4	5	6	50
565	Tug McGraw	4	4	4	4	4	5	6	15
566	Ken McMullen	4	4	4	4	4	5	6	15
567	George Stone	4	4	4	4	4	5	6	15
568	Rob Andrews RC	4	4	4	4	4	5	6	15
569	Nelson Briles	4	4	4	4	4	5	6	15
570	George Hendrick	4	4	4	4	4	5	6	15
571	Don DeMola	4	4	4	4	4	5	6	10
572	Rich Coggins	4	4	4	4	4	5	6	15
573	Bill Travers	4	4	4	4	4	5	8	25
574	Don Kessinger	4	4	4	4	4	5	6	10
575	Dwight Evans	4	4	4	4	4	6	8	25
576	Maximino Leon	4	4	4	4	4	5	6	15
577	Marc Hill	4	4	4	4	4	5	6	15
578	Ted Kubiak	4	4	4	4	4	5	6	25
579	Clay Kirby	4	4	4	4	4	5	6	15
580	Bert Campaneris	4	4	4	4	4	5	6	15
581	St. Louis Cardinals CL Schoendienst	4	4	4	4	4	5	6	20
582	Mike Kekich	4	4	4	4	4	5	6	15
583	Tommy Helms	4	4	4	4	4	5	6	40
584	Stan Wall RC	4	4	4	4	4	5	6	15
585	Joe Torre	4	4	4	4	8	15	25	120
586	Ron Schueler	4	4	4	4	4	5	6	15
587	Leo Cardenas	4	4	4	4	4	5	6	10
588	Kevin Kobel	4	4	4	4	4	5	6	15
589	Rookie Pitchers	4	4	4	4	4	8	10	30
590	Rookie Outfielders	4	4	4	4	4	8	10	25
591	Rookie Pitchers	4	4	4	4	4	6	8	25
592	Willie Randolph RC	4	4	4	4	12	25	30	150
593	Rookie Pitchers	4	4	4	4	4	6	8	25
594	Rookie Catchers and Outfielders	4	4	4	4	4	5	6	15
595	Rookie Pitchers	4	4	4	4	4	5	6	15
596	Rookie Infielders	4	4	4	4	4	5	6	15
597	Rookie Pitchers	4	4	4	4	4	5	6	15
598	Rookie Outfielders	4	4	4	4	4	5	6	15
599	Ron Guidry RC	▲6	▲10	▲15	▲25	▲40	▲100	▲120	▼400
600	Tom Seaver	8	10	12	15	25	120	150	250
601	Ken Rudolph	4	4	4	4	4	5	6	15
602	Doug Konieczny	4	4	4	4	4	5	6	15
603	Jim Holt	4	4	4	4	4	5	6	15
604	Joe Lovitto	4	4	4	4	4	5	6	15
605	Al Downing	4	4	4	4	4	5	6	15
606	Milwaukee Brewers CL/Grammas	4	4	4	4	4	5	6	15
607	Rich Hinton	4	4	4	4	4	5	6	15
608	Vic Correll	4	4	4	4	4	5	6	15
609	Fred Norman	4	4	4	4	4	5	8	25
610	Greg Luzinski	4	4	4	4	4	6	15	60
611	Rich Folkers	4	4	4	4	4	5	6	15
612	Joe Lahoud	4	4	4	4	4	5	6	10
613	Tim Johnson	4	4	4	4	4	6	8	40
614	Fernando Arroyo RC	4	4	4	4	4	5	8	25
615	Mike Cubbage	4	4	4	4	4	5	6	15
616	Buck Martinez	4	4	4	4	4	5	6	10
617	Darold Knowles	4	4	4	4	4	5	6	12
618	Jack Brohamer	4	4	4	4	4	5	6	15
619	Bill Butler	4	4	4	4	4	6	8	80
620	Al Oliver	4	4	4	4	4	5	6	15
621	Tom Hall	4	4	4	4	4	5	8	25
622	Rick Auerbach	4	4	4	4	4	5	6	10
623	Bob Allietta RC	4	4	4	4	4	5	6	15
624	Tony Taylor	4	4	4	4	4	6	8	60

#	Player	VG 3	VgEx 4	EX 5	ExMt 6	NM 7	NmMt 8	NmMt+ 8.5	M
625	J.R. Richard	4	4	4	4	4	8	10	
626	Bob Sheldon	4	4	4	4	4	5	6	
627	Bill Plummer	4	4	4	4	4	5	6	
628	John D'Acquisto	4	4	4	4	4	5	6	
629	Sandy Alomar	4	4	4	4	4	6	8	
630	Chris Speier	4	4	4	4	4	5	6	
631	Atlanta Braves CL/Bristol	4	4	4	4	4	5	6	
632	Rogelio Moret	4	4	4	4	4	5	6	
633	John Stearns RC	4	4	4	4	4	5	6	
634	Larry Christenson	4	4	4	4	4	5	8	
635	Jim Fregosi	4	4	4	4	4	5	6	
636	Joe Decker	4	4	4	4	4	5	6	
637	Bruce Bochte	4	4	4	4	4	5	6	
638	Doyle Alexander	4	4	4	4	4	5	6	
639	Fred Kendall	4	4	4	4	4	5	6	
640	Bill Madlock	4	4	4	4	4	8	10	
641	Tom Paciorek	4	4	4	4	4	5	6	
642	Dennis Blair	4	4	4	4	4	5	6	
643	Checklist 529-660	4	4	4	4	4	6	8	
644	Tom Bradley	4	4	4	4	4	5	6	
645	Darrell Porter	4	4	4	4	4	5	6	
646	John Lowenstein	4	4	4	4	4	5	6	
647	Ramon Hernandez	4	4	4	4	4	6	15	15
648	Al Cowens	4	4	4	4	4	6	8	
649	Dave Roberts	4	4	4	4	4	5	6	
650	Thurman Munson	8	12	20	30	50	100	120	▲3
651	John Odom	4	4	4	4	4	5		3
652	Ed Armbrister	4	4	4	4	4	5	6	
653	Mike Norris RC	4	4	4	4	4	5	6	1
654	Doug Griffin	4	4	4	4	4	5	6	1
655	Mike Vail RC	4	4	4	4	4	5	8	2
656	Chicago White Sox CL/Tanner	4	4	4	4	4	5	6	1
657	Roy Smalley RC	4	4	4	4	4	5	8	2
658	Jerry Johnson	4	4	4	4	4	5	6	1
659	Ben Oglivie	4	4	4	4	4	6	8	2
660	Davey Lopes	4	4	4	4	4	6	10	5

— George Brett #19 PSA 9 (MT) sold for $3,685 (eBay; 12/12)
— George Brett #19 PSA 9 (MT) sold for $3,200 (eBay; 11/12)
— Dennis Eckersley #98 PSA 10 (Gem) (Young Collection) sold for $6,684 (SCP; 5/12)
— Nolan Ryan #330 PSA 10 (Gem) sold for $3,119 (eBay; 08/12)
— Nolan Ryan #330 PSA 10 (Gem) sold for $2,984 (eBay; 11/12)

1976 Topps Traded

#	Player	GD 2	VG 3	VgEx 4	EX 5	ExMt 6	NM 7	NmMt 8	MT
27T	Ed Figueroa	4	4	4	4	4	4	5	20
28T	Dusty Baker	4	4	4	4	4	4	8	40
44T	Doug Rader	4	4	4	4	4	4	5	20
58T	Ron Reed	4	4	4	4	4	4	5	15
74T	Oscar Gamble	4	4	4	4	4	4	6	25
80T	Jim Kaat	4	4	4	4	4	4	8	25
83T	Jim Spencer	4	4	4	4	4	4	5	15
85T	Mickey Rivers	4	4	4	4	4	4	5	25
99T	Lee Lacy	4	4	4	4	4	4	5	100
120T	Rusty Staub	4	4	4	4	4	4	6	25
127T	Larvell Blanks	4	4	4	4	4	4	5	80
146T	George Medich	4	4	4	4	4	4	5	15
158T	Ken Reitz	4	4	4	4	4	4	5	20
208T	Mike Lum	4	4	4	4	4	4	5	20
211T	Clay Carroll	4	4	4	4	4	4	5	20
231T	Tom House	4	4	4	4	4	4	5	25
250T	Fergie Jenkins	4	4	4	4	4	4	5	10	50
259T	Darrel Chaney	4	4	4	4	4	4	5	20
292T	Leon Roberts	4	4	4	4	4	4	5	20
296T	Pat Dobson	4	4	4	4	4	4	5	25
309T	Bill Melton	4	4	4	4	4	4	5	15
338T	Bob Bailey	4	4	4	4	4	4	5	25
380T	Bobby Bonds	4	4	4	4	4	4	8	25

	VgEx 4	EX 5	ExMt 6	NM 7	NmMt 8	NmMt+ 8.5	MT 9	Gem 9.5/10
John Ellis	4	4	4	4	4	4	5	15
Mickey Lolich	4	4	4	4	4	4	6	20
Ken Brett	4	4	4	4	4	4	5	15
Ralph Garr	4	4	4	4	4	4	5	15
Bill Singer	4	4	4	4	4	4	5	10
Jim Crawford	4	4	4	4	4	4	5	80
Morris Nettles	4	4	4	4	4	4	5	15
Ken Henderson	4	4	4	4	4	4	5	15
Joe McIntosh	4	4	4	4	4	4	5	15
Pete Falcone	4	4	4	4	4	4	5	20
Mike Anderson	4	4	4	4	4	4	5	12
Dock Ellis	4	4	4	4	4	4	5	25
Milt May	4	4	4	4	4	4	5	
Ray Fosse	4	4	4	4	4	4	5	
Clay Kirby	4	4	4	4	4	4	5	15
Tommy Helms	4	4	4	4	4	4	5	15
Willie Randolph	4	4	4	4	4	6	12	25
Jack Brohamer	4	4	4	4	4	4	5	15
Rogelio Moret	4	4	4	4	4	4	5	20
Dave Roberts	4	4	4	4	4	4	5	15
Traded Checklist	4	4	4	4	4	4	6	25

1977 Topps

	VgEx 4	EX 5	ExMt 6	NM 7	NmMt 8	NmMt+ 8.5	MT 9	Gem 9.5/10
Batting Leaders	4	4	4	4	8	12	50	
Home Run Leaders	4	4	4	4	6	8	25	
RBI Leaders	4	4	4	4	5	6	15	100
Stolen Base Leaders	4	4	4	4	5	6	15	
Victory Leaders	4	4	4	4	5	6	15	
Strikeout Leaders	4	6	10	15	25	30	40	
ERA Leaders	4	4	4	4	6	8	50	
Leading Firemen	4	4	4	4	5	6	15	
Doug Rader	4	4	4	4	5	6	15	
Reggie Jackson	15	25	40	▼60	120	150	▲600	
Rob Dressler	4	4	4	4	5	6	15	
Larry Haney	4	4	4	4	5	6	15	
Luis Gomez RC	4	4	4	4	5	6	15	
Tommy Smith	4	4	4	4	6	8	20	
Don Gullett	4	4	4	4	5	6	15	
Bob Jones RC	4	4	4	4	5	6	15	
Steve Stone	4	4	4	4	5	8		
Cleveland Indians CL/Robinson	4	4	4	4	5	6	15	
John D'Acquisto	4	4	4	4	5	6	15	
Graig Nettles	4	4	4	4	6	8	25	100
Ken Forsch	4	4	4	4	5	6	15	
Bill Freehan	4	4	4	4	5	6	15	60
Dan Driessen	4	4	4	4	5	6	15	60
Carl Morton	4	4	4	4	5	6	60	50
Dwight Evans	4	4	4	4	6	10		
Ray Sadecki	4	4	4	4	5	6	15	100
Bill Buckner	4	4	4	4	5	6	15	
Woodie Fryman	4	4	4	4	5	6	15	50
Bucky Dent	4	4	4	4	6	8	30	
Greg Luzinski	4	4	4	4	6	8	15	100
Jim Todd	4	4	4	4	5	6	15	
Checklist 1-132	4	4	4	4	5	6	15	
Wayne Garland	4	4	4	4	5	6	15	50
California Angels CL/Sherry	4	4	4	4	5	6	30	50
Rennie Stennett	4	4	4	4	5	6	15	
John Ellis	4	4	4	4	5	6	15	
Steve Hargan	4	4	4	4	5	6	15	100
Craig Kusick	4	4	4	4	5	6	15	50
Tom Griffin	4	4	4	4	5	6	15	
Bobby Murcer	4	4	4	4	5	6	15	
Jim Kern	4	4	4	4	5	6	15	50
Jose Cruz	4	4	4	4	5	6	20	50
Ray Bare	4	4	4	4	5	6	15	

		VgEx 4	EX 5	ExMt 6	NM 7	NmMt 8	NmMt+ 8.5	MT 9	Gem 9.5/10
44	Bud Harrelson	4	4	4	4	5	6	15	50
45	Rawly Eastwick	4	4	4	4	5	6	20	
46	Buck Martinez	4	4	4	4	5	6	15	50
47	Lynn McGlothen	4	4	4	4	5	6	15	50
48	Tom Paciorek	4	4	4	4	5	6	15	
49	Grant Jackson	4	4	4	4	5	6	15	
50	Ron Cey	4	4	4	4	5	6	15	
51	Milwaukee Brewers CL/Grammas	4	4	4	4	5	6	15	100
52	Ellis Valentine	4	4	4	4	5	6	15	
53	Paul Mitchell	4	4	4	4	5	6	15	
54	Sandy Alomar	4	4	4	4	5	6	15	
55	Jeff Burroughs	4	4	4	4	5	8		
56	Rudy May	4	4	4	4	5	6	100	
57	Marc Hill	4	4	4	4	5	6	15	
58	Chet Lemon	4	4	4	4	5	6	20	
59	Larry Christenson	4	4	4	4	5	6	15	
60	Jim Rice	4	4	4	4	8	10	30	
61	Manny Sanguillen	4	4	4	4	5	6	15	
62	Eric Raich	4	4	4	4	5	6	15	50
63	Tito Fuentes	4	4	4	4	5	6	10	50
64	Larry Biittner	4	4	4	4	5	6	15	50
65	Skip Lockwood	4	4	4	4	5	6	15	50
66	Roy Smalley	4	4	4	4	5	6	15	50
67	Joaquin Andujar RC	4	4	4	4	5	6	15	120
68	Bruce Bochte	4	4	4	4	5	6	15	60
69	Jim Crawford	4	4	4	4	5	6	15	
70	Johnny Bench	8	10	15	20	40	40	100	
71	Dock Ellis	4	4	4	4	5	6	15	80
72	Mike Anderson	4	4	4	4	5	6	15	50
73	Charlie Williams	4	4	4	4	5	6	15	
74	Oakland Athletics CL/McKeon	4	4	4	4	5	6	15	
75	Dennis Leonard	4	4	4	4	5	6	50	
76	Tim Foli	4	4	4	4	5	6	15	
77	Dyar Miller	4	4	4	4	5	6	15	
78	Bob Davis	4	4	4	4	5	6	15	
79	Don Money	4	4	4	4	5	6	15	
80	Andy Messersmith	4	4	4	4	5	6	15	
81	Juan Beniquez	4	4	4	4	5	8		
82	Jim Rooker	4	4	4	4	5	6	15	50
83	Kevin Bell RC	4	4	4	4	5	6	60	
84	Ollie Brown	4	4	4	4	5	6	15	
85	Duane Kuiper	4	4	4	4	5	6	20	
86	Pat Zachry	4	4	4	4	5	6	60	
87	Glenn Borgmann	4	4	4	4	5	6	15	50
88	Stan Wall	4	4	4	4	5	6	15	50
89	Butch Hobson RC	4	4	4	4	6	8	60	
90	Cesar Cedeno	4	4	4	4	5	6	15	50
91	John Verhoeven RC	4	4	4	4	5	6	15	50
92	Dave Rosello	4	4	4	4	5	6	15	
93	Tom Poquette	4	4	4	4	5	6	15	50
94	Craig Swan	4	4	4	4	5	6	15	
95	Keith Hernandez	4	4	4	4	8	12	40	
96	Lou Piniella	4	4	4	4	5	6	15	60
97	Dave Heaverlo	4	4	4	4	5	6	15	
98	Milt May	4	4	4	4	5	6	20	
99	Tom Hausman	4	4	4	4	5	6	15	
100	Joe Morgan	4	4	4	8	15	20	50	
101	Dick Bosman	4	4	4	4	5	6	15	
102	Jose Morales	4	4	4	4	5	6	15	50
103	Mike Bacsik RC	4	4	4	4	5	8		
104	Omar Moreno RC	4	4	4	4	5	6	15	
105	Steve Yeager	4	4	4	4	5	6	15	
106	Mike Flanagan	4	4	4	4	5	6	12	
107	Bill Melton	4	4	4	4	5	6	10	50
108	Alan Foster	4	4	4	4	5	6	15	
109	Jorge Orta	4	4	4	4	5	6	15	
110	Steve Carlton	8	12	20	30	50	60	100	300

#	Player	VgEx 4	EX 5	ExMt 6	NM 7	NmMt 8	NmMt+ 8.5	MT 9	Gem 9.5/10
111	Rico Petrocelli	4	4	4	4	5	6	15	100
112	Bill Greif	4	4	4	4	5	6	15	
113	Toronto Blue Jays CL/Hartsfield	4	4	4	4	5	6	15	
114	Bruce Dal Canton	4	4	4	4	5	6	15	
115	Rick Manning	4	4	4	4	5	6	15	
116	Joe Niekro	4	4	4	4	5	6	15	
117	Frank White	4	4	4	4	5	6	15	
118	Rick Jones RC	4	4	4	4	5	6	15	
119	John Stearns	4	4	4	4	5	6	15	100
120	Rod Carew	8	12	20	30	60	80	▲250	
121	Gary Nolan	4	4	4	4	5	6	15	
122	Ben Oglivie	4	4	4	4	5	6	15	
123	Fred Stanley	4	4	4	4	5	6	15	
124	George Mitterwald	4	4	4	4	5	6	15	50
125	Bill Travers	4	4	4	4	5	6	15	
126	Rod Gilbreath	4	4	4	4	5	6	15	
127	Ron Fairly	4	4	4	4	5	6	15	50
128	Tommy John	4	4	4	4	5	6	15	
129	Mike Sadek	4	4	4	4	5	6	15	50
130	Al Oliver	4	4	4	4	5	6	15	
131	Orlando Ramirez RC	4	4	4	4	5	6	15	
132	Chip Lang RC	4	4	4	4	5	6	15	
133	Ralph Garr	4	4	4	4	5	6	15	
134	San Diego Padres CL/McNamara	4	4	4	4	5	6	15	
135	Mark Belanger	4	4	4	4	5	6	40	
136	Jerry Mumphrey RC	4	4	4	4	5	6	10	
137	Jeff Terpko RC	4	4	4	4	5	6	15	50
138	Bob Stinson	4	4	4	4	5	6	15	
139	Fred Norman	4	4	4	4	5	6	10	50
140	Mike Schmidt	12	20	30	▲60	▲100	▲120	▲500	
141	Mark Littell	4	4	4	4	5	6	150	
142	Steve Dillard RC	4	4	4	4	5	6	15	50
143	Ed Herrmann	4	4	4	4	5	6	15	50
144	Bruce Sutter RC	25	40	50	▲80	120	150	▲400	1,200
145	Tom Veryzer	4	4	4	4	5	6	15	
146	Dusty Baker	4	4	4	4	5	6	15	
147	Jackie Brown	4	4	4	4	5	6	15	
148	Fran Healy	4	4	4	4	5	6	15	
149	Mike Cubbage	4	4	4	4	5	6	250	
150	Tom Seaver	▲12	▲20	▲30	▲60	▲150	▲200	▲2,500	
151	Johnny LeMaster	4	4	4	4	5	6	15	
152	Gaylord Perry	4	4	4	4	6	8	20	
153	Ron Jackson RC	4	4	4	4	5	6	15	50
154	Dave Giusti	4	4	4	4	5	6	15	
155	Joe Rudi	4	4	4	4	5	6	15	60
156	Pete Mackanin	4	4	4	4	5	6	15	
157	Ken Brett	4	4	4	4	5	6	15	
158	Ted Kubiak	4	4	4	4	5	6	15	
159	Bernie Carbo	4	4	4	4	5	6	15	
160	Will McEnaney	4	4	4	4	5	6	25	80
161	Garry Templeton RC	4	4	4	4	8	10	20	
162	Mike Cuellar	4	4	4	4	5	6	15	
163	Dave Hilton	4	4	4	4	5	6	15	
164	Tug McGraw	4	4	4	4	5	6	15	
165	Jim Wynn	4	4	4	4	5	6	15	50
166	Bill Campbell	4	4	4	4	5	6	15	
167	Rich Hebner	4	4	4	4	5	6	15	50
168	Charlie Spikes	4	4	4	4	5	6	15	50
169	Darold Knowles	4	4	4	4	5	6	15	50
170	Thurman Munson	30	50	60	80	▲200	▲250	300	
171	Ken Sanders	4	4	4	4	5	6	15	50
172	John Milner	4	4	4	4	5	6	15	50
173	Chuck Scrivener RC	4	4	4	4	5	6	15	
174	Nelson Briles	4	4	4	4	5	6	15	50
175	Butch Wynegar RC	4	4	4	4	5	6	15	
176	Bob Robertson	4	4	4	4	5	6	15	
177	Bart Johnson	4	4	4	4	5	6	15	
178	Bombo Rivera RC	4	4	4	4	5	6	15	
179	Paul Hartzell RC	4	4	4	4	5	6	10	
180	Dave Lopes	4	4	4	4	5	6	20	
181	Ken McMullen	4	4	4	4	5	6	15	
182	Dan Spillner	4	4	4	4	5	6	15	
183	St.Louis Cardinals CL/V.Rapp	4	4	4	4	5	6	15	
184	Bo McLaughlin RC	4	4	4	4	5	6	15	
185	Sixto Lezcano	4	4	4	4	5	6	10	
186	Doug Flynn	4	4	4	4	5	6	15	
187	Dick Pole	4	4	4	4	5	8		
188	Bob Tolan	4	4	4	4	5	6	10	
189	Rick Dempsey	4	4	4	4	5	6	10	
190	Ray Burris	4	4	4	4	5	6	10	
191	Doug Griffin	4	4	4	4	5	6	10	
192	Clarence Gaston	4	4	4	4	5	6	15	
193	Larry Gura	4	4	4	4	5	6	10	
194	Gary Matthews	4	4	4	4	5	6	15	
195	Ed Figueroa	4	4	4	4	5	6	15	
196	Len Randle	4	4	4	4	5	6	15	
197	Ed Ott	4	4	4	4	5	6	15	
198	Wilbur Wood	4	4	4	4	5	6	15	
199	Pepe Frias	4	4	4	4	5	8		
200	Frank Tanana	4	4	4	4	5	6	20	
201	Ed Kranepool	4	4	4	4	5	6	30	
202	Tom Johnson	4	4	4	4	5	6	15	
203	Ed Armbrister	4	4	4	4	5	6	15	
204	Jeff Newman RC	4	4	4	4	5	6	60	
205	Pete Falcone	4	4	4	4	5	6	15	
206	Boog Powell	4	4	4	4	5	6	10	
207	Glenn Abbott	4	4	4	4	5	8		
208	Checklist 133-264	4	4	4	4	5	8	25	
209	Rob Andrews	4	4	4	4	5	6	15	
210	Fred Lynn	4	4	4	5	10	12	30	
211	San Francisco Giants CL/Altobelli	4	4	4	4	5	6	15	
212	Jim Mason	4	4	4	4	5	6	10	
213	Maximino Leon	4	4	4	4	5	6	15	
214	Darrell Porter	4	4	4	4	5	6	10	
215	Butch Metzger	4	4	4	4	5	6	15	
216	Doug DeCinces	4	4	4	4	5	6	15	
217	Tom Underwood	4	4	4	4	5	6	15	
218	John Wathan RC	4	4	4	4	5	6	15	
219	Joe Coleman	4	4	4	4	5	6	15	
220	Chris Chambliss	4	4	4	4	6	8	20	
221	Bob Bailey	4	4	4	4	5	6	15	
222	Francisco Barrios RC	4	4	4	4	5	6	15	
223	Earl Williams	4	4	4	4	5	6	15	
224	Rusty Torres	4	4	4	4	5	6	15	
225	Bob Apodaca	4	4	4	4	5	6	15	
226	Leroy Stanton	4	4	4	4	5	6	15	
227	Joe Sambito RC	4	4	4	4	5	6	15	
228	Minnesota Twins CL/Mauch	4	4	4	4	5	6	15	
229	Don Kessinger	4	4	4	4	5	6	15	
230	Vida Blue	4	4	4	4	6	8	25	
231	George Brett RB	4	4	4	5	15	20	25	
232	Minnie Minoso RB	4	4	4	4	5	6	15	
233	Jose Morales RB	4	4	4	4	5	6	12	
234	Nolan Ryan RB	8	10	12	20	25	30	50	
235	Cecil Cooper	4	4	4	4	5	6	10	
236	Tom Buskey	4	4	4	4	5	6	15	
237	Gene Clines	4	4	4	4	5	6	15	
238	Tippy Martinez	4	4	4	4	5	6	15	
239	Bill Plummer	4	4	4	4	5	6	15	
240	Ron LeFlore	4	4	4	4	6	8	20	
241	Dave Tomlin	4	4	4	4	5	6	15	
242	Ken Henderson	4	4	4	4	5	6	15	
243	Ron Reed	4	4	4	4	5	6	15	
244	John Mayberry	4	4	4	4	5	6	15	

	VgEx 4	EX 5	ExMt 6	NM 7	NmMt 8	NmMt+ 8.5	MT 9	Gem 9.5/10
Rick Rhoden	4	4	4	4	5	6	15	50
Mike Vail	4	4	4	4	5	6	15	60
Chris Knapp RC	4	4	4	4	5	6	15	
Wilbur Howard	4	4	4	4	5	6	15	50
Pete Redfern RC	4	4	4	4	5	6	15	
Bill Madlock	4	4	4	4	5	6	10	200
Tony Muser	4	4	4	4	5	6	10	50
Dale Murray	4	4	4	4	5	6	15	
John Hale	4	4	4	4	5	6	25	
Doyle Alexander	4	4	4	4	5	6	10	
George Scott	4	4	4	4	5	8		
Joe Hoerner	4	4	4	4	5	6	15	60
Mike Miley	4	4	4	4	5	6	15	
Luis Tiant	4	4	4	4	6	8	15	
New York Mets CL/Frazier	4	4	4	4	5	6	15	
J.R. Richard	4	4	4	4	5	6	15	100
Phil Garner	4	4	4	4	5	6	15	
Al Cowens	4	4	4	4	5	6	15	50
Mike Marshall	4	4	4	4	6	8	20	
Tom Hutton	4	4	4	4	5	6	15	
Mark Fidrych RC	4	5	10	20	30	40	250	
Derrel Thomas	4	4	4	4	5	6	15	80
Ray Fosse	4	4	4	4	5	6	15	
Rick Sawyer RC	4	4	4	4	5	6	15	50
Joe Lis	4	4	4	4	5	6	25	50
Dave Parker	4	4	4	4	6	8	50	
Terry Forster	4	4	4	4	5	6	15	
Lee Lacy	4	4	4	4	5	6	15	
Eric Soderholm	4	4	4	4	5	6	15	60
Don Stanhouse	4	4	4	4	5	6	15	50
Mike Hargrove	4	4	4	4	5	6	15	
Chris Chambliss ALCS	4	4	4	4	5	6	15	
Pete Rose NLCS	4	4	4	4	8	10	25	200
Danny Frisella	4	4	4	4	5	6	15	50
Joe Wallis	4	4	4	4	5	6	15	
Jim Hunter	4	4	5	10	20	30	150	
Roy Staiger	4	4	4	4	5	6	15	
Sid Monge	4	4	4	4	5	6	15	50
Jerry DaVanon	4	4	4	4	5	6	15	
Mike Norris	4	4	4	4	5	6	15	50
Brooks Robinson	8	12	20	30	50	60	200	
Johnny Grubb	4	4	4	4	5	6	15	
Cincinnati Reds CL/Anderson	4	4	4	4	6	8	50	
Bob Montgomery	4	4	4	4	5	6	15	
Gene Garber	4	4	4	4	5	6	60	
Amos Otis	4	4	4	4	5	6	15	120
Jason Thompson RC	4	4	4	4	6	8	50	
Rogelio Moret	4	4	4	4	5	6	15	
Jack Brohamer	4	4	4	4	5	6	15	
George Medich	4	4	4	4	5	6	15	
Gary Carter	4	4	5	10	20	25	30	200
Don Hood	4	4	4	4	5	6	10	50
Ken Reitz	4	4	4	4	5	6	15	
Charlie Hough	4	4	4	4	5	6	15	
Otto Velez	4	4	4	4	5	6	10	
Jerry Koosman	4	4	4	4	5	6	15	
Toby Harrah	4	4	4	4	6	8	25	
Mike Garman	4	4	4	4	5	6	15	50
Gene Tenace	4	4	4	4	5	6	15	
Jim Hughes	4	4	4	4	5	6	15	
Mickey Rivers	4	4	4	4	5	6	15	
Rick Waits	4	4	4	4	5	6	15	
Gary Sutherland	4	4	4	4	5	6	10	50
Gene Pentz RC	4	4	4	4	5	6	15	
Boston Red Sox CL/Zimmer	4	4	4	6	12	15	25	100
Larry Bowa	4	4	4	4	5	6	15	
Vern Ruhle	4	4	4	4	5	8		

		VgEx 4	EX 5	ExMt 6	NM 7	NmMt 8	NmMt+ 8.5	MT 9	Gem 9.5/10
312	Rob Belloir RC	4	4	4	4	5	6	15	
313	Paul Blair	4	4	4	4	5	6	15	
314	Steve Mingori	4	4	4	4	5	6	15	50
315	Dave Chalk	4	4	4	4	5	8		
316	Steve Rogers	4	4	4	4	5	6	15	
317	Kurt Bevacqua	4	4	4	4	5	6	10	
318	Duffy Dyer	4	4	4	4	5	6	15	
319	Goose Gossage	4	4	4	4	8	12	40	
320	Ken Griffey Sr.	4	4	4	4	6	8	20	
321	Dave Goltz	4	4	4	4	5	6	15	
322	Bill Russell	4	4	4	4	5	6	15	
323	Larry Lintz	4	4	4	4	5	6	15	
324	John Curtis	4	4	4	4	5	6	15	50
325	Mike Ivie	4	4	4	4	5	6	20	
326	Jesse Jefferson	4	4	4	4	5	6	15	
327	Houston Astros CL/Virdon	4	4	4	4	5	6	15	120
328	Tommy Boggs RC	4	4	4	4	5	6	15	100
329	Ron Hodges	4	4	4	4	5	6	15	
330	George Hendrick	4	4	4	4	5	6	15	
331	Jim Colborn	4	4	4	4	5	6	15	50
332	Elliott Maddox	4	4	4	4	5	6	15	
333	Paul Reuschel RC	4	4	4	4	5	6	20	50
334	Bill Stein	4	4	4	4	5	6	15	
335	Bill Robinson	4	4	4	4	5	6	15	
336	Denny Doyle	4	4	4	4	5	6	15	50
337	Ron Schueler	4	4	4	4	5	6	10	
338	Dave Duncan	4	4	4	4	5	6	15	
339	Adrian Devine	4	4	4	4	5	6	15	120
340	Hal McRae	4	4	4	4	5	6	15	60
341	Joe Kerrigan RC	4	4	4	4	5	6	15	80
342	Jerry Remy	4	4	4	4	5	6	15	50
343	Ed Halicki	4	4	4	4	5	6	15	50
344	Brian Downing	4	4	4	4	5	8		
345	Reggie Smith	4	4	4	4	5	6	15	50
346	Bill Singer	4	4	4	4	5	8		
347	George Foster	4	4	4	4	8	10	25	
348	Brent Strom	4	4	4	4	5	6	15	60
349	Jim Holt	4	4	4	4	5	6	15	
350	Larry Dierker	4	4	4	4	5	6	15	
351	Jim Sundberg	4	4	4	4	5	6	15	
352	Mike Phillips	4	4	4	4	5	6	15	
353	Stan Thomas	4	4	4	4	5	6	15	
354	Pittsburgh Pirates CL/Tanner	4	4	4	4	5	6	15	
355	Lou Brock	4	4	4	5	10	15	30	
356	Checklist 265-396	4	4	4	4	5	6	15	
357	Tim McCarver	4	4	4	4	5	6	15	
358	Tom House	4	4	4	4	5	6	15	
359	Willie Randolph	4	4	4	4	6	8	20	
360	Rick Monday	4	4	4	4	5	6	15	
361	Eduardo Rodriguez	4	4	4	4	5	6	15	
362	Tommy Davis	4	4	4	4	5	6	15	80
363	Dave Roberts	4	4	4	4	5	6	15	
364	Vic Correll	4	4	4	4	5	6	15	50
365	Mike Torrez	4	4	4	4	5	6	20	50
366	Ted Sizemore	4	4	4	4	5	6	15	50
367	Dave Hamilton	4	4	4	4	5	6	15	
368	Mike Jorgensen	4	4	4	4	5	6	15	
369	Terry Humphrey	4	4	4	4	5	6	15	50
370	John Montefusco	4	4	4	4	5	6	15	50
371	Kansas City Royals CL/Herzog	4	4	4	4	5	6	15	50
372	Rich Folkers	4	4	4	4	5	6	10	
373	Bert Campaneris	4	4	4	4	5	6	10	
374	Kent Tekulve	4	4	4	4	6	8	25	
375	Larry Hisle	4	4	4	4	5	6	15	
376	Nino Espinosa RC	4	4	4	4	5	6	15	
377	Dave McKay	4	4	4	4	5	6	10	50
378	Jim Umbarger	4	4	4	4	5	6	15	50

#	Player	VgEx 4	EX 5	ExMt 6	NM 7	NmMt 8	NmMt+ 8.5	MT 9	Gem 9.5/10
379	Larry Cox RC	4	4	4	4	5		15	
380	Lee May	4	4	4	4	5	6	15	80
381	Bob Forsch	4	4	4	4	5	6	15	50
382	Charlie Moore	4	4	4	4	5	6	15	60
383	Stan Bahnsen	4	4	4	4	5	8		
384	Darrel Chaney	4	4	4	4	5	6	15	50
385	Dave LaRoche	4	4	4	4	5	6	15	
386	Manny Mota	4	4	4	4	5	6	20	
387	New York Yankees CL/Martin	4	4	4	6	20	25	200	
388	Terry Harmon	4	4	4	4	5	8		
389	Ken Kravec RC	4	4	4	4	5	6	15	50
390	Dave Winfield	10	15	25	40	▲60	▲80	120	
391	Dan Warthen	4	4	4	4	5	6	15	50
392	Phil Roof	4	4	4	4	5	6	15	
393	John Lowenstein	4	4	4	4	5	6	15	
394	Bill Laxton RC	4	4	4	4	5	6	15	50
395	Manny Trillo	4	4	4	4	5	6	20	
396	Tom Murphy	4	4	4	4	5	6	15	50
397	Larry Herndon RC	4	4	4	4	5	6	15	
398	Tom Burgmeier	4	4	4	4	5	6	15	
399	Bruce Boisclair RC	4	4	4	4	5	6	20	
400	Steve Garvey	4	4	5	10	20	25	60	
401	Mickey Scott	4	4	4	4	5	6	20	
402	Tommy Helms	4	4	4	4	5	6	15	
403	Tom Grieve	4	4	4	4	5	6	15	
404	Eric Rasmussen RC	4	4	4	4	5	6	15	
405	Claudell Washington	4	4	4	4	5	6	15	
406	Tim Johnson	4	4	4	4	5	6	10	50
407	Dave Freisleben	4	4	4	4	5	6	15	
408	Cesar Tovar	4	4	4	4	5	6	15	50
409	Pete Broberg	4	4	4	4	5	6	15	100
410	Willie Montanez	4	4	4	4	5	6	15	
411	J.Morgan/J.Bench WS	4	4	4	4	6	8	20	
412	Johnny Bench WS	4	4	4	4	6	8	20	
413	Cincy Wins WS	4	4	4	4	5	6	15	60
414	Tommy Harper	4	4	4	4	5	6	15	50
415	Jay Johnstone	4	4	4	4	5	6	15	
416	Chuck Hartenstein	4	4	4	4	5	6	25	
417	Wayne Garrett	4	4	4	4	5	6	15	
418	Chicago White Sox CL/Lemon	4	4	4	4	6	8	30	
419	Steve Swisher	4	4	4	4	5	6	15	
420	Rusty Staub	4	4	4	4	5	6	30	
421	Doug Rau	4	4	4	4	5	6	15	
422	Freddie Patek	4	4	4	4	5	6	15	
423	Gary Lavelle	4	4	4	4	5	6	15	
424	Steve Brye	4	4	4	4	5	6	15	50
425	Joe Torre	4	4	4	4	6	8	20	60
426	Dick Drago	4	4	4	4	5	6	15	50
427	Dave Rader	4	4	4	4	5	6	15	
428	Texas Rangers CL/Lucchesi	4	4	4	4	5	6	15	
429	Ken Boswell	4	4	4	4	5	6	15	
430	Fergie Jenkins	4	4	4	4	6	8	10	
431	Dave Collins	4	4	4	4	5	8		
432	Buzz Capra	4	4	4	4	5	6	10	
433	Nate Colbert TBC	4	4	4	4	5	6	15	
434	Carl Yastrzemski TBC	4	4	4	4	5	6	10	
435	Maury Wills TBC	4	4	4	4	5	6	15	
436	Bob Keegan TBC	4	4	4	4	5	6	15	
437	Ralph Kiner TBC	4	4	4	4	5	6	15	
438	Marty Perez	4	4	4	4	5	6	15	50
439	Gorman Thomas	4	4	4	4	5	6	15	
440	Jon Matlack	4	4	4	4	5	6	15	60
441	Larvell Blanks	4	4	4	4	5	6	15	50
442	Atlanta Braves CL/Bristol	4	4	4	4	5	6	20	
443	Lamar Johnson	4	4	4	4	5	6	15	120
444	Wayne Twitchell	4	4	4	4	5	6	15	50
445	Ken Singleton	4	4	4	4	5	6	15	100

#	Player	VgEx 4	EX 5	ExMt 6	NM 7	NmMt 8	NmMt+ 8.5	MT 9	Gem 9.5/
446	Bill Bonham	4	4	4	4	5	6	15	
447	Jerry Turner	4	4	4	4	5	6	15	
448	Ellie Rodriguez	4	4	4	4	5	6	15	5
449	Al Fitzmorris	4	4	4	4	5	6	15	
450	Pete Rose	10	15	25	40	100	120	400	2,50
451	Checklist 397-528	4	4	4	4	5	6	15	8
452	Mike Caldwell	4	4	4	4	5	6	15	
453	Pedro Garcia	4	4	4	4	5	6	15	
454	Andy Etchebarren	4	4	4	4	5	6	15	
455	Rick Wise	4	4	4	4	5	6	25	
456	Leon Roberts	4	4	4	4	5	8		
457	Steve Luebber	4	4	4	4	5	8		
458	Leo Foster	4	4	4	4	5	6	15	
459	Steve Foucault	4	4	4	4	5	6	15	5
460	Willie Stargell	4	4	5	6	12	15	50	
461	Dick Tidrow	4	4	4	4	5	6	15	12
462	Don Baylor	4	4	4	4	6	8	20	
463	Jamie Quirk	4	4	4	4	5	6	15	
464	Randy Moffitt	4	4	4	4	5	6	15	
465	Rico Carty	4	4	4	4	5	6	15	
466	Fred Holdsworth	4	4	4	4	5	6	15	
467	Philadelphia Phillies CL/Ozark	4	4	4	4	5	6	15	5
468	Ramon Hernandez	4	4	4	4	5	6	15	
469	Pat Kelly	4	4	4	4	5	6	15	
470	Ted Simmons	4	4	4	4	5	6	20	20
471	Del Unser	4	4	4	4	5	6	15	
472	Rookie Pitchers	4	4	4	4	5	6	15	
473	Andre Dawson RC	▼25	▼40	60	100	▼200	300	800	▲6,00
474	Rookie Shortstops	4	4	4	4	5	6	15	6
475	Rookie Pitchers	4	4	4	5	10	15		
476	Dale Murphy RC	30	▼40	▼50	▼80	150	200	500	▲8,00
477	Rookie Infielders	4	4	4	4	5	6	15	6
478	Rookie Pitchers	4	4	4	4	5	6	15	6
479	Rookie Outfielders	4	4	4	4	5	6	15	
480	Carl Yastrzemski	6	10	15	25	80	100	150	
481	Roger Metzger	4	4	4	4	5	6	15	
482	Tony Solaita	4	4	4	4	5	6	25	
483	Richie Zisk	4	4	4	4	5	6	15	
484	Burt Hooton	4	4	4	4	5	6	15	
485	Roy White	4	4	4	4	5	6	15	60
486	Ed Bane	4	4	4	4	5	6	15	50
487	Rookie Pitchers	4	4	4	4	5	6	15	60
488	J.Clark RC/L.Mazzilli RC	4	4	4	6	12	15	30	
489	Rookie Pitchers	4	4	4	4	6	8	20	60
490	Rookie Shortstops	4	4	4	4	5	6	25	
491	Dennis Martinez RC	4	4	4	5	10	12	25	150
492	Rookie Outfielders	4	4	4	4	5	6	15	
493	Rookie Pitchers	4	4	4	4	5	6	15	
494	Rookie Infielders	4	4	4	4	5	6	15	
495	Al Hrabosky	4	4	4	4	5	6	80	
496	Gary Thomasson	4	4	4	4	5	6	30	50
497	Clay Carroll	4	4	4	4	5	6	15	50
498	Sal Bando	4	4	4	4	5	6	15	
499	Pablo Torrealba	4	4	4	4	5	6	15	
500	Dave Kingman	4	4	4	4	6	8	40	
501	Jim Bibby	4	4	4	4	5	6	15	50
502	Randy Hundley	4	4	4	4	5	6	15	50
503	Bill Lee	4	4	4	4	5	6	15	50
504	Los Angeles Dodgers CL/Lasorda	4	4	4	4	5	6	10	60
505	Oscar Gamble	4	4	4	4	5	6	15	
506	Steve Grilli	4	4	4	4	5	6	15	50
507	Mike Hegan	4	4	4	4	5	6	15	50
508	Dave Pagan	4	4	4	4	5	8		
509	Cookie Rojas	4	4	4	4	5	6	15	
510	John Candelaria	4	4	4	4	5	6	20	
511	Bill Fahey	4	4	4	4	5	6	15	50
512	Jack Billingham	4	4	4	4	5	6	15	

	VgEx 4	EX 5	ExMt 6	NM 7	NmMt 8	NmMt+ 8.5	MT 9	Gem 9.5/10
Jerry Terrell	4	4	4	4	5	6	15	
Cliff Johnson	4	4	4	4	5	6	15	
Chris Speier	4	4	4	4	5	6	15	
Bake McBride	4	4	4	4	5	6	15	
Pete Vuckovich RC	4	4	4	4	5	6	100	
Chicago Cubs CL/Franks	4	4	4	4	5	8	12	
Don Kirkwood	4	4	4	4	5	6	15	
Garry Maddox	4	4	4	4	5	6	15	
Bob Grich	4	4	4	4	5	6	20	
Enzo Hernandez	4	4	4	4	5	6	15	
Rollie Fingers	4	4	4	4	6	8	20	
Rowland Office	4	4	4	4	5	6	15	
Dennis Eckersley	▲8	▲12	▲20	▲30	50	60	120	300
Larry Parrish	4	4	4	4	5	6	15	80
Dan Meyer	4	4	4	4	5	6	15	
Bill Castro	4	4	4	4	5	6	15	50
Jim Essian RC	4	4	4	4	5	6	15	
Rick Reuschel	4	4	4	4	5	6	15	
Lyman Bostock	4	4	4	4	5	6	50	80
Jim Willoughby	4	4	4	4	5	6	15	100
Mickey Stanley	4	4	4	4	5	6	15	
Paul Splittorff	4	4	4	4	5	6	15	
Cesar Geronimo	4	4	4	4	5	6	15	60
Vic Albury	4	4	4	4	5	6	12	
Dave Roberts	4	4	4	4	5	6	15	
Frank Taveras	4	4	4	4	5	6	15	
Mike Wallace	4	4	4	4	5	6	10	50
Bob Watson	4	4	4	4	5	6	15	
John Denny	4	4	4	4	5	6	15	80
Frank Duffy	4	4	4	4	5	6	15	
Ron Blomberg	4	4	4	4	5	6	15	50
Gary Ross	4	4	4	4	5	6	15	50
Bob Boone	4	4	4	4	5	6	15	
Baltimore Orioles CL/Weaver	4	4	4	4	5	6	15	60
Willie McCovey	4	4	4	5	10	12	25	
Joel Youngblood RC	4	4	4	4	5	6	15	
Jerry Royster	4	4	4	4	5	8		
Randy Jones	4	4	4	4	6	8	30	
Bill North	4	4	4	4	5	6	15	50
Pepe Mangual	4	4	4	4	5	6	15	50
Jack Heidemann	4	4	4	4	5	6	15	
Bruce Kimm RC	4	4	4	4	5	6	15	
Dan Ford	4	4	4	4	5	6	15	50
Doug Bird	4	4	4	4	5	6	15	
Jerry White	4	4	4	4	5	6	15	
Elias Sosa	4	4	4	4	5	6	15	
Alan Bannister RC	4	4	4	4	5	6	15	50
Dave Concepcion	4	4	4	4	6	8	30	
Pete LaCock	4	4	4	4	6	8	20	
Checklist 529-660	4	4	4	4	5	6	15	60
Bruce Kison	4	4	4	4	5	6	15	120
Alan Ashby	4	4	4	4	5	6	15	
Mickey Lolich	4	4	4	4	6	8	20	80
Rick Miller	4	4	4	4	5	6	15	80
Enos Cabell	4	4	4	4	5	6	15	
Carlos May	4	4	4	4	5	6	15	
Jim Lonborg	4	4	4	4	5	6	15	
Bobby Bonds	4	4	4	4	6	8	20	
Darrell Evans	4	4	4	4	5	6	15	100
Ross Grimsley	4	4	4	4	5	6	10	50
Joe Ferguson	4	4	4	4	5	6	15	
Aurelio Rodriguez	4	4	4	4	5	6	15	50
Dick Ruthven	4	4	4	4	5	8		
Fred Kendall	4	4	4	4	5	6	15	
Jerry Augustine RC	4	4	4	4	5	6	10	
Bob Randall RC	4	4	4	4	5	6	15	
Don Carrithers	4	4	4	4	5	6	15	50

		VgEx 4	EX 5	ExMt 6	NM 7	NmMt 8	NmMt+ 8.5	MT 9	Gem 9.5/10
580	George Brett	12	20	30	40	120	150	300	5,000
581	Pedro Borbon	4	4	4	4	5	6	15	50
582	Ed Kirkpatrick	4	4	4	4	5	6	50	
583	Paul Lindblad	4	4	4	4	5	6	15	
584	Ed Goodson	4	4	4	4	5	6	10	
585	Rick Burleson	4	4	4	4	5	6	15	
586	Steve Renko	4	4	4	4	5	6	15	
587	Rick Baldwin	4	4	4	4	5	6	15	
588	Dave Moates	4	4	4	4	5	6	15	
589	Mike Cosgrove	4	4	4	4	5	6	15	50
590	Buddy Bell	4	4	4	4	5	6	10	50
591	Chris Arnold	4	4	4	4	5	6	15	
592	Dan Briggs RC	4	4	4	4	5	6	15	
593	Dennis Blair	4	4	4	4	5	6	15	
594	Biff Pocoroba	4	4	4	4	5	6	15	
595	John Hiller	4	4	4	4	5	6	15	50
596	Jerry Martin RC	4	4	4	4	5	8		
597	Seattle Mariners CL/Johnson	4	4	4	4	5	6	15	50
598	Sparky Lyle	4	4	4	4	6	8	20	
599	Mike Tyson	4	4	4	4	5	6	15	
600	Jim Palmer	4	4	4	8	15	20	100	
601	Mike Lum	4	4	4	4	5	6	15	
602	Andy Hassler	4	4	4	4	5	6	100	
603	Willie Davis	4	4	4	4	5	8		
604	Jim Slaton	4	4	4	4	5	6	15	
605	Felix Millan	4	4	4	4	5	6	10	
606	Steve Braun	4	4	4	4	5	6	15	
607	Larry Demery	4	4	4	4	5	6	15	
608	Roy Howell	4	4	4	4	5	6	15	
609	Jim Barr	4	4	4	4	5	6	20	
610	Jose Cardenal	4	4	4	4	5	8		
611	Dave Lemanczyk	4	4	4	4	5	6	15	
612	Barry Foote	4	4	4	4	5	6	15	
613	Reggie Cleveland	4	4	4	4	5	6	15	80
614	Greg Gross	4	4	4	4	5	6	15	50
615	Phil Niekro	4	4	4	4	8	10	40	
616	Tommy Sandt RC	4	4	4	4	5	6	15	80
617	Bobby Darwin	4	4	4	4	5	6	15	50
618	Pat Dobson	4	4	4	4	5	6	15	50
619	Johnny Oates	4	4	4	4	5	6	15	
620	Don Sutton	4	4	4	4	8	10	25	
621	Detroit Tigers CL/Houk	4	4	4	4	6	8	20	
622	Jim Wohlford	4	4	4	4	5	8		
623	Jack Kucek	4	4	4	4	5	8		
624	Hector Cruz	4	4	4	4	5	6	15	
625	Ken Holtzman	4	4	4	4	5	6	15	80
626	Al Bumbry	4	4	4	4	5	6	15	150
627	Bob Myrick RC	4	4	4	4	5	6	15	50
628	Mario Guerrero	4	4	4	4	5	6	15	80
629	Bobby Valentine	4	4	4	4	5	8		
630	Bert Blyleven	4	4	4	4	6	8	80	
631	Brett Brothers	4	4	4	5	10	15	80	
632	Forsch Brothers	4	4	4	4	5	8		
633	May Brothers	4	4	4	4	5	6	15	
634	Reuschel Brothers	4	4	4	4	5	6	20	
635	Robin Yount	6	10	15	50	100	120	400	
636	Santo Alcala	4	4	4	4	5	6	15	50
637	Alex Johnson	4	4	4	4	5	6	15	
638	Jim Kaat	4	4	4	4	5	6	15	80
639	Jerry Morales	4	4	4	4	5	6	15	
640	Carlton Fisk	12	20	30	50	60	80	200	
641	Dan Larson RC	4	4	4	4	5	6	15	50
642	Willie Crawford	4	4	4	4	5	6	15	50
643	Mike Pazik	4	4	4	4	5	8		
644	Matt Alexander	4	4	4	4	5	6	15	
645	Jerry Reuss	4	4	4	4	5	6	15	
646	Andres Mora RC	4	4	4	4	5	6	15	

		VgEx 4	EX 5	ExMt 6	NM 7	NmMt 8	NmMt+ 8.5	MT 9	Gem 9.5/10
647	Montreal Expos CL/Williams	4	4	4	4	5	6	15	
648	Jim Spencer	4	4	4	4	5	6	15	
649	Dave Cash	4	4	4	4	5	6	15	50
650	Nolan Ryan	12	20	30	50	250	300	600	
651	Von Joshua	4	4	4	4	5	6	40	
652	Tom Walker	4	4	4	4	5	6	15	50
653	Diego Segui	4	4	4	4	5	6	15	50
654	Ron Pruitt RC	4	4	4	4	5	6	15	
655	Tony Perez	4	4	4	6	12	15	40	
656	Ron Guidry	4	4	5	10	20	25		
657	Mick Kelleher RC	4	4	4	4	5	6	15	
658	Marty Pattin	4	4	4	4	5	6		
659	Merv Rettenmund	4	4	4	4	5	6	15	
660	Willie Horton	4	4	4	4	6	8	25	

— Tom Seaver #150 PSA 10 (Gem) sold for $1,368 (eBay; 02/12)
— Robin Yount #635 PSA 10 (Gem) sold for $1,813 (eBay; 01/12)

1977 Topps Cloth Stickers

		VG 3	VgEx 4	EX 5	ExMt 6	NM 7	NmMt 8	MT 9	Gem 9.5/10
1	Alan Ashby	4	4	4	4	5	6	12	80
2	Buddy Bell SP	4	4	4	4	5	6	12	
3	Johnny Bench	4	4	5	6	8	12	25	100
4	Vida Blue	4	4	4	4	5	6	12	
5	Bert Blyleven	4	4	4	4	5	6	12	40
6	Steve Braun SP	4	4	4	4	5	6	12	
7	George Brett	4	5	6	8	10	▲50	▲150	
8	Lou Brock	4	4	4	4	5	8	15	40
9	Jose Cardenal	4	4	4	4	5	6	12	
10	Rod Carew SP	4	4	4	5	6	10	25	100
11	Steve Carlton	4	4	4	4	5	8	15	80
12	Dave Cash	4	4	4	4	5	6	12	40
13	Cesar Cedeno SP	4	4	4	4	5	6	12	40
14	Ron Cey	4	4	4	4	5	6	15	50
15	Mark Fidrych	4	4	4	4	8	10	30	100
16	Dan Ford	4	4	4	4	5	6	12	30
17	Wayne Garland	4	4	4	4	5	6	12	50
18	Ralph Garr	4	4	4	4	5	6	12	40
19	Steve Garvey	4	4	4	4	5	8	15	50
20	Mike Hargrove	4	4	4	4	5	6	12	40
21	Jim Hunter	4	4	4	4	5	8	15	
22	Reggie Jackson	4	4	5	6	8	15	25	150
23	Randy Jones	4	4	4	4	5	6	15	
24	Dave Kingman SP	4	4	4	4	5	6	12	40
25	Bill Madlock	4	4	4	4	5	6	12	30
26	Lee May SP	4	4	4	4	5	6	12	40
27	John Mayberry	4	4	4	4	5	6	12	30
28	Andy Messersmith	4	4	4	4	5	6	12	50
29	Willie Montanez	4	4	4	4	5	6	12	30
30	John Montefusco SP	4	4	4	4	5	6	12	
31	Joe Morgan	4	4	4	4	5	8	15	50
32	Thurman Munson	4	4	5	6	8	12	50	100
33	Bobby Murcer	4	4	4	4	5	6	12	
34	Al Oliver SP	4	4	4	4	5	6	12	50
35	Dave Pagan	4	4	4	4	5	6	12	50
36	Jim Palmer SP	4	4	4	4	5	8	15	200
37	Tony Perez	4	4	4	4	5	8	15	40
38	Pete Rose SP	8	10	12	15	20	80	400	
39	Joe Rudi	4	4	4	4	5	6	12	
40	Nolan Ryan SP	8	10	15	20	25	120	500	
41	Mike Schmidt	4	4	5	6	8	12	50	250
42	Tom Seaver	4	4	4	5	6	10	25	
43	Ted Simmons	4	4	4	4	5	6	12	50
44	Bill Singer	4	4	4	4	5	6	12	
45	Willie Stargell	4	4	4	4	5	8	30	40
46	Rusty Staub	4	4	4	4	5	6	12	100
47	Don Sutton	4	4	4	4	5	8	15	60
48	Luis Tiant	4	4	4	4	5	6	12	30

		VG 3	VgEx 4	EX 5	ExMt 6	NM 7	NmMt 8	MT 9	Gem 9.5/
49	Bill Travers	4	4	4	4	5	6	12	
50	Claudell Washington	4	4	4	4	5	6	12	
51	Bob Watson	4	4	4	4	5	6	12	
52	Dave Winfield	4	4	4	4	8	15	30	1
53	Carl Yastrzemski	4	4	4	4	8	15	30	12
54	Robin Yount	4	4	4	5	6	10	25	10
55	Richie Zisk	4	4	4	4	5	6	12	4

1978 Kellogg's

		VG 3	VgEx 4	EX 5	ExMt 6	NM 7	NmMt 8	MT 9	Gem 9.5/
1	Steve Carlton	4	4	4	4	4	5	10	3
2	Bucky Dent	4	4	4	4	4	4	8	2
3	Mike Schmidt	4	4	4	4	4	8	15	5
4	Ken Griffey	4	4	4	4	4	4	8	2
5	Al Cowens	4	4	4	4	4	4	8	2
6	George Brett	4	4	5	10	20	40	80	
7	Lou Brock	4	4	4	4	4	5	10	3
8	Goose Gossage	4	4	4	4	4	4	8	3
9	Tom Johnson	4	4	4	4	4	4	8	
10	George Foster	4	4	4	4	4	4	8	3
11	Dave Winfield	4	4	4	4	4	5	10	3
12	Dan Meyer	4	4	4	4	4	4	8	2
13	Chris Chambliss	4	4	4	4	4	4	8	2
14	Paul Dade	4	4	4	4	4	4	8	
15	Jeff Burroughs	4	4	4	4	4	4	8	
16	Jose Cruz	4	4	4	4	4	4	8	
17	Mickey Rivers	4	4	4	4	4	4	8	
18	John Candelaria	4	4	4	4	4	4	8	5
19	Ellis Valentine	4	4	4	4	4	4	8	2
20	Hal McRae	4	4	4	4	4	4	8	
21	Dave Rozema	4	4	4	4	4	4	8	
22	Lenny Randle	4	4	4	4	4	4	8	
23	Willie McCovey	4	4	4	4	4	5	10	
24	Ron Cey	4	4	4	4	4	4	8	3
25	Eddie Murray	4	4	4	5	10	20	40	
26	Larry Bowa	4	4	4	4	4	4	8	2
27	Tom Seaver	4	4	4	4	4	6	12	
28	Garry Maddox	4	4	4	4	4	4	8	
29	Rod Carew	4	4	4	4	4	5	10	
30	Thurman Munson	4	4	4	4	5	10	20	
31	Garry Templeton	4	4	4	4	4	4	8	3
32	Eric Soderholm	4	4	4	4	4	4	8	
33	Greg Luzinski	4	4	4	4	4	4	8	25
34	Reggie Smith	4	4	4	4	4	4	8	25
35	Dave Goltz	4	4	4	4	4	4	8	25
36	Tommy John	4	4	4	4	4	4	8	20
37	Ralph Garr	4	4	4	4	4	4	8	
38	Alan Bannister	4	4	4	4	4	4	8	25
39	Bob Bailor	4	4	4	4	4	4	8	
40	Reggie Jackson	4	4	4	4	4	8	15	50
41	Cecil Cooper	4	4	4	4	4	4	8	30
42	Burt Hooton	4	4	4	4	4	4	8	25
43	Sparky Lyle	4	4	4	4	4	4	8	30
44	Steve Ontiveros	4	4	4	4	4	4	8	25
45	Rick Reuschel	4	4	4	4	4	4	8	25
46	Lyman Bostock	4	4	4	4	4	4	8	
47	Mitchell Page	4	4	4	4	4	4	8	30
48	Bruce Sutter	4	4	4	4	4	4	8	25
49	Jim Rice	4	4	4	4	4	4	8	25
50	Ken Forsch	4	4	4	4	4	4	8	25
51	Nolan Ryan	4	4	4	4	8	15	30	100
52	Dave Parker	4	4	4	4	4	4	8	30
53	Bert Blyleven	4	4	4	4	4	4	8	25
54	Frank Tanana	4	4	4	4	4	4	8	25
55	Ken Singleton	4	4	4	4	4	4	8	25
56	Mike Hargrove	4	4	4	4	4	4	8	
57	Don Sutton	4	4	4	4	4	4	8	30

78 O-Pee-Chee

	GD 2	VG 3	VgEx 4	EX 5	ExMt 6	NM 7	NmMt 8	MT 9
Eddie Murray RC	12	20	30	50	80	120	▼250	1,500

Milt May #115 PSA 10 (Gem) sold for $4,546 (eBay; 10/12)
Eddie Murray #154 PSA 10 (Gem) sold for $2,385 (Mile High; 10/12)

78 Tigers Burger King

	GD 2	VG 3	VgEx 4	EX 5	ExMt 6	NM 7	NmMt 8	MT 9
Jack Morris *	4	4	4	5	6	8	15	
Lou Whitaker *	4	4	4	5	6	8	15	
Alan Trammell *	4	4	5	6	8	15	30	120

78 Topps

	VgEx 4	EX 5	ExMt 6	NM 7	NmMt 8	NmMt+ 8.5	MT 9	Gem 9.5/10
Lou Brock RB	4	4	4	4	8	10	25	500
Sparky Lyle RB	4	4	4	4	8	10	15	
Willie McCovey RB	4	4	4	4	8	10	15	
Brooks Robinson RB	4	8	10	20	40	50	80	
Pete Rose RB	4	4	4	6	12	15	30	150
Nolan Ryan RB	8	10	12	20	25	25	50	
Reggie Jackson RB	4	4	4	5	10	12	20	
Mike Sadek	4	4	4	4	4	5	8	
Doug DeCinces	4	4	4	4	4	5	8	40
Phil Niekro	4	4	4	4	5	6	10	200
Rick Manning	4	4	4	4	4	5	8	50
Don Aase	4	4	4	4	4	5	8	40
Art Howe RC	4	4	4	4	8	10	15	
Lerrin LaGrow	4	4	4	4	4	5	8	50
Tony Perez DP	4	4	4	4	5	6	10	80
Roy White	4	4	4	4	5	6	10	80
Mike Krukow	4	4	4	4	4	5	8	40
Bob Grich	4	4	4	4	4	5	8	40
Darrell Porter	4	4	4	4	4	5	8	40
Pete Rose DP	6	10	15	25	40	50	80	300
Steve Kemp	4	4	4	4	4	5	8	
Charlie Hough	4	4	4	4	4	5	8	40
Bump Wills	4	4	4	4	4	5	8	40
Don Money DP	4	4	4	4	4	5	8	40
Jon Matlack	4	4	4	4	4	5	8	50
Rich Hebner	4	4	4	4	4	5	8	
Geoff Zahn	4	4	4	4	4	5	8	50
Ed Ott	4	4	4	4	4	5	8	50
Bob Lacey RC	4	4	4	4	4	5	8	
George Hendrick	4	4	4	4	4	5	8	40
Glenn Abbott	4	4	4	4	4	5	8	50
Garry Templeton	4	4	4	4	4	5	8	
Dave Lemanczyk	4	4	4	4	4	5	8	50
Willie McCovey	4	4	4	5	10	12	50	
Sparky Lyle	4	4	4	4	8	10	15	
Eddie Murray RC	40	50	▼60	100	▼250	▼400	2,000	50,000
Rick Waits	4	4	4	4	4	5	8	50
Willie Montanez	4	4	4	4	8	10	15	
Floyd Bannister RC	4	4	4	4	4	5	8	
Carl Yastrzemski	10	15	25	30	60	80	250	
Burt Hooton	4	4	4	4	4	5	8	40
Jorge Orta	4	4	4	4	4	5	8	50
Bill Atkinson RC	4	4	4	4	4	5	8	60
Toby Harrah	4	4	4	4	4	5	8	
Mark Fidrych	4	4	4	4	8	10	15	200
Al Cowens	4	4	4	4	4	5	8	
Jack Billingham	4	4	4	4	4	5	8	40
Don Baylor	4	4	4	4	5	6	10	50
Ed Kranepool	4	4	4	4	4	5	8	40
Rick Reuschel	4	4	4	4	4	5	8	60
Charlie Moore DP	4	4	4	4	4	5	8	40

#		VgEx 4	EX 5	ExMt 6	NM 7	NmMt 8	NmMt+ 8.5	MT 9	Gem 9.5/10
52	Jim Lonborg	4	4	4	4	4	5	8	
53	Phil Garner DP	4	4	4	4	4	5	8	40
54	Tom Johnson	4	4	4	4	4	5	8	50
55	Mitchell Page RC	4	4	4	4	4	5	8	50
56	Randy Jones	4	4	4	4	4	5	8	
57	Dan Meyer	4	4	4	4	4	5	8	40
58	Bob Forsch	4	4	4	4	4	5	8	40
59	Otto Velez	4	4	4	4	4	5	8	50
60	Thurman Munson	4	4	5	10	20	25	50	
61	Larvell Blanks	4	4	4	4	4	5	8	40
62	Jim Barr	4	4	4	4	4	5	8	40
63	Don Zimmer MG	4	4	4	4	4	5	8	40
64	Gene Pentz	4	4	4	4	4	5	8	
65	Ken Singleton	4	4	4	4	4	5	8	40
66	Chicago White Sox CL	4	4	4	4	8	10	80	
67	Claudell Washington	4	4	4	4	4	5	8	40
68	Steve Foucault DP	4	4	4	4	4	5	8	40
69	Mike Vail	4	4	4	4	4	5	8	40
70	Goose Gossage	4	4	4	4	8	10	15	250
71	Terry Humphrey	4	4	4	4	4	5	8	
72	Andre Dawson	4	4	4	8	15	20	30	300
73	Andy Hassler	4	4	4	4	8	10	15	
74	Checklist 1-121	4	4	4	4	4	5	8	60
75	Dick Ruthven	4	4	4	4	4	5	8	50
76	Steve Ontiveros	4	4	4	4	4	5	8	50
77	Ed Kirkpatrick	4	4	4	4	4	5	8	60
78	Pablo Torrealba	4	4	4	4	4	5	8	60
79	Darrell Johnson MG DP	4	4	4	4	4	5	8	60
80	Ken Griffey Sr.	4	4	4	4	5	6	10	80
81	Pete Redfern	4	4	4	4	4	5	8	40
82	San Francisco Giants CL	4	4	4	4	8	10	15	
83	Bob Montgomery	4	4	4	4	4	5	8	100
84	Kent Tekulve	4	4	4	4	4	5	8	40
85	Ron Fairly	4	4	4	4	4	5	8	50
86	Dave Tomlin	4	4	4	4	4	5	8	40
87	John Lowenstein	4	4	4	4	8	10	15	
88	Mike Phillips	4	4	4	4	4	5	8	60
89	Ken Clay RC	4	4	4	4	8	10	15	120
90	Larry Bowa	4	4	4	4	4	5	8	40
91	Oscar Zamora	4	4	4	4	8	10	15	
92	Adrian Devine	4	4	4	4	4	5	8	40
93	Bobby Cox DP	4	4	4	4	4	5	8	40
94	Chuck Scrivener	4	4	4	4	4	5	8	
95	Jamie Quirk	4	4	4	4	4	5	8	40
96	Baltimore Orioles CL	4	4	4	8	15	20	30	40
97	Stan Bahnsen	4	4	4	4	8	10	15	
98	Jim Essian	4	4	4	4	4	5	8	
99	Willie Hernandez RC	4	4	5	10	20	25	40	80
100	George Brett	10	15	25	▲50	100	120	600	
101	Sid Monge	4	4	4	4	8	10	15	
102	Matt Alexander	4	4	4	4	8	10	15	
103	Tom Murphy	4	4	5	10	20	25	40	
104	Lee Lacy	4	4	4	4	4	5	8	40
105	Reggie Cleveland	4	4	4	4	4	5	8	40
106	Bill Plummer	4	4	4	4	8	10	15	
107	Ed Halicki	4	4	4	4	4	5	8	
108	Von Joshua	4	4	4	4	4	5	8	40
109	Joe Torre MG	4	4	4	4	5	6	12	50
110	Richie Zisk	4	4	4	6	12	15	25	
111	Mike Tyson	4	4	4	4	8	10	15	
112	Houston Astros CL	4	4	4	4	8	10	15	
113	Don Carrithers	4	4	4	4	4	5	8	
114	Paul Blair	4	4	4	4	5	6	10	
115	Gary Nolan	4	4	4	4	8	10	15	
116	Tucker Ashford RC	4	4	4	4	4	5	8	60
117	John Montague	4	4	4	4	4	5	8	40
118	Terry Harmon	4	4	4	4	4	5	8	40

#	Player	VgEx 4	EX 5	ExMt 6	NM 7	NmMt 8	NmMt+ 8.5	MT 9	Gem 9.5/10
119	Dennis Martinez	4	4	4	4	4	5	8	40
120	Gary Carter	4	4	4	4	8	10	15	350
121	Alvis Woods	4	4	4	4	8	10	15	60
122	Dennis Eckersley	4	4	4	4	8	10	15	100
123	Manny Trillo	4	4	4	4	4	5	8	40
124	Dave Rozema RC	4	4	4	4	4	5	8	40
125	George Scott	4	4	4	4	8	10	15	
126	Paul Moskau RC	4	4	4	4	4	5	10	40
127	Chet Lemon	4	4	4	4	4	5	8	40
128	Bill Russell	4	4	4	4	4	5	8	40
129	Jim Colborn	4	4	4	4	4	5	8	40
130	Jeff Burroughs	4	4	4	4	4	5	8	
131	Bert Blyleven	4	4	4	4	5	6	10	80
132	Enos Cabell	4	4	4	4	4	5	8	
133	Jerry Augustine	4	4	4	4	4	5	8	
134	Steve Henderson RC	4	4	4	4	4	5	8	100
135	Ron Guidry DP	4	4	4	4	8	10	15	100
136	Ted Sizemore	4	4	4	4	4	5	8	40
137	Craig Kusick	4	4	4	4	8	10	10	
138	Larry Demery	4	4	4	4	4	5	8	60
139	Wayne Gross	4	4	4	4	4	5	8	40
140	Rollie Fingers	4	4	4	4	5	6	10	100
141	Ruppert Jones	4	4	4	4	8	10	15	
142	John Montefusco	4	4	4	4	4	5	8	
143	Keith Hernandez	4	4	4	4	4	5	8	40
144	Jesse Jefferson	4	4	4	4	4	5	8	40
145	Rick Monday	4	4	4	4	4	5	8	
146	Doyle Alexander	4	4	4	4	4	5	8	40
147	Lee Mazzilli	4	4	4	4	4	5	8	40
148	Andre Thornton	4	4	4	4	8	10	15	
149	Dale Murray	4	4	4	4	4	5	8	40
150	Bobby Bonds	4	4	4	4	4	5	8	
151	Milt Wilcox	4	4	4	4	4	5	8	
152	Ivan DeJesus RC	4	4	4	4	4	5	8	60
153	Steve Stone	4	4	4	4	4	5	8	60
154	Cecil Cooper DP	4	4	4	4	4	5	8	
155	Butch Hobson	4	4	4	4	4	5	8	40
156	Andy Messersmith	4	4	4	4	4	5	8	100
157	Pete LaCock DP	4	4	4	4	4	5	8	40
158	Joaquin Andujar	4	4	5	10	20	25	40	
159	Lou Piniella	4	4	4	4	5	6	10	
160	Jim Palmer	4	4	4	4	8	10	15	200
161	Bob Boone	4	4	4	4	4	5	8	60
162	Paul Thormodsgard RC	4	4	4	4	4	5	8	50
163	Bill North	4	4	4	4	4	5	8	
164	Bob Owchinko RC	4	4	4	4	4	5	8	60
165	Rennie Stennett	4	8	10	20	40	50	80	
166	Carlos Lopez	4	4	4	4	4	5	8	40
167	Tim Foli	4	4	4	4	4	5	8	
168	Reggie Smith	4	4	4	4	4	5	8	
169	Jerry Johnson	4	4	4	4	8	10	15	50
170	Lou Brock	4	4	4	4	8	10	15	80
171	Pat Zachry	4	4	4	4	4	5	8	40
172	Mike Hargrove	4	4	4	4	8	10	15	
173	Robin Yount	10	15	20	▼25	▼30	50	100	300
174	Wayne Garland	4	4	4	4	4	5	8	60
175	Jerry Morales	4	4	4	4	4	5	8	60
176	Milt May	4	4	4	4	4	5	8	50
177	Gene Garber DP	4	4	4	4	4	5	8	40
178	Dave Chalk	4	4	4	4	8	10	15	
179	Dick Tidrow	4	4	4	4	6	8	12	80
180	Dave Concepcion	4	4	4	4	5	6	10	80
181	Ken Forsch	4	4	4	4	4	5	8	
182	Jim Spencer	4	4	4	4	4	5	8	60
183	Doug Bird	4	4	4	4	8	10	60	
184	Checklist 122-242	4	4	4	4	4	5	8	60
185	Ellis Valentine	4	4	4	4	8	10	100	
186	Bob Stanley DP RC	4	4	4	4	4	5	8	
187	Jerry Royster DP	4	4	4	4	4	5	8	
188	Al Bumbry	4	4	4	4	4	5	8	
189	Tom Lasorda MG DP	4	4	4	4	8	10	15	
190	John Candelaria	4	4	4	4	4	5	8	
191	Rodney Scott RC	4	4	4	4	4	5	8	
192	San Diego Padres CL	4	4	4	4	4	5	8	
193	Rich Chiles	4	4	4	4	4	5	8	
194	Derrel Thomas	4	4	4	4	4	5	8	
195	Larry Dierker	4	4	4	4	4	5	8	
196	Bob Bailor	4	4	4	4	8	10	15	
197	Nino Espinosa	4	4	4	4	4	5	8	
198	Ron Pruitt	4	4	4	4	4	5	8	
199	Craig Reynolds	4	4	4	4	4	5	8	
200	Reggie Jackson	4	4	5	20	40	50	120	
201	Batting Leaders	4	4	4	4	5	6	10	
202	Home Run Leaders DP	4	4	4	4	6	8	12	
203	RBI Leaders	4	4	4	4	4	5	8	
204	Stolen Base Leaders DP	4	4	4	4	4	5	8	
205	Victory Leaders	4	4	4	4	6	8	12	
206	Strikeout Leaders DP	5	8	12	20	30	40	60	
207	ERA Leaders DP	4	4	4	4	5	6	10	
208	Leading Firemen	4	4	4	4	6	8	12	
209	Dock Ellis	4	4	4	4	4	5	8	
210	Jose Cardenal	4	4	4	4	4	5	8	
211	Earl Weaver MG DP	4	4	4	4	5	6	10	
212	Mike Caldwell	4	4	4	4	4	5	8	
213	Alan Bannister	4	4	4	4	4	5	8	
214	California Angels CL	4	4	4	4	4	5	8	2
215	Darrell Evans	4	4	4	4	4	5	8	
216	Mike Paxton RC	4	4	4	4	4	5	8	
217	Rod Gilbreath	4	4	4	4	4	5	8	
218	Marty Pattin	4	4	4	4	4	5	8	
219	Mike Cubbage	4	4	4	4	4	5	8	
220	Pedro Borbon	4	4	4	4	4	5	8	
221	Chris Speier	4	4	5	10	20	25	40	
222	Jerry Martin	4	4	4	4	4	5	8	
223	Bruce Kison	4	4	4	4	4	5	8	
224	Jerry Tabb RC	4	4	4	4	4	5	8	
225	Don Gullett DP	4	4	4	4	5	6	10	
226	Joe Ferguson	4	4	4	4	4	5	8	
227	Al Fitzmorris	4	4	4	4	4	5	8	
228	Manny Mota DP	4	4	4	4	4	5	8	
229	Leo Foster	4	4	4	4	4	5	8	
230	Al Hrabosky	4	4	4	4	4	5	8	
231	Wayne Nordhagen RC	4	4	4	4	8	10	15	
232	Mickey Stanley	4	4	4	4	4	5	8	
233	Dick Pole	4	4	4	4	4	5	8	
234	Herman Franks MG	4	4	4	4	8	10	15	
235	Tim McCarver	4	4	4	4	8	10	15	
236	Terry Whitfield	4	4	4	4	4	5	8	
237	Rich Dauer	4	4	4	4	8	10	15	
238	Juan Beniquez	4	4	4	4	4	5	8	
239	Dyar Miller	4	4	4	4	4	5	8	
240	Gene Tenace	4	4	4	4	4	5	8	
241	Pete Vuckovich	4	4	4	4	4	5	8	
242	Barry Bonnell DP RC	4	4	4	4	4	5	8	
243	Bob McClure	4	4	4	4	4	5	8	
244	Montreal Expos CL DP	4	4	4	4	4	5	8	
245	Rick Burleson	4	4	5	10	20	25	250	
246	Dan Driessen	4	4	4	4	4	5	8	
247	Larry Christenson	4	4	4	4	4	5	8	
248	Frank White DP	4	4	4	4	4	5	8	
249	Dave Goltz DP	4	4	4	4	4	5	8	
250	Graig Nettles DP	4	4	4	5	10	12	20	10
251	Don Kirkwood	4	4	4	4	4	5	8	
252	Steve Swisher DP	4	4	4	4	4	5	8	

#	Player	VgEx 4	EX 5	ExMt 6	NM 7	NmMt 8	NmMt+ 8.5	MT 9	Gem 9.5/10
253	Jim Kern	4	4	4	4	4	5	8	40
254	Dave Collins	4	4	4	4	4	5	8	50
255	Jerry Reuss	4	4	4	4	4	5	8	40
256	Joe Altobelli MG RC	4	4	4	6	12	15	25	80
257	Hector Cruz	4	4	4	4	4	5	8	60
258	John Hiller	4	4	4	4	8	10	15	200
259	Los Angeles Dodgers CL	4	4	5	10	20	25	40	
260	Bert Campaneris	4	4	4	4	4	5	8	40
261	Tim Hosley	4	4	4	4	4	5	8	40
262	Rudy May	4	4	4	4	4	5	8	60
263	Danny Walton	4	4	4	4	8	10	15	
264	Jamie Easterly	4	4	4	4	8	10	15	60
265	Sal Bando DP	4	4	4	4	4	5	8	40
266	Bob Shirley RC	4	4	4	4	4	5	8	40
267	Doug Ault	4	4	4	4	4	5	8	50
268	Gil Flores RC	4	4	4	4	4	5	8	
269	Wayne Twitchell	4	4	4	4	4	5	8	40
270	Carlton Fisk	4	4	4	4	8	10	20	200
271	Randy Lerch DP	4	4	4	4	4	5	8	40
272	Royle Stillman	4	4	4	4	8	10	15	60
273	Fred Norman	4	4	4	4	4	5	8	40
274	Freddie Patek	4	4	4	4	4	5	8	40
275	Dan Ford	4	4	4	4	4	5	8	
276	Bill Bonham DP	4	4	4	4	4	5	8	40
277	Bruce Boisclair	4	4	4	4	4	5	8	60
278	Enrique Romo RC	4	4	4	4	4	5	8	40
279	Bill Virdon MG	4	4	4	4	8	10	15	80
280	Buddy Bell	4	4	4	4	4	5	8	40
281	Eric Rasmussen DP	4	4	4	4	4	5	8	60
282	New York Yankees CL	4	6	8	15	30	40	200	
283	Omar Moreno	4	4	4	4	4	5	8	
284	Randy Moffitt	4	4	4	4	4	5	8	
285	Steve Yeager DP	4	4	4	4	4	5	8	40
286	Ben Oglivie	4	4	4	4	4	5	8	50
287	Kiko Garcia	4	4	4	4	4	5	8	60
288	Dave Hamilton	4	4	4	4	4	5	8	40
289	Checklist 243-363	4	4	4	4	4	5	8	40
290	Willie Horton	4	4	4	4	4	5	8	
291	Gary Ross	4	4	4	4	4	5	8	
292	Gene Richards	4	4	4	4	4	5	8	40
293	Mike Willis	4	4	4	4	4	5	8	40
294	Larry Parrish	4	4	4	4	4	5	8	50
295	Bill Lee	4	4	4	4	4	5	8	50
296	Biff Pocoroba	4	4	4	4	4	5	8	40
297	Warren Brusstar DP RC	4	4	4	4	4	5	8	40
298	Tony Armas	4	4	4	4	8	10	15	
299	Whitey Herzog MG	4	4	4	4	4	5	8	
300	Joe Morgan	4	4	4	5	10	12	20	200
301	Buddy Schultz RC	4	4	4	4	4	5	8	60
302	Chicago Cubs CL	4	4	4	4	8	10	50	
303	Sam Hinds RC	4	4	4	4	4	5	8	40
304	John Milner	4	4	4	4	4	5	8	80
305	Rico Carty	4	4	4	4	4	5	8	40
306	Joe Niekro	4	4	4	4	4	5	8	
307	Glenn Borgmann	4	4	4	4	4	5	8	40
308	Jim Rooker	4	4	4	4	4	5	8	40
309	Cliff Johnson	4	4	4	4	5	6	10	60
310	Don Sutton	4	4	4	4	5	6	10	100
311	Jose Baez DP RC	4	4	4	4	4	5	8	40
312	Greg Minton	4	4	4	4	4	5	8	80
313	Andy Etchebarren	4	4	4	4	4	5	8	
314	Paul Lindblad	4	4	4	4	4	5	8	
315	Mark Belanger	4	4	4	4	4	5	8	50
316	Henry Cruz DP	4	4	4	4	4	5	8	40
317	Dave Johnson	4	4	4	4	4	5	8	40
318	Tom Griffin	4	4	4	4	4	5	8	40
319	Alan Ashby	4	4	4	4	8	10	15	
320	Fred Lynn	4	4	4	4	6	8	12	
321	Santo Alcala	4	4	4	4	4	5	8	
322	Tom Paciorek	4	4	4	4	5	6	10	
323	Jim Fregosi DP	4	4	4	4	4	5	8	40
324	Vern Rapp MG RC	4	4	4	4	4	5	8	
325	Bruce Sutter	4	4	4	4	8	10	15	100
326	Mike Lum DP	4	4	4	4	4	5	8	40
327	Rick Langford DP RC	4	4	4	4	4	5	8	60
328	Milwaukee Brewers CL	4	4	5	10	20	25	40	
329	John Verhoeven	4	4	4	4	4	5	8	
330	Bob Watson	4	8	10	20	40	50	250	
331	Mark Littell	4	4	4	4	4	5	8	40
332	Duane Kuiper	4	4	4	4	4	5	8	
333	Jim Todd	4	4	4	4	8	10	15	
334	John Stearns	4	4	4	4	4	5	8	60
335	Bucky Dent	4	4	4	4	8	10	15	100
336	Steve Busby	4	4	4	4	4	5	8	60
337	Tom Grieve	4	4	4	4	4	5	8	50
338	Dave Heaverlo	4	4	4	4	8	10	15	
339	Mario Guerrero	4	4	4	4	4	5	8	40
340	Bake McBride	4	4	4	4	4	5	8	50
341	Mike Flanagan	4	4	4	4	4	5	15	100
342	Aurelio Rodriguez	4	4	4	4	4	5	8	60
343	John Wathan DP	4	4	4	4	4	5	8	25
344	Sam Ewing RC	4	4	4	4	8	10	15	
345	Luis Tiant	4	4	4	4	4	5	8	50
346	Larry Biittner	4	4	4	4	8	10	15	
347	Terry Forster	5	10	12	25	50	60	100	
348	Del Unser	4	4	4	4	4	5	8	
349	Rick Camp DP	4	4	4	4	8	10	15	
350	Steve Garvey	4	4	4	4	4	10	15	100
351	Jeff Torborg	4	4	4	4	4	10	15	60
352	Tony Scott RC	4	4	4	4	4	5	8	40
353	Doug Bair RC	4	4	4	4	4	5	8	
354	Cesar Geronimo	4	4	4	4	4	5	8	150
355	Bill Travers	4	4	4	4	4	5	8	40
356	New York Mets CL	4	4	4	4	8	10	20	50
357	Tom Poquette	4	4	4	4	4	5	8	
358	Mark Lemongello	4	4	4	4	4	5	8	40
359	Marc Hill	4	4	4	4	4	5	8	
360	Mike Schmidt	8	12	20	30	50	60	▲150	500
361	Chris Knapp	4	4	4	4	8	10	15	60
362	Dave May	4	4	4	4	4	5	8	40
363	Bob Randall	4	4	4	4	6	8	12	
364	Jerry Turner	4	4	4	4	4	5	8	
365	Ed Figueroa	4	4	4	4	8	10	10	
366	Larry Milbourne DP	4	4	4	4	8	10	15	
367	Rick Dempsey	4	4	4	4	4	5	8	40
368	Balor Moore	4	4	4	4	4	5	8	
369	Tim Nordbrook	4	4	4	4	8	10	15	
370	Rusty Staub	4	4	4	4	8	10	15	40
371	Ray Burris	4	4	4	4	4	5	8	
372	Brian Asselstine	4	4	4	4	4	5	8	40
373	Jim Willoughby	4	4	4	4	8	10	15	
374A	Jose Morales	4	4	4	4	4	5	8	
375	Tommy John	4	4	4	4	4	5	8	40
376	Jim Wohlford	4	4	4	4	8	10	15	60
377	Manny Sarmiento	4	4	4	4	4	5	8	60
378	Bobby Winkles MG	4	4	4	4	4	5	8	40
379	Skip Lockwood	4	4	4	4	8	10	15	60
380	Ted Simmons	4	4	4	4	5	6	10	50
381	Philadelphia Phillies CL	4	4	4	4	4	5	8	40
382	Joe Lahoud	4	4	4	4	4	5	8	60
383	Mario Mendoza	4	4	4	4	4	5	8	40
384	Jack Clark	4	4	4	4	5	6	10	80
385	Tito Fuentes	4	4	4	4	5	6	10	
386	Bob Gorinski RC	4	5	4	4	8	10	15	

#	Player	VgEx 4	EX 5	ExMt 6	NM 7	NmMt 8	NmMt+ 8.5	MT 9	Gem 9.5/10
387	Ken Holtzman	4	4	4	4	5	6	10	
388	Bill Fahey DP	4	4	4	4	4	5	8	40
389	Julio Gonzalez RC	4	4	4	4	4	5	8	
390	Oscar Gamble	4	4	4	4	4	5	8	
391	Larry Haney	4	4	4	4	4	5	8	40
392	Billy Almon	4	4	4	4	4	5	8	40
393	Tippy Martinez	4	4	4	4	4	5	8	
394	Roy Howell DP	4	4	4	4	4	5	8	40
395	Jim Hughes	4	4	4	5	10	12	20	
396	Bob Stinson DP	4	4	4	4	4	5	8	40
397	Greg Gross	4	4	4	4	4	5	8	
398	Don Hood	4	4	4	4	4	5	8	40
399	Pete Mackanin	4	4	4	4	4	5	8	
400	Nolan Ryan	15	25	40	60	200	250	2,500	
401	Sparky Anderson MG	4	4	4	4	5	6	10	80
402	Dave Campbell	4	4	5	10	20	25	40	
403	Bud Harrelson	4	4	4	4	4	5	8	40
404	Detroit Tigers CL	4	4	4	4	5	6	10	80
405	Rawly Eastwick	4	4	4	4	4	5	8	
406	Mike Jorgensen	4	4	4	4	4	5	8	
407	Odell Jones RC	4	4	4	4	4	5	8	40
408	Joe Zdeb RC	4	4	4	4	4	5	8	
409	Ron Schueler	4	4	4	4	4	5	8	
410	Bill Madlock	4	4	4	4	4	5	8	
411	Mickey Rivers ALCS	4	4	4	4	5	6	10	80
412	Davey Lopes NLCS	4	4	4	4	8	10	15	120
413	Reggie Jackson WS	4	4	4	5	10	12	25	
414	Darold Knowles DP	4	4	4	4	4	5	8	
415	Ray Fosse	4	4	4	4	4	5	8	
416	Jack Brohamer	4	4	4	4	4	5	8	
417	Mike Garman DP	4	4	4	4	4	5	8	40
418	Tony Muser	4	4	4	4	4	5	8	60
419	Jerry Garvin RC	4	4	4	4	8	10	15	
420	Greg Luzinski	4	4	4	4	4	5	8	60
421	Junior Moore RC	4	4	4	4	4	5	8	40
422	Steve Braun	4	4	4	4	4	5	8	40
423	Dave Rosello	4	4	4	4	4	5	8	60
424	Boston Red Sox CL	4	4	4	4	8	10	15	60
425	Steve Rogers DP	4	4	4	4	4	5	8	40
426	Fred Kendall	4	4	4	4	4	5	8	60
427	Mario Soto RC	4	4	4	4	4	5	8	100
428	Joel Youngblood	4	4	4	4	4	5	8	60
429	Mike Barlow RC	4	4	4	4	4	5	8	40
430	Al Oliver	4	4	4	4	4	5	8	50
431	Butch Metzger	4	4	4	4	4	5	8	
432	Terry Bulling RC	4	4	4	4	4	5	8	
433	Fernando Gonzalez	4	4	4	4	4	5	8	
434	Mike Norris	4	4	4	4	4	5	8	100
435	Checklist 364-484	4	4	4	4	4	5	8	60
436	Vic Harris DP	4	4	4	4	4	5	8	60
437	Bo McLaughlin	4	4	4	4	4	5	8	60
438	John Ellis	4	4	4	4	4	5	8	40
439	Ken Kravec	4	4	4	4	4	5	8	40
440	Dave Lopes	4	4	4	4	4	5	8	
441	Larry Gura	4	4	4	4	4	5	8	40
442	Elliott Maddox	4	4	4	4	4	5	8	
443	Darrel Chaney	4	4	4	4	4	5	8	
444	Roy Hartsfield MG	4	4	5	10	20	25	40	
445	Mike Ivie	4	4	4	4	4	5	8	40
446	Tug McGraw	4	4	4	4	4	5	8	60
447	Leroy Stanton	4	4	4	4	4	5	8	40
448	Bill Castro	4	4	4	4	4	5	8	60
449	Tim Blackwell DP RC	4	4	4	4	4	5	8	40
450	Tom Seaver	6	10	15	25	40	50	100	200
451	Minnesota Twins CL	4	4	4	4	8	10	15	
452	Jerry Mumphrey	4	4	4	4	4	5	8	60
453	Doug Flynn	4	4	4	4	4	5	8	40
454	Dave LaRoche	4	4	4	4	4	5	8	40
455	Bill Robinson	4	4	4	4	4	5	8	50
456	Vern Ruhle	4	4	5	10	20	25	50	
457	Bob Bailey	4	4	4	4	4	5	8	
458	Jeff Newman	4	4	4	4	4	5	8	40
459	Charlie Spikes	4	4	4	4	4	5	8	40
460	Jim Hunter	4	4	4	4	8	10	15	120
461	Rob Andrews DP	4	4	4	4	4	5	8	
462	Rogelio Moret	4	4	4	4	4	5	8	40
463	Kevin Bell	4	4	4	4	4	5	8	
464	Jerry Grote	4	4	4	4	4	5	8	
465	Hal McRae	4	4	4	4	4	5	8	
466	Dennis Blair	4	6	8	15	30	40	60	
467	Alvin Dark MG	4	4	4	4	4	5	8	50
468	Warren Cromartie RC	4	4	4	4	4	5	8	40
469	Rick Cerone	4	4	4	4	4	5	8	40
470	J.R. Richard	4	4	4	4	4	5	8	50
471	Roy Smalley	4	4	4	4	4	5	8	
472	Ron Reed	4	4	4	4	4	5	8	40
473	Bill Buckner	4	4	4	4	4	5	8	40
474	Jim Slaton	4	4	4	4	4	5	8	40
475	Gary Matthews	4	4	4	4	4	5	8	40
476	Bill Stein	4	4	4	4	4	5	8	40
477	Doug Capilla RC	4	4	4	4	4	5	8	
478	Jerry Remy	4	4	4	4	4	5	8	60
479	St. Louis Cardinals CL	4	4	4	4	4	5	8	
480	Ron LeFlore	4	4	4	4	4	5	8	40
481	Jackson Todd RC	4	4	4	4	8	10		
482	Rick Miller	4	4	4	4	8	10	15	
483	Ken Macha RC	4	4	4	4	4	5	8	
484	Jim Norris RC	4	4	4	4	8	10	15	
485	Chris Chambliss	4	4	4	4	5	6	10	60
486	John Curtis	4	4	4	4	4	5	8	60
487	Jim Tyrone	4	4	4	4	4	5	8	
488	Dan Spillner	4	4	4	4	4	5	8	40
489	Rudy Meoli	4	4	5	10	20	25	40	
490	Amos Otis	4	4	4	4	4	5	8	50
491	Scott McGregor	4	4	4	4	5	6	10	60
492	Jim Sundberg	4	4	4	4	4	5	8	50
493	Steve Renko	4	4	4	4	4	5		40
494	Chuck Tanner MG	4	4	4	4	4	5	8	40
495	Dave Cash	4	4	4	4	4	5	8	60
496	Jim Clancy DP RC	4	4	4	4	4	5	8	40
497	Glenn Adams	4	4	4	4	4	5	8	40
498	Joe Sambito	4	4	4	4	4	5	8	40
499	Seattle Mariners CL	4	4	4	4	4	5	8	40
500	George Foster	4	4	4	4	8	10	15	150
501	Dave Roberts	4	4	4	4	4	5	8	60
502	Pat Rockett RC	4	4	4	4	4	5	8	60
503	Ike Hampton RC	4	4	4	4	4	5	8	
504	Roger Freed	4	4	4	4	6	12	15	25
505	Felix Millan	4	4	4	4	4	5	8	
506	Ron Blomberg	4	4	5	10	20	25	40	
507	Willie Crawford	4	4	4	4	4	5	8	
508	Johnny Oates	4	4	4	4	8	15	20	30
509	Brent Strom	4	4	4	4	8	10	15	
510	Willie Stargell	4	4	4	4	8	10	15	100
511	Frank Duffy	4	4	4	4	4	5	8	40
512	Larry Herndon	4	4	4	4	8	10	15	
513	Barry Foote	4	4	4	4	4	5	8	
514	Rob Sperring	4	4	4	4	4	5	8	60
515	Tim Corcoran RC	4	4	4	4	8	10	15	
516	Gary Beare RC	4	4	4	4	8	10	15	
517	Andres Mora	4	4	4	4	8	10	15	
518	Tommy Boggs DP	4	4	4	4	4	5	8	50
519	Brian Downing	4	4	4	4	4	5	8	
520	Larry Hisle	4	4	4	4	4	5	8	80

	VgEx 4	EX 5	ExMt 6	NM 7	NmMt 8	NmMt+ 8.5	MT 9	Gem 9.5/10
Steve Staggs RC	4	4	4	4	4	5	8	60
Dick Williams MG	4	4	4	4	8	10	80	
Donnie Moore RC	4	4	4	4	4	5	8	
Bernie Carbo	4	4	4	4	4	5	8	40
Jerry Terrell	4	4	4	4	8	10	15	60
Cincinnati Reds CL	4	5	6	12	25	30	150	
Vic Correll	4	4	4	4	4	5	8	
Rob Picciolo RC	4	4	4	4	4	5	8	100
Paul Hartzell	4	4	4	4	4	5	8	40
Dave Winfield	4	4	4	6	12	15	30	200
Tom Underwood	4	4	4	4	8	10	15	
Skip Jutze	4	4	4	4	4	5	8	
Sandy Alomar	4	4	4	4	8	10	15	
Wilbur Howard	4	4	5	10	20	25	40	
Checklist 485-605	4	4	4	4	4	5	8	
Roric Harrison	4	4	4	4	4	5	8	
Bruce Bochte	4	4	4	4	4	5	8	40
Johnny LeMaster	4	4	4	4	8	10		
Vic Davalillo DP	4	4	4	4	4	5	8	50
Steve Carlton	4	4	4	4	8	10	15	200
Larry Cox	4	4	4	4	4	5	8	
Tim Johnson	4	4	4	4	8	10	15	
Larry Harlow DP RC	4	4	4	4	4	5	8	50
Len Randle DP	4	4	4	4	4	5	8	40
Bill Campbell	4	4	4	4	4	5	8	40
Ted Martinez	4	4	4	4	4	5	8	40
John Scott	4	4	4	4	4	5	8	40
Billy Hunter MG DP	4	4	4	4	4	5	8	40
Joe Kerrigan	4	4	4	4	4	5	8	
John Mayberry	4	4	4	4	4	5	8	50
Atlanta Braves CL	4	4	4	4	4	5	8	
Francisco Barrios	4	4	4	4	4	5	8	50
Terry Puhl RC	4	4	4	4	4	5	8	80
Joe Coleman	4	4	4	4	4	5	8	
Butch Wynegar	4	4	4	4	8	10	15	
Ed Armbrister	4	4	4	4	8	10	15	
Tony Solaita	4	4	4	4	4	5	8	40
Paul Mitchell	4	4	4	4	4	5	8	
Phil Mankowski	4	4	5	10	20	25	80	
Dave Parker	4	4	6	12	25	30	120	
Charlie Williams	4	4	4	4	4	5	8	
Glenn Burke RC	4	4	5	10	20	25	60	
Dave Rader	4	5	6	12	25	30	50	
Mick Kelleher	4	4	4	4	4	5	8	60
Jerry Koosman	4	4	4	4	4	5	8	50
Merv Rettenmund	4	4	4	4	4	5	8	60
Dick Drago	4	4	4	4	4	5	8	
Tom Hutton	4	4	4	4	4	5	8	60
Lary Sorensen RC	4	4	4	4	4	5	8	
Dave Kingman	4	4	4	4	5	6	10	60
Buck Martinez	4	4	4	4	4	5	8	40
Rick Wise	4	4	5	10	20	25	40	
Luis Gomez	4	4	4	6	12	15	25	
Bob Lemon MG	4	4	4	6	12	15	25	
Pat Dobson	4	4	4	4	4	5	8	40
Sam Mejias	4	4	4	4	8	10	100	
Oakland Athletics CL	4	4	4	4	4	5	8	40
Buzz Capra	4	4	4	4	4	5	8	
Rance Mulliniks RC	4	4	4	4	4	5	8	
Rod Carew	4	4	4	8	15	20	80	
Lynn McGlothen	4	4	4	4	4	5	8	40
Fran Healy	4	4	4	4	8	10	15	
George Medich	4	4	4	4	4	5	8	40
John Hale	4	4	4	4	8	10	15	60
Woodie Fryman DP	4	4	4	4	8	10	15	60
Ed Goodson	4	4	4	4	8	10	15	60
John Urrea RC	4	4	4	4	4	5	8	

		VgEx 4	EX 5	ExMt 6	NM 7	NmMt 8	NmMt+ 8.5	MT 9	Gem 9.5/10
588	Jim Mason	4	4	4	4	4	5	8	
589	Bob Knepper RC	4	4	4	4	4	5	8	
590	Bobby Murcer	4	4	4	5	10	12	20	
591	George Zeber RC	4	4	4	4	5	6	10	80
592	Bob Apodaca	4	4	4	4	8	10	15	
593	Dave Skaggs RC	4	4	4	4	4	5	8	60
594	Dave Freisleben	4	4	4	4	4	5	8	50
595	Sixto Lezcano	4	4	4	4	4	5	8	40
596	Gary Wheelock	4	4	4	4	4	5	8	40
597	Steve Dillard	4	4	4	4	8	10	15	
598	Eddie Solomon	4	4	4	4	4	5	8	
599	Gary Woods	4	4	4	4	4	5	8	
600	Frank Tanana	4	4	4	4	4	5	8	
601	Gene Mauch MG	4	4	4	4	8	10	15	
602	Eric Soderholm	4	4	4	4	4	5	8	80
603	Will McEnaney	4	4	4	4	4	5	8	
604	Earl Williams	4	4	4	4	4	5	8	40
605	Rick Rhoden	4	4	4	4	4	5	8	50
606	Pittsburgh Pirates CL	4	4	4	4	8	10	15	
607	Fernando Arroyo	4	4	4	4	8	10	15	
608	Johnny Grubb	4	4	4	4	8	10	15	
609	John Denny	4	4	4	4	8	10	60	
610	Garry Maddox	4	4	4	4	8	10	15	50
611	Pat Scanlon RC	4	4	4	4	4	5	8	
612	Ken Henderson	4	4	4	4	4	5	8	
613	Marty Perez	4	4	4	4	4	5	8	40
614	Joe Wallis	4	4	4	4	4	5	8	
615	Clay Carroll	4	4	4	4	4	5	8	
616	Pat Kelly	4	4	4	4	4	5	8	
617	Joe Nolan RC	4	4	4	4	4	5	8	
618	Tommy Helms	4	4	4	4	8	10	60	60
619	Thad Bosley DP RC	4	4	4	4	4	5	8	
620	Willie Randolph	4	4	4	4	8	10	15	100
621	Craig Swan DP	4	4	4	4	4	5	8	40
622	Champ Summers	4	4	4	4	4	5	8	
623	Eduardo Rodriguez	4	4	4	4	4	5	8	
624	Gary Alexander DP	4	4	4	4	4	5	8	
625	Jose Cruz	4	4	4	4	4	5	8	40
626	Toronto Blue Jays CL DP	4	4	4	4	4	5	8	40
627	David Johnson	4	4	4	4	4	5	8	50
628	Ralph Garr	4	4	4	4	4	5	8	
629	Don Stanhouse	4	4	4	4	4	5	8	40
630	Ron Cey	4	6	8	15	30	40	60	
631	Danny Ozark MG	4	4	4	4	4	5	8	60
632	Rowland Office	4	4	4	4	4	5	8	60
633	Tom Veryzer	4	4	4	4	4	5	8	60
634	Len Barker	4	4	4	4	4	5	8	
635	Joe Rudi	4	4	4	4	4	5	8	40
636	Jim Bibby	4	4	4	4	8	10	15	
637	Duffy Dyer	4	4	4	4	4	5	8	40
638	Paul Splittorff	4	4	4	4	4	5	8	
639	Gene Clines	4	4	4	4	4	5	8	
640	Lee May DP	4	4	4	4	4	5	8	60
641	Doug Rau	4	4	4	4	4	5	8	40
642	Denny Doyle	4	4	5	10	20	25	120	
643	Tom House	4	4	4	4	4	5	8	
644	Jim Dwyer	4	4	4	4	4	5	8	
645	Mike Torrez	4	4	4	4	8	10	15	
646	Rick Auerbach DP	4	4	4	4	4	5	8	50
647	Steve Dunning	4	4	4	4	4	5	8	40
648	Gary Thomasson	4	4	4	4	4	5	8	
649	Moose Haas RC	4	4	4	4	4	5	8	40
650	Cesar Cedeno	4	4	4	4	4	5	8	40
651	Doug Rader	4	4	4	4	8	10	15	
652	Checklist 606-726	4	4	4	4	5	6	10	50
653	Ron Hodges DP	4	4	4	4	4	5	8	40
654	Pepe Frias	4	4	4	4	4	5	8	

BASEBALL

#	Player	VgEx 4	EX 5	ExMt 6	NM 7	NmMt 8	NmMt+ 8.5	MT 9	Gem 9.5/10
655	Lyman Bostock	4	4	4	4	4	5	8	40
656	Dave Garcia MG RC	4	4	4	4	4	5	8	
657	Bombo Rivera	4	4	4	4	4	5	8	
658	Manny Sanguillen	4	4	4	4	4	5	8	
659	Texas Rangers CL	4	4	4	4	4	5	8	40
660	Jason Thompson	4	4	4	4	4	5	8	60
661	Grant Jackson	4	4	4	4	4	5	8	40
662	Paul Dade RC	4	4	4	4	4	5	8	
663	Paul Reuschel	4	4	4	4	4	5	8	40
664	Fred Stanley	4	4	4	6	12	15	25	
665	Dennis Leonard	4	4	4	4	8	10	15	
666	Billy Smith RC	4	4	4	4	4	5	8	80
667	Jeff Byrd RC	4	4	4	4	4	5	8	60
668	Dusty Baker	4	4	4	4	4	5	8	50
669	Pete Falcone	4	4	4	4	4	5	8	60
670	Jim Rice	4	4	4	6	12	15	25	175
671	Gary Lavelle	4	4	4	4	4	5	8	
672	Don Kessinger	4	4	4	4	4	5	8	
673	Steve Brye	4	4	4	4	8	10	60	
674	Ray Knight RC	4	4	4	4	5	6	10	80
675	Jay Johnstone	4	4	4	4	8	10	15	80
676	Bob Myrick	4	4	4	4	4	5	8	40
677	Ed Herrmann	4	4	4	4	4	5	8	
678	Tom Burgmeier	4	4	4	4	4	5	8	40
679	Wayne Garrett	4	4	4	4	4	5	8	40
680	Vida Blue	4	4	4	4	4	5	8	50
681	Rob Belloir	4	4	4	4	8	10	15	
682	Ken Brett	4	4	4	4	8	10	15	
683	Mike Champion	4	4	4	4	4	5	8	60
684	Ralph Houk MG	4	4	4	4	8	10	15	60
685	Frank Taveras	4	4	4	4	4	5	8	60
686	Gaylord Perry	4	4	4	4	5	6	10	
687	Julio Cruz RC	4	4	4	4	4	5	8	60
688	George Mitterwald	4	4	4	4	4	5	8	
689	Cleveland Indians CL	4	4	4	4	8	10	15	
690	Mickey Rivers	5	10	12	25	50	60	120	
691	Ross Grimsley	4	4	4	4	4	5	8	
692	Ken Reitz	4	4	4	4	4	5	8	60
693	Lamar Johnson	4	4	4	4	8	10	15	
694	Elias Sosa	4	4	4	4	4	5	8	40
695	Dwight Evans	4	4	4	6	12	15	25	
696	Steve Mingori	4	4	4	4	4	5	8	40
697	Roger Metzger	4	4	4	4	4	5	8	40
698	Juan Bernhardt	4	4	4	4	4	5	8	40
699	Jackie Brown	4	4	4	4	4	5	8	40
700	Johnny Bench	▲12	▲20	25	40	80	100	▲250	600
701	Rookie Pitchers	4	4	4	4	4	5	8	
702	Rookie Catchers	4	4	4	4	8	10	15	60
703	Jack Morris DP RC	12	15	20	30	50	60	150	1,200
704	Lou Whitaker RC	▲15	▲25	▲40	▲60	100	120	▲300	▲3,000
705	Rookie Outfielders	4	4	4	4	4	5	8	
706	Rookie 1st Basemen	4	4	4	4	5	6	10	60
707	P.Molitor RC/A.Trammell RC	30	50	60	120	400	500	2,500	12,000
708	D.Murphy/L.Parrish RC	4	4	6	12	20	25	40	450
709	Rookie Pitchers	4	4	4	4	4	5	8	40
710	Rookie Outfielders	4	8	10	20	40	50	80	
711	Rookie Pitchers	4	4	4	4	4	5	8	60
712	Bobby Valentine	4	4	4	4	4	5	8	
713	Bob Davis	4	4	4	4	4	5	8	
714	Mike Anderson	4	4	4	4	4	5	8	60
715	Jim Kaat	4	4	4	4	5	6	10	
716	Clarence Gaston	4	4	4	4	4	5	8	
717	Nelson Briles	4	4	4	4	8	10	15	
718	Ron Jackson	4	4	4	4	4	5	8	60
719	Randy Elliott RC	4	4	4	4	8	10	15	
720	Fergie Jenkins	4	4	4	5	10	12	20	250
721	Billy Martin MG	4	4	4	4	8	8	15	100
722	Pete Broberg	4	4	4	4	4	5	8	
723	John Wockenfuss	4	4	4	4	8	10	15	
724	Kansas City Royals CL	4	4	5	10	20	25	40	
725	Kurt Bevacqua	4	4	5	10	20	25	50	
726	Wilbur Wood	4	4	4	4	6	8	12	5

1979 Kellogg's

#	Player	VG 3	VgEx 4	EX 5	ExMt 6	NM 7	NmMt 8	MT 9	Gem 9.5/1
1	Bruce Sutter	4	4	4	4	4	5	10	3
2	Ted Simmons	4	4	4	4	4	4	8	
3	Ross Grimsley	4	4	4	4	4	4	8	
4	Wayne Nordhagen	4	4	4	4	4	4	8	2
5B	Jim Palmer Pct. .650	4	4	4	4	4	5	10	
6	John Henry Johnson	4	4	4	4	4	5	10	
7	Jason Thompson	4	4	4	4	4	4	8	
8	Pat Zachry	4	4	4	4	4	4	8	2
9	Dennis Eckersley	4	4	4	4	4	5	10	
10B	Paul Splittorff IP 1666	4	4	4	4	4	4	8	2
11B	Ron Guidry Hits 396	4	4	4	4	4	5	10	
12	Jeff Burroughs	4	4	4	4	4	4	8	
13	Rod Carew	4	4	4	4	4	5	10	
14A	Buddy Bell No Trade	4	4	4	4	4	4	8	
15	Jim Rice	4	4	4	4	4	5	10	
16	Garry Maddox	4	4	4	4	4	4	8	
17	Willie McCovey	4	4	4	4	4	5	10	4
18	Steve Carlton	4	4	4	4	4	4	8	
19B	J.R. Richard Stats Begin 1971	4	4	4	4	4	4	8	
20	Paul Molitor	4	4	4	4	4	8	15	
21B	Dave Parker Avg. 318	4	4	4	4	4	5	10	
22A	Pete Rose 1978 3B 3	4	4	4	5	10	20	8	
23B	Vida Blue Runs 818	4	4	4	4	4	4	8	
24	Richie Zisk	4	4	4	4	4	4	8	
25B	Darrell Porter 2B 111	4	4	4	4	4	4	8	2
26A	Dan Driessen Games 742	4	4	4	4	4	4	8	
27B	Geoff Zahn 1978 Minnesota	4	4	4	4	4	8	15	
28	Phil Niekro	4	4	4	4	4	5	10	
29	Tom Seaver	4	4	4	4	4	8	15	
30	Fred Lynn	4	4	4	4	4	5	10	
31	Bill Bonham	4	4	4	4	4	4	8	
32	George Foster	4	4	4	4	4	5	10	
34B	John Candelaria Age 25	4	4	4	4	4	4	8	
35	Bob Knepper	4	4	4	4	4	4	8	2
36	Fred Patek	4	4	4	4	4	4	8	
37	Chris Chambliss	4	4	4	4	4	4	8	2
38B	Bob Forsch 1977 Games 35	4	4	4	4	4	4	8	
40	Jack Clark	4	4	4	4	4	4	8	
41B	Dwight Evans 1978 Hits 123	4	4	4	4	4	5	10	
42	Lee Mazzilli	4	4	4	4	4	4	8	
43	Mario Guerrero	4	4	4	4	4	4	8	2
44	Larry Bowa	4	4	4	4	4	4	8	
45A	Carl Yastrzemski AB 9930 SP	4	4	4	4	5	10	20	
45B	Carl Yastrzemski AB 9929	4	4	4	4	4	8	15	
46B	Reggie Jackson 1978 Games 1394	4	4	4	4	4	8	15	
47	Rick Reuschel	4	4	4	4	4	4	8	
48B	Mike Flanagan 1976 SO 56	4	4	4	4	4	4	8	
49A	Gaylord Perry 1973 Hits 315	4	4	4	4	4	5	10	
50	George Brett	4	4	4	4	4	8	15	
51B	Craig Reynolds In Those	4	4	4	4	4	4	8	
52	Dave Lopes	4	4	4	4	4	4	8	
53B	Bill Almon 2B 41	4	4	4	4	4	4	8	
54	Roy Howell	4	4	4	4	4	4	8	
55	Frank Tanana	4	4	4	4	4	4	8	2
56B	Doug Rau 1978 Pct. .625	4	4	4	4	4	8	15	
58	Jon Matlack	4	4	4	4	4	4	8	
59B	Ron Jackson The Twins	4	4	4	4	4	4	8	
60	Jim Sundberg	4	4	4	4	4	5	10	

79 Ogden A's TCMA

	VG 3	VgEx 4	EX 5	ExMt 6	NM 7	NmMt 8	MT 9	Gem 9.5/10
Rickey Henderson	4	6	8	12	20	120	300	

79 O-Pee-Chee

	GD 2	VG 3	VgEx 4	EX 5	ExMt 6	NM 7	NmMt 8	MT 9
Nolan Ryan	4	5	8	12	20	30	100	250
Ozzie Smith RC	15	25	40	60	100	▲300	▲400	▲1,500

eve Stone #115 PSA 10 (Gem) sold for $3,174 (eBay; 1/13)

79 Topps

	VgEx 4	EX 5	ExMt 6	NM 7	NmMt 8	NmMt+ 8.5	MT 9	Gem 9.5/10
Batting Leaders	4	4	4	6	12	15	25	
Home Run Leaders	4	6	8	15	30	40	60	
RBI Leaders	4	4	4	4	8	10	15	
Stolen Base Leaders	4	4	4	4	5	6	10	
Victory Leaders	4	4	4	4	5	6	10	
Strikeout Leaders	4	4	4	4	8	10	20	100
ERA Leaders	4	4	5	10	20	25	40	
Leading Firemen	4	4	4	4	5	6	10	
Dave Campbell	4	4	4	4	5	6	10	
Lee May	4	4	4	4	5	6	10	
Marc Hill	4	4	4	4	8	10	15	
Dick Drago	4	4	4	4	5	6	10	
Paul Dade	4	4	4	4	8	10	15	
Rafael Landestoy RC	4	4	4	4	5	6	10	
Ross Grimsley	4	4	4	4	5	6	10	
Fred Stanley	4	4	4	4	5	6	10	
Donnie Moore	4	4	4	4	5	6	10	
Tony Solaita	4	4	4	4	5	6	10	
Larry Gura DP	4	4	4	4	5	6	10	
Joe Morgan DP	4	4	4	5	10	12	20	150
Kevin Kobel	4	4	4	4	5	6	10	
Mike Jorgensen	4	4	4	4	5	6	10	
Terry Forster	4	4	4	4	5	6	10	
Paul Molitor	6	12	25	40	80	100	500	
Steve Carlton	4	4	4	4	8	10	20	200
Jamie Quirk	4	4	4	4	8	10	50	
Dave Goltz	4	4	4	4	8	10	15	
Steve Brye	4	4	4	6	10	15		
Rick Langford	4	4	4	4	8	10	15	
Dave Winfield	6	8	10	20	40	50	80	
Tom House DP	4	4	4	4	8	10	15	
Jerry Mumphrey	4	4	4	4	5	6	10	
Dave Rozema	4	4	4	4	5	6	10	
Rob Andrews	4	4	4	4	8	10	15	
Ed Figueroa	4	4	4	4	5	6	50	
Alan Ashby	4	4	4	4	8	10	15	
Joe Kerrigan DP	4	4	4	4	5	6	10	
Bernie Carbo	4	4	4	4	8	10	15	40
Dale Murphy	4	4	4	8	15	20	40	
Dennis Eckersley	4	4	4	8	15	20	60	
Minnesota Twins CL/Mauch	4	4	4	4	8	10	15	
Ron Blomberg	4	4	4	4	5	6	10	50
Wayne Twitchell	4	4	4	4	5	6	10	
Kurt Bevacqua	4	4	4	4	5	6	10	
Al Hrabosky	4	4	4	4	5	6	10	
Ron Hodges	4	4	4	4	8	10	15	
Fred Norman	4	4	4	4	5	6	10	
Merv Rettenmund	4	4	4	4	5	6	10	
Vern Ruhle	4	4	4	4	5	6	10	
Steve Garvey DP	4	4	4	4	8	10	15	200
Ray Fosse DP	4	4	4	4	5	6	10	
Randy Lerch	4	4	4	4	5	6	10	
Mick Kelleher	4	4	4	4	8	10	15	

		VgEx 4	EX 5	ExMt 6	NM 7	NmMt 8	NmMt+ 8.5	MT 9	Gem 9.5/10
54	Dell Alston DP	4	4	4	4	5	6	10	40
55	Willie Stargell	4	5	10	20	40	50	400	
56	John Hale	4	4	4	4	5	6	10	
57	Eric Rasmussen	4	4	4	6	10	15		
58	Bob Randall DP	4	4	4	4	5	6	10	40
59	John Denny DP	4	4	4	4	5	6	10	40
60	Mickey Rivers	4	4	4	4	6	8	12	50
61	Bo Diaz	4	4	4	4	5	6	10	
62	Randy Moffitt	4	4	4	4	5	6	10	
63	Jack Brohamer	4	4	4	4	5	6	10	
64	Tom Underwood	4	4	4	4	8	10	15	
65	Mark Belanger	4	4	4	4	5	6	10	80
66	Detroit Tigers CL/Moss	4	4	4	4	8	10	15	
67	Jim Mason DP	4	4	4	4	5	6	10	
68	Joe Niekro DP	4	4	4	4	5	6	10	
69	Elliott Maddox	4	4	4	4	5	6	10	
70	John Candelaria	4	4	4	4	8	10	15	50
71	Brian Downing	4	4	4	4	5	6	10	
72	Steve Mingori	4	4	4	4	5	6	10	
73	Ken Henderson	4	4	4	4	8	10	15	
74	Shane Rawley RC	4	4	4	4	8	10	15	
75	Steve Yeager	4	4	4	4	5	6	10	
76	Warren Cromartie	4	4	4	4	5	6	10	
77	Dan Briggs DP	4	4	4	4	8	10	15	
78	Elias Sosa	4	4	4	4	8	10	15	
79	Ted Cox	4	4	4	4	8	10	15	
80	Jason Thompson	4	4	4	4	5	6	10	
81	Roger Erickson RC	4	4	4	4	5	6	10	40
82	New York Mets CL/Torre	4	4	4	5	10	12	50	
83	Fred Kendall	4	4	4	4	8	10	15	
84	Greg Minton	4	4	4	4	8	10	15	
85	Gary Matthews	4	4	4	4	5	6	10	
86	Rodney Scott	4	4	4	4	5	6	10	
87	Pete Falcone	4	4	4	4	5	6	10	
88	Bob Molinaro RC	4	4	4	4	5	6	10	40
89	Dick Tidrow	4	4	4	4	5	6	10	
90	Bob Boone	4	4	4	4	8	10	15	
91	Terry Crowley	4	4	4	4	8	10	60	
92	Jim Bibby	4	4	4	4	8	10	15	
93	Phil Mankowski	4	4	4	4	5	6	10	
94	Len Barker	4	4	4	4	5	6	10	40
95	Robin Yount	4	4	4	5	12	15	30	
96	Cleveland Indians CL/Torborg	4	4	4	4	5	6	10	
97	Sam Mejias	4	4	4	6	10	15		
98	Ray Burris	4	4	4	4	5	6	10	
99	John Wathan	4	4	4	4	5	6	10	
100	Tom Seaver DP	4	4	4	4	8	10	20	300
101	Roy Howell	4	4	4	4	5	6	10	
102	Mike Anderson	4	4	4	6	10	15		
103	Jim Todd	4	4	4	4	5	6	10	
104	Johnny Oates DP	4	4	4	4	5	6	10	40
105	Rick Camp DP	4	4	4	6	10	15		
106	Frank Duffy	4	4	4	4	5	6	10	
107	Jesus Alou DP	4	4	4	4	5	6	10	
108	Eduardo Rodriguez	4	4	4	4	5	6	10	
109	Joel Youngblood	4	4	4	4	5	6	10	
110	Vida Blue	4	4	4	4	5	6	10	
111	Roger Freed	4	4	4	4	8	10	15	
112	Philadelphia Phillies CL/Ozark	4	4	4	4	8	10	15	
113	Pete Redfern	4	4	4	4	8	10	15	
114	Cliff Johnson	4	4	4	4	8	10	15	
115	Nolan Ryan	▲15	▲25	30	▼40	100	120	300	
116	Ozzie Smith RC	▼50	▼60	▼100	▼200	▼500	800	4,000	
117	Grant Jackson	4	4	4	4	5	6	10	
118	Bud Harrelson	4	4	4	4	8	10	15	
119	Don Stanhouse	4	4	4	4	8	10	15	
120	Jim Sundberg	4	4	4	4	5	6	10	

#	Name	VgEx 4	EX 5	ExMt 6	NM 7	NmMt 8	NmMt+ 8.5	MT 9	Gem 9.5/10
121	Checklist 1-121 DP	4	4	4	4	5	6	10	
122	Mike Paxton	4	4	4	4	5	6	10	
123	Lou Whitaker	4	4	4	4	8	10	15	
124	Dan Schatzeder	4	4	4	4	8	10	15	
125	Rick Burleson	4	4	4	4	5	6	10	
126	Doug Bair	4	4	4	4	5	6	10	
127	Thad Bosley	4	4	4	4	5	6	10	50
128	Ted Martinez	4	4	4	4	8	10	15	
129	Marty Pattin DP	4	4	4	4	5	6	10	
130	Bob Watson DP	4	4	4	4	5	6	10	40
131	Jim Clancy	4	4	4	4	5	6	10	
132	Rowland Office	4	4	4	4	5	6	10	40
133	Bill Castro	4	4	4	4	8	10	15	
134	Alan Bannister	4	4	4	4	5	6	10	
135	Bobby Murcer	4	4	4	4	5	6	10	80
136	Jim Kaat	4	4	4	4	6	8	12	
137	Larry Wolfe DP RC	4	4	4	4	5	6	10	
138	Mark Lee RC	4	4	4	4	8	10	15	
139	Luis Pujols RC	4	4	4	4	5	6	10	
140	Don Gullett	4	4	4	4	5	6	10	
141	Tom Paciorek	4	4	4	4	5	6	10	
142	Charlie Williams	4	4	4	4	5	6	10	
143	Tony Scott	4	4	4	4	8	10	15	
144	Sandy Alomar	4	4	4	4	8	10	15	
145	Rick Rhoden	4	4	4	4	5	6	10	
146	Duane Kuiper	4	4	4	4	5	6	10	40
147	Dave Hamilton	4	4	4	4	5	6	10	
148	Bruce Boisclair	4	4	4	4	5	6	10	
149	Manny Sarmiento	4	4	4	4	5	6	10	
150	Wayne Cage	4	4	4	4	8	10	15	
151	John Hiller	4	4	4	4	5	6	10	
152	Rick Cerone	4	4	4	4	5	6	10	40
153	Dennis Lamp	4	4	4	4	5	6	10	
154	Jim Gantner DP	4	4	4	4	5	6	10	
155	Dwight Evans	4	4	4	4	5	6	10	120
156	Buddy Solomon RC	4	4	4	4	5	6	10	
157	U.L. Washington	4	4	4	6	10	15		
158	Joe Sambito	4	4	4	4	8	10	15	
159	Roy White	4	4	4	4	8	10	15	
160	Mike Flanagan	4	4	4	4	5	6	10	
161	Barry Foote	4	4	4	4	5	6	10	
162	Tom Johnson	4	4	4	4	5	6	10	
163	Glenn Burke	4	4	4	4	5	6	10	
164	Mickey Lolich	4	4	4	4	8	10	15	
165	Frank Taveras	4	4	4	4	5	6	10	
166	Leon Roberts	4	4	4	4	5	6	10	
167	Roger Metzger DP	4	4	5	10	20	25	40	80
168	Dave Freisleben	4	4	4	6	10	15		
169	Bill Nahorodny	4	4	4	4	8	10	15	
170	Don Sutton	4	4	4	4	5	6	10	
171	Gene Clines	4	4	4	4	5	6	10	
172	Mike Bruhert RC	4	4	4	4	8	10	15	
173	John Lowenstein	4	4	4	4	5	6	10	
174	Rick Auerbach	4	4	4	4	5	6	10	
175	George Hendrick	4	4	4	4	5	6	10	
176	Aurelio Rodriguez	4	4	4	4	8	10	15	40
177	Ron Reed	4	4	4	4	5	6	10	
178	Alvis Woods	4	4	4	4	5	6	10	
179	Jim Beattie DP RC	4	4	4	4	5	6	10	40
180	Larry Hisle	4	4	4	4	8	10	15	
181	Mike Garman	4	4	4	4	5	6	10	
182	Tim Johnson	4	4	4	4	5	6	10	
183	Paul Splittorff	4	4	4	4	8	10	15	
184	Darrel Chaney	4	4	4	4	5	6	10	
185	Mike Torrez	4	4	4	4	5	6	10	
186	Eric Soderholm	4	4	4	4	5	6	10	
187	Mark Lemongello	4	4	4	6	10	15		

#	Name	VgEx 4	EX 5	ExMt 6	NM 7	NmMt 8	NmMt+ 8.5	MT 9	Gem 9.5
188	Pat Kelly	4	4	4	4	5	6	10	
189	Ed Whitson RC	4	4	4	4	5	6	10	
190	Ron Cey	4	4	4	4	6	8	12	
191	Mike Norris	4	4	4	4	5	6	10	
192	St. Louis Cardinals CL/Boyer	4	4	4	4	8	10	15	
193	Glenn Adams	4	4	4	4	5	6	10	
194	Randy Jones	4	4	4	4	5	6	10	
195	Bill Madlock	4	4	4	4	8	10	15	
196	Steve Kemp DP	4	4	4	4	5	6	10	
197	Bob Apodaca	4	4	4	4	5	6	10	
198	Johnny Grubb	4	4	4	4	5	6	10	
199	Larry Milbourne	4	4	4	4	5	6	10	
200	Johnny Bench DP	5	8	12	20	40	50	▲120	
201	Mike Edwards RB	4	4	4	4	5	6	10	
202	Ron Guidry RB	4	4	4	4	5	6	10	
203	J.R. Richard RB	4	4	4	4	5	6	10	
204	Pete Rose RB	5	8	12	20	40	50	100	
205	John Stearns RB	4	4	4	4	5	6	10	
206	Sammy Stewart RB	4	4	4	4	5	6	10	
207	Dave Lemanczyk	4	4	4	4	5	6	10	
208	Clarence Gaston	4	4	4	4	5	6	10	
209	Reggie Cleveland	4	4	4	4	5	6	10	
210	Larry Bowa	4	4	4	4	5	6	10	
211	Dennis Martinez	4	4	4	4	5	6	10	
212	Carney Lansford RC	4	4	4	4	8	10	15	
213	Bill Travers	4	4	4	6	10	15		
214	Boston Red Sox CL/Zimmer	4	4	4	4	5	6	10	
215	Willie McCovey	4	4	4	6	12	15	25	
216	Wilbur Wood	4	4	4	4	5	6	10	
217	Steve Dillard	4	4	4	4	5	6	10	
218	Dennis Leonard	4	4	4	4	5	6	10	
219	Roy Smalley	4	4	4	4	5	6	10	
220	Cesar Geronimo	4	4	4	4	5	6	10	
221	Jesse Jefferson	4	4	4	6	10	15		
222	Bob Beall RC	4	4	4	4	5	6	10	
223	Kent Tekulve	4	4	4	4	5	6	10	
224	Dave Revering	4	4	4	4	5	6	10	
225	Goose Gossage	4	4	4	4	8	10	15	
226	Ron Pruitt	4	4	4	4	8	10	15	
227	Steve Stone	4	4	4	4	5	6	10	
228	Vic Davalillo	4	4	4	4	5	6	10	
229	Doug Flynn	4	4	4	4	5	6	10	
230	Bob Forsch	4	4	4	4	5	6	10	
231	John Wockenfuss	4	4	4	4	5	6	10	
232	Jimmy Sexton RC	4	4	4	4	5	6	10	
233	Paul Mitchell	4	4	4	4	5	6	10	
234	Toby Harrah	4	4	4	4	5	6	10	
235	Steve Rogers	4	4	4	4	5	6	10	
236	Jim Dwyer	4	4	4	6	10	15		
237	Billy Smith	4	4	4	4	8	10	15	
238	Balor Moore	4	4	4	4	5	6	10	
239	Willie Horton	4	4	4	4	5	6	10	
240	Rick Reuschel	4	4	4	4	8	10	15	
241	Checklist 122-242 DP	4	4	4	4	8	10	15	
242	Pablo Torrealba	4	4	4	4	8	10	15	
243	Buck Martinez DP	4	4	4	4	5	6	10	
244	Pittsburgh Pirates CL/Tanner	4	4	4	4	8	10	15	
245	Jeff Burroughs	4	4	4	4	5	6	10	
246	Darrell Jackson RC	4	4	4	4	8	10	15	
247	Tucker Ashford DP	4	4	4	4	5	6	10	
248	Pete LaCock	4	4	4	4	5	6	10	
249	Paul Thormodsgard	4	4	4	4	8	10	15	
250	Willie Randolph	4	4	4	4	5	6	10	
251	Jack Morris	4	4	4	4	5	6	10	
252	Bob Stinson	4	4	4	4	5	6	10	
253	Rick Wise	4	4	4	4	5	6	10	
254	Luis Gomez	4	4	4	4	8	10	15	

Player	VgEx 4	EX 5	ExMt 6	NM 7	NmMt 8	NmMt+ 8.5	MT 9	Gem 9.5/10
Tommy John	4	4	4	4	4	6	10	60
Mike Sadek	4	4	4	4	5	6	10	
Adrian Devine	4	4	4	4	8	10	15	
Mike Phillips	4	4	4	6	10	15		
Cincinnati Reds CL/Anderson	4	4	4	4	5	6	10	
Richie Zisk	4	4	4	4	5	6	10	
Mario Guerrero	4	4	4	4	5	6	10	
Nelson Briles	4	4	4	4	5	6	10	
Oscar Gamble	4	4	4	4	5	6	10	40
Don Robinson RC	4	4	4	4	5	6	10	40
Don Money	4	4	4	4	5	6	10	
Jim Willoughby	4	4	4	4	5	6	10	
Joe Rudi	4	4	4	4	5	6	10	
Julio Gonzalez	4	4	4	4	5	6	10	
Woodie Fryman	4	4	4	4	5	6	10	
Butch Hobson	4	4	4	4	8	10	15	
Rawly Eastwick	4	4	4	4	5	6	10	
Tim Corcoran	4	4	4	4	5	6	10	
Jerry Terrell	4	4	4	6	10	15		
Willie Norwood	4	4	4	4	5	6	10	
Junior Moore	4	4	4	4	5	6	10	
Jim Colborn	4	4	4	4	8	10	15	
Tom Grieve	4	4	4	4	5	6	10	40
Andy Messersmith	4	4	4	4	5	6	10	
Jerry Grote DP	4	4	4	4	5	6	10	
Andre Thornton	4	4	4	4	5	6	10	
Vic Correll DP	4	4	4	4	5	6	10	
Toronto Blue Jays CL/Hartsfield	4	4	4	4	8	10	15	
Ken Kravec	4	4	4	4	5	6	10	
Johnnie LeMaster	4	4	4	6	10	15		
Bobby Bonds	4	4	4	4	5	6	10	
Duffy Dyer	4	4	4	4	5	6	10	
Andres Mora	4	4	4	4	8	10	15	
Milt Wilcox	4	4	4	4	5	6	10	
Jose Cruz	4	4	4	4	5	6	10	
Dave Lopes	4	4	4	4	5	6	10	
Tom Griffin	4	4	4	4	5	6	10	
Don Reynolds RC	4	4	4	4	5	6	10	40
Jerry Garvin	4	4	4	4	5	6	10	
Pepe Frias	4	4	4	4	8	10	15	
Mitchell Page	4	4	4	4	8	10	15	
Preston Hanna RC	4	4	4	4	5	6	10	
Ted Sizemore	4	4	4	4	5	6	10	40
Rich Gale RC	4	4	4	6	10	15		
Steve Ontiveros	4	4	4	4	5	6	10	
Rod Carew	4	4	4	5	10	12	25	200
Tom Hume	4	4	4	4	5	6	10	
Atlanta Braves CL/Cox	4	4	5	8	12	20		
Lary Sorensen DP	4	4	4	4	5	6	10	
Steve Swisher	4	4	4	4	5	6	10	
Willie Montanez	4	4	4	4	5	6	10	50
Floyd Bannister	4	4	4	4	5	6	10	
Larvell Blanks	4	4	4	4	5	6	10	
Bert Blyleven	4	4	4	4	8	10	15	
Ralph Garr	4	4	4	4	5	6	10	
Thurman Munson	4	4	5	10	15	20	50	
Gary Lavelle	4	4	4	4	5	6	10	
Bob Robertson	4	4	4	4	5	6	10	
Dyar Miller	4	4	4	4	5	6	10	
Larry Harlow	4	4	4	4	5	6	10	
Jon Matlack	4	4	4	4	5	6	10	
Milt May	4	4	4	4	5	6	10	
Jose Cardenal	4	4	4	4	5	6	10	
Bob Welch RC	4	4	4	4	8	10	25	
Wayne Garrett	4	4	4	6	10	15		
Carl Yastrzemski	4	4	4	6	15	20	100	
Gaylord Perry	4	4	4	4	6	8	12	
322 Danny Goodwin RC	4	4	4	4	8	10	60	
323 Lynn McGlothen	4	4	4	4	5	6	10	
324 Mike Tyson	4	4	4	4	5	6	10	40
325 Cecil Cooper	4	4	5	8	12	20		
326 Pedro Borbon	4	4	4	4	5	6	10	
327 Art Howe DP	4	4	4	4	8	10	15	
328 Oakland Athletics CL/McKeon	4	4	4	4	5	6	10	
329 Joe Coleman	4	4	4	4	8	10	15	
330 George Brett	8	12	▲25	30	80	100	▲500	
331 Mickey Mahler	4	4	4	4	8	10	50	
332 Gary Alexander	4	4	4	4	5	6	10	
333 Chet Lemon	4	4	4	4	5	6	10	
334 Craig Swan	4	4	4	4	8	10	15	
335 Chris Chambliss	4	4	4	4	6	8	12	
336 Bobby Thompson RC	4	4	4	4	5	6	10	
337 John Montague	4	4	4	4	5	6	10	
338 Vic Harris	4	4	4	4	8	10	15	
339 Ron Jackson	4	4	4	4	5	6	10	
340 Jim Palmer	4	4	4	6	12	15	80	
341 Willie Upshaw RC	4	4	4	4	8	10	15	
342 Dave Roberts	4	4	4	4	5	6	10	
343 Ed Glynn	4	4	4	4	5	6	10	40
344 Jerry Royster	4	4	4	4	8	10	15	
345 Tug McGraw	4	4	4	4	5	6	10	50
346 Bill Buckner	4	4	4	4	5	6	10	
347 Doug Rau	4	4	4	4	5	6	10	
348 Andre Dawson	4	4	4	5	10	12	20	
349 Jim Wright RC	4	4	4	4	5	6	10	
350 Garry Templeton	4	4	4	4	5	6	10	
351 Wayne Nordhagen DP	4	4	4	4	5	6	10	
352 Steve Renko	4	4	4	4	5	6	10	
353 Checklist 243-363	4	4	4	4	5	6	10	
354 Bill Bonham	4	4	4	4	5	6	10	
355 Lee Mazzilli	4	4	4	4	5	6	10	40
356 San Francisco Giants CL/Altobelli	4	4	5	8	12	20		
357 Jerry Augustine	4	4	4	4	5	6	10	
358 Alan Trammell	4	4	4	4	8	10	15	
359 Dan Spillner DP	4	4	4	4	5	6	10	40
360 Amos Otis	4	4	4	4	5	6	10	
361 Tom Dixon RC	4	4	4	4	8	10	15	
362 Mike Cubbage	4	4	4	4	8	10	15	
363 Craig Skok RC	4	4	4	4	5	6	10	
364 Gene Richards	4	4	4	6	10	15		
365 Sparky Lyle	4	4	4	4	5	6	10	120
366 Juan Bernhardt	4	4	4	4	5	6	10	
367 Dave Skaggs	4	4	4	6	10	15		
368 Don Aase	4	4	4	4	5	6	10	
369A Bump Wills ERR Blue Jays	4	4	4	4	8	10	15	
369B Bump Wills COR Rangers	4	4	4	4	6	8	12	
370 Dave Kingman	4	4	4	4	5	6	10	
371 Jeff Holly RC	4	4	4	4	5	6	10	
372 Lamar Johnson	4	4	4	4	5	6	10	
373 Lance Rautzhan	4	4	4	4	5	6	10	
374 Ed Herrmann	4	4	4	4	5	6	10	
375 Bill Campbell	4	4	4	4	5	6	10	40
376 Gorman Thomas	4	4	4	4	5	6	10	
377 Paul Moskau	4	4	4	4	8	10	15	
378 Rob Picciolo DP	4	4	4	4	5	6	10	
379 Dale Murray	4	4	4	4	5	6	10	40
380 John Mayberry	4	4	4	4	5	6	10	
381 Houston Astros CL/Virdon	4	4	4	4	8	10	15	
382 Jerry Martin	4	4	4	4	5	6	10	
383 Phil Garner	4	4	4	4	5	6	10	
384 Tommy Boggs	4	4	4	4	5	6	10	
385 Dan Ford	4	4	4	4	5	6	10	40
386 Francisco Barrios	4	4	4	4	5	6	10	
387 Gary Thomasson	4	4	4	4	8	10	15	40

#	Player	VgEx 4	EX 5	ExMt 6	NM 7	NmMt 8	NmMt+ 8.5	MT 9	Gem 9.5/10
388	Jack Billingham	4	4	4	6	10	15		
389	Joe Zdeb	4	4	4	4	8	10	15	
390	Rollie Fingers	4	4	4	5	50	80	100	
391	Al Oliver	4	4	4	4	5	6	10	
392	Doug Ault	4	4	4	4	5	6	10	
393	Scott McGregor	4	4	4	4	8	10	15	
394	Randy Stein RC	4	4	4	4	5	6	10	
395	Dave Cash	4	4	4	4	5	6	10	
396	Bill Plummer	4	4	4	4	5	6	10	
397	Sergio Ferrer RC	4	4	4	4	5	6	10	
398	Ivan DeJesus	4	4	4	4	5	6	10	
399	David Clyde	4	4	4	4	8	10	15	
400	Jim Rice	4	4	4	5	10	12	25	
401	Ray Knight	4	4	4	4	5	6	10	
402	Paul Hartzell	4	4	4	4	5	6	10	
403	Tim Foli	4	4	4	4	8	10	15	
404	Chicago White Sox CL/Kessinger	4	4	4	4	5	6	10	
405	Butch Wynegar DP	4	4	4	4	5	6	10	40
406	Joe Wallis DP	4	4	4	4	5	6	10	
407	Pete Vuckovich	4	4	4	4	5	6	10	
408	Charlie Moore DP	4	4	4	4	5	6	10	40
409	Willie Wilson RC	4	4	4	8	15	20	50	
410	Darrell Evans	4	4	4	4	5	6	10	
411	G.Sisler/T.Cobb ATL	4	4	4	4	5	6	10	40
412	H.Wilson/H.Aaron ATL	4	4	4	4	6	8	12	60
413	R.Maris/H.Aaron ATL	4	4	4	4	8	10	15	60
414	R.Hornsby/T.Cobb ATL	4	4	4	4	5	6	10	
415	L.Brock/L.Brock ATL	4	4	4	4	5	6	10	40
416	J.Chesbro/C.Young ATL	4	4	4	4	5	6	10	40
417	N.Ryan/W.Johnson ATL DP	4	4	5	8	12	15	50	100
418	D.Leonard/W.Johnson ATL DP	4	4	4	4	5	6	10	40
419	Dick Ruthven	4	4	4	4	5	6	10	
420	Ken Griffey Sr.	4	4	4	4	5	6	10	
421	Doug DeCinces	4	4	4	4	5	6	10	
422	Ruppert Jones	4	4	4	4	8	10	15	
423	Bob Montgomery	4	4	4	4	5	6	10	
424	California Angels CL/Fregosi	4	4	4	4	5	6	10	
425	Rick Manning	4	4	4	4	5	6	10	
426	Chris Speier	4	4	4	4	5	6	10	
427	Andy Replogle RC	4	4	4	4	8	10	15	
428	Bobby Valentine	4	4	4	4	5	6	10	
429	John Urrea DP	4	4	4	4	5	6	10	40
430	Dave Parker	4	4	4	4	8	10	15	120
431	Glenn Borgmann	4	4	4	4	5	6	10	
432	Dave Heaverlo	4	4	4	4	5	6	10	
433	Larry Biittner	4	4	4	4	8	10	15	
434	Ken Clay	4	4	4	4	5	6	10	40
435	Gene Tenace	4	4	4	4	5	6	10	
436	Hector Cruz	4	4	4	4	8	10	15	
437	Rick Williams RC	4	4	4	4	8	10	15	
438	Horace Speed RC	4	4	4	4	5	6	10	
439	Frank White	4	4	4	4	5	6	10	
440	Rusty Staub	4	4	4	4	5	6	10	50
441	Lee Lacy	4	4	4	4	5	6	10	
442	Doyle Alexander	4	4	4	4	5	6	10	
443	Bruce Bochte	4	4	4	6	10	15		
444	Aurelio Lopez RC	4	4	4	4	8	10	15	
445	Steve Henderson	4	4	4	4	5	6	10	
446	Jim Lonborg	4	4	4	4	5	6	10	
447	Manny Sanguillen	4	4	4	4	5	6	10	
448	Moose Haas	4	4	4	4	5	6	10	
449	Bombo Rivera	4	4	4	4	8	10	15	
450	Dave Concepcion	4	4	4	4	8	10	60	
451	Kansas City Royals CL/Herzog	4	4	4	4	8	10	15	
452	Jerry Morales	4	4	4	4	5	6	10	40
453	Chris Knapp	4	4	4	4	8	10	15	
454	Len Randle	4	4	4	4	5	6	10	
455	Bill Lee DP	4	4	4	4	5	6	10	
456	Chuck Baker RC	4	4	4	4	5	6	10	
457	Bruce Sutter	4	4	4	5	10	12	20	
458	Jim Essian	4	4	4	4	5	6	10	
459	Sid Monge	4	4	4	4	5	6	10	
460	Graig Nettles	4	4	4	4	6	8	12	
461	Jim Barr DP	4	4	4	4	5	6	10	
462	Otto Velez	4	4	4	4	5	6	10	
463	Steve Comer RC	4	4	4	4	8	10	15	
464	Joe Nolan	4	4	4	4	5	6	10	
465	Reggie Smith	4	4	4	4	5	6	10	
466	Mark Littell	4	4	4	4	5	6	10	
467	Don Kessinger DP	4	4	4	4	5	6	10	
468	Stan Bahnsen DP	4	4	4	4	5	6	10	
469	Lance Parrish	4	4	4	4	5	6	10	
470	Garry Maddox DP	4	4	4	4	5	6	10	
471	Joaquin Andujar	4	4	4	4	8	10	15	
472	Craig Kusick	4	4	4	4	5	6	10	
473	Dave Roberts	4	4	4	4	5	6	10	
474	Dick Davis RC	4	4	4	4	8	10	15	
475	Dan Driessen	4	4	4	4	8	10	15	
476	Tom Poquette	4	4	4	4	8	10	15	
477	Bob Grich	4	4	4	4	5	6	10	
478	Juan Beniquez	4	4	4	4	8	10	15	
479	San Diego Padres CL/Craig	4	4	4	4	5	6	10	
480	Fred Lynn	4	4	4	4	5	6	10	
481	Skip Lockwood	4	4	4	4	5	6	10	
482	Craig Reynolds	4	4	4	4	5	6	10	
483	Checklist 364-484 DP	4	4	4	4	5	6	10	
484	Rick Waits	4	4	4	4	8	10	15	
485	Bucky Dent	4	4	4	4	5	6	10	
486	Bob Knepper	4	4	4	4	8	10	15	
487	Miguel Dilone	4	4	4	4	5	6	10	
488	Bob Owchinko	4	4	4	4	5	6	10	
489	Larry Cox	4	4	4	4	5	6	10	
490	Al Cowens	4	4	4	4	8	10	15	
491	Tippy Martinez	4	4	4	6	10	15		
492	Bob Bailor	4	4	4	4	5	6	10	
493	Larry Christenson	4	4	4	4	5	6	10	
494	Jerry White	4	4	4	4	5	6	10	
495	Tony Perez	4	4	4	4	5	6	10	
496	Barry Bonnell DP	4	4	4	4	5	6	10	
497	Glenn Abbott	4	4	4	4	5	6	10	
498	Rich Chiles	4	4	4	6	10	15		
499	Texas Rangers CL/Corrrales	4	4	4	4	8	10	15	
500	Ron Guidry	4	4	4	4	8	10	15	
501	Junior Kennedy RC	4	4	4	6	10	15		
502	Steve Braun	4	4	4	4	5	6	10	
503	Terry Humphrey	4	4	4	4	8	10	15	
504	Larry McWilliams RC	4	4	4	4	5	6	10	
505	Ed Kranepool	4	4	4	4	5	6	10	
506	John D'Acquisto	4	4	4	4	5	6	10	
507	Tony Armas	4	4	4	4	5	6	10	
508	Charlie Hough	4	4	4	4	5	6	10	
509	Mario Mendoza	4	4	4	4	5	6	10	
510	Ted Simmons	4	4	4	4	5	6	10	
511	Paul Reuschel DP	4	4	4	4	5	6	10	
512	Jack Clark	4	4	4	4	5	6	10	
513	Dave Johnson	4	4	4	4	5	6	10	
514	Mike Proly RC	4	4	4	4	8	10	15	
515	Enos Cabell	4	4	4	4	5	6	10	
516	Champ Summers DP	4	4	4	4	5	6	10	
517	Al Bumbry	4	4	5		12	20		
518	Jim Umbarger	4	4	4	4	5	6	10	
519	Ben Oglivie	4	4	5		12	20		
520	Gary Carter	4	4	4	5	10	12	20	
521	Sam Ewing	4	4	4	4	8	10	15	

Player	VgEx 4	EX 5	ExMt 6	NM 7	NmMt 8	NmMt+ 8.5	MT 9	Gem 9.5/10
Ken Holtzman	4	4	4	4	5	6	10	
John Milner	4	4	4	4	5	6	10	
Tom Burgmeier	4	4	4	4	5	6	10	40
Freddie Patek	4	4	4	4	5	6	10	100
Los Angeles Dodgers CL/Lasorda	4	4	4	4	5	6	10	
Lerrin LaGrow	4	4	4	6	10	15		
Wayne Gross DP	4	4	4	4	5	6	10	
Brian Asselstine	4	4	4	4	5	6	10	
Frank Tanana	4	4	4	4	8	10	15	
Fernando Gonzalez	4	4	4	4	8	10	15	
Buddy Schultz	4	4	4	4	5	6	10	
Leroy Stanton	4	4	4	4	5	6	10	
Ken Forsch	4	4	4	4	8	10	15	
Ellis Valentine	4	4	4	4	5	6	10	60
Jerry Reuss	4	4	4	4	8	10	15	
Tom Veryzer	4	4	4	4	5	6	10	
Mike Ivie DP	4	4	4	4	5	6	10	
John Ellis	4	4	4	4	5	6	10	40
Greg Luzinski	4	4	4	4	6	8	12	
Jim Slaton	4	4	4	4	8	10	15	
Rick Bosetti	4	4	4	4	5	6	10	
Kiko Garcia	4	4	4	6	10	15		
Fergie Jenkins	4	4	4	4	8	10	15	
John Stearns	4	4	4	4	5	6	10	
Bill Russell	4	4	4	4	5	6	10	
Clint Hurdle	4	4	4	4	5	6	10	
Enrique Romo	4	4	4	4	8	10	15	
Bob Bailey	4	4	4	4	5	6	10	
Sal Bando	4	4	4	4	5	6	10	40
Chicago Cubs CL/Franks	4	4	4	8	15	20	30	
Jose Morales	4	4	4	4	5	6	10	
Denny Walling	4	4	4	4	8	10	15	
Matt Keough	4	4	4	4	8	10	15	
Biff Pocoroba	4	4	4	4	5	6	10	
Mike Lum	4	4	4	4	5	6	10	
Ken Brett	4	4	4	4	8	10	15	
Jay Johnstone	4	4	4	4	5	6	10	
Greg Pryor RC	4	4	4	4	8	10	15	
John Montefusco	4	4	4	4	5	6	10	
Ed Ott	4	4	4	4	5	6	10	40
Dusty Baker	4	4	4	4	5	6	10	
Roy Thomas	4	4	4	4	8	10	15	
Jerry Turner	4	4	4	6	10	15		
Rico Carty	4	4	4	4	5	6	10	
Nino Espinosa	4	4	4	4	5	6	10	
Richie Hebner	4	4	4	4	5	6	10	
Carlos Lopez	4	4	4	4	8	10	15	
Bob Sykes	4	4	4	4	8	10	15	
Cesar Cedeno	4	4	4	4	8	10	15	
Darrell Porter	4	4	4	4	5	6	10	
Rod Gilbreath	4	4	4	4	5	6	10	40
Jim Kern	4	4	4	4	5	6	10	
Claudell Washington	4	4	4	4	5	6	10	
Luis Tiant	4	4	4	4	5	6	10	
Mike Parrott RC	4	4	4	4	8	10	15	40
Milwaukee Brewers CL/Bamberger	4	4	4	4	5	6	10	
Pete Broberg	4	4	4	4	5	6	10	
Greg Gross	4	4	4	4	5	6	10	40
Ron Fairly	4	4	4	4	5	6	10	
Darold Knowles	4	4	4	4	5	6	10	
Paul Blair	4	4	4	4	5	6	10	
Julio Cruz	4	4	4	4	5	6	10	40
Jim Rooker	4	4	4	4	8	10	60	
Hal McRae	4	4	4	4	5	6	10	
Bob Horner RC	4	4	4	6	12	15	25	
Ken Reitz	4	4	4	4	5	6	10	
Tom Murphy	4	4	4	4	5	6	10	

#	Player	VgEx 4	EX 5	ExMt 6	NM 7	NmMt 8	NmMt+ 8.5	MT 9	Gem 9.5/10
589	Terry Whitfield	4	4	4	4	5	6	10	40
590	J.R. Richard	4	4	4	4	5	6	10	
591	Mike Hargrove	4	4	4	4	5	6	10	
592	Mike Krukow	4	4	4	4	5	6	10	
593	Rick Dempsey	4	4	4	4	8	10	15	
594	Bob Shirley	4	4	4	4	5	6	10	
595	Phil Niekro	4	4	4	5	10	12	20	
596	Jim Wohlford	4	4	4	4	5	6	10	
597	Bob Stanley	4	4	4	4	5	6	10	
598	Mark Wagner	4	4	4	4	5	6	10	
599	Jim Spencer	4	4	4	4	8	10	15	
600	George Foster	4	4	4	4	8	10	15	
601	Dave LaRoche	4	4	4	4	5	6	10	
602	Checklist 485-605	4	4	4	4	8	10	15	
603	Rudy May	4	4	4	4	5	6	10	
604	Jeff Newman	4	4	4	4	5	6	10	40
605	Rick Monday DP	4	4	4	4	5	6	10	
606	Montreal Expos CL/Williams	4	4	4	4	5	6	10	
607	Omar Moreno	4	4	4	4	5	6	10	
608	Dave McKay	4	4	4	4	5	6	10	
609	Silvio Martinez RC	4	4	4	4	5	6	10	
610	Mike Schmidt	▲10	▲15	▲25	▲30	50	60	▲150	400
611	Jim Norris	4	4	4	6	10	15		
612	Rick Honeycutt RC	4	4	4	4	5	6	10	
613	Mike Edwards RC	4	4	4	4	8	10	15	
614	Willie Hernandez	4	4	4	4	5	6	10	
615	Ken Singleton	4	4	4	4	5	6	10	
616	Billy Almon	4	4	4	4	5	6	10	
617	Terry Puhl	4	4	4	4	5	6	10	
618	Jerry Remy	4	4	4	4	5	6	10	
619	Ken Landreaux RC	4	4	5		12	20		
620	Bert Campaneris	4	4	4	4	5	6	10	
621	Pat Zachry	4	4	4	4	5	6	10	
622	Dave Collins	4	4	4	4	5	6	10	80
623	Bob McClure	4	4	4	4	5	6	10	
624	Larry Herndon	4	4	4	4	8	10	15	
625	Mark Fidrych	4	4	4	4	5	6	10	
626	New York Yankees CL/Lemon	4	4	4	4	8	10	20	60
627	Gary Serum RC	4	4	4	4	8	10	15	
628	Del Unser	4	4	4	4	5	6	10	
629	Gene Garber	4	4	4	4	8	10	15	
630	Bake McBride	4	4	4	4	5	6	10	
631	Jorge Orta	4	4	4	4	5	6	10	
632	Don Kirkwood	4	4	4	4	5	6	10	
633	Rob Wilfong DP RC	4	4	4	4	5	6	10	
634	Paul Lindblad	4	4	4	4	5	6	10	
635	Don Baylor	4	4	4	4	5	6	10	
636	Wayne Garland	4	4	4	4	8	10	15	
637	Bill Robinson	4	4	4	4	5	6	10	
638	Al Fitzmorris	4	4	4	6	10	15		
639	Manny Trillo	4	4	4	4	5	6	10	
640	Eddie Murray	8	12	20	30	50	60	▲150	600
641	Bobby Castillo RC	4	4	4	6	10			
642	Wilbur Howard DP	4	4	4	4	5	6	10	
643	Tom Hausman	4	4	4	4	5	6	10	40
644	Manny Mota	4	4	4	4	5	6	10	80
645	George Scott DP	4	4	4	4	5	6	10	50
646	Rick Sweet	4	4	4	4	5	6	10	40
647	Bob Lacey	4	4	4	4	5	6	10	
648	Lou Piniella	4	4	4	4	6	8	12	
649	John Curtis	4	4	4	4	5	6	10	
650	Pete Rose	10	15	25	30	50	60		600
651	Mike Caldwell	4	4	4	4	8	10	15	
652	Stan Papi RC	4	4	4	4	8	10	15	
653	Warren Brusstar DP	4	4	4	4	5	6	10	
654	Rick Miller	4	4	4	4	5	6	10	
655	Jerry Koosman	4	4	4	4	5	6	10	40

		VgEx 4	EX 5	ExMt 6	NM 7	NmMt 8	NmMt+ 8.5	MT 9	Gem 9.5/10
656	Hosken Powell RC	4	4	4	4	5	6	10	
657	George Medich	4	4	4	4	8	10	15	
658	Taylor Duncan RC	4	4	4	4	8	10	15	
659	Seattle Mariners CL/Johnson	4	4	4	4	8	10	15	
660	Ron LeFlore DP	4	4	4	4	5	6	10	
661	Bruce Kison	4	4	4	4	8	10	15	
662	Kevin Bell	4	4	4	4	5	6	10	
663	Mike Vail	4	4	4	4	5	6	10	
664	Doug Bird	4	4	4	4	5	6	10	
665	Lou Brock	4	4	4	6	12	15	25	
666	Rich Dauer	4	4	4	4	5	6	10	
667	Don Hood	4	4	4	4	5	6	10	
668	Bill North	4	4	4	4	8	10	15	
669	Checklist 606-726	4	4	4	4	5	6	10	
670	Jim Hunter DP	4	4	4	4	6	8	12	80
671	Joe Ferguson DP	4	4	4	4	5	6	10	40
672	Ed Halicki	4	4	4	4	5	6	10	
673	Tom Hutton	4	4	4	4	5	6	10	
674	Dave Tomlin	4	4	4	4	5	6	10	
675	Tim McCarver	4	4	4	4	5	6	10	
676	Johnny Sutton RC	4	4	4	4	5	6	10	
677	Larry Parrish	4	4	4	4	5	6	10	
678	Geoff Zahn	4	4	4	4	5	6	10	
679	Derrel Thomas	4	4	4	4	5	6	10	
680	Carlton Fisk	4	4	4	5	10	12	25	200
681	John Henry Johnson RC	4	4	4	4	5	6	10	40
682	Dave Chalk	4	4	4	4	5	6	10	40
683	Dan Meyer DP	4	4	4	4	5	6	10	
684	Jamie Easterly DP	4	4	4	4	5	6	10	
685	Sixto Lezcano	4	4	4	4	5	6	10	
686	Ron Schueler DP	4	4	4	4	5	6	10	
687	Rennie Stennett	4	4	4	4	5	6	10	
688	Mike Willis	4	4	4	4	8	10	15	
689	Baltimore Orioles CL/Weaver	4	4	4	4	5	6	10	
690	Buddy Bell DP	4	4	4	4	5	6	10	
691	Dock Ellis DP	4	4	4	4	5	6	10	
692	Mickey Stanley	4	4	4	4	5	6	10	
693	Dave Rader	4	4	4	4	5	6	10	
694	Burt Hooton	4	4	4	4	5	6	10	
695	Keith Hernandez	4	4	4	4	6	8	12	50
696	Andy Hassler	4	4	4	4	8	10	15	
697	Dave Bergman	4	4	4	4	8	10	15	
698	Bill Stein	4	4	4	4	5	6	10	
699	Hal Dues RC	4	4	4	4	5	6	10	
700	Reggie Jackson DP	▼10	▼15	▼25	▼30	▼50	80	200	1,200
701	Corey/Flinn/Stewart RC	4	4	4	4	5	6	10	
702	Finch/Hancock/Ripley RC	4	4	4	4	5	6	10	
703	Anderson/Frost/Slater RC	4	4	4	4	5	6	10	40
704	Baumgarten/Colbern/Squires RC	4	4	4	4	5	6	10	
705	Griffin/Norrid/Oliver RC	4	4	4	4	5	6	10	50
706	Stegman/Tobik/Young RC	4	4	4	4	5	6	10	
707	Bass/Gaudet/McGilberry RC	4	4	4	4	5	6	10	40
708	Bass/Romero/Yost RC	4	4	4	4	5	6	10	40
709	Perlozzo/Sofield/Stanfield RC	4	4	4	4	5	6	10	
710	Doyle/Heath/Rajisch RC	4	4	4	4	5	6	10	40
711	Murphy/Robinson/Wirth RC	4	4	4	4	5	6	10	
712	Anderson/Biercevicz/McLaughlin RC	4	4	4	4	4	5	6	10
713	Darwin/Putnam/Sample RC	4	4	4	4	5	6	10	
714	Cruz/Kelly/Whitt RC	4	4	4	4	5	6	10	60
715	Benedict/Hubbard/Whisenton RC	4	4	4	4	5	6	10	
716	Geisel/Pagel/Thompson RC	4	4	4	4	5	6	10	
717	LaCoss/Oester/Spilman RC	4	4	4	4	5	6	10	
718	Bochy/Fischlin/Pisker RC	4	6	10	15	40	50	▲100	150
719	Guerrero/Law/Simpson RC	4	4	4	4	6	8	12	50
720	Fry/Pirtle/Sanderson RC	4	4	4	4	5	6	10	
721	Berenguer/Bernard/Norman RC	4	4	4	4	5	6	10	40
722	Morrison/Smith/Wright RC	4	4	4	4	5	6	10	50

		VgEx 4	EX 5	ExMt 6	NM 7	NmMt 8	NmMt+ 8.5	MT 9	Gem 9.4
723	Berra/Cotes/Wiltbank RC	4	4	4	4	5	6	10	
724	Bruno/Frazier/Kennedy RC	4	4	4	4	5	6	10	
725	Beswick/Mura/Perkins RC	4	4	4	4	5	6	10	
726	Johnston/Strain/Tamargo RC	4	4	4	4	5		10	

— Ozzie Smith #116 PSA 10 (Gem) sold for $20,852 (Mile High; 1/12)
— Ozzie Smith #116 PSA 10 (Gem) (Young Collection) sold for $19,567 (SCP; 5/12)

1980 Topps

		VgEx 4	EX 5	ExMt 6	NM 7	NmMt 8	NmMt+ 8.5	MT 9	Gem 9.5
1	L.Brock/C.Yastrzemski HL	4	4	4	6	12	20	40	
2	Willie McCovey HL	4	4	4	4	5	6	10	
3	Manny Mota HL	4	4	4	4	5	6	10	
4	Pete Rose HL	4	4	4	4	8	10	20	
5	Garry Templeton HL	4	4	4	4	5	6	10	
6	Del Unser HL	4	4	4	4	5	6	10	
7	Mike Lum	4	4	4	4	5	6	10	
8	Craig Swan	4	4	4	4	5	6	10	
9	Steve Braun	4	4	4	4	5	6	10	
10	Dennis Martinez	4	4	4	6	12	15	25	
11	Jimmy Sexton	4	4	4	4	5	6	10	
12	John Curtis DP	4	4	4	4	5	6	10	
13	Ron Pruitt	4	4	4	4	5	6	10	
14	Dave Cash	4	4	4	4	5	6	10	
15	Bill Campbell	4	4	4	4	5	6	10	
16	Jerry Narron RC	4	4	4	4	5	10	20	
17	Bruce Sutter	4	4	4	8	15	15	20	
18	Ron Jackson	4	4	4	4	5	6	10	
19	Balor Moore	4	4	4	4	5	6	10	
20	Dan Ford	4	4	4	4	5	6	10	
21	Manny Sarmiento	4	4	4	4	5	6	10	
22	Pat Putnam	4	4	4	4	5	6	10	
23	Derrel Thomas	4	4	4	4	5	6	10	
24	Jim Slaton	4	4	4	4	5	6	10	
25	Lee Mazzilli	4	4	4	4	6	8	12	
26	Marty Pattin	4	4	4	6	12	15	25	
27	Del Unser	4	4	4	4	5	6	10	
28	Bruce Kison	4	4	4	4	5	6	10	
29	Mark Wagner	4	4	4	4	5	6	10	
30	Vida Blue	4	4	4	4	5	6	10	
31	Jay Johnstone	4	4	4	4	5	6	10	
32	Julio Cruz DP	4	4	4	4	5	6	10	
33	Tony Scott	4	4	4	4	5	6	10	
34	Jeff Newman DP	4	4	4	4	5	6	10	
35	Luis Tiant	4	4	4	4	5	6	10	
36	Rusty Torres	4	4	4	4	5	6	10	
37	Kiko Garcia	4	4	4	4	5	6	10	
38	Dan Spillner DP	4	4	4	4	5	6	10	
39	Rowland Office	4	4	4	4	5	6	10	
40	Carlton Fisk	4	4	4	4	8	10	15	
41	Texas Rangers CL/Corrrales	4	4	4	4	5	6	10	
42	David Palmer RC	4	4	4	4	5	6	10	
43	Bombo Rivera	4	4	4	4	5	6	10	
44	Bill Fahey	4	4	4	4	5	6	10	
45	Frank White	4	4	4	4	5		30	
46	Rico Carty	4	4	4	4	5	6	10	
47	Bill Bonham DP	4	4	4	4	5	6	10	
48	Rick Miller	4	4	4	4	5	6	10	
49	Mario Guerrero	4	4	4	4	5	6	10	
50	J.R. Richard	4	4	4	4	5	6	10	
51	Joe Ferguson DP	4	4	4	4	5	6	10	
52	Warren Brusstar	4	4	4	4	5	6	10	
53	Ben Oglivie	4	4	4	4	5	6	10	
54	Dennis Lamp	4	4	4	4	5	6	10	
55	Bill Madlock	4	4	4	4	5	6	10	
56	Bobby Valentine	4	4	4	4	5	6	10	
57	Pete Vuckovich	4	4	4	4	5	6	10	
58	Doug Flynn	4	4	4	4	5	6	10	

	VgEx 4	EX 5	ExMt 6	NM 7	NmMt 8	NmMt+ 8.5	MT 9	Gem 9.5/10
Eddy Putman RC	4	4	4	4	5	6	10	
Bucky Dent	4	4	4	4	5	6	10	40
Gary Serum	4	4	4	4	5	6	10	
Mike Ivie	4	4	4	4	5	6	10	40
Bob Stanley	4	4	4	4	5	6	10	
Joe Nolan	4	4	4	4	5	6	10	
Al Bumbry	4	4	4	4	5	6	10	
Kansas City Royals CL/Frey	4	4	4	4	8	10	15	
Doyle Alexander	4	4	4	4	6	8	12	
Larry Harlow	4	4	4	4	6	8	12	
Rick Williams	4	4	4	4	5	6	10	
Gary Carter	4	4	4	4	6	8	20	100
John Milner DP	4	4	4	4	5	6	10	
Fred Howard DP RC	4	4	4	4	5	6	10	25
Dave Collins	4	4	4	4	5	6	10	
Sid Monge	4	4	4	4	5	6	10	
Bill Russell	4	4	4	4	5	6	15	25
John Stearns	4	4	4	4	5	6	10	40
Dave Stieb RC	4	4	4	4	6	10	15	150
Ruppert Jones	4	4	4	4	5	6	10	
Bob Owchinko	4	4	4	4	5	6	10	
Ron LeFlore	4	4	4	4	5	6	10	
Ted Sizemore	4	4	4	4	5	8	12	
Houston Astros CL/Virdon	4	4	4	4	8	10	15	
Steve Trout RC	4	4	4	4	5	6	10	25
Gary Lavelle	4	4	4	4	5	6	10	40
Ted Simmons	4	4	4	5	10	12	20	200
Dave Hamilton	4	4	4	4	5	6	10	40
Pepe Frias	4	4	4	4	5	6	10	
Ken Landreaux	4	4	4	4	5	6	10	
Don Hood	4	4	4	4	5	6	15	60
Manny Trillo	4	4	4	4	5	6	10	
Rick Dempsey	4	4	4	4	5	6	10	40
Rick Rhoden	4	4	4	4	5	6	10	
Dave Roberts DP	4	4	4	4	5	6	10	25
Neil Allen RC	4	4	4	4	5	6	10	40
Cecil Cooper	4	4	4	4	5	6	10	30
Oakland Athletics CL/Marshall	4	4	4	4	5	6	10	50
Bill Lee	4	4	4	4	5	6	10	40
Jerry Terrell	4	4	4	4	5	6	10	
Victor Cruz	4	4	4	4	5	6	10	25
Johnny Bench	4	4	4	4	8	15	25	150
Aurelio Lopez	4	4	4	4	5	6	10	
Rich Dauer	4	4	4	4	5	6	15	
Bill Caudill RC	4	4	4	4	5	6	10	
Manny Mota	4	4	4	4	5	8	15	40
Frank Tanana	4	4	4	4	5	6	10	40
Jeff Leonard RC	4	4	4	4	6	8	12	
Francisco Barrios	4	4	4	4	5	6	10	
Bob Horner	4	4	4	4	5	6	10	30
Bill Travers	4	4	4	4	5	6	10	
Fred Lynn DP	4	4	4	5	8	10	15	60
Bob Knepper	4	4	4	4	5	6	10	
Chicago White Sox CL/LaRussa	4	4	4	4	6	8	12	
Geoff Zahn	4	4	4	4	5	6	10	40
Juan Beniquez	4	4	4	4	5	6	10	
Sparky Lyle	4	4	4	4	5	6	10	
Larry Cox	4	4	4	4	5	6	10	40
Dock Ellis	4	4	4	4	5	6	10	40
Phil Garner	4	4	4	4	5	6	10	40
Sammy Stewart	4	4	4	4	5	6	10	
Greg Luzinski	4	4	4	4	5	6	10	30
Checklist 1-121	4	4	4	4	5	8	15	
Dave Rosello DP	4	4	4	4	5	6	10	25
Lynn Jones RC	4	4	4	4	5	6	10	40
Dave Lemanczyk	4	4	4	4	5	6	10	
Tony Perez	4	4	4	4	5	10	20	50

		VgEx 4	EX 5	ExMt 6	NM 7	NmMt 8	NmMt+ 8.5	MT 9	Gem 9.5/10
126	Dave Tomlin	4	4	4	4	5	6	10	
127	Gary Thomasson	4	4	4	4	5	6	10	
128	Tom Burgmeier	4	4	4	4	5	8	12	
129	Craig Reynolds	4	4	4	4	5	6	10	40
130	Amos Otis	4	4	4	4	5	6	10	
131	Paul Mitchell	4	4	4	4	5	6	10	60
132	Biff Pocoroba	4	4	4	4	5	6	10	40
133	Jerry Turner	4	4	4	4	5	6	10	
134	Matt Keough	4	4	4	4	5	6	10	
135	Bill Buckner	4	4	4	4	5	6	10	25
136	Dick Ruthven	4	4	4	4	5	6	10	
137	John Castino RC	4	4	4	4	5	6	10	
138	Ross Baumgarten	4	4	4	4	5	8	12	
139	Dane Iorg RC	4	4	4	4	5	6	10	30
140	Rich Gossage	4	4	4	4	5	6	30	100
141	Gary Alexander	4	4	4	4	5	6	10	
142	Phil Huffman RC	4	4	4	4	5	6	10	40
143	Bruce Bochte DP	4	4	4	4	5	6	10	25
144	Steve Comer	4	4	4	4	5	6	10	
145	Darrell Evans	4	4	4	4	5	6	10	
146	Bob Welch	4	4	4	4	5	6	10	
147	Terry Puhl	4	4	4	4	5	6	10	
148	Manny Sanguillen	4	4	4	4	5	6	10	40
149	Tom Hume	4	4	4	4	5	6	10	
150	Jason Thompson	4	4	4	4	5	6	10	40
151	Tom Hausman DP	4	4	4	4	5	6	10	
152	John Fulgham RC	4	4	4	4	5	6	10	40
153	Tim Blackwell	4	4	4	4	5	6	10	
154	Lary Sorensen	4	4	4	4	5	6	10	
155	Jerry Remy	4	4	4	4	5	6	10	
156	Tony Brizzolara RC	4	4	4	4	5	6	10	
157	Willie Wilson DP	4	4	4	4	5	6	10	40
158	Rob Picciolo DP	4	4	4	4	5	6	10	
159	Ken Clay	4	4	4	4	5	6	10	30
160	Eddie Murray	5	8	12	20	30	40	80	500
161	Larry Christenson	4	4	4	4	5	6	10	40
162	Bob Randall	4	4	4	4	5	6	10	
163	Steve Swisher	4	4	4	4	5	6	10	25
164	Greg Pryor	4	4	4	4	6	8	12	
165	Omar Moreno	4	4	4	4	5	6	10	20
166	Glenn Abbott	4	4	4	4	5	6	10	
167	Jack Clark	4	4	4	4	5	6	10	40
168	Rick Waits	4	4	4	4	5	6	10	40
169	Luis Gomez	4	4	4	4	5	6	10	40
170	Burt Hooton	4	4	4	4	5	6	10	40
171	Fernando Gonzalez	4	4	4	4	5	6	10	
172	Ron Hodges	4	4	4	4	5	6	10	40
173	John Henry Johnson	4	4	4	4	5	6	10	
174	Ray Knight	4	4	4	4	5	6	10	25
175	Rick Reuschel	4	4	4	4	6	8	12	
176	Champ Summers	4	4	4	4	5	6	10	
177	Dave Heaverlo	4	4	4	4	5	6	10	40
178	Tim McCarver	4	4	4	4	5	6	10	40
179	Ron Davis RC	4	4	4	4	5	8	12	50
180	Warren Cromartie	4	4	4	4	5	6	10	40
181	Moose Haas	4	4	4	4	5	6	10	40
182	Ken Reitz	4	4	4	4	5	8	15	40
183	Jim Anderson DP	4	4	4	4	5	6	10	15
184	Steve Renko DP	4	4	4	4	5	6	10	
185	Hal McRae	4	4	4	4	5	6	10	40
186	Junior Moore	4	4	4	4	5	6	10	
187	Alan Ashby	4	4	4	4	5	6	10	
188	Terry Crowley	4	4	4	4	5	6	10	40
189	Kevin Kobel	4	4	4	4	5	8	12	
190	Buddy Bell	4	4	4	4	5	6	10	50
191	Ted Martinez	4	4	4	4	5	6	10	
192	Atlanta Braves CL/Cox	4	4	4	4	5	6	10	

#	Player	VgEx 4	EX 5	ExMt 6	NM 7	NmMt 8	NmMt+ 8.5	MT 9	Gem 9.5/10
193	Dave Goltz	4	4	4	4	5	6	10	
194	Mike Easler	4	4	4	4	5	10	20	
195	John Montefusco	4	4	4	4	5	6	10	
196	Lance Parrish	4	4	4	4	5	8	12	
197	Byron McLaughlin	4	4	4	4	5	6	10	20
198	Dell Alston DP	4	4	4	4	5	6	10	
199	Mike LaCoss	4	4	4	4	5	6	10	
200	Jim Rice	4	4	5	10	12	15	20	150
201	Batting Leaders	4	4	4	4	5	6	10	40
202	Home Run Leaders	4	4	4	4	6	8	12	80
203	RBI Leaders	4	4	4	4	5	6	10	30
204	Stolen Base Leaders	4	4	4	4	5	10	20	40
205	Victory Leaders	4	4	4	4	5	6	10	25
206	Strikeout Leaders	4	4	4	4	8	12	15	100
207	ERA Leaders	4	4	4	5	10	12	20	40
208	Wayne Cage	4	4	4	4	5	6	10	30
209	Von Joshua	4	4	4	4	5	6	10	25
210	Steve Carlton	4	4	4	5	8	10	15	200
211	Dave Skaggs DP	4	4	4	4	5	6	10	
212	Dave Roberts	4	4	4	4	5	6	10	30
213	Mike Jorgensen DP	4	4	4	4	5	6	10	40
214	California Angels CL/Fregosi	4	4	4	4	8	10	15	
215	Sixto Lezcano	4	4	4	4	5	6	10	40
216	Phil Mankowski	4	4	4	4	5	6	10	
217	Ed Halicki	4	4	4	4	5	6	10	
218	Jose Morales	4	4	4	4	5	6	10	40
219	Steve Mingori	4	4	4	4	5	6	10	
220	Dave Concepcion	4	4	4	4	5	6	10	40
221	Joe Cannon RC	4	4	4	4	5	6	10	
222	Ron Hassey RC	4	4	4	4	5	6	10	
223	Bob Sykes	4	4	4	4	5	6	10	
224	Willie Montanez	4	4	4	4	5	6	10	
225	Lou Piniella	4	4	4	4	5	6	10	50
226	Bill Stein	4	4	4	4	5	6	10	
227	Len Barker	4	4	4	4	5	6	10	
228	Johnny Oates	4	4	4	4	5	6	10	30
229	Jim Bibby	4	4	4	4	8	10	20	
230	Dave Winfield	4	4	4	4	8	10	15	
231	Steve McCatty	4	4	4	4	5	6	10	
232	Alan Trammell	4	4	4	5	10	12	20	100
233	LaRue Washington RC	4	4	4	4	5	6	10	40
234	Vern Ruhle	4	4	4	4	5	6	10	40
235	Andre Dawson	4	4	4	4	8	10	15	120
236	Marc Hill	4	4	4	4	5	6	10	
237	Scott McGregor	4	4	4	4	5	6	10	
238	Rob Wilfong	4	4	4	4	5	6	10	
239	Don Aase	4	4	4	4	5	6	10	25
240	Dave Kingman	4	4	4	4	5	6	10	40
241	Checklist 122-242	4	4	4	4	5	6	10	
242	Lamar Johnson	4	4	4	4	5	6	10	
243	Jerry Augustine	4	4	4	4	5	6	10	40
244	St. Louis Cardinals CL/Boyer	4	4	4	4	5	8	12	
245	Phil Niekro	4	4	4	4	6	8	12	120
246	Tim Foli DP	4	4	4	4	5	6	10	40
247	Frank Riccelli	4	4	4	4	5	6	10	40
248	Jamie Quirk	4	4	4	4	5	6	10	40
249	Jim Clancy	4	4	4	4	5	6	10	40
250	Jim Kaat	4	4	4	4	5	6	10	60
251	Kip Young	4	4	4	4	5	6	10	40
252	Ted Cox	4	4	4	4	5	6	10	
253	John Montague	4	4	4	4	6	8	12	
254	Paul Dade DP	4	4	4	4	5	6	10	25
255	Dusty Baker DP	4	4	4	4	5	6	10	80
256	Roger Erickson	4	4	4	4	5	6	10	40
257	Larry Herndon	4	4	4	4	5	6	10	
258	Paul Moskau	4	4	4	4	5	6	10	40
259	New York Mets CL/Torre	4	4	4	4	6	8	12	40

#	Player	VgEx 4	EX 5	ExMt 6	NM 7	NmMt 8	NmMt+ 8.5	MT 9	Gem 9.5/10
260	Al Oliver	4	4	4	4	5	6	10	40
261	Dave Chalk	4	4	4	4	5	6	10	40
262	Benny Ayala	4	4	4	4	5	6	10	
263	Dave LaRoche DP	4	4	4	4	5	6	10	40
264	Bill Robinson	4	4	4	4	5	6	10	30
265	Robin Yount	4	4	4	4	8	12	25	150
266	Bernie Carbo	4	4	4	4	5	6	10	
267	Dan Schatzeder	4	4	4	4	5	6	10	
268	Rafael Landestoy	4	4	4	4	5	6	10	40
269	Dave Tobik	4	4	4	4	5	6	10	40
270	Mike Schmidt DP	4	4	4	5	10	12	20	150
271	Dick Drago DP	4	4	4	4	5	6	10	40
272	Ralph Garr	4	4	4	4	5	6	10	
273	Eduardo Rodriguez	4	4	4	4	5	6	10	
274	Dale Murphy	4	4	4	4	6	8	15	60
275	Jerry Koosman	4	4	4	4	5	6	10	20
276	Tom Veryzer	4	4	4	4	5	6	10	30
277	Rick Bosetti	4	4	4	4	5	6	10	25
278	Jim Spencer	4	4	4	4	5	6	10	40
279	Rob Andrews	4	4	4	4	5	6	10	
280	Gaylord Perry	4	4	4	4	5	6	10	50
281	Paul Blair	4	4	4	4	5	6	10	40
282	Seattle Mariners CL/Johnson	4	4	4	4	8	10	15	50
283	John Ellis	4	4	4	4	5	6	10	
284	Larry Murray DP RC	4	4	4	4	5	6	10	40
285	Don Baylor	4	4	4	4	5	10	20	25
286	Darold Knowles DP	4	4	4	4	5	6	10	40
287	John Lowenstein	4	4	4	4	5	6	10	40
288	Dave Rozema	4	4	4	4	5	6	10	40
289	Bruce Bochy	4	4	4	4	5	6	10	
290	Steve Garvey	4	4	4	4	6	8	12	120
291	Randy Scarberry RC	4	4	4	4	5	6	10	
292	Dale Berra	4	4	4	4	5	6	10	
293	Elias Sosa	4	4	4	4	5	6	10	
294	Charlie Spikes	4	4	4	4	5	8	15	
295	Larry Gura	4	4	4	4	5	6	10	30
296	Dave Rader	4	4	4	4	5	6	10	
297	Tim Johnson	4	4	4	4	5	6	10	40
298	Ken Holtzman	4	4	4	4	5	6	10	40
299	Steve Henderson	4	4	4	4	5	6	10	40
300	Ron Guidry	4	4	4	4	5	6	10	40
301	Mike Edwards	4	4	4	4	5	6	10	
302	Los Angeles Dodgers CL/Lasorda	4	4	4	4	6	8	12	50
303	Bill Castro	4	4	4	4	5	6	10	30
304	Butch Wynegar	4	4	4	4	5	6	10	40
305	Randy Jones	4	4	4	4	5	6	10	
306	Denny Walling	4	4	4	4	5	6	10	25
307	Rick Honeycutt	4	4	4	4	5	6	10	
308	Mike Hargrove	4	4	4	4	5	6	10	
309	Larry McWilliams	4	4	4	4	5	6	10	
310	Dave Parker	4	4	4	6	12	15	25	150
311	Roger Metzger	4	4	4	4	5	8	15	
312	Mike Barlow	4	4	4	4	5	6	10	
313	Johnny Grubb	4	4	4	4	5	6	10	
314	Tim Stoddard RC	4	4	4	4	5	6	10	40
315	Steve Kemp	4	4	4	4	5	6	10	
316	Bob Lacey	4	4	4	4	5	6	10	
317	Mike Anderson DP	4	4	4	4	5	6	10	40
318	Jerry Reuss	4	4	4	4	5	6	10	
319	Chris Speier	4	4	4	4	5	6	10	25
320	Dennis Eckersley	4	4	4	4	8	10	15	80
321	Keith Hernandez	4	4	4	4	5	8	15	40
322	Claudell Washington	4	4	4	4	5	6	10	
323	Mick Kelleher	4	4	4	4	5	6	10	25
324	Tom Underwood	4	4	4	4	5	6	10	40
325	Dan Driessen	4	4	4	4	5	6	10	
326	Bo McLaughlin	4	4	4	4	5	6	10	40

	VgEx 4	EX 5	ExMt 6	NM 7	NmMt 8	NmMt+ 8.5	MT 9	Gem 9.5/10
Ray Fosse DP	4	4	4	4	5	6	10	40
Minnesota Twins CL/Mauch	4	4	4	4	5	6	10	40
Bert Roberge RC	4	4	4	4	5	6	10	
Al Cowens	4	4	4	4	5	6	10	
Richie Hebner	4	4	4	4	5	6	10	
Enrique Romo	4	4	4	4	5	6	10	
Jim Norris DP	4	4	4	4	5	6	10	25
Jim Beattie	4	4	4	4	5	6	10	40
Willie McCovey	4	4	4	4	8	12	20	120
George Medich	4	4	4	4	5	6	10	
Carney Lansford	4	4	4	4	5	6	10	40
John Wockenfuss	4	4	4	4	5	6	10	
John D'Acquisto	4	4	4	4	5	6	10	
Ken Singleton	4	4	4	4	5	6	10	
Jim Essian	4	4	4	4	5	6	10	40
Odell Jones	4	4	4	4	5	6	10	
Mike Vail	4	4	4	4	5	6	10	
Randy Lerch	4	4	4	4	5	6	10	
Larry Parrish	4	4	4	4	5	6	10	25
Buddy Solomon	4	4	4	4	5	6	10	
Harry Chappas RC	4	4	4	4	5	6	10	
Checklist 243-363	4	4	4	4	5	12	25	
Jack Brohamer	4	4	4	4	5	6	10	
George Hendrick	4	4	4	4	5	6	10	
Bob Davis	4	4	4	4	5	6	10	
Dan Briggs	4	4	4	4	5	6	10	40
Andy Hassler	4	4	4	4	5	6	10	40
Rick Auerbach	4	4	4	4	5	6	10	25
Gary Matthews	4	4	4	4	5	6	10	40
San Diego Padres CL/Coleman	4	4	4	4	5	6	10	40
Bob McClure	4	4	4	4	5	6	10	40
Lou Whitaker	4	4	4	4	5	6	10	50
Randy Moffitt	4	4	4	4	5	6	10	25
Darrell Porter DP	4	4	4	4	5	6	10	25
Wayne Garland	4	4	4	4	5	10	20	40
Danny Goodwin	4	4	4	4	5	6	10	
Wayne Gross	4	4	4	4	5	6	10	25
Ray Burris	4	4	4	4	5	6	10	
Bobby Murcer	4	4	4	4	5	6	10	100
Rob Dressler	4	4	4	4	5	6	10	
Billy Smith	4	4	4	4	5	6	10	
Willie Aikens RC	4	4	4	4	5	6	10	
Jim Kern	4	4	4	4	5	6	10	
Cesar Cedeno	4	4	4	4	5	6	10	40
Jack Morris	4	4	4	4	5	6	10	
Joel Youngblood	4	4	4	4	5	6	10	
Dan Petry DP RC	4	4	4	4	5	6	10	50
Jim Gantner	4	4	4	4	5	6	10	
Ross Grimsley	4	4	4	4	5	6	10	40
Gary Allenson RC	4	4	4	4	5	8	15	
Junior Kennedy	4	4	4	4	5	6	10	
Jerry Mumphrey	4	4	4	4	5	6	10	
Kevin Bell	4	4	4	4	5	6	10	40
Garry Maddox	4	4	4	4	5	6	10	
Chicago Cubs CL/Gomez	4	4	4	5	10	12	20	
Dave Freisleben	4	4	4	4	5	6	10	
Ed Ott	4	4	4	4	5	6	10	40
Joey McLaughlin RC	4	4	4	4	5	6	10	
Enos Cabell	4	4	4	4	5	6	10	
Darrell Jackson	4	4	4	4	5	12	25	40
Fred Stanley Yellow Name	4	4	4	4	6	8	12	50
Mike Paxton	4	4	4	4	5	6	10	
Pete LaCock	4	4	4	4	5	6	10	
Fergie Jenkins	4	4	4	4	5	6	10	50
Tony Armas DP	4	4	4	4	5	6	10	
Milt Wilcox	4	4	4	4	5	6	10	
Ozzie Smith	10	12	20	25	▼30	50	120	1,000

		VgEx 4	EX 5	ExMt 6	NM 7	NmMt 8	NmMt+ 8.5	MT 9	Gem 9.5/10
394	Reggie Cleveland	4	4	4	4	5	6	10	40
395	Ellis Valentine	4	4	4	4	5	6	10	
396	Dan Meyer	4	4	4	4	5	6	10	
397	Roy Thomas DP	4	4	4	4	5	6	10	40
398	Barry Foote	4	4	4	4	5	6	10	
399	Mike Proly DP	4	4	4	4	5	6	10	
400	George Foster	4	4	4	4	6	8	15	
401	Pete Falcone	4	4	4	4	8	10	15	
402	Merv Rettenmund	4	4	4	4	5	6	10	20
403	Pete Redfern DP	4	4	4	4	5	6	10	
404	Baltimore Orioles CL/Weaver	4	4	4	4	5	8	12	40
405	Dwight Evans	4	4	4	4	5	8	15	
406	Paul Molitor	4	4	4	4	8	10	15	80
407	Tony Solaita	4	4	4	4	5	6	10	40
408	Bill North	4	4	4	4	5	6	10	40
409	Paul Splittorff	4	4	4	4	5	6	10	40
410	Bobby Bonds	4	4	4	4	6	8	12	
411	Frank LaCorte	4	4	4	4	5	6	10	40
412	Thad Bosley	4	4	4	4	5	6	10	
413	Allen Ripley	4	4	4	4	5	6	10	30
414	George Scott	4	4	4	4	5	6	10	40
415	Bill Atkinson	4	4	4	4	5	6	10	30
416	Tom Brookens RC	4	4	4	4	5	6	10	
417	Craig Chamberlain DP RC	4	4	4	4	5	6	10	25
418	Roger Freed DP	4	4	4	4	5	6	10	20
419	Vic Correll	4	4	4	4	5	6	10	40
420	Butch Hobson	4	4	4	4	6	8	12	
421	Doug Bird	4	4	4	4	5	6	10	40
422	Larry Milbourne	4	4	4	4	5	6	10	
423	Dave Frost	4	4	4	4	5	6	10	40
424	New York Yankees CL/Howser	4	4	4	5	10	12	20	80
425	Mark Belanger	4	4	4	4	5	6	10	40
426	Grant Jackson	4	4	4	4	5	6	10	
427	Tom Hutton DP	4	4	4	4	5	6	10	30
428	Pat Zachry	4	4	4	4	5	6	10	
429	Duane Kuiper	4	4	4	4	5	6	10	25
430	Larry Hisle DP	4	4	4	4	5	6	10	40
431	Mike Krukow	4	4	4	4	5	6	10	40
432	Willie Norwood	4	4	4	4	5	6	10	
433	Rich Gale	4	4	4	4	5	6	10	40
434	Johnnie LeMaster	4	4	4	4	5	6	10	
435	Don Gullett	4	4	4	4	5	6	10	
436	Billy Almon	4	4	4	4	5	6	10	
437	Joe Niekro	4	4	4	4	5	6	10	
438	Dave Revering	4	4	4	4	5	6	10	
439	Mike Phillips	4	4	4	4	5	6	10	
440	Don Sutton	4	4	4	4	5	6	10	40
441	Eric Soderholm	4	4	4	4	5	6	10	40
442	Jorge Orta	4	4	4	4	5	6	10	40
443	Mike Parrott	4	4	4	4	5	6	10	
444	Alvis Woods	4	4	4	4	5	6	10	
445	Mark Fidrych	4	4	4	4	6	8	12	50
446	Duffy Dyer	4	4	4	4	5	6	10	
447	Nino Espinosa	4	4	4	4	5	6	10	
448	Jim Wohlford	4	4	4	4	5	6	10	25
449	Doug Bair	4	4	4	4	5	6	10	
450	George Brett	12	20	25	30	▼40	60	120	2,000
451	Cleveland Indians CL/Garcia	4	4	4	4	6	8	12	
452	Steve Dillard	4	4	4	4	5	6	10	
453	Mike Bacsik	4	4	4	4	5	6	10	
454	Tom Donohue RC	4	4	4	4	5	6	10	40
455	Mike Torrez	4	4	4	4	5	6	10	
456	Frank Taveras	4	4	4	4	5	6	10	
457	Bert Blyleven	4	4	4	4	5	10	20	30
458	Billy Sample	4	4	4	4	5	6	10	30
459	Mickey Lolich DP	4	4	4	4	5	6	10	80
460	Willie Randolph	4	4	4	4	5	10	12	20

#	Player	VgEx 4	EX 5	ExMt 6	NM 7	NmMt 8	NmMt+ 8.5	MT 9	Gem 9.5/10
461	Dwayne Murphy	4	4	4	4	5	6	10	
462	Mike Sadek DP	4	4	4	4	5	6	10	
463	Jerry Royster	4	4	4	4	5	6	10	40
464	John Denny	4	4	4	4	5	6	10	40
465	Rick Monday	4	4	4	4	5	6	10	40
466	Mike Squires	4	4	4	8	15	20	30	
467	Jesse Jefferson	4	4	4	4	5	6	10	
468	Aurelio Rodriguez	4	4	4	4	5	6	10	40
469	Randy Niemann DP RC	4	4	4	4	5	6	10	40
470	Bob Boone	4	4	4	4	5	6	10	30
471	Hosken Powell DP	4	4	4	4	5	6	10	25
472	Willie Hernandez	4	4	4	4	5	6	10	40
473	Bump Wills	4	4	4	4	5	6	10	40
474	Steve Busby	4	4	4	4	5	6	10	40
475	Cesar Geronimo	4	4	4	4	5	6	10	
476	Bob Shirley	4	4	4	4	5	6	10	40
477	Buck Martinez	4	4	4	4	5	6	10	
478	Gil Flores	4	4	4	4	5	6	10	
479	Montreal Expos CL/Williams	4	4	4	4	8	10	15	50
480	Bob Watson	4	4	4	4	5	6	10	40
481	Tom Paciorek	4	4	4	4	5	6	10	40
482	Rickey Henderson RC	80	100	120	▼200	▼400	600	2,500	150,000
483	Bo Diaz	4	4	4	4	5	6	10	
484	Checklist 364-484	4	4	4	4	5	6	10	30
485	Mickey Rivers	4	4	4	4	5	6	10	40
486	Mike Tyson DP	4	4	4	4	5	6	10	25
487	Wayne Nordhagen	4	4	4	4	5	6	10	
488	Roy Howell	4	4	4	4	5	6	10	40
489	Preston Hanna DP	4	4	4	4	5	15	30	
490	Lee May	4	4	4	4	5	6	10	
491	Steve Mura DP	4	4	4	4	5	6	10	
492	Todd Cruz RC	4	4	4	4	5	6	10	40
493	Jerry Martin	4	4	4	4	5	6	10	
494	Craig Minetto RC	4	4	4	4	5	6	10	
495	Bake McBride	4	4	4	4	5	6	10	
496	Silvio Martinez	4	4	4	4	5	6	10	
497	Jim Mason	4	4	4	4	5	6	10	
498	Danny Darwin	4	4	4	4	5	6	10	500
499	San Francisco Giants CL/Bristol	4	4	4	4	8	10	15	50
500	Tom Seaver	4	4	4	6	8	10	15	150
501	Rennie Stennett	4	4	4	4	5	6	10	
502	Rich Wortham DP RC	4	4	4	4	5	6	10	25
503	Mike Cubbage	4	4	4	4	5	6	10	40
504	Gene Garber	4	4	4	4	5	6	10	
505	Bert Campaneris	4	4	4	4	5	6	10	
506	Tom Buskey	4	4	4	4	5	6	10	
507	Leon Roberts	4	4	4	4	5	6	10	
508	U.L. Washington	4	4	4	4	5	6	10	
509	Ed Glynn	4	4	4	4	5	6	10	
510	Ron Cey	4	4	4	4	5	6	10	40
511	Eric Wilkins RC	4	4	4	4	5	6	10	40
512	Jose Cardenal	4	4	4	4	5	6	10	40
513	Tom Dixon DP	4	4	4	4	5	6	10	25
514	Steve Ontiveros	4	4	4	4	5	6	10	40
515	Mike Caldwell	4	4	4	4	5	6	10	25
516	Hector Cruz	4	4	4	4	5	6	10	
517	Don Stanhouse	4	4	4	4	5	6	10	40
518	Nelson Norman RC	4	4	4	4	5	6	10	30
519	Steve Nicosia RC	4	4	4	4	5	6	10	40
520	Steve Rogers	4	4	4	4	5	6	10	
521	Ken Brett	4	4	4	4	5	6	10	40
522	Jim Morrison	4	4	4	4	5	6	10	40
523	Ken Henderson	4	4	4	4	5	6	10	40
524	Jim Wright DP	4	4	4	4	5	6	10	
525	Clint Hurdle	4	4	4	4	5	6	10	40
526	Philadelphia Phillies CL/Green	4	4	4	6	12	20	50	
527	Doug Rau DP	4	4	4	4	5	6	10	25
528	Adrian Devine	4	4	4	4	5	6	10	
529	Jim Barr	4	4	4	4	5	6	10	
530	Jim Sundberg DP	4	4	4	4	5	6	10	
531	Eric Rasmussen	4	4	4	4	5	6	10	
532	Willie Horton	4	4	4	4	5	6	10	
533	Checklist 485-605	4	4	4	4	8	10	15	
534	Andre Thornton	4	4	4	4	5	6	10	
535	Bob Forsch	4	4	4	4	5	6	10	
536	Lee Lacy	4	4	4	4	5	6	10	
537	Alex Trevino RC	4	4	4	4	5	6	10	
538	Joe Strain	4	4	4	4	5	6	10	
539	Rudy May	4	4	4	4	5	6	10	
540	Pete Rose	5	6	8	10	50	60	100	
541	Miguel Dilone	4	4	4	4	5	12	25	
542	Joe Coleman	4	4	4	4	5	6	10	
543	Pat Kelly	4	4	4	4	5	6	10	
544	Rick Sutcliffe RC	4	4	4	4	6	8	12	
545	Jeff Burroughs	4	4	4	4	5	6	10	
546	Rick Langford	4	4	4	4	5	6	10	
547	John Wathan	4	4	4	4	5	6	10	
548	Dave Rajsich	4	4	4	4	5	6	10	
549	Larry Wolfe	4	4	5	10	20	25	40	
550	Ken Griffey Sr.	4	4	4	4	5	6	10	
551	Pittsburgh Pirates CL/Tanner	4	4	5	10	12	15	25	
552	Bill Nahorodny	4	4	4	4	5	6	10	
553	Dick Davis	4	4	4	4	5	6	10	
554	Art Howe	4	4	4	4	5	6	10	
555	Ed Figueroa	4	4	4	4	5	6	10	
556	Joe Rudi	4	4	4	4	5	6	10	
557	Mark Lee	4	4	4	4	5	6	10	
558	Alfredo Griffin	4	4	4	4	5	6	10	
559	Dale Murray	4	4	4	4	5	6	10	
560	Dave Lopes	4	4	4	4	5	6	10	
561	Eddie Whitson	4	4	4	4	5	6	10	
562	Joe Wallis	4	4	4	4	5	6	10	
563	Will McEnaney	4	4	4	4	5	6	10	
564	Rick Manning	4	4	4	4	5	6	10	
565	Dennis Leonard	4	4	4	4	5	6	10	
566	Bud Harrelson	4	4	4	4	5	6	10	
567	Skip Lockwood	4	4	4	4	5	6	10	
568	Gary Roenicke RC	4	4	4	4	5	6	10	
569	Terry Kennedy	4	4	4	4	5	6	10	
570	Roy Smalley	4	4	4	6	12	15	25	
571	Joe Sambito	4	4	4	4	5	6	10	
572	Jerry Morales DP	4	4	4	4	5	6	10	
573	Kent Tekulve	4	4	4	4	5	6	10	
574	Scot Thompson	4	4	4	4	5	6	10	
575	Ken Kravec	4	4	4	4	5	6	10	
576	Jim Dwyer	4	4	4	4	5	6	10	
577	Toronto Blue Jays CL/Matlick	4	4	4	4	5	6	10	
578	Scott Sanderson	4	4	4	4	5	6	10	
579	Charlie Moore	4	4	4	4	5	6	10	
580	Nolan Ryan	15	25	30	50	80	120	▲500	8,...
581	Bob Bailor	4	4	4	4	5	6	10	
582	Brian Doyle	4	4	4	4	5	6	10	
583	Bob Stinson	4	4	4	4	6	8	12	
584	Kurt Bevacqua	4	4	4	4	5	6	10	
585	Al Hrabosky	4	4	4	4	5	6	10	
586	Mitchell Page	4	4	4	4	5	6	10	
587	Garry Templeton	4	4	4	4	5	6	10	
588	Greg Minton	4	4	4	4	5	6	10	
589	Chet Lemon	4	4	4	4	5	6	10	
590	Jim Palmer	4	4	4	8	15	20	40	
591	Rick Cerone	4	4	4	4	5	6	10	
592	Jon Matlack	4	4	4	4	5	6	10	
593	Jesus Alou	4	4	4	4	5	6	10	
594	Dick Tidrow	4	4	4	4	5	6	10	

	VgEx 4	EX 5	ExMt 6	NM 7	NmMt 8	NmMt+ 8.5	MT 9	Gem 9.5/10
Don Money	4	4	4	4	5	6	10	40
Rick Matula RC	4	4	4	4	5	6	10	
Tom Poquette	4	4	4	4	5	6	10	
Fred Kendall DP	4	4	4	4	5	6	10	20
Mike Norris	4	4	4	4	5	6	10	
Reggie Jackson	4	4	4	6	12	15	25	150
Buddy Schultz	4	4	4	4	5	6	10	
Brian Downing	4	4	4	4	5	6	10	
Jack Billingham DP	4	4	4	4	5	6	10	40
Glenn Adams	4	4	4	4	5	6	10	40
Terry Forster	4	4	4	4	5	6	10	
Cincinnati Reds CL/McNamara	4	4	4	5	10	15	30	50
Woodie Fryman	4	4	4	4	5	6	10	40
Alan Bannister	4	4	4	4	5	6	10	40
Ron Reed	4	4	4	4	5	6	10	
Willie Stargell	4	4	4	6	12	15	25	
Jerry Garvin DP	4	4	4	4	5	6	10	40
Cliff Johnson	4	4	4	4	5	6	10	
Randy Stein	4	4	4	4	5	6	10	40
John Hiller	4	4	4	4	5	6	10	40
Doug DeCinces	4	4	4	4	5	6	10	
Gene Richards	4	4	4	4	5	6	10	40
Joaquin Andujar	4	4	4	4	5	6	10	
Bob Montgomery DP	4	4	4	4	5	6	10	30
Sergio Ferrer	4	4	4	4	5	6	10	
Richie Zisk	4	4	4	4	6	8	12	
Bob Grich	4	4	4	4	5	6	10	
Mario Soto	4	4	4	4	5	6	10	40
Gorman Thomas	4	4	4	4	5	8	12	30
Lerrin LaGrow	4	4	4	4	5	6	10	40
Chris Chambliss	4	4	4	4	6	8	12	40
Detroit Tigers CL/Anderson	4	4	4	6	12	15	25	
Pedro Borbon	4	4	4	4	5	6	10	
Doug Capilla	4	4	4	4	5	6	10	
Jim Todd	4	4	4	4	5	6	10	40
Larry Bowa	4	4	4	4	5	6	10	40
Mark Littell	4	4	4	4	5	6	10	25
Barry Bonnell	4	4	4	4	5	6	10	40
Bob Apodaca	4	4	4	4	5	6	10	40
Glenn Borgmann DP	4	4	4	4	5	6	10	40
John Candelaria	4	4	4	4	5	10	20	
Toby Harrah	4	4	4	4	5	6	10	40
Joe Simpson	4	4	4	4	5	6	10	
Mark Clear RC	4	4	4	4	5	6	10	
Larry Biittner	4	4	4	4	5	8	15	
Mike Flanagan	4	4	4	4	5	6	10	
Ed Kranepool	4	4	4	4	5	6	10	
Ken Forsch DP	4	4	4	4	5	6	10	40
John Mayberry	4	4	4	4	5	6	10	
Charlie Hough	4	4	4	4	5	6	10	40
Rick Burleson	4	4	4	4	5	6	10	
Checklist 606-726	4	4	4	4	5	6	10	40
Milt May	4	4	4	4	5	6	10	40
Roy White	4	4	4	4	5	6	10	60
Tom Griffin	4	4	4	4	5	6	10	
Joe Morgan	4	4	4	4	6	8	12	100
Rollie Fingers	4	4	4	4	5	6	10	50
Mario Mendoza	4	4	4	4	5	6	10	
Stan Bahnsen	4	4	4	4	5	6	10	25
Bruce Boisclair DP	4	4	4	4	5	6	10	
Tug McGraw	4	4	4	4	5	6	10	40
Larvell Blanks	4	4	4	4	5	6	10	40
Dave Edwards RC	4	4	4	4	5	6	10	
Chris Knapp	4	4	4	4	5	6	10	60
Milwaukee Brewers CL/Bamberger	4	4	4	4	5	6	10	40
Rusty Staub	4	4	4	4	5	6	10	25

		VgEx 4	EX 5	ExMt 6	NM 7	NmMt 8	NmMt+ 8.5	MT 9	Gem 9.5/10
661	Corey/Ford/Krenchiki RC	4	4	4	4	5	6	10	
662	Finch/O'Berry/Rainey RC	4	4	4	4	5	8	15	
663	Botting/Clark/Thon RC	4	4	4	4	5	8	15	
664	Colbern/Hoffman/Robinson RC	4	4	4	4	5	6	10	40
665	Andersen/Cuellar/Wihtol RC	4	4	4	4	5	6	10	
666	Chris/Greene/Robbins RC	4	4	4	4	5	6	10	
667	Mart/Pasch/Quisenberry RC	4	4	4	4	8	10	15	60
668	Boitano/Mueller/Sakata RC	4	4	4	4	5	6	10	25
669	Graham/Sofield/Ward RC	4	4	4	4	5	6	10	40
670	Brown/Gulden/Jones RC	4	4	4	4	5	6	10	
671	Bryant/Kingman/Morgan RC	4	4	4	4	5	6	10	
672	Beamon/Craig/Vasquez RC	4	4	4	4	5	6	10	
673	Allard/Gleaton/Mahlberg RC	4	4	4	4	5	6	10	
674	Edge/Kelly/Wilborn RC	4	4	4	4	5	6	10	
675	Benedict/Bradford/Miller RC	4	4	4	4	5	6	10	40
676	Geisel/Macko/Pagel RC	4	4	4	4	5	6	10	40
677	DeFreites/Pastore/Spilman RC	4	4	4	4	5	6	10	
678	Baldwin/Knicely/Ladd RC	4	4	4	4	5	6	10	
679	Beckwith/Hatcher/Patterson RC	4	4	4	4	5	6	10	
680	Bernazard/Miller/Tamargo RC	4	4	4	4	8	10	15	
681	Norman/Orosco/Scott RC	4	4	4	4	6	8	12	
682	Aviles/Noles/Saucier RC	4	4	4	4	6	8	12	
683	Boyland/Lois/Saferight RC	4	4	4	4	5	8	15	
684	Frazier/Herr/O'Brien RC	4	4	4	4	5	8	15	
685	Flannery/Greer/Wilhelm RC	4	4	4	4	5	6	10	25
686	Johnston/Littlejohn/Nastu RC	4	4	4	4	5	6	10	
687	Mike Heath DP	4	4	4	4	5	6	10	40
688	Steve Stone	4	4	4	4	5	6	10	
689	Boston Red Sox CL/Zimmer	4	4	4	4	8	10	15	60
690	Tommy John	4	4	4	4	5	6	10	40
691	Ivan DeJesus	4	4	4	4	5	6	10	
692	Rawly Eastwick DP	4	4	4	4	5	6	10	
693	Craig Kusick	4	4	4	4	5	6	10	40
694	Jim Rooker	4	4	4	4	5	6	10	40
695	Reggie Smith	4	4	4	4	5	6	10	
696	Julio Gonzalez	4	4	4	4	5	6	10	
697	David Clyde	4	4	4	4	5	6	10	
698	Oscar Gamble	4	4	4	4	5	6	10	
699	Floyd Bannister	4	4	4	4	5	6	10	
700	Rod Carew DP	4	4	4	4	6	8	12	120
701	Ken Oberkfell RC	4	4	4	4	5	6	10	
702	Ed Farmer	4	4	4	4	5	6	10	
703	Otto Velez	4	4	4	4	5	6	10	
704	Gene Tenace	4	4	4	4	5	6	10	40
705	Freddie Patek	4	4	4	4	5	6	10	
706	Tippy Martinez	4	4	4	6	12	15	25	
707	Elliott Maddox	4	4	4	4	5	6	10	
708	Bob Tolan	4	4	4	4	5	6	10	
709	Pat Underwood RC	4	4	4	4	5	6	10	
710	Graig Nettles	4	4	4	5	10	15	20	50
711	Bob Galasso RC	4	4	4	4	5	6	10	25
712	Rodney Scott	4	4	4	4	5	6	10	
713	Terry Whitfield	4	4	4	4	5	6	10	40
714	Fred Norman	4	4	4	4	5	6	10	
715	Sal Bando	4	4	4	4	5	6	10	40
716	Lynn McGlothen	4	4	4	4	5	6	10	30
717	Mickey Klutts DP	4	4	4	4	5	6	10	50
718	Greg Gross	4	4	4	4	5	6	10	40
719	Don Robinson	4	4	4	4	5	6	10	40
720	Carl Yastrzemski DP	4	4	5	10	12	15	20	120
721	Paul Hartzell	4	4	4	4	5	6	10	40
722	Jose Cruz	4	4	4	4	5	6	10	40
723	Shane Rawley	4	4	4	4	5	6	10	
724	Jerry White	4	4	4	4	5	6	10	50
725	Rick Wise	4	4	4	4	5	6	10	25
726	Steve Yeager	4	4	4	4	5	6	10	

BASEBALL

1981 - Present

1981 Rochester Red Wings TCMA

		NmMt 8	NmMt+ 8.5	MT 9	Gem 9.5/10
15	Cal Ripken Jr.	250	300	350	700

1981 Topps

		NmMt 8	NmMt+ 8.5	MT 9	Gem 9.5/10
180	Pete Rose	15	20	40	1,500
240	Nolan Ryan	50	60	▲250	1,500
254	Ozzie Smith	10	15	20	80
261	Rickey Henderson	20	25	50	500
302	F.Valenzuela/M.Scioscia RC	50	60	250	
315	Kirk Gibson RC	▲60	60	250	2,500
347	Harold Baines RC	8	10	15	400
479	Tim Raines RC	15	20	25	250

1981 Topps Traded

		NmMt 8	NmMt+ 8.5	MT 9	Gem 9.5/10
727	Danny Ainge XRC	20	25	30	150
816	Tim Raines	50	60	▼100	2,000
850	Fernando Valenzuela	80	120	300	

1982 Anchorage Glacier Pilots McGwire

		NmMt 8	NmMt+ 8.5	MT 9	Gem 9.5/10
1	Mark McGwire	30	40	50	500

1982 Donruss

		NmMt 8	NmMt+ 8.5	MT 9	Gem 9.5/10
168	Pete Rose	6	8	12	60
405	Cal Ripken RC	▼50	60	▼120	1,000
419	Nolan Ryan	5	6	10	40

1982 Fleer

		NmMt 8	NmMt+ 8.5	MT 9	Gem 9.5/10
176	Cal Ripken RC	▼50	60	▼120	2,500
229	Nolan Ryan	10	15	25	40

1982 Topps

		NmMt 8	NmMt+ 8.5	MT 9	Gem 9.5/10
21	Cal Ripken RC	80	100	200	2,000
90	Nolan Ryan	15	20	30	300
780	Pete Rose	10	12	20	120

1982 Topps Traded

		NmMt 8	NmMt+ 8.5	MT 9	Gem 9.5/10
98T	Cal Ripken	300	300	▼600	6,000
109T	Ozzie Smith	50	60	100	1,200

1983 Donruss

		NmMt 8	NmMt+ 8.5	MT 9	Gem 9.5/10
42	Pete Rose	5	8	15	40
118	Nolan Ryan	6	8	12	30
277	Ryne Sandberg RC	▼30	▼40	▼60	600
279	Cal Ripken RC	25	▼25	▼30	80
525	Julio Franco RC	6	8	12	40
586	Wade Boggs RC	▼25	▼30	▼50	250
598	Tony Gwynn RC	40	50	80	500

1983 Fleer

		NmMt 8	NmMt+ 8.5	MT 9	Gem 9.5/10
70	Cal Ripken	12	15	40	80
171	Pete Rose	5	6	12	40
179	Wade Boggs RC	▼30	▼30	▼50	300
360	Tony Gwynn RC	40	50	80	500
463	Nolan Ryan	5	6	10	80
507	Ryne Sandberg RC	30	▼30	▼50	400

1983 Topps

		NmMt 8	NmMt+ 8.5	MT 9	Gem 9.5/10
83	Ryne Sandberg RC	▲50	▲50	▲100	1,500
100	Pete Rose	8	10	15	50
163	Cal Ripken	30	40	▼50	600
180	Rickey Henderson	6	8	12	50
360	Nolan Ryan	10	12	25	120
482	Tony Gwynn RC	▼60	▼80	▲300	4,000
498	Wade Boggs RC	50	60	▼120	3,000

1984 Donruss

		NmMt 8	NmMt+ 8.5	MT 9	Gem 9.5/10
41	Joe Carter RC	▼30	▼40	▼100	400
60	Nolan Ryan	25	25	▼50	400
61	Pete Rose	8	10	▼40	120
68	Darryl Strawberry RC	30	40	▼60	400
106	Cal Ripken	25	25	▼40	▲100
248	Don Mattingly RC	100	120	▼250	5,000
311	Ryne Sandberg	▼15	▼20	▼30	200

1984 Fleer

		NmMt 8	NmMt+ 8.5	MT 9	Gem 9.5/10
17	Cal Ripken	20	25	30	150
46	Pete Rose	5	6	10	60
131	Don Mattingly RC	50	60	120	1,200
239	Nolan Ryan	▲25	▲25	40	250
504	Ryne Sandberg	6	8	25	50
599	Darryl Strawberry RC	30	40	▼50	300

1984 Fleer Update

		NmMt 8	NmMt+ 8.5	MT 9	Gem 9.5/10
U27	Roger Clemens XRC	300	400	▼500	2,500
U43	Dwight Gooden XRC	▼100	▼120	▼150	800
U93	Kirby Puckett XRC	▼250	▼300	▼400	1,500
U102	Pete Rose	30	40	50	80

1984 Pawtucket Red Sox TCMA

		NmMt 8	NmMt+ 8.5	MT 9	Gem 9.5/10
22	Roger Clemens	80	100	700	

1984 Topps

		NmMt 8	NmMt+ 8.5	MT 9	Gem 9.5/10
8	Don Mattingly RC	50	60	120	1,500
182	Darryl Strawberry RC	8	10	15	50
300	Pete Rose	6	8	12	50
470	Nolan Ryan	8	10	15	100
490	Cal Ripken	6	8	12	50
596	Ryne Sandberg	5	6	12	60

1984 Topps Traded Tiffany

		NmMt 8	NmMt+ 8.5	MT 9	Gem 9.5/10
104T	Bret Saberhagen	12	15	25	80

1985 Donruss

		NmMt 8	NmMt+ 8.5	MT 9	Gem 9.5/10
60	Nolan Ryan	▲25	▲30	40	80
169	Cal Ripken	5	6	15	50
190	Dwight Gooden RC	5	6	12	50
254	Pete Rose Expos	6	8	15	50
273	Roger Clemens RC	▼30	▼30	▼80	▼250
438	Kirby Puckett RC	▼30	▼30	80	5,000
581	Orel Hershiser RC	5	6	10	80
641	Pete Rose	5	6	12	60

1985 Fleer

		NmMt 8	NmMt+ 8.5	MT 9	Gem 9.5/10
155	Roger Clemens RC	▼30	▼40	▼100	1,000
187	Cal Ripken	5	6	15	50
286	Kirby Puckett RC	30	40	100	1,200
359	Nolan Ryan	5	6	10	100
550	Pete Rose	6	8	12	40

1985 Modesto A's Chong

		NmMt 8	NmMt+ 8.5	MT 9	Gem 9.5/10
17B	Mark McGwire COR	8	10	15	30

1985 Topps

		NmMt 8	NmMt+ 8.5	MT 9	Gem 9.5/10
30	Cal Ripken	5	6	12	600
181	Roger Clemens RC	▼30	▼30	▼80	2,000
401	Mark McGwire OLY RC	▼40	60	150	2,500
493	Orel Hershiser RC	20	20	25	100
536	Kirby Puckett RC	▼30	50	100	1,000
600	Pete Rose	5	6	12	50
620	Dwight Gooden RC	10	12	20	80
760	Nolan Ryan	8	10	20	120

1986 Donruss

		NmMt 8	NmMt+ 8.5	MT 9	Gem 9.5/10
28	Fred McGriff RC	30	40	▲80	600
33A	Andres Galarraga RC	5	6	8	25
37	Paul O'Neill RC	5	5	10	30
39	Jose Canseco RC	▲50	50	▲100	600
258	Nolan Ryan	5	6	12	50
512	Cecil Fielder RC	8	10	15	

1986 Donruss Rookies

		NmMt 8	NmMt+ 8.5	MT 9	Gem 9.5/1
11	Barry Bonds XRC	▼25	▼30	50	300
22	Jose Canseco	▼20	▼25	▼40	600
32	Will Clark XRC	5	5	6	25
38	Bo Jackson XRC	▼25	▼25	▼50	250

1986 Fleer Update

		NmMt 8	NmMt+ 8.5	MT 9	Gem 9.5/10
U14	Barry Bonds XRC	30	▼30	▼60	▼400
U20	Jose Canseco	5	6	12	40
U25	Will Clark XRC	10	12	25	80

1986 Pittsfield Cubs ProCards

		NmMt 8	NmMt+ 8.5	MT 9	Gem 9.5/10
14	Greg Maddux	120	150	250	400
18	Rafael Palmeiro	40	50	80	100

1986 Sportflics Rookies

		NmMt 8	NmMt+ 8.5	MT 9	Gem 9.5/1
13	Barry Bonds	▼20	▼20	▼30	100
34	Barry Larkin	12	15	30	120

1986 Topps Traded

		NmMt 8	NmMt+ 8.5	MT 9	Gem 9.5/1
11T	Barry Bonds XRC	▼25	▼30	▼60	▼400
20T	Jose Canseco XRC	▼20	▼20	▼30	150
24T	Will Clark XRC	▼20	25	30	120
50T	Bo Jackson XRC	▼30	▼40	▼60	800

1986 Topps Traded Tiffany

		NmMt 8	NmMt+ 8.5	MT 9	Gem 9.5/1
11T	Barry Bonds	800	1,000	▼1,500	10,000
20T	Jose Canseco	50	60	▲120	600
24T	Will Clark	50	60	100	600
50T	Bo Jackson	▲500	▲600	▲1,000	15,000

1987 Bellingham Mariners Team Issue

		NmMt 8	NmMt+ 8.5	MT 9	Gem 9.5/10
15	Ken Griffey Jr.	50	60	80	200

1987 Donruss

		NmMt 8	NmMt+ 8.5	MT 9	Gem 9.5/10
35	Bo Jackson RC	30	▼30	▼50	300
36	Greg Maddux RC	25	▼25	▼50	400
43	Rafael Palmeiro RC	8	10	▲20	60
46	Mark McGwire RC	20	▼20	30	▼100
66	Will Clark RC	5	5	8	20
361	Barry Bonds RC	▼20	25	▼30	300
492	Barry Larkin RC	6	8	12	30
502	David Cone RC	5	5	6	25

1987 Fleer

		NmMt 8	NmMt+ 8.5	MT 9	Gem 9.5/1
204	Barry Larkin RC	▼20	25	40	120
269	Will Clark RC	5	6	12	30
369	Bo Jackson RC	▼25	30	50	250
604	Barry Bonds RC	▼20	▼20	▼30	▼300

1987 Fleer Update

		NmMt 8	NmMt+ 8.5	MT 9	Gem 9.5/10
U68	Greg Maddux XRC	▼15	20	30	150
U76	Mark McGwire	15	15	25	50

1987 Topps

		NmMt 8	NmMt+ 8.5	MT 9	Gem 9.5/1
170	Bo Jackson RC	25	▼25	▼40	200
320	Barry Bonds RC	▼20	▼25	▼40	400

222 www.beckett.com/price-guide

	NmMt 8	NmMt+ 8.5	MT 9	Gem 9.5/10
Mark McGwire	▲20	▲20	25	50
Will Clark RC	5	5	6	20
Rafael Palmeiro RC	5	6	10	20
Barry Larkin RC	4	10	15	30

87 Topps Glossy Send-Ins

	NmMt 8	NmMt+ 8.5	MT 9	Gem 9.5/10
Barry Bonds	20	20	25	60

87 Topps Traded

	NmMt 8	NmMt+ 8.5	MT 9	Gem 9.5/10
Greg Maddux XRC	25	25	▼30	▼120

88 Cape Cod Prospects P and L Promotions

	NmMt 8	NmMt+ 8.5	MT 9	Gem 9.5/10
Frank Thomas	20	25	30	80

88 Fleer Glossy

	NmMt 8	NmMt+ 8.5	MT 9	Gem 9.5/10
Edgar Martinez	20	20	▼30	200
Tom Glavine	12	15	25	50

88 Fleer Update

	NmMt 8	NmMt+ 8.5	MT 9	Gem 9.5/10
David Wells XRC	5	5	8	20
John Smoltz XRC	20	20	30	250
Craig Biggio XRC	20	20	25	100
Roberto Alomar XRC	5	5	8	20

88 Fleer Update Glossy

	NmMt 8	NmMt+ 8.5	MT 9	Gem 9.5/10
John Smoltz	25	25	40	300
Craig Biggio	▲20	▲25	▼30	100

88 San Bernardino Spirit Cal League Cards

	NmMt 8	NmMt+ 8.5	MT 9	Gem 9.5/10
Ken Griffey Jr.	30	40	60	5,000

88 Score Rookie/Traded

	NmMt 8	NmMt+ 8.5	MT 9	Gem 9.5/10
Mark Grace XRC	8	10	12	25
Craig Biggio XRC	12	15	20	50
Roberto Alomar XRC	10	12	15	40

88 Score Rookie/Traded Glossy

	NmMt 8	NmMt+ 8.5	MT 9	Gem 9.5/10
Mark Grace	10	15	20	60
Craig Biggio	60	80	100	400
Roberto Alomar	30	40	80	400

89 Bowman

	NmMt 8	NmMt+ 8.5	MT 9	Gem 9.5/10
Gary Sheffield RC	5	5	8	40
Ken Griffey Jr. RC	12	15	25	120
John Smoltz RC	6	8	12	25

89 Donruss

	NmMt 8	NmMt+ 8.5	MT 9	Gem 9.5/10
Gary Sheffield RC	12	12	20	80
Ken Griffey Jr. RC	25	▼25	50	500
Randy Johnson RC	5	5	8	30
Craig Biggio RC	5	5	10	20
Curt Schilling RC	5	5	10	25
John Smoltz RC	5	5	6	20

89 Fleer

	NmMt 8	NmMt+ 8.5	MT 9	Gem 9.5/10
Gary Sheffield RC	5	5	6	30
Craig Biggio RC	5	6	10	40
Randy Johnson RC	6	8	12	40
Ken Griffey Jr. RC	▼20	25	▼40	250
John Smoltz RC	5	5	10	30
Bill Ripken ERR	12	15	50	100

89 Score Rookie/Traded

	NmMt 8	NmMt+ 8.5	MT 9	Gem 9.5/10
Randy Johnson	5	5	5	25
Ken Griffey Jr. RC	25	25	40	200

89 Scoremasters

	NmMt 8	NmMt+ 8.5	MT 9	Gem 9.5/10
Ken Griffey Jr.	25	25	▼40	▼120

89 Topps

	NmMt 8	NmMt+ 8.5	MT 9	Gem 9.5/10
Craig Biggio RC	5	5	6	30
Gary Sheffield RC	6	8	10	20
John Smoltz RC	6	8	10	30
Randy Johnson RC	6	8	10	30

89 Topps Traded

	NmMt 8	NmMt+ 8.5	MT 9	Gem 9.5/10
Ken Griffey Jr. RC	▼25	▼25	50	▼200
Randy Johnson	4	5	8	15
Kenny Rogers RC	5	5	8	15
Omar Vizquel RC	5	5	5	25

1989 Upper Deck

		NmMt 8	NmMt+ 8.5	MT 9	Gem 9.5/10
1	Ken Griffey Jr. RC	120	▼120	300	▼2,500
13	Gary Sheffield RC	10	10	20	30
17	John Smoltz RC	▼15	20	25	▼80
25	Randy Johnson RC	20	25	30	200
273	Craig Biggio RC	15	20	25	60
787	Omar Vizquel RC	8	8	12	30

1990 Leaf

		NmMt 8	NmMt+ 8.5	MT 9	Gem 9.5/10
220	Sammy Sosa RC	12	15	25	150
237	John Olerud RC	4	5	8	25
245	Ken Griffey Jr.	20	20	30	250
297	David Justice RC	6	8	12	20
300	Frank Thomas RC	30	30	▼50	200
325	Larry Walker RC	12	15	25	200

1990 Topps

		NmMt 8	NmMt+ 8.5	MT 9	Gem 9.5/10
331	Juan Gonzalez RC	5	5	6	15
414A	FrankThomas NNOF	2,000	2,500	4,500	
414B	Frank Thomas RC	5	6	10	30
692	Sammy Sosa RC	5	5	5	25
701	Bernie Williams RC	5	5	6	25
757	Larry Walker RC	5	5	6	20
USA1	George Bush PRES	1,500	2,000		

1991 Bowman

		NmMt 8	NmMt+ 8.5	MT 9	Gem 9.5/10
68	Jim Thome RC	▼10	▼12	▼20	50
183	Jeff Bagwell RC	5	6	10	60
272	Ivan Rodriguez RC	6	8	12	60
569	Chipper Jones RC	20	25	▼30	150

1991 Fleer Update

		NmMt 8	NmMt+ 8.5	MT 9	Gem 9.5/10
U62	Ivan Rodriguez RC	5	5	8	25
U87	Jeff Bagwell RC	5	6	10	20

1991 Stadium Club

		NmMt 8	NmMt+ 8.5	MT 9	Gem 9.5/10
388	Jeff Bagwell RC	8	10	15	25
576	Luis Gonzalez RC	5	6	10	50

1991 Topps

		NmMt 8	NmMt+ 8.5	MT 9	Gem 9.5/10
333	Chipper Jones RC	25	30	40	▼120

1991 Upper Deck

		NmMt 8	NmMt+ 8.5	MT 9	Gem 9.5/10
55	Chipper Jones RC	20	25	30	50
65	Mike Mussina RC	4	5	8	15
567	Luis Gonzalez RC	4	4	5	10
755	Jeff Bagwell RC	5	5	8	20
SP1	Michael Jordan	▼40	50	▼80	▼400

1991 Upper Deck Final Edition

		NmMt 8	NmMt+ 8.5	MT 9	Gem 9.5/10
2F	Pedro Martinez RC	15	20	▼25	60
17F	Jim Thome RC	▼12	▼15	▼20	40
55F	Ivan Rodriguez RC	5	5	6	20

1992 Bowman

		NmMt 8	NmMt+ 8.5	MT 9	Gem 9.5/10
11	Trevor Hoffman RC	25	25	▼50	250
28	Chipper Jones	20	25	30	60
82	Pedro Martinez	20	20	▼30	120
127	Carlos Delgado RC	6	8	20	50
298	Garret Anderson RC	5	6	10	30
302	Mariano Rivera RC	▼100	▼120	▼200	▼400
460	Jim Thome	6	8	10	30
461	Mike Piazza RC	40	▲50	60	250
532	Manny Ramirez RC	8	8	12	30
676	Manny Ramirez FOIL	10	12	15	30

1992 Fleer Update

		NmMt 8	NmMt+ 8.5	MT 9	Gem 9.5/10
92	Mike Piazza RC	80	▲100	120	250
104	Jeff Kent RC	25	30	50	150

1992 Front Row Draft Picks

		NmMt 8	NmMt+ 8.5	MT 9	Gem 9.5/10
55	Derek Jeter	▼30	▼40	▼60	600

1992 Little Sun High School Prospects

		NmMt 8	NmMt+ 8.5	MT 9	Gem 9.5/10
2	Derek Jeter	100	120	200	400

1992 Upper Deck Minors

		NmMt 8	NmMt+ 8.5	MT 9	Gem 9.5/10
5	Derek Jeter FDP	40	50	60	100

1993 Bowman

		NmMt 8	NmMt+ 8.5	MT 9	Gem 9.5/10
103	Andy Pettitte RC	20	20	50	100
327	Mariano Rivera	25	20	▼50	120
511	Derek Jeter RC	▼40	▼50	▼100	500

1993 Pinnacle

		NmMt 8	NmMt+ 8.5	MT 9	Gem 9.5/10
457	Derek Jeter RC	50	50	▼100	600

1993 Select

		NmMt 8	NmMt+ 8.5	MT 9	Gem 9.5/10
360	Derek Jeter RC	▼30	▼30	60	200

1993 SP

		NmMt 8	NmMt+ 8.5	MT 9	Gem 9.5/10
273	Johnny Damon FOIL RC	15	15	40	200
279	Derek Jeter FOIL RC	▼500	▼600	▼6,000	30,000

1993 Stadium Club Murphy

		NmMt 8	NmMt+ 8.5	MT 9	Gem 9.5/10
93	Nomar Garciaparra USA	5	6	15	30
117	Derek Jeter RC	▼120	▼150	▼250	600

1993 Topps

		NmMt 8	NmMt+ 8.5	MT 9	Gem 9.5/10
98	Derek Jeter RC	▼40	▼40	▼80	400
799	Jim Edmonds RC	5	5	8	25

1993 Topps Inaugural Marlins

		NmMt 8	NmMt+ 8.5	MT 9	Gem 9.5/10
98	Derek Jeter	120	200	300	1,200

1993 Topps Inaugural Rockies

		NmMt 8	NmMt+ 8.5	MT 9	Gem 9.5/10
98	Derek Jeter	120	150	500	1,500

1993 Topps Traded

		NmMt 8	NmMt+ 8.5	MT 9	Gem 9.5/10
19T	Todd Helton USA RC	15	15	30	80

1993 Upper Deck

		NmMt 8	NmMt+ 8.5	MT 9	Gem 9.5/10
449	Derek Jeter RC	▼30	▼30	▼60	400

1994 Appleton Foxes Fleer/ProCards

		NmMt 8	NmMt+ 8.5	MT 9	Gem 9.5/10
1063	Alex Rodriguez	15	15	25	50

1994 Bowman

		NmMt 8	NmMt+ 8.5	MT 9	Gem 9.5/10
38	Jorge Posada RC	8	10	20	100
94	Edgar Renteria RC	5	6	8	25
104	Torii Hunter RC	8	10	15	40
232	Derrek Lee RC	8	10	15	20
433	Jermaine Dye RC	5	6	10	20
594	Paul LoDuca RC	5	5	8	15

1994 Bowman's Best

		NmMt 8	NmMt+ 8.5	MT 9	Gem 9.5/10
B19	Billy Wagner RC	5	5	8	12
B29	Jorge Posada RC	10	12	20	40
B63	Edgar Renteria RC	6	6	8	12

1994 Flair

		NmMt 8	NmMt+ 8.5	MT 9	Gem 9.5/10
340	Alex Rodriguez RC	25	▼25	▼30	80

1994 Flair Wave of the Future

		NmMt 8	NmMt+ 8.5	MT 9	Gem 9.5/10
B8	Alex Rodriguez	20	▼20	▼30	80

1994 Fleer Update

		NmMt 8	NmMt+ 8.5	MT 9	Gem 9.5/10
U86	Alex Rodriguez RC	▼20	▼20	▼25	60

1994 Leaf Limited Rookies Phenoms

		NmMt 8	NmMt+ 8.5	MT 9	Gem 9.5/10
10	Alex Rodriguez	200	250	400	600

1994 Score Rookie/Traded

		NmMt 8	NmMt+ 8.5	MT 9	Gem 9.5/10
HC1	Alex Rodriguez CU	120	150	300	

1994 SP

		NmMt 8	NmMt+ 8.5	MT 9	Gem 9.5/10
10	Derrek Lee FOIL RC	10	12	50	150
15	Alex Rodriguez FOIL RC	▼60	▼80	▼300	1,000

1994 SP Holoviews

		NmMt 8	NmMt+ 8.5	MT 9	Gem 9.5/10
33	Alex Rodriguez	25	30	40	▲200

1994 SP Holoviews Die Cuts

		NmMt 8	NmMt+ 8.5	MT 9	Gem 9.5/10
16	Michael Jordan	120	150	200	800
33	Alex Rodriguez	200	200	250	1,000

1994 Upper Deck

		NmMt 8	NmMt+ 8.5	MT 9	Gem 9.5/10
19	Michael Jordan RC	20	25	30	60
24	Alex Rodriguez RC	12	15	20	60
298	Alex Rodriguez UDCA	5	6	10	30
A298	Alex Rodriguez AU	100	100	120	500

1995 Bowman's Best

		NmMt 8	NmMt+ 8.5	MT 9	Gem 9.5/10
B2	Vladimir Guerrero RC	▼50	▼60	▼100	1,000
B3	Bob Abreu RC	6	8	10	40
B7	Andruw Jones RC	30	30	▲60	250
B10	Richie Sexson RC	8	10	25	40
B73	Bartolo Colon RC	8	10	12	50
B74	Chris Carpenter RC	8	10	12	20
B87	Scott Rolen RC	8	10	20	25
X5	C.Beltran/J.Gonzalez UER	5	6	8	20

1997 Bowman

		NmMt 8	NmMt+ 8.5	MT 9	Gem 9.5/10
194	Adrian Beltre RC	20	40	▼80	300
196	Kerry Wood RC	5	6	8	15
308	Roy Halladay RC	25	40	60	200
411	Miguel Tejada RC	8	10	15	30
424	Vernon Wells RC	5	5	6	10
438	Lance Berkman RC	8	10	15	40

1997 Bowman Chrome

		NmMt 8	NmMt+ 8.5	MT 9	Gem 9.5/10
182	Adrian Beltre RC	▼50	▼50	▼120	250
183	Kerry Wood RC	10	12	25	50
192	Eric Chavez RC	5	5	6	15
212	Roy Halladay RC	▼50	60	150	400
214	Aramis Ramirez RC	5	6	10	15
273	Miguel Tejada RC	5	5	15	20
284	Vernon Wells RC	6	8	10	30
287	Jon Garland RC	6	8	12	40

1997 Bowman's Best

		NmMt 8	NmMt+ 8.5	MT 9	Gem 9.5/10
114	Miguel Tejada RC	6	8	12	25
117	Adrian Beltre RC	12	20	50	120
134	Roy Halladay RC	20	25	50	120
154	Kerry Wood RC	5	5	8	20

1997 Fleer

		NmMt 8	NmMt+ 8.5	MT 9	Gem 9.5/10
512	David Arias-Ortiz RC	150	▼200	▼250	500

1997 Ultra

		NmMt 8	NmMt+ 8.5	MT 9	Gem 9.5/10
518	David Arias-Ortiz RC	120	120	250	▲500

1998 Bowman Chrome

		NmMt 8	NmMt+ 8.5	MT 9	Gem 9.5/10
85	Mike Lowell RC	5	6	10	15
91	Kevin Millwood RC	5	5	8	12
134	Troy Glaus RC	4	5	8	12
181	Jimmy Rollins RC	5	6	10	40
185	Magglio Ordonez RC	6	6	15	20
221	Orlando Hernandez RC	5	6	8	25
428	Carlos Lee RC	8	10	15	25

1999 Bowman Chrome

		NmMt 8	NmMt+ 8.5	MT 9	Gem 9.5/10
175	Pat Burrell RC	4	5	8	12
200	Austin Kearns RC	8	10	15	25
344	C.C. Sabathia RC	25	25	60	100
350	Alfonso Soriano RC	6	8	▼12	30
355	Mark Mulder RC	5	6	10	20
364	Rafael Furcal RC	5	6	10	20
369	Adam Dunn RC	5	6	10	15
375	Tim Hudson RC	5	6	10	30
400	Matt Holliday RC	5	▲6	▲10	▲25
421	David Eckstein RC	6	8	12	25
431	Josh Hamilton RC	6	8	15	20
440	Carl Crawford RC	4	5	8	12

1999 Bowman's Best

		NmMt 8	NmMt+ 8.5	MT 9	Gem 9.5/10
151	Pat Burrell RC	5	5	5	20
160	Austin Kearns RC	5	5	5	20
169	Alfonso Soriano RC	5	6	10	25
171	C.C. Sabathia RC	5	6	12	40
172	Matt Holliday RC	6	8	12	30

1999 Finest

		NmMt 8	NmMt+ 8.5	MT 9	Gem 9.5/10
131	Pat Burrell RC	5	5	6	25

		NmMt 8	NmMt+ 8.5	MT 9	Gem 9.5/10
133	Austin Kearns RC	5	5	5	20
286	Alfonso Soriano RC	8	10	15	30
294	C.C. Sabathia RC	6	8	12	30

1999 Fleer Tradition Update

		NmMt 8	NmMt+ 8.5	MT 9	Gem 9.5/10
U3	Pat Burrell RC	5	5	8	20
U5	Alfonso Soriano RC	5	6	10	25
U42	Eric Gagne RC	5	5	8	25
U122	Josh Beckett RC	10	12	15	25

1999 Topps Traded Autographs

		NmMt 8	NmMt+ 8.5	MT 9	Gem 9.5/10
T33	C.C. Sabathia	30	40	50	120
T50	Adam Dunn	15	20	25	50
T65	Alfonso Soriano	25	30	50	120
T66	Josh Hamilton	25	40	60	200

1999 Topps Chrome Traded

		NmMt 8	NmMt+ 8.5	MT 9	Gem 9.5/10
T8	Mark Mulder RC	5	5	6	10
T33	C.C. Sabathia RC	▲20	▲25	▲50	▲300
T44	Pat Burrell	5	5	6	10
T50	Adam Dunn RC	12	12	15	30
T65	Alfonso Soriano RC	▼8	▼10	15	25
T66	Josh Hamilton RC	8	10	▼15	25
T75	Carl Crawford RC	5	6	8	15

1999 Ultimate Victory

		NmMt 8	NmMt+ 8.5	MT 9	Gem 9.5/10
136	Alfonso Soriano SP RC	8	10	12	25
137	Tim Hudson SP RC	6	8	12	20
138	Josh Beckett SP RC	8	10	15	25
141	Pat Burrell SP RC	6	8	12	20
145	Rick Ankiel SP RC	6	8	12	20

2000 Bowman Draft

		NmMt 8	NmMt+ 8.5	MT 9	Gem 9.5/10
4	Barry Zito	5	5	6	12
69	Mark Buehrle RC	5	5	8	12
86	Adrian Gonzalez RC	6	8	12	20
93	Adam Wainwright RC	5	5	6	12
109	Grady Sizemore RC	5	5	6	10

2000 Bowman Chrome

		NmMt 8	NmMt+ 8.5	MT 9	Gem 9.5/10
321	Francisco Rodriguez RC	6	8	20	40
395	Roy Oswalt RC	8	10	12	25
419	Barry Zito RC	10	12	15	20

2000 Bowman Chrome Draft

		NmMt 8	NmMt+ 8.5	MT 9	Gem 9.5/10
4	Barry Zito	5	5	15	30
69	Mark Buehrle RC	10	15	20	40
86	Adrian Gonzalez RC	10	10	12	25
93	Adam Wainwright RC	5	6	10	20

2000 SPx

		NmMt 8	NmMt+ 8.5	MT 9	Gem 9.5/10
122	Roy Oswalt/1600 RC	15	20	30	50
148	Barry Zito AU/1500 RC	12	15	25	200

2000 Topps Traded

		NmMt 8	NmMt+ 8.5	MT 9	Gem 9.5/10
T38	Francisco Rodriguez RC	8	10	15	40
T40	Miguel Cabrera RC	150	200	250	600
T46	Mike Young RC	6	8	10	20

2000 Topps Traded Autographs

		NmMt 8	NmMt+ 8.5	MT 9	Gem 9.5/10
TTA29	Carlos Zambrano	12	15	25	150
TTA38	Francisco Rodriguez	15	20	25	60
TTA40	Miguel Cabrera	▲2,000	2,500	▼4,000	8,000
TTA46	Mike Young	40	50	100	250

2000 Topps Chrome Traded

		NmMt 8	NmMt+ 8.5	MT 9	Gem 9.5/10
T40	Miguel Cabrera RC	▼250	▼300	▼400	1,000
T46	Mike Young RC	6	8	12	25
T81	Adrian Gonzalez RC	8	10	▼15	30
T88	Adam Wainwright RC	5	8	12	30

2001 Bowman

		NmMt 8	NmMt+ 8.5	MT 9	Gem 9.5/10
264	Albert Pujols RC	150	200	300	800

2001 Bowman Autographs

		NmMt 8	NmMt+ 8.5	MT 9	Gem 9.5/10
BAAP	Albert Pujols	1,500	2,000	2,500	5,000

2001 Bowman Draft

		NmMt 8	NmMt+ 8.5	MT 9	Gem 9.5/10
BDP69	Chase Utley RC	50	60	120	150
BDP84	Ichiro Suzuki RC	60	60	120	600
BDP88	Bobby Crosby RC	5	5	10	30

2001 Bowman Chrome

		NmMt 8	NmMt+ 8.5	MT 9	Gem 9.5/10
164	Jose Reyes RC	10	10	25	40
169	Justin Morneau RC	12	15	20	30
183	Jake Peavy RC	15	20	25	40
340	Albert Pujols AU RC	▼10,000	12,000	▼15,000	60,000
351A	Ichiro Suzuki English RC	100	120	200	300
351B	Ichiro Suzuki Japan RC	100	120	200	300

2001 Bowman Heritage

		NmMt 8	NmMt+ 8.5	MT 9	Gem 9.5/10
304	Chase Utley RC	10	12	25	40
351	Albert Pujols SP RC	60	80	100	250
352	Ichiro Suzuki SP RC	12	15	25	120

2001 Bowman's Best

		NmMt 8	NmMt+ 8.5	MT 9	Gem 9.5/10
162	Ichiro Suzuki RC	250	250	300	600
166	Justin Morneau RC	5	6	10	25
174	Albert Pujols RC	300	400	500	800

2001 Donruss Rookies

		NmMt 8	NmMt+ 8.5	MT 9	Gem 9.5/10
R97	Albert Pujols UPD	50	60	100	250

2001 Donruss Elite

		NmMt 8	NmMt+ 8.5	MT 9	Gem 9.5/10
156	Albert Pujols SP RC	150	200	200	1,200
195	Ichiro Suzuki SP RC	50	60	150	400
206	Victor Martinez/410 XRC	30	40	120	200
250	Mark Teixeira/543 XRC	20	25	50	200

2001 E-X

		NmMt 8	NmMt+ 8.5	MT 9	Gem 9.5/10
105	Ichiro Suzuki/1999 RC	30	40	100	200
131	Albert Pujols/499 RC	150	200	250	600

2001 Finest

		NmMt 8	NmMt+ 8.5	MT 9	Gem 9.5/10
134	Jose Reyes PROS RC	20	25	30	50

2001 Fleer Authority

		NmMt 8	NmMt+ 8.5	MT 9	Gem 9.5/10
101	Ichiro Suzuki RC	25	50	120	250
102	Albert Pujols RC	100	150	200	500
146	Mark Teixeira RC	5	5	8	20

2001 Fleer Platinum

		NmMt 8	NmMt+ 8.5	MT 9	Gem 9.5/10
301	Albert Pujols/1500 RC	60	80	150	250

2001 Fleer Premium

		NmMt 8	NmMt+ 8.5	MT 9	Gem 9.5/10
233	Albert Pujols RC	30	40	100	300

2001 Fleer Tradition

		NmMt 8	NmMt+ 8.5	MT 9	Gem 9.5/10
451	Albert Pujols RC	80	100	150	300
452	Ichiro Suzuki RC	30	40	200	

2001 Fleer Triple Crown

		NmMt 8	NmMt+ 8.5	MT 9	Gem 9.5/10
309	Albert Pujols/2999 RC	100	120	200	600

2001 Leaf Rookies and Stars

		NmMt 8	NmMt+ 8.5	MT 9	Gem 9.5/10
205	Albert Pujols RC	150	200	400	1,000
221	Mark Teixeira RC	20	25	40	100
273	Mark Prior RC	20	25	50	120

2001 SP Authentic

		NmMt 8	NmMt+ 8.5	MT 9	Gem 9.5/10
91	Ichiro Suzuki FW RC	150	200	500	1,000
95	Travis Hafner FW RC	30	40	50	200
126	Albert Pujols FW RC	1,200	2,500	4,000	8,000
211	Mark Prior FW RC	8	10	12	25
212	Mark Teixeira FW RC	15	20	40	60

2001 SPx

		NmMt 8	NmMt+ 8.5	MT 9	Gem 9.5/10
150	Ichiro Suzuki Jsy AU RC	1,000	1,200	2,500	4,000
206	Albert Pujols YS AU RC	1,000	1,000	1,200	3,000
207	Mark Teixeira YS AU RC	25	30	50	200
208	Mark Prior YS AU RC	10	12	20	40

2001 Sweet Spot

		NmMt 8	NmMt+ 8.5	MT 9	Gem 9.5/10
62	Ichiro Suzuki SB RC	100	120	150	300
121	Albert Pujols SB RC	200	250	300	500
138	Mark Teixeira SB RC	10	12	15	30
139	Mark Prior SB RC	5	6	8	12

1 Topps

	NmMt 8	NmMt+ 8.5	MT 9	Gem 9.5/10
chiro Suzuki RC	100	100	300	1,000

1 Topps Traded

	NmMt 8	NmMt+ 8.5	MT 9	Gem 9.5/10
.Suzuki/A.Pujols ROY	200	200	400	1,200
Justin Morneau RC	6	8	15	40
Jose Reyes RC	8	10	15	40
Albert Pujols RC	50	60	120	300

1 Topps Chrome

	NmMt 8	NmMt+ 8.5	MT 9	Gem 9.5/10
Albert Pujols RC	300	400	500	2,000

1 Topps Chrome Traded

	NmMt 8	NmMt+ 8.5	MT 9	Gem 9.5/10
.Suzuki/A.Pujols ROY	250	300	1,500	2,000
Hank Blalock RC	5	6	15	80
Justin Morneau RC	5	6	10	15
Jose Reyes RC	8	10	15	30
Albert Pujols	250	300	1,500	1,500
chiro Suzuki	300	400	2,000	250

1 Topps Gallery

	NmMt 8	NmMt+ 8.5	MT 9	Gem 9.5/10
Albert Pujols RC	60	80	120	300
chiro Suzuki English RC	12	15	25	60
chiro Suzuki Japan RC	12	15	25	60

1 Topps Stars

	NmMt 8	NmMt+ 8.5	MT 9	Gem 9.5/10
Albert Pujols RC	20	25	120	300

1 UD Reserve

	NmMt 8	NmMt+ 8.5	MT 9	Gem 9.5/10
chiro Suzuki SP RC	15	20	30	50
Albert Pujols SP RC	250	250	300	600

1 Upper Deck Ovation

	NmMt 8	NmMt+ 8.5	MT 9	Gem 9.5/10
chiro Suzuki WP RC	150	150	200	500

1 Upper Deck Victory

	NmMt 8	NmMt+ 8.5	MT 9	Gem 9.5/10
chiro Suzuki RC	20	25	40	60

1 Upper Deck Vintage

	NmMt 8	NmMt+ 8.5	MT 9	Gem 9.5/10
chiro Suzuki RC	12	15	20	40

2 Bowman Chrome

	NmMt 8	NmMt+ 8.5	MT 9	Gem 9.5/10
ich Harden SP RC	5	6	10	15
ose Bautista SP RC	12	15	25	40
avid Wright AU A RC	50	60	80	120
oe Mauer AU A RC	▲150	▲200	▲250	▲400

2 Bowman Chrome Draft

	NmMt 8	NmMt+ 8.5	MT 9	Gem 9.5/10
ack Greinke RC	10	12	20	30
ick Swisher RC	5	5	6	15
ole Hamels RC	12	15	25	100
Matt Cain RC	8	10	15	20
oey Votto RC	80	80	200	500
urtis Granderson RC	10	12	15	25
.J. Upton RC	5	5	5	12

2 Bowman's Best

	NmMt 8	NmMt+ 8.5	MT 9	Gem 9.5/10
oe Mauer AU A RC	40	120		
rancisco Liriano AU A RC	10	12	15	30

2 Topps

	NmMt 8	NmMt+ 8.5	MT 9	Gem 9.5/10
oe Mauer RC	30	30	100	300

2 Upper Deck Prospect Premieres

	NmMt 8	NmMt+ 8.5	MT 9	Gem 9.5/10
on Lester XRC	6	8	20	40
urtis Granderson XRC	5	5	8	12
rancisco Liriano XRC	5	5	8	12
rince Fielder AU XRC	20	20	50	100
ack Greinke AU XRC	30	40	50	80
cott Kazmir AU XRC	6	8	12	20
.J. Upton AU XRC	6	8	12	20

2 USA Baseball National Team

	NmMt 8	NmMt+ 8.5	MT 9	Gem 9.5/10
ustin Pedroia	8	10	15	30

3 Bowman Chrome Draft

	NmMt 8	NmMt+ 8.5	MT 9	Gem 9.5/10
on Papelbon RC	5	6	10	20

	NmMt 8	NmMt+ 8.5	MT 9	Gem 9.5/10
124 Robinson Cano RC	15	20	30	100
138 Ryan Howard RC	8	10	12	20
171 Nick Markakis AU RC	▼25	▼30	▼40	▼60

2003 SP Authentic

	NmMt 8	NmMt+ 8.5	MT 9	Gem 9.5/10
181 Hid Matsui FW AU RC	150	200	250	400
215 Delmon Young FW RC	12	15	20	60

2003 SPx

	NmMt 8	NmMt+ 8.5	MT 9	Gem 9.5/10
161 Hideki Matsui AU Jsy RC	150	200	250	400
382 Delm Young AU Jsy RC	20	25	30	60

2003 Upper Deck Prospect Premieres

	NmMt 8	NmMt+ 8.5	MT 9	Gem 9.5/10
7 Adam Jones XRC	5	6	10	15
9 Andre Ethier XRC	8	10	15	30
16 Carlos Quentin XRC	6	8	12	25
17 Chad Billingsley XRC	6	8	12	25
21 Conor Jackson XRC	5	6	10	25
34 Jarrod Saltalamacchia XRC	5	6	10	25
43 Lastings Milledge XRC	5	6	10	25
73 Brandon Wood XRC	5	6	10	25
84 Nick Markakis XRC	5	6	10	25
90 Delmon Young XRC	8	10	15	30

2003 Upper Deck Prospect Premieres Autographs

	NmMt 8	NmMt+ 8.5	MT 9	Gem 9.5/10
P7 Adam Jones	50	60	80	200

2003 USA Baseball National Team

	NmMt 8	NmMt+ 8.5	MT 9	Gem 9.5/10
5 Justin Verlander	10	12	25	60

2004 Bowman Signs of the Future

	NmMt 8	NmMt+ 8.5	MT 9	Gem 9.5/10
JV Joey Votto A	80	100	120	250

2004 Bowman Chrome

	NmMt 8	NmMt+ 8.5	MT 9	Gem 9.5/10
301 Yadier Molina RC	30	40	80	400
345 Felix Hernandez AU RC	40	50	60	100

2004 Bowman Chrome Draft AFLAC

	NmMt 8	NmMt+ 8.5	MT 9	Gem 9.5/10
5 Andrew McCutchen	8	10	15	25

2004 Bowman Heritage

	NmMt 8	NmMt+ 8.5	MT 9	Gem 9.5/10
30 Yadier Molina FY RC	10	12	50	200

2004 Bowman's Best

	NmMt 8	NmMt+ 8.5	MT 9	Gem 9.5/10
FH Felix Hernandez FY AU RC	30	30	50	150
YM Yadier Molina FY AU RC	200	250	800	1,200

2004 SP Prospects

	NmMt 8	NmMt+ 8.5	MT 9	Gem 9.5/10
339 Hunter Pence AU 600/RC	30	40	50	120
340 Dustin Pedroia AU 400/RC	40	50	150	250

2004 Topps

	NmMt 8	NmMt+ 8.5	MT 9	Gem 9.5/10
324 Yadier Molina FY RC	80	100	200	500

2004 Topps Traded

	NmMt 8	NmMt+ 8.5	MT 9	Gem 9.5/10
T144 Felix Hernandez FY RC	5	6	10	30

2004 Topps Chrome

	NmMt 8	NmMt+ 8.5	MT 9	Gem 9.5/10
219 Yadier Molina FY RC	120	150	300	600

2004 Topps Chrome Traded

	NmMt 8	NmMt+ 8.5	MT 9	Gem 9.5/10
T144 Felix Hernandez FY RC	12	15	25	80

2005 BBM Japan Rookie Edition

	NmMt 8	NmMt+ 8.5	MT 9	Gem 9.5/10
12 Yu Darvish	20	25	30	50

2005 Bowman Chrome

	NmMt 8	NmMt+ 8.5	MT 9	Gem 9.5/10
171 Ian Kinsler RC	5	5	5	40
331 Justin Verlander AU RC	▲300	▲400	▲500	▲800
349 Matthew Kemp AU RC	20	25	30	50

2005 Bowman Chrome Draft

	NmMt 8	NmMt+ 8.5	MT 9	Gem 9.5/10
32 Jay Bruce FY RC	5	6	8	12
63 Andrew McCutchen FY RC	12	15	20	40
105 Troy Tulowitzki FY RC	10	12	15	25
129 Justin Verlander FY	25	30	40	60
167 Jered Weaver AU A RC	15	20	25	40

	NmMt 8	NmMt+ 8.5	MT 9	Gem 9.5/10
168 Ryan Braun AU B RC	30	40	50	80
178 Ryan Zimmerman AU B RC	30	40	50	80

2005 Bowman Sterling

	NmMt 8	NmMt+ 8.5	MT 9	Gem 9.5/10
AM Andrew McCutchen AU Jsy D RC	25	30	40	60
DP Dustin Pedroia AU Jsy A	▼25	▼30	▼40	▼60
JV J.Verlander AU Jsy A RC	100	120	150	250
RZ Ryan Zimmerman AU	6	8	10	25
TT Troy Tulowitzki RC	10	12	15	25

2005 SP Authentic

	NmMt 8	NmMt+ 8.5	MT 9	Gem 9.5/10
137 Justin Verlander AU RC	80	100	120	600
152 Nelson Cruz AU RC	50	60	80	120
159 Prince Fielder AU RC	25	30	40	100

2005 SPx

	NmMt 8	NmMt+ 8.5	MT 9	Gem 9.5/10
135 Justin Verlander AU RC	60	80	100	200
147 Nelson Cruz AU RC	30	40	50	100
153 Prince Fielder AU RC	20	25	30	60
169 Ubaldo Jimenez AU RC	15	20	25	50
173 Ryan Zimmerman AU RC	40	50	60	120

2005 Topps

	NmMt 8	NmMt+ 8.5	MT 9	Gem 9.5/10
677 Justin Verlander FY RC	50	60	120	250

2005 Topps Chrome

	NmMt 8	NmMt+ 8.5	MT 9	Gem 9.5/10
242 Justin Verlander FY AU RC	400	500	800	1,200

2005 Topps Chrome Update

	NmMt 8	NmMt+ 8.5	MT 9	Gem 9.5/10
169 Matthew Kemp FY RC	5	6	8	20
198 Ryan Braun FY RC	10	12	20	50
208 Ryan Zimmerman FY RC	10	12	15	30
234 A.McCutchen FY AU B RC	50	60	100	150

2005-06 USA Baseball Junior National Team

	NmMt 8	NmMt+ 8.5	MT 9	Gem 9.5/10
86 Clayton Kershaw	8	10	15	60

2005-06 USA Baseball National Team

	NmMt 8	NmMt+ 8.5	MT 9	Gem 9.5/10
56 Max Scherzer	8	12	25	100

2006 Bowman Chrome Prospects

	NmMt 8	NmMt+ 8.5	MT 9	Gem 9.5/10
BC1 Alex Gordon	12	12	20	30
BC221 Alex Gordon AU	▼12	▼15	▼20	▼30
BC223 Justin Upton AU	▲25	▲30	▲40	▲60
BC239 Jon Lester AU	▲60	▲80	▲100	▲150
BC242 Jose Bautista AU	15	20	25	40

2006 Bowman Chrome Draft Draft Picks

	NmMt 8	NmMt+ 8.5	MT 9	Gem 9.5/10
66 Evan Longoria AU	▲40	▲50	▲60	▼100
84 Clayton Kershaw AU	500	▲600	▼800	▼1,200

2006 Bowman Heritage Prospects

	NmMt 8	NmMt+ 8.5	MT 9	Gem 9.5/10
85 Clayton Kershaw	25	40	80	200

2006 Bowman Sterling Prospects

	NmMt 8	NmMt+ 8.5	MT 9	Gem 9.5/10
CK Clayton Kershaw AU A	200	250	300	500
EL Evan Longoria AU B	15	20	25	40

2006-07 USA Baseball

	NmMt 8	NmMt+ 8.5	MT 9	Gem 9.5/10
45 Matt Harvey	6	8	12	50

2007 Bowman Draft Draft Picks

	NmMt 8	NmMt+ 8.5	MT 9	Gem 9.5/10
BDPP54 Jason Heyward	5	6	20	30

2007 Bowman Draft Future's Game Prospects

	NmMt 8	NmMt+ 8.5	MT 9	Gem 9.5/10
BDPP77 Clayton Kershaw	25	25	50	100

2007 Bowman Chrome

	NmMt 8	NmMt+ 8.5	MT 9	Gem 9.5/10
210 Daisuke Matsuzaka RC	6	8	15	25
217 Tim Lincecum RC	5	6	10	15

2007 Bowman Chrome Prospects

	NmMt 8	NmMt+ 8.5	MT 9	Gem 9.5/10
BC238 Tim Lincecum AU	▼30	▼40	▼50	▼80
BC248 Hunter Pence AU	12	15	20	▼30

2007 Bowman Chrome Draft

	NmMt 8	NmMt+ 8.5	MT 9	Gem 9.5/10
BDP3 Justin Upton RC	6	8	12	30

		NmMt 8	NmMt+ 8.5	MT 9	Gem 9.5/10
BDP11	Tim Lincecum RC	8	10	15	40
BDP54	Mark Reynolds RC	5	6	10	20

2007 Bowman Chrome Draft Draft Picks

		NmMt 8	NmMt+ 8.5	MT 9	Gem 9.5/10
BDPP54	Jason Heyward	5	5	8	15
BDPP55	David Price	5	5	8	15
BDPP61	Madison Bumgarner	8	10	20	40

2007 Bowman Chrome Draft Future's Game Prospects

		NmMt 8	NmMt+ 8.5	MT 9	Gem 9.5/10
BDPP77	Clayton Kershaw	15	20	20	100

2007 Bowman Sterling Prospects

		NmMt 8	NmMt+ 8.5	MT 9	Gem 9.5/10
CK	Clayton Kershaw Jsy AU	120	150	200	300
DPP	David Price AU	20	25	30	50
JV	Joey Votto Jsy AU	60	80	100	150
MBB	Madison Bumgarner AU	50	60	80	120

2007 Bowman's Best

		NmMt 8	NmMt+ 8.5	MT 9	Gem 9.5/10
93	Tim Lincecum AU RC UER	30	40	50	100

2007 Donruss Elite Extra Edition

		NmMt 8	NmMt+ 8.5	MT 9	Gem 9.5/10
106	Jason Heyward AU/750	20	25	30	50
117	Madison Bumgarner AU/794	50	60	80	120

2007 SPx

		NmMt 8	NmMt+ 8.5	MT 9	Gem 9.5/10
106	Tim Lincecum AU RC	40	50	60	150
120	Ryan Braun AU (RC)	15	20	25	50
128	Daisuke Matsuzaka AU RC	30	40	50	120

2007 Topps

		NmMt 8	NmMt+ 8.5	MT 9	Gem 9.5/10
40a	Derek Jeter w/Mantle/Bush	12	15	20	150

2007 Topps AFLAC

		NmMt 8	NmMt+ 8.5	MT 9	Gem 9.5/10
TB	Tim Beckham	60	80	120	200

2008 Bowman Chrome Prospects

		NmMt 8	NmMt+ 8.5	MT 9	Gem 9.5/10
BCP111	David Price AU	▼10	▼12	▼15	▼25
BCP120	Madison Bumgarner AU	60	80	100	▲150
BCP121	Jason Heyward AU	12	15	20	▼30

2008 Bowman Chrome Draft

		NmMt 8	NmMt+ 8.5	MT 9	Gem 9.5/10
BDP26a	Clayton Kershaw RC	12	15	30	80
BDP26b	Clayton Kershaw AU	400	500	600	1,000
BDP27b	Evan Longoria AU	30	40	50	80
BDP33	Max Scherzer RC	12	15	25	100

2008 Bowman Chrome Draft Prospects

		NmMt 8	NmMt+ 8.5	MT 9	Gem 9.5/10
BDPP115	Michael Stanton AU	▲200	▲250	300	500
BDPP128	Buster Posey AU	▲250	▲300	400	600

2008 Bowman Sterling Prospects

		NmMt 8	NmMt+ 8.5	MT 9	Gem 9.5/10
BP	Buster Posey AU	150	200	250	400
CB	Charlie Blackmon AU	40	50	60	100
JA	Jake Arrieta Jsy AU	20	25	30	50

2008 Donruss Elite Extra Edition

		NmMt 8	NmMt+ 8.5	MT 9	Gem 9.5/10
121	Dominic Brown AU/996	25	30	40	80
123	Gordon Beckham AU	8	10	12	30
156	Rick Porcello AU/1299	10	12	15	30
177	Buster Posey AU/934	60	80	150	250

2008 Playoff Contenders

		NmMt 8	NmMt+ 8.5	MT 9	Gem 9.5/10
63	Buster Posey AU	50	60	80	100
66	Chris Davis AU	15	20	25	50
117	Rick Porcello AU	10	12	15	30

2008 SPx

		NmMt 8	NmMt+ 8.5	MT 9	Gem 9.5/10
150	Max Scherzer AU RC	120	150	200	500

2008 Topps Update

		NmMt 8	NmMt+ 8.5	MT 9	Gem 9.5/10
UH240	Clayton Kershaw RC	150	200	250	800
UH280	Max Scherzer RC	100	120	150	400

2008 Topps Allen and Ginter

		NmMt 8	NmMt+ 8.5	MT 9	Gem 9.5/10
72	Clayton Kershaw RC	80	80	100	150
297	Max Scherzer RC	8	10	20	30

2008 Topps Chrome

		NmMt 8	NmMt+ 8.5	MT 9	Gem 9.5/10
193	Evan Longoria RC	6	8	12	25

2009 Bowman AFLAC

		NmMt 8	NmMt+ 8.5	MT 9	Gem 9.5/10
BH	Bryce Harper	120	150	200	400
KB2	Kris Bryant	60	80	100	250

2009 Bowman Chrome Prospects

		NmMt 8	NmMt+ 8.5	MT 9	Gem 9.5/10
BCP101	Freddie Freeman AU	▼150	▼200	▼250	▼400
BCP121	Charlie Blackmon AU	▼25	▼30	▼40	▼60

2009 Bowman Chrome WBC Prospects

		NmMt 8	NmMt+ 8.5	MT 9	Gem 9.5/10
BCW1	Yu Darvish	6	8	10	20
BCW12	Aroldis Chapman	4	5	8	20
BCW30	Masahiro Tanaka	8	10	15	30
BCW49	Yoennis Cespedes	5	6	10	25

2009 Bowman Chrome Draft Prospects

		NmMt 8	NmMt+ 8.5	MT 9	Gem 9.5/10
BDPP85	Steve Matz AU	▲30	▲40	▲50	▲80
BDPP86	Zack Wheeler AU	20	25	▼30	▼50
BDPP89	Mike Trout AU	▼6,000	▼8,000	▼10,000	▼20,000
BDPP93	Tyler Matzek AU	25	30	40	60

2009 Bowman Chrome Draft WBC Prospects

		NmMt 8	NmMt+ 8.5	MT 9	Gem 9.5/10
BDPW2	Yu Darvish	6	8	12	30

2009 Bowman Sterling Prospects

		NmMt 8	NmMt+ 8.5	MT 9	Gem 9.5/10
MT	Mike Trout AU	1,500	2,000	2,500	4,000

2009 Donruss Elite Extra Edition

		NmMt 8	NmMt+ 8.5	MT 9	Gem 9.5/10
57	Mike Trout AU/495	1,500	2,000	2,500	5,000

2009 Donruss Elite Extra Edition Signature Turn of the Century

		NmMt 8	NmMt+ 8.5	MT 9	Gem 9.5/10
6	Nolan Arenado AU/844	50	60	100	200
57	Mike Trout AU/149	1,500	2,000	3,000	6,000
150	Aroldis Chapman AU/149	40	50	60	120

2009 Topps Chrome

		NmMt 8	NmMt+ 8.5	MT 9	Gem 9.5/10
NNO1	Tommy Hanson AU RC	12	15	20	25

2009 Topps Chrome World Baseball Classic

		NmMt 8	NmMt+ 8.5	MT 9	Gem 9.5/10
W37	Masahiro Tanaka	25	30	40	150

2009 TRISTAR Prospects Plus

		NmMt 8	NmMt+ 8.5	MT 9	Gem 9.5/10
20	Michael Trout	15	20	30	80

2009 Upper Deck Signature Stars USA Star Prospects

		NmMt 8	NmMt+ 8.5	MT 9	Gem 9.5/10
USA8	Bryce Harper	12	15	20	60

2010 Bowman

		NmMt 8	NmMt+ 8.5	MT 9	Gem 9.5/10
200	Jason Heyward RC	5	6	10	15
208	Buster Posey RC	8	10	15	25

2010 Bowman Prospects

		NmMt 8	NmMt+ 8.5	MT 9	Gem 9.5/10
BP1a	Stephen Strasburg	6	8	12	25
BP1b	Stephen Strasburg AU	50	60	80	200

2010 Bowman Draft

		NmMt 8	NmMt+ 8.5	MT 9	Gem 9.5/10
BDP1	Stephen Strasburg RC	5	6	10	20

2010 Bowman Draft Prospects

		NmMt 8	NmMt+ 8.5	MT 9	Gem 9.5/10
BDPP47	Russell Wilson	20	50	60	120
BDPP80	Manny Machado	8	10	30	60
BDPP84	Matt Harvey	4	5	10	20

2010 Bowman Chrome

		NmMt 8	NmMt+ 8.5	MT 9	Gem 9.5/10
205B	Stephen Strasburg AU	30	40	50	80

2010 Bowman Chrome 18U USA Baseball

		NmMt 8	NmMt+ 8.5	MT 9	Gem 9.5/10
18BC8	Bryce Harper	80	80	100	150

2010 Bowman Chrome 18U USA Baseball Autographs

		NmMt 8	NmMt+ 8.5	MT 9	Gem 9.5/10
FL	Francisco Lindor	80	100	150	200

2010 Bowman Chrome Prospects

		NmMt 8	NmMt+ 8.5	MT 9	Gem 9.5/10
BCP1	Stephen Strasburg	15	20	40	50
BCP91B	Nolan Arenado AU	▼200	▼250	▼300	▼500
BCP101B	Anthony Rizzo AU	▼80	▼100	▼120	▼200
BCP110B	D.J. LeMahieu AU	50	60	80	120
BCP124	Salvador Perez UER Dodgers logo on front	50	60	120	300
BCP137	Jose Altuve	▼12	▼15	▼20	▼30
BCP165	J.D. Martinez	12	15	25	100
BCP199B	Aroldis Chapman AU	▲30	▲40	50	▼80

2010 Bowman Chrome Draft

		NmMt 8	NmMt+ 8.5	MT 9	Gem 9.5/10
BDP1A	Stephen Strasburg RC	5	6	10	50
BDP1B	Stephen Strasburg AU	150	200	250	400
BDP30	Mike Stanton RC	20	20	50	100
BDP61	Buster Posey RC	5	6	10	50

2010 Bowman Chrome Draft Prospect Autograp

		NmMt 8	NmMt+ 8.5	MT 9	Gem 9.5/
BDPP75	Noah Syndergaard	▲30	▲40	▲50	▲80
BDPP78	Christian Yelich	▼50	▼60	▼80	▼120
BDPP80	Manny Machado	▲250	▲300	▲400	▲600
BDPP92	Chris Sale	▼40	▼50	▼60	▼100

2010 Bowman Chrome Draft Prospects

		NmMt 8	NmMt+ 8.5	MT 9	Gem 9.5/
BDPP47	Russell Wilson	40	40	50	150
BDPP80	Manny Machado	30	30	40	100
BDPP95	Alex Bregman	10	15	20	80
BDPP108	Corey Seager	12	15	25	50

2010 Bowman Chrome Draft USA Baseball Autographs

		NmMt 8	NmMt+ 8.5	MT 9	Gem 9.5/
USAA5	Alex Bregman	50	60	80	120
USAA14	Matt Olson	100	120	150	250
USAA18	Corey Seager	80	100	120	250
USAA19	Lucas Sims	15	20	25	40

2010 Bowman Platinum

		NmMt 8	NmMt+ 8.5	MT 9	Gem 9.5/
1	Stephen Strasburg RC	5	6	8	25
18	Buster Posey RC	25	25	60	200
73	Madison Bumgarner RC	6	8	12	20
86	Mike Stanton RC	20	20	25	50

2010 Bowman Platinum Prospect Autographs Refrac

		NmMt 8	NmMt+ 8.5	MT 9	Gem 9.5/
ACH	Aroldis Chapman	20	25	30	50
FF	Freddie Freeman	40	50	100	200
JDM	J.D. Martinez	30	40	80	150
MS	Miguel Sano	12	15	30	50
MT	Mike Trout	1,500	1,500	3,000	5,000
PG	Paul Goldschmidt	60	80	100	300

2010 Bowman Platinum Prospects

		NmMt 8	NmMt+ 8.5	MT 9	Gem 9.5/
PP5	Mike Trout	150	200	250	500

2010 Bowman Sterling Prospect Autographs

		NmMt 8	NmMt+ 8.5	MT 9	Gem 9.5/
CS	Chris Sale	30	40	50	80

2010 Bowman Sterling Rookie Autographs

		NmMt 8	NmMt+ 8.5	MT 9	Gem 9.5/
1	Stephen Strasburg	50	60	80	120

2010 Donruss Elite Extra Edition

		NmMt 8	NmMt+ 8.5	MT 9	Gem 9.5/
103	Chris Sale AU/655	30	40	80	120
113	Noah Syndergaard AU/809	25	30	40	80
132	Manny Machado AU/425	40	50	60	200
147	Christian Yelich AU/815	40	50	60	200
191	Paul Goldschmidt AU/820	50	60	100	120

2010 Donruss Elite Extra Edition Franchise Futures Signatur

		NmMt 8	NmMt+ 8.5	MT 9	Gem 9.5/
34	Gary Sanchez/669	100	120	150	250
46	Matt Harvey/149	80	100	120	200

2010 Topps

		NmMt 8	NmMt+ 8.5	MT 9	Gem 9.5/
2	Buster Posey RC	50	50	120	250
105	Madison Bumgarner RC	6	8	12	30
661A	Stephen Strasburg Million Card Giveaway	15	20	25	40

2010 Topps Red Hot Rookie Redemption

		NmMt 8	NmMt+ 8.5	MT 9	Gem 9.5/
RHR8	Stephen Strasburg	15	20	25	40

10 Topps 206

	NmMt 8	NmMt+ 8.5	MT 9	Gem 9.5/10
Stephen Strasburg RC	6	8	12	30

10 Topps Allen and Ginter

	NmMt 8	NmMt+ 8.5	MT 9	Gem 9.5/10
Madison Bumgarner RC	4	5	20	40
Buster Posey RC	8	10	20	30

10 Topps Chrome

	NmMt 8	NmMt+ 8.5	MT 9	Gem 9.5/10
Stephen Strasburg RC	10	10	25	40

10 Topps Chrome Rookie Autographs

	NmMt 8	NmMt+ 8.5	MT 9	Gem 9.5/10
Mike Stanton	80	100	120	200
Josh Donaldson	30	40	50	80
Stephen Strasburg	50	60	80	120

0 Topps Chrome Wrapper Redemption Refractors

	NmMt 8	NmMt+ 8.5	MT 9	Gem 9.5/10
Mike Stanton	25	30	60	100
Stephen Strasburg	12	12	15	40
Buster Posey	150	200	300	400

10 Topps Pro Debut

	NmMt 8	NmMt+ 8.5	MT 9	Gem 9.5/10
Mike Trout	300	400	500	800

10 Upper Deck

	NmMt 8	NmMt+ 8.5	MT 9	Gem 9.5/10
Buster Posey RC	25	30	50	120

11 Bowman Bowman's Best Prospects

	NmMt 8	NmMt+ 8.5	MT 9	Gem 9.5/10
Bryce Harper	8	10	25	60
Mike Trout	150	200	250	500
Bryce Harper	8	10	12	50
Manny Machado	5	6	10	25

11 Bowman Prospect Autographs

	NmMt 8	NmMt+ 8.5	MT 9	Gem 9.5/10
Manny Machado	120	150	200	300

11 Bowman Prospects

	NmMt 8	NmMt+ 8.5	MT 9	Gem 9.5/10
Bryce Harper	5	6	12	30
Bryce Harper AU	▲300	▲400	▲500	▲800

11 Bowman Chrome

	NmMt 8	NmMt+ 8.5	MT 9	Gem 9.5/10
Mike Trout RC	500	500	800	2,500
Freddie Freeman RC	50	60	120	200

Bowman Chrome 18U USA National Team Autographs Refractors

	NmMt 8	NmMt+ 8.5	MT 9	Gem 9.5/10
Albert Almora	20	25	30	50
Alex Bregman	50	60	80	120
Addison Russell	20	25	30	50
Jesse Winker	50	60	80	120

1 Bowman Chrome Bryce Harper Retail Exclusive

	NmMt 8	NmMt+ 8.5	MT 9	Gem 9.5/10
Bryce Harper Gold	15	20	25	50
Bryce Harper Red	6	8	12	25
Bryce Harper Silver	6	8	12	25

1 Bowman Chrome Prospect Autographs

	NmMt 8	NmMt+ 8.5	MT 9	Gem 9.5/10
J.D. Martinez	▼30	▼40	▼50	▼80
Paul Goldschmidt	▲120	▲150	▲200	▲400
1B Bryce Harper	▲600	▲800	▲1,000	▲1,500

1 Bowman Chrome Prospects

	NmMt 8	NmMt+ 8.5	MT 9	Gem 9.5/10
Bryce Harper	15	30	40	60
1 Bryce Harper	15	20	25	60

1 Bowman Chrome Rookie Autographs

	NmMt 8	NmMt+ 8.5	MT 9	Gem 9.5/10
Freddie Freeman	150	200	250	400

1 Bowman Chrome Draft

	NmMt 8	NmMt+ 8.5	MT 9	Gem 9.5/10
Jose Altuve RC	20	25	50	80
Mike Trout RC	▼250	▼300	▼500	▼1,000
Paul Goldschmidt RC	10	12	20	50

1 Bowman Chrome Draft Prospects

	NmMt 8	NmMt+ 8.5	MT 9	Gem 9.5/10
8 Dylan Bundy	5	6	10	20
9 Jose Fernandez	6	8	12	25

2011 Bowman Chrome Draft Prospect Autographs

		NmMt 8	NmMt+ 8.5	MT 9	Gem 9.5/10
BN	Brandon Nimmo	▲25	▲30	▲40	▲80
FL	Francisco Lindor	▼150	▼200	▼250	▼400
GS	George Springer	▼30	▼40	▼50	▼80
JBA	Javier Baez	▼50	▼60	▼80	▼120
TS	Trevor Story	▼60	▼80	▼100	▼150

2011 Bowman Draft

		NmMt 8	NmMt+ 8.5	MT 9	Gem 9.5/10
101	Mike Trout RC	▼200	▼250	▼300	▼500

2011 Bowman Draft Bryce Harper Green Border Autograph

		NmMt 8	NmMt+ 8.5	MT 9	Gem 9.5/10
BH	Bryce Harper	▲400	▲500	▲1,000	▲1,500

2011 Bowman Platinum

		NmMt 8	NmMt+ 8.5	MT 9	Gem 9.5/10
57	Freddie Freeman RC	▼30	▼40	▼60	▼100

2011 Bowman Platinum Prospect Autograph Refractors

		NmMt 8	NmMt+ 8.5	MT 9	Gem 9.5/10
BH	Bryce Harper	150	200	250	500
MH	Matt Harvey	15	20	25	40
MM	Manny Machado	▲60	▲80	▲120	▲200

2011 Bowman Sterling

		NmMt 8	NmMt+ 8.5	MT 9	Gem 9.5/10
3	Salvador Perez RC				
15	Jose Altuve RC	50	60	100	200
22	Mike Trout RC	▼500	▼600	▼1,000	2,000
27	Paul Goldschmidt RC	▲50	▲60	▲80	▲120

2011 Bowman Sterling Prospect Autographs

		NmMt 8	NmMt+ 8.5	MT 9	Gem 9.5/10
FL	Francisco Lindor	▲50	▲60	▲80	▲120
TB	Trevor Bauer	30	40	50	80
TS	Trevor Story	▼50	▼60	▼80	▼120

2011 Bowman Sterling Rookie Autographs

		NmMt 8	NmMt+ 8.5	MT 9	Gem 9.5/10
4	Anthony Rizzo	▲40	▲50	▲60	▼100
6	Eric Hosmer	30	40	50	80
7	Freddie Freeman	▲100	▲120	▲150	▲250

2011 Donruss Elite Extra Edition Prospects

		NmMt 8	NmMt+ 8.5	MT 9	Gem 9.5/10
P4	Dylan Bundy AU/435	50	60	80	100

2011 Finest

		NmMt 8	NmMt+ 8.5	MT 9	Gem 9.5/10
94	Mike Trout RC	▼250	▼300	▼400	▼600

2011 Finest Rookie Autographs Refractors

		NmMt 8	NmMt+ 8.5	MT 9	Gem 9.5/10
84	Mike Trout	1,000	2,000	2,500	3,000

2011 Leaf Metal Draft

		NmMt 8	NmMt+ 8.5	MT 9	Gem 9.5/10
JF1	Jose Fernandez	20	25	30	50
MM1	Manny Machado	30	40	50	80
XB1	Xander Bogaerts	30	40	50	80

2011 Playoff Contenders

		NmMt 8	NmMt+ 8.5	MT 9	Gem 9.5/10
17	Mike Trout RC	▼100	▼120	▼200	500

2011 Topps

145	Freddie Freeman RC

2011 Topps Update

	NmMt 8	NmMt+ 8.5	MT 9	Gem 9.5/10
US47 Paul Goldschmidt RC	▲50	▲60	▲80	▲120
US55 Anthony Rizzo RC	25	30	60	120
US132 Jose Altuve RC	▼30	40	▼50	▼80
US175 Mike Trout RC	▼600	▼800	▼1,000	▼2,000
US186 J.D. Martinez RC	15	20	25	60

2011 Topps Chrome Rookie Autographs

		NmMt 8	NmMt+ 8.5	MT 9	Gem 9.5/10
170	Eric Hosmer	50	60	80	120
173	Freddie Freeman	▲300	▲400	▲500	▲600
195	Craig Kimbrel	▲50	▲60	▲80	▲120
205	Chris Sale	50	60	80	120

2011 Topps Heritage Minors

		NmMt 8	NmMt+ 8.5	MT 9	Gem 9.5/10
44	Mike Trout	150	200	250	400

2011 Topps Pro Debut

		NmMt 8	NmMt+ 8.5	MT 9	Gem 9.5/10
196	Bryce Harper	25	25	50	80
263	Mike Trout	120	150	250	500

2011 USA Baseball Autographs

		NmMt 8	NmMt+ 8.5	MT 9	Gem 9.5/10
A51	Joey Gallo	30	40	50	80

2012 Bowman

		NmMt 8	NmMt+ 8.5	MT 9	Gem 9.5/10
209A	Yu Darvish RC	8	10	15	30

2012 Bowman Prospects

		NmMt 8	NmMt+ 8.5	MT 9	Gem 9.5/10
BP10	Bryce Harper	12	15	40	60

2012 Bowman Chrome

		NmMt 8	NmMt+ 8.5	MT 9	Gem 9.5/10
84	Yu Darvish RC	8	10	15	25
157	Mike Trout	▼30	▼40	▼60	250
214	Bryce Harper RC	20	25	60	120

2012 Bowman Chrome Prospect Autographs

		NmMt 8	NmMt+ 8.5	MT 9	Gem 9.5/10
BCP86	Gerrit Cole	▼60	▼80	▼100	▼150
BCP88	Anthony Rendon	▼30	▼40	▼50	▼80
BCP104	Joc Pederson	20	25	30	▲60
BCP105	Xander Bogaerts	▼80	▼100	▼120	250

2012 Bowman Chrome Prospects

		NmMt 8	NmMt+ 8.5	MT 9	Gem 9.5/10
BCP10	Bryce Harper	▲25	▲30	▼40	▼60
BCP105	Xander Bogaerts	8	10	15	25
BCP120	Jorge Soler	8	10	15	25
BCP182	Gregory Polanco	10	12	20	30
BCP217	Manny Machado	8	10	25	60

2012 Bowman Chrome Rookie Autographs

		NmMt 8	NmMt+ 8.5	MT 9	Gem 9.5/10
BH	Bryce Harper	200	250	300	500
TB	Trevor Bauer	30	40	50	80
YD	Yu Darvish	120	150	200	300
209	Yu Darvish	120	150	200	300

2012 Bowman Chrome Draft

		NmMt 8	NmMt+ 8.5	MT 9	Gem 9.5/10
10	Bryce Harper RC	▲40	▲50	▼60	▼100
50	Yu Darvish RC	5	8	10	25

2012 Bowman Chrome Draft Draft Pick Autographs

		NmMt 8	NmMt+ 8.5	MT 9	Gem 9.5/10
CS	Corey Seager	200	250	300	500
DD	David Dahl	30	40	50	80
JG	Joey Gallo	40	50	60	100
KG	Kevin Gausman	20	25	30	50
MF	Max Fried	40	50	60	100
MH	Mitch Haniger	20	25	30	50
MS	Marcus Stroman	30	40	50	80
MW	Michael Wacha	15	20	25	40
MZ	Mike Zunino	15	20	25	40
TN	Tyler Naquin	30	40	50	80

2012 Bowman Chrome Draft Rookie Autographs

		NmMt 8	NmMt+ 8.5	MT 9	Gem 9.5/10
BH	Bryce Harper	200	250	300	500
YD	Yu Darvish EXCH	120	150	200	300

2012 Bowman Draft

		NmMt 8	NmMt+ 8.5	MT 9	Gem 9.5/10
10	Bryce Harper RC	15	20	40	80
50	Yu Darvish RC	5	6	10	25

2012 Bowman Platinum

		NmMt 8	NmMt+ 8.5	MT 9	Gem 9.5/10
9	Yu Darvish RC	8	10	15	25
16	Mike Trout	▼40	▼50	▼80	600
56	Bryce Harper RC	40	50	60	200

2012 Bowman Platinum Prospect Autographs

		NmMt 8	NmMt+ 8.5	MT 9	Gem 9.5/10
AR	Anthony Rendon	15	20	25	40
GB	Greg Bird	30	40	60	100
YC	Yoenis Cespedes	25	30	50	80
YD	Yu Darvish	60	80	120	200

2012 Bowman Sterling Prospect Autographs

		NmMt 8	NmMt+ 8.5	MT 9	Gem 9.5/10
CS	Corey Seager	▼25	▼30	▼40	▼60
FL	Francisco Lindor	▲80	▲100	▲120	▲200
GCO	Gerrit Cole	30	40	50	80

2012 Bowman Sterling Rookie Autographs

		NmMt 8	NmMt+ 8.5	MT 9	Gem 9.5/10
BH	Bryce Harper	100	120	150	250
MT	Mike Trout	600	800	1,000	1,500
YD	Yu Darvish	120	150	250	500

2012 Elite Extra Edition

#	Player	NmMt 8	NmMt+ 8.5	MT 9	Gem 9.5/10
101	Carlos Correa AU/470	50	60	80	100
102	Byron Buxton AU/599	▲25	▲30	▲50	▲80
113	Corey Seager AU/330	60	80	▼100	▼150

2012 Finest

#	Player	NmMt 8	NmMt+ 8.5	MT 9	Gem 9.5/10
35	Yu Darvish RC	6	8	15	30
73	Bryce Harper RC	30	40	50	120

2012 Panini Prizm

#	Player	NmMt 8	NmMt+ 8.5	MT 9	Gem 9.5/10
50	Mike Trout	50	120	250	
151	Yu Darvish RC	4	5	6	15
152	Bryce Harper RC	30	40	50	100

2012 Panini Prizm Rookie Autographs

#	Player	NmMt 8	NmMt+ 8.5	MT 9	Gem 9.5/10
RMH	Matt Harvey	30	40	50	100

2012 Topps

#	Player	NmMt 8	NmMt+ 8.5	MT 9	Gem 9.5/10
446	Mike Trout	30	30	▼40	▼80
660A	Yu Darvish RC	5	6	10	30

2012 Topps Update

#	Player	NmMt 8	NmMt+ 8.5	MT 9	Gem 9.5/10
US183	Bryce Harper RC	25	30	40	80
US299A	Bryce Harper	10	12	20	30

2012 Topps Allen and Ginter

#	Player	NmMt 8	NmMt+ 8.5	MT 9	Gem 9.5/10
4	Yu Darvish RC	8	10	15	25
12	Bryce Harper RC	15	20	40	80

2012 Topps Archives

#	Player	NmMt 8	NmMt+ 8.5	MT 9	Gem 9.5/10
119	Yu Darvish RC	5	6	10	25

2012 Topps Chrome

#	Player	NmMt 8	NmMt+ 8.5	MT 9	Gem 9.5/10
151A	Yu Darvish Arm Back RC	6	8	12	25
196A	Bryce Harper Hitting RC	8	10	15	50

2012 Topps Chrome Rookie Autographs

#	Player	NmMt 8	NmMt+ 8.5	MT 9	Gem 9.5/10
BH	Bryce Harper	▲250	▲300	▲400	▲600
151	Yu Darvish	30	▼4	50	80

2012 Topps Heritage

#	Player	NmMt 8	NmMt+ 8.5	MT 9	Gem 9.5/10
207	Mike Trout	▼80	▼100	▼150	▼300
H650	Bryce Harper RC	400	500	600	1,000

2013 Bowman

#	Player	NmMt 8	NmMt+ 8.5	MT 9	Gem 9.5/10
215	Manny Machado RC	15	15	25	60

2013 Bowman Prospects

#	Player	NmMt 8	NmMt+ 8.5	MT 9	Gem 9.5/10
BP1	Byron Buxton	5	6	10	30
BP100	Carlos Correa	10	12	15	25

2013 Bowman Top 100 Prospects

#	Player	NmMt 8	NmMt+ 8.5	MT 9	Gem 9.5/10
BTP58	Yasiel Puig	15	20	25	50

2013 Bowman Chrome

#	Player	NmMt 8	NmMt+ 8.5	MT 9	Gem 9.5/10
78	Yasiel Puig RC	5	6	12	20
147	Didi Gregorius RC	4	5	8	15
205	Manny Machado RC	15	15	30	60

2013 Bowman Chrome Cream of the Crop Mini Refractors

#	Player	NmMt 8	NmMt+ 8.5	MT 9	Gem 9.5/10
LAD3	Yasiel Puig	12	15	20	40

2013 Bowman Chrome Prospect Autographs

#	Player	NmMt 8	NmMt+ 8.5	MT 9	Gem 9.5/10
BB	Byron Buxton	▼100	▼120	▼150	▼250
CC	Carlos Correa	▼80	▼100	▼120	▼250
MO	Matt Olson	▼60	▼80	▼100	▼150
YP	Yasiel Puig	30	40	50	80

2013 Bowman Chrome Prospects

#	Player	NmMt 8	NmMt+ 8.5	MT 9	Gem 9.5/10
BCP100	Carlos Correa	8	10	15	25

2013 Bowman Chrome Rookie Autographs

#	Player	NmMt 8	NmMt+ 8.5	MT 9	Gem 9.5/10
EG	Evan Gattis	30	40	50	80
HJR	Hyun-Jin Ryu	80	100	120	200

		NmMt 8	NmMt+ 8.5	MT 9	Gem 9.5/10
MM	Manny Machado	▲100	▲120	▲150	▲250
WM	Wil Myers	30	40	50	80

2013 Bowman Chrome Draft

#	Player	NmMt 8	NmMt+ 8.5	MT 9	Gem 9.5/10
1	Yasiel Puig RC	6	8	10	20

2013 Bowman Chrome Draft Draft Pick Autographs

#	Player	NmMt 8	NmMt+ 8.5	MT 9	Gem 9.5/10
AJ	Aaron Judge	▲600	▲1,000	▲1,500	▲2,500
AM	Austin Meadows	20	25	30	50
CF	Clint Frazier	15	20	25	40
HR	Hunter Renfroe	15	20	25	40
KB	Kris Bryant	250	300	400	600
RMC	Ryan McMahon	15	20	25	40
TA	Tim Anderson	▼30	▼40	▼60	▼100

2013 Bowman Chrome Draft Draft Picks

#	Player	NmMt 8	NmMt+ 8.5	MT 9	Gem 9.5/10
BDPP19	Aaron Judge	▲120	▲150	▲200	▲400

2013 Bowman Chrome Draft Rookie Autographs

#	Player	NmMt 8	NmMt+ 8.5	MT 9	Gem 9.5/10
YP	Yasiel Puig	150	200	250	400

2013 Bowman Chrome Draft Top Prospects

#	Player	NmMt 8	NmMt+ 8.5	MT 9	Gem 9.5/10
TP10	Carlos Correa	8	10	15	20

2013 Bowman Chrome Mini

#	Player	NmMt 8	NmMt+ 8.5	MT 9	Gem 9.5/10
311	Aaron Judge	▲40	▲50	▲60	▲120

2013 Bowman Draft

#	Player	NmMt 8	NmMt+ 8.5	MT 9	Gem 9.5/10
1	Yasiel Puig RC	5	6	10	20

2013 Bowman Draft Draft Picks

#	Player	NmMt 8	NmMt+ 8.5	MT 9	Gem 9.5/10
BDPP19	Aaron Judge	▲25	▲30	▲60	▲120

2013 Bowman Draft Top Prospects

#	Player	NmMt 8	NmMt+ 8.5	MT 9	Gem 9.5/10
TP10	Carlos Correa	6	8	12	25

2013 Bowman Platinum Prospect Autographs

#	Player	NmMt 8	NmMt+ 8.5	MT 9	Gem 9.5/10
BB	Byron Buxton	25	30	60	100
CC	Carlos Correa	50	60	80	200

2013 Bowman Sterling

#	Player	NmMt 8	NmMt+ 8.5	MT 9	Gem 9.5/10
32	Yasiel Puig RC	10	12	25	40

2013 Bowman Sterling Prospect Autographs

#	Player	NmMt 8	NmMt+ 8.5	MT 9	Gem 9.5/10
AJ	Aaron Judge	▲500	▲600	▲800	▲1,200
JU	Julio Urias	▲40	▲50	▲60	▲120

2013 Bowman Sterling Prospects

#	Player	NmMt 8	NmMt+ 8.5	MT 9	Gem 9.5/10
11	Kris Bryant	15	20	30	50

2013 Bowman Sterling Rookie Autographs

#	Player	NmMt 8	NmMt+ 8.5	MT 9	Gem 9.5/10
JF	Jose Fernandez	30	40	50	80
NA	Nolan Arenado	100	120	▼150	250
YP	Yasiel Puig	100	120	150	250

2013 Elite Extra Edition

#	Player	NmMt 8	NmMt+ 8.5	MT 9	Gem 9.5/10
102	Kris Bryant AU/324	80	100	120	150
107	Austin Meadows AU/322	15	20	25	80
111	J.P. Crawford AU/411	15	20	25	40
116	Alex Gonzalez AU/420	15	20	25	40
122	Aaron Judge AU/599	▲150	▲200	▲300	▲600
158	Cody Bellinger AU/673	150	200	250	400
185	Rosell Herrera AU/174 EXCH	20	25	30	50

2013 Elite Extra Edition Franchise Futures Signatures

#	Player	NmMt 8	NmMt+ 8.5	MT 9	Gem 9.5/10
71	Gleyber Torres/250	100	120	150	250

2013 Finest

#	Player	NmMt 8	NmMt+ 8.5	MT 9	Gem 9.5/10
80	Manny Machado RC	▲15	▲20	▲25	▲40
91	Yasiel Puig RC	5	6	10	20

2013 Topps

#	Player	NmMt 8	NmMt+ 8.5	MT 9	Gem 9.5/10
270A	Manny Machado RC	5	6	10	25

2013 Topps Update

#	Player	NmMt 8	NmMt+ 8.5	MT 9	Gem 9.5
US250A	Yasiel Puig RC	5	6	10	20
US259	Nolan Arenado RC	30	30	50	120
US290	Christian Yelich RC	▼20	▼25	▼30	▼60

2013 Topps Allen and Ginter

#	Player	NmMt 8	NmMt+ 8.5	MT 9	Gem 9.5
44	Yasiel Puig RC	6	8	15	30

2013 Topps Chrome

#	Player	NmMt 8	NmMt+ 8.5	MT 9	Gem 9.5
12	Manny Machado RC	▲15	▲20	▲50	▲80
78	Nolan Arenado RC	25	60	80	200
128	Anthony Rendon RC	20	20	25	80
138A	Yasiel Puig RC	6	8	12	25

2013 Topps Chrome Rookie Autographs

#	Player	NmMt 8	NmMt+ 8.5	MT 9	Gem 9.5
CY	Christian Yelich	▼100	▼120	▼150	▼250
GC	Gerrit Cole	60	80	100	150
YP	Yasiel Puig	40	50	60	100
12	Manny Machado	▲150	▲200	▲250	▲400
25	Hyun-Jin Ryu	▲100	▲120	▲150	▲250
78	Nolan Arenado	200	250	300	500
128	Anthony Rendon	50	60	80	120

2013 Topps Heritage

#	Player	NmMt 8	NmMt+ 8.5	MT 9	Gem 9.5
201	Manny Machado RC / Dylan Bundy RC	6	8	12	25
H509	Anthony Rendon RC	12	15	20	50
H519	Nolan Arenado RC	30	50	100	150
H536	Christian Yelich RC	25	30	40	60
H584	Yasiel Puig RC	6	8	12	20
H596	Gerrit Cole RC	12	15	30	50

2013 Topps Pro Debut

#	Player	NmMt 8	NmMt+ 8.5	MT 9	Gem 9.5
35A	Yasiel Puig	6	8	12	30

2014 Bowman Prospects

#	Player	NmMt 8	NmMt+ 8.5	MT 9	Gem 9.5
BP17	Jose Abreu	5	6	10	15
BP25	Kris Bryant	12	20	25	40
BP73	Jacob deGrom	15	15	40	50

2014 Bowman Chrome Fire Die-Cut Refractors

#	Player	NmMt 8	NmMt+ 8.5	MT 9	Gem 9.5
FDCKB	Kris Bryant	12	15	30	50

2014 Bowman Chrome Mini

#	Player	NmMt 8	NmMt+ 8.5	MT 9	Gem 9.5
MCKB	Kris Bryant	▼10	▼12	▼15	▼25

2014 Bowman Chrome Prospect Autographs

#	Player	NmMt 8	NmMt+ 8.5	MT 9	Gem 9.5
BCAPJAB	Jose Abreu	80	100	120	200
BCAPJU	Julio Urias	80	100	120	200
BCAPKB	Kris Bryant	▼100	▼120	▼150	▼250
BCAPKM	Ketel Marte	40	50	60	100
BCAPMB	Mookie Betts	▼800	▼1,000	▼1,200	▼2,00

2014 Bowman Chrome Prospects

#	Player	NmMt 8	NmMt+ 8.5	MT 9	Gem 9.5
BCP17	Jose Abreu	10	12	20	25
BCP25	Kris Bryant	20	20	25	50
BCP73	Jacob deGrom	40	▼60	▼80	▼20
BCP109	Mookie Betts	▼25	▼30	▼50	▼12

2014 Bowman Chrome Rookie Autographs

#	Player	NmMt 8	NmMt+ 8.5	MT 9	Gem 9.5
BCARJA	Jose Abreu	▼50	▼60	▼80	▼12

2014 Bowman Chrome Draft

#	Player	NmMt 8	NmMt+ 8.5	MT 9	Gem 9.5
CDP2	Kyle Schwarber	6	8	20	50
CDP122	Rhys Hoskins	8	10	12	40

2014 Bowman Chrome Draft Draft Pick Autogra

#	Player	NmMt 8	NmMt+ 8.5	MT 9	Gem 9.5
BCAAN	Aaron Nola	▲40	▲50	▲60	▲100
BCAAV	Alex Verdugo	▼30	▼40	▼50	▼80
BCADC	Dylan Cease	15	20	25	40
BCAJF	Jack Flaherty	40	50	60	100
BCAKS	Kyle Schwarber	▲40	▲50	▲60	▲100
BCAMCH	Matt Chapman	40	50	60	100
BCAMK	Michael Kopech	30	40	50	80
BCAMC	Michael Conforto	25	30	40	60
BCATT	Trea Turner	100	120	150	250

4 Bowman Chrome Draft Top Prospects

	NmMt 8	NmMt+ 8.5	MT 9	Gem 9.5/10
Eloy Jimenez	10	20	30	40
Aaron Judge	▲30	▲40	▲50	▲100
Kris Bryant	12	15	25	40

4 Bowman Draft

	NmMt 8	NmMt+ 8.5	MT 9	Gem 9.5/10
Kyle Schwarber	8	10	15	30

4 Bowman Draft Top Prospects

	NmMt 8	NmMt+ 8.5	MT 9	Gem 9.5/10
Rafael Devers	20	30	60	80
Aaron Judge	▲25	▲30	▲50	▲80
Kris Bryant	8	10	20	30

4 Bowman Platinum Prospect Autographs

	NmMt 8	NmMt+ 8.5	MT 9	Gem 9.5/10
Carlos Correa	▲40	▲50	▲60	▲100
Clint Frazier	20	25	30	50
Chris Taylor	20	25	30	50
Javier Baez	40	50	60	100
Kris Bryant	250	300	350	500

4 Bowman Sterling Prospect Autographs

	NmMt 8	NmMt+ 8.5	MT 9	Gem 9.5/10
L Francisco Lindor	30	40	50	80
3A Javier Baez	30	40	50	80

4 Bowman Sterling Rookie Autographs

	NmMt 8	NmMt+ 8.5	MT 9	Gem 9.5/10
MB Mookie Betts	▲400	▲500	▲600	▼1,000

4 Topps Update

	NmMt 8	NmMt+ 8.5	MT 9	Gem 9.5/10
Mookie Betts RC	▼40	▼60	▼100	▼300
Jacob deGrom RC	▼40	▼60	▼100	▼300

4 Topps Chrome Rookie Autographs

	NmMt 8	NmMt+ 8.5	MT 9	Gem 9.5/10
Nick Castellanos	30	40	50	80
Jose Ramirez	▲200	▲250	▲300	▲500
George Springer	▲80	▲100	▲120	▲200
Jose Abreu	▼50	▼60	▼80	▼120

4 Topps Heritage

	NmMt 8	NmMt+ 8.5	MT 9	Gem 9.5/10
Randal Grichuk RC	8	10	15	30
Jacob deGrom RC	120	150	200	500
Mookie Betts RC	▼120	▼150	▼200	400
Jose Ramirez RC	10	12	15	25

5 Bowman Chrome

	NmMt 8	NmMt+ 8.5	MT 9	Gem 9.5/10
Francisco Lindor RC	20	20	50	150
Carlos Correa RC	20	25	30	50
Kris Bryant RC	15	20	30	40

5 Bowman Chrome Prospect Autographs

	NmMt 8	NmMt+ 8.5	MT 9	Gem 9.5/10
BE Cody Bellinger	▼120	▼150	▼200	▼400
T Gleyber Torres	▼100	▼120	▼150	▼250
AL Ozhaino Albies	▼100	▼120	▼150	▼250
D Rafael Devers	150	200	250	▲500

5 Bowman Chrome Prospects

	NmMt 8	NmMt+ 8.5	MT 9	Gem 9.5/10
Ozhaino Albies	25	30	50	100
3 Mike Yastrzemski	20	25	30	50

5 Bowman Chrome Rookie Autographs

	NmMt 8	NmMt+ 8.5	MT 9	Gem 9.5/10
B Byron Buxton	100	120	150	250
L Francisco Lindor	▲50	▲60	▲80	▲120
3 Javier Baez	50	60	80	120
B Kris Bryant	▼50	▼60	▼80	▼120
S Noah Syndergaard	30	40	50	80

5 Bowman Chrome Draft

	NmMt 8	NmMt+ 8.5	MT 9	Gem 9.5/10
Walker Buehler	30	30	40	80
Kyle Tucker	▲30	▲40	▲50	100
Ryan Mountcastle	▼25	▼30	▼40	120
Ke'Bryan Hayes	▼20	▼25	▼30	▼80
Aaron Judge	▲25	▲30	▲40	▲100
Austin Riley	30	40	60	150
Andrew Benintendi	8	10	12	30

5 Bowman Chrome Draft Draft Pick Autographs

	NmMt 8	NmMt+ 8.5	MT 9	Gem 9.5/10
Andrew Benintendi	25	30	40	60
Austin Riley	150	200	▲300	▲500
Brendan Rodgers	▼20	▼25	▼30	▼50

	NmMt 8	NmMt+ 8.5	MT 9	Gem 9.5/10
BCADS Dansby Swanson	▲60	▲80	▲100	▲150
BCAIH Ian Happ	25	30	40	60
BCAKHA Ke'Bryan Hayes	150	200	250	400
BCAKT Kyle Tucker	100	120	150	250
BCAMS Michael Soroka	30	40	50	80
BCARMO Ryan Mountcastle	150	200	250	400
BCATC Trent Clark	▼12	▼15	▼20	▼30
BCATS Tyler Stephenson	25	30	40	60
BCATW Taylor Ward	80	100	120	200
BCAWB Walker Buehler	150	200	250	400

2015 Bowman's Best Best of '15 Autographs

	NmMt 8	NmMt+ 8.5	MT 9	Gem 9.5/10
B15DS Dansby Swanson	▲30	▲40	▲50	▲80
B15FL Francisco Lindor	50	60	80	120
B15TT Trea Turner	20	25	50	120

2015 Finest

	NmMt 8	NmMt+ 8.5	MT 9	Gem 9.5/10
111 Kris Bryant SP RC	60	80	100	150

2015 Stadium Club

	NmMt 8	NmMt+ 8.5	MT 9	Gem 9.5/10
300 Kris Bryant RC	25	30	40	100

2015 Topps

	NmMt 8	NmMt+ 8.5	MT 9	Gem 9.5/10
616A Kris Bryant RC	10	12	20	60

2015 Topps Update

	NmMt 8	NmMt+ 8.5	MT 9	Gem 9.5/10
US78 Kris Bryant RC	10	12	20	40
US242 Kris Bryant	10	12	20	40

2015 Topps Update Chrome

	NmMt 8	NmMt+ 8.5	MT 9	Gem 9.5/10
US174 Carlos Correa RC	20	25	50	100

2015 Topps Allen and Ginter

	NmMt 8	NmMt+ 8.5	MT 9	Gem 9.5/10
85 Kris Bryant RC	10	12	20	40

2015 Topps Chrome

	NmMt 8	NmMt+ 8.5	MT 9	Gem 9.5/10
89 Javier Baez RC	30	40	50	100
112 Kris Bryant RC	▼12	▼15	▼30	▼50
202 Francisco Lindor SP RC	▼50	▼60	▼100	▼200
205 Carlos Correa SP RC	▼25	▼30	▼40	▼60

2015 Topps Chrome Rookie Autographs

	NmMt 8	NmMt+ 8.5	MT 9	Gem 9.5/10
ARBBN Byron Buxton	150	200	250	400
ARCC Carlos Correa	80	100	120	200
ARFL Francisco Lindor	200	250	300	500
ARJB Javier Baez	▼60	▼80	▼100	▼150
ARKB Kris Bryant	▼60	▼80	▼100	▼150

2016 Bowman Prospects

	NmMt 8	NmMt+ 8.5	MT 9	Gem 9.5/10
BP17 Fernando Tatis Jr.	50	60	100	250
BP55 Vladimir Guerrero Jr.	40	50	100	250

2016 Bowman Chrome Prospect Autographs

	NmMt 8	NmMt+ 8.5	MT 9	Gem 9.5/10
BCAPOC Oneal Cruz UER	▲200	▲250	▲300	▲600
CPAAB Alex Bregman	100	120	150	250
CPADAS Dansby Swanson	▲40	▲50	▲60	▲100
CPAFT Fernando Tatis Jr.	▼800	▼1,000	▼1,500	▼2,500
CPAHB Harrison Bader	▲80	▲100	▲120	▲150
CPAJS Juan Soto	▼1,500	▼2,000	▼2,500	▼4,000
CPATM Trey Mancini	▲40	▲50	▲60	▲100
CPATO Tyler O'Neill	▼30	▼40	▼50	▼80
CPAVG Vladimir Guerrero Jr.	▼800	▼1,000	▼1,200	▼2,000
CPAWC Willson Contreras	▼60	▼80	▲100	▲150
CPAYM Yoan Moncada	100	120	150	250

2016 Bowman Chrome Prospects

	NmMt 8	NmMt+ 8.5	MT 9	Gem 9.5/10
BCP17 Fernando Tatis Jr.	▼100	▼120	▼150	▼400
BCP55 Vladimir Guerrero Jr.	▼60	▼80	▼120	▼250
BCP182 Cody Bellinger	25	25	30	100
BCP236 Gleyber Torres	15	20	25	50

2016 Bowman Chrome Rookie Autographs

	NmMt 8	NmMt+ 8.5	MT 9	Gem 9.5/10
CRATT Trea Turner	▼50	▼60	▼80	▼120

2016 Bowman Chrome Draft

	NmMt 8	NmMt+ 8.5	MT 9	Gem 9.5/10
BDC3 Dylan Carlson	20	30	40	100
BDC60 Kyle Lewis	15	20	40	50
BDC67 Gavin Lux	12	15	20	60
BDC68 Shane Bieber	15	20	25	80
BDC74 Bo Bichette	30	▼30	▼40	▼100
BDC90 Alex Kirilloff	25	30	40	150

	NmMt 8	NmMt+ 8.5	MT 9	Gem 9.5/10
BDC92 Pete Alonso	15	15	40	100
BDC143 Gleyber Torres	8	10	15	50

2016 Bowman Chrome Draft Draft Pick Autographs

	NmMt 8	NmMt+ 8.5	MT 9	Gem 9.5/10
CDAAK Alex Kirilloff	80	100	120	▼200
CDABD Bobby Dalbec	80	100	120	200
CDABOB Bo Bichette	▼150	▼200	▼250	▼400
CDABRR Bryan Reynolds	30	40	▼50	▼80
CDACB Cavan Biggio	30	▲40	50	80
CDADC Dylan Carlson	▼50	▼60	▼100	▼150
CDAGL Gavin Lux	▼50	▼60	▼80	▼120
CDAIA Ian Anderson	50	60	80	120
CDAJL Joshua Lowe	▼25	▼30	▼40	▼60
CDAKL Kyle Lewis	▼40	▼50	▼60	▼100
CDAMM Matt Manning	30	40	50	▼80
CDAMM Mickey Moniak	▲30	▲40	▲50	▲80
CDAPA Pete Alonso	150	200	250	▲500
CDAWS Will Smith	50	60	80	120

2016 Topps Chrome

	NmMt 8	NmMt+ 8.5	MT 9	Gem 9.5/10
32 Trea Turner RC	20	25	▲50	▲120
143 Gary Sanchez RC	15	20	25	60
150 Corey Seager RC	▼12	▼15	▼20	▼60

2016 Topps Chrome Rookie Autographs

	NmMt 8	NmMt+ 8.5	MT 9	Gem 9.5/10
RACS Corey Seager	▼80	▼100	▼120	▼300
RAJU Julio Urias	60	80	100	150
RAMC Michael Conforto	50	60	80	120
RATA Tim Anderson	100	120	150	250
RATS Trevor Story	▼50	▼60	▼80	▼120
RATTU Trea Turner	▲100	▲120	▲150	▲250

2017 Bowman

	NmMt 8	NmMt+ 8.5	MT 9	Gem 9.5/10
32 Aaron Judge RC	▲30	▲40	▲50	▲100

2017 Bowman Prospects

	NmMt 8	NmMt+ 8.5	MT 9	Gem 9.5/10
BP127 Ronald Acuna	30	40	50	150

2017 Bowman Chrome

	NmMt 8	NmMt+ 8.5	MT 9	Gem 9.5/10
27 Cody Bellinger RC	15	20	25	50
56A Aaron Judge RC	25	30	40	80

2017 Bowman Chrome Prospect Autographs

	NmMt 8	NmMt+ 8.5	MT 9	Gem 9.5/10
CPAEJ Eloy Jimenez	▼120	▼150	▼200	▼300
CPAGT Gleyber Torres	▼50	▼60	▼80	▼120
CPAJC Jazz Chisholm	120	150	200	300
CPALA Luis Arraez	▲40	▲50	▲60	▲100
CPARA Ronald Acuna	▼1,000	▼1,200	▼1,500	▼2,500
CPASA Sandy Alcantara	▲30	▲40	▲50	▲80

2017 Bowman Chrome Prospects

	NmMt 8	NmMt+ 8.5	MT 9	Gem 9.5/10
BCP32 Vladimir Guerrero Jr.	25	30	40	80
BCP127 Ronald Acuna	80	100	120	300
BCP160 Fernando Tatis Jr.	20	25	30	50
BCP180 Juan Soto	40	50	60	200
BCP207 Jazz Chisholm	30	40	50	150

2017 Bowman Chrome Rookie Autographs

	NmMt 8	NmMt+ 8.5	MT 9	Gem 9.5/10
BCARAB Alex Bregman	30	40	50	80
BCARCB Cody Bellinger	▼120	▼150	▼200	▼300
BCARYM Yoan Moncada	40	50	60	100
CRAAB Alex Bregman	30	40	50	80
CRAAJ Aaron Judge	▲500	▲600	▲800	▲1,200
CRADS Dansby Swanson	30	40	50	80
CRAYM Yoan Moncada	60	80	100	150

2017 Bowman Chrome Draft

	NmMt 8	NmMt+ 8.5	MT 9	Gem 9.5/10
BDC39 Ronald Acuna	25	30	50	120
BDC150 Vladimir Guerrero Jr.	25	30	40	80
BDC162 Juan Soto	25	30	80	150

2017 Bowman Chrome Draft Autographs

	NmMt 8	NmMt+ 8.5	MT 9	Gem 9.5/10
CDADW Drew Waters	▼30	▼40	▼50	▼80
CDAHR Heliot Ramos	▼40	▼50	▼60	▼100
CDAJA Jo Adell	500	600	800	1,200
CDAKW Kyle Wright	40	50	60	100
CDAMG MacKenzie Gore	▼60	▼80	▼100	▼150
CDAMJM MJ Melendez	40	50	60	100
CDAMV Mark Vientos	▼50	▼60	▼80	▼120
CDANP Nick Pratto	▼40	▼50	▼60	▼100
CDARL Royce Lewis	▼50	▼60	▼80	▼120

2017 Bowman Chrome Mega Box Prospects Refractors

		NmMt 8	NmMt+ 8.5	MT 9	Gem 9.5/10
BCP31	Shohei Otani UER/Ohtani	50	60	80	120
BCP127	Ronald Acuna	100	120	150	600

2017 Bowman Chrome Mini Prospects

		NmMt 8	NmMt+ 8.5	MT 9	Gem 9.5/10
BCP32	Vladimir Guerrero Jr.	12	15	30	60
BCP127	Ronald Acuna	▼25	▼30	▼40	▼60
BCP160	Fernando Tatis Jr.	20	25	30	50
BCP180	Juan Soto	▼12	▼15	30	▼50

2017 Bowman Draft

		NmMt 8	NmMt+ 8.5	MT 9	Gem 9.5/10
BD39	Ronald Acuna	25	30	40	80
BD162	Juan Soto	25	30	50	100

2017 Bowman Platinum

		NmMt 8	NmMt+ 8.5	MT 9	Gem 9.5/10
91	Aaron Judge RC	20	25	30	60

2017 Bowman Platinum Top Prospects Autographs

		NmMt 8	NmMt+ 8.5	MT 9	Gem 9.5/10
TPAR	Amed Rosario	30	30	40	60
TPEJ	Eloy Jimenez	50	50	60	100
TPGT	Gleyber Torres	60	60	80	120
TPIH	Ian Happ	30	30	40	60
TPJG	Jason Groome	15	20	25	40
TPJS	Juan Soto	250	250	300	500
TPMM	Mickey Moniak	15	20	25	40
TPNS	Nick Senzel	50	50	60	100

2017 Bowman's Best Best of '17 Autographs

		NmMt 8	NmMt+ 8.5	MT 9	Gem 9.5/10
B17GT	Gleyber Torres	50	60	100	150
B17JA	Jo Adell	50	60	100	150
B17RA	Ronald Acuna	150	200	300	500
B17RL	Royce Lewis	30	40	60	100

2017 Donruss Optic

		NmMt 8	NmMt+ 8.5	MT 9	Gem 9.5/10
38	Aaron Judge RR RC	15	20	25	50
65	Cody Bellinger RR RC	15	20	25	60

2017 Finest

		NmMt 8	NmMt+ 8.5	MT 9	Gem 9.5/10
2	Aaron Judge RC	15	20	25	50

2017 Topps Update

		NmMt 8	NmMt+ 8.5	MT 9	Gem 9.5/10
US4	Matt Chapman RC	10	12	15	25
US50A	Cody Bellinger RC	25	30	40	100

2017 Topps Allen and Ginter

		NmMt 8	NmMt+ 8.5	MT 9	Gem 9.5/10
172	Aaron Judge RC	20	25	30	60

2017 Topps Archives

		NmMt 8	NmMt+ 8.5	MT 9	Gem 9.5/10
62	Aaron Judge RC	25	30	60	100

2017 Topps Chrome

		NmMt 8	NmMt+ 8.5	MT 9	Gem 9.5/10
79	Cody Bellinger RC	▼15	▼20	▼30	▼50
169A	Aaron Judge RC	30	40	50	150

2017 Topps Chrome Rookie Autographs

		NmMt 8	NmMt+ 8.5	MT 9	Gem 9.5/10
RAAB	Alex Bregman	▼50	▼60	▼80	▼120
RAAJ	Aaron Judge	▲800	▲1,000	▲1,200	▲2,000
RACB	Cody Bellinger	▼100	▼120	▼150	▼250
RAMO	Matt Olson	▼60	▼80	▼100	▼150

2018 Bowman

		NmMt 8	NmMt+ 8.5	MT 9	Gem 9.5/10
49	Shohei Ohtani RC	50	60	100	300

2018 Bowman Prospect Autographs

		NmMt 8	NmMt+ 8.5	MT 9	Gem 9.5/10
PAPA	Peter Alonso	30	40	60	100

2018 Bowman Prospects

		NmMt 8	NmMt+ 8.5	MT 9	Gem 9.5/10
BP21	Luis Robert	20	20	30	80

2018 Bowman Chrome

		NmMt 8	NmMt+ 8.5	MT 9	Gem 9.5/10
1	Shohei Ohtani RC	120	120	200	400
40	Ronald Acuna Jr. RC	25	25	60	120
83	Gleyber Torres RC	10	10	12	25

2018 Bowman Chrome Prospect Autographs

		NmMt 8	NmMt+ 8.5	MT 9	Gem 9.5/10
CPACM	Cedric Mullins	▼40	▼50	▼60	▼100
CPAHG	Hunter Greene	▼60	▼80	▼100	▼150
CPALR	Luis Robert	▼300	▼400	▼500	▼800
CPAYA	Yordan Alvarez	▲400	▲400	▲500	▲800
BCPAKR	Kristian Robinson	▼50	▼60	▼80	150
BCPALGA	Luis Garcia	▼30	▼40	▼50	▼80
BCPARW	Russell Wilson	300	400	500	800
BCPASB	Shane Bieber	40	50	60	100

2018 Bowman Chrome Prospects

		NmMt 8	NmMt+ 8.5	MT 9	Gem 9.5/10
BCP21	Luis Robert	40	40	60	120
BCP52	Juan Soto	30	40	50	100

2018 Bowman Chrome Rookie Autographs

		NmMt 8	NmMt+ 8.5	MT 9	Gem 9.5/10
CRARD	Rafael Devers	▲150	▲200	▲250	▲400
CRARH	Rhys Hoskins	40	50	60	▲120
CRASO	Shohei Ohtani/Pitching	▼2,000	▼2,500	▼3,000	▼5,000
CRAWB	Walker Buehler	▼40	▼50	▼60	▼120
BCRAGT	Gleyber Torres	▼60	▼80	▼100	▼150
BCRAOA	Ozzie Albies	▼40	▼50	▼60	▼100
BCRARA	Ronald Acuna	▼250	▼300	▼400	▼600
BCRARD	Rafael Devers	▲150	▲200	▲250	▲400
BCRASO	Shohei Ohtani/Batting	▼2,000	▼2,500	▼3,000	▼5,000

2018 Bowman Chrome Draft

		NmMt 8	NmMt+ 8.5	MT 9	Gem 9.5/10
BDC6	Jarred Kelenic	30	40	50	120
BDC25	Alec Bohm	15	20	25	60
BDC38	Nick Madrigal	15	20	25	50
BDC47	Brennen Davis	20	25	30	60
BDC112	Jonathan India	40	50	60	150
BDC117	Nolan Gorman	20	25	40	80
BDC171	Triston Casas	20	25	40	100
BDC188	Luis Robert	15	20	25	80

2018 Bowman Chrome Draft Autographs

		NmMt 8	NmMt+ 8.5	MT 9	Gem 9.5/10
CDAAB	Alec Bohm	▼50	▼60	▼80	▼120
CDAAT	Alek Thomas	▼40	▼50	▼60	▼100
CDACM	Casey Mize	▼40	▼50	▼60	▼100
CDAGR	Grayson Rodriguez	▲100	▲120	▲150	▲250
CDAJG	Jordan Groshans	▼30	▼40	▼50	▼80
CDAJI	Jonathan India	▼60	▼80	▼100	▼150
CDAJJ	Jeremiah Jackson	▲30	▲40	▲50	80
CDAJK	Jarred Kelenic	▼60	▼80	▼100	▼150
CDALG	Logan Gilbert	▲50	▲60	▲80	▲120
CDANG	Nolan Gorman	▼80	▼100	▼120	▼200
CDANH	Nico Hoerner	▲30	▲40	▲50	▲80
CDASM	Shane McClanahan	▲40	▲50	▲60	▲100
CDATC	Triston Casas	▼100	▼120	▼150	▼250

2018 Bowman Chrome Mega Box Prospects Refractors

		NmMt 8	NmMt+ 8.5	MT 9	Gem 9.5/10
BCP21	Luis Robert	100	120	150	500

2018 Bowman Platinum Top Prospect Autographs

		NmMt 8	NmMt+ 8.5	MT 9	Gem 9.5/10
TOP2	Ronald Acuna	120	150	200	300
TOP3	Gleyber Torres	50	80	100	150
TOP4	Hunter Greene	40	50	60	100
TOP5	Royce Lewis	30	40	50	80
TOP8	Luis Robert	120	150	200	600
TOP11	Jo Adell	20	25	30	80
TOP15	Peter Alonso	60	80	120	200
TOP80	Shane Bieber	80	100	150	250

2018 Bowman's Best

		NmMt 8	NmMt+ 8.5	MT 9	Gem 9.5/10
1	Shohei Ohtani RC	50	60	80	120
29	Juan Soto RC	30	30	40	100
50	Gleyber Torres RC	15	15	20	50
51	Ronald Acuna Jr. RC	30	40	50	120

2018 Bowman's Best Best of '18 Autographs

		NmMt 8	NmMt+ 8.5	MT 9	Gem 9.5/10
B18ABO	Alec Bohm	20	25	30	60
B18AJ	Aaron Judge	120	150	200	300
B18AR	Anthony Rizzo	30	40	50	80
B18CM	Casey Mize	30	40	50	80
B18EF	Estevan Florial	30	40	50	80
B18FT	Fernando Tatis Jr.	250	300	400	600
B18GR	Grayson Rodriguez	40	50	60	120
B18HG	Hunter Greene	40	50	60	120
B18HR	Heliot Ramos	30	40	50	120
B18JAD	Jo Adell	40	50	60	120
B18JI	Jonathan India	60	80	100	200
B18JKE	Jarred Kelenic	25	30	40	80
B18JSO	Juan Soto	600	800	1,000	1,500
B18KB	Kris Bryant	50	60	80	120
B18LR	Luis Robert	100	125	150	250
B18MT	Mike Trout	400	500	600	1,000
B18NG	Nolan Gorman	40	50	60	120
B18NM	Nick Madrigal	40	50	60	100
B18OA	Ozzie Albies	50	60	100	200
B18RA	Ronald Acuna Jr.	250	300	400	1,000
B18SO	Shohei Ohtani	1,200	1,500	2,000	3,000
B18TC	Triston Casas	40	50	60	150
B18YA	Yordan Alvarez	50	60	80	100

2018 Donruss Optic

		NmMt 8	NmMt+ 8.5	MT 9	Gem 9.5/10
56	Shohei Ohtani RR RC	50	60	80	200
63	Ronald Acuna Jr. RR RC	30	40	50	200
65	Gleyber Torres RR RC	15	20	40	

2018 Donruss Optic Rated Rookies Signatures

		NmMt 8	NmMt+ 8.5	MT 9	Gem 9.5/10
RRSSO	Shohei Ohtani	800	1,000	1,200	2,500
RRSVG	Vladimir Guerrero Jr Issued in '19 Donruss Optic	600	800	1,000	1,200

2018 Finest

		NmMt 8	NmMt+ 8.5	MT 9	Gem 9.5/10
100	Shohei Ohtani RC	40	50	80	300

2018 Topps

		NmMt 8	NmMt+ 8.5	MT 9	Gem 9.5/10
700	Shohei Ohtani RC	40	50	80	200

2018 Topps Update

		NmMt 8	NmMt+ 8.5	MT 9	Gem 9.5/10
US1	Shohei Ohtani RC	40	50	80	250
US198	Shane Bieber RC	12	20	25	40
US200	Gleyber Torres RC	15	20	25	80
US250	Ronald Acuna Jr. RC	60	80	100	300
US300	Juan Soto RC	60	80	100	300

2018 Topps Allen and Ginter

		NmMt 8	NmMt+ 8.5	MT 9	Gem 9.5/10
100	Shohei Ohtani RC	40	50	60	120
207	Ronald Acuna Jr. RC	25	30	40	100
240	Gleyber Torres RC	8	10	12	25

2018 Topps Archives

		NmMt 8	NmMt+ 8.5	MT 9	Gem 9.5/10
50	Shohei Ohtani RC	50	60	80	120
73	Juan Soto RC	25	30	40	80
212	Ronald Acuna Jr. RC	25	30	50	200

2018 Topps Chrome

		NmMt 8	NmMt+ 8.5	MT 9	Gem 9.5/10
25	Rafael Devers RC	30	40	50	80
31	Gleyber Torres RC	25	30	30	40
71	Walker Buehler RC	15	20	25	40
150	Shohei Ohtani RC	100	100	120	250
193	Ronald Acuna RC	50	60	80	200

2018 Topps Chrome Rookie Autographs

		NmMt 8	NmMt+ 8.5	MT 9	Gem 9.5/10
RAGT	Gleyber Torres	60	80	100	150
RAMF	Max Fried	▲50	▲60	▲100	▲150
RAOA	Ozzie Albies	80	100	120	200
RARA	Ronald Acuna	800	1,000	1,200	2,000
RARD	Rafael Devers	▲200	▲250	▲300	▲500
RASO	Shohei Ohtani	1,200	1,500	2,000	3,000
RAWB	Walker Buehler	▼60	▼80	▼100	▼150

2018 Topps Chrome Update

		NmMt 8	NmMt+ 8.5	MT 9	Gem 9.5/10
HMT1	Shohei Ohtani RC	60	80	100	250
HMT9	Gleyber Torres RC	12	15	20	60
HMT19	Walker Buehler RC	15	20	25	80
HMT25	Ronald Acuna Jr. RC	60	80	100	250
HMT26	Gleyber Torres RC	8	10	20	40
HMT55	Juan Soto RC	120	150	200	400
HMT59	Shane Bieber RC	12	15	20	40

2018 Topps Heritage

		NmMt 8	NmMt+ 8.5	MT 9	Gem 9.5/10
502	Juan Soto RC	25	25	50	100
580	Ronald Acuna Jr. RC	30	30	40	80
600	Shohei Ohtani RC	30	40	60	150
603	Gleyber Torres RC	15	15	20	30

2018 Topps Heritage Real One Autographs

		NmMt 8	NmMt+ 8.5	MT 9	Gem 9.5/10
ROASO	Shohei Ohtani	1,000	1,200	1,600	3,000

2018 Topps Opening Day

		NmMt 8	NmMt+ 8.5	MT 9	Gem 9.5/10
200	Shohei Ohtani RC	30	40	50	120

2019 Bowman Prospects

		NmMt 8	NmMt+ 8.5	MT 9	Gem 9.5/10
BP100	Wander Franco	▼25	▼30	▼40	▼60

2019 Bowman Chrome

		NmMt 8	NmMt+ 8.5	MT 9	Gem 9.5/10
26	Fernando Tatis Jr. RC	25	30	40	80
48	Pete Alonso RC	10	20	25	40
73	Vladimir Guerrero Jr. RC	30	30	40	60

Bowman Chrome Prospect Autographs

	NmMt 8	NmMt+ 8.5	MT 9	Gem 9.5/10
Alec Bohm	▲50	▲60	▲80	▲120
Alexander Canario	▲50	▲60	▲80	▲120
Alejandro Kirk	40	50	60	100
Brayan Rocchio	50	60	80	120
Casey Mize	30	40	50	80
Cal Raleigh	▲30	▲40	▲50	▲80
Diego Cartaya	120	150	200	300
Eloy Jimenez	30	40	50	80
Joey Bart	▲80	▲100	▲120	▲200
Julio Rodriguez	▲1,000	▲1,200	▲1,500	▲2,500
Logan Webb	80	100	120	200
Marco Luciano	300	400	500	▼800
Noelvi Marte	▼120	▼150	▼200	▼500
Orelvis Martinez	▼80	▼100	▼120	▼200
Owen Miller	30	40	50	80
Ronny Mauricio	▼50	▼60	▼80	▼120
Seth Beer	40	50	60	100
Vladimir Guerrero Jr.	▼120	▼150	▼200	▼300
Wander Franco	▼800	▼1,000	▼1,200	▼2,000

Bowman Chrome Prospects

	NmMt 8	NmMt+ 8.5	MT 9	Gem 9.5/10
Julio Rodriguez	30	40	60	▲200
Joey Bart	12	15	20	40
Orelvis Martinez	25	30	40	120
Marco Luciano	20	30	40	80
Noelvi Marte	25	30	40	150
Wander Franco	60	80	100	200
Yordan Alvarez	12	12	15	40

Bowman Chrome Rookie Autographs

	NmMt 8	NmMt+ 8.5	MT 9	Gem 9.5/10
Fernando Tatis Jr.	250	300	400	600
Kyle Tucker	▲60	▲80	▲100	▲150

Bowman Chrome Draft

	NmMt 8	NmMt+ 8.5	MT 9	Gem 9.5/10
Adley Rutschman	25	30	50	100
Riley Greene	30	40	50	150
CJ Abrams	15	30	40	150
Wander Franco	40	50	60	200
Andrew Vaughn	15	20	30	60

Bowman Chrome Draft Autographs

	NmMt 8	NmMt+ 8.5	MT 9	Gem 9.5/10
Alek Manoah	▲60	▲80	▲100	▲150
Adley Rutschman	300	400	500	1,000
Andrew Vaughn	150	200	250	400
Brett Baty	100	120	150	300
Bryson Stott	▼50	▼60	▼80	▼200
CJ Abrams	▼150	▼200	▼250	500
Corbin Carroll	▼120	▼150	▼200	▼300
Daniel Espino	40	50	60	100
Gunnar Henderson	▲150	▲200	▲250	▲400
George Kirby	▲50	▲60	▲80	▲120
Hunter Bishop	60	80	100	150
Josh Jung	▲150	▲200	▲250	▲400
J.J. Bleday	100	120	150	250
Josh Smith	50	60	80	120
Michael Busch	40	50	60	100
Nick Lodolo	▲40	▲50	▲60	▲100
Peyton Burdick	50	60	80	120
Riley Greene	250	300	400	600
Shea Langeliers	60	80	100	150

Bowman Chrome Mega Box Prospects Refractors

	NmMt 8	NmMt+ 8.5	MT 9	Gem 9.5/10
Vladimir Guerrero Jr.	15	20	25	50
Fernando Tatis Jr.	15	20	25	50
Luis Robert	40	50	80	120
Wander Franco	100	120	200	400
Yordan Alvarez	15	20	20	80

Bowman Sterling Prospect Autographs

	NmMt 8	NmMt+ 8.5	MT 9	Gem 9.5/10
Alec Bohm	30	40	50	80
Casey Mize	▲50	▲60	▲80	▲120
Jonathan India	40	50	60	100
Julio Rodriguez	▲200	▲250	▲300	500
Marco Luciano	50	60	80	120
Noelvi Marte	60	80	100	150
Orelvis Martinez	▲40	▲50	▲60	▲100
Wander Franco	200	250	▼300	▼500

Bowman Sterling Rookie Autographs

	NmMt 8	NmMt+ 8.5	MT 9	Gem 9.5/10
Corbin Burnes	30	40	50	80

Bowman's Best Best of '19 Autographs

	NmMt 8	NmMt+ 8.5	MT 9	Gem 9.5/10
Adley Rutschman	100	120	150	250
Austin Riley	100	120	150	250

		NmMt 8	NmMt+ 8.5	MT 9	Gem 9.5/10
B19BH	Bryce Harper	120	150	200	300
B19CJA	CJ Abrams	40	50	60	150
B19EJ	Eloy Jimenez	50	60	80	200
B19FTJ	Fernando Tatis Jr.	150	200	250	400
B19JI	Jonathan India	100	120	150	300
B19JK	Jarred Kelenic	60	80	100	150
B19JR	Julio Rodriguez	80	100	120	300
B19MT	Mike Trout	300	400	500	800
B19PA	Pete Alonso	80	100	120	200
B19RG	Riley Greene	50	60	100	200
B19SO	Shohei Ohtani	500	600	800	1,500
B19VGJ	Vladimir Guerrero Jr.	120	150	200	400
B19WF	Wander Franco	200	250	300	600

2019 Donruss Optic

		NmMt 8	NmMt+ 8.5	MT 9	Gem 9.5/10
64	Vladimir Guerrero Jr. RR RC	30	40	50	120
84	Fernando Tatis Jr. RR RC	30	30	40	150

2019 Finest

		NmMt 8	NmMt+ 8.5	MT 9	Gem 9.5/10
44	Pete Alonso RC	15	20	25	50
85	Fernando Tatis Jr. RC	40	40	50	150
101	Vladimir Guerrero Jr. RC	40	50	60	150

2019 Topps

		NmMt 8	NmMt+ 8.5	MT 9	Gem 9.5/10
410	Fernando Tatis Jr. RC	▼20	▼25	▼30	▼60
475	Pete Alonso RC	12	15	20	▼30
670	Eloy Jimenez RC	10	12	15	25
NNO	Vladimir Guerrero Jr SP	▼15	▼20	▼30	▼50

2019 Topps Update

		NmMt 8	NmMt+ 8.5	MT 9	Gem 9.5/10
US56	Fernando Tatis Jr. RD	20	25	30	80

2019 Topps Allen and Ginter

		NmMt 8	NmMt+ 8.5	MT 9	Gem 9.5/10
183	Fernando Tatis Jr. RC	50	60	100	200

2019 Topps Chrome

		NmMt 8	NmMt+ 8.5	MT 9	Gem 9.5/10
201	Vladimir Guerrero Jr. RC	▼40	▼50	▼60	▼120
202	Eloy Jimenez RC	12	15	20	50
203	Fernando Tatis Jr. RC	40	▲50	▲60	▲120
204	Pete Alonso RC	12	15	▲25	▲50

2019 Topps Chrome Rookie Autographs

		NmMt 8	NmMt+ 8.5	MT 9	Gem 9.5/10
RAAR	Austin Riley	▲150	▲200	▲250	▲400
RAEJ	Eloy Jimenez	▼60	▼80	▼100	▼150
RAFT	Fernando Tatis Jr.	▼300	▼400	▼500	▼800
RAPA	Peter Alonso	▲120	▲150	▲200	▲300
RAVGJ	Vladimir Guerrero Jr.	▼300	▼400	▼500	▼1,000

2019 Topps Chrome Update

		NmMt 8	NmMt+ 8.5	MT 9	Gem 9.5/10
54	Fernando Tatis Jr. RD	25	30	40	80

2019 Topps Chrome Update Rookie Autograph Refractors

		NmMt 8	NmMt+ 8.5	MT 9	Gem 9.5/10
RDAFT	Fernando Tatis Jr.	300	400	600	1,000
RDAPA	Pete Alonso	80	100	120	200

2019 Topps Gallery

		NmMt 8	NmMt+ 8.5	MT 9	Gem 9.5/10
56	Fernando Tatis Jr. RC	25	30	40	80
98	Vladimir Guerrero Jr. RC	25	25	30	60

2019 Topps Heritage

		NmMt 8	NmMt+ 8.5	MT 9	Gem 9.5/10
504	Vladimir Guerrero Jr. RC	20	25	40	80
517	Fernando Tatis Jr. RC	30	40	40	120
519	Pete Alonso RC	10	12	20	40

2020 Bowman Prospects

		NmMt 8	NmMt+ 8.5	MT 9	Gem 9.5/10
BP8	Jasson Dominguez	▼15	▼20	▼25	▼40
BP25	Bobby Witt Jr.	▼20	▼25	▼30	▼50

2020 Bowman 1st Edition

		NmMt 8	NmMt+ 8.5	MT 9	Gem 9.5/10
BFE1	Wander Franco	25	30	40	150
BFE8	Jasson Dominguez	40	50	60	100
BFE19	Julio Rodriguez	20	25	30	60
BFE25	Bobby Witt Jr.	▼25	▼30	▼40	▼100
BFE139	Anthony Volpe	40	50	60	150

2020 Bowman Chrome

		NmMt 8	NmMt+ 8.5	MT 9	Gem 9.5/10
8	Luis Robert RC	▲20	▼12	▼15	▼30
11	Randy Arozarena RC	▼10	▼12	▼15	▼25
50	Bo Bichette RC	▼15	▼20	▼25	▼40

2020 Bowman Chrome Prospect Autographs

		NmMt 8	NmMt+ 8.5	MT 9	Gem 9.5/10
CPAAP	Andy Pages	120	150	200	300
CPAAR	Adley Rutschman	▼100	▼120	▼150	▼250
CPAAV	Anthony Volpe	▼300	▼400	▼500	▼800
CPABD	Brennen Davis	▼100	▼120	▼150	▼250
CPABWJ	Bobby Witt Jr.	▼300	▼400	▼500	▼800
CPAEP	Everson Pereira	▼80	▼100	▼120	▼200
CPAFA	Francisco Alvarez	▲300	▲400	▲500	▲800
CPAGM	Gabriel Moreno	▼80	▼100	▼120	▼200
CPAJD	Jarren Duran	▼25	▼40	▼50	▼80
CPAJDO	Jasson Dominguez	▼300	▼400	▼500	▼800
CPAJJB	J.J. Bleday	▼25	40	50	80
CPAJP	Jeremy Pena	▲300	▲400	▲500	▲800
CPAJRY	Joe Ryan	▼25	40	50	80
CPALA	Luisangel Acuna	▼80	▼100	▼120	▼200
CPALM	Luis Matos	▼50	▼60	▼80	▼120
CPALOH	Logan O'Hoppe	▲60	▲80	▲100	▲150
CPAMH	Michael Harris	▲400	▲500	▲600	▲800
CPAMM	Michael Massey	40	50	60	100
CPAMV	Miguel Vargas	▼100	150	200	▼250
CPAOG	Oscar Gonzalez	▲100	▲120	▲150	▲250
CPAOP	Oswald Peraza	▼100	▼120	▼150	▼250
CPARG	Riley Greene	▼60	▼80	▼100	▼150
CPARP	Robert Puason	▼30	▼40	▼50	▼100
CPAVG	Vaughn Grissom	▲120	▲150	▲200	▲300
CPAXE	Xavier Edwards	▼30	▼40	▼50	▼80

2020 Bowman Chrome Prospects

		NmMt 8	NmMt+ 8.5	MT 9	Gem 9.5/10
BCP8	Jasson Dominguez	30	40	60	200
BCP25	Bobby Witt Jr.	40	50	60	200
BCP61	Jeremy Pena	▲50	▲60	▲80	▲200
BCP139	Anthony Volpe	▼25	▼30	▼40	▼100
BCP144	Jarren Duran	15	20	25	60
BCP145	Robert Puason	15	20	25	60

2020 Bowman Chrome Rookie Autographs

		NmMt 8	NmMt+ 8.5	MT 9	Gem 9.5/10
CRADM	Dustin May	30	40	50	80
CRAGL	Gavin Lux	40	50	60	▼100
CRAKL	Kyle Lewis	30	40	50	▼80
CRALR	Luis Robert/Facing Left	400	500	600	1,000
CRALR	Luis Robert/Facing Right	400	500	600	1,000
CRAYA	Yordan Alvarez	80	100	120	200
CRAYT	Yoshi Tsutsugo	40	50	60	100

2020 Bowman Chrome Mega Box Prospects Refractors

		NmMt 8	NmMt+ 8.5	MT 9	Gem 9.5/10
BCP8	Jasson Dominguez	150	200	250	600
BCP25	Bobby Witt Jr.	40	50	60	300

2020 Bowman Chrome Sapphire Prospects

		NmMt 8	NmMt+ 8.5	MT 9	Gem 9.5/10
BCP1	Wander Franco	30	40	50	120
BCP8	Jasson Dominguez	80	80	100	200
BCP25	Bobby Witt Jr.	120	150	200	600
BCP131	Miguel Vargas	25	30	40	100
BCP139	Anthony Volpe	50	60	80	250

2020 Bowman Chrome Draft

		NmMt 8	NmMt+ 8.5	MT 9	Gem 9.5/10
BD34	Austin Hendrick	▼10	▼12	▼15	▼25
BD39	Robert Hassell	▼15	▼20	▼25	▼80
BD57	Jordan Walker	▼30	▼40	▼50	▼100
BD81	Nick Gonzales	▼12	▼15	▼20	▼40
BD107	Zac Veen	▼15	▼20	▼25	▼60
BD118	Garrett Mitchell	20	25	30	50
BD119	Tyler Soderstrom	▼12	▼15	▼20	▼30
BD121	Spencer Torkelson	▼25	▼30	▼40	▼100
BD151	Jasson Dominguez	15	20	25	50

2020 Bowman Chrome Draft Autographs

		NmMt 8	NmMt+ 8.5	MT 9	Gem 9.5/10
CDAAB	Alec Burleson	▲50	▲60	▲80	▲120
CDAAH	Austin Hendrick	60	80	100	▼150
CDAAL	Asa Lacy	100	120	150	250
CDAAWE	Austin Wells	60	80	100	150
CDABE	Bryce Elder	▲30	▲40	▲50	▲80
CDABM	Bobby Miller	▼40	▼50	▼60	▼100
CDADD	Dillon Dingler	▲50	▲60	▲80	120
CDAEC	Evan Carter	▲60	▲80	▲100	▲150
CDAEH	Ed Howard	▼50	▼60	▼80	▼120
CDAEHA	Emerson Hancock	▼30	▼40	▼50	100
CDAGM	Garrett Mitchell	▼60	▼80	▼100	▼200
CDAHK	Heston Kjerstad	▲60	▲80	▲100	150
CDAJFR	Jesse Franklin V	▼30	▼40	▼50	▼80
CDAJW	Jordan Walker	▲600	▲800	▲1,000	▲1,500
CDAMH	Tink Hence	▲30	▲40	▲60	▲100
CDAMM	Max Meyer	40	50	60	▲120
CDANGO	Nick Gonzales	▼60	▼80	▼100	▼150
CDANY	Nick Yorke	▼120	▼150	▼200	500
CDAOC	Owen Caissie	▼40	▼50	▼60	▼100
CDAPC	Pete Crow-Armstrong	▲200	▲250	▲300	▲500

		NmMt 8	NmMt+ 8.5	MT 9	Gem 9.5/10
CDARHA	Robert Hassell	▼100	▼120	▼150	▼250
CDASS	Spencer Strider	▲150	▲200	▲250	▲400
CDAST	Spencer Torkelson	500	600	800	1,200
CDATS	Tyler Soderstrom	▼60	▼100	▼120	▼250
CDATSA	Thomas Saggese	30	40	50	80
CDAZD	Zach DeLoach	30	40	50	80
CDAZV	Zac Veen	▼120	▼150	▼200	▲400

2020 Bowman Draft

		NmMt 8	NmMt+ 8.5	MT 9	Gem 9.5/10
BD121	Spencer Torkelson	▼25	▼30	▼40	▼80

2020 Bowman Sterling Prospect Autographs

		NmMt 8	NmMt+ 8.5	MT 9	Gem 9.5/10
BSPAAM	Alek Manoah	60	80	100	150
BSPAAR	Adley Rutschman	▲60	▲80	▲100	▲150
BSPAAV	Anthony Volpe	▲120	▲150	▲200	▲300
BSPABD	Brennen Davis	▼25	▼30	▼40	▼60
BSPABWJ	Bobby Witt Jr.	150	200	250	400
BSPAJD	Jasson Dominguez	▼120	▼150	▼200	▼300
BSPAJP	Jeremy Pena	▲150	▲200	▲250	▲600
BSPARG	Riley Greene	50	60	▼80	▼120

2020 Bowman Sterling Rookie Autographs

		NmMt 8	NmMt+ 8.5	MT 9	Gem 9.5/10
BSRAGL	Gavin Lux	▲30	▲40	▲50	▲80
BSRALR	Luis Robert	▼100	▼120	▼150	▼250
BSRAYA	Yordan Alvarez	50	60	80	120

2020 Bowman's Best Best of '20 Autographs

		NmMt 8	NmMt+ 8.5	MT 9	Gem 9.5/10
B20BW	Bobby Witt Jr.	▼120	▼150	▼200	▼300
B20JD	Jasson Dominguez	120	150	200	▼300
B20JW	Jordan Walker	▲100	▲120	▲150	▲250
B20RH	Robert Hassell	30	40	50	100
B20ST	Spencer Torkelson	150	200	250	500

2020 Finest

		NmMt 8	NmMt+ 8.5	MT 9	Gem 9.5/10
27	Bo Bichette RC	12	15	20	▼30
50	Yordan Alvarez RC	12	15	20	40
97	Luis Robert RC	▼8	▼10	▼12	▼25

2020 Finest Flashbacks

		NmMt 8	NmMt+ 8.5	MT 9	Gem 9.5/10
40	Yordan Alvarez RC	15	20	25	▼60
59	Luis Robert RC	▼15	▼20	▼25	▼50
133	Kyle Lewis RC	12	15	20	▼30
190	Bo Bichette RC	▼20	▼25	▼30	▼50

2020 Topps

		NmMt 8	NmMt+ 8.5	MT 9	Gem 9.5/10
78	Bo Bichette RC	15	20	25	40
276	Yordan Alvarez RC	10	12	15	25
392	Luis Robert RC	▼10	▼12	▼15	▼25

2020 Topps Update

		NmMt 8	NmMt+ 8.5	MT 9	Gem 9.5/10
U208	Randy Arozarena RC	▼8	▼10	▼12	▼20

2020 Topps Chrome

		NmMt 8	NmMt+ 8.5	MT 9	Gem 9.5/10
49	Randy Arozarena RC	12	15	20	30
60	Luis Robert RC	▼12	▼15	▼20	▼30
148	Gavin Lux RC	10	12	15	25
150	Bo Bichette RC	15	20	25	▼40
186	Kyle Lewis RC	10	12	15	25
200	Yordan Alvarez RC	▲15	▲20	▲25	▲50

2020 Topps Chrome Rookie Autographs

		NmMt 8	NmMt+ 8.5	MT 9	Gem 9.5/10
RABBI	Bo Bichette	▼120	▼150	▼200	▼300
RAGL	Gavin Lux	▼30	▼40	▼50	▼80
RAKL	Kyle Lewis	▼25	▼30	▼40	▼60
RALR	Luis Robert	▼100	▼120	▼150	▼250
RALW	Logan Webb	▼25	▼30	▼40	▼60
RARAR	Randy Arozarena	▼40	▼50	▼60	▼100
RAYA	Yordan Alvarez	▲120	▲150	▲200	▲300

2020 Topps Chrome Update

		NmMt 8	NmMt+ 8.5	MT 9	Gem 9.5/10
U51	Bo Bichette RC	15	20	25	60
U58	Luis Robert RC	15	20	25	60
U59	Kyle Lewis RC	15	20	25	40

2020 Topps Opening Day

		NmMt 8	NmMt+ 8.5	MT 9	Gem 9.5/10
201	Luis Robert SP RC	▼30	▼40	▼100	

2021 Bowman Chrome Prospect Autographs

		NmMt 8	NmMt+ 8.5	MT 9	Gem 9.5/10
CPAAM	Austin Martin	▼50	▼60	▼80	▼120
CPABJ	Blaze Jordan	▼80	▼100	▼120	▼200
CPABR	Bryan Ramos	▼30	▼40	▼50	▼80
CPACC	Carlos Colmenarez	▼30	▼40	▼50	▼80
CPACH	Cristian Hernandez	▼80	▼100	▼120	▼200

		NmMt 8	NmMt+ 8.5	MT 9	Gem 9.5/10
CPACS	Cristian Santana	▼25	▼30	▼50	▼10
CPAER	Endy Rodriguez	▲50	▲60	▲80	▲120
CPAKA	Kevin Alcantara	▼50	▼60	100	150
CPALR	Luis Rodriguez	100	120	150	▼200
CPAST	Spencer Torkelson	▼80	▼100	▼150	▼250
CPAVA	Victor Acosta	▼30	▼40	▼50	▼80
CPAAAM	Adael Amador	▲60	▲80	▲100	▲150
CPAAMA	Angel Martinez	▲40	▲50	▲80	▲120
CPAARA	Alexander Ramirez	▼20	▼25	▼30	80
CPACMA	Coby Mayo	▼60	▼80	▼100	▼150
CPACMO	Christopher Morel	▼50	▼60	▼80	▼120
CPAERO	Emmanuel Rodriguez	▲60	▲80	▲100	▲200
CPAETO	Ezequiel Tovar	80	100	120	▲250
CPAJDL	Jeremy De La Rosa	30	40	50	80
CPAJRO	Jose Rodriguez	30	40	50	80
CPAMBL	Miguel Bleis	60	80	100	150

2021 Bowman Chrome Prospects

		NmMt 8	NmMt+ 8.5	MT 9	Gem 9.5/10
BCP71	Blaze Jordan	25	30	40	100
BCP87	Austin Martin	15	20	25	60
BCP171	Cristian Hernandez	25	30	40	100
BCP238	Carlos Colmenarez	25	30	40	100

2021 Bowman Chrome Rookie Autographs

		NmMt 8	NmMt+ 8.5	MT 9	Gem 9.5/10
CRAAB	Alec Bohm	▼60	▼80	▼100	▼200
CRACP	Cristian Pache	50	60	80	120
CRADC	Dylan Carlson	▼30	▼40	▼50	▼80
CRAJA	Jo Adell	80	100	120	200
CRAJB	Joey Bart	80	100	120	200
CRAJCR	Jake Cronenworth	30	40	50	80
CRAKH	Ke'Bryan Hayes	60	80	100	150
CRARM	Ryan Mountcastle	▼50	▼60	▼80	▼120
BCRAAV	Andrew Vaughn EXCH	30	40	50	80
BCRAJC	Jazz Chisholm	50	60	80	120
BCRAJG	Jose Garcia	30	40	50	80
BCRAJK	Jarred Kelenic	100	120	150	250

2021 Bowman Chrome Draft

		NmMt 8	NmMt+ 8.5	MT 9	Gem 9.5/10
BDC1	Harry Ford	15	40	60	80
BDC174	Marcelo Mayer	25	30	40	▼120
BDC194	Jordan Lawlar	25	30	40	80

2021 Bowman Chrome Draft Autographs

		NmMt 8	NmMt+ 8.5	MT 9	Gem 9.5/10
CDAAB	Alex Binelas	▼30	▼40	▼50	▼80
CDAAP	Andrew Painter	200	250	300	500
CDAAS	Anthony Solometo EXCH	60	80	100	150
CDAAZ	Aaron Zavala	30	40	50	80
CDABC	Bubba Chandler	30	40	▲60	▲100
CDABM	Benny Montgomery	▼50	▼60	▼80	▼120
CDACC	Colton Cowser	▼80	▼100	▼120	▼200
CDACN	Connor Norby	▲30	▲40	▲50	▲80
CDACW	Carson Williams	▲50	▲60	▲150	▲200
CDAEW	Ethan Wilson	▼30	▼40	▼50	▼80
CDAHD	Henry Davis	▼100	▼120	▼200	▼250
CDAHF	Harry Ford	▼200	▼250	▼300	▼500
CDAIP	Izaac Pacheco	60	80	100	150
CDAJA	Jay Allen	▼40	▼50	▼60	▲200
CDAJJ	Jackson Jobe	▼50	▼60	▼80	▼120
CDAJV	Jordan Viars	30	40	50	80
CDAKM	Kyle Manzardo	▼80	▲100	▲120	▲200
CDALW	Lonnie White Jr.	40	50	60	100
CDAMB	Maddux Bruns EXCH	120	150	200	300
CDAMM	Marcelo Mayer	▼200	▼250	400	600
CDARC	Ryan Cusick EXCH	60	80	100	150
CDASF	Sal Frelick	▲80	▲100	▲120	200
CDAWK	Wes Kath EXCH	150	200	250	400
CDAJLA	Jordan Lawlar	250	300	400	600
CDAJMA	Joe Mack	40	50	60	100
CDARTI	Ricky Tiedemann	▲40	▲50	▲60	▲100

2021 Bowman Chrome Sapphire Prospects

		NmMt 8	NmMt+ 8.5	MT 9	Gem 9.5/10
BCP7	Maximo Acosta	25	30	40	100
BCP71	Blaze Jordan	40	50	60	150
BCP87	Austin Martin	30	40	50	120

2021 Bowman Sterling Prospect Autographs

		NmMt 8	NmMt+ 8.5	MT 9	Gem 9.5/10
BSPAAM	Austin Martin	50	60	100	100
BSPABM	Bobby Miller EXCH	▲30	▲40	▲50	▲80
BSPAJW	Jordan Walker	40	50	60	100
BSPAST	Spencer Torkelson	▼60	▼80	▼100	▼150

2021 Bowman Sterling Rookie Autographs

		NmMt 8	NmMt+ 8.5	MT 9	Gem 9.5/10
BSRAJC	Jazz Chisholm	▲40	▲50	▲60	▲100
BSRAKH	Ke'Bryan Hayes	50	60	80	120

2021 Bowman's Best

		NmMt 8	NmMt+ 8.5	MT 9	Gem 9.5/10
49	Julio Rodriguez RC				
50	Wander Franco RC	30	40	50	150

2021 Bowman's Best Best of '21 Autographs

		NmMt 8	NmMt+ 8.5	MT 9	Gem 9.5/10
B21BJ	Blaze Jordan	40	50	60	100
B21CH	Cristian Hernandez	40	50	60	120
B21HD	Henry Davis	60	80	100	150
B21JR	Julio Rodriguez	▲200	▲250	▲300	▲60
B21JLA	Jordan Lawlar	120	150	200	300

2021 Topps

		NmMt 8	NmMt+ 8.5	MT 9	Gem 9.5
12	Joey Bart RC	8	10	12	20

2021 Topps Chrome Rookie Autographs

		NmMt 8	NmMt+ 8.5	MT 9	Gem 9.5
RAAB	Alec Bohm	▼50	▼60	▼80	▼12
RAAG	Andres Gimenez	30	40	50	80
RADC	Dylan Carlson	▼30	▼40	▼50	▼80
RAJA	Jo Adell	▼40	▼50	▼60	▼10
RAKH	Ke'Bryan Hayes	▼30	▼40	▼50	▼80
RARM	Ryan Mountcastle	▼40	▼50	▼60	▼10
RASM	Shane McClanahan	▲30	▲40	▲50	▲80
RATS	Tyler Stephenson	▲30	▲40	▲50	▲80
RAAVA	Andrew Vaughn	40	50	60	100
RAJCH	Jazz Chisholm	▼50	▼60	▼80	▼12
RAJKE	Jarred Kelenic	80	100	120	▼20

2022 Bowman Chrome Prospect Autographs

		NmMt 8	NmMt+ 8.5	MT 9	Gem 9.5
CPAAA	Aeverson Arteaga	40	50	100	250
CPABA	Bryan Acuna	60	80	100	250
CPABB	Brayan Bello	50	60	80	120
CPACC	Colton Cowser	50	60	80	120
CPACM	Curtis Mead	80	100	120	200
CPAED	Elly De La Cruz	500	600	800	1,20
CPAEQ	Edgar Quero	40	50	60	100
CPAGV	George Valera	60	80	100	200
CPAHD	Henry Davis	60	80	100	150
CPAJB	Joshua Baez	50	60	80	100
CPAJN	Jhonkensy Noel	40	50	60	100
CPAJS	Jack Suwinski	40	50	60	100
CPAKW	Kahlil Watson	100	120	150	250
CPAMM	Matt McLain	80	100	120	200
CPANK	Niko Kavadas	60	80	100	120
CPAOC	Oswaldo Cabrera	125	150	200	300
CPATS	Trey Sweeney	50	60	100	200
CPAWB	Warming Bernabel	50	60	80	120
CPACMY	Colson Montgomery	120	150	200	300
CPAJCL	Jonatan Clase	50	60	80	120
CPAJLR	Jordan Lawlar	80	100	120	200
CPAJTS	James Triantos	60	80	100	150
CPAJWD	James Wood	150	200	250	500
CPAMMU	Max Muncy	50	60	80	120
CPAMMY	Marcelo Mayer	120	150	200	300
CPAOCS	Oscar Colas	80	100	120	200
CPARCS	Roberto Campos	30	40	50	80

2022 Bowman Chrome Prospects

		NmMt 8	NmMt+ 8.5	MT 9	Gem 9.5
BCP3	Kahlil Watson	30	40	50	80
BCP22	George Valera	25	30	40	60
BCP50	Elly De La Cruz	80	100	120	200
BCP79	Jackson Chourio	25	30	40	60

2022 Bowman Chrome Rookie Autographs

		NmMt 8	NmMt+ 8.5	MT 9	Gem 9.5
CRAJR	Joe Ryan	40	50	60	100
CRAOC	Oneil Cruz	200	250	300	500
CRAWF	Wander Franco	300	400	500	800
CRAJDN	Jarren Duran	25	30	40	60

2022 Topps

		NmMt 8	NmMt+ 8.5	MT 9	Gem 9.5
215	Wander Franco (RC)	▼15	▼20	▼25	▼60
537	Oneil Cruz RC	25	30	40	80

2022 Topps Chrome

		NmMt 8	NmMt+ 8.5	MT 9	Gem 9.5
35	Wander Franco (RC)	20	25	30	100
128	Oneil Cruz RC	25	30	40	100
221	Bobby Witt Jr. SP (RC)	200	250	300	500
222	Julio Rodriguez SP (RC)	600	800	1,000	1,50

2022 Topps Chrome Rookie Autographs

		NmMt 8	NmMt+ 8.5	MT 9	Gem 9.5
RABS	Bryson Stott	40	50	60	100
RABW	Bobby Witt Jr.	300	400	500	800
RACR	Cal Raleigh	40	50	60	100
RAHG	Hunter Greene	60	80	100	150
RARL	Royce Lewis	30	40	50	80
RASS	Spencer Strider	80	100	120	200
RAST	Spencer Torkelson	100	120	150	250
RAMJM	MJ Melendez	50	60	80	120

BASKETBALL

1933 -1989/90

33 Sport Kings

	PrFr 1	GD 2	VG 3	VgEx 4	EX 5	ExMt 6	NM 7	NmMt 8
Nat Holman BK	250	400	500	600	800	1,200		
Ed Wachter BK	150	250	300	400	▲600	▲800		
Joe Lapchick BK	▲250	▲500	▲600	▲800	▲1,000	▲1,500		
Eddie Burke BK	▲250	▲500	▲600	▲800	▲1,000	▲1,500		

d Grange #4 PSA 8 (NmMt) sold for $13,394.40 (Mastro Auctions; 12/07)

d Grange #4 SGC 8 (NmMt) sold for $3,704 (Mile High Auctions; 11/10)

rl Hubbell #42 PSA 9 (MT) sold for $7,929 (Mastro; 12/05)

be Ruth #2 SGC 92 (NmMt+) sold for $64,417 (Mastro; 4/07)

be Ruth #2 GAI 7.5 (NM+) sold for $5,541 (Mile High; 8/07)

n Thorpe #6 PSA 8 (NmMt) sold for $7,200.00 (Mastro Auctions; 5/08)

Wachter #5 PSA 8 (NmMt) sold for $2,100 (Bussineau; 7/13)

48 Bowman

	PrFr 1	GD 2	VG 3	VgEx 4	EX 5	ExMt 6	NM 7	NmMt 8
Ernie Calverley RC	25	50	100	200	300	400	500	800
Ralph Hamilton	10	15	20	30	50	60	100	300
Gale Bishop	10	20	25	30	60	100	150	300
Fred Lewis RC	10	12	20	30	40	120	200	300
Single Cut Off Post	10	12	20	30	40	50	80	200
Bob Feerick RC	10	12	20	30	40	60	150	250
John Logan	10	▲15	▲20	▲30	▲50	▲80	▲150	▲300
Mel Riebe	10	▲15	▲25	▲40	▲60	▲100	▲200	▲300
Andy Phillip RC	▲25	▲50	▲80	▲150	▲200	▲300	400	600
Bob Davies RC	15	30	60	80	100	150	250	500
Single Cut With	10	12	20	25	40	60	80	200
Kenny Sailors RC	▲150	▲225	▲250	▲300	▲400	▲500	▲600	▲800
Paul Armstrong	10	12	20	25	40	50	75	200
Howard Dallmar RC	10	15	30	50	80	120	150	300
Bruce Hale RC	10	12	25	30	40	50	80	200
Sid Hertzberg	10	12	20	25	40	50	80	200
Single Cut Using	10	12	25	30	40	60	100	250
Red Rocha	10	12	25	30	40	50	120	200
Eddie Ehlers	10	12	20	30	40	60	100	250
Ellis (Gene) Vance	10	▲15	▲30	▲50	▲80	▲150	▲300	▲400
Fuzzy Levane RC	10	12	25	30	40	80	100	200
Earl Shannon	10	12	20	25	40	60	100	250
Double Cut Off Post	▲15	▲20	▲30	▲50	▲80	▲150	▲300	▲400
Leo(Crystal) Klier	10	12	20	25	40	60	120	250
George Senesky	10	12	20	25	40	80	150	300
Price Brookfield	10	12	25	30	40	50	80	200
John Norlander	10	12	25	30	▲50	▲80	▲150	▲300
Don Putman	10	12	20	30	40	60	100	200
Double Post	▲15	▲20	▲30	▲50	▲80	▲150	▲300	▲400
Jack Garfinkel	10	12	20	25	40	60	120	250
Chuck Gilmur	▲12	▲15	▲30	▲50	▲100	▲200	▲300	▲400
Red Holzman RC	25	30	60	80	120	200	350	600
Jack Smiley	10	12	20	25	40	80	150	300
Joe Fulks RC	▲30	▲50	▲100	▲200	▲300	400	▲600	▲800
Screen Play	10	12	20	30	40	60	150	400
Hal Tidrick	10	20	40	80	150	200	300	500
Don (Swede) Carlson	10	25	40	50	80	200	300	600
Buddy Jeanette CO RC	30	60	100	150	250	400	600	1,200
Ray Kuka	15	25	40	60	80	100	200	400
Stan Miasek	15	20	30	50	60	120	300	600

#		PrFr 1	GD 2	VG 3	VgEx 4	EX 5	ExMt 6	NM 7	NmMt 8
41	Double Screen With	15	25	40	60	100	125	200	375
42	George Nostrand	20	30	50	60	80	120	200	500
43	Chuck Halbert RC	20	30	50	60	80	100	200	400
44	Arnie Johnson	10	12	25	40	60	80	120	400
45	Bob Doll	15	25	30	40	60	100	150	500
46	Bones McKinney RC	15	25	40	50	80	200	250	400
47	Out Of Bounds	10	15	30	60	80	125	200	400
48	Ed Sadowski	20	30	50	75	100	150	250	500
49	Bob Kinney	15	25	40	50	80	150	300	
50	Charles (Hawk) Black	15	20	40	80	150	300	400	600
51	Jack Dwan	30	50	100	120	200	300	400	800
52	Connie Simmons RC	20	30	50	60	100	125	200	400
53	Out Of Bounds Play	15	25	40	50	100	150	200	300
54	Bud Palmer RC	15	▲30	▲60	▲120	▲200	▲300	400	600
55	Max Zaslofsky RC	30	50	60	80	100	150	400	800
56	Lee Roy Robbins	15	25	40	60	80	200	300	700
57	Arthur Spector	15	25	50	80	100	150	200	400
58	Arnie Risen RC	25	50	100	150	300	400	500	800
59	Out Of Bounds Play	30	80	150	200	300	400	500	600
60	Ariel Maughan	10	12	25	40	60	80	200	500
61	Dick O'Keefe	15	25	40	50	60	60	200	400
62	Herman Schaefer	10	15	30	40	50	100	200	400
63	John Mahnken	30	50	80	150	200	300	400	600
64	Tommy Byrnes	10	20	40	80	150	300	450	600
65	Held Ball Play	15	25	40	60	120	200	300	500
66	Jim Pollard RC	50	100	300	500	600	800	1,000	2,000
67	Lee Mogus	20	40	60	100	200	300	400	600
68	Lee Knorek	12	20	40	60	80	150	300	700
69	George Mikan RC	▲6,000	▲7,000	▲8,000	12,000	20,000	30,000	40,000	
70	Walter Budko	12	25	50	100	200	300	400	600
71	Guards Down Play	20	30	50	60	120	200	400	600
72	Carl Braun RC	▲200	▲400	▲500	▲600	▲800	▲1,000	▲2,000	4,000

— Max Zaslofsky #55 PSA 9 (MT) sold for $2,953 (Mile High; 1/10)

— Jim Pollard #66 PSA 9 (MT) sold for $8,520 (Greg Bussineau; Fall 2012

— Jim Pollard #66 PSA 8 (NmMt) sold for $1,704 (Memory Lane; 5/13)

— Jim Pollard #66 PSA 8 (NmMt) sold for $1,059 (eBay; 12/12)

— George Mikan #69 PSA 10 (Gem Mt) sold for $403,664 (SCP; 12/15)

— George Mikan #69 SGC 96 (Mint) sold for $35,850 (Heritage; 11/15)

— George Mikan #69 PSA 7 (NM) sold for $4,877 (Mile High; 6/10)

1957-58 Topps

#		PrFr 1	GD 2	VG 3	VgEx 4	EX 5	ExMt 6	NM 7	NmMt 8
1	Nat Clifton DP RC	35	60	120	250	400	600	2,000	
2	George Yardley DP RC	10	20	40	80	150	300	600	4,000
3	Neil Johnston DP RC	10	▲20	▲40	▲80	▲150	▲300	▲600	▲4,000
4	Carl Braun DP	10	12	20	50	80	150	300	800
5	Bill Sharman DP RC	15	25	40	80	200	400	600	1,200
6	George King DP RC	8	10	15	25	30	50	125	400
7	Kenny Sears DP RC	10	12	20	25	30	50	150	500
8	Dick Ricketts DP RC	10	12	20	30	40	50	150	400
9	Jack Nichols DP	8	12	25	50	100	200	300	500
10	Paul Arizin DP RC	20	25	40	80	150	300	400	800
11	Chuck Noble DP	10	12	20	30	50	80	200	400
12	Slater Martin DP RC	▲20	▲40	▲80	▲150	▲300	▲400	600	1,200
13	Dolph Schayes DP RC	▲20	▲40	▲80	▲150	▲300	▲400	▲600	▲1,200
14	Dick Atha DP	8	10	15	30	50	80	150	500
15	Frank Ramsey DP RC	15	30	60	120	250	400	600	1,000

		PrFr 1	GD 2	VG 3	VgEx 4	EX 5	ExMt 6	NM 7	NmMt 8
16	Dick McGuire DP RC	10	20	40	80	150	300	500	800
17	Bob Cousy DP RC	300	500	1,000	2,000	3,000	4,000	6,000	25,000
18	Larry Foust DP RC	8	10	15	25	40	80	200	500
19	Tom Heinsohn RC	50	60	120	250	400	600	1,200	2,500
20	Bill Thieben DP	10	15	30	60	80	150	300	1,500
21	Don Meineke DP RC	8	10	15	25	40	60	100	600
22	Tom Marshall	10	12	20	25	40	▲60	▲120	450
23	Dick Garmaker	10	12	25	50	100	200	300	600
24	Bob Pettit DP RC	25	50	100	200	400	800	1,500	3,000
25	Jim Krebs DP RC	10	12	20	40	80	150	300	600
26	Gene Shue DP RC	10	15	25	30	40	50	100	500
27	Ed Macauley DP RC	12	20	25	30	60	120	300	1,000
28	Vern Mikkelsen RC	12	20	30	50	80	120	400	2,000
29	Willie Naulls RC	10	12	15	20	40	60	200	500
30	Walter Dukes DP RC	10	15	25	40	60	100	250	400
31	Dave Piontek DP	8	10	15	20	30	50	100	300
32	John (Red) Kerr RC	15	25	40	50	60	100	300	600
33	Larry Costello DP RC	10	12	20	25	40	80	200	500
34	Woody Sauldsberry DP RC	10	15	25	30	40	50	125	400
35	Ray Felix RC	10	12	20	25	30	40	150	500
36	Ernie Beck	8	10	20	30	40	60	200	3,000
37	Cliff Hagan RC	25	50	100	200	300	400	600	1,000
38	Guy Sparrow DP	10	12	20	25	40	60	120	400
39	Jim Loscutoff RC	10	20	40	80	150	300	500	1,200
40	Arnie Risen DP	10	20	40	80	150	300	400	800
41	Joe Graboski	10	12	20	25	40	60	120	500
42	Maurice Stokes DP RC	12	25	40	60	120	250	400	600
43	Rod Hundley DP RC	12	20	30	40	80	100	250	500
44	Tom Gola DP RC	15	25	40	60	120	200	400	1,500
45	Med Park RC	10	12	20	40	60	80	150	450
46	Mel Hutchins DP	8	10	20	30	50	80	300	800
47	Larry Friend DP	8	10	15	20	30	50	80	800
48	Len Rosenbluth DP RC	10	20	40	80	150	300	400	600
49	Walt Davis	10	12	20	25	30	40	150	600
50	Richie Regan RC	10	12	20	30	50	80	200	500
51	Frank Selvy DP RC	12	20	25	40	80	150	300	500
52	Art Spoelstra DP	8	10	15	20	30	60	120	400
53	Bob Hopkins RC	8	10	20	40	80	150	300	600
54	Earl Lloyd RC	30	60	120	250	400	600	1,200	2,500
55	Phil Jordan DP	8	10	20	40	80	150	300	700
56	Bob Houbregs DP RC	10	12	20	25	30	50	150	500
57	Lou Tsioropoulos DP	10	12	25	50	100	250	500	1,000
58	Ed Conlin RC	10	12	20	40	60	100	300	700
59	Al Bianchi RC	10	12	20	30	60	120	300	800
60	George Dempsey RC	10	12	15	20	30	60	120	300
61	Chuck Share	8	10	12	20	40	80	200	500
62	Harry Gallatin DP RC	12	20	40	80	120	250	500	700
63	Bob Harrison	10	15	25	30	40	60	200	600
64	Bob Burrow DP	8	10	15	25	30	60	125	400
65	Win Wilfong DP	8	10	15	25	40	60	125	300
66	Jack McMahon DP RC	8	10	15	25	40	60	150	450
67	Jack George	8	10	15	20	30	40	200	400
68	Charlie Tyra DP	10	12	20	25	30	60	200	750
69	Ron Sobie	10	15	20	25	30	60	150	450
70	Jack Coleman	10	12	25	40	80	150	300	600
71	Jack Twyman DP RC	12	20	30	60	100	250	500	1,000
72	Paul Seymour RC	10	▲15	▲25	▲50	▲80	▲150	▲300	600
73	Jim Paxson DP RC	10	12	25	40	60	80	150	400
74	Bob Leonard RC	▲12	▲20	▲30	50	100	250	▲450	▲700
75	Andy Phillip	12	20	▲30	▲50	▲100	▲250	450	700
76	Joe Holup	10	12	20	30	50	80	200	400
77	Bill Russell RC	5,000	8,000	10,000	15,000	25,000	40,000	80,000	200,000
78	Clyde Lovellette DP RC	15	30	60	100	200	300	500	1,000
79	Ed Fleming DP	10	15	30	60	120	250	500	
80	Dick Schnittker RC	15	20	30	40	80	200	500	3,500

— Nat Clifton #1 PSA 8 (NMMT) sold for $3,081 (eBay; 12/10)
— Tom Heinsohn #19 PSA 8 (NMMT) sold for $822 (Mile High; 6/10)

— Phil Jordan #55 PSA 9 (MT) sold for $2,225 (eBay; 2/12)
— Bob Houbregs #56 PSA 9 (MT) sold for $4,062 (eBay; 4/12)
— Lou Tsioropoluos #57 PSA 9 (MT) sold for $3,950 (eBay; 4/12)
— Jack McMahon #66 PSA 9 (MT) sold for $2,948 (eBay; 4/12)
— Bill Russell #77 PSA 7 (NM) sold for $2,218 (Mile High; 10/09)
— Bill Russell #77 SGC 70 (EX+) sold for $1,304 (Huggins & Scott; 4/13)
— Clyde Lovellette #78 PSA 8 (NMMT) sold for $910 (Mile High; 6/10)
— Ed Flemming #79 PSA 8 (NMMT) sold for $4,057 (eBay; 3/12)
— Dick Schnittker #80 PSA 8 (NMMT) sold for $2,901 (Goodwin; 6/10)

1961-62 Fleer

		GD 2	VG 3	VgEx 4	EX 5	ExMt 6	NM 7	NmMt 8	M
1	Al Attles RC	30	80	150	300	400	800	3,000	5,
2	Paul Arizin	10	20	40	80	200	400	2,000	4,
3	Elgin Baylor RC	200	300	400	800	2,500	5,000	15,000	30,
4	Walt Bellamy RC	30	60	▲125	▲250	▲500	▲1,000	▲4,000	6,
5	Arlen Bockhorn	10	20	40	60	100	250	800	1,
6	Bob Boozer RC	6	10	20	40	80	150	400	2,
7	Carl Braun	5	8	10	20	40	80	200	
8	Wilt Chamberlain RC	3,000	6,000	10,000	15,000	20,000	30,000	45,000	
9	Larry Costello	5	8	10	20	25	50	80	
10	Bob Cousy	40	▲60	▲125	▲250	▲500	▲1,000	▲3,000	6,
11	Walter Dukes	6	12	25	50	80	150	300	
12	Wayne Embry RC	5	8	10	15	30	80	150	
13	Dave Gambee	▲6	▲10	▲15	▲25	▲40	▲80	▲250	
14	Tom Gola	6	8	15	30	60	120	250	
15	Sihugo Green RC	5	8	12	25	50	100	200	
16	Hal Greer RC	20	40	80	120	200	350	600	1,
17	Richie Guerin RC	5	8	10	20	40	80	150	
18	Cliff Hagan	8	12	20	20	80	150	300	
19	Tom Heinsohn	10	15	30	50	80	120	250	
20	Bailey Howell RC	12	25	50	100	150	300	500	1,
21	Rod Hundley	8	12	25	50	100	200	350	
22	K.C.Jones RC	20	40	60	100	200	300	600	2,
23	Sam Jones RC	30	60	120	250	▲600	▲800	▲1,000	▲3,
24	Phil Jordan	5	8	12	25	50	100	250	1,
25	John/Red Kerr	6	10	20	40	80	150	300	
26	Rudy LaRusso RC	▲6	▲10	▲15	▲30	▲60	▲100	▲300	▲1,
27	George Lee	5	8	10	20	25	50	120	
28	Bob Leonard	5	8	12	20	30	60	150	
29	Clyde Lovellette	6	10	20	40	80	150	300	
30	John McCarthy	5	6	10	20	40	100	300	
31	Tom Meschery RC	10	20	40	80	150	300	500	
32	Willie Naulls	10	20	40	60	100	200	400	1,
33	Don Ohl RC	5	10	15	30	60	200	700	2,
34	Bob Pettit	10	20	40	80	150	300	600	2,
35	Frank Ramsey	5	10	15	20	50	100	250	1,
36	Oscar Robertson RC	1,000	1,500	2,000	3,500	5,000	10,000	20,000	
37	Guy Rodgers RC	8	10	20	40	80	120	200	
38	Bill Russell	200	400	800	1,500	2,000	3,000	4,000	6,
39	Dolph Schayes	5	10	15	30	60	120	250	
40	Frank Selvy	5	8	10	15	30	60	150	1,
41	Gene Shue	5	10	15	20	30	60	150	
42	Jack Twyman	8	12	20	25	50	100	200	
43	Jerry West RC	1,000	1,500	2,000	3,500	5,000	10,000	20,000	
44	Len Wilkens RC	25	50	100	200	300	400	600	2,
45	Paul Arizin IA	6	8	10	15	25	40	100	1,
46	Elgin Baylor IA	20	40	80	150	300	600	800	2,
47	Wilt Chamberlain IA	600	800	1,000	1,500	2,000	3,000	5,000	
48	Larry Costello IA	5	8	12	15	30	60	120	
49	Bob Cousy IA	25	50	100	200	300	400	500	1,
50	Walter Dukes IA	5	8	10	15	30	40	80	
51	Tom Gola IA	6	8	15	30	60	100	250	
52	Richie Guerin IA	6	10	20	40	80	150	300	1,
53	Cliff Hagan IA	8	10	20	20	30	50	120	
54	Tom Heinsohn IA	10	15	25	40	80	150	300	

	GD 2	VG 3	VgEx 4	EX 5	ExMt 6	NM 7	NmMt 8	MT 9
Bailey Howell IA	5	8	12	15	40	60	100	600
John/Red Kerr IA	8	12	20	25	30	50	100	500
Rudy LaRusso IA	5	8	15	30	60	100	250	
Clyde Lovellette IA	▲6	▲15	▲30	▲60	▲125	▲250	▲500	▲2,000
Bob Pettit IA	8	12	25	50	80	150	300	700
Frank Ramsey IA	5	8	12	15	25	50	100	600
Oscar Robertson IA	100	200	400	600	800	2,000	4,000	
Bill Russell IA	300	400	600	800	1,500	3,000		
Dolph Schayes IA	5	8	15	20	40	60	300	800
Gene Shue IA	5	8	12	15	25	50	200	
Jack Twyman IA	5	10	15	20	25	60	120	500
Jerry West IA	100	200	400	600	800	2,000	4,000	

n Baylor #3 PSA 9 (Mint) sold for $3,730 (eBay, 2/10)

t Chamberlain #8 PSA 9 (Mint) sold for $7,240 (eBay, 4/12)

yne Embry #12 PSA 9 (MT) sold for $1,118 (SCP; 4/13)

n Jones #23 PSA 10 (Gem Mt) sold for $10,157 (Heritage; 8/16)

ry West #43 PSA 9 (Mint) sold for $6,932 (Goodwin; 2/11)

ry West #43 PSA 8.5 (NmMt+) sold for $17,788 (Goodwin; 8/16)

n Wilkens #44 PSA 10 (Gem Mt) sold for $10,157 (Heritage; 8/16)

69-70 Topps

	GD 2	VG 3	VgEx 4	EX 5	ExMt 6	NM 7	NmMt 8	MT 9
Wilt Chamberlain	200	300	400	600	1,000	2,000	6,000	15,000
Gail Goodrich RC	10	20	40	80	150	300	600	1,500
Cazzie Russell RC	5	8	10	▲20	50	▲150	▲500	▲1,000
Darrall Imhoff RC	5	8	10	12	15	20	50	350
Bailey Howell	5	5	8	10	12	20	60	200
Lucius Allen RC	5	8	12	25	50	100	300	
Tom Boerwinkle RC	5	5	6	8	12	30	120	
Jimmy Walker RC	5	5	8	10	15	25	80	
John Block RC	5	5	6	8	15	40	80	400
Nate Thurmond RC	5	12	20	30	120	200	500	1,000
Gary Gregor	5	5	8	10	15	30	80	400
Gus Johnson RC	5	10	15	20	25	50	150	
Luther Rackley	5	5	6	8	15	30	80	
Jon McGlocklin RC	5	5	12	15	20	50	125	250
Connie Hawkins RC	20	40	60	100	200	400	600	1,000
Johnny Egan	5	5	6	8	15	30	60	150
Jim Washington	5	5	6	8	15	30	60	150
Dick Barnett RC	5	6	8	12	30	80	150	300
Tom Meschery	5	5	8	12	20	40	200	
John Havlicek RC	80	150	300	400	600	1,000	2,500	12,000
Eddie Miles	5	5	8	10	12	15	50	200
Walt Wesley	5	8	10	12	20	40	80	225
Rick Adelman RC	5	8	15	30	60	120	200	400
Al Attles	5	6	10	20	40	80	150	300
Lew Alcindor RC	1,000	1,500	▼2,000	▼3,000	▼4,000	▼6,000	▼15,000	▼40,000
Jack Marin RC	5	5	8	10	▲15	▲30	▲60	▲250
Walt Hazzard RC	5	5	8	12	15	30	80	400
Connie Dierking	5	5	8	12	20	40	100	
Keith Erickson RC	5	8	10	12	25	40	80	300
Bob Rule RC	5	5	8	10	20	40	80	200
Dick Van Arsdale RC	5	8	10	12	15	30	60	400
Archie Clark RC	5	8	10	12	25	50	80	300
Terry Dischinger RC	5	5	6	8	12	20	60	200
Henry Finkel RC	5	5	6	8	12	20	50	200
Elgin Baylor	▲12	▲25	50	▲80	▲150	▲200	400	1,000
Ron Williams	5	5	6	10	15	30	50	150
Loy Petersen	5	5	6	10	20	50	100	300
Guy Rodgers	5	8	▲12	▲25	▲40	▲80	▲120	250
Toby Kimball	5	5	6	▲12	▲25	▲50	▲150	300
Billy Cunningham RC	6	12	20	40	80	▲200	▲500	800
Joe Caldwell RC	5	8	10	12	15	25	50	
Leroy Ellis RC	5	5	10	12	20	40	150	400
Bill Bradley RC	10	15	30	50	60	120	300	1,200
Len Wilkens	5	10	15	20	30	40	100	800
Jerry Lucas RC	6	10	20	40	60	120	250	700
Neal Walk RC	5	8	10	12	15	20	60	200
Emmette Bryant RC	5	10	12	15	30	100	350	600
Bob Kauffman RC	5	5	8	10	15	40	100	

	GD 2	VG 3	VgEx 4	EX 5	ExMt 6	NM 7	NmMt 8	MT 9
49	Mel Counts RC	5	▲6	▲10	▲15	▲25	▲40	▲80	200
50	Oscar Robertson	20	▼50	▼100	▼200	▼300	▼400	▼500	1,000
51	Jim Barnett RC	5	▲6	▲10	▲15	▲30	▲50	▲100	400
52	Don Smith	5	5	6	8	10	20	80	400
53	Jim Davis	5	5	8	10	▲20	▲40	▲100	▲400
54	Wally Jones RC	5	5	6	▲12	▲25	▲60	▲120	300
55	Dave Bing RC	8	12	20	40	80	150	300	800
56	Wes Unseld RC	▲10	▲15	▲25	▲50	▲100	150	300	800
57	Joe Ellis	5	5	8	12	20	40	80	
58	John Tresvant	5	5	6	8	10	20	40	500
59	Larry Siegfried RC	5	5	6	8	12	25	50	200
60	Willis Reed RC	20	40	80	150	250	500	800	2,000
61	Paul Silas RC	5	8	12	15	25	40	120	400
62	Bob Weiss RC	5	8	12	15	25	50	100	300
63	Willie McCarter	5	5	6	8	20	50	100	300
64	Don Kojis RC	5	5	6	8	10	20	30	125
65	Lou Hudson RC	5	10	15	25	50	100	250	500
66	Jim King	5	5	6	10	20	40	80	200
67	Luke Jackson RC	5	6	▲10	▲20	▲40	▲80	▲80	200
68	Len Chappell RC	5	5	▲10	▲20	▲40	▲60	▲120	
69	Ray Scott	5	5	6	8	10	20	40	80
70	Jeff Mullins RC	5	▲6	▲10	▲15	▲30	▲60	▲150	
71	Howie Komives	5	5	6	10	20	40	80	200
72	Tom Sanders RC	5	8	10	15	30	80	200	600
73	Dick Snyder	5	5	6	▲10	▲20	▲40	▲80	
74	Dave Stallworth RC	5	5	6	10	15	30	60	
75	Elvin Hayes RC	25	50	100	200	300	500	2,000	4,000
76	Art Harris	5	5	6	12	25	50	200	400
77	Don Ohl	5	5	6	8	12	20	40	
78	Bob Love RC	5	8	15	30	60	150	450	600
79	Tom Van Arsdale RC	5	8	10	12	20	40	150	
80	Earl Monroe RC	20	40	80	150	200	▼300	500	800
81	Greg Smith	5	5	6	8	15	30	60	325
82	Don Nelson RC	8	12	20	30	50	100	300	600
83	Happy Hairston RC	5	6	▲10	▲15	▲30	60	120	400
84	Hal Greer	5	10	15	30	80	120	300	600
85	Dave DeBusschere RC	▲10	▲20	▲40	▲60	▲80	▲150	300	
86	Bill Bridges RC	5	5	8	10	15	30	80	200
87	Herm Gilliam RC	5	5	6	10	15	40	80	
88	Jim Fox	5	5	6	▲10	▲15	▲30	▲100	▲600
89	Bob Boozer	5	5	6	8	15	20	100	
90	Jerry West	80	120	▼150	▼200	▼300	500	1,000	4,000
91	Chet Walker	▲8	▲15	▲30	▲50	▲80	▲120	▲300	▲500
92	Flynn Robinson RC	5	8	12	15	▲30	▲60	▲100	400
93	Clyde Lee	5	5	6	8	12	20	40	175
94	Kevin Loughery RC	5	▲6	▲10	▲15	▲30	▲60	▲100	400
95	Walt Bellamy	5	6	12	30	60	100	200	
96	Art Williams	5	6	8	12	25	50	100	
97	Adrian Smith RC	5	5	8	10	15	▲30	▲80	▲300
98	Walt Frazier RC	▲40	▲80	▲150	▲200	▲400	▲800	▲1,000	4,000
99	Checklist 1-99	40	60	120	250	500	1,000	2,500	10,000

— Rick Adelman #23 PSA 10 (Gem MT) sold for $2,025 (eBay; 3/12)

— Lew Alcindor #25 PSA 10 (Gem MT) sold for $501,900 (Heritage; 8/16)

— Lew Alcindor #25 BSG 10 (Pristine) sold for $12,245 (eBay; 3/11)

— John Havlicek #20 PSA 10 (Gem MT) sold for $25,273 (Mile High; 12/13)

— John Havlicek #20 PSA 9 (MT) sold for $3,696 (Mile High; 10/09)

1970-71 Topps

		GD 2	VG 3	VgEx 4	EX 5	ExMt 6	NM 7	NmMt 8	MT 9
1	Alcind/West/Hayes LL	▲6	▲8	▲15	▲30	▲80	▲150	▲300	
2	West/Alcin/Hayes LL SP	▲6	▲10	▲20	▲40	▲100	▲200	▲400	800
3	Green/Imhoff/Hudson LL	5	5	8	10	15	30	60	125
4	Rob/Walker/Mull LL SP	5	5	8	10	12	200	500	
5	Hayes/Uns/Alcindor LL	5	5	8	10	25	40	100	300
6	Wilkens/Fraz/Hask LL SP	5	6	10	20	40	80	250	
7	Bill Bradley	5	5	10	20	40	80	150	300
8	Ron Williams	5	5	6	8	10	15	40	300
9	Otto Moore	5	5	6	8	10	12	25	50
10	John Havlicek SP	▲12	▲25	▲50	▲60	▲100	▲200	▲400	▲600
11	George Wilson RC	5	5	6	8	10	20	50	120

#	Player	GD 2	VG 3	VgEx 4	EX 5	ExMt 6	NM 7	NmMt 8	MT 9
12	John Trapp	5	5	6	8	10	12	20	50
13	Pat Riley RC	15	25	50	80	120	200	400	1,000
14	Jim Washington	5	5	5	6	8	15	30	80
15	Bob Rule	5	5	5	6	12	30	50	200
16	Bob Weiss	5	5	5	6	8	10	12	100
17	Neil Johnson	5	5	5	6	8	12	25	150
18	Walt Bellamy	5	5	5	6	10	20	50	200
19	McCoy McLemore	5	5	5	5	6	15	30	60
20	Earl Monroe	6	8	10	20	40	80	200	900
21	Wally Anderzunas	5	5	5	5	6	8	12	50
22	Guy Rodgers	5	5	5	6	10	15	40	200
23	Rick Roberson	5	5	5	6	8	10	12	50
24	Checklist 1-110	5	5	8	10	12	20	60	300
25	Jimmy Walker	5	5	5	5	6	8	20	50
26	Mike Riordan RC	5	5	6	8	10	15	40	150
27	Henry Finkel	5	5	5	6	10	20	80	
28	Joe Ellis	5	5	5	6	8	10	20	60
29	Mike Davis	5	5	5	5	6	8	12	60
30	Lou Hudson	5	5	8	10	12	15	25	80
31	Lucius Allen SP	5	5	8	10	12	80	150	
32	Toby Kimball SP	5	5	6	15	20	30	150	
33	Luke Jackson SP	5	6	8	15	40	80	200	400
34	Johnny Egan	5	5	6	8	10	15	80	200
35	Leroy Ellis SP	8	10	15	30	60	150	400	
36	Jack Marin SP	6	8	10	20	40	100	300	
37	Joe Caldwell SP	5	5	6	8	15	30	120	
38	Keith Erickson	5	5	6	8	10	15	30	80
39	Don Smith	5	5	5	5	6	10	40	
40	Flynn Robinson	5	5	5	6	8	12	25	120
41	Bob Boozer	5	5	5	5	6	10	20	
42	Howie Komives	5	5	5	5	6	8	12	40
43	Dick Barnett	5	5	6	8	10	12	15	100
44	Stu Lantz RC	5	5	6	8	10	12	25	150
45	Dick Van Arsdale	5	5	6	8	10	12	25	150
46	Jerry Lucas	5	5	8	10	15	30	60	400
47	Don Chaney RC	5	5	8	10	12	20	60	200
48	Ray Scott	5	5	5	5	6	10	20	60
49	Dick Cunningham SP	5	5	6	10	25	60	350	
50	Wilt Chamberlain	80	100	120	250	500	1,000	2,000	5,000
51	Kevin Loughery	5	5	5	6	8	10	20	70
52	Stan McKenzie	5	5	5	6	8	10	15	60
53	Fred Foster	5	5	5	6	8	10	15	40
54	Jim Davis	5	5	5	6	8	10	12	40
55	Walt Wesley	5	5	5	6	8	10	15	50
56	Bill Hewitt	5	5	5	6	8	10	12	50
57	Darrall Imhoff	5	5	5	6	8	12	30	100
58	John Block	5	5	5	6	8	10	15	
59	Al Attles SP	5	5	6	8	12	30	200	
60	Chet Walker	5	5	6	8	12	20	40	100
61	Luther Rackley	5	5	5	6	8	10	15	60
62	Jerry Chambers SP RC	6	8	15	30	60	120	300	500
63	Bob Dandridge RC	6	8	10	20	50	150	300	600
64	Dick Snyder	5	5	5	5	6	8	12	40
65	Elgin Baylor	5	5	12	25	50	100	250	500
66	Connie Dierking	5	5	5	5	8	10	15	50
67	Steve Kuberski RC	5	5	6	8	20	50	100	400
68	Tom Boerwinkle	5	5	5	5	8	10	20	60
69	Paul Silas	5	5	6	8	15	20	30	200
70	Elvin Hayes	▲6	▲12	▲25	▲50	▲80	▲120	▲200	▲400
71	Bill Bridges	5	5	5	6	8	10	20	75
72	Wes Unseld	5	6	8	10	20	40	80	250
73	Herm Gilliam	5	5	5	5	6	8	20	80
74	Bobby Smith SP RC	5	5	5	8	10	60	150	
75	Lew Alcindor	▲120	▲150	150	300	400	600	1,500	5,000
76	Jeff Mullins	5	5	5	6	8	12	25	80
77	Happy Hairston	5	5	6	8	10	20	50	150
78	Dave Stallworth SP	5	5	6	8	15	25	80	300

#	Player	GD 2	VG 3	VgEx 4	EX 5	ExMt 6	NM 7	NmMt 8	MT 9 (cut off)
79	Fred Hetzel	5	5	5	6	8	10	15	
80	Len Wilkens SP	5	5	10	12	30	60	120	
81	Johnny Green RC	5	5	6	8	10	15	25	
82	Erwin Mueller	5	5	5	5	6	8	12	
83	Wally Jones	5	5	5	6	8	12	25	8
84	Bob Love	5	6	10	12	20	40	80	20
85	Dick Garrett RC	5	5	6	8	10	15		5
86	Don Nelson SP	5	8	12	15	20	30	80	25
87	Neal Walk SP	5	5	6	8	10	30	100	
88	Larry Siegfried	5	5	5	6	8	15	30	
89	Gary Gregor	5	5	5	5	6	8	12	
90	Nate Thurmond	5	6	8	12	20	40	100	
91	John Warren	5	5	5	6	10	12	25	
92	Gus Johnson	5	5	8	10	15	20	40	12
93	Gail Goodrich	5	5	8	10	15	25	40	12
94	Dorrie Murrey	5	5	5	5	6	8	30	
95	Cazzie Russell SP	5	8	12	15	20	60	300	
96	Terry Dischinger	5	5	5	5	6	8	12	
97	Norm Van Lier SP RC	5	5	10	12	20	120	450	
98	Jim Fox	5	5	5	5	6	10	15	
99	Tom Meschery	5	5	5	6	8	12		10
100	Oscar Robertson	▲6	▲10	▲20	▲40	▲100	▲200	300	
101A	Checklist 111-175	5	5	8	12	20	25	60	
101B	Checklist 111-175	5	10	15	20	25	30	40	25
102	Rich Johnson	5	5	5	5	6	8	12	
103	Mel Counts	5	5	5	6	8	10	15	
104	Bill Hosket SP RC	5	10	15	40	50	80	200	
105	Archie Clark	5	5	5	6	8	10	20	
106	Walt Frazier AS	6	8	12	15	40	80	200	80
107	Jerry West AS	6	10	20	40	80	120	300	60
108	Billy Cunningham AS SP	5	8	10	20	40	80	200	
109	Connie Hawkins AS	5	5	6	8	12	30	60	
110	Willis Reed AS	5	5	6	8	12	15	30	
111	Nate Thurmond AS	5	5	6	8	12	15	25	
112	John Havlicek AS	5	5	10	20	40	80	200	40
113	Elgin Baylor AS	6	8	15	30	60	120	250	
114	Oscar Robertson AS	5	5	10	20	40	80	200	40
115	Lou Hudson AS	5	5	5	6	8	10	100	
116	Emmette Bryant	5	5	5	6	8	10	30	
117	Greg Howard	5	5	5	5	6	8	15	
118	Rick Adelman	5	5	6	8	10	12	15	5
119	Barry Clemens	5	5	5	5	6	8	20	
120	Walt Frazier	▲20	▲40	▲50	▲60	▲80	▲120	▲250	1,0...
121	Jim Barnes RC	5	5	5	5	6	8	15	40
122	Bernie Williams	5	5	5	5	6	10	15	12
123	Pete Maravich RC	200	▲300	500	1,500	2,000	3,000	8,000	25,00...
124	Matt Guokas RC	5	5	6	8	10	20	40	
125	Dave Bing	5	5	8	10	12	15	25	12
126	John Tresvant	5	5	5	6	8	12	25	
127	Shaler Halimon	5	5	5	6	8	▲12	▲30	▲
128	Don Ohl	5	5	5	5	6	8	12	
129	Fred Carter RC	5	5	6	8	10	12	20	
130	Connie Hawkins	5	6	12	20	40	80	150	
131	Jim King	5	5	5	5	6	8	15	
132	Ed Manning RC	5	5	6	8	10	15	30	
133	Adrian Smith	5	5	5	5	6	8	15	3
134	Walt Hazzard	5	5	6	8	10	15	40	15
135	Dave DeBusschere	5	5	8	10	12	30	80	25
136	Don Kojis	5	5	5	5	6	10	15	
137	Calvin Murphy RC	6	8	12	25	60	120	400	60
138	Nate Bowman	5	5	5		10	15	30	
139	Jon McGlocklin	5	5	5	6	8	12	25	
140	Billy Cunningham	5	5	8	10	12	25	60	
141	Willie McCarter	5	5	5	5	6	8	12	
142	Jim Barnett	5	5	5	5	6	8	12	
143	Jo Jo White RC	▲8	▲12	▲25	▲50	▲80	120	▲250	▲50...
144	Clyde Lee	5	5	5	5	6	8	10	15

	GD 2	VG 3	VgEx 4	EX 5	ExMt 6	NM 7	NmMt 8	MT 9
Tom Van Arsdale	5	5	5	8	10	15	40	250
Len Chappell	5	5	5	▲6	▲8	▲10	▲20	▲50
Lee Winfield	5	5	▲6	▲10	▲20	▲40	▲80	▲150
Jerry Sloan RC	5	6	12	20	30	▲60	▲120	▲300
Art Harris	5	5	5	5	6	10	20	60
Willis Reed	5	5	8	15	20	40	150	500
Art Williams	5	5	5	5	6	8	12	50
Don May	5	5	5	5	6	8	12	50
Loy Petersen	5	5	5	5	6	10	25	70
Dave Gambee	5	5	5	5	6	8	12	50
Hal Greer	5	5	6	8	12	20	40	80
Dave Newmark	5	5	5	5	6	10	25	60
Jimmy Collins	5	5	5	5	6	8	15	50
Bill Turner	5	5	5	5	6	8	15	50
Eddie Miles	5	5	5	5	6	8	15	50
Jerry West	6	12	25	50	100	150	300	700
Fred Crawford	5	5	5	5	6	8	15	40
Tom Sanders	5	5	6	8	10	15	40	125
Dale Schlueter	5	5	5	5	6	8	12	50
Clem Haskins RC	5	5	8	10	12	15	20	50
Greg Smith	5	5	5	5	6	8	15	50
Rod Thorn RC	5	5	6	8	10	12	25	80
Playoff G1/W.Reed	5	5	8	10	▲30	▲50	▲80	▲150
Playoff G2/D.Garnett	5	5	5	6	8	10	25	150
Playoff G3/DeBussch	5	5	5	10	12	15	30	
Playoff G4/J.West	5	8	12	15	▲30	▲60	▲120	300
Playoff G5/Bradley	5	5	8	10	12	15	25	
Playoff G6/Wilt	6	8	12	20	40	60	▲120	300
Playoff G7/Frazier	6	8	12	20	40	60	100	
Knicks Celebrate	5	6	10	12	20	40	80	150

ally Anderzunas #21 PSA 10 (Gem MT) sold for $2,615 (eBay; 9/12)

Attles #59 PSA 9 (Mint) sold for $459 (eBay; 9/12)

onnie Hawkins #130 PSA 10 (Gem MT) sold for 1,502 (eBay; 6/11)

ete Maravich #123 PSA 8 (NMMT) sold for $470 (Goodwin; 9/11)

ete Maravich #123 PSA 9 (MT) sold for $2,987 (eBay; 12/11)

scar Robertson #114 PSA 10 (Gem MT) sold for $3,232 (Goodwin; 2012)

1971-72 Topps

	GD 2	VG 3	VgEx 4	EX 5	ExMt 6	NM 7	NmMt 8	MT 9
Oscar Robertson	10	15	30	60	120	200	400	1,000
Bill Bradley	4	5	8	10	15	30	60	200
Jim Fox	4	4	4	4	5	8	20	80
John Johnson RC	4	4	4	4	5	6	8	30
Luke Jackson	4	4	4	4	5	6	8	40
Don May DP	4	4	4	4	▲6	▲10	▲25	▲100
Kevin Loughery	4	4	4	5	8	15	30	80
Terry Dischinger	4	4	4	4	5	8	20	
Neal Walk	4	4	4	4	5	6	20	50
Elgin Baylor	5	6	12	25	50	120	350	600
Rick Adelman	4	4	4	4	5	6	15	50
Clyde Lee	4	4	4	5	8	20	40	80
Jerry Chambers	4	4	4	4	5	6	15	30
Fred Carter	4	4	4	5	6	12	25	80
Tom Boerwinkle DP	4	4	4	4	5	6	8	50
John Block	4	4	4	4	5	6	50	
Dick Barnett	4	4	4	4	5	6	12	40
Henry Finkel	4	4	4	4	5	6	15	
Norm Van Lier	4	4	4	4	5	8	12	60
Spencer Haywood RC	10	20	40	80	120	200	400	600
George Johnson	4	4	4	4	5	6	20	40
Bobby Lewis	4	4	4	▲5	▲6	▲15	▲40	▲100
Bill Hewitt	4	4	4	5	8	15	30	120
Walt Hazzard	4	4	4	4	5	8	15	50
Happy Hairston	4	4	4	4	5	10	40	80
George Wilson	4	4	4	4	5	8	25	60
Lucius Allen	4	4	4	▲6	▲8	▲20	▲60	

		GD 2	VG 3	VgEx 4	EX 5	ExMt 6	NM 7	NmMt 8	MT 9
28	Jim Washington	4	4	4	4	5	8	12	60
29	Nate Archibald RC	10	15	25	50	120	300	600	2,200
30	Willis Reed	4	▲6	▲8	▲15	▲30	▲50	▲100	▲300
31	Erwin Mueller	4	4	4	4	5	8	15	75
32	Art Harris	4	4	4	4	5	6	8	40
33	Pete Cross	4	4	4	4	5	6	10	40
34	Geoff Petrie RC	4	4	4	6	8	15	30	60
35	John Havlicek	5	6	10	▲20	▲40	▲80	▲150	▲400
36	Larry Siegfried	4	4	4	4	5	8	20	50
37	John Tresvant DP	4	4	4	4	6	12	25	80
38	Ron Williams	4	4	4	4	5	6	10	40
39	Lamar Green DP	4	4	4	4	5	6	15	40
40	Bob Rule DP	4	4	4	4	5	6	20	40
41	Jim McMillian RC	4	4	4	5	8	12	20	50
42	Wally Jones	4	4	4	5	8	15	30	60
43	Bob Boozer	4	4	4	4	5	6	15	65
44	Eddie Miles	4	4	4	4	5	6	8	40
45	Bob Love DP	4	4	4	5	6	10	15	30
46	Claude English	4	4	4	4	5	6	10	60
47	Dave Cowens RC	6	8	15	30	60	100	250	1,500
48	Emmette Bryant	4	4	4	4	5	6	8	40
49	Dave Stallworth	4	4	4	4	5	12	30	125
50	Jerry West	8	15	30	60	120	250	400	600
51	Joe Ellis	4	4	4	4	5	6	8	40
52	Walt Wesley DP	4	4	4	4	5	6	8	25
53	Howie Komives	4	4	5	8	15	40	80	150
54	Paul Silas	4	4	4	4	5	8	12	50
55	Pete Maravich DP	▲10	▲20	▲40	60	120	200	500	800
56	Gary Gregor	4	4	4	▲5	▲6	▲10	▲20	▲100
57	Sam Lacey RC	4	4	4	4	5	8	10	50
58	Calvin Murphy DP	4	4	5	6	10	20	50	100
59	Bob Dandridge	4	4	4	5	8	15	30	60
60	Hal Greer	4	4	4	4	5	10	15	80
61	Keith Erickson	4	4	4	5	6	10	20	120
62	Joe Cooke	4	4	4	4	5	8	12	35
63	Bob Lanier RC	6	10	20	40	80	150	400	1,500
64	Don Kojis	4	4	4	4	5	6	8	30
65	Walt Frazier	6	10	20	40	80	150	300	600
66	Chet Walker DP	4	4	4	4	5	6	10	25
67	Dick Garrett	4	4	4	4	5	6	8	50
68	John Trapp	4	4	4	4	6	10	25	60
69	Jo Jo White	4	5	6	12	25	50	100	200
70	Wilt Chamberlain	30	60	120	250	500	800	2,000	10,000
71	Dave Sorenson	4	4	4	4	5	8	15	80
72	Jim King	4	4	4	4	5	6	15	60
73	Cazzie Russell	4	4	4	4	5	8	15	70
74	Jon McGlocklin	4	4	4	4	5	6	8	40
75	Tom Van Arsdale	4	4	4	5	6	8	20	60
76	Dale Schlueter	4	4	4	4	5	6	40	
77	Gus Johnson DP	4	4	4	4	5	8	12	40
78	Dave Bing	4	4	4	5	6	10	40	200
79	Billy Cunningham	4	4	6	8	12	25	50	120
80	Len Wilkens	4	4	6	8	10	12	40	150
81	Jerry Lucas DP	4	4	4	4	5	6	15	25
82	Don Chaney	4	4	4	▲5	▲6	▲10	▲30	▲100
83	McCoy McLemore	4	4	4	4	5	▲8	▲20	▲100
84	Bob Kauffman DP	4	4	4	5	6	8	20	50
85	Dick Van Arsdale	4	4	4	4	5	8	10	
86	Johnny Green	4	4	4	4	5	6	8	50
87	Jerry Sloan	4	4	4	6	8	12	20	80
88	Luther Rackley DP	4	4	4	4	5	6	8	20
89	Shaler Halimon	4	4	4	4	6	12	30	100
90	Jimmy Walker	4	4	4	▲5	▲6	▲8	▲20	▲100
91	Rudy Tomjanovich RC	6	8	10	20	40	80	150	300
92	Levi Fontaine	4	4	4	4	6	8	20	60
93	Bobby Smith	4	4	4	4	6	8	20	60
94	Bob Arnzen	4	4	4	4	5	6	12	30

#	Player	GD 2	VG 3	VgEx 4	EX 5	ExMt 6	NM 7	NmMt 8	MT 9
95	Wes Unseld DP	4	6	8	15	30	60	100	200
96	Clem Haskins DP	4	4	4	4	5	8	15	40
97	Jim Davis	4	4	4	4	5	6	8	
98	Steve Kuberski	4	4	4	4	5	6	8	100
99	Mike Davis DP	4	4	4	4	5	6	10	40
100	Lew Alcindor	20	40	80	200	400	600	800	2,000
101	Willie McCarter	4	4	4	5	5	6	8	40
102	Charlie Paulk	4	4	4	5	6	12	25	80
103	Lee Winfield	4	4	4	4	5	6	15	75
104	Jim Barnett	4	4	4	4	5	6	8	20
105	Connie Hawkins DP	4	4	4	5	6	15	25	80
106	Archie Clark DP	4	4	4	4	5	6	8	20
107	Dave DeBusschere	4	4	5	6	10	20	40	80
108	Stu Lantz DP	4	4	4	4	6	8	20	60
109	Don Smith	4	4	4	4	5	8	15	60
110	Lou Hudson	4	4	4	4	5	8	10	50
111	Leroy Ellis	4	4	4	4	5	8	25	
112	Jack Marin	4	4	4	4	5	6	15	60
113	Matt Guokas	4	4	4	4	5	6	15	80
114	Don Nelson	4	4	6	8	10	▲20	▲60	▲200
115	Jeff Mullins DP	4	4	4	4	5	6	10	40
116	Walt Bellamy	4	4	5	6	8	12	25	60
117	Bob Quick	4	4	4	5	6	8	20	120
118	John Warren	4	4	4	4	5	6	20	60
119	Barry Clemens	4	4	4	4	5	6	12	60
120	Elvin Hayes DP	4	4	6	8	10	12	20	50
121	Gail Goodrich	4	4	4	5	25	40	100	300
122	Ed Manning	4	4	4	4	5	6	8	40
123	Herm Gilliam DP	4	4	4	4	5	6	8	20
124	Dennis Awtrey RC	4	4	4	4	5	8	15	50
125	John Hummer DP	4	4	4	5	6	8	20	50
126	Mike Riordan	4	4	4	5	10	20	40	
127	Mel Counts	4	4	4	4	5	6	8	20
128	Bob Weiss DP	4	4	4	4	5	6	8	20
129	Greg Smith DP	4	4	4	4	5	6	8	20
130	Earl Monroe	4	5	8	15	30	60	120	300
131	Nate Thurmond DP	4	4	4	5	6	10	15	40
132	Bill Bridges DP	4	4	4	4	6	8	20	50
133	Playoffs G1/Alcindor	4	4	6	12	25	50	100	300
134	NBA Playoffs G2	4	4	4	4	6	12	20	60
135	NBA Playoffs G3	4	4	4	4	5	8	12	75
136	Playoffs G4/Oscar	4	4	4	4	5	8	20	50
137	NBA Champs/Oscar	4	4	6	8	10	15	25	50
138	Alcind/Hayes/Havl LL	5	6	12	25	50	100	200	
139	Alcind/Havl/Hayes LL	5	6	12	25	50	100	200	
140	Green/Alcind/Wilt LL	4	6	10	15	30	60	120	250
141	Walker/Oscar/Williams LL	4	4	4	4	5	8	10	
142	Wilt/Hayes/Alcind LL	4	6	10	15	30	60	120	250
143	Van Lier/Oscar/West LL	4	6	10	15	30	60	120	250
144A	NBA Checklist 1-144	4	4	6	8	10	12	15	60
144B	NBA Checklist 1-144	4	4	6	8	10	12	15	60
145	ABA Checklist 145-233	4	4	5	6	10	15	30	60
146	Issel/Brisker/Scott LL	4	4	6	8	10	15	25	60
147	Issel/Barry/Brisker LL	4	4	6	8	10	15	25	80
148	ABA 2pt FG Pct Leaders	4	4	4	4	5	8	12	50
149	Barry/Carrier/Keller LL	4	4	6	8	10	12	20	80
150	ABA Rebound Leaders	4	4	4	4	5	10	15	80
151	ABA Assist Leaders	4	4	5	6	8	15	30	75
152	Larry Brown RC	6	10	20	30	40	60	120	300
153	Bob Bedell	4	4	4	4	5	6	10	
154	Merv Jackson	4	4	4	4	5	6	10	50
155	Joe Caldwell	4	4	4	5	6	8	12	60
156	Billy Paultz RC	4	4	4	5	6	10	30	80
157	Les Hunter	4	4	4	5	6	8	10	35
158	Charlie Williams	4	4	4	4	5	6	10	40
159	Stew Johnson	4	4	4	4	6	12	25	50
160	Mack Calvin RC	4	4	4	5	6	12	40	150

#	Player	GD 2	VG 3	VgEx 4	EX 5	ExMt 6	NM 7	NmMt 8	MT
161	Don Sidle	4	4	4	5	6	8	10	5#
162	Mike Barrett	4	4	4	4	5	6	10	6#
163	Tom Workman	4	4	4	4	5	6	10	5#
164	Joe Hamilton	4	4	4	4	5	6	12	5#
165	Zelmo Beaty RC	4	4	4	10	20	60	150	
166	Dan Hester	4	4	4	4	5	6	12	40
167	Bob Verga	4	4	4	4	5	6	12	5#
168	Wilbert Jones	4	4	4	4	5	8	20	100
169	Skeeter Swift	4	4	4	4	5	6	12	50
170	Rick Barry RC	10	20	40	80	200	400	600	1,000
171	Billy Keller RC	4	4	4	4	5	8	15	60
172	Ron Franz	4	4	4	4	5	6	10	60
173	Roland Taylor RC	4	4	4	4	5	6	10	60
174	Julian Hammond	4	4	4	▲5	▲6	8	▲20	▲100
175	Steve Jones RC	4	4	4	5	6	10	12	40
176	Gerald Govan	4	4	4	▲5	▲8	▲20	▲60	
177	Darrell Carrier RC	4	4	5	6	8	12	50	300
178	Ron Boone RC	4	4	4	4	5	10	20	50
179	George Peeples	4	4	4	4	5	6	8	50
180	John Brisker	4	5	6	10	20	50	100	200
181	Doug Moe RC	4	4	4	5	6	10	20	60
182	Ollie Taylor	4	4	4	4	5	6	8	40
183	Bob Netolicky RC	4	4	4	4	5	6	12	50
184	Sam Robinson	4	4	4	4	5	6	8	50
185	James Jones	4	4	4	4	5	6	8	40
186	Julius Keye	4	4	4	4	5	6	8	40
187	Wayne Hightower	4	4	5	8	15	30	60	120
188	Warren Armstrong RC	4	4	4	4	6	10	20	50
189	Mike Lewis	4	4	4	4	5	6	10	50
190	Charlie Scott RC	6	12	25	50	100	200	400	700
191	Jim Ard	4	4	4	4	5	6	10	50
192	George Lehmann	4	4	4	4	5	6	10	30
193	Ira Harge	4	4	4	5	6	10	25	50
194	Willie Wise RC	4	4	4	4	5	10	20	80
195	Mel Daniels RC	4	4	6	15	40	80	200	400
196	Larry Cannon	4	4	4	▲5	▲6	▲15	▲40	▲100
197	Jim Eakins	4	4	4	4	5	8	15	60
198	Rich Jones	4	4	4	5	6	8	12	60
199	Bill Melchionni RC	4	4	4	4	5	8	10	40
200	Dan Issel RC	6	12	25	50	80	120	▲300	▲500
201	George Stone	4	4	4	4	5	6	12	75
202	George Thompson	4	4	4	4	5	6	8	
203	Craig Raymond	4	4	4	4	5	8	20	100
204	Freddie Lewis RC	4	4	4	4	5	6	8	50
205	George Carter	4	4	4	4	5	6	10	40
206	Lonnie Wright	4	4	4	4	5	6	8	40
207	Cincy Powell	4	4	4	4	5	6	10	50
208	Larry Miller	4	4	4	5	6	8	12	30
209	Sonny Dove	4	4	4	5	6	8	10	50
210	Byron Beck RC	4	4	4	4	5	8	15	70
211	John Beasley	4	4	4	4	5	8	15	100
212	Lee Davis	4	4	4	4	5	6	8	30
213	Rick Mount RC	4	4	4	6	10	15	40	80
214	Walt Simon	4	4	4	4	5	6	10	30
215	Glen Combs	4	4	4	4	5	6	8	30
216	Neil Johnson	4	4	4	4	5	6	12	
217	Manny Leaks	4	4	4	4	5	8	15	50
218	Chuck Williams	4	4	4	4	5	6	10	50
219	Warren Davis	4	4	4	4	5	6	12	100
220	Donnie Freeman RC	4	4	5	6	8	10	15	80
221	Randy Mahaffey	4	4	4	4	5	6	8	50
222	John Barnhill	4	4	4	5	8	20	40	100
223	Al Cueto	4	4	4	4	5	6	8	40
224	Louie Dampier RC	4	4	4	12	25	80	120	500
225	Roger Brown RC	4	4	5	12	30	60	120	300
226	Joe DePre	4	4	4	4	5	6	10	30
227	Ray Scott	4	4	4	4	5	6	12	50

	GD 2	VG 3	VgEx 4	EX 5	ExMt 6	NM 7	NmMt 8	MT 9
Arvesta Kelly	4	4	4	4	5	6	10	40
Vann Williford	4	4	4	4	5	6	20	
Larry Jones	4	4	4	4	5	8	12	50
Gene Moore	4	4	4	4	5	6	15	40
Ralph Simpson RC	4	4	4	4	5	6	10	
Red Robbins RC	4	4	4	6	10	30	60	200

— car Robertson #1 PSA 9 (MT) sold for $1,219 (eBay; 4/12)
— Maravich #55 PSA 10 (Gem MT) sold for $2,397 (Mile High; 6/10)
— Maravich #55 PSA 10 (Gem MT) sold for $1,937 (eBay; 4/12)
— Frazier #65 PSA 10 (Gem MT) sold for $640 (eBay; 1/13)
— Alcindor #100 PSA 10 (Gem MT) sold for $3,070 (eBay; 4/12)
— Barry #170 PSA 10 (Gem MT) sold for $2,117 (eBay; 4/12)

1-72 Topps Trios

	GD 2	VG 3	VgEx 4	EX 5	ExMt 6	NM 7	NmMt 8	MT 9
Hudson/Rule/Murphy	5	5	6	10	12	20	60	300
Jones/Wise/Issel SP	5	5	8	12	15	20	60	250
Wesley/White/Dand	5	5	6	10	12	15	50	
Calvin/Brown/Verga SP	5	5	6	10	12	20	40	200
Thurm/Monroe/Hay	5	6	8	15	30	60	120	250
Melch/Daniels/Freem SP	5	5	6	10	12	20	40	125
DeBuss/Lanier/Van Ars	5	5	8	12	15	20	60	250
Cald/Dampier/Lewis SP	5	5	8	12	20	30	80	
Greer/Green/Hayes	5	5	8	12	20	40	150	425
Barry/Jones/Keye SP	5	5	8	12	15	25	60	
Walker/May/Clark	5	5	6	10	15	30	60	200
Cannon/Beaty/Scott SP	5	5	6	10	12	15	60	175
Hairston/Ellis/Sloan	5	5	6	10	20	30	60	150
Jones/Carter/Brisk SP	5	5	8	12	15	20	60	250
Maravich/Kauf/Hav	8	12	20	▲40	▲80	▲200	▲400	▲800
ABA Team DP	5	5	6	15	20	40	50	275
ABA Team SP	5	5	8	15	20	40	60	
ABA Team SP	5	5	8	15	20	40	80	
Frazier/Van Arsd/Bing	5	5	8	15	20	25	60	300
Love/Williams/Cowens	5	5	8	12	25	50	120	350
West/Reed/Walker	5	8	10	25	30	80	300	
Rober/Unsel/Smith SP	5	6	10	20	40	80	200	
Hawk/Mullins/Alcin	5	10	20	40	100	150	300	600
Cunn/Bellamy/Petrie SP	5	5	8	12	15	30	70	225
Cham/Johns/Van L SP	5	10	20	40	100	150	300	
NBA Team QP	5	5	6	10	12	15	30	100

— A Team SP #24 A PSA 10 (Gem MT) sold for $1,137 (eBay; 4/07)
— nnon/Beaty/Scott #16A PSA 10 (Gem MT) sold for $750 (eBay; 12/06)
— ker/May/Clark #16 PSA 10 (Gem MT) sold for $1,425 (eBay; 3/07)

72-73 Icee Bear

	VG 3	VgEx 4	EX 5	ExMt 6	NM 7	NmMt 8	MT 9	Gem 9.5/10
Kareem Abdul-Jabbar	25	50	100	200	300	500	800	
Dennis Awtrey	4	4	▲5	▲10	▲25	▲60	▲100	
Tom Boerwinkle	4	4	8	10	15	20	60	
Austin Carr SP	4	4	5	6	▲25	▲40	▲100	
Wilt Chamberlain	25	50	▲150	▲250	▲400	500		
Archie Clark SP	4	6	8	12	20	40	100	
Dave DeBusschere	4	4	6	10	20	40	100	
Walt Frazier SP	4	6	8	15	40	120	250	
John Havlicek	5	10	20	40	100	250	400	
Connie Hawkins	4	6	12	25	40	80		
Bob Love	4	4	4	6	12	30	80	
Jerry Lucas	4	5	6	10	▲40	▲150	▲300	
Pete Maravich SP	10	20	40	80	150	400	800	
Calvin Murphy	4	4	6	10	25	60	120	
Oscar Robertson	6	10	20	40	80	150	300	
Jerry Sloan	4	4	6	10	20	40	100	
Wes Unseld	4	4	6	12	▲40	▲120	▲250	
Dick Van Arsdale	4	4	6	12	30	80	200	

	VG 3	VgEx 4	EX 5	ExMt 6	NM 7	NmMt 8	MT 9	Gem 9.5/10
19	Jerry West	8	15	30	60	150	250	400	
20	Sidney Wicks	4	4	5	8	20	60		

— Pete Maravich #13 PSA 10 (Gem MT) sold for $1,084 (eBay; 4/12)
— Oscar Robertson #15 PSA 10 (Gem MT) sold for $810 (eBay; 4/07)
— Jerry West #19 PSA 10 (Gem MT) sold for $802 (eBay; 7/07)
— Sidney Wicks #20 PSA 10 (Gem MT) sold for $356 (eBay; 11/06)

1972-73 Topps

		VG 3	VgEx 4	EX 5	ExMt 6	NM 7	NmMt 8	MT 9	Gem 9.5/10
1	Wilt Chamberlain	50	100	200	300	500	800		
2	Stan Love	4	▲5	▲6	▲12	▲30	▲50	▲100	
3	Geoff Petrie	4	5	6	8	10	12	25	
4	Curtis Perry RC	4	4	▲5	▲6	▲8	▲20	▲60	
5	Pete Maravich	20	40	80	150	300	600		
6	Gus Johnson	4	4	4	5	6	10	20	100
7	Dave Cowens	4	6	8	12	25	40	80	
8	Randy Smith RC	4	5	6	8	10	20	25	225
9	Matt Guokas	4	4	4	5	6	8	15	
10	Spencer Haywood	4	4	5	6	8	▲20	▲50	150
11	Jerry Sloan	4	4	4	6	8	20	▲50	125
12	Dave Sorenson	4	4	4	5	▲8	▲20	▲50	
13	Howie Komives	4	4	4	5	▲8	▲20	▲50	
14	Joe Ellis	4	4	4	5	▲8	▲20	▲50	
15	Jerry Lucas	4	4	5	6	▲12	▲30	▲80	
16	Stu Lantz	4	4	4	5	6	8	15	100
17	Bill Bridges	4	4	4	5	6	8	15	
18	Leroy Ellis	4	4	4	6	15	40	100	
19	Art Williams	4	4	4	5	6	8	15	125
20	Sidney Wicks RC	4	4	5	6	8	15	50	300
21	Wes Unseld	4	4	5	6	8	15	50	
22	Jim Washington	4	4	4	5	6	8	20	
23	Fred Hilton	4	4	4	5	6	10	50	
24	Curtis Rowe RC	4	4	4	5	6	8	15	120
25	Oscar Robertson	8	15	30	60	150	400	800	
26	Larry Steele RC	4	4	4	5	8	15	30	
27	Charlie Davis	4	4	4	5	6	8	15	60
28	Nate Thurmond	4	▲5	▲6	▲8	▲12	▲30	▲120	
29	Fred Carter	4	4	4	5	6	8	15	80
30	Connie Hawkins	4	4	5	6	10	15	75	
31	Calvin Murphy	4	5	8	15	40	80	200	
32	Phil Jackson RC	40	80	150	250	400	600	800	
33	Lee Winfield	4	4	4	5	6	8	15	
34	Jim Fox	4	4	4	5	6	8	20	100
35	Dave Bing	▲6	▲8	▲10	▲20	▲40	▲80	▲150	
36	Gary Gregor	4	4	4	5	6	8	20	
37	Mike Riordan	4	4	4	5	6	8	30	100
38	George Trapp	4	4	5	6	8	12	25	
39	Mike Davis	4	4	4	5	6	8	15	
40	Bob Rule	4	4	4	5	6	8	15	100
41	John Block	4	4	4	6	8	10	20	
42	Bob Dandridge	4	4	4	6	8	10	35	
43	John Johnson	4	4	4	5	6	8	20	
44	Rick Barry	5	8	10	12	15	40	250	
45	Jo Jo White	4	4	4	6	8	15	50	100
46	Cliff Meely	4	4	5	6	8	12	40	
47	Charlie Scott	4	4	4	5	6	8	25	
48	Johnny Green	4	4	4	5	6	8	25	125
49	Pete Cross	4	4	4	5	6	8	15	
50	Gail Goodrich	4	4	6	8	10	15	50	
51	Jim Davis	4	4	4	5	6	8	15	100
52	Dick Barnett	4	4	4	5	6	15	100	
53	Bob Christian	4	4	4	5	6	8	15	100
54	Jon McGlocklin	4	4	4	6	8	12	30	150
55	Paul Silas	4	4	5	6	10	15	25	100
56	Hal Greer	4	4	4	5	6	10	20	
57	Barry Clemens	4	4	4	5	6	8	25	

#	Player	VG 3	VgEx 4	EX 5	ExMt 6	NM 7	NmMt 8	MT 9	Gem 9.5/10
58	Nick Jones	4	4	4	5	8	12	30	150
59	Cornell Warner	4	4	4	5	6	8	15	100
60	Walt Frazier	8	15	30	60	100	200	400	
61	Dorie Murrey	4	4	4	5	6	8	15	100
62	Dick Cunningham	4	4	4	5	6	8	20	100
63	Sam Lacey	4	4	4	5	6	8	20	80
64	John Warren	4	4	4	5	6	8	15	100
65	Tom Boerwinkle	4	4	4	5	6	8	15	100
66	Fred Foster	4	4	4	5	6	8	20	
67	Mel Counts	4	4	4	5	6	10	20	80
68	Toby Kimball	4	4	4	5	6	8	15	
69	Dale Schlueter	4	4	4	5	6	8	15	100
70	Jack Marin	4	▲5	▲6	▲8	▲10	▲25	▲60	125
71	Jim Barnett	4	4	4	5	6	8	15	
72	Clem Haskins	4	4	4	5	6	8	15	
73	Earl Monroe	▲5	▲6	▲10	▲20	▲40	▲60	▲120	
74	Tom Sanders	4	▲5	▲8	▲20	▲30	▲40	▲80	
75	Jerry West	5	8	15	30	80	200	600	
76	Elmore Smith RC	4	4	4	5	6	10	20	200
77	Don Adams	4	4	4	5	6	8	15	80
78	Wally Jones	4	4	4	5	6	8	15	
79	Tom Van Arsdale	4	4	4	5	6	8	15	80
80	Bob Lanier	5	8	10	15	40	80	200	
81	Len Wilkens	4	4	4	5	8	12	50	
82	Neal Walk	4	4	4	5	6	8	15	
83	Kevin Loughery	4	4	4	▲6	▲10	▲25	▲80	
84	Stan McKenzie	4	4	4	5	6	8	15	
85	Jeff Mullins	4	4	4	5	6	8	15	80
86	Otto Moore	4	4	4	5	6	8	20	80
87	John Tresvant	4	4	4	5	6	8	15	
88	Dean Meminger RC	4	4	4	5	8	20	80	
89	Jim McMillian	4	4	4	5	6	8	15	
90	Austin Carr RC	4	6	8	15	30	60	120	
91	Clifford Ray RC	4	4	4	5	6	10	20	
92	Don Nelson	4	4	5	6	8	10	20	
93	Mahdi Abdul-Rahman	4	4	4	5	6	8	15	100
94	Willie Norwood	4	4	4	5	6	8	20	
95	Dick Van Arsdale	4	4	4	5	6	8	20	125
96	Don May	4	4	4	5	6	10	30	
97	Walt Bellamy	4	4	5	6	8	10	50	
98	Garfield Heard RC	4	4	5	6	8	12	50	
99	Dave Wohl	4	4	4	5	6	8	15	
100	Kareem Abdul-Jabbar	50	100	200	400	600	800		
101	Ron Knight	4	4	4	5	8	25	50	
102	Phil Chenier RC	4	4	5	6	8	10	20	
103	Rudy Tomjanovich	4	4	▲6	▲8	▲12	▲30	▲80	
104	Flynn Robinson	4	4	4	5	6	8	40	
105	Dave DeBusschere	4	4	5	6	8	12	50	
106	Dennis Layton	4	4	4	5	6	8	20	
107	Bill Hewitt	4	4	4	5	6	10	30	
108	Dick Garrett	4	4	4	5	6	8	20	
109	Walt Wesley	4	4	4	5	6	8	15	
110	John Havlicek	6	10	20	40	80	200	400	800
111	Norm Van Lier	4	4	4	5	6	8	15	
112	Cazzie Russell	4	4	4	6	10	25	60	
113	Herm Gilliam	4	4	4	5	6	8	15	
114	Greg Smith	4	4	4	5	6	15	40	150
115	Nate Archibald	4	4	5	8	12	50	300	
116	Don Kojis	4	4	4	5	6	8	15	
117	Rick Adelman	4	4	4	5	6	8	20	100
118	Luke Jackson	4	4	4	5	6	8	20	
119	Lamar Green	4	4	4	5	6	8	15	60
120	Archie Clark	4	4	4	5	6	8	25	
121	Happy Hairston	4	4	4	5	6	8	20	
122	Bill Bradley	4	6	8	10	▲25	▲40	▲80	
123	Ron Williams	4	4	4	5	6	8	20	
124	Jimmy Walker	4	4	4	5	6	8	15	
125	Bob Kauffman	4	4	4	5	6	8	30	100
126	Rick Roberson	4	4	4	5	6	8	25	
127	Howard Porter RC	4	4	4	5	6	8	20	
128	Mike Newlin RC	4	4	4	5	6	8	20	125
129	Willis Reed	4	5	6	8	15	30	100	
130	Lou Hudson	4	4	4	5	6	8	20	
131	Don Chaney	4	4	4	5	8	10	25	
132	Dave Stallworth	4	4	4	5	6	8	15	
133	Charlie Yelverton	4	4	4	5	6	8	15	
134	Ken Durrett	4	6	10	15	30	200	400	
135	John Brisker	4	4	4	5	6	8	15	
136	Dick Snyder	4	4	4	5	6	8	50	
137	Jim McDaniels	4	4	4	5	6	8	50	
138	Clyde Lee	4	4	4	5	6	8	70	
139	Dennis Awtrey	4	4	4	5	6	8	40	
140	Keith Erickson	4	4	4	5	6	10	60	
141	Bob Weiss	4	4	4	5	8	15	120	
142	Butch Beard RC	4	4	4	5	6	10	75	
143	Terry Dischinger	4	4	4	8	20	50	100	
144	Pat Riley	5	8	10	15	25	40	100	
145	Lucius Allen	4	4	4	5	6	8	40	
146	John Mengelt RC	4	4	4	5	6	25	150	
147	John Hummer	4	4	4	5	6	8	40	
148	Bob Love	4	5	6	8	10	20	80	
149	Bobby Smith	4	4	4	5	8	15	100	
150	Elvin Hayes	4	6	10	20	40	80	200	
151	Nate Williams	4	4	4	5	6	8	80	
152	Chet Walker	4	4	4	5	10	25	100	
153	Steve Kuberski	4	4	4	5	6	8	20	
154	Playoffs G1/Monroe	4	4	4	5	8	20		
155	NBA Playoffs G2	4	4	4	5	10	20	125	
156	NBA Playoffs G3	4	4	4	6	12	25	80	
157	NBA Playoffs G4	4	4	4	5	6	10	60	
158	Playoffs G5/J.West	4	4	5	6	20	60	225	
159	Champs Lakers/Wilt	4	5	6	8	12	20	80	
160	NBA Checklist 1-176	4	5	6	10	12	40	▲200	
161	John Havlicek AS	4	5	6	▲30	▲60	▲100	▲250	
162	Spencer Haywood AS	4	4	4	5	6	8	50	
163	Kareem Abdul-Jabbar AS	▲12	▲25	▲50	80	▲200	▲400		
164	Jerry West AS	6	12	25	50	100	200	500	
165	Walt Frazier AS	4	4	5	6	8	15	60	
166	Bob Love AS	4	4	4	5	8	30	100	
167	Billy Cunningham AS	4	4	5	6	8	15	30	
168	Wilt Chamberlain AS	▲12	▲25	▲50	▲80	▲150	250	500	
169	Nate Archibald AS	4	4	5	6	8	20	50	
170	Archie Clark AS	4	4	5	6	6	8	70	
171	Jabbar/Havl/Arch LL	4	6	8	10	15	50	200	
172	Jabbar/Arch/Havl LL	4	5	6	10	15	50	200	
173	Wilt/Jabbar/Bell LL	5	8	15	30	60	120	400	
174	Marin/Murphy/Goodr LL	4	4	▲6	▲8	▲15	▲40	▲120	
175	Wilt/Jabbar/Unseld LL	6	10	20	40	80	150	300	
176	Wilkens/West/Arch LL	4	4	6	8	10	20	225	
177	Roland Taylor	4	4	4	5	6	8	20	
178	Art Becker	4	4	4	5	6	10	30	
179	Mack Calvin	4	4	4	5	6	8	30	
180	Artis Gilmore RC	20	40	80	120	250	500		
181	Collis Jones	4	4	4	5	6	12	125	
182	John Roche RC	4	4	4	5	6	8	100	
183	George McGinnis RC	12	25	50	100	200	500	1,000	
184	Johnny Neumann	4	4	4	5	6	8	15	
185	Willie Wise	4	4	4	5	6	8	25	
186	Bernie Williams	4	4	4	5	6	8	40	
187	Byron Beck	4	4	4	5	6	8	15	
188	Larry Miller	4	4	4	5	6	8	40	
189	Cincy Powell	4	4	4	5	6	8	60	
190	Donnie Freeman	4	4	4	5	6	12	60	
191	John Baum	4	4	4	5	6	12	20	

	VG 3	VgEx 4	EX 5	ExMt 6	NM 7	NmMt 8	MT 9	Gem 9.5/10
ly Keller	4	4	▲5	▲6	▲8	▲20	▲50	
lbert Jones	4	4	4	5	6	8	75	
en Combs	4	4	4	5	6	8	15	
lius Erving RC	▼500	▼600	▼700	▼1,000	▼3,000	▼6,000	▼15,000	
Smith	4	4	4	5	6	8	50	
orge Carter	4	4	4	5	6	8	15	
uie Dampier	4	4	4	6	8	10	20	
ch Jones	4	4	4	5	6	8	15	
el Daniels	4	4	4	5	8	12	30	
ene Moore	4	4	4	5	6	8	15	100
ndy Denton	4	4	4	5	6	8	50	
rry Jones	4	4	4	5	6	8	15	
m Ligon	4	4	4	5	10	50	150	
arren Jabali	4	4	4	5	6	8	15	
e Caldwell	4	4	4	6	8	10	25	100
arrell Carrier	4	4	4	5	6	8	15	
ene Kennedy	4	4	4	5	6	8	60	
lie Taylor	4	4	4	5	6	8	20	
oger Brown	4	4	4	5	6	8	40	
eorge Lehmann	4	4	4	5	8	12	30	
ed Robbins	4	4	4	5	6	8	30	
m Eakins	4	4	4	5	8	15	30	
illie Long	4	4	4	5	6	8	15	
lly Cunningham	4	▲5	▲6	▲8	▲15	▲40	▲100	
teve Jones	4	4	4	5	6	8	15	
es Hunter	4	4	4	5	6	8	50	
illy Paultz	4	4	4	5	6	8	30	
reddie Lewis	4	4	4	6	10	15	30	125
elmo Beaty	4	4	4	5	6	10	25	
eorge Thompson	4	4	4	5	6	8	15	
eil Johnson	4	4	4	5	6	8	30	80
ave Robisch RC	4	4	4	5	6	8	50	
alt Simon	4	4	4	5	6	8	30	125
ill Melchionni	4	4	4	5	6	8	30	
endell Ladner RC	4	4	4	6	10	60		
oe Hamilton	4	4	4	5	6	10	30	
ob Netolicky	4	4	4	5	6	8	15	
ames Jones	4	4	4	5	6	8	15	
Dan Issel	4	5	8	10	12	20	60	
harlie Williams	4	4	▲5	▲8	▲12	▲30	▲80	
illie Sojourner	4	4	4	5	6	8	15	
erv Jackson	4	4	4	6	12	30	60	
ike Lewis	4	4	4	5	6	8	15	125
alph Simpson	4	4	4	5	6	8	15	125
arnell Hillman	4	4	5	8	10	12	40	
ick Mount	4	4	4	5	10	50		
erald Govan	4	4	4	5	6	10	40	
on Boone	4	4	5	5	8	10	30	
om Washington	4	4	4	6	8	20	50	
ABA Playoffs G1	4	4	4	5	6	8	20	100
Playoffs G2/Barry	4	4	4	6	8	15	50	150
Playoffs G3/McGinnis	4	4	4	6	8	10	160	
Playoffs G4/Barry	4	4	4	6	8	10	30	
ABA Playoffs G5	4	4	4	6	6	10	25	
ABA Playoffs G6	4	4	4	6	6	8	20	
ABA Champs: Pacers	4	4	4	6	6	8	30	
ABA Checklist 177-264	4	5	10	12	20	40	200	
Dan Issel AS	4	4	4	6	10	20	40	
Rick Barry AS	4	4	4	6	10	25	100	
Artis Gilmore AS	4	4	4	6	10	25	80	
Donnie Freeman AS	4	4	4	5	6	10	40	150
Bill Melchionni AS	4	4	4	5	6	8	25	
Willie Wise AS	4	4	4	5	8	15	60	
Julius Erving AS	25	50	100	150	300	700	1,500	
Zelmo Beaty AS	4	4	4	5	6	10	25	
Ralph Simpson AS	4	4	4	5	6	10	50	
Charlie Scott AS	4	4	4	5	6	10	60	150

	VG 3	VgEx 4	EX 5	ExMt 6	NM 7	NmMt 8	MT 9	Gem 9.5/10
259 Scott/Barry/Issel LL	4	4	4	6	8	12	50	
260 Gilmore/Wash/Jones LL	4	4	4	6	▲10	▲25	100	
261 ABA 3pt FG Pct.	4	4	4	5	▲10	▲25	100	
262 Barry/Calvin/Jones LL	4	4	4	6	▲10	▲25	150	
263 Gilmore/Erving/Dan LL	6	10	20	40	80	150	300	
264 Melch/Brown/Damp LL!	4	4	4	6	10	60	150	

— Kareem Abdul-Jabbar #100 PSA 10 (Gem MT) sold for $2,040 (eBay; 1/11)
— Artis Gilmore #180 PSA 10 (Gem MT) sold for $618 (Goodwin; 11/12)
— Julius Erving #195 BGS 9.5 (Gem MT) sold for $3,057 (eBay; 8/12)
— Julius Erving #195 BGS 9.5 (Gem MT) sold for $2,638 (eBay; 1/13)

1973-74 Topps

		GD 2	VG 3	VgEx 4	EX 5	ExMt 6	NM 7	NmMt 8	MT 9
	COM. NBA CARD (1-176)	4	4	4	4	4	4	5	15
1	Nate Archibald	4	4	5	6	8	10	100	
4	Jim McMillian	4	4	4	4	5	6	8	20
5	Nate Thurmond	4	4	4	4	5	8	15	30
10	Walt Frazier	4	4	4	6	12	30	60	200
13	Calvin Murphy	4	4	4	4	5	6	8	120
20	John Havlicek	4	4	5	8	10	20	80	
21	Pat Riley	4	4	5	8	10	12	20	50
30	Dave DeBusschere	4	4	▲5	▲6	▲8	▲15	▲30	
34	Leroy Ellis	4	4	4	4	5	8	15	50
40	Dave Cowens	4	4	4	6	8	10	20	100
41	Cazzie Russell	4	4	4	4	5	6	10	20
43	Connie Hawkins	4	4	4	4	5	6	10	50
45	Chet Walker	4	4	4	4	5	6	10	25
50	Kareem Abdul-Jabbar	5	8	15	40	80	200	400	800
53	Kevin Porter RC	4	4	4	4	5	10	20	50
57	Don Chaney	4	4	4	4	5	6	12	40
60	Bob Love	4	4	4	4	5	6	12	25
64	Western Semis/Wilt	4	4	4	5	6	12	30	80
65	NBA Western Semis	4	4	4	4	5	6	8	30
68	Knicks Champs/Frazier	4	4	4	4	5	6	8	25
70	Oscar Robertson	5	6	12	25	50	80	150	300
71	Phil Jackson	4	4	5	8	10	25	50	120
80	Wilt Chamberlain	12	25	50	100	200	300	500	800
82	Bill Bradley	4	4	4	6	8	12	30	60
86	Dick Snyder	4	4	4	4	4	4	5	50
90	Rick Barry	4	4	5	6	12	30	60	120
95	Elvin Hayes	4	4	4	4	6	8	20	80
100	Jerry West	5	8	15	30	60	100	200	400
103	Fred Brown RC	4	4	4	4	6	8	20	100
105	Willis Reed	4	▲5	▲6	▲8	▲15	▲30	▲60	
110	Bob Lanier	4	4	5	8	15	30	60	120
119	Steve Bracey	4	4	4	4	4	4	5	20
120	Spencer Haywood	4	4	4	4	4	6	8	30
121	NBA Checklist 1-176	4	4	4	6	8	10	15	30
122	Jack Marin	4	4	4	4	4	6	8	20
125	Jerry Lucas	4	4	4	4	5	8	10	20
126	Paul Westphal RC	4	4	6	20	40	80	150	300
130	Pete Maravich	▲15	▲20	▲30	▲40	▲60	▲120	▲300	▲500
131	Don May	4	4	4	4	4	4	5	20
134	Dick Cunningham	4	4	4	4	4	8	10	40
135	Bob McAdoo RC	5	8	12	30	60	150	350	600
142	Earl Monroe	4	4	4	4	5	8	12	50
143	Clyde Lee	4	4	4	4	4	4	5	60
144	Rick Roberson	4	4	4	4	4	4	5	40
145	Rudy Tomjanovich	4	4	4	4	6	8	12	25
147	Art Williams	4	4	4	4	4	4	▲8	
153	Arch/Jabbar/Hayw LL	4	4	4	8	10	25	80	300
154	Arch/Jabbar/Hayw LL	4	4	4	8	10	25	80	300
155	Wilt/Guokas/Jabbar LL	▲5	▲6	▲8	▲12	▲25	▲50	▲100	300
156	Barry/Murphy/Newlin LL	4	4	4	4	5	6	8	50
157	Wilt/Thurm/Cowens LL	▲5	▲6	▲8	▲15	▲30	▲50	▲100	▲300
158	Arch/Wilkens/Bing LL	4	4	4	4	4	6	8	40

#	Name	GD 2	VG 3	VgEx 4	EX 5	ExMt 6	NM 7	NmMt 8	MT 9
165	Len Wilkens	4	4	4	4	6	8	12	20
168	Jo Jo White	4	4	4	4	5	10	20	40
170	Dave Bing	4	4	4	6	8	12	30	8
175	Geoff Petrie	4	4	4	4	4	6	8	20
176	Wes Unseld	4	4	4	▲5	▲6	8	▲20	
190	Ralph Simpson AS2	4	4	4	▲5	▲6	▲8	▲20	
200	Billy Cunningham	4	4	▲5	▲6	▲8	▲12	▲25	▲100
201	John Roche	4	4	4	4	4	6	8	20
202	ABA Western Semis	4	4	4	4	4	6	8	20
203	ABA Western Semis	4	4	4	4	4	6	8	20
204	ABA Eastern Semis	4	4	4	4	4	6	8	20
205	ABA Eastern Semis	4	4	4	4	6	8	30	
206	ABA Western Finals	4	4	4	4	4	6	8	20
207	Eastern Finals/Gilmore	4	4	4	4	4	6	8	
208	ABA Championship	4	4	4	4	4	6	8	
210	Dan Issel	4	4	4	4	6	8	15	40
222	Don Buse RC	4	4	4	4	6	8	20	
234	Erving/McG/Issel LL	4	4	▲5	▲6	8	▲20	▲40	▲100
240	Julius Erving	10	12	30	50	100	150	300	600
242	ABA Checklist 177-264	4	4	4	6	8	12	25	60
243	Johnny Neumann	4	4	4	4	6	8	20	40
250	Artis Gilmore	4	4	4	5	8	15	30	
263	Les Hunter	4	4	4	4	4	6	10	30
264	Billy Keller	4	4	4	4	6	10	20	50

1974-75 Topps

#	Name	GD 2	VG 3	VgEx 4	EX 5	ExMt 6	NM 7	NmMt 8	MT 9
	COM. NBA CARD (1-176)	4	4	4	4	4	4	5	15
1	Kareem Abdul-Jabbar	10	20	40	80	200	300	500	1,000
6	Jim Chones	4	4	4	4	4	6	8	20
10	Pete Maravich	5	6	10	20	40	80	200	500
25	Earl Monroe	4	4	4	4	4	6	8	20
27	Jo Jo White	4	4	4	4	4	6	8	25
28	Rudy Tomjanovich	4	4	4	4	5	8	12	20
30	Elvin Hayes	4	4	4	6	8	20	40	120
31	Pat Riley	4	4	4	6	10	20	40	100
39	Bill Walton RC	8	15	40	80	150	250	600	3,000
50	Rick Barry	4	4	4	6	12	30	60	150
51	Jerry Sloan	4	4	4	4	4	6	15	30
55	Oscar Robertson	4	4	6	12	25	60	150	
64	Paul Westphal	4	4	4	4	4	6	8	25
70	Spencer Haywood	4	4	4	4	4	6	10	60
80	Bob McAdoo	4	4	4	4	5	8	15	30
81	Hawks TL/Maravich/Bell	4	4	4	4	6	8	15	40
82	Celtics TL/Havlicek	4	4	4	6	8	15	30	60
83	Buffalo Braves TL	4	4	4	4	4	6	8	20
84	Bulls TL/Love/Walker	4	4	4	4	4	6	8	20
87	Warriors TL/Barry	4	4	4	▲5	▲6	▲8	▲20	▲60
91	Bucks TL/Jabbar/Oscar	4	4	6	12	25	50	100	200
93	Knicks TL/Fraz/Brad/DeB	4	4	6	12	25	50	100	200
100	John Havlicek	4	6	8	15	30	60	120	500
105	Nate Thurmond	4	4	4	4	4	6	8	50
113	Bill Bradley	4	4	4	5	8	15	40	
120	Gail Goodrich	4	4	4	▲5	▲6	▲8	▲15	▲40
123	Jeff Mullins	4	4	4	4	4	6	8	40
129	Doug Collins RC	4	4	4	6	8	15	30	60
131	Bob Lanier	4	4	4	4	4	6	10	80
132	Phil Jackson	4	4	4	6	8	20	40	100
135	Ernie DiGregorio RC	4	4	4	4	5	10	15	30
141	NBA Checklist 1-176	4	4	4	4	4	6	10	30
144	McAd/Jabbar/Marav LL	4	4	10	20	40	80	150	300
145	McAd/Marav/Jabbar LL	4	5	10	20	40	80	150	300
146	McAd/Jabbar/Tomjan LL	4	4	6	12	25	50	100	200
148	Hayes/Cowens/McAd LL	4	4	4	4	4	6	10	20
150	Walt Frazier	4	4	4	4	6	8	20	60
155	Dave Cowens	4	4	4	6	8	15		150

#	Name	GD 2	VG 3	VgEx 4	EX 5	ExMt 6	NM 7	NmMt 8
170	Nate Archibald	4	4	4	4	4	8	10
175	Sidney Wicks	4	4	4	6	8	15	30
176	Jerry West	5	8	12	20	40	80	200
178	George Carter	4	4	4	4	4	6	8
180	Artis Gilmore	4	4	4	4	4	6	10
186	James Silas RC	4	4	4	4	4	6	8
187	Caldwell Jones RC	4	4	4	4	4	6	8
190	Dan Issel	4	4	4	4	5	8	10
196	George Gervin RC	10	20	40	80	200	400	800
200	Julius Erving	10	20	40	80	120	250	500
203	ABA Checklist 177-264	4	4	4	4	6	10	15
207	Erving/McG/Issel LL	4	4	4	6	10	25	60
220	George McGinnis	4	4	4	▲5	▲8	▲15	30
224	Colonels TL/Issel	4	4	4	6	8	15	40
226	Nets TL/Erving	4	4	5	6	10	20	50
227	Spurs TL/Gervin	4	4	4	6	8	15	40
248	ABA Div. Finals	4	4	4	4	6	10	12
249	ABA Championships/Dr.J.	4	6	8	15	30	60	100
250	Wilt Chamberlain CO	8	15	30	60	100	200	400
257	George Karl RC	4	4	4	5	8	15	25

1975-76 Topps

#	Name	GD 2	VG 3	VgEx 4	EX 5	ExMt 6	NM 7	NmMt 8	MT 9
	COM. NBA CARD (1-220)	4	4	4	4	4	4	5	
1	McAd/Barry/Jabbar LL	4	4	5	6	12	25	60	
2	Nelson/Beard/Tomj LL	4	4	4	4	4	6	8	
3	Barry/Murphy/Bradley LL	4	4	4	4	6	8	10	
4	Unseld/Cowens/Lacey LL	4	4	4	4	4	6	8	
7	Tom Van Arsdale	4	4	4	4	4	6	8	
9	Jerry Sloan	4	4	4	4	4	6	8	
10	Bob McAdoo	4	4	4	4	6	8	10	
20	Billy Cunningham	4	4	4	4	4	6	8	
30	Bob Lanier	4	4	4	6	8	15	40	
34	Cazzie Russell	4	4	4	4	4	6	8	
37	Bill Bradley	4	4	4	4	6	12	15	
38	Fred Carter	4	4	4	4	4	6	8	
42	Rowland Garrett	4	4	4	4	4	4	5	
50	Keith/Jamaal Wilkes RC	6	10	20	40	80	150	300	
55	Walt Frazier	4	4	5	6	12	15	40	
57	Nate Hawthorne	4	4	4	4	4	4	5	
60	Elvin Hayes	4	4	4	4	10	20	40	
61	Checklist 1-110	4	4	4	4	6	8	12	
63	Randy Smith	4	4	4	4	4	6	8	
65	Charlie Scott	4	4	▲5	▲6	▲12	▲30	▲100	▲3
67	Rick Adelman	4	4	4	▲5	▲6	▲8	▲20	
70	Rudy Tomjanovich	4	4	4	4	4	8	10	
71	Pat Riley	4	4	4	4	6	8	10	
73	Earl Monroe	4	4	4	4	4	8	12	
74	Allan Bristow RC	4	4	4	4	4	6	8	
75	Pete Maravich DP	▲6	▲8	▲10	▲20	▲40	▲80	▲150	3
77	Bill Walton	▲6	▲8	▲10	▲20	▲40	▲80	▲150	3
80	John Havlicek	4	4	10	15	30	60	100	
85	Nate Thurmond	4	4	4	4	▲5	6	▲12	
90	Kareem Abdul-Jabbar	10	20	40	80	150	300	600	2,0
97	Mike Bantom	4	4	4	4	4	4	5	
99	Kevin Stacom RC	4	4	4	4	4	4	5	
100	Rick Barry	4	4	▲5	▲6	▲8	▲12	▲30	
105	Austin Carr	4	4	4	4	4	6	8	
110	Gail Goodrich	4	4	4	4	6	8	20	
111	Phil Jackson	4	4	4	5	6	12	25	
115	Wes Unseld	4	4	4	6	8	15	40	
126	Kareem Abdul-Jabbar TL	4	4	4	4	6	8	12	
127	Pete Maravich TL	4	4	4	4	6	10	25	
134	John Drew RC	4	4	4	4	4	8	15	
135	Jo Jo White	4	4	4	4	4	6	15	
143	Brian Winters RC	4	4	4	4	4	6	8	

BASKETBALL

	GD 2	VG 3	VgEx 4	EX 5	ExMt 6	NM 7	NmMt 8	MT 9
Leonard Robinson RC	4	4	4	4	6	8	15	60
Campy Russell RC	4	4	4	4	6	10	20	80
Dave Cowens	4	4	4	6	10	30	80	300
Zelmo Beaty	4	4	4	4	4	6	8	25
Checklist 111-220 DP	4	4	4	4	4	8	12	40
Connie Hawkins DP	4	4	4	▲5	▲6	▲8	▲20	
Spencer Haywood	4	4	4	4	4	6	8	30
Atlanta Hawks	4	4	4	4	4	6	8	20
Celtics Team CL	4	4	4	4	4	6	8	20
Bulls Team CL	4	4	4	▲5	6	8	▲15	▲40
Milwaukee Bucks	4	4	4	4	4	6	8	30
New York Knicks	4	4	4	4	4	6	8	30
Sonics Team/B.Russell	4	4	4	4	6	10	20	60
McGin/Erving/Boone LL	4	4	4	▲5	▲6	▲8	▲15	▲50
Jones/Gilmore/Malone LL	4	4	4	4	6	10	15	30
ABA Rebounds Leaders	4	4	4	4	4	6	8	30
George Gervin	4	6	10	20	40	80	150	400
Kevin Joyce RC	4	4	4	4	4	6	8	40
Artis Gilmore	4	5	6	8	15	30	60	150
Moses Malone RC	20	40	60	80	120	250	600	1,500
Checklist 221-330	4	4	4	4	4	8	15	25
Dan Issel	4	4	4	4	5	8	10	50
Julius Erving TL	4	4	5	6	10	15	20	40
Fly Williams RC	4	4	4	4	4	6	8	20
Red Robbins	4	4	4	4	4	6	8	25
Bobby Jones RC	8	10	15	20	30	60	150	300
Julius Erving	8	15	30	50	100	200	300	600
Billy Shepherd	4	4	4	4	4	6	8	20
Maurice Lucas RC	4	4	4	4	6	8	10	40
George Karl	4	4	4	4	6	8	15	30
Artis Gilmore PO	4	4	4	4	4	6	8	20
Denver Nuggets	4	4	4	4	4	6	8	50
Memphis Sounds	4	4	4	4	4	6	8	20
San Diego Sails	4	4	4	4	4	6	8	40

Pete Maravich #75 PSA 10 (Gem MT) sold for $1,732 (Memory Lane; 7/12)

Moses Malone #254 PSA 10 (Gem MT) sold for $1,540 (eBay; 4/12)

Maurice Lucas #302 PSA 10 (Gem MT) sold for $248 (eBay; 1/13)

1976-77 Topps

	VG 3	VgEx 4	EX 5	ExMt 6	NM 7	NmMt 8	MT 9	Gem 9.5/10
COMMON CARD (1-144)	4	4	4	4	5	8	20	
Julius Erving	12	25	50	100	250	500	1,000	
Paul Silas	4	4	4	4	5	8	25	
Keith Erickson	4	4	▲5	▲6	▲12	▲40	60	
Wes Unseld	4	4	4	5	6	8	60	200
Jim McMillian	4	4	4	4	5	8	60	
Bob Lanier	4	4	4	5	6	12	30	100
Junior Bridgeman RC	4	4	4	4	5	8	30	
Billy Keller	4	4	4	4	6	10	60	200
Nate Archibald	4	4	6	12	25	50	150	
Ralph Simpson	4	4	4	4	5	8	25	
Campy Russell	4	4	4	4	8	50	80	
Charlie Scott	4	4	4	4	6	10	60	
Artis Gilmore	4	6	8	15	30	60	150	
Dick Van Arsdale	4	4	4	4	5	8	50	
Chris Ford	4	4	4	4	6	10	25	
Dave Cowens	4	6	8	15	30	60	150	
Lucius Allen	4	4	4	6	8	12	60	
Henry Bibby	4	4	4	4	5	8	80	
Doug Collins	4	▲5	▲6	▲8	▲15	▲40	80	
Garfield Heard	4	4	4	4	5	8	30	
Randy Smith	4	4	4	4	▲6	▲15	▲30	
Dave Twardzik	4	4	4	4	5	8	25	
Bill Bradley	4	4	4	6	8	15	30	80
Calvin Murphy	4	4	4	4	6	10	25	175
Brian Winters	4	4	4	4	4	5	8	50

	VG 3	VgEx 4	EX 5	ExMt 6	NM 7	NmMt 8	MT 9	Gem 9.5/10
48 Checklist 1-144	5	8	12	15	20	▲30	80	
49 Bird Averitt	4	4	4	4	5	8	40	
50 Rick Barry	4	▲5	▲6	▲10	▲20	▲40	▲100	
53 Austin Carr	4	4	4	4	5	8	80	
56 Mike Riordan	4	4	4	4	5	8	25	
57 Bill Walton	▲6	▲8	▲15	▲30	▲60	▲100	▲250	
58 Eric Money RC	4	4	4	4	5	8	30	
60 Pete Maravich	▲8	▲15	▲30	40	80	150	300	600
61 John Shumate RC	4	4	4	5	8	12	30	200
64 Walt Frazier	▲6	▲8	▲15	▲30	▲60	▲150	▲300	
65 Elmore Smith	4	4	4	6	8	15	80	
66 Rudy Tomjanovich	4	4	4	4	6	12	25	
67 Sam Lacey	4	4	4	4	6	10	30	125
68 George Gervin	6	8	15	30	60	150	400	
69 Gus Williams RC	4	5	8	15	40	80	150	
70 George McGinnis	4	4	4	4	5	8	30	
71 Len Elmore	4	4	4	4	5	8	25	
75 Alvan Adams RC	4	4	4	6	12	25	60	
76 Dave Bing	4	4	▲5	▲6	▲8	▲15	▲100	▲300
77 Phil Jackson	5	6	10	20	50	100	600	
82 Ernie DiGregorio	4	6	10	20	40	80	250	
90 John Havlicek	5	6	8	15	30	60	150	
91 Kevin Kunnert	4	4	4	4	5	10	50	
92 Jimmy Walker	4	4	4	6	10	20		
93 Billy Cunningham	4	4	4	6	8	20	80	
94 Dan Issel	5	6	10	20	40	80	400	
98 Earl Monroe	5	6	8	15	25	50	200	
100 Kareem Abdul-Jabbar	20	40	80	150	300	600	1,500	
101 Moses Malone	6	8	15	30	60	120	400	
106 Otto Moore	4	4	4	4	5	8	25	60
107 Maurice Lucas	4	4	6	12	25	60		
108 Norm Van Lier	4	4	4	4	5	8	25	
109 Clifford Ray	4	4	4	4	5	8	40	
110 David Thompson RC	8	15	30	60	120	250	700	
114 Bobby Smith	4	4	4	4	5	8	25	150
115 Jo Jo White	4	4	4	4	5	8	40	
118 Curtis Rowe	4	4	4	4	5	8	25	
120 Elvin Hayes	4	6	10	20	40	80	200	
123 Jerry Sloan	4	4	6	8	15	40	80	300
124 Billy Knight	4	4	4	4	5	10	80	
126 K. Abdul-Jabbar AS	8	15	30	80	120	250	500	
127 Julius Erving AS	8	15	30	80	120	250	500	
128 George McGinnis AS	4	4	4	6	12	30	80	
130 Pete Maravich AS	6	10	20	40	80	200	500	
131 Dave Cowens AS	4	5	6	▲12	▲25	▲50	120	
132 Rick Barry AS	4	4	6	20	50	150	300	
133 Elvin Hayes AS	▲15	▲25	▲30	▲40	▲60	▲100	40	
134 James Silas AS	4	4	4	4	5	8	30	
139 Mike Newlin	4	4	4	4	5	8	80	
140 Bob McAdoo	4	5	6	10	20	50	80	
141 Mike Gale	4	4	4	4	5	8	25	
142 Scott Wedman	4	4	4	4	5	8	30	125
143 Lloyd Free RC	6	10	20	50	80	200	400	
144 Bobby Jones	4	6	10	20	40	80	200	

— David Thompson #110 PSA 10 (Gem MT) sold for $404 (eBay; 12/12)

1977-78 Topps

	VG 3	VgEx 4	EX 5	ExMt 6	NM 7	NmMt 8	MT 9	Gem 9.5/10
COMMON CARD (1-132)	4	4	4	4	4	5	10	
1 Kareem Abdul-Jabbar	8	15	30	60	120	300	600	
6 Earl Monroe	4	▲5	▲6	▲8	▲15	▲40	▲80	
7 Leonard Gray	4	4	4	4	4	5	15	
9 Jim Brewer	4	4	4	4	4	5	15	
10 Paul Westphal	4	4	4	4	6	10	15	30
11 Bob Gross RC	4	4	4	4	4	5	15	
15 Rudy Tomjanovich	4	4	4	4	6	8	12	

#	Player	VG 3	VgEx 4	EX 5	ExMt 6	NM 7	NmMt 8	MT 9	Gem 9.5/10
16	Kevin Porter	4	4	4	4	4	5	20	
18	Lloyd Free	4	4	4	4	8	15	40	
20	Pete Maravich	4	6	15	30	80	200		
23	Kevin Grevey RC	4	4	4	4	6	8	12	
28	Larry Kenon	4	4	4	4	4	5	15	
29	Checklist 1-132	4	4	4	4	6	8	15	
33	Keith/Jamaal Wilkes	4	4	4	4	4	5	15	
35	Jo Jo White	4	4	4	4	4	5	15	
36	Scott May RC	4	4	4	4	6	8	25	
40	Elvin Hayes	4	4	4	4	6	8	15	
41	Dan Issel	4	4	4	4	6	10	20	
42	Ricky Sobers	4	4	4	4	4	5	12	
43	Don Ford	4	4	4	4	4	5	12	
45	Bob McAdoo	4	4	4	4	6	8	20	
49	Sam Lacey	4	4	4	4	4	5	12	
50	George McGinnis	4	4	▲5	▲6	▲12	▲25	▲60	
56	Adrian Dantley RC	6	▲12	▲25	▲40	60	120		
57	Jim Chones	4	4	4	4	4	5	20	
58	John Lucas RC	▲5	▲6	▲8	▲10	▲20	▲30		
59	Cazzie Russell	4	4	4	4	4	8	12	
60	David Thompson	4	4	4	4	6	20	50	
61	Bob Lanier	4	4	▲5	▲6	▲8	▲20	▲60	
65	Doug Collins	4	4	4	4	6	8	12	
66	Tom McMillen RC	4	4	4	4	6	8	12	
68	Mike Bantom	4	4	4	4	4	5	12	
70	John Havlicek	4	4	6	10	15	30	60	
71	Marvin Webster RC	4	4	4	4	4	5	12	
73	George Gervin	4	4	4	4	8	12	20	
75	Wes Unseld	4	4	4	4	6	8	30	
78	Richard Washington RC	4	4	4	4	4	5	50	
84	Kevin Kunnert	4	4	4	4	4	5	12	
85	Lou Hudson	4	4	4	4	4	5	12	
87	Lucius Allen	4	4	4	4	4	5	30	
88	Spencer Haywood	4	4	4	4	6	8	20	
93	Tom Henderson	4	4	4	4	4	5	15	
100	Julius Erving	6	10	20	40	100	250	700	1,000
103	Billy Paultz	4	4	4	4	5	10	25	
105	Calvin Murphy	4	4	▲5	▲6	▲8	▲15	▲30	
107	Jim McMillian	4	4	4	4	4	5	12	20
111	Robert Parish RC	8	10	20	40	80	200	500	
113	Bruce Seals	4	4	4	4	8	10	20	
116	Steve Mix	4	4	4	4	4	5	12	25
120	Bill Walton	4	4	6	12	25	60	150	400
124	Moses Malone	4	▲5	▲6	▲10	▲20	▲40	▲100	
127	Nate Archibald	4	4	4	4	6	8	15	30
128	Mitch Kupchak RC	4	4	▲5	▲6	▲12	▲20	▲40	
129	Walt Frazier	4	4	6	12	25	50		
130	Rick Barry	4	4	4	4	6	10	20	60
131	Ernie DiGregorio	4	4	4	4	4	5	15	
132	Darryl Dawkins RC	4	6	8	20	40	80		

1978-79 Topps

#	Player	VG 3	VgEx 4	EX 5	ExMt 6	NM 7	NmMt 8	MT 9	Gem 9.5/10
	COMMON CARD (1-132)	4	4	4	4	4	5	6	10
1	Bill Walton	4	4	5	10	15	30	120	
5	Bob McAdoo	4	4	▲5	▲6	▲8	▲12	▲40	
7	Wes Unseld	4	4	▲5	▲6	▲8	▲12	▲40	
9	Austin Carr	4	4	4	4	5	6	12	
10	Walter Davis RC	4	4	4	6	8	12	30	
14	Bobby Jones	4	4	4	4	5	8	12	
20	George Gervin	4	4	6	10	20	40	300	
25	Elvin Hayes	4	4	5	6	12	25	50	
27	James Edwards RC	4	4	4	4	8	20	50	
28	Howard Porter	4	4	4	4	5	6	15	
29	Quinn Buckner RC	4	4	4	4	8	20	50	
32	Campy Russell	4	4	4	4	5	6	15	

#	Player	VG 3	VgEx 4	EX 5	ExMt 6	NM 7	NmMt 8	MT 9	Gem 9
39	Gus Williams	4	4	4	4	4	5	15	
40	Dave Cowens	4	4	4	4	6	8	12	
42	Wilbert Jones	4	4	4	4	5	6	15	
43	Charlie Scott	4	4	4	4	5	8	20	
45	Earl Monroe	4	4	▲5	▲6	▲8	▲12	▲40	
51	Louie Dampier	4	4	4	4	5	8	12	
61	Dave Bing	4	4	4	4	6	10	15	
63	Norm Nixon RC	4	4	4	6	12	30	60	
67	Checklist 1-132	4	4	4	4	6	10	15	
75	Bernard King RC	8	10	20	40	80	200	400	
78	Dennis Johnson RC	6	10	25	50	80	150	400	
79	Scott Wedman	4	4	4	4	6	8	12	
80	Pete Maravich	4	6	8	15	30	80	250	
81	Dan Issel	4	4	4	4	6	8	12	
83	Walt Frazier	4	5	6	8	20	▼25	50	
85	Jo Jo White	4	4	4	4	5	6	15	
86	Robert Parish	4	4	4	4	6	10	15	
95	Gail Goodrich	4	4	5	8	15	30	60	
100	David Thompson	4	4	4	5	10	20	40	
110	Kareem Abdul-Jabbar	6	10	20	40	80	150	400	
117	Jack Sikma RC	5	6	8	10	25	60		
126	Marques Johnson RC	4	4	5	8	15	30	80	
128	Cedric Maxwell RC	4	4	5	8	12	25	60	
130	Julius Erving	6	10	20	40	80	120	300	
132	Adrian Dantley	4	4	4	4	8	15	30	

1979-80 Topps

#	Player	GD 2	VG 3	VgEx 4	EX 5	ExMt 6	NM 7	NmMt 8	MT 9
	COMMON CARD (1-132)	4	4	4	4	4	4	5	10
1	George Gervin	4	▲5	▲6	▲8	▲15	▲30	▲60	150
3	Henry Bibby	4	4	4	4	4	4	5	12
6	Dennis Johnson	4	4	4	4	4	5	8	25
10	Kareem Abdul-Jabbar	4	4	6	12	40	100	200	400
13	Kevin Porter	4	4	4	4	4	4	5	15
14	Bernard King	4	4	4	▲8	▲12	▲15	▲30	▲60
17	Dan Issel	4	4	4	4	4	5	6	15
20	Julius Erving	4	4	6	10	40	80	200	300
23	Cedric Maxwell	4	4	4	4	4	4	5	20
25	Artis Gilmore	4	4	4	4	4	4	5	15
31	Alex English RC	4	6	8	15	30	60	150	400
32	Gail Goodrich	4	4	4	4	4	4	8	12
33	Caldwell Jones	4	4	4	4	4	4	5	12
41	Rudy Tomjanovich	4	4	4	4	4	5	6	12
42	Foots Walker	4	4	4	4	4	4	5	20
44	Reggie Theus RC	4	4	4	4	6	8	20	60
45	Bill Walton	4	4	4	5	8	12	▲30	60
54	Adrian Dantley	4	4	4	4	4	5	6	20
58	Bob Lanier	4	4	4	4	6	12	30	
60	Pete Maravich	4	6	10	20	40	80	150	400
62	Robert Reid RC	4	4	4	4	4	4	10	30
63	Mychal Thompson RC	4	4	4	4	4	5	6	12
64	Doug Collins	4	4	4	4	4	5	6	10
65	Wes Unseld	4	4	4	4	4	5	6	10
67	Bobby Wilkerson	4	4	4	4	4	4	6	12
73	Tim Bassett	4	4	4	4	4	4	6	15
75	Bob McAdoo	4	4	5	6	10	20	40	80
93	Robert Parish	4	4	4	4	4	6	10	15
100	Moses Malone	4	4	4	5	6	10	20	40
101	Checklist 1-132	4	4	4	4	4	5	6	12
105	Darryl Dawkins	4	4	4	4	4	5	6	10
130	Bob Dandridge AS2	4	4	4	4	4	4	6	15
132	Bobby Jones	4	4	4	4	4	4	8	50

80-81 Topps

	GD 2	VG 3	VgEx 4	EX 5	ExMt 6	NM 7	NmMt 8	MT 9
Bird/Erving/Magic	600	800	1,000	1,200	1,500	3,000	8,000	20,000
Maravich/Free/Johnson	4	4	5	6	8	15	30	100
Bird/Marques/Sikma	10	20	50	100	200	300	400	600
Bridgeman/Bird/Brewer	10	20	50	100	200	300	400	600
Cheeks/Johnson/Boone	10	20	50	100	200	300	400	600
Bird/Cartwright/Drew	6	10	20	40	80	200	400	1,000
May/Bird/Sikma	6	8	12	25	50	100	250	500
Long/Johnson/Boone	10	20	50	100	200	300	400	600
Kloff/Erving/Johnson	25	50	100	200	400	500	600	1,000
Brown/Bird/Brewer	4	4	6	10	20	40	100	300

— /Erving/Magic #6 BGS 10 (Pristine) sold for $60,667 (SCP; 8/13)
— /Erving/Magic #6 PSA 10 (Gem MT) sold for $14,467 (eBay; 9/12)

81-82 Topps

	VG 3	VgEx 4	EX 5	ExMt 6	NM 7	NmMt 8	MT 9	Gem 9.5/10
Larry Bird	20	25	40	60	120	300	800	
Robert Parish	4	4	4	4	6	10	30	
Moses Malone	4	4	4	4	6	10	30	
Kareem Abdul-Jabbar	6	8	15	30	60	120	250	
Magic Johnson	20	25	40	60	120	300	1,000	
Julius Erving	6	6	8	10	15	40		
George Gervin	4	4	4	4	4	6	15	40
Celtics TL/Bird/Arch	4	4	4	4	4	6	12	150
Lakers TL/Jabbar	4	4	4	4	4	6	8	40
76ers TL/Erving	4	4	4	4	4	6	8	50
Kevin McHale RC	5	6	8	15	30	60	200	600
Larry Bird SA	6	10	20	30	80	200	500	
Julius Erving SA	6	8	10	20	40	100		
Alex English	4	4	4	4	4	4	8	50
Jim Paxson RC	4	4	4	4	4	4	5	15
Kareem Abdul-Jabbar SA	6	8	12	25	50	120		
Magic Johnson SA	6	10	20	40	80	200	500	
Bill Laimbeer RC	4	6	8	10	15	30	80	

— rry Bird #4 PSA 10 (Gem MT) sold for $518 (Mile High; 5/11)
— gic Johnson #21 PSA 10 (Gem MT) sold for $285 (Mile High; 5/11)

83 Star All-Star Game

	VgEx 4	EX 5	ExMt 6	NM 7	NmMt 8	NmMt+ 8.5	MT 9	Gem 9.5/10
Larry Bird	6	10	25	50	100	200	400	800
Julius Erving	5	5	8	15	30	40	80	200
Isiah Thomas	5	6	10	▲20	▲40	▲60	▲120	
Kareem Abdul-Jabbar	5	5	6	10	15	30	60	120
Magic Johnson	10	20	40	80	150	200	450	800
Julius Erving MVP	5	5	15	30	50	60	▲120	▲250

83-84 Star

	VgEx 4	EX 5	ExMt 6	NM 7	NmMt 8	NmMt+ 8.5	MT 9	Gem 9.5/10
Julius Erving SP !	8	15	30	50	80	100	200	500
Maurice Cheeks SP	5	5	5	6	10	25	60	
Magic Johnson SP !	25	50	100	200	300	400	800	
Kareem Abdul-Jabbar SP	10	20	40	100	200	350	600	
Kurt Rambis SP XRC	5	5	6	10	15	20	60	
Byron Scott SP XRC	5	▲6	▲12	▲25	▲50	▲60	▲120	
James Worthy SP XRC	10	20	40	100	200	250	500	1,200
Danny Ainge SP XRC	5	6	8	12	25	40	80	250
Robert Parish SP !	5	5	6	10	15	25	60	
Mark Aguirre SP XRC	5	6	8	12	30	60	120	
Pat Cummings SP	5	5	5	6	10	15	25	
Brad Davis SP XRC	5	6	8	12	15	25	40	80
Isiah Thomas XRC	20	40	80	200	400	600	1,000	3,000
Clyde Drexler XRC	30	40	80	200	400	600	1,000	2,500
Dominique Wilkins XRC	▲40	▲60	▲120	▲250	▲500	▲800	1,500	3,000
Doc Rivers XRC	6	10	20	30	60	80	150	400

— rry Bird #26 BGS 9.5 (Gem Mt) sold for $487 (eBay; 4/13)
— yde Drexler #100 BGS 10 (Pristine) sold for $1,549 (Memory Lane; 5/13)

1983-84 Star All-Rookies

		VgEx 4	EX 5	ExMt 6	NM 7	NmMt 8	NmMt+ 8.5	MT 9	Gem 9.5/10
8	Dominique Wilkins !	▲10	▲20	▲40	▲80	▲120	▲150	▲300	▲600
10	James Worthy	5	▲10	▲20	▲40	▲80	▲100	200	400

1984-85 Star

		VG 3	VgEx 4	EX 5	ExMt 6	NM 7	NmMt 8	NmMt+ 8.5	MT 9
1	Larry Bird	10	15	30	50	100			
101	Michael Jordan XRC	4,000	6,000	8,000	12,000	20,000	40,000	60,000	100,000
172	Magic Johnson !	8	15	30	60	100	150	200	500
195	Michael Jordan OLY !	500	600	1,000	1,500	2,000	5,000		
202	Charles Barkley XRC	200	300	400	500	700	1,000	1,500	2,500
204	Julius Erving	5	8	10	15	20	30	60	
235	John Stockton XRC	100	200	300	400	600	800	1,000	2,000
237	Hakeem Olajuwon XRC !	150	300	400	600	800	1,500	2,000	3,000
261	Isiah Thomas	10	20	40	60	▲100	150	300	500
288	Michael Jordan SPEC !	600	800	1,000	2,000	3,000	6,000	8,000	

— Michael Jordan #101 BGS 9.5 (Gem Mt) sold for $52,500 (Beckett Auctions; 3/15)
— Michael Jordan #101 BGS 9 (Mint) sold for $9,531 (eBay; 3/13)
— Michael Jordan #101 BGS 9 (Mint) sold for $6,102 (eBay; 2/14)
— Michael Jordan #101 BGS 8.5 (NMMT+) sold for $3,200 (eBay; 9/11)
— Michael Jordan #101 BGS 8.5 (NMMT+) sold for $2,225 (eBay; 9/11)
— Charles Barkley #202 BGS 9.5 (Gem MT) sold for $1,038 (eBay; 10/12)
— Hakeem Olajuwon #237 BGS 9 (Mint) sold for $1,825 (eBay; 4/13)

1984-85 Star Court Kings 5x7

		VgEx 4	EX 5	ExMt 6	NM 7	NmMt 8	NmMt+ 8.5	MT 9	Gem 9.5/10
26	Michael Jordan	800	▲1,500	▲2,000	▲2,500	3,000	5,000	10,000	
47	Hakeem Olajuwon	20	40	80	150	300	400	800	

1985 Star Gatorade Slam Dunk

		VgEx 4	EX 5	ExMt 6	NM 7	NmMt 8	NmMt+ 8.5	MT 9	Gem 9.5/10
7	Michael Jordan	500	600	800	1,000	1,500	2,000	5,000	8,000
NNO	Charles Barkley SP	30	▲50	▲80	▲150	▲250	▲400	▲800	

1985-86 Star

		VgEx 4	EX 5	ExMt 6	NM 7	NmMt 8	NmMt+ 8.5	MT 9	Gem 9.5/10
106	Clyde Drexler !	8	10	15	20	30	80	200	500
117	Michael Jordan !	▲250	▲400	▲600	▲1,000	1,500	2,200	3,000	6,000
144	John Stockton	10	15	25	40	60	120	250	500
166	Patrick Ewing XRC	40	50	80	150	300	450	700	2,000

1985-86 Star All-Rookie Team

		VgEx 4	EX 5	ExMt 6	NM 7	NmMt 8	NmMt+ 8.5	MT 9	Gem 9.5/10
1	Hakeem Olajuwon	▼40	▼60	▼100	▼150	▼250	▼500	▼1,000	
2	Michael Jordan	▲400	▲500	▲800	▲1,200	▲1,500	▲2,500	6,000	
8	John Stockton	6	10	20	40	80	150	300	

1986-87 Fleer

		VgEx 4	EX 5	ExMt 6	NM 7	NmMt 8	NmMt+ 8.5	MT 9	Gem 9.5/10
1	Kareem Abdul-Jabbar	10	20	40	60	120	250	500	1,000
2	Alvan Adams	▲5	▲6	▲8	▲15	▲30	▲40	120	800
3	Mark Aguirre RC	4	6	15	40	60	80	200	400
4	Danny Ainge RC	4	4	5	10	20	30	50	200
5	John Bagley RC	▲5	▲6	▲10	▲15	▲25	▲30	▲60	150
6	Thurl Bailey RC	4	4	▲10	▲20	▲30	▲40	▲80	▲150
7	Charles Barkley RC	40	80	150	300	400	500	800	4,000
8	Benoit Benjamin RC	4	4	4	5	15	20	30	300
9	Larry Bird	6	15	80	150	250	400	700	1,500
10	Otis Birdsong	4	▲5	▲6	▲8	15	▲30	▲80	▲500
11	Rolando Blackman RC	4	4	6	10	25	30	120	300
12	Manute Bol RC	▲6	▲12	▲25	▲40	80	100	250	500
13	Sam Bowie RC	4	6	8	20	40	60	100	300
14	Joe Barry Carroll	4	4	4	6	12	20	50	
15	Tom Chambers RC	4	4	6	10	30	50	80	200

BASKETBALL

#	Player	VgEx 4	EX 5	ExMt 6	NM 7	NmMt 8	NmMt+ 8.5	MT 9	Gem 9.5/10
16	Maurice Cheeks	4	4	4	6	10	15	30	80
17	Michael Cooper	4	4	4	4	15	20	25	100
18	Wayne Cooper	4	4	4	4	12	15	25	50
19	Pat Cummings	4	▲5	▲6	▲8	▲15	▲30	▲60	▲120
20	Terry Cummings RC	▲5	▲6	▲8	▲20	▲40	▲50	▲80	200
21	Adrian Dantley	4	4	4	5	15	▲25	▲60	▲200
22	Brad Davis RC	▲5	▲6	▲8	▲20	30	60	250	
23	Walter Davis	4	4	4	6	15	20	25	80
24	Darryl Dawkins	4	4	6	8	15	30	100	
25	Larry Drew	4	6	8	20	50	60	120	250
26	Clyde Drexler RC	8	12	20	40	80	200	500	1,000
27	Joe Dumars RC	6	10	20	40	80	120	300	600
28	Mark Eaton RC	4	4	6	8	20	40	100	
29	James Edwards	▲5	▲6	▲8	▲15	▲30	▲40	▲80	▲150
30	Alex English	4	6	8	15	40	50	100	300
31	Julius Erving	10	20	40	80	150	250	500	1,000
32	Patrick Ewing RC	15	30	60	120	250	300	700	1,200
33	Vern Fleming RC	4	4	4	10	20	30	60	250
34	Sleepy Floyd RC	4	4	4	6	20	25	40	120
35	World B. Free	▲5	▲6	▲10	▲20	▲40	▲50	▲100	
36	George Gervin	4	4	4	6	30	50	100	
37	Artis Gilmore	4	▲10	▲15	▲25	50	60	100	80
38	Mike Gminski	4	4	6	12	25	30	80	
39	Rickey Green	4	4	6	12	30	40	80	200
40	Sidney Green	4	6	8	20	50	60	100	250
41	David Greenwood	4	4	4	4	15	20	25	60
42	Darrell Griffith	4	4	4	4	15	▲25	▲40	100
43	Bill Hanzlik	4	4	4	4	10	15	30	300
44	Derek Harper RC	4	4	4	25	40	50	120	
45	Gerald Henderson	4	4	4	5	10	15	25	100
46	Roy Hinson	4	4	4	4	12	15	▲30	80
47	Craig Hodges RC	4	4	6	▲20	▲30	▲50	150	
48	Phil Hubbard	4	4	4	4	40	60	100	250
49	Jay Humphries RC	4	4	6	15	40	60	100	
50	Dennis Johnson	4	4	6	8	15	30	80	
51	Eddie Johnson RC	4	4	4	6	15	25	80	
52	Frank Johnson RC	4	4	6	12	30	80	150	
53	Magic Johnson	20	40	80	150	200	300	500	1,000
54	Marques Johnson	4	4	4	5	10	20	50	600
55	Steve Johnson	▲5	▲6	▲10	▲25	▲50	▲60	▲150	300
56	Vinnie Johnson	4	4	4	8	15	30	50	100
57	Michael Jordan RC	4,000	5,000	6,000	8,000	10,000	12,000	20,000	60,000
58	Clark Kellogg RC	4	4	6	8	20	30	100	
59	Albert King	4	4	4	12	30	50	100	
60	Bernard King	4	6	8	15	40	60	100	
61	Bill Laimbeer	▲5	▲6	▲10	▲15	▲30	▲40	▲80	150
62	Allen Leavell	4	4	4	6	8	20	30	80
63	Fat Lever RC	4	4	6	12	25	40	120	
64	Alton Lister	4	4	4	4	15	20	40	300
65	Lewis Lloyd	4	4	6	8	20	40	200	500
66	Maurice Lucas	4	6	▲10	20	60	80	200	500
67	Jeff Malone RC	4	4	8	20	40	120	300	
68	Karl Malone RC	12	▲25	▲50	▲100	▼200	▼250	▼600	2,000
69	Moses Malone	▲5	▲6	▲8	▲15	▲30	▲40	▲80	▲150
70	Cedric Maxwell	▲5	▲6	▲8	▲15	▲25	▲30	▲50	150
71	Rodney McCray RC	4	4	4	5	10	15	25	200
72	Xavier McDaniel RC	4	4	6	10	20	30	120	
73	Kevin McHale	6	8	10	20	40	50	120	300
74	Mike Mitchell	4	▲5	▲6	▲8	▲20	▲25	▲50	200
75	Sidney Moncrief	▲5	▲6	▲8	▲15	▲20	▲25	▲50	200
76	Johnny Moore	4	4	6	10	30	100	200	600
77	Chris Mullin RC	6	10	20	40	80	150	500	800
78	Larry Nance RC	4	6	12	30	50	60	120	300
79	Calvin Natt	▲5	▲6	▲8	▲10	15	20	▲30	120
80	Norm Nixon	4	4	4	6	15	25	80	
81	Charles Oakley RC	4	4	6	10	20	30	80	200
82	Hakeem Olajuwon RC	20	50	100	200	300	500	1,000	3,000
83	Louis Orr	4	4	4	6	15	20	25	80
84	Robert Parish	4	4	4	6	15	20	30	150
85	Jim Paxson	4	4	4	4	15	20	25	100
86	Sam Perkins RC	4	6	12	30	50	60	120	300
87	Ricky Pierce RC	4	6	12	30	50	60	120	
88	Paul Pressey RC	4	4	4	5	12	20	60	250
89	Kurt Rambis RC	4	4	4	5	10	20	50	250
90	Robert Reid	4	4	4	5	12	15	25	60
91	Doc Rivers RC	4	6	10	20	50	80	150	300
92	Alvin Robertson RC	▲5	▲6	▲8	▲15	▲30	▲40	▲60	▲120
93	Cliff Robinson	4	4	4	6	15	25	80	
94	Tree Rollins	4	4	6	10	30	40	80	150
95	Dan Roundfield	4	4	4	4	15	20	25	60
96	Jeff Ruland	4	6	10	25	40	50	120	500
97	Ralph Sampson RC	4	4	6	12	30	60	100	400
98	Danny Schayes RC	4	▲5	▲6	▲8	▲20	▲30	▲60	▲150
99	Byron Scott RC	4	4	6	10	30	40	120	250
100	Purvis Short	4	4	4	6	15	20	30	100
101	Jerry Sichting	4	4	4	4	12	15	25	150
102	Jack Sikma	▲5	▲6	▲8	▲15	▲30	▲40	▲60	
103	Derek Smith	4	4	6	8	20	30	80	
104	Larry Smith	4	4	4	6	12	25	80	
105	Rory Sparrow	4	4	6	8	20	40	80	
106	Steve Stipanovich	4	4	4	4	12	15	25	80
107	Terry Teagle	4	4	4	4	10	15	30	80
108	Reggie Theus	4	4	4	5	10	20	30	60
109	Isiah Thomas RC	40	50	60	100	150	300	800	2,000
110	LaSalle Thompson RC	▲5	▲6	▲10	▲25	▲60	▲80	▲200	
111	Mychal Thompson	4	4	6	8	15	30	100	
112	Sedale Threatt RC	4	▲5	▲6	▲12	▲20	▲30	▲50	▲120
113	Wayman Tisdale RC	4	4	4	8	20	30	80	250
114	Andrew Toney	4	4	6	15	40	60	120	250
115	Kelly Tripucka RC	4	4	4	4	15	20	25	80
116	Mel Turpin	4	4	4	8	25	25	50	150
117	Kiki Vandeweghe RC	4	▲8	▲12	▲20	▲30	▲40	▲60	▲150
118	Jay Vincent	4	4	4	4	10	15	30	100
119	Bill Walton	4	4	6	15	50	80	150	300
120	Spud Webb RC	6	8	12	25	50	80	150	350
121	Dominique Wilkins RC	30	50	100	200	400	500	1,000	3,000
122	Gerald Wilkins	4	4	4	5	12	15	30	200
123	Buck Williams RC	4	4	4	5	12	15	30	120
124	Gus Williams	4	6	8	20	40	50	80	200
125	Herb Williams RC	4	4	4	6	15	25	80	
126	Kevin Willis RC	4	6	8	20	50	60	120	250
127	Randy Wittman	4	6	8	15	40	80	150	
128	Al Wood	4	4	4	6	15	20	25	120
129	Mike Woodson	▲5	▲6	▲12	▲25	▲40	▲50	▲120	
130	Orlando Woolridge RC	4	4	6	8	15	20	50	200
131	James Worthy RC	8	20	40	100	200	250	500	
132	Checklist 1-132	▲12	▲25	40	80	150	400	▲1,000	2,000

— Charles Barkley #7 PSA 10 (Gem MT) sold for $455 (eBay; 10/11)

— Magic Johnson #53 PSA 10 (Gem MT) sold for $346 (Mile High; 5/11)

— Michael Jordan #57 BGS 10 (Pristine) sold for $8,025 (eBay; 10/12)

— Michael Jordan #57 in PSA 10 (Gem MT) typically sell for $14,000-$18,000

— Michael Jordan #57 BGS 9.5 (Gem MT) sold for $6,500 (eBay; 10/11)

— Karl Malone #68 PSA 10 (Gem MT) sold for $471 (Mile High; 5/11)

— Hakeem Olajuwon #82 PSA 10 (Gem MT) sold for $510 (Mile High; 5/11)

— Dominique Wilkins #121 BGS 10 (Pristine) sold for $3,859 (eBay; 4/14)

1986-87 Fleer Stickers

#	Player	VgEx 4	EX 5	ExMt 6	NM 7	NmMt 8	NmMt+ 8.5	MT 9	Gem 9.5/10
1	Kareem Abdul-Jabbar	50	80	▲150	▲300	▲600	▲1,000	▲4,000	
2	Larry Bird	30	40	60	120	250	300	600	2,000
3	Adrian Dantley	10	20	50	80	120	150	300	
4	Alex English	15	30	60	80	200	250	500	2,000
5	Julius Erving	30	40	60	80	200	250	500	2,000

	VgEx 4	EX 5	ExMt 6	NM 7	NmMt 8	NmMt+ 8.5	MT 9	Gem 9.5/10
Patrick Ewing	30	40	50	60	120	200	400	1,200
Magic Johnson	40	50	80	120	200	300	600	
Michael Jordan	500	600	1,500	2,000	3,000	5,000	10,000	40,000
Hakeem Olajuwon	40	60	80	150	300	400	600	2,000
Isiah Thomas	20	30	50	80	150	200	500	1,500
Dominique Wilkins	30	40	60	150	300	400	500	2,000

87-88 Fleer

	VgEx 4	EX 5	ExMt 6	NM 7	NmMt 8	NmMt+ 8.5	MT 9	Gem 9.5/10
Kareem Abdul-Jabbar	4	6	8	20	40	50	80	350
Alvan Adams	4	4	4	5	10	15	25	
Mark Aguirre	4	▲5	▲6	▲12	▲20	▲25	▲50	
Danny Ainge	4	4	▲5	6	12	15	35	
John Bagley	4	4	▲5	▲6	▲12	▲20	50	
Thurl Bailey	4	4	4	4	6	8	15	
Greg Ballard	4	4	4	5	8	10	60	
Gene Banks	4	4	4	6	10	15	25	
Charles Barkley	4	4	8	15	25	50	200	
Benoit Benjamin	4	4	4	5	8	10	20	
Larry Bird	6	8	15	40	120	150	300	
Rolando Blackman	4	4	4	4	4	8	12	40
Manute Bol	4	4	4	5	6	15	30	
Tony Brown	4	4	4	5	10	15	25	
Michael Cage RC	4	4	4	5	6	15	40	150
Joe Barry Carroll	4	4	4	4	6	8	12	
Bill Cartwright	4	4	4	4	6	8	20	
Terry Catledge RC	4	▲5	▲6	▲10	▲20	▲25	▲50	
Tom Chambers	4	4	4	4	8	8	25	
Maurice Cheeks	4	4	4	4	6	8	15	50
Michael Cooper	4	4	4	4	6	8	15	
Dave Corzine	4	4	▲6	▲10	▲15	▲20	▲40	
Terry Cummings	4	4	4	4	4	8	15	
Adrian Dantley	4	4	4	4	6	8	15	
Brad Daugherty RC	4	4	▲5	▲8	▲15	▲30	▲80	▲150
Walter Davis	4	4	4	4	6	8	15	
Johnny Dawkins RC	4	4	4	5	10	15	30	100
James Donaldson	4	4	4	4	5	8	10	
Larry Drew	4	4	4	4	5	8	10	30
Clyde Drexler	4	▲5	▲6	▲10	▲20	▲25	▲50	
Joe Dumars	4	4	4	5	6	8	10	40
Mark Eaton	4	4	4	4	6	8	15	
Dale Ellis RC	4	4	4	5	8	12	50	
Alex English	4	4	4	4	6	8	12	
Julius Erving	4	▲5	▲6	▲12	▲30	▲40	▲80	150
Mike Evans	4	4	4	4	6	8	10	
Patrick Ewing	4	▲5	▲6	▲12	▲30	▲40	▲80	
Vern Fleming	4	4	4	4	5	8	10	25
Sleepy Floyd	4	4	4	4	6	8	12	
Artis Gilmore	4	4	4	4	6	8	12	40
Mike Gminski	4	4	4	4	6	8	15	30
A.C. Green RC	4	4	4	4	6	8	15	80
Rickey Green	4	4	4	4	5	8	10	
Sidney Green	4	4	4	4	5	8	10	
David Greenwood	4	4	4	4	5	8	10	40
Darrell Griffith	4	4	▲5	▲8	▲20	▲25	▲50	
Bill Hanzlik	4	4	4	4	4	6	8	20
Derek Harper	4	4	4	4	4	8	10	40
Ron Harper RC	▲5	▲6	▲8	▲15	▲40	▲50	▲80	150
Gerald Henderson	4	4	4	4	4	5	6	
Roy Hinson	4	4	4	4	6	8	30	
Craig Hodges	4	4	4	4	6	8	30	
Phil Hubbard	4	4	4	4	6	8	12	
Dennis Johnson	4	4	4	4	6	8	12	60
Eddie Johnson	4	4	4	4	6	8	10	25
Magic Johnson	6	8	10	20	40	80	150	400
Steve Johnson	4	4	4	4	6	8	12	

#		VgEx 4	EX 5	ExMt 6	NM 7	NmMt 8	NmMt+ 8.5	MT 9	Gem 9.5/10
58	Vinnie Johnson	4	4	4	4	5	8	10	50
59	Michael Jordan	120	250	400	600	800	1,000	3,000	6,000
60	Jerome Kersey RC	4	4	4	4	8	10	12	50
61	Bill Laimbeer	4	4	4	5	8	10	12	
62	Lafayette Lever	4	4	4	4	6	8	20	80
63	Cliff Levingston RC	4	4	▲5	▲8	▲15	▲20	▲50	
64	Alton Lister	4	4	4	6	8	12	25	
65	John Long	4	4	4	▲10	▲20	▲30	▲50	100
66	John Lucas	4	4	4	5	8	10	12	
67	Jeff Malone	4	4	4	4	6	8	12	40
68	Karl Malone	4	6	8	15	30	40	120	400
69	Moses Malone	4	4	4	4	6	8	10	80
70	Cedric Maxwell	4	4	4	4	4	6	8	50
71	Tim McCormick	4	4	4	4	6	8	8	
72	Rodney McCray	4	4	4	4	6	8	10	25
73	Xavier McDaniel	4	4	4	4	6	8	10	25
74	Kevin McHale	4	4	▲5	6	▲10	▲25	▲60	
75	Nate McMillan RC	4	4	4	4	6	10	15	
76	Sidney Moncrief	4	4	4	4	4	6	8	
77	Chris Mullin	4	4	▲5	▲6	▲10	▲12	▲30	▲80
78	Larry Nance	4	4	4	4	5	6	10	100
79	Charles Oakley	4	4	4	4	5	8	12	30
80	Hakeem Olajuwon	4	4	4	8	10	15	25	150
81	Robert Parish	4	4	4	5	10	12	15	100
82	Jim Paxson	4	4	4	4	6	8	12	
83	John Paxson RC	4	4	4	20	25	40	80	
84	Sam Perkins	4	4	4	4	6	8	10	50
85	Chuck Person RC	4	▲5	▲6	▲12	▲30	▲40	▲80	▲150
86	Jim Petersen	4	4	4	4	4	6	8	25
87	Ricky Pierce	4	4	4	4	6	8	10	25
88	Ed Pinckney RC	4	4	4	4	8	10	15	
89	Terry Porter RC	4	4	4	4	8	12	15	50
90	Paul Pressey	4	4	4	4	6	8	10	25
91	Robert Reid	4	4	4	4	5	8	10	25
92	Doc Rivers	4	4	4	4	4	6	8	50
93	Alvin Robertson	4	4	4	4	4	6	8	30
94	Tree Rollins	4	4	4	4	4	6	8	25
95	Ralph Sampson	4	4	4	4	6	8	10	30
96	Mike Sanders	4	4	4	5	8	10	12	60
97	Detlef Schrempf RC	4	4	6	8	15	25	50	120
98	Byron Scott	4	4	4	4	6	12	30	100
99	Jerry Sichting	4	4	4	4	4	6	8	25
100	Jack Sikma	4	4	4	4	10	15	25	50
101	Larry Smith	4	4	4	4	6	8	10	25
102	Rory Sparrow	4	4	4	4	4	6	8	25
103	Steve Stipanovich	4	4	4	4	4	6	8	25
104	Jon Sundvold	4	4	4	4	6	8	10	25
105	Reggie Theus	4	4	4	4	6	8	10	30
106	Isiah Thomas	4	4	▲6	▲10	▲15	▲30		
107	LaSalle Thompson	4	4	4	4	4	6	12	30
108	Mychal Thompson	4	4	4	4	6	8	12	30
109	Otis Thorpe RC	4	4	4	8	10	15	40	
110	Sedale Threatt	4	4	4	4	4	6	8	25
111	Wayman Tisdale	4	4	4	5	8	10	15	
112	Kelly Tripucka	4	4	4	4	4	5	6	30
113	Trent Tucker RC	4	4	4	4	4	6	8	25
114	Terry Tyler	4	4	4	4	6	8	12	40
115	Darnell Valentine	4	4	4	4	4	6	8	25
116	Kiki Vandeweghe	4	4	4	4	4	6	10	25
117	Darrell Walker RC	4	4	4	4	4	6	8	40
118	Dominique Wilkins	4	4	6	8	10	20	50	200
119	Gerald Wilkins	4	4	4	4	6	10	30	
120	Buck Williams	4	4	4	4	6	8	10	25
121	Herb Williams	4	4	4	4	6	8	10	25
122	John Williams RC	4	4	4	6	10	15	25	
123	Hol Rod Williams RC	4	4	4	6	8	15	50	
124	Kevin Willis	4	4	4	4	4	6	10	25

		VgEx 4	EX 5	ExMt 6	NM 7	NmMt 8	NmMt+ 8.5	MT 9	Gem 9.5/10
125	David Wingate RC	4	4	4	4	6	8	10	30
126	Randy Wittman	4	4	4	6	8	10	12	25
127	Leon Wood	4	4	4	4	4	6	10	40
128	Mike Woodson	4	4	4	5	8	10	15	50
129	Orlando Woolridge	4	4	4	4	4	6	8	40
130	James Worthy	4	4	4	4	10	12	25	150
131	Danny Young RC	4	4	4	6	8	10	12	
132	Checklist 1-132	▲5	▲6	▲8	▲20	▲40	▲50	▲80	

1987-88 Fleer Stickers

		VgEx 4	EX 5	ExMt 6	NM 7	NmMt 8	NmMt+ 8.5	MT 9	Gem 9.5/10
1	Magic Johnson	4	6	10	20	50	100	300	
2	Michael Jordan	60	100	200	250	400	600	2,000	
3	Hakeem Olajuwon	4	6	10	20	50	80	200	
4	Larry Bird	4	6	10	20	50	80	200	
5	Kevin McHale	4	▲5	6	▲20	▲40	▲50	100	
6	Charles Barkley	4	6	8	15	40	60	200	
7	Dominique Wilkins	4	6	10	20	50	80	200	
8	Kareem Abdul-Jabbar	4	6	8	20	50	80	200	
9	Mark Aguirre	4	4	4	8	20	30	80	
10	Chuck Person	4	4	4	8	20	30	100	
11	Alex English	4	4	4	6	20	30	150	

— Larry Bird #4 BGS 9.5 (Gem MT) sold for $650 (eBay; 10/11)

1988-89 Fleer

		VgEx 4	EX 5	ExMt 6	NM 7	NmMt 8	NmMt+ 8.5	MT 9	Gem 9.5/10
	COMMON CARD (1-132)	4	4	4	4	4	6	8	20
1	Antoine Carr RC	4	4	4	4	6	8	20	50
5	Dominique Wilkins	4	4	4	4	6	8	30	80
8	Danny Ainge	4	4	4	4	6	8	20	50
9	Larry Bird	4	4	4	8	20	40	80	400
11	Kevin McHale	4	4	4	4	6	8	20	50
13	Muggsy Bogues RC	4	4	4	4	6	8	20	50
14	Dell Curry RC	4	4	4	4	6	8	20	50
16	Horace Grant RC	4	4	4	6	8	15	40	100
17	Michael Jordan	▲30	▲50	▲60	▲120	250	400	800	3,000
20	Scottie Pippen RC	20	30	▼40	▼60	▼120	200	400	2,000
25	Mark Price RC	4	4	4	5	6	8	25	60
32	Roy Tarpley RC	4	4	4	4	6	8	20	60
33	Michael Adams RC	4	4	4	4	6	8	15	50
39	Adrian Dantley	4	4	4	4	5	6	20	50
40	Joe Dumars	4	4	4	4	4	6	20	50
43	Dennis Rodman RC	15	20	▼30	▼50	▼80	▼100	250	800
44	John Salley RC	4	4	4	4	10	15	30	60
45	Isiah Thomas	4	4	4	4	6	10	25	60
53	Hakeem Olajuwon	4	4	8	10	12	15	30	80
57	Reggie Miller RC	8	10	20	40	100	▼120	▼300	800
58	Chuck Person	4	4	4	4	6	8	15	40
61	Benoit Benjamin	4	4	4	4	4	5	15	30
64	Kareem Abdul-Jabbar	4	4	4	4	6	8	40	
67	Magic Johnson	4	4	4	5	8	10	60	
70	James Worthy	4	4	4	4	6	8	20	50
76	Jack Sikma	4	4	4	4	6	8	15	40
80	Patrick Ewing	4	4	4	4	6	8	20	50
82	Mark Jackson RC	4	4	4	4	4	6	20	50
83	Kenny Walker RC	4	4	4	4	4	6	15	40
84	Gerald Wilkins	4	4	4	4	4	6	15	40
85	Charles Barkley	4	▲5	▲6	▲8	▲15	▲20	40	150
86	Maurice Cheeks	4	4	4	4	4	6	15	40
88	Cliff Robinson	4	4	4	4	5	6	15	40
92	Clyde Drexler	4	4	4	6	15	25	40	
93	Kevin Duckworth RC	4	4	4	4	5	8	15	40
94	Steve Johnson	4	4	4	4	4	5	20	50
98	Reggie Theus	4	4	4	4	4	5	15	40
99	Otis Thorpe	4	4	4	4	4	5	15	40
100	Kenny Smith RC	4	4	4	4	5	6	20	50
102	Walter Berry RC	4	4	4	4	4	5	15	40
103	Frank Brickowski RC	4	4	4	4	4	6	15	40
105	Alvin Robertson	4	4	4	4	4	5	15	40

		VgEx 4	EX 5	ExMt 6	NM 7	NmMt 8	NmMt+ 8.5	MT 9	Gem 9.5
106	Tom Chambers	4	4	4	4	5	6	15	40
108	Xavier McDaniel	4	4	4	4	4	6	20	50
112	Mark Eaton	4	4	4	4	4	5	15	40
114	Karl Malone	4	4	4	5	6	8	25	
115	John Stockton RC	4	5	6	10	30	50	150	400
116	Bernard King	4	4	4	4	5	6	15	
118	Moses Malone	4	4	4	4	4	5	20	50
120	Michael Jordan AS	20	40	80	150	300	400	800	4,000
123	Magic Johnson AS	4	4	4	4	5	8	30	
124	Larry Bird AS	4	4	4	4	5	8	30	
125	Dominique Wilkins AS	4	4	4	4	4	5	20	
126	Hakeem Olajuwon AS	4	4	4	4	5	6	20	
127	John Stockton AS	4	4	4	4	6	8	20	
129	Charles Barkley AS	4	4	4	4	6	8	30	
130	Patrick Ewing AS	4	4	4	4	5	8	20	
132	Checklist 1-132	4	4	4	4	4	6	20	

— Dennis Rodman #43 PSA 10 (Gem MT) sold for $200 (eBay; 9/11)
— Reggie Miller #57 PSA 10 (Gem MT) sold for $222 (eBay; 10/11)

1988-89 Fleer Stickers

		VgEx 4	EX 5	ExMt 6	NM 7	NmMt 8	NmMt+ 8.5	MT 9	Gem 9.5/1
1	Mark Aguirre	4	4	4	4	10			
2	Larry Bird	6	10	15	20	40	100	700	
3	Clyde Drexler	4	4	4	8	20	80	250	
4	Alex English	4	4	4	4	6	8		
5	Patrick Ewing	4	4	6	10	20	80	300	
6	Magic Johnson	6	10	15	▲30	▲60	100	400	
7	Michael Jordan	25	40	60	200	▲350	500	2,000	
8	Karl Malone	6	8	10	20	40	80	200	
9	Kevin McHale	4	4	6	8	15	30	100	
10	Isiah Thomas	4	▲6	▲10	▲25	▲50	80	300	
11	Dominique Wilkins	4	4	4	6	15	60	200	

— Clyde Drexler #3 PSA 10 (Gem MT) sold for $475 (eBay; 12/06)
— Magic Johnson #6 PSA 10 (Gem MT) sold for $763 (eBay; 4/13)

1989-90 Fleer

		VgEx 4	EX 5	ExMt 6	NM 7	NmMt 8	NmMt+ 8.5	MT 9	Gem 9.5/1
21	Michael Jordan	5	6	20	30	50	80	150	1,200
22	John Paxson	4	4	4	4	5	6	8	20
23	Scottie Pippen	4	4	4	4	8	20	60	300
49	Dennis Rodman	4	4	4	4	8	15	40	150
55	Chris Mullin	4	4	4	4	4	6	8	12
56	Mitch Richmond RC	4	4	4	4	4	12	30	150
61	Hakeem Olajuwon	4	4	4	4	6	12	30	120
65	Reggie Miller	4	4	4	4	6	12	30	150
77	Magic Johnson	4	▲5	▲6	▲8	▲15	30	100	
113	Charles Barkley	4	4	4	4	6	12	30	100
121	Jeff Hornacek RC	4	4	4	4	8	10	12	30
123	Kevin Johnson RC					8	15	40	120
124	Dan Majerle RC					6	10	25	80

1989-90 Fleer Stickers

		VgEx 4	EX 5	ExMt 6	NM 7	NmMt 8	NmMt+ 8.5	MT 9	Gem 9.5/10
3	Michael Jordan	10	12	20	30	60	100	300	1,000
10	Larry Bird	4	4	4	5	25	40	120	

— Michael Jordan #3 BGS 10 (Pristine) sold for $2,985 (Mile High; 1/10)

1989-90 Hoops

		VgEx 4	EX 5	ExMt 6	NM 7	NmMt 8	NmMt+ 8.5	MT 9	Gem 9.5/10
21	Michael Jordan AS	4	6	10	25	30	50	80	250
138	David Robinson SP RC	4	4	4	6	20	40	100	400
200	Michael Jordan	4	4	6	8	15	30	80	200
266	Phil Jackson CO	4	4	4	4	8	▼12	▼30	▼100
310	David Robinson IA	4	4	4	4	8	15	40	120
351	Steve Kerr RC	4	4	4	▼6	▼8	▼12	▼20	▼100

BASKETBALL

1990/91 - Present

1990-91 Fleer

		NmMt 8	NmMt+ 8.5	MT 9	Gem 9.5/10
3	Larry Bird	20	30	50	120
26	Michael Jordan	15	30	60	▲220
93	Magic Johnson	20	30	50	120
139	Charles Barkley UER	6	10	30	100
172	David Robinson	4	6	12	40
178	Shawn Kemp RC	6	10	25	80
189	John Stockton	4	6	12	40

1990-91 Fleer All-Stars

		NmMt 8	NmMt+ 8.5	MT 9	Gem 9.5/10
1	Charles Barkley	4	8	20	80
2	Larry Bird	6	10	30	120
3	Hakeem Olajuwon	4	8	20	80
4	Magic Johnson	6	10	30	120
5	Michael Jordan	25	40	80	400
10	David Robinson	6	10	30	120
12	Patrick Ewing	4	8	20	80

1990-91 Fleer Rookie Sensations

		NmMt 8	NmMt+ 8.5	MT 9	Gem 9.5/10
1	David Robinson	10	20	▼40	▲200
8	Tim Hardaway	10	12	30	80

1990-91 Fleer Update

		NmMt 8	NmMt+ 8.5	MT 9	Gem 9.5/10
U81	Drazen Petrovic RC	10	15	40	120
U92	Gary Payton RC	25	30	60	▼200

1990-91 Hoops

		NmMt 8	NmMt+ 8.5	MT 9	Gem 9.5/10
5	Michael Jordan AS SP	▼10	▼15	▼30	150
65	Michael Jordan	▼10	▼15	▼30	150
205	Mark Jackson/Lyle and Erik Menendez in background	▲20	▲25	▲60	
248	Drazen Petrovic RC	8	12	30	60
391	Gary Payton RC	4	6	15	40

1990-91 SkyBox

		NmMt 8	NmMt+ 8.5	MT 9	Gem 9.5/10
41	Michael Jordan	20	▼30	▼60	250
268	Shawn Kemp RC	10	15	30	60
365	Gary Payton RC	10	150	30	60

1991-92 Fleer

		NmMt 8	NmMt+ 8.5	MT 9	Gem 9.5/10
29	Michael Jordan	12	20	50	250
211	Michael Jordan AS	10	20	40	120

1991-92 Fleer Pro-Visions

		NmMt 8	NmMt+ 8.5	MT 9	Gem 9.5/10
2	Michael Jordan	▼20	▼25	▼50	200

1991-92 Hoops

		NmMt 8	NmMt+ 8.5	MT 9	Gem 9.5/10
30	Michael Jordan	15	25	50	120
253	Michael Jordan AS	10	15	30	60
455	Michael Jordan SC	12	15	30	60
579	Michael Jordan USA	15	30	60	120

1991-92 Hoops All-Star MVP's

		NmMt 8	NmMt+ 8.5	MT 9	Gem 9.5/10
9	Michael Jordan	25	40	80	200

1991-92 Hoops Slam Dunk

		NmMt 8	NmMt+ 8.5	MT 9	Gem 9.5/10
4	Michael Jordan	25	40	80	250

1991-92 SkyBox

		NmMt 8	NmMt+ 8.5	MT 9	Gem 9.5/10
39	Michael Jordan	10	20	40	100
534	Michael Jordan USA	15	30	80	150
572	Michael Jordan SAL	10	20	40	100

1991-92 Upper Deck

		NmMt 8	NmMt+ 8.5	MT 9	Gem 9.5/10
34	M.Johnson/M.Jordan CC	▼8	▼12	▼25	▼60
44	Michael Jordan	▼8	▼12	▼25	▼60
48	Michael Jordan AS CL	▼8	▼12	▼25	▼60
452	Michael Jordan AS	▼8	▼12	▼25	▼60

1991-92 Upper Deck Award Winner Holograms

		NmMt 8	NmMt+ 8.5	MT 9	Gem 9.5/10
AW1	Michael Jordan	25	40	100	200
AW4	Michael Jordan	25	40	100	200

1992 Classic

		NmMt 8	NmMt+ 8.5	MT 9	Gem 9.5/10
1	Shaquille O'Neal	10	20	40	80

1992-93 Fleer

		NmMt 8	NmMt+ 8.5	MT 9	Gem 9.5/10
32	Michael Jordan	25	40	80	200
238	Michael Jordan LL	20	25	50	100
298	Shaquille O'Neal SD	15	20	40	80
401	Shaquille O'Neal RC	25	40	80	200

1992-93 Fleer All-Stars

		NmMt 8	NmMt+ 8.5	MT 9	Gem 9.5/10
6	Michael Jordan	100	150	300	1,500

1992-93 Fleer Team Leaders

		NmMt 8	NmMt+ 8.5	MT 9	Gem 9.5/10
4	Michael Jordan	400	500	800	2,000

1992-93 Fleer Total D

		NmMt 8	NmMt+ 8.5	MT 9	Gem 9.5/10
5	Michael Jordan	200	300	600	2,000

1992-93 Hoops

		NmMt 8	NmMt+ 8.5	MT 9	Gem 9.5/10
30	Michael Jordan	15	20	40	100
442	Shaquille O'Neal RC	25	40	80	200

1992-93 Hoops Draft Redemption

		NmMt 8	NmMt+ 8.5	MT 9	Gem 9.5/10
A	Shaquille O'Neal	100	150	250	500
B	Alonzo Mourning	12	20	40	100

1992-93 Hoops Magic's All-Rookies

		NmMt 8	NmMt+ 8.5	MT 9	Gem 9.5/10
1	Shaquille O'Neal	100	120	250	500
2	Alonzo Mourning	30	40	80	200

1992-93 Hoops Supreme Court

		NmMt 8	NmMt+ 8.5	MT 9	Gem 9.5/10
SC1	Michael Jordan	20	30	60	150

1992-93 SkyBox

		NmMt 8	NmMt+ 8.5	MT 9	Gem 9.5/10
31	Michael Jordan	20	25	50	120
314	Michael Jordan MVP	20	25	50	120
382	Shaquille O'Neal SP RC	20	30	60	150

1992-93 SkyBox Draft Picks

		NmMt 8	NmMt+ 8.5	MT 9	Gem 9.5/10
DP1	Shaquille O'Neal	20	40	80	200

1992-93 SkyBox Olympic Team

		NmMt 8	NmMt+ 8.5	MT 9	Gem 9.5/10
USA11	Michael Jordan	25	40	80	200

1992-93 Stadium Club

		NmMt 8	NmMt+ 8.5	MT 9	Gem 9.5/10
1	Michael Jordan	25	40	80	200
201	Shaquille O'Neal MC	15	20	40	100

		NmMt 8	NmMt+ 8.5	MT 9	Gem 9.5/10
210	Michael Jordan MC	20	30	60	150
247	Shaquille O'Neal RC	30	40	80	200

1992-93 Stadium Club Beam Team

		NmMt 8	NmMt+ 8.5	MT 9	Gem 9.5/10
1	Michael Jordan	▲300	400	▼600	1,500
21	Shaquille O'Neal	▼300	▼500	▼1,000	3,000

1992-93 Topps

		NmMt 8	NmMt+ 8.5	MT 9	Gem 9.5/10
115	Michael Jordan AS	20	30	60	120
141	Michael Jordan	20	30	60	120
205	Michael Jordan 50P	20	30	60	120
362	Shaquille O'Neal RC	▼20	▼30	▼60	▼300

1992-93 Topps Gold

		NmMt 8	NmMt+ 8.5	MT 9	Gem 9.5/10
141	Michael Jordan	40	60	100	300
362	Shaquille O'Neal	▼60	▼150	▼300	1,000

1992-93 Ultra

		NmMt 8	NmMt+ 8.5	MT 9	Gem 9.5/10
27	Michael Jordan	15	20	40	100
328	Shaquille O'Neal RC	▼15	25	▼40	▼120

1992-93 Ultra All-NBA

		NmMt 8	NmMt+ 8.5	MT 9	Gem 9.5/10
4	Michael Jordan	25	40	80	200

1992-93 Ultra All-Rookies

		NmMt 8	NmMt+ 8.5	MT 9	Gem 9.5/10
6	Alonzo Mourning	8	10	15	40
7	Shaquille O'Neal	25	40	80	200

1992-93 Ultra Award Winners

		NmMt 8	NmMt+ 8.5	MT 9	Gem 9.5/10
1	Michael Jordan	25	40	80	200

1992-93 Ultra Rejectors

		NmMt 8	NmMt+ 8.5	MT 9	Gem 9.5/10
4	Shaquille O'Neal	15	25	50	120

1992-93 Upper Deck

		NmMt 8	NmMt+ 8.5	MT 9	Gem 9.5/10
1	Shaquille O'Neal SP RC	40	60	200	800
1B	Shaquille O'Neal TRADE	25	40	150	600
23	Michael Jordan	20	25	60	150
67	Michael Jordan MVP	12	15	30	100
453A	M.Jordan FACE 85 ERR	15	30	80	200
474	Shaquille O'Neal TP	12	15	30	60

1992-93 Upper Deck All-Division

		NmMt 8	NmMt+ 8.5	MT 9	Gem 9.5/10
AD1	Shaquille O'Neal	10	12	25	60
AD9	Michael Jordan	10	12	25	60

1992-93 Upper Deck Award Winner Holograms

		NmMt 8	NmMt+ 8.5	MT 9	Gem 9.5/10
AW9	Michael Jordan	15	25	50	100

1992-93 Upper Deck 15000 Point Club

		NmMt 8	NmMt+ 8.5	MT 9	Gem 9.5/10
PC4	Michael Jordan	15	25	50	120

1992-93 Upper Deck Rookie Standouts

		NmMt 8	NmMt+ 8.5	MT 9	Gem 9.5/10
RS15	Shaquille O'Neal	15	25	50	120

1992-93 Upper Deck Team MVPs

		NmMt 8	NmMt+ 8.5	MT 9	Gem 9.5/10
TM1	Michael Jordan CL	15	20	40	100
TM5	Michael Jordan	20	30	80	200

1993-94 Finest

		NmMt 8	NmMt+ 8.5	MT 9	Gem 9.5/10
1	Michael Jordan	100	200	350	600
189	Anfernee Hardaway RC	20	25	50	120
212	Chris Webber RC	25	40	100	200

1993-94 Finest Refractors

		NmMt 8	NmMt+ 8.5	MT 9	Gem 9.5/10
1	Michael Jordan	1,200	2,000	3,000	8,000
3	Shaquille O'Neal SP !	250	400	600	
189	Anfernee Hardaway	100	200	300	600
212	Chris Webber SP !	120	250	400	

1993-94 Fleer

		NmMt 8	NmMt+ 8.5	MT 9	Gem 9.5/10
28	Michael Jordan	12	15	30	100
224	Michael Jordan LL	10	12	20	50

1993-94 Fleer All-Stars

		NmMt 8	NmMt+ 8.5	MT 9	Gem 9.5/10
5	Michael Jordan	25	40	100	

1993-94 Fleer Living Legends

		NmMt 8	NmMt+ 8.5	MT 9	Gem 9.5/10
4	Michael Jordan	60	100	200	600

1993-94 Fleer NBA Superstars

		NmMt 8	NmMt+ 8.5	MT 9	Gem 9.5/10
7	Michael Jordan	12	20	40	120

1993-94 Fleer Sharpshooters

		NmMt 8	NmMt+ 8.5	MT 9	Gem 9.5/10
3	Michael Jordan	25	40	80	200

1993-94 Hoops

		NmMt 8	NmMt+ 8.5	MT 9	Gem 9.5/10
28	Michael Jordan	10	15	25	60
257	Michael Jordan AS	10	15	25	60

1993-94 Hoops Fifth Anniversary Gold

		NmMt 8	NmMt+ 8.5	MT 9	Gem 9.5/10
28	Michael Jordan	25	60	120	

1993-94 Hoops Draft Redemption

		NmMt 8	NmMt+ 8.5	MT 9	Gem 9.5/10
LP1	Chris Webber	10	15	30	100
LP3	Anfernee Hardaway	10	15	20	50

1993-94 Hoops Supreme Court

		NmMt 8	NmMt+ 8.5	MT 9	Gem 9.5/10
SC11	Michael Jordan	15	25	50	150

1993-94 SkyBox Premium

		NmMt 8	NmMt+ 8.5	MT 9	Gem 9.5/10
14	Michael Jordan PO	10	12	20	50
45	Michael Jordan	10	12	20	50
227	Chris Webber RC	4	6	10	20

1993-94 SkyBox Premium Center Stage

		NmMt 8	NmMt+ 8.5	MT 9	Gem 9.5/10
CS1	Michael Jordan	40	60	120	400

1993-94 SkyBox Premium Draft Picks

		NmMt 8	NmMt+ 8.5	MT 9	Gem 9.5/10
DP1	Chris Webber	8	10	15	30

1993-94 SkyBox Premium Dynamic Dunks

		NmMt 8	NmMt+ 8.5	MT 9	Gem 9.5/10
D4	Michael Jordan	30	60	150	400

1993-94 SkyBox Premium Showdown Series

		NmMt 8	NmMt+ 8.5	MT 9	Gem 9.5/10
SS11	C.Drexler/M.Jordan	10	15	30	80

1993-94 Stadium Club

		NmMt 8	NmMt+ 8.5	MT 9	Gem 9.5/10
169	Michael Jordan	12	15	30	80

1993-94 Stadium Club First Day Issue

		NmMt 8	NmMt+ 8.5	MT 9	Gem 9.5/10
1	Michael Jordan TD	100	150	300	600

1993-94 Stadium Club Beam Team

		NmMt 8	NmMt+ 8.5	MT 9	Gem 9.5/10
4	Michael Jordan	60	120	350	

1993-94 Topps

		NmMt 8	NmMt+ 8.5	MT 9	Gem 9.5/10
224	Chris Webber RC	5	8	20	

1993-94 Ultra

		NmMt 8	NmMt+ 8.5	MT 9	Gem 9.5/10
30	Michael Jordan	15	20	40	100

1993-94 Ultra All-Defensive

		NmMt 8	NmMt+ 8.5	MT 9	Gem 9.5/10
2	Michael Jordan	100	150	250	500

1993-94 Ultra All-NBA

		NmMt 8	NmMt+ 8.5	MT 9	Gem 9.5/10
2	Michael Jordan	25	40	80	200

1993-94 Ultra Famous Nicknames

		NmMt 8	NmMt+ 8.5	MT 9	Gem 9.5/10
7	Michael Jordan	40	60	150	500

93-94 Ultra Inside/Outside

	NmMt 8	NmMt+ 8.5	MT 9	Gem 9.5/10
Michael Jordan	80	120	250	500

93-94 Ultra Power In The Key

	NmMt 8	NmMt+ 8.5	MT 9	Gem 9.5/10
Michael Jordan	▼250	▼400	▼1,200	5,000

93-94 Ultra Scoring Kings

	NmMt 8	NmMt+ 8.5	MT 9	Gem 9.5/10
Michael Jordan	1,000	1,500	3,000	6,000
Shaquille O'Neal	100	150	300	600

93-94 Upper Deck

	NmMt 8	NmMt+ 8.5	MT 9	Gem 9.5/10
Michael Jordan	12	20	40	120

93-94 Upper Deck All-NBA

	NmMt 8	NmMt+ 8.5	MT 9	Gem 9.5/10
Michael Jordan	25	30	60	150
5 Michael Jordan CL	25	30	60	150

93-94 Upper Deck SE Behind the Glass

	NmMt 8	NmMt+ 8.5	MT 9	Gem 9.5/10
Michael Jordan	100	150	300	600

94-95 Emotion

	NmMt 8	NmMt+ 8.5	MT 9	Gem 9.5/10
Jason Kidd RC	8	12	25	50
Michael Jordan	20	30	60	150

94-95 Emotion N-Tense

	NmMt 8	NmMt+ 8.5	MT 9	Gem 9.5/10
Michael Jordan	150	200	400	800
Shaquille O'Neal	60	80	150	300

94-95 Finest

	NmMt 8	NmMt+ 8.5	MT 9	Gem 9.5/10
Grant Hill CB	20	25	50	100
Grant Hill RC	20	25	50	100
Jason Kidd RC	20	25	50	100
Michael Jordan	80	100	250	600

94-95 Finest Refractors

	NmMt 8	NmMt+ 8.5	MT 9	Gem 9.5/10
Grant Hill	200	250	500	800
Jason Kidd	200	250	500	800
Michael Jordan	1,000	1,200	2,500	5,000

94-95 Flair

	NmMt 8	NmMt+ 8.5	MT 9	Gem 9.5/10
Michael Jordan	15	25	50	120

94-95 SP

	NmMt 8	NmMt+ 8.5	MT 9	Gem 9.5/10
Jason Kidd FOIL RC	10	15	40	100
Grant Hill FOIL RC	10	15	40	100
RM.Jordan Red	25	40	100	250

1994-95 SP Die Cuts

	NmMt 8	NmMt+ 8.5	MT 9	Gem 9.5/10
D2 Jason Kidd	10	15	40	100

1994-95 SP Championship Playoff Heroes

	NmMt 8	NmMt+ 8.5	MT 9	Gem 9.5/10
P2 Michael Jordan	30	40	80	200

1994-95 SP Championship Playoff Heroes Die Cuts

	NmMt 8	NmMt+ 8.5	MT 9	Gem 9.5/10
P2 Michael Jordan	100	120	200	400

1994-95 Topps

	NmMt 8	NmMt+ 8.5	MT 9	Gem 9.5/10
37 Jason Kidd RC	10	15	30	80
211 Grant Hill RC	10	15	30	80

1994-95 Upper Deck

	NmMt 8	NmMt+ 8.5	MT 9	Gem 9.5/10
157 Grant Hill RC	10	15	30	60
160 Jason Kidd RC	10	15	30	60

1995-96 Collector's Choice

	NmMt 8	NmMt+ 8.5	MT 9	Gem 9.5/10
275 Kevin Garnett RC	8	12	30	80

1995-96 E-XL

	NmMt 8	NmMt+ 8.5	MT 9	Gem 9.5/10
10 Michael Jordan	20	30	60	150
49 Kevin Garnett RC	20	30	60	150

1995-96 E-XL Blue

	NmMt 8	NmMt+ 8.5	MT 9	Gem 9.5/10
10 Michael Jordan	40	60	120	300
49 Kevin Garnett RC	40	60	120	300

1995-96 E-XL Natural Born Thrillers

	NmMt 8	NmMt+ 8.5	MT 9	Gem 9.5/10
1 Michael Jordan	800	1,000	2,000	5,000
5 Kevin Garnett	200	300	500	1,000

1995-96 E-XL No Boundaries

	NmMt 8	NmMt+ 8.5	MT 9	Gem 9.5/10
1 Michael Jordan	80	120	250	500

1995-96 Finest

	NmMt 8	NmMt+ 8.5	MT 9	Gem 9.5/10
115 Kevin Garnett RC	50	80	▼120	400
229 Michael Jordan	60	80	120	300

1995-96 Finest Refractors

	NmMt 8	NmMt+ 8.5	MT 9	Gem 9.5/10
229 Michael Jordan	1,000	1,200	2,000	4,000

1995-96 Finest Hot Stuff

	NmMt 8	NmMt+ 8.5	MT 9	Gem 9.5/10
HS1 Michael Jordan	80	100	150	300

1995-96 Finest Mystery

	NmMt 8	NmMt+ 8.5	MT 9	Gem 9.5/10
M1 Michael Jordan	80	120	250	500

1995-96 Finest Veteran/Rookie

	NmMt 8	NmMt+ 8.5	MT 9	Gem 9.5/10
RV5 K.Garnett/T.Gugliotta	60	80	150	300
RV20 J.Caffey/M.Jordan	100	120	250	500

1995-96 Flair

	NmMt 8	NmMt+ 8.5	MT 9	Gem 9.5/10
15 Michael Jordan	25	40	80	200
206 Kevin Garnett RC	25	40	80	200

1995-96 Flair Anticipation

	NmMt 8	NmMt+ 8.5	MT 9	Gem 9.5/10
2 Michael Jordan	200	250	500	1,000

1995-96 Flair Class of '95

	NmMt 8	NmMt+ 8.5	MT 9	Gem 9.5/10
R2 Kevin Garnett	20	30	60	150

1995-96 Flair Hot Numbers

	NmMt 8	NmMt+ 8.5	MT 9	Gem 9.5/10
4 Michael Jordan	600	800	1,200	2,500
11 Shaquille O'Neal	200	250	500	800

1995-96 Flair New Heights

	NmMt 8	NmMt+ 8.5	MT 9	Gem 9.5/10
4 Michael Jordan	200	250	500	1,000

1995-96 Flair Wave of the Future

	NmMt 8	NmMt+ 8.5	MT 9	Gem 9.5/10
3 Kevin Garnett	40	60	120	300

1995-96 Fleer

	NmMt 8	NmMt+ 8.5	MT 9	Gem 9.5/10
22 Michael Jordan	10	12	30	100

1995-96 Fleer Flair Hardwood Leaders

	NmMt 8	NmMt+ 8.5	MT 9	Gem 9.5/10
4 Michael Jordan	40	60	120	300

1995-96 Hoops Hot List

	NmMt 8	NmMt+ 8.5	MT 9	Gem 9.5/10
1 Michael Jordan	150	200	400	800

1995-96 Hoops SkyView

	NmMt 8	NmMt+ 8.5	MT 9	Gem 9.5/10
SV1 Michael Jordan	300	400	800	1,500

1995-96 Metal

	NmMt 8	NmMt+ 8.5	MT 9	Gem 9.5/10
167 Kevin Garnett RC	20	30	60	150
212 Michael Jordan NB	20	30	60	120

1995-96 Metal Maximum Metal

	NmMt 8	NmMt+ 8.5	MT 9	Gem 9.5/10
4 Michael Jordan	100	150	300	600

1995-96 Metal Scoring Magnets

	NmMt 8	NmMt+ 8.5	MT 9	Gem 9.5/10
4 Michael Jordan	150	200	300	600

BASKETBALL

1995-96 Metal Slick Silver

		NmMt 8	NmMt+ 8.5	MT 9	Gem 9.5/10
3	Michael Jordan	100	120	250	500

1995-96 SkyBox Premium Larger Than Life

		NmMt 8	NmMt+ 8.5	MT 9	Gem 9.5/10
L1	Michael Jordan	400	600	1,200	

1995-96 SkyBox Premium Meltdown

		NmMt 8	NmMt+ 8.5	MT 9	Gem 9.5/10
M1	Michael Jordan	500	800	2,000	

1995-96 SP

		NmMt 8	NmMt+ 8.5	MT 9	Gem 9.5/10
23	Michael Jordan	20	30	50	150
159	Kevin Garnett RC	12	20	40	120

1995-96 SP All-Stars

		NmMt 8	NmMt+ 8.5	MT 9	Gem 9.5/10
AS2	Michael Jordan	40	60	120	300
AS28	Kevin Garnett	12	20	40	100

1995-96 SP All-Stars Gold

		NmMt 8	NmMt+ 8.5	MT 9	Gem 9.5/10
AS2	Michael Jordan	250	300	600	1,200

1995-96 SP Holoviews

		NmMt 8	NmMt+ 8.5	MT 9	Gem 9.5/10
PC5	Michael Jordan	80	120	300	600

1995-96 Stadium Club

		NmMt 8	NmMt+ 8.5	MT 9	Gem 9.5/10
1	Michael Jordan	20	30	60	120
343	Kevin Garnett RC	30	50	100	200

1995-96 Stadium Club Beam Team

		NmMt 8	NmMt+ 8.5	MT 9	Gem 9.5/10
B14	Michael Jordan	250	400	800	2,000

1995-96 Stadium Club Warp Speed

		NmMt 8	NmMt+ 8.5	MT 9	Gem 9.5/10
WS1	Michael Jordan	250	300	600	1,200

1995-96 Topps

		NmMt 8	NmMt+ 8.5	MT 9	Gem 9.5/10
237	Kevin Garnett RC	50	60	150	300

1995-96 Topps Draft Redemption

		NmMt 8	NmMt+ 8.5	MT 9	Gem 9.5/10
5	Kevin Garnett	100	150	300	500

1995-96 Topps Power Boosters

		NmMt 8	NmMt+ 8.5	MT 9	Gem 9.5/10
277	Michael Jordan	250	300	600	1,200

1995-96 Topps Spark Plugs

		NmMt 8	NmMt+ 8.5	MT 9	Gem 9.5/10
SP2	Michael Jordan	50	80	200	400

1995-96 Topps Top Flight

		NmMt 8	NmMt+ 8.5	MT 9	Gem 9.5/10
TF1	Michael Jordan	60	100	200	400

1995-96 Ultra

		NmMt 8	NmMt+ 8.5	MT 9	Gem 9.5/10
274	Kevin Garnett RC	25	40	80	200

1995-96 Ultra Gold Medallion

		NmMt 8	NmMt+ 8.5	MT 9	Gem 9.5/10
25	Michael Jordan	100	150	300	600

1995-96 Ultra Double Trouble

		NmMt 8	NmMt+ 8.5	MT 9	Gem 9.5/10
3	Michael Jordan	25	40	80	200

1995-96 Upper Deck

		NmMt 8	NmMt+ 8.5	MT 9	Gem 9.5/10
23	Michael Jordan	15	30	60	120
273	Kevin Garnett RC	20	30	60	120

1995-96 Upper Deck Special Edition

		NmMt 8	NmMt+ 8.5	MT 9	Gem 9.5/10
100	Michael Jordan	60	100	250	500

1996 SPx

		NmMt 8	NmMt+ 8.5	MT 9	Gem 9.5/10
8	Michael Jordan	50	80	150	300
R1	Michael Jordan RB	12	20	30	80

1996 SPx Gold

		NmMt 8	NmMt+ 8.5	MT 9	Gem 9.5/10
8	Michael Jordan	120	150	300	600

1996 SPx Holoview Heroes

		NmMt 8	NmMt+ 8.5	MT 9	Gem 9.5/10
H1	Michael Jordan	120	150	300	600

1996-97 Bowman's Best

		NmMt 8	NmMt+ 8.5	MT 9	Gem 9.5/10
80	Michael Jordan	▼20	▼30	▼60	▼200
R1	Allen Iverson RC	▼10	▼15	▼30	▼100
R5	Ray Allen RC	8	15	30	80
R18	Steve Nash RC	20	40	80	150
R23	Kobe Bryant RC	▼80	▼125	▼250	▼600

1996-97 Bowman's Best Refractors

		NmMt 8	NmMt+ 8.5	MT 9	Gem 9.5/10
80	Michael Jordan	400	500	1,000	
R1	Allen Iverson	▼200	▼300	▼600	
R23	Kobe Bryant	▼800	▼1,000	▼2,000	

1996-97 Bowman's Best Honor Roll

		NmMt 8	NmMt+ 8.5	MT 9	Gem 9.5/10
HR2	M.Jordan/H.Olajuwon	40	50	80	200

1996-97 Bowman's Best Picks

		NmMt 8	NmMt+ 8.5	MT 9	Gem 9.5/10
BP10	Kobe Bryant	200	▼250	▼400	800

1996-97 Bowman's Best Shots

		NmMt 8	NmMt+ 8.5	MT 9	Gem 9.5/10
BS6	Michael Jordan	40	60	120	300

1996-97 Collector's Choice

		NmMt 8	NmMt+ 8.5	MT 9	Gem 9.5/10
267	Kobe Bryant RC	40	60	150	400
301	Allen Iverson RC	20	30	60	150

1996-97 E-X2000

		NmMt 8	NmMt+ 8.5	MT 9	Gem 9.5/10
9	Michael Jordan	100	120	250	500
30	Kobe Bryant RC	400	500	2,500	6,000
37	Ray Allen RC	20	40	100	
53	Allen Iverson RC	100	200	500	

1996-97 E-X2000 A Cut Above

		NmMt 8	NmMt+ 8.5	MT 9	Gem 9.5/10
5	Michael Jordan	4,000	5,000	10,000	

1996-97 E-X2000 Net Assets

		NmMt 8	NmMt+ 8.5	MT 9	Gem 9.5/10
8	Michael Jordan	800	1,000	2,000	4,000

1996-97 E-X2000 Star Date 2000

		NmMt 8	NmMt+ 8.5	MT 9	Gem 9.5/10
3	Kobe Bryant	2,000	3,000	5,000	10,000
7	Allen Iverson	600	800	1,500	3,000

1996-97 Finest

		NmMt 8	NmMt+ 8.5	MT 9	Gem 9.5/10
50	Michael Jordan B	20	40	100	300
69	Allen Iverson B RC	▼20	▼25	▼60	▼150
74	Kobe Bryant B RC	▼120	▼150	▼300	▼600
75	Steve Nash B RC	▼15	▼20	▼50	▼120
127	Michael Jordan S	20	40	100	300
269	Kobe Bryant G	1,500	2,500	5,000	10,000
291	Michael Jordan G	300	400	600	

1996-97 Finest Refractors

		NmMt 8	NmMt+ 8.5	MT 9	Gem 9.5/10
69	Allen Iverson B	▼200	▼300	▼600	
74	Kobe Bryant B	▼2,000	▼2,500	▼5,000	
75	Steve Nash B	▼200	▼300	▼600	
269	Kobe Bryant G	12,000	15,000	25,000	40,000

1996-97 Flair Showcase Row 2

		NmMt 8	NmMt+ 8.5	MT 9	Gem 9.5/10
3	Allen Iverson RC	▼30	▼60	▼100	▼300
23	Michael Jordan	100	120	250	500
31	Kobe Bryant RC	▼100	▼250	▼500	▼1,500

1996-97 Flair Showcase Row 1

		NmMt 8	NmMt+ 8.5	MT 9	Gem 9.5/10
23	Michael Jordan	100	200	400	
31	Kobe Bryant	▼120	▼200	▼400	2,000

1996-97 Flair Showcase Row 0

		NmMt 8	NmMt+ 8.5	MT 9	Gem 9.5/10
23	Michael Jordan	1,000	1,500	3,000	
31	Kobe Bryant	▼1,000	▼2,000	▼4,000	

96-97 Flair Showcase Class of '96

	NmMt 8	NmMt+ 8.5	MT 9	Gem 9.5/10
Kobe Bryant	200	250	500	1,000
Allen Iverson	60	100	200	400
Steve Nash	40	80	150	300

96-97 Flair Showcase Hot Shots

	NmMt 8	NmMt+ 8.5	MT 9	Gem 9.5/10
Michael Jordan	3,000	4,000	6,000	10,000

96-97 Fleer

	NmMt 8	NmMt+ 8.5	MT 9	Gem 9.5/10
Kobe Bryant RC	40	60	150	400
Allen Iverson RC	20	30	60	150
Steve Nash RC	20	30	60	150

96-97 Fleer Decade of Excellence

	NmMt 8	NmMt+ 8.5	MT 9	Gem 9.5/10
Michael Jordan	40	60	150	300

96-97 Fleer Game Breakers

	NmMt 8	NmMt+ 8.5	MT 9	Gem 9.5/10
M.Jordan/S.Pippen	100	150	300	

96-97 Fleer Lucky 13

	NmMt 8	NmMt+ 8.5	MT 9	Gem 9.5/10
Allen Iverson	15	20	50	150
Ray Allen	10	15	30	60
Kobe Bryant	▼120	▼200	▼400	1,200

96-97 Fleer Rookie Sensations

	NmMt 8	NmMt+ 8.5	MT 9	Gem 9.5/10
Kobe Bryant	▼250	▼300	▼600	▼1,500
Allen Iverson	▼40	▼60	▼120	▼300

96-97 Fleer Total O

	NmMt 8	NmMt+ 8.5	MT 9	Gem 9.5/10
Michael Jordan	100	150	300	600

96-97 Hoops

	NmMt 8	NmMt+ 8.5	MT 9	Gem 9.5/10
Kobe Bryant RC	▼25	▼40	▼80	▼300
Allen Iverson RC	15	20	40	80
Steve Nash RC	15	20	40	80

96-97 Hoops Hot List

	NmMt 8	NmMt+ 8.5	MT 9	Gem 9.5/10
Michael Jordan	200	300	600	1,000

96-97 Hoops Rookies

	NmMt 8	NmMt+ 8.5	MT 9	Gem 9.5/10
Kobe Bryant	150	200	400	800

96-97 Hoops Superfeats

	NmMt 8	NmMt+ 8.5	MT 9	Gem 9.5/10
Michael Jordan	50	80	150	300

96-97 Metal

	NmMt 8	NmMt+ 8.5	MT 9	Gem 9.5/10
Michael Jordan	10	20	40	100

		NmMt 8	NmMt+ 8.5	MT 9	Gem 9.5/10
137	Kobe Bryant FF RC	▼80	▼120	▼250	▼500
181	Kobe Bryant	▼80	▼120	▼250	▼500
201	Allen Iverson RC	25	40	80	150
241	Michael Jordan MS	40	50	80	200

1996-97 Metal Cyber-Metal

		NmMt 8	NmMt+ 8.5	MT 9	Gem 9.5/10
5	Kobe Bryant	60	100	▼250	▼500

1996-97 Metal Decade of Excellence

		NmMt 8	NmMt+ 8.5	MT 9	Gem 9.5/10
M4	Michael Jordan	120	250	500	

1996-97 Metal Freshly Forged

		NmMt 8	NmMt+ 8.5	MT 9	Gem 9.5/10
3	Kobe Bryant	150	200	500	1,200

1996-97 Metal Maximum Metal

		NmMt 8	NmMt+ 8.5	MT 9	Gem 9.5/10
4	Michael Jordan	800	1,000	2,000	4,000

1996-97 Metal Metal Edge

		NmMt 8	NmMt+ 8.5	MT 9	Gem 9.5/10
15	Kobe Bryant	100	120	300	2,000

1996-97 Metal Molten Metal

		NmMt 8	NmMt+ 8.5	MT 9	Gem 9.5/10
18	Michael Jordan	600	800	1,500	

1996-97 Metal Net-Rageous

		NmMt 8	NmMt+ 8.5	MT 9	Gem 9.5/10
5	Michael Jordan	1,000	2,000	4,000	

1996-97 Metal Platinum Portraits

		NmMt 8	NmMt+ 8.5	MT 9	Gem 9.5/10
5	Michael Jordan	500	800	1,500	3,000

1996-97 Metal Steel Slammin'

		NmMt 8	NmMt+ 8.5	MT 9	Gem 9.5/10
6	Michael Jordan	400	500	1,000	

1996-97 SkyBox Premium

		NmMt 8	NmMt+ 8.5	MT 9	Gem 9.5/10
16	Michael Jordan	10	15	30	60
55	Kobe Bryant RC	80	120	300	600
85	Allen Iverson RC	10	15	30	60
91	Steve Nash RC	10	15	30	60
203	Kobe Bryant ROO	40	60	150	400

1996-97 SkyBox Premium Rubies

		NmMt 8	NmMt+ 8.5	MT 9	Gem 9.5/10
55	Kobe Bryant	▼2,000	▼3,000		
203	Kobe Bryant ROO	▼2,000	▼3,000		

1996-97 SkyBox Premium Golden Touch

		NmMt 8	NmMt+ 8.5	MT 9	Gem 9.5/10
5	Michael Jordan	1,500	2,000	3,000	

1996-97 SkyBox Premium New Editions

		NmMt 8	NmMt+ 8.5	MT 9	Gem 9.5/10
3	Kobe Bryant	500	600	1,200	4,000

1996-97 SkyBox Premium Rookie Prevue

		NmMt 8	NmMt+ 8.5	MT 9	Gem 9.5/10
R3	Kobe Bryant	250	300	600	

1996-97 SP

		NmMt 8	NmMt+ 8.5	MT 9	Gem 9.5/10
134	Kobe Bryant RC	40	60	150	400
136	Ray Allen RC	8	12	25	50
141	Allen Iverson RC	15	20	40	80
142	Steve Nash RC	15	20	40	80

1996-97 SP Holoviews

		NmMt 8	NmMt+ 8.5	MT 9	Gem 9.5/10
PC5	Michael Jordan	150	200	400	800
PC18	Kobe Bryant	600	800	1,500	

1996-97 Stadium Club

		NmMt 8	NmMt+ 8.5	MT 9	Gem 9.5/10
101	Michael Jordan	15	20	40	100

1996-97 Stadium Club Rookie Showcase

		NmMt 8	NmMt+ 8.5	MT 9	Gem 9.5/10
RS11	Kobe Bryant	150	200	400	800

1996-97 Stadium Club Rookies 1

		NmMt 8	NmMt+ 8.5	MT 9	Gem 9.5/10
R12	Kobe Bryant	60	100	250	500

1996-97 Stadium Club Rookies 2

		NmMt 8	NmMt+ 8.5	MT 9	Gem 9.5/10
R9	Kobe Bryant	60	100	250	500

1996-97 Stadium Club Top Crop

		NmMt 8	NmMt+ 8.5	MT 9	Gem 9.5/10
TC9	M.Jordan/G.Payton	40	80	150	400

1996-97 Topps

		NmMt 8	NmMt+ 8.5	MT 9	Gem 9.5/10
138	Kobe Bryant RC	▼80	▼120	▼250	▲800
139	Michael Jordan	30	50	100	200
171	Allen Iverson RC	▼12	▼20	▼50	▼150
182	Steve Nash RC	▼10	▼15	▼40	▼80

1996-97 Topps NBA at 50

		NmMt 8	NmMt+ 8.5	MT 9	Gem 9.5/10
138	Kobe Bryant	▼400	▼800	▼1,500	▼3,000

1996-97 Topps Draft Redemption

		NmMt 8	NmMt+ 8.5	MT 9	Gem 9.5/10
DP1	Allen Iverson	80	150	300	600
DP13	Kobe Bryant	800	1,000	2,000	4,000

1996-97 Topps Holding Court Refractors

		NmMt 8	NmMt+ 8.5	MT 9	Gem 9.5/10
HC2	Michael Jordan	250	300	600	1,200

1996-97 Topps Pro Files

		NmMt 8	NmMt+ 8.5	MT 9	Gem 9.5/10
PF3	Michael Jordan	15	25	50	200

1996-97 Topps Season's Best

		NmMt 8	NmMt+ 8.5	MT 9	Gem 9.5/10
SB1	Michael Jordan	80	120	250	500
SB18	Michael Jordan	80	120	250	500

1996-97 Topps Youthquake

		NmMt 8	NmMt+ 8.5	MT 9	Gem 9.5/10
YQ1	Allen Iverson	▼30	▼50	▼120	▼400
YQ15	Kobe Bryant	▼120	▼150	▼400	▼1,200

1996-97 Topps Chrome

		NmMt 8	NmMt+ 8.5	MT 9	Gem 9.5/10
138	Kobe Bryant RC	1,500	2,000	4,000	8,000
139	Michael Jordan	200	300	600	1,000
171	Allen Iverson RC	▼120	▼150	▼300	▼600
182	Steve Nash RC	▼80	▼150	▼250	▼500
217	Ray Allen RC	60	120	▼250	▼500

1996-97 Topps Chrome Refractors

		NmMt 8	NmMt+ 8.5	MT 9	Gem 9.5/10
138	Kobe Bryant	▼10,000	▼15,000	▼20,000	▼40,000
139	Michael Jordan	8,000	10,000	15,000	25,000
171	Allen Iverson	▼3,000	▼4,000	▼6,000	
182	Steve Nash	1,500	▼2,000	▼4,000	
217	Ray Allen	1,000	1,500	3,000	

1996-97 Topps Chrome Youthquake

		NmMt 8	NmMt+ 8.5	MT 9	Gem 9.5/10
YQ1	Allen Iverson	▲80	100	▼250	
YQ15	Kobe Bryant	400	▼500	▼800	3,000

1996-97 UD3

		NmMt 8	NmMt+ 8.5	MT 9	Gem 9.5/10
19	Kobe Bryant RC	▼40	▼60	▼120	▼300
43	Kobe Bryant	▼30	▼50	▼100	▼250

1996-97 Ultra

		NmMt 8	NmMt+ 8.5	MT 9	Gem 9.5/10
52	Kobe Bryant RC	▼50	▼80	▼200	▼1,000
60	Ray Allen RC	12	20	50	150
82	Allen Iverson RC	15	30	▼80	
87	Steve Nash RC	▼12	▼25	▼60	

1996-97 Ultra Gold Medallion

		NmMt 8	NmMt+ 8.5	MT 9	Gem 9.5/10
G52	Kobe Bryant	800	1,200		

1996-97 Ultra All-Rookies

		NmMt 8	NmMt+ 8.5	MT 9	Gem 9.5/10
3	Kobe Bryant	▼50	▼80	▼300	▼1,000

1996-97 Ultra Court Masters

		NmMt 8	NmMt+ 8.5	MT 9	Gem 9.5/10
2	Michael Jordan	800	1,000	1,500	3,000

1996-97 Ultra Fresh Faces

		NmMt 8	NmMt+ 8.5	MT 9	Gem 9.5/10
3	Kobe Bryant	▼400	▼600	▼1,000	▼4,000

1996-97 Ultra Full Court Trap

		NmMt 8	NmMt+ 8.5	MT 9	Gem 9.5/10
1	Michael Jordan	60	100	200	500

1996-97 Ultra Scoring Kings

		NmMt 8	NmMt+ 8.5	MT 9	Gem 9.5/10
4	Michael Jordan	600	800	1,500	3,000

1996-97 Upper Deck

		NmMt 8	NmMt+ 8.5	MT 9	Gem 9.5/10
16	Michael Jordan	12	20	40	100
58	Kobe Bryant RC	▼30	▼50	▼100	▼300
91	Allen Iverson RC	12	20	40	150
280	Steve Nash RC	8	12	30	80

1996-97 Upper Deck Fast Break Connections

		NmMt 8	NmMt+ 8.5	MT 9	Gem 9.5/10
FB23	Michael Jordan	20	40	80	200

1996-97 Upper Deck Rookie Exclusives

		NmMt 8	NmMt+ 8.5	MT 9	Gem 9.5/10
R1	Allen Iverson	10	15	30	100
R7	Ray Allen	8	12	15	40
R10	Kobe Bryant	50	80	150	400

1996-97 Upper Deck Smooth Grooves

		NmMt 8	NmMt+ 8.5	MT 9	Gem 9.5/10
SG8	Michael Jordan	250	300	600	1,200

1996-97 Z-Force

		NmMt 8	NmMt+ 8.5	MT 9	Gem 9.5/10
142	Kobe Bryant RC	60	100	200	500

1996-97 Z-Force Slam Cam

		NmMt 8	NmMt+ 8.5	MT 9	Gem 9.5/10
SC5	Michael Jordan	2,000	2,500	5,000	

1996-97 Z-Force Zebut

		NmMt 8	NmMt+ 8.5	MT 9	Gem 9.5/10
3	Kobe Bryant	400	500	1,000	3,000

1996-97 Z-Force Zebut Z-peat

		NmMt 8	NmMt+ 8.5	MT 9	Gem 9.5/10
3	Kobe Bryant	1,000	2,000	4,000	8,000

1997 SPx

		NmMt 8	NmMt+ 8.5	MT 9	Gem 9.5/10
22	Kobe Bryant	▼60	▼80	▼150	▼400

1997 SPx Gold

		NmMt 8	NmMt+ 8.5	MT 9	Gem 9.5/10
22	Kobe Bryant	500	600	1,200	

1997-98 Bowman's Best

		NmMt 8	NmMt+ 8.5	MT 9	Gem 9.5/10
60	Michael Jordan	25	40	80	200
96	Michael Jordan BP	30	40	80	200
106	Tim Duncan RC	15	30	60	120
111	Tracy McGrady RC	10	20	40	80

1997-98 Bowman's Best Refractors

		NmMt 8	NmMt+ 8.5	MT 9	Gem 9.5/1
60	Michael Jordan	200	250	400	800
106	Tim Duncan	200	250	400	800

1997-98 Bowman's Best Techniques

		NmMt 8	NmMt+ 8.5	MT 9	Gem 9.5/1
T2	Michael Jordan	15	30	60	120

1997-98 Bowman's Best Techniques Refractors

		NmMt 8	NmMt+ 8.5	MT 9	Gem 9.5/1
T2	Michael Jordan	150	200	400	800

1997-98 Collector's Choice StarQuest

		NmMt 8	NmMt+ 8.5	MT 9	Gem 9.5/1
83	Michael Jordan	60	80	200	400

1997-98 E-X2001

		NmMt 8	NmMt+ 8.5	MT 9	Gem 9.5/1
9	Michael Jordan	150	200	400	
75	Tim Duncan RC	60	80	150	400
79	Tracy McGrady RC	25	40	80	200

1997-98 Finest

		NmMt 8	NmMt+ 8.5	MT 9	Gem 9.5/1
101	Tim Duncan B RC	30	40	80	150
103	Chauncey Billups B RC	6	10	20	40
107	Tracy McGrady B RC	8	15	30	60
137	Kobe Bryant S	60	80	150	300
154	Michael Jordan G	60	80	200	400
262	Kobe Bryant B	60	80	150	300
271	Michael Jordan B	10	15	30	60
287	Michael Jordan S	20	40	80	200
294	Tracy McGrady S	10	15	30	60
306	Tim Duncan S	15	30	60	150
316	Tracy McGrady G	15	20	40	80
325	Tim Duncan G	40	80	150	300

1997-98 Finest Refractors

		NmMt 8	NmMt+ 8.5	MT 9	Gem 9.5/1
101	Tim Duncan B	150	300	600	1,200
107	Tracy McGrady B	60	120	250	500
137	Kobe Bryant S	400	500	800	
271	Michael Jordan B	600	800	1,200	
287	Michael Jordan S	600	800	1,500	4,000

1997-98 Flair Showcase Row 3

		NmMt 8	NmMt+ 8.5	MT 9	Gem 9.5/1
1	Michael Jordan	30	40	80	200
5	Tim Duncan RC	30	40	80	200

1997-98 Flair Showcase Row 2

		NmMt 8	NmMt+ 8.5	MT 9	Gem 9.5/1
5	Tim Duncan	20	40	80	200
18	Kobe Bryant	50	80	150	300

1997-98 Flair Showcase Row 1

		NmMt 8	NmMt+ 8.5	MT 9	Gem 9.5/1
1	Michael Jordan	200	250	500	
5	Tim Duncan	80	100	300	600
18	Kobe Bryant	200	250	500	

1997-98 Flair Showcase Row 0

		NmMt 8	NmMt+ 8.5	MT 9	Gem 9.5/10
3	Kobe Bryant	800	1,000	2,000	4,000

1997-98 Fleer

		NmMt 8	NmMt+ 8.5	MT 9	Gem 9.5/10
3	Michael Jordan	6	8	15	40
01	Tim Duncan RC	12	15	30	60
26	Tracy McGrady RC	6	8	15	30

1997-98 Fleer Tiffany Collection

		NmMt 8	NmMt+ 8.5	MT 9	Gem 9.5/10
3	Michael Jordan	500	600	1,200	3,000

1997-98 Fleer Decade of Excellence

	NmMt 8	NmMt+ 8.5	MT 9	Gem 9.5/10
Michael Jordan	100	150	300	600

1997-98 Fleer Soaring Stars

	NmMt 8	NmMt+ 8.5	MT 9	Gem 9.5/10
Michael Jordan	100	120	250	500

1997-98 Fleer Thrill Seekers

	NmMt 8	NmMt+ 8.5	MT 9	Gem 9.5/10
Michael Jordan	1,500	2,000	4,000	

1997-98 Hoops

		NmMt 8	NmMt+ 8.5	MT 9	Gem 9.5/10
66	Tim Duncan RC	20	30	60	120
69	Tracy McGrady RC	10	15	30	60

1997-98 Hoops Frequent Flyer Club

		NmMt 8	NmMt+ 8.5	MT 9	Gem 9.5/10
F4	Michael Jordan	100	150	300	500

1997-98 Hoops Frequent Flyer Club Upgrade

		NmMt 8	NmMt+ 8.5	MT 9	Gem 9.5/10
F4	Michael Jordan	1,500	2,000	3,000	

1997-98 Hoops HOOPerstars

		NmMt 8	NmMt+ 8.5	MT 9	Gem 9.5/10
1	Michael Jordan	400	500	800	2,000

1997-98 Metal Universe

		NmMt 8	NmMt+ 8.5	MT 9	Gem 9.5/10
3	Michael Jordan	200	250	400	800
2	Tracy McGrady RC	20	30	60	150
6	Tim Duncan RC	40	60	120	300

1997-98 Metal Universe Planet Metal

	NmMt 8	NmMt+ 8.5	MT 9	Gem 9.5/10
Michael Jordan	800	1,000	2,000	

1997-98 Metal Universe Titanium

	NmMt 8	NmMt+ 8.5	MT 9	Gem 9.5/10
Michael Jordan	1,000	1,500	3,000	5,000
Kobe Bryant	1,000	1,200	2,000	4,000

1997-98 Metal Universe Championship

		NmMt 8	NmMt+ 8.5	MT 9	Gem 9.5/10
23	Michael Jordan	60	80	200	400
36	Tracy McGrady RC	8	10	20	50
72	Tim Duncan RC	20	30	60	150

1997-98 SkyBox Premium

		NmMt 8	NmMt+ 8.5	MT 9	Gem 9.5/10
79	Tracy McGrady RC	8	10	20	40
112	Tim Duncan RC	10	15	30	60

1997-98 SkyBox Premium Competitive Advantage

		NmMt 8	NmMt+ 8.5	MT 9	Gem 9.5/10
CA2	Kobe Bryant	500	600	1,000	2,000
CA3	Michael Jordan	600	800	1,500	3,000

1997-98 SkyBox Premium Premium Players

		NmMt 8	NmMt+ 8.5	MT 9	Gem 9.5/10
1	Michael Jordan	2,000	3,000	4,000	8,000
3	Kobe Bryant	1,000	1,500	3,000	6,000

1997-98 SP Authentic

		NmMt 8	NmMt+ 8.5	MT 9	Gem 9.5/10
128	Tim Duncan RC	60	80	150	300
166	Tracy McGrady FW RC	30	40	100	200

1997-98 SPx

		NmMt 8	NmMt+ 8.5	MT 9	Gem 9.5/10
37	Tim Duncan RC	30	40	80	200
42	Tracy McGrady RC	20	30	60	120

1997-98 Stadium Club

		NmMt 8	NmMt+ 8.5	MT 9	Gem 9.5/10
201	Tim Duncan RC	20	30	60	150
217	Tracy McGrady RC	15	20	40	100

1997-98 Stadium Club Hardcourt Heroics

		NmMt 8	NmMt+ 8.5	MT 9	Gem 9.5/10
H1	Michael Jordan	100	150	300	600

1997-98 Stadium Club Hardwood Hopefuls

		NmMt 8	NmMt+ 8.5	MT 9	Gem 9.5/10
HH4	Tim Duncan	10	15	30	60

1997-98 Stadium Club Triumvirate

		NmMt 8	NmMt+ 8.5	MT 9	Gem 9.5/10
T1B	Michael Jordan	400	600	1,000	
T9B	Michael Jordan	400	600	1,000	

1997-98 Topps

		NmMt 8	NmMt+ 8.5	MT 9	Gem 9.5/10
115	Tim Duncan RC	20	30	60	200
123	Michael Jordan	20	30	60	150
125	Tracy McGrady RC	15	20	40	80
171	Kobe Bryant	25	40	80	▼200

1997-98 Topps Draft Redemption

		NmMt 8	NmMt+ 8.5	MT 9	Gem 9.5/10
DP1	Tim Duncan	60	80	200	400

1997-98 Topps Generations

		NmMt 8	NmMt+ 8.5	MT 9	Gem 9.5/10
G2	Michael Jordan	150	200	400	800

1997-98 Topps Generations Refractors

		NmMt 8	NmMt+ 8.5	MT 9	Gem 9.5/10
G2	Michael Jordan	600	800	1,500	3,000
G24	Kobe Bryant	600	800	1,500	3,000

1997-98 Topps Rock Stars

		NmMt 8	NmMt+ 8.5	MT 9	Gem 9.5/10
RS1	Michael Jordan	150	200	400	800

1997-98 Topps Rock Stars Refractors

		NmMt 8	NmMt+ 8.5	MT 9	Gem 9.5/10
RS1	Michael Jordan	600	800	1,200	3,000

1997-98 Topps Chrome

		NmMt 8	NmMt+ 8.5	MT 9	Gem 9.5/10
115	Tim Duncan RC	80	120	250	600
123	Michael Jordan	100	120	250	500
125	Tracy McGrady RC	15	25	50	150
171	Kobe Bryant	▼60	▼80	▼150	▼400
181	Chauncey Billups RC	8	10	20	50

1997-98 Topps Chrome Refractors

		NmMt 8	NmMt+ 8.5	MT 9	Gem 9.5/10
51	CL/Bulls - Team of the 90s	600	800	1,500	3,000
115	Tim Duncan	1,500	2,500	4,000	8,000
123	Michael Jordan	1,000	1,500	3,000	6,000
125	Tracy McGrady	400	500	800	2,000
171	Kobe Bryant	▼600	▼800	▼2,000	▼5,000

1997-98 Topps Chrome Destiny Refractors

		NmMt 8	NmMt+ 8.5	MT 9	Gem 9.5/10
D5	Kobe Bryant	▼200	300	600	1,200
D8	Tim Duncan	60	80	200	400

1997-98 Topps Chrome Season's Best

		NmMt 8	NmMt+ 8.5	MT 9	Gem 9.5/10
SB6	Michael Jordan	100	150	250	500

1997-98 Topps Chrome Season's Best Refractors

		NmMt 8	NmMt+ 8.5	MT 9	Gem 9.5/10
SB6	Michael Jordan	400	500	800	2,000

1997-98 Topps Chrome Topps 40

		NmMt 8	NmMt+ 8.5	MT 9	Gem 9.5/10
T5	Michael Jordan	80	120	300	600

1997-98 Topps Chrome Topps 40 Refractors

		NmMt 8	NmMt+ 8.5	MT 9	Gem 9.5/10
T5	Michael Jordan	600	800	1,500	3,000

1997-98 Ultra

		NmMt 8	NmMt+ 8.5	MT 9	Gem 9.5/10
131	Tim Duncan RC	15	30	120	
138	Tracy McGrady RC	12	15	50	

1997-98 Ultra Gold Medallion

	NmMt 8	NmMt+ 8.5	MT 9	Gem 9.5/10
131G Tim Duncan	15	30	60	250

1997-98 Ultra Big Shots

	NmMt 8	NmMt+ 8.5	MT 9	Gem 9.5/10
1 Michael Jordan	40	60	150	400

1997-98 Ultra Court Masters

	NmMt 8	NmMt+ 8.5	MT 9	Gem 9.5/10
CM1 Michael Jordan	1,500	3,000	6,000	

1997-98 Ultra Star Power

	NmMt 8	NmMt+ 8.5	MT 9	Gem 9.5/10
SP1 Michael Jordan	80	120	250	500

1997-98 Ultra Star Power Plus

	NmMt 8	NmMt+ 8.5	MT 9	Gem 9.5/10
SPP1 Michael Jordan	300	400	800	2,000

1997-98 Ultra Stars

	NmMt 8	NmMt+ 8.5	MT 9	Gem 9.5/10
1 Michael Jordan	2,000	3,000	4,000	6,000

1997-98 Upper Deck

	NmMt 8	NmMt+ 8.5	MT 9	Gem 9.5/10
114 Tim Duncan RC	8	10	15	40
300 Tracy McGrady RC	4	6	10	25

1997-98 Upper Deck Rookie Discovery 1

	NmMt 8	NmMt+ 8.5	MT 9	Gem 9.5/10
R1 Tim Duncan	6	10	20	40

1997-98 Z-Force

	NmMt 8	NmMt+ 8.5	MT 9	Gem 9.5/10
111 Tim Duncan RC	6	10	20	40

1997-98 Z-Force Big Men on Court

	NmMt 8	NmMt+ 8.5	MT 9	Gem 9.5/10
2 Kobe Bryant	1,500	2,000	3,000	5,000
9 Michael Jordan	2,000	3,000	4,000	8,000

1997-98 Z-Force Slam Cam

	NmMt 8	NmMt+ 8.5	MT 9	Gem 9.5/10
1 Kobe Bryant	100	150	300	600
5 Michael Jordan	150	200	400	800

1998-99 Black Diamond

	NmMt 8	NmMt+ 8.5	MT 9	Gem 9.5/10
22 Michael Jordan	6	10	20	40
92 Dirk Nowitzki RC	20	30	60	120
101 Paul Pierce RC	10	12	25	50
120 Vince Carter RC	15	25	50	100

1998-99 Bowman's Best

	NmMt 8	NmMt+ 8.5	MT 9	Gem 9.5/10
105 Vince Carter RC	30	40	80	200
109 Dirk Nowitzki RC	40	60	150	300
110 Paul Pierce RC	20	25	50	100

1998-99 Bowman's Best Refractors

	NmMt 8	NmMt+ 8.5	MT 9	Gem 9.5/10
105 Vince Carter	300	400	800	
109 Dirk Nowitzki	400	500	1,000	
110 Paul Pierce	150	200	400	

1998-99 Bowman's Best Autographs Refractors

	NmMt 8	NmMt+ 8.5	MT 9	Gem 9.5/10
A9 Vince Carter	800	1,000	2,000	

1998-99 E-X Century

	NmMt 8	NmMt+ 8.5	MT 9	Gem 9.5/10
68 Dirk Nowitzki RC	25	40	100	300
82 Paul Pierce RC	10	12	25	60
89 Vince Carter RC	20	40	80	250

1998-99 E-X Century Dunk 'N Go Nuts

	NmMt 8	NmMt+ 8.5	MT 9	Gem 9.5/10
6 Kobe Bryant	1,000	1,500	2,500	5,000
15 Michael Jordan	1,500	2,000	4,000	8,000

1998-99 Finest

	NmMt 8	NmMt+ 8.5	MT 9	Gem 9.5/10
81 Michael Jordan	6	8	15	40
230 Vince Carter RC	12	20	40	100
234 Dirk Nowitzki RC	15	25	50	200
235 Paul Pierce RC	12	20	40	100

1998-99 Finest No Protectors

	NmMt 8	NmMt+ 8.5	MT 9	Gem 9.5/10
234 Dirk Nowitzki	20	30	60	250

1998-99 Finest Refractors

	NmMt 8	NmMt+ 8.5	MT 9	Gem 9.5/10
230 Vince Carter	200	300	500	1,000
234 Dirk Nowitzki	500	600	1,000	2,000
235 Paul Pierce	100	150	300	600

1998-99 Finest Arena Stars

	NmMt 8	NmMt+ 8.5	MT 9	Gem 9.5/10
AS19 Michael Jordan	300	400	800	1,500

1998-99 Flair Showcase takeit2.net

	NmMt 8	NmMt+ 8.5	MT 9	Gem 9.5/10
5 Kobe Bryant	2,000	3,000	4,000	8,000
13 Michael Jordan	3,000	4,000	6,000	10,000

1998-99 Fleer Electrifying

	NmMt 8	NmMt+ 8.5	MT 9	Gem 9.5/10
1 Kobe Bryant	600	800	1,500	3,000
6 Michael Jordan	1,000	1,200	2,500	5,000

1998-99 Fleer Lucky 13

	NmMt 8	NmMt+ 8.5	MT 9	Gem 9.5/10
5 Vince Carter	50	60	120	300

1998-99 Fleer Brilliants

	NmMt 8	NmMt+ 8.5	MT 9	Gem 9.5/10
105 Vince Carter RC	15	20	40	80
109 Dirk Nowitzki RC	20	30	60	150

1998-99 Metal Universe Linchpins

	NmMt 8	NmMt+ 8.5	MT 9	Gem 9.5/10
2 Kobe Bryant	2,000	3,000	5,000	8,000
8 Michael Jordan	4,000	5,000	8,000	12,000

1998-99 SkyBox Molten Metal

	NmMt 8	NmMt+ 8.5	MT 9	Gem 9.5/10
35 Dirk Nowitzki RC	10	15	40	100
91 Paul Pierce RC	6	8	20	50
134 Vince Carter RC	10	12	30	80

1998-99 SkyBox Molten Metal Xplosion

	NmMt 8	NmMt+ 8.5	MT 9	Gem 9.5/10
141 Michael Jordan	400	600	1,200	2,500

1998-99 SkyBox Premium

	NmMt 8	NmMt+ 8.5	MT 9	Gem 9.5/10
234 Vince Carter RC	12	15	30	100
255 Dirk Nowitzki RC	20	25	50	120

1998-99 SkyBox Premium 3D's

	NmMt 8	NmMt+ 8.5	MT 9	Gem 9.5/10
1 Kobe Bryant	800	1,000	2,000	
4 Michael Jordan	1,500	2,000	3,000	6,000

1998-99 SkyBox Thunder Noyz Boyz

	NmMt 8	NmMt+ 8.5	MT 9	Gem 9.5/10
3 Kobe Bryant	4,000	5,000	6,000	10,000
9 Michael Jordan	6,000	8,000	10,000	15,000

1998-99 SP Authentic

	NmMt 8	NmMt+ 8.5	MT 9	Gem 9.5/10
95 Vince Carter RC	▼150	▼200	▼400	▼800
97 Jason Williams RC	30	40	80	200
99 Dirk Nowitzki RC	▼200	▼250	▼500	▼1,000
100 Paul Pierce RC	▼60	▼100	▼200	▼400

1998-99 SP Authentic First Class

	NmMt 8	NmMt+ 8.5	MT 9	Gem 9.5/10
FC1 Michael Jordan	25	40	80	200
FC14 Kobe Bryant	20	30	60	150

1998-99 SP Authentic Sign of the Times Gold

	NmMt 8	NmMt+ 8.5	MT 9	Gem 9.5/10
MJ Michael Jordan	25,000	30,000	50,000	

1998-99 SP Authentic Sign of the Times Silver

	NmMt 8	NmMt+ 8.5	MT 9	Gem 9.5/10
VC Vince Carter	200	250	500	800

1998-99 SPx Finite

	NmMt 8	NmMt+ 8.5	MT 9	Gem 9.5/10
215 Vince Carter RC	120	200	400	800
219 Dirk Nowitzki RC	120	200	400	800

1998-99 Stadium Club

	NmMt 8	NmMt+ 8.5	MT 9	Gem 9.5/10
62 Michael Jordan	20	30	60	120
105 Vince Carter RC	20	30	60	200
109 Dirk Nowitzki RC	25	40	80	250

98-99 Topps

	NmMt 8	NmMt+ 8.5	MT 9	Gem 9.5/10
Dirk Nowitzki RC	25	40	80	300
Vince Carter RC	25	40	80	200

98-99 Topps Draft Redemption

	NmMt 8	NmMt+ 8.5	MT 9	Gem 9.5/10
Dirk Nowitzki	100	150	300	600

98-99 Topps East/West

	NmMt 8	NmMt+ 8.5	MT 9	Gem 9.5/10
M.Jordan/K.Bryant	600	800	1,500	3,000

98-99 Topps East/West Refractors

	NmMt 8	NmMt+ 8.5	MT 9	Gem 9.5/10
M.Jordan/K.Bryant	3,000	4,000	6,000	10,000

98-99 Topps Gold Label

	NmMt 8	NmMt+ 8.5	MT 9	Gem 9.5/10
Michael Jordan	25	50	100	300

98-99 Topps Legacies

	NmMt 8	NmMt+ 8.5	MT 9	Gem 9.5/10
Michael Jordan	250	300	600	1,200

98-99 Topps Roundball Royalty

	NmMt 8	NmMt+ 8.5	MT 9	Gem 9.5/10
Michael Jordan	60	80	200	400

98-99 Topps Roundball Royalty Refractors

	NmMt 8	NmMt+ 8.5	MT 9	Gem 9.5/10
Michael Jordan	600	800	1,500	3,000

98-99 Topps Chrome

	NmMt 8	NmMt+ 8.5	MT 9	Gem 9.5/10
Paul Pierce RC	30	50	120	400
Dirk Nowitzki RC	100	200	400	1,000
Vince Carter RC	80	100	200	500

98-99 Topps Chrome Refractors

	NmMt 8	NmMt+ 8.5	MT 9	Gem 9.5/10
Paul Pierce	600	1,000	2,000	4,000
Dirk Nowitzki	1,500	2,500	4,000	8,000
Vince Carter	1,000	1,500	3,000	6,000

98-99 Topps Chrome Back 2 Back

	NmMt 8	NmMt+ 8.5	MT 9	Gem 9.5/10
Michael Jordan	15	30	60	200

98-99 Topps Chrome Champion Spirit

	NmMt 8	NmMt+ 8.5	MT 9	Gem 9.5/10
Michael Jordan	25	50	100	300

98-99 UD Ionix

	NmMt 8	NmMt+ 8.5	MT 9	Gem 9.5/10
Vince Carter RC	10	20	40	80
Dirk Nowitzki RC	15	25	50	100
Paul Pierce RC	10	15	30	60

1998-99 UD Ionix Warp Zone

		NmMt 8	NmMt+ 8.5	MT 9	Gem 9.5/10
Z1	Michael Jordan	800	1,000	2,000	4,000

1998-99 Ultra

		NmMt 8	NmMt+ 8.5	MT 9	Gem 9.5/10
85	Michael Jordan	8	10	15	40
106	Vince Carter RC	10	15	40	150
118	Dirk Nowitzki RC	10	15	40	150

1998-99 Upper Deck

		NmMt 8	NmMt+ 8.5	MT 9	Gem 9.5/10
316	Vince Carter RC	12	25	50	120
320	Dirk Nowitzki RC	12	25	50	120

1998-99 Upper Deck Ovation

		NmMt 8	NmMt+ 8.5	MT 9	Gem 9.5/10
7	Michael Jordan	20	30	60	150
75	Vince Carter RC	12	20	40	100
79	Dirk Nowitzki RC	20	30	60	120
80	Paul Pierce RC	8	10	20	50

1998-99 Upper Deck Ovation Gold

		NmMt 8	NmMt+ 8.5	MT 9	Gem 9.5/10
79	Dirk Nowitzki	100	200	400	600

1999-00 SPx

		NmMt 8	NmMt+ 8.5	MT 9	Gem 9.5/10
92	Steve Francis AU/500 RC	20	30	60	
93	Baron Davis AU/500 RC	30	40	80	

1999-00 Topps Chrome Refractors

		NmMt 8	NmMt+ 8.5	MT 9	Gem 9.5/10

2000-01 Ultimate Collection

		NmMt 8	NmMt+ 8.5	MT 9	Gem 9.5/10
8	Michael Jordan	400	500	800	1,500

2001-02 SP Authentic

		NmMt 8	NmMt+ 8.5	MT 9	Gem 9.5/10
90	Michael Jordan	15	25	50	120
138	Tony Parker AU RC	120	150	300	600

2001-02 SPx

		NmMt 8	NmMt+ 8.5	MT 9	Gem 9.5/10
90	Michael Jordan	15	20	30	60
91A	Tony Parker JSY AU RC	40	60	100	250
91B	Tony Parker JSY AU RC	40	60	100	250
91C	Tony Parker JSY AU RC	40	60	100	250
140	Pau Gasol RC	8	12	25	50

2001-02 Topps Chrome

		NmMt 8	NmMt+ 8.5	MT 9	Gem 9.5/10
95	Michael Jordan	20	40	100	300
131	Pau Gasol RC	30	50	100	250
155	Tony Parker RC	30	50	100	250

2001-02 Topps Chrome Refractors

		NmMt 8	NmMt+ 8.5	MT 9	Gem 9.5/10
95	Michael Jordan	250	300	500	800

		NmMt 8	NmMt+ 8.5	MT 9	Gem 9.5/10
131	Pau Gasol	100	150	300	600
155	Tony Parker	100	150	300	600

2001-02 Topps Chrome Fast and Furious

		NmMt 8	NmMt+ 8.5	MT 9	Gem 9.5/10
FF5	Michael Jordan	12	20	40	100

2001-02 Topps Chrome Fast and Furious Refractors

		NmMt 8	NmMt+ 8.5	MT 9	Gem 9.5/10
FF5	Michael Jordan	120	150	300	600

2001-02 Topps Pristine

		NmMt 8	NmMt+ 8.5	MT 9	Gem 9.5/10
6	Michael Jordan	25	40	80	150

2001-02 Ultimate Collection

		NmMt 8	NmMt+ 8.5	MT 9	Gem 9.5/10
60	Michael Jordan	40	60	120	300
64	Tony Parker RC	25	40	80	200

2001-02 Upper Deck

		NmMt 8	NmMt+ 8.5	MT 9	Gem 9.5/10
403	Michael Jordan	12	15	25	50

2002-03 Bowman Signature Edition

		NmMt 8	NmMt+ 8.5	MT 9	Gem 9.5/10
SEEG	Manu Ginobili AU RC	200	250	400	800
SEYM	Yao Ming AU RC	400	500	1,000	2,000

2002-03 Finest

		NmMt 8	NmMt+ 8.5	MT 9	Gem 9.5/10
100	Michael Jordan	6	8	12	30
178	LeBron James XRC	1,200	1,500	2,000	4,000
180	Carmelo Anthony XRC	8	10	15	25
182	Dwyane Wade XRC	12	15	20	50

2002-03 Finest Refractors

		NmMt 8	NmMt+ 8.5	MT 9	Gem 9.5/10
100	Michael Jordan	300	400	600	1,000
178	LeBron James	8,000	10,000	15,000	25,000
182	Dwyane Wade	500	600	1,000	3,000

2002-03 Hoops Hot Prospects

		NmMt 8	NmMt+ 8.5	MT 9	Gem 9.5/10
81	Yao Ming JSY RC	40	50	60	

2002-03 SP Authentic

		NmMt 8	NmMt+ 8.5	MT 9	Gem 9.5/10
143	Yao Ming AU RC	300	400	600	1,200
172	M.Ginobili AU RC	80	120	250	500

2002-03 SP Game Used

		NmMt 8	NmMt+ 8.5	MT 9	Gem 9.5/10
142	Manu Ginobili RC	30	40	80	200

2002-03 SPx

		NmMt 8	NmMt+ 8.5	MT 9	Gem 9.5/10
132	Yao Ming JSY AU RC	200	300	600	1,200
155	Manu Ginobili RC	20	30	60	150

2002-03 Topps Chrome

		NmMt 8	NmMt+ 8.5	MT 9	Gem 9.5/10
124A	Manu Ginobili RC	40	60	120	300
124B	Manu Ginobili RC	40	60	120	300
146A	Yao Ming RC	50	80	150	400
146B	Yao Ming RC	50	80	150	400

2002-03 Topps Chrome Refractors

		NmMt 8	NmMt+ 8.5	MT 9	Gem 9.5/10
10	Michael Jordan	250	300	600	1,200
124A	Manu Ginobili	200	300	500	1,000
124B	Manu Ginobili	200	300	500	1,000
146A	Yao Ming	500	600	1,200	2,500
146B	Yao Ming	500	600	1,200	2,500

2002-03 Topps Chrome Coast to Coast

		NmMt 8	NmMt+ 8.5	MT 9	Gem 9.5/10
CC8	Michael Jordan	20	30	60	120

2002-03 Topps Chrome Coast to Coast Refractors

		NmMt 8	NmMt+ 8.5	MT 9	Gem 9.5/10
CC8	Michael Jordan	250	300	500	1,000

2002-03 Topps Chrome Zone Busters

		NmMt 8	NmMt+ 8.5	MT 9	Gem 9.5/10
ZB13	Michael Jordan	20	30	60	120

2002-03 Topps Chrome Zone Busters Refractors

		NmMt 8	NmMt+ 8.5	MT 9	Gem 9.5/10
ZB13	Michael Jordan	250	300	500	1,000

2002-03 Topps Pristine

		NmMt 8	NmMt+ 8.5	MT 9	Gem 9.5/10
4	Michael Jordan	20	25	50	120
51	Yao Ming C RC	25	30	60	150

2002-03 Ultimate Collection

		NmMt 8	NmMt+ 8.5	MT 9	Gem 9.5/10
79	Yao Ming AU RC	1,000	1,500	3,000	

2002-03 Ultimate Collection Signatures

		NmMt 8	NmMt+ 8.5	MT 9	Gem 9.5/10
KBS	Kobe Bryant	3,000	4,000	6,000	10,000
LBS	Larry Bird	400	600	1,000	
MJS	Michael Jordan	3,000	4,000	6,000	10,000
YMS	Yao Ming	600	800	1,200	

2002-03 Ultra

		NmMt 8	NmMt+ 8.5	MT 9	Gem 9.5/10
181	Yao Ming RC	20	30	60	150
204	Manu Ginobili RC	20	30	60	150

2002-03 Upper Deck

		NmMt 8	NmMt+ 8.5	MT 9	Gem 9.5/10
210	Yao Ming RC	20	30	60	150
392	Manu Ginobili RC	20	30	60	150

2002-03 Upper Deck Inspirations

		NmMt 8	NmMt+ 8.5	MT 9	Gem 9.5/10
156	LeBron James XRC	1,500	2,000	4,000	

2003-04 Bazooka

		NmMt 8	NmMt+ 8.5	MT 9	Gem 9.5/10
223A	LeBron James RC	150	250	400	800
223B	LeBron James RC	150	250	400	800
252A	Dwyane Wade Dribble RC	60	80	150	300
252B	Dwyane Wade Layup RC	60	80	150	300
276	LeBron James BAZ	250	300	600	1,000
280	Dwyane Wade BAZ	40	80	150	300

2003-04 Bazooka Comics

		NmMt 8	NmMt+ 8.5	MT 9	Gem 9.5/10
8	Kobe Bryant	60	80	150	300
15	LeBron James	80	100	200	500
17	Carmelo Anthony	12	20	40	80

2003-04 Black Diamond

		NmMt 8	NmMt+ 8.5	MT 9	Gem 9.5/10
148	Dwyane Wade RC	40	80	200	400
184	LeBron James RC	500	600	1,200	3,000
186	Carmelo Anthony RC	30	40	80	200

2003-04 Bowman

		NmMt 8	NmMt+ 8.5	MT 9	Gem 9.5/10
123	LeBron James RC	300	400	600	1,500
140	Carmelo Anthony RC	20	30	60	150
149	Dwyane Wade AU RC	150	200	400	800

2003-04 Bowman Chrome

		NmMt 8	NmMt+ 8.5	MT 9	Gem 9.5/10
123	LeBron James RC	1,000	1,200	2,000	4,000
140	Carmelo Anthony RC	40	60	150	300
149	Dwyane Wade AU RC	200	250	400	800

2003-04 Bowman Chrome Refractors

		NmMt 8	NmMt+ 8.5	MT 9	Gem 9.5/10
123	LeBron James	10,000	15,000	20,000	

2003-04 E-X

		NmMt 8	NmMt+ 8.5	MT 9	Gem 9.5/10
73	Carmelo Anthony RC	50	80	150	300
90	Dwyane Wade RC	100	150	300	600
102	LeBron James RC	1,500	3,000	4,000	6,000

2003-04 E-X Buzzer Beaters Autographs

		NmMt 8	NmMt+ 8.5	MT 9	Gem 9.5/10
10	Dwyane Wade/299	300	400	600	

2003-04 Finest

		NmMt 8	NmMt+ 8.5	MT 9	Gem 9.5/10
133	LeBron James RC	4,000	6,000	10,000	20,000
158	Dwyane Wade AU RC	500	600	1,000	
163	Carmelo Anthony AU RC	100	120	250	500

2003-04 Finest Refractors

		NmMt 8	NmMt+ 8.5	MT 9	Gem 9.5/10
133	LeBron James	15,000	20,000	30,000	

2003-04 Flair

		NmMt 8	NmMt+ 8.5	MT 9	Gem 9.5/10
94	LeBron James RC	1,000	1,500	3,000	

2003-04 Fleer Focus

		NmMt 8	NmMt+ 8.5	MT 9	Gem 9.5/10
137	LeBron James RC	800	1,000	2,000	4,000
148	Dwyane Wade RC	40	60	120	300

2003-04 Fleer Mystique

		NmMt 8	NmMt+ 8.5	MT 9	Gem 9.5/10
99	LeBron James RC	1,000	1,200	2,000	4,000
119	Dwyane Wade RC	20	30	60	150

2003-04 Fleer Mystique Die Cut

		NmMt 8	NmMt+ 8.5	MT 9	Gem 9.5/10
99	LeBron James	1,000	1,200	2,000	4,000
119	Dwyane Wade	40	60	150	400

2003-04 Fleer Showcase

		NmMt 8	NmMt+ 8.5	MT 9	Gem 9.5/10
130	LeBron James RC	600	800	1,500	3,000

2003-04 Fleer Tradition

		NmMt 8	NmMt+ 8.5	MT 9	Gem 9.5/10
261	LeBron James RC	▼150	▼200	▼300	▼800
263	Carmelo Anthony RC	▼8	▼12	▼25	▼50
265	Dwyane Wade RC	▼20	▼30	▼80	▼200
291	James/Darko/Melo	▼60	▼80	▼150	▼400
300	LeBron/Melo/Wade	▼200	▼250	▼500	▼1,000

2003-04 Hoops Hot Prospects Cream of the Crop

		NmMt 8	NmMt+ 8.5	MT 9	Gem 9.5/10
1	LeBron James	80	120	250	500
8	Carmelo Anthony	10	15	30	80

2003-04 SkyBox Autographics

		NmMt 8	NmMt+ 8.5	MT 9	Gem 9.5/10
77	LeBron James RC	300	400	600	1,200

2003-04 SkyBox Autographics Rookies Affirmed

		NmMt 8	NmMt+ 8.5	MT 9	Gem 9.5/10
12	L.James/K.Bryant	400	600	1,000	2,000

2003-04 SkyBox LE Sky's the Limit

		NmMt 8	NmMt+ 8.5	MT 9	Gem 9.5/10
16	LeBron James	100	150	300	600

2003-04 SP Authentic

		NmMt 8	NmMt+ 8.5	MT 9	Gem 9.5/10
148	LeBron James AU RC	25,000	30,000	40,000	100,000
150	Carmelo Anthony AU RC	600	1,000	2,000	
152	Dwyane Wade AU RC	1,200	2,500	5,000	

2003-04 SP Authentic Signatures

		NmMt 8	NmMt+ 8.5	MT 9	Gem 9.5/10
DYA	Dwyane Wade	500	600	1,000	2,000
LJA	LeBron James SP	15,000	20,000	30,000	

2003-04 SP Game Used

		NmMt 8	NmMt+ 8.5	MT 9	Gem 9.5/10
107	Lebron James RC	600	800	1,500	4,000
109	Carmelo Anthony RC	30	40	80	200
111	Dwyane Wade RC	50	80	200	400

03-04 SP Signature Edition

	NmMt 8	NmMt+ 8.5	MT 9	Gem 9.5/10
LeBron James RC	1,000	1,200	2,500	5,000

03-04 SP Signature Edition Rookie INKorporated

	NmMt 8	NmMt+ 8.5	MT 9	Gem 9.5/10
LeBron James	15,000	20,000	30,000	

03-04 SP Signature Edition Signatures

	NmMt 8	NmMt+ 8.5	MT 9	Gem 9.5/10
Dwyane Wade	400	500	1,000	2,000
Kobe Bryant	1,000	2,000	3,000	6,000
LeBron James	12,000	15,000	20,000	30,000

03-04 SPx

	NmMt 8	NmMt+ 8.5	MT 9	Gem 9.5/10
Michael Jordan	25	40	80	200
LeBron James JSY AU RC	10,000	15,000	20,000	30,000
Carmelo Anthony JSY AU RC	250	300	600	1,000
Dwyane Wade JSY AU RC	600	800	1,500	3,000

03-04 Sweet Shot

	NmMt 8	NmMt+ 8.5	MT 9	Gem 9.5/10
LeBron James RC	800	1,000	1,500	3,000
Dwyane Wade RC	40	80	150	300

03-04 Topps

	NmMt 8	NmMt+ 8.5	MT 9	Gem 9.5/10
LeBron James RC	▼300	▼400	▼800	▼2,000
Carmelo Anthony RC	▼15	▼25	▼50	▼120
Dwyane Wade RC	▼25	▼40	▼80	▼200

03-04 Topps First Edition

	NmMt 8	NmMt+ 8.5	MT 9	Gem 9.5/10
LeBron James	2,000	3,000	5,000	8,000

03-04 Topps Collection

	NmMt 8	NmMt+ 8.5	MT 9	Gem 9.5/10
LeBron James RC	600	800	1,500	3,000

03-04 Topps Chrome

	NmMt 8	NmMt+ 8.5	MT 9	Gem 9.5/10
Lebron James RC	▼1,000	▼1,500	▼3,000	▼6,000
Carmelo Anthony RC	▼20	▼30	▼60	▼200
Dwyane Wade RC	▼50	▼60	▼150	▼400

03-04 Topps Chrome Refractors

	NmMt 8	NmMt+ 8.5	MT 9	Gem 9.5/10
LeBron James	15,000	20,000	30,000	40,000
Carmelo Anthony	400	600	1,000	2,000
Dwyane Wade	600	800	1,200	2,500

03-04 Topps Contemporary Collection

	NmMt 8	NmMt+ 8.5	MT 9	Gem 9.5/10
LeBron James RC	1,200	2,000	4,000	
Dwyane Wade RC	80	120	300	

2003-04 Topps Jersey Edition

		NmMt 8	NmMt+ 8.5	MT 9	Gem 9.5/10
DW	Dwyane Wade SS RC	200	300	600	1,000
LJ	LeBron James SS RC	2,500	3,000	5,000	8,000

2003-04 Topps Pristine

		NmMt 8	NmMt+ 8.5	MT 9	Gem 9.5/10
101	LeBron James C RC	500	600	800	2,000
102	LeBron James U	500	600	800	2,000
103	LeBron James R	800	1,000	1,500	3,000
107	Carmelo Anthony C RC	20	40	80	200
108	Carmelo Anthony U	20	40	80	200
109	Carmelo Anthony R	20	40	80	200
113	Dwyane Wade C RC	50	80	150	300
114	Dwyane Wade U	50	80	150	300
115	Dwyane Wade R	50	80	150	300

2003-04 Topps Pristine Refractors

		NmMt 8	NmMt+ 8.5	MT 9	Gem 9.5/10
102	LeBron James U	1,500	2,000	4,000	8,000
103	LeBron James R	2,000	3,000	5,000	10,000
107	Carmelo Anthony C	40	80	200	400
108	Carmelo Anthony U	40	80	200	400
109	Carmelo Anthony R	40	80	200	400
113	Dwyane Wade C	100	150	300	600
114	Dwyane Wade U	100	150	300	600
115	Dwyane Wade R	100	150	300	600

2003-04 Topps Pristine Minis

	NmMt 8	NmMt+ 8.5	MT 9	Gem 9.5/10
PM21 LeBron James	300	400	600	1,200
PM23 Carmelo Anthony	20	30	60	150

2003-04 Topps Pristine Personal Endorsements

	NmMt 8	NmMt+ 8.5	MT 9	Gem 9.5/10
DWA Dwyane Wade C	100	200	400	800

2003-04 Topps Rookie Matrix

	NmMt 8	NmMt+ 8.5	MT 9	Gem 9.5/10
WJB Wade/LeBron/Bosh	200	300	600	1,500

2003-04 Topps Rookie Matrix Rookie Frames

		NmMt 8	NmMt+ 8.5	MT 9	Gem 9.5/10
111	LeBron James	150	300	600	1,000

2003-04 UD Top Prospects

		NmMt 8	NmMt+ 8.5	MT 9	Gem 9.5/10
3	LeBron James	15	20	50	150
55	LeBron James	15	20	50	150
60	LeBron James	15	20	50	150

2003-04 UD Top Prospects Signs of Success

	NmMt 8	NmMt+ 8.5	MT 9	Gem 9.5/10
SSCA Carmelo Anthony	40	80	150	300
SSLJ LeBron James	3,000	4,000	8,000	15,000

2003-04 Ultra

		NmMt 8	NmMt+ 8.5	MT 9	Gem 9.5/10
171	LeBron James L13 RC	1,000	1,500	3,000	6,000

2003-04 Ultra Gold Medallion

		NmMt 8	NmMt+ 8.5	MT 9	Gem 9.5/10
171	LeBron James L13	800	1,000	2,000	4,000

2003-04 Ultra Roundball Discs

		NmMt 8	NmMt+ 8.5	MT 9	Gem 9.5/10
31	LeBron James	150	200	300	600

2003-04 Upper Deck

		NmMt 8	NmMt+ 8.5	MT 9	Gem 9.5/10
301	LeBron James RC	500	700	1,000	3,000
303	Carmelo Anthony RC	15	30	60	120
305	Dwyane Wade RC	40	80	150	300

2003-04 Upper Deck Air Academy

		NmMt 8	NmMt+ 8.5	MT 9	Gem 9.5/10
AA3	LeBron James	100	200	400	800

2003-04 Upper Deck Black Diamond Rookies F/X

		NmMt 8	NmMt+ 8.5	MT 9	Gem 9.5/10
BD1	LeBron James	1,200	2,000	4,000	

2003-04 Upper Deck SE Die Cut Future All-Stars

		NmMt 8	NmMt+ 8.5	MT 9	Gem 9.5/10
E11	Dwyane Wade	80	120	250	500
E15	LeBron James	500	600	1,000	2,000

2003-04 Upper Deck Finite

		NmMt 8	NmMt+ 8.5	MT 9	Gem 9.5/10
242	LeBron James RC	3,000	4,000	6,000	

2003-04 Upper Deck Finite Elements Jerseys

		NmMt 8	NmMt+ 8.5	MT 9	Gem 9.5/10
FJ18	LeBron James	250	300	600	1,000

2003-04 Upper Deck Finite Signatures

		NmMt 8	NmMt+ 8.5	MT 9	Gem 9.5/10
CA	Carmelo Anthony	60	80	120	250
DW	Dwyane Wade	100	150	250	500

2003-04 Upper Deck Hardcourt

		NmMt 8	NmMt+ 8.5	MT 9	Gem 9.5/10
132	LeBron James RC	500	600	1,200	2,500

2003-04 Upper Deck Legends

		NmMt 8	NmMt+ 8.5	MT 9	Gem 9.5/10
131	Dwyane Wade RC	60	100	250	500
133	Carmelo Anthony RC	25	40	80	200
135	LeBron James RC	600	800	1,500	3,000

2003-04 Upper Deck Legends Legendary Signatures

		NmMt 8	NmMt+ 8.5	MT 9	Gem 9.5/10
MJ	Michael Jordan SP	6,000	8,000	12,000	20,000

2003-04 Upper Deck MVP

		NmMt 8	NmMt+ 8.5	MT 9	Gem 9.5/10
201	LeBron James RC	250	300	600	1,200
203	Carmelo Anthony RC	20	30	60	150
205	Dwyane Wade RC	50	80	150	300

2003-04 Upper Deck MVP Rising to the Occasion

		NmMt 8	NmMt+ 8.5	MT 9	Gem 9.5/10
RO2	LeBron James	120	150	300	600

2003-04 Upper Deck Rookie Exclusives

		NmMt 8	NmMt+ 8.5	MT 9	Gem 9.5/10
1	LeBron James RC	150	250	400	800
5	Dwyane Wade RC	25	40	80	200

2003-04 Upper Deck Rookie Exclusives Jerseys

		NmMt 8	NmMt+ 8.5	MT 9	Gem 9.5/10
J1	LeBron James	250	300	500	800

2003-04 Upper Deck Standing O

		NmMt 8	NmMt+ 8.5	MT 9	Gem 9.5/10
85	LeBron James RC	200	300	500	800

2003-04 Upper Deck Triple Dimensions Reflections

		NmMt 8	NmMt+ 8.5	MT 9	Gem 9.5/10
10	LeBron James	200	300	600	1,000

2003-04 Upper Deck Victory

		NmMt 8	NmMt+ 8.5	MT 9	Gem 9.5/10
100	Michael Jordan	20	30	60	120
101	Lebron James SP RC	80	100	250	500
103	Carmelo Anthony RC	15	25	50	100

2004-05 Bowman Chrome

		NmMt 8	NmMt+ 8.5	MT 9	Gem 9.5/10
23	LeBron James	100	150	300	600
129	Dwight Howard RC	15	25	50	100

2004-05 Exquisite Collection

		NmMt 8	NmMt+ 8.5	MT 9	Gem 9.5/10
90	Dwight Howard JSY AU RC	800	1,000	2,000	4,000

2004-05 Finest

		NmMt 8	NmMt+ 8.5	MT 9	Gem 9.5/10
159	Dwight Howard RC	20	30	60	120
194	Chris Paul XRC	40	80	200	400

2004-05 Finest Refractors

		NmMt 8	NmMt+ 8.5	MT 9	Gem 9.5/10
194	Chris Paul	150	200	400	800

2004-05 Fleer Tradition

		NmMt 8	NmMt+ 8.5	MT 9	Gem 9.5/10
221	Dwight Howard RC	6	10	15	40

2004-05 SP Authentic

		NmMt 8	NmMt+ 8.5	MT 9	Gem 9.5/10
14	LeBron James	25	40	80	200
186	Dwight Howard AU RC	50	60	150	300

2004-05 SP Authentic Limited

		NmMt 8	NmMt+ 8.5	MT 9	Gem 9.5/10
186	Dwight Howard AU	50	80	150	300

2004-05 SP Authentic Signatures

		NmMt 8	NmMt+ 8.5	MT 9	Gem 9.5/10
DH	Dwight Howard	25	40	80	200

2004-05 SP Game Used SIGnificance

		NmMt 8	NmMt+ 8.5	MT 9	Gem 9.5/10
MJ	Michael Jordan	6,000	8,000	12,000	

2004-05 SPx

		NmMt 8	NmMt+ 8.5	MT 9	Gem 9.5/10
147	Dwight Howard JSY AU RC	40	60	120	300

2004-05 Topps

		NmMt 8	NmMt+ 8.5	MT 9	Gem 9.5/10
221	Dwight Howard RC	8	12	25	50

2004-05 Topps Chrome

		NmMt 8	NmMt+ 8.5	MT 9	Gem 9.5/10
23	LeBron James	100	150	300	600
166	Dwight Howard RC	15	20	40	80

2004-05 Topps Chrome Refractors

		NmMt 8	NmMt+ 8.5	MT 9	Gem 9.5/10
23	LeBron James	1,500	2,000	3,000	6,000
166	Dwight Howard	60	80	150	300

2004-05 Topps Pristine

		NmMt 8	NmMt+ 8.5	MT 9	Gem 9.5/10
101	Dwight Howard C RC	15	20	40	80

2004-05 Ultimate Collection

		NmMt 8	NmMt+ 8.5	MT 9	Gem 9.5/10
127	Dwight Howard AU RC	40	60	120	250

2004-05 Upper Deck

		NmMt 8	NmMt+ 8.5	MT 9	Gem 9.5/10
224	Dwight Howard SP RC	8	12	25	50

2004-05 Upper Deck Trilogy

		NmMt 8	NmMt+ 8.5	MT 9	Gem 9.5/10
141	Dwight Howard RC	20	25	50	100

2005-06 Bowman

		NmMt 8	NmMt+ 8.5	MT 9	Gem 9.5/10
111	Chris Paul RC	12	20	40	80

2005-06 Bowman Chrome

		NmMt 8	NmMt+ 8.5	MT 9	Gem 9.5/10
111	Chris Paul RC	25	40	80	200

2005-06 Bowman Chrome Refractors

		NmMt 8	NmMt+ 8.5	MT 9	Gem 9.5/10
111	Chris Paul	200	300	500	800

2005-06 Exquisite Collection

		NmMt 8	NmMt+ 8.5	MT 9	Gem 9.5/10
46	Chris Paul JSY AU RC/99	5,000	8,000	12,000	

2005-06 Finest

		NmMt 8	NmMt+ 8.5	MT 9	Gem 9.5/10
106	Chris Paul RC	60	100	200	400

2005-06 Finest Refractors

		NmMt 8	NmMt+ 8.5	MT 9	Gem 9.5/10
106	Chris Paul	150	200	400	800

2005-06 Greats of the Game

		NmMt 8	NmMt+ 8.5	MT 9	Gem 9.5/10
113	Chris Paul AU RC	150	200	400	800

2005-06 SP Authentic

		NmMt 8	NmMt+ 8.5	MT 9	Gem 9.5/10
94	Chris Paul AU RC	150	300	600	1,200

2005-06 SP Game Used

		NmMt 8	NmMt+ 8.5	MT 9	Gem 9.5/10
149	Chris Paul RC	60	100	200	400

2005-06 SPx

		NmMt 8	NmMt+ 8.5	MT 9	Gem 9.5/10
153	Chris Paul JSY AU RC	200	250	500	1,000

2005-06 Topps

		NmMt 8	NmMt+ 8.5	MT 9	Gem 9.5/10
224	Chris Paul RC	25	40	80	200

2005-06 Topps Chrome

		NmMt 8	NmMt+ 8.5	MT 9	Gem 9.5/10
168	Chris Paul RC	80	120	250	500

2005-06 Topps Chrome Refractors

		NmMt 8	NmMt+ 8.5	MT 9	Gem 9.5/10
168	Chris Paul	400	500	800	2,500

2005-06 Topps Chrome Refractors Black

		NmMt 8	NmMt+ 8.5	MT 9	Gem 9.5/10
168	Chris Paul	1,000	1,200	2,500	4,000

2005-06 Topps Style

		NmMt 8	NmMt+ 8.5	MT 9	Gem 9.5/10
154	Chris Paul RC	15	25	50	100

2005-06 Ultimate Collection

		NmMt 8	NmMt+ 8.5	MT 9	Gem 9.5/10
146	Chris Paul AU RC	800	1,000	2,000	4,000

2005-06 Ultimate Collection Rookie Autographs Gold

		NmMt 8	NmMt+ 8.5	MT 9	Gem 9.5/10
146	Chris Paul	400	600	1,000	

2005-06 Ultimate Collection Signatures

		NmMt 8	NmMt+ 8.5	MT 9	Gem 9.5/10
USCP	Chris Paul	200	250	500	1,000

2005-06 Upper Deck

		NmMt 8	NmMt+ 8.5	MT 9	Gem 9.5/10
230	Chris Paul SP RC	50	80	150	300

05-06 Upper Deck Rookie Debut

	NmMt 8	NmMt+ 8.5	MT 9	Gem 9.5/10
Chris Paul RC	▼10	▼15	▼30	▼80

05-06 Upper Deck Slam

	NmMt 8	NmMt+ 8.5	MT 9	Gem 9.5/10
Chris Paul RC	▼10	▼15	▼40	▼80

05-06 Upper Deck Trilogy

	NmMt 8	NmMt+ 8.5	MT 9	Gem 9.5/10
Chris Paul RC	50	80	150	300

05-06 Upper Deck Trilogy Auto Focus

	NmMt 8	NmMt+ 8.5	MT 9	Gem 9.5/10
Chris Paul	150	200	400	800

06-07 Bowman Chrome

	NmMt 8	NmMt+ 8.5	MT 9	Gem 9.5/10
Rajon Rondo B AU RC	25	40	80	200

06-07 E-X

	NmMt 8	NmMt+ 8.5	MT 9	Gem 9.5/10
Michael Jordan	100	150	300	600
LeBron James	▼40	▼50	▼120	▼300
LaMarcus Aldridge 199 AU RC	15	25	40	60

06-07 Exquisite Collection

	NmMt 8	NmMt+ 8.5	MT 9	Gem 9.5/10
Rajon Rondo JSY AU RC	150	200	300	

06-07 Finest

	NmMt 8	NmMt+ 8.5	MT 9	Gem 9.5/10
Rajon Rondo RC	5	6	8	15
LaMarcus Aldridge RC	6	8	10	20
Kevin Durant XRC	150	250	500	1,000

06-07 Finest Refractors

	NmMt 8	NmMt+ 8.5	MT 9	Gem 9.5/10
LeBron James	200	250	500	
Kevin Durant	200	350	600	1,200

06-07 Fleer

	NmMt 8	NmMt+ 8.5	MT 9	Gem 9.5/10
Michael Jordan	15	20	40	100

06-07 Fleer 1986-87 20th Anniversary

	NmMt 8	NmMt+ 8.5	MT 9	Gem 9.5/10
Michael Jordan	200	300	600	1,000
LeBron James	60	100	200	400

06-07 SP Authentic

	NmMt 8	NmMt+ 8.5	MT 9	Gem 9.5/10
Rajon Rondo AU RC	25	40	80	200

06-07 Topps

	NmMt 8	NmMt+ 8.5	MT 9	Gem 9.5/10
LaMarcus Aldridge RC	6	8	15	40
LaMarcus Aldridge Draft RC	6	8	15	40

2006-07 Topps Chrome

	NmMt 8	NmMt+ 8.5	MT 9	Gem 9.5/10
183 LaMarcus Aldridge RC	10	20	40	80
201 Rajon Rondo RC	20	25	50	100

2006-07 Topps Chrome Autographs Refractors Black

	NmMt 8	NmMt+ 8.5	MT 9	Gem 9.5/10
201 Rajon Rondo C	150	200	400	600

2006-07 Ultimate Collection

	NmMt 8	NmMt+ 8.5	MT 9	Gem 9.5/10
209 Rajon Rondo AU RC	25	40	80	200

2007-08 Bowman Chrome

	NmMt 8	NmMt+ 8.5	MT 9	Gem 9.5/10
111 Kevin Durant RC	300	400	700	1,500

2007-08 Bowman Chrome Refractors

	NmMt 8	NmMt+ 8.5	MT 9	Gem 9.5/10
111 Kevin Durant	2,000	2,500	4,000	8,000

2007-08 Bowman Elevation

	NmMt 8	NmMt+ 8.5	MT 9	Gem 9.5/10
71 Kevin Durant RC	150	250	500	1,000

2007-08 Bowman Sterling

	NmMt 8	NmMt+ 8.5	MT 9	Gem 9.5/10
KD Kevin Durant RC	60	100	200	500

2007-08 Bowman Sterling Refractors

	NmMt 8	NmMt+ 8.5	MT 9	Gem 9.5/10
KD Kevin Durant/399	600	800	1,500	3,000

2007-08 Finest

	NmMt 8	NmMt+ 8.5	MT 9	Gem 9.5/10
71 Kevin Durant RC	120	150	300	600
101 Derrick Rose XRC	40	60	120	250
104 Russell Westbrook XRC	80	120	250	500

2007-08 Finest Refractors

	NmMt 8	NmMt+ 8.5	MT 9	Gem 9.5/10
71 Kevin Durant	600	800	1,500	3,000

2007-08 Fleer

	NmMt 8	NmMt+ 8.5	MT 9	Gem 9.5/10
212 Kevin Durant RC	40	80	150	400

2007-08 Fleer 1986-87 Rookies

	NmMt 8	NmMt+ 8.5	MT 9	Gem 9.5/10
143 Kevin Durant	150	250	400	800

2007-08 Fleer Rookie Sensations

	NmMt 8	NmMt+ 8.5	MT 9	Gem 9.5/10
RS2 Kevin Durant	40	60	120	300

2007-08 Fleer Rookie Sensations Glossy

	NmMt 8	NmMt+ 8.5	MT 9	Gem 9.5/10
RS2 Kevin Durant	60	100	200	400

2007-08 Fleer Hot Prospects

	NmMt 8	NmMt+ 8.5	MT 9	Gem 9.5/10
123 Kevin Durant JSY AU RC	800	1,200	2,500	5,000

2007-08 Fleer Hot Prospects Notable Newcomers

	NmMt 8	NmMt+ 8.5	MT 9	Gem 9.5/10
NN-1 Kevin Durant	40	80	150	300

2007-08 SP Authentic

	NmMt 8	NmMt+ 8.5	MT 9	Gem 9.5/10
152 Kevin Durant JSY AU/299 RC	5,000	6,000	8,000	15,000

2007-08 SP Authentic Profiles

	NmMt 8	NmMt+ 8.5	MT 9	Gem 9.5/10
AP13 Kevin Durant	30	50	100	300

2007-08 SP Authentic Retail Rookie Autographs

	NmMt 8	NmMt+ 8.5	MT 9	Gem 9.5/10
152 Kevin Durant/399	1,500	2,000	3,000	6,000

2007-08 SP Game Used

	NmMt 8	NmMt+ 8.5	MT 9	Gem 9.5/10
142 Kevin Durant RC	40	80	150	300

2007-08 SP Rookie Edition

	NmMt 8	NmMt+ 8.5	MT 9	Gem 9.5/10
61 Kevin Durant RC	60	100	200	400
106 Kevin Durant 96-97	50	80	200	400

2007-08 SP Rookie Edition Rookie Autographs

	NmMt 8	NmMt+ 8.5	MT 9	Gem 9.5/10
61 Kevin Durant	400	600	1,000	2,000

2007-08 SP Rookie Threads

	NmMt 8	NmMt+ 8.5	MT 9	Gem 9.5/10
49 Kevin Durant JSY AU RC	1,500	2,000	3,000	6,000

2007-08 SPx

	NmMt 8	NmMt+ 8.5	MT 9	Gem 9.5/10
101 Kevin Durant JSY AU RC	800	1,200	2,500	5,000

2007-08 SPx Endorsements

	NmMt 8	NmMt+ 8.5	MT 9	Gem 9.5/10
KD Kevin Durant	400	600	1,000	2,000

2007-08 SPx Super Scripts

	NmMt 8	NmMt+ 8.5	MT 9	Gem 9.5/10
KD Kevin Durant	400	600	1,000	2,000

2007-08 Stadium Club

	NmMt 8	NmMt+ 8.5	MT 9	Gem 9.5/10
102 Kevin Durant RC	80	120	250	500

2007-08 Stadium Club Chrome Rookie Refractors

	NmMt 8	NmMt+ 8.5	MT 9	Gem 9.5/10
102 Kevin Durant	400	600	1,000	3,000

2007-08 Topps

		NmMt 8	NmMt+ 8.5	MT 9	Gem 9.5/10
112	Kevin Durant RC	120	250	500	1,500

2007-08 Topps 1957-58 Variations

		NmMt 8	NmMt+ 8.5	MT 9	Gem 9.5/10
112	Kevin Durant	60	80	150	500

2007-08 Topps Rookie Set

		NmMt 8	NmMt+ 8.5	MT 9	Gem 9.5/10
2	Kevin Durant	80	120	250	600

2007-08 Topps Chrome

		NmMt 8	NmMt+ 8.5	MT 9	Gem 9.5/10
23	LeBron James	50	80	120	300
131	Kevin Durant RC	300	400	600	1,500

2007-08 Topps Chrome Refractors

		NmMt 8	NmMt+ 8.5	MT 9	Gem 9.5/10
131	Kevin Durant	2,000	3,000	6,000	12,000

2007-08 Topps Echelon

		NmMt 8	NmMt+ 8.5	MT 9	Gem 9.5/10
74	Kevin Durant RC	300	400	600	1,200

2007-08 Ultra SE

		NmMt 8	NmMt+ 8.5	MT 9	Gem 9.5/10
232	Kevin Durant L13 RC	50	80	200	500

2007-08 Upper Deck

		NmMt 8	NmMt+ 8.5	MT 9	Gem 9.5/10
234	Kevin Durant SP RC	30	40	80	200

2007-08 Upper Deck First Edition

		NmMt 8	NmMt+ 8.5	MT 9	Gem 9.5/10
202	Kevin Durant RC	30	40	80	200

2007-08 Upper Deck NBA Rookie Box Set

		NmMt 8	NmMt+ 8.5	MT 9	Gem 9.5/10
11	Kevin Durant	50	80	150	300

2008-09 Bowman

		NmMt 8	NmMt+ 8.5	MT 9	Gem 9.5/10
111	Derrick Rose RC	8	12	25	50
114	Russell Westbrook RC	20	30	60	150
115	Kevin Love RC	5	6	8	15

2008-09 Bowman Chrome

		NmMt 8	NmMt+ 8.5	MT 9	Gem 9.5/10
111	Derrick Rose RC	20	30	60	150
114	Russell Westbrook RC	80	100	200	400
115	Kevin Love RC	10	12	20	30

2008-09 Bowman Chrome Refractors

		NmMt 8	NmMt+ 8.5	MT 9	Gem 9.5/10
111	Derrick Rose	40	60	150	300
114	Russell Westbrook	120	150	300	600

2008-09 Bowman Chrome X-Fractors

		NmMt 8	NmMt+ 8.5	MT 9	Gem 9.5/10
111	Derrick Rose	80	100	250	500
114	Russell Westbrook	150	200	400	800

2008-09 Exquisite Collection

		NmMt 8	NmMt+ 8.5	MT 9	Gem 9.5/10
61	Kevin Love JSY AU RC	100	150	300	500
92	Derrick Rose JSY AU/99 RC	500	800	2,000	
93	R.Westbrook JSY AU RC	1,500	2,000	4,000	8,000

2008-09 Fleer

		NmMt 8	NmMt+ 8.5	MT 9	Gem 9.5/10
201	Derrick Rose RC	8	12	25	50
204	Russell Westbrook RC	20	25	50	120

2008-09 Fleer 1986-87 Rookies

		NmMt 8	NmMt+ 8.5	MT 9	Gem 9.5/10
86R163	Derrick Rose	10	15	30	60
86R166	Russell Westbrook	20	30	60	150
86R167	Kevin Love	4	6	8	20

2008-09 SkyBox

		NmMt 8	NmMt+ 8.5	MT 9	Gem 9.5/10
201	Derrick Rose RC	8	12	25	60
204	Russell Westbrook RC	15	25	50	100

2008-09 SkyBox Metal Universe

		NmMt 8	NmMt+ 8.5	MT 9	Gem 9.5/10
71	Derrick Rose	20	30	60	150
74	Russell Westbrook	40	60	120	300

2008-09 SP Authentic

		NmMt 8	NmMt+ 8.5	MT 9	Gem 9.5/10
126	Kevin Love JSY AU/299 RC	40	60	150	300
130	D.Rose JSY AU/299 RC	200	400	600	1,000
139	R.Westbrook JSY AU/299 RC	400	600	1,000	2,000

2008-09 SP Authentic Destination Stardom

		NmMt 8	NmMt+ 8.5	MT 9	Gem 9.5/10
DS1	Derrick Rose	6	10	15	40
DS4	Russell Westbrook	15	20	40	80

2008-09 SP Authentic Profiles

		NmMt 8	NmMt+ 8.5	MT 9	Gem 9.5/10
AP46	Derrick Rose	5	6	10	25
AP49	Russell Westbrook	8	12	25	50

2008-09 SP Rookie Threads

		NmMt 8	NmMt+ 8.5	MT 9	Gem 9.5/10
67	Russell Westbrook JSY AU RC	300	500	800	1,500
95	Derrick Rose JSY AU RC	100	120	250	400

2008-09 SPx

		NmMt 8	NmMt+ 8.5	MT 9	Gem 9.5/10
111	Derrick Rose JSY AU RC	100	150	300	500
114	Russell Westbrook JSY AU RC	200	250	500	800
121	Derrick Rose JSY AU RC	100	150	300	500

		NmMt 8	NmMt+ 8.5	MT 9	Gem 9.5/10
124	Russell Westbrook JSY AU RC	200	250	500	800
125	Kevin Love JSY AU RC	15	30	60	120

2008-09 Topps

		NmMt 8	NmMt+ 8.5	MT 9	Gem 9.5/10
23	LeBron James	100	150	300	600
24	Kobe Bryant	200	300	600	1,000
196	Derrick Rose RC	8	12	25	50
199	Russell Westbrook RC	20	30	60	150

2008-09 Topps 1958-59 Variations

		NmMt 8	NmMt+ 8.5	MT 9	Gem 9.5/10
196	Derrick Rose	6	10	20	40
199	Russell Westbrook	10	15	30	60

2008-09 Topps Chrome

		NmMt 8	NmMt+ 8.5	MT 9	Gem 9.5/10
23	LeBron James	150	200	400	800
24	Kobe Bryant	300	400	600	1,200
156	Kevin Durant	40	80	150	300
181	Derrick Rose RC	20	30	60	150
184	Russell Westbrook RC	80	100	200	400

2008-09 Topps Chrome Refractors

		NmMt 8	NmMt+ 8.5	MT 9	Gem 9.5/10
23	LeBron James	1,000	1,500	3,000	5,000
24	Kobe Bryant	1,500	2,000	4,000	6,000
156	Kevin Durant	300	400	800	1,500
181	Derrick Rose	150	200	400	800
184	Russell Westbrook	200	250	500	1,000

2008-09 Topps Signature

		NmMt 8	NmMt+ 8.5	MT 9	Gem 9.5/10
TSDR	Derrick Rose RC	6	10	20	40
TSRW	Russell Westbrook RC	20	30	60	120

2008-09 Upper Deck

		NmMt 8	NmMt+ 8.5	MT 9	Gem 9.5/10
259	Derrick Rose RC	4	6	12	30
262	Russell Westbrook RC	10	15	30	80

2008-09 Upper Deck First Edition

		NmMt 8	NmMt+ 8.5	MT 9	Gem 9.5/10
259	Derrick Rose	4	6	12	30
262	Russell Westbrook	10	15	30	80

2008-09 Upper Deck MVP

		NmMt 8	NmMt+ 8.5	MT 9	Gem 9.5/10
201	Derrick Rose RC	4	6	12	30
204	Russell Westbrook RC	10	15	30	80

2008-09 Upper Deck Radiance

		NmMt 8	NmMt+ 8.5	MT 9	Gem 9.5/10
89RC	Derrick Rose AU RC	80	120	250	500
90RC	Russell Westbrook AU RC	150	200	400	800

2009-10 Absolute Memorabilia

		NmMt 8	NmMt+ 8.5	MT 9	Gem 9.5/10
144	Stephen Curry JSY AU/499 RC	3,000	5,000	8,000	15,000

	NmMt 8	NmMt+ 8.5	MT 9	Gem 9.5/10
James Harden JSY AU/499 RC	200	300	500	800
Blake Griffin JSY AU/499 RC	50	80	150	300

2009-10 Adrenalyn XL

	NmMt 8	NmMt+ 8.5	MT 9	Gem 9.5/10
Stephen Curry RC	150	200	400	800

2009-10 Bowman 48

	NmMt 8	NmMt+ 8.5	MT 9	Gem 9.5/10
Blake Griffin RC	30	40	80	150
James Harden RC	125	150	300	600
Stephen Curry RC	800	1,200	2,500	5,000

2009-10 Certified

	NmMt 8	NmMt+ 8.5	MT 9	Gem 9.5/10
James Harden JSY AU RC	200	300	500	800
Stephen Curry JSY AU RC	1,200	1,500	2,500	5,000

2009-10 Classics

	NmMt 8	NmMt+ 8.5	MT 9	Gem 9.5/10
Blake Griffin AU/499 RC	40	50	100	250
James Harden AU/499 RC	300	400	600	1,200
Stephen Curry AU/499 RC	1,500	2,000	4,000	8,000

2009-10 Court Kings

	NmMt 8	NmMt+ 8.5	MT 9	Gem 9.5/10
Stephen Curry AU RC	1,000	1,200	2,500	5,000
James Harden AU RC	300	400	600	1,200
Blake Griffin AU RC	40	60	150	300

2009-10 Crown Royale

	NmMt 8	NmMt+ 8.5	MT 9	Gem 9.5/10
Stephen Curry AU/399 RC	2,000	2,500	4,000	8,000
James Harden AU/599 RC	300	400	600	1,200
Blake Griffin AU/399 RC	30	50	100	250

2009-10 Donruss Elite

	NmMt 8	NmMt+ 8.5	MT 9	Gem 9.5/10
Blake Griffin AU RC	25	40	60	120
James Harden/479 AU RC	250	300	600	1,200
Stephen Curry AU RC	1,000	1,200	2,500	5,000

2009-10 Limited

	NmMt 8	NmMt+ 8.5	MT 9	Gem 9.5/10
James Harden JSY AU RC	300	400	600	1,200
Stephen Curry JSY AU RC	1,500	2,000	3,000	5,000

2009-10 Panini

	NmMt 8	NmMt+ 8.5	MT 9	Gem 9.5/10
James Harden RC	20	30	60	150
Stephen Curry RC	100	150	300	600
James Harden RC	20	30	60	150
Stephen Curry RC	100	150	300	600
Stephen Curry RC	100	150	300	600
James Harden RC	20	30	60	150

2009-10 Playoff Contenders

	NmMt 8	NmMt+ 8.5	MT 9	Gem 9.5/10
Blake Griffin SP AU RC	50	80	150	300
James Harden SP AU RC	300	500	1,000	2,000
Stephen Curry SP AU RC	5,000	6,000	10,000	15,000

2009-10 Prestige

		NmMt 8	NmMt+ 8.5	MT 9	Gem 9.5/10
157	Stephen Curry RC	100	150	300	600
207	Stephen Curry RC	100	150	300	600
230	Stephen Curry Davidson RC	100	150	300	600

2009-10 Rookies and Stars

		NmMt 8	NmMt+ 8.5	MT 9	Gem 9.5/10
131	Blake Griffin AU/449 RC	25	40	80	200
133	James Harden AU/449 RC	300	400	600	1,200
136	Stephen Curry AU/449 RC	2,000	2,500	4,000	8,000

2009-10 Studio

		NmMt 8	NmMt+ 8.5	MT 9	Gem 9.5/10
129	Stephen Curry RC	80	120	250	500
135	James Harden RC	30	40	80	200

2009-10 Topps

		NmMt 8	NmMt+ 8.5	MT 9	Gem 9.5/10
319	James Harden RC	60	80	150	600
321	Stephen Curry RC	1,000	1,500	3,000	6,000

2009-10 Topps Chrome

		NmMt 8	NmMt+ 8.5	MT 9	Gem 9.5/10
99	James Harden RC	500	600	1,000	2,500
101	Stephen Curry RC	8,000	10,000	15,000	30,000

2009-10 Topps Chrome Refractors

		NmMt 8	NmMt+ 8.5	MT 9	Gem 9.5/10
99	James Harden	1,000	1,500	3,000	8,000
101	Stephen Curry	15,000	20,000	30,000	50,000

2009-10 Upper Deck

		NmMt 8	NmMt+ 8.5	MT 9	Gem 9.5/10
227	James Harden SP RC	10	15	30	60
234	Stephen Curry SP RC	150	200	400	800

2009-10 Upper Deck Draft Edition

		NmMt 8	NmMt+ 8.5	MT 9	Gem 9.5/10
34	Stephen Curry SP	50	80	150	400
40	James Harden	8	10	25	50

2009-10 Upper Deck First Edition

		NmMt 8	NmMt+ 8.5	MT 9	Gem 9.5/10
188	James Harden RC	10	15	30	60
196	Stephen Curry RC	250	300	600	1,200

2010-11 Classics

		NmMt 8	NmMt+ 8.5	MT 9	Gem 9.5/10
155	John Wall/199 AU RC	30	60	120	250
163	Gordon Hayward/449 AU RC	12	25	50	120
164	Paul George/449 AU RC	60	80	200	500

2010-11 Donruss

		NmMt 8	NmMt+ 8.5	MT 9	Gem 9.5/10
228	John Wall RC	6	8	15	40
237	Paul George RC	25	40	80	200

2010-11 Panini Gold Standard

		NmMt 8	NmMt+ 8.5	MT 9	Gem 9.5/10
213	John Wall AU RC	20	30	60	150
222	Paul George AU RC	80	100	250	500

2010-11 Playoff Contenders Patches

		NmMt 8	NmMt+ 8.5	MT 9	Gem 9.5/10
151	John Wall AU SP	30	50	100	250
160	Paul George AU SP	150	200	400	800

2010-11 Playoff National Treasures

		NmMt 8	NmMt+ 8.5	MT 9	Gem 9.5/10
201	John Wall JSY AU/99 RC	500	600	1,000	2,000
210	Paul George JSY AU/99 RC	1,000	1,200	2,000	3,000

2010-11 Rookies and Stars

		NmMt 8	NmMt+ 8.5	MT 9	Gem 9.5/10
140	Paul George AU/455 RC	60	100	200	400
170	John Wall AU/454 RC	40	60	120	250

2011-12 SP Authentic

		NmMt 8	NmMt+ 8.5	MT 9	Gem 9.5/10
23	Klay Thompson	30	40	80	200
27	Kawhi Leonard	30	40	80	200

2011-12 SP Authentic Autographs

		NmMt 8	NmMt+ 8.5	MT 9	Gem 9.5/10
23	Klay Thompson	150	300	500	800
27	Kawhi Leonard	150	300	500	800

2012-13 Hoops

		NmMt 8	NmMt+ 8.5	MT 9	Gem 9.5/10
223	Kyrie Irving RC	10	12	30	60
232	Klay Thompson RC	15	20	40	100
236	Kawhi Leonard RC	15	20	40	100
249	Jimmy Butler RC	8	12	25	50
275	Anthony Davis RC	15	20	40	80
280	Damian Lillard RC	15	20	40	80

2012-13 Immaculate Collection

		NmMt 8	NmMt+ 8.5	MT 9	Gem 9.5/10
112	Kawhi Leonard JSY AU RC	1,500	2,500	5,000	
134	Anthony Davis JSY AU RC	1,500	2,500	5,000	

2012-13 Panini Contenders

		NmMt 8	NmMt+ 8.5	MT 9	Gem 9.5/10
201	Anthony Davis AU RC	150	200	400	800
203	Bradley Beal AU RC	60	80	150	300
233	Draymond Green AU RC	80	100	200	400
250	Kyrie Irving AU RC	125	200	400	600
254	Jimmy Butler AU RC	60	100	200	400
263	Kawhi Leonard AU RC	300	400	600	1,000
271	Klay Thompson AU RC	100	200	400	800

2012-13 Panini Past and Present

		NmMt 8	NmMt+ 8.5	MT 9	Gem 9.5/10
193	Kawhi Leonard RC	15	25	50	120
214	Jimmy Butler RC	6	10	20	50
219	Bradley Beal RC	8	10	20	40
237	Anthony Davis RC	15	25	50	120
249	Damian Lillard RC	15	25	50	120

2012-13 Panini Prizm

		NmMt 8	NmMt+ 8.5	MT 9	Gem 9.5/10
1	LeBron James	50	80	200	400
24	Kobe Bryant	40	50	100	300
72	Stephen Curry	40	50	100	300
201	Kyrie Irving RC	▼25	▼40	▼80	▼150
203	Klay Thompson RC	▼40	▼60	▼100	▼250
205	Jimmy Butler RC	▼20	▼30	▼60	▼120
209	Kawhi Leonard RC	▼60	▼80	▼150	▼300
236	Anthony Davis RC	▼20	▼30	▼60	▼200
238	Bradley Beal RC	▼15	▼20	▼40	▼100
245	Damian Lillard RC	▼60	▼80	▼150	▼300
282	Draymond Green RC	▼20	▼30	▼60	▼120

2012-13 Prestige

		NmMt 8	NmMt+ 8.5	MT 9	Gem 9.5/10
151	Kyrie Irving RC	10	▼15	▼30	▼60
155	Klay Thompson RC	▼12	▼25	▼50	▼120
162	Kawhi Leonard RC	▼20	▼30	▼60	▼150
199	Jimmy Butler RC	8	▼10	▼20	▼50
201	Anthony Davis RC	▼12	▼20	▼40	▼80
212	Bradley Beal RC	▼6	▼12	▼25	▼50
214	Damian Lillard RC	▼12	▼20	▼40	▼80
237	Draymond Green RC	▼5	▼8	▼15	▼30

2012-13 Select

		NmMt 8	NmMt+ 8.5	MT 9	Gem 9.5/10
150	Damian Lillard RC	▼20	▼20	▼60	▼150
151	Kyrie Irving AU/149 RC	▼80	▼125	▼250	▼500
152	Anthony Davis AU/149 RC	▼120	▼200	▼400	▼600
170	Klay Thompson AU/149	120	200	400	▼600
178	Kawhi Leonard AU/199	200	300	500	800
246	Klay Thompson JSY AU/199 RC	400	500	800	1,500
250	Kawhi Leonard JSY AU/249 RC	400	500	800	1,500
270	Anthony Davis JSY AU/149 RC	200	300	500	800

2012-13 Totally Certified

		NmMt 8	NmMt+ 8.5	MT 9	Gem 9.5/10
11	Kawhi Leonard RC	15	25	50	120
12	Kyrie Irving RC	8	12	25	50
29	Anthony Davis RC	20	25	50	100
70	Damian Lillard RC	15	25	50	100

2013-14 Elite

		NmMt 8	NmMt+ 8.5	MT 9	Gem 9.5/10
229	Giannis Antetokounmpo RC	300	400	600	1,200

2013-14 Hoops

		NmMt 8	NmMt+ 8.5	MT 9	Gem 9.5/10
275	Giannis Antetokounmpo RC	80	100	200	400

2013-14 Panini Crusade

		NmMt 8	NmMt+ 8.5	MT 9	Gem 9.5/10
122	Giannis Antetokounmpo RC	100	150	300	600

2013-14 Panini Gold Standard

		NmMt 8	NmMt+ 8.5	MT 9	Gem 9.5/10
231	G.Antetokounmpo JSY AU RC	2,000	2,500	5,000	10,000

2013-14 Panini Prizm

		NmMt 8	NmMt+ 8.5	MT 9	Gem 9.5/10
1	Kobe Bryant	12	15	30	80
65	LeBron James	15	20	40	100
290	Giannis Antetokounmpo RC	300	400	800	2,000

2013-14 Panini Prizm Autographs

		NmMt 8	NmMt+ 8.5	MT 9	Gem 9.5/10
33	Giannis Antetokounmpo	1,500	2,000	3,000	6,000

2013-14 Panini Spectra

		NmMt 8	NmMt+ 8.5	MT 9	Gem 9.5/10
120	Giannis Antetokounmpo JSY AU RC	1,000	1,500	2,500	5,000

2013-14 Pinnacle

		NmMt 8	NmMt+ 8.5	MT 9	Gem 9.5/10
5	Giannis Antetokounmpo RC	60	100	200	400

2013-14 Prestige

		NmMt 8	NmMt+ 8.5	MT 9	Gem 9.5/10
175	Giannis Antetokounmpo RC	80	120	250	500

2013-14 Select

		NmMt 8	NmMt+ 8.5	MT 9	Gem 9.5/10
178	Giannis Antetokounmpo RC	300	500	800	1,500

2014-15 Donruss

		NmMt 8	NmMt+ 8.5	MT 9	Gem 9.5/10
203	Joel Embiid RC	30	50	100	250
221	Zach LaVine RC	15	20	40	100
224	Julius Randle RC	8	10	25	60

2014-15 Hoops

		NmMt 8	NmMt+ 8.5	MT 9	Gem 9.5/10
263	Joel Embiid RC	▼10	▼12	▼30	▼80
267	Julius Randle RC	▼5	▼6	▼10	▼25
272	Zach LaVine RC	▼6	▼8	▼15	▼40

2014-15 Panini Prizm

		NmMt 8	NmMt+ 8.5	MT 9	Gem 9.5/10
48	LeBron James	10	15	30	80
73	Giannis Antetokounmpo	12	20	40	100
251	Andrew Wiggins RC	10	12	30	60
253	Joel Embiid RC	40	60	120	300
262	Zach LaVine RC	40	60	120	300

2014-15 Panini Prizm Prizms

		NmMt 8	NmMt+ 8.5	MT 9	Gem 9.5/10
251	Andrew Wiggins	40	60	120	300
253	Joel Embiid	300	400	600	1,000
262	Zach LaVine	120	150	300	600

2014-15 Select

		NmMt 8	NmMt+ 8.5	MT 9	Gem 9.5/*
84	Zach LaVine CON RC	30	40	80	200
90	Joel Embiid CON RC	30	40	80	200
100	Andrew Wiggins CON RC	6	8	20	50

2015-16 Donruss

		NmMt 8	NmMt+ 8.5	MT 9	Gem 9.5/*
208	Karl-Anthony Towns RC	10	15	30	60
215	Nikola Jokic RC	60	80	150	300
223	Devin Booker RC	60	80	150	300
238	Christian Wood RC	15	25	50	120

2015-16 Panini Prizm

		NmMt 8	NmMt+ 8.5	MT 9	Gem 9.5/*
308	Devin Booker RC	▼25	▼30	▼80	▼200
328	Karl-Anthony Towns RC	▼10	▼12	▼30	▼80
335	Nikola Jokic RC	▼60	▼80	▼150	▼300
348	Kristaps Porzingis RC	▼6	▼8	▼15	▼40

2015-16 Panini Prizm Prizms Silver

		NmMt 8	NmMt+ 8.5	MT 9	Gem 9.5/*
308	Devin Booker	400	600	1,000	2,000
328	Karl-Anthony Towns	120	200	300	500
335	Nikola Jokic	400	600	1,000	2,000
348	Kristaps Porzingis	40	60	120	250

2015-16 Select

		NmMt 8	NmMt+ 8.5	MT 9	Gem 9.5/*
16	Karl-Anthony Towns CON RC	▼5	▼6	▼12	▼30
17	Kristaps Porzingis CON RC	▼5	▼6	▼10	▼25
128	Nikola Jokic PRE RC	40	60	120	300
136	Karl-Anthony Towns PRE	▼5	▼6	▼12	▼30
196	Kristaps Porzingis PRE	▼5	▼6	▼12	▼30
203	Devin Booker COU RC	100	150	300	600

2016-17 Absolute Memorabilia

		NmMt 8	NmMt+ 8.5	MT 9	Gem 9.5/*
200	Ben Simmons RC	15	20	40	100

2016-17 Donruss Optic

		NmMt 8	NmMt+ 8.5	MT 9	Gem 9.5/*
5	Giannis Antetokounmpo	6	10	20	50
15	LeBron James	20	30	60	120
151	Ben Simmons RC	8	12	25	50
152	Brandon Ingram RC	8	12	30	60
153	Jaylen Brown RC	15	25	50	100
171	Pascal Siakam RC	6	8	15	40
173	Dejounte Murray RC	10	12	30	60

2016-17 Panini Prizm

		NmMt 8	NmMt+ 8.5	MT 9	Gem 9.5/*
1	Ben Simmons RC	▼6	▼8	▼20	▼60
44	Jaylen Brown RC	▼20	▼25	▼60	▼150
131	Brandon Ingram RC	▼8	▼10	▼25	▼60
175	Jamal Murray RC	▼8	▼10	▼20	▼50
220	Pascal Siakam RC	10	15	30	60
236	Dejounte Murray RC	15	25	50	120

2016-17 Panini Prizm Prizms Silver

	NmMt 8	NmMt+ 8.5	MT 9	Gem 9.5/10
Ben Simmons	▼60	▼80	▼150	▼400
Jaylen Brown	▼80	▼100	▼250	▼500
Brandon Ingram	▼60	▼80	▼200	▼400
Jamal Murray	▼40	▼60	▼120	▼250
Pascal Siakam	25	40	80	150
Dejounte Murray	50	80	120	300

2016-17 Panini Spectra

	NmMt 8	NmMt+ 8.5	MT 9	Gem 9.5/10
Ben Simmons RC	▼12	▼15	▼40	▼100

2016-17 Select

	NmMt 8	NmMt+ 8.5	MT 9	Gem 9.5/10
Ben Simmons RC	▼6	▼8	▼15	▼40
Brandon Ingram RC	8	▼10	▼20	▼50
Brandon Ingram	10	▼12	▼25	▼60
Ben Simmons	▼6	▼8	▼15	▼40

2017-18 Donruss Optic

	NmMt 8	NmMt+ 8.5	MT 9	Gem 9.5/10
Bam Adebayo RR RC	▼5	▼6	▼10	▼25
Donovan Mitchell RR RC	▼10	▼15	▼30	▼80
De'Aaron Fox RR RC	▼5	▼6	▼12	▼30
Jayson Tatum RR RC	20	30	60	120

2017-18 Hoops

	NmMt 8	NmMt+ 8.5	MT 9	Gem 9.5/10
Jayson Tatum RC	12	15	40	100
Donovan Mitchell RC	▼5	▼6	▼12	▼30

2017-18 Panini Prizm

	NmMt 8	NmMt+ 8.5	MT 9	Gem 9.5/10
Jayson Tatum RC	40	60	120	300
De'Aaron Fox RC	▼6	▼8	▼20	▼50
Bam Adebayo RC	▼5	▼6	▼12	▼30
Donovan Mitchell RC	▼20	▼25	▼50	▼120

2017-18 Panini Prizm Prizms Silver

	NmMt 8	NmMt+ 8.5	MT 9	Gem 9.5/10
Jayson Tatum	300	400	800	1,500
De'Aaron Fox	▼25	▼40	▼80	▼200
Bam Adebayo	▼20	▼25	▼50	▼120
Donovan Mitchell	120	200	400	600

2017-18 Select

	NmMt 8	NmMt+ 8.5	MT 9	Gem 9.5/10
Donovan Mitchell RC	▼10	▼12	▼30	▼80
De'Aaron Fox RC	▼5	▼6	▼12	▼30
Jayson Tatum RC	20	30	60	150
Jayson Tatum	30	40	80	200
De'Aaron Fox	▼5	▼6	▼12	▼30

2018-19 Absolute Memorabilia

	NmMt 8	NmMt+ 8.5	MT 9	Gem 9.5/10
Luka Doncic RC	500	600	1,000	2,500

2018-19 Donruss Optic

		NmMt 8	NmMt+ 8.5	MT 9	Gem 9.5/10
177	Luka Doncic RR RC	100	120	250	500
198	Trae Young RR RC	20	25	60	120

2018-19 Hoops

		NmMt 8	NmMt+ 8.5	MT 9	Gem 9.5/10
250	Trae Young RC	▼8	▼12	▼25	▼50
268	Luka Doncic RC	30	40	80	200

2018-19 Panini Contenders

		NmMt 8	NmMt+ 8.5	MT 9	Gem 9.5/10
122	Luka Doncic AU RC	2,500	3,000	5,000	8,000
142	Trae Young AU RC	600	800	1,500	3,000

2018-19 Panini Contenders Draft Picks

		NmMt 8	NmMt+ 8.5	MT 9	Gem 9.5/10
126	Luka Doncic AU RC	1,200	1,500	2,500	4,000

2018-19 Panini Prizm

		NmMt 8	NmMt+ 8.5	MT 9	Gem 9.5/10
32	Michael Porter Jr. RC	▼5	▼6	▼12	▼30
78	Trae Young RC	▼10	▼12	▼30	▼100
184	Shai Gilgeous-Alexander RC	15	20	40	100
280	Luka Doncic RC	▼80	▼100	▼200	▼400

2018-19 Panini Prizm Prizms Silver

		NmMt 8	NmMt+ 8.5	MT 9	Gem 9.5/10
78	Trae Young	▼150	▼250	▼400	▼800
280	Luka Doncic	800	1,000	2,000	4,000

2018-19 Select

		NmMt 8	NmMt+ 8.5	MT 9	Gem 9.5/10
25	Luka Doncic RC	▼40	▼60	▼150	▼300
45	Trae Young RC	▼10	▼12	▼30	▼80
122	Luka Doncic	▼60	▼80	▼200	▼400
142	Trae Young	▼12	▼15	▼40	▼100

2019-20 Donruss

		NmMt 8	NmMt+ 8.5	MT 9	Gem 9.5/10
201	Zion Williamson RR RC	6	10	20	50
202	Ja Morant RR RC	12	20	40	100

2019-20 Donruss Optic

		NmMt 8	NmMt+ 8.5	MT 9	Gem 9.5/10
158	Zion Williamson RR RC	12	20	40	100
168	Ja Morant RR RC	15	25	50	120

2019-20 Donruss Optic Holo

		NmMt 8	NmMt+ 8.5	MT 9	Gem 9.5/10
168	Ja Morant RR	80	100	200	400

2019-20 Hoops

		NmMt 8	NmMt+ 8.5	MT 9	Gem 9.5/10
258	Zion Williamson RC	▼6	10	20	40
259	Ja Morant RC	8	12	25	50

2019-20 Hoops Premium Stock

		NmMt 8	NmMt+ 8.5	MT 9	Gem 9.5/10
258	Zion Williamson RC	12	15	30	60
259	Ja Morant RC	12	15	30	60

2019-20 Panini Mosaic

		NmMt 8	NmMt+ 8.5	MT 9	Gem 9.5/10
209	Zion Williamson RC	6	10	20	50
219	Ja Morant RC	10	15	30	60

2019-20 Panini Prizm

		NmMt 8	NmMt+ 8.5	MT 9	Gem 9.5/10
75	Luka Doncic	6	8	15	30
129	LeBron James	6	10	20	40
248	Zion Williamson RC	30	40	80	150
249	Ja Morant RC	30	40	100	200
259	Tyler Herro RC	▼6	▼10	▼15	▼40
272	Jordan Poole RC	▼8	▼12	▼30	▼80

2019-20 Panini Prizm Prizms Silver

		NmMt 8	NmMt+ 8.5	MT 9	Gem 9.5/10
248	Zion Williamson	150	250	500	1,000
249	Ja Morant	150	250	500	1,000
272	Jordan Poole	80	100	200	400

2019-20 Panini Revolution

		NmMt 8	NmMt+ 8.5	MT 9	Gem 9.5/10
101	Zion Williamson RC	12	20	40	120
102	Ja Morant RC	15	25	50	120

2019-20 Select

		NmMt 8	NmMt+ 8.5	MT 9	Gem 9.5/10
1	Zion Williamson RC	▼10	▼12	▼30	▼80
72	Ja Morant RC	▼15	▼25	60	▼120

2020-21 Certified

		NmMt 8	NmMt+ 8.5	MT 9	Gem 9.5/10
198	LaMelo Ball RC	▼8	▼12	▼30	▼80
200	Anthony Edwards RC	8	12	30	80

2020-21 Donruss

		NmMt 8	NmMt+ 8.5	MT 9	Gem 9.5/10
201	Anthony Edwards RR RC	▼5	▼6	▼12	▼30
202	LaMelo Ball RR RC	▼5	▼6	▼12	▼30

2020-21 Hoops

		NmMt 8	NmMt+ 8.5	MT 9	Gem 9.5/10
216	Anthony Edwards RC	▼5	▼6	▼12	▼30
223	LaMelo Ball RC	▼5	▼6	▼12	▼30

2020-21 Panini Prizm

		NmMt 8	NmMt+ 8.5	MT 9	Gem 9.5/10
1	LeBron James	▼12	▼25	▼50	▼120
258	Anthony Edwards RC	▼15	▼30	▼50	▼120
278	LaMelo Ball RC	▼15	▼30	▼50	▼120

2000 Ultra WNBA

		NmMt 8	NmMt+ 8.5	MT 9	Gem 9.5/10
21	Becky Hammon RC	▼25	▼40	▼80	▼250

2016 WNBA

		NmMt 8	NmMt+ 8.5	MT 9	Gem 9.5/10
95	Breanna Stewart RC	800	1,000	▼1,500	

2020 Panini Prizm WNBA

		NmMt 8	NmMt+ 8.5	MT 9	Gem 9.5/10
89	Sabrina Ionescu	▼10	▼15	▼30	▼80

FOOTBALL
1888 - 1979

1888 Goodwin Champions N162

		PrFr 1	GD 2	VG 3	VgEx 4	EX 5	ExMt 6	NM 7	NmMt 8
12	Harry Beecher (Football)	▲2,500	▲4,000	▲8,000					

— Ed Andrews PSA 7 (NM) sold for $6,600 (Mastro; 5/08)
— Ed Andrews PSA 7 (NM) sold for $3,884 (Heritage; 10/07)
— Cap Anson PSA 7 (NM) sold for $25,831 (Memory Lane; 5/08)
— Cap Anson PSA 7 (NM) sold for $23,184 (Goodwin; 3/09)
— Cap Anson PSA 7 (NM) sold for $10,443 (Mastro; 12/05)
— Cap Anson SGC 80 (ExMt) sold for $13,698 (Mastro; 4/07)
— Dan Brouthers PSA 7 (NM) sold for $11,596 (Mastro; 4/07)
— Dan Brouthers PSA 7 (NM) sold for $6,600 (Mastro; 5/08)
— Fred Dunlap PSA 7.5 (NM+) sold for $9,000 (mastro; 5/08)
— Tim Keefe PSA 8 (NmMt) sold for $18,448 (Goodwin; 11/07)
— Tim Keefe PSA 7 (NM) sold for $13,394 (Mastro; 4/07)
— Tim Keefe SGC 80 (ExMt) sold for $7,050 (REA; 5/08)
— Tim Keefe PSA 6 (ExMt) sold for $3,680 (Superior; 3/05)
— King Kelly PSA 8 (NmMt) sold for $66,337 (SCP; 7/08)
— King Kelly PSA 8 (NmMt) sold for $18,975 (SCP Sotheby's 8/03)
— King Kelly PSA 7 (NM) sold for $12,000 (Mastro; 5/08)

1894 Mayo

— George Adee #2 PSA 8 (NM/MT) sold for $2400 (Legendary; 8/12)
— H.W.Barnett #4 PSA 8 (NM/MT) sold for $2100 (Legendary; 8/12)
— Anson Beard #6 SGC 5 (EXC) sold for $1057.5 (Huggins&Scott; 10/12)
— Charles Brewer #7 SGC 7.5 (Near MT+) sold for $1600 (Legendary; 8/12)
— H.D.Brown #8 PSA 8 (NM/MT) sold for $2200 (Legendary; 8/12)
— C.D. Burt #9 PSA 6 (EX-MT) sold for $1300 (Legendary; 8/12)
— Frank Butterworth #10 SGC 7 (Near MT) sold for $950 (Legendary; 8/12)
— Anonymous John Dunlop SGC 1 (Poor) sold for $12,659 (Goodwin; 7/09)
— Anonymous John Dunlop #35 PSA 1 (Poor) sold for $9000 (Legendary; 8/12)
— Madison Gonterman #13 PSA 7 (Near MT) sold for $1000 (Legendary; 8/12)
— George Gray PSA 5 (Ex) sold for $1,035 (Huggins&Scott; 4/08)
— George Gray #14 PSA 7 (Near MT) sold for $900 (Legendary; 8/12)
— John Greenway SGC 4 (VgEx) sold for $794 (Memory Lane; 8/06)
— Frank Hinkey PSA 6 (ExMt) sold for $1,645 (Robert Edward Auction; 4/07)
— William Hickok #16 PSA 6 (EX-MT) sold for $1200 (Legendary; 8/12)
— Augustus Holly #18 SGC 4 (VgEx) sold for $655 (Memory Lane; 8/06)
— Langdon Lea #19 PSA 7 (Near MT) sold for $1200 (Legendary; 8/12)
— William Mackie #20 PSA 7 (Near MT) sold for $1400 (Legendary; 8/12)
— Tom Manahan #21 PSA 7 (Near MT) sold for $2000 (Legendary; 8/12)
— Fred Murphy #24 PSA 7 (Near MT) sold for $950 (Legendary; 8/12)
— Neilson Poe #25 PSA 3 (VG) sold for $1,406 (Barry Sloate Auction; 9/07)
— Neilson Poe #25 PSA 7 (Near MT) sold for $3750 (Legendary; 8/12)
— Dudley Riggs #26 PSA 8 (NM/MT) sold for $2300 (Legendary; 8/12)
— Phillip Stillman #27 PSA 8 (NM/MT) sold for $2200 (Legendary; 8/12)
— Knox Taylor #28 PSA 8 (NM/MT) sold for $2500 (Legendary; 8/12)
— T.Trenchard #30 SGC 7 (Near MT) sold for $2100 (Legendary; 8/12)
— William Ward #31 PSA 7 (Near MT) sold for $1600 (Legendary; 8/12)
— Bert Waters #32 PSA 8 (NM/MT) sold for $2200 (Legendary; 8/12)
— A. Wheeler #33 PSA 7 (Near MT) sold for $1300 (Legendary; 8/12)
— Edgar Wrightington #34 PSA 7 (Near MT) sold for $1200 (Legendary; 8/12)

1933 Sport Kings

		PrFr 1	GD 2	VG 3	VgEx 4	EX 5	ExMt 6	NM 7	NmMt 8
4	Red Grange RC FB	250	300	400	550	700	1,200	2,500	
6	Jim Thorpe RC FB	1,200	2,000	3,000	4,000	6,000	8,000		
35	Knute Rockne RC FB	200	250	450	600	800	1,200	4,000	

— Red Grange #4 PSA 8 (NmMt) sold for $13,394.40 (Mastro Auctions; 12/07)
— Red Grange #4 SGC 8 (NmMt) sold for $3,704 (Mile High Auctions; 11/10)
— Carl Hubbell #42 PSA 9 (MT) sold for $7,929 (Mastro; 12/05)
— Babe Ruth #2 SGC 92 (NmMt+) sold for $64,417 (Mastro; 4/07)
— Babe Ruth #2 GAI 7.5 (NM+) sold for $5,541 (Mile High; 8/07)
— Jim Thorpe #6 PSA 8 (NmMt) sold for $7,200.00 (Mastro Auctions; 5/08)
— Ed Wachter #5 PSA 8 (NmMt) sold for $2,100 (Bussineau; 7/13)

1935 National Chicle

		PrFr 1	GD 2	VG 3	VgEx 4	EX 5	ExMt 6	NM 7	NmMt 8
1A	Dutch Clark RC	150	200	250	400	600	1,000	2,500	3,500
2A	Bo Molenda RC	30	50	60	100	150	250	600	3,000
3A	George Kenneally RC	30	50	60	100	150	200	800	1,500
4A	Ed Matesic RC	30	50	60	100	125	200	600	1,500
5A	Glenn Presnell RC	30	50	60	100	150	225	500	1,800
6A	Pug Rentner RC	30	50	60	100	125	200	400	1,000
7A	Ken Strong RC	60	80	125	200	350	400	1,000	2,500
8A	Jim Zyntell RC	30	50	60	100	125	175	400	900
9A	Knute Rockne CO	250	350	450	600	1,200	2,000	4,000	8,000
10A	Cliff Battles RC	80	120	150	250	400	600	1,000	2,500
11A	Turk Edwards RC	80	120	150	250	400	600	1,200	4,000
12A	Tom Hupke RC	30	50	60	100	125	175	400	900
13A	Homer Griffiths RC	30	50	60	100	125	175	400	900
14A	Phil Sarboe RC	30	50	60	100	125	175	400	900
15A	Ben Ciccone RC	30	50	60	100	125	175	400	900
16A	Ben Smith RC	30	50	60	100	125	175	400	900
17A	Tom Jones RC	30	50	60	100	125	175	400	900
18A	Mike Mikulak RC	30	50	60	100	125	200	400	900
19	Ralph Kercheval RC	30	50	60	100	125	200	400	900
20A	Warren Heller RC	30	50	60	100	125	175	400	900
21A	Cliff Montgomery RC	30	50	60	100	125	175	400	900
22A	Shipwreck Kelly RC	30	50	60	100	125	175	400	900
23A	Beattie Feathers RC	40	60	90	150	200	300	600	1,200
24A	Clarke Hinkle RC	120	150	200	350	500	700	1,500	3,500
25	Dale Burnett RC	175	250	300	400	500	750	1,200	
26	John Dell Isola RC	175	250	400	400	500	750	1,200	
27	Bull Tosi RC	300	600	900	1,500	2,500	4,000	12,000	
28	Stan Kostka RC	175	250	300	500	600	750	1,200	
29	Jim MacMurdo RC	175	250	300	400	500	750	1,200	
30	Ernie Caddel RC	175	250	300	400	500	750	1,200	
31	Nic Niccola RC	175	250	300	400	500	1,200	1,500	
32	Swede Johnston RC	175	250	300	400	500	750	1,200	
33	Ernie Smith RC	175	250	300	400	500	750	2,000	
34	Bronko Nagurski RC	3,000	3,500	4,000	10,000	15,000	20,000	25,000	
35	Luke Johnsos RC	175	250	300	400	600	1,000	1,500	
36	Bernie Masterson RC	175	250	300	450	600	1,000	3,000	

— Dale Burnett #25 PSA 8 (NmMt) sold for $2,550 (eBay; 1/05)
— Ernie Caddel #30 SGC 96 (Mint) sold for $5,000 (Robert Edward; 5/09)
— Ernie Caddel #30 PSA 8 (NmMt) sold for $2,360 (Love of the Game Winter; 2/14)
— John Dell Isola #26 SGC 96 (Mint) sold for $3,500 (Robert Edward; 5/09)
— John Dell Isola #26 PSA 8 (NmMt) sold for $1,912 (Heritage; 10/06)
— Beattie Feathers #23 PSA 9 (Mint) sold for $2,496 (Mile High; 11/09)
— Homer Griffiths #13 PSA 9 (Mint) sold for $1,912 (Heritage; 10/06)
— Warren Heller #20 PSA 9 (Mint) sold for $3,287 (Mastro; 12/03)
— Luke Johnsos #35 PSA 8 (NmMt) sold for $2,988 (Mastro; 4/04)
— Swede Johnston #32 PSA 8 (NmMt) sold for $2,490 (Heritage; 5/06)
— Swede Johnston #32 PSA 8 (NmMt) sold for $2,950 (Love of the Game Winter; 2/14)
— Tom Jones #17 PSA 9 (Mint) sold for $3,884 (Heritage; 5/06)
— Shipwreck Kelly #22 PSA 9 (Mint) sold for $1,400 (Robert Edward; 5/09)
— Ralph Kercheval #19 PSA 9 (Mint) sold for $2,495 (eBay; 6/04)
— Stan Kostka #28 PSA 8 (NmMt) sold for $3,300 (Mastro; 5/08)
— Bernie Masterson #36 PSA 8 (NmMt) sold for $14,340 (Heritage; 5/06)
— Jim MacMurdo #36 PSA 8 (NmMt) sold for $3,650 (Memory Lane; 6/08)
— Jim MacMurdo #36 PSA 8 (NmMt) sold for $2,478 (Love of the Game Winter; 2/14)
— Mike Mikulak #18 PSA 9 (Mint) sold for $4,050 (eBay; 11/07)
— Mike Mikulak #18 SGC 96 (Mint) sold for $1,526 (eBay; 5/05)
— Bronko Nagurski #34 SGC 96 (Mint) private sale $240,000 (SGC reported; 7/06)
— Bronko Nagurski #34 SGC 96 (Mint) sold for $80,000 (eBay; 6/03)
— Bronko Nagurski #34 PSA 8 (NmMt) sold for $58,417 (Memory Lane; 12/06)
— Bronko Nagurski #34 PSA 8 (NmMt) sold for $66,354 (SCP Auctions; 7/08)
— Bronko Nagurski #34 PSA 7 (NmMt) sold for $23,148 (Memory Lane; 5/13)
— Nic Niccola #31 PSA 9 (Mint) sold for $7,200 (Mastro; 4/08)
— Nic Niccola #31 PSA 8 (NmMt) sold for $2,616 (eBay; 4/07)
— Nic Niccola #31 PSA 8 (NmMt) sold for $4,050 (eBay; 3/05)

ute Rockne #9 SGC 8.5 (NmMt+) sold for $6,019 (Mastro; 12/07)
ute Rockne #9 PSA 8 (NmMt) sold for $6,114 (SCP Auctions; 7/08)
n Strong #7 PSA 9 (Mint) sold for $11,352 (Heritage; 5/06)
l Tosi #27 PSA 8 (NmMt) sold for $5,826 (Mastro; 4/04)
n Zyntell #8 PSA 9 (Mint) sold for $2,987 (Heritage; 5/06)

48 Bowman

	PrFr 1	GD 2	VG 3	VgEx 4	EX 5	ExMt 6	NM 7	NmMt 8
Joe Tereshinski RC	20	30	25	30	40	100	200	700
Larry Olsonoski	6	8	10	15	25	35	60	250
Johnny Lujack SP RC	30	50	▲125	200	250	400	450	1,000
Ray Poole	5	6	▲20	12	30	40	50	150
Bill DeCorrevont RC	6	8	10	15	25	35	50	▼125
Paul Briggs SP	10	15	40	50	60	75	100	250
Steve Van Buren RC	20	30	▲100	125	150	200	300	▲2,000
Kenny Washington RC	▲100	▲150	▲200	▲250	▲300	▲400	▲500	▲600
Nolan Luhn SP	10	15	25	30	60	100	175	400
Chris Iversen	5	6	8	12	20	▲40	▲150	▲200
Jack Wiley	6	8	10	15	25	▲250	▲300	▲400
Charley Conerly SP RC	30	50	80	100	200	300	350	500
Hugh Taylor RC	5	6	8	12	20	▲50	▲60	175
Frank Seno	6	8	10	15	50	60	80	150
Gil Bouley SP	10	15	25	30	50	75	100	300
Tommy Thompson RC	5	6	▲10	▲25	▲30	▲40	50	200
Charley Trippi RC	10	15	20	30	80	100	▲200	400
Vince Banonis SP	10	15	25	30	50	75	100	350
Art Faircloth	5	6	8	20	25	30	50	150
Clyde Goodnight	6	8	10	15	25	35	50	150
Bill Chipley SP	10	15	25	30	50	75	100	300
Sammy Baugh RC	60	▼200	300	400	500	600	800	1,500
Don Kindt	6	8	▲50	▲60	▲80	▲100	▲125	250
John Koniszewski SP	10	15	25	30	50	75	150	▲800
Pat McHugh	5	6	▲15	▲20	▲30	▲40	50	200
Bob Waterfield RC	20	30	40	60	80	125	250	▲1,200
Tony Compagno SP	10	15	25	30	50	80	100	350
Paul Governali RC	5	6	8	12	20	30	50	175
Pat Harder RC	8	12	15	20	35	50	80	200
Vic Lindskog SP	10	15	25	30	50	75	150	300
Salvatore Rosato	5	6	8	12	20	30	50	175
John Mastrangelo	6	8	10	15	25	▲60	▲80	175
Fred Gehrke SP	10	15	25	30	50	75	100	300
Bosh Pritchard	5	6	8	12	20	30	50	150
Mike Micka	6	8	10	15	25	35	50	175
Bulldog Turner SP RC	30	50	60	100	150	250	600	2,000
Len Younce	5	6	8	20	25	30	50	175
Pat West	6	8	10	15	25	35	50	175
Russ Thomas SP	10	15	25	30	40	50	60	350
James Peebles	5	6	8	12	20	30	50	150
Bob Skoglund	6	8	10	15	25	35	50	175
Walt Stickle SP	10	15	25	30	50	75	100	300
Whitey Wistert RC	5	6	8	12	20	30	60	175
Paul Christman RC	8	12	15	20	35	50	80	200
Jay Rhodemyre SP	10	15	25	30	50	75	100	350
Tony Minisi	5	6	8	12	30	40	50	150
Bob Mann	6	8	10	25	30	40	50	▼125
Mal Kutner SP RC	10	15	25	30	50	75	100	300
Dick Poillon	5	6	▲20	▲25	▲30	▲40	50	175
Charles Cherundolo	6	8	▲25	▲50	▲60	▲80	▲100	175
Gerald Cowhig SP	10	15	25	30	40	75	100	300
Neill Armstrong RC	5	6	8	12	20	30	50	200
Frank Maznicki	6	8	▲20	▲25	▲30	▲40	50	175
John Sanchez SP	10	15	25	30	50	75	▲400	▲500
Frank Reagan	5	6	8	12	20	30	60	200
Jim Hardy	6	8	10	15	25	35	80	150
John Badaczewski SP	10	15	25	30	50	75	100	350
Robert Nussbaumer	5	6	8	12	20	30	50	175
Marvin Pregulman	6	8	10	15	25	35	50	125
Elbie Nickel SP RC	12	20	30	40	75	100	150	400
Alex Wojciechowicz RC	20	30	40	60	100	200	250	1,000
Walt Schlinkman	6	8	10	15	25	35	50	150
Pete Pihos SP RC	30	50	60	125	200	250	350	1,200
Joseph Sulaitis	5	6	8	12	20	30	50	125
Mike Holovak RC	6	8	10	15	25	35	50	175
Cy Souders SP RC	10	15	25	30	50	▲125	▲150	300
Paul McKee	5	6	8	12	20	30	50	150
Bill Moore	6	8	10	15	25	35	50	175
Frank Minini SP	10	15	▲40	▲50	▲125	▲150	▲200	300
Jack Ferrante	5	6	8	12	20	30	50	175

		PrFr 1	GD 2	VG 3	VgEx 4	EX 5	ExMt 6	NM 7	NmMt 8
71	Les Horvath RC	6	10	12	25	30	▲125	▲150	▲800
72	Ted Fritsch Sr. SP RC	12	20	30	35	▲300	▲350	▲400	▲500
73	Tex Coulter RC	5	6	8	12	20	40	▲100	200
74	Boley Dancewicz	6	8	10	15	25	35	50	150
75	Dante Mangani SP	10	15	25	30	50	75	100	▲500
76	James Hefti	5	6	8	12	20	30	40	150
77	Paul Sarringhaus	6	8	20	25	30	40	50	150
78	Joe Scott SP	10	15	25	30	50	75	100	200
79	Bucko Kilroy RC	5	6	8	12	40	50	80	300
80	Bill Dudley RC	12	20	30	80	100	▲200	300	▲400
81	Mar.Goldberg SP RC	10	15	25	▲60	▲80	100	225	400
82	John Cannady	5	6	8	12	▲40	▲50	▲60	175
83	Perry Moss	6	8	10	15	25	35	50	200
84	Harold Crisler SP RC	10	15	25	30	50	75	100	400
85	Bill Gray	5	6	8	12	20	30	50	175
86	John Clement	6	8	10	▲25	▲60	▲80	▲100	175
87	Dan Sandifer SP	10	15	25	30	50	75	100	600
88	Ben Kish	5	6	8	▲25	▲30	▲40	50	175
89	Herbert Banta	6	8	10	15	▲40	▲50	▲60	175
90	Bill Garnaas SP	10	15	25	30	50	100	150	
91	Jim White RC	8	12	15	25	50	80	150	200
92	Frank Barzilauskas	6	8	10	15	25	50	▲80	175
93	Vic Sears SP	10	15	25	30	50	75	▲200	300
94	John Adams	5	6	▲20	▲25	▲30	▲40	50	250
95	George McAfee RC	15	25	35	▲80	▲100	▲125	150	650
96	Ralph Heywood SP	10	15	25	30	40	50	▲300	▲400
97	Joe Muha	5	6	8	12	20	30	50	175
98	Fred Enke	6	8	10	15	25	35	50	175
99	Harry Gilmer SP RC	25	40	50	60	100	100	400	500
100	Bill Miklich	5	6	8	12	20	30	▲125	▲150
101	Joe Gottlieb	6	8	10	15	25	35	60	200
102	Bud Angsman SP RC	10	15	25	30	50	75	100	400
103	Tom Farmer	5	6	8	25	30	40	▲100	
104	Bruce Smith RC	12	▲80	▲100	▲300	▲500	▲600	▲800	▲1,000
105	Bob Cifers SP	10	15	25	▲50	▲60	75	100	400
106	Ernie Steele	5	6	8	▲30	▲40	60	150	
107	Sid Luckman RC	▲100	▲125	▲150	▲300	▲400	▲500	800	1,000
108	Buford Ray SP RC	30	50	60	150	225	350	500	1,200

— Bud Angsman #102 PSA 9 (Mint) sold for $1,478.56 (Ebay; 1/14)
— Sammy Baugh #22 SGC 9 (Mint) sold for $2640 (Ebay; 9/14)
— Sammy Baugh #22 PSA 9 (Mint) sold for $6917 (Ebay; 4/15)
— John Cannady #82 PSA 9 (Mint) sold for $1,477.98 (Goodwin; 8/12)
— John Clement #86 PSA 9 (Mint) sold for $464 (eBay; 6/12)
— Paul Christman #44 PSA 9 (Mint) sold for $1,533 (eBay; 2/14)
— Harold Crisler #84 PSA 9 (MT) sold for $1,475 (REA; 4/07)
— Gerald Cowhig SP #51 PSA 9 (Mint) sold for $1633 (eBay; 8/12)
— Bill Dudley #80 PSA 9 (MT) sold for $3,285 (Goodwin; 7/09)
— Boley Dancewicz #74 PSA 9 (MT) sold for $1,170 (eBay; 8/08)
— Art Faircloth #19 PSA 9 (MT) sold for $810 (REA; 4/07)
— Harry Gilmer #99 PSA 8.5 (NmMt+) sold for $3,253.50 (Ebay; 3/14)
— Jim Hardy #56 PSA 9 (MT) sold for $761(eBay; 11/07)
— John Mastrangelo #32 PSA 9 (Mint) sold for $1,076 (Memory Lane; 8/12)
— Mar. Goldberg #81 PSA 9 (Mint) sold for $3,546.95 (Ebay; 2/14)
— Marvin Pregulman #59 PSA 9 (MT) sold for $1,261 (Goodwin;01/13)
— Frank Reagan #55 PSA 9 (MT) sold for $895 (REA; 4/07)
— John Sanchez #54 PSA 9 (MT) sold for $961 (eBay; 11/07)
— Ernie Steele #54 PSA 8 (NmMt) sold for $1,075 (eBay; 11/07)
— Joe Tereshinksi #1 PSA 9 (MT) sold for $2,448 (Mastro; 12/06)
— Charley Trippi #17 PSA 9 (MT) sold for $1,853 (Goodwin; 2/10)
— Charley Trippi #17 PSA 9 (MT) sold for $1,373 (eBay; 4/07)
— Charley Trippi #17 PSA 9 (MT) sold for $1,229 (eBay; 9/14)
— Bob Waterfield #26 PSA 9 (MT) sold for $1,833 (Memory Lane; 12/06)
— Pat West #38 PSA 9 (MT) sold for $1,767 (Goodwin; 2/10)
— Alex Wojciechowicz #38 PSA 9 (MT) sold for $2,042 (Mile High; 11/10)

1948 Leaf

		PrFr 1	GD 2	VG 3	VgEx 4	EX 5	ExMt 6	NM 7	NmMt 8
1A	Sid Luckman Yell.Bkgrd RC	100	125	200	250	450	1,600		
2	Steve Suhey	6	10	▲20	▲25	30	50	150	
3A	BulldogTurner Red Bkgrd RC	20	35	40	60	100	250	600	
3C	Bulldog Turner Wht.Bkgrd RC	20	30	40	60	125	200		
4A	Doak Walker RC	30	50	75	135	175	800	1,600	
5A	Levi Jackson Blu Jsy RC	6	10	12	20	30	50	150	
5B	Levi Jackson Wht Jsy RC	10	15	20	30	50	75		
6A	Bobby Layne Yell.Pants RC	80	125	150	225	300	700	4,000	
6B	Bobby Layne Red Pants RC	100	125	150	225	400	600		
7A	Bill Fischer Red Bkgrd RC	6	10	12	20	30	50	350	
7C	Bill Fischer Wht.Bkgrd RC	10	15	25	30	50	75		

		PrFr 1	GD 2	VG 3	VgEx 4	EX 5	ExMt 6	NM 7	NmMt 8
8A	Vince Banonis Blk Name RC	6	10	12	20	30	50	150	
8B	Vince Banonis Wht Name RC	10	15	20	30	50	75		
9A	Tommy Thompson Yell.#'s RC	6	10	12	20	30	60	250	
9B	Tommy Thompson Blu #'s RC	10	15	20	30	50	75		
10A	Perry Moss	6	10	15	30	50	75	200	
11A	Terry Brennan RC	6	10	12	20	30	50	150	
12A	Bill Swiacki Blk Name RC	6	10	12	20	30	50	150	
12B	Bill Swiacki Wht Name RC	10	15	20	30	50	75		
13A	Johnny Lujack RC	25	40	50	75	100	200	600	
13B	Johnny Lujack RC ERR	125	200	300	400	500	750		
14A	Mal Kutner BL RC	6	10	12	20	30	50	150	
14B	Mal Kutner WL RC	10	15	20	30	50	75		
15	Charlie Justice RC	10	15	20	35	60	100	400	
16A	Pete Pihos Yell.#'s RC	20	30	35	60	100	175	600	
16B	Pete Pihos Blu #'s RC	30	50	60	80	100	300		
17A	Ken Washington Blk Name RC	6	10	12	20	30	50	150	
17B	Ken Washington Wht Name RC	10	15	20	30	50	80		
18A	Harry Gilmer RC	6	10	12	20	30	50	150	
19A	George McAfee RC	15	25	30	50	100	250	600	
19B	Gorgeous George McAfee RC	80	60	80	100	200	350		
20A	George Taliaferro Yell.Bkgrd RC	6	10	12	20	30	80	150	
20B	George Taliaferro Wht.Bkgrd RC	10	15	20	30	50	75		
21	Paul Christman RC	6	10	12	20	35	60	▲300	
22A	Steve Van Buren Green Jsy RC	30	50	60	100	150	300	1,000	
22B	Steve Van Buren Yell.Jsy RC	40	60	90	150	250	400		
22C	S.Van Buren Grn Jsy Blu Sck RC	80	100	125	175	300			
23A	Ken Kavanaugh YS RC	6	10	12	20	30	50	150	
24A	Jim Martin Red Bkgrd RC	6	10	12	20	30	75	175	
24C	Jim Martin Wht.Bkgrd RC	10	15	20	30	50	75		
25A	Bud Angsman Blk Name RC	6	10	12	20	30	50	150	
25B	Bud Angsman Wht Name RC	10	15	20	30	50	75		
26A	Bob Waterfield Blk Name RC	30	50	60	100	175	300	1,000	
26B	Bob Waterfield Wht.Name RC	40	60	90	150	250	450		
27A	Fred Davis Yell.Bkgrd	6	10	12	20	30	50	600	
27B	Fred Davis Wht.Bkgrd	10	15	20	30	50	75		
28A	Whitey Wistert Yell.Jsy RC	8	12	15	30	40	100	250	
28B	Whitey Wistert Green Jsy RC	12	20	25	40	60	150		
29	Charley Trippi RC	10	15	20	40	100	225	600	2,000
30A	P.Governali RC dark tan hlmt	6	10	12	20	30	50	150	
31A	Tom McWilliams Maroon Jsy RC	6	10	12	20	30	50	150	
31B	Tom McWilliams Red Jsy RC	10	15	20	30	50	75		
32A	Leroy Zimmerman	6	10	12	20	30	50	150	
33	Pat Harder RC	6	10	12	20	60	80	150	
34A	Sammy Baugh RC maroon	100	125	200	300	500	1,500	8,000	
35A	Ted Fritsch Sr. RC	6	10	12	20	40	80	300	
36	Bill Dudley RC	12	20	60	▲100	▲125	200	600	
37A	George Connor RC	10	15	25	35	80	150	400	
38A	F.Dancewicz RC green num	6	10	12	20	30	50	150	
39	Billy Dewell	6	10	12	40	50	60	150	
40A	John Nolan RC green numbr	6	10	12	20	30	50	150	
41A	H.Szulborski Orng Pants RC	6	10	12	20	30	50	150	
41B	Harry Szulborski Yell.Pants RC	10	15	20	30	50	75		
42	Tex Coulter RC	6	10	12	20	30	50	200	
43A	R.Nussbaumer Maroon RC	6	10	12	20	30	50	200	
43B	R.Nussbaumer Red Jsy RC	10	15	20	30	50	75		
44	Bob Mann	6	10	12	25	30	40	150	
45A	Jim White RC	20	30	35	60	80	125	400	
46A	Jack Jacobs Jsy # RC	6	10	12	20	30	50	300	
46B	Jack Jacobs No Jsy # RC	12	20	25	40	60	100		
47A	John Clement RC brown FB	6	10	12	20	30	50	150	
48	Frank Reagan	6	10	12	30	40	50	200	
49	Frank Tripucka RC	▲25	▲30	▲40	▲50	▲60	150	300	
50	John Rauch RC	20	30	40	60	120	200	800	
51A	Mike Dimitro	20	30	40	60	120	200	800	
52A	Nomellini Blu Bkg Maroon RC	125	150	200	300	500	1,000	2,000	
52B	Nomellini Blu Bkg Red Jsy RC	100	125	150	250	500	1,200		
53	Charley Conerly RC	100	125	150	250	400	800		
54A	Chuck Bednarik Yell Bkgrd RC	150	225	350	500	800	2,000	3,500	
55	Chick Jagade	20	30	40	60	120	250		
56A	Bob Folsom RC	20	30	40	60	120	300		
57	Gene Rossides RC	20	30	40	60	80	300		
58	Art Weiner	20	30	40	60	100	150	600	
59	Alex Sarkistian	20	30	40	60	100	200	800	
60	Dick Harris Texas	20	30	40	60	100	250		
61	Len Younce	20	30	40	60	100	150		
62	Gene Derricotte	20	30	40	60	100	200		
63A	Roy Rebel Steiner Red Jsy RC	20	30	40	60	120	250		
64A	Frank Seno	20	30	40	60	100	250		
65A	Bob Hendren RC	20	30	40	60	120	200	600	

		PrFr 1	GD 2	VG 3	VgEx 4	EX 5	ExMt 6	NM 7	NmMt 8
66A	Jack Cloud Blue Bkgrd RC	20	30	40	60	120	200	600	
67	Harrell Collins	20	30	40	50	120	200	800	
68A	Clyde LeForce Red Bkgrd RC	20	30	40	60	100	200	400	
69	Larry Joe	20	30	40	60	100	200	300	
70	Phil O'Reilly	20	30	40	60	100	150		
71	Paul Campbell	20	30	40	50	100	150	500	
72A	Ray Evans	20	30	40	60	120	400	800	
73A	Jackie Jensen Red Bkgrd RC	60	80	100	175	250	400	800	
74	Russ Steger	20	30	40	60	100	120	400	
75	Tony Minisi	20	30	40	60	120	200	500	
76A	Clayton Tonnemaker	20	30	40	60	120	200	1,000	
77A	George Savitsky Grn Strps RC	20	30	40	60	120	200	800	
78	Clarence Self	20	30	40	60	100	250	300	
79	Rod Franz	20	30	40	60	120	250		
80A	Jim Youle Red Bkgrd RC	20	30	40	60	120	250		
81A	B.Bye Yell.Pants Maroon Jsy RC	20	30	40	60	120	200	800	
82	Fred Enke	20	30	40	60	100	200	500	
83A	Fred Folger Gray Jsy RC	20	30	40	60	120	250		
84	Jug Girard RC	20	30	40	100	120	200	400	
85	Joe Scott	20	30	40	60	100	150	200	
86A	Bob Demoss	20	30	60	80	150	400	1,000	
87	Dave Templeton	20	30	40	60	120	200	800	
88A	Herb Siegert	20	30	40	60	120	200	800	
89A	Bucky O'Conner RC blu jsy	20	30	40	60	120	200	800	
90	Joe Whisler	20	30	40	60	120	200	500	
91	Leon Hart RC	60	80	100	200	500	600		
92	Earl Banks	20	30	40	60	100	250	800	
93A	Frank Aschenbrenner	20	30	40	60	120	200	800	
94	John Goldsberry RC	20	30	40	60	120	250		
95	Porter Payne	20	30	40	60	100	150	800	
96A	Pete Perini	20	30	40	60	120	250		
97A	Jay Rhodemyre	20	30	40	60	120	250		
98A	Al DiMarco RC	30	50	60	100	200	300		

— Al DiMarco #98A PSA 7 (NrMt) sold for $5,121 (eBay; 7/13)
— Sammy Baugh #34 SGC 9 (NmMt) sold for $37,950 (Hunt; 3/08)
— Sammy Baugh #34 SGC 9 (NmMt) sold for $14,998 (eBay; 01/13)
— Sammy Baugh #34 PSA 8 (NmMt) sold for $12,925 (REA; 4/07)
— Sammy Baugh #34 SGC 8 (NmMt) sold for $9121 (eBay; 9/14)
— Sammy Baugh #34 PSA 8 (NmMt) sold for $7,000 (Legendary; 8/13)
— Sammy Baugh #34 PSA 8.5 (NmMt) sold for $12,000 (Hunt; 3/09)
— Sammy Baugh #34 PSA 8 (NmMt) sold for $8,833 (Goodwin; 2/11)
— Sammy Baugh #34 PSA 8 (NmMt) sold for $8,495 (Mile High; 5/11)
— Sammy Baugh #34 SGC 8 (NmMt) sold for $4,500 (Mastro; 5/08)
— Sammy Baugh #34 PSA 8 (NmMt) sold for $7,000 (Legendary; 8/13)
— Chuck Bednarik YB #54A PSA 8 (NmMt) sold for $38,561 (Goodwin; 11/07)
— Chuck Bednarik YB #54A PSA 7 (NrMt) sold for $8,159 (Ebay; 11/13)
— Terry Brennan #11 SGC 9 (Mt) sold for $2,990 (Hunt; 3/08)
— Paul Campbell #71 PSA 8.5 (NmMt+) sold for $9,112 (Goodwin; 9/09)
— Paul Christman #21 PSA 8 (NmMt) sold for $3,815 (REA; 4/07)
— John Clement #47 PSA 8 (NmMt) sold for $1,277 (eBay; 2/09)
— Jack Cloud Blue Bkgrd #66A PSA 8 (NmMt) sold for $1,012 (eBay; 4/12)
— Charley Conerly RC #53 PSA 8 (NM/MT) sold for $11227.65 (Goodwin; 9/12)
— Charley Conerly RC #53 PSA 7 (NM) sold for $3080 (eBay; 6/16)
— George Connor #37 SGC 8 (NmMt) sold for $2,185 (Hunt; 3/08)
— George Connor #37 PSA 8 (NmMt) sold for $2,450 (eBay; 11/07)
— George Connor #37 PSA 8 (NmMt) sold for $1,367 (Goodwin; 2/11)
— Frank Dancewicz #38A PSA 9 (Mt) sold for $3,327 (Goodwin; 9/11)
— Bill Dudley #36 PSA 8 (NmMt) sold for $4,150 (eBay; 11/06)
— Bill Dudley #36 PSA 8 (NMMT) sold for $3163.07 (eBay; 6/12)
— Bill Dudley #36 SGC 8 (NmMt) sold for $2,226 (Mile High; 11/09)
— Fred Enke #82 PSA 8 (NmMt) sold for $2,851 (Goodwin; 11/07)
— Ray Evans #72 PSA 8 (NM/MT) sold for $2805.99 (eBay; 6/12)
— Ted Fritsch #35 SGC 8.5 (NmMt+) sold for $1,840 (Hunt; 3/08)
— Jug Girard #84 PSA 8 (NmMt) sold for $1,828 (eBay; 4/11)
— John Goldsberry #94 PSA 7.5 (NrMt+) sold for $1,928 (eBay; 10/11)
— Jug Girard RC #84 PSA 8 (NM/MT) sold for $1488.69 (Goodwin; 2/12)
— Pat Harder #33 PSA 9 (Mt) sold for $1,979 (Goodwin; 11/09)
— Pat Harder #33 SGC 8.5 (NmMt+) sold for $1,092 (Hunt; 3/08)
— Bob Hendren #65 PSA 9 (Mt) sold for $2,021 (eBay; 11/07)
— Bob Hendren #65 PSA 8 (NmMt) sold for $1,012 (eBay; 4/12)
— Jack Jacobs #46A PSA 9 (Mt) sold for $5,362 (Goodwin; 2/11)
— Jack Jacobs #46A SGC 8.5 (NmMt+) sold for $1,955 (Hunt; 3/08)
— Levi Jackson BL JSY #5A PSA 8.5 (NmMt+) sold for $1,626 (Goodwin; 11/12)
— Jackie Jensen RB #73A PSA 8.5 (NmMt+) sold for $15,114 (Goodwin; 9/09)
— Jackie Jensen RB #73A PSA 8 (NmMt) sold for $3,862 (Mile High; 6/10)
— Charlie Justice #15 PSA 8.5 (NmMt+) sold for $5,295 (Goodwin; 6/10)
— Charlie Justice #15 SGC 8 (NmMt) sold for $5,142 (Goodwin; 3/08)
— Sid Luckman YB #1A PSA 8 (NmMt) sold for $71,836 (Goodwin; 9/09)
— Sid Luckman YB #1A PSA 7 (NrMt) sold for $11,239 (Goodwin; 2/10)

Sid Luckman YB #1A PSA 7 (NmMt) sold for $5605 (eBay; 10/14)
Sid Luckman YB #1A PSA 7 (Near MT) sold for $5483.52 (Goodwin; 6/12)
Sid Luckman YB #1A PSA 7 (NrMT) sold for $9,717 (Goodwin;01/13)
Sid Luckman YB #1A PSA 7 (NrMT) sold for $6,933 (Goodwin;06/13)
Johnny Lujack #13 PSA 9 (Mt) sold for $10,701 (Goodwin; 5/08)
Johnny Lujack #13 SGC 9 (Mt) sold for $8,912 (Hunt; 3/08)
Johnny Lujack #13 SGC 8 (NmMt) sold for $2,760 (Hunt; 3/08)
Bob Mann #44 SGC 9 (Mt) sold for $3,105 (Hunt; 3/08)
Perry Moss #10 PSA 9 (Mt) sold for $4,027 (Goodwin; 2/11)
George McAfee #19A PSA 8 (NmMt) sold for $1,980 (Goodwin; 2/10)
George McAfee #19A PSA 8 (NmMt) sold for $1,504 (Goodwin; 2/11)
Leo Nomellini Blu Bkg Maroon RC #52A PSA 8 (NM/MT) sold for $10539.83 (Memory Lane; 5/12)
Porter Payne #95 PSA 8 (NmMt) sold for $5,052 (Goodwin; 2/09)
Pete Perini #96 PSA 7 (NrMt) sold for $1,057 (eBay; 9/07)
Pete Pihos #16A PSA 8.5 (NmMt+) sold for $4,813 (Goodwin; 6/10)
Frank Reagan #48 PSA 8 (NmMt) sold for $1,955 (eBay; 11/07)
Clarence Self #78 PSA 7 (NM) sold for $1,780 (eBay; 1/07)
Russ Steger #74 PSA 8 (NmMt) sold for $6,846 (Goodwin; 2/10)
Roy Steiner #63 PSA 8 (NmMt) sold for $19,160 (Goodwin; 9/09)
Bill Swiacki #12A PSA 9 (Mt) sold for $4,922 (Goodwin; 5/08)
Bill Swiacki #12A SGC 9 (Mt) sold for $3,680 (Hunt; 3/08)
Harry Szulborski #41A SGC 9 (Mt) sold for $2,185 (Hunt; 3/08)
Dave Templeton #87 PSA 8 (NmMt) sold for $6,223 (Goodwin; 9/09)
Charley Trippi #29 SGC 8 (NmMt) sold for $3,220 (Hunt; 3/08)
Charley Trippi #29 PSA 8 (NmMt) sold for $2,427 (Mile High; 11/10)
Charley Trippi #29 PSA 8 (NmMt) sold for $1,275 (eBay; 4/11)
Bulldog Turner RB #3A PSA 9 (Mint) sold for $7,207 (Goodwin; 2/09)
Bulldog Turner RB #3A PSA 8 (NmMt) sold for $2,196 (eBay; 4/11)
Bulldog Turner RB #3A PSA 8 (NmMt) sold for $2,140 (Goodwin; 11/09)
Bulldog Turner RB #3A PSA 8 (NmMt) sold for $2,070 (Hunt; 3/08)
Steve Van Buren #22A PSA 7.5 (NrMt) sold for $3,176 (Goodwin; 2/11)
Steve Van Buren Green Jsy RC #22A PSA 8 (NM/MT) sold for $3427.07 (eBay; 6/12)
Doak Walker #4 SGC 8.5 (NmMt+) sold for $6,325 (Hunt; 3/08)
Doak Walker #4 PSA 8 (NmMt) sold for $9,382 (Goodwin; 6/10)
Doak Walker #4 PSA 8 (NmMt) sold for $8,139 (Goodwin; 11/07)
Doak Walker #4 PSA 8 (NmMt) sold for $6,489 (Goodwin; 2/11)
Bob Waterfield #26A PSA 8.5 (NmMt+) sold for $31,598 (Goodwin; 2/10)
Bob Waterfield Blk Name RC #26A PSA 8 (NM/MT) sold for $2811.97 (Goodwin; 6/12)
Jim Youle Red Bkgrd RC #80A PSA 7.5 (Near MT+) sold for $1090 (eBay; 6/12)

49 Leaf

	PrFr 1	GD 2	VG 3	VgEx 4	EX 5	ExMt 6	NM 7	NmMt 8
Bob Hendren	10	15	20	30	50	80	175	
Joe Scott	6	10	12	20	30	50	300	
Frank Reagan	6	10	12	40	50	60		
John Rauch	6	10	12	20	30	60	120	
Bill Fischer	6	10	12	20	30	50	150	
Elmer Bud Angsman	6	10	10	15	5	40	100	350
Billy Dewell	6	10	12	20	30	50	120	
Tommy Thompson QB	6	10	12	20	30	60	120	
Sid Luckman	20	▲100	▲150	▲200	▲250	▲300	350	500
Charley Trippi	8	12	15	25	35	80	200	
Bob Mann	6	10	12	20	30	80		
Paul Christman	6	10	12	20	50	60	125	
Bill Dudley	8	12	15	50	60	200	300	
Clyde LeForce	6	10	12	20	30	50	120	
Sammy Baugh	50	80	▲200	▲250	300	400	600	2,000
Pete Pihos	10	15	40	50	60	80	175	600
Tex Coulter	6	10	12	20	40	50	120	
Mal Kutner	6	10	12	30	40	60	120	350
Whitey Wistert	6	10	12	▲80	▲100	▲125	▲150	
Ted Fritsch Sr.	6	10	12	20	40	50	120	
Vince Banonis	6	10	12	20	30	60	120	
Jim White	6	10	12	20	30	50	120	
George Connor	8	12	15	25	40	60	125	400
George McAfee	8	12	15	40	100	125	200	
Frank Tripucka	8	12	15	25	40	80	250	
Fred Enke	6	10	12	20	30	80		
Charley Conerly	10	15	25	40	60	150		
Ken Kavanaugh	6	10	12	20	30	50	120	350
Bob Demoss	6	10	12	20	30	60	120	
Johnny Lujack	10	15	25	40	80	120	200	600
Jim Youle	6	10	12	20	30	80		
Harry Gilmer	6	10	12	20	30	50	200	
Robert Nussbaumer	6	10	12	20	30	50	120	
Bobby Layne	25	50	80	▲250	▲300	▲400	▲500	
Herb Siegert	6	10	12	20	50	60	120	350
Tony Minisi	6	10	12	20	30	80		

	PrFr 1	GD 2	VG 3	VgEx 4	EX 5	ExMt 6	NM 7	NmMt 8
79	Steve Van Buren	15	25	40	60	80	200	300	800
81	Perry Moss	6	10	12	20	30	50	120	
89	Bob Waterfield	12	20	30	50	75	125	400	600
90	Jack Jacobs	6	10	12	20	30	50	120	
95	Kenny Washington	8	12	15	30	40	60	120	
101	Pat Harder	6	10	12	20	30	50	120	
110	Bill Swiacki	6	10	12	20	30	50	120	
118	Fred Davis	6	10	12	20	30	50	120	350
126	Jay Rhodemyre	6	10	12	20	30	50	120	
127	Frank Seno	6	10	12	20	30	50	120	
134	Chuck Bednarik	20	30	50	100	120	200	350	
144	George Savitsky	6	10	12	20	30	150		
150	Bulldog Turner	25	40	50	90	125	200	300	400

— Chuck Bednarik #134 SGC 8.5 (NmMt+) sold for $1,526 (Memory Lane; 5/08)
— Bob Demoss #52 PSA 8 (NmMt) sold for $1,440 (eBay; 2/08)
— Bob Hendren #1 PSA 8 (NmMt) sold for $1,930 (eBay; 4/07)
— Bob Mann #17 PSA 8 (NmMt) sold for $1,295 (eBay; 12/07)
— Frank Tripucka #43 PSA 8 (NmMt) sold for $822 (Goodwin; 11/07)

1950 Bowman

		GD 2	VG 3	VgEx 4	EX 5	ExMt 6	NM 7	NmMt 8	MT 9
1	Doak Walker	40	▲100	▲125	▲150	250	1,000	6,300	
2	John Greene	8	10	12	20	30	80	150	
3	Bob Nowasky	8	10	12	20	25	40	125	
4	Jonathan Jenkins	8	10	12	20	25	50	125	
5	Y.A.Tittle RC	125	▲250	300	400	600	1,000	2,500	
6	Lou Groza RC	▲60	▲80	▲100	200	250	300	600	
7	Alex Agase RC	8	10	12	20	▲125	▲200	300	
8	Mac Speedie RC	8	10	12	20	30	60	300	
9	Tony Canadeo RC	▲80	▲100	▲125	▲150	▲200	300	1,000	
10	Larry Craig	8	10	12	20	25	125	250	
11	Ted Fritsch Sr.	8	10	12	20	25	60	300	
12	Joe Golding	8	10	12	20	25	40	100	
13	Martin Ruby	8	10	12	20	25	40	125	
14	George Taliaferro	8	10	12	20	25	80	100	
15	Tank Younger RC	10	12	15	30	60	80	▲250	1,000
16	Glenn Davis RC	20	25	40	50	75	200	300	
17	Bob Waterfield	20	▲40	▲50	▲60	▲80	125	300	
18	Val Jansante	8	10	12	20	25	50	100	
19	Joe Geri	8	10	12	20	25	▲100	▲125	
20	Jerry Nuzum	8	10	12	20	▲40	▲50	100	
21	Elmer Bud Angsman	8	10	12	20	25	40	100	
22	Billy Dewell	8	10	12	20	25	40	100	
23	Steve Van Buren	15	20	▲100	▲125	▲150	▲200	300	
24	Cliff Patton	8	10	12	20	30	60	150	300
25	Bosh Pritchard	8	10	▲20	▲25	▲30	40	100	
26	Johnny Lujack	15	20	25	35	60	100	▲300	600
27	Sid Luckman	20	25	▲100	▲125	▲150	▲200	350	1,200
28	Bulldog Turner	10	▲50	▲60	▲80	▲100	▲125	250	
29	Bill Dudley	10	▲30	▲50	▲60	▲80	▲100	175	
30	Hugh Taylor	8	10	12	20	25	40	100	
31	George Thomas	8	10	12	20	25	40	100	
32	Ray Poole	8	10	12	▲30	25	40	100	
33	Travis Tidwell	8	10	12	20	25	▲150	▲200	
34	Gail Bruce	8	10	12	▲50	▲60	▲80	100	
35	Joe Perry RC	40	80	100	▲150	▲250	▲300	800	2,500
36	Frankie Albert RC	8	10	12	25	▲50	▲100	200	
37	Bobby Layne	30	60	80	100	125	150	400	
38	Leon Hart	8	10	12	20	30	▲125	175	
39	Bob Hoernschemeyer RC	▲20	▲25	▲30	▲40	▲50	▲60	200	
40	Dick Barwegan RC	8	10	12	20	25	80	150	
41	Adrian Burk RC	8	10	12	20	25	40	100	500
42	Barry French	8	10	12	20	25	40	100	
43	Marion Motley RC	40	▲250	▲300	400	600	800	▲3,200	
44	Jim Martin	8	10	12	20	25	40	100	500
45	Otto Graham RC	500	600	800	1,000	2,000	▲3,200	4,000	1,500
46	Al Baldwin	8	10	12	20	25	40	100	800
47	Larry Coutre	8	10	12	20	25	40	▲125	
48	John Rauch	8	10	12	▲25	▲30	40	100	
49	Sam Tamburo	8	10	12	20	25	▲80	100	500
50	Mike Swistowicz	8	10	12	20	▲40	▲50	100	
51	Tom Fears RC	25	60	80	100	125	▲350	400	1,800
52	Elroy Hirsch RC	40	▲125	▲150	▲300	400	500	800	4,000
53	Dick Huffman	8	10	12	20	25	▲50	100	300
54	Bob Gage	8	10	12	20	25	40	100	
55	Buddy Tinsley	8	10	12	20	25	40	100	
56	Bill Blackburn	8	10	20	20	25	40	80	
57	John Cochran	8	10	12	20	25	40	100	

#	Player	GD 2	VG 3	VgEx 4	EX 5	ExMt 6	NM 7	NmMt 8	MT 9
58	Bill Fischer	8	10	12	20	25	40	100	
59	Whitey Wistert	8	10	12	20	25	40	100	
60	Clyde Scott	8	10	12	20	25	40	100	
61	Walter Barnes	8	10	12	20	25	40	100	
62	Bob Perina	8	10	12	20	25	▲60	100	
63	Bill Wightkin	8	10	12	20	25	40	100	
64	Bob Goode	8	10	12	20	25	▲125	100	500
65	Al Demao	8	10	12	20	25	40	100	
66	Harry Gilmer	8	10	12	20	25	40	100	
67	Bill Austin	8	10	12	20	25	40	100	
68	Joe Scott	8	10	12	20	25	40	100	
69	Tex Coulter	8	10	12	20	25	40	100	500
70	Paul Salata	8	10	12	20	25	▲60	100	
71	Emil Sitko RC	8	10	12	20	25	▲50	100	
72	Bill Johnson C	8	10	12	20	25	40	100	
73	Don Doll RC	8	10	12	20	▲40	▲50	100	
74	Dan Sandifer	8	10	12	20	25	40	100	
75	John Panelli	8	10	12	20	25	▲60	100	
76	Bill Leonard	8	10	12	20	▲40	▲50	100	
77	Bob Kelly	8	10	12	20	25	40	100	400
78	Dante Lavelli RC	25	30	40	▲150	▲200	▲250	400	
79	Tony Adamle	8	10	12	20	25	80	100	
80	Dick Wildung	8	10	12	20	25	80	100	
81	Tobin Rote RC	10	12	15	25	40	60	300	
82	Paul Burris	8	10	12	20	▲40	▲50	100	
83	Lowell Tew	8	10	12	20	25	40	100	
84	Barney Poole	8	10	12	▲40	▲50	60	100	
85	Fred Naumetz	8	10	12	20	25	40	150	
86	Dick Hoerner	8	10	12	20	25	40	100	
87	Bob Reinhard	8	10	12	20	25	40	100	
88	Howard Hartley RC	8	10	12	20	25	40	100	
89	Darrell Hogan RC	8	10	12	20	25	40	100	
90	Jerry Shipkey	8	10	12	20	25	40	200	
91	Frank Tripucka	8	10	12	20	25	40	100	
92	Buster Ramsey RC	8	10	12	20	25	40	100	
93	Pat Harder	8	10	12	20	25	▲60	100	500
94	Vic Sears	8	10	12	20	25	40	100	
95	Tommy Thompson QB	8	10	12	20	25	40	100	
96	Bucko Kilroy	8	10	12	20	25	40	100	
97	George Connor	10	12	15	▲50	▲60	100	150	
98	Fred Morrison	8	10	12	20	▲50	▲60	100	
99	Jim Keane RC	8	10	12	20	25	40	100	
100	Sammy Baugh	100	125	150	200	250	400	800	
101	Harry Ulinski	8	10	12	20	25	40	100	
102	Frank Spaniel	8	10	12	20	25	40	100	
103	Charley Conerly	15	20	25	50	60	100	225	1,000
104	Dick Hensley	8	10	12	20	25	40	100	500
105	Eddie Price	8	10	12	20	▲40	▲50	100	400
106	Ed Carr	8	10	12	20	25	40	▲200	
107	Leo Nomellini	12	15	20	30	50	75	200	800
108	Verl Lillywhite	8	10	12	20	25	40	100	
109	Wallace Triplett	8	10	12	20	▲60	▲80	100	
110	Joe Watson	8	10	12	20	25	40	100	400
111	Cloyce Box RC	8	10	12	20	25	40	100	400
112	Billy Stone	8	10	12	20	25	▲60	100	
113	Earl Murray	8	10	12	20	25	▲60	100	
114	Chet Mutryn RC	8	10	12	20	25	40	100	
115	Ken Carpenter	8	10	12	20	▲50	80	100	400
116	Lou Rymkus RC	8	▲20	▲25	▲30	▲40	▲50	100	
117	Dub Jones RC	8	10	12	20	40	60	300	
118	Clayton Tonnemaker	8	10	12	20	▲40	50	100	
119	Walt Schlinkman	8	10	12	20	25	40	200	
120	Billy Grimes	8	10	12	40	50	60	▲200	
121	George Ratterman RC	8	10	12	30	40	50	100	
122	Bob Mann	8	10	12	20	25	40	125	
123	Buddy Young RC	8	10	12	30	40	▲80	120	600
124	Jack Zilly	8	10	12	20	25	40	100	500
125	Tom Kalmanir	8	10	12	20	25	40	100	
126	Frank Sinkovitz	8	10	▲80	▲100	▲125	▲150	▲200	
127	Elbert Nickel	8	10	12	20	▲40	▲50	100	
128	Jim Finks RC	12	15	20	60	80	125	300	
129	Charley Trippi	12	15	▲30	▲40	80	100	200	
130	Tom Wham	8	10	12	20	25	80	100	
131	Ventan Yablonski	8	10	12	20	25	40	150	
132	Chuck Bednarik	20	25	30	80	100	125	350	
133	Joe Muha	8	10	12	20	25	40	125	
134	Pete Pihos	12	15	20	30	60	100	200	400
135	Washington Serini	8	10	12	20	25	50	150	
136	George Gulyanics	8	10	12	20	25	40	300	
137	Ken Kavanaugh	8	10	12	20	25	40	150	
138	Howie Livingston	8	10	12	20	25	40	100	
139	Joe Tereshinski	8	10	12	20	30	40	200	
140	Jim White	10	15	40	100	200	300	600	
141	Gene Roberts	8	10	12	20	25	40	150	
142	Bill Swiacki	8	10	12	20	25	40	200	
143	Norm Standlee	8	10	12	20	25	40	200	
144	Knox Ramsey RC	25	40	60	80	150	300	1,200	

— Chuck Bednarik #132 PSA 9 (MT) sold for $1,410 (eBay; 4/11)
— Chuck Bednarik #132 SGC 98 (Gem MT) sold for $1,004 (eBay; 7/09)
— Tony Canadeo #9 PSA 8.5 (NmMt+) sold for $1,214 (Mile High; 3/09)
— Glenn Davis #16 PSA 9 (MT) sold for $1,526 (Memory Lane; 12/07)
— Jim Finks RC #128 PSA 9 (Mint) sold for $810.94 (eBay; 5/12)
— Otto Graham #45 PSA 8.5 (NmMt+) sold for $1,853 (Goodwin; 5/08)
— John Greene #2 PSA 9 (Mint) sold for $1,278 (eBay; 12/12)
— Lou Groza #6 PSA 10 (Gem Mint) sold for $4,918 (eBay; 01/13)
— Lou Groza #6 PSA 9 (Mint) sold for $1,444 (eBay; 11/12)
— Lou Groza #6 PSA 9 (Mint) sold for $1,700 (Memory; 05/13)
— Lou Groza #6 PSA 9 (Mint) sold for $4,030 (eBay; 09/16)
— Howard Hartley #88 PSA 9 (Mint) sold for $1,229 (eBay; 08/13)
— Elroy Hirsch #52 PSA 10 (Gem MT) sold for $4,481 (Legendary; 8/11)
— Elroy Hirsch #52 PSA 9 (MT) sold for $3,976 (Goodwin; 2/09)
— Elroy Hirsch #52 PSA 9 (MT) sold for $2,700 (eBay; 3/05)
— Dub Jones #117 PSA 9 (MT) sold for $791.27 (eBay; 1/14)
— Johnny Lujack #26 PSA 9 (MT) sold for $1,218 (Memory Lane; 12/07)
— Marion Motley #43 PSA 9 (MT) sold for $6,600 (Mastro; 12/08)
— Marion Motley #43 PSA 9 (MT) sold for $2,030 (eBay; 4/11)
— Marion Motley #43 PSA 9 (MT) sold for $2,221 (eBay; 2/12)
— Vic Sears #94 PSA 9 (Mint) sold for $1076.5 (eBay; 7/12)
— Mac Speedie #8 PSA 10 (Gem MT) sold for $3,471 (Mile High; 1/07)
— Billy Stone #112 PSA 9 (MT) sold for $718 (eBay; 11/07)
— George Taliaferro #14 PSA 9 (MT) sold for $1596 (eBay; 08/13)
— Y.A. Tittle #5 SGC 9 (MT) sold for $4,200 (Mastro; 5/08)
— Steve Van Buren #23 PSA 9 (MT) sold for $1,108 (Mastro, 2/07)
— Doak Walker #1 PSA 8 (NmMt) sold for $3,585 (Legendary, 8/11)
— Doak Walker #1 SGC 8.5 (NmMt+) sold for $2,839 (Memory Lane, 5/08)
— Bob Waterfield #17 PSA 9 (MT) sold for $997 (eBay, 11/07)
— Bob Waterfield #17 PSA 9 (Mint) sold for $983.55 (eBay; 9/12)

1949 Topps Felt Backs

#	Player	PrFr 1	GD 2	VG 3	VgEx 4	EX 5	ExMt 6	NM 7	NmMt 8
1	Lou Allen	10	15	25	40	60			
2	Morris Bailey	10	15	25	40	50	80		
3	George Bell	10	15	25					
4	Lindy Berry HOR	10	15	25	40	60			
5B	Mike Boldin Yel	25	30	50	60	80	125		
6B	Bernie Botula Yel	25	30	50	60	80	125		
7	Bob Bowlby	10	15	25	40	50	80		
8	Bob Bucher	10	15	25	40	50	80		
9B	Al Burnett Yel	25	30	50	60	80			
10	Don Burson	10	15	25	40	60			
11	Paul Campbell	10	15	25	40	50	80		
12	Herb Carey	10	15	25	40	60			
13B	Bimbo Cecconi Yel	25	30	50	60	80	125		
14	Bill Chauncey	10	15	25	40	60			
15	Dick Clark	10	15	25	40	50	80		
16	Tom Coleman	10	15	25	40	50	80		
17	Billy Conn	10	15	25	40	60			
18	John Cox	10	15	25	40	60			
19	Lou Creekmur RC	50	60	100	150	300			
20	Richard Glen Davis RC	15	20	30	50	75			
21	Warren Davis	10	15	25	40	50	80		
22	Bob Deuber	10	15	25	40	50	80		
23	Ray Dooney	10	15	25	40	50	80		
24	Tom Dublinski	15	20	30	50	75			
25	Jeff Fleischman	10	15	25	40	50	80		
26	Jack Friedland	10	15	25	40	60			
27	Bob Fuchs	10	15	25	40	60			
28	Arnold Galiffa RC	15	20	30	50	60	100		
29	Dick Gilman	10	15	25	40	50	80		
30A	Frank Gitschier Brn	25	30	50	60	80	125		
30B	Frank Gitschier Yel	25	30	50	60	80	125		
31	Gene Glick	10	15	25	40	50	80		
32	Bill Gregus	10	15	25	40	50	80		
33	Harold Hagan	10	15	25	40	80			
34	Charles Hall	10	15	25	40	60			
35A	Leon Hart Brn	50	60	100	150	200	350		
35B	Leon Hart Yel	50	60	100	150	200	350		

	PrFr 1	GD 2	VG 3	VgEx 4	EX 5	ExMt 6	NM 7	NmMt 8
Bob Hester Yel	25	30	50	60	80	150		
George Hughes	10	15	25	40	60			
Levi Jackson	15	20	30	50	60	100		
Jack.Jensen Brn	60	80	135	175	250	500		
Jack.Jensen Yel	60	80	135	175	250	500		
Charlie Justice	30	40	60	80	100			
Gary Kerkorian	10	15	25	40	60			
Bernie Krueger	10	15	25	40	50	80		
Bill Kuhn	10	15	25	40	60			
Dean Laun	10	15	25	40	60			
Chet Leach	10	15	25	40	50	80		
Bobby Lee Yel	25	30	50	60	80			
Roger Lehew	10	15	25	40	50	80		
Glenn Lippman	10	15	25	40	50	80		
Melvin Lyle	10	15	25	40	50	80		
Len Makowski	10	15	25	40	50	80		
Al Malekoff Yel	25	30	50	60	80			
Jim Martin Yel	30	40	60	80	100			
Frank Mataya	10	15	25	40	60			
Ray Mathews Yel RC	30	40	60	80	100	150		
Dick McKissack Yel	25	30	50	60	80	125		
Frank Miller	10	15	25	40	50	80		
John Miller Yel	25	30	50	60	80	125		
Ed Modzelewski RC	15	20	30	50	80	125		
Don Mouser	10	15	25	40	60			
James Murphy	10	15	25	40	60			
Ray Nagle Brn	25	30	50	60	80	150		
Ray Nagle Yel	25	30	50	60	80	150		
Leo Nomellini	60	80	125	200	350	500		
James O'Day	10	15	25	40				
Joe Paterno RC	400	500	600	800	1,200	2,000		
Andy Pavich	10	15	25	40	50	80		
Pete Perini Brn	25	30	50	60	80			
Pete Perini Yel	25	30	50	60	80			
Jim Powers	10	15	25	40	60			
Dave Rakestraw	10	15	25	40	50	80		
Herb Rich	10	15	25	40	50	80		
Fran Rogel RC	10	15	25	40	60			
Darrell Royal Brn RC	175	225	350					
Darrell Royal Yel RC	150	200	300	500				
Steve Sawle	10	15	25	40	50	80		
Nick Sebek	10	15	25	40	60			
Herb Seidell	10	15	25	40	50	80		
Charles Shaw Yel	25	30	50	60	80			
Emil Sitko Brn RC	25	30	50	60	80	125		
Emil Sitko Yel RC	25	30	50	60	80	125		
Butch Songin RC	15	20	30	50	60	100		
Mariano Stalloni Brn	25	30	50	60	80			
Mariano Stalloni Yel	25	30	50	60	80			
Ernie Stautner RC	60	80	125	200	300	400		
Don Stehley	10	15	25	40	60			
Gil Stevenson	10	15	25	40	50	80		
Bishop Strickland	10	15	25	40	50	80		
Harry Szulborski	10	15	25	40	60			
Wally Teninga Brn	25	30	50	60	80			
Wally Teninga Yel	25	30	50	60	80			
Clayton Tonnemaker	10	15	25	40	50	80		
Dan Towler Brn RC	60	80	125	175	250			
Dan Towler RC Yel	60	80	125	175	250			
Bert Turek Brn	25	30	50	60	80			
Bert Turek Yel	25	30	50	60	80			
Harry Ulinski	10	15	25	40	60			
Leon Van Billingham	10	15	25	40	60			
Langdon Viracola	10	15	25	40	60			
Leo Wagner	10	15	25	40	50	80		
Doak Walker Brn	150	200	300					
Doak Walker Yel	125	150	250	350	500			
Jim Ward	10	15	25	40	60			
Art Weiner	10	15	25	40	50	80		
Dick Weiss	10	15	25	40	50	80		
Froggie Williams	10	15	25	40	50	80		
Robert (Red) Wilson	10	15	25	40	50	80		
Roger Red Wilson	10	15	25	40	60	80		
Carl Wren	10	15	25	40				
Pete Zinaich Brn	25	30	50	60	80	125		
Pete Zinaich Yel	25	30	50	60	80	125		

n Makowski PSA 8 (NmMt) sold for $1,035 (Huggins&Scott; 4/08)
e Paterno PSA 7 (NrMt) sold for $5,215 (eBay; 10/11)
e Paterno PSA 7 (NrMt) sold for $2,714.51 (eBay; 11/13)

— Joe Paterno RC #64 PSA 8 (NM/MT) sold for $9124.8 (SCP; 5/12)
— Darrell Royal Yel PSA 5 (NmMt) sold for $1,265 (Huggins&Scott; 4/08)
— Wally Teninga Yel PSA 7 (NM) sold for $431 (Huggins&Scott; 4/08)
— Dan Towler Yel PSA 8 (NmMt) sold for $1,305 (eBay; 12/08)
— Bert Turek Yel PSA 7 (NM) sold for $431 (Huggins&Scott; 4/08)
— Doak Walker Brn SGC 6 (ExNm) sold for $700 (eBay; 1/08)

1951 Bowman

		GD 2	VG 3	VgEx 4	EX 5	ExMt 6	NM 7	NmMt 8	MT 9
1	Weldon Humble RC	12	20	25	40	60	100	800	
2	Otto Graham	40	50	60	100	250	300	▲1,200	
3	Mac Speedie	5	8	10	15	25	40	200	
4	Norm Van Brocklin RC	60	100	▲200	▲250	600	800	3,000	
5	Woodley Lewis RC	5	8	10	15	20	30	100	
6	Tom Fears	6	10	12	20	▲60	80	200	
7	George Musacco	5	8	10	15	▲30	30	100	
8	George Taliaferro	5	8	10	15	▲125	▲150	▲200	
9	Barney Poole	5	8	10	15	20	30	150	
10	Steve Van Buren	8	12	15	25	60	80	200	
11	Whitey Wistert	5	8	10	15	20	40	100	
12	Chuck Bednarik	10	15	20	40	60	100	200	
13	Bulldog Turner	6	10	12	30	40	80	300	
14	Bob Williams	5	8	10	15	20	30	100	
15	Johnny Lujack	8	12	15	30	40	80	150	
16	Roy Rebel Steiner	5	8	10	15	20	40	200	
17	Jug Girard	5	8	10	15	20	30	100	
18	Bill Neal	5	8	10	15	20	40	100	
19	Travis Tidwell	5	8	10	15	20	30	125	
20	Tom Landry RC	▲200	250	300	400	600	1,000	2,500	4,000
21	Arnie Weinmeister RC	8	12	15	40	80	▲200	350	
22	Joe Geri	5	8	10	15	20	30	100	
23	Bill Walsh C RC	6	10	12	18	▲125	▲150	250	
24	Fran Rogel	5	8	10	15	20	30	100	
25	Doak Walker	8	12	20	60	80	100	▲200	
26	Leon Hart	5	8	10	15	25	40	120	
27	Thurman McGraw	5	8	10	15	20	30	100	
28	Buster Ramsey	5	8	10	15	20	30	80	
29	Frank Tripucka	5	8	10	15	25	40	80	
30	Don Paul DB	5	8	10	15	20	30	80	
31	Alex Loyd	5	8	10	15	25	40	100	
32	Y.A.Tittle	20	30	35	60	125	150	450	1,500
33	Verl Lillywhite	5	8	10	15	20	50	100	
34	Sammy Baugh	30	40	80	100	200	400	500	
35	Chuck Drazenovich	5	8	10	15	20	30	100	
36	Bob Goode	5	8	20	25	30	40	125	
37	Horace Gillom RC	5	8	10	15	20	30	100	
38	Lou Rymkus	5	8	10	15	20	30	100	
39	Ken Carpenter	5	8	10	15	20	50	250	
40	Bob Waterfield	10	15	20	▲80	▲100	▲125	400	
41	Vitamin Smith RC	5	8	10	15	30	40	80	
42	Glenn Davis	8	12	15	▲40	▲50	60	100	
43	Dan Edwards	5	8	10	15	25	40	200	
44	John Rauch	5	8	10	15	20	30	100	
45	Zollie Toth	5	8	10	15	20	40	200	
46	Pete Pihos	8	12	15	25	40	60	200	
47	Russ Craft	5	8	10	15	20	30	100	
48	Walter Barnes	5	8	10	15	20	30	80	
49	Fred Morrison	5	8	10	15	20	30	100	
50	Ray Bray	5	8	10	15	20	30	80	350
51	Ed Sprinkle RC	5	8	10	15	20	35	120	
52	Floyd Reid	5	8	10	▲50	▲60	▲80	100	
53	Billy Grimes	5	8	10	15	20	40	300	
54	Ted Fritsch Sr.	5	8	10	15	20	40	300	
55	Al DeRogatis	5	8	10	15	20	30	100	
56	Charley Conerly	10	15	20	30	50	75	200	800
57	Jon Baker	5	8	10	15	20	30	100	
58	Tom McWilliams	5	8	10	15	20	30	100	
59	Jerry Shipkey	5	8	10	15	20	50	100	
60	Lynn Chandnois RC	5	8	10	20	25	30	100	
61	Don Doll	5	8	10	15	20	40	100	
62	Lou Creekmur	8	12	▲40	▲50	60	125	400	
63	Bob Hoernschemeyer	5	8	10	15	20	30	100	
64	Tom Wham	5	8	10	15	20	30	100	
65	Bill Fischer	5	8	10	15	20	40	100	
66	Robert Nussbaumer	5	8	10	15	20	30	80	
67	Gordy Soltau RC	5	8	10	15	20	30	100	
68	Visco Grgich	5	8	10	15	20	50	▲150	
69	John Strzykalski RC	5	8	10	15	20	30	100	

#	Player	GD 2	VG 3	VgEx 4	EX 5	ExMt 6	NM 7	NmMt 8	MT 9
70	Pete Stout	5	8	10	15	20	30	▲125	
71	Paul Lipscomb	5	8	10	15	▲80	▲100	▲125	
72	Harry Gilmer	5	8	10	15	25	60	▲125	
73	Dante Lavelli	8	12	15	▲40	50	100	1,000	
74	Dub Jones	5	8	10	15	20	30	300	
75	Lou Groza	▲15	▲20	▲25	30	50	100	300	
76	Elroy Hirsch	10	▲60	▲80	▲100	▲125	▲150	300	
77	Tom Kalmanir	5	8	10	15	20	40	100	
78	Jack Zilly	5	8	10	15	20	30	100	
79	Bruce Alford	5	8	10	15	20	30	100	
80	Art Weiner	5	8	10	15	20	30	100	
81	Brad Ecklund	5	8	10	15	20	40	200	
82	Bosh Pritchard	5	8	10	15	20	30	100	
83	John Green	5	8	10	15	20	30	100	
84	Ebert Van Buren	5	8	10	15	20	30	80	
85	Julie Rykovich	5	8	10	▲25	▲30	▲40	100	
86	Fred Davis	5	8	10	15	20	▲50	80	
87	John Hoffman RC	5	8	10	15	20	30	100	
88	Tobin Rote	5	8	10	25	30	40	150	
89	Paul Burris	5	8	10	15	20	30	100	
90	Tony Canadeo	6	10	12	30	▲250	▲300	400	
91	Emlen Tunnell RC	15	25	▲100	▲250	▲300	▲500	▲2,000	
92	Otto Schnellbacher RC	5	8	10	15	20	30	150	
93	Ray Poole	5	8	10	15	▲30	▲40	100	
94	Darrell Hogan	5	8	10	15	20	30	80	
95	Frank Sinkovitz	5	8	▲20	▲25	▲30	▲40	125	
96	Ernie Stautner	12	20	25	▲150	▲200	▲400	500	
97	Elmer Bud Angsman	5	8	10	15	20	30	100	
98	Jack Jennings	5	8	10	15	20	30	100	
99	Jerry Groom	5	8	10	15	20	30	100	
100	John Prchlik	5	8	10	15	30	40	100	
101	J. Robert Smith	5	8	10	15	20	30	100	
102	Bobby Layne	20	30	35	50	80	200	350	
103	Frankie Albert	5	8	10	15	25	40	120	
104	Gail Bruce	5	8	10	15	20	30	100	
105	Joe Perry	10	15	20	30	50	80	200	
106	Leon Heath	5	8	10	15	20	30	100	
107	Ed Quirk	5	8	10	15	20	30	100	
108	Hugh Taylor	5	8	10	15	20	50	100	
109	Marion Motley	12	▲60	▲80	▲100	▲125	▲150	500	
110	Tony Adamle	5	8	10	15	20	40	120	
111	Alex Agase	5	8	10	15	20	30	100	
112	Tank Younger	5	8	10	15	▲30	50	150	
113	Bob Boyd	5	8	10	15	20	30	100	
114	Jerry Williams	5	8	10	15	20	30	150	
115	Joe Golding	5	8	10	15	20	30	100	
116	Sherman Howard	5	8	10	15	20	30	100	
117	John Wozniak	5	8	10	15	20	50	150	
118	Frank Reagan	5	8	10	15	30	40	175	
119	Vic Sears	5	8	10	15	20	30	100	
120	Clyde Scott	5	8	10	15	20	30	▲200	
121	George Gulyanics	5	8	10	15	▲40	60	100	
122	Bill Wightkin	5	8	10	15	20	30	100	
123	Chuck Hunsinger	5	8	10	15	20	30	100	
124	Jack Cloud	5	8	10	15	20	30	100	
125	Abner Wimberly	5	8	10	15	30	40	200	
126	Dick Wildung	5	8	10	15	20	50	400	
127	Eddie Price	5	8	10	15	20	30	150	
128	Joe Scott	5	8	10	15	20	30	100	
129	Jerry Nuzum	5	8	10	15	20	30	100	
130	Jim Finks	5	8	10	15	50	60	150	
131	Bob Gage	5	8	10	15	20	30	100	
132	Bill Swiacki	5	8	10	15	20	30	100	
133	Joe Watson	5	8	10	15	20	30	100	
134	Ollie Cline	5	8	10	15	20	▲50	100	
135	Jack Lininger	5	8	10	15	20	50	175	
136	Fran Polsfoot	5	8	10	15	20	50	125	
137	Charley Trippi	6	10	12	20	60	80	250	
138	Ventan Yablonski	5	8	10	15	20	30	150	
139	Emil Sitko	5	8	10	15	20	40	125	
140	Leo Nomellini	8	12	▲40	▲50	▲60	▲80	250	
141	Norm Standlee	5	8	10	15	20	30	100	
142	Eddie Saenz	5	8	10	15	20	30	250	
143	Al Demao	5	8	10	15	20	30	120	
144	Bill Dudley	20	40	60	100	100	200	1,500	

— Sammy Baugh #34 SGC 96 (MT) sold for $1,440 (Mastro; 5/08)
— Chuck Bednarik #12 PSA 9 (MT) sold for $897 (eBay; 2/10)
— Tony Canadeo #12 PSA 9 (MT) sold for $1,780 (Mile High; 6/10)
— Lou Creekmur #34 PSA 9 (MT) sold for $2,640 (Mastro; 7/08)

— Al DeRogatis #55 PSA 9 (Mint) sold for $747.5 (eBay: 7/12)
— Bill Dudley #144 PSA 9 (MT) sold for $6,087 (Memory Lane; 5/08)
— Bill Dudley #144 PSA 9 (MT) sold for $3,245 (Mile High; 1/07)
— Dan Edwards #43 PSA 9 (MT) sold for $1,225 (eBay; 3/08)
— Elroy Hirsch #76 PSA 9 (MT) sold for $2,520 (eBay; 11/06)
— Weldon Humble #1 PSA 9 (MT) sold for $3,386 (Memory Lane; 12/06)
— Tom Landry #20 PSA 10 (Gem MT) sold for $16,286 (Mile High; 11/10)
— Tom Landry #20 PSA 10 (Gem MT) sold for $22,130 (eBay; 7/16)
— Tom Landry #20 PSA 9 (MT) sold for $5,407 (Mastro; 12/07)
— Tom Landry #20 PSA 9 (Gem MT) sold for $4483 (eBay; 10/14)
— Bobby Layne #102 PSA 9 (MT) sold for $1,350 (eBay; 2/10)
— Woodley Lewis #5 PSA 9 (MT) sold for $1,187 (Memory Lane; 5/08)
— Floyd Reid #52 PSA 9 (MT) sold for $1,148 (eBay; 8/07)
— Ernie Stautner #96 PSA 9 (MT) sold for $3,976 (Goodwin; 2/10)
— Ernie Stautner #96 PSA 9 (MT) sold for $3,900 (eBay; 4/09)
— Ernie Stautner #96 SGC 9 (MT) sold for $1,136 (Mile High; 10/09)
— Norm Van Brocklin #4 PSA 9 (MT) sold for $8063 (eBay; 11/14)
— Norm Van Brocklin #4 SGC 9 (MT) sold for $2,250 (eBay; 11/09)
— Norm Van Brocklin #4 SGC 8.5 (NmMt+) sold for $1,560 (Mastro; 5/08)
— Norm Van Brocklin #4 PSA 8.5 (NmMt+) sold for $2,554.95 (eBay; 2/14)
— Steve Van Buren #10 PSA 9 (MT) sold for $1,614 (eBay; 11/07)
— Arnie Weinmeister #21 PSA 9 (MT) sold for $1,242 (Mile High; 5/11)
— Arnie Weinmeister #21 PSA 9 (MT) sold for $1,481 (eBay; 2/14)

1951 Topps Magic

#	Player	PrFr 1	GD 2	VG 3	VgEx 4	EX 5	ExMt 6	NM 7	NmMt 8
1	Jimmy Monahan RC	5	6	8	12	25	50		
2	Bill Wade RC	8	10	12	20	40	75		
3	Bill Reichardt	5	5	5	10	20	40		
4	Babe Parilli RC	8	10	20	▲30	40	75	350	
5	Billie Burkhalter	5	5	5	10	20	40		
6	Ed Weber	5	5	5	10	20	40		
7	Tom Scott	5	5	6	12	25	50		
8	Frank Guthridge	5	5	5	10	20	40	150	
9	John Karras	5	5	5	10	20	40		
10	Vic Janowicz RC	15	25	40	60	125	200	1,000	
11	Lloyd Hill	5	5	5	10	20	40	150	
12	Jim Weatherall RC	5	5	6	12	25	50	100	
13	Howard Hansen	5	5	5	10	20	40		
14	Lou D'Achille	5	5	5	10	20	40		
15	Johnny Turco	5	5	5	10	20	40		
16	Jerrell Price	5	5	5	10	20	40		
17	John Coatta	5	5	5	10	20	40		
18	Bruce Patton	5	5	5	10	20	40		
19	Marion Campbell RC	6	8	12	20	35	60		
20	Blaine Earon	5	5	5	10	20	40		
21	Dewey McConnell	5	5	5	10	20	40		
22	Ray Beck	5	5	5	10	20	40		
23	Jim Prewett	5	5	5	10	30	40	150	
24	Bob Steele	5	5	5	10	50	60	150	
25	Art Betts	5	5	5	10	20	40		
26	Walt Trillhaase	5	5	5	▲25	30	40		
27	Gil Bartosh	5	5	5	10	20	40		
28	Bob Bestwick	5	5	5	10	30	40		
29	Tom Rushing	5	5	5	10	20	30	100	
30	Bert Rechichar RC	6	8	10	15	30	40	50	
31	Bill Owens	5	5	5	10	20	40		
32	Mike Goggins	5	5	5	10	20	40		
33	John Petitbon	5	5	5	10	20	40		
34	Byron Townsend	5	5	5	10	30	40	150	
35	Ed Rotticci	5	5	5	10	20	40		
36	Steve Wadiak	5	5	5	10	20	40		
37	Bobby Marlow RC	5	5	6	12	40	50		
38	Bill Fuchs	5	5	5	10	20	40		
39	Ralph Staub	5	5	5	10	20	40		
40	Bill Vesprini	5	5	5	10	20	40		
41	Zack Jordan	5	5	5	10	20	40		
42	Bob Smith RC	5	5	6	12	25	50		
43	Charles Hanson	5	5	5	10	20	40		
44	Glenn Smith	5	5	5	10	20	40		
45	Armand Kitto	5	5	5	10	20	40		
46	Vinnie Drake	5	5	5	10	20	40	150	
47	Bill Putich RC	5	5	5	10	20	40		
48	George Young RC	6	8	▲50	▲60	▲80	▲100		
49	Don McRae	5	5	5	10	30	40		
50	Frank Smith RC	5	5	5	10	20	40		
51	Dick Hightower	5	5	5	10	20	40		
52	Clyde Pickard	5	5	5	10	30	40		

	PrFr 1	GD 2	VG 3	VgEx 4	EX 5	ExMt 6	NM 7	NmMt 8
Bob Reynolds HB	5	5	6	12	25	50		
Dick Gregory	5	5	5	10	20	40		
Dale Samuels	5	5	5	10	20	40		
Gale Galloway	5	5	5	10	20	40		
Vic Pujo		5	5	10	20	40		
Dave Waters	5	5	5	10	20	40		
Joe Ernest	5	5	5	10	20	40		
Elmer Costa	5	5	5	10	20	40		
Nick Liotta	5	5	5	10	20	40		
John Dottley	5	5	5	10	20	40		
Hi Faubion	5	5	5	10	20	40		
David Harr	5	5	5	10	20	40		
Bill Matthews	5	5	5	10	20	40		
Carroll McDonald	5	5	5	10	20	40		
Dick Dewing	5	5	5	10	30	40		
Joe Johnson RB	5	5	5	10	20	40		
Arnold Burwitz	5	5	5	10	30	40		
Ed Dobrowolski	5	5	5	10	20	40		
Joe Dudeck	5	5	5	10	20	40		
Johnny Bright RC	5	5	6	12	25	50		
Harold Loehlein	5	5	5	10	20	35		
Lawrence Hairston	5	5	5	10	25	40		
Bob Carey RC	5	5	6	12	25	50		

Wade #2 PSA 7 (NrMt) sold for $565 (eBay; 10/07)

Carey #75 PSA 7 (NrMt) sold for $1,260 (eBay; 11/07)

52 Bowman Large

	GD 2	VG 3	VgEx 4	EX 5	ExMt 6	NM 7	NmMt 8	MT 9
Norm Van Brocklin SP	60	150	200	250	400	800	2,800	
Otto Graham	60	100	125	▲250	400	500	1,400	
Doak Walker	10	15	20	35	150	200	500	
Steve Owen CO RC	10	15	40	50	60	150	500	
Frankie Albert	6	10	12	20	40	60	200	
Laurie Niemi RC	5	8	12	20	40	60	175	
Chuck Hunsinger	5	8	12	20	40	80	200	
Ed Modzelewski	6	10	12	20	40	60	250	
Joe Spencer SP RC	15	40	50	60	75	300		
Chuck Bednarik SP	60	80	100	150	350	500	1,200	
Barney Poole	5	8	12	20	40	60	225	
Charley Trippi	10	15	18	60	80	100	350	
Tom Fears	10	15	20	60	80	▲200	300	
Paul Brown CO RC	30	▲150	▲200	▲250	300	400	1,000	
Leon Hart	8	12	15	25	40	100	200	
Frank Gifford RC	100	300	400	500	600	1,000	2,500	6,000
Y.A. Tittle	40	60	80	125	175	300	800	
Charlie Justice SP	30	50	100	125	250	400	1,500	
George Connor SP	30	50	60	100	150	225	500	
Lynn Chandnois	5	8	12	20	40	60	225	
Billy Howton RC	6	10	12	30	40	100	400	
Kenneth Snyder RC	5	8	12	20	40	60	225	
Gino Marchetti RC	30	50	100	200	250	400	2,000	
John Karras	5	8	12	20	40	60	225	
Tank Younger	6	10	12	20	40	80	350	
Tommy Thompson LB RC	5	8	12	20	40	150	400	
Bob Miller SP RC	80	150	200	250	350	500		
Kyle Rote SP RC	30	50	60	100	150	600	800	
Hugh McElhenny RC	40	60	200	250	▼300	600	1,500	
Sammy Baugh	50	80	100	150	▲250	500	1,200	
Jim Dooley RC	6	10	12	20	40	60	300	
Ray Mathews	5	8	12	20	40	▲80	200	
Fred Cone RC	5	8	12	20	40	80	225	
Al Pollard RC	5	8	12	20	40	80	400	
Brad Ecklund	5	8	12	20	40	60	250	
John Hancock SP RC	100	150	250	300	▲500	1,200		
Troy Hirsch SP	40	50	80	125	300	400	600	
Keever Jankovich RC	5	8	12	20	25	60	175	
Emlen Tunnell	12	20	25	40	80	125	400	
Steve Dowden RC	5	8	12	20	40	60	200	
Claude Hipps RC	5	8	12	20	40	60	200	
Norm Standlee	5	8	12	20	40	▲100	150	
Dick Todd CO RC	5	8	12	20	40	80	200	
Babe Parilli	6	10	▲60	▲80	▲100	150	400	
Steve Van Buren SP	50	60	80	200	▲500	▲600		
Art Donovan SP RC	60	100	125	200	250	500	1,200	
Bill Fischer	5	8	12	20	40	60	175	
George Halas CO RC	100	125	▲250	▲300	600	800	800	
Terrell Price	5	8	12	20	40	60	100	
John Sandusky RC	5	8	12	20	40	80	250	

		GD 2	VG 3	VgEx 4	EX 5	ExMt 6	NM 7	NmMt 8	MT 9
51	Ray Beck	5	8	12	20	40	60	175	
52	Jim Martin	6	10	12	20	30	80	200	
53	Joe Bach CO RC	5	8	12	20	40	60	175	
54	Glen Christian SP RC	15	25	30	60	200	1,200		
55	Andy Davis SP RC	15	25	30	50	80	150	400	
56	Tobin Rote	6	▲40	▲50	▲125	▲150	100	350	
57	Wayne Millner CO RC	15	25	30	80	▲125	250	1,000	
58	Zollie Toth	5	8	12	20	40	100	150	
59	Jack Jennings	5	8	12	20	40	60	175	
60	Bill McColl RC	5	8	12	20	40	▲125	200	
61	Les Richter RC	10	15	20	50	60	▲400	▲500	
62	Walt Michaels RC	6	10	12	20	30	80	350	
63	Charley Conerly SP	200	300	400	500	700	1,000	2,500	
64	Howard Hartley SP	15	20	25	50	75	150	400	
65	Jerome Smith RC	5	8	12	20	40	60	200	
66	James Clark RC	5	8	12	20	40	60	200	
67	Dick Logan RC	5	8	12	20	40	80	250	
68	Wayne Robinson RC	5	8	12	20	40	60	300	
69	James Hammond RC	5	8	12	20	40	80	350	
70	Gene Schroeder RC	5	8	12	20	50	▲400	▲500	
71	Tex Coulter	6	▲20	▲25	▲30	▲50	▲250	▲300	
72	John Schweder SP RC	125	150	200	450	550	1,200		
73	Vitamin Smith SP	30	50	60	100	125	225	500	
74	Joe Campanella RC	8	12	15	25	40	80	150	
75	Joe Kuharich CO RC	8	12	15	25	40	80	250	
76	Herman Clark RC	8	12	15	25	40	80	250	
77	Dan Edwards	8	12	15	25	40	80	250	
78	Bobby Layne	40	60	80	100	125	200	600	
79	Bob Hoernschemeyer	8	12	15	25	40	80	200	
80	John Carr Blount RC	8	12	15	25	40	80	200	
81	John Kastan SP RC	30	50	60	100	150	250	500	
82	Harry Minarik SP RC	30	50	60	100	125	225	500	
83	Joe Perry	15	50	60	80	100	150	450	
84	Buddy Parker CO RC	8	12	15	25	40	100	150	
85	Andy Robustelli RC	25	40	▲125	▲150	300	400	800	
86	Dub Jones	8	12	15	40	50	80	400	
87	Mal Cook RC	8	12	15	25	40	80	200	
88	Billy Stone	8	12	15	25	40	80	200	
89	George Taliaferro	8	12	15	25	40	80	200	
90	Thomas Johnson SP RC	30	100	125	200	250	400	800	
91	Leon Heath SP	20	30	40	60	80	150	300	
92	Pete Pihos	12	20	25	40	75	150	300	
93	Fred Benners RC	8	12	15	25	40	80	▲250	
94	George Tarasovic RC	12	20	25	30	40	80	250	
95	Buck Shaw CO RC	8	12	15	25	40	80	200	
96	Bill Wightkin	8	12	15	25	40	80	250	
97	John Wozniak	8	12	15	25	40	80	200	
98	Bobby Dillon RC	8	12	15	25	40	100	1,500	
99	Joe Stydahar SP RC	200	300	▲500	600	1,000	1,200	3,000	
100	Dick Alban SP RC	30	50	▲100	▲125	150	250	600	
101	Arnie Weinmeister	10	15	18	30	40	100	400	
102	Bobby Cross RC	8	12	15	25	40	80	350	
103	Don Paul DB	8	12	15	25	40	80	400	
104	Buddy Young	10	15	18	30	40	80	250	
105	Lou Groza	20	30	40	60	100	200	600	
106	Ray Pelfrey RC	8	12	15	30	80	100	350	
107	Maurice Nipp RC	8	12	15	25	40	80	400	
108	Hubert Johnston SP RC	200	250	300	500	600	800	2,500	
109	Vol.Quinlan SP RC	20	30	40	80	100	250	450	
110	Jack Simmons RC	8	12	15	25	40	80	120	
111	George Ratterman	8	12	15	25	40	80	200	
112	John Badaczewski RC	8	12	15	25	40	80	200	
113	Bill Reichardt	8	12	15	25	40	80	200	
114	Art Weiner	8	12	15	25	40	80	200	
115	Keith Flowers RC	8	12	15	25	40	80	200	
116	Russ Craft	8	12	15	25	40	80	150	
117	Jim O'Donahue SP RC	30	50	60	100	135	250	800	
118	Darrell Hogan SP	20	50	60	80	100	150	500	
119	Frank Ziegler RC	8	12	15	25	40	80	150	
120	Dan Towler	10	15	18	30	40	150	250	
121	Fred Williams RC	8	12	15	25	40	80	▲800	
122	Jimmy Phelan CO RC	8	12	15	25	40	▲100	200	
123	Eddie Price	8	12	15	40	50	100	250	
124	Chet Ostrowski RC	8	12	15	25	40	80	200	
125	Leo Nomellini	12	20	40	50	60	150	450	
126	Steve Romanik SP RC	50	60	80	200	300	400	2,000	
127	Ollie Matson SP RC	100	125	150	200	400	1,000	3,800	
128	Dante Lavelli	12	20	25	40	75	200	▲800	
129	Jack Christiansen RC	30	50	100	125	175	400	1,000	

#	Player	GD 2	VG 3	VgEx 4	EX 5	ExMt 6	NM 7	NmMt 8	MT 9
130	Dom Moselle RC	8	▲25	▲30	▲40	▲200	▲400	▲800	
131	John Rapacz RC	8	12	15	25	50	125	300	
132	Chuck Ortmann UER RC	8	12	15	25	40	80	▲500	
133	Bob Williams	8	12	15	25	40	80	▲500	
134	Chuck Ulrich RC	8	12	15	25	40	125	300	
135	Gene Ronzani CO SP RC	200	450	800	1,000	1,200	2,000	3,000	
136	Bert Rechichar SP	25	40	50	100	200	250	600	
137	Bob Waterfield	15	60	80	100	125	200	600	
138	Bobby Walston RC	8	12	15	25	40	125	200	
139	Jerry Shipkey	8	12	15	25	40	100	600	
140	Yale Lary RC	30	50	60	100	175	400	1,000	
141	Gordy Soltau	8	12	15	25	40	100	200	
142	Tom Landry	125	150	▲300	▲400	500	▼800	1,500	5,000
143	John Papit RC	8	12	15	25	40	80	200	
144	Jim Lansford SP RC	400	500	800	1,800	2,000	4,400	10,000	

— Dick Alban #5 PSA 10 (Gem) sold for $3,273 (Memory Lane; 5/13)
— Dick Alban #100 PSA 9 (MT) sold for $1,790 (Mile High; 6/13)
— Frankie Albert #5 PSA 9 (MT) sold for $1,055 (eBay; 12/12)
— Lou Groza #105 PSA 9 (MT) sold for $1,100 (eBay; 11/07)
— Otto Graham #2 PSA 9 (MT) sold for $5,467 (eBay; 5/13)
— Leon Hart #15 PSA 9 (MT) sold for $1,055 (eBay; 1/08)
— George Halas #48 PSA 9 (MT) sold for $3,550 (eBay; 1/07)
— Jim Lansford #144 PSA 8 (NmMt) sold for $10,321 (Andy Madec; 11/09)
— Jim Lansford #144 PSA 9 (Mint) sold for $17,920 (Memory Lane; 5/13)
— Dante Lavelli #128 PSA 9 (MT) sold for $1,446.40 (eBay; 2/14)
— Bobby Layne #78 PSA 9 (MT) sold for $2,247 (Mile High; 6/13)
— Yale Lary #140 PSA 9 (MT) sold for $4,517 (Memory Lane; 5/13)
— Gino Marchetti #23 PSA 9 (Mint) sold for $2,272 (Mile High; 11/10)
— Ray Matthews #32 PSA 9 (Mint) sold for $1,353 (Mile High; 6/13)
— Ollie Matson #127 PSA 7.5 (NrMt+) sold for $1,361 (Mile High; 3/09)
— Leo Nomellini #125 PSA 9 (Mint) sold for $1,375 (eBay; 11/13)
— Joe Perry #83 PSA 10 (Gem) sold for $4,357 (Memory Lane; 5/13)
— Kyle Rote #28 PSA 9 (MT) sold for $2,151 (Legendary; 3/11)
— Joe Spencer #9 PSA 8 (NmMt) sold for $3,912 (Mile High; 6/13)
— John Schweder SP RC #72 SGC 8 (NM/MT) sold for $2249.1 (Goodwin; 9/12)
— Y.A. Tittle #17 PSA 9 (MT) sold for $2,278 (Mastro; 12/06)
— Charley Trippi #12 PSA 9 (MT) sold for $1,243 (eBay; 02/13)
— Chuck Ulrich #134 PSA 9 (MT) sold for $1,620 (REA; 4/07)
— Steve Van Buren #45 PSA 8 (NmMt) sold for $2,140 (eBay; 4/07)
— Steve Van Buren #45 PSA 8 (NmMt) sold for $2,804 (Memory Lane; 5/13)

1952 Bowman Small

#	Player	GD 2	VG 3	VgEx 4	EX 5	ExMt 6	NM 7	NmMt 8	MT 9
1	Norm Van Brocklin	50	60	100	150	350	500	2,500	
2	Otto Graham	25	80	100	125	150	300	550	
3	Doak Walker	8	12	15	25	60	100	300	
4	Steve Owen CO RC	10	15	▲50	▲60	▲80	▲100	300	
5	Frankie Albert	6	10	▲30	▲40	▲50	▲60	125	
6	Laurie Niemi	6	8	10	15	25	50	150	
7	Chuck Hunsinger	6	8	10	15	25	50	200	
8	Ed Modzelewski	6	10	12	18	▲40	▲200	300	
9	Joe Spencer	6	8	10	15	100	125	300	
10	Chuck Bednarik	10	15	20	30	50	80	300	
11	Barney Poole	6	8	10	15	25	50	125	
12	Charley Trippi	8	12	15	25	40	80	200	
13	Tom Fears	8	12	15	25	35	60	▲400	
14	Paul Brown CO RC	50	▲125	▲150	▲200	▲250	▲300	▲2,500	
15	Leon Hart	6	10	12	18	25	50	150	
16	Frank Gifford RC	50	60	250	▲400	▲500	600	1,000	3,000
17	Y.A.Tittle	20	30	40	150	200	250	▲800	
18	Charlie Justice	8	12	15	20	30	50	300	
19	George Connor	6	▲15	▲25	▲30	▲60	▲100	▲400	
20	Lynn Chandnois	6	8	10	15	25	50	125	
21	Billy Howton RC	6	▲60	▲80	▲100	▲125	▲150	400	
22	Kenneth Snyder	6	8	10	15	25	50	175	
23	Gino Marchetti RC	25	60	80	200	250	300	▲2,000	
24	John Karras	6	8	10	15	25	50	100	
25	Tank Younger	6	10	12	18	25	100	250	
26	Tommy Thompson LB	6	8	10	15	25	60		
27	Bob Miller RC	6	8	10	15	25	50	250	
28	Kyle Rote RC	10	15	20	30	50	100	600	
29	Hugh McElhenny RC	25	40	125	250	300	400	800	
30	Sammy Baugh	30	40	100	125	150	200	500	
31	Jim Dooley RC	6	8	10	15	25	50	125	
32	Ray Mathews	6	8	10	15	25	50	150	
33	Fred Cone	6	8	10	15	25	50	150	
34	Al Pollard	6	8	10	15	25	50	125	
35	Brad Ecklund	6	8	10	15	25	50	125	

#	Player	GD 2	VG 3	VgEx 4	EX 5	ExMt 6	NM 7	NmMt 8	MT
36	John Lee Hancock	6	8	10	15	25	50	125	
37	Elroy Hirsch	10	15	20	60	80	100	▲1,500	
38	Keever Jankovich	6	8	10	15	25	60	300	
39	Emlen Tunnell	8	12	15	20	30	60	▲300	
40	Steve Dowden	6	8	10	15	30	50	▲200	
41	Claude Hipps	6	8	10	15	25	50	125	
42	Norm Standlee	6	8	10	15	25	50	125	
43	Dick Todd CO	6	8	10	15	25	50	150	
44	Babe Parilli	6	10	▲50	▲60	▲80	▲150	400	
45	Steve Van Buren	10	15	20	30	50	150	400	
46	Art Donovan RC	25	40	▲200	▲250	▲300	▲400	800	
47	Bill Fischer	6	8	10	15	25	50	125	
48	George Halas CO RC	▲60	▲80	▲200	▲400	▲500	▲600	▲2,500	
49	Jerell Price	6	8	10	15	25	50	125	
50	John Sandusky RC	6	8	10	15	25	100	150	
51	Ray Beck	6	8	10	15	25	50	125	
52	Jim Martin	6	8	10	15	25	50	200	
53	Joe Bach CO	6	8	10	15	25	50	250	
54	Glen Christian	6	8	10	15	25	75	200	
55	Andy Davis	6	8	10	15	25	50		
56	Tobin Rote	6	10	12	20	30	75		
57	Wayne Millner CO RC	8	12	15	30	100	150	▲1,500	
58	Zollie Toth	6	8	10	15	25	50	125	
59	Jack Jennings	6	8	10	15	25	50	▲200	
60	Bill McColl	6	8	10	15	▲40	50	200	
61	Les Richter RC	12	15	25	40	60	200	▲1,500	
62	Walt Michaels RC	6	8	10	15	25	50	250	
63	Charley Conerly	10	15	20	30	50	80	300	
64	Howard Hartley	6	8	10	15	25	50	125	
65	Jerome Smith	6	8	10	15	25	50	150	
66	James Clark	6	8	10	15	25	50	250	
67	Dick Logan	6	8	10	15	25	50	150	
68	Wayne Robinson	6	8	10	15	25	50	200	
69	James Hammond	6	8	10	15	25	50	125	
70	Gene Schroeder	6	8	10	15	▲40	50	125	
71	Tex Coulter	6	8	10	15	25	50	100	
72	John Schweder	6	8	10	15	25	125		
73	Vitamin Smith	8	12	15	25	40	225		
74	Joe Campanella RC	6	10	12	20	30	60	400	
75	Joe Kuharich CO RC	6	10	12	18	30	80	200	
76	Herman Clark	6	10	12	18	30	60	300	
77	Dan Edwards	6	10	12	18	30	60	300	
78	Bobby Layne	20	30	40	60	100	▲200	▲600	
79	Bob Hoernschemeyer	6	10	12	18	30	60	300	
80	John Carr Blount	6	10	12	18	30	60	250	
81	John Kastan RC	6	10	12	40	50	60	250	
82	Harry Minarik	6	10	12	18	30	60		
83	Joe Perry	10	15	20	30	50	75	450	
84	Buddy Parker CO RC	6	10	12	18	30	60	250	
85	Andy Robustelli RC	15	25	30	60	100	200	500	
86	Dub Jones	6	10	12	18	40	60	350	
87	Mal Cook	6	10	12	18	30	60		
88	Billy Stone	8	12	15	25	40	60	350	
89	George Taliaferro	6	10	12	18	40	60	300	
90	Thomas Johnson RC	6	10	12	18	40	80	300	
91	Leon Heath	6	10	12	25	50	100	600	
92	Pete Pihos	8	12	15	25	▲80	▲100	▼150	
93	Fred Benners	6	10	12	18	40	100		
94	George Tarasovic	6	10	12	18	30	60	300	
95	Buck Shaw CO RC	6	10	12	18	50	60	200	
96	Bill Wightkin	6	10	12	18	30	60	300	
97	John Wozniak	6	10	12	18	30	60	300	
98	Bobby Dillon RC	6	10	12	18	50	60	400	
99	Joe Stydahar CO RC	40	60	▲200	▲250	▲300	400	2,000	
100	Dick Alban RC	6	10	12	18	30	60	300	
101	Arnie Weinmeister	8	12	15	▲40	35	60	▲400	
102	Bobby Cross	6	10	12	18	30	▲80	250	
103	Don Paul DB	6	10	12	18	30	60	250	
104	Buddy Young	8	12	15	20	35	60	300	
105	Lou Groza	10	15	20	50	60	100	300	
106	Ray Pelfrey	6	10	12	18	30	80	600	
107	Maurice Nipp	6	10	12	18	30	60		
108	Hubert Johnston	6	10	12	18	30	60	400	
109	Volney Quinlan RC	8	12	15	25	40	80		
110	Jack Simmons	6	10	12	▲30	▲40	60	250	
111	George Ratterman	6	10	12	18	30	60	250	
112	John Badaczewski	6	10	12	18	50	60	300	
113	Bill Reichardt	6	10	12	18	30	60	300	
114	Art Weiner	6	10	12	18	30	▲100	250	

	GD 2	VG 3	VgEx 4	EX 5	ExMt 6	NM 7	NmMt 8	MT 9
Keith Flowers	6	10	12	18	30	60	400	
Russ Craft	6	10	12	18	30	60	150	
Jim O'Donahue RC	6	10	12	25	30	80	300	
Darrell Hogan	8	12	15	25	40			
Frank Ziegler	6	10	12	30	40	60	1,000	
Dan Towler	8	12	15	20	30	60	300	
Fred Williams	6	10	12	18	30	60	300	
Jimmy Phelan CO	6	10	12	18	30	50	250	
Eddie Price	6	10	12	18	30	60	300	
Chet Ostrowski	6	10	12	18	30	60	150	
Leo Nomellini	10	15	20	50	100	300		
Steve Romanik	6	10	12	18	30	60	250	
Ollie Matson RC	40	50	60	80	200	800		
Dante Lavelli	10	15	20	30	50	▲150	▲500	
Jack Christiansen RC	12	20	25	▲80	▲100	150	▲2,200	
Dom Moselle	6	10	12	18	30	60	800	
John Rapacz	6	10	▲25	▲30	▲40	60	250	
Chuck Ortmann	6	10	12	18	30	60	250	
Bob Williams	6	10	12	18	30	60	250	
Chuck Ulrich	6	10	12	18	30	100	300	
Gene Ronzani CO RC	6	10	12	18	30	60	300	
Bert Rechichar	6	10	12	18	30	60	500	
Bob Waterfield	10	15	20	30	60	100	▲800	
Bobby Walston RC	6	10	12	18	40	50	400	
Jerry Shipkey	6	10	12	▲40	▲50	60	300	
Yale Lary RC	12	20	25	40	150	300	▲800	
Gordy Soltau	6	10	12	18	30	60	500	
Tom Landry	80	100	▲250	▲300	▲400	▲500	1,000	
John Papit	6	10	12	18	30	60	200	
Jim Lansford RC	25	▲100	▲125	▲150	▲200	▲250	1,200	

— Cook #87 PSA 8 (NmMt) sold for $2,223 (Mile High; 5/11)
— Cook #87 PSA 8 (NmMt) sold for $1683 (eBay; 12/12)
— Donovan #46 PSA 8.5 (NmMt+) sold for $1,367 (Mile High; 11/10)
— Donovan #46 PSA 8.5 (NmMt+) sold for $2,310 (Greg Bussineau Fall; Fall 2013)
— ...nk Gifford #16 PSA 9 (Mint) sold for $8,500 (eBay; 10/11)
— ...nk Gifford #16 PSA 9 (Mint) sold for $3658 (eBay; 11/12)
— ...nk Gifford #16 PSA 9 (Mint) sold for $3480 (Memory Lane; 5/13)
— ...nk Gifford #16 SGC 8.5 (NmMt+) sold for $1,826 (Mile High; 3/09)
— ...rell Hogan #118 PSA 8 (NmMt) sold for $1,034 (Mile High; 5/11)
— ...Landry #142 SGC 9 (Mint) sold for $1209 (Memory Lane; 8/12)
— ...e Matson #118 PSA 8 (NmMt) sold for $999 (Mile High; 5/11)
— ...e Matson #118 PSA 8 (NmMt) sold for $1,079 (eBay; 12/12)
— ...h McElhenny #29 PSA 8.5 (NmMt+) sold for $1,969 (Mile High; 11/10)
— ...O'Donahue #117 PSA 8.5 (NmMt+) sold for $1,099 (Mile High; 5/11)
— ...e Owen #4 PSA 9 (Mint) sold for $1,115 (Mile High; 3/09)
— ...dy Parker #84 PSA 9 (Mint) sold for $1,206 (eBay; 5/09)
— ...ney Quinlan #109 PSA 8 (NmMt) sold for $1,034 (Mile High; 5/11)
— ...ie Toth #58 PSA 9 (Mint) sold for $1,015 (eBay; 2/09)
— ...en Tunnell #39 PSA 9 (Mint) sold for $1106 (eBay; 11/14)
— ...ck Ulrich #134 PSA 9 (Mint) sold for $1,002 (Mile High; 10/09)
— ...m Van Brocklin #1 PSA 8.5 (NmMt+) sold for $2,153 (Goodwih; 5/08)
— ...Williams #133 PSA 9 (Mint) sold for $1,015 (eBay; 2/09)

3 Bowman

	GD 2	VG 3	VgEx 4	EX 5	ExMt 6	NM 7	NmMt 8	MT 9
...ddie LeBaron RC	15	30	25	50	100	300	2,000	
...ohn Dottley	8	10	12	15	25	60	200	
...abe Parilli	8	10	12	15	25	60	200	
...ucko Kilroy	8	10	12	15	25	60	300	
...oe Tereshinski	8	10	12	15	▲30	60	175	
...oak Walker	15	20	25	▲60	▲80	125	350	
...ran Polsfoot	8	10	12	15	25	60	150	
...isto Averno RC	8	10	12	15	25	▲80	175	
...arion Motley	20	30	40	60	100	250	▲1,500	
...at Brady RC	8	10	12	15	25	60	175	
...orm Van Brocklin	25	35	40	60	100	150	500	
...ill McColl	8	10	12	15	25	60	175	
...erry Groom	8	10	12	15	25	60	175	
...l Pollard	8	10	12	15	25	60	175	
...ante Lavelli	10	12	15	20	40	80	300	
...ddie Price	8	10	12	15	25	50	175	
...harley Trippi	10	12	15	30	40	80	250	
...lbert Nickel	8	10	12	25	30	60	175	
...eorge Taliaferro	8	10	12	15	25	60	175	
...harley Conerly	15	20	25	35	60	80	250	
...obby Layne	20	30	40	50	75	150	300	
...lroy Hirsch	15	20	25	35	60	100	▲500	▲1,500
...im Finks	8	10	12	15	25	80	250	

		GD 2	VG 3	VgEx 4	EX 5	ExMt 6	NM 7	NmMt 8	MT 9
24	Chuck Bednarik	15	20	25	35	60	100	400	
25	Kyle Rote	8	10	12	15	25	80	150	
26	Otto Graham	25	35	100	125	▲200	300	800	
27	Harry Gilmer	8	10	12	15	▲40	60	175	
28	Tobin Rote	8	10	12	15	▲80	▲100	200	
29	Billy Stone	8	10	12	15	30	60	125	
30	Buddy Young	8	10	12	15	30	60	200	
31	Leon Hart	8	10	12	15	30	80	300	
32	Hugh McElhenny	▲30	▲40	▲50	▲60	▲80	100	450	
33	Dale Samuels	8	10	12	15	30	60		
34	Lou Creekmur	10	12	15	20	30	60		
35	Tom Catlin RC	8	10	12	20	40	80	300	
36	Tom Fears	10	12	15	20	50	100	150	
37	George Connor	8	10	12	▲30	▲50	60	175	
38	Bill Walsh C	8	10	12	15	25	60	250	
39	Leo Sanford SP RC	10	12	15	20	40	100	300	
40	Horace Gillom	8	10	12	15	25	60		
41	John Schweder SP	10	12	15	20	▲80	▲100	350	
42	Tom O'Connell RC	8	10	12	15	25	60	175	
43	Frank Gifford SP	60	80	100	125	200	400	1,000	
44	Frank Continetti SP RC	10	12	15	20	40	60	250	
45	John Olszewski SP RC	10	12	15	20	40	60	250	
46	Dub Jones	8	10	12	15	▲50	100	200	
47	Don Paul LB SP RC	10	12	15	20	40	80	500	
48	Gerald Weatherly RC	8	10	12	15	25	60	175	
49	Fred Bruney SP RC	10	12	15	20	50	100	450	
50	Jack Scarbath RC	8	10	12	15	50	60	200	
51	John Karras	8	10	12	15	25	60	200	
52	Al Conway RC	8	10	12	15	25	60	125	
53	Emlen Tunnell SP	20	30	40	50	75	150	600	
54	Gern Nagler SP RC	10	12	15	20	35	60	250	
55	Kenneth Snyder SP	10	12	15	20	35	60	250	
56	Y.A. Tittle	25	35	80	100	125	200	600	
57	John Rapacz SP	10	12	15	20	35	100	350	
58	Harley Sewell SP RC	10	12	15	25	40	80	250	
59	Don Bingham RC	8	10	▲25	▲30	▲40	60	150	
60	Darrell Hogan	8	10	12	15	25	60	175	
61	Tony Curcillo RC	8	10	12	15	25	60	175	
62	Ray Renfro SP RC	10	12	15	25	60	80	300	
63	Leon Heath	8	10	12	15	25	60	200	
64	Tex Coulter SP	10	12	15	20	35	60	250	
65	Dewayne Douglas RC	8	10	12	15	25	60		
66	J. Robert Smith SP	10	12	15	20	35	80	300	
67	Bob McChesney SP RC	10	12	15	20	35	60	200	
68	Dick Alban SP	10	12	15	20	▲50	60	300	
69	Andy Kozar RC	8	10	12	15	25	60	175	
70	Merwin Hodel SP RC	10	12	15	20	35	60	250	
71	Thurman McGraw	8	10	12	15	25	60	150	
72	Cliff Anderson RC	8	10	12	15	25	60	150	
73	Pete Pihos	10	12	15	20	▲50	80	250	
74	Julie Rykovich	8	10	12	15	25	60	200	
75	John Kreamcheck SP RC	10	12	15	20	35	60	250	
76	Lynn Chandnois	8	10	12	15	25	60	125	
77	Cloyce Box SP	10	12	15	20	35	60	300	
78	Ray Mathews	8	10	12	15	25	60	175	
79	Bobby Walston	8	10	12	15	25	60	200	
80	Jim Dooley	8	10	12	15	25	60	100	
81	Pat Harder SP	10	12	15	20	35	80	400	
82	Jerry Shipkey	8	10	12	15	25	60	175	
83	Bobby Thomason RC	8	10	12	15	25	60	175	
84	Hugh Taylor	8	10	12	15	25	60	175	
85	George Ratterman	8	10	12	15	25	60	175	
86	Don Stonesifer RC	8	10	12	15	25	60	175	
87	John Williams SP RC	10	12	15	20	35	60	200	
88	Leo Nomellini	10	▲25	▲30	▲40	▲80	100	400	
89	Frank Ziegler	8	10	12	15	25	60	175	
90	Don Paul DB UER	8	10	12	15	25	60	200	
91	Tom Dublinski	8	10	12	15	25	60	150	
92	Ken Carpenter	8	10	12	15	25	60	250	
93	Ted Marchibroda RC	8	10	12	▲80	▲100	▲150	250	
94	Chuck Drazenovich	8	10	12	15	25	60	200	
95	Lou Groza SP	25	35	40	60	150	200	600	
96	William Cross SP RC	15	20	25	30	40	300	800	

— Chuck Bednarik #24 PSA 9 (Mint) sold for $1,510 (eBay; 10/08)
— Cloyce Box #77 PSA 9 (Mint) sold for $1,015 (eBay; 7/07)
— Cloyce Box #77 PSA 9 (Mint) sold for $686 (Mastro; 6/07)
— Lou Creekmur #34 PSA 8 (NmMt) sold for $1,220 (eBay; 3/07)
— William Cross #96 PSA 9 (Mint) sold for $1,975 (Mile High; 12/10)
— William Cross #96 PSA 9 (Mint) sold for $2,247 (Mile High; 6/13)

— Frank Gifford #43 SGC 8.5 (NmMt+) sold for $2,160 (Mastro; 5/08)
— Frank Gifford #43 PSA 8.5 (NmMt+) sold for $1,821 (Mile High; 5/08)
— Horace Gillom #40 PSA 8 (NmMt) sold for $1,983 (Goodwin; 11/12)
— Hugh McElhenny #32 PSA 9 (Mint) sold for $1,617.55 (eBay; 10/13)
— Marion Motley #9 PSA 9 (Mint) sold for $2,775 (eBay; 7/07)
— Marion Motley #9 PSA 9 (Mint) sold for $1,378 (Mastro; 12/06)
— Dale Samuels #33 PSA 9 (NmMt) sold for $1,353 (Goodwin; 11/12)
— Don Stonesifer #86 PSA 9 (Mint) sold for $831 (Mastro; 2/07)
— Charley Trippi #86 PSA 9 (Mint) sold for $1,313 (eBay; 1/08)

1954 Bowman

#	Player	GD 2	VG 3	VgEx 4	EX 5	ExMt 6	NM 7	NmMt 8	MT 9
1	Ray Mathews	6	8	10	12	30	100	250	1,000
2	John Huzvar	5	5	6	8	12	20	40	
3	Jack Scarbath	5	5	6	8	12	20	40	200
4	Doug Atkins RC	12	15	20	50	▲100	200	400	800
5	Bill Stits	5	5	6	8	12	20	40	
6	Joe Perry	8	10	12	15	20	60	125	400
7	Kyle Rote	6	8	10	12	15	25	60	
8	Norm Van Brocklin	10	12	15	▲50	30	50	125	600
9	Pete Pihos	6	8	10	12	15	30	▲200	
10	Babe Parilli	5	5	6	8	12	20	40	
11	Zeke Bratkowski RC	6	8	10	12	15	30	60	300
12	Ollie Matson	8	10	12	15	20	30	75	400
13	Pat Brady	5	5	6	8	12	20	40	200
14	Fred Enke	5	5	6	8	12	20	80	200
15	Harry Ulinski	5	5	6	8	12	20	40	
16	Bob Garrett	5	5	6	8	12	20	80	200
17	Bill Bowman	5	5	6	8	12	20	80	
18	Leo Rucka	5	5	6	8	12	20	50	
19	John Cannady	5	5	6	8	12	20	40	200
20	Tom Fears	8	10	12	15	25	30	80	200
21	Norm Willey	5	5	6	8	12	20	40	
22	Floyd Reid	5	5	6	8	12	20	40	200
23	George Blanda RC	▲80	▲125	▲150	200	250	300	1,200	1,500
24	Don Doheney	5	5	6	8	12	20	40	200
25	John Schweder	5	5	6	8	12	20	40	200
26	Bert Rechichar	5	5	6	8	12	20	40	200
27	Harry Dowda	5	5	6	8	12	20	40	
28	John Sandusky	5	5	6	8	12	20	40	200
29	Les Bingaman RC	6	8	10	12	15	25	50	250
30	Joe Arenas	5	5	6	8	12	20	40	
31	Ray Wietecha RC	5	5	6	8	12	20	40	200
32	Elroy Hirsch	8	10	12	15	20	40	100	
33	Harold Giancanelli	5	5	6	8	12	20	40	
34	Billy Howton	5	5	6	8	12	30	80	250
35	Fred Morrison	5	5	6	8	12	20	40	200
36	Bobby Cavazos	5	5	6	8	12	20	40	
37	Darrell Hogan	5	5	6	8	12	20	40	200
38	Buddy Young	5	5	6	8	12	20	40	200
39	Charlie Justice	6	8	10	12	15	25	100	300
40	Otto Graham	15	20	25	▲150	▲200	▲250	▲800	▲1,000
41	Doak Walker	10	12	15	20	25	50	120	
42	Y.A.Tittle	10	▲30	▲40	▲50	▲60	▲80	▲300	800
43	Buford Long	5	5	6	8	12	20	40	200
44	Volney Quinlan	5	5	6	8	12	20	40	200
45	Bobby Thomason	5	5	6	8	12	20	50	200
46	Fred Cone	5	5	6	8	12	20	50	200
47	Gerald Weatherly	5	5	6	8	12	20	40	200
48	Don Stonesifer	5	5	6	8	12	20	40	
49A	L.Chandnois ERR Chadnois back	5	5	6	8	12	20	40	
49B	Lynn Chandnois COR	5	5	6	8	12	20	40	
50	George Taliaferro	5	5	6	8	12	20	40	200
51	Dick Alban	5	5	6	8	12	20	60	200
52	Lou Groza	10	12	15	20	25	40	100	500
53	Bobby Layne	10	12	30	40	▲80	▲100	120	1,200
54	Hugh McElhenny	10	12	15	20	25	40	75	400
55	Frank Gifford	15	20	25	▲50	60	100	150	800
56	Leon McLaughlin	5	5	6	8	12	20	40	
57	Chuck Bednarik	10	12	15	20	25	40	100	
58	Art Hunter	5	5	6	8	12	20	40	
59	Bill McColl	5	5	6	8	12	20	40	200
60	Charley Trippi	8	10	12	15	18	30	75	
61	Jim Finks	6	8	10	12	15	25	60	250
62	Bill Lange G	5	5	6	8	12	20	40	200
63	Laurie Niemi	5	5	6	8	12	20	40	200
64	Ray Renfro	5	5	6	8	12	20	40	
65	Dick Chapman SP	8	10	12	15	25	30	80	
66	Bob Hantla SP	8	10	12	15	20	30	120	
67	Ralph Starkey SP	8	10	12	15	20	30	80	25
68	Don Paul LB SP	8	10	12	15	20	30	100	
69	Kenneth Snyder SP	8	10	12	15	20	30	50	2
70	Tobin Rote SP	8	10	12	▲30	▲40	▲50	120	25
71	Art DeCarlo SP	8	10	12	15	20	30	▲100	2
72	Tom Keane SP	8	10	12	15	20	30	80	
73	Hugh Taylor SP	8	10	12	15	20	30	120	
74	Warren Lahr SP RC	8	10	12	15	20	60	150	
75	Jim Neal SP	8	10	12	15	20	30	80	2
76	Leo Nomellini SP	15	20	25	30	50	80	125	8
77	Dick Yelvington SP	8	10	12	15	20	30	80	2
78	Les Richter SP	8	10	12	15	20	30	80	2
79	Bucko Kilroy SP	8	10	12	15	20	30	80	
80	John Martinkovic SP	8	10	12	15	20	30	120	2
81	Dale Dodrill SP RC	8	10	12	15	20	30	150	
82	Ken Jackson SP	8	10	12	15	20	30	150	
83	Paul Lipscomb SP	8	10	12	15	20	40	100	
84	John Bauer SP	8	10	12	15	20	30	80	
85	Lou Creekmur SP	12	15	20	25	35	50	80	4
86	Eddie Price SP	8	10	12	15	20	30	80	4
87	Kenneth Farragut SP	8	10	12	15	20	30	80	2
88	Dave Hanner SP RC	8	10	12	15	20	30	200	2
89	Don Boll SP	8	10	12	15	20	30	200	
90	Chet Hanulak SP	8	10	12	15	20	40	125	3
91	Thurman McGraw SP	8	10	12	15	20	30	100	1
92	Don Heinrich SP RC	8	10	12	15	20	30	100	2
93	Dan McKown SP	8	10	12	15	20	30	100	
94	Bob Fleck SP	8	10	12	▲40	▲50	▲60	150	2
95	Jerry Hilgenberg SP	8	10	12	▲40	▲50	▲60	100	2
96	Bill Walsh C SP	8	10	12	15	20	30	80	2
97A	Tom Finnin ERR	15	20	25	40	60	100	300	
97B	Tom Finnan COR	5	5	6	8	12	20	40	2
98	Paul Barry	5	5	6	8	12	20	40	2
99	Chick Jagade	5	5	6	8	12	20	40	2
100	Jack Christiansen	6	8	10	12	30	40	▲100	
101	Gordy Soltau	5	5	6	8	12	20	40	2
102A	Emlen Tunnell ERR Tunnel	10	12	15	20	40	75	200	5
102B	Emlen Tunnell COR	6	8	10	12	15	25	75	3
102C	Emlen Tunnell COR	6	8	10	12	15	25	75	3
103	Stan West	5	5	6	8	12	20	40	
104	Jerry Williams	5	5	6	8	12	30	40	
105	Veryl Switzer	5	5	6	8	12	20	30	1
106	Billy Stone	5	5	6	8	12	20	40	2
107	Jerry Watford	5	5	6	8	12	20	40	2
108	Elbert Nickel	5	5	6	8	12	20	40	2
109	Ed Sharkey	5	5	6	8	12	20	40	2
110	Steve Meilinger	5	5	6	8	12	20	40	1
111	Dante Lavelli	6	8	10	12	15	25	60	3
112	Leon Hart	6	8	10	12	15	25	▲150	
113	Charley Conerly	8	10	12	15	18	30	100	3
114	Richard Lemmon	5	5	6	8	12	20	40	
115	Al Carmichael	5	5	6	8	12	20	50	
116	George Connor	6	8	10	12	15	25	80	
117	John Olszewski	5	5	6	8	12	20	40	1
118	Ernie Stautner	8	10	12	15	20	30	100	
119	Ray Smith	5	5	6	8	12	20	80	
120	Neil Worden	5	5	6	8	12	20	40	
121	Jim Dooley	5	5	6	8	12	20	60	2
122	Arnold Galiffa	5	5	6	8	12	20	60	2
123	Kline Gilbert	5	5	6	8	12	20	40	2
124	Bob Hoernschemeyer	5	5	6	8	12	20	50	
125	Wilford White RC	6	8	10	12	15	30	100	2
126	Art Spinney	5	5	6	8	12	20	40	
127	Joe Koch	5	5	6	8	12	50	100	2
128	John Lattner RC	12	15	20	25	50	150	▲2,500	

— George Connor #116 PSA 9 (Mt) sold for $411 (eBay; 11/14)
— Doak Walker #41 PSA 9 (Mt) sold for $1,023 (eBay; 2/10)
— Jerry Watford #107 PSA 10 (Gem) sold for $790 (eBay; 7/07)

1955 Bowman

#	Player	GD 2	VG 3	VgEx 4	EX 5	ExMt 6	NM 7	NmMt 8	MT
1	Doak Walker	10	12	▲30	▲40	50	▲200	400	1,8
2	Mike McCormack RC	8	10	12	40	50	▲80	200	6
3	John Olszewski	5	5	6	8	12	20	40	2
4	Dorne Dibble RC	5	5	6	8	12	20	40	2
5	Lindon Crow RC	5	5	6	8	12	20	40	
6	Hugh Taylor UER	5	5	6	8	12	20	40	2
7	Frank Gifford	10	12	15	25	40	▲100	150	8
8	Alan Ameche RC	8	10	12	15	40	80	150	1,2

	GD 2	VG 3	VgEx 4	EX 5	ExMt 6	NM 7	NmMt 8	MT 9
on Stonesifer	5	5	6	8	12	25	60	
ete Pihos	6	8	10	12	30	40	80	
ill Austin	5	5	6	8	12	20	40	250
ick Alban	5	5	6	8	12	20	40	250
obby Walston	5	5	6	8	12	20	50	250
en Ford RC	8	10	12	▲30	40	▲150	▲200	
ug Girard	5	5	6	8	12	20	40	
harley Conerly	8	10	12	15	20	30	80	400
olney Peters RC	5	5	6	8	12	20	60	300
Max Boydston RC	5	5	6	8	12	20	40	
eon Hart	6	8	10	12	15	40	60	
ert Rechichar	5	5	6	8	12	20	40	250
e Riley RC	5	5	6	8	12	20	40	250
ohnny Carson RC	5	5	6	8	12	20	40	200
arry Thompson	5	5	6	8	12	20	40	250
ay Wietecha	5	5	6	8	12	20	40	250
llie Matson	8	10	12	15	20	50	200	
ddie LeBaron	6	8	10	12	18	30	75	400
ack Simmons	5	5	6	8	12	20	40	
ack Christiansen	6	8	10	12	18	30	60	
ucko Kilroy	5	5	6	8	12	20	50	
om Keane	5	5	6	8	12	20	50	
ave Leggett RC	5	5	6	8	12	30	40	
orm Van Brocklin	8	10	12	15	25	50	300	1,000
arlon Hill RC	5	5	6	8	12	30	80	200
obert Haner RC	5	5	6	8	12	20	60	200
eryl Switzer	5	5	6	8	12	20	40	250
ick Stanfel RC	6	8	10	12	▲80	▲150	200	
ou Groza	8	10	12	15	20	35	75	500
ank Younger	6	8	10	12	15	25	50	300
ick Flanagan RC	5	5	6	8	12	20	40	200
m Dooley	5	5	6	8	12	20	40	250
ay Collins RC	5	5	6	8	12	20	40	250
ohn Henry Johnson RC	8	12	20	25	60	100	200	1,200
om Fears	6	8	10	12	40	50	60	
e Perry	8	10	12	15	25	35	75	
ene Brito RC	5	5	6	8	12	20	40	
ill Johnson C	5	5	6	8	12	20	40	
an Towler	6	8	10	12	15	25	50	
ick Moegle RC	5	5	6	8	12	20	40	200
ine Gilbert	5	5	6	8	12	20	40	200
es Gobel RC	5	5	6	8	12	30	40	125
ay Krouse RC	5	5	6	8	12	20	40	250
at Summerall RC	12	15	18	30	50	75	120	400
d Brown RC	6	8	10	12	20	30	60	
ynn Chandnois	5	5	6	8	12	20	40	200
e Heap RC	5	5	6	8	12	20	40	200
ohn Hoffman	5	5	6	8	12	20	40	
oward Ferguson RC	5	5	6	8	12	20	100	300
obby Watkins RC	5	5	6	8	12	20	40	
harlie Ane RC	5	5	6	8	12	20	60	250
en MacAfee E RC	5	5	6	8	12	20	40	
alph Guglielmi RC	5	5	6	8	12	20	40	
eorge Blanda	10	12	15	50	60	125	150	600
enneth Snyder	5	5	6	8	12	20	50	
het Ostrowski	5	5	6	8	12	20	40	
uddy Young	8	10	12	15	20	30	80	
ordy Soltau	5	6	8	10	15	30	80	
ddie Bell RC	5	6	8	10	15	30	80	200
en Agajanian RC	6	8	10	12	15	30	50	200
om Dahms RC	5	6	8	10	15	30	60	
m Ringo RC	15	20	30	35	▲100	200	1,000	
obby Layne	15	20	25	50	60	75	250	800
.A.Tittle	15	30	40	50	60	100	250	
ob Gaona RC	5	6	8	10	15	30	100	
obin Rote	6	8	10	12	15	30	100	
ugh McElhenny	10	12	15	20	25	35	150	400
ohn Kreamcheck	5	6	8	10	15	30	60	
l Dorow RC	6	8	10	12	15	30	60	
ill Wade	8	10	12	15	20	30	60	
ale Dodrill	5	6	8	10	15	30	80	200
huck Drazenovich	5	6	8	10	15	30	80	
illy Wilson RC	6	8	10	12	20	50	300	
es Richter	6	8	10	12	15	50	▲100	
at Brady	5	6	8	10	15	30	80	
ob Hoernschemeyer	6	8	10	12	15	30	80	200
oe Arenas	5	6	8	10	15	30	125	200
en Szafaryn UER RC	5	6	8	10	15	30	100	
ick Casares RC	10	12	15	20	25	▲60	80	

		GD 2	VG 3	VgEx 4	EX 5	ExMt 6	NM 7	NmMt 8	MT 9
88	Leon McLaughlin	5	6	8	10	15	30	60	200
89	Charley Toogood RC	5	6	8	10	15	50	250	
90	Tom Bettis RC	5	6	8	10	15	50	125	
91	John Sandusky	5	6	8	10	15	50	80	250
92	Bill Wightkin	5	6	8	10	15	30	80	250
93	Darrel Brewster RC	5	6	8	10	15	30	80	
94	Marion Campbell	8	10	12	15	20	30	60	350
95	Floyd Reid	5	6	8	10	15	30	80	
96	Chick Jagade	5	6	8	10	15	30	60	250
97	George Taliaferro	5	6	8	10	15	25	150	
98	Carlton Massey RC	5	6	8	10	15	30	250	
99	Fran Rogel	5	6	8	10	15	25	300	
100	Alex Sandusky RC	5	6	8	10	15	30	125	
101	Bob St.Clair RC	15	30	40	60	▲100	200	600	
102	Al Carmichael	5	6	8	10	15	50	200	
103	Carl Taseff RC	5	6	8	10	15	30	125	
104	Leo Nomellini	10	12	15	20	25	35	150	
105	Tom Scott	5	6	8	10	15	30	150	
106	Ted Marchibroda	8	10	12	15	20	▲80	125	
107	Art Spinney	5	6	8	10	15	30	80	
108	Wayne Robinson	5	6	8	10	15	30	80	
109	Jim Ricca RC	5	6	8	10	15	30	50	
110	Lou Ferry RC	5	6	8	10	15	30	100	
111	Roger Zatkoff RC	5	6	8	10	15	30	120	
112	Lou Creekmur	8	10	12	15	20	35	150	
113	Kenny Konz RC	5	6	8	10	15	50	80	
114	Doug Eggers RC	5	6	8	10	15	30	60	
115	Bobby Thomason	5	6	8	10	15	30	80	
116	Bill McPeak RC	5	6	8	10	15	30	100	
117	William Brown RC	5	6	8	10	15	30	80	
118	Royce Womble RC	5	6	8	10	15	30	80	200
119	Frank Gatski RC	10	12	15	▲40	▲50	100	600	
120	Jim Finks	8	10	12	15	20	60	80	
121	Andy Robustelli	10	12	15	20	25	40	200	
122	Bobby Dillon	5	6	8	10	15	30	80	
123	Leo Sanford	5	6	8	10	15	30	60	250
124	Elbert Nickel	6	8	10	12	15	30	200	
125	Wayne Hansen RC	5	6	8	10	15	50	60	200
126	Buck Lansford RC	5	6	8	10	15	30	80	
127	Gern Nagler	5	6	8	10	15	25	60	200
128	Jim Salsbury RC	5	6	8	10	15	30	80	
129	Dale Atkeson RC	5	6	8	10	15	30	150	
130	John Schweder	5	6	8	10	15	30	100	
131	Dave Hanner	6	8	10	12	15	40	200	
132	Eddie Price	5	6	8	10	15	30	80	250
133	Vic Janowicz	10	12	15	20	25	35	125	300
134	Ernie Stautner	10	12	15	20	25	35	150	
135	James Parmer RC	5	6	8	10	15	25	120	
136	Emlen Tunnell UER	10	12	15	20	25	50	300	
137	Kyle Rote	8	10	12	15	25	60	1,200	
138	Norm Willey	5	6	8	10	15	30	135	
139	Charley Trippi	10	12	15	20	25	40	150	
140	Billy Howton	6	8	10	12	15	40	100	
141	Bobby Clatterbuck RC	5	6	8	10	15	30	60	
142	Bob Boyd	5	6	8	10	15	30	150	
143	Bob Toneff RC	6	8	10	12	20	30	300	
144	Jerry Helluin RC	5	6	8	10	15	30	120	
145	Adrian Burk	5	6	8	10	15	30	150	
146	Walt Michaels	6	8	10	12	15	30	▲100	
147	Zollie Toth	5	6	8	10	15	30	150	
148	Frank Varrichione RC	5	6	8	10	15	30	150	
149	Dick Bielski RC	5	6	8	10	15	30	80	300
150	George Ratterman	6	8	10	12	15	30	200	
151	Mike Jarmoluk RC	5	6	8	10	15	40	400	
152	Tom Landry	100	125	150	200	250	350	1,000	
153	Ray Renfro	6	8	10	12	15	30	100	
154	Zeke Bratkowski	6	8	10	12	15	30	125	
155	Jerry Norton RC	5	6	8	10	15	30	100	
156	Maurice Bassett RC	5	6	8	10	20	30	60	300
157	Volney Quinlan	5	6	8	10	15	40	100	
158	Chuck Bednarik	10	12	15	20	25	40	300	
159	Don Colo RC	5	6	8	10	18	60	350	
160	L.G. Dupre RC	6	8	12	20	40	▲80	300	

— Joe Arenas #85 PSA 9 (Mint) sold for $568.5 (eBay: 4/12)
— Len Ford #14 PSA 9 (Mint) sold for $921 (eBay; 11/14)
— Tom Fears #43 PSA 9 (MT) sold for $990 (Mastro; 10/06)
— Frank Gatski #119 PSA 9 (MT) sold for $940 (eBay; 10/12)
— Les Richter #82 PSA 9 (MT) sold for $714 (eBay; 10/07)
— Y.A.Tittle #72 PSA 9 (Mint) sold for $569.5 (eBay; 5/12)

1955 Topps All American

#		GD 2	VG 3	VgEx 4	EX 5	ExMt 6	NM 7	NmMt 8	MT 9
1	Herman Hickman RC	30	35	40	60	80	125	400	2,000
2	John Kimbrough RC	5	6	8	20	25	50	150	
3	Ed Weir RC	5	6	8	12	25	▲100	500	
4	Erny Pinckert RC	5	6	8	12	20	50	125	
5	Bobby Grayson RC	5	6	8	12	30	40	125	500
6	Nile Kinnick UER RC	30	▲40	▲50	60	▲150	▲300	▲600	1,500
7	Andy Bershak RC	5	6	8	12	20	40	125	500
8	George Cafego RC	5	6	8	12	40	▲200	400	
9	Tom Hamilton SP RC	6	8	10	15	30	50	▲200	600
10	Bill Dudley	8	10	12	20	35	60	120	500
11	Bobby Dodd SP RC	6	8	10	▲30	▲100	▲125	▲200	400
12	Otto Graham	▲50	▲60	▲80	▲100	200	250	500	1,500
13	Aaron Rosenberg	5	6	8	12	20	40	125	500
14A	Gaynell Tinsley ERR RC	30	35	40	60	100	250	800	
14B	Gaynell Tinsley COR RC	6	8	10	18	30	80	200	
15	Ed Kaw SP	6	8	10	15	25	40	100	600
16	Knute Rockne	50	60	200	250	300	500	800	1,500
17	Bob Reynolds	5	6	8	10	15	25	80	150
18	Pudge Heffelfinger SP RC	6	8	10	30	40	50	120	400
19	Bruce Smith	8	10	12	20	60	125	▲400	800
20	Sammy Baugh	40	50	60	100	150	250	300	1,500
21A	W.White RC SP ERR	60	80	100	150	250	400	800	
21B	W.White RC SP COR	15	20	25	40	75	150	250	1,000
22	Brick Muller RC	5	6	8	12	20	40	125	
23	Dick Kazmaier RC	5	6	8	20	25	40	200	
24	Ken Strong	10	12	15	20	35	80	400	800
25	Casimir Myslinski SP RC	6	8	10	25	30	50	120	
26	Larry Kelley SP RC	6	8	10	15	25	50	120	750
27	Red Grange UER	▲100	125	150	200	250	400	800	2,000
28	Mel Hein SP RC	12	15	▲50	60	80	100	▲400	
29	Leo Nomellini SP	12	15	20	40	50	80	▲200	1,000
30	Wes Fesler RC	5	6	8	12	20	▲50	125	500
31	George Sauer Sr. RC	5	6	8	25	30	80	125	500
32	Hank Foldberg RC	8	10	25	30	40	60	125	
33	Bob Higgins RC	5	6	8	12	20	40	125	500
34	Davey O'Brien RC	10	12	15	25	40	80	150	500
35	Tom Harmon SP RC	15	20	60	80	100	125	250	1,200
36	Turk Edwards SP	10	12	15	25	40	60	200	800
37	Jim Thorpe	250	300	▼50	▼60	800	1,500	2,000	
38	Amos A. Stagg RC	12	15	18	25	▲100	▲125	300	1,600
39	Jerome Holland RC	5	6	8	12	20	60	150	1,200
40	Donn Moomaw RC	5	6	8	12	20	40	125	500
41	Joseph Alexander SP RC	6	8	10	15	30	50	175	
42	Eddie Tryon SP RC	6	8	10	15	25	50	100	750
43	George Savitsky	5	6	8	12	20	40	150	500
44	Ed Garbisch RC	5	6	8	12	20	40	100	500
45	Elmer Oliphant RC	5	6	8	12	35	80	200	
46	Arnold Lassman RC	5	6	8	12	20	▲60	125	
47	Bo McMillin RC	5	6	8	20	30	40	125	500
48	Ed Widseth RC	5	6	8	12	25	50	150	
49	Don Gordon Zimmerman RC	5	6	8	12	30	40	125	500
50	Ken Kavanaugh	5	6	8	20	25	40	175	500
51	Duane Purvis SP RC	6	8	10	15	25	50	120	
52	Johnny Lujack	15	20	25	60	80	100	300	1,000
53	John F. Green RC	5	6	8	12	20	40	125	600
54	Edwin Dooley SP RC	6	8	10	15	30	50	150	600
55	Frank Merritt SP RC	6	8	10	25	30	40	100	600
56	Ernie Nevers RC	25	30	35	60	▲125	▲150	400	
57	Vic Hanson SP RC	6	8	10	15	25	40	120	500
58	Ed Franco RC	5	6	8	12	20	40	125	500
59	Doc Blanchard RC	12	15	20	30	50	▲150	▲400	
60	Dan Hill RC	5	6	8	12	20	40	100	
61	Charles Brickley SP RC	6	8	10	15	25	40	125	600
62	Harry Newman RC	6	8	10	20	30	50	150	600
63	Charlie Justice	8	10	12	18	30	50	150	600
64	Benny Friedman RC	8	10	12	▲60	▲80	▲300	▲400	
65	Joe Donchess SP RC	6	8	10	15	40	50	120	
66	Bruiser Kinard RC	8	10	30	40	50	▲150	300	600
67	Frankie Albert	8	10	12	18	▲50	▲60	225	600
68	Four Horsemen SP RC	80	125	200	▲300	800	1,000	▲2,000	5,000
69	Frank Sinkwich RC	8	10	12	20	40	60	700	
70	Bill Daddio RC	5	6	8	12	20	40	125	
71	Bobby Wilson RC	6	8	10	15	25	50	175	500
72	Chub Peabody RC	5	6	8	12	20	50	150	
73	Paul Governali RC	5	6	8	12	25	50	125	500
74	Gene McEver RC	5	6	8	12	20	40	250	5..
75	Hugh Gallarneau RC	5	6	8	12	40	80	150	5..
76	Angelo Bertelli RC	6	8	10	20	40	200	250	
77	Bowden Wyatt SP RC	6	8	10	15	25	40	125	7..
78	Jay Berwanger RC	8	10	12	20	30	100	250	1,0..
79	Pug Lund RC	5	6	8	12	25	60	125	
80	Bennie Oosterbaan RC	6	8	10	15	25	40	250	
81	Cotton Warburton RC	6	8	10	15	25	80	400	
82	Alex Wojciechowicz	8	10	12	20	35	60	400	
83	Ted Coy SP RC	6	8	10	18	30	50	125	7..
84	Ace Parker SP RC	12	15	18	35	60	▲125	▲400	
85	Sid Luckman	35	40	50	60	80	150	▲400	
86	Albie Booth SP RC	6	8	10	18	30	50	125	
87	Adolph Schultz SP	6	8	10	15	25	40	175	7..
88	Ralph Kercheval	5	6	8	12	20	80	150	6..
89	Marshall Goldberg	6	8	10	▲30	▲50	▲60	100	6..
90	Charlie O'Rourke RC	5	6	8	12	25	100	600	
91	Bob Odell UER RC	5	6	8	12	20	40	125	6..
92	Biggie Munn RC	5	6	8	12	30	50	125	5..
93	Willie Heston SP RC	8	10	20	25	35	60	125	7..
94	Joe Bernard SP RC	8	10	12	18	30	80	125	
95	Chris Cagle SP RC	8	10	12	20	30	50	120	5..
96	Bill Hollenback SP	8	10	12	18	30	60	150	7..
97	Don Hutson RC	60	80	▲200	▲300	▲400	▲800	1,500	5,5..
98	Beattie Feathers SP	20	25	▲40	▲50	60	100	200	1,0..
99	Don Whitmire SP RC	8	10	12	18	30	60	200	7..
100	Fats Henry SP RC	20	25	30	60	120	300	600	2,5..

— Joe Bernard #94 PSA 9 (MT) sold for $960 (eBay; 12/06)
— Otto Graham #12 PSA 10 (Gem Mt) sold for $4,900 (eBay; 11/09)
— Mel Hein SP RC #28 PSA 9 (Mint) sold for $1,478 (Memory Lane; 8/12)
— Mel Hein SP RC #28 PSA 9 (Mint) sold for $1,422 (Robert Edward; Fall 2013)
— Fats Henry SP RC #100 PSA 9 (Mint) sold for $4,444 (Robert Edward; Fall 2013)
— Four Horsemen #68 GAI 9 (MT) sold for $2,082 (Mastro; 4/07)
— Sid Luckman #85 PSA 9 (MT) sold for $2,805 (eBay; 7/08)
— Sid Luckman #85 SGC 9 (Mint) sold for $1504.16 (Goodwin; 2/12)
— Ernie Nevers #56 PSA 9 (MT) sold for $1,549 (eBay; 2/14)
— Charlie O'Rourke #90 PSA 9 (MT) sold for $1,075 (Legendary; 5/11)
— Knute Rockne #16 PSA 10 (Gem Mint) sold for $4680 (SCP; 5/12)
— Jim Thorpe #37 PSA 9 (MT) sold for $11,860 (Memory Lane; 4/07)
— Jim Thorpe #37 PSA 9 (Mint) sold for $6791 (Memory Lane; 5/12)
— Jim Thorpe #37 PSA 8.5 (NrMt) sold for $1946 (eBay; 8/13)

1956 Topps

#		GD 2	VG 3	VgEx 4	EX 5	ExMt 6	NM 7	NmMt 8	MT
1	Johnny Carson SP	10	12	15	30	80	200	2,000	
2	Gordy Soltau	5	5	5	8	12	50	80	2..
3	Frank Varrichione	5	5	5	8	12	40	100	2..
4	Eddie Bell	5	5	5	8	12	20	40	2..
5	Alex Webster RC	5	6	8	10	15	25	80	2.
6	Norm Van Brocklin	8	10	▲40	▲50	▲60	▲80	200	2.
7	Green Bay Packers	8	10	12	18	30	50	100	6
8	Lou Creekmur	5	6	8	10	15	25	60	3
9	Lou Groza	6	8	10	15	25	50	100	5
10	Tom Bienemann SP RC	5	6	8	10	18	25	40	1
11	George Blanda	8	10	12	20	30	50	150	5
12	Alan Ameche	5	6	8	10	15	25	60	1.
13	Vic Janowicz SP	8	10	30	50	60	80	500	
14	Dick Moegle	5	5	5	8	12	20	60	
15	Fran Rogel	5	5	5	8	12	20	40	
16	Harold Giancanelli	5	5	5	8	12	20	40	2
17	Emlen Tunnell	5	6	8	10	15	80	▲125	
18	Tank Younger	5	6	8	10	15	25	50	2
19	Billy Howton	5	5	5	8	12	20	40	2.
20	Jack Christiansen	5	6	8	10	15	25	60	3
21	Darrel Brewster	5	5	5	8	12	20	40	
22	Chicago Cardinals SP	12	15	18	30	50	80	100	2
23	Ed Brown	5	5	5	8	12	20	40	12
24	Joe Campanella	5	5	5	8	12	20	40	1
25	Leon Heath SP	6	8	10	15	25	50	250	
26	San Francisco 49ers	5	6	8	10	15	25	80	
27	Dick Flanagan RC	5	5	5	8	12	20	40	
28	Chuck Bednarik	6	8	10	15	25	35	100	5
29	Kyle Rote	5	6	8	10	15	25	50	2
30	Les Richter	5	5	5	8	12	20	40	
31	Howard Ferguson	5	5	5	8	12	20	40	2
32	Dorne Dibble	5	5	5	8	12	20	40	
33	Kenny Konz	5	5	5	8	12	20	50	3.
34	Dave Mann SP RC	5	6	8	10	18	80	600	

	GD 2	VG 3	VgEx 4	EX 5	ExMt 6	NM 7	NmMt 8	MT 9
Rick Casares	5	6	8	10	15	25	50	300
Art Donovan	8	10	12	18	25	40	80	400
Chuck Drazenovich SP	6	8	10	15	25	40	350	
Joe Arenas	5	5	5	8	12	20	125	400
Lynn Chandnois	5	5	5	8	12	20	30	300
Philadelphia Eagles	5	6	8	10	40	50	60	300
Roosevelt Brown RC	8	10	12	30	60	100	200	600
Tom Fears	6	8	10	15	20	35	80	400
Gary Knafelc RC	5	5	5	8	12	20	40	250
Joe Schmidt RC	8	10	12	40	80	▲200	▲500	600
Cleveland Browns	5	6	8	10	15	25	80	400
Len Teeuws SP RC	6	8	10	15	25	40	250	
Bill George RC	8	10	12	60	80	100	150	600
Baltimore Colts	5	6	8	10	15	50	60	150
Eddie LeBaron SP	10	12	15	25	40	175	600	
Hugh McElhenny	8	10	12	18	25	125	150	400
Ted Marchibroda	5	6	8	10	15	25	▲100	250
Adrian Burk	5	5	5	8	12	20	40	200
Frank Gifford	10	12	15	30	50	80	150	500
Charley Toogood	5	5	5	8	12	20	40	200
Tobin Rote	5	5	5	8	12	20	40	200
Bill Stits	5	5	5	8	12	20	60	
Don Colo	5	5	5	8	12	20	40	
Ollie Matson SP	12	15	18	30	50	60	250	500
Harlon Hill	5	5	5	8	12	20	40	
Lenny Moore RC	15	20	▲125	▲200	▲250	▲400	1,500	
Wash.Redskins SP	12	15	18	30	60	100	250	
Billy Wilson	5	5	5	8	12	20	60	
Pittsburgh Steelers	5	6	8	10	15	50	60	300
Bob Pellegrini RC	5	5	5	8	12	20	40	
Ken MacAfee E	5	5	5	8	12	20	40	
Willard Sherman RC	5	5	5	8	12	20	40	200
Roger Zatkoff	5	5	5	8	12	20	40	
Dave Middleton RC	5	5	5	8	12	20	40	200
Ray Renfro	5	5	5	8	12	20	50	
Don Stonesifer SP	8	10	12	20	50	150	400	
Stan Jones RC	8	10	12	40	50	60	300	
Jim Mutscheller RC	5	5	5	8	12	30	50	
Volney Peters SP	6	8	10	15	25	50	500	1,000
Leo Nomellini	6	8	10	12	18	30	125	300
Ray Mathews	5	5	5	8	12	20	50	200
Dick Bielski	5	5	5	8	12	20	40	
Charley Conerly	6	8	10	15	20	35	▲150	350
Elroy Hirsch	8	10	12	18	40	50	100	
Bill Forester RC	5	5	5	8	12	20	50	200
Jim Doran RC	5	5	5	8	12	20	40	200
Fred Morrison	5	5	5	8	12	20	40	
Jack Simmons SP	6	8	10	15	30	40	60	250
Bill McColl	5	5	5	8	12	20	40	125
Bert Rechichar	5	5	5	8	12	20	40	125
Joe Scudero SP RC	6	8	10	15	20	40	300	
Y.A.Tittle	8	10	12	▲50	▲60	▲80	250	600
Ernie Stautner	6	8	10	12	▲30	▲40	▲100	
Norm Willey	5	5	5	8	12	20	40	
Bob Schnelker RC	5	5	5	8	12	20	40	200
Dan Towler	5	6	8	10	15	25	60	
John Martinkovic	5	5	5	8	12	20	40	200
Detroit Lions	5	6	8	10	15	25	60	300
George Ratterman	5	5	5	8	12	20	40	
Chuck Ulrich SP	6	8	10	15	20	40	200	
Bobby Watkins	5	5	5	8	12	20	50	
Buddy Young	5	6	8	10	15	25	60	250
Billy Wells SP RC	6	8	10	15	20	40	250	
Bob Toneff	5	5	5	8	12	20	50	200
Bill McPeak	5	5	5	8	12	20	50	200
Bobby Thomason	5	5	5	8	12	30	40	400
Roosevelt Grier RC	20	25	30	40	▲100	▲125	▲400	500
Ron Waller RC	5	5	5	8	12	20	80	200
Bobby Dillon	5	5	5	8	12	20	50	300
Leon Hart	5	6	8	10	15	25	60	250
Mike McCormack	5	6	8	10	15	25	80	400
John Olszewski SP	6	8	10	15	25	50	500	
Bill Wightkin	5	6	8	10	15	40	80	300
George Shaw RC	5	5	5	8	12	25	100	250
Dale Atkeson SP	6	8	10	15	30	175	1,600	
Joe Perry	6	8	10	15	20	▲60	75	
Dale Dodrill	5	5	5	8	12	40	50	
Tom Scott	5	5	5	8	12	30	50	
New York Giants	5	6	8	10	15	80	100	600

	GD 2	VG 3	VgEx 4	EX 5	ExMt 6	NM 7	NmMt 8	MT 9
114	Los Angeles Rams	5	6	8	10	15	40	100	
115	Al Carmichael	5	5	5	8	12	20	50	
116	Bobby Layne	8	10	15	25	30	▲150	▲200	500
117	Ed Modzelewski	5	5	5	8	12	20	40	
118	Lamar McHan RC SP	6	8	10	15	20	20	50	▲1,500
119	Chicago Bears	5	6	8	10	15	50	150	500
120	Billy Vessels RC	5	8	10	25	35	60	150	500
NNO	Checklist SP NNO	50	60	100	200	300	500	1,000	
C1	Contest Card 1	20	25	30	50	100	175		
C2	Contest Card 2	25	30	40	75	150	225		
C3	Contest Card 3	25	30	40	75				
CA	Contest Card A	25	30	40	75	150	250		
CB	Contest Card B	25	30	40	75	150	250	400	

— George Blanda #11 PSA 10 (Gem) sold for $940 (eBay; 3/07)
— Stan Jones #71 SGC 9 (Mint) sold for $987 (Mile High; 10/09)
— Dick Moegle #14 PSA 10 (Gem) sold for $1,485 (eBay; 3/07)
— Lenny Moore #60 PSA 9 (Mint) sold for $3,385 (eBay; 12/07)
— Lenny Moore #60 PSA 9 (Mint) sold for $2,201 (eBay; 7/13)
— Lenny Moore #60 PSA 9 (Mint) sold for $5,730 (eBay; 7/16)
— Volney Peters SP #73 PSA 9 (Mint) sold for $1480 (eBay; 9/12)
— Elroy Hirsch #78 PSA 10 (Gem Mint) sold for $3,024 (Mile High; 1/20)

1957 Topps

		GD 2	VG 3	VgEx 4	EX 5	ExMt 6	NM 7	NmMt 8	MT 9
1	Eddie LeBaron	6	8	10	25	30	60	175	800
2	Pete Retzlaff RC	5	5	6	10	40	60	300	
3	Mike McCormack	5	5	6	10	15	25	60	
4	Lou Baldacci	5	5	5	8	12	20	40	
5	Gino Marchetti	5	6	8	12	20	40	80	300
6	Leo Nomellini	5	6	8	12	20	30	80	400
7	Bobby Watkins	5	5	5	8	12	20	40	
8	Dave Middleton	5	5	5	8	12	20	40	250
9	Bobby Dillon	5	5	5	8	12	20	50	300
10	Les Richter	5	5	5	8	12	20	40	
11	Roosevelt Brown	5	6	8	12	20	30	60	
12	Lavern Torgeson RC	5	5	5	8	12	20	50	
13	Dick Bielski	5	5	5	8	12	20	40	
14	Pat Summerall	5	6	8	12	30	40	80	
15	Jack Butler RC	5	5	10	30	40	100	175	300
16	John Henry Johnson	5	5	6	10	15	30	80	
17	Art Spinney	5	5	5	8	12	20	40	
18	Bob St. Clair	5	5	6	10	15	25	50	350
19	Perry Jeter	5	5	5	8	12	20	40	
20	Lou Creekmur	5	5	6	10	15	25	50	400
21	Dave Hanner	5	5	5	8	12	20	40	300
22	Norm Van Brocklin	6	8	10	15	40	50	▲100	600
23	Don Chandler RC	5	5	6	10	15	25	50	500
24	Al Dorow	5	5	5	8	12	20	35	250
25	Tom Scott	5	5	5	8	12	20	40	
26	Ollie Matson	5	6	8	12	20	25	60	
27	Fran Rogel	5	5	5	8	12	20	40	
28	Lou Groza	6	8	10	15	20	30	▲100	500
29	Billy Vessels	5	5	5	8	12	30	150	
30	Y.A.Tittle	8	10	12	30	40	50	▲200	400
31	George Blanda	6	8	10	15	30	50	125	300
32	Bobby Layne	8	10	12	18	30	50	125	400
33	Billy Howton	5	5	5	8	12	20	30	
34	Bill Wade	5	5	6	10	15	25	50	300
35	Emlen Tunnell	5	5	6	10	15	▲50	▲150	
36	Leo Elter	5	5	5	8	12	20	35	250
37	Clarence Peaks RC	5	5	5	8	12	20	40	400
38	Don Stonesifer	5	5	5	8	12	20	40	
39	George Tarasovic	5	5	5	8	12	20	40	
40	Darrel Brewster	5	5	5	8	12	20	40	
41	Bert Rechichar	5	5	5	8	12	20	35	250
42	Billy Wilson	5	5	5	8	12	20	40	200
43	Ed Brown	5	5	5	8	12	20	50	250
44	Gene Gedman	5	5	5	8	12	20	35	250
45	Gary Knafelc	5	5	5	8	12	20	35	250
46	Elroy Hirsch	6	8	10	25	30	40	100	600
47	Don Heinrich	5	5	5	8	12	20	80	
48	Gene Brito	5	5	5	8	12	20	35	200
49	Chuck Bednarik	6	8	10	15	20	30	75	
50	Dave Mann	5	5	5	8	12	20	40	
51	Bill McPeak	5	5	5	8	12	20	40	
52	Kenny Konz	5	5	5	8	12	20	40	
53	Alan Ameche	5	5	6	10	15	50	80	600
54	Gordy Soltau	5	5	5	8	12	20	35	350

#	Name	GD 2	VG 3	VgEx 4	EX 5	ExMt 6	NM 7	NmMt 8	MT 9
55	Rick Casares	5	5	5	8	12	20	40	
56	Charlie Ane	5	5	5	8	12	20	40	
57	Al Carmichael	5	5	5	8	12	20	40	
58A	W.Sherman ERR no pos/team	60	80	100	150	200	350	600	
58B	Willard Sherman COR	5	5	5	8	12	20	35	250
59	Kyle Rote	5	5	6	10	15	30	50	500
60	Chuck Drazenovich	5	5	5	8	12	20	35	300
61	Bobby Walston	5	5	5	8	12	20	35	250
62	John Olszewski	5	5	5	8	12	20	35	250
63	Ray Mathews	5	5	5	8	12	20	35	350
64	Maurice Bassett	5	5	5	8	12	20	35	250
65	Art Donovan	6	8	10	15	20	60	60	350
66	Joe Arenas	5	5	5	8	12	20	35	250
67	Harlon Hill	5	5	5	8	12	20	35	250
68	Yale Lary	5	5	6	10	15	25	60	
69	Bill Forester	5	5	5	8	12	20	35	250
70	Bob Boyd	5	5	5	8	12	20	35	250
71	Andy Robustelli	5	6	8	12	20	50	▲100	
72	Sam Baker RC	5	5	5	8	12	20	35	250
73	Bob Pellegrini	5	5	5	8	12	20	40	
74	Leo Sanford	5	5	5	8	12	20	100	
75	Sid Watson	5	5	5	8	12	20	60	250
76	Ray Renfro	5	5	5	8	12	20	35	250
77	Carl Taseff	5	5	5	8	12	20	50	
78	Clyde Conner	5	5	5	8	12	20	35	250
79	J.C. Caroline	5	5	5	8	12	25	50	
80	Howard Cassady RC	5	▲30	▲40	▲50	▲60	▲80	▲100	400
81	Tobin Rote	5	5	5	8	12	30	40	
82	Ron Waller	5	5	5	8	12	20	35	250
83	Jim Patton RC	5	5	5	8	12	20	50	500
84	Volney Peters	5	5	5	8	12	20	40	250
85	Dick Lane RC	10	12	60	80	100	300	600	
86	Royce Womble	5	5	5	8	12	20	35	200
87	Duane Putnam RC	5	5	5	8	12	20	35	250
88	Frank Gifford	8	10	12	30	50	100	▲250	400
89	Steve Meilinger	5	6	8	12	20	30	▲150	
90	Buck Lansford	5	6	8	12	20	30	150	
91	Lindon Crow DP	5	5	5	8	12	25	60	
92	Ernie Stautner DP	5	6	8	12	30	40	200	
93	Preston Carpenter DP RC	5	5	5	8	15	40	80	
94	Raymond Berry RC	40	60	150	200	300	800	5,000	
95	Hugh McElhenny	6	8	10	15	30	60	200	
96	Stan Jones	6	8	10	15	25	60	300	
97	Dorne Dibble	5	6	8	12	20	40	120	
98	Joe Scudero DP	5	5	5	8	12	30	200	
99	Eddie Bell	5	6	8	12	20	30	100	
100	Joe Childress DP	5	5	5	8	12	30	150	
101	Elbert Nickel	5	6	8	12	▲50	▲100	▲800	
102	Walt Michaels	5	6	8	12	20	30	100	
103	Jim Mutscheller DP	5	5	5	8	12	50	250	
104	Earl Morrall RC	8	10	12	25	40	▲150	500	
105	Larry Strickland	5	6	8	12	20	30	▲200	
106	Jack Christiansen	5	6	8	12	20	30	100	
107	Fred Cone DP	5	5	5	8	12	25	60	
108	Bud McFadin RC	5	6	8	12	20	▲150	250	
109	Charley Conerly	6	8	10	30	40	100	150	600
110	Tom Runnels DP	5	5	5	8	12	20	60	
111	Ken Keller DP	5	5	5	8	12	20	60	
112	James Root	5	6	8	12	20	▲125	150	
113	Ted Marchibroda DP	5	5	5	8	15	30	135	
114	Don Paul DB	5	5	6	10	30	80	125	
115	George Shaw	5	6	8	12	20	80	200	
116	Dick Moegle	5	6	8	12	20	60	100	
117	Don Bingham	5	6	8	12	20	60	175	
118	Leon Hart	5	6	8	12	20	125	250	
119	Bart Starr RC	250	800	1,000	1,500	2,000	2,500	10,000	
120	Paul Miller DP	5	5	5	8	12	20	80	
121	Alex Webster	5	6	8	12	▲125	▲200	▲1,000	
122	Ray Wietecha DP	5	5	5	8	12	20	120	
123	Johnny Carson	5	6	8	12	20	▲80	▲150	
124	Tom. McDonald DP RC	8	10	12	25	40	200	▲1,000	
125	Jerry Tubbs RC	5	6	8	12	20	30	80	
126	Jack Scarbath	5	6	8	12	30	▲100	▲400	
127	Ed Modzelewski DP	5	5	5	8	20	100	400	
128	Lenny Moore	8	10	12	40	▲80	100	▲300	
129	Joe Perry DP	5	6	8	12	25	35	100	
130	Bill Wightkin	5	6	8	12	20	30	80	
131	Jim Doran	5	6	8	12	20	▲100	▲400	
132	Howard Ferguson	5	6	8	12	▲50	▲200	300	

#	Name	GD 2	VG 3	VgEx 4	EX 5	ExMt 6	NM 7	NmMt 8	MT
133	Tom Wilson	5	6	8	12	20	▲50	135	
134	Dick James	5	6	8	12	20	40	▲300	
135	Jimmy Harris	5	6	8	12	20	30	100	
136	Chuck Ulrich	6	8	10	20	40	80	200	
137	Lynn Chandnois	5	6	8	12	20	60	80	
138	Johnny Unitas DP RC	400	500	800	1,000	1,500	4,000	8,000	15,000
139	Jim Ridlon DP	5	5	5	8	12	20	60	
140	Zeke Bratkowski DP	5	5	6	10	30	135	1,000	
141	Ray Krouse	5	6	8	12	20	30	150	
142	John Martinkovic	5	6	8	12	30	50	250	
143	Jim Cason DP	5	5	5	8	12	20	60	
144	Ken MacAfee E	5	6	8	12	20	50	200	
145	Sid Youngelman RC	5	6	8	12	20	40	150	
146	Paul Larson	5	6	8	12	30	40	150	
147	Len Ford	6	8	10	15	▲200	▲300	▲1,200	
148	Bob Toneff DP	5	5	5	8	12	20	60	
149	Ronnie Knox DP	5	5	5	8	12	20	80	
150	Jim David RC	5	6	8	12	20	40	150	
151	Paul Hornung RC	80	▲250	400	500	600	1,000	6,000	
152	Tank Younger	5	6	8	▲25	▲60	▲100	▲800	
153	Bill Svoboda DP	5	5	5	8	12	20	200	
154	Fred Morrison	6	8	10	15	80	▲200	1,500	
CL1	Checklist Card SP#((Bazooka back)	175	250	300	400	600	1,200		
CL2	Checklist Blony SP	175	250	300	400	800			

— Alan Ameche #12 PSA 9 (Mint) sold for $681 (Mile High; 11/10)
— Raymond Berry #94 PSA 8.5 (NmMt+) sold for $3,862 (Mile High; 6/10)
— Raymond Berry #94 PSA 8.5 (NmMt+) sold for $9,009 (eBay; 8/16)
— Jack Christiansen #106 PSA 9 (Mint) sold for $528 (eBay; 6/12)
— Jack Christiansen #106 PSA 9 (Mint) sold for $1,097.50 (eBay; 11/13)
— Charlie Conerly #109 PSA 9 (Mint) sold for $1,497 (Andy Madec; 5/07)
— Howard Ferguson #132 PSA 9 (Mint) sold for $901 (eBay; 12/13)
— Paul Hornung #151 PSA 9 (Mint) sold for $6,552 (Mile High; 6/10)
— Paul Hornung #151 PSA 9 (Mint) sold for $7,300 (Goodwin; 6/13)
— Dick Lane #85 SGC 9 (Mint) sold for $1,833 (Mile High; 10/09)
— Dick Lane #85 SGC 9 (Mint) sold for $825 (Goodwin; 2/11)
— Ollie Matson #26 PSA 9 (Mint) sold for $737 (eBay; 11/14)
— Hugh McElhenny #95 PSA 9 (Mint) sold for $761.5 (eBay; 5/12)
— Walt Michaels #102 PSA 9 (Mint) sold for $715 (eBay; 1/08)
— Dave Middleton #8 PSA 10 (Gem Mint) sold for $904 (Mile High; 10/09)
— Lenny Moore #128 PSA 9 (Mt) sold for $2,949 (eBay; 9/12)
— Pete Retzlaff #2 PSA 9 (Mint) sold for $1,260 (eBay; 3/07)
— Andy Robustelli #71 PSA 9 (Mint) sold for $897 (eBay; 1/08)
— George Shaw #115 PSA 9 (Mint) sold for $810 (eBay; 4/05)
— Willard Sherman ERR #58A SGC 9 (Mint) sold for $1,684 (Mile High; 3/09)
— Bart Starr RC #119 SGC 9 (Mint) sold for $10280.41 (Mile High; 5/12)
— Johnny Unitas #138 PSA 9 (Mint) sold for $15,457 (Goodwin; 11/09)
— Johnny Unitas DP RC #138 PSA 9 (Mint) sold for $27205.78 (Mile High; 1/12)
— Johnny Unitas #138 SGC 8.5 (NmMt+) sold for $2,954 (Mile High; 3/09)
— Johnny Unitas #138 PSA 8.5 (NmMt+) sold for $7,626.71 (Mile High; Dec 2013)
— Royce Womble #86 PSA 10 (Gem Mint) sold for $954 (Ebay; 1/14)

1958 Topps

#	Name	GD 2	VG 3	VgEx 4	EX 5	ExMt 6	NM 7	NmMt 8	MT
1	Gene Filipski RC	5	5	6	10	18	40	80	
2	Bobby Layne	6	8	10	15	40	50	150	
3	Joe Schmidt	5	5	6	10	15	30	80	
4	Bill Barnes	5	5	5	8	12	25	80	
5	Milt Plum RC	5	6	8	10	15	30	150	
6	Billy Howton	5	5	6	10	12	30	200	
7	Howard Cassady	5	5	5	8	12	30	80	
8	Jim Dooley	5	5	5	8	12	25	125	
9	Cleveland Browns	5	5	5	8	12	25	150	
10	Lenny Moore	5	6	8	12	20	50	▲300	
11	Darrel Brewster	5	5	5	8	12	25	100	
12	Alan Ameche	5	6	8	10	12	30	100	
13	Jim David	5	5	5	8	12	25	80	
14	Jim Mutscheller	5	5	5	8	12	20	80	
15	Andy Robustelli	5	5	6	10	15	30	80	
16	Gino Marchetti	5	5	6	10	▲40	▲50	150	
17	Ray Renfro	5	5	5	8	12	30	200	500
18	Yale Lary	5	6	8	10	12	30	80	
19	Gary Glick	5	5	5	8	12	30	120	
20	Jon Arnett RC	5	6	8	12	20	50	60	500
21	Bob Boyd	5	5	5	8	12	25	80	
22	Johnny Unitas	30	80	100	125	▲200	▲600	3,000	
23	Zeke Bratkowski	5	5	5	8	12	25	80	
24	Sid Youngelman	5	5	5	8	12	25	80	
25	Leo Elter	5	5	5	8	12	25	100	

	GD 2	VG 3	VgEx 4	EX 5	ExMt 6	NM 7	NmMt 8	MT 9
Kenny Konz	5	5	5	8	12	25	80	
Washington Redskins	5	5	6	8	12	25	80	
Carl Brettschneider	5	5	5	8	12	25	80	
Chicago Bears	5	5	6	8	12	30	120	
Alex Webster	5	5	5	8	12	25	80	
Al Carmichael	5	5	5	8	12	25	80	
Bobby Dillon	5	5	5	8	12	30	100	
Steve Meilinger	5	5	5	8	12	25	80	
Sam Baker	5	5	5	8	12	25	60	
Chuck Bednarik	5	6	8	12	18	30	100	
Bert Vic Zucco	5	5	5	8	12	25	80	
George Tarasovic	5	5	5	8	12	25	80	
Bill Wade	5	6	8	10	12	30	80	
Dick Stanfel	5	5	5	8	12	40	200	
Jerry Norton	5	5	5	8	12	25	80	
San Francisco 49ers	5	5	6	8	12	25	60	
Emlen Tunnell	5	5	6	10	15	30	60	
Jim Doran	5	5	5	8	12	25	80	
Ted Marchibroda	5	6	8	10	12	30	200	
Chet Hanulak	5	5	5	8	12	25	80	
Dale Dodrill	5	5	5	8	12	25	80	
Johnny Carson	5	5	5	8	12	25	80	
Dick Deschaine	5	5	5	8	12	25	80	
Billy Wells	5	5	5	8	12	25	80	
Larry Morris	5	5	5	8	12	25	80	
Jack McClairen	5	5	5	8	12	25	80	
Lou Groza	5	6	8	12	18	30	80	
Rick Casares	5	5	5	8	12	25	100	
Don Chandler	5	5	5	8	12	30	120	
Duane Putnam	5	5	5	8	12	25	80	
Gary Knafelc	5	5	5	8	12	25	80	
Earl Morrall	5	5	6	10	15	30	80	
Ron Kramer RC	5	5	5	8	12	25	400	
Mike McCormack	5	6	8	10	12	30	80	
Gern Nagler	5	5	5	8	12	25	80	
New York Giants	5	5	6	8	12	25	80	
Jim Brown RC	1,200	1,500	2,200	3,000	4,500	10,000	12,000	20,000
Joe Marconi RC	5	5	5	8	12	25	80	
R.C. Owens RC	5	5	5	8	12	25	80	
Jimmy Carr RC	5	5	5	8	12	30	80	
Bart Starr	20	30	▲80	▲125	150	400	600	
Tom Wilson	5	5	5	8	12	30	80	
Lamar McHan	5	5	5	8	12	25	100	
Chicago Cardinals	5	5	6	8	12	30	100	
Jack Christiansen	5	6	8	10	12	30	80	
Don McIlhenny RC	5	5	5	8	12	25	80	
Ron Waller	5	5	5	8	12	35	80	
Frank Gifford	8	10	25	30	40	60	150	
Bert Rechichar	5	5	5	8	12	25	225	
John Henry Johnson	5	5	6	10	15	40	350	
Jack Butler	5	5	5	8	20	25	80	
Frank Varrichione	5	5	5	8	12	30	80	
Ray Mathews	5	5	5	8	12	30	80	
Marv Matuszak	5	5	5	8	12	30	80	
Harlon Hill	5	5	5	8	12	25	80	
Lou Creekmur	5	6	8	10	12	30	100	
Woodley Lewis	5	5	5	8	12	30	100	
Don Heinrich	5	5	5	8	12	25	80	
Charley Conerly	5	6	8	12	18	30	80	
Los Angeles Rams	5	5	6	8	12	25	80	
Y.A. Tittle	5	6	8	12	30	40	125	
Bobby Walston	5	5	5	8	12	25	80	
Earl Putman	5	5	5	8	12	30	100	
Leo Nomellini	5	6	8	12	18	30	80	
Sonny Jurgensen RC	15	40	50	100	150	250	▲800	2,000
Don Paul DB	5	5	5	8	12	30	80	
Paige Cothren	5	5	5	8	12	30	80	
Joe Perry	5	6	8	12	18	30	80	
Tobin Rote	5	5	5	8	12	25	80	
Billy Wilson	5	5	5	8	12	25	80	
Green Bay Packers	5	6	8	12	25	50	300	
Lavern Torgeson	5	5	5	8	12	25	80	
Milt Davis	5	5	5	8	12	25	80	
Larry Strickland	5	5	5	8	12	30	150	
Matt Hazeltine RC	5	5	5	8	12	30	200	
Walt Yowarsky	5	5	5	8	12	30	125	
Roosevelt Brown	5	6	8	10	12	30	400	
Jim Ringo	5	5	6	10	15	60	80	400
Joe Krupa	5	5	5	8	12	25	80	

		GD 2	VG 3	VgEx 4	EX 5	ExMt 6	NM 7	NmMt 8	MT 9
105	Les Richter	5	5	5	8	12	25	80	
106	Art Donovan	5	6	8	12	18	60	100	
107	John Olszewski	5	5	5	8	12	30	125	
108	Ken Keller	5	5	5	8	12	25	80	
109	Philadelphia Eagles	5	5	6	8	15	30	200	
110	Baltimore Colts	5	5	6	8	12	30	100	
111	Dick Bielski	5	5	5	8	12	25	80	
112	Eddie LeBaron	5	6	8	10	12	30	80	400
113	Gene Brito	5	5	5	8	12	25	80	
114	Willie Galimore RC	5	6	8	10	12	30	300	
115	Detroit Lions	5	5	6	8	12	30	100	
116	Pittsburgh Steelers	5	5	6	8	12	25	80	300
117	L.G. Dupre	5	5	5	8	12	25	80	
118	Babe Parilli	5	5	5	8	12	25	100	
119	Bill George	5	5	6	10	15	30	80	
120	Raymond Berry	6	8	10	15	25	50	150	
121	Jim Podoley	5	5	5	8	12	25	100	
122	Hugh McElhenny	5	6	8	12	18	30	80	
123	Ed Brown	5	5	5	8	12	30	100	
124	Dick Moegle	5	5	5	8	12	30	80	
125	Tom Scott	5	5	5	8	12	25	60	250
126	Tommy McDonald	5	5	6	10	15	30	80	
127	Ollie Matson	5	6	8	12	18	30	100	
128	Preston Carpenter	5	5	5	8	12	25	80	
129	George Blanda	5	6	8	12	20	50	250	
130	Gordy Soltau	5	5	5	8	12	30	80	
131	Dick Nolan RC	5	5	5	8	12	30	80	
132	Don Bosseler RC	5	6	8	12	20	50	350	1,200
NNO	Free Felt Initial Card	5	6	10	15	30	80		

— Chuck Bednarik #35 PSA 9 (Mint) sold for $700 (eBay; 12/07)
— George Blanda #129 PSA 9 (Mint) sold for $1,277 (Andy Madec; 5/07)
— Gene Brito #113 PSA 9 (Mint) sold for $713 (eBay; 12/12)
— Jim Brown #62 PSA 9 (Mint) sold for $29,257 (Mile High; 11/10)
— Jim Brown #62 SGC 8.5 (NmMt+) sold for $4,474 (Mile High; 3/09)
— Jim Brown #62 PSA 8.5 (NmMt+) sold for $5,377 (eBay; 4/12)
— Rick Casares #53 PSA 9 (Mint) sold for $1,230 (Greg Bussineau; Fall 2013)
— Jack Christiansen #70 PSA 9 (Mint) sold for $630 (eBay 11/14)
— Paige Cothran #28 PSA 10 (Gem Mt) sold for $908 (Mile High; 11/10)
— Bobby Dillon #32 PSA 9 (Mint) sold for $570 (eBay; 10/13)
— Lou Groza #52 PSA 9 (Mint) sold for $831 (Mastro; 2/07)
— Sonny Jurgensen #90 PSA 9 (Mint) sold for $2,180 (eBay; 12/07)
— Bobby Layne #2 PSA 9 (Mint) sold for $1,055 (Andy Madec; 5/07)
— Ted Marchibroda #44 PSA 9 (Mint) sold for $725 (eBay; 9/07)
— Earl Morrall #57 PSA 9 (Mint) sold for $410 (eBay; 6/06)
— Don Owens #47 PSA 10 (Gem Mt) sold for $1,634 (Goodwin; 6/10)
— Babe Parilli #118 PSA 9 (Mint) sold for $549 (eBay 11/14)
— Duane Putnam #55 PSA 10 (Gem Mt) sold for $1,030 (eBay; 3/07)
— Bart Starr #66 PSA 10 (Gem Mint) sold for $9036.86 (Mile High; 1/12)
— Y.A. Tittle #86 PSA 9 (Mint) sold for $1,055 (Andy Madec; 5/07)
— Johnny Unitas #22 PSA 9 (Mint) sold for $5,105 (eBay; 9/08)
— Johnny Unitas #22 PSA 9 (Mint) sold for $7852.81 (Mile High; 1/12)
— Johnny Unitas #22 PSA 9 (Mint) sold for $9239 (eBay; 8/13)
— Johnny Unitas #22 PSA 9 (Mint) sold for $ 4,737 (eBay; 11/13)
— Johnny Unitas #22 PSA 8.5 (Mint) sold for $ 1806 (eBay; 11/14)

1959 Topps

		GD 2	VG 3	VgEx 4	EX 5	ExMt 6	NM 7	NmMt 8	MT 9
1	Johnny Unitas	30	35	80	100	150	400	1,800	
2	Gene Brito	5	5	5	6	10	15	60	
3	Detroit Lions CL	5	5	6	8	12	20	60	175
4	Max McGee RC	5	6	8	10	20	100	125	400
5	Hugh McElhenny	5	5	6	8	12	20	50	200
6	Joe Schmidt	5	5	6	8	12	20	40	175
7	Kyle Rote	5	5	5	8	12	25	80	
8	Clarence Peaks	5	5	5	6	10	15	30	
9	Steelers Pennant	5	5	5	6	10	15	30	125
10	Jim Brown	▲100	▲150	▲200	▲400	▲500	1,200	1,500	3,000
11	Ray Mathews	5	5	5	6	10	15	30	125
12	Bobby Dillon	5	5	5	6	10	15	30	125
13	Joe Childress	5	5	5	6	10	15	40	125
14	Terry Barr RC	5	5	5	6	10	15	30	125
15	Del Shofner RC	5	5	5	6	10	15	50	125
16	Bob Pellegrini UER	5	5	5	6	10	15	30	125
17	Baltimore Colts CL	5	5	6	8	12	20	35	
18	Preston Carpenter	5	5	5	6	10	15	30	
19	Leo Nomellini	5	5	6	8	12	20	40	150
20	Frank Gifford	8	10	25	30	40	50	150	250
21	Charlie Ane	5	5	5	6	10	15	30	125

#	Player	GD 2	VG 3	VgEx 4	EX 5	ExMt 6	NM 7	NmMt 8	MT 9
22	Jack Butler	5	5	5	6	10	25	30	125
23	Bart Starr	▲30	▲60	▲80	▲100	▲125	300	400	1,500
24	Cardinals Pennant	5	5	5	6	10	20	60	125
25	Bill Barnes	5	5	5	6	10	15	30	125
26	Walt Michaels	5	5	5	6	10	15	30	125
27	Clyde Conner UER	5	5	5	6	10	15	60	125
28	Paige Cothren	5	5	5	6	10	15	30	125
29	Roosevelt Grier	5	5	6	8	12	20	50	150
30	Alan Ameche	5	5	6	8	12	25	60	200
31	Philadelphia Eagles CL	5	5	6	8	12	20	35	100
32	Dick Nolan	5	5	5	6	10	15	30	
33	R.C. Owens	5	5	5	6	10	15	30	125
34	Dale Dodrill	5	5	5	6	10	15	30	
35	Gene Gedman	5	5	5	6	10	15	30	125
36	Gene Lipscomb RC	5	5	6	8	12	20	60	400
37	Ray Renfro	5	5	5	6	10	15	30	150
38	Browns Pennant	5	5	5	6	10	20	50	125
39	Bill Forester	5	5	5	6	10	15	40	125
40	Bobby Layne	6	8	10	12	18	▲50	▲80	250
41	Pat Summerall	5	5	6	8	12	20	100	200
42	Jerry Mertens RC	5	5	5	6	10	15	30	125
43	Steve Myhra RC	5	5	5	6	10	15	30	125
44	John Henry Johnson	5	5	6	8	12	20	60	125
45	Woodley Lewis UER	5	5	5	6	10	15	30	
46	Green Bay Packers CL	5	5	6	8	12	30	60	200
47	Don Owens UER RC	5	5	5	6	10	15	30	125
48	Ed Beatty RC	5	5	5	6	10	15	30	125
49	Don Chandler	5	5	5	6	10	15	40	125
50	Ollie Matson	5	5	6	8	12	20	40	175
51	Sam Huff RC	12	30	40	50	60	80	250	600
52	Tom Miner RC	5	5	5	6	10	15	30	125
53	Giants Pennant	5	5	5	6	10	15	30	125
54	Kenny Konz	5	5	5	6	10	15	30	125
55	Raymond Berry	5	6	8	10	▲30	▲40	80	300
56	Howard Ferguson UER	5	5	5	6	10	15	30	125
57	Chuck Ulrich	5	5	5	6	10	15	30	125
58	Bob St.Clair	5	5	6	8	12	20	50	150
59	Don Burroughs RC	5	5	5	6	10	15	30	100
60	Lou Groza	5	5	6	8	12	40	80	125
61	San Francisco 49ers CL	5	5	6	8	12	20	35	100
62	Andy Nelson RC	5	5	5	6	10	15	30	125
63	Harold Bradley RC	5	5	5	6	10	15	40	
64	Dave Hanner	5	5	5	6	10	15	30	150
65	Charley Conerly	5	6	8	10	15	25	60	
66	Gene Cronin RC	5	5	5	6	10	15	30	100
67	Duane Putnam	5	5	5	6	10	15	30	
68	Colts Pennant	5	5	5	6	10	15	80	250
69	Ernie Stautner	5	5	6	8	12	20	50	150
70	Jon Arnett	5	5	5	6	10	15	30	100
71	Ken Panfil RC	5	5	5	6	10	15	50	125
72	Matt Hazeltine	5	5	5	6	10	15	30	125
73	Harley Sewell	5	5	5	6	10	15	30	125
74	Mike McCormack	5	5	6	8	12	20	120	
75	Jim Ringo	5	5	6	8	12	25	80	300
76	Los Angeles Rams CL	5	5	6	8	12	20	50	120
77	Bob Gain RC	5	5	5	6	10	15	60	
78	Buzz Nutter RC	5	5	5	6	10	15	40	125
79	Jerry Norton	5	5	5	6	10	15	30	125
80	Joe Perry	5	5	6	8	12	20	40	▲200
81	Carl Brettschneider	5	5	5	6	10	15	30	100
82	Paul Hornung	10	12	15	20	50	100	150	800
83	Eagles Pennant	5	5	5	6	10	15	30	125
84	Les Richter	5	5	5	6	10	15	40	
85	Howard Cassady	5	5	6	8	10	15	30	125
86	Art Donovan	5	5	6	8	12	20	50	200
87	Jim Patton	5	5	5	6	10	15	30	120
88	Pete Retzlaff	5	5	5	6	10	15	30	100
89	Jim Mutscheller	5	5	5	5	8	12	50	125
90	Zeke Bratkowski	5	5	5	5	8	12	25	
91	Washington Redskins CL	5	5	5	5	8	12	25	100
92	Art Hunter	5	5	5	5	8	12	25	100
93	Gern Nagler	5	5	5	5	8	12	25	100
94	Chuck Weber RC	5	5	5	5	8	12	25	100
95	Lew Carpenter RC	5	5	5	5	8	12	25	100
96	Stan Jones	5	5	5	6	10	15	30	150
97	Ralph Guglielmi UER	5	5	5	5	8	12	25	100
98	Packers Pennant	5	5	5	5	8	12	25	100
99	Ray Wietecha	5	5	5	5	8	12	25	100
100	Lenny Moore	5	6	8	15	▲50	▲60	▲80	200

#	Player	GD 2	VG 3	VgEx 4	EX 5	ExMt 6	NM 7	NmMt 8	MT 9
101	Jim Ray Smith UER RC	5	5	6	8	10	20	80	250
102	Abe Woodson RC	5	5	5	5	8	12	25	100
103	Alex Karras RC	8	10	▲25	30	40	60	250	300
104	Chicago Bears CL	5	5	5	5	8	12	25	80
105	John David Crow RC	5	6	8	10	15	25	50	150
106	Joe Fortunato RC	5	5	5	5	8	12	25	100
107	Babe Parilli	5	5	5	5	8	12	25	100
108	Proverb Jacobs RC	5	5	5	5	8	12	30	100
109	Gino Marchetti	5	5	6	8	12	20	50	200
110	Bill Wade	5	5	5	5	8	12	25	
111	49ers Pennant	5	5	5	5	8	12	25	80
112	Karl Rubke RC	5	5	5	5	8	12	25	100
113	Dave Middleton UER	5	5	5	5	8	12	25	80
114	Roosevelt Brown	5	5	5	6	10	15	30	125
115	John Olszewski	5	5	5	5	8	12	25	80
116	Jerry Kramer RC	6	8	10	12	80	100	250	400
117	King Hill RC	5	5	5	5	8	12	25	80
118	Chicago Cardinals CL	5	5	5	5	8	12	25	80
119	Frank Varrichione	5	5	5	5	8	12	25	100
120	Rick Casares	5	5	5	5	8	12	25	
121	George Strugar RC	5	5	5	5	8	12	25	80
122	Bill Glass RC	5	5	5	5	8	12	25	80
123	Don Bosseler	5	5	5	5	8	12	25	80
124	John Reger RC	5	5	5	5	8	12	25	
125	Jim Ninowski RC	5	5	5	5	8	12	50	100
126	Rams Pennant	5	5	5	5	8	12	25	100
127	Willard Sherman	5	5	5	5	8	12	25	100
128	Bob Schnelker	5	5	5	5	8	12	25	80
129	Ollie Spencer RC	5	5	5	5	8	12	25	100
130	Y.A.Tittle	6	8	10	12	40	50	80	200
131	Yale Lary	5	5	5	6	10	15	30	100
132	Jim Parker RC	6	12	15	▲40	▲50	100	250	600
133	New York Giants CL	5	5	5	5	8	12	25	
134	Jim Schrader RC	5	5	5	5	8	12	25	100
135	M.C. Reynolds RC	5	5	5	5	8	12	25	100
136	Mike Sandusky RC	5	5	5	5	8	12	25	80
137	Ed Brown	5	5	5	5	8	12	25	150
138	Al Barry RC	5	5	5	5	8	12	25	100
139	Lions Pennant	5	5	5	5	8	12	25	80
140	Bobby Mitchell RC	6	8	10	12	20	60	150	600
141	Larry Morris	5	5	5	5	8	12	25	100
142	Jim Phillips RC	5	5	5	5	8	12	25	100
143	Jim David	5	5	5	5	8	12	25	80
144	Joe Krupa	5	5	5	5	8	12	25	100
145	Willie Galimore	5	5	5	5	8	12	25	80
146	Pittsburgh Steelers CL	5	5	5	5	8	12	25	80
147	Andy Robustelli	5	5	6	8	12	20	40	200
148	Billy Wilson	5	5	5	5	8	12	25	100
149	Leo Sanford	5	5	5	5	8	12	25	100
150	Eddie LeBaron	5	5	5	6	10	15	30	125
151	Bill McColl	5	5	5	5	8	12	25	100
152	Buck Lansford UER	5	5	5	5	8	12	25	100
153	Bears Pennant	5	5	5	5	8	12	25	100
154	Leo Sugar RC	5	5	5	5	8	12	25	100
155	Jim Taylor UER RC	8	10	12	15	80	100	200	600
156	Lindon Crow	5	5	5	5	8	12	100	
157	Jack McClairen	5	5	5	5	8	12	25	100
158	Vince Costello UER RC	5	5	5	5	8	12	25	100
159	Stan Wallace RC	5	5	5	5	8	12	25	80
160	Mel Triplett RC	5	5	5	5	8	12	25	80
161	Cleveland Browns CL	5	5	5	5	8	12	25	80
162	Dan Currie RC	5	5	5	5	8	15	40	200
163	L.G. Dupre UER	5	5	5	5	8	12	25	80
164	John Morrow UER RC	5	5	5	5	8	12	25	100
165	Jim Podoley	5	5	5	5	8	12	25	80
166	Bruce Bosley RC	5	5	5	5	8	12	25	100
167	Harlon Hill	5	5	5	5	8	12	25	100
168	Redskins Pennant	5	5	5	5	8	12	25	100
169	Junior Wren RC	5	5	5	5	8	12	40	125
170	Tobin Rote	5	5	5	5	8	12	25	100
171	Art Spinney	5	5	5	5	8	12	25	100
172	Chuck Drazenovich UER	5	5	5	5	8	12	25	80
173	Bobby Joe Conrad RC	5	5	5	5	8	12	25	80
174	Jesse Richardson RC	5	5	5	5	8	12	25	80
175	Sam Baker	5	5	5	5	8	12	25	80
176	Tom Tracy RC	5	5	6	8	12	20	50	150

— Jon Arnett #70 PSA 10 (Gem Mint) sold for $1330 (eBay; 11/14)
— Ed Beatty RC #48 PSA 10 (Gem Mint) sold for $870 (Bussineau; 4/12)
— Jack Butler #22 PSA 10 (Gem Mint) sold for $1050 (Bussineau; 4/12)

60 Fleer

	GD 2	VG 3	VgEx 4	EX 5	ExMt 6	NM 7	NmMt 8	MT 9
Harvey White RC	4	4	4	5	8	20	175	
Tom Corky Tharp	4	4	4	5	6	20	175	
Dan McGrew	4	4	4	5	6	20	200	
Bob White	4	4	4	5	6	20	200	
Dick Jamieson	4	4	4	5	6	15	150	
Sam Salerno	4	4	4	5	6	15	100	
Sid Gillman CO RC	5	6	8	12	15	30	175	
Ben Preston	4	4	4	5	6	10	25	100
George Blanch	4	4	4	5	6	10	50	
Bob Stransky	4	4	4	5	6	10	30	150
Fran Curci	4	4	4	5	6	10	30	
George Shirkey	4	4	4	5	6	10	25	100
Paul Larson	4	4	4	5	6	10	25	100
John Stolte	4	4	4	5	6	10	30	
Serafino Fazio RC	4	4	4	5	6	10	30	
Tom Dimitroff	4	4	4	5	6	10	25	
Elbert Dubenion RC	4	5	6	8	10	15	40	
Hogan Wharton	4	4	4	5	6	10	25	100
Tom O'Connell	4	4	4	5	6	10	25	80
Sammy Baugh CO	10	12	15	20	25	40	60	▲250
Tony Sardisco	4	4	4	5	6	10	25	100
Alan Cann	4	4	4	5	6	10	25	100
Mike Hudock	4	4	4	5	6	10	30	
Bill Atkins	4	4	4	5	6	10	25	100
Charlie Jackson	4	4	4	5	6	10	25	80
Frank Tripucka	4	4	4	5	8	12	30	100
Tony Teresa	4	4	4	5	6	10	25	100
Joe Amstutz	4	4	4	5	6	10	25	100
Bob Fee RC	4	4	4	5	6	10	30	
Jim Baldwin	4	4	4	5	6	10	25	100
Jim Yates	4	4	4	5	6	10	25	100
Don Flynn	4	4	4	5	6	10	25	80
Ken Adamson	4	4	4	5	6	10	25	100
Ron Drzewiecki	4	4	4	5	6	10	25	80
J.W. Slack	4	4	4	5	6	10	25	80
Bob Yates	4	4	4	5	6	10	30	80
Gary Cobb	4	4	4	5	6	10	30	80
Jacky Lee RC	4	4	4	5	6	10	25	80
Jack Spikes RC	4	4	4	5	6	10	30	
Jim Padgett	4	4	4	5	6	10	30	100
Jack Larscheid RC	4	4	4	5	6	10	25	100
Bob Reifsnyder RC	4	4	4	5	6	10	30	
Fran Rogel	4	4	4	5	6	10	25	100
Ray Moss	4	4	4	5	6	10	25	80
Tony Banfield RC	4	4	4	5	6	10	25	100
George Herring	4	4	4	5	6	10	30	100
Willie Smith RC	4	4	4	5	6	10	25	100
Buddy Allen	4	4	4	5	6	10	35	100
Bill Brown LB	4	4	4	5	6	10	25	80
Ken Ford RC	4	4	4	5	6	10	25	100
Billy Kinard	4	4	4	5	6	10	25	100
Buddy Mayfield	4	4	4	5	6	10	25	100
Bill Krisher	4	4	4	5	6	10	25	80
Frank Bernardi	4	4	4	5	6	10	30	

		GD 2	VG 3	VgEx 4	EX 5	ExMt 6	NM 7	NmMt 8	MT 9
55	Lou Saban CO RC	4	4	4	5	6	10	25	100
56	Gene Cockrell	4	4	4	5	6	10	25	80
57	Sam Sanders	4	4	4	5	6	10	25	100
58	George Blanda	12	15	18	20	30	40	▲150	250
59	Sherrill Headrick RC	4	4	4	5	6	10	25	100
60	Carl Larpenter	4	4	4	5	6	10	30	
61	Gene Prebola	4	4	4	5	6	10	25	100
62	Dick Chorovich	4	4	4	5	6	10	25	100
63	Bob McNamara	4	4	4	5	6	10	30	
64	Tom Saidock	4	4	4	5	6	10	30	
65	Willie Evans	4	4	4	5	6	10	25	100
66	Billy Cannon RC	5	6	8	10	20	30	▲300	▲400
67	Sam McCord	4	4	4	5	6	10	25	100
68	Mike Simmons	4	4	4	5	6	10	25	80
69	Jim Swink RC	4	4	4	5	6	10	25	80
70	Don Hitt	4	4	4	5	6	10	25	80
71	Gerhard Schwedes	4	4	4	5	6	10	30	
72	Thurlow Cooper	4	4	4	5	6	10	30	
73	Abner Haynes RC	5	6	8	10	12	30	40	
74	Billy Shoemake	4	4	4	5	6	10	30	
75	Marv Lasater	4	4	6	10	15	40	100	
76	Paul Lowe RC	5	6	8	10	12	20	200	
77	Bruce Hartman	4	4	4	5	6	10	60	135
78	Blanche Martin	4	4	6	10	15	40	100	
79	Gene Grabosky	4	4	4	5	6	10	30	
80	Lou Rymkus CO	4	4	4	5	6	10	30	80
81	Chris Burford RC	4	4	4	5	8	25	125	
82	Don Allen	4	4	4	5	6	10	150	
83	Bob Nelson C	4	4	4	5	6	10	125	
84	Jim Woodard	4	4	4	5	6	20		
85	Tom Rychlec	4	4	4	5	6	10	25	100
86	Bob Cox	4	4	4	5	6	10	20	80
87	Jerry Cornelison	4	4	4	5	6	10	25	100
88	Jack Work	4	4	4	5	6	10	25	100
89	Sam DeLuca	4	4	4	5	6	10	25	100
90	Rommie Loudd	4	4	4	5	6	10	30	
91	Teddy Edmondson	4	4	4	5	6	10	25	80
92	Buster Ramsey CO	4	4	4	5	6	10	25	80
93	Doug Asad	4	4	4	5	6	10	25	80
94	Jimmy Harris	4	4	4	5	6	10	30	
95	Larry Cundiff	4	4	4	5	6	10	25	80
96	Richie Lucas RC	4	4	4	5	6	12	30	150
97	Don Norwood	4	4	4	5	6	10	25	80
98	Larry Grantham RC	4	4	4	5	6	10	25	100
99	Bill Mathis RC	4	4	4	5	8	12	30	150
100	Mel Branch RC	4	4	4	5	6	10	25	100
101	Marvin Terrell	4	4	4	5	6	10	25	100
102	Charlie Flowers	4	4	4	5	6	10	25	80
103	John McMullan	4	4	4	5	6	10	25	80
104	Charlie Kaaihue	4	4	4	5	6	10	25	100
105	Joe Schaffer	4	4	4	5	6	10	30	
106	Al Day	4	4	4	5	6	10	30	
107	Johnny Carson	4	4	4	5	6	10	30	
108	Alan Goldstein	4	4	4	5	6	10	25	100
109	Doug Cline	4	4	4	5	6	10	30	
110	Al Carmichael	4	4	4	5	6	10	25	100
111	Bob Dee	4	4	4	5	6	10	30	
112	John Bredice	4	4	4	5	6	10	30	
113	Don Floyd	4	4	4	5	6	10	25	100
114	Ronnie Cain	4	4	4	5	6	10	30	
115	Stan Flowers	4	4	4	5	6	10	25	100
116	Hank Stram CO RC	10	12	15	20	30	60	150	350
117	Bob Dougherty	4	4	4	5	6	10	25	100
118	Ron Mix RC	10	12	15	15	▲60	▲80	150	800
119	Roger Ellis	4	4	4	5	6	10	25	100
120	Elvin Caldwell	4	4	4	5	6	10	30	100
121	Bill Kimber	4	4	4	5	6	10	30	
122	Jim Matheny	4	4	4	5	6	10	25	80
123	Curley Johnson RC	4	4	4	5	6	10	40	
124	Jack Kemp RC	30	40	50	60	80	125	175	600
125	Ed Denk	4	4	4	5	6	10	25	80
126	Jerry McFarland	4	4	4	5	6	10	25	
127	Dan Lanphear	4	4	4	5	6	10	15	80
128	Paul Maguire RC	5	6	8	10	12	20	40	100
129	Ray Collins	4	4	4	5	6	10	20	100
130	Ron Burton RC	4	4	4	5	6	8	12	30
131	Eddie Erdelatz CO	4	4	4	5	6	10	30	100
132	Ron Beagle RC	4	4	4	5	6	10	40	250

FOOTBALL

1960 Topps

#		GD 2	VG 3	VgEx 4	EX 5	ExMt 6	NM 7	NmMt 8	MT 9
1	Johnny Unitas	20	30	50	60	100	▲400	1,200	15,000
2	Alan Ameche	4	4	4	6	10	15	300	
3	Lenny Moore	5	5	6	8	12	25	60	
4	Raymond Berry	5	5	6	8	12	25	50	250
5	Jim Parker	4	4	5	6	10	20	40	125
6	George Preas	4	4	4	4	6	12	60	
7	Art Spinney	4	4	4	4	6	12	50	
8	Bill Pellington RC	4	4	4	4	6	12	40	
9	Johnny Sample RC	4	4	4	4	6	12	40	
10	Gene Lipscomb	4	4	4	4	6	12	25	120
11	Baltimore Colts	4	4	4	4	6	12	80	200
12	Ed Brown	4	4	4	4	6	12	30	120
13	Rick Casares	4	4	4	4	6	12	40	
14	Willie Galimore	4	4	4	4	6	12	135	
15	Jim Dooley	4	4	4	4	6	12	40	
16	Harlon Hill	4	4	4	4	6	12	30	120
17	Stan Jones	4	4	4	4	6	12	25	150
18	Bill George	4	4	4	4	6	12	30	150
19	Erich Barnes RC	4	4	4	4	6	12	40	120
20	Doug Atkins	4	4	5	6	10	20	60	
21	Chicago Bears	4	4	4	4	6	12	30	120
22	Milt Plum	4	4	4	4	6	12	25	120
23	Jim Brown	▲80	125	150	250	300	500	1,500	1,500
24	Sam Baker	4	4	4	4	6	12	60	
25	Bobby Mitchell	5	5	6	8	12	25	50	250
26	Ray Renfro	4	4	4	4	6	12	20	120
27	Billy Howton	4	4	4	4	6	12	40	120
28	Jim Ray Smith	4	4	4	4	6	12	30	120
29	Jim Shofner RC	4	4	4	4	6	12	50	
30	Bob Gain	4	4	4	4	6	12	40	
31	Cleveland Browns	4	4	6	10	15	40	100	
32	Don Heinrich	4	4	4	4	6	12	40	120
33	Ed Modzelewski	4	4	4	4	6	12	40	
34	Fred Cone	4	4	4	4	6	20	40	120
35	L.G. Dupre	4	4	4	4	6	12	25	120
36	Dick Bielski	4	4	4	4	6	12	30	120
37	Charlie Ane	4	4	4	4	6	12	60	
38	Jerry Tubbs	4	4	4	5	8	15	50	200
39	Doyle Nix	4	4	4	4	6	12	20	200
40	Ray Krouse	4	4	4	4	6	12	40	
41	Earl Morrall	4	4	4	5	10	15	60	
42	Howard Cassady	4	4	4	4	6	12	40	
43	Dave Middleton	4	4	4	4	6	12	25	120
44	Jim Gibbons RC	4	4	4	4	6	12	20	175
45	Darris McCord	4	4	4	4	6	12	50	
46	Joe Schmidt	4	4	5	6	10	20	40	
47	Terry Barr	4	4	4	4	6	12	60	
48	Yale Lary	4	4	4	4	6	12	40	
49	Gil Mains	4	4	4	4	6	12	25	120
50	Detroit Lions	4	4	4	4	6	12	40	
51	Bart Starr	10	12	30	80	100	125	400	800
52	Jim Taylor	4	4	5	6	10	20	50	200
53	Lew Carpenter	4	4	4	4	6	12	40	
54	Paul Hornung	8	10	12	30	40	50	100	400
55	Max McGee	4	4	5	6	10	25	125	
56	Forrest Gregg RC	8	10	12	20	30	50	▼250	1,800
57	Jim Ringo	4	4	5	6	10	20	40	150
58	Bill Forester	4	4	4	4	6	12	40	200
59	Dave Hanner	4	4	4	4	6	12	60	
60	Green Bay Packers	4	4	5	6	10	20	80	
61	Bill Wade	4	4	4	4	6	12	20	120
62	Frank Ryan RC	4	4	4	5	8	15	30	250
63	Ollie Matson	5	5	6	8	12	25	60	200
64	Jon Arnett	4	4	4	4	6	12	20	120
65	Del Shofner	4	4	4	4	6	12	20	120
66	Jim Phillips	4	4	4	4	6	12	20	120
67	Art Hunter	4	4	4	4	6	12	40	
68	Les Richter	4	4	4	4	6	12	50	
69	Lou Michaels RC	4	4	4	4	6	12	80	
70	John Baker	4	4	4	4	6	12	40	200
71	Los Angeles Rams	4	4	4	4	6	12	40	
72	Charley Conerly	4	4	5	6	10	20	40	150
73	Mel Triplett	4	4	4	4	6	12	40	
74	Frank Gifford	6	8	10	25	40	100	125	250
75	Alex Webster	4	4	4	4	6	12	40	150
76	Bob Schnelker	4	4	4	4	6	12	20	120
77	Pat Summerall	5	5	6	8	12	25	60	
78	Roosevelt Brown	4	4	4	4	6	12	30	150
79	Jim Patton	4	4	4	4	6	12	20	120
80	Sam Huff	5	5	6	8	12	25	50	200
81	Andy Robustelli	4	4	5	6	10	20	40	150
82	New York Giants	4	4	4	4	6	12	40	
83	Clarence Peaks	4	4	4	4	6	12	40	
84	Bill Barnes	4	4	4	4	6	12	20	120
85	Pete Retzlaff	4	4	4	4	6	12	20	120
86	Bobby Walston	4	4	4	4	6	12	40	
87	Chuck Bednarik	4	4	5	6	10	20	50	200
88	Bob Pellegrini	4	4	4	4	6	12	20	120
89	Tom Brookshier RC	4	4	4	4	6	15	200	
90	Marion Campbell	4	4	4	4	6	12	30	120
91	Jesse Richardson	4	4	4	4	6	12	20	120
92	Philadelphia Eagles	4	4	4	4	6	12	30	120
93	Bobby Layne	6	8	10	15	20	30	60	250
94	John Henry Johnson	4	4	6	10	15	40	120	
95	Tom Tracy	4	4	4	4	6	12	40	
96	Preston Carpenter	4	4	4	4	6	12	20	120
97	Frank Varrichione	4	4	4	4	6	12	40	
98	John Nisby	4	4	4	4	6	12	40	
99	Dean Derby	4	4	4	4	6	12	40	
100	George Tarasovic	4	4	4	4	6	12	25	120
101	Ernie Stautner	4	4	5	6	10	20	60	200
102	Pittsburgh Steelers	4	4	4	4	6	12	40	
103	King Hill	4	4	4	4	6	12	20	120
104	Mal Hammack	4	4	4	4	6	12	80	175
105	John David Crow	4	4	4	6	10	30	120	
106	Bobby Joe Conrad	4	4	4	4	6	12	20	120
107	Woodley Lewis	4	4	4	4	6	12	20	120
108	Don Gillis	4	4	4	4	6	12	20	120
109	Carl Brettschneider	4	4	4	4	6	12	20	120
110	Leo Sugar	4	4	4	4	6	12	60	
111	Frank Fuller	4	4	4	4	6	12	60	300
112	St. Louis Cardinals	4	4	4	4	6	12	20	120
113	Y.A. Tittle	6	8	10	12	20	40	80	300
114	Joe Perry	4	4	5	6	10	20	60	500
115	J.D. Smith RC	4	4	4	4	6	12	40	
116	Hugh McElhenny	4	4	5	6	10	20	40	200
117	Billy Wilson	4	4	4	4	6	12	25	150
118	Bob St. Clair	4	4	4	4	6	12	30	150
119	Matt Hazeltine	4	4	4	4	6	12	20	120
120	Abe Woodson	4	4	4	4	6	12	20	120
121	Leo Nomellini	4	4	5	6	10	20	40	
122	San Francisco 49ers	4	4	4	4	6	12	50	150
123	Ralph Guglielmi	4	4	4	4	6	12	40	
124	Don Bosseler	4	4	4	4	6	12	20	120
125	John Olszewski	4	4	4	4	6	12	20	120
126	Bill Anderson	4	4	4	4	6	12	20	120
127	Joe Walton RC	4	4	4	4	6	12	25	120
128	Jim Schrader	4	4	4	4	6	12	20	120
129	Ralph Felton	4	4	4	4	6	12	20	120
130	Gary Glick	4	4	4	4	6	20	200	
131	Bob Toneff	4	4	4	4	6	12	40	
132	Redskins Team	5	5	6	8	12	30	50	200

— Cleveland Browns #31 PSA 9 (Mint) sold for $903.5 (eBay: 4/12)
— Forrest Gregg #56 PSA 9 (Mint) sold for $840 (eBay; 3/07)
— John Henry Johnson #94 PSA 9 (Mint) sold for $405.83 (eBay: 4/12)
— Leo Nomellini #121 PSA 10 (Gem Mt) sold for $1,327 (Goodwin; 12/10)
— Bart Starr #51 PSA 10 (Gem Mt) sold for $2400 (Mastro; 12/08)

1961 Fleer

#		GD 2	VG 3	VgEx 4	EX 5	ExMt 6	NM 7	NmMt 8	MT 9
1	Ed Brown	4	5	5	8	12	20	40	
2	Rick Casares	4	5	5	5	6	10	60	
3	Willie Galimore	4	5	5	5	6	10	40	
4	Jim Dooley	4	5	5	5	6	10	25	100
5	Harlon Hill	4	5	5	5	6	10	30	
6	Stan Jones	4	5	5	6	8	12	80	
7	J.C. Caroline	4	5	5	5	6	10	30	
8	Joe Fortunato	4	5	5	5	6	10	30	250
9	Doug Atkins	4	5	5	6	8	12	25	150
10	Milt Plum	4	5	5	5	6	10	20	175
11	Jim Brown	25	▲150	▲200	▲250	▲300	▲500	1,200	2,500
12	Bobby Mitchell	4	5	5	8	10	15	50	300
13	Ray Renfro	4	5	5	5	6	10	20	120

	GD 2	VG 3	VgEx 4	EX 5	ExMt 6	NM 7	NmMt 8	MT 9
Gern Nagler	4	5	5	5	6	10	30	
Jim Shofner	4	5	5	5	6	10	20	100
Vince Costello	4	5	5	5	6	10	20	125
Galen Fiss RC	4	5	5	5	6	10	20	100
Walt Michaels	4	5	5	5	6	10	30	
Bob Gain	4	5	5	5	6	10	30	
Mal Hammack	4	5	5	5	6	10	20	100
Frank Mestnik RC	4	5	5	5	6	10	20	100
Bobby Joe Conrad	4	5	5	5	6	10	30	
John David Crow	4	5	5	5	6	10	20	100
Sonny Randle RC	4	5	5	5	6	10	25	100
Don Gillis	4	5	5	5	6	10	30	
Jerry Norton	4	5	5	5	6	10	20	80
Bill Stacy RC	4	5	5	5	6	10	50	200
Leo Sugar	4	5	5	5	6	10	20	100
Frank Fuller	4	5	5	5	6	10	20	100
Johnny Unitas	12	20	50	60	80	▲150	300	600
Alan Ameche	4	5	5	6	8	12	30	150
Lenny Moore	4	6	8	10	12	20	60	300
Raymond Berry	4	6	8	10	12	20	50	200
Jim Mutscheller	4	5	5	5	6	10	20	100
Jim Parker	4	5	5	6	8	12	25	150
Bill Pellington	4	5	5	5	6	10	20	100
Gino Marchetti	4	5	6	8	10	25	30	150
Gene Lipscomb	4	5	5	6	8	12	35	150
Art Donovan	4	6	8	10	12	25	60	250
Eddie LeBaron	4	5	5	5	6	10	20	120
Don Meredith RC	80	100	125	200	▲300	▲400	▲500	600
Don McIlhenny	4	5	5	5	6	10	20	100
L.G. Dupre	4	5	5	5	6	10	40	100
Fred Dugan RC	4	5	5	5	6	10	20	100
Billy Howton	4	5	5	5	6	10	30	100
Duane Putnam	4	5	5	5	6	10	20	100
Gene Cronin	4	5	5	5	6	15	20	100
Jerry Tubbs	4	5	5	5	6	10	40	100
Clarence Peaks	4	5	5	5	6	10	20	100
Ted Dean RC	4	5	5	5	6	10	20	100
Tommy McDonald	4	5	5	6	8	12	30	
Bill Barnes	4	5	5	5	6	10	40	
Pete Retzlaff	4	5	5	5	6	10	20	100
Bobby Walston	4	5	5	5	6	10	40	
Chuck Bednarik	4	5	6	8	10	15	30	200
Maxie Baughan RC	4	5	5	5	20	60	80	175
Bob Pellegrini	4	5	5	5	6	10	20	100
Jesse Richardson	4	5	5	5	6	10	30	
John Brodie RC	8	12	15	20	30	50	150	500
J.D. Smith RB	4	5	5	5	6	10	20	100
Ray Norton RC	4	5	5	5	6	10	40	400
Monty Stickles RC	4	5	5	5	6	10	30	
Bob St.Clair	4	5	5	6	8	12	30	150
Dave Baker RC	4	5	5	5	6	10	30	
Abe Woodson	4	5	5	5	6	10	20	100
Matt Hazeltine	4	5	5	5	6	10	30	120
Leo Nomellini	4	5	6	8	10	15	30	
Charley Conerly	4	5	6	8	10	18	30	300
Kyle Rote	4	5	5	6	8	12	30	
Jack Stroud RC	4	5	5	5	6	10	20	100
Roosevelt Brown	4	5	5	6	8	12	25	150
Jim Patton	4	5	5	5	6	10	80	
Erich Barnes	4	5	5	5	6	10	30	
Sam Huff	4	6	8	10	12	20	60	250
Andy Robustelli	4	6	8	10	15	25		120
Dick Modzelewski RC	4	5	5	5	6	10	50	120
Roosevelt Grier	4	5	5	6	8	15	40	
Earl Morrall	4	5	5	6	8	12	25	150
Jim Ninowski	4	5	5	5	6	10	25	100
Nick Pietrosante RC	4	5	5	5	6	10	20	100
Howard Cassady	4	5	5	5	6	10	25	100
Jim Gibbons	4	5	5	5	6	10	20	100
Gail Cogdill RC	4	5	5	5	6	10	20	100
Dick Lane	4	5	5	6	8	12	35	
Yale Lary	4	5	5	6	8	12	35	
Joe Schmidt	4	5	5	6	8	12	25	150
Darris McCord	4	5	5	5	6	10	40	
Bart Starr	12	20	▲50	▲60	80	150	250	600
Jim Taylor	8	12	15	25	40	100	125	350
Paul Hornung	8	12	15	25	40	▲80	▲400	500
Tom Moore RC	4	5	5	6	8	12	30	150
Boyd Dowler RC	4	5	6	8	10	15	60	250

		GD 2	VG 3	VgEx 4	EX 5	ExMt 6	NM 7	NmMt 8	MT 9
93	Max McGee	4	5	5	6	8	12	50	
94	Forrest Gregg	4	5	5	6	8	30	30	250
95	Jerry Kramer	4	5	6	8	10	15	60	
96	Jim Ringo	4	5	5	6	8	12	40	
97	Bill Forester	4	5	5	5	6	10	40	100
98	Frank Ryan	4	5	5	5	6	10	40	
99	Ollie Matson	4	5	6	8	10	20	30	175
100	Jon Arnett	4	5	5	5	6	10	20	100
101	Dick Bass RC	4	5	5	5	6	10	20	100
102	Jim Phillips	4	5	5	5	6	10	20	100
103	Del Shofner	4	5	5	5	6	10	20	100
104	Art Hunter	4	5	5	5	6	10	30	
105	Lindon Crow	4	5	5	5	6	10	20	100
106	Les Richter	4	5	5	5	6	10	20	100
107	Lou Michaels	4	5	5	5	6	10	20	100
108	Ralph Guglielmi	4	5	5	5	6	10	20	100
109	Don Bosseler	4	5	5	5	6	10	30	
110	John Olszewski	4	5	5	5	6	10	20	100
111	Bill Anderson	4	5	5	5	6	10	20	100
112	Joe Walton	4	5	5	5	6	10	20	100
113	Jim Schrader	4	5	5	5	6	10	20	100
114	Gary Glick	4	5	5	5	6	10	30	
115	Ralph Felton	4	5	5	5	6	10	20	100
116	Bob Toneff	4	5	5	5	6	10	20	100
117	Bobby Layne	5	8	10	15	25	40	80	200
118	John Henry Johnson	4	5	5	6	8	12	30	
119	Tom Tracy	4	5	5	5	6	10	20	60
120	Jimmy Orr RC	4	5	5	6	8	20	40	150
121	John Nisby	4	5	5	5	6	10	20	100
122	Dean Derby	4	5	5	5	6	10	20	100
123	John Reger	4	5	5	5	6	10	20	100
124	George Tarasovic	4	5	5	5	6	10	20	100
125	Ernie Stautner	4	5	6	8	10	15	30	
126	George Shaw	4	5	5	5	6	15	60	250
127	Hugh McElhenny	4	5	6	8	▲30	▲50	▲150	▲200
128	Dick Haley RC	4	5	5	5	6	10	30	120
129	Dave Middleton	4	5	5	5	6	10	30	
130	Perry Richards RC	4	5	5	5	6	10	20	100
131	Gene Johnson DB RC	4	5	5	5	6	10	40	
132	Don Joyce RC	4	5	5	5	6	10	25	175
133	Johnny Green RC	4	5	5	5	6	10	25	80
134	Wray Carlton RC	4	5	5	5	6	10	30	80
135	Richie Lucas	4	5	5	5	6	10	20	80
136	Elbert Dubenion	4	5	5	5	6	10	20	80
137	Tom Rychlec	4	5	5	5	6	10	20	60
138	Mack Yoho RC	4	5	5	5	6	10	20	60
139	Phil Blazer RC	4	5	5	5	6	10	25	80
140	Dan McGrew	4	5	5	5	6	10	20	60
141	Bill Atkins	4	5	5	5	6	10	20	50
142	Archie Matsos RC	4	5	5	5	6	10	20	60
143	Gene Grabosky	4	5	5	5	6	10	20	50
144	Frank Tripucka	4	5	5	6	8	12	25	80
145	Al Carmichael	4	5	5	5	6	10	20	60
146	Bob McNamara	4	5	5	5	6	10	20	60
147	Lionel Taylor RC	4	5	6	8	10	20	50	150
148	Eldon Danenhauer RC	4	5	5	5	6	10	20	60
149	Willie Smith	4	5	5	5	6	10	20	60
150	Carl Larpenter	4	5	5	5	6	10	20	60
151	Ken Adamson	4	5	5	5	6	10	20	60
152	Goose Gonsoulin UER RC	4	5	5	6	8	12	30	60
153	Joe Young RC	4	5	5	5	6	10	20	60
154	Gordy Holz RC	4	5	5	5	6	10	20	50
155	Jack Kemp	12	20	25	30	40	60	100	150
156	Charlie Flowers	4	5	5	5	6	10	20	60
157	Paul Lowe	4	5	5	6	8	12	25	80
158	Don Norton RC	4	5	5	5	6	10	20	80
159	Howard Clark RC	4	5	5	5	6	10	20	60
160	Paul Maguire	4	5	6	8	10	15	30	100
161	Ernie Wright RC	4	5	5	5	6	10	60	
162	Ron Mix	4	5	6	8	10	15	40	100
163	Fred Cole RC	4	5	5	5	6	10	20	60
164	Jim Sears RC	4	5	5	5	6	10	20	60
165	Volney Peters	4	5	5	5	6	10	20	60
166	George Blanda	6	10	12	18	30	50	60	125
167	Jacky Lee	4	5	5	5	6	10	20	60
168	Bob White	4	5	5	5	6	10	20	60
169	Doug Cline	4	5	5	5	6	10	20	60
170	Dave Smith RB RC	4	5	5	5	6	10	20	40
171	Billy Cannon	4	5	6	8	10	15	40	80

#	Player	GD 2	VG 3	VgEx 4	EX 5	ExMt 6	NM 7	NmMt 8	MT 9
172	Bill Groman RC	4	5	5	5	6	10	20	60
173	Al Jamison RC	4	5	5	5	6	10	20	40
174	Jim Norton RC	4	5	5	5	6	10	20	40
175	Dennit Morris RC	4	5	5	5	6	10	20	60
176	Don Floyd	4	5	5	5	6	15	20	60
177	Butch Songin	4	5	5	5	6	10	20	60
178	Billy Lott RC	4	5	5	5	6	10	20	80
179	Ron Burton	4	5	5	6	8	12	30	80
180	Jim Colclough RC	4	5	5	5	6	10	25	
181	Charley Leo RC	4	5	5	5	6	10	20	60
182	Walt Cudzik RC	4	5	5	5	6	10	20	60
183	Fred Bruney	4	5	5	5	6	10	20	60
184	Ross O'Hanley RC	4	5	5	5	6	10	20	60
185	Tony Sardisco	4	5	5	5	6	10	20	60
186	Harry Jacobs RC	4	5	5	5	6	10	20	80
187	Bob Dee	4	5	5	5	6	10	20	60
188	Tom Flores RC	5	8	▲50	▲80	▲100	▲125	▲150	200
189	Jack Larscheid	4	5	5	5	6	10	20	60
190	Dick Christy RC	4	5	5	5	6	10	20	40
191	Alan Miller RC	4	5	5	5	6	10	20	60
192	James Smith	4	5	5	5	6	10	20	60
193	Gerald Burch RC	4	5	5	5	6	10	20	60
194	Gene Prebola	4	5	5	5	6	10	20	60
195	Alan Goldstein	4	5	5	5	6	10	20	60
196	Don Manoukian RC	4	5	5	5	6	10	20	80
197	Jim Otto RC	10	15	20	▲100	▲150	▲200	▲250	300
198	Wayne Crow	4	5	5	5	6	10	20	80
199	Cotton Davidson RC	4	5	5	5	6	10	20	80
200	Randy Duncan RC	4	5	5	5	6	10	25	
201	Jack Spikes	4	5	5	5	6	10	20	80
202	Johnny Robinson RC	4	6	8	10	▲125	▲150	250	400
203	Abner Haynes	4	5	6	8	10	15	30	100
204	Chris Burford	4	5	5	5	6	10	20	80
205	Bill Krisher	4	5	5	5	6	10	20	60
206	Marvin Terrell	4	5	5	5	6	10	20	60
207	Jimmy Harris	4	5	5	5	6	10	20	80
208	Mel Branch	4	5	5	5	6	10	20	80
209	Paul Miller	4	5	5	5	6	10	25	
210	Al Dorow	4	5	5	5	6	10	25	
211	Dick Jamieson	4	5	5	5	6	10	25	
212	Pete Hart RC	4	5	5	5	6	10	20	60
213	Bill Shockley RC	4	5	5	5	6	10	20	60
214	Dewey Bohling RC	4	5	5	5	6	10	20	60
215	Don Maynard RC	12	20	25	35	50	125	200	350
216	Bob Mischak RC	4	5	5	5	6	10	20	80
217	Mike Hudock	4	5	5	5	6	10	20	80
218	Bob Reifsnyder	4	5	5	5	6	10	25	
219	Tom Saidock	4	5	5	5	6	10	25	
220	Sid Youngelman	4	5	5	6	8	10	20	40 800

— Billy Cannon #171 PSA 10 (Gem Mt) sold for $653 (Mile High; 1/07)
— Jerry Kramer #95 PSA 9 (MT) sold for $899 (ebay; 11/07)
— Dick Lane #84 PSA 10 (Gem Mt) sold for $643 (eBay; 5/11)
— Paul Maguire #160 PSA 10 (Gem Mt) sold for $715 (eBay; 3/07)
— Jim Otto #197 PSA 10 (Gem Mt) sold for $2,843 (eBay; 2/08)
— Jim Otto #197 PSA 10 (Gem Mt) sold for $2,500 (eBay; 4/11)
— Jim Otto #197 PSA 10 (Gem Mt) sold for $2,251 (eBay; 11/09)
— Jim Otto #197 PSA 10 (Gem Mint) sold for $1,080 (Bussineau; 7/12)
— Jim Otto #197 PSA 10 (Gem Mint) sold for $1,206 (eBay; 2/14)
— Gern Nagler #14 PSA 10 (Gem Mt) sold for $755 (eBay; 6/06)

1961 Nu-Card

#	Player	VG 3	VgEx 4	EX 5	ExMt 6	NM 7	NmMt 8	MT 9	Gem 9.5/10
	COMMON CARD (101-180)	4	4	5	5	6	10	20	
101	Bob Ferguson	4	4	5	5	8	12	30	
105	Vern Von Sydow	4	4	5	5	6	10	20	80
112	Don Purcell	4	4	5	5	6	10	20	80
116	Bobby Iles	4	4	5	5	6	10	25	
117	John Hadl	6	8	10	12	20	30	60	
118	Charlie Mitchell	4	4	5	5	6	10	25	
120	Bill King	4	4	5	5	6	10	25	
121	Mike Lucci	4	4	5	5	8	12	25	
128	Gary Collins	4	4	5	6	10	15	25	
130	Bobby Dodd Flor.	4	4	5	5	8	12	25	
131	Curtis McClinton	4	4	5	6	10	15	30	
135	Larry Libertore	4	4	5	5	6	10	20	80
136	Stan Sczurek	4	4	5	5	6	10	20	80
138	Jesse Bradford	4	4	5	5	6	10	15	80
140	Walter Doleschal	4	4	5	5	6	10	20	80
142	Pat Trammell	4	4	5	5	8	12	25	80
143	Ernie Davis	10	12	15	20	35	60	120	
148	Roger Kochman	4	4	5	5	6	10	25	
150	Sherwyn Torson	4	4	5	5	6	10	25	
151	Russ Hepner	4	4	5	5	6	10	20	80
155	Ken Bolin	4	4	5	5	6	10	20	80
159	Dan Celoni G	4	4	5	5	6	10	20	80
166	Roman Gabriel	6	8	10	12	20	30	80	
169	Charles Rieves	4	4	5	5	6	10	20	80
172	Galen Hall	4	4	5	5	6	12	25	
174	Don Kasso	4	4	5	5	6	15		
175	Bill Miller	4	4	5	5	6	10	20	80
178	Mel Melin UER{(misspelled Mellin)	4	4	5	5	6	10	15	80
179	Tom Vassell	4	4	5	5	6	10	25	

— Ernie Davis #143 PSA 10 (Gem) sold for $420 (eBay; 2/07)

1961 Topps

#	Player	GD 2	VG 3	VgEx 4	EX 5	ExMt 6	NM 7	NmMt 8	MT 9
1	Johnny Unitas	20	25	30	40	60	150	350	1,200
2	Lenny Moore	4	4	5	8	12	25	▲125	
3	Alan Ameche	4	4	5	5	10	15	60	
4	Raymond Berry	4	4	5	8	12	▲50	100	
5	Jim Mutscheller	4	4	5	5	6	12	20	100
6	Jim Parker	4	4	5	5	8	15	35	
7	Gino Marchetti	4	4	5	6	10	20	40	175
8	Gene Lipscomb	4	4	5	5	8	12	50	
9	Baltimore Colts	4	4	5	5	6	12	60	
10	Bill Wade	4	4	5	5	6	12	25	
11	Johnny Morris RC	4	4	5	5	8	12	30	150
12	Rick Casares	4	4	5	5	6	12	35	
13	Harlon Hill	4	4	5	5	6	12	25	
14	Stan Jones	4	4	5	5	8	12	25	120
15	Doug Atkins	4	4	5	5	8	15	40	150
16	Bill George	4	4	5	5	6	12	25	120
17	J.C. Caroline	4	4	5	5	6	12	20	100
18	Chicago Bears	4	4	5	5	6	12	25	150
19	Eddie LeBaron IA	4	4	5	6	10	20	100	
20	Eddie LeBaron	4	4	5	5	6	12	50	
21	Don McIlhenny	4	4	5	5	6	12	40	
22	L.G. Dupre	4	4	5	5	6	12	40	125
23	Jim Doran	4	4	5	5	6	12	35	
24	Billy Howton	4	4	5	5	6	12	40	
25	Buzz Guy	4	4	5	6	12	15	60	
26	Jack Patera RC	4	4	5	5	6	12	40	120
27	Tom Franckhauser RC	4	4	5	5	6	12	40	
28	Cowboys Team	4	5	6	10	15	25	80	
29	Jim Ninowski	4	4	5	5	6	12	25	
30	Dan Lewis RC	4	4	5	5	6	12	20	100
31	Nick Pietrosante RC	4	4	5	5	6	12	25	
32	Gail Cogdill RC	4	4	5	5	6	12	40	
33	Jim Gibbons	4	4	5	5	6	12	25	
34	Jim Martin	4	4	5	5	6	12	20	100
35	Alex Karras	4	5	6	10	15	25	60	
36	Joe Schmidt	4	4	5	5	8	15	40	
37	Detroit Lions	4	4	5	5	6	12	25	
38	Paul Hornung IA	4	5	6	10	15	25	150	
39	Bart Starr	10	12	15	40	80	150	▲400	600
40	Paul Hornung	6	8	10	15	25	50	100	400
41	Jim Taylor	6	8	10	15	25	40	125	450
42	Max McGee	4	4	5	8	12	50	150	
43	Boyd Dowler RC	4	4	5	6	10	25	100	
44	Jim Ringo	4	4	5	5	8	15	50	300
45	Hank Jordan RC	6	8	10	20	▲50	▲200	▲500	
46	Bill Forester	4	4	5	5	6	12	30	100
47	Green Bay Packers	4	5	6	10	15	25	60	200
48	Frank Ryan	4	4	5	5	6	12	20	100
49	Jon Arnett	4	4	5	5	6	12	20	100
50	Ollie Matson	4	4	5	6	10	20	40	150
51	Jim Phillips	4	4	5	5	6	12	30	100
52	Del Shofner	4	4	5	5	6	12	25	
53	Art Hunter	4	4	5	5	6	12	25	
54	Gene Brito	4	4	5	5	6	12	25	
55	Lindon Crow	4	4	5	5	6	12	25	
56	Los Angeles Rams	4	4	5	5	6	12	20	100
57	Johnny Unitas IA	5	6	8	12	20	35	150	
58	Y.A. Tittle	5	6	8	12	18	30	80	250
59	John Brodie RC	6	8	10	15	▲40	▲50	80	350
60	J.D. Smith	4	4	5	5	6	12	25	

	GD 2	VG 3	VgEx 4	EX 5	ExMt 6	NM 7	NmMt 8	MT 9
R.C. Owens	4	4	5	5	6	12	20	100
Clyde Conner	4	4	5	5	6	12	25	
Bob St.Clair	4	4	5	5	8	12	25	
Leo Nomellini	4	4	5	6	10	20	50	
Abe Woodson	4	4	5	5	6	12	20	100
San Francisco 49ers	4	4	5	5	6	12	20	100
Checklist 1	4	5	6	10	15	40	80	
Milt Plum	4	4	5	5	6	12	20	100
Ray Renfro	4	4	5	5	6	12	30	120
Bobby Mitchell	4	5	6	8	15	30	80	200
Jim Brown	20	30	50	300	400	500	1,000	1,500
Mike McCormack	4	4	5	5	8	12	30	
Jim Ray Smith	4	4	5	5	6	12	25	
Sam Baker	4	4	5	5	6	12	25	
Walt Michaels	4	4	5	5	6	12	20	100
Cleveland Browns	4	4	5	5	6	15	25	100
Jim Brown IA	8	10	12	15	100	125	225	400
George Shaw	4	4	5	5	6	12	25	
Hugh McElhenny	4	4	5	6	10	20	40	200
Clancy Osborne	4	4	5	5	6	12	30	
Dave Middleton	4	4	5	5	6	12	30	
Frank Youso	4	4	5	6	12	15	50	
Don Joyce	4	4	5	5	6	12	30	
Ed Culpepper	4	4	5	5	6	12	30	
Charley Conerly	4	4	5	6	10	20	40	150
Mel Triplett	4	4	5	5	6	12	20	100
Kyle Rote	4	4	5	5	6	12	20	100
Roosevelt Brown	4	4	5	5	8	12	25	
Ray Wietecha	4	4	5	5	6	12	20	100
Andy Robustelli	4	4	5	5	8	15	50	
Sam Huff	4	4	5	6	10	20	30	125
Jim Patton	4	4	5	5	6	12	20	100
New York Giants	4	4	5	5	6	12	50	
Charley Conerly IA	4	4	5	6	10	20	50	
Sonny Jurgensen	4	5	6	10	15	25	100	250
Tommy McDonald	4	4	5	5	8	20	60	
Bill Barnes	4	4	5	5	6	12	20	100
Bobby Walston	4	4	5	5	6	12	25	
Pete Retzlaff	4	4	5	5	6	12	25	
Jim McCusker	4	4	5	5	6	12	25	
Chuck Bednarik	4	4	5	6	10	20	50	175
Tom Brookshier	4	4	5	5	6	12	20	100
Philadelphia Eagles	4	4	5	5	6	12	30	100
Bobby Layne	5	6	8	12	18	30	50	
John Henry Johnson	4	4	5	5	8	12	25	120
Tom Tracy	4	4	5	5	6	12	60	
Buddy Dial RC	4	4	5	5	6	12	25	
Jimmy Orr RC	4	4	5	6	10	20	50	120
Mike Sandusky	4	4	5	5	6	12	20	100
John Reger	4	4	5	5	6	12	20	100
Junior Wren	4	4	5	5	6	12	20	100
Pittsburgh Steelers	4	4	5	5	6	15	30	150
Bobby Layne IA	4	4	5	8	12	25	50	
John Roach	4	4	5	5	6	12	20	100
Sam Etcheverry RC	4	4	5	5	6	12	20	100
John David Crow	4	4	5	5	5	12	25	
Mal Hammack	4	4	5	5	6	12	25	
Sonny Randle RC	4	4	5	5	6	12	80	
Leo Sugar	4	4	5	5	6	12	25	
Jerry Norton	4	4	5	5	6	12	20	100
St. Louis Cardinals	4	4	5	5	6	12	25	
Checklist 2	5	6	8	12	20	50	100	
Ralph Guglielmi	4	4	5	5	6	12	25	
Dick James	4	4	5	5	6	12	20	100
Don Bosseler	4	4	5	5	6	12	20	100
Joe Walton	4	4	5	5	6	12	20	100
Bill Anderson	4	4	5	5	6	12	20	100
Vince Promuto RC	4	4	5	5	6	12	50	
Bob Toneff	4	4	5	5	6	12	20	100
John Paluck	4	4	5	5	6	12	25	
Washington Redskins	4	4	5	5	6	12	60	
Milt Plum IA	4	4	5	5	6	12	30	
Abner Haynes	4	4	5	5	8	12	25	100
Mel Branch	4	4	5	5	6	12	20	80
Jerry Cornelison	4	4	5	5	6	12	20	80
Bill Krisher	4	4	5	5	6	12	20	80
Paul Miller	4	4	5	5	6	12	20	80
Jack Spikes	4	4	5	5	6	12	20	80
Johnny Robinson RC	4	4	5	5	8	12	25	100

		GD 2	VG 3	VgEx 4	EX 5	ExMt 6	NM 7	NmMt 8	MT 9
140	Cotton Davidson RC	4	4	5	5	6	12	20	80
141	Dave Smith RB	4	4	5	5	6	12	20	80
142	Bill Groman	4	4	5	5	6	12	20	80
143	Rich Michael	4	4	5	5	6	12	20	80
144	Mike Dukes	4	4	5	5	6	12	20	50
145	George Blanda	4	4	5	8	12	25	50	150
146	Billy Cannon	4	4	5	5	6	12	20	80
147	Dennit Morris	4	4	5	5	6	12	20	50
148	Jacky Lee	4	4	5	5	6	12	20	80
149	Al Dorow	4	4	5	5	6	12	20	80
150	Don Maynard RC	10	12	15	40	50	100	150	500
151	Art Powell RC	4	4	5	5	8	12	25	150
152	Sid Youngelman	4	4	5	5	6	12	20	80
153	Bob Mischak	4	4	5	5	6	12	20	80
154	Larry Grantham	4	4	5	5	6	12	20	80
155	Tom Saidock	4	4	5	5	6	12	20	80
156	Roger Donnahoo	4	4	5	5	6	12	20	
157	Laverne Torczon	4	4	5	5	6	12	20	
158	Archie Matsos RC	4	4	5	5	6	12	20	80
159	Elbert Dubenion	4	4	5	5	6	12	20	80
160	Wray Carlton RC	4	4	5	5	6	12	20	80
161	Rich McCabe	4	4	5	5	6	12	20	80
162	Ken Rice	4	4	5	5	6	12	20	80
163	Art Baker RC	4	4	5	5	6	12	20	80
164	Tom Rychlec	4	4	5	5	6	12	20	80
165	Mack Yoho	4	4	5	5	6	12	25	100
166	Jack Kemp	12	20	25	35	40	60	100	300
167	Paul Lowe	4	4	5	5	6	12	20	80
168	Ron Mix	4	4	5	6	10	15	50	
169	Paul Maguire	4	4	5	5	6	12	20	60
170	Volney Peters	4	4	5	5	6	12	20	
171	Ernie Wright RC	4	4	5	5	6	12	20	135
172	Ron Nery RC	4	4	5	5	6	12	20	80
173	Dave Kocourek RC	4	4	5	5	6	12	20	100
174	Jim Colclough	4	4	5	5	6	12	20	80
175	Babe Parilli	4	4	5	5	6	12	20	80
176	Billy Lott	4	4	5	5	6	12	20	
177	Fred Bruney	4	4	5	5	6	12	20	80
178	Ross O'Hanley	4	4	5	5	6	12	20	80
179	Walt Cudzik	4	4	5	5	6	10	20	80
180	Charley Leo	4	4	5	5	6	10	20	80
181	Bob Dee	4	4	5	5	6	12	20	80
182	Jim Otto RC	8	50	60	80	100	150	▲400	▲1,200
183	Eddie Macon	4	4	5	5	6	10	20	80
184	Dick Christy	4	4	5	5	6	10	20	80
185	Alan Miller RC	4	4	5	5	6	10	20	80
186	Tom Flores RC	5	6	8	10	20	30	50	200
187	Joe Cannavino	4	4	5	5	6	10	20	80
188	Don Manoukian	4	4	5	5	6	10	20	80
189	Bob Coolbaugh	4	4	5	5	6	10	20	80
190	Lionel Taylor RC	4	4	5	5	8	12	30	
191	Bud McFadin	4	4	5	5	6	10	20	80
192	Goose Gonsoulin RC	4	4	5	5	6	10	20	100
193	Frank Tripucka	4	4	5	5	6	10	20	80
194	Gene Mingo RC	4	4	5	5	6	10	30	100
195	Eldon Danenhauer	4	4	5	5	6	10	20	80
196	Bob McNamara	4	4	5	5	6	10	20	80
197	Dave Rolle	4	4	5	5	6	12	20	80
198	Checklist 3	6	8	10	20	40	50	100	250

— Alan Ameche #2 PSA 9 (MT) sold for $610 (eBay; 2/07)
— Joe Cannavino #187 PSA 10 (Gem Mt) sold for $611 (Mile High; 3/09)
— Paul Hornung IA #38 PSA 9 (MT) sold for $770 (eBay; 4/07)
— Don Joyce #83 PSA 10 (Gem Mint) sold for $464 (eBay; 4/12)
— Jim Parker #6 PSA 9 (Mint) sold for $1,583.50 (eBay; 2/14)
— Vince Promuto #128 PSA 9 (Mint) sold for $725 (eBay; 11/14)

1962 Fleer

		GD 2	VG 3	VgEx 4	EX 5	ExMt 6	NM 7	NmMt 8	MT 9
1	Billy Lott	5	5	5	8	15	35	250	
2	Ron Burton	5	5	5	6	12	18	80	
3	Gino Cappelletti RC	5	5	5	▲20	▲100	▲125	▲150	
4	Babe Parilli	5	5	5	8	12	30	40	
5	Jim Colclough	5	5	5	6	10	15	40	
6	Tony Sardisco	5	5	5	6	10	15	40	
7	Walt Cudzik	5	5	5	6	10	15	40	
8	Bob Dee	5	5	5	6	10	15	40	
9	Tommy Addison RC	5	5	5	6	10	15	40	
10	Harry Jacobs	5	5	5	6	10	15	40	150

#	Player	GD 2	VG 3	VgEx 4	EX 5	ExMt 6	NM 7	NmMt 8	MT 9
11	Ross O'Hanley	5	5	5	6	10	15	40	
12	Art Baker	5	5	5	6	10	15	40	
13	Johnny Green	5	5	5	6	10	15	40	120
14	Elbert Dubenion	5	5	5	8	12	18	40	
15	Tom Rychlec	5	5	5	6	10	15	80	
16	Billy Shaw RC	15	20	▲80	▲100	200	250	▲800	
17	Ken Rice	5	5	5	6	10	15	40	
18	Bill Atkins	5	5	5	6	10	15	40	
19	Richie Lucas	5	5	5	6	10	15	40	250
20	Archie Matsos	5	5	5	6	10	15	40	
21	Laverne Torczon	5	5	5	6	10	15	40	
22	Warren Rabb RC UER	5	5	5	6	10	15	40	
23	Jack Spikes	5	5	5	6	10	15	40	
24	Cotton Davidson	5	5	5	6	10	15	40	
25	Abner Haynes	5	5	5	8	▲20	▲25	50	
26	Jimmy Saxton	5	5	5	6	10	15	40	
27	Chris Burford	5	5	5	6	10	15	40	
28	Bill Miller	5	5	5	6	10	15	40	
29	Sherrill Headrick	5	5	5	6	10	15	40	
30	E.J.Holub RC	5	5	5	6	10	15	40	
31	Jerry Mays RC	5	5	5	8	12	18	40	
32	Mel Branch	5	5	5	6	10	15	40	
33	Paul Rochester RC	5	5	5	6	10	15	40	
34	Frank Tripucka	5	5	5	8	12	18	▲125	250
35	Gene Mingo	5	5	5	6	10	15	40	
36	Lionel Taylor	5	5	5	8	12	20	50	200
37	Ken Adamson	5	5	5	6	10	15	40	125
38	Eldon Danenhauer	5	5	5	6	10	15	40	
39	Goose Gonsoulin	5	5	5	8	12	18	40	
40	Gordy Holz	5	5	5	6	10	15	40	100
41	Bud McFadin	5	5	5	6	10	15	40	150
42	Jim Stinnette	5	5	5	6	10	15	40	
43	Bob Hudson RC	5	5	5	6	10	15	40	
44	George Herring	5	5	5	6	10	15	40	
45	Charley Tolar RC	5	5	5	6	10	15	40	150
46	George Blanda	10	12	15	20	40	60	100	400
47	Billy Cannon	5	5	5	8	12	20	60	
48	Charlie Hennigan RC	5	5	5	8	12	20	60	
49	Bill Groman	5	5	5	6	10	15	40	
50	Al Jamison	5	5	5	6	10	15	40	
51	Tony Banfield	5	5	5	6	10	15	40	
52	Jim Norton	5	5	5	6	10	15	40	
53	Dennit Morris	5	5	5	6	10	15	40	120
54	Don Floyd	5	5	5	6	10	15	40	
55	Ed Husmann	5	5	5	6	10	15	40	
56	Robert Brooks	5	5	5	6	10	15	40	100
57	Al Dorow	5	5	5	6	10	15	40	
58	Dick Christy	5	5	5	6	10	15	40	
59	Don Maynard	10	12	15	20	30	50	80	500
60	Art Powell	5	5	5	8	12	18	40	
61	Mike Hudock	5	5	5	6	10	15	40	150
62	Bill Mathis	5	5	5	6	10	15	40	150
63	Butch Songin	5	5	5	6	10	15	40	
64	Larry Grantham	5	5	5	6	10	15	40	
65	Nick Mumley	5	5	5	6	10	15	40	
66	Tom Saidock	5	5	5	6	10	15	40	
67	Alan Miller	5	5	5	6	10	15	40	
68	Tom Flores	5	5	5	8	12	▲100	▲125	
69	Bob Coolbaugh	5	5	5	6	10	15	40	150
70	George Fleming	5	5	5	6	10	15	40	
71	Wayne Hawkins RC	5	5	5	6	10	25	40	
72	Jim Otto	6	8	10	15	▲50	▲60	120	
73	Wayne Crow	5	5	5	6	10	15	40	
74	Fred Williamson RC	5	6	8	20	▲100	▲125	200	
75	Tom Louderback	5	5	5	6	10	15	100	
76	Volney Peters	5	5	5	6	10	15	50	
77	Charley Powell	5	5	5	6	10	15	40	225
78	Don Norton	5	5	5	6	10	15	40	
79	Jack Kemp	15	20	30	40	60	▲125	▲150	600
80	Paul Lowe	5	5	5	8	12	18	40	
81	Dave Kocourek	5	5	5	6	10	15	40	
82	Ron Mix	5	5	5	8	12	20	50	400
83	Ernie Wright	5	5	5	8	12	20	40	
84	Dick Harris	5	5	5	6	10	15	40	
85	Bill Hudson	5	5	5	6	10	15	40	
86	Ernie Ladd RC	5	5	6	12	30	▲250	▲300	▲400
87	Earl Faison RC	5	5	6	10	20	60	100	
88	Ron Nery	5	5	5	6	15	30	100	

— Gordy Holz #40 PSA 10 (Gem) sold for $500 (eBay; 6/06)

— Bill Hudson #85 PSA 10 (Gem Mt) sold for $987 (Mile High, 10/09)
— Al Jamison #50 PSA 10 (Gem Mt) sold for $1,265 (eBay; 3/07)
— Ron Mix #82 PSA 9 (MT) sold for $1,275 (eBay; 2/07)
— Babe Parilli #4 PSA 10 (Gem Mt) sold for $1,053 (eBay; 11/12)
— Warren Rabb #22 PSA 10 (Gem Mt) sold for $987 (Mile High; 10/09)
— Billy Shaw #16 PSA 9 (MT) sold for $4275 (eBay; 11/07)
— Jack Spikes #23 PSA 10 (Gem) sold for $930 (eBay; 4/06)
— LaVerne Torczon #21 PSA 10 (Gem) sold for $905 (eBay; 1/06)

1962 Topps

#	Player	GD 2	VG 3	VgEx 4	EX 5	ExMt 6	NM 7	NmMt 8	MT 9
1	Johnny Unitas	30	80	100	150	250	600	8,000	
2	Lenny Moore	6	8	10	12	20	80	300	
3	Alex Hawkins SP RC	4	5	6	8	12	60	200	
4	Joe Perry	4	5	6	8	20	150	500	
5	Raymond Berry SP	10	12	15	20	30	▲100	▲400	
6	Steve Myhra	4	4	5	6	12	25	80	
7	Tom Gilburg SP	4	5	6	8	12	30	150	
8	Gino Marchetti	4	5	6	8	15	50	125	
9	Bill Pellington	4	4	5	6	12	40	125	
10	Andy Nelson	4	4	5	6	12	25	80	
11	Wendell Harris SP	4	5	6	8	12	30	135	
12	Baltimore Colts	4	4	5	6	12	30	100	
13	Bill Wade SP	4	5	6	8	12	30	135	
14	Willie Galimore	4	4	5	6	12	25	150	
15	Johnny Morris SP	4	5	6	8	12	30	100	
16	Rick Casares	4	4	5	6	12	40	100	
17	Mike Ditka RC	▲150	300	400	600	1,000	2,000	2,500	
18	Stan Jones	4	4	5	6	12	40	100	
19	Roger LeClerc	4	4	5	6	12	25	100	
20	Angelo Coia	4	4	5	6	12	25	100	
21	Doug Atkins	4	5	6	8	15	25	125	
22	Bill George	4	4	5	6	12	25	350	
23	Richie Petitbon RC	4	4	5	6	12	25	350	
24	Ronnie Bull SP RC	5	6	8	10	15	50	150	
25	Chicago Bears	4	4	5	6	12	25	100	
26	Howard Cassady	4	4	5	6	12	25	80	
27	Ray Renfro SP	4	5	6	8	12	▲40	175	
28	Jim Brown	40	150	200	250	800	2,000	5,000	
29	Rich Kreitling	4	4	5	6	12	25	135	
30	Jim Ray Smith	4	4	5	6	12	25	80	
31	John Morrow	4	4	5	6	12	25	150	
32	Lou Groza	5	6	8	10	25	30	150	
33	Bob Gain	4	4	5	6	12	25	150	
34	Bernie Parrish	4	4	5	6	12	30	100	
35	Jim Shofner	4	4	5	6	12	40	150	
36	Ernie Davis SP RC	▲125	150	200	250	400	1,000	1,200	
37	Cleveland Browns	4	4	5	6	12	35	150	
38	Eddie LeBaron	4	4	5	6	12	25	80	
39	Don Meredith SP	25	30	40	60	100	300	▲600	
40	J.W. Lockett SP	4	5	6	8	12	30	100	
41	Don Perkins RC	8	10	12	▲60	▲80	300	500	
42	Billy Howton	4	4	8	10	20	50	250	
43	Dick Bielski	4	4	5	6	15	25	80	
44	Mike Connelly RC	4	4	5	6	12	40	120	
45	Jerry Tubbs SP	4	5	6	8	12	50	120	
46	Don Bishop SP	4	5	6	10	15	40	200	
47	Dick Moegle	4	4	5	6	12	40	150	
48	Bobby Plummer SP	4	5	6	8	20	60	120	
49	Cowboys Team	6	8	10	12	40	50	150	
50	Milt Plum	4	4	5	6	12	25	80	
51	Dan Lewis	4	4	5	6	12	30	100	
52	Nick Pietrosante SP	4	5	6	8	12	30	125	
53	Gail Cogdill	4	4	5	6	12	25	80	
54	Jim Gibbons	4	4	5	6	12	25	120	
55	Jim Martin	4	4	5	6	12	40	100	
56	Yale Lary	4	4	5	6	12	40	100	
57	Darris McCord	4	4	5	6	12	25	80	
58	Alex Karras	6	8	10	12	20	40	120	
59	Joe Schmidt	4	5	6	8	15	40	100	
60	Dick Lane	4	4	5	6	12	40	120	
61	John Lomakoski SP	4	5	6	8	12	30	100	
62	Detroit Lions SP	6	8	10	12	18	30	125	
63	Bart Starr SP	20	25	35	50	200	▲500	600	
64	Paul Hornung SP	40	50	60	80	125	400	800	
65	Tom Moore SP	5	6	8	10	15	60	▲1,500	
66	Jim Taylor SP	12	15	20	40	60	80	250	
67	Max McGee SP	5	6	8	10	20	50	120	

	GD 2	VG 3	VgEx 4	EX 5	ExMt 6	NM 7	NmMt 8	MT 9
Jim Ringo SP	5	6	8	10	18	30	▲150	
Fuzzy Thurston SP RC	8	10	12	15	30	60	175	
Forrest Gregg	4	5	6	8	15	40	150	
Boyd Dowler	4	4	5	6	12	40	200	
Hank Jordan SP	6	8	10	12	20	60	▲200	
Bill Forester SP	4	5	6	8	12	40	▲150	
Earl Gros SP	4	5	6	8	12	100	150	
Packers Team SP	10	12	15	18	30	60	▲300	
Checklist SP	6	8	10	20	▲80	125	250	
Zeke Bratkowski SP	4	5	6	8	12	50	250	
Jon Arnett SP	4	5	6	8	12	30	100	
Ollie Matson SP	10	12	15	18	25	40	100	
Dick Bass SP	4	5	6	8	12	80	▲800	
Jim Phillips	4	4	5	6	12	30	80	
Carroll Dale RC	4	4	5	6	12	30	100	
Frank Varrichione	4	4	5	6	12	25	100	
Art Hunter	4	4	5	6	12	60	300	
Danny Villanueva RC	4	4	5	6	12	25	80	
Les Richter SP	4	5	6	8	12	30	100	
Lindon Crow	4	4	5	6	12	25	80	
Roman Gabriel SP RC	12	15	20	40	60	250	250	
Los Angeles Rams SP	6	8	10	12	18	40	150	
Fran Tarkenton SP RC	100	200	250	400	600	1,500	5,500	
Jerry Reichow SP	4	5	6	8	12	30	100	
Hugh McElhenny SP	8	10	12	15	25	80	200	
Mel Triplett SP	4	5	6	8	12	40	150	
Tommy Mason SP RC	5	6	8	12	30	150	350	
Dave Middleton SP	4	5	6	8	12	60	120	
Frank Youso SP	4	5	6	8	12	50	100	
Mike Mercer SP	4	5	6	8	12	60	400	
Rip Hawkins SP	4	5	6	8	15	100	400	
Cliff Livingston SP	4	5	6	8	12	30	120	
Roy Winston SP RC	4	5	6	8	12	40	125	
Vikings Team SP	8	10	12	15	20	80	150	
Y.A.Tittle	10	12	15	20	30	60	150	
Joe Walton	4	4	5	6	12	40	100	
Frank Gifford	12	15	20	40	50	80	200	
Alex Webster	4	4	5	6	12	25	100	
Del Shofner	4	4	5	6	12	40	150	
Don Chandler	4	4	5	6	12	25	80	
Andy Robustelli	4	5	6	8	15	15	100	
Jim Katcavage RC	4	4	5	6	12	25	80	
Sam Huff SP	10	12	15	18	25	80	300	
Erich Barnes	4	4	5	6	12	25	100	
Jim Patton	4	4	5	6	12	30	125	
Jerry Hillebrand SP	4	5	6	8	12	40	100	
New York Giants	4	4	5	6	12	25	80	
Sonny Jurgensen	10	12	15	18	30	50	175	
Tommy McDonald	4	5	6	8	15	25	80	
Ted Dean SP	4	5	6	12	25	40	250	
Clarence Peaks	4	4	5	6	12	25	80	
Bobby Walston	4	4	5	6	12	25	125	
Pete Retzlaff SP	4	5	6	8	12	30	80	
Jim Schrader SP	4	5	6	8	12	30	200	
J.D. Smith T	4	4	5	6	12	25	125	
King Hill	4	4	5	6	12	30	80	
Maxie Baughan	4	4	5	6	12	25	80	
Pete Case SP	4	5	6	8	12	30	100	
Philadelphia Eagles	4	4	5	6	12	25	100	
Bobby Layne	10	12	15	18	30	40	150	
Tom Tracy	4	4	5	6	12	40	100	
John Henry Johnson	4	4	5	6	12	30	80	
Buddy Dial SP	4	5	6	8	12	35	120	
Preston Carpenter	4	4	5	6	20	40	225	
Lou Michaels SP	4	5	6	8	12	30	100	
Gene Lipscomb SP	5	6	8	10	20	80	150	
Ernie Stautner SP	6	8	10	12	25	80	150	
John Reger SP	4	5	6	8	12	30	100	
Myron Pottios RC	4	4	5	6	12	40	300	
Bob Ferguson SP	4	5	6	8	12	40	150	
Pittsburgh Steelers SP	6	8	10	12	20	50	150	
Sam Etcheverry	4	4	5	6	12	25	80	
John David Crow SP	4	5	6	8	15	30	175	
Bobby Joe Conrad SP	4	5	6	8	12	30	100	
Prentice Gautt SP RC	4	5	6	8	12	80	250	
Frank Mestnik	4	4	5	6	12	25	80	
Sonny Randle	4	4	5	6	12	25	100	
Gerry Perry	4	4	5	6	12	25	150	
Jerry Norton	4	4	5	6	12	25	80	

		GD 2	VG 3	VgEx 4	EX 5	ExMt 6	NM 7	NmMt 8	MT 9
147	Jimmy Hill	4	4	5	6	12	35	175	
148	Bill Stacy	4	4	5	6	12	25	80	
149	Fate Echols SP	4	5	6	8	12	30	100	
150	St. Louis Cardinals	4	4	5	6	12	25	120	
151	Billy Kilmer RC	10	12	15	20	35	60	150	
152	John Brodie	6	8	10	12	20	40	350	
153	J.D. Smith RB	4	4	5	6	12	30	120	
154	C.R. Roberts SP	4	5	6	8	12	40	60	
155	Monty Stickles	4	4	5	6	12	30	80	
156	Clyde Conner	4	4	5	6	12	30	80	
157	Bob St.Clair	4	4	5	6	12	30	80	
158	Tommy Davis RC	4	4	5	6	12	40	80	
159	Leo Nomellini	4	5	6	8	15	40	80	
160	Matt Hazeltine	4	4	5	6	20	25	120	
161	Abe Woodson	4	4	5	6	12	25	80	
162	Dave Baker	4	4	5	6	12	30	100	
163	San Francisco 49ers	4	4	5	6	12	30	200	
164	Norm Snead SP RC	10	12	15	20	30	150	▲1,200	
165	Dick James	4	4	5	6	12	80	200	
166	Bobby Mitchell	4	5	6	8	15	40	200	
167	Sam Horner	4	4	5	6	12	25	80	
168	Bill Barnes	4	4	5	6	12	25	80	
169	Bill Anderson	4	4	5	6	12	25	100	
170	Fred Dugan	4	4	5	6	12	25	80	
171	John Aveni SP	4	5	6	8	12	30	100	
172	Bob Toneff	4	4	5	6	12	50	250	
173	Jim Kerr	4	4	5	6	12	100	300	
174	Leroy Jackson SP	4	4	5	8	12	40	150	
175	Washington Redskins	4	4	5	▲20	▲40	▲150	200	
176	Checklist	15	20	40	50	60	125	800	

— Raymond Berry SP #5 PSA 9 (Mint) sold for $2384.76 (Goodwin; 8/12)
— Dick Bielski #43 PSA 9 (Mint) sold for $957.5 (eBay: 7/12)
— Jim Brown #28 PSA 9 (MT) sold for $10,540 (Mastro; 12/06)
— Jim Brown #28 PSA 8.5 (NmMt+) sold for $2,714 (Mile High; 3/09)
— Ronnie Bull #24 PSA 9 (Mint) sold for $1185 (eBay; 11/14)
— Mike Ditka #17 PSA 9 (Mt) sold for $9,132 (eBay; 02/13)
— Bill Forester #73 PSA 9 (MT) sold for $615 (eBay; 1/07)
— Rip Hawkins #98 PSA 9 (MT) sold for $1,459 (Goodwin; 11/09)
— Matt Hazeltine #160 PSA 9 (MT) sold for $1,631 (eBay; 2/14)
— Jim Kerr #173 PSA 9 (Mint) sold for $813.49 (eBay; 8/12)
— Dick Lane #60 PSA 9 (MT) sold for $925 (eBay; 4/07)
— Max Mcgee #67 PSA 9 (MT) sold for $1,240 (eBay; 2/13)
— Hugh McElhenny #92 PSA 9 (MT) sold for $715 (eBay; 9/05)
— Lenny Moore #1 PSA 9 (MT) sold for $635 (eBay; 6/06)
— Johnny Morris #15 PSA 9 (MT) sold for $390 (eBay; 9/05)
— Bernie Parrish #34 PSA 9 (MT) sold for $510 (eBay; 1/06)
— Don Perkins RC #41 PSA 9 (Mint) sold for $890.5 (eBay; 6/12)

1963 Fleer

		GD 2	VG 3	VgEx 4	EX 5	ExMt 6	NM 7	NmMt 8	MT 9
1	Larry Garron RC	4	5	6	20	25	50	400	
2	Babe Parilli	4	5	6	10	20	80		
3	Ron Burton	4	5	5	8	12	20	60	
4	Jim Colclough	4	5	5	6	10	15	150	
5	Gino Cappelletti	4	5	5	8	12	20	60	150
6	Charles Long SP RC	25	35	40	50	60	60	80	450
7	Billy Neighbors RC	4	5	5	6	10	20	50	
8	Dick Felt	4	5	5	6	10	15	30	120
9	Tommy Addison	4	5	5	6	10	15	40	
10	Nick Buoniconti RC	12	20	▲100	▲150	200	250	▲800	1,200
11	Larry Eisenhauer RC	4	5	5	6	10	20	50	200
12	Bill Mathis	4	5	5	6	10	15	40	
13	Lee Grosscup RC	4	5	5	6	10	15	30	120
14	Dick Christy	4	5	5	6	10	15	30	150
15	Don Maynard	6	10	12	18	30	60	100	250
16	Alex Kroll RC	4	5	5	6	10	15	30	150
17	Bob Mischak	4	5	5	6	10	15	30	100
18	Dainard Paulson	4	5	5	6	10	15	40	
19	Lee Riley	4	5	5	6	10	15	30	100
20	Larry Grantham	4	5	5	6	10	15	25	150
21	Hubert Bobo	4	5	5	6	10	15	30	150
22	Nick Mumley	4	5	5	6	10	15	30	150
23	Cookie Gilchrist RC	10	12	15	30	▲80	▲125	200	300
24	Jack Kemp	15	25	30	50	60	80	125	350
25	Wray Carlton	4	5	5	6	10	15	40	100
26	Elbert Dubenion	4	5	5	6	10	15	60	
27	Ernie Warlick RC	4	5	5	6	10	15	30	200
28	Billy Shaw	4	5	5	6	10	15	25	50	150

#	Player	GD 2	VG 3	VgEx 4	EX 5	ExMt 6	NM 7	NmMt 8	MT 9
29	Ken Rice	4	5	5	6	10	15	30	100
30	Booker Edgerson	4	5	5	6	10	15	30	150
31	Ray Abruzzese	4	5	5	6	10	15	30	120
32	Mike Stratton RC	4	5	6	10	15	30	60	150
33	Tom Sestak RC	4	5	5	6	10	▲60	▲80	
34	Charley Tolar	4	5	5	6	10	15	40	
35	Dave Smith RB	4	5	5	6	10	15	40	
36	George Blanda	10	12	15	20	35	50	100	350
37	Billy Cannon	4	5	6	10	15	25	40	300
38	Charlie Hennigan	4	5	5	6	10	15	30	150
39	Bob Talamini RC	4	5	5	6	10	15	30	100
40	Jim Norton	4	5	5	6	10	15	25	120
41	Tony Banfield	4	5	5	6	10	15	50	100
42	Doug Cline	4	5	5	6	10	15	40	
43	Don Floyd	4	5	5	6	10	15	40	150
44	Ed Husmann	4	5	5	6	10	15	40	
45	Curtis McClinton RC	4	5	6	10	15	25	40	200
46	Jack Spikes	4	5	5	6	10	15	30	150
47	Len Dawson RC	50	500	600	800	1,000	1,200	1,600	2,000
48	Abner Haynes	4	5	6	10	15	25	40	200
49	Chris Burford	4	5	5	6	10	15	30	120
50	Fred Arbanas RC	4	5	5	8	12	▲80	▲100	150
51	Johnny Robinson	4	5	5	6	10	15	40	100
52	E.J. Holub	4	5	5	6	10	15	120	150
53	Sherrill Headrick	4	5	5	6	10	15	30	100
54	Mel Branch	4	5	5	6	10	15	30	120
55	Jerry Mays	4	5	5	6	10	15	30	150
56	Cotton Davidson	4	5	5	6	10	15	40	100
57	Clem Daniels RC	4	5	6	10	20	30	50	
58	Bo Roberson RC	4	5	5	6	10	15	40	200
59	Art Powell	4	5	5	8	12	20	30	150
60	Bob Coolbaugh	4	5	5	6	10	15	40	100
61	Wayne Hawkins	4	5	5	6	10	20	40	100
62	Jim Otto	4	6	8	12	18	30	80	
63	Fred Williamson	4	5	6	10	15	25	80	
64	Bob Dougherty SP	20	30	35	60	80	100	150	300
65	Dalva Allen	4	5	5	6	10	15	30	80
66	Chuck McMurtry	4	5	5	6	10	15	60	
67	Gerry McDougall RC	4	5	5	6	10	15	30	100
68	Tobin Rote	4	5	5	6	10	20	40	120
69	Paul Lowe	4	5	5	8	12	20	50	200
70	Keith Lincoln RC	5	8	10	15	25	40	80	250
71	Dave Kocourek	4	5	5	6	10	18	40	150
72	Lance Alworth RC	50	80	100	500	600	1,200	1,500	2,200
73	Ron Mix	4	5	6	10	15	25	100	300
74	Charley McNeil RC	4	5	5	6	10	15	30	150
75	Emil Karas	4	5	5	6	10	15	40	80
76	Ernie Ladd	4	5	6	10	15	25	40	120
77	Earl Faison	4	5	5	6	10	15	30	80
78	Jim Stinnette	4	5	5	6	10	15	30	150
79	Frank Tripucka	4	5	5	8	12	20	35	150
80	Don Stone	4	5	5	6	10	15	30	100
81	Bob Scarpitto	4	5	5	6	10	15	40	
82	Lionel Taylor	4	5	5	8	12	20	40	150
83	Jerry Tarr	4	5	5	6	10	15	30	100
84	Eldon Danenhauer	4	5	5	6	10	15	25	150
85	Goose Gonsoulin	4	5	5	6	10	15	25	100
86	Jim Fraser	4	5	5	6	10	15	30	80
87	Chuck Gavin	4	5	5	6	10	15	30	100
88	Bud McFadin	4	5	6	10	15	25	80	
NNO	Checklist SP	60	100	150	200	250	400	1,200	

— Checklist SP #NNO PSA 9 (Mint) sold for $2,747 (Mile High; 10/09)
— Checklist SP #NNO PSA 9 (Mint) sold for $2,182 (Goodwin; 2/11)
— Earl Faison #77 PSA 10 (Gem Mt) sold for $561 (eBay; 11/14)
— Larry Garron RC #1 PSA 9 (Mint) sold for $1042.03 (eBay; 8/12)
— Ron Mix #73 PSA 10 (Gem Mt) sold for $1,618 (eBay; 6/07)
— Ron Mix #73 PSA 10 (Gem Mt) sold for $1,010 (eBay; 1/06)

1963 Topps

#	Player	GD 2	VG 3	VgEx 4	EX 5	ExMt 6	NM 7	NmMt 8	MT 9
1	Johnny Unitas	20	25	35	▲100	150	▲800	▲3,000	
2	Lenny Moore	4	5	6	10	15	30	100	
3	Jimmy Orr	4	5	5	6	10	40	80	
4	Raymond Berry	4	5	6	10	15	40	60	
5	Jim Parker	4	5	5	8	12	30	50	
6	Alex Sandusky	4	5	5	6	10	15	40	
7	Dick Szymanski RC	4	5	5	6	10	15	40	
8	Gino Marchetti	4	5	5	8	12	20	40	
9	Billy Ray Smith RC	4	5	5	6	10	15	40	
10	Bill Pellington	4	5	5	6	10	30	60	
11	Bob Boyd DB RC	4	5	5	6	10	40	80	
12	Baltimore Colts SP	4	5	5	8	12	40	100	
13	Frank Ryan SP	4	5	5	8	10	60	100	
14	Jim Brown SP	30	40	150	250	500	600	800	6,000
15	Ray Renfro SP	4	5	5	8	10	20	40	
16	Rich Kreitling SP	4	5	5	8	10	15	40	
17	Mike McCormack SP	4	5	5	8	12	40	60	
18	Jim Ray Smith SP	4	5	5	8	10	15	40	
19	Lou Groza SP	4	5	6	10	15	25	120	
20	Bill Glass SP	4	5	5	8	10	15	40	
21	Galen Fiss SP	4	5	5	8	10	40	80	
22	Don Fleming SP RC	4	5	5	8	10	40	150	
23	Bob Gain SP	4	5	5	8	10	40	100	
24	Cleveland Browns SP	4	5	5	8	12	50	200	
25	Milt Plum	4	5	5	6	10	30	80	
26	Dan Lewis	4	5	5	6	10	15	40	
27	Nick Pietrosante	4	5	5	6	10	15	50	
28	Gail Cogdill	4	5	5	6	10	15	40	
29	Harley Sewell	4	5	5	6	10	15	40	
30	Jim Gibbons	4	5	5	6	10	15	40	
31	Carl Brettschneider	4	5	5	6	10	15	40	
32	Dick Lane	4	5	5	8	12	20	40	
33	Yale Lary	4	5	5	8	12	20	40	
34	Roger Brown RC	4	5	5	6	10	15	40	
35	Joe Schmidt	4	5	5	8	12	40	80	
36	Detroit Lions SP	4	5	5	8	12	20	40	
37	Roman Gabriel	4	5	5	8	12	40	100	
38	Zeke Bratkowski	4	5	5	6	10	15	30	
39	Dick Bass	4	5	5	6	10	15	40	
40	Jon Arnett	4	5	5		10	15	40	300
41	Jim Phillips	4	5	5	6	10	15	30	
42	Frank Varrichione	4	5	5	6	10	15	40	
43	Danny Villanueva	4	5	5	6	10	15	40	
44	Deacon Jones RC	8	▲30	▲100	▲125	▲200	▲300	1,000	1,500
45	Lindon Crow	4	5	5	6	10	15	40	
46	Marlin McKeever	4	5	5	6	10	15	30	
47	Ed Meador RC	4	5	5	6	10	40	80	
48	Los Angeles Rams	4	5	5	6	10	15	40	
49	Y.A.Tittle SP	6	10	12	40	50	60	▲400	
50	Del Shofner SP	4	5	5	8	10	15	80	
51	Alex Webster SP	4	5	5	8	10	20	40	
52	Phil King SP	4	5	5	8	10	15	40	
53	Jack Stroud SP	4	5	5	8	10	40	50	
54	Darrell Dess SP	4	5	5	8	10	15	20	
55	Jim Katcavage SP	4	5	5	8	10	15	40	
56	Roosevelt Grier SP	4	5	5	8	12	20	125	250
57	Erich Barnes SP	4	5	5	8	10	15	40	
58	Jim Patton SP	4	5	5	8	10	15	30	150
59	Sam Huff SP	4	5	6	10	▲25	30	120	
60	New York Giants	4	5	5	6	10	15	40	
61	Bill Wade	4	5	5	6	10	40	100	
62	Mike Ditka	10	15	20	▲50	60	100	400	1,000
63	Johnny Morris	4	5	5	6	10	15	40	
64	Roger LeClerc	4	5	5	6	10	15	40	
65	Roger Davis RC	4	5	5	6	10	15	40	
66	Joe Marconi	4	5	5	6	10	15	40	
67	Herman Lee	4	5	5	6	10	15	40	
68	Doug Atkins	4	5	5	8	12	20	40	
69	Joe Fortunato	4	5	5	6	10	15	40	
70	Bill George	4	5	5	8	12	40	50	
71	Richie Petitbon	4	5	5	6	10	40	80	
72	Bears Team SP	4	5	5	20	25	40	80	
73	Eddie LeBaron SP	4	5	5	8	12	▲80	▲100	
74	Don Meredith SP	8	12	15	25	35	75	200	
75	Don Perkins SP	4	5	5	8	12	20	80	
76	Amos Marsh SP	4	5	5	8	10	15	40	
77	Billy Howton SP	4	5	5	8	10	40	150	
78	Andy Cvercko SP	4	5	5	8	10	15	50	
79	Sam Baker SP	4	5	5	8	10	40	80	
80	Jerry Tubbs SP	4	5	5	8	10	20	40	
81	Don Bishop SP	4	5	5	8	10	15	50	
82	Bob Lilly SP RC	35	80	200	250	400	1,000	1,500	
83	Jerry Norton SP	4	5	5	8	10	40	120	
84	Cowboys Team SP	4	5	▲25	▲30	▲40	60	150	350
85	Checklist 1	4	5	6	10	15	30	80	
86	Bart Starr	10	15	20	35	▲150	▲400	▲1,500	
87	Jim Taylor	5	6	8	12	40	60	100	

	GD 2	VG 3	VgEx 4	EX 5	ExMt 6	NM 7	NmMt 8	MT 9
Boyd Dowler	4	5	5	8	12	25	60	
Forrest Gregg	4	5	5	8	12	25	60	400
Fuzzy Thurston	4	5	6	12	20	30	60	
Jim Ringo	4	5	5	8	12	20	50	
Ron Kramer	4	5	5	6	10	15	40	
Hank Jordan	4	5	5	8	12	20	50	
Bill Forester	4	5	5	6	10	15	40	
Willie Wood RC	6	10	12	20	60	100	300	1,000
Ray Nitschke RC	20	▲80	▲100	▲125	200	▲600	▲1,200	4,200
Green Bay Packers	4	5	6	10	20	30	100	
Fran Tarkenton	8	12	▲30	▲40	▲125	▲200	▲800	
Tommy Mason	4	5	5	6	10	15	40	
Mel Triplett	4	5	5	6	10	15	40	
Jerry Reichow	4	5	5	6	10	15	40	
Frank Youso	4	5	5	6	10	15	40	
Hugh McElhenny	4	5	6	8	12	20	50	
Gerald Huth	4	5	5	6	10	15	40	
Ed Sharockman	4	5	5	6	10	15	40	
Rip Hawkins	4	5	5	6	10	15	40	
Jim Marshall RC	5	8	15	20	▲50	▲200	▲500	
Jim Prestel	4	5	5	6	10	15	40	
Minnesota Vikings	4	5	5	6	10	15	40	
Sonny Jurgensen SP	5	8	10	15	25	50	▲600	
Timmy Brown SP RC	4	5	5	8	12	25	100	
Tommy McDonald SP	4	5	6	10	25	40	175	
Clarence Peaks SP	4	5	5	8	10	15	40	
Pete Retzlaff SP	4	5	5	8	10	15	40	
Jim Schrader SP	4	5	5	8	10	15	40	
Jim McCusker SP	4	5	5	8	10	15	40	
Don Burroughs SP	4	5	5	8	10	15	40	
Maxie Baughan SP	4	5	5	8	10	20	40	
Riley Gunnels SP	4	5	5	8	10	15	40	
Jimmy Carr SP	4	5	5	8	10	40	135	
Philadelphia Eagles SP	4	5	5	8	12	20	150	
Ed Brown SP	4	5	5	8	12	60		
John H.Johnson SP	4	5	6	10	15	80	150	
Buddy Dial SP	4	5	5	8	10	40	120	
Bill Red Mack SP	4	5	5	8	10	15	50	
Preston Carpenter SP	4	5	5	8	10	40	100	
Ray Lemek SP	4	5	5	8	10	20	40	
Buzz Nutter SP	4	5	5	8	10	40	150	
Ernie Stautner SP	4	5	6	10	15	50	80	
Lou Michaels SP	4	5	5	8	10	40	135	
Clendon Thomas SP RC	4	5	5	8	10	20	50	
Tom Bettis SP	4	5	5	8	10	40	135	
Pittsburgh Steelers SP	4	5	5	8	12	40	100	
John Brodie	4	5	6	8	12	40	135	
J.D. Smith	4	5	5	6	10	15	30	
Billy Kilmer	4	5	5	8	12	20	40	
Bernie Casey RC	4	5	5	6	10	15	40	
Tommy Davis	4	5	5	6	10	15	40	
Ted Connolly	4	5	5	6	10	15	30	
Bob St.Clair	4	5	5	8	12	20	40	
Abe Woodson	4	5	5	6	10	15	30	100
Matt Hazeltine	4	5	5	6	10	15	40	
Leo Nomellini	4	5	5	8	12	20	40	350
Dan Colchico	4	5	5	6	10	15	40	
San Francisco 49ers SP	4	5	5	8	12	30		
Charlie Johnson RC	4	5	5	8	12	20	40	
John David Crow	4	5	5	6	10	15	40	400
Bobby Joe Conrad	4	5	5	6	10	15	40	
Sonny Randle	4	5	5	6	10	15	25	100
Prentice Gautt	4	5	5	6	10	15	40	
Taz Anderson	4	5	5	6	10	15	30	100
Ernie McMillan RC	4	5	5	6	10	15	40	
Jimmy Hill	4	5	5	6	10	15	40	150
Bill Koman	4	5	5	6	10	15	40	100
Larry Wilson RC	4	5	5	▲50	▲60	▲125	▲200	
Don Owens	4	5	5	6	10	15	40	
St. Louis Cardinals SP	4	5	5	8	12	20	50	
Norm Snead SP	4	5	5	8	▲20	▲25	100	
Bobby Mitchell SP	4	5	6	10	15	60	80	
Bill Barnes SP	4	5	5	8	10	15	40	
Fred Dugan SP	4	5	5	8	10	15	40	
Don Bosseler SP	4	5	5	8	10	15	40	300
John Nisby SP	4	5	5	8	10	15	40	
Riley Mattson SP	4	5	5	8	10	40	100	
Bob Toneff SP	4	5	5	8	10	60	200	
Rod Breedlove SP	4	5	5	8	10	40	150	

	GD 2	VG 3	VgEx 4	EX 5	ExMt 6	NM 7	NmMt 8	MT 9
167 Dick James SP	4	5	5	8	10	40	100	
168 Claude Crabb SP	4	5	5	8	10	50	250	
169 Washington Redskins SP	4	5	5	8	12	40	200	
170 Checklist 2 UER	6	10	12	20	30	50	125	

— Raymond Berry #4 PSA 10 (Gem Mint) sold for $3,235 (eBay:11/13)
— John Brodie #134 PSA 9 (Mint) sold for $1117.89 (eBay: 7/12)
— Mike Ditka #62 PSA 9 (MT) sold for $2,247 (eBay: 12/07)
— Mike Ditka #62 SGC 9 (MT) sold for $1,095 (eBay: 10/09)
— Mike Ditka #62 PSA 9 (MT) sold for $995 (Mile High; 10/09)
— Mike Ditka #62 PSA 9 (Mint) sold for $1,503 (eBay; 60/16)
— Boyd Dowler #88 PSA 9 (Mint) sold for $865.49 (eBay: 4/12)
— Forrest Gregg #89 PSA 9 (MT) sold for $570 (eBay: 2/07)
— Rosey Grier #56 PSA 10 (Gem Mt) sold for $1,194 (Mile High; 10/09)
— Sam Huff #59 PSA 9 (MT) sold for $1,580 (eBay: 4/12)
— Sam Huff SP #59 PSA 9 (Mint) sold for $1580.49 (eBay: 4/12)
— Deacon Jones #44 PSA 9 (MT) sold for $2869 (Mile High; 6/10)
— Deacon Jones #44 PSA 9 (MT) sold for $2,505 (eBay: 4/08)
— Deacon Jones #44 PSA 9 (MT) sold for $2,250 (eBay: 10/11)
— Deacon Jones #44 PSA 9 (MT) sold for $1415 (eBay; 11/14)
— Deacon Jones #44 PSA 9 (MT) sold for $1,312 (eBay; 10/12)
— Deacon Jones #44 PSA 9 (MT) sold for $968 (eBay; 12/12)
— Deacon Jones #44 PSA 9 (MT) sold for $1,216 (eBay; 3/14)
— Sonny Jurgensen #110 PSA 9 (MT) sold for $1,085 (Mastro; 10/06)
— Rich Kreitling #16 PSA 10 (Gem Mint) sold for $1,789 (Memory Lane; Winter 2013)
— Dick Lane #32 PSA 9 (MT) sold for $1230 (eBay; 6/13)
— Dan Lewis #26 PSA 10 (Gem Mt) sold for $1,108 (Mastro; 6/07)
— Bob Lilly #26 PSA 9 (Mt) sold for $7050 (eBay; 11/14)
— Bob Lilly #26 PSA 8.5 (NmMt+) sold for $1,095 (Mile High; 10/09)
— Gino Marchetti #8 PSA 9 (Mint) sold for $1528 (eBay: 11/14)
— Gino Marchetti #8 PSA 9 (Mint) sold for $590.77 (eBay: 7/12)
— Jim Marshall RC #107 PSA 9 (Mint) sold for $767 (eBay: 11/13)
— Riley Mattson SP #164 PSA 9 (Mint) sold for $613.49 (eBay: 7/12)
— Mike McCormack SP #17 PSA 9 (Mint) sold for $901.5 (eBay: 4/12)
— Marlin McKeever #46 PSA 10 (Gem Mint) sold for $1681.5 (eBay: 4/12)
— Minnesota Vikings #109 PSA 9 (Mint) sold for $630 (Bussineau; 4/12)
— Lenny Moore #2 PSA 9 (Mint) sold for $2998 (eBay; 6/13)
— Jim Parker #5 PSA 10 (GemMt) sold for $1033 (eBay; 11/14)
— Jim Ray Smith SP #18 PSA 9 (Mint) sold for $913.5 (eBay: 5/12)
— Ernie Stautner #129 PSA 9 (MT) sold for $1,013 (eBay: 2/10)
— Bart Starr #86 PSA 9 (MT) sold for $1,578 (Mile High; 1/07)
— Fran Tarkenton #98 PSA 9 (Mint) sold for $3750 (Bussineau; 4/12)
— Fuzzy Thurston #90 PSA 9 (Mint) sold for $703.89 (eBay: 6/12)
— Johnny Unitas #1 PSA 9 (MT) sold for $4,340 (Mastro; 4/07)
— Washington Redskins SP #169 PSA 9 (Mint) sold for $902.49 (eBay: 8/12)
— Larry Wilson #551 PSA 9 (MT) sold for $995 (eBay; 5/11)
— Willie Wood #95 PSA 9 (MT) sold for $903 (eBay; 2/10)
— Willie Wood #95 PSA 9 (MT) sold for $961.5 (eBay: 4/12)

1964 Philadelphia

		GD 2	VG 3	VgEx 4	EX 5	ExMt 6	NM 7	NmMt 8	MT 9
1	Raymond Berry	4	5	5	▲20	▲25	▲30	50	100
2	Tom Gilburg	4	5	5	5	8	20	50	
3	John Mackey RC	4	5	▲40	▲50	▲100	150	▲500	1,000
4	Gino Marchetti	4	5	5	8	12	18	40	125
5	Jim Martin	4	5	5	5	8	12	20	120
6	Tom Matte RC	4	5	5	6	10	15	40	120
7	Jimmy Orr	4	5	5	5	8	12	20	80
8	Jim Parker	4	5	5	6	10	15	25	80
9	Bill Pellington	4	5	5	5	8	12	20	80
10	Alex Sandusky	4	5	5	5	8	12	20	80
11	Dick Szymanski	4	5	5	5	8	12	20	80
12	Johnny Unitas	5	10	15	40	80	100	125	500
13	Baltimore Colts Team	4	5	5	5	8	20	60	
14	Colts Play/Don Shula	4	6	8	12	20	35	50	80
15	Doug Atkins	4	5	5	8	12	18	30	100
16	Ronnie Bull	4	5	5	5	8	20	50	100
17	Mike Ditka	4	6	8	20	▲60	▲80	150	400
18	Joe Fortunato	4	5	5	5	8	12	20	60
19	Willie Galimore	4	5	5	5	8	12	20	80
20	Joe Marconi	4	5	5	5	8	12	20	80
21	Bennie McRae RC	4	5	5	5	8	12	20	50
22	Johnny Morris	4	5	5	5	8	12	20	80
23	Richie Petitbon	4	5	5	5	8	12	30	80
24	Mike Pyle	4	5	5	5	8	12	20	80
25	Roosevelt Taylor RC	4	5	5	5	8	12	20	80
26	Bill Wade	4	5	5	5	8	12	20	80
27	Chicago Bears Team	4	5	5	5	8	12	20	80
28	Bears Play/George Halas	4	5	5	8	12	18	30	100

#	Name	GD 2	VG 3	VgEx 4	EX 5	ExMt 6	NM 7	NmMt 8	MT 9
29	Johnny Brewer	4	5	5	5	8	12	20	80
30	Jim Brown	▲50	▲125	▲150	▲200	▲300	400	600	2,000
31	Gary Collins RC	4	5	5	5	8	20	100	
32	Vince Costello	4	5	5	5	8	12	20	60
33	Galen Fiss	4	5	5	5	8	12	40	80
34	Bill Glass	4	5	5	5	8	12	20	60
35	Ernie Green RC	4	5	5	5	8	15	150	250
36	Rich Kreitling	4	5	5	5	8	12	20	
37	John Morrow	4	5	5	5	8	12	20	100
38	Frank Ryan	4	5	5	5	8	12	20	80
39	Charlie Scales RC	4	5	5	5	8	12	20	80
40	Dick Schafrath RC	4	5	5	5	8	12	40	80
41	Cleveland Browns Team	4	5	5	5	8	12	30	100
42	Cleveland Browns Play	4	5	5	5	8	12	20	80
43	Don Bishop	4	5	5	5	8	12	20	80
44	Frank Clarke RC	4	5	5	5	8	12	20	80
45	Mike Connelly	4	5	5	5	8	12	20	80
46	Lee Folkins	4	5	5	5	8	12	20	80
47	Cornell Green RC	4	5	5	5	8	12	40	150
48	Bob Lilly	4	6	8	▲30	▲40	80	100	400
49	Amos Marsh	4	5	5	5	8	12	30	
50	Tommy McDonald	4	5	5	8	12	18	30	400
51	Don Meredith	6	8	10	▲25	▲40	50	150	500
52	Pettis Norman RC	4	5	5	5	8	12	25	200
53	Don Perkins	4	5	5	6	10	15	25	120
54	Guy Reese	4	5	5	5	8	12	25	80
55	Dallas Cowboys Team	4	5	5	5	8	12	50	
56	Cowboys Play/Landry	4	5	5	8	12	20	30	150
57	Terry Barr	4	5	5	5	8	12	20	80
58	Roger Brown	4	5	5	5	8	12	20	60
59	Gail Cogdill	4	5	5	5	8	12	20	80
60	John Gordy	4	5	5	5	8	12	20	60
61	Dick Lane	4	5	5	6	10	15	25	100
62	Yale Lary	4	5	5	6	10	15	25	
63	Dan Lewis	4	5	5	5	8	12	20	50
64	Darris McCord	4	5	5	5	8	12	20	
65	Earl Morrall	4	5	5	5	8	12	20	80
66	Joe Schmidt	4	5	5	8	12	18	50	
67	Pat Studstill RC	4	5	5	5	8	15	30	80
68	Wayne Walker RC	4	5	5	5	8	15	30	100
69	Detroit Lions Team	4	5	5	5	8	12	20	80
70	Detroit Lions Play	4	5	5	5	8	12	20	80
71	Herb Adderley RC	4	6	8	▲40	▲50	▲60	150	▲500
72	Willie Davis DE RC	4	6	8	12	40	80	100	300
73	Forrest Gregg	4	5	5	8	12	30	40	80
74	Paul Hornung	4	6	8	12	20	▲40	80	250
75	Hank Jordan	4	5	5	8	12	18	30	100
76	Jerry Kramer	4	5	5	8	12	18	30	100
77	Tom Moore	4	5	5	5	8	12	20	200
78	Jim Ringo	4	5	5	8	12	18	30	120
79	Bart Starr	8	12	▲50	▲60	▲100	125	250	1,500
80	Jim Taylor	4	5	6	10	15	25	50	200
81	Jesse Whittenton RC	4	5	5	5	8	12	20	80
82	Willie Wood	4	5	5	8	12	18	40	200
83	Green Bay Packers Team	4	5	5	8	12	18	40	300
84	Packers Play/Lombardi	4	6	8	12	20	35	60	200
85	Jon Arnett	4	5	5	5	8	12	25	80
86	Pervis Atkins RC	4	5	5	5	8	12	20	80
87	Dick Bass	4	5	5	5	8	12	20	80
88	Carroll Dale	4	5	5	6	10	15	25	120
89	Roman Gabriel	4	5	5	8	12	18	40	200
90	Ed Meador	4	5	5	5	8	12	20	80
91	Merlin Olsen RC	5	8	12	25	50	100	200	400
92	Jack Pardee RC	4	5	5	6	10	15	25	100
93	Jim Phillips	4	5	5	5	8	12	20	60
94	Carver Shannon	4	5	5	5	8	12	20	50
95	Frank Varrichione	4	5	5	5	8	12	20	60
96	Danny Villanueva	4	5	5	5	8	12	20	50
97	Los Angeles Rams Team	4	5	5	5	8	12	20	80
98	Los Angeles Rams Play	4	5	5	5	8	12	20	60
99	Grady Alderman RC	4	5	5	5	8	12	25	120
100	Larry Bowie	4	5	5	5	8	12	20	
101	Bill Brown RC	4	5	5	6	10	15	40	
102	Paul Flatley RC	4	5	5	5	8	12	20	
103	Rip Hawkins	4	5	5	5	8	12	20	80
104	Jim Marshall	4	5	5	8	12	18	30	200
105	Tommy Mason	4	5	5	5	8	12	20	60
106	Jim Prestel	4	5	5	5	8	12	20	80
107	Jerry Reichow	4	5	5	5	8	12	20	80
108	Ed Sharockman	4	5	5	5	8	12	20	80
109	Fran Tarkenton	4	6	8	12	▲50	▲80	▲100	▲500
110	Mick Tingelhoff RC	4	5	5	6	10	50	80	600
111	Minnesota Vikings Team	4	5	5	5	8	12	25	80
112	Vikings Play/Van Brocklin	4	5	5	5	8	12	20	80
113	Erich Barnes	4	5	5	5	8	12	20	80
114	Roosevelt Brown	4	5	5	6	10	15	25	100
115	Don Chandler	4	5	5	5	8	12	20	80
116	Darrell Dess	4	5	5	5	8	12	20	60
117	Frank Gifford	4	6	8	12	20	35	60	200
118	Dick James	4	5	5	5	8	12	20	80
119	Jim Katcavage	4	5	5	5	8	12	20	80
120	John Lovetere	4	5	5	5	8	12	20	50
121	Dick Lynch RC	4	5	5	5	8	12	20	80
122	Jim Patton	4	5	5	5	8	12	20	80
123	Del Shofner	4	5	5	5	8	12	20	60
124	Y.A.Tittle	4	5	5	8	12	20	50	200
125	New York Giants Team	4	5	5	5	8	12	40	50
126	New York Giants Play	4	5	5	5	8	12	20	80
127	Sam Baker	4	5	5	5	8	12	20	80
128	Maxie Baughan	4	5	5	5	8	12	20	80
129	Timmy Brown	4	5	5	5	8	12	20	80
130	Mike Clark	4	5	5	5	8	12	20	80
131	Irv Cross RC	4	5	5	5	8	12	30	60
132	Ted Dean	4	5	5	5	8	12	20	60
133	Ron Goodwin	4	5	5	5	8	12	20	60
134	King Hill	4	5	5	5	8	12	20	80
135	Clarence Peaks	4	5	5	5	8	12	20	
136	Pete Retzlaff	4	5	5	5	8	12	20	
137	Jim Schrader	4	5	5	5	8	12	60	
138	Norm Snead	4	5	5	5	8	12	20	80
139	Philadelphia Eagles Team	4	5	5	5	8	12	25	80
140	Philadelphia Eagles Play	4	5	5	5	8	12	20	80
141	Gary Ballman RC	4	5	5	5	8	12	20	
142	Charley Bradshaw RC	4	5	5	5	8	12	20	80
143	Ed Brown	4	5	5	5	8	12	20	80
144	John Henry Johnson	4	5	5	6	10	15	25	80
145	Joe Krupa	4	5	5	5	8	12	30	
146	Bill Mack	4	5	5	5	8	12	20	50
147	Lou Michaels	4	5	5	5	8	12	20	50
148	Buzz Nutter	4	5	5	5	8	12	20	50
149	Myron Pottios	4	5	5	5	8	12	20	50
150	John Reger	4	5	5	5	8	12	50	
151	Mike Sandusky	4	5	5	5	8	12	20	80
152	Clendon Thomas	4	5	5	5	8	12	20	
153	Pittsburgh Steelers Team	4	5	5	5	8	12	40	175
154	Pittsburgh Steelers Play	4	5	5	5	8	12	20	40
155	Kermit Alexander RC	4	5	5	5	8	12	20	80
156	Bernie Casey	4	5	5	5	8	12	20	80
157	Dan Colchico	4	5	5	5	8	12	20	80
158	Clyde Conner	4	5	5	5	8	12	20	50
159	Tommy Davis	4	5	5	5	8	12	20	80
160	Matt Hazeltine	4	5	5	5	8	12	20	80
161	Jim Johnson RC	4	5	6	10	15	▲50	▲250	500
162	Don Lisbon RC	4	5	5	5	8	12	20	80
163	Lamar McHan	4	5	5	5	8	12	20	100
164	Bob St.Clair	4	5	5	6	10	15	25	80
165	J.D. Smith	4	5	5	5	8	12	20	100
166	Abe Woodson	4	5	5	5	8	12	20	60
167	San Francisco 49ers Team	4	5	5	5	8	12	20	80
168	San Francisco 49ers Play	4	5	5	5	8	12	20	80
169	Garland Boyette	4	5	5	5	8	12	20	60
170	Bobby Joe Conrad	4	5	5	5	8	12	20	80
171	Bob DeMarco RC	4	5	5	5	8	12	20	80
172	Ken Gray RC	4	5	5	5	8	12	20	80
173	Jimmy Hill	4	5	5	5	8	12	20	80
174	Charlie Johnson	4	5	5	5	8	12	20	50
175	Ernie McMillan	4	5	5	5	8	12	20	80
176	Dale Meinert	4	5	5	5	8	12	20	80
177	Luke Owens	4	5	5	5	8	12	20	80
178	Sonny Randle	4	5	5	5	8	12	20	80
179	Joe Robb	4	5	5	5	8	12	20	80
180	Bill Stacy	4	5	5	5	8	12	20	
181	St. Louis Cardinals Team	4	5	5	5	8	12	20	80
182	St. Louis Cardinals Play	4	5	5	5	8	12	20	50
183	Bill Barnes	4	5	5	5	8	12	40	
184	Don Bosseler	4	5	5	5	8	12	20	60
185	Sam Huff	4	5	5	8	12	18	30	
186	Sonny Jurgensen	4	5	5	▲25	▲30	▲40	50	150

	GD 2	VG 3	VgEx 4	EX 5	ExMt 6	NM 7	NmMt 8	MT 9
Bob Khayat	4	5	5	5	8	12	20	80
Riley Mattson	4	5	5	5	8	12	20	
Bobby Mitchell	4	5	5	8	12	18	30	150
John Nisby	4	5	5	5	8	12	20	80
Vince Promuto	4	5	5	5	8	12	20	80
Joe Rutgens	4	5	5	5	8	12	20	50
Lonnie Sanders	4	5	5	5	8	12	20	
Jim Steffen	4	5	5	5	8	12	20	
Washington Redskins Team	4	5	5	5	8	15	150	
Washington Redskins Play	4	5	5	5	8	12	20	80
Checklist 1	4	5	5	8	15	40	200	
Checklist 2	4	5	6	10	20	60	▲150	

Bobby Mitchell #189 PSA 10 (Gem Mt) sold for $750 (eBay; 12/14)
Mike Ditka #17 PSA 10 (Gem Mt) sold for $3,353 (eBay; 5/11)
Mike Ditka #17 PSA 10 (Gem Mt) sold for $3,080 (Mile High; 1/07)
Paul Hornung #74 PSA 10 (Gem Mt) sold for $2832.2 (Goodwin; 3/12)
Tommy McDonald #50 PSA 10 (Gem Mt) sold for $970 (eBay; 1/06)
Merlin Olson #91 PSA 10 (Gem Mt) sold for $1,625 (eBay; 01/13)

'64 Topps

	GD 2	VG 3	VgEx 4	EX 5	ExMt 6	NM 7	NmMt 8	MT 9
Tommy Addison SP	5	6	8	12	18	▲100	200	
Houston Antwine RC	4	5	5	5	8	12	80	
Nick Buoniconti	4	5	6	10	15	▲50	80	
Ron Burton SP	4	5	5	6	10	▲50	60	120
Gino Cappelletti	4	5	5	5	8	12	40	
Jim Colclough SP	4	5	6	10	15	40	100	
Bob Dee SP	4	5	5	6	10	15	150	
Larry Eisenhauer	4	5	5	5	8	12	30	80
Dick Felt SP	4	5	5	6	10	15	60	
Larry Garron	4	5	5	5	8	12	40	120
Art Graham	4	5	5	5	8	12	40	
Ron Hall DB	4	5	5	5	8	12	30	80
Charles Long	4	5	5	5	8	12	30	
Don McKinnon	4	5	5	5	8	12	30	175
Don Oakes SP	4	5	5	6	10	15	125	
Ross O'Hanley SP	4	5	5	6	10	15	60	225
Babe Parilli SP	4	5	5	6	10	15	40	225
Jesse Richardson SP	4	5	5	6	10	15	100	
Jack Rudolph SP	4	5	5	6	10	15	80	
Don Webb RC	4	5	5	5	8	12	40	250
Boston Patriots Team	4	5	5	6	10	15	40	
Ray Abruzzese	4	5	5	5	8	12	30	80
Stew Barber RC	4	5	5	5	8	12	30	200
Dave Behrman	4	5	5	5	8	12	40	
Al Bemiller	4	5	5	5	8	12	40	150
Elbert Dubenion SP	4	5	5	6	10	▲40	125	
Jim Dunaway SP RC	4	5	5	6	12	30	225	
Booker Edgerson SP	4	5	5	6	10	15	40	
Cookie Gilchrist SP	4	5	6	10	15	40	250	
Jack Kemp SP	12	15	18	30	▲100	▲125	▲200	400
Daryle Lamonica RC	10	12	15	▲60	▲80	▲100	▲200	▲500
Bill Miller	4	5	5	5	8	12	40	80
Herb Paterra RC	4	5	5	5	8	12	40	100
Ken Rice SP	4	5	5	6	10	15	60	120
Ed Rutkowski	4	5	5	5	8	12	40	120
George Saimes RC	4	5	5	5	8	12	30	150
Tom Sestak	4	5	5	5	8	12	30	80
Billy Shaw SP	4	5	5	8	12	20	▲150	
Mike Stratton	4	5	5	5	8	12	40	
Gene Sykes	4	5	5	5	8	12	30	100
John Tracey SP	4	5	5	6	10	15	120	
Sid Youngelman SP	4	5	5	6	10	15	60	120
Buffalo Bills Team	4	5	5	6	10	15	50	
Eldon Danenhauer SP	4	5	5	6	10	15	40	120
Jim Fraser SP	4	5	5	6	10	15	40	150
Chuck Gavin SP	4	5	5	6	10	15	60	
Goose Gonsoulin SP	4	5	5	6	10	15	60	
Ernie Barnes RC	4	5	5	5	8	12	30	80
Tom Janik	4	5	5	5	8	12	25	80
Billy Joe RC	4	5	5	5	8	12	40	100
Ike Lassiter RC	4	5	5	5	8	12	30	80
John McCormick QB SP	4	5	5	6	10	15	40	100
Bud McFadin SP	4	5	5	6	10	15	120	
Gene Mingo SP	4	5	5	6	10	15	60	
Charlie Mitchell	4	5	5	5	8	12	30	80
John Nocera SP	4	5	5	6	10	15	40	150
Tom Nomina	4	5	5	5	8	12	40	80

	GD 2	VG 3	VgEx 4	EX 5	ExMt 6	NM 7	NmMt 8	MT 9
58 Harold Olson SP	4	5	6	10	15	40	150	
59 Bob Scarpitto	4	5	5	5	8	12	40	
60 John Sklopan	4	5	5	5	8	12	30	80
61 Mickey Slaughter	4	5	5	5	8	12	60	
62 Don Stone	4	5	5	5	8	12	40	100
63 Jerry Sturm	4	5	5	5	8	12	40	100
64 Lionel Taylor SP	4	5	5	8	12	20	50	
65 Denver Broncos Team SP	4	5	5	8	12	20	175	
66 Scott Appleton RC	4	5	5	5	8	12	40	250
67 Tony Banfield SP	4	5	5	6	10	15	60	
68 George Blanda SP	12	15	18	30	50	80	▲200	
69 Billy Cannon	4	5	5	6	10	15	60	
70 Doug Cline SP	4	5	5	6	10	15	40	
71 Gary Cutsinger SP	4	5	5	6	10	15	40	
72 Willard Dewveall SP	4	5	5	6	10	15	30	
73 Don Floyd SP	4	5	5	6	10	15	40	
74 Freddy Glick SP	4	5	5	6	10	15	40	100
75 Charlie Hennigan SP	4	5	5	6	10	15	40	
76 Ed Husmann SP	4	5	5	6	10	15	60	
77 Bobby Jancik SP	4	5	5	6	10	15	30	175
78 Jacky Lee SP	4	5	5	6	10	15	30	175
79 Bob McLeod SP	4	5	5	6	10	15	50	
80 Rich Michael SP	4	5	5	6	10	15	60	
81 Larry Onesti RC	4	5	5	5	8	12	40	200
82 Checklist Card 1	5	6	8	15	25	50	80	350
83 Bob Schmidt SP	4	5	5	6	10	15	80	
84 Walt Suggs SP	4	5	5	6	10	15	40	
85 Bob Talamini SP	4	5	5	5	8	12	30	150
86 Charley Tolar SP	4	5	5	6	10	15	100	
87 Don Trull RC	4	5	5	5	8	12	30	120
88 Houston Oilers Team	4	5	5	6	10	15	40	100
89 Fred Arbanas	4	5	5	5	8	12	60	
90 Bobby Bell RC	6	8	▲60	▲80	▲125	▲150	▲400	1,300
91 Mel Branch SP	4	5	5	6	10	15	60	
92 Buck Buchanan RC	6	8	10	15	25	125	▲250	800
93 Ed Budde RC	4	5	5	5	8	12	40	
94 Chris Burford SP	4	5	5	6	10	15	60	
95 Walt Corey RC	4	5	5	5	8	12	40	135
96 Len Dawson SP	12	15	18	30	50	75	300	1,200
97 Dave Grayson RC	4	5	5	6	10	15	50	100
98 Abner Haynes	4	5	5	6	10	15	150	
99 Sherrill Headrick SP	4	5	5	6	10	15	120	
100 E.J. Holub	4	5	5	5	8	15	200	
101 Bobby Hunt RC	4	5	5	5	8	12	40	200
102 Frank Jackson SP	4	5	5	6	10	15	40	100
103 Curtis McClinton	4	5	5	5	8	12	30	100
104 Jerry Mays SP	4	5	5	6	10	15	60	
105 Johnny Robinson SP	4	5	5	8	12	20	150	
106 Jack Spikes SP	4	5	5	6	10	25	120	
107 Smokey Stover SP	4	5	5	6	10	20		
108 Jim Tyrer RC	4	5	5	6	20	50	200	
109 Duane Wood SP	4	5	5	5	8	12	80	250
110 Kansas City Chiefs Team	4	5	5	5	8	12	30	80
111 Dick Christy SP	4	5	5	6	10	20	125	
112 Dan Ficca SP	4	5	5	6	10	15	60	200
113 Larry Grantham	4	5	5	5	8	12	40	
114 Curley Johnson SP	4	5	5	6	10	15	100	
115 Gene Heeter	4	5	5	5	8	12	30	100
116 Jack Klotz	4	5	5	5	8	12	30	120
117 Pete Liske RC	4	5	5	5	8	12	30	80
118 Bob McAdam	4	5	5	5	8	12	30	80
119 Dee Mackey SP	4	5	5	6	10	15	80	125
120 Bill Mathis SP	4	5	5	6	10	15	100	
121 Don Maynard	5	6	8	12	20	35	80	300
122 Dainard Paulson SP	4	5	5	6	10	15	60	
123 Gerry Philbin RC	4	5	5	5	8	12	40	120
124 Mark Smolinski SP	4	5	5	6	10	15	40	
125 Matt Snell RC	4	5	5	8	12	20	80	
126 Mike Taliaferro	4	5	5	5	8	12	40	175
127 Bake Turner SP RC	4	5	5	6	10	15	60	
128 Jeff Ware	4	5	5	5	8	12	40	
129 Clyde Washington	4	5	5	5	8	12	60	
130 Dick Wood RC	4	5	5	5	8	12	30	100
131 New York Jets Team	4	5	5	6	10	15	40	150
132 Dalva Allen SP	4	5	5	6	10	15	100	
133 Dan Birdwell	4	5	5	5	8	12	30	80
134 Dave Costa RC	4	5	5	5	8	12	30	80
135 Dobie Craig	4	5	5	5	8	12	40	
136 Clem Daniels	4	5	5	5	8	12	40	150

		GD 2	VG 3	VgEx 4	EX 5	ExMt 6	NM 7	NmMt 8	MT 9
137	Cotton Davidson SP	4	5	5	6	10	15	▲150	
138	Claude Gibson	4	5	5	5	8	12	40	
139	Tom Flores SP	4	5	6	10	15	40	200	
140	Wayne Hawkins SP	4	5	5	6	10	15	60	
141	Ken Herock	4	5	5	5	8	12	40	
142	Jon Jelacic SP	4	5	5	6	10	15	175	
143	Joe Krakoski	4	5	5	5	8	12	30	80
144	Archie Matsos SP	4	5	5	6	10	15	60	120
145	Mike Mercer	4	5	5	5	8	12	40	
146	Alan Miller SP	4	5	5	6	10	15	60	
147	Bob Mischak SP	4	5	5	6	10	15	60	175
148	Jim Otto SP	5	6	8	12	20	▲60	125	
149	Clancy Osborne SP	4	5	5	6	10	15	60	
150	Art Powell SP	4	5	5	8	12	25		
151	Bo Roberson	4	5	5	5	8	12	40	
152	Fred Williamson SP	6	8	10	15	▲100	▲125	▲400	
153	Oakland Raiders Team	4	5	5	6	10	15	60	
154	Chuck Allen SP RC	4	5	5	5	8	12	40	150
155	Lance Alworth	8	▲25	▲30	▲40	▲100	▲150	▲200	400
156	George Blair	4	5	5	5	8	12	40	200
157	Earl Faison	4	5	5	5	8	12	30	150
158	Sam Gruneisen	4	5	5	5	8	12	40	
159	John Hadl RC	6	8	10	15	30	50	▲100	400
160	Dick Harris SP	4	5	5	6	10	15	40	225
161	Emil Karas SP	4	5	5	6	10	20	75	150
162	Dave Kocourek SP	4	5	5	6	10	20	100	
163	Ernie Ladd	4	5	5	6	10	15	40	
164	Keith Lincoln	4	5	5	5	8	12	50	120
165	Paul Lowe SP	4	5	5	8	12	20	60	
166	Charley McNeil	4	5	5	5	8	12	40	
167	Jacque MacKinnon SP RC	4	5	5	6	10	15	60	
168	Ron Mix SP	4	5	5	8	12	50	200	
169	Don Norton SP	4	5	5	6	10	15	80	
170	Don Rogers SP	4	5	5	6	10	15	150	
171	Tobin Rote SP	4	5	5	6	15	20	60	
172	Henry Schmidt SP RC	4	5	5	6	10	15	120	
173	Bud Whitehead	4	5	5	5	8	12	40	
174	Ernie Wright SP	4	5	5	8	12	40	250	
175	San Diego Chargers Team	4	5	5	8	15	30	100	200
176	Checklist Card 2 SP	12	15	20	35	60	200	300	

— Buck Buchanan #92 PSA 10 (Gem) sold for $7,503 (eBay; 1/15)
— Houston Antwine #2 PSA 9 (MT) sold for $515 (eBay; 10/07)
— Ed Budde #93 PSA 9 (MT) sold for $893 (eBay; 5/09)
— Jim Dunaway #27 PSA 8 (NmMt) sold for $1,029 (eBay; 2/10)
— Goose Gonsoulin SP #47 PSA 9 (MT) sold for $1,028.50 (eBay; 10/13)
— E.J. Holub #100 PSA 9 (MT) sold for $559 (eBay; 9/07)
— Frank Jackson #102 PSA 10 (Gem) sold for $1,477 (Mastro; 2/07)
— Daryle Lamonica RC #31 PSA 10 (Gem Mint) sold for $799.95 (eBay; 6/12)
— Don Norton SP #169 PSA 10 (Gem Mint) sold for $1099 (eBay; 11/14)
— Art Powell SP #150 PSA 8 (NM/MT) sold for $598.88 (eBay; 5/12)
— Jack Rudolph SP #19 PSA 9 (Mint) sold for $524.50 (eBay; 2/14)
— Mickey Slaughter #61 PSA 10 (Gem) sold for $1,365 (eBay; 1/07)
— Jim Tyrer RC #108 PSA 9 (Mint) sold for $1,283 (eBay; 11/13)

1965 Philadelphia

		GD 2	VG 3	VgEx 4	EX 5	ExMt 6	NM 7	NmMt 8	MT 9
1	Baltimore Colts Team	4	4	5	8	12	60	▲400	
2	Raymond Berry	4	4	5	6	10	▲25	100	
3	Bob Boyd DB	4	4	5	5	8	12	35	120
4	Wendell Harris	4	4	5	5	8	12	20	80
5	Jerry Logan	4	4	5	5	8	12	20	50
6	Tony Lorick	4	4	5	5	8	12	20	60
7	Lou Michaels	4	4	5	5	8	12	20	80
8	Lenny Moore	4	4	5	6	10	15	30	
9	Jimmy Orr	4	4	5	5	8	12	20	80
10	Jim Parker	4	4	5	6	10	15	30	
11	Dick Szymanski	4	4	5	5	8	12	20	80
12	Johnny Unitas	8	10	▲40	▲50	▲100	▲125	▲350	400
13	Bob Vogel RC	4	4	5	5	8	12	25	
14	Colts Play/Don Shula	4	4	5	8	12	20	40	
15	Chicago Bears Team	4	4	5	5	8	12	40	
16	Jon Arnett	4	4	5	5	8	12	20	50
17	Doug Atkins	4	4	5	6	10	15	30	80
18	Rudy Bukich RC	4	4	5	5	8	12	20	80
19	Mike Ditka	5	6	8	12	40	▲125	▲150	
20	Dick Evey	4	4	5	5	8	12	20	80
21	Joe Fortunato	4	4	5	5	8	12	20	
22	Bobby Joe Green RC	4	4	5	5	8	12	20	80

		GD 2	VG 3	VgEx 4	EX 5	ExMt 6	NM 7	NmMt 8	MT 9
23	Johnny Morris	4	4	5	5	8	12	50	80
24	Mike Pyle	4	4	5	5	8	12	20	
25	Roosevelt Taylor	4	4	5	5	8	12	20	
26	Bill Wade	4	4	5	5	8	12	20	80
27	Bob Wetoska	4	4	5	5	8	12	20	80
28	Bears Play/George Halas	4	4	5	6	10	15	30	100
29	Cleveland Browns Team	4	4	5	5	8	12	20	
30	Walter Beach	4	4	5	5	8	12	20	100
31	Jim Brown	▲80	▲100	▲125	▲150	200	▲400	▲1,000	1,200
32	Gary Collins	4	4	5	5	8	12	20	80
33	Bill Glass	4	4	5	5	8	12	20	80
34	Ernie Green	4	4	5	5	8	12	20	80
35	Jim Houston RC	4	4	6	12	40	60	200	
36	Dick Modzelewski	4	4	5	5	8	12	25	
37	Bernie Parrish	4	4	5	5	8	12	15	80
38	Walter Roberts	4	4	5	5	8	12	20	80
39	Frank Ryan	4	4	5	5	8	12	20	
40	Dick Schafrath	4	4	5	5	8	12	30	
41	Paul Warfield RC	20	30	50	100	▲200	▲250	600	1,200
42	Cleveland Browns Play	4	4	5	5	8	12	20	80
43	Dallas Cowboys Team	4	4	5	5	8	20	50	
44	Frank Clarke	4	4	5	5	8	12	20	80
45	Mike Connelly	4	4	5	5	8	12	20	80
46	Buddy Dial	4	4	5	5	8	12	20	80
47	Bob Lilly	5	6	8	12	20	50	80	450
48	Tony Liscio RC	4	4	5	5	8	12	20	80
49	Tommy McDonald	4	4	5	6	10	15	30	100
50	Don Meredith	4	5	10	15	20	35	60	200
51	Pettis Norman	4	4	5	5	8	12	20	60
52	Don Perkins	4	4	5	6	10	15	25	80
53	Mel Renfro RC	8	10	15	80	100	▲200	▲500	1,200
54	Jim Ridlon	4	4	5	5	8	12	20	60
55	Jerry Tubbs	4	4	5	5	8	12	20	80
56	Cowboys Play/T.Landry	4	4	5	6	10	15	40	150
57	Detroit Lions Team	4	4	5	5	8	12	20	
58	Terry Barr	4	4	5	5	8	12	20	
59	Roger Brown	4	4	5	5	8	12	20	80
60	Gail Cogdill	4	4	5	5	8	12	20	80
61	Jim Gibbons	4	4	5	5	8	12	20	80
62	John Gordy	4	4	5	5	8	12	20	80
63	Yale Lary	4	4	5	6	10	15	30	100
64	Dick LeBeau RC	6	8	12	20	125	150	▲300	400
65	Earl Morrall	4	4	5	5	8	12	20	60
66	Nick Pietrosante	4	4	5	5	8	12	20	60
67	Pat Studstill	4	4	5	5	8	12	20	80
68	Wayne Walker	4	4	5	5	8	12	20	80
69	Tom Watkins	4	4	5	5	8	12	20	60
70	Detroit Lions Play	4	4	5	5	8	12	20	60
71	Green Bay Packers Team	4	4	5	6	10	15	50	200
72	Herb Adderley	4	4	5	6	10	15	40	
73	Willie Davis DE	4	4	5	6	10	20	40	
74	Boyd Dowler	4	4	5	6	10	15	25	80
75	Forrest Gregg	4	4	5	6	10	15	60	
76	Paul Hornung	5	6	8	12	30	80	100	200
77	Hank Jordan	4	4	5	6	10	15	50	
78	Tom Moore	4	4	5	5	8	12	40	80
79	Ray Nitschke	4	5	6	10	20	▲80	150	
80	Elijah Pitts RC	4	4	5	6	10	15	30	100
81	Bart Starr	8	10	15	40	50	125	▲300	600
82	Jim Taylor	4	5	6	10	15	25	125	300
83	Willie Wood	4	4	6	6	10	15	30	150
84	Packers Play/Lombardi	4	5	6	10	15	25	80	150
85	Los Angeles Rams Team	4	4	5	5	8	12	20	80
86	Dick Bass	4	4	5	5	8	12	20	80
87	Roman Gabriel	4	4	5	6	10	15	30	150
88	Roosevelt Grier	4	4	5	6	10	15	30	80
89	Deacon Jones	4	4	5	6	10	15	40	
90	Lamar Lundy RC	4	4	5	6	10	15	30	80
91	Marlin McKeever	4	4	5	5	8	12	20	50
92	Ed Meador	4	4	5	5	8	12	20	50
93	Bill Munson RC	4	4	5	6	10	15	20	80
94	Merlin Olsen	4	4	5	6	10	15	40	120
95	Bobby Smith	4	4	5	5	8	12	20	50
96	Frank Varrichione	4	4	5	5	8	12	20	50
97	Ben Wilson	4	4	5	5	8	12	20	80
98	Los Angeles Rams Play	4	4	5	5	8	12	20	
99	Minnesota Vikings Team	4	4	5	5	8	12	20	
100	Grady Alderman	4	4	5	5	8	12	20	60
101	Hal Bedsole RC	4	4	5	5	8	12	20	50

	GD 2	VG 3	VgEx 4	EX 5	ExMt 6	NM 7	NmMt 8	MT 9
Bill Brown	4	4	5	5	8	12	20	80
Bill Butler	4	4	5	5	8	12	20	80
Fred Cox RC	4	4	5	5	8	12	20	100
Carl Eller RC	▲12	▲15	▲20	▲40	▲60	▲100	200	400
Paul Flatley	4	4	5	5	8	12	20	50
Jim Marshall	4	4	5	6	10	15	50	
Tommy Mason	4	4	5	5	8	12	20	125
George Rose	4	4	5	5	8	12	20	80
Fran Tarkenton	4	5	6	10	▲50	60	125	
Mick Tingelhoff	4	4	5	5	8	12	20	
Vikings Play/Van Brock.	4	4	5	6	10	15	60	
New York Giants Team	4	4	5	5	8	12	20	
Erich Barnes	4	4	5	5	8	15	150	
Roosevelt Brown	4	4	5	6	10	15	40	
Clarence Childs	4	4	5	5	8	12	20	50
Jerry Hillebrand	4	4	5	5	8	12	20	
Greg Larson RC	4	4	5	5	8	12	20	60
Dick Lynch	4	4	5	5	8	12	20	80
Joe Morrison RC	4	4	5	6	10	15	25	60
Lou Slaby	4	4	5	5	8	12	20	80
Aaron Thomas RC	4	4	5	5	8	12	20	
Steve Thurlow	4	4	5	5	8	12	20	
Ernie Wheelwright RC	4	4	5	5	8	12	20	80
Gary Wood RC	4	4	5	5	8	12	20	80
New York Giants Play	4	4	5	5	8	12	20	
Philadelphia Eagles Team	4	4	5	5	8	15	40	
Sam Baker	4	4	5	5	8	15	120	
Maxie Baughan	4	4	5	5	8	12	20	80
Timmy Brown	4	4	5	5	8	12	20	80
Jack Concannon RC	4	4	5	5	8	12	20	50
Irv Cross	4	4	5	5	8	12	20	
Earl Gros	4	4	5	5	8	12	20	50
Dave Lloyd	4	4	5	5	8	12	20	
Floyd Peters RC	4	4	5	5	8	12	20	80
Nate Ramsey	4	4	5	5	8	12	20	80
Pete Retzlaff	4	4	5	5	8	12	20	80
Jim Ringo	4	4	5	6	10	15	40	
Norm Snead	4	4	5	6	10	15	40	60
Philadelphia Eagles Play	4	4	5	5	8	12	20	80
Pittsburgh Steelers Team	4	4	5	5	8	12	40	80
John Baker	4	4	5	5	8	12	20	
Gary Ballman	4	4	5	5	8	12	20	80
Charley Bradshaw	4	4	5	5	8	12	20	80
Ed Brown	4	4	5	5	8	12	20	
Dick Haley	4	4	5	5	8	15	80	120
John Henry Johnson	4	4	5	6	10	15	40	
Brady Keys	4	4	5	5	8	12	20	50
Ray Lemek	4	4	5	5	8	12	20	80
Ben McGee	4	4	5	5	8	12	20	50
Clarence Peaks UER	4	4	5	5	8	12	20	50
Myron Pottios	4	4	5	5	8	12	20	80
Clendon Thomas	4	4	5	5	8	12	20	50
Pittsburgh Steelers Play	4	4	5	5	8	12	20	
St. Louis Cardinals Team	4	4	5	5	8	12	20	
Jim Bakken RC	4	4	5	5	8	15	50	100
Joe Childress	4	4	5	5	8	12	20	
Bobby Joe Conrad	4	4	5	5	8	12	20	
Bob DeMarco	4	4	5	5	8	12	20	80
Pat Fischer RC	4	4	5	6	10	15	50	
Irv Goode	4	4	5	5	8	12	15	60
Ken Gray	4	4	5	5	8	12	20	80
Charlie Johnson	4	4	5	5	8	12	20	60
Bill Koman	4	4	5	5	8	12	20	
Dale Meinert	4	4	5	5	8	12	20	60
Jerry Stovall RC	4	4	5	5	8	12	20	60
Abe Woodson	4	4	5	5	8	12	20	60
St. Louis Cardinals Play	4	4	5	5	8	12	20	80
San Francisco 49ers Team	4	4	5	5	8	12	30	80
Kermit Alexander	4	4	5	5	8	12	20	80
John Brodie	4	4	5	6	10	▲20	30	150
Bernie Casey	4	4	5	5	8	12	20	
John David Crow	4	4	5	5	8	12	20	60
Tommy Davis	4	4	5	5	8	12	20	80
Matt Hazeltine	4	4	5	5	8	12	20	80
Jim Johnson	4	4	5	6	10	15	30	100
Charlie Krueger RC	4	4	5	5	8	12	20	80
Roland Lakes	4	4	5	5	8	12	20	60
George Mira RC	4	4	5	5	8	12	20	80
Dave Parks RC	4	4	5	5	8	12	20	80

	GD 2	VG 3	VgEx 4	EX 5	ExMt 6	NM 7	NmMt 8	MT 9
181 John Thomas RC	4	4	5	5	8	12	20	80
182 49ers Play/Christiansen	4	4	5	5	8	12	20	80
183 Washington Redskins Team	4	4	5	5	8	12	20	80
184 Pervis Atkins	4	4	5	5	8	12	20	
185 Preston Carpenter	4	4	5	5	8	12	20	80
186 Angelo Coia	4	4	5	5	8	12	20	80
187 Sam Huff	4	4	5	6	10	15	60	125
188 Sonny Jurgensen	4	4	5	6	10	15	60	
189 Paul Krause RC	6	6	10	15	30	125	300	800
190 Jim Martin	4	4	5	5	8	12	20	
191 Bobby Mitchell	4	4	5	6	10	15	30	80
192 John Nisby	4	4	5	5	8	12	20	
193 John Paluck	4	4	5	5	8	12	20	80
194 Vince Promuto	4	4	5	5	8	12	20	80
195 Charley Taylor RC	6	8	10	25	40	100	▲400	800
196 Washington Redskins Play	4	4	5	5	8	15	40	
197 Checklist 1	4	5	6	10	15	30	60	150
198 Checklist 2	6	8	10	15	25	60	120	

— Raymond Berry #2 PSA 9 (MT) sold for $488 (eBay; 1/08)
— Carl Eller #105 PSA 10 (Gem Mt) sold for $8,284 (Mile High; 6/10)
— Deacon Jones #89 PSA 9 (MT) sold for $465 (eBay; 6/06)
— Tommy Mason #108 PSA 10 (Gem) sold for $795 (eBay; 2/07)
— Ray Nitschke #79 PSA 9 (MT) sold for $525 (eBay; 1/08)
— Fran Tarkenton #110 PSA 9 (MT) sold for $1,228 (eBay; 9/09)
— Fran Tarkenton #110 PSA 9 (Mint) sold for $420 (Bussineau; 4/12)
— Charley Taylor #195 PSA 10 (Gem Mt) sold for $8,284 (Mile High; 10/09)
— Paul Warfield #41 PSA 10 (Gem Mt) sold for $11,027 (Mile High; 6/10)

1965 Topps

	GD 2	VG 3	VgEx 4	EX 5	ExMt 6	NM 7	NmMt 8	MT 9
1 Tommy Addison SP	6	8	10	15	▲30	60	400	
2 Houston Antwine SP	▲12	▲15	▲50	▲80	▲30	▲300	▲400	
3 Nick Buoniconti SP	6	8	10	▲30	▲40	80	500	
4 Ron Burton SP	6	8	10	15	25	80	250	
5 Gino Cappelletti SP	6	8	10	15	40	▲100	200	
6 Jim Colclough	5	5	6	8	50	100		
7 Bob Dee SP	5	6	8	12	20	30	60	
8 Larry Eisenhauer	5	5	6	8	15	30	60	
9 J.D. Garrett	5	5	6	8	15	25	60	
10 Larry Garron	5	5	6	8	15	25	80	
11 Art Graham SP	5	6	8	12	20	▲100	60	
12 Ron Hall DB	5	5	6	8	15	25	125	250
13 Charles Long	5	5	6	8	15	25	50	
14 Jon Morris RC	5	5	6	8	15	25	50	
15 Billy Neighbors SP	5	6	8	12	20	▲50	60	
16 Ross O'Hanley	5	5	6	8	15	25	100	
17 Babe Parilli SP	6	8	10	15	25	35	150	
18 Tony Romeo SP	5	6	8	12	▲25	▲40	▲80	
19 Jack Rudolph SP	5	6	8	12	20	30	60	
20 Bob Schmidt	5	5	6	8	15	25	60	
21 Don Webb SP	5	6	8	12	20	▲60	▲80	
22 Jim Whalen SP	5	6	8	12	20	30	80	
23 Stew Barber	5	5	6	8	15	60	400	
24 Glenn Bass SP	5	6	8	12	20	30	60	
25 Al Bemiller SP	5	6	8	12	▲30	▲80	▲100	
26 Wray Carlton SP	5	6	8	12	30	40	100	
27 Tom Day	5	5	6	8	15	30	80	
28 Elbert Dubenion SP	5	6	8	12	20	▲100	▲125	
29 Jim Dunaway	5	5	6	8	15	25	60	
30 Pete Gogolak SP RC	6	8	10	15	30	40	150	
31 Dick Hudson SP	5	6	8	12	20	30	60	
32 Harry Jacobs SP	5	6	8	12	20	30	60	
33 Billy Joe SP	5	6	8	12	20	30	100	
34 Tom Keating SP RC	5	6	8	12	20	40	250	
35 Jack Kemp SP	20	25	40	▲80	▲100	▲150	250	
36 Daryle Lamonica SP	8	10	12	20	▲80	▲100	▲600	
37 Paul Maguire SP	6	8	10	15	25	▲80	150	
38 Ron McDole SP RC	5	6	8	12	20	30	100	
39 George Saimes SP	5	6	8	12	20	30	150	
40 Tom Sestak SP	5	6	8	12	20	30	60	
41 Billy Shaw SP	6	8	10	15	25	100	200	
42 Mike Stratton SP	5	6	8	12	20	30	80	300
43 John Tracey SP	5	6	8	12	20	30	60	
44 Ernie Warlick	5	5	6	8	15	25	50	300
45 Odell Barry	5	5	6	8	15	60		
46 Willie Brown SP RC	20	25	30	100	250	▲800	▲1,600	
47 Gerry Bussell SP	5	6	8	12	20	30	100	
48 Eldon Danenhauer SP	5	6	8	12	20	30	60	

#	Name	GD 2	VG 3	VgEx 4	EX 5	ExMt 6	NM 7	NmMt 8	MT 9
49	Al Denson SP	5	6	8	12	20	30	150	
50	Hewritt Dixon SP RC	5	6	8	12	20	30	200	
51	Cookie Gilchrist SP	6	8	10	15	25	60	120	
52	Goose Gonsoulin SP	5	6	8	12	20	30	100	
53	Abner Haynes SP	6	8	10	15	25	35	100	
54	Jerry Hopkins	5	5	6	8	15	60	200	
55	Ray Jacobs SP	5	6	8	12	20	30	60	
56	Jacky Lee SP	5	6	8	20	25	40	200	
57	John McCormick QB	5	5	6	8	15	25	50	
58	Bob McCullough SP	5	6	8	12	20	30	120	
59	John McGeever	5	5	6	8	15	25	50	
60	Charlie Mitchell SP	5	6	8	12	20	30	50	
61	Jim Perkins SP	5	6	8	12	20	30	100	
62	Bob Scarpitto SP	5	6	8	12	20	30	100	
63	Mickey Slaughter SP	5	6	8	12	20	30	100	
64	Jerry Sturm SP	5	6	8	12	20	30	200	
65	Lionel Taylor SP	6	8	10	15	25	40	100	300
66	Scott Appleton SP	5	6	8	12	20	30	60	300
67	Johnny Baker SP	5	6	8	12	20	30	60	
68	Sonny Bishop SP	5	6	8	12	20	30	80	
69	George Blanda SP	15	20	25	40	100	125	400	
70	Sid Blanks SP	5	6	8	12	15	30	60	
71	Ode Burrell SP	5	6	8	12	20	30	80	
72	Doug Cline SP	5	6	8	12	20	25	40	250
73	Willard Dewveall	5	5	6	8	15	25	80	300
74	Larry Elkins RC	5	5	6	8	15	25	50	
75	Don Floyd SP	5	6	8	12	20	30	60	
76	Freddy Glick	5	5	6	8	15	25	50	
77	Tom Goode SP	5	6	8	12	20	30	60	
78	Charlie Hennigan SP	6	8	10	15	25	▲50	100	
79	Ed Husmann	5	5	6	8	15	25	50	
80	Bobby Jancik SP	5	6	8	12	20	30	60	
81	Bud McFadin SP	5	6	▲20	▲25	▲30	▲50	▲125	
82	Bob McLeod SP	5	6	8	12	20	30	80	400
83	Jim Norton SP	5	6	8	12	20	30	400	
84	Walt Suggs	5	5	6	8	15	25	60	
85	Bob Talamini	5	5	6	8	15	25	50	
86	Charley Tolar SP	5	6	8	12	20	30	60	250
87	Checklist SP	20	25	35	60	150	▲400	▲500	
88	Don Trull SP	5	6	8	12	20	30	80	
89	Fred Arbanas SP	5	6	8	12	20	50	120	
90	Pete Beathard SP RC	5	6	8	12	20	80	200	
91	Bobby Bell SP	6	8	10	15	25	50	120	
92	Mel Branch SP	5	6	8	12	15	30	80	
93	Tommy Brooker SP	5	6	8	12	20	30	60	
94	Buck Buchanan SP	6	8	10	15	▲60	120		
95	Ed Budde SP	5	6	8	12	20	30	60	
96	Chris Burford SP	5	6	8	12	20	50	120	
97	Walt Corey	5	5	6	8	15	25	50	
98	Jerry Cornelison	5	5	6	8	15	25	50	200
99	Len Dawson SP	▲30	▲40	▲125	▲150	▲200	▲250	▲600	
100	Jon Gilliam SP	5	6	8	12	20	30	60	
101	Sherrill Headrick SP	5	6	8	12	20	30	150	
102	Dave Hill SP	5	6	8	12	20	30	60	
103	E.J. Holub SP	5	6	8	12	20	30	60	
104	Bobby Hunt SP	5	6	8	12	15	40	80	
105	Frank Jackson SP	5	6	8	12	20	30	300	
106	Jerry Mays SP	5	5	6	8	15	25	▲60	
107	Curtis McClinton SP	5	6	8	12	20	30	60	
108	Bobby Ply SP	5	6	8	12	15	30	60	
109	Johnny Robinson SP	5	6	8	12	▲40	▲50	100	
110	Jim Tyrer SP	5	6	8	12	20	30	80	400
111	Bill Baird SP	5	6	8	12	20	30	60	
112	Ralph Baker SP RC	5	6	8	12	20	30	100	400
113	Sam DeLuca SP	5	6	8	12	20	30	50	
114	Larry Grantham SP	5	6	8	12	20	30	60	
115	Gene Heeter SP	5	6	8	12	20	30	▲100	
116	Winston Hill SP RC	6	8	10	15	25	40	▲800	
117	John Huarte SP RC	6	8	10	15	25	▲150	▲250	
118	Cosmo Iacavazzi SP	5	6	8	12	20	30	60	
119	Curley Johnson SP	5	6	8	12	20	30	60	
120	Dee Mackey	5	5	6	8	15	50	80	300
121	Don Maynard	8	10	12	40	80	▲150	▲400	
122	Joe Namath SP RC	▲2,500	3,000	4,000	6,000	8,000	10,000	60,000	
123	Dainard Paulson	5	5	6	8	15	25	50	
124	Gerry Philbin SP	5	6	8	12	20	▲80	▲100	
125	Sherman Plunkett SP RC	5	6	8	▲30	▲40	▲50	80	
126	Mark Smolinski	5	5	6	8	15	25	50	300
127	Matt Snell SP	6	8	20	25	30	40	100	600
128	Mike Taliaferro SP	5	6	8	20	25	40	60	350
129	Bake Turner SP	5	6	8	12	20	30	150	
130	Clyde Washington SP	5	6	8	20	25	30	60	
131	Verlon Biggs SP RC	5	6	8	12	20	40	100	
132	Dalva Allen	5	5	6	8	15	35	200	
133	Fred Biletnikoff SP RC	▲200	▲250	▲400	500	600	1,000	1,200	10,000
134	Billy Cannon SP	6	8	10	15	25	50	150	
135	Dave Costa SP	5	6	8	12	20	100	▲800	
136	Clem Daniels SP	5	6	8	12	30	100	200	
137	Ben Davidson SP RC	10	12	20	50	50	125	400	
138	Cotton Davidson SP	5	6	8	12	20	▲200	▲250	
139	Tom Flores SP	6	8	10	15	▲60	▲80	100	
140	Claude Gibson	5	5	6	8	15	25	50	
141	Wayne Hawkins	5	6	8	12	35	50	300	
142	Archie Matsos SP	5	6	8	12	20	30	60	
143	Mike Mercer SP	5	6	8	12	▲30	▲40	80	
144	Bob Mischak SP	5	6	8	12	20	30	▲150	
145	Jim Otto SP	▲12	▲15	▲25	▲40	▲80	▲100	▲400	
146	Art Powell	5	5	6	8	▲30	50	120	
147	Warren Powers DB SP	5	6	8	12	20	80	100	
148	Ken Rice SP	5	6	8	12	▲40	▲100	175	
149	Bo Roberson SP	5	6	8	12	20	30	200	
150	Harry Schuh RC	5	5	6	8	15	25	50	
151	Larry Todd SP	5	6	8	12	25	35	80	350
152	Fred Williamson SP	6	8	10	15	▲40	▲50	120	
153	J.R. Williamson	5	5	6	8	15	25	50	
154	Chuck Allen	5	5	6	8	15	40	60	
155	Lance Alworth	12	15	▲30	▲80	▲100	125	▲400	
156	Frank Buncom	5	5	6	8	15	25	50	
157	Steve DeLong SP RC	5	6	8	12	20	30	▲80	
158	Earl Faison SP	5	6	8	12	20	40	80	
159	Kenny Graham SP	5	6	8	12	20	30	60	
160	George Gross SP	5	6	8	12	20	30	60	
161	John Hadl SP	6	8	12	20	35	60	200	
162	Emil Karas SP	5	6	8	12	20	30	60	
163	Dave Kocourek SP	5	6	8	12	20	▲40	150	
164	Ernie Ladd SP	6	8	10	15	▲40	50	150	
165	Keith Lincoln SP	6	8	10	15	25	40	100	
166	Paul Lowe SP	6	8	10	15	25	35	100	
167	Jacque MacKinnon	5	5	6	8	15	25	50	
168	Ron Mix	6	8	10	15	25	40	100	
169	Don Norton SP	5	6	8	12	20	40	60	
170	Bob Petrich	5	5	6	8	15	25	50	
171	Rick Redman SP	5	6	8	12	20	▲50	60	250
172	Pat Shea	5	5	6	8	15	30	60	
173	Walt Sweeney SP RC	5	6	8	12	20	50	150	
174	Dick Westmoreland RC	5	5	6	10	30	80	500	
175	Ernie Wright SP	6	8	10	15	25	60	150	
176	Checklist SP	30	40	60	150	200	300	600	

— Tommy Addison #1 PSA 9 (MT) sold for $1,735 (Memory Lane; 4/07)
— Willie Brown #46 PSA 9 (MT) sold for $3215 (eBay; 11/14)
— Checklist #87 PSA 9 (MT) sold for $1,485 (Mile High; 3/09)
— Clem Daniels #136 PSA 9 (MT) sold for $2,555 (eBay; 11/08)
— Sam DeLuca SP #113 PSA 9 (Mint) sold for $500.89 (eBay; 8/12)
— Tom Keating SP RC #34 PSA 9 (Mint) sold for $1042 (eBay; 8/12)
— Joe Namath #122 PSA 8.5 (NmMT+) sold for $15,000 (eBay; 1/14)
— Billy Shaw #41 PSA 9 (MT) sold for $1,004 (eBay; 10/08)
— Jim Whalen SP #22 PSA 9 (Mint) sold for $414.89 (eBay; 8/12)

1966 Philadelphia

#	Name	GD 2	VG 3	VgEx 4	EX 5	ExMt 6	NM 7	NmMt 8	MT 9
1	Atlanta Falcons Logo	4	6	6	8	12	20	50	
2	Larry Benz	4	5	5	5	12	30		
3	Dennis Claridge	4	5	5	5	8	15	50	
4	Perry Lee Dunn	4	5	5	5	8	15	50	
5	Dan Grimm	4	5	5	5	8	15	50	
6	Alex Hawkins	4	5	5	5	8	15	40	
7	Ralph Heck	4	5	5	5	8	15	50	
8	Frank Lasky	4	5	5	5	8	15	50	
9	Guy Reese	4	5	5	5	8	15	50	
10	Bob Richards	4	5	5	5	8	15	50	
11	Ron Smith RC	4	5	5	5	8	15	50	
12	Ernie Wheelwright	4	5	5	5	8	15	30	
13	Atlanta Falcons Roster	4	5	5	5	8	15	50	
14	Baltimore Colts Team	4	5	5	5	8	15	50	
15	Raymond Berry	4	5	5	6	10	15	50	200
16	Bob Boyd DB	4	5	5	5	8	12	50	60
17	Jerry Logan	4	5	5	5	8	12	50	80

	GD 2	VG 3	VgEx 4	EX 5	ExMt 6	NM 7	NmMt 8	MT 9
John Mackey	4	5	5	6	10	15	50	
Tom Matte	4	5	5	5	8	15	60	
Lou Michaels	4	5	5	5	8	15	50	
Lenny Moore	4	5	5	6	12	20	50	
Jimmy Orr	4	5	5	5	8	15	50	
Jim Parker	4	5	5	5	8	15	50	
Johnny Unitas	12	15	20	25	50	250	300	
Bob Vogel	4	5	5	5	8	15	50	
Colts Play/Moore/Parker	4	5	5	5	8	15	50	
Chicago Bears Team	4	5	5	5	8	12	25	80
Doug Atkins	4	5	5	5	8	15	50	
Rudy Bukich	4	5	5	5	8	15	50	
Ronnie Bull	4	5	5	5	8	15	50	
Dick Butkus RC	▲150	▲250	400	500	800	1,000	2,000	
Mike Ditka	8	12	▲20	▲40	▲50	100	200	400
Joe Fortunato	4	5	5	5	8	15	50	
Bobby Joe Green	4	5	5	5	8	15	50	
Roger LeClerc	4	5	5	5	10	25	100	
Johnny Morris	4	5	5	5	8	15	50	
Mike Pyle	4	5	5	5	8	15	50	
Gale Sayers RC	80	100	150	250	250	500	1,000	3,000
Bears Play/G.Sayers	8	10	12	15	25	▲200	▲300	300
Cleveland Browns Team	4	5	5	5	8	15	80	
Jim Brown	▲30	▲50	▲150	▲250	▲300	▲400	600	800
Gary Collins	4	5	5	5	8	15	50	
Ross Fichtner	4	5	5	5	8	15	60	
Ernie Green	4	5	5	5	8	15	50	80
Gene Hickerson RC	8	10	12	15	▲40	▲50	▲150	
Jim Houston	4	5	5	5	8	15	50	
John Morrow	4	5	5	5	8	15	50	100
Walter Roberts	4	5	5	5	8	15	50	
Frank Ryan	4	5	5	5	8	15	50	
Dick Schafrath	4	5	5	5	8	15	50	
Paul Wiggin RC	4	5	5	5	8	12	25	100
Cleveland Browns Play	4	5	5	5	8	15	50	
Dallas Cowboys Team	4	5	5	5	8	15	100	
George Andrie RC	4	5	5	6	10	20	120	
Frank Clarke	4	5	5	5	8	15	50	
Mike Connelly	4	5	5	5	8	15	50	
Cornell Green	4	5	5	5	15	40		
Bob Hayes RC	▲30	▲40	▲80	▲150	▲250	▲400	▲1,000	
Chuck Howley RC	6	8	10	20	▲100	150	▲600	
Bob Lilly	5	6	6	8	12	20	▲100	
Don Meredith	6	8	8	10	▲40	50	▲200	
Don Perkins	4	5	5	5	15	50		
Mel Renfro	5	6	6	8	12	40	50	
Danny Villanueva	4	5	5	5	8	15	50	
Dallas Cowboys Play	4	5	5	5	8	12	25	80
Detroit Lions Team	4	5	5	5	8	15	50	
Roger Brown	4	5	5	5	8	15	50	
John Gordy	4	5	5	5	15	40		
Alex Karras	5	6	6	8	12	30	▲80	200
Dick LeBeau	4	5	5	5	8	15	50	
Amos Marsh	4	5	5	5	8	15	50	
Milt Plum	4	5	5	5	8	12	25	80
Bobby Smith	4	5	5	5	8	15	50	
Wayne Rasmussen	4	5	5	5	8	15	50	
Pat Studstill	4	5	5	5	8	15	50	
Wayne Walker	4	5	5	5	8	15	30	
Tom Watkins	4	5	5	5	8	15	30	
Detroit Lions Play	4	5	5	5	8	15	30	
Green Bay Packers Team	4	5	5	6	10	20	50	
Herb Adderley	4	5	5	6	10	15	30	300
Lee Roy Caffey RC	4	5	5	5	8	15	60	
Don Chandler	4	5	5	5	8	15	80	
Willie Davis DE	4	5	5	6	10	25	60	
Boyd Dowler	4	5	5	5	8	20	50	
Forrest Gregg	4	5	5	5	8	15	50	
Tom Moore	4	5	5	5	8	15	50	
Ray Nitschke	5	6	6	8	12	40	150	
Bart Starr	10	12	▲30	▲40	▲80	100	300	800
Jim Taylor	5	6	6	8	▲20	▲40	100	
Willie Wood	4	5	5	6	10	15	50	
Green Bay Packers Play	4	5	5	5	8	20	50	
Los Angeles Rams Team	4	5	5	5	8	15	50	
Willie Brown WR	4	5	5	5	8	15	50	
R.Gabriel/D.Bass	4	5	5	5	8	15	50	
Bruce Gossett RC	4	5	5	5	8	15	50	
Deacon Jones	4	5	5	6	10	15	40	100

		GD 2	VG 3	VgEx 4	EX 5	ExMt 6	NM 7	NmMt 8	MT 9
97	Tommy McDonald	4	5	5	5	8	12	30	80
98	Marlin McKeever	4	5	5	5	8	15	50	
99	Aaron Martin	4	5	5	5	8	15	50	
100	Ed Meador	4	5	5	5	8	15	50	
101	Bill Munson	4	5	5	5	8	12	25	80
102	Merlin Olsen	4	5	5	6	10	15	40	150
103	Jim Stiger	4	5	5	5	8	12	25	80
104	Rams Play/W.Brown	4	5	5	5	8	15	30	
105	Minnesota Vikings Team	4	5	5	5	8	15	50	
106	Grady Alderman	4	5	5	5	8	15	50	
107	Bill Brown	4	5	5	5	8	12	25	100
108	Fred Cox	4	5	5	5	8	15	60	
109	Paul Flatley	4	5	5	5	8	15	50	
110	Rip Hawkins	4	5	5	5	8	15	30	
111	Tommy Mason	4	5	5	5	15	40		
112	Ed Sharockman	4	5	5	5	8	15	50	
113	Gordon Smith	4	5	5	5	8	15	50	
114	Fran Tarkenton	6	8	10	12	▲30	▲150	▲500	
115	Mick Tingelhoff	4	5	5	5	8	15	120	
116	Bobby Walden RC	4	5	5	5	8	15	40	
117	Minnesota Vikings Play	4	5	5	5	8	15	50	
118	New York Giants Team	4	5	5	5	8	12	25	60
119	Roosevelt Brown	4	5	5	5	8	12	25	80
120	Henry Carr RC	4	5	5	6	12	30	80	
121	Clarence Childs	4	5	5	5	8	15	30	
122	Tucker Frederickson RC	4	5	5	5	8	15	50	
123	Jerry Hillebrand	4	5	5	5	8	15	50	
124	Greg Larson	4	5	5	5	8	15	50	
125	Spider Lockhart RC	4	5	5	5	8	15	60	
126	Dick Lynch	4	5	5	5	8	15	50	
127	E.Morrall/B.Scholtz	4	5	5	5	8	15	50	
128	Joe Morrison	4	5	5	5	8	15	50	
129	Steve Thurlow	4	5	5	5	8	15	60	
130	New York Giants Play	4	5	5	5	8	12	25	50
131	Philadelphia Eagles Team	4	5	5	5	8	12	25	80
132	Sam Baker	4	5	5	5	8	15	50	
133	Maxie Baughan	4	5	5	5	8	15	50	
134	Bob Brown OT RC	5	6	6	8	20	150	▲600	
135	Timmy Brown	4	5	5	5	8	15	50	
136	Irv Cross	4	5	5	5	15	60		
137	Earl Gros	4	5	5	5	8	15	50	
138	Ray Poage	4	5	5	5	8	15	50	
139	Nate Ramsey	4	5	5	5	8	15	50	
140	Pete Retzlaff	4	5	5	5	8	15	50	
141	Jim Ringo	4	5	5	5	8	15	50	
142	Norm Snead	4	5	5	5	8	15	50	
143	Philadelphia Eagles Play	4	5	5	5	8	15	60	
144	Pittsburgh Steelers Team	4	5	5	5	8	15	50	
145	Gary Ballman	4	5	5	5	8	15	50	
146	Jim Bradshaw	4	5	5	5	15	40		
147	Jim Butler	4	5	5	5	8	15	50	
148	Mike Clark	4	5	5	5	8	15	50	
149	Dick Hoak RC	4	5	5	5	8	15	50	
150	Roy Jefferson RC	4	5	5	5	8	15	50	
151	Frank Lambert	4	5	5	5	8	15	30	
152	Mike Lind	4	5	5	5	8	15	50	
153	Bill Nelsen RC	4	5	5	5	8	15	50	
154	Clarence Peaks	4	5	5	5	8	15	50	
155	Clendon Thomas	4	5	5	5	8	15	50	
156	Pittsburgh Steelers Play	4	5	5	5	8	15	50	
157	St. Louis Cardinals Team	4	5	5	5	8	15	50	
158	Jim Bakken	4	5	5	5	8	15	40	
159	Bobby Joe Conrad	4	5	5	5	8	15	40	80
160	Willis Crenshaw RC	4	5	5	5	8	15	50	
161	Bob DeMarco	4	5	5	5	8	15	50	
162	Pat Fischer	4	5	5	5	8	15	50	
163	Charlie Johnson	4	5	5	5	8	12	25	120
164	Dale Meinert	4	5	5	5	8	15	30	
165	Sonny Randle	4	5	5	5	8	15	50	
166	Sam Silas RC	4	5	5	5	8	15	30	
167	Bill Triplett	4	5	5	5	8	15	50	
168	Larry Wilson	4	5	5	5	8	15	50	
169	St. Louis Cardinals Play	4	5	5	5	8	15	50	
170	San Francisco 49ers Team	4	5	5	5	8	15	50	
171	Kermit Alexander	4	5	5	5	8	15	50	
172	Bruce Bosley	4	5	5	5	8	15	50	
173	John Brodie	4	5	5	6	10	15	50	
174	Bernie Casey	4	5	5	5	8	15	50	
175	John David Crow	4	5	5	5	8	12	25	

#	Player	GD 2	VG 3	VgEx 4	EX 5	ExMt 6	NM 7	NmMt 8	MT 9
176	Tommy Davis	4	5	5	5	8	15	50	
177	Jim Johnson	4	5	5	5	8	15	40	
178	Gary Lewis RC	4	5	5	5	8	15	50	
179	Dave Parks	4	5	5	5	8	15	50	
180	Walter Rock RC	4	5	5	5	8	15	50	
181	Ken Willard RC	4	5	5	5	8	15	50	
182	San Francisco 49ers Play	4	5	5	5	8	12	20	40
183	Washington Redskins Team	4	5	5	5	8	15	50	
184	Rickie Harris	4	5	5	5	8	40		
185	Sonny Jurgensen	4	5	5	6	10	20	50	
186	Paul Krause	4	5	5	6	10	15	50	
187	Bobby Mitchell	4	5	5	6	10	15	60	
188	Vince Promuto	4	5	5	5	8	15	80	
189	Pat Richter RC	4	5	5	5	8	15	50	
190	Joe Rutgens	4	5	5	5	8	15	50	
191	Johnny Sample	4	5	5	5	8	15	50	
192	Lonnie Sanders	4	5	5	5	8	15	50	
193	Jim Steffen	4	5	5	5	8	12	25	100
194	Charley Taylor	5	6	6	8	▲20	▲25	▲100	
195	Washington Redskins Play	4	5	5	5	8	15	50	
196	Referee Signals	4	5	5	5	8	15	50	
197	Checklist 1	6	8	8	10	15	▲100	▲150	▲400
198	Checklist 2 UER	6	8	10	12	25	80	250	

— George Andrie #54 PSA 9 (MT) sold for $925 (eBay; 8/06)
— Sam Baker #132 PSA 9 (MT) sold for $1,003 (eBay; 1/10)
— Baltimore Colts #14 PSA 10 (Gem Mt) sold for $1,195 (Mile High; 3/09)
— Bob Brown #134 PSA 9 (MT) sold for $1,619 (eBay; 6/13)
— Bob Hayes RC #58 PSA 9 (MT) sold for $4,003 (eBay; 12/14)
— Dick Butkus RC #31 PSA 9 (MT) sold for $11,166 (Goodwin; 5/08)
— Dick Butkus RC #31 SGC 9 (Mint) sold for $4716 (Memory Lane; 8/12)
— Dick Butkus #31 PSA 8.5 (NmMt+) sold for $1,655 (Mile High; 5/11)
— Dick Butkus #31 SGC 9 (Mint) sold for $4,075 (eBay; 11/13)
— Checklist 2 #198 PSA 9 (MT) sold for $3,058 (eBay; 8/13)
— Irv Cross #136 PSA 8 (NmMt) sold for $715 (eBay; 1/10)
— Dallas Cowboys #53 PSA 9 (MT) sold for $1,060 (eBay; 1/10)
— Bob Hayes #58 PSA 9 (MT) sold for $1,500 (eBay; 9/12)
— Gene Hickerson #45 PSA 9 (MT) sold for $1,580 (eBay; 3/07)
— Chuck Howley #59 PSA 9 (MT) sold for $1,855 (eBay; 8/06)
— Philadelphia Eagles Play #143 PSA 9 (Mint) sold for $801 (eBay; 7/12)
— Gale Sayers #38 GAI 8.5 (NmMt+) sold for $800 (eBay; 1/07)
— Norm Snead #142 PSA 10 (Gem Mt) sold for $1,063 (Andy Madec; 12/08)
— Fran Tarkenton #114 PSA 9 (Mint) sold for $1,740 (Memory Lane; 4/07)
— Fran Tarkenton #114 PSA 9 (Mint) sold for $690 (Bussineau; 4/12)
— Johnny Unitas #24 PSA 9 (MT) sold for $1,030 (eBay; 9/06)

1966 Topps

#	Player	GD 2	VG 3	VgEx 4	EX 5	ExMt 6	NM 7	NmMt 8	MT 9
1	Tommy Addison	4	5	8	12	30	40	60	
2	Houston Antwine	4	5	5	8	12	18	60	
3	Nick Buoniconti	4	5	6	10	15	20	50	
4	Gino Cappelletti	4	5	5	8	12	18	40	150
5	Bob Dee	4	5	5	8	12	18	60	
6	Larry Garron	4	5	5	8	12	18	40	150
7	Art Graham	4	5	5	8	12	18	40	150
8	Ron Hall DB	4	5	5	8	12	18	40	
9	Charles Long	4	5	5	8	12	18	40	120
10	Jon Morris	4	5	5	8	12	18	40	
11	Don Oakes	4	5	5	8	12	18	40	
12	Babe Parilli	4	5	5	8	12	18	40	250
13	Don Webb	4	5	5	8	12	18	40	
14	Jim Whalen	4	5	5	8	12	18	40	
15	Funny Ring Checklist	50	60	80	100	▲300	800	1,000	
16	Stew Barber	4	5	5	8	12	18	40	120
17	Glenn Bass	4	5	5	8	12	18	40	120
18	Dave Behrman	4	5	5	8	12	18	40	120
19	Al Bemiller	4	5	5	8	12	18	40	120
20	Butch Byrd RC	4	5	5	8	12	18	40	250
21	Wray Carlton	4	5	5	8	12	18	80	
22	Tom Day	4	5	5	8	12	15	40	150
23	Elbert Dubenion	4	5	5	8	12	18	40	
24	Jim Dunaway	4	5	5	8	12	18	25	150
25	Dick Hudson	4	5	5	8	12	18	40	150
26	Jack Kemp	15	20	25	35	50	60	▲300	
27	Daryle Lamonica	5	6	8	12	18	25	50	
28	Tom Sestak	4	5	5	8	12	18	40	150
29	Billy Shaw	4	5	6	10	15	20	50	120
30	Mike Stratton	4	5	5	8	12	18	40	150
31	Eldon Danenhauer	4	5	5	8	12	18	40	150
32	Cookie Gilchrist	4	5	6	10	15	20	40	
33	Goose Gonsoulin	4	5	5	8	12	18	40	
34	Wendell Hayes RC	4	5	6	10	15	20	40	200
35	Abner Haynes	4	5	6	10	15	20	40	150
36	Jerry Hopkins	4	5	5	8	12	18	40	
37	Ray Jacobs	4	5	5	8	12	18	30	
38	Charlie Janerette	4	5	5	8	12	18	40	150
39	Ray Kubala	4	5	5	8	12	18	40	200
40	John McCormick QB	4	5	5	8	12	18	80	
41	Leroy Moore	4	5	5	8	12	18	40	120
42	Bob Scarpitto	4	5	5	8	12	15	40	150
43	Mickey Slaughter	4	5	5	8	12	18	40	150
44	Jerry Sturm	4	5	5	8	12	18	40	
45	Lionel Taylor	4	5	6	10	15	20	40	
46	Scott Appleton	4	5	5	8	12	18	40	
47	Johnny Baker	4	5	5	8	12	18	40	
48	George Blanda	8	10	12	18	25	40	80	300
49	Sid Blanks	4	5	5	8	12	18	40	
50	Danny Brabham	4	5	5	8	12	18	40	
51	Ode Burrell	4	5	5	8	12	15	30	120
52	Gary Cutsinger	4	5	5	8	12	18	40	120
53	Larry Elkins	4	5	5	8	12	18	40	
54	Don Floyd	4	5	5	8	12	18	40	
55	Willie Frazier RC	4	5	5	8	12	18	40	
56	Freddy Glick	4	5	5	8	12	18	25	150
57	Charlie Hennigan	4	5	5	8	12	18	25	150
58	Bobby Jancik	4	5	5	8	12	10	25	
59	Rich Michael	4	5	5	8	12	18	40	
60	Don Trull	4	5	5	8	12	18	40	
61	Checklist 1	10	12	15	25	▲80	▲100	300	
62	Fred Arbanas	4	5	5	8	12	18	20	200
63	Pete Beathard	4	5	5	8	12	20	40	
64	Bobby Bell	4	5	6	10	15	▲40	50	200
65	Ed Budde	4	5	5	8	12	18	40	
66	Chris Burford	4	5	5	8	12	18	40	150
67	Len Dawson	10	12	15	▲60	▲80	▲150	▲200	
68	Jon Gilliam	4	5	5	8	12	18	30	150
69	Sherrill Headrick	4	5	5	8	12	18	30	150
70	E.J. Holub	4	5	5	8	12	18	40	150
71	Bobby Hunt	4	5	5	8	12	15	20	120
72	Curtis McClinton	4	5	5	8	12	18	25	250
73	Jerry Mays	4	5	5	8	12	18	40	150
74	Johnny Robinson	4	5	5	8	12	18	60	
75	Otis Taylor RC	5	6	8	12	18	▲100	▲200	350
76	Tom Erlandson	4	5	5	8	12	18	40	
77	Norm Evans RC	4	5	6	10	15	20	50	
78	Tom Goode	4	5	5	8	12	18	40	
79	Mike Hudock	4	5	5	8	12	18	30	200
80	Frank Jackson	4	5	5	8	12	18	60	
81	Billy Joe	4	5	5	8	12	18	35	
82	Dave Kocourek	4	5	5	8	12	18	40	
83	Bo Roberson	4	5	5	8	12	18	40	150
84	Jack Spikes	4	5	5	8	12	18	40	
85	Jim Warren RC	4	5	5	8	12	18	40	200
86	Willie West RC	4	5	5	8	12	18	40	
87	Dick Westmoreland	4	5	5	8	12	18	40	150
88	Eddie Wilson	4	5	5	8	12	18	40	
89	Dick Wood	4	5	5	8	12	18	60	
90	Verlon Biggs	4	5	5	8	12	18	40	120
91	Sam DeLuca	4	5	5	8	12	18	40	
92	Winston Hill	4	5	5	8	12	18	40	
93	Dee Mackey	4	5	5	8	12	18	50	
94	Bill Mathis	4	5	5	8	12	18	40	
95	Don Maynard	6	8	10	15	20	30	80	225
96	Joe Namath	▲100	▲150	▲250	▲300	▲500	▲800	▲1,800	2,200
97	Dainard Paulson	4	5	5	8	12	18	40	
98	Gerry Philbin	4	5	5	8	12	18	40	
99	Sherman Plunkett	4	5	5	8	12	18	40	80
100	Paul Rochester	4	5	5	8	12	18	50	200
101	George Sauer Jr. RC	4	5	6	10	15	20	40	
102	Matt Snell	4	5	6	10	15	20	40	
103	Jim Turner RC	4	5	5	8	12	18	40	150
104	Fred Biletnikoff	10	12	25	30	60	100	250	300
105	Bill Budness	4	5	5	8	12	18	40	60
106	Billy Cannon	4	5	6	10	15	20	40	
107	Clem Daniels	4	5	5	8	12	18	40	
108	Ben Davidson	4	5	6	10	15	40	50	
109	Cotton Davidson	4	5	5	8	12	18	40	100
110	Claude Gibson	4	5	5	8	12	18	40	

	GD 2	VG 3	VgEx 4	EX 5	ExMt 6	NM 7	NmMt 8	MT 9
Wayne Hawkins	4	5	5	8	12	18	40	100
Ken Herock	4	5	5	8	12	18	50	
Bob Mischak	4	5	5	8	12	18	60	
Gus Otto	4	5	5	8	12	20	50	125
Jim Otto	▲15	▲20	▲25	▲40	▲50	▲60	▲80	350
Art Powell	4	5	6	10	15	20	40	120
Harry Schuh	4	5	5	8	12	18	40	
Chuck Allen	4	5	5	8	12	18	50	
Lance Alworth	10	12	15	20	▲80	▲100	▲800	
Frank Buncom	4	5	5	8	12	18	100	
Steve DeLong	4	5	5	8	12	18	40	
John Farris	4	5	5	8	12	18	40	
Kenny Graham	4	5	5	8	12	18	30	
Sam Gruneisen	4	5	5	8	12	18	40	
John Hadl	4	5	6	10	15	20	40	
Walt Sweeney	4	5	5	8	15	30	80	
Keith Lincoln	4	5	6	10	15	20	40	200
Ron Mix	4	5	6	10	15	20	40	
Don Norton	4	5	5	8	12	18	40	200
Pat Shea	4	5	5	8	12	18	40	
Ernie Wright	4	5	6	10	15	20	100	
Checklist 2	25	30	40	75	150	300		

Tommy Addison #1 PSA 9 (MT) sold for $756 (Mile High; 11/10)
Bobby Bell #64 PSA 10 (Gem Mt) sold for $1,242 (Mile High; 5/11)
Fred Biletnikoff #104 PSA 9 (MT) sold for $2,545 (Memory Lane; 4/07)
Ed Budde #65 PSA 9 (MT) sold for $700 (eBay; 6/11)
Nick Buoniconti #3 PSA 9 (MT) sold for $425 (eBay; 1/06)
Len Dawson #67 PSA 9 (MT) sold for $925 (eBay; 9/05)
Kenny Graham #123 PSA 10 (Gem Mt) sold for $628 (Mile High; 5/11)
Bobby Hunt #71 PSA 10 (Gem Mt) sold for $1,477 (Mastro; 2/07)
Bobby Hunt #71 PSA 10 (Gem Mt) sold for $1,214 (eBay; 1/10)
Don Maynard #95 PSA 10 (Gem Mt) sold for $1,640 (Mastro; 4/07)
Don Maynard #95 PSA 9 (MT) sold for $795 (eBay; 3/05)
Joe Namath #96 PSA 10 (Gem Mt) sold for $14,771 (Mile High; 11/10)
Jim Otto #115 PSA 9 (MT) sold for $790 (eBay; 4/07)
Willie West RC #86 PSA 10 (Gem Mint) sold for $570 (Bussineau; 7/12)

1967 Philadelphia

	GD 2	VG 3	VgEx 4	EX 5	ExMt 6	NM 7	NmMt 8	MT 9
Atlanta Falcons Team	4	5	5	6	10	20	125	
Junior Coffey RC	4	5	5	5	8	15	30	
Alex Hawkins	4	5	5	5	8	12	35	
Randy Johnson RC	4	5	5	5	8	12	35	80
Lou Kirouac	4	5	5	5	8	12	25	80
Billy Martin RC	4	5	5	5	8	12	35	80
Tommy Nobis RC	5	6	8	10	18	35	150	
Jerry Richardson RC	4	5	5	6	10	15	30	
Marion Rushing	4	5	5	5	8	12	25	80
Ron Smith	4	5	5	5	10	20		
Ernie Wheelwright	4	5	5	5	10	20		
Atlanta Falcons Logo	4	5	5	5	10	20		
Baltimore Colts Team	4	5	5	8	12	25	80	
Raymond Berry	4	5	6	8	12	20	60	
Bob Boyd DB	4	5	5	5	8	12	35	80
Ordell Braase RC	4	5	5	5	8	12	35	80
Alvin Haymond RC	4	5	5	5	8	12	35	250
Tony Lorick	4	5	5	5	8	12	35	
Lenny Lyles	4	5	5	5	8	15	50	
John Mackey	4	5	5	6	10	15	40	120
Tom Matte	4	5	5	5	10	25		
Lou Michaels	4	5	5	5	8	15	30	
Johnny Unitas	15	18	▲30	▲40	▲100	▲150	600	
Baltimore Colts Logo	4	5	5	5	10	20		
Chicago Bears Team	4	5	5	5	8	12	35	
Rudy Bukich	4	5	5	8	12	25	50	
Ronnie Bull	4	5	5	5	8	12	35	
Dick Butkus	15	18	20	40	100	150	500	
Mike Ditka	8	10	12	15	25	125	100	
Dick Gordon RC	4	5	5	5	8	12	40	80
Roger LeClerc	4	5	5	5	8	15	100	
Bennie McRae	4	5	5	5	8	12	25	
Richie Petitbon	4	5	5	5	8	12	30	80
Mike Pyle	4	5	5	5	8	12	40	80
Gale Sayers	15	20	▲50	▲60	▲200	▲300	▲600	1,200
Chicago Bears Logo	4	5	5	5	8	12	35	
Cleveland Browns Team	4	5	5	5	8	12	35	100
Johnny Brewer	4	5	5	5	8	12	35	80
Gary Collins	4	5	5	5	8	12	30	

		GD 2	VG 3	VgEx 4	EX 5	ExMt 6	NM 7	NmMt 8	MT 9
40	Ross Fichtner	4	5	5	5	8	15	25	
41	Ernie Green	4	5	5	5	8	12	40	
42	Gene Hickerson	4	5	5	5	8	15	100	
43	Leroy Kelly RC	15	18	20	25	35	150	800	
44	Frank Ryan	4	5	5	5	10	20		
45	Dick Schafrath	4	5	5	5	8	12	35	
46	Paul Warfield	4	5	6	8	12	40	50	300
47	John Wooten	4	5	5	6	10	50		
48	Cleveland Browns Logo	4	5	5	5	8	12	35	100
49	Dallas Cowboys Team	4	5	5	5	8	12	35	80
50	George Andrie	4	5	5	5	8	20	80	
51	Cornell Green	4	5	5	5	8	12	35	80
52	Bob Hayes	5	6	▲15	▲20	▲30	40	▲250	▲300
53	Chuck Howley	4	5	5	6	10	25	35	
54	Lee Roy Jordan RC	4	5	6	▲30	▲40	▲50	150	300
55	Bob Lilly	4	5	6	8	▲25	▲30	50	▲600
56	Dave Manders RC	4	5	5		8	15	200	
57	Don Meredith	6	8	10	▲20	▲60	▲80	175	
58	Dan Reeves RC	10	12	15	20	▲80	▲100	300	
59	Mel Renfro	4	5	6	10	30	40		
60	Dallas Cowboys Logo	4	5	5	5	8	12	35	100
61	Detroit Lions Team	4	5	5	5	8	15	30	
62	Roger Brown	4	5	5	5	8	12	35	
63	Gail Cogdill	4	5	5	5	8	12	35	250
64	John Gordy	4	5	5	5	8	12	35	
65	Ron Kramer	4	5	5	5	8	12	25	50
66	Dick LeBeau	4	5	5	5	8	12	35	80
67	Mike Lucci RC	4	5	5	6	10	15	35	125
68	Amos Marsh	4	5	5	5	8	12	30	
69	Tom Nowatzke	4	5	5	5	8	12	30	80
70	Pat Studstill	4	5	5	5	8	12	30	
71	Karl Sweetan	4	5	5	5	8	12	30	
72	Detroit Lions Logo	4	5	5	5	8	12	30	80
73	Green Bay Packers Team	4	5	5	6	12	20	500	
74	Herb Adderley	4	5	5	6	10	15	30	125
75	Lee Roy Caffey	4	5	5	5	8	12	80	
76	Willie Davis DE	4	5	5	6	10	15	35	200
77	Forrest Gregg	4	5	5	6	10	15	60	
78	Hank Jordan	4	5	5	6	10	15	35	350
79	Ray Nitschke	4	5	6	8	12	▲100	▲125	
80	Dave Robinson RC	12	15	20	30	40	80	175	500
81	Bob Skoronski	4	5	5	5	8	20	100	
82	Bart Starr	15	18	▲50	▲60	80	▲200	300	
83	Willie Wood	4	5	5	5	10	20	100	
84	Green Bay Packers Logo	4	5	5	5	8	12	30	
85	Los Angeles Rams Team	4	5	5	5	8	15	50	
86	Dick Bass	4	5	5	5	8	12	30	40
87	Maxie Baughan	4	5	5	5	8	15	30	
88	Roman Gabriel	4	5	5	6	10	15	25	100
89	Bruce Gossett	4	5	5	5	8	12	30	60
90	Deacon Jones	4	5	5	6	10	15	60	100
91	Tommy McDonald	4	5	5	6	10	15	35	100
92	Marlin McKeever	4	5	5	5	8	12	30	
93	Tom Moore	4	5	5	5	8	12	30	60
94	Merlin Olsen	4	5	5	6	10	15	35	
95	Clancy Williams	4	5	5	5	8	12	30	60
96	Los Angeles Rams Logo	4	5	5	5	8	12	30	80
97	Minnesota Vikings Team	4	5	5	5	8	12	30	80
98	Grady Alderman	4	5	5	5	8	15	30	
99	Bill Brown	4	5	5	5	8	15	30	
100	Fred Cox	4	5	5	5	8	15	30	
101	Paul Flatley	4	5	5	5	8	12	30	80
102	Dale Hackbart RC	4	5	5	5	8	12	30	80
103	Jim Marshall	4	5	5	6	10	15	25	100
104	Tommy Mason	4	5	5	5	8	15	30	
105	Milt Sunde RC	4	5	5	5	8	25		
106	Fran Tarkenton	5	6	▲20	▲25	▲40	80	100	350
107	Mick Tingelhoff	4	5	5	5	8	12	30	
108	Minnesota Vikings Logo	4	5	5	5	8	25		
109	New York Giants Team	4	5	5	5	8	12	30	80
110	Henry Carr	4	5	5	5	10	20		
111	Clarence Childs	4	5	5	5	8	12	30	
112	Allen Jacobs	4	5	5	5	8	15	50	
113	Homer Jones RC	4	5	5	5	8	12	30	80
114	Tom Kennedy	4	5	5	5	8	15	80	
115	Spider Lockhart	4	5	5	5	8	15	30	
116	Joe Morrison	4	5	5	5	8	12	25	80
117	Francis Peay	4	5	5	5	8	12	30	80
118	Jeff Smith LB	4	5	5	5	8	12	30	80

		GD 2	VG 3	VgEx 4	EX 5	ExMt 6	NM 7	NmMt 8	MT 9
119	Aaron Thomas	4	5	5	5	8	12	25	80
120	New York Giants Logo	4	5	5	5	8	12	40	
121	New Orleans Saints Logo	4	5	5	5	8	12	35	80
122	Charley Bradshaw	4	5	5	5	8	12	20	80
123	Paul Hornung	6	8	15	▲40	▲50	▲60	300	
124	Elbert Kimbrough	4	5	5	5	8	15	80	
125	Earl Leggett RC	4	5	5	5	8	15	30	
126	Obert Logan	4	5	5	5	8	15	30	
127	Riley Mattson	4	5	5	5	8	15	80	
128	John Morrow	4	5	5	5	8	12	30	
129	Bob Scholtz	4	5	5	5	8	12	40	80
130	Dave Whitsell RC	4	5	5	5	8	12	30	80
131	Gary Wood	4	5	5	5	8	12	20	80
132	NO Saints Roster ERR 121	4	5	5	5	8	12	30	
133	Philadelphia Eagles Team	4	5	5	5	8	12	30	80
134	Sam Baker	4	5	5	5	8	12	20	80
135	Bob Brown OT	4	5	5	6	10	20	60	
136	Timmy Brown	4	5	5	5	8	15	50	
137	Earl Gros	4	5	5	5	8	12	30	
138	Dave Lloyd	4	5	5	5	8	12	30	
139	Floyd Peters	4	5	5	5	8	12	30	
140	Pete Retzlaff	4	5	5	5	8	12	30	80
141	Joe Scarpati	4	5	5	5	8	12	30	
142	Norm Snead	4	5	5	5	8	12	35	120
143	Jim Skaggs	4	5	5	5	8	12	30	
144	Philadelphia Eagles Logo	4	5	5	5	8	15	200	
145	Pittsburgh Steelers Team	4	5	5	5	8	15	40	
146	Bill Asbury	4	5	5	5	8	12	30	
147	John Baker	4	5	5	5	8	15	30	
148	Gary Ballman	4	5	5	5	8	12	30	
149	Mike Clark	4	5	5	5	8	12	30	50
150	Riley Gunnels	4	5	5	5	8	15	50	
151	John Hilton	4	5	5	5	8	12	25	60
152	Roy Jefferson	4	5	5	5	8	15	30	
153	Brady Keys	4	5	5	5	8	15	30	
154	Ben McGee	4	5	5	5	8	12	30	
155	Bill Nelsen	4	5	5	5	8	12	30	
156	Pittsburgh Steelers Logo	4	5	5	5	8	15	30	
157	St. Louis Cardinals Team	4	5	5	5	8	12	30	
158	Jim Bakken	4	5	5	5	8	12	30	
159	Bobby Joe Conrad	4	5	5	5	8	15	30	
160	Ken Gray	4	5	5	5	8	15	30	
161	Charlie Johnson	4	5	5	5	8	12	30	
162	Joe Robb	4	5	5	5	8	15	30	
163	Johnny Roland RC	4	5	5	5	8	12	30	80
164	Roy Shivers	4	5	5	5	8	15	25	
165	Jackie Smith RC	6	8	10	12	20	100	200	
166	Jerry Stovall	4	5	5	5	8	12	30	
167	Larry Wilson	4	5	5	6	10	15	25	
168	St. Louis Cardinals Logo	4	5	5	5	8	15	30	80
169	San Francisco 49ers Team	4	5	5	5	8	15	30	
170	Kermit Alexander	4	5	5	5	8	12	30	
171	Bruce Bosley	4	5	5	5	8	12	30	
172	John Brodie	4	5	5	6	10	20	50	
173	Bernie Casey	4	5	5	5	8	15	30	
174	Tommy Davis	4	5	5	5	8	15	30	
175	Howard Mudd	4	5	5	6	10	20	100	
176	Dave Parks	4	5	5	5	8	15	30	
177	John Thomas	4	5	5	5	8	15	30	
178	Dave Wilcox RC	5	6	8	10	50	80	250	350
179	Ken Willard	4	5	5	5	8	15	30	
180	San Francisco 49ers Logo	4	5	5	5	8	12	30	
181	Washington Redskins Team	4	5	5	5	8	15	40	
182	Charlie Gogolak RC	4	5	5	5	8	12	25	
183	Chris Hanburger RC	5	6	8	10	80	100	200	
184	Len Hauss RC	4	5	5	5	8	15	50	
185	Sonny Jurgensen	4	5	5	6	10	15	35	175
186	Bobby Mitchell	4	5	5	6	10	15	25	80
187	Brig Owens	4	5	5	5	8	12	30	
188	Jim Shorter	4	5	5	5	8	15	35	
189	Jerry Smith RC	4	5	5	5	8	15	80	
190	Charley Taylor	4	5	5	6	8	12	20	80
191	A.D. Whitfield	4	5	5	5	8	12	25	50
192	Washington Redskins Logo	4	5	5	5	8	15	50	
193	Browns Play/Leroy Kelly	4	5	5	6	10	15	30	
194	Giants Play/Joe Morrison	4	5	5	5	8	12	30	
195	Falcons Play/Wheelwright	4	5	5	5	8	12	25	

		GD 2	VG 3	VgEx 4	EX 5	ExMt 6	NM 7	NmMt 8	MT 9
196	Referee Signals	4	5	5	5	6	10	35	
197	Checklist 1	4	5	6	8	12	20	35	80
198	Checklist 2	8	10	12	15	40	50	80	300

— Bob Lilly #55 PSA 10 (Gem) sold for $1,232 (eBay; 2/14)
— Raymond Berry #14 PSA 10 (Gem) sold for $1,140 (eBay; 2/07)
— Charley Bradshaw #122 PSA 10 (Gem) sold for $892 (Memory Lane; 5/08)
— Junior Coffey #2 PSA 10 (Gem) sold for $795 (eBay; 5/05)
— Willie Davis #76 PSA 10 (Gem) sold for $803 (eBay; 9/13)
— Chris Hanburger #183 PSA 9 (MT) sold for $4497 (eBay; 11/14)
— Hank Jordan #78 PSA 10 (Gem) sold for $818 (eBay; 8/13)
— Tommy Nobis #7 PSA 9 (MT) sold for $435 (eBay; 9/05)
— Merlin Olsen #94 PSA 9 (MT) sold for $365 (eBay; 1/06)
— Dan Reeves #58 PSA 9 (MT) sold for $1,465 (eBay; 2/07)
— Johnny Unitas #23 PSA 9 (Mint) sold for $2909.55 (Memory Lane; 5/12)
— Ken Willard #179 PSA 10 (Gem) sold for $2,544 (Memory Lane; 5/08)

1967 Topps

		GD 2	VG 3	VgEx 4	EX 5	ExMt 6	NM 7	NmMt 8	MT 9
1	John Huarte	4	5	5	▲25	▲30	▲40	80	200
2	Babe Parilli	4	5	5	5	8	15	100	
3	Gino Cappelletti	4	5	5	5	8	12	25	100
4	Larry Garron	4	5	5	5	8	12	25	80
5	Tommy Addison	4	5	5	5	8	12	25	80
6	Jon Morris	4	5	5	5	8	12	25	80
7	Houston Antwine	4	5	5	5	8	12	35	
8	Don Oakes	4	5	5	5	8	12	35	
9	Larry Eisenhauer	4	5	5	5	8	12	25	
10	Jim Hunt	4	5	5	5	8	12	35	
11	Jim Whalen	4	5	5	5	8	12	25	80
12	Art Graham	4	5	5	5	8	12	25	80
13	Nick Buoniconti	4	5	5	5	10	15	40	
14	Bob Dee	4	5	5	5	8	12	25	80
15	Keith Lincoln	4	5	5	5	8	15	30	100
16	Tom Flores	4	5	5	5	8	15	30	100
17	Art Powell	4	5	5	5	8	12	25	80
18	Stew Barber	4	5	5	5	8	12	25	80
19	Wray Carlton	4	5	5	5	8	12	35	
20	Elbert Dubenion	4	5	5	5	8	12	25	80
21	Jim Dunaway	4	5	5	5	8	12	25	80
22	Dick Hudson	4	5	5	5	8	12	25	80
23	Harry Jacobs	4	5	5	5	8	12	35	
24	Jack Kemp	12	15	20	25	40	▲80	60	200
25	Ron McDole	4	5	5	5	8	12	25	50
26	George Saimes	4	5	5	5	8	12	25	100
27	Tom Sestak	4	5	5	5	8	12	35	
28	Billy Shaw	4	5	5	5	8	15	30	100
29	Mike Stratton	4	5	5	5	8	12	25	80
30	Nemiah Wilson RC	4	5	5	5	8	12	25	80
31	John McCormick QB	4	5	5	5	8	12	25	80
32	Rex Mirich	4	5	5	5	8	12	50	150
33	Dave Costa	4	5	5	5	8	12	25	80
34	Goose Gonsoulin	4	5	5	5	8	12	25	80
35	Abner Haynes	4	5	5	5	8	12	25	80
36	Wendell Hayes	4	5	5	5	8	12	25	60
37	Archie Matsos	4	5	5	5	8	12	25	80
38	John Bramlett	4	5	5	5	8	12	25	80
39	Jerry Sturm	4	5	5	5	8	12	30	40
40	Max Leetzow	4	5	5	5	8	12	25	80
41	Bob Scarpitto	4	5	5	5	8	12	25	80
42	Lionel Taylor	4	5	5	5	8	15	30	100
43	Al Denson	4	5	5	5	8	12	25	80
44	Miller Farr RC	4	5	5	5	8	12	25	60
45	Don Trull	4	5	5	5	8	12	20	
46	Jacky Lee	4	5	5	5	8	12	20	80
47	Bobby Jancik	4	5	5	5	8	12	25	80
48	Ode Burrell	4	5	5	5	8	12	30	
49	Larry Elkins	4	5	5	5	8	10	30	60
50	W.K. Hicks	4	5	5	5	8	12	25	80
51	Sid Blanks	4	5	5	5	8	12	25	80
52	Jim Norton	4	5	5	5	8	12	25	80
53	Bobby Maples RC	4	5	5	5	8	12	35	100
54	Bob Talamini	4	5	5	5	8	12	35	
55	Walt Suggs	4	5	5	5	8	12	25	80
56	Gary Cutsinger	4	5	5	5	8	12	25	80
57	Danny Brabham	4	5	5	5	8	12	35	80
58	Ernie Ladd	4	5	5	5	8	15	30	100
59	Checklist 1	6	8	10	12	25	50	100	
60	Pete Beathard	4	5	5	5	8	12	25	80

	GD 2	VG 3	VgEx 4	EX 5	ExMt 6	NM 7	NmMt 8	MT 9
Len Dawson	6	8	10	▲50	▲60	▲125	▲300	▲400
Bobby Hunt	4	5	5	5	8	12	25	80
Bert Coan	4	5	5	5	8	12	25	80
Curtis McClinton	4	5	5	5	8	12	25	80
Johnny Robinson	4	5	5	5	8	12	25	80
E.J. Holub	4	5	5	5	8	12	25	80
Jerry Mays	4	5	5	5	8	12	25	80
Jim Tyrer	4	5	5	5	8	12	35	
Bobby Bell	4	5	5	5	8	15	40	100
Fred Arbanas	4	5	5	5	8	12	35	
Buck Buchanan	4	5	5	5	8	15	30	100
Chris Burford	4	5	5	5	8	12	50	
Otis Taylor	4	5	5	5	8	15	30	100
Cookie Gilchrist	4	5	5	6	10	15	30	100
Earl Faison	4	5	5	5	8	12	50	80
George Wilson Jr.	4	5	5	5	8	12	30	150
Rick Norton	4	5	5	5	8	12	25	120
Frank Jackson	4	5	5	5	8	12	25	80
Joe Auer	4	5	5	5	8	12	40	
Willie West	4	5	5	5	8	12	25	80
Jim Warren	4	5	5	5	8	12	35	
Wahoo McDaniel RC	10	▲50	▲60	▲80	▲100	▲150	▲200	250
Ernie Park	4	5	5	5	8	12	25	80
Billy Neighbors	4	5	5	5	8	12	25	150
Norm Evans	4	5	5	5	8	12	40	120
Tom Nomina	4	5	5	5	8	12	30	100
Rich Zecher	4	5	5	5	8	12	30	100
Dave Kocourek	4	5	5	5	8	12	25	80
Bill Baird	4	5	5	5	8	12	25	80
Ralph Baker	4	5	5	5	8	12	25	80
Verlon Biggs	4	5	5	5	8	12	25	80
Sam DeLuca	4	5	5	5	8	12	25	80
Larry Grantham	4	5	5	5	8	12	25	100
Jim Harris	4	5	5	5	8	12	25	80
Winston Hill	4	5	5	5	8	12	25	
Bill Mathis	4	5	5	5	8	12	25	80
Don Maynard	4	5	6	8	12	20	60	
Joe Namath	▲50	▲80	100	▲200	▲250	▲300	▲400	800
Gerry Philbin	4	5	5	5	8	12	25	50
Paul Rochester	4	5	5	5	8	12	30	
George Sauer Jr.	4	5	5	5	8	12	30	120
Matt Snell	4	5	5	5	8	15	35	
Daryle Lamonica	4	5	5	6	▲40	▲60	▲80	150
Glenn Bass	4	5	5	5	8	12	25	80
Jim Otto	4	5	5	5	8	15	30	120
Fred Biletnikoff	6	8	10	12	▲40	▲80	▲125	▲500
Cotton Davidson	4	5	5	5	8	12	30	
Larry Todd	4	5	5	5	8	12	30	
Billy Cannon	4	5	5	5	8	15	30	
Clem Daniels	4	5	5	5	8	12	30	
Dave Grayson	4	5	5	5	8	12	25	80
Kent McCloughan RC	4	5	5	5	8	12	25	80
Bob Svihus	4	5	5	5	8	12	25	80
Ike Lassiter	4	5	5	5	8	12	25	80
Harry Schuh	4	5	5	5	8	12	25	80
Ben Davidson	4	5	5	6	10	30	40	200
Tom Day	4	5	5	5	8	12	30	
Scott Appleton	4	5	5	5	8	12	25	80
Steve Tensi RC	4	5	5	5	8	12	30	
John Hadl	4	5	5	5	8	15	30	100
Paul Lowe	4	5	5	5	8	12	25	125
Jim Allison	4	5	5	5	8	12	25	80
Lance Alworth	8	10	12	15	20	▲60	150	400
Jacque MacKinnon	4	5	5	5	8	12	25	80
Ron Mix	4	5	5	5	8	15	30	
Bob Petrich	4	5	5	5	8	12	25	80
Howard Kindig	4	5	5	5	8	12	25	100
Steve DeLong	4	5	5	5	8	12	25	80
Chuck Allen	4	5	5	5	8	12	35	
Frank Buncom	4	5	5	5	8	12	25	80
Speedy Duncan RC	4	5	6	8	12	20	80	350
Checklist 2	12	15	20	25	40	75	150	

Don Maynard #97 PSA 10 (Gem Mt) sold for $1,206 (Mile High; 10/09)

Wahoo McDaniel #82 PSA 9 (Mint) sold for $1,205 (eBay; 3/07)

Wahoo McDaniel #82 PSA 10 (Gem) sold for $768 (Lelands; 6/13)

Billy Neighbors #84 PSA 10 (Gem Mint) sold for $515.64 (eBay; 9/12)

Larry Todd #108 PSA 10 (Gem Mint) sold for $912.5 (eBay; 5/12)

1968 Topps

		GD 2	VG 3	VgEx 4	EX 5	ExMt 6	NM 7	NmMt 8	MT 9
1	Bart Starr	8	▲30	▲60	80	▲125	▲150	▲500	1,200
2	Dick Bass	4	5	5	5	6	10	20	80
3	Grady Alderman	4	5	5	5	6	10	40	
4	Obert Logan	4	5	5	5	6	10	20	80
5	Ernie Koy RC	4	5	5	5	6	10	40	100
6	Don Hultz	4	5	5	5	6	15	30	150
7	Earl Gros	4	5	5	5	6	10	20	50
8	Jim Bakken	4	5	5	5	6	10	20	80
9	George Mira	4	5	5	5	6	10	30	100
10	Carl Kammerer	4	5	5	5	6	10	20	60
11	Willie Frazier	4	5	5	5	6	10	20	50
12	Kent McCloughan	4	5	5	5	6	10	60	
13	George Sauer Jr.	4	5	5	5	6	10	20	80
14	Jack Clancy	4	5	5	5	6	10	30	
15	Jim Tyrer	4	5	5	5	6	10	30	150
16	Bobby Maples	4	5	5	5	6	10	20	80
17	Bo Hickey	4	5	5	5	6	10	20	80
18	Frank Buncom	4	5	5	5	6	10	30	
19	Keith Lincoln	4	5	5	5	6	10	20	100
20	Jim Whalen	4	5	5	5	6	10	30	
21	Junior Coffey	4	5	5	5	6	10	30	
22	Billy Ray Smith	4	5	5	5	6	10	25	
23	Johnny Morris	4	5	5	5	6	10	20	50
24	Ernie Green	4	5	5	5	6	10	25	60
25	Don Meredith	5	6	8	▲30	▲40	▲50	80	500
26	Wayne Walker	4	5	5	5	6	10	20	50
27	Carroll Dale	4	5	5	5	6	40	250	
28	Bernie Casey	4	5	5	5	6	10	30	
29	Dave Osborn RC	4	5	5	5	6	10	20	80
30	Ray Poage	4	5	5	5	6	10	20	80
31	Homer Jones	4	5	5	5	6	10	20	80
32	Sam Baker	4	5	5	5	6	10	30	
33	Bill Saul	4	5	5	5	6	10	20	80
34	Ken Willard	4	5	5	5	6	10	30	100
35	Bobby Mitchell	4	5	5	5	6	10	20	100
36	Gary Garrison RC	4	5	5	5	6	10	20	125
37	Billy Cannon	4	5	5	5	6	10	30	100
38	Ralph Baker	4	5	5	5	6	10	20	80
39	Howard Twilley RC	4	5	5	5	6	10	30	120
40	Wendell Hayes	4	5	5	5	6	10	20	80
41	Jim Norton	4	5	5	5	6	10	30	100
42	Tom Beer	4	5	5	5	6	10	30	
43	Chris Burford	4	5	5	5	6	10	30	
44	Stew Barber	4	5	5	5	6	10	40	
45	Leroy Mitchell	4	5	5	5	6	10	60	
46	Dan Grimm	4	5	5	5	6	10	30	
47	Jerry Logan	4	5	5	5	6	10	20	80
48	Andy Livingston	4	5	5	5	6	10	30	100
49	Paul Warfield	4	5	6	8	▲25	▲30	50	150
50	Don Perkins	4	5	5	5	6	10	30	80
51	Ron Kramer	4	5	5	5	6	10	20	50
52	Bob Jeter RC	4	5	5	5	6	10	30	
53	Les Josephson RC	4	5	5	5	6	10	20	60
54	Bobby Walden	4	5	5	5	6	10	20	80
55	Checklist 1	4	5	5	6	10	20	30	150
56	Walter Roberts	4	5	5	5	6	10	20	80
57	Henry Carr	4	5	5	5	6	10	30	
58	Gary Ballman	4	5	5	5	6	10	30	
59	J.R. Wilburn	4	5	5	5	6	10	20	80
60	Jim Hart RC	4	5	5	▲40	▲50	▲60	▲100	▲400
61	Jim Johnson	4	5	5	5	6	10	20	80
62	Chris Hanburger	4	5	5	5	6	10	25	125
63	John Hadl	4	5	5	5	6	10	25	125
64	Hewritt Dixon	4	5	5	5	6	10	30	
65	Joe Namath	20	▲50	▲80	▲100	▲200	▲300	▲500	800
66	Jim Warren	4	5	5	5	6	10	30	100
67	Curtis McClinton	4	5	5	5	6	10	20	80
68	Bob Talamini	4	5	5	5	6	10	30	
69	Steve Tensi	4	5	5	5	6	10	20	80
70	Dick Van Raaphorst	4	5	5	5	6	10	30	
71	Art Powell	4	5	5	5	6	10	25	80
72	Jim Nance RC	4	5	5	5	6	10	30	200
73	Bob Riggle	4	5	5	5	6	10	20	80
74	John Mackey	4	5	5	5	10	25	60	
75	Gale Sayers	10	12	30	▲50	80	▲150	▲400	600

#	Player	GD 2	VG 3	VgEx 4	EX 5	ExMt 6	NM 7	NmMt 8	MT 9
76	Gene Hickerson	4	5	5	5	6	10	30	
77	Dan Reeves	4	▲10	▲10	▲15	▲30	▲100	▲125	
78	Tom Nowatzke	4	5	5	5	6	10	20	80
79	Elijah Pitts	4	5	5	5	6	12	80	
80	Lamar Lundy	4	5	5	5	6	10	30	100
81	Paul Flatley	4	5	5	5	6	10	20	60
82	Dave Whitsell	4	5	5	5	6	10	40	
83	Spider Lockhart	4	5	5	5	6	10	20	80
84	Dave Lloyd	4	5	5	5	6	10	20	80
85	Roy Jefferson	4	5	5	5	6	10	20	80
86	Jackie Smith	4	5	5	5	8	12	40	150
87	John David Crow	4	5	5	5	6	10	30	
88	Sonny Jurgensen	4	5	5	5	8	12	40	
89	Ron Mix	4	5	5	5	6	10	30	
90	Clem Daniels	4	5	5	5	6	10	30	
91	Cornell Gordon	4	5	5	5	6	10	20	60
92	Tom Goode	4	5	5	5	6	10	30	100
93	Bobby Bell	4	5	5	5	6	10	30	150
94	Walt Suggs	4	5	5	5	6	10	40	
95	Eric Crabtree	4	5	5	5	6	10	30	
96	Sherrill Headrick	4	5	5	5	6	10	20	50
97	Wray Carlton	4	5	5	5	6	10	20	80
98	Gino Cappelletti	4	5	5	5	6	10	20	60
99	Tommy McDonald	4	5	5	5	6	10	20	80
100	Johnny Unitas	10	12	▲40	▲50	▲60	100	▲400	1,000
101	Richie Petitbon	4	5	5	5	6	10	30	
102	Erich Barnes	4	5	5	5	6	10	30	
103	Bob Hayes	4	5	▲15	▲20	▲30	▲50	▲100	
104	Milt Plum	4	5	5	5	6	10	30	80
105	Boyd Dowler	4	5	5	5	6	10	40	
106	Ed Meador	4	5	5	5	6	10	25	100
107	Fred Cox	4	5	5	5	6	10	25	100
108	Steve Stonebreaker RC	4	5	5	5	6	10	20	60
109	Aaron Thomas	4	5	5	5	6	10	20	80
110	Norm Snead	4	5	5	5	6	10	20	60
111	Paul Martha RC	4	5	5	5	10	25	100	
112	Jerry Stovall	4	5	5	5	6	10	20	60
113	Kay McFarland	4	5	5	5	6	10	25	
114	Pat Richter	4	5	5	5	6	10	20	80
115	Rick Redman	4	5	5	5	6	10	30	
116	Tom Keating	4	5	5	5	6	10	20	100
117	Matt Snell	4	5	5	5	6	10	25	100
118	Dick Westmoreland	4	5	5	5	6	10	30	
119	Jerry Mays	4	5	5	5	6	10	30	
120	Sid Blanks	4	5	5	5	6	10	20	80
121	Al Denson	4	5	5	5	6	10	30	
122	Bobby Hunt	4	5	5	5	6	10	30	
123	Mike Mercer	4	5	5	5	6	10	60	
124	Nick Buoniconti	4	5	5	5	6	10	40	
125	Ron Vanderkelen RC	4	5	5	5	6	10	30	
126	Ordell Braase	4	5	5	5	6	10	150	
127	Dick Butkus	10	12	▲40	▲50	50	▲80	▲250	600
128	Gary Collins	4	5	5	5	6	10	20	80
129	Mel Renfro	4	5	5	5	8	15	40	150
130	Alex Karras	4	5	5	5	6	10	30	150
131	Herb Adderley	4	5	5	5	6	15	100	
132	Roman Gabriel	4	5	5	5	6	10	25	80
133	Bill Brown	4	5	5	5	6	10	30	
134	Kent Kramer	4	5	5	5	6	10	30	
135	Tucker Frederickson	4	5	5	5	6	10	40	
136	Nate Ramsey	4	5	5	5	6	10	20	80
137	Marv Woodson	4	5	5	5	6	10	20	50
138	Ken Gray	4	5	5	5	6	10	20	80
139	John Brodie	4	5	5	5	6	10	20	100
140	Jerry Smith	4	5	5	5	6	10	150	
141	Brad Hubbert	4	5	5	5	6	10	20	50
142	George Blanda	4	5	6	8	12	30	50	150
143	Pete Lammons RC	4	5	5	5	6	10	40	120
144	Doug Moreau	4	5	5	5	6	10	20	80
145	E.J. Holub	4	5	5	5	6	10	20	80
146	Ode Burrell	4	5	5	5	6	10	20	80
147	Bob Scarpitto	4	5	5	5	6	10	20	80
148	Andre White	4	5	5	5	6	10	40	
149	Jack Kemp	8	10	12	15	30	40	60	
150	Art Graham	4	5	5	5	6	10	20	50
151	Tommy Nobis	4	5	5	5	8	12	25	100
152	Willie Richardson RC	4	5	5	5	6	10	30	
153	Jack Concannon	4	5	5	5	6	10	50	
154	Bill Glass	4	5	5	5	6	10	20	60

#	Player	GD 2	VG 3	VgEx 4	EX 5	ExMt 6	NM 7	NmMt 8	MT 9
155	Craig Morton RC	4	5	5	▲50	▲60	▲125	▲150	200
156	Pat Studstill	4	5	5	5	6	10	20	80
157	Ray Nitschke	4	▲30	▲40	▲50	▲60	80	150	400
158	Roger Brown	4	5	5	5	6	10	30	
159	Joe Kapp RC	4	5	5	5	6	10	25	125
160	Jim Taylor	5	5	6	8	12	20	40	135
161	Fran Tarkenton	5	6	8	10	15	50	▲150	200
162	Mike Ditka	6	8	10	▲25	▲30	▲80	100	▲300
163	Andy Russell RC	4	5	5	6	10	30	100	250
164	Larry Wilson	4	5	5	5	6	10	20	80
165	Tommy Davis	4	5	5	5	6	10	20	80
166	Paul Krause	4	5	5	5	6	10	20	100
167	Speedy Duncan	4	5	5	5	6	10	25	200
168	Fred Biletnikoff	5	6	8	10	15	▲100	▲125	200
169	Don Maynard	4	5	5	6	10	15	60	150
170	Frank Emanuel	4	5	5	5	6	10	20	150
171	Len Dawson	5	5	6	8	12	▲100	▲125	350
172	Miller Farr	4	5	5	5	6	10	20	80
173	Floyd Little RC	8	10	▲25	▲40	▲50	150	▲400	
174	Lonnie Wright	4	5	5	5	6	10	30	
175	Paul Costa	4	5	5	5	6	10	20	80
176	Don Trull	4	5	5	5	6	10	40	
177	Jerry Simmons	4	5	5	5	6	10	40	
178	Tom Matte	4	5	5	5	6	10	20	50
179	Bennie McRae	4	5	5	5	6	10	30	120
180	Jim Kanicki	4	5	5	5	6	10	20	100
181	Bob Lilly	5	5	6	8	12	20	80	250
182	Tom Watkins	4	5	5	5	6	10	30	100
183	Jim Grabowski RC	4	5	5	5	8	15	50	
184	Jack Snow RC	4	5	5	5	6	10	30	150
185	Gary Cuozzo RC	4	5	5	5	6	10	20	50
186	Billy Kilmer	4	5	5	5	6	10	30	
187	Jim Katcavage	4	5	5	5	6	10	20	80
188	Floyd Peters	4	5	5	5	6	10	30	50
189	Bill Nelsen	4	5	5	5	6	10	20	50
190	Bobby Joe Conrad	4	5	5	5	6	10	30	50
191	Kermit Alexander	4	5	5	5	6	10	30	100
192	Charley Taylor	4	5	5	5	8	20	25	100
193	Lance Alworth	5	6	8	10	15	25	50	400
194	Daryle Lamonica	4	5	5	5	6	10	50	
195	Al Atkinson	4	5	5	5	6	10	20	80
196	Bob Griese RC	25	30	▲100	▲150	▲200	300	400	▲3,000
197	Buck Buchanan	4	5	5	5	6	10	20	80
198	Pete Beathard	4	5	5	5	6	10	20	80
199	Nemiah Wilson	4	5	5	5	6	10	20	80
200	Ernie Wright	4	5	5	5	6	10	30	
201	George Saimes	4	5	5	5	6	10	20	50
202	John Charles	4	5	5	5	6	10	20	50
203	Randy Johnson	4	5	5	5	6	10	20	60
204	Tony Lorick	4	5	5	5	6	10	20	60
205	Dick Evey	4	5	5	5	6	10	20	60
206	Leroy Kelly	4	5	5	5	8	30	80	
207	Lee Roy Jordan	4	5	5	5	8	12	40	100
208	Jim Gibbons	4	5	5	5	6	10	20	50
209	Donny Anderson RC	4	5	5	5	6	12	60	175
210	Maxie Baughan	4	5	5	8	20	40	250	
211	Joe Morrison	4	5	5	5	6	10	20	120
212	Jim Snowden	4	5	5	5	6	10	30	
213	Lenny Lyles	4	5	5	5	6	10	20	80
214	Bobby Joe Green	4	5	5	5	6	10	25	100
215	Frank Ryan	4	5	5	5	6	10	40	120
216	Cornell Green	4	5	5	5	6	10	25	120
217	Karl Sweetan	4	5	5	5	6	10	30	
218	Dave Williams	4	5	5	5	6	10	20	60
219A	Checklist Green	5	5	6	8	12	25	100	
219B	Checklist Blue	5	5	6	8	12	25	80	

— Donny Anderson RC #209 PSA 10 (Gem Mint) sold for $451.5 (eBay: 5/12)
— George Blanda #142 PSA 10 (Gem Mint) sold for $758.5 (eBay; 8/12)
— Tommy Davis #165 PSA 10 (Gem) sold for $416 (Mile High; 10/09)
— Carroll Dale #27 PSA 9 (Mt) sold for $1028 (eBay; 11/14)
— Mike Ditka #162 PSA 10 (Gem) sold for $8,246 (eBay; 10/07)
— Roy Jefferson #85 PSA 10 (Gem Mint) sold for $616 (eBay; 4/12)
— Floyd Little #173 PSA 9 (Mt) sold for $2407 (eBay; 11/14)
— Floyd Little #173 PSA 9 (Mt) sold for $1007 (eBay; 11/14)
— Bobby Maples #16 PSA 10 (Gem) sold for $765 (eBay; 12/06)
— George Mira #9 PSA 10 (Gem Mint) sold for $284 (eBay; 4/12)
— Carig Morton #155 PSA 10 (Gem) sold for $680 (eBay; 11/06)
— Dan Reeves #77 PSA 10 (Gem) sold for $715 (eBay; 2/07)
— Frank Ryan #215 PSA 10 (Gem) sold for $740 (Mile High; 10/09)

Norm Snead #110 PSA 10 (Gem) sold for $465 (eBay; 6/06)
Ernie Wright #200 PSA 10 (Gem) sold for $474 (Mile High; 10/09)
Larry Wilson #164 PSA 10 (Gem) sold for $685 (eBay; 1/07)

1968 Topps Stand-Ups Inserts

	GD 2	VG 3	VgEx 4	EX 5	ExMt 6	NM 7	NmMt 8	MT 9
COMMON CARD (1-22)	4	5	5	8	12	20	80	
John Brodie	5	6	8	10	15	30	80	
Jack Concannon	5	5	6	8	12	20	100	
Roman Gabriel	5	6	8	10	15	30	80	
Jim Grabowski	5	5	6	8	12	40	80	
John Hadl	5	5	6	8	12	30	60	
Sonny Jurgensen	5	6	8	10	15	40	120	
Alex Karras	5	5	6	8	10	30	60	
Billy Kilmer	5	6	8	10	15	30	120	
Daryle Lamonica	5	6	8	10	15	30	80	
Curtis McClinton	5	5	6	8	12	30	60	
Don Meredith	8	10	12	15	25	50	150	
Joe Namath	15	▲40	▲50	▲60	▲80	▲100	400	
Willie Richardson	5	5	6	8	12	30	100	

Roman Gabriel #4 PSA 9 (MT) sold for $425 (eBay; 4/07)
Homer Jones #9 PSA 10 (Gem Mint) sold for $750 (Bussineau; 7/12)
Alex Karras #11 PSA 9 (Mint) sold for $420 (Bussineau; 7/12)

1969 Topps

	GD 2	VG 3	VgEx 4	EX 5	ExMt 6	NM 7	NmMt 8	MT 9
Leroy Kelly	4	5	6	8	25	▲50	▲250	400
Paul Flatley	4	4	5	6	8	10	20	125
Jim Cadile	4	4	5	6	8	12	60	
Erich Barnes	4	4	5	6	8	10	20	80
Willie Richardson	4	4	5	6	8	10	30	150
Bob Hayes	4	5	6	8	10	12	50	125
Bob Jeter	4	4	5	6	8	10	50	175
Jim Colclough	4	4	5	6	8	10	20	60
Sherrill Headrick	4	4	5	6	8	10	25	
Jim Dunaway	4	4	5	6	8	10	20	
Bill Munson	4	4	5	6	8	10	20	80
Jack Pardee	4	4	5	6	8	10	20	60
Jim Lindsey	4	4	5	6	8	10	25	
Dave Whitsell	4	4	5	6	8	10	20	50
Tucker Frederickson	4	4	5	6	8	10	25	60
Alvin Haymond	4	4	5	6	8	10	25	
Andy Russell	4	4	5	6	8	10	20	80
Tom Beer	4	4	5	6	8	10	20	50
Bobby Maples	4	4	5	6	8	10	20	60
Len Dawson	4	5	6	8	20	25	40	200
Willis Crenshaw	4	4	5	6	8	10	15	60
Tommy Davis	4	4	5	6	8	10	20	60
Rickie Harris	4	4	5	6	8	10	20	60
Jerry Simmons	4	4	5	6	8	10	20	
Johnny Unitas	10	12	15	▲50	80	125	250	1,000
Brian Piccolo RC	20	40	▲80	▲100	125	200	500	1,400
Bob Matheson	4	4	5	6	8	10	20	60
Howard Twilley	4	4	5	6	8	10	20	80
Jim Turner	4	4	5	6	8	10	20	80
Pete Banaszak RC	4	4	5	6	8	10	20	80
Lance Rentzel RC	4	4	5	6	8	10	20	80
Bill Triplett	4	4	5	6	8	10	20	80
Boyd Dowler	4	4	5	6	8	10	20	80
Merlin Olsen	4	5	6	8	10	15	25	100
Joe Kapp	4	4	5	6	8	10	20	80
Dan Abramowicz RC	4	4	5	6	8	10	20	80
Spider Lockhart	4	4	5	6	8	10	20	60
Tom Day	4	4	5	6	8	10	20	60
Art Graham	4	4	5	6	8	10	20	60
Bob Cappadona	4	4	5	6	8	10	20	50
Gary Ballman	4	4	5	6	8	10	20	60
Clendon Thomas	4	4	5	6	8	10	20	100
Jackie Smith	4	5	6	8	10	12	25	100
Dave Wilcox	4	4	5	6	8	10	20	60
Jerry Smith	4	4	5	6	8	10	20	80
Dan Grimm	4	4	5	6	8	10	20	60
Tom Matte	4	4	5	6	8	10	20	80
John Stofa	4	4	5	6	8	10	20	80
Rex Mirich	4	4	5	6	8	10	20	50
Miller Farr	4	4	5	6	8	10	20	60
Gale Sayers	10	12	▲50	▲60	100	200	600	1,500
Bill Nelsen	4	4	5	6	8	10	20	80

		GD 2	VG 3	VgEx 4	EX 5	ExMt 6	NM 7	NmMt 8	MT 9
53	Bob Lilly	4	5	6	8	10	12	40	200
54	Wayne Walker	4	4	5	6	8	10	25	
55	Ray Nitschke	4	5	6	8	12	30	120	
56	Ed Meador	4	4	5	6	8	10	20	60
57	Lonnie Warwick	4	4	5	6	8	10	20	80
58	Wendell Hayes	4	4	5	6	8	10	20	60
59	Dick Anderson RC	4	5	6	8	10	12	25	100
60	Don Maynard	4	5	6	8	10	12	30	100
61	Tony Lorick	4	4	5	6	8	10	25	100
62	Pete Gogolak	4	4	5	6	8	10	20	80
63	Nate Ramsey	4	4	5	6	8	10	20	80
64	Dick Shiner	4	4	5	6	8	10	20	100
65	Larry Wilson	4	4	5	6	8	10	20	60
66	Ken Willard	4	4	5	6	8	10	20	60
67	Charley Taylor	4	5	6	8	10	12	25	100
68	Billy Cannon	4	4	5	6	8	10	20	
69	Lance Alworth	4	5	6	8	12	20	30	200
70	Jim Nance	4	4	5	6	8	10	20	60
71	Nick Rassas	4	4	5	6	8	10	25	
72	Lenny Lyles	4	4	5	6	8	10	20	60
73	Bennie McRae	4	4	5	6	8	10	20	80
74	Bill Glass	4	4	5	6	8	10	25	
75	Don Meredith	5	6	8	▲15	▲60	▲60	125	200
76	Dick LeBeau	4	4	5	6	8	10	20	80
77	Carroll Dale	4	4	5	6	8	10	20	100
78	Ron McDole	4	4	5	6	8	10	20	50
79	Charley King	4	4	5	6	8	10	20	60
80	Checklist 1	4	4	5	6	10	20	60	125
81	Dick Bass	4	4	5	6	8	10	20	60
82	Roy Winston	4	4	5	6	8	10	20	60
83	Don McCall	4	4	5	6	8	10	20	60
84	Jim Katcavage	4	4	5	6	8	10	20	60
85	Norm Snead	4	4	5	6	8	10	20	60
86	Earl Gros	4	4	5	6	8	10	20	60
87	Don Brumm	4	4	5	6	8	10	20	60
88	Sonny Bishop	4	4	5	6	8	10	20	100
89	Fred Arbanas	4	4	5	6	8	10	20	50
90	Karl Noonan	4	4	5	6	8	10	20	80
91	Dick Witcher	4	4	5	6	8	10	20	60
92	Vince Promuto	4	4	5	6	8	10	20	60
93	Tommy Nobis	4	4	5	6	8	10	20	100
94	Jerry Hill	4	4	5	6	8	10	20	150
95	Ed O'Bradovich RC	4	4	5	6	8	12	30	
96	Ernie Kellerman	4	4	5	6	8	10	20	40
97	Chuck Howley	4	4	5	6	8	10	30	100
98	Hewritt Dixon	4	4	5	6	8	10	20	50
99	Ron Mix	4	4	5	6	8	10	25	100
100	Joe Namath	15	20	60	▲125	▲200	▲300	400	1,000
101	Billy Gambrell	4	4	5	6	8	10	20	50
102	Elijah Pitts	4	4	5	6	8	10	30	150
103	Billy Truax RC	4	4	5	6	8	10	20	60
104	Ed Sharockman	4	4	5	6	8	10	25	50
105	Doug Atkins	4	4	5	6	8	10	25	60
106	Greg Larson	4	4	5	6	8	12	30	
107	Israel Lang	4	4	5	6	8	10	20	60
108	Houston Antwine	4	4	5	6	8	10	20	60
109	Paul Guidry	4	4	5	6	8	10	20	80
110	Al Denson	4	4	5	6	8	10	20	60
111	Roy Jefferson	4	4	5	6	8	10	20	60
112	Chuck Latourette	4	4	5	6	8	10	20	60
113	Jim Johnson	4	4	5	6	8	10	20	40
114	Bobby Mitchell	4	5	6	8	10	12	25	80
115	Randy Johnson	4	4	5	6	8	10	20	60
116	Lou Michaels	4	4	5	6	8	10	20	80
117	Rudy Kuechenberg	4	4	5	6	8	10	20	50
118	Walt Suggs	4	4	5	6	8	10	40	
119	Goldie Sellers	4	4	5	6	8	10	20	60
120	Larry Csonka RC	15	▲30	50	▲80	100	200	400	2,500
121	Jim Houston	4	4	5	6	8	10	20	80
122	Craig Baynham	4	4	5	6	8	10	20	80
123	Alex Karras	4	5	6	8	10	12	40	125
124	Jim Grabowski	4	4	5	6	8	10	30	
125	Roman Gabriel	4	4	5	6	10	12	60	
126	Larry Bowie	4	4	5	6	8	10	20	60
127	Dave Parks	4	4	5	6	8	10	20	80
128	Ben Davidson	4	4	5	6	8	10	20	80
129	Steve DeLong	4	4	5	6	8	12	30	
130	Fred Hill	4	4	5	6	8	12	30	
131	Ernie Koy	4	4	5	6	8	10	30	80

#	Player	GD 2	VG 3	VgEx 4	EX 5	ExMt 6	NM 7	NmMt 8	MT 9
132A	Checklist 2 no border	4	4	5	6	12	25	60	150
132B	Checklist 2 bordered	4	4	5	6	12	25	60	
133	Dick Hoak	4	4	5	6	10	15	80	
134	Larry Stallings RC	4	4	5	6	12	80	100	
135	Clifton McNeil RC	4	4	5	6	8	12	80	100
136	Walter Rock	4	4	5	6	8	10	30	80
137	Billy Lothridge	4	4	5	6	8	10	30	50
138	Bob Vogel	4	4	5	6	8	10	25	80
139	Dick Butkus	8	10	▲40	▲50	▲60	▲125	▲300	800
140	Frank Ryan	4	4	5	6	8	10	35	150
141	Larry Garron	4	4	5	6	8	10	30	80
142	George Saimes	4	4	5	6	8	10	30	80
143	Frank Buncom	4	4	5	6	8	10	25	80
144	Don Perkins	4	5	6	8	10	12	40	150
145	Johnnie Robinson	4	4	5	6	8	10	30	60
146	Lee Roy Caffey	4	4	5	6	8	10	30	100
147	Bernie Casey	4	4	5	6	8	10	30	60
148	Billy Martin E	4	4	5	6	8	12	40	100
149	Gene Howard	4	4	5	6	8	10	30	100
150	Fran Tarkenton	5	6	8	▲30	▲40	▲50	150	300
151	Eric Crabtree	4	4	5	6	8	10	20	100
152	W.K. Hicks	4	4	5	6	8	10	40	80
153	Bobby Bell	4	5	6	8	10	12	30	125
154	Sam Baker	4	4	5	6	8	12	50	100
155	Marv Woodson	4	4	5	6	8	10	30	80
156	Dave Williams	4	4	5	6	8	10	30	80
157	Bruce Bosley	4	4	5	6	8	10	30	100
158	Carl Kammerer	4	4	5	6	8	10	30	100
159	Jim Burson	4	4	5	6	8	10	25	80
160	Roy Hilton	4	4	5	6	8	12	40	150
161	Bob Griese	5	6	8	10	▲30	▲50	▲150	500
162	Bob Talamini	4	4	5	6	8	10	30	60
163	Jim Otto	4	4	5	6	8	20	80	175
164	Ronnie Bull	4	4	5	6	8	10	30	100
165	Walter Johnson RC	4	4	5	6	8	12	50	125
166	Lee Roy Jordan	4	4	5	6	10	12	40	200
167	Mike Lucci	4	4	5	6	8	12	40	
168	Willie Wood	4	5	6	8	10	12	40	150
169	Maxie Baughan	4	4	5	6	8	10	25	
170	Bill Brown	4	4	5	6	8	10	25	80
171	John Hadl	4	4	5	6	8	15	80	175
172	Gino Cappelletti	4	4	5	6	8	10	20	80
173	George Butch Byrd	4	4	5	6	8	10	30	80
174	Steve Stonebreaker	4	4	5	6	8	10	30	60
175	Joe Morrison	4	4	5	6	8	10	30	80
176	Joe Scarpati	4	4	5	6	8	12	40	100
177	Bobby Walden	4	4	5	6	8	10	30	100
178	Roy Shivers	4	4	5	6	8	12	25	80
179	Kermit Alexander	4	4	5	6	8	10	30	80
180	Pat Richter	4	4	5	6	8	10	30	80
181	Pete Perreault	4	4	5	6	8	10	30	80
182	Pete Duranko	4	4	5	6	8	10	30	80
183	Leroy Mitchell	4	4	5	6	8	10	20	80
184	Jim Simon	4	4	5	6	8	10	30	80
185	Billy Ray Smith	4	4	5	6	8	10	30	80
186	Jack Concannon	4	4	5	6	8	12	40	80
187	Ben Davis	4	4	5	6	8	10	25	80
188	Mike Clark	4	4	5	6	8	10	40	120
189	Jim Gibbons	4	4	5	6	8	10	25	80
190	Dave Robinson	4	4	5	8	10	20	60	175
191	Otis Taylor	4	4	5	6	8	10	30	60
192	Nick Buoniconti	4	4	5	6	8	10	35	135
193	Matt Snell	4	4	5	6	8	10	30	80
194	Bruce Gossett	4	4	5	6	8	10	30	80
195	Mick Tingelhoff	4	4	5	6	8	10	30	100
196	Earl Leggett	4	4	5	6	8	10	25	50
197	Pete Case	4	4	5	6	8	10	30	80
198	Tom Woodeshick RC	4	4	5	6	8	10	30	80
199	Ken Kortas	4	4	5	6	8	10	30	80
200	Jim Hart	4	4	5	6	8	10	30	80
201	Fred Biletnikoff	4	5	6	8	12	40	▲200	250
202	Jacque MacKinnon	4	4	5	6	8	10	40	80
203	Jim Whalen	4	4	5	6	8	10	40	
204	Matt Hazeltine	4	4	5	6	8	10	30	80
205	Charlie Gogolak	4	4	5	6	8	10	25	60
206	Ray Ogden	4	4	5	6	8	10	25	50
207	John Mackey	4	5	6	8	10	12	30	60
208	Roosevelt Taylor	4	4	5	6	8	10	40	125
209	Gene Hickerson	4	4	5	6	8	10	25	100

#	Player	GD 2	VG 3	VgEx 4	EX 5	ExMt 6	NM 7	NmMt 8	MT 9
210	Dave Edwards RC	4	4	5	6	8	10	40	80
211	Tom Sestak	4	4	5	6	8	10	30	80
212	Ernie Wright	4	4	5	6	8	10	25	100
213	Dave Costa	4	4	5	6	8	10	30	50
214	Tom Vaughn	4	4	5	6	8	10	30	80
215	Bart Starr	6	▲40	▲50	▲60	▲80	▲150	300	800
216	Les Josephson	4	4	5	6	8	10	30	80
217	Fred Cox	4	4	5	6	8	10	30	80
218	Mike Tilleman	4	4	5	6	8	10	30	80
219	Darrell Dess	4	4	5	6	8	10	30	80
220	Dave Lloyd	4	4	5	6	8	10	30	80
221	Pete Beathard	4	4	5	6	8	10	30	80
222	Buck Buchanan	4	5	6	8	10	12	35	100
223	Frank Emanuel	4	4	5	6	8	10	30	80
224	Paul Martha	4	4	5	6	8	10	30	80
225	Johnny Roland	4	4	5	6	8	10	30	80
226	Gary Lewis	4	4	5	6	8	10	20	80
227	Sonny Jurgensen	4	5	6	8	10	12	100	200
228	Jim Butler	4	4	5	6	8	10	30	80
229	Mike Curtis RC	4	5	6	8	10	12	50	200
230	Richie Petitbon	4	4	5	6	8	10	30	60
231	George Sauer Jr.	4	4	5	6	8	10	30	80
232	George Blanda	4	5	6	▲20	▲25	▲60	▲100	▲500
233	Gary Garrison	4	4	5	6	8	10	25	80
234	Gary Collins	4	4	5	6	8	10	30	100
235	Craig Morton	4	4	5	6	8	10	30	175
236	Tom Nowatzke	4	4	5	6	8	10	20	50
237	Donny Anderson	4	4	5	6	8	12	100	200
238	Deacon Jones	4	5	6	8	10	12	50	125
239	Grady Alderman	4	4	5	6	8	10	30	80
240	Billy Kilmer	4	4	5	6	8	10	20	100
241	Mike Taliaferro	4	4	5	6	8	10	30	80
242	Stew Barber	4	4	5	6	8	10	30	80
243	Bobby Hunt	4	4	5	6	8	10	30	60
244	Homer Jones	4	4	5	6	8	10	30	100
245	Bob Brown OT	4	4	5	6	8	15	60	120
246	Bill Asbury	4	4	5	6	8	10	30	100
247	Charlie Johnson	4	4	5	6	8	10	50	80
248	Chris Hanburger	4	4	5	6	8	10	20	80
249	John Brodie	4	5	6	8	15	20	60	250
250	Earl Morrall	4	4	5	6	8	10	40	120
251	Floyd Little	4	5	6	8	10	15	40	150
252	Jerrel Wilson RC	4	4	5	6	8	10	30	100
253	Jim Keyes	4	4	5	6	8	10	30	100
254	Mel Renfro	4	5	6	8	10	12	35	125
255	Herb Adderley	4	5	6	8	10	15	40	150
256	Jack Snow	4	4	5	6	8	10	30	100
257	Charlie Durkee	4	4	5	6	8	10	30	100
258	Charlie Harper	4	4	5	6	8	10	25	80
259	J.R. Wilburn	4	4	5	6	8	10	40	150
260	Charlie Krueger	4	4	5	6	8	10	40	80
261	Pete Jacques	4	4	5	6	8	10	30	80
262	Gerry Philbin	4	4	5	6	10	12	40	100
263	Daryle Lamonica	4	5	6	15	20	▲40	▲100	

— John Brodie #249 PSA 10 (Gem Mt) sold for $1,033 (eBay; 2/09)
— Dick Butkus #139 PSA 9 (Mint) sold for $2,007 (eBay; 1/09)
— Dick Butkus #139 PSA 9 (Mint) sold for $1,125 (eBay; 2/10)
— Dick Butkus #139 PSA 9 (Mint) sold for $656 (eBay; 8/12)
— Checklist bordered #132B PSA 9 (Mint) sold for $765 (eBay; 3/08)
— Jim Dunaway #10 PSA 9 (Mint) sold for $1,103 (Mile High; 3/09)
— Wendell Hayes #10 PSA 10 (Gem) sold for $854 (eBay; 11/14)
— Randy Johnson #115 PSA 10 (Gem Mt) sold for $672 (Mile High; 10/09)
— Lou Michaels #116 PSA 10 (Gem Mt) sold for $611 (Mile High; 10/09)
— Leory Mitchell #183 PSA 9 (Mint) sold for $977 (eBay; 10/12)
— Ron Mix #99 PSA 10 (Gem Mt) sold for $1,317 (eBay; 2/13)
— Gayle Sayers #51 PSA 9 (Mint) sold for $1683 (eBay; 8/13)

1969 Topps Four-in-One Inserts

#		GD 2	VG 3	VgEx 4	EX 5	ExMt 6	NM 7	NmMt 8	MT 9
	COMMON CARD (1-66)	4	4	4	5	6	10	20	
1	Aldmn/Je.Smth/Sayrs/LeBeau	4	4	5	6	10	15	50	
3	Alwrth/Mynrd/McDle/Cannon	4	4	5	8	12	25	60	
4	Andrsn/Talifrro/Biltnikft/O/Tylr	4	4	5	6	8	12	25	
6	Bllmn/J.Hill/R.Jeffrsn/Dowler	4	4	4	5	6	10	20	60
8	Bishop/Bnaszk/Guidry/Day	4	4	4	5	6	10	20	60
11	Bnicnti/Saimes/McKinn/Drnko	4	4	4	5	6	10	20	60
13	Carln/Grron/Hicks/Jacques	4	4	4	5	6	10	20	60
15	Dixon/Sell/Namath/Twilley	5	6	8	10	15	25	50	

	GD 2	VG 3	VgEx 4	EX 5	ExMt 6	NM 7	NmMt 8	MT 9
Durk/McNeil/Bghn/Tarken	4	4	5	6	10	15	30	80
Griese/LeMne/Grysn/Swney	4	4	5	6	10	15	30	100
Hickrsn/D.Andrsn/Butks/Luc	4	4	5	6	10	15	30	
Howrd/Morrisn/B.Mrtin/B.Dvis	4	4	4	5	6	10	20	60
Hwly/Picclo/Hnbrgr/Barnes	5	6	8	10	15	25	50	100
W.John/Frdricksn/Lloyd/Wldn	4	4	4	5	6	10	20	60
Jurgensen/Bass/Martha/Parks	4	4	4	5	8	12	25	
Kelly/Meador/Starr/Ogden	4	4	5	6	10	15	35	120
Lamon/Cnninghm/Hunt/Brbr	4	4	4	5	6	10	20	60
Lang/Lilly/Butler/Brodie	4	4	4	5	8	12	25	
Mrdith/G.Cllins/H.Jnes/Wdsn	4	4	4	5	6	10	30	80
Nance/Dunaway/Csonka/Mix	4	4	5	6	10	15	30	100
Nlsn/Munson/Ramsey/Curtis	4	4	5	6	10	15	20	60
Pard/Snead/Baynham/Jeter	4	4	4	5	6	10	20	60
Rass/Mtte/Rntzl/B.Mitchell	4	4	4	5	6	10	20	60
Rolnd/Mortn/Bi.Brown/Baker	4	4	4	5	6	10	20	60
Rssll/R.Jhnsn/Mthsn/Karras	4	4	4	5	8	12	25	
Sestak/Wright/Moreau/Snell	4	4	4	5	6	10	20	60
Simmns/B.Hyes/Atkns/Lckhrt	4	4	4	5	6	10	20	60
Ja.Smth/Grbw/Ji.Jhnsn/C.Tylr	4	4	4	5	8	12	25	60
Strttn/Rshing/Brnnan/Keyes	4	4	4	5	6	10	20	60
Suggs/Dwsn/Hedrck/Denson	4	4	4	5	8	12	25	80
Talam/Blanda/Whalen/Kemp	4	5	6	8	12	20	40	
Trull/Philbin/Garrison/Buchan	4	4	4	5	6	10	20	60
Unitas/Josephson/Cox/Renfro	4	4	5	6	10	20	40	100
West/Herock/Byrd/Cappell	4	4	4	5	6	10	20	60

xon/Sellers/Namath/Twilley #15 PSA 9 (MT) sold for $400 (eBay; 11/06)
xon/Sell/Namath/Twilley #15 PSA 10 (Gem Mint) sold for $575.96 (Memory Lane; 5/12)

'70 Kellogg's

	VG 3	VgEx 4	EX 5	ExMt 6	NM 7	NmMt 8	MT 9	Gem 9.5/10
COMMON CARD (1-60)	4	4	5	6	10	12	15	60
Carl Eller	4	5	5	5	6	12	30	80
Len Dawson	4	5	5	5	6	12	20	60
Dick Butkus	4	5	5	6	8	15	30	350
George Sauer Jr.	4	5	5	5	6	10	20	50
Alex Karras	4	5	5	5	6	12	18	50
Bob Griese	4	5	5	5	6	12	25	100
Paul Warfield	4	5	5	5	6	12	20	60
Mike Garrett	4	5	5	5	6	10	25	400
Carl Garrett	4	5	5	5	6	10	20	175
Merlin Olsen	4	5	5	5	6	12	18	60
Lance Alworth	4	5	5	5	6	12	30	300
Larry Csonka	4	5	5	5	6	12	30	300
Bobby Bell	4	5	5	5	6	10	25	
George Webster	4	5	5	5	6	10	20	120
Bubba Smith	4	5	5	5	6	10	20	60
O.J. Simpson	4	5	6	8	12	25	50	200
Fred Biletnikoff	4	5	5	5	6	12	18	60
Gale Sayers	4	5	5	6	8	15	30	100
Sonny Jurgensen	4	5	5	5	6	12	20	80
Bob Lilly	4	5	5	5	6	12	18	80
Johnny Unitas	4	5	6	8	10	20	50	250
Don Maynard	4	5	5	5	6	10	20	60

'70 Topps

	VG 3	VgEx 4	EX 5	ExMt 6	NM 7	NmMt 8	MT 9	Gem 9.5/10
Len Dawson	4	5	6	10	40	▲100	▲500	
Doug Hart	4	5	5	5	8	12	60	
Verlon Biggs	4	5	5	5	8	12	40	120
Ralph Neely RC	4	5	5	5	8	20	300	
Harmon Wages	4	5	5	5	8	12	40	
Dan Conners	4	5	5	5	8	12	40	
Gino Cappelletti	4	5	5	5	8	12	150	
Erich Barnes	4	5	5	5	8	12	150	
Checklist 1	4	5	5	6	10	30		
Bob Griese	5	6	8	12	▲40	▲80	175	
Ed Flanagan	4	5	5	5	8	12	40	
George Seals	4	5	5	5	8	12	50	
Harry Jacobs	4	5	5	5	8	12	40	
Mike Haffner	4	5	5	5	8	12	50	
Bob Vogel	4	5	5	5	8	12	40	
Bill Peterson	4	5	5	5	8	12	50	
Spider Lockhart	4	5	5	5	8	12	50	
Billy Truax	4	5	5	5	8	12	50	
Jim Beirne	4	5	5	5	8	12	50	
Leroy Kelly	4	5	5	6	10	40	80	
Dave Lloyd	4	5	5	5	8	12	40	

#		VG 3	VgEx 4	EX 5	ExMt 6	NM 7	NmMt 8	MT 9	Gem 9.5/10
22	Mike Tilleman	4	5	5	5	8	12	50	
23	Gary Garrison	4	5	5	5	8	12	50	
24	Larry Brown RC	4	5	5	8	12	40	100	
25	Jan Stenerud RC	4	5	6	▲50	▲60	▲100	▲250	
26	Rolf Krueger	4	5	5	5	8	12	50	
27	Roland Lakes	4	5	5	5	8	12	50	
28	Dick Hoak	4	5	5	5	8	12	50	
29	Gene Washington Vik RC	4	5	5	6	10	15	200	
30	Bart Starr	6	8	10	25	80	▲200	500	
31	Dave Grayson	4	5	5	5	8	12	50	
32	Jerry Rush	4	5	5	5	8	12	50	
33	Len St. Jean	4	5	5	5	8	20		
34	Randy Edmunds	4	5	5	5	8	12	50	
35	Matt Snell	4	5	5	5	8	12	40	
36	Paul Costa	4	5	5	5	8	12	40	
37	Mike Pyle	4	5	5	5	8	12	50	
38	Roy Hilton	4	5	5	5	8	12	40	
39	Steve Tensi	4	5	5	5	8	12	60	
40	Tommy Nobis	4	5	5	6	10	15	50	
41	Pete Case	4	5	5	5	8	12	40	
42	Andy Rice	4	5	5	5	8	12	40	
43	Elvin Bethea RC	4	5	5	8	15	50	150	600
44	Jack Snow	4	5	5	5	8	12	50	
45	Mel Renfro	4	5	5	6	10	20	60	
46	Andy Livingston	4	5	5	5	8	12	30	120
47	Gary Ballman	4	5	5	5	8	12	40	
48	Bob DeMarco	4	5	5	5	8	12	40	
49	Steve DeLong	4	5	5	5	8	25		
50	Daryle Lamonica	4	5	5	6	10	15	60	300
51	Jim Lynch RC	4	5	5	6	12	25	135	
52	Mel Farr RC	4	5	5	5	8	12	40	
53	Bob Long RC	4	5	5	5	8	12	40	
54	John Elliott	4	5	5	5	8	12	50	
55	Ray Nitschke	4	5	5	6	12	30	125	
56	Jim Shorter	4	5	5	5	8	12	50	
57	Dave Wilcox	4	5	5	6	10	15	60	
58	Eric Crabtree	4	5	5	5	8	12	40	
59	Alan Page RC	6	▲30	▲50	▲60	▲125	200	▲1,000	▲1,200
60	Jim Nance	4	5	5	5	8	12	40	
61	Glen Ray Hines	4	5	5	5	8	12	40	120
62	John Mackey	4	5	5	6	10	15	60	
63	Ron McDole	4	5	5	5	8	12	40	
64	Tom Beier	4	5	5	5	8	12	40	120
65	Bill Nelsen	4	5	5	5	8	12	80	
66	Paul Flatley	4	5	5	5	8	12	40	
67	Sam Brunelli	4	5	5	5	8	12	40	
68	Jack Pardee	4	5	5	5	8	12	40	
69	Brig Owens	4	5	5	5	8	12	40	
70	Gale Sayers	6	8	▲30	▲50	100	200	800	
71	Lee Roy Jordan	4	5	5	6	10	15	80	
72	Harold Jackson RC	4	5	5	6	10	20	50	
73	John Hadl	4	5	5	6	10	15	100	
74	Dave Parks	4	5	5	5	8	12	40	
75	Lem Barney RC	5	6	▲25	▲30	40	▲100	300	
76	Johnny Roland	4	5	5	5	8	12	40	
77	Ed Budde	4	5	5	5	8	12	50	
78	Ben McGee	4	5	5	5	8	12	40	
79	Ken Bowman	4	5	5	5	8	12	40	
80	Fran Tarkenton	4	▲12	▲20	▲30	▲40	▲50	200	600
81	G.Washington 49er RC	4	5	5	5	10	20	80	
82	Larry Grantham	4	5	5	5	8	12	50	
83	Bill Brown	4	5	5	5	8	12	50	
84	John Charles	4	5	5	5	8	12	50	
85	Fred Biletnikoff	4	5	5	6	10	25	100	
86	Royce Berry	4	5	5	5	8	12	40	
87	Bob Lilly	4	5	5	6	10	20	80	
88	Earl Morrall	4	5	5	5	8	15	50	
89	Jerry LeVias RC	4	5	5	5	8	12	40	
90	O.J. Simpson RC	▲80	100	200	300	500	1,000	1,500	
91	Mike Howell	4	5	5	5	8	12	40	
92	Ken Gray	4	5	5	5	8	12	40	100
93	Chris Hanburger	4	5	5	5	8	12	40	
94	Larry Seiple RC	4	5	5	5	8	12	40	250
95	Rich Jackson RC	4	5	5	5	8	12	200	
96	Rockne Freitas	4	5	5	5	8	12	50	
97	Dick Post RC	4	5	5	5	8	12	50	
98	Ben Hawkins RC	4	5	5	5	8	12	40	
99	Ken Reaves	4	5	5	5	8	12	50	
100	Roman Gabriel	4	5	5	6	10	15	60	

FOOTBALL

FOOTBALL

#	Player	VG 3	VgEx 4	EX 5	ExMt 6	NM 7	NmMt 8	MT 9	Gem 9.5/10
101	Dave Rowe	4	5	5	5	8	15		
102	Dave Robinson	4	5	5	5	8	12	40	
103	Otis Taylor	4	5	5	5	8	12	60	
104	Jim Turner	4	5	5	5	8	15		
105	Joe Morrison	4	5	5	5	8	12	50	
106	Dick Evey	4	5	5	5	8	12	50	
107	Ray Mansfield	4	5	5	5	8	12	40	
108	Grady Alderman	4	5	5	5	8	12	50	
109	Bruce Gossett	4	5	5	5	8	12	50	
110	Bob Trumpy RC	4	5	5	6	10	20	80	
111	Jim Hunt	4	5	5	5	8	12	40	
112	Larry Stallings	4	5	5	5	8	12	40	
113A	Lance Rentzel Red	4	5	5	5	8	12	40	
113B	Lance Rentzel Black	4	5	5					
114	Bubba Smith RC	5	6	8	▲30	▲40	▲80	▲200	800
115	Norm Snead	4	5	5	5	8	12	40	
116	Jim Otto	4	5	5	6	10	15	60	
117	Bo Scott RC	4	5	5	5	8	15	60	
118	Rick Redman	4	5	5	5	8	12	40	150
119	George Butch Byrd	4	5	5	5	8	12	40	
120	George Webster RC	4	5	5	5	8	12	40	
121	Chuck Walton RC	4	5	5	5	8	12	40	
122	Dave Costa	4	5	5	5	8	12	40	
123	Al Dodd	4	5	5	5	8	12	40	
124	Len Hauss	4	5	5	5	8	15		
125	Deacon Jones	4	5	5	6	10	20	100	
126	Randy Johnson	4	5	5	5	8	12	40	
127	Ralph Heck	4	5	5	5	8	12	40	
128	Emerson Boozer RC	4	5	5	5	8	12	40	
129	Johnny Robinson	4	5	5	5	8	12	60	
130	John Brodie	4	5	5	6	10	20	60	
131	Gale Gillingham RC	4	5	5	5	8	12	40	
132	Checklist 2 DP	4	5	5	5	8	15	60	
133	Chuck Walker	4	5	5	5	8	12	80	
134	Bennie McRae	4	5	5	5	8	12	50	
135	Paul Warfield	4	5	5	6	10	20	150	
136	Dan Darragh	4	5	5	5	8	12	50	
137	Paul Robinson RC	4	5	5	5	8	12	50	
138	Ed Philpott	4	5	5	5	8	12	40	
139	Craig Morton	4	5	5	5	8	20	100	
140	Tom Dempsey RC	4	5	5	5	8	12	60	
141	Al Nelson	4	5	5	5	8	12	50	
142	Tom Matte	4	5	5	5	8	12	60	
143	Dick Schafrath	4	5	5	5	8	12	50	
144	Willie Brown	4	5	5	5	8	15	100	
145	Charley Taylor	4	5	5	6	10	20	60	
146	John Huard	4	5	5	5	8	12	50	
147	Dave Osborn	4	5	5	5	8	12	50	
148	Gene Mingo	4	5	5	5	8	12	50	
149	Larry Hand	4	5	5	5	8	12	50	
150	Joe Namath	▲30	40	▲60	100	200	400	1,300	
151	Tom Mack RC	4	5	5	▲25	▲40	▲150	200	
152	Kenny Graham	4	5	5	5	8	12	50	
153	Don Herrmann	4	5	5	5	8	12	50	
154	Bobby Bell	4	5	5	5	8	20		
155	Hoyle Granger	4	5	5	5	8	12	60	
156	Claude Humphrey RC	4	5	8	12	50	100	250	
157	Clifton McNeil	4	5	5	5	8	12	50	
158	Mick Tingelhoff	4	5	5	5	8	40	200	
159	Don Horn RC	4	5	5	5	8	12	50	
160	Larry Wilson	4	5	5	6	10	30	300	
161	Tom Neville	4	5	5	5	8	12	50	
162	Larry Csonka	5	6	8	12	40	80	▲400	
163	Doug Buffone RC	4	5	5	5	8	20	80	
164	Cornell Green	4	5	5	5	8	12	50	
165	Haven Moses RC	4	5	5	5	8	12	40	
166	Billy Kilmer	4	5	5	5	8	15	60	
167	Tim Rossovich RC	4	5	5	5	8	12	50	
168	Bill Bergey RC	4	5	5	5	8	15	150	
169	Gary Collins	4	5	5	5	8	12	50	
170	Floyd Little	4	5	5	5	8	15	200	
171	Tom Keating	4	5	5	5	8	20	100	
172	Pat Fischer	4	5	5	5	8	12	50	
173	Walt Sweeney	4	5	5	5	8	20		
174	Greg Larson	4	5	5	5	8	20	80	
175	Carl Eller	4	5	5	6	10	40	300	
176	George Sauer Jr.	4	5	5	5	8	12	50	
177	Jim Hart	4	5	5	5	8	15	60	
178	Bob Brown OT	4	5	5	5	8	15	100	
179	Mike Garrett RC	4	5	5	5	8	25	60	
180	Johnny Unitas	▲20	▲25	▲40	▲50	80	200	350	
181	Tom Regner	4	5	5	5	8	12	50	
182	Bob Jeter	4	5	5	5	8	12	50	
183	Gail Cogdill	4	5	5	5	8	12	50	
184	Earl Gros	4	5	5	5	8	12	50	
185	Dennis Partee	4	5	5	5	8	12	50	
186	Charlie Krueger	4	5	5	5	8	12	50	
187	Martin Baccaglio	4	5	5	5	8	12	50	
188	Charles Long	4	5	5	5	8	12	50	
189	Bob Hayes	4	5	5	6	12	30		
190	Dick Butkus	8	10	12	30	60	▲200	▲600	
191	Al Bemiller	4	5	5	5	8	12	50	
192	Dick Westmoreland	4	5	5	5	8	12	50	
193	Joe Scarpati	4	5	5	5	8	12	50	
194	Ron Snidow	4	5	5	5	8	12	50	
195	Earl McCullouch RC	4	5	5	5	8	12	80	
196	Jake Kupp	4	5	5	5	8	12	50	
197	Bob Lurtsema	4	5	5	5	8	12	50	
198	Mike Current	4	5	5	5	8	12	50	
199	Charlie Smith RB	4	5	5	5	8	12	80	
200	Sonny Jurgensen	4	5	5	6	10	20	100	
201	Mike Curtis	4	5	5	5	8	12	50	
202	Aaron Brown RC	4	5	5	5	8	12	50	
203	Richie Petitbon	4	5	5	5	8	12	50	
204	Walt Suggs	4	5	5	5	8	12	50	
205	Roy Jefferson	4	5	5	5	8	12	100	
206	Russ Washington RC	4	5	5	5	8	12	125	
207	Woody Peoples RC	4	5	5	5	8	12	80	
208	Dave Williams	4	5	5	5	8	12	50	
209	John Zook RC	4	5	5	5	8	12	50	
210	Tom Woodeshick	4	5	5	5	8	12	50	
211	Howard Fest	4	5	5	5	8	12	50	
212	Jack Concannon	4	5	5	5	8	12	50	
213	Jim Marshall	4	5	5	5	8	15	60	
214	Jon Morris	4	5	5	5	8	12	50	
215	Dan Abramowicz	4	5	5	5	8	12	50	
216	Paul Martha	4	5	5	5	8	12	40	
217	Ken Willard	4	5	5	5	8	12	50	
218	Walter Rock	4	5	5	5	8	12	50	
219	Garland Boyette	4	5	5	5	8	12	50	
220	Buck Buchanan	4	5	5	5	8	15	200	
221	Bill Munson	4	5	5	5	10	25	150	
222	David Lee RC	4	5	5	5	8	15		
223	Karl Noonan	4	5	5	5	8	25		
224	Harry Schuh	4	5	5	5	8	12	50	
225	Jackie Smith	4	5	5	5	8	15	60	
226	Gerry Philbin	4	5	5	5	8	12	50	
227	Ernie Koy	4	5	5	5	8	12	50	
228	Chuck Howley	4	5	5	5	8	25	60	
229	Billy Shaw	4	5	5	5	8	15	60	
230	Jerry Hillebrand	4	5	5	5	8	12	50	
231	Bill Thompson RC	4	5	5	5	8	12	50	
232	Carroll Dale	4	5	5	5	8	12	60	
233	Gene Hickerson	4	5	5	5	8	12	50	
234	Jim Butler	4	5	5	5	8	12	50	
235	Greg Cook RC	4	5	5	5	8	12	50	
236	Lee Roy Caffey	4	5	5	5	8	12	50	
237	Merlin Olsen	4	5	5	5	8	25	80	
238	Fred Cox	4	5	5	5	8	12	60	
239	Nate Ramsey	4	5	5	5	8	12	50	
240	Lance Alworth	4	5	5	6	10	25	100	
241	Chuck Hinton	4	5	5	5	8	12	80	
242	Jerry Smith	4	5	5	5	8	12	50	
243	Tony Baker FB	4	5	5	5	8	12	50	
244	Nick Buoniconti	4	5	5	5	8	15	60	
245	Jim Johnson	4	5	5	5	8	15	80	
246	Willie Richardson	4	5	5	5	8	12	100	
247	Fred Dryer RC	4	5	5	8	15	50	200	
248	Bobby Maples	4	5	5	5	8	12	50	
249	Alex Karras	4	5	5	5	8	15	200	
250	Joe Kapp	4	5	5	5	8	12	50	
251	Ben Davidson	4	5	5	5	8	15	60	
252	Mike Stratton	4	5	5	5	8	12	50	
253	Les Josephson	4	5	5	5	8	12	50	
254	Don Maynard	4	5	5	6	10	20	200	
255	Houston Antwine	4	5	5	5	8	25	60	
256	Mac Percival RC	4	5	5	5	8	12	80	
257	George Goedeke	4	5	5	5	8	12	50	

306 www.beckett.com/price-guide

	VG 3	VgEx 4	EX 5	ExMt 6	NM 7	NmMt 8	MT 9	Gem 9.5/10
Homer Jones	4	5	5	5	8	12	50	
Bob Berry	4	5	5	5	8	15		
Calvin Hill Red RC	4	5	6	10	20	40	150	
Calvin Hill RC Black	4	5	10	25	50	100		
Willie Wood	4	5	5	5	8	20	80	
Ed Weisacosky	4	5	5	5	8	25	300	
Jim Tyrer	4	5	5	6	10	30		

n Barney #75 PSA 10 (Gem) sold for $2,011 (eBay; 2/13)
n Barney #75 PSA 10 (Gem) sold for $1440 (eBay; 11/14)
n Bethea #43 PSA 10 (Gem) sold for $1,280 (eBay; 2/08)
n Bethea #43 PSA 10 (Gem Mint) sold for $573 (eBay; 6/12)
Roy Caffey #236 PSA 10 (Gem) sold for $1,252 (Mile High; 10/13)
ry Csonka #162 PSA 10 (Gem) sold for $2,055 (eBay; 3/07)
ry Csonka #162 PSA 10 (Gem Mint) sold for $1517.67 (eBay; 6/12)
ry Csonka #162 PSA 10 (Gem Mint) sold for $2510 (eBay; 6/16)
Dawson #1 PSA 10 (Gem Mint) sold for $832.69 (eBay; 6/12)
d Dryer RC #247 PSA 10 (Gem Mint) sold for $569.33 (eBay; 6/12)
n Maynard #254 PSA 10 (Gem Mint) sold for $570.03 (eBay; 6/12)
Nitschke #55 PSA 10 (Gem) sold for $698 (Andy Madec; 5/07)
rlin Olsen #237 PSA 10 (Gem Mint) sold for $560.43 (eBay; 6/12)
n Page #59 PSA 10 (Gem) sold for $790 (eBay; 4/07)
t Starr #30 PSA 10 (Gem) sold for $720 (eBay; 11/12)
t Starr #30 PSA 10 (Gem) sold for $910 (eBay; 2/07)
t Starr #30 PSA 10 (Gem) sold for $913 (eBay; 4/14)

'0 Topps Glossy Inserts

	GD 2	VG 3	VgEx 4	EX 5	ExMt 6	NM 7	NmMt 8	MT 9
COMMON CARD (1-33)	4	4	4	5	6	10	18	80
Tommy Nobis	4	5	5	6	10	15	30	150
Johnny Unitas	6	8	10	12	20	30	100	200
Mac Percival	4	5	5	5	6	10	18	120
Leroy Kelly	4	5	5	5	8	12	20	60
Bob Hayes	4	5	5	5	6	10	18	150
Bart Starr	5	5	6	8	▲40	▲50	▲125	200
Willie Wood	4	5	5	5	8	12	20	80
Dave Osborn	4	5	5	5	6	10	18	120
Fran Tarkenton	4	5	5	5	8	12	40	100
Tom Woodeshick	4	5	5	5	6	10	18	120
Sonny Jurgensen	4	5	5	6	10	15	60	150
Houston Antwine	4	5	5	5	6	10	20	120
O.J. Simpson	4	5	6	8	12	20	40	150
Rich Jackson	4	5	5	5	6	10	18	120
George Webster	4	5	5	5	6	10	18	120
Len Dawson	4	5	5	5	8	12	50	100
Bob Griese	4	5	5	5	8	12	25	100
Joe Namath	8	10	12	15	25	60	150	200
Daryle Lamonica	3	5	5	5	8	12	25	150
Fred Biletnikoff	4	5	5	5	8	12	20	80

'1 Kellogg's

	GD 2	VG 3	VgEx 4	EX 5	ExMt 6	NM 7	NmMt 8	MT 9
COMMON CARD (1-60)	4	4	5	5	6	12	25	60
Tom Barrington	4	4	5	5	6	12	50	150
Chris Hanburger	4	4	5	5	6	15	40	80
Fred Dryer	4	4	5	5	6	12	25	60
Larry Brown	4	4	5	5	6	12	25	100
Joe Greene	4	5	6	8	25	30	50	125
Johnny Unitas	8	10	12	15	25	40	125	250
George Blanda	4	5	6	8	12	18	30	100
Dick Butkus	5	6	8	10	15	25	40	200
John Brodie	4	4	5	5	8	15	30	60
Bob Griese	4	5	6	8	12	20	35	100

ug Cunningham #58 PSA 10 (Gem) sold for $500 (eBay; 4/07)
Dawson #1 PSA 10 (Gem) sold for $384 (Mile High; 10/09)
y Garrison #110 PSA 10 (Gem) sold for $460 (eBay; 4/07)

'1 Topps

	GD 2	VG 3	VgEx 4	EX 5	ExMt 6	NM 7	NmMt 8	MT 9
Johnny Unitas	5	8	▲25	40	50	100	400	1,250
Jim Butler	4	4	5	5	6	12	60	
Marty Schottenheimer RC	4	5	6	8	20	25	50	
Joe O'Donnell	4	4	5	5	6	10	20	
Tom Dempsey	4	4	5	5	6	10	20	200
Chuck Allen	4	4	5	5	6	10	20	
Ernie Kellerman	4	4	5	5	6	10	20	100
Walt Garrison RC	4	4	5	5	6	10	30	150
Bill Van Heusen	4	4	5	5	6	10	20	

		GD 2	VG 3	VgEx 4	EX 5	ExMt 6	NM 7	NmMt 8	MT 9
10	Lance Alworth	4	4	5	6	8	15	25	150
11	Greg Landry RC	4	4	5	5	6	10	20	80
12	Larry Krause	4	4	5	5	6	10	20	80
13	Buck Buchanan	4	4	5	5	6	10	40	
14	Roy Gerela RC	4	4	5	5	6	10	20	80
15	Clifton McNeil	4	4	5	5	6	12	50	
16	Bob Brown OT	4	4	5	5	6	10	20	80
17	Lloyd Mumphord	4	4	5	5	6	10	50	
18	Gary Cuozzo	4	4	5	5	6	12	40	
19	Don Maynard	4	4	5	5	6	12	25	150
20	Larry Wilson	4	4	5	5	6	10	25	
21	Charlie Smith RB	4	4	5	5	6	10	20	80
22	Ken Avery	4	4	5	5	6	10	20	120
23	Billy Walik	4	4	5	5	6	10	20	80
24	Jim Johnson	4	4	5	5	6	10	25	
25	Dick Butkus	5	8	▲25	▲30	40	▲80	▲300	
26	Charley Taylor	4	4	5	5	6	12	25	100
27	Checklist 1	4	4	5	5	8	30	300	
28	Lionel Aldridge RC	4	4	5	5	6	10	60	150
29	Billy Lothridge	4	4	5	5	6	10	20	80
30	Terry Hanratty RC	4	4	5	5	6	10	20	150
31	Lee Roy Jordan	4	4	5	5	6	10	40	
32	Rick Volk RC	4	4	5	5	6	10	20	
33	Howard Kindig	4	4	5	5	6	10	20	80
34	Carl Garrett RC	4	4	5	5	6	10	20	80
35	Bobby Bell	4	4	5	5	6	20	60	
36	Gene Hickerson	4	4	5	5	6	10	20	100
37	Dave Parks	4	4	5	5	6	10	20	
38	Paul Martha	4	4	5	5	6	10	20	80
39	George Blanda	4	4	5	5	8	15	50	100
40	Tom Woodeshick	4	4	5	5	6	10	20	100
41	Alex Karras	4	4	5	5	6	12	25	100
42	Rick Redman	4	4	5	5	6	10	20	120
43	Zeke Moore	4	4	5	5	6	10	20	
44	Jack Snow	4	4	5	5	6	12	40	120
45	Larry Csonka	4	4	5	▲25	▲60	▲80	▲100	300
46	Karl Kassulke	4	4	5	5	6	10	20	80
47	Jim Hart	4	4	5	5	6	10	20	80
48	Al Atkinson	4	4	5	5	6	12	100	
49	Horst Muhlmann RC	4	4	5	5	6	10	20	
50	Sonny Jurgensen	4	4	5	5	6	15	30	150
51	Ron Johnson RC	4	4	5	5	6	10	20	
52	Cas Banaszek	4	4	5	5	6	12	60	
53	Bubba Smith	4	4	5	5	6	12	25	150
54	Bobby Douglass RC	4	4	5	5	6	10	20	80
55	Willie Wood	4	4	5	5	6	10	20	
56	Bake Turner	4	4	5	5	6	10	20	
57	Mike Morgan LB	4	4	5	5	6	10	20	
58	George Butch Byrd	4	4	5	5	6	10	40	
59	Don Horn	4	4	5	5	6	12	40	
60	Tommy Nobis	4	4	5	5	6	10	20	135
61	Jan Stenerud	4	4	5	5	6	12	25	100
62	Altie Taylor RC	4	4	5	5	6	10	20	
63	Gary Pettigrew	4	4	5	5	6	10	20	
64	Spike Jones RC	4	4	5	5	6	10	50	
65	Duane Thomas RC	4	4	5	5	6	10	50	
66	Marty Domres RC	4	4	5	5	6	10	20	
67	Dick Anderson	4	4	5	5	6	10	20	150
68	Ken Iman	4	4	5	5	6	10	20	
69	Miller Farr	4	4	5	5	6	12	60	
70	Daryle Lamonica	4	4	5	5	6	12	25	150
71	Alan Page	4	4	5	6	10	40	▲80	400
72	Pat Matson	4	4	5	5	6	10	20	80
73	Emerson Boozer	4	4	5	6	10	20	80	
74	Pat Fischer	4	4	5	5	6	12	60	
75	Gary Collins	4	4	5	5	6	10	20	
76	John Fuqua RC	4	4	5	5	8	15	50	
77	Bruce Gossett	4	4	5	5	6	12	60	
78	Ed O'Bradovich	4	4	5	5	6	10	20	80
79	Bob Tucker RC	4	4	5	5	6	12	30	
80	Mike Curtis	4	4	5	5	6	12	50	
81	Rich Jackson	4	4	5	5	6	10	20	100
82	Tom Janik	4	4	5	5	6	10	20	100
83	Gale Gillingham	4	4	5	5	6	10	20	
84	Jim Mitchell TE	4	4	5	5	6	10	20	
85	Charlie Johnson	4	4	5	5	6	10	20	100
86	Edgar Chandler	4	4	5	5	6	10	20	
87	Cyril Pinder	4	4	5	5	6	10	20	
88	Johnny Robinson	4	4	5	5	6	10	20	

#	Name	GD 2	VG 3	VgEx 4	EX 5	ExMt 6	NM 7	NmMt 8	MT 9
89	Ralph Neely	4	4	5	5	6	10	25	
90	Dan Abramowicz	4	4	5	5	6	10	50	
91	Mercury Morris RC	4	4	5	8	12	30	100	
92	Steve DeLong	4	4	5	5	6	10	20	150
93	Larry Stallings	4	4	5	5	6	10	20	
94	Tom Mack	4	4	5	5	6	10	20	
95	Hewritt Dixon	4	4	5	5	6	10	20	120
96	Fred Cox	4	4	5	5	6	12	80	
97	Chris Hanburger	4	4	5	5	6	10	20	
98	Gerry Philbin	4	4	5	5	6	12	30	
99	Ernie Wright	4	4	5	5	6	10	20	
100	John Brodie	4	4	5	5	6	12	40	100
101	Tucker Frederickson	4	4	5	5	6	10	20	
102	Bobby Walden	4	4	5	5	6	10	20	
103	Dick Gordon	4	4	5	5	6	10	25	
104	Walter Johnson	4	4	5	5	6	10	20	
105	Mike Lucci	4	4	5	5	6	10	20	
106	Checklist 2 DP	4	4	5	5	6	10	20	
107	Ron Berger	4	4	5	5	6	10	20	80
108	Dan Sullivan	4	4	5	5	6	10	20	80
109	George Kunz RC	4	4	5	5	6	10	20	80
110	Floyd Little	4	4	5	5	6	12	40	
111	Zeke Bratkowski	4	4	5	5	6	10	40	
112	Haven Moses	4	4	5	5	6	10	20	
113	Ken Houston RC	4	5	6	8	12	20	125	600
114	Willie Lanier RC	4	5	6	▲15	▲30	▲50	▲200	▲1,500
115	Larry Brown	4	4	5	5	6	10	20	120
116	Tim Rossovich	4	4	5	5	6	12	120	
117	Errol Linden	4	4	5	5	6	10	20	
118	Mel Renfro	4	4	5	5	6	10	40	
119	Mike Garrett	4	4	5	5	6	10	40	
120	Fran Tarkenton	4	4	5	6	10	18	100	400
121	Garo Yepremian RC	4	4	5	5	6	10	20	
122	Glen Condren	4	4	5	5	6	10	20	
123	Johnny Roland	4	4	5	5	6	10	30	
124	Dave Herman	4	4	5	5	6	10	20	
125	Merlin Olsen	4	4	5	5	6	12	25	
126	Doug Buffone	4	4	5	5	6	10	30	
127	Earl McCullouch	4	4	5	5	6	10	20	
128	Spider Lockhart	4	4	5	5	6	10	20	100
129	Ken Willard	4	4	5	5	6	10	20	150
130	Gene Washington Vik	4	4	5	5	6	10	20	135
131	Mike Phipps RC	4	4	5	5	6	10	20	150
132	Andy Russell	4	4	5	5	6	12	60	
133	Ray Nitschke	4	4	5	6	8	60	600	
134	Jerry Logan	4	4	5	5	6	12	200	
135	MacArthur Lane RC	4	4	5	5	6	12	80	
136	Jim Turner	4	4	5	5	6	12	175	
137	Kent McCloughan	4	4	5	5	6	12	250	
138	Paul Guidry	4	4	5	5	6	12	150	
139	Otis Taylor	4	4	5	5	6	10	60	
140	Virgil Carter RC	4	4	5	5	6	10	60	
141	Joe Dawkins	4	4	5	5	6	10	25	
142	Steve Preece	4	4	5	5	6	12	30	
143	Mike Bragg RC	4	4	5	5	6	10	50	
144	Bob Lilly	4	4	5	5	6	15	100	
145	Joe Kapp	4	4	5	5	6	10	30	
146	Al Dodd	4	4	5	5	6	12	80	
147	Nick Buoniconti	4	4	5	5	6	10	40	
148	Speedy Duncan	4	4	5	5	6	10	25	
149	Cedrick Hardman RC	4	4	5	5	6	10	150	
150	Gale Sayers	▲20	▲25	▲40	▲50	▲100	▲125	▲300	800
151	Jim Otto	4	4	5	5	6	10	40	
152	Billy Truax	4	4	5	5	6	10	60	
153	John Elliott	4	4	5	5	6	10	25	
154	Dick LeBeau	4	4	5	5	6	10	60	
155	Bill Bergey	4	4	5	5	6	12	135	
156	Terry Bradshaw RC	300	400	500	600	1,000	1,500	▼3,000	40,000
157	Leroy Kelly	4	4	5	5	6	12	40	
158	Paul Krause	4	4	5	5	6	15	50	
159	Ted Vactor	4	4	5	5	6	10	20	80
160	Bob Griese	4	▲10	▲15	▲20	▲80	▲100	▲125	500
161	Ernie McMillan	4	4	5	5	6	10	25	
162	Donny Anderson	4	4	5	5	6	10	30	
163	John Pitts	4	4	5	5	6	12	50	
164	Dave Costa	4	4	5	5	6	10	25	
165	Gene Washington 49er	4	4	5	5	6	10	30	
166	John Zook	4	4	5	5	6	10	25	
167	Pete Gogolak	4	4	5	5	6	10	50	
168	Erich Barnes	4	4	5	5	6	12	80	
169	Alvin Reed	4	4	5	5	6	12	50	
170	Jim Nance	4	4	5	5	6	10	30	80
171	Craig Morton	4	4	5	5	6	10	50	
172	Gary Garrison	4	4	5	5	6	10	30	150
173	Joe Scarpati	4	4	5	5	6	10	25	
174	Adrian Young	4	4	5	5	6	12	120	
175	John Mackey	4	4	5	5	6	15	80	
176	Mac Percival	4	4	5	5	6	12	100	
177	Preston Pearson RC	4	4	5	5	6	12	40	
178	Fred Biletnikoff	4	4	5	5	8	20	80	
179	Mike Battle RC	4	4	5	5	6	10	30	
180	Len Dawson	4	4	5	5	8	15	200	
181	Les Josephson	4	4	5	5	6	10	20	120
182	Royce Berry	4	4	5	5	6	10	60	
183	Herman Weaver	4	4	5	5	6	12	100	
184	Norm Snead	4	4	5	5	6	20	40	
185	Sam Brunelli	4	4	5	5	6	10	25	
186	Jim Kiick RC	4	4	5	5	6	12	80	
187	Austin Denney	4	4	5	5	6	10	20	80
188	Roger Wehrli RC	4	▲20	▲30	▲50	▲60	▲80	▲300	
189	Dave Wilcox	4	4	5	5	6	12	50	
190	Bob Hayes	4	4	5	5	6	10	60	
191	Joe Morrison	4	4	5	5	6	10	50	
192	Manny Sistrunk	4	4	5	5	6	10	100	
193	Don Cockroft RC	4	4	5	5	6	10	25	
194	Lee Bouggess	4	4	5	5	6	12	100	
195	Bob Berry	4	4	5	5	6	10	25	125
196	Ron Sellers	4	4	5	5	6	12	30	
197	George Webster	4	4	5	5	6	12	150	
198	Hoyle Granger	4	4	5	5	6	10	20	150
199	Bob Vogel	4	4	5	5	6	10	40	
200	Bart Starr	4	▲20	▲30	▲40	▲50	80	▲300	800
201	Mike Mercer	4	4	5	5	6	12	30	
202	Dave Smith WR	4	4	5	5	6	12	100	
203	Lee Roy Caffey	4	4	5	5	6	10	25	
204	Mick Tingelhoff	4	4	5	5	6	12	60	
205	Matt Snell	4	4	5	5	6	10	20	125
206	Jim Tyrer	4	4	5	5	6	12	40	
207	Willie Brown	4	4	5	5	6	10	60	
208	Bob Johnson RC	4	4	5	5	6	10	30	
209	Deacon Jones	4	4	5	5	6	12	80	
210	Charlie Sanders RC	4	5	▲20	▲25	▲100	▲125	250	
211	Jake Scott RC	4	4	6	10	20	25	80	
212	Bob Anderson RC	4	4	5	5	6	10	25	
213	Charlie Krueger	4	4	5	5	6	10	50	
214	Jim Bakken	4	4	5	5	6	15	100	
215	Harold Jackson	4	4	5	5	6	15	100	
216	Bill Brundige	4	4	5	5	6	10	50	300
217	Calvin Hill	4	4	5	5	6	15	60	
218	Claude Humphrey	4	4	5	5	6	12	150	
219	Glen Ray Hines	4	4	5	5	6	12	30	
220	Bill Nelsen	4	4	5	5	6	10	50	80
221	Roy Hilton	4	4	5	5	6	12	150	
222	Don Herrmann	4	4	5	5	6	10	25	
223	John Bramlett	4	4	5	5	6	12	100	
224	Ken Ellis	4	4	5	5	6	30	250	500
225	Dave Osborn	4	4	5	5	6	10	50	
226	Edd Hargett RC	4	4	5	5	6	12	100	
227	Gene Mingo	4	4	5	5	6	12	50	
228	Larry Grantham	4	4	5	5	6	12	100	
229	Dick Post	4	4	5	5	6	25	150	
230	Roman Gabriel	4	4	5	5	6	10	50	300
231	Mike Eischeid	4	4	5	5	6	20	150	
232	Jim Lynch	4	4	5	5	6	10	50	
233	Lemar Parrish RC	4	4	5	5	6	20	135	
234	Cecil Turner	4	4	5	5	6	12	100	
235	Dennis Shaw RC	4	4	5	5	6	10	40	
236	Mel Farr	4	4	5	5	6	12	100	
237	Curt Knight	4	4	5	5	6	10	25	
238	Chuck Howley	4	4	5	5	6	10	50	
239	Bruce Taylor RC	4	4	5	5	6	12	100	
240	Jerry LeVias	4	4	5	5	6	12	50	
241	Bob Lurtsema	4	4	5	5	6	10	25	
242	Earl Morrall	4	4	5	5	6	10	25	
243	Kermit Alexander	4	4	5	5	6	10	25	150
244	Jackie Smith	4	4	5	5	6	10	50	

	GD 2	VG 3	VgEx 4	EX 5	ExMt 6	NM 7	NmMt 8	MT 9
Joe Greene RC	▲50	▲80	100	▲200	300	400	▲1,500	
Harmon Wages	4	4	5	5	6	10	50	
Errol Mann	4	4	5	5	6	20	120	
Mike McCoy DT RC	4	4	5	5	6	10	30	
Milt Morin RC	4	4	5	5	6	10	25	
Joe Namath	▲25	▲30	▲40	▲60	▲150	▲300	500	
Jackie Burkett	4	4	5	5	6	10	100	
Steve Chomyszak	4	4	5	5	6	10	35	
Ed Sharockman	4	4	5	5	6	12	200	
Robert Holmes RC	4	4	5	5	6	10	40	100
John Hadl	4	4	5	5	6	10	25	
Cornell Gordon	4	4	5	5	6	12	30	
Mark Moseley RC	4	4	5	5	6	12	30	
Gus Otto	4	4	5	5	6	20	300	
Mike Taliaferro	4	4	5	5	6	12	30	
O.J.Simpson	4	6	▲40	▲50	60	150	▲1,500	
Paul Warfield	4	4	5	5	8	20	250	
Jack Concannon	4	4	5	5	10	20	100	
Tom Matte	4	4	5	5	8	50	150	

ance Alworth #10 PSA 9 (MT) sold for $760 (eBay; 1/07)
illie Brown #207 PSA 9 (MT) sold for $710 (eBay; 1/08)
ck Butkus #25 PSA 9 (MT) sold for $770 (eBay; 7/05)
ck Butkus #25 PSA 9 (MT) sold for $1,228 (eBay; 9/13)
e Greene #245 PSA 10 (Gem) sold for $5115 (eBay; 11/14)
e Greene #245 PSA 9 (MT) sold for $2,497 (Mile High; 10/09)
e Greene #245 PSA 9 (MT) sold for $2,613 (eBay; 11/13)
ohn Hadl #255 PSA 9 (MT) sold for $565 (eBay; 1/08)
en Houston #113 PSA 10 (Gem Mint) sold for $5,510 (eBay; 2/13)
es Josephson #181 PSA 9 (MT) sold for $1,335 (eBay; 6/09)
ike Lucci #105 PSA 10 (Gem Mint) sold for $607 (Memory Lane; 8/12)
ohn Mackey #175 PSA 9 (MT) sold for $520 (eBay; 10/06)
ercury Morris #91 PSA 10 (Gem MT) sold for $2,555 (eBay; 12/11)
aig Morton #171 PSA 10 (Gem MT) sold for $1,228.50 (eBay; 2/14)
e Namath #250 PSA 8.5 (NmMT+) sold for $974 (eBay; 12/12)
O'Bradovich #78 PSA 10 (Gem Mint) sold for $552 (Memory Lane; 8/12)
harlie Sanders #210 PSA 9 (MT) sold for $453 (eBay; 12/12)
arty Schottenheimer #3 PSA 9 (MT) sold for $550 (eBay; 6/06)
tie Taylor RC #62 PSA 10 (Gem Mint) sold for $668 (Memory Lane; 8/12)
uane Thomas #65 PSA 9 (MT) sold for $337 (eBay; 2/13)
lly Truax #152 PSA 10 (Gem Mint) sold for $889 (Memory Lane; 8/12)
hnny Unitas #1 PSA 9 (MT) sold for $1,285 (eBay; 3/07)
oger Wehrli #188 PSA 9 (MT) sold for $1,335 (eBay; 6/09)
ave Wilcox #189 PSA 10 (Gem Mint) sold for $1,032 (eBay; 7/13)

71 Topps Game Inserts

	GD 2	VG 3	VgEx 4	EX 5	ExMt 6	NM 7	NmMt 8	MT 9
COMMON CARD (1-53)	4	4	4	5	5	8	15	
Dick Butkus DP	4	4	4	5	6	10	25	
Joe Namath DP	4	4	5	6	8	▲40	▲50	100
Mike Curtis	4	4	4	5	5	8	15	80
Jim Nance	4	4	4	5	5	8	12	
O.J. Simpson	4	4	▲15	▲20	▲30	▲40	▲60	120
Tommy Nobis	4	4	4	5	5	8	10	80
Gale Sayers	4	4	▲12	▲20	▲30	▲40	▲50	60
Floyd Little	4	4	4	5	5	10	25	
Sam Brunelli	4	4	4	5	6	12		
Gene Washington 49er	4	4	4	5	5	8	15	80
Willie Wood	4	4	4	5	5	8	15	80
Charley Johnson	4	4	4	5	5	10	25	
Len Dawson	4	4	4	5	6	10	20	
Merlin Olsen	4	4	4	5	5	8	20	
Roman Gabriel	4	4	4	5	5	10	25	
Bob Griese	4	4	4	5	6	10	30	
Larry Csonka	4	4	4	5	6	15	20	100
Dan Abramowicz	4	4	4	5	5	10	25	
Tom Dempsey	4	4	4	5	6	12		
Fran Tarkenton	4	4	4	5	6	10	25	
Johnny Unitas	4	4	5	6	10	15	60	150
Daryle Lamonica	4	4	4	5	5	8	15	80
Terry Bradshaw	4	4	▲25	▲30	▲50	▲125	▲150	200
MacArthur Lane	4	4	4	5	5	8	20	100
Lance Alworth	4	4	4	5	6	10	20	80
John Brodie	4	4	4	5	5	8	30	
Bart Starr DP	4	4	4	5	6	10	30	120
Sonny Jurgensen	4	4	4	5	6	10	15	
Larry Brown	4	4	4	5	6	12		

1972 Topps

		VG 3	VgEx 4	EX 5	ExMt 6	NM 7	NmMt 8	MT 9	Gem 9.5/10
1	Csonka/Little/Hubbard LL	4	5	5	8	15	10	500	
2	Brockington/Owens/Ellison LL	4	5	5	5	8	25	60	
3	Griese/Dawson/Carter LL	4	5	5	5	8	20	120	
4	Staubach/Landry/Kilmer LL	4	5	5	6	15	40	150	
5	Biletnikoff/O.Taylor/Vataha LL	4	5	5	5	8	20	80	
6	Tucker/Kwalick/H.Jack./Jeffer.LL	4	5	5	5	8	15	60	
7	Yepremian/Stenerud/O'Brien LL	4	5	5	5	8	15	50	
8	Knight/Mann/Gossett LL	4	5	5	5	8	12	40	
9	Jim Kiick	4	5	5	5	8	15	50	
10	Otis Taylor	4	5	5	5	8	12	40	
11	Bobby Joe Green	4	5	5	5	8	12	40	
12	Ken Ellis	4	5	5	5	8	12	40	
13	John Riggins RC	8	10	12	15	30	▲150	300	
14	Dave Parks	4	5	5	5	8	12	40	
15	John Hadl	4	5	5	5	8	15	40	
16	Ron Hornsby	4	5	5	5	8	15		
17	Chip Myers RC	4	5	5	5	8	15		
18	Billy Kilmer	4	5	5	5	8	12	40	
19	Fred Hoaglin	4	5	5	5	8	12	40	
20	Carl Eller	4	5	5	5	8	12	40	
21	Steve Zabel	4	5	5	5	8	12	40	
22	Vic Washington RC	4	5	5	5	8	12	40	
23	Len St. Jean	4	5	5	5	8	12	40	
24	Bill Thompson	4	5	5	5	8	12	40	
25	Steve Owens RC	4	5	5	5	10	25	80	
26	Ken Burrough RC	4	5	5	5	8	12	50	
27	Mike Clark	4	5	5	5	8	12	60	
28	Willie Brown	4	5	5	5	8	12	40	
29	Checklist 1	4	5	5	6	10	20	80	
30	Marlin Briscoe RC	4	5	5	5	8	12	40	
31	Jerry Logan	4	5	5	5	8	12	40	
32	Donny Anderson	4	5	5	5	8	12	40	
33	Rich McGeorge	4	5	5	5	8	12	40	
34	Charlie Durkee	4	5	5	5	8	12	40	
35	Willie Lanier	4	5	5	5	8	12	40	
36	Chris Farasopoulos	4	5	5	5	8	12	40	
37	Ron Shanklin RC	4	5	5	5	8	15		
38	Forrest Blue RC	4	5	5	5	8	12	40	
39	Ken Reaves	4	5	5	5	8	12	40	
40	Roman Gabriel	4	5	5	5	8	12	40	
41	Mac Percival	4	5	5	5	8	12	40	
42	Lem Barney	4	5	5	5	8	12	40	
43	Nick Buoniconti	4	5	5	5	8	15	40	
44	Charlie Gogolak	4	5	5	5	8	12	40	
45	Bill Bradley RC	4	5	5	5	8	12	40	
46	Joe Jones DE	4	5	5	5	8	12	40	
47	Dave Williams	4	5	5	5	8	12	40	
48	Pete Athas	4	5	5	5	8	12	40	
49	Virgil Carter	4	5	5	5	8	12	40	
50	Floyd Little	4	5	5	5	8	20	40	
51	Curt Knight	4	5	5	5	8	12	40	
52	Bobby Maples	4	5	5	5	8	12	40	
53	Charlie West	4	5	5	5	8	12	50	
54	Marv Hubbard RC	4	5	5	5	8	12	40	
55	Archie Manning RC	▲20	▲25	▲30	▲40	▲60	▲200	▲800	▲1,000
56	Jim O'Brien RC	4	5	5	5	8	12	40	
57	Wayne Patrick	4	5	5	5	8	12	40	
58	Ken Bowman	4	5	5	5	8	15		
59	Roger Wehrli	4	5	5	5	8	12	40	
60	Charlie Sanders	4	5	5	5	8	12	40	
61	Jan Stenerud	4	5	5	5	8	12	40	
62	Willie Ellison	4	5	5	5	8	12	40	
63	Walt Sweeney	4	5	5	5	8	12	40	
64	Ron Smith	4	5	5	5	8	12	40	
65	Jim Plunkett RC	5	6	▲30	▲40	▲60	150	500	
66	Herb Adderley	4	5	5	5	8	12	40	
67	Mike Reid RC	4	5	5	5	8	12	50	
68	Richard Caster RC	4	5	5	5	8	12	40	
69	Dave Wilcox	4	5	5	5	8	12	50	
70	Leroy Kelly	4	5	5	5	8	30	60	
71	Bob Lee RC	4	5	5	5	8	12	50	
72	Verlon Biggs	4	5	5	5	8	12	80	
73	Henry Allison	4	5	5	5	8	12	40	
74	Steve Ramsey	4	5	5	5	8	12	40	
75	Claude Humphrey	4	5	5	5	8	12	40	

#	Player	VG 3	VgEx 4	EX 5	ExMt 6	NM 7	NmMt 8	MT 9	Gem 9.5/10
76	Bob Grim RC	4	5	5	5	8	12	40	
77	John Fuqua	4	5	5	5	8	12	100	
78	Ken Houston	4	5	5	5	8	20	40	
79	Checklist 2 DP	4	5	5	5	8	15	40	
80	Bob Griese	4	5	6	8	15	25	120	
81	Lance Rentzel	4	5	5	5	8	12	40	
82	Ed Podolak RC	4	5	5	5	8	12	40	
83	Ike Hill	4	5	5	5	8	12	40	
84	George Farmer	4	5	5	5	8	12	40	
85	John Brockington RC	4	5	5	5	8	12	40	
86	Jim Otto	4	5	5	5	8	12	40	
87	Richard Neal	4	5	5	5	8	12	40	
88	Jim Hart	4	5	5	5	8	12	40	
89	Bob Babich	4	5	5	5	8	12	40	
90	Gene Washington 49ers	4	5	5	5	8	12	40	
91	John Zook	4	5	5	5	8	12	40	
92	Bobby Duhon	4	5	5	5	8	12	40	
93	Ted Hendricks RC	4	5	6	5	30	60	400	
94	Rockne Freitas	4	5	5	5	8	12	40	
95	Larry Brown	4	5	5	5	8	12	40	
96	Mike Phipps	4	5	5	5	8	12	40	
97	Julius Adams	4	5	5	5	8	12	40	
98	Dick Anderson	4	5	5	5	8	12	40	
99	Fred Willis	4	5	5	5	8	12	40	
100	Joe Namath	10	12	15	50	60	200	250	1,500
101	L.C.Greenwood RC	4	5	6	10	20	▲100	300	400
102	Mark Nordquist	4	5	5	5	8	12	40	
103	Robert Holmes	4	5	5	5	8	12	40	
104	Ron Yary RC	4	5	6	8	25	50	200	
105	Bob Hayes	4	5	5	5	8	15	50	
106	Lyle Alzado RC	4	5	6	15	40	▲100	▲300	
107	Bob Berry	4	5	5	5	8	12	40	
108	Phil Villapiano RC	4	5	5	5	8	12	60	
109	Dave Elmendorf	4	5	5	5	8	12	40	
110	Gale Sayers	5	6	15	▲40	100	125	300	
111	Jim Tyrer	4	5	5	5	8	12	40	
112	Mel Gray RC	4	5	5	5	8	12	40	
113	Gerry Philbin	4	5	5	5	8	12	40	
114	Bob James	4	5	5	5	8	12	40	
115	Garo Yepremian	4	5	5	5	8	12	50	
116	Dave Robinson	4	5	5	5	8	12	40	
117	Jeff Queen	4	5	5	5	8	12	40	
118	Norm Snead	4	5	5	5	8	25		
119	Jim Nance IA	4	5	5	5	8	12	40	
120	Terry Bradshaw IA	4	5	6	8	12	25	100	300
121	Jim Kiick IA	4	5	5	5	8	12	40	
122	Roger Staubach IA	5	6	8	12	40	50	250	
123	Bo Scott IA	4	5	5	5	8	12	40	
124	John Brodie IA	4	5	5	5	8	12	40	175
125	Rick Volk IA	4	5	5	5	8	12	40	
126	John Riggins IA	4	5	5	6	10	20	30	250
127	Bubba Smith IA	4	5	5	5	8	12	40	
128	Roman Gabriel IA	4	5	5	5	8	12	40	
129	Calvin Hill IA	4	5	5	5	8	12	40	
130	Bill Nelsen IA	4	5	5	5	8	12	40	
131	Tom Matte IA	4	5	5	5	8	12	40	
132	Bob Griese IA	4	5	5	5	8	20	80	
133	AFC Semi-Final	4	5	5	6	10	30	150	
134	NFC Semi-Final	4	5	5	5	8	12	80	
135	AFC Semi-Final	4	5	5	5	8	12	50	
136	NFC Semi-Final	4	5	5	5	8	12	60	
137	AFC Title Game/Unitas	4	5	5	5	10	20	60	
138	NFC Title Game/Lilly	4	5	5	5	8	25		
139	Super Bowl VI/Staubach	4	5	5	6	10	50	100	
140	Larry Csonka	4	5	5	8	15	50	200	
141	Rick Volk	4	5	5	5	8	12	40	
142	Roy Jefferson	4	5	5	5	8	12	40	
143	Raymond Chester RC	4	5	5	5	8	12	60	
144	Bobby Douglass	4	5	5	5	8	12	40	
145	Bob Lilly	4	5	5	5	8	30	150	
146	Harold Jackson	4	5	5	5	8	12	50	
147	Pete Gogolak	4	5	5	5	8	12	40	
148	Art Malone	4	5	5	5	8	12	40	
149	Ed Flanagan	4	5	5	5	8	12	40	
150	Terry Bradshaw	12	15	20	30	40	150	750	
151	MacArthur Lane	4	5	5	5	8	12	40	
152	Jack Snow	4	5	5	5	8	10	40	
153	Al Beauchamp	4	5	5	5	8	12	40	
154	Bob Anderson	4	5	5	5	8	12	40	

#	Player	VG 3	VgEx 4	EX 5	ExMt 6	NM 7	NmMt 8	MT 9	Gem 9.5
155	Ted Kwalick RC	4	5	5	5	8	12	40	
156	Dan Pastorini RC	4	5	5	5	10	20	60	
157	Emmitt Thomas RC	5	▲12	▲25	▲40	▲80	▲200	400	
158	Randy Vataha RC	4	5	5	5	8	12	40	
159	Al Atkinson	4	5	5	5	8	12	40	
160	O.J.Simpson	4	5	▲25	▲30	▲40	▲50	150	
161	Jackie Smith	4	5	5	5	8	12	40	
162	Ernie Kellerman	4	5	5	5	8	15		
163	Dennis Partee	4	5	5	5	8	12	40	
164	Jake Kupp	4	5	5	5	8	12	150	
165	Johnny Unitas	8	10	12	30	40	50	200	
166	Clint Jones RC	4	5	5	5	8	12	40	
167	Paul Warfield	4	5	5	6	10	25	80	
168	Roland McDole	4	5	5	5	8	20	60	
169	Daryle Lamonica	4	5	5	5	8	15	125	
170	Dick Butkus	4	5	6	8	20	50	150	
171	Jim Butler	4	5	5	5	8	12	40	
172	Mike McCoy DT	4	5	5	5	8	12	40	
173	Dave Smith WR	4	5	5	5	8	12	40	
174	Greg Landry	4	5	5	5	8	12	40	
175	Tom Dempsey	4	5	5	5	8	15	50	
176	John Charles	4	5	5	5	8	12	150	
177	Bobby Bell	4	5	5	5	8	12	60	
178	Don Horn	4	5	5	5	8	10	40	
179	Bob Trumpy	4	5	5	5	8	15		
180	Duane Thomas	4	5	5	5	8	12	40	
181	Merlin Olsen	4	5	5	5	8	15	60	
182	Dave Herman	4	5	5	5	8	12	40	
183	Jim Nance	4	5	5	5	8	12	40	
184	Pete Beathard	4	5	5	5	8	12	40	
185	Bob Tucker	4	5	5	5	8	12	40	
186	Gene Upshaw RC	4	5	▲30	▲40	▲100	▲150	400	
187	Bo Scott	4	5	5	5	8	12	40	
188	J.D.Hill RC	4	5	5	5	8	12	40	
189	Bruce Gossett	4	5	5	5	8	12	40	
190	Bubba Smith	4	5	5	5	8	15	40	
191	Edd Hargett	4	5	5	5	8	12	40	
192	Gary Garrison	4	5	5	5	8	12	40	
193	Jake Scott	4	5	5	5	8	12	50	
194	Fred Cox	4	5	5	5	8	25		
195	Sonny Jurgensen	4	5	5	5	8	25	80	
196	Greg Brezina RC	4	5	5	5	8	12	50	
197	Ed O'Bradovich	4	5	5	5	8	12	50	
198	John Rowser	4	5	5	5	8	12	50	
199	Altie Taylor	4	5	5	5	8	12	50	
200	Roger Staubach RC	▲120	▲200	▲250	▲500	▲800	▲3,000	10,000	
201	Leroy Keyes RC	4	5	5	5	8	12	40	
202	Garland Boyette	4	5	5	5	8	12	40	
203	Tom Beer	4	5	5	5	8	12	40	
204	Buck Buchanan	4	5	5	5	8	12	40	
205	Larry Wilson	4	5	5	5	8	12	40	
206	Scott Hunter RC	4	5	5	5	8	12	40	
207	Ron Johnson	4	5	5	5	8	12	40	
208	Sam Brunelli	4	5	5	5	8	12	40	
209	Deacon Jones	4	5	5	5	8	12	50	
210	Fred Biletnikoff	4	5	5	6	10	25	80	
211	Bill Nelsen	4	5	5	5	8	20	80	
212	George Nock	4	5	5	5	8	12	40	
213	Dan Abramowicz	4	5	5	5	8	12	40	
214	Irv Goode	4	5	5	5	8	12	40	
215	Isiah Robertson RC	4	5	5	5	8	12	40	
216	Tom Matte	4	5	5	5	8	12	50	
217	Pat Fischer	4	5	5	5	8	15		
218	Gene Washington Vik	4	5	5	5	8	12	50	
219	Paul Robinson	4	5	5	5	8	12	40	
220	John Brodie	4	5	5	5	8	15	50	
221	Manny Fernandez RC	4	5	5	5	8	12	40	
222	Errol Mann	4	5	5	5	8	12	40	
223	Dick Gordon	4	5	5	5	8	12	40	
224	Calvin Hill	4	5	5	5		12	120	
225	Fran Tarkenton	4	5	12	15	▲50	▲60	200	
226	Jim Turner	4	5	5	5	8	12	40	
227	Jim Mitchell TE	4	5	5	5	8	12	40	
228	Pete Liske	4	5	5	5	8	12	40	
229	Carl Garrett	4	5	5	5	8	12	40	
230	Joe Greene	5	6	▲20	▲50	▲80	▲200	250	
231	Gale Gillingham	4	5	5	5	8	12	40	
232	Norm Bulaich RC	4	5	5	5	8	20	60	
233	Spider Lockhart	4	5	5	5	8	15		

	VG 3	VgEx 4	EX 5	ExMt 6	NM 7	NmMt 8	MT 9	Gem 9.5/10
Ken Willard	4	5	5	5	8	25	80	
George Blanda	4	5	6	8	15	25	100	
Wayne Mulligan	4	5	5	5	8	12	60	
Dave Lewis	4	5	5	5	8	12	60	
Dennis Shaw	4	5	5	5	8	12	40	
Fair Hooker	4	5	5	5	8	12	40	
Larry Little RC	4	5	6	8	15	50	200	
Mike Garrett	4	5	5	5	8	12	50	
Glen Ray Hines	4	5	5	5	8	15		
Myron Pottios	4	5	5	5	8	12	40	
Charlie Joiner RC	8	10	▲15	▲40	▲50	▲125	▲500	
Len Dawson	4	5	5	8	12	25	80	
W.K. Hicks	4	5	5	5	8	12	40	
Les Josephson	4	5	5	5	8	12	40	
Lance Alworth	4	5	5	8	12	25	100	
Frank Nunley	4	5	5	5	8	12	40	
Mel Farr IA	4	5	5	5	8	12	40	
Johnny Unitas IA	4	5	5	8	15	40	125	
George Farmer IA	4	5	5	5	8	12	40	
Duane Thomas IA	4	5	5	5	8	12	40	
John Hadl IA	4	5	5	5	8	12	40	
Vic Washington IA	4	5	5	5	8	12	40	
Don Horn IA	4	5	5	5	8	12	40	
L.C.Greenwood IA	4	5	5	6	10	25	125	
Bob Lee IA	4	5	5	5	8	12	60	
Larry Csonka IA	4	5	5	8	15	60		
Mike McCoy IA	4	5	5	5	8	12	40	
Greg Landry IA	4	5	5	5	8	12	50	
Ray May IA	4	5	5	5	8	20	125	
Bobby Douglass IA	4	5	5	5	8	12	60	
Charlie Sanders AP	8	10	12	15	20	30	60	
Ron Yary AP	8	10	12	15	25	35	60	175
Rayfield Wright AP	10	12	15	30	60	80	100	250
Larry Little AP	8	10	12	15	20	40	75	
John Niland AP	6	8	10	15	25	40	75	
Forrest Blue AP	6	8	10	12	15	30	50	
Otis Taylor AP	6	8	10	12	15	30	50	200
Paul Warfield AP	8	10	12	18	30	50	80	300
Bob Griese AP	10	12	30	40	40	60	120	600
John Brockington AP	6	8	10	12	15	50	60	
Floyd Little AP	6	8	10	12	15	40	80	200
Garo Yepremian AP	6	8	10	12	15	50	60	
Jerrel Wilson AP	6	8	10	12	15	30	50	150
Carl Eller AP	6	8	10	12	15	50	60	
Bubba Smith AP	8	10	12	15	25	40	80	
Alan Page AP	8	10	12	15	40	50	80	
Bob Lilly AP	8	10	12	18	30	80	100	
Ted Hendricks AP	8	10	12	18	30	50	80	
Dave Wilcox AP	6	8	10	12	15	30	50	
Willie Lanier AP	8	10	12	15	20	35	60	250
Jim Johnson AP	6	8	10	12	15	30	50	200
Willie Brown AP	8	10	12	15	20	35	80	
Bill Bradley AP	6	8	10	12	15	30	50	200
Ken Houston AP	8	10	12	15	20	35	50	250
Mel Farr	6	8	10	12	15	30	50	
Kermit Alexander	6	8	10	12	15	30	50	
John Gilliam RC	6	8	▲20	▲50	▲80	▲300	▲400	
Steve Spurrier RC	15	20	50	100	125	200	250	
Walter Johnson	6	8	10	12	15	30	60	
Jack Pardee	6	8	10	12	15	30	60	
Checklist 3	8	10	50	60	80	200	▲250	
Winston Hill	6	8	10	12	▲20	▲250	▲300	
Hugo Hollas	6	8	10	12	15	▲100	▲125	
Ray May RC	6	8	10	12	15	50	80	
Jim Bakken	6	8	10	12	15	30	▲150	
Larry Carwell	6	8	10	12	15	▲100	▲125	
Alan Page	8	10	12	18	40	60	200	
Walt Garrison	6	8	10	▲80	▲100	200	200	
Mike Lucci	6	8	10	12	15	40	50	
Nemiah Wilson	6	8	10	12	15	50	60	
Carroll Dale	6	8	10	12	15	▲125	▲150	
Jim Kanicki	6	8	10	12	15	▲150	▲200	
Preston Pearson	8	10	12	15	18	▲80	▲250	
Lemar Parrish	6	8	10	12	15	100	100	
Earl Morrall	6	8	10	▲50	▲60	▲80	200	
Tommy Nobis	6	8	10	12	▲50	▲60	▲80	
Rich Jackson	6	8	10	12	15	30	60	

		VG 3	VgEx 4	EX 5	ExMt 6	NM 7	NmMt 8	MT 9	Gem 9.5/10
311	Doug Cunningham	6	8	10	12	15	30	50	
312	Jim Marsalis	6	8	10	12	15	50	125	
313	Jim Beirne	6	8	10	12	15	30	50	
314	Tom McNeill	6	8	10	12	15	▲50	▲60	
315	Milt Morin	6	8	10	12	15	30	125	
316	Rayfield Wright RC	12	80	100	125	200	300	400	
317	Jerry LeVias	6	8	10	12	15	30	50	
318	Travis Williams RC	6	8	10	12	15	▲80	▲100	
319	Edgar Chandler	6	8	10	12	15	▲100	▲125	
320	Bob Wallace	6	8	10	12	15	30	100	
321	Delles Howell	6	8	10	12	15	▲50	▲60	
322	Emerson Boozer	6	8	10	12	▲30	▲40	50	
323	George Atkinson RC	6	8	10	▲50	▲60	▲80	▲100	
324	Mike Montler	6	8	10	12	15	30	50	
325	Randy Johnson	6	8	10	12	15	40	50	
326	Mike Curtis	6	8	10	12	15	60	80	
327	Miller Farr	6	8	10	12	15	▲50	▲60	
328	Horst Muhlmann	6	8	10	25	30	40	50	
329	John Niland RC	8	10	12	15	100	125	350	
330	Andy Russell	8	10	12	15	▲40	60	200	
331	Mercury Morris	8	10	12	60	125	▲300	▲400	
332	Jim Johnson	8	10	12	15	18	40	60	
333	Jerrel Wilson	6	8	10	12	15	40	50	
334	Charley Taylor	8	10	12	15	25	80	100	
335	Dick LeBeau	6	8	10	12	15	40	60	
336	Jim Marshall	8	10	12	15	25		▲125	
337	Tom Mack	8	10	12	15	20	40	50	
338	Steve Spurrier IA	10	12	15	20	35	60	100	
339	Floyd Little IA	6	8	10	12	15	50	60	
340	Len Dawson IA	8	10	12	15	25	40	80	
341	Dick Butkus IA	12	15	20	40	80	100	150	
342	Larry Brown IA	6	8	10	12	15	40	60	
343	Joe Namath IA	25	50	80	100	125	200	300	
344	Jim Turner IA	6	8	10	12	15	30	50	
345	Doug Cunningham IA	6	8	10	12	15	30	60	
346	Edd Hargett IA	6	8	10	12	15	30	60	
347	Steve Owens IA	6	8	10	25	30	40	80	
348	George Blanda IA	8	10	12	25	40	60	150	
349	Ed Podolak IA	6	8	10	12	15	30	50	
350	Rich Jackson IA	6	8	10	12	15	30	60	
351	Ken Willard IA	6	8	10	25	40	175	800	

— Csonka/Little Hubbard LL #1 PSA 10 (Gem) sold for $2,205 (eBay; 1/07)
— Yepr/Stenerud/O'Brien LL #7 PSA 10 (Gem) sold for $1,345 (eBay; 11/06)
— Lyle Alzado #106 PSA 10 (Gem) sold for $1411 (eBay; 11/14)
— Dick Anderson #98 PSA 10 (Gem) sold for $1,325 (eBay; 12/07)
— George Blanda IA #348 PSA 10 (Gem) sold for $1,080 (eBay; 9/07)
— Forrest Blue #38 PSA 10 (Gem) sold for $835 (eBay; 12/07)
— Terry Bradshaw #150 PSA 10 (Gem) sold for $1,734 (Mile High; 10/09)
— Nick Buoniconti #43 PSA 10 (Gem) sold for $1,130 (eBay; 4/08)
— Chris Farasopoulis #36 PSA 10 (Gem) sold for $905 (eBay; 4/07)
— Bobby Joe Green #11 PSA 10 (Gem Mint) sold for $717 (eBay: 8/12)
— Bob Griese #272 PSA 10 (Gem) sold for $1,055 (Andy Madec: 10/06)
— Charlie Joiner RC #244 PSA 10 (Gem) sold for $4,059 (eBay 09/14)
— Leroy Kelly #70 PSA 10 (Gem) sold for $563 (eBay; 02/13)
— Floyd Little #50 PSA 10 (Gem) sold for $724 (eBay; 11/14)
— Mercury Morris #331 PSA 10 (Gem) sold for $2,130 (eBay; 3/07)
— Mercury Morris #331 PSA 10 (Gem) sold for $1,025 (eBay; 2/14)
— Joe Namath IA #343 PSA 10 (Gem) sold for $1,535 (eBay; 2/07)
— Joe Namath IA #343 PSA 10 (Gem) sold for $569 (Mile High 10/09)
— Merlin Olsen #181 PSA 10 (Gem) sold for $602 (eBay; 7/07)
— Jim Plunkett #65 PSA 10 (Gem) sold for $1,458 (eBay; 1/09)
— Jim Plunkett #65 PSA 10 (Gem) sold for $1,285 (eBay; 12/07)
— John Riggins #13 PSA 10 (Gem) sold for $4,500 (eBay; 2/07)
— John Riggins #13 PSA 10 (Gem) sold for $4,044 (eBay; 11/14)
— John Riggins #13 PSA 10 (Gem) sold for $1,459 (Mile High; 6/10)
— Charlie Sanders #60 PSA 10 (Gem) sold for $795 (eBay; 4/07)
— Gale Sayers #110 PSA 10 (Gem) sold for $560 (Mile High; 10/09)
— Dennis Shaw #238 PSA 10 (Gem) sold for $835 (eBay; 12/07)
— Steve Spurrier #291 PSA 10 (Gem) sold for $509 (Mile High; 6/10)
— Roger Staubach IA #122 PSA 10 (Gem) sold for $1,225 (eBay; 1/08)
— Roger Staubach IA #122 PSA 10 (Gem) sold for $22,161.37 (Mile High; 12/13)
— Johnny Unitas #165 PSA 10 (Gem) sold for $2,670 (Mile High; 11/10)
— Gene Upshaw #186 PSA 10 (Gem) sold for $3558 (eBay; 11/14)
— Vic Washington #22 PSA 10 (Gem) sold for $1,335 (eBay; 4/07)
— Dave Williams #47 PSA 10 (Gem Mint) sold for $717 (eBay: 8/12)
— Ron Yary #104 PSA 10 (Gem) sold for $2,230 (eBay; 4/08)
— Ron Yary #104 PSA 10 (Gem) sold for $1543 (eBay; 11/14)

1973 Topps

		VgEx 4	EX 5	ExMt 6	NM 7	NmMt 8	NmMt+ 8.5	MT 9	Gem 9.5/10
1	Simpson/L.Brown LL	5	6	8	12	20	30	150	
2	Snea/Morrall LL	5	6	8	10	15	20	30	
3	H.Jackson/Biletnikoff LL	5	6	8	10	15	20	60	
4	Marcol/Howfield LL	5	6	8	10	15	20	30	
5	Bradley/Sensibaugh LL	5	6	8	10	15	25	60	
6	Cappie/J.Wilson LL	5	6	8	10	15	20	50	
7	Bob Trumpy	5	6	8	10	15	20	30	
8	Mel Tom	5	6	8	10	15	20	30	
9	Clarence Ellis	5	6	8	10	15	20	30	
10	John Niland	5	6	8	10	15	20	30	
11	Randy Jackson	5	6	8	10	15	20	30	
12	Greg Landry	5	6	8	10	15	20	30	
13	Cid Edwards	5	6	8	10	15	20	30	
14	Phil Olsen	5	6	8	10	15	20	30	
15	Terry Bradshaw	12	30	40	▲125	▲200	▲250	800	
16	Al Cowlings RC	5	6	8	10	20	25		
17	Walker Gillette	5	6	8	10	15	20	30	
18	Bob Atkins	5	6	8	10	15	20	30	
19	Diron Talbert RC	5	6	8	10	15	20	50	
20	Jim Johnson	5	6	8	10	20	25		
21	Howard Twilley	5	6	8	10	15	20	30	
22	Dick Enderle	5	6	8	10	15	20	30	
23	Wayne Colman	5	6	8	10	15	20	30	
24	John Schmitt	5	6	8	10	15	20	30	
25	George Blanda	5	6	8	10	25	30	80	
26	Milt Morin	5	6	8	10	15	20	30	
27	Mike Current	5	6	8	10	15	20	30	
28	Rex Kern RC	5	6	8	10	15	20	25	
29	MacArthur Lane	5	6	8	10	15	20	30	
30	Alan Page	5	6	8	10	15	20	50	
31	Randy Vataha	5	6	8	10	15	20	25	
32	Jim Kearney	5	6	8	10	20	25		
33	Steve Smith T	5	6	8	10	15	20	30	
34	Ken Anderson RC	▲25	▲30	▲50	▲80	▲200	▲250	300	
35	Calvin Hill	5	6	8	10	15	20	30	
36	Andy Maurer	5	6	8	10	15	20	30	
37	Joe Taylor	5	6	8	10	15	20	30	
38	Deacon Jones	5	6	8	10	15	20	30	
39	Mike Weger	5	6	8	10	20	25		
40	Roy Gerela	5	6	8	10	15	20	30	
41	Les Josephson	5	6	8	10	15	20	30	
42	Dave Washington	5	6	8	10	15	20	30	
43	Bill Curry RC	5	6	8	10	15	20	30	
44	Fred Heron	5	6	8	10	15	20	30	
45	John Brodie	5	6	8	10	15	20	35	
46	Roy Winston	5	6	8	10	15	20	30	
47	Mike Bragg	5	6	8	10	15	20	30	
48	Mercury Morris	5	6	8	10	15	20	50	
49	Jim Files	5	6	8	10	15	20	30	
50	Gene Upshaw	5	6	8	10	15	20	40	
51	Hugo Hollas	5	6	8	10	15	20	30	
52	Rod Sherman	5	6	8	10	15	20	30	
53	Ron Snidow	5	6	8	10	15	20	30	
54	Steve Tannen RC	5	6	8	10	15	20	30	
55	Jim Carter RC	5	6	8	10	15	20	30	
56	Lydell Mitchell RC	5	6	8	10	15	20	30	
57	Jack Rudnay RC	5	6	8	10	20	25		
58	Halvor Hagen	5	6	8	10	15	20	30	
59	Tom Dempsey	5	6	8	10	15	20	30	
60	Fran Tarkenton	5	6	8	10	15	20	▲300	
61	Lance Alworth	5	6	8	10	15	20	50	
62	Vern Holland	5	6	8	10	15	20	30	
63	Steve DeLong	5	6	8	10	15	20	30	
64	Art Malone	5	6	8	10	15	20	30	
65	Isiah Robertson	5	6	8	10	20	25		
66	Jerry Rush	5	6	8	10	15	20	30	
67	Bryant Salter	5	6	8	10	15	20	30	
68	Checklist 1-132	5	6	8	10	15	20	60	
69	J.D. Hill	5	6	8	10	15	20	30	
70	Forrest Blue	5	6	8	10	15	20	30	
71	Myron Pottios	5	6	8	10	15	20	30	
72	Norm Thompson RC	5	6	8	10	15	20	30	
73	Paul Robinson	5	6	8	10	15	20	30	
74	Larry Grantham	5	6	8	10	15	20	30	
75	Manny Fernandez	5	6	8	10	15	20	30	
76	Kent Nix	5	6	8	10	15	20	30	
77	Art Shell RC	▲12	▲20	▲40	▲60	▲150	▲200	400	
78	George Saimes	5	6	8	10	15	20	30	
79	Don Cockroft	5	6	8	10	15	20	30	
80	Bob Tucker	5	6	8	10	15	20	30	
81	Don McCauley RC	5	6	8	10	15	20	30	
82	Bob Brown DT	5	6	8	10	15	20	30	
83	Larry Carwell	5	6	8	10	15	20	30	
84	Mo Moorman	5	6	8	10	15	20	30	
85	John Gilliam	5	6	8	10	15	20	30	
86	Wade Key	5	6	8	10	15	20	30	
87	Ross Brupbacher	5	6	8	10	15	20	30	
88	Dave Lewis	5	6	8	10	15	20	30	
89	Franco Harris RC	▲50	▲60	125	200	500	600	▲3,000	
90	Tom Mack	5	6	8	10	15	20	30	
91	Mike Tilleman	5	6	8	10	15	20	30	
92	Carl Mauck	5	6	8	10	15	20	30	
93	Larry Hand	5	6	8	10	15	20	30	
94	Dave Foley RC	5	6	8	10	15	20	30	
95	Frank Nunley	5	6	8	10	15	20	30	
96	John Charles	5	6	8	10	15	20	30	
97	Jim Bakken	5	6	8	10	15	20	30	
98	Pat Fischer	5	6	8	10	20	25	35	
99	Randy Rasmussen	5	6	8	10	15	20	30	
100	Larry Csonka	5	6	8	10	25	40	175	
101	Mike Siani RC	5	6	8	10	15	20	30	
102	Tom Roussel	5	6	8	10	15	20	30	
103	Clarence Scott RC	5	6	8	10	15	20	30	
104	Charlie Johnson	5	6	8	10	15	20	30	
105	Rick Volk	5	6	8	10	15	20	30	
106	Willie Young	5	6	8	10	15	20	30	
107	Emmitt Thomas	5	6	8	10	15	20	30	
108	Jon Morris	5	6	8	10	15	20	30	
109	Clarence Williams	5	6	8	10	15	20	30	
110	Rayfield Wright	5	6	8	10	15	20	30	
111	Norm Bulaich	5	6	8	10	15	20	30	
112	Mike Eischeid	5	6	8	10	15	20	30	
113	Speedy Thomas	5	6	8	10	20	25		
114	Glen Holloway	5	6	8	10	15	20	30	
115	Jack Ham RC	▲25	▲30	▲50	▲200	▲300	▲400	▲500	
116	Jim Nettles	5	6	8	10	15	20	30	
117	Errol Mann	5	6	8	10	15	20	30	
118	John Mackey	5	6	8	10	15	20	30	
119	George Kunz	5	6	8	10	20	25		
120	Bob James	5	6	8	10	15	20	30	
121	Garland Boyette	5	6	8	10	15	20	30	
122	Mel Phillips	5	6	8	10	15	20	30	
123	Johnny Roland	5	6	8	10	15	20	30	
124	Doug Swift	5	6	8	10	15	20	30	
125	Archie Manning	5	6	8	10	15	20	80	
126	Dave Herman	5	6	8	10	15	20	30	
127	Carleton Oats	5	6	8	10	15	20	30	
128	Bill Van Heusen	5	6	8	10	15	20	30	
129	Rich Jackson	5	6	8	10	15	20	30	
130	Len Hauss	5	6	8	10	15	20	30	
131	Billy Parks RC	5	6	8	10	15	20	30	
132	Ray May	5	6	8	10	15	20	30	
133	NFC Semi/R.Staubach	5	6	8	12	30	50	150	
134	AFC Semi/Immac.Rec.	5	6	8	10	15	20	80	
135	NFC Semi-Final	5	6	8	10	15	20	50	
136	AFC Semi/L.Csonka	5	6	8	10	15	20	40	
137	NFC Title Game/Kilmer	5	6	8	10	15	20	40	
138	AFC Title Game	5	6	8	10	15	20	60	
139	Super Bowl VII	5	6	8	10	15	20	80	
140	Dwight White RC	5	6	8	10	40	50	300	
141	Jim Marsalis	5	6	8	10	15	20	30	
142	Doug Van Horn	5	6	8	10	20	25		
143	Al Matthews	5	6	8	10	15	20	30	
144	Bob Windsor	5	6	8	10	15	20	30	
145	Dave Hampton RC	5	6	8	10	15	20	30	
146	Horst Muhlmann	5	6	8	10	15	20	30	
147	Wally Hilgenberg RC	5	6	8	10	15	20	30	
148	Ron Smith	5	6	8	10	15	20	30	
149	Coy Bacon RC	5	6	8	10	15	20	60	
150	Winston Hill	5	6	8	10	15	20	30	
151	Ron Jessie RC	5	6	8	10	15	20	30	
152	Ken Iman	5	6	8	10	15	20	30	
153	Ron Saul	5	6	8	10	15	20	30	
154	Jim Braxton RC	5	6	8	10	15	20	30	

	VgEx 4	EX 5	ExMt 6	NM 7	NmMt 8	NmMt+ 8.5	MT 9	Gem 9.5/10
Bubba Smith	5	6	8	10	15	20	35	80
Gary Cuozzo	5	6	8	10	15	20	30	
Charlie Krueger	5	6	8	10	15	20	30	
Tim Foley RC	5	6	8	10	15	20	30	
Lee Roy Jordan	5	6	8	10	15	20	30	
Bob Brown OT	5	6	8	10	15	20	30	
Margene Adkins	5	6	8	10	15	20	30	
Ron Widby	5	6	8	10	15	20	30	
Jim Houston	5	6	8	10	15	20	30	
Joe Dawkins	5	6	8	10	15	20	30	
L.C.Greenwood	5	6	8	10	15	20	35	150
Richmond Flowers RC	5	6	8	10	15	20	30	
Curley Culp RC	8	12	20	50	150	200	250	
Len St. Jean	5	6	8	10	20	25		
Walter Rock	5	6	8	10	15	20	30	
Bill Bradley	5	6	8	10	15	20	30	
Ken Riley RC	5	6	8	10	15	20	50	
Rich Coady	5	6	8	10	15	20	30	
Don Hansen	5	6	8	10	15	20	30	
Lionel Aldridge	5	6	8	10	15	20	30	
Don Maynard	5	6	8	10	15	20	35	
Dave Osborn	5	6	8	10	15	20	30	
Jim Bailey	5	6	8	10	15	20	30	
John Pitts	5	6	8	10	15	20	30	
Dave Parks	5	6	8	10	15	20	30	
Chester Marcol RC	5	6	8	10	15	20	30	
Len Rohde	5	6	8	10	15	20	30	
Jeff Staggs	5	6	8	10	15	20	30	80
Gene Hickerson	5	6	8	10	15	20	30	
Charlie Evans	5	6	8	10	15	20	30	
Mel Renfro	5	6	8	10	15	20	30	
Marvin Upshaw	5	6	8	10	15	20	30	
George Atkinson	5	6	8	10	15	20	50	
Norm Evans	5	6	8	10	15	20	30	
Steve Ramsey	5	6	8	10	15	20	30	80
Dave Chapple	5	6	8	10	15	20	30	
Gerry Mullins	5	6	8	10	15	20	50	
John Didion	5	6	8	10	15	20	30	
Bob Gladieux	5	6	8	10	15	20	30	
Don Hultz	5	6	8	10	15	20	30	
Mike Lucci	5	6	8	10	15	20	30	
John Wilbur	5	6	8	10	15	20	30	
George Farmer	5	6	8	10	15	20	30	
Tommy Casanova RC	5	6	8	10	15	20	40	
Russ Washington	5	6	8	10	15	20	40	
Claude Humphrey	5	6	8	10	15	20	30	
Pat Hughes	5	6	8	10	15	20	30	80
Zeke Moore	5	6	8	10	15	20	30	
Chip Glass	5	6	8	10	15	20	30	
Glenn Ressler	5	6	8	10	15	20	30	
Willie Ellison	5	6	8	10	15	20	30	
John Leypoldt	5	6	8	10	15	20	30	
Johnny Fuller	5	6	8	10	15	20	30	
Bill Hayhoe	5	6	8	10	15	20	30	
Ed Bell	5	6	8	10	15	20	30	
Willie Brown	5	6	8	10	15	20	50	
Carl Eller	5	6	8	10	15	20	30	80
Mark Nordquist	5	6	8	10	15	20	30	
Larry Willingham	5	6	8	10	15	20	30	
Nick Buoniconti	5	6	8	10	15	20	30	
John Hadl	5	6	8	10	15	20	30	80
Jethro Pugh RC	5	6	8	10	20	25	50	
Leroy Mitchell	5	6	8	10	15	20	30	
Billy Newsome	5	6	8	10	15	20	30	
John McMakin	5	6	8	10	15	20	30	
Larry Brown	5	6	8	10	15	20	30	80
Clarence Scott RC	5	6	8	10	15	20	30	
Paul Naumoff	5	6	8	10	15	20	30	
Ted Fritsch Jr.	5	6	8	10	15	20	30	
Checklist 133-264	5	6	8	10	15	20	50	
Dan Pastorini	5	6	8	10	15	20	30	80
Joe Beauchamp	5	6	8	10	15	20	30	
Pat Matson	5	6	8	10	15	20	30	
Tony McGee DT	5	6	8	10	15	20	30	80
Mike Phipps	5	6	8	10	15	20	30	80
Harold Jackson	5	6	8	10	12	20	30	
Willie Williams	5	6	8	10	15	20	30	100
Spike Jones	5	6	8	10	15	20	30	
Jim Tyrer	5	6	8	10	15	20	30	

		VgEx 4	EX 5	ExMt 6	NM 7	NmMt 8	NmMt+ 8.5	MT 9	Gem 9.5/10
234	Roy Hilton	5	6	8	10	15	20	30	
235	Phil Villapiano	5	6	8	10	15	20	30	
236	Charley Taylor	5	6	8	10	15	20	35	
237	Malcolm Snider	5	6	8	10	15	20	30	
238	Vic Washington	5	6	8	10	15	20	30	80
239	Grady Alderman	5	6	8	10	15	20	30	
240	Dick Anderson	5	6	8	10	15	20	30	
241	Ron Yankowski	5	6	8	10	15	20	30	
242	Billy Masters	5	6	8	10	15	20	30	
243	Herb Adderley	5	6	8	10	15	20	30	
244	David Ray	5	6	8	10	15	20	40	
245	John Riggins	5	6	8	10	15	20	80	
246	Mike Wagner RC	5	6	8	10	35	30	100	
247	Don Morrison	5	6	8	10	15	20	30	
248	Earl McCullouch	5	6	8	10	20	25	50	
249	Dennis Wirgowski	5	6	8	10	15	20	30	
250	Chris Hanburger	5	6	8	10	12	20	30	
251	Pat Sullivan RC	5	6	8	10	15	20	30	
252	Walt Sweeney	5	6	8	10	15	20	30	
253	Willie Alexander	5	6	8	10	15	20	30	
254	Doug Dressler	5	6	8	10	20	25		
255	Walter Johnson	5	6	8	10	15	20	30	
256	Ron Hornsby	5	6	8	10	15	20	25	
257	Ben Hawkins	5	6	8	10	15	20	30	80
258	Donnie Green RC	5	6	8	10	15	20	30	100
259	Fred Hoaglin	5	6	8	10	15	20	30	
260	Jerrel Wilson	5	6	8	10	15	20	30	
261	Horace Jones	5	6	8	10	15	20	30	
262	Woody Peoples	5	6	8	10	15	20	30	
263	Jim Hill RC	5	6	8	10	15	20	30	
264	John Fuqua	5	6	8	10	15	20	30	
265	Donny Anderson KP	5	6	8	10	15	20	30	
266	Roman Gabriel KP	5	6	8	10	15	20	30	
267	Mike Garrett KP	5	6	8	10	15	20	30	
268	Rufus Mayes RC	5	6	8	10	15	20	60	
269	Chip Myrtle	5	6	8	10	15	20	30	
270	Bill Stanfill RC	5	6	8	10	15	20	30	
271	Clint Jones	5	6	8	10	15	20	30	
272	Miller Farr	5	6	8	10	15	20	30	
273	Harry Schuh	5	6	8	10	15	20	30	80
274	Bob Hayes	5	6	8	10	15	20	30	80
275	Bobby Douglass	5	6	8	10	15	20	30	
276	Gus Hollomon	5	6	8	10	15	20	30	
277	Del Williams	5	6	8	10	15	20	30	
278	Julius Adams	5	6	8	10	12	15	20	80
279	Herman Weaver	5	6	8	10	15	20	30	
280	Joe Greene	5	6	8	10	15	20	100	
281	Wes Chesson	5	6	8	10	15	20	30	
282	Charlie Harraway	5	6	8	10	15	20	30	
283	Paul Guidry	5	6	8	10	15	20	30	80
284	Terry Owens RC	5	6	8	10	15	20	30	
285	Jan Stenerud	5	6	8	10	15	20	30	
286	Pete Athas	5	6	8	10	15	20	30	80
287	Dale Lindsey	5	6	8	10	15	20	30	
288	Jack Tatum RC	▲25	▲30	▲40	▲50	▲60	100	▲300	
289	Floyd Little	5	6	8	10	15	20	30	80
290	Bob Johnson	5	6	8	10	15	20	30	
291	Tommy Hart RC	5	6	8	10	15	20	30	
292	Tom Mitchell	5	6	8	10	15	20	30	
293	Walt Patulski RC	5	6	8	10	15	20	30	
294	Jim Skaggs	5	6	8	10	15	20	30	
295	Bob Griese	5	6	8	10	15	20	50	300
296	Mike McCoy DT	5	6	8	10	15	20	30	
297	Mel Gray	5	6	8	10	15	20	30	80
298	Bobby Bryant	5	6	8	10	15	20	30	
299	Blaine Nye RC	5	6	8	10	15	20	30	
300	Dick Butkus	5	▲20	▲30	▲40	60	80	▲200	225
301	Charlie Cowan RC	5	6	8	10	15	20	30	
302	Mark Lomas	5	6	8	10	15	20	30	
303	Josh Ashton	5	6	8	10	15	20	30	
304	Happy Feller	5	6	8	10	15	20	30	
305	Ron Shanklin	5	6	8	10	15	20	30	
306	Wayne Rasmussen	5	6	8	10	15	20	30	
307	Jerry Smith	5	6	8	10	15	20	30	80
308	Ken Reaves	5	6	8	10	15	20	30	
309	Ron East	5	6	8	10	15	20	30	
310	Otis Taylor	5	6	8	10	15	20	30	
311	John Garlington	5	6	8	10	15	20	30	
312	Lyle Alzado	5	6	8	10	15	20	40	

#	Name	VgEx 4	EX 5	ExMt 6	NM 7	NmMt 8	NmMt+ 8.5	MT 9	Gem 9.5/10
313	Remi Prudhomme	5	6	8	10	15	20	30	
314	Cornelius Johnson	5	6	8	10	15	20	30	
315	Lemar Parrish	5	6	8	10	20	25		
316	Jim Kiick	5	6	8	10	15	20	25	
317	Steve Zabel	5	6	8	10	15	20	30	
318	Alden Roche	5	6	8	10	15	20	30	
319	Tom Blanchard	5	6	8	10	15	20	30	
320	Fred Biletnikoff	5	6	8	10	15	20	40	
321	Ralph Neely	5	6	8	10	15	20	30	80
322	Dan Dierdorf RC	8	▲12	▲15	▲50	▲125	▲200	▲500	
323	Richard Caster	5	6	8	10	15	20	30	
324	Gene Howard	5	6	8	10	15	20	30	
325	Elvin Bethea	5	6	8	10	15	20	30	
326	Carl Garrett	5	6	8	10	15	20	30	
327	Ron Billingsley	5	6	8	10	15	20	30	
328	Charlie West	5	6	8	10	15	20	30	
329	Tom Neville	5	6	8	10	15	20	30	
330	Ted Kwalick	5	6	8	10	15	20	30	
331	Rudy Redmond	5	6	8	10	15	20	30	
332	Henry Davis	5	6	8	10	15	20	30	
333	John Zook	5	6	8	10	15	20	30	
334	Jim Turner	5	6	8	10	15	20	30	60
335	Len Dawson	5	6	8	10	15	20	60	
336	Bob Chandler RC	5	6	8	10	15	20	30	
337	Al Beauchamp	5	6	8	10	15	20	30	80
338	Tom Matte	5	6	8	10	15	20	30	80
339	Paul Laaveg	5	6	8	10	15	20	30	
340	Ken Ellis	5	6	8	10	15	20	30	80
341	Jim Langer RC	5	6	8	30	▲100	▲125	▲200	500
342	Ron Porter	5	6	8	10	15	20	30	
343	Jack Youngblood RC	6	▲25	▲50	▲80	150	200	250	
344	Cornell Green	5	6	8	10	15	20	30	80
345	Marv Hubbard	5	6	8	10	15	20	30	80
346	Bruce Taylor	5	6	8	10	15	20	30	
347	Sam Havrilak	5	6	8	10	15	20	30	80
348	Walt Sumner	5	6	8	10	15	20	30	
349	Steve O'Neal	5	6	8	10	15	20	30	80
350	Ron Johnson	5	6	8	10	15	20	30	60
351	Rockne Freitas	5	6	8	10	15	20	30	60
352	Larry Stallings	5	6	8	10	15	20	30	
353	Jim Cadile	5	6	8	10	15	20	30	
354	Ken Burrough	5	6	8	10	15	20	30	60
355	Jim Plunkett	5	6	8	10	15	20	100	
356	Dave Long	5	6	8	10	15	20	30	
357	Ralph Anderson	5	6	8	10	15	20	40	
358	Checklist 265-396	5	6	8	10	15	20	40	
359	Gene Washington Vik	5	6	8	10	15	20	30	
360	Dave Wilcox	5	6	8	10	15	20	30	80
361	Paul Smith	5	6	8	10	15	20	30	
362	Alvin Wyatt	5	6	8	10	15	20	30	
363	Charlie Smith RB	5	6	8	10	15	20	30	
364	Royce Berry	5	6	8	10	15	20	30	80
365	Dave Elmendorf	5	6	8	10	15	20	30	
366	Scott Hunter	5	6	8	10	15	20	30	
367	Bob Kuechenberg RC	5	6	8	10	30	30	50	500
368	Pete Gogolak	5	6	8	10	15	20	30	
369	Dave Edwards	5	6	8	10	15	20	30	
370	Lem Barney	5	6	8	10	15	20	30	
371	Verlon Biggs	5	6	8	10	▲15	▲20	30	60
372	John Reaves RC	5	6	8	10	15	20	30	80
373	Ed Podolak	5	6	8	10	15	20	30	
374	Chris Farasopoulos	5	6	8	10	15	20	30	60
375	Gary Garrison	5	6	8	10	15	20	30	
376	Tom Funchess	5	6	8	10	15	20	30	80
377	Bobby Joe Green	5	6	8	10	15	20	30	
378	Don Brumm	5	6	8	10	15	20	30	
379	Jim O'Brien	5	6	8	10	15	20	30	
380	Paul Krause	5	6	8	10	15	20	30	
381	Leroy Kelly	5	6	8	10	15	20	30	
382	Ray Mansfield	5	6	8	10	15	20	30	
383	Dan Abramowicz	5	6	8	10	15	20	30	
384	John Outlaw RC	5	6	8	10	15	20	30	
385	Tommy Nobis	5	6	8	10	15	20	30	
386	Tom Domres	5	6	8	10	15	20	30	
387	Ken Willard	5	6	8	10	15	20	30	
388	Mike Stratton	5	6	8	10	15	20	30	80
389	Fred Dryer	5	6	8	10	15	20	30	
390	Jake Scott	5	6	8	10	15	20	30	
391	Rich Houston	5	6	8	10	15	20	30	
392	Virgil Carter	5	6	8	10	15	20	30	
393	Tody Smith	5	6	8	10	15	20	30	
394	Ernie Calloway	5	6	8	10	15	20	30	60
395	Charlie Sanders	5	6	8	10	15	20	30	
396	Fred Willis	5	6	8	10	15	20	30	80
397	Curt Knight	5	6	8	10	15	20	30	
398	Nemiah Wilson	5	6	8	10	15	20	30	
399	Carroll Dale	5	6	8	10	15	20	30	
400	Joe Namath	▲30	▲40	▲60	▲100	200	250	▲400	500
401	Wayne Mulligan	5	6	8	10	15	20	30	
402	Jim Harrison	5	6	8	10	15	20	30	
403	Tim Rossovich	5	6	8	10	15	20	30	
404	David Lee	5	6	8	10	15	20	30	
405	Frank Pitts	5	6	8	10	15	20	30	
406	Jim Marshall	5	6	8	10	15	20	30	
407	Bob Brown TE	5	6	8	10	15	20	30	
408	John Rowser	5	6	8	10	15	20	30	
409	Mike Montler	5	6	8	10	20	25		
410	Willie Lanier	5	6	8	10	15	20	30	
411	Bill Bell K	5	6	8	10	15	20	30	
412	Cedrick Hardman	5	6	8	10	15	20	30	80
413	Bob Anderson	5	6	8	10	15	20	30	100
414	Earl Morrall	5	6	8	10	15	20	30	
415	Ken Houston	5	6	8	10	15	20	30	
416	Jack Snow	5	6	8	10	15	20	30	
417	Dick Cunningham	5	6	8	10	15	20	30	
418	Greg Larson	5	6	8	10	15	20	30	
419	Mike Bass	5	6	8	10	15	20	30	80
420	Mike Reid	5	6	8	10	15	20	30	
421	Walt Garrison	5	6	8	10	15	20	30	80
422	Pete Liske	5	6	8	10	15	20	30	
423	Jim Yarbrough	5	6	8	10	15	20	30	
424	Rich McGeorge	5	6	8	10	20	25		
425	Bobby Howfield	5	6	8	10	15	20	30	
426	Pete Banaszak	5	6	8	10	15	20	30	
427	Willie Holman	5	6	8	10	15	20	30	
428	Dale Hackbart	5	6	8	10	15	20	30	
429	Fair Hooker	5	6	8	10	15	20	30	
430	Ted Hendricks	5	6	8	10	15	20	40	
431	Mike Garrett	5	6	8	10	15	20	30	
432	Glen Ray Hines	5	6	8	10	20	25	100	
433	Fred Cox	5	6	8	10	15	20	50	
434	Bobby Walden	5	6	8	10	15	20	30	
435	Bobby Bell	5	6	8	10	15	20	30	
436	Dave Rowe	5	6	8	10	15	20	30	
437	Bob Berry	5	6	8	10	15	20	30	
438	Bill Thompson	5	6	8	10	20	25	100	
439	Jim Beirne	5	6	8	10	15	20	30	
440	Larry Little	5	6	8	10	20	25	80	
441	Rocky Thompson	5	6	8	10	15	20	30	
442	Brig Owens	5	6	8	10	20	25		
443	Richard Neal	5	6	8	10	20	25		
444	Al Nelson	5	6	8	10	15	20	30	
445	Chip Myers	5	6	8	10	15	20	30	
446	Ken Bowman	5	6	8	10	15	20	30	
447	Jim Purnell	5	6	8	10	15	20	30	
448	Altie Taylor	5	6	8	10	15	20	30	
449	Linzy Cole	5	6	8	10	15	20	25	
450	Bob Lilly	5	6	8	10	15	20	50	200
451	Charlie Ford	5	6	8	10	15	20	30	
452	Milt Sunde	5	6	8	10	15	20	30	
453	Doug Wyatt	5	6	8	10	15	20	30	
454	Don Nottingham RC	5	6	8	10	15	20	30	
455	Johnny Unitas	▲20	▲25	▲30	▲50	60	80	▲200	
456	Frank Lewis RC	5	6	8	10	15	20	40	
457	Roger Wehrli	5	6	8	10	15	20	30	
458	Jim Cheyunski	5	6	8	10	15	20	30	
459	Jerry Sherk RC	5	6	8	10	15	20	30	
460	Gene Washington 49er	5	6	8	10	15	20	30	
461	Jim Otto	5	6	8	10	15	20	30	
462	Ed Budde	5	6	8	10	15	20	30	
463	Jim Mitchell TE	5	6	8	10	15	20	30	
464	Emerson Boozer	5	6	8	10	15	20	30	
465	Garo Yepremian	5	6	8	10	15	20	40	
466	Pete Duranko	5	6	8	10	15	20	30	
467	Charlie Joiner	5	6	8	10	15	20	60	
468	Spider Lockhart	5	6	8	10	15	20	30	
469	Marty Domres	5	6	8	10	15	20	30	
470	John Brockington	5	6	8	10	15	20	30	

	VgEx 4	EX 5	ExMt 6	NM 7	NmMt 8	NmMt+ 8.5	MT 9	Gem 9.5/10
Ed Flanagan	5	6	8	10	15	20	30	
Roy Jefferson	5	6	8	10	15	20	30	
Julian Fagan	5	6	8	10	15	20	30	
Bill Brown	5	6	8	10	15	20	30	80
Roger Staubach	12	15	25	40	125	150	350	
Jan White RC	5	6	8	10	15	20	40	
Pat Holmes	5	6	8	10	15	20	30	
Bob DeMarco	5	6	8	10	15	20	30	
Merlin Olsen	5	6	8	10	15	20	35	100
Andy Russell	5	6	8	10	15	20	80	
Steve Spurrier	5	6	8	20	▲100	▲125	▲200	
Nate Ramsey	5	6	8	10	20	25		
Dennis Partee	5	6	8	10	20	25	30	
Jerry Simmons	5	6	8	10	15	20	30	
Donny Anderson	5	6	8	10	15	20	30	
Ralph Baker	5	6	8	10	15	20	30	
Ken Stabler RC	20	50	▲150	▲200	400	500	2,000	
Ernie McMillan	5	6	8	10	15	20	30	
Ken Burrow	5	6	8	10	15	20	30	
Jack Gregory RC	5	6	8	10	15	20	30	
Larry Seiple	5	6	8	10	15	20	30	
Mick Tingelhoff	5	6	8	10	15	20	50	
Craig Morton	5	6	8	10	12	15	20	
Cecil Turner	5	6	8	10	15	20	30	
Steve Owens	5	6	8	10	15	20	30	
Rickie Harris	5	6	8	10	15	20	30	
Buck Buchanan	5	6	8	10	15	20	30	
Checklist 397-528	5	6	8	10	15	20	50	
Billy Kilmer	5	6	8	10	15	20	30	
O.J.Simpson	▲20	▲25	▲30	▲40	▲50	▲60	80	
Bruce Gossett	5	6	8	10	15	20	30	
Art Thoms RC	5	6	8	10	20	25	80	
Larry Kaminski	5	6	8	10	15	20	30	
Larry Smith RB	5	6	8	10	15	20	30	
Bruce Van Dyke	5	6	8	10	15	20	30	
Alvin Reed	5	6	8	10	15	20	30	
Delles Howell	5	6	8	10	15	20	30	
Leroy Keyes	5	6	8	10	15	20	30	
Bo Scott	5	6	8	10	15	20	30	
Ron Yary	5	6	8	10	15	20	60	
Paul Warfield	5	6	8	10	15	20	60	
Mac Percival	5	6	8	10	15	20	30	80
Essex Johnson	5	6	8	10	15	25	50	
Jackie Smith	5	6	8	10	15	20	30	
Norm Snead	5	6	8	10	15	20	30	
Charlie Stukes	5	6	8	10	15	20	30	100
Reggie Rucker RC	5	6	8	10	15	20	30	100
Bill Sandeman	5	6	8	10	15	20	30	
Mel Farr	5	6	8	10	15	20	30	
Raymond Chester	5	6	8	10	15	20	30	
Fred Carr RC	5	6	8	10	15	20	30	
Jerry LeVias	5	6	8	10	15	20	30	
Jim Strong	5	6	8	10	15	20	30	
Roland McDole	5	6	8	10	15	20	30	
Dennis Shaw	5	6	8	10	15	20	30	
Dave Manders	5	6	8	10	15	20	40	
Skip Vanderbundt	5	6	8	10	15	20	30	
Mike Sensibaugh RC	5	6	8	10	40	50	250	

erry Bradshaw #15 BGS 9.5 (Gem) sold for $505 (eBay; 10/07)
erry Bradshaw #15 PSA 10 (Gem Mint) sold for $2548.98 (Memory Lane; 5/12)
ack Ham #115 PSA 10 (Gem) sold for $2,185 (Mastro; 12/06)
ack Ham #115 PSA 10 (Gem) sold for $1,679 (Memory Lane; 5/08)
ack Ham RC #115 PSA 10 (Gem Mint) sold for $2057.51 (Memory Lane; 5/12)
arry Little #440 PSA 9 (MT) sold for $480 (eBay; 10/07)
art Shell RC #77 PSA 10 (Gem Mint) sold for $3158.02 (eBay; 8/12)
).J. Simpson #500 PSA 10 (Gem Mint) sold for $1657 (eBay; 10/14)

074 Topps

	VgEx 4	EX 5	ExMt 6	NM 7	NmMt 8	NmMt+ 8.5	MT 9	Gem 9.5/10
O.J.Simpson RB	5	8	12	25	50	60	125	
Blaine Nye	4	5	6	8	10	12	25	
Don Hansen	4	5	6	8	10	12	25	
Ken Bowman	4	5	6	8	10	12	25	
Carl Eller	4	5	6	8	20			
Jerry Smith	4	5	6	8	20			
Ed Podolak	4	5	6	8	10	12	25	
Mel Gray	4	5	6	8	10	12	25	100
Pat Matson	4	5	6	8	20			

		VgEx 4	EX 5	ExMt 6	NM 7	NmMt 8	NmMt+ 8.5	MT 9	Gem 9.5/10
10	Floyd Little	4	5	6	8	10		50	
11	Frank Pitts	4	5	6	8	20			
12	Vern Den Herder RC	4	5	6	8	30	40	100	
13	John Fuqua	4	5	6	8	10	12	60	
14	Jack Tatum	4	5	6	8	10	12	30	
15	Winston Hill	4	5	6	8	20			
16	John Beasley	4	5	6	8	10	12	25	
17	David Lee	4	5	6	8	10	12	25	
18	Rich Coady	4	5	6	8	10	12	25	
19	Ken Willard	4	5	6	8	10	12	25	
20	Coy Bacon	4	5	6	8	10	12	25	
21	Ben Hawkins	4	5	6	8	10	12	25	
22	Paul Guidry	4	5	6	8	10	12	25	
23	Norm Snead HOR	4	5	6	8	10	12	25	
24	Jim Yarbrough	4	5	6	8	10	12	25	
25	Jack Reynolds RC	4	5	6	8	25			
26	Josh Ashton	4	5	6	8	10	12	25	
27	Donnie Green	4	5	6	8	10	12	20	
28	Bob Hayes	4	5	6	8	12	12	40	
29	John Zook	4	5	6	8	10	12	15	
30	Bobby Bryant	4	5	6	8	10	12	25	
31	Scott Hunter	4	5	6	8	10	12	25	
32	Dan Dierdorf	4	5	6	10	15	20	50	
33	Curt Knight	4	5	6	8	20			
34	Elmo Wright RC	4	5	6	8	10	12	25	
35	Essex Johnson	4	5	6	8	10	12	25	
36	Walt Sumner	4	5	6	8	10	12	25	80
37	Marv Montgomery	4	5	6	8	10	12	25	
38	Tim Foley	4	5	6	8	10	12	15	
39	Mike Siani	4	5	6	8	10	12	25	
40	Joe Greene	4	5	6	10	30	40	200	
41	Bobby Howfield	4	5	6	8	10	12	25	
42	Del Williams	4	5	6	8	10	12	25	100
43	Don McCauley	4	5	6	8	10	12	25	
44	Randy Jackson	4	5	6	8	10	12	25	100
45	Ron Smith	4	5	6	8	10	12	25	
46	Gene Washington 49er	4	5	6	8	10	12	25	
47	Po James	4	5	6	8	10	12	25	
48	Solomon Freelon	4	5	6	8	10	12	25	
49	Bob Windsor HOR	4	5	6	8	10	12	25	
50	John Hadl	4	5	6	8	10	12	25	
51	Greg Larson	4	5	6	8	10	12	15	
52	Steve Owens	4	5	6	8	20			
53	Jim Cheyunski	4	5	6	8	10	12	20	
54	Rayfield Wright	4	5	6	8	10	12	25	
55	Dave Hampton	4	5	6	8	10	12	25	
56	Ron Widby	4	5	6	8	20			
57	Milt Sunde	4	5	6	8	10	12	25	
58	Billy Kilmer	4	5	6	8	10	12	25	
59	Bobby Bell	4	5	6	8	10	12	50	
60	Jim Bakken	4	5	6	8	10	12	25	
61	Rufus Mayes	4	5	6	8	20			
62	Vic Washington	4	5	6	8	20			
63	Gene Washington Vik	4	5	6	8	10	12	25	100
64	Clarence Scott	4	5	6	8	20			
65	Gene Upshaw	4	5	6	8	10	20	80	
66	Larry Seiple	4	5	6	8	10	12	25	
67	John McMakin	4	5	6	8	10	12	25	
68	Ralph Baker	4	5	6	8	10	12	20	
69	Lydell Mitchell	4	5	6	8	10	12	25	
70	Archie Manning	4	5	6	8	10	12	40	
71	George Farmer	4	5	6	8	10	12	25	100
72	Ron East	4	5	6	8	10	12	25	
73	Al Nelson	4	5	6	8	10	12	25	
74	Pat Hughes	4	5	6	8	10	12	25	
75	Fred Willis	4	5	6	8	10	12	25	
76	Larry Walton	4	5	6	8	10	12	25	
77	Tom Neville	4	5	6	8	10	12	25	
78	Ted Kwalick	4	5	6	8	10	12	25	
79	Walt Patulski	4	5	6	8	10	12	20	
80	John Niland	4	5	6	8	10	12	25	
81	Ted Fritsch Jr.	4	5	6	8	10	12	25	
82	Paul Krause	4	5	6	8	10	12	25	
83	Jack Snow	4	5	6	8	15			
84	Mike Bass	4	5	6	8	10	12	25	
85	Jim Tyrer	4	5	6	8	30	50		
86	Ron Yankowski	4	5	6	8	10	12	25	
87	Mike Phipps	4	5	6	8	10	12	25	
88	Al Beauchamp	4	5	6	8	10	12	25	

#	Player	VgEx 4	EX 5	ExMt 6	NM 7	NmMt 8	NmMt+ 8.5	MT 9	Gem 9.5/10
89	Riley Odoms RC	4	5	6	8	15	20	80	
90	MacArthur Lane	4	5	6	8	10	12	25	
91	Art Thoms	4	5	6	8	20			
92	Marlin Briscoe	4	5	6	8	10	12	25	60
93	Bruce Van Dyke	4	5	6	8	10	12	25	
94	Tom Myers RC	4	5	6	8	10	12	25	
95	Calvin Hill	4	5	6	8	10	12	25	
96	Bruce Laird	4	5	6	8	10	12	20	60
97	Tony McGee DT	4	5	6	8	10	12	25	
98	Len Rohde	4	5	6	8	10	12	25	100
99	Tom McNeill	4	5	6	8	10	12	25	
100	Delles Howell	4	5	6	8	10	12	25	
101	Gary Garrison	4	5	6	8	10	12	25	
102	Dan Goich	4	5	6	8	10	12	25	
103	Len St. Jean	4	5	6	8	10	12	25	
104	Zeke Moore	4	5	6	8	10	12	25	
105	Ahmad Rashad RC	6	8	▲30	▲40	80	100	125	
106	Mel Renfro	4	5	6	8	10	12	25	
107	Jim Mitchell TE	4	5	6	8	10	12	25	100
108	Ed Budde	4	5	6	8	20			50
109	Harry Schuh	4	5	6	8	10	12	25	
110	Greg Pruitt RC	4	5	6	8	10	15	135	
111	Ed Flanagan	4	5	6	8	10	12	25	
112	Larry Stallings	4	5	6	8	10	12	25	
113	Chuck Foreman RC	4	6	8	15	25	30	80	
114	Royce Berry	4	5	6	8	10	12	25	
115	Gale Gillingham	4	5	6	8	10	12	25	
116	Charlie Johnson HOR	4	5	6	8	20			
117	Checklist 1-132	4	5	6	8	10	12	25	
118	Bill Butler	4	5	6	8	10	12	25	
119	Roy Jefferson	4	5	6	8	20			
120	Bobby Douglass	4	5	6	8	10	12	25	
121	Harold Carmichael RC	4	6	10	30	100	30	125	
122	George Kunz AP	4	5	6	8	10	15	25	
123	Larry Little	4	5	6	8	10	12	25	
124	Forrest Blue AP	4	5	6	8	20			
125	Ron Yary	4	5	6	8	10	12	25	
126	Tom Mack AP	4	5	6	8	10	12	25	
127	Bob Tucker AP	4	5	6	8	10	12	25	
128	Paul Warfield	4	5	6	8	10	15	60	
129	Fran Tarkenton	4	5	▲25	▲50	▲150	▲200	▲250	
130	O.J.Simpson	4	6	8	15	50	60	250	
131	Larry Csonka	4	5	6	10	15	30	120	
132	Bruce Gossett AP	4	5	6	8	10	12	25	
133	Bill Stanfill AP	4	5	6	8	10	12	25	
134	Alan Page	4	5	6	8	10	12	30	
135	Paul Smith AP	4	5	6	8	10	12	25	
136	Claude Humphrey AP	4	5	6	8	10	12	25	
137	Jack Ham	4	▲25	▲30	▲40	▲50	▲60	▲80	
138	Lee Roy Jordan	4	5	6	8	10	12	40	
139	Phil Villapiano AP	4	5	6	8	10	12	25	
140	Ken Ellis AP	4	5	6	8	10	12	25	80
141	Willie Brown	4	5	6	8	10	12	40	100
142	Dick Anderson AP	4	5	6	8	10	12	25	
143	Bill Bradley AP	4	5	6	8	10	12	25	
144	Jerrel Wilson AP	4	5	6	8	10	12	25	
145	Reggie Rucker	4	5	6	8	20			
146	Marty Domres	4	5	6	8	10	12	25	80
147	Bob Kowalkowski	4	5	6	8	10	12	25	100
148	John Matuszak RC	4	5	6	10	15	20	50	
149	Mike Adamle RC	4	5	6	8	10	12	25	
150	Johnny Unitas	10	12	20	40	80	100	125	
151	Charlie Ford	4	5	6	8	10	12	20	
152	Bob Klein RC	4	5	6	8	10	12	25	
153	Jim Merlo	4	5	6	8	10	12	25	
154	Willie Young	4	5	6	8	10	12	25	60
155	Donny Anderson	4	5	6	8	10	12	25	60
156	Brig Owens	4	5	6	8	10	12	25	
157	Bruce Jarvis	4	5	6	8	10	12	25	
158	Ron Carpenter RC	4	5	6	8	10	12	25	60
159	Don Cockroft	4	5	6	8	10	12	25	
160	Tommy Nobis	4	5	6	8	10	12	25	80
161	Craig Morton	4	5	6	8	10	12	25	80
162	Jon Staggers	4	5	6	8	20			
163	Mike Eischeid	4	5	6	8	10	12	25	
164	Jerry Sisemore RC	4	5	6	8	10	12	25	
165	Cedrick Hardman	4	5	6	8	20			
166	Bill Thompson	4	5	6	8	20			
167	Jim Lynch	4	5	6	8	10	12	20	
168	Bob Moore	4	5	6	8	10	12	25	
169	Glen Edwards	4	5	6	8	10	12	25	100
170	Mercury Morris	4	5	6	8	10	12	25	
171	Julius Adams	4	5	6	8	10	12	20	100
172	Cotton Speyrer	4	5	6	8	10	12	25	100
173	Bill Munson	4	5	6	8	10	12	25	
174	Benny Johnson	4	5	6	8	10	12	25	150
175	Burgess Owens RC	4	5	6	8	10	12	25	80
176	Cid Edwards	4	5	6	8	10	12	25	
177	Doug Buffone	4	5	6	8	10	12	20	100
178	Charlie Cowan	4	5	6	8	10	12	25	60
179	Bob Newland	4	5	6	8	10	12	25	
180	Ron Johnson	4	5	6	8	10	12	25	100
181	Bob Rowe	4	5	6	8	10	12	25	
182	Len Hauss	4	5	6	8	10	12	25	80
183	Joe DeLamielleure RC	6	8	12	▲20	▲50	80	60	400
184	Sherman White RC	4	5	6	8	10	12	25	
185	Fair Hooker	4	5	6	8	10	12	20	80
186	Nick Mike-Mayer	4	5	6	8	15			
187	Ralph Neely	4	5	6	8	10	12	20	80
188	Rich McGeorge	4	5	6	8	10	12	25	80
189	Ed Marinaro RC	4	5	6	8	10	12	25	100
190	Dave Wilcox	4	5	6	8	10	12	25	80
191	Joe Owens RC	4	5	6	8	10	12	25	80
192	Bill Van Heusen	4	5	6	8	10	12	25	100
193	Jim Kearney	4	5	6	8	20			
194	Otis Sistrunk RC	4	5	6	8	30	50		
195	Ron Shanklin	4	5	6	8	10	12	25	50
196	Bill Lenkaitis	4	5	6	8	10	12	25	
197	Tom Drougas	4	5	6	8	10	12	15	80
198	Larry Hand	4	5	6	8	10	12	25	80
199	Mack Alston	4	5	6	8	10	12	25	80
200	Bob Griese	4	5	6	10	15	20	80	
201	Earlie Thomas	4	5	6	8	10	12	25	
202	Carl Gersbach	4	5	6	8	10	12	25	80
203	Jim Harrison	4	5	6	8	10	12	25	80
204	Jake Kupp	4	5	6	8	10	12	20	
205	Merlin Olsen	4	5	6	8	10	12	25	
206	Spider Lockhart	4	5	6	8	10	12	25	
207	Walker Gillette	4	5	6	8	10	12	15	100
208	Verlon Biggs	4	5	6	8	10	12	25	100
209	Bob James	4	5	6	8	10	12	25	100
210	Bob Trumpy	4	5	6	8	20			
211	Jerry Sherk	4	5	6	8	10	12	25	80
212	Andy Maurer	4	5	6	8	10	12	25	80
213	Fred Carr	4	5	6	8	10	12	25	100
214	Mick Tingelhoff	4	5	6	8	10	12	25	100
215	Steve Spurrier	4	5	▲30	▲40	▲50	▲60	▲80	
216	Richard Harris	4	5	6	8	10	12	25	100
217	Charlie Greer	4	5	6	8	10	12	15	100
218	Buck Buchanan	4	5	6	8	20			
219	Ray Guy RC	8	▲50	▲60	▲80	▲400	▲500	▲600	
220	Franco Harris	5	6	▲30	▲40	▲125	▲250	▲400	
221	Darryl Stingley RC	4	5	6	8	10	12	25	
222	Rex Kern	4	5	6	8	10	12	25	80
223	Toni Fritsch	4	5	6	8	10	12	25	80
224	Levi Johnson	4	5	6	8	10	12	25	50
225	Bob Kuechenberg	4	5	6	8	10	12	25	
226	Elvin Bethea	4	5	6	8	10	12	25	100
227	Al Woodall RC	4	5	6	8	10	12	25	
228	Terry Owens	4	5	6	8	10	12	25	100
229	Bivian Lee	4	5	6	8	10	12	25	
230	Dick Butkus	5	▲20	▲25	▲30	▲60	▲80	▲250	
231	Jim Bertelsen RC	4	5	6	8	10	12	25	80
232	John Mendenhall RC	4	5	6	8	15			
233	Conrad Dobler RC	4	5	6	8	10	12	20	100
234	J.D. Hill	4	5	6	8	10	12	25	60
235	Ken Houston	4	5	6	8	10	12	25	
236	Dave Lewis	4	5	6	8	10	12	25	80
237	John Garlington	4	5	6	8	10	12	25	100
238	Bill Sandeman	4	5	6	8	10	12	25	100
239	Alden Roche	4	5	6	8	10	12	25	100
240	John Gilliam	4	5	6	8	10	12	25	80
241	Bruce Taylor	4	5	6	8	10	12	25	
242	Vern Winfield	4	5	6	8	10	12	25	80
243	Bobby Maples	4	5	6	8	10	12	25	100
244	Wendell Hayes	4	5	6	8	10	12	25	
245	George Blanda	4	5	6	10	15	20	100	
246	Dwight White	4	5	6	8	10	12	25	100

Player	VgEx 4	EX 5	ExMt 6	NM 7	NmMt 8	NmMt+ 8.5	MT 9	Gem 9.5/10
Sandy Durko	4	5	6	8	10	12	25	50
Tom Mitchell	4	5	6	8	10	12	25	60
Chuck Walton	4	5	6	8	10	12	25	
Bob Lilly	4	5	6	8	10	15	50	
Doug Swift	4	5	6	8	10	12	25	60
Lynn Dickey RC	4	5	6	8	15	20	25	
Jerome Barkum RC	4	5	6	8	20			100
Clint Jones	4	5	6	8	20			
Billy Newsome	4	5	6	8	10	12	25	100
Bob Asher	4	5	6	8	10	12	25	
Joe Scibelli	4	5	6	8	20		80	
Tom Blanchard	4	5	6	8	10	12	25	80
Norm Thompson	4	5	6	8	10	12	15	60
Larry Brown	4	5	6	8	10	12	25	
Paul Seymour	4	5	6	8	10	12	25	80
Checklist 133-264	4	5	6	8	10	12	25	80
Doug Dieken RC	4	5	6	8	10	12	25	100
Lemar Parrish	4	5	6	8	20		50	
Bob Lee	4	5	6	8	10	12	25	100
Bob Brown DT	4	5	6	8	10	12	25	
Roy Winston	4	5	6	8	10	12	25	
Randy Beisler	4	5	6	8	10	12	25	100
Joe Dawkins	4	5	6	8	10	12	25	
Tom Dempsey	4	5	6	8	10	12	25	
Jack Rudnay	4	5	6	8	10	12	25	
Art Shell	4	5	6	8	12	20	40	
Mike Wagner	4	5	6	8	10	12	25	
Rick Cash	4	5	6	8	10	12	20	
Greg Landry	4	5	6	8	10	12	25	
Glenn Ressler	4	5	6	8	10	12	25	100
Billy Joe DuPree RC	4	5	6	8	10	12	25	
Norm Evans	4	5	6	8	10	12	25	100
Billy Parks	4	5	6	8	10	12	25	
John Riggins	4	5	6	10	15	20	70	
Lionel Aldridge	4	5	6	8	10	12	25	
Steve O'Neal	4	5	6	8	10	12	25	
Craig Clemons	4	5	6	8	10	12	25	100
Willie Williams	4	5	6	8	10	12	25	80
Isiah Robertson	4	5	6	8	10	12	25	
Dennis Shaw	4	5	6	8	10	12	25	
Bill Brundige	4	5	6	8	10	12	25	
John Leypoldt	4	5	6	8	10	12	20	
John DeMarie	4	5	6	8	10	12	25	
Mike Reid	4	5	6	8	10	12	25	
Greg Brezina	4	5	6	8	10	12	25	
Willie Buchanon RC	4	5	6	8	10	12	25	
Dave Osborn	4	5	6	8	10	12	25	
Mel Phillips	4	5	6	8	10	12	25	
Haven Moses	4	5	6	8	10	12	25	
Wade Key	4	5	6	8	10	12	25	50
Marvin Upshaw	4	5	6	8	10	12	25	
Ray Mansfield	4	5	6	8	10	12	25	
Edgar Chandler	4	5	6	8	10	12	25	
Marv Hubbard	4	5	6	8	10	12	25	
Herman Weaver	4	5	6	8	10	12	25	
Jim Bailey	4	5	6	8	10	12	15	80
D.D.Lewis RC	4	5	6	8	10	12	25	100
Ken Burrough	4	5	6	8	10	12	25	
Jake Scott	4	5	6	8	10	12	25	
Randy Rasmussen	4	5	6	8	10	12	25	
Pettis Norman	4	5	6	8	10	12	15	80
Carl Johnson	4	5	6	8	10	12	25	
Joe Taylor	4	5	6	8	10	12	15	
Pete Gogolak	4	5	6	8	10	12	25	100
Tony Baker FB	4	5	6	8	10	12	25	
John Richardson	4	5	6	8	10	12	25	
Dave Robinson	4	5	6	8	10	12	25	100
Reggie McKenzie RC	4	5	6	8	10	12	25	
Isaac Curtis RC	4	5	6	8	10	12	25	100
Thom Darden	4	5	6	8	10	12	25	
Ken Reaves	4	5	6	8	10	12	25	
Malcolm Snider	4	5	6	8	10	12	25	
Jeff Siemon RC	4	5	6	8	10	12	25	100
Dan Abramowicz	4	5	6	8	20			
Lyle Alzado	4	5	6	8	10	12	25	
John Reaves	4	5	6	8	10	12	25	100
Morris Stroud	4	5	6	8	10	12	25	
Bobby Walden	4	5	6	8	10	12	25	60
Randy Vataha	4	5	6	8	10	12	25	

#	Player	VgEx 4	EX 5	ExMt 6	NM 7	NmMt 8	NmMt+ 8.5	MT 9	Gem 9.5/10
326	Nemiah Wilson	4	5	6	8	20			
327	Paul Naumoff	4	5	6	8	10	12	25	80
328	Simpson/Brockington LL	4	5	6	8	10	12	30	
329	Staubach/Stabler LL	4	5	6	8	10	25	40	
330	Carmichael/Willis LL	4	5	6	8	10	12	25	
331	Gerela/Ray LL	4	5	6	8	10	12	25	
332	Interception Leaders	4	5	6	8	10	12	25	
333	J.Wilson/Wittum LL	4	5	6	8	10	12	25	100
334	Dennis Nelson	4	5	6	8	10	12	25	
335	Walt Garrison	4	5	6	8	10	12	25	100
336	Tody Smith	4	5	6	8	10	12	25	80
337	Ed Bell	4	5	6	8	10	12	25	
338	Bryant Salter	4	5	6	8	10	12	25	
339	Wayne Colman	4	5	6	8	10	12	15	80
340	Garo Yepremian	4	5	6	8	10	12	25	
341	Bob Newton	4	5	6	8	10	12	25	
342	Vince Clements RC	4	5	6	8	10	12	25	
343	Ken Iman	4	5	6	8	10	12	20	
344	Jim Tolbert	4	5	6	8	10	12	25	100
345	Chris Hanburger	4	5	6	8	10	12	25	
346	Dave Foley	4	5	6	8	10	12	20	80
347	Tommy Casanova	4	5	6	8	20			
348	John James	4	5	6	8	10	12	25	100
349	Clarence Williams	4	5	6	8	10	12	25	60
350	Leroy Kelly	4	5	6	8	10	12	25	
351	Stu Voigt RC	4	5	6	8	10	12	25	
352	Skip Vanderbundt	4	5	6	8	10	12	25	
353	Pete Duranko	4	5	6	8	20			
354	John Outlaw	4	5	6	8	10	12	25	100
355	Jan Stenerud	4	5	6	8	10	12	25	
356	Barry Pearson	4	5	6	8	10	12	25	100
357	Brian Dowling RC	4	5	6	8	10	12	25	
358	Dan Conners	4	5	6	8	10	12	25	
359	Bob Bell	4	5	6	8	10	12	25	
360	Rick Volk	4	5	6	8	10	12	25	100
361	Pat Toomay	4	5	6	8	10	12	25	
362	Bob Gresham	4	5	6	8	20			
363	John Schmitt	4	5	6	8	10	12	25	
364	Mel Rogers	4	5	6	8	10	12	25	100
365	Manny Fernandez	4	5	6	8	10	12	25	60
366	Ernie Jackson	4	5	6	8	10	12	25	50
367	Gary Huff RC	4	5	6	8	10	12	25	
368	Bob Grim	4	5	6	8	20			
369	Ernie McMillan	4	5	6	8	10	12	25	60
370	Dave Elmendorf	4	5	6	8	10	12	25	
371	Mike Bragg	4	5	6	8	10	12	25	100
372	John Skorupan	4	5	6	8	10	12	25	
373	Howard Fest	4	5	6	8	10	12	25	
374	Jerry Tagge RC	4	5	6	8	10	12	25	
375	Art Malone	4	5	6	8	10	12	25	80
376	Bob Babich	4	5	6	8	20			
377	Jim Marshall	4	5	6	8	10	12	25	
378	Bob Hoskins	4	5	6	8	10	12	25	100
379	Don Zimmerman	4	5	6	8	10	12	25	
380	Ray May	4	5	6	8	10	12	20	
381	Emmitt Thomas	4	5	6	8	10	12	25	100
382	Terry Hanratty	4	5	6	8	10	12	25	
383	John Hannah RC	▲20	▲25	▲30	80	▲250	▲300	▲1,000	
384	George Atkinson	4	5	6	8	10	12	25	
385	Ted Hendricks	4	5	6	8	10	12	25	
386	Jim O'Brien	4	5	6	8	20			
387	Jethro Pugh	4	5	6	8	10	12	30	
388	Elbert Drungo	4	5	6	8	10	12	15	100
389	Richard Caster	4	5	6	8	10	12	25	
390	Deacon Jones	4	5	6	8	10	12	25	
391	Checklist 265-396	4	5	6	8	10	12	25	
392	Jess Phillips	4	5	6	8	10	12	25	
393	Garry Lyle	4	5	6	8	10	12	25	
394	Jim Files	4	5	6	8	10	12	25	100
395	Jim Hart	4	5	6	8	10	12	25	
396	Dave Chapple	4	5	6	8	20			
397	Jim Langer	4	5	6	8	15	20	25	
398	Jim Wilbur	4	5	6	8	20			
399	Dwight Harrison	4	5	6	8	10	12	25	
400	John Brockington	4	5	6	8	10	12	25	
401	Ken Anderson	4	5	6	10	15	20	50	
402	Mike Tilleman	4	5	6	8	10	12	25	
403	Charlie Hall	4	5	6	8	10	12	25	
404	Tommy Hart	4	5	6	8	10	12	25	100

#		VgEx 4	EX 5	ExMt 6	NM 7	NmMt 8	NmMt+ 8.5	MT 9	Gem 9.5/10
405	Norm Bulaich	4	5	6	8	10	12	25	
406	Jim Turner	4	5	6	8	10	12	25	
407	Mo Moorman	4	5	6	8	10	12	25	
408	Ralph Anderson	4	5	6	8	10	12	25	
409	Jim Otto	4	5	6	8	10	12	25	
410	Andy Russell	4	5	6	8	10	12	25	
411	Glenn Doughty	4	5	6	8	10	12	15	50
412	Altie Taylor	4	5	6	8	10	12	25	
413	Marv Bateman	4	5	6	8	10	12	25	
414	Willie Alexander	4	5	6	8	25			
415	Bill Zapalac RC	4	5	6	8	10	12	25	
416	Russ Washington	4	5	6	8	10	12	25	
417	Joe Federspiel	4	5	6	8	10	12	20	
418	Craig Cotton	4	5	6	8	10	12	25	
419	Randy Johnson	4	5	6	8	10	12	25	
420	Harold Jackson	4	5	6	8	10	12	25	80
421	Roger Wehrli	4	5	6	8	10	12	15	100
422	Charlie Harraway	4	5	6	8	20			
423	Spike Jones	4	5	6	8	10	12	15	
424	Bob Johnson	4	5	6	8	20			
425	Mike McCoy DT	4	5	6	8	10	12	15	
426	Dennis Havig	4	5	6	8	10	12	25	
427	Bob McKay RC	4	5	6	8	10	12	25	
428	Steve Zabel	4	5	6	8	10	12	25	
429	Horace Jones	4	5	6	8	10	12	25	
430	Jim Johnson	4	5	6	8	10	12	30	
431	Roy Gerela	4	5	6	8	10	12	25	
432	Tom Graham RC	4	5	6	8	10	12	20	
433	Curley Culp	4	5	6	10	15	20	40	125
434	Ken Mendenhall	4	5	6	8	10	12	20	
435	Jim Plunkett	4	5	6	8	12	15	30	
436	Julian Fagan	4	5	6	8	10	12	25	
437	Mike Garrett	4	5	6	8	10	12	25	
438	Bobby Joe Green	4	5	6	8	10	12	25	
439	Jack Gregory	4	5	6	8	10	12	25	
440	Charlie Sanders	4	5	6	8	10	12	25	100
441	Bill Curry	4	5	6	8	10	12	25	
442	Bob Pollard	4	5	6	8	20			
443	David Ray	4	5	6	8	10	12	25	
444	Terry Metcalf RC	4	5	6	8	20			
445	Pat Fischer	4	5	6	8	10	12	25	100
446	Bob Chandler	4	5	6	8	10	12	25	
447	Bill Bergey	4	5	6	8	10	12	25	100
448	Walter Johnson	4	5	6	8	10	12	25	
449	Charle Young RC	4	5	6	8	20			
450	Chester Marcol	4	5	6	8	10	12	30	
451	Ken Stabler	6	8	12	20	60	80	200	
452	Preston Pearson	4	5	6	8	10	12	25	
453	Mike Current	4	5	6	8	10	12	25	
454	Ron Bolton	4	5	6	8	20			
455	Mark Lomas	4	5	6	8	10		25	
456	Raymond Chester	4	5	6	8	10	12	25	
457	Jerry LeVias	4	5	6	8	10	12	25	
458	Skip Butler	4	5	6	8	10	12	25	80
459	Mike Livingston RC	4	5	6	8	15			
460	AFC Semi-Final	4	5	6	8	20	25	125	
461	NFC Semi-Finals/R.Staubach	4	5	6	8	20	30	150	
462	Playoff Champships/Stabler	4	5	6	8	12	15	50	
463	SB VIII/L.Csonka	4	5	6	8	10	12	120	
464	Wayne Mulligan	4	5	6	8	10	12	25	60
465	Horst Muhlmann	4	5	6	8	10	12	25	
466	Milt Morin	4	5	6	8	10	12	20	
467	Don Parish	4	5	6	8	10	12	25	
468	Richard Neal	4	5	6	8	10	12	25	
469	Ron Jessie	4	5	6	8	10	12	25	
470	Terry Bradshaw	8	10	15	▲80	▲250	▲300	400	
471	Fred Dryer	4	5	6	8	10	12	25	
472	Jim Carter	4	5	6	8	10	12	25	100
473	Ken Burrow	4	5	6	8	10	12	15	60
474	Wally Chambers RC	4	5	6	8	10	12	25	
475	Dan Pastorini	4	5	6	8	20			
476	Don Morrison	4	5	6	8	10	12	25	
477	Carl Mauck	4	5	6	8	10	12	25	100
478	Larry Cole RC	4	5	6	8	10	12	25	
479	Jim Kiick	4	5	6	8	20		120	
480	Willie Lanier	4	5	6	8	10	12	25	100
481	Don Herrmann	4	5	6	8	10	12	25	
482	George Hunt	4	5	6	8	10	12	25	
483	Bob Howard RC	4	5	6	8	10	12	25	
484	Myron Pottios	4	5	6	8	10	12	25	
485	Jackie Smith	4	5	6	8	10	12	25	100
486	Vern Holland	4	5	6	8	10	12	25	
487	Jim Braxton	4	5	6	8	10	12	20	100
488	Joe Reed	4	5	6	8	20			
489	Wally Hilgenberg	4	5	6	8	10	12	30	
490	Fred Biletnikoff	4	5	6	8	12	15	50	
491	Bob DeMarco	4	5	6	8	20			
492	Mark Nordquist	4	5	6	8	10	12	25	
493	Larry Brooks	4	5	6	8	20			
494	Pete Athas	4	5	6	8	10	12	25	
495	Emerson Boozer	4	5	6	8	10	12	25	
496	L.C.Greenwood	4	5	6	8	10	12	80	
497	Rockne Freitas	4	5	6	8	10	12	25	
498	Checklist 397-528	4	5	6	8	10	12	25	
499	Joe Schmiesing	4	5	6	8	10	12	25	
500	Roger Staubach	8	10	15	25	60	80	400	
501	Al Cowlings	4	5	6	8	10	12	25	100
502	Sam Cunningham RC	4	5	6	8	10	12	25	
503	Dennis Partee	4	5	6	8	10	12	25	
504	John Didion	4	5	6	8	10	12	25	
505	Nick Buoniconti	4	5	6	8	10	12	25	
506	Carl Garrett	4	5	6	8	10	12	25	
507	Doug Van Horn	4	5	6	8	10	12	25	
508	Jamie Rivers	4	5	6	8	10	12	30	
509	Jack Youngblood	4	5	6	8	10	15	40	
510	Charley Taylor	4	5	6	8	20			
511	Ken Riley	4	5	6	8	10	12	25	
512	Joe Ferguson RC	4	5	6	8	10	20	40	
513	Bill Lueck	4	5	6	8	10	12	25	
514	Ray Brown DB RC	4	5	6	8	10	12	25	
515	Fred Cox	4	5	6	8	20			
516	Joe Jones DE	4	5	6	8	10	12	25	
517	Larry Schreiber	4	5	6	8	10	12	25	
518	Dennis Wirgowski	4	5	6	8	10	12	25	
519	Leroy Mitchell	4	5	6	8	10	12	25	
520	Otis Taylor	4	5	6	8	10	12	25	80
521	Henry Davis	4	5	6	8	20			
522	Bruce Barnes	4	5	6	8	20	20		
523	Charlie Smith RB	4	5	6	8	10	12	25	
524	Bert Jones RC	4	5	6	10	80	100	125	
525	Lem Barney	4	5	6	8	10	12	25	
526	John Fitzgerald RC	4	5	6	8	10	12	40	
527	Tom Funchess	4	5	6	8	10	12	25	
528	Steve Tannen	4	5	6	8	10	12	20	

— Dick Butkus #230 PSA 10 (Gem) sold for $1,403.65 (eBay; 12/13)
— Billy Joe Dupree #277 PSA 10 (Gem) sold for $1,237 (Andy Madec; 5/07)
— Chuck Foreman RC #113 PSA 10 (Gem Mint) sold for $300 (Bussineau; 4/12)
— Ray Guy #219 PSA 10 (Gem) sold for $3,755 (eBay; 9/13)
— Franco Harris #220 PSA 10 (Gem) sold for $886 (eBay; 12/07)
— Roger Staubach #500 PSA 10 (Gem) sold for $825 (Goodwin; 2/11)
— Roger Staubach #500 PSA 10 (Gem) sold for $1,220.94 (Mile High; 12/13)

1975 Topps

#		VgEx 4	EX 5	ExMt 6	NM 7	NmMt 8	NmMt+ 8.5	MT 9	Gem 9.5
1	McCutcheon/Armstrong LL	4	4	5	6	10	15		
2	Jurgensen/K.Anderson LL	4	4	5	5	10	15	60	
3	C.Young/L.Mitchell LL	4	4	5	5	10	12	25	
4	Marcol/Gerela LL	4	4	5	5	10	12	30	
5	R.Brown/E.Thomas LL	4	4	5	5	10	12	25	
6	Blanchard/Guy LL	4	4	5	5	10	12	25	
7	George Blanda HL	4	4	5	6	10	12	25	
8	George Blanda HL	4	4	5	6	10	12	25	80
9	Ralph Baker	4	4	5	5	10	12	25	
10	Don Woods	4	4	5	5	10	12	25	
11	Bob Asher	4	4	5	5	10	12	25	60
12	Mel Blount RC	6	▲40	▲50	▲60	▲200	▲250	▲400	1,500
13	Sam Cunningham	4	4	5	5	10	12	25	
14	Jackie Smith	4	4	5	5	10	12	25	80
15	Greg Landry	4	4	5	5	15	20	150	
16	Buck Buchanan	4	4	5	5	10	12	25	60
17	Haven Moses	4	4	5	5	10	12	25	50
18	Clarence Ellis	4	4	5	5	10	12	25	80
19	Jim Carter	4	4	5	5	10	12	25	50
20	Charley Taylor	4	4	5	5	10	12	25	
21	Jess Phillips	4	4	5	5	10	12	25	
22	Larry Seiple	4	4	5	5	10	12	25	
23	Doug Dieken	4	4	5	5	10	12	20	60

Name	VgEx 4	EX 5	ExMt 6	NM 7	NmMt 8	NmMt+ 8.5	MT 9	Gem 9.5/10
Ron Saul	4	4	5	5	10	12	15	50
Isaac Curtis	4	4	5	5	10	12	25	60
Gary Larsen RC	4	4	5	5	10	12	25	100
Bruce Jarvis	4	4	5	5	10	12	25	60
Steve Zabel	4	4	5	5	10	12	20	50
John Mendenhall	4	4	5	5	10	12	25	60
Rick Volk	4	4	5	5	10	12	25	60
Checklist 1-132	4	4	5	5	10	12	25	
Dan Abramowicz	4	4	5	5	10	12	20	80
Bubba Smith	4	4	5	5	10	12	25	100
David Ray	4	4	5	5	10	12	25	60
Dan Dierdorf	4	4	5	6	10	12	25	
Randy Rasmussen	4	4	5	5	10	12	25	
Bob Howard	4	4	5	5	10	12	20	80
Gary Huff	4	4	5	5	10	12	20	
Rocky Bleier RC	10	12	15	40	▲100	▲125	▲250	
Mel Gray	4	4	5	5	10	12	20	60
Tony McGee DT	4	4	5	5	10	12	25	
Larry Hand	4	4	5	5	10	12	25	60
Wendell Hayes	4	4	5	5	10	12	25	60
Doug Wilkerson RC	4	4	5	5	10	12	25	60
Paul Smith	4	4	5	5	10	12	25	
Dave Robinson	4	4	5	5	10	12	25	80
Bivian Lee	4	4	5	5	10	12	25	80
Jim Mandich RC	4	4	5	5	10	12	80	
Greg Pruitt	4	4	5	5	10	12	25	135
Dan Pastorini	4	4	5	5	10	12	25	60
Ron Pritchard	4	4	5	5	10	12	25	60
Dan Conners	4	4	5	5	10	12	25	
Fred Cox	4	4	5	5	10	12	25	50
Tony Greene	4	4	5	5	10	12	25	
Craig Morton	4	4	5	5	10	12	25	200
Jerry Sisemore	4	4	5	5	10	12	25	60
Glenn Doughty	4	4	5	5	10	12	25	
Larry Schreiber	4	4	5	5	10	12	20	60
Charlie Waters RC	4	4	5	6	15	20	50	
Jack Youngblood	4	4	5	5	10	12	25	80
Bill Lenkaitis	4	4	5	5	10	12	25	
Greg Brezina	4	4	5	5	10	12	25	
Bob Pollard	4	4	5	5	10	12	25	80
Mack Alston	4	4	5	5	5	10	12	25
Drew Pearson RC	▲20	▲25	▲50	▲80	▲200	▲250	▲300	
Charlie Stukes	4	4	5	5	10	12	25	60
Emerson Boozer	4	4	5	5	10	12	25	
Dennis Partee	4	4	5	5	10	12	20	120
Bob Newton	4	4	5	5	10	12	25	80
Jack Tatum	4	4	5	5	10	12	25	
Frank Lewis	4	4	5	5	10	12	25	
Bob Young	4	4	5	5	10	12	25	60
Julius Adams	4	4	5	5	40	60	150	
Paul Naumoff	4	4	5	5	10	12	25	
Otis Taylor	4	4	5	5	10	12	25	
Dave Hampton	4	4	5	5	10	12	25	60
Mike Current	4	4	5	5	10	12	25	60
Brig Owens	4	4	5	5	10	12	25	80
Bobby Scott	4	4	5	5	10	12	25	
Harold Carmichael	4	4	5	5	10	12	25	
Bill Stanfill	4	4	5	5	10	12	25	80
Bob Babich	4	4	5	5	10	12	25	
Vic Washington	4	4	5	5	10	12	25	
Mick Tingelhoff	4	4	5	5	10	12	25	60
Bob Trumpy	4	4	5	5	10	12	25	60
Earl Edwards	4	4	5	5	10	12	20	60
Ron Hornsby	4	4	5	5	10	12	25	
Don McCauley	4	4	5	5	10	12	20	80
Jim Johnson	4	4	5	5	10	12	25	
Andy Russell	4	4	5	5	10	12	25	80
Cornell Green	4	4	5	5	10	12	25	
Charlie Cowan	4	4	5	5	10	12	15	60
Jon Staggers	4	4	5	5	10	12	25	60
Billy Newsome	4	4	5	5	10	12	20	
Willie Brown	4	4	5	5	10	12	25	60
Carl Mauck	4	4	5	5	10	12	20	60
Doug Buffone	4	4	5	5	10	12	20	60
Preston Pearson	4	4	5	5	15	20	60	
Jim Bakken	4	4	5	5	10	12	25	60
Bob Griese	4	4	5	6	10	12	25	
Bob Windsor	4	4	5	5	10	12	25	
Rockne Freitas	4	4	5	5	10	12	25	

#	Name	VgEx 4	EX 5	ExMt 6	NM 7	NmMt 8	NmMt+ 8.5	MT 9	Gem 9.5/10
103	Jim Marsalis	4	4	5	5	10	12	25	
104	Bill Thompson	4	4	5	5	10	12	25	
105	Ken Burrow	4	4	5	5	10	12	20	60
106	Diron Talbert	4	4	5	5	10	12	20	60
107	Joe Federspiel	4	4	5	5	10	12	25	
108	Norm Bulaich	4	4	5	5	10	12	25	50
109	Bob DeMarco	4	4	5	5	10	12	25	50
110	Tom Wittum	4	4	5	5	10	12	20	
111	Larry Hefner	4	4	5	5	10	12	25	80
112	Tody Smith	4	4	5	5	10	12	20	
113	Stu Voigt	4	4	5	5	10	12	25	60
114	Horst Muhlmann	4	4	5	5	10	12	25	60
115	Ahmad Rashad	4	4	5	8	12	15	40	
116	Joe Dawkins	4	4	5	5	10	12	20	
117	George Kunz	4	4	5	5	10	12	25	60
118	D.D. Lewis	4	4	5	5	10	12	25	60
119	Levi Johnson	4	4	5	5	10	12	30	
120	Len Dawson	4	4	5	6	10	15	50	
121	Jim Bertelsen	4	4	5	5	10	12	25	60
122	Ed Bell	4	4	5	5	10	12	25	
123	Art Thoms	4	4	5	5	10	12	25	60
124	Joe Beauchamp	4	4	5	5	10	12	15	60
125	Jack Ham	4	4	5	8	30	40	100	
126	Carl Garrett	4	4	5	5	10	12	25	
127	Roger Finnie	4	4	5	5	10	12	25	
128	Howard Twilley	4	4	5	5	10	12	25	
129	Bruce Barnes	4	4	5	5	10	12	25	
130	Nate Wright	4	4	5	5	10	12	25	
131	Jerry Tagge	4	4	5	5	10	12	25	
132	Floyd Little	4	4	5	5	10	12	25	80
133	John Zook	4	4	5	5	10	12	20	
134	Len Hauss	4	4	5	5	10	12	25	
135	Archie Manning	4	4	5	6	12	15	25	
136	Po James	4	4	5	5	10	12	20	60
137	Walt Sumner	4	4	5	5	10	12	25	
138	Randy Beisler	4	4	5	5	10	12	25	60
139	Willie Alexander	4	4	5	5	10	12	25	
140	Garo Yepremian	4	4	5	5	10	12	20	
141	Chip Myers	4	4	5	5	10	12	25	80
142	Jim Braxton	4	4	5	5	10	12	50	
143	Doug Van Horn	4	4	5	5	10	12	25	
144	Stan White	4	4	5	5	10	12	25	80
145	Roger Staubach	▲15	▲20	▲40	▲50	80	100	125	800
146	Herman Weaver	4	4	5	5	10	12	25	60
147	Marvin Upshaw	4	4	5	5	10	12	25	
148	Bob Klein	4	4	5	5	10	12	25	
149	Earlie Thomas	4	4	5	5	10	12	25	60
150	John Brockington	4	4	5	5	10	12	25	80
151	Mike Siani	4	4	5	5	10	12	25	
152	Sam Davis RC	4	4	5	5	10	12	25	
153	Mike Wagner	4	4	5	5	10	12	25	
154	Larry Stallings	4	4	5	5	10	12	25	60
155	Wally Chambers	4	4	5	5	10	12	25	60
156	Randy Vataha	4	4	5	5	10	12	25	
157	Jim Marshall	4	4	5	5	10	12	25	
158	Jim Turner	4	4	5	5	10	12	25	60
159	Walt Sweeney	4	4	5	5	10	12	25	
160	Ken Anderson	4	4	5	6	10	12	35	
161	Ray Brown DB	4	4	5	5	10	12	25	60
162	John Didion	4	4	5	5	10	12	25	
163	Tom Dempsey	4	4	5	5	10	12	15	
164	Clarence Scott	4	4	5	5	10	12	25	60
165	Gene Washington 49er	4	4	5	5	10	12	25	60
166	Willie Rodgers RC	4	4	5	5	10	12	25	80
167	Doug Swift	4	4	5	5	10	12	25	
168	Rufus Mayes	4	4	5	5	10	12	25	80
169	Marv Bateman	4	4	5	5	10	12	25	100
170	Lydell Mitchell	4	4	5	5	10	12	25	60
171	Ron Smith	4	4	5	5	10	12	25	
172	Bill Munson	4	4	5	5	10	12	25	
173	Bob Grim	4	4	5	5	10	12	25	60
174	Ed Budde	4	4	5	5	10	12	15	60
175	Bob Lilly	4	4	5	6	10	12	35	120
176	Jim Youngblood RC	4	4	5	5	10	12	25	60
177	Steve Tannen	4	4	5	5	10	12	25	60
178	Rich McGeorge	4	4	5	5	10	12	20	60
179	Jim Tyrer	4	4	5	5	10	12	20	
180	Forrest Blue	4	4	5	5	10	12	25	
181	Jerry LeVias	4	4	5	5	10	12	15	60

#	Player	VgEx 4	EX 5	ExMt 6	NM 7	NmMt 8	NmMt+ 8.5	MT 9	Gem 9.5/10
182	Joe Gilliam RC	4	4	5	5	10	12	25	60
183	Jim Otis RC	4	4	5	5	10	12	25	
184	Mel Tom	4	4	5	5	10	12	25	60
185	Paul Seymour	4	4	5	5	10	12	20	
186	George Webster	4	4	5	5	10	12	25	50
187	Pete Duranko	4	4	5	5	10	12	20	60
188	Essex Johnson	4	4	5	5	10	12	25	
189	Bob Lee	4	4	5	5	10	12	25	60
190	Gene Upshaw	4	4	5	5	10	12	25	80
191	Tom Myers	4	4	5	5	10	12	25	60
192	Don Zimmerman	4	4	5	5	10	12	25	60
193	John Garlington	4	4	5	5	10	12	25	
194	Skip Butler	4	4	5	5	10	12	25	60
195	Tom Mitchell	4	4	5	5	10	12	25	60
196	Jim Langer	4	4	5	5	10	12	25	
197	Ron Carpenter	4	4	5	5	10	12	25	60
198	Dave Foley	4	4	5	5	10	12	25	
199	Bert Jones	4	4	5	5	10	12	25	80
200	Larry Brown	4	4	5	5	10	12	25	80
201	F.Biletnikoff/C.Taylor AP	4	4	5	5	10	12	25	80
202	R.Wright/R.Washington AP	4	4	5	5	10	12	25	80
203	L.Little/T.Mack AP	4	4	5	5	10	12	25	
204	J.Van Note/J.Rudnay AP	4	4	5	5	10	12	25	60
205	J.Hannah/G.Gillingham AP	4	4	5	5	10	12	25	80
206	D.Dierdorf/W.Hill AP	4	4	5	5	10	12	25	50
207	C.Young/R.Odoms AP	4	4	5	5	10	12	25	
208	F.Tarkenton/K.Stabler AP	4	4	5	6	10	12	35	100
209	O.Simpson/L.McCutchen AP	4	4	5	5	10	12	40	
210	T.Metcalf/O.Armstrong AP	4	4	5	5	10	12	25	
211	M.Gray/I.Curtis AP	4	4	5	5	10	12	25	
212	C.Marcol/R.Gerela AP	4	4	5	5	10	12	25	
213	J.Youngblood/E.Bethea AP	4	4	5	5	10	12	25	
214	A.Page/O.Sistrunk AP	4	4	5	5	10	12	25	
215	M.Olsen/M.Reid AP	4	4	5	5	10	12	25	
216	C.Eller/L.Alzado AP	4	4	5	5	10	12	25	
217	T.Hendricks/P.Villapiano AP	4	4	5	5	10	12	25	
218	W.Lanier/L.Jordan AP	4	4	5	5	10	12	25	60
219	I.Robertson/A.Russell AP	4	4	5	5	10	12	25	
220	N.Wright/E.Thomas AP	4	4	5	5	10	12	25	
221	W.Buchanon/L.Parrish AP	4	4	5	5	10	12	15	80
222	K.Houston/D.Anderson AP	4	4	5	5	10	12	25	80
223	C.Harris/J.Tatum AP	4	4	5	5	10	12	25	80
224	T.Wittum/R.Guy AP	4	4	5	5	10	12	25	
225	T.Metcalf/G.Pruitt AP	4	4	5	5	10	12	20	60
226	Ted Kwalick	4	4	5	5	10	12	20	
227	Spider Lockhart	4	4	5	5	10	12	25	
228	Mike Livingston	4	4	5	5	10	12	25	
229	Larry Cole	4	4	5	5	10	12	25	80
230	Gary Garrison	4	4	5	5	10	12	25	60
231	Larry Brooks	4	4	5	5	10	12	20	60
232	Bobby Howfield	4	4	5	5	10	12	15	60
233	Fred Carr	4	4	5	5	10	12	25	60
234	Norm Evans	4	4	5	5	10	12	20	60
235	Dwight White	4	4	5	5	10	12	40	125
236	Conrad Dobler	4	4	5	5	10	12	25	60
237	Garry Lyle	4	4	5	5	10	12	15	60
238	Darryl Stingley	4	4	5	5	10	12	25	60
239	Tom Graham	4	4	5	5	10	12	25	60
240	Chuck Foreman	4	4	5	5	10	12	50	
241	Ken Riley	4	4	5	5	10	12	30	
242	Don Morrison	4	4	5	5	10	12	25	
243	Lynn Dickey	4	4	5	5	10	12	20	80
244	Don Cockroft	4	4	5	5	10	12	20	
245	Claude Humphrey	4	4	5	5	10	12	50	
246	John Skorupan	4	4	5	5	10	12	25	60
247	Raymond Chester	4	4	5	5	10	12	25	60
248	Cas Banaszek	4	4	5	5	10	12	20	50
249	Art Malone	4	4	5	5	10	12	25	
250	Ed Flanagan	4	4	5	5	10	12	25	60
251	Checklist 133-264	4	4	5	5	10	20	100	
252	Nemiah Wilson	4	4	5	5	10	12	25	60
253	Ron Jessie	4	4	5	5	10	12	25	60
254	Jim Lynch	4	4	5	5	10	12	25	
255	Bob Tucker	4	4	5	5	10	12	25	
256	Terry Owens	4	4	5	5	10	12	25	
257	John Fitzgerald	4	4	5	5	10	12	25	
258	Jack Snow	4	4	5	5	10	12	25	
259	Garry Puetz	4	4	5	5	10	12	25	60
260	Mike Phipps	4	4	5	5	10	12	25	

#	Player	VgEx 4	EX 5	ExMt 6	NM 7	NmMt 8	NmMt+ 8.5	MT 9	Gem 9
261	Al Matthews	4	4	5	5	10	12	25	
262	Bob Kuechenberg	4	4	5	5	10	12	20	80
263	Ron Yankowski	4	4	5	5	10	12	25	
264	Ron Shanklin	4	4	5	5	10	12	30	
265	Bobby Douglass	4	4	5	5	10	12	25	
266	Josh Ashton	4	4	5	5	10	12	25	
267	Bill Van Heusen	4	4	5	5	10	12	25	
268	Jeff Siemon	4	4	5	5	10	12	25	60
269	Bob Newland	4	4	5	5	10	12	20	60
270	Gale Gillingham	4	4	5	5	10	12	25	
271	Zeke Moore	4	4	5	5	10	12	25	60
272	Mike Tilleman	4	4	5	5	10	12	25	
273	John Leypoldt	4	4	5	5	10	12	15	60
274	Ken Mendenhall	4	4	5	5	10	12	15	60
275	Norm Snead	4	4	5	5	10	12	25	80
276	Bill Bradley	4	4	5	5	10	12	25	60
277	Jerry Smith	4	4	5	5	10	12	20	60
278	Clarence Davis	4	4	5	5	10	12	25	
279	Jim Yarbrough	4	4	5	5	10	12	15	
280	Lemar Parrish	4	4	5	5	10	12	15	60
281	Bobby Bell	4	4	5	5	10	12	25	80
282	Lynn Swann RC	15	30	40	▲80	125	250	500	2,000
283	John Hicks	4	4	5	5	10	12	25	60
284	Coy Bacon	4	4	5	5	10	12	40	
285	Lee Roy Jordan	4	4	5	5	10	12	25	80
286	Willie Buchanon	4	4	5	5	10	12	25	
287	Al Woodall	4	4	5	5	10	12	25	
288	Reggie Rucker	4	4	5	5	10	12	25	
289	John Schmitt	4	4	5	5	10	12	25	
290	Carl Eller	4	4	5	5	10	12	25	
291	Jake Scott	4	4	5	5	10	12	25	
292	Donny Anderson	4	4	5	5	10	12	20	
293	Charley Wade	4	4	5	5	10	12	20	60
294	John Tanner	4	4	5	5	10	12	20	60
295	Charlie Johnson	4	4	5	5	10	12	25	
296	Tom Blanchard	4	4	5	5	10	12	15	60
297	Curley Culp	4	4	5	5	10	15	40	60
298	Jeff Van Note RC	4	4	5	5	10	12	25	
299	Bob James	4	4	5	5	10	12	25	60
300	Franco Harris	4	5	6	10	15	20	80	200
301	Tim Berra	4	4	5	5	10	12	20	60
302	Bruce Gossett	4	4	5	5	10	12	25	
303	Verlon Biggs	4	4	5	5	10	12	20	
304	Bob Kowalkowski	4	4	5	5	10	12	25	
305	Marv Hubbard	4	4	5	5	10	12	25	
306	Ken Avery	4	4	5	5	10	12	25	60
307	Mike Adamle	4	4	5	5	10	12	25	60
308	Don Herrmann	4	4	5	5	10	12	25	60
309	Chris Fletcher	4	4	5	5	10	12	25	60
310	Roman Gabriel	4	4	5	5	10	12	25	60
311	Billy Joe DuPree	4	4	5	5	10	12	25	80
312	Fred Dryer	4	4	5	5	10	12	25	
313	John Riggins	4	4	5	6	10	12	35	
314	Bob McKay	4	4	5	5	10	12	25	60
315	Ted Hendricks	4	4	5	5	10	12	35	80
316	Bobby Bryant	4	4	5	5	10	12	25	100
317	Don Nottingham	4	4	5	5	10	12	20	80
318	John Hannah	4	4	5	6	10	12	25	120
319	Rich Coady	4	4	5	5	10	12	30	60
320	Phil Villapiano	4	4	5	5	10	12	25	
321	Jim Plunkett	4	4	5	5	10	12	25	
322	Lyle Alzado	4	4	5	5	10	12	25	
323	Ernie Jackson	4	4	5	5	10	12	25	
324	Billy Parks	4	4	5	5	10	12	25	
325	Willie Lanier	4	4	5	5	10	12	25	
326	John James	4	4	5	5	10	12	25	60
327	Joe Ferguson	4	4	5	5	10	12	25	
328	Ernie Holmes RC	4	5	6	12	30	40	80	
329	Bruce Laird	4	4	5	5	10	12	80	
330	Chester Marcol	4	4	5	5	10	12	25	60
331	Dave Wilcox	4	4	5	5	10	12	25	80
332	Pat Fischer	4	4	5	5	10	12	20	
333	Steve Owens	4	4	5	5	10	12	25	
334	Royce Berry	4	4	5	5	10	12	30	
335	Russ Washington	4	4	5	5	10	12	40	
336	Walker Gillette	4	4	5	5	10	12	25	80
337	Mark Nordquist	4	4	5	5	10	12	25	60
338	James Harris RC	4	4	5	6	10	12	50	
339	Warren Koegel	4	4	5	5	10	12	25	60

	VgEx 4	EX 5	ExMt 6	NM 7	NmMt 8	NmMt+ 8.5	MT 9	Gem 9.5/10
Emmitt Thomas	4	4	5	5	10	12	25	
Walt Garrison	4	4	5	5	10	12	25	
Thom Darden	4	4	5	5	10	12	25	100
Mike Eischeid	4	4	5	5	10	12	25	80
Ernie McMillan	4	4	5	5	10	12	20	60
Nick Buoniconti	4	4	5	5	10	12	20	
George Farmer	4	4	5	5	10	12	25	60
Sam Adams OL	4	4	5	5	10	12	25	
Larry Cipa	4	4	5	5	10	12	25	80
Bob Moore	4	4	5	5	10	12	25	
Otis Armstrong RC	4	4	5	5	10	12	25	80
George Blanda RB	4	4	5	5	10	12	40	
Fred Cox RB	4	4	5	5	10	12	25	60
Tom Dempsey RB	4	4	5	5	10	12	25	
Ken Houston RB	4	4	5	5	10	12	25	80
O.J. Simpson RB	4	4	5	6	15	20	50	
Ron Smith RB	4	4	5	5	10	12	25	60
Bob Atkins	4	4	5	5	10	12	40	
Pat Sullivan	4	4	5	5	10	12	25	80
Joe DeLamielleure	4	4	5	5	10	12	25	
Lawrence McCutcheon RC	4	4	5	5	10	12	25	100
David Lee	4	4	5	5	10	12	50	
Mike McCoy DT	4	4	5	5	10	12	20	60
Skip Vanderbundt	4	4	5	5	10	12	25	
Mark Moseley	4	4	5	5	10	12	25	
Lem Barney	4	4	5	5	10	12	25	120
Doug Dressler	4	4	5	5	10	12	25	
Dan Fouts RC	▲30	▲40	60	125	200	250	▲600	1,500
Bob Hyland	4	4	5	5	10	12	25	
John Outlaw	4	4	5	5	10	12	25	60
Roy Gerela	4	4	5	5	10	12	25	
Isiah Robertson	4	4	5	5	10	12	25	60
Jerome Barkum	4	4	5	5	10	12	25	
Ed Podolak	4	4	5	5	10	12	25	60
Milt Morin	4	4	5	5	10	12	25	60
John Niland	4	4	5	5	20	40	60	
Checklist 265-396	4	4	5	5	10	12	30	
Ken Iman	4	4	5	5	10	12	25	80
Manny Fernandez	4	4	5	5	10	12	25	
Dave Gallagher	4	4	5	5	10	12	25	60
Ken Stabler	5	6	8	15	25	30	50	300
Mack Herron	4	4	5	5	10	12	25	
Bill McClard	4	4	5	5	10	12	25	60
Ray May	4	4	5	5	10	12	25	
Don Hansen	4	4	5	5	10	12	25	
Elvin Bethea	4	4	5	5	10	12	25	80
Joe Scibelli	4	4	5	5	10	12	25	60
Neal Craig	4	4	5	5	10	12	25	60
Marty Domres	4	4	5	5	10	12	25	60
Ken Ellis	4	4	5	5	10	12	25	
Charle Young	4	4	5	5	10	12	25	
Tommy Hart	4	4	5	5	10	12	25	
Moses Denson	4	4	5	5	10	12	25	60
Larry Walton	4	4	5	5	10	12	25	60
Dave Green	4	4	5	5	10	12	50	
Ron Johnson	4	4	5	5	10	12	25	80
Ed Bradley RC	4	4	5	5	10	12	25	60
J.T. Thomas	4	4	5	5	10	12	30	175
Jim Bailey	4	4	5	5	10	12	25	60
Barry Pearson	4	4	5	5	10	12	25	
Fran Tarkenton	4	5	6	10	15	20	50	400
Jack Rudnay	4	4	5	5	10	12	25	60
Rayfield Wright	4	4	5	5	10	12	30	
Roger Wehrli	4	4	5	5	10	12	40	200
Vern Den Herder	4	4	5	5	10	12	25	60
Fred Biletnikoff	4	4	5	5	10	12	25	
Ken Grandberry	4	4	5	5	10	12	25	
Bob Adams	4	4	5	5	10	12	25	60
Jim Merlo	4	4	5	5	10	12	25	
John Pitts	4	4	5	5	10	12	25	60
Dave Osborn	4	4	5	5	10	12	25	60
Dennis Havig	4	4	5	5	10	12	25	80
Bob Johnson	4	4	5	5	10	12	25	60
Ken Burrough	4	4	5	5	10	12	25	80
Jim Cheyunski	4	4	5	5	10	12	25	60
MacArthur Lane	4	4	5	5	10	12	25	
Joe Theismann RC	8	▲30	▲40	▲50	▲100	▲125	200	
Mike Boryla RC	4	4	5	5	10	12	25	60
Bruce Taylor	4	4	5	5	10	12	25	60
419 Chris Hanburger	4	4	5	5	10	12	30	
420 Tom Mack	4	4	5	5	10	12	25	
421 Errol Mann	4	4	5	5	10	12	25	
422 Jack Gregory	4	4	5	5	10	12	25	60
423 Harrison Davis	4	4	5	5	10	12	25	
424 Burgess Owens	4	4	5	5	10	12	25	60
425 Joe Greene	4	4	8	15	30	50	125	
426 Morris Stroud	4	4	5	5	10	12	25	60
427 John DeMarie	4	4	5	5	10	12	25	60
428 Mel Renfro	4	4	5	5	10	12	50	
429 Cid Edwards	4	4	5	5	10	12	25	80
430 Mike Reid	4	4	5	5	10	12	25	60
431 Jack Mildren RC	4	4	5	5	10	12	25	80
432 Jerry Simmons	4	4	5	5	10	12	25	
433 Ron Yary	4	4	5	5	10	12	60	
434 Howard Stevens	4	4	5	5	10	12	25	
435 Ray Guy	4	4	5	5	10	12	60	
436 Tommy Nobis	4	4	5	5	10	12	25	100
437 Solomon Freelon	4	4	5	5	10	12	25	
438 J.D. Hill	4	4	5	5	10	12	25	60
439 Toni Linhart	4	4	5	5	10	12	50	
440 Dick Anderson	4	4	5	5	10	12	25	
441 Guy Morriss	4	4	5	5	10	12	25	60
442 Bob Hoskins	4	4	5	5	10	12	25	60
443 John Hadl	4	4	5	5	10	12	50	80
444 Roy Jefferson	4	4	5	5	10	12	25	
445 Charlie Sanders	4	4	5	5	10	12	25	80
446 Pat Curran	4	4	5	5	10	12	25	60
447 David Knight	4	4	5	5	10	12	25	
448 Bob Brown DT	4	4	5	5	10	12	25	
449 Pete Gogolak	4	4	5	5	10	12	25	
450 Terry Metcalf	4	4	5	5	10	12	25	
451 Bill Bergey	4	4	5	5	10	12	25	60
452 Dan Abramowicz HL	4	4	5	5	10	12	25	60
453 Otis Armstrong HL	4	4	5	5	10	12	25	60
454 Cliff Branch HL	4	4	5	5	10	12	25	60
455 John James HL	4	4	5	5	10	12	25	
456 Lydell Mitchell HL	4	4	5	5	10	12	25	60
457 Lemar Parrish HL	4	4	5	5	10	12	25	
458 Ken Stabler HL	4	4	5	6	10	12	25	
459 Lynn Swann HL	4	5	6	10	15	20	40	200
460 Emmitt Thomas HL	4	4	5	5	10	12	25	
461 Terry Bradshaw HL	8	10	15	20	30	50	80	1,000
462 Jerrel Wilson	4	4	5	5	10	12	25	
463 Walter Johnson	4	4	5	5	10	12	25	
464 Golden Richards	4	4	5	5	10	12	25	
465 Tommy Casanova	4	4	5	5	10	12	25	
466 Randy Jackson	4	4	5	5	10	12	25	
467 Ron Bolton	4	4	5	5	10	12	25	60
468 Joe Owens	4	4	5	5	10	12	25	
469 Wally Hilgenberg	4	4	5	5	10	12	30	
470 Riley Odoms	4	4	5	5	10	12	25	80
471 Otis Sistrunk	4	4	5	5	10	12	25	
472 Eddie Ray	4	4	5	5	10	12	25	60
473 Reggie McKenzie	4	4	5	5	10	12	25	60
474 Elbert Drungo	4	4	5	5	10	12	35	100
475 Mercury Morris	4	4	5	5	10	12	35	
476 Dan Dickel	4	4	5	5	10	12	25	60
477 Merritt Kersey	4	4	5	5	10	12	25	
478 Mike Holmes	4	4	5	5	10	12	25	
479 Clarence Williams	4	4	5	5	10	12	25	60
480 Billy Kilmer	4	4	5	5	10	12	25	
481 Altie Taylor	4	4	5	5	10	12	25	60
482 Dave Elmendorf	4	4	5	5	10	12	25	60
483 Bob Rowe	4	4	5	5	10	12	30	
484 Pete Athas	4	4	5	5	10	12	25	
485 Winston Hill	4	4	5	5	10	12	25	60
486 Bo Matthews	4	4	5	5	10	12	100	
487 Earl Thomas	4	4	5	5	10	12	25	
488 Jan Stenerud	4	4	5	5	10	12	25	
489 Steve Holden	4	4	5	5	10	12	25	
490 Cliff Harris RC	4	5	6	8	80	100	300	
491 Boobie Clark RC	4	4	5	5	10	12	80	
492 Joe Taylor	4	4	5	5	10	12	40	
493 Tom Neville	4	4	5	5	10	12	25	60
494 Wayne Colman	4	4	5	5	10	12	25	
495 Jim Mitchell TE	4	4	5	5	10	12	25	60
496 Paul Krause	4	4	5	5	10	12	25	80
497 Jim Otto	4	4	5	5	10	12	50	

		VgEx 4	EX 5	ExMt 6	NM 7	NmMt 8	NmMt+ 8.5	MT 9	Gem 9.5/10
498	John Rowser	4	4	5	5	10	12	25	60
499	Larry Little	4	4	8	12	25	30	100	
500	O.J.Simpson	5	6	8	12	▲100	▲125	▲150	
501	John Dutton RC	4	4	5	5	10	12	25	
502	Pat Hughes	4	4	5	5	10	12	25	80
503	Malcolm Snider	4	4	5	5	10	12	25	60
504	Fred Willis	4	4	5	5	10	12	25	
505	Harold Jackson	4	4	5	5	10	12	25	
506	Mike Bragg	4	4	5	5	10	12	25	
507	Jerry Sherk	4	4	5	5	10	12	25	
508	Mirro Roder	4	4	5	5	10	12	25	
509	Tom Sullivan	4	4	5	5	10	12	25	60
510	Jim Hart	4	4	5	5	10	12	25	
511	Cedrick Hardman	4	4	5	5	10	12	25	
512	Blaine Nye	4	4	5	5	10	12	30	
513	Elmo Wright	4	4	5	5	10	12	25	60
514	Herb Orvis	4	4	5	5	10	12	60	
515	Richard Caster	4	4	5	5	10	12	25	
516	Doug Kotar RC	4	4	5	5	10	12	30	
517	Checklist 397-528	4	4	5	5	10	12	25	
518	Jesse Freitas	4	4	5	5	10	12	25	
519	Ken Houston	4	4	5	5	10	12	25	
520	Alan Page	4	4	5	5	10	12	40	
521	Tim Foley	4	4	5	5	10	12	25	
522	Bill Olds	4	4	5	5	10	12	25	60
523	Bobby Maples	4	4	5	5	10	12	25	
524	Cliff Branch RC	5	6	8	25	50	60	200	
525	Merlin Olsen	4	4	5	5	10	12	50	
526	AFC Champs/Bradshaw/Harris	4	4	5	6	10	12	80	
527	NFC Champs/Foreman	4	4	5	5	10	15	40	
528	Super Bowl IX/Bradshaw	4	5	6	10	25	40	120	

— AFC Champs/Brad/Harris #526 PSA 10 (Gem) sold for $672 (Mile High; 6/10)
— Rocky Bleier RC #39 PSA 10 (Gem Mint) sold for $590.77 (eBay: 6/12)
— Rocky Bleier RC #39 PSA 10 (Gem Mint) sold for $570 (eBay: 6/12)
— Bob Brown DT #448 PSA 10 (Gem Mint) sold for $505 (eBay: 6/12)
— Dan Fouts #367 PSA 10 (Gem) sold for $3,055 (eBay: 4/07)
— Joe Greene #425 PSA 10 (Gem Mint) sold for $839.02 (eBay: 6/12)
— Drew Pearson #65 PSA 10 (Gem Mint) sold for $1,000 (eBay; 11/07)
— O.J.Simpson #500 PSA 10 (Gem Mint) sold for $543 (eBay: 6/12)
— Super Bowl IX/Bradshaw #528 PSA 10 (Gem Mint) sold for $791 (eBay: 6/12)
— Lynn Swann #282 PSA 10 (Gem) sold for $2,809.99 (eBay: 3/14)
— Lynn Swann #282 PSA 10 (Gem) sold for $2,805 (eBay: 4/07)
— Lynn Swann #282 PSA 10 (Gem) sold for $1,767 (Mile High; 10/09)
— Joe Theismann RC #416 PSA 10 (Gem Mint) sold for $2958 (eBay: 8/12)
— Joe Theismann RC #416 PSA 10 (Gem Mint) sold for $3553 (eBay: 10/14)
— Joe Theismann RC #416 PSA 10 (Gem Mint) sold for $3008 (eBay: 10/14)

1976 Topps

		VgEx 4	EX 5	ExMt 6	NM 7	NmMt 8	NmMt+ 8.5	MT 9	Gem 9.5/10
1	George Blanda RB	4	4	5	8	10	12	60	175
2	Neal Colzie RB	4	4	5	8	20	25	60	
3	Chuck Foreman RB	4	4	5	8	10	12	30	
4	Jim Marshall RB	4	4	5	8	12	15	40	
5	Terry Metcalf RB	4	4	5	8	10	12	30	
6	O.J.Simpson RB	4	4	5	8	12	15	60	
7	Fran Tarkenton RB	4	4	5	8	10	12	25	
8	Charley Taylor RB	4	4	5	8	10	12	30	100
9	Ernie Holmes	4	4	5	8	10	12	30	
10	Ken Anderson	4	4	5	8	15	20	120	
11	Bobby Bryant	4	4	5	8	10	12	25	60
12	Jerry Smith	4	4	5	8	10	12	30	
13	David Lee	4	4	5	8	10	12	25	
14	Robert Newhouse RC	4	4	5	8	20	25	80	
15	Vern Den Herder	4	4	5	8	10	12	25	60
16	John Hannah	4	4	5	8	10	12	30	
17	J.D. Hill	4	4	5	8	10	12	30	
18	James Harris	4	4	5	8	10	12	30	
19	Willie Buchanon	4	4	5	8	10	12	25	60
20	Charle Young	4	4	5	8	10	12	30	
21	Jim Yarbrough	4	4	5	8	10	12	25	
22	Ronnie Coleman	4	4	5	8	10	12	25	
23	Don Cockroft	4	4	5	8	10	12	25	
24	Willie Lanier	4	4	5	8	10	12	30	
25	Fred Biletnikoff	4	4	5	8	10	12	30	
26	Ron Yankowski	4	4	5	8	10	12	25	80
27	Spider Lockhart	4	4	5	8	10	12	25	
28	Bob Johnson	4	4	5	8	10	12	25	
29	J.T. Thomas	4	4	5	8	10	12	25	60

		VgEx 4	EX 5	ExMt 6	NM 7	NmMt 8	NmMt+ 8.5	MT 9	Gem 9.5/10
30	Ron Yary	4	4	5	8	10	12	30	
31	Brad Dusek RC	4	4	5	8	10	12	25	
32	Raymond Chester	4	4	5	8	10	12	30	
33	Larry Little	4	4	5	8	10	12	30	
34	Pat Leahy RC	4	4	5	8	10	12	30	
35	Steve Bartkowski RC	4	4	5	8	10	12	40	
36	Tom Myers	4	4	5	8	10	12	25	
37	Bill Van Heusen	4	4	5	8	10	12	25	60
38	Russ Washington	4	4	5	8	10	12	25	
39	Tom Sullivan	4	4	5	8	10	12	25	
40	Curley Culp	4	4	5	8	30	40	100	
41	Johnnie Gray	4	4	5	8	10	12	25	60
42	Bob Klein	4	4	5	8	10	12	25	60
43	Lem Barney	4	4	5	8	10	12	30	
44	Harvey Martin RC	4	4	5	12	20	25	80	
45	Reggie Rucker	4	4	5	8	10	12	30	
46	Neil Clabo	4	4	5	8	10	12	25	
47	Ray Hamilton	4	4	5	8	10	12	25	
48	Joe Ferguson	4	4	5	8	10	12	30	60
49	Ed Podolak	4	4	5	8	10	12	25	
50	Ray Guy	4	4	5	8	10	12	30	
51	Glen Edwards	4	4	5	8	10	12	25	
52	Jim LeClair	4	4	5	8	10	12	25	80
53	Mike Barnes	4	4	5	8	10	12	25	
54	Nat Moore RC	4	4	5	8	10	12	30	
55	Billy Kilmer	4	4	5	8	10	12	30	
56	Larry Stallings	4	4	5	8	10	12	25	60
57	Jack Gregory	4	4	5	8	10	12	25	
58	Steve Mike-Mayer	4	4	5	8	10	12	25	
59	Virgil Livers	4	4	5	8	10	12	25	
60	Jerry Sherk	4	4	5	8	10	12	30	
61	Guy Morriss	4	4	5	8	10	12	25	
62	Barty Smith	4	4	5	8	10	12	25	
63	Jerome Barkum	4	4	5	8	10	12	25	
64	Ira Gordon	4	4	5	8	10	12	25	
65	Paul Krause	4	4	5	8	10	12	30	80
66	John McMakin	4	4	5	8	10	12	25	
67	Checklist 1-132	4	4	5	8	10	12	30	
68	Charlie Johnson	4	4	5	8	10	12	30	60
69	Tommy Nobis	4	4	5	8	10	12	30	80
70	Lydell Mitchell	4	4	5	8	10	12	30	
71	Vern Holland	4	4	5	8	10	12	25	
72	Tim Foley	4	4	5	8	10	12	30	
73	Golden Richards	4	4	5	8	10	12	30	
74	Bryant Salter	4	4	5	5	10	12	25	
75	Terry Bradshaw	6	8	12	20	35	40	150	
76	Ted Hendricks	4	4	5	8	10	12	30	80
77	Rich Saul RC	4	4	5	8	10	12	25	
78	John Smith RC	4	4	5	8	10	12	25	
79	Altie Taylor	4	4	5	8	10	12	25	60
80	Cedrick Hardman	4	4	5	8	10	12	100	
81	Ken Payne	4	4	5	8	10	12	25	
82	Zeke Moore	4	4	5	8	10	12	25	
83	Alvin Maxson	4	4	5	8	10	12	25	
84	Wally Hilgenberg	4	4	5	8	10	12	25	
85	John Niland	4	4	5	8	10	12	25	
86	Mike Sensibaugh	4	4	5	8	10	12	25	
87	Ron Johnson	4	4	5	8	10	12	30	
88	Winston Hill	4	4	5	8	10	12	25	
89	Charlie Joiner	4	4	5	8	10	12	25	100
90	Roger Wehrli	4	4	5	8	10	12	30	
91	Mike Bragg	4	4	5	8	10	12	25	
92	Dan Dickel	4	4	5	8	10	12	25	
93	Earl Morrall	4	4	5	8	10	12	30	
94	Pat Toomay	4	4	5	8	10	12	25	
95	Gary Garrison	4	4	5	8	10	12	25	
96	Ken Geddes	4	4	5	8	10	12	25	
97	Mike Current	4	4	5	8	10	12	25	
98	Bob Avellini RC	4	4	5	8	10	12	50	
99	Dave Pureifory	4	4	5	8	10	12	25	
100	Franco Harris	4	4	5	8	15	20	60	
101	Randy Logan	4	4	5	8	10	12	25	
102	John Fitzgerald	4	4	5	8	10	12	25	
103	Gregg Bingham RC	4	4	5	8	10	12	100	
104	Jim Plunkett	4	4	5	8	10	12	25	
105	Carl Eller	4	4	5	8	10	12	30	
106	Larry Walton	4	4	5	8	10	12	25	
107	Clarence Scott	4	4	5	8	10	12	25	
108	Skip Vanderbundt	4	4	5	8	10	12	25	

	VgEx 4	EX 5	ExMt 6	NM 7	NmMt 8	NmMt+ 8.5	MT 9	Gem 9.5/10
Boobie Clark	4	4	5	8	10	12	30	
Tom Mack	4	4	5	8	10	12	30	60
Bruce Laird	4	4	5	8	10	12	25	
Dave Dalby RC	4	4	5	8	10	12	30	
John Leypoldt	4	4	5	8	10	12	25	
Barry Pearson	4	4	5	8	10	12	25	
Larry Brown	4	4	5	8	10	12	30	
Jackie Smith	4	4	5	8	10	12	30	80
Pat Hughes	4	4	5	8	10	12	25	
Al Woodall	4	4	5	8	10	12	25	80
John Zook	4	4	5	8	15	20	25	
Jake Scott	4	4	5	8	10	12	30	
Rich Glover	4	4	5	8	10	12	25	
Ernie Jackson	4	4	5	8	10	12	25	
Otis Armstrong	4	4	5	8	10	12	30	
Bob Grim	4	4	5	8	10	12	25	60
Jeff Siemon	4	4	5	8	10	12	25	
Harold Hart	4	4	5	8	10	12	25	
John DeMarie	4	4	5	8	10	12	25	
Dan Fouts	4	5	6	▲20	▲40	▲50	▲125	
Jim Kearney	4	4	5	8	10	12	25	
John Dutton	4	4	5	8	10	12	100	
Calvin Hill	4	4	5	8	10	12	30	80
Toni Fritsch	4	4	5	8	10	12	25	
Ron Jessie	4	4	5	8	10	12	25	60
Don Nottingham	4	4	5	8	10	12	25	
Lemar Parrish	4	4	5	8	10	12	25	60
Russ Francis RC	4	4	5	8	10	12	30	
Joe Reed	4	4	5	8	10	12	25	60
C.L. Whittington	4	4	5	8	10	12	25	50
Otis Sistrunk	4	4	5	8	10	12	30	
Lynn Swann	4	▲15	▲40	▲40	▲80	▲100	300	
...m Carter	4	4	5	8	10	12	25	
Mike Montler	4	4	5	8	10	12	25	100
Walter Johnson	4	4	5	8	10	12	25	
Doug Kotar	4	4	5	8	10	12	25	
Roman Gabriel	4	4	5	8	10	12	30	
Billy Newsome	4	4	5	8	10	12	25	80
Ed Bradley	4	4	5	8	10	12	25	50
Walter Payton RC	500	600	800	1,500	2,000	4,000	12,000	120,000
Johnny Fuller	4	4	5	8	10	12	25	
Alan Page	4	4	5	8	10	12	30	
Frank Grant	4	4	5	8	10	12	25	50
Dave Green	4	4	5	8	10	12	25	
Nelson Munsey	4	4	5	8	10	12	25	
Jim Mandich	4	4	5	8	10	12	25	
Lawrence McCutcheon	4	4	5	8	10	12	30	
Steve Ramsey	4	4	5	8	10	12	25	
Ed Flanagan	4	4	5	8	10	12	25	
Randy White RC	5	6	▲40	▲60	80	100	400	
Jerry Mullins	4	4	5	8	10	12	25	
Jan Stenerud	4	4	5	8	10	12	30	
Steve Odom	4	4	5	8	10	12	25	60
Roger Finnie	4	4	5	8	10	12	25	
Norm Snead	4	4	5	8	10	12	30	
Jeff Van Note	4	4	5	8	10	12	30	
Bill Bergey	4	4	5	8	10	12	30	
...len Carter	4	4	5	8	10	12	25	
Steve Holden	4	4	5	8	10	12	25	
Sherman White	4	4	5	8	10	12	25	
Bob Berry	4	4	5	8	10	12	25	80
Jim Houston	4	4	5	8	10	12	25	
Bill Olds	4	4	5	8	10	12	25	
Larry Seiple	4	4	5	8	10	12	25	
Cliff Branch	4	4	5	8	10	12	30	100
Reggie McKenzie	4	4	5	8	10	12	30	
Dan Pastorini	4	4	5	8	10	12	30	
Paul Naumoff	4	4	5	8	10	12	25	
Checklist 133-264	4	4	5	8	10	12	30	
Durwood Keeton	4	4	5	8	10	12	25	
Earl Thomas	4	4	5	8	10	12	25	
L.C.Greenwood	4	4	5	10	15	20	50	
John Outlaw	4	4	5	8	10	12	25	
Frank Nunley	4	4	5	8	10	12	25	
Dave Jennings RC	4	4	5	8	10	12	30	
MacArthur Lane	4	4	5	8	10	12	25	
Chester Marcol	4	4	5	8	10	12	25	
... Jones	4	4	5	8	10	12	25	
Tom DeLeone	4	4	5	8	10	12	25	100

		VgEx 4	EX 5	ExMt 6	NM 7	NmMt 8	NmMt+ 8.5	MT 9	Gem 9.5/10
188	Steve Zabel	4	4	5	8	10	12	25	
189	Ken Johnson DT	4	4	5	8	10	12	25	
190	Rayfield Wright	4	4	5	8	10	12	40	
191	Brent McClanahan	4	4	5	8	10	12	25	60
192	Pat Fischer	4	4	5	8	10	12	30	
193	Roger Carr RC	4	4	5	8	10	12	30	
194	Manny Fernandez	4	4	5	8	10	12	30	
195	Roy Gerela	4	4	5	8	10	12	25	
196	Dave Elmendorf	4	4	5	8	10	12	25	
197	Bob Kowalkowski	4	4	5	8	10	12	25	
198	Phil Villapiano	4	4	5	8	10	12	25	
199	Will Wynn	4	4	5	8	10	12	25	60
200	Terry Metcalf	4	4	5	8	10	12	30	
201	F.Tarkenton/K.Anderson LL	4	4	5	8	10	12	30	
202	Rucker/Mitchell/Foreman LL	4	4	5	8	10	12	30	80
203	O.Simpson/J.Otis LL	4	4	5	8	10	12	30	
204	O.Simpson/C.Foreman LL	4	4	5	8	10	12	30	
205	M.Blount/P.Krause LL	4	4	5	8	10	12	30	
206	R.Guy/H.Weaver LL	4	4	5	8	10	12	30	
207	Ken Ellis	4	4	5	8	10	12	25	60
208	Ron Saul	4	4	5	8	10	12	25	80
209	Toni Linhart	4	4	5	8	10	12	25	80
210	Jim Langer	4	4	5	8	10	12	30	
211	Jeff Wright S	4	4	5	8	10	12	25	
212	Moses Denson	4	4	5	8	10	12	25	
213	Earl Edwards	4	4	5	8	10	12	25	
214	Walker Gillette	4	4	5	8	10	12	25	60
215	Bob Trumpy	4	4	5	8	10	12	30	
216	Emmitt Thomas	4	4	5	8	10	12	30	
217	Lyle Alzado	4	4	5	8	10	12	30	
218	Carl Garrett	4	4	5	8	10	12	30	
219	Van Green	4	4	5	8	10	12	25	
220	Jack Lambert RC	12	▲50	▲60	80	200	300	500	4,000
221	Spike Jones	4	4	5	8	10	12	25	
222	John Hadl	4	4	5	8	10	12	30	
223	Billy Johnson RC	4	4	5	8	12	15	40	
224	Tony McGee DT	4	4	5	8	10	12	25	
225	Preston Pearson	4	4	5	8	10	12	40	
226	Isiah Robertson	4	4	5	8	10	12	30	80
227	Errol Mann	4	4	5	8	10	12	25	
228	Paul Seal	4	4	5	8	10	12	25	60
229	Roland Harper RC	4	4	5	8	10	12	25	
230	Ed White RC	4	4	5	8	10	12	30	
231	Joe Theismann	4	4	5	8	10	12	40	
232	Jim Cheyunski	4	4	5	8	10	12	25	
233	Bill Stanfill	4	4	5	8	10	12	30	
234	Marv Hubbard	4	4	5	8	10	12	25	
235	Tommy Casanova	4	4	5	8	10	12	30	
236	Bob Hyland	4	4	5	8	10	12	25	60
237	Jesse Freitas	4	4	5	8	10	12	25	
238	Norm Thompson	4	4	5	8	10	12	25	
239	Charlie Smith WR	4	4	5	8	10	12	25	
240	John James	4	4	5	8	10	12	25	
241	Alden Roche	4	4	5	8	10	12	25	
242	Gordon Jolley	4	4	5	8	10	12	25	
243	Larry Ely	4	4	5	8	10	12	25	
244	Richard Caster	4	4	5	8	10	12	25	80
245	Joe Greene	4	4	5	8	10	12	50	200
246	Larry Schreiber	4	4	5	8	10	12	25	
247	Norm Schmidt	4	4	5	8	10	12	25	
248	Jerrel Wilson	4	4	5	8	10	12	25	
249	Marty Domres	4	4	5	8	10	12	25	
250	Isaac Curtis	4	4	5	8	10	12	35	
251	Harold McLinton	4	4	5	8	10	12	25	
252	Fred Dryer	4	4	5	8	10	12	30	80
253	Bill Lenkaitis	4	4	5	8	10	12	25	80
254	Don Hardeman	4	4	5	8	10	12	25	
255	Bob Griese	4	4	5	8	10	12	30	
256	Oscar Roan RC	4	4	5	8	10	12	25	
257	Randy Gradishar RC	4	4	5	8	25	30	60	
258	Bob Thomas RC	4	4	5	8	10	12	25	
259	Joe Owens	4	4	5	8	10	12	25	
260	Cliff Harris	4	4	5	8	10	12	25	
261	Frank Lewis	4	4	5	8	10	12	25	
262	Mike McCoy DT	4	4	5	8	10	12	25	60
263	Rickey Young RC	4	4	5	8	10	12	25	60
264	Brian Kelley RC	4	4	5	8	10	12	25	60
265	Charlie Sanders	4	4	5	8	10	12	30	
266	Jim Hart	4	4	5	8	10	12	25	

#	Player	VgEx 4	EX 5	ExMt 6	NM 7	NmMt 8	NmMt+ 8.5	MT 9	Gem 9.5/10
267	Greg Gantt	4	4	5	8	10	12	25	
268	John Ward	4	4	5	8	10	12	25	
269	Al Beauchamp	4	4	5	8	10	12	25	
270	Jack Tatum	4	4	5	8	10	12	30	
271	Jim Lash	4	4	5	8	10	12	25	80
272	Diron Talbert	4	4	5	8	10	12	25	
273	Checklist 265-396	4	4	5	8	10	12	30	
274	Steve Spurrier	4	4	5	8	10	12	30	120
275	Greg Pruitt	4	4	5	8	10	12	30	
276	Jim Mitchell TE	4	4	5	8	10	12	25	
277	Jack Rudnay	4	4	5	8	10	12	25	
278	Freddie Solomon RC	4	4	5	8	10	12	30	
279	Frank LeMaster	4	4	5	8	10	12	25	
280	Wally Chambers	4	4	5	8	10	12	25	
281	Mike Collier	4	4	5	8	10	12	25	
282	Clarence Williams	4	4	5	8	10	12	25	
283	Mitch Hoopes	4	4	5	8	10	12	25	
284	Ron Bolton	4	4	5	8	10	12	25	
285	Harold Jackson	4	4	5	8	10	12	30	
286	Greg Landry	4	4	5	8	10	12	30	
287	Tony Greene	4	4	5	8	10	12	25	
288	Howard Stevens	4	4	5	8	10	12	25	
289	Roy Jefferson	4	4	5	8	10	12	25	
290	Jim Bakken	4	4	5	8	10	12	25	
291	Doug Sutherland	4	4	5	8	10	12	25	
292	Marvin Cobb RC	4	4	5	8	10	12	25	
293	Mack Alston	4	4	5	8	10	12	25	60
294	Rod McNeill	4	4	5	8	10	12	25	80
295	Gene Upshaw	4	4	5	8	10	12	30	
296	Dave Gallagher	4	4	5	8	10	12	25	
297	Larry Ball	4	4	5	8	10	12	25	60
298	Ron Howard	4	4	5	8	10	12	25	
299	Don Strock RC	4	4	5	8	10	12	30	
300	O.J.Simpson	4	4	5	8	30	40	60	
301	Ray Mansfield	4	4	5	20	25	30	40	
302	Larry Marshall	4	4	5	8	10	12	25	
303	Dick Himes	4	4	5	8	10	12	25	
304	Ray Wersching RC	4	4	5	8	10	12	25	
305	John Riggins	4	4	5	8	10	12	30	
306	Bob Parsons	4	4	5	8	10	12	25	
307	Ray Brown DB	4	4	5	8	10	12	25	
308	Len Dawson	4	4	5	8	10	12	30	
309	Andy Maurer	4	4	5	8	10	12	25	60
310	Jack Youngblood	4	4	5	8	10	12	30	80
311	Essex Johnson	4	4	5	8	10	12	25	
312	Stan White	4	4	5	8	10	12	25	
313	Drew Pearson	4	4	5	8	15	20	40	
314	Rockne Freitas	4	4	5	8	10	12	25	60
315	Mercury Morris	4	4	5	8	10	12	30	100
316	Willie Alexander	4	4	5	8	10	12	25	
317	Paul Warfield	4	4	5	8	10	12	30	
318	Bob Chandler	4	4	5	8	10	12	30	
319	Bobby Walden	4	4	5	8	10	12	25	60
320	Riley Odoms	4	4	5	8	10	12	30	
321	Mike Boryla	4	4	5	8	10	12	25	
322	Bruce Van Dyke	4	4	5	8	10	12	25	
323	Pete Banaszak	4	4	5	8	10	12	25	
324	Darryl Stingley	4	4	5	8	10	12	30	60
325	John Mendenhall	4	4	5	8	10	12	40	
326	Dan Dierdorf	4	4	5	8	10	12	30	
327	Bruce Taylor	4	4	5	8	10	12	25	
328	Don McCauley	4	4	5	8	10	12	25	
329	John Reaves	4	4	5	8	10	12	25	100
330	Chris Hanburger	4	4	5	8	10	12	30	
331	NFC Champs/Staubach	4	4	5	8	12	25		
332	AFC Champs/F.Harris	4	4	5	8	10	18	60	
333	Super Bowl X/Bradshaw	4	5	6	12	50	80		
334	Godwin Turk	4	4	5	8	10	12	25	60
335	Dick Anderson	4	4	5	8	10	12	30	
336	Woody Green	4	4	5	8	10	12	25	
337	Pat Curran	4	4	5	8	10	12	25	
338	Council Rudolph	4	4	5	8	10	12	25	60
339	Joe Lavender	4	4	5	8	10	12	25	60
340	John Gilliam	4	4	5	8	10	12	30	80
341	Steve Furness RC	4	4	5	8	10	12	30	
342	D.D. Lewis	4	4	5	8	10	15	60	
343	Duane Carrell	4	4	5	8	10	12	25	
344	Jon Morris	4	4	5	8	10	12	25	
345	John Brockington	4	4	5	8	10	12	30	100
346	Mike Phipps	4	4	5	8	10	12	30	
347	Lyle Blackwood RC	4	4	5	8	10	12	25	
348	Julius Adams	4	4	5	8	10	12	25	
349	Terry Hermeling	4	4	5	8	10	12	25	8
350	Rolland Lawrence RC	4	4	5	8	10	12	25	
351	Glenn Doughty	4	4	5	8	10	12	25	
352	Doug Swift	4	4	5	8	10	12	25	
353	Mike Strachan	4	4	5	8	10	12	25	
354	Craig Morton	4	4	5	8	10	12	30	
355	George Blanda	4	4	5	8	10	12	25	15
356	Garry Puetz	4	4	5	8	10	12	25	
357	Carl Mauck	4	4	5	8	10	12	25	
358	Walt Patulski	4	4	5	8	10	12	25	6
359	Stu Voigt	4	4	5	8	10	12	25	6
360	Fred Carr	4	4	5	8	10	12	25	
361	Po James	4	4	5	8	10	12	25	6
362	Otis Taylor	4	4	5	8	10	12	30	
363	Jeff West	4	4	5	8	10	12	25	
364	Gary Huff	4	4	5	8	10	12	30	
365	Dwight White	4	4	5	8	10	12	30	
366	Dan Ryczek	4	4	5	8	10	12	25	
367	Jon Keyworth RC	4	4	5	8	10	12	25	
368	Mel Renfro	4	4	5	8	10	12	30	10
369	Bruce Coslet RC	4	4	5	8	10	12	25	
370	Len Hauss	4	4	5	8	10	12	25	
371	Rick Volk	4	4	5	8	10	12	25	
372	Howard Twilley	4	4	5	8	10	12	30	
373	Cullen Bryant RC	4	4	5	8	10	12	30	
374	Bob Babich	4	4	5	8	10	12	25	
375	Herman Weaver	4	4	5	8	10	12	25	
376	Steve Grogan RC	4	4	5	8	10	15	30	
377	Bubba Smith	4	4	5	8	10	12	30	
378	Burgess Owens	4	4	5	8	10	12	25	
379	Al Matthews	4	4	5	8	10	12	25	
380	Art Shell	4	4	5	8	10	12	30	
381	Larry Brown	4	4	5	8	10	12	25	
382	Horst Muhlmann	4	4	5	8	10	12	25	
383	Ahmad Rashad	4	4	5	8	10	12	35	
384	Bobby Maples	4	4	5	8	10	12	25	
385	Jim Marshall	4	4	5	8	10	12	30	
386	Joe Dawkins	4	4	5	8	10	12	25	
387	Dennis Partee	4	4	5	8	10	12	25	
388	Eddie McMillan RC	4	4	5	8	10	12	25	
389	Randy Johnson	4	4	5	8	10	12	25	
390	Bob Kuechenberg	4	4	5	8	10	12	25	
391	Rufus Mayes	4	4	5	8	10	12	25	
392	Lloyd Mumphord	4	4	5	8	10	12	25	
393	Ike Harris	4	4	5	8	10	12	25	
394	Dave Hampton	4	4	5	8	10	12	25	
395	Roger Staubach	5	8	12	20	30	35	125	8
396	Doug Buffone	4	4	5	8	10	12	25	
397	Howard Fest	4	4	5	8	10	12	25	
398	Wayne Mulligan	4	4	5	8	10	12	25	
399	Bill Bradley	4	4	5	8	10	12	30	
400	Chuck Foreman	4	4	5	8	10	12	30	
401	Jack Snow	4	4	5	8	10	12	30	
402	Bob Howard	4	4	5	8	10	12	25	
403	John Matuszak	4	4	5	8	10	12	30	
404	Bill Munson	4	4	5	8	10	12	30	
405	Andy Russell	4	4	5	8	10	12	25	
406	Skip Butler	4	4	5	8	10	12	25	
407	Hugh McKinnis	4	4	5	8	10	12	25	
408	Bob Penchion	4	4	5	8	10	12	25	
409	Mike Bass	4	4	5	8	10	12	25	
410	George Kunz	4	4	5	8	10	12	25	
411	Ron Pritchard	4	4	5	8	10	12	25	
412	Barry Smith	4	4	5	8	10	12	25	
413	Norm Bulaich	4	4	5	8	10	12	25	
414	Marv Bateman	4	4	5	8	10	12	25	
415	Ken Stabler	4	▲20	▲25	▲30	▲50	▲60	▲150	
416	Conrad Dobler	4	▲20	5	8	10	12	30	
417	Bob Tucker	4	4	5	8	10	12	30	
418	Gene Washington 49er	4	4	5	8	10	12	30	
419	Ed Marinaro	4	4	5	8	10	12	30	
420	Jack Ham	4	4	5	8	10	12	100	
421	Jim Turner	4	4	5	8	10	12	25	
422	Chris Fletcher	4	4	5	8	10	12	25	
423	Carl Barzilauskas	4	4	5	8	10	12	25	
424	Robert Brazile RC	4	4	6	10	15	20	60	

	VgEx 4	EX 5	ExMt 6	NM 7	NmMt 8	NmMt+ 8.5	MT 9	Gem 9.5/10
Harold Carmichael	4	4	5	8	10	12	35	
Ron Jaworski RC	4	4	5	10	25	30	80	
Ed Too Tall Jones RC	▲25	▲30	▲40	▲50	80	100	150	1,000
Larry McCarren	4	4	5	8	10	12	30	
Mike Thomas RC	4	4	5	8	10	12	25	
Joe DeLamielleure	4	4	5	8	10	12	30	80
Tom Blanchard	4	4	5	8	10	12	25	
Ron Carpenter	4	4	5	8	10	12	25	
Levi Johnson	4	4	5	8	10	12	25	60
Sam Cunningham	4	4	5	8	10	12	30	
Garo Yepremian	4	4	5	8	10	12	30	
Mike Livingston	4	4	5	8	10	12	25	
Larry Csonka	4	4	5	8	10	12	40	
Doug Dieken	4	4	5	8	10	12	30	
Bill Lueck	4	4	5	8	10	12	25	80
Tom MacLeod	4	4	5	8	10	12	25	
Mick Tingelhoff	4	4	5	8	10	12	30	
Terry Hanratty	4	4	5	8	10	12	30	
Mike Siani	4	4	5	8	10	12	25	
Dwight Harrison	4	4	5	8	10	12	25	
Jim Otis	4	4	5	8	10	12	30	
Jack Reynolds	4	4	5	8	10	12	30	
Jean Fugett RC	4	4	5	8	10	12	30	
Dave Beverly	4	4	5	8	10	12	25	
Bernard Jackson RC	4	4	5	8	10	12	30	
Charley Taylor	4	4	5	8	10	12	35	
Atlanta Falcons CL	4	4	5	8	10	12	30	
Baltimore Colts CL	4	4	5	8	10	12		
Buffalo Bills CL	4	4	5	8	12	15	25	
Chicago Bears CL	4	4	5	8	10	12	50	
Cincinnati Bengals CL	4	4	5	8	10	12		
Cleveland Browns CL	4	4	5	8	10	12	30	
Dallas Cowboys CL	4	4	5	8	10	12	40	
Denver Broncos CL	4	4	5	8	10	12		
Detroit Lions CL	4	4	5	8	10	12	25	60
Green Bay Packers CL	4	4	5	8	10	12		
Houston Oilers CL	4	4	5	8	10	12	25	
Kansas City Chiefs CL	4	4	5	8	10	12	30	80
Los Angeles Rams CL	4	4	5	8	10	12		
Miami Dolphins CL	4	4	5	8	10	12	30	
Minnesota Vikings CL	4	4	5	8	10	12		
New England Patriots CL	4	4	5	8	10	12		
New Orleans Saints CL	4	4	5	8	10	12		
New York Giants CL	4	4	5	8	10	12		
New York Jets CL	4	4	5	8	10	12	25	
Oakland Raiders CL	4	4	5	8	10	12	50	
Philadelphia Eagles CL	4	4	5	8	10	12	25	
Pittsburgh Steelers CL	4	4	5	8	10	12	40	
St. Louis Cardinals CL	4	4	5	8	10	12		
San Diego Chargers CL	4	4	5	8	10	12	30	
San Francisco 49ers CL	4	4	5	8	10	12	100	
Seattle Seahawks CL	4	4	5	8	10	12		
Tampa Bay Buccaneers CL	4	4	5	8	10	12	40	
Washington Redskins CL	4	4	5	8	10	12	30	
Fred Cox	4	4	5	8	10	12	25	60
Mel Blount	4	4	5	8	10	12	80	
John Bunting RC	4	4	5	8	10	12	25	60
Ken Mendenhall	4	4	5	8	10	12	25	
Will Harrell	4	4	5	8	10	12	25	
Marlin Briscoe	4	4	5	8	10	12	25	
Archie Manning	4	4	5	8	10	12	25	
Tody Smith	4	4	5	8	10	12	25	
George Hunt	4	4	5	8	10	12	25	80
Roscoe Word	4	4	5	8	10	12	25	
Paul Seymour	4	4	5	8	10	12	25	60
Lee Roy Jordan	4	4	5	8	15	20	35	
Chip Myers	4	4	5	8	10	12	25	
Norm Evans	4	4	5	8	10	12	25	
Jim Bertelsen	4	4	5	8	10	12	25	
Mark Moseley	4	4	5	8	10	12	25	
George Buehler	4	4	5	8	10	12	25	
Charlie Hall	4	4	5	8	10	12	25	
Marvin Upshaw	4	4	5	8	10	12	25	60
Tom Banks RC	4	4	5	8	10	12	80	
Randy Vataha	4	4	5	8	10	12	25	
Fran Tarkenton	4	4	5	8	15	20	100	
Mike Wagner	4	4	5	8	10	12	25	60
Art Malone	4	4	5	8	10	12	25	
Fred Cook	4	4	5	8	10	12	25	

		VgEx 4	EX 5	ExMt 6	NM 7	NmMt 8	NmMt+ 8.5	MT 9	Gem 9.5/10
504	Rich McGeorge	4	4	5	8	10	12	25	
505	Ken Burrough	4	4	5	8	10	12	25	
506	Nick Mike-Mayer	4	4	5	8	10	12	25	
507	Checklist 397-528	4	4	5	8	10	12	30	
508	Steve Owens	4	4	5	8	10	12	25	
509	Brad Van Pelt RC	4	4	5	8	10	12	25	
510	Ken Riley	4	4	5	8	10	12	25	
511	Art Thoms	4	4	5	8	10	12	25	
512	Ed Bell	4	4	5	8	10	12	25	
513	Tom Wittum	4	4	5	8	10	12	25	60
514	Jim Braxton	4	4	5	8	10	12	25	80
515	Nick Buoniconti	4	4	6	10	10	12	30	
516	Brian Sipe RC	4	4	5	8	35	50	100	
517	Jim Lynch	4	4	5	8	10	12	30	
518	Prentice McCray	4	4	5	8	10	12	25	
519	Tom Dempsey	4	4	5	8	10	12	25	
520	Mel Gray	4	4	5	8	10	12	20	
521	Nate Wright	4	4	5	8	10	12	25	
522	Rocky Bleier	4	4	5	8	10	12	40	
523	Dennis Johnson RC	4	4	5	8	10	12	25	
524	Jerry Sisemore	4	4	5	8	10	12	25	
525	Bert Jones	4	4	5	8	10	12	25	
526	Perry Smith	4	4	5	8	10	12	40	
527	Blaine Nye	4	4	5	8	10	12	25	
528	Bob Moore	4	4	5	5	10	12	25	

— Terry Bradshaw #75 BGS 9.5 (Gem Mint) sold for $435.01 (eBay: 5/12)
— L.C.Greenwood #180 PSA 10 (Gem Mint) sold for $532 (eBay: 8/12)
— Jack Lambert #220 PSA 10 (Gem) sold for $1,179 (eBay: 2/10)
— Jack Lambert #220 PSA 10 (Gem) sold for $1,538.65 (eBay: 11/13)
— Jack Lambert #220 BGS 10 (Gem) sold for $6573 (eBay: 09/14)
— Jack Lambert #220 BGS 9.5 (Gem Mint) sold for $840.01 (eBay: 5/12)
— Walter Payton #148 BVG 10 (Pristine) sold for $11,050 (eBay: 11/07)
— Walter Payton #148 PSA 10 (Gem) sold for $10,230 (eBay: 10/14)
— O.J. Simpson #6 PSA 10 (Gem) sold for $695 (eBay: 10/14)
— Fran Tarkenton #500 PSA 10 (Gem Mint) sold for $540 (Bussineau: 4/12)
— Randy White #158 PSA 10 (Gem) sold for $1,476 (eBay: 9/07)
— Super Bowl X/Bradshaw #333 PSA 10 (Gem) sold for $1,037 (eBay: 7/13)

1977 Topps

		VgEx 4	EX 5	ExMt 6	NM 7	NmMt 8	NmMt+ 8.5	MT 9	Gem 9.5/10
1	K.Stabler/J.Harris LL	4	4	5	5	10	15	40	
2	D.Pearson/M.Lane LL	4	4	5	5	10	12	30	
3	W.Payton/O.Simpson LL	4	4	6	10	40	50	120	
4	M.Moseley/T.Linhart LL	4	4	5	5	10	12	25	60
5	M.Jackson/K.Riley LL	4	4	5	5	10	12	25	
6	J.James/M.Bateman LL	4	4	5	5	10	12	25	
7	Mike Phipps	4	4	5	5	10	12	25	
8	Rick Volk	4	4	5	5	10	12	25	
9	Steve Furness	4	4	5	5	10	12	25	
10	Isaac Curtis	4	4	5	5	10	12	25	
11	Nate Wright	4	4	5	5	10	12	25	
12	Jean Fugett	4	4	5	5	10	12	25	80
13	Ken Mendenhall	4	4	5	5	10	12	25	
14	Sam Adams OL	4	4	5	5	10	12	25	
15	Charlie Waters	4	4	5	5	10	12	25	80
16	Bill Stanfill	4	4	5	5	10	12	25	
17	John Holland	4	4	5	5	10	12	25	
18	Pat Haden RC	4	4	5	5	10	12	25	60
19	Bob Young	4	4	5	5	10	12	25	
20	Wally Chambers	4	4	5	5	10	12	25	
21	Lawrence Gaines	4	4	5	5	10	12	25	
22	Larry McCarren	4	4	5	5	10	12	25	
23	Horst Muhlmann	4	4	5	5	10	12	25	60
24	Phil Villapiano	4	4	5	5	10	12	25	60
25	Greg Pruitt	4	4	5	5	10	12	40	
26	Ron Howard	4	4	5	5	10	12	25	
27	Craig Morton	4	4	5	5	10	12	25	
28	Rufus Mayes	4	4	5	5	10	12	50	
29	Lee Roy Selmon RC	4	▲20	▲20	▲25	▲80	▲100	125	
30	Ed White	4	4	5	5	10	12	25	
31	Harold McLinton	4	4	5	5	10	12	25	50
32	Glenn Doughty	4	4	5	5	10	12	25	60
33	Bob Kuechenberg	4	4	5	5	10	12	25	
34	Duane Carrell	4	4	5	5	10	12	25	
35	Riley Odoms	4	4	5	5	10	12	25	
36	Bobby Scott	4	4	5	5	10	12	25	
37	Nick Mike-Mayer	4	4	5	5	10	12	25	
38	Bill Lenkaitis	4	4	5	5	10	12	25	

#	Player	VgEx 4	EX 5	ExMt 6	NM 7	NmMt 8	NmMt+ 8.5	MT 9	Gem 9.5/10
39	Roland Harper	4	4	5	5	10	12	25	
40	Tommy Hart	4	4	5	5	10	12	25	
41	Mike Sensibaugh	4	4	5	5	10	12	25	
42	Rusty Jackson	4	4	5	5	10	12	25	
43	Levi Johnson	4	4	5	5	10	12	25	
44	Mike McCoy DT	4	4	5	5	10	12	25	60
45	Roger Staubach	5	▲20	▲30	50	▲100	▲125	▲300	
46	Fred Cox	4	4	5	5	10	12	25	
47	Bob Babich	4	4	5	5	10	12	25	
48	Reggie McKenzie	4	4	5	5	10	12	25	
49	Dave Jennings	4	4	5	5	10	12	25	
50	Mike Haynes RC	4	▲25	▲30	▲50	▲100	▲125	▲300	
51	Larry Brown	4	4	5	5	10	12	25	
52	Marvin Cobb	4	4	5	5	10	12	25	
53	Fred Cook	4	4	5	5	10	12	25	
54	Freddie Solomon	4	4	5	5	10	12	25	
55	John Riggins	4	4	5	5	12	15	30	
56	John Bunting	4	4	5	5	10	12	25	
57	Ray Wersching	4	4	5	5	10	12	25	
58	Mike Livingston	4	4	5	5	10	12	25	60
59	Billy Johnson	4	4	5	5	10	12	25	
60	Mike Wagner	4	4	5	5	10	12	25	
61	Waymond Bryant	4	4	5	5	10	12	25	
62	Jim Otis	4	4	5	5	10	12	25	60
63	Ed Galigher	4	4	5	5	10	12	25	60
64	Randy Vataha	4	4	5	5	10	12	25	
65	Jim Zorn RC	4	4	5	8	15	20	40	
66	Jon Keyworth	4	4	5	5	10	12	25	60
67	Checklist 1-132	4	4	5	5	10	12	25	
68	Henry Childs	4	4	5	5	10	12	25	60
69	Thom Darden	4	4	5	5	10	12	25	
70	George Kunz	4	4	5	5	10	12	25	
71	Lenvil Elliott	4	4	5	5	10	12	25	
72	Curtis Johnson	4	4	5	5	10	12	25	
73	Doug Van Horn	4	4	5	5	10	12	20	80
74	Joe Theismann	4	4	5	8	15	20	40	125
75	Dwight White	4	4	5	5	10	12	30	100
76	Scott Laidlaw	4	4	5	5	10	12	25	
77	Monte Johnson	4	4	5	5	10	12	25	
78	Dave Beverly	4	4	5	5	10	12	25	
79	Jim Mitchell TE	4	4	5	5	10	12	25	60
80	Jack Youngblood	4	4	5	5	10	12	25	60
81	Mel Gray	4	4	5	5	10	12	25	
82	Dwight Harrison	4	4	5	5	10	12	25	60
83	John Hadl	4	4	5	5	10	12	25	
84	Matt Blair RC	4	4	5	5	10	12	100	
85	Charlie Sanders	4	4	5	5	10	12	25	
86	Noah Jackson	4	4	5	5	10	12	25	
87	Ed Marinaro	4	4	5	5	10	12	25	80
88	Bob Howard	4	4	5	5	10	12	25	
89	John McDaniel	4	4	5	5	10	12	25	
90	Dan Dierdorf	4	4	5	5	10	12	40	60
91	Mark Moseley	4	4	5	5	10	12	25	
92	Cleo Miller	4	4	5	5	10	12	25	
93	Andre Tillman	4	4	5	5	10	12	25	60
94	Bruce Taylor	4	4	5	5	10	12	25	60
95	Bert Jones	4	4	5	5	10	12	25	
96	Anthony Davis RC	4	4	5	5	10	12	25	
97	Don Goode	4	4	5	5	10	12	25	
98	Ray Rhodes RC	4	4	5	8	15	20	50	
99	Mike Webster RC	4	▲25	▲30	▲40	▲150	▲200	▲250	700
100	O.J.Simpson	4	4	5	8	20	25	100	300
101	Doug Plank RC	4	4	5	5	10	12	25	
102	Efren Herrera	4	4	5	5	10	12	50	
103	Charlie Smith WR	4	4	5	5	10	12	25	60
104	Carlos Brown RC	4	4	5	5	10	12	25	
105	Jim Marshall	4	4	5	5	10	12	25	60
106	Paul Naumoff	4	4	5	5	10	12	25	60
107	Walter White	4	4	5	5	10	12	25	60
108	John Cappelletti RC	4	4	5	5	10	15	40	
109	Chip Myers	4	4	5	5	10	12	25	60
110	Ken Stabler	4	4	6	10	30	50	60	200
111	Joe Ehrmann	4	4	5	5	10	12	25	
112	Rick Engles	4	4	5	5	10	12	25	
113	Jack Dolbin RC	4	4	5	5	10	12	25	60
114	Ron Bolton	4	4	5	5	10	12	25	60
115	Mike Thomas	4	4	5	5	10	12	25	
116	Mike Fuller	4	4	5	5	10	12	25	
117	John Hill	4	4	5	5	10	12	20	

#	Player	VgEx 4	EX 5	ExMt 6	NM 7	NmMt 8	NmMt+ 8.5	MT 9	Gem 9.5/10
118	Richard Todd RC	4	4	5	5	10	12	30	
119	Duriel Harris RC	4	4	5	5	10	12	30	
120	John James	4	4	5	5	10	12	25	
121	Lionel Antoine	4	4	5	5	10	12	25	
122	John Skorupan	4	4	5	5	10	12	25	
123	Skip Butler	4	4	5	5	10	12	25	
124	Bob Tucker	4	4	5	5	10	12	25	
125	Paul Krause	4	4	5	5	10	12	25	
126	Dave Hampton	4	4	5	5	10	12	25	
127	Tom Wittum	4	4	5	5	10	12	25	60
128	Gary Huff	4	4	5	5	10	12	25	60
129	Emmitt Thomas	4	4	5	5	10	12	25	
130	Drew Pearson	4	4	5	5	10	12	30	
131	Ron Saul	4	4	5	5	10	12	25	
132	Steve Niehaus	4	4	5	5	10	12	25	
133	Fred Carr	4	4	5	5	10	12	25	60
134	Norm Bulaich	4	4	5	5	10	12	25	
135	Bob Trumpy	4	4	5	5	10	12	25	
136	Greg Landry	4	4	5	5	10	12	25	
137	George Buehler	4	4	5	5	10	12	25	
138	Reggie Rucker	4	4	5	5	10	12	25	
139	Julius Adams	4	4	5	5	10	12	25	
140	Jack Ham	4	4	5	5	10	12	80	
141	Wayne Morris RC	4	4	5	5	10	12	25	
142	Marv Bateman	4	4	5	5	10	12	25	
143	Bobby Maples	4	4	5	5	10	12	25	
144	Harold Carmichael	4	4	5	5	10	12	25	
145	Bob Avellini	4	4	5	5	10	12	25	
146	Harry Carson RC	5	8	12	20	50	80	250	
147	Lawrence Pillers	4	4	5	5	10	12	25	60
148	Ed Williams RC	4	4	5	5	10	12	25	
149	Dan Pastorini	4	4	5	5	10	12	25	60
150	Ron Yary	4	4	5	5	10	12	25	
151	Joe Lavender	4	4	5	5	10	12	25	60
152	Pat McInally RC	4	4	5	5	10	12	100	
153	Lloyd Mumphord	4	4	5	5	10	12	25	60
154	Cullen Bryant	4	4	5	5	10	12	25	
155	Willie Lanier	4	4	5	5	10	12	25	60
156	Gene Washington 49er	4	4	5	5	10	12	25	
157	Scott Hunter	4	4	5	5	10	12	25	60
158	Jim Merlo	4	4	5	5	10	12	25	
159	Randy Grossman	4	4	5	5	10	12	30	
160	Blaine Nye	4	4	5	5	10	12	25	
161	Ike Harris	4	4	5	5	10	12	25	
162	Doug Dieken	4	4	5	5	10	12	25	
163	Guy Morriss	4	4	5	5	10	12	25	60
164	Bob Parsons	4	4	5	5	10	12	25	80
165	Steve Grogan	4	4	5	5	10	12	25	
166	John Brockington	4	4	5	5	10	12	25	
167	Charlie Joiner	4	4	5	5	10	12	30	
168	Ron Carpenter	4	4	5	5	10	12	25	
169	Jeff Wright S	4	4	5	5	10	12	25	
170	Chris Hanburger	4	4	5	5	10	12	25	
171	Roosevelt Leaks RC	4	4	5	5	10	12	25	80
172	Larry Little	4	4	5	5	10	12	25	
173	John Matuszak	4	4	5	5	10	12	25	80
174	Joe Ferguson	4	4	5	5	10	12	25	
175	Brad Van Pelt	4	4	5	5	10	12	25	
176	Dexter Bussey RC	4	4	5	5	10	12	25	60
177	Steve Largent RC	▲15	▲30	50	80	▲150	▲200	600	4,000
178	Dewey Selmon	4	4	5	5	10	12	25	80
179	Randy Gradishar	4	4	5	5	10	12	25	80
180	Mel Blount	4	4	5	5	10	12	30	
181	Dan Neal	4	4	5		10	12	25	50
182	Rich Szaro	4	4	5	5	10	12	25	
183	Mike Boryla	4	4	5	5	10	12	25	60
184	Steve Jones	4	4	5	5	10	12	25	80
185	Paul Warfield	4	4	5	5	10	12	30	
186	Greg Buttle RC	4	4	5	5	10	12	25	
187	Rich McGeorge	4	4	5	5	10	12	25	
188	Leon Gray RC	4	4	5	5	10	12	25	
189	John Shinners	4	4	5	5	10	12	25	60
190	Toni Linhart	4	4	5	5	10	12	25	60
191	Robert Miller	4	4	5	5	10	12	25	
192	Jake Scott	4	4	5	5	10	12	25	
193	Jon Morris	4	4	5	5	10	12	25	
194	Randy Crowder	4	4	5	5	10	12	25	
195	Lynn Swann	4	▲20	▲25	▲30	▲60	▲80	▲100	
196	Marsh White	4	4	5	5	10	12	25	

	VgEx 4	EX 5	ExMt 6	NM 7	NmMt 8	NmMt+ 8.5	MT 9	Gem 9.5/10
od Perry RC	4	4	5	5	10	12	25	
Willie Hall	4	4	5	5	10	12	25	60
Mike Hartenstine	4	4	5	5	10	12	25	60
m Bakken	4	4	5	5	10	12	25	
tlanta Falcons CL	4	4	5	5	10	12	25	
altimore Colts CL	4	4	5	5	10	12	25	
uffalo Bills CL	4	4	5	5	10	12	25	
hicago Bears CL	4	4	5	5	10	12	25	
incinnati Bengals CL	4	4	5	5	10	12	25	60
leveland Browns CL	4	4	5	5	10	12	25	80
allas Cowboys CL	4	4	5	5	10	12	25	
enver Broncos CL	4	4	5	5	10	12	25	
etroit Lions CL	4	4	5	5	10	12	25	
reen Bay Packers CL	4	4	5	5	10	12	25	
ouston Oilers CL	4	4	5	5	10	12	25	
ansas City Chiefs CL	4	4	5	5	10	12	60	
os Angeles Rams CL	4	4	5	5	10	12	25	
iami Dolphins CL	4	4	5	5	10	12	25	
innesota Vikings CL	4	4	5	5	10	12	25	
ew England Patriots CL	4	4	5	5	10	12	25	
ew Orleans Saints CL	4	4	5	5	10	12	25	
ew York Giants CL	4	4	5	5	10	12	25	50
ew York Jets CL	4	4	5	5	10	12	25	50
akland Raiders CL	4	4	5	5	10	12	25	80
hiladelphia Eagles CL	4	4	5	5	10	12	25	
ttsburgh Steelers CL	4	4	5	5	10	12	25	80
. Louis Cardinals CL	4	4	5	5	10	12	25	
an Diego Chargers CL	4	4	5	5	10	12	25	80
an Francisco 49ers CL	4	4	5	5	10	12	25	
eattle Seahawks CL	4	4	5	5	10	12	40	
mpa Bay Buccaneers CL	4	4	5	5	10	12	25	
ashington Redskins CL	4	4	5	5	10	12	25	
am Cunningham	4	4	5	5	10	12	25	
an Page	4	4	5	5	10	12	40	
ddie Brown S	4	4	5	5	10	12	25	
an White	4	4	5	5	10	12	25	60
ern Den Herder	4	4	5	5	10	12	25	
arence Davis	4	4	5	5	10	12	25	
en Anderson	4	4	5	5	8	12	25	60
arl Chandler	4	4	5	5	10	12	25	
ll Harrell	4	4	5	5	10	12	25	
arence Scott	4	4	5	5	10	12	25	
o Rather	4	4	5	5	10	12	25	50
obert Brazile	4	4	5	5	10	12	25	
ob Bell	4	4	5	5	10	12	25	
olland Lawrence	4	4	5	5	10	12	25	
m Sullivan	4	4	5	5	10	12	25	60
rry Brunson	4	4	5	5	10	12	25	60
rry Bradshaw	4	5	▲20	▲30	▲100	▲125	▲250	
ch Saul	4	4	5	5	10	12	25	60
eveland Elam	4	4	5	5	10	12	25	
n Woods	4	4	5	5	10	12	25	
uce Laird	4	4	5	5	10	12	25	
oy Bacon	4	4	5	5	10	12	25	80
uss Francis	4	4	5	5	10	12	25	
m Braxton	4	4	5	5	10	12	25	
rry Smith	4	4	5	5	10	12	25	
rome Barkum	4	4	5	5	10	12	25	50
aro Yepremian	4	4	5	5	10	12	25	
ecklist 133-264	4	4	5	5	10	12	25	
ny Galbreath RC	4	4	5	5	10	12	25	
oy Archer	4	4	5	5	10	12	25	
an Sipe	4	4	5	5	10	12	25	
lly Joe DuPree	4	4	5	5	10	12	25	60
bby Walden	4	4	5	5	10	12	25	
rry Marshall	4	4	5	5	10	12	25	
d Fritsch Jr.	4	4	5	5	10	12	25	
rry Hand	4	4	5	5	10	12	25	
m Mack	4	4	5	5	10	12	25	60
Bradley	4	4	5	5	10	12	25	60
t Leahy	4	4	5	5	10	12	25	
uis Carter	4	4	5	5	8	12	25	
chie Griffin RC	4	4	5	10	20	25	60	
Shell	4	4	5	5	10	12	25	
Voigt	4	4	5	5	10	12	25	
entice McCray	4	4	5	5	10	12	25	
acArthur Lane	4	4	5	5	10	12	25	
n Fouts	4	4	5	8	12	20	40	
arle Young	4	4	5	5	10	12	25	50

		VgEx 4	EX 5	ExMt 6	NM 7	NmMt 8	NmMt+ 8.5	MT 9	Gem 9.5/10
276	Wilbur Jackson RC	4	4	5	5	10	12	25	
277	John Hicks	4	4	5	5	10	12	25	
278	Nat Moore	4	4	5	5	10	12	25	60
279	Virgil Livers	4	4	5	5	10	12	25	
280	Curley Culp	4	4	5	5	10	12	25	
281	Rocky Bleier	4	4	5	5	10	12	30	
282	John Zook	4	4	5	5	10	12	25	60
283	Tom DeLeone	4	4	5	5	10	12	25	
284	Danny White RC	4	4	6	▲25	▲60	▲80	▲100	400
285	Otis Armstrong	4	4	5	5	10	12	25	
286	Larry Walton	4	4	5	5	10	12	25	60
287	Jim Carter	4	4	5	5	10	12	25	
288	Don McCauley	4	4	5	5	10	12	25	
289	Frank Grant	4	4	5	5	10	12	25	50
290	Roger Wehrli	4	4	5	5	10	12	25	80
291	Mick Tingelhoff	4	4	5	5	10	12	25	60
292	Bernard Jackson	4	4	5	5	10	12	25	
293	Tom Owen RC	4	4	5	5	10	12	25	
294	Mike Esposito	4	4	5	5	10	12	25	60
295	Fred Biletnikoff	4	4	5	5	10	12	30	
296	Revie Sorey RC	4	4	5	5	10	12	25	
297	John McMakin	4	4	5	5	10	12	25	
298	Dan Ryczek	4	4	5	5	10	12	25	
299	Wayne Moore	4	4	5	5	8	12	25	80
300	Franco Harris	4	4	5	8	25	35	175	
301	Rick Upchurch RC	4	4	5	5	10	12	25	80
302	Jim Stienke	4	4	5	5	10	12	25	
303	Charlie Davis	4	4	5	5	10	12	25	
304	Don Cockroft	4	4	5	5	10	12	25	60
305	Ken Burrough	4	4	5	5	10	12	25	
306	Clark Gaines	4	4	5	5	10	12	25	
307	Bobby Douglass	4	4	5	5	10	12	50	
308	Ralph Perretta	4	4	5	5	10	12	25	
309	Wally Hilgenberg	4	4	5	5	10	12	25	
310	Monte Jackson RC	4	4	5	5	10	12	25	60
311	Chris Bahr RC	4	4	5	5	10	12	25	
312	Jim Cheyunski	4	4	5	5	10	12	25	60
313	Mike Patrick	4	4	5	5	8	12	25	
314	Ed Too Tall Jones	4	4	5	8	20	25	50	
315	Bill Bradley	4	4	5	5	10	12	25	
316	Benny Malone	4	4	5	5	10	12	25	
317	Paul Seymour	4	4	5	5	10	12	25	60
318	Jim Laslavic	4	4	5	5	10	12	25	
319	Frank Lewis	4	4	5	5	10	12	25	60
320	Ray Guy	4	4	5	5	10	12	30	
321	Allan Ellis	4	4	5	5	10	12	25	
322	Conrad Dobler	4	4	5	5	10	12	25	
323	Chester Marcol	4	4	5	5	10	12	25	
324	Doug Kotar	4	4	5	5	10	12	25	
325	Lemar Parrish	4	4	5	5	10	12	25	
326	Steve Holden	4	4	5	5	10	12	25	
327	Jeff Van Note	4	4	5	5	10	12	25	
328	Howard Stevens	4	4	5	5	10	12	25	
329	Brad Dusek	4	4	5	5	10	12	25	
330	Joe DeLamielleure	4	4	5	5	10	12	20	
331	Jim Plunkett	4	4	5	5	10	12	30	
332	Checklist 265-396	4	4	5	5	10	12	25	
333	Lou Piccone	4	4	5	5	10	12	25	60
334	Ray Hamilton	4	4	5	5	10	12	25	
335	Jan Stenerud	4	4	5	5	10	12	25	
336	Jeris White	4	4	5	5	10	12	25	
337	Sherman Smith RC	4	4	5	5	10	12	25	
338	Dave Green	4	4	5	5	10	12	25	
339	Terry Schmidt	4	4	5	5	10	12	25	
340	Sammie White RC	4	4	5	5	10	12	50	
341	Jon Kolb RC	4	4	5	5	8	12	25	
342	Randy White	4	4	5	10	20	25	60	175
343	Bob Klein	4	4	5	5	10	12	40	
344	Bob Kowalkowski	4	4	5	5	10	12	25	60
345	Terry Metcalf	4	4	5	5	10	12	25	
346	Joe Danelo	4	4	5	5	10	12	25	60
347	Ken Payne	4	4	5	5	10	12	25	
348	Neal Craig	4	4	5	5	10	12	25	
349	Dennis Johnson	4	4	5	5	10	12	25	
350	Bill Bergey	4	4	5	5	10	12	25	
351	Raymond Chester	4	4	5	5	10	12	25	
352	Bob Matheson	4	4	5	5	10	12	25	60
353	Mike Kadish	4	4	5	5	10	12	25	60
354	Mark Van Eeghen RC	4	4	5	5	10	12	40	

#	Player	VgEx 4	EX 5	ExMt 6	NM 7	NmMt 8	NmMt+ 8.5	MT 9	Gem 9.5/10
355	L.C.Greenwood	4	4	5	5	10	12	25	
356	Sam Hunt	4	4	5	5	10	12	25	
357	Darrell Austin	4	4	5	5	10	12	25	
358	Jim Turner	4	4	5	5	10	12	25	
359	Ahmad Rashad	4	4	5	5	8	12	25	
360	Walter Payton	8	12	25	35	100	125	600	
361	Mark Arneson	4	4	5	5	10	12	25	
362	Jerrel Wilson	4	4	5	5	10	12	25	
363	Steve Bartkowski	4	4	5	5	10	12	25	
364	John Watson	4	4	5	5	10	12	25	
365	Ken Riley	4	4	5	5	10	12	25	
366	Gregg Bingham	4	4	5	5	10	12	25	60
367	Golden Richards	4	4	5	5	10	12	25	
368	Clyde Powers	4	4	5	5	10	12	25	
369	Diron Talbert	4	4	5	5	10	12	25	
370	Lydell Mitchell	4	4	5	5	10	12	25	
371	Bob Jackson	4	4	5	5	10	12	25	
372	Jim Mandich	4	4	5	5	10	12	25	
373	Frank LeMaster	4	4	5	5	10	12	25	
374	Benny Ricardo	4	4	5	5	10	12	25	
375	Lawrence McCutcheon	4	4	5	5	10	12	25	
376	Lynn Dickey	4	4	5	5	10	12	25	
377	Phil Wise	4	4	5	5	10	12	25	
378	Tony McGee DT	4	4	5	5	10	12	25	
379	Norm Thompson	4	4	5	5	8	12	25	
380	Dave Casper RC	4	5	8	15	50	60	300	
381	Glen Edwards	4	4	5	5	10	12	25	
382	Bob Thomas	4	4	5	5	10	12	25	
383	Bob Chandler	4	4	5	5	10	12	25	
384	Rickey Young	4	4	5	5	10	12	25	
385	Carl Eller	4	4	5	5	10	12	25	
386	Lyle Alzado	4	4	5	5	10	12	25	
387	John Leypoldt	4	4	5	5	10	12	25	
388	Gordon Bell	4	4	5	5	10	12	25	60
389	Mike Bragg	4	4	5	5	10	12	25	
390	Jim Langer	4	4	5	5	10	12	25	
391	Vern Holland	4	4	5	5	10	12	25	
392	Nelson Munsey	4	4	5	5	10	12	25	
393	Mack Mitchell	4	4	5	5	10	12	25	
394	Tony Adams RC	4	4	5	5	10	12	25	
395	Preston Pearson	4	4	5	5	10	12	25	
396	Emanuel Zanders	4	4	5	5	8	12	25	
397	Vince Papale RC	5	8	12	▲20	▲50	▲60	▲100	
398	Joe Fields RC	4	4	5	5	10	12	25	
399	Craig Clemons	4	4	5	5	10	12	25	80
400	Fran Tarkenton	4	4	5	8	15	20	50	
401	Andy Johnson	4	4	5	5	10	12	25	60
402	Willie Buchanon	4	4	5	5	10	12	25	60
403	Pat Curran	4	4	5	5	10	12	25	
404	Ray Jarvis	4	4	5	5	10	12	25	
405	Joe Greene	4	4	5	5	10	12	40	
406	Bill Simpson	4	4	5	5	10	12	25	
407	Ronnie Coleman	4	4	5	5	10	12	25	
408	J.K. McKay RC	4	4	5	5	10	12	25	60
409	Pat Fischer	4	4	5	5	10	12	25	
410	John Dutton	4	4	5	5	10	12	25	
411	Boobie Clark	4	4	5	5	10	12	25	
412	Pat Tilley RC	4	4	5	5	10	12	25	80
413	Don Strock	4	4	5	5	10	12	25	
414	Brian Kelley	4	4	5	5	10	12	25	
415	Gene Upshaw	4	4	5	5	10	12	25	
416	Mike Montler	4	4	5	5	10	12	25	
417	Checklist 397-528	4	4	5	5	10	12	25	
418	John Gilliam	4	4	5	5	10	12	25	60
419	Brent McClanahan	4	4	5	5	10	12	30	
420	Jerry Sherk	4	4	5	5	10	12	30	
421	Roy Gerela	4	4	5	5	10	12	25	60
422	Tim Fox	4	4	5	5	10	12	25	60
423	John Ebersole	4	4	5	5	10	12	25	
424	James Scott RC	4	4	5	5	10	12	25	60
425	Delvin Williams RC	4	4	5	5	10	12	25	
426	Spike Jones	4	4	5	5	10	12	25	
427	Harvey Martin	4	4	5	5	10	12	25	120
428	Don Herrmann	4	4	5	5	10	12	25	60
429	Calvin Hill	4	4	5	5	10	12	25	
430	Isiah Robertson	4	4	5	5	10	12	25	60
431	Tony Greene	4	4	5	5	10	12	25	
432	Bob Johnson	4	4	5	5	10	12	25	
433	Lem Barney	4	4	5	5	10	12	25	80

#	Player	VgEx 4	EX 5	ExMt 6	NM 7	NmMt 8	NmMt+ 8.5	MT 9	Gem 9
434	Eric Torkelson	4	4	5	5	10	12	25	
435	John Mendenhall	4	4	5	5	10	12	25	
436	Larry Seiple	4	4	5	5	10	12	25	
437	Art Kuehn	4	4	5	5	10	12	60	
438	John Vella	4	4	5	5	10	12	25	
439	Greg Latta	4	4	5	5	10	12	25	10
440	Roger Carr	4	4	5	5	10	12	25	
441	Doug Sutherland	4	4	5	5	10	12	25	8
442	Mike Kruczek RC	4	4	5	5	10	12	25	6
443	Steve Zabel	4	4	5	5	10	12	25	
444	Mike Pruitt RC	4	4	5	5	10	12	25	
445	Harold Jackson	4	4	5	5	10	12	25	
446	George Jakowenko	4	4	5	5	10	12	25	
447	John Fitzgerald	4	4	5	5	10	12	60	
448	Carey Joyce	4	4	5	5	10	12	25	
449	Jim LeClair	4	4	5	5	10	12	25	
450	Ken Houston	4	4	5	5	10	12	50	
451	Steve Grogan RB	4	4	5	5	10	12	25	5
452	Jim Marshall RB	4	4	5	5	10	12	25	
453	O.J.Simpson RB	4	4	5	5	10	12	30	10
454	Fran Tarkenton RB	4	4	5	5	10	12	30	
455	Jim Zorn RB	4	4	5	5	10	12	25	5
456	Robert Pratt	4	4	5	5	10	12	25	5
457	Walker Gillette	4	4	5	5	10	12	25	6
458	Charlie Hall	4	4	5	5	10	12	25	
459	Robert Newhouse	4	4	5	5	10	12	25	
460	John Hannah	4	4	5	5	10	12	25	
461	Ken Reaves	4	4	5	5	10	12	25	
462	Herman Weaver	4	4	5	5	10	12	25	5
463	James Harris	4	4	5	5	10	12	25	8
464	Howard Twilley	4	4	5	5	10	12	30	
465	Jeff Siemon	4	4	5	5	10	12	25	8
466	John Outlaw	4	4	5	5	10	12	25	
467	Chuck Muncie RC	4	4	5	5	12	15	40	
468	Bob Moore	4	4	5	5	10	12	25	8
469	Robert Woods	4	4	5	5	10	12	25	
470	Cliff Branch	4	4	5	5	10	12	25	10
471	Johnnie Gray	4	4	5	5	10	12	25	5
472	Don Hardeman	4	4	5	5	10	12	25	
473	Steve Ramsey	4	4	5	5	10	12	25	5
474	Steve Mike-Mayer	4	4	5	5	10	12	25	
475	Gary Garrison	4	4	5	5	10	12	25	
476	Walter Johnson	4	4	5	5	10	12	25	
477	Neil Clabo	4	4	5	5	8	12	25	
478	Len Hauss	4	4	5	5	10	12	25	
479	Darryl Stingley	4	4	5	5	10	12	30	
480	Jack Lambert	4	4	5	10	20	25	150	
481	Mike Adamle	4	4	5	5	10	12	25	5
482	David Lee	4	4	5	5	10	12	25	
483	Tom Mullen	4	4	5	5	10	12	25	6
484	Claude Humphrey	4	4	5	5	10	12	25	
485	Jim Hart	4	4	5	5	10	12	25	
486	Bobby Thompson RB	4	4	5	5	10	12	25	
487	Jack Rudnay	4	4	5	5	10	12	25	
488	Rich Sowells	4	4	5	5	10	12	25	
489	Reuben Gant	4	4	5	5	10	12	25	
490	Cliff Harris	4	4	5	5	10	12	25	
491	Bob Brown DT	4	4	5	5	10	12	25	
492	Don Nottingham	4	4	5	5	10	12	25	
493	Ron Jessie	4	4	5	5	10	12	25	
494	Otis Sistrunk	4	4	5	5	10	12	25	5
495	Billy Kilmer	4	4	5	5	10	12	25	
496	Oscar Roan	4	4	5	5	10	12	25	
497	Bill Van Heusen	4	4	5	5	10	12	25	
498	Randy Logan	4	4	5	5	10	12	25	
499	John Smith	4	4	5	5	10	12	25	
500	Chuck Foreman	4	4	5	5	10	12	50	
501	J.T. Thomas	4	4	5	5	10	12	25	
502	Steve Schubert	4	4	5	5	10	12	25	
503	Mike Barnes	4	4	5	5	10	12	25	
504	J.V. Cain	4	4	5	5	10	12	25	
505	Larry Csonka	4	4	5	5	10	12	30	13
506	Elvin Bethea	4	4	5	5	10	12	25	
507	Ray Easterling	4	4	5	5	10	12	25	
508	Joe Reed	4	4	5	5	10	12	25	
509	Steve Odom	4	4	5	5	10	12	25	
510	Tommy Casanova	4	4	5	5	10	12	25	
511	Dave Dalby	4	4	5	5	10	12	25	
512	Richard Caster	4	4	5	5	10	12	25	

	VgEx 4	EX 5	ExMt 6	NM 7	NmMt 8	NmMt+ 8.5	MT 9	Gem 9.5/10
Fred Dryer	4	4	5	5	10	12	40	
Jeff Kinney	4	4	5	5	10	12	25	
Bob Griese	4	4	5	5	10	12	40	
Butch Johnson RC	4	4	5	5	10	12	40	
Gerald Irons	4	4	5	5	10	12	25	
Don Calhoun	4	4	5	5	10	12	25	
Jack Gregory	4	4	5	5	10	12	25	
Tom Banks	4	4	5	5	10	12	25	
Bobby Bryant	4	4	5	5	10	12	25	
Reggie Harrison	4	4	5	5	10	12	25	
Terry Hermeling	4	4	5	5	10	12	25	
David Taylor	4	4	5	5	10	12	25	60
Brian Baschnagel RC	4	4	5	5	10	12	25	
AFC Champ/Stabler	4	4	5	5	10	12	25	120
NFC Championship	4	4	5	5	10	12	35	80
Super Bowl XI	4	4	5	5	12	20	50	

ve Casper #380 PSA 10 (Gem) sold for $4,275 (eBay; 10/07)
e Greene #405 PSA 10 (Gem) sold for $300 (eBay; 1/08)
n Hannah #460 PSA 10 (Gem Mint) sold for $421.26 (Goodwin; 3/12)
lter Payton #360 PSA 10 (Gem) sold for $4,600 (eBay; 8/08)
lter Payton #360 PSA 10 (Gem) sold for $5,661 (eBay; 12/13)
lter Payton #360 PSA 10 (Gem Mint) sold for $4110 (Bussineau; 6/12)
 Roy Selmon #29 PSA 10 (Gem Mint) sold for $1,186 (eBay; 2/13)
e Roy Selmon #29 PSA 10 (Gem Mint) sold for $4,059 (eBay; 09/14)
ke Webster #99 PSA 10 (Gem) sold for $504 (eBay; 6/08)

8 Topps

	VgEx 4	EX 5	ExMt 6	NM 7	NmMt 8	NmMt+ 8.5	MT 9	Gem 9.5/10
Gary Huff HL	4	4	5	5	8	10	25	50
Craig Morton HL	4	4	5	5	8	10	15	50
Walter Payton HL	4	4	5	8	25	30	40	200
O.J.Simpson HL	4	4	5	5	8	10	20	60
Fran Tarkenton HL	4	4	5	5	8	10	20	80
Bob Thomas HL	4	4	5	5	8	10	20	
Joe Pisarcik	4	4	5	5	8	10	20	
Skip Thomas	4	4	5	5	8	10	25	
Roosevelt Leaks	4	4	5	5	8	10	20	
Ken Houston	4	4	5	5	8	10	20	
Tom Blanchard	4	4	5	5	8	10	20	
Jim Turner	4	4	5	5	8	10	20	40
Tom DeLeone	4	4	5	5	8	10	20	
Jim LeClair	4	4	5	5	8	10	20	40
Bob Avellini	4	4	5	5	8	10	20	
Tony McGee DT	4	4	5	5	8	10	20	50
James Harris	4	4	5	5	8	10	20	
Terry Nelson	4	4	5	5	8	10	20	
Rocky Bleier	4	4	5	5	8	10	20	
Joe DeLamielleure	4	4	5	5	8	10	20	
Richard Caster	4	4	5	5	8	10	20	
A.J.Duhe RC	4	4	5	5	8	10	20	
John Outlaw	4	4	5	5	8	10	20	50
Danny White	4	4	5	5	8	10	20	80
Larry Csonka	4	4	5	6	10	12	25	
David Hill RC	4	4	5	5	8	10	20	
Mark Arneson	4	4	5	5	8	10	20	50
Jack Tatum	4	4	5	5	8	10	20	
Norm Thompson	4	4	5	5	8	10	20	50
Sammie White	4	4	5	5	8	10	20	50
Dennis Johnson	4	4	5	5	8	10	20	
Robin Earl	4	4	5	5	8	10	20	40
Don Cockroft	4	4	5	5	8	10	20	50
Bob Johnson	4	4	5	5	8	10	20	50
John Hannah	4	4	5	5	8	10	20	
Scott Hunter	4	5	6	15	30	40	50	
Ken Burrough	4	4	5	5	8	10	20	
Wilbur Jackson	4	4	5	5	8	10	20	50
Rich McGeorge	4	4	5	5	8	10	20	60
Lyle Alzado	4	4	5	5	8	10	15	60
John Ebersole	4	4	5	5	8	10	20	50
Gary Green RC	4	4	5	5	8	10	20	
Art Kuehn	4	4	5	5	8	10	20	40
Glen Edwards	4	4	5	5	8	10	20	40
Lawrence McCutcheon	4	4	5	5	8	10	20	50
Duriel Harris	4	4	5	5	8	10	20	
Rich Szaro	4	4	5	5	8	10	20	50
Mike Washington	4	4	5	5	8	10	20	
Stan White	4	4	5	5	8	10	20	50
Dave Casper	4	4	5	5	8	10	20	

	VgEx 4	EX 5	ExMt 6	NM 7	NmMt 8	NmMt+ 8.5	MT 9	Gem 9.5/10
51 Len Hauss	4	4	5	5	8	10	20	
52 James Scott	4	4	5	5	8	10	20	50
53 Brian Sipe	4	4	5	5	8	10	20	50
54 Gary Shirk	4	4	5	5	8	10	20	50
55 Archie Griffin	4	4	5	5	8	10	15	60
56 Mike Patrick	4	4	5	5	8	10	20	50
57 Mario Clark	4	4	5	5	8	10	20	50
58 Jeff Siemon	4	4	5	5	8	10	20	50
59 Steve Mike-Mayer	4	4	5	5	8	10	20	50
60 Randy White	4	4	5	8	12	15	25	175
61 Darrell Austin	4	4	5	5	8	10	20	
62 Tom Sullivan	4	4	5	5	8	10	20	40
63 Johnny Rodgers RC	4	4	5	5	15	20	30	
64 Ken Reaves	4	4	5	5	8	10	20	
65 Terry Bradshaw	4	5	▲15	▲30	▲50	▲60	▲80	
66 Fred Steinfort	4	4	5	5	8	10	20	50
67 Curley Culp	4	4	5	5	8	10	20	50
68 Ted Hendricks	4	4	5	5	8	10	25	
69 Raymond Chester	4	4	5	5	8	10	20	50
70 Jim Langer	4	4	5	5	8	10	20	50
71 Calvin Hill	4	4	5	5	8	10	20	
72 Mike Hartenstine	4	4	5	5	8	10	20	40
73 Gerald Irons	4	4	5	5	8	10	50	
74 Billy Brooks	4	4	5	5	8	10	20	
75 John Mendenhall	4	4	5	5	8	10	20	50
76 Andy Johnson	4	4	5	5	8	10	20	50
77 Tom Wittum	4	4	5	5	8	10	20	
78 Lynn Dickey	4	4	5	5	8	10	20	60
79 Carl Eller	4	4	5	5	8	10	20	
80 Tom Mack	4	4	5	5	8	10	20	50
81 Clark Gaines	4	4	5	5	8	10	20	50
82 Lem Barney	4	4	5	5	8	10	20	50
83 Mike Montler	4	4	5	5	8	10	20	50
84 Jon Kolb	4	4	5	5	8	10	30	
85 Bob Chandler	4	4	5	5	8	10	20	
86 Robert Newhouse	4	4	5	5	8	10	25	
87 Frank LeMaster	4	4	5	5	8	10	25	50
88 Jeff West	4	4	5	5	8	10	20	50
89 Lyle Blackwood	4	4	5	5	8	10	20	
90 Gene Upshaw	4	4	5	5	8	10	40	
91 Frank Grant	4	4	5	5	8	10	20	50
92 Tom Hicks	4	4	5	5	8	10	20	50
93 Mike Pruitt	4	4	5	5	8	10	20	80
94 Chris Bahr	4	4	5	5	8	10	20	50
95 Russ Francis	4	4	5	5	8	10	20	
96 Norris Thomas	4	4	5	5	8	10	20	50
97 Gary Barbaro RC	4	4	5	5	8	10	20	
98 Jim Merlo	4	4	5	5	8	10	20	50
99 Karl Chandler	4	4	5	5	8	10	20	
100 Fran Tarkenton	4	4	5	8	12	15	30	
101 Abdul Salaam	4	4	5	8	10	20		50
102 Marv Kellum	4	4	5	5	8	10	20	50
103 Herman Weaver	4	4	5	5	8	10	20	
104 Roy Gerela	4	4	5	5	8	10	20	40
105 Harold Jackson	4	4	5	5	8	10	20	40
106 Dewey Selmon	4	4	5	5	8	10	20	40
107 Checklist 1-132	4	4	5	5	8	10	20	
108 Clarence Davis	4	4	5	5	8	10	20	
109 Robert Pratt	4	4	5	5	8	10	20	
110 Harvey Martin	4	4	5	5	8	10	20	50
111 Brad Dusek	4	4	5	5	8	10	20	50
112 Greg Latta	4	4	5	5	8	10	20	50
113 Tony Peters	4	4	5	5	8	10	20	50
114 Jim Braxton	4	4	5	5	8	10	20	50
115 Ken Riley	4	4	5	5	8	10	20	
116 Steve Nelson	4	4	5	5	8	10	25	50
117 Rick Upchurch	4	4	5	5	8	10	20	60
118 Spike Jones	4	4	5	5	8	10	20	50
119 Doug Kotar	4	4	5	5	8	10	20	60
120 Bob Griese	4	4	5	6	10	12	20	150
121 Burgess Owens	4	4	5	5	8	10	20	
122 Rolf Benirschke RC	4	4	5	5	8	10	20	
123 Haskel Stanback RC	4	4	5	5	8	10	20	
124 J.T. Thomas	4	4	5	5	8	10	20	60
125 Ahmad Rashad	4	4	5	5	8	10	20	50
126 Rick Kane	4	4	5	5	8	10	20	
127 Elvin Bethea	4	4	5	5	8	10	20	
128 Dave Dalby	4	4	5	5	8	10	20	
129 Mike Barnes	4	4	5	5	8	10	20	

FOOTBALL

#	Player	VgEx 4	EX 5	ExMt 6	NM 7	NmMt 8	NmMt+ 8.5	MT 9	Gem 9.5/10
130	Isiah Robertson	4	4	5	5	8	10	20	
131	Jim Plunkett	4	4	5	5	8	10	20	
132	Allan Ellis	4	4	5	5	8	10	20	40
133	Mike Bragg	4	4	5	5	8	10	20	
134	Bob Jackson	4	4	5	5	8	10	20	50
135	Coy Bacon	4	4	5	5	8	10	20	50
136	John Smith	4	4	5	5	8	10	20	50
137	Chuck Muncie	4	4	5	5	8	10	20	
138	Johnnie Gray	4	4	5	5	8	10	20	50
139	Jimmy Robinson	4	4	5	5	8	10	20	50
140	Tom Banks	4	4	5	5	8	10	20	
141	Marvin Powell RC	4	4	5	5	8	10	20	40
142	Jerrel Wilson	4	4	5	5	8	10	20	
143	Ron Howard	4	4	5	5	8	10	20	
144	Rob Lytle RC	4	4	5	5	8	10	20	50
145	L.C.Greenwood	4	4	5	5	10	12	25	50
146	Morris Owens	4	4	5	5	8	10	20	50
147	Joe Reed	4	4	5	5	8	10	20	
148	Mike Kadish	4	4	5	5	8	10	20	50
149	Phil Villapiano	4	4	5	5	8	10	20	100
150	Lydell Mitchell	4	4	5	5	8	10	20	50
151	Randy Logan	4	4	5	5	8	10	20	60
152	Mike Williams RC	4	4	5	5	8	10	20	
153	Jeff Van Note	4	4	5	5	8	10	20	50
154	Steve Schubert	4	4	5	5	8	10	20	50
155	Billy Kilmer	4	4	5	5	8	10	20	60
156	Boobie Clark	4	4	5	5	8	10	20	
157	Charlie Hall	4	4	5	5	8	10	20	
158	Raymond Clayborn RC	4	4	5	5	8	10	20	
159	Jack Gregory	4	4	5	5	8	10	20	50
160	Cliff Harris	4	4	5	5	8	10	20	50
161	Joe Fields	4	4	5	5	8	10	20	50
162	Don Nottingham	4	4	5	5	8	10	20	
163	Ed White	4	4	5	5	8	10	20	50
164	Toni Fritsch	4	4	5	5	8	10	20	50
165	Jack Lambert	4	4	5	10	12	15	25	150
166	NFC Champs/Staubach	4	4	5	5	8	10	25	
167	AFC Champs/Lytle	4	4	5	5	8	10	50	
168	Super Bowl XII/Dorsett	4	4	5	8	10	12	30	
169	Neal Colzie RC	4	4	5	5	8	10	20	
170	Cleveland Elam	4	4	5	5	8	10	20	
171	David Lee	4	4	5	5	8	10	20	
172	Jim Otis	4	4	5	5	8	10	20	
173	Archie Manning	4	4	5	5	8	10	20	60
174	Jim Carter	4	4	5	5	8	10	20	50
175	Jean Fugett	4	4	5	5	8	10	20	
176	Willie Parker C	4	4	5	5	8	10	20	50
177	Haven Moses	4	4	5	5	8	10	20	50
178	Horace King RC	4	4	5	5	8	10	20	50
179	Bob Thomas	4	4	5	5	8	10	20	
180	Monte Jackson	4	4	5	5	8	10	20	50
181	Steve Zabel	4	4	5	5	8	10	20	
182	John Fitzgerald	4	4	5	5	8	10	20	
183	Mike Livingston	4	4	5	5	8	10	20	50
184	Larry Poole	4	4	5	5	8	10	20	50
185	Isaac Curtis	4	4	5	5	8	10	20	
186	Chuck Ramsey	4	4	5	5	8	10	20	50
187	Bob Klein	4	4	5	5	8	10	20	50
188	Ray Rhodes	4	4	5	5	8	10	20	
189	Otis Sistrunk	4	4	5	5	8	10	20	
190	Bill Bergey	4	4	5	5	8	10	20	
191	Sherman Smith	4	4	5	5	8	10	20	
192	Dave Green	4	4	5	5	8	10	20	
193	Carl Mauck	4	4	5	5	8	10	20	50
194	Reggie Harrison	4	4	5	5	8	10	20	
195	Roger Carr	4	4	5	5	8	10	20	50
196	Steve Bartkowski	4	4	5	5	8	10	20	
197	Ray Wersching	4	4	5	5	8	10	20	60
198	Willie Buchanon	4	4	5	5	8	10	20	
199	Neil Clabo	4	4	5	5	8	10	20	
200	Walter Payton	5	6	12	20	40	50	200	800
201	Sam Adams OL	4	4	5	5	8	10	20	50
202	Larry Gordon	4	4	5	5	8	10	20	50
203	Pat Tilley	4	4	5	5	8	10	20	50
204	Mack Mitchell	4	4	5	5	8	10	20	
205	Ken Anderson	4	4	5	5	8	10	30	
206	Scott Dierking	4	4	5	5	8	10	20	50
207	Jack Rudnay	4	4	5	5	8	10	20	
208	Jim Stienke	4	4	5	5	8	10	20	
209	Bill Simpson	4	4	5	5	8	10	20	50
210	Errol Mann	4	4	5	5	8	10	20	80
211	Bucky Dilts	4	4	5	5	8	10	20	50
212	Reuben Gant	4	4	5	5	8	10	20	50
213	Thomas Henderson RC	4	4	5	5	8	10	20	
214	Steve Furness	4	4	5	5	8	10	100	
215	John Riggins	4	4	5	5	8	10	20	
216	Keith Krepfle RC	4	4	5	5	8	10	20	60
217	Fred Dean RC	4	▲15	▲20	▲25	40	50	100	1,500
218	Emanuel Zanders	4	4	5	5	8	10	20	50
219	Don Testerman	4	4	5	5	8	10	20	60
220	George Kunz	4	4	5	5	8	10	20	
221	Darryl Stingley	4	4	5	5	8	10	20	
222	Ken Sanders	4	4	5	5	8	10	20	50
223	Gary Huff	4	4	5	5	8	10	20	40
224	Gregg Bingham	4	4	5	5	8	10	20	
225	Jerry Sherk	4	4	5	5	8	10	20	50
226	Doug Plank	4	4	5	5	8	10	20	40
227	Ed Taylor	4	4	5	5	8	10	20	
228	Emery Moorehead	4	4	5	5	8	10	20	
229	Reggie Williams RC	4	4	5	5	8	10	20	60
230	Claude Humphrey	4	4	5	5	8	10	20	
231	Randy Cross RC	4	4	5	5	10	12	25	
232	Jim Hart	4	4	5	5	8	10	20	50
233	Bobby Bryant	4	4	5	5	8	10	20	
234	Larry Brown	4	4	5	5	8	10	20	40
235	Mark Van Eeghen	4	4	5	5	8	10	20	
236	Terry Hermeling	4	4	5	5	8	10	20	
237	Steve Odom	4	4	5	5	8	10	20	
238	Jan Stenerud	4	4	5	5	8	10	20	
239	Andre Tillman	4	4	5	5	8	10	20	50
240	Tom Jackson RC	4	4	5	8	12	15	30	150
241	Ken Mendenhall	4	4	5	5	8	10	20	
242	Tim Fox	4	4	5	5	8	10	20	60
243	Don Herrmann	4	4	5	5	8	10	20	
244	Eddie McMillan	4	4	5	5	8	10	20	50
245	Greg Pruitt	4	4	5	5	8	10	20	60
246	J.K. McKay	4	4	5	5	8	10	20	40
247	Larry Keller	4	4	5	5	8	10	20	
248	Dave Jennings	4	4	5	5	8	10	20	40
249	Bo Harris	4	4	5	5	8	10	20	
250	Revie Sorey	4	4	5	5	8	10	20	50
251	Tony Greene	4	4	5	5	8	10	20	50
252	Butch Johnson	4	4	5	5	8	10	20	
253	Paul Naumoff	4	4	5	5	8	10	20	50
254	Rickey Young	4	4	5	5	8	10	20	50
255	Dwight White	4	4	5	5	8	10	20	
256	Joe Lavender	4	4	5	5	8	10	20	
257	Checklist 133-264	4	4	5	5	8	10	20	
258	Ronnie Coleman	4	4	5	5	8	10	20	50
259	Charlie Smith WR	4	4	5	5	8	10	20	40
260	Ray Guy	4	4	5	5	8	10	20	
261	David Taylor	4	4	5	5	8	10	20	50
262	Bill Lenkaitis	4	4	5	5	8	10	20	50
263	Jim Mitchell TE	4	4	5	5	8	10	20	50
264	Delvin Williams	4	4	5	5	8	10	20	40
265	Jack Youngblood	4	4	5	5	8	10	20	
266	Chuck Crist	4	4	5	5	8	10	20	50
267	Richard Todd	4	4	5	5	8	10	20	50
268	Dave Logan RC	4	4	5	5	8	10	20	50
269	Rufus Mayes	4	4	5	5	8	10	20	
270	Brad Van Pelt	4	4	5	5	8	10	20	40
271	Chester Marcol	4	4	5	5	8	10	20	40
272	J.V. Cain	4	4	5	5	8	10	20	40
273	Larry Seiple	4	4	5	5	8	10	20	
274	Brent McClanahan	4	4	5	5	8	10	20	
275	Mike Wagner	4	4	5	5	8	10	30	80
276	Diron Talbert	4	4	5	5	8	10	20	
277	Brian Baschnagel	4	4	5	5	8	10	20	40
278	Ed Podolak	4	4	5	5	8	10	20	40
279	Don Goode	4	4	5	5	8	10	20	40
280	John Dutton	4	4	5	5	8	10	20	40
281	Don Calhoun	4	4	5	5	8	10	20	40
282	Monte Johnson	4	4	5	5	8	10	20	
283	Ron Jessie	4	4	5	5	8	10	20	
284	Jon Morris	4	4	5	5	8	10	20	50
285	Riley Odoms	4	4	5	5	8	10	20	50
286	Marv Bateman	4	4	5	5	8	10	20	50
287	Joe Klecko RC	4	4	5	5	8	10	25	

Name	VgEx 4	EX 5	ExMt 6	NM 7	NmMt 8	NmMt+ 8.5	MT 9	Gem 9.5/10
Oliver Davis	4	4	5	5	8	10	20	
John McDaniel	4	4	5	5	8	10	20	
Roger Staubach	4	5	6	20	150	200	250	
Brian Kelley	4	4	5	5	8	10	20	
Mike Hogan	4	4	5	5	8	10	20	
John Leypoldt	4	4	5	5	8	10	20	
Jack Novak	4	4	5	5	8	10	20	
Joe Greene	4	4	5	5	10	12	30	
John Hill	4	4	5	5	8	10	20	50
Danny Buggs	4	4	5	5	8	10	20	50
Ted Albrecht	4	4	5	5	8	10	20	40
Nelson Munsey	4	4	5	5	8	10	20	
Chuck Foreman	4	4	5	5	8	10	20	60
Dan Pastorini	4	4	5	5	8	10	20	50
Tommy Hart	4	4	5	5	8	10	20	40
Dave Beverly	4	4	5	5	8	10	20	60
Tony Reed RC	4	4	5	5	8	10	20	
Cliff Branch	4	4	5	5	8	10	20	
Clarence Duren	4	4	5	5	8	10	20	40
Randy Rasmussen	4	4	5	5	8	10	20	
Oscar Roan	4	4	5	5	8	10	20	60
Lenvil Elliott	4	4	5	5	8	10	20	50
Dan Dierdorf	4	4	5	5	8	10	20	
Johnny Perkins	4	4	5	5	8	10	20	
Rafael Septien RC	4	4	5	5	8	10	20	50
Terry Beeson	4	4	5	5	8	10	20	50
Lee Roy Selmon	4	4	5	5	8	10	20	
Tony Dorsett RC	10	15	▲60	▲100	▲150	▲200	500	
Greg Landry	4	4	5	5	8	10	20	50
Jake Scott	4	4	5	5	8	10	20	40
Dan Peiffer	4	4	5	5	8	10	20	
John Bunting	4	4	5	5	8	10	20	
John Stallworth RC	5	▲10	▲15	▲25	▲60	▲80	▲200	1,000
Bob Howard	4	4	5	5	8	10	20	40
Larry Little	4	4	5	5	8	10	20	50
Reggie McKenzie	4	4	5	5	8	10	20	
Duane Carrell	4	4	5	5	8	10	20	
Ed Simonini	4	4	5	5	8	10	20	
John Vella	4	4	5	5	8	10	20	
Wesley Walker RC	4	4	5	6	10	12	25	200
Jon Keyworth	4	4	5	5	8	10	20	40
Ron Bolton	4	4	5	5	8	10	20	40
Tommy Casanova	4	4	5	5	8	10	20	
R.Staubach/B.Griese LL	4	4	5	8	12	15	30	
A.Rashad/Mitchell LL	4	4	5	5	8	10	30	
W.Payton/VanEeghenLL	4	4	5	6	10	12	50	
W.Payton/E.Mann LL	4	4	5	6	10	12	40	
Interception Leaders	4	4	5	5	8	10	20	
Punting Leaders	4	4	5	5	8	10	30	
Robert Brazile	4	4	5	5	8	10	20	50
Charlie Joiner	4	4	5	5	8	10	20	
Joe Ferguson	4	4	5	5	8	10	20	40
Bill Thompson	4	4	5	5	8	10	20	40
Sam Cunningham	4	4	5	5	8	10	20	50
Curtis Johnson	4	4	5	5	8	10	20	
Jim Marshall	4	4	5	5	8	10	20	100
Charlie Sanders	4	4	5	5	8	10	20	40
Willie Hall	4	4	5	5	8	10	20	
Pat Haden	4	4	5	5	8	10	20	100
Jim Bakken	4	4	5	5	8	10	20	40
Bruce Taylor	4	4	5	5	8	10	20	
Barty Smith	4	4	5	5	8	10	20	50
Drew Pearson	4	4	5	5	8	10	20	
Mike Webster	4	4	5	6	10	12	25	
Bobby Hammond	4	4	5	5	8	10	20	100
Dave Mays	4	4	5	5	8	10	20	40
Pat McInally	4	4	5	5	8	10	20	
Toni Linhart	4	4	5	5	8	10	20	
Larry Hand	4	4	5	5	8	10	20	50
Ted Fritsch Jr.	4	4	5	5	8	10	20	
Larry Marshall	4	4	5	5	8	10	20	50
Waymond Bryant	4	4	5	5	8	10	20	50
Louie Kelcher RC	4	4	5	5	8	10	20	
Stanley Morgan RC	4	4	5	5	8	12	30	200
Bruce Harper RC	4	4	5	5	8	10	20	50
Bernard Jackson	4	4	5	5	8	10	20	40
Walter White	4	4	5	5	8	10	20	50
Ken Stabler	4	4	5	8	12	15	25	150
Fred Dryer	4	4	5	5	8	10	20	50

#	Name	VgEx 4	EX 5	ExMt 6	NM 7	NmMt 8	NmMt+ 8.5	MT 9	Gem 9.5/10
367	Ike Harris	4	4	5	5	8	10	20	40
368	Norm Bulaich	4	4	5	5	8	10	20	
369	Merv Krakau	4	4	5	5	8	10	20	
370	John James	4	4	5	5	8	10	20	
371	Bennie Cunningham RC	4	4	5	5	8	10	20	
372	Doug Van Horn	4	4	5	5	8	10	20	40
373	Thom Darden	4	4	5	5	8	10	20	40
374	Eddie Edwards RC	4	4	5	5	8	10	20	
375	Mike Thomas	4	4	5	5	8	10	20	
376	Fred Cook	4	4	5	5	8	10	20	50
377	Mike Phipps	4	4	5	5	8	10	20	
378	Paul Krause	4	4	5	5	8	10	20	60
379	Harold Carmichael	4	4	5	5	8	10	20	60
380	Mike Haynes	4	4	5	5	8	10	20	
381	Wayne Morris	4	4	5	5	8	10	20	
382	Greg Buttle	4	4	5	5	8	10	20	50
383	Jim Zorn	4	4	5	5	8	10	20	50
384	Jack Dolbin	4	4	5	5	8	10	20	40
385	Charlie Waters	4	4	5	5	8	10	20	50
386	Dan Ryczek	4	4	5	5	8	10	20	40
387	Joe Washington RC	4	4	5	5	8	10	20	50
388	Checklist 265-396	4	4	5	5	8	10	25	40
389	James Hunter	4	4	5	5	8	10	20	40
390	Billy Johnson	4	4	5	5	8	10	20	40
391	Jim Allen RC	4	4	5	5	8	10	20	40
392	George Buehler	4	4	5	5	8	10	20	
393	Harry Carson	4	4	5	5	8	10	20	60
394	Cleo Miller	4	4	5	5	8	10	20	40
395	Gary Burley	4	4	5	5	8	10	20	
396	Mark Moseley	4	4	5	5	8	10	20	
397	Virgil Livers	4	4	5	5	8	10	20	40
398	Joe Ehrmann	4	4	5	5	8	10	20	40
399	Freddie Solomon	4	4	5	5	8	10	20	
400	O.J.Simpson	4	4	5	8	12	15	25	
401	Julius Adams	4	4	5	5	8	10	20	40
402	Artimus Parker	4	4	5	5	8	10	20	40
403	Gene Washington 49er	4	4	5	5	8	10	20	
404	Herman Edwards	4	4	5	5	8	10	20	80
405	Craig Morton	4	4	5	5	8	10	20	60
406	Alan Page	4	4	5	5	8	10	20	50
407	Larry McCarren	4	4	5	5	8	10	20	
408	Tony Galbreath	4	4	5	5	8	10	20	40
409	Roman Gabriel	4	4	5	5	8	10	20	60
410	Efren Herrera	4	4	5	5	8	10	30	60
411	Jim Smith RC	4	4	5	5	8	10	20	50
412	Bill Bryant	4	4	5	5	8	10	20	
413	Doug Dieken	4	4	5	5	8	10	20	50
414	Marvin Cobb	4	4	5	5	8	10	20	40
415	Fred Biletnikoff	4	4	5	5	8	10	20	
416	Joe Theismann	4	4	5	6	10	12	20	80
417	Roland Harper	4	4	5	5	8	10	20	50
418	Derrel Luce	4	4	5	5	8	10	20	50
419	Ralph Perretta	4	4	5	5	8	10	20	40
420	Louis Wright RC	4	4	5	5	8	10	20	
421	Prentice McCray	4	4	5	5	8	10	20	40
422	Garry Puetz	4	4	5	5	8	10	20	40
423	Alfred Jenkins RC	4	4	5	5	8	10	20	
424	Paul Seymour	4	4	5	5	8	10	20	50
425	Garo Yepremian	4	4	5	5	8	10	20	50
426	Emmitt Thomas	4	4	5	5	8	10	15	50
427	Dexter Bussey	4	4	5	5	8	10	20	40
428	John Sanders	4	4	5	5	8	10	20	40
429	Ed Too Tall Jones	4	4	5	5	8	10	40	
430	Ron Yary	4	4	5	5	8	10	20	60
431	Frank Lewis	4	4	5	5	8	10	20	40
432	Jerry Golsteyn	4	4	5	5	8	10	20	
433	Clarence Scott	4	4	5	5	8	10	20	60
434	Pete Johnson RC	4	4	5	5	8	10	20	80
435	Charle Young	4	4	5	5	8	10	20	40
436	Harold McLinton	4	4	5	5	8	10	20	
437	Noah Jackson	4	4	5	5	8	10	20	40
438	Bruce Laird	4	4	5	5	8	10	20	40
439	John Matuszak	4	4	5	5	8	10	20	50
440	Nat Moore	4	4	5	5	8	10	20	125
441	Leon Gray	4	4	5	5	8	10	20	100
442	Jerome Barkum	4	4	5	5	8	10	20	
443	Steve Largent	4	5	6	20	25	30	40	300
444	John Zook	4	4	5	5	8	10	20	60
445	Preston Pearson	4	4	5	5	8	10	20	50

#	Name	VgEx 4	EX 5	ExMt 6	NM 7	NmMt 8	NmMt+ 8.5	MT 9	Gem 9.5/10
446	Conrad Dobler	4	4	5	5	8	10	20	40
447	Wilbur Summers	4	4	5	5	8	10	20	40
448	Lou Piccone	4	4	5	5	8	10	20	50
449	Ron Jaworski	4	4	5	5	8	10	20	60
450	Jack Ham	4	4	5	5	8	10	25	80
451	Mick Tingelhoff	4	4	5	5	8	10	20	
452	Clyde Powers	4	4	5	5	8	10	20	
453	John Cappelletti	4	4	5	5	8	10	20	40
454	Dick Ambrose	4	4	5	5	8	10	20	
455	Lemar Parrish	4	4	5	5	8	10	20	50
456	Ron Saul	4	4	5	5	8	10	20	
457	Bob Parsons	4	4	5	5	8	10	20	50
458	Glenn Doughty	4	4	5	5	8	10	20	
459	Don Woods	4	4	5	5	8	10	20	50
460	Art Shell	4	4	5	5	8	10	25	
461	Sam Hunt	4	4	5	5	8	10	20	40
462	Lawrence Pillers	4	4	5	5	8	10	20	
463	Henry Childs	4	4	5	5	8	10	20	40
464	Roger Wehrli	4	4	5	5	8	10	30	
465	Otis Armstrong	4	4	5	5	8	10	20	80
466	Bob Baumhower RC	4	4	5	5	12	15	25	
467	Ray Jarvis	4	4	5	5	8	10	20	40
468	Guy Morriss	4	4	5	5	8	10	20	40
469	Matt Blair	4	4	5	5	8	10	20	50
470	Billy Joe DuPree	4	4	5	5	8	10	20	
471	Roland Hooks	4	4	5	5	8	10	20	40
472	Joe Danelo	4	4	5	5	8	10	20	
473	Reggie Rucker	4	4	5	5	8	10	20	
474	Vern Holland	4	4	5	5	8	10	20	50
475	Mel Blount	4	4	5	5	8	10	25	
476	Eddie Brown S	4	4	5	5	8	10	20	
477	Bo Rather	4	4	5	5	8	10	20	
478	Don McCauley	4	4	5	5	8	10	20	40
479	Glen Walker	4	4	5	5	8	10	20	40
480	Randy Gradishar	4	4	5	5	8	12	25	50
481	Dave Rowe	4	4	5	5	8	10	20	
482	Pat Leahy	4	4	5	5	8	10	20	50
483	Mike Fuller	4	4	5	5	8	10	20	40
484	David Lewis RC	4	4	5	5	8	10	20	
485	Steve Grogan	4	4	5	5	8	10	20	50
486	Mel Gray	4	4	5	5	8	10	20	
487	Eddie Payton RC	4	4	5	5	8	10	20	60
488	Checklist 397-528	4	4	5	5	8	10	20	60
489	Stu Voigt	4	4	5	5	8	10	20	50
490	Rolland Lawrence	4	4	5	5	8	10	20	100
491	Nick Mike-Mayer	4	4	5	5	8	10	20	40
492	Troy Archer	4	4	5	5	8	10	20	50
493	Benny Malone	4	4	5	5	8	10	20	40
494	Golden Richards	4	4	5	5	8	12		80
495	Chris Hanburger	4	4	5	5	8	10	20	80
496	Dwight Harrison	4	4	5	5	8	10	20	
497	Gary Fencik RC	4	4	5	5	8	10	20	80
498	Rich Saul	4	4	5	5	8	10	20	50
499	Dan Fouts	4	4	5	8	12	15	25	
500	Franco Harris	4	4	5	8	12	15	25	150
501	Atlanta Falcons TL	4	4	5	5	8	10	20	40
502	Baltimore Colts TL	4	4	5	5	8	10	20	
503	Bills TL/O.J.Simpson	4	4	5	5	8	10	25	
504	Bears TL/W.Payton	4	4	5	5	8	10	40	
505	Bengals TL/Reg.Williams	4	4	5	5	8	10	25	
506	Cleveland Browns TL	4	4	5	5	8	10	25	
507	Cowboys TL/T.Dorsett	4	4	5	6	10	12	25	
508	Denver Broncos TL	4	4	5	5	8	10	20	
509	Detroit Lions TL	4	4	5	5	8	10	20	
510	Green Bay Packers TL	4	4	5	5	8	10	20	50
511	Houston Oilers TL	4	4	5	5	8	10	20	50
512	Kansas City Chiefs TL	4	4	5	5	8	10	20	60
513	Los Angeles Rams TL	4	4	5	5	8	10	20	50
514	Miami Dolphins TL	4	4	5	5	8	10	20	50
515	Minnesota Vikings TL	4	4	5	5	8	10	20	60
516	New England Patriots TL	4	4	5	5	8	10	20	50
517	New Orleans Saints TL	4	4	5	5	8	10	20	
518	New York Giants TL	4	4	5	5	8	10	20	60
519	Jets TL/Wesley Walker	4	4	5	5	8	10	20	
520	Oakland Raiders TL	4	4	5	5	8	10	20	60
521	Philadelphia Eagles TL	4	4	5	5	8	10	20	
522	Steelers TL/Harris/Blount	4	4	5	5	8	10	50	
523	St.Louis Cardinals TL	4	4	5	5	8	10	20	40
524	San Diego Chargers TL	4	4	5	5	8	10	20	50
525	San Francisco 49ers TL	4	4	5	5	8	10	20	
526	Seahawks TL/S.Largent	4	4	5	5	8	10	25	
527	Tampa Bay Bucs TL	4	4	5	5	8	10	20	50
528	Redskins TL/Ken Houston	4	4	5		12	15	35	60

— Terry Bradshaw #65 PSA 10 (Gem) sold for $577 (Andy Madec; 5/07)
— Terry Bradshaw #65 PSA 10 (Gem) sold for $1,331 (Goodwin; 11/12)
— Fred Dean RC #217 PSA 10 (Gem) sold for $2910 (eBay; 09/14)
— Tony Dorsett #315 PSA 10 (Gem) sold for $4500 (eBay; 1/08)
— Tony Dorsett #315 PSA 10 (Gem) sold for $3825.01 (eBay; 5/12)
— Tony Dorsett #315 PSA 10 (Gem) sold for $6520 (eBay; 09/14)
— Tony Dorsett #315 PSA 10 (Gem) sold for $16,661 (eBay; 07/16)
— Joe Greene #295 PSA 10 (Gem) sold for $575 (eBay; 10/14)
— Roger Staubach #290 PSA 10 (Gem) sold for $812.31 (eBay; 3/14)
— Roger Staubach #290 PSA 10 (Gem) sold for $908 (Mile High; 4/14)

1979 Topps

#	Name	VgEx 4	EX 5	ExMt 6	NM 7	NmMt 8	NmMt+ 8.5	MT 9	Gem 9.5
1	Staubach/Bradshaw LL	4	4	5	8	12	15	50	400
2	S.Largent/R.Young LL	4	4	5	5	8	10	20	50
3	E.Campbell/W.Payton LL	4	4	5	6	10	12	30	175
4	F.Corral/P.Leahy LL	4	4	5	5	8	10	20	
5	Buchanon/Stone/Darden LL	4	4	5	5	8	10	20	40
6	T.Skladany/P.McInally LL	4	4	5	5	8	10	20	40
7	Johnny Perkins	4	4	5	5	8	10	20	
8	Charles Phillips	4	4	5	5	8	10	20	
9	Derrel Luce	4	4	5	5	8	10	20	50
10	John Riggins	4	4	5	5	8	10	20	
11	Chester Marcol	4	4	5	5	8	10	20	40
12	Bernard Jackson	4	4	5	5	8	10	20	
13	Dave Logan	4	4	5	5	8	10	20	50
14	Bo Harris	4	4	5	5	8	10	20	
15	Alan Page	4	4	5	5	8	10	20	50
16	John Smith	4	4	5	5	8	10	20	
17	Dwight McDonald	4	4	5	5	8	10	20	40
18	John Cappelletti	4	4	5	5	8	10	20	
19	Steelers TL/Harris/Dungy	4	4	5	8	12	15	25	
20A	Bill Bergey	4	4	5	5	8	10	20	80
21	Jerome Barkum	4	4	5	5	8	10	20	60
22	Larry Csonka	4	4	5	5	8	10	25	80
23	Joe Ferguson	4	4	5	5	8	10	30	50
24	Ed Too Tall Jones	4	4	5	5	8	10	40	
25	Dave Jennings	4	4	5	5	8	10	20	
26	Horace King	4	4	5	5	8	10	20	40
27	Steve Little	4	4	5	5	8	10	20	50
28	Morris Bradshaw	4	4	5	5	8	10	20	
29	Joe Ehrmann	4	4	5	5	8	10	20	60
30	Ahmad Rashad	4	4	5	5	8	10	20	
31	Joe Lavender	4	4	5	5	8	10	20	50
32	Dan Neal	4	4	5	5	8	10	20	
33	Johnny Evans	4	4	5	5	8	10	20	40
34	Pete Johnson	4	4	5	5	8	10	20	
35	Mike Haynes	4	4	5	5	8	10	20	
36	Tim Mazzetti	4	4	5	5	8	10	20	
37	Mike Barber RC	4	4	5	5	8	10	20	
38	49ers TL/O.J.Simpson	4	4	5	5	8	10	20	
39	Bill Gregory	4	4	5	5	8	10	20	50
40	Randy Gradishar	4	4	5	5	8	10	20	80
41	Richard Todd	4	4	5	5	8	10	20	60
42	Henry Marshall	4	4	5	5	8	10	20	
43	John Hill	4	4	5	5	8	10	20	
44	Sidney Thornton	4	4	5	5	8	10	20	
45	Ron Jessie	4	4	5	5	8	10	20	40
46	Bob Baumhower	4	4	5	5	8	10	30	
47	Johnnie Gray	4	4	5	5	8	10	20	40
48	Doug Williams RC	4	4	5	6	10	12	30	400
49	Don McCauley	4	4	5	5	8	10	20	
50	Ray Guy	4	4	5	5	8	10	20	
51	Bob Klein	4	4	5	5	8	10	20	40
52	Golden Richards	4	4	5	5	8	10	20	
53	Mark Miller QB	4	4	5	5	8	10	20	
54	John Sanders	4	4	5	5	8	10	20	
55	Gary Burley	4	4	5	5	8	10	20	
56	Steve Nelson	4	4	5	5	8	10	20	
57	Buffalo Bills TL	4	4	5	5	8	10	20	40
58	Bobby Bryant	4	4	5	5	8	10	20	
59	Rick Kane	4	4	5	5	8	10	20	
60	Larry Little	4	4	5	5	8	10	20	
		VgEx 4	EX 5	ExMt 6	NM 7	NmMt 8	NmMt+ 8.5	MT 9	Gem 9.5
61	Ted Fritsch Jr.	4	4	5	5	8	10	20	

	VgEx 4	EX 5	ExMt 6	NM 7	NmMt 8	NmMt+ 8.5	MT 9	Gem 9.5/10
Larry Mallory	4	4	5	5	8	10	20	
Marvin Powell	4	4	5	5	8	10	20	
Jim Hart	4	4	5	5	8	10	20	40
Joe Greene	4	4	5	5	8	10	30	150
Walter White	4	4	5	5	8	10	20	40
Gregg Bingham	4	4	5	5	8	10	20	40
Errol Mann	4	4	5	5	8	10	20	
Bruce Laird	4	4	5	5	8	10	20	
Drew Pearson	4	4	5	5	8	10	20	60
Steve Bartkowski	4	4	5	5	8	10	20	40
Ted Albrecht	4	4	5	5	8	10	20	40
Charlie Hall	4	4	5	5	8	10	20	40
Pat McInally	4	4	5	5	8	10	20	
Bubba Baker RC	4	4	5	5	8	10	20	
New England Pats TL	4	4	5	5	8	10	20	40
Steve DeBerg RC	4	4	5	5	8	10	25	60
John Yarno	4	4	5	5	8	10	20	40
Stu Voigt	4	4	5	5	8	10	20	
Frank Corral AP	4	4	5	5	8	10	20	50
Troy Archer	4	4	5	5	8	10	20	
Bruce Harper	4	4	5	5	8	10	20	
Tom Jackson	4	4	5	5	8	10	20	50
Larry Brown	4	4	5	5	8	10	20	
Wilbert Montgomery RC	4	4	5	5	8	10	25	
Butch Johnson	4	4	5	5	8	10	20	
Mike Kadish	4	4	5	5	8	10	20	40
Ralph Perretta	4	4	5	5	8	10	20	40
David Lee	4	4	5	5	8	10	20	40
Mark Van Eeghen	4	4	5	5	8	10	20	
John McDaniel	4	4	5	5	8	10	20	
Gary Fencik	4	4	5	5	8	10	20	40
Mack Mitchell	4	4	5	5	8	10	20	
Cincinnati Bengals TL	4	4	5	5	8	10	20	60
Steve Grogan	4	4	5	5	8	10	20	
Garo Yepremian	4	4	5	5	8	10	20	40
Barty Smith	4	4	5	5	8	10	20	40
Frank Reed	4	4	5	5	8	10	20	40
Jim Clack	4	4	5	5	8	10	20	
Chuck Foreman	4	4	5	5	8	10	20	
Joe Klecko	4	4	5	5	8	10	20	
Pat Tilley	4	4	5	5	8	10	20	80
Conrad Dobler	4	4	5	5	8	10	20	
Craig Colquitt	4	4	5	5	8	10	20	
Dan Pastorini	4	4	5	5	8	10	20	40
Rod Perry AP	4	4	5	5	8	10	20	40
Nick Mike-Mayer	4	4	5	5	8	10	20	40
John Matuszak	4	4	5	5	8	10	20	
David Taylor	4	4	5	5	8	10	20	40
Billy Joe DuPree	4	4	5	5	8	10	20	80
Harold McLinton	4	4	5	5	8	10	20	
Virgil Livers	4	4	5	5	8	10	20	
Cleveland Browns TL	4	4	5	5	8	10	20	
Checklist 1-132	4	4	5	5	8	10	20	
Ken Anderson	4	4	5	5	8	10	20	60
Bill Lenkaitis	4	4	5	5	8	10	20	40
Bucky Dilts	4	4	5	5	8	10	20	40
Tony Greene	4	4	5	5	8	10	20	
Bobby Hammond	4	4	5	5	8	10	20	
Nat Moore	4	4	5	5	8	10	20	40
Pat Leahy	4	4	5	5	8	10	20	40
James Harris	4	4	5	5	8	10	20	
Lee Roy Selmon	4	4	5	5	8	10	20	
Bennie Cunningham	4	4	5	5	8	10	20	40
Matt Blair AP	4	4	5	5	8	10	20	
Jim Allen	4	4	5	5	8	10	20	40
Alfred Jenkins	4	4	5	5	8	10	20	
Arthur Whittington	4	4	5	5	8	10	20	40
Norm Thompson	4	4	5	5	8	10	20	
Pat Haden	4	4	5	5	8	10	20	40
Freddie Solomon	4	4	5	5	8	10	20	40
Bears TL/W.Payton	4	4	5	5	8	10	30	
Mark Moseley	4	4	5	5	8	10	20	
Cleo Miller	4	4	5	5	8	10	20	
Ross Browner RC	4	4	5	5	8	10	20	50
Don Calhoun	4	4	5	5	8	10	20	40
David Whitehurst	4	4	5	5	8	10	20	200
Terry Beeson	4	4	5	5	8	10	20	40
Ken Stone	4	4	5	5	8	10	20	
Brad Van Pelt AP	4	4	5	5	8	10	20	

		VgEx 4	EX 5	ExMt 6	NM 7	NmMt 8	NmMt+ 8.5	MT 9	Gem 9.5/10
141	Wesley Walker	4	4	5	5	8	10	20	50
142	Jan Stenerud	4	4	5	5	8	10	20	
143	Henry Childs	4	4	5	5	8	10	20	
144	Otis Armstrong	4	4	5	5	8	10	20	
145	Dwight White	4	4	5	5	8	10	25	
146	Steve Wilson	4	4	5	5	8	10	20	
147	Tom Skladany RC	4	4	5	5	8	10	20	40
148	Lou Piccone	4	4	5	5	8	10	20	40
149	Monte Johnson	4	4	5	5	8	10	30	
150	Joe Washington	4	4	5	5	8	10	20	
151	Eagles TL/W.Montgomery	4	4	5	5	8	10	20	40
152	Fred Dean	4	4	5	5	8	20	50	
153	Rolland Lawrence	4	4	5	5	8	10	20	
154	Brian Baschnagel	4	4	5	5	8	10	20	
155	Joe Theismann	4	4	5	5	8	10	25	80
156	Marvin Cobb	4	4	5	5	8	10	20	
157	Dick Ambrose	4	4	5	5	8	10	20	
158	Mike Patrick	4	4	5	5	8	10	20	
159	Gary Shirk	4	4	5	5	8	10	20	
160	Tony Dorsett	4	5	6	▲30	▲40	▲50	▲100	250
161	Greg Buttle	4	4	5	5	8	10	20	
162	A.J. Duhe	4	4	5	5	8	10	20	50
163	Mick Tingelhoff	4	4	5	5	8	10	20	
164	Ken Burrough	4	4	5	5	8	10	20	40
165	Mike Wagner	4	4	5	5	8	10	30	
166	AFC Champs/F.Harris	4	4	5	5	8	10	20	60
167	NFC Championship	4	4	5	5	8	10	20	50
168	Super Bowl XIII/Harris	4	4	5	5	8	10	20	100
169	Raiders TL/T.Hendricks	4	4	5	5	8	10	20	40
170	O.J.Simpson	4	4	5	5	8	10	40	120
171	Doug Nettles	4	4	5	5	8	10	20	
172	Dan Dierdorf	4	4	5	5	8	10	20	
173	Dave Beverly	4	4	5	5	8	10	20	
174	Jim Zorn	4	4	5	5	8	10	20	40
175	Mike Thomas	4	4	5	5	8	10	20	40
176	John Outlaw	4	4	5	5	8	10	20	
177	Jim Turner	4	4	5	5	8	10	20	
178	Freddie Scott	4	4	5	5	8	10	20	50
179	Mike Phipps	4	4	5	5	8	10	20	
180	Jack Youngblood	4	4	5	5	8	10	20	
181	Sam Hunt	4	4	5	5	8	10	20	
182	Tony Hill RC	4	4	5	5	8	12	60	250
183	Gary Barbaro	4	4	5	5	8	10	20	
184	Archie Griffin	4	4	5	5	8	10	20	40
185	Jerry Sherk	4	4	5	5	8	10	20	40
186	Bobby Jackson	4	4	5	5	8	10	20	40
187	Don Woods	4	4	5	5	8	10	20	60
188	New York Giants TL	4	4	5	5	8	10	20	
189	Raymond Chester	4	4	5	5	8	10	20	50
190	Joe DeLamielleure AP	4	4	5	5	8	10	20	50
191	Tony Galbreath	4	4	5	5	8	10	20	
192	Robert Brazile AP	4	4	5	5	8	10	20	
193	Neil O'Donoghue	4	4	5	5	8	10	20	
194	Mike Webster	4	4	5	5	8	10	40	150
195	Ed Simonini	4	4	5	5	8	10	20	40
196	Benny Malone	4	4	5	5	8	10	20	
197	Tom Wittum	4	4	5	5	8	10	20	
198	Steve Largent	4	4	5	6	10	12	25	125
199	Tommy Hart	4	4	5	5	8	10	20	50
200	Fran Tarkenton	4	4	5	5	8	10	25	
201	Leon Gray AP	4	4	5	5	8	10	20	40
202	Leroy Harris	4	4	5	5	8	10	20	40
203	Eric Williams LB	4	4	5	5	8	10	20	
204	Thom Darden AP	4	4	5	5	8	10	20	40
205	Ken Riley	4	4	5	5	8	10	20	
206	Clark Gaines	4	4	5	5	8	10	20	40
207	Kansas City Chiefs TL	4	4	5	5	8	10	20	
208	Joe Danelo	4	4	5	5	8	10	20	
209	Glen Walker	4	4	5	5	8	10	20	
210	Art Shell	4	4	5	5	8	10	40	
211	Jon Keyworth	4	4	5	5	8	10	20	40
212	Herman Edwards	4	4	5	5	8	10	20	40
213	John Fitzgerald	4	4	5	5	8	10	20	
214	Jim Smith	4	4	5	5	8	10	20	60
215	Coy Bacon	4	4	5	5	8	10	20	40
216	Dennis Johnson RC	4	4	5	5	8	10	20	
217	John Jefferson RC	4	4	5	5	8	10	30	
218	Gary Weaver	4	4	5	5	8	10	20	
219	Tom Blanchard	4	4	5	5	8	10	20	

FOOTBALL

#	Player	VgEx 4	EX 5	ExMt 6	NM 7	NmMt 8	NmMt+ 8.5	MT 9	Gem 9.5/10
220	Bert Jones	4	4	5	5	8	10	20	
221	Stanley Morgan	4	4	5	5	8	10	20	50
222	James Hunter	4	4	5	5	8	10	20	40
223	Jim O'Bradovich	4	4	5	5	8	10	20	40
224	Carl Mauck	4	4	5	5	8	10	20	40
225	Chris Bahr	4	4	5	5	8	10	20	
226	Jets TL/W.Walker	4	4	5	5	8	10	20	60
227	Roland Harper	4	4	5	5	8	10	20	50
228	Randy Dean	4	4	5	5	8	10	20	40
229	Bob Jackson	4	4	5	5	8	10	20	40
230	Sammie White	4	4	5	5	8	10	20	
231	Mike Dawson	4	4	5	5	8	10	20	
232	Checklist 133-264	4	4	5	5	8	10	20	40
233	Ken MacAfee RC	4	4	5	5	8	10	20	
234	Jon Kolb AP	4	4	5	5	8	10	30	80
235	Willie Hall	4	4	5	5	8	10	20	
236	Ron Saul AP	4	4	5	5	8	10	20	
237	Haskel Stanback	4	4	5	5	8	10	20	
238	Zenon Andrusyshyn	4	4	5	5	8	10	20	
239	Norris Thomas	4	4	5	5	8	10	20	
240	Rick Upchurch	4	4	5	5	8	10	20	
241	Robert Pratt	4	4	5	5	8	10	20	40
242	Julius Adams	4	4	5	5	8	10	20	
243	Rich McGeorge	4	4	5	5	8	10	20	40
244	Seahawks TL/S.Largent	4	4	5	5	8	10	20	100
245	Blair Bush RC	4	4	5	5	8	10	20	
246	Billy Johnson	4	4	5	5	8	10	20	40
247	Randy Rasmussen	4	4	5	5	8	10	20	40
248	Brian Kelley	4	4	5	5	8	10	20	40
249	Mike Pruitt	4	4	5	5	8	10	20	100
250	Harold Carmichael	4	4	5	5	8	10	25	50
251	Mike Hartenstine	4	4	5	5	8	10	20	
252	Robert Newhouse	4	4	5	5	8	10	20	
253	Gary Danielson RC	4	4	5	5	8	10	20	50
254	Mike Fuller	4	4	5	5	8	10	20	
255	L.C.Greenwood	4	4	5	5	8	10	20	
256	Lemar Parrish	4	4	5	5	8	10	20	
257	Ike Harris	4	4	5	5	8	10	20	
258	Ricky Bell RC	4	4	5	5	8	10	20	
259	Willie Parker C	4	4	5	5	8	10	20	
260	Gene Upshaw	4	4	5	5	8	10	30	60
261	Glenn Doughty	4	4	5	5	8	10	20	
262	Steve Zabel	4	4	5	5	8	10	30	
263	Atlanta Falcons TL	4	4	5	5	8	10	20	
264	Ray Wersching	4	4	5	5	8	10	20	40
265	Lawrence McCutcheon	4	4	5	5	8	10	20	
266	Willie Buchanon AP	4	4	5	5	8	10	20	40
267	Matt Robinson	4	4	5	5	8	10	20	40
268	Reggie Rucker	4	4	5	5	8	10	20	40
269	Doug Van Horn	4	4	5	5	8	10	20	
270	Lydell Mitchell	4	4	5	5	8	10	20	
271	Vern Holland	4	4	5	5	8	10	20	40
272	Eason Ramson	4	4	5	5	8	10	20	40
273	Steve Towle	4	4	5	5	8	10	20	
274	Jim Marshall	4	4	5	5	8	10	20	40
275	Mel Blount	4	4	5	5	8	10	20	80
276	Bob Kuziel	4	4	5	5	8	10	20	
277	James Scott	4	4	5	5	8	10	20	40
278	Tony Reed	4	4	5	5	8	10	20	40
279	Dave Green	4	4	5	5	8	10	20	40
280	Toni Linhart	4	4	5	5	8	10	20	40
281	Andy Johnson	4	4	5	5	8	10	20	
282	Los Angeles Rams TL	4	4	5	5	8	10	20	40
283	Phil Villapiano	4	4	5	5	8	10	20	
284	Dexter Bussey	4	4	5	5	8	10	20	
285	Craig Morton	4	4	5	5	8	10	20	
286	Guy Morriss	4	4	5	5	8	10	20	40
287	Lawrence Pillers	4	4	5	5	8	10	20	
288	Gerald Irons	4	4	5	5	8	10	20	40
289	Scott Perry	4	4	5	5	8	10	20	40
290	Randy White	4	4	5	5	8	10	50	
291	Jack Gregory	4	4	5	5	8	10	20	
292	Bob Chandler	4	4	5	5	8	10	20	50
293	Rich Szaro	4	4	5	5	8	10	20	40
294	Sherman Smith	4	4	5	5	8	10	20	40
295	Tom Banks AP	4	4	5	5	8	10	20	40
296	Revie Sorey AP	4	4	5	5	8	10	30	
297	Ricky Thompson	4	4	5	5	8	10	20	
298	Ron Yary	4	4	5	5	8	10	20	40
299	Lyle Blackwood	4	4	5	5	8	10	20	
300	Franco Harris	4	4	5	5	8	10	30	200
301	Oilers TL/E.Campbell	4	4	5	5	8	10	25	
302	Scott Bull	4	4	5	5	8	10	40	
303	Dewey Selmon	4	4	5	5	8	10	20	40
304	Jack Rudnay	4	4	5	5	8	10	20	40
305	Fred Biletnikoff	4	4	5	5	8	10	25	
306	Jeff West	4	4	5	5	8	10	20	
307	Shafer Suggs	4	4	5	5	8	10	20	
308	Ozzie Newsome RC	5	▲15	▲20	▲40	▲60	▲80	300	400
309	Boobie Clark	4	4	5	5	8	10	20	50
310	James Lofton RC	5	6	8	15	30	40	150	
311	Joe Pisarcik	4	4	5	5	8	10	20	
312	Bill Simpson AP	4	4	5	5	8	10	20	40
313	Haven Moses	4	4	5	5	8	10	20	40
314	Jim Merlo	4	4	5	5	8	10	20	40
315	Preston Pearson	4	4	5	5	8	10	20	
316	Larry Tearry	4	4	5	5	8	10	20	40
317	Tom Dempsey	4	4	5	5	8	10	20	
318	Greg Latta	4	4	5	5	8	10	20	
319	Redskins TL/J.Riggins	4	4	5	5	8	10	20	
320	Jack Ham	4	4	5	5	8	10	20	100
321	Harold Jackson	4	4	5	5	8	10	20	
322	George Roberts	4	4	5	5	8	10	20	
323	Ron Jaworski	4	4	5	5	8	10	20	150
324	Jim Otis	4	4	5	5	8	10	20	
325	Roger Carr	4	4	5	5	8	10	20	40
326	Jack Tatum	4	4	5	5	8	10	20	
327	Derrick Gaffney	4	4	5	5	8	10	20	
328	Reggie Williams	4	4	5	5	8	10	20	
329	Doug Dieken	4	4	5	5	8	10	20	
330	Efren Herrera	4	4	5	5	8	10	20	
331	Earl Campbell RB	4	4	5	6	10	12	30	150
332	Tony Galbreath RB	4	4	5	5	8	10	20	40
333	Bruce Harper RB	4	4	5	5	8	10	20	40
334	John James RB	4	4	5	5	8	10	20	40
335	Walter Payton RB	4	4	5	5	8	10	15	
336	Rickey Young RB	4	4	5	5	8	10	25	
337	Jeff Van Note	4	4	5	5	8	10	20	40
338	Chargers TL/J.Jefferson	4	4	5	5	8	10	20	
339	Stan Walters RC	4	4	5	5	8	10	20	
340	Louis Wright	4	4	5	5	8	10	20	50
341	Horace Ivory	4	4	5	5	8	10	20	50
342	Andre Tillman	4	4	5	5	8	10	20	40
343	Greg Coleman RC	4	4	5	5	8	10	20	40
344	Doug English RC	4	4	5	5	8	10	20	
345	Ted Hendricks	4	4	5	5	8	10	20	
346	Rich Saul	4	4	5	5	8	10	20	40
347	Mel Gray	4	4	5	5	8	10	20	60
348	Toni Fritsch	4	4	5	5	8	10	20	40
349	Cornell Webster	4	4	5	5	8	10	20	
350	Ken Houston	4	4	5	5	8	10	20	
351	Ron Johnson DB RC	4	4	5	5	8	10	20	40
352	Doug Kotar	4	4	5	5	8	10	20	50
353	Brian Sipe	4	4	5	5	8	10	20	50
354	Billy Brooks	4	4	5	5	8	10	20	
355	John Dutton	4	4	5	5	8	10	20	
356	Don Goode	4	4	5	5	8	10	20	
357	Detroit Lions TL	4	4	5	5	8	10	20	
358	Reuben Gant	4	4	5	5	8	10	20	40
359	Bob Parsons	4	4	5	5	8	10	20	40
360	Cliff Harris	4	4	5	5	8	10	40	
361	Raymond Clayborn	4	4	5	5	8	10	20	40
362	Scott Dierking	4	4	5	5	8	10	20	40
363	Bill Bryan	4	4	5	5	8	10	20	
364	Mike Livingston	4	4	5	5	8	10	20	40
365	Otis Sistrunk	4	4	5	5	8	10	20	
366	Charle Young	4	4	5	5	8	10	20	
367	Keith Wortman	4	4	5	5	8	10	20	40
368	Checklist 265-396	4	4	5	5	8	10	20	
369	Mike Michel	4	4	5	5	8	10	20	
370	Delvin Williams AP	4	4	5	5	8	10	20	40
371	Steve Furness	4	4	5	5	8	10	20	
372	Emery Moorehead	4	4	5	5	8	10	20	
373	Clarence Scott	4	4	5	5	8	10	20	40
374	Rufus Mayes	4	4	5	5	8	10	20	
375	Chris Hanburger	4	4	5	5	8	10	20	
376	Baltimore Colts TL	4	4	5	5	8	10	20	
377	Bob Avellini	4	4	5	5	8	10	20	
378	Jeff Siemon	4	4	5	5	8	10	20	50
379	Roland Hooks	4	4	5	5	8	10	20	

Name	VgEx 4	EX 5	ExMt 6	NM 7	NmMt 8	NmMt+ 8.5	MT 9	Gem 9.5/10
Russ Francis	4	4	5	5	8	10	20	60
Roger Wehrli	4	4	5	5	8	10	20	40
Joe Fields	4	4	5	5	8	10	20	
Archie Manning	4	4	5	5	8	10	20	
Rob Lytle	4	4	5	5	8	10	20	40
Thomas Henderson	4	4	5	5	8	10	80	
Morris Owens	4	4	5	5	8	10	20	
Dan Fouts	4	4	5	5	8	10	25	80
Chuck Crist	4	4	5	5	8	10	20	
Ed O'Neil	4	4	5	5	8	10	25	
Earl Campbell RC	10	12	20	30	60	80	350	2,000
Randy Grossman	4	4	5	5	8	10	20	
Monte Jackson	4	4	5	5	8	10	20	
John Mendenhall	4	4	5	5	8	10	20	
Miami Dolphins TL	4	4	5	5	8	10	20	
Isaac Curtis	4	4	5	5	8	10	20	40
Mike Bragg	4	4	5	5	8	10	20	
Doug Plank	4	4	5	5	8	10	20	
Mike Barnes	4	4	5	5	8	10	20	
Calvin Hill	4	4	5	5	8	10	20	40
Roger Staubach	4	5	6	10	20	30	50	
Doug Beaudoin	4	4	5	5	8	10	20	
Chuck Ramsey	4	4	5	5	8	10	20	40
Mike Hogan	4	4	5	5	8	10	20	
Mario Clark	4	4	5	5	8	10	20	40
Riley Odoms	4	4	5	5	8	10	20	40
Carl Eller	4	4	5	5	8	10	20	50
Packers TL/J.Lofton	4	4	5	5	8	10	20	
Mark Arneson	4	4	5	5	8	10	20	
Vince Ferragamo RC	4	4	5	5	8	10	20	
Cleveland Elam	4	4	5	5	8	10	20	
Donnie Shell RC	4	4	5	8	15	20	120	
Ray Rhodes	4	4	5	5	8	10	20	40
Don Cockroft	4	4	5	5	8	10	20	40
Don Bass	4	4	5	5	8	10	20	
Cliff Branch	4	4	5	5	8	10	20	
Diron Talbert	4	4	5	5	8	10	20	60
Tom Hicks	4	4	5	5	8	10	20	40
Roosevelt Leaks	4	4	5	5	8	10	20	
Charlie Joiner	4	4	5	5	8	10	20	80
Lyle Alzado	4	4	5	5	8	10	20	60
Sam Cunningham	4	4	5	5	8	10	20	
Larry Keller	4	4	5	5	8	10	20	50
Jim Mitchell TE	4	4	5	5	8	10	20	
Randy Logan	4	4	5	5	8	10	20	40
Jim Langer	4	4	5	5	8	10	20	
Gary Green	4	4	5	5	8	10	20	
Luther Blue	4	4	5	5	8	10	20	
Dennis Johnson	4	4	5	5	8	10	20	
Danny White	4	4	5	5	8	10	20	
Roy Gerela	4	4	5	5	8	10	20	
Jimmy Robinson	4	4	5	5	8	10	20	
Minnesota Vikings TL	4	4	5	5	8	10	60	
Oliver Davis	4	4	5	5	8	10	20	40
Lenvil Elliott	4	4	5	5	8	10	20	
Willie Miller RC	4	4	5	5	8	10	20	40
Brad Dusek	4	4	5	5	8	10	20	
Bob Thomas	4	4	5	5	8	10	20	
Ken Mendenhall	4	4	5	5	8	10	20	
Clarence Davis	4	4	5	5	8	10	20	40
Bob Griese	4	4	5	5	8	10	25	50
Tony McGee DT	4	4	5	5	8	10	20	40
Ed Taylor	4	4	5	5	8	10	20	40
Ron Howard	4	4	5	5	8	10	20	
Wayne Morris	4	4	5	5	8	10	20	
Charlie Waters	4	4	5	5	8	10	20	
Rick Danmeier	4	4	5	5	8	10	20	
Paul Naumoff	4	4	5	5	8	10	20	40
Keith Krepfle	4	4	5	5	8	10	20	
Rusty Jackson	4	4	5	5	8	10	20	40
John Stallworth	4	4	5	5	8	10	25	
New Orleans Saints TL	4	4	5	5	8	10	20	
Ron Mikolajczyk	4	4	5	5	8	10	20	40
Fred Dryer	4	4	5	5	8	10	20	40
Jim LeClair	4	4	5	5	8	10	20	
Greg Pruitt	4	4	5	5	8	10	20	40
Jake Scott	4	4	5	5	8	10	20	
Steve Schubert	4	4	5	5	8	10	20	
George Kunz	4	4	5	4	8	10	20	
Mike Williams	4	4	5	5	8	10	20	40

#	Name	VgEx 4	EX 5	ExMt 6	NM 7	NmMt 8	NmMt+ 8.5	MT 9	Gem 9.5/10
460	Dave Casper AP	4	4	5	5	8	10	40	
461	Sam Adams OL	4	4	5	8	10	20	40	
462	Abdul Salaam	4	4	5	5	8	10	20	40
463	Terdell Middleton	4	4	5	5	8	10	20	40
464	Mike Wood	4	4	5	5	8	10	20	40
465	Bill Thompson AP	4	4	5	5	8	10	20	40
466	Larry Gordon	4	4	5	5	8	10	20	
467	Benny Ricardo	4	4	5	5	8	10	20	40
468	Reggie McKenzie	4	4	5	5	8	10	20	
469	Cowboys TL/T.Dorsett	4	4	5	5	8	10	25	
470	Rickey Young	4	4	5	5	8	10	20	
471	Charlie Smith WR	4	4	5	5	8	10	20	
472	Al Dixon	4	4	5	5	8	10	20	
473	Tom DeLeone	4	4	5	5	8	10	20	
474	Louis Breeden	4	4	5	5	8	10	20	
475	Jack Lambert	4	4	5	5	8	10	30	175
476	Terry Hermeling	4	4	5	5	8	10	20	
477	J.K. McKay	4	4	5	5	8	10	20	
478	Stan White	4	4	5	5	8	10	20	40
479	Terry Nelson	4	4	5	5	8	10	20	40
480	Walter Payton	5	6	12	20	35	40	125	
481	Dave Dalby	4	4	5	5	8	10	20	50
482	Burgess Owens	4	4	5	5	8	10	20	
483	Rolf Benirschke	4	4	5	5	8	10	20	40
484	Jack Dolbin	4	4	5	5	8	10	20	
485	John Hannah	4	4	5	5	8	10	20	
486	Checklist 397-528	4	4	5	5	8	10	50	
487	Greg Landry	4	4	5	5	8	10	20	50
488	St. Louis Cardinals TL	4	4	5	5	8	10	20	
489	Paul Krause	4	4	5	5	8	10	20	50
490	John James	4	4	5	5	8	10	20	40
491	Merv Krakau	4	4	5	5	8	10	20	
492	Dan Doornink	4	4	5	5	8	10	20	
493	Curtis Johnson	4	4	5	5	8	10	20	
494	Rafael Septien	4	4	5	5	8	10	40	
495	Jean Fugett	4	4	5	5	8	10	20	40
496	Frank LeMaster	4	4	5	5	8	10	20	
497	Allan Ellis	4	4	5	5	8	10	20	40
498	Billy Waddy RC	4	4	5	5	8	10	20	
499	Hank Bauer	4	4	5	5	8	10	20	
500	Terry Bradshaw	4	5	6	10	15	20	40	400
501	Larry McCarren	4	4	5	5	8	10	20	40
502	Fred Cook	4	4	5	5	8	10	20	
503	Chuck Muncie	4	4	5	5	8	10	20	80
504	Herman Weaver	4	4	5	5	8	10	20	40
505	Eddie Edwards	4	4	5	5	8	10	20	40
506	Tony Peters	4	4	5	5	8	10	20	40
507	Denver Broncos TL	4	4	5	5	8	10	20	40
508	Jimbo Elrod	4	4	5	5	8	10	20	
509	David Hill	4	4	5	5	8	10	20	
510	Harvey Martin	4	4	5	5	8	10	20	
511	Terry Miller	4	4	5	5	8	10	20	40
512	June Jones RC	4	4	5	5	8	10	20	50
513	Randy Cross	4	4	5	5	8	10	20	40
514	Duriel Harris	4	4	5	5	8	10	20	40
515	Harry Carson	4	4	5	5	8	10	20	
516	Tim Fox	4	4	5	5	8	10	20	
517	John Zook	4	4	5	5	8	10	20	
518	Bob Tucker	4	4	5	5	8	10	20	40
519	Kevin Long RC	4	4	5	5	8	10	20	
520	Ken Stabler	4	4	5	6	10	12	50	
521	John Bunting	4	4	5	5	8	10	20	
522	Rocky Bleier	4	4	5	5	8	10	20	
523	Noah Jackson	4	4	5	5	8	10	20	100
524	Cliff Parsley	4	4	5	5	8	10	20	
525	Louie Kelcher AP	4	4	5	5	8	10	20	50
526	Bucs TL/R.Bell	4	4	5	5	8	10	20	
527	Bob Brudzinski RC	4	4	5	5	8	10	20	
528	Danny Buggs	4	4	5	5	8	10	15	

— James Lofton #310 PSA 10 (Gem Mt) sold for $1,660 (eBay; 10/11)
— James Lofton #310 PSA 10 (Gem Mt) sold for $2,338 (eBay; 1/13)
— Wilbert Montgomery RC #85 PSA 10 (Gem Mint) sold for $519 (eBay; 6/12)
— Walter Payton #480 PSA 10 (Gem Mt) sold for $1,022 (eBay; 4/08)
— Walter Payton #480 PSA 10 (Gem Mt) sold for $905 (eBay; 7/09)
— Walter Payton #480 PSA 10 (Gem Mint) sold for $1869 (eBay; 6/12)
— Walter Payton #480 PSA 10 (Gem Mint) sold for $1350 (Bussineau; 6/12)
— Walter Payton RB #335 PSA 10 (Gem Mint) sold for $769 (eBay; 6/12)
— Roger Staubach #400 PSA 10 (Gem Mint) sold for $530 (eBay; 6/12)
— Roger Staubach #400 PSA 10 (Gem Mint) sold for $497.32 (eBay; 3/14)

FOOTBALL

FOOTBALL

1980 - Present

1980 Topps

		NmMt 8	NmMt+ 8.5	MT 9	Gem 9.5/10
160	Walter Payton	▲80	▲100	▲150	500
170	Ottis Anderson RC	10	12	20	250
195	Lester Hayes RC	25	30	80	350
200	Terry Bradshaw	▲30	▲40	▲50	400
225	Phil Simms RC	30	40	▲125	400
330	Tony Dorsett	10	12	30	150
418	Clay Matthews RC	15	20	30	100

— Terry Bradshaw #200 PSA 10 (Gem) sold for $1,003 (eBay; 4/08)

1981 Topps

		NmMt 8	NmMt+ 8.5	MT 9	Gem 9.5/10
100	Billy Sims RC	10	12	30	150
150	Kellen Winslow RC	12	15	40	200
194	Art Monk RC	40	50	60	400
202	Walter Payton SA	10	12	25	
216	Joe Montana RC	600	800	2,500	14,000
316	Dan Hampton RC	15	20	80	225
375	Terry Bradshaw	12	15	25	120
400	Walter Payton	25	30	80	400
422	Dwight Clark RC	25	30	40	
500	Tony Dorsett	10	12	20	60

— Joe Montana #216 BGS 9.5 (GemMt) typically sells for $2,500-$3,500

1982 Topps

		NmMt 8	NmMt+ 8.5	MT 9	Gem 9.5/10
44	Cris Collinsworth RC	10	12	25	60
51	Anthony Munoz RC	15	20	40	200
196	Matt Millen RC	6	8	12	25
204	Terry Bradshaw	10	12	25	80
257	J.Montana/Anderson LL	10	12	20	50
302	Walter Payton	20	25	50	200
303	Walter Payton IA	10	12	20	80
434	Lawrence Taylor RC	60	80	200	1,200
435	Lawrence Taylor IA	10	12	25	125
486	Ronnie Lott RC	60	80	100	400
487	Ronnie Lott IA	10	12	20	80
488	Joe Montana	20	35	50	150
489	Joe Montana IA	10	12	20	100

1983 Topps

		NmMt 8	NmMt+ 8.5	MT 9	Gem 9.5/10
4	Joe Montana RB	8	10	20	80
33	Jim McMahon RC	40	50	60	100
36	Walter Payton	10	12	30	150
38	Mike Singletary RC	50	60	150	350
133	Lawrence Taylor	8	10	15	40
169	Joe Montana DP	12	15	35	400
190	Joe Jacoby RC	12	15	40	200
294	Marcus Allen RC DP	25	30	50	400
356	Gary Anderson K RC DP	6	8	15	60
358	Terry Bradshaw DP	10	12	20	60

1984 Topps

		NmMt 8	NmMt+ 8.5	MT 9	Gem 9.5/10
63	John Elway RC	200	250	800	3,000
98	Marcus Allen	8	10	15	60
111	Howie Long RC	40	50	80	350

		NmMt 8	NmMt+ 8.5	MT 9	Gem 9.5/10
120	Mark Duper PB RC	8	10	15	60
123	Dan Marino RC	60	80	200	1,400
124	Dan Marino IR	12	15	30	100
129	Dwight Stephenson RC	8	12	30	120
143	Andre Tippett RC	8	12	25	
162	Terry Bradshaw	8	10	20	60
202	D.Marino/Bartkow. LL	8	10	15	80
228	Walter Payton	25	35	150	
280	Eric Dickerson RC	30	40	80	800
286	Jackie Slater RC	8	10	20	150
300	Morten Andersen RC	8	10	20	150
353	Roger Craig RC	10	12	50	400
358	Joe Montana	15	20	35	250
359	Joe Montana IR	8	10	20	120
380	Darrell Green RC	25	30	40	250
381	Russ Grimm PB RC	8	10	25	80

— John Elway #63 BGS 10 (Pristine) sold for $3,615 (eBay; 3/08)
— John Elway #63 BGS 10 (Pristine) sold for $2,924 (eBay; 4/08)
— John Elway #63 in BGS 9.5 (Gem) typically sells for $250-$500
— Dan Marino #123 BGS 10 (Pristine) sold for $2,555 (eBay; 4/08)
— Dan Marino #123 BGS 10 (Pristine) sold for $1,637 (eBay; 8/08)
— Dan Marino #123 BGS 10 (Pristine) sold for $1,040 (eBay; 11/08)
— Dan Marino #123 in BGS 9.5 (Gem) typically sells for $250-$500
— Walter Payton #228 PSA 10 (Gem) sold for $1398 (eBay; 08/14)
— Walter Payton #228 PSA 10 (Gem) sold for $570 (eBay; 11/06)
— Dwight Stephenson #129 PSA 10 (Gem) sold for $2,610 (eBay; 4/07)

1984 Topps USFL

		NmMt 8	NmMt+ 8.5	MT 9	Gem 9.5/10
36	Jim Kelly XRC	250	300	400	1,200
52	Steve Young XRC	400	500	1,000	3,000
58	Reggie White XRC	150	400	600	
59	Anthony Carter XRC	12	15	40	
74	Herschel Walker XRC	100	125	400	
76	Marcus Dupree XRC	25	30		

— Herschel Walker #74 PSA 10 (Gem Mt) sold for $565 (eBay; 1/08)

1985 Topps

		NmMt 8	NmMt+ 8.5	MT 9	Gem 9.5/10
4	Dan Marino RB	10	12	25	200
24	Richard Dent RC	12	20	125	
33	Walter Payton	30	40	200	
80	Henry Ellard RC	8	10	20	150
157	Joe Montana	15	20	50	500
192	D.Marino/Montana LL	15	20	30	300
238	John Elway	15	25	80	
251	Warren Moon RC	40	50	80	500
253	Mike Munchak RC	15	20	50	
308	Mark Clayton AP RC	8	10	30	
314	Dan Marino	15	20	40	500
325	Irving Fryar RC	10	12	40	150
328	Craig James RC	8	10	30	

— Walter Payton #33 PSA 10 (Gem) sold for $2420 (eBay; 07/14)

1985 Topps USFL

		NmMt 8	NmMt+ 8.5	MT 9	Gem 9.5/10
45	Jim Kelly	20	25	50	150
49	Gary Clark XRC	10	12	25	80
65	Steve Young	30	▲40	▲80	300
75	Reggie White	20	▲30	▲50	150

		NmMt 8	NmMt+ 8.5	MT 9	Gem 9.5/10
80	Doug Flutie XRC	50	60	80	200
86	Herschel Walker	10	12	25	80
105	Marcus Dupree	12	15		

1986 Topps

		NmMt 8	NmMt+ 8.5	MT 9	Gem 9.5/10
11	Walter Payton	15	20	40	300
45	Dan Marino	10	12	30	400
112	John Elway	10	12	30	500
156	Joe Montana	15	20	60	1,000
161	Jerry Rice RC	400	500	1,000	5,000
187	Bernie Kosar RC	10	12	40	200
255	Boomer Esiason RC	10	12	50	400
275	Reggie White RC	80	100	300	400
374	Steve Young RC	150	200	500	
388	Andre Reed RC	10	20	40	300
389	Bruce Smith RC	15	20	100	600

— Jerry Rice #161 BGS 9.5 (Gem Mt) typically sell for $1,800-$3,000
— Steve Young #374 BGS 9.5 (Gem Mt) sold for $1,350 (Mile High; 3/09)

1987 Topps

		NmMt 8	NmMt+ 8.5	MT 9	Gem 9.5/10
31	John Elway	8	10	15	60
45	Doug Flutie RC	10	12	25	80
46	Walter Payton	10	12	30	150
112	Joe Montana	10	12	25	60
115	Jerry Rice	15	20	25	80
125	Charles Haley RC	8	10	20	120
207	Gary Zimmerman RC	10	12	25	100
233	Dan Marino	8	10	15	60
264	Herschel Walker RC	8	10	15	40
296	Randall Cunningham RC	10	12	60	200
301	Reggie White	8	10	20	50
362	Jim Kelly RC	25	30	40	150
384	Steve Young	8	10	20	60

1988 Topps

		NmMt 8	NmMt+ 8.5	MT 9	Gem 9.5/10
23	John Elway	8	10	15	50
38	Joe Montana	8	10	15	50
43	Jerry Rice	6	8	12	30
144	Brian Bosworth RC	8	10	20	50
157	Chris Doleman RC	10	12	20	50
190	Dan Marino	8	10	15	30
327	Bo Jackson RC	50	60	80	400
352	Vinny Testaverde RC	8	10	20	50

1989 Pro Set

		NmMt 8	NmMt+ 8.5	MT 9	Gem 9.5/10
32	Thurman Thomas RC	8	10	12	30
89	Michael Irvin RC	8	10	12	35
183	Tim Brown RC	8	10	12	30
314	Cris Carter RC	8	10	12	30
486	Deion Sanders RC	8	10	12	30
490	Troy Aikman RC	15	20	30	80
494	Barry Sanders RC	▲20	▲25	▲30	80
498	Derrick Thomas RC	8	10	12	40

89 Score Supplemental

	NmMt 8	NmMt+ 8.5	MT 9	Gem 9.5/10
Sterling Sharpe RC	8	10	20	40
Bo Jackson FB/BB	8	10	20	50
Dermontti Dawson RC	8	10	15	50

89 Topps

	NmMt 8	NmMt+ 8.5	MT 9	Gem 9.5/10
Thurman Thomas RC	8	10	12	30
Cris Carter RC	8	10	12	40
Tim Brown RC	8	10	12	40
Michael Irvin RC	8	10	12	40

89 Topps Traded

	NmMt 8	NmMt+ 8.5	MT 9	Gem 9.5/10
Deion Sanders RC	6	8	12	25
Randall McDaniel RC	6	8	10	20
Troy Aikman RC	15	20	25	50
Barry Sanders RC	8	10	40	100
Derrick Thomas RC	6	8	10	20

90 Action Packed Rookie Update

	NmMt 8	NmMt+ 8.5	MT 9	Gem 9.5/10
Emmitt Smith RC UER	50	60	80	1,000
Junior Seau RC	8	10	15	50

90 Fleer Update

	NmMt 8	NmMt+ 8.5	MT 9	Gem 9.5/10
Emmitt Smith RC	▼30	▼40	▼60	▼100
Junior Seau RC	8	10	12	50

90 Pro Set

	NmMt 8	NmMt+ 8.5	MT 9	Gem 9.5/10
Junior Seau RC	6	8	12	40
Emmitt Smith RC	25	30	50	60
Emmitt Smith/(Offensive ROY)	5	6	10	30

90 Score Supplemental

	NmMt 8	NmMt+ 8.5	MT 9	Gem 9.5/10
Junior Seau	10	12	15	30
Emmitt Smith RC	100	125	250	▼1,500

90 Topps

	NmMt 8	NmMt+ 8.5	MT 9	Gem 9.5/10
Junior Seau RC	6	8	15	40

90 Topps Traded

	NmMt 8	NmMt+ 8.5	MT 9	Gem 9.5/10
Emmitt Smith RC	40	50	▼60	▼100
Junior Seau	5	6	8	25

91 Action Packed Rookie Update

	NmMt 8	NmMt+ 8.5	MT 9	Gem 9.5/10
Brett Favre RC	8	10	40	125

91 Pacific

	NmMt 8	NmMt+ 8.5	MT 9	Gem 9.5/10
Brett Favre RC	8	10	20	80

91 Pro Set

	NmMt 8	NmMt+ 8.5	MT 9	Gem 9.5/10
Brett Favre RC	12	15	30	125
John Randle RC	10	12	20	100

91 Pro Set Platinum

	NmMt 8	NmMt+ 8.5	MT 9	Gem 9.5/10
Brett Favre RC	10	12	40	50

91 Stadium Club

	NmMt 8	NmMt+ 8.5	MT 9	Gem 9.5/10
Brett Favre RC UER	50	60	100	400

Brett Favre #94 BGS 10 (Pristine) sold for $1,030 (eBay; 8/08)
Brett Favre #94 BGS 10 (Pristine) sold for $1,000 (eBay; 2/09)

1991 Star Pics

	NmMt 8	NmMt+ 8.5	MT 9	Gem 9.5/10
65 Brett Favre	6	8	15	25

1991 Star Pics Autographs

	NmMt 8	NmMt+ 8.5	MT 9	Gem 9.5/10
65 Brett Favre	175	200	250	400

1991 Ultra

	NmMt 8	NmMt+ 8.5	MT 9	Gem 9.5/10
283 Brett Favre RC	20	25	40	▼60

1991 Ultra Update

	NmMt 8	NmMt+ 8.5	MT 9	Gem 9.5/10
U1 Brett Favre	12	15	25	100

1991 Upper Deck

	NmMt 8	NmMt+ 8.5	MT 9	Gem 9.5/10
13 Brett Favre RC	10	12	30	▼50
647 Brett Favre	8	10	15	30

1991 Wild Card Draft

	NmMt 8	NmMt+ 8.5	MT 9	Gem 9.5/10
119 Brett Favre	8	10	20	50

1992 Stadium Club

	NmMt 8	NmMt+ 8.5	MT 9	Gem 9.5/10
683 Brett Favre	▼60	▼80	▼125	▼300

— Brett Favre #683 BGS 10 (Pristine) sold for $1,946 (eBay; 8/08)

1992 Topps

	NmMt 8	NmMt+ 8.5	MT 9	Gem 9.5/10
696 Brett Favre	8	10	20	40

1992 Topps Gold

	NmMt 8	NmMt+ 8.5	MT 9	Gem 9.5/10
696 Brett Favre	25	30	250	300

1993 Action Packed

	NmMt 8	NmMt+ 8.5	MT 9	Gem 9.5/10
163 Drew Bledsoe RC	10	12	25	50
172 Jerome Bettis RC	10	12	25	50

1993 Bowman

	NmMt 8	NmMt+ 8.5	MT 9	Gem 9.5/10
264 Jerome Bettis RC	12	15	25	▲80
280 Drew Bledsoe RC FOIL	12	15	25	80

1993 Playoff

	NmMt 8	NmMt+ 8.5	MT 9	Gem 9.5/10
294 Jerome Bettis RC	10	12	20	50

1993 Playoff Contenders

	NmMt 8	NmMt+ 8.5	MT 9	Gem 9.5/10
124 Jerome Bettis RC	10	12	20	30

1993 Power Update Prospects

	NmMt 8	NmMt+ 8.5	MT 9	Gem 9.5/10
3 Trent Green RC	8	10	12	40
9 Jerome Bettis RC	8	10	12	40

1993 Select

	NmMt 8	NmMt+ 8.5	MT 9	Gem 9.5/10
166 Drew Bledsoe RC	6	8	10	100
172 Jerome Bettis RC	10	12	20	80

1993 SkyBox Premium

	NmMt 8	NmMt+ 8.5	MT 9	Gem 9.5/10
62 Jerome Bettis RC	10	12	20	35

1993 SP

	NmMt 8	NmMt+ 8.5	MT 9	Gem 9.5/10
6 Jerome Bettis RC	60	80	▼100	▼800
9 Drew Bledsoe RC	40	50	80	▲400
91 Mark Brunell RC	10	12	20	40
259 John Lynch RC	▲25	▲30	▲40	200

1993 Stadium Club

	NmMt 8	NmMt+ 8.5	MT 9	Gem 9.5/10
108 Jerome Bettis RC	10	12	20	40
280A Drew Bledsoe RC ERR	8	10	15	30
280B Drew Bledsoe RC COR	8	10	15	30

1993 Topps

	NmMt 8	NmMt+ 8.5	MT 9	Gem 9.5/10
130 Drew Bledsoe RC	8	10	15	30
166 Jerome Bettis RC	10	12	20	40

1993 Upper Deck

	NmMt 8	NmMt+ 8.5	MT 9	Gem 9.5/10
20 Jerome Bettis RC	10	12	20	100

1993 Upper Deck Rookie Exchange

	NmMt 8	NmMt+ 8.5	MT 9	Gem 9.5/10
RE2 Drew Bledsoe UER	8	10	15	25
RE7 Jerome Bettis	15	20	40	50

1994 Bowman

	NmMt 8	NmMt+ 8.5	MT 9	Gem 9.5/10
2 Marshall Faulk RC	15	20	40	120
68 Isaac Bruce RC	12	15	50	150

1994 Collector's Choice

	NmMt 8	NmMt+ 8.5	MT 9	Gem 9.5/10
14 Marshall Faulk RC	6	8	12	30

1994 Fleer Rookie Exchange

	NmMt 8	NmMt+ 8.5	MT 9	Gem 9.5/10
3 Marshall Faulk	15	20	30	▼60

1994 Pinnacle

	NmMt 8	NmMt+ 8.5	MT 9	Gem 9.5/10
198 Marshall Faulk RC	8	10	15	40

1994 Playoff

	NmMt 8	NmMt+ 8.5	MT 9	Gem 9.5/10
300 Larry Allen RC	25	40	200	500

1994 Playoff Contenders

	NmMt 8	NmMt+ 8.5	MT 9	Gem 9.5/10
104 Marshall Faulk RC	8	10	15	40

1994 Select

	NmMt 8	NmMt+ 8.5	MT 9	Gem 9.5/10
200 Marshall Faulk RC	8	10	20	40
SR1 Marshall Faulk SR	35	40	50	80

1994 SkyBox Impact

	NmMt 8	NmMt+ 8.5	MT 9	Gem 9.5/10
274 Marshall Faulk RC	8	10	15	25

1994 SkyBox Premium

	NmMt 8	NmMt+ 8.5	MT 9	Gem 9.5/10
158 Marshall Faulk RC	10	12	20	40

1994 SP

	NmMt 8	NmMt+ 8.5	MT 9	Gem 9.5/10
3 Marshall Faulk RC	20	30	▼50	300
5 Trent Dilfer RC	10	12	15	40

FOOTBALL

1994 SP Die Cuts

		NmMt 8	NmMt+ 8.5	MT 9	Gem 9.5/10
3	Marshall Faulk	20	25	40	400

1994 Stadium Club

		NmMt 8	NmMt+ 8.5	MT 9	Gem 9.5/10
288	Larry Allen RC	8	10	15	30
327	Marshall Faulk RC	8	10	12	80

1994 Topps

		NmMt 8	NmMt+ 8.5	MT 9	Gem 9.5/10
445	Marshall Faulk RC	6	8	30	40

1994 Ultra

		NmMt 8	NmMt+ 8.5	MT 9	Gem 9.5/10
133	Marshall Faulk RC	8	10	15	40

1994 Upper Deck

		NmMt 8	NmMt+ 8.5	MT 9	Gem 9.5/10
7	Marshall Faulk RC	8	10	15	60

1995 Absolute

		NmMt 8	NmMt+ 8.5	MT 9	Gem 9.5/10
182	Steve McNair RC	6	8	12	30

1995 Action Packed

		NmMt 8	NmMt+ 8.5	MT 9	Gem 9.5/10
36	Steve McNair RC	6	8	12	30

1995 Action Packed Rookies/Stars

		NmMt 8	NmMt+ 8.5	MT 9	Gem 9.5/10
90	Curtis Martin RC	6	8	12	30
92	Terrell Davis RC	6	8	12	30
101	Steve McNair RC	6	8	12	30

1995 Bowman

		NmMt 8	NmMt+ 8.5	MT 9	Gem 9.5/10
3	Steve McNair RC	10	12	20	60
301	Curtis Martin RC	8	10	20	40

1995 Crown Royale

		NmMt 8	NmMt+ 8.5	MT 9	Gem 9.5/10
78	Curtis Martin RC	8	10	15	60
126	Steve McNair RC	8	10	15	60
136	Terrell Davis RC	8	10	15	60

1995 Finest

		NmMt 8	NmMt+ 8.5	MT 9	Gem 9.5/10
264	Curtis Martin RC	10	12	40	100

1995 Flair

		NmMt 8	NmMt+ 8.5	MT 9	Gem 9.5/10
83	Steve McNair RC	6	8	12	60
124	Curtis Martin RC	6	8	12	60

1995 Playoff Contenders

		NmMt 8	NmMt+ 8.5	MT 9	Gem 9.5/10
126	Terrell Davis RC	6	8	10	40

1995 Select Certified

		NmMt 8	NmMt+ 8.5	MT 9	Gem 9.5/10
117	Curtis Martin RC	12	15	25	60
126	Terrell Davis RC	10	25	30	80

1995 Select Certified Mirror Gold

		NmMt 8	NmMt+ 8.5	MT 9	Gem 9.5/10
117	Curtis Martin	40	50	60	100
126	Terrell Davis	30	40	125	400

1995 SP

		NmMt 8	NmMt+ 8.5	MT 9	Gem 9.5/10
3	Steve McNair RC	12	15	50	60

		NmMt 8	NmMt+ 8.5	MT 9	Gem 9.5/10
5	Kerry Collins RC	10	12	25	50
6	Joey Galloway RC	10	12	25	50
18	Curtis Martin RC	12	15	50	400
99	Warren Sapp RC	10	12	25	150
103	Derrick Brooks RC	10	12	40	125
130	Terrell Davis RC	10	12	40	250
174	Ty Law RC	8	10	15	25

1995 SP Championship

		NmMt 8	NmMt+ 8.5	MT 9	Gem 9.5/10
14	Terrell Davis RC	10	12	20	80
19	Steve McNair RC	10	12	25	100
29	Curtis Martin RC	10	12	25	100

1996 Collector's Choice

		NmMt 8	NmMt+ 8.5	MT 9	Gem 9.5/10
20	Ray Lewis RC	12	15	25	40

1996 Collector's Choice Update

		NmMt 8	NmMt+ 8.5	MT 9	Gem 9.5/10
U32	Ray Lewis	10	12	20	40

1996 Crown Royale

		NmMt 8	NmMt+ 8.5	MT 9	Gem 9.5/10
27	Marvin Harrison RC	10	12	20	50
39	Terrell Owens RC	10	12	20	80

1996 Finest

		NmMt 8	NmMt+ 8.5	MT 9	Gem 9.5/10
225	Keyshawn Johnson B RC	6	8	12	25
243	Marvin Harrison B RC	10	12	25	50
338	Terrell Owens B RC	10	12	60	▼100
344	Brian Dawkins B RC	20	40	80	▼250

1996 Finest Refractors

		NmMt 8	NmMt+ 8.5	MT 9	Gem 9.5/10
225	Keyshawn Johnson B	20	25	40	150
243	Marvin Harrison B	40	50	80	
338	Terrell Owens B	40	50	60	300

1996 Fleer

		NmMt 8	NmMt+ 8.5	MT 9	Gem 9.5/10
165	Ray Lewis RC	12	15	30	▲80

1996 Select Certified

		NmMt 8	NmMt+ 8.5	MT 9	Gem 9.5/10
91	Marvin Harrison RC	12	15	25	50
105	Keyshawn Johnson RC	8	10	15	30

1996 SP

		NmMt 8	NmMt+ 8.5	MT 9	Gem 9.5/10
1	Keyshawn Johnson RC	8	10	15	40
4	Jonathan Ogden RC	20	25	60	350
5	Eddie George RC	8	10	20	100
7	Terrell Owens RC	20	25	125	400
18	Marvin Harrison RC	15	20	60	250
126	Mike Alstott RC	8	10	20	40

1996 Stadium Club

		NmMt 8	NmMt+ 8.5	MT 9	Gem 9.5/10
351	Ray Lewis SP RC	20	25	60	125

1996 Topps Chrome

		NmMt 8	NmMt+ 8.5	MT 9	Gem 9.5/10
156	Marvin Harrison RC	15	20	50	200
159	Keyshawn Johnson RC	8	10	20	50
162	Eddie George RC	10	12	40	150
163	Jonathan Ogden RC	10	12	25	80

1996 Topps Chrome Refractors

		NmMt 8	NmMt+ 8.5	MT 9	Gem 9.5/10
156	Marvin Harrison	60	80	100	150
162	Eddie George	40	50	100	

1997 Pacific Philadelphia

		NmMt 8	NmMt+ 8.5	MT 9	Gem 9.5/
199	Adam Vinatieri RC	125	150	200	▼300

1997 Pinnacle Totally Certified Platinum F

		NmMt 8	NmMt+ 8.5	MT 9	Gem 9.5/
129	Tiki Barber RC	15	20	25	50
149	Tony Gonzalez RC	12	15	25	60

1997 SP Authentic

		NmMt 8	NmMt+ 8.5	MT 9	Gem 9.5/
1	Orlando Pace RC	15	20	60	
10	Warrick Dunn RC	12	15	25	80
11	Tony Gonzalez RC	30	40	100	300
23	Jake Plummer RC	12	15	25	80
25	Corey Dillon RC	12	15	25	▲100
116	Jason Taylor RC	100	125	150	400
137	Tiki Barber RC	15	20	25	40
186	Ronde Barber RC	25	30	50	

1997 Topps Chrome

		NmMt 8	NmMt+ 8.5	MT 9	Gem 9.5/
24	Tony Gonzalez RC	30	40	▼60	125

1998 Absolute Hobby

		NmMt 8	NmMt+ 8.5	MT 9	Gem 9.5/
40	Randy Moss RC	25	30	50	120
165	Peyton Manning RC	▼30	▼40	▼50	250

1998 Absolute Retail

		NmMt 8	NmMt+ 8.5	MT 9	Gem 9.5/
40	Randy Moss RC	8	10	15	40
165	Peyton Manning RC	15	50	60	200

1998 Aurora

		NmMt 8	NmMt+ 8.5	MT 9	Gem 9.5/
71	Peyton Manning RC	20	25	50	250

1998 Bowman

		NmMt 8	NmMt+ 8.5	MT 9	Gem 9.5/
1	Peyton Manning RC	▼40	▼50	▼60	▼250
27	Hines Ward RC	8	10	40	80
29	Ahman Green RC	8	10	15	25
181	Charles Woodson RC	8	10	15	25
182	Randy Moss RC	10	12	▼50	▼125

1998 Bowman Interstate

		NmMt 8	NmMt+ 8.5	MT 9	Gem 9.5/
1	Peyton Manning	100	125	200	500
182	Randy Moss	20	40	60	150

1998 Bowman Rookie Autographs

		NmMt 8	NmMt+ 8.5	MT 9	Gem 9.5/
A1	Peyton Manning	450	500	1,000	1,200

1998 Bowman Chrome Preview Refractors

		NmMt 8	NmMt+ 8.5	MT 9	Gem 9.5/
BCP1	Peyton Manning	300	400	500	600

1998 Bowman Chrome

		NmMt 8	NmMt+ 8.5	MT 9	Gem 9.5/1
1	Peyton Manning RC	▼60	▼80	▼125	▼300
27	Hines Ward RC	12	15	60	125
181	Charles Woodson RC	10	12	20	40
182	Randy Moss RC	▼40	60	125	▼250

1998 Bowman Chrome Interstate

		NmMt 8	NmMt+ 8.5	MT 9	Gem 9.5/1
1	Peyton Manning	100	125	400	600
27	Hines Ward	15	20	30	60
182	Randy Moss	50	60	80	250

1998 Bowman Chrome Interstate Refractors

	NmMt 8	NmMt+ 8.5	MT 9	Gem 9.5/10
Peyton Manning	175	200	800	2,000
Hines Ward	60	80	100	200
Randy Moss	60	80	120	300

1998 Bowman Chrome Refractors

	NmMt 8	NmMt+ 8.5	MT 9	Gem 9.5/10
Peyton Manning	300	400	2,000	2,500
Hines Ward	40	50	80	125
Randy Moss	300	600	800	3,000

1998 Collector's Edge First Place

	NmMt 8	NmMt+ 8.5	MT 9	Gem 9.5/10
Matt Hasselbeck RC	20	25	40	60
Peyton Manning RC	12	15	25	50

1998 Collector's Edge Masters

	NmMt 8	NmMt+ 8.5	MT 9	Gem 9.5/10
Peyton Manning RC	20	25	30	50

1998 Crown Royale

	NmMt 8	NmMt+ 8.5	MT 9	Gem 9.5/10
Peyton Manning RC	60	80	100	300
Randy Moss RC	12	15	25	80

1998 E-X2001

	NmMt 8	NmMt+ 8.5	MT 9	Gem 9.5/10
Peyton Manning RC	20	25	40	100
Randy Moss RC	12	15	25	50

1998 E-X2001 Star Date 2001

	NmMt 8	NmMt+ 8.5	MT 9	Gem 9.5/10
Peyton Manning	15	20	30	60

1998 Finest

	NmMt 8	NmMt+ 8.5	MT 9	Gem 9.5/10
Peyton Manning RC	▼50	▼60	▼100	▼200
Randy Moss RC	40	50	80	250
Hines Ward RC	12	15	25	40

1998 Finest No-Protectors

	NmMt 8	NmMt+ 8.5	MT 9	Gem 9.5/10
Peyton Manning	35	40	60	120
Randy Moss	12	15	30	60

1998 Finest No-Protectors Refractors

	NmMt 8	NmMt+ 8.5	MT 9	Gem 9.5/10
Peyton Manning	100	120	175	400
Randy Moss	40	50	80	150

1998 Finest Refractors

	NmMt 8	NmMt+ 8.5	MT 9	Gem 9.5/10
Peyton Manning	60	80	200	1,000
Randy Moss	25	30	400	500

1998 Finest Undergrads

	NmMt 8	NmMt+ 8.5	MT 9	Gem 9.5/10
Peyton Manning	25	30	60	200

1998 Flair Showcase Row 3

	NmMt 8	NmMt+ 8.5	MT 9	Gem 9.5/10
Peyton Manning RC	60	80	100	150
Randy Moss RC	10	12	40	100

1998 Flair Showcase Row 2

	NmMt 8	NmMt+ 8.5	MT 9	Gem 9.5/10
Peyton Manning	15	20	80	150
Randy Moss	10	12	40	100

1998 Flair Showcase Row 1

		NmMt 8	NmMt+ 8.5	MT 9	Gem 9.5/10
3	Peyton Manning	60	80	400	800
5	Randy Moss	25	30	150	250

1998 Flair Showcase Row 0

		NmMt 8	NmMt+ 8.5	MT 9	Gem 9.5/10
3	Peyton Manning	100	120	1,000	4,000
5	Randy Moss	50	60	800	2,000

1998 Fleer Brilliants

		NmMt 8	NmMt+ 8.5	MT 9	Gem 9.5/10
120	Peyton Manning RC	30	40	100	500
140	Randy Moss RC	15	20	40	100

1998 Fleer Brilliants Blue

		NmMt 8	NmMt+ 8.5	MT 9	Gem 9.5/10
120	Peyton Manning	40	50	80	150

1998 Leaf Rookies and Stars

		NmMt 8	NmMt+ 8.5	MT 9	Gem 9.5/10
199	Randy Moss RC	20	25	50	80
202	Hines Ward RC	20	25	40	80
233	Peyton Manning RC	40	50	60	200
270	Peyton Manning PT	25	30	40	80

1998 Leaf Rookies and Stars True Blue

		NmMt 8	NmMt+ 8.5	MT 9	Gem 9.5/10
233	Peyton Manning	40	50	80	200

1998 Metal Universe

		NmMt 8	NmMt+ 8.5	MT 9	Gem 9.5/10
189	Peyton Manning RC	25	40	80	▲300
190	Randy Moss RC	25	40	50	▲150

1998 Pacific

		NmMt 8	NmMt+ 8.5	MT 9	Gem 9.5/10
181	Peyton Manning RC	30	40	80	250

1998 Playoff Contenders Leather

		NmMt 8	NmMt+ 8.5	MT 9	Gem 9.5/10
37	Peyton Manning	40	50	80	200
52	Randy Moss	12	15	50	125

1998 Playoff Contenders Ticket

		NmMt 8	NmMt+ 8.5	MT 9	Gem 9.5/10
5	Priest Holmes RC	25	30	60	
87	Peyton Manning AU/200*	4,000	6,000	7,000	15,000
89	Fred Taylor AU/500*	60	80	250	1,000
92	Randy Moss AU/300*	4,000	6,000	7,000	10,000
94	Hines Ward AU/500*	400	500	600	1,500
97	Ahman Green AU/500*	40	50	100	

1998 Playoff Contenders Ticket Red

		NmMt 8	NmMt+ 8.5	MT 9	Gem 9.5/10
87	Peyton Manning	200	225	350	

1998 Playoff Momentum Hobby

		NmMt 8	NmMt+ 8.5	MT 9	Gem 9.5/10
98	Peyton Manning RC	▼30	▼40	▼50	▼200
131	Randy Moss RC	20	25	40	60

1998 Playoff Momentum Retail

		NmMt 8	NmMt+ 8.5	MT 9	Gem 9.5/10
146	Peyton Manning RC	20	50	80	150

1998 Playoff Prestige Hobby

		NmMt 8	NmMt+ 8.5	MT 9	Gem 9.5/10
165	Peyton Manning RC	40	50	60	300
173	Randy Moss RC	25	30	40	

1998 Playoff Prestige Retail

		NmMt 8	NmMt+ 8.5	MT 9	Gem 9.5/10
165	Peyton Manning RC	10	12	20	50
173	Randy Moss RC	6	8	10	30

1998 Revolution

		NmMt 8	NmMt+ 8.5	MT 9	Gem 9.5/10
58	Peyton Manning RC	50	60	80	500

1998 Score

		NmMt 8	NmMt+ 8.5	MT 9	Gem 9.5/10
233	Peyton Manning RC	▼40	▼50	▼60	▼80
235	Randy Moss RC	▼10	▼15	▼25	▼80
252	Hines Ward RC	▼10	▼12	▼15	100

1998 Score Showcase Artist's Proofs

		NmMt 8	NmMt+ 8.5	MT 9	Gem 9.5/10
PP123	Peyton Manning	60	125	150	400

1998 SkyBox Premium

		NmMt 8	NmMt+ 8.5	MT 9	Gem 9.5/10
231	Peyton Manning RC	50	60	80	150
240	Randy Moss RC	12	15	50	125

1998 SkyBox Thunder

		NmMt 8	NmMt+ 8.5	MT 9	Gem 9.5/10
239	Peyton Manning RC	15	50	100	300
242	Randy Moss RC	10	12	20	50

1998 SP Authentic

		NmMt 8	NmMt+ 8.5	MT 9	Gem 9.5/10
14	Peyton Manning RC	600	700	2,000	3,000
16	Fred Taylor RC	25	30	40	150
18	Randy Moss RC	500	600	1,200	2,000
23	Charles Woodson RC	250	300	500	2,000
27	Ahman Green RC	30	40	50	100
—	Peyton Manning #14 BGS 10 (PRISTINE) sold for $2460 (eBay; 6/07)				

1998 SP Authentic Die Cuts

		NmMt 8	NmMt+ 8.5	MT 9	Gem 9.5/10
11	Brian Griese	15	20	25	30
14	Peyton Manning	800	1,000	3,000	4,000
16	Fred Taylor	40	50	80	120
18	Randy Moss	250	300	500	800
23	Charles Woodson	200	250	300	400
27	Ahman Green	25	30	40	100

1998 SP Authentic Maximum Impact

		NmMt 8	NmMt+ 8.5	MT 9	Gem 9.5/10
SE11	Peyton Manning	50	60	80	200

1998 SPx Finite

		NmMt 8	NmMt+ 8.5	MT 9	Gem 9.5/10
181	Peyton Manning/1998 RC	300	600	800	1,500
239	Randy Moss/1998 RC	50	60	100	
287	Peyton Manning ET	30	40	60	150

1998 Stadium Club

		NmMt 8	NmMt+ 8.5	MT 9	Gem 9.5/10
182	Hines Ward RC	8	10	20	60
189	Randy Moss RC	10	12	▼30	▼50
195	Peyton Manning RC	40	50	▼60	▼80

1998 Stadium Club First Day

		NmMt 8	NmMt+ 8.5	MT 9	Gem 9.5/10
195	Peyton Manning	80	100	150	300

1998 Stadium Club Prime Rookies

		NmMt 8	NmMt+ 8.5	MT 9	Gem 9.5/10
PR10	Peyton Manning	12	15	60	150

1998 Topps

		NmMt 8	NmMt+ 8.5	MT 9	Gem 9.5/10
341	Hines Ward RC	10	12	20	125
352	Randy Moss RC	30	40	60	300
360	Peyton Manning RC	▼60	▼80	▼100	▼400

1998 Topps Autographs

		NmMt 8	NmMt+ 8.5	MT 9	Gem 9.5/10
A1	Randy Moss	250	300	400	1,000
A10B	Peyton Manning Bronze	450	500	600	900
A10G	Peyton Manning Gold	450	500	600	900

1998 Topps Chrome

		NmMt 8	NmMt+ 8.5	MT 9	Gem 9.5/10
35	Randy Moss RC	50	100	125	400
44	Charles Woodson RC	▼40	▼40	▼50	▼100
165	Peyton Manning RC	▼80	▼100	250	▼500

1998 Topps Chrome Refractors

		NmMt 8	NmMt+ 8.5	MT 9	Gem 9.5/10
35	Randy Moss	150	250	500	3,000
44	Charles Woodson	125	200	400	600
133	Brian Griese	12	15	30	60
152	Fred Taylor	25	30	40	60
165	Peyton Manning	3,000	4,000	6,000	30,000

1998 Topps Gold Label Class 1

		NmMt 8	NmMt+ 8.5	MT 9	Gem 9.5/10
20	Peyton Manning RC	40	50	80	200

1998 Topps Gold Label Class 1 Black

		NmMt 8	NmMt+ 8.5	MT 9	Gem 9.5/10
20	Peyton Manning	80	100	150	250

1998 Topps Gold Label Class 2

		NmMt 8	NmMt+ 8.5	MT 9	Gem 9.5/10
20	Peyton Manning	100	125	200	350

1998 Topps Gold Label Class 2 Black

		NmMt 8	NmMt+ 8.5	MT 9	Gem 9.5/10
20	Peyton Manning	80	100	125	150

1998 Topps Gold Label Class 3

		NmMt 8	NmMt+ 8.5	MT 9	Gem 9.5/10
20	Peyton Manning	80	125	200	350

1998 Topps Season Opener

		NmMt 8	NmMt+ 8.5	MT 9	Gem 9.5/10
1	Peyton Manning RC	80	100	200	400
11	Hines Ward RC	10	12	30	50
22	Randy Moss RC	12	15	40	200

1998 Topps Stars

		NmMt 8	NmMt+ 8.5	MT 9	Gem 9.5/10
67	Peyton Manning RC	40	50	100	300

1998 Topps Stars Bronze

		NmMt 8	NmMt+ 8.5	MT 9	Gem 9.5/10
67	Peyton Manning	25	40	100	400

1998 UD3

		NmMt 8	NmMt+ 8.5	MT 9	Gem 9.5/10
1	Peyton Manning FE	30	35	50	300
91	Peyton Manning FF	40	50	80	200
181	Peyton Manning FR RC	15	20	30	100
197	Randy Moss FR RC	10	12	20	60

1998 UD Choice

		NmMt 8	NmMt+ 8.5	MT 9	Gem 9.5/10
193	Peyton Manning RC	12	15	25	50
200	Randy Moss RC	6	8	12	25
256	Peyton Manning DN	15	20	30	60

1998 Ultra

		NmMt 8	NmMt+ 8.5	MT 9	Gem 9.5/10
201	Peyton Manning RC	50	60	80	300
207	Randy Moss RC	12	15	30	60
416	Peyton Manning	25	30	40	100

1998 Ultra Gold Medallion

		NmMt 8	NmMt+ 8.5	MT 9	Gem 9.5/10
201G	Peyton Manning	40	50	80	300
207G	Randy Moss	25	30	50	125

1998 Upper Deck

		NmMt 8	NmMt+ 8.5	MT 9	Gem 9.5/10
1	Peyton Manning RC	▼40	▼50	▼60	▼200
17	Randy Moss RC	30	40	50	▼80

1998 Upper Deck Game Jerseys

		NmMt 8	NmMt+ 8.5	MT 9	Gem 9.5/10
GJ16	Peyton Manning	150	250	300	1,600

1998 Upper Deck Encore

		NmMt 8	NmMt+ 8.5	MT 9	Gem 9.5/10
1	Peyton Manning RC	▼50	▼80	▼100	300
12	Randy Moss RC	15	20	30	60

1999 Black Diamond

		NmMt 8	NmMt+ 8.5	MT 9	Gem 9.5/10
114	Donovan McNabb RC	15	20	30	100
126	Torry Holt RC	10	12	15	60

1999 Bowman

		NmMt 8	NmMt+ 8.5	MT 9	Gem 9.5/10
168	Donovan McNabb RC	12	15	20	60

1999 Bowman Chrome

		NmMt 8	NmMt+ 8.5	MT 9	Gem 9.5/10
168	Donovan McNabb RC	10	12	25	50
174	Torry Holt RC	10	12	20	40

1999 Bowman Chrome Interstate

		NmMt 8	NmMt+ 8.5	MT 9	Gem 9.5/10
161	Edgerrin James	10	12	20	60
166	Daunte Culpepper	10	12	20	60
168	Donovan McNabb	12	15	30	100
174	Torry Holt	10	12	20	60

1999 Bowman Chrome Refractors

		NmMt 8	NmMt+ 8.5	MT 9	Gem 9.5/10
161	Edgerrin James	12	15	25	125
166	Daunte Culpepper	12	15	25	125
168	Donovan McNabb	25	30	60	300
174	Torry Holt	12	15	25	125

1999 Bowman's Best

		NmMt 8	NmMt+ 8.5	MT 9	Gem 9.5/10
110	Kurt Warner RC	20	25	100	400
118	Donovan McNabb RC	10	12	20	40
120	Torry Holt RC	8	10	15	30

1999 Bowman's Best Atomic Refractors

		NmMt 8	NmMt+ 8.5	MT 9	Gem 9.5/10
118	Donovan McNabb	60	80	120	400

1999 Bowman's Best Refractors

		NmMt 8	NmMt+ 8.5	MT 9	Gem 9.5/10
107	Daunte Culpepper	15	20	30	80
115	Edgerrin James	15	20	30	80
118	Donovan McNabb	40	50	60	150
120	Torry Holt	15	20	30	80

1999 Collector's Edge First Place

		NmMt 8	NmMt+ 8.5	MT 9	Gem 9.5/10
201PG	Kurt Warner Promo Gold	10	12	20	35
201PS	Kurt Warner Promo Silver	10	12	25	40

1999 Donruss

		NmMt 8	NmMt+ 8.5	MT 9	Gem 9.5/10
188	Kurt Warner RC	8	10	20	40

1999 Donruss Elite

		NmMt 8	NmMt+ 8.5	MT 9	Gem 9.5/10
178	Torry Holt RC	10	12	25	80
190	Donovan McNabb RC	15	20	40	120

1999 E-X Century

		NmMt 8	NmMt+ 8.5	MT 9	Gem 9.5/10
64	Donovan McNabb RC	12	15	25	80

1999 Finest

		NmMt 8	NmMt+ 8.5	MT 9	Gem 9.5/10
166	Donovan McNabb RC	10	12	15	40
175	Torry Holt RC	6	8	12	30

1999 Finest Refractors

		NmMt 8	NmMt+ 8.5	MT 9	Gem 9.5/10
151	Daunte Culpepper	8	10	20	40
152	Edgerrin James	10	12	25	40
166	Donovan McNabb	15	20	60	100

1999 Flair Showcase

		NmMt 8	NmMt+ 8.5	MT 9	Gem 9.5/10
182	Donovan McNabb RC	25	30	40	

1999 Fleer Focus

		NmMt 8	NmMt+ 8.5	MT 9	Gem 9.5/10
40	Kurt Warner RC	10	12	20	40
118	Donald Driver RC	100	125	150	200
172	Donovan McNabb RC	15	20	40	80

1999 Fleer Mystique

		NmMt 8	NmMt+ 8.5	MT 9	Gem 9.5/10
102	Donovan McNabb RC	15	20	25	30
105	Daunte Culpepper RC	10	12	25	80
109	Torry Holt RC	10	12	25	80

1999 Fleer Tradition

		NmMt 8	NmMt+ 8.5	MT 9	Gem 9.5/10
288	Donovan McNabb RC	10	12	20	60

1999 Leaf Certified

		NmMt 8	NmMt+ 8.5	MT 9	Gem 9.5/10
204	Daunte Culpepper RC	10	12	25	50
212	Donovan McNabb RC	15	20	40	100
222	Torry Holt RC	10	12	25	50

1999 Leaf Rookies and Stars

		NmMt 8	NmMt+ 8.5	MT 9	Gem 9.5/10
260	Daunte Culpepper RC	10	12	25	50
274	Donovan McNabb RC	15	20	40	100
288	Kurt Warner RC	15	20	50	
289	Torry Holt RC	10	12	25	50

1999 Metal Universe

		NmMt 8	NmMt+ 8.5	MT 9	Gem 9.5/10
213	Donovan McNabb RC	8	10	15	50

1999 Pacific

		NmMt 8	NmMt+ 8.5	MT 9	Gem 9.5/10
343	Kurt Warner RC/Tony Horne	12	15	50	150
434	Torry Holt RC	6	8	12	40
441	Donovan McNabb RC	8	10	15	60

99 Paramount

	NmMt 8	NmMt+ 8.5	MT 9	Gem 9.5/10
Edgerrin James RC	6	8	12	30
Donovan McNabb RC	8	10	15	50

99 Playoff Contenders SSD

	NmMt 8	NmMt+ 8.5	MT 9	Gem 9.5/10
Jeff Garcia AU/325* RC	60	80	125	200
Kurt Warner AU/1825* RC	500	600	▼800	1,800
R.Williams AU/725* RC	35	40	250	400
D.McNabb AU/525* RC	35	40	50	150
E.James AU/525* RC	30	35	60	200
Torry Holt AU/1025* RC	30	35	60	200
D.Culpepper AU/1025* RC	30	35	50	100
Champ Bailey AU/1725* RC	35	40	200	400

99 Playoff Momentum SSD

	NmMt 8	NmMt+ 8.5	MT 9	Gem 9.5/10
Kurt Warner RC	20	25	40	80
Donovan McNabb RC	20	25	40	80

99 SP Authentic

	NmMt 8	NmMt+ 8.5	MT 9	Gem 9.5/10
Ricky Williams RC	20	25	40	80
Donovan McNabb RC	40	50	100	250
Torry Holt RC	50	60	100	150
Champ Bailey RC	25	80	100	400

99 SP Authentic Excitement

	NmMt 8	NmMt+ 8.5	MT 9	Gem 9.5/10
Ricky Williams	25	30	60	100
Edgerrin James	20	25	50	100
Donovan McNabb	100	120	200	400
Torry Holt	25	30	60	125

99 SP Signature

	NmMt 8	NmMt+ 8.5	MT 9	Gem 9.5/10
Donovan McNabb RC	20	25	40	80
Torry Holt RC	15	20	30	60

99 SPx

	NmMt 8	NmMt+ 8.5	MT 9	Gem 9.5/10
Champ Bailey AU RC	30	40	60	
Torry Holt AU RC	35	40	50	250
Donovan McNabb AU RC	▼25	▼30	▼50	▼80
D.Culpepper AU/500 RC	30	40	50	100
Ricky Williams AU/500 RC	50	60	80	120

99 Stadium Club

	NmMt 8	NmMt+ 8.5	MT 9	Gem 9.5/10
Donovan McNabb RC	10	12	25	50
Torry Holt RC	8	10	20	40

99 Stadium Club Chrome

	NmMt 8	NmMt+ 8.5	MT 9	Gem 9.5/10
Donovan McNabb RC	12	15	30	60
Torry Holt RC	10	12	25	50

99 Topps

	NmMt 8	NmMt+ 8.5	MT 9	Gem 9.5/10
Donovan McNabb RC	12	15	30	60
Torry Holt RC	10	12	25	50

99 Topps Collection

	NmMt 8	NmMt+ 8.5	MT 9	Gem 9.5/10
Daunte Culpepper	8	10	20	60
Edgerrin James	8	10	20	60
Donovan McNabb	10	12	25	80
Torry Holt	8	10	20	60

1999 Topps Chrome

		NmMt 8	NmMt+ 8.5	MT 9	Gem 9.5/10
147	Donovan McNabb RC	15	20	25	80
149	Torry Holt RC	12	15	25	40

1999 Topps Chrome Refractors

		NmMt 8	NmMt+ 8.5	MT 9	Gem 9.5/10
135	Ricky Williams	12	15	25	40
145	Edgerrin James	40	50	100	300
147	Donovan McNabb	30	40	60	250

1999 Topps Gold Label Class 1

		NmMt 8	NmMt+ 8.5	MT 9	Gem 9.5/10
71	Torry Holt RC	8	10	15	40
75	Donovan McNabb RC	10	12	20	50

1999 UD Ionix

		NmMt 8	NmMt+ 8.5	MT 9	Gem 9.5/10
65	Donovan McNabb RC	10	12	15	40

1999 Ultra

		NmMt 8	NmMt+ 8.5	MT 9	Gem 9.5/10
265	Torry Holt RC	12	15	30	
266	Donovan McNabb RC	15	20	40	

1999 Upper Deck

		NmMt 8	NmMt+ 8.5	MT 9	Gem 9.5/10
235	Donovan McNabb RC	15	20	40	100
248	Torry Holt RC	12	15	30	60

1999 Upper Deck Encore

		NmMt 8	NmMt+ 8.5	MT 9	Gem 9.5/10
139	Kurt Warner RC	10	12	30	60
190	Donovan McNabb RC	15	20	30	150

1999 Upper Deck MVP

		NmMt 8	NmMt+ 8.5	MT 9	Gem 9.5/10
220	Donovan McNabb RC	8	10	15	50

1999 Upper Deck Retro

		NmMt 8	NmMt+ 8.5	MT 9	Gem 9.5/10
117	Donovan McNabb RC	8	10	15	30

2000 Absolute Coaches Honors

		NmMt 8	NmMt+ 8.5	MT 9	Gem 9.5/10
195	Tom Brady	175	600	700	

2000 Aurora

		NmMt 8	NmMt+ 8.5	MT 9	Gem 9.5/10
84	Tom Brady RC	200	250	500	600

2000 Black Diamond

		NmMt 8	NmMt+ 8.5	MT 9	Gem 9.5/10
126	Tom Brady RC	1,200	1,500	2,000	▲6,500
166	Brian Urlacher JSY RC	30	40	60	120

2000 Bowman

		NmMt 8	NmMt+ 8.5	MT 9	Gem 9.5/10
177	Shaun Alexander RC	6	8	10	15
178	Brian Urlacher RC	8	10	15	50
236	Tom Brady RC	2,500	3,000	4,000	10,000

2000 Bowman Chrome

		NmMt 8	NmMt+ 8.5	MT 9	Gem 9.5/10
178	Brian Urlacher RC	15	20	60	100
236	Tom Brady RC	▼2,500	▼3,000	▼4,000	▼10,000

2000 Bowman Chrome Refractors

		NmMt 8	NmMt+ 8.5	MT 9	Gem 9.5/10
236	Tom Brady	52,000	60,000	120,000	150,000

2000 Collector's Edge Supreme

		NmMt 8	NmMt+ 8.5	MT 9	Gem 9.5/10
176	Tom Brady RC	1,000	1,500	2,000	8,000
190	Brian Urlacher RC	20	25	30	60

2000 Crown Royale

		NmMt 8	NmMt+ 8.5	MT 9	Gem 9.5/10
110	Tom Brady RC	▼500	▼600	▼800	▼2,000

2000 Crown Royale Retail

		NmMt 8	NmMt+ 8.5	MT 9	Gem 9.5/10
110	Tom Brady RC	500	600	1,000	1,200

2000 Crown Royale Rookie Autographs

		NmMt 8	NmMt+ 8.5	MT 9	Gem 9.5/10
110	Tom Brady	4,000	5,000	6,000	8,000

2000 Crown Royale Rookie Royalty

		NmMt 8	NmMt+ 8.5	MT 9	Gem 9.5/10
2	Tom Brady	400	500	800	1,000

2000 Donruss

		NmMt 8	NmMt+ 8.5	MT 9	Gem 9.5/10
230	Tom Brady RC	▲1,800	2,000	2,500	3,000

2000 Donruss Elite

		NmMt 8	NmMt+ 8.5	MT 9	Gem 9.5/10
183	Tom Brady RC	1,500	2,000	3,000	8,000

2000 E-X

		NmMt 8	NmMt+ 8.5	MT 9	Gem 9.5/10
122	Tom Brady RC	4,000	5,000	▼6,000	▼10,000
140	Brian Urlacher RC	25	30	60	120

2000 Finest

		NmMt 8	NmMt+ 8.5	MT 9	Gem 9.5/10
151	Brian Urlacher RC	25	30	40	80

2000 Fleer Mystique

		NmMt 8	NmMt+ 8.5	MT 9	Gem 9.5/10
103	Tom Brady RC	▼800	▼1,000	▼1,500	▼2,000

2000 Fleer Tradition

		NmMt 8	NmMt+ 8.5	MT 9	Gem 9.5/10
309	Brian Urlacher RC	8	10	20	
352	T.Brady RC/Stachelski RC	200	250	300	1,200

2000 Fleer Tradition Glossy

		NmMt 8	NmMt+ 8.5	MT 9	Gem 9.5/10
352	Tom Brady/Stachelski	40	60	80	500

2000 Impact

		NmMt 8	NmMt+ 8.5	MT 9	Gem 9.5/10
27	Tom Brady RC	400	500	600	2,500

2000 Leaf Certified

		NmMt 8	NmMt+ 8.5	MT 9	Gem 9.5/10
157	Brian Urlacher RC	15	20	30	50
207	Tom Brady RC	2,000	2,500	3,000	5,000

2000 Leaf Certified Mirror Red

		NmMt 8	NmMt+ 8.5	MT 9	Gem 9.5/10
207	Tom Brady	3,000	4,000	5,000	6,000

2000 Leaf Certified Rookie Die Cuts

		NmMt 8	NmMt+ 8.5	MT 9	Gem 9.5/10
207	Tom Brady	5,000	6,000	8,000	

2000 Metal

		NmMt 8	NmMt+ 8.5	MT 9	Gem 9.5/10
267	Tom Brady RC	1,200	1,500	2,000	8,000

2000 Metal Emerald

		NmMt 8	NmMt+ 8.5	MT 9	Gem 9.5/10
267	Tom Brady UER 442 completions, not 441	3,000	4,000	10,000	

2000 Pacific

		NmMt 8	NmMt+ 8.5	MT 9	Gem 9.5/10
403	Tom Brady RC	300	400	500	800

2000 Pacific Autographs

		NmMt 8	NmMt+ 8.5	MT 9	Gem 9.5/10
403	Tom Brady/200*	1,000	2,000	3,000	3,500

2000 Pacific Omega

		NmMt 8	NmMt+ 8.5	MT 9	Gem 9.5/10
191	Tom Brady RC	1,200	1,500	2,000	8,000

2000 Pacific Prism Prospects

		NmMt 8	NmMt+ 8.5	MT 9	Gem 9.5/10
156	Tom Brady RC	▼1,000	▼1,200	▼2,000	

2000 Paramount

		NmMt 8	NmMt+ 8.5	MT 9	Gem 9.5/10
138	Tom Brady RC	▼250	▼300	▼400	▼600

2000 Paramount Draft Picks 325

		NmMt 8	NmMt+ 8.5	MT 9	Gem 9.5/10
138	Tom Brady	300	400	500	1,000

2000 Playoff Contenders

		NmMt 8	NmMt+ 8.5	MT 9	Gem 9.5/10
103	Brian Urlacher AU RC	100	125	250	
113	Shaun Alexander AU RC	20	25	40	
144	Tom Brady AU RC	▼35,000	▼40,000	▼60,000	600,000

2000 Playoff Contenders Round Numbers Autographs

		NmMt 8	NmMt+ 8.5	MT 9	Gem 9.5/10
11	M.Bulger/T.Brady	5,000	8,000	15,000	

2000 Playoff Momentum

		NmMt 8	NmMt+ 8.5	MT 9	Gem 9.5/10
180	Tom Brady RC	5,000	6,000	8,000	10,000

2000 Playoff Prestige

		NmMt 8	NmMt+ 8.5	MT 9	Gem 9.5/10
286	Tom Brady RC	800	1,000	1,500	2,000

2000 Press Pass Gold Zone

		NmMt 8	NmMt+ 8.5	MT 9	Gem 9.5/10
37	Tom Brady	60	80	125	300

2000 Press Pass Autographs

		NmMt 8	NmMt+ 8.5	MT 9	Gem 9.5/10
3	Tom Brady	5,000	6,000	8,000	15,000

2000 Private Stock

		NmMt 8	NmMt+ 8.5	MT 9	Gem 9.5/10
128	Tom Brady RC	400	600	2,500	3,000

2000 Private Stock Retail

		NmMt 8	NmMt+ 8.5	MT 9	Gem 9.5/10
128	Tom Brady RC	600	800	1,000	1,200

2000 Private Stock Premiere Date

		NmMt 8	NmMt+ 8.5	MT 9	Gem 9.5/10
128	Tom Brady	350	400	500	800

2000 Quantum Leaf

		NmMt 8	NmMt+ 8.5	MT 9	Gem 9.5/10
343	Tom Brady RC	500	600	1,000	8,000

2000 Revolution

		NmMt 8	NmMt+ 8.5	MT 9	Gem 9.5/10
128	Tom Brady RC	▼4,000	▼5,000	▼6,000	▼12,000

2000 Revolution First Look

		NmMt 8	NmMt+ 8.5	MT 9	Gem 9.5/10
22	Tom Brady	▲500	▲600	▲800	

2000 Score

		NmMt 8	NmMt+ 8.5	MT 9	Gem 9.5/10
288	Brian Urlacher RC	8	10	15	25
316	Tom Brady RC	▼250	▼300	▼600	3,500

2000 Score Scorecard

		NmMt 8	NmMt+ 8.5	MT 9	Gem 9.5/10
316	Tom Brady	300	400	500	

2000 SkyBox Dominion

		NmMt 8	NmMt+ 8.5	MT 9	Gem 9.5/10
234	T.Brady RC/Carmazzi RC	▼125	▼150	▼200	▼300

2000 SkyBox Dominion Extra

		NmMt 8	NmMt+ 8.5	MT 9	Gem 9.5/10
234	G.Carmazzi/T.Brady			100	350

2000 SP Authentic

		NmMt 8	NmMt+ 8.5	MT 9	Gem 9.5/10
118	Tom Brady RC	15,000	18,000	▼20,000	▼35,000
122	Brian Urlacher RC	▲250	▲300	▲500	▲600
140	Shaun Alexander RC	50	60	▼80	400

2000 SPx

		NmMt 8	NmMt+ 8.5	MT 9	Gem 9.5/10
130	Tom Brady RC	6,000	8,000	10,000	20,000
134	Brian Urlacher JSY AU RC	125	150	225	

2000 Topps

		NmMt 8	NmMt+ 8.5	MT 9	Gem 9.5/10
383	Brian Urlacher RC	10	12	20	40

2000 Topps Chrome

		NmMt 8	NmMt+ 8.5	MT 9	Gem 9.5/10
241	Shaun Alexander RC	▲30	▲50	▲125	▲150
253	Brian Urlacher RC	50	150	300	500

2000 UD Graded

		NmMt 8	NmMt+ 8.5	MT 9	Gem 9.5/10
104	Tom Brady RC	2,000	2,500	3,000	8,000
111	Brian Urlacher RC	25	30	40	50
157	Shaun Alexander AU RC	35	40	60	100

2000 UD Ionix

		NmMt 8	NmMt+ 8.5	MT 9	Gem 9.5/10
77	Tom Brady RC	▼1,000	▼1,200	2,200	2,500

2000 Ultimate Victory

		NmMt 8	NmMt+ 8.5	MT 9	Gem 9.5/10
146	Tom Brady RC	1,500	2,000	2,500	▼3,000

2000 Ultimate Victory Parallel

		NmMt 8	NmMt+ 8.5	MT 9	Gem 9.5/10
146	Tom Brady	2,000	2,500	6,000	

2000 Upper Deck Encore

		NmMt 8	NmMt+ 8.5	MT 9	Gem 9.5/10
254	Tom Brady RC	▼500	▼600	▼1,200	3,000

2000 Upper Deck Gold Reserve

		NmMt 8	NmMt+ 8.5	MT 9	Gem 9.5/10
215	Tom Brady RC	▼1,500	▼2,000	▼3,000	▼5,000

2000 Upper Deck MVP

		NmMt 8	NmMt+ 8.5	MT 9	Gem 9.5/1
192	Brian Urlacher RC	10	12	20	30

2000 Upper Deck Pros and Prospects

		NmMt 8	NmMt+ 8.5	MT 9	Gem 9.5/10
93	Brian Urlacher RC	30	40	60	100
124	Tom Brady RC	800	1,000	1,500	2,500

2000 Upper Deck Victory

		NmMt 8	NmMt+ 8.5	MT 9	Gem 9.5/1
326	Tom Brady RC	▼400	▼500	▼800	▼3,000

2000 Upper Deck Vintage Previews

		NmMt 8	NmMt+ 8.5	MT 9	Gem 9.5/1
14	T.Brady/J.R.Redmond	300	400	1,000	

2000 Vanguard

		NmMt 8	NmMt+ 8.5	MT 9	Gem 9.5/1
139	Tom Brady RC	▲1,000	▲1,200	1,600	▼3,000

2001 Bowman

		NmMt 8	NmMt+ 8.5	MT 9	Gem 9.5/1
164	Drew Brees RC	▼40	▼50	▼200	
200	Michael Vick RC	15	20	60	
210	LaDainian Tomlinson RC	15	20	80	

2001 Bowman Chrome

		NmMt 8	NmMt+ 8.5	MT 9	Gem 9.5/10
144	Drew Brees RC	▼500	1,000	1,600	2,000
180	Michael Vick RC	100	250	300	400
190	LaDainian Tomlinson RC	40	50	100	200

2001 Bowman Chrome Gold Refractors

		NmMt 8	NmMt+ 8.5	MT 9	Gem 9.5/10
144	Drew Brees	2,500	2,800	8,000	10,000
190	LaDainian Tomlinson	200	225	400	500

2001 Bowman Chrome Xfractors

		NmMt 8	NmMt+ 8.5	MT 9	Gem 9.5/10
144	Drew Brees	1,200	1,500	2,500	4,000
190	LaDainian Tomlinson	125	150	250	300

2001 Bowman Chrome Autographs

		NmMt 8	NmMt+ 8.5	MT 9	Gem 9.5/10
BCDB	Drew Brees	800	1,500	3,000	4,000
BCLT	LaDainian Tomlinson		400	500	600

2001 Crown Royale

		NmMt 8	NmMt+ 8.5	MT 9	Gem 9.5/10
146	Michael Vick AU/250 RC	80	120	100	
150	Drew Brees AU/250 RC	500	600	800	1,500

2001 Crown Royale Crown Rookies

		NmMt 8	NmMt+ 8.5	MT 9	Gem 9.5/10
2	Drew Brees	12	30	50	150

2001 Donruss Elite

		NmMt 8	NmMt+ 8.5	MT 9	Gem 9.5/10
101	Michael Vick RC	15	25	50	
102	Drew Brees RC	150	250	400	500
114	LaDainian Tomlinson RC	25	30	100	

2001 eTopps

		NmMt 8	NmMt+ 8.5	MT 9	Gem 9.5/10
125	Drew Brees/1290	25	80	200	250
140	Michael Vick/5721	25	30	80	100
143	LaDainian Tomlinson/1536	20	25	30	40

2001 E-X

		NmMt 8	NmMt+ 8.5	MT 9	Gem 9.5/10
133	L.Tomlinson/1000 RC	30	40	▼50	▲125
136	Michael Vick/1000 RC	30	40	▼50	125

01 Finest

	NmMt 8	NmMt+ 8.5	MT 9	Gem 9.5/10
Drew Brees RC	▼150	▼200	▼250	▼600
LaDainian Tomlinson RC	80	100	125	400
Michael Vick RC	30	40	50	▲200
Reggie Wayne RC	15	20	40	50

01 Fleer Authority

	NmMt 8	NmMt+ 8.5	MT 9	Gem 9.5/10
Michael Vick RC	12	15	25	40
Drew Brees RC	30	50	80	400
LaDainian Tomlinson RC	12	15	25	40

01 Fleer Legacy Rookie Postmarks Autographs

	NmMt 8	NmMt+ 8.5	MT 9	Gem 9.5/10
Michael Vick	200	250	300	450

01 Leaf Rookies and Stars Rookie Autographs

	NmMt 8	NmMt+ 8.5	MT 9	Gem 9.5/10
Drew Brees	175	200	350	

001 Pacific Dynagon

	NmMt 8	NmMt+ 8.5	MT 9	Gem 9.5/10
Drew Brees AU RC	400	500	1,000	
LaDainian Tomlinson AU RC	80	100	150	

001 Pacific Dynagon Retail

	NmMt 8	NmMt+ 8.5	MT 9	Gem 9.5/10
Drew Brees RC	▲25	▲30	40	▲100
LaDainian Tomlinson RC	10	12	20	30

001 Playoff Contenders

	NmMt 8	NmMt+ 8.5	MT 9	Gem 9.5/10
Drew Brees AU/500* RC	4,000	6,000	10,000	15,000
L.Tomlinson AU/600* RC	▲400	▲500	1,000	1,500
Michael Vick AU/327* RC	175	▲400	▲500	700
Reggie Wayne AU/400* RC	125	150	200	400
Steve Smith AU/300* RC	120	150	300	450

001 Quantum Leaf

	NmMt 8	NmMt+ 8.5	MT 9	Gem 9.5/10
Michael Vick RC	10	12	20	30
Drew Brees RC	▼30	▼40	▼50	▼100
LaDainian Tomlinson RC	8	10	15	25

001 SP Authentic

	NmMt 8	NmMt+ 8.5	MT 9	Gem 9.5/10
Michael Vick JSY AU RC	400	500	600	1,200
Drew Brees JSY RC	▲400	▲500	▼600	▼1,200
L.Tomlinson JSY/500 RC	250	300	400	700
Steve Smith AU RC	60	100	150	200

001 SP Authentic Sign of the Times

	NmMt 8	NmMt+ 8.5	MT 9	Gem 9.5/10
Drew Brees	400	500	800	▼1,200

001 SP Game Used Edition

	NmMt 8	NmMt+ 8.5	MT 9	Gem 9.5/10
Michael Vick JSY RC	40	50	60	80
Drew Brees JSY RC	50	80	125	200
LaDainian Tomlinson JSY RC	50	60	120	200

001 SPx

	NmMt 8	NmMt+ 8.5	MT 9	Gem 9.5/10
M.Vick JSY AU/250 RC	80	100	175	300
M.Vick JSY AU/250 RC	80	100	175	300
B D.Brees JSY AU/250 RC	275	300	400	600
G D.Brees JSY AU/250 RC	275	300	400	600
B L.Tomlinson JSY/250 RC	50	60	100	
G L.Tomlinson JSY/250 RC	50	60	100	

2001 Topps

		NmMt 8	NmMt+ 8.5	MT 9	Gem 9.5/10
311	Michael Vick RC	12	15	50	▲100
328	Drew Brees RC	▼50	▼60	▼100	▼300
350	LaDainian Tomlinson RC	12	▼15	▼40	100

2001 Topps Rookie Premier Autographs

		NmMt 8	NmMt+ 8.5	MT 9	Gem 9.5/10
RPDB	Drew Brees	350	400	500	
RPMV	Michael Vick	350	400	600	

2001 Topps Chrome Refractors

		NmMt 8	NmMt+ 8.5	MT 9	Gem 9.5/10
221	LaDainian Tomlinson	125	300	500	1,200
229	Drew Brees	1,500	2,500	4,000	
262	Michael Vick	60	80	200	

2001 Topps Debut

		NmMt 8	NmMt+ 8.5	MT 9	Gem 9.5/10
101	Drew Brees AU RC	200	300	500	1,200
103	LaDainian Tomlinson AU RC	80	100	200	400
108	Michael Vick AU RC	40	80	150	200

2001 Topps Gallery

		NmMt 8	NmMt+ 8.5	MT 9	Gem 9.5/10
101	Michael Vick RC	10	12	15	30
103	LaDainian Tomlinson RC	10	12	15	30
115	Drew Brees RC	25	30	▼50	▼150

2001 Topps Heritage

		NmMt 8	NmMt+ 8.5	MT 9	Gem 9.5/10
116	Drew Brees RC	100	125	150	600
133	Michael Vick RC	25	30	40	60
136	LaDainian Tomlinson RC	25	30	▲80	▲100

2001 UD Game Gear

		NmMt 8	NmMt+ 8.5	MT 9	Gem 9.5/10
107	Drew Brees RC	60	80	100	400
108	LaDainian Tomlinson RC	25	30	50	100

2001 UD Graded

		NmMt 8	NmMt+ 8.5	MT 9	Gem 9.5/10
47	Drew Brees Action RC	35	40	100	300
47P	Drew Brees Portrait RC	35	40	100	300
53	L.Tomlinson Action RC	20	25	50	80
53P	L.Tomlinson Portrait RC	20	25	50	80
54	Michael Vick Action RC	15	20	40	80
54P	Michael Vick Portrait RC	15	20	40	80
56	Reggie Wayne Action RC	12	15	25	50
56P	Reggie Wayne Portrait RC	12	15	25	50

2001 Upper Deck

		NmMt 8	NmMt+ 8.5	MT 9	Gem 9.5/10
206	Drew Brees RC	25	30	100	200
230	LaDainian Tomlinson RC	20	25	40	60
239	Michael Vick RC	20	25	40	60

2001 UD Graded Rookie Autographs

		NmMt 8	NmMt+ 8.5	MT 9	Gem 9.5/10
47	Drew Brees	300	500	800	1,500
53	LaDainian Tomlinson	60	100	▼20	250
54	Michael Vick	40	▲80	▲100	▲300

2001 Upper Deck MVP

		NmMt 8	NmMt+ 8.5	MT 9	Gem 9.5/10
283	Michael Vick RC	10	12	20	30
287	Drew Brees RC	▼20	▼25	▼40	▼125
294	LaDainian Tomlinson RC	▲12	▲15	▲20	25

2001 Upper Deck Top Tier

		NmMt 8	NmMt+ 8.5	MT 9	Gem 9.5/10
184	Michael Vick/1500 RC	20	25	40	60
227	L.Tomlinson/1500 RC	20	25	40	60

2001 Upper Deck Victory

		NmMt 8	NmMt+ 8.5	MT 9	Gem 9.5/10
374	Michael Vick RC	10	12	15	25
415	Drew Brees RC	25	30	80	100
416	LaDainian Tomlinson RC	10	12	25	60

2001 Upper Deck Vintage

		NmMt 8	NmMt+ 8.5	MT 9	Gem 9.5/10
204	Michael Vick RC	8	10	20	35
251	Drew Brees RC	▼25	▼40	▼60	▼80
252	LaDainian Tomlinson RC	10	▼20	▼25	▼50

2002 Bowman Chrome

		NmMt 8	NmMt+ 8.5	MT 9	Gem 9.5/10
99	Tom Brady	50	▼60	▼200	▼500
223	Brian Westbrook AU C RC	15	25	40	60
227	Dwight Freeney AU D RC	40	50	100	400
230	Ed Reed AU A RC	200	250	300	

2002 Finest

		NmMt 8	NmMt+ 8.5	MT 9	Gem 9.5/10
77	Julius Peppers RC	8	10	15	30
92	Dwight Freeney RC	8	10	12	20
102	Brian Westbrook RC	10	12	20	40
109	Ed Reed RC	12	15	▼30	▼100

2002 Finest Refractors

		NmMt 8	NmMt+ 8.5	MT 9	Gem 9.5/10
87	Jeremy Shockey	12	15	25	50
122	Clinton Portis AU	40	50	100	200

2002 Playoff Contenders

		NmMt 8	NmMt+ 8.5	MT 9	Gem 9.5/10
128	Dwight Freeney AU/410 RC	50	60	80	
129	Ed Reed AU/550 RC	80	100	200	

2002 SP Authentic

		NmMt 8	NmMt+ 8.5	MT 9	Gem 9.5/10
1	Tom Brady	▼50	▼60	▼80	▼300
157	Brian Westbrook RC	25	30	40	60
195	Ed Reed AU RC	50	100	250	500

2002 SPx

		NmMt 8	NmMt+ 8.5	MT 9	Gem 9.5/10
99	Ed Reed RC	15	20	30	50

2002 Topps Chrome

		NmMt 8	NmMt+ 8.5	MT 9	Gem 9.5/10
100	Tom Brady	400	500	800	1,000
208	Ed Reed RC	25	30	200	1,000
214	Julius Peppers RC	15	20	200	800

2002 Topps Pristine

		NmMt 8	NmMt+ 8.5	MT 9	Gem 9.5/10
15	Tom Brady		▼80	▼100	500

2002 Upper Deck

		NmMt 8	NmMt+ 8.5	MT 9	Gem 9.5/10
245	Clinton Portis RC	15	20	25	50

2003 Bowman

		NmMt 8	NmMt+ 8.5	MT 9	Gem 9.5/10
111	Carson Palmer RC	8	10	20	
171	Tony Romo RC	30	50	60	125
257	Troy Polamalu RC	40	50	60	80

2003 Bowman Chrome

		NmMt 8	NmMt+ 8.5	MT 9	Gem 9.5/10
144	Tony Romo RC	50	100	150	500
180	Rex Grossman RC	8	10	15	30
195	Andre Johnson RC	10	12	20	50
206	Willis McGahee RC	8	10	15	30

FOOTBALL

#	Player	NmMt 8	NmMt+ 8.5	MT 9	Gem 9.5/10
230	Jason Witten AU D RC	60	80	300	400
235	Larry Johnson AU B RC	35	40	80	
237	Carson Palmer AU A RC	40	50	60	

2003 Bowman Chrome Refractors

#	Player	NmMt 8	NmMt+ 8.5	MT 9	Gem 9.5/10
144	Tony Romo	80	100	500	800
195	Andre Johnson	20	25	40	80

2003 Finest

#	Player	NmMt 8	NmMt+ 8.5	MT 9	Gem 9.5/10
61	Troy Polamalu RC	30	40	80	250
119	Carson Palmer AU/399 RC	40	50	60	
127	Willis McGahee AU/399 RC	25	30	50	
139	Jason Witten AU RC	60	80	125	

2003 Leaf Limited

#	Player	NmMt 8	NmMt+ 8.5	MT 9	Gem 9.5/10
123	Tony Romo RC	40	50	200	250
145	Andre Johnson AU RC	60	80	120	

2003 Leaf Rookies and Stars

#	Player	NmMt 8	NmMt+ 8.5	MT 9	Gem 9.5/10
205	Tony Romo RC	40	50	80	125

2003 Playoff Contenders

#	Player	NmMt 8	NmMt+ 8.5	MT 9	Gem 9.5/10
117	Jason Witten AU/599 RC	175	250	400	800
126B	C.Palmer Blue AU/158 RC	200	250	400	600
127	Byron Leftwich AU/169 RC	50	60	100	175
134	Larry Johnson AU/344 RC	25	30	40	60
135	Will McGahee AU/369 RC	40	50	80	175
146	Anquan Boldin AU/524 RC	35	40	80	120
150	Dallas Clark AU/539 RC	35	40	50	60
156	Tony Romo AU/999 RC	250	300	350	600
190	Troy Polamalu AU/989 RC	300	400	1,000	

2003 Score

#	Player	NmMt 8	NmMt+ 8.5	MT 9	Gem 9.5/10
276	Carson Palmer RC	10	12	20	40

2003 SP Authentic

#	Player	NmMt 8	NmMt+ 8.5	MT 9	Gem 9.5/10
120	Troy Polamalu RC	250	300	400	800
199	Jason Witten RC	80	125	150	500
217	Tony Romo AU RC	225	250	300	▲1,200
244	Willis McGahee JSY RC	15	20	35	60
270	Carson Palmer JSY AU RC	30	100	150	

2003 SP Game Used Edition

#	Player	NmMt 8	NmMt+ 8.5	MT 9	Gem 9.5/10
91	Carson Palmer RC	20	25	40	60
111	Willis McGahee RC	12	15	25	40

2003 SP Signature

#	Player	NmMt 8	NmMt+ 8.5	MT 9	Gem 9.5/10
106	Tony Romo RC	50	60	80	125

2003 SPx

#	Player	NmMt 8	NmMt+ 8.5	MT 9	Gem 9.5/10
114	Tony Romo RC	35	40	100	125
184	Troy Polamalu RC	40	50	80	100
202	A.Johnson JSY AU/250 RC	150	175	250	350
207	B.Leftwich JSY AU/250 RC	25	30	50	60
208	McGahee JSY AU/450 RC	25	30	40	50
210	C.Palmer JSY AU/250 RC	40	50	80	120

2003 Topps

#	Player	NmMt 8	NmMt+ 8.5	MT 9	Gem 9.5/10
311	Carson Palmer RC	8	10	20	35

2003 Topps Chrome

#	Player	NmMt 8	NmMt+ 8.5	MT 9	Gem 9.5/10
124	Tom Brady	100	150	200	800
166	Carson Palmer RC	12	15	25	50
215	Willis McGahee RC	8	10	20	30
227	Jason Witten RC	30	40	60	300
235	Andre Johnson RC	15	40	50	300
274	Troy Polamalu RC	250	300	400	500

2003 Topps Pristine

#	Player	NmMt 8	NmMt+ 8.5	MT 9	Gem 9.5/10
75	Carson Palmer C RC	10	12	20	35
76	Carson Palmer U	12	15	25	40
77	Carson Palmer R	15	20	30	50

2003 Topps Pristine Refractors

#	Player	NmMt 8	NmMt+ 8.5	MT 9	Gem 9.5/10
75	Carson Palmer C	12	15	25	40
76	Carson Palmer U	15	20	30	50
77	Carson Palmer R	35	40	60	100
111	Larry Johnson C	20	25	40	60
112	Larry Johnson U	25	30	50	80
113	Larry Johnson R	12	15	25	40

2003 Ultimate Collection

#	Player	NmMt 8	NmMt+ 8.5	MT 9	Gem 9.5/10
58	Tony Romo/750 RC	35	40	60	100
85	Carson Palmer AU/250 RC	100	120	150	250
95	Willis McGahee AU/250 RC	35	40	60	100
105	Andre Johnson/750 RC	15	20	30	100

2003 Ultra

#	Player	NmMt 8	NmMt+ 8.5	MT 9	Gem 9.5/10
161	Carson Palmer RC	8	10	20	30
164	Andre Johnson RC	10	12	15	80
182	Tony Romo RC	30	60	80	125

2003 Upper Deck

#	Player	NmMt 8	NmMt+ 8.5	MT 9	Gem 9.5/10
241	Carson Palmer RC	15	20	30	50
251	Willis McGahee RC	10	12	20	30
253	Andre Johnson RC	15	20	30	50
256	Tony Romo RC	25	30	50	150

2004 Absolute Memorabilia

#	Player	NmMt 8	NmMt+ 8.5	MT 9	Gem 9.5/10
225	Eli Manning RPM RC	40	50	80	120
227	Ben Roethlisberger RPM RC	50	60	100	150

2004 Bazooka

#	Player	NmMt 8	NmMt+ 8.5	MT 9	Gem 9.5/10
200	Eli Manning RC	20	25	30	100
210	Ben Roethlisberger RC	15	15	20	125

2004 Bowman

#	Player	NmMt 8	NmMt+ 8.5	MT 9	Gem 9.5/10
111	Eli Manning RC	30	40	50	▼200
114	Ben Roethlisberger RC	▲40	▼50	▼60	200

2004 Bowman Chrome

#	Player	NmMt 8	NmMt+ 8.5	MT 9	Gem 9.5/10
106	Tom Brady	50	80	100	250
111	Roethlisberger AU/199 RC	▲800	▲1,000	1,200	2,000
118	Larry Fitzgerald RC	▼50	▼60	▼80	▼200
179	Wes Welker RC	15	20	30	60
223	Philip Rivers AU/199 RC	250	300	400	800
225	Eli Manning AU/199 RC	200	225	300	500

2004 Bowman Chrome Refractors

#	Player	NmMt 8	NmMt+ 8.5	MT 9	Gem 9.5/10
118	Larry Fitzgerald	150	200	250	1,000
179	Wes Welker	35	40	50	60

2004 Bowman Chrome Super Bowl XXXIX Unsigned Draft Picks

#	Player	NmMt 8	NmMt+ 8.5	MT 9	Gem 9.5/10
111	Ben Roethlisberger	60	80	100	150
225	Eli Manning	40	50	60	100

2004 eTopps

#	Player	NmMt 8	NmMt+ 8.5	MT 9	Gem 9.5/10
35	Ben Roethlisberger/2500	60	80	100	125
44	Eli Manning/3750	50	80	100	125

2004 E-X Rookie Die Cuts

#	Player	NmMt 8	NmMt+ 8.5	MT 9	Gem 9.5/10
41	Eli Manning No Ser.#	25	30	40	50
46	Ben Roethlisberger No Ser.#	35	40	50	60

2004 Finest

#	Player	NmMt 8	NmMt+ 8.5	MT 9	Gem 9.5/10
100	Larry Fitzgerald RC	▼20	▼25	▼30	▼80
108	Roethlisberger AU/399 RC	200	▲300	▲400	▲500
109	Philip Rivers AU/399 RC	150	200	250	400
110	Eli Manning AU/399 RC	125	150	▼300	500

2004 Finest Refractors

#	Player	NmMt 8	NmMt+ 8.5	MT 9	Gem 9.5/10
108	Ben Roethlisberger AU	250	300	400	500
109	Philip Rivers AU	80	100	200	400
110	Eli Manning AU	150	200	250	450

2004 Finest Gold Refractors

#	Player	NmMt 8	NmMt+ 8.5	MT 9	Gem 9.5/10
108	Ben Roethlisberger AU	350	400	600	1,500
110	Eli Manning AU	350	400	500	800

2004 Fleer Showcase

#	Player	NmMt 8	NmMt+ 8.5	MT 9	Gem 9.5/10
110	Eli Manning RC	25	30	40	60
113	Ben Roethlisberger RC	30	40	▲100	▲125

2004 Leaf Rookies and Stars

#	Player	NmMt 8	NmMt+ 8.5	MT 9	Gem 9.5/10
181	Willie Parker RC	6	8	12	20

2004 Playoff Contenders

#	Player	NmMt 8	NmMt+ 8.5	MT 9	Gem 9.5/10
106	Roethlisberger AU/541* RC	300	600	1,200	2,000
131	Eli Manning AU/372* RC	400	450	600	1,000
162	Philip Rivers AU/556* RC	300	400	500	800
169	Roy Williams AU/564* RC	25	30	60	
174	Steven Jackson AU/333* RC	50	80	100	150
188A	Willie Parker Blk AU RC	20	25	50	
193	Wes Welker AU RC	60	125	150	

2004 Playoff Prestige

#	Player	NmMt 8	NmMt+ 8.5	MT 9	Gem 9.5/10
151	Eli Manning RC	12	15	20	40
159	Ben Roethlisberger RC	15	20	40	60
220	Mike Williams SP RC	15	20	50	100

2004 Score

#	Player	NmMt 8	NmMt+ 8.5	MT 9	Gem 9.5/10
371	Eli Manning RC	10	12	15	100
374	Philip Rivers RC	6	8	12	20
381	Ben Roethlisberger RC	▲25	▲30	▲40	▼60

2004 Score Glossy

#	Player	NmMt 8	NmMt+ 8.5	MT 9	Gem 9.5/10
371	Eli Manning	12	15	20	60
381	Ben Roethlisberger	20	20	25	200

2004 SP Authentic

#	Player	NmMt 8	NmMt+ 8.5	MT 9	Gem 9.5/10
135	Wes Welker RC	25	30	60	250

	NmMt 8	NmMt+ 8.5	MT 9	Gem 9.5/10
Matt Schaub JSY AU RC	175	200	250	350
Ben Roethlisberger JSY AU RC	1,200	1,500	2,000	
Philip Rivers JSY AU RC	400	500	1,000	
Larry Fitzgerald JSY AU RC	250	300	1,500	
Eli Manning JSY AU RC	600	1,000	1,200	

004 SP Game Used Edition

	NmMt 8	NmMt+ 8.5	MT 9	Gem 9.5/10
Ben Roethlisberger RC	50	60	80	120
Eli Manning RC	50	60	80	150

004 SPx

	NmMt 8	NmMt+ 8.5	MT 9	Gem 9.5/10
Roethlisberger JSY AU/375 RC	▲400	▲500	▲600	▲800
Eli Manning JSY AU/375 RC	150	175	250	500

004 Topps

	NmMt 8	NmMt+ 8.5	MT 9	Gem 9.5/10
Ben Roethlisberger RC	50	▼60	▼80	▼200
Eli Manning RC	40	50	60	200
Matt Schaub RC	8	10	15	25
Larry Fitzgerald RC	30	50	60	▼100
Philip Rivers RC	8	10	15	25

004 Topps Rookie Premiere Autographs

	NmMt 8	NmMt+ 8.5	MT 9	Gem 9.5/10
R Ben Roethlisberger	250	300	500	

004 Topps Chrome

	NmMt 8	NmMt+ 8.5	MT 9	Gem 9.5/10
Ben Roethlisberger RC	▼60	▼80	▼200	▼600
Eli Manning RC	125	150	200	600
Matt Schaub RC				
Larry Fitzgerald RC	50	60	▼125	▼600
Philip Rivers RC	60	80	100	▼200

004 Topps Chrome Gold Xfractors

	NmMt 8	NmMt+ 8.5	MT 9	Gem 9.5/10
Ben Roethlisberger	400	500	600	800
Eli Manning	200	250	300	500
Philip Rivers	250	300	400	1,600

004 Topps Chrome Refractors

	NmMt 8	NmMt+ 8.5	MT 9	Gem 9.5/10
Ben Roethlisberger	150	200	800	1,000
Eli Manning	60	80	100	
Philip Rivers	60	80	300	350

004 Topps Pristine

	NmMt 8	NmMt+ 8.5	MT 9	Gem 9.5/10
Ben Roethlisberger C RC	20	25	35	200
Ben Roethlisberger U	25	30	50	300
Ben Roethlisberger R	30	35	50	300
Eli Manning C RC	▲25	▲30	▲40	▲60
Eli Manning U	▲25	▲30	▲40	60
Eli Manning R	25	30	40	60
Larry Fitzgerald C RC	10	12	15	30
Larry Fitzgerald U	80	100	125	200
Larry Fitzgerald R	80	100	125	250
Philip Rivers C RC	▲15	▲20	▲25	▲50
Philip Rivers U	▲15	▲20	▲25	▲50
Philip Rivers R	15	20	25	50

004 Topps Pristine Refractors

	NmMt 8	NmMt+ 8.5	MT 9	Gem 9.5/10
Ben Roethlisberger C	35	40	50	60
Ben Roethlisberger U	40	50	80	125
Ben Roethlisberger R	100	120	150	250
Eli Manning C	30	40	50	80
Eli Manning U	30	40	50	60
Eli Manning R	30	40	50	60

2004 Topps Signature

		NmMt 8	NmMt+ 8.5	MT 9	Gem 9.5/10
80	Philip Rivers AU/299 RC	80	150	200	500
90	Eli Manning AU/299 RC	150	175	250	450
93	Roethlisberger AU/299 RC	200	250	300	500

2004 Topps Total

		NmMt 8	NmMt+ 8.5	MT 9	Gem 9.5/10
331	Philip Rivers RC	8	10	15	30
350	Eli Manning RC	10	12	20	40
375	Ben Roethlisberger RC	12	15	25	50

2004 Ultimate Collection

		NmMt 8	NmMt+ 8.5	MT 9	Gem 9.5/10
124	Steven Jackson AU RC	80	100	120	200
127	Ben Roethlisberger AU RC	500	600	800	▼1,000
128	Philip Rivers AU RC	400	500	600	800
129	Larry Fitzgerald AU RC	400	500	600	▲1,500
130	Eli Manning AU RC	400	500	600	800

2004 Ultimate Collection Ultimate Signatures

		NmMt 8	NmMt+ 8.5	MT 9	Gem 9.5/10
USBR	Roethlisberger/100	225	250	300	800
USEM	E.Manning/100	175	200	250	350
USPR	Philip Rivers/275	80	100	250	500

2004 Upper Deck

		NmMt 8	NmMt+ 8.5	MT 9	Gem 9.5/10
201	Eli Manning RC	20	25	30	40
202	Larry Fitzgerald RC	12	15	25	40
204	Ben Roethlisberger RC	25	30	40	100
205	Philip Rivers RC	15	20	30	60

2004 Upper Deck Rookie Premiere

		NmMt 8	NmMt+ 8.5	MT 9	Gem 9.5/10
1	Eli Manning	8	10	15	50
2	Ben Roethlisberger	▲20	▼30	40	▼100
25	Matt Schaub	6	8	10	20

2005 Absolute Memorabilia

		NmMt 8	NmMt+ 8.5	MT 9	Gem 9.5/10
180	Aaron Rodgers RC	200	300	400	500

2005 Bazooka

		NmMt 8	NmMt+ 8.5	MT 9	Gem 9.5/10
190	Aaron Rodgers RC	▼40	▼60	▼80	▼300

2005 Bowman

		NmMt 8	NmMt+ 8.5	MT 9	Gem 9.5/10
112	Aaron Rodgers RC	▼50	▼80	▼125	▼300
114	Alex Smith QB RC	8	10	15	25

2005 Bowman Chrome

		NmMt 8	NmMt+ 8.5	MT 9	Gem 9.5/10
8	Tom Brady	▲30	▼40	▼60	▼300
221	Aaron Rodgers AU/199 RC	4,000	4,500	8,000	10,000
252	Ryan Fitzpatrick AU F RC	25	30	50	200
259	Frank Gore AU B RC	150	200	250	300

2005 Donruss Classics

		NmMt 8	NmMt+ 8.5	MT 9	Gem 9.5/10
210	Aaron Rodgers RC	200	300	450	800

2005 Donruss Elite

		NmMt 8	NmMt+ 8.5	MT 9	Gem 9.5/10
101	Aaron Rodgers RC	125	200	600	

2005 Exquisite Collection

		NmMt 8	NmMt+ 8.5	MT 9	Gem 9.5/10
93	Frank Gore JSY AU RC	175	200	300	600
106	A.Rodgers JSY AU RC	2,000	2,200	2,800	6,000
114	R.Brown JSY AU/99 RC	250	300	500	800

		NmMt 8	NmMt+ 8.5	MT 9	Gem 9.5/10
117	C.Williams JSY AU/99 RC	100	125	200	300
118	A.Smith QB JSY AU/99 RC	300	350	450	

2005 Finest

		NmMt 8	NmMt+ 8.5	MT 9	Gem 9.5/10
121	Frank Gore RC	10	15	30	40
150	Marion Barber RC	10	12	15	25
151	Aaron Rodgers AU/299 RC	2,500	3,000	3,500	5,000
152	Alex Smith QB AU/299 RC	80	100	125	175

2005 Playoff Contenders

		NmMt 8	NmMt+ 8.5	MT 9	Gem 9.5/10
101	A.Rodgers AU/530* RC	5,000	5,500	6,000	8,000
106	Alex Smith QB AU/401* RC	80	100	125	250
129	Darren Sproles AU/454* RC	25	30	50	100
133	DeMarcus Ware AU RC	35	40	200	400
139	Frank Gore AU RC	300	400	500	1,500

2005 Score

		NmMt 8	NmMt+ 8.5	MT 9	Gem 9.5/10
352	Aaron Rodgers RC	▼50	▼60	▼80	200

2005 Score Glossy

		NmMt 8	NmMt+ 8.5	MT 9	Gem 9.5/10
352	Aaron Rodgers	20	25	40	60

2005 SP Authentic

		NmMt 8	NmMt+ 8.5	MT 9	Gem 9.5/10
188	Marion Barber AU RC	12	15	25	50
190	Derek Anderson AU RC	12	15	25	40
219	DeMarcus Ware AU RC	60	80	100	400
224	Frank Gore JSY/899 AU RC	▼100	▼125	250	▼500
248	A.Smith QB JSY/299 AU RC	225	250	350	500
252	A.Rodgers JSY/99/AU RC	2,250	2,500	5,000	

2005 SPx

		NmMt 8	NmMt+ 8.5	MT 9	Gem 9.5/10
198B	Kyle Orton JSY AU RC	25	30	50	
200B	Frank Gore JSY AU RC	80	100	300	400
222	A.Smith QB JSY AU/250 RC	100	120	150	200
223	A.Rodgers JSY AU/250 RC	1,200	2,500	3,000	6,000

2005 Topps

		NmMt 8	NmMt+ 8.5	MT 9	Gem 9.5/10
431	Aaron Rodgers RC	▼100	▼150	▼200	▼300

2005 Topps Rookie Premiere Autographs

	NmMt 8	NmMt+ 8.5	MT 9	Gem 9.5/10
RPAS Alex Smith QB	80	100	125	175

2005 Topps Chrome

		NmMt 8	NmMt+ 8.5	MT 9	Gem 9.5/10
171	Jason Campbell RC	8	10	15	25
177	Frank Gore RC	▼30	▼40	▼50	▼250
190	Aaron Rodgers RC	600	800	1,500	5,000
194	Alex Smith QB RC	12	20	60	80
223	Marion Barber RC				

2005 Topps Chrome Black Refractors

		NmMt 8	NmMt+ 8.5	MT 9	Gem 9.5/10
194	Alex Smith QB	60	80	100	150

2005 Topps Chrome Gold Xfractors

		NmMt 8	NmMt+ 8.5	MT 9	Gem 9.5/10
190	Aaron Rodgers AU	4,000	5,000	6,000	10,000
194	Alex Smith QB	40	50	60	100

2005 Topps Chrome Refractors

		NmMt 8	NmMt+ 8.5	MT 9	Gem 9.5/10
170	Ronnie Brown				
190	Aaron Rodgers	2,000	2,500	4,000	5,000
194	Alex Smith QB	25	30	40	50

2005 Topps Draft Picks and Prospects Chrome

		NmMt 8	NmMt+ 8.5	MT 9	Gem 9.5/10
152	Aaron Rodgers	30	40	60	125

2005 Topps Heritage

		NmMt 8	NmMt+ 8.5	MT 9	Gem 9.5/10
344A	Aaron Rodgers SP RC	25	30	50	80

2005 Ultimate Collection

		NmMt 8	NmMt+ 8.5	MT 9	Gem 9.5/10
216	Frank Gore AU RC	30	40	50	100
232	Jason Campbell AU/150 RC	50	60	100	150
241	Alex Smith QB AU/99 RC	125	135	150	250
242	Aaron Rodgers AU/99 RC	800	900	1,500	3,500

2005 Upper Deck

		NmMt 8	NmMt+ 8.5	MT 9	Gem 9.5/10
202	Aaron Rodgers RC	80	100	125	150

2005 Upper Deck Kickoff

		NmMt 8	NmMt+ 8.5	MT 9	Gem 9.5/10
91	Aaron Rodgers RC	30	40	50	200

2005 Upper Deck Legends

		NmMt 8	NmMt+ 8.5	MT 9	Gem 9.5/10
101	Aaron Rodgers RC	50	60	300	400

2005 Upper Deck Rookie Debut

		NmMt 8	NmMt+ 8.5	MT 9	Gem 9.5/10
126	Aaron Rodgers RC	25	50	80	200

2005 Upper Deck Rookie Materials

		NmMt 8	NmMt+ 8.5	MT 9	Gem 9.5/10
91	Aaron Rodgers RC		30	40	50

2005 Upper Deck Rookie Premiere

		NmMt 8	NmMt+ 8.5	MT 9	Gem 9.5/10
4	Cadillac Williams				
16	Aaron Rodgers	80	100	150	400

2005 Upper Deck Rookie Premiere Gold

		NmMt 8	NmMt+ 8.5	MT 9	Gem 9.5/10
16	Aaron Rodgers	25	30	40	100

2006 Bowman

		NmMt 8	NmMt+ 8.5	MT 9	Gem 9.5/10
112	Matt Leinart RC	8	8	12	25
114	Jay Cutler RC	8	10	15	30

2006 Bowman Chrome

		NmMt 8	NmMt+ 8.5	MT 9	Gem 9.5/10
222	Jay Cutler RC	10	12	25	40
224	Matt Leinart RC	8	10	20	30

2006 Bowman Chrome Blue Refractors

		NmMt 8	NmMt+ 8.5	MT 9	Gem 9.5/10
222	Jay Cutler	25	30	40	80
223	Reggie Bush	25	30	40	60

2006 Bowman Chrome Refractors

		NmMt 8	NmMt+ 8.5	MT 9	Gem 9.5/10
222	Jay Cutler	15	20	30	50
223	Reggie Bush	15	20	30	50

2006 Bowman Chrome Rookie Autographs

		NmMt 8	NmMt+ 8.5	MT 9	Gem 9.5/10
223	Reggie Bush/199	40	50	60	

2006 Bowman Sterling

		NmMt 8	NmMt+ 8.5	MT 9	Gem 9.5/10
DHE	Devin Hester AU RC	50	60	▲200	300
ML	Matt Leinart JSY RC	20	25	30	50

2006 Finest

		NmMt 8	NmMt+ 8.5	MT 9	Gem 9.5/10
152	Matt Leinart AU/199 RC	25	30	50	80
153	Vince Young AU/199 RC	25	30	50	80
154	Jay Cutler AU/199 RC	40	60	100	125

2006 Playoff Contenders

		NmMt 8	NmMt+ 8.5	MT 9	Gem 9.5/10
115	Santonio Holmes AU RC	20	25	35	60
165	Devin Hester AU RC	30	40	▲125	▲200

2006 Playoff Prestige

		NmMt 8	NmMt+ 8.5	MT 9	Gem 9.5/10
198	Jay Cutler RC	8	10	15	
223	Matt Leinart RC	8	10	12	25
246	Vince Young RC	10	12	15	30

2006 Score

		NmMt 8	NmMt+ 8.5	MT 9	Gem 9.5/10
331	Matt Leinart RC	6	8	10	15
340	Vince Young RC	8	10	12	20
350A	Jay Cutler RC	6	8	10	15
350B	Jay Cutler fact set	6	8	10	15

2006 SP Authentic

		NmMt 8	NmMt+ 8.5	MT 9	Gem 9.5/10
226	Jay Cutler AU/99 RC	50	60	80	
247	M.Drew JSY/999 AU RC				
252	R.Bush JSY/299 AU RC	40	50	100	

2006 SPx

		NmMt 8	NmMt+ 8.5	MT 9	Gem 9.5/10
183	Vince Young JSY AU RC	25	30	40	60
184	S.Holmes JSY AU RC	25	30	50	80
186	Matt Leinart JSY AU RC	25	30	50	80
203	Maurice Drew JSY AU RC	25	30	40	50
208	Brandon Marshall JSY AU RC	20	25	40	60

2006 SPx Rookie Autographs Gold

		NmMt 8	NmMt+ 8.5	MT 9	Gem 9.5/10
159	Jay Cutler	80	100	125	200

2006 Topps

		NmMt 8	NmMt+ 8.5	MT 9	Gem 9.5/10
353	Vince Young RC	8	10	15	25
354	Matt Leinart RC	8	10	15	25
365	Jay Cutler RC	10	12	20	35

2006 Topps Chrome

		NmMt 8	NmMt+ 8.5	MT 9	Gem 9.5/10
14	Aaron Rodgers	▼20	▼30	▼50	▼100
223	Vince Young RC	8	10	20	30
224	Matt Leinart RC	8	10	20	30
229	Jay Cutler RC	10	12	25	40
252	Devin Hester RC	20	30	▼50	▲150

2006 Topps Chrome Black Refractors

		NmMt 8	NmMt+ 8.5	MT 9	Gem 9.5/10
221	Reggie Bush	25	30	40	60
229	Jay Cutler	25	30	40	60

2006 Topps Chrome Refractors

		NmMt 8	NmMt+ 8.5	MT 9	Gem 9.5/10
221	Reggie Bush	15	20	30	50
224	Matt Leinart	10	12	20	35
229	Jay Cutler	20	25	40	50
234	Vernon Davis	12	15	25	40
244	Santonio Holmes	10	12	20	35
247	Maurice Drew	15	20	30	40
263	Brandon Marshall	12	15	25	40
268	Joseph Addai	12	15	25	40

2006 Topps Chrome Rookie Autographs

		NmMt 8	NmMt+ 8.5	MT 9	Gem 9.5/10
221	Reggie Bush A				
263	Brandon Marshall D	15	20	25	40

2006 Topps Heritage

		NmMt 8	NmMt+ 8.5	MT 9	Gem 9.5/10
320	Vince Young SP RC	10	12	20	30

2006 Upper Deck

		NmMt 8	NmMt+ 8.5	MT 9	Gem 9.5/10
210	Jay Cutler RC	15	20	30	50
216	Matt Leinart RC	10	12	20	35
225	Vince Young RC	10	12	20	35

2007 Artifacts

		NmMt 8	NmMt+ 8.5	MT 9	Gem 9.5/10
152	Adrian Peterson RC	20	25	40	60

2007 Bowman

		NmMt 8	NmMt+ 8.5	MT 9	Gem 9.5/10
126	Adrian Peterson RC	15	20	25	30

2007 Bowman Chrome

		NmMt 8	NmMt+ 8.5	MT 9	Gem 9.5/10
BC65	Adrian Peterson RC	25	40	80	200
BC66	Marshawn Lynch RC	8	12	20	80
BC75	Calvin Johnson RC	20	30	▼50	▼80
BC171	Peyton Manning				

2007 Bowman Chrome Refractors

		NmMt 8	NmMt+ 8.5	MT 9	Gem 9.5/10
BC65	Adrian Peterson	50	80	150	300
BC66	Marshawn Lynch	10	12	15	25
BC75	Calvin Johnson	30	100	200	250

2007 Bowman Chrome Uncirculated Rookies

		NmMt 8	NmMt+ 8.5	MT 9	Gem 9.5/10
BC65	Adrian Peterson	25	30	60	100
BC75	Calvin Johnson	20	25	30	40

2007 Bowman Sterling

		NmMt 8	NmMt+ 8.5	MT 9	Gem 9.5/10
APE1	Adrian Peterson JSY RC	40	50	60	100
CJO1	Calvin Johnson JSY RC	20	25	35	80

2007 Donruss Elite

		NmMt 8	NmMt+ 8.5	MT 9	Gem 9.5/10
105	Adrian Peterson RC	40	50	80	
118	Calvin Johnson RC	25	30	50	

2007 Finest

		NmMt 8	NmMt+ 8.5	MT 9	Gem 9.5/10
112	Adrian Peterson RC	40	50	60	150
135	Calvin Johnson RC	25	▼30	▼40	▼100

2007 Finest Blue Refractors

		NmMt 8	NmMt+ 8.5	MT 9	Gem 9.5/10
102	Brady Quinn	12	15	25	40
112	Adrian Peterson	30	35	50	80

2007 Finest Refractors

		NmMt 8	NmMt+ 8.5	MT 9	Gem 9.5/10
112	Adrian Peterson	40	50	60	80
135	Calvin Johnson	15	20	35	60

2007 Finest Rookie Autographs

		NmMt 8	NmMt+ 8.5	MT 9	Gem 9.5/10
112	Adrian Peterson A	250	300	500	

007 Playoff Contenders

	NmMt 8	NmMt+ 8.5	MT 9	Gem 9.5/10
A.Peterson AU/355* RC	300	350	400	700
C.Johnson AU/525* RC	150	200	250	▲1,000

007 Playoff Prestige

	NmMt 8	NmMt+ 8.5	MT 9	Gem 9.5/10
Adrian Peterson RC	20	25	30	50

007 Score

	NmMt 8	NmMt+ 8.5	MT 9	Gem 9.5/10
Adrian Peterson RC	8	10	15	25
Calvin Johnson RC	8	10	12	30

007 SP Authentic

	NmMt 8	NmMt+ 8.5	MT 9	Gem 9.5/10
Adrian Peterson JSY AU RC	500	600		

007 SP Chirography

	NmMt 8	NmMt+ 8.5	MT 9	Gem 9.5/10
Adrian Peterson AU/199 RC	125	150	200	300

007 SPx

	NmMt 8	NmMt+ 8.5	MT 9	Gem 9.5/10
A.Peterson JSY AU/299 RC	250	300	400	
Ca.Johnson JSY AU/299 RC	100	120	250	

007 Topps

	NmMt 8	NmMt+ 8.5	MT 9	Gem 9.5/10
Adrian Peterson RC	10	12	20	60
Calvin Johnson RC	8	10	15	25

007 Topps Rookie Premiere Autographs

	NmMt 8	NmMt+ 8.5	MT 9	Gem 9.5/10
Adrian Peterson	175	200	350	500

007 Topps Chrome

	NmMt 8	NmMt+ 8.5	MT 9	Gem 9.5/10
6 Tom Brady	50	60	80	400
181 Adrian Peterson RC	40	50	100	300
200 Calvin Johnson RC	80	125	200	▼400

007 Topps Chrome Blue Refractors

	NmMt 8	NmMt+ 8.5	MT 9	Gem 9.5/10
181 Adrian Peterson	50	60	100	150

007 Topps Chrome Red Refractors Uncirculated

	NmMt 8	NmMt+ 8.5	MT 9	Gem 9.5/10
181 Adrian Peterson	125	150	175	250

007 Topps Chrome Refractors

	NmMt 8	NmMt+ 8.5	MT 9	Gem 9.5/10
181 Adrian Peterson	100	125	250	400
200 Calvin Johnson	150	250	400	500

007 Topps Chrome White Refractors

	NmMt 8	NmMt+ 8.5	MT 9	Gem 9.5/10
181 Adrian Peterson	60	80	100	150
200 Calvin Johnson	60	80	100	500

007 Topps Chrome Xfractors

	NmMt 8	NmMt+ 8.5	MT 9	Gem 9.5/10
181 Adrian Peterson	50	60	80	135
200 Calvin Johnson	50	60	80	100

007 Topps Draft Picks and Prospects

	NmMt 8	NmMt+ 8.5	MT 9	Gem 9.5/10
5 Adrian Peterson RC	10	12	15	25

007 Topps Draft Picks and Prospects Chrome Black

	NmMt 8	NmMt+ 8.5	MT 9	Gem 9.5/10
2 Calvin Johnson	8	10	15	25
5 Adrian Peterson	12	15	20	30

2007 Topps Draft Picks and Prospects Chrome Bronze

	NmMt 8	NmMt+ 8.5	MT 9	Gem 9.5/10
135 Adrian Peterson	15	20	25	40

2007 Ultimate Collection

	NmMt 8	NmMt+ 8.5	MT 9	Gem 9.5/10
101 Adrian Peterson AU/99 RC	250	300	400	500
103 Calvin Johnson AU/99 RC	150	175	200	1,500

2007 Upper Deck

	NmMt 8	NmMt+ 8.5	MT 9	Gem 9.5/10
277 Calvin Johnson RC	12	15	25	40
279 Adrian Peterson RC	15	20	30	50

2007 Upper Deck Exclusive Edition Rookies

	NmMt 8	NmMt+ 8.5	MT 9	Gem 9.5/10
279 Adrian Peterson	8	10	15	25

2007 Upper Deck First Edition

	NmMt 8	NmMt+ 8.5	MT 9	Gem 9.5/10
104 Adrian Peterson RC	10	12	20	30

2007 Upper Deck Rookie Premiere

	NmMt 8	NmMt+ 8.5	MT 9	Gem 9.5/10
15 Calvin Johnson	8	10	12	25
21 Adrian Peterson	10	12	15	30

2008 Bowman Chrome

	NmMt 8	NmMt+ 8.5	MT 9	Gem 9.5/10
BC59 Matt Ryan RC	12	15	30	50
BC61 Joe Flacco RC	8	10	15	20

2008 Bowman Chrome Refractors

	NmMt 8	NmMt+ 8.5	MT 9	Gem 9.5/10
BC59 Matt Ryan	15	20	50	100
BC61 Joe Flacco	15	20	35	50
BC76 Chris Johnson	12	15	25	40

2008 Bowman Sterling Gold Rookie Autographs

	NmMt 8	NmMt+ 8.5	MT 9	Gem 9.5/10
156 Chris Johnson/400	12	15	25	50

2008 Bowman Sterling Rookie Blue Refractors

	NmMt 8	NmMt+ 8.5	MT 9	Gem 9.5/10
BS1 Matt Ryan	12	15	▲50	▲60
BS2 Joe Flacco	12	15	25	40
BS7 Chris Johnson	8	10	15	30

2008 Donruss Elite

	NmMt 8	NmMt+ 8.5	MT 9	Gem 9.5/10
101 Matt Ryan AU/199 RC	80	100	125	175
105 Joe Flacco AU/299 RC	25	40	50	60

2008 Exquisite Collection

	NmMt 8	NmMt+ 8.5	MT 9	Gem 9.5/10
148 Jamaal Charles JSY AU RC	60	80	200	
168 Matt Ryan JSY AU RC	750	800	1,200	
170 Joe Flacco JSY AU RC	100	150	250	

2008 Finest

	NmMt 8	NmMt+ 8.5	MT 9	Gem 9.5/10
109 Matt Ryan RC	15	20	▲100	▲150
116 Chris Johnson RC	10	12	20	30

2008 Playoff Contenders

	NmMt 8	NmMt+ 8.5	MT 9	Gem 9.5/10
112 Chad Henne AU RC	20	25	40	60
115 Chris Johnson AU RC	25	30	60	120
123 Darren McFadden AU RC	30	35	60	100
151 Joe Flacco AU/220* RC	80	100	200	250
178 Matt Forte AU RC	35	40	50	80
179 Matt Ryan AU/246* RC	400	500	600	1,200

2008 Playoff National Treasures

	NmMt 8	NmMt+ 8.5	MT 9	Gem 9.5/10
111 Matt Ryan JSY AU RC	300	350	400	500

2008 Playoff Prestige

	NmMt 8	NmMt+ 8.5	MT 9	Gem 9.5/10
151 Joe Flacco RC	8	10	15	25
179 Matt Ryan RC	8	10	15	25

2008 Score

	NmMt 8	NmMt+ 8.5	MT 9	Gem 9.5/10
333 Matt Ryan RC	10	12	15	25
344 Joe Flacco RC	8	10	12	20
348 Chris Johnson RC	8	10	12	20

2008 SP Authentic

	NmMt 8	NmMt+ 8.5	MT 9	Gem 9.5/10
228 Matt Flynn AU RC				80
279 Jordy Nelson JSY AU RC	40	50	60	
295 Joe Flacco JSY AU RC	50	60	80	100
300 Matt Ryan JSY AU/499 RC	200	250	400	

2008 SPx

	NmMt 8	NmMt+ 8.5	MT 9	Gem 9.5/10
153 Chris Johnson JSY AU RC	20	25	50	
162 Joe Flacco JSY AU RC	50	60	100	150

2008 Topps Rookie Premiere Autographs

	NmMt 8	NmMt+ 8.5	MT 9	Gem 9.5/10
RPADM Darren McFadden	80	100	125	200
RPAJF Joe Flacco	80	100	125	200
RPAJS Jonathan Stewart	40	50	60	80
RPAMF Matt Forte	40	50	60	80
RPAMR Matt Ryan	80	100	120	150

2008 Topps Chrome

	NmMt 8	NmMt+ 8.5	MT 9	Gem 9.5/10
TC166 Matt Ryan RC	12	15	80	▼100
TC170 Joe Flacco RC	10	12	20	30

2008 Topps Chrome Copper Refractors

	NmMt 8	NmMt+ 8.5	MT 9	Gem 9.5/10
TC166 Matt Ryan	20	25	40	100

2008 Topps Chrome Refractors

	NmMt 8	NmMt+ 8.5	MT 9	Gem 9.5/10
TC166 Matt Ryan	15	20	125	300
TC170 Joe Flacco	12	15	25	50
TC186 Chris Johnson	8	10	20	40

2008 Topps Chrome Rookie Autographs

	NmMt 8	NmMt+ 8.5	MT 9	Gem 9.5/10
TC186 Chris Johnson E	20	25	40	50
TC187 Ray Rice B	25	30	40	50
TC191 Matt Forte E	25	30	40	50

2008 Upper Deck

	NmMt 8	NmMt+ 8.5	MT 9	Gem 9.5/10
219 Chris Johnson RC	8	10	15	20
251 Joe Flacco RC	10	12	15	25
305 Matt Ryan SP RC	20	25	35	50

2008 Upper Deck Draft Edition

	NmMt 8	NmMt+ 8.5	MT 9	Gem 9.5/10
50 Joe Flacco RC	10	12	15	25
74 Matt Ryan RC	10	12	15	25

2008 Upper Deck Rookie Premiere

	NmMt 8	NmMt+ 8.5	MT 9	Gem 9.5/10
4 Matt Ryan	8	10	15	25

2009 Bowman Chrome

		NmMt 8	NmMt+ 8.5	MT 9	Gem 9.5/10
111	Matthew Stafford RC	▼30	▼40	▼50	▼200

2009 Bowman Chrome Rookie Autographs

		NmMt 8	NmMt+ 8.5	MT 9	Gem 9.5/10
111	Matthew Stafford A	500	600	700	800

2009 Bowman Draft

		NmMt 8	NmMt+ 8.5	MT 9	Gem 9.5/10
111	Matthew Stafford RC	10	12	20	30

2009 Finest

		NmMt 8	NmMt+ 8.5	MT 9	Gem 9.5/10
61	Josh Freeman RC	8	10	12	20
73	Percy Harvin RC	8	10	12	20
80	Mark Sanchez RC	10	12	15	25
100	Matthew Stafford RC	▼30	▼40	▼50	▼200

2009 Playoff Contenders

		NmMt 8	NmMt+ 8.5	MT 9	Gem 9.5/10
101	M.Stafford AU/540* RC	▼300	▼500	▼600	▼800
156	Clay Matthews AU RC	50	60	80	150
176	Julian Edelman AU RC	200	250	300	800

2009 Playoff National Treasures

		NmMt 8	NmMt+ 8.5	MT 9	Gem 9.5/10
119	LeSean McCoy JSY AU RC	60	125	150	200
121	Matthew Stafford JSY AU RC	2,000	3,200	4,000	4,500
150	Clay Matthews AU RC	80	100	125	150

2009 Playoff Prestige

		NmMt 8	NmMt+ 8.5	MT 9	Gem 9.5/10
172A	Matthew Stafford RC	12	15	25	40

2009 Score

		NmMt 8	NmMt+ 8.5	MT 9	Gem 9.5/10
323	Chris Wells RC	10	12	15	25
371	Matthew Stafford RC	12	15	▼25	▼50

2009 SP Authentic

		NmMt 8	NmMt+ 8.5	MT 9	Gem 9.5/10
305	Julian Edelman AU RC	250	300	400	600
357	Clay Matthews AU/299 RC	50	60	80	▼60
403	M.Stafford JSY AU/499 RC	▼250	▼1,000	▼1,500	

2009 Topps

		NmMt 8	NmMt+ 8.5	MT 9	Gem 9.5/10
430A	Matthew Stafford RC	12	15	20	35

2009 Topps Chrome

		NmMt 8	NmMt+ 8.5	MT 9	Gem 9.5/10
TC155	Percy Harvin RC	8	10	15	25
TC210	Matthew Stafford RC	▼80	▼100	▼150	▼400

2009 Topps Chrome Blue Refractors

		NmMt 8	NmMt+ 8.5	MT 9	Gem 9.5/10
TC210	Matthew Stafford	100	150	200	800

2009 Topps Chrome Refractors

		NmMt 8	NmMt+ 8.5	MT 9	Gem 9.5/10
TC210	Matthew Stafford	150	250	400	1,200
TC220	Mark Sanchez	12	15	30	60

2009 Topps Chrome Xfractors

		NmMt 8	NmMt+ 8.5	MT 9	Gem 9.5/10
TC210	Matthew Stafford	25	30	50	80
TC220	Mark Sanchez	15	20	30	50

2009 Topps Chrome Rookie Autographs

		NmMt 8	NmMt+ 8.5	MT 9	Gem 9.5/10
TC210	Matthew Stafford B	400	500	▼600	▼1,000

2009 Topps Platinum

		NmMt 8	NmMt+ 8.5	MT 9	Gem 9.5/10
125	Matthew Stafford RC	▼25	▼30	▼40	▼150

2009 Upper Deck

		NmMt 8	NmMt+ 8.5	MT 9	Gem 9.5/10
305	Matthew Stafford RC	12	15	20	30

2010 Bowman Chrome Rookie Preview Inserts

		NmMt 8	NmMt+ 8.5	MT 9	Gem 9.5/10
BCR1	Tim Tebow	8	10	15	25
BCR3	Dez Bryant	8	10	15	25

2010 Donruss Rated Rookies

		NmMt 8	NmMt+ 8.5	MT 9	Gem 9.5/10
95	Tim Tebow	8	10	15	25
100	Victor Cruz	8	10	12	20

2010 Exquisite Collection Draft Picks

		NmMt 8	NmMt+ 8.5	MT 9	Gem 9.5/10
ERAD	Andy Dalton	50	60	80	100
ERCN	Cam Newton	125	150	200	300

2010 Finest

		NmMt 8	NmMt+ 8.5	MT 9	Gem 9.5/10
100	Tim Tebow RC	10	12	20	30
110	Dez Bryant RC	8	10	15	25

2010 Finest Atomic Refractor Rookies

		NmMt 8	NmMt+ 8.5	MT 9	Gem 9.5/10
FAR25	Tim Tebow	15	20	30	50

2010 Playoff Contenders

		NmMt 8	NmMt+ 8.5	MT 9	Gem 9.5/10
56	Danny Woodhead RC	8	10	15	30
101	Aaron Hernandez AU RC	100	150	200	500
105	Antonio Brown AU RC	▼80	▼100	▼125	▼200
151	Jimmy Graham AU/358* RC	▼30	▼40	▼50	125
186	Sean Lee AU RC	25	30	40	60
199	Victor Cruz AU RC	25	30	40	50
204A	Ben Tate Cut AU RC	15	20	30	50
204B	Ben Tate Stnd AU RC	15	20	30	50
206A	C.J. Spiller BJ AU/372* RC	50	60	80	100
206B	C.J. Spiller WJ AU/372* RC	50	60	80	100
207A	Colt McCoy BJ AU/394* RC	25	30	50	80
207B	Colt McCoy WJ AU/394* RC	25	30	50	80
209A	D.Thomas Cut AU RC	40	50	80	120
209B	D.Thomas Fwd AU RC	40	50	80	120
211A	Dez Bryant BJ AU/360* RC	80	100	125	200
211B	Dez Bryant WJ AU/360* RC	80	100	125	200
214A	Eric Decker BJ AU/492* RC	30	40	50	60
214B	Eric Decker OJ AU/492* RC	30	40	50	60
228A	N.Suh BJ AU/326* RC	40	50	60	80
228B	N.Suh WJ AU/326* RC	40	50	60	80
229A	Gronkowski BJ AU/499* RC	60	80	100	300
229B	Gronkowski WJ AU/499* RC	60	80	100	300
232A	Bradford Fwd AU/377* RC	60	80	100	125
232B	Bradford Lft AU/377* RC	60	80	100	125
234A	Tim Tebow BJ AU/400* RC	60	80	150	250
234B	T.Tebow WJ AU/400* RC	60	80	150	250

2010 Playoff National Treasures

		NmMt 8	NmMt+ 8.5	MT 9	Gem 9.5/10
311	Dez Bryant JSY AU RC	250	300	400	
329	Rob Gronkowski JSY AU RC	225	250	500	
332	Sam Bradford JSY AU RC	500	600	700	
334	Tim Tebow JSY AU RC	250	300	400	

2010 Score

		NmMt 8	NmMt+ 8.5	MT 9	Gem 9.5/10
323	Colt McCoy RC	8	10	12	20
334	Dez Bryant RC	8	10	15	25

		NmMt 8	NmMt+ 8.5	MT 9	Gem 9.5/10
387	Sam Bradford RC	10	12	20	30
396	Tim Tebow RC	10	12	20	35

2010 SP Authentic

		NmMt 8	NmMt+ 8.5	MT 9	Gem 9.5/10
102	Colt McCoy JSY AU/299 RC	25	30	35	
103	Dez Bryant JSY AU/299 RC	60	80	100	150
107	Bradford JSY AU/299 RC	40	50	60	80
108	Tim Tebow JSY AU/299 RC	100	125	150	200
128	Gronkowski JSY AU/499 RC	200	250	300	400

2010 SPx

		NmMt 8	NmMt+ 8.5	MT 9	Gem 9.5/10
101	Sam Bradford JSY AU RC	▼25	▼30	▼40	▼50
102	Tim Tebow JSY AU RC	▼125	▼150	▼200	▼300
121	Rob Gronkowski JSY AU RC	100	150	200	250

2010 Topps

		NmMt 8	NmMt+ 8.5	MT 9	Gem 9.5/10
148A	Rob Gronkowski RC				
	Cutting to his right	8	10	12	20
194A	Colt McCoy RC helmet	8	10	15	25
300A	Sam Bradford RC passing	10	12	20	30
300B	Sam Bradford SP snap	60	80	100	125
425A	Dez Bryant RC leaping	8	10	15	25
440A	Tim Tebow RC leaping	10	12	20	40

2010 Topps Chrome

		NmMt 8	NmMt+ 8.5	MT 9	Gem 9.5/10
C60A	Dez Bryant RC	10	12	15	25
C67	Jimmy Graham RC	8	10	15	25
C70A	Colt McCoy helm RC	10	12	15	25
C100A	Tim Tebow leap RC	8	10	15	25
C150A	Sam Bradford run RC	12	15	20	30
C150B	Sam Bradford snap SP	60	80	100	150

2010 Topps Chrome Purple Refractors

		NmMt 8	NmMt+ 8.5	MT 9	Gem 9.5/10
C150	Sam Bradford	25	30	40	50

2010 Topps Chrome Refractors

		NmMt 8	NmMt+ 8.5	MT 9	Gem 9.5/10
C3	Jahvid Best	12	15	20	30
C60	Dez Bryant	10	12	25	40
C70	Colt McCoy	10	12	20	30
C100	Tim Tebow	15	20	30	50
C150	Sam Bradford	15	20	30	40
C160	Ndamukong Suh	10	12	20	30

2010 Topps Chrome Rookie Autographs

		NmMt 8	NmMt+ 8.5	MT 9	Gem 9.5/10
C60	Dez Bryant A	50	60	80	100
C87	Aaron Hernandez B	60	80	200	300
C100	Tim Tebow A	100	150	200	400
C112	Rob Gronkowski B	300	400	500	800
C160	Ndamukong Suh A	40	50	60	200

2010 Topps Platinum Rookie Autographs

		NmMt 8	NmMt+ 8.5	MT 9	Gem 9.5/10
103	Jimmy Graham/999	25	30	40	60

2011 Bowman Chrome Rookie Preview Inserts

		NmMt 8	NmMt+ 8.5	MT 9	Gem 9.5/10
BCR3	Cam Newton	10	12	20	40
BCR18	Cam Newton	10	12	20	40

2011 Donruss Elite

		NmMt 8	NmMt+ 8.5	MT 9	Gem 9.5/10
115	Cam Newton RC	20	25	30	50

2011 Exquisite Collection

		NmMt 8	NmMt+ 8.5	MT 9	Gem 9.5/10
152	Cam Newton JSY AU	500	600	800	1,000
154	Julio Jones JSY AU		250	400	600

2011 Exquisite Collection Draft Picks Bronze

	NmMt 8	NmMt+ 8.5	MT 9	Gem 9.5/10
VRussell Wilson	100	125	150	175

2011 Finest

	NmMt 8	NmMt+ 8.5	MT 9	Gem 9.5/10
Cam Newton RC	10	12	15	40

2011 Finest Refractors

	NmMt 8	NmMt+ 8.5	MT 9	Gem 9.5/10
Colin Kaepernick	25	30	50	80
Cam Newton	20	25	40	60

2011 Finest Xfractors

	NmMt 8	NmMt+ 8.5	MT 9	Gem 9.5/10
Colin Kaepernick	30	40	50	80
Cam Newton	25	30	50	80

2011 Finest Atomic Refractor Rookies

	NmMt 8	NmMt+ 8.5	MT 9	Gem 9.5/10
G A.J. Green	8	10	12	20
CK Colin Kaepernick	15	20	30	60
CN Cam Newton	15	20	25	50

2011 Finest Rookie Patch Autographs

	NmMt 8	NmMt+ 8.5	MT 9	Gem 9.5/10
CN Cam Newton/100	60	80	100	125

2011 Finest Rookie Patch Autographs Refractors

	NmMt 8	NmMt+ 8.5	MT 9	Gem 9.5/10
AD Andy Dalton	80	100	125	150

2011 Leaf Metal Draft

	NmMt 8	NmMt+ 8.5	MT 9	Gem 9.5/10
N1 Cam Newton	20	40	50	80

2011 Panini Plates and Patches

	NmMt 8	NmMt+ 8.5	MT 9	Gem 9.5/10
C.Newton JSY AU/299 RC	80	100	125	150

2011 Panini Threads

	NmMt 8	NmMt+ 8.5	MT 9	Gem 9.5/10
Cam Newton AU/300 RC	60	80	100	150

2011 Playoff Contenders

	NmMt 8	NmMt+ 8.5	MT 9	Gem 9.5/10
J.J. Watt AU RC	200	250	300	600
Ryan Mallett AU RC				
Christian Ponder AU RC				
Von Miller AU RC	40	50	60	80
Julio Jones AU RC	100	125	150	300
A.J. Green AU RC	▼30	▼40	▼50	150
Andy Dalton AU RC	▼25	▼30	▼40	100
Colin Kaepernick AU RC	50	60	250	300
Cam Newton AU RC	80	100	125	300

2011 Playoff National Treasures

	NmMt 8	NmMt+ 8.5	MT 9	Gem 9.5/10
J.J. Watt AU RC	300	400	500	600
Von Miller JSY AU RC	60	80	100	400
Julio Jones JSY AU RC	▼800	▼1,000	▼1,200	▼1,500
Andy Dalton JSY AU RC	50	60	80	100
Kaepernick JSY AU RC	125	150	200	250
Cam Newton JSY AU RC	250	300	400	600
A.J. Green JSY AU RC	150	200	250	300

2011 Rookies and Stars

	NmMt 8	NmMt+ 8.5	MT 9	Gem 9.5/10
Cam Newton AU RC	60	80	100	200

2011 Score

	NmMt 8	NmMt+ 8.5	MT 9	Gem 9.5/10
315A Cam Newton RC	8	10	15	25
320A Colin Kaepernick RC	10	12	20	30

2011 SP Authentic

	NmMt 8	NmMt+ 8.5	MT 9	Gem 9.5/10
89 A.J. Green	8	10	15	25
94 Cam Newton	10	12	20	30
100 Julio Jones	8	10	15	25
151 Cam Newton FW	8	10	15	25
203 A.J. Green JSY AU/299	60	80	100	
204 Cam Newton JSY AU/299	80	100	150	200
207 Julio Jones JSY AU/299	80	100	150	200
233 Kaepernick JSY AU/699	60	80	100	125

2011 SPx

	NmMt 8	NmMt+ 8.5	MT 9	Gem 9.5/10
48 D.Murray JSY AU/225	20	25	30	50
64 Julio Jones JSY AU/150	60	80	100	120
67 A.J. Green JSY AU/150	30	40	50	100
68 Cam Newton JSY AU/150	80	100	125	200

2011 Topps

	NmMt 8	NmMt+ 8.5	MT 9	Gem 9.5/10
200A Cam Newton RC	10	12	20	30

2011 Topps Rookie Refractors

	NmMt 8	NmMt+ 8.5	MT 9	Gem 9.5/10
TMB1 Cam Newton	10	12	20	30

2011 Topps Chrome

	NmMt 8	NmMt+ 8.5	MT 9	Gem 9.5/10
1A Cam Newton RC	10	12	20	40
104 J.J. Watt RC	▲15	▲25	40	▲100
131A Julio Jones RC	8	10	12	25
150A A.J. Green RC	8	10	12	25
173A DeMarco Murray RC	8	10	12	25

2011 Topps Chrome Blue Refractors

	NmMt 8	NmMt+ 8.5	MT 9	Gem 9.5/10
1 Cam Newton	50	100	300	400

2011 Topps Chrome Orange Refractors

	NmMt 8	NmMt+ 8.5	MT 9	Gem 9.5/10
1 Cam Newton	25	30	200	300
25 Colin Kaepernick	20	25	40	80
173 DeMarco Murray	10	12	20	40

2011 Topps Chrome Refractors

	NmMt 8	NmMt+ 8.5	MT 9	Gem 9.5/10
1 Cam Newton	25	60	80	250
25 Colin Kaepernick	300	400	450	500
131 Julio Jones	10	12	20	30
173 DeMarco Murray	10	12	20	30

2011 Topps Chrome Sepia Refractors

	NmMt 8	NmMt+ 8.5	MT 9	Gem 9.5/10
1 Cam Newton	100	125	150	250

2011 Topps Chrome Xfractors

	NmMt 8	NmMt+ 8.5	MT 9	Gem 9.5/10
1 Cam Newton	30	50	80	200
25 Colin Kaepernick	125	150	200	250
104 J.J. Watt	20	30	40	300

2011 Topps Chrome Finest Freshman

	NmMt 8	NmMt+ 8.5	MT 9	Gem 9.5/10
FFCM Cam Newton	10	12	15	30

2011 Topps Chrome Rookie Autographs

	NmMt 8	NmMt+ 8.5	MT 9	Gem 9.5/10
1 Cam Newton A	125	150	200	250
25 Colin Kaepernick A	250	300	400	500

2011 Topps Chrome Rookie Autographs Refractors

	NmMt 8	NmMt+ 8.5	MT 9	Gem 9.5/10
1 Cam Newton	200	250	300	600

2011 Topps Legends

	NmMt 8	NmMt+ 8.5	MT 9	Gem 9.5/10
75 Cam Newton RC	10	12	20	30

2011 Topps Platinum

	NmMt 8	NmMt+ 8.5	MT 9	Gem 9.5/10
1 Cam Newton RC	10	12	25	40
86 J.J. Watt RC	6	10	20	40

2011 Topps Platinum Xfractors

	NmMt 8	NmMt+ 8.5	MT 9	Gem 9.5/10
1 Cam Newton	15	20	25	30
59 Colin Kaepernick	25	30	40	60
132 Andy Dalton	10	12	20	30

2011 Upper Deck

	NmMt 8	NmMt+ 8.5	MT 9	Gem 9.5/10
198 Cam Newton	10	12	20	35

2012 Bowman

	NmMt 8	NmMt+ 8.5	MT 9	Gem 9.5/10
150A Andrew Luck RC	10	12	20	35

2012 Bowman Gold

	NmMt 8	NmMt+ 8.5	MT 9	Gem 9.5/10
150 Andrew Luck	15	20	30	60

2012 Bowman Sterling

	NmMt 8	NmMt+ 8.5	MT 9	Gem 9.5/10
5 Russell Wilson RC	50	60	125	200
100 Andrew Luck RC	15	20	30	50

2012 Certified

	NmMt 8	NmMt+ 8.5	MT 9	Gem 9.5/10
316 Andrew Luck JSY AU/299 RC	40	50	60	80
346 Russell Wilson JSY AU/499 RC	300	350	400	500

2012 Elite

	NmMt 8	NmMt+ 8.5	MT 9	Gem 9.5/10
101 Andrew Luck/699 RC	10	12	15	20
190 Russell Wilson/799 RC	100	125	150	200

2012 Elite Turn of the Century Autographs

	NmMt 8	NmMt+ 8.5	MT 9	Gem 9.5/10
101 Andrew Luck/99	80	125	200	300

2012 Finest

	NmMt 8	NmMt+ 8.5	MT 9	Gem 9.5/10
110 Andrew Luck RC	12	15	25	50
140 Russell Wilson RC	▼30	▼40	▼50	▼80

2012 Finest Prism Refractors

	NmMt 8	NmMt+ 8.5	MT 9	Gem 9.5/10
140 Russell Wilson	30	35	40	60

2012 Finest Refractors

	NmMt 8	NmMt+ 8.5	MT 9	Gem 9.5/10
140 Russell Wilson	20	25	35	50

2012 Finest Atomic Refractor Rookies

	NmMt 8	NmMt+ 8.5	MT 9	Gem 9.5/10
FARAL Andrew Luck	20	25	30	50

2012 Leaf Draft Army All-American Bowl

	NmMt 8	NmMt+ 8.5	MT 9	Gem 9.5/10
AABAL1 Andrew Luck	10	12	15	25

2012 Leaf Metal Draft

	NmMt 8	NmMt+ 8.5	MT 9	Gem 9.5/10
TR1 Trent Richardson	15	20	25	40

2012 Leaf Metal Draft Prismatic Silver

	NmMt 8	NmMt+ 8.5	MT 9	Gem 9.5/10
TR1 Trent Richardson	20	25	30	50

2012 Leaf Valiant Draft

	NmMt 8	NmMt+ 8.5	MT 9	Gem 9.5/10
RW1 Russell Wilson	40	50	80	150

2012 Leaf Valiant Draft Blue

	NmMt 8	NmMt+ 8.5	MT 9	Gem 9.5/10
RW1 Russell Wilson	40	50	80	120

2012 Leaf Valiant Draft Army All-American Bowl Green

	NmMt 8	NmMt+ 8.5	MT 9	Gem 9.5/10
AL1 Andrew Luck	20	25	30	40

2012 Leaf Valiant Draft Army All-American Bowl Purple

	NmMt 8	NmMt+ 8.5	MT 9	Gem 9.5/10
AL1 Andrew Luck/125		40	60	80

2012 Leaf Young Stars Draft Autographs

	NmMt 8	NmMt+ 8.5	MT 9	Gem 9.5/10
RW1 Russell Wilson SP	40	50	80	120

2012 Momentum

	NmMt 8	NmMt+ 8.5	MT 9	Gem 9.5/10
101 A.Luck JSY AU/399 RC	40	50	100	150

2012 Panini Contenders

	NmMt 8	NmMt+ 8.5	MT 9	Gem 9.5/10
86A Richard Sherman RC	15	40	50	60
155A Kirk Cousins AU RC	80	100	125	300
201A Andrew Luck AU/550* RC	100	125	150	200
201B Andrew Luck AU SP/75*	300	500	800	1,000
204A R.Tannehill AU/550* RC	80	100	200	250
204B R.Tannehill AU SP/200*	100	125	150	300
218A Nick Foles AU/550* RC	80	100	125	150
225A R.Wilson AU/550* RC	1,600	2,000	3,000	4,000
— Andrew Luck AU/550* RC				

— (ball in right hand only) #201A BGS 10 (Pristine) sold for $3,110 (eBay; 3/15)

2012 Panini Contenders Playoff Ticket

	NmMt 8	NmMt+ 8.5	MT 9	Gem 9.5/10
201 Andrew Luck AU	1,000	1,200	1,500	2,500
218 Nick Foles AU	150	200	250	300
225 Russell Wilson AU	600	650	700	1,000

2012 Panini Contenders Rookie Stallions

	NmMt 8	NmMt+ 8.5	MT 9	Gem 9.5/10
1 Andrew Luck	10	12	20	35

2012 Panini National Treasures

	NmMt 8	NmMt+ 8.5	MT 9	Gem 9.5/10
257 Kirk Cousins AU RC	125	150	▲250	400
325 Russell Wilson JSY AU RC	8,000	10,000	15,000	20,000

2012 Panini Prizm

	NmMt 8	NmMt+ 8.5	MT 9	Gem 9.5/10
60 Peyton Manning	30	40	▲100	▲300
69 Aaron Rodgers	▼10	▼12	▼15	▼80
116 Tom Brady	▼60	▼80	▼100	▼300
118 Drew Brees	15	20	▼40	80
203A Andrew Luck RC	12	15	25	40
230A Russell Wilson RC	300	400	500	1,500
277 Kirk Cousins RC	20	25	30	100

2012 Panini Prizm Autographs

203	Andrew Luck/250
232	Ryan Tannehill/250
277	Kirk Cousins/499

2012 Panini Prizm Autographs Prizms

	NmMt 8	NmMt+ 8.5	MT 9	Gem 9.5/10	Pristine
230 Russell Wilson/99	200	250	300	350	400

2012 Prestige

	NmMt 8	NmMt+ 8.5	MT 9	Gem 9.5/10
229A Andrew Luck RC	12	15	25	50

2012 Rookies and Stars

	NmMt 8	NmMt+ 8.5	MT 9	Gem 9.5/10
216 Andrew Luck JSY AU RC	50	60	80	100

2012 Score

	NmMt 8	NmMt+ 8.5	MT 9	Gem 9.5/10
304A Andrew Luck RC	8	10	15	25

2012 SP Authentic

	NmMt 8	NmMt+ 8.5	MT 9	Gem 9.5/10
87 Russell Wilson	10	12	20	30
251 Nick Foles JSY AU/885	40	50	60	100
258 Kirk Cousins JSY AU/885	60	80	100	125
272 Russell Wilson JSY AU/885	125	150	200	300

2012 Topps

	NmMt 8	NmMt+ 8.5	MT 9	Gem 9.5/10
140A Andrew Luck RC	10	12	20	40
140B A.Luck SP rabbit foot	200	225	300	400
140D A.Luck FS twst pass	10	12	20	40
165A Russell Wilson RC	40	50	60	80

2012 Topps Rookie Refractors

	NmMt 8	NmMt+ 8.5	MT 9	Gem 9.5/10
TFHMAL Andrew Luck	12	15	20	30

2012 Topps Chrome

	NmMt 8	NmMt+ 8.5	MT 9	Gem 9.5/10
1A A.Luck RC passing	25	30	40	100
1B Andrew Luck SP drop	80	100	135	250
23A T.Rchardson RC cut	8	10	15	30
40A R.Wilson RC stands	100	125	150	200

2012 Topps Chrome Black Refractors

	NmMt 8	NmMt+ 8.5	MT 9	Gem 9.5/10
1 Andrew Luck	40	50	60	80
40 Russell Wilson	500	600	800	2,000

2012 Topps Chrome Blue Refractors

	NmMt 8	NmMt+ 8.5	MT 9	Gem 9.5/10
1 Andrew Luck	50	60	80	100
40 Russell Wilson	500	600	2,500	3,000

2012 Topps Chrome Camo Refractors

	NmMt 8	NmMt+ 8.5	MT 9	Gem 9.5/10
1 Andrew Luck	12	15	25	30
40 Russell Wilson	400	500	800	1,500

2012 Topps Chrome Orange Refractors

	NmMt 8	NmMt+ 8.5	MT 9	Gem 9.5/10
1 Andrew Luck	12	15	20	25
40 Russell Wilson	200	250	400	600

2012 Topps Chrome Pink Refractors

	NmMt 8	NmMt+ 8.5	MT 9	Gem 9.5/10
1 Andrew Luck	30	40	50	80
40 Russell Wilson	300	400	600	1,800

2012 Topps Chrome Prism Refractors

	NmMt 8	NmMt+ 8.5	MT 9	Gem 9.5/10
1 Andrew Luck	20	30	40	100
40 Russell Wilson	500	600	800	1,500

2012 Topps Chrome Purple Refractors

	NmMt 8	NmMt+ 8.5	MT 9	Gem 9.5/10
1 Andrew Luck	12	15	20	25
40 Russell Wilson	400	500	600	1,200

2012 Topps Chrome Refractors

	NmMt 8	NmMt+ 8.5	MT 9	Gem 9.5/10
1A Andrew Luck/passing pose	12	20	25	30
40 Russell Wilson	300	400	700	2,000
147 Doug Martin	8	10	15	25
220 Tom Brady	80	200	400	

2012 Topps Chrome Sepia Refractors

	NmMt 8	NmMt+ 8.5	MT 9	Gem 9.5/10
1 Andrew Luck	30	40	50	60
40 Russell Wilson	800	1,000	1,500	2,000

2012 Topps Chrome Xfractors

	NmMt 8	NmMt+ 8.5	MT 9	Gem 9.5/10
1 Andrew Luck	12	15	20	25
40 Russell Wilson	250	300	400	800

2012 Topps Chrome 1957

	NmMt 8	NmMt+ 8.5	MT 9	Gem 9.5/10
1 Andrew Luck	12	15	40	50
2 Andrew Luck	12	15	40	50

2012 Topps Chrome 1965

	NmMt 8	NmMt+ 8.5	MT 9	Gem 9.5/10
1 Andrew Luck	12	15	40	50
12 Russell Wilson	▼40	▼50	▼60	▼200

2012 Topps Chrome 1984

	NmMt 8	NmMt+ 8.5	MT 9	Gem 9.5/10
1 Andrew Luck	12	15	40	50
14 Russell Wilson	▼40	▼50	▼60	▼200

2012 Topps Chrome Red Zone Rookies Refractor

	NmMt 8	NmMt+ 8.5	MT 9	Gem 9.5/10
RZDC1 Andrew Luck	15	20	25	50
RZDC14 Russell Wilson	60	80	125	250

2012 Topps Chrome Rookie Autographs

	NmMt 8	NmMt+ 8.5	MT 9	Gem 9.5/10
40 Russell Wilson	▼300	▼400	▼500	▼1,000

2012 Topps Chrome Rookie Autographs Pink Refractor

	NmMt 8	NmMt+ 8.5	MT 9	Gem 9.5/10
1 Andrew Luck		600	800	1,200

2012 Topps Chrome Rookie Autographs Prism Refractors

	NmMt 8	NmMt+ 8.5	MT 9	Gem 9.5/10
1 Andrew Luck		150	200	300

2012 Topps Chrome Rookie Autographs Refractors

	NmMt 8	NmMt+ 8.5	MT 9	Gem 9.5/10
40 Russell Wilson	500	600	800	1,000
153 Nick Foles	60	80	100	150

2012 Topps Chrome Rookie Autographs Refractors Variations

	NmMt 8	NmMt+ 8.5	MT 9	Gem 9.5/10
1 Andrew Luck	400	450	1,200	1,500
40 Russell Wilson	225	250	300	500

2012 Topps Magic

	NmMt 8	NmMt+ 8.5	MT 9	Gem 9.5/10
1 Andrew Luck RC	10	12	20	40
181 Russell Wilson RC	30	50	60	150

2012 Topps Magic Autographs

	NmMt 8	NmMt+ 8.5	MT 9	Gem 9.5/10
2 Colin Kaepernick	30	40	80	▼200

2012 Topps Platinum

	NmMt 8	NmMt+ 8.5	MT 9	Gem 9.5/10
B Russell Wilson RC	40	50	▼100	▼125
D Andrew Luck RC	12	15	25	40

2012 Topps Platinum Orange Refractors

	NmMt 8	NmMt+ 8.5	MT 9	Gem 9.5/10
B Russell Wilson	80	100	300	400
D Andrew Luck	15	20	50	35

2012 Topps Platinum Xfractors

	NmMt 8	NmMt+ 8.5	MT 9	Gem 9.5/10
B Russell Wilson	100	125	400	500
D Andrew Luck	8	10	12	15

2012 Topps Platinum Rookie Die Cut

	NmMt 8	NmMt+ 8.5	MT 9	Gem 9.5/10
CAL Andrew Luck	25	30	40	60

2013 Panini Prizm

	NmMt 8	NmMt+ 8.5	MT 9	Gem 9.5/10
Tom Brady	▼25	▼30	▼40	▼100
5 Aaron Rodgers	▼20	▼25	▼30	▼40
9 Russell Wilson	▼25	▼30	▼40	▼50
5 DeAndre Hopkins RC	▼30	▼40	▼50	▼60
2 Travis Kelce RC	▼25	▼40	▼60	▼200

2013 Topps Chrome

	NmMt 8	NmMt+ 8.5	MT 9	Gem 9.5/10
3 Travis Kelce RC	40	▼50	▼60	▼125

2013 Topps Chrome Refractors

	NmMt 8	NmMt+ 8.5	MT 9	Gem 9.5/10
3 Travis Kelce	60	100	200	800

2014 Bowman

Odell Beckham Jr. RC

2014 Bowman Chrome Rookie Autographs College Refractors

	NmMt 8	NmMt+ 8.5	MT 9	Gem 9.5/10
Odell Beckham Jr.	100	125	150	200

2014 Bowman Chrome Rookie Autographs College Blue Refractors

	NmMt 8	NmMt+ 8.5	MT 9	Gem 9.5/10
Johnny Manziel	80	100	125	150
Teddy Bridgewater	80	100	125	150
Odell Beckham Jr.	125	150	200	400

2014 Bowman Chrome

	NmMt 8	NmMt+ 8.5	MT 9	Gem 9.5/10
OA Odell Beckham Jr. RC	8	10	12	20

2014 Bowman Chrome Rookie Autographs Refractors

	NmMt 8	NmMt+ 8.5	MT 9	Gem 9.5/10
RAAD Aaron Donald	300	400	500	800
RADC Derek Carr	50	60	80	200
RAJG Jimmy Garoppolo	▼50	▼60	▼80	▼100
RAJM Johnny Manziel	60	80	100	125
RAOB Odell Beckham Jr.	100	125	150	200

2014 Bowman Chrome Rookie Autographs Blue Refractors

	NmMt 8	NmMt+ 8.5	MT 9	Gem 9.5/10
RAOB Odell Beckham Jr.	80	100	125	150

2014 Finest

	NmMt 8	NmMt+ 8.5	MT 9	Gem 9.5/10
6 Jimmy Garoppolo RC	8	12	25	40
0 Davante Adams RC		25	30	50

2014 Panini Contenders

	NmMt 8	NmMt+ 8.5	MT 9	Gem 9.5/10
208A Carlos Hyde AU RC (ball in right arm)		50	60	80
214A Derek Carr AU RC (ball at right shoulder)		200	▼400	▼500
221A Jimmy Garoppolo AU RC (looking left)		100	▼200	▼250
227A Odell Beckham Jr. AU RC (ball in left arm)	125	150	200	250
227B Odell Beckham Jr. AU/206* looking straight)	125	150	200	250
236A Mike Evans AU RC (looking right)	40	50	▲125	▲400
237A Sammy Watkins AU RC (ball in left arm)	30	40	50	60
239A Teddy Bridgewater AU RC (looking left)	80	100	125	250

2014 Panini National Treasures

	NmMt 8	NmMt+ 8.5	MT 9	Gem 9.5/10
221 Martavis Bryant AU RC	40	50	60	80
274 Jimmy Garoppolo JSY AU RC	2,000	2,500	2,800	3,000
296 Derek Carr JSY AU RC	500	600	700	800

2014 Panini Prizm

	NmMt 8	NmMt+ 8.5	MT 9	Gem 9.5/10
36 Tom Brady	25	50	▼60	▼125
228 Aaron Donald RC	30	60	100	250
281 Davante Adams RC		▼40	▼50	▼100

2014 SP Authentic

	NmMt 8	NmMt+ 8.5	MT 9	Gem 9.5/10
231 Jimmy Garoppolo JSY AU/350	100	125	150	200

2014 Topps

	NmMt 8	NmMt+ 8.5	MT 9	Gem 9.5/10
355A Odell Beckham Jr. RC	3	4	5	10

2014 Topps Chrome

	NmMt 8	NmMt+ 8.5	MT 9	Gem 9.5/10
117A Odell Beckham Jr. RC	12	15	20	30
175 Aaron Donald RC	20	50	▼60	▼80

2014 Topps Chrome Refractors

	NmMt 8	NmMt+ 8.5	MT 9	Gem 9.5/10
115 Derek Carr	30	40	50	200
117 Odell Beckham Jr.	25	30	40	50
150 Jimmy Garoppolo	25	30	40	100
173 Teddy Bridgewater	8	10	15	25

2014 Topps Chrome Rookie Autographs

	NmMt 8	NmMt+ 8.5	MT 9	Gem 9.5/10
115 Derek Carr SP	200	250	300	600
117 Odell Beckham Jr.	▼30	▼40	▼50	▼80
150 Jimmy Garoppolo	▼60	▼75	▼100	▼125
169 Johnny Manziel SP	40	50	60	80
175 Aaron Donald	▲125	▲150	▼200	▼300

2014 Topps Chrome Rookie Autographs Refractors

	NmMt 8	NmMt+ 8.5	MT 9	Gem 9.5/10
115 Derek Carr	100	120	300	400
173 Teddy Bridgewater	60	80	100	125

2015 Bowman

	NmMt 8	NmMt+ 8.5	MT 9	Gem 9.5/10
R23 Jameis Winston RC	5	8	12	25

2015 Bowman Chrome Rookie Autographs Refractors

	NmMt 8	NmMt+ 8.5	MT 9	Gem 9.5/10
RCRAAC Amari Cooper	60	80	100	150
RCRAJW Jameis Winston	50	60	80	100

	NmMt 8	NmMt+ 8.5	MT 9	Gem 9.5/10
RCRAMM Marcus Mariota	60	80	100	150
RCRATG Todd Gurley	60	80	100	150

2015 Panini Contenders

	NmMt 8	NmMt+ 8.5	MT 9	Gem 9.5/10
160 Taylor Heinicke AU RC	50	60	100	150
225A Marcus Mariota AU RC	40	60	100	150
228A Amari Cooper AU RC	60	80	100	125
238A Todd Gurley AU RC	50	60	80	100

2015 Panini Contenders Draft Picks

	NmMt 8	NmMt+ 8.5	MT 9	Gem 9.5/10
122A Jameis Winston AU RC SP1/(red jsy)			120	200
131A Marcus Mariota AU RC SP1/(white jsy)	150	200	300	400

2015 Panini National Treasures

	NmMt 8	NmMt+ 8.5	MT 9	Gem 9.5/10
107 Jameis Winston JSY AU RC	400	500	600	2,500
140 Marcus Mariota JSY AU RC	▼300	500	600	▼800

2015 Topps Chrome Rookie Autographs

	NmMt 8	NmMt+ 8.5	MT 9	Gem 9.5/10
177 David Johnson	25	30	40	50

2015 Topps Chrome Rookie Autographs Camo Refractors

	NmMt 8	NmMt+ 8.5	MT 9	Gem 9.5/10
110 Todd Gurley	100	125	150	200

2015 Topps Chrome Rookie Autographs Pink Refractors

	NmMt 8	NmMt+ 8.5	MT 9	Gem 9.5/10
110 Todd Gurley	60	80	100	125

2015 Topps Chrome Rookie Autographs Refractors

	NmMt 8	NmMt+ 8.5	MT 9	Gem 9.5/10
110 Todd Gurley	50	60	80	100
150 Marcus Mariota	100	125	150	200

2016 Donruss Optic

	NmMt 8	NmMt+ 8.5	MT 9	Gem 9.5/10
62 Tom Brady	▼25	40	▼50	▼100
117 Tyreek Hill RC	25	▼30	▼50	▼100
162 Dak Prescott RR RC	▼30	▼40	▼50	▼125
168 Ezekiel Elliott RR RC	10	20	▼50	▼80

2016 Donruss Optic Holo

	NM 7	NmMt+ 8.5	MT 9	Gem 9.5/10
62 Tom Brady			200	300
156 Carson Wentz RR		25	50	400
168 Ezekiel Elliott RR		40	50	200

2016 Donruss Optic Rated Rookies Autographs

	NmMt 8	NmMt+ 8.5	MT 9	Gem 9.5/10
156 Carson Wentz	▼50	▼60	▼80	▼150
162 Dak Prescott	300	400	500	1,000
165 Derrick Henry			80	250
168 Ezekiel Elliott			125	200

2016 Elite Pen Pals

	NM 7	NmMt+ 8.5	MT 9	Gem 9.5/10
PPCW Carson Wentz		80	100	125
PPDP Dak Prescott		200	300	400
PPEE Ezekiel Elliott		100	125	200

2016 Panini Contenders

	NmMt 8	NmMt+ 8.5	MT 9	Gem 9.5/10
232 Tyreek Hill AU RC	▼100	▼125	▼150	▼300
245 Adam Thielen AU RC	200	250	300	500

FOOTBALL

2016 Panini Contenders Draft Picks

		NmMt 8	NmMt+ 8.5	MT 9	Gem 9.5/10
105A	Ezekiel Elliott AU RC/(white jsy)			150	400
125A	Dak Prescott AU RC/(throwing)			150	300
127A	Carson Wentz AU RC/(white jsy)			150	400

2016 Panini National Treasures

		NmMt 8	NmMt+ 8.5	MT 9	Gem 9.5/10
102	Carson Wentz JSY AU RC	▼500	▼600	▼800	▼2,500
104	Ezekiel Elliott JSY AU RC		▼400	▼500	▼600

2016 Panini Prizm

		NmMt 8	NmMt+ 8.5	MT 9	Gem 9.5/10
2	Tom Brady	25	30	40	100
218	Carson Wentz RC	▼20	▼30	▼40	▼50
238	Ezekiel Elliott RC	▼25	▼30	▼40	▼50
296	Tyreek Hill RC	▼50	▼60	▼80	▼200
298	Derrick Henry RC	80	100	▼150	▼300

2016 Select

		NmMt 8	NmMt+ 8.5	MT 9	Gem 9.5/10
22	Derrick Henry RC	30	40	50	150
65	Tyreek Hill RC	40	50	60	150
70	Dak Prescott RC	40	50	60	150

2017 Classics

		NmMt 8	NmMt+ 8.5	MT 9	Gem 9.5/10
274	Patrick Mahomes II RC	100	150	200	300

2017 Donruss

		NmMt 8	NmMt+ 8.5	MT 9	Gem 9.5/10
318	Christian McCaffrey RR RC	▼25	▼30	▼40	▼80
327	Patrick Mahomes II RR RC	▼200	▼250	▼400	▼500
329	Cooper Kupp RR RC	20	▼30	▼60	▼100
335	Joe Mixon RR RC	10	20	30	50
345	Deshaun Watson RR RC	▼25	▼30	▼40	▼100
372	T.J. Watt RC	10	25	60	100

2017 Donruss Rookie Gridiron Kings

2	Patrick Mahomes II

2017 Donruss The Elite Series Rookies

		NmMt 8	NmMt+ 8.5	MT 9	Gem 9.5/10
7	Patrick Mahomes II	125	▼200	▼250	▼400

2017 Donruss The Rookies

		NmMt 8	NmMt+ 8.5	MT 9	Gem 9.5/10
7	Patrick Mahomes II	▼125	▼150	▼200	▼300

2017 Donruss Optic

		NmMt 8	NmMt+ 8.5	MT 9	Gem 9.5/10
177	Patrick Mahomes II RR RC	▼300	▼400	▼500	▼1,000
179	Cooper Kupp RR RC	50	60	▼100	▼150
193	Dalvin Cook RR RC	25	30	40	60
195	Deshaun Watson RR RC	▼25	▼40	▼80	▼200
199	Alvin Kamara RR RC	10	20	40	▼50

2017 Donruss Optic Holo

		NmMt 8	NmMt+ 8.5	MT 9	Gem 9.5/10
168	Christian McCaffrey RR	100	125	150	300
177	Patrick Mahomes II RR	1,500	2,000	2,500	6,000
195	Deshaun Watson RR	50	60	125	400

2017 Donruss Optic AKA

		NmMt 8	NmMt+ 8.5	MT 9	Gem 9.5/10
30	Patrick Mahomes II	▼200	▼250	▼300	▼400

2017 Donruss Optic The Rookies

		NmMt 8	NmMt+ 8.5	MT 9	Gem 9.5/10
7	Patrick Mahomes II	500	600	800	1,500

2017 Panini Contenders Optic

		NmMt 8	NmMt+ 8.5	MT 9	Gem 9.5/10
102	Deshaun Watson AU RC	600	1,000	1,500	2,000
103	Patrick Mahomes II AU RC	▼6,000	▼8,000	▼10,000	18,000
111	Christian McCaffrey AU RC	150	200	▼250	400
127	JuJu Smith-Schuster AU RC	60	80	▲200	▲250
186	George Kittle AU RC		250	300	800

2017 Panini Prizm

		NmMt 8	NmMt+ 8.5	MT 9	Gem 9.5/10
203	Cooper Kupp RC	60	100	125	▼200
216	T.J. Watt RC	50	80	200	
269	Patrick Mahomes II RC	▼600	▼800	▼1,000	3,000
279	Deshaun Watson RC	80	100	▼150	▼400

2017 Panini Prizm Rookie Autographs Prizms

		NmMt 8	NmMt+ 8.5	MT 9	Gem 9.5/10
RAPM	Patrick Mahomes II	4,000	10,000	12,000	15,000

2017 Panini Prizm Rookie Introductions Prizms

		NmMt 8	NmMt+ 8.5	MT 9	Gem 9.5/10
2	Patrick Mahomes II	▼150	▼200	▼250	▼500

2017 Select

		NmMt 8	NmMt+ 8.5	MT 9	Gem 9.5/10
16	Deshaun Watson RC	30	50	80	150
303B	Josh Allen XRC	1,000	1,200	1,500	3,000

2018 Classics

		NmMt 8	NmMt+ 8.5	MT 9	Gem 9.5/10
207	Josh Allen RC	25	40	50	200
208	Baker Mayfield RC	10	15	25	40
209	Lamar Jackson RC	20	30	40	60
213	Saquon Barkley RC	12	15	40	60

2018 Donruss

		NmMt 8	NmMt+ 8.5	MT 9	Gem 9.5/10
301	Sam Darnold RR RC	6	10	15	20
303	Baker Mayfield RR RC	▼12	▼20	▼30	▼40
304	Josh Allen RR RC	▲100	▲125	250	500
306	Saquon Barkley RR RC	8	12	25	50
317	Lamar Jackson RR RC	30	▼60	▼80	▼125

2018 Donruss Optic

		NmMt 8	NmMt+ 8.5	MT 9	Gem 9.5/10
49	Patrick Mahomes II	20	40	▼50	▼80
151	Sam Darnold RR RC	▼15	▼20	▼25	▼40
153	Baker Mayfield RR RC	▼20	▼30	▼50	▼80
156	Saquon Barkley RR RC	12	20	50	60
167	Lamar Jackson RR RC	50	80	100	▲150

2018 Donruss Optic Holo

		NmMt 8	NmMt+ 8.5	MT 9	Gem 9.5/10
49	Patrick Mahomes II	150	200	300	600
151	Sam Darnold RR	60	80	150	250
153	Baker Mayfield RR	100	125	200	500
156	Saquon Barkley RR	30	50	125	400
167	Lamar Jackson RR	300	400	500	1,000

2018 Panini Contenders Optic

		NmMt 8	NmMt+ 8.5	MT 9	Gem 9.5/10
101	Baker Mayfield AU RC	200	250	300	400
112	Lamar Jackson AU RC	1,000	1,200	1,500	2,000

2018 Panini Prizm

		NmMt 8	NmMt+ 8.5	MT 9	Gem 9.5/10
102	Patrick Mahomes II	30	40	100	125
201	Baker Mayfield RC	30	40	50	▼100

		NmMt 8	NmMt+ 8.5	MT 9	Gem 9.5/10
202	Saquon Barkley RC	25	40	50	100
203	Sam Darnold RC	▼8	▼10	▼12	▼25
205	Josh Allen RC	200	250	400	▲800
212	Lamar Jackson RC	▼50	▼60	▼80	300
213	Nick Chubb RC	20	30	50	80

2018 Panini Prizm Rookie Autographs Prizms

		NmMt 8	NmMt+ 8.5	MT 9	Gem 9.5/10
1	Baker Mayfield	300	400	▼600	▼1,000
2	Saquon Barkley	▼150	▼250	▼300	▼400
3	Sam Darnold	100	125	150	400
5	Josh Allen	1,000	1,200	1,500	▲5,000
12	Lamar Jackson	1,200	1,500	1,800	2,000

2019 Donruss

		NmMt 8	NmMt+ 8.5	MT 9	Gem 9.5/10
302	Kyler Murray RR RC	▼25	▼40	▼50	▼80
313	D.K. Metcalf RR RC	8	15	30	60

2019 Donruss Optic

		NmMt 8	NmMt+ 8.5	MT 9	Gem 9.5/10
1	Patrick Mahomes II	10	20	40	▼60
63	Tom Brady	12	30	50	80
152	Kyler Murray RR RC	▼30	▼40	▼60	▼100
163	D.K. Metcalf RR RC	▼25	▼30	▼40	▼50
167	Deebo Samuel RR RC	20	30	50	150

2019 Donruss Optic Holo

		NmMt 8	NmMt+ 8.5	MT 9	Gem 9.5/10
152	Kyler Murray RR		250	300	1,200

2019 Panini Prizm

		NmMt 8	NmMt+ 8.5	MT 9	Gem 9.5/10
3	Josh Allen	10	15	80	125
18	Tom Brady	6	15	40	100
210	Patrick Mahomes II	15	25	50	125
301	Kyler Murray RC	▼30	▼40	▼60	▼200
302	Daniel Jones RC	15	25	40	50
322	Gardner Minshew II RC	10	20	30	40
323	Josh Jacobs RC	10	15	20	30

2020 Donruss

		NmMt 8	NmMt+ 8.5	MT 9	Gem 9.5/10
303	Justin Herbert RR RC	30	50	▼60	▼150
317	Jonathan Taylor RR RC	30	40	60	100

2020 Donruss Optic

151	Joe Burrow RR RC
152	Tua Tagovailoa RR RC
153	Justin Herbert RR RC
163	Justin Jefferson RR RC
164	Jalen Hurts RR RC

2020 Panini Prizm Rookie Autographs

		NmMt 8	NmMt+ 8.5	MT 9	Gem 9.5/10
307	Joe Burrow	800	1,000	1,200	2,500
325	Justin Herbert	1,000	1,500	2,000	3,000

2020 Panini Prizm Draft Picks

		NmMt 8	NmMt+ 8.5	MT 9	Gem 9.5/10
101	Tua Tagovailoa RC	10	20	60	150
102	Justin Herbert RC	10	30	80	300
105	Joe Burrow RC	10	20	60	150

2021 Donruss

		NmMt 8	NmMt+ 8.5	MT 9	Gem 9.5/10
251	Trevor Lawrence RR RC	20	▼30	▼40	▼125
253	Justin Fields RR RC	10	30	50	200
255	Mac Jones RR RC	▼30	▼40	▼60	▼150
262	Ja'Marr Chase RR RC	20	40	60	150

GOLF
1927 - Present

1927 Churchman's Famous Golfers Small

		EX 5	ExMt 6	NM 7	NmMt 8
3	Walter Hagen 13	50	100	250	750
4	Walter Hagen 14	50	100	250	750
7	Bobby Jones 27	125	250	600	1,000
	Bobby Jones 28	125	250	600	1,000
3	Tom Morris	75	125	300	600
	Edward Ray 34	15	25	50	150
	Edward Ray 35	15	25	50	150
	Freddie Tait	15	25	50	150
	John Henry Taylor 41	20	30	60	150
	John Henry Taylor 42	20	30	60	150
	Cyril Tolley	15	25	50	150
	Harry Vardon 44	30	50	150	300
	Harry Vardon 45	30	50	150	300
	Harry Vardon 46	30	50	150	300
	Harry Vardon 47	30	50	150	300

1928 J.Millhoff and Co. Famous Golfers

	EX 5	ExMt 6	NM 7	NmMt 8
Walter Hagen	60	100	175	400
Harry Vardon	30	50	100	300
Bobby Jones	175	275	500	900

1930 Wills Cigarettes Famous Golfers

	EX 5	ExMt 6	NM 7	NmMt 8
Walter Hagen	75	125	150	300

1931 Churchman's Prominent Golfers Large

	EX 5	ExMt 6	NM 7	NmMt 8
Henry Cotton	25	60	100	
Walter Hagen	100	175	250	
Bobby Jones	150	250	500	800
Abe Mitchell	25	60	100	
Cyril Tolley	20	40	80	
Roger Wethered	25	60	100	

- Walter Hagen #4 PSA 8.5 (NmMt+) sold for $1,540 (eBay; 2/10)
- Walter Hagen #4 PSA 8 (NmMt) sold for $461 (eBay; 10/08)
- Harry Vardon #9 PSA 9 (MT) sold for $1,490 (eBay; 11/11)
- Harry Vardon #9 PSA 8 (NmMt) sold for $300 (eBay; 05/09)

1931 Churchman's Prominent Golfers Small

	VgEx 4	EX 5	ExMt 6	NM 7
Walter Hagen	25	40	75	200
Bobby Jones	60	100	175	325
Gene Sarazen	40	60	75	125

1981 Donruss

		NM 7	NmMt 8	MT 9	Gem 9.5/10
	COMMONS & MINOR STARS	5	10	15	60
	Tom Watson RC	10	15	25	250
	Lee Trevino RC	8	12	20	125
	Curtis Strange RC	5	10	15	75
	Ben Crenshaw RC	5	12	20	125
	Raymond Floyd RC	5	10	15	200
	Jack Nicklaus RC	15	40	40	225
	Tom Kite RC	5	10	15	75
	Jim Colbert RC	5	10	20	200
	David Graham RC	5	10	30	175
	Lon Hinkle RC	5	10	15	150
	Johnny Miller RC	5	10	15	100
	Dave Eichelberger RC	5	10	15	125
	Wayne Levi SP RC	5	10	15	200
	Jay Haas RC	5	10	15	150
	Dan Halldorson SP RC	5	10	20	200
	Mark Lye RC	5	10	20	125
	Tom Weiskopf RC	5	10	15	150
	Jim Simons RC	5	10	30	200
NO	Jack Nicklaus SL	8	15	30	150
NO	Tom Watson SL	5	10	40	250

1982 Donruss

		NM 7	NmMt 8	MT 9	Gem 9.5/10
	COMMONS & MINOR STARS	5	10	25	
	Tom Kite	10	15	40	
	Tom Watson	10	15	40	
	Jack Nicklaus	15	30	50	
	Lee Trevino	8	15	40	
	Fred Couples RC	10	20	100	
	Mark O'Meara RC	8	20	60	

- Jack Nicklaus #16 BGS 9.5 (Gem) sold for $145 (Mastro; 02/08)

1990 Pro Set

		NmMt 8	NmMt+ 8.5	MT 9	Gem 9.5/10
	Payne Stewart RC	4	6	10	20
	Arnold Palmer RC	4	6	10	
	Jack Nicklaus	3	5	8	15

1992 Pro Set

		NmMt 8	NmMt+ 8.5	MT 9	Gem 9.5/10
5	Vijay Singh RC	10	15	30	

1996 Niketown Promo

		NmMt 8	NmMt+ 8.5	MT 9	Gem 9.5/10
NNO	Tiger Woods	70	125	200	350

- Tiger Woods BGS 9.5 (Gem) sold for $4,155 (eBay; 5/09)

1996 Sports Illustrated for Kids II

		NmMt 8	NmMt+ 8.5	MT 9	Gem 9.5/10
536	Tiger Woods/Golf	400	500	750	2,500

1997-98 Grand Slam Ventures Masters Collection

		NmMt 8	NmMt+ 8.5	MT 9	Gem 9.5/10
1997	Tiger Woods XRC	60	75	350	500

1997-98 Grand Slam Ventures Masters Collection Gold Foil

		NmMt 8	NmMt+ 8.5	MT 9	Gem 9.5/10
1997	Tiger Woods	150	250	750	

- Tiger Woods #1997 BGS 9.5 (Gem) sold for $2,560 (eBay; 07/07)
- Tiger Woods #1997 BGS 9.5 (Gem) sold for $3,000 (eBay; 11/07)

2001 SP Authentic Preview

		NmMt 8	NmMt+ 8.5	MT 9	Gem 9.5/10
21	Tiger Woods STAR	15	20	25	50

2001 SP Authentic Preview Red

- Tiger Woods STAR #21 BGS 9 (Mint) sold for $1,505 (eBay; 06/08)

2001 SP Authentic

		NmMt 8	NmMt+ 8.5	MT 9	Gem 9.5/10
45	Tiger Woods AS AU/900 RC	▼6,000	▼8,000	▼10,000	▼12,000
46	D.Duval AS AU/900 RC	25	40	60	100
47	J.Parnevik AS AU/900 RC	15	30	40	75
62	S.Garcia AS AU/900 RC	80	100	125	150
78	R.Goosen AS AU/900 RC	20	40	60	100
136	David Toms AS AU/900	15	30	50	100

- #45 Tiger Woods BGS 10 (Pristine) sold for $16,610 (eBay; 3/08)
- #45 Tiger Woods BGS 10 (Pristine) sold for $10,417 (eBay; 5/09)

2001 SP Authentic Gold

- Tiger Woods #45 BGS 10 (Pristine) sold for $5,890 (eBay; 1/10)
- Tiger Woods #45 PSA 10 (Gem) sold for $4,540 (eBay; 11/07)
- Tiger Woods #45 PSA 10 (Gem) sold for $15,000 (eBay; 05/08)
- Tiger Woods #45 PSA 10 (Gem) sold for $10,000 (eBay; 10/09)
- Tiger Woods #45 PSA 10 (Gem) sold for $12,000 (eBay; 07/12)
- Tiger Woods #45 BGS 9.5 (Gem) sold for $10,000 (eBay; 02/08)
- Tiger Woods #45 BGS 9.5 (Gem) sold for $8,500 (eBay; 02/08)
- Tiger Woods #45 BGS 9.5 (Gem) sold for $4,533 (eBay; 10/09)
- Tiger Woods #45 BGS 9.5 (Gem) sold for $3,892 (eBay; 10/11)
- Tiger Woods #45 BGS 9.5 (Gem) sold for $4,999 (eBay; 4/13)
- Tiger Woods #45 BGS 9.5 (Gem) sold for $4,161 (eBay; 9/13)
- Tiger Woods #45 BGS 9.5 (Gem) sold for $3,870 (eBay; 9/13)
- Tiger Woods #45 BGS 9 (MT) sold for $8,900 (eBay; 02/08)
- Tiger Woods #45 BGS 9 (MT) sold for $8,500 (eBay; 06/08)
- Tiger Woods #45 BGS 9 (MT) sold for $6,000 (eBay; 08/08)
- Tiger Woods #45 BGS 9 (MT) sold for $4,500 (eBay; 04/08)
- Retief Goosen #78 BGS 9.5 (Gem) sold for $130 (eBay; 02/08)
- Retief Goosen #78 BGS 9.5 (Gem) sold for $125 (eBay; 03/08)
- Retief Goosen #78 BGS 9.5 (Gem) sold for $120 (eBay; 04/08)

2001 SP Authentic Sign of the Times

- Tiger Woods #TW BGS 9.5 (Gem) sold for $2,930 (eBay; 04/08)
- Tiger Woods #TW BGS 9.5 (Gem) sold for $750 (eBay; 05/11)
- Tiger Woods #TW PSA 10 (Gem) sold for $1,850 (eBay; 10/11)
- Tiger Woods #TW BGS 9 (Mint) sold for $1,900 (eBay; 06/08)
- Tiger Woods #TW BGS 9 (Mint) sold for $1,400 (eBay; 05/08)
- Tiger Woods #TW BGS 9 (Mint) sold for $999 (eBay; 5/09)
- Tiger Woods #TW BGS 9 (Mint) sold for $795 (eBay; 3/13)

2001 SP Authentic Sign of the Times Red

		NM 7	NmMt 8	NmMt+ 8.5	MT 9
TW1	T.Woods Bay Hill/273	250	400	600	800
TW2	T.Woods Player's/274	250	400	600	800

- Tiger Woods #TW1 PSA 10 (Gem) sold for $2,515 (eBay; 06/08)
- Tiger Woods #TW1 BGS 9.5 (Gem) sold for $2,025 (eBay; 06/08)
- Tiger Woods #TW1 SGC 10 (Gem) sold for $1,627 (eBay; 12/08)
- Tiger Woods #TW1 BGS 9.5 (Gem) sold for $1,230 (eBay; 11/08)
- Tiger Woods #TW1 BGS 9.5 (Gem) sold for $1,188 (eBay; 10/09)
- Tiger Woods #TW1 BGS 9 (Mint) sold for $1,190 (eBay; 06/08)
- Tiger Woods #TW1 BGS 9 (Mint) sold for $1,032 (eBay; 01/09)
- Tiger Woods #TW1 BGS 9 (Mint) sold for $807 (eBay; 5/09)
- Tiger Woods #TW2 BGS 10 (Pristine) sold for $3,300 (eBay; 12/08)
- Tiger Woods #TW2 BGS 10 (Pristine) sold for $3,030 (eBay; 2/10)
- Tiger Woods #TW2 BGS 9.5 (Gem) sold for $1,125 (eBay; 10/08)
- Tiger Woods #TW2 BGS 9.5 (Gem) sold for $762 (eBay; 09/26)
- Tiger Woods #TW2 BGS 9 (Mint) sold for $1,000 (eBay; 05/08)
- Tiger Woods #TW4 BGS 9.5 (Gem) sold for $2,220 (eBay; 08/12)
- Tiger Woods #TW5 BGS 9.5 (Gem) sold for $12,200 (eBay; 09/09)
- Tiger Woods #TW5 BGS 9.5 (Gem) sold for $9,560 (eBay; 09/09)
- Tiger Woods #TW7 BGS 9 (Mint) sold for $1,800 (eBay; 9/09)

2001 Upper Deck Promos

		NmMt 8	NmMt+ 8.5	MT 9	Gem 9.5/10
NNO	Tiger Woods	25	50	100	200

2001 Upper Deck

		NmMt 8	NmMt+ 8.5	MT 9	Gem 9.5/10
1	Tiger Woods RC	▼50	▼60	▼80	▼300

- Tiger Woods #1 BGS 10 (Pristine) sold for $1,010 (eBay; 04/08)
- Tiger Woods #1 BGS 10 (Pristine) sold for $550 (eBay; 02/09)
- Tiger Woods #1 BGS 10 (Pristine) sold for $500 (eBay; 03/08)
- Tiger Woods #1 BGS 10 (Pristine) sold for $500 (eBay; 05/08)

- Tiger Woods #1 BGS 10 (Pristine) sold for $493 (eBay; 03/09)
- Tiger Woods #1 BGS 10 (Pristine) sold for $485 (eBay; 03/08)
- Tiger Woods #1 BGS 10 (Pristine) sold for $430 (eBay; 06/08)
- Tiger Woods #1 BGS 10 (Pristine) sold for $415 (eBay; 06/08)
- Tiger Woods #1 BGS 10 (Pristine) sold for $409 (eBay; 04/09)
- Tiger Woods #1 BGS 10 (Pristine) sold for $375 (eBay; 06/08)
- Tiger Woods #1 BGS 10 (Pristine) sold for $305 (eBay; 05/08)
- Tiger Woods #1 BGS 10 (Pristine) sold for $235 (eBay; 11/07)
- Tiger Woods #1 BGS 10 (Pristine) sold for $230 (eBay; 06/08)
- Tiger Woods #1 BGS 10 (Pristine) sold for $215 (eBay; 11/07)
- Tiger Woods #1 BGS 10 (Pristine) sold for $215 (eBay; 11/07)
- Tiger Woods #1 BGS 10 (Pristine) sold for $215 (eBay; 01/08)
- Tiger Woods #1 BGS 10 (Pristine) sold for $205 (eBay; 01/08)
- Tiger Woods #1 BGS 10 (Pristine) sold for $155 (eBay; 01/08)
- Tiger Woods VM #151 BGS 10 (Pristine) sold for $181 (eBay; 02/09)
- Tiger Woods VM #151 BGS 10 (Pristine) sold for $124 (eBay; 03/09)

2001 Upper Deck Gallery

		NmMt 8	NmMt+ 8.5	MT 9	Gem 9.5/10
GG4	Tiger Woods	5	8	10	20

- Tiger Woods #GG4 BGS 10 (Pristine) sold for $105 (eBay; 06/08)
- Tiger Woods #GG4 BGS 10 (Pristine) sold for $32 (eBay; 5/11)

2001 Upper Deck Player's Ink

		NmMt 8	NmMt+ 8.5	MT 9	Gem 9.5/10
TW	Tiger Woods	600	800	1,000	1,200

- Tiger Woods #TW BGS 10 (Pristine) sold for $5,500 (eBay; 10/09)
- Tiger Woods #TW BGS 10 (Pristine) sold for $3,303 (eBay; 10/09)
- Tiger Woods #TW BGS 10 (Pristine) sold for $3,187 (eBay; 9/09)

2001 Upper Deck Stat Leaders

		NmMt 8	NmMt+ 8.5	MT 9	Gem 9.5/10
SL2	Tiger Woods	5	8	10	40
SL7	Tiger Woods	5	8	10	40
SL11	Tiger Woods	5	8	10	40
SL17	Tiger Woods	5	8	10	40

2001 Upper Deck Tiger's Tales

		NmMt 8	NmMt+ 8.5	MT 9	Gem 9.5/10
	COMMON CARD (TT1-TT30)	5	5	5	15

2001 Upper Deck Heroes of Golf National Convention Promos

		NmMt 8	NmMt+ 8.5	MT 9	Gem 9.5/10
1TW	Tiger Woods	8	12	20	50

2001 Upper Deck Tiger Jam IV

		NmMt 8	NmMt+ 8.5	MT 9	Gem 9.5/10
TJ1	Tiger Woods	20	30	50	75
TJ2	Tiger Woods Silver	30	50	75	150

2002 SP Authentic

		NmMt 8	NmMt+ 8.5	MT 9	Gem 9.5/10
110	Phil Mickelson AU RC	▼250	▼300	▼400	▼1,200

2002 SP Authentic Limited

		NmMt 8	NmMt+ 8.5	MT 9	Gem 9.5/10
- Phil Mickelson #110 BGS 9 (MT) sold for $330 (eBay; 03/08)

2002 SP Game Used

		NmMt 8	NmMt+ 8.5	MT 9	Gem 9.5/10
80	Phil Mickelson AU Jsy T3 RC	500	800	1,500	3,000

2002 SP Game Used 01 Buybacks

		NmMt 8	NmMt+ 8.5	MT 9	Gem 9.5/10
- Tiger Woods #1 UD/18 PSA 9 (Mint) sold for $11,005 (eBay; 03/08)

2002 Upper Deck

		NmMt 8	NmMt+ 8.5	MT 9	Gem 9.5/10
41	Phil Mickelson RC	▼30	▼40	▼50	▼80

2003 SP Authentic

		NmMt 8	NmMt+ 8.5	MT 9	Gem 9.5/10
110	Annika Sorenstam AU/799 RC	150	200	250	600
125	Natalie Gulbis AU/1999 RC	15	20	25	40
127	Lorena Ochoa AU/1999 RC	15	20	25	50

2003 Upper Deck

		NmMt 8	NmMt+ 8.5	MT 9	Gem 9.5/10
48	Annika Sorenstam FL RC	▲12	▲20	▲30	▲100
57	Lorena Ochoa FL RC	6	8	10	25

- Tiger Woods #1 BGS 10 (Pristine) sold for $132 (eBay; 05/09)

2005 SP Authentic

		NmMt 8	NmMt+ 8.5	MT 9	Gem 9.5/10
104	Paula Creamer AU L1 RC	60	80	100	150

2005 SP Authentic Sign of the Times Single

		NmMt 8	NmMt+ 8.5	MT 9	Gem 9.5/10
TW	Tiger Woods	200	250	300	500

2014 SP Authentic

		NmMt 8	NmMt+ 8.5	MT 9	Gem 9.5/10
100	Rory McIlroy AU/299 RC	▲600	▲800	▲1,000	▲1,500

2014 SP Game Used

		NmMt 8	NmMt+ 8.5	MT 9	Gem 9.5/10

2015 Sports Illustrated for Kids

		NmMt 8	NmMt+ 8.5	MT 9	Gem 9.5/10
430	Jordan Spieth Golf	40	50	60	

HOCKEY
1910 - 1980

1910-11 C56

		PrFr 1	GD 2	VG 3	VgEx 4	EX 5	ExMt 6	NM 7	NmMt 8
1	Frank Patrick RC	250	500	600	1,000	2,000			
2	Percy Lesueur RC	300	400	500	800	3,000			
3	Gordon Roberts RC	100	150	250	400	600			
4	Barney Holden RC	80	120	200	300	500			
5	Frank(Pud) Glass RC	80	200	250	300	500			
6	Edgar Dey RC	80	120	200	300	500			
7	Marty Walsh RC	100	150	250	300	600	800		
8	Art Ross RC	500	800	1,000	1,500	5,000			
9	Angus Campbell RC	80	120	200	300	600			
10	Harry Hyland RC	125	175	300	400	800			
11	Herb Clark RC	60	150	200	300				
12	Art Ross RC	500	800	1,000	1,500	2,500	5,000		
13	Ed Decary RC	80	150	200	300	500	800		
14	Tom Dunderdale RC	150	200	300	500	800			
15	Fred Taylor RC	550	800	1,500	12,000				
16	Jos. Cattarinich RC	80	120	200	400	600			
17	Bruce Stuart RC	125	175	300	400	600	1,000		
18	Nick Bawlf RC	100	150	200	300	500	900		
19	Jim Jones RC	80	120	200	300	500	1,000		
20	Ernest Russell RC	125	175	300	400	800	1,500		
21	Jack Laviolette RC	80	120	200	300	600			
22	Riley Hern RC	100	150	250	400	600			
23	Didier(Pit) Pitre RC	150	250	400	500	800	3,000		
24	Skinner Poulin RC	60	100	200	300	400	800		
25	Art Bernier RC	60	150	250	300	500			
26	Lester Patrick RC	200	1,500		2,000	2,500			
27	Fred Lake RC	60	100	150	200	400			
28	Paddy Moran RC	200	400	500	700	1,250			
29	C.Toms RC	60	120	150	250	400			
30	Ernest(Moose) Johnson RC	150	250	400	600	800			
31	Horace Gaul RC	80	200	250	300	500			
32	Harold McNamara RC	100	200	300	400	600			
33	Jack Marshall RC	100	150	200	600	1,000			
34	Bruce Ridpath RC	60	150	200	250	500	1,000		
35	Jack Marshall RC	100	175	300	400	600			
36	Newsy Lalonde RC	500	600	1,000	2,500	3,000			

— Nick Bawlf #18 PSA 7 (NM) sold for $1,792.77 (eBay; 3/16)
— Art Bernier #25 PSA 6 (ExMt) sold for $1,366 (eBay; 3/16)
— Joesph Cattarinich #16 PSA 6 (ExMt) sold for $1,144 (eBay; 3/16)
— Frank Glass #5 PSA 6 (ExMt) sold foe $896 (eBay; 3/16)
— Harry Hyland RC #10 PSA 6 (ExMt) sold for $1,910 (eBay; 1/14)
— Skinner Poulin #24 PSA 7 (NrMt) sold for $2,911 (Mastro; 4/07)

1911-12 C55

		PrFr 1	GD 2	VG 3	VgEx 4	EX 5	ExMt 6	NM 7	NmMt 8
1	Paddy Moran	100	200	250	400	800			
2	Joe Hall RC	100	150	200	300	500			
3	Barney Holden	40	80	100	150	200	600		
4	Joe Malone RC	200	300	400	700	1,500	2,250		
5	Ed Oatman RC	50	80	100	150	250	600		
6	Tom Dunderdale	50	80	125	250	400	600		
7	Ken Mallen RC	50	80	100	150	200	500		
8	Jack MacDonald RC	100	120	150	200	300	800		
9	Fred Lake	30	40	60	100	200	400		
10	Albert Kerr RC	50	60	80	100	200	400		
11	Marty Walsh	50	100	150	250	300	500		
12	Hamby Shore RC	60	80	100	150	250	400		
13	Alex Currie RC	60	100	150	200	300	600		
14	Bruce Ridpath	40	60	80	100	200	300		
15	Bruce Stuart	50	80	150	200	300	500		
16	Percy Lesueur	80	150	200	250	400	600		
17	Jack Darragh RC	60	100	150	300	400	800		
18	Steve Vair RC	50	80	100	150	200	400		
19	Don Smith RC	50	80	125	150	300	700		
20	Fred Taylor	300	400	500	800	1,500	2,400		
21	Bert Lindsay RC	40	100	150	250	350	600		
22	H.L.(Larry) Gilmour RC	50	80	125	200	400	600		
23	Bobby Rowe RC	40	60	100	200	250	400		
24	Sprague Cleghorn RC	75	150	300	400	800	1,200		
25	Odie Cleghorn RC	50	80	125	250	300	600		

		PrFr 1	GD 2	VG 3	VgEx 4	EX 5	ExMt 6	NM 7	NmMt
26	Skene Ronan RC	50	100	150	200	250	400		
27A	W.Smaill RC Hand on stk	120	200	300	600	1,200			
27B	W.Smaill RC Hand on hip	150	300	800	1,200				
28	Ernest(Moose) Johnson	60	100	125	200	400	800		
29	Jack Marshall	50	100	150	200	300	600		
30	Harry Hyland	50	80	125	250	350	600		
31	Art Ross	300	500	700	1,000	1,500	2,000		
32	Riley Hern	60	100	150	250	350	600		
33	Gordon Roberts	60	80	100	150	200	400		
34	Frank Glass	50	80	125	200	300	400		
35	Ernest Russell	60	100	150	200	300	400		
36	James Gardner UER RC	50	80	125	250	400			
37	Art Bernier	40	60	100	150	250	500		
38	Georges Vezina RC	1,200	4,000	6,000	8,000	9,000	10,000		
39	G.(Henri) Dallaire RC	60	80	125	200	300	400		
40	R.(Rocket) Power RC	60	100	150	250	300	800		
41	Didier(Pit) Pitre	80	120	250	300	500			
42	Newsy Lalonde	250	400	500	800	1,000	2,000		
43	Eugene Payan RC	50	80	125	200	300	500		
44	George Poulin RC	50	80	125	200	300	600		
45	Jack Laviolette	80	150	200	300	500	1,500		

— Jack Darragh RC #17 PSA 7 (NM MT) sold for $1,085 (eBay, 1/14)
— Bert Lindsay #21 PSA 8 (NM MT) sold for $4,176 (eBay, 8/13)
— Ed Oatman RC #5 PSA 8 (NM MT) sold for $2,010 (eBay, 8/13)
— Walter Smaill #27A PSA 8 (NM MT) sold for $7,620 (eBay, 8/13)
— Fred Taylor #20 SCG 8 (NM MT) sold for $3,438 (Mile High; 1/16)%%Fred Taylor #20 PSA 6 (NM) sold for $1,812.50 (eBay, 2/14)
— George Vezina #38 SGC 6 (ExMt) sold for $1,910 (eBay, 07/09)
— George Vezina #38 SGC 96 (MT) sold for $100,000 (BMW, private sale)
— George Vezina #38 PSA 7 (NM) sold for $11,000 (Mastro, 12/08)
— George Vezina #38 SGC 20 (Fair) sold for $1,535 (eBay, 05/08)
— George Vezina #38 PSA 7 (NM) sold for $20,698.50 (eBay, 03/14)

1933-34 O-Pee-Chee V304A

		PrFr 1	GD 2	VG 3	VgEx 4	EX 5	ExMt 6	NM 7	NmMt
1	Danny Cox RC	35	60	100	150	250			
2	Joe Lamb RC	30	40	80	100	200			
3	Eddie Shore RC	200	350	450	1,000	1,800	3,000		
4	Ken Doraty RC	30	40	60	100	200			
5	Fred Hitchman RC	30	40	60	125	200	600		
6	Nels Stewart RC	120	200	300	500	800			
7	Walter Galbraith RC	50	80	100	150	200	400		
8	Dit Clapper RC	100	150	250	500	800			
9	Harry Oliver RC	60	100	150	250	400	600		
10	Red Horner RC	50	80	120	200	300			
11	Alex Levinsky RC	30	40	60	100	200	400		
12	Joe Primeau RC	100	200	250	300	600	1,000		
13	Ace Bailey RC	150	250	350	450	550	650		
14	George Patterson RC	30	40	60	100	150			
15	George Hainsworth RC	60	100	150	300	500			
16	Ott Heller RC	30	40	60	100	150			
17	Art Somers RC	30	40	60	100	150			
18	Lorne Chabot RC	60	100	125	250	400			
19	Johnny Gagnon RC	30	40	60	100	200	400		
20	Pit Lepine RC	30	40	60	100	150			
21	Wildor Larochelle RC	30	40	60	120	150	400		
22	Georges Mantha RC	30	40	60	120	175			
23	Howie Morenz RC	250	400	1,000	1,500	2,500			
24	Syd Howe RC	80	200	250	400	500	800		
25	Frank Finnigan RC	30	40	60	100	150			
26	Bill Touhey RC	30	40	60	100	150			
27	Cooney Weiland RC	80	100	150	250	350	500		
28	Leo Bourgeault RC	35	50	100	150	250			
29	Normie Himes RC	35	50	75	135	200	400		
30	Johnny Sheppard RC	30	40	60	100	150			
31	King Clancy RC	250	300	400	500	800	1,200		
32	Hap Day RC	50	80	150	200	300			
33	Busher Jackson RC	100	150	250	300	500	1,000		
34	Charlie Conacher RC	100	150	250	350	800			
35	Harold Cotton RC	50	60	100	150	200	350		
36	Butch Keeling RC	30	40	60	100	150			
37	Murray Murdoch RC	35	40	60	100	200			
38	Bill Cook RC	35	50	100	150	350	500		
39	Ching Johnson RC	60	100	150	250	400	600		
40	Hap Emms RC	30	40	60	100	150			

HOCKEY

	PrFr 1	GD 2	VG 3	VgEx 4	EX 5	ExMt 6	NM 7	NmMt 8
Bert McInenly RC	30	40	60	100	150			
John Sorrell RC	50	100	150	200	250			
Bill Phillips RC	30	40	60	100	150	300		
Charley McVeigh RC	30	40	60	100	150			
Roy Worters RC	80	100	150	250	400			
Albert Leduc RC	35	50	80	120	200			
Nick Wasnie RC	30	40	60	100	150	500		
Armand Mondou RC	30	40	80	100	150	200		

Bailey #13 PSA 7 (NM) sold for $1,154 (eBay; 6/13)
Clapper #8 PSA 8 (NmMt) sold for $5,008 (eBay; 5/12)
Clapper #8 PSA 7.5 (NmMt) sold for $854 (eBay; 9/14)
...h Keeling #36 PSA 7 (NM) sold for $1,475 (eBay; 2/13)
...ney Weiland #27 PSA 7 (NM) sold for $1,283 (eBay; 2/16)

33-34 O-Pee-Chee V304B

	PrFr 1	GD 2	VG 3	VgEx 4	EX 5	ExMt 6	NM 7	NmMt 8
Babe Siebert RC	50	80	120	300	800			
Aurel Joliat	125	200	300	400	600			
Larry Aurie RC	50	80	100	150	250	400		
Ebbie Goodfellow RC	35	60	100	150	250			
John Roach	30	50	80	125	200			
Bill Beveridge RC	30	50	80	125	200			
Earl Robinson RC	25	50	100	150	200	500		
Jimmy Ward RC	30	50	80	100	150			
Archie Wilcox RC	25	40	60	100	150	350		
Lorne Duguid RC	25	40	60	100	150	350		
Dave Kerr RC	30	80	100	150	200			
Baldy Northcott RC	30	50	80	125	200	400		
Marvin Wentworth RC	30	50	80	125	200	400		
Dave Trottier RC	30	50	80	125	150	250		
Wally Kilrea RC	25	40	60	100	150	350		
Glen Brydson RC	30	50	80	125	200			
Vernon Ayres RC	25	40	60	100	150			
Bob Gracie RC	25	40	60	100	150	400		
Vic Ripley RC	30	50	80	125	250			
Tiny Thompson RC	60	100	150	250	800			
Alex Smith RC	25	40	60	100	150			
Andy Blair RC	25	40	60	100	150			
Cecil Dillon RC	25	40	60	125	200	600		
Bun Cook RC	50	80	120	200	800			

Thompson #68 PSA 7 (NM) sold for $1,865 (eBay; 4/16)

33-34 V357 Ice Kings

	PrFr 1	GD 2	VG 3	VgEx 4	EX 5	ExMt 6	NM 7	NmMt 8
Dit Clapper RC	40	75	125	250	400	1,500		
Bill Brydge RC	25	30	50	80	150			
Aurel Joliat UER	50	100	200	300	400	700		
Andy Blair RC	25	30	50	80	100	150		
Earl Robinson RC	25	30	50	80	100	150		
Paul Haynes RC	25	30	50	80	100	150		
Ronnie Martin RC	25	30	50	80	100	150		
Babe Siebert RC	25	50	100	150	200	500		
Archie Wilcox RC	25	30	50	80	100	150		
Hap Day	35	50	80	125	250			
Roy Worters RC	50	80	150	200	350			
Nels Stewart RC	40	60	100	200	300	500		
King Clancy	40	80	120	200	300	600		
Marty Burke RC	30	40	60	100	200			
Cecil Dillon RC	25	30	50	80	100			
Red Horner RC	50	60	100	150	300			
Armand Mondou RC	25	30	50	80	100	150		
Paul Raymond RC	25	30	50	80	100			
Dave Kerr RC	25	30	50	80	100	150	250	
Butch Keeling RC	25	30	50	80	100	150	300	
Johnny Gagnon RC	25	30	50	80	100	150	250	
Ace Bailey RC	40	80	120	200	300			
Harry Oliver RC	30	40	60	100	150	250	400	
Gerald Carson RC	25	30	50	80	100	150	200	
Red Dutton RC	25	35	50	80	125	200		
Georges Mantha RC	25	30	50	80	100	200		
Marty Barry RC	40	50	80	125	175	250		
Wildor Larochelle RC	25	30	50	80	100	150		
Red Beattie RC	25	30	50	80	100	150		
Bill Cook	40	50	80	125	175	250		
Hooley Smith	50	60	100	150	200	350		
Art Chapman RC	25	30	50	80	100	150		
Harold Cotton RC	30	50	80	100	150	250		
Lionel Hitchman	30	40	60	100	150	250		
George Patterson RC	25	30	50	80	100	150		
Howie Morenz	150	250	400	800				
Jimmy Ward RC	25	30	50	80	100	150		
Charley McVeigh RC	25	35	50	80	125	175		
Glen Brydson RC	25	35	50	80	125	175		
Joe Primeau RC	100	125	200	300	500	800		
Joe Lamb RC	30	40	60	100	150	200	350	
Sylvio Mantha	50	60	100	150	225	350		
Cy Wentworth RC	30	40	60	100	200	400		
Normie Himes RC	25	35	50	80	125	175		
Doug Brennan RC	25	30	50	80	100	150		

	PrFr 1	GD 2	VG 3	VgEx 4	EX 5	ExMt 6	NM 7	NmMt 8
46	Pit Lepine RC	25	30	50	80	100			
47	Alex Levinsky RC	25	35	50	80	125	175		
48	Baldy Northcott RC	25	35	50	80	125	175		
49	Ken Doraty RC	25	35	50	80	125			
50	Bill Thoms RC	25	35	50	80	125			
51	Vernon Ayres RC	25	35	60	100	150			
52	Lorne Duguid RC	25	35	50	80	125			
53	Wally Kilrea RC	25	35	50	80	125			
54	Vic Ripley RC	25	35	50	80	125			
55	Hap Emms RC	25	35	50	80	125			
56	Duke Dutkowski RC	25	35	50	80	125			
57	Tiny Thompson RC	200	250	300	400	500	1,500		
58	Charlie Sands RC	25	35	50	80	125			
59	Larry Aurie RC	25	35	50	80	125			
60	Bill Beveridge RC	25	35	50	80	125			
61	Bill McKenzie RC	25	35	50	80	125			
62	Earl Roche RC	25	35	50	80	125			
63	Bob Gracie RC	25	35	50	80	125			
64	Hec Kilrea RC	25	35	50	80	125			
65	Cooney Weiland RC	125	150	200	250	400			
66	Bun Cook RC	40	60	100	150	300			
67	John Roach	25	35	50	80	125	175		
68	Murray Murdoch RC	25	35	50	80	125			
69	Danny Cox RC	25	35	50	80	125			
70	Desse Roche RC	25	35	50	80	150			
71	Lorne Chabot RC	125	150	200	300	400			
72	Syd Howe RC	40	60	100	150				

— Ace Bailey #22 PSA 7 (NrMt) sold for $756 (eBay; 9/12)
— Armand Mondou #17 PSA 8 (NmMt) sold for $1,127 (eBay; 9/12)
— Aurel Joliat #3 PSA 7 (NrMt) sold for $1,153 (eBay; 9/12)
— Bill Brydge #2 PSA 8 (NmMt) sold for $1,143 (eBay; 9/12)
— Hap Day #10 PSA 8 (NmMt) sold for $592 (eBay; 9/12)
— King Clancy #13 PSA 8 (NmMt) sold for $2,385 (Mile High; 1/12)
— Nels Stewart #12 PSA 8 (NmMt) sold for $1,432 (eBay; 9/14)

1935-36 O-Pee-Chee V304C

	PrFr 1	GD 2	VG 3	VgEx 4	EX 5	ExMt 6	NM 7	NmMt 8
73	Wilfred Cude RC	50	80	125	200	600			
74	Jack McGill RC	30	50	100	150				
75	Russ Blinco RC	30	50	80	150				
76	Hooley Smith	50	80	125	200				
77	Herb Cain RC	30	50	80	125	250			
78	Gus Marker RC	30	50	80	200				
79	Lynn Patrick RC	50	80	125	200				
80	Johnny Gottselig	30	50	80	125				
81	Marty Barry	35	60	100	150	300			
82	Sylvio Mantha	50	80	125	250				
83	Flash Hollett RC	30	50	80	200	500			
84	Nick Metz RC	30	50	80	125				
85	Bill Thoms	30	50	80	125				
86	Hec Kilrea	30	50	80	125				
87	Pep Kelly RC	30	50	80	125				
88	Art Jackson RC	30	50	80	125				
89	Allan Shields RC	30	50	80	150				
90	Buzz Boll	30	50	80	125				
91	Jean Pusie RC	30	50	80	125				
92	Roger Jenkins RC	30	50	80	125	400			
93	Arthur Coulter RC	50	100	200	300	1,000			
94	Art Chapman	30	50	80	125				
95	Paul Haynes	35	60	100	150				
96	Leroy Goldsworthy RC	50	80	125	200	250	300		

1936-37 O-Pee-Chee V304D

	PrFr 1	GD 2	VG 3	VgEx 4	EX 5	ExMt 6	NM 7	NmMt 8
97	Turk Broda RC	150	300	600	1,000	2,500			
98	Sweeney Schriner RC	50	150	200	300	800	1,200		
99	Jack Shill RC	25	40	60	100	150	200		
100	Bob Davidson RC	35	60	80	100	250	400		
101	Syl Apps RC	100	250	400	600	800	3,000		
102	Lionel Conacher	60	150	250	400	500			
103	Jimmy Fowler RC	35	60	100	150	250	400		
104	Al Murray RC	25	40	60	100	150			
105	Neil Colville RC	60	150	250	400	500			
106	Paul Runge RC	25	40	60	100	150	200		
107	Mike Karakas RC	30	50	80	125	175	250		
108	John Gallagher RC	25	40	60	100	150	250		
109	Alex Shibicky RC	35	60	100	150	200	300		
110	Herb Cain	35	60	100	150	200	300		
111	Bill McKenzie	25	40	60	100	150	200		
112	Harold Jackson	40	60	80	125	200	300		
113	Art Wiebe	25	40	60	100	150			
114	Joffre Desilets RC	25	40	60	100	150			
115	Earl Robinson	25	40	60	100	200	300		
116	Cy Wentworth	35	60	80	125	200	250		
117	Ebbie Goodfellow	25	40	60	100	175	300		
118	Eddie Shore	200	400	600	800	1,500			
119	Buzz Boll	25	40	60	100	150			
120	Wilfred Cude	30	50	80	120	200			
121	Howie Morenz	250	400	600	800	1,500	2,000		

		PrFr 1	GD 2	VG 3	VgEx 4	EX 5	ExMt 6	NM 7	NmMt 8
122	Red Horner	40	100	150	250	300	500		
123	Charlie Conacher	100	250	350	500	600			
124	Busher Jackson	50	120	200	250	300	400		
125	King Clancy	100	250	400	500	750	1,000		
126	Dave Trottier	30	50	80	125	200	300		
127	Russ Blinco	25	40	60	100	150			
128	Lynn Patrick	50	120	200	300	400			
129	Aurel Joliat	80	200	300	500	600	800		
130	Baldy Northcott	25	50	100	150	200	250		
131	Larry Aurie	25	40	100	150	225	300		
132	Hooley Smith	40	80	120	200	300	400		

— Turk Broda #97 PSA 8 (NmMt) sold for $3,6192.00 (eBay; 11/11)
— Charlie Conacher #123 SGC 9 (Mint) sold for $4,633.86.00 (Goodwin; 7/12)
— Aurel Joliat #129 SGC 8 (NRMint) sold for $1,036 (eBay; 3/14)
— Aurel Joliat #129 SGC 7 (NRMint) sold for $837 (eBay; 9/14)

1937-38 O-Pee-Chee V304E

		PrFr 1	GD 2	VG 3	VgEx 4	EX 5	ExMt 6	NM 7	NmMt 8
133	Turk Broda	100	150	250	400				
134	Red Horner	30	50	80	120				
135	Jimmy Fowler	25	35	50	60				
136	Bob Davidson	25	35	50	60				
137	Reg. Hamilton RC	25	35	50	60	200			
138	Charlie Conacher	80	120	200	300				
139	Busher Jackson	60	100	150	250				
140	Buzz Boll	25	35	50	60	200			
141	Syl Apps	60	100	150	250				
142	Gordie Drillon RC	60	100	200	300	400			
143	Bill Thoms	25	35	50	60				
144	Nick Metz	25	35	50	60				
145	Pep Kelly	25	35	50	60				
146	Murray Armstrong RC	25	35	50	60				
147	Murph Chamberlain RC	25	35	50	60				
148	Des Smith RC	25	35	50	60	200			
149	Wilfred Cude	30	50	80	100				
150	Babe Siebert	30	50	80	120				
151	Bill MacKenzie	25	40	60	80				
152	Aurel Joliat	80	120	200	300				
153	Georges Mantha	25	35	50	60				
154	Johnny Gagnon	25	35	50	60	200			
155	Paul Haynes	25	35	50	60				
156	Joffre Desilets	25	35	50	60				
157	George Allen Brown RC	25	35	50	60				
158	Paul Drouin RC	25	35	50	60				
159	Pit Lepine	30	50	60	80				
160	Toe Blake RC	150	250	300	500				
161	Bill Beveridge	30	50	80	100				
162	Allan Shields	25	35	50	60				
163	Cy Wentworth	30	50	80	120				
164	Stew Evans RC	25	35	50	60				
165	Earl Robinson	25	35	50	60				
166	Baldy Northcott	30	50	80	100				
167	Paul Runge	25	35	50	60				
168	Dave Trottier	25	35	50	60				
169	Russ Blinco	25	35	50	60	200			
170	Jimmy Ward	30	50	80	150				
171	Bob Gracie	25	35	50	60				
172	Herb Cain	30	50	80	120	250			
173	Gus Marker	25	35	50	60				
174	Walter Buswell RC	25	35	50	60				
175	Carl Voss	30	50	80	120				
176	Rod Lorraine RC	25	35	50	60				
177	Armand Mondou	25	35	50	60				
178	Cliff(Red) Goupille RC	25	35	50	60	200			
179	Jerry Shannon RC	25	35	50	60				
180	Tom Cook RC	30	50	80	120				

— Carl Voss #175 PSA 7 (NM) sold for $902 (eBay; 3/16)

1939-40 O-Pee-Chee V301-1

		PrFr 1	GD 2	VG 3	VgEx 4	EX 5	ExMt 6	NM 7	NmMt 8
1	Reg Hamilton	15	25	35	60				
2	Turk Broda	100	150	200	250	300			
3	Bingo Kampman RC	15	25	35	50				
4	Gordie Drillon	20	25	40	80				
5	Bob Davidson	15	25	35	50				
6	Syl Apps	30	50	80	120				
7	Pete Langelle RC	15	30	50	100				
8	Don Metz RC	15	25	35	50				
9	Pep Kelly	15	25	35	50				
10	Red Horner	20	30	50	80				
11	Wally Stanowsky RC	15	25	35	50				
12	Murph Chamberlain	15	25	35	50				
13	Bucko MacDonald	15	25	35	50				
14	Sweeney Schriner	20	30	50	80				
15	Billy Taylor RC	15	25	35	50				
16	Gus Marker	15	25	35	50				
17	Hooley Smith	20	30	50	80				
18	Art Chapman	15	25	35	50				
19	Murray Armstrong	15	25	35	50				

		PrFr 1	GD 2	VG 3	VgEx 4	EX 5	ExMt 6	NM 7	NmM
20	Busher Jackson	20	30	50	80	150			
21	Buzz Boll	15	25	35	50				
22	Cliff(Red) Goupille	15	25	35	50				
23	Rod Lorraine	15	25	35	50				
24	Paul Drouin	15	25	35	50				
25	Johnny Gagnon	15	25	35	50				
26	Georges Mantha	15	25	40	60				
27	Armand Mondou	15	25	40	60				
28	Claude Bourque RC	15	25	40	60				
29	Ray Getliffe RC	15	25	40	60				
30	Cy Wentworth	15	25	40	60				
31	Paul Haynes	15	25	35	50				
32	Walter Buswell	15	25	35	50				
33	Ott Heller	15	25	35	50				
34	Arthur Coulter	15	25	35	60				
35	Clint Smith RC	20	30	50	80				
36	Lynn Patrick	20	30	50	80				
37	Dave Kerr	15	25	40	60				
38	Murray Patrick RC	15	25	35	50				
39	Neil Colville	20	30	50	80				
40	Jack Portland RC	15	25	35	50				
41	Flash Hollett	15	25	35	50				
42	Herb Cain	20	30	50	80				
43	Mud Bruneteau	15	25	35	50				
44	Joffre DeSilets	15	25	35	50				
45	Mush March	15	25	35	50				
46	Cully Dahlstrom RC	15	25	35	50				
47	Mike Karakas	15	25	35	60				
48	Bill Thoms	15	25	35	50				
49	Art Wiebe	15	25	35	50				
50	Johnny Gottselig	15	25	35	50				
51	Nick Metz	15	25	35	50				
52	Jack Church RC	15	25	35	50				
53	Bob Heron RC	15	25	35	50				
54	Hank Goldup RC	15	25	35	50	80			
55	Jimmy Fowler	15	25	35	50				
56	Charlie Sands	15	25	35	50				
57	Marty Barry	15	25	35	60				
58	Doug Young	15	25	35	50				
59	Charlie Conacher	30	60	100	150	250			
60	John Sorrell	15	25	35	50				
61	Tommy Anderson RC	15	25	35	50	135			
62	Lorne Carr	15	25	35	50				
63	Earl Robertson RC	15	25	60	80				
64	Wilfy Field RC	15	25	35	50				
65	Jimmy Orlando RC	15	25	35	50				
66	Ebbie Goodfellow	15	30	50	80	100			
67	Jack Keating RC	15	25	35	50	80			
68	Sid Abel RC	60	100	120	200	300			
69	Gus Giesebrecht RC	15	25	35	50				
70	Don Deacon RC	15	25	35	50	80			
71	Hec Kilrea	15	25	35	50				
72	Syd Howe	20	30	50	80				
73	Eddie Wares RC	15	25	35	50	80			
74	Carl Liscombe RC	15	25	35	50				
75	Tiny Thompson	20	30	50	80	150			
76	Earl Seibert	15	25	35	50				
77	Des Smith RC	15	25	35	50	80			
78	Les Cunningham RC	15	25	35	50				
79	George Allen RC	15	25	35	50				
80	Bill Carse RC	15	25	35	50				
81	Bill McKenzie	15	25	35	50				
82	Ab DeMarco RC	15	30	50	80	150			
83	Phil Watson	15	25	35	50				
84	Alf Pike RC	15	25	35	50				
85	Babe Pratt RC	15	25	40	60				
86	Bryan Hextall Sr. RC	15	25	40	60				
87	Kilby MacDonald RC	15	25	35	50				
88	Alex Shibicky	15	25	35	50	100			
89	Dutch Hiller	15	25	35	50				
90	Mac Colville	15	25	35	50				
91	Roy Conacher RC	20	30	50	80	125			
92	Cooney Weiland	20	30	50	80	125			
93	Art Jackson	15	25	35	50				
94	Woody Dumart RC	20	30	50	80	250			
95	Dit Clapper	30	50	80	120	200			
96	Mel Hill RC	15	25	35	50				
97	Frank Brimsek RC	50	80	120	200	300			
98	Bill Cowley RC	50	80	100	200	250			
99	Bobby Bauer RC	40	60	100	200				
100	Eddie Shore	100	150	250	400				

— Bryan Hextall #86 SGC 9 (Mint) sold for $1,705 (Mile High; 10/12)
— Bryan Hextall #86 PSA 8 (NM Mt) sold for $837 (eBay; 2/16)
— Rod Lorraine #23 SGC 9 (Mint) sold for $1,025 (Mile High; 5/12)
— Wally Stanowsky #11 SGC 8.5 (NmMt+) sold for $567 (Mile High; 5/12)

	GD 2	VG 3	VgEx 4	EX 5	ExMt 6	NM 7	NmMt 8	NmMt+ 8.5
Elmer Lach	80	150	300	400	650	1,250	4,000	
Paul Meger RC	25	60	100	200	300	400	3,500	
Butch Bouchard RC	150	250	500	600	800	1,000	2,000	
Maurice Richard RC	3,000	4,000	6,000	8,000	10,000			80,000
Bert Olmstead RC	40	100	150	200	400	600	1,500	
Bud MacPherson RC	15	25	40	80	125	250	700	
Tom Johnson RC	30	50	80	100	200	350	600	
Paul Masnick RC	15	25	40	80	100	200	300	
Calum Mackay RC	25	40	80	100	150	200	500	
Doug Harvey RC	400	600	800	1,000	1,500	2,000	3,000	
Ken Mosdell RC	15	25	40	80	125	250	800	
Floyd Curry RC	12	20	30	60	100	150	400	
Billy Reay RC	15	25	40	60	100	150	500	
Bernie Geoffrion RC	250	300	400	600	750	1,000	1,500	
Gerry McNeil RC	30	60	100	200	300	600	2,000	
Dick Gamble RC	15	30	50	80	120	200	350	
Gerry Couture RC	20	40	60	100	250	400	800	
Ross Robert Lowe RC	20	25	40	60	100	200	500	1,000
Jim Henry RC	20	40	50	80	100	175	400	
Victor Ivan Lynn	20	30	60	100	150	200	500	
Walter(Gus) Kyle RC	12	20	30	50	80	120	300	
Ed Sandford RC	12	20	30	50	100	150	250	
John Henderson RC	12	20	30	50	80	120	250	
Dunc Fisher RC	60	80	150	200	300	500	800	
Hal Laycoe RC	15	25	40	50	80	120	250	
Bill Quackenbush RC	20	40	50	80	120	200	400	
George Sullivan RC	20	30	40	60	100	150	400	
Woody Dumart	20	30	50	60	100	150	250	
Milt Schmidt	25	40	100	200	300	400	500	
Adam Brown RC	25	50	200	300	400	500	600	800
Pentti Lund RC	15	25	40	60	100	150	400	850
Ray Barry RC	12	20	30	50	80	100	250	
Ed Kryznowski UER RC	12	20	30	50	80	100	300	
Johnny Peirson RC	15	25	50	100	150	250	400	
Lorne Ferguson RC	12	20	30	50	80	120	250	
Clare(Rags) Raglan	15	25	40	80	150	300	500	
Bill Gadsby RC	60	100	200	250	300	500	1,000	
Al Dewsbury RC	12	20	40	50	80	120	400	
George Clare Martin RC	12	20	40	50	80	120	250	
Gus Bodnar RC	30	50	100	200	300	400	600	
Jim Peters RC	12	20	30	50	80	150	250	
Bep Guidolin RC	12	20	30	50	80	150	350	
George Gee RC	12	20	30	50	80	120	250	
Jim McFadden RC	15	30	50	80	150	200	300	
Fred Hucul RC	15	25	40	60	100	250	400	
Lee Fogolin	12	20	30	50	80	100	250	
Harry Lumley RC	50	60	100	200	300	400	800	1,500
Doug Bentley RC	25	50	80	100	200	400	800	
Bill Mosienko RC	60	100	150	200	500	600	800	
Roy Conacher	20	40	60	80	120	200	300	
Pete Babando RC	15	25	40	80	100	200	500	
B.Barilko/G.McNeil IA	150	300	800	1,000	1,500	2,000	3,000	
Jack Stewart	25	30	60	80	150	200	400	
Marty Pavelich RC	12	20	30	50	80	150	800	
Red Kelly RC	100	250	300	400	500	800	1,500	2,000
Ted Lindsay RC	200	400	500	600	800	1,000	1,500	
Glen Skov RC	12	20	30	50	80	250	1,200	
Benny Woit	12	20	30	50	80	175	400	
Tony Leswick RC	15	25	40	80	120	200	400	
Fred Glover RC	30	50	100	200	300	400	600	
Terry Sawchuk RC	1,200	3,000	4,000	5,000	6,000	8,000	25,000	
Vic Stasiuk RC	25	40	60	150	300	400	500	
Alex Delvecchio RC	80	150	300	400	600	800	1,500	2,000
Sid Abel	25	40	60	100	200	400	600	
Metro Prystai RC	12	20	30	50	80	150	400	
Gordie Howe RC	8,000	10,000	12,000				40,000	
Bob Goldham RC	15	25	40	60	125	200	400	
Marcel Pronovost RC	30	50	80	125	200	500	800	
Leo Reise	12	20	30	50	80	100	200	
Harry Watson RC	60	100	200	250	300	500	1,400	
Danny Lewicki RC	15	25	40	60	100	250	600	
Howie Meeker RC	60	125	200	300	400	600	2,000	
Gus Mortson RC	12	25	40	60	100	200	300	
Joe Klukay RC	15	30	50	80	120	250	1,000	
Turk Broda RC	60	100	200	300	600	2,000	4,000	
Al Rollins RC	25	40	60	80	100	350	1,500	
Bill Juzda RC	12	20	30	50	80	150	350	
Ray Timgren	12	20	30	50	80	150	300	
Hugh Bolton RC	25	40	80	250	400	500	800	
Fern Flaman RC	25	50	80	100	200	300	550	
Max Bentley	20	30	50	80	120	200	800	
Jim Thomson	12	20	30	50	80	150	300	
Fleming Mackell RC	15	30	50	80	100	200	400	
Sid Smith RC	20	30	50	80	125	250	400	
Cal Gardner RC	25	50	100	150	200	300	500	
Teeder Kennedy RC	40	60	100	150	250	400	750	2,400

		GD 2	VG 3	VgEx 4	EX 5	ExMt 6	NM 7	NmMt 8	NmMt+ 8.5
87	Tod Sloan RC	15	25	40	80	125	200	300	
88	Bob Solinger	15	30	50	80	100	200	300	
89	Frank Eddolls RC	12	20	30	50	80	150	300	
90	Jack Evans RC	12	20	30	60	80	120	250	
91	Hy Buller RC	12	20	30	50	80	150	700	
92	Steve Kraftcheck	12	20	30	50	80	100	300	
93	Don Raleigh	12	25	50	80	100	200	300	
94	Allan Stanley RC	50	80	150	200	300	400	1,000	
95	Paul Ronty RC	15	25	40	60	80	120	300	
96	Edgar Laprade RC	25	50	80	125	250	400	600	
97	Nick Mickoski RC	12	20	30	50	80	120	300	
98	Jack McLeod RC	12	20	30	50	80	150	350	
99	Gaye Stewart	12	20	30	50	80	150	300	
100	Wally Hergesheimer RC	15	30	50	100	125	200	400	
101	Ed Kullman RC	25	40	60	80	100	150	400	
102	Ed Slowinski RC	25	40	60	80	100	200	1,000	
103	Reg Sinclair RC	15	25	40	100	150	300	550	
104	Chuck Rayner RC	25	50	100	150	200	300	600	
105	Jim Conacher RC	30	80	100	150	250	400	1,000	

— Pete Babando #51 PSA 7.5 (NrMt+) sold for $2,030 (eBay; 7/08)
— Bill Barilko/Gerry McNeil #53 PSA 9 (MT) sold for $5,612 (Memory Lane; 4/12)
— Bill Barilko/Gerry McNeil #53 PSA 8.5 (NmMt+) sold for $2,427 (Mile High; 5/12)
— Ray Barry #32 PSA 9 (MT) sold for $3,312 (Memory Lane; 7/12)
— Ray Barry #32 PSA 9 (MT) sold for $1,721 (eBay; 3/16)
— Doug Bentley #48 PSA 8.5 (NmMt+) sold for $1,332 (Mile High; 5/12)
— Doug Bentley #48 PSA 8.5 (NmMt+) sold for $7,200 (eBay; 8/08)
— Butch Bouchard #3 PSA 8.5 (NmMt+) sold for $7,200 (Mastro; 8/08)
— Turk Broda #75 PSA 8 (NmMt) sold for $3,065 (eBay; 3/14)
— Adam Brown #30 PSA 10 (Gem) sold for $6,000 (Mastro; 8/08)
— Adam Brown #30 PSA 9 (MT) sold for $1,256.50 (eBay; 5/16)
— Hy Buller #91 PSA 9 (MT) sold for $2,608.50 (eBay; 5/16)
— Roy Conacher #50 PSA 9 (MT) sold for $4,524 (eBay; 7/15)
— Gerry Couture RC #17 PSA 9 (Mt) sold for $2,216 (Memory Lane; 12/13)
— Alex Delvecchio #63 PSA 8 (NmMt) sold for $4,859 (eBay; 8/12)
— Alex Delvecchio #63 PSA 9 (MT) sold for $3,708 (eBay; 3/13)
— Jack Evans #90 PSA 9 (NmMt) sold for $2,379 (eBay; 6/12)
— Bill Gadsby #37 PSA 9 (MT) sold for $2,549 (Memory Lane; 5/13)
— George Gee #43 PSA 9 (MT) sold for $2,489 (Memory Lane; 7/12)
— Bob Goldman #67 PSA 10 (GEM) sold for $6,000 (Mastro; 8/08)
— Bep Guidolin #42 PSA 8.5 (NmMt+) sold for $6,000 (Mastro; 8/08)
— Doug Harvey #10 PSA 9 (MT) sold for $5,620 (eBay; 3/13)
— Doug Harvey #10 PSA 9 (MT) sold for $3,000 (eBay; 9/08)
— Jim Henry #19 PSA 9 (MT) sold for $2,005 (Mile High; 5/12)
— Jim Henry #19 PSA 9 (MT) sold for $3,204 (eBay; 10/08)
— Gordie Howe #66 SGC 9 (MT) sold for $29,372 (Goodwin; 9/15)
— Gordie Howe #66 SGC 8.5 (NmMt+) sold for $21,493 (Mile High; 7/15)
— Gordie Howe #66 PSA 8.5 (NmMt+) sold for $26,300 (eBay; 3/13)
— Fred Hucul #45 PSA 9 (MT) sold for $1,307 (eBay; 1/07)
— Fred Hucul #45 PSA 9 (MT) sold for $1,840 (eBay; 3/16)
— Tom Johnson #7 PSA 9 (MT) sold for $4,191 (eBay; 10/15)
— Ed Kryznowski #33 PSA 9 (Mint) sold for $1,034 (Memory Lane; 7/12)
— Hal Laycoe #25 PSA 9 (MT) sold for $1,367 (Mile High; 5/12)
— Hal Laycoe #25 PSA 9 (MT) sold for $2,480 (Mile High; 1/07)
— Danny Lewicki #71 PSA 9 (MT) sold for $2,263 (Memory Lane; 4/12)
— Ted Lindsay #56 PSA 9 (MT) sold for $7,714 (Memory Lane; 12/06)
— Ted Lindsay #56 SGC 9 (MT) sold for $2,323 (Goodwin; 3/13)
— Robert Lowe #18 PSA 9 (MT) sold for $2,738 (Mile High; 5/12)
— Harry Lumley #47 PSA 9 (MT) sold for $1,923 (eBay; 3/13)
— Jim McFadden #44 PSA 9 (MT) sold for $1,830 (eBay; 7/08)
— George Martin #39 PSA 9 (MT) sold for $1,627 (Memory Lane; 7/12)
— George Martin #39 PSA 9 (MT) sold for $2,534 (Memory Lane; 4/07)
— George Martin #39 PSA 9 (MT) sold for $1,704 (eBay; 10/08)
— Paul Meger #2 PSA 8 (NmMt) sold for $3,844 (Goodwin; 9/11)
— Ken Mosdell #11 PSA 9 (MT) sold for $3,300 (eBay; 9/08)
— Bill Mosienko #49 PSA 9 (MT) sold for $2,670 (Mile High; 5/12)
— Marcel Pronovost #68 PSA 8.5 (NmMt+) sold for $2,167 (Mile High; 5/12)
— Bill Quackenbush #26 PSA 9 (MT) sold for $3,600 (eBay; 9/08)
— Don Raleigh #93 PSA 9 (MT) sold for $1,700 (Memory Lane; 4/12)
— Maurice Richard #4 PSA 9 (MT) sold for $30,100 (eBay; 3/13)
— Maurice Richard #4 PSA 9 (MT) sold for $9,008 (eBay; 11/14)
— Maurice Richard #4 PSA 9 (MT) sold for $8,295 (Robert Edward; Fall 2013)
— Maurice Richard #4 PSA 5 (Ex) sold for $1,369 (eBay; 1/14)
— Maurice Richard #4 PSA 9 (MT) sold for $30,100 (eBay; 3/13)
— Maurice Richard #4 PSA 9 (MT) sold for $9,008 (eBay; 11/14)
— Maurice Richard #4 PSA 9 (MT) sold for $8,295 (Robert Edward; Fall 2013)
— Maurice Richard #4 PSA 5 (Ex) sold for $1,369 (eBay; 1/14)
— Paul Ronty #95 PSA 9 (MT) sold for $2,489 (Memory Lane; 4/12)
— Paul Ronty #95 PSA 9 (MT) sold for $1,262 (eBay; 3/20)
— Terry Sawchuk #61 PSA 9 (MT) sold for $6,600 (Mastro; 8/08)
— Terry Sawchuk #61 PSA 8.5 (NmMt+) sold for $4,041 (eBay; 11/15)
— Milt Schmidt #29 PSA 9 (MT) sold for $1,902 (Memory Lane; 7/12)
— Milt Schmidt #29 SGC 9 (MT) sold for $2,750 (eBay; 1/16)
— Allen Stanley #94 PSA 9 (MT) sold for $3,232 (Mile High; 5/12)
— Jack Stewart #53 PSA 9 (MT) sold for $2,520 (Mastro; 8/08)
— Jack Stewart #53 PSA 8.5 (NrMt+) sold for $772 (eBay; 2/14)

HOCKEY

1952-53 Parkhurst (continued)

#	Player	PrFr 1	GD 2	VG 3	VgEx 4	EX 5	ExMt 6	NM 7	NmMt 8
87	Ted Lindsay	20	40	60	80	100	120	200	
88	Gordie Howe	200	300	400	500	800	2,000	3,000	4
89	Johnny Wilson RC	6	12	20	25	30	50	200	
90	Vic Stasiuk	5	10	15	20	25	40	80	
91	Larry Zeidel	5	8	12	15	20	30	80	
92	Larry Wilson RC	5	8	12	15	20	50	100	
93	Bert Olmstead	5	10	15	25	40	40	80	
94	Ron Stewart RC	10	15	25	40	60	100	250	
95	Max Bentley	6	12	20	25	30	50	150	
96	Rudy Migay RC	6	10	15	20	30	50	100	
97	Jack Stoddard	5	8	12	15	20	25	80	
98	Hy Buller	5	8	12	15	20	50	100	
99	Don Raleigh UER	5	8	12	15	20	30	80	
100	Edgar Laprade	5	10	15	20	25	50	80	
101	Nick Mickoski	5	8	12	15	20	30	80	
102	Jack McLeod UER	5	8	12	15	20	25	80	
103	Jim Conacher	6	10	15	20	25	50	100	
104	Reg Sinclair	5	8	12	15	20	30	100	
105	Bob Hassard RC	15	30	40	60	80	100	350	

— Bob Armstrong #84 PSA 8 (NmMt) sold for $430.05 (Mile High; 11/11)
— George Armstrong #51 PSA 8 (NmMt) sold for $1,932.38 (eBay; 5/12)
— George Armstrong #51 PSA 8 (NmMt) sold for $1,221 (Mile High; 10/12)
— Dick Gamble #5 PSA 8 (NmMt) sold for $667 (eBay; 7/11)
— Bernie Geoffrion #5 PSA 8.5 (NmMt+) sold for $1,152 (eBay; 2/13)
— Tim Horton #58 PSA 8.5 (NmMt+) sold for $3,406.33 (eBay; 9/12)
— Tim Horton #58 PSA 8 (NmMt) sold for $3,270 (eBay; 2/14)
— Gordie Howe #88 SGC 9 (MT) sold for $3,828 (eBay; 7/12)
— Howie Meeker #42 PSA 9 (MT) sold for $1,096 (eBay; 3/16)
— Dickie Moore #10 PSA 8 (NmMt) sold for $1,377 (eBay; 7/11)

1952-53 Parkhurst

#	Player	PrFr 1	GD 2	VG 3	VgEx 4	EX 5	ExMt 6	NM 7	NmMt 8
1	Maurice Richard	250	400	600	800	1,000	1,500	2,000	
2	Billy Reay	5	10	15	25	40	80	150	
3	Bernie Geoffrion UER	30	60	100	120	150	200	300	
4	Paul Meger	5	8	12	15	20	30	80	300
5	Dick Gamble	10	20	30	40	50	80	250	
6	Elmer Lach	8	15	25	30	40	60	120	300
7	Floyd (Busher) Curry	8	15	25	40	50	100	250	500
8	Ken Mosdell	5	10	15	20	25	40	80	250
9	Tom Johnson	5	10	15	20	25	40	80	300
10	Dickie Moore RC	50	100	150	200	250	400	600	2,000
11	Bud MacPherson	5	8	12	15	20	30	80	200
12	Gerry McNeil	12	25	40	50	60	80	175	
13	Butch Bouchard	5	10	20	30	40	50	200	300
14	Doug Harvey	25	40	50	80	100	200	300	600
15	John McCormack	5	8	12	15	20	30	80	
16	Pete Babando	5	8	12	15	20	30	100	300
17	Al Dewsbury	5	8	12	15	20	30	80	
18	Ed Kullman	6	10	15	30	40	50	100	200
19	Ed Slowinski	5	8	12	15	20	25	80	250
20	Wally Hergesheimer	5	10	15	20	25	40	80	250
21	Allan Stanley	10	20	30	40	50	60	120	250
22	Chuck Rayner	10	20	30	60	80	100	200	300
23	Steve Kraftcheck	5	8	12	15	25	50	80	200
24	Paul Ronty	5	8	12	15	20	30	80	175
25	Gaye Stewart	5	8	12	15	20	30	80	250
26	Fred Hucul	5	8	12	15	20	40	80	
27	Bill Mosienko	6	12	20	30	50	60	120	300
28	Jim Morrison RC	6	10	15	20	25	40	100	
29	Ed Kryznowski	6	10	15	20	30	50	100	300
30	Cal Gardner	5	10	15	20	25	40	60	200
31	Al Rollins	8	15	25	30	40	60	100	200
32	Enio Sclisizzi RC	5	8	12	15	20	30	100	
33	Pete Conacher RC	5	10	15	20	40	50	100	250
34	Leo Boivin RC	10	20	30	60	150	300	500	1,000
35	Jim Peters	5	8	12	15	20	30	80	200
36	George Gee	5	8	12	20	40	60	100	200
37	Gus Bodnar	6	12	25	30	40	50	80	200
38	Jim McFadden	5	8	12	15	20	25	80	200
39	Gus Mortson	5	10	15	20	25	40	80	200
40	Fred Glover	5	8	12	15	20	25	60	225
41	Gerry Couture	5	8	12	25	50	80	150	250
42	Howie Meeker	12	20	30	40	60	80	120	500
43	Jim Thomson	5	8	12	15	20	30	80	250
44	Teeder Kennedy	12	25	40	50	60	100	200	
45	Sid Smith	5	10	15	20	30	50	125	400
46	Harry Watson	6	12	20	25	50	60	125	400
47	Fern Flaman	5	10	15	30	50	80	150	250
48	Tod Sloan	5	10	15	20	25	40	60	250
49	Leo Reise	5	8	12	15	25	40	80	200
50	Bob Solinger	5	8	12	15	25	50	150	250
51	George Armstrong RC	30	60	125	200	300	500	1,500	2,500
52	Dollard St.Laurent RC	6	12	20	25	30	60	125	400
53	Alex Delvecchio	20	25	40	80	100	150	250	
54	Gord Hannigan RC	6	10	15	20	30	60	100	300
55	Lee Fogolin	5	8	12	15	20	30	80	250
56	Bill Gadsby	6	12	20	25	30	50	100	225
57	Herb Dickenson RC	5	8	12	15	25	40	100	
58	Tim Horton RC	1,000	1,200	1,500	2,500				
59	Harry Lumley	12	25	40	60	100	200	300	500
60	Metro Prystai	12	10	20	25	50	80	100	200
61	Marcel Pronovost	5	10	15	30	50	100	200	
62	Benny Woit	5	8	12	20	40	100	200	400
63	Glen Skov	5	8	12	20	40	50	100	300
64	Bob Goldham	5	8	12	15	20	25	60	
65	Tony Leswick	5	8	12	15	20	30	80	250
66	Marty Pavelich	5	8	12	15	25	40	80	200
67	Red Kelly	20	30	40	60	100	120	175	300
68	Bill Quackenbush	6	12	20	30	50	100	150	
69	Ed Sandford	5	8	12	15	20	30	80	250
70	Milt Schmidt	8	15	25	30	40	60	150	
71	Hal Laycoe	5	10	20	30	40	50	100	250
72	Woody Dumart	6	12	20	30	40	60	150	300
73	Zellio Toppazzini	6	10	15	20	25	40	100	200
74	Jim Henry	5	10	15	20	25	50	80	200
75	Joe Klukay	5	8	12	15	20	30	80	200
76	Dave Creighton RC	5	10	15	30	40	50	80	200
77	Jack McIntyre	5	8	12	15	25	40	80	125
78	Johnny Peirson	6	10	15	20	40	60	125	
79	George Sullivan	5	10	15	20	30	60	100	300
80	Real Chevrefils RC	5	10	15	25	30	50	100	250
81	Leo Labine RC	8	15	25	30	40	60	150	400
82	Fleming Mackell	6	12	20	25	30	50	100	250
83	Pentti Lund	5	8	12	15	20	25	125	300
84	Bob Armstrong RC	8	15	25	50	60	80	125	
85	Warren Godfrey RC	5	8	12	15	20	25	60	
86	Terry Sawchuk	50	80	150	250	400	500	600	2,000

1953-54 Parkhurst

#	Player	PrFr 1	GD 2	VG 3	VgEx 4	EX 5	ExMt 6	NM 7	Nm
1	Harry Lumley	40	60	125	200	300	500	1,000	
2	Sid Smith	6	8	15	25	40	125	200	
3	Gord Hannigan	5	6	12	20	25	40	60	
4	Bob Hassard	5	6	12	20	25	40	60	
5	Tod Sloan	5	6	12	20	25	40	60	
6	Leo Boivin	5	6	12	20	25	40	100	
7	Teeder Kennedy	10	15	25	60	80	125	200	
8	Jim Thomson	5	6	12	20	25	40	60	
9	Ron Stewart	5	6	12	20	30	60	80	
10	Eric Nesterenko RC	6	10	20	30	40	60	150	
11	George Armstrong	10	15	30	50	60	100	150	
12	Harry Watson	6	10	20	30	40	60	80	
13	Tim Horton	30	50	100	150	200	300	400	
14	Fern Flaman	5	8	15	25	30	50	80	
15	Jim Morrison	5	6	12	20	25	40	80	
16	Bob Solinger	5	6	12	20	60	80	100	
17	Rudy Migay	5	6	12	20	25	40	60	
18	Dick Gamble	5	6	12	20	25	40	75	
19	Bert Olmstead	5	8	15	25	30	50	80	
20	Eddie Mazur RC	5	6	12	20	25	40	60	
21	Paul Meger	5	6	12	20	25	40	60	
22	Bud MacPherson	5	6	12	20	25	50	60	
23	Dollard St.Laurent	5	6	12	20	25	40	60	
24	Maurice Richard	80	125	250	600	800	1,000	1,500	3
25	Gerry McNeil	8	12	25	40	60	100	150	
26	Doug Harvey	20	30	60	100	120	150	250	
27	Jean Beliveau RC	350	500	800	1,000	2,000	4,000	5,000	7
28	Dickie Moore UER	12	20	40	60	80	125	200	
29	Bernie Geoffrion	20	30	60	80	120	200	250	
30	E.Lach/M.Richard	20	30	60	80	100	200	300	
31	Elmer Lach	6	10	20	30	40	80	100	
32	Butch Bouchard	5	8	15	25	30	50	80	
33	Ken Mosdell	5	6	12	20	25	40	80	
34	John McCormack	5	6	12	20	25	40	80	
35	Floyd (Busher) Curry	5	6	12	20	25	40	80	
36	Earl Reibel RC	5	6	12	20	25	40	80	
37	Bill Dineen UER RC	8	12	25	40	50	80	120	
38	Al Arbour UER RC	10	15	30	50	60	100	150	
39	Vic Stasiuk	5	6	12	20	25	40	60	
40	Red Kelly	10	15	30	50	60	100	150	
41	Marcel Pronovost	5	8	15	25	30	50	80	
42	Metro Prystai	5	6	12	20	25	40	60	
43	Tony Leswick	5	6	12	20	25	40	80	
44	Marty Pavelich	5	6	12	20	25	40	60	
45	Benny Woit	5	6	12	20	25	40	60	
46	Terry Sawchuk	150	200	250	300	400	500	600	1
47	Alex Delvecchio	15	30	40	60	125	200	250	
48	Glen Skov	5	6	12	20	25	40	60	
49	Bob Goldham	5	6	12	20	25	40	60	
50	Gordie Howe	300	400	500	600	800	1,000	2,000	5
51	Johnny Wilson	5	6	12	20	25	40	80	
52	Ted Lindsay	10	15	30	50	60	100	150	
53	Gump Worsley RC	60	125	200	300	500	800	1,000	2
54	Jack Evans	5	6	12	20	25	40	60	
55	Max Bentley	6	10	20	30	60	80	125	
56	Andy Bathgate RC	25	50	80	150	200	300	500	
57	Harry Howell RC	15	25	50	80	100	120	200	

	PrFr 1	GD 2	VG 3	VgEx 4	EX 5	ExMt 6	NM 7	NmMt 8
Hy Buller	5	6	12	20	25	40	80	150
Chuck Rayner	6	10	20	40	50	80	125	250
Jack Stoddard	5	6	12	20	30	50	100	200
Ed Kullman	5	6	12	20	25	50	120	300
Nick Mickoski	5	6	12	20	25	40	60	150
Paul Ronty	5	6	12	20	25	40	60	200
Allan Stanley	6	10	20	30	40	60	100	250
Leo Reise	5	6	12	20	30	50	80	150
Aldo Guidolin RC	5	6	12	20	25	40	60	200
Wally Hergesheimer	5	6	12	20	25	40	60	200
Don Raleigh	5	6	12	20	25	40	80	250
Jim Peters	5	6	12	20	25	40	60	300
Pete Conacher	5	6	12	20	30	40	60	200
Fred Hucul	5	6	12	20	25	40	60	250
Lee Fogolin	5	6	12	20	25	40	60	200
Larry Zeidel	5	6	12	20	25	40	60	200
Larry Wilson	5	6	12	20	30	50	100	150
Gus Bodnar	5	6	12	20	25	40	80	200
Bill Gadsby	6	10	20	30	40	60	100	250
Jim McFadden	5	6	12	20	25	40	60	200
Al Dewsbury	5	6	12	20	25	40	50	200
Clare Raglan	5	6	12	20	25	40	60	200
Bill Mosienko	6	10	20	30	60	80	125	200
Gus Mortson	5	6	12	20	25	40	60	200
Al Rollins	5	20	40	30	50	100	200	350
George Gee	5	6	12	20	25	40	60	200
Gerry Couture	5	6	12	20	25	40	80	150
Dave Creighton	5	6	12	20	25	40	60	175
Jim Henry	5	8	15	25	30	50	80	200
Hal Laycoe	5	6	12	20	25	40	60	200
Johnny Peirson UER	5	8	15	25	30	50	80	200
Real Chevrefils	5	6	12	20	25	40	60	150
Ed Sandford	5	6	12	20	25	40	60	150
Fleming Mackell NoBio	5	8	15	25	30	50	80	150
Fleming Mackell COR	200	250	350	450	600			
Milt Schmidt	6	10	20	30	40	100	150	300
Leo Labine	5	6	12	20	25	40	60	200
Joe Klukay	5	6	12	20	25	40	60	150
Warren Godfrey	5	6	12	20	25	50	100	200
Woody Dumart	5	8	15	25	30	50	80	350
Frank Martin RC	5	6	12	20	25	40	60	200
Jerry Toppazzini RC	5	6	12	20	25	50	150	300
Cal Gardner	5	6	12	20	25	40	60	500
Bill Quackenbush	15	25	50	80	100	150	300	900

— ...dy Bathgate #56 PSA 9 (Mint) sold for $2,709 (Mile High; 1/12)
— ...an Beliveau RC #27 PSA 5.5 (Ex+) sold for $910 (eBay; 4/14)
— ...ex Delvecchio #47 PSA 9 (MT) sold for $1,033 (eBay; 12/15)
— ...Dewsbury #78 PSA 10 (Gem) sold for $3,732 (Memory Lane; 4/12)
— ...n Flaman #14 PSA 9 (Mint) sold for $1,515 (Mile High; 1/12)
— ...o Guidolin RC #66 PSA 9 (Mint) sold for $962 (eBay; 2/14)
— ...d Kelly #40 PSA 9 (Mint) sold for $1,790 (Mile High; 1/12)
— ...o Labine #93 PSA 9 (Mint) sold for $562 (Mile High; 1/12)
— ...Laycoe #87 PSA 10 (Gem Mt) sold for $3,023 (Mile High; 5/12)
— ...rry Lumley #1 PSA 8 (NmMt) sold for $4,3034 (Mile High; 1/12)
— ...rry Lumley #1 PSA 8 (NmMt) sold for $2,390 (eBay; 3/14)
— ...Mosienko #1 PSA 9 (Mint) sold for $1,516 (eBay; 2/15)
— ...c Nesterenko #10 PSA 9 (Mint) sold for $825 (Mile High; 1/12)
— ...t Olmsted #19 PSA 9 (Mint) sold for $619 (Mile High; 1/12)
— ...rty Pavelich #44 PSA 9 (Mint) sold for $494 (eBay; 1/08)
— ...rcel Pronovost #41 PSA 9 (MT) sold for $896.99 (eBay; 3/16)
— ...Rollins #82 PSA 9 (Mint) sold for $619 (Mile High; 1/12)
— ...Smith #2 PSA 8 (NmMt) sold for $704 (Mile High; 1/12)
— ...Stassiuk #39 PSA 9 (MT) sold for $626.79 (eBay; 4/16)
— ...nny Wilson #51 PSA 9 (Mint) sold for $1,099 (Mile High; 1/12)
— ...mp Worsley #82 PSA 8.5 (NmMt+) sold for $2,015 (eBay; 11/14)

54-55 Parkhurst

	PrFr 1	GD 2	VG 3	VgEx 4	EX 5	ExMt 6	NM 7	NmMt 8
Gerry McNeil	30	50	60	100	150	300	800	3,500
Dickie Moore	10	15	25	40	50	100	150	350
Jean Beliveau	50	80	150	250	400	500	1,000	2,500
Eddie Mazur	5	8	12	20	25	40	80	
Bert Olmstead	5	8	12	20	25	40	150	
Butch Bouchard	8	12	20	25	40	60	120	
Maurice Richard	50	75	120	200	250	300	400	1,200
Bernie Geoffrion	15	25	40	60	80	100	200	
John McCormack	5	8	12	20	25	40	80	
Tom Johnson	5	8	12	20	25	40	80	
Calum Mackay	8	10	15	25	40	80	150	
Ken Mosdell	5	8	12	20	25	40	100	
Paul Masnick	8	10	15	25	40	60	100	400
Doug Harvey	15	25	40	60	80	100	150	
Floyd(Busher) Curry	5	8	12	20	25	40	80	
Harry Lumley	8	12	15	25	35	60	80	
Harry Watson	10	15	20	25	40	60	80	
Jim Morrison	5	8	12	15	20	40	100	
Eric Nesterenko	5	8	12	15	20	40	80	
Fern Flaman	5	8	12	20	25	40	80	
Rudy Migay	5	8	12	20	25	30	60	

		PrFr 1	GD 2	VG 3	VgEx 4	EX 5	ExMt 6	NM 7	NmMt 8
22	Sid Smith	5	8	12	20	25	30	60	
23	Ron Stewart	5	8	12	20	25	40	80	150
24	George Armstrong	10	15	25	40	50	60	80	200
25	Earl Balfour RC	5	8	12	20	25	40	80	200
26	Leo Boivin	6	10	20	30	40	80	150	
27	Gord Hannigan	5	8	12	20	25	40	100	300
28	Bob Bailey RC	5	8	12	20	25	40	100	200
29	Teeder Kennedy	8	12	15	25	30	50	80	
30	Tod Sloan	5	8	12	20	25	40	80	250
31	Tim Horton	35	50	60	80	125	150	300	800
32	Jim Thomson	5	8	12	20	25	40	100	
33	Terry Sawchuk	40	60	80	100	150	250	350	800
34	Marcel Pronovost	5	8	12	20	25	40	80	
35	Metro Prystai	5	8	12	20	25	30	60	
36	Alex Delvecchio	10	15	25	40	50	60	100	300
37	Earl Reibel	5	8	12	20	25	40	80	
38	Benny Woit	5	8	12	20	25	40	80	
39	Bob Goldham	5	8	12	20	25	40	80	
40	Glen Skov	5	8	12	20	25	60	80	300
41	Gordie Howe	60	100	150	200	300	400	600	1,200
42	Red Kelly	10	15	25	40	50	60	80	250
43	Marty Pavelich	5	8	12	20	25	40	80	250
44	Johnny Wilson	6	10	15	30	60	100	150	400
45	Tony Leswick	6	10	15	20	60	80	125	250
46	Ted Lindsay	10	15	25	40	50	60	150	300
47	Keith Allen RC	5	8	12	20	25	40	60	
48	Bill Dineen	8	15	30	50	60	80	150	
49	Jim Henry	8	12	15	25	30	40	60	
50	Fleming Mackell	5	8	12	20	25	40	60	250
51	Bill Quackenbush	8	12	15	25	30	40	80	
52	Hal Laycoe	5	8	12	20	25	40	80	
53	Cal Gardner	5	8	12	20	25	40	80	250
54	Joe Klukay	5	8	12	20	25	40	100	
55	Bob Armstrong	5	8	12	20	25	40	80	
56	Warren Godfrey	10	20	30	50	60	80	150	
57	Doug Mohns RC	8	12	15	25	30	40	80	
58	Dave Creighton	15	25	40	60	80	100	200	
59	Milt Schmidt	8	12	15	25	35	50	100	
60	Johnny Peirson	5	8	12	20	25	30	80	
61	Leo Labine	8	10	15	25	40	60	120	
62	Gus Bodnar	5	8	12	20	25	40	80	
63	Real Chevrefils	5	8	12	20	25	40	80	
64	Ed Sandford	8	10	15	25	40	50	80	120
65	Johnny Bower UER RC	200	300	400	500	600	700	800	3,000
66	Paul Ronty	5	8	20	30	40	60	100	
67	Leo Reise	5	8	12	20	25	30	50	150
68	Don Raleigh	6	10	20	50	60	80	150	
69	Bob Chrystal	5	8	12	20	25	40	80	
70	Harry Howell	8	12	20	40	50	60	150	
71	Wally Hergesheimer	5	8	12	20	25	30	60	
72	Jack Evans	5	8	12	20	25	30	60	200
73	Camille Henry RC	5	8	12	20	25	40	80	
74	Dean Prentice RC	8	12	15	25	30	40	80	
75	Nick Mickoski	5	8	12	15	20	30	40	120
76	Ron Murphy RC	5	8	12	15	20	30	60	120
77	Al Rollins	8	12	15	25	30	50	100	
78	Al Dewsbury	5	8	12	20	25	30	60	
79	Lou Jankowski	5	8	12	20	25	30	60	200
80	George Gee	5	8	12	15	20	30	40	
81	Gus Mortson	5	8	12	15	25	40	80	200
82	Fred Saskamoose UER RC	15	25	40	60	80	125	200	400
83	Ike Hildebrand RC	5	8	12	20	25	40	60	
84	Lee Fogolin	5	8	12	20	25	40	60	150
85	Larry Wilson	5	8	12	20	25	40	80	
86	Pete Conacher	5	8	12	20	25	40	60	
87	Bill Gadsby	5	8	12	25	30	40	80	150
88	Jack McIntyre	5	8	12	20	25	40	80	
89	Busher Curry goes/up and over	5	8	12	20	25	40	60	
90	Delvecchio/Defense	8	12	15	25	35	50	120	
91	R.Kelly/H.Lumley	8	12	15	25	25	40	60	200
92	Lumley/Howe/Stewart	12	20	30	50	60	125	200	400
93	H.Lumley/R.Murphy	6	10	15	20	30	60	100	200
94	P.Meger/J.Morrison	6	10	15	20	30	40	60	250
95	D.Harvey/E.Nesterenko	10	15	25	40	80	100	150	250
96	T.Sawchuk/T.Kennedy	12	20	30	50	60	80	125	400
97	Plante/B.Bouchard/Reibel	12	20	30	50	60	80	100	400
98	J.Plante/Harvey/Sloan	12	20	30	50	60	80	150	400
99	J.Plante/T.Kennedy	12	20	30	50	60	80	125	400
100	T.Sawchuk/B.Geoffrion	25	40	60	80	120	150	400	1,000

— Alex Delvecchio #90 PSA 8 (NM) sold for $365 (eBay; (4/16)
— Camille Henry #73 PSA 9 (Mint) sold for $393 (eBay; 8/12)
— Ted Lindsay #46 PSA 9 (Mint) sold for $1,303 (eBay; 4/12)
— Gerry McNeil #1 PSA 8 (NrMt) sold for $3,633 (eBay; 8/12)

1954-55 Topps

		PrFr 1	GD 2	VG 3	VgEx 4	EX 5	ExMt 6	NM 7	NmMt 8
1	Dick Gamble	25	40	60	100	150	250	1,000	4,000
2	Bob Chrystal	8	15	25	40	80	150	600	2,000
3	Harry Howell	12	20	30	40	60	80	150	600

#	Name	PrFr 1	GD 2	VG 3	VgEx 4	EX 5	ExMt 6	NM 7	NmMt 8
4	Johnny Wilson	6	10	15	20	30	80	100	400
5	Red Kelly	20	30	60	100	150	200	300	550
6	Real Chevrefils	6	10	20	25	30	50	150	450
7	Bob Armstrong	8	15	25	40	80	125	200	400
8	Gordie Howe	300	500	1,000	1,500	2,000	3,000	5,000	8,000
9	Benny Woit	6	10	15	20	30	40	150	250
10	Gump Worsley	25	40	100	125	200	300	400	600
11	Andy Bathgate	15	25	50	80	125	200	300	500
12	Bucky Hollingworth RC	6	10	15	20	30	40	120	400
13	Ray Timgren	6	10	15	20	30	80	150	250
14	Jack Evans	6	10	15	20	30	40	100	300
15	Paul Ronty	6	15	20	30	50	60	100	250
16	Glen Skov	6	10	15	20	40	80	100	250
17	Gus Mortson	6	10	15	20	30	40	100	250
18	Doug Mohns RC	12	20	40	50	80	125	200	350
19	Leo Labine	10	12	20	30	40	80	200	500
20	Bill Gadsby	10	12	25	50	80	100	200	650
21	Jerry Toppazzini	8	12	20	30	60	80	100	350
22	Wally Hergesheimer	6	10	15	20	30	60	125	300
23	Danny Lewicki	6	10	15	20	30	50	150	200
24	Metro Prystai	6	10	15	25	50	80	150	250
25	Fern Flaman	8	12	20	40	50	100	150	350
26	Al Rollins	15	25	40	80	125	200	300	500
27	Marcel Pronovost	10	15	25	50	80	150	200	400
28	Lou Jankowski	6	10	15	20	30	60	150	300
29	Nick Mickoski	10	30	40	50	60	100	200	300
30	Frank Martin	6	15	30	40	50	100	150	300
31	Lorne Ferguson	6	10	15	20	30	40	100	300
32	Camille Henry RC	10	15	25	40	60	80	200	500
33	Pete Conacher	8	12	20	30	50	50	100	250
34	Marty Pavelich	6	10	15	20	40	100	150	300
35	Don McKenney RC	10	15	25	40	50	80	120	400
36	Fleming Mackell	8	12	20	30	40	50	100	300
37	Jim Henry	10	15	25	40	60	100	200	500
38	Hal Laycoe	6	10	15	20	50	80	150	300
39	Alex Delvecchio	20	30	40	60	80	100	200	550
40	Larry Wilson	6	10	15	20	30	40	100	250
41	Allan Stanley	12	20	30	50	80	100	175	650
42	George Sullivan	6	10	15	20	40	80	200	400
43	Jack McIntyre	6	10	15	20	30	40	100	250
44	Ivan Irwin RC	6	10	15	20	30	50	120	300
45	Tony Leswick	8	10	25	40	60	100	300	500
46	Bob Goldham	6	10	15	20	50	80	125	350
47	Cal Gardner	10	15	25	40	80	125	200	400
48	Ed Sandford	6	10	15	20	40	50	100	300
49	Bill Quackenbush	10	15	25	40	60	100	175	400
50	Warren Godfrey	6	10	15	25	50	80	150	300
51	Ted Lindsay	20	30	50	100	150	200	400	600
52	Earl Reibel	5	10	15	25	30	60	100	300
53	Don Raleigh	6	10	15	25	50	80	200	800
54	Bill Mosienko	10	15	25	40	60	100	200	500
55	Larry Popein	8	12	25	50	80	150	375	
56	Edgar Laprade	8	15	20	30	50	80	200	800
57	Bill Dineen	8	12	20	30	50	100	150	800
58	Terry Sawchuk	80	200	300	400	500	800	1,500	2,500
59	Marcel Bonin RC	10	15	25	50	150	250	500	2,000
60	Milt Schmidt	20	30	60	100	250	350	1,200	3,000

— Marcel Bonin #59 PSA 8 (NmMt) sold for $4,800 (Memory Lane; 5/08)
— Dick Gamble #1 PSA 8 (NmMt) sold for $5,141 (Goodwin & Co.; 12/08)
— Wally Hergesheimer #22 PSA 9 (MT) sold for $4,195 (Memory Lane; 9/07)
— Gordie Howe #8 SGC 96 (MT) sold for $13,200 (Mastro; 8/08)
— Gordie Howe #8 SGC 8.5 (NrMt+) sold for $2,398 (eBay; 4/14)
— Gordie Howe #8 SGC 7.5 (ExMt+) sold for $1,750 (eBay; 4/14)
— Red Kelly #5 SGC 96 (MT) sold for $6,955 (Memory Lane; 5/08)
— Edgar Laprade #56 PSA 8 sold for $4,365 (Memory Lane; 12/06)
— Edgar Laprade #56 PSA8 (NmMt) sold for $1,530 (Memory Lane; 9/07)
— Edgar Laprade #56 PSA 8 (NmMt) sold for $865 (Memory Lane; 5/08)
— Tony Leswick #42 PSA 8 (NmMt) sold for $2,035 (Memory Lane; 9/07)
— Ted Lindsay #51 PSA 9 (MT) sold for $2,726 (eBay; 6/12)
— Frank Martin #30 SGC 9 (MT) sold for $670 (eBay; 8/12)
— Nick Mickoski #29 PSA 9 (MT) sold for $810 (eBay; 7/08)
— Gus Mortson #17 PSA 9 (MT) sold for $3,466 (Memory Lane; 9/07)
— Gus Mortson #17 SGC 9 (MT) sold for $346.02 (eBay; 2/16)
— Larry Popein #55 PSA 7 (NM) sold for $560 (eBay; 11/07)
— Don Raleigh #53 PSA 9 (MT) sold for $9,650 (Mile High; 1/07)
— Don Raleigh #53 PSA 9 (MT) sold for $2,980 (Memory Lane; 5/07)
— Milt Schmidt #60 PSA 8 (NmMt) sold for $5,447 (Mile High; 1/07)
— Milt Schmidt #60 PSA 7.5 (NrMt+) sold for $1,752 (Goodwin & Co.; 12/08)
— Allan Stanley #41 SGC 96 (MT) sold for $3,600 (Memory Lane; 7/08)
— Jerry Toppazzini #21 PSA 9 (MT) sold for $2,252 (eBay; 3/13)

1955-56 Parkhurst

#	Name	PrFr 1	GD 2	VG 3	VgEx 4	EX 5	ExMt 6	NM 7	NmMt 8
1	Harry Lumley	40	60	100	200	400	900	3,000	
2	Sid Smith	6	8	10	15	30	100	300	
3A	Tim Horton	30	50	80	100	200	200	350	
4	George Armstrong	10	15	25	40	60	120	300	
5	Ron Stewart	6	8	10	15	30	100	300	
6	Joe Klukay	5	8	12	15	25	60	100	200

#	Name	PrFr 1	GD 2	VG 3	VgEx 4	EX 5	ExMt 6	NM 7	NmM
7	Marc Reaume	5	6	8	12	25	100	250	
8	Jim Morrison	5	6	8	12	25	60	100	
9	Parker MacDonald RC	5	6	8	12	20	50	100	
10	Tod Sloan	5	6	8	12	30	80	150	
11	Jim Thomson	5	6	8	12	20	50	100	
12	Rudy Migay	5	6	8	12	20	50	100	
13	Brian Cullen RC	6	8	10	15	25	50	120	
14	Hugh Bolton	5	6	8	12	20	50	100	
15	Eric Nesterenko	6	8	10	20	40	150	400	
16	Larry Cahan RC	5	6	8	12	20	50	100	
17	Willie Marshall	5	6	8	12	20	50	200	
18	Dick Duff RC	12	20	30	50	80	175	1,000	
19	Jack Caffery RC	5	6	8	20	30	50	100	
20	Billy Harris RC	6	8	10	15	25	50	150	
21	Lorne Chabot OTG	6	8	10	15	25	50	100	
22	Harvey Jackson OTG	6	10	15	20	40	80	150	
23	Turk Broda OTG	12	20	30	40	60	100	300	
24	Joe Primeau OTG	6	8	12	20	30	50	150	
25	Gordie Drillon OTG	6	8	10	15	25	50	150	
26	Chuck Conacher OTG	6	8	12	20	30	100	150	
27	Sweeney Schriner OTG	6	8	10	15	20	80	200	
28	Syl Apps OTG	6	8	12	20	30	80	150	
29	Teeder Kennedy OTG	8	12	20	30	40	80	150	
30	Ace Bailey OTG	8	12	20	30	50	80	175	
31	Babe Pratt OTG	6	8	10	15	20	100	200	
32	Harold Cotton OTG	6	8	10	15	30	80	125	
33	King Clancy CO	12	20	30	50	80	150	250	
34	Hap Day	6	10	15	20	40	100	175	
35	Don Marshall RC	6	10	15	25	40	80	150	
36	Jackie LeClair RC	6	8	10	15	30	100	200	
37	Maurice Richard	60	80	120	200	300	400	600	1,
38	Dickie Moore	10	15	25	40	60	100	200	
39	Ken Mosdell	6	8	10	15	30	100	200	
40	Floyd(Busher) Curry	5	6	8	12	20	50	150	
41	Calum Mackay	5	6	8	12	20	50	100	
42	Bert Olmstead	6	8	10	15	25	50	100	
43	Bernie Geoffrion	15	25	50	100	150	200	300	
44	Jean Beliveau	50	80	120	200	250	300	500	1,
45	Doug Harvey	15	25	40	60	100	125	200	
46	Butch Bouchard	6	8	10	15	25	50	120	
47	Bud MacPherson	5	6	8	12	20	50	100	
48	Dollard St.Laurent	5	6	8	12	20	50	100	
49	Tom Johnson	6	8	10	15	25	50	100	
50	Jacques Plante RC	200	500	1,000	3,000	4,000	8,000	10,000	
51	Paul Meger	5	6	8	12	20	50	100	
52	Gerry McNeil	6	8	12	20	30	60	100	
53	Jean-Guy Talbot RC	6	8	10	15	30	100	250	
54	Bob Turner	5	6	8	12	25	80	150	
55	Newsy Lalonde OTG	8	12	20	30	50	120	250	
56	Georges Vezina OTG	15	25	40	60	100	125	250	
57	Howie Morenz OTG	12	20	30	50	80	150	250	
58	Aurel Joliat OTG	8	12	20	30	40	80	200	
59	George Hainsworth OTG	12	20	30	50	80	100	200	
60	Sylvio Mantha OTG	6	8	10	15	30	100	250	
61	Battleship Leduc OTG	6	8	10	15	30	100	200	
62	Babe Siebert OTG UER	6	8	12	20	30	50	100	
63	Bill Durnan OTG RC	8	12	20	30	50	150	300	
64	Ken Reardon OTG RC	8	12	20	30	50	50	150	
65	Johnny Gagnon OTG	6	8	10	15	25	60	150	
66	Billy Reay OTG	6	8	10	15	30	50	100	
67	Toe Blake CO	6	10	15	25	40	150	250	
68	Frank Selke MG	6	8	12	20	30	80	200	
69	H.Bolton/C.Hodge	6	8	10	15	25	50	150	
70	H.Lumley/B.Geoffrion	8	12	20	30	50	150	300	
71	B.Bouchard/T.Johnson	10	15	25	40	60	100	200	
72	Rocket (Richard) Roars	10	15	30	50	80	200	500	
73	M.Richard/H.Lumley	12	20	30	40	60	150	300	
74	J.Beliveau/H.Lumley	8	12	20	30	50	80	200	
75	Nesterenko/Smith/Plante	10	15	25	40	60	100	250	
76	Curry/Lumley/Morrison	6	8	10	15	30	100	300	
77	Sloan/MacD/Harvey/Beliv	10	15	25	40	60	150	400	
78	Montreal Forum	40	60	100	120	200	450	1,200	
79	Maple Leaf Gardens	40	60	100	150	250	600	1,000	

— Tim Horton #3 SGC 9 (MT) sold for $12,103 (eBay; 4/11)
— Dick Duff #18 PSA 8 (NmMt) sold for $1,633 (eBay; 5/12)
— Harold Cotton OTG #32 PSA 9 (MT) sold for $4,118 (eBay; 8/12)
— Newsy Lalonde OTG #55 PSA 9 (MT) sold for $4,874 (Mile High; 10/12)
— Sloan/Macdonald/Harvey/Beliviau #77 PSA 8 (NmMt) sold for $2,782 (eBay; 8/12)

1957-58 Parkhurst

#	Name	PrFr 1	GD 2	VG 3	VgEx 4	EX 5	ExMt 6	NM 7	NmM
M1	Doug Harvey	30	50	80	120	200	250	600	
M2	Bernie Geoffrion	12	25	40	60	100	200	700	2,0
M3	Jean Beliveau	30	50	80	200	300	400	600	1,
M4	Henri Richard RC	500	600	800	1,000	1,500	2,500	400	1,
M5	Maurice Richard	40	60	100	150	250	400	550	1,
M6	Tom Johnson	5	5	6	10	15	25	80	
M7	Andre Pronovost RC	5	6	10	15	25	40	125	
M8	Don Marshall	5	5	5	8	12	30	60	

	PrFr 1	GD 2	VG 3	VgEx 4	EX 5	ExMt 6	NM 7	NmMt 8
Jean-Guy Talbot	5	5	6	10	12	20	50	100
Dollard St.Laurent	5	5	5	8	12	20	50	100
Phil Goyette RC	5	6	10	15	25	40	100	350
Claude Provost RC	5	6	10	15	25	50	150	250
Bob Turner	5	5	5	8	12	20	50	120
Dickie Moore	6	10	15	25	40	60	100	250
Jacques Plante	40	60	125	200	400	500	600	1,500
Toe Blake CO	5	6	15	20	30	50	100	200
Charlie Hodge RC	8	12	20	30	50	80	150	300
Marcel Bonin	5	6	8	15	30	40	80	150
Bert Olmstead	5	5	6	10	15	25	80	120
Floyd (Busher) Curry	5	5	5	8	12	20	50	100
Len Broderick IA RC	5	6	10	15	25	40	80	200
Brian Cullen scores	5	5	5	8	12	20	50	200
Broderick/Harvey IA	5	6	10	15	25	40	60	150
Geoffrion/Chadwick IA	5	8	12	20	30	50	100	200
Olmstead/Chadwick IA	5	6	10	15	25	40	60	200
George Armstrong	10	15	25	50	100	200	500	
Ed Chadwick RC	30	40	60	100	135	225	600	
Dick Duff	5	10	15	25	50	120	700	1,800
Bob Pulford RC	30	40	60	150	250	500	1,500	3,000
Tod Sloan	5	8	15	25	60	80	175	800
Rudy Migay	5	5	6	10	20	40	80	200
Ron Stewart	5	5	5	8	12	25	60	100
Gerry James RC	5	5	6	10	15	25	80	120
Brian Cullen	5	5	5	8	12	20	50	150
Sid Smith	5	5	5	8	12	20	80	150
Jim Morrison	5	5	5	8	12	20	50	100
Marc Reaume	5	5	5	8	12	20	50	120
Hugh Bolton	5	5	5	8	12	20	60	100
Pete Conacher	5	5	5	8	12	20	50	100
Billy Harris	5	5	5	8	12	20	50	150
Mike Nykoluk RC	5	5	5	8	12	20	50	100
Frank Mahovlich RC	200	400	600	800	1,000	1,500	2,000	3,000
Ken Girard RC	5	5	5	8	12	20	50	100
Al MacNeil RC	5	5	5	8	12	20	60	150
Bob Baun RC	10	15	25	40	60	100	300	500
Barry Cullen RC	5	5	8	12	20	50	80	150
Tim Horton	25	30	50	80	120	200	350	500
Gary Collins RC	5	5	5	8	12	20	60	100
Gary Aldcorn RC	5	5	5	8	12	20	50	150
Billy Reay CO	5	6	10	15	25	40	80	250

George Armstrong #T1 PSA 8 (NmMtt) sold for $3,570 (eBay; 9/15)
Pete Conacher #T14 PSA 9 (MT) sold for $410 (eBay; 8/12)
Tom Johnson #M6 PSA 9 (MT) sold for $799 (eBay; 1/08)
Don Marshall #M8 PSA 9 (MT) sold for $799 (eBay; 1/08)
Rudy Migay #T6 PSA 10 (Gem MT) sold for $1,500 (eBay; 3/13)
Bert Olmstead #M19 PSA 10 (Gem MT) sold for $1,317 (eBay; 4/15)
Claude Provost #M12 PSA 10 (Gem MT) sold for $1,331 (eBay; 4/15)
Billy Reay CO #T25 PSA 8.5 (NMMT+) sold for $356 (eBay; 7/12)

1957-58 Topps

	PrFr 1	GD 2	VG 3	VgEx 4	EX 5	ExMt 6	NM 7	NmMt 8
Real Chevrefils	6	8	12	20	25	60	400	1,000
Jack Bionda RC	5	6	8	12	20	30	60	500
Bob Armstrong	5	5	6	10	12	20	50	200
Fern Flaman	6	8	20	25	30	40	80	300
Jerry Toppazzini	6	8	10	40	50	60	80	250
Larry Regan RC	6	8	10	20	25	30	60	125
Bronco Horvath RC	6	8	10	15	25	40	100	450
Jack Caffery	5	6	8	12	15	20	80	150
Leo Labine	5	6	8	12	15	25	30	100
Johnny Bucyk RC	25	40	60	100	150	400	500	2,000
Vic Stasiuk	5	6	8	12	20	25	50	100
Doug Mohns	6	8	12	20	30	40	60	500
Don McKenney	5	6	8	12	20	40	50	250
Don Simmons RC	6	8	10	15	25	60	150	600
Allan Stanley	5	6	8	12	20	30	50	250
Fleming Mackell	5	6	8	12	15	25	30	125
Larry Hillman RC	5	6	8	12	15	50	80	200
Leo Boivin	5	6	8	12	15	25	30	100
Bob Bailey	5	5	6	10	12	20	40	100
Glenn Hall RC	100	125	200	250	300	500	800	2,000
Ted Lindsay	8	12	20	30	40	60	80	200
Pierre Pilote RC	10	15	25	50	80	150	250	550
Jim Thomson	5	6	8	12	20	25	60	200
Eric Nesterenko	5	6	8	12	20	25	60	200
Gus Mortson	10	12	20	30	50	100	200	600
Ed Litzenberger RC	5	6	8	12	20	30	60	125
Elmer Vasko RC	5	6	8	12	20	30	40	100
Jack McIntyre	5	5	6	10	12	20	30	100
Ron Murphy	5	6	8	12	15	25	40	300
Glen Skov	5	5	6	10	12	20	50	135
Hec Lalande RC	5	5	6	10	12	20	40	175
Nick Mickoski	5	5	6	10	12	20	60	150
Wally Hergesheimer	5	6	8	12	15	25	50	120
Alex Delvecchio	6	8	12	20	25	50	120	300
Terry Sawchuk UER	25	40	60	80	100	200	250	1,000
Guyle Fielder RC	5	6	8	12	15	25	30	150

		PrFr 1	GD 2	VG 3	VgEx 4	EX 5	ExMt 6	NM 7	NmMt 8
37	Tom McCarthy	5	5	6	10	12	20	30	100
38	Al Arbour	6	8	10	15	25	35	60	120
39	Billy Dea	5	5	6	10	12	25	60	150
40	Lorne Ferguson	5	5	6	10	12	25	50	200
41	Warren Godfrey	5	6	8	12	15	25	40	120
42	Gordie Howe	80	100	200	300	400	600	800	2,500
43	Marcel Pronovost	6	8	15	20	25	30	40	120
44	Bill McNeil RC	6	8	12	20	25	40	60	120
45	Earl Reibel	5	6	8	12	20	25	40	100
46	Norm Ullman RC	40	60	80	120	150	200	250	800
47	Johnny Wilson	5	5	6	10	12	30	50	120
48	Red Kelly	6	8	12	20	25	50	80	300
49	Bill Dineen	6	8	12	20	25	50	80	120
50	Forbes Kennedy RC	6	8	12	20	30	40	80	200
51	Harry Howell	8	12	20	25	30	40	60	200
52	Jean-Guy Gendron RC	5	6	8	12	15	25	60	100
53	Gump Worsley	10	15	25	40	50	80	100	250
54	Larry Popein	5	6	8	12	20	25	40	120
55	Jack Evans	5	8	12	15	25	40	60	125
56	George Sullivan	5	6	8	12	15	25	60	250
57	Gerry Foley RC	5	6	8	12	15	25	60	250
58	Andy Hebenton RC	5	6	8	12	15	25	50	120
59	Larry Cahan	5	5	6	10	12	20	40	100
60	Andy Bathgate	6	8	12	20	30	50	100	400
61	Danny Lewicki	5	6	8	12	25	30	50	150
62	Dean Prentice	6	8	10	15	25	40	60	250
63	Camille Henry	6	8	10	15	20	25	60	150
64	Lou Fontinato RC	6	8	12	20	25	40	60	250
65	Bill Gadsby	6	8	10	15	20	30	60	200
66	Dave Creighton	8	15	25	40	80	125	300	600

— Glenn Hall #20 SGC 9 (MT) sold for $1,860 (Greg Bussineau; Fall 2014)
— Ted Lindsay #21 PSA 9 (MT) sold for $1,346 (eBay; 3/13)
— Pierre Pilote #22 SGC 9 (MT) sold for $4,613 (Goodwin; 7/12)
— Pierre Pilote #22 PSA 8.5 (NmMt+) sold for $2,208 (eBay; 3/13)
— Terry Sawchuk UER #35 PSA 9 (MT) sold for $1,380 (Greg Bussineau; Fall 2013)
— Allan Stanley #15 PSA 9 (MT) sold for $1,803 (eBay; 3/14)
— Elmer Vasko #27 PSA 9 (MT) sold for $802 (eBay; 8/12)
— Elmer Vasko #27 PSA 9 (MT) sold for $672.78 (eBay; 2/14)

1958-59 Parkhurst

		PrFr 1	GD 2	VG 3	VgEx 4	EX 5	ExMt 6	NM 7	NmMt 8
1	Bob Pulford IA	5	8	12	20	50	80	150	600
2	Henri Richard	20	30	50	80	120	200	250	1,000
3	Andre Pronovost	5	5	6	10	15	20	80	120
4	Billy Harris	5	5	6	10	15	25	60	175
5	Albert Langlois RC	5	8	10	15	25	40	80	150
6	Noel Price RC	5	5	6	10	15	20	50	100
7	G.Armstrong/Johnson IA	5	6	8	12	20	30	50	120
8	Dickie Moore	5	6	10	15	25	40	60	175
9	Toe Blake CO	5	6	8	12	20	30	60	150
10	Tom Johnson	5	5	6	10	15	20	60	120
11	J.Plante/G.Armstrong	10	12	15	20	30	50	80	150
12	Ed Chadwick	5	6	10	15	25	40	60	150
13	Bob Nevin RC	5	6	8	12	20	30	60	175
14	Ron Stewart	5	5	6	10	15	25	50	120
15	Bob Baun	5	6	10	15	25	40	60	120
16	Ralph Backstrom RC	5	8	12	20	30	50	80	250
17	Charlie Hodge	5	6	10	15	25	40	60	120
18	Gary Aldcorn	5	5	6	10	15	20	50	100
19	Willie Marshall	5	5	6	10	15	20	50	100
20	Marc Reaume	5	5	6	10	15	20	50	100
21	Jacques Plante IA	10	15	20	25	40	60	80	200
22	Jacques Plante	40	50	80	120	150	250	300	600
23	Allan Stanley UER	5	6	8	12	20	30	50	100
24	Ian Cushenan RC	5	5	6	10	15	25	50	120
25	Billy Reay CO	5	5	6	10	15	25	50	120
26	Jacques Plante IA	10	15	20	30	40	60	80	200
27	Bert Olmstead	5	5	6	10	15	25	50	120
28	Bernie Geoffrion	8	12	20	35	50	80	120	250
29	Dick Duff	5	5	6	10	15	25	50	100
30	Ab McDonald RC	5	6	10	15	25	40	60	100
31	Barry Cullen	5	5	6	10	15	20	60	120
32	Marcel Bonin	5	5	6	10	15	20	50	120
33	Frank Mahovlich	20	30	60	100	200	300	400	500
34	Jean Beliveau	20	30	50	80	100	150	250	500
35	J.Plante/Canadiens IA	6	10	15	25	40	60	80	150
36	Brian Cullen Shoots	5	5	6	10	15	25	50	120
37	Steve Kraftcheck	5	5	6	10	15	20	50	150
38	Maurice Richard	40	50	100	150	250	300	500	650
39	Jacques Plante IA	6	10	15	25	40	60	80	200
40	Bob Turner	5	5	6	10	15	20	60	120
41	Jean-Guy Talbot	5	5	6	10	15	25	50	100
42	Tim Horton	12	20	30	50	80	100	200	350
43	Claude Provost	5	5	6	10	15	25	40	80
44	Don Marshall	5	5	6	10	15	20	60	200
45	Bob Pulford	5	6	8	12	20	30	50	120
46	Johnny Bower UER	15	25	40	60	100	120	150	350
47	Phil Goyette	5	5	6	10	15	25	50	120
48	George Armstrong	5	6	8	12	15	25	40	150

		PrFr 1	GD 2	VG 3	VgEx 4	EX 5	ExMt 6	NM 7	NmMt 8
49	Doug Harvey	8	12	20	30	50	80	100	250
50	Brian Cullen	5	6	10	15	25	40	100	200

— Bernie Geoffrion #28 PSA 9 (MT) sold for $528 (eBay; 5/12)
— Albert Langlois #5 PSA 9 (MT) sold for $468 (eBay; 5/12)
— Frank Mahovlich #5 PSA 9 (MT) sold for $910 (eBay; 4/15)
— J.Plante/Others IA #21 PSA 9 (MT) sold for $439 (eBay; 5/12)
— Jacques Plante #22 PSA 9 (MT) sold for $2,175 (eBay; 4/15)
— Andre Pronovost #3 PSA 9 (MT) sold for $718 (eBay; 2/14)
— Frank Mahovlich #33 PSA 9 (MT) sold for $2,662.00 (eBay; 5/12)
— Jean Beliveau #34 PSA 9 (MT) sold for $1,529 (eBay; 3/14)
— J.Plante/Canadiens IA #35 PSA 9 (MT) sold for $760.72 (eBay; 5/12)
— Steve Kraftcheck #37 PSA 9 (MT) sold for $720.00 (eBay; 8/12)

1958-59 Topps

		PrFr 1	GD 2	VG 3	VgEx 4	EX 5	ExMt 6	NM 7	NmMt 8
1	Bob Armstrong	5	6	10	15	25	100	300	
2	Terry Sawchuk	25	30	50	80	120	175	300	500
3	Glen Skov	5	5	5	8	12	20	80	300
4	Leo Labine	5	5	6	10	15	25	60	150
5	Dollard St.Laurent	5	5	5	8	12	20	100	250
6	Danny Lewicki	5	5	5	8	12	20	25	150
7	John Hanna RC	5	5	5	8	12	20	100	400
8	Gordie Howe UER	60	80	120	200	300	500	1,000	4,000
9	Vic Stasiuk	5	5	5	8	12	20	40	400
10	Larry Regan	5	5	5	8	12	20	30	100
11	Forbes Kennedy	5	5	5	8	12	20	60	200
12	Elmer Vasko	5	5	6	10	15	25	100	400
13	Glenn Hall	15	25	40	60	80	100	200	500
14	Ken Wharram RC	6	8	10	15	25	50	100	300
15	Len Lunde RC	5	5	5	8	12	20	60	200
16	Ed Litzenberger	5	5	6	10	15	25	40	100
17	Norm Johnson RC	6	8	10	20	30	40	80	200
18	Earl Ingarfield RC	5	5	5	8	12	20	60	300
19	Les Colwill RC	5	5	5	8	12	20	60	120
20	Leo Boivin	5	5	6	10	15	25	40	150
21	Andy Bathgate	5	6	10	15	25	40	60	250
22	Johnny Wilson	5	5	5	8	12	20	60	250
23	Larry Cahan	5	5	5	8	12	20	30	100
24	Marcel Pronovost	5	5	6	10	15	25	40	120
25	Larry Hillman	5	5	6	10	15	25	60	150
26	Jim Bartlett RC	5	5	5	8	12	20	30	120
27	Nick Mickoski	5	5	5	8	12	20	80	650
28	Larry Popein	5	5	5	8	12	20	100	1,000
29	Fleming Mackell	5	5	6	10	15	25	50	150
30	Eddie Shack RC	25	40	60	80	100	150	300	400
31	Jack Evans	5	5	5	8	12	20	50	120
32	Dean Prentice	5	5	6	10	15	25	60	500
33	Claude Laforge RC	5	5	5	8	12	20	60	300
34	Bill Gadsby	5	5	8	12	20	50	80	150
35	Bronco Horvath	5	5	6	10	15	25	50	120
36	Pierre Pilote	5	8	15	40	60	80	100	200
37	Earl Balfour	5	5	5	8	12	20	60	350
38	Gus Mortson	5	5	8	12	20	30	60	200
39	Gump Worsley	8	12	20	30	40	60	100	250
40	Johnny Bucyk	12	20	30	50	80	150	250	400
41	Lou Fontinato	5	5	6	10	15	25	80	200
42	Tod Sloan	5	5	5	8	12	20	60	300
43	Charlie Burns RC	5	5	5	8	12	20	80	400
44	Don Simmons	5	5	6	10	15	25	80	250
45	Jerry Toppazzini	5	5	5	8	12	20	60	150
46	Andy Hebenton	5	5	5	8	12	25	60	
47	Pete Goegan UER	5	5	5	8	12	25	100	
48	George Sullivan	5	5	5	8	12	20	60	200
49	Hank Ciesla RC	5	5	5	8	12	20	100	1,000
50	Doug Mohns	5	5	5	8	12	20	40	100
51	Jean-Guy Gendron	5	5	5	8	12	20	40	125
52	Alex Delvecchio	5	6	10	15	25	40	80	200
53	Eric Nesterenko	5	5	6	10	15	40	100	900
54	Camille Henry	5	5	6	10	15	25	60	400
55	Lorne Ferguson	5	5	5	8	12	30	60	150
56	Fern Flaman	5	5	6	10	15	25	60	150
57	Earl Reibel	5	5	5	8	15	40	100	
58	Warren Godfrey	5	5	5	8	12	30	60	300
59	Ron Murphy	5	5	5	8	12	30	80	300
60	Harry Howell	5	5	8	12	20	30	100	250
61	Red Kelly	5	6	10	15	25	40	80	250
62	Don McKenney	5	5	5	8	12	20	50	200
63	Ted Lindsay	5	6	10	15	25	40	100	550
64	Al Arbour	5	5	6	10	15	25	50	150
65	Norm Ullman	10	15	25	40	50	80	120	400
66	Bobby Hull RC	600	1,500	2,000	2,500	3,500	4,000	6,000	

— Bobby Hull #66 PSA 8 (NmMt) sold for $102,000 (REA, 4/17)
— Bobby Hull #66 PSA 8 (NmMt) sold for $13,010 (Mastro; 8/07)
— Earl Ingarfield #18 PSA 9 (Mint) sold for $762 (eBay; 8/13)
— Norm Johnson #17 PSA 7 (NrMt) sold for $1,284 (eBay; 11/14)
— Gus Mortson #18 PSA 9 (Mint) sold for $2,035 (eBay; 8/13)
— Earl Reibel #57 PSA 8 (NrMt) sold for $806 (eBay; 2/14)
— Ken Wharram RC #14 PSA 9 (Mint) sold for $2,229 (eBay; 3/14)
— Johnny Wilson #22 PSA 9 (Mint) sold for $791 (eBay; 6/13)

1959-60 Parkhurst

		VG 3	VgEx 4	EX 5	ExMt 6	NM 7	NmMt 8	NmMt+ 8.5	MT 9
1	Canadiens On Guard	40	60	70	80	200	350	450	800
2	Maurice Richard	100	120	150	250	400	800	1,000	2,000
3	Carl Brewer RC	20	40	50	80	125	200		
4	Phil Goyette	8	12	15	25	30	80	150	300
5	Ed Chadwick	10	15	20	30	40	100		
6	Jean Beliveau	50	80	100	150	200	350	450	1,500
7	George Armstrong	10	15	20	30	60	200	300	500
8	Doug Harvey	25	50	60	80	100	200	250	400
9	Billy Harris	8	15	25	40	50	100	150	250
10	Tom Johnson	8	12	15	25	40	100		
11	Marc Reaume	8	12	15	25	30	100	150	250
12	Marcel Bonin	8	12	15	25	30	80		
13	Johnny Wilson	8	12	15	25	30	120	150	200
14	Dickie Moore	12	20	30	50	80	150	250	400
15	Punch Imlach CO RC	12	20	25	40	50	120		
16	Charlie Hodge	10	15	25	50	80	150	200	300
17	Larry Regan	8	12	20	30	50	100	150	250
18	Claude Provost	8	12	15	25	30	120	150	300
19	Gerry Ehman RC	8	12	15	25	30	100	150	300
20	Ab McDonald	8	12	15	25	40	100	125	250
21	Bob Baun	8	12	15	25	30	100	125	300
22	Ken Reardon VP	8	12	15	25	30	80		
23	Tim Horton	30	50	60	80	100	250	350	600
24	Frank Mahovlich	40	60	80	100	150	250	300	500
25	Johnny Bower IA	12	20	25	40	50	150		
26	Ron Stewart	8	12	15	25	30	250		
27	Toe Blake CO	8	12	15	25	30	100		
28	Bob Pulford	8	12	15	25	30	80		
29	Ralph Backstrom	8	12	15	25	30	150		
30	Action Around the Net	10	15	20	30	40	150		
31	Bill Hicke RC	10	15	20	30	30	80		
32	Johnny Bower	30	50	60	80	120	250		
33	Bernie Geoffrion	20	30	40	60	80	200		
34	Ted Hampson RC	8	12	15	25	30	120		
35	Andre Pronovost	8	12	15	25	40	200		
36	Stafford Smythe CHC	8	12	15	25	50	150	200	250
37	Don Marshall	8	12	15	25	30	100		
38	Dick Duff	8	12	15	25	30	100		
39	Henri Richard	40	60	80	120	150	250	300	500
40	Bert Olmstead	8	12	15	25	30	100		
41	Jacques Plante	60	150	200	250	300	400	600	1,500
42	Noel Price	8	12	15	25	30	80		
43	Bob Turner	8	12	15	25	30	100		
44	Allan Stanley	12	20	25	40	50	100	125	300
45	Albert Langlois	8	12	15	25	50	150		
46	Officials Intervene	8	12	15	25	30	80		
47	Frank Selke MD	8	12	15	25	30	120		
48	Gary Edmundson RC	8	12	15	25	30	80	125	350
49	Jean-Guy Talbot	8	12	15	25	40	150		
50	King Clancy AGM	25	40	50	60	120	300		

— George Armstrong #7 PSA 9 (MT) sold for $514 (eBay; 8/09)
— Jean Beliveau #6 PSA 9 (Mt) sold for $783 (eBay; 5/12)
— Johnny Bower #32 PSA 9 (MT) sold for $840 (eBay; 3/07)
— Canadiens On Guard #1 PSA 8 (NmMt) sold for $470 (eBay; 10/08)
— Canadiens On Guard #1 PSA 9 (MT) sold for $1580.55 (eBay; 4/12)
— Charlie Hodge #16 PSA 10 (Gem) sold for $618 (eBay; 2/16)
— Tim Horton #23 PSA 9 (MT) sold for $1,034 (eBay; 5/07)
— Tim Horton #23 PSA 9 (MT) sold for $602 (eBay; 4/12)
— Jacques Plante #41 PSA 9 (MT) sold for $1,850 (eBay; 1/10)
— Jacques Plante #41 PSA 9 (MT) sold for $1,351 (eBay; 11/14)
— Maurice Richard #2 PSA 9 (Mt) sold for $1331 (eBay; 11/14)
— Maurice Richard #2 PSA 9 (Mt) sold for $859.18 (Mile Hile; 1/12)

1959-60 Topps

		PrFr 1	GD 2	VG 3	VgEx 4	EX 5	ExMt 6	NM 7	NmMt 8
1	Eric Nesterenko	5	8	12	20	30	50	150	850
2	Pierre Pilote	5	6	10	15	25	40	60	150
3	Elmer Vasko	5	5	6	10	15	25	50	300
4	Peter Goegan	5	5	5	8	12	20	50	200
5	Lou Fontinato	5	5	6	10	15	25	50	150
6	Ted Lindsay	6	8	12	20	30	50	80	300
7	Leo Labine	5	5	6	10	15	25	80	300
8	Alex Delvecchio	5	6	10	20	30	50	80	250
9	Don McKenney UER	5	5	5	8	12	20	50	120
10	Earl Ingarfield	5	5	5	8	12	20	50	100
11	Don Simmons	5	5	6	10	15	25	60	250
12	Glen Skov	5	5	5	8	12	20	50	120
13	Tod Sloan	5	5	5	8	12	25	80	350
14	Vic Stasiuk	5	5	5	8	12	20	50	120
15	Gump Worsley	6	10	15	25	40	60	80	200
16	Andy Hebenton	5	5	6	10	15	25	50	120
17	Dean Prentice	5	5	5	8	12	25	50	100
18	Action/Pronovost/Bartlett	5	5	5	8	12	20	50	100
19	Fleming Mackell	5	5	6	10	15	25	50	100
20	Harry Howell	5	5	6	10	15	25	60	120
21	Larry Popein	5	5	5	8	12	20	50	100

HOCKEY

	PrFr 1	GD 2	VG 3	VgEx 4	EX 5	ExMt 6	NM 7	NmMt 8
Len Lunde	5	5	5	8	12	20	50	150
Johnny Bucyk	6	10	15	25	40	60	80	250
Jean-Guy Gendron	5	5	5	8	12	20	50	150
Barry Cullen	5	5	5	8	12	20	50	100
Leo Boivin	5	6	8	12	20	30	60	125
Warren Godfrey	5	5	5	8	12	20	50	80
G.Hall/C.Henry IA	5	6	10	15	25	40	50	200
Fern Flaman	5	5	5	10	15	25	50	120
Jack Evans	5	5	5	8	12	20	50	100
John Hanna	5	5	5	8	12	20	50	120
Glenn Hall	10	15	25	30	40	60	100	250
Murray Balfour RC	5	5	6	10	15	25	50	120
Andy Bathgate	5	6	10	15	25	40	60	250
Al Arbour	5	5	6	10	15	25	50	150
Jim Morrison	5	5	5	8	12	20	50	100
Nick Mickoski	5	5	5	8	12	20	40	150
Jerry Toppazzini	5	5	5	8	12	20	50	120
Bob Armstrong	5	5	5	8	12	20	50	100
Charlie Burns UER	5	5	5	8	20	50	60	150
Bill McNeil	5	5	5	8	12	20	50	200
Terry Sawchuk	20	25	40	60	80	10	150	600
Dollard St.Laurent	5	5	5	8	12	20	60	150
Marcel Pronovost	5	5	6	10	15	25	50	300
Norm Ullman	6	10	15	25	40	60	60	200
Camille Henry	5	5	6	10	15	30	100	300
Bobby Hull	50	80	100	150	250	450	600	850
G.Howe/Jack Evans IA	8	12	20	30	50	80	120	400
Lou Marcon RC	5	5	5	8	12	20	50	100
Earl Balfour	5	5	5	8	12	20	50	200
Jim Bartlett	5	5	5	8	12	20	50	200
Forbes Kennedy	5	5	5	8	12	20	50	200
Action Picture	5	5	5	8	12	20	50	120
G.Worsley/H.Howell IA	5	6	10	15	25	40	50	120
Brian Cullen	5	5	5	8	12	20	50	200
Bronco Horvath	5	5	6	10	15	25	50	100
Eddie Shack	10	15	25	40	60	80	100	200
Doug Mohns	5	5	6	10	15	25	80	350
George Sullivan	5	5	5	8	12	20	50	150
Pierre Pilote/Flem Mackell IA	5	5	5	8	12	20	50	100
Ed Litzenberger	5	5	5	8	12	20	80	150
Bill Gadsby	5	5	8	12	20	30	50	120
Gordie Howe	40	80	100	100	150	300	500	1,200
Claude Laforge	5	5	5	8	12	20	50	150
Red Kelly	5	6	10	15	25	40	100	250
Ron Murphy	5	8	12	20	35	50	150	

n Bucyk #23 SGC 9 (MT) sold for $467 (Goodwin; 1/12)
Gadsby #62 PSA 9 (Mint) sold for $249.50 (eBay; 4/16)
n Hall #32 SGC 9 (MT) sold for $467 (Goodwin; 1/12)
itzenberger #61 PSA 9 (MT) sold for $732 (eBay; 5/12)
y Sawchuk #42 PSA 9 (MT) sold for $1,365 (eBay; 2/14)
e Shack #57 PSA 9 (MT) sold for $897 (eBay; 6/12)
Sloan #13 PSA 9 (MT) sold for $797.50 (eBay; 2/14)
n Ullman #45 PSA 9 (MT) sold for $1,221 (eBay; 2/13)
n Ullman #45 SGC 9 (MT) sold for $464 (Goodwin; 1/12)

60-61 Parkhurst

	VG 3	VgEx 4	EX 5	ExMt 6	NM 7	NmMt 8	NmMt+ 8.5	MT 9
Tim Horton	30	50	80	100	250	500		
Frank Mahovlich	25	30	50	80	125	350	400	800
Johnny Bower	15	20	30	50	100	200	600	
Bert Olmstead	8	10	12	20	30	100	125	200
Gary Edmundson	8	10	12	20	30	60	80	175
Ron Stewart	8	10	12	20	30	80	100	175
Gerry James	8	10	12	20	30	80	100	175
Gerry Ehman	8	10	12	20	30	60	80	175
Red Kelly	12	15	20	30	50	80	125	225
Dave Creighton	8	10	12	20	30	80	100	150
Bob Baun	8	10	12	20	30	80	100	175
Dick Duff	8	10	12	20	30	80	100	175
Larry Regan	8	10	12	20	25	60	80	175
Johnny Wilson	8	10	12	20	30	80	100	150
Billy Harris	8	10	12	20	30	80	100	150
Allan Stanley	8	10	12	20	30	60	80	120
George Armstrong	8	10	12	20	30	80	100	150
Carl Brewer	8	10	12	20	40	80	100	200
Bob Pulford	8	10	12	20	50	100	120	175
Gordie Howe	60	100	150	250	300	500	800	1,500
Val Fonteyne	8	10	12	20	25	60	80	175
Murray Oliver RC	8	10	12	20	30	80	100	150
Sid Abel CO	8	10	12	20	30	60	80	200
Jack McIntyre	8	10	12	20	25	60	80	175
Marc Reaume	8	10	12	20	30	80	100	175
Norm Ullman	15	20	30	50	80	150	200	250
Brian Smith	8	10	12	20	30	80	100	150
Gerry Melnyk UER RC	8	10	12	20	30	60	80	175
Marcel Pronovost	8	10	12	20	30	80	120	250
Warren Godfrey	8	10	12	20	30	80	125	200
Terry Sawchuk	30	40	60	80	150	200	250	400
Barry Cullen	8	10	12	20	30	60	80	150

		VG 3	VgEx 4	EX 5	ExMt 6	NM 7	NmMt 8	NmMt+ 8.5	MT 9
33	Gary Aldcorn	8	10	12	20	30	60	80	200
34	Pete Goegan	8	10	12	20	30	80	100	225
35	Len Lunde	8	10	12	20	30	80	100	175
36	Alex Delvecchio	12	15	20	30	60	100	150	250
37	John McKenzie RC	10	12	15	25	40	80	100	250
38	Dickie Moore	10	12	15	25	40	80	100	350
39	Albert Langlois	8	10	12	20	30	80	100	175
40	Bill Hicke	8	10	12	20	30	80	100	175
41	Ralph Backstrom	8	10	12	20	30	80	100	300
42	Don Marshall	8	10	12	20	30	80	100	200
43	Bob Turner	8	10	12	25	50	100	200	300
44	Tom Johnson	8	10	12	20	30	80	100	300
45	Maurice Richard	60	80	100	150	250	400	600	2,000
46	Bernie Geoffrion	15	20	30	50	80	120	150	400
47	Henri Richard	25	30	50	80	100	250	300	500
48	Doug Harvey	20	25	40	60	100	150	200	300
49	Jean Beliveau	25	40	50	80	125	250	300	550
50	Phil Goyette	8	10	12	20	30	80	125	250
51	Marcel Bonin	8	10	12	20	30	60	80	150
52	Jean-Guy Talbot	8	10	12	20	30	80	100	175
53	Jacques Plante	30	50	60	100	200	350	400	600
54	Claude Provost	8	10	12	20	30	80	100	250
55	Andre Pronovost	8	10	12	20	40	100		
56	Hicke/McDonald/Backstrom	8	10	12	20		80	125	200
57	Marsh/H.Richard/Moore	15	20	30	40	60	150		400
58	Provost/Pronovost/Goyette	8	10	12	20	30	100	150	300
59	Boom/Marshall/Beliveau	15	20	30	50	100	150	200	500
60	Ab McDonald	8	10	12	20	40	100	125	300
61	Jim Morrison	25	35	60	100	150	500		

— Gary Aldcorn #33 PSA 9 (MT) sold for $350; 1/08)
— Johnny Bower #3 PSA 10 (GemMt) sold for $875 (eBay; 2/16)
— Phil Goyette #50 PSA 9 (MT) sold for $350 (eBay; 1/08)
— Bill Hicke #40 PSA 9 (MT) sold for $205 (eBay; 1/08)
— Albert Langlois #39 PSA 10 (GmMt) sold for $1005.00 (eBay; 8/12)
— John McKenzie #37 PSA 9 (MT) sold for $290 (eBay; 8/12)
— Allan Stanley #16 PSA 10 (GemMt) sold for $308.50 (eBay; 1/16)
— Norm Ullman #26 PSA 9 (MT) sold for $262 (eBay; 1/08)

1960-61 Topps

		VG 3	VgEx 4	EX 5	ExMt 6	NM 7	NmMt 8	NmMt+ 8.5	MT 9
1	Lester Patrick ATG	20	25	50	80	200	800		
2	Paddy Moran ATG	8	10	15	20	30	80		
3	Joe Malone ATG	10	12	20	30	40	80		
4	Ernest (Moose) Johnson ATG	6	8	12	20	30	80		
5	Nels Stewart ATG	10	12	20	30	50			
6	Bill Hay RC	6	8	12	20	40	150		
7	Eddie Shack	20	25	30	50	100	300		
8	Cy Denneny ATG	6	8	12	20	30	80	125	300
9	Jim Morrison	5	6	10	15	30	80		
10	Bill Cook ATG	6	8	12	25	50	100	150	225
11	Johnny Bucyk	15	20	25	40	80	250		
12	Murray Balfour	5	6	10	15	30	120		
13	Leo Labine	5	6	10	15	30	80		
14	Stan Mikita RC	250	350	400	500	1,000			
15	George Hay ATG	6	8	12	20	30	80		
16	Mervyn(Red) Dutton ATG	5	6	10	15	30	80		
17	Dickie Boon ATG UER	5	6	10	15	30	80		
18	George Sullivan	5	6	10	15	30	80		
19	Georges Vezina ATG	15	20	25	35	60	100	125	225
20	Eddie Shore ATG	15	20	25	30	50	100		
21	Ed Litzenberger	5	6	10	15	30	80		
22	Bill Gadsby	8	10	15	20	30	80		
23	Elmer Vasko	5	6	15	30	225			
24	Charlie Burns	5	6	10	30	60	250		
25	Glenn Hall	20	25	30	50	80	300		
26	Dit Clapper ATG	10	12	20	30	40	80	100	300
27	Art Ross ATG	15	20	25	40	60	100		
28	Jerry Toppazzini	5	6	10	15	30	80		
29	Frank Boucher ATG	6	8	12	20	30	80	100	225
30	Jack Evans	5	6	10	15	30	80		
31	Jean-Guy Gendron	5	6	10	15	40	120		
32	Chuck Gardiner ATG	8	10	15	25	40	80	100	250
33	Ab McDonald	5	6	10	20	30	80		
34	Frank Frederickson ATG	6	8	12	25	50	100	150	300
35	Frank Nighbor ATG	8	10	15	25	40	100		
36	Gump Worsley	20	25	40	50	80	250		
37	Dean Prentice	6	8	12	20	30	80		
38	Hugh Lehman ATG	6	8	12	20	30	80		
39	Jack McCartan RC	10	12	20	30	100	300		
40	Don McKenney UER	5	6	10	20	30	80		
41	Ron Murphy	5	6	10	15	30	80		
42	Andy Hebenton	8	10	15	25	40	120		
43	Don Simmons	8	12	20	30	100			
44	Herb Gardiner ATG	6	8	12	20	30	80		
45	Andy Bathgate	8	10	15	25	40	150		
46	Cyclone Taylor ATG	10	12	30	40	60	150		
47	King Clancy ATG	15	20	25	40	80	200		
48	Newsy Lalonde ATG	10	12	20	30	50	100	125	250
49	Harry Howell	6	8	10	15	60	150		

#	Player	VG 3	VgEx 4	EX 5	ExMt 6	NM 7	NmMt 8	NmMt+ 8.5	MT 9
50	Ken Schinkel RC	5	6	10	15	50	200		
51	Tod Sloan	5	8	12	20	40	100		
52	Doug Mohns	8	10	15	25	60			
53	Camille Henry	6	8	12	20	30	125		
54	Bronco Horvath	5	6	10	15	30	150		
55	Tiny Thompson ATG	12	15	25	30	50	80		
56	Bob Armstrong	5	6	10	15	30	80		
57	Fern Flaman	6	8	12	20	50	150		
58	Bobby Hull	100	120	250	300	400	800	1,200	
59	Howie Morenz ATG	20	25	30	40	60	150		
60	Dick Irvin ATG	10	12	20	30	40	80		
61	Lou Fontinato	5	6	10	15	60			
62	Leo Boivin	6	8	12	20	40	100		
63	Moose Goheen ATG	6	8	12	20	30	80		
64	Al Arbour	6	8	12	20	60	120		
65	Pierre Pilote	10	12	20	40	50	150		
66	Vic Stasiuk	12	15	20	30	80	150		

— Johnny Bucyk #11 PSA 9 (MT) sold for $989 (eBay; 2/07)
— George Sullivan #18 PSA 9 (MT) sold for $502 (eBay; 4/12)
— Glenn Hall #25 PSA 9 (MT) sold for $636 (Goodwin; 2/07)
— Hugh Lehman #38 PSA 9 (MT) sold for $882 (eBay; 4/09)
— Lou Fontinato #61 PSA 8 (NMMT) sold for $908 (eBay; 8/12)
— Pierre Pilote #65 PSA 9 (MT) sold for $1,968.00 (Memory Lane; 6/12)

1961-62 Parkhurst

#	Player	VG 3	VgEx 4	EX 5	ExMt 6	NM 7	NmMt 8	NmMt+ 8.5	MT 9
1	Tim Horton	30	50	120	150	250	800		
2	Frank Mahovlich	25	30	40	80	100	300		
3	Johnny Bower	20	25	35	60	100	200		
4	Bert Olmstead	8	10	12	20	30	60		
5	Dave Keon RC	125	200	300	400	650	800	1,000	1,600
6	Ron Stewart	8	10	12	20	30	80	120	300
7	Eddie Shack	20	25	40	60	80	150	200	350
8	Bob Pulford	8	10	12	25	40	80		
9	Red Kelly	10	12	15	25	40	80		
10	Bob Nevin	8	10	12	20	25	60	100	175
11	Bob Baun	8	10	12	20	30	80	125	200
12	Dick Duff	8	10	12	25	40	80	100	175
13	Larry Keenan	8	10	12	20	30	60	125	200
14	Larry Hillman	8	10	12	20	25	60	100	200
15	Billy Harris	8	10	12	20	25	60	100	200
16	Allan Stanley	8	10	12	20	25	60	100	175
17	George Armstrong	8	10	12	20	30	80	125	175
18	Carl Brewer	8	10	12	20	25	60	100	200
19	Howie Glover	8	10	12	20	25	60	100	175
20	Gordie Howe	60	80	100	150	300	450	600	1,500
21	Val Fonteyne	8	10	12	20	30	50		
22	Al Johnson	8	10	12	20	30	80		
23	Pete Goegan	8	10	12	20	30	60	100	600
24	Len Lunde	8	10	12	20	30	80		
25	Alex Delvecchio	10	12	15	25	40	100	125	200
26	Norm Ullman	15	20	25	40	60	100	125	200
27	Bill Gadsby	8	10	12	20	30	50	100	175
28	Ed Litzenberger	8	10	12	20	30	60	100	200
29	Marcel Pronovost	8	10	12	20	30	80		
30	Warren Godfrey	8	10	12	20	25	60	100	175
31	Terry Sawchuk	25	30	50	80	150	250	300	400
32	Vic Stasiuk	8	10	12	20	30	80	100	175
33	Leo Labine	8	10	12	20	30	80	100	175
34	John McKenzie	8	10	12	20	30	80	100	175
35	Bernie Geoffrion	20	25	40	60	100	120	150	250
36	Dickie Moore	8	10	12	20	30	80	100	175
37	Albert Langlois	8	10	12	20	25	50	100	175
38	Bill Hicke	8	10	12	20	25	60	100	150
39	Ralph Backstrom	8	10	12	20	25	60	100	200
40	Don Marshall	8	10	12	20	30	60	80	125
41	Bob Turner	8	10	12	20	30	80	100	200
42	Tom Johnson	8	10	12	20	30	80	100	200
43	Henri Richard	20	25	35	60	80	150	200	350
44	Wayne Connelly UER RC	8	10	12	20	30	80	100	175
45	Jean Beliveau	25	30	50	100	150	250	300	400
46	Phil Goyette	8	10	12	20	30	80	100	175
47	Marcel Bonin	8	10	12	20	30	80	100	175
48	Jean-Guy Talbot	8	10	12	20	30	60	120	250
49	Jacques Plante	30	50	80	150	200	300	400	650
50	Claude Provost	8	10	12	20	30	80	100	150
51	Andre Pronovost UER	15	20	25	40	60	150		

— Bill Gadsby #27 PSA 10 (GmMt) sold for $1,025 (eBay; 8/12)
— Dave Keon #5 PSA 9 (Mint) sold for $1,365 (eBay; 2/13)
— Bert Olmstead #4 PSA 9 (Mint) sold for $186.50 (eBay; 3/16)
— Andre Pronovost #61 PSA 10 (GmMt) sold for $3,643.78 (Memory Lane; 4/12)

1961-62 Topps

#	Player	VG 3	VgEx 4	EX 5	ExMt 6	NM 7	NmMt 8	NmMt+ 8.5	MT 9
1	Phil Watson CO	20	25	40	60	100	550		
2	Ted Green RC	15	20	30	40	80	200		
3	Earl Balfour	6	8	10	12	30	80		
4	Dallas Smith RC	12	15	20	25	40	100		
5	Andre Pronovost UER	12	15	20	25	30	80		

#	Player	VG 3	VgEx 4	EX 5	ExMt 6	NM 7	NmMt 8	NmMt+ 8.5	M
6	Dick Meissner	6	8	10	12	30	80		
7	Leo Boivin	8	10	12	15	30	60		
8	Johnny Bucyk	15	20	30	40	50	150		
9	Jerry Toppazzini	6	8	10	12	25	60	80	
10	Doug Mohns	8	10	12	20	30	80		
11	Charlie Burns	6	8	10	15	25	60		
12	Don McKenney	6	8	10	20	100	250		
13	Bob Armstrong	6	8	10	15	40	150		
14	Murray Oliver	6	8	10	12	25	60		
15	Orland Kurtenbach RC	10	12	15	20	30	80	100	
16	Terry Gray	6	8	10	12	25	60	80	
17	Don Head	8	10	12	15	30	80		
18	Pat Stapleton RC	12	15	25	50	100	200	300	
19	Cliff Pennington	6	8	10	12	40	100		
20	Bruins Team Picture	15	20	30	40	50	100	135	
21	E.Balfour/F.Flaman IA	8	12	20	25	50	120		
22	A.Bathgate/G.Hall IA	12	15	20	25	60	175		
23	Rudy Pilous CO RC	8	12	20	25	50	200		
24	Pierre Pilote	12	15	20	25	40	80	125	
25	Elmer Vasko	6	8	10	12	25	60	125	
26	Reg Fleming RC	8	10	12	15	30	80		
27	Ab McDonald	6	8	10	12	25	60	100	
28	Eric Nesterenko	8	10	12	15	30	80	100	
29	Bobby Hull	75	100	150	200	300	500	600	1,0
30	Ken Wharram	8	10	12	15	30	80	100	
31	Dollard St.Laurent	6	8	10	12	25	60	100	
32	Glenn Hall	20	25	40	60	100	200	300	
33	Murray Balfour	6	8	10	12	25	60	100	
34	Ron Murphy	6	8	10	12	25	40	80	
35	Bill(Red) Hay	6	8	10	12	25	60		
36	Stan Mikita	30	40	60	100	150	300	400	
37	Denis DeJordy RC	15	20	30	40	60	120		
38	Wayne Hillman	8	10	12	15	30	120		
39	Rino Robazzo	6	8	10	12	25	60		
40	Bronco Horvath	6	8	10	12	25	60		
41	Bob Turner	6	8	10	12	25	60		
42	Blackhawks Team Picture	15	20	30	40	60	120		
43	Ken Wharram IA	10	15	20	25	40	150		
44	St.Laurent/G.Hall IA	12	15	20	25	60	200	250	
45	Doug Harvey CO	15	20	30	40	60	100	150	
46	Junior Langlois	6	8	10	12	25	60	100	
47	Irv Spencer	6	8	10	12	25	60	100	
48	George Sullivan	6	8	10	12	25	60		
49	Earl Ingarfield	6	8	10	12	25	60	100	
50	Gump Worsley	15	20	30	40	60	100	150	
51	Harry Howell	8	10	12	15	30	80	100	
52	Larry Cahan	6	8	10	12	25	60	100	
53	Andy Bathgate	10	12	15	20	30	80	125	
54	Dean Prentice	8	10	12	15	30	60	100	
55	Andy Hebenton	6	8	10	12	25	60	100	
56	Camille Henry	8	10	12	15	30	60	100	
57	Jean-Guy Gendron	6	8	10	12	25	60		
58	Pat Hannigan	6	8	10	12	30	80	100	
59	Ted Hampson	6	8	10	12	25	60		
60	Jean Ratelle RC	40	60	80	135	200	600	750	1,
61	Al Lebrun	6	8	10	15	25	60	125	
62	Rod Gilbert RC	50	60	100	125	200	400	600	2,
63	Rangers Team Picture	15	20	30	40	80	800		
64	Meissner/Worsley IA	10	12	20	40	200			
65	Gump Worsley IA	15	20	30	80	150			
66	Checklist Card	50	60	80	120	200	600		

— Bob Armstrong #13 PSA 8.5 (NM MT+) sold for $173.99 (eBay; 3/16)
— Earl Balfour #3 PSA 9 (MT) sold for $305 (eBay; 8/08)
— Bruins Team Picture #20 PSA 9 (MT) sold for $648 (eBay; 3/07)
— Charlie Burns #11 PSA 9 (MT) sold for $279 (eBay; 2/16)
— Camile Henry #56 PSA 9 (MT) sold for $305 (eBay; 8/08)
— Camile Henry #56 PSA 10 (GemMT) sold for $639 (eBay; 3/17)
— Don McKenney #12 PSA 9 (MT) sold for $929 (eBay; 2/16)
— Stan Mikita #36 PSA 9 (MT) sold for $685 (eBay; 3/14)
— Stan Mikita #36 PSA 9 (MT) sold for $662 (ebay; 2/14)
— Stan Mikita #36 SGC 9 (MT) sold for $467.67 (Goodwin; 3/12)
— Dallas Smith #4 PSA 9 (MT) sold for $269.10 (eBay; 3/16)
— Jean Ratelle #60 SGC 10 (Gem) sold for $2,427 (Goodwin; 3/12)
— D.St.Laurent/G.Hall #44 PSA 9 (MT) sold for $940 (eBay, 8/09)
— Pat Stapleton #18 PSA 9 (MT) sold for $435 (eBay; 8/12)
— Bob Turner #41 PSA 9 (MT) sold for $299 (eBay; 2/16)
— Phil Watson #1 PSA 9 (MT) sold for $1,030 (eBay; 8/12)

1962-63 Parkhurst

#	Player	VG 3	VgEx 4	EX 5	ExMt 6	NM 7	NmMt 8	NmMt+ 8.5	M
1	Billy Harris	10	12	20	30	50	120	150	
2	Dick Duff	6	10	12	20	30	60	80	
3	Bob Baun	6	10	12	20	30	60	80	
4	Frank Mahovlich	12	15	30	50	80	125	200	
5	Red Kelly	8	10	15	25	40	100	120	
6	Ron Stewart	6	8	10	15	25	50	80	
7	Tim Horton	12	15	25	40	80	150	225	
8	Carl Brewer	6	8	10	15	25	40	80	
9	Allan Stanley	6	8	10	20	30	60	80	

Player	VG 3	VgEx 4	EX 5	ExMt 6	NM 7	NmMt 8	NmMt+ 8.5	MT 9
Bob Nevin	6	8	10	15	25	60	80	120
Bob Pulford	6	8	10	15	25	50	80	120
Ed Litzenberger	6	8	10	15	25	50	100	
George Armstrong	6	8	10	15	25	50	80	120
Eddie Shack	10	12	20	30	50	100	150	225
Dave Keon	12	15	25	40	75	125	150	250
Johnny Bower	10	12	20	30	50	100	150	200
Larry Hillman	6	8	10	15	25	40	60	100
Frank Mahovlich	12	15	25	40	60	100	125	250
Hank Bassen	6	8	10	15	25	40	80	120
Gerry Odrowski	6	8	10	15	25	50	60	100
Norm Ullman	6	8	10	20	30	60	100	150
Vic Stasiuk	6	8	10	15	25	40	80	120
Bruce MacGregor	6	8	10	15	25	40	80	120
Claude Laforge	6	8	10	15	25	50	80	120
Bill Gadsby	6	8	10	15	25	50	80	120
Leo Labine	6	8	10	15	25	50	80	120
Val Fonteyne	6	8	10	15	25	50	80	120
Howie Glover	6	8	10	15	25	50	80	120
Marc Boileau	6	8	10	15	25	50	80	120
Gordie Howe	60	80	100	150	300	400	500	900
Gordie Howe	60	80	100	150	200	300	400	800
Alex Delvecchio	8	10	15	25	40	60	100	150
Marcel Pronovost	6	8	10	15	25	50	80	120
Sid Abel CO	6	8	10	15	25	50	80	120
Len Lunde	6	8	10	15	25	50	80	100
Warren Godfrey	6	8	10	15	25	50	80	120
Phil Goyette	6	8	10	15	25	50	80	120
Henri Richard	12	15	25	40	100	175	200	250
Jean Beliveau	12	15	25	40	75	150	250	300
Bill Hicke	6	8	10	15	25	50	80	120
Claude Provost	6	8	10	15	25	100	120	150
Dickie Moore	6	8	10	15	25	50	80	120
Don Marshall	6	8	10	15	25	50	80	120
Ralph Backstrom	6	8	10	15	25	50	80	120
Marcel Bonin	6	8	10	20	25	50	80	120
Gilles Tremblay RC	10	12	20	30	50	80	125	175
Bobby Rousseau RC	8	10	15	25	40	100	150	200
Bernie Geoffrion	10	12	20	30	50	100	150	200
Jacques Plante	25	30	50	100	150	200	300	350
Tom Johnson	6	8	10	15	25	50	80	120
Jean-Guy Talbot	6	8	10	15	25	50	80	120
Lou Fontinato	6	8	10	15	25	100	120	150
Bernie Geoffrion	10	12	20	30	50	80	125	175
J.C.Tremblay RC	12	15	25	35	60	150	200	500
Zip Entry Game Card	60	80	100	150	250	400	500	600
Checklist Card	50	75	125	250	400	500		

id Able #34 PSA 10 (Gem) sold for $192.50 (eBay; 12/15)
ob Baun #3 PSA 10 (Gem) sold for $219.50 (eBay; 12/15)
Warren Godfrey #36 PSA 10 (Gem) sold for $1,031 (eBay; 9/12)
rank Mahovlich #4 PSA 10 (Gem) sold for $1,100 (eBay; 9/12)
rank Mahovlich #4 PSA 10 (Gem) sold for $637 (eBay; 3/14)
on Marshall #43 PSA 10 (Gem) sold for $797 (eBay; 8/07)
ob Nevin #10 PSA 10 (Gem) sold for $585 (eBay; 2/13)
aques Plante #10 PSA 10 (Gem) sold for $1,099 (eBay; 3/13)
bby Rousseau #47 PSA 9 (MT) sold for $515 (eBay; 12/06)
on Stewart #6 PSA 10 (Gem) sold for $376 (eBay; 2/16)

962-63 Topps

Player	VG 3	VgEx 4	EX 5	ExMt 6	NM 7	NmMt 8	NmMt+ 8.5	MT 9
Phil Watson CO	10	15	25	35	80	200		
Bob Perreault	10	15	25	35	60	200		
Bruce Gamble RC	10	15	30	40	60	300		
Warren Godfrey	6	8	10	15	30	80	100	150
Leo Boivin	8	10	12	15	30	80		
Doug Mohns	8	10	12	15	30	80	100	150
Ted Green	8	10	12	15	30	80		
Pat Stapleton	8	10	12	15	30	80		
Dallas Smith	8	10	12	15	30	80		
Don McKenney	8	10	12	15	30	80		
Johnny Bucyk	15	20	25	30	50	100	125	400
Murray Oliver	6	8	10	15	30	60		
Jerry Toppazzini	6	8	10	15	30	80		
Cliff Pennington	6	8	10	15	30	60		
Charlie Burns	6	8	10	15	30	100		
Jean-Guy Gendron	6	8	10	15	30	100		
Irv Spencer	6	8	10	15	30	60	100	300
Wayne Connelly	6	8	10	15	30	60	80	150
Andre Pronovost	6	8	10	15	30	80		
Terry Gray	6	8	10	15	30	80		
Tom Williams RC	8	10	12	15	30	80	100	150
Bruins Team	20	25	30	40	50	80		
Rudy Pilous CO	6	8	10	15	30	80		
Glenn Hall	25	30	35	50	100	150	200	400
Denis DeJordy	8	10	12	15	30	80	100	200
Jack Evans	6	8	10	15	30	80		
Elmer Vasko	6	8	10	15	30	80		
Pierre Pilote	10	12	15	20	30	80	100	200
Bob Turner	6	8	10	15	30	60	80	150

#	Player	VG 3	VgEx 4	EX 5	ExMt 6	NM 7	NmMt 8	NmMt+ 8.5	MT 9
30	Dollard St.Laurent	6	8	10	15	30	80		
31	Wayne Hillman	8	10	12	20	30	60		
32	Al McNeil	6	8	10	15	30	80		
33	Bobby Hull	50	60	80	150	200	350	450	1,000
34	Stan Mikita	30	40	50	80	150	200	250	400
35	Bill(Red) Hay	6	8	10	15	30	80		
36	Murray Balfour	6	8	10	15	30	80		
37	Chico Maki RC	10	12	15	20	40	80		
38	Ab McDonald	6	8	10	15	30	80		
39	Ken Wharram	8	10	12	15	30	80		
40	Ron Murphy	6	8	10	15	30	250		
41	Eric Nesterenko	6	8	10	15	30	80		
42	Reg Fleming	8	10	12	15	30	80		
43	Murray Hall	6	8	10	15	30	80	100	250
44	Blackhawks Team	20	25	30	40	50	100	*	
45	Gump Worsley	20	25	30	40	60	120		
46	Harry Howell	6	8	10	15	30	80	100	200
47	Albert Langlois	6	8	10	15	30	60	100	250
48	Larry Cahan	6	8	10	15	30	80		
49	Jim Neilson UER RC	10	12	15	20	30	80		
50	Al Lebrun	6	8	10	15	30	80		
51	Earl Ingarfield	6	8	10	15	30	60		
52	Andy Bathgate	10	12	15	20	30	80	100	200
53	Dean Prentice	8	10	12	15	30	80	100	175
54	Andy Hebenton	6	8	10	15	30	60		
55	Ted Hampson	6	8	10	15	30	60		
56	Dave Balon	6	8	10	15	30	60		400
57	Bert Olmstead	8	10	12	15	30	60	80	150
58	Jean Ratelle	25	30	35	50	60	120		
59	Rod Gilbert	25	30	35	50	80	150		
60	Vic Hadfield RC	25	30	35	50	80	150	200	300
61	Frank Paice RC TR	6	8	10	15	30	80		
62	Camille Henry	8	10	12	15	30	80		
63	Bronco Horvath	6	8	10	15	30	80		
64	Pat Hannigan	6	8	10	15	25	50	80	
65	Rangers Team	15	20	25	30	40	60	100	
66	Checklist Card	60	80	100	150	225	500		

— Denis DeJordy #25 PSA 10 (Gem) sold for $2,064.65 (Goodwin; 3/12)
— Vic Hadfield #60 PSA 10 (Gem) sold for $840 (ebay; 2/14)
— Bobby Hull #33 PSA 10 (Gem) sold for $5,118 (Mastro; 2/07)

1963-64 Parkhurst

#	Player	VG 3	VgEx 4	EX 5	ExMt 6	NM 7	NmMt 8	NmMt+ 8.5	MT 9
1	Allan Stanley	12	15	30	40	60	80	135	450
2	Don Simmons	6	8	10	20	30	60	80	150
3	Red Kelly	10	12	20	25	40	80	100	200
4	Dick Duff	6	8	10	20	30	50	80	120
5	Johnny Bower	15	20	25	50	80	100	150	250
6	Ed Litzenberger	6	8	10	20	30	60	80	120
7	Kent Douglas	6	8	10	30	50	80	100	200
8	Carl Brewer	6	8	10	20	30	60	80	120
9	Eddie Shack	15	20	25	40	80	120	150	250
10	Bob Nevin	6	8	10	20	30	60	80	120
11	Billy Harris	6	8	15	20	30	60	80	120
12	Bob Pulford	6	8	10	20	30	60	80	120
13	George Armstrong	6	8	10	20	40	60	100	300
14	Ron Stewart	6	8	10	20	30	60	80	250
15	John McMillan	6	8	10	20	30	50	60	120
16	Tim Horton	20	40	50	60	100	150	200	350
17	Frank Mahovlich	20	25	30	50	80	150	200	350
18	Bob Baun	6	8	10	20	30	60	80	120
19	Punch Imlach ACO/GM	10	12	15	25	40	80	100	250
20	King Clancy ACO	10	12	15	25	50	100		
21	Gilles Tremblay	6	8	10	20	30	60	80	135
22	Jean-Guy Talbot	6	8	10	20	30	60	80	120
23	Henri Richard	20	25	30	50	100	150	175	300
24	Ralph Backstrom	6	8	10	20	30	60	80	250
25	Bill Hicke	6	8	10	20	30	50	80	200
26	Red Berenson RC	12	15	20	30	50	80	100	200
27	Jacques Laperriere RC	15	20	25	50	100	200	250	600
28	Jean Gauthier	6	8	10	20	30	60	80	120
29	Bernie Geoffrion	12	15	20	30	50	80	125	200
30	Jean Beliveau	20	25	30	60	100	150	200	350
31	J.C.Tremblay	6	8	10	20	30	60	80	120
32	Terry Harper RC	10	12	15	25	40	100	120	200
33	John Ferguson RC	20	25	30	60	100	175	225	400
34	Toe Blake CO	10	12	15	25	40	80	100	175
35	Bobby Rousseau	6	8	10	20	30	60	80	120
36	Claude Provost	6	8	10	20	30	60	80	120
37	Marc Reaume	6	8	10	20	30	80	100	150
38	Dave Balon	6	8	10	20	30	60	80	120
39	Gump Worsley	12	15	20	30	50	100	175	300
40	Cesare Maniago RC	15	20	25	50	60	100	150	250
41	Bruce MacGregor	6	8	10	20	30	60	80	150
42	Alex Faulkner RC	50	60	100	150	200	400	500	900
43	Pete Goegan	6	8	10	20	30	60	80	120
44	Parker MacDonald	6	8	10	20	30	60	80	120
45	Andre Pronovost	6	8	10	20	30	50	80	120
46	Marcel Pronovost	6	8	10	20	30	60	80	120

#	Player	VG 3	VgEx 4	EX 5	ExMt 6	NM 7	NmMt 8	NmMt+ 8.5	MT 9
47	Bob Dillabough	6	8	10	20	30	80		
48	Larry Jeffrey	6	8	10	20	30	50		
49	Ian Cushenan	6	8	10	20	30	60	80	120
50	Alex Delvecchio	10	12	15	25	40	100	125	250
51	Hank Ciesla	6	8	10	20	30	60	80	120
52	Norm Ullman	10	12	15	25	40	80	100	150
53	Terry Sawchuk	25	30	40	75	125	250		
54	Ron Ingram	6	8	10	20	30	60	80	150
55	Gordie Howe	80	100	150	250	400	600	800	1,800
56	Billy McNeil	6	8	10	20	30	60	80	150
57	Floyd Smith	6	8	10	20	30	60	80	120
58	Vic Stasiuk	6	8	10	20	30	60	80	120
59	Bill Gadsby	6	8	10	20	30	60	80	150
60	Doug Barkley	6	8	10	20	30	45	60	120
61	Allan Stanley	6	8	10	20	30	60	80	120
62	Don Simmons	6	8	10	20	30	50	60	100
63	Red Kelly	10	12	15	25	40	80	100	200
64	Dick Duff	6	8	10	20	30	80	100	350
65	Johnny Bower	15	20	25	50	80	100	200	400
66	Ed Litzenberger	6	8	10	20	30	50	60	100
67	Kent Douglas	6	8	10	20	30	60	80	120
68	Carl Brewer	6	8	10	20	30	50	60	100
69	Eddie Shack	15	20	25	40	80	100	150	200
70	Bob Nevin	6	8	10	20	30	60	80	120
71	Billy Harris	6	8	10	20	30	50	60	100
72	Bob Pulford	6	8	10	20	30	60	80	120
73	George Armstrong	6	8	10	20	30	60	80	120
74	Ron Stewart	6	8	10	20	30	50	60	100
75	Dave Keon	15	25	40	60	80	120	200	250
76	Tim Horton	15	20	25	40	80	120	200	400
77	Frank Mahovlich	15	20	25	40	60	100	120	300
78	Bob Baun	6	8	10	20	30	60	80	120
79	Punch Imlach ACO/GM	10	12	15	25	40	60	100	225
80	Gilles Tremblay	6	8	10	20	30	60	80	200
81	Jean-Guy Talbot	6	8	10	20	30	60	80	150
82	Henri Richard	20	25	30	60	80	100	150	300
83	Ralph Backstrom	6	8	10	20	30	50	80	100
84	Bill Hicke	6	8	10	20	30	50	60	120
85	Red Berenson RC	12	15	20	30	50	100	150	200
86	Jacques Laperriere RC	12	20	30	50	80	200		
87	Jean Gauthier	6	8	10	20	30	80	100	400
88	Bernie Geoffrion	12	15	20	30	50	125	150	200
89	Jean Beliveau	20	25	30	50	80	150	200	300
90	J.C.Tremblay	6	8	10	20	30	45	60	100
91	Terry Harper RC	10	12	15	25	40	60	80	150
92	John Ferguson RC	15	20	25	50	80	150		
93	Toe Blake CO	10	12	15	25	40	80	125	400
94	Bobby Rousseau	6	8	10	20	30	60	80	120
95	Claude Provost	6	8	10	20	30	50		100
96	Marc Reaume	6	8	10	20	30	60	80	100
97	Dave Balon	6	8	10	20	30	80	100	150
98	Gump Worsley	12	15	20	30	50	100	150	200
99	Cesare Maniago RC	30	40	60	100	175	300		800

— George Armstrong #73 PSA 10 (Gem) sold for $428.79 (eBay; 2/16)
— Ralph Backstrom #83 PSA 10 (Gem) sold for $560 (eBay; 7/08)
— Bob Baun #18 PSA 10 (Gem) sold for $852 (eBay; 9/12)
— Jean Beliveau #89 PSA 10 (Gem) sold for $2,260 (eBay; 7/08)
— Red Berenson #85 PSA 10 (Gem) sold for $1,683.33 (eBay; 9/12)
— Johnny Bower #5 PSA 10 (Gem) sold for $1,533.60 (eBay; 5/12)
— Johnny Bower #5 PSA 10 (Gem) sold for $673 (eBay; 3/14)
— Johnny Bower #65 PSA 10 (Gem) sold for $1,930.33 (eBay; 6/12)
— Bob Dillabough #47 PSA 9 (MT) sold for $803 (eBay; 3/14)
— Kent Douglas #7 PSA 10 (Gem) sold for $1,197 (eBay; 6/12)
— Alex Faulkner #42 PSA 10 (Gem) sold for $2,409 (eBay; 2/13)
— Alex Faulkner #42 PSA 10 (Gem) sold for $1,533 (eBay; 3/13)
— Alex Faulkner #42 PSA 10 (Gem) sold for $1,319 (eBay; 3/14)
— John Ferguson #33 PSA 10 (Gem) sold for $1,609.44 (eBay; 9/12)
— Glenn Hall #23 PSA 10 (Gem) sold for $3159 (eBay 4/27)
— Billy Harris #71 PSA 10 (Gem) sold for $259.90 (eBay; 2/16)
— Tim Horton #76 PSA 9 (MT) sold for $466.78 (eBay; 9/12)
— Gordie Howe #55 SGC 8.5 (NmMt+) sold for $372 (eBay; 3/14)
— Gordie Howe #55 PSA 9 (MT) sold for $1,856 (eBay; 2/16)
— Ed Litzenberger #6 PSA 10 (Gem) sold for $873 (eBay; 2/14)
— Frank Mahovlich #77 PSA 10 (Gem) sold for $2,180 (Memory Lane; 4/12)
— Cesare Maniago #40 PSA 10 (Gem) sold for $1,533.33 (eBay; 9/12)
— Cesare Maniago #99 PSA 9 (MT) sold for $668 (eBay; 3/14)
— Marcel Pronovost #46 PSA 10 (Gem) sold for $259 (eBay; 2/16)
— Henri Richard #82 PSA 10 (Gem) sold for $1,109 (eBay; 9/12)
— Henri Richard #82 PSA 10 (Gem) sold for $973 (eBay; 12/12)
— Henri Richard #82 PSA 10 (Gem) sold for $508 (eBay; 2/16)
— Terry Sawchuk #53 PSA 9 (MT) sold for $436 (eBay; 2/16)
— Don Simmons #62 PSA 10 (Gem) sold for $1,297 (eBay; 6/12)
— Jean-Guy Talbot #81 PSA 9 (MT) sold for $514 (eBay; 12/06)
— Norm Ullman #52 PSA 10 (Gem) sold for $1,395 (eBay; 6/12)
— Norm Ullman #52 PSA 10 (Gem) sold for $342.76 (eBay; 2/16)
— Gump Worsley #98 PSA 10 (Gem) sold for $2,032 (eBay; 9/12)

1963-64 Topps

#	Player	VG 3	VgEx 4	EX 5	ExMt 6	NM 7	NmMt 8	NmMt+ 8.5	MT
1	Milt Schmidt CO	12	15	20	30	40	200		
2	Ed Johnston RC	15	20	25	35	50	80	100	30
3	Doug Mohns	8	10	12	15	30	80		
4	Tom Johnson	8	10	12	15	30	100		
5	Leo Boivin	8	10	12	15	30	80		
6	Bob McCord	6	8	10	12	30	50		
7	Ted Green	8	10	12	15	40	80		
8	Ed Westfall RC	15	20	25	30	40	80		
9	Charlie Burns	6	8	10	15	40	80		
10	Murray Oliver	8	10	12	15	30	60		
11	Johnny Bucyk	12	15	20	25	50	200		
12	Tom Williams	8	10	12	15	30	80		
13	Dean Prentice	8	10	12	15	30	80		
14	Bob Leiter	6	8	10	12	25	50	80	15
15	Andy Hebenton	6	8	10	12	25	50		
16	Jean-Guy Gendron	6	8	10	12	25	50		
17	Wayne Rivers	6	8	10	12	25	50		
18	Jerry Toppazzini	6	8	10	12	25	50		
19	Forbes Kennedy	6	8	10	12	25	50		
20	Orland Kurtenbach	8	10	12	15	30	80		
21	Bruins Team	20	25	30	40	60	200		
22	Billy Reay CO	8	10	12	15	30	60		
23	Glenn Hall	20	25	30	40	50	150	200	35
24	Denis DeJordy	8	10	12	15	30	80		
25	Pierre Pilote	8	10	12	15	30	80	120	30
26	Elmer Vasko	6	8	10	12	30	60		
27	Wayne Hillman	8	10	12	15	30	60	80	1
28	Al McNeil	6	8	10	12	25	50		
29	Howie Young	6	8	10	12	25	50		
30	Ed Van Impe RC	8	10	12	20	30	175		
31	Reg Fleming	8	10	12	15	25	80		
32	Bob Turner	6	8	10	12	25	50	60	20
33	Bobby Hull	50	60	100	150	250	350	450	5
34	Bill(Red) Hay	6	8	10	12	25	50		
35	Murray Balfour	6	8	10	12	25	50		
36	Stan Mikita	25	30	35	50	80	150	300	50
37	Ab McDonald	6	8	10	12	30	40	100	25
38	Ken Wharram	8	10	12	15	30	80		
39	Eric Nesterenko	8	10	12	15	30	80	100	35
40	Ron Murphy	6	8	10	12	25	50		
41	Chico Maki	6	8	10	12	25	50	60	2
42	John McKenzie	8	10	12	15	30	80		
43	Blackhawks Team	15	20	25	30	40	120		
44	George Sullivan	10	12	15	20	50	300		
45	Jacques Plante	25	30	40	60	100	200		
46	Gilles Villemure RC	15	20	25	30	40	100		
47	Doug Harvey	15	20	25	30	40	100		35
48	Harry Howell	8	10	12	15	30	80		
49	Albert Langlois	6	8	10	12	25	50	60	15
50	Jim Neilson	8	10	12	15	30	80		
51	Larry Cahan	6	8	10	12	25	50	60	15
52	Andy Bathgate	8	10	12	15	30	80	100	22
53	Don McKenney	6	8	10	12	25	50		
54	Vic Hadfield	8	10	12	15	30	80	100	1
55	Earl Ingarfield	6	8	10	12	25	50		
56	Camille Henry	6	8	10	12	25	50		
57	Rod Gilbert	15	20	25	30	40	100		
58	Phil Goyette	8	10	12	15	30	80	100	25
59	Don Marshall	8	10	12	15	30	60	80	15
60	Dick Meissner	6	8	10	12	25	50		
61	Val Fonteyne	6	8	10	12	25	50		
62	Ken Schinkel	6	8	10	12	25	50		
63	Jean Ratelle	15	20	25	30	40	80	100	3
64	Don Johns	6	8	10	12	25	50		
65	Rangers Team	20	25	30	40	50	125		
66	Checklist Card	40	50	80	100	200	400		

— Ab McDonald #37 PSA 9 (Mt) sold for $255 (eBay; 05/08)
— Glenn Hall #23 PSA 10 (GEM) sold for $3,195 (eBay; 4/16)
— Chico Maki #41 PSA 9 (MT) sold for $365.28 (eBay; 5/12)
— Billy Reay #22 PSA 10 (GEM) sold for $1092 (eBay; 2/14)

1964-65 Topps

#	Player	VG 3	VgEx 4	EX 5	ExMt 6	NM 7	NmMt 8	NmMt+ 8.5	MT
1	Pit Martin RC	50	60	100	125	250	600	800	
2	Gilles Tremblay	12	15	20	25	50	225		
3	Terry Harper	12	15	20	30	80	150		
4	John Ferguson	20	25	30	40	60	120	250	
5	Elmer Vasko	10	12	15	20	50	150		
6	Terry Sawchuk UER	30	40	60	80	150	300		
7	Bill(Red) Hay	10	12	15	25	60	200		
8	Gary Bergman RC	15	25	40	70	100	300		
9	Doug Barkley	10	12	15	20	50	120	175	4
10	Bob McCord	10	12	15	20	50	100	150	4
11	Parker MacDonald	10	12	15	25	50	120		
12	Glenn Hall	25	30	50	100	200	350		
13	Albert Langlois	10	12	15	20	50	150		

	VG 3	VgEx 4	EX 5	ExMt 6	NM 7	NmMt 8	NmMt+ 8.5	MT 9
Camille Henry	20	30	50	80	150	350		
Norm Ullman	15	20	25	40	60	150		
Ab McDonald	10	15	25	40	60	120		
Charlie Hodge	10	12	15	20	80	175		
Orland Kurtenbach	10	12	15	25	60	150		
Dean Prentice	10	12	15	20	50	100		
Bobby Hull	100	150	200	350	500	800		
Ed Johnston	12	15	20	25	50	150		
Denis DeJordy	10	12	15	25	50	175		
Claude Provost	10	12	15	20	60	120		
Rod Gilbert	20	25	30	50	80	200		
Doug Mohns	10	12	25	40	60	100	150	300
Al McNeil	10	12	20	30	80	150		
Billy Harris	12	15	30	60	175	400		
Ken Wharram	12	15	25	50	120	400		
George Sullivan	10	12	15	20	50	80		
John McKenzie	10	12	15	40	50	100	150	450
Stan Mikita	40	50	60	100	150	300		
Ted Green	12	15	25	80	150	450		
Jean Beliveau	50	60	100	200	300	1,000		
Arnie Brown	10	12	15	20	50	100	150	400
Reg Fleming	10	12	15	20	40	120	175	400
Jim Mikol	10	12	15	20	50	80	125	400
Dave Balon	10	12	15	20	50	100		
Billy Reay CO	10	12	15	20	50	100	150	400
Marcel Pronovost	20	30	40	60	150	800		
Johnny Bower	25	30	40	50	80	175		
Wayne Hillman	10	5	20	30	50	80	125	700
Floyd Smith	10	12	15	25	50	80		
Toe Blake CO	15	20	25	50	80	200		
Red Kelly	15	20	25	30	50	120	175	400
Punch Imlach CO	15	20	25	30	50	120		
Dick Duff	15	20	25	30	50	120	150	250
Roger Crozier RC	25	30	40	60	100	225		
Henri Richard	40	60	100	150	250	1,200		
Larry Jeffrey	10	12	15	20	50	100		
Leo Boivin	10	12	15	20	50	100		
Ed Westfall	12	20	40	80	175	400		
Jean-Guy Talbot	10	12	20	30	40	135	175	400
Jacques Laperriere	12	15	20	30	50	135	175	500
1st Checklist	100	120	150	225	300	1,000		
2nd Checklist	120	200	350	600	1,200	1,500		
Ron Murphy	25	30	40	80	175	300		
Bob Baun	25	30	40	50	100	250		
Tom Williams SP	60	80	100	200	500	1,000		
Pierre Pilote SP	100	120	150	250	400	800		
Bob Pulford	25	30	35	50	100	250		
Red Berenson	25	30	35	50	100	200		
Vic Hadfield	25	30	35	50	100	300		
Bob Leiter	25	30	40	50	80	225		
Jim Pappin RC	25	30	40	60	150	250		
Earl Ingarfield	25	30	40	60	120	400		
Lou Angotti RC	25	30	40	60	175	600		
Rod Seiling RC	25	30	35	50	120	400		
Jacques Plante	60	80	100	175	250	500		
George Armstrong UER	40	50	60	80	120	250		
Milt Schmidt CO	25	30	35	50	100	250		
Eddie Shack	40	50	60	100	250	500		
Gary Dornhoefer SP RC	80	100	150	250	500	800		
Chico Maki SP	80	125	150	250	325	700		
Gilles Villemure SP	80	100	125	200	400	600		
Carl Brewer	25	30	35	50	100	300		
Bruce MacGregor	25	30	40	60	120	400		
Bob Nevin	25	30	40	60	120	300		
Ralph Backstrom	30	35	50	80	150	300		
Murray Oliver	20	25	40	60	100	250		
Bobby Rousseau SP	60	80	125	200	400			
Don McKenney	25	30	40	60	125	400		
Ted Lindsay	30	40	50	80	150	400		
Harry Howell	25	30	40	60	120	500		
Doug Robinson	20	25	30	60	120	300		
Frank Mahovlich	40	50	60	120	200	400		
Andy Bathgate	25	30	50	80	150	300		
Phil Goyette	25	30	40	60	100	300		
J.C. Tremblay	25	30	40	60	100	300		
Gordie Howe	200	250	300	400	600	1,750		
Murray Balfour	25	30	40	60	120	300		
Eric Nesterenko SP	60	100	120	175	400	1,000		
Marcel Paille SP RC	100	150	225	300	600	1,200		
Sid Abel CO	25	30	50	80	120	300		
Dave Keon	40	50	60	100	200	400		
Alex Delvecchio	30	40	50	80	150	400		
Bill Gadsby	25	30	40	60	175	350		
Don Marshall	25	30	35	50	100	500		
Bill Hicke SP	100	120	150	175	400	600		
Ron Stewart	25	30	40	60	120	300		
Johnny Bucyk	30	40	50	80	200	450		
Tom Johnson	25	30	35	50	100	250		
Tim Horton	70	80	100	150	350	700		
Jim Neilson	25	30	35	50	100	250		

	VG 3	VgEx 4	EX 5	ExMt 6	NM 7	NmMt 8	NmMt+ 8.5	MT 9
104 Allan Stanley	25	30	35	60	135	400		
105 Tim Horton AS SP	120	150	225	350	600	1,200		
106 Stan Mikita AS SP	100	120	150	250	400	750		
107 Bobby Hull AS	60	80	125	200	300	650		
108 Ken Wharram AS	25	30	40	60	150	500		
109 Pierre Pilote AS	25	30	40	80	120	250		
110 Glenn Hall AS	50	60	75	150	300	1,000		

— George Armstrong UER #69 PSA 9 sold for $698 (eBay; 12/15)
— Ralph Backstrom #78 PSA 9 (MT) sold for $483 (eBay; 2/07)
— Bob Baun #57 PSA 10 (Gem) sold for $4,207 (Memory Lane; 9/07)
— Toe Blake CO #43 PSA 9 (MT) sold for $359.10 (eBay; 3/16)
— Leo Boivin #50 PSA 9 (MT) sold for $491 (eBay; 12/15)
— Johnny Bucyk #100 PSA 9 (MT) sold for $1,617 (Memory Lane; 4/07)
— Checklist Card #54 PSA 9 (MT) sold for $3,271 (Memory Lane; 12/06)
— 2nd Checklist Card #55 PSA 8.5 (NmMt+) sold for $2,032 (eBay; 9/12)
— John Ferguson #4 PSA 9 (MT) sold for $1,042 (eBay; 3/07)
— Ted Green #32 PSA 8 (NmMt) sold for $890 (eBay; 2/07)
— Terry Harper #3 PSA 10 (Gem) sold for $1,789 (Memory Lane; 12/13)
— Terry Harper #3 PSA 9 (MT) sold for $519 (eBay; 12/06)
— Camille Henry #14 PSA 9 (MT) sold for $1,949 (eBay; 11/15)
— Wayne Hillman #41 PSA 9 (MT) sold for $545 (eBay; 12/06)
— Charlie Hodge #17 PSA 9 (MT) sold for $498 (eBay; 3/07)
— Harry Howell #83 PSA 9 (MT) sold for $1,013 (Goodwin; 2/07)
— Punch Imlach CO #45 PSA 9 (MT) sold for $607 (eBay; 12/06)
— Tom Johnson #101 PSA 9 (MT) sold for $1,241 (eBay; 9/12)
— Ed Johnston #21 PSA 9 (MT) sold for $775 (eBay; 6/12)
— Ed Johnston #21 PSA 9 (MT) sold for $675 (eBay; 3/16)
— Dave Keon #94 PSA 9 (MT) sold for $678.88 (eBay; 2/16)
— Bob Leiter #63 PSA 9 (MT) sold for $1,184 (Memory Lane; 6/12)
— Parker MacDonald #11 PSA 9 (MT) sold for $1,187 (Memory Lane; 4/07)
— Frank Mahovlich #85 PSA 9 (MT) sold for $2,563 (eBay; 9/12)
— Pit Martin #1 SGC 9 (MT) sold for $1,549 (Goodwin; 3/12)
— Jim Pappin #64 PSA 9 (MT) sold for $1,305 (Memory Lane; 4/07)
— Claude Provost #23 PSA 9 (MT) sold for $593 (eBay; 2/16)
— Bob Pulford #60 PSA 9 (MT) sold for $470 (eBay; 12/15)
— Terry Sawchuk #6 PSA 9 (MT) sold for $1,504 (eBay; 6/12)
— Milt Schmidt CO #70 PSA 9 (MT) sold for $888 (eBay; 2/16)
— Gilles Tremblay #2 PSA 9 (MT) sold for $1,435 (Memory Lane; 4/07)
— Norm Ullman #15 PSA 9 (MT) sold for $1,609 (eBay; 12/15)
— Ken Wharram AS #108 PSA 8.5 (NM MT+) sold for $569.99 (eBay; 12/15)
— Ken Wharram #28 PSA 9 (MT) sold for $1,024 (eBay; 3/16)

1965-66 Topps

		VG 3	VgEx 4	EX 5	ExMt 6	NM 7	NmMt 8	NmMt+ 8.5	MT 9
1	Toe Blake CO	25	35	40	60	150	700		
2	Gump Worsley	15	20	25	40	125	400		
3	Jacques Laperriere	6	8	10	12	25	60	80	135
4	Jean-Guy Talbot	6	8	10	20	50	200		
5	Ted Harris	6	8	20	50	80	200		
6	Jean Beliveau	25	30	35	50	80	150	200	400
7	Dick Duff	6	8	10	15	30	100		
8	Claude Provost DP	6	8	10	12	25	60		
9	Red Berenson	6	8	10	12	25	80		
10	John Ferguson	6	8	10	12	30	60		
11	Punch Imlach CO	6	8	10	12	40	120		
12	Terry Sawchuk	25	30	35	50	150	150	225	350
13	Bob Baun	6	8	10	12	25	50	80	150
14	Kent Douglas	6	8	10	12	25	60	80	150
15	Red Kelly	10	12	15	20	30	80	100	175
16	Jim Pappin	6	8	10	12	25	60	80	120
17	Dave Keon	15	20	25	30	60	100		
18	Bob Pulford	6	8	10	12	25	100		
19	George Armstrong	8	10	12	15	30	80	100	175
20	Orland Kurtenbach	6	8	10	12	25	60	80	150
21	Ed Giacomin RC	40	50	80	120	200	500		1,200
22	Harry Howell	6	8	10	12	25	60		500
23	Rod Seiling	6	8	10	12	25	80		
24	Mike McMahon	6	8	10	12	25	60		
25	Jean Ratelle	12	15	20	25	40	100		200
26	Doug Robinson	6	8	10	12	30	80		
27	Vic Hadfield	6	8	10	12	25	60	80	120
28	Garry Peters UER RC	6	8	10	12	25	60	80	120
29	Don Marshall	6	8	10	12	25	60	80	120
30	Bill Hicke	6	8	10	12	25	60	80	120
31	Gerry Cheevers RC	80	100	125	200	300	500		
32	Leo Boivin	6	8	10	12	25	60		
33	Albert Langlois	6	8	10	12	25	60		
34	Murray Oliver DP	6	8	10	12	25	60	80	150
35	Tom Williams	6	8	10	12	25	60	80	120
36	Ron Schock	6	8	10	12	25	100		
37	Ed Westfall	6	8	10	12	25	60		
38	Gary Dornhoefer	6	8	10	12	25	60		
39	Bob Dillabough	6	8	10	12	25	80		
40	Paul Popiel	6	8	10	12	25	60	80	150
41	Sid Abel CO	6	8	10	12	25	60		
42	Roger Crozier	6	8	10	15	30	100		
43	Doug Barkley	6	8	10	12	25	125		
44	Bill Gadsby	6	8	10	12	25	60	100	175
45	Bryan Watson RC	8	10	12	15	30	80	100	200

HOCKEY

#	Player	VG 3	VgEx 4	EX 5	ExMt 6	NM 7	NmMt 8	NmMt+ 8.5	MT 9
46	Bob McCord	6	8	10	12	25	60		
47	Alex Delvecchio	8	10	12	15	30	80		
48	Andy Bathgate	8	10	12	15	30	80	100	300
49	Norm Ullman	8	10	12	15	30	100		
50	Ab McDonald	6	8	10	12	25	60		200
51	Paul Henderson RC	20	25	40	60	350	600		1,200
52	Pit Martin	6	8	10	12	25	60		
53	Billy Harris DP	6	8	10	12	25	80		
54	Billy Reay CO	6	8	15	20	25	60	100	200
55	Glenn Hall	15	20	30	50	120	400		
56	Pierre Pilote	8	10	12	15	30	100	120	200
57	Al McNeil	6	8	10	12	25	80		
58	Camille Henry	6	8	10	12	25	60	80	120
59	Bobby Hull	60	80	100	125	150	300	400	500
60	Stan Mikita	25	30	35	50	60	120	150	250
61	Ken Wharram	6	8	10	25	50	120		
62	Bill(Red) Hay	6	8	10	12	25	60		
63	Fred Stanfield RC	6	8	10	12	25	60	80	120
64	Dennis Hull RC DP	15	20	25	40	80	120	175	300
65	Ken Hodge RC	25	30	35	50	200	500		
66	Checklist Card	40	80	120	175	250	400		
67	Charlie Hodge	6	8	10	15	30	100		
68	Terry Harper	6	8	10	12	25	60		
69	J.C. Tremblay	6	8	10	12	25	100		
70	Bobby Rousseau DP	6	8	10	12	25	60		
71	Henri Richard	25	30	35	50	80	150	175	300
72	Dave Balon	6	8	10	12	25	60		
73	Ralph Backstrom	6	8	10	12	25	60	100	150
74	Jim Roberts RC	6	8	10	12	25	60		200
75	Claude Larose	6	8	10	12	25	60	80	150
76	Y.Cournoyer UER RC DP	50	80	100	200	350	500		
77	Johnny Bower DP	12	15	20	25	40	100	150	300
78	Carl Brewer	6	8	10	12	25	80	120	225
79	Tim Horton	25	30	35	50	100	250		
80	Marcel Pronovost	6	8	10	12	25	60		
81	Frank Mahovlich	25	30	35	50	80	120	175	300
82	Ron Ellis RC	15	20	25	40	60	150		
83	Larry Jeffrey	6	8	10	12	25	60	80	120
84	Peter Stemkowski RC	6	8	10	12	25	60	100	400
85	Eddie Joyal	6	8	10	12	25	60		120
86	Mike Walton RC	6	8	10	12	25	60	80	150
87	George Sullivan	6	8	10	12	25	60		
88	Don Simmons	6	8	10	12	25	60	100	175
89	Jim Neilson	6	8	10	12	25	60		
90	Arnie Brown	6	8	10	12	25	60		
91	Rod Gilbert	12	15	20	25	40	100	150	300
92	Phil Goyette	6	8	10	12	25	100		
93	Bob Nevin	6	8	10	12	25	60	100	175
94	John McKenzie	6	8	10	12	25	60	80	150
95	Ted Taylor RC	6	8	10	12	25	60		
96	Milt Schmidt CO DP	6	8	10	25	50	100	200	400
97	Ed Johnston	6	8	10	15	40	120		
98	Ted Green	6	8	10	15	40	80		
99	Don Awrey RC	6	8	10	20	50	200		
100	Bob Woytowich DP	6	8	10	12	25	60	100	250
101	Johnny Bucyk	10	12	15	20	60	100		
102	Dean Prentice	6	8	10	12	25	60		
103	Ron Stewart	6	8	10	12	25	60		
104	Reg Fleming	6	8	10	15	50	200		
105	Parker MacDonald	6	8	10	15	40	120		
106	Hank Bassen	6	8	10	12	25	60	80	150
107	Gary Bergman	6	8	10	12	25	60	80	250
108	Gordie Howe DP	40	50	60	100	175	600		
109	Floyd Smith	6	8	10	12	25	60		
110	Bruce MacGregor	6	8	10	12	25	60	80	150
111	Ron Murphy	6	8	10	12	25	80		
112	Don McKenney	6	8	10	12	25	60		
113	Denis DeJordy DP	6	8	10	12	25	60	100	250
114	Elmer Vasko	6	8	10	12	50	120		
115	Matt Ravlich	6	8	10	12	25	60	100	200
116	Phil Esposito RC	150	200	300	400	700	1,000	1,800	4,500
117	Chico Maki	6	8	10	12	25	60		
118	Doug Mohns	6	8	10	12	25	80		
119	Eric Nesterenko	6	8	10	12	25	60	100	250
120	Pat Stapleton	6	8	10	12	25	75	100	250
121	Checklist Card	50	75	150	200	250	400		
122	Gordie Howe 600 SP	125	200	225	250	400	800		
123	Toronto Maple Leafs SP	20	25	30	60	100	175		
124	Chicago Blackhawks SP	20	25	30	60	100	150		
125	Detroit Red Wings SP	30	40	50	80	150	350		
126	Montreal Canadiens SP	30	40	50	60	80	100	200	500
127	New York Rangers SP	30	40	50	80	200			
128	Boston Bruins SP	60	100	150	250	300	450		

— Toe Blake CO #1 PSA 9 (Mint) sold for $390 (eBay; 1/16)
— Gerry Cheevers #31 SGC 9 (Mint) sold for $3,149 (Goodwin; 3/12)
— Gerry Cheevers #31 PSA 9 (Mint) sold for $3,715 (eBay; 2/16)
  %%Yvan Cournoyer #76 PSA 10 (Gem) sold for $3,269 (eBay; 12/11)
— Yvan Cournoyer #76 PSA 9 (Mint) sold for $2,756 (eBay; 3/14)
— Yvan Cournoyer #76 PSA 9 (Mint) sold for $2,632.89 (eBay; 4/16)
— Kent Douglas #14 PSA 10 (Gem) sold for $426.99 (eBay; 3/16)

— Ron Ellis #82 PSA 10 (Gem) sold for $818 (eBay; 3/13)
— Ed Giacomin #21 SGC 8.5 (NrMt+) sold for $1,627 (Goodwin; 3/12)
— Phil Doyette #92 PSA 9 (Mint) sold for $415 (eBay; 3/16)
— Paul Henderson #51 PSA 9 (MT) sold for $1,419 (eBay; 10/15)
— Punch Imlach CO #11 PSA 8.5 (NrMt+) sold for $293.98 (eBay; 12/15)
— Pit Martin #53 PSA 10 (Gem) sold for $556.99 (eBay; 3/16)
— Mike McMahon #24 PSA 10 (Gem) sold for $528 (eBay; 2/07)
— Terry Sawchuk #12 SGC 9 (Mint) sold for $382 (Goodwin; 3/12)
— Pat Stapleton #120 PSA 9 (Mint) sold for $323 (eBay; 3/08)
— Peter Stemkowski #84 PSA 10 (Gem) sold for $719 (eBay; 3/16)
— George Sullivan #87 PSA 9 (Mint) sold for $388 (eBay; 3/08)
— Ted Taylor #95 PSA 9 (MT) sold for $278 (eBay; 12/06)

1966-67 Topps

#	Player	VG 3	VgEx 4	EX 5	ExMt 6	NM 7	NmMt 8	NmMt+ 8.5	N
1	Toe Blake CO	25	30	40	80	500	1,250		
2	Gump Worsley	12	20	30	40	135	750		
3	Jean-Guy Talbot	6	8	10	40	150	800		
4	Gilles Tremblay	6	8	10	15	40	120		
5	J.C. Tremblay	8	10	12	20	50	200		
6	Jim Roberts	8	10	15	30	80			
7	Bobby Rousseau	6	8	10	15	100	250		
8	Henri Richard	20	25	30	50	80	350		
9	Claude Provost	6	8	10	12	40	200		
10	Claude Larose	8	10	12	15	60	300		
11	Punch Imlach CO	8	10	12	15	40	300		
12	Johnny Bower	15	20	25	30	80	400		
13	Terry Sawchuk	30	40	50	60	80	250		
14	Mike Walton	8	10	12	15	40	120		
15	Pete Stemkowski	6	8	10	15	30	120		
16	Allan Stanley	8	10	12	15	40	120		
17	Eddie Shack	20	25	30	40	60	150		
18	Brit Selby RC	8	10	12	15	40	100		
19	Bob Pulford	8	10	12	15	40	100		
20	Marcel Pronovost	8	10	12	15	40	350		
21	Emile Francis RC CO	12	15	20	25	60	350		
22	Rod Seiling	6	8	10	15	40	100		
23	Ed Giacomin	30	40	50	60	100	250		
24	Don Marshall	8	10	12	15	30	100		
25	Orland Kurtenbach	6	8	10	15	100	600		
26	Rod Gilbert	12	15	20	25	60	200		
27	Bob Nevin	6	8	10	15	30	100		
28	Phil Goyette	6	8	10	15	30	100		
29	Jean Ratelle	12	15	20	25	60	135		
30	Earl Ingarfield	6	8	10	15	30	300		
31	Harry Sinden RC CO	25	30	40	50	150	400		
32	Ed Westfall	8	10	12	15	40	150		
33	Joe Watson RC	8	10	12	15	40	150		
34	Bob Woytowich	6	8	10	15	30	100		
35	Bobby Orr RC	3,500	4,500	6,000	7,000	8,000	22,000		
36	Gilles Marotte RC	8	10	12	20	60	175		
37	Ted Green	8	10	12	15	40	100		
38	Tom Williams	6	8	10	15	30	200		
39	Johnny Bucyk	20	25	30	40	60	150		
40	Wayne Connelly	6	8	10	15	60	400		
41	Pit Martin	8	10	12	15	40	100		
42	Sid Abel CO	6	8	10	30	50	120		
43	Roger Crozier	8	10	12	15	40	200		
44	Andy Bathgate	8	10	12	15	40	120		
45	Dean Prentice	6	8	10	15	30	175		
46	Paul Henderson	10	12	15	20	80	150		
47	Gary Bergman	6	8	10	15	30	100		
48	Bryan Watson	8	10	12	15	40	120		
49	Bob Wall	6	8	10	15	30	150		
50	Leo Boivin	8	10	12	15	40	80		
51	Bert Marshall	6	10	15	30	100	350		
52	Norm Ullman	10	12	15	20	50	100		
53	Billy Reay CO	8	10	12	15	40	120		
54	Glenn Hall	15	20	25	30	60	300		
55	Wally Boyer	6	8	10	15	30	200		
56	Fred Stanfield	6	8	10	15	40	150		
57	Pat Stapleton	8	10	12	15	40	150		
58	Matt Ravlich	6	8	10	15	30	100		
59	Pierre Pilote	8	10	12	15	40	120		
60	Eric Nesterenko	8	10	12	15	40	200		
61	Doug Mohns	8	10	12	15	40	100		
62	Stan Mikita	25	30	40	50	100	400		
63	Phil Esposito	40	50	60	100	150	300		
64	Bobby Hull LL	40	50	60	100	200	450		
65	C.Hodge/Worsley	15	20	25	30	80	300		
66	Checklist Card	100	125	200	400	500	2,000		
67	Jacques Laperriere	8	10	12	15	100	400		
68	Terry Harper	6	8	10	15	30	135		
69	Ted Harris	6	8	10	15	30	120		
70	John Ferguson	8	10	12	25	80	300		
71	Dick Duff	8	10	12	20	60	120		
72	Yvan Cournoyer	25	30	40	50	100	200		
73	Jean Beliveau	30	40	50	60	150	300		
74	Dave Balon	6	8	10	15	30	100		

	VG 3	VgEx 4	EX 5	ExMt 6	NM 7	NmMt 8	NmMt+ 8.5	MT 9
Ralph Backstrom	8	10	12	15	40	120		
Jim Pappin	6	8	10	15	40	100		
Frank Mahovlich	20	25	30	40	80	600		
Dave Keon	20	25	30	40	80	200		
Red Kelly	12	15	20	25	50	100		
Tim Horton	25	30	40	50	80	200		
Ron Ellis	8	10	12	15	50	100		
Kent Douglas	6	8	10	15	40	150		
Bob Baun	8	10	12	15	50	100		
George Armstrong	10	12	15	20	50	120		
Bernie Geoffrion	15	20	25	30	50	250		
Vic Hadfield	8	10	12	15	40	200		
Wayne Hillman	6	8	10	15	30	120		
Jim Neilson	6	8	10	15	30	120		
Al McNeil	6	8	10	15	30	120		
Arnie Brown	6	8	10	15	30	200		
Harry Howell	8	10	12	15	40	120		
Red Berenson	8	10	12	15	40	100		
Reg Fleming	6	8	10	15	30	100		
Ron Stewart	6	8	10	15	30	120		
Murray Oliver	6	8	10	15	30	200		
Ron Murphy	6	8	10	15	30	100		
John McKenzie	8	10	12	15	50	125		
Bob Dillabough	6	8	10	15	30	100		
Ed Johnston	8	10	12	15	40	100		
Ron Schock	6	8	10	15	40	450		
Dallas Smith	6	8	10	15	30	100		
Alex Delvecchio	15	20	30	40	60	200		
Peter Mahovlich RC	20	25	30	40	80	200		
Bruce MacGregor	6	8	10	15	40	300		
Murray Hall	6	8	10	15	30	100		
Floyd Smith	6	8	10	15	30	120		
Hank Bassen	8	10	12	15	40	175		
Val Fonteyne	6	8	10	15	30	100		
Gordie Howe	80	100	150	250	350	1,500		
Chico Maki	6	8	10	15	30	175		
Doug Jarrett	6	8	12	20	60	150		
Bobby Hull	50	60	80	125	200	400		
Dennis Hull	8	10	12	15	60	200		
Ken Hodge	10	12	15	20	50	200		
Denis DeJordy	8	10	12	15	40	100		
Lou Angotti	6	8	10	15	30	150		
Ken Wharram	6	8	10	15	40	150		
Montreal Canadiens/Team Card	15	20	25	40	100	250		
Detroit Red Wings/Team Card	15	20	25	30	80	400		
Checklist Card	100	125	200	300	500			
Gordie Howe AS	40	50	60	80	225	700		
Jacques Laperriere AS	8	10	12	30	80	300		
Pierre Pilote AS	8	10	12	15	40	500		
Stan Mikita AS	15	20	50	100	250	350		
Bobby Hull AS	40	50	60	80	100	250		
Glenn Hall AS	20	25	30	40	80	250		
Jean Beliveau AS	20	25	40	80	150	500		
Allan Stanley AS	8	10	15	25	80	500		
Pat Stapleton AS	8	10	12	20	175	400		
Gump Worsley AS	20	25	30	60	150	350		
Frank Mahovlich AS	25	30	50	100	400			
Bobby Rousseau AS	25	30	40	120	400	2,500		

Bathgate #44 PSA 8.5 (MT) sold for $891 (ebay; 3/14)
Beliveau #73 PSA 8.5 (NmMt+) sold for $1,500 (ebay; 3/14)
Beliveau AS #127 PSA 8 (NmMt) sold for $1,149 (Memory Lane; 9/07)
Boyer #55 PSA 9 (Mint) sold for $829 (eBay; 3/16)
Cheevers #31 PSA 10 (Gem) sold for $3,558 (eBay; 5/09)
e Connelly #40 PSA 8 (NmMt) sold for $774 (eBay; 5/12)
DeJordy #115 PSA 9 (MT) sold for $1,812 (Mile High; 10/15)
e Geoffrion #85 PSA 9 (MT) sold for $3,630 (Mile High; 10/15)
y Hull AS #125 PSA 9 (MT) sold for $1,834 (eBay; 10/15)
Jarrett #111 PSA 9 (MT) sold for $1,994 (Mile High; 10/15)
Mahovlich AS #131 PSA 8 (NmMT) sold for $1,278 (eBay; 4/12)
Neil #89 PSA 9 (Mint) sold for $844.95 (eBay; 3/16)
Mikita AS #124 PSA 9 (MT) sold for $2,948 (Mile High; 10/15)
y Orr #35 PSA 9 (MT) sold for $47,923 (Mastro; 4/07)
y Orr #35 BGS 9.5 (GEM) sold for $5,789.44 (eBay; 5/12)
Pilote AS #123 PSA 9 (MT) sold for $3,537 (Mile High; 10/15)
Pilote AS #123 PSA 9 (Mt) sold for $1,118.88 (eBay; 1/16)
oberts #6 PSA 9 (MT) sold for $2,228 (eBay; 5/12)
y Rousseau #132 PSA 8 (NmMt) sold for $2,720 (eBay; 1/13)
Sawchuk #13 PSA 9 (MT) sold for $1,312 (ebay; 1/14)
Sawchuk #13 PSA 9 (MT) sold for $1,187 (Memory Lane; 9/07)
Shack #17 PSA 9 (MT) sold for $490 (eBay; 7/08)

7-68 Topps

	VG 3	VgEx 4	EX 5	ExMt 6	NM 7	NmMt 8	NmMt+ 8.5	MT 9
ump Worsley	20	25	35	60	100	300	500	
ick Duff	6	8	10	30	150	500		
acques Lemaire RC	25	30	60	100	200	350		
laude Larose	8	10	12	15	40	80		
illes Tremblay	6	8	10	12	25	40	50	120
erry Harper	6	8	10	12	25	40	50	120

		VG 3	VgEx 4	EX 5	ExMt 6	NM 7	NmMt 8	NmMt+ 8.5	MT 9
7	Jacques Laperriere	6	8	10	12	25	50	60	200
8	Garry Monahan	6	8	10	12	25	40	50	100
9	Carol Vadnais RC	6	8	10	12	25	40	50	100
10	Ted Harris	6	8	10	12	25	40		100
11	Dave Keon	10	12	15	20	30	60	80	150
12	Pete Stemkowski	6	8	10	12	25	40		150
13	Allan Stanley	6	8	10	12	25	40	50	120
14	Ron Ellis	6	8	10	12	25	50	60	150
15	Mike Walton	6	8	10	12	25	40	50	100
16	Tim Horton	15	20	25	30	50	100		
17	Brian Conacher	6	8	10	12	25	40	50	100
18	Bruce Gamble	6	8	10	12	25	40	50	100
19	Bob Pulford	6	8	10	12	25	50		
20	Duane Rupp	6	8	10	12	25	40		
21	Larry Jeffrey	6	8	10	12	25	40		
22	Wayne Hillman	6	8	10	12	25	40		
23	Don Marshall	6	8	10	12	25	50		
24	Red Berenson	6	8	10	12	25	40	50	120
25	Phil Goyette	6	8	10	12	25	40	50	100
26	Camille Henry	6	8	10	12	25	40	50	80
27	Rod Seiling	6	8	10	12	25	40		
28	Bob Nevin	6	8	10	12	25	40	50	120
29	Bernie Geoffrion	15	20	25	30	40	50	60	120
30	Reg Fleming	6	8	10	12	25	40	60	120
31	Jean Ratelle	8	10	12	15	30	50	60	120
32	Phil Esposito	25	30	40	60	80	150	175	300
33	Derek Sanderson RC	30	40	50	80	150	300		
34	Eddie Shack	12	15	20	25	40	60	80	120
35	Ross Lonsberry RC	6	8	10	12	25	50	60	150
36	Fred Stanfield	6	8	10	12	25	40	50	100
37	Don Awrey UER	6	8	10	12	25	40	50	80
38	Glen Sather RC	15	20	25	30	50	100	125	250
39	John McKenzie	6	8	10	12	25	40	50	100
40	Tom Williams	6	8	10	12	25	40	50	100
41	Dallas Smith	6	8	10	12	25	40	60	120
42	Johnny Bucyk	10	12	15	20	40	60	100	175
43	Gordie Howe	30	40	50	80	125	350	450	800
44	Gary Jarrett	6	8	10	12	25	40		
45	Dean Prentice	6	8	10	12	25	40		
46	Bert Marshall	6	8	10	12	25	40		
47	Gary Bergman	6	8	10	12	25	40	60	120
48	Roger Crozier	6	8	10	12	25	50		
49	Howie Young	6	8	10	12	25	40	50	100
50	Doug Roberts	6	8	10	12	25	40	60	120
51	Alex Delvecchio	10	12	15	20	30	60		
52	Floyd Smith	6	8	10	12	25	40	60	120
53	Doug Shelton	6	8	10	12	25	40		
54	Gerry Goyer	6	8	10	12	25	40	50	150
55	Wayne Maki	6	8	10	12	25	60	80	120
56	Dennis Hull	6	8	10	12	25	50		
57	Dave Dryden RC	8	10	12	15	40	60	80	200
58	Paul Terbenche	6	8	10	12	25	40	50	200
59	Gilles Marotte	6	8	10	12	25	40	60	120
60	Eric Nesterenko	6	8	10	12	25	50	60	120
61	Pat Stapleton	6	8	10	12	25	40	50	100
62	Pierre Pilote	6	8	10	12	30	60	80	120
63	Doug Mohns	6	8	10	12	25	40		
64	Stan Mikita Triple	15	20	25	30	50	100		
65	G.Hall/D.DeJordy	10	12	15	20	30	80		
66	Checklist Card	50	60	100	150	250	450		
67	Ralph Backstrom	6	8	10	12	25	50		
68	Bobby Rousseau	6	8	10	12	25	40	60	120
69	John Ferguson	6	8	10	15	30	80	100	200
70	Yvan Cournoyer	15	20	25	30	50	80	100	200
71	Claude Provost	6	8	10	12	25	40	60	120
72	Henri Richard	12	15	20	25	40	80	100	200
73	J.C. Tremblay	6	8	10	12	25	50	60	150
74	Jean Beliveau	20	25	30	40	60	135	150	350
75	Rogatien Vachon RC	25	30	40	60	125	300	300	800
76	Johnny Bower	10	12	15	20	30	80	100	200
77	Wayne Carleton	6	8	10	12	25	40	60	120
78	Jim Pappin	6	8	10	12	25	40	50	100
79	Frank Mahovlich	12	15	20	25	40	100	120	200
80	Larry Hillman	6	8	10	12	25	40	50	100
81	Marcel Pronovost	6	8	10	12	25	60	80	120
82	Murray Oliver	6	8	10	12	25	40	60	120
83	George Armstrong	8	10	12	15	30	50	60	100
84	Harry Howell	6	8	10	12	25	40	60	100
85	Ed Giacomin	15	20	25	30	40	80	100	175
86	Gilles Villemure	6	8	10	12	40	80	100	150
87	Orland Kurtenbach	6	8	10	12	25	40	50	80
88	Vic Hadfield	6	8	10	12	25	40	50	100
89	Arnie Brown	6	8	10	12	25	40	60	120
90	Rod Gilbert	8	10	12	15	30	80	100	175
91	Jim Neilson	6	8	10	12	25	40	50	100
92	Bobby Orr	250	400	500	600	800	2,250	3,000	5,500
93	Skip Krake UER RC	6	8	10	12	25	40	50	100
94	Ted Green	6	8	10	12	25	40	50	100
95	Ed Westfall	6	8	10	12	25	40	50	100
96	Ed Johnston	6	8	10	12	25	40	50	100

#	Player	VG 3	VgEx 4	EX 5	ExMt 6	NM 7	NmMt 8	NmMt+ 8.5	MT 9
97	Gary Doak RC	6	8	10	12	30	40	50	100
98	Ken Hodge	6	8	10	12	30	50		
99	Gerry Cheevers	20	25	30	40	60	100	120	250
100	Ron Murphy	6	8	10	12	25	40	50	100
101	Norm Ullman	8	10	12	15	30	50	60	150
102	Bruce MacGregor	6	8	10	12	25	40	50	100
103	Paul Henderson	6	8	10	12	25	50		
104	Jean-Guy Talbot	6	8	10	12	25	40	60	120
105	Bart Crashley	6	8	10	12	25	40	50	100
106	Roy Edwards	6	8	10	12	25	50	60	135
107	Jim Watson	6	8	10	12	25	40	50	100
108	Ted Hampson	6	8	10	12	30	100		
109	Bill Orban	6	8	10	12	25	40	50	100
110	Geoffrey Powis	6	8	10	12	25	40	50	150
111	Chico Maki	6	8	10	12	25	40	50	100
112	Doug Jarrett	6	8	10	12	25	40	50	135
113	Bobby Hull	30	40	50	80	150	200	250	800
114	Stan Mikita	20	25	30	40	60	120	150	300
115	Denis DeJordy	6	8	10	12	25	40	50	100
116	Pit Martin	6	8	10	12	25	50		
117	Ken Wharram	6	8	10	12	25	40	50	100
118	Bobby Orr Calder	80	100	125	200	300	500	600	800
119	Harry Howell Norris	6	8	10	12	25	40	60	135
120	Checklist Card	60	80	100	150	250	400	500	800
121	Harry Howell AS	6	8	10	12	25	40	50	175
122	Pierre Pilote AS	6	8	10	12	30	60	75	120
123	Ed Giacomin AS	8	10	12	15	30	50	60	120
124	Bobby Hull AS	30	40	50	60	100	150	175	300
125	Ken Wharram AS	6	8	10	12	25	40	60	120
126	Stan Mikita AS	12	15	20	25	40	80	120	250
127	Tim Horton AS	10	12	15	20	30	80	100	150
128	Bobby Orr AS	125	150	200	250	350	500	800	1,500
129	Glenn Hall AS	10	12	15	20	30	50	60	120
130	Don Marshall AS	6	8	10	12	25	40	50	200
131	Gordie Howe AS	30	40	50	80	125	200	250	400
132	Norm Ullman AS	10	12	15	20	40	175		

— Checklist Card #66 PSA 9 (Mint) sold for $1,013 (eBay; 3/16)
— Ron Ellis #14 PSA 9 (Mint) sold for $365 (eBay; 3/08)
— Reg Flemming #30 PSA 10 (Gem) sold for $434 (eBay; 2/14)
— Harry Howell #84 PSA 10 (Gem) sold for $505 (eBay; 10/08)
— Harry Howell Norris #119 PSA 10 (Gem) sold for $640 (eBay; 8/12)
— Bruce MacGregor ##102 PSA 10 (Gem) sold for $364.44 (eBay; 2/16)
— Stan Mikita AS #126 PSA 10 (Gem) sold for $571.20 (Mile High 5/12)
— Bobby Orr AS #128 PSA 10 (Gem) sold for $6,655 (eBay; 2/12)
— Pierre Pilote AS #122 PSA 10 (Gem) sold for $711 (eBay; 8/07)
— Jean Ratelle #31 PSA 10 (Gem) sold for $298.98 (eBay; 8/12)
— Fred Stanfield #36 PSA 9 (Mint) sold for $359 (eBay; 3/08)
— J.C. Tremblay #73 PSA 10 (Gem) sold for $1,034 (eBay; 3/16)

1968-69 O-Pee-Chee

#	Player	VG 3	VgEx 4	EX 5	ExMt 6	NM 7	NmMt 8	NmMt+ 8.5	MT 9
1	Doug Harvey	25	30	40	80	350	400		
2	Bobby Orr	150	200	300	450	1,600			
3	Don Awrey UER	6	8	10	15	30	60		
4	Ted Green	6	8	10	15	30	60		
5	Johnny Bucyk	10	15	50	80	150			
6	Derek Sanderson	20	25	30	40	60	120		
7	Phil Esposito	20	25	30	40	60	120		
8	Ken Hodge	6	8	10	15	40	175		
9	John McKenzie	6	8	10	15	30	60	80	150
10	Fred Stanfield	6	8	10	20	30	80		
11	Tom Williams	6	8	10	15	30	50	60	175
12	Denis DeJordy	6	8	10	15	60	200		
13	Doug Jarrett	6	8	10	15	30	60		
14	Gilles Marotte	6	8	10	15	30	60		
15	Pat Stapleton	6	8	10	15	40	125		
16	Bobby Hull	30	40	50	60	150	250		
17	Chico Maki	6	8	10	15	100	175		
18	Pit Martin	6	8	10	15	60	135		
19	Doug Mohns	6	8	10	15	40	150		
20	John Ferguson	6	8	12	30	80	600		
21	Jim Pappin	6	8	10	15	80	100		
22	Ken Wharram	6	8	10	15	30	60		
23	Roger Crozier	6	8	10	25	100			
24	Bob Baun	6	8	10	20	50	120		
25	Gary Bergman	6	8	12	30	80			
26	Kent Douglas	6	8	10	12	150	250		
27	Ron Harris	6	8	10	15	30	60		
28	Alex Delvecchio	8	10	12	20	60	200		
29	Gordie Howe	50	60	80	100	150	600	800	1,600
30	Bruce MacGregor	6	8	10	15	30	50	80	150
31	Frank Mahovlich	10	12	15	20	80	200		
32	Dean Prentice	6	8	10	15	30	60		
33	Pete Stemkowski	6	8	10	15	30	60		
34	Terry Sawchuk	20	25	40	50	100	200		
35	Larry Cahan	6	8	10	15	30	60		
36	Real Lemieux	6	8	10	15	30	60		
37	Bill White RC	6	8	10	15	30	60		
38	Gord Labossiere RC	6	8	10	15	30	60		

#	Player	VG 3	VgEx 4	EX 5	ExMt 6	NM 7	NmMt 8	NmMt+ 8.5
39	Ted Irvine RC	6	8	10	15	30	60	
40	Eddie Joyal	6	8	10	15	30	50	60
41	Dale Rolfe	6	8	10	15	30	60	
42	Lowell MacDonald RC	6	8	10	15	30	60	
43	Skip Krake UER	6	8	10	15	30	60	
44	Terry Gray	6	8	10	25	60	200	
45	Cesare Maniago	6	8	10	15	40	80	100
46	Mike McMahon	6	8	10	15	30	60	
47	Wayne Hillman	6	8	10	15	25	60	
48	Larry Hillman	6	8	10	15	30	60	
49	Bob Woytowich	6	8	15	30	125	250	
50	Wayne Connelly	6	8	10	15	30	60	
51	Claude Larose	6	8	10	15	30	175	
52	Danny Grant RC	10	12	15	20	80	175	
53	Andre Boudrias	6	8	10	15	30	60	
54	Ray Cullen RC	6	8	10	15	30	60	80
55	Parker MacDonald	6	8	10	15	30	300	
56	Gump Worsley	8	10	15	40	200	400	
57	Terry Harper	6	8	10	15	30	60	
58	Jacques Laperriere	6	8	10	15	30	60	
59	J.C. Tremblay	6	8	10	15	30	80	
60	Ralph Backstrom	6	8	10	20	60	120	
61	Checklist 2	60	80	150	250	350	600	
62	Yvan Cournoyer	10	12	15	20	50	175	
63	Jacques Lemaire	12	15	20	25	60	200	
64	Mickey Redmond RC	30	40	50	80	150	350	
65	Bobby Rousseau	6	8	10	15	30	80	
66	Gilles Tremblay	6	8	10	15	30	60	
67	Ed Giacomin	10	12	15	20	40	80	
68	Arnie Brown	6	8	10	15	30	60	
69	Harry Howell	6	8	12	25	60	200	
70	Al Hamilton	6	8	10	15	30	60	
71	Rod Seiling	6	8	12	25	100	300	
72	Rod Gilbert	6	8	10	15	40	80	
73	Phil Goyette	6	8	10	15	30	100	
74	Larry Jeffrey	6	8	10	15	30	80	
75	Don Marshall	6	8	10	15	30	60	
76	Bob Nevin	6	8	10	15	30	60	
77	Jean Ratelle	6	8	10	15	30	60	
78	Charlie Hodge	6	8	10	15	30	200	
79	Bert Marshall	6	8	10	15	30	100	
80	Billy Harris	6	8	10	15	30	100	
81	Carol Vadnais	6	8	10	15	30	60	
82	Howie Young	6	8	10	15	30	60	
83	John Brenneman	6	8	10	15	30	80	
84	Gerry Ehman	6	8	10	15	30		
85	Ted Hampson	6	8	10	15	30	60	
86	Bill Hicke	6	8	10	15	30	80	
87	Gary Jarrett	6	8	10	15	30	60	
88	Doug Roberts	6	8	10	15	30	50	
89	Bernie Parent RC	125	200	250	350	1,300	2,000	
90	Joe Watson	6	8	10	15	30	60	
91	Ed Van Impe	6	8	10	15	30	80	
92	Larry Zeidel	6	8	10	15	30	120	
93	John Miszuk	6	8	10	15	30	50	
94	Gary Dornhoefer	6	8	10	15	30	60	
95	Leon Rochefort	6	8	10	15	30	60	
96	Brit Selby	6	8	10	15	30	60	
97	Forbes Kennedy	6	8	10	15	30	60	
98	Ed Hoekstra RC	6	8	10	15	60	150	
99	Garry Peters	6	8	10	20	30	60	
100	Les Binkley RC	10	12	15	25	100	150	
101	Leo Boivin	6	8	10	20	30	80	
102	Earl Ingarfield	6	8	10	15	30	60	
103	Lou Angotti	6	8	10	15	30	80	
104	Andy Bathgate	6	8	10	15	30	100	
105	Wally Boyer	6	8	10	15	30	80	
106	Ken Schinkel	6	8	10	15	30	60	
107	Ab McDonald	6	8	10	15	30	150	
108	Charlie Burns	6	8	10	15	40	80	
109	Val Fonteyne	6	8	10	15	30	60	80
110	Noel Price	6	8	10	15	30	50	60
111	Glenn Hall	10	12	15	20	40	100	
112	Bob Plager RC	12	15	20	25	50	100	
113	Jim Roberts	6	8	10	15	30	60	
114	Red Berenson	6	8	10	15	30	60	
115	Larry Keenan	6	8	10	15	30	60	
116	Camille Henry	6	8	10	15	30	150	
117	Gary Sabourin	6	8	10	15	40	80	
118	Ron Schock	6	8	15	50	150	300	
119	Gary Veneruzzo	6	8	10	15	30	60	
120	Gerry Melnyk	6	8	10	15	30	100	
121	Checklist 2	80	125	250	400	550		
122	Johnny Bower	8	15	15	25	80	300	
123	Tim Horton	12	15	20	25	50	100	
124	Pierre Pilote	6	8	10	15	40	125	
125	Marcel Pronovost	6	8	10	15	30	60	
126	Ron Ellis	6	8	10	15	30	80	
127	Paul Henderson	6	8	10	15	30	80	
128	Al Arbour	6	8	10	15	30	150	

	VG 3	VgEx 4	EX 5	ExMt 6	NM 7	NmMt 8	NmMt+ 8.5	MT 9
Bob Pulford	6	8	10	15	30	80		
Floyd Smith	6	8	10	15	30	80		
Norm Ullman	6	8	20	25	80			
Mike Walton	6	8	12	25	80			
Ed Johnston	6	8	12	25	150			
Glen Sather	8	10	12	20	60	120		
Ed Westfall	6	8	10	15	30	80		
Dallas Smith	6	8	10	15	30	60		
Eddie Shack	6	8	10	15	30	60		
Gary Doak	6	8	10	15	25	60	80	100
Ron Murphy	6	8	10	15	80	200		
Gerry Cheevers	10	12	15	20	50	100		
Bob Falkenberg	6	8	10	15	30	60		
Garry Unger DP RC	15	20	25	30	80	150		
Peter Mahovlich	6	8	10	15	30	60		
Roy Edwards	6	8	10	15	30	80		
Gary Bauman	6	8	10	15	100	200		
Bob McCord	6	8	10	15	30	60		
Elmer Vasko	6	8	10	15	30	60		
Bill Goldsworthy RC	6	8	10	15	30	100		
Jean-Paul Parise RC	6	8	10	15	40	120		
Dave Dryden	6	8	10	15	30	100		
Howie Young	6	8	10	15	25	50		
Matt Ravlich	6	8	10	15	30	120		
Dennis Hull	6	8	10	15	40	100		
Eric Nesterenko	6	8	10	15	30	60		125
Stan Mikita	15	20	25	30	50	100		
Bob Wall	6	8	10	15	30	80		
Dave Amadio	6	8	10	15	30	60		
Howie Hughes	6	8	10	15	60	120		
Bill Flett RC	6	8	10	15	30	80		
Doug Robinson	6	8	10	15	30	60		125
Dick Duff	6	8	10	15	25	40		
Ted Harris	6	8	10	15	30	60		
Claude Provost	6	8	10	15	25	50		
Rogatien Vachon	20	25	30	40	100	200		
Henri Richard	10	12	15	20	80	150		
Jean Beliveau	20	25	30	40	60	200		
Reg Fleming	6	8	10	15	30	80		
Ron Stewart	6	8	10	15	30	80		
Dave Balon	6	8	10	15	30	80		
Orland Kurtenbach	6	8	10	15	30	80		
Vic Hadfield	6	8	10	15	30	60		
Jim Neilson	6	8	10	15	25	40	50	120
Bryan Watson	6	8	10	15	30	60		
George Swarbrick	6	8	10	15	30	80		
Joe Szura	6	8	10	15	30	80		
Gary Smith RC	12	15	20	25	60	200		
Barclay Plager UER RC	8	10	12	15	40	80		
Tim Ecclestone	6	8	10	12	30	60		
Jean-Guy Talbot	6	8	10	15	25	50		
Ab McDonald	6	8	10	15	30	80		
Jacques Plante	20	25	30	40	50	120		
Bill McCreary	6	8	10	15	30	150		
Alan Stanley	6	8	10	15	25	50		
Andre Lacroix RC	6	8	10	15	60	175		
Jean-Guy Gendron	6	8	10	15	25	40	60	100
Tom Johnson RC	6	8	10	15	30	60		
Simon Nolet RC	6	8	10	15	60	80		
Joe Daley RC	6	8	12	20	80	150		
John Arbour	6	8	10	15	50	100		
Billy Dea	6	8	10	15	30	80		
Bob Dillabough	6	8	10	15	30	60		
Bob Woytowich	6	8	10	15	30	50	60	100
Keith McCreary RC	6	8	10	15	30	60		
Murray Oliver	6	8	10	15	30	60		
Larry Mickey	6	8	10	15	40	80		
Bill Sutherland	6	8	10	15	50	100		
Bruce Gamble	6	8	10	25	50	100		
Dave Keon	8	10	12	25	50	150		
Gump Worsley AS1	6	8	12	25	80			
Bobby Orr AS1	60	80	100	150	250	400	500	800
Tim Horton AS1	8	10	15	30	80	175		
Stan Mikita AS1	8	10	12	30	60	400		
Gordie Howe AS1	30	40	50	60	100	175	200	450
Bobby Hull AS1	25	30	40	50	80	175		
Ed Giacomin AS2	8	10	12	20	80	350		
J.C. Tremblay AS2	6	8	12	25	250	400		
Jim Neilson AS2	6	8	10	15	30	135		
Phil Esposito AS2	12	15	20	40	120	300		
Rod Gilbert AS2	6	8	12	30	100	500		
Johnny Bucyk AS2	6	8	10	15	80	250		
Stan Mikita Triple	8	10	12	30	60	200		
Worsley/Vachon Vezina	20	25	30	60	120	200		
Derek Sanderson Calder	25	30	40	50	100	250		
Bobby Orr Norris	60	80	100	150	250	800		
Glenn Hall Smythe	6	8	10	15	100	250		
Claude Provost Mast	8	10	12	15	80	200		

— Backstrom #5 PSA 9 (MT) sold for $1,132 (eBay; 8/15)
— Bucyk #5 PSA 9 (MT) sold for $626 (eBay; 8/12)

— Checklist #61 PSA 9 (MT) sold for $833 (eBay; 10/12)
— Roger Crozier #23 PSA 9 (MT) sold for $694 (eBay; 8/12)
— Alex Delvecchio #28 PSA 10 (Gem) sold for $1,490 (eBay; 4/15)
— Dave Dryden #150 PSA 9 (MT) sold for $1,040 (eBay; 2/13)
— Doug Harvey #1 PSA 8 (NmMt) sold for $1,649 (eBay; 8/12)
— Gordie Howe #29 PSA 9 (MT) sold for $1,584 (eBay; 3/15)
— Larry Hillman #48 PSA 9 (MT) sold for $611 (eBay; 3/14)
— Gordie Howe AS1#203 PSA 9 (MT) sold for $460 (eBay; 8/12)
— Gordie Howe #29 PSA 9 (MT) sold for $1,130 (eBay; 8/12)
— John McKenzie #9 PSA 10 (Gem) sold for $453 (eBay; 2/07)
— Bobby Orr #2 PSA 9 (MT) sold for $13,547 (Mile High; 12/13)
— Bobby Orr Norris #214 PSA 9 (Mt) sold for $1,775 (Mile High; 12/13)
— Bobby Orr Norris #214 PSA 9 (Mt) sold for $1,258 (eBay;2/16)
— Jim Pappin #21 PSA 9 (Mt) sold for $1040 (eBay; 2/13)
— Mickey Redmond RC #64 PSA 8 (NmMt) sold for $703.44 (eBay; 8/12)
— Mike Walton #132 PSA 9 (MT) sold for $465 (eBay; 8/12)

1968-69 Topps

		VG 3	VgEx 4	EX 5	ExMt 6	NM 7	NmMt 8	NmMt+ 8.5	MT 9
1	Gerry Cheevers	10	12	15	20	30	125		
2	Bobby Orr	80	100	200	300	400	1,200		
3	Don Awrey UER	6	8	10	12	15	30		
4	Ted Green	6	8	10	12	15	30		
5	Johnny Bucyk	6	8	10	15	30	100		
6	Derek Sanderson	12	15	20	25	30	80	100	175
7	Phil Esposito	15	20	25	30	40	80	120	300
8	Ken Hodge	6	8	10	12	15	150		
9	John McKenzie	6	8	10	12	15	30		
10	Fred Stanfield	6	8	10	12	15	30		
11	Tom Williams	6	8	10	12	15		40	100
12	Denis DeJordy	6	8	10	12	15	30	40	80
13	Doug Jarrett	6	8	10	12	15	30	40	80
14	Gilles Marotte	6	8	10	12	15	30		
15	Pat Stapleton	6	8	10	12	15	30		
16	Bobby Hull	25	25	30	50	80	150	200	300
17	Chico Maki	6	8	10		15	30		60
18	Pit Martin	6	8	10	12	15	30	40	175
19	Doug Mohns	6	8	10	12	15	30	40	175
20	Stan Mikita	10	12	15	20	30	150		
21	Jim Pappin	6	8	10	12	15	30		
22	Ken Wharram	6	8	10	12	15	30		
23	Roger Crozier	6	8	10	12	25	40		
24	Bob Baun	6	8	10	12	15	30		
25	Gary Bergman	6	8	10	12	25	50		
26	Kent Douglas	6	8	10	5	25	60		
27	Ron Harris	6	8	10	12	15	30	40	80
28	Alex Delvecchio	6	8	10	12	15	40		
29	Gordie Howe	30	40	80	100	150	200		
30	Bruce MacGregor	6	8	10	12	15	30	40	80
31	Frank Mahovlich	8	10	12	15	20	50	75	135
32	Dean Prentice	6	8	10	12	15	30		
33	Pete Stemkowski	6	8	10	12	15	30	35	60
34	Terry Sawchuk	20	25	30	40	50	100	150	300
35	Larry Cahan	6	8	10	12	15	30	40	80
36	Real Lemieux	6	8	10	12	15	30		
37	Bill White RC	6	8	10	12	15	30		
38	Gord Labossiere	6	8	10	12	15	30	40	80
39	Ted Irvine	6	8	10	12	15	30	35	60
40	Eddie Joyal	6	8	10	12	15	30	35	60
41	Dale Rolfe	6	8	10	12	15	30	35	80
42	Lowell MacDonald RC	6	8	10	12	15	30	35	60
43	Skip Krake UER	6	8	10	12	15	30	40	80
44	Terry Gray	6	8	10	12	20	60		
45	Cesare Maniago	6	8	10	12	15	30	40	80
46	Mike McMahon	6	8	10	12	15	30		
47	Wayne Hillman	6	8	10	12	15	30		
48	Larry Hillman	6	8	10	12	15	30		
49	Bob Woytowich	6	8	10	12	15	30	40	80
50	Wayne Connelly	6	8	10	12	15	30		
51	Claude Larose	6	8	10	12	15	30		
52	Danny Grant RC	6	8	10	12	15	80	120	150
53	Andre Boudrias	6	8	10	12	15	30	50	125
54	Ray Cullen RC	6	8	10	12	15	30	40	100
55	Parker MacDonald	6	8	10	12	15	30		
56	Gump Worsley	8	10	12	15	30	50		
57	Terry Harper	6	8	10	12	15	30	40	80
58	Jacques Laperriere	6	8	10	12	15	50	50	100
59	J.C. Tremblay	6	8	10	12	15	30	40	80
60	Ralph Backstrom	6	8	10	12	15	30		
61	Jean Beliveau	10	12	15	20	30	80	100	250
62	Yvan Cournoyer	8	10	12	15	20	50		
63	Jacques Lemaire	10	12	15	20	25	60		
64	Henri Richard	8	10	12	15	20	60		
65	Bobby Rousseau	6	8	10	12	15	30	40	80
66	Gilles Tremblay	6	8	10	12	15	30		
67	Ed Giacomin	8	10	12	15	20	50	60	120
68	Arnie Brown	6	8	10	12	15	30		
69	Harry Howell	6	8	10	12	15	50		
70	Jim Neilson	6	8	10	12	15	50		

#	Player	VG 3	VgEx 4	EX 5	ExMt 6	NM 7	NmMt 8	NmMt+ 8.5	MT 9
71	Rod Seiling	6	8	10	12	20	50		
72	Rod Gilbert	6	8	10	12	15	60	80	100
73	Phil Goyette	6	8	10	12	15	30	40	80
74	Vic Hadfield	6	8	10	12	15	35	50	100
75	Don Marshall	6	8	10	12	15	40		
76	Bob Nevin	6	8	10	12	15	40	50	80
77	Jean Ratelle	6	8	10	12	15	40	50	80
78	Charlie Hodge	6	8	10	12	15	30		
79	Bert Marshall	6	8	10	12	15	30	40	80
80	Billy Harris	6	8	10	12	15	30		
81	Carol Vadnais	6	8	10	12	15	30		
82	Howie Young	6	8	10	12	15	30		
83	John Brenneman	6	8	10	12	15	30	40	80
84	Gerry Ehman	6	8	10	12	15	30		
85	Ted Hampson	6	8	10	12	15	40		
86	Bill Hicke	6	8	10	12	15	40	50	80
87	Gary Jarrett	6	8	10	12	15	30		
88	Doug Roberts	6	8	10	12	15	40		
89	Bernie Parent RC	30	40	50	60	100	175	225	500
90	Joe Watson	6	8	10	12	15	30		
91	Ed Van Impe	6	8	10	12	15	40		
92	Larry Zeidel	6	8	10	12	15	30		
93	John Miszuk	6	8	10	12	15	30		
94	Gary Dornhoefer	6	8	10	12	15	30	50	150
95	Leon Rochefort	6	8	10	12	15	40	50	80
96	Brit Selby	6	8	10	12	15	40		
97	Forbes Kennedy	6	8	10	12	15	30	40	150
98	Ed Hoekstra	6	8	10	12	15	30		
99	Garry Peters	6	8	10	12	15	30	40	120
100	Les Binkley RC	8	10	12	15	20	50		
101	Leo Boivin	6	8	10	12	15	30		
102	Earl Ingarfield	6	8	10	12	15	30	40	135
103	Lou Angotti	6	8	10	12	15	30		
104	Andy Bathgate	6	8	10	12	15	30	40	90
105	Wally Boyer	6	8	10	12	15	40	50	100
106	Ken Schinkel	6	8	10	12	15	30	50	100
107	Ab McDonald	6	8	10	12	15	30		
108	Charlie Burns	6	8	10	12	15	30	50	100
109	Val Fonteyne	6	8	10	12	15	30	40	80
110	Noel Price	6	8	10	12	15	30	40	80
111	Glenn Hall	8	10	12	15	20	40	50	100
112	Bob Plager RC	8	10	12	15	30	60	80	100
113	Jim Roberts	6	8	10	12	15	30		
114	Red Berenson	6	8	10	12	15	30	40	80
115	Larry Keenan	6	8	10	12	15	30	40	80
116	Camille Henry	6	8	10	15	30	50		
117	Gary Sabourin	6	8	10	12	15	30		
118	Ron Schock	6	8	10	12	15	40		
119	Gary Veneruzzo	6	8	10	12	15	30	40	80
120	Gerry Melnyk	6	8	10	12	15	30	35	60
121	Checklist Card	40	50	60	80	150	200	250	350
122	Johnny Bower	8	10	12	15	20	80	60	150
123	Tim Horton	10	12	15	20	25	40	60	200
124	Pierre Pilote	6	8	10	12	15	30		
125	Marcel Pronovost	6	8	10	12	15	30	40	80
126	Ron Ellis	6	8	10	12	15	30		
127	Paul Henderson	6	8	10	12	30	40		
128	Dave Keon	6	8	10	12	15	40	50	100
129	Bob Pulford	6	8	10	12	20	50		
130	Floyd Smith	6	8	10	12	15	30	40	80
131	Norm Ullman	6	8	10	12	15	40		
132	Mike Walton	6	8	10	12	15	50		

— Bobby Hull #16 PSA 9 (MT) sold for $430 (eBay; 8/09)

1969-70 O-Pee-Chee

#	Player	VG 3	VgEx 4	EX 5	ExMt 6	NM 7	NmMt 8	NmMt+ 8.5	MT 9
1	Gump Worsley	20	25	40	50	150	400	500	800
2	Ted Harris	5	6	10	15	60	200		
3	Jacques Laperriere	5	6	10	15	50	200	250	350
4	Serge Savard RC	30	50	120	200	325	1,000		
5	J.C. Tremblay	5	6	8	10	25	100		
6	Yvan Cournoyer	5	6	8	10	25	50		
7	John Ferguson	5	6	8	10	30	120	135	250
8	Jacques Lemaire	5	6	8	15	50	200		
9	Bobby Rousseau	5	6	8	15	40	150		
10	Jean Beliveau	10	12	15	25	40	100	250	
11	Dick Duff	5	6	8	15	50	350		
12	Glenn Hall	6	8	10	12	25	60	80	120
13	Bob Plager	5	6	8	10	25	50	60	120
14	Ron Anderson	5	6	8	10	25	50	60	120
15	Jean-Guy Talbot	5	6	8	10	25	50		
16	Andre Boudrias	5	6	8	10	25	50	60	120
17	Camille Henry	5	6	8	10	25	50		
18	Ab McDonald	5	6	8	10	25	50	60	120
19	Gary Sabourin	5	6	8	10	25	50		
20	Red Berenson	5	6	8	15	50	120		
21	Phil Goyette	5	6	8	10	25	50	60	120
22	Gerry Cheevers	8	10	12	15	30	80		
23	Ted Green	5	6	8	10	25	50		

#	Player	VG 3	VgEx 4	EX 5	ExMt 6	NM 7	NmMt 8	NmMt+ 8.5
24	Bobby Orr	80	100	150	250	400	800	
25	Dallas Smith	5	6	8	10	25	50	60
26	Johnny Bucyk	6	8	10	12	25	60	80
27	Ken Hodge	5	6	8	10	25	50	
28	John McKenzie	5	6	8	10	25	50	60
29	Ed Westfall	5	6	8	10	40	80	
30	Phil Esposito	15	20	25	30	50	80	100
31	Checklist 2	50	60	100	150	275	400	450
32	Fred Stanfield	5	6	8	10	25	50	
33	Ed Giacomin	8	10	12	15	60	100	
34	Arnie Brown	5	6	8	10	25	50	
35	Jim Neilson	5	6	8	10	25	50	60
36	Rod Seiling	5	6	8	10	25	50	
37	Rod Gilbert	5	6	8	12	40	150	
38	Vic Hadfield	5	6	8	10	30	80	
39	Don Marshall	5	6	8	10	25	50	
40	Bob Nevin	5	6	8	10	25	50	
41	Ron Stewart	5	6	8	10	25	50	60
42	Jean Ratelle	5	6	8	10	25	80	
43	Walt Tkaczuk RC	5	6	8	10	25	50	
44	Bruce Gamble	5	6	8	10	25	50	60
45	Jim Dorey	5	6	8	10	25	50	
46	Ron Ellis	5	6	8	10	40	60	
47	Paul Henderson	5	6	8	10	25	150	
48	Brit Selby	5	6	8	10	25	50	60
49	Floyd Smith	5	6	8	10	25	50	
50	Mike Walton	5	6	8	10	25	50	
51	Dave Keon	5	6	8	15	50	120	
52	Murray Oliver	5	6	8	10	25	50	
53	Bob Pulford	5	6	8	10	25	50	
54	Norm Ullman	5	6	8	10	25	50	60
55	Roger Crozier	5	6	8	10	25	50	
56	Roy Edwards	5	6	8	10	25	50	60
57	Bob Baun	5	6	8	10	25	50	
58	Gary Bergman	5	6	8	10	25	60	80
59	Carl Brewer	5	6	8	10	25	50	60
60	Wayne Connelly	5	6	8	10	25	50	60
61	Gordie Howe	30	50	80	100	300	500	600
62	Frank Mahovlich	6	8	10	12	80	100	150
63	Bruce MacGregor	5	6	8	15	40	150	
64	Ron Harris	5	6	8	10	25	50	60
65	Pete Stemkowski	5	6	8	10	25	50	
66	Denis DeJordy	5	6	8	10	25	50	60
67	Doug Jarrett	5	6	8	10	25	50	
68	Gilles Marotte	5	6	8	10	25	50	60
69	Pat Stapleton	5	6	8	10	25	50	60
70	Bobby Hull	30	40	50	80	150	200	250
71	Dennis Hull	5	6	8	10	25	50	
72	Doug Mohns	5	6	8	15	50	200	
73	Howie Menard	5	6	8	10	25	50	60
74	Ken Wharram	5	6	8	10	25	50	60
75	Pit Martin	5	6	8	10	25	50	
76	Stan Mikita	10	12	15	25	60	250	
77	Charlie Hodge	5	6	8	10	25	50	60
78	Gary Smith	5	6	8	10	25	50	
79	Harry Howell	5	6	8	10	25	50	60
80	Bert Marshall	5	6	8	10	25	50	
81	Doug Roberts	5	6	8	10	25	50	
82	Carol Vadnais	5	6	8	10	30	80	
83	Gerry Ehman	5	6	8	10	25	50	
84	Brian Perry	5	6	8	10	25	50	60
85	Gary Jarrett	5	6	8	10	25	50	60
86	Ted Hampson	5	6	8	10	25	50	60
87	Earl Ingarfield	5	6	8	10	25	50	
88	Doug Favell RC	8	10	12	15	50	175	
89	Bernie Parent	20	25	30	40	50	100	100
90	Larry Hillman	5	6	8	10	25	50	
91	Wayne Hillman	5	6	8	10	25	50	
92	Ed Van Impe	5	6	8	10	25	50	60
93	Joe Watson	5	6	8	10	25	50	60
94	Gary Dornhoefer	5	6	8	10	30	80	
95	Reg Fleming	5	6	8	10	25	50	60
96	Ralph McSweyn	5	6	8	10	25	50	
97	Jim Johnson	5	6	8	10	25	50	
98	Andre Lacroix	5	6	8	10	25	50	
99	Gerry Desjardins RC	6	8	10	12	25	60	
100	Dale Rolfe	5	6	8	10	25	50	
101	Bill White	5	6	8	10	25	50	60
102	Bill Flett	5	6	8	10	25	50	
103	Ted Irvine	5	6	8	10	25	80	
104	Ross Lonsberry	5	6	8	10	25	50	
105	Leon Rochefort	5	6	8	10	25	50	
106	Bryan Campbell	5	6	8	12	30	60	
107	Dennis Hextall RC	5	6	8	10	25	60	
108	Eddie Joyal	5	6	8	10	25	50	
109	Gord Labossiere	5	6	8	10	25	50	
110	Les Binkley	5	6	8	10	30	150	175
111	Tracy Pratt	5	6	8	10	25	60	80
112	Bryan Watson	5	6	8	10	25	50	
113	Bob Blackburn	5	6	8	10	25	50	

	VG 3	VgEx 4	EX 5	ExMt 6	NM 7	NmMt 8	NmMt+ 8.5	MT 9
Keith McCreary					25	50		
Dean Prentice	5	6	8	10	25	50		
Glen Sather	5	6	8	10	25	50		
Ken Schinkel	5	6	8	10	25	50	60	135
Wally Boyer	5	6	8	10	25	50		
Val Fonteyne	5	6	8	10	25	50		
Ron Schock	5	6	8	10	25	50	60	120
Cesare Maniago	5	6	8	10	25	50	60	135
Leo Boivin	5	6	8	10	25	50		
Bob McCord	5	6	8	10	30	100		
John Miszuk	5	6	8	10	25	50		
Danny Grant	5	6	8	10	25	60		
Bill Collins	5	6	8	10	25	50		
Jean-Paul Parise	5	6	8	10	25	50	60	135
Tom Williams	5	6	8	10	25	50		
Charlie Burns	5	6	8	10	25	50	75	175
Ray Cullen	5	6	8	10	25	50		
Danny O'Shea	5	6	8	10	50	135		
Checklist 1	125	175	250	400	500			
Jim Pappin	5	6	8	10	12	25	30	50
Lou Angotti	5	6	8	10	12	15	20	30
Terry Cafery RC	5	6	8	10	12	15	20	30
Eric Nesterenko	5	6	8	10	12	30	40	80
Chico Maki	5	6	8	10	12	15	20	30
Tony Esposito RC	40	80	100	150	250	350	400	600
Eddie Shack	5	6	8	10	12	15	20	30
Bob Wall	5	6	8	10	12	30	40	60
Skip Krake RC	5	6	8	10	12	15	20	30
Howie Hughes	5	6	8	10	12	15	20	30
Jimmy Peters RC	5	6	8	10	12	20	30	50
Brent Hughes RC	5	6	8	10	12	25	30	50
Bill Hicke	5	6	8	10	12	15	20	30
Norm Ferguson RC	5	6	8	10	12	15	20	40
Dick Mattiussi RC	5	6	8	10	12	25	30	60
Mike Laughton RC	5	6	8	10	12	25	30	50
Gene Ubriaco RC	5	6	8	10	12	15	20	30
Bob Dillabough	5	6	8	10	12	20	30	50
Bob Woytowich	5	6	8	10	12	25	30	60
Joe Daley	5	6	8	10	12	25	30	60
Duane Rupp	5	6	8	10	12	30	30	60
Bryan Hextall RC	5	6	8	10	12	15	20	30
Jean Pronovost RC	5	6	8	10	12	20	25	40
Jim Morrison	5	6	8	10	12	20	25	40
Alex Delvecchio	6	8	10	12	12	25	30	50
Paul Popiel	5	6	8	10	12	20	25	40
Garry Unger	5	6	8	10	12	15	20	30
Garry Monahan	5	6	8	10	12	15	20	30
Matt Ravlich	5	6	8	10	12	15	20	30
Nick Libett RC	5	6	8	10	12	20	25	40
Henri Richard	6	8	10	12	12	30	40	175
Terry Harper	5	6	8	10	12	30	40	120
Rogatien Vachon	8	10	12	15	20	30	40	100
Ralph Backstrom	5	6	8	10	12	15	20	40
Claude Provost	5	6	8	10	12	15	20	30
Gilles Tremblay	5	6	8	10	12	15	40	50
Jean-Guy Gendron	5	6	8	10	12	20	25	40
Earl Heiskala RC	5	6	8	10	12	15	20	30
Garry Peters	5	6	8	10	15	40		
Bill Sutherland	5	6	8	10	12	15	20	30
Dick Cherry RC	5	6	8	10	12	15	20	30
Jim Roberts	5	6	8	10	12	20	25	40
Noel Picard RC	5	6	8	10	15	40		
Barclay Plager RC	5	6	8	10	12	15	20	30
Frank St. Marseille RC	5	6	8	10	12	15	20	30
Al Arbour	5	6	8	10	12	15	20	30
Tim Ecclestone	5	6	8	10	12	20	25	40
Jacques Plante	15	20	25	35	50	60	80	120
Bill McCreary	5	6	8	10	12	15	20	30
Tim Horton	8	10	12	15	20	30	40	60
Rick Ley RC	5	6	8	10	12	15	20	50
Wayne Carleton	5	6	8	10	12	15	20	30
Marv Edwards RC	5	6	8	10	12	20	25	40
Pat Quinn RC	8	10	12	15	20	60	80	135
Johnny Bower	6	8	10	12	15	50	80	100
Orland Kurtenbach	5	6	8	10	12	20	25	40
Terry Sawchuk UER	10	12	15	20	30	60	80	100
Real Lemieux	5	6	8	10	12	15	20	30
Dave Balon	5	6	8	10	12	15	20	30
Al Hamilton	5	6	8	10	12	30	40	60
G.Howe Mr. HK ERR	30	40	50	60	80	100	150	250
G.Howe Mr. HK COR	50	60	80	100	150	200		
Claude Larose	5	6	8	10	12	20	25	40
Bill Goldsworthy	5	6	8	10	12	30	40	80
Bob Barlow	5	6	8	10	12	30	40	80
Ken Broderick RC	5	6	8	10	12	30	40	60
Lou Nanne RC	5	6	8	10	12	20	25	40
Tom Polonic RC	5	6	8	10	12	25	30	60
J Johnston	5	6	8	10	12	15	20	30
Derek Sanderson	10	12	15	20	25	40	50	80
Gary Doak	5	6	8	10	12	15	20	50

		VG 3	VgEx 4	EX 5	ExMt 6	NM 7	NmMt 8	NmMt+ 8.5	MT 9
203	Don Awrey	5	6	8	10	12	20	20	30
204	Ron Murphy	5	6	8	10	12	25	30	60
205A	P.Esposito Double ERR	12	15	20	25	60			
205B	P.Esposito Double COR	12	15	20	50				
206	Alex Delvecchio Byng	5	6	8	10	12	25	30	50
207	J.Plante/G.Hall Vezina	15	20	25	30	50	60		
208	Danny Grant Calder	5	6	8	10	12	20	25	40
209	Bobby Orr Norris	30	40	50	80	150	200	250	350
210	Serge Savard Smythe	5	6	8	10	12	20	25	40
211	Glenn Hall AS	8	10	12	15	30	150		
212	Bobby Orr AS	30	40	50	60	80	120	150	250
213	Tim Horton AS	10	12	15	20	25	40	50	120
214	Phil Esposito AS	10	12	15	20	40	80		
215	Gordie Howe AS	25	30	40	50	80	120		
216	Bobby Hull AS	15	20	25	30	50	80		
217	Ed Giacomin AS	6	8	10	12	20	40		
218	Ted Green AS	5	6	8	10	12	20	25	40
219	Ted Harris AS	5	6	8	10	12	20	25	50
220	Jean Beliveau AS	10	12	15	30	80	400		
221	Yvan Cournoyer AS	5	6	8	12	25	50		
222	Frank Mahovlich AS	5	6	8	15	40	135		
223	Art Ross Trophy	5	6	12	20	60	250		
224	Hart Trophy	5	6	8	10	12	20	30	60
225	Lady Byng Trophy	5	6	8	12	25	100		
226	Vezina Trophy	5	6	8	10	12	30	35	40
227	Calder Trophy	5	6	8	12	30	200		
228	James Norris Trophy	5	6	8	12	25	80		
229	Conn Smythe Trophy	5	6	8	12	25	50		
230	Prince of Wales Trophy	5	6	8	10	12	20	25	50
231	The Stanley Cup	15	20	25	40	60	75	140	175

— Jean Beliveau #10 PSA 9 (MT) sold for $410 (eBay; 4/07)
— Checklist #31 PSA 10 (Gem) sold for $2,375 (Memory Lane; 4/07)
— Checklist #132 PSA 8 (NmMt) sold for $1,454 (eBay; 11/14)
— Gordie Howe #193A PSA 10 (Gem) sold for $3,216 (Memory Lane; 12/13)
— Bobby Hull #70 PSA 10 (Gem) sold for $2,092 (Memory Lane; 12/13)
— Eddie Joyal #108 PSA 10 (Gem) sold for $446 (eBay; 4/07)
— Cesare Maniago PSA 10 (Gem) sold for $265 (eBay; 05/08)
— Pit Martin #75 PSA 9 (MT) sold for $321 (eBay; 3/08)
— Keith Mcreary #114 PSA 10 (Gem) sold for $446 (eBay; 4/07)
— Bobby Orr #24 PSA 9 (MT) sold for $2,624 (Mile High; 12/13)
— Serge Savard RC #4 PSA 8 (NmMt) sold for $1,044 (eBay; 5/12)
— Gump Worsley #1 PSA 9 (MT) sold for $919 (eBay; 3/07)

1969-70 Topps

		VG 3	VgEx 4	EX 5	ExMt 6	NM 7	NmMt 8	NmMt+ 8.5	MT 9
1	Gump Worsley	8	10	12	15	25			
2	Ted Harris	5	6	8	10	15	30		
3	Jacques Laperriere	5	6	8	10	15	25	30	80
4	Serge Savard RC	10	12	15	20	40	120		
5	J.C. Tremblay	5	6	8	10	15	25	30	80
6	Yvan Cournoyer	5	6	8	10	15	40		
7	John Ferguson	5	6	8	10	15	25	30	80
8	Jacques Lemaire	5	6	8	10	15	40	50	100
9	Bobby Rousseau	5	6	8	10	15	80		
10	Jean Beliveau	8	10	12	15	60	100	135	300
11	Henri Richard	5	6	8	10	30	50	60	135
12	Glenn Hall	5	6	8	10	20	60		
13	Bob Plager	5	6	8	10	15	30		
14	Jim Roberts	5	6	8	10	15	30		
15	Jean-Guy Talbot	5	6	8	10	15	30		
16	Andre Boudrias	5	6	8	10	15	25	30	80
17	Camille Henry	5	6	8	10	15	25	30	80
18	Ab McDonald	5	6	8	10	15	30		
19	Gary Sabourin	5	6	8	10	15	50		
20	Red Berenson	5	6	8	10	15	30		
21	Phil Goyette	5	6	8	10	15	30		
22	Gerry Cheevers	6	8	10	12	20	50		
23	Ted Green	5	6	8	10	15	50		
24	Bobby Orr	50	60	100	150	200	300	350	1,400
25	Dallas Smith	5	6	8	10	15	25	30	80
26	Johnny Bucyk	5	6	8	10	15	35	50	125
27	Ken Hodge	5	6	8	10	15	50		
28	John McKenzie	5	6	8	10	15	50		
29	Ed Westfall	5	6	8	10	15	50		
30	Phil Esposito	10	12	15	20	35	60	80	200
31	Derek Sanderson	8	10	12	15	25	50		
32	Fred Stanfield	5	6	8	10	15	30		
33	Ed Giacomin	6	8	10	12	20	40	50	135
34	Arnie Brown	5	6	8	10	15	30		
35	Jim Neilson	5	6	8	10	15	25	30	60
36	Rod Seiling	5	6	8	10	15	25	30	60
37	Rod Gilbert	5	6	8	10	15	25	30	60
38	Vic Hadfield	5	6	8	10	15	40		
39	Don Marshall	5	6	8	10	15	60		
40	Bob Nevin	5	6	8	10	15	30		
41	Ron Stewart	5	6	8	10	15	50		
42	Jean Ratelle	5	6	8	10	15	30	35	80
43	Walt Tkaczuk RC	5	6	8	10	15	40		
44	Bruce Gamble	5	6	8	10	15	30		

HOCKEY

#	Player	VG 3	VgEx 4	EX 5	ExMt 6	NM 7	NmMt 8	NmMt+ 8.5	MT 9
45	Tim Horton	8	10	12	15	25	60	80	175
46	Ron Ellis	5	6	8	10	15	30		
47	Paul Henderson	5	6	8	10	15	30	35	80
48	Brit Selby	5	6	8	10	15	30		
49	Floyd Smith	5	6	8	10	15	25	30	60
50	Mike Walton	5	6	8	10	15	30		
51	Dave Keon	5	6	8	10	15	40		
52	Murray Oliver	5	6	8	10	15	40		
53	Bob Pulford	5	6	8	10	15	25	30	60
54	Norm Ullman	5	6	8	10	15	30	40	80
55	Roger Crozier	5	6	8	10	15	50		
56	Roy Edwards	5	6	8	10	15	30		
57	Bob Baun	5	6	8	10	15	30	35	80
58	Gary Bergman	5	6	8	10	15	25	30	60
59	Carl Brewer	5	6	8	10	15	30	35	80
60	Wayne Connelly	5	6	8	10	15	30		
61	Gordie Howe	12	15	25	35	50	80	125	500
62	Frank Mahovlich	5	6	8	10	20	50	60	100
63	Bruce MacGregor	5	6	8	10	15	25	30	60
64	Alex Delvecchio	5	6	8	10	20	30	40	80
65	Pete Sternkowski	5	6	8	10	15	25	30	60
66	Denis DeJordy	5	6	8	10	15	30	35	80
67	Doug Jarrett	5	6	8	10	15	30	35	80
68	Gilles Marotte	5	6	8	10	15	30	35	80
69	Pat Stapleton	5	6	8	10	15	25	30	60
70	Bobby Hull	12	15	20	40	50	80	120	300
71	Dennis Hull	5	6	8	10	15	30	35	80
72	Doug Mohns	5	6	8	10	15	30		
73	Jim Pappin	5	6	8	10	15	40		
74	Ken Wharram	5	6	8	10	15	30	35	80
75	Pit Martin	5	6	8	10	15	30		
76	Stan Mikita	8	10	12	15	25	80	100	175
77	Charlie Hodge	5	6	8	10	15	30	35	80
78	Gary Smith	5	6	8	10	15	25	30	60
79	Harry Howell	5	6	8	10	15	30	35	80
80	Bert Marshall	5	6	8	10	15	30	35	80
81	Doug Roberts	5	6	8	10	15	25	30	60
82	Carol Vadnais	5	6	8	10	15	30		
83	Gerry Ehman	5	6	8	10	15	30		
84	Bill Hicke	5	6	8	10	15	25	30	60
85	Gary Jarrett	5	6	8	10	15	25	30	60
86	Ted Hampson	5	6	8	10	15	25	30	60
87	Earl Ingarfield	5	6	8	10	15	25	30	60
88	Doug Favell RC	6	8	10	12	25	60		
89	Bernie Parent	10	12	15	18	25	40	50	80
90	Larry Hillman	5	6	8	10	20	80		
91	Wayne Hillman	5	6	8	10	15	60		
92	Ed Van Impe	5	6	8	10	15	25	30	60
93	Joe Watson	5	6	8	10	15	30		
94	Gary Dornhoefer	5	6	8	10	15	30		
95	Reg Fleming	5	6	8	10	15	25	30	60
96	Jean-Guy Gendron	5	6	8	10	15	25	30	60
97	Jim Johnson	5	6	8	10	15	25	30	60
98	Andre Lacroix	5	6	8	10	15	30	35	80
99	Gerry Desjardins RC	5	6	8	10	15	30	35	80
100	Dale Rolfe	5	6	8	10	15	25	30	60
101	Bill White	5	6	8	10	15	25	30	60
102	Bill Flett	5	6	8	10	15	30		
103	Ted Irvine	5	6	8	10	15	25	30	60
104	Ross Lonsberry	5	6	8	10	15	40		
105	Leon Rochefort	5	6	8	10	15	25	30	60
106	Eddie Shack	5	6	8	10	15	40		
107	Dennis Hextall RC	5	6	8	10	15	30	35	60
108	Eddie Joyal	5	6	8	10	15	25	30	60
109	Gord Labossiere	5	6	8	10	15	25	30	60
110	Les Binkley	5	6	8	10	15	30	35	80
111	Tracy Pratt	5	6	8	10	15	30		
112	Bryan Watson	5	6	8	10	15	40		
113	Bob Woytowich	5	6	8	10	15	25	30	60
114	Keith McCreary	5	6	8	10	15	60		
115	Dean Prentice	5	6	8	10	15	30		
116	Glen Sather	5	6	8	10	15	30		
117	Ken Schinkel	5	6	8	10	15	50		
118	Wally Boyer	5	6	8	10	15	30	35	80
119	Val Fonteyne	5	6	8	10	15	30		
120	Ron Schock	5	6	8	10	15	25	30	60
121	Cesare Maniago	5	6	8	10	15	50		
122	Leo Boivin	5	6	8	10	15	30		
123	Bob McCord	5	6	8	10	15	30		
124	John Miszuk	5	6	8	10	15	30		
125	Danny Grant	5	6	8	10	15	30		
126	Claude Larose	5	6	8	10	15	50		
127	Jean-Paul Parise	5	6	8	10	15	30		
128	Tom Williams	5	6	8	10	15	25	30	60
129	Charlie Burns	5	6	8	10	15	80		
130	Ray Cullen	5	6	8	10	20	100		
131	Danny O'Shea	5	6	8	10	20	100		
132	Checklist Card	15	25	40	50	80	250		

— Bobby Hull #70 PSA 10 (GEM) sold for $780 (Mastro; 8/08)
— Bobby Orr #24 PSA 9 (MT) sold for $1,211780 (Mile High; 12/13)

1970-71 O-Pee-Chee

#	Player	VG 3	VgEx 4	EX 5	ExMt 6	NM 7	NmMt 8	NmMt+ 8.5
1	Gerry Cheevers	20	25	35	50	80	300	350
2	Johnny Bucyk	4	5	6	10	30	80	
3	Bobby Orr	60	80	125	200	400	800	1,600
4	Don Awrey	4	4	8	20	40	100	
5	Fred Stanfield	4	5	6	12	30	250	
6	John McKenzie	4	5	6	10	30	80	
7	Wayne Cashman RC	12	15	20	30	40	150	175
8	Ken Hodge	4	5	6	10	30	80	
9	Wayne Carleton	4	4	5	10	20	80	
10	Garnet Bailey RC	4	5	6	12	30	400	
11	Phil Esposito	20	25	30	40	50	100	
12	Lou Angotti	4	4	5	10	20	60	80
13	Jim Pappin	4	4	5	10	25	100	
14	Dennis Hull	4	5	8	15	25	100	
15	Bobby Hull	40	45	50	60	100	200	250
16	Doug Mohns	4	4	5	8	15	30	50
17	Pat Stapleton	4	5	6	10	30	300	
18	Pit Martin	4	5	6	10	20	50	80
19	Eric Nesterenko	4	5	6	10	20	40	50
20	Stan Mikita	15	20	20	30	40	80	125
21	Roy Edwards	4	5	6	10	20	40	50
22	Frank Mahovlich	10	12	15	25	50	250	
23	Ron Harris	4	4	5	8	15	30	
24	Checklist 1	150	200	250	300	400	600	800
25	Pete Sternkowski	4	4	5	8	15	25	40
26	Garry Unger	4	4	5	8	15	80	
27	Bruce MacGregor	4	4	5	8	15	50	
28	Larry Jeffrey	4	4	5	8	15	30	
29	Gordie Howe	30	40	60	80	100	200	300
30	Billy Dea	4	4	5	8	15	30	40
31	Denis DeJordy	4	5	6	10	20	50	
32	Matt Ravlich	4	5	8	12	40	135	
33	Dave Amadio	4	4	5	8	15	30	40
34	Gilles Marotte	4	4	5	10	30	60	
35	Eddie Shack	10	12	15	25	40	60	80
36	Bob Pulford	4	5	6	10	20	30	
37	Ross Lonsberry	4	5	6	10	20	40	50
38	Gord Labossiere	4	4	5	8	15	30	40
39	Eddie Joyal	4	4	5	8	15	30	40
40	Gump Worsley	10	12	15	25	40	60	125
41	Bob McCord	4	4	5	8	15	30	
42	Leo Boivin	4	5	6	10	20	30	40
43	Tom Reid RC	4	4	5	8	15	30	40
44	Charlie Burns	4	4	5	8	15	50	
45	Bob Barlow	4	4	5	8	15	30	40
46	Bill Goldsworthy	4	5	6	10	20	30	40
47	Danny Grant	10	12	15	20	25	50	80
48	Norm Beaudin RC	4	4	5	8	20	40	50
49	Rogatien Vachon	10	12	15	25	35	50	60
50	Yvan Cournoyer	10	12	15	25	35	60	80
51	Serge Savard	10	12	15	25	40	150	
52	Jacques Laperriere	4	8	10	15	30	100	125
53	Terry Harper	4	4	5	8	15	30	40
54	Ralph Backstrom	4	5	6	10	20	60	
55	Jean Beliveau	10	12	15	25	40	100	
56	Claude Larose	4	4	5	8	80	300	
57	Jacques Lemaire	10	12	15	25	40	80	
58	Peter Mahovlich	4	5	10	20	25	40	80
59	Tim Horton	12	15	20	40	50	80	100
60	Bob Nevin	4	4	5	8	15	30	
61	Dave Balon	4	4	5	8	15	60	
62	Vic Hadfield	4	5	6	10	20	30	
63	Rod Gilbert	10	12	15	25	40	80	
64	Ron Stewart	4	4	5	8	15	25	
65	Ted Irvine	4	4	5	8	15	40	
66	Arnie Brown	4	4	5	8	15	120	
67	Brad Park RC	20	25	30	60	75	250	300
68	Ed Giacomin	10	12	15	20	30	80	
69	Gary Smith	4	5	6	10	20	30	
70	Carol Vadnais	4	5	6	10	20	30	40
71	Doug Roberts	4	4	5	8	15	30	
72	Harry Howell	4	5	6	10	20	30	
73	Joe Szura	4	4	5	8	15	30	40
74	Mike Laughton	4	4	5	8	15	150	
75	Gary Jarrett	4	4	5	8	15	30	40
76	Bill Hicke	4	4	5	8	15	50	
77	Paul Andrea RC	4	4	5	8	20	80	
78	Bernie Parent	20	25	30	40	60	200	
79	Joe Watson	4	4	5	8	15	30	40
80	Ed Van Impe	4	4	5	8	15	60	
81	Larry Hillman	4	4	5	8	15	60	
82	George Swarbrick	4	4	5	8	15	60	
83	Bill Sutherland	4	4	5	8	15	40	
84	Andre Lacroix	4	5	6	10	20	80	
85	Gary Dornhoefer	4	5	6	10	20	30	50
86	Jean-Guy Gendron	4	4	5	8	15	30	

	VG 3	VgEx 4	EX 5	ExMt 6	NM 7	NmMt 8	NmMt+ 8.5	MT 9
Al Smith RC	4	5	6	10	25	50		
Bob Woytowich	4	4	5	8	15	30		
Duane Rupp	4	4	5	8	15	30		
Jim Morrison	4	4	5	8	15	50		
Ron Schock	4	4	5	8	15	60		
Ken Schinkel	4	4	5	8	15	30	40	120
Keith McCreary	4	4	5	8	15	40		
Bryan Hextall	4	5	6	10	25	60		
Wayne Hicks RC	4	4	5	8	15	40		
Gary Sabourin	4	4	5	8	15	30		
Ernie Wakely RC	4	5	6	10	20	80		
Bob Wall	4	4	5	8	15	40	50	100
Barclay Plager	4	5	6	10	20	40	50	100
Jean-Guy Talbot	4	4	5	8	15	30		
Gary Veneruzzo	4	4	5	8	15	30		
Jim Ecclestone	4	4	5	8	15	30	40	100
Red Berenson	4	5	6	10	20	60		
Larry Keenan	4	4	5	8	15	30	40	100
Bruce Gamble	4	5	6	10	20	100		
Jim Dorey	4	4	5	8	15	30		
Mike Pelyk RC	4	4	5	8	30	150		
Rick Ley	4	4	5	10	20	60		
Mike Walton	4	4	5	8	15	30		
Norm Ullman	10	12	15	25	30	100	125	175
Brit Selby no trade	4	4	5	8	15	30	40	80
Brit Selby trade	15	20	20	30	40	100		
Larry Monahan	4	4	5	8	15	100		
George Armstrong	10	12	15	25	40	80	125	200
Gary Doak	4	5	10	15	30	150		
Darryl Sly RC	4	4	5	8	15	30		
Wayne Maki	4	4	5	8	15	125		
Orland Kurtenbach	4	4	5	8	20	60		
Murray Hall	4	4	5	8	15	30		
Marc Reaume	4	4	5	8	15	30	40	350
Pat Quinn	10	12	15	25	40	60	80	200
Andre Boudrias	4	4	5	15	60	100		
Paul Popiel	4	4	5	8	15	150		
Paul Terbenche	4	4	5	8	15	40	50	80
Howie Menard	4	4	5	8	15	30		
Gerry Meehan RC	4	5	6	10	20	60		
Skip Krake	4	4	5	8	15	30		
Phil Goyette	4	4	5	8	15	50	60	150
Reg Fleming	4	4	5	8	15	30	40	100
Don Marshall	4	5	6	10	20	40		
Bill Inglis RC	4	4	5	8	15	40	50	100
Gilbert Perreault RC	80	100	150	250	300	1,750		
Checklist 2	50	100	150	300	350	1,200	1,350	1,500
Ed Johnston	4	5	6	10	40	50		
Ted Green	4	5	6	10	20	40		
Rick Smith RC	4	4	5	8	15	40		
Derek Sanderson	15	20	20	30	40	100	150	
Dallas Smith	4	5	8	20	30	100		
Don Marcotte RC	4	5	8	20	60	80	100	150
Ed Westfall	4	5	6	10	20	60		
Floyd Smith	4	4	5	8	15	30	35	60
Andy Wyrozub RC	4	4	5	8	15	30		
Cliff Schmautz RC	4	4	5	8	15	30		
Mike McMahon	4	4	5	8	15	30	40	150
Jim Watson	4	4	5	8	15	30		
Roger Crozier	4	5	6	10	20	40		
Tracy Pratt	4	4	5	8	15	30		
Cliff Koroll RC	4	5	6	10	20	40		
Gerry Pinder RC	4	5	6	10	20	30	40	60
Chico Maki	4	4	5	8	15	30	40	135
Doug Jarrett	4	4	5	8	15	30		
Keith Magnuson RC	12	15	20	30	60	80	100	200
Gerry Desjardins	4	5	6	10	20	30		
Tony Esposito	20	25	30	40	60	150	200	300
Gary Bergman	4	4	5	8	15	30	40	80
Jim Webster RC	4	5	6	10	20	30	40	60
Dale Rolfe	4	4	5	8	15	30		
Alex Delvecchio	10	12	15	20	25	40	50	100
Nick Libett	4	4	5	8	15	30		
Wayne Connelly	4	4	5	8	15	30	40	60
Mike Byers RC	4	4	5	8	15	30		
Bill Flett	4	4	5	8	15	30	40	60
Larry Mickey	4	4	5	8	15	30	40	80
Noel Price	4	4	5	8	15	30		
Larry Cahan	4	4	5	8	15	50		
Jack Norris RC	4	5	6	10	20	30	40	80
Ted Harris	4	4	5	8	15	30	40	60
Murray Oliver	4	4	5	8	15	30	40	80
Jean-Paul Parise	4	5	6	10	20	40	50	80
Tom Williams	4	4	5	8	15	30		
Bobby Rousseau	4	4	5	8	15	30		
Jude Drouin RC	4	5	6	10	20	30		
Walt McKechnie RC	4	5	6	10	20	30		
Cesare Maniago	4	5	6	10	20	100		
Jean Houle RC	10	12	15	20	25	50	60	100
Redmond trade	4	5	6	10	25	40	50	80

	VG 3	VgEx 4	EX 5	ExMt 6	NM 7	NmMt 8	NmMt+ 8.5	MT 9
175B	M.Redmond no trade	12	15	20	30	40	150		
176	Henri Richard	10	12	15	20	30	60	80	200
177	Guy Lapointe RC	15	20	30	40	50	125	150	250
178	J.C. Tremblay	4	5	6	10	20	30	40	60
179	Marc Tardif RC	10	12	15	25	50	60	80	100
180	Walt Tkaczuk	4	5	6	10	20	30	40	50
181	Jean Ratelle	6	8	12	15	25	60	80	100
182	Pete Stemkowski	4	4	5	8	15	30		
183	Gilles Villemure	4	5	6	10	20	30	35	60
184	Rod Seiling	4	4	5	8	15	30	35	60
185	Jim Neilson	4	4	5	8	15	30	35	60
186	Dennis Hextall	4	5	6	10	20	30	35	60
187	Gerry Ehman	4	4	5	8	15	30		
188	Bert Marshall	4	4	5	8	15	50		
189	Gary Croteau RC	4	4	5	8	15	30		
190	Ted Hampson	4	4	5	8	15	30		
191	Earl Ingarfield	4	4	5	8	15	30	40	60
192	Dick Mattiussi	4	4	5	8	15	30		
193	Earl Heiskala	4	4	5	8	15	30	40	80
194	Simon Nolet	4	4	5	8	15	30	40	60
195	Bobby Clarke RC	50	80	100	150	200	400	500	1,000
196	Garry Peters	4	4	5	8	15	30		
197	Lew Morrison RC	4	4	5	8	15	30	40	80
198	Wayne Hillman	4	4	5	8	15	40		
199	Doug Favell	10	12	15	25	40	100		
200	Les Binkley	4	5	6	10	20	40	50	150
201	Dean Prentice	4	4	5	8	15	30		
202	Jean Pronovost	4	5	6	10	25	80		
203	Wally Boyer	4	4	5	8	15	30		
204	Bryan Watson	4	4	5	8	15	30		
205	Glen Sather	4	5	6	10	25	40	50	80
206	Lowell MacDonald	4	4	5	8	15	30	40	80
207	Andy Bathgate	4	5	6	10	20	30	40	80
208	Val Fonteyne	4	4	5	8	15	30		
209	Jim Lorentz RC	4	4	5	8	15	30		
210	Glenn Hall	10	12	15	20	30	50	60	100
211	Bob Plager	4	5	6	10	20	40	50	60
212	Noel Picard	4	4	5	8	15	30	40	80
213	Jim Roberts	4	5	6	10	25	40		
214	Frank St.Marseille	4	4	5	8	15	30	40	60
215	Ab McDonald	4	4	5	8	15	30		
216	Brian Glennie RC	4	4	5	8	15	30	40	80
217	Paul Henderson	4	5	6	10	20	35	50	80
218	Darryl Sittler RC	60	80	100	150	300	550	600	1,600
219	Dave Keon	8	10	12	20	35	50	60	125
220	Jim Harrison RC	4	4	5	8	15	30	40	125
221	Ron Ellis	4	5	6	10	20	30		
222	Jacques Plante	20	25	30	50	60	100		
223	Bob Baun	4	5	10	20	30	120		
224	George Gardner RC	4	4	5	8	15	30	40	60
225	Dale Tallon RC	4	5	6	10	20	40	50	80
226	Rosaire Paiement RC	4	4	5	8	15	30		
227	Mike Corrigan RC	4	4	5	8	15	30	40	80
228	Ray Cullen	4	4	5	8	15	30		
229	Charlie Hodge	4	5	6	10	20	40		
230	Len Lunde	4	4	5	8	15	30	40	80
231	Terry Sawchuk Mem	30	40	50	60	80	100	125	200
232	Bruins Team Champs	10	12	15	25	40	60	100	150
233	Espo/Cashmn/Hodge	15	20	20	25	35	60	80	150
234	Tony Esposito AS1	20	25	30	40	60	120		
235	Bobby Hull AS1	20	25	30	40	50	80		
236	Bobby Orr AS1	40	50	60	80	120	300	400	750
237	Phil Esposito AS1	12	15	20	30	40	80	100	200
238	Gordie Howe AS1	20	30	40	50	80	100		
239	Brad Park AS1	12	15	20	30	40	80		
240	Stan Mikita AS2	10	12	15	25	40	100		
241	John McKenzie AS2	4	5	8	10	25	125	150	200
242	Frank Mahovlich AS2	4	4	5	8	15	30	50	150
243	Carl Brewer AS2	4	4	5	8	15	30		
244	Ed Giacomin AS2	4	5	6	20	40	200		
245	J.Laperriere AS2	4	4	6	10	20	80		
246	Bobby Orr Hart	40	50	60	80	150	250	300	700
247	Tony Esposito Calder	20	25	30	40	60	100		
248A	B.Orr Norris Howe	50	60	80	120	200	350	500	
248B	B.Orr Noris no Howe	50	60	80	120	200	350	500	
249	Bobby Orr Ross	35	50	60	80	100	350	500	
250	Tony Esposito Vezina	20	25	30	40	60	120		
251	Phil Goyette Byng Trophy	4	4	5	8	15	30		
252	Bobby Orr Smythe	50	60	80	120	150	225	350	600
253	P.Martin Mastrtn Trophy	4	4	5	8	15	30		
254	Stanley Cup	12	15	20	30	40	50	60	100
255	Prince of Wales Trophy	4	5	6	10	20	30		
256	Conn Smythe Trophy	4	5	6	10	20	40	60	80
257	James Norris Trophy	4	5	6	10	20	30	40	80
258	Calder Trophy	4	5	6	10	20	30	40	80
259	Vezina Trophy	4	5	6	10	20	40		
260	Lady Byng Trophy	4	5	6	10	20	30	40	80
261	Hart Trophy	4	5	6	10	20	30	35	60
262	Art Ross Trophy	4	5	6	10	20	40		
263	Clarence Campbell Bowl	4	5	6	10	25	40		
264	John Ferguson	10	12	15	25	50	250		

— Art Ross Trophy #262 PSA 9 (MT) sold for $408 (eBay; 4/07)
— Bobby Orr Hart #246 PSA 9 (MT) sold for $681 (Mile High; 12/13)
— Bruins Team Champs #232 PSA 10 (Gem) sold for $929 (eBay; 1/14)
— Checklist 2 #132 PSA 10 (Gem) sold for $2,385 (12/13)
— Guy LaPointe #177 PSA 10 (Gem) sold for $1,209 (eBay; 9/15)
— Peter Mahovlich #58 PSA 10 (Gem) sold for $204 (eBay; 2/07)
— Bobby Orr #3 PSA 10 (Gem) sold for $7,036 (eBay; 5/12)
— Bobby Orr Norris #214 PSA 9 (Mt) sold for $1,775 (Mile High; 12/13)
— Bobby Orr Norris no Howe #248B PSA 10 (Gem) sold for $1,710 (eBay; 2/13)
— Bobby Orr Smythe #252 PSA 10 (Gem) sold for $1,955 (Memory Lane; 5/08)
— Jacques Plante #222 PSA 9 (MT) sold for $460 (eBay; 2/14)
— Terry Sawchuk Mem #231 PSA 10 (gem) sold for $1,135 (eBay; 2/16)
— Brad Park RC #67 PSA 9 (MT) sold for $1,730 (eBay; 4/09)

1970-71 Topps

#	Name	VG 3	VgEx 4	EX 5	ExMt 6	NM 7	NmMt 8	NmMt+ 8.5	MT 9
1	Gerry Cheevers	10	15	20	30	40	50		
2	Johnny Bucyk	5	6	8	10	12	30		
3	Bobby Orr	50	80	150	200	300	500	600	1,500
4	Don Awrey	5	6	8	10	12	15	25	40
5	Fred Stanfield	5	6	8	10	12	15	25	40
6	John McKenzie	5	6	8	10	12	15	25	40
7	Wayne Cashman RC	6	8	10	12	15	25	40	60
8	Ken Hodge	5	6	8	10	12	15	25	40
9	Wayne Carleton	5	6	8	10	12	15	25	40
10	Garnet Bailey RC	5	6	8	10	12	15	25	40
11	Phil Esposito	10	12	15	20	25	60	80	100
12	Lou Angotti	5	6	8	10	12	15	25	40
13	Jim Pappin	5	6	8	10	12	15	25	40
14	Dennis Hull	5	6	8	10	12	15	25	40
15	Bobby Hull	12	15	25	40	50	100	150	200
16	Doug Mohns	5	6	8	10	12	15	25	40
17	Pat Stapleton	5	6	8	10	12	15	20	30
18	Pit Martin	5	6	8	10	12	15	25	40
19	Eric Nesterenko	5	6	8	10	12	15	25	40
20	Stan Mikita	8	10	12	15	20	30	50	150
21	Roy Edwards	5	6	8	10	12	15	25	40
22	Frank Mahovlich	5	6	8	10	15	30	40	150
23	Ron Harris	5	6	8	10	12	15	25	40
24	Bob Baun	5	6	8	10	12	15	25	40
25	Pete Stemkowski	5	6	8	10	12	15	25	40
26	Garry Unger	5	6	8	10	12	15	25	40
27	Bruce MacGregor	5	6	8	10	12	15	25	40
28	Larry Jeffrey	5	6	8	10	12	15	25	40
29	Gordie Howe	25	40	50	60	80	100	150	200
30	Billy Dea	5	6	8	10	12	15	25	40
31	Denis DeJordy	5	6	8	10	12	15	25	40
32	Matt Ravlich	5	6	8	10	12	20	30	50
33	Dave Amadio	5	6	8	10	12	15	25	40
34	Gilles Marotte	5	6	8	10	12	15	20	30
35	Eddie Shack	5	6	8	10	12	15	25	50
36	Bob Pulford	5	6	8	10	12	15	20	30
37	Ross Lonsberry	5	6	8	10	12	15	20	30
38	Gord Labossiere	5	6	8	10	12	15	25	40
39	Eddie Joyal	5	6	8	10	12	15	25	40
40	Gump Worsley	5	6	8	10	12	20		
41	Bob McCord	5	6	8	10	12	15	20	30
42	Leo Boivin	5	6	8	10	12	15	25	40
43	Tom Reid	5	6	8	10	12	15	25	40
44	Charlie Burns	5	6	8	10	12	15	25	40
45	Bob Barlow	5	6	8	10	12	15	20	30
46	Bill Goldsworthy	5	6	8	10	12	15	20	30
47	Danny Grant	5	6	8	10	12	15	25	40
48	Norm Beaudin	5	6	8	10	12	15	20	30
49	Rogatien Vachon	6	8	10	12	15	20	25	50
50	Yvan Cournoyer	5	6	8	10	12	15	25	50
51	Serge Savard	5	6	8	10	12	15	30	50
52	Jacques Laperriere	5	6	8	10	12	15	20	30
53	Terry Harper	5	6	8	10	12	15	20	30
54	Ralph Backstrom	5	6	8	10	12	15	25	40
55	Jean Beliveau	12	15	20	25	50	60	80	100
56	Claude Larose UER	5	6	8	10	12	15	25	40
57	Jacques Lemaire	5	6	8	10	12	20	25	50
58	Peter Mahovlich	5	6	8	10	12	15	25	40
59	Tim Horton	12	15	20	25	50	60	80	100
60	Bob Nevin	5	6	8	10	12	15	25	40
61	Dave Balon	5	6	8	10	12	15	25	40
62	Vic Hadfield	5	6	8	10	12	15	25	40
63	Rod Gilbert	5	6	8	10	12	20	25	50
64	Ron Stewart	5	6	8	10	12	15	25	40
65	Ted Irvine	5	6	8	10	12	15	25	40
66	Arnie Brown	5	6	8	10	12	15	20	30
67	Brad Park RC	12	15	20	25	25	40	50	200
68	Ed Giacomin	5	6	8	10	12	20	25	50
69	Gary Smith	5	6	8	10	12	15	20	30
70	Carol Vadnais	5	6	8	10	12	15	20	30
71	Doug Roberts	5	6	8	10	12	15	25	40
72	Harry Howell	5	6	8	10	12	15	25	40
73	Joe Szura	5	6	8	10	12	15	20	30
74	Mike Laughton	5	6	8	10	12	15	20	
75	Gary Jarrett	5	6	8	10	12	15	25	
76	Bill Hicke	5	6	8	10	12	20		
77	Paul Andrea	5	6	8	10	12	15	25	
78	Bernie Parent	8	12	15	20	50	80	100	
79	Joe Watson	5	6	8	10	12	15	25	
80	Ed Van Impe	5	6	8	10	12	15	25	
81	Larry Hillman	5	6	8	10	12	15	25	
82	George Swarbrick	5	6	8	10	12	15	25	
83	Bill Sutherland	5	6	8	10	12	15	25	
84	Andre Lacroix	5	6	8	10	12	15	25	
85	Gary Dornhoefer	5	6	8	10	12	15	25	
86	Jean-Guy Gendron	5	6	8	10	12	15	25	
87	Al Smith	5	6	8	10	12	15	25	
88	Bob Woytowich	5	6	8	10	12	15	25	
89	Duane Rupp	5	6	8	10	12	15	25	
90	Jim Morrison	5	6	8	10	12	15	25	
91	Ron Schock	5	6	8	10	12	15	25	
92	Ken Schinkel	5	6	8	10	12	15	25	
93	Keith McCreary	5	6	8	10	12	15	25	
94	Bryan Hextall	5	6	8	10	12	15	25	
95	Wayne Hicks	5	6	8	10	12	15	25	
96	Gary Sabourin	5	6	8	10	12	15	25	
97	Ernie Wakely	5	6	8	10	12	15	25	
98	Bob Wall	5	6	8	10	12	15	25	
99	Barclay Plager	5	6	8	10	12	15	25	
100	Jean-Guy Talbot	5	6	8	10	12	20		
101	Gary Veneruzzo	5	6	8	10	12	20		
102	Tim Ecclestone	5	6	8	10	12	15	25	
103	Red Berenson	5	6	8	10	12	15	25	
104	Larry Keenan	5	6	8	10	12	15	20	
105	Bruce Gamble	5	6	8	10	12	20		
106	Jim Dorey	5	6	8	10	12	15	25	
107	Mike Pelyk	5	6	8	10	12	15	25	
108	Rick Ley	5	6	8	10	12	15	25	
109	Mike Walton	5	6	8	10	12	15	25	
110	Norm Ullman	5	6	8	10	12	20	25	
111	Brit Selby	5	6	8	10	12	15	25	
112	Garry Monahan	5	6	8	10	12	15	20	
113	George Armstrong	5	6	8	10	12	20	25	
114	Gary Doak	5	6	8	10	12	15	25	
115	Darryl Sly	5	6	8	10	12	15	20	
116	Wayne Maki	5	6	8	10	12	20		
117	Orland Kurtenbach	5	6	8	10	12	15	25	
118	Murray Hall	5	6	8	10	12	15	20	
119	Marc Reaume	5	6	8	10	12	15	25	
120	Pat Quinn	5	6	8	10	12	30	40	
121	Andre Boudrias	5	6	8	10	12	15	25	
122	Paul Popiel	5	6	8	10	12	15	25	
123	Paul Terbenche	5	6	8	10	12	15	25	
124	Howie Menard	5	6	8	10	12	15	25	
125	Gerry Meehan RC	5	6	8	10	12	25	30	
126	Skip Krake	5	6	8	10	12	15	25	
127	Phil Goyette	5	6	8	10	12	15	25	
128	Reg Fleming	5	6	8	10	12	20		
129	Don Marshall	5	6	8	10	12	15	25	
130	Bill Inglis	5	6	8	10	12	15	25	
131	Gilbert Perreault RC	25	30	50	100	150	200	300	
132	Checklist Card	20	25	30	40	80	150		

— Jean Beliveau #55 PSA 10 (GmMT) sold for $665 (eBay; 1/07)
— Gary Doak #114 PSA 10 (GmMt) sold for $535 (Memory Lane; 5/08)
— Gordie Howe #29 PSA 10 (GmMT) sold for $1,630 (eBay; 1/07)
— Orland Kurtenbach #117 PSA 10 (GmMt) sold for $535 (Memory Lane; 5/08)
— Gilbert Perreault RC #131 PSA 8 (NrMt) sold for $3,442.99 (eBay; 2/14)
— Doug Mohns #16 PSA 9 (MT) sold for $258 (eBay; 7/12)
— Brad Park #67 PSA 10 (GmMT) sold for $921.50 (eBay; 8/12)

1971-72 O-Pee-Chee

#	Name	VG 3	VgEx 4	EX 5	ExMt 6	NM 7	NmMt 8	NmMt+ 8.5
1	Paul Popiel	6	8	10	15	30	200	
2	Pierre Bouchard RC	5	8	15	40	100	250	
3	Don Awrey	4	4	5	8	15	40	60
4	Paul Curtis RC	4	4	5	8	15	80	
5	Guy Trottier RC	4	4	5	10	20	50	60
6	Paul Shmyr RC	4	4	5	10	20	50	60
7	Fred Stanfield	4	4	5	10	20	50	60
8	Mike Robitaille RC	4	4	5	8	15	50	60
9	Vic Hadfield	4	5	6	10	20	30	60
10	Jim Harrison	4	4	5	8	15	40	60
11	Bill White	4	4	5	8	15	40	50
12	Andre Boudrias	4	4	5	8	25	60	
13	Gary Sabourin	4	4	5	8	15	60	80
14	Arnie Brown	5	6	10	15	30	80	
15	Yvan Cournoyer	6	8	10	15	30	60	80
16	Bryan Hextall	4	5	6	10	20	40	50
17	Gary Croteau	4	4	5	8	15	80	
18	Gilles Villemure	4	5	6	10	20	60	
19	Serge Bernier RC	4	5	6	10	20	50	
20	Phil Esposito	15	20	25	40	80	100	125

	VG 3	VgEx 4	EX 5	ExMt 6	NM 7	NmMt 8	NmMt+ 8.5	MT 9
Tom Reid	4	4	5	8	15	40	60	120
Doug Barrie RC	4	4	5	8	15	50	60	80
Eddie Joyal	4	4	5	8	15	50		
Dunc Wilson RC	6	8	10	15	30	100	125	250
Pat Stapleton	4	5	6	10	20	60		
Garry Unger	4	5	10	20	50	300		
Al Smith	4	5	6	10	20	40	50	80
Bob Woytowich	4	5	5	8	40	80		
Marc Tardif	4	5	6	10	20	60	80	150
Norm Ullman	6	8	10	15	30	80		
Tom Williams	4	4	5	8	40	250		
Ted Harris	4	4	5	8	15	40	50	80
Andre Lacroix	4	5	6	10	20	50		
Mike Byers	4	4	5	8	15	40	50	100
Johnny Bucyk	6	8	10	15	30	150	200	400
Roger Crozier	4	5	6	10	20	50	60	120
Alex Delvecchio	8	10	12	20	30	80		
Frank St.Marseille	4	4	5	8	15	50	60	100
Pit Martin	4	5	6	10	20	40	50	80
Brad Park	12	15	15	25	35	50	60	120
Greg Polis RC	4	4	5	8	15	50		
Orland Kurtenbach	4	4	5	8	15	50	60	100
Jim McKenny RC	4	4	5	8	15	50	60	100
Bob Nevin	4	4	5	8	15	60	80	135
Ken Dryden RC	100	120	250	400	500	1,000	1,500	3,500
Carol Vadnais	4	5	6	10	20	50	60	100
Bill Flett	4	4	5	8	15	40	50	80
Jim Johnson	4	4	5	8	15	50	60	100
Al Hamilton	4	4	5	8	15	50		
Bobby Hull	30	40	50	60	80	100	125	300
Chris Bordeleau RC	4	4	5	8	15	60	80	175
Tim Ecclestone	4	4	5	8	15	40	50	80
Rod Seiling	4	4	5	8	15	40		
Gerry Cheevers	8	10	12	20	40	80		
Bill Goldsworthy	4	5	6	10	20	50	60	100
Ron Schock	4	4	5	8	15	50	60	100
Jim Dorey	4	4	5	8	15	40	50	80
Wayne Maki	4	4	5	8	15	40		
Terry Harper	4	4	5	8	15	50		
Gilbert Perreault	20	25	30	50	80	100	125	225
Ernie Hicke RC	4	4	5	8	15	40	50	80
Wayne Hillman	4	4	5	8	20	80	100	175
Denis DeJordy	4	5	6	10	20	80		
Ken Schinkel	4	4	5	8	15	50	60	100
Derek Sanderson	10	12	15	25	40	80	125	225
Barclay Plager	4	5	6	10	20	50	60	100
Paul Henderson	4	5	6	10	20	60	80	200
Jude Drouin	4	4	5	8	15	80	100	175
Keith Magnuson	4	5	6	10	20	40	50	80
Ron Harris	4	4	5	8	15	40	50	80
Jacques Lemaire	6	8	10	15	30	60	80	150
Doug Favell	4	5	6	10	20	60	80	150
Bert Marshall	4	4	5	8	15	30	40	80
Ted Irvine	4	4	5	8	15	30	40	80
Walt Tkaczuk	4	5	6	10	25	40	50	100
Bob Berry RC	6	8	10	15	30	60		
Syl Apps RC	6	8	10	15	30	60	80	150
Tom Webster	4	5	6	10	20	40	50	100
Danny Grant	4	5	6	10	20	60	80	150
Dave Keon	6	8	10	15	30			350
Ernie Wakely	4	5	6	10	20			150
John McKenzie	4	5	6	10	20	50	60	100
Ron Stackhouse RC	4	4	5	8	15			100
Peter Mahovlich	4	5	6	10	20			300
Dennis Hull	4	5	6	10	20	50	80	175
Juha Widing RC	4	4	5	8	15	50	60	100
Gary Doak	4	4	5	8	15	50	60	100
Phil Goyette	4	5	6	10	15	40	50	80
Lew Morrison	4	4	5	8	15	40	50	80
Ab DeMarco RC	4	4	5	8	15	40	50	80
Red Berenson	4	5	6	10	20	40	50	80
Mike Pelyk	4	4	5	8	15	50		
Gary Jarrett	4	4	5	8	15	30	40	60
Bob Pulford	4	5	6	10	20	40	50	100
Dan Johnson RC	4	4	5	8	15	30	40	60
Eddie Shack	6	8	10	15	30	50	60	100
Jean Ratelle	6	8	10	15	30	60	80	150
Jim Pappin	4	4	5	8	15	50	60	100
Roy Edwards	4	5	6	10	25	40	50	80
Bobby Orr	40	50	60	100	200	800		
Ted Hampson	4	4	5	8	15	40	50	80
Mickey Redmond	6	8	10	15	30	80		
Bob Plager	6	8	10	15	30	60		100
Barry Ashbee RC	4	5	6	10	20	50	60	150
Frank Mahovlich	8	10	12	20	40	100		
Dick Redmond RC	4	4	5	8	15	30	40	80
Tracy Pratt	4	4	5	8	15	30	40	80
Ralph Backstrom	4	5	6	10	15	30	40	80
Murray Hall	4	4	5	8	15	30	40	80
Tony Esposito	25	30	40	50	60	100	125	250

		VG 3	VgEx 4	EX 5	ExMt 6	NM 7	NmMt 8	NmMt+ 8.5	MT 9
111	Checklist Card	250	300	400	700	900	2,000		
112	Jim Neilson	4	4	5	8	15	50	60	100
113	Ron Ellis	4	5	6	10	20	80		
114	Bobby Clarke	25	30	35	40	80	100	125	300
115	Ken Hodge	4	5	6	10	30	60		
116	Jim Roberts	4	5	6	10	30	80	100	175
117	Cesare Maniago	4	5	6	10	20	50	60	100
118	Jean Pronovost	4	5	6	10	20	50		
119	Gary Bergman	4	4	5	8	15	40	50	80
120	Henri Richard	8	10	12	20	30	80	100	175
121	Ross Lonsberry	4	4	5	8	15	50	60	100
122	Pat Quinn	4	5	6	10	20	60		
123	Rod Gilbert	6	8	10	15	30	50	60	100
124	Walt McKechnie	4	5	6	10	20	50		
125	Stan Mikita	12	15	15	25	40	60	80	250
126	Ed Van Impe	4	4	5	8	15	30	40	60
127	Terry Crisp RC	8	10	12	20	30	40	50	80
128	Fred Barrett RC	4	4	5	8	15	40	50	80
129	Wayne Cashman	6	8	10	15	30	80		
130	J.C. Tremblay	4	5	6	10	40	80		
131	Bernie Parent	15	20	25	40	80	120	135	250
132	Bryan Watson	4	5	6	10	20	60		
133	Marcel Dionne RC	50	80	100	150	300	600	800	1,500
134	Ab McDonald	4	5	6	10	20	60	80	150
135	Leon Rochefort	4	5	6	10	30	40	60	
136	Serge Lajeunesse RC	4	5	6	10	30	40	60	
137	Joe Daley	5	6	8	12	25	40	50	80
138	Brian Conacher	4	5	6	10	20	60		
139	Bill Collins	4	5	6	10	20	60		
140	Nick Libett	4	5	6	10	60	80		150
141	Bill Sutherland	4	5	6	10	20	30	40	60
142	Bill Hicke	4	5	6	10	50	60		100
143	Serge Savard	8	10	12	20	30	80	80	150
144	Jacques Laperriere	5	6	8	12	40	100	120	175
145	Guy Lapointe	5	6	8	12	25	60		
146	Claude Larose UER	4	5	6	10	20	60		
147	Rejean Houle	5	6	8	12	25	60	80	120
148	Guy Lafleur UER RC	60	125	150	250	350	650	800	1,250
149	Dale Hoganson RC	4	5	6	10	30	40	80	
150	Al McDonough RC	4	5	6	10	30	40	100	
151	Gilles Marotte	4	5	6	10	30	40	100	
152	Butch Goring RC	8	10	12	20	50	120		
153	Harry Howell	5	6	8	12	25	60	80	150
154	Real Lemieux	4	5	6	10	20	30	35	60
155	Gary Edwards RC	5	6	8	12	25	30	40	100
156	Rogatien Vachon	8	10	12	20	30	40	60	120
157	Mike Corrigan	4	5	6	10	20	60	80	150
158	Floyd Smith	4	5	6	10	20	40	50	100
159	Dave Dryden	5	6	8	12	25	60	80	150
160	Gerry Meehan	5	6	8	12	25	50		
161	Richard Martin RC	15	20	25	30	50	60	80	175
162	Steve Atkinson RC	4	5	6	10	20	60		
163	Ron Anderson	4	5	6	10	30	35	60	
164	Dick Duff	5	6	8	12	25	50	60	100
165	Jim Watson	4	5	6	10	20	30	35	60
166	Don Luce RC	4	5	6	10	20	60		
167	Larry Mickey	4	5	6	10	20	60		
168	Larry Hillman	4	5	6	10	30	35	60	
169	Ed Westfall	5	6	8	12	25	30	40	100
170	Dallas Smith	4	5	6	10	20	40	50	100
171	Mike Walton	4	5	6	10	20	40	50	100
172	Ed Johnston	5	6	8	12	25	40	50	80
173	Ted Green	5	6	8	12	25	50	60	100
174	Rick Smith	4	5	6	10	20	40	50	80
175	Reggie Leach RC	15	20	25	40	80	120		
176	Don Marcotte	4	5	6	10	20	50		
177	Bobby Sheehan RC	4	5	6	10	20	60		
178	Wayne Carleton	4	5	6	10	20	40	50	120
179	Norm Ferguson	4	5	6	10	20	30	35	60
180	Don O'Donoghue RC	4	5	6	10	20	30	40	80
181	Gary Kurt RC	5	6	8	12	25	40	50	80
182	Joey Johnston RC	4	5	6	10	20	40		
183	Stan Gilbertson RC	4	5	6	10	20	60	80	150
184	Craig Patrick RC	8	10	12	20	40	50	60	120
185	Gerry Pinder	4	5	6	10	20	30	35	60
186	Tim Horton	10	12	15	25	35	50	60	100
187	Darryl Edestrand RC	4	5	6	10	20	60		
188	Keith McCreary	4	5	6	10	20	50	60	100
189	Val Fonteyne	4	5	6	10	20	50	60	100
190	S.Kannegiesser RC	4	5	6	10	20	30	35	60
191	Nick Harbaruk RC	4	5	6	10	20	60		
192	Les Binkley	5	6	8	10	20	30	35	60
193	Darryl Sittler	18	20	25	30	50	100	120	200
194	Rick Ley	4	5	6	10	20	60	80	150
195	Jacques Plante	25	30	35	40	50	100	120	200
196	Bob Baun	5	6	10	15	50	250		
197	Brian Glennie	4	5	6	10	20	40	50	60
198	Brian Spencer RC	8	10	12	20	35	50	60	175
199	Don Marshall	5	6	8	12	25	40	50	100
200	Denis Dupere RC	4	5	6	10	20	50	60	100

		VG 3	VgEx 4	EX 5	ExMt 6	NM 7	NmMt 8	NmMt+ 8.5	MT 9
201	Bruce Gamble	5	6	8	12	25	30	35	60
202	Gary Dornhoefer	4	5	6	10	20	30	40	80
203	Bob Kelly RC	5	6	8	12	25	60		
204	Jean-Guy Gendron	4	5	6	10	20	30	35	60
205	Brent Hughes	4	5	6	10	20	35	40	100
206	Simon Nolet	4	5	6	10	20	40	50	80
207	Rick MacLeish RC	15	20	25	30	40	60	80	150
208	Doug Jarrett	4	5	6	10	20	30	35	60
209	Cliff Koroll	4	5	6	10	20	40	50	80
210	Chico Maki	4	5	6	10	20	30	35	60
211	Danny O'Shea	4	5	6	10	20	30	40	80
212	Lou Angotti	4	5	6	10	20	30	40	880
213	Eric Nesterenko	5	6	8	12	25	30	35	60
214	Bryan Campbell	4	5	6	10	20	30	40	80
215	Bill Fairbairn RC	4	5	6	10	20	40	50	80
216	Bruce MacGregor	4	5	6	10	20	30	35	60
217	Pete Stemkowski	4	5	6	10	20	30	40	80
218	Bobby Rousseau	4	5	6	10	20	30	40	80
219	Dale Rolfe	4	5	6	10	20	30	35	60
220	Ed Giacomin	8	10	12	20	40	40	50	120
221	Glen Sather	5	6	8	12	25	30	50	80
222	Carl Brewer	5	6	8	12	25	30	40	80
223	George Morrison RC	4	5	8	15	50	200		
224	Noel Picard	4	5	6	10	20	30	35	60
225	Peter McDuffe RC	5	6	8	12	30	80		
226	Brit Selby	4	5	6	10	20	40	50	80
227	Jim Lorentz	4	5	6	10	20	30	40	80
228	Phil Roberto RC	4	5	6	10	20	40	50	80
229	Dave Balon	4	5	6	10	20	30	40	100
230	Barry Wilkins RC	4	5	6	10	20	35	40	80
231	Dennis Kearns RC	4	5	6	10	20	40	40	80
232	Jocelyn Guevremont RC	5	6	8	12	25	30	40	80
233	Rosaire Paiement	4	5	6	10	20	80	100	175
234	Dale Tallon	4	5	6	10	20	80		
235	George Gardner	4	5	6	10	20	50	60	100
236	Ron Stewart	4	5	6	10	20	30	35	60
237	Wayne Connelly	4	5	6	10	20	40	50	80
238	Charlie Burns	4	5	6	10	30	200		
239	Murray Oliver	4	5	6	10	20	30	40	80
240	Lou Nanne	5	6	8	12	25	30	40	100
241	Gump Worsley	8	10	12	20	35	50	60	100
242	Doug Mohns	4	5	6	10	20	50	60	100
243	Jean-Paul Parise	4	5	6	10	20	35	40	80
244	Dennis Hextall	5	6	8	15	60	250		
245	Bobby Orr Double	25	30	40	50	80	150	175	350
246	Gilbert Perreault Calder	12	15	15	25	40	80		
247	Phil Esposito Ross	8	10	12	20	30	60		
248	Giacmn/Ville Vezina	5	8	15	30	150	500		
249	Johnny Bucyk Byng	5	6	8	12	25	40	50	100
250	Ed Giacomin AS1	5	6	8	12	25	50	60	100
251	Bobby Orr AS1	25	30	35	40	80	150	250	500
252	J.C. Tremblay AS1	5	8	15	30	125	200		
253	Phil Esposito AS1 UER	10	12	15	25	40	60	80	200
254	Ken Hodge AS1	5	6	8	12	25	60		
255	Johnny Bucyk AS1	5	6	8	15	30	80		
256	Jacques Plante AS2 UER	12	15	15	30	50	80	100	200
257	Brad Park AS2	5	6	8	12	25	40	60	100
258	Pat Stapleton AS2	5	6	8	12	25	35		
259	Dave Keon AS2	5	6	8	15	30	200		
260	Yvan Cournoyer AS2	5	6	8	12	25	50	60	100
261	Bobby Hull AS2	15	20	25	30	40	80	100	200
262	Gordie Howe Retires	25	30	40	60	80	100	175	300
263	Jean Beliveau Retires	25	30	40	50	80	120	150	300
264	Checklist Card	60	80	120	150	200	300	400	1,000

— Jean Beliveau Retires #263 PSA 10 (Gem) sold for $1,499 (eBay; 2/14)
— Checklist Card #111 PSA 9 (MT) sold for $2,800 (eBay; 2/07)
— Checklist Card #264 PSA 9 (Mt) sold for $1,034 (eBay; 2/14)
— Marcel Dionne RC #133 BGS 9.5 (GemMT) sold for $1,629.30 (eBay; 12/15)
— Ted Hampson #101 PSA 10 (Gem) sold for $311 (eBay; 8/12)
— Bobby Hull #50 PSA 10 (Gem) sold for $1,063 (eBay; 11/15)
— Ed Johnston #172 PSA 10 (Gem) sold for $425 (eBay; 4/07)
— Andre Lacroix #33 PSA 10 (Gem) sold for $425 (eBay; 8/12)
— Peter Mahovlich #84 PSA 10 (Gem) sold for $684 (eBay; 8/12)
— Chico Maki #210 PSA 10 (Gem) sold for $375 (eBay; 8/07)
— Murray Oliver #239 PSA 10 (Gem) sold for $505 (eBay; 4/07)
— Bobby Orr #100 PSA 9 (MT) sold for $3,354 (eBay; 12/12)
— Bobby Orr #100 PSA 9 (MT) sold for $2,887 (Mile High; 12/13)
— Mike Pelyk #92 PSA 10 (Gem) sold for $526 (eBay; 8/12)
— Frank St.Marseille #38 PSA 10 (Gem) sold for $266 (eBay; 8/12)
— Gary Sabourin #13 PSA 10 (Gem) sold for $444 (eBay; 8/12)
— Serge Savard #143 PSA 10 (Gem) sold for $570 (eBay; 7/12)
— Ken Schinkel #64 PSA 10 (Gem) sold for $540 (eBay; 8/12)
— Jim Watson #165 PSA 10 (Gem) sold for $408 (eBay; 4/07)

1971-72 Topps

		VG 3	VgEx 4	EX 5	ExMt 6	NM 7	NmMt 8	NmMt+ 8.5	MT 9
1	Espo/Bucyk/B.Hull LL	12	15	30	50	60	80		
2	Orr/Espo/Bucyk LL	15	20	25	30	40	60	80	200
3	Espo/Orr/Bucyk LL	8	10	12	15	20	30	40	80

		VG 3	VgEx 4	EX 5	ExMt 6	NM 7	NmMt 8	NmMt+ 8.5
4	Espo/EJ/Cheev/Giaco LL	5	6	8	10	12	20	25
5	Giaco/Espo/Maniago LL	4	5	6	8	12	20	25
6	Plante/Giaco/T.Espo LL	6	8	10	12	15	25	30
7	Fred Stanfield	4	5	6	8	12	15	20
8	Mike Robitaille RC	4	5	6	8	10	12	15
9	Vic Hadfield	4	5	6	8	12	15	20
10	Jacques Plante	8	10	12	15	20	25	30
11	Bill White	4	5	6	8	12	15	20
12	Andre Boudrias	4	5	6	8	10	12	15
13	Jim Lorentz	4	5	6	8	10	12	15
14	Arnie Brown	4	5	6	8	12	15	20
15	Yvan Cournoyer	4	5	6	8	12	15	20
16	Bryan Hextall	4	5	6	8	12	15	20
17	Gary Croteau	4	5	6	8	10	12	15
18	Gilles Villemure	4	5	6	8	12	15	20
19	Serge Bernier RC	4	5	6	8	12	15	20
20	Phil Esposito	6	8	10	12	15	25	30
21	Charlie Burns	4	5	6	8	12	15	20
22	Doug Barrie RC	4	5	6	8	12	15	20
23	Eddie Joyal	4	5	6	8	12	15	20
24	Rosaire Paiement	4	5	6	8	12	15	20
25	Pat Stapleton	4	5	6	8	12	15	20
26	Garry Unger	4	5	6	8	12	15	20
27	Al Smith	4	5	6	8	12	15	20
28	Bob Woytowich	4	5	6	8	12	15	20
29	Marc Tardif	4	5	6	8	12	15	20
30	Norm Ullman	4	5	6	8	12	15	20
31	Tom Williams	4	5	6	8	12	15	20
32	Ted Harris	4	5	6	8	12	15	20
33	Andre Lacroix	4	5	6	8	10	12	15
34	Mike Byers	4	5	6	8	12	15	20
35	Johnny Bucyk	4	5	6	8	12	15	30
36	Roger Crozier	4	5	6	8	12	15	20
37	Alex Delvecchio	4	5	6	8	12	15	20
38	Frank St.Marseille	4	5	6	8	12	15	20
39	Pit Martin	4	5	6	8	12	15	20
40	Brad Park	5	6	8	10	12	15	25
41	Greg Polis RC	4	5	6	8	12	15	20
42	Orland Kurtenbach	4	5	6	8	10	12	15
43	Jim McKenny RC	4	5	6	8	10	12	15
44	Bob Nevin	4	5	6	8	12	15	20
45	Ken Dryden RC	40	100	150	200	250	350	400
46	Carol Vadnais	4	5	6	8	12	15	20
47	Bill Flett	4	5	6	8	12	15	20
48	Jim Johnson	4	5	6	8	12	15	20
49	Al Hamilton	4	5	6	8	12	15	30
50	Bobby Hull	12	15	20	30	50	80	100
51	Chris Bordeleau RC	4	5	6	8	12	15	20
52	Tim Ecclestone	4	5	6	8	10	12	15
53	Rod Seiling	4	5	6	8	12	15	20
54	Gerry Cheevers	4	5	6	8	12	15	30
55	Bill Goldsworthy	4	5	6	8	12	15	20
56	Ron Schock	4	5	6	8	10	12	15
57	Jim Dorey	4	5	6	8	10	12	15
58	Wayne Maki	4	5	6	8	12	15	20
59	Terry Harper	4	5	6	8	12	15	20
60	Gilbert Perreault	8	10	12	15	20	30	40
61	Ernie Hicke RC	4	5	6	8	10	12	15
62	Wayne Hillman	4	5	6	8	10	12	15
63	Denis DeJordy	4	5	6	8	12	15	20
64	Ken Schinkel	4	5	6	8	12	15	25
65	Derek Sanderson	4	5	6	8	12	15	25
66	Barclay Plager	4	5	6	8	10	12	15
67	Paul Henderson	4	5	6	8	12	15	20
68	Jude Drouin	4	5	6	8	10	12	15
69	Keith Magnuson	4	5	6	8	10	12	15
70	Gordie Howe	12	25	50	80	100	150	200
71	Jacques Lemaire	4	5	6	8	12	15	20
72	Doug Favell	4	5	6	8	12	15	30
73	Bert Marshall	4	5	6	8	12	15	20
74	Gerry Meehan	4	5	6	8	12	15	20
75	Walt Tkaczuk	4	5	6	8	12	15	20
76	Bob Berry RC	4	5	6	8	12	15	20
77	Syl Apps Jr. RC	4	5	6	8	12	15	20
78	Tom Webster	4	5	6	8	12	15	15
79	Danny Grant	4	5	6	8	10	12	15
80	Dave Keon	4	5	6	8	10	12	15
81	Ernie Wakely	4	5	6	8	12	15	20
82	John McKenzie	4	5	6	8	12	15	25
83	Doug Roberts	4	5	6	8	10	12	15
84	Peter Mahovlich	4	5	6	8	10	12	15
85	Dennis Hull	4	5	6	8	12	15	30
86	Juha Widing RC	4	5	6	8	12	15	20
87	Gary Doak	4	5	6	8	12	15	20
88	Phil Goyette	4	5	6	8	12	15	20
89	Gary Dornhoefer	4	5	6	8	12	15	20
90	Ed Giacomin	4	5	6	8	12	15	30
91	Red Berenson	4	5	6	8	10	12	15
92	Mike Pelyk	4	5	6	8	10	12	15
93	Gary Jarrett	4	5	6	8	12	15	20

	VG 3	VgEx 4	EX 5	ExMt 6	NM 7	NmMt 8	NmMt+ 8.5	MT 9
Bob Pulford	4	5	6	8	12	15	25	60
Dale Tallon	4	5	6	8	12	15	20	40
Eddie Shack	4	5	6	8	10	12	15	30
Jean Ratelle	4	5	6	8	12	15	30	60
Jim Pappin	4	5	6	8	12	15	20	40
Roy Edwards	4	5	6	8	12	15	20	40
Bobby Orr	15	20	30	50	100	150	200	350
Ted Hampson	4	5	6	8	12	15	20	40
Mickey Redmond	4	5	6	8	12	15	20	40
Bob Plager	4	5	6	8	12	15	40	60
Bruce Gamble	4	5	6	8	12	15	20	40
Frank Mahovlich	4	5	6	8	12	15	20	40
Tony Featherstone RC	4	5	6	8	12	15	20	40
Tracy Pratt	4	5	6	8	12	15	20	40
Ralph Backstrom	4	5	6	8	12	15	20	40
Murray Hall	4	5	6	8	12	15	20	40
Tony Esposito	12	15	20	25	30	40	50	100
Checklist Card	12	15	20	30	50	100	150	250
Jim Neilson	4	5	6	8	12	15	20	40
Ron Ellis	4	5	6	8	12	15	20	40
Bobby Clarke	12	15	20	25	50	80	100	150
Ken Hodge	4	5	6	8	12	15	30	100
Jim Roberts	4	5	6	8	12	15	20	40
Cesare Maniago	4	5	6	8	12	15	20	40
Jean Pronovost	4	5	6	8	10	12	15	30
Gary Bergman	4	5	6	8	10	12	15	30
Henri Richard	4	5	6	8	12	15	20	40
Ross Lonsberry	4	5	6	8	12	15	20	40
Pat Quinn	4	5	6	8	12	15	25	60
Rod Gilbert	4	5	6	8	12	15	20	40
Gary Smith	4	5	6	8	10	12	15	30
Stan Mikita	5	6	8	10	12	20	25	80
Ed Van Impe	4	5	6	8	12	15	30	60
Wayne Connelly	4	5	6	8	12	15	20	60
Dennis Hextall	4	5	6	8	12	15	20	40
Wayne Cashman	4	5	6	8	12	20	30	60
J.C. Tremblay	4	5	6	8	12	15	20	40
Bernie Parent	4	5	6	8	12	15	40	100
Dunc McCallum RC	5	6	8	10	20	40	50	150

...o/Bucyk/B. Hull LL #1 PSA 10 (Gem) sold for $2,000 (eBay; 7/08)
...o/Bucyk/B. Hull LL #1 PSA 9 (MT) sold for $367 (eBay; 3/08)
...n Dryden #45 PSA 10 (MT) sold for $2,375 (eBay; 9/12)

72-73 O-Pee-Chee

	VG 3	VgEx 4	EX 5	ExMt 6	NM 7	NmMt 8	NmMt+ 8.5	MT 9
Johnny Bucyk DP	6	8	12	20	25	100	120	250
Rene Robert RC	4	5	10	12	20	50		
Gary Croteau	4	5	6	10	15	30		
Pat Stapleton	4	5	6	10	15	25	30	60
Ron Harris	4	5	6	10	15	25	30	60
Checklist 1	30	40	50	60	80	100		
Playoff Game 1	4	5	10	15	30	150		
Marcel Dionne	12	15	20	25	35	50	60	200
Bob Berry	4	5	6	10	15	30		
Lou Nanne	4	5	6	10	15	30		
Marc Tardif	4	5	6	10	15	30		
Jean Ratelle	4	5	6	10	15	30		
Craig Cameron RC	4	5	6	10	15	30		
Bobby Clarke	25	30	40	40	50	60	80	150
Jim Rutherford RC	12	15	25	30	50			
Andre Dupont RC	4	5	6	10	15	30	40	60
Mike Pelyk	4	5	6	10	15	25	30	60
Dunc Wilson	4	5	6	10	15	30		
Checklist 2	30	40	50	60	80	100		
Playoff Game 2	4	5	6	10	15	30		
Dallas Smith	4	5	6	10	15	30		
Gerry Meehan	4	5	6	10	15	30		
Rick Smith UER	4	5	6	10	15	25	30	60
Pit Martin	4	5	6	10	15	30		
Keith McCreary	4	5	6	10	15	30		
Alex Delvecchio	4	5	6	10	15	30		
Gilles Marotte	4	5	6	10	15	25	30	60
Gump Worsley	4	5	6	10	15	40		
Yvan Cournoyer	4	5	6	10	15	40		
Playoff Game 3	4	5	6	10	15	30		
Vic Hadfield	4	5	6	10	15	25	30	60
Tom Miller RC	4	5	6	10	15	25	30	60
Ed Van Impe	4	5	6	10	15	30		
Greg Polis	4	5	6	10	15	30		
Barclay Plager	4	5	6	10	15	25	30	60
Ron Ellis	4	5	6	10	15	30		
Jocelyn Guevremont	4	5	6	10	15	30		
Playoff Game 4	4	5	6	10	15	25	30	80
Carol Vadnais	4	5	6	10	15	30		
Steve Atkinson	4	5	6	10	15	30		
Ivan Boldirev RC	4	5	6	10	15	30		
Jim Pappin	4	5	6	10	15	25	30	60
Phil Myre RC	6	8	15	25	40	80	100	150
Yvan Cournoyer IA	4	5	6	10	15	30	40	60

		VG 3	VgEx 4	EX 5	ExMt 6	NM 7	NmMt 8	NmMt+ 8.5	MT 9
45	Nick Libett	4	5	6	10	15	30		
46	Juha Widing	4	5	6	10	15	30		
47	Jude Drouin	4	5	6	10	15	25	30	60
48A	Jean Ratelle IA Defense	4	5	6	10	15	30	40	60
48B	Jean Ratelle IA Centre	4	5	6	10	15	30	40	60
49	Ken Hodge	4	5	6	10	15	40		
50	Roger Crozier	4	5	6	10	25	30		
51	Reggie Leach	4	5	6	10	15	30	40	60
52	Dennis Hull	4	5	6	10	15	30		
53	Larry Hale RC	4	5	6	10	15	30		
54	Playoff Game 5	4	5	6	10	15	30		
55	Tim Ecclestone	4	5	6	10	15	25	30	60
56	Butch Goring	4	5	6	10	15	30	40	60
57	Danny Grant	4	5	6	10	15	30		
58	Bobby Orr IA	25	40	50	60	100	150	200	300
59	Guy Lafleur	40	50	60	80	100	150	200	500
60	Jim Neilson	4	5	6	10	15	30		
61	Brian Spencer	4	5	6	10	15	30	40	60
62	Joe Watson	4	5	6	10	15	25	30	60
63	Playoff Game 6	4	5	6	10	15	25	30	80
64	Jean Pronovost	4	5	6	10	15	30		
65	Jean St.Marseille	4	5	6	10	15	30		
66	Bob Baun	4	5	6	10	15	30		
67	Paul Popiel	4	5	6	10	15	25	30	60
68	Wayne Cashman	4	5	6	10	15	30		
69	Tracy Pratt	4	5	6	10	15	30		
70	Stan Gilbertson	4	5	6	10	15	20	25	50
71	Keith Magnuson	4	5	6	10	15	30		
72	Ernie Hicke	4	5	6	10	15	30		
73	Gary Doak	4	5	6	10	15	30		
74	Mike Corrigan	4	5	6	10	15	30		
75	Doug Mohns	4	5	6	10	15	25	30	60
76	Phil Esposito IA	6	8	12	20	25	40	50	100
77	Jacques Lemaire	4	5	6	10	15	30	40	80
78	Pete Stemkowski	4	5	6	10	15	30		
79	Bill Mikkelson RC	4	5	6	10	15	25	30	60
80	Rick Foley RC	4	5	6	10	15	25	30	60
81	Ron Schock	4	5	6	10	15	25	30	60
82	Phil Roberto	4	5	6	10	15	25	30	60
83	Jim McKenny	4	5	6	10	15	30		
84	Wayne Maki	4	5	6	10	15	25	30	60
85A	Brad Park IA Centre	6	8	12	20	25	40		
85B	Brad Park IA Defense	4	5	8	12	20	40		
86	Guy Lapointe	4	5	6	10	15	30	40	60
87	Bill Fairbairn	4	5	6	10	15	25	30	60
88	Terry Crisp	4	5	6	10	15	25	30	60
89	Doug Favell	4	5	6	10	15	25	30	60
90	Bryan Watson	4	5	6	10	15	20	25	50
91	Gary Sabourin	4	5	6	10	15	25	30	60
92	Jacques Plante	10	12	15	25	30	80	100	150
93	Andre Boudrias	4	5	6	10	15	20	25	50
94	Mike Walton	4	5	6	10	15	20	25	50
95	Don Luce	4	5	6	10	15	30		
96	Joey Johnston	4	5	6	10	15	20	25	50
97	Doug Jarrett	4	5	6	10	15	25	30	50
98	Bill MacMillan RC	4	5	6	10	15	30		
99	Mickey Redmond	4	5	6	10	15	30		
100	Rogatien Vachon UER	4	5	6	10	15	30	40	60
101	Barry Gibbs RC	4	5	6	10	15	30		
102	Frank Mahovlich DP	4	5	6	10	15	30	40	60
103	Bruce MacGregor	4	5	6	10	15	25	30	60
104	Ed Westfall	4	5	6	10	15	25	30	60
105	Rick MacLeish	4	5	8	12	20	35	40	80
106	Nick Harbaruk	4	5	6	10	15	25	30	60
107	Jack Egers RC	4	5	6	10	15	20	25	50
108	Dave Keon	4	5	6	10	15	30	40	80
109	Barry Wilkins	4	5	6	10	20	50		
110	Walt Tkaczuk	4	5	6	10	15	25	30	60
111	Phil Esposito	8	10	12	15	25	50	60	100
112	Gilles Meloche RC	6	8	12	20	25	40		
113	Gary Edwards	4	5	6	10	15	30	40	
114	Brad Park	8	10	20	25	30	40	50	80
115	Syl Apps DP	4	5	6	10	15	30		
116	Jim Lorentz	4	5	6	10	15	20	25	50
117	Gary Smith	4	5	6	10	15	20	25	50
118	Ted Harris	4	5	6	10	15	30		
119	Gerry Desjardins DP	4	5	6	10	15	25	30	60
120	Garry Unger	4	5	6	10	15	20	25	50
121	Dale Tallon	4	5	6	10	15	30		
122	Bill Plager RC	4	5	6	10	15	20	25	50
123	Red Berenson DP	4	5	6	10	15	20	25	50
124	Peter Mahovlich DP	4	5	6	10	15	20	25	50
125	Simon Nolet	4	5	6	10	15	30	35	50
126	Paul Henderson	4	5	6	10	15	30		
127	Hart Trophy Winners	4	5	6	10	15	20	25	50
128	Frank Mahovlich IA	4	5	6	10	15	30	35	60
129	Bobby Orr	35	40	50	80	100	250	350	800
130	Bert Marshall	4	5	6	10	15	30		
131	Ralph Backstrom	4	5	6	10	15	20	25	50
132	Gilles Villemure	4	5	6	10	15	20	25	60

HOCKEY

#	Player	VG 3	VgEx 4	EX 5	ExMt 6	NM 7	NmMt 8	NmMt+ 8.5	MT 9
133	Dave Burrows RC	4	5	6	10	15	20	25	50
134	Calder Trophy Winners	4	5	6	10	15	30	35	60
135	Dallas Smith IA	4	5	6	10	15	20	25	50
136	Gilbert Perreault DP	8	10	12	15	20	30	35	60
137	Tony Esposito DP	8	10	12	15	25	40	50	100
138	Cesare Maniago DP	4	5	6	10	15	30		
139	Gerry Hart RC	4	5	6	10	15	20	25	50
140	Jacques Caron RC	4	5	6	10	15	30	40	60
141	Orland Kurtenbach	4	5	6	10	15	30		
142	Norris Trophy Winners	4	5	6	10	15	80		
143	Lew Morrison	4	5	6	10	15	30		
144	Arnie Brown	4	5	6	10	15	20	25	50
145	Ken Dryden DP	12	15	20	25	35	50	60	120
146	Gary Dornhoefer	4	5	6	10	15	20	25	50
147	Norm Ullman	4	5	8	12	20	30	35	80
148	Art Ross Trophy/Winners	4	5	6	10	15	20	25	50
149	Orland Kurtenbach IA	4	5	6	10	15	30	35	60
150	Fred Stanfield	4	5	6	10	15	30		
151	Dick Redmond DP	4	5	6	10	15	20	25	50
152	Serge Bernier	4	5	6	10	15	20	25	50
153	Rod Gilbert	4	5	8	12	20	30	35	60
154	Duane Rupp	4	5	6	10	15	20	25	50
155	Vezina Trophy Winners	4	5	6	10	15	30		
156	Stan Mikita IA	4	5	8	12	20	40	50	80
157	Richard Martin DP	4	5	8	12	20	30	40	80
158	Bill White DP	4	5	6	10	15	20	25	50
159	Bill Goldsworthy DP	4	5	6	10	15	25	30	60
160	Jack Lynch RC	4	5	6	10	15	30		
161	Bob Plager DP	4	5	6	10	15	25	30	60
162	Dave Balon UER	4	5	6	10	15	30		
163	Noel Price	4	5	6	10	15	30		
164	Gary Bergman DP	4	5	6	10	15	20	25	50
165	Pierre Bouchard	4	5	6	10	15	30		
166	Ross Lonsberry	4	5	6	10	15	20	25	50
167	Denis Dupere	4	5	6	10	15	30		
168	Byng Trophy Winners DP	4	5	6	10	15	20	25	50
169	Ken Hodge	4	5	6	10	15	30		
170	Don Awrey DP	4	5	6	10	15	25		
171	Marshall Johnston DP RC	4	5	6	10	15	40		
172	Terry Harper	4	5	6	10	15	30		
173	Ed Giacomin	4	5	6	10	15	25	35	60
174	Bryan Hextall DP	4	5	6	10	15	20	25	50
175	Conn Smythe/Trophy Winners	4	5	6	10	20	30	35	60
176	Larry Hillman	4	5	6	10	15	30		
177	Stan Mikita DP	6	8	12	20	25	40	50	80
178	Charlie Burns	4	5	6	10	15	30		
179	Brian Marchinko	4	5	6	10	15	30		
180	Noel Picard DP	4	5	6	10	15	20	25	50
181	Bobby Schmautz RC	4	5	6	10	15	30		
182	Richard Martin IA UER	4	5	6	10	15	30	40	80
183	Pat Quinn	4	5	6	10	15	30		
184	Denis DeJordy UER	4	5	6	10	15	20	25	50
185	Serge Savard	4	8	10	25	50	80		
186	Eddie Shack IA	4	5	6	10	15	30		
187	Bill Flett	4	5	6	10	15	30		
188	Darryl Sittler	15	20	25	30	40			
189	Gump Worsley IA	4	5	6	10	15	30	40	60
190	Checklist	25	30	40	50	60	80	100	200
191	Garnet Bailey DP	4	5	6	10	15	20	25	50
192	Walt McKechnie	4	5	6	10	15	20	25	50
193	Harry Howell	4	5	6	10	15	30		
194	Rod Seiling	4	5	6	10	15	30	35	60
195	Darryl Edestrand	4	5	6	10	15	30		
196	Tony Esposito IA	6	8	12	20	25	40		
197	Tim Horton	6	8	12	20	25	40		
198	Chico Maki DP	4	5	6	10	15	20	25	50
199	Jean-Paul Parise	4	5	6	10	15	30		
200	Germaine Gagnon UER RC	4	5	6	10	15	30		
201	Danny O'Shea	4	5	6	10	15	20	25	50
202	Richard Lemieux RC	4	5	6	10	15	30		
203	Dan Bouchard RC	8	10	20	25	30	40	50	100
204	Leon Rochefort	4	5	6	10	15	30		
205	Jacques Laperriere	4	5	6	10	15	25	30	60
206	Barry Ashbee	4	5	6	10	15	30		
207	Garry Monahan	4	5	6	10	15	30		
209	Dave Keon IA	4	5	8	12	20	40	50	80
210	Rejean Houle	4	5	6	10	15	30		
211	Dave Hudson RC	4	5	6	10	20	60		
212	Ted Irvine	4	5	6	10	15	25	30	60
213	Don Saleski RC	4	5	8	12	20	50		
214	Lowell MacDonald	4	5	6	10	15	20	25	50
215	Mike Murphy RC	4	5	6	10	15	30		
216	Brian Glennie	4	5	6	10	15	30		
217	Bobby Lalonde RC	4	5	6	10	15	30		
218	Bob Leiter	4	5	6	10	15	30		
219	Don Marcotte	4	5	6	10	15	25	60	
220	Jim Schoenfeld RC	10	12	20	25	30	60	80	125
221	Craig Patrick	4	5	6	10	15	30		
222	Cliff Koroll	4	5	6	10	15	30		
223	Guy Charron RC	4	5	6	10	15	20	25	50
224	Jim Peters	4	5	6	10	15	40		
225	Dennis Hextall	4	5	6	10	15	30		
226	Tony Esposito AS1	12	15	20	25	30			
227	Orr/Park AS1	25	30	40	60	80	150	250	
228	Bobby Hull AS1	25	30	40	50	80	100	200	
229	Rod Gilbert AS1	4	5	6	10	20	50		
230	Phil Esposito AS1	8	10	20	25	30	100		
231	Claude Larose UER	4	5	6	10	15	20	25	
232	Jim Mair RC	4	5	6	10	15	20	25	
233	Bobby Rousseau	4	5	6	10	15	20	25	
234	Brent Hughes	4	5	6	10	15	30		
235	Al McDonough	4	5	6	10	15	20	25	
236	Chris Evans RC	4	5	6	10	15	30		
237	Pierre Jarry RC	4	5	6	10	15	30		
238	Don Tannahill RC	4	5	6	10	15	60		
239	Rey Comeau RC	4	5	6	10	15	30		
240	Gregg Sheppard UER RC	4	5	6	10	15	30		
241	Dave Dryden	4	5	6	10	15	30	50	
242	Ted McAneeley RC	4	5	6	10	15	30	40	
243	Lou Angotti	4	5	6	10	15	30		
244	Len Fontaine RC	4	5	6	10	15	30		
245	Bill Lesuk RC	4	5	6	10	15	30		
246	Fred Harvey	4	5	6	10	15	30	35	
247	Ken Dryden AS2	15	20	25	30	60	125		
248	Bill White AS2	4	5	6	10	15	30		
249	Pat Stapleton AS2	4	5	6	10	15	20	25	
250	Ratelle/Cour/Hadfld LL	5	6	10	12	20	80		
251	Henri Richard	4	5	6	10	25	80		
252	Bryan Lefley RC	4	5	6	10	15	30	40	
253	Stanley Cup Trophy	12	15	20	25	40	150		
254	Steve Vickers RC	6	8	12	20	25	40		
255	Wayne Hillman	4	5	6	10	15	30		
256	Ken Schinkel UER	4	5	6	10	15	30		
257	Kevin O'Shea RC	4	5	6	10	15	30		
258	Ron Low RC	12	15	20	25	40	60	80	
259	Don Lever RC	8	12	20	25	80	150		
260	Randy Manery RC	4	5	6	10	15	30		
261	Ed Johnston	4	5	6	10	20	40		
262	Craig Ramsay RC	5	6	10	12	25	80		
263	Pete Laframboise RC	4	5	6	10	15	25	30	
264	Dan Maloney RC	4	5	8	12	20	40		
265	Bill Collins	4	5	6	10	15	30		
266	Paul Curtis	4	5	6	10	15	30		
267	Bob Nevin	4	5	6	10	15	60		
268	Watson/Magnuson LL	4	5	6	10	20	50		
269	Jim Roberts	4	5	6	10	15	30		
270	Brian Lavender RC	4	5	6	10	20	30	50	
271	Dale Rolfe	4	5	6	10	15	30		
272	Espo/Hadt/B.Hull LL	15	20	25	30	40			
273	Michel Belhumeur RC	6	8	12	20	25	40		
274	Eddie Shack	4	5	6	10	15	30		
275	W.Stephenson UER RC	8	10	20	25	30	50	60	
276	Bruins Team	6	8	12	20	25	60		
277	Rick Kehoe RC	6	8	12	20	25	60		
278	Gerry O'Flaherty RC	4	5	6	10	15	40		
279	Jacques Richard RC	4	5	6	10	15	30		
280	Espo/Orr/Ratelle LL	20	25	30	40	60			
281	Nick Beverley RC	5	6	10	12	20	40	50	
282	Larry Carriere RC	4	5	6	10	15	30		
283	Orr/Espo/Ratelle LL	20	25	30	40	60	250		
284	Rick Smith IA	4	5	6	10	15	30		
285	Jerry Korab RC	4	5	8	12	25	80		
286	Espo/Villem/Worsley LL	10	12	20	25	30			
287	Ron Stackhouse	4	5	6	10	15	30		
288	Barry Long RC	4	5	6	10	15	30		
289	Dean Prentice	4	4	6	10	15	100		
290	Norm Beaudin	6	8	12	20	25	40		
291	Mike Amodeo RC	6	8	12	20	25	40		
292	Jim Harrison	6	8	12	20	25	40	50	
293	J.C. Tremblay	6	8	12	20	25	50	80	
294	Murray Hall	6	8	12	20	25	40		
295	Bart Crashley	6	8	12	20	25	40		
296	Wayne Connelly	6	8	12	20	25	40		
297	Bobby Sheehan	6	8	12	20	25	40		
298	Ron Anderson	6	8	12	20	25	40		
299	Chris Bordeleau	6	8	15	20	25	40		
300	Les Binkley	6	8	15	20	25	40	50	
301	Ron Walters	6	8	15	20	25	40		
302	Jean-Guy Gendron	6	8	15	20	25	40		
303	Gord Labossiere	6	8	15	20	25	30	40	
304	Gerry Odrowski	6	8	15	20	25	40	50	
305	Mike McMahon	6	8	15	20	25	40		
306	Gary Kurt	6	8	15	20	25	40		
307	Larry Cahan	6	8	15	20	25	40	50	
308	Wally Boyer	6	8	15	20	25	80		
309	Bob Charlebois RC	6	8	15	20	25	40		
310	Bob Falkenberg	6	8	15	20	25	40		
311	Jean Payette RC	6	8	15	20	25	40		
312	Ted Taylor	6	8	15	20	25	40		
313	Joe Szura	6	8	15	20	25	40		

	VG 3	VgEx 4	EX 5	ExMt 6	NM 7	NmMt 8	NmMt+ 8.5	MT 9
George Morrison	6	8	15	20	25	40		
Wayne Rivers	6	8	15	20	25	50		
Reg Fleming	6	8	15	20	25	60		
Larry Hornung RC	6	8	15	20	25	40		
Ron Climie RC	6	8	15	20	25	30	40	80
Val Fonteyne	6	8	15	20	25	40		
Michel Archambault RC	6	8	15	20	25	40	50	100
Ab McDonald	6	8	15	20	25	40		
Bob Leduc RC	6	8	15	20	25	40		
Bob Wall	6	8	15	20	25	40	50	80
Alain Caron RC	6	8	15	20	25	40		
Bob Woytowich	6	8	15	20	25	40	50	100
Guy Trottier	6	8	15	20	25	40		
Bill Hicke	6	8	15	20	25	40	50	100
Guy Dufour RC	6	8	15	20	25	30	40	60
Wayne Rutledge RC	6	8	15	20	25	40	50	80
Gary Veneruzzo	6	8	15	20	25	40	50	100
Fred Speck RC	6	8	15	20	25	40	50	100
Ron Ward RC	6	8	15	20	25	40		
Rosaire Paiement	6	8	15	20	25	40	50	100
Checklist 3 ERR	60	80	100	120	150			
Checklist 3 COR	50	60	80	100	125			
Michel Parizeau RC	6	8	15	20	25	40		
Bobby Hull	40	50	60	80	100	150	350	
Wayne Carleton	6	8	15	20	25	40		
John McKenzie	6	8	15	20	25	40		
Jim Dorey	6	8	15	20	25	50		
Gerry Cheevers	15	20	25	30	50	60	80	150
Gerry Pinder	15	20	25	30	50	120	150	150

y Lafleur #59 PSA 10 (Gem) sold for $408 (eBay; 12/06)
ad Park #114 PSA 10 (Gem) sold for $127.50 (eBay; 8/12)
bby Orr #129 PSA 10 (Gem) sold for $3,327.24 (Mile High; 12/13)
aig Ramsay #262 PSA 9 (MT) sold for $237.50 (eBay; 8/12)
ck Kehoe #277 PSA 10 (Gem) sold for $203.48 (eBay; 7/11)

072-73 Topps

	VgEx 4	EX 5	ExMt 6	NM 7	NmMt 8	NmMt+ 8.5	MT 9	Gem 9.5/10
Bruins Team DP	5	6	8	12	20	25	30	250
Playoff Game 1	5	6	8	10	12	15	30	
Playoff Game 2	5	6	8	10	12	20	50	
Playoff Game 3	5	6	8	10	12	20	60	
Playoff Game 4 DP	5	6	8	10	12	15	20	60
Playoff Game 5 DP	5	6	8	10	12	15	20	60
Playoff Game 6 DP	5	6	8	10	12	15	20	60
Stanley Cup Trophy	5	6	8	10	12	15	30	150
Ed Van Impe DP	5	6	8	10	10	12	15	50
Yvan Cournoyer DP	5	6	8	10	12	15	20	120
Syl Apps DP	5	6	8	10	10	12	15	50
Bill Plager RC	5	6	8	10	10	12	15	50
Ed Johnston DP	5	6	8	10	10	12	15	40
Walt Tkaczuk	5	6	8	10	10	12	15	50
Dale Tallon DP	5	6	8	10	10	12	15	50
Gerry Meehan	5	6	8	10	12	15	20	60
Reggie Leach	5	6	8	10	10	12	15	50
Marcel Dionne DP	6	8	10	15	20	25	50	100
Andre Dupont RC	5	6	8	10	12	15	20	
Tony Esposito	6	8	10	15	25	30	40	100
Bob Berry DP	5	6	8	10	10	12	15	50
Craig Cameron	5	6	8	10	10	12	15	40
Ted Harris	5	6	8	10	10	12	15	50
Jacques Plante	6	8	10	15	20	25	40	120
Jacques Lemaire DP	5	6	8	10	10	12	15	50
Simon Nolet DP	5	6	8	10	10	12	15	50
Keith McCreary DP	5	6	8	10	10	12	15	40
Duane Rupp	5	6	8	10	10	12	15	50
Wayne Cashman	5	6	8	10	10	12	15	50
Brad Park	5	6	8	10	10	12	15	50
Roger Crozier	5	6	8	10	10	12	15	50
Wayne Maki	5	6	8	10	10	12	15	50
Tim Ecclestone	5	6	8	10	10	12	15	50
Rick Smith	5	6	8	10	10	12	15	50
Garry Unger DP	5	6	8	10	10	12	15	50
Serge Bernier DP	5	6	8	10	10	12	15	50
Brian Glennie	5	6	8	10	12	15	20	
Gerry Desjardins DP	5	6	8	10	10	12	15	50
Danny Grant	5	6	8	10	10	12	15	50
Bill White DP	5	6	8	10		12	15	50
Gary Dornhoefer DP	5	6	8	10	12	15	20	
Peter Mahovlich	5	6	8	10	12	15	20	60
Greg Polis DP	5	6	8	10	10	12	15	50
Larry Hale DP RC	5	6	8	10	10	12	15	50
Dallas Smith	5	6	8	10	10	12	15	50
Orland Kurtenbach DP	5	6	8	10	10	12	15	50
Steve Atkinson	5	6	8	10	12	15	20	
Joey Johnston DP	5	6	8	10	10	12	15	50
Gary Bergman	5	6	8	10	12	15	20	
Jean Ratelle	5	6	8	10	12	15	20	
Rogatien Vachon DP	5	6	8	10	10	12	15	50
Phil Roberto DP	5	6	8	10	12	15	20	

		VgEx 4	EX 5	ExMt 6	NM 7	NmMt 8	NmMt+ 8.5	MT 9	Gem 9.5/10
53	Brian Spencer DP	5	6	8	10	10	12	15	50
54	Jim McKenny DP	5	6	8	10	10	12	15	50
55	Gump Worsley	5	6	8	10	12	15	30	80
56	Stan Mikita DP	5	6	8	10	12	15	50	100
57	Guy Lapointe	5	6	8	10	12	15	20	
58	Lew Morrison DP	5	6	8	10	10	12	15	50
59	Ron Schock DP	5	6	8	10	10	12	15	50
60	Johnny Bucyk	5	6	8	10	12	15	25	60
61	Espo/Hadf/B.Hull LL	6	8	10	15	20	25	40	
62	Orr/Espo/Ratelle LL DP	6	8	10	15	20	25	40	
63	Espo/Orr/Ratelle LL DP	6	8	10	15	20	25	40	
64	Espo/Villem/Worsley LL	5	6	8	10	12	15	20	
65	Wtsn/Magn/Dorn LL	5	6	8	10	12	15	20	
66	Jim Neilson	5	6	8	10	12	15	20	
67	Nick Libett DP	5	6	8	10	10	12	15	50
68	Jim Lorentz	5	6	8	10	12	15	20	
69	Gilles Meloche RC	5	6	8	10	12	15	25	60
70	Pat Stapleton	5	6	8	10	10	12	15	50
71	Frank St.Marseille DP	5	6	8	10	10	12	15	50
72	Butch Goring FTC	5	6	8	10	10	12	15	50
73	Paul Henderson DP	5	6	8	10	10	12	15	50
74	Doug Favell	5	6	8	10	10	12	15	50
75	Jocelyn Guevremont DP	5	6	8	10	10	12	15	50
76	Tom Miller RC	5	6	8	10	10	12	15	50
77	Bill MacMillan	5	6	8	10	12	15	20	
78	Doug Mohns	5	6	8	10	10	12	15	50
79	Guy Lafleur DP	6	10	12	15	20	25	60	150
80	Rod Gilbert DP	5	6	8	10	10	12	15	50
81	Gary Doak	5	6	8	10	10	12	15	50
82	Dave Burrows DP RC	5	6	8	10	10	12	15	50
83	Gary Croteau	5	6	8	10	12	15	20	
84	Tracy Pratt DP	5	6	8	10	12	15	20	
85	Carol Vadnais DP	5	6	8	10	10	12	15	50
86	Jacques Caron DP RC	5	6	8	10	10	12	15	50
87	Keith Magnuson	5	6	8	10	12	25	40	100
88	Dave Keon	5	6	8	10	12	15	30	80
89	Mike Corrigan	5	6	8	10	10	12	15	40
90	Bobby Clarke	10	12	15	20	25	30	60	
91	Dunc Wilson DP	5	6	8	10	10	12	15	50
92	Gerry Hart RC	5	6	8	10	10	12	15	50
93	Lou Nanne	5	6	8	10	12	15	20	
94	Checklist 1-176 DP	8	10	12	15	20	25	40	175
95	Red Berenson DP	5	6	8	10	12	15	20	
96	Bob Plager	5	6	8	10	10	12	15	50
97	Jim Rutherford RC	5	6	8	10	12	15	20	
98	Rick Foley DP RC	5	6	8	10	10	12	15	50
99	Pit Martin DP	5	6	8	10	10	12	15	50
100	Bobby Orr DP	15	25	40	80	100	150	200	450
101	Stan Gilbertson	5	6	8	10	10	12	15	50
102	Barry Wilkins	5	6	8	10	12	15	20	
103	Terry Crisp DP	5	6	8	10	10	12	15	50
104	Cesare Maniago DP	5	6	8	10	10	12	15	50
105	Marc Tardif	5	6	8	10	10	12	15	50
106	Don Luce DP	5	6	8	10	10	12	15	50
107	Mike Pelyk	5	6	8	10	12	15	20	
108	Juha Widing DP	5	6	8	10	12	15	20	
109	Phil Myre DP RC	5	6	8	10	10	12	15	50
110	Vic Hadfield	5	6	8	10	12	15	20	
111	Arnie Brown DP	5	6	8	10	10	12	15	50
112	Ross Lonsberry DP	5	6	8	10	10	12	15	50
113	Dick Redmond DP	5	6	8	10	10	12	15	50
114	Gary Smith	5	6	8	10	12	15	20	
115	Bill Goldsworthy	5	6	8	10	12	15	20	
116	Bryan Watson	5	6	8	10	12	15	20	
117	Dave Balon DP	5	6	8	10	10	12	15	50
118	Bill Mikkelson DP RC	5	6	8	10	10	12	15	50
119	Terry Harper DP	5	6	8	10	10	12	15	50
120	Gilbert Perreault DP	5	6	8	10	12	20	40	80
121	Tony Esposito AS1	5	6	8	10	12	20	30	60
122	Bobby Orr AS1	12	15	20	30	50	60	100	80
123	Brad Park AS1	5	6	8	10	12	15	15	50
124	Phil Esposito AS1	5	6	8	10	12	15	30	60
125	Rod Gilbert AS1	5	6	8	10	10	12	15	50
126	Bobby Hull AS1	10	12	15	25	40	50	50	
127	Ken Dryden AS2 DP	8	10	12	15	20	25	40	100
128	Bill White AS2 DP	5	6	8	10	12	15		50
129	Pat Stapleton AS2 DP	5	6	8	10	12	15	20	
130	Jean Ratelle AS2 DP	5	6	8	10	12	15	20	
131	Yvan Cournoyer AS2 DP	5	6	8	10	12	15	20	
132	Vic Hadfield AS2 DP	5	6	8	10	12	15	20	
133	Ralph Backstrom DP	5	6	8	10	10	12	15	50
134	Bob Baun DP	5	6	8	10	10	12	15	50
135	Fred Stanfield DP	5	6	8	10	10	12	15	50
136	Barclay Plager DP	5	6	8	10	10	12	15	50
137	Gilles Villemure	5	6	8	10	12	15	20	
138	Ron Harris DP	5	6	8	10	10	12	15	50
139	Bill Flett DP	5	6	8	10	10	12	15	50
140	Frank Mahovlich	5	6	8	10	12	15	20	
141	Alex Delvecchio DP	5	6	8	10	10	12	15	50
142	Paul Popiel	5	6	8	10	10	12	15	50

#		VgEx 4	EX 5	ExMt 6	NM 7	NmMt 8	NmMt+ 8.5	MT 9	Gem 9.5/10
143	Jean Pronovost DP	5	6	8	10	10	12	15	50
144	Denis DeJordy DP	5	6	8	10	10	12	15	50
145	Richard Martin DP	5	6	8	10	10	12	15	40
146	Ivan Boldirev RC	5	6	8	10	12	15	20	
147	Jack Egers RC	5	6	8	10	10	12	15	50
148	Jim Pappin	5	6	8	10	10	12	15	50
149	Rod Seiling	5	6	8	10	10	12	15	50
150	Phil Esposito	6	8	10	15	25	30	50	150
151	Gary Edwards	5	6	8	10	10	12	15	50
152	Ron Ellis DP	5	6	8	10	10	12	15	50
153	Jude Drouin	5	6	8	10	10	12	15	40
154	Ernie Hicke DP	5	6	8	10	10	12	15	40
155	Mickey Redmond	5	6	8	10	10	12	15	50
156	Joe Watson DP	5	6	8	10	10	12	15	50
157	Bryan Hextall	5	6	8	10	10	12	15	50
158	Andre Boudrias	5	6	8	10	10	12	15	50
159	Ed Westfall	5	6	8	10	10	12	15	50
160	Ken Dryden	12	15	20	30	30	40	50	80
161	Rene Robert DP RC	5	6	8	10	10	12	15	50
162	Bert Marshall DP	5	6	8	10	10	12	15	50
163	Gary Sabourin	5	6	8	10	10	12	15	50
164	Dennis Hull	5	6	8	10	12	15	20	100
165	Ed Giacomin DP	5	6	8	10	12	15	20	60
166	Ken Hodge	5	6	8	10	10	12	15	50
167	Gilles Marotte DP	5	6	8	10	10	12	15	50
168	Norm Ullman DP	5	6	8	10	10	12	15	40
169	Barry Gibbs RC	5	6	8	10	10	12	15	50
170	Art Ross Trophy	5	6	8	10	12	15	20	
171	Hart Memorial Trophy	5	6	8	10	12	12	15	50
172	James Norris Trophy	5	6	8	12	12	15	30	
173	Vezina Trophy DP	5	6	8	12	15	20	25	60
174	Calder Trophy DP	5	6	8	12	15	20	25	
175	Lady Byng Trophy DP	5	6	8	12	20	25	30	
176	Conn Smythe Trophy DP	5	6	8	12	20	25	40	

— Bruins Team #1 PSA 10 (Gem) sold for $901 (eBay; 7/07)
— Bruins Team #1 PSA 10 (Gem) sold for $704 (eBay; 10/14)
— Espo/Orr/Ratelle LL #62 PSA 10 (Gem) sold for $323 (eBay; 9/12)
— Espo/Orr/Ratelle LL #63 PSA 10 (Gem) sold for $2,040 (eBay; 4/12)
— Playoff Game 3 PSA 10 (Gem) sold for $704 (Mile High; 10/12)

1973-74 O-Pee-Chee

#		VG 3	VgEx 4	EX 5	ExMt 6	NM 7	NmMt 8	NmMt+ 8.5	MT 9
1	Alex Delvecchio	5	6	8	12	15	20	25	40
2	Gilles Meloche	4	5	6	10	15	60		
3	Phil Roberto	4	5	6	10	15	20		
4	Orland Kurtenbach	4	5	6	10	15	20		
5	Gilles Marotte	4	5	6	10	15	20		
6	Stan Mikita	5	6	8	12	15	30		
7	Paul Henderson	4	5	6	10	15	20	30	50
8	Gregg Sheppard	4	5	6	12	15	20		35
9	Rod Seiling	4	5	6	10	15	20		
10	Red Berenson	4	5	6	10	15	20		
11	Jean Pronovost	4	5	6	10	12	15	20	35
12	Dick Redmond	4	5	6	10	15	20	25	40
13	Keith McCreary	4	5	6	10	15	20		
14	Bryan Watson	4	5	6	10	15	20		
15	Garry Unger	4	5	6	10	15	20		
16	Neil Komadoski RC	4	5	6	10	15	20	25	40
17	Marcel Dionne	6	8	10	15	20	30	35	60
18	Ernie Hicke	4	5	6	10	12	15	20	30
19	Andre Boudrias	4	5	6	10	15	20	25	40
20	Bill Flett	4	5	6	10	15	20		
21	Marshall Johnston	4	5	6	10	12	15	20	30
22	Gerry Meehan	4	5	6	10	15	20		
23	Ed Johnston	4	5	6	10	15	20	30	40
24	Serge Savard	5	6	8	12	15	30	35	60
25	Walt Tkaczuk	4	5	6	10	12	15	20	35
26	Ken Hodge	4	5	6	10	15	20	25	40
27	Norm Ullman	5	6	8	12	15	30		
28	Cliff Koroll	4	5	6	10	15	20		
29	Rey Comeau	4	5	6	10	15	20	30	50
30	Bobby Orr	15	20	30	40	60	100	150	
31	Wayne Stephenson	4	5	6	10	15	20		
32	Dan Maloney	4	5	6	10	15	20		
33	Henry Boucha RC	4	5	6	10	15	20	25	40
34	Gerry Hart	4	5	6	10	12	15	20	35
35	Bobby Schmautz	4	5	6	10	15	20	25	40
36	Ross Lonsberry	4	5	6	10	15	20		
37	Ted McAneeley	4	5	6	10	15	20	25	40
38	Don Luce	4	5	6	10	12	15	20	35
39	Jim McKenny	4	5	6	10	15	20	25	40
40	Jacques Laperriere	4	5	6	10	12	15	20	30
41	Bill Fairbairn	4	5	6	10	15	20		
42	Craig Cameron	4	5	6	10	12	15	20	35
43	Bryan Hextall	4	5	6	10	12	15	20	35
44	Chuck Lefley RC	4	5	6	10	15	20		
45	Dan Bouchard	4	5	6	10	15	20		
46	Jean-Paul Parise	4	5	6	10	12	15	20	35
47	Barclay Plager	4	5	6	10	12	15	20	35

#		VG 3	VgEx 4	EX 5	ExMt 6	NM 7	NmMt 8	NmMt+ 8.5	MT 9
48	Mike Corrigan	4	5	6	10	12	15	20	
49	Nick Libett	4	5	6	10	15	20		
50	Bobby Clarke	6	8	10	15	25	35	40	
51	Bert Marshall	4	5	6	10	15	20		
52	Craig Patrick	4	5	6	10	12	15	20	
53	Richard Lemieux	4	5	6	10	15	20		
54	Tracy Pratt	4	5	6	10	12	15	20	
55	Ron Ellis	4	5	6	10	15	20		
56	Jacques Lemaire	5	6	8	12	15	30	35	
57	Steve Vickers	4	5	6	10	12	15	20	
58	Carol Vadnais	4	5	6	10	15	20	25	
59	Jim Rutherford	4	5	6	10	15	20		
60	Rick Kehoe	4	5	6	10	15	20	25	
61	Pat Quinn	4	5	6	10	15	20		
62	Bill Goldsworthy	4	5	6	10	15	20	25	
63	Dave Dryden	4	5	6	10	15	20	30	
64	Rogatien Vachon	5	6	8	12	15	30	35	
65	Gary Bergman	4	5	6	10	15	20		
66	Bernie Parent	6	8	10	15	20	30	40	
67	Ed Westfall	4	5	6	10	15	20		
68	Ivan Boldirev	4	5	6	10	12	15	20	
69	Don Tannahill	4	5	6	10	15	20	25	
70	Gilbert Perreault	6	8	10	15	20	40	50	
71	Mike Pelyk	4	5	6	10	15	20	25	
72	Guy Lafleur	8	10	12	20	30	40	60	
73	Pit Martin	4	5	6	10	15	20		
74	Gilles Gilbert RC	5	6	8	12	15	30	40	
75	Jim Lorentz	4	5	6	10	12	15	20	
76	Syl Apps	4	5	6	10	15	20		
77	Phil Myre	4	5	6	10	15	20		
78	Bill White	4	5	6	10	12	15	20	
79	Jack Egers	4	5	6	10	15	20		
80	Terry Harper	4	5	6	10	15	20		
81	Bill Barber RC	6	8	10	15	25	40	50	
82	Roy Edwards	4	5	6	10	15	20	25	
83	Brian Spencer	4	5	6	10	12	15	20	
84	Reggie Leach	4	5	6	10	15	20		
85	Wayne Cashman	4	5	6	10	15	20		
86	Jim Schoenfeld	5	6	8	12	15	20		
87	Henri Richard	5	6	8	12	15	30	40	
88	Dennis O'Brien RC	4	5	6	10	12	15	20	
89	Al McDonough	4	5	6	10	15	20		
90	Tony Esposito	6	8	10	15	20	30	40	
91	Joe Watson	4	5	6	10	12	15	20	
92	Flames Team	4	5	6	10	12	15	20	
93	Bruins Team	4	5	6	10	15	20		
94	Sabres Team	4	5	6	10	12	15	20	
95	Golden Seals Team	4	5	6	10	12	15	20	
96	Blackhawks Team	4	5	6	10	15	20		
97	Red Wings Team	4	5	6	10	12	15	20	
98	Kings Team	4	5	6	10	15	20		
99	North Stars Team	4	5	6	10	12	15	20	
100	Canadiens Team	4	5	6	10	15	30	35	
101	Islanders Team	4	5	6	10	12	15	20	
102	Rangers Team	4	5	6	10	12	15	20	
103	Flyers Team	4	5	6	10	15	20	25	
104	Penguins Team	4	5	6	10	15	20	25	
105	Blues Team	4	5	6	10	15	20		
106	Maple Leafs Team	4	5	6	10	15	20	30	
107	Canucks Team	4	5	6	10	12	15	20	
108	Vic Hadfield	4	5	6	10	15	20	25	
109	Tom Reid	4	5	6	10	15	20	25	
110	Hilliard Graves RC	4	5	6	10	15	20		
111	Don Lever	4	5	6	10	15	20		
112	Jim Pappin	4	5	6	10	15	20	25	
113	Andre Dupont	4	5	6	10	15	20		
114	Guy Lapointe	4	5	6	10	15	20		
115	Dennis Hextall	4	5	6	10	15	20	25	
116	Checklist 1	8	12	20	35	40	80		
117	Bob Leiter	4	5	6	10	15	20		
118	Ab DeMarco	4	5	6	10	15	20		
119	Gilles Villemure	4	5	6	10	15	20		
120	Phil Esposito	6	8	10	15	20	30	40	
121	Mike Robitaille	4	5	6	10	15	20		
122	Real Lemieux	4	5	6	10	12	15	20	
123	Jim Neilson	4	5	6	10	15	20		
124	Steve Durbano RC	4	5	6	10	12	15	20	
125	Jude Drouin	4	5	6	10	12	15	20	
126	Gary Smith	4	5	6	10	12	15	20	
127	Cesare Maniago	4	5	6	10	12	15	20	
128	Lowell MacDonald	4	5	6	10	15	20		
129	Checklist 2	8	12	20	25	30	40	50	
130	Billy Harris RC	4	5	6	10	12	15	20	
131	Randy Manery	4	5	6	10	15	20		
132	Darryl Sittler	6	8	10	15	20	40		
133	P.Espo/MacLeish LL	4	5	6	10	15	20	30	
134	P.Espo/B.Clarke LL	4	5	6	10	15	20	25	
135	P.Espo/B.Clarke LL	4	5	6	10	15	20		
136	K.Dryden/T.Espo LL	6	8	10	12	15	30	30	
137	Schultz/Schnfeld LL	4	5	6	10	15	20		

	VG 3	VgEx 4	EX 5	ExMt 6	NM 7	NmMt 8	NmMt+ 8.5	MT 9
P.Espo/MacLeish LL	4	5	6	10	15	20	30	60
Rene Robert	4	5	6	10	15	20		
Dave Burrows	4	5	6	10	12	15	20	35
Jean Ratelle	5	6	8	12	15	30		
Billy Smith RC	15	20	25	35	50	125	225	700
Jocelyn Guevremont	4	5	6	10	15	20		
Tim Ecclestone	4	5	6	10	12	15	20	35
Frank Mahovlich	5	6	8	12	15	30	25	40
Rick MacLeish	5	6	8	12	15	20	25	40
Johnny Bucyk	5	6	8	12	15	30		
Bob Plager	4	5	6	10	15	20	25	40
Curt Bennett RC	4	5	6	10	12	15	20	35
Dave Keon	5	6	8	12	15	30		
Keith Magnuson	4	5	6	10	15	20	25	40
Walt McKechnie	4	5	6	10	15	20		
Roger Crozier	4	5	6	10	15	20		
Ted Harris	4	5	6	10	15	20		
Butch Goring	4	5	6	10	15	20	25	40
Rod Gilbert	5	6	8	12	15	40	50	60
Yvan Cournoyer	5	6	8	12	15	30	40	50
Doug Favell	4	5	6	10	15	20		
Juha Widing	4	5	6	10	12	15	20	35
Ed Giacomin	5	6	8	12	15	30		
Germaine Gagnon UER	4	5	6	10	12	15	20	35
Dennis Kearns	4	5	6	10	15	20		
Bill Collins	4	5	6	10	15	20		
Peter Mahovlich	4	5	6	10	15	20	30	60
Brad Park	5	6	8	12	15	30	35	60
Dave Schultz RC	6	8	10	15	20	30	40	60
Dallas Smith	4	5	6	10	15	20		
Gary Sabourin	4	5	6	10	15	20		
Jacques Richard	4	5	6	10	15	20	25	40
Brian Glennie	4	5	6	10	15	20	25	50
Dennis Hull	4	5	6	10	15	20	25	40
Joey Johnston	4	5	6	10	15	20		
Richard Martin	5	6	8	12	15	30		
Barry Gibbs	4	5	6	10	12	15	20	30
Bob Berry	4	5	6	10	15	20		
Greg Polis	4	5	6	10	15	20		
Dale Rolfe	4	5	6	10	15	20		
Gerry Desjardins	4	5	6	10	15	20	25	40
Bobby Lalonde	4	5	6	10	15	20		
Mickey Redmond	4	5	6	10	15	30		
Jim Roberts	4	5	6	10	15	20		
Gary Dornhoefer	4	5	6	10	15	20		
Derek Sanderson	5	6	8	12	15	30	35	60
Brent Hughes	4	5	6	10	12	15	20	30
Larry Romanchych RC	4	5	6	10	15	20		
Pierre Jarry	4	5	6	10	15	20		
Doug Jarrett	4	5	6	10	12	15	20	35
Bob Stewart RC	4	5	6	10	15	20		
Tim Horton	5	6	8	12	15	40	50	60
Fred Harvey	4	5	6	10	15	20		
Series A/Cand/Sabr	4	5	6	10	15	20	25	50
Series B/Flyrs/Stars	4	5	6	10	12	15	20	35
Series C/Hwks/Blues	4	5	6	10	15	20	25	40
Series D/Rngr/Bruins	4	5	6	10	15	40		
Series E/Cndn/Flyr	4	5	6	10	15	20		
Series F/Blckh/Rngr	4	5	6	10	15	20	25	40
Series G/Cndn/Hawk	4	5	6	10	15	25	30	60
Canadiens Champs	5	6	8	12	15	30		
Gary Edwards	4	5	6	10	15	20		
Ron Schock	4	5	6	10	15	20		
Bruce MacGregor	4	5	6	10	12	15	20	35
Bob Nystrom RC	5	6	8	12	15	20	30	50
Jerry Korab	4	5	6	10	12	15	20	35
Thommie Bergman RC	4	5	6	10	12	15	20	30
Bill Lesuk	4	5	6	10	15	20		
Ed Van Impe	4	5	6	10	12	15	20	30
Doug Roberts	4	5	6	10	12	15	20	35
Chris Evans	4	5	6	10	12	15	20	35
Lynn Powis RC	4	5	6	10	12	15	20	35
Denis Dupere	4	5	6	10	15	20	25	40
Dale Tallon	4	5	6	10	15	20		
Stan Gilbertson	4	5	6	10	15	20		
Craig Ramsay	4	5	6	10	15	20	25	40
Danny Grant	4	5	6	10	15	20		
Doug Volmar RC	4	5	6	10	12	15	20	35
Darryl Edestrand	4	5	6	10	15	20		
Pete Stemkowski	4	5	6	10	12	15	20	30
Lorne Henning RC	4	5	6	10	15	20		
Bryan McSheffrey RC	4	5	6	10	15	20	25	30
Guy Charron	4	5	6	10	15	20	25	40
Wayne Thomas RC	5	6	8	12	15	40	50	60
Simon Nolet	4	5	6	10	12	15	20	30
Fred O'Donnell RC	4	5	6	10	15	20	25	40
Lou Angotti	4	5	6	10	15	20		
Arnie Brown	4	5	6	10	15	20		
Garry Monahan	4	5	6	10	15	20	25	40
Chico Maki	4	5	6	10	12	15	20	35

		VG 3	VgEx 4	EX 5	ExMt 6	NM 7	NmMt 8	NmMt+ 8.5	MT 9
228	Gary Croteau	4	5	6	10	12	15	20	30
229	Paul Terbenche	4	5	6	10	15	20		
230	Gump Worsley	5	6	8	12	15	20	30	50
231	Jim Peters	4	5	6	10	15	20	25	40
232	Jack Lynch	4	5	6	10	12	15	20	35
233	Bobby Rousseau	4	5	6	10	15	20		
234	Dave Hudson	4	5	6	10	12	15	20	30
235	Gregg Boddy RC	4	5	6	10	15	20	25	40
236	Ron Stackhouse	4	5	6	10	12	15	20	35
237	Larry Robinson RC	20	25	40	60	100	250	300	500
238	Bobby Taylor RC	5	6	8	12	15	30	40	60
239	Nick Beverley	4	5	6	10	15	20		
240	Don Awrey	4	5	6	10	12	15	20	35
241	Doug Mohns	4	5	6	10	15	20	25	40
242	Eddie Shack	5	6	8	12	15	20	25	40
243	Phil Russell RC	4	5	6	10	12	15	25	35
244	Pete Laframboise	4	5	6	10	15	20		
245	Steve Atkinson	4	5	6	10	15	20		
246	Lou Nanne	4	5	6	10	15	20	25	40
247	Yvon Labre RC	4	5	6	10	15	20		
248	Ted Irvine	4	5	6	10	15	20		
249	Tom Miller	4	5	6	10	15	20	25	50
250	Gerry O'Flaherty	4	5	6	10	15	20	25	40
251	Larry Johnston RC	4	5	6	10	15	20		
252	Michel Plasse RC	5	6	8	12	15	30	40	80
253	Bob Kelly	4	5	6	10	12	15	20	30
254	Terry O'Reilly RC	15	20	25	40	80	200		
255	Pierre Plante RC	4	5	6	10	15	20	25	40
256	Noel Price	4	5	6	10	15	20		
257	Dunc Wilson	4	5	6	10	15	20		
258	J.P. Bordeleau RC	4	5	6	10	15	20		
259	Terry Murray RC	4	5	6	10	15	20	30	60
260	Larry Carriere	4	5	6	10	15	20		
261	Pierre Bouchard	4	5	6	10	15	30		
262	Frank St.Marseille	4	5	6	10	15	20		
263	Checklist 3	8	12	20	35	50	120		
264	Fred Barrett	4	5	6	10	15	30	35	60

— Bob Nystrom RC #202 PSA 10 (MT) sold for $1,017 (eBay; 2/14)
— Larry Robinson #237 PSA 10 (MT) sold for $1,387.54 (Mile High; 5/12)
— Terry O'Reilly #254 PSA 9 (MT) sold for $145 (eBay; 2/07)

1973-74 Topps

		VG 3	VgEx 4	EX 5	ExMt 6	NM 7	NmMt 8	NmMt+ 8.5	MT 9
1	P.Espo/MacLeish LL	4	5	6	8	15	25	35	80
2	P.Espo/B.Clarke LL	4	5	6	8	12	20		60
3	P.Espo/B.Clarke LL	4	5	6	8	12	20	25	40
4	K.Dryden/T.Espo LL	4	5	6	8	12	20	25	40
5	Schultz/Schoenfeld LL	4	5	6	8	12	20	25	35
6	P.Espo/MacLeish LL	4	5	6	8	12	20	25	40
7	Paul Henderson DP	4	5	6	8	12	20	25	60
8	Gregg Sheppard DP UER	4	5	6	8	12	18		
9	Rod Seiling DP	4	5	6	8	12	18	20	30
10	Ken Dryden	10	15	20	25	30	40	60	120
11	Jean Pronovost DP	4	5	6	8	12	18	20	30
12	Dick Redmond	4	5	6	8	12	18		
13	Keith McCreary DP	4	5	6	8	12	18		
14	Ted Harris DP	4	5	6	8	12	18	20	30
15	Garry Unger	4	5	6	8	12	18		
16	Neil Komadoski RC	4	5	6	8	12	18	20	30
17	Marcel Dionne	5	6	8	10	15	25	30	50
18	Ernie Hicke DP	4	5	6	8	12	18	20	30
19	Andre Boudrias	4	5	6	8	12	18	25	50
20	Bill Flett	4	5	6	8	12	18	25	50
21	Marshall Johnston	4	5	6	8	12	18	20	30
22	Gerry Meehan	4	5	6	8	12	18		
23	Ed Johnston DP	4	5	6	8	12	18		
24	Serge Savard	4	5	6	8	12	18	20	30
25	Walt Tkaczuk	4	5	6	8	12	18		
26	Johnny Bucyk	4	5	6	8	12	18		
27	Dave Burrows	4	5	6	8	12	18	20	30
28	Cliff Koroll	4	5	6	8	12	18		
29	Rey Comeau DP	4	5	6	8	12	18		
30	Barry Gibbs	4	5	6	8	12	18		
31	Wayne Stephenson	4	5	6	8	12	18	20	30
32	Dan Maloney DP	4	5	6	8	12	18	20	30
33	Henry Boucha DP	4	5	6	8	12	18	20	30
34	Gerry Hart	4	5	6	8	12	18		
35	Bobby Schmautz	4	5	6	8	12	18	20	30
36	Ross Lonsberry DP	4	5	6	8	12	18		
37	Ted McAneeley	4	5	6	8	12	18		
38	Don Luce DP	4	5	6	8	12	18		
39	Jim McKenny DP	4	5	6	8	12	18		
40	Frank Mahovlich	4	5	6	8	12	20	30	80
41	Bill Fairbairn	4	5	6	8	12	18	20	30
42	Dallas Smith	4	5	6	8	12	18		
43	Bryan Hextall	4	5	6	8	12	18		
44	Keith Magnuson	4	5	6	8	12	18	20	30
45	Dan Bouchard	4	5	6	8	12	18	20	30
46	Jean-Paul Parise DP	4	5	6	8	12	18	20	30

HOCKEY

#	Player	VG 3	VgEx 4	EX 5	ExMt 6	NM 7	NmMt 8	NmMt+ 8.5	MT 9
47	Barclay Plager	4	5	6	8	12	18		
48	Mike Corrigan	4	5	6	8	12	18	20	30
49	Nick Libett DP	4	5	6	8	12	18	20	30
50	Bobby Clarke	5	6	8	10	15	25		
51	Bert Marshall DP	4	5	6	8	12	18	20	30
52	Craig Patrick	4	5	6	8	12	18	20	30
53	Richard Lemieux	4	5	6	8	12	18		
54	Tracy Pratt DP	4	5	6	8	12	18		
55	Ron Ellis DP	4	5	6	8	12	18	20	30
56	Jacques Lemaire	4	5	6	8	12	18		
57	Steve Vickers DP	4	5	6	8	12	18	20	30
58	Carol Vadnais	4	5	6	8	12	18	20	30
59	Jim Rutherford DP	4	5	6	8	12	18	20	30
60	Dennis Hull	4	5	6	8	12	18		
61	Pat Quinn DP	4	5	6	8	12	18		
62	Bill Goldsworthy DP	4	5	6	8	12	18		
63	Fran Huck RC	4	5	6	8	12	18		
64	Rogatien Vachon DP	4	5	6	8	12	18	20	30
65	Gary Bergman DP	4	5	6	8	12	18		
66	Bernie Parent	4	5	6	8	12	20		
67	Ed Westfall	4	5	6	8	12	18		
68	Ivan Boldirev	4	5	6	8	12	18	20	30
69	Don Tannahill DP	4	5	6	8	12	18		
70	Gilbert Perreault	4	5	6	8	12	20	25	60
71	Mike Pelyk DP	4	5	6	8	12	18		
72	Guy Lafleur DP	5	6	8	10	15	30	40	80
73	Jean Ratelle	4	5	6	8	12	18		
74	Gilles Gilbert DP RC	4	5	6	8	12	20	25	50
75	Greg Polis	4	5	6	8	12	18		
76	Doug Jarrett DP	4	5	6	8	12	18		
77	Phil Myre DP	4	5	6	8	12	18	20	30
78	Fred Harvey DP	4	5	6	8	12	18	20	30
79	Jack Egers	4	5	6	8	12	18		
80	Terry Harper	4	5	6	8	12	18		
81	Bill Barber RC	5	6	8	10	15	25	30	50
82	Roy Edwards DP	4	5	6	8	12	18		
83	Brian Spencer	4	5	6	8	12	18	20	30
84	Reggie Leach DP	4	5	6	8	12	18	20	30
85	Dave Keon	4	5	6	8	12	18		
86	Jim Schoenfeld	4	5	6	8	12	18		
87	Henri Richard DP	4	5	6	8	12	18	20	30
88	Rod Gilbert DP	4	5	6	8	12	18	20	30
89	Don Marcotte DP	4	5	6	8	12	18	20	30
90	Tony Esposito	4	5	6	8	12	18		
91	Joe Watson	4	5	6	8	12	18	20	30
92	Flames Team	4	5	6	8	12	20	25	40
93	Bruins Team	4	5	6	8	12	20	25	40
94	Sabres Team DP	4	5	6	8	12	20	25	40
95	Golden Seals Team DP	4	5	6	8	12	18		
96	Blackhawks Team	4	5	6	8	12	20	25	40
97	Red Wings Team DP	4	5	6	8	12	20	30	100
98	Kings Team DP	4	5	6	8	12	18		
99	North Stars Team	4	5	6	8	12	20	25	40
100	Canadiens Team	4	5	6	8	12	20	25	40
101	Islanders Teams	4	5	6	8	12	20	25	40
102	Rangers Team DP	4	5	6	8	12	20	25	40
103	Flyers Team DP	4	5	6	8	12	18		
104	Penguins Team	4	5	6	8	12	20	25	40
105	Blues Team	4	5	6	8	12	18		
106	Maple Leafs Team	4	5	6	8	12	20	25	40
107	Canucks Team	4	5	6	8	12	20	25	40
108	Roger Crozier DP	4	5	6	8	12	18	20	30
109	Tom Reid	4	5	6	8	12	18	20	30
110	Hilliard Graves RC	4	5	6	8	12	18		
111	Don Lever	4	5	6	8	12	18		
112	Jim Pappin	4	5	6	8	12	18	20	30
113	Ron Schock DP	4	5	6	8	12	18	20	30
114	Gerry Desjardins	4	5	6	8	12	18	20	30
115	Yvan Cournoyer DP	4	5	6	8	12	18	20	30
116	Checklist Card	6	8	10	12	20	40		
117	Bob Leiter	4	5	6	8	12	18		
118	Ab DeMarco	4	5	6	8	12	18		
119	Doug Favell	4	5	6	8	12	18	20	30
120	Phil Esposito	4	5	6	8	12	18		
121	Mike Robitaille	4	5	6	8	12	18	20	30
122	Real Lemieux	4	5	6	8	12	18	20	30
123	Jim Neilson	4	5	6	8	12	18	20	30
124	Tim Ecclestone DP	4	5	6	8	12	18	20	30
125	Jude Drouin	4	5	6	8	12	18		
126	Gary Smith DP	4	5	6	8	12	18	20	30
127	Walt McKechnie	4	5	6	8	12	18	20	30
128	Lowell MacDonald	4	5	6	8	12	18		
129	Dale Tallon DP	4	5	6	8	12	18		
130	Billy Harris RC	4	5	6	8	12	18	20	30
131	Randy Manery DP	4	5	6	8	12	18	20	30
132	Darryl Sittler DP	4	5	6	8	12	20	25	40
133	Ken Hodge	4	5	6	8	12	18		
134	Bob Plager	4	5	6	8	12	18	20	30
135	Rick MacLeish	4	5	6	8	12	18	20	30
136	Dennis Hextall	4	5	6	8	12	18	20	30
137	Jacques Laperriere DP	4	5	6	8	12	18	20	
138	Butch Goring	4	5	6	8	12	18	20	
139	Rene Robert	4	5	6	8	12	18		
140	Ed Giacomin	4	5	6	8	12	18		
141	Alex Delvecchio DP	4	5	6	8	12	18	20	
142	Jocelyn Guevremont	4	5	6	8	12	18		
143	Joey Johnston	4	5	6	8	12	18	20	
144	Bryan Watson DP	4	5	6	8	12	18	20	
145	Stan Mikita	4	5	6	8	12	20	25	
146	Cesare Maniago	4	5	6	8	12	18		
147	Craig Cameron	4	5	6	8	12	18	20	
148	Norm Ullman DP	4	5	6	8	12	18	20	
149	Dave Schultz RC	5	6	8	10	15	25		
150	Bobby Orr	10	15	20	25	35	50	60	350
151	Phil Roberto	4	5	6	8	12	18		
152	Curt Bennett	4	5	6	8	12	18	20	30
153	Gilles Villemure DP	4	5	6	8	12	18	20	30
154	Chuck Lefley	4	5	6	8	12	18	20	
155	Richard Martin	4	5	6	8	12	18		
156	Juha Widing	4	5	6	8	12	18		
157	Orland Kurtenbach	4	5	6	8	12	18		
158	Bill Collins DP	4	5	6	8	12	18		
159	Bob Stewart	4	5	6	8	12	18	20	30
160	Syl Apps	4	5	6	8	12	18		
161	Danny Grant	4	5	6	8	12	18		
162	Billy Smith RC	8	10	12	20	40	80		
163	Brian Glennie	4	5	6	8	12	18		
164	Pit Martin DP	4	5	6	8	12	18		
165	Brad Park	4	5	6	8	12	18		
166	Wayne Cashman DP	4	5	6	8	12	18		
167	Gary Dornhoefer	4	5	6	8	12	18		
168	Steve Durbano RC	4	5	6	8	12	18		
169	Jacques Richard	4	5	6	8	12	18	20	30
170	Guy Lapointe	4	5	6	8	12	18		
171	Jim Lorentz	4	5	6	8	12	18		
172	Bob Berry DP	4	5	6	8	12	18	20	30
173	Dennis Kearns	4	5	6	8	12	18		
174	Red Berenson	4	5	6	8	12	18		
175	Gilles Meloche DP	4	5	6	8	12	18	20	30
176	Al McDonough	4	5	6	8	12	18		
177	Dennis O'Brien RC	4	5	6	8	12	18	20	30
178	Germaine Gagnon UER DP	4	5	6	8	12	18		
179	Rick Kehoe DP	4	5	6	8	12	18	20	30
180	Bill White	4	5	6	8	12	18		
181	Vic Hadfield DP	4	5	6	8	12	18		
182	Derek Sanderson	4	5	6	8	12	20	25	30
183	Andre Dupont DP	4	5	6	8	12	18		
184	Gary Sabourin	4	5	6	8	12	18		
185	Larry Romanchych RC	4	5	6	8	12	18	20	30
186	Peter Mahovlich	4	5	6	8	12	18		
187	Dave Dryden	4	5	6	8	12	18	20	30
188	Gilles Marotte	4	5	6	8	12	18		
189	Bobby Lalonde	4	5	6	8	12	18	20	30
190	Mickey Redmond	4	5	6	8	12	18		
191	Series A/Can 4/Sabres 2	4	5	6	8	12	18		
192	Series B/Flyers 4/Stars 2	4	5	6	8	12	18	20	30
193	Series C/'Hawks 4/Blues 1	4	5	6	8	12	18		
194	Series D/Rangrs 4/Bruins	4	5	6	8	12	18	20	30
195	Series E/Canad 4/Flyers 1	4	5	6	8	12	18		
196	Series F/'Hawks 4/Rangrs 1	4	5	6	8	12	18		
197	Series G/Canad 4/'Hawks 2	4	5	6	8	12	20		
198	Canadiens Champs	4	5	6	8	12	20		

— Paul Henderson #7 PSA 9 (MT) sold for $110.50 (eBay; 7/12)
— Gary Bergman #65 PSA 9 (MT) sold for $211.75 (eBay; 8/12)
— Bobby Orr #150 PSA 9 (MT) sold for $640.34 (eBay; 2/14)

1974-75 O-Pee-Chee

#	Player	VG 3	VgEx 4	EX 5	ExMt 6	NM 7	NmMt 8	NmMt+ 8.5	MT 9
1	P.Espo/Gldswrthy LL	5	6	8	12	30	80		
2	B.Orr/D.Hextall LL	6	8	10	15	30	135	150	250
3	P.Espo/B.Clarke LL	5	6	8	12	15	40		
4	Favell/B.Parent LL	4	5	6	10	12	20		
5	Watson/D.Schulz LL	4	5	6	10	12	20		
6	Redmond/MacLsh LL	4	5	6	10	12	20	25	40
7	Gary Bromley	4	5	6	10	12			
8	Bill Barber	5	6	8	12	20			
9	Emile Francis CO	4	5	6	10	12	30		
10	Gilles Gilbert	4	5	6	10	12	20		
11	John Davidson RC	6	8	10	15	20	40	50	100
12	Ron Ellis	4	5	6	10	12			
13	Syl Apps	4	5	6	10	12	20		
14	Richard/Lysiak TL	4	5	6	10	12	20	25	40
15	Dan Bouchard	4	5	6	10	12	25		
16	Ivan Boldirev	4	5	6	10	12	20		
17	Gary Coalter RC	4	5	6	10	12			
18	Bob Berry	4	5	6	10	12	20		
19	Red Berenson	4	5	6	10	12	20		
20	Stan Mikita	5	6	8	12	15	40	50	120
21	Fred Shero CO RC	5	6	10	15	25	80		

Player	VG 3	VgEx 4	EX 5	ExMt 6	NM 7	NmMt 8	NmMt+ 8.5	MT 9
Gary Smith	4	5	6	10	12	20		
Bill Mikkelson	4	5	6	10	12	20		
Jacques Lemaire UER	4	5	6	10	12			
Gilbert Perreault	5	6	8	12	15	30	35	60
Cesare Maniago	4	5	6	10	12			
Bobby Schmautz	4	5	6	10	12	20		
Espo/Orr/Bucyk TL	6	8	10	15	20	50	60	150
Steve Vickers	4	5	6	10	12	20		
Lowell MacDonald UER	4	5	6	10	25	80		
Fred Stanfield	4	5	6	10	12	20		
Ed Westfall	4	5	6	10	12			
Curt Bennett	4	5	6	10	12	20		
Bep Guidolin CO	4	5	6	10	12	20		
Cliff Koroll	4	5	6	10	12			
Gary Croteau	4	5	6	10	12	20		
Mike Corrigan	4	5	6	10	12			
Henry Boucha	4	5	6	10	12			
Ron Low	4	5	6	10	12	20		
Darryl Sittler	6	8	10	12	15	30		
Tracy Pratt	4	5	6	10	12	20		
Martin/Robert TL	4	5	6	10	12	20	25	40
Larry Carriere	4	5	6	10	12	20		
Gary Dornhoefer	4	5	6	10	12			
Denis Herron RC	5	6	8	12	15	25	30	60
Doug Favell	4	5	6	10	12	20		
Dave Gardner RC	4	5	6	10	12	20		
Morris Mott RC	4	5	6	10	12	20		
Marc Boileau CO	4	5	6	10	12	20		
Brad Park	5	6	8	12	15	30		
Bob Leiter	4	5	6	10	12	20		
Tom Reid	4	5	6	10	12	20		
Serge Savard	4	5	6	10	15	40		
Checklist 1-132 UER	12	20	25	40	100			
Terry Harper	4	5	6	10	12	20		
Joey Johnston LL	4	5	6	10	12	20	25	40
Guy Charron	4	5	6	10	12	20		
Pit Martin	4	5	6	10	12			
Chris Evans	4	5	6	10	12	20		
Bernie Parent	5	6	8	12	15			
Jim Lorentz	4	5	6	10	12	20		
Dave Kryskow RC	4	5	6	10	12	20		
Lou Angotti CO	4	5	6	10	12	20		
Bill Flett	4	5	6	10	12	20		
Vic Hadfield	4	5	6	10	12			
Wayne Merrick RC	4	5	6	10	12			
Andre Dupont	4	5	6	10	12			
Tom Lysiak RC	4	5	6	10	12	20		
Pappin/Mikita/Bord TL	4	5	6	10	12	20		
Guy Lapointe	4	5	6	10	12	20		
Gerry O'Flaherty	4	5	6	10	12	20		
Marcel Dionne	6	8	10	15	30			
Butch Deadmarsh RC	4	5	6	25	60			
Butch Goring	4	5	6	10	12	20		
Keith Magnuson	4	5	6	10	12	20		
Red Kelly CO	4	5	6	10	15	80		
Pete Stemkowski	4	5	6	10	12	20		
Jim Roberts	4	5	6	10	12	20		
Don Luce	4	5	6	10	12	20		
Don Awrey	4	5	6	10	12	20		
Rick Kehoe	4	5	6	10	12	20		
Billy Smith	6	8	10	12	15			
Jean-Paul Parise	4	5	6	10	12	20		
Rdmnd/Dnne/Hoga TL	4	5	6	10	12	20		
Ed Van Impe	4	5	6	10	12	20		
Randy Manery	4	5	6	10	12	20		
Barclay Plager	4	5	6	10	12	20		
Inge Hammarstrom RC	4	5	6	10	12	20		
Ab DeMarco	4	5	6	10	12	25	30	50
Bill White	4	5	6	10	12	20		
Al Arbour CO	4	5	6	10	12	20	30	60
Bob Stewart	4	5	6	10	12	20		
Jack Egers	4	5	6	10	12	20		
Don Lever	4	5	6	10	12	20		
Reggie Leach	4	5	6	10	12	20		
Dennis O'Brien	4	5	6	10	12	20		
Peter Mahovlich	4	5	6	10	12	20		
Grng/St.Mrsle/Kzk TL	4	5	6	10	12	20		
Gerry Meehan	4	5	6	10	12	20		
Bobby Orr	25	30	50	100	125	450	500	800
Jean Potvin RC	4	5	6	10	12	20		
Rod Seiling	4	5	6	10	12	20	25	50
Keith McCreary	4	5	6	10	12	20	25	60
Phil Maloney CO RC	4	5	6	10	12	20		
Denis Dupere	4	5	6	10	12	20		
Steve Durbano	4	5	6	10	12	20		
Bob Plager UER	4	5	6	10	12	20	25	50
Chris Oddleifson RC	4	5	6	10	12	20	25	60
Jim Neilson	4	5	6	10	12			
Jean Pronovost	4	5	6	10	12	20		
Don Kozak RC	4	5	6	10	12	20		

#	Player	VG 3	VgEx 4	EX 5	ExMt 6	NM 7	NmMt 8	NmMt+ 8.5	MT 9
112	Gldswrthy/Hxtall TL	4	5	6	10	12	20	25	50
113	Jim Pappin	4	5	6	10	12	20		
114	Richard Lemieux	4	5	6	10	12	20		
115	Dennis Hextall	4	5	6	10	12			
116	Bill Hogaboam RC	4	5	6	10	12	20		
117	Vrgrt/Schmt/Boud TL	4	5	6	10	12	20	25	50
118	Jimmy Anderson CO	4	5	6	10	12			
119	Walt Tkaczuk	4	5	6	10	12	20		
120	Mickey Redmond	4	5	6	10	12			
121	Jim Schoenfeld	4	5	6	10	12	20		
122	Jocelyn Guevremont	4	5	6	10	12			
123	Bob Nystrom	4	5	6	10	12	20		
124	Cour/F.Mahov/Lrse TL	4	5	6	10	12	20	25	60
125	Lew Morrison	4	5	6	10	12	20		
126	Terry Murray	4	5	6	10	12	20		
127	Richard Martin AS	4	5	6	10	12	20		
128	Ken Hodge AS	4	5	6	10	12			
129	Phil Esposito AS	4	5	6	10	12	20	30	80
130	Bobby Orr AS	8	10	12	40	80	200	225	350
131	Brad Park AS	4	5	6	10	12	20		
132	Gilles Gilbert AS	4	5	6	10	12			
133	Lowell MacDonald AS	4	5	6	10	12	20	25	40
134	Bill Goldsworthy AS	4	5	6	10	12	20		
135	Bobby Clarke AS	5	6	8	15	25	100		
136	Bill White AS	4	5	6	10	12			
137	Dave Burrows AS	4	5	6	10	12	20		
138	Bernie Parent AS	4	5	6	10	12	35		
139	Jacques Richard	4	5	6	10	12	20		
140	Yvan Cournoyer	4	5	6	10	12			
141	R.Gilbert/B.Park TL	4	5	6	10	12	20		
142	Rene Robert	4	5	6	10	12	20		
143	J. Bob Kelly RC	4	5	6	10	12	25		
144	Ross Lonsberry	4	5	6	10	12	20		
145	Jean Ratelle	4	5	6	10	12	20		
146	Dallas Smith	4	5	6	10	12	20		
147	Bernie Geoffrion CO	4	5	6	10	12	20	25	40
148	Ted McAneeley	4	5	6	10	12	20		
149	Pierre Plante	4	5	6	10	12	20		
150	Dennis Hull	4	5	6	10	12			
151	Dave Keon	4	5	6	10	12			
152	Dave Dunn RC	4	5	6	10	12	20		
153	Michel Belhumeur	4	5	6	10	12	20	25	40
154	Clarke/D.Schultz TL	4	5	6	10	12	20		
155	Ken Dryden	10	12	15	25	40	150		
156	John Wright RC	4	5	6	10	12			
157	Larry Romanchych	4	5	6	10	12	20		
158	Ralph Stewart RC	4	5	6	10	12			
159	Mike Robitaille	4	5	6	10	12	20		
160	Ed Giacomin	4	5	6	10	12	20		
161	Don Cherry CO RC	15	20	30	60	75	125	150	300
162	Checklist 133-264	10	12	15	30	50	100		
163	Rick MacLeish	4	5	6	10	12	20		
164	Greg Polis	4	5	6	10	12	20		
165	Carol Vadnais	4	5	6	10	12	20		
166	Pete Laframboise	4	5	6	10	12	20		
167	Ron Schock	4	5	6	10	12	20		
168	Lanny McDonald RC	10	12	20	40	60	300	500	800
169	Scouts Emblem	4	5	6	10	12	20		
170	Tony Esposito	5	6	8	12	15	40		
171	Pierre Jarry	4	5	6	10	12	20	25	40
172	Dan Maloney	4	5	6	10	12	20		
173	Peter McDuffe	4	5	6	10	12	20		
174	Danny Grant	4	5	6	10	12			
175	John Stewart RC	4	5	6	10	12	20		
176	Floyd Smith CO	4	5	6	10	12	20		
177	Bert Marshall	4	5	6	10	12			
178	Chuck Lefley UER	4	5	6	10	15	60		
179	Gilles Villemure	4	5	6	10	12	20		
180	Borje Salming RC	10	12	25	30	80	200		
181	Doug Mohns	4	5	6	10	12	20		
182	Barry Wilkins	4	5	6	10	12	20		
183	MacDonald/Apps TL	4	5	6	10	12	20	25	40
184	Gregg Sheppard	4	5	6	10	12	20	25	40
185	Joey Johnston	4	5	6	10	12	20		
186	Dick Redmond	4	5	6	10	12	20		
187	Simon Nolet	4	5	6	10	12	20		
188	Ron Stackhouse	4	5	6	10	12	20		
189	Marshall Johnston	4	5	6	10	12	20		
190	Richard Martin	4	5	6	10	12	20		
191	Andre Boudrias	4	5	6	10	12	20		
192	Steve Atkinson	4	5	6	10	12			
193	Nick Libett	4	5	6	10	12	20	25	40
194	Bob Murdoch Kings RC	4	5	6	10	12	20		
195	Denis Potvin RC	15	20	25	50	100	300	400	1,200
196	Dave Schultz	4	5	6	10	12	20		
197	Unger/Plante TL	4	5	6	10	12	20		
198	Jim McKenny	4	5	6	10	12	20		
199	Gerry Hart	4	5	6	10	12			
200	Phil Esposito	5	6	8	12	15	30	40	100
201	Rod Gilbert	4	5	6	10	12	20	25	60

#	Player	VG 3	VgEx 4	EX 5	ExMt 6	NM 7	NmMt 8	NmMt+ 8.5	MT 9
202	Jacques Laperriere	4	5	6	10	12	25		
203	Barry Gibbs	4	5	6	10	12	20	30	100
204	Billy Reay CO	4	5	6	10	12	20		
205	Gilles Meloche	4	5	6	10	12	20		
206	Wayne Cashman	4	5	6	10	12	20		
207	Dennis Ververgaert	4	5	6	10	12	20		
208	Phil Roberto	4	5	6	10	12	20		
209	Quarter Finals	4	5	6	10	12			
210	Quarter Finals	4	5	6	10	12	20		
211	Quarter Finals	4	5	6	10	12	20		
212	Quarter Finals	4	5	6	10	12	20		
213	Semi-Finals	4	5	6	10	12	20		
214	Semi-Finals	4	5	6	10	12	25		
215	Stanley Cup Finals	4	5	6	10	12	20		
216	Flyers Champions	4	5	6	10	12	25		
217	Joe Watson	4	5	6	10	12	20	25	50
218	Wayne Stephenson	4	5	6	10	12	20		
219	Sittlr/Ullmn/Hend TL	4	5	6	10	12	20		
220	Bill Goldsworthy	4	5	6	10	12	20		
221	Don Marcotte	4	5	6	10	12	20		
222	Alex Delvecchio CO	4	5	6	10	12			
223	Stan Gilbertson	4	5	6	10	12	20		
224	Mike Murphy	4	5	6	10	12	20		
225	Jim Rutherford	4	5	6	10	12			
226	Phil Russell	4	5	6	10	12	20		
227	Lynn Powis	4	5	6	10	12	20		
228	Billy Harris	4	5	6	10	12	20	25	50
229	Bob Pulford CO	4	5	6	10	12	25		
230	Ken Hodge	4	5	6	10	12			
231	Bill Fairbairn	4	5	6	10	12	20		
232	Guy Lafleur	6	8	10	15	20	40		
233	Harr/Stw/Ptvn TL UER	4	5	6	10	12	20		
234	Fred Barrett	4	5	6	10	12	20	25	40
235	Rogatien Vachon	4	5	6	10	12	20		
236	Norm Ullman	4	5	6	10	12	20		
237	Garry Unger	4	5	6	10	12	20		
238	Jack Gordon CO RC	4	5	6	10	12	20		
239	Johnny Bucyk	4	5	6	10	12	20	25	50
240	Bob Dailey RC	4	5	6	10	12	20		
241	Dave Burrows	4	5	6	10	12	20		
242	Len Frig RC	4	5	6	10	12	20	25	40
243	Henri Richard Mstrsn	4	5	6	10	25	100		
244	Phil Esposito Hart	4	5	6	10	12	20		
245	Johnny Bucyk Byng	4	5	6	10	12	20		
246	Phil Esposito Ross	4	5	6	12	20			
247	Wales Trophy	4	5	6	10	12	20		
248	Bobby Orr Norris	8	10	12	25	40	80	125	
249	Bernie Parent Vezina	4	5	6	10	15	40		
250	Philadelphia Flyers SC	4	5	6	10	12	20	30	60
251	Bernie Parent Smythe	4	5	6	10	12	40		
252	Denis Potvin Calder	6	8	10	12	15	30		
253	Campbell Trophy	4	5	6	10	12	20		
254	Pierre Bouchard	4	5	6	10	12	20		
255	Jude Drouin	4	5	6	10	12	20		
256	Capitals Emblem	4	5	6	10	12	20		
257	Michel Plasse	4	5	6	10	12	20		
258	Juha Widing	4	5	6	10	12			
259	Bryan Watson	4	5	6	10	12			
260	Bobby Clarke UER	6	8	10	15	20	60	80	150
261	Scotty Bowman CO RC	15	20	30	60	75	150		
262	Craig Patrick	4	5	6	10	12			
263	Craig Cameron	4	5	6	10	12			
264	Ted Irvine	4	5	6	10	12	20		
265	Ed Johnston	4	5	6	10	12	20		
266	Dave Forbes RC	4	5	6	10	12	20		
267	Red Wings Team CL	4	5	6	10	12	20	25	50
268	Rick Dudley RC	4	5	6	10	12	30		
269	Darcy Rota RC	4	5	6	10	12	20	25	50
270	Phil Myre	4	5	6	10	12			
271	Larry Brown RC	4	5	6	10	12	20		
272	Bob Neely RC	4	5	6	10	12			
273	Jerry Byers RC	4	5	6	10	12			
274	Penguins Team CL	4	5	6	10	12	20		
275	Glenn Goldup RC	4	5	6	10	12			
276	Ron Harris	4	5	6	10	12	20		
277	Joe Lundrigan RC	4	5	6	10	12	30		
278	Mike Christie RC	4	5	6	10	12	20		
279	Doug Rombough RC	4	5	6	10	12	20		
280	Larry Robinson	8	10	12	15	25	50		
281	Blues Team CL	4	5	6	10	12	20	25	40
282	John Marks RC	4	5	6	10	12	20		
283	Don Saleski	4	5	6	10	12	20	25	40
284	Rick Wilson RC	4	5	6	10	12	20		
285	Andre Savard RC	4	5	6	10	12			
286	Pat Quinn	4	5	6	10	12	20		
287	Kings Team CL	4	5	6	10	12			
288	Norm Gratton	4	5	6	10	12	20		
289	Ian Turnbull RC	4	5	6	10	12	60		
290	Derek Sanderson	4	5	6	10	12	20		
291	Murray Oliver	4	5	6	10	12	20		
292	Wilf Paiement RC	4	5	6	10	12	20		
293	Nelson Debenedet RC	4	5	6	10	12	20		
294	Greg Joly RC	4	5	6	10	12	25	30	
295	Terry O'Reilly	4	5	6	10	12			
296	Rey Comeau	4	5	6	10	12	20	25	
297	Michel Larocque RC	5	6	8	12	15	80		
298	Floyd Thomson RC	4	5	6	10	12	20		
299	Jean-Guy Lagace RC	4	5	6	10	12			
300	Flyers Team CL	4	5	6	10	12	30		
301	Al MacAdam RC	4	5	6	10	12	20		
302	George Ferguson RC	4	5	6	10	12	20		
303	Jimmy Watson RC	4	5	6	10	20	50		
304	Rick Middleton RC	8	10	12	25	40	100	120	
305	Craig Ramsay UER	4	5	6	10	12	20		
306	Hilliard Graves	4	5	6	10	12			
307	Islanders Team CL	4	5	6	10	12	20		
308	Blake Dunlop RC	4	5	6	10	12	20		
309	J.P. Bordeleau	4	5	6	10	12	20		
310	Brian Glennie	4	5	6	10	12			
311	Checklist 265-396 UER	10	12	20	35	60	120		
312	Doug Roberts	4	5	6	10	12	20		
313	Darryl Edestrand	4	5	6	10	12			
314	Ron Anderson	4	5	6	10	12	20		
315	Blackhawks Team CL	4	5	6	10	12	20		
316	Steve Shutt RC	10	12	15	25	50	400	500	
317	Doug Horbul RC	4	5	6	10	12	20	25	
318	Billy Lochead RC	4	5	6	10	12	20		
319	Fred Harvey	4	5	6	10	12			
320	Gene Carr RC	4	5	6	10	12			
321	Henri Richard	4	5	6	10	12	50		
322	Canucks Team CL	4	5	6	10	12	20	25	
323	Tim Ecclestone	4	5	6	10	12	20		
324	Dave Lewis RC	4	5	6	10	12	25		
325	Lou Nanne	4	5	6	10	12	20		
326	Bobby Rousseau	4	5	6	10	12	20		
327	Dunc Wilson	4	5	6	10	12	20		
328	Brian Spencer	4	5	6	10	12	20		
329	Rick Hampton RC	4	5	6	10	12	20		
330	Canadiens Team CL UER	4	5	6	10	12	30	35	
331	Jack Lynch	4	5	6	10	12			
332	Garnet Bailey	4	5	6	10	12	20		
333	Al Sims RC	4	5	6	10	12	25		
334	Orest Kindrachuk RC	4	5	6	10	12	40		
335	Dave Hudson	4	5	6	10	12	20		
336	Bob Murray RC	4	5	6	10	12	20		
337	Sabres Team CL	4	5	6	10	12	20		
338	Sheldon Kannegiesser	4	5	6	10	12			
339	Bill MacMillan	4	5	6	10	12			
340	Paulin Bordeleau RC	4	5	6	10	12			
341	Dale Rolfe	4	5	6	10	12	20		
342	Yvon Lambert RC	4	5	6	10	12	50		
343	Bob Paradise RC	4	5	6	10	12			
344	Germaine Gagnon UER	4	5	6	10	12			
345	Yvon Labre	4	5	6	10	12	20		
346	Chris Ahrens RC	4	5	6	10	12	20		
347	Doug Grant RC	4	5	6	10	12	20		
348	Blaine Stoughton RC	4	5	6	10	12	20		
349	Gregg Boddy	4	5	6	10	12	25	30	
350	Bruins Team CL	4	5	6	10	12	20		
351	Doug Jarrett	4	5	6	10	12	20	25	
352	Terry Crisp	4	5	6	10	12	20	25	
353	Glenn Resch UER RC	8	10	12	15	25	50	60	
354	Jerry Korab	4	5	6	10	12	20		
355	Stan Weir RC	4	5	6	10	12	20		
356	Noel Price	4	5	6	10	12	20		
357	Bill Clement RC	6	8	10	20	30	60	80	
358	Neil Komadoski	4	5	6	10	12			
359	Murray Wilson RC	4	5	6	10	12	20		
360	Dale Tallon UER	4	5	6	10	12	20		
361	Gary Doak	4	5	6	10	12			
362	Randy Rota RC	4	5	6	10	12	20		
363	North Stars Team CL	4	5	6	10	12	20		
364	Bill Collins	4	5	6	10	12	20		
365	Thommie Bergman UER	4	5	6	10	12	20		
366	Dennis Kearns	4	5	6	10	12	20		
367	Lorne Henning	4	5	6	10	12	20		
368	Gary Sabourin	4	5	6	10	12	20		
369	Mike Bloom RC	4	5	6	10	12			
370	Rangers Team CL	4	5	6	10	12	20		
371	Gary Simmons RC	5	6	8	12	15			
372	Dwight Bialowas RC	4	5	6	10	12	20		
373	Gilles Marotte	4	5	6	10	12	20		
374	Frank St.Marseille	4	5	6	10	12			
375	Garry Howatt RC	4	5	6	10	12	30		
376	Ross Brooks RC	4	5	6	10	12	20	25	
377	Flames Team CL	4	5	6	10	12	20		
378	Bob Nevin	4	5	6	10	12	20		
379	Lyle Moffat RC	4	5	6	10	12	20		
380	Bob Kelly	4	5	6	10	12	20		
381	John Gould RC	4	5	6	10	12	20		

	VG 3	VgEx 4	EX 5	ExMt 6	NM 7	NmMt 8	NmMt+ 8.5	MT 9
Dave Fortier RC	4	5	6	10	12	20		
Jean Hamel RC	4	5	6	10	12	20		
Bert Wilson RC	4	5	6	10	12	20		
Chuck Arnason RC	4	5	6	10	12	20		
Bruce Cowick RC	4	5	6	10	12	20		
Ernie Hicke	4	5	6	10	12	20		
Bob Gainey RC	10	12	20	30	60	125	200	550
Vic Venasky RC	4	5	6	10	12	20		
Maple Leafs Team CL	4	5	6	10	12	25	30	60
Eric Vail RC	4	5	6	10	12	20		
Bobby Lalonde RC	4	5	6	10	12	20		
Jerry Butler RC	4	5	6	10	12	20		
Tom Williams	4	5	6	10	12	20		
Chico Maki	4	5	6	10	12	30		
Tom Bladon RC	4	5	6	12	20	40		

otty Bowman CO RC #61 PSA 9 (MT) sold for $351.95 (eBay; 8/12)
Clement RC #357 PSA 9 (MT) sold for $305 (eBay; 8/12)
po/Orr/Bucyk TL #28 PSA 10 (Gem) sold for $1,491 (eBay; 3/07)
po/Orr/Bucyk TL #28 PSA 10 (Gem) sold for $562 (Mile High; 12/13)
po/Orr/Bucyk TL #28 PSA 10 (Gem) sold for $510 (eBay; 12/06)
b Gainey RC #388 PSA 10 (Gem) sold for $1,079 (eBay; 9/15)
ck Middleton RC #304 PSA 10 (Gem) sold for $764 (eBay; 7/12)
bby Orr AS #130 PSA 10 (Gem) sold for $2,025 (eBay; 8/12)
bby Orr AS #130 PSA 10 (Gem) sold for $1,952 (Mile High; 10/12)
bby Orr AS #130 PSA 10 (Gem) sold for $1,626.73 (Mile High; 12/13)
bby Orr Norris #248 BVG 10 (Gem) sold for $507.99 (eBay; 2/16)
nis Potvin RC #195 BVG 9.5 (GemMT) sold for $652.50 (eBay; 4/16)
ve Schutt RC #316 PSA 9 (MT) sold for $569 (eBay; 7/12)
y Smith #82 PSA 10 (Gem) sold for $488 (eBay; 7/15)

374-75 O-Pee-Chee WHA

	VG 3	VgEx 4	EX 5	ExMt 6	NM 7	NmMt 8	NmMt+ 8.5	MT 9
Gord/Mark/Marty Howe	15	20	25	40	60	125	150	200
Bruce MacGregor	5	5	5	8	10	15		
Ulf Nilsson RC	5	6	8	12	15	25	30	50
Rosaire Paiement	5	5	5	8	10	15		
Tom Webster	5	5	5	8	10	15		
Norm Beaudin	5	5	5	8	10	15	25	40
Anders Hedberg RC	5	6	8	12	15	30	40	60
Mike Pelyk	5	5	5	8	10	15	20	40
Danny Lawson RC	5	5	5	8	10	15	20	40
Gene Peacosh RC	5	5	5	8	10	15		
Fran Huck	5	5	5	8	10	15		
Al Hamilton	5	5	5	8	10	15	20	40
Gerry Cheevers	5	8	10	15	20	30	40	60
Pat Stapleton	5	6	8	12	15	25	30	50
Joe Daley	5	5	5	8	10	15	20	40
Frank Mahovlich	5	8	8	12	15	30	40	60
Rejean Houle	5	5	5	8	10	15	20	40
Ron Chipperfield RC	5	5	6	10	12	20		
Don McLeod RC	5	5	5	8	10	15	20	40
Vaclav Nedomansky RC	5	5	6	10	12	20	25	40
Bobby Hull	8	10	15	20	25	40	50	120
Checklist	6	10	15	20	25	40	50	80
Wayne Connelly	5	5	5	8	10	15		
Dennis Sobchuk RC	5	5	5	8	10	15	20	40
Paul Henderson	5	5	5	8	10	15	20	40
Andy Brown RC	5	5	6	10	12	20	25	50
Andre Lacroix	5	5	5	8	10	15	20	40
Gary Jarrett	5	5	5	8	10	15	20	40
Claude St.Sauveur RC	5	5	5	8	10	15		
Real Cloutier RC	5	5	6	10	12	20	25	50
Jacques Plante	8	10	15	20	25	40	50	100
Gilles Gratton RC	5	6	8	12	15	25		
Lars-Erik Sjoberg RC	5	6	8	12	25	40		

ordie/Mark/Marty Howe #1 PSA 10 (Gem) sold for $1,633 (eBay; 12/15)

374-75 Topps

	VG 3	VgEx 4	EX 5	ExMt 6	NM 7	NmMt 8	NmMt+ 8.5	MT 9
P.Espo/Goldsworthy LL	4	5	6	8	15	40		
B.Orr/D.Hextall LL	4	5	6	8	20	25	30	50
P.Espo/B.Clarke LL	4	5	6	8	12	20	25	50
D.Favell/B.Parent LL	4	5	6	8	12	20		
B.Watson/D.Schultz LL	4	5	6	8	12	18		
M.Redmond/R.Mac LL	4	5	6	8	10	12	15	30
Gary Bromley RC	4	5	6	8	10	12	15	30
Bill Barber	4	5	6	8	12	20		
Emile Francis CO	4	5	6	8	12	20		
Gilles Gilbert	4	5	6	8	12	20		
John Davidson RC	5	6	8	10	15	25		
Ron Ellis	4	5	6	8	12	18		
Syl Apps	4	5	6	8	10	12	15	30
Richard/Lysiak/McCrry TL	4	5	6	8	12	18		
Dan Bouchard	4	5	6	10	15	50		
Ivan Boldirev	4	5	6	8	12	18		
Gary Coalter RC	4	5	6	8	12	18		
Bob Berry	4	5	6	8	12	18		
Red Berenson	4	5	6	10	15			
Stan Mikita	4	5	6	8	12	20		

		VG 3	VgEx 4	EX 5	ExMt 6	NM 7	NmMt 8	NmMt+ 8.5	MT 9
21	Fred Shero CO RC	4	5	6	8	12	15	20	35
22	Gary Smith	4	5	6	8	10	12	15	30
23	Bill Mikkelson	4	5	6	8	12	18		
24	Jacques Lemaire UER	4	5	6	8	12	20		
25	Gilbert Perreault	4	5	6	8	12	20	25	50
26	Cesare Maniago	4	5	6	8	10	12	15	30
27	Bobby Schmautz	4	5	6	8	12	18		
28	Espo/Orr/Bucyk TL	5	6	8	10	15	25	30	60
29	Steve Vickers	4	5	6	8	12	18		
30	Lowell MacDonald	4	5	6	8	12	18		
31	Fred Stanfield	4	5	6	8	10	12	15	30
32	Ed Westfall	4	5	6	8	10	15		
33	Curt Bennett	4	5	6	8	10	12	15	30
34	Bep Guidolin CO	4	5	6	8	12	18		
35	Cliff Koroll	4	5	6	8	10	12	15	30
36	Gary Croteau	4	5	6	8	10	12	15	30
37	Mike Corrigan	4	5	6	8	10	12	15	30
38	Henry Boucha	4	5	6	10	15			
39	Ron Low	4	5	6	8	10	12	15	30
40	Darryl Sittler	4	5	6	8	12	15	20	40
41	Tracy Pratt	4	5	6	8	12	18		
42	R.Martin/R.Robert TL	4	5	6	8	12	18		
43	Larry Carriere	4	5	6	8	10	12	15	30
44	Gary Dornhoefer	4	5	6	8	12	18		
45	Denis Herron RC	4	5	6	8	12	15	20	35
46	Doug Favell	4	5	6	8	10	12	15	30
47	Dave Gardner RC	4	5	6	8	10	12	15	30
48	Morris Mott RC	4	5	6	8	10	12	15	30
49	Marc Boileau CO	4	5	6	8	10	12	15	30
50	Brad Park	4	5	6	8	12	20		
51	Bob Leiter	4	5	6	8	10	12	15	30
52	Tom Reid	4	5	6	8	12	18		
53	Serge Savard	4	5	6	8	12	15	20	35
54	Checklist 1-132	5	6	8	10	15	25		
55	Terry Harper	4	5	6	8	10	12	15	30
56	Johnston/McKechnie TL	4	5	6	8	10	12	15	30
57	Guy Charron	4	5	6	8	10	12	15	30
58	Pit Martin	4	5	6	8	12	18		
59	Chris Evans	4	5	6	8	12	18		
60	Bernie Parent	4	5	6	8	12	20		
61	Jim Lorentz	4	5	6	8	12	18		
62	Dave Kryskow RC	4	5	6	8	12	18		
63	Lou Angotti CO	4	5	6	10	15	30		
64	Bill Flett	4	5	6	8	12	18		
65	Vic Hadfield	4	5	6	10	15	30		
66	Wayne Merrick RC	4	5	6	10	15	35		
67	Andre Dupont	4	5	6	10	15	35		
68	Tom Lysiak RC	4	5	6	8	12	20		
69	Pappin/Mikita/Bord TL	4	5	6	8	12	18		
70	Guy Lapointe	4	5	6	8	10	12	15	30
71	Gerry O'Flaherty	4	5	6	8	12	18		
72	Marcel Dionne	4	5	6	8	12	20		
73	Butch Deadmarsh RC	4	5	6	10	15	35		
74	Butch Goring	4	5	6	8	10	12	15	30
75	Keith Magnuson	4	5	6	8	12	18		
76	Red Kelly CO	4	5	6	8	12	18		
77	Pete Stemkowski	4	5	6	8	12	18		
78	Jim Roberts	4	5	6	8	10	12	15	30
79	Don Luce	4	5	6	8	10	12	15	30
80	Don Awrey	4	5	6	8	12	18		
81	Rick Kehoe	4	5	6	8	10	12	15	30
82	Billy Smith	4	5	6	8	12	15	20	40
83	Jean-Paul Parise	4	5	6	8	12	18		
84	Redmnd/Dionne/Hog TL	4	5	6	8	12	18		
85	Ed Van Impe	4	5	6	8	12	18		
86	Randy Manery	4	5	6	8	10	12	15	30
87	Barclay Plager	4	5	6	10	15	30		
88	Inge Hammarstrom RC	4	5	6	8	12	18		
89	Ab DeMarco	4	5	6	8	12	18		
90	Bill White	4	5	6	8	10	12	15	30
91	Al Arbour CO	4	5	6	8	12	20		
92	Bob Stewart	4	5	6	8	12	18		
93	Jack Egers	4	5	6	8	12	18		
94	Don Lever	4	5	6	8	10	12	15	30
95	Reggie Leach	4	5	6	8	12	18		
96	Dennis O'Brien	4	5	6	8	10	12	15	30
97	Peter Mahovlich	4	5	6	8	12	18		
98	Goring/St.Mars/Kozak TL	4	5	6	8	10	12	15	30
99	Gerry Meehan	4	5	6	8	10	12	15	30
100	Bobby Orr	12	15	20	25	40	60	80	120
101	Jean Potvin RC	4	5	6	8	12	18		
102	Rod Seiling	4	5	6	8	12	18		
103	Keith McCreary	4	5	6	8	10	12	15	30
104	Phil Maloney CO RC	4	5	6	8	10	12	15	30
105	Denis Dupere	4	5	6	8	12	18		
106	Steve Durbano	4	5	6	8	12	18		
107	Bob Plager UER	4	5	6	8	10	12	15	30
108	Chris Oddleifson RC	4	5	6	8	12	18		
109	Jim Neilson	4	5	6	8	12	18		
110	Jean Pronovost	4	5	6	8	10	12	15	30

#	Player	VG 3	VgEx 4	EX 5	ExMt 6	NM 7	NmMt 8	NmMt+ 8.5	MT 9
111	Don Kozak RC	4	5	6	8	10	12	15	30
112	Goldswrthy/Grant/Hex	4	5	6	8	12	18		
113	Jim Pappin	4	5	6	8	12	18		
114	Richard Lemieux	4	5	6	8	10	12	15	30
115	Dennis Hextall	4	5	6	8	12	18		
116	Bill Hogaboam	4	5	6	8	12	18		
117	Canucks Leaders	4	5	6	8	12	18		
118	Jimmy Anderson CO	4	5	6	8	12	18		
119	Walt Tkaczuk	4	5	6	8	12	18		
120	Mickey Redmond	4	5	6	10	15			
121	Jim Schoenfeld	4	5	6	8	12	20		
122	Jocelyn Guevremont	4	5	6	8	10	12	15	30
123	Bob Nystrom	4	5	6	8	12	20		
124	Cour/F.Mahv/Larose TL	4	5	6	8	12	15	20	35
125	Lew Morrison	4	5	6	10	15	25		
126	Terry Murray	4	5	6	8	12	18		
127	Richard Martin	4	5	6	8	12	18		
128	Ken Hodge AS	4	5	6	8	12	18		
129	Phil Esposito AS	4	5	6	8	12	20		
130	Bobby Orr AS	5	6	8	10	15	30	40	100
131	Brad Park AS	4	5	6	10	15			
132	Gilles Gilbert AS	4	5	6	10	15	80		
133	Lowell MacDonald AS	4	5	6	8	10	12	15	30
134	Bill Goldsworthy AS	4	5	6	8	12	18		
135	Bobby Clarke AS	4	5	6	8	12	20		
136	Bill White AS	4	5	6	10	15	25		
137	Dave Burrows AS	4	5	6	8	12	18		
138	Bernie Parent AS	4	5	6	8	12	20		
139	Jacques Richard	4	5	6	8	10	12	15	30
140	Yvan Cournoyer	4	5	6	8	10	12	15	30
141	R.Gilbert/B.Park TL	4	5	6	8	12	15	20	35
142	Rene Robert	4	5	6	8	10	12	15	30
143	J. Bob Kelly RC	4	5	6	10	15	25		
144	Ross Lonsberry	4	5	6	8	12	18		
145	Jean Ratelle	4	5	6	8	12	20		
146	Dallas Smith	4	5	6	8	10	12	15	30
147	Bernie Geoffrion CO	4	5	6	8	12	15	20	35
148	Ted McAneeley	4	5	6	8	10	12	15	30
149	Pierre Plante	4	5	6	8	12	18		
150	Dennis Hull	4	5	6	8	12	18		
151	Dave Keon	4	5	6	8	12	15	20	35
152	Dave Dunn RC	4	5	6	8	10	12	15	30
153	Michel Belhumeur	4	5	6	8	12	18		
154	B.Clarke/D.Schultz TL	4	5	6	8	12	20		
155	Ken Dryden	6	8	10	12	20	30	35	50
156	John Wright RC	4	5	6	8	12	18		
157	Larry Romanchych	4	5	6	8	10	12	15	30
158	Ralph Stewart	4	5	6	10	15	25		
159	Mike Robitaille	4	5	6	8	10	12	15	30
160	Ed Giacomin	4	5	6	8	12	15	20	35
161	Don Cherry CO RC	8	10	12	15	30	40	50	60
162	Checklist 133-264	5	6	8	10	15	25		
163	Rick MacLeish	4	5	6	8	10	12	15	30
164	Greg Polis	4	5	6	10	15	25		
165	Carol Vadnais	4	5	6	8	12	18		
166	Pete Laframboise	4	5	6	8	10	12	15	30
167	Ron Schock	4	5	6	8	10	12	15	30
168	Lanny McDonald RC	5	6	8	10	15	40	50	80
169	Scouts Emblem	4	5	6	8	12	18		
170	Tony Esposito	4	5	6	8	12	25	30	60
171	Pierre Jarry	4	5	6	8	12	18		
172	Dan Maloney	4	5	6	8	10	12	15	30
173	Peter McDuffe	4	5	6	8	10	12	15	30
174	Danny Grant	4	5	6	8	10	12	15	30
175	John Stewart	4	5	6	8	10	12	15	30
176	Floyd Smith CO	4	5	6	8	10	12	15	30
177	Bert Marshall	4	5	6	8	12	18		
178	Chuck Lefley UER	4	5	6	8	12	18		
179	Gilles Villemure	4	5	6	8	10	12	15	30
180	Borje Salming RC	5	6	8	12	20	25	30	80
181	Doug Mohns	4	5	6	8	12	18		
182	Barry Wilkins	4	5	6	8	10	12	15	30
183	MacDonald/S.Apps TL	4	5	6	8	12	18		
184	Gregg Sheppard	4	5	6	8	10	12	15	30
185	Joey Johnston	4	5	6	8	12	18		
186	Dick Redmond	4	5	6	8	10	12	15	30
187	Simon Nolet	4	5	6	8	10	12	15	30
188	Ron Stackhouse	4	5	6	8	12	18		
189	Marshall Johnston	4	5	6	8	10	12	15	30
190	Richard Martin	4	5	6	8	12	15	20	35
191	Andre Boudrias	4	5	6	8	12	18		
192	Steve Atkinson	4	5	6	10	12	20		
193	Nick Libett	4	5	6	8	12	18		
194	Bob Murdoch RC	4	5	6	8	10	12	15	30
195	Denis Potvin RC	10	12	15	20	30	50		
196	Dave Schultz	4	5	6	8	12	20		
197	G.Unger/P.Plante TL	4	5	6	8	12	18		
198	Jim McKenny	4	5	6	8	12	18		
199	Gerry Hart	4	5	6	8	12	18		
200	Phil Esposito	4	5	6	8	12	20	30	60

#	Player	VG 3	VgEx 4	EX 5	ExMt 6	NM 7	NmMt 8	NmMt+ 8.5	
201	Rod Gilbert	4	5	6	8	12	20		
202	Jacques Laperriere	4	5	6	8	10	12	15	
203	Barry Gibbs	4	5	6	8	10	12	15	
204	Billy Reay CO	4	5	6	8	10	12	15	
205	Gilles Meloche	4	5	6	8	12	18		
206	Wayne Cashman	4	5	6	8	10	12	15	
207	Dennis Ververgaert RC	4	5	6	8	12	18		
208	Phil Roberto	4	5	6	8	10	12	15	
209	Quarter Finals	4	5	6	8	12	18		
210	Quarter Finals	4	5	6	8	12	18		
211	Quarter Finals	4	5	6	8	10	12	15	
212	Quarter Finals	4	5	6	8	10	12	15	
213	Stanley Cup Semifinals	4	5	6	8	10	12	15	
214	Stanley Cup Semifinals	4	5	6	8	12	18		
215	Stanley Cup Finals	4	5	6	8	12	18		
216	Flyers Champions	4	5	6	8	12	15	20	
217	Joe Watson	4	5	6	8	12	18		
218	Wayne Stephenson	4	5	6	10	15	25		
219	Sittler/Ullman/Hend TL	4	5	6	8	12	20		
220	Bill Goldsworthy	4	5	6	8	12	18		
221	Don Marcotte	4	5	6	8	12	18		
222	Alex Delvecchio CO	4	5	6	8	12	18		
223	Stan Gilbertson	4	5	6	8	10	12	15	
224	Mike Murphy	4	5	6	8	10	12	15	
225	Jim Rutherford	4	5	6	8	12	18		
226	Phil Russell	4	5	6	8	10	12	15	
227	Lynn Powis	4	5	6	8	10	12	15	
228	Billy Harris	4	5	6	8	10	12	15	
229	Bob Pulford CO	4	5	6	8	10	12	15	
230	Ken Hodge	4	5	6	8	12	18		
231	Bill Fairbairn	4	5	6	8	10	12	15	
232	Guy Lafleur	5	6	8	10	15	30	40	
233	Harris/Stew/Potvin TL	4	5	6	8	12	20		
234	Fred Barrett	4	5	6	8	10	12	15	
235	Rogatien Vachon	4	5	6	8	12	15	20	
236	Norm Ullman	4	5	6	8	12	20		
237	Garry Unger	4	5	6	10	15			
238	Jack Gordon CO RC	4	5	6	8	10	12	15	
239	Johnny Bucyk	4	5	6	8	12	15	20	
240	Bob Dailey RC	4	5	6	8	10	12	15	
241	Dave Burrows	4	5	6	8	12	18		
242	Len Frig RC	4	5	6	8	12	15		
243	Henri Richard Mast.	4	5	6	10	15	30		
244	Phil Esposito Hart	4	5	6	8	12	15	20	
245	Johnny Bucyk Byng	4	5	6	8	12	18		
246	Phil Esposito Ross	4	5	6	8	12	20		
247	Prince of Wales Trophy	4	5	6	8	12	18		
248	Bobby Orr Norris	5	6	8	10	15	25	25	
249	Bernie Parent Vezina	4	5	6	8	12	15	20	
250	Flyers Stanley Cup	4	5	6	8	12	15	20	
251	Bernie Parent Smythe	4	5	6	8	12	15	20	
252	Denis Potvin Calder	4	5	6	8	12	20		
253	Flyers Campbell Trophy	4	5	6	8	12	18		
254	Pierre Bouchard	4	5	6	8	12	18		
255	Jude Drouin	4	5	6	8	12	18		
256	Capitals Emblem	4	5	6	8	12	20		
257	Michel Plasse	4	5	6	8	12	18		
258	Juha Widing	4	5	6	10	12	20		
259	Bryan Watson	4	5	6	10	12	20		
260	Bobby Clarke	5	6	8	10	15	25		
261	Scotty Bowman CO RC	8	10	12	15	25	40	50	
262	Craig Patrick	4	5	6	10	15	25		
263	Craig Cameron	4	5	6	10	15			
264	Ted Irvine	4	5	6	12	20			

1975-76 O-Pee-Chee

#	Player	VG 3	VgEx 4	EX 5	ExMt 6	NM 7	NmMt 8	NmMt+ 8.5	MT
1	Stanley Cup Finals	4	5	6		12	20	50	
2	Semi-Finals/Phil/Isln	4	5	6	10	12	25		
3	Semi-Finals/Buf/Mont	4	5	6	10	12	25	30	5
4	Quarter Finals/Isln/Pitt	4	5	6	10	12	20		
5	Quarter Finals/Mont/Van	4	5	6	10	12	20		
6	Quarter Finals/Buf/Chi	4	5	6	10	12	20	30	8
7	Quarter Finals/Phil/Tor	4	5	6	10	12	30		
8	Curt Bennett	4	5	6	10	12	20		
9	Johnny Bucyk	4	5	6	10	12	20		
10	Gilbert Perreault	5	6	8	12	15	25		
11	Darryl Edestrand	4	5	6	10	12	20		
12	Ivan Boldirev	4	5	6	10	12	20	25	40
13	Nick Libett	4	5	6	10	12	20	25	40
14	Jim McElmury RC	4	5	6	10	12	20		
15	Frank St.Marseille	4	5	6	10	12	20		
16	Blake Dunlop	4	5	6	10	12	20		
17	Yvon Lambert	4	5	6	10	12	20		
18	Gerry Hart	4	5	6	10	12	20		
19	Steve Vickers	4	5	6	10	12	20		
20	Rick MacLeish	4	5	6	10	12	20		
21A	Bob Paradise NoTR	4	5	6	10	12	20	25	40
21B	Bob Paradise TR	4	5	6	10				

	VG 3	VgEx 4	EX 5	ExMt 6	NM 7	NmMt 8	NmMt+ 8.5	MT 9
Red Berenson	4	5	6	10	12	20		
Lanny McDonald	5	6	8	12	15	25	35	60
Mike Robitaille	4	5	6	10	12	20		
Ron Low	4	5	6	10	12	20	25	40
Bryan Hextall NoTR	4	5	6	10	12	20		
Bryan Hextall TR	4	5	6	10	12			
Carol Vadnais NoTR	4	5	6	10	12	20		
Carol Vadnais TR	4	5	6	10	12	20		
Jim Lorentz	4	5	6	10	12	20	25	40
Gary Simmons	4	5	6	10	12	20		
Stan Mikita	4	5	6	10	12	20		
Bryan Watson	4	5	6	10	12	20		
Guy Charron	4	5	6	10	12	20		
Bob Murdoch	4	5	6	10	12	20		
Norm Gratton	4	5	6	10	12	20		
Ken Dryden	10	12	15	25	35	60	75	135
Jean Potvin	4	5	6	10	12	20	25	40
Rick Middleton	4	5	6	10	12	20		
Ed Van Impe	4	5	6	10	12	20		
Rick Kehoe	4	5	6	10	12	20	25	40
Garry Unger	4	5	6	10	12	20		
Ian Turnbull	4	5	6	10	12	20		
Dennis Ververgaert	4	5	6	10	12	20		
Mike Marson RC	4	5	6	10	12	20	25	50
Randy Manery	4	5	6	10	12	20		
Gilles Gilbert	4	5	6	10	12	20		
Rene Robert	4	5	6	10	12	20	25	40
Bob Stewart	4	5	6	10	12	20		
Pit Martin	4	5	6	10	12	20	25	40
Danny Grant	4	5	6	10	12	20	25	40
Peter Mahovlich	4	5	6	10	12	20		
Dennis Patterson RC	4	5	6	10	12	20	25	40
Mike Murphy	4	5	6	10	12	20	25	40
Dennis O'Brien	4	5	6	10	12	20	25	40
Garry Howatt	4	5	6	10	12	20		
Ed Giacomin	4	5	6	10	12	20		
Andre Dupont	4	5	6	10	12	20		
Chuck Arnason	4	5	6	10	12	20		
Bob Gassoff RC	4	5	6	10	12	20		
Ron Ellis	4	5	6	10	12	20		
Andre Boudrias	4	5	6	10	12	20		
Yvon Labre	4	5	6	10	12	20		
Hilliard Graves	4	5	6	10	12	20	25	40
Wayne Cashman	4	5	6	10	12	20		
Danny Gare RC	4	5	6	10	12	20		
Rick Hampton	4	5	6	10	12	20	25	40
Darcy Rota	4	5	6	10	12	20		
Bill Hogaboam	4	5	6	10	12	20		
Denis Herron	4	5	6	10	12	20		
Sheldon Kannegiesser	4	5	6	10	12	20		
Yvan Cournoyer UER	4	5	6	10	12	20	30	50
Ernie Hicke	4	5	6	10	12	20		
Bert Marshall	4	5	6	10	12	20	25	40
Derek Sanderson	4	5	6	10	12	20		
Tom Bladon	4	5	6	10	12	20		
Ron Schock	4	5	6	10	12	20		
Larry Sacharuk RC	4	5	6	10	12	20		
George Ferguson	4	5	6	10	12	20		
Ab DeMarco	4	5	6	10	12	20		
Tom Williams	4	5	6	10	12	20	25	40
Phil Roberto	4	5	6	10	12	20		
Bruins Team CL	4	5	6	10	12	20		
Seals Team CL	4	5	6	10	12	20	25	50
Sabres Team CL	4	5	6	10	12	20		
Blackhawks Team CL	4	5	6	10	12	20		
Flames Team CL	4	5	6	10	12	20		
Kings Team CL	4	5	6	10	12	20		
Red Wings Team CL	4	5	6	10	12	20		
Scouts Team CL	4	5	6	10	12	20		
North Stars Team CL	4	5	6	10	12	20		
Canadiens Team CL	4	5	6	10	15	60		
Maple Leafs Team CL	4	5	6	10	12	40		
Islanders Team CL	4	5	6	10	12	20		
Penguins Team CL	4	5	6	10	12	20		
Rangers Team CL	4	5	6	10	12	20		
Flyers Team CL	4	5	6	10	12	20		
Blues Team CL	4	5	6	10	12	20		
Canucks Team CL	4	5	6	10	12	20		
Capitals Team CL	4	5	6	10	12			
Checklist 1-110	6	8	10	15	40	80		
Bobby Orr	15	20	25	30	50	100	150	300
Germain Gagnon UER	4	5	6	10	12	20		
Phil Russell	4	5	6	10	12	20		
Billy Lochead	4	5	6	10	12	20		
Robin Burns RC	4	5	6	10	12	20	25	40
Gary Edwards	4	5	6	10	12	20	25	40
Dwight Bialowas	4	5	6	10	12	20		
Doug Risebrough UER RC	4	5	6	10	15	35	50	80
Dave Lewis	4	5	6	10	12	20		
Bill Fairbairn	4	5	6	10	12	20		

		VG 3	VgEx 4	EX 5	ExMt 6	NM 7	NmMt 8	NmMt+ 8.5	TMT 9
110	Ross Lonsberry	4	5	6	10	12	20		
111	Ron Stackhouse	4	5	6	10	12	20		
112	Claude Larose	4	5	6	10	12	20	25	40
113	Don Luce	4	5	6	10	12	20	25	40
114	Errol Thompson RC	4	5	6	10	12	20	25	40
115	Gary Smith	4	5	6	10	12	20		
116	Jack Lynch	4	5	6	10	12			
117	Jacques Richard	4	5	6	10	12	20		
118	Dallas Smith	4	5	6	10	12	20		
119	Dave Gardner	4	5	6	10	12	20		
120	Mickey Redmond	4	5	6	10	12	20		
121	John Marks	4	5	6	10	12	20		
122	Dave Hudson	4	5	6	10	12	20		
123	Bob Nevin	4	5	6	10	12	20		
124	Fred Barrett	4	5	6	10	12	20		
125	Gerry Desjardins	4	5	6	10	12	20		
126	Guy Lafleur UER	6	8	10	15	25	50	60	100
127	Jean-Paul Parise	4	5	6	10	12	20		
128	Walt Tkaczuk	4	5	6	10	12	20		
129	Gary Dornhoefer	4	5	6	10	12	20	25	40
130	Syl Apps	4	5	6	10	12	20		
131	Bob Plager	4	5	6	10	12	20		
132	Stan Weir	4	5	6	10	12	20		
133	Tracy Pratt	4	5	6	10	12	20		
134	Jack Egers	4	5	6	10	12	20	25	40
135	Eric Vail	4	5	6	10	12	20		
136	Al Sims	4	5	6	10	12	20		
137	Larry Patey RC	4	5	6	10	12	20	25	40
138	Jim Schoenfeld	4	5	6	10	12	20		
139	Cliff Koroll	4	5	6	10	12	20	25	40
140	Marcel Dionne	5	6	8	12	15	25		
141	Jean-Guy Lagace	4	5	6	10	12	20		
142	Juha Widing	4	5	6	10	12	20	25	40
143	Lou Nanne	4	5	6	10	12	20		
144	Serge Savard	4	5	6	10	12	20		
145	Glenn Resch	4	5	6	10	12	20		
146	Ron Greschner RC	4	5	6	10	12	20		
147	Dave Schultz	4	5	6	10	12	20		
148	Barry Wilkins	4	5	6	10	12	20		
149	Floyd Thomson	4	5	6	10	12	20		
150	Darryl Sittler	5	6	8	12	15	30	35	60
151	Paulin Bordeleau	4	5	6	10	12	20	25	40
152	Ron Lalonde RC	4	5	6	10	12	20	25	40
153	Larry Romanchych	4	5	6	10	12	20		
154	Larry Carriere	4	5	6	10	12	20	25	40
155	Andre Savard	4	5	6	10	12	20		
156	Dave Hrechkosy RC	4	5	6	10	12	20		
157	Bill White	4	5	6	10	12	20		
158	Dave Kryskow	4	5	6	10	12	20		
159	Denis Dupere	4	5	6	10	12	20		
160	Rogatien Vachon	4	5	6	10	12	20	25	50
161	Doug Rombough	4	5	6	10	12	20		
162	Murray Wilson	4	5	6	10	12	20		
163	Bob Bourne RC	4	5	6	10	12	25	30	50
164	Gilles Marotte	4	5	6	10	12	20		
165	Vic Hadfield	4	5	6	10	12	20	25	50
166	Reggie Leach	4	5	6	10	12	20		
167	Jerry Butler	4	5	6	10	12	20		
168	Inge Hammarstrom	4	5	6	10	12	20		
169	Chris Oddleifson	4	5	6	10	12	20		
170	Greg Joly	4	5	6	10	12	20		
171	Checklist 111-220	6	8	10	12	25	80		
172	Pat Quinn	4	5	6	10	12	20		
173	Dave Forbes	4	5	6	10	12	20	25	40
174	Len Frig	4	5	6	10	12	20		
175	Richard Martin	4	5	6	10	12	20		
176	Keith Magnuson	4	5	6	10	12	20	25	40
177	Dan Maloney	4	5	6	10	12	20		
178	Craig Patrick	4	5	6	10	12	20		
179	Tom Williams	4	5	6	10	12	20		
180	Bill Goldsworthy	4	5	6	10	12	20		
181	Steve Shutt	4	5	6	10	12	20	30	60
182	Ralph Stewart	4	5	6	10	12	20	25	40
183	John Davidson	4	5	6	10	12	20		
184	Bob Kelly	4	5	6	10	12	20		
185	Ed Johnston	4	5	6	10	12	20		
186	Dave Burrows	4	5	6	10	12	20		
187	Dave Dunn	4	5	6	10	12	20		
188	Dennis Kearns	4	5	6	10	12	20		
189	Bill Clement	4	5	6	10	12	20		
190	Gilles Meloche	4	5	6	10	12	20	25	40
191	Bob Leiter	4	5	6	10	12	20	25	40
192	Jerry Korab	4	5	6	10	12	20		
193	Joey Johnston	4	5	6	10	12	20		
194	Walt McKechnie	4	5	6	10	12	20		
195	Wilf Paiement	4	5	6	10	12	20		
196	Bob Berry	4	5	6	10	12	20	25	40
197	Dean Talafous RC	4	5	6	10	12	20		
198	Guy Lapointe	4	5	6	10	12	20		
199	Clark Gillies RC	5	6	12	40	60	150	200	300

#	Player	VG 3	VgEx 4	EX 5	ExMt 6	NM 7	NmMt 8	NmMt+ 8.5	TMT 9
200A	Phil Esposito NoTR	5	6	8	12	15			
200B	Phil Esposito TR	4	5	6	10	12	30		
201	Greg Polis	4	5	6	10	12	20		
202	Jimmy Watson	4	5	6	10	12	20		
203	Gord McRae RC	4	5	6	10	12	20	25	40
204	Lowell MacDonald	4	5	6	10	12	20		
205	Barclay Plager	4	5	6	10	12	20		
206	Don Lever	4	5	6	10	12	20		
207	Bill Mikkelson	4	5	6	10	12	20		
208	Espo/Lafleur/Martin LL	4	5	6	10	12	20		
209	Clarke/Orr/P.Mahv LL	5	6	8	12	60	150	250	500
210	Orr/Espo/Dionne LL	5	8	12	30	50	350		
211	Schltz/Dupnt/Rssll LL	4	5	6	10	12	25		
212	Espo/Martin/Grant LL	4	5	6	10	12	20		
213	Parnt/Vach/Drydn LL	5	6	8	12	15	30		
214	Barry Gibbs	4	5	6	10	12	20		
215	Ken Hodge	4	5	6	10	12	20		
216	Jocelyn Guevremont	4	5	6	10	12	20		
217	Warren Williams RC	4	5	6	10	12	20		
218	Dick Redmond	4	5	6	10	12	20		
219	Jim Rutherford	4	5	6	10	12	20		
220	Simon Nolet	4	5	6	10	12	20		
221	Butch Goring	4	5	6	10	12	20		
222	Glen Sather	4	5	6	10	12	20		
223	Mario Tremblay UER RC	4	5	6	10	20	60		
224	Jude Drouin	4	5	6	10	12	20		
225	Rod Gilbert	4	5	6	10	12	20		
226	Bill Barber	4	5	6	10	12	20		
227	Gary Inness RC	4	5	6	10	12	20	25	40
228	Wayne Merrick	4	5	6	10	12	20		
229	Rod Seiling	4	5	6	10	12	20		
230	Tom Lysiak	4	5	6	10	12	20		
231	Bob Dailey	4	5	6	10	12	20		
232	Michel Belhumeur	4	5	6	10	12	20		
233	Bill Hajt RC	4	5	6	10	12	20		
234	Jim Pappin	4	5	6	10	12	20		
235	Gregg Sheppard	4	5	6	10	12	20		
236A	Gary Bergman NoTR	4	5	6	10	12			
236B	Gary Bergman TR	4	5	6	10	12			
237	Randy Rota	4	5	6	10	12	20	25	40
238	Neil Komadoski	4	5	6	10	12			
239	Craig Cameron	4	5	6	10	12	20		
240	Tony Esposito	5	6	8	12	15	25	30	60
241	Larry Robinson	5	6	8	12	20	40	50	80
242	Billy Harris	4	5	6	10	12	20		
243A	Jean Ratelle NoTR	4	5	6	10	12			
243B	Jean Ratelle TR	4	5	6	10	12	20		
244	Ted Irvine UER	4	5	6	10	12	20	25	40
245	Bob Neely	4	5	6	10	12	20		
246	Bobby Lalonde	4	5	6	10	12	20	25	40
247	Ron Jones RC	4	5	6	10	12	20		
248	Rey Comeau	4	5	6	10	12	20		
249	Michel Plasse	4	5	6	10	12	20		
250	Bobby Clarke	5	6	8	12	20	40		
251	Bobby Schmautz	4	5	6	10	12	20		
252	Peter McNab RC	4	5	6	10	12	20	25	50
253	Al MacAdam	4	5	6	10	12	20		
254	Dennis Hull	4	5	6	10	12	20		
255	Terry Harper	4	5	6	10	12	20		
256	Peter McDuffe	4	5	6	10	12	20	25	40
257	Jean Hamel	4	5	6	10	12	20		
258	Jacques Lemaire	4	5	6	10	12	20		
259	Bob Nystrom	4	5	6	10	12	20		
260A	Brad Park NoTR	4	5	6	10	12	20		
260B	Brad Park TR	4	5	6	10	12	20		
261	Cesare Maniago	4	5	6	10	12	20	25	40
262	Don Saleski	4	5	6	10	12	20	25	40
263	J. Bob Kelly	4	5	6	10	12	20		
264	Bob Hess RC	4	5	6	10	12	20		
265	Blaine Stoughton	4	5	6	10	12	20	25	40
266	John Gould	4	5	6	10	12	20		
267A	Checklist 221-330	6	8	10	15	30	80		
267B	Checklist 331-396	6	8	10	15	30	80		
268	Dan Bouchard	4	5	6	10	12	20		
269	Don Marcotte	4	5	6	10	12	20		
270	Jim Neilson	4	5	6	10	12	20		
271	Craig Ramsay	4	5	6	10	12	20		
272	Grant Mulvey RC	4	5	6	10	12	30		
273	Larry Giroux RC	4	5	6	10	12	20		
274	Real Lemieux	4	5	6	10	12	20		
275	Denis Potvin	5	6	8	12	20	30	35	50
276	Don Kozak	4	5	6	10	12	20		
277	Tom Reid	4	5	6	10	12	20		
278	Bob Gainey	5	6	8	12	15	25		
279	Nick Beverley	4	5	6	10	12	20		
280	Jean Pronovost	4	5	6	10	12	20		
281	Joe Watson	4	5	6	10	12	20		
282	Chuck Lefley	4	5	6	10	12			
283	Borje Salming	5	6	8	12	15	30	35	60
284	Garnet Bailey	4	5	6	10	12	20	25	40

#	Player	VG 3	VgEx 4	EX 5	ExMt 6	NM 7	NmMt 8	NmMt+ 8.5	TM
285	Gregg Boddy	4	5	6	10	12	20		
286	Bobby Clarke AS1	4	5	6	10	12	25		
287	Denis Potvin AS1	4	5	6	10	12	20		
288	Bobby Orr AS1	10	12	15	25	40	80	100	
289	Richard Martin AS1	4	5	6	10	12	20	30	
290	Guy Lafleur AS1	5	6	8	12	15	30		
291	Bernie Parent AS1	4	5	6	10	12	20		
292	Phil Esposito AS2	4	5	6	10	12	20		
293	Guy Lapointe AS2	4	5	6	10	12	20		
294	Borje Salming AS2	4	5	6	10	12	20		
295	Steve Vickers AS2	4	5	6	10	12	20		
296	Rene Robert AS2	4	5	6	10	12	20		
297	Rogatien Vachon AS2	4	5	6	10	12	25		
298	Buster Harvey RC	4	5	6	10	12	20		
299	Gary Sabourin	4	5	6	10	12	20		
300	Bernie Parent	4	5	6	10	12	20		
301	Terry O'Reilly	4	5	6	10	12	20		
302	Ed Westfall	4	5	6	10	12	20		
303	Pete Stemkowski	4	5	6	10	12	20		
304	Pierre Bouchard	4	5	6	10	12	20		
305	Pierre Larouche RC	5	6	8	12	15	30		
306	Lee Fogolin RC	4	5	6	10	12	20	25	
307	Gerry O'Flaherty	4	5	6	10	12	20		
308	Phil Myre	4	5	6	10	12	20		
309	Pierre Plante	4	5	6	10	12	20		
310	Dennis Hextall	4	5	6	10	12	20		
311	Jim McKenny	4	5	6	10	12	20		
312	Vic Venasky	4	5	6	10	12	20		
313	Vail/Lysiak TL	4	5	6	10	12	20		
314	P.Espo/Orr/Bucyk TL	10	12	15	20	30	60	80	
315	R.Martin/R.Robert TL	4	5	6	10	12	20		
316	Hrchsy/Ptey/Weir TL	4	5	6	10	12	20		
317	S.Mikita/J.Pappin TL	4	5	6	10	12	20		
318	D.Grant/M.Dionne TL	4	5	6	10	12	20		
319	Nolet/Pmnt/Charn TL	4	5	6	10	12			
320	Nevin/Wdng/Brry TL	4	5	6	10	12	20	25	
321	Gldswrthy/Hextall TL	4	5	6	10	12	20		
322	Lafleur/P.Mahov TL	4	5	6	10	12	20		
323	Nystrom/Potvin/Gill TL	4	5	6	10	12	20		
324	Vick/Gilbert/Ratelle TL	4	5	6	10	12	20		
325	R.Leach/B.Clarke TL	4	5	6	10	12	20	30	
326	Pronovost/Schock TL	4	5	6	10	12	20		
327	G.Unger/L.Sacharuk TL	4	5	6	10	12	20		
328	Darryl Sittler TL	4	5	6	10	12	25	30	
329	Lever/Boudrias TL	4	5	6	10	12	20		
330	Williams/Bailey TL	4	5	6	10	12	20		
331	Noel Price	4	5	6	10	12	20		
332	Fred Stanfield	4	5	6	10	12	20		
333	Doug Jarrett	4	5	6	10	12	20	25	
334	Gary Coalter	4	5	6	10	12	20		
335	Murray Oliver	4	5	6	10	12	20		
336	Dave Fortier	4	5	6	10	12	20		
337	Terry Crisp UER	4	5	6	10	12	20		
338	Bert Wilson	4	5	6	10	12	20	25	
339	John Grisdale RC	4	5	6	10	12	20	25	
340	Ken Broderick	4	5	6	10	12	20		
341	Frank Spring RC	4	5	6	10	12	20		
342	Mike Korney RC	4	5	6	10	12	20		
343	Gene Carr	4	5	6	10	12	20		
344	Don Awrey	4	5	6	10	12	20		
345	Pat Hickey	4	5	6	10	12	20		
346	Colin Campbell RC	4	5	6	10	12	20		
347	Wayne Thomas	4	5	6	10	12	20		
348	Bob Gryp RC	4	5	6	10	12	20		
349	Bill Flett	4	5	6	10	12	20		
350	Roger Crozier	4	5	6	10	12	20	25	
351	Dale Tallon	4	5	6	10	12	20		
352	Larry Johnston	4	5	6	10	12	20		
353	John Flesch RC	4	5	6	10	12	20		
354	Lorne Henning	4	5	6	10	12	20		
355	Wayne Stephenson	4	5	6	10	12	20	25	
356	Rick Wilson	4	5	6	10	12	20		
357	Garry Monahan	4	5	6	10	12	20		
358	Gary Doak	4	5	6	10	12	20	25	4
359A	Pierre Jarry NoTR	4	5	6	10	12			
359B	Pierre Jarry TR	4	5	6	10	12			
360	George Pesut RC	4	5	6	10	12	20		
361	Mike Corrigan	4	5	6	10	12	20		
362	Michel Larocque	4	5	6	10	12	20		
363	Wayne Dillon	4	5	6	10	12	20		
364	Pete Laframboise	4	5	6	10	12	20	25	4
365	Brian Glennie	4	5	6	10	12	20		
366	Mike Christie	4	5	6	10	12	20		
367	Jean Lemieux RC	4	5	6	10	12	20		
368	Gary Bromley	4	5	6	10	12	20	25	5
369	J.P. Bordeleau	4	5	6	10	12	20		
370	Ed Gilbert RC	4	5	6	10	12	20		
371	Chris Ahrens	4	5	6	10	12	20		
372	Billy Smith	5	6	8	12	15	25		
373	Larry Goodenough RC	4	5	6	10	12	20		

HOCKEY

	VG 3	VgEx 4	EX 5	ExMt 6	NM 7	NmMt 8	NmMt+ 8.5	TMT 9
Leon Rochefort	4	5	6	10	12	20		
Doug Gibson RC	4	5	6	10	12	20		
Mike Bloom	4	5	6	10	12	20		
Larry Brown	4	5	6	10	12	20		
Jim Roberts	4	5	6	10	12	20		
Gilles Villemure	4	5	6	10	12	20	25	40
Dennis Owchar RC	4	5	6	10	12	20		
Doug Favell	4	5	6	10	12	20		
Stan Gilbertson UER	4	5	6	10	12	20		
Ed Kea RC	4	5	6	10	12	20		
Brian Spencer	4	5	6	10	12	20		
Mike Veisor RC	4	5	6	10	12	20		
Bob Murray	4	5	6	10	12	20		
Andre St.Laurent RC	4	5	6	10	12	20	25	40
Rick Chartraw RC	4	5	6	10	12	20		
Orest Kindrachuk	4	5	6	10	12	20	25	40
Dave Hutchinson RC	4	5	6	10	12	20		
Glenn Goldup	4	5	6	10	12	20		
Jerry Holland RC	4	5	6	10	12	20		
Peter Sturgeon RC	4	5	6	10	12	20		
Alain Daigle RC	4	5	6	10	12	20		
Harold Snepsts RC	10	12	15	25	40	80		

po/Orr/Bucyk TL #314 PSA 10 (Gem) sold for $1,531 (eBay; 3/07)
po/Orr/Bucyk TL #314 PSA 10 (Gem) sold for $510 (eBay; 12/06)
r/Espo/Dionne LL #210 PSA 10 (Gem) sold for $618.80 (Mile High; 12/13)

1975-76 O-Pee-Chee WHA

	VG 3	VgEx 4	EX 5	ExMt 6	NM 7	NmMt 8	NmMt+ 8.5	MT 9
Bobby Hull	8	12	20	30	40	60		
Dale Hoganson	5	5	6	8	10	20		
Ron Chipperfield	5	5	6	8	10	20		
Paul Shmyr	5	5	6	8	10	15	20	30
Mark Howe RC	20	25	30	40	50	150		
Bryon Baltimore	5	5	6	8	10	15	20	30
Nick Harbaruk	5	5	6	8	10	20		
John Garrett RC	6	8	10	12	15	25	30	60
Lou Nistico	5	5	6	8	10	15	20	30
Veli-Pekka Ketola RC	5	6	8	10	12	20	25	40
Real Cloutier	5	5	6	8	10	15	20	30
Duane Rupp	5	5	6	8	10	15	20	30
Robbie Ftorek RC	6	8	12	15	20	30	35	60
Gerry Cheevers	6	8	12	15	20	30	35	80
Bruce MacGregor	5	5	6	8	10	15	20	30
Gene Peacosh	5	5	6	8	10	15	20	30
C.Abrahamsson RC	5	6	8	10	12	20	25	40
Bryan Campbell	5	5	6	8	10	15	20	30
Al McDonough	5	5	6	8	10	15	20	30
Jacques Plante	6	10	15	25	40	60		
Ken Baird	5	5	6	8	10	15	20	30
Anders Hedberg	5	5	6	8	10	15	20	40
Rick Smith	5	5	6	8	10	15	20	30
Richard Brodeur RC	6	8	10	12	15	25	30	60
Jim Harrison	5	5	6	8	10	20	25	40
Murray Heatley	5	5	6	8	10	15	20	30
Jim Shaw	5	5	6	8	10	15	20	30
Larry Pleau RC	5	5	6	8	10	15	20	40
Butch Deadmarsh	5	5	6	8	10	15	20	30
J.C. Tremblay AS	5	5	6	8	10	15	20	30
Kevin Morrison AS	5	5	6	8	10	15	20	30
Andre Lacroix AS	5	5	6	8	10	15	20	30
Bobby Hull AS	6	10	15	20	25	40	50	80
Gordie Howe AS	6	10	15	20	25	60		
Gerry Cheevers AS	5	6	8	10	12	20		
Barry Long AS	5	5	6	8	10	15	20	30
Serge Bernier AS	5	5	6	8	10	15	20	30
Kevin Morrison	5	5	6	8	10	15	20	30
Ulf Nilsson	5	5	6	8	10	15	20	40
N.Lapointe RC UER	5	5	6	8	10			
Al McLeod	5	5	6	8	10	15	20	30
Barry Long	5	5	6	8	10	15	20	40
Dave Keon	5	5	6	8	10	15	20	40
Rick Jodzio	5	5	6	8	10	15	20	30
Gordie Howe	12	15	20	30	50	80	100	150
Joe Daley	5	5	6	8	10	15	20	40
Wayne Muloin	5	5	6	8	10	15	20	30
Rosaire Paiement	5	5	6	8	10	15	20	30
John Sheridan RC	5	6	8	10	12	20		
Nick Fotiu RC	6	8	10	12	15	25		
Frank Mahovlich	5	5	6	8	12	25	30	60
Jack Norris	5	5	6	8	10	15	20	40
Cam Newton	5	5	6	8	10	15	20	30
Fran Huck	5	5	6	8	10	15	20	30
Tony Featherstone	5	5	6	8	10	15	20	30
Heikki Riihiranta	5	5	6	8	10	15	25	50
Jacques Locas	5	5	6	8	10	15		
Checklist Card	10	12	20	30	50	80	100	150
Ernie Wakely	5	6	8	10	12	20		

Gordie Howe AS #66 PSA 10 (Gem) sold for $668 (eBay; 8/12)
Dave Keon #97 PSA 10 (Gem) sold for $99 (Sirius Sports; 6/12)
Jacques Plante #34 PSA 9 (MT) sold for $110 (Sirius Sports; 6/12)

1975-76 Topps

		VG 3	VgEx 4	EX 5	ExMt 6	NM 7	NmMt 8	NmMt+ 8.5	MT 9
1	Stanley Cup Finals	4	5	6	8	15	25		
2	Semi-Finals	4	5	6	8	12	18		
3	Semi-Finals	4	5	6	8	12	18		
4	Quarter Finals	4	5	6	8	12	15	20	30
5	Quarter Finals	4	5	6	10	15			
6	Quarter Finals	4	5	6	8	12	15	20	30
7	Quarter Finals	4	5	6	8	12	15	20	30
8	Curt Bennett	4	5	6	8	10	12	15	25
9	Johnny Bucyk	4	5	6	8	10	12	15	25
10	Gilbert Perreault	4	5	6	8	12	20		
11	Darryl Edestrand	4	5	6	8	10	12	15	25
12	Ivan Boldirev	4	5	6	8	10	12	15	25
13	Nick Libett	4	5	6	8	10	12	15	25
14	Jim McElmury RC	4	5	6	8	10	12	15	25
15	Frank St.Marseille	4	5	6	8	10	12	15	25
16	Blake Dunlop	4	5	6	10	15			
17	Yvon Lambert	4	5	6	8	10	12	15	25
18	Gerry Hart	4	5	6	8	10	12	15	25
19	Steve Vickers	4	5	6	8	12	18		
20	Rick MacLeish	4	5	6	10	15			
21	Bob Paradise	4	5	6	8	10	12	15	25
22	Red Berenson	4	5	6	8	10	12	15	25
23	Lanny McDonald	4	5	6	8	12	20	30	50
24	Mike Robitaille	4	5	6	8	10	12	15	25
25	Ron Low	4	5	6	8	12	18		
26	Bryan Hextall	4	5	6	8	10	12	15	25
27	Carol Vadnais	4	5	6	8	10	12	15	25
28	Jim Lorentz	4	5	6	8	10	12	15	25
29	Gary Simmons	4	5	6	10	15			
30	Stan Mikita	4	5	6	8	12	20	25	40
31	Bryan Watson	4	5	6	8	10	12	15	25
32	Guy Charron	4	5	6	8	10	12	15	25
33	Bob Murdoch	4	5	6	8	10	12	15	25
34	Norm Gratton	4	5	6	8	10	12	15	25
35	Ken Dryden	6	8	10	12	20	30	40	60
36	Jean Potvin	4	5	6	8	12	18		
37	Rick Middleton	4	5	6	10	15			
38	Ed Van Impe	4	5	6	8	10	12	15	25
39	Rick Kehoe	4	5	6	8	10	12	15	25
40	Garry Unger	4	5	6	8	10	12	15	25
41	Ian Turnbull	4	5	6	8	10	12	15	25
42	Dennis Ververgaert	4	5	6	8	12	18		
43	Mike Marson	4	5	6	8	10	12	15	25
44	Randy Manery	4	5	6	10	15			
45	Gilles Gilbert	4	5	6	8	10	12	15	25
46	Rene Robert	4	5	6	8	10	12	15	25
47	Bob Stewart	4	5	6	8	10	12	15	25
48	Pit Martin	4	5	6	8	12	18		
49	Danny Grant	4	5	6	8	10	12	15	25
50	Peter Mahovlich	4	5	6	10	15			
51	Dennis Patterson RC	4	5	6	8	10	12	15	25
52	Mike Murphy	4	5	6	8	10	12	15	25
53	Dennis O'Brien	4	5	6	8	10	12	15	25
54	Garry Howatt	4	5	6	8	10	12	15	25
55	Ed Giacomin	4	5	6	8	12	20	25	35
56	Andre Dupont	4	5	6	10	15			
57	Chuck Arnason	4	5	6	8	10	12	15	25
58	Bob Gassoff RC	4	5	6	10	15			
59	Ron Ellis	4	5	6	8	10	12	15	25
60	Andre Boudrias	4	5	6	8	10	12	15	25
61	Yvon Labre	4	5	6	8	10	12	15	25
62	Hilliard Graves	4	5	6	8	10	12	15	25
63	Wayne Cashman	4	5	6	8	12	18		
64	Danny Gare RC	4	5	6	8	12	20	25	35
65	Rick Hampton	4	5	6	8	10	12	15	25
66	Darcy Rota	4	5	6	8	10	12	15	25
67	Bill Hogaboam	4	5	6	8	10	12	15	25
68	Denis Herron	4	5	6	8	10	12	15	25
69	Sheldon Kannegiesser	4	5	6	8	10	12	15	25
70	Yvan Cournoyer UER	4	5	6	8	10	12	15	25
71	Ernie Hicke	4	5	6	8	12	18		
72	Bert Marshall	4	5	6	8	10	12	15	25
73	Derek Sanderson	4	5	6	8	12	20	25	35
74	Tom Bladon	4	5	6	8	10	12	15	25
75	Ron Schock	4	5	6	8	10	12	15	25
76	Larry Sacharuk RC	4	5	6	8	10	12	15	25
77	George Ferguson	4	5	6	8	10	12	15	25
78	Ab DeMarco	4	5	6	8	10	12	15	25
79	Tom Williams	4	5	6	8	12	18		
80	Phil Roberto	4	5	6	8	10	12	15	25
81	Bruins Team CL	4	5	6	8	12	20	25	35
82	Seals Team CL	4	5	6	8	12	20	25	35
83	Sabres Team CL UER	4	5	6	8	12	20	25	35
84	Blackhawks CL UER	4	5	6	8	12	20	25	35
85	Flames Team CL	4	5	6	8	12	20	25	35
86	Kings Team CL	4	5	6	8	12	20	25	35

HOCKEY

#	Name	VG 3	VgEx 4	EX 5	ExMt 6	NM 7	NmMt 8	NmMt+ 8.5	MT 9
87	Red Wings Team CL	4	5	6	8	12	20	25	35
88	Scouts Team CL UER	4	5	6	8	12	20	25	35
89	North Stars Team CL	4	5	6	8	12	20	25	35
90	Canadiens Team CL	4	5	6	8	12	20	25	35
91	Maple Leafs Team CL	4	5	6	8	12	20	25	35
92	Islanders Team CL	4	5	6	8	12	20	25	35
93	Penguins Team CL	4	5	6	8	12	20	25	35
94	Rangers Team CL	4	5	6	8	12	20	25	35
95	Flyers Team CL UER	4	5	6	8	12	20	25	35
96	Blues Team CL	4	5	6	8	12	20	25	35
97	Canucks Team CL	4	5	6	8	12	20	25	35
98	Capitals Team CL	4	5	6	8	12	20	25	35
99	Checklist 1-110	5	6	8	10	15	25		
100	Bobby Orr	8	10	12	15	25	40	60	100
101	Germaine Gagnon UER	4	5	6	8	10	12	15	25
102	Phil Russell	4	5	6	8	10	12	15	25
103	Billy Lochead	4	5	6	8	10	12	15	25
104	Robin Burns	4	5	6	10	15			
105	Gary Edwards	4	5	6	8		12	15	25
106	Dwight Bialowas	4	5	6	8	10	12	15	25
107	D.Risebrough UER RC	4	5	6	8	12	20	25	35
108	Dave Lewis	4	5	6	10	15			
109	Bill Fairbairn	4	5	6	10	15			
110	Ross Lonsberry	4	5	6	8		12	15	25
111	Ron Stackhouse	4	5	6	8	12	18		
112	Claude Larose	4	5	6	8	10	12	15	25
113	Don Luce	4	5	6	8	10	12	15	25
114	Errol Thompson RC	4	5	6	8	10	12	15	25
115	Gary Smith	4	5	6	8	10	12	15	25
116	Jack Lynch	4	5	6	8	10	12	15	25
117	Jacques Richard	4	5	6	10	15			
118	Dallas Smith	4	5	6	10	15			
119	Dave Gardner	4	5	6	8		12	15	25
120	Mickey Redmond	4	5	6	8	10	12	15	25
121	John Marks	4	5	6	8	10	12	15	25
122	Dave Hudson	4	5	6	8	10	12	15	25
123	Bob Nevin	4	5	6	8	12	18		
124	Fred Barrett	4	5	6	8	10	12	15	25
125	Gerry Desjardins	4	5	6	10	15			
126	Guy Lafleur UER	5	6	8	10	15	25	30	40
127	Jean-Paul Parise	4	5	6	8	10	12	15	25
128	Walt Tkaczuk	4	5	6	8	10	12	15	25
129	Gary Dornhoefer	4	5	6	8	10	12	15	25
130	Syl Apps	4	5	6	8	10	12	15	25
131	Bob Plager	4	5	6	8	10	12	15	25
132	Stan Weir	4	5	6	8	10	12	15	25
133	Tracy Pratt	4	5	6	8	10	12	15	25
134	Jack Egers	4	5	6	8	10	12	15	25
135	Eric Vail	4	5	6	8	10	12	15	25
136	Al Sims	4	5	6	8	10	12	15	25
137	Larry Patey	4	5	6	8	10	12	15	25
138	Jim Schoenfeld	4	5	6	8	10	12	15	25
139	Cliff Koroll	4	5	6	8	10	12	15	25
140	Marcel Dionne	4	5	6	8	12	20	30	50
141	Jean-Guy Lagace	4	5	6	8	10	12	15	25
142	Juha Widing	4	5	6	8	10	12	15	25
143	Lou Nanne	4	5	6	8	10	12	15	25
144	Serge Savard	4	5	6	8	10	12	15	25
145	Glenn Resch	4	5	6	8	12	20	25	40
146	Ron Greschner RC	4	5	6	8	12	20	25	35
147	Dave Schultz	4	5	6	8	10	12	15	25
148	Barry Wilkins	4	5	6	8	10	12	15	25
149	Floyd Thomson	4	5	6	8	10	12	15	25
150	Darryl Sittler	4	5	6	8	10	12	15	25
151	Paulin Bordeleau	4	5	6	8	10	12	15	25
152	Ron Lalonde RC	4	5	6	8	10	12	15	25
153	Larry Romanchych	4	5	6	8	10	12	15	25
154	Larry Carriere	4	5	6	8	12	18		
155	Andre Savard	4	5	6	8	10	12	15	25
156	Dave Hrechkosy RC	4	5	6	8	10	12	15	25
157	Bill White	4	5	6	8	10	12	15	25
158	Dave Kryskow	4	5	6	8	10	12	15	25
159	Denis Dupere	4	5	6	8	12	18		
160	Rogatien Vachon	4	5	6	8	12	20	25	35
161	Doug Rombough	4	5	6	8	10	12	15	25
162	Murray Wilson	4	5	6	8	10	12	15	25
163	Bob Bourne RC	4	5	6	8	12	20	25	35
164	Gilles Marotte	4	5	6	10	15			
165	Vic Hadfield	4	5	6	10	15			
166	Reggie Leach	4	5	6	8	10	12	15	25
167	Jerry Butler	4	5	6	10	15			
168	Inge Hammarstrom	4	5	6	8	12	18		
169	Chris Oddleifson	4	5	6	8	12	18		
170	Greg Joly	4	5	6	8	10	12	15	25
171	Checklist 111-220	5	6	10	12	20			
172	Pat Quinn	4	5	6	10	15			
173	Dave Forbes	4	5	6	8	10	12	15	25
174	Len Frig	4	5	6	8	10	12	15	25
175	Richard Martin	4	5	6	8	10	12	15	25
176	Keith Magnuson	4	5	6	8	10	12	15	25

#	Name	VG 3	VgEx 4	EX 5	ExMt 6	NM 7	NmMt 8	NmMt+ 8.5	MT 9
177	Dan Maloney	4	5	6	8	10	12	15	
178	Craig Patrick	4	5	6	8	10	12	15	
179	Tom Williams	4	5	6	10	15			
180	Bill Goldsworthy	4	5	6	8	10	12	15	
181	Steve Shutt	4	5	6	8	10	12	15	
182	Ralph Stewart	4	5	6	8	12	18		
183	John Davidson	4	5	6	8	12	20	25	
184	Bob Kelly	4	5	6	8	10	12	15	
185	Ed Johnston	4	5	6	8	10	12	15	
186	Dave Burrows	4	5	6	8	10	12	15	
187	Dave Dunn	4	5	6	8	10	12	15	
188	Dennis Kearns	4	5	6	8	10	12	15	
189	Bill Clement	4	5	6	8	12	20	25	
190	Gilles Meloche	4	5	6	8	10	12	15	
191	Bob Leiter	4	5	6	8	10	12	15	
192	Jerry Korab	4	5	6	8	10	12	15	
193	Joey Johnston	4	5	6	8	10	12	15	
194	Walt McKechnie	4	5	6	8	10	12	15	
195	Wilf Paiement	4	5	6	8	10	12	15	
196	Bob Berry	4	5	6	8	10	12	15	
197	Dean Talafous RC	4	5	6	8	10	12	15	
198	Guy Lapointe	4	5	6	8	10	12	15	
199	Clark Gillies RC	4	5	6	8	12	20	30	5
200	Phil Esposito	4	5	6	8	12	20	25	4
201	Greg Polis	4	5	6	8	10	12	15	
202	Jimmy Watson	4	5	6	10	15			
203	Gord McRae RC	4	5	6	8	12	18		
204	Lowell MacDonald	4	5	6	8	10	12	15	2
205	Barclay Plager	4	5	6	8	10	12	15	2
206	Don Lever	4	5	6	8	12	18		
207	Bill Mikkelson	4	5	6	8	10	12	15	
208	Espo/Lafleur/Martin LL	4	5	6	8	12	20	25	4
209	Clarke/Orr/P.Mahov LL	4	5	6	8	12	25	30	12
210	Orr/Espo/Dionne LL	4	5	6	8	12	30		
211	Schultz/Dupont/Rusl LL	4	5	6	8	10	12	15	2
212	Espo/Martin/Grant LL	4	5	6	8	10	15		
213	Parent/Vach/Dryden LL	4	5	6	8	12	25	30	5
214	Barry Gibbs	4	5	6	10	15			
215	Ken Hodge	4	5	6	8	10	12	15	2
216	Jocelyn Guevremont	4	5	6	8	10	12	15	2
217	Warren Williams RC	4	5	6	8	10	12	15	2
218	Dick Redmond	4	5	6	8	10	12	15	2
219	Jim Rutherford	4	5	6	8	10	12	15	2
220	Simon Nolet	4	5	6	8	10	12	15	2
221	Butch Goring	4	5	6	8	10	12	15	2
222	Glen Sather	4	5	6	8	10	12	15	2
223	Mario Tremblay RC	4	5	6	8	12	20		2
224	Jude Drouin	4	5	6	10	15			
225	Rod Gilbert	4	5	6	8	10	12	15	25
226	Bill Barber	4	5	6	8	10	12	15	25
227	Gary Inness RC	4	5	6	8	10	12	15	25
228	Wayne Merrick	4	5	6	8	10	12	15	25
229	Rod Seiling	4	5	6	8	10	12	15	25
230	Tom Lysiak	4	5	6	8	10	12	15	25
231	Bob Dailey	4	5	6	8	10	12	15	25
232	Michel Belhumeur	4	5	6	10	15			
233	Bill Hajt RC	4	5	6	8	10	12	15	25
234	Jim Pappin	4	5	6	8	10	12	15	25
235	Gregg Sheppard	4	5	6	8	10	12	15	25
236	Gary Bergman	4	5	6	8	10	12	15	25
237	Randy Rota	4	5	6	8	10	12	15	25
238	Neil Komadoski	4	5	6	8	10	15		
239	Craig Cameron	4	5	6	8	10	12	15	25
240	Tony Esposito	4	5	6	8	12	20		
241	Larry Robinson	4	5	6	10	15			
242	Billy Harris	4	5	6	8	10	12	15	25
243	Jean Ratelle	4	5	6	8	10	12	15	25
244	Ted Irvine UER	4	5	6	8	10	12	15	25
245	Bob Neely	4	5	6	8	10	12	15	25
246	Bobby Lalonde	4	5	6	8	10	12	15	25
247	Ron Jones RC	4	5	6	8	10	12	15	25
248	Rey Comeau	4	5	6	8	10	12	15	25
249	Michel Plasse	4	5	6	8	10	12	15	25
250	Bobby Clarke	4	5	6	8	12	25	30	50
251	Bobby Schmautz	4	5	6	8	10	12	15	25
252	Peter McNab RC	4	5	6	8	12	20	25	35
253	Al MacAdam	4	5	6	8	10	12	15	25
254	Dennis Hull	4	5	6	8	10	12	15	25
255	Terry Harper	4	5	6	8	10	12	15	25
256	Peter McDuffe	4	5	6	8	10	12	15	25
257	Jean Hamel	4	5	6	10	15			
258	Jacques Lemaire	4	5	6	10	15			
259	Bob Nystrom	4	5	6	8	10	12	15	25
260	Brad Park	4	5	6	8	12	20		
261	Cesare Maniago	4	5	6	8	10	12	15	25
262	Don Saleski	4	5	6	8	10	12	15	25
263	J. Bob Kelly	4	5	6	8	12	18		
264	Bob Hess RC	4	5	6	8	10	12	15	25
265	Blaine Stoughton	4	5	6	8	12	18		
266	John Gould	4	5	6	8	10	12	15	25

	VG 3	VgEx 4	EX 5	ExMt 6	NM 7	NmMt 8	NmMt+ 8.5	MT 9
Checklist 221-330	5	6	8	10	15	25	40	60
Dan Bouchard	4	5	6	8	10	12	15	25
Don Marcotte	4	5	6	8	12	18		
Jim Neilson	4	5	6	8	10	12	15	25
Craig Ramsay	4	5	6	8	10	12	15	25
Grant Mulvey RC	4	5	6	8	10	12	15	25
Larry Giroux RC	4	5	6	8	10	12	15	25
Real Lemieux	4	5	6	10	15			
Denis Potvin	4	5	6	8	12	25	30	50
Don Kozak	4	5	6	10	15			
Tom Reid	4	5	6	8	12	18		
Bob Gainey	4	5	6	8	12	20	30	50
Nick Beverley	4	5	6	10	15			
Jean Pronovost	4	5	6	8	10	12	15	25
Joe Watson	4	5	6	10	15			
Chuck Lefley	4	5	6	8	10	12	15	25
Borje Salming	4	5	6	8	12	25	30	50
Garnet Bailey	4	5	6	8	10	12	15	25
Gregg Boddy	4	5	6	8	10	12	15	25
Bobby Clarke AS1	4	5	6	8	12	20		
Denis Potvin AS1	4	5	6	8	12	20	25	40
Bobby Orr AS1	5	6	8	12	20	40	80	300
Richard Martin AS1	4	5	6	8	10	12	15	25
Guy Lafleur AS1	4	5	6	8	12	20	30	50
Bernie Parent AS1	4	5	6	8	10	12	15	25
Phil Esposito AS2	4	5	6	8	12	20	25	35
Guy Lapointe AS2	4	5	6	8	10	12	15	25
Borje Salming AS2	4	5	6	8	12	20	25	35
Steve Vickers AS2	4	5	6	8	10	12	15	25
Rene Robert AS2	4	5	6	8	10	12	15	25
Rogatien Vachon AS2	4	5	6	8	12	20	25	35
Buster Harvey RC	4	5	6	8	10	12	15	25
Gary Sabourin	4	5	6	8	10	12	15	25
Bernie Parent	4	5	6	8	10	12	15	25
Terry O'Reilly	4	5	6	8	10	12	15	25
Ed Westfall	4	5	6	8	10	12	15	25
Pete Stemkowski	4	5	6	10	15			
Pierre Bouchard	4	5	6	8	12	18		
Pierre Larouche RC	4	5	6	8	12	20	30	50
Lee Fogolin RC	4	5	6	8	10	12	15	25
Gerry O'Flaherty	4	5	6	8	10	12	15	25
Phil Myre	4	5	6	8	10	12	15	25
Pierre Plante	4	5	6	8	10	12	15	25
Dennis Hextall	4	5	6	10	15			
Jim McKenny	4	5	6	8	10	12	15	25
Vic Venasky	4	5	6	8	10	12	15	25
Flames Leaders	4	5	6	8	12	15	20	30
Espo/Orr/Bucyk TL	4	5	6	8	12	25	30	50
Sabres Leaders	4	5	6	8	12	15	20	30
Seals Leaders	4	5	6	8	12	15	20	30
S.Mikita/J.Pappin TL	4	5	6	8	12	15	20	30
D.Grant/M.Dionne TL	4	5	6	8	12	15	20	30
Scouts Leaders	4	5	6	8	12	15	20	30
Kings Leaders	4	5	6	8	12	15	20	30
North Stars Leaders	4	5	6	8	12	15	20	30
Lafleur/P.Mahov TL	4	5	6	8	12	20	25	35
Nystrom/Potvin/Gill TL	4	5	6	8	12	20		
Vick/Gilbert/Ratelle TL	4	5	6	10	15			
R.Leach/B.Clarke TL	4	5	6	8	12	15	20	30
Penguins Leaders	4	5	6	10	15			
Blues Leaders	4	5	6	10	15			
Darryl Sittler TL	4	5	6	10	15			
Canucks Leaders	4	5	6	8	12	15	20	30
Capitals Leaders	4	5	6	8	12	18	20	30

Stan Mikita #30 PSA 10 (Gem) sold for $99.98 (eBay; 4/12)
Bobby Orr #100 PSA 10 (Gem) sold for $1,047 (eBay; 5/12)
Bobby Orr #100 PSA 10 (Gem) sold for $564 (eBay; 11/15)
Bobby Orr AS #288 PSA 10 (Gem) sold for $924.63 (Memory Lane; 4/12)

976-77 O-Pee-Chee

	VG 3	VgEx 4	EX 5	ExMt 6	NM 7	NmMt 8	NmMt+ 8.5	MT 9
Leach/Lafleur/Larou LL	5	6	8	12	15	60		
Clarke/Lafleur/Perr LL	5	6	8	12	15	25	30	50
Lafleur/Clarke/Perr LL	5	6	8	10	12	25		
Durbno/Watsn/Schltz LL	4	5	6	10	12	20		
Espo/Lafleur/Potvin LL	5	6	8	10	12	30		
Dryden/Resch/Laroc LL	5	6	8	12	20	30		60
Gary Doak	4	5	6	10	12	20		
Jacques Richard	4	5	6	10	12	20		
Wayne Dillon	4	5	6	10	12	20	25	50
Bernie Parent	4	5	6	10	12	20		
Ed Westfall	4	5	6	10	12	15	20	30
Dick Redmond	4	5	6	10	12	20		
Bryan Hextall	4	5	6	10	12	20		
Jean Pronovost	4	5	6	10	12	15	20	30
Peter Mahovlich	4	5	6	10	12	20		
Danny Grant	4	5	6	10	12	15	20	30
Phil Myre	4	5	6	10	12	15	20	30
Wayne Merrick	4	5	6	10	12	20		

		VG 3	VgEx 4	EX 5	ExMt 6	NM 7	NmMt 8	NmMt+ 8.5	MT 9
19	Steve Durbano	4	5	6	10	12	15	20	30
20	Derek Sanderson	4	5	6	10	12	20		
21	Mike Murphy	4	5	6	10	12	15	20	30
22	Borje Salming	5	6	8	10	12	20	30	60
23	Mike Walton	4	5	6	10	12	15	20	30
24	Randy Manery	4	5	6	10	12	15	20	30
25	Ken Hodge	4	5	6	10	12	15	20	30
26	Mel Bridgman RC	4	5	6	10	12	20	25	50
27	Jerry Korab	4	5	6	10	12	15	20	30
28	Gilles Gratton	4	5	6	10	12	20		
29	Andre St.Laurent	4	5	6	10	12	20		
30	Yvan Cournoyer	4	5	6	10	12	20	25	50
31	Phil Russell	4	5	6	10	12	20		
32	Dennis Hextall	4	5	6	10	12	20		
33	Lowell MacDonald	4	5	6	10	12	20		
34	Dennis O'Brien	4	5	6	10	12	20		
35	Gerry Meehan	4	5	6	10	12	15	20	30
36	Gilles Meloche	4	5	6	10	12	15	20	30
37	Wilf Paiement	4	5	6	10	12	15	20	30
38	Bob MacMillan RC	4	5	6	10	12	20		
39	Ian Turnbull	4	5	6	10	12	20		
40	Rogatien Vachon	4	5	6	10	12	20	25	50
41	Nick Beverley	4	5	6	10	12	20		
42	Rene Robert	4	5	6	10	12	15	20	30
43	Andre Savard	4	5	6	10	12	15	20	30
44	Bob Gainey	5	6	8	10	12	20	25	50
45	Joe Watson	4	5	6	10	12	20		
46	Billy Smith	5	6	8	10	12	20	25	40
47	Darcy Rota	4	5	6	10	12	20		
48	Rick Lapointe RC	4	5	6	10	12	15		30
49	Pierre Jarry	4	5	6	10	12	20		
50	Syl Apps	4	5	6	10	12	15	20	30
51	Eric Vail	4	5	6	10	12	15	20	30
52	Greg Joly	4	5	6	10	12	15	20	30
53	Don Lever	4	5	6	10	12	15	20	30
54	Bob Murdoch Seals	4	5	6	10	12	20		
55	Denis Herron	4	5	6	10	12	15	20	30
56	Mike Bloom	4	5	6	10	12	15	20	30
57	Bill Fairbairn	4	5	6	10	12	20		
58	Fred Stanfield	4	5	6	10	12	20		
59	Steve Shutt	4	5	6	10	12	20		
60	Brad Park	4	5	6	10	12	20		
61	Gilles Villemure	4	5	6	10	12	20		
62	Bert Marshall	4	5	6	10	12	20		
63	Chuck Lefley	4	5	6	10	12	20		
64	Simon Nolet	4	5	6	10	12	15	20	30
65	Reggie Leach RB	4	5	6	10	12	20		
66	Darryl Sittler RB	4	5	6	10	12	20		
67	Bryan Trottier RB	5	6	8	10	15	30	40	60
68	Garry Unger RB	4	5	6	10	12	15	20	30
69	Ron Low	4	5	6	10	12	20		
70	Bobby Clarke	5	6	8	10	12	25	30	50
71	Michel Bergeron RC	4	5	6	10	12	15	20	30
72	Ron Stackhouse	4	5	6	10	12	15	20	30
73	Bill Hogaboam	4	5	6	10	12	20		
74	Bob Murdoch Kings	4	5	6	10	12	15	20	30
75	Steve Vickers	4	5	6	10	12	20		
76	Pit Martin	4	5	6	10	12	15	20	30
77	Gerry Hart	4	5	6	10	12	15	20	30
78	Craig Ramsay	4	5	6	10	12	20		
79	Michel Larocque	4	5	6	10	12	20		
80	Jean Ratelle	4	5	6	10	12	20		
81	Don Saleski	4	5	6	10	12	15	20	30
82	Bill Clement	4	5	6	10	12	20		
83	Dave Burrows	4	5	6	10	12	15	20	30
84	Wayne Thomas	4	5	6	10	12	15	20	30
85	John Gould	4	5	6	10	12	20		
86	Dennis Maruk RC	5	6	8	10	12	20	25	50
87	Ernie Hicke	4	5	6	10	12	20		
88	Jim Rutherford	4	5	6	10	12	15	20	30
89	Dale Tallon	4	5	6	10	12	20		
90	Rod Gilbert	4	5	6	10	12	20		
91	Marcel Dionne	5	6	8	10	12	25	30	40
92	Chuck Arnason	4	5	6	10	12	15	20	30
93	Jean Potvin	4	5	6	10	12	20		
94	Don Luce	4	5	6	10	12	20		
95	Johnny Bucyk	4	5	6	10	12	20	25	40
96	Larry Goodenough	4	5	6	10	12	20		
97	Mario Tremblay	4	5	6	10	12	20		
98	Nelson Pyatt	4	5	6	10	12	20		
99	Brian Glennie	4	5	6	10	12	20		
100	Tony Esposito	5	6	8	10	12	25	30	50
101	Dan Maloney	4	5	6	10	12	15	20	30
102	Dunc Wilson	4	5	6	10	12	20		
103	Dean Talafous	4	5	6	10	12	20		
104	Ed Staniowski	4	5	6	10	12	15	20	30
105	Dallas Smith	4	5	6	10	12	15	20	30
106	Jude Drouin	4	5	6	10	12	15	20	30
107	Pat Hickey	4	5	6	10	12	20		
108	Jocelyn Guevremont	4	5	6	10	12	20		

#	Player	VG 3	VgEx 4	EX 5	ExMt 6	NM 7	NmMt 8	NmMt+ 8.5	MT 9
109	Doug Risebrough	4	5	6	10	12	20		
110	Reggie Leach	4	5	6	10	12	20		
111	Dan Bouchard	4	5	6	10	12	15	20	30
112	Chris Oddleifson	4	5	6	10	12	20		
113	Rick Hampton	4	5	6	10	12	20		
114	John Marks	4	5	6	10	12	15	20	30
115	Bryan Trottier RC	15	25	40	60	80	150	200	600
116	Checklist 1-132	6	8	10	12	20	35	50	80
117	Greg Polis	4	5	6	10	12	20		
118	Peter McNab	4	5	6	10	12		25	40
119	Jim Roberts Mont	4	5	6	10	12	15	20	30
120	Gerry Cheevers	5	6	8	10	12	20	25	40
121	Rick MacLeish	4	5	6	10	12	20		
122	Billy Lochead	4	5	6	10	12	15	20	30
123	Tom Reid	4	5	6	10	12	15	20	30
124	Rick Kehoe	4	5	6	10	12	15	20	30
125	Keith Magnuson	4	5	6	10	12	20		
126	Clark Gillies	4	5	6	10	12		25	40
127	Rick Middleton	4	5	6	10	12	20		
128	Bill Hajt	4	5	6	10	12	20		
129	Jacques Lemaire	4	5	6	10	12	20		
130	Terry O'Reilly	4	5	6	10	12	20		
131	Andre Dupont	4	5	6	10	12	20		
132	Flames Team	5	6	8	10	12	20		
133	Bruins Team	5	6	8	10	12	20		
134	Sabres Team	5	6	8	10	12	20		
135	Seals Team	5	6	8	10	12	20		
136	Blackhawks Team	5	6	8	10	12	20	25	40
137	Red Wings Team	5	6	8	10	12	20	25	40
138	Scouts Team	5	6	8	10	12	20		
139	Kings Team	5	6	8	10	12	20		
140	North Stars Team	5	6	8	10	12	20		
141	Canadiens Team	5	6	8	10	12	20	25	40
142	Islanders Team	5	6	8	10	12	20		
143	Rangers Team	5	6	8	10	12	20	25	40
144	Flyers Team	5	6	8	10	12	20	25	40
145	Penguins Team	5	6	8	10	12	20		
146	Blues Team	5	6	8	10	12	20	25	40
147	Maple Leafs Team	5	6	8	10	12	20		
148	Canucks Team	5	6	8	10	12	20		
149	Capitals Team	5	6	8	10	12	20	25	40
150	Dave Schultz	4	5	6	10	12	20	25	50
151	Larry Robinson	5	6	8	10	12	25	30	40
152	Al Smith	4	5	6	10	12	15	20	30
153	Bob Nystrom	4	5	6	10	12	15	20	30
154	Ron Greschner	4	5	6	10	12	20		
155	Gregg Sheppard	4	5	6	10	12	20		
156	Alain Daigle	4	5	6	10	12	15	20	30
157	Ed Van Impe	4	5	6	10	12	20		
158	Tim Young RC	4	5	6	10	12	15	20	30
159	Bryan Lefley	4	5	6	10	12	20		
160	Ed Giacomin	4	5	6	10	12	20	25	50
161	Yvon Labre	4	5	6	10	12	20		
162	Jim Lorentz	4	5	6	10	12	15	20	30
163	Guy Lafleur	6	8	10	12	20	40	50	80
164	Tom Bladon	4	5	6	10	12	20		
165	Wayne Cashman	4	5	6	10	12	20		
166	Pete Stemkowski	4	5	6	10	12	20		
167	Grant Mulvey	4	5	6	10	12	15	20	30
168	Yves Belanger	4	5	6	10	12	15	20	30
169	Bill Goldsworthy	4	5	6	10	12	15	20	30
170	Denis Potvin	5	6	8	10	12	25	30	40
171	Nick Libett	4	5	6	10	12	15	20	30
172	Michel Plasse	4	5	6	10	12	20		
173	Lou Nanne	4	5	6	10	12	15	20	30
174	Tom Lysiak	4	5	6	10	12	15	20	30
175	Dennis Ververgaert	4	5	6	10	12	15	20	30
176	Gary Simmons	4	5	6	10	12	20		
177	Pierre Bouchard	4	5	6	10	12	15	20	30
178	Bill Barber	4	5	6	10	12	20	25	40
179	Darryl Edestrand	4	5	6	10	12	20		
180	Gilbert Perreault	5	6	8	10	12	20		
181	Dave Maloney RC	4	5	6	10	12	20	25	40
182	Jean-Paul Parise	4	5	6	10	12	20		
183	Jim Harrison	4	5	6	10	12	20		
184	Pete Lopresti	4	5	6	10	12	15	20	30
185	Don Kozak	4	5	6	10	12	15	20	30
186	Guy Charron	4	5	6	10	12	15	20	30
187	Stan Gilbertson	4	5	6	10	12	20		
188	Bill Nyrop	4	5	6	10	12	20		
189	Bobby Schmautz	4	5	6	10	12	15	20	30
190	Wayne Stephenson	4	5	6	10	12	20		
191	Brian Spencer	4	5	6	10	12	15	20	30
192	Gilles Marotte	4	5	6	10	12	15	20	30
193	Lorne Henning	4	5	6	10	12	15	20	30
194	Bob Neely	4	5	6	10	12	15	20	30
195	Dennis Hull	4	5	6	10	12	15	20	30
196	Walt McKechnie	4	5	6	10	12	15	20	30
197	Curt Ridley	4	5	6	10	12	20		
198	Dwight Bialowas	4	5	6	10	12	15	20	30
199	Pierre Larouche	4	5	6	10	12	20		
200	Ken Dryden	6	8	10	15	30	60	80	150
201	Ross Lonsberry	4	5	6	10	12	20		
202	Curt Bennett	4	5	6	10	12	20		
203	Hartland Monahan	4	5	6	10	12	20		
204	John Davidson	5	6	8	10	12	20	25	50
205	Serge Savard	4	5	6	10	12	20		
206	Garry Howatt	4	5	6	10	12	15	20	30
207	Darryl Sittler	5	6	8	10	12	20	25	40
208	J.P. Bordeleau	4	5	6	10	12	15	20	30
209	Henry Boucha	4	5	6	10	12	20		
210	Richard Martin	4	5	6	10	12	20		
211	Vic Venasky	4	5	6	10	12	15	20	30
212	Buster Harvey	4	5	6	10	12	20		
213	Bobby Orr	15	20	25	30	50	120	135	300
214	Martin/Perreault/Robert	5	6	8	10	12	20	25	50
215	Barber/Clarke/Leach	5	6	8	10	12	20	30	
216	Gillies/Trottier/Harris	5	6	8	10	12	20	25	40
217	Gainey/Jarvis/Roberts	4	5	6	10	12	20		
218	Bicentennial Line	4	5	6	10	12	20		
219	Bob Kelly	4	5	6	10	12	20		
220	Walt Tkaczuk	4	5	6	10	12	15	20	30
221	Dave Lewis	4	5	6	10	12	15	20	30
222	Danny Gare	4	5	6	10	12	20		
223	Guy Lapointe	4	5	6	10	12	20		
224	Hank Nowak	4	5	6	10	12	15	20	30
225	Stan Mikita	5	6	8	10	12	20	25	50
226	Vic Hadfield	4	5	6	10	12	20		
227	Bernie Wolfe	4	5	6	10	12	15	20	30
228	Bryan Watson	4	5	6	10	12	15	20	30
229	Ralph Stewart	4	5	6	10	12	20		
230	Gerry Desjardins	4	5	6	10	12	20		
231	John Bednarski	4	5	6	10	12	20		
232	Yvon Lambert	4	5	6	10	12	20		
233	Orest Kindrachuk	4	5	6	10	12	20		
234	Don Marcotte	4	5	6	10	12	15	20	30
235	Bill White	4	5	6	10	12	20		
236	Red Berenson	4	5	6	10	12	20		
237	Al MacAdam	4	5	6	10	12	20		
238	Rick Blight	4	5	6	10	12	15	20	30
239	Butch Goring	4	5	6	10	12	20		
240	Cesare Maniago	4	5	6	10	12	20		
241	Jim Schoenfeld	4	5	6	10	12	20		
242	Cliff Koroll	4	5	6	10	12	20		
243	Scott Garland	4	5	6	10	12	20		
244	Rick Chartraw	4	5	6	10	12	20		
245	Phil Esposito	5	6	8	10	12	20	25	40
246	Dave Forbes	4	5	6	10	12	15	20	30
247	Jimmy Watson	4	5	6	10	12	20		
248	Ron Schock	4	5	6	10	12	20		
249	Fred Barrett	4	5	6	10	12	15	20	30
250	Glenn Resch	5	6	8	10	12	20	25	50
251	Ivan Boldirev	4	5	6	10	12	20		
252	Billy Harris	4	5	6	10	12	15	20	30
253	Lee Fogolin	4	5	6	10	12	15	20	30
254	Murray Wilson	4	5	6	10	12	15	20	30
255	Gilles Gilbert	4	5	6	10	12	20		
256	Gary Dornhoefer	4	5	6	10	12	20		
257	Carol Vadnais	4	5	6	10	12	15	20	30
258	Checklist 133-264	10	15	20	30	40	200		
259	Errol Thompson	4	5	6	10	12	20		
260	Garry Unger	4	5	6	10	12	20		
261	J. Bob Kelly	4	5	6	10	12	20		
262	Terry Harper	4	5	6	10	12	15	20	30
263	Blake Dunlop	4	5	6	10	12	20		
264	Canadiens Champs	4	5	6	10	12	20		
265	Richard Mulhern	4	5	6	10	12	15	20	30
266	Gary Sabourin	4	5	6	10	12	20		
267	Bill McKenzie UER RC	4	5	6	10	12	20		
268	Mike Corrigan	4	5	6	10	12	15	20	30
269	Rick Smith	4	5	6	10	12	20		
270	Stan Weir	4	5	6	10	12	15	20	30
271	Ron Sedlbauer	4	5	6	10	12	15	20	30
272	Jean Lemieux	4	5	6	10	12	20		
273	Hilliard Graves	4	5	6	10	12	20		
274	Dave Gardner	4	5	6	10	12	20		
275	Tracy Pratt	4	5	6	10	12	15	20	30
276	Frank St.Marseille	4	5	6	10	12	15	20	30
277	Bob Hess	4	5	6	10	12	15	20	30
278	Bobby Lalonde	4	5	6	10	12	15	20	30
279	Tony White	4	5	6	10	12	20		
280	Rod Seiling	4	5	6	10	12	20		
281	Larry Romanchych	4	5	6	10	12	15	20	30
282	Ralph Klassen	4	5	6	10	12	20		
283	Gary Croteau	4	5	6	10	12	15	20	30
284	Neil Komadoski	4	5	6	10	12	15	20	30
285	Ed Johnston	4	5	6	10	12	15	20	30
286	George Ferguson	4	5	6	10	12	20		
287	Gerry O'Flaherty	4	5	6	10	12	20		
288	Jack Lynch	4	5	6	10	12	15	20	30

	VG 3	VgEx 4	EX 5	ExMt 6	NM 7	NmMt 8	NmMt+ 8.5	MT 9
Pat Quinn	4	5	6	10	12	15	20	30
Gene Carr	4	5	6	10	12	15	20	30
Bob Stewart	4	5	6	10	12	15	20	30
Doug Favell	4	5	6	10	12	15	20	30
Rick Wilson	4	5	6	10	12	20		
Jack Valiquette	4	5	6	10	12	15	20	30
Garry Monahan	4	5	6	10	12	20		
Michel Belhumeur	4	5	6	10	12	20		
Larry Carriere	4	5	6	10	12	15	20	30
Fred Ahern	4	5	6	10	12	20		
Dave Hudson	4	5	6	10	12	20		
Bob Berry	4	5	6	10	12	15	20	30
Bob Gassoff	4	5	6	10	12	15	20	30
Jim McKenny	4	5	6	10	12	20		
Gord Smith	4	5	6	10	12	15	20	30
Garnet Bailey	4	5	6	10	12	15	20	30
Bruce Affleck	4	5	6	10	12	20		
Doug Halward	4	5	6	10	12	20		
Lew Morrison	4	5	6	10	12	20		
Bob Sauve RC	5	6	8	10	12	20	25	50
Bob Murray RC	4	5	6	10	12	20		
Claude Larose	4	5	6	10	12	15	20	30
Don Awrey	4	5	6	10	12	15	20	30
Bill MacMillan	4	5	6	10	12	20		
Doug Jarvis RC	4	5	6	10	12	30	35	80
Dennis Owchar	4	5	6	10	12	15	20	30
Jerry Holland	4	5	6	10	12	15	20	30
Guy Chouinard RC	4	5	6	10	12	20	25	40
Gary Smith	4	5	6	10	12	15	20	30
Pat Price	4	5	6	10	12	15	20	30
Tom Williams	4	5	6	10	12	15	20	30
Larry Patey	4	5	6	10	12	15	20	30
Claire Alexander	4	5	6	10	12	15	20	30
Larry Bolonchuk	4	5	6	10	12	15	20	30
Bob Sirois	4	5	6	10	12	20		
Joe Zanussi	4	5	6	10	12	20		
Joey Johnston	4	5	6	10	12	15	20	30
J.P. LeBlanc	4	5	6	10	12	15	20	30
Craig Cameron	4	5	6	10	12	15	20	30
Dave Fortier	4	5	6	10	12	15	20	30
Ed Gilbert	4	5	6	10	12	15	20	30
John Van Boxmeer	4	5	6	10	12	15	20	30
Gary Inness	4	5	6	10	12	15	20	30
Bill Flett	4	5	6	10	12	20		
Mike Christie	4	5	6	10	12	15	20	30
Denis Dupere	4	5	6	10	12	20		
Sheldon Kannegiesser	4	5	6	10	12	15	20	30
Jerry Butler	4	5	6	10	12	15	20	30
Gord McRae	4	5	6	10	12	15	20	30
Dennis Kearns	4	5	6	10	12	15	20	30
Ron Lalonde	4	5	6	10	12	20		
Jean Hamel	4	5	6	10	12	15	20	30
Barry Gibbs	4	5	6	10	12	20		
Mike Pelyk	4	5	6	10	12	20		
Rey Comeau	4	5	6	10	12	15	20	30
Jim Neilson	4	5	6	10	12	20		
Phil Roberto	4	5	6	10	12	20		
Dave Hutchinson	4	5	6	10	12	20		
Ted Irvine	4	5	6	10	12	15	20	30
Lanny McDonald UER	5	6	8	10	12	20	30	60
Jim Moxey	4	5	6	10	12	15	20	30
Bob Dailey	4	5	6	10	12	15	20	30
Tim Ecclestone	4	5	6	10	12	20		
Len Frig	4	5	6	10	12	20		
Randy Rota	4	5	6	10	12	20		
Juha Widing	4	5	6	10	12	15	20	30
Larry Brown	4	5	6	10	12	20		
Floyd Thomson	4	5	6	10	12	20		
Richard Nantais	4	5	6	10	12	20		
Inge Hammarstrom	4	5	6	10	12	15	20	30
Mike Robitaille	4	5	6	10	12	20		
Rejean Houle	4	5	6	10	12	15	20	30
Ed Kea	4	5	6	10	12	15	20	30
Bob Girard	4	5	6	10	12	15	20	30
Bob Murray Vancv	4	5	6	10	12	15	20	30
Dave Hrechkosy	4	5	6	10	12	15	20	30
Gary Edwards	4	5	6	10	12	15	20	30
Harold Snepsts	5	6	8	10	12	20	25	40
Pat Boutette RC	4	5	6	10	12	20	25	40
Bob Paradise	4	5	6	10	12	15	20	30
Bob Plager	4	5	6	10	12	15	20	30
Tim Jacobs	4	5	6	10	12	15	20	30
Pierre Plante	4	5	6	10	12	15	20	30
Colin Campbell	4	5	6	10	12	15	20	30
Dave Williams RC	8	10	15	20	30	60	100	200
Ab DeMarco	4	5	6	10	12	20		
Mike Lampman	4	5	6	10	12	15	20	30
Mark Heaslip	4	5	6	10	12	15	20	30
Checklist Card	6	8	10	12	20	50	60	100
Bert Wilson	4	5	6	10	12	20		

	VG 3	VgEx 4	EX 5	ExMt 6	NM 7	NmMt 8	NmMt+ 8.5	MT 9
379	Bntt/Lysk/Qnn/St.S TL	4	5	6	10	12	20	
380	Gre/Perrlt/Mrtin TL	4	5	6	10	12	15	20	30
381	Bucyk/Ratle/O'Rei TL	4	5	6	10	12	20	
382	Mrtn/Tln/Rsll/Kroll TL	4	5	6	10	12	20	
383	Seals/McAd/Mrdch TL	4	5	6	10	12	20	
384	Charron/Durbano TL	4	5	6	10	12	20	
385	Brgrn/McKch/Wtsn TL	4	5	6	10	12	20	
386	Dione/Htch/Corrig TL	4	5	6	10	12	15	20	30
387	Hoga/Yng/O'Brien TL	4	5	6	10	12	15	20	30
388	Laflr/P.Mahv/Rise TL	5	6	8	10	12	20	25	50
389	Gillies/Potvin/How TL	4	5	6	10	12	20	25	50
390	Gilbert/Vick/Espo TL	4	5	6	10	12	20	
391	Leach/Clarke/Barber TL	4	5	6	10	12	20	
392	Lrch/Apps/Schck TL	4	5	6	10	12	20	
393	Lefly/Ungr/Gssf TL	4	5	6	10	12	20	
394	Thmpsn/Sittlr/Will TL	4	5	6	10	12	20	
395	Vgrt/Odl/Krns/Snpst TL	4	5	6	10	12	20	
396	Pyatt/Mhn/Lbr/Whte TL	4	5	6	10	12	20	

— Guy Lafleur #163 PSA 10 (Gem) sold for $262 (Memory Lane; 4/12)
— Bobby Orr #213 PSA 10 (Gem) sold for $949 (Memory Lane; 4/07)
— Bobby Orr #213 PSA 10 (Gem) sold for $756.84 (Mile High; 12/13)
— Brian Trottier RC #155 PSA 10 (Gem) sold for $2,033 (eBay; 3/13)

1976-77 O-Pee-Chee WHA

		GD 2	VG 3	VgEx 4	EX 5	ExMt 6	NM 7	NmMt 8	MT 9
2	Tardif/Trembl/Nils LL	4	4	5	6	10	12		
3	Tardif/B.Hull/Nils LL	4	5	6	8	12	15	20	40
9	Ulf Nilsson	4		6	10	12	15		
14	Tom Webster	4	4	5	6	8	10	12	25
15	Marty Howe	4		5	6	10	12	15	30
20	Joe Daley	4	4	5	6	8	12	15	
21	Gary Veneruzzo	4	4	5	6	8	10	12	25
23	Mike Antonovich	4	4	5	6	8	10	12	30
27	Poul Popiel	4	4	5	6	8	10	12	25
28	Renald Leclerc	4	4	5	6	8	10	12	25
30	Lars-Erik Sjoberg	4	4	5	6	8	10	12	25
33	Tim Sheehy	4	4	5	6	8	10	12	25
34	Brent Hughes	4	4	5	6	8	10	12	25
37	Rosaire Paiement	4	4	5	6	8	10	12	25
39	Hugh Harris	4	4	5	6	8	10	12	25
41	Rich Leduc	4	4	5	6	8	10	12	25
46	Joe Noris RC	4	4	5	6	8	10	12	25
50	Gordie Howe	8	10	15	20	25	30	40	80
52	Dave Keon	4		6	10	12	15		
54	Bryan Maxwell	4	4	5	6	8	10		
60	Gene Peacosh	4	4	5	6	8	10	12	25
62	J.C. Tremblay AS	4	4	5	6	8	10	12	25
63	Lars-Erik Sjoberg AS	4	4	5	6	8	10	12	25
65	Bobby Hull AS	6	8	10	12	20	25	35	80
67	Chris Abrahamsson AS	4	4	5	6	8	10	12	25
72	Gordie Howe AS	6	8	10	12	20	25	40	150
73	Bob Nevin	4	4	5	6	8	10	12	25
81	Frank Hughes	4	4	5	6	8	10	12	25
82	Reg Thomas	4	4	5	6	8	10	12	25
84	Paul Henderson	4		6	10	12	15		
91	Garry Swain	4	4	5	6	8	10	12	25
95	Mark Howe	5	6	8	10	12	15	20	50
96	Peter Marrin RC	4	4	5	6	8	10	12	
98	Paulin Bordeleau	4	4	5	6	8	10	12	25
100	Bobby Hull	6	8	10	12	20	25	40	80
101	Rick Ley	4	4	5	6	8	10	12	25
105	John French	4	4	5	6	8	10	12	25
106	John Hughes	4	4	5	6	8	10		
111	Frank Mahovlich	5	6	8	10	15	20	30	60
115	Rich Preston	4	4	5	6	8	10	12	25
117	Checklist Card	4	5	6	8	12	20	40	100
125	Anders Hedberg	4	4	5	6	10	12	15	
126	Norm Ullman	4		5	6	10	12	15	35
127	Steve Sutherland	4	4	5	6	8	10	12	25
128	John Schella	4	4	5	6	8	10	12	25
129	Don McLeod	4	4	5	6	8	10	12	25
130	Canadian Finals	4	5	6	8	12	15	20	40
132	World Trophy Final	5	6	8	10	12	15	20	40

1976-77 Topps

		VG 3	VgEx 4	EX 5	ExMt 6	NM 7	NmMt 8	NmMt+ 8.5	MT 9
1	Leach/Lafleur/Larou LL	4	5	6	8	10	20	25	
2	Clarke/Lafleur/Perr/ LL	4	5	6	8	10	20	25	
3	Lafleur/Clarke/Perr LL	4	5	6	8	10	15	20	
4	Durbno/Watsn/Schultz LL	4	5	6	8	10	15	20	
5	Espo/Lafleur/Potvin LL	4	5	6	8	10	12	15	
6	Dryden/Resch/Laroc LL	4	5	6	8	10	12	15	
7	Gary Doak	4	5	6	8	10	12	15	
8	Jacques Richard	4	5	6	8	10	12	15	
9	Wayne Dillon	4	5	6	8	10	12	15	20
10	Bernie Parent	4	5	6	8	10	12	15	25
11	Ed Westfall	4	5	6	8	10	12	15	20
12	Dick Redmond	4	5	6	8	10	12	15	
13	Bryan Hextall	4	5	6	8	10	12	15	20

#	Player	VG 3	VgEx 4	EX 5	ExMt 6	NM 7	NmMt 8	NmMt+ 8.5	MT 9
		4	5	6	8	10	12	15	20
14	Jean Pronovost	4	5	6	8	10	12	15	20
15	Peter Mahovlich	4	5	6	8	10	12	15	
16	Danny Grant	4	5	6	8	10	12	15	
17	Phil Myre	4	5	6	8	10	12	15	20
18	Wayne Merrick	4	5	6	8	10	12	15	
19	Steve Durbano	4	5	6	8	10	12	15	20
20	Derek Sanderson	4	5	6	8	10	12	15	
21	Mike Murphy	4	5	6	8	10	12	15	
22	Borje Salming	4	5	6	8	10	12	15	25
23	Mike Walton	4	5	6	8	10	12	15	20
24	Randy Manery	4	5	6	8	10	12	15	
25	Ken Hodge	4	5	6	8	10	12	15	
26	Mel Bridgman RC	4	5	6	8	10	12	15	20
27	Jerry Korab	4	5	6	8	10	12	15	20
28	Gilles Gratton	4	5	6	8	10	12	15	20
29	Andre St.Laurent	4	5	6	8	10	12	15	
30	Yvan Cournoyer	4	5	6	8	10	12	15	
31	Phil Russell	4	5	6	8	10	12	15	
32	Dennis Hextall	4	5	6	8	10	12	15	
33	Lowell MacDonald	4	5	6	8	10	12	15	20
34	Dennis O'Brien	4	5	6	8	10	12	15	
35	Gerry Meehan	4	5	6	8	10	12	15	
36	Gilles Meloche	4	5	6	8	10	12	15	
37	Wilf Paiement	4	5	6	8	10	12	15	
38	Bob MacMillan RC	4	5	6	8	10	12	15	
39	Ian Turnbull	4	5	6	8	10	12	15	
40	Rogatien Vachon	4	5	6	8	10	12	15	
41	Nick Beverley	4	5	6	8	10	12	15	
42	Rene Robert	4	5	6	8	10	12	15	20
43	Andre Savard	4	5	6	8	10	12	15	20
44	Bob Gainey	4	5	6	8	10	12	15	
45	Joe Watson	4	5	6	8	10	12	15	20
46	Billy Smith	4	5	6	8	10	12	15	25
47	Darcy Rota	4	5	6	8	10	12	15	
48	Rick Lapointe RC	4	5	6	8	10	12	15	20
49	Pierre Jarry	4	5	6	8	10	12	15	
50	Syl Apps	4	5	6	8	10	12	15	20
51	Eric Vail	4	5	6	8	10	12	15	20
52	Greg Joly	4	5	6	8	10	12	15	
53	Don Lever	4	5	6	8	10	12	15	
54	Bob Murdoch Seals	4	5	6	8	10	12	15	
55	Denis Herron	4	5	6	8	10	12	15	
56	Mike Bloom	4	5	6	8	10	12	15	20
57	Bill Fairbairn	4	5	6	8	10	12	15	
58	Fred Stanfield	4	5	6	8	10	12	15	
59	Steve Shutt	4	5	6	8	10	12	15	25
60	Brad Park	4	5	6	8	10	12	15	25
61	Gilles Villemure	4	5	6	8	10	12	15	
62	Bert Marshall	4	5	6	8	10	12	15	20
63	Chuck Lefley	4	5	6	8	10	12	15	
64	Simon Nolet	4	5	6	8	10	12	15	
65	Reggie Leach RB	4	5	6	8	10	12	15	
66	Darryl Sittler RB	4	5	6	8	10	12	15	
67	Bryan Trottier RB	5	6	8	10	12	15	20	30
68	Garry Unger RB	4	5	6	8	10	12	15	
69	Ron Low	4	5	6	8	10	12	15	
70	Bobby Clarke	5	6	8	10	12	15	20	25
71	Michel Bergeron RC	4	5	6	8	10	12	15	
72	Ron Stackhouse	4	5	6	8	10	12	15	20
73	Bill Hogaboam	4	5	6	8	10	12	15	20
74	Bob Murdoch Kings	4	5	6	8	10	12	15	
75	Steve Vickers	4	5	6	8	10	12	15	
76	Pit Martin	4	5	6	8	10	12	15	
77	Gerry Hart	4	5	6	8	10	12	15	
78	Craig Ramsay	4	5	6	8	10	12	15	20
79	Michel Larocque	4	5	6	8	10	12	15	20
80	Jean Ratelle	4	5	6	8	10	12	15	20
81	Don Saleski	4	5	6	8	10	12	15	20
82	Bill Clement	4	5	6	8	10	12	15	20
83	Dave Burrows	4	5	6	8	10	12	15	
84	Wayne Thomas	4	5	6	8	10	12	15	20
85	John Gould	4	5	6	8	10	12	15	
86	Dennis Maruk RC	4	5	6	8	10	12	15	25
87	Ernie Hicke	4	5	6	8	10	12	15	20
88	Jim Rutherford	4	5	6	8	10	12	15	
89	Dale Tallon	4	5	6	8	10	12	15	
90	Rod Gilbert	4	5	6	8	10	12	15	
91	Marcel Dionne	4	5	6	8	10	15	20	25
92	Chuck Arnason	4	5	6	8	10	12	15	
93	Jean Potvin	4	5	6	8	10	12	15	20
94	Don Luce	4	5	6	8	10	12	15	20
95	Johnny Bucyk	4	5	6	8	10	12	15	20
96	Larry Goodenough	4	5	6	8	10	12	15	20
97	Mario Tremblay	4	5	6	8	10	12	15	
98	Nelson Pyatt RC	4	5	6	8	10	12	15	
99	Brian Glennie	4	5	6	8	10	12	15	
100	Tony Esposito	4	5	6	8	10	12	15	30
101	Dan Maloney	4	5	6	8	10	12	15	20
102	Barry Wilkins	4	5	6	8	10	12	15	
103	Dean Talafous	4	5	6	8	10	12	15	20
104	Ed Staniowski RC	4	5	6	8	10	12	15	20
105	Dallas Smith	4	5	6	8	10	12	15	
106	Jude Drouin	4	5	6	8	10	12	15	
107	Pat Hickey	4	5	6	8	10	12	15	
108	Jocelyn Guevremont	4	5	6	8	10	12	15	20
109	Doug Risebrough	4	5	6	8	10	12	15	20
110	Reggie Leach	4	5	6	8	10	12	15	
111	Dan Bouchard	4	5	6	8	10	12	15	20
112	Chris Oddleifson	4	5	6	8	10	12	15	
113	Rick Hampton	4	5	6	8	10	12	15	
114	John Marks	4	5	6	8	10	12	15	
115	Bryan Trottier RC	10	12	15	25	30	80	100	150
116	Checklist 1-132	5	6	8	10	15	20	30	
117	Greg Polis	4	5	6	8	10	12	15	
118	Peter McNab	4	5	6	8	10	12	15	
119	Jim Roberts	4	5	6	8	10	12	15	
120	Gerry Cheevers	4	5	6	8	10	12	15	
121	Rick MacLeish	4	5	6	8	10	12	15	
122	Billy Lochead	4	5	6	8	10	12	15	
123	Tom Reid	4	5	6	8	10	12	15	20
124	Rick Kehoe	4	5	6	8	10	12	15	20
125	Keith Magnuson	4	5	6	8	10	12	15	20
126	Clark Gillies	4	5	6	8	10	12	15	20
127	Rick Middleton	4	5	6	8	10	12	15	
128	Bill Hajt	4	5	6	8	10	12	15	
129	Jacques Lemaire	4	5	6	8	10	12	15	
130	Terry O'Reilly	4	5	6	8	10	12	15	20
131	Andre Dupont	4	5	6	8	10	12	15	
132	Flames Team CL	4	5	6	8	10	12	15	
133	Bruins Team CL	4	5	6	8	10	12	15	
134	Sabres Team CL	4	5	6	8	10	12	15	40
135	Seals Team CL	4	5	6	8	10	12	15	
136	Blackhawks Team CL	4	5	6	8	10	12	15	40
137	Red Wings Team CL	4	5	6	8	10	12	15	
138	Scouts Team CL	4	5	6	8	10	12	15	
139	Kings Team CL	4	5	6	8	10	12	15	
140	North Stars Team CL	4	5	6	8	10	12	15	
141	Canadiens Team CL	4	5	6	8	10	12	15	
142	Islanders Team CL	4	5	6	8	10	12	15	
143	Rangers Team CL	4	5	6	8	10	12	15	
144	Flyers Team CL	4	5	6	8	10	12	15	
145	Penguins Team CL	4	5	6	8	10	12	15	
146	Blues Team CL	4	5	6	8	10	12	15	
147	Maple Leafs Team CL	4	5	6	8	10	12	15	
148	Canucks Team CL	4	5	6	8	10	12	15	
149	Capitals Team CL	4	5	6	8	10	12	15	
150	Dave Schultz	4	5	6	8	10	12	15	20
151	Larry Robinson	5	6	8	10	12	15	20	25
152	Al Smith	4	5	6	8	10	12	15	
153	Bob Nystrom	4	5	6	8	10	12	15	20
154	Ron Greschner UER	4	5	6	8	10	12	15	
155	Gregg Sheppard	4	5	6	8	10	12	15	
156	Alain Daigle	4	5	6	8	10	12	15	20
157	Ed Van Impe	4	5	6	8	10	12	15	20
158	Tim Young RC	4	5	6	8	10	12	15	20
159	Gary Bergman	4	5	6	8	10	12	15	
160	Ed Giacomin	4	5	6	8	10	12	15	20
161	Yvon Labre	4	5	6	8	10	12	15	20
162	Jim Lorentz	4	5	6	8	10	12	15	20
163	Guy Lafleur	5	6	8	10	12	15	20	50
164	Tom Bladon	4	5	6	8	10	12	15	
165	Wayne Cashman	4	5	6	8	10	12	15	
166	Pete Stemkowski	4	5	6	8	10	12	15	
167	Grant Mulvey	4	5	6	8	10	12	15	20
168	Yves Belanger RC	4	5	6	8	10	12	15	
169	Bill Goldsworthy	4	5	6	8	10	12	15	
170	Denis Potvin	5	6	8	10	15	20	25	40
171	Nick Libett	4	5	6	8	10	12	15	20
172	Michel Plasse	4	5	6	8	10	12	15	
173	Lou Nanne	4	5	6	8	10	12	15	20
174	Tom Lysiak	4	5	6	8	10	12	15	20
175	Dennis Ververgaert	4	5	6	8	10	12	15	
176	Gary Simmons	4	5	6	8	10	12	15	20
177	Pierre Bouchard	4	5	6	8	10	12	15	
178	Bill Barber	4	5	6	8	10	12	15	25
179	Darryl Edestrand	4	5	6	8	10	12	15	
180	Gilbert Perreault	4	5	6	8	10	12	15	30
181	Dave Maloney RC	4	5	6	8	10	12	15	20
182	Jean-Paul Parise	4	5	6	8	10	12	15	
183	Bobby Sheehan	4	5	6	8	10	12	15	20
184	Pete Lopresti RC	4	5	6	8	10	12	15	20
185	Don Kozak	4	5	6	8	10	12	15	
186	Guy Charron	4	5	6	8	10	12	15	
187	Stan Gilbertson	4	5	6	8	10	12	15	
188	Bill Nyrop RC	4	5	6	8	10	12	15	
189	Bobby Schmautz	4	5	6	8	10	12	15	20
190	Wayne Stephenson	4	5	6	8	10	12	15	
191	Brian Spencer	4	5	6	8	10	12	15	
192	Gilles Marotte	4	5	6	8	10	12	15	
193	Lorne Henning	4	5	6	8	10	12	15	20

	VG 3	VgEx 4	EX 5	ExMt 6	NM 7	NmMt 8	NmMt+ 8.5	MT 9
Bob Neely	4	5	6	8	10	12	15	
Dennis Hull	4	5	6	8	10	12	15	
Walt McKechnie	4	5	6	8	10	12	15	20
Curt Ridley RC	4	5	6	8	10	12	15	
Dwight Bialowas	4	5	6	8	10	12	15	20
Pierre Larouche	4	5	6	8	10	12	15	
Ken Dryden	6	8	10	12	15	30	40	80
Ross Lonsberry	4	5	6	8	10	12	15	
Curt Bennett	4	5	6	8	10	12	15	
Hartland Monahan RC	4	5	6	8	10	12	15	20
John Davidson	4	5	6	8	10	12	15	
Serge Savard	4	5	6	8	10	12	15	
Garry Howatt	4	5	6	8	10	12	15	20
Darryl Sittler	4	5	6	8	10	15	20	25
J.P. Bordeleau	4	5	6	8	10	12	15	20
Henry Boucha	4	5	6	8	10	12	15	
Richard Martin	4	5	6	8	10	12	15	20
Vic Venasky	4	5	6	8	10	12	15	20
Buster Harvey	4	5	6	8	10	12	15	
Bobby Orr	8	10	12	15	20	30	40	80
Martin/Perrlt/Robert	4	5	6	8	10	12	15	30
Barber/Clarke/Leach	4	5	6	8	10	12	15	
Gillies/Trottier/Harris	4	5	6	8	10	15	20	
Gainey/Jarvis/Roberts	4	5	6	8	10	12	15	
MacDon/Apps/Pronvst	4	5	6	8	10	12	15	
Bob Kelly	4	5	6	8	10	12	15	20
Walt Tkaczuk	4	5	6	8	10	12	15	
Dave Lewis	4	5	6	8	10	12	15	20
Danny Gare	4	5	6	8	10	12	15	
Guy Lapointe	4	5	6	8	10	12	15	
Hank Nowak RC	4	5	6	8	10	12	15	
Stan Mikita	4	5	6	8	10	15	20	30
Vic Hadfield	4	5	6	8	10	12	15	
Bernie Wolfe RC	4	5	6	8	10	12	15	
Bryan Watson	4	5	6	8	10	12	15	
Ralph Stewart	4	5	6	8	10	12	15	
Gerry Desjardins	4	5	6	8	10	12	15	20
John Bednarski RC	4	5	6	8	10	12	15	
Yvon Lambert	4	5	6	8	10	12	15	
Orest Kindrachuk	4	5	6	8	10	12	15	
Don Marcotte	4	5	6	8	10	12	15	
Bill White	4	5	6	8	10	12	15	
Red Berenson	4	5	6	8	10	12	15	20
Al MacAdam	4	5	6	8	10	12	15	
Rick Blight RC	4	5	6	8	10	12	15	20
Butch Goring	4	5	6	8	10	12	15	
Cesare Maniago	4	5	6	8	10	12	15	
Jim Schoenfeld	4	5	6	8	10	12	15	20
Cliff Koroll	4	5	6	8	10	12	15	
Mickey Redmond	4	5	6	8	10	12	15	
Rick Chartraw	4	5	6	8	10	12	15	
Phil Esposito	4	5	6	8	10	15	20	30
Dave Forbes	4	5	6	8	10	12	15	20
Jimmy Watson	4	5	6	8	10	12	15	
Ron Schock	4	5	6	8	10	12	15	20
Fred Barrett	4	5	6	8	10	12	15	
Glenn Resch	4	5	6	8	10	12	15	
Ivan Boldirev	4	5	6	8	10	12	15	20
Billy Harris	4	5	6	8	10	12	15	
Lee Fogolin	4	5	6	8	10	12	15	
Murray Wilson	4	5	6	8	10	12	15	
Gilles Gilbert	4	5	6	8	10	12	15	
Gary Dornhoefer	4	5	6	8	10	12	15	
Carol Vadnais	4	5	6	8	10	12	15	
Checklist 133-264	5	6	8	10	15	20	30	
Errol Thompson	4	5	6	8	10	12	15	
Garry Unger	4	5	6	8	10	12	15	
J. Bob Kelly	4	5	6	8	10	12	15	
Terry Harper	4	5	6	8	10	12	15	
Blake Dunlop	4	5	6	8	10	12	15	
Canadiens Champs	4	5	6	8	12	15	20	

1977-78 O-Pee-Chee

	VG 3	VgEx 4	EX 5	ExMt 6	NM 7	NmMt 8	NmMt+ 8.5	MT 9
Shutt/Lafleur/Dionne LL	4	5	6	8	10	15	20	40
Lafleur/Dionne/Sal/ LL	4	5	6	8	10	15	20	35
Lafleur/Dionne/Shutt LL	4	5	6	8	10	15	20	35
Williams/Polonich/Gassoff LL	4	5	6	8	10	12	15	25
McDonald/Espo/Will LL	4	5	6	8	10	12	15	25
Laroc/Dryden/Resch LL	4	5	6	8	10	15	20	40
Perr/Shutt/Lafleur/ LL	4	5	6	8	10	15	20	35
Dryden/Vach/Parent/ LL	4	5	6	8	10	15	20	40
Brian Spencer	4	5	6	8	10	15	20	
Denis Potvin	4	5	6	8	10	15	20	40
Nick Fotiu	4	5	6	8	10	12	15	25
Bob Murray	4	5	6	8	10	12	15	25
Pete Lopresti	4	5	6	8	10	15	20	
J. Bob Kelly	4	5	6	8	10	12	15	25
Rick MacLeish	4	5	6	8	10	12	15	25

		VG 3	VgEx 4	EX 5	ExMt 6	NM 7	NmMt 8	NmMt+ 8.5	MT 9
16	Terry Harper	4	5	6	8	10	15	20	
17	Willi Plett RC	4	5	6	8	10	15	20	40
18	Peter McNab	4	5	6	8	10	12	15	25
19	Wayne Thomas	4	5	6	8	10	12	15	25
20	Pierre Bouchard	4	5	6	8	10	12	15	25
21	Dennis Maruk	4	5	6	8	10	15	20	
22	Mike Murphy	4	5	6	8	10	12	15	25
23	Cesare Maniago	4	5	6	8	10	15	20	
24	Paul Gardner RC	4	5	6	8	10	12	15	25
25	Rod Gilbert	4	5	6	8	10	12	15	25
26	Orest Kindrachuk	4	5	6	8	10	12	15	25
27	Bill Hajt	4	5	6	8	10	12	15	25
28	John Davidson	4	5	6	8	10	15	20	35
29	Jean-Paul Parise	4	5	6	8	10	12	15	25
30	Larry Robinson	4	5	6	8	10	15	20	40
31	Yvon Labre	4	5	6	8	10	12	15	25
32	Walt McKechnie	4	5	6	8	10	12	15	25
33	Rick Kehoe	4	5	6	8	10	12	15	25
34	Randy Holt	4	5	6	8	10	12	15	25
35	Garry Unger	4	5	6	8	10	15	20	
36	Lou Nanne	4	5	6	8	10	12	15	25
37	Dan Bouchard	4	5	6	8	10	12	15	25
38	Darryl Sittler	4	5	6	8	10	15	20	40
39	Bob Murdoch	4	5	6	8	10	12	15	25
40	Jean Ratelle	4	5	6	8	10	12	15	25
41	Dave Maloney	4	5	6	8	10	12	15	25
42	Danny Gare	4	5	6	8	10	15	20	
43	Jimmy Watson	4	5	6	8	10	12	15	25
44	Tom Williams	4	5	6	8	10	15	20	
45	Serge Savard	4	5	6	8	10	12	15	25
46	Derek Sanderson	4	5	6	8	10	15	20	
47	John Marks	4	5	6	8	10	12	15	25
48	Al Cameron	4	5	6	8	10	15	20	
49	Dean Talafous	4	5	6	8	10	12	15	25
50	Glenn Resch	4	5	6	8	10	15	20	35
51	Ron Schock	4	5	6	8	10	12	15	25
52	Gary Croteau	4	5	6	8	10	12	15	25
53	Gerry Meehan	4	5	6	8	10	12	15	25
54	Ed Staniowski	4	5	6	8	10	12	15	25
55	Phil Esposito UER	4	5	6	8	10	15	20	40
56	Dennis Ververgaert	4	5	6	8	10	12	15	25
57	Rick Wilson	4	5	6	8	10	12	15	25
58	Jim Lorentz	4	5	6	8	10	12	15	25
59	Bobby Schmautz	4	5	6	8	10	12	15	25
60	Guy Lapointe AS2	4	5	6	8	10	12	15	25
61	Ivan Boldirev	4	5	6	8	10	12	15	25
62	Bob Nystrom	4	5	6	8	10	15	20	
63	Rick Hampton	4	5	6	8	10	12	15	25
64	Jack Valiquette	4	5	6	8	10	12	15	25
65	Bernie Parent	4	5	6	8	10	15	20	
66	Dave Burrows	4	5	6	8	10	15	20	
67	Butch Goring	4	5	6	8	10	12	15	25
68A	Checklist 1-132 ERR	4	5	6	8	10	20	30	
68B	Checklist 1-132 COR								
69	Murray Wilson	4	5	6	8	10	12	15	25
70	Ed Giacomin	4	5	6	8	10	15	20	35
71	Flames Team/(checklist back)	4	5	6	8	10	15	20	35
72	Bruins Team/(checklist back)	4	5	6	8	10	15	20	
73	Sabres Team/(checklist back)	4	5	6	8	10	15	20	
74	Blackhawks Team/(checklist back)	4	5	6	8	10	15	20	
75	Barons Team/(checklist back)	4	5	6	8	10	15	20	
76	Rockies Team/(checklist back)	4	5	6	8	10	15	20	35
77	Red Wings Team/(checklist back)	4	5	6	8	10	15	20	35
78	Kings Team/(checklist back)	4	5	6	8	10	15	20	
79	North Stars Team/(checklist back)	4	5	6	8	10	15	20	35
80	Canadiens Team/(checklist back)	4	5	6	8	10	15	20	35
81	Islanders Team/(checklist back)	4	5	6	8	10	15	20	35
82	Rangers Team/(checklist back)	4	5	6	8	10	15	20	35
83	Flyers Team/(checklist back)	4	5	6	8	10	15	20	35
84	Penguins Team/(checklist back)	4	5	6	8	10	15	20	
85	Blues Team/(checklist back)	4	5	6	8	10	15	20	
86	Maple Leafs Team/(checklist back)	4	5	6	8	10	15	20	35
87	Canucks Team/(checklist back)	4	5	6	8	10	15	20	35
88	Capitals Team/(checklist back)	4	5	6	8	10	15	20	35
89	Keith Magnuson	4	5	6	8	10	12	15	25
90	Walt Tkaczuk	4	5	6	8	10	12	15	25
91	Bill Nyrop	4	5	6	8	10	12	15	25
92	Michel Plasse	4	5	6	8	10	12	15	25
93	Bob Bourne	4	5	6	8	10	12	15	25
94	Lee Fogolin	4	5	6	8	10	12	15	25
95	Gregg Sheppard	4	5	6	8	10	15	20	
96	Hartland Monahan	4	5	6	8	10	12	15	
97	Curt Bennett	4	5	6	8	10	15	20	
98	Bob Dailey	4	5	6	8	10	15	20	
99	Bill Goldsworthy	4	5	6	8	10	12	15	25
100	Ken Dryden	4	5	6	10	15	40	50	150
101	Grant Mulvey	4	5	6	8	10	12	15	25
102	Pierre Larouche	4	5	6	8	10	12	15	25
103	Nick Libett	4	5	6	8	10	15	20	
104	Rick Smith	4	5	6	8	10	12	15	25

#	Player	VG 3	VgEx 4	EX 5	ExMt 6	NM 7	NmMt 8	NmMt+ 8.5	MT 9
105	Bryan Trottier	5	6	8	10	15	20	25	50
106	Pierre Jarry	4	5	6	8	10	12	15	25
107	Red Berenson	4	5	6	8	10	12	15	25
108	Jim Schoenfeld	4	5	6	8	10	12	15	25
109	Gilles Meloche	4	5	6	8	10	12	15	25
110	Lanny McDonald	4	5	6	8	10	15	20	35
111	Don Lever	4	5	6	8	10	12	15	25
112	Greg Polis	4	5	6	8	10	12	15	25
113	Gary Sargent RC	4	5	6	8	10	15	20	
114	Earl Anderson	4	5	6	8	10	12	15	25
115	Bobby Clarke	4	5	6	8	10	15	25	40
116	Dave Lewis	4	5	6	8	10	12	15	25
117	Darcy Rota	4	5	6	8	10	12	15	25
118	Andre Savard	4	5	6	8	10	12	15	25
119	Denis Herron	4	5	6	8	10	15	20	
120	Steve Shutt	4	5	6	8	10	15	20	35
121	Mel Bridgman	4	5	6	8	10	15	20	
122	Buster Harvey	4	5	6	8	10	15	20	
123	Roland Eriksson	4	5	6	8	10	12	15	25
124	Dale Tallon	4	5	6	8	10	12	15	25
125	Gilles Gilbert	4	5	6	8	10	12	15	25
126	Billy Harris	4	5	6	8	10	12	15	25
127	Tom Lysiak	4	5	6	8	10	12	15	25
128	Jerry Korab	4	5	6	8	10	12	15	25
129	Bob Gainey	4	5	6	8	10	15	20	35
130	Wilf Paiement	4	5	6	8	10	15	20	
131	Tom Bladon	4	5	6	8	10	12	15	25
132	Ernie Hicke	4	5	6	8	10	15	20	
133	J.P. LeBlanc	4	5	6	8	10	15	20	
134	Mike Milbury RC	4	5	8	10	15	25	30	80
135	Pit Martin	4	5	6	8	10	12	15	25
136	Steve Vickers	4	5	6	8	10	15	20	
137	Don Awrey	4	5	6	8	10	12	15	25
138	Bernie Wolfe	4	5	6	8	10	12	15	25
139	Doug Jarvis	4	5	6	8	10	12	15	25
140	Borje Salming	4	5	6	8	10	15	20	
141	Bob MacMillan	4	5	6	8	10	12	15	25
142	Wayne Stephenson	4	5	6	8	10	15	20	
143	Dave Forbes	4	5	6	8	10	12	15	25
144	Jean Potvin	4	5	6	8	10	12	15	25
145	Guy Charron	4	5	6	8	10	12	15	25
146	Cliff Koroll	4	5	6	8	10	12	15	25
147	Danny Grant	4	5	6	8	10	12	15	25
148	Bill Hogaboam	4	5	6	8	10	12	15	25
149	Al MacAdam	4	5	6	8	10	12	15	25
150	Gerry Desjardins	4	5	6	8	10	12	15	25
151	Yvon Lambert	4	5	6	8	10	12	15	25
152	Rick Lapointe	4	5	6	8	10	15	20	
153	Ed Westfall	4	5	6	8	10	15	20	
154	Carol Vadnais	4	5	6	8	10	15	20	
155	Johnny Bucyk	4	5	6	8	10	15	20	
156	J.P. Bordeleau	4	5	6	8	10	12	15	25
157	Ron Stackhouse	4	5	6	8	10	15	20	
158	Glen Sharpley	4	5	6	8	10	15	20	
159	Michel Bergeron	4	5	6	8	10	15	20	
160	Rogatien Vachon	4	5	6	8	10	15	20	35
161	Fred Stanfield	4	5	6	8	10	12	15	25
162	Gerry Hart	4	5	6	8	10	15	20	
163	Mario Tremblay	4	5	6	8	10	12	15	25
164	Andre Dupont	4	5	6	8	10	12	15	25
165	Don Marcotte	4	5	6	8	10	12	15	25
166	Wayne Dillon	4	5	6	8	10	12	15	25
167	Claude Larose	4	5	6	8	10	15	20	
168	Eric Vail	4	5	6	8	15	25	30	
169	Tom Edur	4	5	6	8	10	12	15	25
170	Tony Esposito	4	5	6	8	10	15	20	40
171	Andre St.Laurent	4	5	6	8	10	15	20	
172	Dan Maloney	4	5	6	8	10	12	15	25
173	Dennis O'Brien	4	5	6	8	10	12	15	25
174	Blair Chapman	4	5	6	8	10	12	15	25
175	Dennis Kearns	4	5	6	8	10	12	15	25
176	Wayne Merrick	4	5	6	8	10	15	20	
177	Michel Larocque	4	5	6	8	10	12	15	25
178	Bob Kelly	4	5	6	8	10	12	15	25
179	Dave Farrish	4	5	6	8	10	15	20	
180	Richard Martin AS2	4	5	6	8	10	12	15	25
181	Gary Doak	4	5	6	8	10	15	20	
182	Jude Drouin	4	5	6	8	10	12	15	25
183	Barry Dean	4	5	6	8	10	12	15	25
184	Gary Smith	4	5	6	8	10	15	20	
185	Reggie Leach	4	5	6	8	10	12	15	25
186	Ian Turnbull	4	5	6	8	10	12	15	25
187	Vic Venasky	4	5	6	8	10	15	20	
188	Wayne Bianchin	4	5	6	8	10	12	15	25
189	Doug Risebrough	4	5	6	8	10	15	20	
190	Brad Park	4	5	6	8	10	15	20	35
191	Craig Ramsay	4	5	6	8	10	12	15	25
192	Ken Hodge	4	5	6	8	10	12	15	25
193	Phil Myre	VG 3	VgEx 4	EX 5		NM 7	NmMt	20	8.5
194	Garry Howatt	4	5	6	8	10	12	15	25

#	Player	VG 3	VgEx 4	EX 5	ExMt 6	NM 7	NmMt 8	NmMt+ 8.5	MT
195	Stan Mikita	4	5	6	8	10	15	20	4
196	Garnet Bailey	4	5	6	8	10	12	15	2
197	Dennis Hextall	4	5	6	8	10	15	20	
198	Nick Beverley	4	5	6	8	10	15	20	
199	Larry Patey	4	5	6	8	10	15	20	
200	Guy Lafleur	4	5	6	10	15	25	30	100
201	Don Edwards RC	4	5	6	8	10	15	20	80
202	Gary Dornhoefer	4	5	6	8	10	12	15	25
203	Bob Paradise	4	5	6	8	10	12	15	25
204	Alex Pirus	4	5	6	8	10	12	15	25
205	Peter Mahovlich	4	5	6	8	10	12	15	25
206	Bert Marshall	4	5	6	8	10	12	15	25
207	Gilles Gratton	4	5	6	8	10	15	20	2
208	Alain Daigle	4	5	6	8	10	15	20	
209	Chris Oddleifson	4	5	6	8	10	12	15	25
210	Gilbert Perreault	4	5	6	8	10	15	20	6
211	Mike Palmateer RC	4	5	6	10	15	30	40	8
212	Billy Lochead	4	5	6	8	10	12	15	25
213	Dick Redmond	4	5	6	8	10	15	20	
214	Guy Lafleur RB	4	5	6	8	10	15	20	3
215	Ian Turnbull RB	4	5	6	8	10	15	20	2
216	Guy Lafleur RB	4	5	6	8	10	15	20	3
217	Steve Shutt RB	4	5	6	8	10	15	20	2
218	Guy Lafleur RB	4	5	6	8	10	15	20	3
219	Lorne Henning	4	5	6	8	10	12	15	25
220	Terry O'Reilly	4	5	6	8	10	12	15	25
221	Pat Hickey	4	5	6	8	10	12	15	25
222	Rene Robert	4	5	6	8	10	12	15	25
223	Tim Young	4	5	6	8	10	12	15	25
224	Dunc Wilson	4	5	6	8	10	15	20	
225	Dennis Hull	4	5	6	8	10	12	15	2
226	Rod Seiling	4	5	6	8	10	15	20	
227	Bill Barber	4	5	6	8	10	12	15	25
228	Dennis Polonich	4	5	6	8	10	12	15	25
229	Billy Smith	4	5	6	8	10	15	20	3
230	Yvan Cournoyer	4	5	6	8	10	15	20	
231	Don Luce	4	5	6	8	10	12	15	25
232	Mike McEwen RC	4	5	6	8	10	15	20	
233	Don Saleski	4	5	6	8	10	12	15	25
234	Wayne Cashman	4	5	6	8	10	12	15	25
235	Phil Russell	4	5	6	8	10	12	15	25
236	Mike Corrigan	4	5	6	8	10	12	15	25
237	Guy Chouinard	4	5	6	8	10	12	15	25
238	Steve Jensen	4	5	6	8	10	12	15	25
239	Jim Rutherford	4	5	6	8	10	12	15	25
240	Marcel Dionne	4	5	6	8	10	15	20	40
241	Rejean Houle	4	5	6	8	10	12	15	25
242	Jocelyn Guevremont	4	5	6	8	10	12	15	25
243	Jim Harrison	4	5	6	8	10	12	15	25
244	Don Murdoch	4	5	6	8	10	15	20	
245	Rick Green RC	4	5	6	8	10	12	15	25
246	Rick Middleton	4	5	6	8	10	15	20	
247	Joe Watson	4	5	6	8	10	12	15	25
248	Syl Apps	4	5	6	8	10	15	20	
249	Checklist 133-264	4	5	6	10	20	40		
250	Clark Gillies	4	5	6	8	10	15	20	
251	Bobby Orr	6	10	12	15	25	60	80	150
252	Nelson Pyatt	4	5	6	8	10	12	15	25
253	Gary McAdam	4	5	6	8	10	12	15	25
254	Jacques Lemaire	4	5	6	8	10	15	20	
255	Bob Girard	4	5	6	8	10	12	15	25
256	Ron Greschner	4	5	6	8	10	12	15	25
257	Ross Lonsberry	4	5	6	8	10	12	15	25
258	Dave Gardner	4	5	6	8	10	12	15	25
259	Rick Blight	4	5	6	8	10	12	15	25
260	Gerry Cheevers	4	5	6	8	10	15	20	35
261	Jean Pronovost	4	5	6	8	10	15	20	
262	Cup Semi-Finals	4	5	6	8	10	12	15	25
263	Cup Semi-Finals	4	5	6	8	10	12	15	25
264	Canadiens Champs	4	5	6	8	10	12	15	25
265	Rick Bowness RC	4	5	6	8	12	20	25	40
266	George Ferguson	4	5	6	8	10	12	15	25
267	Mike Kitchen RC	4	5	6	8	10	12	15	25
268	Bob Berry	4	5	6	8	10	12	15	25
269	Greg Smith RC	4	5	6	8	10	12	15	25
270	Stan Jonathan RC	4	5	6	8	10	15	20	40
271	Dwight Bialowas	4	5	6	8	10	12	15	25
272	Pete Stemkowski	4	5	6	8	10	15	20	
273	Greg Joly	4	5	6	8	10	12	15	25
274	Ken Houston RC	4	5	6	8	10	12	15	25
275	Brian Glennie	4	5	6	8	10	12	15	25
276	Ed Johnston	4	5	6	8	10	15	20	25
277	John Grisdale	4	5	6	8	10	12	15	25
278	Craig Patrick	4	5	6	8	10	15	20	
279	Ken Breitenbach RC	4	5	6	8	10	12	15	25
280	Fred Ahern	4	5	6	8	10	12	15	25
281	Jim Roberts	4	5	6	8	10	12	15	25
282	Harvey Bennett RC	4	5	6	8	10	15	20	
283	Ab DeMarco	VG 3	VgEx 4	EX 5	ExMt 6	NM 7	NmMt 8	15	25
284	Pat Boutette	4	5	6	8	10	12	15	25

		VG 3	VgEx 4	EX 5	ExMt 6	NM 7	NmMt 8	NmMt+ 8.5	MT 9
	Bob Plager	4	5	6	8	10	12	15	25
	Hilliard Graves	4	5	6	8	10	12	15	25
	Gordie Lane RC	4	5	6	8	10	12	15	25
	Ron Andruff	4	5	6	8	10	12	15	25
	Larry Brown	4	5	6	8	10	12	15	25
	Mike Fidler	4	5	6	8	10	12	15	25
	Fred Barrett	4	5	6	8	10	12	15	25
	Bill Clement	4	5	6	8	10	12	15	25
	Errol Thompson	4	5	6	8	10	12	15	25
	Doug Grant	4	5	6	8	10	12	15	25
	Harold Snepsts	4	5	6	8	10	15	20	35
	Rick Bragnalo	4	5	6	8	10	15	20	
	Bryan Lefley	4	5	6	8	10	12	15	25
	Gene Carr	4	5	6	8	10	12	15	25
	Bob Stewart	4	5	6	8	10	15	20	
	Lew Morrison	4	5	6	8	10	12	15	25
	Ed Kea	4	5	6	8	10	12	15	25
	Scott Garland	4	5	6	8	10	15	20	
	Bill Fairbairn	4	5	6	8	10	12	15	25
	Larry Carriere	4	5	6	8	10	12	15	25
	Ron Low	4	5	6	8	10	12	15	25
	Tom Reid	4	5	6	8	10	12	15	25
	Paul Holmgren RC	4	5	6	8	10	15	20	40
	Pat Price	4	5	6	8	10	12	15	25
	Kirk Bowman	4	5	6	8	10	15	20	
	Bobby Simpson	4	5	6	8	10	12	15	25
	Ron Ellis	4	5	6	8	10	12	15	25
	R.Bourbonnais (Federko)	4	5	6	8	10	12	15	35
	Bobby Lalonde	4	5	6	8	10	12	15	25
	Tony White	4	5	6	8	10	12	15	25
	John Van Boxmeer	4	5	6	8	10	12	15	25
	Don Kozak	4	5	6	8	10	12	15	25
	Jim Neilson	4	5	6	8	10	12	15	25
	Terry Martin	4	5	6	8	10	12	15	25
	Barry Gibbs	4	5	6	8	10	15	20	
	Inge Hammarstrom	4	5	6	8	10	12	15	25
	Darryl Edestrand	4	5	6	8	10	12	15	25
	Flames Logo	4	5	6	8	10	15	20	35
	Bruins Logo	4	5	6	8	10	15	20	35
	Sabres Logo	4	5	6	8	10	15	20	35
	Blackhawks Logo	4	5	6	8	10	15	20	35
	Barons Logo	4	5	6	8	10	15	20	35
	Rockies Logo	4	5	6	8	10	15	20	35
	Red Wings Logo	4	5	6	8	10	15	20	35
	Kings Logo	4	5	6	8	10	15	20	35
	North Stars Logo	4	5	6	8	10	15	20	35
	Canadiens Logo	4	5	6	8	10	15	20	35
	Islanders Logo	4	5	6	8	10	15	20	35
	Rangers Logo	4	5	6	8	10	15	20	35
	Flyers Logo	4	5	6	8	10	15	20	35
	Penguins Logo	4	5	6	8	10	15	20	35
	Blues Logo	4	5	6	8	10	15	20	35
	Maple Leafs Logo	4	5	6	8	10	15	20	35
	Canucks Logo	4	5	6	8	10	15	20	35
	Capitals Logo	4	5	6	8	10	15	20	35
	Chuck Lefley	4	5	6	8	10	12	15	25
	Garry Monahan	4	5	6	8	10	12	15	25
	Bryan Watson	4	5	6	8	10	12	15	25
	Dave Hudson	4	5	6	8	10	12	15	25
	Neil Komadoski	4	5	6	8	10	12	15	25
	Gary Edwards	4	5	6	8	10	12	15	25
	Rey Comeau	4	5	6	8	10	15	20	
	Bob Neely	4	5	6	8	10	12	15	25
	Jean Hamel	4	5	6	8	10	12	15	25
	Jerry Butler	4	5	6	8	10	15	20	
	Mike Walton	4	5	6	8	10	12	15	25
	Bob Sirois	4	5	6	8	10	12	15	25
	Jim McElmury	4	5	6	8	10	12	15	25
	Dave Schultz	4	5	6	8	10	12	15	25
	Doug Palazzari	4	5	6	8	10	12	15	25
	David Shand	4	5	6	8	10	12	15	25
	Stan Weir	4	5	6	8	10	12	15	25
	Mike Christie	4	5	6	8	10	12	15	25
	Floyd Thomson	4	5	6	8	10	12	15	25
	Larry Goodenough	4	5	6	8	10	15	20	
	Bill Riley	4	5	6	8	10	12	15	25
	Doug Hicks	4	5	6	8	10	15	20	
	Dan Newman	4	5	6	8	10	15	20	
	Rick Chartraw	4	5	6	8	10	12	15	25
	Tim Ecclestone	4	5	6	8	10	15	20	
	Don Ashby	4	5	6	8	10	12	15	25
	Jacques Richard	4	5	6	8	10	12	15	25
	Yves Belanger	4	5	6	8	10	12	15	25
	Ron Sedlbauer	4	5	6	8	10	12	15	25
	Jack Lynch UER (Collins)	4	5	6	8	10	15	20	
	Doug Favell	4	5	6	8	10	12	15	25
	Bob Murdoch	4	5	6	8	10	12	15	25
	Ralph Klassen	4	5	6	8	10	15	20	
	Richard Mulhern	4	5	6	8	10	12	15	25
	Jim McKenny	4	5	6	8	10	15	20	

		VG 3	VgEx 4	EX 5	ExMt 6	NM 7	NmMt 8	NmMt+ 8.5	MT 9
375	Mike Bloom	4	5	6	8	10	12	15	25
376	Bruce Affleck	4	5	6	8	10	15	20	
377	Gerry O'Flaherty	4	5	6	8	10	12	15	25
378	Ron Lalonde	4	5	6	8	10	12	15	25
379	Chuck Arnason	4	5	6	8	10	12	15	25
380	Dave Hutchinson	4	5	6	8	10	12	15	25
381A	Checklist ERR Topps	4	5	6	10	20	35	40	
381B	Checklist COR No Topps	4	5	6	10	20	25	30	60
382	John Gould	4	5	6	8	10	12	15	25
383	Dave Williams	4	5	6	8	10	15	20	40
384	Len Frig	4	5	6	8	10	12	15	25
385	Pierre Plante	4	5	6	8	10	12	15	25
386	Ralph Stewart	4	5	6	8	10	12	15	25
387	Gord Smith	4	5	6	8	10	12	15	25
388	Denis Dupere	4	5	6	8	10	12	15	25
389	Randy Manery	4	5	6	8	10	12	15	25
390	Lowell MacDonald	4	5	6	8	10	12	15	25
391	Dennis Owchar	4	5	6	8	10	12	15	25
392	Jim Roberts RC	4	5	6	8	10	12	15	25
393	Mike Veisor	4	5	6	8	10	15	20	
394	Bob Hess	4	5	6	8	10	12	15	25
395	Curt Ridley	4	5	6	8	10	12	15	25
396	Mike Lampman	4	5	6	8	10	12	15	25

— Mike Milbury RC #134 PSA 10 (Gem) sold for $169.66 (eBay; 4/12)

1977-78 O-Pee-Chee WHA

		VG 3	VgEx 4	EX 5	ExMt 6	NM 7	NmMt 8	NmMt+ 8.5	MT 9
1	Gordie Howe	15	20	25	30	40	100		
2	Jean Bernier RC	5	6	8	10	12	20		
3	Anders Hedberg	5	8	10	12	15	50		
4	Ken Broderick	4	5	6	10	12			
5	Joe Noris	5	6	8	10	12	20		
6	Blaine Stoughton	5	6	8	10	12	20		
7	Claude St.Sauveur	5	6	8	10	12	20		
8	Real Cloutier	4	5	6	8	10	15	20	30
9	Joe Daley	4	5	6	8	10	15	20	30
11	Wayne Rutledge	4	5	6	8	10	15	20	30
12	Mark Napier	4	5	6	8	10	15	20	30
14	Don McLeod	4	5	6	8	10	12	15	30
15	Ulf Nilsson	4	5	6	8	10	15		
16	Blair MacDonald	4	5	6	8	10	12		
17	Mike Rogers	4	5	6	8	10	12	15	30
18	Gary Inness	4	5	6	8	10	12		
19	Larry Lund	4	5	6	8	10	12		
20	Marc Tardif	4	5	6	8	10	12	15	30
21	Lars-Erik Sjoberg	4	5	6	8	10	12		
22	Bryan Campbell	4	5	6	8	10	12		
23	John Garrett	4	5	6	8	10	12	15	30
25	Mark Howe	5	6	8	10	12	20	25	40
28	Dave Dryden	4	5	6	8	10	12		
29	Reg Thomas	4	5	6	8	10	12		
30	Andre Lacroix	4	5	6	8	10	12	15	30
31	Paul Henderson	4	5	6	8	10	12		
33	Juha Widing	4	5	6	8	10	12	15	30
35	Robbie Ftorek	4	5	6	10	12			
37	Terry Ruskowski	4	5	6	8	10	12		
38	Richard Brodeur	4	5	6	8	10	15	20	40
39	Willy Lindstrom RC	4	5	6	8	10	15	20	50
40	Al Hamilton	4	5	6	10	12			
41	John McKenzie	4	5	6	8	10	12	15	30
42	Wayne Wood	4	5	6	8	10	12		
44	J.C. Tremblay	4	5	6	8	10	12		
45	Gary Bromley	4	5	6	10	12			
47	Bobby Sheehan	4	5	6	10	12			
48	Don Larway RC	4	5	6	8	10	12		
49	Al Smith	4	5	6	8	10	12	15	30
50	Bobby Hull	6	8	10	12	20	40		
56	Jim Park RC	4	5	6	8	10	12	15	30
57	Dan Labraaten RC	4	5	6	8	10	12		
58	Checklist Card	5	6	8	10	12	25		
59	Paul Shmyr	4	5	6	8	10	12		
60	Serge Bernier	4	5	6	8	10	12	15	30
61	Frank Mahovlich	5	6	8	10	12	20	25	80
62	Michel Dion	4	5	6	8	10	12		
63	Poul Popiel	4	5	6	10	12			
64	Lyle Moffat	4	5	6	10	12			
65	Marty Howe	5	6	8	10	12	20		
66	Don Burgess	5	8	10	12	15	40		

1977-78 Topps

		VG 3	VgEx 4	EX 5	ExMt 6	NM 7	NmMt 8	NmMt+ 8.5	MT 9
1	Shutt/Lafleur/Dionne LL	4	5	6	8	10	15	20	40
2	Lafleur/Dionne/Sal LL	4	5	6	8	10	12	15	25
3	Lafleur/Dionne/Shutt LL	4	5	6	8	10	12	15	20
4	Williams/Polnch/Gasff LL	4	5	6	8	10	12	15	20
5	McDonald/Espo/Will LL	4	5	6	8	10	12	15	20
6	Laroc/Dryden/Resch LL	4	5	6	8	10	12	15	20
7	Perr/Shutt/Lafleur LL	4	5	6	8	10	12	15	20
8	Dryden/Vach/Parent LL	4	5	6	8	10	12	15	20

#	Player	VG 3	VgEx 4	EX 5	ExMt 6	NM 7	NmMt 8	NmMt+ 8.5	MT 9
9	Brian Spencer	4	5	6	8	10	12	15	20
10	Denis Potvin AS2	4	5	6	8	10	12	15	20
11	Nick Fotiu	4	5	6	8	10	12	15	20
12	Bob Murray	4	5	6	8	10	12	15	20
13	Pete Lopresti	4	5	6	8	10	12	15	20
14	J. Bob Kelly	4	5	6	8	10	12	15	20
15	Rick MacLeish	4	5	6	8	10	12		
16	Terry Harper	4	5	6	8	10	12	15	20
17	Willi Plett RC	4	5	6	8	10	12	15	20
18	Peter McNab	4	5	6	8	10	12	15	20
19	Wayne Thomas	4	5	6	8	10	12	15	20
20	Pierre Bouchard	4	5	6	8	10	12	15	20
21	Dennis Maruk	4	5	6	8	10	12	15	20
22	Mike Murphy	4	5	6	8	10	12	15	20
23	Cesare Maniago	4	5	6	8	10	12	15	20
24	Paul Gardner RC	4	5	6	8	10	12	15	20
25	Rod Gilbert	4	5	6	8	10	12	15	20
26	Orest Kindrachuk	4	5	6	8	10	12	15	20
27	Bill Hajt	4	5	6	8	10	12	15	20
28	John Davidson	4	5	6	8	10	12	15	20
29	Jean-Paul Parise	4	5	6	8	10	12	15	20
30	Larry Robinson AS1	4	5	6	8	10	12	15	20
31	Yvon Labre	4	5	6	8	10	12	15	20
32	Walt McKechnie	4	5	6	8	10	12	15	20
33	Rick Kehoe	4	5	6	8	10	12	15	20
34	Randy Holt RC	4	5	6	8	10	12	15	20
35	Garry Unger	4	5	6	8	10	12	15	20
36	Lou Nanne	4	5	6	8	10	12		
37	Dan Bouchard	4	5	6	8	10	12	15	20
38	Darryl Sittler	4	5	6	8	10	12	15	25
39	Bob Murdoch	4	5	6	8	10	12	15	20
40	Jean Ratelle	4	5	6	8	10	12	15	20
41	Dave Maloney	4	5	6	8	10	12	15	20
42	Danny Gare	4	5	6	8	10	12		
43	Jimmy Watson	4	5	6	8	10	12	15	20
44	Tom Williams	4	5	6	8	10	12	15	20
45	Serge Savard	4	5	6	8	10	12	15	20
46	Derek Sanderson	4	5	6	8	10	12		
47	John Marks	4	5	6	8	10	12		
48	Al Cameron RC	4	5	6	8	10	12	15	20
49	Dean Talafous	4	5	6	8	10	12	15	20
50	Glenn Resch	4	5	6	8	10	12	15	20
51	Ron Schock	4	5	6	8	10	12	15	20
52	Gary Croteau	4	5	6	8	10	12		
53	Gerry Meehan	4	5	6	8	10	12	15	20
54	Ed Staniowski	4	5	6	8	10	12	15	20
55	Phil Esposito	4	5	6	8	10	12	15	25
56	Dennis Ververgaert	4	5	6	8	10	12	15	20
57	Rick Wilson	4	5	6	8	10	12	15	20
58	Jim Lorentz	4	5	6	8	10	12	15	20
59	Bobby Schmautz	4	5	6	8	10	12		
60	Guy Lapointe AS2	4	5	6	8	10	12	15	20
61	Ivan Boldirev	4	5	6	8	10	12	15	20
62	Bob Nystrom	4	5	6	8	10	12	15	20
63	Rick Hampton	4	5	6	8	10	12	15	20
64	Jack Valiquette	4	5	6	8	10	12	15	20
65	Bernie Parent	4	5	6	8	10	12		
66	Dave Burrows	4	5	6	8	10	12		
67	Butch Goring	4	5	6	8	10	12	15	20
68	Checklist 1-132	4	5	6	10	12	15		
69	Murray Wilson	4	5	6	8	10	12	15	20
70	Ed Giacomin	4	5	6	8	10	12	15	20
71	Flames Team CL	4	5	6	8	10	12	15	20
72	Bruins Team CL	4	5	6	8	10	12	15	20
73	Sabres Team CL	4	5	6	8	10	12	15	20
74	Blackhawks Team CL	4	5	6	8	10	12	15	20
75	Barons Team CL	4	5	6	8	10	12	15	20
76	Rockies Team CL	4	5	6	8	10	12	15	20
77	Red Wings Team CL	4	5	6	8	10	12	15	20
78	Kings Team CL	4	5	6	8	10	12	15	
79	North Stars Team CL	4	5	6	8	10	12	15	20
80	Canadiens Team CL	4	5	6	8	10	12	15	20
81	Islanders Team CL	4	5	6	8	10	12	15	20
82	Rangers Team CL	4	5	6	8	10	12	15	20
83	Flyers Team CL	4	5	6	8	10	12	15	20
84	Penguins Team CL	4	5	6	8	10	12	15	20
85	Blues Team CL	4	5	6	8	10	12	15	20
86	Maple Leafs Team CL	4	5	6	8	10	12	15	20
87	Canucks Team CL	4	5	6	8	10	12	15	20
88	Capitals Team CL	4	5	6	8	10	12	15	20
89	Keith Magnuson	4	5	6	8	10	12	15	20
90	Walt Tkaczuk	4	5	6	8	10	12	15	20
91	Bill Nyrop	4	5	6	8	10	12	15	20
92	Michel Plasse	4	5	6	8	10	12	15	20
93	Bob Bourne	4	5	6	8	10	12		
94	Lee Fogolin	4	5	6	8	10	12	15	20
95	Gregg Sheppard	4	5	6	8	10	12	15	20
96	Hartland Monahan	4	5	6	8	10	12	15	20
97	Curt Bennett	4	5	6	8	10	12	15	20
98	Bob Dailey	4	5	6	8	10	12	15	20
99	Bill Goldsworthy	4	5	6	8	10	12	15	20
100	Ken Dryden AS1	4	5	6	8	10	12	15	25
101	Grant Mulvey	4	5	6	8	10	12	15	20
102	Pierre Larouche	4	5	6	8	10	12	15	20
103	Nick Libett	4	5	6	8	10	12		
104	Rick Smith	4	5	6	8	10	12	15	20
105	Bryan Trottier	5	6	8	10	12	15	20	25
106	Pierre Jarry	4	5	6	8	10	12		
107	Red Berenson	4	5	6	8	10	12	15	20
108	Jim Schoenfeld	4	5	6	8	10	12	15	20
109	Gilles Meloche	4	5	6	8	10	12	15	20
110	Lanny McDonald AS2	4	5	6	8	10	12	15	20
111	Don Lever	4	5	6	8	10	12		
112	Greg Polis	4	5	6	8	10	12	15	20
113	Gary Sargent RC	4	5	6	8	10	12	15	20
114	Earl Anderson RC	4	5	6	8	10	12	15	20
115	Bobby Clarke	4	5	6	8	10	12		
116	Dave Lewis	4	5	6	8	10	12	15	20
117	Darcy Rota	4	5	6	8	10	12		
118	Andre Savard	4	5	6	8	10	12	15	20
119	Denis Herron	4	5	6	8	10	12		
120	Steve Shutt AS1	4	5	6	8	10	12		
121	Mel Bridgman	4	5	6	8	10	12		
122	Buster Harvey	4	5	6	8	10	12	15	20
123	Roland Eriksson RC	4	5	6	8	10	12	15	20
124	Dale Tallon	4	5	6	8	10	12		
125	Gilles Gilbert	4	5	6	8	10	12	15	20
126	Billy Harris	4	5	6	8	10	12		
127	Tom Lysiak	4	5	6	8	10	12	15	20
128	Jerry Korab	4	5	6	8	10	12	15	20
129	Bob Gainey	4	5	6	8	10	12	15	20
130	Wilf Paiement	4	5	6	8	10	12	15	20
131A	Tom Bladon Standing	4	5	6	8	10	12	15	25
131B	Tom Bladon Skating	4	5	6	8	10	12	15	20
132	Ernie Hicke	4	5	6	8	10	12	15	20
133	J.P. LeBlanc	4	5	6	8	10	12		
134	Mike Milbury RC	4	5	6	8	10	12	15	25
135	Pit Martin	4	5	6	8	10	12		
136	Steve Vickers	4	5	6	8	10	12	15	20
137	Don Awrey	4	5	6	8	10	12	15	20
138A	Bernie Wolfe MacAdam	4	5	6	8	10	12		
138B	Bernie Wolfe COR	4	5	6	8	10	12	15	20
139	Doug Jarvis	4	5	6	8	10	12	15	20
140	Borje Salming AS1	4	5	6	8	10	12		
141	Bob MacMillan	4	5	6	8	10	12	15	20
142	Wayne Stephenson	4	5	6	8	10	12	15	20
143	Dave Forbes	4	5	6	8	10	12	15	20
144	Jean Potvin	4	5	6	8	10	12	15	20
145	Guy Charron	4	5	6	8	10	12	15	20
146	Cliff Koroll	4	5	6	8	10	12	15	20
147	Danny Grant	4	5	6	8	10	12	15	20
148	Bill Hogaboam UER	4	5	6	8	10	12	15	20
149A	Al MacAdam ERR Wolfe	4	5	6	8	10	12		
149B	Al MacAdam COR	4	5	6	8	10	12	15	20
150	Gerry Desjardins	4	5	6	8	10	12	15	20
151	Yvon Lambert	4	5	6	8	10	12	15	20
152A	Rick Lapointe ERR	4	5	6	8	10	12		
152B	Rick Lapointe COR	4	5	6	8	10	12	15	20
153	Ed Westfall	4	5	6	8	10	12	15	20
154	Carol Vadnais	4	5	6	8	10	12	15	20
155	Johnny Bucyk	4	5	6	8	10	12		
156	J.P. Bordeleau	4	5	6	8	10	12	15	20
157	Ron Stackhouse	4	5	6	8	10	12	15	20
158	Glen Sharpley RC	4	5	6	8	10	12		
159	Michel Bergeron	4	5	6	8	10	12	15	20
160	Rogatien Vachon AS2	4	5	6	8	10	12	15	20
161	Fred Stanfield	4	5	6	8	10	12	15	20
162	Gerry Hart	4	5	6	8	10	12	15	20
163	Mario Tremblay	4	5	6	8	10	12	15	20
164	Andre Dupont	4	5	6	8	10	12	15	20
165	Don Marcotte	4	5	6	8	10	12	15	20
166	Wayne Dillon	4	5	6	8	10	12	15	20
167	Claude Larose	4	5	6	8	10	12	15	20
168	Eric Vail	4	5	6	8	10	12		
169	Tom Edur	4	5	6	8	10	12	15	20
170	Tony Esposito	4	5	6	8	10	12	15	20
171	Andre St.Laurent	4	5	6	8	10	12	15	20
172	Dan Maloney	4	5	6	8	10	12	15	20
173	Dennis O'Brien	4	5	6	8	10	12	15	20
174	Blair Chapman RC	4	5	6	8	10	12	15	20
175	Dennis Kearns	4	5	6	8	10	12	15	20
176	Wayne Merrick	4	5	6	8	10	12	15	20
177	Michel Larocque	4	5	6	8	10	12	15	20
178	Bob Kelly	4	5	6	8	10	12	15	20
179	Dave Farrish RC	4	5	6	8	10	12		
180	Richard Martin AS2	4	5	6	8	10	12	15	20
181	Gary Doak	4	5	6	8	10	12	15	20
182	Jude Drouin	4	5	6	8	10	12	15	20
183	Barry Dean RC	4	5	6	8	10	12	15	20
184	Gary Smith	4	5	6	8	10	12		

	VG 3	VgEx 4	EX 5	ExMt 6	NM 7	NmMt 8	NmMt+ 8.5	MT 9
Reggie Leach	4	5	6	8	10	12	15	20
Ian Turnbull	4	5	6	8	10	12		
Vic Venasky	4	5	6	8	10	12	15	20
Wayne Bianchin RC	4	5	6	8	10	12	15	20
Doug Risebrough	4	5	6	8	10	12	15	20
Brad Park	4	5	6	8	10	12	15	20
Craig Ramsay	4	5	6	8	10	12	15	20
Ken Hodge	4	5	6	8	10	12	15	20
Phil Myre	4	5	6	8	10	12		
Garry Howatt	4	5	6	8	10	12	15	20
Stan Mikita	4	5	6	8	10	12	15	30
Garnet Bailey	4	5	6	8	10	12		
Dennis Hextall	4	5	6	8	10	12	15	20
Nick Beverley	4	5	6	8	10	12	15	20
Larry Patey	4	5	6	8	10	12	15	20
Guy Lafleur AS1	4	5	6	8	10	12	15	25
Don Edwards RC	4	5	6	8	10	12	15	30
Gary Dornhoefer	4	5	6	8	10	12		
Stan Gilbertson	4	5	6	8	10	12	15	20
Alex Pirus RC	4	5	6	8	10	12	15	20
Peter Mahovlich	4	5	6	8	10	12	15	20
Bert Marshall	4	5	6	8	10	12	15	20
Gilles Gratton	4	5	6	8	10	12	15	20
Alain Daigle	4	5	6	8	10	12	15	20
Chris Oddleifson	4	5	6	8	10	12	15	20
Gilbert Perreault AS2	4	5	6	8	10	12	15	40
Mike Palmateer RC	4	5	6	8	12	20		
Billy Lochead	4	5	6	8	10	12	15	20
Dick Redmond	4	5	6	8	10	12	15	20
Guy Lafleur RB	4	5	6	8	10	12	15	25
Ian Turnbull RB	4	5	6	8	10	12	15	20
Guy Lafleur RB	4	5	6	8	10	12	15	25
Steve Shutt RB	4	5	6	8	10	12	15	20
Guy Lafleur RB	4	5	6	8	10	12	15	25
Lorne Henning	4	5	6	8	10	12	15	20
Terry O'Reilly	4	5	6	8	10	12	15	20
Pat Hickey	4	5	6	8	10	12	15	20
Rene Robert	4	5	6	8	10	12		
Tim Young	4	5	6	8	10	12	15	20
Dunc Wilson	4	5	6	8	10	12		
Dennis Hull	4	5	6	8	10	12		
Rod Seiling	4	5	6	8	10	12		
Bill Barber	4	5	6	8	10	12	15	20
Dennis Polonich RC	4	5	6	8	10	12	15	20
Billy Smith	4	5	6	8	10	12	15	25
Yvan Cournoyer	4	5	6	8	10	12	15	20
Don Luce	4	5	6	8	10	12	15	20
Mike McEwen RC	4	5	6	8	10	12	15	20
Don Saleski	4	5	6	8	10	12	15	20
Wayne Cashman	4	5	6	8	10	12	15	20
Phil Russell	4	5	6	8	10	12		
Mike Corrigan	4	5	6	8	10	12	15	20
Guy Chouinard	4	5	6	8	10	12	15	20
Steve Jensen RC	4	5	6	8	10	12		
Jim Rutherford	4	5	6	8	10	12	15	20
Marcel Dionne AS1	4	5	6	8	10	12	15	25
Rejean Houle	4	5	6	8	10	12		
Jocelyn Guevremont	4	5	6	8	10	12		
Jim Harrison	4	5	6	8	10	12	15	20
Don Murdoch RC	4	5	6	8	10	12		
Rick Green RC	4	5	6	8	10	12	15	20
Rick Middleton	4	5	6	8	10	12	15	20
Joe Watson	4	5	6	8	10	12	15	20
Syl Apps	4	5	6	8	10	12		
Checklist 133-264	4	5	6	10	12	15	20	25
Clark Gillies	4	5	6	8	10	12		
Bobby Orr	10	15	20	30	50	80	100	150
Nelson Pyatt	4	5	6	8	10	12	15	20
Gary McAdam RC	4	5	6	8	10	12	15	20
Jacques Lemaire	4	5	6	8	10	12	15	20
Bill Fairbairn	4	5	6	8	10	12	15	20
Ron Greschner	4	5	6	8	10	12	15	20
Ross Lonsberry	4	5	6	8	10	12	15	20
Dave Gardner	4	5	6	8	10	12	15	20
Rick Blight	4	5	6	8	10	12	15	20
Gerry Cheevers	4	5	6	8	10	12	15	20
Jean Pronovost	4	5	6	8	10	12	15	20
Mon/NYI Semi-Finals	4	5	6	8	10	12	15	20
Bruins Semi-Finals	4	5	6	8	10	12	15	20
Canadiens Champs	4	5	6	8	10	12	15	20

78-79 O-Pee-Chee

	VG 3	VgEx 4	EX 5	ExMt 6	NM 7	NmMt 8	NmMt+ 8.5	MT 9
Mike Bossy HL	6	8	12	15	40	120	135	200
Phil Esposito HL	4	5	6	8	10	15	20	
Guy Lafleur HL	4	5	6	8	10	15	20	
Darryl Sittler HL	4	5	6	8	10	15	20	
Garry Unger HL	4	5	6	8	10	15	20	
Gary Edwards	4	5	6	8	10	15	20	

		VG 3	VgEx 4	EX 5	ExMt 6	NM 7	NmMt 8	NmMt+ 8.5	MT 9
7	Rick Blight	4	5	6	8	10	15	20	
8	Larry Patey	4	5	6	8	10	15	20	
9	Craig Ramsay	4	5	6	8	10	15	20	30
10	Bryan Trottier	5	6	8	10	12	15	20	40
11	Don Murdoch	4	5	6	8	10	15	20	
12	Phil Russell	4	5	6	8	10	15	20	
13	Doug Jarvis	4	5	6	8	10	15	20	
14	Gene Carr	4	5	6	8	10	15	20	
15	Bernie Parent	4	5	6	8	10	15	20	35
16	Perry Miller	4	5	6	8	10	15	20	
17	Kent-Erik Andersson RC	4	5	6	8	10	15	20	
18	Gregg Sheppard	4	5	6	8	10	15	20	
19	Dennis Owchar	4	5	6	8	10	15	20	
20	Rogatien Vachon	4	5	6	8	10	15	20	
21	Dan Maloney	4	5	6	8	10	15	20	
22	Guy Charron	4	5	6	8	10	15	20	
23	Dick Redmond	4	5	6	8	10	15	20	
24	Checklist 1-132	5	6	8	10	12	20	30	60
25	Anders Hedberg	4	5	6	8	10	15	20	
26	Mel Bridgman	4	5	6	8	10	15	20	
27	Lee Fogolin	4	5	6	8	10	15	20	
28	Gilles Meloche	4	5	6	8	10	15	20	
29	Garry Howatt	4	5	6	8	10	15	20	
30	Darryl Sittler	4	5	6	8	10	15	20	
31	Curt Bennett	4	5	6	8	10	15	20	
32	Andre St.Laurent	4	5	6	8	10	15	20	
33	Blair Chapman	4	5	6	8	10	15	20	
34	Keith Magnuson	4	5	6	8	10	15	20	35
35	Pierre Larouche	4	5	6	8	10	15	20	
36	Michel Plasse	4	5	6	8	10	15	20	
37	Gary Sargent	4	5	6	8	10	15	20	
38	Mike Walton	4	5	6	8	10	15	20	
39	Robert Picard RC	4	5	6	8	10	15	20	
40	Terry O'Reilly	4	5	6	8	10	15	20	
41	Dave Farrish	4	5	6	8	10	15	20	
42	Gary McAdam	4	5	6	8	10	15	20	
43	Joe Watson	4	5	6	8	10	15	20	
44	Yves Belanger	4	5	6	8	10	15	20	35
45	Steve Jensen	4	5	6	8	10	15	20	
46	Bob Stewart	4	5	6	8	10	15	20	
47	Darcy Rota	4	5	6	8	10	15	20	
48	Dennis Hextall	4	5	6	8	10	15	20	
49	Bert Marshall	4	5	6	8	10	15	20	
50	Ken Dryden	5	6	10	12	20	50	60	80
51	Peter Mahovlich	4	5	6	8	10	15	20	
52	Dennis Ververgaert	4	5	6	8	10	15	20	30
53	Inge Hammarstrom	4	5	6	8	10	15	20	30
54	Doug Favell	4	5	6	8	10	15	20	30
55	Steve Vickers	4	5	6	8	10	15	20	
56	Syl Apps	4	5	6	8	10	15	20	
57	Errol Thompson	4	5	6	8	10	15	20	
58	Don Luce	4	5	6	8	10	15	20	30
59	Mike Milbury	4	5	6	8	10	15	20	
60	Yvan Cournoyer	4	5	6	8	10	15	20	35
61	Kirk Bowman	4	5	6	8	10	15	20	
62	Billy Smith	4	5	6	8	10	15	20	
63	Lafleur/Bossy/Shutt LL	5	6	8	10	12	20	30	
64	Trott/Lafleur/Sitt LL	4	5	6	8	10	15	20	
65	Lafleur/Trott/Sitt LL	4	5	6	8	10	15	20	40
66	Schltz/Will/Polnich LL	4	5	6	8	10	15	20	35
67	Bossy/Espo/Shutt LL	5	6	8	10	12	20	25	40
68	Dryden/Parent/Gilb LL	5	6	8	10	12	20	25	40
69	Lafleur/Barber/Sitt LL	4	5	6	8	10	15	20	40
70	Parent/Dryden/Espo LL	5	6	8	10	12	20	25	40
71	Bob Kelly	4	5	6	8	10	15	20	
72	Ron Stackhouse	4	5	6	8	10	15	20	
73	Wayne Dillon	4	5	6	8	10	15	20	
74	Jim Rutherford	4	5	6	8	10	15	20	
75	Stan Mikita	4	5	6	8	10	15	20	35
76	Bob Gainey	4	5	6	8	10	15	20	35
77	Gerry Hart	4	5	6	8	10	15	20	
78	Lanny McDonald	4	5	6	8	10	15	20	
79	Brad Park	4	5	6	8	10	15	20	
80	Richard Martin	4	5	6	8	10	15	20	30
81	Bernie Wolfe	4	5	6	8	10	15	20	
82	Bob MacMillan	4	5	6	8	10	15	20	
83	Brad Maxwell RC	4	5	6	8	10	15	20	
84	Mike Fidler	4	5	6	8	10	15	20	
85	Carol Vadnais	4	5	6	8	10	15	20	
86	Don Lever	4	5	6	8	10	15	20	
87	Phil Myre	4	5	6	8	10	15	20	
88	Paul Gardner	4	5	6	8	10	15	20	30
89	Bob Murray	4	5	6	8	10	15	20	30
90	Guy Lafleur	5	6	8	10	12	20	25	50
91	Bob Murdoch	4	5	6	8	10	15	20	30
92	Ron Ellis	4	5	6	8	10	15	20	
93	Jude Drouin	4	5	6	8	10	15	20	
94	Jocelyn Guevremont	4	5	6	8	10	15	20	
95	Gilles Gilbert	4	5	6	8	10	15	20	30
96	Bob Sirois	4	5	6	8	10	15	20	30

#	Player	VG 3	VgEx 4	EX 5	ExMt 6	NM 7	NmMt 8	NmMt+ 8.5	MT 9
97	Tom Lysiak	4	5	6	8	10	15	20	
98	Andre Dupont	4	5	6	8	10	15	20	
99	Per-Olov Brasar RC	4	5	6	8	10	15	20	30
100	Phil Esposito	4	5	6	8	10	15	20	
101	J.P. Bordeleau	4	5	6	8	10	15	20	
102	Pierre Mondou RC	4	5	6	8	10	15	20	
103	Wayne Bianchin	4	5	6	8	10	15	20	
104	Dennis O'Brien	4	5	6	8	10	15	20	30
105	Glenn Resch	4	5	6	8	10	15	20	35
106	Dennis Polonich	4	5	6	8	10	15	20	
107	Kris Manery RC	4	5	6	8	10	15	20	
108	Bill Hajt	4	5	6	8	10	15	20	
109	Jere Gillis RC	4	5	6	8	10	15	20	30
110	Garry Unger	4	5	6	8	10	15	20	
111	Nick Beverley	4	5	6	8	10	15	20	
112	Pat Hickey	4	5	6	8	10	15	20	
113	Rick Middleton	4	5	6	8	10	15	20	
114	Orest Kindrachuk	4	5	6	8	10	15	20	
115	Mike Bossy RC	12	20	25	40	80	200	250	650
116	Pierre Bouchard	4	5	6	8	10	15	20	30
117	Alain Daigle	4	5	6	8	10	15	20	
118	Terry Martin	4	5	6	8	10	15	20	30
119	Tom Edur	4	5	6	8	10	15	20	
120	Marcel Dionne	4	5	6	8	10	20	25	40
121	Barry Beck RC	4	5	6	8	10	15	20	
122	Billy Lochead	4	5	6	8	10	15	20	
123	Paul Harrison RC	4	5	6	8	10	15	20	30
124	Wayne Cashman	4	5	6	8	10	15	20	
125	Rick MacLeish	4	5	6	8	10	15	20	
126	Bob Bourne	4	5	6	8	10	15	20	30
127	Ian Turnbull	4	5	6	8	10	15	20	
128	Gerry Meehan	4	5	6	8	10	15	20	
129	Eric Vail	4	5	6	8	10	15	20	30
130	Gilbert Perreault	4	5	6	8	10	15	20	30
131	Bob Dailey	4	5	6	8	10	15	20	
132	Dale McCourt RC	4	5	6	8	10	15	20	
133	John Wensink RC	4	5	6	8	10	15	20	
134	Bill Nyrop	4	5	6	8	10	15	20	
135	Ivan Boldirev	4	5	6	8	10	15	20	30
136	Lucien DeBlois RC	4	5	6	8	10	15	20	
137	Brian Spencer	4	5	6	8	10	15	20	
138	Tim Young	4	5	6	8	10	15	20	
139	Ron Sedlbauer	4	5	6	8	10	15	20	30
140	Gerry Cheevers	4	5	6	8	10	15	20	
141	Dennis Maruk	4	5	6	8	10	15	20	
142	Barry Dean	4	5	6	8	10	15	20	
143	Bernie Federko RC	5	6	10	15	30	80	100	300
144	Stefan Persson RC	4	5	6	8	10	15	20	30
145	Wilf Paiement	4	5	6	8	10	15	20	
146	Dale Tallon	4	5	6	8	10	15	20	30
147	Yvon Lambert	4	5	6	8	10	15	20	
148	Greg Joly	4	5	6	8	10	15	20	
149	Dean Talafous	4	5	6	8	10	15	20	
150	Don Edwards	4	5	6	8	10	15	20	
151	Butch Goring	4	5	6	8	10	15	20	
152	Tom Bladon	4	5	6	8	10	15	20	
153	Bob Nystrom	4	5	6	8	10	15	20	
154	Ron Greschner	4	5	6	8	10	15	20	
155	Jean Ratelle	4	5	6	8	10	15	20	
156	Russ Anderson RC	4	5	6	8	10	15	20	
157	John Marks	4	5	6	8	10	15	20	
158	Michel Larocque	4	5	6	8	10	15	20	
159	Paul Woods RC	4	5	6	8	10	15	20	
160	Mike Palmateer	4	5	6	8	10	15	20	30
161	Jim Lorentz	4	5	6	8	10	15	20	
162	Dave Lewis	4	5	6	8	10	15	20	
163	Harvey Bennett	4	5	6	8	10	15	20	
164	Rick Smith	4	5	6	8	10	15	20	
165	Reggie Leach	4	5	6	8	10	15	20	
166	Wayne Thomas	4	5	6	8	10	15	20	30
167	Dave Forbes	4	5	6	8	10	15	20	
168	Doug Wilson RC	5	6	8	10	12	30	40	100
169	Dan Bouchard	4	5	6	8	10	15	20	
170	Steve Shutt	4	5	6	8	10	15	20	
171	Mike Kaszycki RC	4	5	6	8	10	15	20	
172	Denis Herron	4	5	6	8	10	15	20	
173	Rick Bowness	4	5	6	8	10	15	20	
174	Rick Hampton	4	5	6	8	10	15	20	
175	Glen Sharpley	4	5	6	8	10	15	20	
176	Bill Barber	4	5	6	8	10	15	20	
177	Ron Duguay RC	5	6	8	10	12	25	30	80
178	Jim Schoenfeld	4	5	6	8	10	15	20	
179	Pierre Plante	4	5	6	8	10	15	20	
180	Jacques Lemaire	4	5	6	8	10	15	20	
181	Stan Jonathan	4	5	6	8	10	15	20	
182	Billy Harris	4	5	6	8	10	15	20	
183	Chris Oddleifson	4	5	6	8	10	15	20	
184	Jean Pronovost	4	5	6	8	10	15	20	
185	Fred Barrett	4	5	6	8	10	15	20	
186	Ross Lonsberry	4	5	6	8	10	15	20	30

#	Player	VG 3	VgEx 4	EX 5	ExMt 6	NM 7	NmMt 8	NmMt+ 8.5	MT
187	Mike McEwen	4	5	6	8	10	15	20	
188	Rene Robert	4	5	6	8	10	15	20	
189	J. Bob Kelly	4	5	6	8	10	15	20	
190	Serge Savard	4	5	6	8	10	15	20	
191	Dennis Kearns	4	5	6	8	10	15	20	
192	Flames Team	4	5	6	8	10	15	20	3
193	Bruins Team	4	5	6	8	10	15	20	
194	Sabres Team	4	5	6	8	10	15	20	
195	Blackhawks Team	4	5	6	8	10	15	20	3
196	Rockies Team	4	5	6	8	10	15	20	3
197	Red Wings Team	4	5	6	8	10	15	20	
198	Kings Team	4	5	6	8	10	15	20	
199	North Stars Team	4	5	6	8	10	15	20	
200	Canadiens Team	4	5	6	8	10	15	20	
201	Islanders Team	4	5	6	8	10	15	20	
202	Rangers Team	4	5	6	8	10	15	20	
203	Flyers Team	4	5	6	8	10	15	20	
204	Penguins Team	4	5	6	8	10	15	20	3
205	Blues Team	4	5	6	8	10	15	20	3
206	Maple Leafs Team	4	5	6	8	10	15	20	3
207	Canucks Team	4	5	6	8	10	15	20	
208	Capitals Team	4	5	6	8	10	15	20	
209	Danny Gare	4	5	6	8	10	15	20	
210	Larry Robinson	4	5	6	8	10	15	20	
211	John Davidson	4	5	6	8	10	15	20	
212	Peter McNab	4	5	6	8	10	15	20	
213	Rick Kehoe	4	5	6	8	10	15	20	
214	Terry Harper	4	5	6	8	10	15	20	
215	Bobby Clarke	4	5	6	8	10	15	20	
216	Bryan Maxwell UER	4	5	6	8	10	15	20	
217	Ted Bulley RC	4	5	6	8	10	15	20	
218	Red Berenson	4	5	6	8	10	15	20	
219	Ron Grahame	4	5	6	8	10	15	20	
220	Clark Gillies	4	5	6	8	10	15	20	
221	Dave Maloney	4	5	6	8	10	15	20	
222	Derek Smith RC	4	5	6	8	10	15	20	
223	Wayne Stephenson	4	5	6	8	10	15	20	
224	John Van Boxmeer	4	5	6	8	10	15	20	
225	Dave Schultz	4	5	6	8	10	15	20	
226	Reed Larson RC	4	5	6	8	10	15	20	
227	Rejean Houle	4	5	6	8	10	15	20	
228	Doug Hicks	4	5	6	8	10	15	20	
229	Mike Murphy	4	5	6	8	10	15	20	
230	Pete Lopresti	4	5	6	8	10	15	20	
231	Jerry Korab	4	5	6	8	10	15	20	
232	Ed Westfall	4	5	6	8	10	15	20	3
233	Greg Malone RC	4	5	6	8	10	15	20	
234	Paul Holmgren	4	5	6	8	10	15	20	
235	Walt Tkaczuk	4	5	6	8	10	15	20	
236	Don Marcotte	4	5	6	8	10	15	20	
237	Ron Low	4	5	6	8	10	15	20	
238	Rick Chartraw	4	5	6	8	10	15	20	
239	Cliff Koroll	4	5	6	8	10	15	20	
240	Borje Salming	4	5	6	8	10	15	20	
241	Roland Eriksson	4	5	6	8	10	15	20	
242	Ric Seiling RC	4	5	6	8	10	15	20	
243	Jim Bedard RC	4	5	6	8	10	15	20	
244	Peter Lee RC	4	5	6	8	10	15	20	
245	Denis Potvin	4	5	6	8	10	15	20	
246	Greg Polis	4	5	6	8	10	15	20	
247	Jimmy Watson	4	5	6	8	10	15	20	
248	Bobby Schmautz	4	5	6	8	10	15	20	
249	Doug Risebrough	4	5	6	8	10	15	20	
250	Tony Esposito	4	5	6	8	10	15	20	4
251	Nick Libett	4	5	6	8	10	15	20	
252	Ron Zanussi RC	4	5	6	8	10	15	20	
253	Andre Savard	4	5	6	8	10	15	20	
254	Dave Burrows	4	5	6	8	10	15	20	
255	Ulf Nilsson	4	5	6	8	10	15	20	
256	Richard Mulhern	4	5	6	8	10	15	20	
257	Don Saleski	4	5	6	8	10	15	20	
258	Wayne Merrick	4	5	6	8	10	15	20	
259	Checklist 133-264	5	6	8	10	12	20	30	3
260	Guy Lapointe	4	5	6	8	10	15	20	
261	Grant Mulvey	4	5	6	8	10	15	20	
262	Stanley Cup Semifinals	4	5	6	8	10	15	20	
263	Stanley Cup Semifinals	4	5	6	8	10	15	20	
264	Stanley Cup Finals	4	5	6	8	10	15	20	
265	Bob Sauve	4	5	6	8	10	15	20	
266	Randy Manery	4	5	6	8	10	15	20	
267	Bill Fairbairn	4	5	6	8	10	15	20	
268	Garry Monahan	4	5	6	8	10	15	20	
269	Colin Campbell	4	5	6	8	10	15	20	
270	Dan Newman	4	5	6	8	10	15	20	
271	Dwight Foster RC	4	5	6	8	10	15	20	
272	Larry Carriere	4	5	6	8	10	15	20	
273	Michel Bergeron	4	5	6	8	10	15	20	
274	Scott Garland	4	5	6	8	10	15	20	
275	Bill McKenzie	4	5	6	8	10	15	20	
276	Garnet Bailey	4	5	6	8	10	15	20	

	VG 3	VgEx 4	EX 5	ExMt 6	NM 7	NmMt 8	NmMt+ 8.5	MT 9
Ed Kea	4	5	6	8	10	15	20	
Dave Gardner	4	5	6	8	10	15	20	
Bruce Affleck	4	5	6	8	10	15	20	
Bruce Boudreau RC	4	5	6	8	10	15	20	
Jean Hamel	4	5	6	8	10	15	20	
Kurt Walker RC	4	5	6	8	10	15	20	
Denis Dupere	4	5	6	8	10	15	20	
Gordie Lane	4	5	6	8	10	15	20	
Bobby Lalonde	4	5	6	8	10	15	20	
Pit Martin	4	5	6	8	10	15	20	
Jean Potvin	4	5	6	8	10	15	20	
Jimmy Jones RC	4	5	6	8	10	15	20	
Dave Hutchinson	4	5	6	8	10	15	20	
Pete Stemkowski	4	5	6	8	10	15	20	
Mike Christie	4	5	6	8	10	15	20	30
Bill Riley	4	5	6	8	10	15	20	
Rey Comeau	4	5	6	8	10	15	20	
Jack McIlhargey RC	4	5	6	8	10	15	20	
Tom Younghans RC	4	5	6	8	10	15	20	
Mario Faubert RC	4	5	6	8	10	15	20	
Checklist Card	5	6	8	10	12	20	30	
Rob Palmer RC	4	5	6	8	10	15	20	
Dave Hudson	4	5	6	8	10	15	20	
Bobby Orr	6	8	12	20	35	80	100	175
Lorne Stamler RC	4	5	6	8	10	15	20	
Curt Ridley	4	5	6	8	10	15	20	
Greg Smith	4	5	6	8	10	15	20	
Jerry Butler	4	5	6	8	10	15	20	
Gary Doak	4	5	6	8	10	15	20	30
Danny Grant	4	5	6	8	10	15	20	30
Mark Suzor RC	4	5	6	8	10	15	20	
Rick Bragnalo	4	5	6	8	10	15	20	
John Gould	4	5	6	8	10	15	20	
Sheldon Kannegiesser	4	5	6	8	10	15	20	
Bobby Sheehan	4	5	6	8	10	15	20	
Randy Carlyle RC	5	6	8	10	15	40		
Lorne Henning	4	5	6	8	10	15	20	
Tom Williams	4	5	6	8	10	15	20	30
Ron Andruff	4	5	6	8	10	15	20	
Bryan Watson	4	5	6	8	10	15	20	
Willi Plett	4	5	6	8	10	15	20	
John Grisdale	4	5	6	8	10	15	20	
Brian Sutter RC	5	6	10	12	25	30	60	
Trevor Johansen RC	4	5	6	8	10	15	20	30
Vic Venasky	4	5	6	8	10	15	20	
Rick Lapointe	4	5	6	8	10	15	20	
Ron Delorme RC	4	5	6	8	10	15	20	
Yvon Labre	4	5	6	8	10	15	20	
Bryan Trottier AS UER	5	6	8	10	12	20	25	40
Guy Lafleur AS	4	5	6	8	10	15	20	35
Clark Gillies AS	4	5	6	8	10	15	20	30
Borje Salming AS	4	5	6	8	10	15	20	30
Larry Robinson AS	4	5	6	8	10	15	20	30
Ken Dryden AS	5	6	8	10	12	25	30	40
Darryl Sittler AS	4	5	6	8	10	15	20	53
Terry O'Reilly AS	4	5	6	8	10	15	20	30
Steve Shutt AS	4	5	6	8	10	15	20	30
Denis Potvin AS	4	5	6	8	10	15	20	30
Serge Savard AS	4	5	6	8	10	15	20	30
Don Edwards AS	4	5	6	8	10	15	20	30
Glenn Goldup	4	5	6	8	10	15	20	
Mike Kitchen	4	5	6	8	10	15	20	
Bob Girard	4	5	6	8	10	15	20	
Guy Chouinard	4	5	6	8	10	15	20	
Randy Holt	4	5	6	8	10	15	20	
Jim Roberts	4	5	6	8	10	15	20	
Dave Logan RC	4	5	6	8	10	15	20	
Walt McKechnie	4	5	6	8	10	15	20	
Brian Glennie	4	5	6	8	10	15	20	
Ralph Klassen	4	5	6	8	10	15	20	
Gord Smith	4	5	6	8	10	15	20	
Ken Houston	4	5	6	8	10	15	20	
Bob Manno RC	4	5	6	8	10	15	20	
Jean-Paul Parise	4	5	6	8	10	15	20	
Don Ashby	4	5	6	8	10	15	20	
Fred Stanfield	4	5	6	8	10	15	20	
Dave Taylor RC	6	10	15	20	25	50	60	100
Nelson Pyatt	4	5	6	8	10	15	20	
Blair Stewart RC	4	5	6	8	10	15	20	
David Shand	4	5	6	8	10	15	20	
Hilliard Graves	4	5	6	8	10	15	20	
Bob Hess	4	5	6	8	10	15	20	
Dave Williams	4	5	6	8	10	15	20	
Larry Wright RC	4	5	6	8	10	15	20	
Larry Brown	4	5	6	8	10	15	20	
Gary Croteau	4	5	6	8	10	15	20	
Rick Green	4	5	6	8	10	15	20	
Bill Clement	4	5	6	8	10	15	20	
Gerry O'Flaherty	4	5	6	8	10	15	20	
John Baby RC	4	5	6	8	10	15	20	

	VG 3	VgEx 4	EX 5	ExMt 6	NM 7	NmMt 8	NmMt+ 8.5	MT 9
367	Nick Fotiu	4	5	6	8	10	15	20	
368	Pat Price	4	5	6	8	10	15	20	
369	Bert Wilson	4	5	6	8	10	15	20	
370	Bryan Lefley	4	5	6	8	10	15	20	
371	Ron Lalonde	4	5	6	8	10	15	20	
372	Bobby Simpson	4	5	6	8	10	15	20	
373	Doug Grant	4	5	6	8	10	15	20	
374	Pat Boutette	4	5	6	8	10	15	20	
375	Bob Paradise	4	5	6	8	10	15	20	
376	Mario Tremblay	4	5	6	8	10	15	20	
377	Darryl Edestrand	4	5	6	8	10	15	20	
378	Andy Spruce RC	4	5	6	8	10	15	20	
379	Jack Brownschidle RC	4	5	6	8	10	15	20	
380	Harold Snepsts	4	5	6	8		15	20	30
381	Al MacAdam	4	5	6	8	10	15	20	
382	Neil Komadoski	4	5	6	8	10	15	20	
383	Don Awrey	4	5	6	8	10	15	20	
384	Ron Schock	4	5	6	8	10	15	20	
385	Gary Simmons	4	5	6	8		15	20	30
386	Fred Ahern	4	5	6	8	10	15	20	
387	Larry Bolonchuk	4	5	6	8	10	15	20	
388	Brad Gassoff RC	4	5	6	8	10	15	20	
389	Chuck Arnason	4	5	6	8	10	15	20	
390	Barry Gibbs	4	5	6	8	10	15	20	
391	Jack Valiquette	4	5	6	8	10	15	20	
392	Doug Halward	4	5	6	8	10	15	20	
393	Hartland Monahan	4	5	6	8	10	15	20	
394	Rod Seiling	4	5	6	8	10	15	20	
395	George Ferguson	4	5	6	8	10	15	20	
396	Al Cameron	4	5	6	8	10	15	20	

— Randy Carlyle RC #312 PSA 9 (Mt) sold for $643.99 (eBay; 2/14)
— Randy Carlyle RC #312 PSA 10 (Gem) sold for $512 (eBay; 4/12)
— Bernie Federko RC #143 PSA 10 (Gem) sold for $1,830 (eBay; 3/12)
— Doug Wilson RC #168 PSA 10 (Gem) sold for $714 (eBay; 9/15)

1978-79 Topps

		VG 3	VgEx 4	EX 5	ExMt 6	NM 7	NmMt 8	NmMt+ 8.5	MT 9
1	Mike Bossy HL	6	8	10	12	15	30		
2	Phil Esposito HL	4	5	6	8	10	12	15	20
3	Guy Lafleur HL	4	5	6	8	10	12	15	20
4	Darryl Sittler HL	4	5	6	8	10	12	15	20
5	Garry Unger HL	4	5	6	8	10	12	15	20
6	Gary Edwards	4	5	6	8	10	12	15	20
7	Rick Blight	4	5	6	8	10	12	15	20
8	Larry Patey	4	5	6	8	10	12	15	20
9	Craig Ramsay	4	5	6	8	10	12		
10	Bryan Trottier	5	6	8	10	12	15	20	25
11	Don Murdoch	4	5	6	8	10	12	15	20
12	Phil Russell	4	5	6	8	10	12	15	20
13	Doug Jarvis	4	5	6	8	10	12	15	20
14	Gene Carr	4	5	6	8	10	12	15	20
15	Bernie Parent	4	5	6	8	10	12	15	20
16	Perry Miller	4	5	6	8	10	12	15	20
17	Kent-Erik Andersson RC	4	5	6	8	10	12	15	20
18	Gregg Sheppard	4	5	6	8	10	12	15	20
19	Dennis Owchar	4	5	6	8	10	12	15	
20	Rogatien Vachon	4	5	6	8	10	12	15	20
21	Dan Maloney	4	5	6	8	10	12	15	
22	Guy Charron	4	5	6	8	10	12	15	20
23	Dick Redmond	4	5	6	8	10	12	15	20
24	Checklist 1-132	4	5	6	8	10	12	15	25
25	Anders Hedberg	4	5	6	8	10	12	15	20
26	Mel Bridgman	4	5	6	8	10	12	15	20
27	Lee Fogolin	4	5	6	8	10	12	15	
28	Gilles Meloche	4	5	6	8	10	12	15	20
29	Garry Howatt	4	5	6	8	10	12	15	20
30	Darryl Sittler	4	5	6	8	10	12	15	20
31	Curt Bennett	4	5	6	8	10	12	15	20
32	Andre St.Laurent	4	5	6	8	10	12	15	20
33	Blair Chapman	4	5	6	8	10	12	15	
34	Keith Magnuson	4	5	6	8	10	12	15	
35	Pierre Larouche	4	5	6	8	10	12	15	20
36	Michel Plasse	4	5	6	8	10	12	15	
37	Gary Sargent	4	5	6	8	10	12	15	20
38	Mike Walton	4	5	6	8	10	12	15	20
39	Robert Picard RC	4	5	6	8	10	12	15	20
40	Terry O'Reilly	4	5	6	8	10	12	15	20
41	Dave Farrish	4	5	6	8	10	12	15	
42	Gary McAdam	4	5	6	8	10	12	15	
43	Joe Watson	4	5	6	8	10	12	15	
44	Yves Belanger	4	5	6	8	10	12	15	20
45	Steve Jensen	4	5	6	8	10	12	15	20
46	Bob Stewart	4	5	6	8	10	12	15	20
47	Darcy Rota	4	5	6	8	10	12	15	20
48	Dennis Hextall	4	5	6	8	10	12	15	20
49	Bert Marshall	4	5	6	8	10	12	15	20
50	Ken Dryden	5	6	8	10	12	15	20	25
51	Peter Mahovlich	4	5	6	8	10	12	15	20
52	Dennis Ververgaert	4	5	6	8	10	12	15	20

#	Player	VG 3	VgEx 4	EX 5	ExMt 6	NM 7	NmMt 8	NmMt+ 8.5	MT 9
53	Inge Hammarstrom	4	5	6	8	10	12	15	
54	Doug Favell	4	5	6	8	10	12	15	20
55	Steve Vickers	4	5	6	8	10	12	15	
56	Syl Apps	4	5	6	8	10	12	15	20
57	Errol Thompson	4	5	6	8	10	12	15	20
58	Don Luce	4	5	6	8	10	12	15	20
59	Mike Milbury	4	5	6	8	10	12	15	20
60	Yvan Cournoyer	4	5	6	8	10	12	15	20
61	Kirk Bowman	4	5	6	8	10	12	15	20
62	Billy Smith	4	5	6	8	10	12	15	20
63	Lafleur/Bossy/Shutt LL	4	5	6	8	10	12	20	25
64	Trott/Lafleur/Sitt LL	4	5	6	8	10	12	15	
65	Lafleur/Trott/Sitt LL	4	5	6	8	10	12	15	
66	Schltz/Wil/Polnich LL	4	5	6	8	10	12	15	
67	Bossy/Espo/Shutt LL	4	5	6	8	10	12	15	20
68	Dryden/Parent/Gilb LL	4	5	6	8	10	12	15	20
69	Lafleur/Barber/Sitt LL	4	5	6	8	10	12	15	20
70	Parent/Dryden/Espo LL	4	5	6	8	10	12	15	20
71	Bob Kelly	4	5	6	8	10	12	15	20
72	Ron Stackhouse	4	5	6	8	10	12	15	20
73	Wayne Dillon	4	5	6	8	10	12	15	
74	Jim Rutherford	4	5	6	8	10	12	15	20
75	Stan Mikita	4	5	6	8	10	12	15	25
76	Bob Gainey	4	5	6	8	10	12	15	
77	Gerry Hart	4	5	6	8	10	12	15	
78	Lanny McDonald	4	5	6	8	10	12	15	20
79	Brad Park	4	5	6	8	10	12	15	20
80	Richard Martin	4	5	6	8	10	12	15	
81	Bernie Wolfe	4	5	6	8	10	12	15	20
82	Bob MacMillan	4	5	6	8	10	12	15	20
83	Brad Maxwell RC	4	5	6	8	10	12	15	
84	Mike Fidler	4	5	6	8	10	12	15	20
85	Carol Vadnais	4	5	6	8	10	12	15	
86	Don Lever	4	5	6	8	10	12	15	20
87	Phil Myre	4	5	6	8	10	12	15	20
88	Paul Gardner	4	5	6	8	10	12	15	20
89	Bob Murray	4	5	6	8	10	12	15	20
90	Guy Lafleur	4	5	6	8	10	12	20	25
91	Bob Murdoch	4	5	6	8	10	12	15	
92	Ron Ellis	4	5	6	8	10	12	15	
93	Jude Drouin	4	5	6	8	10	12	15	20
94	Jocelyn Guevremont	4	5	6	8	10	12	15	20
95	Gilles Gilbert	4	5	6	8	10	12	15	20
96	Bob Sirois	4	5	6	8	10	12	15	20
97	Tom Lysiak	4	5	6	8	10	12	15	
98	Andre Dupont	4	5	6	8	10	12	15	20
99	Per-Olov Brasar RC	4	5	6	8	10	12	15	20
100	Phil Esposito	4	5	6	8	10	12	15	25
101	J.P. Bordeleau	4	5	6	8	10	12	15	20
102	Pierre Mondou RC	4	5	6	8	10	12	15	20
103	Wayne Bianchin	4	5	6	8	10	12	15	20
104	Dennis O'Brien	4	5	6	8	10	12	15	20
105	Glenn Resch	4	5	6	8	10	12	15	20
106	Dennis Polonich	4	5	6	8	10	12	15	20
107	Kris Manery RC	4	5	6	8	10	12	15	
108	Bill Hajt	4	5	6	8	10	12	15	20
109	Jere Gillis RC	4	5	6	8	10	12	15	20
110	Garry Unger	4	5	6	8	10	12	15	20
111	Nick Beverley	4	5	6	8	10	12	15	20
112	Pat Hickey	4	5	6	8	10	12	15	20
113	Rick Middleton	4	5	6	8	10	12	15	20
114	Orest Kindrachuk	4	5	6	8	10	12	15	20
115	Mike Bossy RC	10	12	15	30	50	60	80	120
116	Pierre Bouchard	4	5	6	8	10	12	15	20
117	Alain Daigle	4	5	6	8	10	12	15	20
118	Terry Martin	4	5	6	8	10	12	15	20
119	Tom Edur	4	5	6	8	10	12	15	20
120	Marcel Dionne	4	5	6	8	10	12	15	25
121	Barry Beck RC	4	5	6	8	10	12	15	20
122	Billy Lochead	4	5	6	8	10	12	15	20
123	Paul Harrison	4	5	6	8	10	12	15	20
124	Wayne Cashman	4	5	6	8	10	12	15	
125	Rick MacLeish	4	5	6	8	10	12	15	20
126	Bob Bourne	4	5	6	8	10	12	15	20
127	Ian Turnbull	4	5	6	8	10	12	15	20
128	Gerry Meehan	4	5	6	8	10	12	15	20
129	Eric Vail	4	5	6	8	10	12	15	20
130	Gilbert Perreault	4	5	6	8	10	12	15	20
131	Bob Dailey	4	5	6	8	10	12	15	20
132	Dale McCourt RC	4	5	6	8	10	12	15	20
133	John Wensink RC	4	5	6	8	10	12	15	20
134	Bill Nyrop	4	5	6	8	10	12	15	
135	Ivan Boldirev	4	5	6	8	10	12	15	20
136	Lucien DeBlois RC	4	5	6	8	10	12	15	20
137	Brian Spencer	4	5	6	8	10	12	15	20
138	Tim Young	4	5	6	8	10	12	15	20
139	Ron Sedlbauer	4	5	6	8	10	12	15	20
140	Gerry Cheevers	4	5	6	8	10	12	15	20
141	Dennis Maruk	4	5	6	8	10	12	15	20
142	Barry Dean	4	5	6	8	10	12	15	

#	Player	VG 3	VgEx 4	EX 5	ExMt 6	NM 7	NmMt 8	NmMt+ 8.5	MT 9
143	Bernie Federko RC	5	6	8	10	12	15	20	
144	Stefan Persson RC	4	5	6	8	10	12	15	
145	Wilf Paiement	4	5	6	8	10	12	15	
146	Dale Tallon	4	5	6	8	10	12	15	
147	Yvon Lambert	4	5	6	8	10	12	15	
148	Greg Joly	4	5	6	8	10	12	15	
149	Dean Talafous	4	5	6	8	10	12	15	
150	Don Edwards AS2	4	5	6	8	10	12	15	
151	Butch Goring	4	5	6	8	10	12	15	
152	Tom Bladon	4	5	6	8	10	12	15	
153	Bob Nystrom	4	5	6	8	10	12	15	
154	Ron Greschner	4	5	6	8	10	12	15	
155	Jean Ratelle	4	5	6	8	10	12	15	
156	Russ Anderson RC	4	5	6	8	10	12	15	
157	John Marks	4	5	6	8	10	12	15	
158	Michel Larocque	4	5	6	8	10	12	15	
159	Paul Woods RC	4	5	6	8	10	12	15	
160	Mike Palmateer	4	5	6	8	10	12	15	
161	Jim Lorentz	4	5	6	8	10	12	15	
162	Dave Lewis	4	5	6	8	10	12	15	
163	Harvey Bennett	4	5	6	8	10	12	15	
164	Rick Smith	4	5	6	8	10	12	15	
165	Reggie Leach	4	5	6	8	10	12	15	
166	Wayne Thomas	4	5	6	8	10	12	15	
167	Dave Forbes	4	5	6	8	10	12	15	
168	Doug Wilson RC	5	6	8	10	12	15	20	
169	Dan Bouchard	4	5	6	8	10	12	15	
170	Steve Shutt	4	5	6	8	10	12	15	
171	Mike Kaszycki RC	4	5	6	8	10	12	15	
172	Denis Herron	4	5	6	8	10	12	15	
173	Rick Bowness	4	5	6	8	10	12	15	
174	Rick Hampton	4	5	6	8	10	12	15	
175	Glen Sharpley	4	5	6	8	10	12	15	
176	Bill Barber	4	5	6	8	10	12	15	
177	Ron Duguay RC	4	5	6	8	10	12	15	
178	Jim Schoenfeld	4	5	6	8	10	12	15	
179	Pierre Plante	4	5	6	8	10	12	15	
180	Jacques Lemaire	4	5	6	8	10	12	15	
181	Stan Jonathan	4	5	6	8	10	12	15	
182	Billy Harris	4	5	6	8	10	12	15	
183	Chris Oddleifson	4	5	6	8	10	12	15	
184	Jean Pronovost	4	5	6	8	10	12	15	
185	Fred Barrett	4	5	6	8	10	12	15	
186	Ross Lonsberry	4	5	6	8	10	12	15	
187	Mike McEwen	4	5	6	8	10	12	15	
188	Rene Robert	4	5	6	8	10	12	15	
189	J. Bob Kelly	4	5	6	8	10	12	15	
190	Serge Savard AS2	4	5	6	8	10	12	15	
191	Dennis Kearns	4	5	6	8	10	12	15	
192	Flames Team CL	4	5	6	8	10	12	15	
193	Bruins Team CL	4	5	6	8	10	12	15	
194	Sabres Team CL	4	5	6	8	10	12	15	
195	Blackhawks Team CL	4	5	6	8	10	12	15	
196	Rockies Team CL	4	5	6	8	10	12	15	
197	Red Wings Team CL	4	5	6	8	10	12	15	
198	Kings Team CL	4	5	6	8	10	12	15	
199	North Stars Team CL	4	5	6	8	10	12	15	
200	Canadiens Team CL	4	5	6	8	10	12	15	
201	Islanders Team CL	4	5	6	8	10	12	15	
202	Rangers Team CL	4	5	6	8	10	12	15	
203	Flyers Team CL	4	5	6	8	10	12	15	
204	Penguins Team CL	4	5	6	8	10	12	15	
205	Blues Team CL	4	5	6	8	10	12	15	
206	Maple Leafs Team CL	4	5	6	8	10	12	15	
207	Canucks Team CL	4	5	6	8	10	12	15	
208	Capitals Team CL	4	5	6	8	10	12	15	
209	Danny Gare	4	5	6	8	10	12	15	
210	Larry Robinson	4	5	6	8	10	12	15	
211	John Davidson	4	5	6	8	10	12	15	
212	Peter McNab	4	5	6	8	10	12	15	
213	Rick Kehoe	4	5	6	8	10	12	15	
214	Terry Harper	4	5	6	8	10	12	15	
215	Bobby Clarke	4	5	6	8	10	12	15	
216	Bryan Maxwell UER	4	5	6	8	10	12	15	
217	Ted Bulley	4	5	6	8	10	12	15	
218	Red Berenson	4	5	6	8	10	12	15	
219	Ron Grahame	4	5	6	8	10	12	15	
220	Clark Gillies AS1	4	5	6	8	10	12	15	
221	Dave Maloney	4	5	6	8	10	12	15	
222	Derek Smith RC	4	5	6	8	10	12	15	
223	Wayne Stephenson	4	5	6	8	10	12	15	
224	John Van Boxmeer	4	5	6	8	10	12	15	
225	Dave Schultz	4	5	6	8	10	12	15	
226	Reed Larson RC	4	5	6	8	10	12	15	
227	Rejean Houle	4	5	6	8	10	12	15	
228	Doug Hicks	4	5	6	8	10	12	15	
229	Mike Murphy	4	5	6	8	10	12	15	
230	Pete Lopresti	4	5	6	8	10	12	15	
231	Jerry Korab	4	5	6	8	10	12	15	
232	Ed Westfall	4	5	6	8	10	12	15	

	VG 3	VgEx 4	EX 5	ExMt 6	NM 7	NmMt 8	NmMt+ 8.5	MT 9
Greg Malone RC	4	5	6	8	10	12	15	20
Paul Holmgren	4	5	6	8	10	12	15	20
Walt Tkaczuk	4	5	6	8	10	12	15	20
Don Marcotte	4	5	6	8	10	12	15	20
Ron Low	4	5	6	8	10	12	15	20
Rick Chartraw	4	5	6	8	10	12	15	20
Cliff Koroll	4	5	6	8	10	12	15	20
Borje Salming	4	5	6	8	10	12	15	20
Roland Eriksson	4	5	6	8	10	12	15	20
Ric Seiling RC	4	5	6	8	10	12	15	20
Jim Bedard RC	4	5	6	8	10	12	15	20
Peter Lee RC	4	5	6	8	10	12	15	20
Denis Potvin	4	5	6	8	10	12	15	25
Greg Polis	4	5	6	8	10	12	15	
Jimmy Watson	4	5	6	8	10	12	15	20
Bobby Schmautz	4	5	6	8	10	12	15	
Doug Risebrough	4	5	6	8	10	12	15	20
Tony Esposito	4	5	6	8	10	12	15	20
Nick Libett	4	5	6	8	10	12	15	
Ron Zanussi RC	4	5	6	8	10	12	15	20
Andre Savard	4	5	6	8	10	12	15	20
Dave Burrows	4	5	6	8	10	12	15	20
Ulf Nilsson	4	5	6	8	10	12	15	20
Richard Mulhern	4	5	6	8	10	12	15	
Don Saleski	4	5	6	8	10	12	15	20
Wayne Merrick	4	5	6	8	10	12	15	20
Checklist 133-264	4	5	6	8	10	12	15	25
Guy Lapointe	4	5	6	8	10	12	15	20
Grant Mulvey	4	5	6	8	10	12	15	20
Stanley Cup: Semis	4	5	6	8	10	12	15	20
Stanley Cup: Semis	4	5	6	8	10	12	15	20
Stanley Cup Finals	4	5	6	8	10	12	15	20

ike Bossy RC #115 BGS 9.5 (Gem) sold for $302 (eBay; 6/12)
ike Bossy RC #115 PSA 10 (Gem) sold for $1,302 (Memory Lane; 6/12)

)79-80 O-Pee-Chee

	VG 3	VgEx 4	EX 5	ExMt 6	NM 7	NmMt 8	NmMt+ 8.5	MT 9
Bossy/Dionne/Lafleur LL	6	10	12	15	40	135		
Trott/Lafleur/Dionne LL	4	5	6	8	15	25	30	
Trott/Dionne/Lafleur LL	4	6	8	10	15	60	80	
Williams/Holt/Schultz LL	4	4	5	6	10	25		
Bossy/Dionne/Gardner LL	4	6	8	12	20	30	50	150
Dryden/Resch/Parent LL	4	5	6	8	15	25	30	100
Lafleur/Bossy/Trott/ LL	4	5	6	8	15	25	30	
Dryden/Espo/Parent LL	4	5	6	8	15	60	80	120
Greg Malone	4	4	5	6	10	15	20	
Rick Middleton	4	4	5	6	10	15	20	50
Greg Smith	4	4	5	6	10	15	20	35
Rene Robert	4	4	5	6	10	15	20	
Doug Risebrough	4	4	5	6	10	15	20	
Bob Kelly	4	4	5	6	10	15	20	
Walt Tkaczuk	4	4	5	6	10	15	20	35
John Marks	4	4	5	6	10	15	20	
Willie Huber RC	4	4	5	6	10	15	20	35
Wayne Gretzky UER RC/80 GP not 60	▼1,200	▼1,500	▼2,000	▼4,000	▼8,000	▼15,000		100,000
Ron Sedlbauer	4	4	5	6	10	15	20	35
Glenn Resch AS2	4	4	5	6	10	15	20	35
Blair Chapman	4	4	5	6	10	15	20	
Ron Zanussi	4	4	5	6	10	15	20	35
Brad Park	4	5	6	8	12	30		
Yvon Lambert	4	4	5	6	10	15	20	35
Andre Savard	4	4	5	6	10	15	20	
Jimmy Watson	4	4	5	6	10	15	20	
Hal Philipoff RC	4	4	5	6	10	15	20	
Dan Bouchard	4	4	5	6	10	15	20	
Bob Sirois	4	4	5	6	10	15	20	35
Ulf Nilsson	4	4	5	6	10	15	20	
Mike Murphy	4	4	5	6	10	15	20	
Stefan Persson	4	4	5	6	10	15	20	
Garry Unger	4	4	5	6	10	15	20	35
Rejean Houle	4	4	5	6	10	15	20	35
Barry Beck	4	4	5	6	10	15	20	
Tim Young	4	4	5	6	10	15	20	
Rick Dudley	4	4	5	6	10	15	20	35
Wayne Stephenson	4	4	5	6	10	15	20	
Peter McNab	4	4	5	6	10	15	20	35
Borje Salming AS2	4	4	5	6	10	15	20	
Tom Lysiak	4	4	5	6	10	15	20	
Don Maloney RC	4	4	5	6	10	15	20	40
Mike Rogers	4	4	5	6	10	15	20	
Dave Lewis	4	4	5	6	10	15	20	
Peter Lee	4	4	5	6	10	15	20	35
Marty Howe	4	4	5	6	10	15	20	40
Serge Bernier	4	4	5	6	10	15	20	
Paul Woods	4	4	5	6	10	15	20	
Bob Sauve	4	4	5	6	10	15	20	
Larry Robinson AS1	4	5	6	8	12	40		
Tom Gorence RC	4	4	5	6	10	15	20	35
Gary Sargent	4	4	5	6	10	15	20	

		VG 3	VgEx 4	EX 5	ExMt 6	NM 7	NmMt 8	NmMt+ 8.5	MT 9
53	Thomas Gradin RC	4	4	5	6	10	15	20	
54	Dean Talafous	4	4	5	6	10	15	20	
55	Bob Murray	4	4	5	6	10	15	20	35
56	Bob Bourne	4	4	5	6	10	15	20	
57	Larry Patey	4	4	5	6	10	15	20	
58	Ross Lonsberry	4	4	5	6	10	15	20	35
59	Rick Smith UER	4	4	5	6	10	15	20	35
60	Guy Chouinard	4	4	5	6	10	15	20	35
61	Danny Gare	4	4	5	6	10	15	20	
62	Jim Bedard	4	4	5	6	10	15	20	
63	Dale McCourt UER	4	4	5	6	10	15	20	
64	Steve Payne RC	4	4	5	6	10	30		
65	Pat Hughes RC	4	4	5	6	10	15	20	35
66	Mike McEwen	4	4	5	6	10	15	20	35
67	Reg Kerr RC	4	4	5	6	10	15	20	35
68	Walt McKechnie	4	4	5	6	10	15	20	
69	Michel Plasse	4	4	5	6	10	15	20	
70	Denis Potvin AS1	4	4	5	6	10	15	20	
71	Dave Dryden	4	4	5	6	10	15	20	40
72	Gary McAdam	4	4	5	6	10	15	20	35
73	Andre St.Laurent	4	4	5	6	10	15	20	
74	Jerry Korab	4	4	5	6	10	15	20	
75	Rick MacLeish	4	4	5	6	10	15	20	40
76	Dennis Kearns	4	4	5	6	10	15	20	
77	Jean Pronovost	4	4	5	6	10	15	20	35
78	Ron Greschner	4	4	5	6	10	15	20	
79	Wayne Cashman	4	4	5	6	10	15	20	35
80	Tony Esposito	4	5	6	8	12	15	20	35
81	Jets Logo CL	5	8	10	12	20	30	40	80
82	Oilers Logo CL	6	10	12	20	25	40	50	150
83	Stanley Cup Finals	4	5	8	30	40	50		
84	Brian Sutter	4	4	5	6	10	15	20	40
85	Gerry Cheevers	4	4	5	6	10	15	20	
86	Pat Hickey	4	4	5	6	10	15	20	
87	Mike Kaszycki	4	4	5	6	10	15	20	35
88	Grant Mulvey	4	4	5	6	10	15	20	
89	Derek Smith	4	4	5	6	10	15	20	35
90	Steve Shutt	4	4	5	6	10	15	20	
91	Robert Picard	4	4	5	6	10	15	20	
92	Dan Labraaten	4	4	5	6	10	15	20	
93	Glen Sharpley	4	4	5	6	10	15	20	
94	Denis Herron	4	4	5	6	10	15	20	
95	Reggie Leach	4	4	5	6	10	15	20	
96	John Van Boxmeer	4	4	5	6	10	15	20	
97	Tiger Williams	4	4	5	6	10	20	25	50
98	Butch Goring	4	4	5	6	10	15	20	35
99	Don Marcotte	4	4	5	6	10	15	20	
100	Bryan Trottier AS1	4	5	6	8	12	30	40	
101	Serge Savard AS2	4	4	5	6	10	15	20	
102	Cliff Koroll	4	4	5	6	10	15	20	
103	Gary Smith	4	4	5	6	10	15	20	
104	Al MacAdam	4	4	5	6	10	15	20	
105	Don Edwards	4	4	5	6	10	15	20	35
106	Errol Thompson	4	4	5	6	10	15	20	
107	Andre Lacroix	4	4	5	6	10	15	20	
108	Marc Tardif	4	4	5	6	10	15	20	35
109	Rick Kehoe	4	4	5	6	10	15	20	35
110	John Davidson	4	4	5	6	10	15	20	
111	Behn Wilson RC	4	4	5	6	10	15	20	35
112	Doug Jarvis	4	4	5	6	10	15	20	35
113	Tom Rowe RC	4	4	5	6	10	15	20	35
114	Mike Milbury	4	4	5	6	10	15	20	
115	Billy Harris	4	4	5	6	10	15	20	
116	Greg Fox RC	4	4	5	6	10	15	20	
117	Curt Fraser RC	4	4	5	6	10	15	20	35
118	Jean-Paul Parise	4	4	5	6	10	15	20	
119	Ric Seiling	4	4	5	6	10	15	20	35
120	Darryl Sittler	4	4	5	6	10	15	20	
121	Rick Lapointe	4	4	5	6	10	15	20	
122	Jim Rutherford	4	4	5	6	15	30	20	
123	Mario Tremblay	4	4	5	6	10	15	20	40
124	Randy Carlyle	4	4	5	6	10	15	20	40
125	Bobby Clarke	4	5	6	8	12	20	25	
126	Wayne Thomas	4	4	5	6	10	20	20	
127	Ivan Boldirev	4	4	5	6	10	15	20	35
128	Ted Bulley	4	4	5	6	10	15	20	
129	Dick Redmond	4	4	5	6	10	15	20	35
130	Clark Gillies AS1	4	4	5	6	10	30		
131	Checklist 1-132	6	10	15	25	40	60		
132	Vaclav Nedomansky	4	4	5	6	10	15	20	
133	Richard Mulhern	4	4	5	6	10	15	20	
134	Dave Schultz	4	4	5	6	10	15	20	
135	Guy Lapointe	4	4	5	6	10	15	20	
136	Gilles Meloche	4	4	5	6	10	15	20	
137	Randy Pierce RC	4	4	5	6	10	15	20	35
138	Cam Connor	4	4	5	6	10	15	20	
139	George Ferguson	4	4	5	6	10	15	20	35
140	Bill Barber	4	4	5	6	10	15	20	
141	Terry Ruskowski UER	4	4	5	6	10	15	20	
142	Wayne Babych RC	4	4	5	6	10	15	20	35

#	Player	VG 3	VgEx 4	EX 5	ExMt 6	NM 7	NmMt 8	NmMt+ 8.5	MT 9
143	Phil Russell	4	4	5	6	10	15	20	
144	Bobby Schmautz	4	4	5	6	10	15		80
145	Carol Vadnais	4	4	5	6	10	30		
146	John Tonelli RC	4	6	8	10	20	50	80	100
147	Peter Marsh RC	4	4	5	6	10	15	20	35
148	Thommie Bergman	4	4	5	6	10	15	20	35
149	Richard Martin	4	4	5	6	10	15	20	
150	Ken Dryden AS1	5	8	10	12	15	50	60	200
151	Kris Manery	4	4	5	6	10	15	20	35
152	Guy Charron	4	4	5	6	10	15	20	
153	Lanny McDonald	4	4	5	6	10	15	20	40
154	Ron Stackhouse	4	4	5	6	10	15	20	
155	Stan Mikita	4	5	6	8	12	20	25	40
156	Paul Holmgren	4	4	5	6	10	15	20	35
157	Perry Miller	4	4	5	6	10	15	20	
158	Gary Croteau	4	4	5	6	10	15	20	
159	Dave Maloney	4	4	5	6	10	15	20	
160	Marcel Dionne AS2	4	5	6	8	12	20	25	
161	Mike Bossy RB	4	5	6	8	20	25		
162	Don Maloney RB	4	4	5	6	10	15	20	
163	Whalers Logo CL	5	8	10	12	15	25	40	80
164	Brad Park RB	4	4	5	6	10	15	20	
165	Bryan Trottier RB	4	4	5	6	10	15	20	
166	Al Hill RC	4	4	5	6	10	15	20	35
167	Gary Bromley UER	4	4	5	6	10	15	20	35
168	Don Murdoch	4	4	5	6	10	15	20	35
169	Wayne Merrick	4	4	5	6	10	15	20	
170	Bob Gainey	4	4	5	6	10	20	25	40
171	Jim Schoenfeld	4	4	5	6	10	15	20	
172	Gregg Sheppard	4	4	5	6	10	15	20	35
173	Dan Bolduc RC	4	4	5	6	10	15	20	
174	Blake Dunlop	4	4	5	6	10	25		
175	Gordie Howe	6	10	12	25	30	50	75	350
176	Richard Brodeur	4	4	5	6	10	15	20	40
177	Tom Younghans	4	4	5	6	10	15	20	35
178	Andre Dupont	4	4	5	6	10	15	20	35
179	Ed Johnstone RC	4	4	5	6	10	15	20	
180	Gilbert Perreault	4	4	5	6	10	20		
181	Bob Lorimer RC	4	4	5	6	10	20	20	
182	John Wensink	4	4	5	6	10	15	20	
183	Lee Fogolin	4	4	5	6	10	15	20	
184	Greg Carroll RC	4	4	5	6	10	15	20	
185	Bobby Hull	6	10	12	15	25	60		
186	Harold Snepsts	4	4	5	6	10	15	20	
187	Peter Mahovlich	4	4	5	6	10	15	20	
188	Eric Vail	4	4	5	6	10	15	20	35
189	Phil Myre	4	4	5	6	10	15	20	
190	Wilf Paiement	4	4	5	6	10	15	20	
191	Charlie Simmer RC	5	8	10	12	20	30	40	60
192	Per-Olov Brasar	4	4	5	6	10	15	20	35
193	Lorne Henning	4	4	5	6	10	15	20	
194	Don Luce	4	4	5	6	10	15	20	
195	Steve Vickers	4	4	5	6	10	15	20	35
196	Bob Miller RC	4	4	5	6	10	15	20	
197	Mike Palmateer	4	4	5	6	10	15	20	
198	Nick Libett	4	4	5	6	10	15	20	
199	Pat Ribble RC	4	4	5	6	10	15	20	
200	Guy Lafleur AS1	5	8	10	12	20	60	80	
201	Mel Bridgman	4	4	5	6	10	30		
202	Morris Lukowich RC	4	4	5	6	10	15	20	35
203	Don Lever	4	4	5	6	10	15	20	
204	Tom Bladon	4	4	5	6	10	15	20	35
205	Garry Howatt	4	4	5	6	10	15	20	
206	Bobby Smith RC	5	8	10	12	20	40	50	150
207	Craig Ramsay	4	4	5	6	10	15	20	
208	Ron Duguay	4	4	5	6	10	15	20	35
209	Gilles Gilbert	4	4	5	6	10	15	20	
210	Bob MacMillan	4	4	5	6	10	15	20	
211	Pierre Mondou	4	4	5	6	10	15	20	
212	J.P. Bordeleau	4	4	5	6	10	15	20	35
213	Reed Larson	4	4	5	6	10	15	20	35
214	Dennis Ververgaert	4	4	5	6	10	15	20	
215	Bernie Federko	4	5	6	8	15	25	30	
216	Mark Howe	4	6	8	10	15	25		
217	Bob Nystrom	4	4	5	6	10	15	20	
218	Orest Kindrachuk	4	4	5	6	10	15	20	
219	Mike Fidler	4	4	5	6	10	15	20	35
220	Phil Esposito	4	4	5	6	10	15	20	
221	Bill Hajt	4	4	5	6	10	15	20	35
222	Mark Napier	4	4	5	6	10	30		
223	Dennis Maruk	4	4	5	6	10	15	20	
224	Dennis Polonich	4	4	5	6	10	15	20	35
225	Jean Ratelle	4	4	5	6	10	15	20	
226	Bob Dailey	4	4	5	6	10	15	20	
227	Alain Daigle	4	4	5	6	10	15	20	
228	Ian Turnbull	4	4	5	6	10	15	20	35
229	Jack Valiquette	4	4	5	6	10	15	20	
230	Mike Bossy AS2	5	8	10	12	20	40	60	
231	Brad Maxwell	4	4	5	6	10	15	20	
232	Dave Taylor	4	5	6	8	15	25	30	

#	Player	VG 3	VgEx 4	EX 5	ExMt 6	NM 7	NmMt 8	NmMt+ 8.5	M
233	Pierre Larouche	4	4	5	6	10	15	20	
234	Rod Schutt RC	4	4	5	6	10	15	20	
235	Rogatien Vachon	4	4	5	6	10	15	20	
236	Ryan Walter RC	4	4	5	6	10	15	20	
237	Checklist 133-264 UER	8	12	25	50	80	250		
238	Terry O'Reilly	4	4	5	6	10	15	20	
239	Real Cloutier	4	4	5	6	10	15	20	
240	Anders Hedberg	4	4	5	6	10	15	20	
241	Ken Linseman RC	4	5	6	8	15	25	30	
242	Billy Smith	4	4	5	6	10	15	20	
243	Rick Chartraw	4	4	5	6	10	15	20	
244	Flames Team	4	5	6	8	12	20	25	
245	Bruins Team	4	5	6	8	12	20	25	
246	Sabres Team	4	5	6	8	12	20	25	
247	Blackhawks Team	4	5	6	8	12	20	25	
248	Rockies Team	4	5	6	8	12	20	25	
249	Red Wings Team	4	5	6	8	12	20	25	
250	Kings Team	4	5	6	8	12	20	25	
251	North Stars Team	4	5	6	8	12	20	25	
252	Canadiens Team	5	8	10	12	20	50		
253	Islanders Team	4	5	6	8	15	100		
254	Rangers Team	4	5	6	8	12	20	25	
255	Flyers Team	4	5	6	8	12	20	25	
256	Penguins Team	4	5	6	8	12	20	25	
257	Blues Team	4	5	6	8	12	20	25	
258	Maple Leafs Team	4	5	6	8	15	25	30	
259	Canucks Team	4	5	6	8	15	25	30	
260	Capitals Team	4	5	6	8	12	30	40	
261	Nordiques Team	5	8	10	12	30	40	50	
262	Jean Hamel	4	4	5	6	10	15	20	
263	Stan Jonathan	4	4	5	6	10	15	20	
264	Russ Anderson	4	4	5	6	10	15	20	
265	Gordie Roberts RC	4	4	5	6	10	15	20	
266	Bill Flett	4	4	5	6	10	15	20	
267	Robbie Ftorek	4	4	5	6	10	15	20	
268	Mike Amodeo	4	4	5	6	10	15	20	
269	Vic Venasky	4	4	5	6	10	15	20	
270	Bob Manno	4	4	5	6	10	15	20	
271	Dan Maloney	4	4	5	6	10	15	20	
272	Al Sims	4	4	5	6	10	15	20	
273	Greg Polis	4	4	5	6	10	15	20	
274	Doug Favell	4	4	5	6	15	20	25	
275	Pierre Plante	4	4	5	6	10	15	20	
276	Bob Murdoch	4	4	5	6	10	15	20	
277	Lyle Moffat	4	4	5	6	10	30		
278	Jack Brownschidle	4	4	5	6	10	15	20	
279	Dave Keon	4	4	5	6	15	20	25	
280	Darryl Edestrand	4	4	5	6	10	15	20	
281	Greg Millen RC	4	6	8	10	20	30		
282	John Gould	4	4	5	6	10	15	20	
283	Rich Leduc	4	4	5	6	10	15	20	
284	Ron Delorme	4	4	5	6	10	15	20	
285	Gord Smith	4	4	5	6	10	15	20	
286	Nick Fotiu	4	4	5	6	10	15	20	
287	Kevin McCarthy RC	4	4	5	6	10	15	20	
288	Jimmy Jones	4	4	5	6	10	15	20	
289	Pierre Bouchard	4	4	5	6	10	15	20	
290	Wayne Bianchin	4	4	5	6	10	15	20	
291	Garry Lariviere	4	4	5	6	10	15	20	
292	Steve Jensen	4	4	5	6	10	15	20	
293	John Garrett	4	4	5	6	10	15	20	
294	Hilliard Graves	4	4	5	6	10	15	20	
295	Bill Clement	4	4	5	6	10	15	20	
296	Michel Larocque	4	4	5	6	10	30		
297	Bob Stewart	4	4	5	6	10	15	20	
298	Doug Patey RC	4	4	5	6	10	15	20	
299	Dave Farrish	4	4	5	6	10	15	20	
300	Al Smith	4	4	5	6	10	15	20	
301	Billy Lochead	4	4	5	6	15	20	25	
302	Dave Hutchinson	4	4	5	6	10	15	20	
303	Bill Riley	4	4	5	6	10	15	20	
304	Barry Gibbs	4	4	5	6	10	15	20	
305	Chris Oddleifson	4	4	5	6	10	15	20	
306	J. Bob Kelly UER	4	4	5	6	10	30		
307	Al Hangsleben RC	4	4	5	6	10	15	20	
308	Curt Brackenbury RC	4	4	5	6	10	15	20	
309	Rick Green	4	4	5	6	10	15	20	
310	Ken Houston	4	4	5	6	10	15	20	
311	Greg Joly	4	4	5	6	10	15	20	
312	Bill Lesuk	4	4	5	6	10	15	20	
313	Bill Stewart RC	4	4	5	6	10	15	20	
314	Rick Ley	4	4	5	6	10	15	20	
315	Brett Callighen RC	4	4	5	6	10	15	20	
316	Michel Dion	4	4	5	6	10	15	20	
317	Randy Manery	4	4	5	6	10	15	20	
318	Barry Dean	4	4	5	6	10	20	25	
319	Pat Boutette	4	4	5	6	10	15	20	
320	Mark Heaslip	4	4	5	6	10	15	20	
321	Dave Inkpen	4	4	5	6	10	15	20	
322	Jere Gillis	4	4	5	6	10	15	20	

	VG 3	VgEx 4	EX 5	ExMt 6	NM 7	NmMt 8	NmMt+ 8.5	MT 9
Larry Brown	4	4	5	6	10	15	20	
Alain Cote RC	4	4	5	6	10	15	20	35
Gordie Lane	4	4	5	6	10	15	20	
Bobby Lalonde	4	4	5	6	10	15	20	
Ed Staniowski	4	4	5	6	10	20	25	
Ron Plumb	4	4	5	6	10	15	20	
Jude Drouin	4	4	5	6	10	15	20	
Rick Hampton	4	4	5	6	10	15	20	35
Stan Weir	4	4	5	6	10	15	20	
Blair Stewart	4	4	5	6	10	15	20	
Mike Polich RC	4	4	5	6	10	15	20	35
Jean Potvin	4	4	5	6	10	15	20	35
Jordy Douglas RC	4	4	5	6	10	15	20	35
Joel Quenneville RC	4	4	5	6	10	15	20	
Glen Hanlon RC	4	5	6	8	10	20	25	
Dave Hoyda RC	4	4	5	6	10	15	20	
Colin Campbell	4	4	5	6	10	15	20	
John Smrke	4	4	5	6	10	15	20	
Brian Glennie	4	4	5	6	10	15	20	
Don Kozak	4	4	5	6	10	15	20	
Yvon Labre	4	4	5	6	10	15	20	
Curt Bennett	4	4	5	6	10	15	20	
Mike Christie	4	4	5	6	10	20	25	
Checklist 265-396	5	8	12	40	60			
Pat Price	4	4	5	6	10	15	20	35
Ron Low	4	4	5	6	10	15	20	
Mike Antonovich	4	4	5	6	10	15	20	35
Roland Eriksson	4	4	5	6	10	15	20	
Bob Murdoch	4	4	5	6	10	15	20	
Rob Palmer	4	4	5	6	10	15	20	
Brad Gassoff	4	4	5	6	10	15	20	35
Bruce Boudreau	4	4	5	6	10	15	20	35
Al Hamilton	4	4	5	6	10	15	20	
Blaine Stoughton	4	4	5	6	10	15	20	35
John Baby	4	4	5	6	10	15	20	
Gary Inness	4	4	5	6	10	30		35
Wayne Dillon	4	4	5	6	10	15	20	
Darcy Rota	4	4	5	6	10	15	20	
Brian Engblom RC	4	4	5	6	10	30		
Bill Hogaboam	4	4	5	6	10	15	20	
Dave Debol RC	4	4	5	6	10	15	20	
Pete Lopresti	4	4	5	6	10	15	20	
Gerry Hart	4	4	5	6	10	15	20	
Syl Apps	4	4	5	6	10	15	20	
Jack McIlhargey	4	4	5	6	10	15	20	
Willy Lindstrom RC	4	4	5	6	10	15	20	35
Don Laurence RC	4	4	5	6	10	15	20	35
Chuck Luksa RC	4	4	5	6	10	15	20	
Dave Semenko RC	5	8	10	12	15	40	60	100
Paul Baxter RC	4	4	5	6	10	15	20	
Ron Ellis	4	4	5	6	10	15	20	
Leif Svensson RC	4	4	5	6	10	15	20	60
Dennis O'Brien	4	4	5	6	10	15	20	
Glenn Goldup	4	4	5	6	10	15	20	
Terry Richardson	4	4	5	6	10	15	20	
Peter Sullivan	4	4	5	6	10	15	20	35
Doug Hicks	4	4	5	6	10	15	20	
Jamie Hislop RC	4	4	5	6	10	15	20	30
Jocelyn Guevremont	4	4	5	6	10	15	20	
Willi Plett	4	4	5	6	10	15	20	
Larry Goodenough	4	4	5	6	10	15	20	35
Jim Warner RC	4	4	5	6	10	15	20	40
Rey Comeau	4	4	5	6	10	15	20	
Barry Melrose RC	4	6	8	10	12	30	40	100
Dave Hunter RC	4	4	5	6	10	15	20	40
Wally Weir RC	4	4	5	6	10	15	20	35
Mario Lessard RC	4	4	5	6	10	15	20	40
Ed Kea	4	4	5	6	10	15	20	35
Bob Stephenson RC	4	4	5	6	10	15	20	30
Dennis Hextall	4	4	5	6	10	15	20	35
Jerry Butler	4	4	5	6	10	15	20	
David Shand	4	4	5	6	10	15	20	
Rick Blight	4	4	5	6	10	15	20	
Lars-Erik Sjoberg	4	4	6	8	12	25	30	

Wayne Gretzky RC #18 BGS 9.5 (Gem) sold for $50,000 (eBay; 7/08)
Wayne Gretzky RC #18 BGS 9.5 (Gem) sold for $11,789 (Memory Lane; 6/12)
Billy Harris #115 PSA 10 (Gem Mt) sold for $11,789 (Memory Lane; 6/12)
Billy Harris #115 PSA 10 (Gem Mt) sold for $3,174 (eBay; 1/13)

1979-80 Topps

	VG 3	VgEx 4	EX 5	ExMt 6	NM 7	NmMt 8	NmMt+ 8.5	MT 9
Bossy/Dionne/Lafleur LL	4	4	5	6	8	25		
Trott/Lafleur/Dionne LL	4	4	5	6	8	12	15	
Trott/Dionne/Lafleur LL	4	4	5	6	10	15	25	
Williams/Holt/Schultz LL	4	4	5	6	8	12	15	
Bossy/Dionne/Gardner LL	4	4	5	6	8	12	15	
Dryden/Resch/Parent LL	4	4	5	6	8	12	15	
Lafleur/Bossy/Trott/ LL	4	4	5	6	8	12	15	
Dryden/Espo/Par LL ERR	4	4	5	8	15	40		

		VG 3	VgEx 4	EX 5	ExMt 6	NM 7	NmMt 8	NmMt+ 8.5	MT 9
8B	Dryden/Espo/Par LL COR	4	4	5	6	10	25	35	
9	Greg Malone	4	4	5	6	10	15	20	
10	Rick Middleton	4	4	5	6	8	12	15	
11	Greg Smith	4	4	5	6	8	12	15	30
12	Rene Robert	4	4	5	6	8	12	15	
13	Doug Risebrough	4	4	5	6	8	12	15	30
14	Bob Kelly	4	4	5	6	8	12	15	
15	Walt Tkaczuk	4	4	5	6	8	12	15	30
16	John Marks	4	4	5	6	8	12	15	
17	Willie Huber RC	4	4	5	6	8	12	15	30
18	Wayne Gretzky RC	1,500	2,000	2,500	2,500	▼4,000	8,000	▼10,000	80,000
19	Ron Sedlbauer	4	4	5	6	8	12	15	30
20	Glenn Resch AS2	4	4	5	6	8	12	15	
21	Blair Chapman	4	4	5	6	8	12	15	
22	Ron Zanussi	4	4	5	6	8	12	15	30
23	Brad Park	4	4	5	6	10	15	20	
24	Yvon Lambert	4	4	5	6	8	12	15	
25	Andre Savard	4	4	5	6	8	12	15	
26	Jimmy Watson	4	4	5	6	10	15	20	
27	Hal Philipoff RC	4	4	5	6	8	12	15	
28	Dan Bouchard	4	4	5	6	8	12	15	
29	Bob Sirois	4	4	5	6	8	12	15	30
30	Ulf Nilsson	4	4	5	6	10	15	20	
31	Mike Murphy	4	4	5	6	10	15	20	
32	Stefan Persson	4	4	5	6	8	12	15	
33	Garry Unger	4	4	5	6	8	12	15	30
34	Rejean Houle	4	4	5	6	8	12	15	30
35	Barry Beck	4	4	5	6	8	12	15	
36	Tim Young	4	4	5	6	8	12	15	30
37	Rick Dudley	4	4	5	6	8	12	15	
38	Wayne Stephenson	4	4	5	6	8	12	15	30
39	Peter McNab	4	4	5	6	10	15	20	
40	Borje Salming AS2	4	4	5	6	8	12	15	
41	Tom Lysiak	4	4	5	6	8	12	15	30
42	Don Maloney RC	4	4	5	6	8	12	15	30
43	Mike Rogers	4	4	5	6	10	15	20	
44	Dave Lewis	4	4	5	6	8	12	15	
45	Peter Lee	4	4	5	6	8	12	15	30
46	Marty Howe	4	4	5	6	8	12	15	30
47	Serge Bernier	4	4	5	6	8	12	15	30
48	Paul Woods	4	4	5	6	10	15	20	
49	Bob Sauve	4	4	5	6	8	12	15	30
50	Larry Robinson AS1	4	4	5	6	8	12	15	
51	Tom Gorence RC	4	4	5	6	8	12	15	30
52	Gary Sargent	4	4	5	6	8	12	15	
53	Thomas Gradin RC	4	4	5	6	10	15	20	
54	Dean Talafous	4	4	5	6	8	12	15	
55	Bob Murray	4	4	5	6	8	12	15	30
56	Bob Bourne	4	4	5	6	8	12	15	
57	Larry Patey	4	4	5	6	8	12	15	30
58	Ross Lonsberry	4	4	5	6	10	15	20	
59	Rick Smith	4	4	5	6	8	12	15	30
60	Guy Chouinard	4	4	5	6	8	12	15	
61	Danny Gare	4	4	5	6	8	12	15	
62	Jim Bedard	4	4	5	6	8	12	15	
63	Dale McCourt	4	4	5	6	10	15	20	
64	Steve Payne RC	4	4	5	6	8	12	15	
65	Pat Hughes RC	4	4	5	6	10	15	20	
66	Mike McEwen	4	4	5	6	8	12	15	30
67	Reg Kerr RC	4	4	5	6	8	12	15	
68	Walt McKechnie	4	4	5	6	8	12	15	
69	Michel Plasse	4	4	5	6	8	12	15	
70	Denis Potvin AS1	4	4	5	6	8	12	15	
71	Dave Dryden	4	4	5	6	8	12	15	
72	Gary McAdam	4	4	5	6	8	12	15	30
73	Andre St.Laurent	4	4	5	6	8	12	15	
74	Jerry Korab	4	4	5	6	10	15	20	
75	Rick MacLeish	4	4	5	6	8	12	15	30
76	Dennis Kearns	4	4	5	6	8	12	15	
77	Jean Pronovost	4	4	5	6	8	12	15	
78	Ron Greschner	4	4	5	6	10	15	20	
79	Wayne Cashman	4	4	5	6	8	12	15	30
80	Tony Esposito	4	4	5	6	8	12	25	30
81	Cup Semi-Finals	4	4	5	6	8	40		
82	Cup Semi-Finals	4	4	5	6	8	12	15	
83	Stanley Cup Finals	4	4	5	6	10	15	20	
84	Brian Sutter	4	4	5	6	8	12	15	
85	Gerry Cheevers	4	4	5	6	8	12	15	30
86	Pat Hickey	4	4	5	6	10	15	20	
87	Mike Kaszycki	4	4	5	6	8	12	15	
88	Grant Mulvey	4	4	5	6	8	12	15	30
89	Derek Smith	4	4	5	6	8	12	15	30
90	Steve Shutt	4	4	5	6	8	12	15	
91	Robert Picard	4	4	5	6	10	15	20	
92	Dan Labraaten	4	4	5	6	8	12	15	
93	Glen Sharpley	4	4	5	6	8	12	15	30
94	Denis Herron	4	4	5	6	8	12	15	

#	Player	VG 3	VgEx 4	EX 5	ExMt 6	NM 7	NmMt 8	NmMt+ 8.5	MT 9
95	Reggie Leach	4	4	5	6	8	12	15	
96	John Van Boxmeer	4	4	5	6	8	12	15	
97	Tiger Williams	4	4	5	6	8	12	15	
98	Butch Goring	4	4	5	6	8	12	15	30
99	Don Marcotte	4	4	5	6	8	12	15	30
100	Bryan Trottier AS1	4	4	5	6	8	12	15	
101	Serge Savard AS2	4	4	5	6	10	15	20	
102	Cliff Koroll	4	4	5	6	8	12	15	30
103	Gary Smith	4	4	5	6	8	12	15	30
104	Al MacAdam	4	4	5	6	10	15	20	
105	Don Edwards	4	4	5	6	8	12	15	30
106	Errol Thompson	4	4	5	6	8	12	15	
107	Andre Lacroix	4	4	5	6	8	12	15	
108	Marc Tardif	4	4	5	6	8	12	15	30
109	Rick Kehoe	4	4	5	6	8	12	15	30
110	John Davidson	4	4	5	6	8	12	15	
111	Behn Wilson RC	4	4	5	6	8	12	15	30
112	Doug Jarvis	4	4	5	6	8	12	15	30
113	Tom Rowe RC	4	4	5	6	10	15	20	
114	Mike Milbury	4	4	5	6	8	12	15	
115	Billy Harris	4	4	5	6	8	12	15	30
116	Greg Fox RC	4	4	5	6	8	12	15	30
117	Curt Fraser RC	4	4	5	6	8	12	15	
118	Jean-Paul Parise	4	4	5	6	8	12	15	
119	Ric Seiling	4	4	5	6	8	12	15	30
120	Darryl Sittler	4	4	5	6	8	12	15	
121	Rick Lapointe	4	4	5	6	8	12	15	
122	Jim Rutherford	4	4	5	6	8	12	15	
123	Mario Tremblay	4	4	5	6	8	12	15	30
124	Randy Carlyle	4	4	5	6	8	12	15	
125	Bobby Clarke	4	4	5	6	10	15	20	
126	Wayne Thomas	4	4	5	6	8	12	15	30
127	Ivan Boldirev	4	4	5	6	8	12	15	
128	Ted Bulley	4	4	5	6	8	12	15	
129	Dick Redmond	4	4	5	6	8	12	15	30
130	Clark Gillies AS1	4	4	5	6	8	12	15	
131	Checklist 1-132	4	4	5	8	10	30		
132	Vaclav Nedomansky	4	4	5	6	8	12	15	30
133	Richard Mulhern	4	4	5	6	10	15	20	
134	Dave Schultz	4	4	5	6	10	15	20	
135	Guy Lapointe	4	4	5	6	8	12	15	
136	Gilles Meloche	4	4	5	6	8	12	15	
137	Randy Pierce RC	4	4	5	6	8	12	15	30
138	Cam Connor	4	4	5	6	8	12	15	30
139	George Ferguson	4	4	5	6	10	15	20	30
140	Bill Barber	4	4	5	6	8	12	15	
141	Mike Walton	4	4	5	6	8	12	15	
142	Wayne Babych RC	4	4	5	6	8	12	15	30
143	Phil Russell	4	4	5	6	8	12	15	
144	Bobby Schmautz	4	4	5	6	10	15	20	
145	Carol Vadnais	4	4	5	6	10	15	20	
146	John Tonelli RC	4	4	5	8	10	15	25	60
147	Peter Marsh RC	4	4	5	6	8	12	15	
148	Thommie Bergman	4	4	5	6	8	12	15	
149	Richard Martin	4	4	5	6	8	12	15	30
150	Ken Dryden AS1	4	4	5	8	10	15	30	100
151	Kris Manery	4	4	5	6	8	12	15	30
152	Guy Charron	4	4	5	6	10	15	20	
153	Lanny McDonald	4	4	5	6	8	12	15	30
154	Ron Stackhouse	4	4	5	6	8	12	15	
155	Stan Mikita	4	4	5	6	8	12	15	
156	Paul Holmgren	4	4	5	6	10	15	20	
157	Perry Miller	4	4	5	6	8	12	15	30
158	Gary Croteau	4	4	5	6	8	12	15	30
159	Dave Maloney	4	4	5	6	8	12	15	30
160	Marcel Dionne AS2	4	4	5	6	8	12	15	80
161	Mike Bossy RB	4	4	5	6	8	12	15	
162	Don Maloney RB	4	4	5	6	10	15	20	
163	Ulf Nilsson RB	4	4	5	6	8	12	15	
164	Brad Park RB	4	4	5	6	8	12	15	
165	Bryan Trottier RB	4	4	5	6	10	15	20	
166	Al Hill RC	4	4	5	6	8	12	15	30
167	Gary Bromley	4	4	5	6	8	12	15	30
168	Don Murdoch	4	4	5	6	10	15	20	
169	Wayne Merrick	4	4	5	6	10	15	20	
170	Bob Gainey	4	4	5	6	8	12	15	
171	Jim Schoenfeld	4	4	5	6	8	12	15	30
172	Gregg Sheppard	4	4	5	6	8	12	15	
173	Dan Bolduc RC	4	4	5	6	8	12	15	
174	Blake Dunlop	4	4	5	6	8	12	15	30
175	Gordie Howe	5	6	8	15	25	50	60	80
176	Richard Brodeur	4	4	5	6	8	12	15	30
177	Tom Younghans	4	4	5	6	8	12	15	
178	Andre Dupont	4	4	5	6	10	15	20	
179	Ed Johnstone RC	4	4	5	6	8	12	15	30
180	Gilbert Perreault	4	4	5	6	8	12	15	
181	Bob Lorimer RC	4	4	5	6	10	15	20	
182	John Wensink	4	4	5	6	8	12	15	
183	Lee Fogolin	4	4	5	6	10	15	20	
184	Greg Carroll RC	4	4	5	6	8	12	15	
185	Bobby Hull	4	5	6	10	15	25	30	
186	Harold Snepsts	4	4	5	6	8	12	15	
187	Peter Mahovlich	4	4	5	6	8	12	15	
188	Eric Vail	4	4	5	6	8	12	15	
189	Phil Myre	4	4	5	6	10	15	20	
190	Wilf Paiement	4	4	5	6	10	15	20	
191	Charlie Simmer RC	4	4	5	8	10	15	25	
192	Per-Olov Brasar	4	4	5	6	10	15	20	
193	Lorne Henning	4	4	5	6	8	12	15	
194	Don Luce	4	4	5	6	8	12	15	
195	Steve Vickers	4	4	5	6	8	12	15	
196	Bob Miller RC	4	4	5	6	8	12	15	
197	Mike Palmateer	4	4	5	6	8	12	15	
198	Nick Libett	4	4	5	6	10	15	20	
199	Pat Ribble RC	4	4	5	6	8	12	15	
200	Guy Lafleur AS1	4	4	5	6	8	30	40	
201	Mel Bridgman	4	4	5	6	10	15	20	
202	Morris Lukowich RC	4	4	5	6	8	12	15	
203	Don Lever	4	4	5	6	10	15	20	
204	Tom Bladon	4	4	5	6	8	12	15	
205	Garry Howatt	4	4	5	6	8	12	15	
206	Bobby Smith RC	4	4	5	8	10	15	20	
207	Craig Ramsay	4	4	5	6	8	12	15	
208	Ron Duguay	4	4	5	6	8	12	15	
209	Gilles Gilbert	4	4	5	6	10	15	20	
210	Bob MacMillan	4	4	5	6	8	12	15	
211	Pierre Mondou	4	4	5	6	8	12	15	
212	J.P. Bordeleau	4	4	5	6	10	15	20	
213	Reed Larson	4	4	5	6	8	12	15	
214	Dennis Ververgaert	4	4	5	6	8	12	15	
215	Bernie Federko	4	4	5	6	8	12	15	
216	Mark Howe	4	4	5	6	8	12	15	
217	Bob Nystrom	4	4	5	6	8	12	15	
218	Orest Kindrachuk	4	4	5	6	10	15	20	
219	Mike Fidler	4	4	5	6	8	12	15	
220	Phil Esposito	4	4	5	6	8	12	15	
221	Bill Hajt	4	4	5	6	8	12	15	
222	Mark Napier	4	4	5	6	8	12	15	
223	Dennis Maruk	4	4	5	6	10	15	20	
224	Dennis Polonich	4	4	5	6	8	12	15	
225	Jean Ratelle	4	4	5	6	8	12	15	
226	Bob Dailey	4	4	5	6	8	12	15	
227	Alain Daigle	4	4	5	6	8	12	15	
228	Ian Turnbull	4	4	5	6	8	12	15	
229	Jack Valiquette	4	4	5	6	10	15	20	
230	Mike Bossy AS2	4	4	6	10	12	20	30	
231	Brad Maxwell	4	4	5	6	8	12	15	
232	Dave Taylor	4	4	5	8	10	15	20	
233	Pierre Larouche	4	4	5	6	10	15	20	
234	Rod Schutt RC	4	4	5	6	10	15	20	
235	Rogatien Vachon	4	4	5	6	10	15	20	
236	Ryan Walter RC	4	4	5	6	8	12	15	
237	Checklist 133-264	4	4	5	8	10	60		
238	Terry O'Reilly	4	4	5	6	8	12	15	
239	Real Cloutier	4	4	5	6	8	12	15	
240	Anders Hedberg	4	4	5	6	10	15	20	
241	Ken Linseman RC	4	4	5	6	8	12	15	
242	Billy Smith	4	4	5	6	10	15		
243	Rick Chartraw	4	4	5	6	8	12	15	
244	Flames Team	4	4	5	6	8	12	15	
245	Bruins Team	4	4	5	6	8	12	15	
246	Sabres Team	4	4	5	6	8	12	15	
247	Blackhawks Team	4	4	5	6	8	12	15	
248	Rockies Team	4	4	5	6	8	12	15	
249	Red Wings Team	4	4	5	6	8	12	15	
250	Kings Team	4	4	5	6	8	12	15	
251	North Stars Team	4	4	5	6	8	12	15	
252	Canadiens Team	4	4	5	6	8	20	25	
253	Islanders Team	4	4	5	6	8	12	15	
254	Rangers Team	4	4	5	6	8	12	15	
255	Flyers Team	4	4	5	6	8	12	15	
256	Penguins Team	4	4	5	6	8	12	15	
257	Blues Team	4	4	5	6	10	15		
258	Maple Leafs Team	4	4	5	6	8	12	15	
259	Canucks Team	4	4	5	6	8	12	15	
260	Capitals Team	4	4	5	6	8	12	15	
261	New NHL Entries CL	4	5	6	10	20	40	50	
262	Jean Hamel	4	4	5	6	8	12	15	
263	Stan Jonathan	4	4	5	6	8	12	15	
264	Russ Anderson	4	4	5	6	8	12	15	

— Wayne Gretzky #18 PSA 10 (Gem) sold for $30,209 (Mastro; 4/07)
— Wayne Gretzky #18 BGS 9.5 (Gem) sold for $22,000 (eBay; 1/14)

HOCKEY

HOCKEY

1980 - Present

1980-81 O-Pee-Chee

	NmMt 8	NmMt+ 8.5	MT 9	Gem 9.5/10
Ray Bourque RB	20	25	60	120
Wayne Gretzky RB	50	60	150	250
Ken Morrow OLY RC	12	15	25	60
Mike Liut RC	30	40	80	100
Brian Propp RC	20	30	100	
Michel Goulet RC	50	80	150	700
Wayne Gretzky AS2	40	50	100	300
Ray Bourque RC	▼500	1,000	2,500	10,000
Gretzky/Dionne/Lafleur LL	20	25	60	125
Dionne/Gretzky/Lafleur LL	20	25	80	125
Wayne Gretzky TL	20	25	60	250
Mike Foligno RC	20	30	50	
Mike Gartner RC	50	100	150	300
Rick Vaive RC	30	40	80	
Wayne Gretzky	250	350	600	750
Pete Peeters RC	20	30	60	
Mark Messier UER RC	▼500	1,000	▼2,000	▼6,000
Rod Langway RC	30	40	125	
Richard Sevigny RC	20	30	60	

1980-81 Topps

	NmMt 8	NmMt+ 8.5	MT 9	Gem 9.5/10
Ray Bourque RB/65 Points.; Record for Rookie Defenseman	12	25	40	
Wayne Gretzky RB/Youngest 50-goal Scorer	30	50	80	
Michel Goulet RC	10	15	30	
Wayne Gretzky AS2	30	50	80	
Ray Bourque RC	40	60	250	
Gretz/Dion/Lafl LL	10	15	30	
Gretz/Dion/Lafl LL	15	30	50	
Wayne Gretzky TL/Oilers Scoring Leaders (checklist back)	15	25	50	
Mike Gartner RC	20	30	40	
Wayne Gretzky UER/(1978-79 GP should be 80 not 60)	80	100	150	

1981-82 O-Pee-Chee

	NmMt 8	NmMt+ 8.5	MT 9	Gem 9.5/10
Ray Bourque	30	40	175	300
Denis Savard RC	50	60	120	300
Wayne Gretzky	60	80	200	400
Jari Kurri RC	100	150	250	350
Glenn Anderson RC	20	30	150	250
Paul Coffey RC	200	250	350	550
Kevin Lowe RC	25	30	100	
Mark Messier	30	40	80	135
Andy Moog RC	60	80	100	250
Wayne Gretzky SA	50	80	100	300

	NmMt 8	NmMt+ 8.5	MT 9	Gem 9.5/10
126	Wayne Gretzky TL	15	20	40	80
148	Larry Murphy RC	25	30	150	
161	Dino Ciccarelli RC	50	80	100	300
269	Peter Stastny RC	40	60	120	200
277	Dale Hunter RC	25	30	50	80
383	Wayne Gretzky LL	15	25	100	
384	Wayne Gretzky LL	15	25	100	
392	Wayne Gretzky RB	20	30	60	

1981-82 Topps

		NmMt 8	NmMt+ 8.5	MT 9	Gem 9.5/10
5	Ray Bourque	6	12	25	40
16	Wayne Gretzky	25	50	80	100
18	Jari Kurri RC	6	15	40	60
W75	Denis Savard RC	10	15	20	40
W100	Larry Murphy RC	6	10	20	30
W105	Dino Ciccarelli RC	12	15	25	

1982-83 O-Pee-Chee

		NmMt 8	NmMt+ 8.5	MT 9	Gem 9.5/10
1	Wayne Gretzky HL	10	12	25	60
99	Wayne Gretzky TL	8	10	20	50
105	Grant Fuhr RC	60	80	150	300
106	Wayne Gretzky	50	80	150	
107	Wayne Gretzky IA	25	50	80	
111	Jari Kurri	8	10	20	40
117	Mark Messier	10	12	20	40
123	Ron Francis RC	50	60	120	300
164	Neal Broten RC	10	15	25	100
235	Wayne Gretzky LL	8	10	20	60
237	W.Gretzky/M.Goulet LL	8	10	20	50
240	Wayne Gretzky LL	8	10	20	50
242	Wayne Gretzky LL	8	10	20	60
243	Wayne Gretzky LL	8	10	20	60
307	Joe Mullen RC	10	15	40	150
380	Dale Hawerchuk RC	20	25	30	150

1983-84 O-Pee-Chee

		NmMt 8	NmMt+ 8.5	MT 9	Gem 9.5/10
22	Wayne Gretzky TL			15	40
23	M.Messier/W.Gretzky HL	40	50	80	150
29	Wayne Gretzky	50	80	150	200
65	Phil Housley RC	8	12	30	100
160	Bernie Nicholls RC	8	10	50	80
185	Guy Carbonneau RC	12	15	60	100
203	Wayne Gretzky Hart	8	10	15	40
204	Wayne Gretzky Ross	8	10	15	40
212	Wayne Gretzky RB	8	10	15	40
215	Wayne Gretzky LL	8	10	20	80
216	Wayne Gretzky LL	8	10	20	100
217	Wayne Gretzky LL	8	10	20	60

		NmMt 8	NmMt+ 8.5	MT 9	Gem 9.5/10
268	Pelle Lindbergh RC	50	60	80	300
376	Scott Stevens RC	15	25	80	150

1984-85 O-Pee-Chee

		NmMt 8	NmMt+ 8.5	MT 9	Gem 9.5/10
17	Dave Andreychuk RC	10	15	40	200
18	Tom Barrasso RC	10	15	40	150
67	Steve Yzerman RC	▼250	▼300	▼600	▲5,000
121	Pat Verbeek RC	12	15	30	60
129	Pat LaFontaine RC	15	20	40	150
185	Doug Gilmour RC	50	80	150	400
208	Wayne Gretzky AS	12	15	25	150
243	Wayne Gretzky	20	30	60	150
259	Chris Chelios RC	50	80	100	250
327	Cam Neely RC	80	100	150	250
357	Wayne Gretzky TL	8	12	20	50
373	Wayne Gretzky Ross	6	12	20	50
374	Wayne Gretzky Hart	6	12	20	50
380	Wayne Gretzky LL	10	12	20	50
381	Wayne Gretzky LL	10	12	20	40
382	Wayne Gretzky LL	10	12	20	40
383	Wayne Gretzky LL	10	12	20	50
385	Steve Yzerman LL	20	25	60	150
388	Wayne Gretzky RB	8	15	25	60

— Steve Yzerman #67 BGS 10 (Pristine) sold for $2,465 (eBay; 7/08)
— Steve Yzerman #67 BGS 10 (Pristine) sold for $2,300 (eBay; 7/07)
— Chris Chelios #259 BGS 10 (Pristine) sold for $410 (eBay, 05/08)

1984-85 Topps

		NmMt 8	NmMt+ 8.5	MT 9	Gem 9.5/10
13	Dave Andreychuk SP RC	8	10	15	40
14	Tom Barrasso RC	8	10	15	40
49	Steve Yzerman RC	▼100		▼250	▼2,000
51	Wayne Gretzky	8	12	25	

1985-86 O-Pee-Chee

		NmMt 8	NmMt+ 8.5	MT 9	Gem 9.5/10
9	Mario Lemieux RC	▼1,500	▼2,500	▼5,000	
29	Steve Yzerman	25	40	60	120
110	Pelle Lindbergh Mem.	20	25	40	80
120	Wayne Gretzky	40	60	80	225
122	Kelly Hrudey RC	12	15	25	50
210	Al Iafrate RC	15	20	30	60
237	Al MacInnis RC	30	40	80	
257	Wayne Gretzky LL	15	25	50	100
258	Wayne Gretzky LL	15	25	50	100
259	Wayne Gretzky LL	15	25	50	100
262	Mario Lemieux LL	40	60	80	500

1985-86 Topps

		NmMt 8	NmMt+ 8.5	MT 9	Gem 9.5/10
9	Mario Lemieux RC	▼600	▼800	▼1,500	20,000
29	Steve Yzerman	15	20	30	
110	Pelle Lindbergh SP	12	15	30	
120	Wayne Gretzky	20	30	60	

1986-87 O-Pee-Chee

		NmMt 8	NmMt+ 8.5	MT 9	Gem 9.5/10
3	Wayne Gretzky	30	40	100	200
9	John Vanbiesbrouck RC	20	30	50	120
11	Steve Yzerman	25	30	60	150
53	Patrick Roy RC	▼800	▼1,000	▼2,000	
122	Mario Lemieux	50	60	100	200
149	Wendel Clark RC	50	80	150	200
259	Wayne Gretzky LL	10	15	25	50
260	Wayne Gretzky LL	10	15	25	50

1986-87 Topps

		NmMt 8	NmMt+ 8.5	MT 9	Gem 9.5/10
3	Wayne Gretzky	30	40	60	
9	John Vanbiesbrouck DP RC	12	20	40	
53	Patrick Roy RC	▼300	▼500	▼600	10,000
122	Mario Lemieux	25	40	75	
149	Wendel Clark DP RC	12	20	40	

1987-88 O-Pee-Chee

		NmMt 8	NmMt+ 8.5	MT 9	Gem 9.5/10
15	Mario Lemieux	25	30	50	100
42	Luc Robitaille RC	30	40	60	200
53	Wayne Gretzky	25	50	100	250
56	Steve Yzerman	12	15	25	60
123	Adam Oates RC	15	20	40	100
163	Patrick Roy	20	25	40	100
169	Ron Hextall RC	15	20	30	120
215	Mike Vernon RC	15	20	35	80
227	Claude Lemieux RC	12	20	30	80
243	Vincent Damphousse RC	12	20	30	80

1987-88 Topps

		NmMt 8	NmMt+ 8.5	MT 9	Gem 9.5/10
15	Mario Lemieux	15	25	30	50
42	Luc Robitaille RC	15	20	25	40
53	Wayne Gretzky	10	20	40	
123	Adam Oates RC	10	15	25	
163	Patrick Roy	20	25	40	60
169	Ron Hextall RC	10	15	25	40

1988-89 O-Pee-Chee

		NmMt 8	NmMt+ 8.5	MT 9	Gem 9.5/10
1	Mario Lemieux	12	15	25	100
16	Joe Nieuwendyk RC	10	15	40	100
66	Brett Hull RC	▼100	▼200	▼300	▼5,000
116	Patrick Roy	12	15	25	35
120	Wayne Gretzky UER	15	20	40	200
122	Brendan Shanahan RC	40	50	100	250
181	Bob Probert RC	12	20	30	100
194	Pierre Turgeon RC	10	12	25	120
196	Steve Yzerman	8	12	25	50

1988-89 Topps

		NmMt 8	NmMt+ 8.5	MT 9	Gem 9.5/10
1	Mario Lemieux DP	6	10	20	
16	Joe Nieuwendyk RC	10	15	30	
66	Brett Hull DP RC	▼40	▼60	▼100	▼2,000
116	Patrick Roy DP	8	12	25	
120	Wayne Gretzky Sweater	15	25	40	250
122	Brendan Shanahan RC	15	20	50	
181	Bob Probert DP RC	10	15	30	
194	Pierre Turgeon RC	10	12	25	

1989-90 O-Pee-Chee

		NmMt 8	NmMt+ 8.5	MT 9	Gem 9.5/10
89	Trevor Linden RC	10	12	20	40
113	Joe Sakic RC	▼30		▼80	▼400
136	Brian Leetch RC	10	12	20	75
156	Wayne Gretzky	8	10	20	
232	Theo Fleury RC	10	12	30	50

1989-90 Topps

		NmMt 8	NmMt+ 8.5	MT 9	Gem 9.5/10
113	Joe Sakic RC	15	20	50	
136	Brian Leetch RC	8	12	20	60

1990-91 O-Pee-Chee

		NmMt 8	NmMt+ 8.5	MT 9	Gem 9.5/10
7	Jeremy Roenick RC	5	5	12	25
120	Wayne Gretzky	2	4	6	15

1990-91 OPC Premier

		NmMt 8	NmMt+ 8.5	MT 9	Gem 9.5/10
30	Sergei Fedorov RC	20		30	▼100
38	Wayne Gretzky			40	200
50	Jaromir Jagr RC	▼40		▼80	▼400
51	Curtis Joseph RC	8	10	20	60
74	Mike Modano RC	25		40	▼100
100	Jeremy Roenick RC	6	15	25	40
114	Mats Sundin RC	25		40	100

1990-91 Score

		NmMt 8	NmMt+ 8.5	MT 9	Gem 9.5/10
120	Mike Modano RC	6	8	12	20
179	Jeremy Roenick RC	6	8	12	20
428	Jaromir Jagr RC	▼15	▼20	▼25	▼100
439	Martin Brodeur RC	▼20	40	60	300
440	Eric Lindros RC	▼15	20	40	200

1990-91 Score Rookie Traded

		NmMt 8	NmMt+ 8.5	MT 9	Gem 9.5/10
20T	Sergei Fedorov RC	5	6	8	15
70T	Jaromir Jagr		40	60	125
88T	Eric Lindros	8	10	20	30

1990-91 Upper Deck

		NmMt 8	NmMt+ 8.5	MT 9	Gem 9.5/10
24	Alexander Mogilny RC	5	6	10	15
46	Mike Modano RC	6	8	12	20
55	Ed Belfour RC	6	8	12	20
63	Jeremy Roenick RC	5	6	10	15
178	Mark Recchi RC	5	6	10	15

		NmMt 8	NmMt+ 8.5	MT 9	Gem 9.5/10
356	Jaromir Jagr RC	30		▼40	300
365	Mats Sundin RC	5	6	10	20
458	Felix Potvin RC	6	8	12	25
525	Sergei Fedorov YG RC UER	▼30		50	▼125
526	Pavel Bure YG RC	▼20	▼25	▼40	250

1990-91 Upper Deck French

		NmMt 8	NmMt+ 8.5	MT 9	Gem 9.5/10
356	Jaromir Jagr RC	10	12	20	40
525	Sergei Fedorov YG RC UER	8	10	15	40
526	Pavel Bure YG RC	12	15	25	50

1991-92 OPC Premier

		NmMt 8	NmMt+ 8.5	MT 9	Gem 9.5/10
117	Nicklas Lidstrom RC	5	10	15	40
118A	V.Konstantinov ERR RC	10	15	25	40

1991-92 Upper Deck

		NmMt 8	NmMt+ 8.5	MT 9	Gem 9.5/10
21	Teemu Selanne CC RC	▼15	▼25	▼40	▼150
26	Nicklas Lidstrom CC RC	8	10	15	30
64	Peter Forsberg RC	20	▼25	▼30	▼150
335	Dominik Hasek RC	▼25	▼30	▼40	▼150
345	John LeClair RC	6	8	12	20
652	Nikolai Khabibulin RC	6	8	12	20
655	Alexei Kovalev RC	6	8	12	20
698	Keith Tkachuk RC	6	8	12	20

1991-92 Upper Deck French

		NmMt 8	NmMt+ 8.5	MT 9	Gem 9.5/10
21	Teemu Selanne RC CC	8	10	15	30
26	Nicklas Lidstrom RC CC	8	10	15	30
64	Peter Forsberg RC	8	10	15	30
335	Dominik Hasek RC	8	10	15	30

1991-92 Upper Deck Czech World Juniors

		NmMt 8	NmMt+ 8.5	MT 9	Gem 9.5/10
50	Paul Kariya	▼10		25	▲80

1992-93 Upper Deck

		NmMt 8	NmMt+ 8.5	MT 9	Gem 9.5/10
234	Markus Naslund RC	6	8	10	15
586	Paul Kariya RC	▲20	▲25	▼30	▼80
591	Chris Pronger RC	15		30	150
617	Saku Koivu RC	6	8	12	20

1994-95 Finest

		NmMt 8	NmMt+ 8.5	MT 9	Gem 9.5/10
41	Wayne Gretzky	10	12	20	30
125	Miikka Kiprusoff RC	20	20	25	50

1994-95 SP

		NmMt 8	NmMt+ 8.5	MT 9	Gem 9.5/10
181	Jarome Iginla RC	12	15	50	175
SP1	Wayne Gretzky 2500	10	15	25	50

1996-97 Upper Deck

		NmMt 8	NmMt+ 8.5	MT 9	Gem 9.5/10
370	Joe Thornton RC	▼30		▼50	▼300

1997-98 SP Authentic

	NmMt 8	NmMt+ 8.5	MT 9	Gem 9.5/10
Zdeno Chara RC	400		2,000	

1997-98 Zenith

	NmMt 8	NmMt+ 8.5	MT 9	Gem 9.5/10
Patrik Elias RC	5	5	20	
Vincent Lecavalier RC	25	50	100	175
Roberto Luongo RC	25	40	80	100
Alex Tanguay RC	6	12	25	40

1998-99 SP Authentic

	NmMt 8	NmMt+ 8.5	MT 9	Gem 9.5/10
Milan Hejduk RC	20	25	30	60

1998-99 Upper Deck

	NmMt 8	NmMt+ 8.5	MT 9	Gem 9.5/10
Martin St. Louis RC	10	12	20	30

2000-01 SP Game Used

	NmMt 8	NmMt+ 8.5	MT 9	Gem 9.5/10
Marian Gaborik RC	35	40	50	80

2000-01 Upper Deck

	NmMt 8	NmMt+ 8.5	MT 9	Gem 9.5/10
Dany Heatley YG RC	15	20	30	50
Marian Gaborik YG RC	30	50	80	200

2001-02 SP Authentic

	NmMt 8	NmMt+ 8.5	MT 9	Gem 9.5/10
Pavel Datsyuk RC	60	80	100	200
Ilya Kovalchuk AU RC	135	150	175	300

2001-02 Upper Deck

	NmMt 8	NmMt+ 8.5	MT 9	Gem 9.5/10
Ilya Kovalchuk YG RC	50	60	80	200
Pavel Datsyuk YG RC	60	80	200	300
Pavel Datsyuk YG RC	60	80	100	200

2002-03 Pacific Exclusive

	NmMt 8	NmMt+ 8.5	MT 9	Gem 9.5/10
Rick Nash AU RC	25	30	40	80
Henrik Zetterberg AU RC	30	40	50	100

2002-03 SP Authentic

	NmMt 8	NmMt+ 8.5	MT 9	Gem 9.5/10
Rick Nash AU RC	30	50	80	100
Henrik Zetterberg AU RC	60	80	100	
Jason Spezza AU RC	60	80	125	200

2002-03 SP Game Used

	NmMt 8	NmMt+ 8.5	MT 9	Gem 9.5/10
Rick Nash RC	10	20	25	40
Henrik Zetterberg RC	8	15	25	35
Jason Spezza RC	10	20	25	40
Ryan Miller RC	10	20	25	40

2002-03 Upper Deck

	NmMt 8	NmMt+ 8.5	MT 9	Gem 9.5/10
Rick Nash YG RC	175	200	250	400

		NmMt 8	NmMt+ 8.5	MT 9	Gem 9.5/10
234	Henrik Zetterberg YG RC	150	175	800	2,000
429	Tim Thomas YG RC	60	80	200	400

— Henrik Zetterberg #234 BGS 10 (Pristine) sold for $675 (eBay; 4/15)

— Rick Nash #232 BGS 10 (Pristine) sold for $456.44 (eBay; 4/12)

2003-04 SP Authentic

		NmMt 8	NmMt+ 8.5	MT 9	Gem 9.5/10
137	Eric Staal AU RC	40	50	100	200
146	Patrice Bergeron AU RC	40	50	100	400
153	Marc-Andre Fleury AU RC	150	200	500	1,000
158	Alexander Semin AU RC	20	25	30	100

2003-04 Upper Deck

		NmMt 8	NmMt+ 8.5	MT 9	Gem 9.5/10
204	Patrice Bergeron YG RC	400	80	600	3,000
206	Eric Staal YG RC	40	50	60	400
221	Brent Burns YG RC	100	150	250	800
234	Marc-Andre Fleury YG RC	100	150	500	3,000
454	Ryan Kesler YG RC	25	30	60	300

2003-04 Upper Deck Trilogy

		NmMt 8	NmMt+ 8.5	MT 9	Gem 9.5/10
143	Patrice Bergeron RC	15	20	25	40
180	Marc-Andre Fleury RC	25	30	35	50

2004-05 SP Authentic Rookie Redemptions

		NmMt 8	NmMt+ 8.5	MT 9	Gem 9.5/10
RR5	Dion Phaneuf	20	30	60	100
RR24	Sidney Crosby	150	200	250	800
RR30	Alexander Ovechkin	100	125	250	600
RR40	Mike Richards	15	20	25	40
RR45	Ryan Getzlaf	20	25	30	50

2005-06 Artifacts

		NmMt 8	NmMt+ 8.5	MT 9	Gem 9.5/10
224	Sidney Crosby RC	200	350	400	1,500
230	Alexander Ovechkin RC	60	80	100	150

2005-06 Beehive

		NmMt 8	NmMt+ 8.5	MT 9	Gem 9.5/10
101	Sidney Crosby RC UER				
	Typo 'talent it tow'	40	50	300	500
102	Alexander Ovechkin RC	60	80	200	400

2005-06 Black Diamond

		NmMt 8	NmMt+ 8.5	MT 9	Gem 9.5/10
155	Duncan Keith RC	15	20	30	60
156	Henrik Lundqvist RC	30	50	80	150
191	Alexander Ovechkin RC	800	1,000	2,000	3,000
192	Zach Parise RC	20	25	35	50
193	Sidney Crosby RC	150	200	1,200	2,000
194	Dion Phaneuf RC	15	20	30	50
195	Jeff Carter RC	15	20	25	50
196	Corey Perry RC	25	30	35	50
199	Mike Richards RC	20	25	30	50

2005-06 McDonald's Upper Deck

		NmMt 8	NmMt+ 8.5	MT 9	Gem 9.5/10
51	Sidney Crosby	100		125	▼250

2005-06 Parkhurst

		NmMt 8	NmMt+ 8.5	MT 9	Gem 9.5/10
657	Sidney Crosby RC	35	40	50	120
669	Alexander Ovechkin RC	20	25	30	40

2005-06 SP Authentic

		NmMt 8	NmMt+ 8.5	MT 9	Gem 9.5/10
131	Ryan Getzlaf AU RC	50	80	200	400
132	Corey Perry AU RC	40	50	80	200
139	Thomas Vanek AU RC	30	35	40	60
140	Dion Phaneuf AU RC	30	35	40	80
142	Cam Ward AU RC	15	20	25	40
145	Brent Seabrook AU RC	25	30	40	80
147	Duncan Keith AU RC	60	100	300	400
155	Jim Howard AU RC	30	35	40	60
167	Zach Parise AU RC	50	60	80	150
171	Henrik Lundqvist AU RC	60	80	100	200
177	Jeff Carter AU RC	30	35	40	80
178	Mike Richards AU RC	20	25	30	50
181	Sidney Crosby AU RC	1,500	3,000	8,000	15,000
188	Alexander Steen AU RC	25	30	35	60
190	Alex Ovechkin AU RC	2,500	5,000	10,000	20,000

— Sidney Crosby #190 BGS 10 (Pristine) sold for $2,010 (eBay, 06/13)

— Alexander Ovechkin #190 BGS 10 (Pristine) sold for $1,280 (eBay, 05/08)

2005-06 SP Game Used

		NmMt 8	NmMt+ 8.5	MT 9	Gem 9.5/10
101	Sidney Crosby RC	125	200	500	1,000
111	Alexander Ovechkin RC	500	800	1,500	3,000

2005-06 SPx

		NmMt 8	NmMt+ 8.5	MT 9	Gem 9.5/10
164	Dion Phaneuf JSY AU RC	35	40	60	
173	Henrik Lundqvist JSY AU RC	60	80	200	300
190	Alex Ovechkin JSY AU/499 RC	800	1,000	1,500	2,500
191	Sidney Crosby JSY AU/499 RC	500	1,000	2,000	2,500

2005-06 UD Rookie Class

		NmMt 8	NmMt+ 8.5	MT 9	Gem 9.5/10
1	Sidney Crosby	50		▼150	▼300
2	Alexander Ovechkin	100	150	300	500

2005-06 Ultimate Collection

		NmMt 8	NmMt+ 8.5	MT 9	Gem 9.5/10
91	Sidney Crosby AU RC	650	1,000	2,000	3,500
92	Alexander Ovechkin AU RC	500	1,000	2,000	3,000
97	Henrik Lundqvist AU RC	60	80	125	250
101	Ryan Getzlaf AU RC	35	40	50	100
105	Dion Phaneuf AU RC	30	40	50	100

2005-06 Ultra

		NmMt 8	NmMt+ 8.5	MT 9	Gem 9.5/10
251	Sidney Crosby RC		300	400	▲1,200
252	Alexander Ovechkin RC		300	500	1,200
269	Henrik Lundqvist RC	12	15	20	40

2005-06 Upper Deck

		NmMt 8	NmMt+ 8.5	MT 9	Gem 9.5/10
201	Sidney Crosby YG RC	▲1,500	▲2,000	2,500	5,000
216	Henrik Lundqvist YG RC	100	150	300	500
443	Alexander Ovechkin YG RC	2,000	2,500	3,000	▼8,000
452	Ryan Getzlaf YG RC	12	15	25	60

2005-06 Upper Deck Ice

		NmMt 8	NmMt+ 8.5	MT 9	Gem 9.5/10
103	Alexander Ovechkin RC	800	900	1,000	
105	Corey Perry RC	250	300	400	
106	Sidney Crosby RC	3,000	3,200	3,500	
107	Ryan Getzlaf RC	25	30	40	80
109	Dion Phaneuf RC	15	20	30	50
110	Cam Ward RC	12	15	25	40
115	Zach Parise RC	25	30	40	60
117	Mike Richards RC	20	25	30	50
123	Brent Seabrook RC	10	12	25	50
137	Henrik Lundqvist RC	25	30	40	60
148	Duncan Keith RC	12	15	20	30
251	Pekka Rinne RC	12	15	30	50
260	Corey Crawford RC	12	15	20	30

2005-06 Upper Deck MVP

		NmMt 8	NmMt+ 8.5	MT 9	Gem 9.5/10
393	Sidney Crosby RC	40	50	100	300
394	Alexander Ovechkin RC	40	50	100	300

2005-06 Upper Deck Trilogy

		NmMt 8	NmMt+ 8.5	MT 9	Gem 9.5/10
211	Sidney Crosby RC	100	200	500	1,000
220	Alexander Ovechkin RC	40	60	80	125

2005-06 Upper Deck Victory

		NmMt 8	NmMt+ 8.5	MT 9	Gem 9.5/10
264	Alexander Ovechkin RC	40	80	100	200
285	Sidney Crosby RC	50	80	100	200

2006-07 Black Diamond

		NmMt 8	NmMt+ 8.5	MT 9	Gem 9.5/10
200	Anze Kopitar RC	20	25	30	50
202	Phil Kessel RC	20	25	30	50
205	Jordan Staal RC	20	25	30	50
206	Paul Stastny RC	25	30	40	50
210	Evgeni Malkin RC	50	60	80	150

2006-07 Flair Showcase

		NmMt 8	NmMt+ 8.5	MT 9	Gem 9.5/10
322	Evgeni Malkin RC	25	30	40	60

2006-07 SP Authentic

		NmMt 8	NmMt+ 8.5	MT 9	Gem 9.5/10
163	Phil Kessel AU RC	40	50	60	100
184	Anze Kopitar AU RC	50	60	80	125
196	Evgeni Malkin AU RC	150	175	200	600
198	Jordan Staal AU RC	30	35	50	100
200	Kristopher Letang AU RC	35	40	50	80

2006-07 The Cup

		NmMt 8	NmMt+ 8.5	MT 9	Gem 9.5/10
169	Jordan Staal JSY AU/99 RC	250	400	600	750
170	Phil Kessel JSY AU/99 RC	250	350	500	700
171	Evgeni Malkin JSY AU/99 RC	1,400	1,800	2,400	3,200
172	Paul Stastny JSY AU/99 RC	300	500	700	900
173	Anze Kopitar JSY AU/99 RC	400	600	750	1,000

2006-07 Ultra

		NmMt 8	NmMt+ 8.5	MT 9	Gem 9.5/10
251	Evgeni Malkin RC	10	15	20	60

2006-07 Upper Deck

		NmMt 8	NmMt+ 8.5	MT 9	Gem 9.5/10
204	Phil Kessel YG RC	25	30	40	80
216	Anze Kopitar YG RC	25	30	40	80
222	Shea Weber YG RC	15	20	40	80
239	Jordan Staal YG RC	15	20	25	40
240	Kristopher Letang YG RC	20	25	40	80
486	Evgeni Malkin YG RC	▼250	400	500	1,000
487	Joe Pavelski YG RC	12	20	100	300
495	Evgeni Malkin YG CL	30	60	150	300

2006-07 Upper Deck Trilogy

		NmMt 8	NmMt+ 8.5	MT 9	Gem 9.5/10
149	Evgeni Malkin RC	50	60	80	120

2007-08 Black Diamond

		NmMt 8	NmMt+ 8.5	MT 9	Gem 9.5/10
191	Jonathan Toews RC	40	50	80	100
194	Carey Price RC	40	50	60	100
200	Patrick Kane RC	30	40	50	100

2007-08 O-Pee-Chee

		NmMt 8	NmMt+ 8.5	MT 9	Gem 9.5/10
517	Jonathan Toews RC	12	20	40	60
518	Patrick Kane RC	10	15	25	40

2007-08 SP Authentic

		NmMt 8	NmMt+ 8.5	MT 9	Gem 9.5/10
177	Jonathan Quick RC	125	150	300	400
203	Jonathan Toews AU RC	175	200	250	400
204	Patrick Kane AU RC	135	150	175	250
225	Carey Price AU RC	100	125	150	500

2007-08 SP Authentic Sign of the Times

		NmMt 8	NmMt+ 8.5	MT 9	Gem 9.5/10
STCP	Carey Price	40	50	75	125
STJT	Jonathan Toews	80	100	125	300

2007-08 Ultra

		NmMt 8	NmMt+ 8.5	MT 9	Gem 9.5/10
251	Carey Price RC	30	35	50	80
252	Jonathan Toews RC	35	40	50	100
260	Patrick Kane RC	30	35	50	80

2007-08 Upper Deck

		NmMt 8	NmMt+ 8.5	MT 9	Gem 9.5/10
202	Bobby Ryan YG RC	12	15	20	40
207	Milan Lucic YG RC	10	12	15	40
208	David Krejci YG RC	12	15	20	50
210	Patrick Kane YG RC	▼300	▼400	▼500	3,000
223	Jonathan Bernier YG RC	15	20	25	50
227	Carey Price YG RC	400		▼500	1,500
228	Jaroslav Halak YG RC	8	10	12	40
249	Nicklas Backstrom YG RC	15	20	40	150
453	Ondrej Pavelec YG RC	12	15	20	30
456	Tuukka Rask YG RC	20	30	60	200
462	Jonathan Toews YG RC	200	250	▼300	▼1,000

2007-08 Upper Deck Ice

		NmMt 8	NmMt+ 8.5	MT 9	Gem 9.5/10
212	Jonathan Toews/99 RC	500	600	700	1,250
214	Carey Price/99 RC	700	800	900	1,250
217	Nicklas Backstrom/99 RC	100	125	150	250
221	Patrick Kane/99 RC	300	350	400	600

2008-09 Black Diamond

		NmMt 8	NmMt+ 8.5	MT 9	Gem 9.5/10
154	Claude Giroux RC	12	15	20	40
209	Steven Stamkos RC	40	50	80	150

2008-09 SP Authentic

		NmMt 8	NmMt+ 8.5	MT 9	Gem 9.5/10
178	Max Pacioretty RC	50	60	80	150
237	Claude Giroux AU RC	50	60	80	250
243	T.J. Oshie AU RC	20	25	30	80
244	Drew Doughty AU RC	50	60	80	150
247	Steven Stamkos AU RC	175	200	250	350

2008-09 Ultra

		NmMt 8	NmMt+ 8.5	MT 9	Gem 9.5/10
251	Steven Stamkos RC	20	25	35	50

2008-09 Upper Deck

		NmMt 8	NmMt+ 8.5	MT 9	Gem 9.5/10
202	Blake Wheeler YG RC	15	20	40	100
205	Jakub Voracek YG RC	12	20	40	80
218	T.J. Oshie YG RC	12	15	25	30
220	Drew Doughty YG RC	20	25	40	100
235	Claude Giroux YG RC	25		80	125
245	Steven Stamkos YG RC	100	150	250	800

2008-09 Upper Deck Ice

		NmMt 8	NmMt+ 8.5	MT 9	Gem 9.5/10
161	Claude Giroux RC	40	50	60	100

2008-09 Upper Deck Trilogy

		NmMt 8	NmMt+ 8.5	MT 9	Gem 9.5/10
163	Steven Stamkos RC	40	50	60	100

2009-10 Black Diamond

		NmMt 8	NmMt+ 8.5	MT 9	Gem 9.5/10
222	John Tavares RC	30	40	50	100

2009-10 SP Authentic

		NmMt 8	NmMt+ 8.5	MT 9	Gem 9.5/10
201	John Tavares AU RC	125	150	200	300
203	Matt Duchene AU RC	40	50	60	100
209	Erik Karlsson AU RC	60	80	100	150
223	Jamie Benn AU RC	40	50	60	100
259	Logan Couture AU RC	35	40	50	100

2009-10 The Cup

		NmMt 8	NmMt+ 8.5	MT 9	Gem 9.5/10
178	Matt Duchene JSY AU RC/99	100	200	300	500
180	John Tavares JSY AU RC/99	1,800	2,000	2,500	4,000

2009-10 Upper Deck

		NmMt 8	NmMt+ 8.5	MT 9	Gem 9.5/10
1	John Tavares YG RC	▼100		▼250	600
2	Victor Hedman YG RC	80	100	▼200	600
3	Matt Duchene YG RC	20	25	50	80
0	Erik Karlsson YG RC	25	30	40	200
2	Jamie Benn YG RC	30	40	50	120
4	Tyler Myers YG RC	8	10	20	40
4	Brad Marchand YG RC	100		125	200
	Logan Couture YG RC	10	12	20	40
	James Reimer YG RC	15	20	30	50
4	Michael Grabner YG RC	10	12	20	40
0	Braden Holtby YG RC	12	15	25	40

2009-10 Upper Deck Ice

		NmMt 8	NmMt+ 8.5	MT 9	Gem 9.5/10
9	Jamie Benn RC	175	200	250	400
3	Matt Duchene RC	175	200	250	350
4	John Tavares RC	500	600	700	800

2009-10 Upper Deck MVP

		NmMt 8	NmMt+ 8.5	MT 9	Gem 9.5/10
	John Tavares RC	30	35	40	60

2009-10 Upper Deck Victory

		NmMt 8	NmMt+ 8.5	MT 9	Gem 9.5/10
	John Tavares RC	10	12	15	25

2010-11 Black Diamond

		NmMt 8	NmMt+ 8.5	MT 9	Gem 9.5/10
	P.K. Subban RC	25	30	40	60
	Jordan Eberle RC	30	35	50	80
	Tyler Seguin RC	25	30	40	60
	Taylor Hall RC	20	25	50	100

2010-11 SP Authentic

		NmMt 8	NmMt+ 8.5	MT 9	Gem 9.5/10
	P.K. Subban AU RC	50	80	100	150
	Brayden Schenn AU RC	20	25	30	60
	Taylor Hall AU RC	80	100	150	200
	Jordan Eberle AU RC	60	80	100	200
	Tyler Seguin AU RC	80	100	125	225

2010-11 Upper Deck

		NmMt 8	NmMt+ 8.5	MT 9	Gem 9.5/10
	Jeff Skinner YG RC	20	25	30	60
	Taylor Hall YG RC	▼40	▼50	▼60	▼200
	Jordan Eberle YG RC	10	20	30	60
	P.K. Subban YG RC	40	60	80	150
	Sergei Bobrovsky YG RC	8	12	15	60
	Nazem Kadri YG RC	30	50	100	200
	Tyler Seguin YG RC	60	80	100	200
	Magnus Paajarvi YG RC	12	15	20	30
	Robin Lehner YG RC	25	30	40	50

Taylor Hall #219 BGS 10 (Pristine) sold for $269 (eBay; 9/12)
Jordan Eberle #220 BGS 10 (Pristine) sold for $217 (eBay; 10/12)
Tyler Seguin #456 BGS 10 (Pristine) sold for $239 (eBay; 7/12)

2010-11 Upper Deck 20th Anniversary Parallel

		NmMt 8	NmMt+ 8.5	MT 9	Gem 9.5/10
219	Taylor Hall YG	60	80	100	150
456	Tyler Seguin YG	60	80	100	150
549	Jordan Eberle CWJ	60	80	100	150

2010-11 Upper Deck Exclusives

		NmMt 8	NmMt+ 8.5	MT 9	Gem 9.5/10
219	Taylor Hall YG	175	200	250	
456	Tyler Seguin YG	275	300	325	450

2010-11 Upper Deck Ice

		NmMt 8	NmMt+ 8.5	MT 9	Gem 9.5/10
102	Derek Stepan/99 B RC	80	100	125	200
103	P.K. Subban/99 B RC	300	350	400	500
104A	Tyler Seguin/99 B RC	350	400	450	600
105	Taylor Hall/99 B RC	600	650	700	900
110	Jordan Eberle/99 S RC	350	400	450	550

2011-12 Black Diamond

		NmMt 8	NmMt+ 8.5	MT 9	Gem 9.5/10
250	Ryan Nugent-Hopkins RC	25	30	40	80

2011-12 SP Authentic

		NmMt 8	NmMt+ 8.5	MT 9	Gem 9.5/10
221	Gustav Nyquist AU RC	30	40	50	80
228	Mark Scheifele AU RC	20	25	30	40
238	Brandon Saad AU RC	25	30	35	50
245	Ryan Johansen AU RC	25	30	40	60
247	Gabriel Landeskog AU RC	50	60	80	120
248	Nugent-Hopkins AU RC	80	100	150	200

2011-12 The Cup

		NmMt 8	NmMt+ 8.5	MT 9	Gem 9.5/10
180	Nugent-Hopkins JSY AU/99 RC	1,000	1,300	2,000	2,500

2011-12 Ultimate Collection

		NmMt 8	NmMt+ 8.5	MT 9	Gem 9.5/10
121	Ryan Nugent-Hopkins AU/99 RC	150	200	250	300

2011-12 Upper Deck

		NmMt 8	NmMt+ 8.5	MT 9	Gem 9.5/10
207	Brandon Saad YG RC	12	15	20	60
208	Gabriel Landeskog YG RC	20	25	30	300
214	Ryan Nugent-Hopkins YG RC	▼50		▼60	▼250
226	Adam Henrique YG RC	15	20	25	40
229	Mika Zibanejad YG RC			100	400
234	Sean Couturier YG RC	15	20	25	40
245	Cody Hodgson YG RC	15	20	25	30
248	Mark Scheifele YG RC	12	15	40	80
465	Ryan Johansen YG RC	15	20	25	35
468	Gustav Nyquist YG RC	15	25	30	40
476	Louis Leblanc YG RC	12	15	25	35

— Ryan Nugent-Hopkins #214 BGS 10 (Pristine) sold for $385 (eBay; 9/12)
— Ryan Nugent-Hopkins #214 BGS 10 (Pristine) sold for $412 (eBay; 2/12)

2011-12 Upper Deck Canvas

		NmMt 8	NmMt+ 8.5	MT 9	Gem 9.5/10
C98	Ryan Nugent-Hopkins YG	50	60	80	120

2011-12 Upper Deck Ice

		NmMt 8	NmMt+ 8.5	MT 9	Gem 9.5/10
98	Gabriel Landeskog RC	200	225	250	350
100	Ryan Nugent-Hopkins RC	500	550	600	800

2012-13 Upper Deck Ice

		NmMt 8	NmMt+ 8.5	MT 9	Gem 9.5/10
46	Chris Kreider/99 RC	80	100	125	150

2013-14 Black Diamond

		NmMt 8	NmMt+ 8.5	MT 9	Gem 9.5/10
229	Nathan MacKinnon RC	25	30	50	100

2013-14 SP Authentic

		NmMt 8	NmMt+ 8.5	MT 9	Gem 9.5/10
249	Tyler Johnson RC	15	20	25	50
265	Nail Yakupov AU RC	30	40	50	80
268	Morgan Rielly AU RC	20	25	30	60
269	Filip Forsberg AU RC	50	60	80	100
274	Tyler Toffoli AU RC	20	25	30	60
276	Vladimir Tarasenko AU RC	50	80	150	300
312	Nathan MacKinnon AU RC	500	1,000	2,000	4,000
313	Jacob Trouba AU RC	20	25	30	50
319	Mikael Granlund AU RC	20	25	30	60

2013-14 Upper Deck

		NmMt 8	NmMt+ 8.5	MT 9	Gem 9.5/10
220	Olli Maatta YG RC	12	15	20	40
222	Jonathan Huberdeau YG RC	50	150	300	500
228	Seth Jones YG RC	12	15	30	80
230	Vladimir Tarasenko YG RC	30	40	▲80	▼200
238	Nathan MacKinnon YG RC	▼400		▼500	▼1,200
242	Sean Monahan YG RC	15	20	25	60
246	Tyler Toffoli YG RC			100	150
451	Filip Forsberg YG RC	25	30	35	60
466	Petr Mrazek YG RC	12	15	20	30
470	Aleksander Barkov YG RC			150	500
477	Brendan Gallagher YG RC	15	20	25	40
483	Nikita Kucherov YG RC	80	150	200	800
485	Martin Jones YG RC	12	15	20	30
486	John Gibson YG RC	15	20	30	60
492	Tyler Johnson YG RC	15	20	25	40

2013-14 Upper Deck Canvas

		NmMt 8	NmMt+ 8.5	MT 9	Gem 9.5/10
C114	Nathan MacKinnon YG	60	80	125	300
C119	Tomas Hertl YG	20	25	30	50
C257	Nathan MacKinnon POE	100	125	150	200

2013-14 Upper Deck Ice

		NmMt 8	NmMt+ 8.5	MT 9	Gem 9.5/10
119	Filip Forsberg/99 RC	150	200	250	300
123	Nathan MacKinnon/99 RC	600	700	800	1,000
124	Vladimir Tarasenko/99 RC	300	350	400	500
128	Nail Yakupov/99 RC	200	250	300	350
129	Alex Galchenyuk/99 RC	400	450	500	600
130	Aleksander Barkov/99 RC	150	175	200	300
131	Tomas Hertl/99 RC	150	175	200	300
133	Seth Jones/99 RC	100	125	150	200

2014-15 Black Diamond

		NmMt 8	NmMt+ 8.5	MT 9	Gem 9.5/10
231	Johnny Gaudreau RC	25	30	50	100

2014-15 SP Authentic

		NmMt 8	NmMt+ 8.5	MT 9	Gem 9.5/10
294	Kevin Hayes AU RC	25	30	50	100
309	Aaron Ekblad AU RC	40	50	60	100
313	Jonathan Drouin AU RC	50	60	100	150

2014-15 Upper Deck

		NmMt 8	NmMt+ 8.5	MT 9	Gem 9.5/10
206	Sam Reinhart YG RC	15	20	50	100
211	Johnny Gaudreau YG RC	80	100	200	▼300
214	Teuvo Teravainen YG RC	20	30	50	100
223	Leon Draisaitl YG RC	400	▼500	800	▼1,500
225	Aaron Ekblad YG RC	25	30	40	80
236	Anthony Duclair YG RC	10	12	20	40
248	Evgeny Kuznetsov YG RC	15	25	50	100
457	Darnell Nurse YG RC	10	12	20	40
477	Jonathan Drouin YG RC	40	50	60	150
478	Andrei Vasilevskiy YG RC			300	600
494	Bo Horvat YG RC			300	600
495	David Pastrnak YG RC	400	500	600	1,500

2014-15 Upper Deck Canvas

		NmMt 8	NmMt+ 8.5	MT 9	Gem 9.5/10
C94	Sam Reinhart YG	20	25	30	50
C96	Johnny Gaudreau YG	40	50	60	100
C98	Teuvo Teravainen YG	35	40	50	80
C104	Leon Draisaitl YG	100	300	500	800
C105	Aaron Ekblad YG	35	40	50	80
C110	Anthony Duclair YG	15	20	25	40
C117	Evgeny Kuznetsov YG	25	30	35	60
C214	Jonathan Drouin YG	35	40	50	80
C225	David Pastrnak YG	150	250	350	500

2014-15 Upper Deck Ice

		NmMt 8	NmMt+ 8.5	MT 9	Gem 9.5/10
157	Anthony Duclair/249 RC	20	25	40	80
158	Evgeny Kuznetsov/249 RC	35	40	60	125
159	David Pastrnak/99 RC	200	250	300	400
160	Sam Reinhart/99 RC	200	250	300	350
161	Leon Draisaitl/99 RC	125	150	175	200
162	Aaron Ekblad/99 RC	200	250	300	400
163	Curtis Lazar/99 RC	125	150	175	200
164	Bo Horvat/99 RC	150	200	225	250
165	Teuvo Teravainen/99 RC	150	200	225	250
166	Jonathan Drouin/99 RC	200	250	300	400
167	Johnny Gaudreau/99 RC	400	450	500	600
168	Andre Burakovsky/99 RC	125	150	175	200

2015-16 Upper Deck

		NmMt 8	NmMt+ 8.5	MT 9	Gem 9.5/10
201	Connor McDavid YG RC	1,500		▼2,000	5,000
204	Max Domi YG RC	10	25	▼30	▼80
206	Mikko Rantanen YG RC	50	100	200	400
221	Artemi Panarin YG RC	▼50	▼60	▼80	▼300
228	Dylan Larkin YG RC	▼40	▼50	▼80	▲250
451	Jack Eichel YG RC	▼80	▼100	▼150	▼400

2015-16 Upper Deck Canvas

		NmMt 8	NmMt+ 8.5	MT 9	Gem 9.5/10
C91	Jack Eichel YG			▼150	▲400
C98	Mikko Rantanen YG	20	30	40	80
C211	Connor McDavid YG			▲1,200	▲2,500
C270	Connor McDavid POE		80	100	250

2016-17 Upper Deck

		NmMt 8	NmMt+ 8.5	MT 9	Gem 9.5/10
201	Auston Matthews YG RC	▲600	▲800	▼1,000	▼2,000
205	Brayden Point YG RC	20	25	50	80
210	Sebastian Aho YG RC	60		125	400
451	Patrik Laine YG RC	▲25	▲60	100	▲300
458	Mathew Barzal YG RC	50	60	▼100	▼300
468	Mitch Marner YG RC	▼200	250	▼300	▼600
472	Thatcher Demko YG RC	80	150	200	350
479	Timo Meier YG RC	25	100	150	200
488	Thomas Chabot YG RC	25	50	100	200

2016-17 Upper Deck Canvas

		NmMt 8	NmMt+ 8.5	MT 9	Gem 9.5/10
C35	Connor McDavid	10	15	25	50
C91	Mitch Marner YG	30	50	100	200
C106	Patrik Laine YG	30	50	100	200
C211	Auston Matthews YG	80	100	200	400
C214	William Nylander YG	20	30	50	100
C235	Jake Guentzel YG	25	50	80	150

2017-18 Upper Deck

		NmMt 8	NmMt+ 8.5	MT 9	Gem 9.5/10
201	Nico Hischier YG RC	▲25	▲50	60	▲250
242	Charlie McAvoy YG RC	40	60	150	200
247	Brock Boeser YG RC	▼30		▼40	▼100

2018-19 Upper Deck

		NmMt 8	NmMt+ 8.5	MT 9	Gem 9.5/10
201	Rasmus Dahlin YG RC			60	200
202	Roope Hintz YG RC	20	25	30	50
207	Dillon Dube YG RC	15	20	25	50
210	Mackenzie Blackwood YG RC	15	20	30	60
214	Filip Hronek YG RC	15	20	30	50
216	Max Comtois YG RC	15	25	30	50
217	Eeli Tolvanen YG RC	15	20	30	50
218	Oskar Lindblom YG RC	15	25	30	50
219	Anthony Cirelli YG RC	15	25	40	80
221	Evan Bouchard YG RC	15	25	40	80
225	Ryan Donato YG RC	10	15	20	40
226	Michael Rasmussen YG RC	10	15	20	40
228	Travis Dermott YG RC	10	20	25	40
230	Henri Jokiharju YG RC	15	20	25	40
231	Dennis Cholowski YG RC	10	15	25	40
244	Kristian Vesalainen YG RC	12	15	25	40
246	Miro Heiskanen YG RC	50	60	80	150
248	Elias Pettersson YG RC	▼60		▼125	▼250
249	Jesperi Kotkaniemi YG RC	▼20	▼30	▼40	▼80
491	Carter Hart YG RC	60	80	100	250

2018-19 Upper Deck Canvas

		NmMt 8	NmMt+ 8.5	MT 9	Gem 9.5/10
C101	Miro Heiskanen YG	15	25	40	100

		NmMt 8	NmMt+ 8.5	MT 9	Gem 9.5/10
C218	Carter Hart YG	60	80	125	200
C223	Jesperi Kotkaniemi YG	50	60	80	125

2019-20 Upper Deck

		NmMt 8	NmMt+ 8.5	MT 9	Gem 9.5/10
201	Jack Hughes YG RC	80	125	200	400
207	Victor Olofsson YG RC	20	30	50	125
210	Ilya Mikheyev YG RC	15	30	40	100
222	Rasmus Sandin YG RC	20	30	50	200
225	Alexandre Texier YG RC	15	20	30	80
226	Ryan Poehling YG RC	15	20	30	60
228	Adam Fox YG RC	100		250	600
237	Cody Glass YG RC	15	20	60	125
246	Dominik Kubalik YG RC	20	30	50	150
249	Quinn Hughes YG RC	80	100	150	400
451	Kirby Dach YG RC			100	300
454	Cayden Primeau YG RC			80	250
458	John Marino YG RC	15	20	25	60
463	Barrett Hayton YG RC	15	20	30	200
466	Elvis Merzlikins YG RC	40		50	200
471	Nick Suzuki YG RC	150		200	500
478	Filip Zadina YG RC	20	40	60	200
493	Cale Makar YG RC	150	200	250	600
499	Kaapo Kakko YG RC	50	80	100	300
528	Igor Shesterkin YG RC	60	100	150	500

2020-21 Upper Deck

		NmMt 8	NmMt+ 8.5	MT 9	Gem 9.5/10
201	Alexis Lafreniere YG RC	▼80		▼150	▼400
205	Bowen Byram YG RC	▼30		▼40	▼200
209	Josh Norris YG RC	▲30		▼40	▼150
211	Vitek Vanecek YG RC			▼30	▼100
234	Connor McMichael YG RC	▼15		▼40	▼80
235	Jason Robertson YG RC			80	▼300
237	Nick Robertson YG RC			60	▼100
239	Peyton Krebs YG RC	20		▼40	▼80
243	Vitali Kravtsov YG RC			▼20	▼100
451	Kirill Kaprizov YG RC	▼150		▼250	▼500
455	Alexander Romanov YG RC			▼25	▼60
461	Ilya Sorokin YG RC			▼60	▼150
462	Nils Hoglander YG RC			30	▼100
469	K'Andre Miller YG RC			40	▼100
482	Tim Stutzle YG RC			▼80	▼250
484	Pius Suter YG RC			25	▼100

2021-22 Upper Deck

		NmMt 8	NmMt+ 8.5	MT 9	Gem 9.5/10
201	Cole Caufield YG RC	100	125	250	600
205	Jamie Drysdale YG RC	20	30	40	150
223	Spencer Knight YG RC	40	50	60	150
226	Jeremy Swayman YG RC	15	30	60	200
232	Trevor Zegras YG RC	60		100	500
246	Shane Pinto YG RC		20	60	150
451	Mason McTavish YG RC	40	60	80	250
461	Alex Newhook YG RC			40	80
464	Lucas Raymond YG RC	50		60	250
466	Cole Perfetti YG RC	20		50	150
469	Moritz Seider YG RC	60	80	100	200
488	Quinton Byfield YG RC	30		40	100
701	Alexander Holtz YG RC			40	150

1993 Magic The Gathering Alpha

#	Card	NmMt 8	NmMt+ 8.5	MT 9	Gem 9.5/10
1	Animate Wall R :W:	150	300	350	500
2	Armageddon R :W:	900	950	1,700	
3	Balance R :W:	800	900	2,300	10,000
4	Benalish Hero C :W:	15	40	125	250
5	Black Ward U :W:	40	60	250	400
6	Blaze of Glory R :W:	300	400	600	2,300
7	Blessing R :W:	200	300	500	1,400
8	Blue Ward U :W:	30	60	150	300
9	Castle U :W:	30	100	250	500
10	Circle of Protection Blue C :W:	50	75	100	150
11	Circle of Protection Green C :W:	50	75	150	200
12	Circle of Protection Red C :W:	60	125	150	300
13	Circle of Protection White C :W:	25	100	125	150
14	Consecrate Land U :W:	30	40	125	
15	Conversion U :W:	40	50	150	175
16	Crusade R :W:	400	500	600	
17	Death Ward C :W:	20	30	100	150
18	Disenchant C :W:	60	80	100	200
19	Farmstead R :W:	300	350	400	450
20	Green Ward U :W:	30	40	150	
21	Guardian Angel C :W:	20	40	80	140
22	Healing Salve C :W:	20	30	50	140
23	Holy Armor C :W:	30	50	60	125
24	Holy Strength C :W:	40	60	90	
25	Island Sanctuary R :W:	300	400	500	1,000
26	Karma U :W:	50	80	175	200
27	Lance U :W:	60	100	150	
28	Mesa Pegasus C :W:	15	30	50	
29	Northern Paladin R :W:	145	200	500	
30	Pearled Unicorn U :W:	20	30	50	100
31	Personal Incarnation R :W:	200	300	500	
32	Purelace R :W:	75	125	200	500
33	Red Ward U :W:	20	60	100	
34	Resurrection U :W:	30	75	100	250
35	Reverse Damage R :W:	100	150	500	
36	Righteousness R :W:	150	200	300	400
37	Samite Healer C :W:	15	25	40	80
38	Savannah Lions R :W:	450	600	800	1,000
39	Serra Angel R :W:	500	750	2,000	4,000
40	Swords to Plowshares U :W:	200	250	500	
41	Veteran Bodyguard R :W:	150	200	250	
42	Wall of Swords U :W:	20	30	40	
43	White Knight U :W:	50	300	500	
44	White Ward U :W:	20	30	40	300
45	Wrath of God R :W:	400	600	800	1,200
46	Air Elemental U :B:	40	120	175	600
47	Ancestral Recall R :B:	3,500	4,500	18,000	35,000
48	Animate Artifact U :B:	60	75	100	250
49	Blue Elemental Blast C :B:	30	50	100	200
50	Braingeyser R :B:	900	1,000	2,600	4,300
51	Clone U :B:	125	150	250	400
52	Control Magic U :B:	200	250	500	600
53	Copy Artifact R :B:	400	500	600	
54	Counterspell U :B:	400	600	900	
55	Creature Bond C :B:	40	60	100	
56	Drain Power R :B:	200	300	400	
57	Feedback U :B:	30	50	200	350
58	Flight C :B:	40	80	100	250
59	Invisibility C :B:	30	40	75	100
60	Jump C :B:	20	30	50	125
61	Lifetap U :B:	40	80	100	125
62	Lord of Atlantis R :B:	300	500	1,000	2,500
63	Magical Hack R :B:	150	200	600	
64	Mahamoti Djinn R :B:	500	600	1,000	
65	Mana Short U :B:	300	600	1,300	
66	Merfolk of the Pearl Trident C :B:	15	25	75	100
67	Phantasmal Forces U :B:	30	50	125	
68	Phantasmal Terrain C :B:	30	75	100	
69	Phantom Monster U :B:	20	30	100	150
70	Pirate Ship R :B:	150	200	500	
71	Power Leak C :B:	30	50	80	
72	Power Sink C :B:	20	30	60	125
73	Prodigal Sorcerer C :B:	30	40	100	
74	Psionic Blast U :B:	80	100	200	
75	Psychic Venom C :B:	20	30	60	
76	Sea Serpent C :B:	20	30	60	
77	Siren's Call U :B:	20	40	100	180
78	Sleight of Mind R :B:	400	600	800	1,500
79	Spell Blast C :B:	20	30	60	125
80	Stasis R :B:	200	300	400	
81	Steal Artifact U :B:	20	35	50	
82	Thoughtlace R :B:	150	180	300	1,600
83	Time Walk R :B:	3,000	8,000	12,000	20,000
84	Timetwister R :B:	2,000	5,900	12,000	25,000
85	Twiddle C :B:	40	60	200	350
86	Unsummon C :B:	20	40	60	
87	Vesuvan Doppelganger R :B:	800	1,000	2,000	3,500
88	Volcanic Eruption R :B:	100	150	300	
89	Wall of Air U :B:	20	30	90	120
90	Wall of Water U :B:	20	30	40	
91	Water Elemental U :B:	30	40	60	
92	Animate Dead U :K:	200	350	400	600

#	Card	NmMt 8	NmMt+ 8.5	MT 9	Gem 9.5/10
93	Bad Moon R :K:	200	300	1,000	1,300
94	Black Knight U :K:	200	300	500	1,200
95	Bog Wraith U :K:	75	100	200	1,500
96	Contract from Below R :K:	250	300	500	
97	Cursed Land U :K:	35	50	150	
98	Dark Ritual C :K:	200	300		
99	Darkpact C :K:	200	400	500	
100	Deathgrip U :K:	50	80	150	200
101	Deathlace R :K:	150	200	300	900
102	Demonic Attorney R :K:	200	300	500	
103	Demonic Hordes R :K:	150	200	300	650
104	Demonic Tutor U :K:	500	1,000	1,500	
105	Drain Life C :K:	50	70	90	200
106	Drudge Skeletons C :K:	50	60	90	120
107	Evil Presence U :K:	50	75	150	750
108	Fear C :K:	20	25	40	100
109	Frozen Shade C :K:	60	80	150	300
110	Gloom U :K:	60	100	125	
111	Howl from Beyond C :K:	30	40	60	100
112	Hypnotic Specter U :K:	400	500	600	
113	Lich R :K:	400	500	600	
114	Lord of the Pit R :K:	300	500	700	3,000
115	Mind Twist R :K:	400	450	750	
116	Nether Shadow R :K:	150	200	300	500
117	Nettling Imp U :K:	20	30	75	
118	Nightmare R :K:	400	500	600	
119	Paralyze C :K:	25	40	80	
120	Pestilence C :K:	30	50	80	
121	Plague Rats C :K:	20	30	50	90
122	Raise Dead C :K:	25	40	100	200
123	Royal Assassin R :K:	300	400	1,100	1,800
124	Sacrifice U :K:	20	30	80	
125	Scathe Zombies C :K:	25	40	80	150
126	Scavenging Ghoul U :K:	20	30	60	
127	Sengir Vampire U :K:	75	90	200	
128	Simulacrum U :K:	20	35	80	
129	Sinkhole C :K:	65	80	200	300
130	Terror C :K:	20	40	130	250
131	Unholy Strength C :K:	40	80	150	200
132	Wall of Bone U :K:	20	30	40	
133	Warp Artifact R :K:	100	120	150	
134	Weakness C :K:	15	25	100	400
135	Will-O'-The-Wisp R :K:	150	200	500	700
136	Word of Command R :K:	200	250	400	
137	Zombie Master R :K:	250	300	400	500
138	Burrowing U :R:	50	75	150	350
139	Chaoslace R :R:	200	250	500	1,000
140	Disintegrate C :R:	40	60	80	120
141	Dragon Whelp U :R:	80	150	250	1,300
142	Dwarven Demolition Team U :R:	50	100	200	750
143	Dwarven Warriors C :R:	40	60	80	300
144	Earth Elemental U :R:	40	60	100	400
145	Earthbind C :R:	50	100	150	600
146	Earthquake R :R:	250	300	400	500
147	False Orders C :R:	50	60	75	150
148	Fire Elemental U :R:	30	50	80	
149	Fireball C :R:	65	190	250	
150	Firebreathing C :R:	30	60	150	300
151	Flashfires U :R:	70	125		
152	Fork R :R:	550	825	1,000	2,000
153	Goblin Balloon Brigade U :R:	40	60	80	200
154	Goblin King R :R:	350	500	650	
155	Granite Gargoyle R :R:	250	300	450	600
156	Gray Ogre C :R:	60	80	100	
157	Hill Giant C :R:	40	60	80	100
158	Hurloon Minotaur C :R:	40	60	80	
159	Ironclaw Orcs C :R:	40	50	70	125
160	Keldon Warlord U :R:	150	200	300	
161	Lightning Bolt C :R:	200	300	750	1,200
162	Mana Flare R :R:	125	180	750	2,300
163	Manabarbs R :R:	100	150	300	1,300
164	Mons's Goblin Raiders C :R:	20	30	50	
165	Orcish Artillery U :R:	25	30	70	
166	Orcish Oriflamme U :R:	20	35	50	
167	Power Surge R :R:	100	125	170	
168	Raging River R :R:	200	250	500	1,000
169	Red Elemental Blast C :R:	35	50	90	
170	Roc of Kher Ridges R :R:	300	400	500	
171	Rock Hydra R :R:	150	200	250	
172	Sedge Troll R :R:	400	500	800	
173	Shatter C :R:	20	30	100	250
174	Shivan Dragon R :R:	2,900	3,700	6,800	10,000
175	Smoke R :R:	150	400	500	
176	Stone Giant U :R:	35	50	60	
177	Stone Rain C :R:	20	35	300	
178	Tunnel U :R:	20	40	60	
179	Two-Headed Giant of Foriys R :R:	125	180	300	
180	Uthden Troll U :R:	30	60	100	250
181	Wall of Fire U :R:	20	30	40	
182	Wall of Stone U :R:	20	30	40	
183	Wheel of Fortune R :R:	800	1,000	3,500	
184	Aspect of Wolf R :G:	150	200	500	1,800
185	Berserk U :G:	200	450	700	900
186	Birds of Paradise R :G:	2,600	4,700	6,000	30,000
187	Camouflage U :G:	60	100	250	300

#	Card	NmMt 8	NmMt+ 8.5	MT 9	Gem 9.5/10
188	Channel U :G:	120	150	400	
189	Cockatrice R :G:	150	200	350	
190	Craw Wurm C :G:	30	50	100	
191	Elvish Archers R :G:	200	250	350	
192	Fastbond R :G:	400	500	700	
193	Fog C :G:	50	80		
194	Force of Nature R :G:	500	700	1,000	
195	Fungusaur R :G:	200	250		
196	Gaea's Liege R :G:	200	250		
197	Giant Growth C :G:	60	100	200	400
198	Giant Spider C :G:	30	40	80	150
199	Grizzly Bears C :G:	50	80	100	
200	Hurricane U :G:	80	100		
201	Ice Storm U :G:	100	140	150	300
202	Instill Energy U :G:	150	200	250	
203	Ironroot Treefolk C :G:	20	30	50	150
204	Kudzu R :G:	150	200		
205	Ley Druid U :G:	30	50	100	180
206	Lifeforce U :G:	30	50	100	175
207	Lifelace R :G:	100	200	300	
208	Living Artifact R :G:	100	150	300	800
209	Living Lands R :G:	100	150	200	
210	Llanowar Elves C :G:	80	125	200	550
211	Lure U :G:	60	80	100	
212	Natural Selection R :G:	150	200	300	
213	Regeneration C :G:	25	50	100	300
214	Regrowth U :G:	50	70	160	
215	Scryb Sprites C :G:	20	30	60	100
216	Shanodin Dryads C :G:	30	40	80	150
217	Stream of Life C :G:	30	60	140	
218	Thicket Basilisk U :G:	20	30	50	
219	Timber Wolves R :G:	150	200	400	600
220	Tranquility C :G:	15	30	40	
221	Tsunami U :G:	20	35	50	
222	Verduran Enchantress R :G:	150	200	500	1,000
223	Wall of Brambles U :G:	20	30	40	
224	Wall of Ice U :G:	20	30	40	
225	Wall of Wood C :G:	20	30	40	
226	Wanderlust U :G:	20	30	50	
227	War Mammoth C :G:	25	40	60	100
228	Web R :G:	100	150	200	
229	Wild Growth C :G:	20	30	75	400
230	Ankh of Mishra R:	300	400	950	2,400
231	Basalt Monolith U:	150	300	450	900
232	Black Lotus R:	50,000	80,000	100,000	250,000
233	Black Vise U:	200	500	1,200	2,800
234	Celestial Prism U:	30	60	120	200
235	Chaos Orb R:	4,200	4,800	7,200	
236	Clockwork Beast R:	150	175	800	
237	Conservator U:	40	60	80	300
238	Copper Tablet U:	100	150	200	250
239	Crystal Rod U:	50	75	100	
240	Cyclopean Tomb R:	300	400	600	
241	Dingus Egg R:	80	120	250	
242	Disrupting Scepter R:	400	500	700	800
243	Forcefield R:	600	800	1,200	10,000
244	Gauntlet of Might R:	1,000	1,200		
245	Glasses of Urza U:	40	50		
246	Helm of Chatzuk R:	100	150	400	
247	Howling Mine R:	400	500	700	900
248	Icy Manipulator U:	300	400	500	800
249	Illusionary Mask R:	350	400	750	
250	Iron Star U:	40	60	80	100
251	Ivory Cup U:	20	30	40	200
252	Jade Monolith R:	100	150	325	
253	Jade Statue U:	100	130		
254	Jayemdae Tome R:	500	700	1,100	
255	Juggernaut R:	150	200	300	
256	Kormus Bell R:	200	300	500	1,000
257	Library of Leng U:	60	80	100	
258	Living Wall U:	30	50	150	450
259	Mana Vault R:	1,400	1,500	2,000	3,700
260	Meekstone R:	200	250	400	600
261	Mox Emerald R:	2,000	5,000	9,000	23,000
262	Mox Jet R:	2,500	6,000	9,000	25,000
263	Mox Pearl R:	5,800	8,000	10,000	15,000
264	Mox Ruby R:	2,000	5,700	11,000	23,000
265	Mox Sapphire R:	3,200	7,000	15,000	
266	Nevinyrral's Disk R:	400	1,000	1,700	4,000
267	Obsianus Golem U:	15	25	50	
268	Rod of Ruin U:	20	30	80	
269	Sol Ring U:	150	400	1,000	2,000
270	Soul Net U:	40	60	200	
271	Sunglasses of Urza R:	100	150	170	
272	The Hive R:	300	400	500	
273	Throne of Bone U:	20	30	50	
274	Time Vault R:	900	2,000	3,000	4,000
275	Winter Orb R:	300	400	500	
276	Wooden Sphere U:	20	30	40	
277	Badlands R:	1,500	3,800	4,000	5,800
278	Bayou R:	2,000	3,000	4,000	7,000
279	Plateau R:	1,000	2,000	2,500	3,100
280	Savannah R:	800	1,100	2,000	5,000
281	Scrubland R:	1,000	2,500	2,700	6,300
282	Taiga R:	1,500	2,500	4,000	8,000

#	Card	NmMt 8	NmMt+ 8.5	MT 9	Gem 9.5/10
283	Tropical Island R	3,000	3,500	4,000	6,000
284	Tundra R	3,000	3,800	5,600	7,550
285	Underground Sea R	5,000	6,000	11,000	21,000
286	Plains v1 L	10	20	25	60
287	Plains v2 L	10	20	25	60
288	Island v1 L	40	60	80	150
289	Island v2 L	40	60	80	150
290	Swamp v1 L	10	20	25	60
291	Swamp v2 L	10	20	25	60
292	Mountain v1 L	10	20	25	60
293	Mountain v2 L	10	20	25	60
294	Forest v1 L	30	50	70	150
295	Forest v2 L	30	50	70	150

1993 Magic The Gathering Beta

#	Card	NmMt 8	NmMt+ 8.5	MT 9	Gem 9.5/10
1	Animate Wall R :W:	15	25	30	75
2	Armageddon R :W:	150	225	300	500
3	Balance R :W:	150	180	200	500
4	Benalish Hero C :W:	5	10	15	25
5	Black Ward U :W:	8	15	20	
6	Blaze of Glory R :W:	40	100	125	350
7	Blessing R :W:	20	40	60	125
8	Blue Ward U :W:	8	15	20	30
9	Castle :W:	12	20	25	50
10	Circle of Protection Black C :W:	8	15	20	30
11	Circle of Protection Blue C :W:	8	15	20	40
12	Circle of Protection Green C :W:	8	15	20	30
13	Circle of Protection Red C :W:	8	15	20	30
14	Circle of Protection White C :W:	8	15	20	30
15	Consecrate Land U :W:	15	25	30	75
16	Conversion U :W:	8	15	20	
17	Crusade R :W:	50	100	125	500
18	Death Ward C :W:	8	15	20	30
19	Disenchant C :W:	15	20	25	40
20	Farmstead R :W:	20	40	50	125
21	Green Ward U :W:	8	15	20	
22	Guardian Angel C :W:	8	15	20	30
23	Healing Salve C :W:	8	15	20	30
24	Holy Armor C :W:	8	15	20	30
25	Holy Strength C :W:	8	15	20	30
26	Island Sanctuary R :W:	20	50	60	150
27	Karma R :W:	8	15	20	
28	Lance U :W:	8	15	20	
29	Mesa Pegasus C :W:	8	15	20	30
30	Northern Paladin R :W:	40	80	100	250
31	Pearled Unicorn C :W:	8	15	20	30
32	Personal Incarnation R :W:	20	30	40	
33	Purelace R :W:	12	20	25	50
34	Red Ward U :W:	8	15	20	30
35	Resurrection U :W:	8	15	20	30
36	Reverse Damage R :W:	20	40	50	125
37	Righteousness R :W:	20	40	50	125
38	Samite Healer C :W:	8	15	20	30
39	Savannah Lions R :W:	80	100	150	500
40	Serra Angel U :W:	80	150	175	400
41	Swords to Plowshares U :W:	30	75	100	300
42	Veteran Bodyguard R :W:	20	30	40	
43	Wall of Swords U :W:	8	15	20	30
44	White Knight U :W:	20	30	40	
45	White Ward U :W:	8	15	20	30
46	Wrath of God R :W:	300	400	500	600
47	Air Elemental U :B:	8	10	15	20
48	Ancestral Recall R :B:	3,500	5,000	6,600	12,500
49	Animate Artifact U :B:	8	15	20	
50	Blue Elemental Blast C :B:	8	15	20	30
51	Braingeyser R :B:	130	150	200	350
52	Clone U :B:	20	40	50	
53	Control Magic U :B:	15	25	30	
54	Copy Artifact R :B:	50	120	150	400
55	Counterspell U :B:	40	80	100	
56	Creature Bond C :B:	8	15	20	30
57	Drain Power R :B:	20	50	60	150
58	Feedback U :B:	8	15	20	30
59	Flight C :B:	8	15	20	30
60	Invisibility C :B:	8	15	20	30
61	Jump C :B:	8	15	20	30
62	Lifetap U :B:	8	15	20	30
63	Lord of Atlantis R :B:	50	120	150	350
64	Magical Hack R :B:	20	40	50	
65	Mahamoti Djinn R :B:	50	100	125	400
66	Mana Short R :B:	50	100	125	350
67	Merfolk of the Pearl Trident C :B:	8	15	20	
68	Phantasmal Forces U :B:	8	15	20	
69	Phantasmal Terrain C :B:	8	15	20	30
70	Phantom Monster U :B:	8	15	20	
71	Pirate Ship R :B:	20	40	50	125
72	Power Leak C :B:	8	15	20	30
73	Power Sink C :B:	8	15	20	30
74	Prodigal Sorcerer C :B:	8	15	20	30
75	Psionic Blast U :B:	40	80	100	250
76	Psychic Venom C :B:	8	15	20	
77	Sea Serpent C :B:	8	15	20	30
78	Siren's Call U :B:	8	15	20	30
79	Sleight of Mind R :B:	20	30	40	100
80	Spell Blast C :B:	8	15	20	30
81	Stasis R :B:	50	100	125	350
82	Steal Artifact U :B:	8	15	20	
83	Thoughtlace R :B:	20	30	40	100
84	Time Walk R :B:	1,500	6,100	4,900	12,250
85	Timetwister R :B:	1,000	1,750	2,500	3,000
86	Twiddle C :B:	8	15	20	30
87	Unsummon C :B:	8	15	20	30
88	Vesuvan Doppelganger R :B:	100	200	250	7,000
89	Volcanic Eruption R :B:	15	25	30	75
90	Wall of Air U :B:	8	15	20	30

#	Card	NmMt 8	NmMt+ 8.5	MT 9	Gem 9.5/10
91	Wall of Water U :B:	8	15	20	
92	Water Elemental U :B:	8	15	20	
93	Animate Dead U :K:	20	40	70	90
94	Bad Moon R :K:	100	150	200	400
95	Black Knight U :K:	20	30	50	
96	Bog Wraith U :K:	8	15	20	
97	Contract from Below R :K:	40	80	100	250
98	Cursed Land U :K:	8	15	20	30
99	Dark Ritual C :K:	20	50	60	150
100	Darkpact R :K:	20	40	50	
101	Deathgrip U :K:	8	15	20	
102	Deathlace R :K:	20	40	50	100
103	Demonic Attorney R :K:	20	30	40	100
104	Demonic Hordes R :K:	50	100	125	400
105	Demonic Tutor U :K:	100	125	200	300
106	Drain Life C :K:	8	15	20	30
107	Drudge Skeletons C :K:	8	15	20	30
108	Evil Presence U :K:	8	15	20	30
109	Fear C :K:	8	15	20	30
110	Frozen Shade C :K:	8	15	20	30
111	Gloom U :K:	8	15	20	30
112	Howl from Beyond C :K:	8	15	20	30
113	Hypnotic Specter U :K:	50	80	100	225
114	Lich R :K:	75	125	150	400
115	Lord of the Pit R :K:	75	125	150	400
116	Mind Twist R :K:	125	225	300	750
117	Nether Shadow R :K:	40	80	100	250
118	Nettling Imp U :K:	8	15	20	30
119	Nightmare R :K:	50	100	150	400
120	Paralyze C :K:	8	15	20	30
121	Pestilence C :K:	8	15	20	30
122	Plague Rats C :K:	8	15	20	30
123	Raise Dead C :K:	8	15	20	30
124	Royal Assassin R :K:	100	200	250	650
125	Sacrifice U :K:	8	15	20	
126	Scathe Zombies C :K:	8	15	20	30
127	Scavenging Ghoul U :K:	8	15	20	
128	Sengir Vampire U :K:	30	60	70	150
129	Simulacrum U :K:	8	15	20	
130	Sinkhole C :K:	40	100	125	300
131	Terror C :K:	8	15	20	30
132	Unholy Strength C :K:	8	15	20	30
133	Wall of Bone U :K:	8	15	20	30
134	Warp Artifact R :K:	15	25	30	60
135	Weakness C :K:	8	15	20	30
136	Will-O'-The-Wisp R :K:	50	100	125	350
137	Word of Command R :K:	75	125	150	400
138	Zombie Master R :K:	50	80	100	250
139	Burrowing U :R:	8	15	20	
140	Chaoslace R :R:	15	25	30	60
141	Disintegrate C :R:	8	15	20	
142	Dragon Whelp U :R:	20	40	60	125
143	Dwarven Demolition Team U :R:	10	20	30	
144	Dwarven Warriors C :R:	8	15	20	30
145	Earth Elemental U :R:	8	15	20	
146	Earthbind C :R:	8	15	20	30
147	Earthquake R :R:	40	80	100	250
148	False Orders C :R:	8	15	20	30
149	Fire Elemental U :R:	8	15	20	30
150	Fireball C :R:	10	20	25	40
151	Firebreathing C :R:	8	15	20	30
152	Flashfires U :R:	10	20	30	60
153	Fork R :R:	80	150	200	350
154	Goblin Balloon Brigade U :R:	8	15	20	40
155	Goblin King R :R:	50	100	125	350
156	Granite Gargoyle R :R:	30	50	60	175
157	Gray Ogre C :R:	8	15	20	30
158	Hill Giant C :R:	8	15	20	30
159	Hurloon Minotaur C :R:	8	15	20	30
160	Ironclaw Orcs C :R:	8	15	20	30
161	Keldon Warlord U :R:	8	15	20	
162	Lightning Bolt C :R:	20	50	120	150
163	Mana Flare R :R:	75	125	150	400
164	Manabarbs R :R:	20	30	40	
165	Mons's Goblin Raiders C :R:	8	15	20	30
166	Orcish Artillery U :R:	10	20	25	40
167	Orcish Oriflamme U :R:	10	20	25	40
168	Power Surge R :R:	20	40	60	150
169	Raging River R :R:	40	80	100	250
170	Red Elemental Blast C :R:	10	20	25	40
171	Roc of Kher Ridges R :R:	20	40	50	125
172	Rock Hydra R :R:	30	50	60	175
173	Sedge Troll R :R:	40	80	100	1,400
174	Shatter C :R:	8	15	20	30
175	Shivan Dragon R :R:	175	250	300	750
176	Smoke R :R:	20	40	50	125
177	Stone Giant U :R:	8	15	20	
178	Stone Rain C :R:	8	15	20	30
179	Tunnel U :R:	8	15	20	30
180	Two-Headed Giant of Foriys R :R:	50	100	125	350
181	Uthden Troll U :R:	8	15	20	
182	Wall of Fire U :R:	8	15	20	30
183	Wall of Stone U :R:	8	15	20	
184	Wheel of Fortune R :R:	150	300	400	800
185	Aspect of Wolf R :G:	20	30	40	100
186	Berserk U :G:	130	150	180	250
187	Birds of Paradise R :G:	400	500	600	800
188	Camouflage R :G:	12	20	30	
189	Channel U :G:	15	25	30	
190	Cockatrice R :G:	25	40	50	
191	Craw Wurm C :G:	8	15	20	40
192	Elvish Archers R :G:	40	100	125	350
193	Fastbond R :G:	80	150	175	450
194	Fog C :G:	8	15	20	
195	Force of Nature R :G:	80	150	175	400
196	Fungusaur R :G:	20	30	40	

#	Card	NmMt 8	NmMt+ 8.5	MT 9	Gem 9.5/10
197	Gaea's Liege R :G:	20	40	50	125
198	Giant Growth C :G:	8	15	20	30
199	Giant Spider C :G:	8	15	20	30
200	Grizzly Bears C :G:	10	15	25	50
201	Hurricane U :G:	10	20	30	
202	Ice Storm U :G:	30	60	80	150
203	Instill Energy U :G:	8	15	20	40
204	Ironroot Treefolk C :G:	8	15	20	30
205	Kudzu R :G:	20	30	40	100
206	Ley Druid U :G:	8	15	20	30
207	Lifeforce U :G:	8	15	20	30
208	Lifelace R :G:	15	25	30	
209	Living Artifact R :G:	20	30	40	100
210	Living Lands R :G:	20	30	40	100
211	Llanowar Elves C :G:	20	50	60	150
212	Lure U :G:	8	15	20	30
213	Natural Selection R :G:	50	100	125	350
214	Regeneration C :G:	8	15	20	30
215	Regrowth U :G:	40	80	100	250
216	Scryb Sprites C :G:	8	15	20	30
217	Shanodin Dryads C :G:	8	15	20	30
218	Stream of Life C :G:	8	15	20	30
219	Thicket Basilisk U :G:	8	15	20	30
220	Timber Wolves R :G:	15	25	30	75
221	Tranquility C :G:	8	15	20	30
222	Tsunami U :G:	8	15	20	30
223	Verduran Enchantress R :G:	40	80	100	250
224	Wall of Brambles U :G:	8	15	20	
225	Wall of Ice U :G:	8	15	20	
226	Wall of Wood C :G:	8	15	20	
227	Wanderlust U :G:	8	15	20	
228	War Mammoth C :G:	8	15	20	30
229	Web R :G:	15	25	30	60
230	Wild Growth C :G:	8	15	20	30
231	Ankh of Mishra R	50	120	150	350
232	Basalt Monolith U	10	20	30	60
233	Black Lotus R	18,000	22,000	33,000	75,000
234	Black Vise U	20	35	50	
235	Celestial Prism U	8	15	20	
236	Chaos Orb R	400	450	500	700
237	Clockwork Beast R	20	30	40	100
238	Conservator U	8	15	20	
239	Copper Tablet U	10	20	30	60
240	Crystal Rod U	8	15	20	
241	Cyclopean Tomb R	75	125	150	400
242	Dingus Egg R	20	40	50	
243	Disrupting Scepter R	40	80	100	250
244	Forcefield R	350	400	500	2,550
245	Gauntlet of Might R	100	175	225	650
246	Glasses of Urza U	8	15	20	30
247	Helm of Chatzuk R	15	25	30	60
248	Howling Mine R	100	175	200	500
249	Icy Manipulator U	50	80	100	250
250	Illusionary Mask R	150	300	400	850
251	Iron Star U	8	15	20	30
252	Ivory Cup U	8	15	20	30
253	Jade Monolith R	20	30	40	90
254	Jade Statue U	15	25	30	75
255	Jayemdae Tome R	25	40	50	125
256	Juggernaut U	25	40	50	125
257	Kormus Bell R	20	30	40	100
258	Library of Leng U	8	15	20	
259	Living Wall U	8	15	20	
260	Mana Vault R	100	200	250	600
261	Meekstone R	30	50	60	175
262	Mox Emerald R	1,500	2,500	4,000	5,000
263	Mox Jet R	1,500	2,500	4,000	12,000
264	Mox Pearl R	1,500	1,800	2,000	4,500
265	Mox Ruby R	1,500	2,000	2,500	4,500
266	Mox Sapphire R	2,000	5,500	7,200	16,000
267	Nevinyrral's Disk R	150	275	350	750
268	Obsianus Golem U	8	15	20	
269	Rod of Ruin U	8	15	20	30
270	Sol Ring U	90	150	200	500
271	Soul Net U	8	15	20	30
272	Sunglasses of Urza R	20	30	40	100
273	The Hive R	20	30	40	100
274	Throne of Bone U	8	15	20	30
275	Time Vault R	600	800	1,000	1,250
276	Winter Orb R	75	125	175	500
277	Wooden Sphere U	8	15	20	30
278	Badlands R	800	1,000	1,200	1,500
279	Bayou R	1,000	1,300	1,500	2,000
280	Plateau R	650	800	1,000	2,000
281	Savannah R	800	850	950	1,100
282	Scrubland R	800	1,000	1,200	1,500
283	Taiga R	600	750	900	1,100
284	Tropical Island R	1,000	1,500	2,000	3,000
285	Tundra R	1,800	2,000	2,500	3,500
286	Underground Sea R	3,000	4,000	4,500	10,000
287	Volcanic Island R	3,000	4,000	5,000	10,000
288	Plains v1 L	8	15	20	
289	Plains v2 L	8	15	20	
290	Plains v3 L	8	15	20	
291	Island v1 L	8	15	20	
292	Island v2 L	8	15	20	
293	Island v3 L	8	15	20	
294	Swamp v1 L	8	15	20	
295	Swamp v2 L	8	15	20	
296	Swamp v3 L	8	15	20	
297	Mountain v1 L	8	15	20	
298	Mountain v2 L	8	15	20	
299	Mountain v3 L	8	15	20	
300	Forest v1 L	8	15	20	
301	Forest v2 L	8	15	20	
302	Forest v3 L	8	15	20	